neukirchener
theologie

Neues Testament und Antike Kultur

Herausgegeben von
Kurt Erlemann, Karl Leo Noethlichs,
Klaus Scherberich, Thomas Wagner
und Jürgen Zangenberg

Thomas Wagner (Hg.)

# Neues Testament und Antike Kultur

## Band 5: Texte und Urkunden

Neukirchener Theologie

Mix
Produktgruppe aus vorbildlich bewirtschafteten Wäldern und anderen kontrollierten Herkünften
www.fsc.org Zert.-Nr. SGS-COC-005773
© 1996 Forest Stewardship Council
FSC

Dieses Buch wurde auf FSC-zertifiziertem Papier gedruckt.
FSC (Forest Stewardship Council) ist eine nichtstaatliche, gemeinnützige Organisation, die sich für eine ökologische und sozialverantwortliche Nutzung der Wälder unserer Erde einsetzt.

Bibliografische Information der Deutschen Nationalbibliothek

Die Deutsche Nationalbibliothek verzeichnet diese Publikation in der Deutschen Nationalbibliografie; detaillierte bibliografische Daten sind im Internet über http://dnb.d-nb.de abrufbar.


Umschlaggestaltung: Andreas Sonnhüter, Düsseldorf
Lektorat: Volker Hampel
DTP: Astrid Padberg
Gesamtherstellung: Hubert & Co., Göttingen
Printed in Germany
ISBN 978–3–7887–2492–4
www.neukirchener-verlage.de

# Vorwort

Mit dem nun vorliegenden fünften Band wird die Reihe „Neues Testament und Antike Kultur“ abgeschlossen. Nachdem in den Bänden 1–3 die antike Welt und ihr Verhältnis zum Neuen Testament beschrieben wurden, illustrierte die Bildsammlung in Band 4 die Zeugnisse dieser Zeitepoche. Mit dem fünften Band werden allen Lesern nun pagane, jüdische und frühchristliche Texte nahegebracht, die neben der Lektüre der in den Bänden 1–3 abgedruckten Artikel zum Quellenstudium anregen sollen. Diese Texte sind nummerisch nach den Artikeln geordnet, auf die sie sich beziehen. Der abschließende Index ermöglicht darüber hinaus einen schnellen Zugriff zu allen Texten, die zu einem Artikel beachtet werden sollten.
Für die Publikation haben wir auf wissenschaftlich rekonstruierte Texte zurückgegriffen und diese – um der Lesbarkeit willen – ohne kritische Zeichen abgedruckt. Die Texte stammen zum größten Teil aus bereits publizierten Übersetzungen. Wo auch immer solche fehlten, haben die NTAK-Autoren und die Herausgeber die Übersetzungen selber erstellt. Für die Erlaubnis, die von ihnen veröffentlichten Texte kostenfrei abzudrucken, möchten wir allen Verlagen, die uns dies ermöglichten, herzlich danken. Ohne ihre Zustimmung wäre die Realisation dieses Bandes kaum vorstellbar gewesen. Ebenso gilt der Dank der Herausgeber den NTAK-Autoren, die an diesem Band mit der Auswahl von Quellen, dem Schreiben von Einleitungen und sonstigen hilfreichen Hinweisen beteiligt waren.
Für die redaktionelle Arbeit an diesem Band sind wir wiederum Astrid Padberg von der Bergischen Universität Wuppertal zu höchstem Dank verpflichtet. Sie hat die technische Betreuung und Umsetzung in gewohnt souveräner Manier erledigt, was für die Herausgeber eine mehr als große Erleichterung war, die der inhaltlichen Arbeit an diesem Band zugutekam.
Nicht weniger ist den studentischen Mitarbeiterinnen und Mitarbeitern zu danken, namentlich Gaby Istas, Robert Bellin und Dominik Lars vom Brocke, die durch private Spenden und Mittel der Philosophischen Fakultät der RWTH-Aachen beschäftigt werden konnten.
Zum Schluss möchten wir dem Neukirchener Verlag und hier besonders Dr. Volker Hampel für die Unterstützung und Förderung des gesamten Projekts „Neues Testament und Antike Kultur“ herzlich danken.

Im Oktober 2008 Die Herausgeber

# Inhalt

# 5.1 Texte zu Band 1

## 5.1.1 Texte zu 1.2 Teilaspekte antiker Kultur

### Texte zu 1.2.1 Moderner und antiker Kulturbegriff

1: Hes. erg. 106–201

Um 700 v.Chr., aus Kyme (Kleinasien) stammend, lebte Hesiod dann in Askra (Böotien) als Bauer, gr. Dichter und Rhapsode. Sein Mythos von den fünf Weltaltern bzw. Menschengeschlechtern (vom goldenen bis zum jetzigen eisernen) findet sich in seinem Werk „Werke und Tage“:

Ist es dir recht, so will ich noch andere Sage erzählen – gut weiß ich darin Bescheid, du nimm sie dir aber zu Herzen –: Wie aus gleicher Geburt geworden sind Götter und Menschen. Golden war ja zuerst das Geschlecht der sprechenden Menschen, das die Unsterblichen schufen, die hohen Olympos-Bewohner. Jene waren zur Zeit des Kronos, der herrschte im Himmel. Und sie lebten wie Götter und hatten das Herz ohne Kummer, ohne Plagen und Jammer. Sogar das klägliche Alter nahte nicht, sondern immer an Füßen und Händen sich gleichend, freuten sie sich am üppigen Mahl und kannten kein Unheil. Wie vom Schlaf überwältigt, starben sie; alles Erwünschte war ihnen eigen. Und Frucht trug der Nahrung spendende Acker unbestellt in neidloser Fülle; sie aber willig walteten still ihrer Arbeit, versehen mit Gütern in Fülle, reich an Herden und lieh befreundet den seligen Göttern. Aber sobald nun dieses Geschlecht die Erde bedeckte, wurden sie alle zu Geistern nach Zeus, des erhabenen Willen, freundlichen, die hier auf Erden die sterblichen Menschen behüten. Hüter sind sie des Rechts und achten auf grausame Taten, wenn in luftigem Kleid sie alle Länder durchschweben, Reichtum spendend; zuteil ward ihnen dies herrliche Anrecht. Wieder ein zweites Geschlecht, ein viel geringeres, schufen silbern die Götter dann später, die hohen Olympos-Bewohner, nicht dem goldenen gleich an Gestalt und nicht an Gesinnung. Hundert Jahre pflegte die sorgliche Mutter den Knaben, bis er endlich heranwuchs, der Dümmling, im eigenen Hause. Reifte er schließlich heran zum Maß der männlichen Reife, kurz war dann und von Leiden erfüllt die Zeit seines Lebens, war er doch ohne Vernunft. Denn maßlos untereinander lebte die Menschheit und konnte nicht anders; die Ewigen ehren mochte sie nicht noch opfern auf heiligen Götteraltären, wie es Satzung und Brauch den Menschen gebieten. Und bald barg sie Zeus der Kronide im Zorn; sie hatten die Ehren schon nicht erwiesen den seligen Göttern auf hohem Olympos. Aber seitdem auch dieses Geschlecht die Erde bedeckt hält, nennen die Sterblichen sie die Seligen unter der Erde, zweiten Ranges, doch sind sie auch so noch von Ehre umgehen. Nun erschuf ein anderes Geschlecht von sprechenden Menschen Zeus der Vater; ein drittes, aus Erz, dem silbernen ungleich, eschenentsprossen und wild und strotzend von Kraft. Sie betrieben grausige Werke des Ares, vermessen, und keinerlei Feldfrucht aßen sie, und aus Stein war das Herz der Trotziggesinnten, Ungeschlachten, gewaltige Stärke und Hände unnahbar hingen von ihren Schultern herab an klobigen Gliedern. Und ihre Waffen waren aus Erz, aus Erz ihre Häuser, ehern ihr Arbeitsgerät; noch gab es kein schwärzliches Eisen. Aber auch diese zuletzt, von den eigenen Händen bezwungen, stiegen hinab in das dumpfe Haus des eisigen Hades namenlos, und der schwarze Tod, so entsetzlich sie waren, raffte sie fort, und sie ließen das Licht der leuchtenden Sonne. Aber als nun auch dieses Geschlecht die Erde bedeckte, wieder ein anderes noch, ein viertes, auf nährender Erde, Zeus der Kronide erschuf, und dies war gerechter und besser, von heroischen Männern ein göttlicher Stamm, und sie heißen Halbgötter, Vorfahren uns auf unermesslicher Erde. Die nun tilgte der schlimme Krieg und das arge Getümmel teils im kadmeischen Land beim siebentorigen Theben, wo sie fielen im Kampf um des Oidipus weidende Herden, teils aber auch sie führend in Schiffen über des Meeres mächtigen Schlund nach Troja der lockigen Helena wegen. Dort umhüllte die einen der Tod und brachte das Ende, anderen, fern von den Menschen, gewährte Nahrung und Stätte Zeus der Kronide und ließ sie wohnen am Rande der Erde. Und da wohnen sie nun und haben das Herz ohne Kummer auf den Seligeninseln, wo tief der Okeanos wirbelt, hochbeglückte Heroen, weil süße Früchte wie Honig strotzende, dreimal im Jahr ihnen trägt der spendende Acker müsste ich selber doch nicht ein Zeitgenosse der fünften Männer sein, wär zuvor ich gestorben, später geboren! Jetzt ja ist das Geschlecht ein eisernes; niemals am Tage ruhen sie von quälender Mühe und Jammer, und immer die Nächte reiben sie auf mit drückenden Sorgen Geschenken der Götter. Dennoch wird auch ihnen zum Unheil Freude gemischt sein. Dann wird Zeus auch dieses Geschlecht der Menschen vernichten, wenn sie bei ihrer Geburt schon graue Schläfen bekommen. Nicht ist der Vater den Kindern ähnlich, und sie nicht dem Vater. Nicht wird Gast dem Gastwirt, Gefährte nicht dem Gefährten, nicht der leibliche Bruder wird lieb sein, wie's früher gewesen. Bald schon weigern sie sich, die greisen Eltern zu ehren, fuhren sie an und decken sie ein mit hässlichem Wortschwall, Frevler, sie ahnen ja nichts von der Vorsicht der Götter, versagen greisen Eltern den schuldigen Lohn für die Aufzucht der Kinder! Faustrecht gilt, da der eine die Stätte des andern zertrümmert. Nicht wird Eidestreue gewürdigt, nicht erntet die Güte, nicht die Gerechtigkeit Dank, der maßlos frevelnde Täter steht viel höher in Ehren: Denn Fäuste sind Trumpf, und die Ehrfurcht gibt es nicht mehr. Es schadet der Böse dem besseren Manne, spricht auf ihn ein mit krummen Worten und schwört einen Eid. Neid verfolgt sie alle, die unglückseligen Menschen, widerlich tönend und schadenfroh und finsteren Blickes. Da zum Olympos hinweg von den breiten Straßen der Erde, beide in weiße Gewänder die Schönheit des Leibes verhüllend, gehen sie fort zur Schar der Unsterblichen, fliehen die Menschen. Heilige Ehrfurcht und heilige Rache, nur trauriges Elend bleibt den sterblichen Menschen, und nirgends ist Abwehr des Unheils.

*Literatur*

*A. von Schirnding* (Hg./Übers.): Hesiod. Theogonie – Werke und Tage. Griechisch/Deutsch, mit einer Einführung und einem Register von *E.G. Schmidt*, München/Zürich 1991.

## 2: Lucr. 5,925–1151.1161–1240.1448–1457

Titus Lucretius Carus, ca. 95–55 v.Chr., röm. Philosoph und Dichter, schrieb ein unvollendetes monumentales Lehrgedicht in sechs Büchern über die „Natur der Dinge“ auf der Grundlage der materialistischen Philosophie Epikurs, dessen Anliegen es war, die Menschen von Götter- und Todesfurcht zu befreien. Die hier abgedruckten Passagen schildern die kulturtheoretische Entwicklung menschlicher Sozialisation, Sprache, Wissenschaft und Technik sowie von Kult und Religion:

[925]Und das Menschengeschlecht war dort auf den Fluren um vieles härter, wie
sich's gehört, da hartes Land es geboren, und auf mächtigern mehr und
festeren Knochen gegründet, innen, hindurch durch das Fleisch mit kräftigen
Sehnen versehen, und derart, dass leicht es sich weder von Hitze noch Kälte
[930]schaden ließ noch wieder von Neuheit der Nahrung und Seuche. Viele
Lustren der Sonne am Himmel kamen und gingen, während sie führten nach
Art der schweifenden Tiere das Leben. Und es war noch keiner ein starker
Lenker des krummen Pfluges, keiner verstand mit Eisen die Scholle zu
wenden, [935]keiner ein neues Reis in die Erde zu graben und keiner altes Geäst
dem hohen Baum mit der Hippe zu schneiden. Was ihnen Regen und Sonne
geschenkt, was Erde getragen selber, dieses Geschenk befriedigte reichlich die
Herzen. Unter Früchte tragenden Eichen pflegten sie ihres [940]Leibes meist; und
wenn jetzt in Winterszeiten du wahr nimmst, wie der Arbutus reift mit purpurfarbenen Beeren. Damals hat zahllos sie getragen die Erde noch größer. Viel
noch zudem trug damals die blumige Frische des Erdballs Nahrung, harte,
jedoch den armen Sterblichen Reichtum. [945]Doch zu löschen den Durst haben
Quellen und Flüsse gerufen, wie vom hohen Gebirg noch jetzt der Bergsturz
des Wassers, hell, weither erregt des Wildes durstende Scharen. [... ] Konnten
auch noch nicht die Dinge mit Feuer behandeln, Felle verwenden nicht, noch
sich kleiden in Rüstung des Raubwilds, [955]sondern Haine, hohles Gebirge und
Wälder bewohnten, unter Gesträuch verbargen sie die struppigen Glieder,
wenn sie das Peitschen der Winde und Regen zu meiden gezwungen. Waren
auch nicht imstand, das gemeinsame Gute zu schauen, wussten Sitten auch
nicht noch Gesetz unter sich zu verwenden. [960]Was einem jeden das Glück zur
Beute geboten, das nahm er, jeder selber für sich gelehrt zu siegen und leben!
Und in den Wäldern vereinigte Venus der Liebenden Leiber; denn das Weib
gewann entweder beider Begierde oder der gierige Griff des Mannes, sein
heißes Verlangen [965]oder Geschenke: Erdbeeren, Eicheln, erlesene Birnen.
Und auf Wunderkraft der Hände und Füße vertrauend, [967]spürten sie auf und
verfolgten die wilden Rudel der Tiere [975]mit der Steine Wurf, der Keule
schwerem Gewichte. [968]Viele besiegten, nur wenige mieden sie im Verstecke;
gleich den borstentragenden Ebern legten die struppigen Glieder [970]nackt sie
auf die Erde, erhascht von den nächtlichen Stunden, rings mit Blättern und
Laub sich wärmend in bergender Hülle. Und sie suchten mit großem Geschrei
nicht den Tag und die Sonne ängstlich schweifend umher in den Fluren im
Dunkel der Nächte, [974]sondern in Stille, im Schlaf begraben, warteten ab sie,
[976]bis mit rosigem Glanz die Sonne den Himmel erleuchte. Weil sie nämlich
von klein an gewohnt zu sehen, wie immer Licht in wechselnder Zeit entstand
und Finsternis wieder, konnte es geben nicht Raum, wo Verwundern wäre ent-

standen, noch misstrauische Furcht, dass ewiges Dunkel umfinge unsere Erde, wenn dauernd der Sonne Leuchten entzogen. Sondern das vielmehr schuf Sorge, dass Stämme der Tiere oft zur Gefahr den Elenden machten die Ruhe der Nächte. Und verjagt von daheim entflohen sie felsigem Dache bei dem Kommen des schäumenden Keilers und mächtigen Löwen, und sie räumten ein in tiefer Nacht voll Entsetzen grausam tyrannischem Gast das mit Laub beschüttete Lager. Nicht viel mehr jedoch als jetzt verließen der Menschen Stämme damals das Licht, das süße, des Lebens mit Jammern. Damals nämlich war vielmehr, ergriffen, es einer von ihnen, der den Bestien lebenden Fraß bot, von Zähnen zerrissen, und das Gebirge mit Geschrei und Haine und Wälder erfüllte, sah er, wie lebend sein Leib in lebendem Sarg ward bestattet. Die jedoch, welche Flucht mit zerfressenem Körper bewahrte, riefen hernach, die zittrige Hand an die ekligen Schwären haltend, selber herbei mit schauriger Stimme den Orcus, bis sie endlich die grausamen Schmerzen des Lebens beraubten, ohne Hilfe, nicht kundig, was Wunden für Handeln erfordern. Aber unter der Fahne hat viele Tausende Männer nicht ein einziger Tag dem Tode geweiht, und die wilde Weite des Meeres hat Schiff nicht und Männer an Felsen geworfen. […] Drauf nachdem sie Hütten, Felle und Feuer bereitet und dem Manne die Frau vermählt freiwillig zu einem „Bunde folgte und Heim und der Ehe heilige Bande“ wurden erkannt, sie sahen, wie Nachwuchs ihnen entstanden, da hat das Menschengeschlecht zuerst zu erschlaffen begonnen. Trug das Feuer doch Sorge, dass Kälte die frostigen Körper schon nicht mehr unterm Dach des Himmels zu leiden vermochten, Venus kürzte die Kraft, und die Knaben brachen der Eltern trotzigen Sinn gar leicht mit ihrem zärtlichen Schmeicheln. Damals fingen sie an, auch Freundschaft zu schließen, begierig, weder einander – die Nachbarn – zu schaden, noch Schaden zu leiden, und empfahlen einander die Kinder und Sippe der Frauen, stammelnd indem mit Laut und Gebärde sie gaben sich Zeichen, billig und recht sei es, dass sich alle der Schwachen erbarmten. Freilich konnte nicht ganz überall noch Eintracht entstehen. Aber ein guter und größerer Teil hielt treulich das Bündnis: Sonst wäre der Menschen Geschlecht schon damals gänzlich verschwunden, hätten die Nachkommen nicht Geschlechter fortpflanzen können. Aber der Zunge verschiedene Töne zwang die Natur sie zu entsenden. Und Brauchbarkeit formte die Namen der Dinge. Nicht viel anders als jetzt noch eben Ohnmacht der Zunge auch die Kinder ersichtlich scheint zur Gebärde zu führen, wenn sie bewirkt, dass mit Fingern auf Gegenstände sie zeigen. […] Wenn so verschiedene Empfindung die Tiere also dazu führt, stumm obgleich sie doch sind, verschiedene Laute zu äußern, wie viel mehr entspricht es, dass damals die Menschen vermochten ungleiche Dinge mit immer anderem Laut zu bezeichnen! Dass du nicht dies vielleicht hierbei im Stillen vermissest: Blitz hat herab auf die Erde gebracht den Menschen das Feuer anfangs; von dort hat alle die Glut der Flammen verteilt sich. Vieles sehen wir nämlich entfacht von himmlischen Flammen glänzen, wenn ihnen der Schlag des Himmels Hitze geschenkt hat. Aber auch wenn der verästelte Baum, von den Winden gestoßen, schwankend wogt und dabei sich wirft auf die Zweige des andern, wird mit gewaltiger Kraft heraus das Feuer gerieben und gepresst und aufschnellt der Flammen glühende Hitze manchmal, wenn Zweige und Stämme sich haben gewetzt aneinander. Beides davon kann den Menschen gegeben haben das Feuer. Danach hat Speise zu kochen, mit Hitze der Flamme zu dämpfen, sie die Sonne gelehrt, da vieles sie reif werden sahen, von dem Stechen der Strahlen besiegt auf dem Feld und der Hitze. [1105]Und von Tag zu Tag mehr haben Nahrung und früheres Leben die zu verändern gezeigt durch neuere Mittel und Feuer, die hervor an Begabung ragten und hatten Beherztheit. Städte begannen zu gründen und auf eine Burg zu errichten selber für sich die Könige, für sich eine Schutzwehr und Zuflucht, [1110]und verteilten das Vieh und den Acker und gaben es ihnen nach dem schönen Gesicht eines jeden, nach Kraft und Begabung. Denn das Aussehen stand sehr hoch und die Kräfte in Ansehen. Erst hernach ward Vermögen erfunden, entdeckt auch das Gold erst, das den Starken und Schönen hat leicht die Ehre genommen; [...]. Drauf hat man teilweise gelehrt, sich Vorgesetzte zu schaffen und das Recht zu setzen, dass üben Gesetze man wollte. [1145]Denn der Menschen Geschlecht, nach Faustrecht müde zu leben, war an Feindschaften krank; um so mehr ist es selber gefallen freiwillig unter Gesetze von sich aus und schränkende Rechte. Weil nämlich jeder aus Zorn sich schärfer gerüstet, zu nehmen Rache, als frei es jetzt ist gestellt nach gleichen Gesetzen, [1150]darum hat Ekel die Menschen gepackt, nach Faustrecht zu leben. Seither befleckt die Furcht vor Strafen die Preise des Lebens.

[1161]Jetzt nun: Welcher Grund das Walten der Götter verbreitet über die großen Völker, Städte gefüllt mit Altären und auf sich zu nehmen gesorgt hat feierlich Opfer, das jetzt blüht noch bei großer Macht und an mächtigen Plätzen, [1165]woher auch jetzt noch den Menschen ein der Schauder gepflanzt ward, der immer neue Tempel erweckt der Götter im ganzen Erdkreis und sie zwingt an festlichen Tagen zu feiern, dafür ist's nicht zu schwer, in Worten Erklärung zu geben. Freilich, sahen doch damals schon der Menschen Geschlechter [1170]wachenden Geistes der Götter herrliches Antlitz und mehr noch, wenn sie lagen im Schlaf, von erstaunlichem Wachstum des Körpers. Denen nun sprachen Empfindung sie zu, darum, weil die Glieder sie zu bewegen schienen und auszustoßen erhabne Worte, entsprechend dem herrlichen Antlitz, den mächtigen Kräften. [1175]Und sie gaben ewiges Leben ihnen, weil immer neu das Antlitz wurde ergänzt und immer die Form blieb, und dann auch überhaupt, weil mit solchen Kräften Begabte nicht leichthin, wie sie meinten, durch Macht besiegt werden könnten. Und sie meinten, sie stünden weit voran durch Glück ihrer Lage, [1180]weil die Furcht vor dem Tode nicht einen quälte von ihnen, und zugleich, weil im Traum man sie vieles Erstaunliche wirken sah und doch keine Mühe sich selber daraus hinzuziehen. Außerdem sahen sie klar des Himmels Plan in bestimmter Ordnung und wechseln im Kreis die verschiedenen Zeiten des Jahres, [1185]konnten erkennen indes, aus welchem Grund es geschieht, nicht. Also nahmen sie sich die Zuflucht, alles den Göttern zuzuweisen, von ihrem Wink alles kreisen zu lassen. Und in den Himmel verlegten sie Wohnsitz und Tempel der Götter, weil am Himmel dreht, wie man sieht, die Nacht und der Mond sich, [1190]Mond und Tag und Nacht und die strengen Zeichen der Nächte, nächtlich schweifende Fackeln des Himmels und fliegende Flammen, Wolken, Sonne, die Regen, Schnee, Wind, Blitze und Hagel und schnell rollendes Dröhnen und mächtiges Grollen des Drohens. O des unseligen Geschlechts der Menschen, da solches den Göttern [1195]zugeteilt es an Taten und bitteres Zürnen noch beigab! Was für Klagen hat selbst es sich, was für Wunden geschaffen uns, was für Tränen denen verursacht, die später als wir sind! Und es ist nicht frommer Sinn, verhüllt gesehen zu werden, wie man sich kehrt zu dem Stein, und allen Altären zu nahen, nicht, sich zu Boden zu werfen gestreckt und die Hände zu breiten vor den Tempeln der Götter, nicht, Altäre mit vielem Blute von Tieren zu sprengen, Gebet an Gebete zu reihen, sondern vielmehr mit befriedetem Sinn alles schauen zu können. Denn wenn blicken wir auf zu den Himmelsbereichen des großen Weltalls nach oben, dem Äther, mit funkelnden Sternen, dann beginnt in das Herz, die von anderen Leiden verdrängt war, auch wieder jene Sorge das Haupt erwacht zu erheben, dass nicht doch es gibt für uns eine göttliche Allmacht, die mit verschiedener Bewegung die schimmernden Sterne im Kreis dreht; führt in Versuchung den zweifelnden Sinn doch die Armut an Einsicht, ob es gegeben einmal einen Tag der Geburt für das Weltall und zugleich, ob ein Ende es gibt, bis zu dem es vermöchten, Mühen zu tragen, die Mauern der Welt und die stille Bewegung, oder, mit ewigem Heil auf göttliche Weise begnadet, sie sind imstand, im ständigen Zuge der Zeit sich bewegend, trotzig zu schneiden der mächtigen Zeit unermessliche Kräfte. [...] Schiffe, Bestellung der Felder, Mauern der Städte, Gesetze, Waffen, Straßen, Bekleidung, das übrige, was dieser Art ist, Lohn und Wonnen auch des Lebens alle von Grund auf, Lieder, Gemälde und kunstvolle, wohlgeglättete Bilder hat der Bedarf und zugleich die Erfahrung des rastlosen Geistes mählich gelehrt die Menschen, die vorsichtig Fortschritte machten. So zieht mählich hervor ein jedes das Fließen der Zeiten allen zunutze, und Verstand bringt es in die Reiche des Lichtes. Denn sie sahen im Geiste sich eins aus dem andern erhellen, bis in den Künsten sie kamen zum höchsten Punkt der Vollendung.

*Literatur*

Titus Lucretius Carus: Welt aus Atomen, Lateinisch/Deutsch, Textgestaltung, Einleitung und Übersetzung von *K. Büchner*, Zürich 1956.

## 3: Hdt. 8,140–144

Herodot, ca. 485–425 v.Chr., aus Halikarnassos, gr. Geograf und Historiker, schildert in seinen „Historiai", die von alexandrinischen Philologen in neun Bücher gemäß der Anzahl der Musen eingeteilt wurden, die Zeit vom Trojanischen Krieg bis zur Schlacht bei Mykale 479 v.Chr. Seine Mischung aus neugierigem und unbefangenem Kulturinteresse (Griechen – Barbaren in ihrer je eigenen Kultur gewürdigt) und Ansätzen kritischer Historie ist mit zahlreichen Anekdoten durchsetzt. Die hier abgedruckte Passage ist einerseits ein Beispiel für die in Reden gekleidete Form multiperspektivischer Geschichtsschreibung, zum anderen werden die kultisch-religiösen Gründe für den Perserkrieg genannt.

[140] Als der Makedonenkönig Alexander nun mit dem Auftrage des Mardonios nach Athen kam, sprach er folgendermaßen:
„Athener! Mardonios lässt euch sagen, dass er eine Botschaft vom Könige erhalten habe, die folgenden Wortlaut hat: Ich vergebe den Athenern alle Unbill,

die sie gegen mich verübt haben; darum, Mardonios, sollst du ihnen nicht bloß ihr Land zurückgeben, sondern sie können noch ein Land dazu in Besitz nehmen, welches sie wollen, und sollen unabhängig bleiben; alle Heiligtümer, die ich ihnen verbrannt habe, sollst du, wenn sie meine Freunde werden wollen, wieder aufbauen. – Dieser königlichen Botschaft muss ich, Mardonios, gehorchen, falls ihr mir nichts in den Weg legt. Und ich frage euch: Warum seid ihr nur so wütende Feinde des Königs? Ihr werdet ihn nie bezwingen und könnt euch auf die Dauer auch nicht gegen ihn behaupten. Ihr wisst doch, wie groß das Heer des Xerxes war und was es ausgerichtet hat, ihr kennt auch die Macht, über die ich jetzt gebiete. Selbst wenn ihr mich besiegtet und schlüget, worauf ihr euch, wenn ihr vernünftig seid, keine Hoffnung machen werdet, ist ein neues, vielmal größeres Heer zur Stelle. Wozu euch mit dem König messen und euer Land verlieren, wozu beständig um euer Leben kämpfen? Versöhnt euch mit ihm!" [...]
So sprach Alexandraos. [141]Als die Lakedaimonier aber erfuhren, dass Alexandros nach Athen gekommen sei und die Athener zu dem Perserkönig hinüberziehen wolle, als sie an jene Weissagung dachten, dass einst Meder und Athener sie samt den übrigen Doriern aus der Peloponnes vertreiben würden, da beschlossen sie in ihrer Furcht, es möchte wirklich zum Vertrage zwischen den Persern und Athenern kommen, sofort Gesandte nach Athen zu schicken. Es traf sich, dass diese Gesandten bei der Rede des Alexandros zugegen waren. Die Athener hatten nämlich die Verhandlung hinausgeschoben, weil sie wussten, dass man in Lakedaimon von der Ankunft des persischen Abgesandten und dem beabsichtigten Vertrage hören und schleunigst Gesandte schicken würde. Sie hatten daher absichtlich gewartet, um den Lakedaimoniern ihre wahre Gesinnung vor Augen zu führen.
[142]Als Alexandros seine Rede beendet hatte, nahmen nunmehr die spartanischen Gesandten das Wort und sprachen: „Die Lakedaimonier haben uns gesandt, um euch zu bitten, keine Untreue gegen Hellas zu begehen und die Vorschläge des Feindes nicht anzunehmen. Denn es wäre unredlich und keiner hellenischen Stadt würde es zur Ehre gereichen, am allerwenigsten aber euch; und das aus vielen Gründen. Ihr ward es, die ganz gegen unseren Willen diesen Krieg herbeigeführt haben, und von Hause aus richtete sich der Kampf nur gegen euer Land, erst jetzt richtet er sich gegen ganz Hellas, Und wenn wir von dem allen auch absehen: Dass gerade Athen die Knechtschaft der Hellenen verschulden soll, wäre ganz unerträglich, denn ihr ward es doch immer, schon in alter Zeit, die manchem die Freiheit erkämpft haben. Eure bedrängte Lage freilich bekümmert uns tief; zweier Ernten seid ihr schon beraubt worden und habt seit langem euer Hab und Gut verloren. Dafür erbieten sich aber die Lakedaimonier und Bundesgenossen, eure Frauen und Familien, soweit sie im Kriege nicht nütze sind, zu unterhalten, solange noch der Krieg währt. Möge euch doch nicht Alexandros von Makedonien durch die versöhnliche Art, wie er den Antrag des Mardonios vorbringt, verführen! Er muss ja das tun: Er ist ein Tyrann und hilft einem anderen Tyrannen. Ihr aber müsst ihn zurückweisen, wenn anders ihr vernünftig seid; denn ihr wisst, dass es bei Barbaren nicht Treu und Glauben gibt."
So sprachen die Gesandten. [143]Darauf erteilten die Athener dem Alexandros folgende Antwort: „Wir wissen selber, dass die persische Macht vielmal

größer ist als die unsrige; es war nicht nötig, uns das vorzuhalten. Trotzdem werden wir um unsere Freiheit kämpfen, solange wir noch Kraft haben. Mache keinen Versuch, uns zur Versöhnung mit den Barbaren zu überreden, denn wir folgen dir hierin doch nicht. Sage Mardonios: Solange die Sonne ihre alte Bahn wandelt, gibt es keine Versöhnung zwischen uns und Xerxes. Im Vertrauen auf den Beistand der Götter und Heroen, deren Häuser und Bilder er gottlos verbrannt hat, werden wir ihm fest entgegentreten. Tritt nie wieder mit solchen Anträgen vor die Athener; verführe sie nicht wieder zu Schändlichkeiten, in der Meinung, ihnen zu dienen! Du bist Proxeinos und unser Freund, darum wollen wir nicht, dass die Athener dir unfreundlich begegnen."

144 Das war ihre Antwort an Alexandros. Zu den spartanischen Gesandten aber sagten sie: „Es ist menschlich, dass die Lakedaimonier fürchten, wir könnten uns mit dem Perserkönige verständigen; trotzdem solltet ihr euch eurer Furcht schämen, da ihr die Gesinnung Athens kennt. Nirgend in der Welt gibt es so viel Gold, nirgend ein so schönes fruchtbares Land, dass wir um dessentwillen persisch werden und Hellas in die Sklaverei bringen würden. Vieles und Großes verbietet uns das, selbst wenn wir es tun wollten; erstens und hauptsächlich die niedergebrannten und zerstörten Götterbilder und Tempel, für die wir blutigste Rache üben müssen, ehe wir uns mit dem Manne, der das getan, versöhnen können; ferner die Bluts- und Sprachgemeinschaft mit den anderen Hellenen, die Gemeinsamkeit der Heiligtümer, der Opferfeste und Lebensweise. Es stünde den Athenern schlecht an, wenn sie an dem allen Verrat üben wollten. Darum wisset, wenn ihr es bisher noch nicht gewusst habt: solange noch ein Athener am Leben ist, gibt es keine Versöhnung zwischen uns und Xerxes.

Was nun eure Sorge um uns betrifft, dass ihr an unsere Verarmung denkt und den Unterhalt unserer Angehörigen übernehmen wollt, so freuen wir uns darüber; unsere Dankbarkeit ist euch gewiss. Gleichwohl wollen wir in unserer traurigen Lage verharren und euch nicht beschwerlich fallen. Schicket nur, da die Dinge so liegen, recht bald euer Heer aus! Wie wir vermuten, wird nicht mehr viel Zeit vergehen, bis der Feldherr der Perser zur Stelle ist und in unser Land einfällt. Sobald er hört, dass wir alle seine Anerbieten ablehnen, wird er kommen. Bevor er in Attika erscheint, müssen wir ihm nach Boiotien entgegenrücken." So antworteten die Athener, und die Boten kehrten nach Sparta zurück.

*Literatur*

Herodot: Historien. Deutsche Gesamtausgabe. Übersetzt von *A. Hornefer*. Neu herausgegeben und erläutert von *H.W. Haussig*, mit einer Einleitung von *W.F. Otto*, Stuttgart $^{3}$1963.

# Texte zu 1.2.2 Moderner und antiker Religionsbegriff

## 4: Cic. nat. deor. 1,2–5; 2,70–72

Marcus Tullius Cicero, 106–43 v.Chr., war röm. Politiker, Redner, Schriftsteller und Philosoph. In seinem Werk über das „Wesen der Götter“, das wohl Ende 45 v.Chr. fertiggestellt wurde, treten Vertreter verschiedener philosophischer Strömungen auf, die vom akademischen Skeptiker und Pontifex Maximus Cotta kritisiert werden. In den hier abgedruckten Passagen geht es um die Frage nach der Existenz von Göttern überhaupt, um Kritik an den verschiedenen Behauptungen und um die Unterscheidung von wahrer Religiosität und Aberglauben:

[2]So haben beispielsweise in dieser Frage die meisten Philosophen sich für die Existenz von Göttern erklärt. Das besitzt ja auch den höchsten Grad von Wahrscheinlichkeit, und zu dieser Erkenntnis führt die Natur einen jeden von uns hin. Protagoras äußerte Zweifel an ihrer Existenz, und Diagoras von Melos und Theodoros von Kyrene glaubten überhaupt nicht daran. Die Ansichten derjenigen aber, die die Existenz von Göttern bejahten, zeigen eine so große Verschiedenheit und Uneinigkeit, dass es kein Ende gäbe, wollte man ihre Meinungen der Reihe nach aufzählen. Denn über die Gestalt, den Aufenthaltsort, den Wohnsitz und die Lebensweise der Götter wird viel erzählt, und über diese Fragen ist ein heftiger Meinungsstreit unter den Philosophen im Gange; was aber den Kernpunkt des Problems bildet, ob die Götter nichts tun, keine Wirksamkeit haben und sich jeder fürsorgenden Leitung der Welt enthalten, oder ob im Gegenteil gerade von ihnen schon vom ersten Anfang an alles erschaffen und eingerichtet ist und alles bis in Ewigkeit von ihnen geleitet und in Bewegung gehalten wird, gerade darüber ist die Uneinigkeit besonders groß, und wenn sich in dieser Frage keine genaue Entscheidung finden lässt, muss die Menschheit unvermeidlich in einem ganz großen Irrtum und im Zustand der Unwissenheit über die wichtigsten Dinge verbleiben. [3]Es gibt ja Philosophen und hat sie immer gegeben, nach deren Meinung sich die Götter auch nicht im Geringsten um die Angelegenheiten der Menschen kümmern. Wenn deren Ansicht richtig ist, welchen Sinn kann dann fromme Gesinnung, untadeliger Lebenswandel und Gottesverehrung haben? Denn all das kann dem Walten der Götter in Reinheit und Lauterkeit doch nur dann entgegengebracht werden, wenn es von ihnen beachtet wird und wenn von den unsterblichen Göttern dem Menschengeschlecht etwas Gutes zuteilgeworden ist; wenn uns die Götter aber weder helfen können noch wollen, sich um uns überhaupt nicht kümmern, unser Tun nicht beachten und von ihnen her nichts auf das Leben der Menschen einwirkt, wozu sollen wir dann den unsterblichen Göttern irgendwelche Kulte einrichten, ihnen Ehren erweisen und Gebete an sie richten? In einer rein äußerlichen Heuchelei aber kann weder eine fromme noch sonst eine tugendhafte Gesinnung enthalten sein; mit ihr muss zugleich jedes Gefühl für Heiligkeit und Religion schwinden; und sind diese dahin, ist die Folge Unordnung und große Verwirrung des Lebens; [4]außerdem dürfte wohl zugleich mit der frommen Gesinnung gegen die Götter auch die Treue und das Gemeinschaftsgefühl des Menschengeschlechtes und die höchste aller Tugenden, die Gerechtigkeit, aufgehoben werden. Dagegen nehmen nun

andere, und zwar große und berühmte Philosophen an, das ganze Weltall werde durch den Verstand und das Denkvermögen der Götter geleitet und regiert, aber nicht nur das, sondern von denselben Göttern werde für das Leben der Menschen vorausschauend Sorge getragen; denn die Früchte der Felder und die übrigen Erzeugnisse des Erdbodens, das Wetter, der Wechsel der Jahreszeiten und die Veränderungen am Sternenhimmel, Einrichtungen, durch die alles, was die Erde hervorbringt, rechtzeitig zur Reife gelangt, werden nach ihrer Meinung dem Menschengeschlecht von den unsterblichen Göttern verliehen, und dazu sammeln sie – in diesen Büchern wird davon noch die Rede sein – viele Beispiele, die geeignet sind, fast den Anschein zu erwecken, als hätten die unsterblichen Götter gerade diese Gaben zum Nutzen der Menschheit geschaffen. Gegen diese Philosophen hat sich nun Karneades so vielfach ausgesprochen, dass er die Menschen, soweit sie nicht zu träge dazu waren, anregte, nach der Ermittlung der Wahrheit zu verlangen. [5]Denn es gibt kein Problem, bei dem die Ansichten nicht nur der Laien, sondern auch der Fachleute so sehr voneinander abweichen; sind deren Ansichten aber so verschieden und einander widersprechend, dann besteht einerseits tatsächlich die Möglichkeit, dass keine davon die Wahrheit trifft, während es andererseits bestimmt unmöglich ist, dass mehr als eine die wahre sein kann.

2 [70]Seht ihr also, wie sich das menschliche Denken von ganz natürlichen, für richtig und nutzbringend befundenen Vorgängen aus dazu verleiten ließ, entsprechende Gottheiten auszudenken und zu erfinden? Das aber hat falsche Ansichten, verwirrende Irrtümer und einen beinahe altweiberhaften Aberglauben hervorgebracht. Denn jetzt kennen wir das äußere Aussehen, das Alter, die Kleidung und den Schmuck der Götter, dazu ihre Abstammung, ihre Ehen und ihre Verwandtschaft, und alles ist auf die Ähnlichkeit mit den menschlichen Schwächen übertragen. Denn die Götter werden uns sogar im Zustand seelischer Erregung geschildert: Wir haben ja von den Leidenschaften, dem Kummer und den jähzornigen Handlungen der Götter gehört; aber auch Kriege und Schlachten sind ihnen der Sage nach nicht erspart geblieben, und zwar nicht nur wie z.B. bei Homer, wo die einen Götter auf dieser, die anderen auf jener Seite zwei feindlich einander gegenüberstehende Heere schützten, sondern sie haben, wie im Kampfe gegen die Titanen und Giganten, sogar ihre eigenen Kriege geführt. Diese Mythen werden in der albernsten Art erzählt und auch geglaubt, und dabei sind sie voll von dummem Gerede und höchster Unüberlegtheit. [71]Aber auch wenn man diese Mythen verwirft und beiseite lässt, wird man von der „Gottheit", die das Wesen einer jeden Naturerscheinung durchdringt – wie Ceres die Erde, Neptun das Meer und andere Gottheiten wieder andere Gebiete – trotzdem begreifen können, wer sie sind, wie sie sind und mit welchen Namen man sie gewöhnlich bezeichnet hat. Diese müssen wir als Götter anbeten und verehren. Die beste und zugleich lauterste, heiligste und frömmste Verehrung der Götter aber besteht darin, dass wir sie immer mit reinen, unverdorbenen und unverfälschten Gedanken und Worten anbeten. Denn nicht nur die Philosophen, sondern sogar schon unsere Vorfahren haben den Aberglauben von der echten Religion getrennt. [72]Denn die Menschen, die alle Tage beteten und Opfer dafür brachten, dass ihnen ihre Kinder am Leben blieben, wurden *superstitiosi* genannt, eine Bezeichnung, die später einmal eine viel weiter gehende Bedeutung, nämlich „aber-

gläubisch" erlangte; diejenigen aber, die alles, was mit der Verehrung der Götter zu tun hatte, sorgfältig ausübten und gleichsam immer wieder erwogen, wurden von diesem Wort *relegere* als *religiosi* bezeichnet – so, wie man elegantes von *eligere*, *diligentes* von *diligere* und *intellegentes* von *intellegere* bildet; denn in allen diesen Ausdrücken steckt dieselbe Bedeutung von *legere* wie in dem Worte *religiosus*. So ist bei den Worten *superstitiosus* und *religiosus* das eine zur Bezeichnung eines Fehlers, das andere zu der eines lobenswerten Vorzuges geworden. Und nun glaube ich, die Existenz der Götter und ihre Eigenschaften ausführlich erklärt zu haben.

*Literatur*

M. Tullius Cicero: De Natura Deorum Libri III / Vom Wesen der Götter, Lateinisch/Deutsch. Hg., übersetzt und erläutert von *W. Gerlach/K. Bayer*, München 1978.

## 5: Aug. civ. 6,5

Augustinus (Aurelius Augustinus), 354–430 n.Chr., aus Thagaste in Numidien, fand nach bewegter Jugend 387 zum Christentum (Taufe durch Ambrosius), seit 396 Bischof von Hippo Regius, bedeutender lat. Kirchenvater, Philosoph und Theologe. Sein monumentales Werk „Vom Gottesstaat", geschrieben unter dem Eindruck der westgotischen Eroberung Roms 410, ist vordergründig eine Rechtfertigung des Christentums gegenüber heidnischen Vorwürfen, im Grunde jedoch eine Anweisung des Christen, in und mit dieser Welt leben zu können. Das Werk stützt sich u.a. sehr auf Varro, dessen drei Arten von Götterlehren hier abgehandelt werden:

Wie steht es nun damit, dass er sagt, es gebe drei Arten der Theologie, das heißt drei Lehren, die den Göttern gewidmet sind, von denen die erste die mythische, die zweite die physische und die dritte die staatliche genannt wird? Lateinisch würden wir, wenn es sprachgebräuchlich wäre, die erste Art das *genus fabulare* nennen; wir wollen aber lieber *fabulosum*, also sagenhaft sagen, denn Mythen nennt man auch Sagen, da das griechische Wort *mythos* im Lateinischen *fabula*, das heißt Sage, bedeutet. Die zweite Art soll als die natürliche bezeichnet werden, was ja der heutige Sprachgebrauch zulässt. Die dritte Art hat er selbst mit *genus civile* als die staatliche bezeichnet. Er fährt dann fort: „Mythisch wird die Art genannt, die hauptsächlich bei den Dichtern, physisch, die bei den Naturphilosophen, und staatlich, die unterm Volk in Gebrauch ist. In der ersten finden sich viele Erdichtungen, die gegen die Würde und die Natur der Unsterblichen verstoßen. [...]
Sehen wir nun, was er über die andere Götterlehre sagt: „Über die zweite Art, die ich dargestellt habe, hinterließen die Philosophen viele Bücher. Darin steht, wer die Götter sind, wo sie sind, welchen Geschlechtes und welcher Art; von welcher Zeit an sie Götter sind, oder ob es sie von Ewigkeit her gab; ob sie, nach Heraklit, aus dem Feuer stammen, oder, nach Pythagoras, aus den Zahlen, oder, wie Epikur sagt, aus den Atomen. Und so enthalten sie noch mancherlei, was die Ohren leichter innerhalb der Schulwände als draußen in der Öffentlichkeit ertragen." An dieser Theologie, die man die physische nennt, die Sache der Philosophen ist, hat er nichts auszusetzen, nur erwähnt er die Streitigkeiten, die sie unter sich haben, wodurch eine große Menge in

Zwietracht lebender Sekten entstanden ist. [...] Nun mag einer sagen: Wir wollen diese zwei Arten, die mythische und physische, das heißt die sagenhafte und natürliche Götterlehre, wie Varro auch, von der staatlichen trennen, um die es sich jetzt handelt, und wollen sehen, wie er diese erklärt. Ich verstehe freilich, warum man die sagenhafte absondern muss: Weil sie falsch, weil sie schändlich, weil sie unwürdig ist. Die natürliche aber von der staatlichen absondern wollen, was ist das anderes als zugeben, dass auch die staatliche unrichtig ist? Wenn jene natürlich ist, was ist an ihr auszusetzen, dass sie ausgeschlossen wird? Ist die sogenannte staatliche nicht natürlich, was hat sie dann für ein Verdienst, dass man sie zulässt? [...] Doch schauen wir uns immerhin auch die staatliche Götterlehre näher an. Er sagt von ihr: „Die dritte Art ist die, welche die Bürger in den Städten, vorab die Priester, zu kennen und zu verwalten haben. Zu ihr gehört, welche Götter jeder öffentlich zu verehren, welche Bräuche und Opfer er zu betätigen hat." Auch das Folgende ist wichtig: „Die erste Theologie eignet sich am besten für das Theater, die zweite für die Welt, die dritte für die Stadt." Wer sähe nicht, welcher er den Vorzug gibt? Doch jedenfalls der zweiten, von der er oben sagte, sie sei die Götterlehre der Philosophen. Denn von ihr erklärt er, sie habe die Beziehung zur Welt, also zum Vorzüglichsten in den Augen der Menschen seiner Art. Hat er nun aber die beiden anderen Theologien, die erste und die dritte, die des Theaters und die der Stadt, abgesondert oder miteinander vereinigt? Es ist nämlich nicht ohne Weiteres ersichtlich, ob eine Angelegenheit der Stadt auch zur Weltangelegenheit werden muss, wenn wir auch die Städte in der Welt existieren sehen, denn es ist durchaus möglich, dass in einer Stadt auf Grund falscher Meinungen etwas verehrt und etwas geglaubt wird, das in der Welt oder auch außerhalb der Welt nirgendwo Wirklichkeit besitzt: Aber das Theater ist doch schließlich nur in der Stadt denkbar. Ist es nicht die Bürgerschaft einer Stadt, die sich ein Theater errichtet? Und weswegen wird es errichtet, wenn nicht wegen szenischer Spiele? Und die szenischen Spiele: Gehören sie nicht zu den göttlichen Dingen, von denen gerade diese Bücher Varros mit so viel Geschick zu erzählen wissen?

*Literatur*

Aurelius Augustinus: Der Gottesstaat, in deutscher Sprache von *C. J. Perl*, Bd. I, Salzburg $^{2}$1966.

## 6: Cic. Tusc. 3,72–79

Cicero, „Gespräche in Tusculum", 3,72–79 ist der Versuch, über den Tod seiner Tochter (45 v.Chr.) hinweg zu kommen und sich von dem Schmerz durch Arbeit oder Philosophie frei zu machen:

3[72]Aber es gibt mehrere Ursachen für das Aufkommen des Schmerzes. Erstens jene Vorstellung von etwas Furchtbarem; ist dies einmal vor die Seele getreten und in die Überzeugung eingedrungen, so folgt die Bekümmernis mit Notwendigkeit. Sodann glaubt man auch den Verstorbenen eine Freude zu bereiten, wenn man sie recht tief bedauert. Dazu kommt eine Art von weiblichem Aberglauben; man vermeint die unsterblichen Götter leichter zu befriedigen, wenn man sich von der Wucht ihres Schlages niedergestreckt und zerschmettert zeigt. Welch ein Widerspruch zwischen diesen Motiven liegt, sehen die meisten nicht ein. Sie loben diejenigen, die mit Fassung in den Tod gehen; wer aber den Tod eines andern mit Fassung erträgt, den findet man für tadelnswert: Als ob es irgendwie möglich wäre, was man oft in Liebesgesprächen zu sagen pflegt, dass man einen andern mehr liebte als sich selbst. [73]Herrlich ist es und, wenn man genau zusieht, auch richtig und in Ordnung, dass wir diejenigen, welche uns am teuersten sein müssen, ebenso sehr lieben wie uns selbst; dass wir sie aber mehr lieben, ist absolut unmöglich. Es ist auch gar nicht zu wünschen, dass z.B. in der Freundschaft er mich mehr liebe als sich, aber ihn mehr als mich; eine Verwirrung der menschlichen Existenz und aller Lebensaufgaben wäre bei solchen Zuständen die unausbleibliche Folge. […]

Was also den Schmerz heilt, ist die Dauer an sich nicht, sondern der dauernde Gedanke, dass in der Sache selbst kein Übel liegt.

Hier bringen sie mir nun die gemäßigten Leidenschaften an. Wenn diese natürlich sind, was bedarf es da der Tröstung? Die Natur selbst wird für Maß und Ziel sorgen. Beruhen sie aber auf Einbildung, so mag eben die ganze Einbildung vertrieben werden. Ich denke, wir haben genug darüber gesprochen, dass die Bekümmernis auf der Einbildung eines gegenwärtigen Übels beruht, und dass diese Einbildung ein Gefühl der Verpflichtung zur Bekümmernis in sich schließt. […]

Dies also sind die Aufgaben der Trostspender: Die Bekümmernis bis auf den Grund auszurotten oder sie wenigstens zu beruhigen oder möglichst zu verringern oder zu unterdrücken, auf keinen Fall aber zu dulden, dass sie sich weiter ausdehne oder andere anstecke. [76]Manche sehen die einzige Pflicht des Tröstens in der Lehre, dass jenes Unglück überhaupt nicht existiere: Dahin gehört Kleanthes; andere lassen seine Kleinheit betonen, wie die Peripatetiker; einige möchten die Vorstellung vom Schlimmen zum Guten hinüberleiten, so Epikuros; wieder andere begnügen sich mit dem Hinweise darauf, dass nichts Unerwartetes vorgefallen ist, wie die Kyrener. Chrysippos wiederum hält es für die Hauptsache beim Trösten, dem Trübseligen jene Vorstellung zu nehmen, er täte seine Pflicht und Schuldigkeit. Auch gibt es Leute, die alle diese Trostversuche zusammenstellen, denn bei den verschiedenen Menschen wird bald dieser, bald jener, wie ich in meinem mehrfach genannten Buche alle Mittel auf das eine Ziel des Trostes konzentriert habe: denn in gewaltiger Aufregung befand sich damals mein Gemüt, und alle Heilmittel wurden an ihm versucht. […]

[77]Bei jedem Trostversuch wird also das erste Heilmittel die Belehrung sein, dass das Übel entweder nicht vorhanden oder sehr geringfügig ist; die zweite betrifft die allgemeinen Lebensumstände und alles, was sich etwas über die besondere Lage des Trauernden vortragen lässt; drittens betont man, dass es äußerste Torheit ist, sich unnütz in Trübsal zu verzehren, während man doch einsieht, dass es zu nichts führt. […]

[79]Auch auf jenes Trostwort ist kein unbedingter Verlass, das man doch so häufig anwendet und das allerdings oft nützen kann: „Du bist nicht der Einzige“. Gewiss, dies kann nützen, ich sprach schon davon, aber nicht immer

und nicht allen; manche verabscheuen es; aber es kommt darauf an, wie man es anwendet. Man soll die standhafte Art betonen, wie sich der Weise im Unglück benommen hat, nicht die Art des Unglücks selbst. – Chrysippos' Gedanke ist unanfechtbar im Sinne der allgemeinen Wahrheit, aber praktisch im Augenblicke des Kummers recht schwer anzuführen. Es wäre eine gewaltige Aufgabe, einem Menschen in Trauer klar zu machen, dass er auf Grund seines überlegten Urteils und aus vermeintlichem Pflichtgefühl trauere. Schließlich werden wir uns verhalten wie bei Prozessen, wo wir uns auch nicht immer auf denselben Prinzipienstandpunkt zur Betrachtung der Frage stellen, sondern uns, je nach dem Charakter des Rechtsfalles, an die Zeitumstände, die Art der Streitfrage und die Personen anpassen; ebenso sollen wir auch, wenn wir Kummer lindern wollen, jedes Mal zusehen, welches Heilmittel der Einzelne verträgt.

*Literatur*

Marcus Tullius Cicero: Gespräche in Tuskulum. Aus dem Lateinischen mit Einleitung und Erläuterungen von *F. Spiro*, Leipzig 1908.

## 7: Cic. leg. 2,34–37

Cicero geht es hier um die Bedeutung der Mysterienkulte und um die Grenzen ihrer Akzeptanz:

[34]Marcus: Beim Folgenden jedoch möchte ich allerdings fragen, Titus, wieweit du zustimmen kannst oder ich es zurücknehmen soll.
Atticus: Was meinst du denn damit?
[35]Marcus: Die Bestimmung über die nächtlichen Opferfeiern der Frauen.
Atticus: Ich stimme hier gewiss zu, zumal im Gesetz selbst das alljährliche, im Namen des Volkes gefeierte Opfer ausgenommen ist.
Marcus: Was werden dann also Iakchos und eure Eumolpiden mit jenen erhabenen Mysterien machen, da wir ja die nächtlichen Opferfeiern abschaffen? Denn wir stellen ja unsere Gesetze nicht nur für das römische Volk auf, sondern für alle tüchtigen und starken Völker.
[36]Atticus: Ich glaube, du machst eine Ausnahme für jene Mysterien, in die wir selbst eingeweiht wurden.
Marcus: Sicher, für die will ich eine Ausnahme machen. Denn wie mir scheint, hat deine Stadt Athen zwar viele hervorragende und einzigartige Errungenschaften hervorgebracht und in das menschliche Leben eingeführt, aber doch nichts Vortrefflicheres als jene Mysterien, die uns aus einer ungebildeten und rohen Lebensweise zu wahrer menschlicher Bildung erzogen und zu kultivierten Menschen gemacht haben. Und wie sie denn auch Anfangsgründe heißen, so haben wir in der Tat die wahren Grundlagen des Lebens durch sie kennengelernt und haben nicht nur die Unterweisung erhalten, wie man mit Freude lebt, sondern auch wie man mit einer Hoffnung auf Besseres stirbt. Was mir aber an den nächtlichen Opferfeiern missfällt, bringen die Komödiendichter zum Ausdruck. Wenn diese Freizügigkeit in Rom erlaubt wäre, was hätte dann jener getan, der mit der Absicht auf Sinnenlust zum

Opfer kam, dorthin, wohin man nicht einmal aus Unachtsamkeit hinblicken durfte, ohne dass es ein Vergehen war.
Atticus: Nun, beantrage du doch dein Gesetz in Rom und nimm uns die unseren nicht!
[37]Marcus: Ich kehre also zu unseren Gesetzen zurück. In ihnen gilt es in der Tat, mit größter Sorgfalt festzulegen, dass über den guten Ruf der Frauen das helle Licht der Öffentlichkeit mit den Augen vieler Menschen wache und dass sie in die Ceresmysterien nach dem Ritus eingeweiht werden, der in Rom bei den Einweihungen üblich ist. Die Strenge, die unsere Vorfahren hierin übten, zeigt ein alter Senatsbeschluss über die Bacchanalien und ebenso die gerichtliche Untersuchung und Ahndung durch die Konsuln unter Heranziehung des Heeres. Und damit wir nicht etwa den Anschein allzu großer Strenge erwecken, weisen wir darauf hin, dass in Mittelgriechenland Pagondas aus Theben alle nächtlichen Opferfeiern durch ein für immer gültiges Gesetz abgeschafft hat. Die neuen Götter aber und die Nachtfeiern zu ihrer Verehrung verspottet Aristophanes, der witzigste Dichter der alten Komödie, in der Weise, dass bei ihm Sabazios und einige andere fremde Götter abgeurteilt und aus der Stadt hinausgejagt werde.

*Literatur*

M. Tullius Cicero: Über die Gesetze (*de legibus*), übersetzt, erläutert und mit einem Essay „Zum Verständnis des Werkes“ hg. von *E. Bader/L. Wittmann*, Reinbek bei Hamburg 1969.

## 8: CIL $I^2$ 581

Diese Inschrift enthält den Senatsbeschluss über die Bacchanalien vom Jahre 186 v.Chr. und zeigt den Umgang der Römer mit fremden und für die röm. Moral gefährlichen Kulten. Eine historische Darstellung desselben Vorganges findet sich bei Livius 39,8–19.

Quintus Marcius, Sohn des Lucius und Spurius Postumius, Sohn des Lucius, beriefen als Konsuln den Senat ein an den Nonen des Oktober beim Tempel der Bellona. Protokoll führten Marcus Claudius, Sohn des Marcus, Lucius Valerius, Sohn des Publius und Quintus Minucius, Sohn des Casus.
Bezüglich der Bacchanalienfeiern beschlossen sie folgende Proklamation für die mit Rom Verbündeten: Niemand von ihnen darf einen Platz für ein Bacchanal haben. Sollte es Personen geben, die erklären, einen Platz für ein Bacchanal nötig zu haben, müssen sie zum Stadtprätor nach Rom kommen, und nach ihrer Anhörung soll unser Senat darüber entscheiden in Anwesenheit von mindestens 100 Senatoren bei dieser Verhandlung. Unter die Bacchen darf sich kein Mann mischen, weder ein römischer Bürger, noch ein Bürger lateinischen Rechts, noch einer der Bundesgenossen, falls sie nicht zuvor den Stadtprätor aufsuchen und von ihm Erlaubnis dazu erhalten mit Billigung des Senats in Anwesenheit von mindestens 100 Senatoren bei der Verhandlung. Dies haben die Senatoren beschlossen. Kein Mann darf Priester sein; kein Mann und keine Frau darf Vorsteher(in) sein; keiner von ihnen darf eine gemeinsame Kasse führen; weder einen geschäftsführenden Beamten, noch einen Stellvertreter, sei er männlich oder weiblich, darf jemand bestellen.

Fortan dürfen sie untereinander weder sich durch Schwur, noch durch Gelöbnis, weder durch Vertrag, noch durch eine Zusage verbinden, noch sich gegenseitig das Wort geben. Niemand darf die Rituale im Geheimen durchführen, noch darf jemand die Rituale auf öffentlichem oder privatem Boden, noch außerhalb der Stadt stattfinden lassen, falls er nicht zuvor zum Stadtprätor geht und dieser die Genehmigung erteilt mit Billigung des Senats in Anwesenheit von mindestens 100 Senatoren bei der Verhandlung. Dies haben die Senatoren beschlossen. Mehr als fünf Personen insgesamt, Männer und Frauen, dürfen keine Rituale veranstalten, noch dürfen unter ihnen mehr als zwei Männer bzw. mehr als drei Frauen an den Ritualen teilnehmen ohne entsprechende Genehmigung durch den Stadtprätor und den Senat, wie oben ausgeführt. Dies sollt ihr in der Volksversammlung verkünden an mindestens drei Markttagen und den Senatsbeschluss zur Kenntnis nehmen mit folgendem Inhalt: Wenn jemand gegen die oben ausgeführten Bestimmungen verstößt, soll ihm der Kapitalprozess gemacht werden, wie die Senatoren beschlossen haben. Und dies sollt ihr auf eine Bronzetafel gravieren – so hielt es der Senat für angemessen – und diese anbringen lassen, wo sie am besten zur Kenntnis genommen werden kann. Und die Plätze für Bacchanalien sollen, falls es welche gibt – ausgenommen es läge ein religiöser Hinderungsgrund vor – so wie oben ausgeführt, innerhalb von zehn Tagen, nachdem euch diese Schriftstücke übergeben worden sind, beseitigt werde von zweiter Hand(?) auf dem Gebiet von Teura (Terina?).

*Literatur*

Römische Inschriften, Lateinisch/Deutsch, ausgewählt, übersetzt, kommentiert und mit einer Einführung in die lat. Epigraphik hg. von *L. Schumacher*, Stuttgart 1988.

## 9: Lucr. 1,62–102

Die Auswüchse einer falsch verstandenen Religion schildert Lucrez 1,62–102 am Beispiel der Iphianassa (= Iphigenie).

Als das Leben der Menschen darnieder schmählich auf Erden lag, zusammengeduckt unter lastender Furcht vor den Göttern, welche das Haupt aus des Himmels Gevierten prahlerisch streckten droben mit schauriger Fratze herab den Sterblichen dräuend, erst hat ein Grieche gewagt, die sterblichen Augen dagegen aufzuheben und aufzutreten als erster dagegen; den nicht das Raunen von Göttern noch Blitze bezwangen noch drohend donnernd der Himmel; nein, nur um so mehr noch den scharfen Mut seines Geistes reizte, dass aufzubrechen die dichten Riegel zum Tor der Natur als erster er glühend begehrte. Also siegte die Kraft des lebendigen Geistes, und weiter schritt er hinaus die flammumlohten Mauern des Weltballs, und das unendliche All durchstreift er männlichen Sinnes; bringt von dorten zurück als Sieger, was zu entstehen, was aber nicht es vermag, begrenzte Macht einem jeden endlich wie sie gesetzt und der tief verhaftete Grenzstein. Drum liegt die Furcht vor den Göttern unter dem Fuß, und zur Rache wird sie zerstampft, uns hebt der Sieg empor bis zum Himmel.

Jenes befürcht ich dabei, dass vielleicht du könntest vermeinen, ruchlosen Lehren zu folgen unsrer Vernunft und die Straße einzuschlagen der Sünde. Demgegenüber hat öfters jene Furcht vor den Göttern verursacht Frevels und Böses.
So wie in Aulis einst der Trivia Altar befleckten schmählich mit Blute der Jungfrau, der Iphianassa, sie, die erlesenen Führer der Danaer, Fürsten der Männer. Da nun das Opferband um die bräutlichen Locken gewunden gleich in der Länge zu beiden Seiten der Wange herabfloss und sie traurigen Blicks vorm Altar stehen den Vater sah und diesem zu Seite das Eisen verhehlen die Diener, bei ihrem Anblick aber Tränen verströmen die Bürger, stumm vor Furcht in die Knie sank da sie und suchte den Boden. Und es vermochte der Armen zu nützen in solcher Bedrängnis nicht, dass sie zuerst schenkt' Vaters Namen dem König. Denn von den Händen der Männer gepackt wurde zitternd zum Altar sie geschleift, nicht, dass nach feierlich heiligen Opfers Ende geleitet sie heim werden könnte von Hochzeitgesängen, nein, dass die Reine auf unreine Art, am Tage der Hochzeit fiele traurig als Opfer gebracht von der Hand ihres Vaters, dass seiner Flotte ein End mit Glück und Segen bevorstünde. Soviel hat Furcht vor den Göttern raten können Verbrechen!

*Literatur*

Titus Lucretius Carus: Welt aus Atomen, Lateinisch/Deutsch, Textgestaltung, Einleitung und Übersetzung von *K. Büchner*, Zürich 1956.

## 10: Diog. Laert. 10,123–135

Diogenes Laertius, wohl Ende des 3.Jh. n.Chr., schrieb u.a. eine Geschichte der gr. Philosophie mit vielen Anekdoten zu den einzelnen Philosophen. Eine Ausnahme bildet das 10. Buch über Epikur, das vorwiegend von authentischem Material lebt und damit eine wichtige Quelle zum Epikureismus darstellt:

[123]Wozu ich dich ohn' Unterlass mahnte, das musst du auch tun und dir angelegen sein lassen, indem du dir klar machst, dass dies die Grundlehren sind für ein lobwürdiges Leben. Erstens halte Gott für ein unvergängliches und glückseliges Wesen, entsprechend der gemeinhin gültigen Gottesvorstellung, und dichte ihm nichts an, was entweder mit seiner Unvergänglichkeit unverträglich ist oder mit seiner Glückseligkeit nicht in Einklang steht; dagegen halte in deiner Vorstellung von ihm an allem fest, was danach angetan ist, seine Glückseligkeit im Bunde mit seiner Unvergänglichkeit zu bekräftigen. Denn es gibt Götter, eine Tatsache, deren Erkenntnis einleuchtend ist; doch sind sie nicht von der Art, wie die große Menge sie sich vorstellt; denn diese bleibt sich nicht konsequent in ihrer Vorstellungsweise von ihnen. Gottlos aber ist nicht der, welcher mit den Göttern des gemeinen Volkes aufräumt, sondern der, welcher den Göttern die Vor[124]stellungen des gemeinen Volkes andichtet. Denn was die gemeine Menge von den Göttern sagt, beruht nicht auf echten Begriffen, sondern auf wahrheitswidrigen Mutmaßungen. Daher lässt man den Bösen die größten Schädigungen von Seiten der Götter widerfahren und den Guten die größten Wohltaten; denn ganz und gar für ihre

eigenen Tugenden eingenommen, gönnen sie den Gleichgearteten alles Gute, während ihnen alles anders Geartete als fremdartig erscheint.
Gewöhne dich auch an den Gedanken, dass es mit dem Tode für uns nichts auf sich hat. Denn alles Gute und Schlimme beruht auf Empfindung; der Tod aber ist die Aufhebung der Empfindung. Daher macht die rechte Erkenntnis von der Bedeutungslosigkeit des Todes für uns die Sterblichkeit des Lebens erst zu einer Quelle der Lust, indem sie uns nicht eine endlose Zeit als künftige Fortsetzung in Aussicht stellt, sondern dem Verlangen nach Unsterblichkeit ein Ende macht. [125]Denn das Leben hat für den nichts Schreckliches, der sich wirklich klar gemacht hat, dass in dem Nichtleben nichts Schreckliches liegt. Wer also sagt, er fürchte den Tod, nicht etwa weil er uns Schmerz bereiten wird, wenn er sich einstellt, sondern weil er uns jetzt schon Schmerz bereitet durch sein dereinstiges Kommen, der redet ins Blaue hinein. Denn was uns, wenn es sich wirklich einstellt, nicht stört, das kann uns, wenn man es erst erwartet, keinen anderen als nur einen eingebildeten Schmerz bereiten. Das angeblich schaurigste aller Übel also, der Tod, hat für uns keine Bedeutung; denn solange wir noch da sind, ist der Tod nicht da; stellt sich aber der Tod ein, so sind wir nicht mehr da. Er hat also weder für die Lebenden Bedeutung noch für die Abgeschiedenen, denn auf jene bezieht er sich nicht, diese aber sind nicht mehr da. Die große Menge indes scheut bald den Tod als das größte aller Übel, bald sieht sie in ihm eine Erholung von [126]den Mühseligkeiten des Lebens. Der Weise dagegen weist weder das Leben von sich noch hat er Angst davor, nicht zu leben. Denn weder ist ihm das Leben zuwider noch hält er es für ein Übel, nicht zu leben. Wie er sich aber bei der Wahl der Speise nicht für die größere Masse, sondern für den Wohlgeschmack entscheidet, so kommt es ihm auch nicht darauf an, die Zeit in möglichster Länge, sondern in möglichst erfreulicher Fruchtbarkeit zu genießen. Wer aber den Jüngling auffordert zu einem lobwürdigen Leben, den Greis dagegen zu einem lobwürdigen Ende, der ist ein Tor, nicht nur weil das Leben seine Annehmlichkeit hat, sondern auch, weil die Sorge für ein lobwürdiges Leben mit der für ein lobwürdiges Ende zusammenfällt. Noch weit schlimmer aber steht es mit dem, der da sagt, das Beste sei es, gar nicht geboren zu sein. Aber, geboren einmal, sich schleunigst von dannen zu machen. [127]Denn wenn er es mit dieser Äußerung wirklich ernst meint, warum scheidet er nicht aus dem Leben? Denn das stand ihm ja frei, wenn anders er zu einem festen Entschlusse gekommen wäre. Ist es aber bloßer Spott, so ist es übel angebrachter Unfug. Die Zukunft liegt weder ganz in unserer Hand noch ist sie völlig unserem Willen entzogen. Das ist wohl zu beachten, wenn wir nicht in den Fehler verfallen wollen, das Zukünftige entweder als ganz sicher anzusehen oder von vornherein an seinem Eintreten völlig zu verzweifeln. […]
Eben darum ist die Lust, wie wir behaupten, Anfang und Ende [129]des glückseligen Lebens. Denn sie ist, wie wir erkannten, unser erstes, angeborenes Gut, sie ist der Ausgangspunkt für alles Wählen und Meiden, und auf sie gehen wir zurück, indem diese Seelenregung uns zur Richtschnur dient für Beurteilung jeglichen Gutes. Und eben weil sie das erste und angeborene Gut ist, entscheiden wir uns nicht schlechtweg für jede Lust, sondern es gibt Fälle, wo wir auf viele Annehmlichkeiten verzichten, sofern sich weiterhin aus ihnen ein Übermaß von Unannehmlichkeiten ergibt, und anderseits geben wir vielen

Schmerzen vor Annehmlichkeiten den Vorzug, wenn uns aus dem längeren Ertragen von Schmerzen um so größere Lust erwächst. [...]
Wenn wir also die Lust als das Endziel hinstellen, so meinen wir damit nicht die Lüste der Schlemmer und solche, die in nichts als dem Genusse selbst bestehen, wie manche Unkundige und manche Gegner oder auch absichtlich missverstehende meinen, sondern das Freisein von körperlichem Schmerz und [132]von Störung der Seelenruhe. Denn nicht Trinkgelage mit daran sich anschließenden tollen Umzügen machen das lustvolle Leben aus, auch nicht der Umgang mit schönen Knaben und Weibern, auch nicht der Genuss von Fischen und sonstigen Herrlichkeiten, die eine prunkvolle Tafel bietet, sondern eine nüchterne Verständigkeit, die sorgfältig den Gründen für Wählen und Meiden in jedem Falle nachgeht und mit allen Wahnvorstellungen bricht, die den Hauptgrund zur Störung der Seelenruhe abgeben.
Für alles dies ist Anfang und wichtigstes Gut die vernünftige Einsicht, daher steht die Einsicht an Wert auch noch über der Philosophie. Aus ihr entspringen alle Tugenden. Sie lehrt, dass ein lustvolles Leben nicht möglich ist ohne ein einsichtsvolles und sittliches und gerechtes Leben, und ein einsichtsvolles, sittliches und gerechtes Leben nicht ohne ein lustvolles. [...]
Dies und dem Verwandtes lass dir Tag und Nacht durch den Kopf gehen und ziehe auch deinesgleichen zu diesen Überlegungen hinzu, dann wirst du weder wachend noch schlafend dich beunruhigt fühlen, wirst vielmehr wie ein Gott unter Menschen leben. Denn keinem sterblichen Wesen gleicht der Mensch, der inmitten unsterblicher Güter lebt.

*Literatur*

Diogenes Laertius: Leben und Meinungen berühmter Philosophen, übersetzt von *O. Apelt/ H. G. Zekl*, Hamburg [3]1990.

## 11: Plin. epist. 10,96f

Plinius d.Jr. (Caius Plinius Caecilius Secundus), ca. 62–114 n.Chr., Senator, zuletzt Statthalter der Provinz Pontos-Bithynien unter Kaiser Trajan. Neben seiner Sammlung von 247 Privatbriefen ist für historische Zwecke der behördeninterne Briefwechsel mit Trajan (Buch 10) wichtig, hier insbesondere die „Christenbriefe" 10,96 und 97 (Antwort des Trajan):

Ich habe es mir zur Regel gemacht, Herr, alles, worüber ich im Zweifel bin, Dir vorzutragen. Wer könnte denn besser mein Zaudern lenken oder meine Unwissenheit belehren?
Gerichtsverhandlungen gegen Christen habe ich noch nie beigewohnt; deshalb weiß ich nicht, was und wieweit man zu strafen oder zu untersuchen pflegt. Ich war auch ziemlich unsicher, ob das Lebensalter einen Unterschied bedingt, oder ob ganz junge Menschen genau so behandelt werden wie Erwachsene, ob der Reuige Verzeihung erfährt oder ob es dem, der überhaupt einmal Christ gewesen ist, nichts hilft, wenn er es nicht mehr ist, ob schon der Name „Christ", auch wenn keine Verbrechen vorliegen, oder nur mit dem Namen verbundene Verbrechen bestraft werden.

Vorerst habe ich bei denen, die bei mir als Christen angezeigt wurden, folgendes Verfahren angewandt. Ich habe sie gefragt, ob sie Christen seien. Wer gestand, den habe ich unter Androhung der Todesstrafe ein zweites und drittes Mal gefragt; blieb er dabei, ließ ich ihn abführen. Denn mochten sie vorbringen, was sie wollten, Eigensinn und unbeugsame Halsstarrigkeit glaubte ich auf jeden Fall bestrafen zu müssen. Andere in dem gleichen Wahn Befangene habe ich, weil sie römische Bürger waren, zur Überführung nach Rom vorgemerkt.
Als dann im Laufe der Verhandlungen, wie es zu gehen pflegt, die Anschuldigung weitere Kreise zog, ergaben sich verschieden gelagerte Fälle.
Mir wurde eine anonyme Klageschrift mit zahlreichen Namen eingereicht. Diejenigen, die leugneten, Christen zu sein oder gewesen zu sein, glaubte ich freilassen zu müssen, da sie nach einer von mir vorgesprochenen Formel unsere Götter anriefen und vor Deinem Bilde, das ich zu diesem Zweck zusammen mit den Statuen der Götter hatte bringen lassen, mit Weihrauch und Wein opferten, außerdem Christus fluchten, lauter Dinge, zu denen wirkliche Christen sich angeblich nicht zwingen lassen.
Andere, die der Denunziant genannt hatte, gaben zunächst zu, Christen zu sein, widerriefen es dann aber; sie seien es zwar gewesen, hätten es dann aber aufgegeben, manche vor drei Jahren, manche vor noch längerer Zeit, hin und wieder sogar vor zwanzig Jahren. Auch diese alle bezeugten Deinem Bilde und den Götterstatuen ihre Verehrung und fluchten Christus. Sie versicherten jedoch, ihre ganze Schuld oder ihr ganzer Irrtum habe darin bestanden, dass sie sich an einem bestimmten Tage vor Sonnenaufgang zu versammeln pflegten, Christus als ihrem Gott einen Wechselgesang zu singen und sich durch Eid nicht etwa zu irgendwelchen Verbrechen zu verpflichten, sondern keinen Diebstahl, Raubüberfall oder Ehebruch zu begehen, ein gegebenes Wort nicht zu brechen, eine angemahnte Schuld nicht abzuleugnen. Hernach seien sie auseinandergegangen und dann wieder zusammengekommen, um Speise zu sich zu nehmen, jedoch gewöhnliche, harmlose Speise, aber das hätten sie nach meinem Edikt, durch das ich gemäß Deinen Instruktionen Hetärien verboten hatte, unterlassen. Für um so notwendiger hielt ich es, von zwei Mägden, sogenannten Diakonissen, unter der Folter ein Geständnis der Wahrheit zu erzwingen. Ich fand nichts anderes als einen wüsten, maßlosen Aberglauben.
Somit habe ich die weitere Untersuchung vertagt, um mir bei Dir Rat zu holen. Die Sache scheint mir nämlich der Beratung zu bedürfen, vor allem wegen der großen Zahl der Angeklagten. Denn viele jeden Alters, jeden Standes, auch beiderlei Geschlechts sind jetzt und in Zukunft gefährdet. Nicht nur über die Städte, auch über Dörfer und Felder hat sich die Seuche dieses Aberglaubens verbreitet, aber ich glaube, man kann ihr Einhalt gebieten und Abhilfe schaffen. Jedenfalls ist es ziemlich sicher, dass die beinahe schon verödeten Tempel allmählich wieder besucht, die lange ausgesetzten feierlichen Opfer wieder aufgenommen werden und das Opferfleisch, für das sich bisher nur ganz selten ein Käufer fand, überall wieder Absatz findet. Daraus gewinnt man leicht einen Begriff, welch eine Masse von Menschen gebessert werden kann, wenn man der Reue Raum gibt.

*Literatur*
C. Plini Caeciliani Secundi Epistularum Libri Decem / Briefe, Lateinisch/Deutsch, hg. von *H. Kasten*, München 1968.

## 12: Suet. Nero 16,2

Sueton (Gaius Suetonius Tranquillus), ca. 75–150 n.Chr., unter Hadrian kaiserlicher Beamter in der Zentrale in Rom. Er schrieb u.a. auf der Grundlage der in Rom vorhandenen Materialien, zu denen er Zugang hatte, Kaiserbiographien von Caesar bis Domitian. Dabei sammelte er nach einem gewissen Schema gute wie schlechte Eigenschaften der Kaiser ohne größere politische Ambitionen. In der Nero-Vita geht er mit einem Satz auf die Christen ein:

Mit der Todesstrafe belegte er die Christen, Anhänger eines neuen und verwerflichen Aberglaubens.

*Literatur*
C. Suetonius Tranquillus: Sämtliche erhaltene Werke. Unter Zugrundelegung der Übertragung von *A. Stahr* neu bearbeitet von *F. Schön/G. Waldherr*, Essen 1987.

## 13: Tac. ann. 15,44
→1.3.4.2

Tacitus (Cornelius Tacitus), ca. 55–um 120 n.Chr., Senator, unter Trajan Statthalter der Provinz Asia, lat. Historiker. Seine Hauptwerke sind die *Historiae* (behandeln die Jahre 69–96 n.Chr.) und die *Annales* (behandeln die Zeit ab dem Tode des Augustus, *ab excessu divi Augusti*, bis zum Tode Neros 68 n.Chr. In ann. 15,44 gibt Tacitus im Zusammenhang seines Berichtes über den Brand Roms vom Jahre 64 eine Passage über die Christen, ihren Begründer und Namensgeber und die verschiedenen Todesarten der Mitglieder dieses „unheilvollen Aberglaubens" (*exitiabilis superstitio*):
Der Bericht des Tacitus über den Brand Roms im Jahre 64 macht zweierlei deutlich: Man sah das Christentum lediglich als eine weitere der vielen orientalischen Mysterienreligionen an, und man traute den Christen nicht. Das scheint auch bei Sueton durch, der in seiner Nero-Biographie die Christen einen „Menschenschlag von neuem und gefährlichem Aberglauben" nennt (Sueton, Nero 16). Offenbar war, ähnlich wie bei anderen Sekten, das Gerücht aufgekommen, dass die Anhänger der neuen Religion bei ihren geheimen Treffen Schandtaten wie Kindermord, Kannibalismus und Inzest verübten. In Rom war auch bekannt, dass der Religionsgründer unter dem Statthalter Pontius Pilatus hingerichtet worden war, der von Tacitus *procurator* genannt wird, in Wahrheit aber den Titel *praefectus* trug.

Aber nicht durch menschliche Hilfe, nicht durch die Spendenfreudigkeit des Kaisers oder durch Sühnemittel gegenüber den Göttern verschwand das Gerücht, dass man glaubte, der Brand sei befohlen worden. Um ihm ein Ende zu machen, schob er (= Nero) daher die Schuld auf andere und strafte mit ausgesuchten Martern die wegen ihrer Verbrechen verhassten Leute, die das Volk Christen nennt. Der Stifter dieser Sekte, Christus, ist unter der Regierung des Tiberius durch den „Prokurator" Pontius Pilatus hingerichtet worden. Der unheilvolle Aberglaube wurde dadurch für den Augenblick unterdrückt, trat später aber wieder hervor und verbreitete sich nicht bloß in Judäa, wo er entstanden war, sondern auch in der Stadt Rom, wo alles Grässliche und Verabscheuungswürdige von überall her zusammenströmt und ausgeübt wird. Man fasste also zuerst Leute, die bekannten, und auf ihre Anzeige hin eine ungeheuere Menge, die folglich nicht der Brandstiftung, aber doch des Hasses gegen das menschliche Geschlecht überführt wurde. Und man trieb mit den zum Untergang Verurteilten noch zusätzlich seinen Spott: In Häuten wilder Tiere steckend wurden sie entweder von Hunden zerfleischt oder ans Kreuz geschlagen oder wurden nach Eintritt der Dunkelheit als nächtliche Beleuchtung verbrannt. Nero hatte seine eigenen Parkanlagen für dies Schauspiel hergegeben und veranstaltete ein Zirkusspiel, wobei er sich in der Tracht eines Wagenlenkers unter das Volk mischte oder auf einem Rennwagen fuhr. Daher regte sich das Mitleid mit jenen Menschen. Obwohl sie schuldig waren und die härtesten Strafen verdient hatten, fielen sie ja doch nicht gleichsam dem öffentlichen Wohl, sondern der Grausamkeit eines einzigen zum Opfer.

*Literatur*
Übersetzt von Karl Leo Noethlichs

## 14: Tac. hist. 5,2–5

Derselbe Tacitus bietet in seinen *Historiae* den längsten und ausführlichsten lateinischsprachigen Bericht über das antike Judentum als Einleitung zur Darstellung des jüd.-röm. Krieges 64/70(72) n.Chr. Danach bricht der erhaltene Text ab:

[2]Da ich nun den letzten Tag dieser vielgenannten Stadt schildern möchte, erscheint es mir angemessen, erst ihre Anfangsgeschichte aufzuzeigen. Wie berichtet wird, sollen die Juden die Insel Kreta fluchtartig verlassen und das Küstengebiet Libyens besiedelt haben, angeblich in der Zeit, da der von Jupiter vertriebene Saturn sein Regiment aufgab. Einen Beleg sucht man in ihrem Namen: Auf Kreta sei nämlich der berühmte Berg Ida und die an seinem Fuß wohnenden Idäer bezeichne man in einer fremdartigen Dehnung des Namens als Judäer. Einige berichten, während der Herrschaft der Isis habe sich die in Ägypten im Überschuss vorhandene Bevölkerung unter Führung eines Hierosolymus und Juda in die Nachbarländer entleert. Nach weitverbreiteter Ansicht handelt es sich um Nachkommen der Äthiopier, die zur Zeit des Königs Kepheus durch Furcht und Hass zum Wechsel ihrer Wohnsitze genötigt worden seien. Eine weitere Überlieferung sagt, dass assyrische Einwanderer, ein Volk auf der Suche nach Ackerland, sich eines Stückes von Ägypten bemächtigt, späterhin aber eigene Städte, die Hebräerlande sowie das nahe an Syrien liegende Gebiet besiedelt hätten. Wieder andere erkennen den Juden einen rühmlichen Ursprung zu: Die Solymer, ein in Homers Gedichten gefeierter Stamm, hätten die von ihnen gegründete Hauptstadt nach ihrem eigenen Namen als Hierosolyma bezeichnet.
[3]Die meisten Autoren teilen die Annahme, dass bei dem Ausbruch einer über Ägypten sich verbreitenden, den ganzen Körper entstellenden Seuche der

König Bocchoris sich an das Hammon-Orakel mit der Bitte um ein Heilmittel gewandt und dort die Weisung erhalten habe, er solle sein Reich einer Säuberung unterziehen und dabei dieses Geschlecht als gottverhasst in andere Länder abschieben. So habe man denn die Leute zusammengesucht und gesammelt. Wie man sie dann in Einöden ihrem Schicksal überließ, da habe, während die übrigen wie stumpfsinnig vor sich hinweinten, Moses, einer der Ausgewiesenen, sie aufgefordert, keinesfalls auf ein Eingreifen der Götter oder auf Menschenhilfe zu warten, da sie ja von diesen und jenen verlassen seien; sie sollten vielmehr, angesichts der himmlischen Führung, unter der sie stünden, auf sich selber vertrauen; dieser himmlische Beistand sei es in erster Linie, wodurch sie das gegenwärtige Elend überwinden würden. Man stimmte bei und trat, aller Dinge unkundig, aufs Geratewohl den Marsch an. Es setzte ihnen aber damals nichts so zu wie der Mangel an Wasser. Schon waren sie, der Erschöpfung nahe, überall auf den Gefilden rings hingesunken, als eine Herde Wildesel von ihrem Weideplatz zu einer waldbeschatteten Schlucht hinüberwechselte. Moses folgte ihr und entdeckte, was er bei dem grasreichen Boden schon vermutet hatte, reichliche Wasseradern. Dies war eine rechte Erquickung für die Leute, und so konnten sie einen Dauermarsch von sechs Tagen zurücklegen und am siebten Tag nach Vertreibung der bisherigen Bewohner das Land besetzen, in dem sie dann ihre Hauptstadt anlegten und den Tempel weihten.

4Um sich des Volkes für die Zukunft zu versichern, führte Moses neue religiöse Bräuche ein, die mit den sonst auf der Welt üblichen im Widerspruch standen. Dort bei den Juden ist alles unheilig, was bei uns heilig ist; anderseits ist bei ihnen gestattet, was wir als Greuel betrachten. Im Allerheiligsten stellten sie das Weihebild eines der Tiere auf, die ihnen den erlösenden Weg aus Irrsal und Verschmachtung gewiesen hatten; dabei wurde wie zum Hohn auf Hammon ein Widder geschlachtet. Auch Stieropfer bringen sie dar, da ja die Ägypter den Apis verehren. Des Genusses von Schweinefleisch enthalten sich die Juden in Erinnerung an die einstige Heimsuchung; war doch über sie selbst seinerzeit der schreckliche Aussatz gekommen, von dem dieses Tier befallen zu werden pflegt. Zeugnis von ihrer einstigen langen Hungersnot gibt noch jetzt ihr häufiges Fasten, und zum Beweis dafür, dass sie einmal Feldfrüchte rauben mussten, hält man am Genuss des ohne Sauerteig bereiteten jüdischen Brotes fest. Jeweils den siebten Tag zur Ruhe zu bestimmen, sagte ihnen angeblich deshalb zu, weil dieser Tag das Ende ihrer Mühsal gebracht habe. Dass sie weiterhin auch jedes siebte Jahr dem Müßiggang weihten, soll von ihrer Freude am Nichtstun herrühren. Nach anderer Ansicht wird damit dem Saturn eine Ehre erwiesen, sei es, weil die Idäer, die der Überlieferung zufolge zu der gleichen Zeit wie Saturn vertrieben wurden und die die Stammväter des Judenvolkes sind, die Anfänge seines Kultes lehrten, vielleicht auch, weil von den sieben Gestirnen, von denen die Menschen gelenkt werden, der Saturnstern sich im höchsten Kreis und mit vorzüglichem Einfluss bewegt; überdies sei es ja den meisten Himmelskörpern eigen, sich in der Vollendung ihrer Laufbahn nach der Siebenzahl zu richten.

5Die erwähnten Gebräuche, woher sie auch immer stammen mögen, rechtfertigt ihr hohes Alter; die übrigen Einrichtungen, verwerflich und abscheulich wie sie sind, setzten sich eben wegen ihrer Verkehrtheit durch. Gerade die schlechtesten Elemente waren es nämlich, die ihren heimischen Glauben schmählich aufgaben und Tempelsteuern sowie sonstige Spenden dort anhäuften, wodurch sich die Macht der Juden gewaltig hob. Das kam auch daher, weil in den Kreisen der Juden unerschütterlich treuer Zusammenhalt und hilfsbereites Mitleid herrschen, während allen anderen Menschen gegenüber feindseliger Hass hervortritt. Beim Essen, beim Schlafen halten sie auf strenge Trennung und kennen trotz der starken Neigung der Volksart zur Sinnlichkeit keinen Geschlechtsverkehr mit Frauen anderer Rassen; unter ihnen selbst ist nichts verboten. Die Beschneidung haben sie als ein besonderes Unterscheidungsmerkmal bei sich eingeführt. Wer zu ihrem Kult übertritt, hält sich auch an diesen Brauch; auch wird den Proselyten zu allererst das Gebot beigebracht, die Götter zu verachten, das Vaterland zu verleugnen, ihre Eltern, Kinder und Geschwister gering zu schätzen. Doch ist den Juden sehr an Bevölkerungszuwachs gelegen; selbst von den nachgeborenen Kindern eines zu töten, ist in ihren Augen eine Sünde. Und sie halten die Seelen der im Kampf oder durch Hinrichtung Umgekommenen für unsterblich; daher rühren ihre Liebe zur Fortpflanzung und gleichzeitig ihre Todesverachtung. Nach der Sitte der Ägypter setzen sie die Leichen lieber bei, als dass sie sie verbrennen, und sie haben so mit jenen denselben Totenkult und dieselbe Auffassung von der Unterwelt, während sie sich in ihren Vorstellungen über Himmlisches wesentlich von ihnen unterscheiden. Die Ägypter verehren eine ganze Menge von Tieren, auch zusammengesetzte Gestalten, die Juden aber haben einen rein geistigen Gottesbegriff und kennen nur ein göttliches Wesen. Als gottlos betrachten sie jeden, der nach menschlichem Gleichnis Götterbilder aus irdischem Stoff gestaltet; das ihnen vorschwebende höchste, die Zeiten überdauernde Wesen ist nach ihrer Ansicht nicht darstellbar, auch keinem Untergang verfallen. Daher stellen sie in ihren Städten keine Götterbilder auf, erst recht nicht in ihren Tempeln. Eine solche Huldigung wird keinem König zuteil, kein Cäsar wird so geehrt. Weil aber ihre Priester gelegentlich mit Flöten und Pauken Musik machten, sich mit Efeu bekränzten, auch ein goldener Rebstock sich im Tempel fand, so glaubten einige an eine Verehrung des Pater Liber, des Bezwingers des Morgenlandes. Dazu aber wollen die Bräuche nicht passen; denn die von dem Gott Liber eingeführten Zeremonien sind festlich und fröhlich, die Art der Juden aber abgeschmackt und schäbig.

*Literatur*

P. Cornelius Tacitus: Historiae/Historien, Lateinisch/Deutsch, hg. von *J. Borst* unter Mitarbeit von *H. Hross*/*H. Borst*, München [3]1977.

## 15: Plut. mor. 168B–D

Plutarch, ca. 46–120 n.Chr. aus Chaironeia in Böotien; gr. Schriftsteller und Philosoph, mit den Kaisern Trajan und Hadrian bekannt. Von seinem umfangreichen Werk machten ihn besonders die Parallelbiographien bekannt, in denen er jeweils einen Griechen und einen Römer verglich. In seinen vermischten Schriften (*moralia*) behandelt er die unterschiedlichsten Themen, wobei sich viel wertvolles Material erhalten hat. Unter diesen *moralia* findet sich auch eine Anhandlung über den „Aberglauben“, der als schlimmer dargestellt wird als der Atheismus:

„Wenn der Atheist krank ist, dann überlegt er und erinnert sich an die Zeiten, an denen er zu viel gegessen oder zu viel Wein getrunken hat sowie an Unregelmäßigkeiten seines täglichen Lebens, z.B. Übermüdung oder ungewohnte Luft- und Ortsveränderungen. Und wenn er Ärger mit den Behörden hat oder bei den Massen in Verruf gekommen oder beim Vorgesetzten verläumdet worden ist, versucht er immer die Gründe bei sich selbst oder in seinem eigenen Umfeld zu finden. Wo habe ich geirrt, was habe ich getan, welche Verpflichtung habe ich vernachlässigt?
Aber in der Einschätzung eines abergläubischen Menschen ist jede Indisposition seines Körpers, der Verlust von Eigentum, der Tod seiner Kinder oder Unglück oder Versagen im öffentlichen Bereich eine Strafe Gottes oder der Angriff eines bösen Geistes. Deshalb hat er keine Kraft, die Situation zu meistern oder die Folgen zu beseitigen oder ein Heilmittel zu finden oder sich überhaupt dagegen zu stemmen, damit er nicht gegen Gott kämpft oder sich gegen seine Strafen auflehnt. Sondern wenn er krank ist, wirft er den Arzt aus dem Haus, und wenn er bekümmert ist, hält er seine Tür dem Philosophen gegenüber geschlossen, der ihn beraten und trösten würde. „Oh Herr“, sagt er, „lass mich meine Strafe erdulden, ich gottloses Wesen, das ich bin, verflucht von den Göttern und den Dämonen“.

*Literatur*
Übersetzt von Karl Leo Noethlichs.

## Texte zu 1.2.3 Politik und Religion

### 16: Cod. Theod. 16,1,2; 10,7

Codex Theodosianus: Gesetzessammlung auf Anordnung des Theodosius II., oström. Kaiser 408–450. Der Codex Theodosianus trat am 1.1.439 in Kraft und enthält Gesetzestexte der Kaiser ab Konstantin I., die in chronologischer Reihenfolge die Entwicklung der Gesetzgebung bis zum Stichdatum 438 aufzeigen sollte. Das letzte Buch (16) ist der chr. Religion und den Feldern der Religionspolitik gewidmet, die mit dem Christentum eine neue Dimension erreichte.

1[2]„Alle Völker, die die Mäßigung unserer Milde regiert, sollen sich, so ist es unser Wille, zu derjenigen Religion bekennen, die der Glaube als diejenige erklärt, die der heilige Apostel Petrus den Römern übermittelt hat und die bis heute von ihm verkündet wurde, und von der feststeht, dass ihr auch Bischof Damasus folgt und Bischof Petrus von Alexandria, ein Mann apostolischer Heiligkeit. Das bedeutet, wir glauben gemäß apostolischer Vorschrift und evangelischer Lehre an die eine Gottheit des Vaters, des Sohnes und es heiligen Geistes, mit gleichem Anteil an Würde und frommer Dreifaltigkeit. Diejenigen, die diesem Gesetz folgen, sollen, so befehlen wir, den Namen „Katholische Christen“ tragen; die übrigen aber, die man nur als schwachsinnig und geisteskrank bezeichnen kann, sollen die Schande eines „häretischen“ Bekenntnisse ertragen; ihre Versammlungsräume dürfen nicht

die Bezeichnung „Kirchen" tragen, und sie sollen zunächst von Gott bestraft werden, danach aber auch mit einem Strafmaß belegt werden, das wir nach göttlichem Ratschluss empfangen haben werden."
10[7]Die Kaiser Gratian, Valentinian und Theodosius an den Prätorianerpräfekten Florus: „Wenn jemand, als Wahnsinniger oder Gesetzesbrecher, sich mit verbotenen Opfern bei Tag oder bei Nacht abgegeben hat, um die Zukunft zu erforschen und sich dabei glaubt eines Heiligtums oder Tempels zur Ausübung solchen Verbrechens bedienen oder meint, es betreten zu müssen, der soll wissen, dass er mit Proskription bestraft wird, da wir durch gerechte Vorschrift ermahnen, dass Gott mit reinen Gebeten verehrt und nicht mit schmutzigen Gesängen entheiligt wird."

*Literatur*
Übersetzt von Karl Leo Noethlichs.

## Texte zu 1.2.5 Individuum, Familie und Gesellschaft

### 17: Gaius inst. 1,9–19

Gaius, Institutiones: Röm. Jurist der 2. Hälfte des 2. Jh. n.Chr., vielleicht aus einer gr. Provinz stammend. Er schrieb eine Einführung in das röm. Recht mit den Bereichen Personen- (Teil I), Sachen- (Teil II), Erb- und Obligationen- (Teil III) und Klagerecht (Teil IV). Hier ein Ausschnitt aus dem Personenrecht:

[9]Und zwar ist die oberste Einteilung für die Rechtsstellung der Personen diejenige, dass alle Menschen entweder freie Menschen oder Sklaven sind. [10]Weiterhin sind von den freien Menschen die einen Freigeborene, die anderen Freigelassene. [11]Freigeborene sind diejenigen, die als Freie geboren sind; Freigelassene diejenigen, die aus einer rechtmäßigen Sklaverei freigelassen worden sind. [12]Weiterhin gibt es drei Arten von Freigelassenen: Sie sind entweder römische Bürger oder Latiner oder zählen zu den Unterworfenen. Wir werden diese Arten einzeln untersuchen und beginnen mit den Unterworfenen. [13]Im Aelisch-Sentischen Gesetz wird nun bestimmt, dass Sklaverei, die von den Herren zur Strafe gefesselt worden sind oder denen Brandmale aufgeprägt worden sind oder die wegen eines Vergehens unter der Folter verhört und dieses Vergehens überführt worden sind, sowie solche, die zum Waffen- oder Tierkampf übergeben oder in eine Gladiatorenschule gebracht oder ins Gefängnis geworfen worden sind, dass diese Sklaven, wenn sie später entweder vom selben Herrn oder von einem anderen freigelassen worden sind, nur mit derselben Rechtsstellung frei werden, wie sie die ausländischen Unterworfenen haben.
[14]Ausländische Unterworfene heißen nun diejenigen, die einst die Waffen gegen das römische Volk erhoben und gekämpft haben, danach aber besiegt wurden und sich ergeben haben. [15]Sklaven, die also eine derart schimpfliche Strafe erhalten haben, werden niemals römische Bürger oder Latiner werden, ganz gleich, auf welche Weise und in welchem Alter sie freigelassen worden

sind, und auch wenn ihre Herren ein unbeschränktes Recht an ihnen gehabt haben; vielmehr werden sie begreiflicherweise unter allen Umständen in die Reihe der Unterworfenen versetzt.
[16]Wenn aber ein Sklave sich nicht derart schimpflich verhalten hat, so kann man feststellen, dass er nach der Freilassung entweder römischer Bürger oder Latiner wird. [17]Denn einer, in dessen Person diese drei Voraussetzungen zusammentreffen – dass er älter als 30 Jahre ist, dass er aus dem quiritischen Eigentum und dass er durch recht- und gesetzmäßige Freilassung die Freiheit erhält, das heißt durch Stab, durch Eintragung in die Bürgerliste oder durch Testament –, wird römischer Bürger; fehlt aber nur eine dieser Voraussetzungen, so wird er Latiner.
[18]Und zwar wurde das Erfordernis hinsichtlich des Alters eines Sklaven durch das Aelisch-Sentische Gesetz eingeführt; denn nach dem Willen dieses Gesetzes werden Sklaven, die ihr 30. Lebensjahr noch nicht vollendet haben, nur dann durch Freilassung römische Bürger, wenn sie durch Stab vor einem Beirat und nach Nachweis eines rechtmäßigen Freilassungsgrundes die Freiheit erhalten haben. [19]Ein rechtmäßiger Freilassungsgrund liegt nun zum Beispiel vor: Wenn jemand seinen natürlichen Sohn oder seine natürliche Tochter, seinen natürlichen Bruder oder seine natürliche Schwester, sein Pflegekind, seinen Erzieher, einen Sklaven, um ihn zum Verwalter zu machen, oder eine Sklavin, um sie zu heiraten, vor dem Beirat freilässt.

*Literatur*

Gaius Institutiones: Die Institutionen des Gaius, hg., übersetzt und kommentiert von *U. Manthe*, Darmstadt 2004.

## 18: Aristot. pol. 1252a–1253a

Aristoteles, 384–322 v.Chr., aus Stageira in Makedonien stammend, Erzieher Alexanders d. Gr., Philosoph (Schüler Platos), Begründer der Peripatetiker, Universalgelehrter, Autor von Werken über Physik und Metaphysik, Logik, Ethik, Poetik, Rhetorik und Politik, starb in Chalkis auf Euböa. Seine „Politik" fußt auf der Auswertung von 158 Einzelverfassungen und stellt die Frage nach dem Menschen, seinem idealen Umfeld in einer Polis und den dahinter liegenden Zielen.

[1252a]Alles, was Staat heißt, ist ersichtlich eine Art von Gemeinschaft, und jede Gemeinschaft bildet sich und besteht zu dem Zweck, irgendein Gut zu erlangen. Denn um dessentwillen, was ihnen ein Gut zu sein scheint, tun überhaupt alle alles, was sie tun. Wenn nun aber sonach eine jede Gemeinschaft irgendein Gut zu erreichen strebt, so tut dies offenbar ganz vorzugsweise und trachtet nach dem vornehmsten aller Güter diejenige Gemeinschaft, welche die vornehmste von allen ist und alle anderen in sich schließt. Dies ist aber der sogenannte Staat und die staatliche Gemeinschaft.
Diejenigen nun aber, die da meinen, dass die Aufgabe des Staatsmanns, des Königs, des Hausverwalters und des Herrn eine und dieselbe sei, haben unrecht. Sie gehen nämlich von der Ansicht aus, dass nur die größere oder geringere Zahl der Beherrschten und nicht die Art der Gemeinschaft hier den Unterschied mache, so dass hiernach, wenn einer nur wenigen zu gebieten hat,

er Herr, wenn mehreren, Hausverwalter, und wenn noch mehreren, Staatsmann oder König sein würde, indem nach ihrer Meinung ein großes Haus und ein kleiner Staat in nichts verschieden sind. Und auch zwischen dem Staatsmann und dem König machen sie keinen Unterschied der Art, sondern nur den, dass, wenn einer für sich allein an der Spitze steht, er König, wenn er aber nach den Grundsätzen der nämlichen Wissenschaft den Staat leitet und dabei im Regieren und Regiertwerden mit anderen abwechselt, er Staatsmann sei.
Dass dies falsch ist, wird klar, wenn wir die Untersuchung nach unserer gewohnten Methode führen. Wie man nämlich auch sonst überall das Zusammengesetzte bis zum Einfachen hin teilen muss – denn dies ergibt eben die kleinsten Teile des Ganzen –, so muss man auch beim Staat verfahren; und wenn wir seine Bestandteile untersuchen, so werden wir auch in Bezug auf die in Rede stehenden Begriffe wohl zu klarer Einsicht darüber gelangen, wodurch sie sich voneinander unterscheiden und ob es möglich ist, jeden derselben wissenschaftlich festzulegen. [...]
Die für das gesamte tägliche Leben bestehende Gemeinschaft ist also naturgemäß das Haus, dessen Glieder Charondas Brotkorbgenossen, Epimenidess der Kreter aber Krippengenossen nennt. Diejenige Gemeinschaft aber, welche zunächst aus mehreren Häusern zu einem über das tägliche Bedürfnis hinausgehenden Zweck sich bildet, ist das Dorf, das am naturgemäßesten als Kolonie des Hauses zu betrachten sein dürfte und dessen Glieder von manchen Milchgenossen, Kinder und Kindeskinder, genannt werden. [...]
Die aus mehreren Dörfern sich bildende vollendete Gemeinschaft nun aber ist bereits der Staat, welcher, wie man wohl sagen darf, das Endziel völliger Selbstgenügsamkeit erreicht hat, indem er zwar entsteht um des bloßen Lebens, aber besteht steht um des vollendeten Lebens willen. Drum, wenn schon jene ersten Gemeinschaften naturgemäße Bildungen sind, so gilt dies erst recht von jedem Staat, denn dieser ist Endziel von jenen; die Natur ist eben Endziel, denn diejenige Beschaffenheit, welche ein jeder Gegenstand erreicht hat, wenn seine Entwicklung vollendet ist, eben diese nennen wir die Natur desselben, wie z. B. die des Menschen, des Rosses, des Hauses. Auch ist das Ziel und der Endzweck das Beste, die Selbstgenügsamkeit ist aber der Endzweck und das Beste. [...]
[1253a]Dass ferner der Mensch in weit höherem Maße als die Bienen und alle anderen herdenweise lebenden Tiere ein nach staatlicher Gemeinschaft strebendes Wesen ist, liegt klar zutage. Denn nichts tut, wie wir behaupten, die Natur zwecklos. Der Mensch ist aber das einzige Lebewesen, das Sprache besitzt. Die bloße Stimme nämlich zeigt nur das Angenehme und Unangenehme an, darum kommt sie auch den anderen Lebewesen zu, denn so weit reicht ihre Natur, Angenehmes und Unangenehmes wahrzunehmen und von dieser Wahrnehmung einander Zeichen zu geben; die Sprache dagegen ist dazu bestimmt, das Nützliche und Schädliche deutlich kundzutun und also auch das Gerechte und Ungerechte. Denn das ist eben dem Menschen eigentümlich im Gegensatz zu den Tieren, dass er allein fähig ist, sich vom Guten und Schlechten, von Recht und Unrecht Vorstellungen zu machen. Die Gemeinschaftlichkeit dieser Vorstellungen ruft aber eben das Haus und den Staat ins Leben. [...]

Dass also der Staat von Natur besteht und ursprünglicher als der Einzelne ist, ist klar. Denn wenn eben jeder einzelne für sich nicht sich selber genügend ist, so verhält er sich zum Staat geradeso wie die Teile eines anderen Ganzen zu diesem letzteren; wenn er aber andererseits überhaupt nicht an einer Gemeinschaft sich zu beteiligen vermag oder dessen durchaus nicht bedarf wegen seiner Selbstgenügsamkeit, so ist er freilich kein Teil des Staates, aber eben damit entweder ein Tier oder aber ein Gott.
Diesem allen gemäß lebt nun zwar auch von Natur in allen Menschen der Trieb, in diese Art von Gemeinschaft einzutreten; aber derjenige, welcher den Staat zuerst wirklich ins Leben rief, war damit der Urheber der höchsten Güter. Denn wie der Mensch in seiner Vollendung das edelste aller Lebewesen ist, so wiederum losgerissen von Gesetz und Recht das schlimmste von allen. Denn nie ist die Ungerechtigkeit fürchterlicher, als wenn sie Waffen hat; der Mensch aber hat die natürlichen Waffen in Händen durch seine angeborene Klugheit und Tüchtigkeit, Waffen, die am allermeisten dazu geeignet sind, zu den entgegengesetzten Zwecken sich ihrer zu bedienen. Und daher ist er denn ohne Tugend das ruchloseste und wildeste Lebewesen und in Bezug auf Geschlechts- und Gaumenlust das schlimmste von allen. Die Gerechtigkeit aber stammt erst vom Staate her, denn das Recht ist die Ordnung der staatlichen Gemeinschaft; das Recht aber ist die Entscheidung darüber, was gerecht ist.

*Literatur*

Aristoteles: Politik, übersetzt von *F. Susemihl*, bearbeitet von *N. Tsouyopoulos/E. Grassi*, Hamburg 1965.

## 19: Xen. oik. 7,18–43

[18]Xenophon, ca. 430–355 v.Chr., aus Athen, Schüler des Sokrates, Teilnehmer am Feldzug des jüngeren Kyros gegen dessen Bruder, den persischen Großkönig Artaxerxes II; später aus Athen verbannt, lebte bis zur spartanischen Niederlage bei Leuktra in der Nähe von Olympia, floh dann nach Korinth, wo er vermutlich auch starb. Unter seinen zahlreichen Werken historischer, wirtschaftlicher bis fachschriftstellerischer Art wird hier ein Ausschnitt aus der „Haushaltsführung" geboten, wo es um die Rollenverteilung von Mann und Frau in der Ehe geht:

[18]Denn mir scheinen die Götter dieses Paar, das Mann und Frau genannt wird, mit größter Umsicht zusammengefügt zu haben, damit es sich selbst möglichst nützlich sei bei seinem gemeinsamen Leben. Erstens nämlich ist dieses Paar dazu bestimmt, miteinander Kinder [19]zu zeugen, damit die Gattungen nicht aussterben; sodann wird aus dieser Verbindung – wenigstens bei den Menschen – erreicht, Pfleger für das eigene Alter zu haben; schließlich leben die Menschen nicht wie das Vieh unter freiem Himmel, sondern brauchen offensichtlich Behausungen. Die Menschen, die etwas haben wollen, was sie unter Dach und Fach [20]bringen können, brauchen natürlich Arbeitskräfte für die Arbeiten auf dem Felde. Denn Bodenbearbeitung, Aussaat, Pflanzen und Viehhüten – all das sind Arbeiten im Freien, und aus ihnen entstehen die Mittel zum Leben. Wenn sie unter Dach und Fach gebracht [21]sind, wird wieder

jemand gebraucht, der sie aufbewahrt und der die Arbeiten verrichtet, die im Hause zu erledigen sind. Das Haus ist nötig für die Versorgung der neugeborenen Kinder, aber auch für die Zubereitung der Speisen aus den Feldfrüchten, ebenso auch für die Herstellung von Kleidung aus Wolle. Da aber die Arbeiten drinnen und draußen [22]beide der Ausführung und Aufsicht bedürfen, hat der Gott, so habe er gesagt, von vornherein die Natur entsprechend eingerichtet, und zwar, wie mir scheint, die der Frau für die Arbeiten und Beschäftigungen im Inneren des Hauses, die des Mannes für die Arbeiten und Beschäftigungen im Freien. Denn Kälte und Hitze, Märsche und Feldzüge besser [23]aushalten zu können, hat er Leib und Seele des Mannes eingerichtet; deshalb übertrug er ihm die Arbeiten außerhalb des Hauses; der Frau aber hat der Gott anscheinend einen dazu weniger fähigen Körper geschaffen und ihr daher, so habe er gesagt, die Arbeiten im Inneren des Hauses zugewiesen. In dem Bewusstsein, dass er der Frau die Nahrung [24]der neugeborenen Kinder in den Körper eingepflanzt und ihre Ernährung als Aufgabe zugewiesen hatte, teilte er ihr auch mehr Liebe zu den Neugeborenen zu als dem Mann. Da der Gott aber der Frau auch das Bewachen des ins Haus Eingebrachten zuwies und [25]dabei wusste, dass es nicht schlecht ist, zum Bewachen eine ängstliche Seele zu haben, maß er der Frau auch einen größeren Anteil der Ängstlichkeit zu als dem Mann. In dem Bewusstsein, dass derjenige, der die Arbeiten außerhalb des Hauses verrichtet, auch die Verteidigung übernehmen muss, wenn jemand Unrecht tut, hat er diesem wiederum einen größeren Teil an Mut verliehen. Weil aber beide geben und empfangen müssen, hat er beiden Gedächtnis und Sorgfalt zu gleichen Teilen gegeben, so dass man nicht unterscheiden kann, welches Geschlecht, das weibliche oder das männliche, mehr davon besitzt. Auch Selbstbeherrschung zu üben, wo es nötig ist, gab er beiden gleichermaßen Gelegenheit, zugleich aber ermöglichte es der Gott demjenigen, der der Bessere ist, sei es nun der Mann oder die Frau, auch mehr von diesem Gut davonzutragen. Dadurch, dass beider Natur nicht für dies alles gleich gut geschaffen ist, brauchen sie auch einander mehr, und die Verbindung ist nützlicher für sie; was dem einen abgeht, das kann der andere. Da wir, Frau, sagte ich, das wissen, was jedem von uns durch den Gott zugewiesen ist, muss jeder von uns aufs Beste auszuführen versuchen, was ihm zukommt. Es heißt dies auch das Gesetz gut, habe er gesagt, indem es Mann und Frau verbindet; und wie der Gott sie zu Partnern bei der Zeugung von Kindern machte, so bestimmt sie das Gesetz zu Partnern bei der Führung des Haushalts. Das Gesetz bestätigt auch, dass es schön ist, wenn jeder von beiden auf dem Gebiet mehr leiste, für das ihn der Gott schuf. Denn für die Frau ist es schicklicher, im Inneren des Hauses zu bleiben, als sich im Freien aufzuhalten, für den Mann dagegen ist es schimpflich, im Inneren des Hauses zu bleiben, statt sich um die Arbeiten im Freien zu kümmern. Wenn aber jemand dem zuwiderhandelt, wofür ihn der Gott schuf, bleibt er wohl als Befehlsverweigerer den Göttern nicht verborgen und zahlt Strafe, weil er die eigenen Arbeiten vernachlässigt oder die Arbeiten der Frau erledigt. […]

Du wirst allerdings, antwortete ich, im Hause bleiben und diejenigen Sklaven losschicken müssen, die draußen Arbeit haben, diejenigen dagegen, die eine Arbeit im Hause verrichten sollen, die musst du beaufsichtigen, auch das ins Haus Gebrachte entgegennehmen, und was davon verwendet werden muss,

austeilen, was aber übrigbleiben muss, das hast du im Voraus zu bedenken und zu bewachen, damit nicht der für ein Jahr bestimmte Vorrat in einem Monat verbraucht wird. Und wenn Wolle ins Haus gebracht wird, musst du dich darum kümmern, dass diejenigen Kleidung bekommen, die sie nötig haben. Auch darum, dass die trockenen Früchte [40]zum Essen gut zubereitet werden, hast du dich zu kümmern. Eine der dir zufallenden Beschäftigungen allerdings, sagte ich, scheint vielleicht weniger erfreulich zu sein: dass du dich, wenn einer von den Sklaven krank ist, um alles kümmern musst, damit er gesund wird. [...]
Andere Aufgaben, eigens für dich, Frau, sagte ich, sind dir angenehm: Wenn du eine Sklavin nimmst, die nichts von Wollarbeiten versteht, sie darin kundig machst und sie dir doppelt soviel wert wird; ebenso, wenn du eine Sklavin übernimmst, die nichts von Haushaltung und Bedienung versteht, sie kundig, treu und diensteifrig machst und an ihr eine überaus wertvolle Sklavin hast; oder auch, wenn es dir freisteht, die vernünftigen und deinem Hause nützlichen Sklaven zu belohnen, wenn dagegen einer sich als schädlich erweist, ihn zu bestrafen. Das Erfreulichste von allem wird sein, wenn du dich mir als überlegen erweist, auch mich zu deinem Diener gemacht hast und nicht zu befürchten brauchst, bei fortschreitendem Alter im Hause weniger geachtet zu werden, sondern darauf vertrauen kannst, dass du – älter geworden – in dem Maße auch mehr geehrt im Haus sein wirst, wie du mir eine bessere Partnerin und den Kindern eine bessere Behüterin des Hauses wirst. Denn das Schöne und Gute, sagte ich, wird den Menschen für ihr Leben nicht durch die Reize der Jugend, sondern durch verdienstvolle Taten zunehmend erwachsen. So etwa, Sokrates, glaube ich mich zu erinnern, mit ihr anfangs gesprochen zu haben

*Literatur*

Xenophon: Ökonomische Schriften. Griechisch/Deutsch von *G. Audring*, Berlin 1992.

## 20: Cic. off. 1,53–57

Cicero, *de officiis*, geschrieben ab Oktober 44 v.Chr. wohl bis zum Jahresende. Vorlage ist hier der gr. stoische Philosoph Panaitios, den Cicero weiter führt. Es geht um die verschiedenen Einbindungen des Menschen in übergreifende Organisationsformen und um Mitmenschlichkeit:

[53]Stufen aber gibt es mehrere der menschlichen Gesellschaft. Um nämlich jene unendliche zu lassen: Näher ist die derselben Völker, desselben Stammes, derselben Sprache, durch die die Menschen am meisten verbunden werden. Vertrauter noch ist es, derselben Gemeinde anzugehören. Vieles haben nämlich die Bürger unter sich gemeinsam: Markt, Tempel, Hallen, Straßen, Gesetze, Rechte, Gericht, Wahlen, Umgang außerdem und Freundschaften und vielfach geschäftliche Beziehungen mit vielen. Enger gar noch ist das Band der Gemeinschaft der Verwandten. Von jener unermesslichen Gemeinschaft des Menschengeschlechtes nämlich schließt sie sich zum kleinen und engen Kreis zusammen. [54]Denn da dies von Natur den Lebewesen gemeinsam ist, die Lust

zu zeugen, liegt die erste Gemeinschaft in der Ehe selber, die nächste in den Kindern, dann die Einheit des Hauses, die Gemeinsamkeit in allem. Das aber ist der Anfang der Stadt und gleichsam die Pflanzschule des Gemeinwesens. Es folgen die Verbindungen der Brüder, dann die der Geschwisterkinder von Vaters und Mutters Seite, die in andere Häuser ausziehen wie in Kolonien, da sie in einem Haus schon nicht mehr Platz finden. Es folgen die Eheverbindungen und die Verschwägerungen, aus denen noch mehr Verwandte kommen. Diese Fortpflanzung und Nachkommenschaft ist der Ursprung der Staaten.
Blutsverbindungen aber verknüpfen die Menschen durch Wohlwollen und Liebe. [55]Etwas Großes nämlich ist es, dieselben Erinnerungen an die Vorfahren zu haben, dieselben Heiligtümer zu verehren, gemeinsame Gräber zu haben. Aber von allen Gemeinschaften ist keine unübertrefflicher, keine fester, als wenn gute Männer, an Art ähnlich, durch Freundschaft verbunden sind. Jenes Ehrenvolle nämlich, wovon wir oft sprechen, bewegt, auch wenn wir es an einem anderen wahrnehmen, uns doch und macht uns jenem, in dem es zu wohnen scheint, zum Freunde. [56]Und obwohl jede Tugend uns anlockt und bewirkt, dass wir die lieben, in denen sie zu wohnen scheint, bewirken das doch Gerechtigkeit und Großzügigkeit am meisten. Nichts aber ist liebenswerter und verbindender als die Ähnlichkeit in guter Art. In wem nämlich dieselben Beschäftigungen, derselbe Wille wohnt, bei denen geschieht es, dass ein jeder sich in gleicher Weise an dem anderen erfreut wie an sich selber, und es wird bewirkt, was Pythagoras in der Freundschaft wollte, dass aus mehreren einer wird. Groß ist auch jene Gemeinsamkeit, die entsteht auf Grund hin- und hergegebener und empfangener Wohltaten. Wenn sie wechselweise und willkommen sind, werden die, unter denen sie statthaben, durch feste Gemeinschaft verbunden. [57]Wenn du aber alles im Geiste und Denken durchgehst, ist keine von allen Gemeinschaften gewichtiger, keine teurer als die, die einen jeden von uns mit dem Gemeinwesen verbindet. Teuer sind die Eltern, teuer die Kinder, die Verwandten, die Freunde, aber alle Liebe zu allen umfasst das eine Vaterland. Welcher Gute würde wohl zaudern, den Tod für es zu suchen, wenn es ihm nützen könnte? Um so verabscheuungswürdiger ist die Ungeheuerlichkeit dieser Leute, die das Vaterland durch jede Art von Verbrechen zerfleischt haben und mit seiner gründlichen Zerstörung beschäftigt sind und waren.

*Literatur*

Marcus Tullius Cicero: Vom rechten Handeln, hg. und übersetzt von *K. Büchner*, München [3]1987.

## Texte zu 1.2.6 Gesellschaft und Ritus

### 21: BK 21, B 11–16 (Xenophanes)

Xenophanes, ca. 570–460 v.Chr., aus Kolophon bei Ephesos. Weit gereist landete er schließlich in Elea in Unteritalien. Er bekämpfte die Vielgötterei, so wie sie von Homer und

Hesiod verkündet wurde, besonders die anthropomorphen Vorstellungen, zugunsten eines einzigen Gottes.

[11]Alles haben den Göttern Homer und Hesiod angehängt, was nur bei Menschen Schimpf und Tadel ist: Stehlen und Ehebrechen und einander Betrügen. [12]Wie sie sehr viele ungesetzliche Taten (oder: so viele wie nur möglich) der Götter erzählten: Stehlen und Eherechen und einander Betrügen. [13]Homer war älter als Heisod. [14]Doch wähnen die Sterblichen, die Götter würden geboren und hätten Gewand und Stimme und Gestalt wie sie. [15]Doch wenn die Ochsen und Rosse und Löwen Hände hätten oder malen könnten mit ihren Händen und Werke bilden wie die Menschen, so würden die Rosse rossähnliche, die Ochsen ochsenähnliche Göttergestalten malen und solche Körper bilden, wie jede Art gerade selbst ihre Form hätte. [16]Die Äthiopen behaupten, ihre Götter seien stumpfnasig und schwarz, die Thraker, blauäugig und rothaarig.

*Literatur*

*H. Diels/W. Kranz*: Die Fragmente der Vorsokratiker, 3 Bde., Berlin [5]1951 u.ö.

## 5.1.2 Texte zu 1.3 Die Quellen und ihr Einfluss auf das NT

### Texte zu 1.3.2.1 Die Septuaginta

#### 22: Sir prolog.

Zur Übersetzung des *Sirach*-Buchs besitzen wir den Prolog, worin der Enkel des Verfassers sich als Übersetzer vorstellt und den Zeitpunkt seiner Arbeit angibt. Dieser Prolog benennt auch in Kürze die Schwierigkeiten des Übersetzens, dass es nämlich keine „Vokabelgleichungen" gibt. Der genannte Ptolemäer dürfte Ptolemaeos VII. Evergetes (170–116 v.Chr.) sein, dessen 38. Jahr etwa mit unserem 132 v.Chr. zusammenfällt. Für diese Zeit belegt der Prolog die Existenz des *Nomos,* der „Propheten"-Bücher und sonstiger Schriften. Was die mittlere Gruppe betrifft, so gelten ja nach rabbinischer, auch philonischer Auffassung (Philo ebr. 143; vgl. cont. 25) die Geschichtsbücher als von Propheten verfasst.

Nachdem Vieles und Großes uns durch das Gesetz und die Propheten und die anderen, die ihnen gemäß folgten, gegeben ist, deretwegen man Israel für Bildung und Weisheit rühmen muss, und wie nicht nur die Lesenden selbst kenntnisreich werden müssen, sondern auch fähig, denen draußen als Lernbegierige nützlich zu sein, sowohl durch Reden wie durch Schreiben, hat mein Großvater Jesu nach langer Hingabe an die Lektüre des Gesetzes und der Propheten und der anderen überlieferten Bücher und nach dem daraus gezogenen Erwerb hinreichender Standfestigkeit sich dazu bestimmen lassen, selbst etwas zu schreiben, das zur Bildung und Weisheit gereicht, damit die Lernbegierigen auch dahinein sich vertiefen können und um so mehr zulegen in der gesetzesgemäßen Lebensweise.
So seid nun gebeten, wohlgesonnen und aufmerksam die Lektüre zu treiben und nachsichtig zu sein, wo wir denn trotz aller Mühe nicht in der Lage ge-

wesen zu sein scheinen, allen Wörtern gerecht zu werden; denn nicht haben sie gleiche Wirkung in sich, wenn sie Hebräisch gesprochen werden, und wenn sie in eine andere Sprache gebracht werden. Doch nicht nur das; sondern auch das Gesetz selber und die Prophetien und die übrigen Bücher haben keinen geringen Unterschied unter sich in ihrer Ausdrucksweise.
Denn als ich im 38. Jahr des Königs Evergetes nach Ägypten kam und dort eine Weile gelebt hatte, fand ich ein Exemplar einer nicht geringen Bildung und hielt es für äußerst nützlich, selbst einigen Eifer und einige Mühe aufzuwenden zur Übersetzung dieses Buches. Viele Wachstunden und viele Kenntnisse habe ich aufgewandt in der Zwischenzeit, damit ich das Buch abschösse und veröffentlicht bekäme auch für diejenigen, die in der Diaspora lernbegierig sein und nach vorheriger Ausrichtung ihrer Sitten gesetzesgemäß leben wollen.

*Literatur*
*F. Siegert*: Zwischen Hebräischer Bibel und Altem Testament. Eine Einführung in die Septuaginta, Münster 2001.

## 23: Philo vita Mos. 2,25–29.31–38.41–43.45–51

Philo von Alexandria, 1. Jh. n.Chr., jüd. Religionsphilosoph, der versuchte, die Ansprüche der göttlichen Offenbarung in der jüd. Bibel und gr. Rationalismus miteinander in Übereinstimmung zu bringen. Anführer einer jüd. Delegation im Winter 39/40 an Caligula, die gegen die antijüd. Aufstände in Alexandria unter dem *praefectus Aegypti Flaccus* einschreiten und die Rechte der alexandrinischen Juden gewahrt wissen wollte (vgl. die Schriften *legatio ad Gaium* und *contra Flaccum*). Seine Werke beschäftigen sich vor allem mit der allegorischen Interpretation der jüd. Bibel, besonders des Pentateuchs. Der hier abgedruckte Ausschnitt bietet zum einen eine eigene Version der gr. Übersetzung des Pentateuchs, zum anderen den Versuch, die Besonderheit der Schriften des Mose auf dem Hintergrund der hell. Historiographie zu erläutern:

[25]Dass aber dem heiligen Charakter seiner Gesetzgebung nicht bei den Juden allein, sondern auch bei allen anderen volle Bewunderung gezollt wird, das ist nicht nur aus dem schon Angeführten ersichtlich, sondern auch aus [26]der folgenden Tatsache. Ursprünglich waren die Gesetze in chaldäischer Sprache abgefasst worden, und sie erhielten sich lange Zeit in derselben Fassung, ohne die Sprache zu ändern, solange sie nämlich ihre Schönheit den anderen Menschen [27]noch nicht enthüllt hatten. Als aber infolge der unausgesetzten täglichen Übung und Betätigung durch ihre Beobachter auch andere auf sie aufmerksam wurden und ihr Ruhm überallhin drang – denn das Schöne wird zwar durch Missgunst bisweilen auf kurze Zeit in den Schatten gestellt, erstrahlt aber bald zu geeigneter Zeit dank dem Wohlwollen der Natur wieder –, hielten es manche für einen Übelstand, dass die Gesetze bei der Hälfte des Menschengeschlechts, bei der nichtgriechischen, allein sich finden, der hellenische Teil dagegen ihrer für immer unteilhaftig sein sollte, und gingen deshalb daran sie zu über[28]setzen. Diese Aufgabe war aber, da sie eine hohe und gemeinnützige war, nicht Privatleuten oder Beamten, deren es eine große Zahl gibt, sondern Königen und zwar dem [29]angesehensten Könige vor-

behalten. Ptolemäus mit dem Beinamen Philadelphus war der dritte Herrscher seit Alexander, dem Eroberer Ägyptens, an Herrschertugenden der tüchtigste nicht nur seiner Zeitgenossen, sondern aller, die seit alter Zeit gelebt haben, so dass noch jetzt, so viele Generationen nach ihm, sein Lob gesungen wird; hat er ja viele Beweise und Denkmäler seines hohen Sinnes in Städten und Ländern hinterlassen, so dass man seither sogar sprichwörtlich Taten ungewöhnlichen Wohlwollens und große Werke nach ihm Philadelphische nennt.
[31]Dieser König also bekam Interesse und Verlangen nach unserer Gesetzgebung und beschloss den chaldäischen Text in die hellenische Sprache zu übertragen. Sofort schickte er Gesandte an den Hohenpriester und König des jüdischen Landes – er war beides in einer Person –, teilte ihm seine Absicht mit und forderte ihn auf, die tüchtigsten Männer auszuwählen, die das [32]Gesetz übersetzen könnten. Dieser, begreiflicherweise erfreut und überzeugt, dass nicht ohne den göttlichen Willen der König sich für ein solches Werk interessiere, sucht die angesehensten seiner Hebräer aus, die neben der einheimischen auch hellenische Bildung besaßen, und sendet sie mit Ver[33]gnügen dahin. Als sie dort ankamen, wurden sie zum Gastmahl geladen, bei dem sie den Gastgeber zum Entgelt seiner Gastlichkeit mit feinen und weisen Reden bewirteten. Während er nämlich jedes einzelnen Weisheit durch Aufwerfung von neuen und ungewöhnlichen Fragen zu erforschen suchte, lösten sie die vorgelegten Fragen zielbewusst und treffend, da die Zeit ihnen ausführliche Reden nicht ge[34]stattete, gleichsam in kurzen Sinnsprüchen, Nach dieser Prüfung gingen sie sofort daran, die Aufgabe ihrer ehrenvollen Gesandtschaft zu erfüllen. In Erwägung der Größe der Aufgabe, durch göttliche Verkündigung offenbarte Gesetze zu übertragen, wobei man weder etwas hinwegnehmen noch hinzufügen oder ändern kann, sondern ihren ursprünglichen Gedanken und ihren Charakter beibehalten muss, spähten sie außerhalb der Stadt nach dem reinsten Ort in ihrer Umgebung aus. Denn der Raum innerhalb der Mauer war ihnen, da er ja mit lebenden Wesen aller Art angefüllt war, mit Rücksicht auf Krankheiten und Todesfälle und auch wegen der nicht sehr reinlichen Handlungen von Gesunden für [35]ihren Zweck bedenklich. Vor Alexandria liegt die Insel Pharus, von der eine Landzunge sich bis zur Stadt erstreckt, die von dem dort nicht sehr tiefen, sondern zumeist seichten Meere umschlossen ist, sodass auch das viele Rauschen und Tosen der Wellenströmung durch die Weite der Entfernung [36]geschwächt wird. Diesen Ort erachteten sie von allen im ganzen Umkreise als den geeignetsten für ruhige und stille Arbeit, in der die Seele sich ungestört dem Verkehr mit den Gesetzen ganz hingeben könnte, und blieben dort. Sie nehmen die heiligen Bücher und erheben zugleich mit ihnen die Hände zum Himmel empor und bitten Gott, dass sie in ihrem Vorhaben nicht fehlgehen mögen. Und Gott erhört ihre Gebete, damit der größte Teil der Menschen oder vielmehr die gesamte Menschheit davon Nutzen habe, indem sie zum Zwecke guter Lebensführung die weisen und [37]herrlichen Gebote beobachte. In Abgeschiedenheit, ohne jeden Zeugen mit Ausnahme der Elemente der Natur, der Erde, des Wassers, der Luft und des Himmels, über deren Schöpfung sie zunächst heilige Offenbarung künden sollten – denn die Erschaffung der Welt bildet den Anfang der Gesetze – , verdolmetschten sie wie unter göttlicher

Eingebung nicht jeder in anderen, sondern alle in den gleichen Ausdrücken für Begriffe und Handlungen, als ob [38]jedem von ihnen unsichtbar ein Lehrer diktierte. Und doch weiß jeder, dass jede Sprache, ganz besonders aber die hellenische, an Ausdrucksformen reich ist, und dass man denselben Gedanken verschieden wiederzugeben und zu umschreiben und mannigfach zu gestalten vermag, indem man jedes Mal andere Ausdrücke passend anwendet. Dies soll bei dieser Gesetzgebung nicht geschehen sein, es soll vielmehr der hellenische Text mit dem chaldäischen derart in Einklang gebracht worden sein, dass alles in den zutreffenden Ausdrücken wiedergegeben wurde und die Worte den be[39]zeichneten Dingen vollständig entsprachen. [...]

[41]Daher wird auch noch bis auf den heutigen Tag alljährlich ein Fest und eine Festversammlung auf der Insel Pharus abgehalten, zu der nicht bloß Juden, sondern auch andere in sehr großer Menge hinüberfahren, um den Ort zu verherrlichen, an dem zum ersten Male das Licht dieser Übersetzung erstrahlte, und um der Gottheit den Dank für die alte, stets jung [42]bleibende Wohltat darzubringen. Nach den Gebeten und den Danksagungen veranstalten die einen in Zelten, die sie am Gestade aufgeschlagen haben, die anderen, in dem Sand am Strande sich lagernd, unter freiem Himmel mit Angehörigen und Freunden ein Festmahl und halten zu dieser Zeit das Gestade für prächtiger als die prächtigste Ausstattung in Pa[43]lästen. So erweisen sich die Gesetze als eifrig begehrt und geschätzt bei allen Gemeinen und Vornehmen, und dies trotzdem seit langer Zeit das Volk nicht glücklich ist; gewöhnlich pflegen ja die Vorzüge derer, die sich nicht im [44]Glücke befinden, irgendwie in den Schatten zu treten.

[45]Genügt nun schon das Gesagte als großes Lob für den Gesetzgeber, so ist ein anderes noch größer, das die heiligen Schriften selbst enthalten, denen wir uns nunmehr zuzuwenden haben, um die Vortrefflichkeit ihres Ver[46]fassers zu erweisen. Von diesen Schriften ist ein Teil geschichtlichen Inhalts, der andere enthält Gebote und Verbote, über den wir in zweiter Reihe sprechen wollen, nachdem wir den ersten der Anordnung nach auch zuerst ausführlich [47]behandelt haben. Von dem geschichtlichen Teil handelt ein Abschnitt von der Schöpfung der Welt, der andere von der Geschichte der einzelnen Geschlechter, und zwar einerseits von der Züchtigung der Gottlosen, andererseits von den Ehren der Gerechten. Weshalb er nun damit seine Gesetzgebung begann und die Gebote und Verbote in zweite [48]Reihe stellte, davon müssen wir jetzt sprechen. Nicht wie sonst ein Geschichtschreiber befasste er sich damit, die Aufzeichnung von Ereignissen alter Zeiten der Nachwelt nutzlos nur zur Unterhaltung zu überliefern, sondern er ging auf die allerälteste Zeit zurück und begann mit der Schöpfung des Alls, um zwei sehr wichtige Lehren zu geben: erstens, dass der Vater und Schöpfer der Welt und der wahrhafte Gesetzgeber ein und dasselbe Wesen ist, und zweitens, dass, wer nach diesen Gesetzen leben will, freudig nach Übereinstimmung mit der Natur streben und dem Gesetze des Alls gemäß in vollem Einklang seiner Worte mit seinen Handlungen und der Handlungen mit seinen [49]Worten leben wird.

Von den anderen Gesetzgebern haben die einen sofort angeordnet, was man tun und was man lassen soll, und Strafen für die Übertreter festgesetzt, die anderen, die sich für die besseren hielten, haben nicht damit den Anfang gemacht, sondern zuvor in ihrer Darstellung ein fest begründetes Staatsgebäude entworfen, dem sie dann die ihrer Meinung nach am meisten für diese Gründung passende und geziemende Verfassung durch ihre Gesetzgebung [50]verliehen. Moses dagegen, der die zuerst erwähnte Art für tyrannisch und despotisch hielt, wie sie es auch wirklich ist, die ohne ermunternden Zuspruch befiehlt, als wären die Menschen nicht Freie, sondern Sklaven, die zweite Art zwar für geschickt, aber doch anscheinend nicht völlig tadellos für alle Beurteiler, befolgte einen nach beiden Richtungen [51]von den erwähnten Arten abweichenden Plan. In den Geboten und Verboten gibt er eher Ratschläge und Ermahnungen als Befehle, indem er es versucht, unter Anwendung von Einleitungs- und Schlussworten die meisten und dringendsten Gebote darzulegen, mehr um anzuleiten als um zu zwingen. Mit der Gründung eines Staatswesens durch Menschenhand seine Darstellung zu beginnen, erachtete er als der Würde der Gesetze zu wenig entsprechend, denn mit dem klar schauenden Blicke seines Geistes sah er es auf die Größe und Schönheit der gesamten Aufgabe des Gesetzgebers ab, die seiner Ansicht nach zu edel und zu göttlich sei, um in dem Kreise der irdischen Dinge ihre Schranken zu finden. Daher leitete er sein Werk mit der Schöpfung des großen Staatswesens ein in der Überzeugung, dass seine Gesetze das ähnlichste Abbild der Ver[52]fassung des Weltalls seien.

*Literatur*

Philo von Alexandria. Die Werke in deutscher Übersetzung, hg. von *L. Cohn/I. Heinemann/ M. Adler/W. Theiler*, Bd. I, Berlin $^{2}$1962.

## Texte zu 1.3.2.5 Philo von Alexandria

### 24: Philo som. 1,229–232

Philo: Gedanken zum Gottesbegriff und zur Gotteserfahrung:

[229]Der wahrhafte Gott ist nur einer; die Götter aber, von denen man in uneigentlicher Redeweise spricht, sind mehrere. Deshalb hat auch die heilige Schrift an der vorliegenden Stelle den in Wahrheit existierenden Gott durch das Wort „Gott" mit Artikel bezeichnet und gesagt: „Ich bin der Gott", den in uneigentlichem Sprachgebrauch aber Gott genannten durch das Wort „Gott" ohne Artikel mit den Worten: „Der von dir gesehen wurde an dem Orte", nicht des Gottes, sondern [230]nur „Gottes". Sie (= die heilige Schrift) nennt aber Gott ohne Artikel hier seinen ältesten „Logos", ohne sich abergläubisch mit dem Gebrauch von Wörtern in acht zu nehmen, sondern nur das eine Ziel verfolgend, den Sachverhalt auszudrücken. Denn auch an anderen Stellen, wo sie danach forscht, ob es einen Namen des Seienden gibt, erkannte sie deutlich, dass er keinen Eigennamen hat, wenn aber einer einen solchen nennt, so taucht er es in uneigentliche Bedeutung: Denn das Sein kann nicht genannt werden, sondern es ist nur. Hierfür zeugt auch der Spruch, der dem geoffen[231]bart wurde, der danach fragte, ob es einen Namen habe: „Ich bin der Seiende", damit der Mensch das, was er allein von dem, was Gott betrifft, erfassen kann,

erkenne, nämlich seine [232]Existenz. Nun ist es wahrscheinlich, dass er den unkörperlichen und in seinem Dienste stehenden Seelen so erscheint, wie er ist, und sich mit ihnen bespricht wie ein Freund mit seinen Freundinnen, den noch im Körper Weilenden aber in der Gestalt von Engeln erscheint, ohne dabei sein Wesen zu verändern – denn er ist ja unveränderlich –, sondern dadurch, dass er den Seelen, die sich ein Bild von ihm machen, eine Vorstellung von anderer Gestalt eingibt, so dass sie wähnen, das Bild sei nicht eine Nachahmung, sondern jene [233]urbildliche Gestalt selbst.

*Literatur*

Philo von Alexandria. Die Werke in deutscher Übersetzung, hg. von *L. Cohn/I. Heinemann/M. Adler/W. Theiler*, Bd. VI, Berlin $^2$1962.

### 25: Philo her. 263–265

[263]Treffend weist also die Schrift auf den Gottesbegeisterten hin mit den Worten: „Gegen Sonnenuntergang überfiel eine Ekstase", indem sie unseren Geist symbolisch „Sonne" nennt. Denn was in uns die Vernunft ist, das ist in der Welt die Sonne; beide sind Lichtträger, diese sendet in das All ein wahrnehmbares Licht hinaus und jene gibt uns selbst geistige Lichtstrahlen durch die begriffliche Erfassung. Solange noch unser Geist nach allen Seiten hin leuchtet und eindringt, gleich[264]sam Mittagshelle in unsere ganze Seele ergießt, sind wir in uns und nicht von einem anderen eingenommen; sobald er aber „untergeht", überfällt uns natürlich eine Ekstase, ein gottbegeistertes Eingenommensein und eine Verzückung. Sobald nämlich das göttliche Licht aufstrahlt, geht das menschliche unter; sobald jenes untergeht, erhebt sich dieses und geht auf. Das aber ist bei den Propheten gewöhnlich der Fall. Es entfernt sich der Geist [265]in uns bei der Ankunft des göttlichen Geistes und kommt wieder bei dessen Entfernung; denn Sterbliches kann füglich nicht mit Unsterblichem zusammenwohnen. Deshalb führte der „Untergang" der Vernunft und die sie umgebende Dunkelheit eine Ekstase und gottgetragene Verzückung herbei.

*Literatur*

Philo von Alexandria. Die Werke in deutscher Übersetzung, hg. von *L. Cohn/I. Heinemann/M. Adler/W. Theiler*, Bd. V, Berlin, $^2$1962.

## Texte zu 1.3.2.7 Aristeasbrief, Pseudo-Phokylides, Joseph und Aseneth, 4. Makkabäerbuch

### 26: JosAs 23,9; 28,10–14

Der Sohn des Pharao will Levi und Simeon für seinen Plan gewinnen, Joseph zu töten und Aseneth zu entführen. Erbost über dieses Ansinnen greift Simeon zur Waffe, wird aber von seinem Bruder besänftigt:

23[9]„Und es sprach Levi zu dem Simeon ruhig: „‚Wozu ergrimmst du selbst mit Zorn gegen diesen Mann? Und wir selbst sind doch gottverehrende Männer, und nicht geziemt es uns, Böses mit Bösem zu vergelten‘."

Nachdem Aseneth aus der Hand ihrer Feinde gerettet worden ist, bittet sie ihre Verteidiger, auf Vergeltung zu verzichten:

28[10]„Und es sprach zu ihnen Aseneth: ‚Ich bitte euch, verschont eure Brüder, und tut nicht ihnen Böses für Böses, denn Herr beschirmte mich vor ihnen und zerschlug ihre Schwerter aus ihren Händen [...]. [14]Und es ist dies genug ihnen, dass Herr kämpft gegen sie für uns‘." ‚Und es streckte aus Aseneth ihre rechte Hand und berührte den Bart des Simeon und küsste ihn und sprach: „Keinesfalls, Bruder, wirst du Böses für Böses deinem Nächsten tun. Dem Herrn wirst du geben ihre euch angetane Schmach zu rächen [...]. Im übrigen, Verzeihung lasst ihnen zuteil werden!"‘

*Literatur*

*C. Burchard*: Joseph und Aseneth, in: JShrZ II 4, Gütersloh 1983.

27: 4Makk 13,17; 14,4f; 15,2f; 16,25; 17,11f

Im Kontext der Martyriumserzählungen des 4Makk werden mehrfach Heilserwartungen zur Sprache gebracht. Sie sind jedoch einzig auf das postmortale Geschick der Märtyrer ausgerichtet. Von einer eschatologischen Perspektive, die alle Frommen einschließt, ist keine Rede. Auch fehlt jede national-eschatologische oder apokalyptisch grundierte Heilserwartung.

13[17]Wenn wir so aus dem Leben scheiden, werden uns Abraham, Isaak und Jakob aufnehmen, und alle unsere Vorväter werden uns Beifall spenden".
14[4]Nicht einer von den sieben Knaben zitterte oder bebte vor dem Tod, [5]sondern alle eilten sie dem Foltertod entgegen, als liefen sie auf dem Weg zur Unsterblichkeit.
15[2]Als Mutter sah sie sich mit zwei Möglichkeiten konfrontiert, auf der einen Seite die Frömmigkeit, auf der anderen das zeitliche Wohlergehen ihrer sieben Söhne nach des Tyrannen Versprechen. [3]Sie gab der Frömmigkeit den Vorzug, die Rettung zu ewigem Leben nach Gottes Willen gewährt.
16[25]Zudem wussten sie ja auch dies, dass die, die um Gottes willen sterben, bei Gott leben wie Abraham, Isaak, Jakob und die Patriarchen alle.
17[11]Fürwahr, das ist ein göttlicher Wettkampf gewesen, den sie da führten. [12]Preisrichterin war an dem Tag die Tugend, als Wertungsmaßstab benützte sie die Ausdauer. Siegespreis war die Unvergänglichkeit in lange währendem Leben.

*Literatur*

*H.-J. Klauck*: 4. Makkabäer, in: JShrZ III 6, Gütersloh 1989.

## 28: JosAs 8,10f; 27,10

Joseph begegnet Aseneth im Hause ihrer Eltern. Den Begrüßungskuss der heidnischen Priestertochter wehrt er ab, bittet aber Gott, er möge sie annehmen:

8[10]„Herr, der Gott meines Vaters Israel, [...], segne diese Jungfrau, und wiedererneuere sie mit deinem Geiste, und wiederforme sie mit deiner Hand der verborgenen, und mache sie wieder lebendig mit deinem Leben [...] [11]und zähle dazu sie deiner Nation, die du auserwähltest, bevor wurden die Dinge alle, und sie gehe hinein in deine Ruhe, die du bereitetest deinen Auserwählten, und sie lebe in deinem ewigen Leben in die Ewigkeit-Zeit."

Als Aseneths Feinde auf sie eindringen und sie in Todesgefahr ist, bittet sie Gott um Hilfe:

27[10]„Und es sah sie Aseneth und fürchtete sich sehr und sprach: ‚Herr, mein Gott, der mich da wieder lebendig machte und der mich erlöste aus den Götzenbildern und der Verwesung des Todes, der da zu mir sprach, dass ‚in Ewigkeit wird leben deine Seele', erlöse mich aus den Händen der Männer dieser argen!'"

*Literatur*
*C. Burchard*: Joseph und Aseneth, in: JShrZ II 4, Gütersloh 1983.

## 29: Arist 1–11.301–317

[1]Mein lieber Philofrates! Eine beachtenswerte Geschichte unserer Gesandtschaft an den jüdischen Hohepriester Eleazar ist von mir verfasst worden. Du erinnertest ja bei jeder Gelegenheit daran, dass du großen Wert darauf legest, Gegenstand und Zweck meiner Gesandtschaft zu erfahren; deshalb versuchte ich, dir alles genau darzustellen. Ich kenne ja deinen Wissensdurst. […]
[3]Weil wir den Entschluss gefasst hatten, das Göttliche gründlich zu verstehen, so erboten wir uns gerne zur Gesandtschaft an den oben Genannten, der wegen seiner Züchtigkeit und seines Ansehens von Landsleuten und Fremden geschätzt wird und der die Urkunde besitzt, die heimischen und ausländischen Juden den größten Nutzen bei der Übersetzung des göttlichen Gesetzes gewährt. Bei ihnen findet es sich nämlich auf Pergament mit hebräischen Buchstaben aufgezeichnet. [4]Diese Gesandtschaft führten wir denn auch mit Eifer aus. Dann nahm ich beim König eine günstige Gelegenheit war, für die von des König Vater, dem früheren Herrn der Stadt und Beherrscher Ägyptens, aus Judäa nach Ägypten verpflanzten Juden Fürsprache einzulegen. […]
[9]Der Vorstand der königlichen Bibliothek, Demetrius von Phaleron, erhielt große Geldsummen, um womöglich alle Bücher der Welt zu sammeln. [10]Da wurde er in unserem Beisein gefragt, wie viel tausend Bücher vorhanden wären; er antwortete: Weniger als zweihunderttausend, König; ich will aber in Kurzem die Zahl zweihunderttausend voll machen. Mir ist aber berichtet, dass auch die jüdischen Gesetze eine Abschrift und Aufnahme in deine Bibliothek verdienen. [11]Da sagte der König: Was hindert dich denn, dies auszuführen?

Die stehen doch alle Mittel zur Verfügung. Demetrius entgegnete: Sie bedürfen einer Übersetzung; denn in Judäa hat man eigene Buchstaben, wie auch die Ägypter ihre besondere Schrift haben; auch redet man dort eine eigene Sprache. Die Annahme, man rede die jüdische Sprache, ist nicht richtig; vielmehr ist es ein anderer Dialekt. Auf dies hin befahl der König, an den jüdischen Hohenpriester zu schreiben, damit der erwähnte Plan zur Ausführung käme.

301 Drei Tage später ging Demetrius mit ihnen über den sieben Stadien langen Wellenbrecher zur Insel, überschritt die Brücke und begab sich in den nördlichen Bezirk. Dann hielt er eine Sitzung in einem am Strand erbauten, prächtigen und still gelegenen Haus und forderte die Männer zur Ausführung der Übersetzung auf, da alles zur Arbeit wohl vorgesehen war. 302 Und sie führten sie so aus, dass sie durch gegenseitiges Vergleichen zu einem Wortlaut zu kommen suchten. Was sich so als übereinstimmende Meinung ergab, wurde von Demetrius geziemend aufgeschrieben. 303 Die Sitzung dauerte jedes Mal bis zur neunten Stunde. Dann verwandten sie die freie Zeit auf die Körperpflege; es wurde ihnen alles Gewünschte reichlich zur Verfügung gestellt. 304 Außerdem traf Demetrius täglich für sie die gleiche Zurüstung für den König; denn also war es ihm vom König anbefohlen. In der Frühe erschienen sie täglich bei Hof, machten dem König ihre Aufwartung und begaben sich dann an ihre Stätte. 305 Nach allgemeiner jüdischer Sitte wuschen sie ihre Hände im Meer, um zu Gott zu beten, und widmeten sich dann der Lesung und der Einzelübersetzung. 306 Ich stellte aber auch die Frage, warum sie sich die Hände waschen und dann erst beteten. Sie erklärten, es sei ein Zeugnis dafür, dass sie nicht Übles getan hätten; – denn jede Tätigkeit geschieht durch die Hände. – So bezogen sie alles in schöner und frommer Weise auf Gerechtigkeit und Wahrheit. 307 So versammelten sie sich, wie wir eben sagten, täglich an dem durch Ruhe und Helligkeit angenehm gemachten Ort und erfüllten so ihre Aufgabe. Es traf sich aber, dass die Übersetzung in zweiundsiebzig Tagen fertig gestellt wurde, als sei dieses Zusammentreffen beabsichtigt gewesen.

308 Nach der Vollendung des Werkes versammelte Demetrius die jüdische Gemeinde an der Stätte, wie die Übersetzung vollendet wurde, und las sie allen in Gegenwart der Übersetzer vor. Diese fanden bei der Menge starke Anerkennung für die großen Dienste, die sie ihr damit erwiesen hätten. 309 Ebenso lobten sie den Demetrius und baten ihn, ihren Obersten eine Abschrift des ganzen Gesetzes zu geben.

310 Nach der Verlesung der Bücher traten die Priester und die Ältesten der Übersetzer, sowie die Obersten der Gemeindeangehörigen zusammen und erklärten: Die Übersetzung ist in schöner, frommer und ganz genauer Weise gefertigt; deshalb ist es recht, dass sie in diesem Wortlaut erhalten werde, und dass keine Änderung stattfinde. 311 Alles stimmte diesen Worten bei, dann befahl er nach ihrer Sitte, den zu verfluchen, der eine Bearbeitung unternähme, indem er etwas hinzufügte oder etwas vom Geschriebenen änderte oder wegließe. Darum handelten sie recht; denn es sollte die Schrift für alle Zukunft stets unverändert erhalten bleiben. 312 Man meldete auch dies dem König und er freute sich höchlich darüber; denn nun erschien sein Vorsatz genau ausgeführt. Es ward ihm auch alles vorgelesen, und er bewunderte den Geist des Gesetz-

gebers in hohem Maß. Es fragte den Demetrius, wie es komme, dass kein Geschichtsschreiber oder Dichter daran gedacht habe, ein so bedeutsames Werk zu nennen. [313]Da erwiderte jener: „Dies kommt davon, dass das Gesetz ehrwürdig und von Gott gegeben ist. Und manche, die es vorhatten, wurden von Gott geschlagen und gaben ihr Vorhaben auf." [314]Und er erzählte, er habe über Theopomp gehört, dass er länger als dreißig Tage irrsinnig geworden sei, als er in seine Geschichte einiges von der früheren, aber mangelhaften Übersetzung des Gesetzes aufnehmen wollte. Als er wieder besser wurde, habe er zu Gott gefleht, ihm zu offenbaren, weshalb ihn das Schicksal getroffen habe. [315]Da sei ihm im Traum geoffenbart worden, der Grund sei der, dass er sich eitlem Unterfangen das Göttliche unreinen Menschen mitteilen wollte. Da habe er es aufgegeben und sei so wieder gesund geworden.[316]Und aus dem Munde des Tragödiendichters Theodktes hörte ich, er sei an beiden Augen erblindet, als er etwas aus der Schrift in ein Drama aufnehmen wollte. Da er vermutete, dass ihn deshalb der Unfall getroffen, habe er zu Gott gebetet und sei nach längerer Zeit wiederhergestellt worden.

[317]Nachdem der König, wie ich vorhin sagte, hierüber die Erklärung des Demetrius vernommen hatte, verneigte er sich und befahl, die Bücher in hohen Ehren zu halten und aufs sorgfältigste aufzubewahren. [318]Dann bat er die Übersetzer, sie möchten doch nach ihrer Rückkehr nach Judäa recht oft ihn besuchen; es sei jetzt freilich billig, sagte er, sie in die Heimat zu entlassen. Wenn sie aber wieder kämen, dann werde er sich nach Recht als Freunde behandeln und ihnen die größte Achtung bezeigen. [319]Für ihre Entlassung ließ er großartige Vorkehrungen treffen, indem er sich freigebig den Männern gegenüber bewies. Er schenkte nämlich jedem drei der prächtigsten Gewänder, zwei Talente Gold, einen Becher, ein Talent schwer, und ein vollständiges Tischgedeck für drei Personen. [320]Er schickte auch dem Eleazar durch ihr Geleit zehn silberfüßige Sessel nebst allem Zubehör, einen Becher, dreißig Talente schwer, zehn Gewänder, ein Purpurkleid, einen herrlichen Kranz, hundert Stücke feinster Leinwand, Schalen, Teller und zwei goldene Mischgefäße als Weihegeschenk.

[321]Er sprach auch in einem Schreiben die Bitte aus, man möge die Männer, die zu ihm zurückzukehren wünschten, nicht daran hindern; denn er lege Wert darauf, mit Gebildeten zu verkehren und lieber auf solche seinen Reichtum zu verschwenden als auf Nichtigkeiten.

[322]Hier hast du nun, lieber Philokrates, die versprochene Erzählung. Ich glaube ja, dass dich dies mehr ergötzt als die Bücher der Fabelerzähler. Denn du liebst das Studium dessen, was der Seele förderlich ist, und du bist die meiste Zeit damit beschäftigt. Ich will aber auch versuchen, die übrigen Denkwürdigkeiten aufzuzeichnen, damit du den herrlichsten Lohn für deinen Eifer empfangest, wenn du auch diese durchliefest.

*Literatur*

*P. Rießler*: Altjüdisches Schrifttum außerhalb der Bibel, Heidelberg 1928, 193–194; 230–232.

30: Ps.-Phok 1–14.175–227

[1]Phokylides, der Weiseste der Männer, spendete edle Gaben [2]in diesen Sprüchen der Gerechtigkeit den Heiligen Gottes: [3]Begeh nicht Ehebruch und nicht die Sünde Sodomas! [4]Spinn nicht Betrügereien an! Besudle nicht die Hand mit Blut! [5]Wird nicht auf unrechtmäßige Weise reich! Ernähr dich von Erlaubtem! [6]Sei mit dem Deinigen zufrieden! Begehr nichts Fremdes! [7]Schwatz nicht Erlogenes! Sag offen stets die Wahrheit! [8]An erster Stelle ehre Gott, dann deine Eltern! [9]Gib jeglichem sein Recht! Wend nicht nach Gunst das Urteil! [10]Hilf nicht zu Unrecht einem Armen! Sei nicht parteiisch! [11]Bist du ein schlechter Richter, wird Gott dich richten.
[175]Bleib auch nicht unvermählt, auf dass dein Name nicht vergehe! [176]Gib der Natur dein Teil! Zeug andere, wie du selber bist gezeugt! [177]Gib dein Gemahl nicht preis; denn du befleckst deine Kinder! [179]Berühr nicht deine Stiefmutter, des Vaters zweites Weib. [180]Ehr sie als Mutter, die deiner eignen nachgefolgt! [181]Bleib fern den Nebenweibern deines Vaters! [182]Auch nah dich nicht der Schwester unantastbarem Lager! [183]Berühr nicht deiner Schwägerinnen Lagerstätten! [184]Ein Weib darf nicht sein Kind im Mutterleib vernichten, [185]noch das geborene zum Fraß den Hunden und den Geiern geben. [186]Leg nicht die Hand an deine Frau, wenn sie gesegnet ist! [187]Verschneide nicht den zeugungsfähigen Jüngling! [188]Vermisch dich nicht mit unvernünftigen Tieren! [189]Zwing nie ein Weib zu schlimmem Umgang! [190]Und überlass dich gegen die Natur nicht unerlaubter Liebe! [191]Des Mannes Lieb zum Mann wird von den Tieren selbst verabscheut. [192]Nie ahm das Weib des Mannes Rolle in der Liebe nach! [193]Auch raff dich niemals zügellose Liebe zu dem Weibe hin! [194]Die Liebe ist kein Gott, sie, die verderblichste von allen Leidenschaften. [195]Lieb dein Gemahl! Denn was ist süßer und was schöner, [196]als, wenn das Weib dem Mann bis in das Alter Liebe zeigt, [197]sowie der Mann dem Weib und nie sich Zank und Zwist erhebt? [198]Gewalt soll niemand unvermählten Jungfrauen zufügen! [199]Nimm nie ein schlechtes Weib, das Geld besitzt, zur Hausfrau, [200]dass du nicht ob der schlimmen Mitgift der Sklave deiner Gattin werdest! [201]Nach edlen Rossen spähen wir von Haus zu Haus, [202]nach starken Stieren, wilden Hunden; [203]wir Toren aber streiten niemals um ein wackres Weib. [204]Und selbst ein Weib verschmähet nicht den reichen Schurken. [205]Füg doch zur Ehe nicht die Ehe! Nicht Übel hin zum Übel! [206]Streit nicht mit den Verwandten um die Erbschaft! [207]Sei nicht mit deinen Kindern hart! Sei vielmehr gütig! [208]Verfehlt ein Knabe sich, dann weis die Mutter ihren Sohn [209]oder die Familienhäupter oder die des Volkes! [210]Lass nie dem Knaben Locken wachsen! [211]Flecht ihm nicht Zöpfe seitlich um das Haupt! [212]Die üppigen Weiber mögen lange Haare tragen, und nicht die Männer! [213]Des hübschen Knaben Jugendblüte hüte. [214]Denn viele sind wie rasend auf die Mannesliebe! [215]Die Jungfrau aber hüt in fest verschlossenen Gemächern! [216]Lass vor der Heirat nie sie außerm Hause sehen! [217]Der Kinder Reize zu behüten, das ist für Eltern schwer. [218]Lieb deine Freunde bis zum Tod! Die Treue ist noch besser. [219]Schenk den Verwandten Lieb und treue Eintracht! [220]Dem grauen Haar zoll Ehrfurcht! Räum Sitz [221]und jede Würde Alten ein! Erzeig dem Greis die gleiche Ehre, [222]dem Altersgenossen des Vaters aber von der gleichen Abstammung! [223]Den Dienern reich den nötigen Lebensunterhalt! [224]Dem Sklaven gib ein zugemessen Maß, dass

er wieder anhänge! [225]Drück nie ein Sklavenmal dem Diener auf zur Schmach! Bring nicht dem Sklaven Schaden, dass du ihn bei dem Herrn verklagest! [227]Lass Rat gefallen dir von einem Diener, der gut es meint! [228]Die Reinigungen machen nicht den Körper rein, alleinig nur die Seele. [229]Es sind dies der Gerechtigkeit Geheimnisse. [230]Wer sie befolgt, verbringt ein herrlich Leben bis ins höchste Alter.

*Literatur*

*P. Rießler*: Altjüdisches Schrifttum außerhalb der Bibel, Heidelberg 1928.

## Texte zu 1.3.3.1 Epos

Homer, frühester europäischer Dichter, wohl des 9. oder 8. Jh. v.Chr. Da seine Hauptwerke, die „Ilias“ und die „Odyssee“, aus Rhapsodendichtungen hervorgegangen sind, ist die Frage, ob es sich bei Homer um eine Person handelt oder um eine Sammelbezeichnung (*Homeros* = Zeuge). Er stammt wohl aus Kleinasien. Die Einteilung seiner beiden Werke in 24 Bücher ist von hell. Philologen gemacht worden. Die Abfassung in daktylischen Hexametern ist ein mnemotechnisches Mittel. In beiden Werken handelt es sich um das Zusammenspiel einer himmlischen, olympischen Ebene mit der Umsetzung auf Erden, wobei die Übergänge fließend sind. Die Ilias schildert einen Teil des „Trojanischen Krieges“, in dem Achill durch den Führer der Griechen Agamemnon beleidigt wurde, sich aus dem Kampf zurückzieht und erst nach dem Tod seines besten Freundes Patroklos wieder in das Kampfgeschehen eingreift und den stärksten Kämpfer auf trojanischer Seite und Sieger über Patroklos, Hektor, seinerseits tötet. Die Odyssee beschreibt die Irrfahrten und schließlich Heimkehr des Trojakämpfers Odysseus nach Ithaka. Aus letzterer Dichtung soll hier die Schilderung eines Seesturmes beispielhaft für ähnliche antike Berichte stehen:

### 31: Hom. Od. 5,262–463

Poseidon erregt einen Seesturm, der Odysseus von der Insel der Phaiaken fernhalten soll; doch Athene unterstützt ihren Günstling Odysseus und hilft ihm, auf die Phaiakeninsel zu gelangen, von wo aus ihm Rettung beschieden ist.

Und siebzehn Tage fuhr er, das Meer durchquerend, am achtzehnten aber zeigten sich die schattigen Berge des Landes der Phaiaken, wo es ihm am nächsten lag, und es erschien wie ein Schild in dem dunstigen Meere. Da sah ihn, von den Aithiopen heraufkommend, der gebietende Erderschütterer von weitem her, von den Soymerbergen, denn er kam ihm zu Gesicht, wie er auf dem Meere dahinfuhr. Da erzürnte er noch mehr im Herzen, und bewegte sein Haupt und sprach zu seinem Mute:
„Nein! Haben die Götter es doch wirklich anders beschlossen mit Odysseus, solange ich bei den Aithiopen war! Und schon ist er dem Lande der Phaiaken nahe, wo ihm bestimmt ist, der großen Schlinge des Jammers zu entrinnen, der über ihn gekommen ist. Doch will ich ihn, so sage ich, noch genugsam treiben in das Unheil!“
So sprach er und führte Wolken zusammen und wühlte das Meer auf, mit den Händen den Dreizack fassend, und erregte alle Wirbel von allfachen Winden und verhüllte mit Wolken Land zugleich und Meer, und herein vom Himmel

her brach' Nacht. Und zusammen fielen der Ost und der Süd und der West, der schlimmwehende, und der Nord, der aus hellem Himmel geborene, und wälzte eine große Flut auf. Da lösten sich dem Odysseus die Knie und das liebe Herz, […].
Als er so gesprochen hatte, schlug eine große Woge von oben auf ihn herein, eine furchtbare, anstürmende, und wirbelte das Floß herum. Und weit weg fiel er selbst von dem Floße und ließ das Ruder aus den Händen fahren. Und mittendurch brach ihm den Mastbaum der furchtbare daherkommende Wirbel der sich mischenden Winde, und weit weg fiel Segel und Rahe in das Meer. Ihn hielt es lange Zeit untergetaucht, und er vermochte nicht gar schnell wieder emporzukommen unter dem Druck der großen Woge, denn die Kleider beschwerten ihn, die ihm die hehre Kalypso gegeben hatte. Spät erst tauchte er auf und spie das bittere Salz aus dem Munde, das ihm viel von dem Haupte rann. Doch auch so vergaß er nicht des Floßes, so erschöpft er war, sondern ihm nachstrebend in den Wogen ergriff er es und setzte sich mitten auf ihm nieder und entging dem Ziel des Todes. Das aber trug die große Woge mit der Strömung hierhin und dorthin; und wie wenn der herbstliche Nord Disteln trägt über das Flachland, und dicht haften sie aneinander: So trugen dies die Winde über die Meeresfläche hierhin und dorthin. Einmal warf es der Süd-dem Nordwind zu, dass er es trüge, ein andermal wieder ließ es der Ost dem West, es zu verfolgen. […]
Da trieb eine große Woge heran Poseidon, der Erderschütterer, eine furchtbare und schmerzliche, überhängende: Sie schlug auf ihn nieder. Und wie ein heftig wehender Wind einen Haufen dürrer Spreu aufwirbelt und die Hälmchen zerstreut hierhin und dorthin: So zerstreute sie von dem Floß die langen Stämme. Aber Odysseus schwang sich auf einen Stamm, wie auf einem Rennpferd reitend, und zog die Kleider aus, die ihm die hehre Kalypso gegeben hatte, und spannte sich sogleich das Kopftuch unter die Brust und stürzte sich selbst kopfüber in die Salzflut, die Arme ausgebreitet, bestrebt zu schwimmen. […]
Da trieb er zwei Nächte und zwei Tage umher auf dem starken Gewoge, und viel sah ihm sein Herz den Untergang voraus. Doch als nun den dritten Tag die flechtenschöne Eos vollendet hatte, da hörte der Wind auf und es wurde Meeresglätte, still vom Winde, und nahe vor sich sah er das Land, als er gar scharf nach vorne blickte, als eine große Woge ihn erhob. Und wie Söhnen willkommen das Leben erscheint des Vaters, der in Krankheit liegt und harte Schmerzen leidet, schon lange siechend, ein böser Daimon hat ihn angefallen, und willkommen haben ihn die Götter von dem Übel erlöst: So willkommen erschien dem Odysseus Land und Wald. Und er schwamm eilends, um das feste Land mit Füßen zu betreten. Doch als er so weit entfernt war, soweit ein Rufender reicht mit der Stimme, da hörte er ein Dröhnen an den Meeresklippen. Denn es brandete der große Wogengang gegen das trockene Festland, sich gewaltig brechend, und umhüllt war alles von dem Schaum des Salzes. Denn da waren nicht Buchten, um Schiffe aufzunehmen, und nicht Anfurten, sondern vorspringende Gestade waren und Klippen und Felsen. Da lösten sich dem Odysseus die Knie und das liebe Herz […]. Da trug ihn eine große Woge gegen das raue Gestade. Da wäre ihm die Haut wohl abgeschunden und die Knochen zusammengeschmettert worden, wenn ihm nicht dieses in den Sinn gelegt die Göttin, die helläugige Athene: Anspringend fasste er mit beiden

Händen den Felsen, hielt sich an diesem, stöhnend, bis dass die große Woge vorbeigegangen, und so entrann er dem. Jedoch rückbrandend schlug sie abermals, die anspringende, auf ihn nieder und warf ihn weithin in die See. Und wie wenn bei einem Polypen, den man aus seiner Behausung zieht, an den Saugnäpfen dichte Steinchen haften: So wurden ihm von den kühnen Armen Fetzen von Haut an den Steinen abgeschunden, und die große Woge bedeckte ihn.
Da wäre nun Odysseus elend, über sein Teil hinaus, zugrunde gegangen, wenn ihm nicht klare Besinnung die helläugige Athene gegeben hätte. Als er aus der Woge auftauchte – und da brach es sich zum Gestade hin – schwamm er seitwärts, zum Lande blickend, ob er irgendwo flach bespülte Ufer und Buchten des Meeres fände. Doch als er nun schwimmend zu der Mündung eines Flusses, eines schön strömenden, gelangt war, da schien ihm dort ein Platz am besten: ein von Steinen glatter, und es war ein Schutz dort vor dem Winde.
Der aber hemmte sogleich seine Strömung und verhielt die Woge und machte vor ihm Meeresglätte und rettete ihn in die Flussmündungen. Er aber ließ sinken die beiden Knie und die starken Arme, denn von dem Salze war sein Herz bezwungen. Geschwollen war er am ganzen Leibe, und Meerwasser quoll ihm viel herauf durch den Mund und durch die Nasenlöcher. Und atemlos und ohne Stimme lag er, ohnmächtig, und eine schreckliche Ermattung kam über ihn. Doch als er nun zu Atem kam und der Lebensmut sich im Zwerchfell sammelte, da band er das Kopftuch der Göttin von sich los und warf es in den Fluss, den meerwärts strömenden, und die große Woge trug es mit der Strömung zurück, und alsbald empfing es Ino in ihre Hände. Er aber warf sich aus dem Fluss herum, neigte sich unter das Schilf und küsste das Nahrung gebende Ackerland.

*Literatur*

Homer: Odyssee, hg. von *W. Schadewaldt*, Hamburg 2008.

## Texte zu 1.3.3.2 Weisheitsliteratur

### 32: Aristot. poet. 1449b

Aristoteles: Hier geht es um die Definition der „Tragödie“:

Jetzt aber wollen wir über die Tragödie sprechen und aus dem Gesagten den sich ergebenden Begriff ihres Wesens entnehmen. Es ist also die Tragödie die nachahmende Darstellung einer ernsten und in sich abgeschlossenen Handlung, die eine gewisse Größe hat, in kunstvollem Stil, der in den einzelnen Teilen sich deren besonderer Art anpasst, einer Handlung, die nicht bloß erzählt, sondern durch handelnde Personen vor Augen gestellt wird und die durch Mitleid und Furcht erregende Vorgänge die Auslösung dieser und ähnlicher Gemütsbewegungen bewirkt. Unter kunstvollem Stil verstehe ich einen solchen, der sich in Rhythmus und Harmonie, d.h. Melodie bewegt, und damit, dass er in den einzelnen Teilen sich deren besonderer Art anpasst, meine ich, dass einige Teile nur in Versmaßen abgefasst, andere wieder musikalisch komponiert werden. Da es ferner handelnde Personen sind, die die Darstellung vorführen, so muss notwendig der auf den Anblick berechnete Schmuck in der Ausstattung einen Teil der Tragödie bilden, ferner die musikalische Komposition und der sprachliche Stil: Denn das sind die Mittel zur nachahmenden Darstellung. Unter dem sprachlichen Stil verstehe ich hier den Bau der Verse; was musikalische Komposition bedeutet, liegt ja klar am Tage. Da nun das Dargestellte eine Handlung ist und diese von gewissen Personen ausgeführt wird, die notwendig gewisse Eigenschaften betreffs ihres Charakters und ihres Verstandes haben müssen – denn darauf beruht ja auch die Qualifizierung ihrer Handlungen –, so muss es natürlich zwei Ursachen ihrer Handlungen geben, nämlich Charakter und Verstand, und, je nachdem es mit diesen bestellt ist, haben alle mit ihrem Handeln Erfolg oder Misserfolg. Die nachahmende Darstellung einer Handlung ist nun die Fabel. Unter Fabel verstehe ich hier die Verknüpfung der Begebenheiten, unter Charakter die sittlichen Eigenschaften, die wir den handelnden Personen zuschreiben, unter Verstand die Fähigkeit, ihre Gedanken in Worten zu entwickeln oder einen Entschluss kundzutun. Die Tragödie hat also sechs wesentliche Bestandteile: Diese sind die Fabel, die Charaktere, der Stil, die Gedankenführung, die äußere Ausstattung und die musikalische Komposition. Von diesen sind zwei Mittel zur Darstellung, einer betrifft die Art und Weise, drei den Gegenstand. Weitere gibt es nicht. Dieser Formen haben sich denn auch viele Dichter bedient. Denn jede Tragödie hat eine Ausstattung, Charaktere, eine Fabel, sprachlichen Stil, Musik und Gedanken. Das Wichtigste darunter ist der Aufbau der Handlung. Denn die Tragödie ist nicht eine nachahmende Darstellung von Menschen, sondern eine solche von Handeln und Leben. Glück und Unglück der Helden ist in ihren Handlungen beschlossen, und das Ziel der Darstellung ist eine Handlung, nicht eine Eigenschaft. Hinsichtlich ihres Charakters haben die Personen gewisse Eigenschaften, aber glücklich oder unglücklich werden sie durch ihre Handlungen. Die Dichter lassen sie also nicht handeln, um ihren Charakter zur Darstellung zu bringen, sondern sie nehmen den Charakter mit auf, um daraus die Handlung hervorgehen zu lassen. So ist also die Handlung, d.h. die Fabel, das Endziel der Tragödie; dieses aber ist von allem das Wichtigste.

*Literatur*

Aristoteles: Hauptwerke. Ausgewählt und eingeleitet von *W. Nestle*, Stuttgart [8]1977.

## Texte zu 1.3.3.4 Geschichtsschreibung

### 33: Thuk. 1,20–22

Thukydides, etwa 460–400 v.Chr. aus Athen, Begründer einer „modernen“ Historiographie mit dem Schwerpunkt auf den politisch-militärischen Ereignissen, deren Wahrheitsgehalt jeweils vom Autor zu prüfen ist. Er unterscheidet Ursachen und Anlässe. Sein Gegenstand ist der Peloponnesische Krieg (431–404 v.Chr.) als der größte seit Menschengedenken.

Dazu geht er die bisherigen Kriege ab dem Trojanischen durch, die sich nicht mit dem Peloponnesischen messen können. 424 wurde er zu einem der 10 Strategen gewählt, ging dann nach dem Verlust von Amphipolis für 20 Jahre in die Verbannung und kehrte wohl nach Ende des Krieges nach Athen zurück. Sein Werk endet im Winter 411/410 mit der Schilderung einer Verfassungsreform in Athen, die die beste aller bisherigen gewesen sein soll. Thukydides sieht die Ursachen des Krieges in der Entzweiung von Athen und Sparta nach Ende der Perserkriege. Vorgeblockt ist eine Vor- und Frühgeschichte Griechenlands und dass berühmte Methodenkapitel (1,22), in dem er den Stellenwert der Reden innerhalb des Geschichtswerkes erläutert:

[20]So also fand ich die Vorzeit, in mühsamer Untersuchung, da nicht jedem ersten besten Zeugnis zu trauen war. Denn die Menschen nehmen alle Nachrichten von Früherem, auch was im eignen Lande geschah, gleich ungeprüft voneinander an. So meinen zum Beispiel die meisten Athener, Hipparchos sei von Harmodios und Aristogeiton als Tyrann erschlagen worden, und wissen nicht, dass Hippias als der älteste der Peisistratossöhne herrschte und Hipparchos und Thessalos seine Brüder waren, und dass Harmodios und Aristogeiton an jenem Tage, argwöhnisch, einer ihrer Mitwisser möchte sie im Augenblick dem Hippias verraten haben, diesen sein ließen, weil er gewarnt war, und dafür, um doch vor der Verhaftung noch eine Tat zu vollbringen, den Hipparchos suchten, der gerade am sogenannten Leokoreion den Panathenäenzug ordnete, und diesen erschlugen. Und so gibt es noch manches, auch Heutiges, nicht durch die Zeit Verschollenes, was auch die andern Hellenen irrig meinen, [...]. Und obgleich die Menschen den Krieg, den sie gegenwärtig gerade führen, immer für den größten halten, um nach seinem Ende wieder dass Frühere höher zu bewundern, so wird doch dieser Krieg sich dem, der auf dass wirklich Geschehene merkt, als das größte aller bisherigen Ereignisse erweisen.
[22]Was nun in Reden hüben und drüben vorgebracht wurde, während sie sich zum Kriege anschickten, und als sie schon drin waren, davon die wörtliche Genauigkeit wiederzugeben war schwierig sowohl für mich, wo ich selber zuhörte, wie auch für meine Gewährsleute von anderwärts; nur wie meiner Meinung nach ein jeder in seiner Lage etwa sprechen musste, so stehen die Reden da, in möglichst engem Anschluss an den Gesamtsinn des in Wirklichkeit Gesagten. Was aber tatsächlich geschah in dem Kriege, erlaubte ich mir nicht nach Auskünften des ersten besten aufzuschreiben, auch nicht „nach meinem Dafürhalten“, sondern bin Selbsterlebtem und Nachrichten von andern mit aller erreichbaren Genauigkeit bis ins Einzelne nachgegangen. Mühsam war diese Forschung, weil die Zeugen der einzelnen Ereignisse nicht dasselbe über dasselbe aussagten, sondern je nach Gunst oder Gedächtnis. Zum Zuhören wird vielleicht diese undichterische Darstellung minder ergötzlich scheinen; wer aber dass Gewesene klar erkennen will und damit auch dass Künftige, dass wieder einmal, nach der menschlichen Natur, gleich oder ähnlich sein wird, der mag es so für nützlich halten, und dass soll mir genug sein: Zum dauernden Besitz, nicht als Prunkstück fürs einmalige Hören ist es aufgeschrieben.

*Literatur*

Thukydides: Geschichte des peloponnesischen Krieges, eingeleitet und übertragen von *G.P. Landmann*, Zürich/Stuttgart 1960.

## 34: Ios. bell. Iud. 1,1

Auch für den jüd. Geschichtsschreiber Flavius Josephus (ca. 37–100 n.Chr.) ist der von ihm beschriebene Krieg der Juden gegen Rom 66–70 n.Chr. der größte aller Zeiten.
Josephus entstammte einer judäischen Priederfamilie, wurde aber zum Funktionär in Galiläa während des genannten Krieges von den Römern gefangen und gegen die Prophezeiung an den kommandierenden General Vespasian, er werde Kaiser werden, am Leben gelassen und später in Rom geehrt, u.a. mit dem Bürgerrecht, was ihm den Namen Flavius einbrachte. Durch Übersetzung seines aramäischen Werkes über den jüd.-röm. Krieg ins Griechische (*bellum Iudaicum*) suchte er die gebildete Welt mit dem Judentum bekannt zu machen. Weitere Werke sind die Vorgeschichte des jüdischen Krieges von der Erschaffung der Welt bis zum Jahre 66 n.Chr. (*antiquitates*), wobei er im Wesentlichen die jüd. Bibel nacherzählt. Die Schrift *contra Apionem* ist eine Sammlung antiker antisemitischer Äußerungen und ihre Widerlegung. Seine Selbstbiographie dient, neben persönlichen Einzelheiten aus seinem Leben, u.a. der Rechtfertigung seines Verhaltens im jüd.-röm. Krieg. Religiös bekannte er sich zur gemäßigten Gruppe der Pharisäer.

[1]Der Krieg der Juden gegen die Römer erweist sich als der größte im Vergleich nicht nur mit den Kriegen unserer Zeit, sondern auch mit all denen, von denen wir Kunde überkommen haben, sei es, dass Städte gegen Städte oder Völker gegen Völker losbrachen. Nun haben Leute, die nicht bei den Ereignissen zugegen gewesen sind, sondern sie nur nach dem Hörensagen zusammengestellt haben, diesen Krieg in planlosen und widersprechenden Berichten sophistisch beschrieben. Andere aber, die zwar Augenzeugen waren, haben aus Schmeichelei gegen die Römer oder aus Hass gegen die Juden die Tatsachen verfälscht; deswegen enthalten ihre Bücher einerseits Anklage, anderseits Lob, nirgends aber genaue geschichtliche Darstellung. Aus diesem Grunde habe ich, Josephus, Sohn des Matthias, aus Jerusalem ein Priester, der ich anfänglich die Römer bekämpft und an den späteren Ereignissen notgedrungen teilgenommen habe, mir vorgenommen, denen, die unter römischer Herrschaft leben, in griechischer Übersetzung das darzulegen, was ich schon früher für die innerasiatischen Nichtgriechen in der Muttersprache zusammengestellt und übersandt habe.

*Literatur*

Flavius Josephus: De Bello Judaico. Der jüdische Krieg, Griechisch/Deutsch. Hg. und mit einer Einleitung sowie mit Anmerkungen versehen von *O. Michel/O. Bauernfeind*, 4 Bde., Darmstadt 1959/1963/1969/1969.

## 35: Polyb. 1,12–14

Polybios: etwa 200–120 v.Chr., aus Megalopolis in Arkadien, Offizier des achäischen Bundes, der als einer der 1000 Geiseln nach der Schlacht von Pydna 168 v.Chr. nach Italien deportiert wurde und dass Glück hatte, in die Scipionenfamilie aufgenommen und ein Freund des Scipio Aemilianus zu werden. Er schrieb als wichtigstes Werk eine Welt-

geschichte (*historiai*) in 40 Büchern über die Jahre 264 bis 144 v.Chr. mit dem Schwerpunkt auf den „50 Jahren“ zwischen dem zweiten und dritten punischen Krieg, wo Rom zur unangefochtenen Weltmacht wurde und eine Art Universalgeschichte entstand. Sein Werk sollte den gr. Landsleuten den Sinn der röm. Eroberungen klar machen. Es ist durchsetzt von geschichtsphilosophischen Passagen, wobei, in Anlehnung an Thukydides, die Verfassung den jeweilige Schlüssel zur Bewertung einer Gesellschaft bildet (vgl. bes. Buch 6) und die beste Form eine „Mischverfassung“ aus den drei Grundverfassungen darstellt. Für Polybios war der wirkliche Historiker jemand, der neben theoretischen Fähigkeiten auch politisch-militärische Erfahrung hatte.
Der vorliegende Abschnitt begründet den Zeitrahmen des Werkes, zeigt den Sinn der Geschichtsschreibung sowie den Nutzen für den Leser auf und kritisiert bestimmte Vorgänger.

[12]Dies war der erste Übergang der Römer mit Heeresmacht aus Italien in außeritalisches Gebiet, dies der Zeitpunkt und dies die Gründe, aus denen er erfolgte. Da wir ihn für den passendsten Anfangspunkt unseres ganzen Werkes hielten, haben wir von ihm den Ausgang genommen, nicht ohne allerdings zeitlich noch etwas weiter zurückzugreifen, um hinsichtlich des Nachweises der Ursachen keinen Zweifel übrigzulassen. Denn wie und wann sich die Römer nach dem Verlust ihrer Stadt zu neuem Aufstieg erhoben, und weiter wann und wie sie nach Eroberung Italiens in die auswärtigen Verhältnisse einzugreifen begannen, das zu verfolgen haben wir im Interesse derer für notwendig gehalten, die die Größe ihrer jetzigen überragenden Machtstellung recht begreifen wollen. Man darf sich daher auch im Folgenden nicht wundern, wenn wir einmal bei den bedeutendsten Staaten der Zeit noch etwas weiter ausholen. Wir werden dies tun, um Anfangspunkte zu gewinnen, aus denen man klar erkennen kann, mit welchen Voraussetzungen, wann und wie die einzelnen Völker die Bahn betraten, auf der sie zu der jetzigen politischen Situation gelangt sind. Und so habe ich es denn auch im vorstehenden bei den Römern gehalten. […]
Ein wenig sorgfältiger werden wir nur den ersten Krieg zwischen den Römern und Karthagern zu behandeln versuchen. Denn es ist nicht leicht, einen Krieg von längerer Dauer zu finden, noch umfassendere Rüstungen, beharrlichere Anstrengungen, zahlreichere Kämpfe, größeren Wechsel des Glücks als, auf beiden Seiten, in jenem Krieg. Die Staaten selbst waren zu jener Zeit noch unverdorben in ihren Sitten, von beschränktem Wohlstand, ziemlich gleich an militärischen Machtmitteln. Wer daher die Eigentümlichkeit und die Leistungsfähigkeit beider Staaten richtig beurteilen will, der muss den Vergleich an Hand nicht sowohl der lobenden Kriege als vielmehr dieses Krieges anstellen.
[14]Nicht weniger aber als durch die genannten Gründe bin ich zu einem längeren Verweilen bei diesem Krieg dadurch bewogen worden, dass die, welche am sachkundigsten von ihm zu berichten scheinen, Philinos und Fabius, uns nicht, so wie es ihre Pflicht gewesen wäre, die Wahrheit berichtet haben. Dass diese Manier absichtlich gelogen hätten, glaube ich nun zwar nicht, im Hinblick auf ihr ganzes Leben und ihre Gesinnung; es scheint ihnen jedoch fast so wie den Liebenden ergangen zu sein. Denn infolge ihrer ganzen Einstellung, ihrer persönlichen Sympathien scheinen dem Philinos die Karthager in allem verständig, rühmlich und namhaft, die Römer dagegen auf die entgegen-

gesetzte Weise gehandelt zu haben, dem Fabius aber gerade umgekehrt. [...] Denn wie ein lebendes Wesen, wenn es das Augenlicht verloren hat, zu nichts mehr zu brauchen ist, so wird, wenn aus der Geschichtsschreibung die Wahrheit hinweggenommen wird, das, was dann noch von ihr übrigbleibt, ein unnützes Gerede. Daher darf man nicht anstehen, die Freunde anzuklagen und die Feinde zu loben, noch Bedenken tragen, dieselben bald zu loben, bald zu tadeln, da es ebenso unmöglich ist, dass die Handelnden immer das Rechte treffen, wie wahrscheinlich, dass sie ununterbrochen Fehler begehen. Man muss also in einem Geschichtswerk von den handelnden Personen absehen und vielmehr ihren Handlungen die ihnen zukommende Beurteilung und Würdigung zuteil werden lassen.

*Literatur*

Polybios: Geschichte. Gesamtausgabe in zwei Bänden, eingeleitet und übertragen von *H. Drexler*, Zürich/Stuttgart 1961.

## Texte zu 1.3.3.6 Briefliteratur

### 36: P. Mich. VIII 490f

Die beiden Briefe des jungen ägyptischen Rekruten Apolinari(o)s an seine Mutter wurden bei Ausgrabungen in Karanis entdeckt und 1927 erstmals publiziert; sie werden in das 2.Jh. n.Chr. datiert. Der Absender hat sich zu Hause für die röm. Flotte anwerben lassen und nutzt auf seinem Weg nach Rom jede Gelegenheit, seiner Mutter einen Gruß zu schicken. Zuerst hat er dies auf annähernd halber Strecke von Kyrene aus getan, nun schickt er gleich nach seiner Ankunft in Portus am 25. Pachon einen Brief, der seine heile Ankunft berichtet (A), und kommt noch am selben Tag in Rom an, von wo aus er vor seiner Weiterreise nach Misenum im Golf von Neapel einen weiteren Brief schreibt (B). Beide Briefe sind in unterschiedlicher Handschrift, also wahrscheinlich vom Verfasser diktiert; die Nachträge in Brief A könnten eigenhändig sein. Der Empfänger des Briefes wird jeweils auf der Rückseite (*rev*) genannt.

A. Apolinaris seiner Mutter Taësion viele Grüße!
Vor allem leb mir wohl und sei gesund, da ich für Dich die Fürbitte verrichte bei allen Göttern. Und von Kyrene aus, da ich jemanden fand, der zu Dir kommen wollte, hielt ich es für nötig, Dir über mein Wohlergehen zu berichten; und Du berichte mir recht schnell über Deine Unversehrtheit und die meiner Brüder! Und jetzt berichte ich Dir von Portus aus, denn ich bin noch nicht nach Rom hinaufgefahren und abkommandiert. Wenn ich abkommandiert bin und erfahren habe, wohin ich gehen werde, werde ich Dir sofort berichten; auch Du aber zögere nicht zu schreiben über Dein Wohlergehen und das meiner Brüder. Wenn Du aber keinen findest, der zu mir kommt, schreibe an Sokrates, und der schickt es mir zu. Ich grüße vielmals meine Brüderchen, sowohl Apolinaris und seine Kinder als auch Kalalas und seine Kinder, und alle, die Dich lieben. (Es grüßt Dich Asklepiades.) Leb mir wohl und sei gesund!

In Portus bin ich angekommen am 25. Pachon. (Erfahre, dass ich nach Misenum abkommandiert bin, das habe ich nämlich später erst erfahren.)
[rev]Gibs ab nach Karanis an Taësion, von ihrem Sohn Apolinarios.

B. Apolinaris seiner Mutter und Herrin Taësis viele Grüße!
Vor allem wünsche ich, dass Du gesund bist; auch ich selbst bin gesund und verrichte für Dich die Fürbitte bei den hiesigen Göttern. Ich will, dass Du erfährst, Mutter, dass ich wohlbehalten in Rom angekommen bin am 25. des Monats Pachon und nach Misenum zugeteilt worden bin. Meine Zenturie habe ich aber noch nicht erfahren; ich war nämlich noch nicht nach Misenum abgereist, als ich Dir diesen Brief schrieb. Ich bitte Dich also, Mutter, achte auf Dich, mach Dir um mich keine Gedanken; ich bin nämlich an einen schönen Ort gekommen. Schön aber wäre es von Dir, wenn Du mir einen Brief schreibst über Dein Wohlergehen und das meiner Brüder und all der Deinen. Und ich, immer wenn ich jemanden finde, schreibe ich Dir; ich werde bestimmt nicht zögern, Dir zu schreiben! Ich grüße meine Brüder vielmals, sowohl Apolinaris und seine Kinder als auch Karalas und seine Kinder. Ich grüße Ptolemäus und Ptolemais und ihre Kinder und Heraklous und ihre Kinder. Ich grüße alle, die Dich lieben, namentlich.
Möge es Dir wohlergehen, das wünsche ich.
[rev]Gibs ab nach Karanis an Taësis, von ihrem Sohn Apolinarios aus Misenum.

*Literatur*
Übersetzt von Ralph Brucker.

## Texte zu 1.3.4.1 Griechische Papyri und Ostraka

### 37: P. Polit. Iud. 9

Die Jüdin Berenike aus Aphrodites Polis reicht am 20. Juni 132 v.Chr. den Archonten des 38. Jahres eine Eingabe gegen den Juden Demetrios aus Peimpasbytis ein, die am 27. Juni eintraf. Demetrios hatte im 37. Jahr von Berenike die Sklavin Rhome und deren Kind im Säuglingsalter gekauft. Den Kaufpreis blieb er schuldig. Zusätzlich zum Kaufvertrag wurde ein Ammenvertrag abgeschlossen, der sich offenbar auf den verkauften Säugling bezog. In diesem Ammenvertrag wurde der Amme ein Lohn in Aussicht gestellt, der in der Petition genau beschrieben wird. Auch dieser Lohn wurde nicht bezahlt. Die Petentin fordert nun den Kaufpreis samt der bei Zahlungsverzug fälligen anderthalbfachen Summe und die Erträge aus dem Ammenvertrag. Der Umstand, dass der Ammenvertrag mit dem Kaufvertrag verbunden wurde und die Petentin die Belange der Amme mitvertritt, lässt vermuten, dass die Amme in einer engen Beziehung zur Petentin stand. Da Ammendienste häufig von Sklaven geleistet wurden, mag die Amme eine Sklavin der Petentin gewesen sein.
Interessant ist, dass der Kauf- und Ammenvertrag mit einem „väterlichen Eid" versehen war. Der Verweis auf einen Eid ist nicht nur wegen der sonst im Judentum zu beobachtenden Scheu vor Eiden interessant, sondern auch deshalb, weil in ptolemäischer Zeit Eide im privaten gr. Rechtsverkehr nicht üblich sind. Die Vertragsbestimmungen, die zitiert werden, sind aber die in gr. Verträgen üblichen und die Terminologie und Phraseologie ist durchaus griechisch.

An die Archonten des 38. Jahres von Berenike, Tochter des Archagathos, Jüdin, derer aus Aphrodites Polis.
Im Phamenoth des 37. Jahres händigte mir Demetrios, Sohn des Philotas, Jude, wohnhaft in Peimpasbytis, einen Brief mit Eid nach Vätersitte aus, in dem er übereinkommt, mir den vereinbarten Kaufpreis von acht Bronzetalenten für die Sklavin Rhome, die er gekauft hatte, und deren Kind im Monat Pauni desselben Jahres zu zahlen. Wenn er ihn aber nicht zahle, werde er ihn im darauffolgenden Monat Epeiph eineinhalbfach zahlen und an die Kasse des Königs als Strafgeld 78 (?) Silberdrachmen, ohne jeden Gerichtsentscheid und Verfahren. Er werde aber auch der Amme monatlich als Lohn geben: für die Kleidung 2.500 Bronzedrachmen bis zum 15. Phamenoth, und drei (?) Artaben und zwei Metra Weizen monatlich (?) in den ersten vier Monaten, ferner monatlich zwei Kotylen Öl, ab Pauni aber monatlich eine Artabe Weizen und zwei Kotylen Öl.
Dies enthielt unter anderem der Brief. Philotas (irrtümlich statt Demetrios) hat aber bisher nichts bezahlt, sondern das Gesetz der Väter gebrochen. Deshalb, da ich gezwungen bin, die Erfahrung eines Aufenthalts in der Fremde zu machen, und ich Euch seinetwegen außerdem einen Brief der Juden aus Aphrodites Polis habe zukommen lassen, bitte ich, wenn es berechtigt erscheint, dem Amtsdiener den Auftrag zu erteilen, Demetrios herzusenden, und, nachdem man ihn vorgeladen hat, zu zwingen, sofort zu leisten und als Strafgeld in anderthalbfacher Höhe 12 Talente zu bezahlen, ferner das Kleidergeld, 2.500 Drachmen, die Einkünfte und das Übrige dem Eid entsprechend, hinsichtlich des Strafgeldes aber, das der königlichen Kasse zusteht, gegen den Rechtsbrecher unnachsichtig zu entscheiden.

*Literatur*

Urkunden des Politeuma der Juden von Herakleopolis (144/3–133/2 v.Chr.) (P. Polit. Iud.). Papyri aus den Sammlungen von Heidelberg, Köln, München und Wien, bearbeitet von *J. M.S Cowey/K. Maresch*, Opladen 2001.

## Texte zu 1.3.4.2 Inschriften/Epigraphik

Tac. ann. 15,44

→1.2.2 Text Nr. 13

# 5.1.3 Texte zu 1.4 Historische Kontexte

## Texte zu 1.4.1.4 „Pax Romana" im NT

38: Tac. Agr. 21

Tacitus: In der Biografie seines Schwiegervaters Agricola nennt Tacitus die Kriterien röm. Kultur und stellt deren Ambivalenz heraus:

Der folgende Winter wurde für sehr vorteilhafte Maßnahmen verwendet. Denn damit sich die zerstreut lebenden, unzivilisierten und deshalb leicht zu kriegerischen Unternehmungen neigenden Menschen durch Annehmlichkeiten an Frieden und Ruhe gewöhnten, ermahnte er sie persönlich und half ihnen mit öffentlichen Mitteln, Tempel, Marktplätze und Häuser zu errichten; dabei lobte er die Willigen und tadelte die Zögernden. So stellte sich Ehrgeiz statt Zwang ein. Desweiteren ließ er die Söhne der führenden Männer in den freien Künsten erziehen; dabei schätzte er die Begabung der Britannier mehr als den Lerneifer der Gallier. Das hatte zur Folge, dass die Menschen, die gerade noch nichts von der römischen Sprache wissen wollten, nunmehr dringend nach Beredsamkeit verlangten. Bald galt es sogar als vornehm, sich ein Aussehen wie das unsre zu geben, und man trug häufig die Toga; allmählich verfiel man auch verlockenden Lastern, wie sie Säulenhallen, Bäder und erlesene Gastmähler bieten. Und das nannten die Unerfahrenen Kultur, wo es doch nur ein Stück Knechtschaft war.

*Literatur*

Publius Cornelius Tacitus: Die historischen Versuche: Agricola, Germania, Dialogus, übersetzt und hg. von *K. Büchner*, Stuttgart 1963.

## 39: Verg. Aen. 1,254–296; 6,788–806.851–853

Vergil (Publius Vergilius Maro), 70–19 v.Chr., schloss sich nach Verlust seines Landgutes bei Mantua in Rom dem Dichterkreis des Mäcenas an, lebte später in Neapel und starb auf der Rückreise von einer Griechenlandfahrt und wurde in Neapel begraben. Sein Hauptwerk, die Aeneis, handelt vom Trojaner Aenaeas, der nach seiner Flucht aus dem brennenden Troja nach Italien kommt, sich mit dem Latinerkönig verbündet und schließlich die Italiker besiegt. Eingestreut sind prophetische Ausblicke auf das spätere Rom und seine Größe, wovon hier zwei Versionen abgedruckt sind:

1[254]Ihr aber lächelte zu der Vater der Menschen und Götter milden Blicks, wie er strahlend erheitert Himmel und Wetter; zärtlich küsst er die Tochter und spricht dann feierlich also: „Lass, Kytherea, die Furcht dir bleibt unverändert der Deinen Sendung bestehn: Wirst sehen die Stadt und Laviniums Mauern, wie es verheißen, wirst heben den hochgemuten Aeneas hoch zu den Sternen des Himmels, kein Einfluss stimmte mich anders. Er wird – jetzt will ich künden, dich nagt ja darüber die Sorge, will nun weiter entrollen das Buch geheimer Verheißung – schweren Krieg wird er in Italien führen und wilde Völker zermalmen, den Männern begründen Sitten und Mauern, bis der dritte Sommer in Latium sah seine Herrschaft, und für die Rutuler, die er bezwingt, drei Winter schon Krieg war. Jung-Askanius aber – der jetzt den Beinamen Julus trägt – einst hieß er Ilus, als Ilium fest stand und herrschte – dreißig große Kreise im Schwung der rollenden Monde herrscht er mit Macht, er trägt sein Reich von Lavinium fort, wird Alba Longa stolz und stark zur Feste erbauen. Hier wird drei Jahrhunderte nun beim Stamme des Hektor bleiben das Reich; dann wird eine Priesterin, Tochter des Königs, Ilia, schwanger von Mars und Mutter von Zwillingssöhnen. Prangend umhüllt vom gelblichen Fell seiner Amme, der Wölfin, führt dann Romulus weiter den Stamm: Die Mauern der Marsstadt baute er auf und nennt nach seinem Namen die Römer. Diesen setze ich weder in Raum noch Zeit eine Grenze, endlos Reich hab ich ihnen verliehen; selbst Juno, die harte, [280]die mit Furcht jetzt Meer und Land und Himmel ermattet, wird zum Besseren lenken den Sinn, wird mit mir die Römer hegen, die Herren der Welt, das Volk im Gewande der Toga. So der Beschluss: Einst kommt die Zeit im Gleiten der Jahre, da des Assarakus' Haus ins Joch das berühmte Mykene zwingt und Phthia zugleich und siegreich herrscht über Arges. Herrlichen Ursprungs geht hervor der trojanische Caesar, der sein Reich mit dem Weltmeer begrenzt, seinen Ruhm mit den Sternen, Julius, denn vom großen Zulus ward ihm der Name. Ihn wirst im Himmel du einst, wenn er kommt mit des Orients Beute, [290]sorglos empfangen: Auch er wird einst in Gelübden gerufen. Krieg wird ruhen und die Welt, die verrohte, neigt sich zur Milde. Fides, die graue, und Vesta, Quirinus mit Remus, dem Bruder, geben Gesetz: Die Pforten des Kriegs, die grausigen, werden dicht verschlossen mit Riegeln aus Erz des ruchlosen Wahnsinns Dämon, rücklings gefesselt mit hundert ehernen Banden, hockt über grausen Waffen und knirscht mit blutigem Munde."

6[788]Hierhin wende du jetzt deinen Blick, schau an dieses Volk hier, deine Römer: Caesar ist hier und des Julius gesamte [790]Nachkommenschaft, die einst aufsteigt zum Himmelsgewölbe. Der aber hier ist der Held, der oft und oft dir verheißen, Caesar Augustus, der Spross des Göttlichen. Goldene Weltzeit bringt er wieder für Latiums Flur, wo einstens Saturnus herrschte, er dehnt sein Reich, wo fern Garamanten und Inder wohnen, und weiter - dies Land liegt außerhalb unserer Sterne, außer der Sonne jährlicher Bahn, wo Atlas, des Himmels Träger, die Wölbung dreht, die strahlt von funkelnden Sternen. Seine Ankunft fürchten schon jetzt die kaspischen Reiche, schaudernd vor Götterorakel, es zittern Skythiens Lande, [800]bebend bangt die Flut des siebenarmigen Niles. Herkules sah nicht so viel Land, auch wenn er die Hirschkuh traf, das Tier mit den Hufen von Erz, oder wenn Erymanthus' Wald er befriedet und Lerna erschüttert durch seinen Bogen, Bacchus nicht, der als Sieger an weinlaubgrünenden Zügeln lenkte sein Tigergespann von Nysas ragendem Gipfel. Und wir zögern, der Mannheit Raum zu schaffen durch Taten?
[851]Du aber, Römer, gedenk – so wirst du leisten dein Wesen – Völker kraft Amtes zu lenken und Ordnung zu stiften dem Frieden, [853]Unterworf'ne zu schonen und niederzukämpfen Empörer!

*Literatur*

Vergil: Aeneis, Lateinisch/Deutsch. In Zusammenarbeit mit *M. Götte* hg. und übersetzt von *J. Götte*, München $^4$1979.

## 40: Sib 3,175–195

Eine Alternative dazu ist die Weissagung einer Sibylle. Es handelt sich um eine anonyme Zusammenstellung von Weissagungen, die im 5. nachchr. Jahrhundert vorgenommen wurde. Sie enthalten jüd. und chr. Elemente und reichen bis in die Regierungszeit des Antiochos Epiphanes (2.Jh. v.Chr.) zurück.

Da vernahm ich eine Stimme des großen Gottes in meinem Herzen, die mich antrieb, wider die ganze Erde zu weissagen und den Königen eindringlich zu machen, was künftig geschehen würde. Und Gott allein gab mir vor allem dies zur Hand, wie viel Weltreiche auf Erden aufgerichtet würden. Zuerst nämlich sollte das Haus Salomons herrschen über die Bewohner Phöniziens und Asiens und anderer Inseln und über das Volk der Pamphylier und Perser und Phrygier und Karier und Mysier und der goldreichen Lydier.
Hernach werden die übermütigen und unreinen Griechen kommen und ein anderes großes, von ihnen verschiedenes Volk Makedoniens wird die Herrschaft führen, welches über die Menschen einen gewaltigen Kriegssturm bringen werde. Aber der Herr des Himmels wird dasselbe von Grund aus verderben.
Hernach wird die Herrschaft eines anderen Reiches an die Reihe kommen, welches weiß ist und viele Häupter hat und am Meere nach Westen hin liegt. Sie aber werden über viele Länder herrschen und eine große Erregung hervorbringen, dermaleinst auch allen Königen Schrecken einjagen und in vielen Städten eine Menge Gold und Silber erpressen, sodass danach auf Erden wieder Gold und Silber und Kostbarkeiten sein werden. Und sie werden wie Blei auf den Sterblichen liegen.
Denselbigen Männern aber, wenn sie mit Hoffart und Ungerechtigkeit walten, wird ein schwerer Fall bevorstehen, und dann wird man kaum der Gottlosigkeit widerstehen können. Männer werden sich mit Männern gemein machen und man wird sich Knaben an schändliche geheime Orte bestellen. Dann wird große Trübsal unter den Menschen und allgemeine Verwirrung und Untergang entstehen, infolge des schnöden Eigennutzes und mit Unrecht erworbenen Guts, sodass in vielen Ländern, insbesondere aber in Makedonien das Maß des Elends voll sein wird und Hass und Betrug obenan sein werden bis zum siebenten Weltreiche, in welchem ein ägyptischer König aus griechischem Geschlechte herrschen wird. Dann wird es ein starkes Volk geben, das allen Sterblichen der Weg des Lebens sein wird.

*Literatur*

Die sibyllinischen Orakel. Aus alten Schriften in deutscher Übertragung mit Einleitung und erläuternden Anmerkungen hg. von *R. Clemens*, Wiesbaden [2]1985.

## 41: Tac. Agr. 29,4–32,1

Tacitus schildert im Agricola mit der fiktiven Rede des Calgacus die Sicht eines Britanniers auf die röm. Herrschaft:

29[4]Da soll der Anführer, der unter mehreren anderen an Tapferkeit und vornehmer Herkunft herausragte, namens Calgacus vor der versammelten, kampfbegierigen Menge etwa folgende Ansprache gehalten haben:

30[1]„Sooft ich die Wechselfälle des Krieges und unsere Notlage betrachte, bin ich ganz zuversichtlich, dass der heutige Tag und eure Einmütigkeit der Beginn der Freiheit für ganz Britannien sein werden. [...] Keine Länder gibt es mehr hinter uns und nicht einmal das Meer bietet noch eine sichere Zuflucht, da uns dort die römische Flotte drohend näher rückt. Deshalb sind Kampf und Waffen, die Tapferen Ehre bringen, in gleicher Weise auch der sicherste Schutz für Feiglinge. Bei den früheren Kämpfen, in denen man gegen die Römer mit wechseln[2]dem Erfolg stritt, stützten sich Hoffnung und Rückhalt auf unsere Arme. Denn wir, die Edelsten ganz Britanniens, die deshalb auch tief im Landesinneren leben und keine Sklavenküste anschauen müssen, hatten selbst die Augen von der Berührung mit der Zwingherrschaft ungetrübt: [3]Uns, die wir die abgelegensten Gebiete der Erde bewohnen und damit die letzten freien Menschen sind, hat gerade unsere Abgeschiedenheit und die schützende Hülle des Gerüchts bis auf den heutigen Tag verteidigt. Jetzt ist das Ende Britanniens zugänglich und alles Unbekannte gilt als großartig; aber es gibt kein Volk mehr hinter uns, nur Fluten und Klippen, und noch feindseliger sind die Römer, deren Hochmut man durch Unterwürfigkeit und fügsames Verhalten vergeblich zu entgehen glaubt. [4]Die Räuber der Welt durchsuchen nun, nachdem ihnen bei ihren alles verheerenden Zügen die Länder ausgegangen sind, das Meer. Ist ein Feind reich, sind sie habsüchtig, ist er arm, verlangen sie nach Ruhm, und weder Orient noch Okzident kann ihren Machthunger stillen. Als einzige von allen stürzen sie sich auf Wohlstand und Not in gleicher Gier. [5]Wegschleppen, morden, rauben nennen sie mit falschem Namen Herrschaft, und wo sie eine Einöde schaffen, sprechen sie von Frieden. 31[1]Kinder und Angehörige sind von Natur aus einem jeden das Liebste; sie werden uns durch Aushebungen weg genommen, um anderswo als Sklaven zu dienen. Frauen und Schwestern werden, selbst wenn sie der Begierde der Feinde entgangen sind, unter dem Vorwand, man sei Freund und Gast, geschändet. Unser Hab und Gut wird für Abgaben, die Ackererträge für Getreidelieferungen, unsere Leiber schließlich und unsere Arbeitskraft beim Anlegen von Wegen durch Wälder und Sümpfe unter Schlägen und Beschimpfungen aufgezehrt. Zur Knechtschaft geborene Sklaven werden einmal verkauft und dann von ihren Herren selbst ernährt: Britannien dagegen kauft seine [2]Knechtschaft täglich, ernährt sie täglich. Und wie beim Gesinde gerade der zuletzt gekommene Sklave sogar von seinen Mitsklaven verspottet wird, so hat man es unter dieser alten Sklavenschaft der ganzen Welt auf uns als die wohlfeilen Letzten abgesehen, um uns zu vernichten; denn wir haben keine Fluren, Bergwerke oder Häfen, für deren Betrieb man uns am Leben lassen müsste. [3]Ferner schätzen die Herrschenden Tapferkeit und Ungestüm der Unterworfenen nicht. Und gerade die weite Entfernung und unsere Abgeschiedenheit sind umso verdächtiger, je mehr sie uns Sicherheit bieten. Lasst deshalb die Hoffnung auf Gnade fahren und schöpft endlich Mut, ihr, denen das Leben, genauso wie ihr, denen der Ruhm das Liebste ist! [4]Die Briganten haben unter Führung einer Frau die Kolonie in Schutt und Asche gelegt, ein Lager erobert, und wenn ihr Erfolg nicht in Sorglosigkeit umgeschlagen wäre, hätten sie das Joch abschütteln können. Wir, die noch nicht geschwächt, noch unbezwungen sind und, um die Freiheit zu bewahren, nicht um Reue zu zeigen,

[...], sollten gleich beim ersten Zusammenstoß klarmachen, was für Männer Kaledonien für sich selbst aufgehoben hat.
32[1]Oder glaubt ihr etwa, die Römer seien im Krieg ebenso tapfer wie im Frieden zügellos? Nur durch unsere Meinungsverschiedenheiten und Zwistigkeiten sind sie doch berühmt geworden und legen die Fehler ihrer Feinde als Ruhmestaten ihres Heeres aus.

*Literatur*

Tacitus: Agricola. Lateinisch/Deutsch. Übertragen, erläutert und mit einem Nachwort hg. von *R. Feger*, Stuttgart 1990.

## Texte zu 1.4.2.1 Geographische, historische und politische Gegebenheiten

→2.2.7.3 XIII

### 42: OGIS 458

Im Jahr 9 v.Chr. beschließt die Provinz Asia, den Kalender zu Ehren des Kaisers Augustus zu ändern. Da die Herrschaft des Augustus der ganzen Welt einen Neuanfang geschenkt habe, wird der Geburtstag des Augustus (der 23. September) auf Anregung des röm. Statthalters Paulus Fabius Maximus als Beginn des Amtsjahres in der Provinz festgesetzt.

Beschluss der Hellenen in Asien auf Antrag des Oberpriesters Apollonios, des Sohnes des Menophilos, aus Aizanoi: Da die Vorsehung, die unser Leben ordnet, in Fürsorge und Eifer unser Dasein mit dem höchsten Schmuck gekrönt hat, da sie Augustus hervorbrachte, den sie zum Segen der Menschen mit jeglicher Tugend erfüllte, uns und unseren Nachkommen als Retter, der den Kampf beendet, der alles ordnet, und da Caesars Erscheinen die Hoffnungen vorangehender Zeiten überboten hat, weil er nicht allein die vor ihm lebenden Wohltäter der Menschen übertraf, sondern auch den künftigen jede Hoffnung nahm, es ihm zuvorzutun, der Geburtstag des Gottes aber für die Welt die erste von ihm ausgehende Freudenbotschaft war, [...] so soll von den Hellenen in Asien zum guten Glück und Heil beschlossen sein usw.

*Literatur*

*W. Arend* (Hg.): Geschichte in Quellen. Bd. 1: Altertum, München [2]1975.

### 43: Cass. Dio 50,20,6–9

Kleinasien ist das Ursprungsland des röm. Kaiserkults. Noch vor der Übernahme des Prinzipats genehmigt Octavian 29 v.Chr. nicht nur einen Kult für Roma und den vergöttlichten Caesar (in Ephesos und Nikaia); er gestattet auch, dass ihm die Hellenen in Pergamon und in Nikomedeia (Bithynien) heilige Bezirke widmen.

[6]Neben der Erledigung der sonstigen Aufgaben her gab Caesar damals die Erlaubnis zur Weihung heiliger Bezirke für die Roma und seinen Vater Caesar, den er selbst Heros Iulius nannte, und zwar in Ephesos und Nikaia; die ge-

nannten Städte hatten nämlich damals in Asia bzw. Bithymen die erste Stelle inne. [7]Er befahl den dort wohnenden Römern, die beiden Gottheiten zu verehren, während er den Nichtrömern, von ihm Hellenen genannt, gestattete, ihm selbst heilige Bezirke zu widmen, den Bewohnern von Asia in Pergamon, den Bithyniern in Nikomedeia. Und diese Sitte, die unter seiner Herrschaft ihren Anfang nahm, setzte sich unter anderen Kaisern nicht nur bei den hellenischen, sondern auch bei all den anderen Völkerschaften fort, soweit sie den Römern untertan sind. [8]Denn weder in der Hauptstadt selbst noch im übrigen Rahen hat je ein Kaiser, mochte er auch noch so hohe Anerkennung verdienen, einen derartigen Schritt gewagt; nach ihrem Heimgang freilich werden auch dortzulande Kaisern, die gerecht regiert haben, neben anderen göttlichen Ehrungen her tatsächlich auch Tempel erbaut. [9]All das geschah im Laufe des Winters, und auch die Pergamenier erhielten das Recht, die „heiligen Spiele“, wie sie die Feierlichkeiten nannten, zu Ehren von Caesars Tempel abzuhalten.

*Literatur*

Cassius Dio: Römische Geschichte. Bd. IV. Bücher 51–60. Übers. von *O. Veh*, Düsseldorf 2007.

## 44: Tac. ann. 4,15,2f.; 55

Seit Beginn des Prinzipats müssen Statthalter und andere röm. Amtsträger mit schärferer Kontrolle ihrer Tätigkeit in der Provinzialverwaltung rechnen. Unter Tiberius wird C Iunius Silanus (Statthalter in Asia 20/21 n.Chr.) wegen seiner Zwangsmaßnahmen gegenüber den Untertanen mit Verbannung bestraft; kurz danach wird der Procurator Lucilius Capito, der sich in Asia Kompetenzüberschreitungen zuschulden kommen ließ, verurteilt. Die kleinasiatischen Städte beschließen aus Dank einen Tempelbau für Kaiser Tiberius, für seine Mutter Livia und für den Senat. Die Frage, wo das neue Kaiserkult-Zentrum entstehen soll, führt zu einem Wettbewerb von Gesandtschaften im röm. Senat; die Entscheidung fällt schließlich zugunsten von Smyrna.

[15]Vor dem Senat wurde auch damals noch alles verhandelt: Sogar der Prokurator vor Asia, Lucilius Capito, musste sich gegen eine Anklage seiner Provinz hier verteidigen, wobei der Princeps mit großem Nachdruck erklärte, er habe ihm nur das Verfügungsrecht über seine Sklaven und sein Privatvermögen eingeräumt; wenn er sich dagegen die Amtsgewalt des Prätors angemaßt und sich der bewaffneten Macht bedient haben sollte, habe er damit seine Aufträge missachtet: Man solle die Bundesgenossen hören. So wurde der Angeklagte nach Untersuchung des Sachverhalts verurteilt. Wegen dieser Bestrafung und weil man im vergangenen Jahr gegen C. Silanus vorgegangen war, beschlossen die Städte von Asia einen Tempel für Tiberius, seine Mutter und den Senat. Man gestattete ihnen den Bau; […].

[55]Der Kaiser aber erschien, um dadurch das Gerede abzulenken, häufig im Senat und hörte sich die Gesandten von Asia, die darum stritten, in welcher Gemeinde der Tempel errichtet werden solle, mehrere Tage an. Elf Städte wetteiferten mit gleichem Ehrgeiz, aber unterschiedelichem Gewicht. Nicht

weit auseinander lagen die Gesichtspunkte, die sie alle vorbrachten: das Alter ihres Stammes, ihre Ergebenheit dem römischen Volk gegenüber während der Kriege mit Perseus, Aristonikos und anderen Königen. Doch wurden die Städte Hypaipa und Tralleis zugleich mit Laodikeia und Magnesia als zu unbedeutend übergangen; auch die Einwohner von Ilion konnten, obwohl sie sich darauf beriefen, Troia sei die Mutterstadt Roms, mit dem Hinweis auf den Ruhm ihres hohen Alters allein nichts ausrichten. Eine Zeitlang schwankte man, weil die Halikarnassier versichert hatten, 1200 Jahre lang seien ihre Wohnstätten von keinem Erdbeben heimgesucht worden und auf gewachsenem Felsen würden die Fundamente des Tempeln stehen. Bei den Pergamenern war man der Meinung, mit dem dort stehenden Tempel des Augustus – eben darauf stützten sie ihren Antrag – hätten sie genügend erreicht. Die Bürger von Ephesos und Milet schienen mit dem Kult hier des Apollon, dort des Artetuis ihre Gemeinden ausgelastet zu haben. So konnte man die Entscheidung zwischen Sardes und Smyrna suchen. […] So gaben die Senatoren, zur Abstimmung aufgefordert, den Smyrnäem den Vorzug. Dazu stellte Vibius Marsur den Antrag, es solle dem M. Lepidus, dem diese Provinz zugefallen war, ein zusätzlicher Legat beigegeben werden, der die Aufsicht über den Tempelbau zu übernehmen habe. Und weil es Lepidus aus Bescheidenheit ablehnte, sich diesen Mann selbst auszusuchen, wurde Valerius Naso, ein ehemaliger Prätor, ausgelost und mitgeschickt.

*Literatur*

P. Cornelius Tacitus: Annalen, Lateinisch/Deutsch, hg. von *E. Heller*, Düsseldorf/Zürich [4]2002.

## 45: Cass. Dio 59,28,1

Caligula (37–41 n.Chr.) fordert auch von den Bewohnern Kleinasiens göttliche Verehrung; sein Kultzentrum soll in Milet entstehen.

[1]Gaius befahl, dass zu Milet in der Provinz Asia ein heiliger Bezirk für seinen Kult abgegrenzt werde. Diese Stadt wählte er nämlich aus, weil angeblich nach seiner Erklärung Diana Ephesos, Augustus Pergamon und Tiberius Smyrna vorweggenommen hätten. Die Wahrheit aber war, dass der Kaiser den ausgedehnten und überaus prächtigen Tempel, den die Einwohner von Milet Apollo zu Ehren errichteten, sich aneignen wollte.

*Literatur*

Cassius Dio: Römische Geschichte. Bd. IV. Bücher 51–60. Übers. von *O. Veh*, Düsseldorf 2007.

## 46: Tac. ann. 2,47

Die Provinz Asia hat in der frühen Kaiserzeit immer wieder unter Erdbeben zu leiden. Für die röm. Kaiser ist dies Anlass, Wohltätigkeit zu demonstrieren. Eine besonders schwere Katastrophe trifft die Region im Jahre 17 n.Chr.:

47Im selben Jahr stürzten zwölf bekannte Städte Kleinasiens durch ein Erdbeben ein, und zwar zur Nachtzeit: Um so überraschender kam und um so schwerer war die Katastrophe. Auch die bei einem solchen Unglück gewöhnlich gebotene Möglichkeit, ins Freie zu flüchten, half nichts, weil die Leute in Erdspalten verschlungen wurden. Gesenkt hätten sich, erzählt man, gewaltige Berge, hoch aufgetürmt habe man das Land gesehen, das Ebene gewesen sei, hervorgeschossen seien unter den Trümmern Flammen. Da das Unheil die Bewohner von Sardes am härtesten traf, brachte es ihnen auch ein Höchstmaß von Mitleid: Denn zehn Millionen Sesterzen versprach der Kaiser und erließ ihnen, was sie an Staatskasse oder Fiskus zu zahlen hatten, auf fünf Jahre. Die Bewohner von Magnesia am Sipylos galten als die nächsten hinsichtlich der Größe des Schadens und der Hilfeleistung. Die Temnier, Philadelphener, Aegeaten, Apotlonidenser und die so genannten Mostener oder makedonischen Hyrkaner, ferner die Städte Hierocaesaria, Myrina, Kyme und Tmolos beschloss man für die gleiche Zeit von den Abgaben zu befreien und ein Mitglied des Senats zu entsenden, das die gegenwärtige Lage prüfen und Erleichterungen schaffen sollte. Dafür ausersehen wurde M. Ateius, ein ehemaliger Prätor, damit nicht, weil ein Konsulat Asien verwaltete, Eifersucht zwischen Gleichgestellten und daraus ein Hemmnis entstehe.

*Literatur*

P. Cornelius Tacitus: Annalen, Lateinisch/Deutsch, hg. von *E. Heller*, Düsseldorf/Zürich [4]2002.

## 47: I. Ephesos 18b,0–11

Nicht nur durch Naturkatastrophen wurde die einstmals reiche Region Kleinasien schwer belastet; in vielen Städten wirkten sich Verwaltungsmängel und Misswirtschaft sehr ungünstig aus. Um das Jahr 44 n.Chr. hat der Statthalter der Provinz Asia, Paullus Fabius Persicus, Anlass, die Stadt Ephesos hart zu tadeln:

Viele Tempel nämlich […], entweder durch Feuer zerstört oder durch Einsturz, liegen in hässlichen Trümmern, das Heiligtum aber der Artetuis selbst, das der Schmuck der ganzen Provinz ist sowohl durch die Größe des Bauwerks als auch durch das Alter der Verehrung der Göttin und durch die Menge seiner Einkünfte, die von Augustus der Göttin wieder gesichert worden waren, wird ihres eigenen Vermögens beraubt, das zur Fürsorge für die Weihgeschenke und zu ihrem Schmuck hätte genügen können; denn es wird zur Befriedigung unrechter Bedürfnisse von Leuten verwendet, die ihre führende Stellung im Gemeinwesen so handhaben, wie sie ihrem eigenen Interesse zu nützen glauben.

*Literatur*

*H. Wankel* (Hg.): Die Inschriften von Ephesos [IK 11, 1]. Teil 1 a, Bonn 1979.

## 48: SEG 38, 1988, 1462 Z. 6–17

Städtisches Leben war auf den finanziellen Einsatz Privater angewiesen. Ein Beispiel sind die Stiftungen, die C. Iulius Demosthenes seiner Heimatstadt Oinoanda in Lykien zugute kommen ließ (Inschrift aus hadrianischer Zeit); sie gipfeln in der Begründung eines großen mehrtägigen Festes.

Unter dem Archiereus der Augusti Claudius Capito Rubrianus, am 24. Anemisios. Ich, C. Iulius Demosthenes, Sohn des Apollonios, Tribus Fabia, Prytane und Grammateus des Rates von Oinoanda, der ich von frühester Kindheit an meine allersüßeste Heimat geliebt und die Großmut meiner Vorfahren ihr gegenüber nicht nur beibehalten, sondern noch überboten habe, indem ich mit den Verkaufsaktionen, die ich jährlich veranstalte, den Markt preiswerter mache und den Beamten reichliche Verfügbarkeit von [...] verschaffe, indem ich ferner einen Lebensmittelmarkt erbaut habe und drei Säulenhallen davor zwei einstöckige und eine zweistöckige und dafür mit den Ankäufen der für das Bauwerk verwerteten Häuser über Den. 15 000 aufgewendet habe, und der ich meiner Heimat wie diese Bauwerke so auch ein Kapital von Bestand hinterlassen will, stelle in Aussicht ein thymelisches Fest, zu benennen Demostheneia, das abgehalten werden soll jeweils nach 3 Jahren Zwischenraum, wie die übrigen penteterischen Feste abgehalten werden, so dass es im 4. Jahr am Augustustag des Artemisios beginnt, für welches Fest wir jedes Jahr geben werden – ich oder meine Erben – immer je Den. 1000 im Monat Dios vom nächsten Jahr an, bis wir Ländereien anweisen, die eine ebenso große Rendite gewährleisten können, welche Den. 1000 in jedem 3-Jahres-Zeitraum einer von den Eikosaprotoi, welchen die Stadt wählt, unter persönlicher Haftung ausleihen oder, wenn er will, selbst behalten soll, wobei er angemessene Sicherheit für Zinsen in ortsüblicher Höhe zu gewährleisten hat, jedoch – im Anbetracht meines Ehrgeizes auch in dieser Hinsicht – zu der Kondition, dass von 100 Den. an Zinsen 10 As erbracht werden.

*Literatur*

*M. Wörrle*: Stadt und Fest im kaiserzeitlichen Kleinasien, München 1988.

## 49: Strab. 14,5,12

Auch kleinere Städte in Kleinasien zeichneten sich durch bemerkenswerten Bildungseifer ihrer Bewohner aus, so schreibt Strabon in augusteischer Zeit über Tarsos in Kilikien:

Tarsos liegt in der Ebene; es ist eine Gründung der Argiver, die mit Triptolemes umhergezogen, waren um Io zu suchen. Mitten durch die Stadt fließt der Kydnos, direkt am Gymnasion der Jungen vorbei; da seine Quelle ja nicht weit entfernt ist und sein Bett durch eine tiefe Schlucht läuft und dann sofort in die Stadt kommt, ist sein Strom kalt und schnell, wodurch er wohltuend wirkt auf geschwollene Sehnen, die man hineinhält, sowohl beim Vieh als beim Menschen.
So stark ist bei den Leuten hier der Drang zur Philosophie und der ganzen übrigen allgemeinen Bildung, dass sie Athen und Alexandrien übertreffen und

jeden anderen Ort, den man sonst etwa noch nennen kann, in dem es Philosophenschulen und -vorlesungen gibt. Der Unterschied liegt nur darin, dass hier die Lernbegierigen sämtlich Einheimische sind und Fremde sich hier nicht leicht länger aufhalten; und auch die Einheimischen selber bleiben nicht hier, sondern vollenden ihre Ausbildung im Ausland, bleiben, wenn sie ausgelernt haben, gern in der Fremde und kehren selten zurück; bei den anderen Städten dagegen, die ich eben nannte – außer Alexandrien – geht es umgekehrt: Es kommen viele dorthin und halten sich dort mit Freuden auf, von den Einheimischen dagegen sieht man nicht viele aus Lernbegierde sei's ins Ausland gehen sei's an Ort und Stelle sich darum bemühen; bei den Alexandrinern geschieht beides: Einerseits empfangen sie viele Ausländer, andererseits schicken sie nicht wenige von ihren eigenen Leuten in die Fremde. Und es gibt bei ihnen alle möglichen Schulen für die Redekünste, und auch sonst ist die Stadt volkreich und überaus mächtig, so dass sie die Stellung der Hauptstadt einnimmt.

*Literatur*
Strabons Geographika, Bd. 4, Buch XIV–XVII: Text und Übersetzung. Hg. von *St. Radt*, Göttingen 2005.

## 50: Ios. ant. Iud. 14,234.241–243

Flavius Josephus stellt in diesem Abschnitt des 14. Buches Josephus die Beziehungen zwischen Rom und anderen Völkern dar. Die folgenden Beispiele berichten über Ephesos und Laodikeia:

[234]Der Consul Lucius Lentulus erklärt: Die das römische Bürgerrecht genießenden Juden, welche ich in der Stadt Ephesos nach jüdischem Kultus lebend angetroffen habe, habe ich ihrer Religion wegen vom Kriegsdienst freigestellt. So geschehen am 19. September.
[241]Die Beamten von Laodikeia dem Proconsul Gaius Rabirius zum Gruß! Sopatros, der Gesandte des Hohenpriesters Hyrkanos, hat uns deinen Brief übermittelt, durch den du uns darüber informiertest, es seien einige Leute von Hyrkanos, dem Hohenpriester der Juden, gekommen und hätten Dokumente in [242]Bezug auf ihr Volk gebracht, damit es ihnen erlaubt sei, ihre Sabbate zu feiern und die übrigen Riten gemäß den Sitten der Väter zu erfüllen, und dass keiner ihnen etwas befehle, weil sie unsere Freunde und Bundesgenossen seien, und dass keiner ihnen in unserer Provinz ein Unrecht tue; und als Leute aus Tranes in deiner Gegenwart Widerspruch einlegten, da ihnen die Beschlüsse zugunsten der Juden missfielen, gabst du Anweisung, dass das so ausgeführt werden solle. Du seist aber gebeten worden, auch uns dies [243]über sie zu schreiben. In Befolgung deiner Anordnungen haben wird den Brief erhalten und in unser öffentliches Archiv eingeordnet; wir werden auch darauf achten, dass nichts zu tadeln ist im Hinblick auf deine übrigen Anordnungen.

*Literatur*
Flavius Josephus: Jüdische Altertümer. Übersetzt und mit Einleitung und Anmerkungen versehen von *H. Clementz*, Wiesbaden [2]2006.

## Texte zu 1.4.2.2 Religiöses Leben

### 51: Petzl, Beichtinschr. 1; 3; 43,5–8; 94; 120; 123; (G. Petzl: Die Beichtinschriften des Kleinasiens, Bonn 1994)

Es handelt sich um gr.-sprachige Inschriften aus dem Westen Kleinasiens, besonders aus Lydien und Phrygien. Bekannt sind bis heute ca. 130 solcher Inschriften, die alle aus dem Zeitraum ca. 50–250 n.Chr. stammen. Inhaltlich beziehen sie sich auf einheimische religiöse Kulte, nicht auf das Juden- oder Christentum, auch wenn häufig der „Fromme und Gerechte Gott“ apostrophiert wird, bei dem es sich meist um einen paganen Sammelbegriff handelt. Die Texte zeigen das jeweilige Vergehen des Täters an sowie seine Bestrafung, aus der die entsprechende Stele hervorging.
Charakteristisch für Kleinasien war eine große Vielfalt religiöser Traditionen. Eine Quellengattung besonderer Art stellen die sog. „Beichtinschriften“ dar, von denen hier zwei Beispiele gegeben werden:

Nr. 120: Ich, Sosandros aus Hierapolis, bin nach einem Meineid (bzw. Bruch eines Eides) in unreinem Zustand in den gemeinsamen Tempel hineingegangen; mich traf Strafe; ich verkünde, dass niemand dem Lairmenos Verachtung entgegenbringen darf, da ihm meine Stele als warnendes Beispiel dienen wird.

Nr. 3: Groß ist Meis Axiottenos, der Tarsi als König beherrscht. Da das Skeptron für den Fall aufgestellt worden war, dass jemand aus dem Badehaus etwas entwendet, bestrafte der Gott, als nun ein Hemd gestohlen worden war, den Dieb und bewirkte, dass er nach einiger Zeit das Hemd zum Gott brachte, und er tat ein Geständnis. Der Gott nun befahl durch einen Boten, das Hemd zu verkaufen und die Manifestationen seiner Macht auf einer Stele niederzuschreiben. Datum: 164/5 n. Chr.

Nr. 43, 5–8: Da ich aber bestraft worden bin, habe ich ein Geständnis getan und die Lobpreisung geweiht, weil ich gesund geworden bin.

Nr. 1: Meidon, Sohn des Menandros, veranstaltete im Heiligtum des Zeus Trosu ein Trinkgelage, und seine Diener aßen Fleisch, das noch nicht geopfert war. Und der Gott ließ ihn auf drei Monate verstummen und trat zu ihm in seinen Träumen, damit er eine Stele aufstelle und darauf schreibe, was ihm widerfuhr; und danach fing er wieder an zu reden.

Nr. 123: Ich versöhnte gänzlich den Herrn mit Reinigungen und Opfern, damit er mir meinen Leib rette, und schließlich gab er mich meinem Leib zurück. Deshalb verkündige ich, dass kein heiliger Funktionär ein Stück ungeopferten Ziegenfleisches essen soll, da er meine Strafen erleiden wird.

Nr. 94: Ich, Zenonis, Tochter des Epagathos, bin bestraft worden und wurde geheilt durch die Hand der Eunoia. Ich habe die Stele der Meter Phileis in Dankbarkeit geweiht.

*Literatur*

*G. Petzl*: Die Beichtinschriften im römischen Kleinasien und der Fromme und Gerechte Gott, Opladen 1998.

# Texte zu 1.4.2.3 Religiosität und innere Sicherheit

## 52: Tac. ann. 3,60; 63

Tacitus beschreibt hier den Missbrauch der Asylie unter Kaiser Tiberius. Die Berechtigungen für Asylie mussten neu nachgewiesen werden und wurden vom Senat überprüft:

[60]Tiberius indessen, so sehr er seine Machtstellung als Staatsoberhaupt befestigte, ließ doch dem Senat einen Schatten seinen alten Befugnisse, indem er die Untersuchung von Wünschen der Provinzen den Senatoren übertrug. In den griechischen Städten nämlich nahm die Unsitte zu, Asyle zu stiften, gegen deren Insassen mit Strafen nicht eingeschritten wurde. Die Tempel füllten sich mit Sklavengesindel. Schuldner suchten von ihren Gläubigern, ja Leute, die schwerer Verbrechen verdächtig waren, suchten an eben diesen Zufluchtsstätten Schutz, und keine Obrigkeit war stark genug, die Erregung zu meistern, mit der das Volk für diesen Auswurf der Menschheit eintrat, als handle es sich um eine religiöse Pflicht. Es wurde infolgedessen beschlossen, die Gemeinden hätten Gesandte mit den Beweisurkunden nach Rom zu schicken. Einige Gemeinden, die sich die Berechtigung fälschlich angemaßt hatten, gaben sie jetzt freiwillig auf. Viele verließen sich auf alte religiöse Überlieferungen oder auf ihre Verdienste um das römische Volk.
Es war ein glänzender Tag, als der Senat nun die Prüfung vornahm und die Bewilligungen der Vorfahren, die Verträge mit den Bundesgenossen, auch die Verordnungen der Könige, die vor der römischen Herrschaft dort gewaltet hatten, ja die religiösen Pflichten gegen die Götter selber nach freiem Ermessen, wie vor Zeiten. bestätigte oder änderte.
[63]So wurden denn Senatsentscheidungen getroffen, die bei aller Rücksicht doch gewisse Beschränkungen vorschrieben. Die Gemeinden wurden angewiesen, die Entscheidungen auf ehernen Tafeln in den Tempeln selbst anzubringen, um das Andenken an sie in Ehren zu halten und nicht unter dem Deckmantel der Frömmigkeit ehrgeizigen Plänen nachzugehen.

*Literatur*

Tacitus: Annalen, dt. von *A. Horneffer*, Stuttgart 1964.

# Texte zu 1.4.3 Ägypten und Nordafrika in römischer Zeit

## 53: Hist. Aug. quatt. tyr. 7,4–8,7

Scriptores Historiae Augustae (*Historia Augusta*): Die unter sechs Namen überlieferten Autoren einer Kaisergeschichte von Hadrian bis Carinus und Numerian (117–284 n.Chr.) stammt in Wirklichkeit wohl von einem Verfasser, dessen Datierung allerdings umstritten ist. Galt bis in die 90er Jahre des 20. Jh. ein Datum Ende des 4./Anfang des 5. Jh. als vertretbar, gibt es jetzt Tendenzen, das in der *Historia Augusta* selbst genannte Entstehungsdatum in konstantinischer Zeit wieder in Erwägung zu ziehen. Eine lange Zeit behauptete antichr. Polemik, wobei jeweils einem Kaiser des 3. Jh. ein Kaiser des 4. Jh. entsprechen soll, hat sich nicht wirklich beweisen lassen.
Der hier zitierte Ausschnitt aus der Vita des Saturninus (279–280), einem Mitglied der sog. „vier Tyrannen", wie die *Historia Augusta* sie nennt, zeigt die Vermischung aller Religionen in Ägypten, wobei es in Wirklichkeit nur ums Geld geht:

7[4]Werden doch die Ägypter, wie Du zur Genüge weißt, befunden als windige, hemmungslose, angeberische und gewalttätige Gesellen, dazu eitel, zügellos, von einer Neuerungssucht, die sich sogar in Gassenhauern Luft macht, als Verseschmiede, Epigrammdichter, Astrologen, Opferschauer und Ärzte. [5]Denn unter ihnen gibt es Christen, Samariter und Elemente, die an der Gegenwart stets mit ungewöhnlichem Freimut viel auszusetzen haben. [6]Doch damit nicht etwa ein Ägypter mir grollt und die gemachten Angaben für mein Erzeugnis hält, will ich einen Brief Hadrians aus den Schriften Phlegons, seines Freigelassenen, zitieren, der das Treiben der Ägypter völlig enthüllt.
8[1]„Kaiser Hadrian grüßt den Konsul Servianus. Du hast mir gegenüber Ägypten gerühmt, mein lieber Servian; ich habe das ganze Land als leichtsinnig, wankelmütig und allen Schwankungen der öffentlichen Meinung zugänglich kennengelernt. [2]Hier sind die Serapisverehrer Christen, und solche, die sich christliche Bischöfe nennen, sind dem Serapis ergeben; [3]hier gibt es keinen jüdischen Synagogenvorsteher, keinen Samariter, keinen christlichen Presbyter, der nicht Sterndeuter, Opferschauer oder Quacksalber wäre. [4]Selbst der Patriarch wird, wenn er nach Ägypten kommt, von den einen gezwungen, den Serapis, von den anderen, Christus anzubeten. [5]Es ist ein höchst aufsässiger, oberflächlicher und gewalttätiger Menschenschlag; die Hauptstadt ist wohlhabend, reich und prosperierend; in ihr lebt kein Müßiggänger. [6]Die einen sind Glasbläser, andere Papiermacher; alle sind wenigstens Leinenweber oder scheinen sonst irgendein Gewerbe oder einen Beruf auszuüben; die mit Fußgicht Behafteten haben ihre Beschäftigung, desgleichen die Kastraten und die Blinden; nicht einmal die mit Handgicht Behafteten gehen hier müßig. Alle haben sie einen Gott, den Mammon. [7]Ihm huldigen die Christen und die Juden, ihm huldigen alle, auch die Heiden. Wenn doch nur diese Stadt von einem besseren Geiste beseelt wäre, dann würde sie es in der Tat in Anbetracht ihres Gewerbefleißes und ihrer Größe verdienen, die Metropole von ganz Ägypten zu sein.

*Literatur*

Historia Augusta. Römische Herrschergestalten, 2 Bde., eingeleitet und übersetzt von *E. Hohl*, bearbeitet und erläutert von *E. Mertens/A. Rösger*, Zürich/München 1976.

## Texte zu 1.4.4.3 Die Formierung des rabbinischen Judentums

### 54: Avot de-Rabbi Natan, Rezension A, 4,28–35

Avot de-Rabbi Natan ist ein haggadischer Kommentar zu dem Mischnatraktat Avot und stammt aus talmudischer oder früher nachtalmudischer Zeit. Die Erzählung von Rabban Jochanan ben Zakkai und Vespasian ist hier eingebettet in eine Reihe von Illustrationen zu dem Diktum: „Auf drei Dingen steht die Welt, auf der Tora und auf dem Tempeldienst und auf der Mildtätigkeit" (mAv 1,2). Ihr legendarischer Charakter ist offenkundig; sie vermittelt aber einen treffenden Eindruck davon, welche Bedeutung Rabban Jochanen ben Zakkai und sein Lehrhaus in Jamnia nach späterem Empfinden für die Herausbildung der rabbinischen Tradition und überhaupt für den Fortbestand des Judentums nach 70 gehabt hatte.

28 Als Vespasianus kam, um Jerusalem zu zerstören, sprach er zu ihnen: „Ihr Toren, weshalb wollt ihr diese Stadt zerstören und wollt ihr diesen Tempel verbrennen? Was will ich denn von euch, als dass ihr mir einen Bogen oder einen Pfeil schickt? Dann werde ich von euch gehen." Sie entgegneten ihm: „Wie wir gegen zwei hinausgezogen sind, die vordem waren, und sie töteten, so werden wir vor dich hinausziehen und dich töten!"
29 Als dies Rabban Jochanan ben Zakkai hörte, sandte er hin und rief die Männer Jerusalems und sprach zu ihnen: „Meine Kinder, weshalb zerstört ihr diese Stadt und wollt ihr den Tempel verbrennen? Was will er denn von euch? Er will von euch doch nichts als einen Bogen oder einen Pfeil; dann wird er von hier wegziehen." Sie entgegneten ihm: „Wie wir gegen zwei hinausgezogen sind, die vor dir waren, und sie töteten, so werden wir gegen ihn hinausziehen und ihn töten!"
30 Vespasianus hatte Wachtposten, die an den Mauern Jerusalems aufgestellt waren, und was diese hörten, schrieben sie Wort für Wort auf einen Pfeil und schossen ihn nach draußen vor die Mauer, um mitzuteilen, dass Rabban Jochanan ben Zakkai zu den Freunden des Kaisers gehöre.
31 Und nachdem Rabban Jochanan ben Zakkai ein, zwei, drei Tage lang so gesprochen hatte, sie es aber nicht von ihm annehmen wollten, sandte er hin und rief seine Schüler Rabbi Elazar und Rabbi Jehoschua. Er sprach zu ihnen: „Meine Söhne, steht auf und bringt mich hinaus von hier! Macht mir einen Sarg, ich werde darin schlafen." Rabbi Elazar ergriff ihn am Kopf und Rabbi Jehoschua ergriff ihn an den Füßen, und sie trugen ihn bei Sonnenuntergang, bis sie an die Tore Jerusalems kamen. Die Torhüter sprachen zu ihnen: „Wer ist das?" 32 Sie antworteten: „Es ist ein Toter. Wisst ihr denn nicht, dass man Tote nicht über Nacht in Jerusalem lässt?" Da sprachen sie zu ihnen: „Wenn er tot ist, bringt ihn hinaus." Sie brachten ihn hinaus und trugen ihn bei Sonnenuntergang, bis sie zu Vespasianus kamen.
33 Sie öffneten den Sarg, und er trat vor ihn. Er sprach zu ihm: „Du bist Rabban Jochanan ben Zakkai? Erbitte, was ich dir geben soll!" Er antwortete: „Ich erbitte von dir nur Javne; ich werde dort meine Schüler lehren und werde dort ein Gebet einrichten und werde dort alle Gebote tun." Er erwiderte: „Geh hin, und alles, was du tun willst, tue!"
34 Er sprach zu ihm: „Ist es dein Wille, dass ich vor dir etwas sage?" Er antwortete: „Sprich!" Er sprach zu ihm: „Siehe, du wirst dem Reich vor-

stehen!" – „Woher weißt du das?" Er sprach zu ihm: „Es ist uns so überliefert, dass der Tempel keinem gewöhnlichen Menschen, sondern einem König in die Hand gegeben wird, denn es heißt: Und das Dickicht des Waldes wird mit Eisen gerodet, und der Libanon wird durch einen Mächtigen fallen." [35]Man sagte, es waren nicht ein, zwei, drei Tage vorbei, als ein amtliches Schreiben aus Rom bei ihm eintraf, dass der Kaiser gestorben sei und sie ihn dazu ernannt hätten, dem Reich vorzustehen.

*Literatur*
Übersetzt von Friedrich Avemarie.

## 55: Avot de-Rabbi Natan, Rezension A, 4,22f

Der Kontext dieses Apophthegmas ist derselbe wie der der oben angeführten Legende über die Gründung des Lehrhauses von Jamnia. Seine Historizität ist unsicher, doch spiegelt es die Bereitschaft des rabbinischen Judentums, auf lange Zeit hin ohne einen real existierenden Tempel auszukommen.

Einst ging Rabban Jochanan ben Zakkai aus Jerusalem hinaus, und Rabbi Jehoschua ging hinter ihm drein. Und er sah den Tempel zerstört, den Ort, an dem die Sünden Israels gesühnt werden. Er sprach zu ihm: „Mein Sohn, das soll dich nicht bedrücken. Wir haben eine Sühne, die jener gleichrangig ist." – „Und welche ist das?" – „Die Mildtätigkeit", denn es heißt: „Denn Barmherzigkeit begehre ich und nicht Schlachtopfer."

*Literatur*
Übersetzt von Friedrich Avemarie.

## 56: tBer 4,3

In der Mischna tBer 4,3 geht es um das 18-Bitten-Gebet, eines der ältesten formellen Gebete rabbinischer Tradition. Der Talmud (redigiert um 500) kommentiert dies u.a. mit Überlieferungen zu den historischen Ursprüngen dieses Gebets, auch zu derjenigen Benediktion, die der Verwünschung jüdischer Häretiker gilt.

Unsere Rabbinen haben gelehrt: Schimon der Flachshändler ordnete die 18 Benediktionen vor Rabban Gamliel in Jabne in der festgelegten Reihenfolge an. Da sagte Rabban Gamliel zu den Weisen: Gibt es wohl jemanden, der die Verwünschung der Häretiker festsetzen kann? Da stand Schmuel der Kleine auf und setzte sie fest.

*Literatur*
*P. Schäfer*: Die sogenannte Synode von Jabne. Zur Trennung von Juden und Christen im ersten/zweiten Jh. n.Chr., in: *Ders.*, Studien zur Geschichte und Theologie des rabbinischen Judentums, Leiden 1978, 45–64.

## 57: Birkat ha-Minim, nach einem Fragment aus der Kairoer Geniza

In einem frühen Textfragment der Birkat ha-Minim werden neben den Häretikern ausdrücklich auch „Nazarener" (Judenchristen) erwähnt. Wie die Benediktion ursprünglich lautete, ist jedoch unbekannt, da der Wortlaut im Laufe der Jahrhunderte stark schwankte.

Den Abtrünnigen sei keine Hoffnung und das anmaßende Königreich rotte eilends aus in unseren Tagen, und die Nazarener und die Häretiker mögen wie ein Augenblick dahingehen, ausgelöscht werden aus dem Buche des Lebens und mit den Gerechten nicht aufgeschrieben werden. Gepriesen seist du, Herr, der die Anmaßenden demütigt.

*Literatur*
*P. Schäfer*: Die sogenannte Synode von Jabne. Zur Trennung von Juden und Christen im ersten/zweiten Jh. n.Chr., in: *Ders.*, Studien zur Geschichte und Theologie des rabbinischen Judentums, Leiden 1978, 45–64.

## 58: tTaan 68d

Zur Erwähnung der Zerstörung von Bettar in mTaan 4,6 trägt der Talmud Yerushalmi (frühes 5.Jh.) eine Reihe von älteren rabbinischen Traditionen zusammen, in denen sich Erinnerung an das Scheitern des Bar-Kochba-Aufstand bewahrt hat. Vieles davon ist legendarisch, doch die Nachricht von der Unterstützung Bar Kochbas durch R. Aqiva ist so eklatant tendenzwidrig, dass sie auf historischen Tatsachen beruhen muss. Der Name Bar Kochbas (Sternensohn) ist hier entstellt zu Bar Kozba (Lügensohn).

Es wird gelehrt: R. Jehuda be-R. Ilai sagte: Mein gesegneter Meister pflegte auszulegen: „Die Stimme ist die Stimme Jakobs, doch die Hände sind die Hände Esaus", das bedeutet: Die Stimme Jakobs schreit von dem, was ihm die Hände Esaus angetan haben zu Bettar! – Es lehrte R. Schimon ben Jochai: Aqiva, mein Meister, pflegte auszulegen: „Ein Stern geht hervor aus Jakob", das bedeutet: Kozba geht hervor aus Jakob. – Als R. Aqiva Bar Kozba sah, sprach er: „Dies ist der Messias-König!" R. Jochanan ben Torta entgegnete ihm: „Aqiva, Gras wird aus deinen Wangenknochen sprießen, ehe dass der Sohn Davids kommt!"

*Literatur*
Übersetzt von Friedrich Avemarie.

# Texte zu 1.4.5.1 Die Diaspora in Ägypten

## 59: P. Polit. Iud. 1

Innerhalb einer Mumienkartonage fanden sich zwanzig gr. Papyri aus dem Reservoir der Urkunden des Politeuma der Juden in Herakleopolis in Mittelägypten in der Mitte oder zweiten Hälfte des 2.Jh. v.Chr., aus der Regierungszeit Ptolemaeos VIII. Evergetes.

An den Politarchen Alexandros und an das Politeuma, von Andronikos, einem Angehörigen des Politeuma. Am 12. des gegenwärtigen Monats fing Nikarchos, zugehörig zu den Hafenbewohnern, absichtlich mit mir auf der Straße einen Streit an. Er beschimpfte mich lange und unziemlich, dann beschuldigte er mich auch grundlos in Anwesenheit einiger Personen, sowohl von Mitgliedern des Politeuma als auch von Nichtjuden. Daher bitte ich, ihn vorzuladen und eine Entscheidung gegen ihn zu treffen. Lebt wohl.

*Literatur*

*G. Schimanowski*: Juden und Nichtjuden in Alexandrien. Koexistenz und Konflikte bis zum Pogrom unter Tajan (117 n.Chr.), Münster 2006.

## 60: CPJ II 151

Dieser Papyrus stammt aus dem großen Papyrusfund von Abusir el-Meleq. Aus dem Vergleich mit den anderen Papyrustexten geht hervor, dass der Privatbrief von einem professionellen Schreiber stammt. Leider ist das Blatt stark beschädigt, so dass nur die ersten acht Zeilen einigermaßen zuverlässig entziffert werden können. Dort konzentriert sich das Hauptinteresse auf die merkwürdige Selbstbezeichnung des Bittstellers als „Alexandriner“, die aber sogleich korrigiert, bzw. präzisiert wird als „Jude aus/in Alexandrien“.

An Gaius Tyrranius, von Helenos, dem Sohn des Tryphon, dem Alexandriner, einem Juden von denen aus Alexandrien.
Sehr geehrter Herrscher, obwohl mein Vater alexandrinischer Bürger gewesen ist, und ich mich die ganze Zeit ebenda aufgehalten habe, eine angemessene Erziehung erhalten habe nach der Vermittlung meines Vaters, laufe ich nun nicht nur Gefahr, meiner eigenen Heimat verlustig zu gehen, sondern auch zum [...]. Es ereignete sich nämlich, dass Horos, der Gemeindeschatzmeister, mein Bürgerschaftsrecht bestritt [...].

*Literatur*

*G. Schimanowski*: Juden und Nichtjuden in Alexandrien. Koexistenz und Konflikte bis zum Pogrom unter Tajan (117 n.Chr.), Münster 2006.

## 61: CPJ II 153

Insgesamt besteht der Papyrus Londiniensis 1912 aus fünf Kolumnen. Der Anlass für die Abfassung des unten stehenden Auszugs mitten in einer Steuerlist ist ungeklärt. Jedenfalls handelt es sich um eine orthographisch schlechte Privatabschrift in einer schwer lesbaren Kursive. Was die Abschrift sonst noch an Details verwischt oder auslässt, kann man nicht mehr feststellen. Zu datieren ist der Brief in die Anfangszeit des Kaisers Claudius.

Lucius Aemilius Rectus gibt bekannt: Da bei der Verlesung des aller heiligsten und wohltätigsten Briefes an die Stadt wegen ihrer großen Zahl nicht die ganze Bevölkerung in der Lage war, anwesend zu sein, hielt ich es für notwendig, den Brief zu veröffentlichen, damit ihr, wenn ihr ihn Mann für Mann lest, die Majestät unseres Gottes Cäsar bewundert und Dankbarkeit

empfindet für sein Wohlwollen gegenüber der Stadt. 2. Jahr unter Tiberius Claudius Cäsar Augustus Germanicus Imperator, am 14. Neos Sebastos.
[2]Tiberius Claudius Cäsar Augustus Germanicus Imperator, Pontifex Maximus, im Besitz der tribunitischen Gewalt, designierter Konsul, grüßt die Stadt Alexandrien. [...] Eure Gesandten, nachdem sie mir den Beschluss übergeben hatten, sprachen ausführlich über die Stadt und lenkten meine Aufmerksamkeit auf euren guten Willen uns gegenüber, der schon seit langem, des mögt ihr gewiss sein, in meinem Gedächtnis bewahrt ist; denn ihr seid von Natur fromm gegen die Augusti, wie ich aus vielen Dingen erkenne, und besonders bemüht ihr euch um mein Haus, was ich warm erwidere, wofür, um den letzten Punkt zu erwähnen, die anderen aber beiseite zu lassen, mächtigster Zeuge mein Bruder Germanicus Cäsar ist, der euch mit persönlichen Worten angeredet hat. Deshalb nehme ich mit Freuden die mir von euch erwiesenen Ehren an, obwohl ich solchen Dingen nicht sehr zugänglich bin.
Zuerst erlaube ich euch, meinen Geburtstag als dies Augusti zu feiern, wie ihr es vorgeschlagen habt, und ich stimme der Errichtung von Statuen meiner Person und meiner Familie an ihren verschiedenen Plätzen zu; denn ich sehe, dass ihr sehr gerne auf jede Weise Gedächtnisstätten eurer Verehrung für mein Haus erbauen wollt.
Von den beiden goldenen Statuen soll die eine, die die Pax Augusta Claudia darstellt, wie mein sehr geschätzter Barbillus vorschlug und mich drängte, als ich es aus Furcht, sie könnte prahlerisch erscheinen, abschlagen wollte, der Roma geweiht werden, [3]und die andere soll, wie ihr es wünscht, an Namenstagen bei euch in der Prozession getragen werden; und mit ihr soll ein Thron getragen werden, der mit Schmuck nach eurem Wunsch versehen sei. Vielleicht wäre es töricht, gleichzeitig solche großen Ehrenerweisungen anzunehmen, aber die Einrichtung eines claudianischen Stammes zu untersagen und die Anlage von Hainen nach ägyptischer Art zu verbieten; weshalb ich euch auch diese Bitte erfülle, und wenn ihr wollt, mögt ihr auch die von Vitrasius Pollio, meinem Prokurator, geschenkten Reiterstatuen aufstellen.
Was die Errichtung der Statuen mit Viergespannen betrifft, die ihr am Eingang des Landes für mich aufzustellen wünscht, erlaube ich, dass eine bei Taposiris, der libyschen Stadt dieses Namens, eine andere bei Pharus bei Alexandrien und eine dritte beim ägyptischen Pelusium aufgestellt werde; aber die Ernennung eines Oberpriesters für mich und den Bau von Tempeln billige ich nicht; denn ich wünsche nicht, meinen Zeitgenossen eine Last zu sein, und meine Ansicht ist, dass Heiligtümer und ähnliches allein ein Vorrecht der Götter sind, das ihnen von jeher gebührt.
Was nun die Bitten betrifft, um deren Erfüllung ihr euch bemüht, entscheide ich folgendermaßen: Allen denjenigen, die bis zu meinem Prinzipat Epheben geworden sind, bestätige ich das Bürgerrecht von Alexandrien mit allen Privilegien und Vorrechten, die die Stadt genießt, außer denjenigen, die sich, obwohl sie von Sklaven abstammen, in die Ephebenschaft bei euch eingeschlichen haben. Und ebenso ist es mein Wille, dass auch die anderen Rechte nicht weniger gültig seien, alle, die euch durch die Gunst meiner Vorgänger im Prinzipat sowie von Königen und Präfekten vor mir zuteil wurden, wie es auch der göttliche Augustus bestätigt hat.

[4]Es ist mein Wille, dass die Neokoroi des Tempels des göttlichen Augustus in Alexandrien durch das Los gewählt werden, wie auch die des besagten göttlichen Augustus in Kanopus durch das Los bestimmt werden.
Dass die öffentlichen Ämter alle drei Jahre erneuert werden, scheint mir ein guter Vorschlag; denn aus Furcht, jede schlechte Amtsführung verantworten zu müssen, werden eure Magistraten sich während ihrer Amtszeit mit größerer Umsicht verhalten. Bezüglich des Senats kann ich nicht sagen, wie euer Brauch unter den alten Königen war, aber dass ihr unter den früheren Augusti keinen hattet, das wisst ihr sehr wohl. Da dieses der erste Beginn eines neuen Planes ist, dessen Nützlichkeit für die Stadt und für meine Belange nicht ersichtlich wäre, habe ich an Aemilius Rectus geschrieben, dass er Erkundigungen einziehen und mich benachrichtigen möge, ob überhaupt ein Senat einzurichten sei, und wenn er es sei, in welcher Weise dies geschehen solle. Was jedoch die Unruhen und Aufstände – oder eher, wenn man die Wahrheit sagen soll, den Krieg – gegen die Juden betrifft: Wer dafür die Verantwortlichen waren, das wollte ich dennoch nicht im Einzelnen ermitteln lassen; obwohl bei der Gegenüberstellung mit euren Gegnern eure Gesandten und besonders Dionysios, der Sohn des Theon, mit großem Eifer eure Sache vertraten; jedoch hege ich gegen die, die den Konflikt erneuert haben, bei mir einen unversöhnlichen Zorn.
Ich sage euch ein für allemal, dass ich, wenn ihr nicht mit dieser verderblichen und eigensinnigen Feindschaft gegeneinander aufhört, dazu gezwungen sein werde, euch zu zeigen, wie ein an sich wohlwollender Fürst sein kann, wenn man ihn zu gerechtem Zorn reizt. Deshalb beschwöre ich euch jetzt noch einmal, dass die Alexandriner sich geduldig und freundlich gegenüber den Juden betragen sollen, die dieselbe Stadt seit langer Zeit bewohnen, [5]und keinen der von ihnen befolgten Riten zur Verehrung Gottes schmähen, sondern sie ihre Gebräuche wie zu den Zeiten des göttlichen Augustus befolgen lassen, welche ich, nachdem ich beide Seiten angehört, ebenfalls bestätigt habe.
Den Juden aber befehle ich ausdrücklich, nicht auf mehr Privilegien, als sie früher besaßen, hinzuarbeiten, und in Zukunft keine zwei besonderen Gesandtschaften mehr auszusenden, als ob sie in einer anderen Stadt wohnten, etwas, was noch nie vorgekommen ist; und sich nicht in die Wettspiele der Gymnasiarchen und die Kosmetien einzudrängen, wo sie doch ihre eigenen Privilegien ausnützen und zusätzlich eine große Menge von Vorteilen in einer fremden Stadt genießen, und nicht neue Juden herbeizuziehen oder hineinzulassen, die von Syrien oder Ägypten herbeischiffen, woraufhin ich gezwungen wäre, größeren Verdacht zu schöpfen. Im anderen Falle will ich sie mit allen Mitteln vertreiben als Erreger einer allgemeinen Krankheit für die ganze Welt. Wenn ihr von diesen Dingen ablasst und in gegenseitiger Nachsicht und Freundlichkeit miteinander leben wollt, will ich meinerseits die wohlwollendste Fürsorge für die Stadt walten lassen, ganz wie sie mir durch das Haus meiner Vorfahren wie ein Erbe zu Eigen ist.

*Literatur*

*G. Schimanowski*: Juden und Nichtjuden in Alexandrien. Koexistenz und Konflikte bis zum Pogrom unter Tajan (117 n.Chr.), Münster 2006.

## Texte zu 1.4.5.2 Die Diaspora in der Kyrenaika

### 62: Ios. bell. Iud. 7,437–450.454

Josephus schildert am Schluss seines „Jüdischen Krieges" den Aufstand des Webers Jonathan in der Kyrenaika, die falschen Beschuldigungen gegen reiche Juden, auch gegen Josephus selbst, und die gerechten Strafen durch Vespasian bzw. durch Gott:

437 Indessen griff der Wahnsinn der Sikarier geradezu wie eine Krankheit auch auf die Städte in Kyrene über. Es war nämlich ein gewisser Jonathan, ein sehr übler Mensch, von Beruf Weber, dorthin gekommen. Er verleitete nicht wenige unter den Armen, ihm anzuhängen. Mit dem Versprechen, ihnen Wunder und Erscheinungen zu zeigen, führte er sie hinaus in die Wüste. Noch war den meisten diese Unternehmung und der Schwindel verborgen, als bereits die dem Ansehen nach hervorragendsten Juden in Kyrene seinen Auszug und sein Vorhaben dem Statthalter der libyschen Pentapolis, Catull, meldeten. Der aber schickte Reiterei und Fußvolk aus und bemächtigte sich leicht der wehrlosen Menge. Ein großer Teil kam sogleich unter den Händen der Römer um, während einige lebendig gefangen genommen und zu Catull abgeführt wurden. Der Führer des Anschlags, Jonathan, entkam damals. Aber nach langem und sehr sorgfältigem Suchen im ganzen Lande wurde er gefasst. Vor den Statthalter geführt, schaffte er es jedoch, sich der Strafe zu entziehen. Er gab aber dabei dem Catull Anstoß zu rechtlosem Handeln. Verleumderisch behauptete Jonathan nämlich, dass gerade die reichsten Juden ihn in dem Anschlag unterwiesen hätten.

443 Der Statthalter ging auf die Verleumdungen nur allzu gern ein; er spielte sich maßlos auf und übertrieb die Angelegenheit in jeder Hinsicht, um den Anschein zu erwecken, dass auch er eine Art jüdischen Krieg glücklich ausgeführt habe. Noch verhängnisvoller als dies war jedoch der Umstand, dass er nicht nur für seine eigene Person dem Ganzen so leicht Glauben schenkte, sondern darüber hinaus auch noch den Sikariern beibrachte, falsche Aussagen zu machen. So befahl er dem Jonathan, unter den Juden ihm einen gewissen Alexander zu nennen. Der Statthalter hegte seit langem Unwillen gegen ihn und hatte seinen Hass auch offen zutage treten lassen. Nachdem er auch noch dessen Weib, Berenike, in die Anschuldigungen mit hineingezogen hatte, ließ er zunächst diese beiden hinrichten. Nach ihnen aber befahl er, insgesamt alle Juden umzubringen, die sich durch besonders großen Reichtum auszeichneten, ungefähr tausend Männer an der Zahl. Er glaubte aber, dies alles ungehindert tun zu können, da er ihr Vermögen den kaiserlichen Einkünften zuwies.

447 Damit aber nicht anderwärts einige Juden ihn seines rechtlosen Handelns überführen möchten, dehnte er das Lügengewebe noch weiter aus. Er überredete Jonathan sowie einige unter dessen Mitgefangenen, auch gegen die angesehensten Juden in Alexandrien und sogar Rom Anschuldigungen wegen umstürzlerischer Tätigkeit vorzubringen. Zu diesen Männern, die derart hinterhältig bezichtigt wurden, gehörte auch Josephus, der Verfasser des vorliegenden Werkes. Indes sollte dem Catull der tückische Plan nicht gelingen. Er kam zwar nach Rom und führte auch Jonathan und dessen Leute gebunden mit sich, in der Meinung, dass die Untersuchung als abgeschlossen betrachtet

würde, da die falsche Angabe ja vor ihm selbst und auch durch ihn selbst erfolgt war. Vespasian hingegen misstraute der Angelegenheit und untersuchte den Tatbestand. Er erkannte die vorgebrachten Anschuldigungen gegen jene Männer als ungerechtfertigt und sprach sie unter eifrigem Zureden von Titus von den Vorwürfen frei. Dem Jonathan indes wurde die verdiente Strafe zuteil; er wurde nämlich zunächst gegeißelt und sodann bei lebendigem Leib verbrannt
[454]Hier sind wir am Ende der Geschichte, die wir versprachen, mit aller Sorgfalt für jene aufzuschreiben, die erfahren wollten, in welcher Weise der Krieg zwischen den Römern und den Juden geführt wurde. Das Urteil darüber, wie der Stoff dargelegt worden ist, bleibe den Lesern überlassen; was dagegen die Wahrheit anlangt, so möchte ich nicht zögern, mit Entschiedenheit zu behaupten, dass ich auf sie allein die ganze Schrift hindurch mein Augenmerk gerichtet hielt.

*Literatur*

Flavius Josephus: De bello Judaico. Der jüdische Krieg. Griechisch/Deutsch. Hg. und mit einer Einleitung sowie mit Anmerkungen versehen von *O. Michel/O. Bauernfeind*, 4 Bde., Darmstadt 1959/1963/1969/1969.

## Texte zu 1.4.5.3 Die Diaspora in Antiochia

### 63: Ios. bell. Iud. 7,43–45.100–111

Josephus berichtet von den Juden in Antiochia während des jüd. Krieges:

[43]Das jüdische Volk ist nämlich stark unter die eingeborene Bevölkerung auf dem ganzen Erdkreis zerstreut; am meisten aber war es in Syrien wegen der Nachbarschaft zu Palästina vertreten und hier besonders in Antiochien wegen der Größe der Stadt; vor allem hatten die Nachfolger des Antiochus ihnen dort ein sorgloses Wohnen ermöglicht. [44]Antiochus Epiphanes hatte nämlich Jerusalem zerstört und den Tempel geplündert; die Nachfolger auf seinem Thron erstatteten alle ehernen Weihegeschenke den Juden Antiochias zurück und ließen sie in der Synagoge aufstellen. Dazu bewilligten sie ihnen die gleichen Rechte wie den Griechen. [45]Da auch die späteren Könige die Juden ebenso behandelten, vermehrte sich ihre Zahl; sie schmückten ihr Heiligtum mit kunstvollen und prächtigen Weihgeschenken, veranlassten ständig eine Menge Griechen, zu ihren Gottesdiensten zu kommen, und machten diese gewissermaßen zu einem Teil der ihren.
[100]Als aber die Einwohner von Antiochien erfuhren, dass Titus in der Nähe sei, hielt es sie vor Freude nicht mehr hinter den Mauern, [101]und sie eilten ihm mehr als 30 Stadien weit entgegen. Dabei strömten nicht nur die Männer, sondern auch Scharen von Frauen mit Kindern aus der Stadt heraus. [102]Sobald sie aber Titus kommen sahen, stellten sie sich auf beiden Seiten des Weges auf, streckten ihm zur Begrüßung die Hände entgegen und geleiteten ihn dann unter dem Zuruf aller erdenklichen Segenswünsche in die Stadt zurück.

[103]Unaufhörlich waren aber alle ihre Glückwünsche von der Bitte begleitet, doch die Juden aus der Stadt zu vertreiben. [104]Nun ging Titus zwar auf diese Bitte überhaupt nicht ein, sondern hörte nur stillschweigend an, was sie sagten; aber da es völlig ungewiss war, was für Gedanken und Absichten er wohl hegen mochte, schwebten die Juden darüber in großer Angst und Pein. [105]Dazu kam, dass Titus sich nicht lange in Antiochien aufhielt, sondern alsbald seinen Marsch nach Zeugma am Euphrat fortsetzte, wo ihn auch schon Abgesandte des Partherkönigs Vologeses erwarteten, die ihm anlässlich seines Sieges über die Juden einen goldenen Kranz als Geschenk überbrachten. [106]Titus nahm diesen entgegen, veranstaltete ein Festmahl für die königlichen Gesandten und kehrte von dort nach Antiochien zurück. [107]Da nun der Rat und die Bürgerschaft von Antiochien ihn vielmals baten, in das Theater zu kommen, wo die ganze versammelte Volksmenge schon auf ihn wartete, nahm er die Einladung huldvoll an. [108]Als sie ihn aber wiederum auf das Eindringlichste bestürmten und unaufhörlich immer nur die eine Bitte vorbrachten, er möge die Juden aus der Stadt vertreiben, gab er ihnen schlagfertig zur Antwort: [109]„Gut, aber ihre Vaterstadt, wohin man sie als Juden doch vertreiben müsste, ist zerstört, und sonst gibt es keinen Ort mehr, der sie aufnehmen würde.“ [110]Doch sogleich brachten die Antiochener, da sie von ihrer ersten Bitte abstehen mussten, eine neue vor. Sie hielten es nämlich für angemessen, dass er wenigstens die Erztafeln, auf denen die Rechte der Juden eingegraben waren, vernichten lasse. [111]Aber auch dazu gab ihnen Titus freilich keinerlei Genehmigung, sondern beließ für die Juden Antiochiens alles in demselben Stand wie zuvor und brach dann nach Ägypten auf.

*Literatur*

Flavius Josephus: De bello Judaico. Der jüdische Krieg, Griechisch/Deutsch. Hg. und mit einer Einleitung sowie mit Anmerkungen versehen von *O. Michel/O. Bauernfeind*, 4 Bde., Darmstadt 1959/1963/1969/1967.

## Texte zu 1.4.5.4 Die Diaspora in Babylon

### 64: Ios. ant. Iud. 15,39–41; 18,371–379

Die Nachrichten über die Juden in Babylonien stammen fast alle aus Josephus. Hier einige Kostproben, die u.a. auch die religiösen Probleme jenseits der Grenzen des röm. Reiches aufzeigen:

15[39]Bald darauf entsetzte Herodes den Ananel der hohepriesterlichen Würde. Dieser war, wie bereits oben erwähnt, kein Einheimischer, sondern gehörte seiner Herkunft nach zu den Juden, welche jenseits des Euphrat wohnten. Einst waren ja viele Tausende unseres Volkes nach Babylon weg[40]geführt worden, und von diesen stammte, und zwar aus hohepriesterlichem Geschlecht, Ananel ab, den Herodes sich schon längst durch Freundschaft verpflichtet hatte. Als nun Herodes zur Regierung gelangt war, hatte er ihm die Ehrenstelle verliehen, die er ihm jetzt in ungesetzmäßiger Weise um der

Beilegung eines Familienstreites willen wieder aberkannte. Denn wer einmal diese Würde erlangt hatte, konnte derselben nicht wieder verlustig er[41]klärt werden. Antiochus Epiphanes war der erste, der dieses Gesetz verletzte, da er dem Jesus die Würde nahm und sie auf dessen Bruder Onias übertrug. Der zweite war Aristobulus, der seinen Bruder Hyrkanus aus dem Amt entfernte, und als dritter folgte nun Herodes, der das Hohepriestertum dem Jünglinge Aristobulus verlieh.

18[371]Die Babylonier waren nun von der Furcht vor Anilaeus befreit, dem einzigen Menschen, der ihrem Hass gegen die Juden bisher Schranken gesetzt hatte. Fast ununterbrochen hatten sie mit diesen wegen der Verschiedenheit ihrer Religion in Streit gelebt, und jeder der beiden Gegner suchte den anderen zu kränken, so viel er nur vermochte. Sobald aber jetzt Anilaeus und seine Gefährten tot waren, fielen die Babylonier über die Juden [372]her. Diese litten sehr unter den Feindseligkeiten ihrer Gegner, und da sie keinen offenen Widerstand leisten konnten, aber auch nicht länger mit ihnen zusammenzuleben sich getrauten, wanderten sie zum Teil nach Seleukia aus, der Hauptstadt jenes Landes, die von Seleukus, dem Sohne des Nikator, erbaut ist, und wo viele Macedonier, aber noch mehr Griechen und [373]auch eine Anzahl Syrer wohnen. Hier fanden sie Aufnahme, und fünf Jahre lang erfreuten sie sich in dieser Stadt eines friedlichen Daseins. Im sechsten Jahre aber brach unter den in Babylon zurückgebliebenen Juden eine Seuche aus, und es wanderten infolgedessen wieder viele von ihnen nach Seleukia aus. Doch traf sie bald hier ein noch größeres Unglück, und zwar aus folgender Veranlassung.

[374]Die Griechen und Syrer in Seleukia lebten ebenfalls meist in Streit und Hader, wobei jedoch die Griechen immer im Vorteil blieben. Als aber jetzt die jüdischen Ankömmlinge bei ihnen wohnten, stieg die Macht der Syrer, weil die Juden, die als tapfere Männer und stets bereite Helfer in Kriegsfäl[375]len bekannt waren, zu ihnen hielten. Die Griechen befanden sich also in einer üblen Lage, und da sie erkannten, dass sie nur dadurch ihre Macht wiedererlangen konnten, dass sie die Juden mit den Syrern entzweiten, machten sich einige von ihnen an diejenigen Syrer heran, zu denen sie früher nähere Beziehungen unterhalten hatten, und suchten sie zur Aussöhnung zu bewegen. Hierauf gingen die Syrer ein, und nachdem man sich verständigt hatte, unterhandelten die vornehmsten Männer von beiden Seiten in betreff des Friedensschlusses, worauf eine völlige Aussöh[376]nung zu Stande kam. Nun aber glaubten beide Teile sich kein besseres Freundschaftszeichen geben zu können, als wenn sie ihren Hass gegen die Juden vereinigten. Sie überfielen demnach unversehens die letzteren und machten über fünfzigtausend von ihnen nieder. Niemand wurde verschont als diejenigen, denen das Mitleid ihrer Freunde oder Nachbarn die Flucht er[377]möglichte. Diese wandten sich nach Ktesiphon, einer griechischen Stadt in der Nähe von Seleukia, wo der König alljährlich den Winter zuzubringen pflegte und wo infolgedessen große Vorräte angehäuft waren. Indes fanden sie auch hier keine festen Wohnsitze, weil die Seleukier vor ihrem König [378]wenig Achtung hatten. Schließlich gerieten sämtliche Juden in Schrecken vor den Babyloniern und Seleukiern, der noch dadurch vermehrt wurde, dass alle im Lande wohnenden Syrer sich mit den letzteren zur Vernich[379]tung der Juden verbündeten. Die meisten Juden zogen sich daher nach Naarda und Nisibis zurück, deren feste und geschützte Lage

ihnen die nötige Sicherheit gewährte, zumal da diese Städte nur von streitbaren Männern bewohnt waren. So verhielt es sich mit den Juden in Babylonien.

*Literatur*

Flavius Josephus: Jüdische Altertümer. Übersetzt und mit Einleitung und Anmerkungen versehen von *H. Clementz*, Wiesbaden ²2006.

## Texte zu 1.4.5.6 Die Diaspora in Kleinasien und an der Schwarzmeerküste

### 65: Cic. Flacc. 66–70

Mehr als zwei Jahre nach seiner Amtszeit in Asia (62 v.Chr.) sah sich der röm. Statthalter Flaccus mit einer Anklage wegen Erpressung (*de repetundis*) konfrontiert. Cicero verteidigte ihn. Die im Anschluss an den Prozess entstandene Rede ist nicht vollständig erhalten. Sie geht an einer Stelle auf die Juden und ihre Tempelsteuer ein und zeigt die ganze Verachtung eines röm. Senators dem Judentum gegenüber:

[66]Jetzt folgt die leidige Geschichte von dem Gold der Juden. Das ist natürlich der Grund, weshalb die Sache des Flaccus in der Nähe der aurelischen Stufen verhandelt wird; wegen dieses Anklagepunktes hast du dich um diesen Platz und die Clique dort bemüht, Laelius: du weißt, wie stark sie ist, wie sie zusammenhält und welche Rolle sie bei Versammlungen spielt. Ich werde mit gedämpfter Stimme sprechen, so dass mich nur die Richter verstehen können; es fehlt ja nicht an Leuten, die dieses Gesindel gegen mich und alle Rechtschaffenen aufhetzen möchten – ich werde ihrer Bereitschaft, das zu tun, keine weitere Nahrung geben.
Jahr für Jahr wird regelmäßig auf Rechnung der Juden Gold [67]aus Italien und allen unseren Provinzen nach Jerusalem ausgeführt: Flaccus untersagte in einem Erlass die Ausfuhr aus Asien. Wer könnte diese Maßnahme nicht uneingeschränkt gutheißen, ihr Richter? Dass kein Gold ausgeführt werden dürfe, hat der Senat schon oft – in früheren Jahren und zumal während meines Konsulats – mit größtem Nachdruck festgestellt. Diesem fremdartigen Aberglauben die Stirn zu bieten, zeigte Festigkeit; um der öffentlichen Ordnung willen auf den jüdischen, in den Versammlungen nicht selten zügellosen Haufen keine Rücksicht zu nehmen, bewies einen ausgeprägten Sinn für Würde.
Doch Cn. Pompeius, der siegreiche Eroberer Jerusalems, ließ [68]ihren Tempel gänzlich unangetastet. Daran tat er, wie an vielem anderen, sehr weise: Er gab – in einer so argwöhnischen und schmähsüchtigen Stadt – den Verleumdern keine Gelegenheit zu Gerede. Ich glaube nämlich, dass nicht die Religion der Juden, unserer Feinde, dem hervorragenden Feldherrn Zurückhaltung auferlegt hat, sondern seine Rechtlichkeit.
Wo liegt hier nun ein Vergehen vor – du kannst ja nirgends eine Unterschlagung rügen; du billigst den Erlass; du gibst zu, dass ein ordentliches Ver-

fahren stattgefunden hat; du bestreitest nicht, dass das Vorkommnis untersucht und der Öffentlichkeit bekannt gegeben worden ist; die Sache selbst zeigt, dass die Abwicklung einwandfreien Leuten anvertraut war. In Apamea wurden knapp hundert Pfund Gold, die man vor aller Augen beschlagnahmt hatte, auf dem Markt, zu Füßen des Prätors, durch den römischen Ritter Sex. Caesius, einen durch und durch redlichen und lauteren Mann, abgewogen; in Laodicea etwas über zwanzig Pfund, durch den hier anwesenden L. Peducaeus, einen unserer Geschworenen; in Adramyttion [...] durch den Legaten Cn. Domitius; in Perga[69]mon nur wenig. Die Aufstellung der Goldmengen stimmt; das Gold befindet sich in der Staatskasse. Man weiß keine Unterschlagung zu rügen; man will Hass auf uns ziehen. Man richtet seine Worte nicht mehr an die Geschworenen; man lässt seine Stimme zur umstehenden Menge schallen.
Jedes Volk hat seine Religion, Laelius, wie wir die unsere. Schon vor der Einnahme Jerusalems, als die Juden noch mit uns im Frieden lebten, vertrug sich die Ausübung ihrer Religion schlecht mit dem Glanz dieses Reiches, mit der Größe unseres Namens, mit unseren altüberkommenen Einrichtungen; jetzt aber ist das um so weniger der Fall, als dieses Volk durch Waffengewalt kundgetan hat, was es von unserer Herrschaft hält; dabei hat es auch vorgeführt, was es den unsterblichen Göttern wert ist: Es ist besiegt, ist zinsbar, ist versklavt.
Du siehst: Was du als ein Vergehen hinstellen wolltest, hat [70]sich ganz und gar in ein Verdienst verwandelt – wir fahren fort und befassen uns nunmehr mit den Beschwerden, die von römischen Bürgern vorgebracht worden sind.

*Literatur*

Marcus Tullius Cicero: Sämtliche Reden, eingeleitet, übersetzt und erläutert von *M. Fuhrmann*, Bd. V, Zürich/München, 1978.

## Texte zu 1.4.5.6 Die Diaspora in Rom

### 66: Val. Max. 1,3,3

Zur Lage des Judentums in Rom in der 2. Hälfte des 2. vorchr. Jahrhunderts bringt Valerius Maximus zwei Nachrichten, die nicht ganz übereinstimmen. Das Werk dieses Valerius Maximus, eine „Sammlung denkwürdiger Taten und Aussprüche“ (*Facta et Dicta Memorabilia*), die dem Kaiser Tiberius gewidmet ist, wurde im 4. Jh. n.Chr. exzerpiert. Daraus stammen die beiden hier zitierten Stellen, die von einer Ausweisung der Juden aus Rom zum Jahre 139 v.Chr. sprechen:

„Die Chaldäer also wies Cornelius Hispalus aus der Stadt Rom aus und er befahl ihnen, Italien innerhalb von 10 Tagen zu verlassen, damit sie nicht ihr fremdartiges Wissen zum Verkauf anböten. Auch die Juden, die versucht hatten, den Römer ihre heiligen Kultgebräuche zu vermitteln, schloss derselbe Hispalus aus der Stadt aus und entfernte die privaten Altäre von den öffentlichen Plätzen.“

„Der *praetor peregrinus* (= der für Gerichtsverfahren zwischen Römern und Fremden zuständige Magistrat) Cn. Cornelius Hispalus ordnete unter dem Konsulat des M. Popilius Laenas und L. Calpurnius durch ein Edikt an, dass die Chaldäer innerhalb von 10 Tagen die Stadt Rom und Italien verlassen sollten. Denn sie umnebelten leichtgläubige und unbedarfte Gemüter durch betrügerische Sterndeutung, wobei sie aus ihren Lügen auch noch Gewinn zogen. Derselbe (= Cornelius Hispalus) zwang die Juden, die versucht hatten, die römischen Sitten mit dem Kult des Jupiter Sabazius zu infizieren, ihre Häuser wieder aufzusuchen.".

*Literatur*
Übersetzt von Karl Leo Noethlichs.

Ähnliche spätere Ausweisungen aus Rom sind bei folgenden Autoren zum Jahr 19 n.Chr. erhalten: Josephus, ant. 18,81–84; Tacitus, ann. 2,85,4 und Sueton, Tib. 36.

67: Ios. ant. Iud. 18,81–84

[81]Ein Mann von jüdischer Abstammung hatte sich aus seinem Vaterlande geflüchtet, weil er der Gesetzesübertretung angeklagt war und Strafe fürchten musste, zumal er überhaupt ein nichtswürdiger und gottloser Mensch war. Dieser hielt sich damals in Rom auf, gab sich für einen Erklärer des [82]mosaischen Gesetzes aus und verband sich mit drei anderen Menschen, die in allem seinesgleichen waren. Die vier beredeten dann eine edle Frau Namens Fulvia, die das mosaische Gesetz angenommen und sich von ihnen darin hatte unterweisen lassen, Purpur und Gold nach Jerusalem in den Tempel zu schicken. Beides übernahmen sie zur Bestellung, behielten es dann aber für sich und verprassten es, zu welchem Zweck sie es auch von vornherein verlangt hatten. Tiberius, dem der ihm befreundete Gatte der [83]Fulvia, Saturninus mit Namen, auf Veranlassung seiner Gattin den Vorfall angezeigt hatte, befahl darauf, alle Juden aus Rom zu vertreiben. Die Kon[84]sulen veranstalteten deshalb eine Aushebung unter ihnen und schickten viertausend von ihnen als Soldaten nach der Insel Sardinien. Die meisten jedoch weigerten sich ihrem Gesetze zulieb, Kriegsdienste zu leisten, und wurden darum mit harten Strafen belegt. So kam es, dass die Juden um der Ruchlosigkeit jener vier Menschen willen aus Rom vertrieben wurden.

*Literatur*
Flavius Josephus: Jüdische Altertümer. Übersetzt und mit Einleitung und Anmerkungen versehen von *H. Clementz*, Wiesbaden $^{2}$2006.

68: Tac. ann. 2,85,4

Man verhandelte auch über die Beseitigung der ägyptischen und jüdischen Kulte, und es erging ein Senatsbeschluss, dass 4000 Freigelassene, die von diesem Aberglauben angesteckt waren, soweit sie dem Alter nach tauglich waren, auf die Insel Sardinien verbracht werden sollten, um dort dem Räuberunwesen Einhalt zu tun – und falls sie durch das ungesunde Klima zugrunde gingen, seien sie ein geringer Verlust; die übrigen sollten Italien verlassen, wenn sie nicht bis zu einem bestimmten Termin ihren gottlosen Bräuchen entsagt hätten.

*Literatur*
P. Cornelius Tacitus: Annalen, Lateinisch/Deutsch, hg. von *E. Heller*, Düsseldorf/Zürich, $^{2}$2002.

## 69: Suet. Tib. 36

Die Ausübung fremdländischer religiöser Bräuche, besonders der ägyptischen und jüdischen Riten unterdrückte er; dabei wurden die Anhänger dieses Aberglaubens gezwungen, die gottesdienstlichen Gewänder mitsamt dem ganzen Gerät zu verbrennen. Die jungen Juden ließ er unter dem Vorwand des Kriegsdienstes in Provinzen mit ziemlich rauem Klima verbringen. Die übrigen Angehörigen dieses Volkes und solche, die einem ähnlichen Glauben anhingen, verbannte er aus der Stadt unter Strafandrohung dauernder Sklaverei, wenn sie der Anordnung nicht folgten. Auch die Astrologen vertrieb er; doch wenn sie inständig baten und ihre Kunst aufzugeben versprachen, durften sie mit gütiger Erlaubnis bleiben.

*Literatur*
C. Suetonius Tranquillus: Sämtliche erhaltenen Werke. Unter Zugrundelegung der Übertragung von *A. Stahr* neu bearbeitet von *F. Schön/G. Waldherr*, Essen 1987.

Vertreibungen unter Claudius, wohl 49 n.Chr., erwähnen: Sueton, Claud. 25,4; Cass. Dio 60,6,6:

## 70: Suet. Claud. 25,4

Die Reisenden hielt er durch ein Edikt dazu an, die italischen Städte nicht anders als zu Fuß, in einem Tragsessel oder in einer Sänfte zu durchqueren. Nach Puteoli und Ostia legte er je eine Kohorte zur Brandbekämpfung. Ausländern verbot er, römische Namen, das heißt Geschlechternamen, zu führen. Solche, die sich das römische Bürgerrecht unbefugterweise anmaßten, ließ er auf dem Esquilinischen Feld mit dem Beil hinrichten. Achaia und Makedonien, die Tiberius zu kaiserlichen Provinzen gemacht hatte, gab er dem Senat zurück. Den Lykiern, die fortwährend untereinander in Verderben bringender Weise stritten, nahm er die Freiheit, während er sie den Rhodiern, die über ihre alten Vergehen Reue zeigten, wiedergab. Den Einwohnern von Troia, gleichsam den Stammvätern des römischen Volkes, erließ er auf ewige Zeiten alle Abgaben, nachdem er einen alten, griechisch geschriebenen Brief vorgelesen hatte, in welchem Senat und Volk von Rom dem König Seleukos Freundschaft und Bündnis nur unter der Bedingung zusicherten, wenn er zuvor die Bewohner von Troia, ihre Blutsverwandten, von jeglicher Steuerbelastung befreie. Die Juden, welche von Chrestos aufgehetzt, fortwährend Unruhe stifteten, vertrieb er aus Rom.

*Literatur*

C. Suetonius Tranquillus: Sämtliche erhaltenen Werke. Unter Zugrundelegung der Übertragung von *A. Stahr* neu bearbeitet von *F. Schön/G. Waldherr*, Essen 1987.

## 71: Cass. Dio 60,6,6

Cassius Dio, ca. 150–235 n.Chr. aus Nikaia in Bithynien. Er war im Staatsdienst und im Jahre 229 zusammen mit dem Kaiser Alexander Severus Konsul. Er schrieb eine Römische Geschichte in 80 Büchern, von denen nur die Bücher 36–60 erhalten blieben. Über den Inhalt der übrigen informieren uns Exzerpte bzw. Bearbeitungen aus byzantinischer Zeit, insbesondere durch Johannes von Antiochia (7.Jh.), Zonaras (11.Jh.) und den konstantinopolitanischen Mönch Xiphilinos (11.Jh.).

Die Juden hatten wieder so sehr an Zahl zugenommen, dass es angesichts ihrer Menge schwierig gewesen wäre, sie ohne Unruhen aus der Stadt zu vertreiben. Daher verzichtete Claudius auf eine Ausweisung, ordnete aber an, dass sie ihre herkömmliche Lebensweise beibehalten und keine Zusammenkünfte veranstalten sollten. Er löste auch die Klubs, die Gaius wieder zugelassen hatte, auf.

*Literatur*

Cassius Dio: Römische Geschichte. Bd. IV. Bücher 51–60. Übers. von *O. Veh*, Düsseldorf 2007.

## 72: Suet. Dom. 12,2

Ein Licht auf die Eintreibung der Judensteuer wirft eine Passage aus Suetons Domitianvita 12.

[2]Man konfiszierte Erbschaften völlig fremder Leute, sobald sich auch nur ein Mensch fand, welcher aussagte, er habe aus dem Munde des Verstorbenen zu dessen Lebzeiten vernommen, der Kaiser sei sein Erbe. Besonders hart verfuhr man bei der Eintreibung der Judensteuer. Ihr wurden sowohl die unterworfen, welche, ohne sich als Juden zu bekennen, nach jüdischer Weise lebten, wie auch die, welche durch Verheimlichung ihrer Abstammung sich der Zahlung der ihrem Volk auferlegten Steuer zu entziehen versucht hatten. Ich erinnere mich, als ganz junger Mensch zugegen gewesen zu sein, als vor dem Prokurator und einem zahlreichen Kollegium bei einem neunzigjährigen Greis geprüft wurde, ob er beschnitten sei.

*Literatur*

C. Suetonius Tranquillus: Sämtliche erhaltenen Werke. Unter Zugrundelegung der Übertragung von *A. Stahr* neu bearbeitet von *F. Schön/G. Waldherr*, Essen 1987.

### 73: Iuv. 14,96–106

Einige Zeilen aus Juvenals 14. Satire zeigt in Kurzform die Vorurteile der damaligen Römer den Juden gegenüber. Juvenal (*Decimus Junius Iuvenalis*), etwa 60–140 n.Chr., war der letzte große Satiriker röm. Sprache. In seinen 16 erhaltenen Satiren prangert er die Sittenverderbnis Roms in neronischer und domitianischer Zeit schonungslos an.

96Einige, die gezeugt ein den Sabbat ehrender Vater, beten die Wolken allein und des Himmels göttliche Macht an, und sie halten für gleich mit menschlichem Fleisch das des Schweines, dem ihr Vater entsagt, und beschneiden sich frühe die Vorhaut; aber nicht zu achten gewohnt die Gesetze der Römer, lernen sie jüdisches Recht und befolgen die Satzungen alle, ganz wie es Moses gelehrt sie hat in verborgenen Schriften, keinem zu zeigen den Weg, der nicht dasselbe wie sie glaubt, nur den beschnittenen Mann zur labenden Quelle zu führen. Aber der Vater ist schuld, der stets am siebenten Tage faul war und sich auch nicht mit geringstem Geschäfte befasste.

*Literatur*
Juvenal: Satiren. Vollständige metrische Neuübertragung mit Erläuterungen von *W. Plankl*, München 1958.

## Texte zu 1.4.6 Fixpunkte für eine Chronologie des Neuen Testaments

### 74: Ios. ant. Iud. 18,1–9

Der folgende Textausschnitt aus den vom jüd. Historiker Flavius Josephus verfassten „Jüdischen Altertümern“ berichtet vom Zensus des Quirinius:

1Quirinius also, einer von den römischen Senatoren, der übrigens alle öffentlichen Ämter bereits bekleidet hatte und wegen seiner ehrenvollen Stellung großen Einfluss besaß, kam auf Geheiß des Caesars mit wenigen Begleitern nach Syrien, teils um Gerichtssitzungen abzuhalten, teils um die 2Vermögensschätzung vorzunehmen. Zugleich mit ihm wurde Coponius, ein Mann ritterlichen Standes, zur Wahrnehmung der höchsten Gewalt in Judaea abgeschickt. Bald fand sich nun Quirinius auch in Judaea ein, das mit Syrien verbunden war, um hier ebenfalls das Vermögen zu schätzen und die 3Güter des Archelaus' zu verkaufen. Die Juden wollten zwar anfangs von der Schätzung nichts wissen, gaben jedoch allmählich auf Zureden des Hohepriesters Joazar, des Sohnes des Boethos, ihren Widerstand auf und liessen 4nach seiner Weisung die Schätzung ihres Vermögens ruhig geschehen. Der Gaulaniter Judas dagegen, der aus der Stadt Gamala gebürtig war, reizte in Gemeinschaft mit dem Pharisäer Sadduk das Volk durch die Vorstellung zum Aufruhr, die Schätzung bringe nichts anderes als offenbare Knechtschaft mit sich, und so forderten sie das gesamte Volk auf, seine Freiheit zu 5schützen. Denn jetzt sei die beste Gelegenheit gegeben, sich Ruhe, Sicherheit und dazu auch noch Ruhm zu verschaffen. Gott aber werde nur dann bereit sein, ihnen zu helfen, wenn sie ihre Entschlüsse tatkräftig ins Werk setzten und das besonders, je wichtiger diese ihre Entschlüsse seien und je [6]unverdrossener sie dieselben ausführten. Derartige Reden wurden mit größtem Beifall aufgenommen, und so dehnte sich das tollkühne Unternehmen bald ins ungeheuerliche aus. Kein Leid gab es, von dem infolge der Hetzarbeit jener beiden Männer unser Volk nicht heimgesucht worden [7]wäre. Ein Krieg nach dem anderen brach aus, und es konnte nicht fehlen, dass die Juden unter den beständigen Angriffen schwer litten. Ihre wahren Freunde, die ihnen hätten beistehen können, hatten sie verloren; Räuber machten das Land unsicher und viele der edelsten Männer wurden ermordet, angeblich um der Freiheit willen, in Wahrheit aber nur aus Beutegier. [8]So kam es zu Aufständen und öffentlichem Blutvergießen, wobei bald die Bürger in der Sucht, keinen von der Gegenpartei am Leben zu lassen, sich gegenseitig mordeten, bald die Feinde niedergemacht wurden. Um das Elend voll zu machen, entstand dann auch noch Hungersnot, die zu allen möglichen Freveln die Wege ebnet, sodass ganze Städte verwüstet wurden [9]und endlich sogar der Tempel infolge des Aufruhrs in Flammen aufging. So wurden die Neuerungssucht und das Rütteln an den althergebrachten Einrichtungen den Übeltätern selbst zum Verderben.

*Literatur*

Flavius Josephus: Jüdische Altertümer. Übersetzt und mit Einleitung und Anmerkungen versehen von *H. Clementz*, Wiesbaden ²2006.

## 75: Ios. ant. Iud. 18,63f

Im sog. *Testimonium Flavianum* berichtet Flavius Josephus auch über den historischen Jesus:

[63]Um diese Zeit lebte Jesus, ein weiser Mensch, wenn man ihn überhaupt einen Menschen nennen darf. Er war nämlich der Vollbringer ganz unglaublicher Taten und der Lehrer aller Menschen, die mit Freuden die Wahrheit aufnahmen. So zog er [64]viele Juden und auch viele Heiden an sich. Er war der Christus. Und obgleich ihn Pilatus auf Betreiben der Vornehmsten unseres Volkes zum Kreuzestod verurteilte, wurden doch seine früheren Anhänger ihm nicht untreu. Denn er erschien ihnen am dritten Tage wieder lebend, wie gottgesandte Propheten dies und tausend andere wunderbare Dinge von ihm vorherverkündigt hatten. Und noch bis auf den heutigen Tag besteht das Volk der Christen, die sich nach ihm nennen, fort.

*Literatur*

Flavius Josephus: Jüdische Altertümer. Übersetzt und mit Einleitung und Anmerkungen versehen von *H. Clementz*, Wiesbaden ²2006.

## 76: Eus. h.e. 2,25,1–26,2; 3,19–20,7

In seiner „Kirchengeschichte" berichtet Eusebius auch über Petrus und Paulus, die nach seiner Darstellung beide in Rom gestorben sein sollen:

2,25[1]Als Nero sich in seiner Herrschaft bereits sicher fühlte, verfiel er auf verbrecherische Ideen und rüstete sich sogar gegen die Verehrung des Gottes des Alls. Es liegt nicht im Plan dieser Schrift, seine Ruchlosigkeit zu beschreiben. [2]Da viele Schriftsteller ausführliche Lebensbeschreibungen des Kaisers überliefert haben, so kann jeder, der will, hieraus das verkehrte, wahnsinnige Wesen des sonderbaren Mannes kennenlernen. Nachdem er so viele Menschen ohne allen Grund hatte beseitigen lassen, ging er in seinem Blutdurst so weit, dass er nicht einmal seine nächsten Verwandten und besten Freunde schonte, sondern sowohl seine Mutter als auch seine Brüder und seine Gattin nebst unzähligen anderen Verwandten auf verschiedene Weise hinrichten ließ, als wären sie seine eigenen oder des Staates Feinde gewesen. [3]Es hätte aber auch zu allem über ihn dazugeschrieben werden müssen, dass er wohl als erster der Alleinherrscher sich als Feind der frommen Verehrung Gottes gezeigt hat. [4]Hierüber äußert sich der Römer Tertullian also:
„Lest eure Geschichtswerke! Dort werdet ihr finden, dass Nero der erste war, der unsere Lehre verfolgte, dass er, nachdem er ihr volles Aufblühen in Rom verhindert hatte, furchtbar gegen alle wütete. Wir wollen stolz darauf sein, dass ein solcher Mensch zuerst gegen uns eingeschritten ist. Denn wer Nero kennt, muss wissen, dass nur das, was besonders gut war, von ihm verurteilt wurde". [5]Da er sich nun unter den schlimmsten Gottesfeinden besonders hervortun wollte, ließ er sich dazu verleiten, die Apostel hinzurichten. Wie berichtet wird, wurde Paulus eben in Rom unter Nero enthauptet und Petrus gekreuzigt. Dieser Bericht wird bestätigt durch die noch bis heute erhaltenen Namen Petrus und Paulus in den römischen Zömeterien sowie durch einen kirchlich glaubwürdigen Mann, [6]namens Gaius, der unter dem römischen Bischof Zephyrinus lebte und in einem schriftlich überlieferten Dialog mit Proklus, einem Haupt der phrygischen Sekte, über die Stätte, wo die heiligen Leiber der genannten Apostel ruhen, sagt: [7]„Ich kann die Siegeszeichen der Apostel zeigen. Du magst auf den Vatikan gehen oder auf die Straße nach Ostia, du findest die Siegeszeichen der Apostel, welche diese Kirche gegründet haben".
[8]Dass beide Apostel zu gleicher Zeit das Martyrium erlitten haben, behauptet Dionysius, Bischof von Korinth, in einem Schreiben an die Römer. Er sagt: „Daher habt auch ihr durch eure so starke Mahnung die von Petrus und Paulus in Rom und Korinth angelegte Pflanzung miteinander verbunden. Denn beide haben in unserer Stadt Korinth die Pflanzung begonnen und uns in gleicher Weise in Italien gelehrt und zu gleicher Zeit den Martertod erlitten".
Durch dieses Zeugnis möge meine Erzählung noch mehr beglaubigt werden.

Weiter überliefert er über die Verwandten Jesu bis zu Trajan:

3,19 Auf des Domitian Befehl hin, die Nachkommen Davids hinzurichten, sollen nach einem alten Berichte einige Häretiker die Nachkommen des Judas, eines leiblichen Bruders unseres Erlösers, angezeigt haben mit dem Bemerken, sie stammen aus dem Geschlechte Davids und seien mit Christus selbst verwandt. Hegesippus berichtet darüber wörtlich also: 20[1]„Noch lebten aus der Verwandtschaft des Herrn die Enkel des Judas, der ein leiblicher Bruder des Herrn gewesen sein soll. Diese wurden als Nachkommen Davids gerichtlich angezeigt. Ein Evokatus führte sie vor Kaiser Domitian. Denn gleich Herodes fürchtete sich dieser vor der Ankunft Christi. [2]Domitian fragte jene, ob sie von David abstammen. Sie bestätigten es. Sodann fragte er sie nach dem Umfange ihrer Besitzungen und nach der Größe ihres Vermögens. Sie antworteten, sie besäßen beide zusammen nur 9000 Denare, und davon gehöre jedem die Hälfte. Aber auch dieses Vermögen bestünde – so fügten sie bei – nicht in Geld, sondern im Werte eines Feldes von nur 39 Morgen, die sie mit eigener Hand bewirtschafteten, um davon die Steuern zu zahlen und ihren Lebensbedarf zu decken. [3]Hierauf zeigten sie ihm ihre Hände und bewiesen durch die Härte ihres Körpers und durch die Schwielen, welche sich infolge ihrer angestrengten Arbeit an ihren Händen gebildet hatten, dass sie Handarbeiter waren. [4]Als man sie über Christus und über die Art, den Ort und die Zeit seines Reiches fragte, antworteten sie, dasselbe sei nicht von dieser Welt und Erde, es sei vielmehr ein Reich des Himmels und der Engel, das erst am Ende der Welt kommen werde, wenn Christus in Herrlichkeit erscheinen wird, um die Lebenden und die Toten zu richten und jedem nach seiner Lebensweise zu vergelten. [5]Daraufhin verurteilte sie Domitian nicht, sondern verachtete sie als gemeine Leute. Er setzte sie in Freiheit und befahl, die Verfolgung der Kirche einzustellen. [6]Sie aber erhielten nach der Freilassung, da sie Bekenner und Verwandte des Herrn waren, führende Stellungen in der Kirche. Nachdem Frieden geworden war, lebten sie noch bis Trajan." So berichtet Hegesippus.

*Literatur*

Des Eusebius Pamphili Bischofs von Cäsarea Kirchengeschichte, hg. von *A. Biglmair*, München 1932.

# 5.1.4 Texte zu 1.5 Antikes Recht als Regulativ menschlichen Zusammenlebens

## Texte zu 1.5.1.2 Ius privatum: Personenrecht

### 77: P. Yadin 18,29–67

P. Yadin 18 wurde 1961 bei Ausgrabungen am Toten Meer gefunden und stellt eine Doppelurkunde dar, in der der Urkundentext zweifach enthalten war, nämlich in einer Innen- (*scriptura interior*) und einer Außenschrift (*sciptura exterior*). Die Papyrushälfte mit der Innenschrift wurde eingerollt, vernäht und versiegelt, so dass sie gegen Verfälschung gesichert war. Dagegen konnte man sich anhand der unversiegelten Außenschrift jederzeit schnell über den Inhalt der Urkunde informieren. Im Streitfall wurde die Innenschrift zu Beweiszwecken geöffnet.

Die besondere Bedeutung der Urkunden liegt in der Vermischung jüd., gr. und röm. Elemente, die zeigt, wie schnell sich in der Rechtspraxis der 106 n.Chr. eingerichteten röm.

Provinz Arabia, aus der die Urkunden stammen, gr. und röm. Elemente durchsetzen konnten. Beide Urkunden schließen mit einer Stipulationsklausel, die den römischen Einfluss belegt. Durch eine *stipulatio* konnte nach röm. Recht eine beliebige Verbindlichkeit wirksam begründet werden, die sich mit Hilfe der röm. Gerichte durchsetzen ließ. In der Heiratsurkunde P. Yadin 18 wurde durch die Stipulationsklausel die Verpflichtung des Bräutigams Judas Kimber abgesichert, den Wert der empfangenen Mitgift, das heißt die sehr beachtliche Summe von 500 Denaren, an seine Braut zurückzuzahlen, wenn diese es forderte. Es ging dabei um die Verpflichtung zur Rückzahlung der Mitgift im Scheidungsfall.

Unter dem zweiten Konsulat des Publius Metilius Nepos und dem des Marcus Annius Libo, an den Nonen des April, und nach der Rechnung der neuen Provinz Arabia im 23. Jahr, am 15. des Monats Xandikos, in Maoza, im Bezirk von Zoara. Judas, Sohn des Eleazaros, der auch Khthousion genannt wird, gab Selampsione, seine eigene Tochter, eine Jungfrau, an Judas, genannt Kimber, Sohn des Ananias, dieser wiederum Sohn des Somala, beide aus dem Dorf Engedi in Judäa, jedoch hier wohnhaft, damit Selampsione mit Judas Kimber in ehelicher Gemeinschaft gemäß dem Gesetz verheiratet sei. Sie bringt ihm als Aussteuer Frauenschmuck aus Silber und Gold und in Form von Kleidung, den sie gemeinsam, wie beide erklären, mit einem Wert von 200 Silberdenaren angesetzt haben. Der Bräutigam Judas, genannt Kimber, hat erklärt, dass er diesen festgesetzten Wert von ihr von Hand zu Hand und sofort durch Judas, ihren Vater, erhalten habe und dass er ihn seiner Frau Selampsione schulde, zusammen mit anderen 300 Denaren, die er ihr über den Betrag ihrer oben genannten Aussteuer hinaus zu geben versprochen hat, wobei dies alles zur Mitgift gehört. Diese Schuld geht einher mit der Übernahme der Versorgung seiner Frau und der künftigen Kinder mit Lebensmitteln und Kleidung nach griechischem Brauch, auf Treue und Gefahr des Judas Kimber und unter Haftung allen Vermögens, das er in seinem Heimatort und hier besitzt und das er noch, wo auch immer, wirksam erwerben wird, wobei die Vollstreckung so geschieht, wie seine Frau Selampsione oder derjenige, der durch sie oder für sie handelt, es wählen. Judas, genannt Kimber, wird diese Schuldverschreibung gegenüber seiner Frau Selampsione in sicherer Münze, wie es sich gehört, auf eigene Kosten und ohne Einwendung einlösen, sobald sie es von ihm fordert. Andernfalls wird er ihr das Doppelte der gesamten oben genannten Summe zahlen, und ihr kommt die Vollstreckung gegen Judas Kimber, ihren Mann, und in das ihm zustehende Vermögen zu, wobei die Vollstreckung so geschieht, wie Selampsione oder derjenige, der durch sie oder für sie handelt, es wählen. Es wurde bei Treue angefragt und versprochen, dass dies so in Ordnung sei.

*Literatur*

Übersetzt von Peter Gröschler.

# Texte zu 1.5.1.3 Ius privatum: Vermögensrecht

## 78: P. Yadin 21,1–28

In P. Yadin 21, der ebenfalls 1961 bei Ausgrabungen am Toten Meer gefunden wurde, ist der Verkauf einer Dattelernte. Verkauft wurde die Dattelernte eines Jahres von mehreren Hainen, wobei das vom Käufer zu leistende Entgelt in einer im Voraus genau festgesetzten Menge von Datteln bestand. Nur der über diese Menge hinausgehende Überschuss an geernteten Datteln stand dem Käufer zu. Da der Verkäufer, falls er die geschuldete Menge Datteln nicht leisten konnte, zum Geldersatz verpflichtet war, traf das Risiko einer Missernte ausschließlich ihn. Die Verpflichtung des Käufers (Wechselverpflichtung) wurde am Ende der Urkunde wiederum durch eine Stipulationsklausel abgesichert. Ein für gr. Urkunden typisches Element liegt in der ausdrücklichen Unterwerfung unter die Zwangsvollstreckung für den Fall der Nichtleistung, die in beiden Urkunden enthalten ist.

Im 14. Jahr des Kaisers Traianus Hadrianus Caesar Augustus (= Hadrian), unter dem Konsulat des Marcus Flavius Aper und des Quintus Fabius Catullinus, am 3. Tag vor den Iden des Septembers, nach der Rechnung der neuen Provinz Arabia im 25. Jahr, am 24. des Monats Gorpiaios, in Maoza, im Bezirk von Zoara. Simon, Sohn des Jesus, dieser wiederum Sohn des Ananias, grüßt Babatha, Tochter des Simon, beide wohnhaft in Maoza. Ich erkenne an, dass ich von dir die Dattelernte aus den Hainen des Judas, Sohn des Khthousion, deines verstorbenen Ehemannes, gekauft habe, welche in Maoza Pherora- und Nikarkos-Hain genannt werden, und der Dritte heißt Hain des Molkhaios, welche du, wie du sagst, für deine Mitgift und eine Forderung in Besitz genommen hast. Für das oben genannte Jahr werde ich Dir für diese Haine von den ersten und zweiten Patetos-Datteln 42 Talente und von den syrischen und naaranischen Datteln zwei Koroi und fünf Sata leisten, welche ich dir in deinem Haus mit der Waage von Maoza zuwägen und ebenso dir in deinem Haus mit dem Maß von Maoza zumessen werde, durch den Bürgen und Garanten Sammoua, Sohn des Manaëos, aus Maoza. Und wenn etwas übrigbleibt in den oben genannten Hainen, werde ich diese Datteln für mich nehmen für meine Arbeit und Kosten. Wenn ich dir aber die oben genannten Datteln nicht vollständig und zur rechten Zeit der Trocknung leisten werde, werde ich dir für jedes Talent der Patetos-Datteln zwei Denare und für die syrischen und naaranischen Datteln eine Melana zahlen. Gegen mich und in mein Vermögen oder gegen meinen Bürgen, gegen wen der durch dich oder für dich Handelnde wünscht, soll die Vollstreckung überall wirksam sein. Dies wurde bei Treue angefragt und versprochen.

*Literatur*
Übersetzt von Peter Gröschler.

# Texte zu 1.5.1.5 Fallstudie: Der Prozess des Paulus

## 79: FIRA I 68

Das zweite Kyreneedikt des Augustus zeigt, dass bei wichtigen politischen Angelegenheiten Reichsbewohner nach Rom gebracht werden konnten, auch wenn sie nicht das röm. Bürgerrecht hatten:

Imperator Caesar Augustus, Pontifex, Inhaber der tribunizischen Amtsgewalt das siebzehnte Mal, verkündet: Anfeindung und Tadel darf den Publius Sextius Sceva nicht treffen, dafür dass er Aulus Stlaccius Maximus, des Lucius Sohn, und Lucius Stlaccius Macedo, des Lucius Sohn, und Publius Lacutanius Phileros, den Freigelassenen des Publius Lacutanius, in Fesseln zu mir nach Rom aus der Provinz Kyrene hat überführen lassen, weil diese Männer verlautbarten, sie hätten Kenntnis von etwas, was für meine Sicherheit wie für das Staatswesen von Bedeutung sei, und wollten darüber aussagen. Denn die Maßnahme, die Sextius daraufhin getroffen hat, war angemessen und fürsorglich. Übrigens habe ich sie in Freiheit gesetzt und entlasse sie aus der Haft, da sie (in Wirklichkeit) gar nichts wissen, was auf meine Person und den Staat Bezug hat, sondern mir offenkundig machten, dass sie das, was sie in der Provinz gesagt hätten, selbst erdichtet und erlogen hätten. Dem Aulus Stlaccius Maximus, den die Gesandten der Kyreneer beschuldigen, er habe Bildsäulen von öffentlichen Plätzen beseitigt, darunter auch eine, unter welche die Stadt meinen Namen setzte, untersage ich ohne meine Erlaubnis das Verlassen der Stadt, bis ich über diesen Fall entschieden schieden habe.

*Literatur*

*H. Freis*: Historische Inschriften zur römischen Kaiserzeit von Augustus bis Konstantin, Darmstadt 1984.

## 80: Dig. 48,6,7

*Provokations- und Appellationsrecht*

Einschlägige Stellen aus den Digesten und den Paulussentenzen erläutern das röm. Personen- und Prozessrecht:

Die Digesten sind Teil der im 6.Jh. n.Chr. kodifizierten Gesetzessammlung Kaiser Justinians. Sie enthalten Auszüge aus dem Werk von über 40 klassischen Juristen, die in insgesamt 50 Büchern thematisch angeordnet wurden. Dabei nahmen die Kompilatoren nicht nur sprachliche, sondern teilweise auch sachliche Eingriffe an den älteren Juristenschriften vor, um Reformen und Weiterentwicklungen des Rechtswesens (etwa hinsichtlich der Verfahrensordnungen) gerecht zu werden. Die Sentenzen des Paulus wurden erstmals Ende des 3.Jh.s n.Chr. aus dessen Schriften zusammengestellt und danach mehrfach überarbeitet. Die im Kern in republikanische Zeit zurückreichende *Lex Iulia de vi publica* sichert das Anrecht römischer Bürger auf einen ordentlichen Prozess und ihren Schutz vor willkürlicher körperlicher Züchtigung und Folter. Vor allem die Paulussentenzen enthalten jüngere Zusätze, etwa hinsichtlich der Unterscheidung von *humiliores* und *honestiores*, die erst ab dem 2. Jh. getroffen wurde.

*Literatur*
Das Corpus Iuris Civilis Romani, 7 Bde., in's Deutsche übers. von einem Vereine Rechtsgelehrter, hg. von *C. E. Otto/B. Schilling/C. F. F. Sintenis*, Leipzig 1831–1839 (ND Aalen 1984/1985).

## 81: Dig. 48,6,8

Durch die Lex *Iulia de vi publica* wird vorgeschrieben, es solle niemand einen Angeschuldigten fesseln, oder ihn hindern, sich binnen einer bestimmten Frist zu Rom zu stellen.

*Literatur*
Das Corpus Iuris Civilis Romani, 7 Bde., in's Deutsche übers. von einem Vereine Rechtsgelehrter, hg. von *C. E. Otto/B. Schilling/C. F. F. Sintenis*, Leipzig 1831–1839 (ND Aalen 1984/1985).

## 82: Paul. sent. 5,26,1f

Durch die Lex *Iulia de vi publica* wird jeder verurteilt, der mit irgendeiner Amtsbefugnis ausgestattet einen römischen Bürger, der früher an das Volk und nun an den Kaiser appelliert hat, getötet oder veranlasst hat, ihn zu töten, ihn gefoltert, gegeißelt, verurteilt oder befohlen hat, ihn in öffentlichen Fesseln abzuführen. Als Strafe in dieser Sache wird für *humiliores* der Tod, für *honestiores* Deportation auf eine Insel angewandt.

*Literatur*
Übersetzt von Karl Leo Noethlichs.

## 83: Dig. 49,1,1 pr.

Wie häufig, und wie notwendig der Gebrauch der Appellation sei, ist jedermann bekannt; weil sie nämlich die Unbilligkeit oder Unwissenheit der Richter wieder gut macht, wenn sie gleich manchmal wohl gesprochene Urteile in schlechtere ändert; denn der spricht noch nicht besser, wer zuletzt das Urteil fällt.

*Literatur*
Das Corpus Iuris Civilis Romani, 7 Bde., in's Deutsche übers. von einem Vereine Rechtsgelehrter, hg. von *C. E. Otto/B. Schilling/C. F. F. Sintenis*, Leipzig 1831–1839 (ND Aalen 1984/1985).

## 84: Dig. 49,1,2

Der Appellationswille kann entweder sofort nach der Urteilsverkündung mündlich oder innerhalb von drei Tagen schriftlich mittels eines *libellus appellatorii* erklärt werden.

Wenn aber jemand zu den Akten [d.h. während des Verfahrens] appelliert hat, so wird es genügen, wenn er sagt: „Ich appelliere“.

*Literatur*

Das Corpus Iuris Civilis Romani, 7 Bde., in’s Deutsche übers. von einem Vereine Rechtsgelehrter, hg. von *C. E. Otto/B. Schilling/C. F. F. Sintenis*, Leipzig 1831–1839 (ND Aalen 1984/1985).

## 85: Dig. 49,1,5,5

Wenn jemand am betreffenden Tag zu den Akten mündlich appelliert hat, so genügt solches für ihn; hat er aber dies nicht getan, so muss ihm zur Einreichung der Appellationsbekanntmachung eine Frist von zwei oder drei Tagen zugestanden werden.

*Literatur*

Das Corpus Iuris Civilis Romani, 7 Bde., in’s Deutsche übers. von einem Vereine Rechtsgelehrter, hg. von *C. E. Otto/B. Schilling/C. F. F. Sintenis*, Leipzig 1831–1839 (ND Aalen 1984/1985).

## 86: Dig. 49,7,1

Spätestens seit Ende des 2. Jh. n.Chr. hat die Einlegung der Berufung – unabhängig von der Entscheidung über ihre Annahme – suspensiven Effekt auf die Vollstreckung des Urteils.

Nach Einwendung der Appellation, es mag dieselbe angenommen worden sein oder nicht, darf in der Zwischenzeit nichts verändert werden; wenn nämlich die Appellation angenommen worden ist, weil sie angenommen wurde; wenn sie aber [noch] nicht angenommen worden ist, damit kein Vorgriff in der Entscheidung geschehe, solange über die Annahme oder Nichtannahme der Appellation beraten wird. § 1 Ist aber die Appellation angenommen worden, so wird so lange nichts verändert werden dürfen, bis über die Appellation erkannt worden ist.

*Literatur*

Das Corpus Iuris Civilis Romani, 7 Bde., ins Deutsche übers. von einem Vereine Rechtsgelehrter, hg. von *C. E. Otto/B. Schilling/C. F. F. Sintenis*, Leipzig 1831–1839 (ND Aalen 1984/1985).

## 87: Dig. 49,2,1

Als höchste richterliche Instanz ist der Kaiser nicht anfechtbar und er kann außerdem bestimmte Richter zu endgültigen Urteilen ermächtigen.

Es ist darüber zu handeln, von welchen Richtern man nicht appellieren könne. § 1 Es wäre wohl töricht, daran zu erinnern, dass man vom Kaiser nicht appellieren dürfe, da er es selbst ist, an welchen die Berufung gerichtet wird.

*Literatur*

Das Corpus Iuris Civilis Romani, 7 Bde., in's Deutsche übers. von einem Vereine Rechtsgelehrter, hg. von *C. E. Otto/B. Schilling/C. F. F. Sintenis*, Leipzig 1831–1839 (ND Aalen 1984/1985).

## 88: Dig. 49,2,1,4

Zuweilen pflegt der Kaiser einen Richter in der Art zu bestellen, dass von demselben keine Berufung gestattet sein solle; wie meines Wissens sehr oft vom Kaiser Marcus Richter bestellt worden sind. Ob auch ein anderer einen Richter in der Art bestellen könne, ist die Frage. Ich glaube, dass es niemand sonst könne.

*Literatur*

Das Corpus Iuris Civilis Romani, 7 Bde., in's Deutsche übers. von einem Vereine Rechtsgelehrter, hg. von *C. E. Otto/B. Schilling/C. F. F. Sintenis*, Leipzig 1831–1839 (ND Aalen 1984/1985).

## 89: Dig. 49,1,21

Eine direkte Berufung an den Kaiser ist spätestens seit den *divi fratres* Antoninus und Verus unzulässig, doch setzt die Delegation von Berufungsangelegenheiten bereits unter Augustus ein, wie eine Nachricht in den Kaiserviten des Sueton zeigt.

Die Kaiser Antoninus und Verus haben verordnet: Die Berufungen, die unmittelbar an den Kaiser gerichtet worden sind, mit Übergehung derjenigen, an welche sie von unten hinauf hätten gerichtet werden müssen, sollten an die Statthalter zurückgeschickt werden.

*Literatur*

Das Corpus Iuris Civilis Romani, 7 Bde., in's Deutsche übers. von einem Vereine Rechtsgelehrter, hg. von *C. E. Otto/B. Schilling/C. F. F. Sintenis*, Leipzig 1831–1839 (ND Aalen 1984/1985).

## 90: Cass. Dio 60,24,4

Claudius verhängt schwere Sanktionen für die Kreuzigung von Römern auf Rhodos im Jahr 44 n.Chr.

Die Rhodier erklärte er (=Claudius) ihrer Freiheit für verlustig, da sie einige Römer aufgepfählt hatten.

*Literatur*

Cassius Dio: Römische Geschichte. Bd. IV. Bücher 51–60. Übers. von *O. Veh*, Düsseldorf 2007.

## 91: Suet. Galba 9,1

In seiner Zeit als Statthalter setzt sich Galba über die Proklamation des Bürgerrechts hinweg.

[…] er befahl, einen Vormund ans Kreuz zu schlagen, weil er sein Mündel, dem er zum Beierben bestimmt war, vergiftet hatte. Als der sich auf die Gesetze berief und den Beweis erbrachte, dass er römischer Bürger sei, gab Galba den Befehl, um ihm die Strafe doch etwas zu erleichtern, indem er ihm einen gewissen Trost und etwas Ehre zukommen ließ, das Kreuz auszutauschen und für ihn eines aufzustellen, das viel höher war als das der anderen und das man geweißt hatte.

*Literatur*

*H. Martinet* (Hg.): Gaius Suetonius Tranquillus, Gaius. Die Kaiserviten = De vita Caesarum, Düsseldorf 2006.

## 92: Ios. bell. Iud. 2,306–308

Ein Bericht des Josephus über einen Übergriff des Prokurators Gessius Florus im Jahr 66 n.Chr. zeigt zugleich, dass Juden das röm. Bürgerrecht besitzen konnten.

Man floh durch die engen Gassen; wer eingeholt wurde, fand den Tod. Die Soldaten raubten auf jede mögliche Weise und brachten viele feindliche Bürger, die sie ergriffen hatten, vor Florus. Dieser ließ sie schmählich geißeln und darauf kreuzigen. Die Gesamtzahl derer, die an jenem Tag ums Leben kamen, betrug einschließlich Frauen und Kinder – denn auch vor dem Kindesalter machte man nicht Halt – ungefähr 630. Was das Unglück erschwerte, war die bis dahin unbekannte Grausamkeit der Römer; denn Florus vollbrachte damals, was vor ihm keiner gewagt hatte: er ließ Männer von ritterlichem Stand vor seinem Richterstuhl geißeln und ans Kreuz nageln, die zwar ihrer Abstammung nach Juden waren, aber eine römische Würde bekleideten.

*Literatur*

Flavius Josephus: De bello Judaico. Der jüdische Krieg. Griechisch/Deutsch. Hg. und mit einer Einleitung sowie mit Anmerkungen versehen von *O. Michel/O. Bauernfeind*, 4 Bde., Darmstadt 1959/1963/1969/1969.

## 93: Philo leg. 155.157

*Juden als römische Bürger*

Neben dem o.g. Beispiel unter Gessius Florus gibt es auch andere Zeugnisse dafür, dass röm. Bürgerrecht und die Ausübung des jüd. Glaubens vereinbar waren. So berichtet Philo von Alexandria im Rahmen seines Berichts einer jüd. Gesandtschaft an den Kaiser Gaius (Caligula), dass dieser den Juden trotz ihres Glaubens das röm. Bürgerrecht nicht aberkannte.

Es war ihm wohlbekannt, dass der große Stadtteil Roms jenseits des Tiber von Juden besetzt und besiedelt war, die Mehrzahl von ihnen Freigelassene und römische Bürger. Denn als Kriegsgefangene waren sie nach Italien gebracht und von ihren Besitzern freigelassen worden, ohne sie zu zwingen, ihre überlieferten Gewohnheiten aufzugeben. [...] Trotzdem vertrieb er sie nicht aus Rom und entzog ihnen nicht das römische Stadtbürgerrecht, weil sie auch ihre jüdische Nationalität noch hielten. [...].

*Literatur*

Philo von Alexandria, Die Werke in deutscher Übersetzung, 7 Bde., hg. von *L. Cohn/I. Heinemann/M. Adler/W. Theiler*, Bd. III, Berlin ²1962.

# 5.2 Texte zu Band 2

## 5.2.1 Texte zu 2.1 Die rituelle Prägung des menschlichen Lebens

### 94: Ios. ant. Iud. 13,372f

Flavius Josephus berichtet im 13. Buch seiner Jüdischen Altertümer u.a. über die Besetzung Palästinas durch Alexander, den Sohn der ägyptischen Königin Kleopatra.

[372]Was den Alexander angeht, so erhob sich das Volk gegen ihn und bewarf ihn während einer Festfeier, als er am Altare stand und opfern wollte, mit Zitronen. Es ist nämlich bei den Juden Brauch, dass am Laubhüttenfest jedermann Palm- und Zitronenzweige mitbringt, wie ich bereits an anderer Stelle erwähnt habe. Auch schmähten sie ihn, er sei der Sohn einer Gefangenen und des Hohepriestertums wie der Ehre, Opfer darzubringen, [373]nicht wert. Hierüber ergrimmt, ließ Alexander gegen sechstausend von ihnen niedermetzeln. Dann ließ er rings um den Altar und den Tempel hölzerne Schranken errichten bis an den Raum, den nur die Priester betreten durften, und verwehrte so dem Volk den Zutritt.

*Literatur*

Flavius Josephus: Jüdische Altertümer. Übersetzt und mit Einleitung und Anmerkungen versehen von *H. Clementz*, Wiesbaden ²2006.

## 5.2.2 Texte zu 2.2 Der Mensch in seinen sozialen Bezügen

### Texte zu 2.2.1.2 Die Rollen der Familienmitglieder

### 95: Philo spec. leg. 2,232

Der nachfolgende Textausschnitt ist Teil der Auslegung des vierten Gebots. Philo leitet aus der durch Gott getroffenen, auf Gerechtigkeit zielenden Entscheidung, Verantwortung über Kinder zu verleihen, extrem weit reichende Befugnisse elterlicher Macht über die eigenen Kinder ab. Hier spiegelt sich die Wirkung der *patria potestas* auf jüdisches Recht wider.

Daher ist der Vater befugt, sein Kind zu schelten, streng zurechtzuweisen und – falls es verwarnenden Worten nicht folgt – zu schlagen, schweren Züchtigungen zu unterwerfen und gefangen zu setzen. Für den Fall aber, dass die Kinder trotzdem in ihrer Halsstarrigkeit beharren und mit der Gewalt ihrer unverbesserlichen Schlechtigkeit verstockt bleiben, gab das Gesetz den Eltern sogar die Befugnis, bis zur Verhängung der Todesstrafen zu schreiten – freilich nicht dem Vater oder der Mutter allein; denn die Schwere der Strafe erfordert, dass sie nicht von einem der Gatten, sondern von beiden verhängt werden; übereinstimmend werden ja beide Eltern nie den Tod ihres Kindes beschließen, sofern dessen Untaten sie nicht mit solcher Riesengewalt dazu treiben und drängen, dass die von der Natur tief ins Elternherz gesenkte Liebe überwunden wird.

*Literatur*

Philo von Alexandria, Die Werke in deutscher Übersetzung, 7 Bde., hg. von *L. Cohn/I. Heinemann/M. Adler/W. Theiler*, Bd. II, Berlin [2]1962.

## 96: bKet 59b

Im Traktat Kethubot („Ehe") des Babylonischen Talmuds werden Frage über das Zusammenleben von Mann und Frau in einem Hause gestellt und diskutiert. Wie in der Aufteilung des gedruckten Auszugs sichtbar, teilt sich der Talmud-Text in die Mischna, die diese weiterführende Gemara und die Kommentare, die am oberen Rand jeder Seite zu finden sind. Im vorliegenden Abschnitt wird besprochen, welche Pflichten die Frau gegenüber dem Mann hat:

Kommentar: Folgende Arbeiten hat die Frau für ihren Mann zu verrichten: Mahlen, backen, waschen, kochen, ihr Kind säugen, ihm das Bett machen und in Wolle arbeiten. Brachte sie ihm eine Sklavin mit, so braucht sie nicht zu mahlen, zu backen und zu waschen; wenn zwei, so braucht sie auch nicht zu kochen und ihr Kind zu säugen; wenn drei, so braucht sie ihm auch nicht das Bett zu machen und in Wolle zu arbeiten; wenn vier, so kann sie im Lehnstuhl sitzen. R. Eliezer sagt, selbst wenn sie ihm hundert Sklavinnen mitgebracht hat, könne er sie in Wolle zu arbeiten zwingen, denn Müßiggang führt zur Unzucht. R. Simon b. Gamliel sagt, auch wenn jemand seiner Frau die Arbeitsleistung abgelobt hat, müsse er sie entlassen und ihr die Morgengabe auszahlen, denn Müßiggang führt zum Wahnsinn.
Gemara: Mahlen, wie kommst du darauf!? – Lies vielmehr: mahlen lassen. Wenn du aber willst, sage ich: mit einer Handmühle. Unsere Mischna vertritt nicht die Ansicht R. Hijas, denn R. Hija lehrte: Eine Frau nur zur Schönheit; eine Frau nur wegen der Kinder. Ferner lehrte R. Hija: Eine Frau nur für den Frauenputz. Ferner lehrte R. Hija: Wer seine Frau schmücken will, kleide sie in Linnengewänder; wer seine Tochter zart machen will, lasse sie kurz vor ihrer Reife Küchlein essen und Milch trinken.
Mischna: Ihr Kind säugen. Es wäre anzunehmen, dass unsere Mischna nicht die Ansicht der Schule Schammajs vertritt, denn es wird gelehrt: Wenn sie gelobt hat, ihr Kind nicht zu säugen, so ziehe sie ihm, wie die Schule Schammajs sagt, die Zitze aus dem Munde; die Schule Hillels sagt, er zwinge sie und sie und sie säuge es. Wird sie geschieden, so kann er sie nicht zwingen; wenn aber das Kind sie kennt, zahle er ihr ihren Lohn und zwinge sie, es zu säugen, wegen der Lebensgefahr. – Du kannst auch sagen, sie vertrete die Ansicht der Schule Schammajs, denn da wird von dem Falle gesprochen, wenn sie gelobt und er es bestätigt hat. Die Schule Schammajs ist der Ansicht, er habe ihr den Finger zwischen die Zähne gesteckt, und die Schule Hillels ist der Ansicht, sie habe sich den Finger zwischen die Zähne gesteckt. – Demnach sollten sie über die Morgengabe an sich streiten!? Ferner wird gelehrt: die Schule Schammajs sagt, eine Frau brauche ihr Kind nicht zu säugen!? – Das Richtige ist vielmehr, unsere Mischna vertritt nicht die Ansicht der Schule Schammajs.

*Literatur*
*L. Goldschmidt*: Der babylonische Talmud, Bd. 6, Darmstadt 1996.

## 97: Dig. 50,16,195,2

Im hier vorliegenden Auszug, der ursprünglich von Ulpian stammt, geht es um die verschiedenen Bedeutungen des Wortes *familia* im Lat.:

[2]Ein Ausspruch rücksichtlich des männlichen Geschlechts wird gewöhnlich auf beide Geschlechter erstreckt. 1. Wir wollen sehen, auf welche Weise die Benennung *familia* gebraucht werde. Nun hat man sie auf verschiedene Weise gebraucht; denn sie wird sowohl auf Sachen, als auch auf Personen bezogen. Auf Sachen, z.B, in den zwölf Tafeln in diesen Worten der nächste Agnat soll die Erbschaft haben. Auf Personen wird aber die Bedeutung von *familia* dann bezogen, wenn das Gesetz vom Patron und Freigelassenen spricht: Aus jener Familie in diese Familie und bekanntlich spricht das Gesetz hier von einzelnen Personen. 2. Die Benennung *familia* wird auch zur Bezeichnung einer gewissen Gemeinschaft gebraucht, welche entweder ihr besonderes Recht hat, oder in dem gemeinsamen Recht der gesamten Verwandtschaft begriffen wird. *Familia* mit besonderem Recht nennen wir mehrere Personen, welche unter der Gewalt eines Einzigen stehen, welcher sie entweder durch die Natur oder durch das Recht unterworfen sind, z.B. *paterfamilias*, *materfamilias*, *filiusfamilias,filiafantilias* und die, welche sofort auf diese folgen, z.B. Enkel und Enkelinnen, und sofort. Hausvater wird aber der genannt, welcher im Hause die Herrschaft hat, und er wird richtig mit diesem Namen benannt, wenn er auch keinen Sohn hat, denn wir bezeichnen nicht bloß die Person, sondern auch das Rechtsverhältnis desselben. Sonach nennen wir auch einen Mündel Hausvater. Und wenn der Hausvater stirbt, so fangen soviel Häupter, als ihm unterworfen gewesen sind, ebenso viele einzelne Familien zu bilden an; denn jeder Einzelne nimmt den Namen Hausvater an. Und dasselbe wird sich auch rücksichtlich desjenigen ereignen, welcher aus der väterlichen Gewalt entlassen worden ist; denn auch dieser bildet, da er eigenen Rechtens geworden ist, eine besondere Familie. *Familia* mit gemeinsamem Rechte nennen wir den Inbegriff aller Agnaten; denn wenn auch nach dem Tode des gemeinschaftlichen Hausvaters jeder Einzelne eine besondere Familie bildet, so werden doch alle, welche unter der Gewalt eines Einzigen gewesen sind, richtig Glieder derselben Familie genannt werden, weil sie aus demselben Haus und Stamm hervorgegangen sind. 3. Auch den Inbegriff von Sklaven pflegen wir *familia* zu nennen, wie wir beim Edikt des Prätors unter denn Titel von den Diebstählen gezeigt haben, wo der Prätor von der *familia* der Pächter der öffentlichen Einkünfte spricht; aber dort werden nicht alle Sklaven, sondern eine gewisse Abteilung von Sklaven bezeichnet, welche um dieser Sache willen, das heißt, um der öffentlichen Einkünfte willen angeschafft worden ist. In einem andern Teile des Edikts werden aber alle Sklaven darunter begriffen, wie in dem Edikt über die zusammengebrachten Sklaven, und über den Raub. Ferner umfasst bei der Klage auf Zurücknahme, wenn die Sache durch das Zutun des Käufers oder der *familia* desselben schlechter ge-

macht wird, und bei dem Interdikt: Von wo mit Gewalt und wie die Benennung *familia* alle Sklaven; aber auch die Kinder werden darunter begriffen. 4. Ferner wird *familia* der Inbegriff mehrerer Personen genannt, welche von dem Blute eines und desselben ersten Erzeugers abstammen, wie wenn wir *familia* Julia sagen, gleichsam von dem Ursprung der Erinnerung. 5. Eine Frau ist aber sowohl, der Anfang als das Ende ihrer Familie.

*Literatur*

Das Corpus Iuris Civilis Romani, 7 Bde., in's Deutsche übers. von einem Vereine Rechtsgelehrter, hg. von *C. E. Otto/B. Schilling/C. F. F. Sintenis*, Leipzig 1831–1839 (ND Aalen 1984/1985).

## 98: bQid 31b

Der folgende Auszug des Babylonischen Talmud stammt aus dem Traktat Qiddushin „Heiliges", der in diesem Abschnitt über den Umgang mit Ge- und Verboten handelt. Männer und Frauen unterliegen dabei unterschiedlichen Regeln. Im Fokus der Diskussion stehen die Söhne und deren Verhalten, was auch im unten abgedruckten Auszug zu sehen ist:

R. Abahu sagte: Mein Sohn Abimi beispielsweise hat das Gebot der Ehrung ausgeübt. Fünf ordinierte Söhne hatte Abirni bei Lebzeiten seines Vaters, doch lief er, wenn R. Abahu kam und an die Tür klopfte, diese öffnen, indem er rief: Ja, ja, ich komme. Eines Tages verlangte er von ihm, dass er ihm Wasser zum Trinken reiche, und während er es ihm holte, schlummerte dieser ein; da bückte er sich und stand vor ihm, bis er erwachte. Währenddessen glückte ihm die Auslegung des Psalms ein Psalm Asaphs.

R. Jaqob b. Abuha sprach zu Abajje: Mir zum Beispiel hält, wenn ich aus dem Lehrhause komme, mein Vater einen Becher vor und meine Mutter schenkt mir ein; was habe ich zu tun? Dieser erwiderte: Von deiner Mutter nimm es an, von deinem Vater nimm es nicht an, denn dies könnte, da er Gelehrter ist, ihn betrüben.

R. Tryphon hatte eine alte Mutter, und wenn sie ins Bett steigen wollte, bückte er sich und sie stieg auf ihn hinauf. Als er ins Lehrhaus kam und sich damit rühmte, sprachen sie zu ihm: Noch hast du die Hälfte der Pflicht der Ehrung nicht erfüllt; hat sie etwa in deiner Gegenwart einen Geldbeutel ins Meer geworfen, ohne dass du sie beschämt hast? Wenn R. Joseph die Schritte seiner Mutter hörte, sprach er: Ich will vor der Göttlichkeit aufstehen, die da kommt.

R. Johanan sagte: Heil dem, der sie nicht gesehen hat. Während der Schwangerschaft der Mutter R. Jolianans starb sein Vater, nach seiner Geburt starb seine Mutter. Ebenso geschah es bei Abajje. – Dem ist ja aber nicht so, Abajje pflegte ja zu sagen: Meine Mutter sagte mir! – Es war seine Pflegemutter.

R. Asi hatte eine alte Mutter. Einst sagte sie zu ihm, sie wolle Schmucksachen; da fertigte er ihr solche. – Ich möchte einen Mann haben. – Wir wollen einen suchen. – Ich möchte einen Mann haben, der so schön ist, wie du. Da verließ er sie und ging nach dem Jisraellande. Als er hierauf hörte, dass sie ihm nachfolge, kam er zu R. Johanan und fragte ihn, ob man aus dem Jisraellande nach

dem Auslande gehen dürfe. Dieser erwiderte, es sei verboten. – Wie ist es, wenn zum Empfange einer Mutter? Da erwiderte er etwas ärgerlich: Ich weiß es nicht. Als er hierauf wiederum zu ihm kam, sprach er: Asi, du bist nun entschlossen fortzugehen; Gott bringe dich in Frieden zurück. Hierauf kam er zu R. Eleázar und sprach zu ihm: Er ist, behüte und bewahre, vielleicht böse. Dieser fragte: Was sagte er zu dir? Jener erwiderte: Gott bringe dich in Frieden zurück. Dieser entgegnete: Wäre er böse, würde er dich nicht gesegnet haben. Währenddessen hörte er den Sarg kommen. Da sprach er: Hätte ich dies geahnt, würde ich nicht hinausgegangen sein.
Die Rabbanan lehrten: Er ehre ihn bei Lebzeiten und er ehre ihn nach seinem Texte. Auf welche Weise bei Lebzeiten? Wenn man im Orte die Worte seines Vaters achtet, so sage er nicht: Sendet mich meinetwegen, fertigt mich schnell ab meinetwegen, entlasst mich meinetwegen, sondern bei allem: wegen meines Vaters. Auf welche Weise nach seinem Tode? Wenn er eine aus seinem Munde herrührende Lehre vorträgt, so sage er nicht: So sagte mein Vater, sondern: So sagte mein Vater und Meister, für dessen Lager ich eine Sühne sei. Dies nur innerhalb der zwölf Monate, von da ab sage er: sein Andenken zum Segen, zum Leben in der zukünftigen Welt.
Die Rabbanan lehrten: Der Gelehrte ändere den Namen seines Vaters und den Namen seines Lehrers; der Dolmetscher ändere weder den Namen seines Vaters noch den Namen seines Lehrers. Wessen Vaters, wenn etwa des Vaters des Dolmetschers, so ist er ja ebenfalls dazu verpflichtet? Vielmehr, erklärte Raba, den Namen des Vaters des Gelehrten und den Namen des Lehrers des Gelehrten. So pflegte Mar, Sohn des R. Aši, beim Vortrage zu sagen: Mein Vater und Meister sagte, sein Dolmetsch aber pflegte zu sagen: R. Aši sagte.
Die Rabbanan lehrten: Was heißt Ehrfurcht und was heißt Ehrung? Ehrfurcht: er stehe nicht auf seinem Platze, er sitze nicht auf seinem Platze, er widerspreche ihm nicht und er überstimme ihn nicht. Ehrung: Er speise ihn, tränke ihn, kleide ihn, hülle ihn und führe ihn ein und aus.

*Literatur*

*L. Goldschmidt*: Der Babylonische Talmud, Bd. 6, Darmstadt 1996.

## Texte zu 2.2.1.3 Sexualität

### 99: 11Q19 45,7–12

Die mit der Signatur 11Q19 benannte Tempelrolle zählt zu den besterhaltenen nichtbiblischen Handschriften, die in den Höhlen bei Qumran gefunden wurden. Der Text dieser Rolle bietet die Ordnung für das Tempelleben, die einen Gegenentwurf zu den Verhältnissen des Herodianischen Tempels darstellt. Der abgedruckte Auszug entstammt den Einlassregeln für das Heiligtum und nennt Reinheitsvorschriften, die es zum eigenen Schutz zu beachten gilt.

7 Und hat einer einen nächtlichen Samenerguss, dann komme er nicht zum
8 ganzen Heiligtum, bis er drei Tage vollendet hat. Und er wäscht seine Kleider

und badet sich [9]am ersten Tag und am dritten Tag wasche er seine Kleider, und hat er gebadet und nachdem die Sonne untergegangen, [10]komme er zum Heiligtum, aber sie sollen nicht in der Befleckung ihrer Unreinheit zu meinem Heiligtum kommen und es verunreinigen. [11]Und kein Mann komme, wenn er mit Samenerguss mit seiner Frau liegt, zur gesamten Stadt [12]des Heiligtums, worin ich meinen Namen einwohnen lasse, und zwar für drei Tage.

*Literatur*

*J. Maier*: Die Qumran-Essener. Texte der Schriftrollen und Lebensbilder der Gemeinde, Bd. 1, München/Basel 1995.

## 100: CD 5,1–21

Der Codex Damascus wurde bereits 1896 von Schechter in der Geniza der Kairoer Synagoge gefunden. In Qumran wurden ebenfalls Fragmente dieses Textes entdeckt, so dass er heute zu den Qumranschriften gezählt wird. Der abgedruckte Auszug entstammt der Darstellung der Bundesgeschichte Gottes mit den Menschen, in der die einzelnen Bundesbrüche genannt werden. Einer dieser sind tora-widrige sexuelle Verhältnisse.

[1]Und die in die Arche gingen zwei und zwei gingen sie in die Arche; und über den Fürsten steht geschrieben: [2]"Und er soll sich nicht viele Frauen halten." Aber David las nicht im Buch der Tora, dem versiegelten, das [3]in der Lade war, denn die wurde nicht geöffnet in Israel seit dem Tag des Todes Eleazars [4]und Josuas. Und Josua und die Ältesten, weil man den Ashterot diente, verbarg er [5]das „Offenbare" bis zum Auftreten Zadoks. So wurden die Tagen Davids vergeben bis auf die Bluttat an Uria, [6]und Gott ließ sie ihm nach. Ferner verunreinigen sie das Heiligtum, weil sie nicht [7]gemäß der Tora absondern und mit einer schlafen, die ihren Blutfluss sieht. Und sie nehmen [8]ein jeder die Tochter ihrer Brüder und die Tochter seiner Schwester [...]. Aber Mose hat gesagt: „Der [9]Schwester deiner Mutter sollst du dich nicht nähern, sie ist Verwandtschaft deiner Mutter". Das Recht der verbotenen Sexualbeziehungen ist zwar im Blick auf [10]Männer geschrieben, doch die Frauen sind wie sie: Deckt also die Brudertochter die Blöße des Bruders [11]ihres Vaters auf, gilt sie als Verwandtschaft.

Ferner haben sie den Geist ihrer Heiligkeit verunreinigt, und die Rede [12]voll Lästerungen rissen sie das Maul auf gegen Bundesvorschriften Gottes wie folgt: „Sie stehen nicht fest", und Greuel [13]reden sie gegen sie.

Sie alle entfachen Feuer und zünden Brandpfeile an, Spinnengewebe [14]sind ihrer Gewebe und Viperneier sind ihre Eier. Wer ihnen nahe kommt, [15]bleibt nicht ungestraft, wie ein Berg wird sein Haus veröden, es sei denn, er ist dazu gezwungen. Denn schon längst hat heimgesucht [16]Gott ihre Taten und es entbrannte sein Zorn gegen ihre Handlungen, denn ein Volk ohne Einsicht ist es, [17]sie sind ein ratloses Volk, da in ihnen keine Einsicht. Denn einstens trat auf [18]Mose und Aaron durch den Fürsten der Lichter und Belial stellte auf den Jannes [19]und dessen Bruder in seinen Ränken; als er Israel erstmals anklagte: Und [20]zur Zeit der Verwüstung des Landes traten die Grenzverrücker auf und führten Israel irre. [21]Da bliebe das Land verödet, denn sie hatten Befremdliches gesprochen gegen Gottes Gebote durch Mose [...].

*Literatur*
*J. Maier*: Die Qumran-Essener. Texte der Schriftrollen und Lebensbilder der Gemeinde, Bd. 1, München/Basel 1995.

## Texte zu 2.2.1.4 Hochzeit, Ehe und Witwenschaft

### 101: Ios. bell. Iud. 2,160f
→3.1.3.3

Im zweiten Buch des Jüdischen Krieges berichtet Josephus über drei Jüdische Glaubensgemeinschaften: die Pharisäer, die Sadduzäer und die im abgedruckten Text dargestellten Essener.

[160]Außerdem gibt es nun noch einen zweiten Zweig der Essener, der in Lebensart, Sitten und Gebräuchen mit dem anderen ganz übereinstimmt, in der Ansicht über die Ehe dagegen von ihm abweicht. Sie glauben nämlich, dass die, welche nicht in die Ehe träten, den wichtigsten Lebenszweck, die Erzielung von Nachkommenschaft, außer Acht ließen, oder vielmehr, dass, wenn alle so dächten, das ganze Menschengeschlecht in kürzester Zeit [161]aussterben müsse. Doch erproben sie die Bräute drei Jahre lang, und wenn sie nach dreimaliger Reinigung deren Fähigkeit, Kinder zu gebären, erkannt haben, nehmen sie diesselben zur Ehe. Während der Schwangerschaft enthalten sie sich des Beischlafes zum Beweise, dass sie nicht aus Wollust, sondern um Kinder zu erzielen geheiratet haben. Die Weiber baden im Hemd, wie die Männer in einer Schürze. So viel von den Gebräuchen dieser Sekte.

*Literatur*
Flavius Josephus: Geschichte des Jüdischen Krieges/Kleinere Schriften. Übersetzt und mit Einleitung und Anmerkungen versehen von *H. Clementz*, Wiesbaden 2005.

### 102: Ios. ant. Iud. 18,18–22
→3.1.3.3

Josephus befasst sich auch in den Jüdischen Altertümern mit diesen drei religiösen Gruppen:

[18]Die Essener dagegen lehren, man müsse alles dem Willen Gottes anheim geben. Sie glauben an die Unsterblichkeit der Seele und halten den [19]Lohn der Gerechtigkeit für das erstrebenswerteste Gut. Wenn sie Weihgeschenke in den Tempel schicken, bringen sie kein Opfer dar, weil sie heiligere Reinigungsmittel zu besitzen vorgeben. Aus diesem Grunde ist ihnen der Zutritt zum gemeinsamen Heiligtum nicht gestattet, und sie verrichten demgemäß ihren Gottesdienst besonders. Übrigens sind es Menschen von [20]vortrefflichen Sitten, und sie beschäftigen sich bloß mit Ackerbau. Ganz besonders bewunderungswürdig und lobenswert aber sind sie wegen einer bei den Griechen und den anderen Völkern völlig unbekannten, bei ihnen jedoch nicht etwa erst

seit kurzer Zeit, sondern schon seit vielen Jahren herrschenden ausgleichenden Gerechtigkeit, infolge deren sie vollkommene Gütergemeinschaft haben und dem Reichen nicht mehr Genuss von seinen Gütern lassen wie dem Armen. Nach dieser Lehre leben über [21]viertausend Menschen. Sie heiraten ebenso wenig, als sie Knechte halten, da sie das Letztere für Unrecht, das Erstere aber für die Quelle alles Streites halten, und so leben sie voneinander abgesondert und dienen einer dem [22]anderen. Zu Verwaltern ihrer Einkünfte vom Feldertrag wählen sie tüchtige Männer aus priesterlichem Stande, die für Getreide und sonstige Nahrungsmittel zu sorgen haben. Sie leben übrigens alle auf eine und dieselbe Weise und kommen am nächsten denjenigen Dakern, welche Polisten heißen.

*Literatur*

Flavius Josephus: Jüdische Altertümer. Übersetzt und mit Einleitung und Anmerkungen versehen von *H. Clementz*, Wiesbaden [2]2006.

## 103: mQid 1,1

In der um ca. 200 n.Chr. verfassten Mischna ist die Fixierung der mündlichen Gesetzestradition (*Halacha*) des rabbinsichen Judentums. Der Traktat Quiddušin („Verlobung") diskutiert alle Fragen rund um das Kennenlernen von Mann und Frau und ihre Eheschließung.

[1]Eine Frau wird erworben auf drei Arten, und sie erwirbt sich selbst auf zwei Arten: Sie wird erworben durch Geld, durch Urkunde oder durch Beischlaf. Wie wird sie durch Geld erworben? Die Schule Schammais sagt: durch einen Denar oder den Wert eines Denar, aber die Schule Hillels sagt: durch eine Peruta oder den Wert einer Peruta. Und was ist eine Peruta? Ein Achtel eines italischen Asses. Und sie erwirbt sich selbst durch einen Scheidebrief oder den Tod des Ehemannes. Eine Schwägerin wird erworben durch Beischlaf, und sie erwirbt sich selbst durch Ablehnung oder den Tod des Schwagers.

*Literatur*

*D. Correns* (Hg.): Die Mischna. In deutscher Übersetzung mit einer Einleitung und Anmerkungen, Wiesbaden 2005.

## 104: bJeb 62b

Der abgedruckte Auszug aus dem Traktat Jebamot („Schwagerehe") des Babylonischen Talmud entstammt dem Teil des Traktats, der sich mit der Frage der Fortpflanzung bei Menschen beschäftigt, die nicht mehr in ihrer zuerst geschlossenen Ehe leben. Grundsätzlich gilt, dass jeder Mensch sich vermehren soll, außer wenn er bereits Kinder hat.

R. Johanan sagt, er habe die Fortpflanzung nicht ausgeübt, denn es heißt: Zur Bewohnung hat er sie erschaffen, was hierbei nicht der Fall ist. Man wandte ein: Kindeskinder gelten als Kinder!? – Dies gilt von der Ergänzung. Man wandte ein: Kindeskinder gelten als Kinder; ist eines von ihnen gestorben oder als impotent befunden worden, so hat er die Fortpflanzung nicht ausgeübt?

Dies ist eine Widerlegung R. Honas, „Kindeskinder gelten als Kinder." Abajje wollte erklären, ein Enkelsohn ersetze einen Sohn und eine Enkeltochter eine Tochter, und umso mehr ein Enkelsohn eine Tochter, jedoch nicht eine Enkeltochter einen Sohn. Da sprach Raba zu ihm: Es heißt: Zur Bewohnung hat er sie erschaffen, und dies ist geschehen. – Immerhin stimmen alle überein, dass, wenn jemand zwei von einem Kinde hat, es nicht ausreiche, und dem widersprechend erwiderte ja R. Šešeth den Rabbanan, die zu ihm sprachen, dass er eine Frau nehme und Kinder zeuge, seiner Tochter Kinder seien seine Kinder!? – Er wollte ihnen nur ausweichen, denn R. Šešeth war durch die Vorträge R. Honas impotent geworden.
Rabba sprach zu Raba b. Mari: Woher das, was die Rabbanan sagten, Kindeskinder gelten als Kinder? Wollte man sagen, weil es heißt: Die Töchter sind meine Töchter und die Söhne sind meine Söhne, so heißt es ja auch: Und die Schafe sind meine Schafe. Dies heißt vielmehr: Du hast sie von mir, ebenso bei jenen: Da hast sie von mir. – Vielmehr, hieraus: Und hernach kam Hecron zu der Tochter Makhirs, des Vaters Gileàds und sie gebar ihm den Segub, ferner heißt es: Von Malchir zogen hinab Gesetzgeber, und ferner heißt es: Jehuda mein Gesetzgeber. Unsere Mišna vertritt nicht die Ansicht R. Jehošuás, denn es wird gelehrt: R. Jehošuá sagte: Hat jemand eine Frau in der Jugend geheiratet, so heirate er auch im Alter; hat jemand Kinder in der Jugend gezeugt, so zeuge er auch im Alter, denn es heißt: Am Morgen streue deinen Samen und am Abend lass deine Hand nicht ruhen, denn du weißt nicht, welches da gelingt, ob dies oder jenes, oder ob beides zugleich gut wird. R. Aqiba sagte: Hat jemand in seiner Jugend die Tora studiert, so studiere er die Tora auch im Alter; hat jemand Jünger in der Jugend gehabt, so halte er solche auch im Alter, denn es heißt: Am Morgen streue deinen Samen. Man erzählt, dass R. Aqiba zwölftausend Paare Jünger hatte, von Gabhatha bis Antipatris und alle starben sie um eine Zeit, weil sie einander keine Ehrung erwiesen. Die Welt lag verödet, bis R. Aqiba zu unseren Meistern nach dem Süden kam und sie die Tora lehrte. R. Meír, R. Jehuda, R. Jose, R. Šimón und R. Eleázar b. Šamuá. Sie sind es, die in jener Zeit, die Tora aufrichteten. Es wird gelehrt: Alle starben sie zwischen dem Pesahfeste und dem Wochenfeste, R. Hama b. Abba, nach anderen R. Hija b. Abin, sagte: Alle starben sie an einem bösen Tode. – Was ist dies? R. Nahman erwiderte: Die Bräune. R. Mathana sagte: Die Halakha ist wie R. Jehošuá.
R. Tanhum sagte im Namen R. Hanilajs: Ein Mensch, der keine Frau hat, lebt ohne Freude, ohne Segen und ohne Güte. Ohne Freude, denn es heißt, dass der Segen in deinem Hause ruhe. Ohne Güte, denn es heißt: Es ist nicht gut, dass der Mensch allein sein. Im Westen sagen sie: ohne Tora und ohne Umgebung. Ohne Tora, denn es heißt: Bin ich ganz ohne Hilfe, ist die Vernunft entrückt von mir. Ohne Umgebung, denn es heißt: Das Weib umkreist den Mann. Raba b. Ula sagte: Und du weißt, dass dein Zelt friedlich ist, du musterst deine Behausung und vermissest nichts.
R. Jehošuá b. Levi sagte: Wer von seiner Frau weiß, dass sie gottesfürchtig ist, und sie nicht aufsucht, heißt Sünder, denn es heißt: Und du weißt, dass dein Zelt friedlich ist.
R. Jehošuá b. Levi sagte ferner: Wer sich auf die Reise begibt, muss seine Frau aussuchen, denn es heißt: Und du weißt, dass dein Zelt friedlich ist. – Ist

dies denn hieraus zu entnehmen, dies wird ja aus Folgendem entnommen: Nach deinem Manne sei dein Verlangen, dies lehrt, dass die Frau nach ihrem Mann verlangt, wenn er sich auf die Reise begibt! R. Joseph erwidert: Dies deutet darauf, auch kurz vor ihrer Periode. – Wie viel? – Ein Halbtag. Dies nur, wenn zum Freigestellten, wenn aber zu einer gottgefälligen Handlung, so ist man zerstreut.
Die Rabbanan lehrten: Über den, der seine Frau wie sich selbst liebt und mehr als sich selbst ehrt, seine Söhne und seine Töchter auf den rechten Weg leitet und sie nahe ihrer Reife verheiratet, spricht die Schrift: Und du weißt, dass dein Zelt friedlich ist. Über den, der seine Nachbarn liebt, sich seiner Verwandten annimmt, die Tochter seiner Schwester heiratet und dem Armen in seiner Not einen Selá borgt, spricht die Schrift: Dann wirst du rufen, und der Herr wird antworten, du wirst schreien, und er sprechen: Da bin ich.

*Literatur*
*L. Goldschmidt*: Der babylonische Talmud, Bd. 4, Darmstadt 1996.

## Texte zu 2.2.1.5 Ernährung/Lebensmittel

### 105: Plin. nat. 18,83

Die enzyklopädische Naturgeschichte des älteren Plinius († 79 n.Chr.) ist mit seiner immensen Stofffülle eine Schatzkammer des Wissens der röm. Principatszeit. Nicht selten geht der Autor in den insgesamt 37 Büchern auf Aspekte der Ernährung ein. Der folgende Abschnitt ist nur ein Beispiel von vielen Beschreibungen.

Der Emmer ist unter allen Getreidearten die härteste und widerstandsfähigste gegen den Winter. Er verträgt sehr kalte und wenig bearbeitete oder auch heiße und trockene Böden. Er war die erste Nahrung im alten Latinum, wofür die Ehrengeschenke, wie wir gesagt haben den deutlichen Beweis liefern. Dass die Römer aber lange Zeit von Brei und nicht von Brot lebten, ist offenkundig; auch Ennius, der älteste Dichter, belegt das, wenn er über die Hungersnot bei einer Belagerung schreibt, die Väter hätten ihren weinenden Kindern das Breiklößchen aus dem Mund gerissen. Und heute noch werden Opfer nach altem Brauch und Geburtstagsfeiern mit einem Opferbrei begangen; dieser Brei scheint in Griechenland ebenso unbekannt gewesen zu sein wie in Italien die Graupen.

*Literatur*
C. Plinius Secundus d. Ä.: Naturkunde. Lateinisch/Deutsch. Buch XVIII. Botanik: Ackerbau, hg. und übers. von *R. König* in Zusammenarbeit mit *J. Hopp*/*W. Glöckner*, Darmstadt 1995.

## 106: yAZ 41a,14–18; 41c,7–11.22–26

Die Schrift Avoda Zara, wörtlich übersetzt „übler Dienst“, gehört zur Mischna-Schicht des Jerusalemer Talmuds und enthält Ausführungen zum Umgang mit Heiden, heidnischen Bräuchen und Gegenständen, die den Kult dienen konnten. Sie hält aber auch Vorschriften zu verschiedenen Nahrungsmitteln fest, wo bei dem Schwerpunkt des Traktats gemäß das Hauptaugenmerk auf Nahrungsmittel liegt, die der Jude von Heiden erwirbt.

41a[14]Diese Dinge von Heiden sind verboten, und ihr Verbot ist nicht nur ein Verbot des Genusses, sondern auch ein Verbot der Nutznießung: Wein, Essig der Heiden, der anfangs Wein gewesen ist, eine Scherbe aus Adria in Venetia und entherzte Felle. Rabban Shim'ob-ben-Gamli'el sagte: Dann, wenn sein Riss rund ist, ist es verboten; und wenn sein Riss langgezogen ist, ist es erlaubt. Und Fleisch, das zum Götzendienst erst hingebracht wird, ist noch erlaubt; und das Fleisch, das vom Götzendienst herauskommt, ist verboten, weil es ein Totenschlachtopfer ist – Worte von Rabbi 'Aquiva. Mit den Heiden, die zur Schandstelle gehen, ist es verboten, Handel zu treiben; mit denen, die von ihr zurückkommen, ist es erlaubt.
41c[7]Die Traubenkerne und die Traubenschalen von Heiden usw. Rav Sheshet im Namen von Rav: Feuchte Traubenkerne und Traubenschalen von Heiden sind auch zur Nutznießung verboten, trockene sind auch zum Essen erlaubt. Aber wir haben doch gelernt: Der Inhalt der Kelter eines Heiden wird erst als heidnischer Opfergusswein behandelt, sobald er in den Bottich unter dem Pressbalken hinuntergeflossen ist. Rabbi Ba im Namen von Rabbi Yuda: Über einen Heiden, der die Trauben heil in dem Bottich lässt, handelt die Mischna.
[22]Rabbi Yehuda sagte: Rabbi Yishma'el fragte Rabbi Yeshoshua', als sie unterwegs waren: Weshalb verbot man den Käse der Heiden zum Genuss? Er sagte zu ihm: Weil sie die Milch durch Beigabe von Lab aus Aas gerinnen lassen. Er sagte zu ihm: Aber ist nicht das Verbot des Labs vom Brandopfer gewichtiger als das Verbot des Labs aus Aas, und man sagte trotzdem: Ein Priester, der keinen Ekel empfindet, darf es roh schlürfen? Aber man stimmte ihm nicht zu, sondern sagte: Man hat davon keine Nutznießung, aber man begeht bei verbotener Nutznießung auch keine Veruntreuung daran. Er sagte daraufhin zu ihm: Der Käse von Heiden ist zum Genuss trotzdem verboten, weil sie die Milch durch Beigabe von Lab der Götzendienerkälber gerinnen lassen. Er sagte zu ihm: Wenn das so ist, warum verbot man ihn dann nicht auch zur Nutznießung? Da brachte er ihn auf eine andere Sache sagte zu ihm: Yishma'el, mein Bruder, wie liest du: „Denn besser ist deine Liebe als Wein“, oder „Denn besser ist deine Liebe als Wein“? Er sagte zu ihm: Ich lese: Denn besser ist deine Liebe als Wein. Er sagte zu ihm: Die Sache ist nicht so, denn der Nachbarvers lehrt darüber: Der Geruch deiner Öle ist gut.

*Literatur*

Avoda Zara: Götzendienst, übersetzt von *G.A. Wewers*, Band IV/7, in: *M. Hengel* u.a. (Hgg.): Übersetzung des Talmud Yerushalmi, Tübingen 1980.

## Texte zu 2.2.1.6 Tischsitten

### 107: JosAs 20,1b–5

Die Erzählung von Joseph und Aseneth ist eine der am besten bezeugten Erzählung der frühjüd. Literatur, deren Gattung letztlich nicht bestimmbar ist, da sie Formen des Liebesromans, der Weisheitsnovelle und der Lehrerzählung beinhaltet. Sie führt die in Gen 41,45 angemerkte Begebenheit aus, dass der Priester zu On Aseneth Joseph zur Frau gegeben hätte, und erzählt die Lebensgeschichte des Paares. Der unten stehende Auszug entstammt der Kennenlern- und Eheanbahnungsbegebenheiten.

1 Und es sprach Aseneth zu Joseph: „Hierher, mein Herr, und komm hinein in unser Haus, denn ich bereite unser Haus, und ein großes Mahl habe ich gemacht“. 2 Und sie fasste seine Hand die recht und führte hinein ihn in ihr Haus und setzte ihn auf den Thron Pentephres’, ihres Vaters, und brachte Wasser, zu waschen seine Füße. 3 Und es sprach Joseph: „Es komme doch eine der Jungfrauen und wasche meine Füße!“ 4 Und es sprach zu ihm Aseneth: „Mitnichten, mein Herr, da du mir Herr bist von Jetzt an und ich deine Magd, und wozu redest du dies, eine andere Jungfrau solle deine Füße waschen? Denn deine Füße sind meine Füße, und deine Hände sind meine Hände, und deine Seele meine Seele, und nie und nimmer wäscht dir eine andere die Füße.“ 5 Und sie nötigte ihn und wusch seine Füße. Und es schaute Joseph ihre Hände, und sie waren wie Hände des Lebens und ihre Finger fein wie Finger eines flink schreibenden Schreibers. Und nach diesen Dingen fasste der Joseph ihre Hand die rechte und küsste sie, und Aseneth küsste sein Haupt und setzte sich zu seiner Rechten.

*Literatur*

*Ch. Burchard*: Joseph und Aseneth, in: JShrZ II 4, Gütersloh 1983.

## Texte zu 2.2.1.7 Feste und Feierlichkeiten

### 108: mPes 5,6

Der Mischna-Traktat Pesahim („Passafeiern“) beschäftigt sich mit dem seit dem babylonischen Exil höchsten Jahresfest Israels. Nach den Regeln zur Vorbereitung des Festes am Anfang des Traktates und der Klärung erlaubter und verbotener Arbeiten werden in den Absätzen 5–8 all die Dinge genannt, die für das Passaopfer zu beachten sind.

Hatte ein Israelit geschlachtet und der Priester das Blut in seiner Schale aufgefangen, gab er sie seinem Nachbarn und sein Nachbar seinem Nachbarn, jeder nahm die volle Schale in Empfang und gab die leere zurück. Der Priester, der am nächsten neben dem Altar stand, sprengte sie mit einer Sprengung gegen das Fundament des Altars.

*Literatur*
*D. Correns* (Hg.): Die Mischna. In deutscher Übersetzung mit einer Einleitung und Anmerkungen, Wiesbaden 2005.

## 109: mBik 1,6

Im Traktat Bikkurim („Erstlinge") gehen die rabbinischen Autoren auf die in Dtn 18,4 aufgestellte Forderung der Darbringung aller Erstlinge von Getreide, Most, Öl und Wolle ein. Der abgedruckte Absatz stammt aus den Bestimmungen, für wen die Verpflichtung zur Abgabe besteht.

Wer zwei Bäume im Feld eines anderen kauft und damit noch nicht den Grund, auf dem die Bäume stehen, mitgekauft hat, bringt dar, aber er sagt nicht auf. Rabbi Me'ir sagt: Er bringt dar und sagt auf. Ist die Quelle, die die Bäume bewässerte, vertrocknet, und damit die Bäume auch, oder der Baum abgehauen, bringt er vom Rest dar, aber er sagt nicht auf. Rabbi Jehuda sagt: Er bringt dar und sagt auf. Vom Wochenfest bis zum Laubhüttenfest bringt er dar und sagt auf, vom Laubhüttenfest bis zum Altarweihfest bringt er dar, aber sagt nicht auf. Rabbi Jehuda ben Betera sagt: Er bringt dar und sagt auf.

*Literatur*
*D. Correns* (Hg.): Die Mischna. In deutscher Übersetzung mit einer Einleitung und Anmerkungen, Wiesbaden 2005.

## 110: Ios. ant. Iud. 12,316–326

In diesem Abschnitt der Jüdischen Altertümer berichtet Josephus über die militärischen Erfolge des Judas Maccabäus in Judäa. Schließlich stand ihm der Weg nach Jerusalem frei.

[316]Da nun die Heerführer des Antiochus so oft geschlagen worden waren, berief Judas eine Volksversammlung und erklärte, nach den vielen Siegen, die Gott ihnen verliehen, sei es jetzt an der Zeit, nach Jerusalem zu ziehen, [317]den Tempel zu reinigen und die gewohnten Opfer wieder darzubringen. Als er aber mit dem ganzen Volke sich Jerusalem näherte und er den Tempel verlassen, die Tore verbrannt und in dem öden Heiligtum Strauchwerk alle freien Stellen bedecken sah, brach er bei dem trostlosen Anblick samt den [318]Seinigen in Wehklagen aus. Zunächst wählte er nur eine Schar seiner Krieger aus und befahl ihnen, in der Zeit, da er den Tempel reinige, die Besatzung der Burg zu belagern. Nachdem er dann den Tempel gesäubert hatte, beschaffte er neue Gefäße, Leuchter, Tisch, Altar, alles aus Gold, und ließ an den Eingängen neue Vorhänge anbringen sowie neue Türflügel einsetzen. Darauf ließ er den Altar zerstören und einen neuen aus behauenen Steinen [319]errichten. Am fünfundzwanzigsten Tage des Monats Chaslev, den die Makedonier Apellaios nennen, zündete man die Lampen auf dem Leuchter wieder an, brachte Räucherwerk dar, legte die Brote auf den Tisch und opferte [320]zum ersten Mal auf dem neuen Altare. Das geschah genau an demselben Tage, an welchem drei Jahre früher der Tempel entheiligt worden war. Denn da

Antiochus ihn verwüstet hatte, blieb er drei Jahre lang in diesem [321]unwürdigen Zustande. In einhundertfünfundvierzigsten Jahre, am fünfundzwanzigsten Apellaios, in der einhundertdreiundfünfzigsten Olympiade brach das Unglück über den Tempel herein, und an demselben Tage, dem fünfundzwanzigsten Apellaios des einhundertachtundvierzigsten Jahres, in der einhundertvierundfünfzigsten Olympiade, ward er wieder [322]eingeweiht. Diese Verwüstung des Tempels geschah gemäß der Prophezeiung des Daniel, welche dieser vierhundertundacht Jahre früher verkündigt hatte, als er weissagte, der Tempel werde von den Makedoniern zerstört werden.
[323]Judas feierte mit seinen Mitbürgern die Wiedereinrichtung der Opfer im Tempel acht Tage lang unter lautem Jubel. Kostbare und herrliche Opfer lieferten die Speisen zum Mahle, und man ehrte Gott durch Lobgesänge [324]und Psalmen, während das Volk in Freuden lebte. So großes Frohlocken erregte die Wiedereinführung der freien Ausübung des Gottesdienstes, dass man ein Gesetz machte, wonach in Zukunft jährlich acht Tage lang die [325]Erneuerung des Tempels gefeiert werden sollte. Dieses Fest feiern wir von jener Zeit an bis heute und nennen es das Fest der Lichter, weil, wie ich glaube, die freie Ausübung unserer Religion uns unerwartet wie ein Lichtstrahl [326]aufgegangen ist. Alsdann umgab Judas auch die Stadt wieder mit Mauern, errichtete zum Schutz gegen feindliche Überfälle hohe Türme, in welche er Wachtposten legte, und befestigte auch die Stadt Bethsura, um sie, falls ein Feind ihn dazu zwingen würde, als Vorwerk benutzen zu können.

*Literatur*

Flavius Josephus: Jüdische Altertümer. übers. und mit Einleitung und Anmerkungen versehen von *H. Clementz*, Wiesbaden [2]2006.

## 111: 11Q19 19,11–22,16

Der im Folgenden abgedruckte Ausschnitt entstammt der sog. Tempelrolle, die bei der Suche nach weiteren Texten in einer der zuletzt aufgefundenen Höhlen in der Nähe der Siedlung Qumran am Toten Meer entdeckt wurde. Verfasst wurde sie als Neufassung des Deuteronomiums. Sie ordnet den Bau eines neuen Heiligtums und des ihn umgebenden Tempelbezirks an und enthält zugleich einen Festkalender, aus dem der folgende Auszug entnommen ist. Der vorliegende Text ist aus mehreren Fragmenten rekonstruiert, die jeweils ihre eigene Verzählung haben. In den Kol. 20 und finden sich jeweils nach Vers 6 der Beginn eines weiteren Fragments.

19[11]Und ihr zählt für euch vom Tag an, da ihr das neue Speisopfer für JHWH dargebracht habt [12]als Brot der Erstlingsgaben, sieben Siebenereinheiten; sieben ganze Wochen [13]sollen es sein. Bis zum Tag nach dem siebten Sabbat sollt ihr fünfzig Tage zählen [14]und ihr sollt herbeibringen neuen Wein für Gussopfer, vier Hin, aus allen Stämmen Israels, [15]ein Drittel Hin pro Stamm. Und es sollen darbringen zu diesen Wein an diesem Tag [16]für JHWH zwölf Widder alle die Häupter der Tausendschaften Israels 20[1]und die Ältesten der Priester bringen zwölf Widder dar und ihr Speisopfer gemäß dem Gesetz, zwei [2]Zehntel Feinmehl vermengt mit Öl von einem Drittel Hin Öl pro Widder zu diesem Gussopfer, [3]und Jungstiere vom Rind zwei, einen Widder und Schafe von einem Jahr sieben, und einen Bock [4]von Ziegen für das Sühnopfer, um zu sühnen für das Volk der Gemeinde. [...] Und ihr Speisopfer [5]und ihr Gussopfer gemäß dem Gesetz, für die Jungstiere und für den Widder und für die Schafe und für den Bock, als Feueropfer, ein beschwichtigender Duft [6]für JHWH. Während des vierten Abschnitts des Tages sollen sie es darbringen – Und sie nehmen die Jungstiere [1]und die Widder und das Gussopfer, und sie bringen dar Jungstiere zwei, [2]Widder zwei und Schafe von einem Jahr: vierzehn. Und es schächten die Leviten [3]die Widder – nach dem Brandopfer und sie bereiten sie zu und sie essen sie im Hof, [4]dem inneren, – und ihr Fett lassen sie in Rauch aufgehen auf dem Altar. Das [5]Fett, das die Eingeweide bedeckt, und das ganze Fett, das an den Eingeweiden [6]und den Leberlappen ist, mit den Nieren soll er es entfernen und das Fett, welches an diesen [7]und das an den Lenden ist, und dien Fettschwanz bis zum Steißbein hin, und sie sollen in Rauch aufgehen lassen [8]das Ganze auf dem Altar mit ihrem Speisopfer und ihrem Gussopfer, als ein Feueropfer, ein beschwichtigender Duft [9]vor JHWH. Und sie bringen jedes Speisopfer, mit dem ein Gussopfer dargebracht wird, gemäß dem Gesetz dar, [10]und jedes Speisopfer, zu welchem Weihrauch dargebracht wird oder das trocken dargebracht wird, von dem sollen sie eine Handvoll wegnehmen als sein [11]Gedenkteil und lasse es in Rauch aufgehen auf dem Altar; und das Übrige davon essen sie im Hofe, [12]dem inneren. Als Ungesäuertes essen es die Priester, es darf nicht als Gesäuertes gegessen werden; am selben Tag soll es gegessen werden, [13]und dass nicht darüber die Sonne untergehe. Und auf all eure Opferdarbringungen gebt Salz, dass nicht aufhöre [14]ein Salzbund für ewig [...]. Und sie erheben für JHWH ein Hebeopfer [15]von den Jungstieren und von den Widdern, und von den Schafen den rechten Oberschenkel und die Brust und [16]die Kinnladen und den Magen und das Vorderbein bis an das Schulterblatt, und sie schwenken es als Schwenkopfer 21[1]vor JHWH. Und den Priestern gehört der Schenkel des Hebopfers und die Brust des Schwenkopfers [2] – die Vorderbeine und die Kinnladen und die Mägen als Anteile [3] – zu einer ewigen Vorschrift – von den Söhnen Israels, und die Schulter, [4]die übrigbleibt vom Vorderbein nach dessen Abtrennung für die Leviten – [5]als ewige Vorschrift für sie und ihre Nachkommenschaft. [6] – Und es geben die Befehlshaber der Tausendschaften von den Widdern und von den Schafen. [1]Und der Großpriester opfere als sein Opfer und für die Söhne Levis einen Widder, ein Schaf [2]und pro Stamm an Widdern einen, an Schafen eines für jeden der Stämme der zwölf [3]Stämme Israels, und sie essen sie im äußeren Hof vor JHWH und trinken von [4]dem neuen Wein. Die Priester trinken dort als erste, und die Leviten als zweite [5]und nach ihnen alle Söhne Israels, die Befehlshaber der Abteilungen zuerst, an der Stätte, [6]der heiligen, sollen sie neuen Wein trinken dort, und nach ihnen das ganze Volk, vom Großen bis zum Kleinen [7]beginnen sie neuen Wein zu trinken und reife Trauben und halbreife Trauben zu essen von den Reben, denn [8]an diesem Tag wirken sie Sühne für den heurigen Wein und es freuen sich die Israeliten vor JHWH. [9]Eine Vorschrift auf ewig ist es für ihre Generationen an all ihren Wohnsitzen, und sie freuen sich an diesem Tag, [10]weil sie angefangen, als Rauschgussopfer neuen Wein darzubringen auf dem Altar des JHWH, Jahr für Jahr. [11][...] [12]Und ihr sollt für euch ab diesem Tag sieben Wochen zählen, sieben mal, neun[13]undvierzig Tage, sieben volle Wochen sollen es sein. Bis zum Morgen nach dem Sabbat, [14]dem siebten, sollt ihr fünfzig Tage zählen und neues Öl herbeibringen von den Wohnsitzen der [15]Stämme der Söhne Israels, je ein halbes Hin, je eines von einem Stamm, neues Öl von Frischzerstoßenem, [16]und man bringt es dar als Erstlingsbestes des Frischöls auf dem Altar des Brandopfers mit den Erstlingsgaben vor JHWH 22[1]vier Hin Öl und man opfert auf dem Altar an Jungstieren zwei, an Widdern [2]zwei, an Schafen, einjährige, vierzehn, und einen Ziegenbock zum Sühnopfer, [3]um Sühne zu wirken damit für die ganze Gemeinde vor JHWH, und sein Speisopfer [4]drei Zehntel Feinmehl vermengt mit diesem von einem halben Hin für einen Jungstier [5]und ein Drittel Hin für einen Widder, und sein Speisopfer und sein Gussopfer gemäß Gesetz, ein Brandopfer ist es, [6]ein Feueropfer, Duft der Beschwichtigung für JHWH –von diesem Öl verbrennt man in den Lampen, mit ihnen erleuchtet man die Befehlshaber der Tausendschaften mit den Fürsten der Stämme Schafe, einjährige, vierzehn, und ihr Speisopfer und ihre Gussopfer gemäß dem Gesetz für die Jungstiere, für die Schafe und für die Widder. Und es schächten die Söhne Levis den Jungstier und den [5]Widder und es sprengen die Priester, die Söhne Aarons, ihr Blut auf den Altar [6]ringsum, und ihr Fett lässt man in Rauch aufgehen auf dem Altar des Brandopfers wie das Speisopfer des neuen heurigen Weins. [7]Und ihr Speisopfer und ihr Gussopfer soll man in Rauch aufgehen lassen auf den Fettteilen als Feueropfer eines Dufts [8]der Beschwichtigung für JHWH [...]. Und man nimmt ab von den Widdern und von den Schafen [9]und den rechten Oberschenkel und die Brust des Schwenkopfers und als Bestes der Anteile das Vorderbein und die [10]Kinnladen und den Magen für die Priester als Anteil nach ihrem Gesetz, und für die Leviten [11]die Schulter. Danach führen sie sie zu den Israeliten heraus und es geben die Söhne Israels für die Priester [12]an Widdern einen, an Schafen eines, und für die Leviten einen Widder, ein Schaf, und pro Stamm [13]und Stamm einen Widder, an Schafen eines, und sie essen sie an diesem Tag im äußeren Hof [14]vor JHWH als Vorgeschriebenes von Ewigkeit für ihre Generationen, Jahr um Jahr. Danach [15]essen sie und salben sich von dem neuen Öl und von den Oliven, denn an diesem Tag wirkt man Sühne [16]für alles Frischöl des Landes vor JHWH, einmal im Jahr, und sie freuen sich.

*Literatur*

*J. Maier*: Die Qumran-Essener. Texte der Schriftrollen und Lebensbilder der Gemeinde, Bd. 1, München/Basel 1995.

## Texte zu 2.2.2.1 Geburt, Kindheit, Jugendzeit

### 112: Plat. leg. 789e

In seinem umfangreichsten Werk, den „Gesetzen“, behandelt Plato in zahlreichen Erzählkreisen die unterschiedlichsten Fragen einer praktikablen Staatsordnung. Die Erziehung des Bürgers spielt dabei eine wichtige Rolle.

Kleinias: Ganz gewiss.

Der Athener: Und weiter: Beobachten wir nicht, dass das erste Wachstum eines jeden Lebewesens weitaus am größten und stärksten ist, so dass vielfach die Behauptung verfochten wird, dass die Größe des Menschen vom fünften Lebensjahr an in den nächsten zwanzig Jahren nicht mehr auf das Doppelte anwachse?

Kleinias: Richtig.

Der Athener: Wie nun? Wenn ein starkes Wachstum eintritt, ohne von reichlichen und angemessenen Anstrengungen begleitet zu werden, wissen wir da nicht, dass das tausendfältiges Unheil in den Leibern anrichtet?

Kleinias: Allerdings.

Der Athener: Also bedarf es gerade dann der meisten Anstrengungen, wenn den Leibern die meiste Nahrung zugeführt wird.

Kleinias: Wie, Fremder? Wollen wir wirklich den Neugeborenen und Jüngsten die meisten Anstrengungen vorschreiben?

Der Athener: Keineswegs, sondern sogar noch früher: denen, die noch im Leib ihrer Mütter ernährt werden.

Kleinias: Wie sagst du, mein Bester? Meinst du etwa den Embryos?

Der Athener: Ja. Es ist aber überhaupt kein Wunder, wenn ihr von der Gymnastik in diesem frühen Alter nichts wisst, mit der ich euch, so seltsam sie ist, bekannt machen möchte.

Kleinias: Ja unbedingt.

Der Athener: Nun gut. Bei uns lässt sich so etwas leichter begreifen, weil da manche Leute ihre Spielereien weiter treiben, als sich gehört. Bei uns ziehen nämlich nicht bloß Kinder, sondern auch manche älteren Leute junge Vögel für den Kampf gegeneinander auf. Dabei sind sie weit entfernt zu glauben, dass zum Training solcher Tiere die Anstrengungen des gegenseitigen Kampfes ausreichen, in denen sie sie zur Übung aufeinander hetzen; denn darüber hinaus nimmt sie ein jeder unter den Arm, die kleineren in die Hände, die größeren unter den Ellbogen, und so gehen sie sehr viele Stadien spazieren zur Kräftigung nicht ihrer eigenen Körper, sondern der dieser Tiere; und dadurch geben sie dem, der es zu begreifen imstande ist, wenigstens so viel zu erkennen, dass alle Leiber einen Nutzen davon haben, wenn sie ohne eigene Anstrengung durch alle Arten von Erschütterungen und Bewegungen bewegt werden, die sie entweder durch sich selbst oder auch im Wagen oder auch auf dem Meere erfahren oder wenn sie auf Pferden reiten oder von sonst etwas wie auch immer getragen werden, und dass sie dadurch fähig werden, Speisen und Getränke zu verdauen und uns so Gesundheit, Schönheit und überdies Kraft zu verleihen. Was hätten wir nun unter diesen Umständen als unsere nächste Aufgabe anzugeben? Wollt ihr, dass wir es trotz des Gelächters sagen und Gesetze erlassen, dass die schwangere Frau spazieren gehen soll und dass sie das Neugeborene wie Wachs formen soll, solange es noch zart ist, und bis zum zweiten Lebensjahr in Windeln wickeln? Sollen wir ferner auch die Wärterinnen durch ein Gesetz bei Strafe dazu zwingen, die Kinder fortwährend auf die Felder oder zu den Heiligtümern oder irgendwohin zu den Verwandten zu tragen, bis sie kräftig genug zum Stehen sind, und sich auch dann noch – um zu verhüten, dass sich die Glieder verbiegen, wenn sich die Kinder, solange sie noch jung sind, gewaltsam darauf stützen – mit dem Tragen weiter abzumühen, bis das Kind das dritte Lebensjahr vollendet hat? Und dass die Wärterinnen möglichst kräftig sein müssen und es nicht nur eine einzige geben darf? Und sollen wir bei all diesen Forderungen, wenn sie nicht erfüllt werden, eine Strafe für die Zuwiderhandelnden festsetzen? Oder sollen wir dies weit von uns weisen? Denn was ich eben erwähnt habe, würde dann wohl vielfach und in reichem Maße eintreten.

*Literatur*

Platon. Werke in acht Bänden. Griechisch/Deutsch. Bd. 8. Zweiter Teil. Hg. von *G. Eigler*. Platon. ΝΟΜΟΙ. Gesetze. Buch VII–XII. ΜΙΝΟΣ. Minos. Bearbeitet von *K. Schöpsdau*. Griechischer Text von *A. Diès*/*J. Souilhé*. Deutsche Übersetzung von *K. Schöpsdau*/*H. Müller*, Darmstadt 1977.

## 113: Plut. Cato maior 20,5–8

Cato der Ältere gehörte für die Autoren der röm. Kaiserzeit zu den herausragenden Beispielen einer als vorbildhaft empfundenen altröm. Lebensart. Die folgende Beschreibung ist daher wahrscheinlich auch weniger eine Beschreibung des Verhältnisses des Cato zu seinen Kindern als vielmehr eine Skizze, wie sich kaiserzeitliche Autoren, hier der Historiker und Philosoph Plutarch († um 125), eine perfekte altröm. Erziehung vorstellten.

Als ihm ein Sohn geboren worden war, kannte er kein dringenderes Geschäft, die öffentlichen ausgenommen, als selbst zugegen zu sein, wenn seine Frau das Kind badete und wickelte. Sie stillte es selbst und legte oft auch die Kinder der Sklaven an ihre Brust, um ihnen durch die gemeinsame Nahrung eine Zuneigung zu ihrem Sohn einzuflößen. Sobald der Knabe zu Verstande kam, nahm ihn Cato zu sich selbst und lehrte ihn lesen, obgleich er einen Sklaven hatte, namens Chilo, der ein geschickter Lehrer war und viele Kinder unterrichtete. Aber er wollte nicht, wie er selbst sagt, dass sein Sohn, wenn er schlechte Fortschritte mache, von einem Sklaven geschimpft oder bei den Ohren gezupft würde; auch wollte er einem Sklaven für den ersten Unterricht keinen Dank schuldig sein. Daher machte er selbst den Sprachmeister, den Hofmeister und den Fechtmeister, indem er seinen Sohn nicht nur den Wurfspieß brauchen, fechten und reiten lehrte, sondern ihn auch übte, mit geballter Faust zu kämpfen, Hitze und Kälte zu ertragen und über Strudel oder reißende Stellen im Tiber zu schwimmen. Er schrieb, wie er sagt, mit eigener Hand und mit großen Buchstaben allerhand Geschichten zusammen, damit sein Sohn von Kindheit auf Gelegenheit hätte, sich mit den Taten und Sitten der Vorfahren bekannt zu machen. Er sagt ferner, vor unanständigen Reden habe er sich in Gegenwart seines Sohnes ebenso sehr wie in Gegenwart der heiligen Jungfrauen, welche Vestalinnen heißen, in acht genommen; auch habe er sich niemals mit ihm gebadet. Dies scheint eine allgemeine Sitte der Römer gewesen zu sein; denn auch Schwiegersöhne vermieden es, mit ihren Schwiegervätern zu baden, und hielten es für unanständig sich in deren Gegenwart auszukleiden und zu entblößen.

*Literatur*

Plutarch: Große Griechen und Römer. Bd.1. Aus dem Griechischen übertragen, eingeleitet und erläutert von *K. Ziegler*, München 1979.

## 114: mAv 5,21

→2.5.7

Der Mischna-Traktat *Abot* bzw. *Pirke Abot* (d.h. „Sprüche der Väter“) ist eine Sammlung von Sentenzen und Aussprüchen namhafter Gelehrter der talmudischen Tradition. Der folgende Text wird Rabbi Jehuda ben Tema (2. Jh. n.Chr.) zugeschrieben und summiert den Lebenslauf aus frühjüdischer Sicht.

Derselbe sagte: Mit fünf Jahren ist man geeignet zum Bibellesen, mit zehn Jahren zur Mischna, mit dreizehn Jahren für die Gebote, mit fünfzehn Jahren für den Talmud, mit achtzehn Jahren für das Brautgemach, mit zwanzig Jahren einen Beruf zu erstreben, mit dreißig Jahren zur Stärke, mit vierzig Jahren zur Einsicht, mit fünfzig Jahren zum Rat geben, mit sechzig Jahren zum Alter, mit siebzig Jahren zum Greisenalter, mit achtzig Jahren zum hohen Alter, mit neunzig Jahren zum Gebeugtsein, mit hundert Jahren ist man wie ein Toter, fort gegangen und verschwunden aus der Welt.

*Literatur*

*D. Correns* (Hg.): Die Mischna. In deutscher Übersetzung mit einer Einleitung und Anmerkungen, Wiesbaden 2005.

## 115: Ov. met. 15,199–236

Der Vergleich der Lebensalter mit dem Wechsel der Jahreszeiten ist in der Antike ungemein beliebt. Besonders schön findet sich dieser Vergleich durch den neben Horaz und Vergil einflussreichsten lat. Dichter, Ovid († nach 17 n.Chr.), formuliert.

Und weiter: Man sieht doch, dass im Lauf des Jahres vier Zeiten einander folgen, so dass es zum Abbild unseres Lebens wird: Jung wie ein Knäblein an der Mutterbrust ist es im ersten Frühling; man kann ihn wohl der Kindheit vergleichen. Da prangt die frische Saat, und hat sie auch noch nicht Standhaftigkeit und Stärke, so schmeichelt sie doch mit Hoffnung dem Landmann. Alles steht dann in Blüte, mit bunten Blumen schmückt sich die nährende Flur, doch den Blättern fehlt es noch an Festigkeit.

In den Sommer tritt nach dem Frühling, schon ziemlich erstarkt, das Jahr und wird ein frischer junger Mann; kein Lebensalter hat ja mehr Kraft und Fülle, keines mehr Feuer.
Schon steht der Herbst vor der Tür; er ist, da der jugendliche Überschwang sich gelegt hat, reif und gelassen und hält die rechte Mitte zwischen Jüngling und Greis. Doch an seinen Schläfen zeigt sich da und dort schon ein graues Haar.
Darauf naht sich, hoch betagt, der Winter mit zitterndem Schritt und bebend vor Kälte; er hat fast keine Haare mehr, und die wenigen, die er noch hat, sind weiß. Ebenso verändern wir selbst uns beständig und ohne Unterlass, und was wir waren, was wir sind, das werden wir morgen nicht mehr sein.
Vorbei ist die Zeit, als wir, nur der erste Keim des erhofften Kindes, im Mutterleib verborgen lagen. Da legte die Natur ihre bildende Hand an uns, denn es war nicht ihr Wille, dass wir in der Enge des schwangeren Schoßes blieben, und entließ uns aus dieser Wohnung an die freie Luft. Zur Welt gebracht, lag das Kind kraftlos da; bald aber bewegte es sich, ganz wie die Tiere, auf vier Füßen fort, bis es allmählich zitternd und noch mit schwachen Knien aufrecht stand. Dabei brauchte es freilich irgendeinen Halt.
Bald war es stark und behände; doch die Jugendzeit vergeht, vorbei sind bald auch die mittleren Jahre; schon neigt sich steil die Bahn, dem Alter, dem Tode entgegen.
Das untergräbt und zerstört die früheren Kräfte, und der greise Milon muss weinen, wenn er sieht, wie kraftlos sie, die einst mit ihren gewaltigen, stahlharten Muskeln an Herkules gemahnten, wie schlaff ihm die Arme herabhängen. Es weint auch, wenn sie im Spiegel die Runzeln des Alters erblickte, Helena und fragt sich verwundert, weshalb man sie wohl zweimal entführte. Ewigkeit, die verschlingt, was da ist, und du, neidisches Alter, alles zerstört ihr, und was der Zahn der Zeit benagt hat, das lasst ihr allmählich im schleichenden Tod dahinschwinden!

*Literatur*

*G. Fink* (Hg.): Ovid. Metamorphosen. Das Buch der Mythen und Verwandlungen, Düsseldorf u.a. 2001.

## Texte zu 2.2.2.4 Tod

### 116: Eus. h.e. 6,44,4f

Schilderung des Todes des Serapion bei Euseb, Kirchengeschichte:

Der Bischof Dionysius von Alexandrien gab dem Kind ein wenig von der Eucharistie und forderte es auf, sie zu benetzen und dem Alten in den Mund zu träufeln [...]. Das Kind benetzte sie und führte sie in seinen Mund, und jener schluckte etwas, und sogleich gab er seinen Geist auf.

*Literatur*
Übersetzt von Ulrich Volp.

## 117: Paul. Med. vita Ambr 47

Schilderung des Todes des Ambrosius von Mailand bei Paulinus, Vita Ambrosii:

Der Bischof von Vercelli stieg herab und brachte dem Heiligen Ambrosius den Leib des Herrn. Der empfing ihn, und sowie er ihn geschluckt hatte, gab er seinen Geist auf, eine gute Wegzehrung mit sich führend, damit seine Seele – durch die Kraft der Speise erfrischt – sich der Gemeinschaft mit den Engeln, deren Leben er auf der Erde lebte, und der Gesellschaft Elias erfreute!

*Literatur*
Übersetzt von Ulrich Volp.

# Texte zu 2.2.3.1 Krankheit und Gesundheit/Lebenserwartung

## 118: Herzog W2; 3; 15; 18; 21; 35; 62

Bereits in archaischer Zeit werden heilende Funktionen von Gottheit(en) auf Apollon konzentriert, die dann auf seinen Sohn Asklepios als prominente Heilgottheit der hell.-röm. Welt übergehen. Dessen Kult verbreitete sich von Trikka aus, fand in Epidauros seine bedeutendste Stätte und erfasste schließlich nahezu den gesamten Mittelmeerraum. An den Kultorten setzte sich von Epidauros her überwiegend die iatromantische Praxis der Inkubation durch. Die erhaltenen Heilinschriften von Epidauros (Stelen A–D von ursprünglich sechs Stelen; vgl. Paus. 2,27,3; 36,1) bilden Weihgeschenke an die Gottheit ab und sind integraler Bestandteil des Öffentlichkeitsprogramms des Heiligtums. Vor dem eigentlichen Heilvorgang waren Reinheitsvorschriften zu beachten und Voropfer zu erbringen. Die Hilfesuchenden übernachteten dann im Abaton, wo sie mit einer Epiphanie der Gottheit (oder auch mit ihr verbundener Tiere) rechneten. Die Heilung vollzog sich im Schlaf oder auf der Grundlage im Traum ergehender therapeutischer Ratschläge. Im Anschluss war ein Lohn zu entrichten. Eine einheitliche Krankheitshermeneutik ist in den einem festen formalen Schema folgenden Inschriften nicht zu verifizieren. Es begegnen akute Verletzungen, doch überwiegen chronische Leiden, die die antik-wissenschaftliche Medizin regulär nicht behandelte. Weibliche Krankheitsphänomene machen insgesamt nur ein gutes Viertel der Fälle aus.

*Stele A*
2 Isthmonike von Pellene kam in das Heiligtum wegen Nachkommenschaft. Sie legte sich zum Heilschlaf und sah ein Gesicht: Sie träumte, dass sie den Gott bitte, mit einem Mädchen schwanger zu werden, Asklepios aber sage, sie werde schwanger sein, und wenn sie noch etwas anderes zu bitten habe, so werde er ihr auch das erfüllen, sie aber sage, sie habe keinen weiteren Wunsch. Sie wurde schwanger und trug drei Jahre im Leib, bis sie sich an den Gott wandte als Bittfleherin wegen der Geburt; als sie sich zum Heilschlaf legte, sah sie ein Gesicht: Sie träumte, der Gott frage sie, ob ihr nicht alles zu-

teil geworden sei, was sie erbeten habe, und sie nicht schwanger sei; über Geburt habe sie nichts hinzugefügt, und das obwohl er sich erkundigte, wenn sie noch etwas anderes brauche, solle sie es sagen, da er auch das tun wolle. Da sie aber jetzt wegen Geburt bei ihm als Bittfleherin erschienen sei, so wolle er – habe er gesagt – auch dies ihr erfüllen. Danach lief sie in Eile aus dem Heilraum heraus und als sie außerhalb des Heiligtums war, gebar sie ein Mädchen.

[3]Ein Mann, der die Finger der Hand nicht rühren konnte bis auf einen, kam zu dem Gott als Bittfleher. Als er die Weihetafeln in dem Heiligtum sah, war er ungläubig gegen die Heilungen und machte sich über die Aufschriften lustig. Als er im Heilraum schlief, sah er ein Gesicht: Es träumte ihm, während er unterhalb des Tempels Würfel spielte und mit dem Würfel werfen wolle, sei der Gott erschienen und ihm auf die Hand gesprungen und habe ihm die Finger ausgestreckt; als er weggetreten sei, – so träumte er –, habe er seine Hand gekrümmt und jeden Finger einzeln ausgestreckt; nachdem er alle gerade gestreckt, habe ihn der Gott gefragt, ob er noch ungläubig sein wolle gegen die Aufschriften auf den Weihetafeln im Heiligtum; er habe nein gesagt. „Weil du also vorher ungläubig gegen sie warst, die doch nicht unglaubhaft waren, so soll in Zukunft – habe er gesagt – dein Name ‚Ungläubig' sein". Als es Tag geworden, kam er gesund heraus.

[15]Hermodikos von Lampsakos, am Körper gelähmt. Diesen heilte er, als er im Heilraum schlief, und befahl ihm, wenn er herauskomme, einen Stein in das Heiligtum zu bringen, den größten, den er könne. Da brachte er den, der [jetzt] vor denn Heiligtum liegt [...].

[18]Alketas von Halieis. Dieser war blind und sah einen Traum: Es träumte ihm, der Gott komme zu ihm und öffne mit den Fingern seine Augen, da habe er zuerst die Bäume im Heiligtum gesehen. Als es Tag geworden, kam er gesund heraus.

*Stele B*

[21]Arate von Lakonien, Wassersucht. Für diese schlief ihre Mutter, während sie selbst in Lakedämon war, und sieht einen Traum: Sie träumte, der Gott schneide ihrer Tochter den Kopf ab und hänge den Körper mit dem Hals nach unten auf; als viel Flüssigkeit ausgeflossen, habe er den Körper abgehängt und den Kopf wieder auf den Hals aufgesetzt. Nachdem sie diesen Traum gesehen, kehrte sie nach Lakedämon zurück und trifft ihre Tochter gesund; diese hatte denselben Traum gesehen.

†[35]N. N. von Epidauros, lahm. Dieser kam als Bittfleher in das Heiligtum auf einer Bahre. Als er im Heilraum schlief, sah er ein Gesicht: Es träumte ihm, der Gott zerbreche seinen Stab und befehle ihm, eine Leiter herbeizubringen und so hoch wie möglich auf den Tempel zu steigen. Er habe es zuerst versucht, dann den Mut verloren und oben auf dem Gesims ausgeruht, zum Schluss aber habe er es aufgegeben und sei die Leiter langsam Tritt für Tritt heruntergestiegen. Asklepios habe sich zuerst geärgert über sein Handeln, dann habe er ihn ausgelacht, dass er so feig sei. Er wagte es, als es Tag geworden, die Aufgabe zu erfüllen, und ging ohne Leibschaden von dannen.

*Stele C*
[62]N. N. von Argos, epileptisch. Dieser sah beim Schlaf im Heilraum ein Gesicht: Es träumte ihm, der Gott trete vor ihn und drücke ihm mit seinem Fingerring †auf Mund, Nasenlöcher und Ohren, und er wurde gesund.

*Literatur*
*R. Herzog*: Die Wunderheilungen von Epidauros, Ein Beitrag zur Geschichte der Medizin und der Religion, Leipzig 1931.

## Texte zu 2.2.4.2 Antikes Vereinswesen

### 119: SIG$^3$ 985
→2.2.1.3

Der abgedruckte Text handelt über den Verein des Dionysios in Philadelphia. Der Verein greift mit seinen Satzungen auch in das sexuelle Leben seiner Mitglieder ein. Während Männern der außereheliche Geschlechtsverkehr unter bestimmten Voraussetzungen gewährt wird, wird Frauen jeglicher Kontakt untersagt.

Glück auf! Aufgeschrieben wurden für die Gesundheit und das gemeinsame Heil und den besten Ruf die dem Dionysios im Schlaf eingegebenen Anweisungen; dieser gewährt Zugang in sein eigenes Haus Männern und Frauen, Freien und Sklaven. Denn in diesem sind Altäre des Zeus Eumenes und der Hestia, seiner Helferin, und der anderen Heilsgötter und der Eudaimonia und des Plutos und der Arete und der Hygieia und der Agathe Tyche und des Agathos Daimon und der Mneme und der Chariten und der Nike errichtet worden. Diesem hat Zeus Anweisungen gegeben, die Heiligungen und die Reinigungen und die Mysterien auszuführen gemäß den althergebrachten Sitten und wie es nun geschrieben ist:
Wenn sie in dieses Haus kommen, sollen Männer und Frauen, Freie und Sklaven bei allen Göttern schwören, dass sie weder eine List gegen einen Mann oder eine Frau kennen noch ein für Menschen schädliches Gift, dass sie böse Zaubersprüche weder kennen noch anwenden, dass sie keinen Liebestrank, kein Abtreibungsmittel, kein Verhütungsmittel und nicht irgendetwas anderes, was für Kinder tödlich ist, selbst anwenden oder einem anderen anraten oder bei einem anderen davon wissen, dass sie vorbehaltlos diesem Haus wohl gesonnen sind und dass sie, wenn irgendjemand etwas von diesem tut oder vorhat, es weder zulassen noch verschweigen, sondern es ans Licht bringen und verhindern.
Neben seiner eigenen Frau darf ein Mann weder eine andere, sei es eine Freie, sei es eine Sklavin, die einen Mann hat, haben, auch nicht einen Jungen oder eine Jungfrau, noch es einem anderen raten, sondern er soll, wenn er bei irgendeinem davon weiß, eben dieses ans Licht bringen, sowohl den Mann als auch die Frau, und nicht verbergen und verschweigen. Frau und Mann, wenn sie irgendetwas von dem zuvor Aufgeschriebenem tun, sollen keinen Zugang in dieses Haus haben; große Götter nämlich sind in diesem aufgestellt und

dieses beaufsichtigen sie und werden die, welche die Anweisungen übertreten, nicht dulden.
Eine freie Frau soll rein sein und nicht das Bett oder den Umgang eines anderen Mannes als ihres eigenen kennen. Wenn sie aber davon weiß, ist eben diese nicht rein, sondern befleckt und voll von Unreinheit gegenüber ihrer Familie und unwürdig, diesen Gott zu verehren, dessen Heiligtümer hier aufgestellt sind, und sie darf nicht an den Opfern teilnehmen und die Heiligungen und die Reinigungen verletzen und den Vollzug der Mysterien sehen.
Wenn sie aber irgendetwas von diesem tut, nachdem die Anweisungen in diese Inschrift gekommen sind, wird sie mit schlimmen Flüchen belegt werden von den Göttern, weil sie die Anweisungen missachtet hat. Denn der Gott will auf keinen Fall, dass dieses geschieht, noch wünscht er es, sondern er wünscht, dass man ihm Folge leistet. Die Götter werden gegenüber denen, die ihnen Folge leisten, gnädig sein und ihnen immer alles Gute geben, was auch immer Götter Menschen, die sie lieben, geben. Wenn aber einige die Anweisungen übertreten, werden eben diese sie hassen und ihnen schwere Strafen auferlegen.
Diese Anweisungen wurden aufgestellt bei Agdistis, der heiligsten Wächterin und Herrin dieses Hauses, die gute Gedanken bei den Männern und Frauen, Freien und Sklaven bewirken soll, damit sie dem, was hier aufgeschrieben worden ist, Folge leisten, und bei den monatlichen und jährlichen Opfern sollen Männer und Frauen, die sich selbst vertrauen, diese Inschrift, in der die Anweisungen des Gottes aufgeschrieben worden sind, anfassen, damit offenbar werden sowohl die, die den Anweisungen Folge leisten, als auch die, die nicht Folge leisten.
Zeus Soter, nimm die Berührung des Dionysios gnädig und wohlwollend an und freundlich gewähre ihm und seiner Familie gute Vergeltung, Gesundheit, Heil, Frieden, Sicherheit zu Lande und zu Wasser [...] gleichermaßen [...].

*Literatur*

*E. Ebel*: Die Attraktivität früher christlicher Gemeinden. Die Gemeinde von Korinth im Spiegel griechisch-römischer Vereine, Tübingen 2004.

## 120: SIG$^3$ 737

Diese Inschrift der Iobakchen aus Athen wurde in der zweiten Hälfte des 2. Jh.s n.Chr. verfasst. Die im Text gebotene Differenzierung der Mitgliedsbeiträge lässt auf einen Verein schließen, dessen Mitglieder unterschiedlichen sozialen Gruppen entstammen. Das Vereinsheim, in die Inschrift gefunden wurde, zeugt von der Verehrung unterschiedlicher Gottheiten, wobei der Dionysioskult im Vordergrund stand. Als weibliche Gottheit wurde die Artemis verehrt.

Glück auf! Während der Amtszeit des Archonten Arrios Epaphrodeitos am 8. Tag des Monats Elaphebolion rief zum ersten Mal der von Aurelios Neikomachos, der 17 Jahre lang Anthiereus und 23 Jahre lang Priester gewesen und zu seinen Lebzeiten zum Ruhm und zur Ehre des Bakcheion zugunsten des höchst ehrenwerten Claudios Herodes zurückgetreten war, ernannte Priester eine Versammlung ein. Nachdem er von diesem zum Anthiereus ernannt worden war, verlas er die Bestimmungen der ehemaligen Priester Chrysippos und Dionysios und, nachdem diese der Priester und der Archibakchos und der Prostates gebilligt hatten, riefen sie: „Diese wollen wir immer in Gebrauch haben!" „Hoch lebe der Priester!" „Setze die Beschlüsse wieder in Kraft! Das ist deine Aufgabe!" „Beständigkeit und Ordnung dem Bakcheion!" „Die Beschlüsse auf eine Stele!" „Bringe sie zur Abstimmung!" Der Priester sagte: „Weil es sowohl mir als auch meinen Mitpriestern und euch allen gefällt, werden wir, wie ihr es für angemessen haltet, sie zur Abstimmung bringen." Und der Prohedros Rufos, der Sohn des Aphrodeisios, brachte zur Abstimmung: „Jeder, dem es gut erscheint, dass die vorgelesenen Beschlüsse bindend sein und auf einer Säule aufgeschrieben werden sollen, soll die Hand erheben." Alle erhoben sie. Sie riefen aus: „Viele Jahre lebe der höchstehrenwerte Priester Herodes!" „Nun bist du glücklich, sind wir das erste aller Bakcheien!" „Hoch lebe der Anthiereus!" „Die Stele soll aufgestellt werden!" Der Anthiereus sagte: „Die Stele wird auf einer Säule sein und die Beschlüsse werden darauf geschrieben werden. Die Prohestotes werden nämlich dafür Sorge tragen, dass niemand sie übertritt."

Niemandem soll es erlaubt sein, ein Iobakche zu sein, wenn er nicht zuerst beim Priester die übliche schriftliche Eingabe gemacht hat und von den Iobakchen in einer Abstimmung geprüft worden ist, ob er würdig und für das Bakcheion geeignet erscheint. Es soll aber das Eintrittsgeld für den, der nicht über den Vater Mitglied wird, 50 Denare und ein Trankopfer betragen. In ähnlicher Weise sollen auch die, die über ihren Vater Mitglied werden, sich mit 25 Denaren in die Mitgliederliste eintragen und den halben Mitgliedsbeitrag zahlen, bis sie geschlechtsreif sind.

Die Iobakchen aber sollen sich am 9. Tag eines Monats und am Jahresfest und am Bakchosfest und wenn ein außerordentlicher Festtag des Gottes ist, versammeln, wobei ein jeder entweder einen Beitrag in Wort oder Tat erbringen oder ehrliebend sein und den festgesetzten monatlichen Beitrag für den Wein bezahlen soll.

Wenn er aber nicht bezahlt, soll er ausgeschlossen werden von der Versammlung, und die, die im Beschluss niedergeschrieben sind, sollen darauf achten, außer im Falle einer Reise oder eines Trauerfalles oder einer Krankheit oder wenn eine dringende Notlage besteht für jemanden, der zur Versammlung zugelassen werden soll, nach dem Urteil der Priester.

Wenn aber ein Bruder eines Iobakchen eintreten will, soll er, nachdem er in einer Abstimmung geprüft worden ist, 50 Denare zahlen. Wenn aber ein „auswärtiges" heiliges Kind, das den Göttern und dem Bakcheion Zukommende aufgewendet hat, soll es mit dem Vater gemeinsam Iobakche sein auf Grund eines einzigen Trankopfers des Vaters. Dem, der eine schriftliche Eingabe gemacht hat und über den abgestimmt worden ist, soll der Priester eine Bescheinigung geben, dass er ein Iobakche ist, wenn er zuvor dem Priester das Eintrittsgeld bezahlt hat, nachdem er in die Bescheinigung das jeweils Bezahlte eingetragen hat.

Niemandem aber wird es gestattet sein, bei der Versammlung zu singen oder Unruhe zu stiften oder zu klatschen, sondern in aller Ordnung und Ruhe sollen sie ihre Rollen sprechen und spielen unter der Leitung des Priesters oder des Archibakchos.

Niemandem der Iobakchen, die nicht bezahlt haben für den neunten Tag des Monats und das Jahresfest, soll es gestattet sein, zur Versammlung zu kommen, bis ihm von den Priestern beschieden wird, dass er zahlen muss oder ohne gezahlt zu haben kommen darf.
Wenn aber jemand Streit anfängt oder offenkundig die Ordnung stört oder einen fremden Platz einnimmt oder jemanden verhöhnt oder beschimpft, soll der Beschimpfte oder Verhöhnte zwei der Iobakchen, die schwören, dass sie die Verhöhnung oder die Beleidigung gehört haben, herbeibringen, und der Verhöhner oder Beschimpfer soll der Gemeinschaft 25 kleine Drachmen zahlen, oder der Schuldige an dem Streit soll die gleichen 25 kleinen Drachmen zahlen, oder sie dürfen mit den Iobakchen nicht zusammenkommen, bis sie bezahlen.
Wenn aber jemand bis hin zu Schlägen geht, soll der Geschlagene es schriftlich dem Priester oder dem Anthiereus melden; dieser aber soll verpflichtend eine Versammlung einberufen, und durch Abstimmung sollen die Iobakchen ein Urteil fällen unter der Leitung des Priesters, und er soll zur Strafe so lange Zeit, wie jeweils beschlossen wird, nicht teilnehmen und bis zu 25 Silberdenare zahlen. Dieselbe Strafe soll auch für den gelten, der geschlagen worden ist und nicht beim Priester oder Archibakchos dagegen vorgeht, sondern an einem öffentlichen Gericht Anklage erhebt. Dieselbe Strafe soll auch für den Eukosmos gelten, wenn er die Streitenden nicht hinauswirft.
Wenn aber einer der Iobakchen, obwohl er weiß, dass deshalb eine verpflichtende Versammlung einberufen wird, nicht teilnimmt, soll er der Gemeinschaft 50 kleine Drachmen zahlen. Wenn er aber trotz Aufforderung nicht Folge leistet, soll es dem Schatzmeister gestattet sein, ihm den Zugang zum Bakcheion zu verwehren, bis er zahlt.
Wenn aber einer der Neuzugänge die Aufnahmegebühr dem Priester oder dem Anthiereus nicht zahlt, soll er vom Mahl ausgeschlossen werden, bis er bezahlt, und es soll eingefordert werden auf die Weise, die der Priester festsetzen wird.
Niemand soll eine Rede halten, ohne dass es der Priester oder der Anthiereus erlaubt, ansonsten soll er der Gemeinschaft 30 kleine Drachmen schulden.
Der Priester aber soll die üblichen Dienste des Bakchosfestes und des Jahresfestes in angemessener Weise verrichten und das eine Trankopfer für das Fest der Rückkehr des Bakchos vollziehen und eine „Predigt“, die der ehemalige Priester Neikomachos aus Ehrliebe zu halten begonnen hat, halten. Der Archibakchos soll das Opfer dem Gott darbringen und das Trankopfer am zehnten Tag des Monats Elaphebolion vollziehen. Nach der Bereitung der Portionen sollen der Priester, der Anthiereus, der Archibakchos, der Schatzmeister, der Bukolikos, der Darsteller des Dionysos, der der Kore, der des Palaimon, der der Aphrodite, der des Proteurhythmos sie nehmen. Ihre Namen sollen ausgelost werden aus allen.
Wenn aber einer der Iobakchen ein Erbe oder ein Ehrenamt oder eine Ernennung erhalten hat, soll er den Iobakchen ein Trankopfer hinstellen, das dem Rang entspricht: Hochzeit, Geburt, Zulassung zu den Choes, Ephebie, Erlangung des Bürgerrechts, des Amtes des Rabdouphoros, der Ratsherrenwürde, des Kampfrichteramtes, der Mitgliedschaft im Panhellenion, der Mitgliedschaft im Ältestenrat, des Amtes des Thesmotheten, welches Amtes auch

immer, des Amtes des Synthytes, des Amtes des Eirenarchen, des Amtes des Hieronikes, und wenn jemandem, der Iobakche ist, irgendetwas zum Besseren zuteil wird.
Der Eukosmos soll ausgelost oder vom Priester eingesetzt werden; er soll dem, der die Ordnung stört oder Unruhe stiftet, den Thyrsosstab des Gottes bringen. Der, neben den der Thyrsosstab gelegt worden ist, soll nach dem Urteil des Priesters oder des Archibakchos aus dem Speisesaal herausgehen. Wenn er aber nicht Folge leistet, sollen ihn die von den Priestern eingesetzten „Pferde" vor die Tür setzen, und er soll die Strafe, die für Streitende vorgesehen ist, schulden.
Einen Schatzmeister aber sollen die Iobakchen durch Abstimmung für zwei Jahre wählen, und er soll gemäß einer Liste das gesamte Hab und Gut des Bakcheion übernehmen und es in ähnlicher Weise dem, der nach ihm Schatzmeister sein wird, übergeben. Er soll aus seinem eigenen Vermögen das Lampenöl stiften an den neunten Tagen eines Monats und am Jahresfest und bei den Versammlungen und an den Tagen, welche auch immer übliche Festtage des Gottes sind, und an den Tagen von Erbschaften oder Ehrungen oder Ernennungen. Er soll aber den Schriftführer, wenn er will, auswählen auf eigene Gefahr, es soll ihm gewährt werden das Trankopfer eines Schatzmeisters und er soll beitragsfrei sein zwei Jahre lang.
Wenn aber ein Iobakche stirbt, soll ihm ein Kranz im Wert bis zu fünf Drachmen zuteil werden, und denen, die bei der Bestattung anwesend gewesen sind, soll ein Krug Wein vorgesetzt werden, wer aber nicht an der Bestattung teilgenommen hat, soll vom Wein ausgeschlossen werden.

*Literatur*

*E. Ebel*: Die Attraktivität früher christlicher Gemeinden. Die Gemeinde von Korinth im Spiegel griechisch-römischer Vereine, Tübingen 2004.

## Texte zu 2.2.5.1 Reiche und Arme

Einleitung: Der Armutsbegriff in den antiken Quellen ist sehr vielschichtig. Einerseits steht er eng in Verbindung mit jenen, die sich trotz ihrer immensen Reichtümer (→Plut. Crass. 2) immer noch arm fühlen. Es handelt sich hier um eine empfundene Armut, die sich allein auf die wenigen Entbehrungen bezieht, denen sich die Reichen ausgesetzt sehen (→Sen. ad helv. matr. 11,4; ep. 87,39), beispielsweise wenn sie die vorgesehene Zensusgrenze zum Statuserhalt nicht erreichen können (→Cass. Dio 54,17,3).
Diese Empfindung spottet allerdings den wirklich Armen, die tagtäglich um ihr Überleben kämpfen und häufig nicht mehr als die zerlumpten Kleider, die sie am Leib tragen, besitzen. Tagsüber halten sie sich an öffentlichen Plätzen auf, nachts suchen sie Schutz unter Brücken oder in Türeingängen. Belegt ist auch eine regelrechte Bettlersiedlung namens *Aricia*, die wohl knapp zwanzig Kilometer von Rom entfernt an der Via Appoa gelegen hat. Über dem erbärmlichen Zustand der Bettler schreibt Martial (→epigr. 12,32) und legt gleichzeitig auch Zeugnis ab über das nicht vorhandene Mitgefühl für die absolut Armen, denen zudem auch noch der Ruf der Anrüchigkeit und Kriminalität anhaftet. Die staatlichen Getreidespenden richten sich keineswegs an Bedürftige, sondern an alle Bürger, wie aus R. Gest. div Aug. 15 hervorgeht.

## 121: Plut. Crass. 2

Als stärkste Beweise seiner Habsucht führt man die Art der Erwerbung und die Größe seines Vermögens an. Denn nachdem er anfänglich nicht mehr als dreihundert Talente besessen hatte, dann während seines Konsulates dem Hercules den Zehnten geopfert, das Volk bewirtet und drei Monate lang aus seinem Vermögen jedem Römer den Lebensunterhalt gespendet hatte, so fand er doch, als er vor dem Feldzug gegen die Parther eine Bilanz seines Vermögens aufmachte, einen Schätzungswert von siebentausendeinhundert Talenten.

*Literatur*

Plutarch: Große Griechen und Römer. Bd.2. Aus dem Griechischen übertragen, eingeleitet und erläutert von *K. Ziegler*, München 1975.

## 122: Sen. epist. 87,39

„Von Armut spricht man nicht in Hinblick auf Besitz, sondern Entziehung", oder, wie die Alten gesagt haben, Versagung, die Griechen sagen: Nicht das, was man hat, wird bezeichnet, sondern das, was man nicht hat. „Daher kann aus vielem Leeren nichts Volles entstehen: Reichtum schafft viele Sachen, nicht vielerlei Mangel. Anders", sagt er, „als du musst, verstehst du die Armut. Armut besteht nämlich darin, wenig zu besitzen, sondern vieles nicht zu besitzen: So hat sie ihren Namen nicht danach, was man besitzt, sondern nach dem, was einem fehlt."

*Literatur*

*M. Rosenbach* (Hg.): L. Annaeus Seneca. Philosophische Schriften, Darmstadt 1989.

## 123: Cass. Dio 54,17,3

Er (=Augustus) erlaubte allen, die ein Vermögen von 400.000 Sesterzen besaßen und nach den Gesetzen wählbar waren, sich um die Ämter zu bewerben. So hoch belief sich nämlich nach seiner Anordnung zunächst der Census für die Senatoren; später erhöhte er ihn auf 1.000.000 Sesterzen. Einigen von denen, die ein anständiges Leben führten, jedoch damals weniger als die 400.000 und später weniger als die 1.000.000 Sesterzen besaßen, schenkte er, was an den Summen fehlte.

*Literatur*

Cassius Dio: Römische Geschichte. Bd. IV. Bücher 51–60. Übers. von *O. Veh*, Düsseldorf 2007.

124: Mart. 12,32

O dieses ersten Julitages Schandanblick! Ich sah, Vacerra, deine Sachen all, sah sie. Da man sie für die zwei Jahr Miete nicht festhielt, trug sie dein Weib – mit sieben Haaren noch, fuchsrot –, die Riesenschwester und die Mutter, grauhaarig; ich dachte, Furien stiegen aus des Dis Dunkeln. Sie kamen erst. Vor Hunger und vor Frost hager und blasser noch als Buchsbaum, wenn er schon welk ist, ein Irus deiner Zeit, so gingst du nach ihnen. Man glaubte schier, Aricia sei's, das auswandert. Da war ein Bett mit drei, ein Tisch mit zwei Füßen und nebst der Lampe und dem Krug aus Hartriegel ein angeschlagener Nachttopf, draus Urin tropfte. [...] ein Kranz von schwarzem Flöhkraut, der schon vier Jahr alt, und Schnüre, kaum besetzt mit Knoblauch und Zwiebeln, der Mutter Topf mit garstgem Harz zur Enthaarung, wie's Frauen in des Memmius Bordell brauchen. Was suchst du Wohnung und verlachst die Dorfleute! Du kannst, Vacerra, freilich ganz umsonst wohnen; solch Prunkgepäck ist für den Brückenplatz passend.

*Literatur*

Martial: Epigramme. Eingeleitet und im antiken Versmaß übertragen von *R. Helm*, Zürich/Stuttgart 1957.

125: R. Gest div. Aug. 15

Der Bevölkerung in Rom habe ich pro Kopf dreihundert Sesterzen auf Grund des Testaments meines Vaters zuteilen lassen, und in meinem Namen in meinem fünften Konsulat je vierhundert Sesterzen aus Mitteln der Kriegsbeute gegeben; ein zweites Mal habe ich während meines zehnten Konsulats aus meinem Erbgut pro Kopf vierhundert Sesterzen ausbezahlt, und in meinem elften Konsulat zwölf Getreidespenden zuweisen lasen, wobei das Getreide mit meinen eigenen Mitteln aufgekauft worden war; [...].
In meinem dreizehnten Konsulat habe ich je sechzig Denare den Leuten geben lassen, die damals zu den Empfängern staatlichen Getreides gehörten; es waren dies ein wenig mehr als zweihunderttausend.

*Literatur*

Augustus: Meine Taten. Res gestae divi Augusti nach dem Monumentum Ancyranum, Apolloniense und Antiochenum. Lateinisch/Griechisch/Deutsch hg. von *E. Weber*, München [5]1989.

126: Sen. dial. 12,11,4

Und nicht bei Geld allein und Nahrung geschieht das. Dasselbe Prinzip gilt bei jedem Verlangen, das nicht allein aus Mangel, sondern aus Schwäche entspringt: Was immer du ihm verschaffst – nicht wird es ein Ende geben der Gier, sondern eine neue Stufe. Wer daher sich hält innerhalb des naturgegebenen Maßes, wird Armut nicht spüren; wer das naturgegebene Maß überschreitet, den wird auch bei größtem Reichtum Armut verfolgen. Notwendigen Bedürfnissen wird auch Verbannung genügen, überflüssigen auch Königreiche nicht.

*Literatur*

*M. Rosenbach* (Hg.): L. Annaeus Seneca. Philosophische Schriften, Darmstadt 1989.

## Texte zu 2.2.5.2 Oberschicht und Unterschicht

### 127: CIL XIV 3606

Die Inschrift stammt aus dem in die frühe Kaiserzeit datierten Rundgrab der *gens Plautia*. 2 v.Chr. bekleidete M. Plautius Silvanus als Kollege des Augustus den Konsulat. Die Triumphalinsignien wurden ihm 9 n.Chr. verliehen. Neben ihm sind seine Frau sowie sein im Kindesalter verstorbener Sohn erwähnt.

Marcus Plautius Silvanus, Sohn des Marcus, Enkel des Aulus, Konsul, Septemvir Epulonum; für ihn beschloss der Senat die Verleihung der Triumphalinsignien wegen seiner hervorragenden Taten in Illyrien. Lartia, Tochter des Cnaeus, seine Gemahlin. Aulus Plautius Urgulanius, Sohn des Marcus, lebte neun Jahre.

*Literatur*

Römische Inschriften, Lateinisch/Deutsch, ausgewählt, übersetzt, kommentiert und mit einer Einführung in die lat. Epigraphik hg. von *L. Schumacher*, Stuttgart 1988.

### 128: CIL VI 1402

Helvis Procula, die Frau des C. Dillius Vocula, hat ihrem ermordeten Mann in der zweiten Hälfte des ersten Jahrhunderts in Rom vermutlich ein Kenotaph errichten lassen. Er durchlief eine militärische Laufbahn.

Für Caius Dillius Vocula, Sohn des Aulus aus der Tribus Sergia, Militärtribun der ersten Legion, Mitglied der Vier-Männer-Kommission für den Straßenbau. Quästor der Provinz Pontus und Bithynien, Volkstribun, Prätor, Legat der 22. Legio Primigenia in Germanien, hat seine Gemahlin Helvia Procula, Tochter des Titus, das Kenotaph errichten lassen.

*Literatur*

Römische Inschriften, Lateinisch/Deutsch, ausgewählt, übersetzt, kommentiert und mit einer Einführung in die lat. Epigraphik hg. von *L. Schumacher*, Stuttgart 1988.

## 129: CIL X 5713

Die Inschrift datiert aus der zweiten Hälfte des 1. Jh.s v.Chr. und zeigt den Aufstieg des Lurcius Firmius vom Dekurionen- in den Ritterstand.

Für Lucius Firmius, Sohn des Lucius, Primuspilus, Militärtribun, Magistrat zur Rechtsprechung, erster Pontifex nach Gründung der „Kolonie", von der vierten Legio Sorana aufgrund seines Ansehens und seiner Tapferkeit.

*Literatur*
Römische Inschriften, Lateinisch/Deutsch, ausgewählt, übersetzt, kommentiert und mit einer Einführung in die lat. Epigraphik hg. von *L. Schumacher*, Stuttgart 1988.

## 130: CIL $I^2$ 2092

Die Ehreninschrift aus Luna (=Luni) nennt alle fünf Elemente der röm. Namensgebung: Vorname, Familienname, Filiation, Tribus und Beinamen. Bei der genannten Person handelt es sich um den Bürgermeister der Stadt Luna, die als *colonia Romana* […] in der Tribus *Galeria* eingeschrieben war.

Für Marcus Minatius Sabellus, Sohn des Marcus aus der Tribus Galeria, den zweimaligen Bürgermeister.

*Literatur*
Römische Inschriften, Lateinisch/Deutsch, ausgewählt, übersetzt, kommentiert und mit einer Einführung in die lat. Epigraphik hg. von *L. Schumacher*, Stuttgart 1988.

## 131: CIL $I^2$ 1632

Die Inschrift beschreibt, wie die beiden Bürgermeister C. Quinctius Valgus und M. Porcius um 70 v.Chr. das Amphitheater in Pompeji aus ihrem privaten Vermögen finanzieren und errichten lassen, um es der Allgemeinheit zu stiften.

Caius Quinctius Valgus, Sohn des Caius, und Marcus Porcius, Sohn des Marcus, haben als Bürgermeister der Stadt mit Zensusfunktion um der Ehre willen auf eigene Kosten Spiele veranstalten lassen und ihren Mitbürgern den Platz für alle Zeiten übergeben.

*Literatur*
Römische Inschriften, Lateinisch/Deutsch, ausgewählt, übersetzt, kommentiert und mit einer Einführung in die lat. Epigraphik hg. von *L. Schumacher*, Stuttgart 1988.

# Texte zu 2.2.5.3 Sklaven und Freigelassene

## 132: Gaius inst. 1,52

Die Sklaverei ist ein Rechtsinstitut des *ius gentium*, weil bei allen Völkern anzutreffen.

In der Gewalt ihrer Eigentümer stehen nun aber die Sklaven. Diese Gewalt gehört zum *ius gentium*, denn wir können bei allen Völkern übereinstimmend beobachten, dass Eigentümer über ihre Sklaven die Gewalt über Leben und Tod haben.

*Literatur*
*H. Wieling*: Die Begründung des Sklavenstatus nach *ius gentium* und *ius civile*, Stuttgart 1999.

## 133: Dig. 1,5,5,1

Nach *ius gentium* wird Sklave, wer von Feinden gefangen genommen wird, ferner wer von einer Sklavin geboren wird, schließlich auch, wer von einer autorisierten Person als Sklave verkauft wird. Das *ius civile* hat verschiedene Regeln aufgestellt, nach denen ein Mensch seine Freiheit verlieren kann, indem es das *ius gentium* abändert oder ergänzt. So verliert – wie hier behandelt – ein Freier, der das 20. Lebensjahr vollendet hat, seine Freiheit, wenn er sich von einem anderen als angeblicher Sklave verkaufen lässt, um den Preis mit ihm zu teilen.

Die Sklaven gelangen aber entweder nach Zivilrecht oder nach Völkergemeinrecht in unser Eigentum: nach Zivilrecht dann, wenn jemand, der über 20 Jahre alt ist, sich selbst verkaufen lässt, um am Kaufpreis teilzuhaben; nach Völkergemeinrecht sind diejenigen unsere Sklaven, die aus der Mitte der Feinde ergriffen oder die von unseren Sklavinnen geboren werden.

*Literatur*
*H. Wieling*: Die Begründung des Sklavenstatus nach *ius gentium* und *ius civile*, Stuttgart 1999.

## 134: Gaius inst. 1,82

Nach dem *ius gentium* wird der Status eines unehelichen Kindes nach dem Stand der Mutter zur Zeit der Geburt bestimmt.

Dem entspricht es auch, dass von einer Sklavin und einem Freien nach *ius gentium* ein Sklave geboren wird, und umgekehrt von einer Freien und einem Sklaven ein Freier.

*H. Wieling*: Die Begründung des Sklavenstatus nach *ius gentium* und *ius civile*, Stuttgart 1999.

## 135: Dig. 40,12,33

Der Handel mit Sklaven dehnte sich teilweise auch auf die eigentlich freie Bevölkerung aus, wie der folgende Absatz zeigt. Die Rechte des Käufers werden je nach Wissensstand über den Status des zu kaufenden Menschen bestimmt.

Wer wissend einen Freien kauft, kann, auch wenn jener sich freiwillig verkaufen lässt, ihm nicht widersprechen, wenn er sich auf seine Freiheit beruft. Aber wenn er ihn an einen Gutgläubigen weiter veräußert, wird ihm die Berufung auf die Freiheit verweigert.

*Literatur*

*H. Wieling*: Die Begründung des Sklavenstatus nach *ius gentium* und *ius civile*, Stuttgart 1999.

## 136: Dig. 25,3,6,1

Aufgrund von Undankbarkeit oder Gewalt gegen seinen ehemaligen Herrn, konnte ein Freigelassener seinen gewonnenen freien Status verlieren und in die Sklaverei zurückgeführt werden.

Folgender Erlass des Kaisers Commodus wird überliefert: „Wenn nachgewiesen ist, dass Freilasser von ihren Freigelassenen angegriffen wurden oder sie geschlagen wurden und verbrecherisch Hand an sie gelegt wurde, oder wenn sie in Schwierigkeiten infolge Armut oder körperlicher Krankheit im Stich gelassen wurden, dann sollen sie zunächst in die Gewalt ihrer Freilasser zurückversetzt werden und gezwungen werden, ihren Herren Dienst zu leisten. Wenn sie aber auch auf diese Weise nicht zur Vernunft gebracht werden können, sollen sie vom Provinzstatthalter einem Käufer zugesprochen werden und der Kaufpreis soll den Freilassern gegeben werden."

*Literatur*

*H. Wieling*: Die Begründung des Sklavenstatus nach *ius gentium* und *ius civile*, Stuttgart 1999.

## 137: Gaius inst. 1,17f

→1.2.5 Text Nr. 17

## 138: Gaius inst. 1,36–38

[36]Nicht jeder aber, der möchte, darf freilassen.
[37]Denn wer in betrügerischer Absicht gegenüber seinen Gläubigern oder seinem Patron freilässt, bewirkt nichts, weil die *lex Aelia Sentia* in diesen Fällen der Freiheit entgegensteht.
[38]Ferner darf nach demselben Gesetz ein Sklavenbesitzer vor Vollendung des 20. Lebensjahres nur dann freilassen, wenn dies durch Berührung mit der

*vindicta* geschieht und zuvor ein rechtmäßiger Freilassungsgrund vor einer Kommission nachgewiesen wurde.

*Literatur*
*W. Eck/J. Heinrichs*: Sklaven und Freigelassene in der römischen Kaiserzeit, Darmstadt 1993.

## 139: Ps. Dofith frg. iur. 14

Wer „unter Freunden" formlos freigelassen wird, erhält unabhängig von seinem Alter lat. Rechtsstatus, und soweit nützt ihm diese Art der Freilassung, als er später erneut, und zwar durch Berührung mit der *vindicta* oder testamentarisch förmlich freigelassen und damit röm. Bürger werden kann.

*Literatur*
*W. Eck/J. Heinrichs*: Sklaven und Freigelassene in der Gesellschaft der römischen Kaiserzeit, Darmstadt 1993.

## 140: CIL VI 7281

Für Callistio, den Verwalter der Lebensmittelvorräte; ihm hat das *collegium castrense* unter Leitung des Haushaltskassenführers Daphnus und des Privatsekretärs Hedylalos diesen Platz im Kolumbarium zugewiesen.

*Literatur*
*W. Eck/J. Heinrichs*: Sklaven und Freigelassene in der Gesellschaft der römischen Kaiserzeit, Darmstadt 1993.

## 141: CIL VI 9725

Den Totengöttern geweiht. Für Volusia Dmoenis, die Hebamme der Volusia Torquata, hat Claudia Nome diesen Platz im Kolumbarium hergerichtet, weil die Verstorbene sich um sie verdient gemacht hat.

*Literatur*
*W. Eck/J. Heinrichs*: Sklaven und Freigelassene in der Gesellschaft der römischen Kaiserzeit, Darmstadt 1993.

## 142: CIL VI 7370

Den Totengöttern. Für Lucius Volusius Paris, den Kammerdiener und später Verwalter unseres Herrn Lucius, hat Claudia Helpis gemeinsam mit ihren Kindern Volusia Hamilla und Volusius Paris diesen Grabaltar errichtet, für ihren Gatten, weil er es verdient, mit Genehmigung unseres Herrn Lucius.

*Literatur*

*W. Eck/J. Heinrichs*: Sklaven und Freigelassene in der Gesellschaft der römischen Kaiserzeit, Darmstadt 1993.

## 143: Sen. epist. 47

→3.2.4

In diesem von zahlreichen moralischen Briefen an Lucilius entwickelt Seneca seine stoische Sicht des Menschseins, die vor dem Hintergrund einer von Vernunft durchwalteten Welt und im Blick auf das entsprechende kosmopolitische Vernunftwesen des Menschen keine gesellschaftlichen Unterschiede (z.B. zwischen Freien und Sklaven) geltend macht. Vielmehr geht es um einen allen Menschen jederzeit und in allen Lagen möglichen Weg zur Unerschütterlichkeit der Seele durch Tugend.

[1]Gern erfahre ich von den Menschen, die von dir kommen, freundschaftlich lebest du zusammen mit deinen Sklaven: Das entspricht deiner Klugheit, deiner Bildung. „Sklaven sind sie." – Nein, Menschen. „Sklaven sind sie." – Nein, Hausgenossen. „Sklaven sind sie." – Nein, Freunde von geringem Rang. „Sklaven sind sie." – Nein, Mitsklaven, wenn du bedenkst, ebensoviel steht gegenüber dem einen wie dem anderen frei dem Schicksal. [2]Daher lache ich über diejenigen, die es für entehrend halten, mit ihrem Sklaven zusammen zu speisen: Warum, außer weil überaus hoffärtige Gewohnheit den Herrn bei der Mahlzeit mit einer Schar stehender Sklaven umgibt? Es isst jener mehr, als er fassen kann, und mit ungeheuerlicher Gier belastet er seinen überdehnten Magen – und entwöhnten bereits des Magens Pflicht –, so dass er unter größerer Mühe alles wieder herausbringt, als er es eingeführt hat. [3]Hingegen den unglückseligen Sklaven ist die Lippen zu bewegen nicht einmal dazu gestattet, zu sprechen. Mit der Rute unterdrückt man jedes Murmeln, und nicht einmal unbeabsichtigte Zwischenfälle sind von Schlägen ausgenommen, Husten, Niesen, Schluckauf: Mit schwerer Strafe ward von irgendeinem Wort unterbrochen das Schweigen, sühnt man es: Die ganze Nacht stehen sie nüchtern und stumm da. [4]So kommt es, dass die über ihren Herrn reden, denen in Gegenwart des Herrn zu sprechen nicht erlaubt ist. Hingegen jene, die nicht nur in Gegenwart der Herrn, sondern mit ihnen Selbst Gespräch hatten, deren Mund nicht zugenäht wurde, waren bereit, für den Herrn darzubieten den Nacken, drohende Gefahr auf ihr Haupt abzulenken: Auf den Gastmählern sprachen sie, aber auf der Folter schwiegen sie. [5]Sodann brüstet man sich mit einem Sprichwort von derselben Anmaßung, so viele Feinde gebe es wie Sklaven: Nicht haben wir sie zu Feinden, sondern machen sie dazu. Andere Grausamkeiten indessen übergehe ich, dass wir sie nicht einmal wie Menschen behandeln, sondern als Lasttiere missbrauchen, dass – wenn wir uns zu Tische gelegt haben – einer den Auswurf wegwischt, ein anderer die Hinterlassenschaft der Trunkenen, unter das Sofa gebückt, aufliest. [6]Einer zerlegt kostbares Geflügel: Durch Brust und Keulen mit sicheren Schnitten führend die kundige Hand, schneidet er die Portionen zurecht, der Unglückliche, der allein dazu lebt, Geflügel elegant zu zerlegen – elender ist, wer das um des Genusses willen lehrt, als wer es aus Notwendigkeit lernt. [7]Ein anderer, der Mundschenk, nach Weiberart gekleidet, ringt mit seinem Alter: Nicht kann er ent-

fliehen dem Knabenalter, er wird zurückgeholt, bereits in wehrdienstfähiger Verfassung, von glatter Haut, da die Körperhaare abgeschabt und völlig ausgerissen sind, wacht er die ganze Nacht, die er zwischen der Trunkenheit des Herrn und dessen Geschlechtslust teilt, und ist im Schlafzimmer Mann, auf dem Gastmahl Knabe. [8]Ein anderer, dem die Beurteilung der Gäste übertragen ist, steht da, unglücklich, und beobachtet, wen Schmeichelei und Unmäßigkeit entweder des Schlundes oder der Zunge empfiehlt für den kommenden Tag. Füge hinzu die Einkäufer, die über genaue Kenntnis des Gaumens ihres Herrn verfügen, die wissen, welcher Speise Geschmack ihn anregt, welcher Anblick ihn erfreut, durch welche Neuigkeit er bei Übelkeit wieder auf die Beine gebracht werden kann, was vollends gerade bei Übersättigung ablehnt, worauf er an diesem Tag Appetit hat. Mit diesen Menschen zu speisen erträgt er nicht, und er hält es für Minderung seiner Bedeutung, sich an denselben Tisch zusammen mit seinem Sklaven zu begeben. Götter! Wie viele von ihnen hat er zu Herren! [9]Wie vor der Schwelle des Callistus sein ehemaliger Herr stand, sah ich, und wie er, der ihm das Täfelchen angeheftet hatte, der ihn unter die unbrauchbaren Sklaven eingeteilt hatte, während andere eintraten, abgewiesen wurde: Abgestattet hat ihm Dank jener Sklave, unter die erste Gruppe versetzt, an der seine Stimme der Auktionator erprobt: Auch er hat ihn seinerseits zurückgewiesen, auch er hat ihn für seines Hauses unwürdig erklärt. Der Herr hat den Callistus verkauft: Aber wie viel für den Herrn der Callistus! [10]Wolle du bedenken, der den du deinen Sklaven nennst, ist aus denselben Samen entstanden, erfreut sich desselben Himmels, atmet gleich, lebt gleich, stirbt gleich! So kannst du ihn als frei geboren ansehen wie er dich als Sklaven. Bei der Niederlage des Varus hat viele Männer von glänzender Geburt, den Rang des Senators als Ergebnis des Kriegsdienstes erwartend, das Schicksal zu Boden getreten, den einen von ihnen zum Hirten, den anderen zum Hüter einer Hütte gemacht: Verachte nun einen Menschen dieses Schicksals, in das du, während du ihn verachtest, geraten kannst. [11]Ich will mich nicht auf ein riesiges Thema einlassen und über den Umgang mit Sklaven sprechen, gegenüber denen wir überaus hochfahrend, grausam, verachtungsvoll uns verhalten. Folgendes dennoch ist der Kern meiner Lehre: So lebe mit einem Menschen von niedrigerem Range, wie mit dir einer von höherem Rang, nach deinem Wunsche, leben soll. Sooft dir in den Sinn kommt, was dir gegenüber deinem Sklaven freisteht, komme dir in den Sinn, ebensoviel steht gegenüber dir deinem Herrn frei. [12]„Aber ich“, sagst du, „habe keinen Herrn.“ – Ein gutes Alter hast du: Vielleicht wirst du einen haben. Du weißt nicht, in welchem Alter Hecuba Sklavin geworden ist, in welchem Kroisos, in welchem des Dareios Mutter, in welchem Platon, in welchem Diogenes? [13]Lebe mit deinem Sklaven milde, umgänglich auch, gewähre ihm Zugang zum Gespräch, zur Beratung, zur Mahlzeit. An dieser Stelle wird mir zurufen die ganze Schar der Anspruchsvollen: „Nichts niedriger als das, nichts schimpflicher.“ Diese selben Menschen werde ich dabei antreffen, wie sie fremder Sklaven Hand küssen. [14]Nicht einmal das seht ihr, wie alle Gehässigkeit unsere Vorfahren den Herren, alle Kränkung den Sklaven abgenommen haben? Den Herrn haben sie Hausvater genannt, die Sklaven was auch im Mimus bis heute andauert, Hausgenossen. Festgesetzt haben sie einen Festtag, nicht, damit allein an ihm mit den Sklaven die Herren speisten, sondern jedenfalls Ämter im

Hause auszuüben, Recht zu sprechen haben sie ihnen gestattet und sind der Meinung gewesen, das Haus sei ein Staat im Kleinen. [15]„Was also? Alle Sklaven werde ich an meinen Tisch setzen?“ – Ebenso wenig wie alle Freien. Du irrst, wenn du meinst, ich werde einige als von gleichsam zu schmutziger Beschäftigung zurückweisen, denke zum Beispiel an diesen Maultiertreiber oder jenen Rinderhirten: Nicht nach ihren Diensten werde ich sie einschätzen, sondern nach ihrem Charakter. Ein jeder gibt sich den Charakter, die Dienstleistungen weist ihnen der Zufall zu. Manche mögen mit dir speisen, weil sie es wert sind, manche, auf dass sie es seien; wenn nämlich etwas an ihnen, aufgrund ihres schmutzigen Umganges, Sklavenhaftes ist, wird es das Zusammensein mit gebildeteren Menschen vertreiben. [16]Nicht besteht Anlass, mein Lucilius, dass du deinen Freund nur auf dem Forum und in der Kurie suchst: Wenn du aufmerksam darauf achtest, wirst du ihn auch zuhause finden. Oft liegt ein guter Stoff brach, ohne den Künstler: Versuche und erprobe. Wie töricht ist, wer ein Pferd kaufen will, und nicht es selbst genau betrachtet, sondern seine Decke und Zügel, so ist sehr töricht, wer einen Menschen nach seiner Kleidung oder Situation die nach Art eines Kleidungsstückes uns umgetan ist, einschätzt. [17]„Sklave ist er“! – Aber vielleicht frei in der Seele. „Sklave ist er.“ – Das wird ihm schaden? Zeig, wer es nicht ist: Einer ist Sklave seiner Sinnlichkeit, ein anderer seiner Habsucht, ein anderer seines Ehrgeizes, alle der Hoffnung, alle der Furcht. Vorweisen werde ich einen ehemaligen Konsul, eines alten Weibe Sklaven, vorweisen einen Reichen, einer jungen Sklavin (Sklaven), zeigen werde ich hochvornehme junge Männer als Sklaven von Schauspielern; keine Sklaverei ist schimpflicher als die aus eigenem Willen. Darum gibt es keinen Grund, dass dich diese Hochmütigen davon abschrecken dürfen, dich freundlich deinen Sklaven zu zeigen und umgänglich, obwohl höher an Rang: verehren sollen sie dich lieber als fürchten. [18]Sagen wird einer, ich riefe nun die Sklaven zur Freiheit und stieße die Herren aus ihrer Stellung, weil ich gesagt habe: Sie sollen verehren lieber ihren Herrn als fürchten. „So“, hat er gesagt, „geradezu?“ – Wer das gesagt hat, wird vergessen, dass für einen Herrn nicht zu wenig ist, was dem Gott genügt. Wer verehrt wird, wird auch geliebt; nicht kann sich Liebe mit Furcht mischen. [19]Am richtigsten als handelst du, meine ich, dass du gefürchtet werden von deinen Sklaven nicht willst, dass du nur mit Worten strafst; mit Schlägen ermuntert man das zur Sprache nicht fähige Vieh. Nicht verletzt uns auch, was immer unseren Unmut erregt: Aber in rasenden Zorn zu geraten zwingt uns unsere Verwöhntheit, so dass, was immer nicht nach unserem Willen geht, Zorn hervorruft. [20]Die Haltung von Tyrannen haben wir angenommen; denn auch jene, vergessend ihre eigene Kraft und fremde Schwäche, schäumen so, wüten so, als ob sie ein Unrecht erlitten hätten, vor dessen Gefahr sie ihrer Stellung Höhe vollkommen sicher macht. Und das wissen sie durchaus, aber nach einer Gelegenheit zu schaden suchen sie mit ihrer Klage; erlitten haben sie ein Unrecht, um eines tun zu können.

[21]Länger will ich dich nicht aufhalten; nicht nämlich hast du Ermahnung nötig. Diese Eigenschaft hat außer dem übrigen ein guter Charakter, er ist einverstanden mit sich, er ist von Bestand: Unzuverlässig ist die Boshaftigkeit, oft verändert sie sich, nicht zum Besseren, sondern zum anderen. Leb wohl.

*Literatur*

*M. Rosenbach* (Hg.): L. Annaeus Seneca. Philosophische Schriften, Darmstadt 1989.

## Texte zu 2.2.5.4 Randgruppen: Banditen, Zöllner und andere

### 144: Ios. bell. Iud. 2,425–428

Die unten stehende Quellenpassage beleuchtet die unmittelbare Anfangsphase des großen jüd. Aufstandes von 66 n.Chr. Die Aufständischen verbrannten zuallererst die Schuldtafeln, wodurch sie ihre Anhängerbasis um viele Schuldner verbreiterten.

425 Am achten Tag, dem Fest des Holztragens, an welchem jedermann dem Brauche gemäß Holz für den Altar herbeizubringen pflegt, damit dem Feuer, das immerfort brennen soll, die Nahrung nicht fehle, schlossen die Anhänger Eleazars ihre Gegner vom Gottesdienst aus. Da sich übrigens zugleich mit dem unbewaffneten Volk auch viele Sikarier – wie man die Banditen mit Dolchen im Gewande nennt – in den Tempel eingeschlichen hatten, nahmen sie mit deren Hilfe ihre Angriffe alsbald in verstärktem 426 Maße wieder auf und drängten die Königlichen, die ihnen an Zahl und Entschlossenheit nachstanden, in kräftigem Ansturm aus der oberen Stadt hinaus, die sie nun selbst besetzten. Hierauf steckten sie das Haus des Hohepriesters Ananias sowie die Paläste des Agrippa und der Berenike in 427 Brand und trugen das Feuer dann auch nach dem städtischen Archiv, umso rasch wie möglich die Schuldurkunden zu vernichten und die Eintreibung der Ausstände unmöglich zu machen. Dadurch zogen sie die große Menge derer, denen die Vernichtung der Urkunden zugute kam, auf ihre Seite und wiegelten so die Besitzlosen gegen die Vermögenden auf. Die Anlegung des Feuers war ihnen übrigens so leicht gelungen, weil die Archivwache 428 geflüchtet hatte. Nachdem sie auf diese Weise den Nerv der Stadt vernichtet hatten, zogen sie gegen die Feinde selbst los.

*Literatur*

Flavius Josephus: Geschichte des Jüdischen Krieges/Kleinere Schriften. Übersetzt und mit Einleitung und Anmerkungen versehen von *H. Clementz*, Wiesbaden 2005.

## Texte zu 2.2.6.2 I Galiläa

### 145: Ios. bell. Iud. 3,35–43.516–521

In dem unten gebotenen Exkurs aus seinem Werk „Vom Jüdischen Krieg“ umreißt Josephus im Stil hell. Geographie die Grenzen Galiläas und nennt die wichtigsten Charakteristika der Region.

35 Galiläa zerfällt in das so genannte Ober- und Unterland und ist von Phönizien und Syrien umgeben. Gegen Westen wird es begrenzt von

Ptolemais und seinem Gebiet sowie vom Karmel, dem einst galiläischen, [36]jetzt aber tyrischen Gebirge, an welchem die Reiterstadt Gaba liegt, so genannt, weil sich in ihr die vom König Herodes aus dem Dienst entlassenen [37]Reiter angesiedelt hatten. Im Süden zieht es sich an dem Samariterland und Skythopolis entlang bis zum Jordanflusse. Gegen Osten stoßen daran die Bezirke von Hippos und Gadara, ferner Gaulanitis und das Königreich [38]des Agrippa, im Norden endlich schließt sich Tyrus und dessen Gebiet an. Das galiläische Unterland erstreckt sich der Länge nach von Tiberias bis [39]Chabulon unweit des Küstenstriches von Ptolemais, und der Breite nach von dem Dorfe Xaloth in der großen Ebene bis Bersabe, wo die Breitenausdehnung von Obergaliläa beginnt und sich bis zu dem Dorfe Baka [40]an der tyrischen Grenze fortsetzt, während die Länge des Oberlandes von Thella, einem Dorfe am Jordan, bis Meroth reicht.
[41]Ungeachtet des geringen Umfanges dieser beiden Landschaften und ihrer durchweg nichtjüdischen Umgebung hielten die Galiläer doch jedem [42]feindlichen Angriff stand, da sie von Jugend auf mit dem Kampfe vertraut waren und allzeit eine bedeutende Kopfzahl aufwiesen. Den Männern fehlte es nie an Mut, und dem Lande nie an Männern. Letzteres nämlich ist üppig und weidereich, mit Bäumen aller Art in Hülle und Fülle bepflanzt und so ergiebig, dass es auch den trägsten Landmann zur Arbeit anregte.
[43]So kommt es, dass das ganze Land von seinen Bewohnern angebaut ist und kein Teil desselben brachliegt. Aus dem selben Grunde hat es eine Menge von Städten, und auch die Bevölkerung der Dörfer ist wegen der Fruchtbarkeit des Bodens überall so dicht, dass selbst das kleinste Dorf mehr als fünfzehntausend Einwohner zählt.
[516]Den Gennesar entlang erstreckt sich eine gleichnamige Landschaft von wunderbarer natürlicher Schönheit. Infolge der Fettigkeit des Bodens versagt sie keinerlei Gewächs, und es haben sie denn auch die Bewohner mit allen möglichen Arten davon bepflanzt, zumal das ausgezeichnete Klima ebenfalls zum Aufkommen der verschiedensten [517]Gewächssorten beiträgt. Nussbäume, welche am meisten der Kühle bedürfen, wachsen dort in großer Menge ebenso wie Palmen, die nur in der Hitze gedeihen; nahe bei ihnen stehen wieder Feigen- und Ölbäume, denen eine gemäßigte [518]Temperatur mehr zusagt. Was sich hier vollzieht, könnte man ebenso wohl einen Wettstreit der Natur nennen, als einen edlen Kampf der Jahreszeiten, deren jede diese Landschaft in Besitz zu nehmen sucht. Denn der Boden bringt die verschiedensten, anscheinend einander fremden Obstsorten nicht bloß einmal im Jahr, sondern lange Zeit hindurch fortwährend [519]hervor: So liefert er die königlichen Früchte, Weintrauben und Feigen, zehn Monate lang ohne jede Unterbrechung, während die übrigen Früchte das ganze Jahr hindurch mit jenen der Reihe nach reif werden. Zu dem milden Klima gesellt sich dann noch die Bewässerung durch eine sehr kräftige Quelle, die von den Eingeborenen des Landes Kapharnaum genannt wird. [520]Einige haben diese Quelle schon für eine Ader des Nils gehalten, da in [521]ihr Rabenfische wie im See bei Alexandria sich finden. Die Landschaft dehnt sich am Ufer des gleichnamigen Sees in der Länge von dreißig und der Breite von zwanzig Stadien aus. So verhält es sich mit der natürlichen Beschaffenheit jener Gegend.

*Literatur*

Flavius Josephus: Geschichte des Jüdischen Krieges/Kleinere Schriften. Übersetzt und mit Einleitung und Anmerkungen versehen von *H. Clementz*, Wiesbaden 2005.

## 146: Ios. bell. Iud. 2,55–65

Flavius Josephus berichtet im folgenden Text von den sich im Land ausbreitenden Aufständen zu Beginn des Jüdischen Krieges, denen Ausschreitungen gegen die röm. Besatzungsmacht beim Pentekoste-Fest 66 n.Chr. vorausgingen.

[55]Um diese Zeit brachen auch an vielen anderen Orten im Lande Unruhen aus, und gar mancher hielt die Gelegenheit für günstig, sich die Königskrone aufzusetzen. So griffen in Idumäa zweitausend frühere Krieger des Herodes zu den Waffen und bekämpften die Königlichen. Achiab, der Vetter des Königs, führte den Krieg gegen sie von den stärksten [56]Festungen aus, vermied aber jeden Zusammenstoß in der Ebene. Ferner brachte zu Sepphoris in Galiläa ein gewisser Judas, der Sohn jenes Räuberhauptmanns Ezekias, der einst das Land verheert hatte, aber von dem König Herodes gefangen genommen worden war, eine nicht unbedeutende Schar zusammen, erstürmte die königlichen Zeughäuser, bewaffnete seine Leute und griff diejenigen an, welche nach der Herrschaft strebten.

[57]In Peraea setzte sich Simon, einer von den Dienern des verstorbenen Königs, im Vertrauen auf seine Schönheit und Körpergröße das Diadem auf, streifte mit den Räubern, die er an sich gezogen hatte, umher, steckte den königlichen Palast zu Jericho sowie viele andere prachtvolle Landhäuser in Brand und machte während der Feuersbrünste mit leichter Mühe reiche [58]Beute. Auf die Dauer würde er wohl sämtliche Prachtgebäude eingeäschert haben, wenn nicht Gratus, der Anführer der königlichen Fußsoldaten, mit den Bogenschützen von Trachon und den kampfgeübtesten Sebastenern [59]ihm entgegengerückt wäre. In dem Treffen, das sich nun entspann, fiel freilich ein großer Teil des Fußvolkes, doch wurde Simon selbst, als er durch eine enge Schlucht entfliehen wollte, von Gratus abgeschnitten und durch einen Seitenhieb ins Genick getötet. Von einer anderen Rotte Aufständischer aus Peraea wurde das Königsschloss zu Betharamathon in der Nähe des Jordans niedergebrannt.

[60]Sogar ein Hirte mit Namen Athrongaeus wagte es in den unruhigen Zeiten, seine Hand nach der Krone auszustrecken. Was ihn in seiner Hoffnung bestärkte, war außer seiner gewaltigen Körperkraft und seinem todverachtenden Mute besonders die Hilfe, die ihm seine gleich gearteten [61]Brüder gewährten. Jedem von ihnen unterstellte er eine Rotte von Bewaffneten und ließ sie an deren Spitze zu kriegerischen Überfällen ausrücken, [62]während er selbst wie ein König die wichtigeren Geschäfte erledigte. Dieser Mann also setze sich damals das Diadem auf und verheerte in Gemeinschaft mit seinen Brüdern längere Zeit hindurch das Land. Vorzugsweise suchten sie Römer und Königliche umzubringen; aber auch wenn Juden ihnen in die Hände fielen, von denen etwas zu erpressen war, schonten sie [63]dieselben nicht. Eines Tages wagten sie sogar bei Ammaus eine ganze römische Kohorte zu umzingeln, die der Legion Proviant und Waffen zuführte. Schon war der Centurio Arius samt

vierzig der tapfersten Soldaten ihren Geschossen erlegen, und schon drohte dasselbe Schicksal den übrigen Römern, als Gratus mit den Sebastenern ihnen zu Hilfe eilte und sie rettete. [64]Nachdem nun die Brüder während der ganzen Dauer des Kriegszustandes gegen Einheimische wie Fremde viele derartige Gewalttaten begangen hatten, gerieten endlich drei von ihnen in Gefangenschaft. Der älteste nämlich fiel dem Archelaus, die beiden nächsten dem Gratus und dem Ptolemäus [65]in die Hände. Der vierte dagegen ergab sich dem Archelaus aufgrund eines Vergleiches. Dieses Schicksal ereilte sie indes erst später; damals, wie gesagt, überzogen sie ganz Judäa mit ihrem Raubkriege.

*Literatur*

Flavius Josephus: Geschichte des Jüdischen Krieges/Kleinere Schriften. Übersetzt und mit Einleitung und Anmerkungen versehen von *H. Clementz*, Wiesbaden 2005.

## 147: Ios. ant. Iud. 18,26–28.36–38

Zudem zeichnet Josephus in seinen „Jüdischen Altertümern" ein lebhaftes Bild herodianischer Herrschaft. Im folgenden Textauszug beschreibt er die Baumaßnahmen der Söhne Herodes d.Gr., die diese nach ihrem Amtsantritt vollbrachten.

[26]Als Quirinius das Vermögen des Archelaus eingezogen und die Steuerschätzung, die in das siebenunddreißigste Jahr nach dem Siege des Kaisers über Antonius bei Actium fiel, zu Ende geführt hatte, setzte er den Hohepriester Joazar, der mit dem Volke in Streit geraten war, von Amt und Würden ab und übertrug die Stelle an Ananus, den Sohn des Seth. [27]Herodes und Philippus aber nahmen jeder Besitz von seiner Tetrarchie. Herodes befestigte alsdann Sepphoris, die Zierde von Galiläa, und weihte die Stadt dem Kaiser. Ebenso umgab er Betharamphtha, das bereits zu einer Stadt angewachsen war, mit Mauern und nannte die Festung der Gemahlin des Kaisers zu Ehren Julias. [28]Philippus seinerseits baute die an den Quellen des Jordan gelegene Stadt Paneas aus und gab ihr den Namen Caesarea Philippi, erhob dann den Flecken Bethsaida, der am See Gennesaret lag, zum Range einer Stadt, verschaffte derselben Einwohner und Hilfsquellen und nannte sie nach des Kaisers Tochter ebenfalls Julias.
[36] Da Herodes der Tetrarch mit Tiberius sehr befreundet war, erbaute er eine Stadt am See Gennesaret im schönsten Teil von Galiläa, die er Tiberias nannte. Nicht weit von dieser Stadt befinden sich warme Quellen an einem Ort, der Ammathous heißt. [37]Tiberias wurde von zusammengelaufenem Volk besiedelt, nicht wenige davon Galiläer und solche, die von seinem (=des Antipas') Territorium stammten und mit Gewalt dort angesiedelt wurden. Einige gehörten sogar den besseren Ständen an. Auch die Bettler, die im ganzen Lande aufgefangen wurden. [38]Diese vielen ließ Antipas frei und beschenkte sie mit Wohltaten, immer unter dem Zwang, dass sie die Stadt nicht verlassen dürften. Er ließ ihnen auf eigene Kosten Häuser bauen und Ländereien zuteilen, da es ihm wohl bekannt war, dass ihnen nach jüdischem Gesetz das Wohnen daselbst verboten war. Tiberias war nämlich über einem Ort von Gräbern errichtet worden, von denen viele entfernt worden waren.

Unser Gesetz erklärt die Bewohner solcher Orte für unrein für die Dauer von sieben Tagen.

*Literatur*

Flavius Josephus: Jüdische Altertümer. Übersetzt und mit Einleitung und Anmerkungen versehen von *H. Clementz*. Wiesbaden [2]2006.

## Texte zu 2.2.7.2 Kulturelle Performanzen, Theater, Spiel und Sport

### 148: Iuv. 10,78–81

Vor dem Hintergrund einer idealisierten röm. Vergangenheit attackiert Juvenal in seinen Satiren überspitzt die Sittenlosigkeit der stadtröm. Gesellschaft. Hier hält er ihr vor, sie hätte sich durch die Wohltaten der Cäsaren in Form von Getreideverteilungen und Zirkusspielen politisch entmündigen lassen.

Denn einst verlieh es (=das römische Volk) Befehlsgewalt, Rutenbündel, Legionen, alles sonst, jetzt hält es sich zurück und wünscht ängstlich nur zwei Dinge: Brot und Zirkusspiele.

*Literatur*

*J. Adamietz* (Hg.): Juvenal, Satiren, München/Zürich 1993.

### 149: Suet. Aug. 99,1

In den Kaiserviten Suetons (ca. 70–140 n.Chr.) charakterisiert der sterbende Augustus sein Leben als Theaterstück und bedient sich dabei einer bei Komödienaufführungen üblichen Schlussformel.

Danach rief er (=Augustus) seine Freunde und fragte sie, ob er denn wohl die Komödie des Lebens anständig gespielt habe, und endete mit der Schlussformel: „Wenn aber nun sehr gut gespielt ist, dann klatscht Beifall und gebet alle uns mit Freude das Geleit“.

*Literatur*

*O. Wittstock* (Hg.): Sueton, Kaiserbiographien, Berlin 1993.

### 150: Ios. ant. Iud. 15,268

In diesem Abschnitt berichtet Josephus von Herodes d.Gr., der selbst in Jerusalem die hell. Agonistik förderte. Er ließ Bauten errichten und hell. Spiele veranstalten.

Zunächst nämlich richtete er (= Herodes) zu Ehren des Caesars alle fünf Jahre stattfindende Kampfspiele ein und baute ein Theater in Jerusalem, ferner ein sehr großes Amphitheater in der Ebene, beide zwar von eindrucksvoller Pracht, aber den Bräuchen der Judäer fremd.

*Literatur*
Übersetzt von Christian Strecker.

## Texte zu 2.2.7.3 I Alexandria

### 151: C. Ord. Ptol. 29

Dieser Text dokumentiert nicht nur die hohe Bedeutung des Mysterienkultes, sondern zeigt auch das starke Interesse des Königs an innerer Ordnung, wohl bald nach dem historischen Sieg von Rhaphia. Dies wiederum wirft ein Licht auf die Hintergründe der Gegnerschaft des 3Makk 2,27–30 und auf die Auseinandersetzung mit anderen Kulten, die die jüd. Gemeinden geprägt haben, auch wenn sie selbst in diesem Dokument keine Erwähnung finden.

[1]Auf Befehl des Königs. Die Priester, die in der Chöra die heiligen Riten des Dionysos vollziehen, haben nach Alexandrien hinabzufahren – diejenigen, die nördlich von Naukratis wohnen, innerhalb von zehn Tagen, [5]von dem Tag an, an dem die Anordnung aushängt, diejenigen, die südlich von Naukratis wohnen, innerhalb von 20 Tagen.
Sie haben sich bei Aristobulos in das Register einzutragen – innerhalb [10]von drei Tagen, vom Tag ihrer Ankunft an –; sie haben aber auch sogleich zu den Akten zu geben, von wem sie die heiligen Riten übernommen haben – über drei Geschlechter hinweg, und haben den heiligen Logos versiegelt abzugeben, wobei jeder seinen eigenen Namen auf ihn schreibt.

Neben der heiklen Frage nach dem Wechsel der Herrschaft in Rom (Z.3.7.66: Galba, u.ö.) werden Steuerfragen, wirtschaftliche Missverhältnisse und Versagen der Bürokratie in Alexandrien und der Chöra angesprochen. Die Situation der Juden oder der jüdischen Gemeinden wird nicht angesprochen. Es handelt sich durch den Regierungswechsel um eine dem Claudiusreskript (CPJ I 153) vergleichbare Situation.

[1]Julius Demetrius, Stratege der Oase der Thebais: Ich habe für Euch eine Abschrift des Ediktes, das mir von unserem Herrn Präfekten Tiberius Julius Alexander übersandt wurde, nachstehend anbringen lassen, damit ihr seine Wohltaten kennt und sie genießt. Im 2. Jahr des Lucius Livius Augustus Sulpicius Galba Imperator, am 1. Phaophi, der der Julia Augusta heilig ist.
Tiberius Julius Alexander verkündet: Ich habe meine ganze Sorge darauf verwandt, dass die Stadt Alexandrien in dem ihr zukommenden Zustand verbleibt und die Wohltaten genießt, die sie von den Kaisern erhalten hat, und auch darauf, dass Ägypten in seinem Gleichgewicht fortfährt, eifrig zum Wohlstand und dem sehr großen [5]Glück dieser Zeiten beizutragen, ohne dass es durch neue und ungerechte Abgaben belastet wird.
[7][ ...] damit ihr mit um so größerem Vertrauen alles, was sich auf eure Rettung und materiellen Vorteil bezieht, erhofft von eurem Wohltäter, dem Augustus und Imperator Galba, der über uns zum Heil für das ganze Menschen-

geschlecht aufgeleuchtet ist, und damit ihr erkennt, dass ich auf Maßnahmen zur Hilfe für euch bedacht war, habe ich zu jedem Punkt, über den ihr angefragt habt, das Nötige geschrieben, soweit es meiner Beurteilung und meinem Handlungsspielraum unterliegt.
[15]Da sich einige Beamte unter dem Vorwand von Staatsinteressen Darlehen anderer auf sich übertragen ließen und bestimmte Personen sowohl in das Schuldgefängnis als auch in andere Gefängnisse einlieferten, die, wie ich weiß, eben deshalb aufgehoben wurden, damit die Eintreibung der Darlehen aus dem Vermögen und nicht von den Personen der Schuldner erfolgte, daher halte ich mich an die Entscheidungen des göttlichen Augustus und verordne, dass niemand unter dem Vorwand von Staatsinteressen von anderen sich Darlehen übertragen lasse, die er selbst nicht von Anfang an gewährt hat, und dass überhaupt freie Personen nicht in irgendein Gefängnis eingesperrt werden, sofern sie nicht Übeltäter sind, noch in ein Schuldgefängnis, sofern es nicht Schuldnern des Fiskus sind.
[33]Es ist den Gunsterweisen der Kaiser gemäß, dass auch die alexandrinischen Bürger, die dort geboren sind und die der Arbeit wegen auf dem Land wohnen, zu keiner Liturgie des Landes gezwungen werden.
11 [1]Ihr habt oft nachgefragt, und ich beachte es selbst, dass kein geborener alexandrinischer Bürger zu einer Liturgie des Landes gezwungen werden darf.
[62]Bezüglich der länger zurückliegenden Steuerrückstände, die auf euch lasten und die gewisse Personen versuchten, regelmäßig einzutreiben oder ein für alle Mal zu begrenzen, wodurch sie nichts erreichten außer der Bereicherung der Verwaltungsbeamten und dem Ruin der Bevölkerung, werde ich dem Caesar Augustus Imperator schreiben zusammen mit den anderen Fragen, die ich ihm mitteile, ihm, der allein in der Lage ist, dieses Übel völlig zu beseitigen, dessen beständige Fürsorge und Vorsorge [65]die Ursache von unser aller Wohl sind.
Die ersten, Jahre des Luclius Livius Galba Caesar Augustus Imperator, am 12. Epiph.

*Literatur*

*G. Schimanowski*: Juden und Nichtjuden in Alexandrien. Koexistenz und Konflikte bis zum Pogrom unter Tajan (117 n.Chr.), Münster 2006.

## Texte zu 2.2.7.3 V Dekapolis

### 152: Plin. nat. 5,74

Plinius d.Ä. beschreibt im fünften Buch seiner 37-bändigen Naturgeschichte unter Verwendung älterer Quellen die Länder der Levante. Auf Iudäa folgt die Liste der Dekapolisstädte. Plinius weist auf abweichende Listen hin. Cl. Ptolemaeus (um 150 n.Chr.) nennt 18 Städte der *Koile Syria* und Dekapolis. Zur Abgrenzung stellt Plinius der Dekapolis u.a. die von den Herodianern verwalteten Tetrarchien (Gaulanitis, Batanaea, Hauranitis, Trachonitis) gegenüber. Das in diesem Kontext genannte Abila ist nicht die inschriftlich bezeugte Dekapolisstadt Abila, sondern Abila Lysaniae.

Damit Judäa ist an der Seite Syriens das Gebiet der Dekapolis verbunden, benannt nach der Zahl der Städte, bei der aber nicht alle übereinstimmen. Zuerst nennen sie jedoch Damaskos, das durch den bei der Bewässerung erschöpften Fluss Chrysorrhoas fruchtbar ist, sodann Philadelphia und Raphana, die alle nach Arabien hin liegen, ferner Skythopolis, früher Nysa, nach der von Pater Liber begrabenen Amme von den dort angesiedelten Skythen benannt, Gadara mit dem vorbeifließenden Hieromykes und das schon genannte Hippos, Dion, das wasserreiche Pella, Gerasa und Kanatha. Dazwischen und rund um die Städte liegen Tetrarchien, jede einem Königreiche gleich, und sie werden auch als Königreiche gezählt: Trachonitis, Paneas, in welcher Caesarea mit der oben erwähnten Quelle liegt, Abila, Arka, Ampeloessa und Gabe.

*Literatur*

C. Plinius Secundus d. Ä.: Naturkunde. Lateinisch/Deutsch. Buch V. Geographie: Afrika und Asien, hg. und übers. von *G. Winkler* in Zusammenarbeit mit *R. König*, München 1993.

## Texte zu 2.2.7.3 VI Ephesos

### 153: Ios. ant. Iud. 16,27–30.60f

In diesem Abschnitt berichtet Josephus über eine Ostreise Marcus Vipsanius Agrippa (ca. 64–12 v.Chr.) d.Gr. für die bedrückten Juden Ioniens.

[27]Als sie (= Herodes und Marcus Vipsanius Agrippa) nun nach Ionien gekommen waren, strömte eine Menge Juden, die in den ionischen Städten wohnten, zu Agrippa, um die ihnen gebotene Gelegenheit zu nutzen frei zu sprechen. Sie beklagten sich bei ihm über allerhand Ungerechtigkeiten: dass man sie hindere, nach ihren Gesetzen zu leben, dass man sie an heiligen Tagen nach der Willkür der Behörden vor Gericht lade, [28]dass man ihnen das Geld raube, welche sie nach Jerusalem für den Tempel senden wollten, dass man sie zur Leistung von Heeresdienst und zu öffentlichen Arbeiten zwinge und sie nötige, das zu heiligen Zwecken bestimmte Geld dazu für öffentliche Ausgaben zu verwenden, während sie doch von alledem befreit seien, da die Römer ihnen ausdrücklich erlaubt hätten, nach ihren heimischen Gebräuchen zu leben. [29]Als sie dies unter lauten Klagen vorbrachten, bat Herodes den Agrippa, ihre Gründe anzuhören, und gewann seinen Freund Nikolaus als Sachwalter der Juden. [30]Nachdem Agrippa die römischen Beamten und die Könige und Prinzen, die gerade anwesend waren, zu seinen Beratern gemacht hatte, erhob sich Nikolaos und begann für die Juden zu sprechen.
[60]Da nun Agrippa einsah, dass die Juden die Bedrückten seien, gab er den Bescheid, er sei wegen der ergebenen und freundschaftlichen Gesinnung des Herodes bereit, alle Forderungen der Juden zu erfüllen und als gerecht anzuerkennen. Auch wenn sie noch mehr Bitten vorzubringen hätten, werde die Gewährung keine Schwierigkeiten machen, wofern nur die römische Oberhoheit dadurch nicht benachteiligt wäre. Weil sie aber um nichts weiter gebeten hätten, als dass ihnen ihre früheren Rechte bestätigt würden, so bestimme er

hiermit, dass ihnen niemand etwas bei der Befolgung ihrer Gesetze in den Weg legen dürfe. [61]Hierauf entließ er die Versammlung. Herodes trat nun auf ihn zu, verneigte sich vor ihm und dankte ihm für seine Gnade aufs wärmste. Agrippa aber erwiderte voll Freude seine Ehrenbezeugung, indem er ihn umarmte und küsste. Alsdann verließ er Samos.

*Literatur*

Flavius Josephus: Jüdische Altertümer. Übersetzt und mit Einleitung und Anmerkungen versehen von *H. Clementz*, Wiesbaden ²2006.

## Texte zu 2.2.7.3 VII Jerusalem

### 154: Ios. ant. Iud. 15,410–420

In diesem Teil des 15. Buchs berichtet Josephus vom Palastbau Herodes' d.Gr.

[410]Gegen die Westseite hin hatte die Einfriedigungsmauer vier Tore, von denen eines durch ein dazwischen gelegenes Tal in die Königsburg, zwei weitere in die Vorstadt und das vierte in die eigentliche Stadt führten. Eine Menge von Stufen ermöglichte den Abstieg in das Tal und das Hinaufsteigen aus demselben. Denn die Stadt lag gerade dem Tempel gegenüber und machte, gegen Süden von einer tiefen Schlucht umgeben, den Eindruck [411]eines Theaters. Die vierte Seite der Einfriedigungsmauer endlich nach der Südseite hin hatte ebenfalls in der Mitte Tore und eine dreifache königliche Säulenhalle, die sich der Länge nach von der östlichen zur westlichen Seite [412]des Tales erstreckte, da sie nicht weiter fortgeführt werden konnte. Das ganze Werk war eines der merkwürdigsten, welche die Sonne jemals beschienen hat. Denn über dem Tale, welches so tief war, dass man, wenn man hinabsah, anfing schwindelig zu werden, war noch eine unermesslich hohe Halle erbaut, sodass derjenige, der vom Dache dieser Halle aus beide Höhen zugleich mit seinem Auge ermessen wollte, schon vom Schwindel erfasst wurde, ehe noch sein Blick den Grund der ungeheuren Tiefe erreichen [413]konnte. Vier Reihen Säulen hatte man von einem Ende der Halle bis zum anderen einander gerade gegenüber aufgestellt; die vierte dieser Säulenreihen war in eine steinerne Mauer eingefügt. Die Dicke einer jeden Säule war so groß, dass drei sich gegenseitig bei den Händen fassende Menschen sie mit den Armen eben umspannen konnten. Die Länge betrug [414]siebenundzwanzig Fuß, und jede Säule ruhte auf einem doppelten Wulst. An Zahl waren ihrer im Ganzen hundertzweiundsechzig; ihre Kapitelle waren in korinthischem Stil gehalten und stellten eine großartige und wundervolle Arbeit [415]dar. Weil nun der Säulenreihen vier waren, teilten drei davon den Raum in Säulengänge. Zwei von diesen Gängen, die einander gegenüberlagen, waren ganz gleich ausgestaltet, sodass jeder von ihnen dreißig Fuß in der Breite, ein Stadion in der Länge und mehr als fünfzig Fuß in der Höhe hatte. Der mittlere Gang dagegen war einundeinhalbmal so breit und zweimal so [416]hoch und reichte an beiden Seiten über die anderen weit hinaus. Die Dächer waren mit tief in das Holz geschnittenen Bildwerken verziert, die

mancherlei Formen aufwiesen; das mittlere Dach war höher als die beiden anderen. Vorn auf den Kapitellen befand sich eine steinerne Wand, die mit eingesetzten Säulchen verziert und sehr exakt geglättet war, sodass, wer sie nicht gesehen, sich keine Vorstellung von ihrer Schönheit machen konnte, und dass der, welcher sie sah, in staunendes Entzücken geriet. So war also [417]die erste Einfriedigung des Tempels beschaffen. Nach innen zu befand sich dann unweit der ersten eine zweite, zu der man auf einigen Stufen emporstieg. Sie stellte eine steinerne Mauer dar, auf der geschrieben stand, dass [418]jedem Fremden der Eintritt bei Todesstrafe verboten sei. Diese innere Einfriedigung hatte auf der Süd- und Nordseite je drei Tore, die gleich weit voneinander abstanden, und auf der Ostseite ein großes Tor, durch welches [419]diejenigen, welche rein waren, mit ihren Frauen eintreten durften. Das innere Heiligtum dagegen durften die Frauen unter keinen Umständen betreten. Endlich gab es noch einen dritten inneren Raum, in welchen einzutreten nur den Priestern gestattet war. Dies war der eigentliche Tempel, und vor demselben befand sich der Altar, auf dem wir Gott die Brandopfer [420]darbringen. In keinen dieser drei inneren Räume trat Herodes ein, da er kein Priester war und ihm somit der Eintritt nicht freistand. Vielmehr besorgte er nur den Aufbau der Säulenhallen und der äußeren Einfriedigungen, den er in acht Jahren vollendete.

*Literatur*

Flavius Josephus: Jüdische Altertümer. Übersetzt und mit Einleitung und Anmerkungen versehen von *H. Clementz*, Wiesbaden [2]2006.

## 155: Ios. bell. Iud. 1,401f

Josephus berichtet auch im „Jüdischen Krieg“ wie im 15. Buch der Antiquitates im Anschluss an die Inthronisation auch hier über die Bautätigkeit Herodes’ d.Gr.

[401]Im fünfzehnten Jahre seiner Regierung nämlich ließ er den Tempel umbauen, den Tempelbezirk um das Doppelte erweitern und eine feste, Mauer ringsum aufführen, alles mit unermesslichen Kosten und unübertrefflichem Prachtaufwand. Davon zeugten insbesondere die großen, den Tempel umgebenden Säulenhallen und die im Norden an denselben stoßende feste Burg. Die Hallen richtete er von Grund aus neu auf, die Burg aber baute er mit großen Kosten um, sodass sie einem Königsschlosse in [402]nichts nachstand, und nannte sie dem Antonius zu Ehren Antonia. Seinen eigenen Königspalast legte er in der oberen Stadt an und benannte die zwei größten und schönsten Flügel desselben, mit denen nicht einmal der Tempel den Vergleich aushielt, nach seinen hohen Freunden Caesareum und Agrippeum.

*Literatur*

Flavius Josephus: Geschichte des Jüdischen Krieges/Kleinere Schriften. Übersetzt und mit Einleitung und Anmerkungen versehen von Dr. *H. Clementz*, Wiesbaden 2005.

## 156: Hen[aeth] 90,28–38

Das äthiopische Henochbuch bietet eine aus dem frühen Judentum stammende pseudepigraphische Apokalypse, die unter dem Namen des in Gen 4,17; 5,18-24 genannten Patriarchen Henoch verfasst wurde. Der abgedruckte Auszug stellt das Resultat des apokalyptischen Kampfes dar. Nach dem Ansturm der Heiden und dem göttlichen Gericht wird das messiansiche Reich als eschatologischer Zustand konstituiert.

28Und ich stand auf, um zu schauen, bis er jenes alte Haus entfernte, und man schaffte alle Säulen und alle Holz-Balken hinaus, und aller Zierat dieses Hauses wurde mit ihm entfernt, und man schaffte es hinaus und legte es an einem Ort im Süden des Landes nieder. 29Und ich schaute, bis der Herr der Schafe ein neues Haus brachte, größer und höher als jenes erste, und er stellte es an den Ort des ersten, das entfernt worden war. Und alle seine Säulen waren neu und sein Zierat neu und größer als bei jenem ersten alten, das man hinausgeschafft hatte. Und alle Schafe waren darinnen. 30Und ich schaute alle Schafe, die übriggeblieben waren, und alle Tiere, die auf der Erde waren, und alle Vögel des Himmels: Sie fielen nieder und huldigten jenen Schafen, und sie flehten sie an und gehorchten ihnen bei jedem Wort. 31Und danach nahmen mich jene drei, die weiß gekleidet waren, und sie nahmen mich bei der Hand, sie, die mich zuvor hinaufgebracht hatten, und während mich die Hand jenes Bockes fasste, brachten sie mich nach oben und setzten mich inmitten jener Schafe nieder, bevor das Gericht stattfand. 32Und jene Schafe waren alle weiß, und ihre Wolle war stark und rein. 33Und alle, die umgekommen und die zerstreut waren, und alle wilden Tiere und alle Vögel des Himmels versammelten sich in jenem Haus; und der Herr der Schafe war von großer Freude erfüllt, denn sie waren alle gut und waren zu seinem Haus zurückgekehrt. 34Und ich schaute, bis sie jenes Schwert niederlegten, das den Schafen gegeben worden war, und es zu seinem Haus zurückbrachten, und man versiegelte es vor dem Angesicht des Herrn der Schafe. Und alle Schafe wurden in jenem Haus zusammengeschlossen, aber es fasste sie nichts. 35Und ihnen allen wurden die Augen geöffnet, und sie sahen gut, und es war nicht eines unter ihnen, das nicht sah. 36Und ich schaute, wie jenes Haus groß und weit und überaus voll war. 37Und ich schaute, wie ein weißer Bulle mit großen Hörnern geboren wurde, und alle wilden Tiere und alle Vögel des Himmels fürchteten ihn und flehten fortwährend zu ihm. 38Und ich schaute, bis alle ihre Arten verwandelt und sie alle weiße Bullen wurden. Und das erste unter ihnen wurde ein Stier und dieser Stier war ein großes Tier, und es hatte an seinem Kopf große schwarze Hörner. Und der Herr der Schafe freute sich über ihn und über alle Bullen.

*Literatur*

*S. Uhlig*: Das äthiopische Henochbuch, in: JShrZ V 6, Gütersloh 1984.

# Texte zu 2.2.7.3 VIII Korinth

## 157: Apul. met. 11,5–26

→3.1.2

Held dieses Romans aus dem 2.Jh. n.Chr. ist Lucius, ein unvorsichtiger junger Mann, der sich in Thessalien auf Zauberei einlässt und in einen Esel verwandelt wird. In Eselsgestalt, aber mit menschlichem Bewusstsein, erlebt er unzählige Abenteuer. Im elften und zugleich letzten Buch wird Lucius durch die Göttin Isis aus seiner Eselsgestalt befreit. Dieses elfte Buch enthält nicht nur eine aufschlussreiche Selbstvorstellung der Göttin sowie eine ausführliche Schilderung einer Isisprozession, es ist auch der einzige antike Text, der deutlich die soteriologische Bedeutung einer antiken Mysterienreligion formuliert und sogar Einblicke in den Ablauf einer Mysterieneinweihung vermittelt.

Lucius rettet sich aus höchster Gefahr an den Strand von Kenchreai. Auf sein Bittgebet hin erscheint ihm im Traum die Göttin Isis, die sich ihm folgendermaßen vorstellt:

[5]„Schau! Veranlasst durch deine Gebete bin ich da, die Mutter der Natur, Herrin aller Elemente, erstgeborenes Kind der Zeiten, Höchste der Gottheiten, Königin der Manen, Erste der Himmlischen, die eine Gestalt aller Götter und Göttinnen, die ich die Lichtkuppel des Firmaments, die heilsamen Lüfte des Meeres und der Unterwelt hoffnungslose Stille mit meinem Wink regiere; deren eine Gottheit unter vielerlei Gestalt, verschiedenen Bräuchen und verschiedenen Namen der ganze Erdkreis verehrt. Dort nennen mich die uralten Phrygier Göttermutter von Pessinus, hier die attischen Autochthonen kekropische Minerva; da die umbrandeten Kyprier Venus von Paphos; die pfeiletragenden Kreter dictynnische Diana; die dreisprachigen Sizilier stygische Proserpina; die alten Eleusiner aktäische Ceres. Andere nennen mich Juno, andere Bellona, diese Hekate, jene Rhamnusia; und beide, die von den anfänglichen Strahlen des seinen Anfang nehmenden Sonnengottes beschienenen Äthiopier und die durch uralte Weisheit sich auszeichnenden Ägypter verehren mich mit den angemessenen Zeremonien und nennen mich mit dem wahren Namen: Königin Isis.
Ich erscheine dir aus Erbarmen über dein Unglück; ich erscheine dir in Huld und Gnade. Lass fahren die Tränen! Vergiss das Trauern! Vertreibe das Klagen! Schon bricht für dich dank meiner Vorsehung der Tag des Heils an.

Dann folgen Anweisungen, wie Lucius – immer noch als Esel – sich der Prozession am kommenden Tag nähern soll, um wieder in einen Menschen verwandelt zu werden. Den Abschluss bildet die Mahnung zum gehorsamen Dienst für die Göttin, gefolgt von einer Verheißung göttlichen Segens auch über den Tod hinaus:

[6][…] Sei dir ganz eindeutig bewusst und halte es allezeit fest in deinem Innersten gegründet, dass mir der restliche Lauf deines Lebens bis zu deinem letzten Atemzug gehört. Völlig zu Recht schuldest du derjenigen, durch deren Wohltat du unter die Menschen zurückkehren wirst, dein Leben. Unter meinem Schutz wirst du glücklich, wirst du ruhmvoll leben. Und wenn du die Zeitspanne deines Lebens durchlaufen hast, und zur Unterwelt hinabsteigst, so wirst du auch dort in jener unterirdischen Halbkugel mich, die du jetzt siehst,

die ich die Finsternisse des Acheron erleuchte und die stygischen Behausungen regiere, diese, die dir gnädig ist, wirst du selbst als Bewohner der Elysischen Felder beständig anbeten. Wenn du dich nun durch eifrigen Gehorsam, fromme Dienstleistungen und strenges Fasten um unsere Gottheit verdient gemacht hast, dann wisse: Mir allein ist es gestattet, dein Leben auch über das vom Schicksal festgesetzte Maß hinaus zu verlängern.

Es folgt eine lange Schilderung der Prozession, bei der Lucius, wie von der Göttin angekündigt, seine menschliche Gestalt wiedererlangt. Höhepunkt der Prozession ist die Weihe eines Schiffes an Isis, womit die Schifffahrt nach der Winterpause eröffnet wird. Schauplatz ist ein Küstenabschnitt bei Kenchreai:

16[...] Dort wurden die Bilder der Götter gemäß der Ordnung aufgestellt. Mit reinem Munde verrichtete sodann der Hohepriester ein feierliches Gebet, reinigte mit brennender Fackel, Ei und Schwefel ein kunstvoll gezimmertes und ringsumher mit ägyptischen Wundermalereien geziertes Schiff und weihte und heiligte es der Göttin. Im blendenden Segel dieses heiligen Kiels stand mit großen Buchstaben das Gelübde für die gesegnete Schifffahrt des neuen Jahres geschrieben. Hoch erhob sich der runde, glattbehauene Tannenmast mit wallendem Wimpel. Auf dem Hinterteile prangte eine vergoldete Gans mit gewundenem Halse, und über und über glänzte das ganze Schiff von geglättetem, köstlichem Zitronenholz. Nun kamen Priester und Laien und trugen um die Wette Körbe voll von Gewürzen und dergleichen Gaben herbei und gossen auf den Wellen einen aus Milch bereiteten Brei aus. Als endlich das ganze Schiff mit reichlichen Spenden und Glück bringenden Weihegaben angefüllt war, wurde es, nachdem die Ankertaue gelöst waren, durch eine besonders heitere Brise dem Meer übergeben.

Die Prozession kehrt zum Tempel der Isis zurück und Lucius mietet sich im Tempelareal ein. Er enthält oft im Traum von der Göttin Weisungen und beschließt, sich in die Mysterien der Isis einweihen zu lassen.

21[...] Mit inständigem Flehen begegnete ich immer wieder dem Oberpriester und bat ihn, mich endlich in die Geheimnisse der geheiligten Nacht einzuführen.

Der Priester warnt jedoch vor zu großer Eile: Die Weisung der Göttin sei abzuwarten,

denn die Schlüssel der Unterwelt und der Schutz des Lebens seien in der Hand der Göttin, und die Übergabe selbst werde ganz so wie ein freiwilliger Tod und als ein auf Bitten hin zuteil gewordenes Heil begangen, denn diejenigen, die sich nach vollbrachter Lebenszeit schon an der Schwelle des erlöschenden Lichtes befänden, denen aber die großen Geheimnisse des Kultes sicher anvertrauen werden könnten, pflege die Göttin herauszurufen und die durch ihre Vorhersehung in gewisser Weise Wiedergeborenen zum Lebenslauf eines neuen Heils zurückzuversetzen. Daher müsse auch ich den himmlischen Befehl ertragen.

Lucius akzeptiert die Wartezeit, doch wird er bald erhört, die Einweihung erfolgt nach zehntätiger Askese, und zwar nach Sonnenuntergang.

23[...] Als dann alle Laien weit entfernt waren, ergreift der Priester mich, der ich mit einem groben Leinengewand bedeckt war, bei der Hand und führt mich in das Innere des geweihten Gebäudes selbst. Vielleicht magst du, wissbegieriger Leser, in einiger Aufregung fragen, was dann gesagt wurde, was geschah. Ich würde es sagen, wenn es zu sagen erlaubt wäre, du würdest es erfahren, wenn es erlaubt wäre, es zu hören. Aber Ohren und Zunge würden gleichermaßen Schaden nehmen, diese durch ihre gottlose Geschwätzigkeit, jene durch ihre unbesonnene Neugier.
Dennoch will ich dich, der du vielleicht in ehrfürchtiger Neugier gespannt bist, nicht mit langer Unruhe quälen. Also höre, aber glaube, was wahr ist. Ich nahte der Grenze des Todes, und nachdem ich die Schwelle der Proserpina betreten hatte, kehrte ich, nachdem ich alle Elemente durchfahren hatte, zurück; um Mitternacht sah ich die Sonne, flimmernd von weißem Licht, ich nahte mich direkt den unteren und den oberen Göttern und betete sie aus nächster Nähe an. Siehe, ich habe dir berichtet, was du, obgleich du es gehört hast, unmöglich verstehst. Also werde ich nur erzählen, was ohne Sünde dem Erkenntnisvermögen von Laien vermittelt werden kann.
24Es wurde Morgen, und nach Ende der Feierlichkeiten trat ich hervor, geheiligt durch zwölf Gewänder, in einem wahrlich heiligen Ornat, von dem zu sprechen ich durch kein Gebot gehindert werde, da ja damals eine große Menge von Anwesenden es sahen. Mir war nämlich befohlen worden, im Innersten des heiligen Tempels auf ein hölzernes Podest, das vor dem Bild der Göttin errichtet war, zu treten. Ich strahlte durch ein aus feinem Leinen hergestelltes, jedoch blumenverziertes Kleid; und von den Schultern hing hinter dem Rücken bis zu den Knöcheln ein kostbarer Umhang herab. Was auch immer man sah, ich war geschmückt rundherum von Tieren in verschiedener Farbe: hier indische Drachen, dort hyperboreische Greifen, die eine andere Welt in der Gestalt geflügelter Wesen hervorbringt. Diesen Umhang nennen die Eingeweihten Olympisches Gewand. Ich trug eine bereits brennende Fakkel und einen Kranz von einer blendend schönen Palme, wobei die Blätter in der Art von Strahlen herausragten. Nachdem man mich wie den Sonnengott geschmückt und einem Bilde gleich aufgestellt hatte und plötzlich die Vorhänge beseitige gezogen wurden, täuschte sich das Volk in meinem Anblick.

Lucius erscheint also, nachdem er wiedergeboren ist, in göttlicher Gestalt. Nach einer angemessenen Frist verlässt Lucius das Isisheiligtum in Kenchreai, fährt nach Rom, wird dort in die Osirismysterien eingeweiht und anschließend selbst Osirispriester.

*Literatur*
Übersetzt von Dietrich-Alex Koch.

# Texte zu 2.2.7.3 IX Pergamon

## 158: Plut. Ti. Gracch. 14

Im Jahre 133 v.Chr. starb der pergamenische König Attalos III. (138–133 v.Chr.). Da er kinderlos war, setzte er in seinem Testament die Römer als Erben seines Reiches ein. Dieses Vermächtnis sorgte sowohl in Rom als auch in Kleinasien selbst für Unruhe. In Kleinasien trat ein unehelicher Sohn des vorletzten Königs (Attalos II., 159–138 v.Chr.) mit Namen Aristonikos auf, ließ sich zum König ausrufen und nahm den Namen Eumenes III. an. Die Römer akzeptierten das Testament, konnten die Usurpation jedoch erst im Jahre 129 v.Chr. endgültig niederschlagen und richteten die Provinz Asia ein.
In Rom hatten in der Zwischenzeit Reformer um den Volkstribunen Tiberius Sempronius Gracchus den Plan gefasst, die attalidische Erbschaft für ihre Ziele einer Agrarreform einzusetzen. Nach einer Landverteilung an mittellose Bürger sollte der pergamenische Schatz dazu verwendet werden, den neuen Bauern die nötigen Materialanschaffungen zu ermöglichen. Die Reformen wurden letztendlich jedoch aufgrund innenpolitischer Meinungsverschiedenheiten nicht durchgeführt und Tiberius Gracchus ermordet.

Um diese Zeit war in Pergamon König Attalos Philometor gestorben, und Eudemos kam nach Rom mit dem Testament, welches das römische Volk zum Erben des Reiches bestimmte. Sogleich stellte Tiberius dem Volk zuliebe den Antrag, die königlichen Schätze seien herbeizuschaffen und den Bürgern, welchen ein Landlos zufiele, für den Ankauf von Geräten und als erstes Betriebskapital auf dem Bauernhof zur Verfügung zu stellen. Außerdem erklärte er, dem Senat stehe das Recht nicht zu, über das Schicksal der Städte im Reiche des Attalos zu entscheiden, dagegen werde er selbst dem Volk einen Plan vorlegen.

*Literatur*
Plutarch: Große Griechen und Römer. Bd.6. Aus dem Griechischen übertragen, eingeleitet und erläutert von *K. Ziegler*, München 1980.

# Texte zu 2.2.7.3 XI Rom

## 159: R. Gest. div. Aug. 20

Augustus (63 v.Chr.–14 n.Chr.) zieht in seinem posthum veröffentlichten, seiner Selbstdarstellung dienenden sogenannten Tatenbericht die Summe seines politischen Lebens. Dazu gehören auch die verschiedenen Bauten, die er neu errichten oder wiederherstellen ließ.

Den Tempel auf dem Kapitol und das Pompeiustheater, diese beiden Bauten ließ ich mit gewaltigem Aufwand wiederherstellen, ohne irgendeine Inschrift mit meinem Namen. Die Wasserleitungen, die an zahlreichen Stellen bereits wegen ihres Alters schadhaft geworden waren, ließ ich wiederherstellen, und die Leitung, die die Marcia genannt wird, habe ich auf das doppelte Fassungsvermögen gebracht, indem ich eine neue Quelle zuleiten ließ. Das Forum Julium und die Basilica, die sich zwischen dem Castor- und dem Saturntempel befindet, Bauten, die von meinem Vater begonnen und fast zu Ende geführt worden waren, habe ich vollendet, und als diese Basilica durch einen Brand zerstört worden war, habe ich ihren Grundriss erweitert und unter dem Namen meiner Söhne erneut mit ihrem Bau begonnen. Falls ich sie zu meinen Lebzeiten nicht vollenden kann, habe ich angeordnet, dass sie von meinen Erben fertiggestellt wird. Göttertempel habe ich in Rom auf Senatsbeschluss wiederherstellen lassen, als ich zum sechsten mal Konsul war, und keinen dabei ausgelassen, der zu diesem Zeitpunkt erneuerungsbedürftig war. In meinem siebten Konsulat ließ ich die Via Flaminia von Rom bis Ariminum ausbessern sowie alle Brücken, ausgenommen die Mulvische und die Minucische.

*Literatur*
Augustus: Meine Taten. Res gestae divi Augusti nach dem Monumentum Ancyranum, Apolloniense und Antiochenum. Lateinisch/Griechisch/Deutsch hg. von *E. Weber*, München [5]1989.

## 5.2.3 Texte zu 2.4 Technische Fähigkeiten und Wissenschaft

### Texte zu 2.4.3 Waffen und Kriegstechnik

#### 160: Val. Max. 2,3,2

Zur Lage des Judentums in Rom in der 2. Hälfte des 2. vorchr. Jahrhunderts bringt Valerius Maximus zwei Nachrichten, die nicht ganz übereinstimmen. Das Werk dieses Valerius Maximus, eine „Sammlung denkwürdiger Taten und Aussprüche“ (*Facta et Dicta Memorabilia*), die dem Kaiser Tiberius gewidmet ist, wurde im 4. Jh. n.Chr. exzerpiert. Daraus stammen die beiden hier zitierten Stellen, die von einer Ausweisung der Juden aus Rom zum Jahre 139 v.Chr. sprechen:

[2]Der Konsul P. Rutilius, ein Kollege des M. Mallius, machte es den Soldaten zur Pflicht, aus Geschicklichkeit der Waffenführung sich zu legen. Ohne dass er das Beispiel eines Feldherrn nachahmte, ließ er aus der Fechtschule des E.N. Aurelius Ecaurus die im Fechten Unterricht gebenden Lehrer zu sich kommen, und bestimmte auf eine noch genauere Art darüber gewisse Regeln, wie man Schlägen ausweichen und Schläge versetzen könne. So verband er mit der Tapferkeit, Kunst und diese verband er mit jener, damit jene durch die Unterstützung dieser verstärkt, und diese durch die Kenntnis von jener vorsichtiger würde.

*Literatur*
Übersetzt von Karl Leo Noethlichs.

# Texte zu 2.4.4 Antike Medizin

## 161: CH, iusiur. 1–9

In der neueren Forschung wird angenommen, dass der hippokratische Eid im Umfeld des Asklepiosheilkults entstanden ist. Die dreifache, den Rahmen des Textes bildende Anrede der Götter (VV 1.5.9) weist darauf hin, insbesondere das Versprechen in V 5, das als Inschrift über dem Eingang zum Asklepieion von Epidauros stand.

1 Ich schwöre – Apollon, den Arzt und Asklepios und Hygieia und Panakeia und alle Götter und Göttinnen zu Zeugen anrufend –, dass ich erfüllen will nach meinem Vermögen und Urteil diesen Eid und diesen Vertrag:
2 Den, der mich diese Kunst gelehrt hat, meinen Eltern gleich zu achten und mein Leben in Gemeinschaft mit ihm zu leben und ihm, wenn er Geld nötig hat, an meinem Anteil zu geben und seine Nachkommenschaft meinen Brüdern in männlicher Linie gleichzustellen und sie diese Kunst zu lehren – wenn sie wünschen, sie zu erlernen – ohne Honorar und Vertrag; an Regeln und mündlichem Unterricht und allem übrigen Wissen meinen Söhnen Anteil zu geben und den Söhnen dessen, der mich unterrichtet hat, und Schülern, die den Vertrag unterzeichnet und einen Eid geleistet haben nach ärztlichem Brauch, aber sonst niemandem.
3 Ich will diätetische Maßnahmen zum Nutzen der Kranken anwenden nach meinem Können und Urteil; ich will sie vor Schaden und Unrecht bewahren.
4 Nie will ich, auch auf eine Bitte hin nicht, ein tödliches Medikament verabreichen oder in dieser Hinsicht einen Rat erteilen. Ebenso werde ich keiner Frau ein abtreibendes Zäpfchen geben.
5 Heilig und rein werde ich mein Leben und meine Kunst bewahren.
6 Ich will das Messer nicht gebrauchen, nicht einmal bei Steinleidenden, sondern will davon abstehen zugunsten der Männer, die diese Tätigkeit ausüben.
7 In alle Häuser, die ich besuche, will ich zum Vorteil der Kranken kommen, mich frei haltend von allem vorsätzlichen Unrecht, von aller Schädigung und insbesondere von sexuellen Beziehungen sowohl mit weiblichen wie mit männlichen Personen, seien sie frei oder Sklaven.
8 Was ich etwa sehe oder höre im Laufe der Behandlung oder auch außerhalb der Behandlung über das Leben von Menschen, was man auf keinen Fall verbreiten darf, will ich für mich behalten, in der Überzeugung, dass es schändlich ist, über solche Dinge zu sprechen.
9 Wenn ich diesen Eid erfülle und ihn nicht verletze, sei es mir vergönnt, mich des Lebens und der Kunst zu erfreuen, gerühmt bei allen Menschen auf alle künftige Zeit; wenn ich ihn übertrete und falsch schwöre, sei das Gegenteil von all diesem mein Los.

*Literatur*

Hippokrates: Ausgewählte Schriften. Aus dem Griechischen übersetzt und hg. von *H. Diller*. Mit einem bibliographischen Anhang von *K.-H. Leven*, Stuttgart 1994.

## 162: Aristoph. Plut. 639–772

Wenig respektvoll beschreibt Aristophanes (ca. 445–386) die Krankenbehandlung im Asklepieion in einem Gespräch zwischen einem gefräßigen Sklaven und einer Frau.

*Karion*: Kaum waren wir beim Tempel angelangt mit unsrem Mann – dem unglückseligsten noch eben, und wie glücklich ist er jetzt! – Da führten wir zuvörderst ihn ans Meer und wuschen ihn.

*Frau*: Bei Zeus, wie glücklich muss er, ein Greis, im kalten Meer gewesen sein!

*Karion*: Dann gingen wir zurück zum Heiligtum und legten unser Opfer, Brot und Kuchen, auf den Altar, „Hephaistos“Glut zu speisen“, dann brachten wir nach heil’gem Brauch den Reichtum zu Bett, wir machten unsre Streu daneben.

*Frau*: Gab’s auch noch andere dort, die Heilung suchten?

*Karion*: Der Neokleides, ja, der Blinde, der beim Stehlen Sehende noch übertrifft; viel andere noch, mit mancherlei Gebresten behaftet! – Gut! – Der Tempeldiener löschte die Lichter nun und hieß uns ruhig schlafen und still sein, wenn wir auch Geräusch vernähmen! In schönster Ordnung lagen wir nun all! Ich konnt jedoch nicht schlafen: In die Nase stach mir ein Topf mit Weizenbrei, der stand nicht fern zu Häupten einem alten Weib, und teuflisch juckt’ mich’s, hin zu ihm zu schleichen! Ich schlug die Augen auf und sah – den Priester! Der rapst vom Opfertisch die Kuchen weg und Feigen, wandelt rund um die Altäre herum und schnüffelt, ob nicht irgendwo ein Opferfladen noch zurückgeblieben, und konsekriert’s – in seinen Sack hinein. Dies heil’ge Beispiel nachzuahmen, mach ich jetzt mich auf und zu dem Breitopf hin.

*Frau*: Gottloser, bangte vor dem Gott dir nicht?

*Karion*: Mir bangte, ja, zuvor noch möcht er kommen beim Topfe mir, der Gott mit seinem Kranz! Sein Priester hatte schon mich aufgeklärt. Da nun die Alte mein Geräusch bemerkt, fasst nach dem Topf sie mit der Hand; ich beiße und zisch, als wär ich des Asklepios Schlange. Schnell fuhr sie mit der Hand zurück, verkroch sich in die Deck und lag nun mäuschenstill und stank vor Angst noch ärger als ein Wiesel. Und ließ indes den Brei mir tüchtig schmecken, und als ich satt war, legt ich mich aufs Ohr!

*Frau*: Und kam der Gott denn nicht zu euch?

*Karion*: Noch nicht! – Mir widerfuhr was Spaßiges: denn wie der Gott sich nahte, fuhr mir ein Gewalt’ger heraus; denn voll zum Springen war mein Bauch!

*Frau*: Da wandt er sich wohl gleich voll Ekel ab!

*Karion*: Nein, Jaso nur, die mit ihm kam, ward rot, und Panakeia hielt sich abgekehrt die Nase zu; denn Weihrauch furz ich nicht!

*Frau*: Und er?
*Karion*: Nicht so viel macht' er sich daraus!
*Frau*: Du sprichst ja, Kerl, als wär der Gott ein Bauer!
*Karion*: Ein Exkrementenschmecker!
*Frau*: Pfui, du Lümmel!
*Karion*: Vor Schrecken wickelt ich mich tiefer ein, er ging nun ringsherum von Bett zu Bett und untersucht' und musterte die Kranken. Und stellt' ein Sklav ein steinern Mörserchen und Stämpfelchen und Schächtelchen ihm hin.
*Frau*: Von Stein das alles?
*Karion*: Nein, die Schachtel nicht!
*Frau*: Verdammter Lügner, und das sahst du alles, tief eingehüllt?
*Karion*: Durch meinen Mantel, ja! Zeigt ihn bei Zeus, Gucklöcher hat er doch genug! Zuerst nun nahm er Neokleides vor, rieb Salbe, stieß sodann drei Knollen Knoblauch, echt Tenischen, zusammen, Feigensaft und Mastix tat er in den Mörser, goss darüber dann den schärfsten sphettischen Essig; damit bestrich er ihm die Augenlider, die umgestülpten, denn so biss es mehr! Da sprang der heulend auf und floh; der Gott sprach lachend: „Halt, da setze dich, Gesalbter, damit du aufhörst, die Versammlungen durch Einspruch krankheitshalber zu verschieben!"
*Frau*: Wie klug und patriotisch ist der Gott!
*Karion*: Dann setzt er sich zum Reichtum hin, betastet den Kopf ihm rings und nimmt ein reines Tuch und wischt ihm ab die Lider: Panakeia verhüllt ihm Kopf und Angesicht rundum mit einem Purpurschleier. Plötzlich schnalzt der Gott, und aus dem Innern schossen vor zwei ungeheure Schlangen –
*Frau*: Gute Götter!
*Karion*: Die krochen unterm Schleier sacht hinauf und leckten ihm die Lider, wie mir schien; und eh du, Frau, zehn Becher Wein veschluckst, stand Plutos aufrecht da und konnte sehn! Laut klatscht ich voller Jubel in die Hände und weckte meinen Herrn. Alsbald verschwand im Heiligtum der Gott mit seinen Schlangen. Du kannst dir denken, wie die andern nun bettnachbarlich den Reichtum herzten, drückten, und keiner schlief mehr, bis der Tag erschien. Loblieder sang ich laut dem Gott, dass er so schnell den Reichtum sehend, aber blinder als je den Neokleides werden ließ.
*Frau mit gefalteten Händen*:
O Herr und Gott, wie groß ist deine Macht!

*Literatur*

*L. Seeger* (Übers.)/*H.-J.Newiger* (Hg.): Aristophanes. Komödien, München 1990.

## CH

Krankheit wird im CH als ein der Natur des Menschen entsprechender Vorgang verstanden, nach dessen Ursache der Arzt zu fragen hat. Zugleich wird kein Gegensatz zwischen Götterglaube und einer auf Naturkunde gegründeten Medizin aufgebaut. Der Verfasser ist in *De morbo sacro* vielmehr der Meinung, dass nicht im Suchen nach der natürlichen Ursache Krankheiten (hier den Anfallsleiden) der Aspekt der Unverfügbarkeit abgesprochen wird, sondern indem man behauptet, sie mit magischen Mitteln heilen zu können. Der Verfasser wendet sich gegen die Krankheitsdeutung von Zauberheilern und tritt gleichzeitig ein für eine Aufhebung des Gegensatzes zwischen göttlichem Wirken und Naturvorgang.

### 163: CH, morb. sacr. 352

Mit der so genannten heiligen Krankheit verhält es sich folgendermaßen; sie ist nach meiner Ansicht keineswegs göttlicher oder heiliger als die anderen, sondern wie die anderen Krankheiten so hat auch sie eine natürliche Ursache, aus der sie entsteht. Die Menschen aber haben angenommen, sie sei eine göttliche Schickung, weil sie ihnen fremdartig vorkam und sie sich darüber wunderten, dass sie in keiner Weise anderen Krankheiten gleicht. Nun bleibt zwar in der Unmöglichkeit, sie zu erkennen, ihr göttlicher Charakter erhalten, aber in vielen Möglichkeiten, wie man glaubt, sie heilen zu können, geht er verloren. Man versucht nämlich, sie mit Reinigungen und Besprechungen zu heilen.

*Literatur*

Hippokrates: Ausgewählte Schriften. Aus dem Griechischen übersetzt und hg. von *H. Diller*. Mit einem bibliographischen Anhang von *K.-H. Leven*, Stuttgart 1994.

### 164: CH, aere 13; 16

Körperliche Gestalt und Konstitution sowie der Charakter des Menschen werden bestimmt durch dessen natürliche Mitwelt. Demnach bestehen Entsprechungen zwischen dem elementaren Aufbau der Welt (Makrokosmos) und den vier konstitutiven Stofflichkeiten im Menschen (Mikrokosmos), denen Kräfte und Organe zugeordnet werden.

13 […] Es verhält sich nämlich mit der Bodenbeschaffenheit ähnlich wie mit den Menschen. Wo das Klima starken Schwankungen in dichter Folge unterworfen ist, da ist auch die Landschaft besonders wild und ungleichmäßig, […] Wo aber die Jahreszeiten nicht sehr voneinander verschieden sind, da ist das Land sehr ebenmäßig. So ist es auch mit den Menschen, wenn man darauf achtet. Denn manche Typen gleichen wald- und wasserreichen Bergen, andere dürren und wasserarmen Gebirgen, […]. Denn die Jahreszeiten, die die Beschaffenheit der menschlichen Gestalt verändern, sind verschieden; wenn sie aber sehr voneinander verschieden sind, dann zeigen sich auch mehr Verschiedenheiten in den Gestalten.

16 Was aber die Schlaffheit und Feigheit der Asiaten betrifft und die Tatsache, dass sie unkriegerischer als die Europäer und sanfter in ihrem Charakter sind, daran ist vor allem das Klima schuld, das keine großen Schwankungen, weder

zum Warmen noch zum Kalten hin, zeigt, sondern sehr gleichmäßig ist. Infolgedessen tritt keine Erschütterung des Geistes oder starke Umstellung des Körpers ein, wodurch die Menschen natürlich in ihrem Temperament erregt werden und mehr Tollkühnheit und Mut haben, als wenn sie immer unter den gleichen Verhältnissen leben. Denn der ständige Wechsel in allen äußeren Verhältnissen ist es, der den Geist des Menschen aufweckt und nicht zur Ruhe kommen lässt.

*Literatur*

Hippokrates: Ausgewählte Schriften. Aus dem Griechischen übersetzt und hg. von *H. Diller*. Mit einem bibliographischen Anhang von *K.-H. Leven*, Stuttgart 1994.

### 165: CH, nat. hom. 4

Der Körper des Menschen hat in sich Blut und Schleim und gelbe und schwarze Galle, und das ist die Natur seines Körpers, und dadurch hat er Schmerzen und ist gesund. Am gesündesten ist er, wenn diese Säfte im richtigen Verhältnis ihrer Kraft und ihrer Quantität zueinander stehen und am besten gemischt sind. Schmerzen hat er, wenn etwas von ihnen zu viel oder zu wenig vorhanden ist oder sich im Körper absondert und nicht mit dem Ganzen vermischt ist. Denn notwendig wird, wenn etwas von diesen Säften sich absondert und für sich bleibt, nicht nur der Körperteil, von dem es sich absondert, krank, sondern es macht auch die Stelle, wo es sich sammelt und wohin es sich ergießt, durch Überfüllung Schmerz und Beschwerden. Wenn andererseits die Entleerung, die Ortsveränderung und die Abscheidung von den anderen Stoffen im Inneren des Körpers stattfindet, so muss das nach dem Gesagten den Stellen doppelten Schmerz bereiten, von denen etwas sich absonderte und wohin es übermäßig floss.

*Literatur*

Hippokrates: Ausgewählte Schriften. Aus dem Griechischen übersetzt und hg. von *H. Diller*. Mit einem bibliographischen Anhang von *K.-H. Leven*, Stuttgart 1994.

### 166: DK 24, B 4 (Alkmaion)

Gesundheit bedeutet Gleichgewicht, Krankheit hingegen Unausgewogenheit im Verhältnis der vier Säfte und Energien im Menschen. Gleichzeitig wird versucht, Krankheiten, sei es, dass diese mit körperlichen oder mit Veränderungen des Verhaltens einhergehen, in bestimmten Organen zu lokalisieren und im Kontext der Viersäftetheorie kausal zu erklären.

Alkmaion erklärt, das Band der Gesundheit sei die „Gleichberechtigung" der Kräfte, des Feuchten und Trockenen, des Kalten und Warmen, des Bitteren und Süßen usw., während die „Monarchie" einer unter ihnen Krankheit bewirke; denn die Monarchie irgendeines einzelnen bringe Verderben. Des näheren stelle eine Krankheit sich ein im Sinne einer direkten Verursachung durch ein Übermaß an Wärme oder Kälte, im Sinne einer mittelbaren Folge aufgrund von zuviel oder zuwenig Nahrung, und was die Zentren betrifft, in denen die Krankheit sich ausbreitet, sei dies entweder das Blut oder das Mark oder das Gehirn. Gelegentlich entwickelt sie sich darin auch aufgrund äußerer Ursachen, aufgrund von Wasser einer bestimmten Art, aufgrund der Umgebung, aufgrund von Schlägen, aufgrund von Nötigung oder aufgrund von anderen Ursachen dieser Art. Dagegen sei die Gesundheit die angemessen proportionierte Mischung der Eigenschaften.

*Literatur*

*G. S. Kirk/J. E. Raven/M. Schofield* (Hgg.): Die vorsokratischen Philosophen. Einführung, Texte und Kommentare, Stuttgart 1994.

## 167: CH, epid. 1,24; 3,16

In der Praxis erkennt der Arzt die Krankheit eines Menschen an ihrem Verlauf, den er als naturgegeben, unter dem Gesetz der Natur stehend, begreift. Die Grundlage der Diagnose ist die Beobachtung der Krankheitssymptome, die in ihrer Vielfalt und Veränderbarkeit in der Zeit wahrgenommen werden. Das Ziel der Krankheitserkenntnis ist die Prognose, d.h. die Möglichkeit, vorhersagen zu können, ob die Krankheit zum Tod führen oder einer Behandlung zugänglich sein wird. Zu diesem Zweck wurden Krankengeschichten aufgezeichnet, um mit diesen den Zustand akut erkrankter Menschen vergleichen zu können. Dabei ist zu sehen, dass in der gr.-antiken Medizin Krankheiten grundsätzlich individuelle Vorgänge, nicht allgemeine Krankheitsbilder sind, die prinzipiell in jedem Menschen auftreten können.

1[24]Von den Fiebern sind die einen anhaltend, die anderen treten am Tage auf und setzen nachts aus. Wieder andere treten nachts auf und setzen tags aus. Es gibt Zweieinhalbtage-, Dreitage-, Viertage-, Fünftage-, Siebentage- und Neuntagefieber. Die heftigsten, wichtigsten, schwersten und gefährlichsten Krankheiten treten in der Form der anhaltenden Fieber auf. Das ungefährlichste, leichteste und langwierigste von allen ist das Viertagefieber, denn es ist nicht nur an und für sich von dieser Art, sondern schützt auch vor anderen schweren Krankheiten. Mit dem so genannten Zweieinhalbtagefieber befallen den Kranken auch akute Krankheiten. Es ist unter den übrigen Fiebern das gefährlichste, und auch die Schwindsüchtigen und alle, die an anderen längeren Krankheiten leiden, erkranken vorzugsweise unter dieser Form des Fiebers. Das Nachtfieber führt nicht allzu leicht zum Tode, ist aber langwierig. Das Tagesfieber ist noch langwieriger, und bei manchen entwickelt es sich zur Schwindsucht. Das Siebentagefieber ist lang, aber nicht tödlich, das Neuntagefieber noch länger und gleichfalls nicht tödlich. Das in vollen Dreitageperioden auftretende Fieber kommt schnell zur Krise und ist nicht tödlich. Das Fünftagefieber ist von allen das schlimmste; denn es tritt vor Ausbruch der Schwindsucht und bei Kranken, die schon an Schwindsucht leiden, auf und wirkt in beiden Fällen tödlich.

3[16]Ich meine, dass ein wichtiger Bestandteil der ärztlichen Kunst auch die Fähigkeit ist, über die schriftlichen Aufzeichnungen richtig urteilen zu können. Denn wer sie richtig beurteilt und anwendet, kann, so scheint mir, keine großen Fehler in der Kunst begehen. Man muss jede einzelne Wetterlage und dazu die Krankheit genau studieren und erkennen, was in der Wetterlage und in der Krankheit zum Guten und was in ihnen zum Schlechten zusammenwirkt, welche Krankheit langwierig und tödlich, welche langwierig und heilbar, welche akut und tödlich, welche akut und heilbar ist. Man hat die Möglichkeit, mit Hilfe dieser Erwägung die Ordnung der Krisentage zu erkennen und danach Voraussagen zu machen. Wer hierin Einsicht hat, kann wissen, welche Kranken er wann und wie behandeln muss.

*Literatur*

Hippokrates: Ausgewählte Schriften. Aus dem Griechischen übersetzt und herausgegeben von *H. Diller*. Mit einem bibliographischen Anhang von *K.-H. Leven*, Stuttgart 1994.

## 168: CH, prog. 1f

[1]Für den Arzt ist es nach meiner Ansicht sehr wichtig, dass er die Kunst der Voraussicht übt. Denn wenn er im Beisein der Kranken von sich aus das Gegenwärtige, das Vergangene und das Zukünftige voraus erkennt und vorhersagt und wenn er genauer ausführt, was die Kranken in ihren Aussagen übergehen, dann wird man um so mehr darauf vertrauen, dass er den Zustand der Kranken erkennt, und so werden die Menschen wagen, sich dem Arzt anzuvertrauen. Auch die Behandlung wird er am besten durchführen, wenn er aus den gegenwärtigen Leiden die zukünftigen vorhersieht. Denn alle Kranken gesund zu machen ist unmöglich. Das wäre natürlich noch besser, als das Zukünftige vorher zu erkennen. Aber die Menschen sterben nun einmal oft genug, noch bevor der Arzt mit seiner Kunst den Kampf gegen die Krankheit aufnehmen konnte, und zwar die einen, noch ehe sie den Arzt gerufen haben, weil die Krankheit zu stark war, die andern, gleich nachdem sie ihn gerufen haben, nachdem sie etwa noch einen Tag gelebt haben oder auch etwas länger. Daher muss man die Natur derartiger Krankheiten erkennen und wissen, wie sehr sie der Kraft der Körper überlegen sind, außerdem aber auch, ob etwas Göttliches in den Krankheiten wirksam ist, und ihre Prognose gründlich lernen. So wird man mit Recht bewundert werden und ein guter Arzt sein. Denn man kann auch diejenigen, die die Krankheit überleben können, noch besser bewahren, wenn man sich von langer Hand alles, was kommen kann, überlegt, und man wird, wenn man vorher erkennt und voraussagt, wer sterben und wer am Leben bleiben wird, von der Verantwortung frei.

[2]Folgendes muss man in den akuten Krankheiten beobachten: erstens das Gesicht des Kranken, ob es dem Gesunden ähnlich ist, vor allem aber, ob es sich selbst ähnlich geblieben ist. So wäre es nämlich am besten; am schlimmsten aber ist das, was der Ähnlichkeit am stärksten entgegengesetzt ist. Das sieht folgendermaßen aus: Die Nase ist spitz, die Augen sind hohl, die Schläfen eingefallen, die Ohren kalt und zusammengeschrumpft, die Ohrläppchen zurückgebogen, die Gesichtshaut ist hart, gespannt und schrumpelig und die Farbe des ganzen Gesichts blass oder schwärzlich. Wenn das Gesicht zu Beginn der Krankheit so aussieht und es noch nicht möglich ist, die Prognose durch die andern Zeichen zu bestätigen, so muss man den Kranken fragen, ob er schlecht geschlafen hat, ob sein Stuhl übermäßig flüssig war oder ob ihn hungert, und wenn er eine von diesen Fragen bejaht, kann man die Zeichen für

weniger schlimm ansehen. Es entscheidet sich aber binnen Tag und Nacht, ob das Gesicht aus diesen Gründen so aussieht. Wenn der Kranke aber alle diese Fragen verneint und sich sein Aussehen innerhalb der angegebenen Zeit nicht bessert, dann muss man wissen, dass es ein Anzeichen des Todes ist.

*Literatur*

Hippokrates: Ausgewählte Schriften. Aus dem Griechischen übersetzt und hg. von *H. Diller*. Mit einem bibliographischen Anhang von *K.-H. Leven*, Stuttgart 1994.

## 169: CH, de victu 1,2

Das Ziel der Therapie ist in diesem Krankheitskonzept die Wiederherstellung des Gleichgewichts der Säfte und der Energien im menschlichen Körper, einerseits durch diätetische Veränderungen der Lebensgewohnheiten, andererseits durch die Anwendung von Heilmitteln.

Ich behaupte: Wer richtig über die Lebensweise des Menschen schreiben will, muss zuerst die Natur des Menschen vollständig erkennen und durchschauen. Er muss erkennen, woraus sie ursprünglich besteht, und durchschauen, von welchen Faktoren sie jeweils beherrscht wird. Denn wenn er ihre ursprüngliche Zusammensetzung nicht erkennt, so wird er auch nicht fähig sein, zu erkennen, was durch sie verursacht wird, und wenn er nicht das im Körper gerade Vorherrschende erkennt, so wird er nicht imstande sein, dem Menschen das ihm Zuträgliche zu verordnen. Das also muss der Schriftsteller erkennen, ferner die Wirkungen aller Speisen und Getränke, von denen wir leben, die sie im Einzelnen nach ihrer Natur und infolge der menschlichen Bearbeitung haben. Denn man muss wissen, wie man den von Natur starken Nahrungsmitteln ihre Kraft nehmen muss und wie man andererseits den schwachen durch Bearbeitung Kraft zusetzen muss, wie es in jedem einzelnen Fall passend ist. Aber wenn man das bisher Gesagte erkannt hat, so reicht das doch noch nicht für die Behandlung des Menschen aus, weil der Mensch nicht einfach durch Regelung seiner Ernährung gesund sein kann, wenn er sich nicht auch körperlich betätigt. Denn Nahrung und körperliche Übung haben einander entgegen gesetzte Wirkung und treten in ihrem Einfluss auf die Gesundheit miteinander in Wettbewerb. Körperliche Übung zehrt ihrer Natur nach das Vorhandene auf, Speisen und Getränke aber gleichen den Verlust aus. Man muss, wie sich daraus ergibt, die Wirkung der natürlichen und der willkürlichen körperlichen Übungen genau kennen und wissen, welche von ihnen das Fleisch zur Zunahme und welche es zur Abnahme bringen, und nicht nur das, sondern auch das richtige Verhältnis der körperlichen Betätigung zur Menge der Nahrung, zur Konstitution des Menschen, zu seinem Alter, zu den Jahreszeiten, zum Umschlag der Winde, zur Lage des Landes, in dem er lebt, und zur klimatischen Beschaffenheit des Jahres. Ferner muss man den Auf- und Untergang der Gestirne kennen, damit man sich darauf versteht, Änderung und Übermaß bei Speisen und Getränken, bei Winden und im ganzen Kosmos zu beachten, weil daraus den Menschen die Krankheiten entstehen.

*Literatur*

*H. Diller* (Hg./Übers.): Hippokrates. Schriften. Die Anfänge der abendländischen Medizin. Mit einem Essay „Zum Verständnis der Schriften“ und einer Bibliographie, Reinbek 1962.

# 5.2.4 Texte zu 2.5 Bildungswesen

## Texte zu 2.5.3 Archive und Bibliotheken

### 170: Plin. nat. 13,68–89

Im zwölften Band seiner Naturkunde beginnt Plinius d. Ä. mit seiner Beschreibung der Pflanzen, wobei er sich besonders mit den Bäumen beschäftigt. In Band 13 wendet er sich den Bäumen in anderen Ländern zu, ab 13,56 den Baumarten in Ägypten. In diesem Zusammenhang wird ab 13,68 auch der Papyrus behandelt.

Noch nicht haben wir die Sumpfpflanzen und die an den Flüssen wachsenden Sträucher behandelt; bevor wir jedoch Ägypten verlassen, soll auch über die Beschaffenheit der Papyrusstaude gesprochen werden, denn der Gebrauch des Papiers ist von größter Bedeutung für die menschliche Kultur, sicherlich für das Wissen von der Vergangenheit.
Auch das Papier ist, wie M. Varro berichtet, infolge des Sieges Alexanders des Großen erfunden worden, und zwar nach der Gründung von Alexandreia in Ägypten. Vorher sei es nicht in Gebrauch gewesen: Zuerst habe man auf Palmblätter, dann auf den Bast gewisser Bäume geschrieben. Später habe man angefangen, öffentliche Urkunden auf bleiernen Schriftrollen und dann auch private auf Leinwand und Wachstafeln auszufertigen. Dass nämlich Schreibtafeln schon vor der Zeit des Trojanischen Krieges gebraucht wurden, finden wir bei Homer; als er aber darüber berichtete, war das heutige Ägypten, wie man einsehen kann, wo doch jegliche Papyrusstaude im Gau von Sebennytos und von Sais wächst, nicht einmal vorhanden, sondern wurde erst später vom Nil angeschwemmt; denn nach seiner Angabe lag ja von der Insel Pharos, die jetzt durch eine Brücke mit Alexandreia verbunden ist, das Festland für einen Segler eine Tag- und Nachtfahrt entfernt. Dass bald darauf durch den Wetteifer der Könige Ptolemaios und Eumenes um ihre Bibliotheken zu Pergamon das Pergament erfunden wurde, nachdem Ptolemaios das Papier zurückgehalten hatte, berichtet derselbe Varro. Später war die Verwendung des Schreibmaterials, auf dem die Unvergänglichkeit der Menschen beruht, uneingeschränkt.
Die Papyrusstaude also wächst an sumpfigen Stellen Ägyptens oder in stehenden Gewässern des Nils, wo die Überschwemmung Teiche bildet, die nicht über zwei Fuß tief sind; die Wurzel hat die Dicke eines Armes und wächst schräg, der Stängel ist dreckig und wächst nicht höher als zehn Ellen zu einer dünnen Spitze, wie ein Thyrosstab den oberen Teil einschließend, der aber keinen Samen oder sonst einen Wert hat, als dass man mit der Blüte die Götterbilder bekränzt.

Die Wurzeln warden von den Einheimischen als Holz gebraucht, nicht nur zum Brennen, sondern auch zur Herstellung anderer nützlicher Gefäße. Aus der Papyrusstaude selbst flechten sie Boote und aus dem Bast Segel und Matten, sogar auch Kleider, ferner Decken und Stricke. Sie kauen die Pflanze auch roh und gekocht, wobei man aber nur den Saft schluckt. Die Pyramidenstaude wächst auch in Syrien an dem See, um den herum jener wohlriechende Kalmus vorkommt, und der König Antigonos verwendete in seiner Flotte keine anderen Taue als aus ihr, da das Pfriemengras noch nicht allgemein verbreitet war. Kürzlich wurde bekannt, dass auch die am Euphrat bei Babylon wachsende Papyrusstaude ebenfalls für die Bereitung von Papier geeignet ist; und dennoch wollen die Parther bis jetzt lieber ihre Buchstaben in Stoffe einflechten.
Man stellt daraus das Papier her, indem man die Pflanze mit einer Nadel in sehr dünne, aber möglichst breite Häute trennt. Die beste Beschaffenheit weist die mittlere Lage auf, dann die anderen in der Reihenfolge der Abtrennung. Hieratisches Papier hieß ehemals das nur für religiöse Bücher bestimmte, das dann aus Schmeichelei den Namen des Augustus erhielt, wie das zweitbeste nach seiner Gemahlin Livia benannt wurde; so stieg das hieratische zum dritten Rang herunter. Die nächste Sorte hatte nach dem Ort ihrer Herstellung die „amphitheatritische" geheißen; nach Rom eingeführt, wurde sie in der kunstreichen Werkstätte des Fannius durch sorgfältige Bearbeitung dünner gemacht, so dass aus dem gewöhnlichen das führende Material entstand, dem er auch seinen Namen gab; das nicht umgearbeitete behielt seinen Namen, das „amphitheatritische". Danach folgt das „saitische" Papier, das nach der Stadt benannt ist, wo der Papyrus am meisten vorkommt, und das aus schlechteren Stücken besteht; einen der Rinde noch näher liegenden Rohstoff besitzt das nach einem benachbarten Ort benannte „taeneotische" Papier, das bereits dem Gewicht und nicht der Güte nach verkauft wird. Das „emporitische" nämlich kann man nicht zum Beschreiben verwenden, sondern es dient nur zu Umschlägen für anderes Papier und zum Verpacken von Waren, weshalb es auch seinen Namen nach den Kaufleuten trägt. Nach diesem Papier ist [...] und die äußerste Schicht davon, die der Binse ähnlich ist, und nicht einmal für Taue außer solchen, die sich im Wasser befinden, nützlich ist.
Alles Papier wird auf einer mit Nilwasser befeuchteten Tafel bereitet: Die trübe Flüssigkeit hat die Wirkung eines Leimes. Zuerst klebt man die Streifen auf der Rückseite in der ganzen Länge des Papyros, soweit möglich, in gerader Richtung auf die Tafel, nachdem man auf beiden Seiten die überstehenden Enden entfernt hat, und vollendet dann durch quergelegte Streifen die Schichtfolge. Nun kommt alles unter die Presse, und man trocknet die Bogen an der Sonne und verbindet sie miteinander, indem man immer mit den besten beginnt und mit den schlechtesten aufhört. Niemals enthält eine Rolle mehr als zwanzig Bogen.
In der Breite besteht ein großer Unterschied: Bei den besten Papieren beträgt sie dreizehn Finger, beim hieratischen zwei weniger; das Papier des Fannius hat zehn Finger und das „amphitheatritische" einen Finger weniger, noch weniger das „saitische", das dem Hammer nicht genügt; denn das schmale „emporitische" ist nicht über sechs Finger breit. Außerdem berücksichtigt man am Papier die Feinheit, Dichte, Weiße und Glätte.

Kaiser Claudius gab den ersten Rang einem anderen Papier: Denn die allzu große Feinheit des Augustuspapiers konnte dem Schreibrohr nicht widerstehen; zudem schlug es durch, so dass man befürchten musste, dass von der Rückseite her etwas getilgt werden könne, und auch sonst war es sehr durchsichtig und hatte daher ein unschönes Aussehen. Man machte daher die Kette aus der zweiten Haut, den Einschlag aus der ersten. Auch die Breite wurde bis zu einem Fuß vergrößert.
Es gab auch ein Großpapier von einer Elle Länge; die Erfahrung jedoch ließ als Nachteil erkennen, dass durch das Abreißen eines Streifens mehrere Seiten beschädigt wurden. Daher zog man das Papier des Claudius allen übrigen vor, und nur für Briefe blieb das Papier des Augustus in Geltung; das Papier der Livia, dessen Material nichts von der ersten, sondern alles von der zweiten Qualität hatte, behielt seinen Rang.
Die rauen Stellen des Papiers glättet man mit einem Zahn oder einer Muschel, die Schrift aber bleibt dort nicht von Dauer. Infolge der Glättung saugt das Papier weniger auf, glänzt aber mehr. Die zu Beginn unbekümmert beigegebene Feuchtigkeit schlägt oft wieder hervor; dies zeigt sich bei der Bearbeitung mit dem Hammer oder auch durch den Geruch, wenn zu nachlässig verfahren wurde. Auch die linsenförmigen Flecken findet man mit den bloßen Augen, die Streifen aber zwischen den geleimten Stellen, wo die schwammige Papiermasse einsaugt, erkennt man fast nur am Ausfließen der Schrift: Soviel Täuschung gibt es dabei! Man hat dann also eine weitere Arbeit, das Papier nochmals anzufertigen.
Der gewöhnliche Kleister wird aus allerfeinstem Mehl in siedendem Wasser bereitet, dem man sehr wenig Essig zusetzt; denn der Leim der Werkleute und das Gummi sind zu spröde. Ein sorgfältigeres Verfahren besteht darin, die weichen Krumen von gesäuertem Brot in siedendem Wasser durchzuseihen: Auf diese Art ist die dazwischen liegende Kleisterschicht am geringsten, und die Geschmeidigkeit des Papiers ist noch besser als bei Verwendung von Nilwasser. Jeder Kleister soll aber weder älter sein als einen Tag noch jünger. Danach wird das Papier mit dem Hammer dünn geschlagen und mit Kleister überstrichen und wiederum, da es sich zusammenzieht, von den Runzeln befreit und mit dem Hammer gedehnt.
Durch diese Bearbeitung erhalten wohl die Schriftdenkmäler lange Dauer. Fast zweihundert Jahre alte Schriften von der Hand des Tiberius und des Gaius Gracchus habe ich bei Pomponius Secundus, dem gefeierten Dichter und Bürger gesehen; die Handschriften Ciceros, des göttlichen Augustus und Vergils aber sehen wir heute noch häufig.

*Literatur*

C. Plinius Secundus d. Ä.: Naturkunde. Lateinisch/Deutsch, Bücher XII/XIII. Botanik: Bäume, hg. und übersetzt von *R. König* in Zusammenarbeit mit *G. Winkler*, Darmstadt 1977.

### 171: Suet. Aug. 29,3

Im zweiten Band seiner Kaiserviten beschreibt Sueton Leben und Wirken des Augustus. Die Augustusvita ist die längste der Kaiserviten und wird üblicherweise als die am besten gelungene angesehen. Dies weist bereits auf die Sympathie hin, mit der Sueton Augustus beschreibt. In Aug 28f. legt er dar, wie Augustus durch seine Bautätigkeit aus einer „Ziegelstadt" in eine „Marmorstadt" verwandelt (29,1). Aus 29,3 geht hervor, dass die lat. und gr. Bibliothek an den Tempel des Apollo angegliedert war.

Die Hauptstadt, die nicht so ausgestattet war, wie es der Würde des Reiches entsprochen hätte und Überschwemmungen und Feuersbrünsten ausgesetzt war, hat er in einem solchen Ausmaß verschönert, dass er sich mit Recht rühmen durfte, er hinterlasse eine Stadt aus Marmor, die er als Ziegelstadt übernommen habe. Ja, um ihre Sicherheit auch für die Zukunft zu erhalten, tat er alles, wofür ein Mensch mit seinem Planen vorsorgen kann. Er errichtete sehr viele öffentliche Bauten, von denen wohl die bedeutendsten diese sind: ein Forum mit einem Tempel für Mars Ultor, der Tempel des Apollo auf dem Palatin, der Tempel für Iuppiter Tonans auf dem Kapitol. [...]
Den Tempel des Apollo ließ er in dem Teil seines Palastes auf dem Palatin erbauen, den sich, indem dort der Blitz eingeschlagen hatte, der Gott ausgesucht habe – so lautete der Spruch der Opferschauer. Er erweiterte diesen Tempel um Säulengänge mit einer angrenzenden lateinischen und griechischen Bibliothek. Hier hielt er in fortgeschrittenem Alter häufig sogar Senatssitzungen ab; auch die Dekurien der Richter musterte er hier. Dem Iuppiter Tonans weihte er einen Tempel für seine Rettung aus Gefahr, da auf dem Feldzug in Kantabrien auf einem Marsch in der Nacht seine Sänfte vorne vom Blitz gestreift und der Sklave, der ihm das Licht vorantrug, getötet worden war. Einige Bauwerke ließ er auch im Namen anderer errichten, nämlich im Namen seiner Enkel, seiner Gattin und seiner Schwester, so die Säulenhalle und die Basilika des Gaius und Lucius; darunter zählen auch die Säulenhallen der Livia und Octavia und das Theater des Marcellus. Aber auch die übrigen führenden Männer forderte er häufig auf, jeder von ihnen solle entsprechend seinen finanziellen Mitteln die Stadt schmücken entweder durch neue Denkmäler oder indem man alte Denkmäler wieder aufbauen und herausputzen lasse.

*Literatur*

C. Suetonius Tranquillus: Augustus. Lateinisch/Deutsch, hg. und übersetzt von *D. Schmitz*, Stuttgart 1988.

## Texte zu 2.5.4 Lesen, Schreiben, Schulwesen

### 172: Quint. inst. 1,1,15–19

Marcus Fabius Quintilianus war nicht nur der bekannteste Rhetor seiner Zeit, sondern auch der Erste, der einen öffentlich besoldeten Lehrstuhl innehatte. In seinen zwölf Büchern *Institutionis oratoriae* legt er ausführlich dar, welche Inhalte und welcher Studiengang ihm für die Ausbildung eines Redners notwendig erscheinen. In I, 1 geht es ihm um die Grundlagen, die für eine gediegene Ausbildung wichtig sind.

Manche vertreten die Ansicht, Kinder unter sieben Jahren sollten noch nicht unterrichtet werden […]. Besser beraten scheinen mir die, die keinen Zeitpunkt ohne geistige Betreuung lassen möchten, wie etwas Chrysipp. Denn dieser lässt zwar drei Jahre lang die Kinder der Obhut der Ammen, ist aber dafür, dass auch diese schon den Geist der Kleinen so gut wie möglich durch Unterweisung bilden sollen. Warum aber sollte eine Altersstufe noch nicht literarischer Unterweisung zugänglich sein, die schon der sittlichen Unterweisung zugänglich ist? […] Was sollen die Kleinen denn sonst Besseres tun, wenn sie schon sprechen können – denn etwas müssen sie doch tun –, oder warum sollen wir den Gewinn bis zum siebten Jahr, so klein er auch sein wird, verschmähen? Denn sowenig es auch ist, was das frühere Lebensalter beisteuert, etwas mehr wird doch der Knabe in dem Jahr bestimmt lernen, in dem er sonst noch die Vorübungen betrieben hätte. Dieses Guthaben, von Jahr zu Jahr übertragen, macht doch schon etwas aus, und die Zeit, die man den Kinderjahren abgespart hat, ist für die Jünglingszeit gewonnen. Ebenso gilt auch für die folgenden Jahre die Vorschrift, mit dem jeweiligen Lernstoff nicht zu spät zu beginnen. Wir wollen also die Anfangszeit nicht einfach vergeuden, und zwar um so weniger, als die Anfangsgründe des Lesens und Schreibens sich nur auf das Gedächtnis stützen, das bei den Kleinen nicht nur schon vorhanden, sondern in diesem Alter sogar am aufnahmefähigsten ist.

*Literatur*

Marcus Fabius Quintilianus: Ausbildung des Redners. Zwölf Bücher. Lateinisch/Deutsch, hg. und übersetzt von *H. Rahn*, Teil 1, Darmstadt $^{3}$1995.

## 173: Cic. Tusc. 1,3–5

In diesem kurzen Abschnitt aus dem ersten Buch der „Gespräche in Tusculum“ geht Cicero auf die Wissenschaften und besonders auf die Philosophie ein. In beiden Bereichen sind die Römer von den Griechen abhängig. Nun aber ist es nach Ciceros Auffassung an der Zeit, insbesondere die Philosophie in eigenständiger Weise zu fördern.

In der Bildung freilich und in jeder Art von Literatur hat uns Griechenland übertroffen – was nicht schwer war, da wir ihnen den Vorrang gar nicht streitig machten. Während nämlich bei den Griechen die Bildung mit den Dichtern beginnt und Homer und Hesiod, wie es heißt, vor der Gründung Roms gelebt haben, Archilochos in der Regierungszeit des Romulus, haben wir die Dichtkunst erst viel später übernommen […].
Die höchste Bildung erblickten die Griechen in der Kunst des Saitenspiels und des Gesangs. So soll auch Epameinodas, nach meinem Urteil der bedeutendste unter den Griechen, vortrefflich zur Kithara gesungen haben, und als einige Zeit früher Themistokles bei einem Gastmahl erklärte, mit der Lyra nicht umgehen zu können, galt dies als ein Mangel an Bildung. So blühte denn in Griechenland die Musik, alle lernten sie und wer nichts von ihr verstand, galt als ein Mann, dessen Erziehung vernachlässigt worden war.

In höchster Ehre stand bei ihnen weiterhin die Geometrie, und folglich gab es auch nichts Angeseheneres als die Mathematiker. Wir dagegen haben uns um diese Kunst nur soweit gekümmert, als sie beim Messen und Rechnen nützlich ist. Umgekehrt haben wir die Redekunst rasch aufgenommen. Unsere ersten Redner waren noch nicht ausgebildet, aber begabt; später kam auch die Bildung dazu. Denn Galba, Scipio Africanus, Laelius sind, wie überliefert wird, gebildete Männer gewesen, und schon Cato, der älter war als sie, interessierte sich für diese Dinge. Später kamen Lepidus, Carbo, die Gracchen und von da an bis auf unsere Zeit so bedeutende Redner, dass der Vorsprung der Griechen nahezu oder vollständig eingeholt ist. Die Philosophie ist bis zu unserer Zeit vernachlässigt worden und in lateinischer Sprache überhaupt noch nicht hervorgetreten. Es ist also unsere Aufgabe, ihr Ansehen und Leben zu geben, um unsern Mitbürgern, denen wir in unserer staatlichen Tätigkeit vielleicht etwas genützt haben, auch in der Muße zu dienen, so weit wir können.

*Literatur*

Marcus Tullius Cicero: Gespräche in Tusculum. Lateinisch/Deutsch, mit ausführlichen Anmerkungen hg. von *O. Gigon*, München/Zürich [5]1984.

## Texte zu 2.5.5 Enzyklische Wissenschaften

### 174: Aug. ord. 2,37–43

Die Schrift „De ordine mundi" entstand im Jahr der Bekehrung (ca. 386 n.Chr.) des Aurelius Augustinus, der in Mailand die Stelle eines *magister rhetoricae* innehatte. Augustinus zog sich mit seinen Begleitern in die Sommerferien nach Cassiciacum zurück, wo aus Gesprächen die Schriften *Contra Academicos*, *De vita beata* und *De ordine* (sowie die *Soliloquien*) entstanden. Die Schrift *De ordine* zeigt einen von kirchlichen Lehrvorstellungen noch wenig berührten Augustinus. Sie thematisiert die *artes liberales* nicht um ihrer selbst willen, sondern folgt dem Konzept einer philosophisch-theologischen Propädeutik. Im folgenden Ausschnitt wird die Explikation der Vernunft in der Grammatik, der Geschichtswissenschaft, der Dialektik, der Rhetorik, der Musik, der Geometrie und Astronomie dargestellt; am Ende steht ausgehend von der Zahlhaftigkeit, wie sie in der Musik, Geometrie und Astronomie zu Geltung kommt, die Vorstellung von der Unsterblichkeit der Seele (vgl. Aug. conf. 7,7).

[37]Damit konnte eigentlich das Gebiet der Grammatik erschöpft sein, aber; weil sie sich mit ihrem Namen so deutlich auf ihre Beschäftigung mit dem Buchstaben beruft, weshalb sie auch der Lateiner *litteratura* nennt, kam es, dass ihr notgedrungen auch all das zugehört, was als erinnerungswürdig den Buchstaben anvertraut wird: So trat die Geschichte zu dieser Wissenschaft hinzu; eine Disziplin, die bloß den schlichten Namen hat, in Wirklichkeit aber vielgestaltig; ja endlos ist, an Mühsal reicher als an Annehmlichkeit und Wahrheit und für den Grammatiker weitaus beschwerlicher als für den Geschichtsschreiber.

Gilt es nicht als schwerer Vorwurf der Unwissenheit, wenn man nie etwas vom Fluge des Dädalus gehört hat? Der es zuerst behauptete, will nicht als

Lügner, der es glaubte, nicht als Dummkopf, der danach fragte, nicht als Unverschämter gelten. Und soll ich etwa meine Freunde nicht tief beklagen, wenn man sie unwissend schilt, weil sie nicht sagen können, wie die Mutter des Euryales geheißen hat, während sie ihre Frager nicht einmal eitel, töricht und zudringlich zu nennen wagen? [38]So war die Grammatik vollendet und geordnet worden, und die Vernunft fühlte nun den Drang in sich, „jene Kraft zu erforschen und zu betätigen, mit der sie die Kunst ins Leben riefe. Und während sie ihre Bestimmungen, Einteilungen und Berechnungen vornahm, schuf sie nicht nur Ordnung und Regel, sondern errichtete sich auch ein Verteidigungssystem gegen jedes Einschleichen einer Fälschung. Wie hätte sie auch zu anderen Bildungen fortschreiten können, ohne vorher ihre eigenen Kräfte und Hilfsmittel zu prüfen, zu bezeichnen und zu ordnen; indem sie die Disziplin der Disziplinen aufstellte, die den Namen Dialektik trägt? Sie lehrt das Lehren, und sie lehrt das Lernen; in ihr stellt sich die Vernunft selbst dar und offenbart, wer sie ist, was sie will und was sie vermag. Sie weiß, was Wissen ist, und sie will nicht nur Wissende machen, sondern sie allein kann es auch. Da jedoch die Menschen in ihrer Torheit meistens zum Rechten, Nützlichen und Anständigen erst überredet werden müssen, weil nur selten ein Geist die unversehrteste Wahrheit von sich aus sieht, die Menschen vielmehr ihren eigenen Gefühlen und Gewohnheiten anhangen, müssen sie nicht nur möglichst umfangreich belehrt, sondern auch recht oft und stark ergriffen werden. Diesen Teil der Dialektik, der das tut, der mehr Nützlichkeit in sich trägt als Reinheit, und dessen Schoß dem Volke freigebig Vergnügen austeilt, damit es sich leichter zu seinem Heil entschließt: Diesen Teil von sich nannte die Dialektik Rhetorik. Allerdings hat man sie, nur unter der Voraussetzung in das Gebiet der Wissenschaften und Freien Künste aufgenommen, dass man sie wenigstens andeutungsweise vernunftgemäß nennen kann. [39]Hierauf wollte sich die Vernunft zur seligsten Schau der eigentlichen göttlichen Dinge emporschwingen. Auf dass sie nicht von der Höhe stürze, prüfte sie den Aufstieg und brach sich mühsam geordnete Bahn durch die bisher errungenen Gebiete. Sie begehrte nämlich nach der Schönheit, die sie allein und von den Augen unabhängig erfassen konnte; die Sinne hinderten sie nur daran. So prüfte sie ihre geistige Sehkraft zuerst an ihnen, die ihr laut zuriefen, sie besäßen allein die Wahrheit, und die Vorwärtsstrebende mit rücksichtslosem Aufwand hinderten. Und sie begann zuerst bei den Ohren, weil die sagten, die Worte, aus denen sie selbst ja die Grammatik, Dialektik und Rhetorik gemacht habe, gehörten ihnen. Aber sie als mächtigste Unterscheiderin sah schnell die Verschiedenheit zwischen dem Laut an sich und dem Gedanken, den er ausdrückt. Sie erkannte, dass der Urteilskraft des Gehörs nur der Ton unterworfen sei, und zwar in dreierlei Form: als Stimme eines Lebewesens, als Luftklang eines Blasinstrumentes und als Ton, den der Schlag hervorbringt. Zur ersten Gattung gehören Tragödien, Komödien, Chöre jeder Art und alles, was mit eigener Stimme singt. Zur zweiten zählen Flöten und ähnliche Instrumente. Zur dritten endlich gehören Cithara, Lyra, Zimbel und alles, was unter der schlagenden Hand der Spieler ertönt. [40]Die Vernunft sah aber, dass dieser Stoff völlig wertlos ist, wenn die Töne nicht nach bestimmtem Zeitmaß und geordneten Wechsel von Hebung und Senkung gestaltet werden. Sie erkannte hier die gleichen Grundsätze wieder, nach denen sie bei der Betrachtung der

Grammatik die Silben erwogen hatte, um dort von Füßen und Akzenten zu sprechen. Im Fluss der Rede zeigte sich deutlich eine nahezu gleiche Verteilung von kurzen und langen Silben, und sie versuchte nun, diese Füße in bestimmter Ordnung zu gliedern und zu verbinden. Da folgte sie zunächst dem eigenen Gefühl und prägte gewisse Einheiten, die sie Einschnitte und Satzglieder nannte. Ihrem Urteil folgend, begrenzte sie den Lauf der Füße und zwang ihn gleichsam zu seinem Rücklauf, wodurch der Vers entstand und seinen Namen erhielt. Was aber nicht mit solcher Begrenzung gestaltet war und dennoch in vernunftgemäß geordneten Füßen einherlief, nannte sie Rhythmus, ein Name, der lateinisch mit Numerus übersetzt wird. So sind von ihr die Dichter erzeugt worden. Als sie den großen Einfluss erkennen lernte, den nicht nur die Töne, sondern auch die Worte und Dinge durch die Kraft der Dichter gewannen, ehrte sie sie gar sehr und gab ihnen die Erlaubnis, Vernunftgemäßes zu erdichten, was sie wollten. Und da sie ja von jener ersten Disziplin ihre Abkunft herleiteten, setzte sie die Grammatiker als Richter über sie ein. [41]Auf dem letzten Gebiet, der Musik, erkannte die Vernunft sowohl in den Rhythmen als auch in der Gestaltung selbst die Herrschaft und uneingeschränkte Arbeit der Zahlen. Sie untersuchte sorgsamst ihre Art und ermittelte unter ihnen göttliche und ewige, mit deren Hilfe sie selbst ja alles Bisherige zustande gebracht hatte. Und schon erkannte sie mit Bekümmernis, dass Glanz und Reinheit jener Zahlen durch den körperlichen Stoff der Töne verfälscht werden: Denn nur was der Geist betrachtet, ist gegenwärtig und erweist sich als unsterblich; von der Art waren jene Zahlen. Der Ton aber verweilt, weil er ein sinnlich Wahrnehmbares ist, in der vergänglichen Zeit und prägt sich nur der Erinnerung ein. Deshalb hat die Vernunft den Dichtern gern die Fabel zugestanden, dass, die Musen Töchter Jupiters und der Erinnerung seien, weil doch die Sprösslinge ihren Erzeugern gleichen. Und deshalb wurde der Tonkunst, die am Sinn und am Geist Anteil hat, der Name Musik verliehen. [42]Von hier schritt die Vernunft weiter zu den Kräften der Augen, und während sie Erde und, Himmel betrachtete, fühlte sie, dass ihr nur die Schönheit gefiel, und in der Schönheit die Formen, in den Formen die Maße und in den Maßen die Zahlen. Und sie prüfte in sich selbst, ob es Linien und Rundungen, Gestalten und Formen gab, die dem entsprachen, was der Geist in sich barg. Unter all dem, was den Augen zugänglich war, fand sie nur weithin Minderwertiges, das keinen Vergleich mit dem aushielt, was der Verstand erkannte. Auch das ward unterschieden und eingeteilt und einer Wissenschaft überantwortet, die sie Geometrie nannte. Die Himmelsbewegung beschäftigte sie sehr und forderte sie zu gewissenhafter Betrachtung auf. Auch hier, im unwandelbarsten Wechsel der Zeiten, in den sicheren und abgegrenzten Läufen der Sterne und ihren bemessenen Entfernungen, sah sie nur immer wieder Maß und Zahl als beherrschende Kräfte. Die Erscheinungen selbst aber fasste sie durch Abgrenzungen und Unterscheidungen in einer gemeinsamen Ordnung zusammen und schuf die Astronomie, das große Beweismittel den Gottesfürchtigen und die Marter den Vorwitzigen. [43]In allen diesen Disziplinen begegnete ihr nur Zahlhaftes, und es offenbarte sich hier um so handgreiflicher, als sie es in ihrem eigenen Forschen und Erwägen als das Wahrhaftigste erkannte, während sie in den Bereichen der Gefühle nur Schatten und Spuren davon feststellen konnte. Da bäumte sie sich auf und wagte das Höchste: Sie unternahm es, die Unsterblichkeit der Seele zu bestätigen. Sie erwog sorgfältig alles und ward sich ihrer ganzen großen Kraft bewusst, die sie einzig und allein den Zahlen dankte. Da überkam es sie wie ein Wunder, und es stieg die Vermutung in ihr auf, dass sie selbst vielleicht die Zahl sei, mit der das All gezählt würde; und wenn dem nicht so wäre, so sei sie doch bereits dort, wohin sie gelangen wollte. So erfasste sie die Zahl mit allen Kräften als das künftige Kennzeichen der gesamten Wahrheit, als jenen Beweiser, von dem Alypius, als wir über die Akademiker sprachen, meinte, er sei ein Proteus, der sich unter den Händen in alle Gestalten verwandle. Es kommen nämlich meist nur die falschen Bilder von den Dingen an unser Fassungsvermögen heran, ihr wahrer Ursprung, nach dem wir sie erkennen könnten, bleibt uns tief verborgen; sie drängen sich in unsre Vorstellung und rauben uns oftmals, was wir fast schon besessen haben.

*Literatur*

*C.J. Perl* (Hg.): Die frühen Werke des Heiligen Augustinus. Die Ordnung, Paderborn [4]1966.

## 175: Philo ebr. 33–35.48–53

Wie *De agricultura* und *De plantatione* nimmt auch *De ebrietate* den Ausgangspunkt von Gen 9,20–29 her. Nachdem Philo bereits in *De plantatione* philosophische Standpunkte zur Trunkenheit behandelt hat, stellt er nun die mosaische Position systematisch dar. In einem ersten Gang der allegorisch ansetzenden Ausführungen geht es um die *apaideusía* – die Restriktivität gegenüber aller Bildung und Erziehung –, als deren Beispiel der störrische und ungehorsame Sohn angeführt wird, den seine eigenen Eltern verklagen (Dtn 21,18–21). Die leiblichen Eltern verweisen nach Philo allegorisch einmal auf Gott und die göttliche Weisheit, sodann auf die rechte Vernunft (*orthòs lógos*) bzw. die Philosophie als Vater und die an kulturübergreifenden Konventionen orientierte Bildung/Erziehung (*paideía*) als Mutter. Solchem Vater und solcher Mutter gegenüber ergeben sich vier Varianten des (Un-) Gehorsams, wobei Philo dem (doppelten) Gehorsam sowohl gegenüber der rechten Vernunft/Philosophie als auch gegenüber der bildenden Erziehung den Vorzug gibt (vgl. 81–83 am Beispiel von Jakob/Israel).

[33]Der Vater ist also nach unserer Meinung die männliche, vollkommene und rechte Vernunft, die Mutter aber der ganze Reigen der Gegenstände der mittleren und allgemeinen Bildung; ihnen, wie ein Kind den Eltern, zu gehorchen, ist schön und nützlich. Der Vater nun, die rechte Vernunft, gebietet, der Natur zu folgen und [34]sich nach ihr zu richten, und der nackten und unverhüllten Wahrheit nachzugehen, die Mutter dagegen, die Erziehung, sich an das positive, konventionelle Recht zu halten, das in den einzelnen Staaten, Völkern und Ländern von den Altvorderen festgesetzt wurde, die zwar noch nicht der Wahrheit, aber ihrem Scheine zugetan waren.

Diese Eltern haben vier Scharen von Kindern; die eine ist beiden [35]Eltern gehorsam; die andere, Gegnerin der ersten, hält sich weder an den Vater noch an die Mutter; von den beiden anderen ist jede halbvollkommen; die eine von ihnen nämlich hat den Vater sehr lieb und hängt an ihm, die Mutter aber und ihre Anordnungen beachtet sie nicht, die andere hinwiederum liebt allem Anschein nach die Mutter und ist ihr gegenüber in jeder Hinsicht dienstbeflissen,

aber um die Anordnungen des Vaters kümmert sie sich blutwenig. Die erste Schar nun wird über alle den Siegespreis davontragen, ihr Widerpart dagegen wird nur Niederlage und zugleich Untergang erdulden; von den beiden übrigen wird sich die eine den zweiten, die andere den dritten Preis erwerben, und zwar den zweiten Preis die Schar, die dem Vater, den dritten die, welche der Mutter gehorcht.
[48]Der Ringer um die Weisheit aber weiß, dass es auch zeitlose Wesen gibt und erstrebt das Geringere zuerst und danach erst das Ehrwürdigere. Dabei kann er sich auf die Übereinstimmung mit der Lehre von der sittlichen Bildung berufen; denn die nach Weisheit Strebenden müssen zuerst mit der geringeren Bildung zusammenkommen, um dann von der vollkommeneren [49]sicheren Vorteil und Genuss haben zu können. Darum gelangen auch bis jetzt die Liebhaber der sittlichen Vollkommenheit nicht früher zur Türe der ehrwürdigeren Bildung, der Philosophie, bevor sie mit den geringeren Arten vertraut geworden sind, mit der Grammatik, der Geometrie und allen Fächern der höheren allgemeinen Bildung; diese nämlich sind die freundlichen Vermittlerinnen der Weisheit für diejenigen, die allezeit ehrlich und in Reinheit um sie werben. [50]Jener aber klügelt das Gegenteil aus, weil er will, dass wir die ältere zuerst heimführen, nicht damit wir sie fest besitzen, sondern damit wir uns vom Zauber der jüngeren berücken und nachher unsere Sehnsucht [51]nach jener erschlaffen lassen. Und fast so erging es schon vielen, die nicht den rechten Weg zur Bildung eingeschlagen haben. Denn sozusagen noch in den Windeln gingen sie schon an das vollkommenste Studium, die Philosophie; da sie aber doch nicht für immer ohne Ahnung der allgemeinen Bildung zu bleiben wünschten, entschlossen sie sich spät erst und mit Überwindung, mit ihr in Berührung zu kommen. Wenn sie dann aber von der größeren und ehrwürdigeren Wissenschaft zur Betrachtung der niedrigeren und geringeren Lehrgegenstände herabstiegen, wurden sie über ihnen alt, so dass sie nicht mehr die Kraft aufbrachten, sich zu ihrem Ausgangspunkte wieder aufzuschwingen.

*Literatur*

Philo von Alexandria, Die Werke in deutscher Übersetzung, 7 Bde., hg. von *L. Cohn/I. Heinemann/M. Adler/W. Theiler*, Bd. V, Berlin I–VI ²1962.

## 176: Cic. de orat. 1,44.71–73; 3,58.126f

In seinem rhetoriktheoretischen Hauptwerk „de oratore“, das Cicero ca. 55 v.Chr. verfasste, beschäftigt er sich ausgiebig mit den Fähigkeiten und Künsten des Rednerberufes. Im ersten Band schildert er die Voraussetzungen, die ein Mensch für eine derartige Tätigkeit besitzen muss, in den anderen beiden Bänden stellt er die Redekunst bevor er sich abschließend den moralischen und philosophischen Qualitäten des Redners zuwendet.

1[44]Ich rede gar nicht von den Mathematikern, Grammatikern und Musikern; auch nicht die kleinste Gemeinsamkeit verbindet eure Redekunst mit ihren Fächern. Ich finde deshalb, Crassus, dass man nicht so große Worte machen sollte. Das, wofür du einstehen kannst, ist anspruchsvoll genug, dass nämlich vor Gericht immer die Sache, die du vertrittst, die bessere und die plausiblere zu sein scheint, dass bei Volksversammlungen und bei Abstimmungen dein Wort die stärkste Überzeugungskraft besitzt, dass schließlich deine Rede klugen Leuten gut, dummen sogar als wahr erscheint. Wenn du noch mehr vermagst als das, dann glaube ich, dass dazu nicht der Redner in dir, sondern Crassus durch sein ganz persönliches und nicht für alle Redner typisches Talent imstande ist.

[71]Denn was deine Bemerkung betrifft, Scaevola, du hättest es, wenn du dich nicht in meinem Reich befändest, nicht hingenommen, dass ich sagte, der Redner müsse in jeder Stilart und in jedem Teil menschlicher Bildung ein Meister sein, so glaube mir: Ich würde das Wahrhaftig nie behaupten, wenn ich selbst glaubte, der zu sein, den ich vor Augen habe. [72]Doch wie Lucilius oft zu sagen pflegte – er war nicht gut auf dich zu sprechen und mir aus eben diesem Grunde weniger vertraut, als er es wollte, und doch ein Mann von Bildung und Gelehrsamkeit –, so finde auch ich, dass kein Mann als Redner gelten dürfte, der nicht in all den Fächern, die eines freien Mannes würdig sind, bewandert ist; wenn wir sie auch beim Reden nicht unmittelbar anwenden, stellt es sich doch heraus, ob wir in ihnen Laien oder Kenner sind. [73]So machen ja zum Beispiel die Ballspieler beim Spiel selbst keinen Gebrauch von der spezifischen Technik des Ringkampfes, doch schon ihre Art sich zu bewegen, verrät es, ob sie den Ringkampf beherrschen oder nichts davon verstehen. Auch bei Bildhauern bleibt selbst dann, wenn sie gerade auf die Malerei verzichten, trotzdem nicht verborgen, ob sie malen können oder nicht. So wird gerade bei solchen Reden, bei Prozessen, in Volksversammlungen und im Senat, auch wenn die übrigen Gebiete nicht eigens herangezogen werden, doch leicht deutlich, ob der Redner nur in dem Handwerk der Schulrhetorik bewandert ist oder sich erst nach einer Ausbildung in all den edlen Wissenschaften der Redekunst gewidmet hat.

3[58]Doch wie sich Menschen, die an dauernde und tägliche Arbeit gewöhnt sind, wenn sie vom Wetter an ihrer Tätigkeit gehindert werden, dem Ball, den Würfeln oder dem Brettspiel zuwenden oder sich in ihren Mußestunden noch ein neues Spiel ausdenken, so wandten sich die Menschen, die von Staatsgeschäften wie von der Arbeit durch die Zeitumstände ausgeschlossen oder durch eigenen Entschluss entbunden waren, mit ganzer Seele bald den Dichtern zu, bald der Geometrie, bald der Musik; andere, wie die Dialektiker, erfanden selbst ein neues Fach und Spiel und brachten mit den Fächern, die sie erfunden hatten, um die Kinder zur Bildung und zur Tugend anzuleiten, die ganze Zeit und ihr gesamtes Leben zu.

[126] „Ihr großen Götter“, rief Catulus da aus, „welche Vielfalt des Stoffs, welche Gewalt und welche Fülle, Crassus, hast du da umfasst, und aus welch einer Enge wagtest du den Redner da herauszuführen, um ihn im Reiche seiner Ahnen anzusiedeln! Denn jene alten Lehrer und Schöpfer der Rede glaubten, wie wir wissen, dass ihnen kein Gebiet der Auseinandersetzung fremd sei, und betätigten sich in jeglicher Art der Rede.“ [127]Als Hippias von Elis aus ihrem Kreise zu dem hohen Fest der Spiele, die in jedem fünften Jahr stattfinden, nach Olympia kam, da rühmte er sich vor den Ohren fast ganz Griechenlands, es gebe nichts in irgendeinem Fach auf aller Welt, was er nicht selbst verstehe; und er verstehe sich nicht nur auf die Fachrichtungen, auf die sich die freien und edlen Wissenschaften gründeten, Geometrie, Musik, das Studium der

Sprache und der Dichter, sowie diejenigen, die von der Welt, die von den Sitten der Menschen und Staatsdingen handelten, sondern er habe den Ring, den er trage, den Mantel, den er umgelegt, und die Sandalen, die er angezogen habe, mit eigener Hand angefertigt.

*Literatur*

*H. Merklin* (Hg.): Marcus Tullius Cicero. De oratore. Über den Redner. Lateinisch/Deutsch, Stuttgart [3]1997.

## 177: Quint. inst. 1,10,1–49

Der röm. Lehrer der Beredsamkeit Quintilianus (ca. 35–100 n. Chr.), der unter Vespasian Lehrer an einer neu begründeten öffentlichen Rhetorikschule (vgl. Suet. Vesp. 18) und u.a. der Lehrer Plinius' d.J. war, hinterließ mit seinem Alterswerk der *Institutio oratoria* in zwölf Büchern die ausführlichste überkommene antike Darstellung der Rhetorik. Das Werk bietet einen Gesamtentwurf der rednerischen Ausbildung für die Hand des Rhetoriklehrers, in den insbesondere auch Probleme des Elementarunterrichts einbezogen sind. Das erste Buch behandelt Grammatik, Musik und Geometrie, bevor im zweiten Buch von ersten rhetorischen Übungen die Rede sein kann und schließlich das dritte Buch das rhetorische System eröffnet. Die Darstellung der rhetorischen Techne fußt auf – sowohl lat. („Ciceronianismus"; vgl. unten 1,10,4f. Ciceros Ideal des vollkommenen Redners; dagegen regelmäßige Kritik an Seneca) als auch griechischen – Vorgängern und etablierten Lehrmeinungen.

[1]Soviel, so kurz es sich machen ließ, über die Grammatik nicht in dem Bestreben, alles zu behandeln, einem Bemühen, das ohne Ende wäre, sondern das Notwendigste. Nun will ich knappe Bemerkungen über die übrigen Fächer hinzufügen, in denen meines Erachtens die Knaben, ehe sie zum Redelehrer gegeben werden, unterwiesen werden sollen, damit der Kreis des Wissens sich schließe, den die Griechen *egkuklios paideia'* nennen.
[2]Denn in etwa denselben Lebensjahren muss auch noch mit dem Studium anderer Fächer begonnen werden. Da diese nun auch eigene Wissenschaften sind und auch ohne das wissenschaftliche Studium der Beredsamkeit beherrscht werden können, sie andererseits auch allein nicht die ausreichende Kraft haben, jemanden zum Redner zu machen, ergibt sich die Frage, ob sie für unser Vorhaben notwendig sind. [3]Denn inwiefern, sagt man, gehört es zur Führung eines Prozesses oder zur Darlegung einer Stellungnahme im Rat, zu wissen, wie man auf einer gegebenen Linie ein gleichseitiges Dreieck errichten kann? Oder inwiefern wird jemand einen Angeklagten besser verteidigen oder seine Ansicht in der politischen Beratung durchsetzen, der die Töne der Kithara nach Namen und Intervallen unterscheiden kann? [4]Vielleicht könnte man auch viele Anwälte aufzählen, die sich vor Gericht äußerst brauchbar zeigten, ohne je eine Lehre der Geometrie gehört zu haben oder von Musik mehr zu verstehen, als man im Allgemeinen mit seinen Ohren davon zu genießen hat. Diesen Zweiflern antworte ich zunächst, was M. Cicero in seinem dem Brutus gewidmeten Buch dem Redner immer wieder bezeugt: dass wir nämlich nicht einen Redner unterweisen, wie es ihn gibt oder gegeben hat, sondern wir im Geist eine Art Bild empfangen haben, das ihn voll-

kommen und auf keinem Gebiet weniger meisterhaft zeigt. [5]Denn auch wenn sie einen Weisen heranbilden, glauben die Lehrer, ihren Schüler, der allseitig vollkommen und, wie sie sagen, eine Art sterblicher Gott werden soll, nicht nur in der Kenntnis der Erscheinungen am Himmel und der vergänglichen Menschenwelt unterrichten zu müssen, sondern führen ihn durch bestimmte, an und für sich betrachtet eigentlich recht geringfügige Stoffe sowie bisweilen durch ausgeklügelte Zweifelsfragen: nicht, weil die Hörner- oder Krokodilschlüsse zum Philosophen machen könnten, sondern weil er selbst nicht in den geringsten Kleinigkeiten sich täuschen lassen darf. [6]Entsprechend wird den Redner, der ein Weiser sein muss, nicht der Geometrielehrer oder Musiklehrer und was ich zu diesen Fächern sonst noch hinzufügen will, zuwege bringen, aber auch diese Künste werden mithelfen, ihn vollkommen zu machen. Es sei denn, wir sehen nicht auch, dass die Gegengifte und andere Mittel, die Augen oder Wunden zu heilen, sich aus vielen, bisweilen sogar untereinander entgegengesetzten Wirkungen zusammensetzen, aus deren verschiedener Art die eine bekannte Mischung wird, die keinem einzelnen der Mittel ähnlich ist, aus denen sie besteht, sondern ihre eigentümlichen Kräfte aus allen zieht. [7]Bringen doch gar stumme Lebewesen den Honiggeschmack, den die Menschen mit all ihrem Verstand nicht nachahmen können, durch die mannigfache Art der Blüten und Säfte hervor: Können wir uns da wundern, wenn die Rede, die die Vorsehung dem Menschen als das Vortrefflichste geschenkt hat, einer Vielzahl von Künsten bedarf, die, auch wenn sie sich nicht beim Reden zur Schau stellen und vordrängen, doch eine verborgene Kraft einflößen und auch schweigend ihre Wirkung verspüren lassen? [8]„Es hat aber doch schon einen Mann gegeben, der ohne sie zu reden verstand!" Aber ich suche den Redner. „Der Zuwachs, den solche Fächer bringen, ist nicht groß! Aber jedenfalls werden wir kein Ganzes erhalten, wenn auch nur kleine Teile fehlen – und man wird sich doch einig darüber sein, dass das Ganze das Beste ist; mag denn auch der Blick auf dieses Ganze eine harte Aufgabe zeigen, so wollen wir doch alle nötigen Vorschriften geben, damit wenigstens mehr daraus wird. Jedoch warum sollte denn der Mut verzagen? Die Natur hindert ja nicht daran, ein vollkommener Redner zu werden, und es ist kläglich, da zu verzweifeln, wo ein Gelingen möglich ist. [9]Eigentlich hätte ich ja schon mit dem Urteil der Alten mich begnügen können. Denn wer weiß nicht, dass die Musik – um von ihr zuerst zu sprechen – schon in jenen alten Zeiten nicht nur Pflege, sondern gar solche Verehrung genoss, dass man – um andere beiseite zu lassen – in einem. Orpheus und Linus zugleich den Musiker, Seher und Weisen erkannte: Beide, heißt es, seien von göttlicher Abkunft; von dem einen indessen hat sich, weil er selbst rohe, unkultivierte Gemüter packte und besänftigte, die Kunde der Nachwelt erhalten, er habe nicht nur wilde Tiere, sondern auch Steine und Wälder hinter sich hergezogen. [10]Deshalb ist nach dem Bericht des Timagenes unter allen geistigen Bemühungen die Musik die älteste gewesen, und auch die berühmtesten Dichter bezeugen es, bei denen während der Gastmähler am Königshofe das Lob der Heroen und Götter zur Kithara gesungen wurde. Singt nicht auch der Topas des Vergil „des Mondes irrenden Lauf und der Sonne mühsame Bahnen" usw.? Damit bestätigt jedenfalls der hervorragendste Gewährsmann es in aller Öffentlichkeit, dass die Musik auch mit der Kenntnis der göttlichen Dinge in Verbindung stehe. [11]Gibt man dies zu, so wird ihre

Kenntnis auch für den Redner notwendig sein, wenn denn wirklich, wie wir gesagt haben, auch dies Gebiet, das von den Redelehrern aufgegeben und deshalb von den Philosophen besetzt worden ist, zu unserer Aufgabe gehört hat und ohne Kenntnis aller solcher Dinge die Beredsamkeit nicht vollkommen sein kann. [12]Nun wird ja wohl niemand bezweifeln, dass die Männer, die durch den Namen ihrer Weisheit berühmt waren, die Musik eifrig gepflegt haben. Haben doch Pythagoras und seine Nachfolger die zweifellos schon aus uralter Lehre übernommene Meinung verbreitet, die Welt selbst sei in dem Verhältnis geordnet, das dann die Lyra nachgeahmt habe, und nicht zufrieden mit der Eintracht des so Verschiedenen, die sie *Harmonia* nennen, haben sie diesen ewigen Bewegungen auch noch den Klang der Sphärenharmonie verliehen. [13]Kann ja doch Plato wie in vielen seiner Dialoge so vor allem im Timaeus überhaupt nur von Lesern verstanden werden, die auch diese Seite der Wissenschaft sorgfältig studiert haben. Doch ich spreche nur von Philosophen, deren Quell selbst, Sokrates, noch als alter Mann, ohne zu erröten, Lyrastunden nahm. [14]Aber auch die größten Heerführer, heißt es, hätten Saiten- und Blasinstrumente gespielt, die Heere der Lakedämonier seien durch die Weisen der Musik begeistert worden! Was aber tun in unseren Legionen die Hörner und Tuben anderes? Wie deren schmetternder Gleichklang ungestümer über das Schlachtfeld schallt, so übertrifft der römische Kriegsruhm die anderen Völker. [15]Nicht vergebens hat also Plato für den tätigen Bürger, den er nennt, die Musik für notwendig erachtet. Auch die Gründer der Philosophenschule, die einige für die strengste, andere für die raueste halten, waren der Meinung, dass einige ihrer Weisen einige Mühe auf die Musikstudien verwenden könnten und selbst Lykurg, der Urheber der härtesten spartanischen Gesetze, hat die musikalische Betätigung gebilligt. [16]Scheint ja doch die Natur selbst sie uns gleichsam als Geschenk gegeben zu haben, um Anstrengungen leichter zu ertragen, wie ja auch den Ruderer sein Gesang anfeuert – und nicht nur bei den Arbeiten wirkt die Musik, wenn das gemeinsame Bemühen sich zusammenfindet, sobald eine frische Stimme den Anfang macht, sondern einzeln tröstet man sich in der Ermüdung mit einer wenn auch noch so kunstlosen Weise. [17]Soweit scheint es, als sänge ich zwar ein Loblied auf diese so herrliche Kunst, brächte sie jedoch noch nicht in Verbindung mit dem Redner. Wir wollen also auch die Tatsache streifen, dass einstmals Grammatik und Musik verbunden waren: Wie denn Archytas und Euenus glaubten, die Grammatik sei sogar der Musik untertan, und sowohl Sophron es zeigt, dass es für beides die gleichen Lehrer gegeben hat – Sophron, zwar ein Mimendichter, doch immerhin ein Schriftsteller, den Plato so sehr schätzte, dass er seine Werke auf dem Totenbett noch unter seinem Haupte gehabt haben soll –, [18]vor allem aber Eupolis, bei dem Prodamus sowohl Musik als auch Literatur lehrt, und Maricas, das heißt Hyperbolus bekennt, er kenne in der Musik nichts als die Buchstaben. Auch Aristophanes zeigt in mehreren Werken, in der alten Zeit seien die Knaben gewöhnlich so unterrichtet worden, und bei Menander im Hypobolimaios sagt der Alte, der dem Vater, der seinen Sohn zurückverlangt, gleichsam eine Rechnung der Erziehungsaufwendungen aufstellt: Er habe den Musikern und Geometern viel gegeben. [19]Daher stammt auch die Sitte, beim Symposion nach der Mahlzeit die Lyra herumgehen zu lassen, weshalb Themistokles, als er gestand, er

könne nicht Lyra spielen, mit Ciceros Worten für ziemlich ungebildet galt. [20]Aber auch im alten Rom gehörte es bei den Mählern zur Sitte, Saiteninstrumente und Holzblasinstrumente hinzuzunehmen. Auch die Verse der Salier haben Liedform. Da dies alles von König Numa eingeführt ist, beweist es, dass nicht einmal in jenen – anscheinend so rohen, kriegerischen – Zeiten die Musikpflege, soweit jene Zeit sie fassen konnte, gefehlt hat. [21]Schließlich ist die griechische Wendung fast zum Sprichwort geworden: die Ungebildeten seien den Musen und Grazien fern. – [22]Doch nun wollen wir erörtern, was der künftige Redner eigentlich in der Musik suchen soll.
Eine auf Zählen gegründete Ordnung hat die Musik in zwei Formen: in der Stimme und der Körperbewegung; denn bei beiden Erscheinungen sucht man etwas, was als Maß regeln kann. Die Wirkungsgrundlage der Stimme gliedert der Musiker Aristotoxenus in *Rhythomos* und *melos*, von denen das erstere in der Veränderung der Maße, das zweite im Klangstrom der Töne besteht. Ist etwa dies alles nicht wichtig für den Redner? Das erste, die Körperbewegung, gehört doch zur Gebärdensprache, das zweite zur Behandlung der Wortstellung, das dritte zur Tongebung, die beim Vortrag so mannigfaltig ist: [23]Es sei denn, man verlange nur in Gedichten und Gesangsstücken eine gewisse Gesetzmäßigkeit und Wortverbindung ohne Missklang, hielte diese aber beim Vortrag der Rede für überflüssig, während doch tatsächlich Wortfügung und Ton auch in der Rede so mannigfach je nach dem Gegenstand verwendet wird wie bei der Musik. [24]Denn mit der Stimmfärbung und Veränderung der Maße lässt sie das Großartige erhaben, das Liebliche süß, das Gemessene getragen erklingen und stimmt in ihrer ganzen Kunst mit der sogenannten Affektlehre der Musik überein. [25]Dient ja doch auch beim Reden die Hebung, Senkung und Modulation der Stimme dazu, die Gefühle der Hörer zu erregen, und mit einer anderen Veränderung der Stellung und der Tonmodulation – um dieses Wort auch hier zu gebrauchen – zielen wir auf die Erregung des Richters, mit wieder anderer auf das Mitleid – da ja sogar Musikinstrumente, die doch nicht eigentlich sprechen können, uns in verschiedene Stimmung versetzen. [26]Auch die passende und geschmackvolle Körperbewegung, die *eurhythmia*, ist unentbehrlich und kann sonst nirgends gewonnen werden. Auf ihr beruht nicht zuletzt der Vortrag, worüber wir an anderer Stelle handeln werden. [27]Ja, wird denn aber nicht eine Hauptsorge des Redners der Stimme gelten? Und was ist so ganz die Sache der Musik? Doch auch hier will ich nicht vorgreifen. Begnügen wir uns einstweilen lediglich mit dem Beispiel des C. Gracchus, des vorzüglichsten Redners seiner Zeit, hinter dem, wenn er in der Volksversammlung sprach, ein Musiker mit einem Pfeifchen, dem *tonarion*, stand, um ihm die Grundtöne anzugeben, auf die er sich einstellen sollte; [28]das war seine Sorge auch in den wildesten Redeschlachten, ob er nun die Optimaten in Schrecken setzte oder schon für sich selbst zu fürchten hatte! Da für die Musik bei manchen das Verständnis schwächer ist, sei es gestattet, auch noch mit derberer Muse, wie man sagt, den Zweifel an dem Nutzen dieser Kunst zu beheben. [29]Denn dass der künftige Redner Dichter lesen müsse, wird man doch jedenfalls zugeben – diese aber dann etwa ohne Musik? Und wenn jemand so verblendet ist, das bei anderer Dichtung zu bezweifeln, so jedenfalls doch bei denen, die ihre Lieder zur Lyra verfasst haben. Darüber wäre länger zu sprechen, wenn ich diese Beschäftigung als etwas Neues vorschriebe. [30]Da sie

aber seit alters von Chiron und Achill an bis auf unsere Zeiten bei allen, die nicht gerade aus Bildungshass die gehörigen Studien ablehnten, in dauernder Geltung stand, möchte ich es nicht darauf ankommen lassen, dadurch Zweifel zu wecken, dass ich mit einer Verteidigung erst Unruhe stifte. [31]Obwohl aber, denke ich, schon aus den Beispielen, die ich eben gebracht habe, deutlich geworden ist, in welcher Art und welchem Ausmaß mir die Musik gefällt, möchte ich doch noch unverhohlener erklären, dass ich nicht die Musik empfehle, die heutzutage verweichlicht und durch schamlose Weisen halt- und kraftlos die Bühne beherrscht und nicht zuletzt das ausmerzt, was uns etwa noch an männlicher Kraft übriggeblieben ist, sondern diejenige, in der die Heldentaten erklangen und wie sie die Helden selbst sangen – also nicht *Psalterium* und *Spadix* wie sie Mädchen, wenn sie Anstand besitzen, ablehnen müssen, sondern die Kenntnis der musikalischen Gesetzmäßigkeit und Ordnung, die zur Erregung und Besänftigung der Gefühlsregungen von größter Wichtigkeit ist. [32]Hören wir doch von Pythagoras, sein Geheiß, die Flötenspielerin solle ihre Weise auf Spondeen umstellen, habe junge Leute, die sich hatten aufreizen lassen, einem ehrbaren Haus Gewalt anzutun, wieder zur Ordnung gebracht und Chrysipp weist sogar derjenigen Amme, die man den Kindern zum Einwiegen gibt, ein eigenes Lied zu. [33]Es gibt auch einen nicht ohne Geist für Deklamationen erfundenen Stoff der davon ausgeht, ein Flötenspieler habe einem Mann beim Opfer eine phrygische Melodie gespielt. Dadurch sei der Mann um seinen Verstand gebracht worden und habe sich in den Tod gestürzt. Nun wird der Flötenspieler angeklagt, weil er den Tod verursacht habe. Wenn ein Redner dieses Thema behandeln soll, er hierzu aber ohne Kenntnis der Musik außerstande ist, wie können dann selbst übelwollende Kritiker sich noch dem Zugeständnis entziehen, auch diese Kunst sei für unser Vorhaben notwendig?

[34]Die *Geometrie* bildet zugestandenermaßen eine nützliche Aufgabe für das zarte Jugendalter: Denn dass sie den Geist in Bewegung setzt, den Scharfsinn entfaltet und dadurch zur schnelleren Auffassung führt, gibt man zu, jedoch glaubt man, sie nütze nicht, wie die anderen Fächer, wenn man sie beherrscht, sondern nur, während sie erlernt wird. [35]Aber nicht ohne Grund haben die bedeutendsten Männer dieser auch ihre volle Kraft gewidmet. Denn von den zwei Bereichen, in die die Geometrie sich gliedert, den Zahlen und den Figuren, ist ja die Kenntnis der Zahlen nicht nur für den Redner, sondern für jeden, der die Anfangsgründe der Bildung besitzt, notwendig. In Prozessen indessen tritt sie gewöhnlich am allerhäufigsten in Erscheinung; denn wenn in ihnen ein Sachwalter – gar nicht zu reden davon, dass er bei den Gesamtzahlen Unsicherheit zeigt – auch nur mit einer ungenauen oder einer unschönen Fingergebärde der Rechnung widerspricht, gilt er als ungebildet. [36]Die Lehre von den Linien indessen kommt zwar auch oft in Prozessen in Betracht – denn es gibt ja die Streitfragen über Grenzen und Vermessungen – jedoch besitzt sie noch ein andere Art höherer Verwandtschaft mit der Redekunst. [37]Da ist gleich das Ordnungsprinzip, das für die Geometrie notwendig ist. Ist es das nicht auch für die Beredsamkeit? Aus dem Vorausgehenden beweist die Geometrie das Folgende und aus dem Gewissen das Ungewisse. Tun wir das nicht auch beim Reden? Ja, besteht die Folgerung aus vorausgesetzten Sätzen nicht fast ganz aus Syllogismen? Deshalb kann man ja häufiger die Ansicht finden, die

Geometrie sei der Dialektik ähnlich, als die, sie ähnele der Rhetorik. Indes auch der Redner macht zwar selten, aber doch gelegentlich vom dialektischen Beweis Gebrauch. [38]Denn wenn es die Sache erfordert, wird er Syllogismen verwenden und jedenfalls das Enthymem, das ja ein rhetorischer Syllogismus ist. Schließlich heißen die stärksten Beweise allgemein die *grammika avpodeixeis* Beweisführung mittels Zeichnung. Was aber sucht die Rede eher als den Beweis? [39]Auch Falsches, das den Anschein von Wahrheit hat, weiß die Geometrie durch methodische Überlegung zu enthüllen. Auch bei den Zahlen geschieht das, und zwar durch die sogenannten *eudografiai*, mit denen wir als Kinder zu spielen pflegten. Doch anderes ist wichtiger. Denn wer würde nicht dem folgenden Satz Glauben schenken: Haben die Flächen umgrenzenden Linien gleiche Länge, so ist die Größe der Flächen, die die Linien einschließen, gleich. [40]Und doch ist er falsch: Denn es kommt sehr darauf an, welche Form die Begrenzungslinien umschließen, und die Historiker, die glaubten, die Größe von Inseln sei hinreichend durch die Länge der Umfahrt bestimmt, haben sich den Tadel der Geometer zugezogen. Denn je vollkommener eine Form ist, desto mehr fasst sie. [41]Deshalb wird die Umgrenzungslinie, wenn sie einen Kreis bildet, die Form, die in der Ebene die vollkommenste ist, eine größere Fläche umschließen, als wenn sie ein gleichseitiges Viereck bildet, das Viereck wieder eine größere als das Dreieck, unter den Dreiecken das gleichseitige eine größere als das ungleichseitige. [42]Doch da mag Manches etwas dunkel bleiben. Wir wollen deshalb ein Beispiel nehmen, das auch den Unerfahrenen ganz leicht verständlich ist. Dass ein Joch 240 Fuß in der Länge und halb soviel in der Breite misst, wird wohl kaum jemandem unbekannt sein, und es ist leicht zu errechnen, wie groß der Umfang und der Flächeninhalt ist. [43]Nun bilden 180 Fuß nach jeder Seite denselben Umfang, jedoch einen viel größeren Flächeninhalt, der von den vier Linien umschlossen wird. Wenn es jemanden verdrießt, das auszurechnen, kann er auch an kleineren Zahlen dasselbe lernen. Denn zehn Fuß im Geviert haben einen Umfang von vierzig Fuß, einen Inhalt von hundert Quadratfuß. Sind es dagegen an den Seiten je fünfzehn, an den Fronten je fünf Fuß, so umschließen sie bei gleichem Umfang ein Viertel weniger Flächeninhalt (als das Zehn-Fuß-Quadrat). [44]Wenn aber die Seiten in der Länge zu je neunzehn Fuß bei einem Fuß Zwischenraum gedehnt werden, so werden sie nur so viel Quadratfuß haben, wie die Seitenlänge beträgt: Die Umfangsstrecke aber wird genauso lang sein wie die, die hundert Quadratfuß enthält. Was man so der Quadratform wegnimmt, wird auch dem Flächeninhalt verloren gehen. [45]Also kann es auch geschehen, dass von einem größeren Umfang ein kleinerer Flächeninhalt umschlossen wird. Das gilt in der Ebene. Denn bei Hügeln und Tälern ist es auch dem Unkundigen klar, dass die Bodenfläche größer ist als die Himmelsfläche. [46]Nun erhebt sich dieselbe Geometrie gar bis zur Berechnung der Weite des Kosmos! Hierbei lernen wir, wenn sie mit Zahlen die sicher und fest stehenden Umlaufbahnen der Gestirne lehrt, dass es nichts gibt, was ohne Ordnung und nur zufällig ist: Das kann manchmal auch dem Redner zustatten kommen. [47]Oder hat etwa nicht Perikles, als er die Athener, die durch eine Sonnenfinsternis erschreckt waren, dadurch, dass er ihnen deren Ursache angab, von der Furcht befreit, hat etwa nicht der bekannte Sulpicius Gallus damals, als er im Heere des L. Paulus über die Mondfinsternis sprach, damit sich die Soldaten nicht wie durch ein göttliches Vorzeichen schrecken ließen, dabei offenbar die Aufgabe eines Redners erfüllt? [48]Hätte das Nikias in Sizilien gewusst, hätte er nicht, von derselben Furcht verwirrt, ein herrliches Heer der Athener verloren. So wie Dion, als er heranzog, um die Tyrannin des Dionys zu stürzen, sich nicht durch ein solches Ereignis abschrecken ließ. Mag man solche Verwendungen im Krieg für außerhalb unserer Zuständigkeit halten, und übergehen wir auch die Tatsache, dass der eine Archimedes die Belagerung von Syrakus so lange hingehalten hat, [49]so ist die Feststellung jedenfalls unmittelbar geeignet, unsere Absicht zu erreichen, dass sehr viele Fragen, die sich auf andere Weise nur schwer erklären lassen, etwa die über das Prinzip der Teilung, die Zerlegung ins Unendliche, die Beschleunigung, mit Hilfe der geometrischen Beweise sich in der Regel lösen lassen, so dass, wenn der Redner, wie im nächsten Buch gezeigt werden wird, über alle Dinge reden muss, keinesfalls ohne Geometrie ein Redner möglich ist.

*Literatur*

Marcus Fabius Quintilianus: Ausbildung des Redners. Zwölf Bücher. Lateinisch/Deutsch, hg. und übersetzt von *H. Rahn*, Teil 1, Darmstadt $^{3}$1995.

## Texte zu 2.5.7 Jüdische Schriftgelehrsamkeit

### 178: mAv 3,2

In der um ca. 200 n.Chr. verfassten Mischna ist die Fixierung der mündlichen Gesetzestradition (*Halacha*) des rabbinsichen Judentums. Einer ihrer Aussprüche assoziiert das Torastudium in ganz ähnlicher Weise mit der Erfahrung einer unmittelbaren Gegenwart Gottes.

R. Chananja ben Teradjon sagt: Pflegen zwei beisammen zu sitzen und es sind nicht Worte der Tora unter ihnen, so ist dies ein Sitz der Spötter, wie es heißt: Auf dem Sitz der Spötter sitzt er nicht. Aber sitzen zwei beisammen und befassen sich mit den Worten der Tora, so weilt die *Schechina* unter ihnen, wie es heißt: Da besprachen sich die, die den Herrn fürchten, einer mit dem anderen, und der Herr merkte auf und hörte, und es wurde geschrieben in ein Buch des Gedächtnisses vor ihm für die, die den Herrn fürchten und seinen Namen bedenken.

*Literatur*

Übersetzt von Friedrich Avemarie.

### 179: tBer 2,12

In Anlehnung an mBer 3,4 handelt tBer 2,12 davon, inwieweit die in Lev 11 und 15 beschriebenen körperlichen Verunreinigungen den Umgang mit Gebets-, Bibel- und Studientexten beeinträchtigen können. Die Erwähnung auch von spezifisch weiblichen Formen von

Verunreinigung lässt darauf schließen, dass Frauen im frühen rabbinischen Judentum prinzipiell den gleichen Zugang zu religiösen Texten hatten wie Männer.

Hat einer, der eine Pollution gehabt hat, während er krank ist, neun Kab Wasser über sich gegossen, so darf er das *Schema* rezitieren; aber die Vielen, das heißt die betende Gemeinde befreit er von ihrer Verpflichtung, das heißt als Vorbeter agieren kann er erst, wenn er in vierzig Se'a Wasser kommt, das heißt ein Tauchbad genommen hat. R. Jehuda sagt: In vierzig Se'a Wasser muss er in jedem Fall kommen. – Die männlichen und weiblichen Flussbehafteten, die Menstruierenden und die Wöchnerinnen dürfen die Tora lesen und Mischna, Midrasch, Halakot und Haggadot studieren; aber denen, die eine Pollution gehabt haben, ist das alles verboten. R. Jose sagt: Er darf die ihm geläufigen Halakot studieren, nicht aber die Mischna auslegen.

*Literatur*

*E. Lohse/G. Mayer*: Die Tosefta, Seder I: Zeraim, 1.1: Berakot – Pea, Stuttgart u.a. 1999.

## 180: tSuk 2,6

Die Tosefta ist ein Kompendium der mündlichen Überlieferung des rabbinsichen Judentums und stellt eine spätere Ergänzung zur Mischna dar. Der Traktat Sukka behandelt die Vorschriften zum Laubhüttenfest, das nach der Zerstörung des Zweiten Tempels zum Wallfahrtsfest wurde. Die Verdunkelung der Himmelskörper, die im folgenden Auszug behandelt wird, geschieht auf vier Vergehen hin: Ausstellen falscher Urkunden, Ablegen eines falschen Zeugnisses, Abhauen guter Bäume und Aufzucht von Kleinvieh.

Wenn die Himmelslichter mit Finsternis geschlagen werden, ist das ein schlimmes Zeichen für die ganze Welt. Bilde in Bezug darauf ein Gleichnis. Womit ist die Sache vergleichbar? Mit einem König, der ein Festmahl machte und seine Gäste einladen ließ, sich über sie ärgerte und zu dem Diener sagte, er solle das Licht vor ihnen wegnehmen, damit sie alle in der Finsternis sitzend gefunden würden. R. Me'ir sagt: Wenn die Himmelslichter mit Finsternis geschlagen werden, so ist das ein schlimmes Zeichen für die Feinde Israels, weil sie an Schläge gewöhnt sind. Bilde in Bezug darauf ein Gleichnis. Womit ist die Sache vergleichbar? Mit einem Kinderlehrer, der in das Schulhaus eintrat und sagte: Bringt mir den Riemen! Wer fürchtet sich? Wer daran gewöhnt ist, geschlagen zu werden. Wenn die Sonne mit Finsternis geschlagen wird, so ist das ein schlimmes Zeichen für die Völker der Welt, wenn der Mond geschlagen wird, so ist das ein schlimmes Zeichen für die Feinde Israels, denn die Völker rechnen ihre Zeit nach der Sonne und die Israeliten nach dem Mond. Wenn die Sonne im Osten geschlagen wird, so ist das ein schlimmes Zeichen für die Bewohner des Ostens, wenn im Westen, so ist das ein schlimmes Zeichen für die Bewohner des Westens, wenn in der Mitte, so ist das ein schlimmes Zeichen für die ganze Welt. Wenn sie sich gleichsam in Blut verwandeln, so kommt das Verhängnis des Schwertes für die Welt, verwandeln sie sich gleichsam in einen Sack, so kommt das Verhängnis der Pest und der Hungersnot für die Welt. Wenn sie bei ihrem Untergang geschlagen werden, so zögert das Verhängnis zu kommen, geschieht es bei ihrem Aufgang, so beeilt sich das Verhängnis zu kommen; aber manche sagen: Die Dinge verhalten sich umgekehrt. Du findest kein einziges Volk, dessen Gottheit, wenn es geschlagen wird, nicht mit ihm geschlagen würde; denn es ist gesagt: „Und über alle Götter Ägyptens will ich Strafgericht halten, ich JHWH." Wenn die Israeliten sich mit der Tora beschäftigen, brauchen sie sich vor all diesen Erscheinungen nicht zu fürchten; denn es ist gesagt: „So spricht JHWH: Ihr sollt nicht den Wandel der Völker erlernen und sollt euch nicht fürchten vor den Zeichen des Himmels; denn die Völker fürchten sich vor ihnen!"

*Literatur*

Die Tosefta Seder II: Moed 3: Sukka – Jom tob – Rosch ha – Schana. Übersetzt und erklärt von *H. Bornhäuser/ G. Mayer*, Stuttgart u.a 1971.

## 181: bQid 30a

Der folgende Auszug Babylonischen Talmud stammt aus dem Traktat Qiddushin „Heiliges", der in diesem Abschnitt über den Umgang mit Ge- und Verboten handelt. Männer und Frauen unterliegen dabei unterschiedlichen Regeln. Im abgedruckten Text wird die Frage beantwortet, wie man als Vater seinem Sohn die Tora vermitteln soll.

Raba sprach zu R. Nathan b. Ami: Solange noch deine Hand auf dem Halse deines Sohnes ruht; von sechzehn bis zweiundzwanzig, und manche sagen, von achtzehn bis vierundzwanzig. Hierüber streiten Tannaim Erziehe den Knaben nach seiner Art. R. Jehuda und R. Nehemja streiten hierüber; einer sagt von sechzehn bis zweiundzwanzig, und einer sagt, von achtzehn bis vierundzwanzig.
Wie weit ist man seinen Sohn die Tora zu lehren verpflichtet? R. Jehuda erwiderte im Namen Semuéls: Wie beispielsweise Zebulun, den Sohn Dans, den sein Vatersvater die Schrift, Mischna, Talmud, Halakha und Agada lehrte. Man wandte ein: Hat er ihn die Schrift gelehrt, so braucht er ihn nicht die Mischna zu lehren, und hierzu sagte Raba, unter Schrift sei die Tora zu verstehen? – Wie Zebulun, den Sohn Dans, und nicht wie Zebulun, den Sohn Dans. Wie Zebulun, den Sohn Dans, den sein Vatersvater lehrte, und nicht wie Zebulun, den Sohn Dans, denn diesen lehrte er die Schrift, Mischna, Talmud, Halakha und Agada, während die Pflicht sich nur auf die Schrift erstreckt. – Ist der Großvater denn dazu verpflichtet, es wird ja gelehrt: Ihr sollt sie eure Söhne lehren, nicht aber die Söhne eurer Söhne. Wieso aber halte ich aufrecht den Vers: Du sollst sie kund tun deinen Söhnen und den Söhnen deiner Söhne? Dies besagt dir, dass, wenn jemand seinen Sohn die Tora lehrt, die Schrift es ihm anrechnet, als hätte er sie ihm gelehrt, dessen Sohn und den Sohn des Sohnes, bis ans Ende aller Geschlechter. – Er ist der Ansicht des Autors der folgenden Lehre: Ihr sollt sie eure Söhne lehren, ich weiß dies nur von Söhnen, woher dies von Söhnen der Söhne? Es heißt: Du sollst sie kund tun deinen Söhnen und den Söhnen deiner Söhne. Weshalb heißt es demnach: eure Söhne? Eure Söhne und nicht eure Töchter.

R. Johosua b. Levi sagte: Wer den Sohn seines Sohnes die Tora lehrt, dem rechnet die Schrift es an, als hätte er sie vom Berge Sinaj in Empfang genommen, denn es heißt: Du sollst sie kund tun deinen Söhnen und den Söhnen deiner Söhne, und darauf folgt: den Tag, an dem du vor dem Herrn, deinem Gott, am Horeb gestanden hast.
Einst traf R. Hija b. Abba den R. Jehosua b. Levi, der ein Tuch über den Kopf geworfen hatte und einen Knaben in die Schule führte; da sprach er zu ihm: Was soll dies? Dieser erwiderte: Nicht gering ist das, was geschrieben steht: Du sollst sie kund tun deinen Söhnen, und darauf folgt: den Tag, an dem du vor dem Herrn, deinem Gott, am Horeb gestanden hast. Von da ab aß R. Hija b. Abba nicht eher seines Morgenimbiss, als bis er einen Knaben in der Schrift unterrichtet und hinzugefügt hatte. Rabba b. R. Hona aß nicht eher seinen Morgenimbiss, als bis er einen Knaben in das Lehrhaus gebracht hatte.
R. Saphra sagte im Namen des R. Jehosua b. Hananja: Es heißt: Du sollst sie deinen Söhnen einschärfen; man lese nicht einschärfen, sondern verdreifachen. Man teile seine Jahre in drei Teile: ein Drittel befasse man sich mit der Schrift, ein Drittel mit der Mischna und ein Drittel mit dem Talmud. – Weiß man denn, wie lange man leben wird? – Gemeint sind die einzelnen Tage.
Die Alten heißen deshalb *sopherim*, weil sie alle Buchstaben der Tora zählten. Sie sagten: das *waw* im Worte *gahon* ist die Hälfte der Buchstaben der Tora; die Worte „forschen forschte" sind die Hälfte der Worte; der Vers „er schere sich" ist die Hälfte der Verse. Das *ajin* in Verse: Es frisst ihn ab das Schwein im Walde, ist die Hälfte des Buches der Psalmen; der Vers: Er ist barmherzig und vergibt die Sünde, ist die Hälfte der Verse. R. Joseph fragte: Gehört das *waw* im Worte *gahon* zu der einen oder zu der anderen Hälfte? Sie erwiderten ihm: Hole man doch eine Torarolle und zähle nach. So sagte auch Rabba b. Bar Hana, dass sie von da nicht wichen, als bis sie eine Torarolle holten und sie zählten. Dieser entgegnete: Jene waren kundig in der defekten und vollen Schreibweise der Worte, wir aber sind darin nicht kundig. R. Joseph fragte ferner: Gehört der Vers: Er schere sich zu der einen oder zu der anderen Hälfte? Abajje sprach zu ihm: Die Schriftverse können wir ja zählen. – Auch in den Schriftversen sind wir nicht kundig. Als R. Aha b. Ada kam, sagte er, dass sie im Westen folgenden Vers in drei Verse teilen: Der Herr sprach zu Mose: Siehe, ich komme zu dir in dichtem Gewölk. Die Rabbanan lehrten: Achttausendachthundertachtundachtzig Verse hat die Tora; acht mehr haben die Psalmen, acht weniger haben die Chronica. Die Rabbanan lehrten: Du sollst sie einschärfen, die Worte müssen in deinem Munde geschärft sein; wenn jemand dich etwas fragt, so sage es ihm nicht stotternd, sondern antworte ihm sofort, denn es heißt: Sprich zur Weisheit: Du bist meine Schwester. Ferner heißt es: Binde sie an deine Finger, schreibe sie auf die Tafel deines Herzens. Ferner heißt es: Wie die Pfeile in des Helden Hand, so die Söhne der Jugend. Ferner heißt es: Die Pfeile des Helden sind geschärft. Ferner heißt es: Deine Pfeile sind geschärft, Völker fallen unter dir. Ferner heißt es: Heil dem Manne, der mit ihnen seinen Köcher gefüllt hat; sie werden nicht zu Schanden, wenn sie mit den Feinden am Tore reden. – Was heißt: mit den Feinden am Tore? R. Hija b. Abba erwiderte: Selbst Vater und Sohn, Lehrer und Schüler werden Feinde, wenn sie sich mit der Tora am Tore be-

fassend, doch weichen sie nicht von da, bis sie Freunde werden, denn es heißt: Freundschaft in *supha*, und man lese nicht *supha*, sondern *sopha*.

*Literatur*

*L. Goldschmidt*: Der babylonische Talmud, Bd. 6, Darmstadt 1996.

## 182: mKet 2,10

Der Mischna-Traktat Kettubot („Hochzeiten") beschäftigt sich mit der Vermählung von Mann und Frau. Im Kontext des vorliegenden Auszugs geht es um die Glaubwürdigkeit von Handschriften im Falle eines unklaren Familienstandes.

Und diese sind glaubhaft, als Erwachsene zu bezeugen, was sie in ihrer Kindheit gesehen haben: Jemand ist glaubhaft zu sagen: „Dies ist die Handschrift meines Vaters", oder „dies ist die Handschrift meines Lehrers", oder „dies ist die Handschrift meines Bruders", „ich erinnere mich, dass N.N. aus ihres Vater Haus mit der Brautsänfte und mit ungebundenen Haaren zur Hochzeit gegangen ist", oder „dass N.N. aus der Schule ging, um zu baden, um Priesterhebe essen zu dürfen", oder „dass er mit uns Anteil in der Scheune erhielt", oder „dieser Ort ist ein Platz mit zerstörten Gräbern", oder „bis hierher sind wir am Sabbat gegangen", aber niemand ist glaubhaft zu sagen: „N.N. hatte an dieser Stelle einen Weg", oder „N.N. hat an dieser Stelle angehalten und die Totenklage gehalten".

*Literatur*

*D. Correns* (Hg.): Die Mischna. In deutscher Übersetzung mit einer Einleitung und Anmerkungen, Wiesbaden 2005.

# 5.3 Texte zu Band 3

## 5.3.1 Texte zu 3.1 Weltanschauliche Richtungen und Gruppen

### Texte zu 3.1.1 Hellenistisch-römische Philosophie

→3.2.2; →3.3.1

#### 183: Epik. epist. Men. 123–135

In dieser protreptischen Schrift soll zur Philosophie eingeladen werden, indem ein Weg zum gelingenden, guten Leben aufgezeigt wird. Dieses besteht vor dem Hintergrund eines atomistischen Welt- und naturalistischen Menschenbildes im angstfreien und wohl kalkulierten Streben nach dem (leiblich wie geistig) Angenehmen und der Lust (*hedoné*) im Wissen um die Endlichkeit des Daseins.

[123]Wozu ich dich beständig mahnte, dies tu und übe ein, weil du darin die Elemente des vollkommenen Lebens klar erfasst. Zuallererst: Wenn du die Gottheit für ein unvergängliches und glückseliges Wesen hält, wie die allgemeine Anschauung der Gottheit vorgeprägt wurde, dann hänge ihr nichts an, was ihrer Unvergänglichkeit fremd oder mit ihrer Glückseligkeit unvereinbar ist. Vermute dagegen alles über sie, was ihre mit Unvergänglichkeit verbundene Glückseligkeit unversehrt zu bewahren vermag. Denn Götter gibt es tatsächlich: Unmittelbar einleuchtend ist deren Erkenntnis. Wofür sie jedoch die Masse hält, so geartet sind sie nicht. Denn sie bewahrt dabei gerade das nicht unversehrt, wofür sie sie eigentlich hält. Ehrfurchtslos aber ist nicht der, der die Götter der Masse abschafft, sondern der, der die Vermutungen der Masse den Göttern anhängt. [124]Denn nicht unmittelbare Vor-Begriffe, sondern trügerische Vorstellungen bilden die Urteile der Masse über die Götter. Daher kommt es, dass der größte Schaden von Seiten der Götter ebenso durch die schlechten Menschen herbeigeführt wird wie der größte Nutzen durch die guten. Denn indem die Menschen sie ihren eigenen Vorzügen ganz und gar angleichen, entdecken sie nur ihnen ähnliche Wesen wieder, weil sie alles, was nicht gleichartig ist, für fremd halten.
Gewöhne dich ferner daran zu glauben, der Tod sei nichts, was uns betrifft. Denn alles Gute und Schlimme ist nur in der Empfindung gegeben; der Tod aber ist die Vernichtung der Empfindung. Daher macht die richtige Erkenntnis – der Tod sei nicht, was uns betrifft – die Sterblichkeit des Lebens erst genussfähig, weil sie nicht eine unendliche Zeit hinzufügt, sondern die Sehnsucht nach der Unsterblichkeit von uns nimmt. [125]Denn es gibt nichts Schreckliches im Leben für den, der im vollen Sinne erfasst hat, dass nichts Schreckliches im Nicht-Leben liegt. Darum schwätzt der, der sagt, er fürchte den Tod nicht, weil er ihn bedrücken wird, wenn er da ist, sondern weil er ihn jetzt bedrückt, wenn er noch aussteht. Denn was uns, wenn es da ist, nicht bedrängt, kann uns, wenn es erwartet wird, nur sinnlos bedrücken. Das Schauererregendste aller Übel, der Tod, betrifft uns überhaupt nicht; wenn „wir" sind, ist der Tod nicht da; wenn der Tod da ist, sind „wir" nicht. Er betrifft also weder die Lebenden noch die Gestorbenen, da er ja für die einen nicht da ist, die anderen

aber nicht mehr für ihn da sind. Doch die Masse flieht bisweilen den Tod als das größte aller Übel, bisweilen ersehnt sie ihn als Erholung von allen Übeln im Leben. Der Weise indes weist weder das Leben zurück, [126]noch fürchtet er das Nicht-Leben; denn weder ist ihm das Leben zuwider, noch vermutet er, das Nicht-Leben sei ein Übel. Wie er als Speise nicht in jedem Fall die größere, sondern die am meisten Lust spendende vorzieht, so schöpft er auch nicht eine möglichst lange, sondern eine möglichst Lust spendende Zeit aus. Wer nun mahnt, der Jüngling solle vollendet leben, der Greis vollendet scheiden, der ist naiv, nicht nur wegen der Annehmlichkeit des Lebens, sondern auch, weil das Einüben des vollkommenen Lebens und des vollkommenen Sterbens ein und dasselbe ist. Noch weit minderwertiger ist der, der sagt, es sei gut, nicht geboren zu sein, „einmal geboren, dann schleunigst des Hades Tor zu durchmessen“. [127]Denn wenn er darauf vertraut und es deshalb behauptet: Warum scheidet er dann nicht aus dem Leben? Das steht ihm ja frei, wenn es doch von ihm unumstößlich geplant war. Wenn er aber bloß spottet, so ist er ein Schwätzer unter jenen, die dies nicht zugeben.
Wir müssen uns ferner daran erinnern, dass das Künftige weder ganz und gar in unserer Macht liegt noch ganz und gar nicht in unserer Macht: Wir wollen weder erwarten, dass das Künftige ganz und gar so kommen wird, noch davor verzweifeln, dass es ganz und gar nicht so kommen wird.
Wir müssen ferner berücksichtigen, dass die Begierden zum einen anlagebedingt, zum andern ziellos sind. Und zwar sind von den anlagebedingten die einen notwendig, die anderen nur anlagebedingt; von den notwendigen wiederum sind die einen zum Glück notwendig, die anderen zur Störungsfreiheit des Körpers, die dritten zum bloßen Leben. [128]Denn eine unbeirrte Beobachtung dieser Zusammenhänge weiß ein jedes Wählen und Meiden zurückzuführen auf die Gesundheit des Körpers und die Unerschütterlichkeit der Seele; denn dies ist das Ziel des glückseligen Lebens. Um dessentwillen tun wir ja alles, damit wir weder Schmerz noch Unruhe empfinden. Sooft dies einmal an uns geschieht, legt sich der ganze Sturm der Seele, weil das Lebewesen nicht imstande ist, weiterzugehen wie auf der Suche nach etwas, was ihm mangelt, und etwas anderes zu erstreben, wodurch sich das Wohlbefinden der Seele und des Körpers erfüllen würde. Denn nur dann haben wir ein Bedürfnis nach Lust, wenn wir deswegen, weil uns die Lust fehlt, Schmerz empfinden; wenn wir aber keinen Schmerz empfinden, bedürfen wir auch der Lust nicht mehr.
Gerade deshalb ist die Lust, wie wir sagen, Ursprung und Ziel des glückseligen Lebens. [129]Denn sie haben wir als erstes und angeborenes Gut erkannt, und von ihr aus beginnen wir mit jedem Wählen und Meiden, und auf sie gehen wir zurück, indem wir wie mit einem Richtscheit mit der Empfindung ein jedes Gut beurteilen. Und gerade weil dies das erste und in uns angelegte Gut ist, deswegen wählen wir auch nicht jede Lust, sondern bisweilen übergehen wir zahlreiche Lustempfindungen, sooft uns ein übermäßiges Unbehagen daraus erwächst. Sogar zahlreiche Schmerzen halten wir für wichtiger als Lustempfindungen, wenn uns eine größere Lust darauf folgt, dass wir lange Zeit die Schmerzen ertragen haben. Jede Lust also ist, weil sie eine verwandte Anlage hat, ein Gut, jedoch nicht jede ist wählenswert; wie ja auch jeder Schmerz ein Übel ist, aber nicht jeder ist in sich so angelegt, dass er

immer vermeidenswert wäre. [130]Doch durch vergleichendes Messen und den Blick auf Zuträgliches und Unzuträgliches ist dies alles zu beurteilen. Denn wir verfahren mit dem Gut zu bestimmten Zeiten wie mit einem Übel, mit dem Übel ein andermal wie mit einem Gut.

Auch die Selbstgenügsamkeit halten wir für ein großes Gut, nicht damit wir es ganz und gar mit dem Wenigen genug sein lassen, sondern um uns dann, wenn wir das Meiste nicht haben, mit dem Wenigen zu begnügen, da wir im vollen Sinne überzeugt sind, dass jene am lustvollsten den Aufwand genießen, die seiner am wenigsten bedürfen, und dass alles Anlagebedingte leicht, das Ziellose aber schwer zu beschaffen ist. Denn bescheidene Suppen verschaffen eine ebenso starke Lust wie ein aufwändiges Mahl, sooft das schmerzhafte Gefühl des Mangels aufgehoben wird; [131]auch Brot und Wasser spenden höchste Lust, wenn einer sie aus Mangel zu sich nimmt. Sich also zu gewöhnen an einfache und nicht aufwändige Mahlzeiten befähigt zu voller Gesundheit, macht den Menschen unbeschwert gegenüber den notwendigen Anforderungen des Lebens, stärkt unsere Verfassung, wenn wir uns in Abständen zu aufwändigen Mahlzeiten aufmachen, und entlässt uns angstfrei gegenüber dem Zufall.

Wenn wir also sagen, die Lust sei das Ziel, meinen wir damit nicht die Lüste der Hemmungslosen und jene, die im Genuss bestehen, wie einige, die dies nicht kennen und nicht eingestehen oder böswillig auffassen, annehmen, sondern: Weder Schmerz im Körper noch Erschütterung in der Seele zu empfinden. [132]Denn nicht Trinkgelage und aneinandergereihte Umzüge, auch nicht das Genießen von Knaben und Frauen, von Fischen und allem übrigen, was eine aufwändige Tafel bietet, erzeugen das lustvolle Leben, sondern ein nüchterner Verstand, der die Gründe für jedes Wählen und Meiden aufspürt und die bloßen Vermutungen vertreibt, von denen aus die häufigste Erschütterung auf die Seelen übergreift.

Für all dies ist die Einsicht Ursprung und höchstes Gut. Daher ist die Einsicht sogar wertvoller als die Philosophie: Ihr entstammen alle übrigen Tugenden, weil sie lehrt, dass es nicht möglich ist, lustvoll zu leben, ohne einsichtsvoll, vollkommen und gerecht zu leben, ebenso wenig, einsichtsvoll, vollkommen und gerecht zu leben, ohne lustvoll zu leben. Denn die Tugenden sind ursprünglich verwachsen mit dem lustvollen Leben, und das lustvolle Leben ist von ihnen untrennbar.

Dies also und was dazugehört bedenke Tag und Nacht bei dir selbst und zusammen mit dem, der dir gleicht. Dann wirst du dich niemals, weder wachend noch schlafend, erschüttern lassen, und du wirst leben wie ein Gott unter den Menschen. denn es gleicht keinem sterblichen Wesen der Mensch, der inmitten unsterblicher Güter lebt.

*Literatur*

Epikur: Briefe, Sprüche, Werkfragmente, übersetzt und hg. von *H.-W. Krautz*, Stuttgart 1985.

## 184: Plat. rep. 514a–517a

Diese zu Platos Hauptdialogen zählende Schrift, die vor 347 v.Chr. entstanden ist, entfaltet im Kontext der Frage nach dem idealen, gerechten Staat gleichnishaft (in Buch 6: Sonnengleichnis; Liniengleichnis) die Lehre von den Ideen als oberste Seins- und Erkenntnisgründe von allem, was in Wahrheit ist, zusammengehalten in der Idee des Guten. Das bekannte Höhlengleichnis (in Buch 7) bietet zudem eine philosophische Erziehungslehre, die die Menschen zur befreienden Umkehr zur Wahrheit durch Abkehr von vorphilosophischen Meinungen anleitet. Vor diesem Hintergrund wird in Buch 10 auch eine harsche Dichter- und Kunstkritik geübt, die als bloß abbildende Kunstdreifach von der Wahrheit entfernt sei. Daher hat die Kunst in Platos idealem Staat keinen rechten Ort, denn sie lenkt die an sich unsterbliche Seele nur von ihrem Ziel ab.

[514a]Nächstdem, sprach ich, vergleiche dir unsere Natur in Bezug auf Bildung und Unbildung folgendem Zustande. Sieh nämlich Menschen wie in einer unterirdischen, höhlenartigen Wohnung, die einen gegen das Licht geöffneten Zugang längs der ganzen Höhle hat. In dieser seien sie von Kindheit an gefesselt an Hals und Schenkeln, so dass sie auf demselben Fleck bleiben und auch nur nach vornhin [b]sehen, den Kopf aber herumzudrehen der Fessel wegen nicht vermögend sind. Licht aber haben sie von einem Feuer, welches von oben und von ferne her hinter ihnen brennt. Zwischen dem Feuer und den Gefangenen geht obenher ein Weg, längs diesem sich eine Mauer aufgeführt, wie die Schranken, welche die Gaukler vor den Zuschauern sich erbauten, über welche herüber sie ihre Kunststücke zeigen.
Ich sehe, sagte er. Sieh nun längs dieser Mauer Menschen allerlei „Gefäße“ [c]tragen, die über die Mauer herüberragen, und Bildsäulen und andere steinerne und hölzerne Bilder und von allerlei [515a]Arbeit; einige, wie natürlich, reden dabei, andere schweigen. Ein gar wunderliche Bild, sprach er, stellst du dar und wunderliche Gefangene. Uns ganz ähnliche, entgegnete ich. Denn zuerst, meinst du wohl, dass dergleichen Menschen von sich selbst und von einander etwas anderes zu sehen bekommen als die Schatten, welche das Feuer auf die ihnen gegenüberstehende Wand der Höhle wirft? Wie sollten sie, sprach er, wenn sie gezwungen sind, zeitlebens den Kopf unbeweglich zu halten! [b]Und von dem Vorübergetragenen nicht eben dieses? Was sonst? Wenn sie nun miteinander reden könnten, glaubst du nicht, „dass sie auch pflegen würden, dieses Vorhandene zu benennen“, was sie sähen?
Notwendig. Und wie; wenn ihr Kerker auch einen Widerhall hätte von drüben her, meinst du, wenn einer von den Vorübergehenden spräche, sie würden denken, etwas anderes rede als der eben vorübergehende Schatten?
Auf keine Weise also können diese irgend etwas an[c]deres für das Wahre halten als die Schatten jener Kunstwerke? Ganz unmöglich. Nun betrachte auch, sprach ich, die Lösung und Heilung von ihren Banden und ihrem Unverstande, wie es damit natürlich stehen würde, wenn ihnen Folgendes begegnete. Wenn einer entfesselt wäre und gezwungen würde, sogleich aufzustehen, den Hals herumzudrehen, zu gehen und gegen die Licht zu sehen und, indem er das täte, immer Schmerzen hätte und wegen des flimmernden Glanzes nicht recht vermöchte, jene Dinge zu erkennen, wovon er vorher die [d]Schatten sah, was meinst du wohl, würde er sagen, wenn ihm einer versicherte, damals habe er lauter Nichtiges gesehen, jetzt aber, dem Seienden näher und zu dem mehr

Seienden gewendet, sähe er richtiger, und, ihm jedes Vorübergehende zeigend, ihn fragte und zu antworten zwänge, was es sei? Meinst du nicht, er werde ganz verwirrt sein und glauben, was er damals gesehen, sei doch wirklicher als was ihm jetzt gezeigt werde? Bei weitem, antwortete er. Und wenn man ihn gar in das Licht selbst zu sehen nötig[e]te, würden ihm wohl die Augen schmerzen und er würde fliehen und zu jenem zurückkehren, was er anzusehen imstande ist, fest überzeugt, dies sei weit gewisser als das zuletzt Gezeigte? Allerdings.

Und, sprach ich, wenn ihn einer mit Gewalt von dort durch den unwegsamen und steilen Aufgang schleppte und nicht losließe, bis er ihn an das Licht der Sonne gebracht hätte, wird er nicht viel Schmerzen haben und sich gar ungern schleppen lassen? Und wenn er nun an das Licht kommt und die Augen voll Strahlen hat, wird er nichts [516a]sehen können von dem, was ihm nun für das Wahre gegeben wird. Freilich nicht, sagte er, wenigstens sogleich nicht. Gewöhnung also, meine ich, wird er nötig haben, um das Obere zu sehen. Und zuerst würde er Schatten am leichtesten erkennen, hernach die Bilder der Menschen und der anderen Dinge im Wasser und dann erst sie selbst. Und ebenso, was am Himmel ist, und den Himmel selbst würde er am liebsten in der Nacht betrachten und in das Mond- [b]und Sternenlicht sehen, als bei Tage in die Sonne und in ihr Licht. Wie sollte er nicht! Zuletzt aber, denke ich, wird er auch die Sonne selbst, nicht Bilder von ihr im Wasser oder anderwärts, sondern sie selbst an ihrer eigenen Stelle anzusehen und zu betrachten imstande sein. Notwendig, sagte er. Und dann wird er schon herausbringen von ihr, dass sie es ist, die alle Zeiten und Jahre schafft und alles ordnet in dem sichtbaren Raume und auch von dem, was sie dort [c]sahen, gewissermaßen die Ursache ist. Offenbar, sagte er, würde er nach jenem auch hierzu kommen.

Und wie, wenn wir nun seiner ersten Wohnung gedenken und der dortigen Weisheit und der damaligen Mitgefangenen, meinst du nicht, er werde sich selbst glücklich preisen über die Veränderung, jene aber beklagen? Ganz gewiss. Und wenn sie dort unter sich Ehre, Lob und Belohnungen für den bestimmt hatten, der das Vorüberziehende am schärfsten sah und sich am besten behielt, was zuletzt und was zugleich, und da[d]her also am besten vorhersagen konnte, was nun erscheinen werde, glaubst du, es werde ihn danach noch groß verlangen und er werde die bei jenen Geehrten und Machthabenden beneiden? Oder wird ihm das Homerische begegnen und er viel lieber wollen das Feld als Tagelöhner bestellen einem dürftigen Mann und lieber alles über sich ergehen lassen, als wieder solche Vorstellungen zu haben wie dort uns so zu leben? So, sagte er, denke ich, wird er sich alles eher gefallen [e]lassen, als so zu leben. Auch das bedenke noch, sprach ich. Wenn ein solcher nun wieder hinunterstiege und sich auf denselben Schemel setzte, würden ihm die Augen nicht ganz voll Dunkelheit sein, da er so plötzlich von der Sonne herkommt. Ganz gewiss. Und wenn er wieder in der Begutachtung jener Schatten wetteifern sollte mit denen, die immer dort gefangen gewesen, während es ihm noch vor den Augen flimmert, ehe er sie wieder dazu einrichtet, und das möchte keine [517a]kleine Zeit seines Aufenthalts dauern, würde man ihn nicht auslachen und von ihm sagen, er sei mit verdorbenen Augen von oben zurückgekommen und es lohne nicht, dass man versuche hinaufzukommen; sondern man müsse jeden, der sie lösen und hinaufbringen wollte, wenn man seiner nur habhaft werden und ihn umbringen könnte, auch wirklich umbringen? So sprächen sie ganz gewiss, sagte er.

*Literatur*

Platon: Sämtliche Werke. 3. Phaidon, Politeia. In der Übersetzung von *F. Schleiermacher* mit der Stephanus-Numerierung hg. von *W.F. Otto/E. Grassi/G. Plamböck*, Hamburg 1958.

## 185: Plat. rep. 507b–509b

Im Sonnen- und Liniengleichnis beschreibt Plato mit Hilfe von Analogiebildungen zwischen physischem Sonnenlicht und menschlicher Wahrnehmung einerseits und der metaphysischen Idee des Guten als Seins- und Erkenntnisgrund wahrer Vernunfterkenntnis andererseits das an sich unbegreifliche Transzendente „jenseits des Seins" als Ziel des philosophischen Erkenntnisweges. Dieser nimmt seinen Ausgang von der sinnlich-gegenständlichen Wahrnehmung und führt über mathematische Verstandeserfassungen bis hin zur reinen Vernunfterkenntnis der Ideen, die ihrerseits auch die Möglichkeit sinnlicher Wahrnehmung begründen.

[507b]Vieles Schöne, sprach ich, und vieles Gute, was einzeln so sei, nehmen wir doch an und bestimmten es uns durch Erklärung. Das nehmen wir an. Dann aber auch wieder das Schöne selbst und das Gute selbst und so auch alles, was wir vorher als vieles setzten, setzen wir als eine Idee eines jeden und nennen es jeglichen, was er ist. So ist es. Und von jenem vielen sagen wir, dass es gesehen werde, aber nicht gedacht; von den Ideen hingegen, dass sie gedacht werden, aber nicht gesehen. [c]Auf alle Weise freilich. Womit nun an uns sehen wir das Geschehene? Mit dem Gesicht, sagte er. Nicht auch ebenso, sprach ich, mit dem Gehör das Gehörte und so mit den übrigen Sinnen alles Wahrnehmbare? Freilich. Hast du auch wohl den Bildner der Sinne beachtet, wie er das Vermögen des Sehens und Gesehenwerdens bei weitem am köstlichsten gebildet hat? Nicht eben, sagte er. Also betrachte es so. Benötigen wohl das Gehör und die Stimme noch ein anderes Wesen, damit jenes höre und dies gehört werde, so dass, wenn dieses dritte nicht da ist, jenes [d]nicht hören kann und diese nicht gehört werden? Keines, sagte er. Und ich glaube, sprach ich, dass auch die meisten anderen, um nicht zu sagen alle, dergleichen nichts bedürfen. Oder weißt du einen anzuführen? Ich keinen, sagte er. Aber das Gesicht und das Sichtbare, merkst du nicht, dass die eines solchen bedürfen? Wieso? Wenn auch in den Augen Gesicht ist und, wer sie hat, versucht, es zu gebrauchen, und wenn auch Farbe für sie da ist, so weißt du wohl, wenn nicht ein drittes Wesen hinzukommt, welches eigens hierzu da ist seiner Natur [e]nach, dass dann das Gesicht doch nichts sehen wird und die Farben unsichtbar bleiben werden.

Welches ist denn dieses, was du meinst? fragte er. Was du, sprach ich, das Licht nennst. Du hast Recht, sagte er. Also sind durch eine nicht geringe Sache der Sinn des Gesichts und das Vermögen des Geschehenwerdens mit einem [508a]köstlicheren Bande als die anderen solchen Verknüpfungen aneinander gebunden, wenn doch das Licht nichts Unedles ist. Weit gefehlt wohl, dass es das sein sollte. Und von welchem unter den Göttern des Himmels sagst du wohl, dass dieses abhänge, dessen Licht mache, dass unser Gesicht auf das

Schönste sieht und dass das Sichtbare gesehen wird. Denselben, sagte er, den auch du und jedermann; denn offenbar fragst du noch nach der Sonne. Verhält sich nun das Gesicht so zu diesem Gott?
Wie? Das Gesicht ist nicht die Sonne, weder es selbst noch auch das, worin es sich befindet und was wir Auge nennen. [b]Freilich nicht. Aber das sonnenähnlichste, denke ich, ist es doch unter allen Werkzeugen der Wahrnehmung. Bei weitem. Und auch das Vermögen, welches es hat, besitzt es doch als einen von jenem Gott ihm mitgeteilten Ausfluss. Allerdings. So auch die Sonne ist nicht das Gesicht, aber die Ursache davon wird sie von eben demselben gesehen. So ist es, sprach er. Und eben diese nun, sprach ich, sage nur, dass ich verstehe unter jenem Sprössling des Guten, welchen das Gute nach der Ähnlichkeit mit sich gezeugt hat, so dass, wie jenes [c]selbst in dem Gebiet des Denkbaren zu dem Denken und dem Gedachten sich verhält, so diese in dem des Sichtbaren zu dem Gesicht und dem Gesehenen. Wie? sagte er, zeige mir das noch genauer. Die Augen, sprach ich, weißt du wohl, wenn sie einer nicht auf solche Dinge richtet, auf deren Oberfläche das Tageslicht fällt, sondern auf die nächtlichen Schimmer, so sind sie blöde und scheinen beinahe blind, als ob keine reine Sehkraft in ihnen wäre? Ganz recht, sagte er. Wenn aber, denke ich, auf das, was die Sonne bescheint, [d]dann sehen sie deutlich, und es zeigt sich, dass in eben diesen Augen die Sehkraft wohnt. Freilich. Ebenso nun betrachte dasselbe auch an der Seele. Wenn sie sich auf das heftet, woran Wahrheit und das Seiende glänzt, so bemerkt und erkennt sie es, und es zeigt sich, dass sie Vernunft hat. Wenn aber auf das mit Finsternis Gemischte, das Entstehende und Vergehende, so meint sie nur, und ihr Gesicht verdunkelt sich so, dass sie ihre Vorstellungen bald so, bald so herumwirft und wiederum aussieht, als ob sie keine Vernunft hätte. Das tut sie freilich. Dieses also, was dem Erkennbaren Wahrheit mitteilt und [e]dem Erkennenden das Vermögen hergibt, sage, sei die Idee des Guten; aber wie sie der Erkenntnis und der Wahrheit, soweit diese erkannt wird, Ursache zwar ist, so wirst du doch, so schön auch diese beiden sind, Erkenntnis und Wahrheit, doch nur, wenn du dir jenes als ein anderes und noch Schöneres als beide denkst, richtig denken. Erkenntnis aber und Wahrheit, so wie dort Licht und Gesicht für sonnenartig zu hal[509a]ten, zwar recht war, die Sonne selbst aber nicht recht, so ist auch hier, diese beiden für gutartig zu halten, zwar recht, für das Gute selbst aber, gleichviel welches von beiden, anzusehen, nicht recht, sondern noch höher ist die Beschaffenheit des Guten zu schätzen.
Eine überschwängliche Schönheit, sagte er, verkündigst du, wenn es Erkenntnis und Wahrheit hervorbringt, selbst aber noch über diesen steht an Schönheit. Für Lust also hältst du es doch gewiss nicht. Frevle nicht!, sprach ich, sondern betrachte sein Ebenbild noch weiter so. Wie? [b]Die Sonne, denke ich, wirst du sagen, verleihe dem Sichtbaren nicht nur das Vermögen gesehen zu werden, sondern auch das Werden und Wachstum und Nahrung, unerachtet sie selbst nicht das Werden ist. Wie sollte sie das sein! Ebenso nun sage auch, dass dem Erkennbaren nicht nur das Erkanntwerden von dem Guten komme, sondern auch das Sein und Wesen habe es von ihm, da doch das Gute selbst nicht das Sein ist, sondern noch über das Sein an Würde und Kraft hinausragt.

*Literatur*

Platon: Sämtliche Werke. 3. Phaidon, Politeia. In der Übersetzung von *F. Schleiermacher* mit der Stephanus-Numerierung hg. von *W.F. Otto/E. Grassi/G. Plamböck*, Hamburg 1958.

## 186: Aristot. metaph. 1072a–1073a

→3.2.2

In der von Andronikos v. Rhodos posthum „Metaphysik" genannten Sammlung von Texten des Aristoteles geht es um die ersten und letzten Prinzipien alles dessen, was ist, um das, „was die Welt im Innersten zusammenhält" (Goethe). Das Prinzip der Prinzipien ist zuhöchst (der) Gott (Buch 12, bes. 6–10), der als unbewegter Beweger wie ein Geliebtes alles Seiende auf sich hin ausrichtet und trägt.

[1072a]Da sich nun drei Wesen ergeben haben, einerseits zwei natürliche Wesen und andererseits ein unbewegliches Wesen, so muss man hinsichtlich des Letzteren sagen, dass es ein ewiges, unbewegliches Wesen geben muss. Denn die Wesen sind die ersten von den Dingen; und wenn alle Wesen vergänglich sind, so sind alle Dinge vergänglich. Doch unmöglich kann Bewegung entstanden sein oder vergehen – denn sie war immer –, ebensowenig die Zeit. Es ist nämlich nicht möglich, dass es ein Früher oder Später gibt, wenn es keine Zeit gibt. Füglich ist Bewegung ebenso zusammenhängend wie die Zeit. Denn Zeit ist entweder dasselbe wie Bewegung oder eine Affektion der Bewegung. Es gibt aber keine zusammenhängende Bewegung außer der örtlichen, und von dieser die Kreisbewegung.
Wenn es nun aber etwas gäbe, das fähig wäre, zu bewegen oder zu bewirken, das aber tatsächlich nicht verwirklicht, so müsste es keine Bewegung geben. Denn das, was über ein Vermögen verfügt, braucht nicht zu verwirklichen. Es bedeutete füglich keinen Nutzen, wenn wir ewige Wesen ansetzten, wie es die tun, die die Formen annehmen, wenn nicht in ihnen ein Prinzip enthalten wäre, das zu verändern vermögend ist. Doch auch dies würde nicht hinreichen, aber auch nicht ein anderes Wesen neben den Formen; denn sofern es nicht verwirklicht, kann es auch keine Bewegung geben. Weiter kann es dies selbst dann nicht geben, wenn es zwar verwirklicht, sein Wesen aber Vermögen wäre; es gäbe nämlich auch dann keine ewige Bewegung. Denn das dem Vermögen nach Seiende kann auch nicht sein. Demnach muss es ein derartiges Prinzip geben, dessen Wesen Verwirklichung ist. Weiter müssen diese Wesen ohne Stoff existieren; sie müssen nämlich ewig sein, wenn irgendetwas anderes ewig sein soll. Also müssen sie Verwirklichung sein.
Doch hier gibt es eine Schwierigkeit. Denn es hat den Anschein, dass das Verwirklichende zwar alles vermöge, das Vermögende aber nicht alles verwirkliche, so dass das Vermögen das Frühere wäre. Doch wenn dem so wäre, müsste nichts vom Seienden existieren; denn was vermögend ist zu sein, kann auch nicht sein. Und wenn man den Theologen zustimmt, die alles aus der Nacht entstehen lassen, oder den Naturphilosophen, die behaupten, alle Dinge waren beisammen, so ergibt sich dieselbe Unmöglichkeit. Denn wie sollte sich etwas bewegen, wenn es keine Ursache der Verwirklichung nach geben sollte? Denn der Stoff kann sich nicht selbst in Bewegung versetzen, sondern dies tut

die Baukunst. Ebensowenig kann sich die Menstruation oder die Erde selbst in Bewegung versetzen, sondern dies tut der Samen und das Staatskorn.
Daher nehmen einige eine immerwährende Verwirklichung an, wie etwa Leukipp und Platon. Sie behaupten nämlich, es existiere immer Bewegung. Aber weshalb und welche Bewegung es ist, das sagen sie nicht, auch nicht die Ursache, weshalb sich dies so und jenes so bewege. Denn nicht bewegt sich doch, wie es sich gerade trifft, sondern es muss immer etwas vorhanden sein, wie sich etwas von Natur aus jetzt auf diese Weise, auf andere Weise aber durch Gewalt oder Vernunft oder etwas anderes bewegt. Weiter, wie beschaffen soll die erste Bewegung sein? Das macht nämlich einen recht großen Unterschied aus. Aber Platon kann da nicht das behaupten, was er bisweilen für ein Prinzip hält, nämlich das sich selbst Bewegende. Denn die Seele ist, wie er sagt, etwas Späteres und zugleich mit dem Himmel.
Die Ansicht allerdings, das Vermögen sei früher als die Verwirklichung, ist einerseits richtig, andererseits nicht richtig; wie das gemeint ist, haben wir schon erörtert. Dass aber die Verwirklichung früher ist, davon legen Anaxagoras Zeugnis ab, die Vernunft nämlich ist Verwirklichung, und Empedokles, der Freundschaft annimmt und Hass, und diejenigen, die behaupten, es gäbe immer Bewegung, wie etwa Leukipp. Danach gab es nicht unbegrenzte Zeit hindurch Chaos oder Nacht, sondern immer dasselbe, entweder im Kreislauf oder sonst irgendwie, sofern allerdings die Verwirklichung früher ist als das Vermögen. Wenn sich also dasselbe immer im Kreislauf bewegt, so muss immer etwas beharren, das in gleicher Weise verwirklicht. Wenn es aber Entstehung und Vergehen geben soll, muss etwas anderes vorhanden sein, das bald auf die eine, bald auf die andere Weise verwirklicht. Es muss also in der einen Weise im Hinblick auf sich selbst und in der anderen Weise im Hinblick auf anderes verwirklichen; und dies also im Hinblick auf anderes verwirklichen; und dies also im Hinblick auf ein verschiedenes Drittes oder im Hinblick auf das Erste. Notwendig ist aber die Verwirklichung im Hinblick auf das Erste. Dies nämlich ist wiederum Ursache für sich selbst und jenes andere. Es ist also besser, im Hinblick auf das Erste zu sprechen. Denn das Erste war ja Ursache des ewigen Sich-gleich-bleibens, das Zweite aber ist Ursache des Anders-seins. Dass das Erste und das Zweite zusammen Ursachen sind des ewig gleichen Anders-seins, ist klar. Also verhalten sich auch die Bewegungen. Weshalb soll man nun noch nach anderen Prinzipien suchen?
Da es nun möglich ist, dass die Sache sich so verhalte, und da, wenn sie sich nicht so verhielte, alles aus der Nacht und dem Beisammensein aller Dinge und aus dem Nichtseienden hervorgehen müsste, so dürften diese Schwierigkeiten gelöst sein. Es gibt also etwas, das sich in unaufhörlicher Bewegung bewegt, diese Bewegung aber ist eine kreisförmige und dies geht nicht nur aus dem Begriff, sondern auch aus der Tatsache klar hervor. Demnach ist wohl der erste Himmel ewig. Es gibt also auch etwas, das bewegt. Da aber dasjenige, das bewegt wird und das selbst bewegt, ein Mittleres ist, gibt es also etwas, das, wiewohl es nicht bewegt wird, anderes bewegt, also etwas, das ewig ist, ein Wesen und eine Verwirklichung. In dieser Weise aber bewegt das Begehrte und das Gedachte; es bewegt, wiewohl es nicht bewegt wird. Von diesen ist das Erste identisch. Denn das, was begehrt wird, ist das schön

Scheinende, das aber, was zuerst gewollt wird, ist das schön Seiende. Wir begehren aber etwas viel mehr, weil es schön erscheint, als dass es schön erscheint, weil wir es begehren. Denn Prinzip ist das Denken. Die Vernunft aber wird vom Gedachten bewegt, doch gedacht an sich ist eine der beiden Reihen der Gegensatzpaare. In ihr ist das Wesen Erstes und unter diesem wiederum das einfache Wesen und das, was der Verwirklichung nach existiert. Das Eine aber und das Einfache sind nicht dasselbe; das Eine nämlich bezeichnet ein Maß, das Einfache aber ein bestimmtes Verhalten. Aber auch das Schöne und das um seiner selbst willen Erwählte gehören in dieselbe Reihe. Das Erste ist immer das Beste oder dem Besten analog.

Dass es das Weswegen bei den unbeweglichen Dingen gibt, das macht die Zerlegung der Bedeutungen offenbar. Denn es gibt das Weswegen für etwas und von etwas; Letzteres kann in unbeweglichen Dingen sein, Ersteres nicht. Das unbewegliche Weswegen bewegt wie etwas, das geliebt wird, alles andere bewegt, indem es selbst bewegt wird. Wenn nun etwas bewegt wird, so kann es sich auch anders verhalten. Also kann die erste Ortsbewegung, wenn sie auch der Verwirklichung nach existiert, insofern sie bewegt wird, sich auch anders verhalten, nämlich dem Ort nach, wenn auch nicht dem Wesen nach. Nun aber gibt es etwas, das, ohne selbst bewegt zu werden, anderes bewegt und der Verwirklichung nach existiert; dies kann sich in keiner Weise anders verhalten. Die Ortsbewegung nämlich ist die erste unter den Veränderungen, und unter dieser die Kreisbewegung; diese Kreisbewegung aber wird vom bewegenden Unbeweglichen ausgelöst. Füglich ist das bewegende Unbewegliche mit Notwendigkeit seiend; und insofern es mit Notwendigkeit existiert, existiert es auch schön; in diesem Sinne ist es auch Prinzip. Denn vom Notwendigen spricht man in folgenden Bedeutungen: einmal im Sinne eines Gewaltsamen, so etwas gegen den Trieb gerichtet ist, ein andermal im Sinne von etwas, ohne das das Gute nicht existieren kann, und schließlich im Sinne von etwas, das nicht anders sein kann, sondern schlechthin so ist.

Von einem derartigen Prinzip also hängen der Himmel ab und die Natur. Sein Leben aber verläuft so, wie es in seiner besten Form uns nur kurze Zeit zuteil wird. Bei ihm herrscht immerwährend dieser Zustand – bei uns nämlich wäre das unmöglich –, da die Verwirklichung ihm Freude bedeutet und deshalb ist Wachen, Sinneswahrnehmung und Denken das Angenehmste, und deshalb auch Hoffnung und Erinnerung. Das Denken an sich geht auf das, was an sich das Beste ist, und Denken im höchsten Sinne an sich auf das, was im höchsten Sinne das Beste an sich ist. Sich selbst denkt die Vernunft, indem sie am Gedachten Anteil hat. Gedacht nämlich wird sie selbst, indem sie Gedachtes berührt und denkt, so dass Vernunft und Gedachtes dasselbe sind. Denn die Vernunft ist das, was für das Gedachte und das Wesen aufnahmefähig ist, und sie verwirklicht, indem sie über das Gedachte verfügt. Also ist der Besitz des Gedachten in höherem Maße göttlich als das, was die Vernunft als Göttliches zu beinhalten scheint; und die Betrachtung ist das Angenehmste und Beste. Wenn sich aber der Gott immer so wohlbefindet, wie wir uns nur zuweilen, so ist dies bewundernswert. Wenn er sich aber in noch höherem Maße wohlbefindet, so ist dies noch bewundernswerter. So aber befindet er sich. Und auch Leben kommt ihm zu; denn die Verwirklichung der Vernunft ist Leben, jener aber ist die Verwirklichung. Seine Verwirklichung aber an sich

ist bestes und ewiges Leben. Wir sagen also, dass der Gott ein lebendes, ewiges und bestes Wesen sei. Dem Gott kommt demnach ununterbrochenes, fortdauerndes und ewiges Leben zu; denn das ist eben der Gott. [...]
Dass es nun ein ewiges, unbewegliches und von den Sinnesdingen abgetrenntes Wesen gibt, ist aus dem Gesagten klar ersichtlich. Es ist aber auch gezeigt worden, dass dieses Wesen über keine Größe verfügen kann, sondern ohne Teile und unzerlegbar ist. Denn es bewegt unbegrenzte Zeit hindurch; nichts Begrenztes aber verfügt über ein unbegrenztes Vermögen. Da aber jede Größe unbegrenzt oder begrenzt ist, kann das Wesen aus dem angeführten Grund wohl nicht über eine begrenzte Größe verfügen, aber auch nicht über eine unbegrenzte Größe, weil es überhaupt keine unbegrenzte Größe gibt. Es ist außerdem gezeigt worden, dass das Wesen unaffizierbar und unverwandelbar ist. Denn alle anderen Bewegungen sind später als die örtliche. Es ist nun davon klar, warum es sich so verhält.

*Literatur*

Aristoteles: Metaphysik. Übersetzt von *H. Bonitz*, Reinbeck bei Hamburg 1966.

## Texte zu 3.1.2 Mysterien und Mysterienkulte

### 187: Hom. h. 2,470–482

Der dem Homer zugeschriebene Demeterhymnus erzählt die Geschichte vom Raub der Demetertochter Kore durch Hades, von Strafe und Versöhnung der Göttin, die Tempelbau, Mysterienfeiern und Weihungen in Eleusis anordnet.

Also sprach sie; die schön bekränzte Demeter gehorchte, ließ in den großen Schollen der Äcker sogleich wieder Früchte wachsen, dass weithin die Erde strotzte von Blättern und Blüten, ging zu den Königen dann, den Wahrern des Rechtes, und zeigte erst dem Triptolemos, Diokles dann, dem Meister der Pferde, Keleos auch, dem Führer der Männer, der Kraft des Eumolpos, allen den Opferdienst und beschrieb die erhabenen Weihen, erst dem Triptolemos, dann Polyxeinos, Diokles wieder. Keiner darf je sie verletzen, erforschen, verkünden; denn große Ehrfurcht vor den Göttern lässt Menschenrede verstummen. Selig der Erde bewohnende Mensch, der solches gesehen! Doch wer die Opfer nicht darbringt oder sie meidet, wird niemals teilhaft solches Glücks; er vergeht in modrigem Düster.

*Literatur*

*A. Weiher* (Hg. /Übers): Homerische Hymnen, München 1970.

### 188: Apul. met. 11,24,1–5

Im elften Buch der Metamorphosen des nordafrikanischen Schriftstellers Apuleius teilt der Romanheld Lucius wichtige Einzelheiten seiner Einweihungen in den Isiskult mit, die ihn

„an die Schwelle des Todes, dann in die unmittelbare Nähe der unteren und oberen Götter gebracht hatte, welche er aus nächster Nähe anbetete“ (Apul. met. 11,23,8)

Es war Morgen geworden; da trat ich nach Vollendung der feierlichen Handlung heraus, geheiligt durch zwölffache Stola, in einem gewiss sehr frommen Aufzug. Aber keine Fessel hindert mich, darüber frei zu reden, weil ihn ja die vielen Anwesenden damals gesehen haben. Denn auf Geheiß trat ich in der Mitte des heiligen Tempels auf eine vor der Göttin Bild aufgestellte hölzerne Bühne, auffallend durch das Gewand, das aus feinem Linnen, aber bunt bestickt war. Und von den Schultern hing mir den Rücken hinab bis zu den Fersen ein kostbarer Mantel. Wohin du jedoch auch sahst, war ich mit Tierbildern geschmückt, die in mannigfachen Farben ringsum angebracht waren; hier waren es indische Drachen, dort hyperboreische Greife, die eine andere Welt in der Art eines gefiederten Flügelwesens hervorbringt. Das nennen die Geweihten die Olympische Stola. Doch in der rechten Hand trug ich eine voll entflammte Fackel, und mein Haupt umgab stattlich ein schimmernder Palmenkranz, bei dem die Blätter wie Strahlen hervorragten. Nachdem ich so der Sonne gleich geschmückt und wie ein Standbild aufgestellt war, wurde der Vorhang plötzlich fortgezogen, und das Volk wogte heran, mich zu schauen. Dann feierte ich meinen festlichen Geburtstag als Eingeweihter, und es gab einen lieblichen Schmaus und ein heiteres Gelage.

*Literatur*

Apuleius: Metamorphosen oder der goldene Esel. Lateinisch/Deutsch von *R. Helm*. Siebte durchgesehene und erweiterte Auflage besorgt von *W. Krenkel*, Darmstadt 1970.

## Texte zu 3.1.3.1 Pharisäer/Zeloten/Sikarier

→3.1.3.2; →3.1.3.3

### 189: Ios. ant. Iud. 18,11–25

Im 13. und 18. Buch seiner Jüdischen Altertümer nimmt Flavius Josephus zu den Essenern Stellung. Seine Beschreibung im 18. Buch fällt etwas ausführlicher aus und wird im Folgenden wiedergegeben. Sie zeigt deutlich das Bemühen des Autors um eine idealtypische Zeichnung der Essener. Details der Darstellung bei Josephus werden immer wieder zum Vergleich besonders mit der (den) in der Sektenrolle und der Damaskusschrift von Qumran beschriebenen Gemeinschaft(en) herangezogen.

[11]Bei den Juden gab es schon seit langer Zeit drei philosophische Sekten, nämlich die der Essener, Sadduzäer und Pharisäer, und wiewohl ich bereits im zweiten Buche des Jüdischen Krieges mich darüber ausgesprochen habe, will ich doch die Mühe nicht scheuen, auf dieselben hier nochmals einzugehen.

[12]Die Pharisäer leben enthaltsam und kennen keine Annehmlichkeiten. Was vernünftige Überlegung als gut erscheinen lässt, dem folgen sie und halten es überhaupt für ihre Pflicht, den Vorschriften der Vernunft nachzukommen. Die Alten ehren sie und maßen sich nicht an, den Anordnungen [13]derselben zu widersprechen. Wenn sie behaupten, alles geschehe nach einem bestimmten Schicksal, so wollen sie damit dem menschlichen Willen nicht das Vermögen

absprechen, sich selbst zu bestimmen, sondern lehren, es habe Gott gefallen, die Macht des Schicksals und die menschliche Vernunft zusammenwirken zu lassen, sodass jeder es nach seinem Belieben mit [14]dem Laster oder der Tugend halten könne. Sie glauben auch, dass die Seelen unsterblich sind und dass dieselben, je nachdem der Mensch tugendhaft oder lasterhaft gewesen, unter der Erde Lohn oder Strafe erhalten, so dass die Lasterhaften in ewiger Kerkerhaft schmachten müssen während [15]die Tugendhaften die Macht erhalten ins Leben zurückzukehren. Infolge dieser Lehren besitzen sie beim Volke einen solchen Einfluss, dass sämtliche gottesdienstliche Verrichtungen, Gebete wie Opfer, nur nach ihrer Anleitung dargebracht werden. Ein so herrliches Zeugnis der Vollkommenheit gaben ihnen die Gemeinden, weil man glaubte, dass sie in Wort und Tat nur das Beste wollten.

[16]Die Lehre der Sadduzäer lässt die Seele mit dem Körper zugrunde gehen und erkennt keine anderen Vorschriften an als das Gesetz. Sogar gegen die Lehrer ihrer eigenen Schule im Wortstreit anzugehen, halten sie für [17]rühmlich. Ihrer Anhänger sind nur wenige, doch gehören sie den besten Ständen an. Übrigens richten sie nichts Bedeutendes aus, und wenn sie einmal dazu genötigt sind, ein Amt zu bekleiden, so halten sie es mit den Pharisäern, weil das Volk sie sonst nicht dulden würde.

[18]Die Essener dagegen lehren, man müsse alles dem Willen Gottes anheim geben. Sie glauben an die Unsterblichkeit der Seele und halten den [19]Lohn der Gerechtigkeit für das erstrebenswerteste Gut. Wenn sie Weihgeschenke in den Tempel schicken, bringen sie kein Opfer dar, weil sie heiligere Reinigungsmittel zu besitzen vorgeben. Aus diesem Grunde ist ihnen der Zutritt zum gemeinsamen Heiligtum nicht gestattet, und sie verrichten demgemäß ihren Gottesdienst besonders. Übrigens sind es Menschen von [20]vortrefflichen Sitten, und sie beschäftigen sich bloß mit Ackerbau. Ganz besonders bewunderungswürdig und lobenswert aber sind sie wegen einer bei den Griechen und den anderen Völkern völlig unbekannten, bei ihnen jedoch nicht etwa erst seit kurzer Zeit, sondern schon seit vielen Jahren herrschenden ausgleichenden Gerechtigkeit, infolge deren sie vollkommene Gütergemeinschaft haben und dem Reichen nicht mehr Genuss von seinen Gütern lassen wie dem Armen. Nach dieser Lehre leben über vier[21]tausend Menschen. Sie heiraten ebenso wenig, als sie Knechte halten, da sie das Letztere für Unrecht, das Erstere aber für die Quelle alles Streites halten, und so leben sie voneinander abgesondert und dienen einer dem an[22]dern. Zu Verwaltern ihrer Einkünfte vom Feldertrag wählen sie tüchtige Männer aus priesterlichem Stande, die für Getreide und sonstige Nahrungsmittel zu sorgen haben. Sie leben übrigens alle auf eine und dieselbe Weise und kommen am nächsten denjenigen Dakern, welche Polisten heißen.

[23]Außer diesen drei Schulen nun gründete jener Galiläer Judas eine vierte, deren Anhänger in allen anderen Stücken mit den Pharisäern übereinstimmen, dabei aber mit großer Zähigkeit an der Freiheit hängen und Gott allein als ihren Herrn und König anerkennen. Sie unterziehen sich auch jeder möglichen Todesart und machen sich selbst nichts aus dem Morde ihrer Verwandten und Freunde, wenn sie nur keinen Menschen als [24]Herrn anzuerkennen brauchen. Da ihre Hartnäckigkeit indes allgemein durch Augenschein bekannt ist, glaube ich von weiteren Bemerkungen über sie absehen zu können. Ich brauche ja

nicht zu fürchten, dass meine Worte keinen Glauben finden; viel eher müsste ich besorgen, dass mir nicht genug Worte zu Gebote stehen, um solchen Heldenmut und solche Stand[25]haftigkeit zu schildern. Diese Tollkühnheit war es, die das Volk in Aufruhr brachte, als der Landspfleger Gessius Florus durch den Missbrauch seiner Amtsgewalt dasselbe so zur Verzweiflung trieb, dass es von den Römern abfiel. So viel von den Philosophenschulen der Juden.

*Literatur*

Flavius Josephus: Jüdische Altertümer. Übersetzt und mit Einleitung und Anmerkungen versehen von *H. Clementz*, Wiesbaden ²2006.

## Texte zu 3.1.3.3 Die Essener und die Schriftfunde von Qumran

→3.1.3.1; →3.1.3.2

### 190: 1QS 5,1–6a; 9,3–8

Es folgen zwei Passagen aus der sog. Sektenrolle von Qumran (1QS), die einige für den Vergleich besonders mit Josephus' Darstellung der Essener interessante Beschreibungen des gemeinschaftlichen Zusammenlebens bieten:

5[1]Und das ist die festgelegte Ordnung für die Männer der Einung, die willig sind, von allem Bösen umzukehren, und festzuhalten an allem, was Er zu Seinem Wohlgefallen befohlen hat: Sich abzusondern von der Gemeinde [2]der Männer des Unrechts, um eine Einung zu werden in Tora und in Besitz, verantwortlich nach Anweisung der Söhne Zadoks, der Priester, der Wahrer des Bundes, und nach Anweisung der Mehrheit der Männer [3]der Einung, die festhalten am Bund.
Auf Grund ihrer Anweisung ergeht die Ordnung des Loses für jede Sache, für Tora, für Besitz und für Recht, um Treue zu pflegen, Einung und Demut, [4]Gerechtigkeit und Recht und liebevolle Verbundenheit und umsichtiger Umgang auf all ihren Wegen.
Keiner aber gehe dahin in der Verstocktheit seines Herzens, um seinem Herzen nachzuirren, [5]seinen Augen und den Gedanken seines Wesens. Vielmehr zu beschneiden in der Einung Wesensvorhaut und Halsstarrigkeit,
um ein Fundament von Wahrheit für Israel zu gründen, für eine Einung eines Bundes [6]der Ewigkeit, um zu entsühnen alle die Willigen zu einem Heiligtum in Aaron und zu einem Haus der Wahrheit in Israel […].
9[3][…] Werden diese in Israel nach allen diesen Anordnungen zur Gründung eines heiligmäßigen Geistes für Wahrheit [4]von Ewigkeit, zu sühnen für Untreueschuld und Veruntreuungssünde und zum Wohlgefallen für das Land, und zwar mehr als Brandopferfleisch und mehr als Fettstücke von Schlachtopfern, und ein Hebopfer [5]von Lippen nach Vorschrift als rechte Beschwichtigung und vollkommener Wandel als wohlgefällige freiwillige Gabe: Zu der Zeit sondern die Männer [6]der Einung ab ein heiliges Haus für Aaron, um sich als Allerheiligstes zu einen, und ein Einungs-Haus für Israeliten, die in Vollkommenheit wandeln. [7]Nur die Söhne Aarons herrschen in Bezug auf

Recht und in Bezug auf Besitz und nach ihrer Anweisung geht dies aus, auch das Los für jegliche Ordnung der Männer der Einung. Und jeglicher Besitz der Männer der Heiligkeit, die in Vollkommenheit wandeln: Es darf sich deren Besitz nicht mit Besitz von Männern des Truges vermengen, die [9]ihren Wandel nicht geläutert haben, um sich abzusondern von Unrecht und auf vollkommenem Wege zu wandeln.

*Literatur*

*J. Maier*: Die Qumran-Essener. Die Texte der Höhlen 1–3 und 5–11, Bd. 1, München/Basel 1995.

## Texte zu 3.1.3.4 Propheten und Messiasse

### 191: PsSal 17,21–46

Die Psalmen Salomos, die kurz vor 48 v.Chr. zu datieren sind, enthalten den klassischen Belegtext für eine politisch-messianische Hoffnung im frühen Judentum. Im zitierten Textabschnitt wird dieser (innergeschichtlich gedachte) Messias in seinen Eigenschaften und Funktionen detailliert geschildert.

[21]Siehe zu, Herr, und richte ihnen auf ihren König, den Sohn Davids, zu der Zeit, die du ausersehen, o Gott, über Israel, deinen Knecht, zu herrschen, [22]und umgürte ihn mit Stärke, zu zermalmen ungerechte Fürsten, zu reinigen Jerusalem von Heidenvölkern, die vernichtend zertreten, [23]in Weisheit und in Gerechtigkeit die Sünder vom Erbe zu verstoßen, des Sünders Übermut zu zerschlagen wie des Töpfers Geschirr, [24]mit eisernem Stab zu zerschlagen all ihren Bestand, zu vernichten gesetzlose Völkerschaften durch das Wort seines Mundes, [25]durch seine Drohung den Feind in die Flucht zu schlagen fort von seinem Angesicht, und die Sünder zu züchtigen in ihres Herzens Wort. [26]Und er wird versammeln ein heiliges Volk, das er führen wird in Gerechtigkeit, und er wird richten die Stämme des Volks, das geheiligt ist vom Herrn seinem Gott; [27]und er wird nicht erlauben, dass Ungerechtigkeit ferner ihrer Mitte wohnt, und kein Mensch, der mit Bösem bekannt ist, wird mit ihnen zusammen wohnen; denn er wird sie kennen, dass alle Söhne ihres Gottes sind. [28]Und er wird sie in ihren Stämmen im Lande verteilen, und kein Fremder und Ausländer wird ferner unter ihnen wohnen; [29]er wird richten Völker und Völkerschaften in der Weisheit seiner Gerechtigkeit. Diapsalma. [30]Und er wird Heidenvölker ihm fronen lassen unter seinem Joch, und den Herrn wird er verherrlichen vor den Augen der ganzen Welt, und er wird reinigen Jerusalem durch Heiligung wie von Anfang an, [31]so dass Heiden kommen von den Enden der Erde, um seine Herrlichkeit zu sehen, als Gaben darbringend seine ermüdeten Söhne, und zu sehen die Herrlichkeit des Herrn, womit Gott sie verherrlichte. [32]Und er ist ein gerechter, von Gott gelehrter König über sie; und in seinen Tagen ist kein Unrecht unter ihnen, denn alle sind sie heilig, und ihr König ist der Gesalbte des Herrn. [33]Denn er wird nicht auf Pferd und Wagen und Bogen hoffen, noch wird er sich aufhäufen Gold und Silber zum Kriege,

und er wird seine Hoffnung für den Tag des Krieges nicht auf die vielen sammeln. [34]Der Herr selbst ist sein König, die Hoffnung des Starken besteht in Hoffnung auf Gott, und er wird alle Völkerschaften vor seinem Angesicht in Furcht. [35]Denn er wird die Erde schlagen durch das Wort seines Mundes in Ewigkeit, und er wird das Volk des Herrn segnen in Weisheit mit Freude, [36]und er ist rein von Sünde, um über ein großes Volk zu herrschen, Fürsten zu züchtigen und Sünder auszurotten durch die Macht des Wortes. [37]Und er wird nicht ermatten in seinen Tagen bei seinem Gott, denn Gott hat ihn stark gemacht mit heiligem Geist und weise in einsichtigem Rat samt Stärke und Gerechtigkeit. [38]Und der Segen des Herrn wird mit ihm sein in Kraft, und er wird nicht schwach werden. [39]Sein Vertrauen ist auf den Herrn, und wer ist mächtig gegen ihn? [40]Gewaltig in seinen Werken und mächtig durch Gottesfurcht, indem er die Herde des Herrn weidet in Treue und Gerechtigkeit, und er wird nicht zulassen, dass einer unter ihnen ermüde auf ihrer Weide. [41]Ohne Unterschied wird er sie alle führen, und unter ihnen wird sein kein Hochmut, dass Unterdrückung bei ihnen geschehe. [42]Dies ist die Majestät des Königs Israels, den Gott auserwählt, ihn zu setzen über das Haus Israel, um es zu leiten. [43]Seine Worte sind geläuterter als das allerkostbarste Gold, in den Versammlungen wird er die Stämme eines geheiligten Volkes richten, seine Worte sind wie Worte von Heiligen inmitten geheiligter Völker. [44]Wohl denen, die leben in jenen Tagen, in der Versammlung der Stämme zu sehen das Glück Israels, das Gott schaffen wird. [45]Es beeile sich Gott mit seinem Erbarmen über Israel, er befreie uns von der Unreinheit unheiliger Feinde. [46]Der Herr selbst ist unser König für immer und ewig.

*Literatur*

*S. Holm-Nielsen*: Die Psalmen Salomos, in: JShrZ IV 2 , Gütersloh 1977.

## 192: 4Esr 7,26–30

Gegen die Zweifel des Sehers Esra, was das künftige Geschick der Gerechten und der Gottlosen angeht, ist die folgende messianische Vision gerichtet. Nach V.30 folgt eine breite Schilderung des Endgerichts, von Himmel und Hölle, als Motivation zum Halten der Gebote. Die Vorstellung der zeitlich begrenzten Wirksamkeit und des Todes des Messias verdient besondere Beachtung.

Denn siehe, es kommt die Zeit, wenn die Zeichen, die ich dir vorausgesagt habe, eintreffen. Dann wird die unsichtbare Stadt erscheinen und das jetzt verborgene Land sich zeigen. Und jeder, der aus den vorher genannten Plagen gerettet wurde, wird meine Wunder schauen. Denn mein Sohn, der Messias, wird sich mit denen offenbaren, die bei ihm sind, und wird die Übriggebliebenen glücklich machen, 400 Jahre lang. Nach diesen Jahren wird mein Sohn, der Messias, sterben und alle, die Menschenodem haben. Die Welt wird in das einstige Schweigen sieben Tage lang zurückkehren, wie es im Uranfang war, so dass niemand übrigbleibt.

*Literatur*

*J. Schreiner*: Das 4. Buch Esra., in: JShrZ V 4, Gütersloh 1981.

## 193: Ios. bell. Iud. 2,258–263

Im Kontext der Beschreibung der Sikarier und ihrer Schrecken erregenden Aktionen geht Josephus auf Pseudopropheten ein. Von ihnen ging, so der Geschichtsschreiber, eine erhebliche Gefahr für das Volk aus, da sie die röm. Ordnungsmacht auf den Plan riefen. Deutlich wird das Ineinander von religiöser und politischer Dimension des Phänomens.

[258]Gleichzeitig mit diesen Elenden kam eine andere Rotte von Bösewichtern auf, deren Hände zwar reiner, deren Gesinnung aber noch ruchloser waren als die der Sikarier, und die nicht weniger als diese das Glück der [259]Stadt untergraben halfen. Es waren dies Verführer und Betrüger, die unter dem Vorwand göttlicher Sendung auf Umwälzung und Aufruhr hinarbeiten und das Volk zu religiöser Schwärmerei hinzureißen suchten, indem sie es in die Wüste lockten, als ob Gott ihnen dort durch Wunderzeichen [260]ihre Befreiung ankündigen würde. Felix, der in diesen Vorgängen den Keim der Empörung erkannte, ließ Reiterei und Fußvolk gegen die Menge ausrücken und viele niedermetzeln.

[261]Eine noch schlimmere Plage für die Juden war der falsche Prophet aus Ägypten. Es war nämlich ein Betrüger ins Land gekommen, der sich das Ansehen eines Propheten verschafft und gegen dreißigtausend Betrogene um [262]sich gesammelt hatte. Mit diesen zog er aus der Wüste auf den so genannten Ölberg, von wo er mit Gewalt in Jerusalem einzudringen gedachte. Weiterhin beabsichtigte er dann die römische Besatzung zu überwältigen und sich zum Beherrscher des Volkes aufzuwerfen, wobei er die Genossen [263]seiner Unternehmung als Leibwache gebrauchen wollte. Felix indes vereitelte den Plan, indem er den Betrüger mit römischen Schwerbewaffneten entgegenrückte, unterstützt vom ganzen Volke, das an der Gegenwehr teilnahm. Gleich nach dem Beginn des Treffens machte sich der Ägypter mit wenigen Begleitern davon, während die meisten seiner Anhänger niedergemacht wurden und in Gefangenschaft gerieten. Der Rest zerstreute sich, und jeder suchte sich in seiner Heimat zu verbergen.

*Literatur*

Flavius Josephus: Jüdische Altertümer. Übersetzt und mit Einleitung und Anmerkungen versehen von *H. Clementz*, Wiesbaden $^{2}$2006.

# Texte zu 3.1.3.5 Täufergruppen

## 194: Ios. Vita 10–12

Im Kontext seiner Autobiographie berichtet Josephus über seine Zeit beim Einsiedler Bannus und dessen sakrale Bäder.

[10]Mit etwa sechzehn Jahren wollte ich aber die bei uns vorhandenen Schulrichtungen durch Erfahrung kennen lernen. Es gibt deren drei, erstens die Pharisäer, zweitens die Sadduzäer und drittens die Essener, wie ich schon oft gesagt habe; denn so glaubte ich schließlich die beste wählen zu können, wenn

ich sie alle genau kennen lernte. [11]Unter strenger Selbstzucht und mit vielen Mühen durchlief ich alle drei; und als ich auch die dabei gewonnene Erfahrung für nicht genügend erachtet hatte, erfuhr ich, dass ein gewisser Bannus in der Einöde sein Leben verbrachte: dass er aus Baumrinde verfertigte Kleidung gebrauchte und sich nur diejenige Nahrung zuführte, die von selbst wuchs, dass er sich häufig – bei Tag und bei Nacht – mit kaltem Wasser wusch um der Reinheit willen: Dessen Nacheiferer wurde ich. [12]Und nachdem ich bei ihm drei Jahre zugebracht und mein Verlangen gestillt hatte, kehrte ich vollends wieder in die Stadt zurück. Im Alter von neunzehn Jahren begann ich, am öffentlichen Leben teilzunehmen, und zwar indem ich mich an der Sondergruppe der Pharisäer orientierte, die etwa derjenigen entspricht, die bei den Griechen „die stoische" heißt.

*Literatur*

Flavius Josephus: Aus meinem Leben (Vita) Kritische Ausgabe, Übersetzung und Kommentar von *F. Siegert/H. Schreckenberg/M. Vogel* und dem Josephus-Arbeitskreis des Institutum Judaicum Delitzschianum, Münster 2001.

## 195: Ios. ant. Iud. 18,116–119

Josephus kommt im Zusammenhang der Geschehnisse um König Herodes Antipas auf Johannes den Täufer, dessen Botschaft und Geschick zu sprechen.

[116]Manche Juden waren übrigens der Ansicht, der Untergang der Streitmacht des Herodes sei nur dem Zorne Gottes zuzuschreiben, der für die [117]Tötung Johannes des Täufers die gerechte Strafe gefordert habe. Den Letzteren hatte Herodes hinrichten lassen, obwohl er ein edler Mann war, der die Juden anhielt, nach Vollkommenheit zu streben, indem er sie ermahnte, Gerechtigkeit gegeneinander und Frömmigkeit gegen Gott zu üben und so zur Taufe zu kommen. Darin werde, verkündigte er, die Taufe Gott angenehm sein, weil sie dieselbe nur zur Heiligung des Leibes, nicht aber zur Sühne für ihre Sünden anwendeten; die Seele nämlich sei dann ja [118]schon vorher durch ein gerechtes Leben entsündigt. Da nun infolge der wunderbaren Anziehungskraft solcher Reden eine gewaltige Menschenmenge zu Johannes strömte, fürchtete Herodes, das Ansehen des Mannes, dessen Rat allgemein befolgt zu werden schien, möchte das Volk zum Aufruhr treiben, und hielt es daher für besser, ihn rechtzeitig aus dem Wege zu räumen, als beim Eintritt einer Wendung der Dinge in Gefahr zu geraten [119]und dann, wenn es zu spät sei, Reue empfinden zu müssen. Auf diesen Verdacht hin ließ also Herodes den Johannes in Ketten legen, nach der Festung Machaerus bringen, die ich oben erwähnte, und dort hinrichten. Sein Tod aber war, wie gesagt, nach der Überzeugung der Juden die Ursache, weshalb des Herodes' Heer aufgerieben worden war, da Gott in seinem Zorn diese Strafe über den Tetrarchen verhängt habe.

*Literatur*

Flavius Josephus: Jüdische Altertümer. Übersetzt und mit Einleitung und Anmerkungen versehen von *H. Clementz*, Wiesbaden [2]2006.

### 196: 1QS 3

Die so genannte „Sektenregel“ aus Qumran beschreibt in Kol. 3 das Verhältnis zwischen äußerer Reinigung und innerer Gesinnung. Der Text ist aus mehreren Fragmenten rekonstruiert (4Q255 Frg. 2,1–9; 4Q257 Frg. 2; 4Q262 Frg. 1,1–3).

[1][…] seine Seele Erkenntnis-Zucht, Gesetze der Gerechtigkeit festigte er nicht zur Wendung seines Lebens, mit Rechtschaffenen wird er nicht gerechnet, [2]und sein Wissen und seine Kraft und sein Vermögen soll man nicht in den Rat der Einung einbringen.
Denn nach frevler Untat steht sein Sinnen und Abscheuliches haftet [3]an seiner Abkehr. Er wird nicht gerecht im Beharren der Verstocktheit seines Herzens, in Finsternis sieht er auf Lichtwege, im Auge Vollkommener [4]wird er nicht geachtet. Nicht wird er schuldlos durch Sühneriten, nicht gereinigt durch Reinigungswasser, nicht geheiligt durch Seen [5]und Ströme, nicht gereinigt durch alles Wasser der Waschung: Unrein, unrein bleibt er alle Tage, da er verschmäht die Gesetze [6]Gottes, um nicht Zucht anzunehmen in der Einung Seines Rates. Wenn im Geist des Rats der Wahrheit Gottes die Wege eines Mannes liegen, werden entsühnt all [7]seine Verschuldungen, um das Licht des Lebens zu schauen, und durch heiligen Geist für die Einung in Seiner Wahrheit wird er gereinigt von allen [8]seinen Verschuldungen, durch Geist von Redlichkeit und Demut wird seine Sünde entsühnt, und durch die Demut seiner Seele gegenüber allen Vorschriften Gottes wird gereinigt [9]sein Fleisch, um es zu besprengen mit Reinigungswasser und sich zu heiligen durch Wasser seiner Reinheit.
Und setzt er fest seine Schritte zu vollkommenem Wandel [10]auf allen Wegen Gottes, wie Er es befohlen für die Termine Seiner Bezeugungen, und um nicht abzuweichen rechts oder links und nicht [11]zu übertreten selbst eines von allen Seinen Worten, dann findet er Wohlgefallen mit seinen Beschwichtigungs-Sühneriten vor Gott und es wird ihm zum Bund [12]einer ewigen Einung gereichen.

*Literatur*

*J. Maier*: Die Qumran-Essener. Texte der Schriftrollen und Lebensbilder der Gemeinde, Bd. 1, München/Basel 1995.

## Texte zu 3.1.3.6 Die Samaritaner

### 197: Ios. ant. Iud. 11,306–312

Im Kontext der Schilderung der Eroberungszüge Alexanders d. Gr. in Kleinasien (ca. 336–334 v.Chr.) kommt Josephus auf die Samaritaner zu sprechen. Es wird deutlich, warum diese so viele Gemeinsamkeiten mit dem Jerusalemer Judentum aufweisen (Form des Pentateuch, Kultzentralisation, Monotheismus, Priestertum): sie sind – wie das Judentum – Erben biblisch-judäischer Tradition. Der Streitpunkt „Fremdehen“ zeigt, dass der radikale, auf die Rückkehrer aus Babylon zurückgehende Standpunkt der Gegner Manasses, auch im ausgehenden 4. Jh. v.Chr. noch nicht allgemein anerkannt war.

306Die Ältesten zu Jerusalem aber, die es nicht ertragen konnten, dass der mit einer Fremdstämmigen vermählte Bruder ihres Hohepriesters Jaddus Anteil an der Priesterwürde haben sollte, erregten gegen diesen einen Aufruhr. 307Denn sie hielten dafür, seine Ehe werde denen, die gegen die Ehegesetze verstoßen wollten, ein Vorwand sein, um sich mit Ausländerinnen vermählen zu können. 308Waren doch die Übertretung der Ehegesetze und die Heiraten mit fremden Frauen die Ursache ihrer früheren Gefangenschaft und ihres vielen Leides gewesen. Sie verlangten daher von Manasses, er solle entweder sich von seiner Frau trennen, oder nie mehr den Altar betreten. 309Da nun der Hohepriester in gleicher Weise wie das Volk hierüber unwillig war und seinem Bruder den Zutritt zum Altar verbot, begab sich Manasse, zu seinem Schwiegervater Sanballat und erklärte ihm, er liebe zwar seine Tochter Nikaso sehr, doch wolle er um ihretwillen der priesterlichen Würde, die bei seinem Volk in hohem Ansehen stehe und bei derselben Familie verbleibe, nicht verlustig gehen. 310Darauf versprach ihm Sanballat, er werde, wenn Manasse seine Tochter als Gattin behalten wolle, ihm nicht nur die Priesterwürde sichern, sondern ihn auch zum Hohepriester und Präfekten des von ihm selbst verwalteten Landes machen. Ferner werde er auf dem Berg Garizim, dem höchsten in Samarien, einen Tempel erbauen, der dem in Jerusalem gleich sein solle, 311und zwar mit Zustimmung des Königs Darius. Durch diese Versprechungen angelockt, blieb Manasse bei Sanballat in der Hoffnung, von des Darius Gnade das Hohepriesteramt zu erhalten; denn Sanballat war schon alt. 312Da es nun noch viele Priester und Israeliten gab, die solche Ehen eingegangen waren, entstanden in Jerusalem nicht geringe Unruhen, denn sie alle gingen zu Manasse über und wurden von Sanaballat mit Geld, Ackerland und Bauplätzen unterstützt, weil dieser seinem Schwiegersohn gern jede Gefälligkeit erwies.

*Literatur*

Flavius Josephus: Jüdische Altertümer. Übersetzt und mit Einleitung und Anmerkungen versehen von *H. Clementz*, Wiesbaden ²2006.

## Texte zu 3.1.3.7 Gottesfürchtige und Proselyten

### 198: JosAs 12,5–8.13f

Die jüd. Diasporanovelle „Joseph und Aseneth" enthält in Kap. 12 das „Gebet der Aseneth", in dem die nichtjüdische Priestertocher dem Gott Josephs ihre Sünden bekennt und ihn als ihre Zuflucht anfleht.

5Befleckt ist mein Mund von den Opfern der Götzenbilder und von dem Tisch der Götter der Ägypter. Ich sündigte, Herr, vor dir viele Male sündigte ich in Unwissenheit und ehrte Götzenbilder tot und stumm. Und jetzt, nicht bin ich wert, aufzutun meinen Mund zu dir, Herr. Und ich selbst, Aseneth, Tochter Pentephres' des Priesters, die Jungfrau und Königin, die vormals prunkende und hoffärtige und prangende in meinem Reichtum über alle Menschen hinaus, jetzt aber stelle ich dar eine Waise und einsame und zurückgelassene von allen Menschen. [6]Zu dir fliehe ich herzu, Herr, und dir bringe ich dar meine Bitte, und zu dir werde ich schreien. [7]Erlöse mich, bevor ich ergriffen werde von denen, die da verfolgen mich. [8]Wie nämlich ein unmündiges Kindchen, sich fürchtend, flieht zu seinem Vater, und der Vater, ausstreckend seine Hände, reißt es weg von der Erde und umarmt es an seiner Brust, und das Kindchen schlingt seine Hände um den Nacken seines Vaters und atmet auf von seiner Furcht und ruht aus an der Brust seines Vaters, der Vater aber lächelt über die Bestürzung seiner Unmündigkeit, so auch du selbst, Herr, strecke aus deine Hände auf mich wie ein kinderlieber Vater und reiß mich weg von der Erde.

[13]Und ich bin jetzt Waise und einsam, und andere Hoffnung nicht ist mir, wenn nicht auf dich, Herr, und nicht weitere Zuflucht außer deinem Erbarmen, Herr, denn du selbst bist der Vater der Waisen und derer, die da verfolgt sind, ein Beschirmer und derer, die da betrübt sind, ein Helfer.

[14]Erbarme dich mein, Herr, und hüte mich, die Jungfrau keusch, die zurückgelassene und Waise. Denn du selbst bist, Herr, ein Vater süß und gut und gelinde.

*Literatur*

*Chr. Burchard*: Joseph und Aseneth, in: JShrZ II 4, Gütersloh 1983.

## Texte zu 3.1.4 Die Religiöse Vielfalt Kleinasiens

### 199: Liv. 29,11,5–8; 14,10f.13f

Der röm. Geschichtsschreiber T. Livius (59 v.–17 n.Chr.) berichtet ausführlich, wie der Kult der aus Kleinasien stammenden Kybele im Jahre 205/04 v.Chr. in Rom eingeführt wurde. Angesichts der Bedrohungen in der Endphase des Zweiten Punischen Krieges durch Hannibal entschloss sich die stadtrömische Bürgerschaft – auf Geheiß der Sibyllinischen Bücher – die unter verschiedenen Namen verehrte „Große Göttermutter" aus Kleinasien nach Rom zu holen, um drohendes Unheil abzuwenden. Dank der Vermittlung des pergamenischen Königs Attalos konnte das Kultbild in Form eines Heiligen Steines nach Rom gebracht werden, wo die Göttin von führenden röm. Familien feierlich empfangen wurde.

11 [5]Als die Gesandten auf der Fahrt nach Asien geradewegs nach Delphi hinaufgestiegen waren, wandten sie sich an das Orakel mit der Frage, welche Hoffnung es ihnen und dem römischen Volk mache, den Auftrag auszuführen, zu dem man sie von daheim geschickt habe. Die Antwort soll gelautet haben: [6]Mit Hilfe von König Attalos würden sie erreichen, was sie wollten; wenn sie die Göttin nach Rom gebracht hätten, dann sollten sie dafür sorgen, dass der beste Mann, den es in Rom gebe, sie gastfreundlich in Empfang nehme.

[7]Sie kamen nach Pergamon zum König. Er nahm die Gesandten freundlich auf, brachte sie nach Pessinus in Phrygien, übergab ihnen den heiligen Stein, von dem die Einwohner sagten, er sei die Mutter der Götter, und forderte sie auf, ihn nach Rom zu bringen. [8]C. Valerius Falto, den die Gesandten voraus-

schickten, meldete, die Göttin werde herangebracht; man müsse nach dem besten Mann in der Bürgerschaft suchen, der sie in aller Form gastfreundlich in Empfang nehmen solle.
14[10]P. Cornelius wurde aufgefordert, mit allen verheirateten Frauen der Göttin nach Ostia entgegenzugehen, sie aus dem Schiff in Empfang zu nehmen, an Land zu bringen und sie den Frauen zum Tragen zu übergeben. [11]Nachdem das Schiff an der Tibermündung erschienen war, fuhr er, wie es angeordnet war, mit einem Schiff auf das Meer hinaus, übernahm von den Priestern die Göttin und brachte sie an Land. [...]
[13]Sie ließen die Göttin, eine nach der anderen, der Reihe nach von Hand zu Hand gehen, und die gesamte Bürgerschaft strömte ihr entgegen. Wo sie vorbeikam, standen Weihrauchpfannen vor den Türen, und man zündete den Weihrauch an und betete, die Göttin möge freiwillig und gnädig die Stadt Rom betreten, [14]und sie brachten sie am 12. April in den Tempel der Victoria auf dem Palatium; und das wurde ihr Festtag. Das Volk brachte der Göttin in großer Zahl Geschenke auf das Palatium, und es gab ein Göttermahl und Spiele, die Megalesien genannt wurden.

*Literatur*

T. Livius: Römische Geschichte. Buch XXVII–XXX. Lateinisch/Deutsch, hg. von *H.J. Hillen*, München 1997.

## Texte zu 3.1.5.3 Schulen und Strömungen

### 200: Iren. haer. 1,11,1; 28,1

Der Bischof von Lyon, Irenaeus (ca. 140–200 n.Chr.), zeichnet in seiner Schrift „Überführung und Widerlegung der fälschlich so genannten Gnosis“ die von ihm bekämpften Gruppen als eine sich immer weiter differenzierende Abfolge von „Schulen“. Besondere Aufmerksamkeit widmet er der Schule des stadtröm. Lehrers Valentinus, offenkundig deswegen, weil er in Rom wie Lyon Vertreter dieser gnostischen Richtung getroffen hatte. Nachdem er ausführlich das Lehrsystem des Valentinschülers Ptolemaeus geschildert hat, skizziert er nun knapp die – aus seiner Sicht – originale Lehre Valentins, um anhand von abweichenden Lehrmeinungen, die dessen Schüler vertreten, die Widersprüchlichkeit der gesamten sog. Gnosis zu erweisen.
Als Motiv für die immer weiter fortgesetzte Umformung der gnostischen Lehren gibt Irenaeus Geltungssucht der Gnostiker an, wie er an einem Beispiel aus dem Bereich der Eheethik zeigen zu können meint.

11[1]Jetzt wollen wir uns ansehen, wie unbeständig sie [=die Gnostiker] in ihren Vorstellungen sind. Wenn man bloß zwei oder drei von ihnen nimmt, so haben sie zur gleichen Sache nicht dieselbe Meinung, sondern geben an Inhalten und Bezeichnungen ganz Gegensätzliches von sich. Valentin hat als erster aus der so genannten gnostischen Richtung deren Prinzipien seiner eigenen Schulrichtung angepasst und Folgendes erklärt:
Es gibt eine unnennbare „Zweiheit“, deren einer Teil „Unsagbarer“ heißt, der andere „Schweigen“. Aus dieser Dyas ist dann eine zweite Dyas emaniert

worden, die er teils Vater nennt, teils Wahrheit. Aus dieser Vierheit sind als Frucht Logos und Leben, Menschen und Ekklesia hervorgebracht worden, und das ist die erste Achtheit. Und vom Logos und dem Leben, sagt er, sind zehn Kräfte emaniert worden, die wir schon erwähnt haben, vom Mensch und der Ekklesia aber zwölf, von denen eine vom Pleroma abgefallen ist und in den Mangel geriet und damit den ganzen weiteren Ablauf ausgelöst hat. Er nimmt zwei Grenzen an, eine zwischen dem Abgrund und dem übrigen Pleroma, der die gezeugten Äonen vom ungezeugten Vater trennte, und eine zweite, die ihre Mutter vom Pleroma trennte. Christos ist aber nicht von den Äonen im Pleroma emaniert worden, sondern von der aus dem Pleroma ausgeschlossenen Mutter in ihrer Erinnerung an die bessere Welt geboren, allerdings unter einem Schatten. Weil er ein männliches Wesen war, schnitt er den Schatten von sich ab und lief hinauf ins Pleroma. Die Mutter, die unter dem Schatten zurückbleiben musste und von der pneumatischen Substanz entleert war, hat noch einen anderen Sohn hervorgebracht, und das ist der Demiurg, den er auch den Allherrscher über diese Welt nennt. Und mit ihm zusammen ist nach seiner Lehre ein linker Herrscher emaniert worden, worin er mit den fälschlich sogenannten Gnostikern übereinstimmt, über die wir noch reden werden. Von Jesus sagt er einmal, er sei von dem von ihrer Mutter getrennten Äon emaniert worden, der mit der Gesamtheit der Äonen vereint geblieben war, das heißt vom Theletos, ein anderes Mal aber von dem Äon, der ins Pleroma hinaufgelaufen ist, das heißt vom Christos, und wieder ein anderes Mal vom Anthropos und der Ekklesia. Das heilige Pneuma ist nach seiner Lehre von der Aletheia emaniert worden, und zwar zur Prüfung und Befruchtung der Äonen, indem es unsichtbarerweise in sie eindrang. Durch das Pneuma bringen die Äonen die Gewächse der Aletheia als Frucht. Soweit die Lehre Valentins.

28[1]Aus den Gruppen, die ich bisher besprochen habe, sind als zahllose Ableger inzwischen zahllose Häresien entstanden. Das kommt daher, dass viele von diesen Leuten, ja letztlich alle, Lehrer sein wollen. Sie treten aus der Häresie aus, zu der sie gehörten, bauen auf der einen Meinung eine andere und auf der einen Lehre dann wieder eine andere auf und legen großen Wert darauf, mit ihrer Doktrin neuartig zu wirken. Dazu geben sie sich als die Erfinder der jeweiligen Lehre aus, die sie zusammengestellt haben. Ich will ein Beispiel dafür nennen.

Von Saturninus und Markion stammen die sogenannten Enkratiten ab, die die Ehelosigkeit propagieren. Damit lehnen sie ab, was von Gott zu Beginn eingerichtet wurde, und klagen also indirekt den an, der Mann und Frau zur Fortpflanzung des Menschengeschlechtes geschaffen hat. Sie haben auch Enthaltsamkeit von den Dingen eingeführt, die sie für beseelt halten. Das ist undankbar gegen Gott, der alles gemacht hat. Sie sprechen auch dem ersterschaffenen Menschen das Heil ab. Das haben sie erst jetzt dazuerfunden, seit ein gewisser Tatian als erster diese Blasphemie eingeführt hat. Er war Anhänger Justins gewesen und hatte solche Vorstellungen nie vertreten, solange er in dessen Nähe war. Nach Justins Märtyrertod fiel er von der Kirche ab. In der überheblichen Selbsteinschätzung, ein Lehrer zu sein, wurde er stolz und aufgeblasen, als sei er etwas Besseres als die anderen. Er gab seiner Schule eine eigene Richtung, fabelte von bestimmten unsichtbaren Äonen, wie sie bei Valentin vorkommen, erklärte ganz ähnlich wie Markion und Saturninus die Ehe für Schändung und Unzucht und bestritt – allerdings als eigene Idee – dem Adam das Heil.

*Literatur*

Irenäus von Lyon: Epideixis – Adversus Haereses I. Darlegung der apostolischen Verkündigung – Gegen die Häresien I, Übersetzung und Einleitung von *N. Brox*, Freiburg 1993.

## 201: ActJ BG 8502,2,25–28

Das *Apokryphon des Johannes* ist im Unterschied zu den polemischen Referaten bei Irenäus eine gnostische Originalschrift. Sie liegt in mehreren divergierenden Handschriften aus Nag Hammadi (NHC 11,1; 111,1 und 4,1) sowie im Berliner gnostischen Papyrus (BG) 8502,2 vor. Sie wird in ihrer Grundform auf das zweite nachchr. Jahrhundert datiert. Durch die – vermutlich später hinzugefügte – Rahmenhandlung wird der Text als Geheimlehre qualifiziert, die Johannes nach Ostern von Jesus erhält und an die ihm Gleichgesinnten weitergeben soll. Wegen der zentralen Gestalt des Seth wird dieser Text von vielen Forschern der sethianischen Gnosis zugeschrieben. In dem Textausschnitt wird zunächst von der Einheit, dem Vater des Alls, im Verhältnis zur Zeit und zur menschlichen Erkenntnisfähigkeit gehandelt, bevor das Heraustreten des göttlichen Denkens aus dem Vater berichtet wird. Mit diesem ersten, vollkommenen Äon namens *Barbelo* nimmt das Schöpfungsgeschehen seinen Anfang.

[25]Er (=der Vater des Alls) hat nicht an einem Äon teilgenommen. Zeit existiert nicht für ihn. Denn wer an einem Äon teilnimmt – andere haben für ihn vorbereitet. Zeit wurde ihm nicht zugeteilt, da er nicht von einem anderen empfängt, der zuteilt. Er ist ohne Mangel. Es ist überhaupt niemand vor ihm. Er ist der, der sich im vollkommenen Licht selbst allein anstrebt. Er wird das reine Licht, die unmessbare Größe betrachten.
Er ist der Ewige als derjenige, der die Ewigkeit gibt; das Licht als derjenige, der das Licht gibt; das Leben als derjenige, der das Leben gibt; der Selige als derjenige, der die Seligkeit gibt; die Erkenntnis als derjenige, der Erkenntnis gibt; der immer Gute als derjenige, der Gutes gibt, als derjenige, der Gutes tut; – nicht dadurch, dass er besitzt, sondern dadurch, dass er gibt – das Erbarmen, das sich erbarmt; die Gnade, die Gnade – nämlich das unermessliche Licht – gibt.
[26]Was soll ich dir über ihn, den Unbegreiflichen, sagen? Das Gesagte ist nur das Bild des Lichtes. Bis zu dem Punkt, den ich noch verstehen können werde – denn wer wird ihn je verstehen –, so werde ich mit dir sprechen können. Sein Äon ist unvergänglich, in Ruhe existierend, im Schweigen still seiend, derjenige, der vor allem ist. Er ist das Haupt aller Äonen, wenn noch etwas außer ihm existiert. Denn niemand von uns erkannte die Attribute dieses Unermesslichen außer dem, der in ihm wohnte. Er hat sie uns mitgeteilt.
Er betrachtet sich selbst in seinem eigenen Licht, das ihn umgibt, nämlich die Quelle lebendigen Wassers, das Licht voll Reinheit. Die Quelle des Geistes strömte vom lebendigen Wasser des Lichtes. Er versorgte alle Äonen und
[27]Welten. In jeder Richtung betrachtete er sein eigenes Bild, indem er es im reinen Lichtwasser sah, das ihm umgibt. Da wurde seine *Ennoia* wirklich und sie trat in Erscheinung und stand ihm […] im Lichtglanz zu Diensten. Sie ist

die Macht, die vor dem All ist, die in Erscheinung getreten war. Sie ist die vollkommene Vorsehung des Alls, das Licht, das Abbild des Lichtes, das Bild des Unsichtbaren, die die vollkommene Macht ist, Barbelo, der Äon, der in Herrlichkeit vollkommen ist, die ihn verherrlicht, weil sie durch ihn in Erscheinung getreten war. Sie betrachtete ihn.
Sie ist das erste Denken, sein Bild. Sie wurde ein erster Mensch, der der jungfräuliche Geist ist, der dreifach männliche, der [28]dreifach mächtige, der dreifach benannte, der dreifach gezeugte, der mannweibliche, nicht alternde Äon, der aus seiner Vorsehung hervorkam.

*Literatur*

*M. Waldstein* (Einl./Übers.): Das Apokryphon des Johannes. (Dt. Übersetzung), in: *H.-M. Schenke u.a.* (Hgg.): Nag Hammadi Deutsch. (Dt. Übersetzung). Eingel. u. übers. v. Mitgliedern des Berliner Arbeitskreises für Koptisch-Gnostische Schriften, 1. Band: NHC I,1–V,1, Berlin/New York 2001.

## 5.3.2 Texte zu 3.2 Weltanschauliche Themen

### Texte zu 3.2.1 Weltwahrnehmung und Weltbild

Die Epoche kultureller Selbstreflexion zwischen Homer und Aristoteles ist die Entstehungsphase europäischer Philosophie und Wissenschaft. Die Aufklärungspotenziale mythisch-mythologischer Weltbilder und -deutungen wurden hier, angefangen von den vorsokratischen „Naturlehrern", adaptiert und in originärer Weise zum Anspruch rechenschaftsgebender Vernunft transformiert: Welt erscheint als Kosmos rationaler Rekonstruktion.

#### 202: Hes. theog. 717–741

Sie drängten sie unter der Erde
breiten Sitz und banden sie fest an grausame Ketten.
So besiegte die Kraft ihrer Armeen Trotz der Titanen,
bannte sie ebenso tief, wie der Himmel hoch ist, hinunter,
ebenso weit von der Erde entfernt in des Tartaros Dunkel.
Denn neun Nächte und Tage fällt ein eherner Amboss,
bis er am zehnten Tag vom Himmel zur Erde herabkommt.

Den umzieht ein Gehege aus Erz, und rings um den Schlund ihm
schäumt das Dunkel dreifacher Nacht, und ganz überwuchert
ist er von Wurzeln der Erde, von Keimen des wogenden Meeres.
Das ist der Ort, der schwarze Abgrund, der die Titanen
birgt nach dem Willen des Zeus, des erhabenen Wolkensammlers,
dort im Modergemach am Rand der riesigen Erde.
Jeder Ausweg ist ihnen versperrt durch eherne Tore,
angelegt von Poseidon, sowie den Ring einer Mauer.
Gyes, Kottos, Obriareos, der tapfere, hausen
dort als die treuen Wächter des Zeus, des Herrschers der Aigis.

Da ist der Quell, wo die schwärzliche Erde, der sternhelle Himmel,
öd sich erstreckendes Meer und des Tartaros nächtlicher Nebel
eins nach dem andern entspringen, wo alles auch wieder mündet,
jener widrige, modrige Schlund, vor dem auch die Götter
Grausen ergreift, und selbst im vollendeten Lauf eines Jahres
fasste nicht Boden und Grund, wer einmal den Eingang durchschritten,

*Literatur*
*H. Diels/W. Kranz*: Die Fragmente der Vorsokratiker, 3 Bde., Berlin [5]1951 u.ö.

203: DK 13, B 2 (Anaximenes)

Wie unsere Seele, die Lust ist, uns beherrschend zusammenhält, so umfasst auch die ganze Weltordnung Hauch und Luft.

*Literatur*
*H. Diels/W. Kranz*: Die Fragmente der Vorsokratiker, 3 Bde., Berlin [5]1951 u.ö.

204: DK 21, B 25 (Xenophanes)

Doch ohne Mühe erschüttert er alles mit des Geistes Denkkraft.

*Literatur*
*H. Diels/W. Kranz*: Die Fragmente der Vorsokratiker, 3 Bde., Berlin [5]1951 u.ö.

205: Clem. str. 5,105; 116; 141

[105]Diese Weltordnung, dieselbige für alle Wesen, schuf weder einer der Götter noch der Menschen, sondern sie war immerdar und ist und wird sein ewig lebendiges Feuer, erglimmend nach Maßen und erlöschend nach Maßen.
[116]Eins, das allein Weise, will nicht und will doch mit dem Namen des Zeus benannt werden.
[141]Denn gar vieler Dinge kundig müssen weisheitsliebende Männer sein.

*Literatur*
*H. Diels/W. Kranz*: Die Fragmente der Vorsokratiker, 3 Bde., Berlin [5]1951 u.ö.

206: Stob. 3,1,179

[112][...] Weisheit besteht darin, die Wahrheit zu sagen und zu handeln nach der Natur, auf sie hinhörend. [113]Gemeinsam ist allen das Denken.

*Literatur*
*H. Diels/W. Kranz*: Die Fragmente der Vorsokratiker, 3 Bde., Berlin [5]1951 u.ö.

# Texte zu 3.2.2 Gott und göttliche Wesen

## 207: Cic. nat. deor. 1,2

Zur Frage nach den Göttern in der Philosophie: Cicero beschreibt diesen Diskurs in der Antike wohl zutreffend, wenn er feststellt, dass

die meisten Philosophen die Existenz von Göttern bejahten. Sie ist ja auch höchst wahrscheinlich, und die Natur weist uns allen zu dieser Überzeugung den Weg. Protagoras aber äußerte Zweifel, Diagoras von Melos und Theodoros von Kyrene glaubten, es gebe überhaupt keine Götter. Diejenigen nun, welche auf die Existenz von Göttern bestanden, vertreten so verschiedenartige und widersprüchliche Ansichten, dass ihre Aufzählung ins Unendliche führen würde. Denn über die Gestalt der Götter, ihren Aufenthaltsort und Wohnsitz und über ihre Lebensweise wird vielerlei behauptet, und darüber herrscht bei den Philosophen ein erbitterter Meinungsstreit.

Im Kern ginge es darum,

ob die Götter nichts tun, nichts bewirken und auf jede Leitung und Verwaltung des Weltgeschehens verzichten oder ob sie im Gegenteil alles von Beginn an geschaffen und eingerichtet haben und bis in alle Ewigkeit lenken und in Bewegung halten […].

*Literatur*

M. Tullius Cicero: De Natura Deorum Libri III / Vom Wesen der Götter, Lateinisch/Deutsch. Hg., übersetzt und erläutert von *W. Gerlach/K. Bayer*, München 1978.

## 208: Plut. mor. 377D—378A

Auf dem Weg der Unterscheidung von Götternamen in verschiedenen Völkern und den durch sie bezeichneten Wirkmächten versucht Plutarch verständlich zu machen, dass es sich hier um identische Wesenheiten handele. Das gelte insbesondere für den aus Ägypten stammenden Isisglauben, denn die damit verbundenen Götter

haben und kennen alle Völker, obwohl sie vor noch nicht allzu langer Zeit gelernt haben, sie mit den von den Ägyptern kommenden Namen anzurufen; doch haben sie seit jeher die Wirkmacht eines jeden Gottes gekannt und verehrt […]. Wir konzeptionalisieren die Götter nicht als verschiedene bei unterschiedlichen Völkern, weder als barbarische oder griechische, noch als südliche oder nördliche Götter, sondern, so wie die Sonne und der Mond und der Himmel und die Erde und die See allen gemein sind, aber von unterschiedlichen Völkern mit verschiedenen Begriffen belegt werden, so sind – entsprechend der einen Gestaltungsvernunft, die alle Dinge ordnet, und der einen Vorsehung, die darüber wacht, und der behilflichen Wirkmächte, die darüber gesetzt sind – bei den unterschiedlichen Völkern gemäß ihrer jeweiligen Gesetze verschiedene Ehrbezeichnungen und Benennungen entstanden. So gebraucht man geweihte Symbole – wobei die einen sich schwer zu erschließende und die anderen klarere Symbole gebrauchen, die den Verstand auf den Weg zu den göttlichen Dingen führen, wenn auch nicht ohne Gefahr.

*Literatur*
Übersetzt von Werner Kahl.

## 209: Plut. mor. 171E–F

Plutarch verortet wahre Frömmigkeit als Mittelweg zwischen zwei problematischen Extremformen von Haltungen gegenüber den Göttern:

Es gibt nämlich keine Krankheit, die so voller Irrtümer und Leidenschaften steckt, in der sich solch widersprüchliche, ja einander aufhebende Meinungen vermischen, wie die Krankheit des Aberglaubens. Deshalb muss man ihm entfliehen, aber auf sichere und bekömmliche Weise, nicht so wie jene, die blindlings vor Räubern oder wilden Tieren fliehen oder vor dem Feuer flüchten, dabei aber in wegloses Gelände voll von Schluchten und Abgründen geraten. Denn so verfallen einige, weil sie den Aberglauben fliehen, in hartnäckigen, störrischen Atheismus, verfehlen aber die wahre Frömmigkeit, die in der Mitte liegt.

*Literatur*
Übersetzt von Werner Kahl.

## 210: Arat. 1–16

Das Lehrgedicht *Phainomena* wird durch einen Zeus-Hymnus eröffnet, in dem Aratus diesen universalen Schöpfer- und Vatergott mittels stoisch-philosophischer Vorstellungen preist:

Mit Zeus wollen wir beginnen, den wir Menschen niemals ungesagt lassen:
Voll von Zeus sind alle Straßen, alle Versammlungsplätze der Menschen, voll das Meer und die Häfen; überall bedürfen wir alle des Zeus. Von ihm stammen wir ja auch ab. Und er gibt in freundlicher Güte den Menschen günstige Zeichen und weckt die Völker zur Arbeit, indem er sie an den Lebensunterhalt erinnert. Er sagt, wann das Feld am besten ist für Rinder und Hacken, er sagt, wann die Zeiten günstig sind, sowohl Erdringe um die Pflanzen zu ziehen, wie auch alle Saaten auszuwerfen. Er selbst hat ja die Zeichen am Himmel befestigt, indem er die Sternbilder sonderte, und hat über das Jahr hin die Sterne vorgesehen, die wohl am ehesten den Menschen feste Zeichen für die Zeiten geben, damit alles sicher wächst. Deshalb beten sie zu ihm immer zuerst und zuletzt. Sei gegrüßt, Vater, großes Wunder, große Hilfe für die Menschen […].

*Literatur*
Übersetzt von Werner Kahl.

## 211: 1QGenAp 20,12a.16b–18a.26b–29.

Das 1QGenAp bietet in aramäischer Sprache midraschartige Nacherzählungen von Geschichten aus der Genesis. Abraham wird in der Interpretation von Gen 12,10–20 und 20,1–18 nicht als Wundertäter, sondern als Bittsteller bzw. als Mittler numinoser Macht dargestellt. Vermittelt wird diese in diesem Text durch Handauflegung zum Zweck des Exorzismus. Rückblickend auf die Gabe seiner Frau Sara an den Pharao berichtet er:

[12]In jener Nacht betete, bat und flehte ich und sprach in Betrübnis und meine Tränen flossen herab. [16]In jener Nacht schickte der Höchste Gott einen [17]Plagegeist, um ihn zu schwächen, und zu jedem Mann seines Hauses, einen bösen Geist, und der schwächte ihn und alle Männer seines Hauses und er konnte sich ihr nicht nähern und „erkannte" sie nicht, obschon sie bei ihm blieb [18]zwei Jahre lang.
[26]Da rief er mich zu sich und sagte [27]zu mir: „Was hast du mir angetan wegen Sara, als du sagtest zu mir: Meine Schwester ist sie, da sie doch deine Frau war, und ich sie mir zur Frau nahm! Da, nimm deine Frau, bring sie weg und geh und entferne dich [28]aus dem ganzen Reich Ägyptens! Und jetzt bete für mich und mein Haus, dass von mir dieser böse Geist vertrieben werde!" Und ich betete für diesen [...] [29]und ich legte meine Hände auf seinen Kopf. Da wurde von ihm die Plage entfernt und von ihm der böse Geist vertrieben und er lebte auf und erhob sich.

*Literatur*
Übersetzt von Werner Kahl.

## 212: Epikt. ench. 31

Vom im Sinne Epiktets sich philosophisch orientierenden Adressaten des Handbüchleins wird bezüglich der angemessenen Frömmigkeit gegenüber den Göttern gefordert,

dass du die Bereitschaft haben musst, ihnen zu gehorchen und dich allem, was geschieht, zu fügen und freiwillig zu folgen, in der Überzeugung, dass es von der vollkommensten Einsicht zum Ziel geführt wird. Dann wirst du die Götter nämlich niemals tadeln und ihnen vorwerfen, sie kümmerten sich nicht um dich.
Das ist aber nur dann zu erreichen, wenn du die Begriffe Gut und Böse von allem trennst, worüber wir nicht gebieten, und sie lediglich in dem Bereich gelten lässt, über den wir gebieten.
[...] Wer sich aber bemüht, zu begehren und zu meiden, wie es sich gehört, der bemüht sich zugleich auch um Frömmigkeit. Aber Trank- und Rauchopfer und die Erstlingsgaben nach Vätersitte darzubringen, ist stete Pflicht – mit reinem Herzen, nicht zerstreut, nicht nachlässig, nicht knausrig, aber auch nicht über unsere Mittel hinaus.

*Literatur*
Übersetzt von Werner Kahl.

# Texte zu 3.2.3 Zeit- und Geschichtsbild

## 213: Plat. Tim. 37–39.51f

In einem seiner spätwerke (Abfassung ca. 360 v.Chr.) beschäftigt sich die Hauptfigur des in Dialogform verfassten Stückes, Timaios, mit der Erschaffung und Gestaltung des Universums als Abbild der ewigen Idee durch einen Schöpfergott. Im folgenden Auszug wird die Schaffung des Kosmos beschrieben:

37d So sann er darauf, ein bewegliches Abbild der Ewigkeit zu gestalten, und macht, indem er dabei zugleich den Himmel ordnet, von der in dem Einen verharrenden Ewigkeit ein in Zahlen fortschreitendes ewiges Abbild, und zwar dasjenige, dem wir den Namen Zeit beigelegt haben.
38b Die Zeit entstand also mit dem Himmel, damit, sollte je eine Auflösung stattfinden, sie, als zugleich erzeugt, zugleich aufgelöst würden, und nach dem Vorbilde der ewigen Natur, dass jene ihm so ähnlich wie möglich sei.
39b Damit es aber ein augenfälliges Maß für ihre zueinander relative Langsamkeit und Schnelligkeit gebe, mit der sie in den acht Bahnen sich bewegten, entzündete der Gott in dem von der Erde aus zweiten der Kreisläufe ein Licht, welches wir jetzt Sonne nennen, damit es möglichst in den gesamten Himmel scheine und damit alle Lebewesen, deren Natur das angemessen war, die Zahl besäßen, indem sie sie aus dem Umschwung des „Selben“ und Gleichförmigen erlernten.
39c So und deshalb ist also Nacht und Tag entstanden: der Umschwung der einen und am meisten mit Vernunft begabten Kreisbewegung; der Monat aber, wenn der Mond, der seine Kreisbahn durchlaufen hat, die Sonne einholt, und das Jahr, wenn die Sonne ihren Kreislauf vollendet hat.
51a [...] Demnach wollen wir die Mutter und Aufnehmerin des gewordenen Sichtbaren und ganz und gar sinnlich Wahrnehmbaren weder Erde, noch Luft noch Feuer, noch Wasser nennen, noch mit dem Namen all dessen, was aus diesem, noch mit dem dessen, woraus diese entstanden, sondern wenn wir es ein unsichtbares, gestaltloses, allaufnehmendes Gebilde, das aber auf eine irgendwie höchst unerklärliche Weise am Denkbaren teilnimmt und äußerst schwierig zu erfassen ist, nennen, so werden wir nichts Falsches sagen. [...]
52a Da sich das aber so verhält, so muss man übereinkommen, das eine sei die Form, die sich stets gleich verhalte, nicht geboren und unvergänglich, weder in sich andere von anderswo aufnehmend noch selbst in anders irgendwohin gehend, unsichtbar und auch sonst unwahrnehmbar, das, was der Vernunft zu betrachten zuteil wurde. Ein zweites aber sei das ihm Gleichnamige und Ähnliche, wahrnehmbar und geboren, stets hin- und hergerissen, an einer bestimmten Stelle entstehend und von da wieder verschwindend, durch Meinung in Verbindung mit sinnlicher Wahrnehmung erfassbar; eine dritte Art sei ferner die des Raumes, immer seiend, Vergehen nicht annehmend, allem, was ein Entstehen besitzt, einen Platz gewährend, selbst aber ohne Sinneswahrnehmung durch ein gewisses Bastard-Denken erfassbar, kaum zuverlässig. Darauf hinblickend träumen wir und behaupten, alles Seiende müsse sich irgendwie notwendig an einem Ort befinden und einen Raum einnehmen,

dasjenige aber, das weder auf Erde noch irgendwo am Himmel sei, das sei nicht.

*Literatur*

Platon: Timaios. Hg. und übersetzt von *G. Eigler* unter Mitarbeit von *H. Hofmann/D. Kurz/K. Schöpsdau/P. Staudacher/K. Widdrain*, Darmstadt 1972.

## Texte zu 3.2.4 Die Auffassung vom Menschen

### 214: Aristot. pol. 1252b–1253b1; 1254a34–1254b25

In dieser im 4. Jh. v Chr. entstandenen Schrift wird (in Buch 1) im Ausgang von der Natur des Menschen als ein auf Gemeinschaft angelegtes Lebewesen (*zoon politikón*) ein philosophisches Verständnis vom Staat →3.2.8 entwickelt, das die Rahmenbedingungen für eine realistische Orientierung am Gemeinwohl der *polis* in Abgrenzung von möglichen Fehlformen (z.B. Oligarchie; *Tyrannis*; *Ochlokratie*) beschreibt.

[1252b2]Ein staatlicher Verband ist aber die aus mehreren Dörfern gebildete vollendete Gemeinschaft, die die Grenze erreicht hat, bei der – wenn man so sagen darf – vollständige Autarkie besteht. Um des Überlebens willen ist er entstanden, er besteht aber um des vollkommenen Lebens [b30]willen. Jeder staatliche Verband existiert deswegen von Natur, da dies ja auch für die ersten Gemeinschaften galt; denn er ist das Ziel jener, aber es ist die Natur, die das Ziel darstellt. Die Beschaffenheit eines jeden Dinges, dessen Entwicklung vollständig abgeschlossen ist, bezeichnen wir ja als seine Natur, wie etwa die Natur eines Menschen, Pferdes oder Hauses. Ferner ist das Umwessenwillen und das Ziel das Beste, die Autarkie ist aber sowohl das Ziel wie das Beste. [1253a]Daraus geht nun klar hervor, dass der Staat zu den Dingen zu zählen ist, die von Natur sind, und dass der Mensch nach der Bestimmung der Natur ein Lebewesen ist, das zum staatlichen Verband gehört, und dass derjenige, der aufgrund seiner Natur, und nicht durch eine Schicksalsfügung, außerhalb des staatlichen Verbandes steht, entweder minderwertig – oder übermenschlich – ist, wie derjenige, der von Homer geschmäht wurde: „ohne Geschlechterverband, [a5]ohne Recht, ohne Herd“. Denn wer von Natur so ist, der sucht zugleich Streit, da er ohne Verbindung dasteht wie ein Stein auf dem Spielbrett. Dass aber die Bezeichnung „zu einem Staate gehörend“ eher für den Menschen als für jede Biene und jedes Herdentier zutrifft, ist klar. Denn die Natur schafft, wie wir sagen, nichts ohne Zweck. Nun hat der Mensch als einziges Lebewesen Sprache; die Stimme gibt zwar ein [a10]Zeichen von Schmerz und Freude, deswegen ist sie auch den übrigen Lebewesen verliehen, denn ihre Natur gelangte bis zu der Stufe, dass sie Empfindung von Schmerz und Lust haben und sich diese Untereinander anzeigen, die Sprache dient aber dazu, das Nützliche und Schädliche, und daher auch das Gerechte und Ungerechte, darzulegen. [a15]Denn dies ist den Menschen gegenüber den anderen Lebewesen eigentümlich, allein ein Empfinden für Gut und Schlecht, Gerecht und Ungerecht und

anderes zu haben. Die Gemeinschaft in diesen Dingen begründet aber Haushalt und Staatsverband.

Der staatliche Verband geht aber von Natur dem Haushalt und [a20]jedem einzelnen von uns voraus; denn das Ganze geht notwendigerweise dem Teil voraus. Wenn nämlich das Ganze zerstört wird, wird kein Teil, weder Fuß noch Hand, weiter existieren – außer homonym, wie wenn man die Bezeichnung Hand für eine Hand aus Stein benutzte – eine leblose Hand ist ja von vergleichbarer Art. Da aber alles durch seine Leistung und seine Funktion bestimmt ist, darf man Dinge, wenn sie in ihrer Funktion nicht mehr gleich sind, auch nicht als das gleiche bezeichnen, sondern als verschiedene Dinge gleichen Namens.

[a25]Es ist damit klar, dass der Staat einmal von Natur ist und außerdem jedem einzelnen vorausgeht. Denn unter der Voraussetzung, dass jeder, wenn er isoliert lebt, nicht autark ist, muss sein Verhältnis zum Ganzen genau so sein wie das von Teilen sonst zum Ganzen. Wer aber nicht fähig ist, Mitglieder der staatlichen Gemeinschaft zu sein oder aufgrund seiner Autarkie ihrer nicht bedarf, der ist kein Teil des staatlichen Verbandes und somit entweder Tier oder Gott.

[a30]Von Natur lebt aber in allen ein Drang nach einer solchen Gemeinschaft. Derjenige, der sie als erste gebildet hat, ist der Urheber größter Güter. Denn wie der Mensch, wenn er zur Vollkommenheit gelangt, das beste Lebewesen ist, so ist er ohne Gesetz und Recht auch das schlimmste von allen. Ungerechte Gesinnung, die über Waffen verfügt, ist ja am schlimmsten. Der Mensch hält aber von Natur aufgrund seiner Klugheit und charakterlichen Vorzüge Waffen in Händen, [a35]die besonders zu einander entgegengesetzten Zwecken gebraucht werden können. Deswegen ist der Mensch ohne charakterliche Vollkommenheit das frevelhafteste und wildeste Lebewesen und in Sexualität und Essgier am schlimmsten. Gerechtigkeit wird dagegen im Staat verwirklicht, denn Recht ist die Ordnung der staatlichen Gemeinschaft, Gerechtigkeit aber bestimmt die Entscheidung darüber, was rechtmäßig ist.

[1253b]Da nun klar ist, aus welchen Teilen der staatliche Verband gebildet ist, ist es notwendig, zuerst die Führung eines Haushalts zu behandeln, denn jeder Staat besteht aus Haushalten. [...]

[1254a34]Wir wollen aber mit dem Lebewesen beginnen: Es ist aus Seele und Körper zusammengesetzt, von denen jene von Natur herrscht, [a35]dieser beherrscht wird.

Man muss aber einen Zustand, der von Natur ist, eher an Objekten betrachten, die naturgemäß sind, als an pervertierten. Deswegen müssen wir bei unserer Betrachtung einen solchen Menschen zum Gegenstand wählen, der sich an Leib und Seele in der besten Verfassung befindet; an ihm ist dieses naturgemäße Herrschaftsverhältnis offenbar, während bei Schlechten oder Leuten in schlechter Verfassung [1254b]häufig der Eindruck entstehen dürfte, dass der Körper über die Seele herrscht, weil sie schlecht und naturwidrig sind.

Es lässt sich also, wie wir sagten, zunächst an einem Lebewesen sowohl die despotische wie politische Herrschaftsform erkennen, denn die Seele übt über den Körper eine despotische Herrschaft aus, die [b5]Vernunft über das Begehren eine politische oder königliche. Bei ihnen ist es offensichtlich für den Körper naturgemäß und vorteilhaft von der Seele beherrscht zu werden, und für den Seelenteil, der Sitz der Affekte ist, ist es ebenso naturgemäß und vorteilhaft,

von der Vernunft und dem Seelenteil, der Vernunft besitzt, beherrscht zu werden, eine gleichmäßige Beteiligung an der Herrschaft oder gar eine Vertauschung der Herrschaftsstellung ist dagegen für alle schädlich.
In gleicher Weise trifft dies dann auch auf den Menschen und die übrigen Lebewesen zu: Die zahmen Tiere sind in ihrer Natur besser als die wilden, und für sie alle ist es vorteilhafter, vom Menschen beherrscht zu werden, denn auf diese Weise wird ihr Überleben gesichert. Ferner ist im Verhältnis der Geschlechter das Männliche von Natur das Bessere, das Weibliche das Geringerwertige, und das eine herrscht, das andere wird beherrscht. Das gleiche muss aber auch unter allen Menschen Gültigkeit besitzen: Diejenigen, die voneinander so weit unterschieden sind wie Seele und Körper, Mensch und Tier – und einige Menschen sind tatsächlich in dieser Weise voneinander so weit unterschieden sind wie Seele und Körper, Mensch und Tier – und einige Menschen sind tatsächlich in dieser Weise voneinander unterschieden, wenn ihre Leistung der Gebrauch des Körpers ist und dies als das Beste von ihnen zu gewinnen ist – diese sind von Natur Sklaven. Für sie ist es vorteilhafter, dieser Herrschaft zu unterstehen, wie das auch bei den eben genannten der Fall war. Denn von Natur ist derjenige Sklave, der imstande ist, einem anderen zu gehören – deswegen gehört er ja auch einem anderen – und der in dem Maße an der Vernunft Anteil hat, dass er sie vernimmt, aber sie nicht als ihn leitendes Vermögen besitzt; denn auch die übrigen Lebewesen besitzen keine Vernunft, der sie gehorchen können, sondern da sie nur Sinneswahrnehmungen haben, folgen sie den Affekten. Und schließlich unterscheidet sich auch ihr nützlicher Beitrag nur wenig voneinander, denn beide, Sklaven und zahme Tiere, helfen mit dem Körper bei der Versorgung mit lebensnotwendigen Mitteln. […]

*Literatur*

Aristoteles: Politik. Übersetzt und hg. von *F.F. Schwarz*, Stuttgart 1989.

## 215: Plat. rep. 61,1b–d

→3.2.5.2

In diesem mittleren Dialog entwickelt Plato im Zusammenhang mit der Schilderung des Todes des Sokrates seine Vorstellung von Sterben und Tod. Im Blick auf eine vierfach begründete Überzeugung von der Unsterblichkeit der Seele wird diese Vorstellung als Paradigma einer philosophischen Lebensführung erhoben, die sich an den immer mit sich selbst identischen und ewigen Ideen orientiert.

Dieses also, sprach ich, verhalte sich so! Wenn aber, so siehst du wohl, dass die Seelen auch immer dieselben sein werden. Denn weder weniger können sie werden, wenn keine untergeht, noch auch mehrere. Denn wenn etwas von den unsterblichen Dingen mehr würde, so weißt du wohl, dass es auch dem „Toten" entstehen müsste, und so wäre zuletzt alles unsterblich.
Richtig gesprochen. Allein, sprach ich, weder dieses lass uns glauben, denn die Vernunft lässt es nicht zu, noch auch wiederum, dass die Seele ihrer wahrhaftesten Natur nach vielen Mannigfaltigkeit und Unähnlichkeit und Verschiedenheit voll sei an und für sich. Wie meinst du das?, fragte er. Nicht

leicht, sprach ich, wird ewig sein, „wie sich uns doch jetzt die Seele gezeigt hat, was aus vielem zusammengesetzt ist und sich nicht der allervortrefflichsten Zusammensetzung erfreut.“
Man sollte freilich nicht denken. Dass nun die Seele unsterblich ist, erweist sowohl die gegenwärtige Rede als auch die übrigen. Was sie aber der Wahrheit nach ist, das muss man nicht an ihr sehen wollen, verunstaltet, wie wir sie jetzt nur sehen, durch die Gemeinschaft mit dem Leibe und durch andere Übel; sondern so, wie sie ist, wenn sie sich reinigt, so müssen wir sie mit dem Verstande aufmerksam in Augenschein nehmen, und viel schöner wirst du sie dann finden, und dass sie viel bestimmter Gerechtigkeit und Ungerechtigkeit unterscheidet und alles, was wir nur eben besprochen haben. Jetzt aber haben wir zwar richtig von ihr geredet, wie sie gegenwärtig erscheint; wir sehen sie aber nur in solchem Zustande, wie die, welche des Meergottes Glaukos ansichtig werden, doch nicht leicht seine ehemalige Natur zu Gesicht bekommen, weil sowohl seine alten Gliedmaßen teils zerschlagen, teils zerstoßen und auf alle Weise von den Wellen beschädigt sind, als auch ihm ganz Neues zugewachsen ist: Muscheln, Tang und Gestein, so dass er eher einen Ungeheuer ähnlich sieht als dem, was er vorher war. Ebenso nur sehen auch wir unsere Seele von tausenderlei Übeln übel zugerichtet. Aber, o Glaukon, dorthin müssen wir unsere Blicke richten. Wohin?, fragte er.
Auf ihr wissenschaftsliebendes Wesen und müssen bemerken, wonach dieses trachtet und was für Unterhaltungen es sucht, als dem Göttlichen und Unsterblichen und immer Seienden verwandt, und wie sie sein würde, wenn sie ganz und gar folgen könnte, von diesem Antriebe emporgehoben aus der Meerestiefe, in der sie sich jetzt befindet, und das Gestein und Muschelwerk abstoßend, welches ihr jetzt, da sie „auf der Erde festgeworden“ ist, erdig und steinig, bunt und wild durcheinander angewachsen ist von diesen so genannten glückseligen Festen her. Und dann erst würde einer ihre wahre Natur erkennen, ob sie vielartig ist oder eingestaltig und wie und auf welche Weise sie sich verhält. Ihre jetzigen Verschiedenheiten aber und Zustände in dem menschlichen Leben haben wir, denke ich deutlich genug auseinandergesetzt.
Auf alle Weise gewiss, sagte er.

*Literatur*

Platon: Sämtliche Werke. 3. Phaidon, Politeia. In der Übersetzung von *F. Schleiermacher* mit der Stephanus-Numerierung hg. von *W.F. Otto/E. Grassi/G. Plamböck*, Hamburg 1958.

## Texte zu 3.2.5.1 Begräbnis und Totenpflege

Ios. ant. Iud. 18,36–38
→2.2.6.2 I Text Nr. 147

# Texte zu 3.2.5.2 Unsterblichkeit der Seele und Auferstehung der Toten

→3.1.1

## 216: bSan 91b

Im babylonischen Talmud, Traktat Sanhedrin, diskutiert man die Möglichkeit einer Auferstehung von den Toten. In diesem Kontext wird nach einer Grundlage dieser Vorstellung im Text der Tora gesucht.

Es wird gelehrt: R. Meir sagte: Wo ist die Auferstehung der Toten in der Tora zu finden? Es heißt: Damals wird Moše mit den Jisraéliten folgendes Lied dem Herrn singen; es heißt nicht sang, sondern wird singen. Hier ist also die Auferstehung der Toten in der Tora zu finden. Ebenso heißt es: Damals wird Jehošuá dem Herrn einen Altar bauen; es heißt nicht baute, sondern wird bauen. Hier ist also die Auferstehung der Toten in der Tora zu finden. – Es heißt ja aber auch: Damals wird Šelomo dem Kemoš, dem Scheusale der Moabiter, eine Anhöhe errichten; ist etwa auch hier zu erklären, er werde errichten? – Vielmehr, die Schrift rechnete es ihm an, als hätte er sie errichtet.
R. Jehošuá b. Levi sagte: Wo ist die Auferstehung der Toten in der Tora zu finden? Es heißt: Heil denen, die in deinem Hause weilen, immerwährend werden sie dich preisen. Sela; es heißt nicht: Sie priesen dich, sondern: Sie werden dich preisen. Hier ist also die Auferstehung der Toten in der Tora zu finden.
Ferner sagte R. Jehošuá b. Levi: Wer dem Herrn in dieser Welt einen Lobgesang anstimmt, dem ist es beschieden, dies auch in der zukünftigen Welt zu tun, denn es heißt: Heil denen, die in deinem Hause weilen, immerwährend werden sie dich preisen.
R. Ḥijab. Abba sagte im Namen R. Joḥanans: Wo ist die Auferstehung der Toten in der Tora zu finden? Es heißt: Die Stimme deiner Späher, sie erheben ihre Stimme, gemeinsam werden sie jauchzen; es heißt nicht sie jauchzen, sondern sie werden jauchzen. Hier ist also die Auferstehung der Toten in der Tora zu finden.
Ferner sagte R. Ḥijab. Abba im Namen R. Joḥanans: Dereinst werden alle Propheten gemeinsam ein Lied anstimmen, denn es heißt: Die Stimme deiner Späher, sie erheben ihre Stimme, gemeinsam werden sie jauchzen.
Raba sagte: Wo ist die Auferstehung der Toten in der Tora zu finden? Es heißt: Es lebe Reúben und sterbe nicht; es lebe Reúben, auf dieser Welt, und sterbe nicht, in der zukünftigen Welt. Rabina sagte: Hieraus. Und viele von denen, die im Erdenstaube schlafen, werden erwachen, die einen zu ewigem Leben, die anderen zur Schmach und zu ewigem Abscheu. R. Aši sagte: Hieraus. Du aber gehe hin, dem Ende entgegen; du sollst ruhen und auferstehen, um dein Los zu empfangen am Ende der Tage.

*Literatur*

*L. Goldschmidt*: Der babylonische Talmud, Bd. 6, Darmstadt 1996.

# Texte zu 3.2.6 Wunder, Wundertäter und Magie

## 217: 4Q560

Der Text 4Q560 ist nur fragmentarisch erhalten und stark rekonstruiert. Trotzdem stellt er ein gutes Zeugnis für die Exorzismuspraxis des 1. Jh.s dar. Diese Rekonstruktion ist im abgedruckten Text nicht kenntlich gemacht, allein die entstehenden Lücken werden angezeigt.

1[…] die Hebamme, die Strafe jener, die Kinder gebären, ein böser Besucher aus dem Jenseits oder Dämon […]. Ich beschwöre euch, alle, die in den Körper eindringen: der männliche Schwindsuchtsdämon und der weibliche Schwindsuchtsdämon […] ich beschwöre euch beim Namen des Hern: „Er, der Schuld und Sünde entfernt, o Fieberdämon und Schüttelfrostdämon und Brustschmerzdämon […]. Ihr dürft nicht des Nachts stören durch Träume noch des Tags während des Schlafs, o männlicher Schreingeist und weiblicher Schreingeist, o ihr Dämonen, die brechen durch Wände […] frevlerisch […].
2vor ihm […] vor ihm und […]. Und ich, o Geist, beschwöre dich gegen […] Ich beschwöre dich, o Geist, dass du […]. Auf der Erde, in Wolken […].

*Literatur*

*W. Wise/M. Abegg/E. Cook* (Hgg.): Die Schriftrollen von Qumran. Übersetzung und Kommentar mit bisher unveröffentlichten Texten, Augsburg 1997.

## 218: bBer 34b

In bBer 34b sind von Hanina ben Dosa (1. Jh. n.Chr.) zwei Fernheilungen erzählt, analog zu den Fernheilungen Jesu Mk 7,29f; Lk 7,1–10; 17,11–19.

Die Rabbanan lehrten: Einst erkrankte der Sohn R. Gamliéls und er sandte zwei Schriftgelehrte zu R. Hanina b. Dosa, dass er für ihn um Erabrmen flehe. Als dieser sie sah, stieg er auf den Söller und flehte für ihn um Erbarmen. Beim Herabsteigen sprach er zu ihnen: Gehet, das Fieber hat ihn verlassen. Da sprachen sie zu ihm: Bist du denn ein Prophet? Er erwiderte: Weder bin ich ein Prophet, noch der Sohn eines Propheten; allein so ist es mir überliefert: Ist mir das Gebet im Munde geläufig, so weiß ich, dass es angenommen, wenn nicht, so weiß ich, dass es gewirrt wurde. Hierauf ließen sie sich nieder und schrieben die Stunde genau auf, und als sie zu R. Gamliél kamen, sprach er zu ihnen: Beim Kult, weder habt ihr vermindert noch vermehrt; genau dann geschah es, in jener Stunde verließ ihn das Fieber, und er bat uns um Wasser zum Trinken.
Abermals ereignete es sich mit R. Hanina b. Dosa, dass er zu R. Johanan b. Zakkaj die Tora studieren ging, und da gerade der Sohn des R. Johanan b. Zakkai erkrankte, sprach dieser zu ihm: Hanina, mein Sohn, flehe doch für ihn um Erbarmen, dass er genese! Da legte er sein Haupt zwischen seine Kniee und flehte für ihn um Erbarmen; und jener genas.

*Literatur*

*L. Goldschmidt*: Der babylonische Talmud, Bd. 1, Darmstadt 1996.

## 219: Suet. Vesp. 7,2f

Von Kaiser Vespasian (1. Jh. n.Chr.) wurden, wie u.g. Stelle deutlich macht, ähnliche Wunderheilungen berichtet wie von Jesus, etwa Joh 9,1–7 (Blindenheilung mittels Speichel) oder Mk 5,25–34 („unbewusste" Heilung). Deutlich ist hier die Funktion dieser Geschichten: Sie werden erzählt, um die besondere Macht der jeweiligen Person hervorzuheben.

Ansehen und, man möchte sagen, eine gewisse Größe fehlten ihm als Kaiser noch, was ja verständlich ist, da er unerwartet und eben erst Herrscher geworden war. Diese Eigenschaften erwarb er sich aber noch. Als er vorn auf dem Tribunal saß, wandte sich aus dem Volk jemand an ihn, der erblindet war, und noch einer, der ein lahmes Bein hatte. Sie baten ihn, ihnen die Hilfe für ihre körperlichen Gebrechen zukommen zu lassen, die ihnen die Gottheit gezeigt hatte, während sie schliefen: Er werde das Augenlicht wiedergeben, wenn er die Augen mit dem Speichel seines Mundes bestreiche, die Beine würden wieder kräftig, wenn er nur geruhe, sie mit der Ferse zu berühren. Da er aber kaum darauf vertraute, dass die Prozedur zu irgendeinem Erfolg führen werde, und er deswegen nicht einmal wagte, es zu versuchen, sprachen ihm schließlich seine Freunde gut zu, und er berührte beide öffentlich vor versammeltem Volk; und der Erfolg blieb nicht aus. Zur gleichen Zeit sind in Tegea in Arkadien auf eine Eingebung der Seher hin Gefäße mit alter Kunstarbeit an einem geweihten Ort ausgegraben worden; in diesen befand sich ein Bildnis, das Vespasian recht ähnlich sah.

*Literatur*

*H. Martinet* (Hg.): C. Suetonius Tranquillus: Die Kaiserviten (De Vita Caesarum) – Berühmte Männer (De Viris Illustribus). Lateinisch/Deutsch, Düsseldorf/Zürich 1997.

## 220: Philostr. Ap. 4,45

Der Wanderphilosoph und Wundertäter Apollonius von Tyana ist wie Jesus eine Gestalt des 1. Jh. n.Chr. Von ihm werden ähnliche Wundertaten wie von Jesus tradiert, was schon in der Antike Parallelisierungen zwischen beiden evozierte. Als Beispiel wird von Philostrat (2. Jh. n.Chr.) eine Totenauferweckung analog zu Lk 7,11–17 wiedergegeben.

Es wird auch folgendes Wunder erzählt: Ein Mädchen war am Tage seiner Hochzeit gestorben, so schien es wenigstens, und der Bräutigam folgte bereits jammernd der Bahre und klagte, dass seine Ehe so gänzlich unerfüllt geblieben sei. Aber auch ganz Rom trauerte mit ihm, da das Mädchen aus einer vornehmen Konsularenfamilie stammte. Als nun Apollonios dem Trauerzug begegnete, sagte er: „Legt die Bahre nieder! Ich will euren Tränen über das Mädchen ein Ende machen." Zugleich fragte er nach dem Namen des Mädchens. Die Menge glaubte nun, er werde eine Trauerrede halten, wie sie so üblich sind bei solchen Anlässen, um den Jammer zu beschwören. Er jedoch berührte nur die Tote, sprach einige unverständliche Worte und erweckte so das Mädchen aus dem Scheintode. Dieses begann wieder zu sprechen und kehrte ins Elternhaus zurück wie Alkestis, als sie von Herakles ins Leben zurückgerufen worden war. Als ihm die Verwandten ein Geschenk von fünfzehn Myriaden machen wollten, sagte er, sie sollten es dem Mädchen als Mitgift geben. Ob er nun noch einen Lebensfunken an ihr wahrgenommen hatte, der den Ärzten verborgen geblieben war – man erzählt sich nämlich, Zeus habe Tau auf sie fallen lassen und von ihrem Antlitz sei ein Dunst aufgestiegen –, oder ob er das erloschene Leben wieder zurückgerufen und angefacht hatte, dies vermag ich nicht zu ergründen, und auch die Anwesenden hätten es nicht ermitteln können.

*Literatur*

*V. Mumprecht* (Hg.): Philostratos, Das Leben des Apollonios von Tyana, griechisch/deutsch, München/Zürich 1983.

## Texte zu 3.2.7 Orakelwesen, Prophetie

### 221: Ios. bell. Iud. 3,399–408

Nach der Eroberung der Festung Jotapata (67 n.Chr.) wird der Festungskommandant Josephus vor Vespasian geführt und prophezeit ihm die Kaiserwürde.

[399]Als Josephus dies vernahm, verlangte er mit Vespasianus ein Wort unter vier Augen zu reden. Der Feldherr hieß darauf alle Anwesenden mit Ausnahme seines Sohnes Titus und zweier Freunde sich entfernen, und Josephus begann nun also zu sprechen:
„Du bist freilich der Meinung, Vespasianus, nur einen Kriegsgefangenen erwischt zu haben, als du den [400]Josephus in deine Gewalt bekamst; aber weit gefehlt, denn ich erscheine vor dir als Verkündiger wichtiger Dinge. Hätte ich mich nicht eines Auftrages von Gott zu entledigen, so würde ich wohl gewusst haben, was das [401]Gesetz der Juden verlangt und wie es Heerführern ziemt zu sterben. Du willst mich an Nero schicken? Wozu denn? Werden etwa seine Nachfolger – die noch vor dir auf den Thron kommen, denselben lange behaupten? Nein, du, Vespasianus, wirst Cäsar und Selbstherrscher werden, du und [402]auch dieser dein Sohn! Lass mich jetzt nur noch sicherer fesseln und für dich aufbewahren; denn du, Cäsar, wirst nicht bloß mein Gebieter sein, sondern Herr über die Erde, das Meer und das ganze Menschengeschlecht. In engeren Gewahrsam also musst du mich nehmen, damit du mich hinrichten lassen kannst, wenn ich leichtfertig im Namen Gottes [403]rede!“
Vespasianus schien diesen Worten anfänglich nicht zu trauen und sie für eine List des Josephus zu halten, durch die er sich das Leben zu [404]retten suche. Allmählich aber begann er doch daran zu glauben, da Gott selbst Gedanken an die Thronbesteigung in ihm wachrief und ihm auch schon durch sonstige Zeichen die künftige Herrschaft angedeutet hatte.
[405]Zudem erfuhr er, dass der Gefangene auch in anderen Fällen bereits zutreffend geweissagt habe. Einer der Freunde des Feldherrn nämlich, der bei der geheimen Unterredung zugegen war, sprach seine Verwunderung darüber aus, dass Josephus weder die Zerstörung Jotapatas noch seine eigene Ge-

fangennehmung vorausgesagt habe; es scheine somit, als ob das, was er jetzt vorbringe, nur leeres Geschwätz sei, um sich die Gunst des [406]Feindes zu erwerben. Darauf entgegnete Josephus, allerdings habe er den Jotapatenern vorhergesagt, dass sie nach siebenundvierzig Tagen in Fein[407]deshand fallen und er selbst lebendig würde gefangen werden.
Vespasianus erkundigte sich insgeheim bei den Gefangenen, und da er die Angabe wahr fand, fing er nun auch an, der Weissagung, die seine eigene Person [408]betraf, Glauben zu schenken. Er ließ den Josephus zwar noch im Gefängnis und in Fesseln, beschenkte ihn jedoch reit einem Prachtgewand und anderen Kostbarkeiten und ließ ihm auch für die Folge eine freundliche Behandlung zuteil werden – eine Auszeichnung, die Josephus vornehmlich dem Titus zu verdanken hatte.

*Literatur*

Flavius Josephus: Geschichte des Jüdischen Krieges/Kleinere Schriften. Übersetzt und mit Einleitung und Anmerkungen versehen von *H. Clementz*, Wiesbaden 2005.

## Texte zu 3.2.8 Hellenistische-römische Staatsidee

### 222: Liv. 2,32,8–12

Von den ursprünglich 142 Bänden seiner Geschichte Roms (*ab urbe condita*), die bis zum Tod des älteren Drusus (9 v.Chr.) reichte, sind 35 Bände erhalten. Im folgenden Abschnitt berichtet Livius eine Begebenheit aus dem Jahr 494 v.Chr., als Menenius Agrippa die aufgebrachten Plebejer, die nach einer Verschärfung des Konflikts mit den Patriziern die Stadt verlassen hatten, wieder zur Einlenkung gebracht haben soll.

Zu der Zeit, als im Menschen nicht wie jetzt alles im Einklang miteinander war, sondern von den einzelnen Gliedern jedes für sich überlegte und für sich redete, hätten sich die übrigen Körperteile darüber geärgert, dass durch ihre Fürsorge, durch ihre Mühe und Dienstleistung alles für den Bauch getan werde, dass der Bauch aber in der Mitte ruhig bleibe und nichts anderes tue, als sich der dargebotenen Genüsse zu erfreuen. Sie hätten sich daher verschworen, die Hände sollten keine Speise mehr zum Munde führen, der Mund solle, was ihm dargeboten werde, nicht mehr aufnehmen und die Zähne sollten nicht mehr kauen. Indem sie in diesem Zorn den Bauch durch Hunger zähmen wollten, habe zugleich die Glieder selbst und den ganzen Körper schlimmste Entkräftung befallen. Da sei dann klar geworden, dass auch der Bauch eifrig seinen Dienst tue und dass er nicht mehr ernährt werde, als dass er ernähre, indem er das Blut, von dem wir leben und stark sind, gleichmäßig auf die Adern verteilt, in alle Teile des Körpers zurückströmen lasse, nachdem es durch die Verdauung der Nahrung seine Kraft erhalten habe. Indem Agrippa dann einen Vergleich anstellte, wie ähnlich der innere Aufruhr des Körpers dem Zorn der Plebs gegen die Patrizier sei, habe er die Menschen umgestimmt.

*Literatur*

T. Livius: Römische Geschichte. Buch I–III. Lateinisch/Deutsch, hg. von *H.J. Hillen*, Darmstadt [2]1991.

## 223: Aristot. pol. 1302b34–1303a13

Aristoteles hat umfangreiche wissenschaftliche Werke in verschiedenen Disziplinen verfasst, von denen rund ein Viertel erhalten sind. Die „Politika" sind eine achtbändige staatsphilosophische Schrift, in der Aristoteles eine ausführliche Analyse der Verfassungen und politischer Einrichtungen durchführt, um eine ideale politische Verfassung zu konzipieren. Im folgenden Abschnitt nennt Aristoteles mögliche Gründe für einen Verfassungswechsel.

[a]Auch das unverhältnismäßige Emporwachsen kann Verfassungsänderungen erzeugen. Denn gleichwie der Leib aus Teilen besteht, die im Verhältnis zueinander wachsen müssen, damit die Symmetrie bleibe, sonst aber zugrunde geht, wie wenn z.B. der Fuß vier Ellen und der übrige Leib zwei Spannen lang würde oder wohl auch in die Gestalt eines anderen lebenden Wesens sich um wandeln müßte, wenn nämlich das unverhältnismäßige Wachstum nicht bloß in quantitativer, sondern auch in qualitativer Hinsicht vor sich gehen sollte, so besteht auch der Staat aus Teilen, von denen oft einzelne unvermerkt anwachsen, wie z. B. die Masse der 1303 Mittellosen in den Demokratien und Politien. [b]Dies kann zuweilen durch zufällige Umstände geschehen. So entstand in Tarent infolge der Niederlage gegen die Japygen, bei der viele Vornehme gefallen waren, kurze Zeit nach den Perserkriegen Demokratie aus Politie; und in Argos war man genötigt, nachdem viele in der Schlacht am Siebenten wider den Lakonen Kleomenes gefallen waren, einen Teil der Hintersassen in die Bürgerschaft aufzunehmen; und in Athen wurden infolge der unglücklichen Landschlachten die Reihen der Vornehmen gelichtet, indem während des lakonischen Krieges Mann für Mann nach der Liste dienen mußte. Dies geschieht – freilich seltener – auch in den Demokratien: Wenn die Zahl der Wohlhabenden wächst oder wenn das Vermögen zunimmt, schlagen sie in Oligarchien und Dynasten herrschaften um.

*Literatur*

Aristoteles: Politik. Nach der Übersetzung von *F. Susemihl* bearbeitet mit Numerierung, Gliederungen und Anmerkungen hg. von *N. Tsouyopoulos*/*E. Grassi*, Leck/Schleswig, 1968.

# 5.3.3 Texte zu 3.3 Lebenspraxis in Kult und Ethik

## Texte zu 3.3.1 Ethik und Tugendlehre

## 224: Aristot. eth. Nic. 2

Dieses um 335 v.Chr. entstandene Werk bietet eine erstmalige systematische Begründung und Entfaltung einer philosophischen Ethik vor dem Hintergrund eines allgemein menschlichen Strebens nach dem Glück (*eudaimonia*) als höchstem Gut. So beschreibt Aristoteles (in Buch 2) eine Ethik des Maßes, die mit Hilfe des Logos die „Bestheit" (Tugend; *areté*) des menschlichen Handelns in der Mitte zwischen jeweiligen Extremen herauszufinden hat.

Es gibt also eine doppelte Art von Tugend: die verstandesmäßige dianoetische und die sittliche ethische. Der Ursprung und das Wachstum der verstandesmäßigen Tugend beruht zum größeren Teil auf Belehrung, weshalb sie auch Erfahrung und Zeit braucht; die sittliche Tugend dagegen erwächst aus der Gewöhnung, woher sie auch ihre Bezeichnung „ethisch" hat, die nur ein wenig von „Gewöhnung" abweicht. Daraus ergibt sich auch, dass keine der sittlichen Tugenden uns von Natur eingepflanzt wird. Denn nichts, dem von Natur ein bestimmtes Verhalten eigen ist, lässt sich davon durch Gewöhnung abbringen. Man kann z. B. den Stein, dem von Natur der Zug nach unten eigen ist, nicht daran gewöhnen, aufwärts zu fliegen, wenn man dies auch versuchen wollte, indem man ihn unzählige Mal nach oben wirft. Die Tugenden werden uns also weder von Natur noch im Widerspruch zur Natur zuteil, sondern wir sind von Natur dazu veranlagt, sie uns anzueignen, bringen sie in uns aber nur durch Gewöhnung zur Vollendung. Ferner: Alles, was uns von Natur zuteil wird, das tragen wir zuerst potenziell in uns, und erst später aktualisieren wir es, wie man an den sinnlichen Wahrnehmungen sehen kann. Denn unsere Sinne Gesicht und Gehör sind nicht die Wirkung von vielem Sehen und Hören, sondern es ist umgekehrt: Zuerst hatten wir sie, und dann gebrauchten wir sie, nicht aber bekamen wir sie infolge des Gebrauchs. Die Tugenden dagegen werden uns erst nach vorausgegangener Tätigkeit zu eigen, gerade wie es bei den Künsten auch ist. Denn was man lernen muß, um es zu tun, das lernt man, indem man es tut: Z.B. wird man Baumeister dadurch, dass man baut und Kitharaspieler dadurch, dass man spielt. Ebenso werden wir gerecht dadurch, dass wir gerecht handeln, besonnen dadurch, dass wir besonnen handeln, und tapfer dadurch, dass wir tapfer handeln. Das beweist auch das Verfahren im Staatsleben. Denn durch Gewöhnung suchen die Gesetzgeber die Bürger tüchtig zu machen. Das ist die Absicht jedes Gesetzgebers. Wer es nicht recht angreift, begeht einen Fehler, und darin besteht der Unterschied zwischen einer guten und einer schlechten Verfassung. Ferner entspringt Erfolg und Misserfolg bei der Erziehung zur Tugend immer aus derselben Ursache und aus denselben Mitteln, geradeso wie bei der Kunst. Denn am Kitharaspielen bilden sich die guten und die schlechten Kitharaspieler, und entsprechend ist es bei den Baumeistern und bei allen andern Künstlern. Wer gut baut, wird ein guter, wer schlecht, ein schlechter Baumeister. Wäre dem nicht so, dann brauchte man ja gar keinen Lehrer, sondern alle wären entweder geborene Meister oder geborene Pfuscher. Und geradeso ist es auch bei den Tugenden. Denn indem wir bei den Gerichtsverhandlungen, die gegen Menschen geführt werden, tätig sind, verhalten wir uns, die einen gerecht, die andern ungerecht; und indem wir in gefährlichen Lagen handeln und uns daran gewöhnen, furchtsam oder mutig zu sein, werden wir, die einen tapfer, die andern feige. Und ebenso verhält es sich bei Gelegenheiten zur Befriedigung der Begierden oder zum Zorn: Die einen beherrschen sich und bleiben gelassen, die andern werden zügellos und jähzornig, je nachdem sie sich so oder so dabei benehmen. Mit einem Worte: Aus gleichartigem Verhalten ergeben sich die ent-

sprechenden Eigenschaften. Deshalb müssen wir unserem Verhalten einen entsprechenden Charakter verleihen; denn aus der Verschiedenheit des Verhaltens entspringt die Verschiedenheit der Eigenschaften. Es kommt daher nicht wenig, sondern sehr viel, ja alles darauf an, ob man gleich von klein auf so oder so gewöhnt wird.
Da die gegenwärtige Untersuchung es nicht wie die andern mit der bloßen Erkenntnis zu tun hat – denn nicht bloß, um es zu wissen, untersuchen wir, was Rechtschaffenheit ist, sondern damit wir gut werden; denn sonst wäre unsere Arbeit nutzlos -, so müssen wir das Handeln und die Frage, wie man handeln soll, ins Auge fassen. Denn, wie wir gesagt haben, unser Handeln bestimmt den Charakter unserer Eigenschaften. Dass man nun nach den Grundsätzen der Vernunft handeln soll, ist allgemein anerkannt und soll hier vorausgesetzt werden; über ihr Wesen und ihr Verhältnis zu den Tugenden werde ich aber erst später reden. Ein Zugeständnis aber sollte uns im Voraus gemacht werden, dass alle Ausführungen über Fragen des Handelns immer etwas Skizzenhaftes haben müssen und dass man von ihnen keine wissenschaftliche Exaktheit verlangen kann, wie wir ja schon in der Einleitung bemerkt haben, dass die Anforderungen an eine Untersuchung sich nach ihrem Stoffe richten müssen. Auf dem Gebiet des Handelns und des Zweckmäßigen nun gibt es keine feste Norm, wie z. B. auch nicht auf dem der Gesundheitslehre. Gilt dies nun schon von den allgemeinen Begriffen, so lassen sich für das Handeln im Einzelnen Fall noch viel weniger genaue Regeln aufstellen. Denn dieses fällt unter keine Wissenschaft und keine Lehre, sondern, was im rechten Augenblick zu tun ist, das muss der Handelnde, ähnlich wie der Arzt und der Steuermann, immer selbst sehen. Obwohl nun aber das uns vorliegende Problem solcher Art ist, müssen wir dennoch versuchen, ihm beizukommen. Zuerst nun ist das Augenmerk darauf zu richten, dass es in der Natur des Handelns liegt, durch ein Zuviel und ein Zuwenig seiner Wirkung zu schaden, wie wir an der Körper kraft und der Gesundheit sehen; denn man muss, was am Tage liegt, zum Beweis für das, was noch unklar ist, benützen. Zuviel und zuwenig Leibesübungen schaden der Körperkraft, und ebenso richten zuviel und zuwenig Speisen und Getränke die Gesundheit zugrunde, während das rechte Maß hierin sie schafft, mehrt und erhält. So ist es nun auch mit der Besonnenheit, der Tapferkeit und den übrigen Tugenden. Denn wer vor allem flieht und sich fürchtet und in keiner Lage standhält, wird feige; wer sich aber vor gar nichts fürchtet und auf alles losgeht, ist tollkühn. Ebenso wird, wer jede Lust genießt und auf keine verzichten kann, zuchtlos, wer aber jede meidet, wie die Griesgrämigen, der wird stumpfsinnig. So wird also die Besonnenheit und die Tapferkeit durch ein Zuviel und Zuwenig zugrunde gerichtet, dagegen durch das Einhalten der rechten Mitte erhalten.

*Literatur*

Aristoteles: Hauptwerke. Ausgewählt und eingeleitet von *W. Nestle*, Stuttgart $^{8}$1977.

## 225: Hdt. 3,142

Herodot überliefert einen Ausspruch des Maiandrios von Samos, mit dem er in seiner „Regierungserklärung“ die Maxime seines ethischen Handelns offen legt.

In Samos aber herrschte damals Maiandrios, der Sohn des Maiandrios, den Polykrates zu seinem Verweser bestellt hatte. Der wäre gern ein gerechter Herr gewesen, aber das war ihm nicht beschieden. Nachdem er die Nachricht vom Tode des Polykrates erhalten, errichtete er zuerst dem Zeus Eleutherios einen Altar und umgab ihn mit einem heiligen Haine, der sich noch jetzt dort vor der Stadt befindet. Darauf, als er damit fertig war, lud er alle Bürger zu einer Versammlung ein und redete sie also an: „Wie auch ihr wisst, hat mir Polykrates sein Zepter und seine ganze Macht anvertraut, und ich könnte mich jetzt zu eurem Könige machen. Aber was mir an anderen missfällt, will ich womöglich auch selbst nicht tun. Die Zwingherrschaft, welche Polykrates über seine Mitbürger, die noch seinesgleichen waren, übte, ist mir zuwider, und bei anderen ist sie mir das nicht minder. Polykrates ist jetzt tot, ich aber lege die Herrschaft nieder und verkündige euch Freiheit und Gleichheit. Ich bedinge mir jedoch folgende Vorrechte aus: Ich beanspruche sechs Talente aus dem Schatze des Polykrates und außerdem für mich und meine Nachkommen für alle Zeiten die Priesterwürde des Zeus Eleutherios, dem ich selbst ein Heiligtum gewidmet habe, und euch gebe ich die Freiheit.“ Als er so zu den Samiern gesprochen, erhob sich einer aus ihrer Mitte und sagte: „Du bist auch gar nicht wert, unser König zu sein, nichtswürdiger Bösewicht du, sondern du sollst erst Rechenschaft ablegen über die Gelder, die du unter den Händen gehabt hast.“

*Literatur*

*Th. Braun*: Das Geschichtswerk des Herodotos von Halikarnassos, Leipzig 1958.

## 226: Arist 128–133

Der Aristeasbrief (150–120 v.Chr.) enthält im folgenden Passus einen „Kanon der zwei Tugenden“ Frömmigkeit und Gerechtigkeit.

[128]Einer kurzen Erwähnung wert sind aber auch seine Antworten auf unsere Fragen. Ich glaube nämlich, dass viele gerne wissen möchten, was es mit den Bestimmungen in der Gesetzgebung über Speisen und Getränke sowie über die als unrein angesehenen Tiere auf sich hat. [129]Wir fragten nämlich, weswegen man glaube, manche Tiere verunreinigten durch ihren Genuss und manche sogar schon durch die bloße Berührung, wo die Schöpfung doch eine Einheit sei – wenn die Gesetzgebung überhaupt sehr streng ist, so ist sie es in dieser Beziehung ganz besonders. Dazu begann er wie folgt: [130]„Du siehst“, sagte er, „was Umgang und Verkehr vermögen: Menschen, die Umgang mit Schlechten haben, werden verdorben und bleiben erbärmlich ihr ganzes Leben lang. Wenn sie aber mit Weisen und Verständigen zusammen leben, retten sie sich aus der Unwissenheit ins Leben. [131]Unser Gesetzgeber hat nun zuerst Gebote erlassen, die Frömmigkeit und Gerechtigkeit betreffen, und er behandelte

jeden einzelnen Punkt, indem er – nicht nur in der Form des Verbots, sondern auch in der der Belehrung – die schädlichen Folgen und göttlichen Heimsuchungen für die Schuldigen vorher zu erkennen gab. [132]Zuallererst zeigt er, dass nur ein Gott ist und seine Kraft durch alle Dinge offenbar wird, da jeder Platz voll seiner Macht ist, und dass nichts, was die Menschen auf Erden heimlich tun, vor ihm verborgen ist, sondern was einer tut, und sogar das zukünftige Geschehen, ist ihm offenbar. [133]Indem er nun dies gründlich behandelte und klar vor Augen führte, zweigte er, dass keiner, auch wenn er nur beabsichtigt, etwas Schlechtes zu tun, im Verborgenen bleibt, geschweige denn, er führt es aus; denn durch die ganze Gesetzgebung tut er Gottes Macht kund.

*Literatur*

*N. Meisner*: Aristeasbrief, in: JShrZ II 1, Gütersloh 1973.

## 227: Philo dec. 108–110

Im Kontext der Dekalogauslegung reflektiert Philo v. Alexandria das Doppelgebot der Liebe.

Es haben nun manche sich ganz dem einen Teil der Gebote zugewandt und den andern ganz vernachlässigen zu dürfen gemeint; erfüllt von der reinsten Liebe zur Frömmigkeit haben sie allen anderen Geschäften den Rücken gekehrt und ihr eigenes Leben ganz dem Dienste Gottes geweiht. Andere wieder halten nichts anderes für gut als die Pflichten gegen Menschen und lieben deshalb allein den Umgang mit Menschen, sie lassen in ihrem Verlangen nach inniger Gemeinschaft alle Menschen in gleicher Weise ihre Güter mitgenießen und suchen ihnen in ihrer Not nach Kräften Erleichterung zu verschaffen. Diese dürfte man mit Recht Menschenfreunde, erstere dagegen Gottesfreunde nennen; beide aber besitzen nur die halbe Tugend, denn vollkommen sind die nur, die sich nach beiden Richtungen auszeichnen. Die aber, die weder in ihren Beziehungen zu den Menschen sich bewähren, dadurch dass sie sich mitfreuen am gemeinsamen Glück und Leid mitfühlen bei dem Gegenteil, noch auch fromme Gesinnung gegen Gott bekunden, diese könnten fast in Tiernatur verwandelt erscheinen, eine Verwilderung der Sitten, die sich am Schlimmsten bei denen zeigt, die keine Rücksicht gegen Eltern kennen, die sich also nach beiden Seiten feindlich gesinnt zeigen, gegen Gott und gegen die Menschen.

*Literatur*

Philo von Alexandria. Die Werke in deutscher Übersetzung, hg. von *L. Cohn/I. Heinemann/M. Adler/W. Theiler*, Bd. 1, Berlin ²1962.

## 228: Philo dec. 165–167

Im weiteren Kontext der Auslegung des Dekalogs streicht Philo (15/10 v.Chr.–40 n.Chr.) am Beispiel des Gebots, die Eltern zu ehren, die gegenseitige ethische Verantwortung zwischen den Generationen heraus.

Das fünfte Gebot, das von der Erfurcht gegen Eltern, deutet zugleich auf viele wichtige Gesetze hin, wie die über Greise und Jünglinge, über Herrschende und Untergebene, über Wohltäter und Empfänger von Wohltaten, über Sklaven und Herren. Eltern nämlich gehören zu der höheren Klasse der eben Genannten, in der die Älteren, die Herrschenden, die Wohltäter, die Herren sich befinden, Kinder dagegen in der niedrigeren Klasse, zu der die Jüngeren, die Untergebenen, die Empfänger von Wohltaten, die Sklaven gehören. Jene Gesetze enthalten aber mancherlei Bestimmungen, wie die Jüngeren das Alter zu ehren, die Älteren für die Jugend zu sorgen, Untergebene der Obrigkeit zu gehorchen haben, die Regierenden auf das Wohl der Regierten bedacht sein sollen, ferner dass die Empfänger von Wohltaten diese auch vergelten, die Geschenkgeber aber ihre Geschenke nicht zurückfordern sollen, wie wenn sie sie nur geliehen hätten, und dass Diener ihren Herren mit Liebe dienen, Herren aber ihre Diener milde und freundliche behandeln sollen, wodurch die Ungleichheit des Standes ausgeglichen wird.

*Literatur*

Philo von Alexandria. Die Werke in deutscher Übersetzung, hg. von *L. Cohn/I. Heinemann/M. Adler/W. Theiler*, Bd. 1, Berlin $^{2}$1962.

## 229: TestXII.As 1,3–9

Das Testament Assers, Teil der pseudepigraphen Sammlung der „Patriarchentestamente“ (entstanden ca. ab 1.Jh. v.Chr.) bietet, wie die benachbarten Testamente auch, ein ethisches Vermächtnis an die Nachwelt. Im wiedergegebenen Abschnitt findet sich ein Beispiel für eine Zwei-Wege-Ethik mit kosmisch-dualistischem Hintergrund. Die Autonomie des Menschen erscheint äußerst zweifelhaft.

Zwei Wege gab Gott den Söhnen der Menschen und zwei Ratschläge und zwei Handlungsarten und zwei Lebens-Weisen und zwei Ziele. Darum ist alles zweierlei: Eines steht jeweils dem anderen gegenüber. Zwei Wege gibt es: Den Weg des Guten und den des Bösen. Auf ihnen beruhen die zwei Ratschläge in unserer Brust, die sie unterscheiden. Wenn nun die Seele gut wandeln will, vollbringt sie alle ihre Handlungen in Gerechtigkeit. Und wenn sie sündigt, bereut sie sofort. Denn wenn sie den gerechten Taten nachsinnt und die Schlechtigkeit wegstößt, wirft sie alsbald das Böse zu Boden und reißt die Sünde aus. Wenn der Ratschluss sich jedoch zum Bösen neigt, sind alle ihre Taten in Bosheit. Und weil er das Gute von sich stößt und das Böse annimmt und von Beliar beherrscht wird, so wandelt er, selbst wenn er Gutes tut, dieses in Bosheit um. Denn wenn er anfängt, das Gute zu tun, so führt es das Ende der Handlung zum Bösen für ihn, weil der Schatz des Ratschlusses mit dem bösen Geist angefüllt ist.

*Literatur*
*J. Becker*: Die Testamente der zwölf Patriarchen, in: JShrZ III 1, Gütersloh 1980.

## 230: TestXII.Is 5,1f; 7,1–6

Die Verbindung von Gottes- und Nächstenliebe ist der Tenor der Abschiedsrede Isaachars an seine Söhne. Darüber hinaus bietet der Text einen Tugendkatalog in negativer Form.

5 Bewahrt nun, meine Kinder, das Gesetz Gottes, und erwerbt euch die Lauterkeit und wandelt in Arglosigkeit, seid nicht neugierig interessiert an den Taten des Nächsten, sondern liebt den Herrn und den Nächsten, des Schwachen und Armen erbarmt euch.
7 122 Jahre bin ich alt. Eine Sünde zum Tode kenne ich an mir nicht: Außer meiner Frau erkannte ich keine andere. Ich hurte nicht durch Erheben meiner Augen. Wein trank ich nicht zur Verwirrung, alles Begehrenswerte des Nächsten begehrte ich nicht. Trug kam in meinem Herzen nicht auf, Lüge kam nicht über meine Lippen. Mit jedem betrübten Menschen seufzte ich, und den Armen gab ich mein Brot ab. Ich aß nicht allein, eine Grenze löste ich nicht auf. Frömmigkeit übte ich in allen meinen Tagen, Wahrheit bewahrte ich. Den Herren liebte ich und ebenso jeden Menschen mit aller meiner Kraft.

*Literatur*
*J. Becker:* Die Testamente der zwölf Patriarchen, in: JShrZ III 1, Gütersloh 1980.

## 231: 4Esr 8,24–36.47–49

Die jüd. Apokalypse 4Esr (entstanden nach 70 n.Chr.) thematisiert im vorliegenden Abschnitt das Verhältnis zwischen Lohn Gottes nach Leistung und Barmherzigkeit Gottes.

24 Erhöre, Herr, das Gebet deines Knechtes und vernimm die Bitte deines Geschöpfes! Achte auf meine Worte! Denn solange ich lebe, muss ich reden, und solange ich denke, erwidern. Schau nicht auf die Sünden deines Volkes, sondern auf die, die dir in Wahrheit dienen. Achte nicht auf die Machenschaften der Übeltäter, sondern auf die, die deine Bündnisse unter Leiden hielten! Denk nicht an die, die trügerisch vor dir gewandelt sind, sondern gedenke derer, die aus freiem Willen darauf bedacht waren, dich zu fürchten. Wolle nicht die zugrunde richten, die sich wie das Vieh benommen haben, sondern schau auf die, die dein Gesetz deutlich gelehrt haben. Zürne nicht denen, die schlimmer als die Tiere zu erachten sind, sondern liebe die, die immer auf deine Herrlichkeit vertrauten. Denn wir und unsere Väter haben in sterblichen Werken dahingelebt. Du aber wirst wegen uns Sündern der Barmherzige genannt. Denn wenn du dich unser, die wir ja keine Werke der Gerechtigkeit haben, erbarmen willst, wirst du der Erbarmer genannt. Denn die Gerechten, denen viele Werke bei dir hinterlegt sind, werden aus den eigenen Werken den Lohn empfangen. Was ist denn der Mensch, dass du ihm zürnst, oder das vergängliche Geschlecht, dass du auf es so erbittert bist? In Wahrheit

gibt es nämlich niemand unter den Geborenen, der nicht böse gehandelt, und unter den Gewordenen, der nicht gesündigt hätte. Denn dadurch wird deine Gerechtigkeit und deine Güte offenbar, Herr, dass du dich derer erbarmt hast, die keinen Bestand an guten Werken haben.
47 Denn es fehlt dir viel, dass du meine Schöpfung mehr als ich lieben könntest. Du jedoch hast dich selbst oft den Sündern gleichgestellt. Niemals mehr! Aber gerade darin bist du bewundernswert vor dem Höchsten, dass du dich gedemütigt hast, wie es dir geziemt, und dich nicht unter die Gerechten gerechnet hast. So wirst du noch mehr geehrt werden.

*Literatur*

*J. Schreiner*: Das 4. Buch Esra, in: JShrZ V 4, Gütersloh 1981.

## Texte zu 3.3.2.1 Tempel- und Opferkult in der antiken Welt

### 232: Lukian. Syr. d. 10

Lukian von Samosata vermittelt in seiner Beschreibung des Heiligtums der „Syrischen Göttin" in Hierapolis einen lebendigen Eindruck von der numinosen Atmosphäre (Theophanien, Orakel, nächtliche Stimmen) und zugleich öffentlichen (religionspolitischen und – aufgrund reicher Stiftungen – wirtschaftlichen) Bedeutung eines antiken Tempels.

So viele aber auch ihrer sind, so ist doch, meiner geringen Meinung nach, keiner unter ihnen allen größer als der in Hierapolis, so wie es keinen ehrwürdigeres und überhaupt kein heiligeres Land in der Welt gibt als dieses. Alles in diesem herrlichen Tempel ist voll kostbarer Kunstwerke, uralter Weihgeschenke und einer Menge sehenswürdiger Sachen; besonders haben die Marmorbilder etwas so Ehrfurcht Gebietendes, dass man sie ohne Mühe für Götter halten kann; oder vielmehr die Götter selbst zeigen sich hier auf eine sonderbare Art gegenwärtig, dergestalt, dass die Bilder nicht selten schwitzen, in Bewegung kommen und auf einmal zu orakeln anfangen. Ja, es gibt viele Leute, welche bezeugen, dass sie öfters noch laute Töne und Stimmen im Tempel gehört hätten, nachdem er schon zugeschlossen gewesen und also niemand mehr darin sein konnte. Aber auch in Ansicht des Reichtums ist dieser Tempel der erste unter allen, die ich kenne. Denn es strömen ihm aus Arabien und Babylonien, von den Kappadoziern und Ziliziern, von den Phöniziern und Assyriern unsägliche Einkünfte und Schätze zu. Ich selbst habe an einem geheimen Orte des Tempels eine Menge kostbarer Kleider und viele andere Gerätschaften gesehen, die bloß in die Hauptrubriken Silber und Gold abgeteilt waren. Der Festtage aber und der feierlichen Volksversammlungen sind in der ganzen Welt nirgends so viele und sehenswürdige als hier.

*Literatur*

Lucian von Samosata: Sämtliche Werke. Aus dem Griechischen übersetzt und mit Anmerkungen und Erläuterungen versehen von *Chr. M. Wieland*, Leipzig 1788/9.

## 233: Porph. abst. 4,5

Die folgenden Texte zeigen heidnische Priester und den jüdischen Hohenpriester in ihrer Mittlerfunktion zwischen Göttern bzw. Gott und Menschen – und zwar in beiden Richtungen: Vermittlung von Heil, Wohlergehen und Weisung an die Menschen einerseits, Wahrnehmung einer stellvertretenden Funktion für die Menschen vor dem Göttlichen andererseits. Beides ist miteinander verschränkt und hat zur Voraussetzung, dass die Priester sowohl in „Solidarität" mit den Menschen verbunden sind (einer von ihnen, Diener des Volkes) als auch über eine besondere „Qualifikation" verfügen (Enthaltsamkeit, Sündlosigkeit, besondere Erfahrung als Mystagoge). Bei ihrer „Frömmigkeit" kann sowohl an persönliche Reinheit als auch an korrekten Ritualvollzug gedacht sein.

„Und wenn man sich anderen Völkerschaften zuwendet, die nach gesetzlicher Ordnung, Zivilisation und Ehrfurcht gegen das Göttliche getrachtet haben, so wird sich zeigen, dass zum Zwecke der Erhaltung und Wohlfahrt der Staaten wenn nicht allen, so doch wenigstens einigen Bürgern die Enthaltsamkeit vorgeschrieben war; und indem diese Letzteren für die Stadt den Göttern opferten und Gottesdienst hielten, milderten sie die Verfehlungen der Vielen. Was nämlich in den Mysterien der „vom Altar" genannte Knabe vermag, der stellvertretend für alle Eingeweihten das Göttliche besänftigt, indem er das Vorgeschriebene genau ausführt, das vermögen bei den Völkerschaften und Staaten die Priester, indem sie stellvertretend für alle opfern und durch ihre Frömmigkeit das Göttliche dazu bringen, dass es sich um sie kümmert.

*Literatur*

*G. Strecker/U. Schnelle*: Neuer Wettstein. Texte zum Neuen Testament aus Griechentum und Hellenismus, Bd. II 2, Berlin/New York 1996.

## 234: Philo spec. leg. 1,228–231

[228]Die Sünden des Hohenpriesters und die des Volkes werden durch ein Tier gleichen Wertes gesühnt – für beide ist die Darbringung eines Farren vorgeschrieben [...]; [229]der Hohepriester aber muss […] bei der Sühnung und der an den milde waltenden Gott gerichteten Bitte um Vergebung der Sünden dem Volke gleichgestellt sein, und zwar genießt er diese Gleichstellung, wie es scheint, nicht sowohl um seiner Person willen, als vielmehr deshalb, weil er der Diener des Volkes ist, der den Dank der Gesamtheit in den heiligsten Gebeten und weihevollsten Opfern für alle zum Ausdruck [230]bringt. Ehrfurcht und Bewunderung weckt aber auch die Fassung der Bestimmung hierüber, „wenn sich der Hohepriester unabsichtlich vergeht", so schreibt der Gesetzgeber und fährt dann fort: „also, dass das Volk schuldig ist"; damit lehrt er uns recht deutlich, dass der wahre Hohepriester, der diese Bezeichnung nicht fälschlich trägt, frei von Sünden ist, und wenn er einmal straucheln sollte, ihm dies nicht durch eigene Schuld, son[231]dern durch das Vergehen des ganzen Volkes widerführe. Das Vergehen ist aber nicht unheilbar, sondern leicht wieder gut zu machen.

*Literatur*

Philo von Alexandria. Die Werke in deutscher Übersetzung, hg. von *L. Cohn/I. Heinemann/M. Adler/W. Theiler*, Bd. 2, Berlin [2]1962.

## 235: Strab. 14,1,44

An der Straße zwischen Tralleis und Nysa liegt nicht weit von der Stadt ein Dorf der Nysäer, Acharaka, wo das Plutonheiligtum ist mit einem reich ausgestattenen Hain, einem Tempel Plutons und der Kore und dem Charonion, einer oberhalb des Hains gelegenen Grotte, die erstaunliche Eigenschaften besitzt. Sagt man doch, dass auch die Kranken, die sich der Heilung durch diese Götter hingeben, dorthin kommen und in dem Dorf in der Nähe der Grotte bei den darin erfahrenen Priestern logieren, die sich für sie in der Grotte schlafen legen und aufgrund ihrer Träume die Behandlung verordnen. Sie sind es auch, die die Heilung durch die Götter herbeirufen; sie bringen sie oft zu der Grotte und lassen sie dort, wo sie dann ruhig, wie ein Tier in seinem Lager, mehrere Tage lang ohne Essen bleiben. Manchmal lassen die Patienten sich auch von ihren eigenen Träumen lenken, gebrauchen dann aber trotzdem jene als Einweiher in die Geheimnisse und Berater, da sie Priester sind; für die Anderen ist der Ort unzugänglich und tödlich.

*Literatur*

Strabons Geographika, Bd. 4, Buch XIV–XVII: Text und Übersetzung. Hg. von *St. Radt*, Göttingen 2005.

## 236: Philostr. Ap. 1,1; 8,7,12

Am Anfang seines biographischen Werkes nimmt Philostratos – wohl im Anschluss an Apollonios v. Tyana (ca. 4–96 n. Chr.) selbst – den frühen gr. Philosophen Pythagoras von Samos als Vorläufer seines Helden in Anspruch und führt auf ihn – und durch ihn letztlich auf den Willen der Götter – die Ablehnung jeglicher Tötung von Lebewesen zu profanen oder kultischen Zwecken zurück. In diesem Zusammenhang werden drei Grundformen des unblutigen, nicht-tierischen Opfers genannt (und im weiteren – hier nicht abgedruckten – Verlauf des Abschnittes auch ein Stier aus Teig, den Empedokles v. Akragas als Backwerk in Olympia geopfert haben soll). Mit der Hekatombe (wörtlich: „hundert Rinder“) ist eine riesige Menge von Opfertieren gemeint, das genannte „Messer auf dem Korb“ gehört zu dem Gefäß mit den Opferutensilien (vgl. Abb. 79; s. auch 8,7,10: „Nie könnte ich außerdem ein blutiges Opfer berühren noch mit dem Blick auf das Opfermesser … beten“).

1,1 Die Anhänger des Pythagoras von Samos erzählen sich von ihm, er sei ursprünglich keineswegs Ionier gewesen, sondern habe einst in Troja als Euphorbos gelebt und sei nach seinem Tod wieder zum Leben auferstanden; gestorben aber sei er, wie es in den Gesängen Homers stehe. Kleider aus tierischen Produkten habe er verschmäht. Desgleichen habe er sich rein erhalten von jeder Fleischesnahrung und Opferung beseelter Lebewesen; denn er habe die Altäre nicht mit Blut befleckt, sondern nur Honigkuchen, Weihrauch und Gesänge als Opfer dargebracht, da er erkannt habe, dass die Götter solche Gaben mehr schätzten als Hekatomben und das Messer auf dem Korb. Er habe nämlich mit den Göttern Umgang gepflegt und von diesen gelernt, was ihnen an den Menschen Freude und Verdruss mache. Auch was er über die Natur berichte, habe er von dort bezogen.

Apollonios muss sich hier gegen den absurden Vorwurf verteidigen – wie er ähnlich etwa auch gegen den Verschwörer Catilina erhoben wurde (vgl. Cass. Dio 37,30,3) –, dass er einen arkadischen Knaben geschlachtet und damit ein blutiges Opferorakel veranstaltet habe. Dies gibt ihm Gelegenheit, seine grundsätzliche Position zum Opfer zu formulieren und dabei auf die besondere Qualität des Weihrauchopfers hinzuweisen.

8,7[12] „Denn wie lautet die mir zukommende Verteidigung? Ich habe nicht geopfert, ich opfere überhaupt nicht. Ich berühre kein Blut, auch kein Opferblut vom Altar. So dachte Pythagoras, desgleichen seine Jünger, die ägyptischen Gymnosophisten und die indischen Weisen, von denen der Weisheit Anfang auch zu der Schule des Pythagoras kam. Dass sie auf solche Weise opfern, scheint den Göttern keineswegs ein Unrecht zu sein. Diese gewähren ihnen im Gegenteil dafür ein hohes Alter bei gesundem und ungeschwächtem Zustand des Körpers, immerwährende Weisheit, Freiheit vom Druck der Tyrannei und von der Last der Bedürfnisse. Es scheint mir, dass auch die Götter dieselbe Auffassung von den Opfern haben wie wir und deshalb die Weihrauch tragenden Gegenden in den reinsten Teil der Welt verpflanzt haben, damit wir davon opfern können, ohne mit Eisen den Tempel und den Altar mit Blut benutzen zu müssen. Ich aber habe scheinbar mich selbst und die Götter vergessen, dass ich Opfer dargebracht habe, wie ich sie sonst nie darbringe und wie sie auch niemand darbringt.

*Literatur*
*V. Mumprecht* (Hg.): Philostratos, Das Leben des Apollonios von Tyana, Griechisch/Deutsch, München/Zürich 1983.

## 237: Philo spec. leg. 1,269–272

Auch im Text des jüdischen Philosophen werden Vollzüge des unblutigen Opfers genannt. Darüber hinaus aber gibt Philo seiner Überzeugung Ausdruck, dass das beste Opfer des Menschen seine „Selbstdarbringung“ in Gestalt eines vollkommenen tugendhaften Lebens (zur Läuterung der Seele) bzw. seine „fromme Gesinnung“ (s. auch 1,290) ist.

[269]Die Mittel zur Läuterung der Seele sind aber die Weisheit und ihre Lehren, die uns zur Betrachtung der Welt und der Dinge in ihr anleiten, ferner der heilige Reigen der übrigen Tugenden und die edlen und durchaus lobenswerten tugendhaften Handlungen.
[270]Wen diese schmücken, der gehe getrost in den Tempel, wie es ihm zukommt, an die allerheiligste Stätte, um sich selbst als Opfer darzubieten; bei wem aber Habgier und die Sucht nach ungerechtem Tun weilen und im Hinterhalte lauern, der verhülle sich und bleibe im Verborgenen und tue dem schamlosen Wahnwitz und der maßlosen Keckheit Einhalt, denen gegenüber Vorsicht geboten ist; denn der Tempel des wahr[271]haft Seienden ist Unheiligen nicht zugänglich. An Opfern, mein Lieber, – so möchte ich sagen – hat Gott

keine Freude, mag man ihm selbst Hekatomben darbringen; denn ihm gehört ja alles, und da er alles besitzt, bedarf er nichts; er erfreut sich nur an frommer Gesinnung und an Männern, die einen frommen Lebenswandel führen; von ihnen nimmt er Opferkuchen und Gerste und die schlichtesten Gaben wie sehr wertvolle gern entgegen, lieber noch als die kostbarsten; [272]und wenn sie auch sonst nichts bringen und nur sich bringen als die vollendete Erfüllung der Gebote der Tugend, bringen sie das beste Opfer dar, wenn sie mit Gesängen und dankbaren Huldigungen Gott als ihren Wohltäter und Retter ehren – teils durch ihre Sprachwerkzeuge, teils aber auch ohne Zunge und Mund, indem sie nur in der Seele und in Gedanken die Bekenntnisse und Anrufungen sprechen, die nur ein Ohr aufnimmt, das der Gottheit; denn menschliches Gehör vermag sie nicht mitzuempfinden.

*Literatur*

Philo von Alexandria. Die Werke in deutscher Übersetzung, hg. von *L. Cohn/I. Heinemann/M. Adler/W. Theiler*, Bd. 2, Berlin $^{2}$1962.

238: Isokr. or. 3,20

Der Gedanke, dass ein gutes und gerechtes Leben der beste Gottesdienst ist, ist in der hell.-röm. Antike Allgemeingut.

[20]Handle in der Verehrung der Götter so, wie es dir deine Vorfahren gezeigt haben. Betrachte es als das schönste Opfergeschenk und die größte Huldigung für die Götter, wenn du dich selbst als möglichst gut und gerecht erweist. Wer dies tut, hat bessere Aussichten, von den Göttern Gutes zu erfahren, als alle, die viele Opfertiere schlachten.

*Literatur*

Isokrates: Sämtliche Werke, Bd. 1: Reden I–VIII. Übersetzt von *Ch. Ley-Hutton*, Stuttgart 1993.

## Texte zu 3.3.2.2 Der Jerusalemer Tempel

239: mKel 1,6–9

Der Traktat Kelim („Gefäße") behandelt im Kontext des Themas „Reinheiten" die unterschiedlichen Heiligkeitszonen im Jerusalemer Tempel.

Innerhalb der Mauer Jerusalems ist es heiliger als diese Städte, denn dort darf man Minderheiliges und Zweitzehnten essen. Der Tempelberg ist heiliger als dieses, denn ausflussbehaftete Männer, ausflussbehaftete Frauen, Menstruierende und Wöchnerinnen dürfen dort nicht hinein. Der Rundgang ist heiliger als dieser, denn Nichtjuden und Leichenunreine dürfen dort nicht hinein. Der Vorhof der Frauen ist heiliger als dieser, denn wer nicht am gleichen Tag untergetaucht ist Teb, darf dort hinein, aber man ist daher kein Sündopfer

schuldig. Der Vorhof der Israeliten ist heiliger als dieser, denn keiner, dem Versöhnung fehlt, darf dort hinein, und man ist daher ein Sündopfer schuldig. Der Vorhof der Priester ist heiliger als dieser, denn kein Israelit darf dort hinein, außer wenn er dazu verpflichtet ist: zur Handauflegung, zur Schlachtung, und zum Schwingen der Opferstücke.
Der Platz zwischen Vorhalle und Altar ist heiliger als dieser, denn mit Makel behaftete Priester oder mit frei wachsendem Haar dürfen dort nicht hinein. Das Tempelhaus ist heiliger als dieser, denn dort darf keiner hinein, der Hände und Füße nicht gewaschen hat. Das Allerheiligste ist heiliger als sie alle, denn dort darf nur der Hohepriester am Versöhnungstag hinein zur Zeit des Tempeldienstes. Es sagt Rabbi Jose: In fünf Dingen gleicht der Platz zwischen Vorhalle und Altar dem heiligen Tempelhaus, denn mit Makel behaftete Priester, Priester mit frei wachsendem Haar, vom Wein Betrunkene und solche, die Hände und Füße nicht gewaschen haben, dürfen dort nicht hinein. Und man bleibe fern vom Platz zwischen Vorhalle und Altar zur Zeit des Rauchopfers.

*Literatur*

*D. Correns* (Hg.): Die Mischna. In deutscher Übersetzung mit einer Einleitung und Anmerkungen, Wiesbaden 2005.

## 240: Ios. bell. Iud. 5,222–237

Josephus macht in Kap. 6 und 7 seines „Jüdischen Krieges“ eindruckvolle Ausführung zum äußeren Anblick des Jerusalemer Tempels und zum Gewand des Hohenpriesters.

[222]Der äußere Anblick des Tempels bot alles dar, was Auge und Herz entzücken konnte. Auf allen Seiten mit schweren goldenen Platten bekleidet, schimmerte er bei Sonnenaufgang im hellsten Feuerglanz und blendete das [223]Auge gleich den Strahlen des Tagesgestirns. Fremden, die nach Jerusalem pilgerten, erschien er von fern wie ein schneebedeckter Hügel; denn wo er [224]nicht vergoldet war, leuchtete er in blendender Weiße. Seine Spitze von scharfen goldenen Spießen, damit er nicht von Vögeln, die sich niederließen, verunreinigt würde. Von den zu seinem Bau verwendeten Quadern waren manche fünfundvierzig Ellen lang, fünf Ellen hoch und [225]sechs Ellen breit. Vor ihm stand der fünfzehn Ellen hohe, fünfzig lange und breite Altar, viereckig von Gestalt und an seinen Ecken mit hornartigen Vorsprüngen versehen; von Süden her führte ein sanft ansteigender Weg zu ihm hinauf. Er war ohne Anwendung eines eisernen Werkzeugs [226]gebaut; überhaupt hatte Eisen ihn nie berührt. Rings um Tempel und Altar lief ein zierlich gearbeitetes, etwa eine Elle hohes Gitter von schönem Ge[227]stein, welches das gewöhnliche Volk von den Priestern schied. Samenflüssigen und Aussätzigen war die ganze Stadt verboten, Weibern während ihrer monatlichen Reinigung der Tempel; Letztere durften übrigens, auch wenn sie rein waren, die oben bezeichnete Grenze nicht überschreiten. Männer, die nicht völlig rein waren, mussten dem inneren Hofe fernbleiben; desgleichen Priester, bei denen dies der Fall war.
[228]Geborene Priester, die wegen eines körperlichen Gebrechens den heiligen Dienst nicht versehen durften, befanden sich dennoch innerhalb des Gitters bei

den körperlich Untadeligen und erhielten auch die ihnen ihrer Abstammung zustehenden Opferteile, trugen aber gewöhnliche Klei[229]dung; denn nur der Diensttuende durfte das heilige Gewand anlegen. Zur Opferstätte und zum Tempel traten nur makellose Priester, in Byssus gekleidet und, was die Hauptsache war, ohne Wein genossen zu haben – aus Ehrfurcht vor dem Dienst, damit sie bei ihren Verrichtungen keinen Fehler [230]begingen. Der Hohepriester ging mit ihnen hinauf, aber nicht immer, sondern nur an den Sabbaten, den Neumonden und wenn ein herkömmliches Fest oder eine Zusammenkunft des ganzen Volkes das Jahr über gefeiert [231]wurde. Wenn er Dienst tat, trug er zuunterst einen Gürtel, der die Lenden bis zur Scham bedeckte. Ferner einen Leibrock aus Leinen und darüber ein bis an die Knöchel reichendes, hyazinthblaues, den ganzen Körper umwallendes Oberkleid, das mit Fransen besetzt war. An den Fransen hingen goldene Glöckchen und Granatäpfel abwechselnd, jene eine Sinnbild des [232]Donners, diese des Blitzes. Die Binde, welche das Oberkleid an die Brust befestigte, war aus fünf Streifen bunt gewirkt, nämlich aus Gold, Purpur, Scharlach, Byssus und Hyazinth, also denselben Stoffen, aus denen, wie [233]oben gesagt, auch die Vorhänge des Tempels gewoben waren. Über diesem Gewand trug er noch ein in denselben Farben gesticktes Schulterkleid, bei welchem jedoch der Goldstoff vorherrschend war. Der Schnitt dieses Kleidungsstückes glich einem Panzerhemd. Zusammengehalten wurde es von zwei goldenen Spangen, in welche die schönsten und größten Sardonyse [234]mit den eingravierten Namen der Stämme des Volkes gefasst waren. An der vorderen Seite hingen zwölf Steine herab, je drei in vier Reihen geordnet, nämlich ein Karneol, Topas, Smaragd, ein Rubin, Jaspis, Saphir, ein Achat, Amethyst, Bernstein, ein Onyx, Beryll, Chrysolith. Auf jedem dieser Steine [235]stand wieder ein Stammesname. Den Kopf deckte eine Tiara aus Byssus mit Hyazinth durchwoben. Um dieselbe schlang sich ein goldener Reif, der mit den heiligen Buchstaben beschrieben war; unter Letzteren versteht man [236]vier bestimmte Laute. Dieses Gewand trug er übrigens nicht für gewöhnlich – da legte er ein geringeres an –, sondern nur, wenn er in das Allerheiligste ging. Das geschah aber bloß einmal im Jahr, nämlich an dem Tage, [237]da altem Brauche gemäß sämtliche Juden Gott zu Ehren fasten. Über die Stadt, den Tempel und die darauf bezüglichen Gesetze und Gebräuche werde ich indes an anderem Orte mich ausführlicher verbreiten; denn vieles bleibt noch davon zu sagen übrig.

*Literatur*

Flavius Josephus: Geschichte des Jüdischen Krieges/Kleinere Schriften. Übersetzt und mit Einleitung und Anmerkungen versehen von *H. Clementz*, Wiesbaden 2005.

## 241: Philo spec. leg. 1,67–78

Philo kommt im Kontext der Auslegung der Toragebote auf die Architektur des Jerusalemer Tempels und auf die Tempelsteuer zu sprechen.

[67]Außerdem aber gibt es ein von Menschenhand erbautes Heiligtum; denn der Drang der Menschen, die zu frommen Zwecken beitragen und durch Opfer der

Gottheit ihren Dank für das Gute, das sie betroffen, aussprechen oder für ihre Sünden Verzeihung und Vergebung erbitten wollen, durfte in seiner Betätigung nicht gehemmt werden. Der Gesetzgeber hat aber angeordnet, dass weder an mehreren Orten Heiligtümer errichtet werden dürfen noch mehrere an demselben Orte, in der richtigen Erkenntnis, dass es nur ein Heiligtum geben dürfe, da es auch nur einen Gott [68]gibt. Er hat auch denen, die zu Hause opfern wollen, dies nicht gestattet, gebietet ihnen vielmehr, sich aufzumachen von den Enden der Erde her und dies Heiligtum aufzusuchen. Damit unterwirft er auch ihre Sinnesart einer durchaus sicheren Probe; denn wer das Opfer nicht reinen Sinnes bringen will, der brächte es auch kaum über sich, Vaterland, Freunde und Verwandte zu verlassen und in die Fremde zu gehen; vielmehr kann er nur, weil ihn der Zug zur Frömmigkeit mächtig fortreißt, die Entfernung von den Menschen ertragen, die durch Bande der Leidenschaft und des Blutes aufs Engste mit ihm verbunden und zu Teilen seines eigenen [69]Ichs geworden sind. Den besten Beweis hierfür gibt das, was täglich geschieht; denn viele Tausende strömen aus Tausenden von Städten, zu Wasser und zu Lande, von Ost und West, von Nord und Süd, zu jedem Feste zum Heiligtum wie zu einem allgemeinen, sicheren Zufluchts- und Rettungsort vor den Händeln und Unruhen des Lebens, um hier Ruhe zu finden und ein wenig frei von den Sorgen, unter deren drückendem Joche sie von frühester Jugend an schmachteten, eine kurze Spanne Zeit in heiterem Frohsinn [70]zu verleben. Von schönen Hoffnungen erfüllt, geben sie sich in Frömmigkeit und Gottesverehrung unentbehrlicher Erholung hin; dabei schließen sie Freundschaft auch mit Männern, die sie bis dahin nicht gekannt, und fesseln bei Schlacht- und Trankopfern die Herzen durch unzertrennliche Bande der Treue und Eintracht aneinander.

[71]Die äußerste, der Länge und Breite nach sehr ausgedehnte Umfriedung dieses Heiligtums ist durch vier prächtig gearbeitete Säulenreihen geschützt, deren jede als Doppelreihe unter großem Aufwand von Bauholz und Stein durch die kundigsten Handwerker und die gewissenhaftesten Bauleiter ausgeführt wurde, – ein vollendet schönes Bauwerk. Die inneren Umfriedungen sind von geringerem [72]Umfang und einfacherer Ausstattung. Der genau in der Mitte befindliche eigentliche Tempel aber ist über alle Beschreibung herrlich, wie man nach der Außenseite schließen muss; denn das Innere darf niemand außer dem Hohenpriester sehen, und auch diesem, dem nur einmal im Jahre der Eintritt gestattet ist, ist alles unerkennbar; denn er bringt ein Becken voll Kohlen und Weihrauch mit hinein, und da nun selbstverständlich viel Rauch aufsteigt, wird alles rings herum verhüllt und der Blick dadurch getrübt, gehemmt und ver[73]hindert weiter zu dringen. Das Heiligtum ragt aber mächtig hervor und bleibt, wiewohl auf einem niedrigen Hügel gelegen, hinter keinem der höchsten Berge zurück. Die herrliche Ausstattung des Baues ist also weit sichtbar und erweckt das Staunen der Beschauer, namentlich der von Ferne kommenden Fremden, die mit der Beschaffenheit anderer öffentlicher Gebäude Vergleiche ziehen und von [74]seiner Schönheit und Pracht betroffen sind. Der gesetzlichen Vorschrift gemäß befindet sich aber kein Hain in dem Tempelbezirk, aus verschiedenen Gründen: Erstens weil das wahre Heiligtum keine erheiternde Freude und Unterhaltung, sondern heiligen Ernst verlangt; zweitens weil man die Mittel zur Förderung des Pflanzenwuchses, die Exkre-

mente von Menschen und vernunftlosen Tieren nicht hineinbringen darf; drittens weil die wild wachsenden Gewächse wertlos sind – „Erdenlast", wie die Dichter sagen –, die Kulturpflanzen dagegen, die uns genießbare Früchte spenden, die Unverständigen von dem Ernst des Gottesdienstes ablenken [75]könnten. Außerdem dienen dicht bewaldete Örtlichkeiten und tiefes Gehölz Verbrechern zum Aufenthalt, die im Schatten Schutz zu gewinnen und die Möglichkeit zu plötzlichen Angriffen auf jedermann aus dem Hinterhalt zu finden hoffen. Die weite Ausdehnung aber und die völlige Offenheit der Anlage, in der nichts den Blick beeinträchtigt, gewährt dem Eintretenden und dem Verweilenden die Möglichkeit genauer Betrachtung, wie es sich für ein Heiligtum gebührt.

[76]Seine Einkünfte bezieht das Heiligtum nicht nur aus Grundstücken, sondern auch an anderen bedeutsameren Quellen, die zu keiner Zeit versiegen werden. Denn solange das Menschengeschlecht bestehen wird – und es wird ewig bestehen – werden auch die Einnahmequellen des Heiligtums treu erhalten werden und somit ebenso lange dauern wie das ganze [77]Weltall. Es ist nämlich vorgeschrieben, dass jedermann von seinem zwanzigsten Lebensjahre an alljährlich Abgaben entrichte. Diese Beisteuern werden als „Lösegeld" bezeichnet; daher entrichtet man die Abgaben bereitwillig, froh und heiter in der Erwartung, dass ihre Entrichtung Befreiung von Knechtschaft, Heilung von Krankheit und den Genuss dauernder Freiheit und Erlösung für [78]alle Zeit erwirken werde. Entsprechend der großen Volkszahl sind natürlich auch die Abgaben sehr bedeutend. Fast in jeder Stadt befindet sich eine Kasse für die heiligen Gelder die man aufzusuchen pflegt, um die Abgaben zu entrichten; zu bestimmten Zeiten werden Boten für die heiligen Gelder, die erwählt, und zwar möglichst treffliche Männer, die angesehensten aus jeder Stadt, um die hoffnungsvollen Gaben aller unversehrt zu überbringen; denn auf den vorgeschriebenen Abgaben beruhen die Hoffnungen der Gottesfürchtigen.

*Literatur*

Philo von Alexandria. Die Werke in deutscher Übersetzung, hg. von *L. Cohn/I. Heinemann/M. Adler/W. Theiler*, Bd. 2, Berlin ²1962.

## Texte zu 3.3.3 Die jüdische Synagoge

### 242: CIJ I 694

Folgende Widmungs-Inschrift stammt aus dem 2./3. Jh. n.Chr. Fundort ist die Synagoge von Stobi in der Provinz Macedonien. Sie bezeugt die große Sympathie, die das Judentum in Teilen der römischen Bevölkerung genoss.

Klaudios Tiberios Polycharmos, der auch Achyrios genannt wird, Vater der Synagoge von Stoboi, der ich jederzeit meine Amtsgeschäfte gemäß jüdischen Vorgaben erledigt habe, habe in Erfüllung eines Gelübdes aus meinem häuslichen Vermögen die Räume und das *triklinion* mit dem *tetrastoon* dem heiligen Ort geschenkt, ohne die geheiligten Dinge auch nur angerührt zu haben. Jedoch soll das Zugriffs- und Eigentumsrecht über die oberen Räumlichkeiten von mir, Klaudios Tiberios Polycharmos und von meinen Erben auf Lebenszeit gehalten werden. Wenn aber irgendjemand jemals etwas an meinen Verfügungen ändern möchte, soll er dem Patriarchen 250.000 Denare geben; denn das schiene mir angemessen. Für die Erhaltung der Deckenfliesen werden ich und meine Erben sorgen.

*Literatur*
Übersetzt von Kurt Erlemann.

## 243: Ios. ant. Iud. 14,213–216.256–264

Das freundschaftliche Verhältnis zwischen Römern und Juden im 1. Jh. v.Chr. wird von Flavius Josephus am Beispiel des intensiven Engagements Cäsars für den loyalen Hohenpriester Hyrkanos II. unterstrichen. Der rechtliche Sonderstatus der Juden wird hier besonders deutlich.
Die von Rom den Juden zentral zugestandenen Sonderrechte wurden auch von den kleinasiatischen Lokaladministrationen umgesetzt. Wesentlich gehören dazu die Versammlungsfreiheit zum Zweck des synagogalen Gottesdienstes, die Einhaltung des Sabbats sowie die Bereitstellung entsprechender Räumlichkeiten.

[213]„Gajus Julius, Prätor und Konsul der Römer, an den Magistrat, den Senat und das Volk von Paros. Die Juden in Delos und einige der jüdischen Mietwohner sind in Gegenwart eurer Gesandten bei mir vorstellig geworden und haben angezeigt, dass ihr durch Verordnungen sie hindert, ihre [214]althergebrachten Gebräuche und ihren Gottesdienst zu vollziehen. Es hat mein Missfallen erregt, dass ihr solche Bestimmungen gegen unsere Freunde und Bundesgenossen erlasst und ihnen verbietet, nach ihren Gesetzen zu leben und Geld zu gemeinsamen Mahlen wie zum Gottesdienste beizutragen, besonders da ihnen dies noch nicht einmal in Rom untersagt ist. [215]Denn unser Prätor und Konsul Gajus Cäsar hat, als er die Verordnung erließ, durch welche alle Versammlungen in der Stadt Rom verboten wurden, jene Zusammenkünfte, Geldsammlungen und Veranstaltungen von Gast[216]mahlen ausdrücklich von dem Verbote ausgenommen. Ebenso gestatte auch ich, obgleich ich alle sonstigen Versammlungen verbiete, den Juden allein, sich nach den Sitten und Gebräuchen ihrer Väter zu versammeln und dabei zu verbleiben. Es ist daher erforderlich, dass ihr alle gegen unsere Freunde und Bundesgenossen erlassenen Verordnungen: wegen ihrer Verdienste um uns und ihrer Treue sogleich aufhebt."
[256]Beschluss der Bewohner von Halikarnassos. „Auf Antrag des Marcus Alexander beschloss die Gemeinde unter dem Priestertum des Memnon, Sohnes des Orestidas und Adoptivsohnes des Euonymos, am [...]ten Tage [257]des Monats Anthesterion wie folgt. Weil wir die Frömmigkeit gegen Gott und die Religion allzeit eifrig pflegen, so haben wir nach dem Beispiele des um alle Menschen hochverdienten römischen Volkes und im Hinblick darauf, dass dasselbe den Juden, die mit ihm verbündet sind, freie Ausübung ihres Gottesdienstes und unbeschränkte Feier ihrer Feste gewährleistet hat, [258]beschlossen, dass es allen Juden, sei es Mann oder Weib, freistehen soll, die

Sabbate zu halten, Opfer nach ihrem Gesetze darzubringen und Gebete am Meere, wie es bei ihnen üblich ist, zu veranstalten. Wer sie darin behindert, sei er obrigkeitliche oder Privatperson, soll mit Geldstrafe büßen und der Stadt dafür haften."

259Beschluss der Bewohner von Sardes. „Senat und Volk haben auf Antrag der Vorsteher beschlossen wie folgt: Da unsere jüdischen Mitbürger, die vom Volk allezeit viele und große Wohltaten erfuhren, Senat und Volk gebeten haben, es möge ihnen jetzt, da das Volk und der Senat der Römer ihnen ihre Freiheiten und die Möglichkeit, nach ihrem Gesetze zu leben, 260wiedergegeben haben, bei der Abhaltung ihrer religiösen und von ihrem Gesetze vorgeschriebenen Zusammenkünfte nichts in den Weg gelegt und ihnen ein Ort angewiesen werden, wo sie mit ihren Frauen und Kindern sich versammeln und ihre herkömmlichen Gebete und Opfer Gott darbringen 261können, so hat der Senat und das Volk beschlossen, ihnen zu gestatten, dass sie an bestimmten Tagen zusammenkommen und allen ihnen von ihrem Gesetze gebotenen Verrichtungen obliegen dürfen, sodann auch, ihnen von den städtischen Beamten besondere Bau- und Wohnplätze nach ihrer Wahl anweisen zu lassen und den Agoranomen der Stadt aufzutragen, ihnen alles zu ihrem Lebensunterhalt Notwendige verabfolgen zu lassen."

262Beschluss der Bewohner von Ephesus. „Unter dem Prytanen Menophilos, am ersten Tage des Monats Artemisios, beschloss das Volk auf Antrag des Nikanor, Sohnes des Euphemos, und der Stadtvorsteher wie folgt: 263In Erwägung, dass die in der Stadt lebenden Juden auf ihre bei dem Prokonsul Marcus Julius Pompejus, dein Sohne des Brutus, angebrachte Bitte, ohne irgendwelche Behinderung die Sabbate beobachten und nach ihren, 264väterlichen Einrichtungen leben zu dürfen, dies vom Prätor bewilligt erhalten haben, beschloss das Volk und der Senat mit besonderer Rücksichtnahme auf die Römer, dass niemand an der Feier des Sabbates behindert noch deswegen mit einer Geldstrafe belegt, vielmehr den Juden alle Freiheit in der Befolgung ihrer eigenen Gesetze gewährt werden solle."

*Literatur*

Flavius Josephus: Jüdische Altertümer. Übersetzt und mit Einleitung und Anmerkungen versehen von *H. Clementz*, Wiesbaden ²2006.

## 244: PsPhilo: Über die Gottesbezeichnung „wohltätig verzehrendes Feuer"

Aus jüd. Diaspora-Synagogen sind insgesamt drei Predigten überliefert, von denen im Folgenden eine abgedruckt ist. Diese ist allerdings nur noch in Auszügen bekannt. Die beiden Vergleichstexte zeigen, dass antike jüdische Predigten sehr wohl einen längeren Zeitraum umfassen konnten als es in der Moderne üblich ist. Der Text *De deo* wurde im Stile der philosophischen Betrachtungen des Philo von Alexandrien verfasst. Die Predigt legt eine stoische Metaphysik zugrunde, die zur Allegorisierung einiger biblischer Texte angewendet wird.

Anlässlich der Erscheinung der drei jungen Männer vor Abraham, als er am Mittag dasaß: Und als er seine Augen erhob, sah er [...]

1 [...] Denn was einen Vergleich erträgt von all dem, was bezüglich Gottes denkbar ist, muss mit den großen Augen der Seele gesehen werden. Die Helligkeit des Seienden, der intelligiblen Sonne, geht auf und lässt zeitweise ihren stetigen Schein wie mit Strahlen aufleuchten; darauf erzeugt sie schattenloses Licht, das die Seele von allen Seiten umstrahlt; später steht es weiter oben, über dem Scheitel. Denn nicht allen kommt es zu, sondern all denen, die ihre Blicke nach oben richten, um in das göttliche Licht zu gelangen. – Man teilt es gewöhnlich in zwei, wie die intelligiblen Lichter des Tages, zur Ausbreitung von Gleichheit und Gerechtigkeit und zur Unterscheidung des ungeschaffenen, intelligiblen Lichtes vom sichtbaren.
2 Von denen nun, die wie von der Mittagshelligkeit die ganze Seele erfüllt haben, heißt es mit Recht: mit aufblickenden Augen sah er […] Denn auch diejenigen, die in der Heiligen Schrift des Herrn bewandert sind, verstehen jenes „Erkenne dich selbst“. Auf menschliches Glück verzichtend, wovon sie einen Teil, die Geradheit der Lebensweise, schon erreicht haben, öffnen sie die Augen, sehen und erblicken die Dinge, welche, das Obere und Erhabene emporhaltend, schweben, und sie erforschen die göttliche Natur.
Es steht jedoch dabei: „mit […] Augen“, wovon mancher vielleicht sagen möchte, es sei überflüssig, weil man mit anderen Organen ohnehin nicht sehe. Es ist aber notwendig, denn es soll besagen, dass jeder, der mit geistigen Augen sehen will, solange er auch nur eines von ihnen nicht schließt oder bedeckt, überhaupt nichts sieht. Denn nicht in gleicher Weise enthüllt die Schau und ist auch nicht gleich stark wie das leibliche Sehen, dass so ein des Sehens Begabter entstünde. In diesem Sinne heißt jeder Prophet mit gemeinsamer Bezeichnung „Seher“.
3 Anschließend heißt es: „und siehe, drei Männer standen über ihm“. Denke nun nicht, dass Abschnitte eines Zwitters hier als Männer bezeichnet werden, aus bloßer Gegenüberstellung gegen Frauen – als ob nicht Männer, sondern etwas wie Männer erschienen sei, da ja die Gottheit sich nicht in eine fremde Species verwandle. Freilich darf sie keinen Wandel erfahren! Wenn sie den menschlichen Geist auch in einer vertrauten Gestalt anrührt, ist sie doch selbst auf die Erfahrungen des Ewigen und Unsichtbaren beschränkt. Doch will dieses Wort das männliche Geschlecht des Seienden, womit er das Universum sät und aus Barmherzigkeit Sterbliches lebendig zeugt, den Verständigen erweisen. Denn Viele hielten es für richtig, die undifferenzierte Substanz zu Gott zu machen – in Unkenntnis des Unterschiedes zwischen dem, was tut, und dem, was wird. Es ist aber eine nützliche Lehre, zu betrachten, was in allen Dingen das Männliche ist, und was an Weiblichem etwa vorhanden ist. Denn das Weibliche, das Leidende, ist die Materie, das Männliche aber der Weltschöpfer. Dieser erscheint seinem Jünger und gerechten Vertrauten samt seinen Heerscharen, samt Hauptleuten und Erzengeln zu beiden Seiten. Sie alle dienen dem Ersten Herrscher in ihrer Mitte.
4 Der sich da in der Mitte befindet, heißt „seiend“; doch dieses Seiend ist nicht sein eigener und eigentlicher Name. Denn er selbst ist namenlos und unnennbar, wie er auch unfasslich ist. Seiner Existenz aber entspricht, dass er der „Seiende“ genannt wird. – Von den Begleitern zu beiden Seiten ist der eine Gott und der andere Herr – dementsprechend wie einer für die schöpferische, ein anderer für die herrscherliche Macht Symbol ist.

5 Über diese drei Männer scheint mir jene Orakelantwort Gottes im Gesetz gegeben zu sein: Ich will zu euch sprechen vom Sühnedeckel herab, aus der Mitte der beiden Cherubim. Geflügelt waren also die Heerscharen; auf geflügelten Wagen pflegten sie über dieser ganzen Welt zu thronen. Der Vater selbst befindet sich nicht losgelöst über den Heerscharen, sondern hat sie alle in sich hängen; denn er allein ist die Basis des Bestehens und die gemeinsame Stütze aller Dinge. Dass er aber von oben herab spricht, der doch in der Mitte ist, sagt die Schrift deshalb, weil der Seiende durchs Wort das Universum bereitet hat und dieses durch seine Vorsehung sprechend und vernünftig geworden ist. – In wessen Mitte er aber ist, macht die Schrift klar, die die beiden Cherubim nennt: Davon ist der eine der Schöpfermacht geheiligt und wird mit Recht Gott genannt, während der andere der herrscherlichen und königlichen Macht zugehört und Herr heißt.
6 Deren Anblick erweckte und trieb auch den Propheten Jesaja. Er empfing einen Anteil an dem, der als Pneuma der Gottheit über alles erhaben ist. Von diesem ausgegossen, gerät der prophetische Geist in Verzückung und Taumel. So spricht er: Ich sah den Herrn auf einem hohen Thron sitzen. Die Herrlichkeit füllte das Haus und Seraphim standen rings um ihn. Jeder einzelne hatte sechs Flügel: mit zweien bedeckten sie das Gesicht, mit zweien bedeckten sie die Füße, mit zweien flogen sie. Seraphim wird übersetzt mit *Typoi* oder auch mit Brandlegung. Das sind direkte Bezeichnungen der himmlischen Heerscharen; denn sie sind Urbilder und Stempel mit denen der Schöpfer die Welt formte als er jedem Ding die ihm zukommenden Eigenschaften einsignierte und aufprägte. Deswegen heißen sie *Typoi*. – „Brandlegung" aber heißen sie deswegen, weil sie die Unordnung und Wirrnis der Materie verzehren; sie verwandeln sie in Ordnung und damit auch das Gestaltlose in Gestaltetes und das Schmucklose in Schmuck. Denn die himmlischen Heerscharen sind nicht aus zerstörerischem, sondern aus heilsamem Feuer, durch welches alle Dinge kunstvoll geschaffen wurden. Darum, scheint mir, vertreten einige, die von der Philosophie her kommen, die Theorie dass ein schöpferisches Feuer in den Weg der Erzeugung des Samens eingeht. Denn die ausgedehnte, sich ausbreitende Glut des Lichtes hat die Philosophie den körperlichen Augen zugeordnet, die in den unsichtbaren Dingen erkennbare Natur hingegen, durch die die Materie geschaffen und geformt wird, den scharfsichtigen Augen des Geistes, die das Dichte und Dicke durchdringen. Dieser erspäht, um sich blickend, jenes schöpferische Feuer, das die göttlichen Ebenbilder schafft – keine unbeseelten, sondern beseelte und vernunftbegabte.
7 Mose aber sagt es noch klarer: „Der Herr, dein Gott, ist verzehrendes Feuer" – ein verzehrendes, nicht zur Vernichtung, sondern zur Rettung; denn Retten, nicht Zerstören ist Gottes Art. – Vielleicht seid ihr darauf gespannt, zu hören, auf welche Weise ein scheinbares Verzehren doch intakt erhält. Doch das ist leicht aus Beispielen zu lernen. Wenn wir von einem Maler sagen, er habe alle Farben zur Vollendung eines Bildes „verbraucht" oder ein Bildhauer habe die Bronze zu einer Statue oder ein Baumeister Holz und Steine zu einem Haus oder allgemein ein Künstler Material zu seinem Kunstwerk „verbraucht", – meinen wir da, dass er es vernichtet habe? Keineswegs! Denn es bleibt ja die Farbe in dem Gemälde erhalten, die Bronze in dem Bildwerk, Steine und Holz in den Bauten und die übrigen Materialien in dem, was jeweils aus ihnen ent-

stand. Sie überdauern aber in einer besseren Verfassung; sie nehmen Form, Ordnung, Eigenschaften an. So „verbraucht" – nach Mose und allen, die seit ihm Naturkundige waren – auch Gott die Materie, nicht um sie in nichts zurückkehren zu lassen, sondern – im Gegenteil – zur bewahrenden Überführung aus nichts ins Bestehen. In allen Dingen ist er die Ursache ihres Fortbestandes.
8 Den dichteren, gröberen, schwereren Stoff hat er verbraucht zur Schaffung der Erde, den feineren und leichteren zur Erzeugung des Feuers; für das Wasser den feineren, für die Erde den gröberen, für Feuer und Wasser den luftigeren. Denn außer ihnen bleibt nichts. Diese vier Stoffe, die Elemente des Alls, hat er, so sagte ich, ins All verbraucht und hat nicht die Zerstörung, sondern die Bewahrung damit gewollt.
9 Ich möchte weiter von der Entstehung des Alls sprechen, um darzulegen, warum die Seraphim, wie wir vorhin hörten, je sechs Flügel haben, wovon sie mit zweien die Füße, mit zweien das Gesicht bedecken und mit den beiden übrigen fliegen Ganz natürlich! Die Füße sind der unterste Teil des Körpers, das Gesicht der oberste. Fundament der Welt – sozusagen die Füße – sind Erde und Wasser; die Decke – sozusagen das Gesicht – sind Luft und Himmel. Die Heerscharen des Seienden aber erstrecken sich – gewissermaßen mit ihren Fußsohlen – vom einen Ende der Welt bis zum andern. Sie bedecken schützend die Füße des Alls, d.h. seine unteren materiellen Teile, Erde und Wasser, und das Gesicht, nämlich Luft und Himmel, die von ihnen umfassten oberen Elemente. Doch steht kein einziges von Gottes vertrauten Geschöpfen abseits, sondern sie er heben sich weit in die Höhe und umgeben den Herrscher und Vater in ihrer Mitte.
10 Daher sagten auch einige, von den Naturphilosophen herkommend, die Elemente Erde und Wasser, Luft und Feuer seien Anziehung und Gegensatz. Jedoch meint auch der Prophet die verborgenen Kräfte der vier Elemente symbolisch mit den vier Flügeln, die wie eine Schutzwehr um Gesicht und Füße ausgebreitet sind, und nennt als Symbole des Gegensatzes und der Anziehung die beiden erhobenen Flügel, die zum obersten Herrscher emportragen. Denn zwischen Krieg und Frieden, die mit anderen Worten auch Anziehung und Gegensatz genannt werden, ist er allein der Vermittler.
11 Ist er es nicht, auf den die mosaischen Orakelworte hindeuten: Ich hob euch auf wie auf Adlerflügeln und führte euch zu mir – derselbe, von dem es in dem großen Hymnus heißt: Er behütete ihn wie einen Augapfel, wie ein Adler wohl seine Jungen zudeckt und Liebe empfindet zu seiner Brut: Er breitet seine Flügel aus und lässt sie herein; er hebt sie auf seinen Rücken. Der Herr allein führte sie und es gab bei ihnen keinen anderen Gott.
12 Siehst du, welch herrliche Leistung er Abraham erweist? Erde und Wasser und Luft und Himmel lässt der Schöpfer an sich hängen, breitet sie in seiner Vorsehung oben aus und hebt die Welt empor wie mit Wächtern. Mit seinen Wächtern, den Heerscharen nämlich, befestigt er sie von außen zum Zweck der Bewahrung und des Bestehenbleibens der vollkommensten Geschöpfe. Neid aber, wie ich schon so oft gesagt habe, hält er weit von sich fern und ist in seiner Großzügigkeit der Allerfreigebigste. Sein Angesicht und das seiner Heerscharen schickt er zu uns als Helfer in Übeln und Nöten, welchen jeder unterliegt, der aus dieser sterblichen Natur entstanden ist.

Philon über die Gottesbezeichnung „wohltätig verzehrendes Feuer“ anlässlich der Erscheinung der drei jungen Männer.

*Literatur*

*F. Siegert*: Drei hellenistisch-jüdische Predigten. I. Übersetzung aus dem Armenischen und sprachliche Erläuterungen, Tübingen 1980.

## Texte zu 3.3.4 Herrscherverehrung und Kaiserkult

### 245: Suet. Cal. 13f

Sueton lässt in seiner Vita des Caligula Ansatzpunkte für den aufkommenden Kaiserkult erkennen.

13So zur Herrschaft gelangt, ließ er die Wünsche des römischen Volkes – oder soll ich sagen, der ganzen Menschheit? – in Erfüllung gehen. Für den größten Teil der Provinzbewohner und der Soldaten – denn sie hatten ihn ja meist schon als Kind gekannt – war er der willkommenste Herrscher, aber auch für die gesamte Bevölkerung der Stadt Rom, wegen der lebendigen Erinnerung an seinen Vater Germanicus und wegen des Mitleids mit seiner fast ausgerotteten Familie. Deshalb zog er, als er von Misenum aufbrach, obschon in Trauerkleidung und den Leichenzug des Tiberius begleitend, dennoch inmitten von Altären, Opfertieren und brennenden Fackeln durch eine dicht gedrängte und überaus frohe Menschenmenge hindurch, die ihm entgegenströmte und immer wieder Glück bringende Worte zurief, ihn ihren „Stern“, ihr „Küken“, ihr „Bübchen“ und ihren „Zögling“ nannte. 14Nach seinem Einzug in die Stadt wurde ihm sogleich nach der übereinstimmenden Willensbekundung des Senats und der in die Kurie hineinstürmenden Volksmenge unter Missachtung des Willens des Tiberius, der ihm in seinem Testament seinen anderen Enkel, einen Knaben noch, als Miterben gegeben hatte, die Verfügungsgewalt über den Staat anvertraut, und das unter solcher Freude der Öffentlichkeit, dass in den nächsten noch nicht einmal vollen drei Monaten über 160.000 Opfertiere geschlachtet worden sein sollen.
Als er dann wenige Tage später auf die Kampanien vorgelagerten Inseln übergesetzt war, wurden Gelübde für seine glückliche Rückkehr getan, wobei niemand auch nur den geringsten Anlass vorübergehen ließ, seine Anteilnahme und Sorge um sein Wohlergehen zu bekunden. Als er dann sogar erkrankte, verbrachten alle die Nächte in der Umgebung des Palastes, und es fehlte nicht an Leuten, die gelobten, mit Waffen für das Wohl des Kranken auf Leben und Tod zu kämpfen, während andere auf ausgestellten Tafeln erklärten, sich für seine Genesung opfern zu wollen. Zu dieser maßlosen Liebe der eigenen Bürger gesellte sich auch ein bemerkenswertes Wohlwollen der Ausländer. Denn der Partherkönig Artabanos, der ständig seinen Hass und seine Verachtung Tiberius gegenüber zur Schau gestellt hatte, ersuchte von sich aus um die Freundschaft Caligulas und kam zu einer Unterredung mit einem Legaten im konsularischen Rang. Nach Überschreiten des Euphrat er-

wies er den Adlern und anderen römischen Feldzeichen sowie den Bildern der Kaiser durch einen Kniefall seine Verehrung.

*Literatur*

Sueton: Kaiserbiographien. Lateinisch/Deutsch von *O. Wittstock*, Berlin 1993.

## Texte zu 3.3.5 Gebet

### 246: Gebet des Königs Manasse

→1.3.2.7

Dieses höchstwahrscheinlich ursprünglich jüdische Gebet wird dem König Manasse (696–642 v.Chr.) zugeschrieben. Er sprach es angeblich, als er sich für seine Sünden vor Gott demütigte. Dieses Gebet ist uns u.a. in der syrischen Didaskalia und in der Septuaginta innerhalb der Oden überliefert. Es soll hier beispielhaft für das Sündenbewusstsein des Beters stehen und lässt zudem die Hoffnung auf einen gnädigen Gott anklingen, der dem Sünder vergeben wird.

[1]Herr, Allherscher, du Gott unserer Väter, Abrahams und Isaaks und Jakobs
und ihrer gerechten Nachkommenschaft, [2]der du den Himmel gemacht hast
und die Erde mit ihrem ganzen Schmuck, [3]der du das Meer gefesselt hast
durch dein Befehlswort, der du den Abgrund verschlossen und versiegelt hast
durch deinen furchtbaren und gepriesenen Namen, [4]vor dem alles erschauert
und erzittert wegen deines machtvollen Angesichts; [5]denn unerträglich ist die
Majestät deiner Herrlichkeit, und unwiderstehlich ist der Zorn deiner Drohung
gegen die Sünder, [6]und unermesslich und unergründlich ist das Erbarmen
deiner Verheißung; [7]denn du bist der höchste Herr, mitleidig, langmütig und
reich an Erbarmen und bereust die Übel der Menschen. Du, Herr, hast nach
der Menge deiner Güte. Buße und Vergebung verheißen denen, die an dir gesündigt haben, und in der Fülle deines Erbarmens hast du Buße bestimmt für
die Sünder zur Rettung. [8]Du nun, Herr, du Gott der Gerechten, hast nicht Buße
auferlegt den Gerechten, Abraham und Isaak und Jakob, denen, die nicht an
dir gesündigt haben, sondern mir, dem Sünder, hast du Buße auferlegt, [9]weil
ich Sünden begangen habe zahlreicher als der Sand des Meeres. Überhandgenommen haben meine unrechten Taten, o Herr, sie haben überhandgenommen, und ich bin nicht würdig, zu betrachten und zu sehen die Höhe des Himmels wegen der Menge meiner unrechten Taten. Und nun, Herr,
werde ich mit Recht niedergedrückt und verdienterweise geplagt, [10]indem ich
niedergebogen werde durch starke eiserne Fessel, sodass ich mich nicht aufrichten kann wegen meiner Sünden, und für mich gibt es keine Erholung, weil ich deinen Zorn gereizt und das Böse vor dir getan habe, indem ich Scheusale
aufstellte und Abscheulichkeiten viel machte. [11]Und nun beuge ich das Knie
des Herzens, begehrend die Güte, die von dir kommt: [12]Ich habe gesündigt, o
Herr, ich habe gesündigt, und meine unrechten Taten kenne ich. [13]Ich bitte
dich flehentlich: Vergib mir, o Herr, vergib mir, vernichte mich nicht samt meinen unrechten Taten, zürne auch nicht auf ewig, indem du meine bösen Handlungen bewahrst, verurteile mich auch nicht in den untersten Tiefen der

Erde, denn du bist, o Herr, der Gott der Bußfertigen [14]und wirst an mir deine Güte erweisen, denn obwohl ich unwürdig bin, wirst du mich erretten nach deinem großen Erbarmen, [15]und ich will dich loben durch alles in den Tagen meines Lebens, denn dich preist die ganze Macht der Himmel, und dein ist die Herrlichkeit in Ewigkeit. Amen.

*Literatur*

*E. Oßwald:* Das Gebet Manasses, in: JShrZ IV 1, Gütersloh [2]1977.

## 247: Gebet der Esther 14–30

→2.2.1.6

Die gr. Version des Estherbuches ist gegenüber der hebr. Vorlage erheblich erweitert. Dazu gehören verschiedene Gebete, die Gott als den eigentlich Handelnden in das Geschehen einführen. Möglicherweise ist diese Umarbeitung unter dem Blickwinkel der Religionsverfolgung durch den seleukidischen König Antiochus IV. Epiphanes (176/5–164 v.Chr.) zu sehen. Jedenfalls thematisiert das Gebet die Notwendigkeit einer Abgrenzung zum Heidentum, wozu die Vermeidung von Mischehen zwischen Juden und Heiden und die Ablehnung der Tischgemeinschaft zählen.

[14]Und sie flehte zu dem Herrn, dem Gott Israels, und sprach: „Mein Herr, un-
ser König, du bist einer! Komm mir zur Hilfe, die einsam ist und keinen
anderen Helfer als dich hat! [15]Die mich bedrohende Gefahr ist unmittelbar ein-
getreten! [16]Von klein auf habe ich von Vorfahren und Eltern erfahren, dass du,
o Herr, Israel aus allen Völkern und unsere Väter aus allen ihren Vorfahren
zum ewigen Erbsitz erwählt hast und an ihnen vollführt hast, was auch immer
du verheißen hattest. [17]Und nun haben wir vor dir gesündigt, und du hast uns
überantwortet in die Hände unserer Feinde [18]dafür, dass wir ihre Götter verehrt
haben. Gerecht bist du, o Herr! [19]Und nun haben sie sich nicht an der Bitterkeit
unserer Versklavung genügen lassen, sondern sie haben ihre Hände in die ihrer
Götterbilder gelegt, [20]deines Mundes Weisung abzuschaffen und dein Erbe
auszulöschen und den Mund derer, die dich loben, zu verschließen und deines
Tempels und deines Altars Herrlichkeit zu beseitigen, [21]aber aufzutun der Hei-
den Mund zu Ruhm und Lob der Götzen, und dass ein irdischer König für
immer angestaunt werde. [22]Nicht wollest du, o Herr, dein Szepter überlassen
denen, die unwirklich sind, und nicht mögen sie über unseren Sturz in Ge-
lächter ausbrechen, sondern wende ihren Anschlag auf sie selbst zurück – den
aber, der wider uns schlimm zu handeln begonnen hat, stelle an den Pranger!
[23]Sei unser eingedenk, o Herr! Gib dich zu erkennen in unserer Trübsalszeit
und mache mich tapfer, o Götterkönig und Herrscher über jegliche Macht!
[24]Gib treffende Rede in meinen Mund angesichts des Löwen und wandle sein
Herz, dass er hasse den, der uns bekämpft, und ihn und seine Gesinnungs-
genossen vernichte. [25]Uns aber rette durch deine Hand und komme zur Hilfe
mir, der Einsamen, die keinen außer dir, o Herr, hat! Du weißt alle Dinge!
[26]Und du weißt, dass ich die Herrlichkeit der ohne Gesetz Lebenden hasste und
das Lager der Unbeschnittenen und jedes Fremdstämmigen verabscheue. [27]Du,
ja, du kennst meine Zwangslage, dass ich verabscheue das Symbol meiner

Hoheit, das auf meinem Kopf ist, wenn ich öffentlich als Königin in Erscheinung treten muss. Ich verabscheue es wie ein durch Menstruation besudeltes Tuch und trage es nicht an den Tagen meines privaten Daseins. 28Deine Dienerin hat auch nicht vom Tisch des Haman gegessen, noch habe ich ein Königsgelage beehrt noch Wein von Trankopfern genossen. 29Und keine Freude empfand deine Dienerin, seit ich hierher kam bis jetzt, außer an dir, o Herr, du Gott Abrahams. 30O Gott, der du Macht hast über alle! Erhöre die Stimme der Verzweifelten und rette uns aus der Hand der Übeltäter und erlöse mich von meiner Furcht!“

*Literatur*

*H. Bardtke*: Zusätze zu Esther, in: JShrZ I 1, Gütersloh 1973.

## 248: SVF I Nr. 537 (Kleanthes)

Kleanthes von Assos war zwischen 262/1 v.Chr. und 230/29 v.Chr. das Oberhaupt der stoischen Philosophieschule in Athen (→3.1.1 Hellenistisch-römische Philosophie). Er war für seine philosophischen Dichtungen bekannt, zu denen sein berühmter Zeus-Hymnus zählt. Dieses Gebet ist als Zeugnis für die Grundüberzeugung wichtig, dass alle Menschen göttlichen Geschlechts sind, die Lukas durch das Zitat des Dichters Aratus von Soloi (Phainomena 5) in Apg 17,28 aufgegriffen hat.

Du, der Unsterblichen Höchster, du Vielbenamter, der ewig nach Gesetzen beherrscht die Natur, ihr mächtiger Führer, sei mir gegrüßet, o Zeus: Denn alle Sterbliche dürfen Dich anreden, o Vater, da wir ja deines Geschlechts sind, Nachhall deiner Stimme, was irgend auf Erde nur lebet. Also will ich dich preisen und ewig rühmen die Herrschaft Deiner Macht, der, rings um die Erde, die Kreise der Welten willig folgen, wohin du sie lenkst und dienen dir willig. Denn du fassest in deine nie zu bezwingende Rechte Deinen Boten, den flammenden, zweigezackten, den ewig-lebenden Blitz: Es erbebet die Welt dem schmetternden Schlage. Also lenkst du den Geist der Natur, der dem Großen und Kleinen eingepflanzet, sich mischt in alle Wesen und Körper. Höchster König des Alls, ohn’ den auf Erden, im Meere, Nichts geschiehet, noch am ätherischen, himmlischen Pole; außer was Sinnen-beraubt der Frevler Böses beginnet. Aber du weißt auch da das Wilde zu fügen in Ordnung, machst aus der Unform Form und gesellst Unfreundliches freundlich. Also stimmtest du alles zu Einem, das Böse zum Guten, dass in der weiten Natur ein ewig beherrschend Gesetz sei. Eins, dem unter den Sterblichen nur der Frevler entfliehn will. Ach des Toren! der immer Besitz des Guten begehret und verkennet des Herrn der Natur allwaltende Richtschnur, will nicht hören, was, wenn er gehorcht’, ihm glückliches Leben und Verstand gewährte. Nun stürmen sie alle dem Guten grade vorbei, hierher, dorthin. Der kämpfet um Ehre fährlichen Kampf; der läuft nach Gewinn mit niedriger Habsucht. Jener buhlet um Ruh und um süße Werke der Wohllust, Alle mit Eifer bemüht, dem nichtigen Wunsch zu begegnen. Aber o Zeus, du Wolkenumhüllter, der Blitze Gebieter, Du, der du alles gibst, befreie die Menschen vom schweren Unsinn, nimm die Wolke von ihren Seelen, o Vater, dass sie die Regel ergreifen, nach der du billig und sicher alles regierst; damit wir, denen du Ehre gegönnt hast, wieder dich ehren und dich in deinen Taten besingen, wie's dem Sterblichen ziemt; denn weder Menschen noch Göttern bleibt ein höheres Los, als ewig und ewig des Weltalls herrschende Regel gerecht in Wort und Werken zu preisen.

*Literatur*

*H. Rüdiger*: Griechische Gedichte, München [4]1972.

## Texte zu 3.3.6.1 Formen nichtöffentlicher Frömmigkeit bei Griechen und Römern

### 249: Plat. leg. 909d–913b

Die zwölf Bücher *Nomoi – Gesetze* bilden die letzte und zugleich umfangreichste Schrift Platos. In ihnen wird ein im Verhältnis zum Idealprogramm der *Politeia* ein neues Staatskonzept detailliert entwickelt, welches auf Praktikabilität, Nützlichkeit und Realisierbarkeit hin entworfen ist. Die *Polis* und ihre Verfassung erscheinen als Instrumente zur Erziehung der Bürger. Am Ende des zehnten Buches finden sich als Schlusspunkt der Ausführungen über die den Gesetzen gemäß existierenden Götter, ihre Existenz, ihre Weltzugewandtheit und Unbestechlichkeit, Bestimmungen für den Fall der Gottlosigkeit und der Einrichtung privater Heiligtümer, für die Plato im äußersten Fall die Todesstrafe vorsieht.

Außer all diesen besonderen Bestimmungen muss noch ein allgemeines Gesetz aufgestellt werden, um bei dem Volke häufigere Verstöße gegen die Götter in Wort und Werk zu verhüten, namentlich auch, um dem Unverstande in dieser Sache zu steuern, dadurch, dass jede Kultverrichtung gegen das Gesetz verboten ist. Dieses für jedermann gültige Gesetz soll einfach in Folgendem bestehen: „Niemand darf sich in seinem eigenen Hause heilige Gegenstände anschaffen oder einrichten. Wer mit dem Gedanken umgeht, ein Opfer darzubringen, soll zu diesem Behufe in die öffentlichen Tempel gehen und den Priestern oder Priesterinnen, denen die Sorge für die reine Darbringung obliegt, sein Opfer einhändigen; dann vereinige er sich mit ihnen zum Gebete – er selbst und wer außerdem das gleiche mit ihm tun will." Und dies soll aus folgenden Gründen geschehen: Heilige Dinge und Götter einzuführen ist keine leichte Sache; es erfordert vielmehr einen großen Verstand, so etwas in richtiger Weise zu tun. Frauen insbesondere und insgesamt, dann auch Kranke aller Art, Leute, die in Gefahr und Nöten stecken, worin diese auch bestehen mögen, ebenso im Gegenteil Leute, denen vielleicht ein großes Glück zuteil geworden, – sie alle haben die Gewohnheit, immer das nächste Beste zum Weihgeschenk zu machen, Opfer zu geloben, Tempelbauten zu versprechen für Götter, Dämonen und Göttersöhne. Ferner, wenn manche durch Erscheinungen im wachenden Zustand oder im Traume in Angst geraten oder auch sich an frühere Visionen erinnern, so meinen sie, in allen diesen Fällen für das drohende Unglück ein Heilmittel darin zu finden, dass man Altäre und Tempel baut, womit man ganze Häuser, ganze Dörfer anfüllt, und zwar nicht bloß an reinen Orten, sondern überall, wo sich ein derartiger Mensch gerade befunden hat. Aus allen diesen Gründen soll man nach dem soeben ausgesprochenen Gesetze tun. Dazu kommt der weitere Grund bezüglich der Gottlosen, dass sie nicht auch dies verstohlenerweise in ihren Handlungen sich aneignen, Kapellen und Altäre in ihren eigenen Häusern einrichten, indem sie meinen, heimlich die Götter sich durch Opfer und Gebete gnädig zu stimmen, dabei ihre Ungerechtigkeit ins Unendliche steigern und so nicht nur sich selbst das göttliche Missfallen zuziehen, sondern auch allen, die – obwohl an sich bessere Menschen – die Sache zulassen, wodurch dann schließlich die ganze Stadt das Treiben solcher gottlosen Menschen gewissermaßen büßen muss, und zwar mit Recht. Dem Gesetzgeber soll aber Gott keinen Vorwurf machen können; denn das Gesetz soll also feststehen, dass niemand in seinem eigenen Hause irgendwelche religiöse Plätze oder Gegenstände haben darf. Wo es sich aber herausstellt, dass jemand so etwas besitzt und einen Kult verrichtet neben dem öffentlichen Kult, so soll jeder, der es bemerkt, den Gesetzeswächtern die Anzeige davon machen, wenn der Betreffende, Mann oder Frau, nicht dabei noch ein schweres, sündhaftes Vergehen sich hat zuschulden kommen lassen; die Gesetzeswächter geben sodann Befehl, die Privatheiligtümer nach den öffentlichen Tempeln zu verbringen; finden sie keinen Gehorsam, so legen sie eine Geldbuße auf, bis die Verbringung vollzogen ist. Wenn dagegen jemand, der gegen die Götter frevelt, dieses, wie sich klar herausstellt, nicht in kindischer Unerfahrenheit, sondern mit bewusster sündiger Absicht des Mannes getan hat, indem er entweder in seinem Eigentum einen Kult eingerichtet oder in öffentlichen Tempeln irgendwelchen Göttern besondere Opfer dargebracht hat, so soll er mit dem Tode bestraft werden, weil er als unrein opfert. Jedenfalls sollen die Gesetzeswächter zuerst über die Frage entscheiden, ob eine kindische Unbedachtsamkeit vorliegt oder nicht, und demgemäß die Betreffenden vor Gericht stellen und die Strafe der Gottlosigkeit an ihnen vollziehen.

*Literatur*

*E. Loewenthal* (Hg.): Platon Sämtliche Werke in drei Bänden, Bd. III, Darmstadt 2004.

## 250: Plin. nat. 28,26–28

→3.2.2

Im 28. Buch seiner Naturkunde bespricht C. Plinius Secundus der Ältere vom Menschen und aus dem Tierreich stammende Heilmittel. In diesem Zusammenhang geht er auch auf die Wirkkraft von Worten und abergläubischen/magischen Praktiken im Privaten zur Abwehr von Unheil ein. In §§ 22f führt Plinius Beispiele aus dem Bereich des persönlichen röm. „Aberglaubens" (*religio/superstitio*) an; hierauf beschäftigt er sich in §§ 25–29 mit religiösen Gesten.

Wird bei der Mahlzeit von Feuerbränden gesprochen, so wenden wir das Unheil durch Gießen von Wasser unter den Tisch ab. Man betrachtet es als schlimmes Vorzeichen, wenn sich jemand vom Mahl entfernt und gleichzeitig der Boden gefegt oder, solange der Gast noch trinkt, der Tisch oder der Tafelaufsatz weggenommen wird. Von Servius Sulpicius, einem Manne ersten Ranges, gibt es eine Schrift „Warum man den Tisch nicht verlassen soll"; es wurden damals nämlich nicht mehr Tische aufgestellt, als Gäste gezählt wurden. Es wird unter die üblen Vorzeichen gerechnet, wenn nach dem Niesen ein Traggestell oder Tisch wieder zurückgebracht, später aber nicht etwas gegessen wird [...] oder überhaupt nichts gegessen wird? Dies wurde von solchen Leuten aufgebracht, die glaubten, bei allen Geschäften und zu allen Stunden seien die Götter anwesend, und diese sich daher mit unseren Fehlern versöhnt gedacht haben. Man hat sogar plötzliches Stillschweigen beim Gastmahl als Vorzeichen gewertet, aber nur bei einer geraden Zahl von Anwesenden, und es bereitet Mühe, festzustellen, wem von ihnen die Vorbedeutung gilt. Auch aus der Hand gefallene Speise wurde unter allen Umständen bei Tisch zurückgeholt, und man verbot, sie der Sauberkeit wegen abzublasen; und es gibt Aufzeichnungen darüber, bei welchen Worten oder Gedanken einem dies zustieß; zu den unheilvollsten Vorzeichen gehört es, wenn es einem Oberpriester anlässlich eines rituellen Festmahls begegnet. Die Sühne besteht darin, dass man das Hinuntergefallene auf jeden Fall wieder auf den Tisch legt und dann vor dem Hausgott verbrennt.

*Literatur*

C. Plinius Secundus d. Ä., Naturkunde. Lateinisch/Deutsch. Buch XXVIII. Medizin und Pharmakologie: Heilmittel aus dem Tierreich, hg. und übersetzt von *R. König*, München 1988.

## Texte zu 3.3.6.2 Nicht-öffentliche Frömmigkeit im antiken Judentum

### Tac. hist. 5,4

→1.2.2 Text Nr. 14; →3.3.9

### 251: mKel 10,1

Grundlegend bestimmt die Mischna im Traktat Kelim, dass unter den dauerhafteren Gefäßen nur solche aus Stein vor Unreinheit schützen:

Diese Gefäße schützen vor Unreinheit durch einen festschließenden Deckel: Gefäße aus Rindermist, Gefäße aus Stein, Gefäße aus ungebrannter Erde, Gefäße aus Ton, und Gefäße aus Alaunerde, aus Gräten vom Fisch und seiner Haut, aus Gräten von einem Seetier und seiner Haut, und Geräte aus reinem Holz. Sie schützen, ob der Deckel auf ihrer Oberseite oder an ihrer Seite ist, ob sie auf ihren Böden stehen oder auf der Seite liegen. Sind sie auf ihre Oberseite umgestülpt, schützen sie alles, was unter ihnen bis in die Tiefe ist. Rabbi Eli'ezer erklärt sie für verunreinigunsfähig. Sie schützen alles, außer Gefäße aus Ton, die nur Speisen, Flüssigkeiten und Gefäße aus Ton aufbewahren.

*Literatur*

*D. Correns* (Hg.): Die Mischna. In deutscher Übersetzung mit einer Einleitung und Anmerkungen, Wiesbaden 2005.

## Texte zu 3.3.7 Mystik

### 252: Hen[aeth] 14,8–23

Ziel des mystischen Aufstiegs (der Himmelsreise) ist von den ältesten bis zu den jüngsten Zeugnissen die Schau der göttlichen Herrlichkeit auf ihrem Thron bzw. des göttlichen Thronwagens gemäß Ez 1 (seit Sir 49,8 *Merkabah* genannt). Fester Bestandteil der Visionsschilderungen ist auch die Beschreibung des himmlischen Heiligtums und der Rolle der Engel, nach Klassen eingeteilt.

8Und die Vision erschien mir folgendermaßen: Siehe, Wolken riefen mich in
der Vision, und Nebel rief mich, und die Bahn der Sterne und die Blitze
drängten mich zur Eile und trieben mich, und die Winde in der Vision gaben
mir Flügel und bewegten mich und hoben mich empor in den Himmel. 9Und
ich ging hinein, bis ich nahe an einer Mauer war, die aus Hagelsteinen erbaut
war, und Feuerzungen umgaben sie, und sie begann, ihr Furcht einzujagen.
10Und ich trat hinein in die Feuerzunge und näherte mich einem großen Haus,
das aus Hagelsteinen erbaut war, und die Wand jenes Hauses war wie eine
Mosaikfläche aus Hagelsteinen, und sein Boden war von Hagel, 11seine Decke
wie die Bahn der Sterne und wie Blitze, und dazwischen waren feurige
Kerubim, und sein Himmel war von Wasser, 12und flammendes Feuer umgab
die Wand, und seine Tür flammte von Feuer. 13Und ich trat ein in jenes Haus,
und es war heiß wie Feuer und kalt wie Schnee, und keine Lebensfreude war
darin. Furcht bedeckte mich, und Zittern ergriff mich. 14Und ich war er-
schüttert und zitterte, und ich fiel nieder auf mein Angesicht; und ich sah in
der Vision: 15Und siehe, da war ein anderes Haus, größer als jenes, und die Tür
war völlig offen vor mir, und es war aus Feuerzungen erbaut. 16Und in allem
war es so außergewöhnlich an Herrlichkeit, Pracht und Größe, dass ich nicht
in der Lage bin, euch seine Herrlichkeit und seine Größe zu beschreiben.
17Und sein Boden war von Feuer, und oberhalb von ihm waren Blitze und die
Laufbahn der Sterne, und seine Decke flammendes Feuer. 18Und ich blickte
hin und sah darin einen hohen Thron, und sein Aussehen war wie Reif, und
sein Umkreis war wie die Sonne, die leuchtet, und wie die Stimme der
Kerubim. 19Und unterhalb des Thrones kamen Ströme flammenden Feuers
hervor, und man vermochte ihn nicht anzusehen. 20Und die große Herrlichkeit
saß darauf, und ihr Gewand war strahlender als die Sonne und weißer als aller
Schnee. 21Und keiner von den Engeln konnte eintreten, noch sein Angesicht
den Erhabenen und Herrlichen sehen, und keiner, der zum Fleisch gehört, ver-
mag ihn zu sehen. 22Flammendes Feuer war rings um ihn, und großes Feuer
stand vor ihm, und niemand von denen, die um ihn waren, nahte sich ihm;
zehntausend Mal zehntausend waren vor ihm, aber er brauchte keinen Rat.
23Und die Heiligen der Heiligen, die in seiner Nähe waren, entfernten sich
nicht bei Nacht und verließen ihn nicht.

*Literatur*

*S. Uhlig*: Das äthiopische Henochbuch, in: JShrZ V 6, Gütersloh 1984.

## 253: 4Q405 6–14

Bei den aus Qumran erhaltenen Sabbatopferliedern steht die Beschreibung des himmlischen Gottesdienstes (als simultanes Urbild des irdischen) im Vordergrund. Das zwölfte Lied vermag einen guten Eindruck sowohl von der schriftgelehrten Weiterentwicklung von Elementen aus Ez 1–3 zur *Merkabah*-Spekulation als auch von dem priesterlich-liturgischen Charakter der zugrunde liegenden mystisch-spirituellen Erfahrung zu vermitteln.

6Für den Maskîl: Lied des Brandopfers des Sabbat zwölf, am einundzwanzigsten des dritten Monats. Lobsingt dem Gott [...] 7zweite, von wunderbarer Art, und erhebt Ihn [...] der Herrlichkeit in der Wohnstatt des Gottes von Erkenntnis.
Es fallen vor ihm nieder die Kerubim und sie preisen, indem sie sich erheben, einen Schall von Gottes-Stille, 8[...] und Jubelgetose beim Heben ihrer Flügel, ein Schall von Gottesstille, als Bauwerk eines *Merkabah*-Thrones, preisen von oberhalb des Firmamentes die Kerubim 9und die Majestät des Firmaments des Lichts bejubeln sie unterhalb des Sitzes Seiner Herrlichkeit. Und gehen die Ofannim ab, kehren Heiligkeits-Engel wieder, kommen heraus zwischen 10Rädern Seiner Herrlichkeit wie Feuererscheinungen.
Geister des Allerheiligsten ringsum, Erscheinungen von Feuerflammen im Abbild eines Chashmal, und Gebilde 11aus Strahlenglanz, durchflochten mit Herrlichkeit von wunderbaren Farben, polierter reiner Glanz. Geister des lebendigen Gottes, ständig hin und hergehend mit der Herrlichkeit der Wagen 12des Wunders, ein Schall von Preisungs-Stille im Gedröhn ihres Ganges und des Lobs von Heiligkeit. An der Kehre ihrer Wege, wenn sie erheben, erheben sie auf wunderbare Weise, und wohnt 13Seine Herrlichkeit ein, herrscht Schall frohlockenden Jubels, Ruhe und Stille von Gottespreisung in allen Lagern Gottes, und der Schall von Lobpreisungen 14[...]. hervor zwischen all ihren Abteilungen auf der Seite [...]. Es jubeln alle ihre Aufgebotenen, ein jeder einzelne auf seinem Posten.

*Literatur*

*J. Maier*: Die Qumran-Essener: Die Texte vom Toten Meer, Bd. II: Die Texte der Höhle 4, München/Basel 1995.

# Texte zu 3.3.8 Zahlenmystik und Gematrie

## 254: Sib 4,119–139

Die im 1. Jh. n.Chr. entstandene Gerichtsschau enthält in v. 119–139 die Legende vom *Nero redivicus*, vom verschollen geglaubten, aber überraschend zurückkehrenden König Nero.

Aus Italien erscheint ein großer König als Flüchtling; fliehen wird er, verschwunden, verschollen, über den Euphrat, wenn er zuvor an der Mutter grausigen Mord beging und viele andere Verbrechen vollbrachte, mit frevelnder Hand sie verübend. Viele beflecken den Boden mit Blut für die Herrschaft der Römer, wenn jener flieht noch über die Grenzen des Parther-

gebietes. Aber nach Syrien kommt ein Fürst aus Rom, der verbrennen wird Jerusalems Tempel und viele Juden vernichten und verderben das große Land mit geräumigen Straßen.
Alsdann vernichtet mit Paphos auch Salamis eine Erschütterung, wenn übers viel bespülte Kypros hin Schwarzwasser brauset. Schießt im italischen Land aus einer Erdkluft eine Wolke aus Feuer hervorblitzend zum weiten Himmel empor und verbrennt gar viele Städte und tötet die Männer, und erfüllt den geräumigen Äther viel schwärzliche Asche, fallen ferner Tropfen, dem Mennig vergleichbar, vom Himmel, dann soll daraus man erkennen des himmlischen Gottes Erzürnung, weil man der Guten und Frommen unschuldiges Volk will vernichten. Westwärts zieht dann das neu entfachte Kriegsgetümmel, und Roms Flüchtling erhebt des Krieges gewaltige Lanze und überschreitet dann mit vielen Tausend den Euphrat.

*Literatur*

Sibyllinische Weissagungen. Griechisch/Deutsch. Auf der Grundlage der Ausgabe von *A. Kurfeß* neu übersetzt und hg. von *J.-D. Gauger*, Düsseldorf 1998.

## Texte zu 3.3.9 Apologetik, Polemik und Mission: Der Umgang mit der Religiosität der „anderen“

Tac. hist. 5,2–5

→1.2.2 Text Nr. 14; →3.3.6.2

### 255: Tert. apol. 7;9f

Der Kirchenvater Tertullian (ca. 160–230 n.Chr.) schrieb 197 n.Chr. seine apologetische Hauptschrift, das *Apologeticum*. In dieser Schrift geht er auf die Vorwürfe ein, denen sich die Christen seiner Zeit ausgesetzt sahen, und widerlegt sie in offensiver Form.

7 Wir werden grosse Verbrecher genannt wegen des in Kindermord begebenden Geheimkultus und des davon bereiteten Mahles und der auf das Mahl folgenden Blutschande, welche als Kuppler die das Licht umstürzenden Hunde bewirken, mit Hilfe einer Schamlosigkeit, wie sie durch Finsternis und ruchlose Lust erzeugt wird. Jedoch, wir werden immer nur so genannt, und doch sorgt Ihr nicht dafür, gerichtlich das zu ermitteln, was man uns schon so lange nachsagt. Folglich ermittelt es entweder, wenn Ihr es glaubt, oder glaubt es nicht, da ihr es noch nicht ermittelt habt! Infolge Eurer Nachlässigkeit wird Euch die Einrede gemacht, dass gar nicht existiere, was Ihr selbst nicht einmal zu ermitteln wagt. Ihr befehlet dem Folterknecht eine sehr verschiedene Verrichtung an den Christen; sie sollen nicht sagen, was sie tun, sondern verleugnen, was sie sind. Die Entstehung dieser Lehre datiert, wie wir schon ausgesprochen haben, von Tiberius an. Mit Verhasstsein begann die Wahrheit. Sobald sie erschien, war sie verhasst. Alle, die ihr fremd waren, waren ihr auch Feind, und zwar im eigentlichen Sinn des Wortes aus Feindseligkeit die

Juden, um der Gelderpressung willen die Soldaten, aus natürlichen Ursachen auch unsere Hausgenossen selbst. Täglich werden wir umlagert, täglich verraten, bei unsern Versammlungen und Zusammenkünften selbst häufig überfallen. Wer hat auf solche Weise jemals das weinende Kind erwischt? Wer hat die blutigen Zyklopen- und Sirenenschädel dem Richter, wie er sie gefunden, aufgehoben? Oder wer hat bei seiner Gattin die unreinen Spuren entdeckt? Wer hätte solche Schandtaten, wenn er sie vorgefunden, verheimlicht oder sie sich abkaufen lassen, die Leute selbst, aber mit sich geschleppt? Wenn es Regel ist, dass wir immer verborgen bleiben, so frage ich, wann ist denn verraten worden, was wir treiben? Oder vielmehr, von wem konnte es denn verraten werden? Von den Schuldigen selbst doch sicher nicht, da man ja schon nach der herkömmlichen Ordnung bei allen Mysterien treue Verschwiegenheit schuldet. Die samothrakischen und eleusinischen Mysterien werden geheim gehalten, um wie viel mehr noch solche, die, wenn verraten, schon hienieden die menschliche Strafgerechtigkeit herausfordern würden, während die göttliche noch vorbehalten bleibt. Wenn sie demnach nicht selbst ihre eigenen Verräter werden können, so folgt, es sind dem Bunde nicht Angehörige. Und woher sollte diesen die Kenntnis davon kommen, da man immer auch bei den reinen Mysterien die Uneingeweihten abhält und sich vor Horchern hütet? Es müsste denn sein, dass die Gottlosen weniger Scheu empfänden.

9 Damit meine Widerlegung uns so schlagender sei, will ich zeigen, dass derartige Dinge bei Euch teils öffentlich, teils im Geheimen verübt werden, was vielleicht der Grund ist, warum Ihr es auch von uns geglaubt habt. Kinder wurden in Afrika dem Saturn öffentlich geopfert bis zum Proconsulat des Tiberius, der diesselben Priester selbst an denselben Bäumen ihres Tempelhains, welche die Verbrechen mit Schatten bedeckten, wie an Votivkreuzen aushängte, dessen die Militärmannschaft unseres Vaterlandes, die dem Prokonsul zu diesem Unternehmen diente, Zeuge ist. Im Geheimen aber besteht die Übung dieser heiligen Schandtat auch jetzt noch fort. Nicht die Christen allein verachten Euch; auch wird kein Verbrechen für ewige Zeiten ausgerottet, noch ändert seine Gewohnheiten irgend ein Gott. Da Saturn seine eigenen Söhne nicht geschont hat, so beharrt er natürlich dabei, fremde auch nicht zu schonen, welche noch dazu ihre Eltern, die gern ihren Gelübden entsprachen, selbst darbrachten, und die Kinder liebkosten, damit sie nicht weinten, wenn sie geopfert würden, Und doch ist noch ein grosser Unterschied zwischen Mord und Verwandtenmord. Leute höheren Alters werden bei den Galliern dem Merkur geopfert. Die Erzählungen aus Taurus überlasse ich den Theatern. Siehe, in der so religiösen Stadt der frommen Äneaden ist ein Jupiter, den man zur Zeit seiner Spiele mit Menschenblut wäscht. „Es ist ja das Blut eines Tierkämpfers", werdet Ihr sagen. Recht so; ist es darum weniger als Menschenblut? Oder ist die Sache nicht etwa darum noch schändlicher, weil es das Blut eines schlechten Menschen ist? Jedenfalls wird es doch infolge eines Mordes vergossen. Oho! Der Jupiter ist Christ, und der einzige Sohn seines Vaters infolge von dessen Grausamkeit!

Jedoch, da es beim Kindermord keinen Unterschied macht, ob er zum Zweck eines Opfers oder aus Willkür geschieht, obschon der Verwandtenmord vom gewöhnlichen Mord verschieden ist, so will ich mich ans Volk wenden. Wie viele von den hier Herumstehenden, die nach dem Blute der Christen lechzen, oder sogar von Euch, Ihr gerechter und gegen uns so gestrenger Präsident, sollt Ihr, dass ich in ihrem Gewissen treffen soll als solche, welche die ihnen geborenen Kinder töten? Wenn aber etwa in betreff der Todesart noch ein Unterschied besteht, so entreisst Ihr ihnen jedenfalls auf eine grausamere Weise das Leben, entweder durch Wasser oder setzt sie der Kälte, dem Hungertode oder den Hunden aus; denn durch das Messer zu sterben, würde auch das reifere Alter vorziehen. Wir aber dürfen, da der Mord uns ein für allemal verboten ist, auch den Fötus im Mutterleibe, wo noch das Blut zur Bildung eines Menschen absorbiert wird, nicht zerstören. Die Geburt verhindern, ist nur eine Beschleunigung des Mordes, und es verschlägt nichts, ob man ein schon geborenes Leben entreisst oder ein in der Geburt begriffenes zerstört. Was erst ein Mensch werden soll, ist schon ein Mensch; ist ja doch auch jede Frucht schon in ihrem Samen enthalten.

Hinsichtlich des Blutgenusses und dergleichen tragischer Mahlzeiten leset nach, ob nicht irgendwo – ich meine, es ist bei Herodot – erzählt wird, dass gewisse Nationen zur Abschliessung von Bündnissen den Armen entzogenes und gegenseitig verkostetes Blut verwenden? Was man unter Catilina verkostet, weiss ich nicht. Wie man sagt, wird bei gewissen skythischen Völkerschaften jeder Verstorbene von den Seinigen verzehrt. Ich entferne mich etwas zu weit. Hierzulande selbst dient jetzt noch aus der geritzten Hüfte mit der hohlen Hand aufgefangenes und zum Genusse gereichtes Blut zur Besiegelung der der Bellona Geheiligten. Wo sind diejenigen, welche gegen ein Stück Geld das frische Blut der in der Arena umgebrachten Verbrecher, wenn es aus der Kehle fliesst, auffangen und es wie versessen forttragen, um damit die fallende Sucht zu heilen? Ebenso die, welche von den wilden Tieren aus der Arena sich eine Mahlzeit bereiten, die vom wilden Eber, vom Hirsche begehren? Und jener Eber hat im Kampfe den, welchen er blutig verletzt hat, abgewischt, und jener Hirsch hat im Blute des Gladiatoren gelegen. Sogar der Wanst des Bären, der noch mit Menschengedärmen vollgestopft ist, wird begehrt. Mithin haben also Menschen das Aufstossen von einem Fleische, das mit Menschenfleisch genährt wurde. Ihr, die ihr dergleichen esset, wie weit seid Ihr denn von den Mahlzeiten der Christen entfernt?

10 „Ihr ehret“, wirft man uns vor, „die Götter nicht und leistet keine Opfer für die Kaiser.“ Es ist die natürliche Konsequenz, dass wir, da wir die Götter nun einmal nicht verehren und darum auch nicht für uns selbst opfern, es eben so wenig für andere tun. Daher kommt es, dass wir als eines Religions- und eines Majestätsverbrechens schuldig belangt werden. Dies ist nun die Hauptsache, ja, sozusagen die ganze Geschichte, und sie wäre deshalb wahrhaftig einer Untersuchung wert, wenn nur nicht die stolze Vermessenheit und die Ungerechtigkeit zu Gericht säßen, wovon die eine an der Wahrheit verzweifelt, die andere sie verschmäht. Wir hören auf, Eure Götter zu verehren von dem Zeitpunkte an, wo wir erkennen, dass sie keine sind. Das also habt Ihr zu verlangen, dass wir beweisen, dass sie keine Götter sind und deshalb nicht verehrt werden dürfen, weil sie nur dann verehrt werden müssten, wenn sie Götter wären. Auch wären die Christen nun dann zu bestrafen, wenn es feststände, dass diejenigen, welche sie in dem Glauben, es seien keine Götter, nicht verehren, dennoch Götter wären. „Aber uns“, sagt ihr, „gelten sie als Götter.“ Wir appellieren und berufen uns von Euch an Euer besseres Wissen, dieses soll uns

verurteilen, dieses uns verdammen, wenn es imstande ist, zu leugnen, dass alle diese Eure Götter Menschen gewesen sind. Wenn es dies auch leugnen sollte, dann soll es aus den Schriftstücken des eigenen Altertums überführt werden, woraus es sie kennengelernt hat, wobei bis heute Zeugnis ablegen die Städte, worin jene geboren sind, und die Gegenden, wo sie irgendwelche Spuren einer Wirksamkeit hinterlassen haben, wo auch ihre Gräber gezeigt werden.

*Literatur*

Tertullian: Apologeticum. Verteidigung des Christentums. Lateinisch/Deutsch. Hg., übersetzt und erläutert von *C. Becker*, München [2]1961.

## 256: Ios. c. Ap. 2,282

In seiner apologetischen Schrift „Gegen Apion“, die zu den kleineren Schriften gerechnet wird, schildert Josephus in schillernden Farben die Attraktivität jüd. Gebräuche und Gebote für die pagane Umwelt.

Aber auch schon unter den Massen bemerkt man seit längerer Zeit viel Eifer für unsere Religion, und es gibt kein Volk und keine griechische oder barbarische Stadt, wo nicht unser Brauch, am siebenten Tage die Arbeit ruhen zu lassen, Eingang gefunden hätte und wo nicht das Fasten, Anzünden von Lichtern und viele unserer Abstinenzgebote beobachtet würden. Auch unsere bürgerliche Eintracht, unsere Wohltätigkeit, unseren gewerblichen Fleiß, unsere Ausdauer in Drangsalen, wenn es sich um die Verteidigung des Gesetzes handelt, suchen sie nachzuahmen. Am meisten freilich muss man sich darüber wundern, dass das Gesetz lediglich durch die ihm innewohnende Kraft, ohne Anwendung sinnlicher Reizmittel und Lockungen dies vermocht hat; wie Gott das Weltall durchdringt, so hat sich das Gesetz durch die ganze Menschheit verbreitet.

*Literatur*

Flavius Josephus. Geschichte des Jüdischen Krieges. Kleinere Schriften. Übersetzt und mit Einleitung und Anmerkungen versehen von *H. Clementz*, Wiesbaden 2005.

# 5.4 Register

## 5.4.1 Stellenverzeichnis

### Frühjüdische Schriften

## Frühchristliche und gnostische Schriften



## Sonstige Literatur

## Epigraphische Zeugnisse

## Papyri

## 5.4.2 Verlage und ihre Publikationen

Die in diesem Band abgedruckten Texte entstammen den Publikationen folgender Verlage / Organisationen:

*Verlag C.H. Beck oHG*
*M. Wörrle*: Stadt und Fest im kaiserzeitlichen Kleinasien, München 1988.

*Berlin-Brandenburgische Akademie der Wissenschaften*
Apuleius: Metamorphosen oder der goldene Esel. Lateinisch/Deutsch von *R. Helm*. Siebte durchgesehene und erweiterte Auflage besorgt von *W. Krenkel*, Darmstadt 1970.
Xenophon: Ökonomische Schriften. Griechisch/Deutsch von *G. Audring*, Berlin 1992.
*O. Wittstock* (Hg.): Sueton, Kaiserbiographien, Berlin 1993.

*Koninklijke Brill NV*
*P. Schäfer*: Die sogenannte Synode von Jabne. Zur Trennung von Juden und Christen im ersten/zweiten Jh. n. Chr., in: *Ders.*, Studien zur Geschichte und Theologie des rabbinischen Judentums, Leiden 1978.

*Walter de Gruyter GmbH & Co. KG*
Philo von Alexandria. Die Werke in deutscher Übersetzung, hg. von *L. Cohn/I. Heinemann/M. Adler/W. Theiler*, Bd. I, Berlin ²1962.
*G. Strecker/U. Schnelle*: Neuer Wettstein. Texte zum Neuen Testament aus Griechentum und Hellenismus, Bd. II 2, Berlin/New York 1996.
*M. Waldstein* (Einl./Übers.): Das Apokryphon des Johannes. (Dt. Übersetzung), in: *H.-M. Schenke u.a.* (Hgg.): Nag Hammadi Deutsch. (Dt. Übersetzung). Eingel. u. übers. v. Mitgliedern des Berliner Arbeitskreises für Koptisch-Gnostische Schriften, 1. Band: NHC I,1–V,1, Berlin/New York 2001.

*Deutscher Taschenbuch Verlag GmbH & Co. KG*
Plutarch: Große Griechen und Römer. Bd.1. Aus dem Griechischen übertragen, eingeleitet und erläutert von *K. Ziegler*, München 1979.
*L. Seeger* (Übers.)/*H.-J.Newiger* (Hg.): Aristophanes. Komödien, München 1990.

*Verlagsgruppe Droemer Knaur GmbH & Co. KG*
*W. Wise/M. Abegg/E. Cook* (Hgg.): Die Schriftrollen von Qumran. Übersetzung und Kommentar mit bisher unveröffentlichten Texten, Augsburg 1997.

*Gütersloher Verlagshaus / Verlagsgruppe Random House GmbH*
*H. Bardtke*: Zusätze zu Esther, in: JShrZ I 1, Gütersloh 1973.
*N. Meisner*: Aristeasbrief, in: JShrZ II 1, Gütersloh 1973.
*E. Oßwald*: Das Gebet Manasses, in: JShrZ IV 1, Gütersloh ²1977.
*S. Holm-Nielsen*: Die Psalmen Salomos, in: JShrZ IV 2 , Gütersloh 1977.
*J. Becker*: Die Testamente der zwölf Patriarchen, in: JShrZ III 1, Gütersloh 1980.
*J. Schreiner*: Das 4. Buch Esra., in: JShrZ V 4, Gütersloh 1981.
*C. Burchard*: Joseph und Aseneth, in: JShrZ II 4, Gütersloh 1983.
*S. Uhlig*: Das äthiopische Henochbuch, in: JShrZ V 6, Gütersloh 1984.
*H.-J. Klauck*: 4. Makkabäer, in: JShrZ III 6, Gütersloh 1989.

*Dr. Rudolph Habelt GmbH*
*H. Wankel* (Hg.): Die Inschriften von Ephesos [IK 11, 1]. Teil 1 a, Bonn 1979.

## *Verlag Herder GmbH*
Irenäus von Lyon: Epideixis – Adversus Haereses I. Darlegung der apostolischen Verkündigung – Gegen die Häresien I, Übersetzung und Einleitung von *N. Brox*, Freiburg 1993.

## *Anton Hiersemann KG*
Isokrates: Sämtliche Werke, Bd. 1: Reden I–VIII. Übersetzt von *Ch. Ley-Hutton*, Stuttgart 1993

## *Insel Verlag Anton Kippenberg GmbH & Co. KG*
*Th. Braun*: Das Geschichtswerk des Herodotos von Halikarnassos, Leipzig 1958.

## *Jüdischer Verlag GmbH*
*L. Goldschmidt*: Der babylonische Talmud, Darmstadt 1996.

## *Kloof Booksellers*
Das Corpus Iuris Civilis Romani, 7 Bde., in's Deutsche übers. von einem Vereine Rechtsgelehrter, hg. von *C. E. Otto/B. Schilling/C. F. F. Sintenis*, Leipzig 1831–1839 (ND Aalen 1984/1985).

## *Alfred Körner Verlag GmbH & Co. KG*
Aristoteles: Hauptwerke. Ausgewählt und eingeleitet von *W. Nestle*, Stuttgart 81977.

## *W. Kohlhammer GmbH*
Die Tosefta Seder II: Moed 3: Sukka – Jom tob – Rosch ha – Schana. Übersetzt und erklärt von *H. Bornhäuser/ G. Mayer*, Stuttgart u.a 1971.
*E. Lohse/G. Mayer*: Die Tosefta, Seder I: Zeraim, 1.1: Berakot – Pea, Stuttgart u.a. 1999.

## *LIT Verlag Dr. Wilhelm Hopf*
*F. Siegert*: Zwischen Hebräischer Bibel und Altem Testament. Eine Einführung in die Septuaginta, Münster 2001.
*G. Schimanowski*: Juden und Nichtjuden in Alexandrien. Koexistenz und Konflikte bis zum Pogrom unter Tajan (117 n.Chr.), Münster 2006.

## *marixverlag GmbH*
*D. Correns* (Hg.): Die Mischna. In deutscher Übersetzung mit einer Einleitung und Anmerkungen, Wiesbaden 2005.
Flavius Josephus: Geschichte des Jüdischen Krieges/Kleinere Schriften. Übersetzt und mit Einleitung und Anmerkungen versehen von *H. Clementz*, Wiesbaden 2005.
Flavius Josephus: Jüdische Altertümer. Übersetzt und mit Einleitung und Anmerkungen versehen von *H. Clementz*, Wiesbaden $^{2}$2006.

## *Felix Meiner Verlag*
Diogenes Laertius: Leben und Meinungen berühmter Philosophen, übersetzt von *O. Apelt/H. G. Zekl*, Hamburg $^{3}$1990.

## *J.B. Metzler'sche Verlagsbuchhandlung und C.E. Poeschel Verlag GmbH*
*G. S. Kirk/J. E. Raven/M. Schofield* (Hgg.): Die vorsokratischen Philosophen. Einführung, Texte und Kommentare, Stuttgart 1994.

## *Mohr Siebeck GmbH & Co. KG*

Avoda Zara: Götzendienst, übersetzt von *G.A. Wewers*, Band IV/7, in: *M. Hengel* u.a. (Hgg.): Übersetzung des Talmud Yerushalmi, Tübingen 1980.
*F. Siegert*: Drei hellenistisch-jüdische Predigten. I. Übersetzung aus dem Armenischen und sprachliche Erläuterungen, Tübingen 1980.
Flavius Josephus: Aus meinem Leben (Vita) Kritische Ausgabe, Übersetzung und Kommentar von *F. Siegert/H. Schreckenberg/M. Vogel* und dem Josephus-Arbeitskreis des Institutum Judaicum Delitzschianum, Münster 2001.
*E. Ebel*: Die Attraktivität früher christlicher Gemeinden. Die Gemeinde von Korinth im Spiegel griechisch-römischer Vereine, Tübingen 2004.

## *Otto Müller Verlag*

Aurelius Augustinus: Der Gottesstaat, in deutscher Sprache von *C. J. Perl*, Bd. I, Salzburg ²1966.

## *Nordrhein-Westfälische Akademie der Wissenschaften*

*G. Petzl*: Die Beichtinschriften im römischen Kleinasien und der Fromme und Gerechte Gott, Opladen 1998.
Urkunden des Politeuma der Juden von Herakleopolis (144/3–133/2 v.Chr.) (P. Polit. Iud.). Papyri aus den Sammlungen von Heidelberg, Köln, München und Wien, bearbeitet von *J. M.S Cowey/K. Maresch*, Opladen 2001.

## *Oldenbourg Schulbuchverlag GmbH und Bayerischer Schulbuch Verlag GmbH*

*W. Arend* (Hg.): Geschichte in Quellen. Bd. 1: Altertum, München ²1975.

## *Georg Olms Verlag AG / Weidlandsche Verlagsbuchhandlung GmbH*

*H. Diels/W. Kranz*: Die Fragmente der Vorsokratiker, 3 Bde., Berlin ⁵1951 u.ö.

## *Patmos Verlagshaus GmbH & Co. KG*

Titus Lucretius Carus: Welt aus Atomen, Lateinisch/Deutsch, Textgestaltung, Einleitung und Übersetzung von *K. Büchner*, Zürich 1956.
Martial: Epigramme. Eingeleitet und im antiken Versmaß übertragen von *R. Helm*, Zürich/Stuttgart 1957.
Juvenal: Satiren. Vollständige metrische Neuübertragung mit Erläuterungen von *W. Plankl*, München 1958.
Thukydides: Geschichte des peloponnesischen Krieges, eingeleitet und übertragen von *G.P. Landmann*, Zürich/Stuttgart 1960.
Polybios: Geschichte. Gesamtausgabe in zwei Bänden, eingeleitet und übertragen von *H. Drexler*, Zürich/Stuttgart 1961.
Herodot: Historien. Deutsche Gesamtausgabe. Übersetzt von *A. Hornefer*. Neu herausgegeben und erläutert von *H.W. Haussig*, mit einer Einleitung von *W.F. Otto*, Stuttgart ³1963.
Tacitus: Annalen, dt. von *A. Horneffer*, Stuttgart 1964.
C. Plini Caeciliani Secundi Epistularum Libri Decem / Briefe, Lateinisch/Deutsch, hg. von *H. Kasten*, München 1968.
*A. Weiher* (Hg. /Übers): Homerische Hymnen, München 1970.
*H. Rüdiger*: Griechische Gedichte, München ⁴1972.
Plutarch: Große Griechen und Römer. Bd.2. Aus dem Griechischen übertragen, eingeleitet und erläutert von *K. Ziegler*, München 1975.
Historia Augusta. Römische Herrschergestalten, 2 Bde., eingeleitet und übersetzt von *E. Hohl*, bearbeitet und erläutert von *E. Mertens/A. Rösger*, Zürich/München 1976.

P. Cornelius Tacitus: Historiae/Historien, Lateinisch/Deutsch, hg. von *J. Borst* unter Mitarbeit von *H. Hross/H. Borst*, München ³1977.

C. Plinius Secundus d. Ä.: Naturkunde. Lateinisch/Deutsch, Bücher XII/XIII. Botanik: Bäume, hg. und übersetzt von *R. König* in Zusammenarbeit mit *G. Winkler*, Darmstadt 1977.

Marcus Tullius Cicero: Sämtliche Reden, eingeleitet, übersetzt und erläutert von *M. Fuhrmann*, Bd. V, Zürich/München, 1978.

M. Tullius Cicero: De Natura Deorum Libri III / Vom Wesen der Götter, Lateinisch/Deutsch. Hg., übersetzt und erläutert von *W. Gerlach/K. Bayer*, München 1978.

Vergil: Aeneis, Lateinisch/Deutsch. In Zusammenarbeit mit *M. Götte* hg. und übersetzt von *J. Götte*, München ⁴1979.

Plutarch: Große Griechen und Römer. Bd.6. Aus dem Griechischen übertragen, eingeleitet und erläutert von *K. Ziegler*, München 1980.

*V. Mumprecht* (Hg.): Philostratos, Das Leben des Apollonios von Tyana, griechisch/deutsch, München/Zürich 1983.

Marcus Tullius Cicero: Gespräche in Tusculum. Lateinisch/Deutsch, mit ausführlichen Anmerkungen hg. von *O. Gigon*, München/Zürich ⁵1984.

Die sibyllinischen Orakel. Aus alten Schriften in deutscher Übertragung mit Einleitung und erläuternden Anmerkungen hg. von *R. Clemens*, Wiesbaden ²1985.

Marcus Tullius Cicero: Vom rechten Handeln, hg. und übersetzt von *K. Büchner*, München ³1987.

C. Suetonius Tranquillus: Sämtliche erhaltenen Werke. Unter Zugrundelegung der Übertragung von *A. Stahr* neu bearbeitet von *F. Schön/G. Waldherr*, Essen 1987.

C. Suetonius Tranquillus: Augustus. Lateinisch/Deutsch, hg. und übersetzt von *D. Schmitz*, Stuttgart 1988.

C. Plinius Secundus d. Ä., Naturkunde. Lateinisch/Deutsch. Buch XXVIII. Medizin und Pharmakologie: Heilmittel aus dem Tierreich, hg. und übersetzt von *R. König*, München 1988.

Augustus: Meine Taten. Res gestae divi Augusti nach dem Monumentum Ancyranum, Apolloniense und Antiochenum. Lateinisch/Griechisch/Deutsch hg. von *E. Weber*, München ⁵1989.

*A. von Schirnding* (Hg./Übers.): Hesiod. Theogonie – Werke und Tage. Griechisch/Deutsch, mit einer Einführung und einem Register von *E.G. Schmidt*, München/Zürich 1991.

T. Livius: Römische Geschichte. Buch I–III. Lateinisch/Deutsch, hg. von *H.J. Hillen*, Darmstadt ²1991.

*J. Adamietz* (Hg.): Juvenal, Satiren, München/Zürich 1993.

C. Plinius Secundus d. Ä.: Naturkunde. Lateinisch/Deutsch. Buch V. Geographie: Afrika und Asien, hg. und übers. von *G. Winkler* in Zusammenarbeit mit *R. König*, München 1993.

C. Plinius Secundus d. Ä.: Naturkunde. Lateinisch/Deutsch. Buch XVIII. Botanik: Ackerbau, hg. und übers. von *R. König* in Zusammenarbeit mit *J. Hopp/W. Glöckner*, Darmstadt 1995.

*H. Merklin* (Hg.): Marcus Tullius Cicero. De oratore. Über den Redner. Lateinisch/Deutsch, Stuttgart ³1997.

T. Livius: Römische Geschichte. Buch XXVII–XXX. Lateinisch/Deutsch, hg. von *H.J. Hillen*, München 1997.

*H. Martinet* (Hg.): C. Suetonius Tranquillus: Die Kaiserviten (De Vita Caesarum) – Berühmte Männer (De Viris Illustribus). Lateinisch/Deutsch, Düsseldorf/Zürich 1997.+

Sibyllinische Weissagungen. Griechisch/Deutsch. Auf der Grundlage der Ausgabe von *A. Kurfeß* neu übersetzt und hg. von *J.-D. Gauger*, Düsseldorf 1998.

*G. Fink* (Hg.): Ovid. Metamorphosen. Das Buch der Mythen und Verwandlungen, Düsseldorf u.a. 2001

P. Cornelius Tacitus: Annalen, Lateinisch/Deutsch, hg. von *E. Heller*, Düsseldorf/Zürich ⁴2002.

*H. Martinet* (Hg.): Gaius Suetonius Tranquillus, Gaius. Die Kaiserviten = De vita Caesarum, Düsseldorf 2006.

Cassius Dio: Römische Geschichte. Bd. IV. Bücher 51–60. Übers. von *O. Veh*, Düsseldorf 2007.

## *Phaidon Akademische Verlagsgesellschaft Athenaion GmbH*

C. Suetonius Tranquillus: Sämtliche erhaltene Werke. Unter Zugrundelegung der Übertragung von *A. Stahr* neu bearbeitet von *F. Schön/G. Waldherr*, Essen 1987.

## *Verlagsgruppe Random House GmbH / Kösel-Verlag*

Des Eusebius Pamphili Bischofs von Cäsarea Kirchengeschichte, hg. von *A. Biglmair*, München 1932.
Flavius Josephus: De Bello Judaico. Der jüdische Krieg, Griechisch/Deutsch. Hg. und mit einer Einleitung sowie mit Anmerkungen versehen von *O. Michel/O. Bauernfeind*, 4 Bde., Darmstadt 1959/1963/1969/1969.
Tertullian: Apologeticum. Verteidigung des Christentums. Lateinisch/Deutsch. Hg., übersetzt und erläutert von *C. Becker*, München ²1961.

## *Philipp Reclam jun. GmbH & Co. KG*

*H. Diller* (Hg./Übers.): Hippokrates. Schriften. Die Anfänge der abendländischen Medizin. Mit einem Essay „Zum Verständnis der Schriften“ und einer Bibliographie, Reinbek 1962.
Publius Cornelius Tacitus: Die historischen Versuche: Agricola, Germania, Dialogus, übersetzt und hg. von *K. Büchner*, Stuttgart 1963.
Epikur: Briefe, Sprüche, Werkfragmente, übersetzt und hg. von *H.-W. Krautz*, Stuttgart 1985.
Römische Inschriften, Lateinisch/Deutsch, ausgewählt, übersetzt, kommentiert und mit einer Einführung in die lat. Epigraphik hg. von *L. Schumacher*, Stuttgart 1988.
Tacitus: Agricola. Lateinisch/Deutsch. Übertragen, erläutert und mit einem Nachwort hg. von *R. Feger*, Stuttgart 1990.
Hippokrates: Ausgewählte Schriften. Aus dem Griechischen übersetzt und herausgegeben von *H. Diller*. Mit einem bibliographischen Anhang von *K.-H. Leven*, Stuttgart 1994.

## *Rowohlt Verlage GmbH*

Platon: Sämtliche Werke. 3. Phaidon, Politeia. In der Übersetzung von *F. Schleiermacher* mit der Stephanus-Numerierung hg. von *W.F. Otto/E. Grassi/G. Plamböck*, Hamburg 1958.
Aristoteles: Politik, übersetzt von *F. Susemihl*, bearbeitet von *N. Tsouyopoulos/E. Grassi*, Hamburg 1965.
Aristoteles: Metaphysik. Übersetzt von *H. Bonitz*, Reinbeck bei Hamburg 1966.
Aristoteles: Politik. Nach der Übersetzung von *F. Susemihl* bearbeitet mit Numerierung, Gliederungen und Anmerkungen hg. von *N. Tsouyopoulos/E. Grassi*, Leck/Schleswig, 1968.
M. Tullius Cicero: Über die Gesetze (*de legibus*), übersetzt, erläutert und mit einem Essay „Zum Verständnis des Werkes“ hg. von *E. Bader/L. Wittmann*, Reinbek bei Hamburg 1969.
Aristoteles: Politik. Übersetzt und hg. von *F.F. Schwarz*, Stuttgart 1989.
Homer: Odyssee, hg. von *W. Schadewaldt*, Hamburg 2008.

## *Verlag Ferdinand Schöningh GmbH & Co. KG*

*C.J. Perl* (Hg.): Die frühen Werke des Heiligen Augustinus. Die Ordnung, Paderborn ⁴1966.

## *Franz Steiner Verlag*

*H. Wieling*: Die Begründung des Sklavenstatus nach *ius gentium* und *ius civile*, Stuttgart 1999.

*Uni-Taschenbücher GmbH / Verlag Reinhard*

*J. Maier*: Die Qumran-Essener. Texte der Schriftrollen und Lebensbilder der Gemeinde, Bd. 1 und 2, München/Basel 1995.

*Vandenhoeck & Rupprecht GmbH & Co. KG*

Strabons Geographika, Bd. 4, Buch XIV–XVII: Text und Übersetzung. Hg. von *St. Radt*, Göttingen 2005.

*Wissenschaftliche Buchgesellschaft Darmstadt*

Platon: Timaios. Hg. und übersetzt von *G. Eigler* unter Mitarbeit von *H. Hofmann/D. Kurz/K. Schöpsdau/P. Staudacher/K. Widdrain*, Darmstadt 1972.

Platon. Werke in acht Bänden. Griechisch/Deutsch. Bd. 8. Zweiter Teil. Hg. von *G. Eigler*. Platon. NOMOI. Gesetze. Buch VII–XII. ΜΙΝΟΣ. Minos. Bearbeitet von *K. Schöpsdau*. Griechischer Text von *A. Diès/J. Souilhé*. Deutsche Übersetzung von *K. Schöpsdau/H. Müller*, Darmstadt 1977.

*H. Freis*: Historische Inschriften zur römischen Kaiserzeit von Augustus bis Konstantin, Darmstadt 1984.

*M. Rosenbach* (Hg.): L. Annaeus Seneca. Philosophische Schriften, Darmstadt 1989.

*W. Eck/J. Heinrichs*: Sklaven und Freigelassene in der römischen Kaiserzeit, Darmstadt 1993.

Marcus Fabius Quintilianus: Ausbildung des Redners. Zwölf Bücher. Lateinisch/Deutsch, hg. und übersetzt von *H. Rahn*, Teil 1, Darmstadt 31995.

Gaius Institutiones: Die Institutionen des Gaius, hg., übersetzt und kommentiert von *U. Manthe*, Darmstadt 2004.

*E. Loewenthal* (Hg.): Platon Sämtliche Werke in drei Bänden, Bd. III, Darmstadt 2004.

## 5.4.3 Einführende Informationen zu Autoren und Hauptwerken

## 5.4.4 Addendum

Auf ausdrücklichen Wunsch einzelner Verlage zitieren wir folgende Textausgaben in besonderem Format:

*Gütersloher Verlagshaus*
Zusatz zum Literaturhinweis Nr. 26–28, 107, 156, 191f, 198, 226, 229–231, 246f, 252: © by Gütersloher Verlagshaus, Gütersloh, in der Verlagsgruppe Random House GmbH, München.

*Verlag Herder*
Zusatz zum Literaturhinweis Nr. 200: Irenäus von Lyon, Epideixis – Adversus Hacreses I = Darlegung der apostolischen Verkündigung – Gegen die Häresien I, Fontes Christiani Bd. 8/1, S. 207f./323f. © Verlag Herder, Freiburg im Breisgau 1993.

*Alfred Kröner Verlag*
Zusatz zum Literaturhinweis Nr. 32: Aristoteles Hauptwerke, ausgewählt, übersetzt und eingeleitet von Wilhelm Nestle, Kröners Taschenbuchausgabe, Band 129, 8.Aufl. 1977, S. 223ff, Alfred Kröner Verlag, Stuttgart.

*J.B. Metzlersche Verlagsbuchhandlung und Carl Ernst Poeschel Verlag GmbH*
Zusatz zum Literaturhinweis Nr. 166: Geoffrey S. Kirk/John E. Raven/Malcolm Schofield (Hrsg.): Die vorsokratischen Philosophen. Einführung, Texte und Kommentare. S. 286. 1994 J.B. Metzlersche Verlagsbuchhandlung und Carl Ernst Poeschel Verlag GmbH in Stuttgart.

*Nordrhein-Westfälische Akademie der Wissenschaften*
Zusatz zum Literaturhinweis Nr. 37, 51: *G. Petzl*: Die Beichtinschriften im römischen Kleinasien und der Fromme und Gerechte Gott, Nordrhein-Westfälische Akademie der Wissenschaften, Opladen 1998.

*Ernst Reinhardt Verlag*
Zusatz zum Literaturhinweis Nr. 99f, 111, 190, 196, 253: Johann Maier: Die Qumran-Essener: Die Texte vom Toten Meer, Band I: Die Texte der Höhlen 1–3 und 5–11, 441 S. UTB-S (978-3-8252-1862-1) kt, © Ernst Reinhardt Verlag, 1995, S. 14f., 172–174, 190f., 383–387, 403. – Johann Maier: Die Qumran-Essener: Die Texte vom Toten Meer, Band II: Die Texte der Höhle 4, 741 S. UTB-S (978-3-8252-1863-8) kt, © Ernst Reinhardt Verlag, 1995, S. 406f.

*Wissenschaftliche Buchgesellschaft*
Zusatz zum Literaturhinweis Nr. 17, 79, 112, 122, 126, 138–143, 172, 177, 213, 249: © by Wissenschaftliche Buchgesellschaft, Darmstadt.

Lisa

neukirchener
theologie

Neues Testament und Antike Kultur

Herausgegeben von
Kurt Erlemann, Karl Leo Noethlichs,
Klaus Scherberich, Thomas Wagner
und Jürgen Zangenberg

Kurt Erlemann (Hg.)

# Neues Testament und Antike Kultur

## Band 4: Karten – Abbildungen – Register

Neukirchener Theologie

Mix
Produktgruppe aus vorbildlich bewirtschafteten Wäldern und anderen kontrollierten Herkünften
www.fsc.org Zert.-Nr. SGS-COC-005773
© 1996 Forest Stewardship Council

Dieses Buch wurde auf FSC-zertifiziertem Papier gedruckt.
FSC (Forest Stewardship Council) ist eine nichtstaatliche, gemeinnützige Organisation, die sich für eine ökologische und sozialverantwortliche Nutzung der Wälder unserer Erde einsetzt.

Bibliografische Information der Deutschen Nationalbibliothek

Die Deutsche Nationalbibliothek verzeichnet diese Publikation in der Deutschen Nationalbibliografie; detaillierte bibliografische Daten sind im Internet über http://dnb.d-nb.de abrufbar.


Umschlaggestaltung: Andreas Sonnhüter, Düsseldorf
Lektorat: Volker Hampel
DTP: Astrid Padberg
Gesamtherstellung: Hubert & Co., Göttingen
Printed in Germany
ISBN 978–3–7887–2492–4
www.neukirchener-verlage.de

# Vorwort

Zwei Jahre nach Erscheinen des ersten Bandes liegt nun der vierte Band von „Neues Testament und Antike Kultur“ (NTAK) vor, der das Gemeinschaftswerk fortsetzt. Er enthält ein komplettes Quellen- und Abkürzungsverzeichnis der drei vorangehenden Bände. Kleinere Ungereimtheiten und Fehler in Band 1–3, die erst bei der Erstellung der Indices ersichtlich wurden, sind dabei korrigiert worden (s. Corrigenda-Liste S. 206f).
Ferner enthält Band 4 einen Personen- und Sachindex, auf den wir im Interesse der Leserinnen und Leser angesichts der Stofffülle nicht verzichten wollten. Vor allem aber bietet dieser Band Abbildungen verschiedenster Art, die das Verständnis der einzelnen Artikel erleichtern sollen. Die Herausgeber sind sich durchaus bewusst, dass selbst die sorgfältigste Auswahl manches Wünschenswerte vermissen lässt, hoffen jedoch sehr, dass das hier vorgelegte Bildmaterial zum vertieften Verständnis der Artikel beiträgt.
Nur am Rande sei erwähnt, dass sich der Verlag aus Kostengründen entschieden hat, sämtliche Abbildungen schwarz-weiß abzudrucken, um den Preis so niedrig wie möglich zu halten. Es versteht sich, dass dabei Qualitätsverluste eintreten, derer sich die Herausgeber nur allzu bewusst sind, die jedoch aus den besagten Kostengründen zu akzeptieren waren.
Abgerundet wird Band 4 durch ein Verzeichnis der Mitarbeiter mit einer Kurzvita, wodurch einerseits die Bandbreite der hier versammelten Autoren dokumentiert, andererseits aber auch angedeutet werden soll, dass sich die Herausgeber auch in Zukunft diese vielfältige „Wissensquelle“ nutzbar machen wollen.
Wir dürfen heute schon einen weiteren Band zu NTAK (Band 5) ankündigen, in dem grundlegende Quellentexte bereit gestellt werden, die vorwiegend dem akademischen Unterricht, insbesondere bei fehlender Kenntnis der Originalsprachen, dienen sollen, aber auch für jeden an der Thematik Interessierten eine Vertiefung – fast „ad fontes“ – bieten können.

Zu danken ist, wie in den früheren Bänden, verschiedenen Personen: Astrid Padberg, Dr. Thomas Wagner, den studentischen Hilfskräften Robert Bellin und Gaby Istas und nicht zuletzt Herrn Dr. Volker Hampel und seinen Mitarbeiterinnen und Mitarbeitern vom Neukirchener Verlag.

Es wäre sehr im Sinne der Sache, wenn von uns nicht erkannte Fehler der Redaktion in Wuppertal gemeldet würden, um in Neuauflagen berichtigt zu werden: www.ntak-uni-wuppertal.de.

Im Oktober 2006 Die Herausgeber

# Inhalt

# 4.1 Inhaltsverzeichnisse der Bände 1–3

## Band 1

## Band 2

## Band 3

## 4.2 Fotos und Skizzen

Abb. 1: →1.4.1 Imperium Romanum, abgebildet in: *O. Leggewie* (Hg.): Die Welt der Römer, Münster [3]1978, Einband vorn.
Abb. 2: →1.4.1 Römische Provinzen in der Levante, aus: *E. M. Ruprechtsberger*: Syrien, DNP 11, 2001, 1175–1176.
Abb. 3: →1.4.4 Das Reich des Alexander Jannaeus, konzipiert von Jürgen Zangenberg, gezeichnet von Sabine Behringer.
Abb. 4: →1.4.4 Das Reich Herodes' d. Gr., konzipiert von Jürgen Zangenberg, gezeichnet von Sabine Behringer.
Abb. 5: →1.4.4 Territorien der Herodeskinder und der Prokuratoren, konzipiert von Jürgen Zangenberg, gezeichnet von Sabine Behringer.
Abb. 6: →1.4.4 Das Königreich Agrippas I., konzipiert von Jürgen Zangenberg, gezeichnet von Sabine Behringer.
Abb. 7: →1.3.4.3 Schekel aus der Münzstätte Tyros, abgebildet in: Sylloge Nummorum Graecorum, Deutschland, Sammlung der Universität Leipzig, bearbeitet von S. Schultz, München 1993, Taf. 66, Nr. 1390.
Abb. 8: →1.3.4.3 Drei Varianten großer Bronzemünzen des Mattathias Antigonos, abgebildet in: *Y. Meshorer*: A Treasury of Jewish Coins. From the Persian Period to Bar Kokhba, Jerusalem/Nyack 2001, 52.
Abb. 9: →1.3.4.3 Menora auf Münze des Antigonos, abgebildet in: *Y. Meshorer*: A Treasury of Jewish Coins. From the Persian Period to Bar Kokhba, Jerusalem/Nyack 2001, 56.
Abb. 10: →1.3.4.3 Tonbulle des Alexander Jannaeus, abgebildet in: *Y. Meshorer*: A Treasury of Jewish Coins. From the Persian Period to Bar Kokhba, Jerusalem/Nyack 2001, 57.
Abb. 11: →1.3.4.3 Münze Herodes' d. Gr., abgebildet in: *Y. Meshorer*: A Treasury of Jewish Coins. From the Persian Period to Bar Kokhba, Jerusalem/Nyack 2001, 62.
Abb. 12: →1.3.4.3 Münze des Archelaos, abgebildet in: *Y. Meshorer*: A Treasury of Jewish Coins. From the Persian Period to Bar Kokhba, Jerusalem/Nyack 2001, 80.
Abb. 13: →1.3.4.3 Schilfrohr auf einer Münze des Herodes Antipas, abgebildet in: *Y. Meshorer*: A Treasury of Jewish Coins. From the Persian Period to Bar Kokhba, Jerusalem/Nyack 2001, 81.
Abb. 14: →1.3.4.3 Das Augusteum von Caesarea Philippi auf einer Münze des Herodes Philippus, abgebildet in: *Y. Meshorer*: A Treasury of Jewish Coins. From the Persian Period to Bar Kokhba, Jerusalem/Nyack 2001, 85.
Abb. 15: →1.3.4.3 Münze vom vierten Jahr des Ersten Aufstands mit Dattelpalme und Fruchtkörben, abgebildet in: *Y. Meshorer*: A Treasury of Jewish Coins. From the Persian Period to Bar Kokhba, Jerusalem/Nyack 2001, 124.
Abb. 16: →1.3.4.3 Judaea Capta-Münze des Jahres 72 aus Rom, abgebildet in: *Y. Meshorer*: A Treasury of Jewish Coins. From the Persian Period to Bar Kokhba, Jerusalem/Nyack 2001, 184.
Abb. 17: →1.4.1.4 und 2.2.7.3 XI Allegorische Darstellung auf der Ara Pacis in Rom. Foto: Klaus Scherberich.

Abb. 18: →1.4.3 Aegyptus Capta-Münze, abgebildet in: *L. von Matt/H. Kühner*: Die Caesaren, Würzburg 1964, 70, Abb. c.
Abb. 19: →1.4.4 Pilatusinschrift aus Caesarea Maritima. *L. Boffo*: Iscrizioni greche e latine per lo studio della Bibbia, Brescia 1994, Nr. 25.
Abb. 20: →1.4.4.2 Festung Masada, abgebildet in: *D. Bahat* (Hg.): Zweitausend Jahre jüdisches Leben im Heiligen Land, Jerusalem 1977, 6.
Abb. 21: →1.4.4.1 Palast des Herodes in Jericho, abgebildet in: *E. Barnavi* (*Hg*.): Universalgeschichte der Juden, Wien 1993, 51.
Abb. 22: →1.5.1.5 Plan von Caesarea Maritima, abgebildet in: *E. Netzer*: Die Paläste der Hasmonäer und Herodes' des Großen, Mainz 1999, 109, Abb. 155.
Abb. 23: →2.2.1.2 Grabstein der Schwestern Nymphe und Prepousa aus Prusa, abgebildet in: *Chr. Marek*: Pontus et Bithynia. Die römischen Provinzen im Norden Kleinasiens, Mainz 2003, 225.
Abb. 24: →2.2.1.6 Trinkservice auf einer Wandmalerei im Grab des Vestorius Priscus aus Pompeii, abgebildet in: *J. R. Clarke*: Art in the Lives of Ordinary Romans. Visual Representation and Non-Elite Viewers in Italy, 100 B.C.–A.D. 315, Berkeley u.a. 2003, 192, Fig. 105.
Abb. 25: →2.2.1.6 Bankettszene aus dem „Haus der züchtigen Liebhaber", abgebildet in: *J. R. Clarke*: Art in the Lives of Ordinary Romans. Visual Representation and Non-Elite Viewers in Italy, 100 B.C.–A.D. 315, Berkeley u.a. 2003, Taf. 20.
Abb. 26: →2.2.1.6 Mosaik aus Rom. Zwei Gruppen von professionellen Artisten, abgebildet in: *J. R. Clarke*: Art in the Lives of Ordinary Romans. Visual Representation and Non-Elite Viewers in Italy, 100 B.C.–A.D. 315, Berkeley u.a. 2003, 217, Fig. 127.
Abb. 27: →2.2.1.6 Schematische Darstellung der Liege- und Rangordnung in einem römischen Triklinium, abgebildet in: *J. R. Clarke*: Art in the Lives of Ordinary Romans. Visual Representation and Non-Elite Viewers in Italy, 100 B.C.– A.D. 315, Berkeley u.a. 2003, 224, Fig. 129.
Abb. 28: →2.2.1.8 Zwei Beispiele von Ledersandalen aus römischer Zeit, gezeichnet von Christina Wagner.
Abb. 29: →2.2.2.1 Sarkophagrelief aus Ostia, abgebildet in: *B. Rawson*: Children and Childhood in Roman Italy, Oxford 2003, 107, Fig. 2.2.
Abb. 30: →2.2.2.1 Seite eines Sarkophags eines erwachsenen Mannes aus Rom, abgebildet in: *B. Rawson*: Children and Childhood in Roman Italy, Oxford 2003, 102, Fig. 2.1.
Abb. 31 und 32: →2.2.2.3 Hellenistische Statuetten zweier alter Menschen, abgebildet in: *R. Garland*: The Eye of the Beholder, London 1995, Abb. 53 und 34.
Abb. 33: →2.2.3.1 und 2.4.4 Szenen aus einer Athener Arztpraxis, gezeichnet von Kathleen Riepe. Abgebildet in: *E. Künzl*: Medizin in der Antike. Aus einer Welt ohne Narkose und Aspirin, Stuttgart 2002, 16.
Abb. 34: →2.2.3.1 und 2.4.4 Krankenheilung durch Asklepios in Begleitung der Göttin Hygieia, abgebildet in: *K. Kerényi*: Der göttliche Arzt. Studien über Asklepios und seine Kultstätte, Darmstadt $^{2}$1964, 33.
Abb. 35: →2.2.3.1 und 2.4.4 Heilung des Archinos durch den Orakelgott Amphiaraos im Traum, abgebildet in: *K. Kerényi*: Der göttliche Arzt. Studien über Asklepios und seine Kultstätte, Basel 1948, 42.

Abb. 36: →2.2.3.2 Hellenistische oder römische Bronzestatuette, abgebildet in: *R. Garland*: The Eye of the Beholder, London 1995, Abb. 46.
Abb. 37: →2.2.5.2 Aufbau der römischen Gesellschaft, abgebildet in: *G. Alföldy*: Römische Sozialgeschichte, Wiesbaden $^{3}$1984, 125, Abb.1.
Abb. 38: →2.2.5.2 Sozialpyramide. Überblick über die soziale Schichtung, abgebildet in: *E. W. Stegemann/W. Stegemann*: Urchristliche Sozialgeschichte. Die Anfänge im Judentum und die Christusgemeinden in der mediterranen Welt, Stuttgart $^{2}$1997, 74.
Abb. 39: →2.2.6.2 Typische *insula* der Wohnbebauung des 1.–4. Jh. aus Kapernaum.
Abb. 40: →2.2.6.2 Dorf Chorazin, abgebildet in: *E. Barnavi* (Hg.): Universal Geschichte der Juden, Wien 1993, 67.
Abb. 41: →2.2.7.2 Ballspiel, abgebildet in: *H. Schlüter* (Hg.): Lumina, Göttingen 1998, 54.
Abb. 42: →2.2.7.2 Grabstein des Gladiators Diodoros aus Amisos, abgebildet in: *R. Merkelbach/J. Stauber* (Hgg.): Steinepigramme aus dem griechischen Osten. Bd. 2. Die Nordküste Kleinasiens (Marmarameer und Pontos), München/Leipzig 2001, 347f.
Abb. 43: →2.2.7.3 I Stadtplan von Alexandria, abgebildet in: *K. Jansen-Winkel*: Alexandreia, DNP 1, 1996, 463f.
Abb. 44: →2.2.7.3 II Stadtplan von Antiochia, abgebildet in: *G. Downey*: A History of Antioch in Syria from Seleucus to the Arab Conquest: Princeton 1961, Plate 11.
Abb. 45: →2.2.7.3 III Stadtplan von Athen, abgebildet in: *H. R. Goette*: Athenai, DNP 2, 1997, 172.
Abb. 46: →2.2.7.3 III Athen, Agora, abgebildet in: *H. R. Goette*: Athenai, DNP 2, 1997, 173.
Abb. 47: →2.2.7.3 IV Damaskus, Heiligtum des Jupiter Damaszenus, schematischer Grundriss, abgebildet in: *K. S. Freyberger*: Handel im Schutz der Götter, Antike Welt 5/2004, 8–18, 10, Abb. 3, gezeichnet von Sabine Behringer.
Abb. 48: →2.2.7.3 V Städte der Dekapolis, abgebildet in: *A. Hoffmann/S. Kerner* (Hgg.): Gadara, Gerasa und die Dekapolis, Mainz 2002, 3, Abb. 1.
Abb. 49: →2.2.7.3 VI Stadtplan von Ephesos.
Abb. 50: →2.2.7.3 VI Artemis Ephesia, abgebildet in: *W. Ekschmitt*: Die sieben Weltwunder, Mainz 1984, Taf. 11.
Abb. 51: →2.2.7.3 VII Stadtplan von Jerusalem zur Zeit Jesu, abgebildet in: *E. Gorys*: Das Heilige Land, Köln $^{4}$1995, 61, Schaubild 2.
Abb. 52: →2.2.7.3 VII Bilinguale Jerusalemer Inschrift. *L. Boffo*: Iscrizioni greche e latine per lo studio della Bibbia, Brescia 1994, Nr. 42, gezeichnet von Kathleen Riepe.
Abb. 53: →2.2.7.3. VIII Stadtplan von Korinth in römischer Zeit.
Abb. 54: →2.2.7.3 XIII Rekonstuktion des Bema, gezeichnet von Kathleen Riepe.
Abb. 55: →2.2.7.3 VIII Inschrift des Ädils Erastus als Dank für die Übertragung dieses Amtes. *L. Boffo*: Iscrizioni greche e latine per lo studio della Bibbia, Brescia 1994, Nr. 43, nachgezeichnet von Kathleen Riepe.

Abb. 56: →2.2.7.3 VIII Korinth, Synagogen-Inschrift. *L. Boffo*: Iscrizioni greche e latine per lo studio della Bibbia, Brescia 1994, Nr. 45, nachgezeichnet von Kathleen Riepe.
Abb. 57: →2.2.7.3 IX Stadtplan von Pergamon (Ausschnitt), abgebildet in: *W. Eck*: Pergamon, DNP 9, 2000, 547f.
Abb. 58: →2.2.7.3 X Stadtplan von Philippi, abgebildet in: *P. Pilhofer*: Philippi, Bd. I: Die erste christliche Gemeinde Europas, Tübingen 1995, 75.
Abb. 59: →2.2.7.3 XI Antikes Stadtzentrum von Rom (Ausschnitt), abgebildet in: *M. Heinzelmann*: Roma, DNP 10, 2001, 1093f.
Abb. 60: →2.2.7.3 XI Rom. Häufungen christlicher Bevölkerung, abgebildet in: *P. Lampe*: Die stadtrömischen Christen in den ersten beiden Jahrhunderten, Tübingen $^{2}$1989, Abb. 3.
Abb. 61: →2.2.7.3 XII Stadtplan von Thessaloniki, abgebildet in: *Chr. vom Brocke*: Thessaloniki – Stadt des Kassander und Gemeinde des Paulus, Tübingen 2001, 23.
Abb. 62: →1.4.2.1, 2.2.73 XIII und 3.3.4 Denkmal für Kaiser Tiberius. Foto: Wolfgang Orth.
Abb. 63: →2.3.1, 1.3.4.3 und 3.3.4 Münze mit dem Kopf des Tiberius, abgebildet in: *L.v. Matt/H. Kühner*: Die Cäsaren. Eine Geschichte der römischen Herrscher in Bild und Wort, Zürich/Würzburg 1964, 58.
Abb. 64: →2.3.1 Pachtzahlung, abgebildet in: *H. Schlüter* (Hg.): Lumina, Göttingen 1998, 125.
Abb. 65: →2.3.2 Warenverkaufsszene, abgebildet in: *H. Schlüter* (Hg.): Lumina, Göttingen 1998, 125.
Abb. 66: →2.3.3 Darstellung eines Ladens auf einem Relief aus Ostia, abgebildet in: *J. R. Clarke*: Art in the Lives of Ordinary Romans. Visual Representation and Non-Elite Viewers in Italy, 100 B.C.–A.D. 315, Berkeley u.a. 2003, 124, Fig. 69.
Abb. 67: →2.4.2.2 Frachtschiff, das gerade in den Hafen von Rom eingelaufen ist, abgebildet in: *L. Casson*: Ships and Seamanship in the Ancient World, Princeton 1971, Abb. 144.
Abb. 68: →2.4.2.2 Großes Frachtschiff unter vollem Segel, gezeichnet von Christina Wagner.
Abb. 69: →2.4.2.2 Beladen eines Getreideschiffs, abgebildet in: *H. Kloft*: Die Wirtschaft des Imperium Romanum, Mainz 2006, 59, Abb. 59.
Abb. 70: →2.4.4 Medizinische Instrumente der Römer, abgebildet in: *H. Schlüter* (Hg.): Lumina, Göttingen 1998, 217.
Abb. 71: →2.5.4 Grabstein des Midias, abgebildet in: *Chr. Marek*: Pontus et Bithynia. Die römischen Provinzen im Norden Kleinasiens, Mainz 2003, 153, Abb. 239.
Abb. 72: →2.5.4 Grabstein von der türkischen Schwarzmeerküste, abgebildet in: *Chr. Marek*: Pontus et Bithynia. Die römischen Provinzen im Norden Kleinasiens, Mainz 2003, 153, Abb. 240.
Abb. 73: →2.5.4 Schulszene, abgebildet in: *H. Schlüter* (Hg.): Lumina, Göttingen 1998, 12.
Abb. 74: →2.5.4 Unterrichtsszene auf einem Kindersarkophag, abgebildet in: *H. Schlüter* (Hg.): Lumina, Göttingen 1998, 15.

Abb. 75: →2.6.1 Mädchen mit Wachstafel und Griffel, abgebildet in: *H. Schlüter* (Hg.): Lumina, Göttingen 1998, 115.
Abb. 76: →2.6.2 *aulos/tibia*-Bläserin beim Opferzug (?). Foto: E. Meyers/ E. Netzer.
Abb. 77: →2.6.2 *kithara/cithara*-Spieler im Zodiak-Zeichen.
Abb. 78: →2.6.2 Pfeifenwerk einer pneumatischen Tischorgel (*organon*) mit sieben Pfeifen und zwei Paaren von Gabelbecken (*kimbalon/cymbalum*).
Abb. 79: →3.1.2 Prozession der Magna Mater Deum auf einer Wandmalerei, abgebildet in: *J. R. Clarke*: Art in the Lives of Ordinary Romans. Visual Representation and Non-Elite Viewers in Italy, 100 B.C.–A.D. 315, Berkeley u.a. 2003, 90, Fig. 48 und 49.
Abb. 80: →3.1.3.3 Qumran, Eingang zu Höhle 4. Foto: Astrid Padberg.
Abb. 81: →3.1.3.3 Ausschnitt aus der großen Jesajarolle (1QJes[a]), Jerusalem.
Abb. 82: →3.1.3.3 Luftaufnahme der Siedlung Qumran.
Abb. 83: →3.1.4 und 3.3.4 Kommagenisches Dexiosis-Relief von Sockelanlage III aus Arsameia am Nymphaios. Foto: Engelbert Winter.
Abb. 84: →3.1.4 Basaltstele des Zeus Dolichaios/Iupiter Dolichenus vom Zeytintepe bei Başpinar, gezeichnet von Kathleen Riepe.
Abb. 85: →3.1.4 Kalksteinstatue der Kybele aus Boğazköy, gezeichnet von Christina Wagner.
Abb. 86: →3.3.2.1 Opferszene auf einem Altar der *vicomagistri* (verantwortliche Stadtteilbeamte) des *vicus Aesculeti* aus Rom, abgebildet in: *J. R. Clarke*: Art in the Lives of Ordinary Romans. Visual Representation and Non-Elite Viewers in Italy, 100 B.C.–A.D. 315, Berkeley u.a. 2003, 82, Fig. 44.
Abb. 87: →3.3.2.2 Grundriss und Seitenansicht des herodianischen Tempels, abgebildet in: EJ, Bd. 15, Jerusalem [4]1978, Sp. 961–962.
Abb. 88: →3.3.2.2 Rekonstruktion des herodianischen Tempels, abgebildet in: *K. Ritmeyer/L. Ritmeyer*: Reconstructing Herod's Temple Mount in Jerusalem, Jerusalem 1990, 24–25.
Abb. 89: →3.3.2.1 Kleidung des Hohenpriesters zur Zeit des Zweiten Tempels, abgebildet in: *P. Connolly*: Living in the Time of Jesus of Nazareth, Oxford 1983, 29, gezeichnet von Christina Wagner.
Abb. 90: →3.3.2.2 Warntafel im herodianischen Tempel zwischen dem allgemeinen Vorhof der Heiden und dem den Juden vorbehaltenen Bereich. *L. Boffo*: Iscrizioni greche e latine per lo studio della Bibbia, Brescia 1994, Nr. 32.
Abb. 91: →3.3.3 Diasporasynagogen in Ostia, Priene, Stobi, Dura, Delos, Sardes, abgebildet in: *A. Th. Kraabel*: The Diaspora Synagogue, ANRW II 19,1, 1979, nach 505, gezeichnet von Sylvia Ruud.
Abb. 92: →3.3.3 Synagoge in Gamla, abgebildet in: *L.I. Levine*: Ancient Synagogues Revealed, Jerusalem 1981, 31.
Abb. 93: →3.3.3 Synagoge auf Herodium, abgebildet in: *L.I. Levine*: Ancient Synagogues Revealed, Jerusalem 1981, 28.
Abb. 94: →3.3.3 Masada, 2 Phasen, abgebildet in: *L.I. Levine*: Ancient Synagogues Revealed, Jerusalem 1981, 25.
Abb. 95: →3.3.6.1 Kultnische im Haus der Vettier in Pompeii, abgebildet in: *J. R. Clarke*: Art in the Lives of Ordinary Romans. Visual Representation and

Non-Elite Viewers in Italy, 100 B.C.–A.D. 315, Berkeley u.a. 2003, 76, Fig. 37.
Abb. 96: →3.3.6.2 Reinigungsbecken aus Sepphoris. Foto: Jürgen Zangenberg.
Abb. 97: →3.3.6.2 Zwei aus weichem Kalkstein gedrechselte Mischgefäße, abgebildet in: *N. Avigad*: The Herodian Quarter in Jerusalem, Jerusalem o.J., 52f.
Abb. 98: →3.3.6.2 Große und kleine Steingefäße, abgebildet in: *G. Faßbeck u.a.* (Hgg.): Leben am See Gennesaret. Kulturgeschichtliche Entdeckungen in einer biblischen Region, Mainz 2003, 163, Abb. 283.
Abb. 99: →3.3.6.2 Beispiel eines Miniaturphylakterions aus Qumran, abgebildet in: *A. Roitmann* (ed.): A Day at Qumran. The Dead Sea Sect and Its Scrolls, Jerusalem 1997, 30f (hebr).
Abb. 100: →3.3.6.2 Pergament aus einem Phylakterion, abgebildet in: *A. Roitmann* (ed.): A Day at Qumran. The Dead Sea Sect and Its Scrolls, Jerusalem 1997, 30f (hebr.).

## 4.2.1 Fotos und Skizzen zu Artikeln aus Band 1

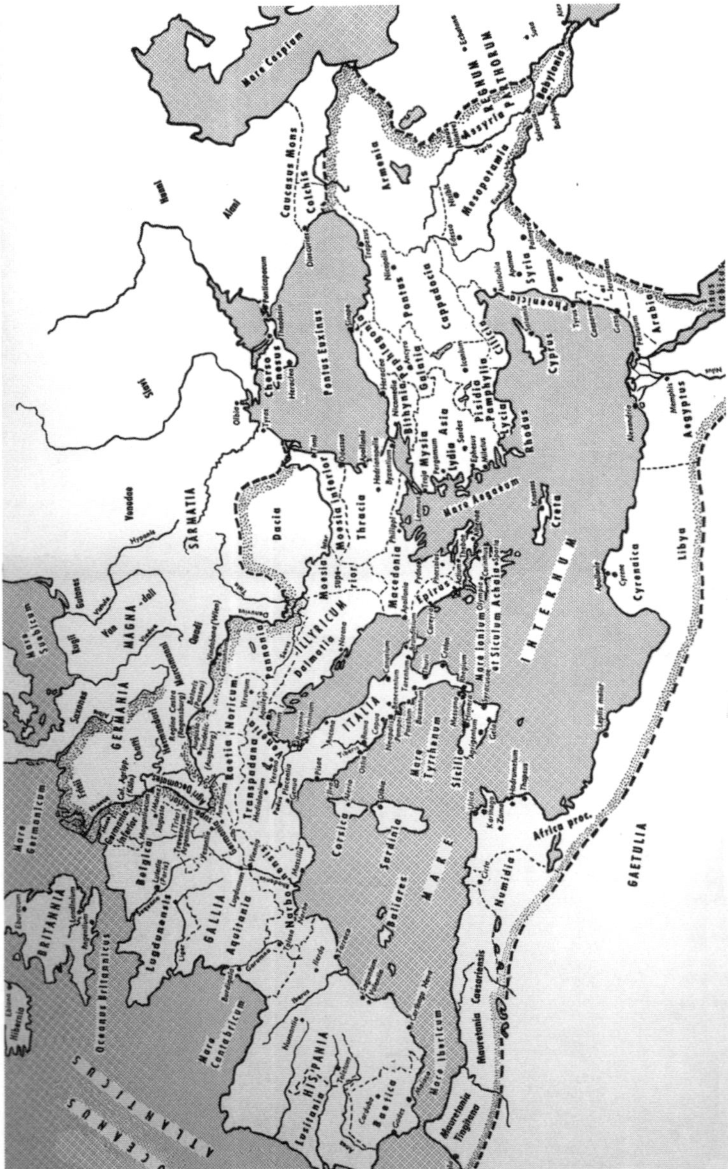


Abb. 1: →1.4.1 Imperium Romanum seit der Regierung des Kaisers Augustus (31 v.– 14 n.Chr.).

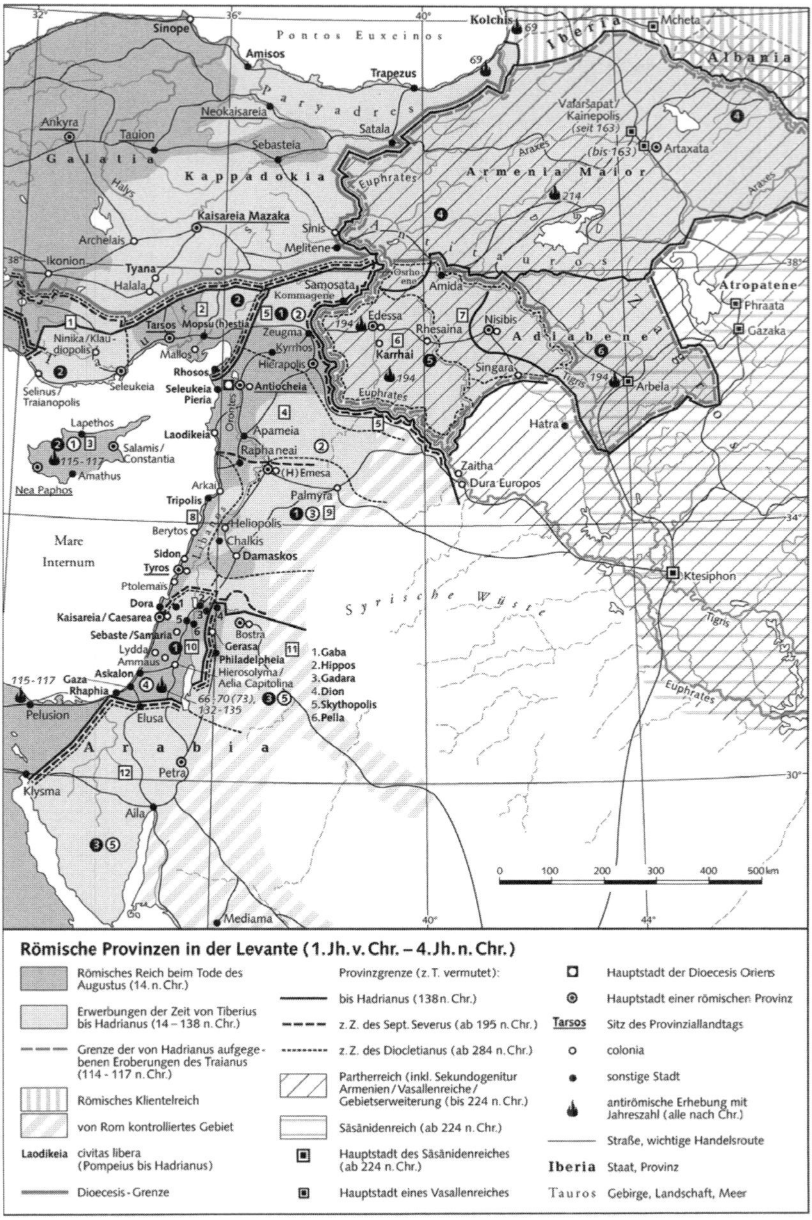


Abb. 2: →1.4.1 Römische Provinzen in der Levante (1. Jh. v.Chr.–4. Jh. n.Chr.).

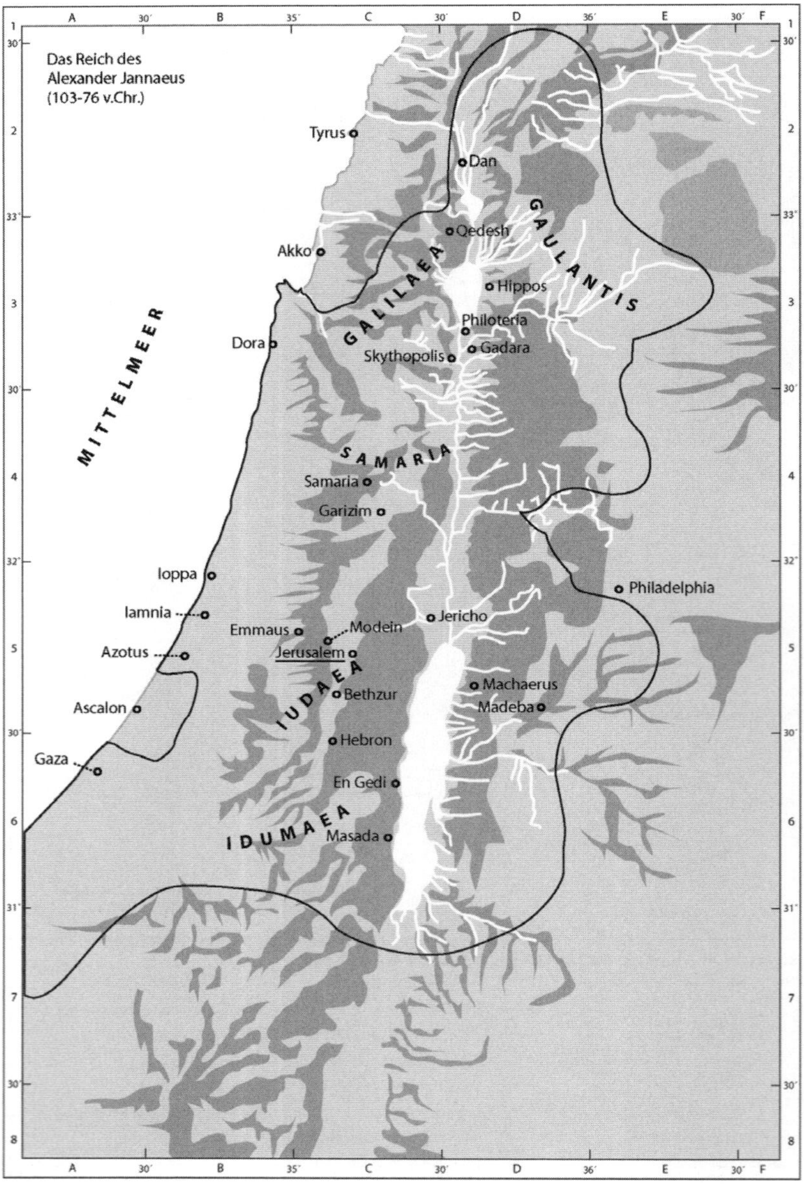


Abb. 3: →1.4.4 Das Reich des Alexander Jannaeus (103–76 v.Chr.), konzipiert von Jürgen Zangenberg, gezeichnet von Sabine Behringer. Die Hauptstadt wurde unterstrichen.

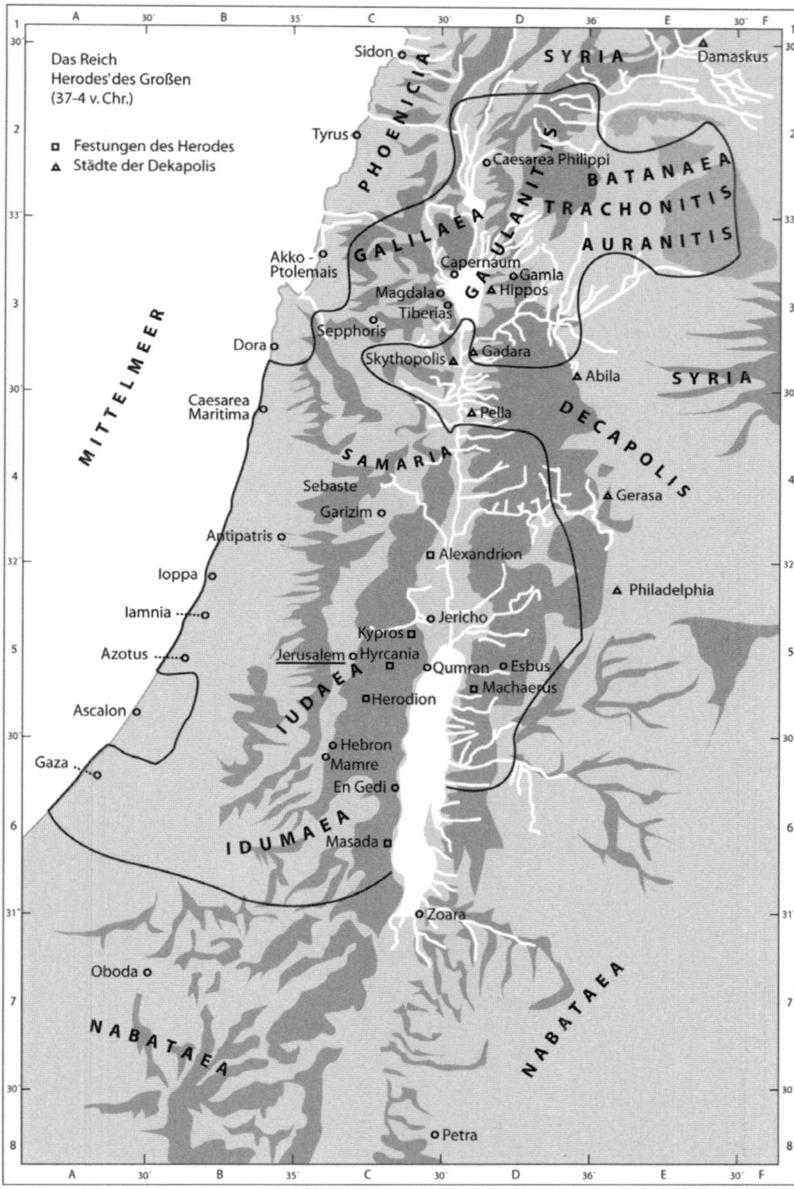


Abb. 4: →1.4.4 Das Reich Herodes' d. Gr. (37–4 v.Chr.), konzipiert von Jürgen Zangenberg, gezeichnet von Sabine Behringer. Die Hauptstadt wurde unterstrichen.

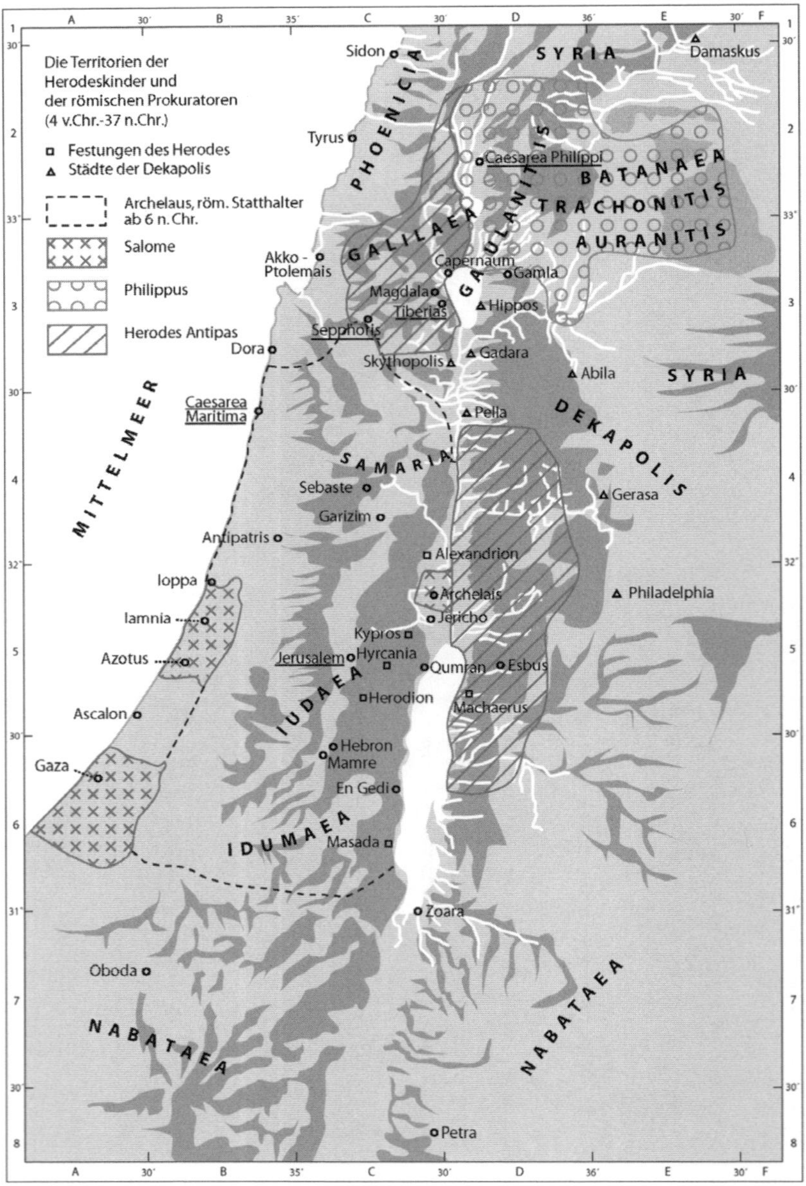


Abb. 5: →1.4.4 Territorien der Herodeskinder und der Prokuratoren 4 v.Chr. –37 n.Chr.), konzipiert von Jürgen Zangenberg, gezeichnet von Sabine Behringer. Die Unterstreichungen heben die Hauptstädte bzw. den Sitz der Provinzgouverneure hervor.

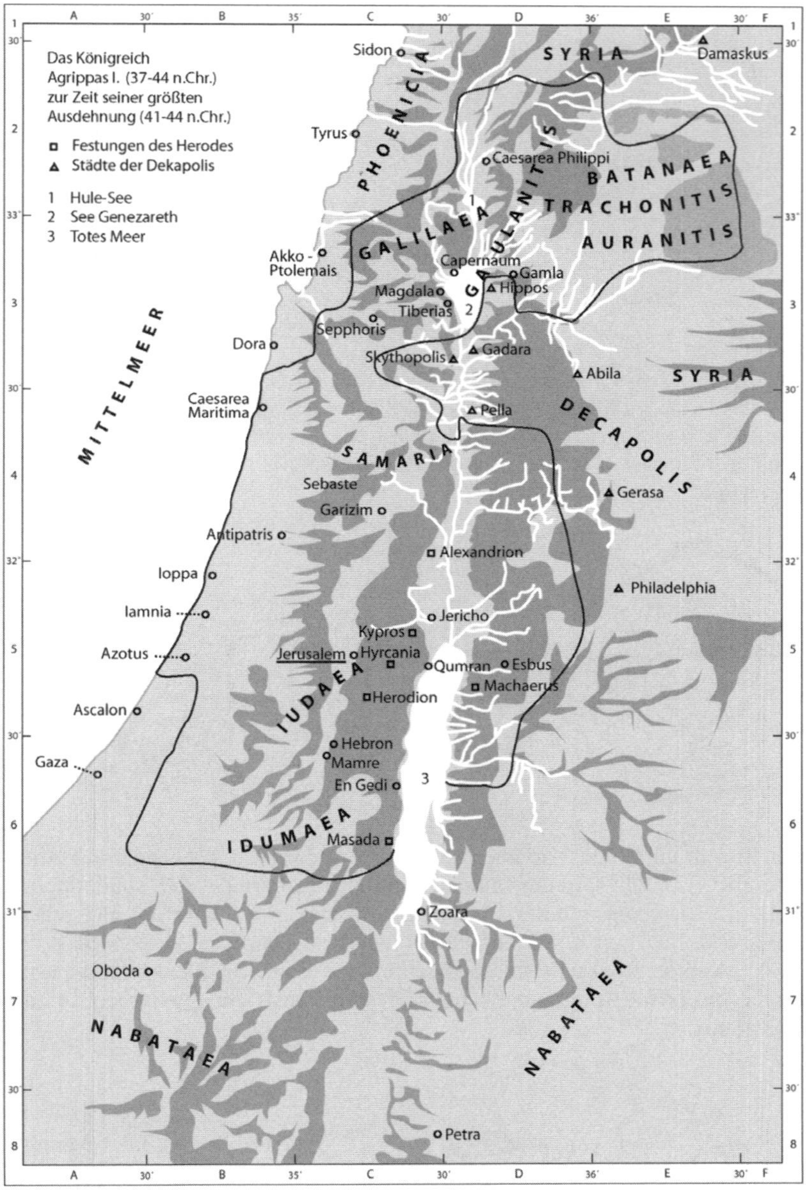


Abb. 6: →1.4.4 Das Königreich Agrippas I. (37–44 n.Chr.) zur Zeit seiner größten Ausdehnung (41–44 n.Chr.), konzipiert von Jürgen Zangenberg, gezeichnet von Sabine Behringer. Die Hauptstadt ist unterstrichen.

Abb. 7: →1.3.4.3 Schekel aus der Münzstätte Tyros. Vorderseite: Bekränzter Kopf des Herakles Melqart nach rechts. Rückseite: Adler mit Palmzweig nach links auf einem Schiffsbug stehend, davor eine Keule. Die Jahresangabe PIE nach der lokalen Ära besagt, dass der Silberschekel im Jahre 12/11 v.Chr. geprägt wurde.

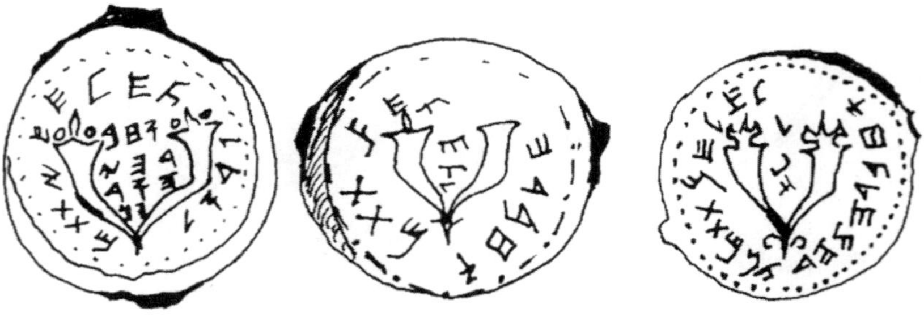

Abb. 8: →1.3.4.3 Drei Varianten großer Bronzemünzen des Mattathias Antigonos (40–37 v.Chr.). In der Mitte der Vorderseite befindet sich ein doppeltes Füllhorn (*cornucopia*), mit Varianten der offiziellen Titulatur des Herrschers in althebräischer Schrift: „Matitjahu Hoherpriester und die Gemeinschaft der Juden". Auf der Rückseite (nicht abgebildet) umringt ein Efeukranz die griechische Inschrift „Antigonos König". Die Münzen wiegen zwischen 14 und 16 Gramm.

Abb. 9: →1.3.4.3 Menora auf Münze des Antigonos, umlaufend die griechische Inschrift (mit Ergänzungen) „Antigonos König".

Abb. 10: →1.3.4.3 Tonbulle (Siegel zum Verschließen von Dokumenten) des Alexander Jannaeus mit Palmbaum und althebräischer Umschrift: „Yehonatan König“, wie sie auch auf Münzen erscheint.

Abb. 11: →1.3.4.3 Münze Herodes' d. Gr., geschlagen 40 v.Chr. in Samaria. Auf der Vorderseite sind ein *apex*, die Zeremonialkappe römischer Auguren, flankiert von zwei Palmzweigen abgebildet, die Rückseite zeigt einen Dreifuß mit Schale und gezacktem Rand sowie die Jahreszahl „3“, umlaufend die griechische Inschrift „(des) Königs Herodes“. Herodes kopiert hier deutlich römische Bildsymbolik und passt sich so an den überwiegend paganen Charkter Samarias an.

Abb. 12: →1.3.4.2 Helm und Traube auf einer Münze des Archelaos (4 v.–6 n.Chr. Ethnarch von Judäa, Samaria und Idumäa).

Abb. 13: →1.3.4.3 Schilfrohr auf einer Münze des Herodes Antipas (Tetrarch von Galiläa und Transjordanien) anlässlich der Gründung von Tiberias im Jahre 19/20 n.Chr. Die griechische Umschrift lautet „(des) Tetrarchen Herodes – Jahr 24“ (gerechnet vom Beginn seiner Herrschaft an).

Abb. 14: →1.3.4.3 Das Augusteum von Caesarea Philippi auf einer Münze des Herodes Philippus (Tetrarch von Gaulanitis, Trachonitis, Auranitis, Batanäa und Paneas). Die Vorderseite zeigt das Portrait des Kaisers mit der griechischen Umschrift „(des) erhabenen Kaisers“, die Rückseite den stilisierten Tempel, zwischen den Säulen die Angabe „Jahr 33“ (30 n.Chr.) und die griechische Umschrift „(des) Tetrarchen Philippus“.

Abb. 15: →1.3.4.3 Münze vom vierten Jahr des Ersten Aufstands (69/70 n.Chr.) mit Dattelpalme und Fruchtkörben. Die althebräische Umschrift lautet „Für die Befreiung Zions“, das Programm der Aufständischen. Typisch für die Münzen der Aufständischen ist der Gebrauch der althebräischen Schrift und die Abbildung religiös konnotierter Symbole wie Kelch, Lulav, Etrog u.a.

Abb. 16: →1.3.4.3 *Judaea Capta*-Münze des Jahres 72 aus Rom. Der siegreiche Kaiser Titus empfängt die Huldigungen einer Jüdin (Palmzweig) und die Bitten eines knieenden Juden. Der Palmbaum symbolisiert Juda; die Nike auf der ausgestreckten Rechten überreicht Titus den Siegeskranz.

Abb. 17: →1.4.1.4 und 2.2.7.3 XI (Rom) Allegorische Darstellung auf der Ara Pacis in Rom, 9 v.Chr. Die weibliche Figur in der Mitte trägt Züge der Göttin Tellus (die Erde), der personifizierten Italia, von Pax und Ceres (Göttin ländlicher Fruchtbarkeit) (vgl. dazu Vergils 4. Ekloge!). Die beiden Säuglinge könnten auf Romulus und Remus weisen, können aber auch – im Gesamtbild genommen – allgemeine Hinweise auf Wohlstand, Frieden und Fruchtbarkeit sein, die mit dem Segenswirken des Augustus Einzug gehalten haben. Tiere und sprießende Pflanzen zeigen deutlich, dass die *Pax Augusta* nicht nur politische und wirtschaftliche Aspekte besitzt, sondern die allumfassende Harmonie von Mensch und Natur impliziert.

Abb. 18: →1.4.3 *Aegyptus Capta*-Münze. Denar, Augustus, 28 v.Chr., Kleinasien.

Abb. 19: →1.4.4 Pilatusinschrift aus Caesarea Maritima.

| | |
|---|---|
| ...]S TIBERIEUM<br>[PONT]IUS<br>PILATUS<br>[PRAEF]ECTUS<br>IUDA[EA]E | ...]S das Tiberieum<br>Pontius Pilatus,<br>Präfekt von Judaea |

Fragment einer Bauinschrift eines großen öffentlichen Gebäudes aus Caesarea, möglicherweise einer der beiden Leuchttürme, die Herodes d. Gr. hatte errichten und Pilatus hatte reparieren lassen. Gefunden in Zweitverwendung im Theater.

Abb. 20: →1.4.4.2 Festung Masada, Nordpalast.

Abb. 21: →1.4.4.1 Palast des Herodes in Jericho.

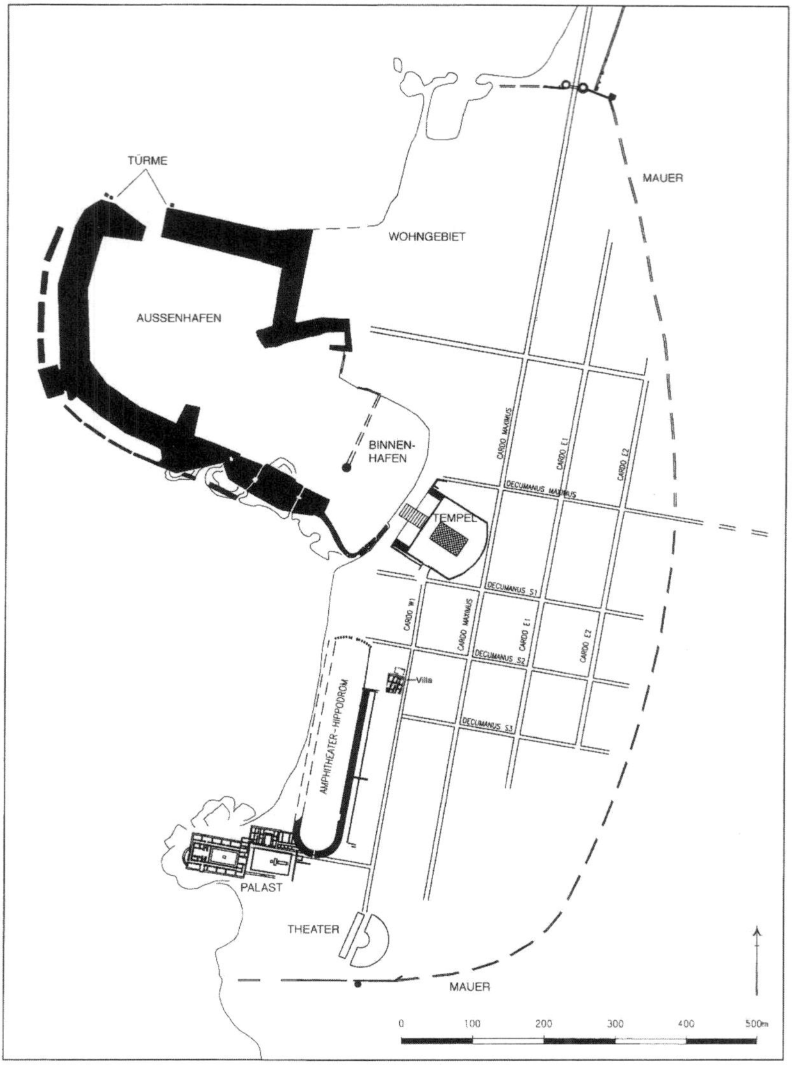


Abb. 22: →1.5.1.5 Plan von Caesarea Maritima.

## 4.2.2 Fotos und Skizzen zu Artikeln aus Band 2

Abb. 23: →2.2.1.2 Grabstein der Schwestern Nymphe und Prepousa aus Prusa (heute Bursa) mit rollenspezifischen Accessoirs von Frauen wie z.B. Kämmen aus Bein (im Kranz), Wollknäuel mit Wollkorb, Spiegel und Spinnrocken. Es muss offen bleiben, inwieweit solche Darstellungen in der Kaiserzeit nur noch den Bezug auf traditionelle Ideale oder den tatsächlichen Alltag der Menschen dokumentieren.

Abb. 24: →2.2.1.6 Trinkservice auf einer Wandmalerei im Grab des Vestorius Priscus aus Pompeii (Mitte 1. Jh. n.Chr.). Auf einem stilvollen Tisch steht ein reichhaltiges Silberservice für ein Bankett bereit, bestehend aus Trinkbechern und -schalen, Mischgefäßen, Kannen, Trinkhörnern, langstieligen (Sieb-)Kellen und Trinklöffeln. Im Vordergrund steht eine Stielschale und eine Karaffe eventuell zum Waschen der Hände oder zum Mischen des Weins. Die dunklere Farbe der Gefäße deutet wohl an, dass sie nicht aus Silber, sondern aus Bronze bestehen. Derartiges Geschirr gehörte zur üblichen Ausstattung von Banketten in der lokalen Oberschicht.

Abb. 25: →2.2.1.6 Bankettszene aus dem „Haus der züchtigen Liebhaber", Raum g. Zwei Paare liegen auf kostbar drapierten Bänken (*klinae*). Die Männer tragen Kränze, die Frauen Diademe, vor den Bänken steht jeweils ein runder dreifüßiger Beistelltisch mit Trinkgefäßen. Zwischen den beiden Paaren liegt ein weiterer Mann auf der Couch und schläft bereits. Offensichtlich ist es schon spät und Wein ist reichlich geflossen. Am linken Bildrand, mit dem Rücken zur Tür, steht eine weitere Frau, die offensichtlich an dem *symposium* teilgenommen hat (Haarschmuck) und nun von einer Sklavin gestützt werden muss, bevor sie, schon mit dem Obergewand bekleidet, den Heimweg antritt. Noch aber hält sie ihren Trinkbecher (*kantharos*) in der Hand, als ihr drei der Symposiasten mit Gesten einen glücklichen Nachhauseweg wünschen.

Abb. 26: →2.2.1.6 Mosaik aus Rom. Zwei Gruppen von professionellen Artisten (männliche und weibliche Tänzer mit je einem Flötisten) umtanzen eine halbrunde Bankettcouch (*sigma*). In deren Mitte wartet ein zwergwüchsiger Sklave mit Kelle (*simpulum*) und Krug auf das Erscheinen der Gäste. Ein vierfüßiger Tisch und eine Amphore voll Wein auf einem Holzgestell lassen an ein langes Fest denken. Die Tänzerinnen tragen durchscheinende Gewänder und bewegen sich zum rhythmischen Klappern ihrer Kastagnetten (*crota-*

*la*), ihre männlichen Tanzpartner sind nur mit Lendenschurz bekleidet und tragen Efeukränze als Zeichen dionysischer Ekstase. Alle drei haben die bei Tänzern häufige, lange, eingekerbte Holzklapper (?) in den Händen (offensichtlich ein Rhythmusinstrument). Die Doppelflöten (*tibiae*) und Fußklappern (*scabella*) der Musikanten unterstützen die laute und laszive Vorstellung. Sexuelle Handlungen der Symposiasten untereinander oder mit anderen Beteiligten waren bei römischen Banketten ebenso normal wie ausgiebiger Genuss von Speisen und Wein. Dabei spielte es keine Rolle, ob man sich in privater Runde oder in Gesellschaft einer Gruppe (Kultverein u.ä.) befand.

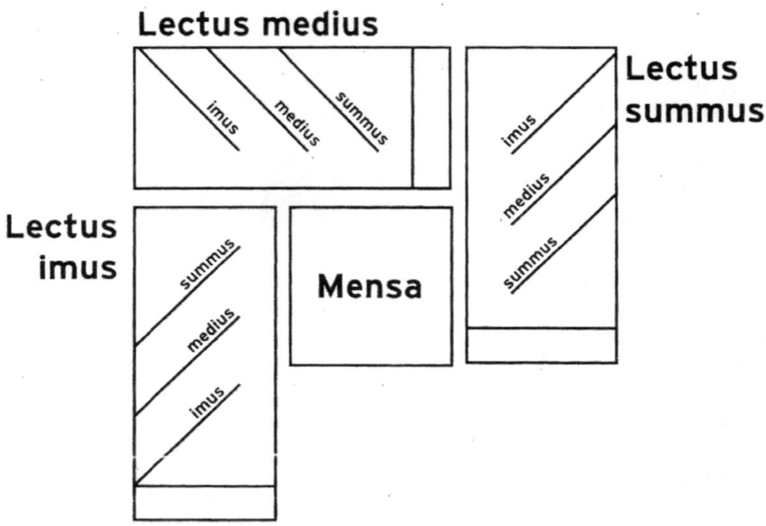


Abb. 27: →2.2.1.6 Schematische Darstellung der Liege- und Rangordnung in einem römischen Triklinium.

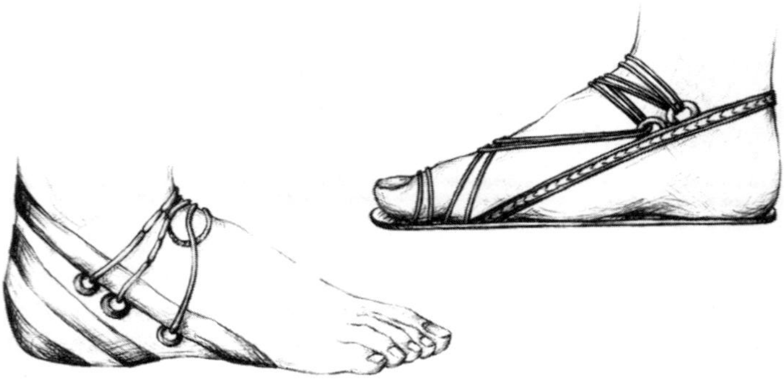

Abb. 28: →2.2.1.8 Zwei Beispiele von Ledersandalen aus römischer Zeit, wie sie im NT erwähnt werden, gezeichnet von Christina Wagner.

Abb. 29: →2.2.2.1 Sarkophagrelief aus Ostia, hadrianische Zeit, mit Szenen aus der Kindheit eines Knaben der römischen Oberschicht. Von links: Der stolze Vater beobachtet, wie die Mutter (man beachte die Frisur, Kleidung und Stuhl) das Kind stillt; der Vater hält das Kind auf dem Arm (Geste der Anerkennung), das Kind herzt den Vater (Arme!); der Kleine übt Wagen fahren (man beachte die Kleidung und Haltung eines Erwachsenen, das Zugtier aber zeigt den spielerischen Charakter an!), der Knabe geht zum Unterricht und grüßt den Lehrer.

Abb. 30: →2.2.2.1 Seite eines Sarkophags eines erwachsenen Mannes aus Rom, 2. Hälfte 2. Jh. n.Chr., mit Darstellung des ersten Bades eines Neugeborenen. Die Mutter sitzt rechts auf einem Stuhl, während die Hebamme (?) das Kind badet und eine Sklavin mit ausgebreitetem Tuch bereitsteht. Das Kind streckt den Kopf der Mutter zu. Im Hintergrund zwei weitere Frauen.

Abb. 31 und 32: →2.2.2.3 Hellenistische Statuetten zweier alter Menschen.

Abb. 33: →2.2.3.1 und 2.4.4 Szenen aus einer Athener Arztpraxis, gezeichnet von Kathleen Riepe.
Bemaltes Keramikgefäß (Höhe: 9 cm) des sog. „Klinikmalers", um 480/470 v.Chr. (Paris/Louvre). Als Insignien des Arztes sind im Hintergrund Schröpfköpfe dargestellt.

Abb. 34: →2.2.3.1 und 2.4.4 Krankenheilung durch Asklepios in Begleitung der Göttin Hygieia. Am linken Bildrand warten die Angehörigen des Kranken. Weihrelief aus dem Asklepiosheiligtum in Piräus. Um 400 v.Chr. (Piräus/Museum).

Abb. 35: →2.2.3.1 und 2.4.4 Heilung des Archinos durch den Orakelgott Amphiaraos im Traum (Vordergrund); in Wirklichkeit wird der Kranke von einer Schlange geleckt (Hintergrund). Weihrelief aus dem Amphiaraostempel in Oropos (Attika). Um 380/370 v.Chr. (Athen/Nationalmuseum).

Abb. 36: →2.2.3.2 Hellenistische oder römische Bronzestatuette eines Mannes mit deformiertem Rücken.

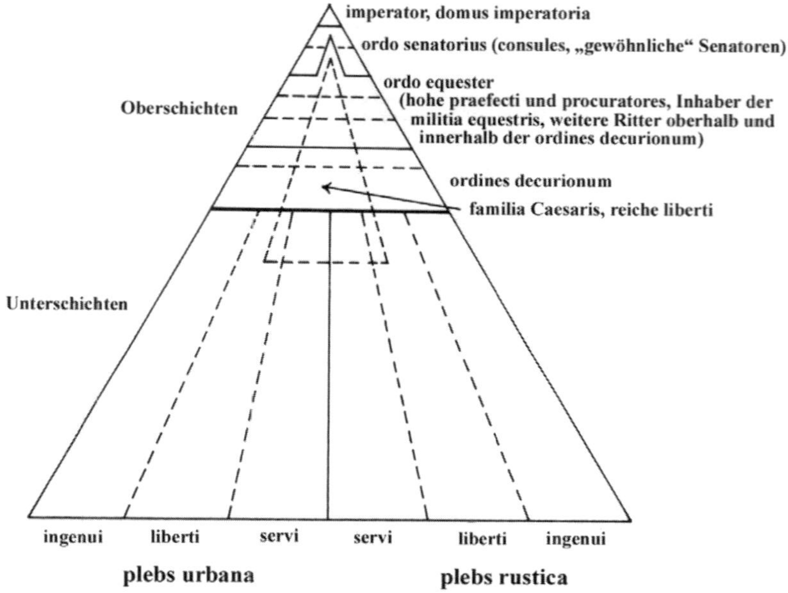


Abb. 37: →2.2.5.2 Der Aufbau der römischen Gesellschaft in der frühen Kaiserzeit; speziell zu S. 92. Die Pyramide will die enorme vertikale Mobilität der frühkaiserzeitlichen Gesellschaft als upward und downward mobility zeigen. Horizontale Mobilität wird vor allem in den Unterschichten und von der *familia Caesaris* aus in die Oberschichten angedeutet. Bei ihr wie bei den reichen Freigelassenen liegt ein hoher Grad von Statusinkonsistenz vor.

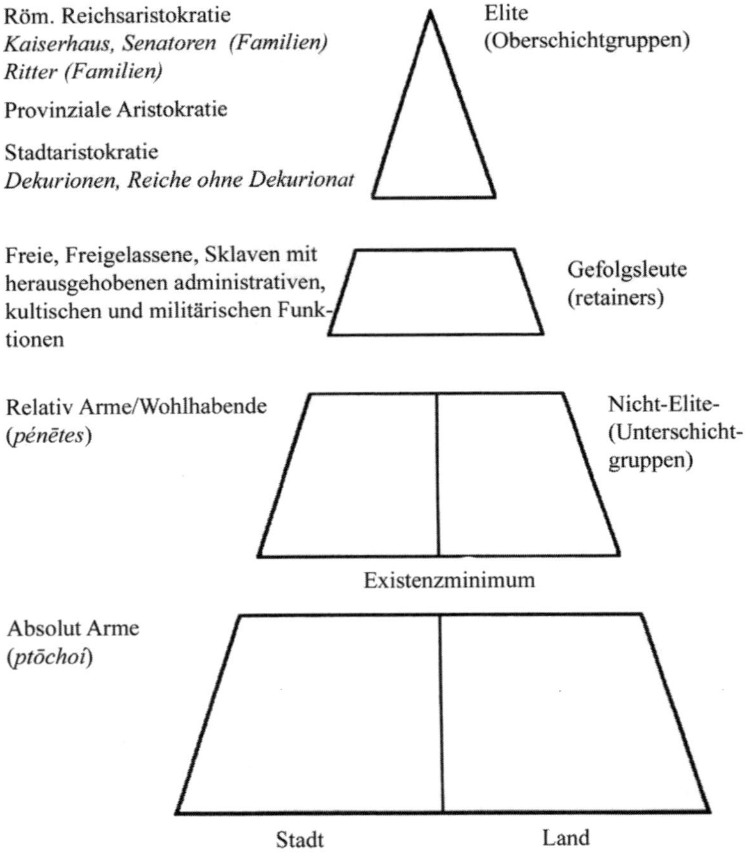


Abb. 38: →2.2.5.2 Sozialpyramide; speziell zu S. 92. Überblick über die soziale Schichtung. Die Pyramide legt die Betonung vor allem auf die Darstellung der ökonomischen Dichotomie der Gesellschaft in Arme und Reiche, die durch die Angabe der Existenzminimumsgrenze die Unterscheidung von relativ und absolut Armen ermöglicht. Die einzelnen sehr heterogenen Gruppen scheinen in sich geschlossen und statisch.

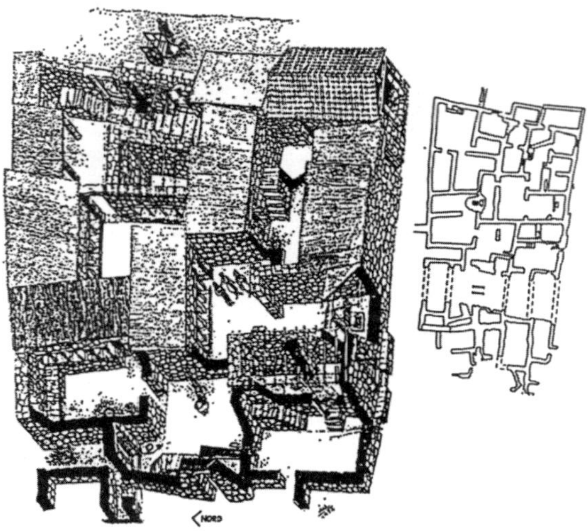

Abb. 39: →2.2.6.2 Typische *insula* der Wohnbebauung des 1.–4. Jh. n.Chr. aus Kapernaum. Man beachte die Geschlossenheit des Wohnblocks nach außen (nur wenige kleine Eingänge von außen) und die starke Differenzierung im Inneren mit einzelnen, zum Teil zweistöckigen Wohneinheiten, Höfen mit Arbeitsvorrichtungen und Durchgängen. Es ist gut denkbar, dass derartige Wohnblöcke von Großfamilien mitsamt abhängigen Personen und Tieren bewohnt wurden. Zur Errichtung dieser Häuser benutzte man lokale Materialien wie Basaltstein und Holz mit Schilf und Lehm für die Dächer.

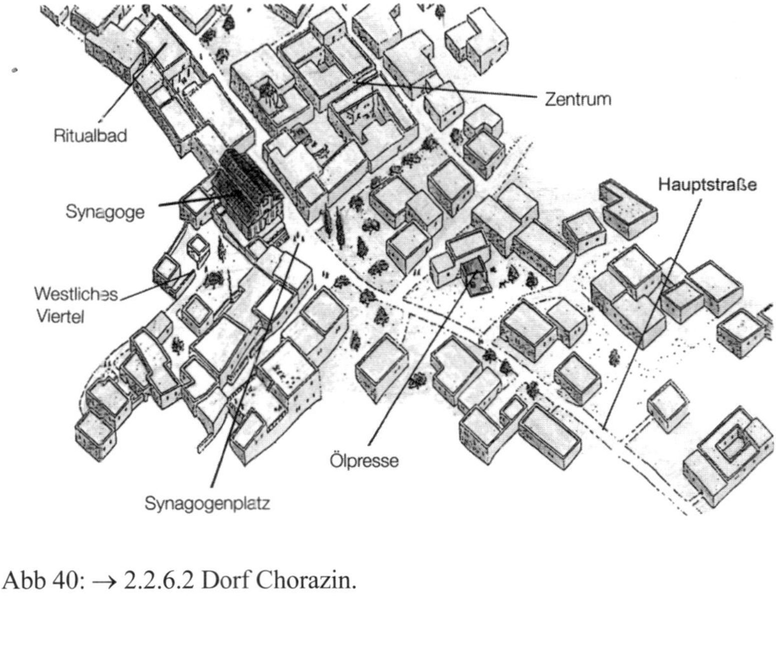


Abb 40: → 2.2.6.2 Dorf Chorazin.

Abb. 41: →2.2.7.2 Ballspiel auf einem Sarkophag aus dem 3. Jh. n.Chr.

Abb. 42: →2.2.7.2 Grabstein des Gladiators Diodoros aus Amisos (Nordtürkei). Der siegreiche (Palmzweig!) Diodoros ist in voller Gladiatorenmontur dargestellt, wie er sich mit zwei gezückten Dolchen dem unterlegenen Demetrios nähert. Dieser sitzt auf dem Boden und bittet mit erhobenem Arm um Gnade. Die Inschrift berichtet, dass Diodoros seinem bereits besiegten Gegner zum Opfer fiel, da er ihn nicht gleich tötete.

| | |
|---|---|
| ἐνθάδε νεικήσας κεῖμαι Διόδωρος ὁ τλήμων· ἀντίπαλον ῥήξας Δημήτριον οὐκ ἔκτανον εὐθύς, ἀλλά με Μοῖρ᾽ ὀλοὴ καὶ σουμμάρου δόλος αἰνὸς ἔκτανον, ἐκ δὲ φάους ἤλυθον εἰς Ἀΐδην. κεῖμαι δ᾽ ἐν γαίῃ αὐτοχθόνων· ἠδέ μ᾽ ἔθαψεν ἔνθα φίλος ἀγαθὸς εὐσεβίης ἕνεκεν. | Hier liege ich, der unglückliche Diodoros, der ich siegte. Ich hatte den Gegner Demetrios besiegt, [aber] nicht sogleich getötet. Aber die verderbliche Todesgöttin und die schlimme List des *summa rudis* (des Ringrichters) töteten mich, und aus dem Licht kam ich in den Hades. Ich liege in der Erde der mit mir am selben Ort Geborenen, und hier begrub mich ein guter Freund aus Frömmigkeit. |

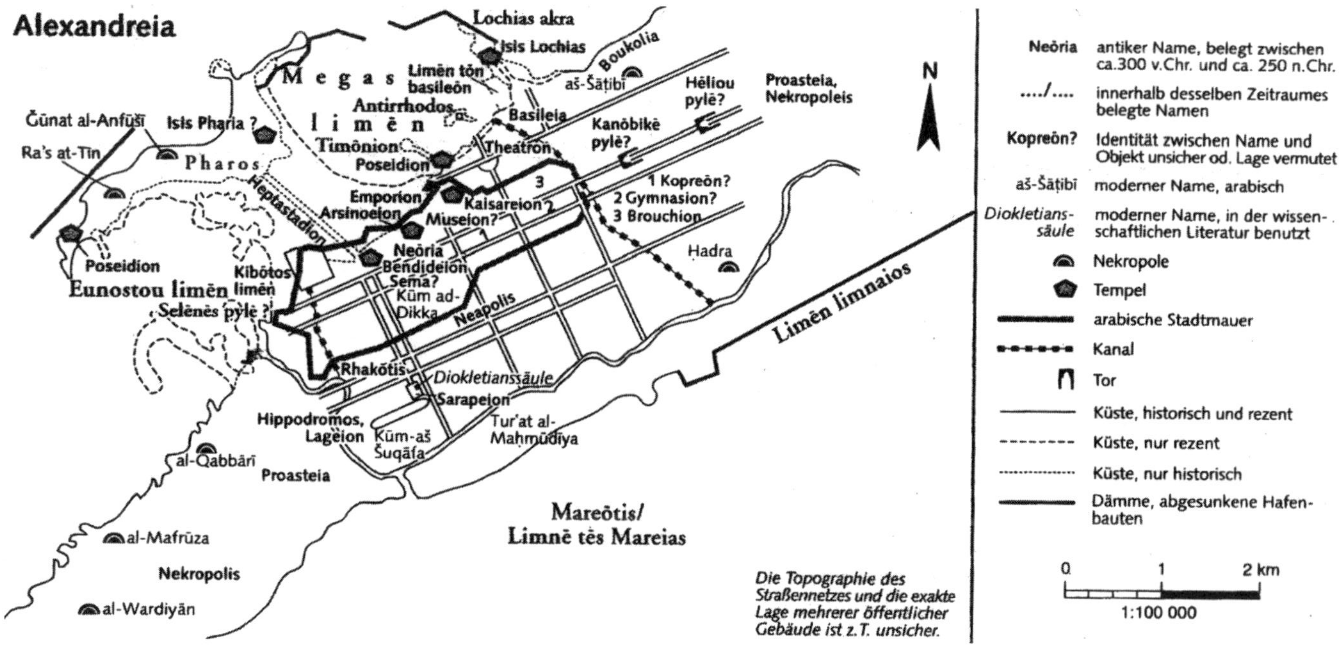


Abb. 43: →2.2.7.3 I Stadtplan von Alexandria.

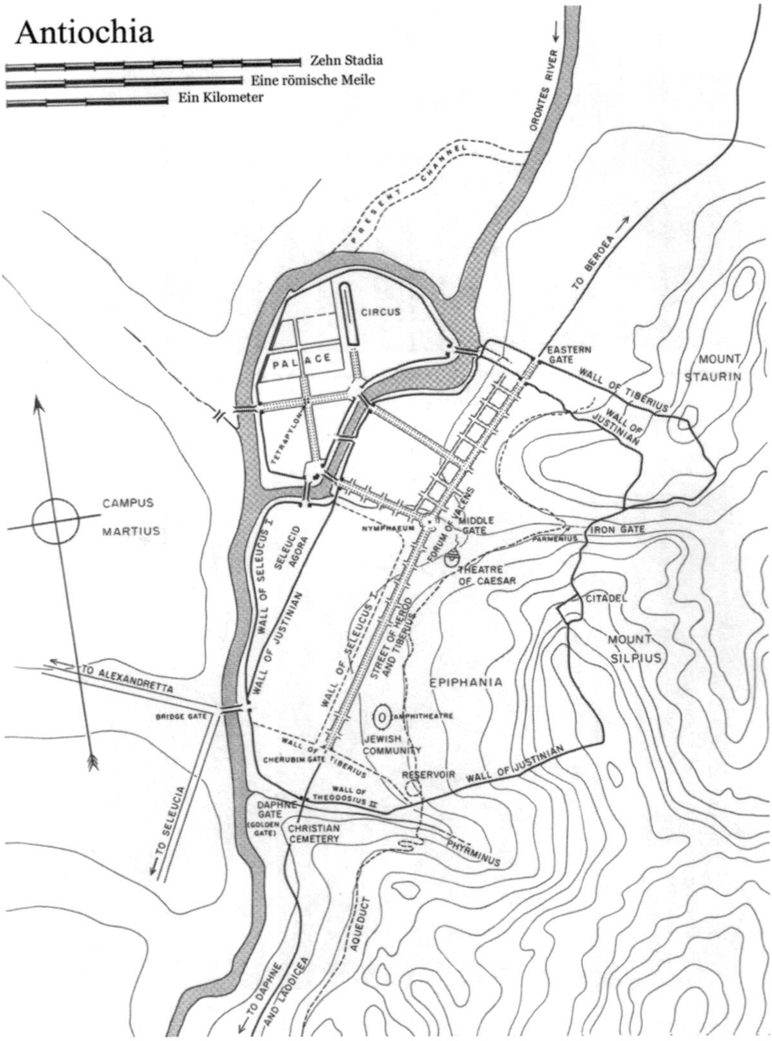


Abb. 44: →2.2.7.3 II Stadtplan von Antiochia.

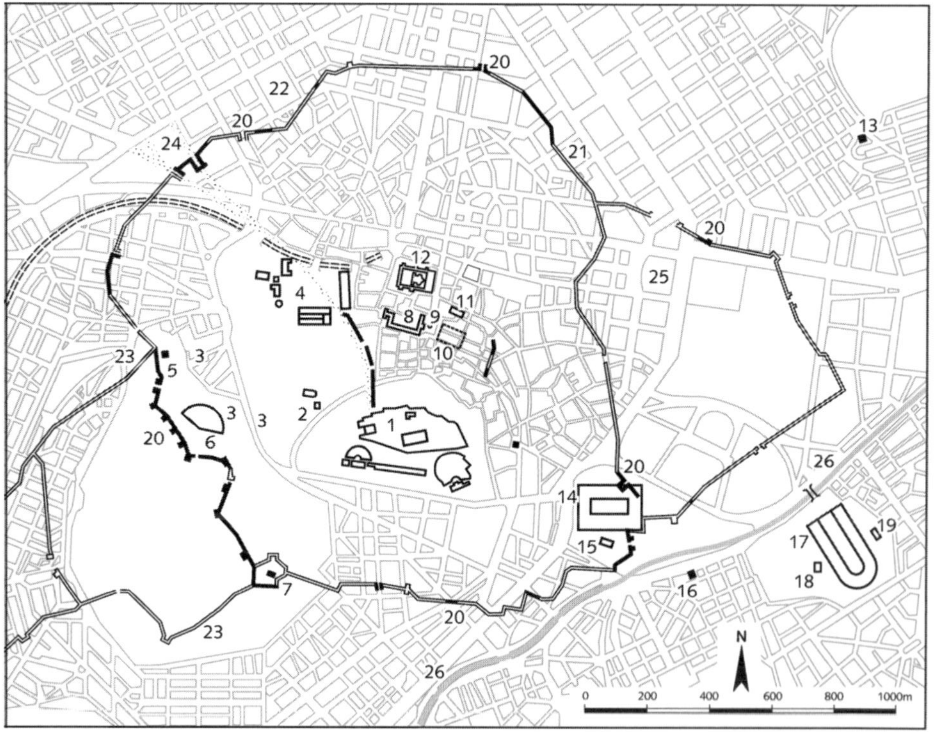


Abb. 45: →2.2.7.3 III Stadtplan von Athen.
1. Akropolis (s. Detailplan)
2. Ionischer Amphiprostylos auf dem Areopag
3. Wohnhäuser am Areopag und Nymphenhügel
4. Agora (s. Detailplan)
5. Heiligtum für den Demos und die Nymphen
6. Volksversammlungsstätte (*pnyx*)
7. Mausoleum des C. Iulius Philopapos
8. Römische Agora
9. Horologion des Andronikos von Kyrrhestos (sog. Turm der Winde)
10. Bereich des Ptolemaios-Gymnasions, des Theseions und der archaischen Agora
11. Kaiserzeitlicher Magazinbau
12. Bibliothek des Hadrian
13. Hadrianische Zisterne
14. Olympieion
15. Apollon Delphinios-Tempel (?)
16. Ilissos-Tempel
17. Stadion
18. Tempel der Tyche
19. Grab des Herodes Atticus (?)
20. Mauerring um Athen
21. Klavdmonos-Platz
22. Elevtheria-Platz
23. „Lange Mauern“
24. Kerameikos mit Dipylon, Heiligem Tor und Gräberstraßen
25. Syntagma-Platz
26. Bett des Ilissos

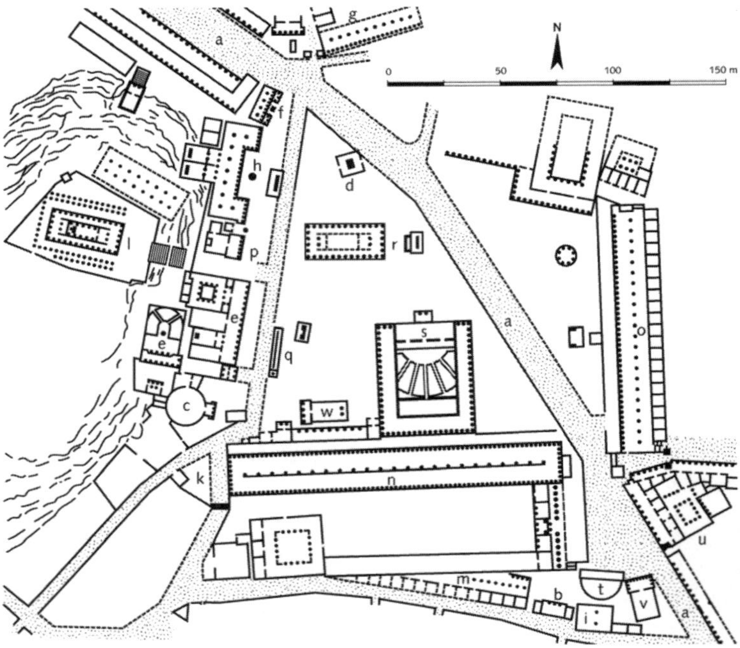


Abb. 46: →2.2.7.3 III Athen, Agora

| | |
|---|---|
| a. Panathenäenweg | m. Südstoa |
| b. Brunnenhaus | n. Mittelstoa |
| c. Rundbau (Prytanikon) | o. Attalos-Halle |
| d. Altar für die Zwölf Götter | p. Apollon Patroos-Tempel |
| e. Bouleuterion und Heiligtum der Meter | q. Monument der Eponymen Phylenheroen |
| f. Stoa Basileios | r. Ares-Tempel |
| g. Stoa Poikile (oder Hermenstoa?) | s. Odeion des Agrippa |
| h. Zeus-Stoa | t. Nymphäum |
| i. Bronze-Münzstätte | u. Bibliothek des Pantainos |
| k. Schusterwerkstatt des Simos | v. Südost-Tempel |
| l. Hephaisteion | w. Südwest-Tempel |

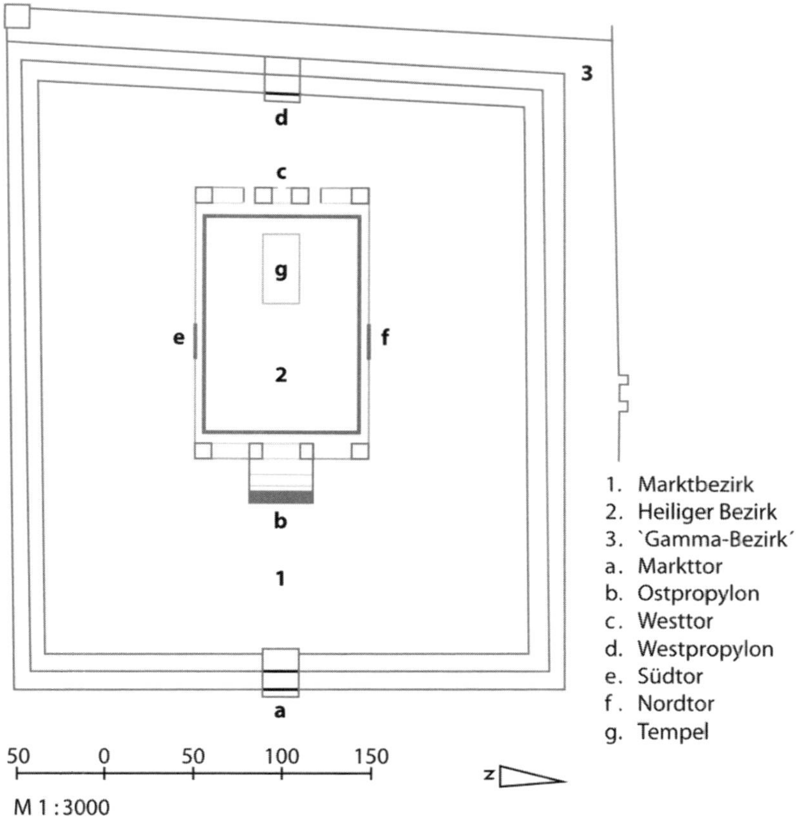


Abb. 47: →2.2.7.3 IV Damaskus, Heiligtum des Jupiter Damaszenus, schematischer Grundriss, gezeichnet von Sabine Behringer.

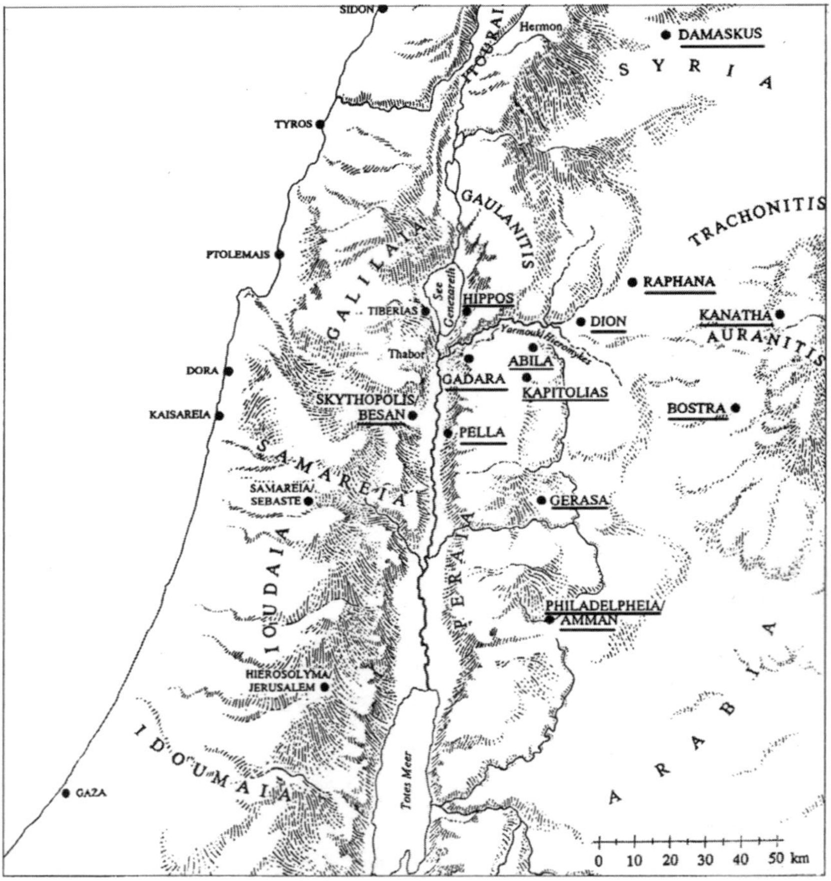


Abb. 48: →2.2.7.3 V Städte der Dekapolis (unterstrichen).

Abb. 49: →2.2.7.3 VI
Stadtplan von Ephesos
1. Tempel der Artemis Ephesia
2. Opferaltar-Anlage der Artemis von Ephesos
3. Johannesbasilika
4. Isa Bey-Moschee
5. Siedlungsplatz der archaisch-klassischen Stadt
6. Ayasolukhügel
7. Bülbüldağ
8. Panayirdağ
9. Lysimachische Stadtmauer
10. Magnesisches Tor (Hauptstadttor)
11. Staatsmarkt
12. Prytaneion (Rathaus)
13. Kuretenstraße
14. Domitiantempel
15. Quartier der „Hanghäuser“
16. Celsus-Bibliothek
17. Theater
18. Koressisches Stadtor
19. Heiligtum der Met'r (Demeter)
20. Siebenschläferbezirk
21 Felsklüfte

Abb. 50: →2.2.7.3 Artemis Ephesia. Überlebensgroße römische Kopie aus Alabaster und Bronze. Höhe 2,3 m, Nationalmuseum Neapel.

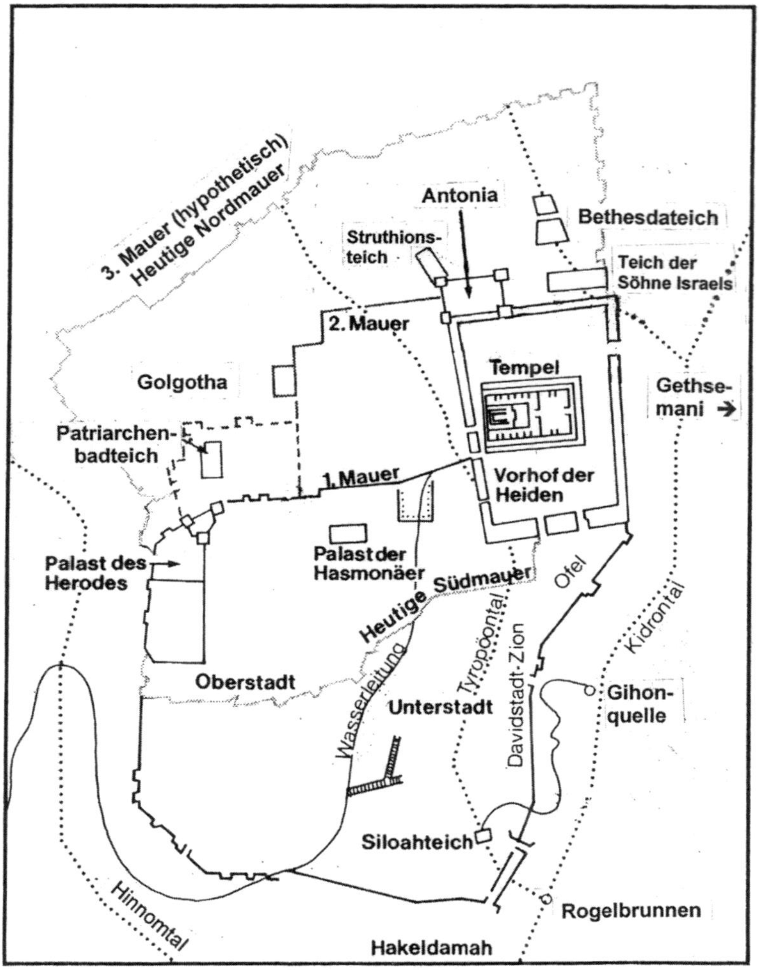


Abb. 51: →2.2.7.3 VII Jerusalem zur Zeit Jesu.

Abb. 52: →2.2.7.3 VII Bilinguale Jerusalemer Inschrift, Ossuar des 1. Jh.s n.Chr., gefunden auf dem Skorpusberg in Jerusalem, gezeichnet von Kathleen Riepe. Die ersten drei Zeilen sind griechisch und lauten:

| | |
|---|---|
| Ὀστᾶ τῶν τοῦ Νεικά- | Dies sind die Knochen des Nika- |
| νορος Ἀλεξανδρέως | nor, des Alexandriners, |
| ποιήσαντος τὰς θύρας | der die Tore machte |

Die letzte Zeile ist aramäisch und unvollständig. Sie lautet:

| | |
|---|---|
| נקר אלכס[נדרנ] | Nikanor der Alex[andriner] |

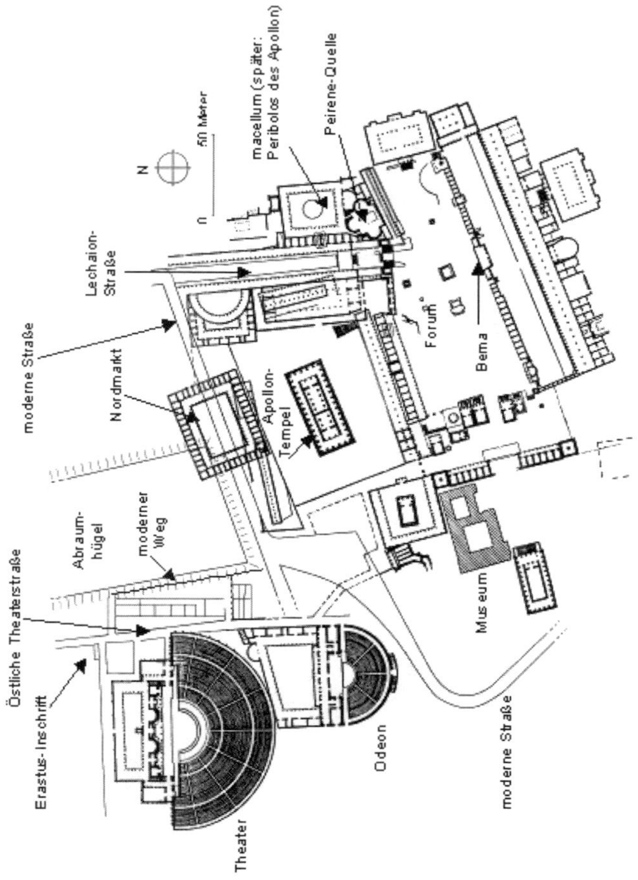


Abb. 53: →2.2.7.3. VIII Stadtplan von Korinth in römischer Zeit.

Abb. 54: →2.2.7.3 VIII Korinth, Rekonstruktion des Bema, gezeichnet von Kathleen Riepe.
Diese erhöhte Plattform in der Mitte des Forums diente als Redner- und Gerichtstribüne, auf der öffentliche Gerichtsverhandlungen durchgeführt werden konnten. Hier spielt die Szene von Apg 18,12–17, die Verhandlung gegen Paulus vor dem Statthalter Gallio.

Abb. 55: →2.2.7.3 VIII Korinth, Inschrift des Ädils Erastus für die Übertragung dieses Amtes (1. Jh. n.Chr.), nachgezeichnet von Kathleen Riepe.

| | |
|---|---|
| ERASTUS PRO AEDILIT[AT]E<br>S(ua) P(ecunia) STRAVIT | Erastus hat (als Dank) für das Amt des Ädils aus eigenen Mitteln (diese Straße) gepflastert |

Diese Inschrift war in das Straßenpflaster eingelassen, das Erastus finanziert hatte. Allerdings muss offen bleiben, ob der „Stadtökonom" Erastus, der der christlichen Gemeinde in Korinth angehörte (vgl. Röm 16,23), mit diesem Ädil identisch ist.

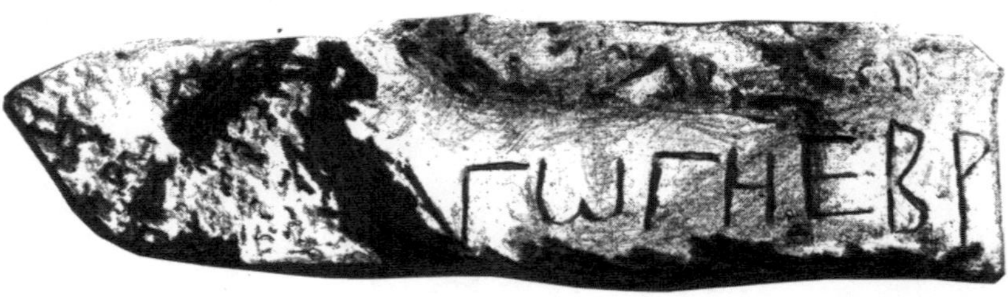

Abb. 56: →2.2.7.3 VIII Korinth, Synagogeninschrift, nachgezeichnet von Kathleen Riepe.

| | |
|---|---|
| [συνα]γωγὴ Ἑβρ[αίων] | [Syna]goge der Hebr[äer] |

Diese recht armselig wirkende Inschrift ist einer der wenigen Überreste der jüdischen Gemeinde von Korinth (vgl. Apg 18,1–17) und kann auch nur mit Vorsicht auf das 2.–4. Jh. n.Chr. datiert werden.

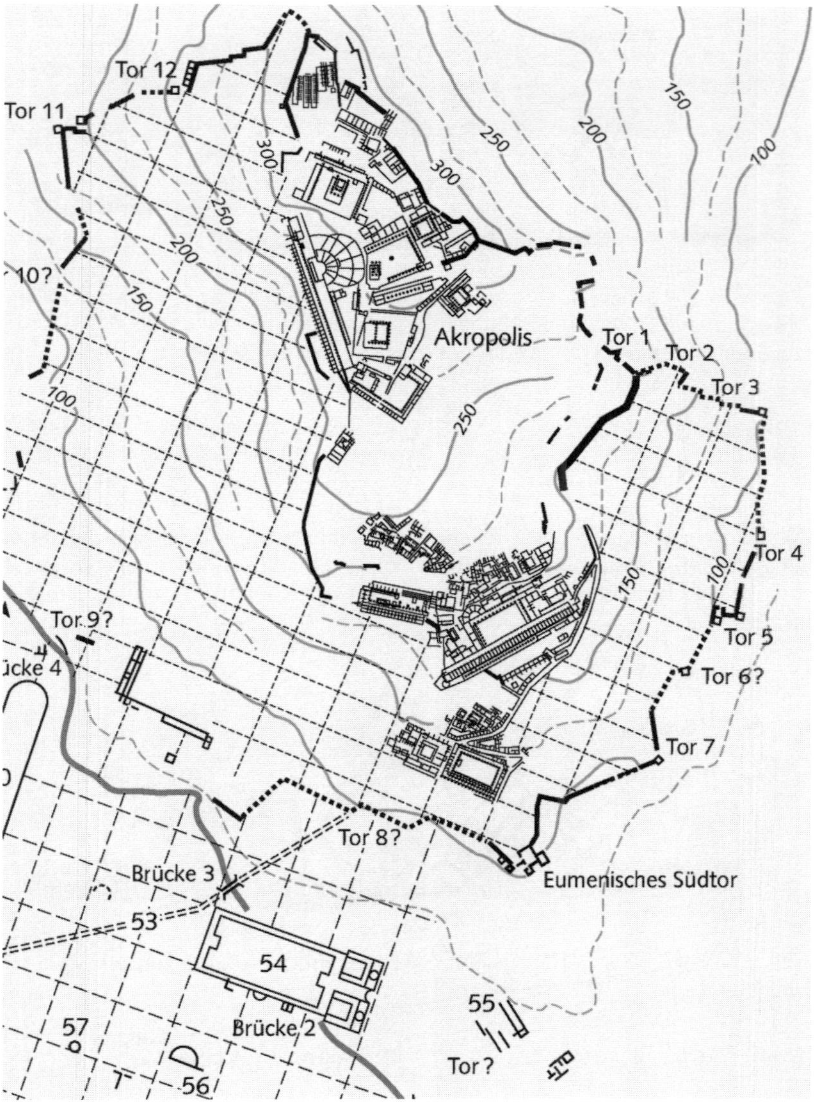


Legende:
50. Stadion, 53. Forum, 54. „Rote Halle“ mit Vorhof (Heiligtum für ägyptische Gottheiten), 55. Therme?, 56. Odeion?, 57. Rundbau, 58. Therme?.

Abb. 57: →2.2.7.3 IX Stadtplan von Pergamon (Ausschnitt) der Zeit Eumenes’ II. (2. Jh. v.Chr.) bis zur römischen Stadterweiterung (2. Jh. n.Chr.).

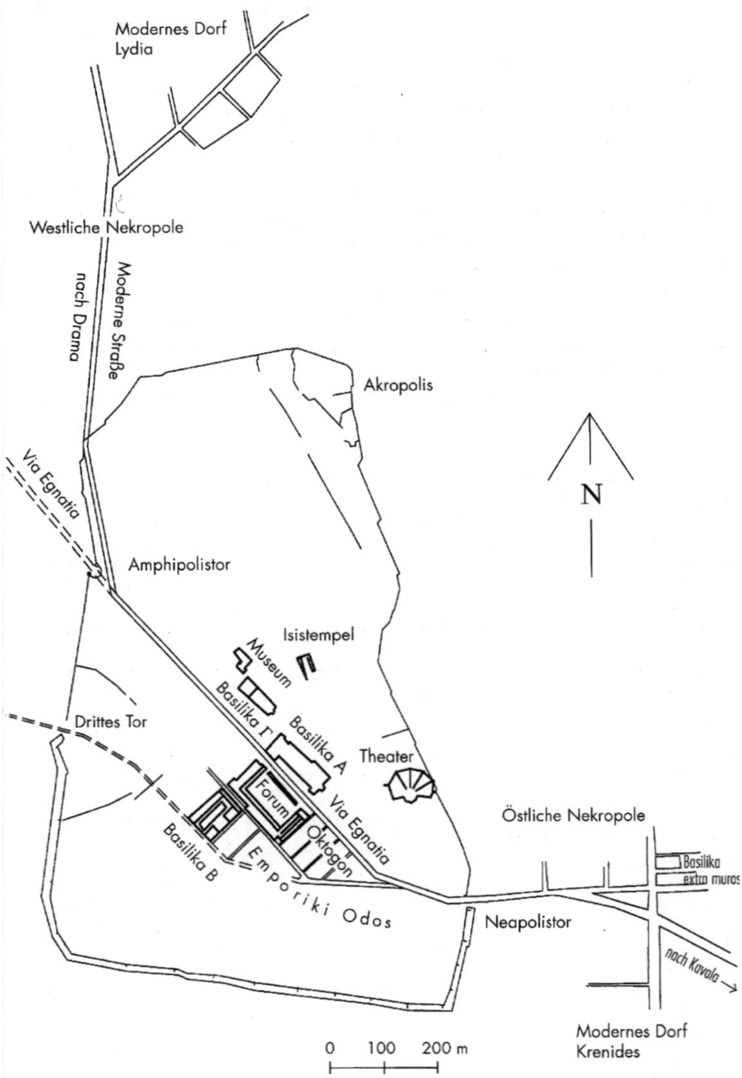


Abb. 58: →2.2.7.3 X Stadtplan von Philippi.

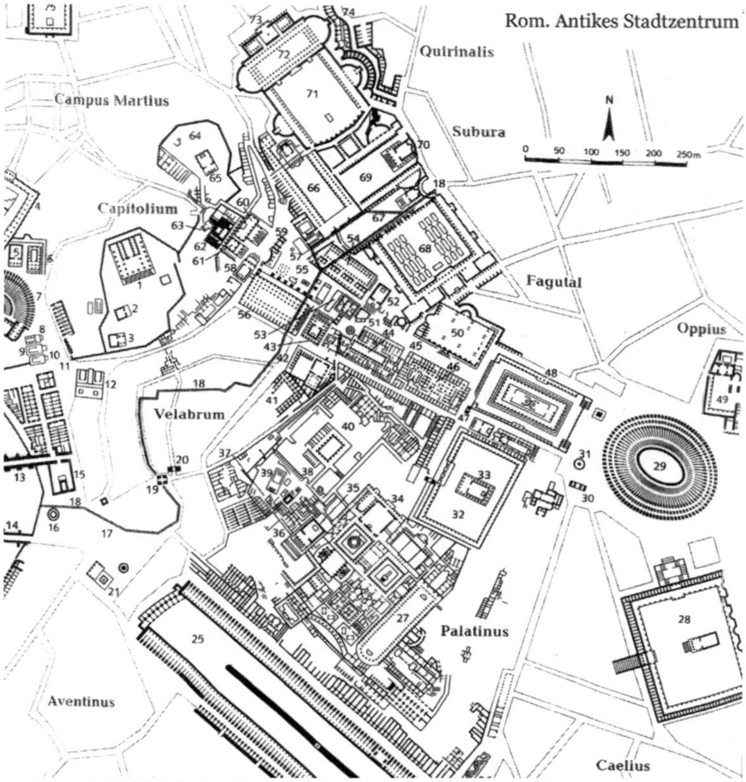


Abb. 59: →2.2.7.3 XI Antikes Stadtzentrum von Rom, Kaiserzeit.
Legende:
1. Aedes Iovis Optimi Maximi, 2. Aedes Opis, 3. Aedes Fidei, 4. Porticus Octaviae, 5. Templum Apollinis Sosiani, 6. Templum Bellonae, 7. Theatrum Marcelli, 8. Templum Iani, 9. Templum Iunonis Sospitae, 10. Templum Spei, 11. Forum Holitorium, 12. Aedes matris Matutae et Fortunae, 13. Pons Aemillius, 14. Pons Sublicius, 15. Templum Portuni, 16. Templum Herculis Victoris?, 17. Forum Boarium, 18. Cloaca Maxima, 19. Arcus Iani, 20. Arcus Argentariorum, 21. Ara Maxima Herculis, 22. Templum Minervae?, 23. Templum Dianae?, 24. Templum Lunae?, 25. Circus Maximus, 27. Domus Augustana, 28. Templum Divi Claudii, 29. Amphitheatrum Flavium, 30. Arcus Constantini, 31. Meta Sudans, 32. Vigna Barberini, 33. Templum Elagabali, 34. Domus Flavia, 35. Templum Apollinis, 36. Haus des Augustus, 37. sog. Haus des Romulus, 38. Haus der Livia, 39. Aedes Matris Magnae, 40. Domus Tiberiana, 41. Horrea Agrippiana, 42. Komplex von S. Maria Antiqua, 43. Aedes Castorum, 44. Atrium Vestae, 45. Via Sacra, 46. Porticus Margaritaria, 47. Arcus Titi, 48. Templum Veneris et Romae, 49. Thermae Titi, 50. Basilica Maxentii (Constantini), 51. Regia, 52. Templum Antonini Pii et Faustinae, 53. Aedes Divi Julii, 54. Basilica Aemilia, 55. Forum Romanum, 56. Basilica Iulia, 57. Curia, 58. Aedes Saturni, 59. Arcus Septimii Severi, 60 Aedes Concordiae, 61. Aedes Divi Vespasiani, 62. Tabularium, 63. Aedes Veiovis, 64. Arx, 65. Templum Iunonis Monetae, 66. Forum Caesaris, 67. Forum Transitorium, 68. Forum Pacis, 69. Forum Augustum, 70. Templum Martis Ultoris, 71. Forum Traiani, 72. Basilica Ulpia, 73. Columna Traiani, 74. Mercatus Traiani, 75. Porticus Divorum.

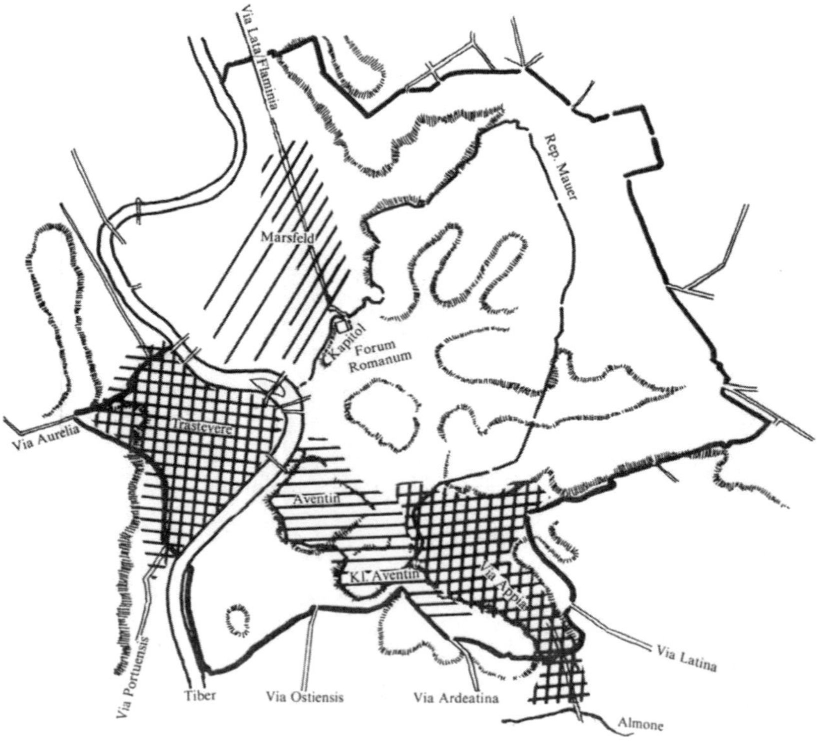


Abb. 60: →2.2.7.3 XI Rom. Häufungen christlicher Bevölkerung.

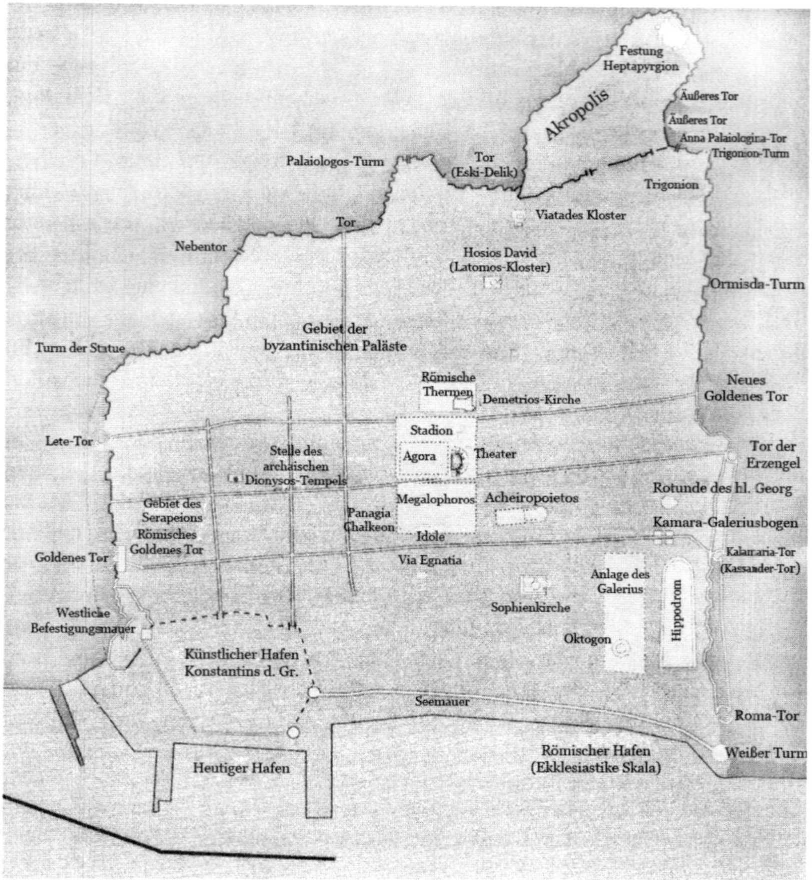


Abb. 61: →2.2.7.3 XII Stadtplan von Thessaloniki.

Abb. 62: →1.4.2.1, 2.2.7.3 XIII sowie 3.3.4 Denkmal für Kaiser Tiberius als Dank für seine großzügige Hilfe nach Erdbebenkatastrophen der Jahre 17, 23 und 29 n.Chr. (vgl. u.a. Tac. ann. 2,47 und 4,13): Die 16 Reliefstatuen auf den vier Seiten der Statuenbasis stellen die betroffenen Städte dar (auf der abgebildeten Längsseite von links nach rechts, inschriftlich bezeichnet [vgl. CIL X 1624]: Temnos, Cibyra, Myrina, Ephesos [als Provinzhauptstadt herausgehoben], Apollonidea und [zu ergänzen] Hyrcania; auf den übrigen Seiten sind u. a. auch Sardes und Philadelphia zu sehen).
Das in Puteoli am Golf von Neapel im Jahre 30 n.Chr. errichtete Monument wurde 1693 entdeckt. (Foto: Wolfgang Orth).

Abb. 63: →2.3.1, 1.3.4.3 und 3.3.4 Kopf von Tiberius mit der Münzlegende:
„Ti(berius) Caesar Divi Aug(usti) F(ilius) Augustus“.

Abb. 64: →2.3.1 Pachtzahlung. Grabrelief aus Neumagen, 3. Jh. n.Chr.

Abb. 65: →2.3.2 Warenverkaufsszene. Relief vom Zirkusdenkmal in Neumagen, 2.–3. Jh. n.Chr.

Abb. 66: →2.3.3 Darstellung eines Ladens auf einem Relief aus Ostia (2. Hälfte 2. Jh. n.Chr., gefunden an einer Ausfallstraße zum Hafen, Ladenschild?). An den zur Straße gewandten Seiten der Häuser römerzeitlicher Städte befanden sich oft kleine Läden, in denen von Waren des täglichen Bedarfs bis zu Spezialitäten alles angeboten wurde, was Käufer fand. Eine Frau steht hinter einer Theke aus Kisten und verkauft Gemüse oder Obst an einen männlichen Kunden. In den Kisten vor ihr warten lebendes Geflügel und Kaninchen/Hasen auf Käufer. Auf der mittleren Kiste stehen drei Körbe mit Schnecken, ganz rechts blicken zwei Affen, die Maskottchen des Ladens und Haustiere der Frau, den Betrachter an. Links neben der Frau steht eine männliche Person (Sklave, Ehemann, Besitzer?). Zwei gerupfte und ausgenommene Gänse bzw. Enten hängen an einem Holzgestell, zwei Männer debattieren (Geste des rechten Mannes!) über einen Hasen, den die beiden offenbar kaufen wollen.

Abb. 67: →2.4.2.2 Frachtschiff, das gerade in den Hafen von Rom eingelaufen und am Kai vertäut ist, ca. 200 n.Chr.

Abb. 68: →2.4.2.2 Großes Frachtschiff unter vollem Segel, 2. Jh. n.Chr., gezeichnet von Christina Wagner.

Abb. 69: →2.4.2.2 Beladen eines Getreideschiffs (Fresko aus einem Grabmal in Ostia). Ostia, nur wenige Kilometer westlich von Rom gelegen, war das Zentrum des Getreidehandels mit Ägypten und Nordafrika. Die Szene zeigt, wie die ISIS GEMINIANA, eines der zahlreichen Transportschiffe, die Ostia anliefen, unter den strengen Augen des Kapitäns (MAGISTER) FARNACES und des Eigners ARASCANTUS von Trägern mit Säcken beladen wird. Ein Genius (erkennbar an den Flügeln und dem Palmzweig) spendet den nötigen Segen für die riskante Überfahrt.

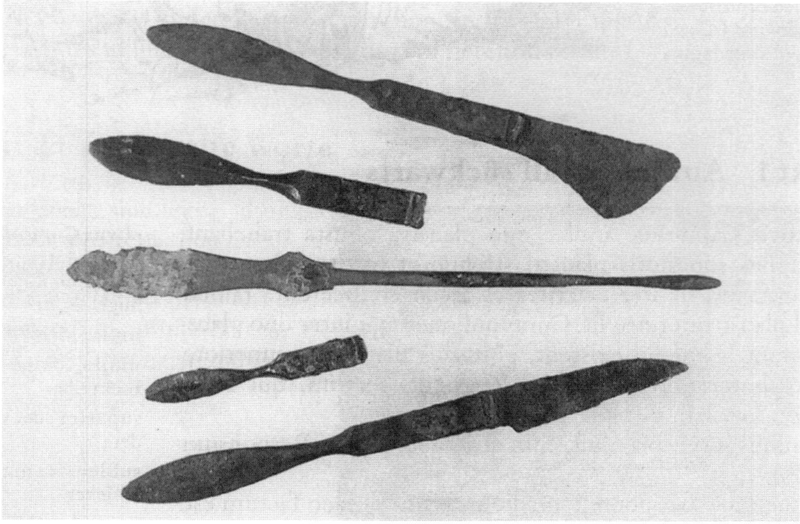

Abb. 70: →2.4.4 Medizinische Instrumente der Römer, Saalburgmuseum.

Abb. 71: →2.5.4 Grabstein des Midias, Sohn des Glykon. Der Verstorbene steht stolz vor einem Bücherregal mit Schriftrollen und einer Schreibtafel bzw. Diptychon (?). Links neben dem Kopf des Verstorbenen steht ein Tintenfässchen. Midias präsentiert sich so als Angehöriger gebildeter Kreise – mehr Wunsch als Tatsache?

Abb. 72: →2.5.4 Grabstein von der türkischen Schwarzmeerküste. Ein Geschwisterpaar (*adelphos kai adelphē*) stehen in einer Aedicula (stilisierte Tempelfassade), der Junge hält ein Futteral mit Schreibgriffeln in der Hand. Die recht primitive Darstellung des Paars und die schmucklose Inschrift stehen in einem deutlichen Kontrast zur Bildaussage des Schreibetuis. Je weniger Menschen tatsächlich lesen und schreiben konnten, desto höher war das Ansehen dieser Fähigkeiten.

Abb. 73: →2.5.4 Schulszene, spätes 2. Jh. n.Chr. In der Mitte sitzt der Lehrer, zwei Schüler, links und rechts von ihm sitzend, halten Buchrollen in den Händen, rechts tritt ein dritter Schüler, die Rechte zum Gruß erhoben, hinzu. In der Linken hält er die zusammengeklappten Schreibtafeln. Fundort: Neumagen. Ausstellungsort: Rhein. Landesmuseum Trier.

Abb. 74: →2.5.4 Unterrichtsszene auf einem Kindersarkophag.

Abb. 75: →2.6.1 Mädchen mit Wachstafel und Griffel. Wandgemälde aus Pompeii, Mitte 1. Jh. n.Chr.

Abb. 76: →2.6.2 *aulos/tibia*-Bläserin beim Opferzug (?). Mosaikfußboden eines Wohnhauses, Sepphoris/Galiläa, in situ, 3. Jh. (Foto: E. Meyers/E. Netzer).

Abb. 77: →2.6.2 *kithara/cithara*-Spieler im Zodiak-Zeichen (Gemini-Fragment). Mosaikfußboden, Synagoge, Sepphoris, in situ, 5. Jh.

Abb. 78: →2.6.2 Das Pfeifenwerk einer pneumatischen Tischorgel (*organon*) mit sieben Pfeifen und zwei Paaren von Gabelbecken (*kimbalon/cymbalum*). Terrakotta Öllämpchen mit dem ersten ikonographischen Beleg einer Orgel im Bereich Palästinas, 3.–4. Jh. n.Chr.

# 4.2.3 Fotos und Skizzen zu Artikeln aus Band 3

Abb. 79: →3.1.2 Prozession (*thiasus*) der Magna Mater Deum (Kybele) auf einer Wandmalerei aus dem „Laden der Kybeleprozession" aus Pompeii. Vier Träger haben die auf einem Gestell (*ferculum*) befestigte, doppelt lebensgroße Statue der thronenden Göttin gerade abgesetzt. Die Göttin ist festlich gekleidet und zeigt ihre Attribute: u.a. die Mauerkrone als Schutzgottheit der Stadt, das *tympanum*, das „Netz der Prophetie" über ihren Knien als Orakelgottheit, zwei liegende Löwen als Herrin der Tiere. Der zelebrierende Priester (1) streckt die Arme zum gerade beginnenden Opfer aus. Ein Diener hält die Kultkiste (*cista*) links neben ihm in die Höhe (beschädigt). Eine Priesterin, gekleidet wie Kybele selbst, steht hinter dem Hauptpriester, andere Frauen sind in der Nähe und halten Musikinstrumente oder Opfergaben in der Hand. Auf der rechten Seite ist die Menschenmenge durch eine archaisch wirkende Büste (Tragbild, Kultnische?) des Dionysos (2) eingerahmt, dessen ekstatischer Kult viele Ähnlichkeiten mit Kybele aufwies.

Abb. 80: →3.1.3.3 Eingang zu Höhle 4, in der Fragmente von ca. 550 Schriftrollen gefunden wurden, bei weitem die reichste Fundstelle. Diese Höhle wurde von Menschenhand in die Mergelterrasse geschnitten und liegt unmittelbar südwestlich der Ruine von Khirbet Qumran. (Foto: Astrid Padberg)

Abb. 81: →3.1.3.3 Eine der ersten Schriftrollen, die zur Kenntnis der Öffentlichkeit gelangte. Die hier abgebildete sog. große Jesajarolle (1QJes[a]) stammt aus Höhle 1 von Qumran und enthält alle drei Teile des Jesajabuches. Im Bild zu sehen ist das Ende von Kapitel 39 und der Anfang von Kapitel 40.

Abb. 82: →3.1.3.3 Luftaufnahme der Siedlung von Qumran nach Abschluss der Grabungen de Vaux'. Gut erkennbar ist die Zweiteilung der Anlage in einen östlichen Haupttrakt (rechts im Bild) und einen westlichen Nebentrakt, der schwerpunktmäßig industriell genutzt wurde. Ein Wehrturm (oberer Bildrand Mitte) schützte die Anlage. Charakteristisch für die Siedlung ist die Vielzahl von Wasserreservoirs, verbunden durch einen Kanal, der saisonal große Wassermengen aus dem nahe gelegenen Wadi Qumran in die Siedlung führte.

Abb. 83: →3.1.4 und 3.3.4 Kommagenisches Dexiosis-Relief von Sockelanlage III aus Arsameia am Nymphaios (H. 3,34 m); 1. Jh. v.Chr. (Foto: Engelbert Winter)
Das Relief zeigt den bedeutendsten kommagenischen König, Antiochos I. (ca. 69–36 v.Chr.), wie er von dem griechischen Gott Herakles begrüßt wird. Es spiegelt den Anspruch Antiochos' I., sich mit den Göttern gleichzusetzen. Während Herakles in griechischer Nacktheit dargestellt ist, trägt Antiochos sein volles orientalisch geprägtes Königsornat. Das Kultrelief ist somit auch eindrucksvoller Beleg für den synkretistischen Herrscherkult Antiochos' I., in dem sowohl persische als auch griechisch-makedonische Traditionen miteinander verbunden wurden.

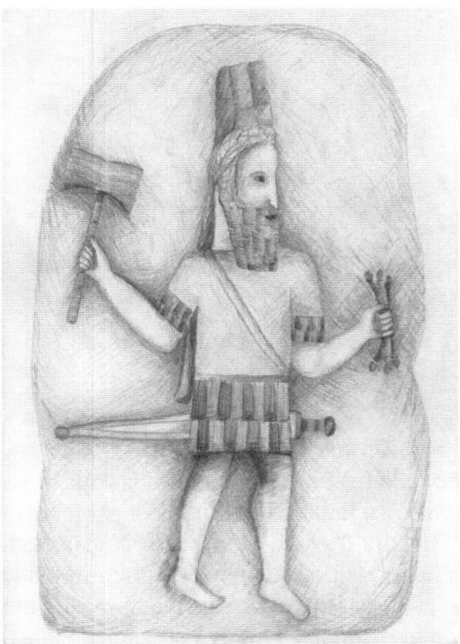

Abb. 84: →3.1.4 Basaltstele des Zeus Dolichaios/Iupiter Dolichenus vom Zeytintepe bei Başpinar, Provinz Antakya (AO: Museum Antakya); H. 1,25 m; Br. 0,70 m; T. 0,57 m; 1. Jh. n.Chr., gezeichnet von Kathleen Riepe.
Die Darstellung des Gottes, der die typischen Attribute Blitzbündel und Doppelaxt in den erhobenen Händen trägt, vereint Merkmale des vorderasiatischen Wettergottes Teşup-Hadad mit griechisch-römischen Elementen. Während die Kopfbedeckung und der lange, unten eingerollte Zopf auf genuin nordsyrisch-kappadokische Traditionen verweist, die bis in das 3. und 2. Jt. v.Chr. zurückreichen, ist der Gott in einem römischen militärischen Gewand mit einem *balteus* und einem daran befestigten Schwert gekleidet.

Abb. 85: →3.1.4 Kalksteinstatue der Kybele aus Boğazköy, Büyükkale; aus der Nische vor dem phrygischen Burgtor (AO: Museum Ankara); H. mit Basis 1,34 m; Mitte 6. Jh. v.Chr., gezeichnet von Christina Wagner.
Die frühe Darstellung der phrygischen Kybele wird von indigenen Traditionen geprägt. Als Kopfbedeckung trägt sie die aus dem Vorderen Orient kommende zylindrische Götterkrone, den Polos, der zumeist von weiblichen Gottheiten getragen wird. Begleitet wird die aufrecht stehende Göttin von zwei männlichen Musikantinnen mit einer Flöte und einer Lyra. Erst in späterer Zeit werden Löwen als ihre Begleiter kanonisch.

Abb. 86: →3.3.2.1 Opferszene auf einem Altar der *vicomagistri* (verantwortliche Stadtteilbeamte) des *vicus Aesculeti* aus Rom (geweiht den *Lares Augusti* 11 n.Chr.). Vier *vicomagistri*, in *toga* gekleidet und mit über das Haupt gezogener Gewandfalte (*capite velato*, typische Gebets- und Opferhaltung und zugleich Ausdruck von *pietas*), stehen an einem girlandengeschmückten Altar und strecken die Hände zum Opfer aus. Einer hält eine Schale (*patera*) über den Altar, ein anderer bröselt kleine Stücke Weihrauch ins Feuer. Im Hintergrund bläst der *tibicen* die Doppelflöte, da kein Opfer ohne Musik vonstatten gehen konnte. Zwei lorbeerbekränzte Opferdiener (*victimarii*), der stehende mit einem Hammer (*malleus*) zum Betäuben der Tiere, halten einen Eber (typisch für Opfer an *lares*) und einen Stier (typisch für Opfer an den *genius* des Kaisers) bereit. Das geröstete Fleisch der Opfertiere wurde nach der Kulthandlung an die sicher zahlreich wartenden Schaulustigen verteilt. Ein Amtsdiener (*lictor*) hält das Rutenbündel (*fasces*) als Zeichen der Amtsgewalt der *vicomagistri* sichtbar über die Szenerie. Die Szene umfasst alle wesentlichen Elemente eines Opfers, wie es an Kultplätzen oder vor Tempeln abgehalten werden konnte.

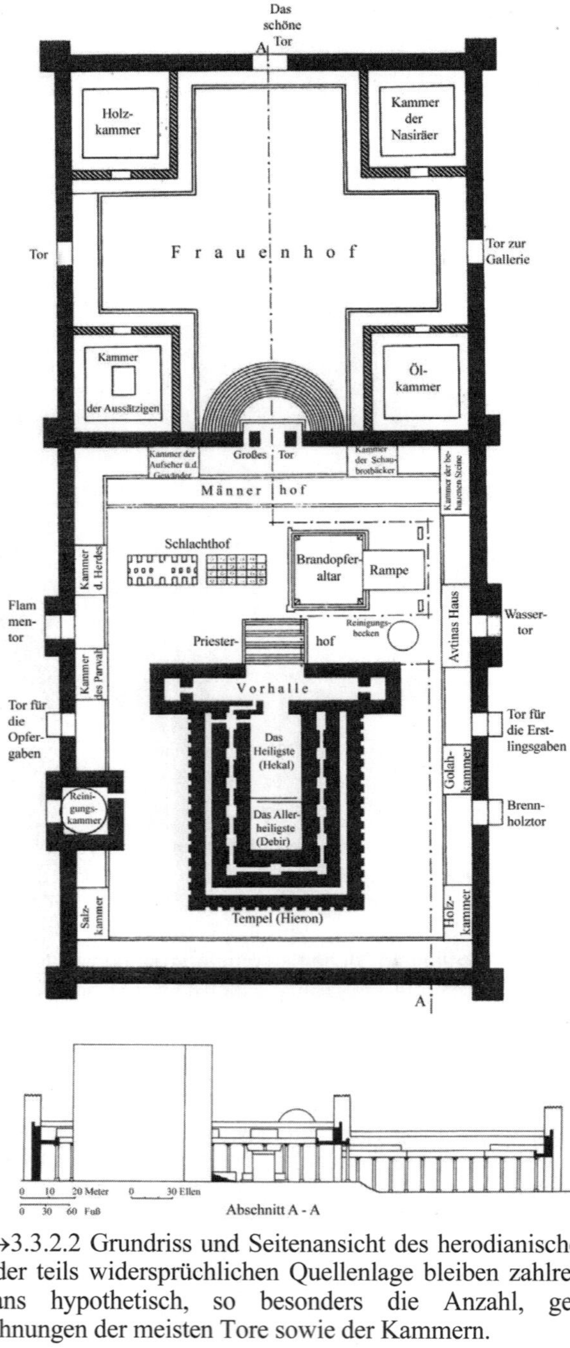


Abb. 87: →3.3.2.2 Grundriss und Seitenansicht des herodianischen Tempels. Aufgrund der teils widersprüchlichen Quellenlage bleiben zahlreiche Details dieses Plans hypothetisch, so besonders die Anzahl, genaue Lage und Bezeichnungen der meisten Tore sowie der Kammern.

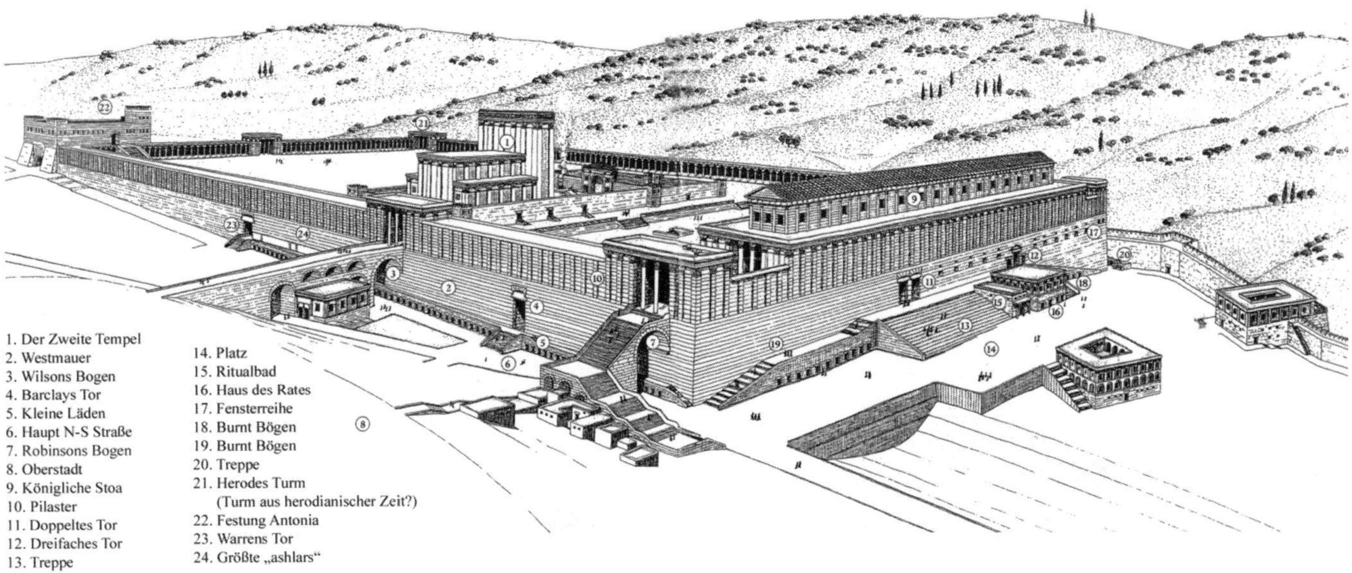


Abb. 88: →3.3.2.2 Rekonstruktion des herodianischen Tempels.

Abb. 89: →3.3.2.2 Kleidung des Hohenpriesters zur Zeit des Zweiten Tempels, gezeichnet von Christina Wagner.

| | |
|---|---|
| Μηθένα ἀλλογενῆ εἰσπο-<br>ρεύεσθαι ἐντὸς τοῦ πε-<br>ρὶ τὸ ἱερὸν τρυράκτου καὶ<br>περιβόλου. ὃς δ' ἂν λη-<br>φθῇ ἑαυτῶι αἴτιος ἔσ-<br>ται διὰ τὸ ἐξακολου-<br>θεῖν θάνατον. | [1]Kein Fremdstämmiger (Fremder) soll den [2]Bereich innerhalb der [3]Schranke und der [4]Absperrung um [3]das Heiligtum herum [1]betreten. [4]Wer dabei ergriffen wird, [5]ist selbst schuld [6]am unmittelbar folgenden [7]Tod. |

Abb. 90: →3.3.2.2 Warntafel im herodianischen Tempel zwischen dem allgemeinen Vorhof der Heiden und dem den Juden vorbehaltenen Bereich.

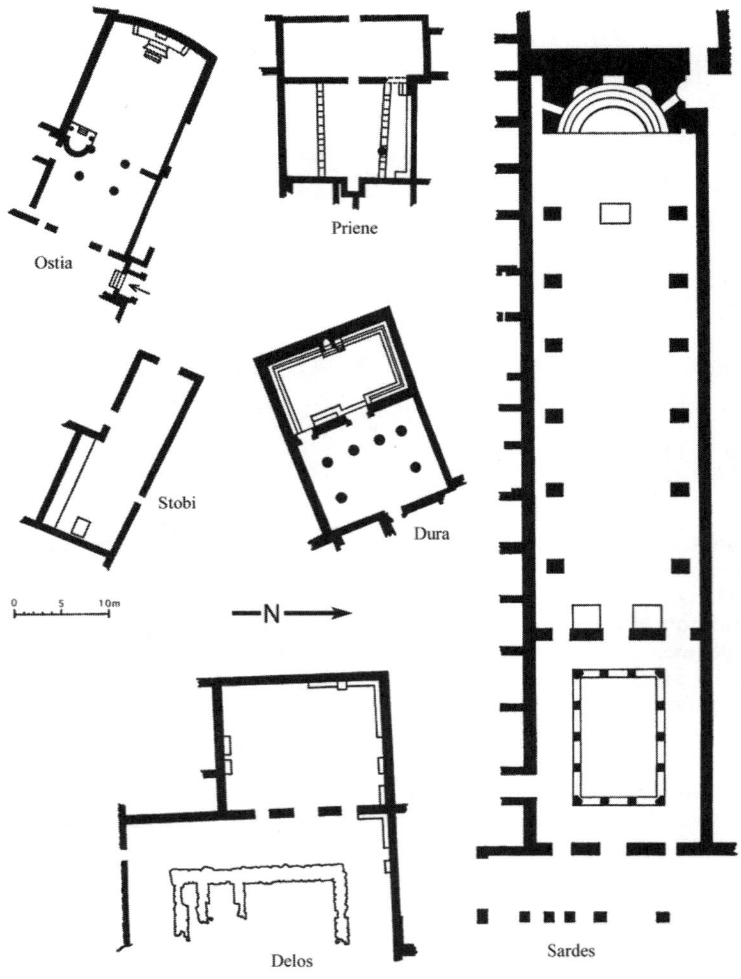


Abb. 91: →3.3.3 Diasporasynagogen in Ostia, Priene, Stobi, Dura, Delos, Sardes, gezeichnet von Sylvia Ruud.

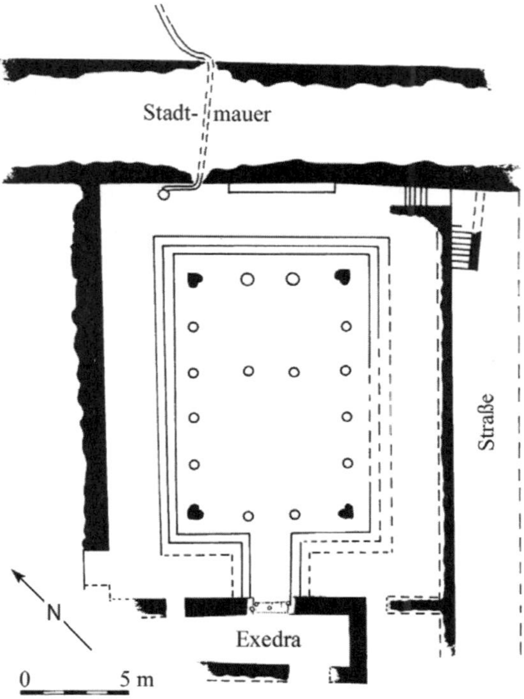


Abb. 92: →3.3.3 Synagoge in Gamla, zerstört im Jahre 67 n.Chr.

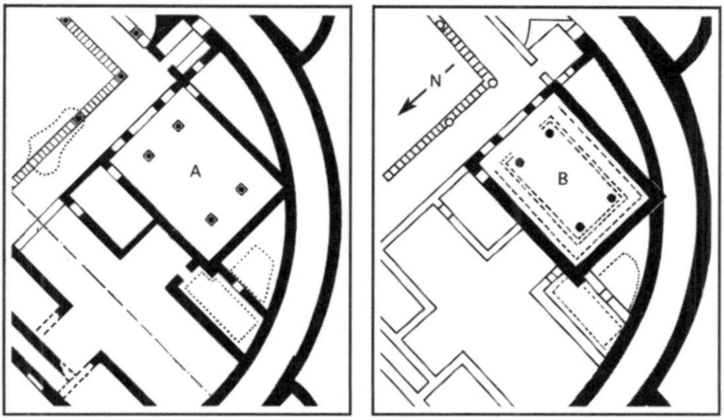


Abb. 93: →3.3.3 Synagoge auf Herodium. Das Gebäude weist zwei Bauphasen auf: Aus einem Triklinium (A) entstand durch Einbau von Sitzbänken ein Versammlungsraum (B). Das Gebäude wurde während des Ersten Aufstands zerstört.

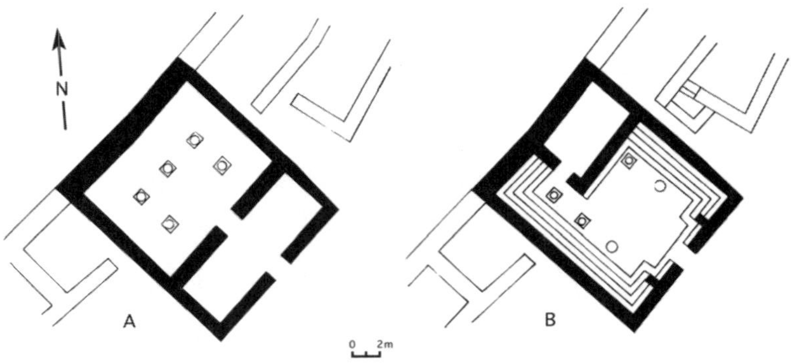


Abb. 94: →3.3.3 Masada, 2 Phasen. Wie auf dem Herodium weist auch die Synagoge von Masada zwei Bauphasen auf. Zunächst existierte bis in die Mitte des 1. Jh.s n.Chr. ein Gebäude mit Eingangs- und Hauptraum (A), wobei die Funktion als Synagoge für die erste Phase nicht gesichert ist. In Phase 2 entfiel der Vorraum, Sitzbänke wurden entlang der Seitenwände eingezogen und ein Abstellraum (Geniza) am Ende des Raums eingebaut. In der Geniza fanden sich Reste mehrerer, z.T. biblischer Schriftrollen, die erst jetzt den Charakter von Phase B als Synagoge zweifelsfrei belegen. Im Unterschied zu Gamla oder Qiryat Sefer (siehe zu →2.2.6) steht die Synagoge von Masada nicht frei, sondern ist in die Kasemattenmauer der Festung integriert. Sie diente bis zur Erstürmung durch die Römer 73/74 n.Chr. zum Schutz der zelotischen Bewohnerschaft.

Abb. 95: →3.3.6.1 Kultnische (*lararium*) im Haus der Vettier in Pompeii, eingerichtet zwischen 62 und 79 n.Chr. Die zentrale Figur stellt den Schutzgeist (*genius*) des Hausherrn (*pater familias*) beim Opfer dar. Zwei Hausgötter (*lares*), gekleidet in kurze Röcke und ausgestattet mit Trinkgefäß (*rhyton*) und Kulteimer (*situla*), flankieren ihn. Eine Schlange, Repräsentantin des Schutzgeistes des Ortes (*agathodaimon*), nähert sich, um das Opfer entgegenzunehmen. Der Hausherr opferte täglich Kuchen, Früchte und Wein am *lararium*. In deren girlandengeschmückter Nische befanden sich Schalen für die Gaben und eine Anzahl meist bronzener Statuetten der *lares* und der häuslichen Schutzgeister (*penates*).

Abb. 96: →3.3.6.2 Ein Reinigungsbecken (*mikwe*) aus Sepphoris, 1. Hälfte 1. Jh. n.Chr. Stufen führen bis an den Beckenboden und ermöglichen das völlige rituelle Untertauchen. Im Vordergrund öffnet sich eine Zisterne. (Foto: Jürgen Zangenberg)

Abb. 97: →3.3.6.2 Zwei aus weichem Kalkstein gedrechselte Mischgefäße (Krater, Kalal) unter einem aus demselben Material gefertigten Tisch. Gefunden in einem reich ausgestatteten Wohnhaus in der Oberstadt von Jerusalem, zerstört 70 n.Chr.

Abb. 98: →3.3.6.2 Große und kleine Steingefäße, wie sie für die Zeit des späten Zweiten Tempels typisch sind. Anders als Tonwaren können Steingefäße weder rituell unrein werden noch rituelle Unreinheit weiterleiten.

Abb. 99: →3.3.6.2 Beispiel eines Miniaturphylakterions (Gebetskapsel) aus Qumran. Die Lederkapsel wurde zu den Gebetszeiten mit Riemen an Stirn und Hand befestigt und enthielt aus Pergament gefertigte Streifen mit Zitaten aus dem Pentateuch. Das winzige Phylakterion ist nur 2,5 cm breit.

Abb. 100: →3.3.6.2 Pergament aus einem Phylakterion. Aufgefaltet ist es 4 cm breit und 2,5 cm hoch. Diese Maße lassen erahnen, wie klein die Schriftzeichen sind, die den verhältnismäßig langen Text bilden.

# 4.3 Abkürzungsverzeichnis

## 4.3.1 Biblische Bücher

### Altes Testament

| | |
|---|---|
| Gen | Genesis |
| Ex | Exodus |
| Lev | Levitikus |
| Num | Numeri |
| Dtn | Deuteronomium |
| Jos | Das Buch Josua |
| Ri | Das Buch der Richter |
| Rut | Das Buch Rut |
| 1Sam | Das erste Buch Samuel |
| 2Sam | Das zweite Buch Samuel |
| 1Chr | Das erste Buch der Chronik |
| 2Chr | Das zweite Buch der Chronik |
| Esra | Das Buch Esra |
| Neh | Das Buch Nehemia |
| Tob | Das Buch Tobias |
| Jdt | Das Buch Judit |
| Est | Das Buch Ester |
| 1Makk | Das erste Buch der Makkabäer |
| 2Makk | Das zweite Buch der Makkabäer |
| Hi | Das Buch Hiob |
| Ps | Der Psalter |
| Spr | Die Sprüche Salomos (Sprichwörter) |
| Koh | Der Prediger Salomo (Kohelet) |
| Hld | Das Hohelied Salomos |
| Weish | Die Weisheit Salomos |
| Sir | Das Buch Jesus Sirach |
| Jes | Der Prophet Jesaja |
| Jer | Der Prophet Jeremia |
| Klgl | Die Klagelieder Jeremias |
| Bar | Das Buch Baruch |
| Ez | Der Prophet Ezechiel |
| Dan | Der Prophet Daniel |
| Hos | Der Prophet Hosea |
| Joel | Der Prophet Joel |
| Am | Der Prophet Amos |
| Obd | Der Prophet Obadja |
| Jona | Der Prophet Jona |
| Mi | Der Prophet Micha |
| Nah | Der Prophet Nahum |
| Hab | Der Prophet Habakuk |
| Zef | Der Prophet Zefanja |
| Hag | Der Prophet Haggai |
| Sach | Der Prophet Sacharja |
| Mal | Der Prophet Maleachi |

### Neues Testament

| | |
|---|---|
| Mt | Das Evangelium nach Matthäus |
| Mk | Das Evangelium nach Markus |
| Lk | Das Evangelium nach Lukas |

| | |
|---|---|
| Joh | Das Evangelium nach Johannes |
| Apg | Die Apostelgeschichte des Lukas |
| Röm | Der Brief des Paulus an die Römer |
| 1Kor | Der erste Brief des Paulus an die Korinther |
| 2Kor | Der zweite Brief des Paulus an die Korinther |
| Gal | Der Brief des Paulus an die Galater |
| Eph | Der Brief des Paulus an die Epheser |
| Phil | Der Brief des Paulus an die Philipper |
| Kol | Der Brief des Paulus an die Kolosser |
| 1Thess | Der erste Brief des Paulus an die Thessalonicher |
| 2Thess | Der zweite Brief des Paulus an die Thessalonicher |
| 1Tim | Der erste Brief des Paulus an Timotheus |
| 2Tim | Der zweite Brief des Paulus an Timotheus |
| Tit | Der Brief des Paulus an Titus |
| Phlm | Der Brief des Paulus an Philemon |
| Hebr | Der Brief an die Hebräer |
| Jak | Der Brief des Jakobus |
| 1Petr | Der erste Brief des Petrus |
| 2Petr | Der zweite Brief des Petrus |
| 1Joh | Der erste Brief des Johannes |
| 2Joh | Der zweite Brief des Johannes |
| 3Joh | Der dritte Brief des Johannes |
| Jud | Der Brief des Judas |
| Offb | Die Offenbarung des Johannes |

## 4.3.2 Sonstige Abkürzungen

| | |
|---|---|
| 1Q28a | Qumran, Gemeinschaftsregel Appendix A |
| 1QGenApocr | Qumran, Genesisapokryphon |
| 1QH | Qumran, Hodajot (Loblieder) |
| 1QM | Qumran, Milhamah (Kriegsrolle) |
| 1QpHab | Qumran, Habakuk-Pešer (Kommentar zum biblischen Buch Habakuk) |
| 1QS | Qumran, Sektenregel |
| 1QSa | Qumran, Gemeinschaftsregel Appendix A |
| 4Q184 | Qumran, „Ränke der verruchten Frau“ |
| 4QMMT | Qumran, Miqsat Ma'asot HaTora |
| 4QpNah | Qumran, Nahum-Pešer (Kommentar zum biblischen Buch Nahum) |
| 4QShirShabb | Qumran, Shirot Ha-Shabbat (Schabbat-Lieder) |
| 11QPs | Qumran, Psalmenrolle |
| 11QT | Qumran, Tempelrolle |
| 4Esr | 4. Esrabuch |
| AA | Archäologischer Anzeiger |
| AAH | Acta Antiqua Academiae Scientiarum Hungaricae |
| ABD | Anchor Bible Dictionary |
| Ach. Tat. | Achilleus Tatios |
| ActaHyp | Acta Hyperborea |
| ActJ | Acta des Johannes |
| ActPaulThecl | Acta Pauli et Theclae |
| ActPe | Acta des Petrus |
| ad loc. | ad locum / zur Stelle |
| ADAJ | Annual of the Department of Antiquities of Jordan |

| | |
|---|---|
| AE | L'année épigraphique |
| AeR | Atene e Roma |
| Afric. dig. | Sex. Caecilius Africanus, fragmenta in Digestis servata |
| Ail. var. | Ailianos, Varia historia |
| Aischyl. Choeph. | Aischylos, Choephoroi |
| Aischyl. Frg. | Aischylos, Fragmente |
| Aischyl. Prom. | Aischylos, Prometheus |
| Ambr. epist. | Ambrosius, Epistulae |
| AncW | The Ancient World |
| ANRW | Aufstieg und Niedergang der römischen Welt |
| Anth. Gr. | Anthologia Graeca |
| Anthr. | Anthropos |
| ApcAbr | Apokalypse des Abraham |
| ApcBar(gr) | griechische Baruch-Apokalypse |
| ApcBar(syr) | syrische Baruch-Apokalypse |
| ApcEl | Apokalypse des Elia |
| ApcMos | Apokalypse des Mose |
| ApcZeph | Apokalypse des Zephania |
| APD | Archives de Philosophie du Droit |
| ApkPl | Apokalypse des Paulus |
| App. civ. | Appian, Bella civilia |
| App. Mac. | Appian, Macedonica |
| App. Syr. | Appian, Syriaca |
| Apul. apol. | Apuleius, Apologia |
| Apul. flor. | Apuleius, Florida |
| Apul. met. | Apuleius, Metamorphoses |
| Aram | Aram Periodical |
| ArCl | Archeologia Classica |
| Arist | Aristeasbrief = Pseudo-Aristeas |
| Arist. apol. | Aristides, Apologia |
| Aristeid. or. | Aelius Aristeides, Oratio |
| Aristob. Frg. | Aristobulos, Fragment |
| Aristoph. Eccl. | Aristophanes, Ecclesiazusae |
| Aristoph. Nub. | Aristophanes, Nubes |
| Aristoph. Plut. | Aristophanes, Plutus |
| Aristoph. Thesm. | Aristophanes, Thesmophoriazusae |
| Aristot. an. | Aristoteles, De anima |
| Aristot. an. post. | Aristoteles, Analytica posteriora |
| Aristot. eth. Nic. | Aristoteles, Ethica Nicomachea |
| Aristot. gen. an. | Aristoteles, De generatione animalium |
| Aristot. hist. an. | Aristoteles, Historia animalium |
| Aristot. m. mor. | Aristoteles, Magna moralia |
| Aristot. metaph. | Aristoteles, Metaphysica |
| Aristot. meteor. | Aristoteles, Meteorologica |
| Aristot. oec. | Aristoteles, Oeconomica |
| Aristot. phys. | Aristoteles, Physica |
| Aristot. poet. | Aristoteles, Poetica |
| Aristot. pol. | Aristoteles, Politica |
| Aristot. rhet. | Aristoteles, Rhetorica |
| ArKB | Archäologisches Korrespondenzblatt |
| ARN | Avot deRabbi Natan |
| Arnob. nat. | Arnobius, Adversus nationes |
| Artem. | Artemidoros |
| ARW | Archiv für Religionswissenschaft |
| AscIs | Ascensio Isaiae |

| | |
|---|---|
| ASNP.L | Annali della (R.) Scuola Normale Superiore di Pisa - Lettere, storia e filosofia |
| ASOR | American Schools of Oriental Research |
| AssMos | Assumptio Mosis |
| Athen. | Athenaios |
| Athenag. leg. | Athenagoras, Legatio |
| AU | Der altsprachliche Unterricht |
| AuA | Antike und Abendland |
| Aug. catech. rud. | Augustinus, De catechizandis rudibus |
| Aug. civ. | Augustinus, De civitate dei |
| Aug. conf. | Augustinus, Confessiones |
| Aug. in evang. Ioh. | Augustinus, In evangelium Iohannis |
| Aug. ord. | Augustinus, De ordine |
| Aug. quant. anim. | Augustin, De quantitate animae |
| Aug. retract. | Augustin, Retractationes |
| AW | Antike Welt |
| BA | Biblical Archaeologist |
| BArR | Biblical Archeology Review |
| BASOR | Bulletin of the American Schools of Oriental Research |
| bAZ | babylonischer Talmud, Traktat Avoda Zara |
| bBB | babylonischer Talmud, Traktat Baba Batra |
| bBekh | babylonischer Talmud, Traktat Bekhorot |
| bBer | babylonischer Talmud, Traktat Berakhot |
| bBM | babylonischer Talmud, Tarktat Baba Mesia |
| bBQ | babylonischer Talmud, Traktat Baba Qamma |
| BCH | Bulletin de Correspondence Hellénique |
| BDR | F. Blass/A. Debrunner/F. Rehkopf: Grammatik des neutestamentlichen Griechisch, Göttingen $^{17}$1990 |
| BemR | Bemidbar Rabba |
| BerR | Bereshit Rabba |
| bGit | babylonischer Talmud, Traktat Gittin |
| BGU | Ägyptische Urkunden aus den Königlichen (später: Staatlichen) Museen zu Berlin, Griechische Urkunden |
| bHag | babylonischer Talmud, Traktat Hagiga |
| BHH | Biblisch-Historisches Handwörterbuch |
| BICS | Bulletin of the Institute of Classical Studies |
| bJeb | babylonischer Talmud, Traktat Jebamot |
| bKet | babylonischer Talmud, Traktat Ketubbot |
| bMeg | babylonischer Talmud, Traktat Megilla |
| bMen | babylonischer Talmud, Traktat Menahot |
| bMQ | babylonischer Talmud, Traktat Mo'ed Qatan |
| BN | Biblische Notizen |
| bNed | babylonischer Talmud, Traktat Nedarim |
| Boeth. arithm. | Boethius, De institutione arithmetica |
| Boeth. in Porph. comm. | Boethius, In Porphyrii isagogen commentarii |
| BoJ | Bonner Jahrbücher |
| bPes | Babylonischer Talmud, Traktat Pesahim |
| bQid | Babylonischer Talmud, Traktat Qiddushin |
| bSan | Babylonischer Talmud, Traktat Sanhedrin |
| bSchab | Babylonischer Talmud, Traktat Shabbat |
| bSot | Babylonischer Talmud, Traktat Sota |
| bSuk | Babylonischer Talmud Traktat Sukka |
| BTB | Biblical Theology Bulletin |
| BZ | Biblische Zeitschrift |

| | |
|---|---|
| BZ N.F. | Biblische Zeitschrift, Neue Folge |
| Caes. Gall. | Caesar, Commentarii belli Gallici |
| CAH | Cambridge Ancient History |
| Cass. Dio | Cassius Dio |
| Cass. Dio Frg. | Cassius Dio, Fragment |
| Cassiod. var. | Cassiodorus, Variae |
| Cato agr. | Cato, De agri cultura |
| Catull. | Catull |
| CBQ | Catholic Biblical Quarterly |
| CD | Damaskusschrift aus der Kairoer Geniza |
| Cels. | A. Cornelius Celsus |
| Cels. dig. | P. Iuventius Celsus, fragmenta in Digestis servata |
| Cels. prooem. | A. Cornelius Celsus, Prooemium |
| Cens. | Censorinus |
| CH | Corpus Hippocraticum, siehe auch Corp. Hipp. |
| CH, aer. | Corpus Hippocraticum, De aere |
| CH, art. | Corpus Hippocraticum, De articulis |
| CH, de arte | Corpus Hippocraticum, De arte |
| CH, epid. | Corpus Hippocraticum, De morbis popularibus (epidemiarum libri) |
| CH, iusiur. | Corpus Hippocraticum, Iusiurandum (Eid des Hippokrates) |
| CH, morb. sacr. | Corpus Hippocraticum, De morbo sacro |
| CH, nat. hom. | Corpus Hippocraticum, De natura hominis |
| CH, vet. med. | Corpus Hippocraticum, De vetere medicina |
| CHJud | The Cambridge History of Judaism |
| Chrys. hom. in 1Kor | Johannes Chrysostomos, Homiliae in 1Kor |
| Chrys. hom. in 1Tim | Johannes Chrysostomos, Homiliae in 1Tim |
| Cic. Att. | Cicero, Epistulae ad Atticum |
| Cic. Cato | Cicero, Cato maior de senectute |
| Cic. de orat. | Cicero, De oratore |
| Cic. div. | Cicero, De divinatione |
| Cic. dom. | Cicero, De domo sua ad pontifices oratio |
| Cic. fam. | Cicero, Epistulae ad familiares |
| Cic. fin. | Cicero, De finibus bonorum et malorum |
| Cic. Flacc. | Cicero, Pro L. Valerio Flacco oratio |
| Cic. har. resp. | Cicero, De haruspicum responso oratio |
| Cic. inv. | Cicero, Rhetorici libri qui vocantur de inventione |
| Cic. Lael. | Cicero, Laelius de amicitia |
| Cic. leg. | Cicero, Librorum de legibus quae exstant |
| Cic. Mur. | Cicero, Pro L. Murena oratio |
| Cic. nat. deor. | Cicero, De natura deorum |
| Cic. off. | Cicero, De officiis |
| Cic. Phil. | Cicero, In M. Antonium orationes Philippicae |
| Cic. rep. | Cicero, De re publica |
| Cic. Tusc. | Cicero, Tusculanae disputationes |
| Cic. Vatin. | Cicero, In P. Vatinium testem interrogatio |
| Cic. Verr. | Cicero, In C. Verrem orationes sex |
| CIG | Corpus Inscriptionum Graecarum |
| CIJ | Corpus Inscriptionum Judaicarum |
| CIL | Corpus Inscriptionum Latinarum |
| CIS | Corpus Inscriptionum Semiticarum |
| CJZC | Corpus Jüdischer Zeugnisse aus der Cyrenaika |
| Clem. paed. | Clemens von Alexandria, Paedagogus |
| Clem. prot. | Clemens von Alexandria, Protrepticus |

| | |
|---|---|
| Clem. recogn. | Pseudoklementinen, Recognitiones |
| Clem. recogn. suppl. | Pseudoklementinen, Supplementum ad recognitiones |
| Clem. str. | Clemens von Alexandria, Stromateis |
| ClR | Classical Review |
| Cod. Iust. | Codex Iustinianus |
| Cod. Theod. | Codex Theodosianus |
| Coll. Mos. | Mosaicarum et Romanarum Legum Collatio, ed. Th. Mommsen |
| Colum. | Columella |
| Comic. adesp. Frg. | Poetae Comici Graeci, vol. VIII, Adespota, Fragment |
| Corp. Hipp. | Corpus Hippocraticum, siehe auch CH |
| CPJ | Corpus Papyrorum Judaicorum |
| CQ | Classical Quarterly |
| CSCO | Corpus Scriptorum Christianorum Orientalium |
| Curt. | Curtius Rufus |
| Cypr. epist. | Cyprian, Epistulae |
| Cypr. laps. | Cyprian, De lapsis |
| DanSus | Griechische Zusätze zum biblischen Buch Daniel |
| DDD | Dictionary of Deities and Demons in the Bible |
| Demosth. or. | Demosthenes, Orationes |
| deuteropln. | deuteropaulinisch |
| Did | Didache |
| Diels/Kranz | H. Diels, W. Kranz (Hgg.): Die Fragmente der Vorsokratiker griechisch und deutsch, 3 Bände, 6. Aufl. 1951-1952 |
| Dig. | Digesta |
| Diod. | Diodor |
| Diog. Laert. | Diogenes Laertios |
| Diogn. | Brief an Diognet |
| Dion Chrys. | Dion Chrysostomos |
| Dion. Hal. ant. | Dionysios Halicarnasseus, Antiquitates Romanae |
| DIP | Dizionario degli istituti di perfezione |
| Diz. Ant. Class. | Dizionario dell'Antichità Classica (ital. Übers. des Oxford Classical Dictionary) |
| DJD | Discoveries in the Judaean Desert |
| DNP | Der Neue Pauly |
| DOP | Dumbarton Oaks Papers |
| dtpln. | deuteropaulinisch |
| EA | Epigraphica Anatolica |
| EcHR | Economic History Review |
| ed. | Editor/edidit/ediderunt |
| EJTh | European Journal of Theology |
| EkhaR | Midrasch zu den Klageliedern |
| Epik. epist. Men. | Epikur, Brief an Menoikeos |
| Epik. Frg. | Epikur, Fragment |
| Epik. kyr. dox. | Epikur, Kyriai doxai |
| Epikt. diss. | Epiktet, Dissertationes |
| Epikt. ench. | Epiktet, Encheiridion |
| Epiph. haer. | Epiphanius, Panarion (adversus haereses) |
| ErIs | Eretz-Israel |
| ESI | Excavations and Surveys in Israel |
| EThL | Ephemerides Theologicae Lovanienses |
| EuA | Erbe und Auftrag |
| Eur. Frg. | Euripides, Fragment |
| Eur. Hipp. | Euripides, Hippolytus |
| Eur. Ion | Euripides, Ion |

| | |
|---|---|
| Eur. Iph. A. | Euripides, Iphigenia Aulidensis |
| Eur. Iph. T. | Euripides, Iphigenia Taurica |
| Eur. Med. | Euripides, Medea |
| Eur. Or. | Euripides, Orestes |
| Eus. d.e. | Eusebius, Demonstratio evangelica |
| Eus. h.e. | Eusebius, Historia ecclesiastica |
| Eus. p.e. | Eusebius, Praeparatio evangelica |
| Eus. v.C. | Eusebius, De vita Constantini |
| Eutr. | Eutropius |
| EvPetr | Petrus-Evangelium |
| EvTh | Evangelische Theologie |
| EvThom | Thomas-Evangelium |
| F. de Delphes | Fouilles de Delphes |
| Fest. | Sex. Pompeius Festus |
| FgrHist | Fragmente griechischer Historiker, ed. Jacoby |
| FIRA | Fontes Iuris Romani Anteiustiniani |
| Firm. err. | Firmicus Maternus, De errore profanarum religionum |
| FJB | Frankfurter Judaistische Beiträge |
| Flor. epit. | Florus, Epitome |
| Frg. | Fragment |
| Frontin. strat. | Frontinus, Strategemata |
| Gaius dig. | Gaius, Fragmenta operum (praeter inst.) in Digestis servata |
| Gaius inst. | Gaius, Institutiones |
| Gal. comp. med. sec. loc. | Galen, De compositione medicamentorum secundum locos |
| Gal. fasc. | Galen, De fasciis |
| Gal. in Hippocr. de nat. hom. | Galen, Commentarius in Hippocratis De natura hominis |
| Gal. libr. propr. | Galen, De libris propriis |
| Gal. marc. | Galen, De marcore |
| Gal. Thras. | Galen, Utrum medicinae sit an gymnasticae hygieine (an Thrasybulos) |
| Gell. | Gellius |
| GlLern | Glaube und Lernen |
| Gn. | Gnomon |
| Gr. Naz. or. | Gregor von Nazianz, Orationes |
| Gr. Nyss. v. Macr. | Gregor von Nyssa, De vita Macrinae |
| GrB | Grazer Beiträge |
| GRBS | Greek, Roman and Byzantine Studies |
| Gym. | Gymnasium |
| Hdt. | Herodot |
| HDThG | Handbuch der Dogmen- und Theologiegeschichte |
| Hen | Henochbuch |
| Hen(aeth) | äthiopisches Henochbuch |
| Hen(gr) | griechisches Henochbuch |
| Hen(sl) | slavisches Henochbuch |
| Herm(s) | Hermas, Similitudines |
| Hes. erg. | Hesiod, Erga |
| Hes. theog. | Hesiod, Theogonie |
| Hier. epist. | Hieronymus, Epistulae |
| Hier. vir. ill. | Hieronymus, De viris illustribus |
| Hipp. haer. | Hippolytos, Refutatio omnium haeresium |
| Hist. Aug. Hadr. | Historia Augusta, Hadrianus |
| Hist. Aug. quatt. tyr. | Historia Augusta, Quattuor tyranni |

| | |
|---|---|
| Hist.Wb.Philos. | Historisches Wörterbuch der Philosophie |
| HJ | Historisches Jahrbuch der Görresgesellschaft |
| Hom. Clem. | Pseudoklementinen, Homiliae Clementinae |
| Hom. h. | Hymni Homerici |
| Hom. Il. | Homer, Ilias |
| Hom. Od. | Homer, Odyssee |
| Hor. ars | Horaz, De arte poetica |
| Hor. carm. | Horaz, Carmina |
| Hor. carm. saec. | Horaz, Carmen saeculare |
| Hor. epist. | Horaz, Epistulae |
| Hor. sat. | Horaz, Saturae |
| HR | History of Religions |
| HRWG | Handbuch Religionswissenschaftlicher Grundbegriffe |
| HSCP | Harvard Studies in Classical Philology |
| HThR | Harvard Theological Review |
| HUCA | Hebrew Union College Annual |
| Hyg. grom. | Hyginus, Fragmenta operis gromatici |
| Hyg. mun. castr. | (Pseudo-)Hyginus, De munitionibus castrorum |
| HZ | Historische Zeitschrift |
| I. Cos | Iscrizioni di Cos |
| I. Cret. | Inscriptiones Creticae |
| I. Ephesos | Inschriften von Ephesos |
| I. Sestos | Inschriften von Sestos |
| I. Smyrna | Inschriften von Smyrna |
| Iambl. de myst. | Iamblichos, De mysteriis |
| Iambl. v.P. | Iamblichos, De vita Pythagorica |
| IASH.P | The Israel Academy of Sciences and Humanities. Proceedings |
| IEJ | Israel Exploration Journal |
| IG | Inscriptiones Graecae |
| IGLS | Inscriptions grecques et latines de la Syrie |
| Ign. Eph. | Ignatius, Epistula ad Ephesios |
| Ign. Magn. | Ignatius, Epistula ad Magnesios |
| Ign. Philad. | Ignatius, Epistula ad Philadelphios |
| Ign. Rom. | Ignatius, Epistula ad Romanos |
| Ign. Smyrn. | Ignatius, Epistula ad Smyrnaeos |
| Ign. Trall. | Ignatius, Epistula ad Trallianos |
| IGR | Inscriptiones Graecae ad res Romanas pertinentes |
| IJRS | Internationales Jahrbuch für Religionssoziologie |
| ILS | Inscriptiones Latinae Selectae |
| IM | Istanbuler Mitteilungen |
| INJ | Israel Numismatic Journal |
| Inscr. Italiae | Inscriptiones Italiae |
| Inst. Iust. | Institutiones Iustiniani Augusti |
| Ios. ant. Iud. | Iosephos, Antiquitates Iudaicae |
| Ios. bell. Iud. | Iosephos, Bellum Iudaicum |
| Ios. c. Ap. | Iosephos, Contra Apionem |
| Ios. Vita | Iosephos, De vita sua |
| Iren. haer | Irenaeus, Adversus haereses |
| ISBE | International Standard Bible Encyclopedia |
| Isid. orig. | Isidor, Origines |
| Isokr. or. | Isokrates, Orationes |
| Iust. | Justin |
| Iuv. | Juvenal |
| JAC | Jahrbuch für Antike und Christentum |
| JAMS | Journal of the American Musicological Society |

| | |
|---|---|
| JBL | Journal of Biblical Literature |
| JBTh | Jahrbuch für Biblische Theologie |
| JdI | Jahrbuch des (K.) Deutschen Archäologischen Instituts |
| JHS | Journal of Hellenic Studies |
| JIGRE | Jewish Inscriptions from Graeco-Roman Egypt |
| JJS | Journal of Jewish Studies |
| JLA | The Jewish Law Annual |
| JNES | Journal of Near Eastern Studies |
| JNG | Jahrbuch für Numismatik und Geldgeschichte |
| JohEv | Johannesevangelium |
| JosAs | Joseph und Aseneth |
| JRA | Journal of Roman Archaeology |
| JRS | Journal of Roman Studies |
| JShrZ | Jüdische Schriften aus hellenistisch-römischer Zeit |
| JSJ | Journal of the Study of Judaism in the Persian, Hellenistic and Roman Period |
| JSNT | Journal for the Study of the New Testament |
| JSQ | Jewish Studies Quarterly |
| Jub | Jubiläenbuch |
| Jud. | Judaica |
| Just. 1 apol. | Justin, 1. Apologie |
| Just. dial. | Justin, Dialogus cum Tryphone |
| Kairos | Kairos. Zeitschrift für Religionswissenschaft und Theologie. Salzburg |
| KB | Kongressband |
| Ket | Ketubbot |
| Klio | Klio. Beiträge zur alten Geschichte |
| KohR | Kohelet Rabba (Midrasch) |
| KP | Der Kleine Pauly |
| LAB | Liber Antiquitatum Biblicarum (PseudoPhilo) |
| LACL | Lexikon der antiken christlichen Literatur |
| LCL | Loeb Classical Library |
| lex XII tab. | Leges XII tabularum (altrömisches Zwölftafelgesetz) |
| LingBib | Linguistica Biblica |
| Liv. | Livius |
| Liv. perioch. | Livius, Periochae |
| Lucr. | Lukrez |
| Lukian. Alex. | Lukian, Alexander |
| Lukian. Cyn. | Lukian, Cynicus |
| Lukian. Hipp. | Lukian, Hippias |
| Lukian. Icar. | Lukian, Icaromenippus |
| Lukian. nav. | Lukian, Navigium |
| Lukian. sacr. | Lukian, De sacrificiis |
| Lukian. Syr. d. | Lukian, De Syria dea |
| Lukian. Tim. | Lukian, Timon |
| Lukian. Tox. | Lukian, Toxaris |
| LXX | Septuaginta |
| Lys. | Lysias |
| M. Aur. | Marcus Aurelius |
| m.w.N. | mit weiterem/n Nachweis/en |
| MAMA | Monumenta Asiae Minoris Antiqua |
| Marcian. dig. | Aelius Marcianus, fragmenta in Digestis servata |
| Mart. | Martial |
| mAv | Mischna, Traktat Avot |
| Max. Tyr. | Maximos Tyrios |

| | |
|---|---|
| mAZ | Mischna, Traktat Avoda Zara |
| MBAH | Münsterische Beiträge zur antiken Handelsgeschichte |
| mBekh | Mischna, Traktat Bekhorot |
| mBer | Mischna, Traktat Berakhot |
| mBik | Mischna, Traktat Bikkurim |
| mBM | Mischna, Traktat Baba Mesia |
| mBQ | Mischna, Traktat Baba Qamma |
| MDAI(D) | Mitteilungen des Deutschen Archäologischen Instituts (Damaskus) |
| MDAI.R | Mitteilungen des Deutschen Archäologischen Instituts (Rom) |
| mEd | Mischna, Traktat Eduyot |
| MEFRA | Mélanges de l'École Française de Rome Série „Antiquité" |
| Mekh | Mekhilta |
| MekhY | Mekhilta deRabbi Yishma'el |
| Men. Frg. | Menander, Fragment |
| Men. Pk. | Menander, Perikeiromene |
| Men. Sam. | Menander, Samia |
| Men. sent. | Menander, Sententiae |
| Men. Thais | Menander, Thais |
| mGit | Mischna, Traktat Gittin |
| mHag | Mischna, Traktat Hagiga |
| Min. Fel. | Minucius Felix |
| MJSt | Münsteraner Judaistische Studien |
| mKel | Mischna, Traktat Kelim |
| mKet | Mischna, Traktat Ketubbot |
| mMak | Mischna, Traktat Makkot |
| mMeg | Mischna, Traktat Megilla |
| mMen | Mischna, Traktat Menahot |
| mMid | Mischna, Traktat Middot |
| mMQ | Mischna, Traktat Mo'ed Qatan |
| mNaz | Mischna, Traktat Nazir |
| mPes | Mischna, Traktat Pesahim |
| mQid | Mischna, Traktat Qiddushin |
| mRHSh | Mischna, Traktat Rosh HaShana |
| mSan | Mischna, Traktat Sanhedrin |
| mShab | Mischna, Traktat Shabbat |
| mSheq | Mischna, Traktat Sheqalim |
| mShevi | Mischna, Traktat Shevi'it |
| mSot | Mischna, Traktat Sota |
| mSuk | Mischna, Traktat Sukka |
| mTaan | Mischna, Traktat Ta'anit |
| mTam | Mischna, Traktat Tamid |
| mTeh | Midrasch Tehillim |
| MtEv | Matthäusevangelium |
| MThZ | Münchener Theologische Zeitschrift |
| Muson. | Musonius |
| mYad | Mischna, Traktat Yadayim |
| mYev | Mischna, Traktat Yevamot |
| mYom | Mischna, Traktat Yoma |
| NBL | Neues Bibellexikon |
| NDIEC | New Documents Illustrating Early Christianity |
| NEA | Near Eastern Archaeology |
| NEAEHL | New Encyclopedia of Archaeological Excavations in the Holy Land |
| Nep. Alc. | Cornelius Nepos, Alcibiades |
| Nep. Att. | Cornelius Nepos, Atticus |
| Nep. Dat. | Cornelius Nepos, Datames |

| | |
|---|---|
| Nep. Epam. | Cornelius Nepos, Epaminondas |
| Nep. Milt. | Cornelius Nepos, Miltiades |
| Nep. Phok. | Cornelius Nepos, Phokion |
| Nep. Them. | Cornelius Nepos, Themistokle |
| Nep. Thras. | Cornelius Nepos, Thrasybulus |
| Nep. Timol. | Cornelius Nepos, Timoleon |
| NHC | Nag Hammadi Codices |
| Nikolaos v. Damaskus, vita Aug. | Nikolaos v. Damaskus, Vita Augusti |
| NNDI | Novissimo Digesto Italiano (Turin) (Enzyklopädie) |
| Non. | Nonius Marcellus |
| Nonn. Dion. | Nonnos, Dionysiaka |
| NT | Novum Testamentum |
| NTS | New Testament Studies |
| OEANE | Oxford Encyclopedia of Archaeology in the Near East |
| OffbJes | Offenbarung/Apokalypse des Jesaja |
| OffbMos | Offenbarung/Apokalypse des Mose |
| OGIS | Orientis Graeci Inscriptiones Selectae |
| Or. Cels. | Origenes, Contra Celsum |
| Or. comm. in Mt. | Origenes, Commentariorum in Mt libri |
| Orig. | Original |
| Oros. hist. | Orosius, Historiae |
| Ov. ars | Ovid, Ars amatoria |
| Ov. fast. | Ovid, Fasti |
| Ov. met. | Ovid, Metamorphoses |
| P. Berol. Gnost. | Berliner Gnostischer Papyrus |
| P. Ent. | Papyrus Enteuxeis |
| P. Giss. | Papyrus Gissensis |
| P. Hever | Papyrus aus Nahal Hever (Israel) |
| P. Köln | Papyrus Köln |
| P. Lond. | Papyrus London |
| P. Masada | Papyrus Masada |
| P. Mich. | Papyrus Michigan |
| P. Mur. | Papyrus Muraba'at |
| P. Oxy. | Papyrus Oxyrhynchos |
| P. Polit. Iud. | Urkunden des Politeuma der Juden von Herakleopolis |
| P. Vindob. G | Papyrus Vindobonensis Graecus |
| P. Yadin | Papyrus Yadin |
| Papin. dig. | Aemilius Papinianus, fragmenta in Digestis servata |
| ParalipJer | Paralipomena Jeremiae |
| Past | Pastoralbriefe |
| Paul. dig. | Iulius Paulus, fragmenta in Digestis servata |
| Paul. Fest. | Paulus Diaconus, excerpta ex libris Pompeii Festi de significatione verborum |
| Paul. Med. vita Ambr. | Paulinus von Mailand, Vita Ambrosii |
| Paul. sent. | Iulius Paulus, Sententiae |
| Paus. | Pausanias |
| PBSR | Papers of the British School at Rome |
| PCG | Poetae Comici Graeci |
| PEQ | Palestine Exploration Quarterly |
| Pers. | Persius |
| PesR | Pesiqta Rabbati |
| Petron. | Petronius |
| PGM | Griechische Zauberpapyri (Pap. Graecae Magicae) |

| | |
|---|---|
| Ph. | Philologus |
| Philo Abr. | Philo, De Abrahamo |
| Philo aet. | Philo, De aeternitate mundi |
| Philo agr. | Philo, De agricultura |
| Philo all. | Philo, Legum allegoriae |
| Philo Cher. | Philo, De Cherubim |
| Philo conf. | Philo, De confusione linguarum |
| Philo congr. | Philo, De congressu quaerendae eruditionis causa |
| Philo dec. | Philo, De decalogo |
| Philo det. | Philo, Quod deterius potiori insidiari solet |
| Philo ebr. | Philo, De ebrietate |
| Philo Flacc. | Philo, In Flaccum |
| Philo fug. | Philo, De fuga et inventione |
| Philo her. | Philo, Quis rerum divinarum heres |
| Philo hyp. | Philo, Hypothetica/Apologia pro Iudaeis |
| Philo immut. | Philo, Quod Deus immutabilis est |
| Philo leg. | Philo, De legatione ad Gaium |
| Philo migr. | Philo, De migratione Abrahami |
| Philo mut. | Philo, De mutatione nominum |
| Philo op. | Philo, De opificio mundi |
| Philo plant. | Philo, De plantatione |
| Philo post. | Philo, De posteritate Caini |
| Philo praem. | Philo, De praemiis et poenis |
| Philo prob. | Philo, Quod omnis probus liber sit |
| Philo prov. | Philo, De providentia |
| Philo sacr. | Philo, De sacrificiis Abelis et Caini |
| Philo sobr. | Philo, De sobrietate |
| Philo som. | Philo, De somniis |
| Philo spec. leg. | Philo, De specialibus legibus |
| Philo virt. | Philo, De virtutibus |
| Philo vita cont. | Philo, De vita contemplativa |
| Philo vita Mos. | Philo, De vita Mosis |
| Philostr. Ap. | Philostratos, Vita Apollonii |
| PIJS | Papers of the Institute of Jewish Studies |
| Pind. Frg. | Pindar, Fragment |
| Pind. I. | Pindar, Isthmien |
| Pind. N. | Pindar, Nemeen |
| Pind. O. | Pindar, Olympien |
| Pind. P. | Pindar, Pythien |
| PIR | Prosopographia Imperii Romani |
| Plat. apol. | Plato, Apologia |
| Plat. Euthyphr. | Plato, Euthyphron |
| Plat. Gorg. | Plato, Gorgias |
| Plat. leg. | Plato, Leges (nomoi) |
| Plat. Parm. | Plato, Parmenides |
| Plat. Phaid. | Plato, Phaidon |
| Plat. Phaidr. | Plato, Phaidros |
| Plat. polit. | Plato, Politicus |
| Plat. Prot. | Plato, Protagoras |
| Plat. symp. | Plato, Symposium |
| Plat. Tht. | Plato, Theaitetos |
| Plat. Tim. | Plato, Timaios |
| Plato rep. | Plato, De re publica (politeia) |
| Plato soph. | Plato, Sophista |
| Plaut. Capt. | Plautus, Captivi |

| | |
|---|---|
| Plin. epist. | Plinius d. J., Epistulae |
| Plin. nat. | Plinius d. Ä., Naturalis historia |
| Plin. paneg. | Plinius d. J., Panegyricus |
| pln. | paulinisch |
| Plot. | Plotinus |
| Plut. Aem. | Plutarch, Aemilius Paullus |
| Plut. Ages. | Plutarch, Agesilaos |
| Plut. Agis | Plutarch, Agis |
| Plut. Alex. | Plutarch, Alexander |
| Plut. Alk. | Plutarch, Alkibiades |
| Plut. Arist. | Plutarch, Aristides |
| Plut. Caes. | Plutarch, Caesar |
| Plut. Cato maior | Plutarch, Cato maior |
| Plut. Cato minor | Plutarch, Cato minor |
| Plut. con. praec. | Plurarch, Coniugalia praecepta |
| Plut. Coriol. | Plutarch, Coriolanus |
| Plut. Crass. | Plutarch, Crassus |
| Plut. De amic. mult. | Plutarch, De amicorum multitudine |
| Plut. Dem. | Plutarch, Demetrios |
| Plut. Dion | Plutarch, Dion |
| Plut. Eum. | Plutarch, Eumenes |
| Plut. Flam. | Plutarch, Flaminius |
| Plut. Kim. | Plutarch, Kimon |
| Plut. Lyk. | Plutarch, Lykurg |
| Plut. mor. | Plutarch, Moralia |
| Plut. Per. | Plutarch, Perikles |
| Plut. Philop. | Plutarch, Philopoimen |
| Plut. Phok. | Plutarch, Phokion |
| Plut. Pomp. | Plutarch, Pompeius |
| Plut. Rom. | Plutarch, Romulus |
| Plut. Sol. | Plutarch, Solon |
| Plut. Ti. Gracch. | Plutarch, Tiberius Gracchus |
| Poll. | Pollux |
| Polyain. | Polyainos |
| Polyb. | Polybios |
| Polyc. ep. | Polykarp, Epistula ad Philippenses |
| Pompon. dig. | Sextus Pomponius, fragmenta in Digestis servata |
| Porph. abst. | Porphyrios, De abstinentia |
| Porph. Isag. | Porphyrios, Isagoge |
| Possid. vita Aug. | Possidius, Vita Augustini |
| pr. | principium (bei Stellen aus den Digesten) |
| praef. | praefatio |
| prooem. | prooemium |
| ProtevJak | Protevangelium des Jakobus |
| Ps. Aristeas | Pseudo-Aristeas = Aristeas |
| Ps.-Phok | Pseudo-Phokylides |
| PsArist | Pseudo-Aristeas = Aristeas |
| Ps-Clementinen | Pseudo-Clementinen |
| Ps-Heraklit | Pseudo-Heraklit |
| PSI | Papiri greci e latini (Pubblicazioni della Società Italiana per la ricerca dei papiri greci e latini in Egitto) |
| PsPhilo lib. ant. | Pseudo-Philo, Liber Antiquitatum |
| ps-platon. | pseudo-platonisch |
| ps-pln. | pseudo-paulinisch |
| Ps-Pythagoras | Pseudo-Pythagoras |

| | |
|---|---|
| PsSal | Psalmen Salomos |
| Ptol. | Claudius Ptolemaeus |
| PtrEv | Petrusevangelium |
| Q | entweder Logienquelle oder Siglum für Qumrantext |
| Qad. | Qadmoniot |
| Quint. inst. | Quintilian, Institutio oratoria |
| R. Gest. div. Aug. | Augustus, Res gestae Divi Augusti |
| RAC | Reallexikon für Antike und Christentum |
| RAr | Revue Archéologique |
| RdQ | Revue de Qumran |
| RE | Realencyclopädie der classischen Altertumswissenschaft |
| RE Suppl. | Realencyclopädie der classischen Altertumswissenschaft. Supplementband |
| REG | Revue des Études Grecques |
| rev. ed. | revised edition |
| RGG | Religion in Geschichte und Gegenwart |
| RHD | Revue Historique de Droit |
| RHDF | Revue Historique de Droit français et étranger |
| RIDA | Revue Internationale des Droits de l' Antiquité |
| RivA | Rivista di Archeologia |
| RLA | Reallexikon der Assyriologie |
| RMP | Rheinisches Museum für Philologie |
| Rom. Prov. Coinage | Roman Provincial Coinage |
| s.v. | sub voce |
| s.v.a. | siehe vor allem |
| Saec. | Saeculum |
| SAGM | Sudhoffs Archiv für Geschichte der Medizin |
| Sall. Catil. | Sallust, De coniuratione Catilinae |
| Sall. Iug. | Sallust, De bello Iugurthino |
| Sap | Sapientia Salomonis |
| SB | Sammelbuch griechischer Urkunden aus Ägypten |
| sBar | syrischer Baruch |
| SBL | Society of Biblical Literature |
| SBL.SP | Society of Biblical Literature. Seminar Papers |
| SC Claudianum | Senatus Consultum Claudianum |
| sc. | scilicet; siehe auch scil. |
| Schol. Hor. ars | Scholien zu Horaz, De arte poetica |
| Schol. Iuv. | Scholien zu Iuvenal |
| Scholia | Scholia. Natal studies in classical antiquity. Department of Classics, University of Natal, Durban |
| SCI | Scripta Classica Israelica |
| scil. | scilicet; siehe auch sc. |
| SCO | Studi Classici e Orientali |
| Scrib. Larg. | Scribonius Largus |
| SDHI | Studia et Documenta Historiae et Iuris |
| SEG | Supplementum Epigrapicum Graecum |
| Sem | Außerkanonischer Traktat Semahot (Evel Rabbati) |
| Sen. apocol. | Seneca, Divi Claudii apocolocyntosis |
| Sen. benef. | Seneca, De beneficiis |
| Sen. clem. | Seneca, De clementia |
| Sen. dial. | Seneca, Dialogi |
| Sen. epist. | Seneca, Epistulae morales ad Lucilium |
| Sen. Herc. f. | Seneca, Hercules furens |
| Sen. Med. | Seneca, Medea |

| | |
|---|---|
| Serv. Aen. | Servius, Kommentar zu Vergils Aeneis |
| Serv. ecl. | Servius, Kommentar zu den Eklogen Vergils |
| Serv. georg. | Servius, Kommentar zu den Georgica Vergils |
| Sext. Emp. adv. math. | Sextus Empiricus, Adversus mathematicos |
| Sext. Emp. Pyrrh. | Sextus Empiricus, Pyrrhoneioi hypotyposeis |
| SHAJ | Studies in the History and Archaeology of Jordan |
| Sib | Oracula Sibyllina |
| SifDev | Sifre Devarim, Rabb. Midrasch zum Buch Deuteronium |
| Sifre Dtn | Sifre zum Buch Deuteronomium |
| Sifre R'eh | Sifre Re'eh (Midraschim) |
| SIG | Sylloge Inscriptionum Graecarum |
| Sir | Die Weisheit des Jesus Sirach |
| Sol. | Solinus |
| Soph. Ai. | Sophokles, Aias |
| Soph. Ant. | Sophokles, Antigone |
| Soph. Oid. T. | Sophokles, Oedipus Rex |
| Soran. Gyn. | Soranos, Peri gynaikeion pathon („über Frauenkrankheiten“) |
| Stob. | Stobaios |
| Strab. | Strabon |
| Suet. Aug. | Sueton, Augustus |
| Suet. Cal. | Sueton, Caligula |
| Suet. Claud. | Sueton, Claudius |
| Suet. Dom. | Sueton, Domitian |
| Suet. Galba | Sueton, Galba |
| Suet. Iul. | Sueton, Caesar |
| Suet. Nero | Sueton, Nero |
| Suet. Tib. | Sueton, Tiberius |
| Suet. Tit. | Sueton, Titus |
| Suet. Vesp. | Sueton, Vespasian |
| Suppl. | Supplement |
| SVF | Stoicorum Veterum Fragmenta |
| Symm. rel. | Symmachus, Relationes |
| synEvv | synoptische Evangelien |
| Syr. | Syria |
| Tac. Agr. | Tacitus, Agricola |
| Tac. ann. | Tacitus, Annales |
| Tac. hist. | Tacitus, Historiae |
| Taf. | Tafel |
| TAM | Tituli Asiae Minoris |
| tAZ | Tosefta, Traktat Avoda Zara |
| tBer | Tosefta, Traktat Berakhot |
| TBLNT | Theologisches Begriffslexikon zum Neuen Testament |
| tBM | Tosefta, Traktat Baba Metzia |
| tEr | Tosefta, Traktat Eruvin |
| Tert. adv. Marc. | Tertullian, Adversus Marcionem |
| Tert. adv. Val. | Tertullian, Adversus Valentinianos |
| Tert. anim. | Tertullian, De anima |
| Tert. apol. | Tertullian, Apologeticum |
| Tert. paenit. | Tertullian, De paenitentia |
| Tert. resurr. | Tertullian, De resurrectione mortuorum |
| TestAbr | Testament des Abraham |
| TestAdam | Testament des Adam |
| TestIss | Testament des Issachar |
| TestSal | Testament des Salomo |

| | |
|---|---|
| TestXII | Testamente der 12 Patriarchen |
| TestXII.As | Testamente der 12 Patriarchen, Asser |
| TestXII.Ben | Testamente der 12 Patriarchen, Benjamin |
| TestXII.Dan | Testamente der 12 Patriarchen, Dan |
| TestXII.Gad | Testamente der 12 Patriarchen, Gad |
| TestXII.Is | Testamente der 12 Patriarchen, Issachar |
| TestXII.Jos | Testamente der 12 Patriarchen, Joseph |
| TestXII.Jud | Testamente der 12 Patriarchen, Juda |
| TestXII.Lev | Testamente der 12 Patriarchen, Levi |
| TestXII.Naph | Testamente der 12 Patriarchen, Neftali |
| TestXII.Rub | Testamente der 12 Patriarchen, Ruben |
| TestXII.Sim | Testamente der 12 Patriarchen, Simeon |
| TestXII.Zab | Testamente der 12 Patriarchen, Zabulon |
| tHag | Tosefta, Traktat Hagiga |
| Thdt. affect. | Theodoret, Graecarum affectionum curatio |
| Them. or. | Themistios, Orationes |
| Theokr. | Theokrit |
| Theophr. Frg. | Theophrast, Fragment |
| ThLZ | Theologische Literaturzeitung |
| tHor | Tosefta, Traktat Horayot |
| Thuk. | Thukydides |
| ThWNT | Theologisches Wörterbuch zum Neuen Testament |
| ThZ | Theologische Zeitschrift |
| tKet | Tosefta, Traktat Ketubbot |
| tMeg | Tosefta, Traktat Megilla |
| tPar | Tosefta, Traktat Para |
| tPes | Tosefta, Traktat Pesahim |
| TPsJ | Targum Pseudo-Jonathan |
| TPSulp. | Tabulae Pompeianae Sulpiciorum |
| tQid | Tosefta, Traktat Qiddushin |
| TRE | Theologische Realenzyklopädie |
| tSan | Tosefta, Traktat Sanhedrin |
| tShab | Tosefta, Traktat Shabbat |
| tSheq | Tosefta, Traktat Sheqalim |
| tSot | Tosefta, Traktat Sota |
| tSuk | Tosefta, Traktat Sukka |
| TynB | Tyndale Bulletin |
| Ulp. dig. | Domitius Ulpianus, Fragmenta in Digestis servata |
| Ulp. epit. | Tituli ex corpore Ulpiani (FIRA II S. 262-301) |
| v.J. | vom Jahr |
| v.l. | varia lectio |
| Val. Max. | Valerius Maximus |
| Varro Frg. | Varro, Fragment |
| Varro rust. | Varro, Res rusticae |
| Veg. mil. | Vegetius, Epitoma rei militaris |
| Vell. | Velleius Paterculus |
| Verg. Aen. | Vergil, Aeneis |
| Verg. ecl. | Vergil, Eclogae |
| VF | Verkündigung und Forschung |
| Vf. | Verfasser |
| VigChr | Vigiliae Christianae |
| Vir. ill. | Incerti auctoris liber de viris illustribus urbis Romae |
| Vita Mel. | Vita Sanctae Melaniae |
| VitAd | Vita Adae et Evae |
| VitJer | Vitae Prophetarum (Jeremia) |

| | |
|---|---|
| VitProph | Vitae Prophetarum |
| Vitr. | Vitruv |
| VT | Vetus Testamentum |
| WaR | Midrasch Wayiqra Rabba |
| WSt | Wiener Studien |
| WUB | Welt und Umwelt der Bibel |
| WuD | Wort und Dienst, Neue Folge |
| Xen. hell. | Xenophon, Hellenica |
| Xen. Kyr. | Xenophon, Cyrupaideia |
| Xen. mem. | Xenophon, Memorabilia |
| Xen. oik. | Xenophon, Oeconomicus |
| XHev/Se | Papyri aus unbekannter Höhle in Nahal Hever/Wadi Seyal |
| yAZ | Palästinischer Talmud, Traktat Avoda Zara |
| yBB | Palesinischer Talmud, Baba Batra |
| yBer | Palestinischer Talmut, Traktat Berakhot |
| yBQ | Palästinischer Talmud, Traktat Baba Qamma |
| YCS | Yale Classical Studies |
| yDem | Palästinischer Talmud, Traktat Demai |
| yHag | Palästinischer Talmud, Traktat Hagiga |
| yKet | Palästinischer Talmud, Traktat Ketubbot |
| yMeg | Palästinischer Talmud, Traktat Megilla |
| yPea | Palästinischer Talmud, Traktat Pe'a |
| yPes | Palestinischer Talmud, Traktat Pesachim |
| yQid | Palästinischer Talmud, Traktat Qiddushin |
| ySan | Palästinischer Talmud, Traktat Sanhedrin |
| yShab | Palästinischer Talmud, Traktat Shabbat |
| ySuk | Palästinischer Talmud, Traktat Sukka |
| yTaan | Palästinischer Talmud, Traktat Ta'anit |
| yYom | Palästinischer Talmud, Traktat Yoma |
| z.J. | zum Jahr |
| ZAC | Zeitschrift für Antike und Christentum |
| ZAW | Zeitschrift für die Alttestamentliche Wissenschaft |
| ZDPV | Zeitschrift des Deutschen Palästina-Vereins |
| zit. | zitiert |
| ZKG | Zeitschrift für Kirchengeschichte |
| ZNT | Zeitschrift für Neues Testament |
| ZNW | Zeitschrift für die Neutestamentliche Wissenschaft |
| Zon. | Zonaras |
| ZPE | Zeitschrift für Papyrologie und Epigraphik |
| ZPhF | Zeitschrift für Philosophische Forschung |
| ZSRG.R | Zeitschrift der Savigny-Stiftung für Rechtsgeschichte. Romanistische Abteilung |
| ZThK | Zeitschrift für Theologie und Kirche |

# 4.4 Register

## 4.4.1 Bibelstellen Altes Testament

(Kursivsetzung entspricht den in den „Stellen im NT“ angegebenen Bibelstellen)

## 4.4.2 Bibelstellen Neues Testament

(Kursivsetzung entspricht den in den „Stellen im NT“ angegebenen Bibelstellen)

## 4.4.3 Frühjüdische Schriften

# 4.4.4 Frühchristliche und gnostische Schriften

## 4.4.5 Sonstige Literatur, epigraphische und numismatische Quellen

## Numismatische Quellen



## Papyri

# 4.5 Personen- und Sachindex

# 4.6 Autorenverzeichnis

Stefan Alkier
Geb. 1961; Studium der Evangelischen Theologie in Münster, Bonn und Hamburg. Promotion 1993 in Bonn, Habilitation 1999 in Hamburg. 1993–1999 Wissenschaftlicher Assistent für Neues Testament in Hamburg. 2000–2001 Vertretungsprofessur für Bibelwissenschaften an der Universität Gesamthochschule Kassel. Seit 2001 Professor für Neues Testament und Geschichte der Alten Kirche an der Universität Frankfurt a.M.

Michael Alpers
Geb. 1956; Studium der Geschichte, der Klassischen Philologie (Latein) und der Erziehungswissenschaft in Hamburg. Promotion 1993; wissenschaftlicher Mitarbeiter an einem DFG-Projekt; wissenschaftlicher Assistent am Seminar für Alte Geschichte der Universität Hamburg; seit 2002 Lehrbeauftragter am Historischen Seminar (Arbeitsbereich: Alte Geschichte) sowie am Institut für Griechische und Lateinische Philologie der Universität Hamburg. Seit 2005 Dozent für Alte Geschichte an der Universität Hamburg.

Peter Arzt-Grabner
Geb. 1959; Studium der Theologie und Klassischen Philologie in Salzburg und Rom, 1991 Promotion; seit 1987 Assistent am Institut für Neutestamentliche Bibelwissenschaft (nunmehr: Fachbereich Bibelwissenschaft und Kirchengeschichte) der Universität Salzburg, seit 1998 Assistenzprofessor.

Friedrich Avemarie
Geb. 1960; Theologiestudium in Heidelberg, München, Montpellier und Tübingen. 1985–1987 Vikariat bei der Evangelischen Kirche in Hessen und Nassau. 1987–1989 Studium der Judaistik an der Hebrew University, Jerusalem. 1989–1991 Promotionsstudium in Berlin und Tübingen. Seit 1991 Wissenschaftlicher Mitarbeiter, seit 1997 Assistent am Institut für antikes Judentum und hellenistische Religionsgeschichte, Evangelisch-theologische Fakultät, Tübingen. 1995 Promotion (theol.), 2000 Habilitation (Neues Testament). Seit 2003 Professor für Neues Testament, Fachbereich Evangelische Theologie, Marburg.

Knut Backhaus
Geb. 1960; Studium der Philosophie und Katholischen Theologie in Paderborn und Wien. 1989 Promotion an der Theologischen Fakultät Paderborn. 1994 Habilitation an der Katholisch-Theologischen Fakultät der Universität Münster. 1994–2003 Ordentlicher Professor der Exegese des Neuen Testaments an der Theologischen Fakultät Paderborn. Seit 2003 Lehrstuhlinhaber für Neu-

testamentliche Exegese und biblische Hermeneutik an der Katholisch-Theologischen Fakultät der Universität München.

Christian Baldus
Geb. 1966; Studium der Rechtswissenschaft und der Geschichte in Passau, der Rechtswissenschaft in Pavia und Trier; Wissenschaftlicher Mitarbeiter, Assistent und Lehrbeauftragter 1993–2002 in Köln; Staatsexamina 1992 und 1996 (Rheinland-Pfalz); Promotion 1998 in Köln; diverse auswärtige Gastdozenturen; seit 2002 Gastprofessor an der Università degli Studi di Trento; seit 2003 Ordinarius für Bürgerliches Recht und Römisches Recht an der Ruprecht-Karls-Universität Heidelberg.

John M. Barclay
Geb. 1958; Studium der Geschichte (Classics) und Theologie an der Universität Cambridge. Promotion 1984. 1984–2003 Dozent (lecturer), dann Professor für Neues Testament an der Universität Glasgow, seit 2003 Inhaber des Lightfoot Lehrstuhls für Theologie an der Universität Durham.

Reinhard von Bendemann
Geb. 1961; Studium der Evangelischen Theologie, Altphilologie und Philosophie in Göttingen, Bern und Bonn. Vikariat und Pastor der Rheinischen Landeskirche. Promotion 1995 in Bonn. Assistent an der Evangelisch-theologischen Fakultät der Universität Bonn (1994–1999). Habilitiert 1999; Lehrstuhlvertretungen in Bonn und Kiel (1999–2001). Seit 2002 Professor für das Fach Neues Testament an der Universität Kiel. Direktor des Instituts für neutestamentliche Wissenschaft und antikes Judentum.

Ulrich Berner
Professor für Religionswissenschaft an der Universität Bayreuth.

Astrid Böhme-Schönberger
Geb. 1943; Studium der Provinzialrömischen Archäologie, Vor- und Frühgeschichte und Alte Geschichte in Mainz, Frankfurt a.M. und München. Promotion 1969 in München. Seit 1992 Tätigkeit beim Landesamt für archäologische Denkmalpflege in Mainz.

Joachim Braun
Geb. 1929; Violinspiel-Studien an der Musikakademie Lettlands; Studium Allgemeiner Musikwissenschaft und Musikinstrumentenkunde am Tchaikovski Konservatorium Moskau und Habilitation (1964). Von 1973 Lehrstuhl an der Universität Bar-Ilan/Israel, von 1998 Professor Emeritus der Musikwis-

senschaft. Gastprofessuren an den Universitäten Hamburg, Bloomington (Indiana), Tallahasi (Florida), Innsbruck und Luzern.

Alfred Breitenbach
Geb. 1972; studierte Klassische Philologie (Gräzistik und Latinistik) und Katholische Theologie in Trier und Freiburg i.Br. Nach dem Staatsexamen 1998 Mitarbeiter an den Lehrstühlen für Latinistik der Universitäten Trier und Konstanz. Promotion 2001 an der Universität Trier. Seit 2001 Wissenschaftlicher Mitarbeiter des „Reallexikons für Antike und Christentum" (Universität Bonn).

Christoph vom Brocke
Geb. 1965; Studium der Evangelischen Theologie und Klassischen Philologie in Göttingen und Münster. 1987–1990 Mitarbeit am Institut für Neutestamentliche Textforschung in Münster/Westf.; 1998–2002 Pastor in Wittingen-Knesebeck; 1999 Promotion an der Universität Greifswald. Seit 2002 Dozent für Neues Testament am Evangelisch-lutherischen Missionsseminar in Hermannsburg.

Ralph Brucker
Geb. 1961; Studium der Evangelischen Theologie in Hamburg; Promotion 1996; von 1993 an Lehrbeauftragter für Neues Testament, seit 2002 Wissenschaftlicher Mitarbeiter, seit 2003 Wissenschaftlicher Assistent für Neues Testament am Fachbereich Evangelische Theologie der Universität Hamburg.

Peter Busch
Geb. 1965; Studium der Evangelischen Theologie und Linguistik in Tübingen und Heidelberg. Promotion 1995 in Heidelberg. Seit 2004 Privatdozent für Neues Testament an der Universität Heidelberg.

Carsten Claußen
Geb. 1966; Studium der Evangelischen Theologie in Bethel/Bielefeld, Tübingen, Durham (UK) und Heidelberg sowie der Allgemeinen Rhetorik und Philosophie in Tübingen. Examen folgten 1991 in Durham (M. Theol.) und 1992 in Tübingen (Dipl.-Theol.). Promotion 1999 an der Universität München. Forschungs- und zeitweise Lehrtätigkeit in Princeton, NJ (2001–2003) und Strasbourg (2003–2004). Seit 1994 Wissenschaftlicher Mitarbeiter bzw. Assistent an der Abteilung für Neutestamentliche Theologie der Evangelisch-Theologischen Fakultät an der Universität München.

Thomas Corsten
Geb. 1961; Studium der Alten Geschichte, Klassischen Philologie, Klassischen Archäologie und Vorderasiatischen Altertumskunde in Köln; Promotion 1984 in Köln, Habilitation 1997 in Heidelberg, 2004 Ernennung zum apl. Prof. für Alte Geschichte an der Universität Heidelberg.

Axel von Dobbeler
Geb. 1953; Studium der Evangelischen Theologie in Bonn. 1984 Promotion (Uni Heidelberg). 1985–1992 Gemeindepfarrer in Düsseldorf und Landespfarrer der EKiR für Männerarbeit. Seit 1992 Leiter des Evangelischen Forums Bonn (Erwachsenenbildung). 1998 Habilitation (Universität Heidelberg).

Heinz-Martin Döpp
Geb. 1960; Studium der Evangelischen Theologie und der Judaistik in Wuppertal, Marburg, Jerusalem, Berlin und Heidelberg. 1990 Magister im Fach Judaistik an der Hochschule für Jüdische Studien in Heidelberg. 1995 Promotion an der Universität Heidelberg im Fach Neues Testament. 1995–1998 Pfarrer der Evangelischen Kirchengemeinde Landsweiler-Schiffweiler. 1998–2004 Religionslehrer und Schulpfarrer an der Elisabeth-von-Thadden-Schule in Heidelberg. Seit 2004 Schuldekan in Mannheim.

Kurt Erlemann
Geb. 1958; Studium der Evangelischen Theologie in München, Zürich und Heidelberg. 1986 Promotion in Heidelberg. 1987–1990 Vikar der Badischen Landeskirche. Habilitation 1994. Seit 1996 Professor für Neues Testament und Geschichte der Alten Kirche an der Universität Wuppertal.

Gabriele Faßbeck
Geb. 1964; Studium der Evangelischen Theologie, Judaistik und Geschichte an den Universitäten Köln, Marburg, Bonn und Heidelberg. 1996 Promotion in Heidelberg im Fach Neues Testament. 1998–2002 Assistentin am Lehrstuhl für Altes Testament und Biblische Archäologie an der Universität Gießen. 2002–2005 Visiting Assistant Professor for Ancient Judaism and Origins of Christianity am Department of Religious Studies der University of Alabama, USA.

Niclas Förster
Geb. 1967; Studium der Evangelischen Theologie und Philosophie in Göttingen und Tübingen. 1997 Promotion in Göttingen. 1998–1999 Research Associate am Corpus Christi College, Cambridge (GB). 2004–2005 Vikariat in der Evangelisch-lutherischen Landeskirche Hannovers. 2006 Ordination zum Pfarrdienst im Kirchenkreis Hann. Münden. Seit 2000 Inhaber einer Stelle im Emmy Noether-Programm der DFG.

Klaus S. Freyberger
Geb. 1948; Studium der Klassischen Archäologie, der Provinzialrömischen Archäologie und der Alten Geschichte an der Universität München. 1985 Promotion. 1993 Habilitation an der Universität Köln; 1994 Dozent für Klassische Archäologie an der LMU München; 1994–2002 Leiter des Deutschen Archäologischen Instituts Damaskus. Seit 2002 Zweiter Direktor am Deutschen Archäologischen Institut Rom.

Dirk Frickenschmidt
Geb. 1954; Studium der Evangelischen Theologie in Münster und Heidelberg. 1985–1987 Assistenten-Vikariat an der Kirchlichen Hochschule Wuppertal. Seit 1989 Pfarrer in Wuppertal. Promotion 1997.

Christine Gerber
Geb. 1963; Studium der Evangelischen Theologie in Tübingen, Jerusalem und München, Promotion 1996 an der LMU München; Habilitation 2005 an der HU Berlin. Privatdozentin für Neues Testament an der HU Berlin; Lehrstuhlvertretung an der Universität Hamburg.

Peter Gröschler
Geb. 1967; Studium der Rechtswissenschaft an der Universität Passau. 1991 Erste Staatsprüfung in Passau und Promotion an der Universität Catania/Italien. 1995 Zweite Staatsprüfung in Passau. 2001 Habilitation in Passau. Seit 2001 Ordinarius für Bürgerliches Recht und Römisches Recht an der Universität Mainz.

Rudolf Haensch
1. Staatsexamen 1985, Promotion 1991. 1985–1997 wissenschaftlicher Mitarbeiter und Assistent an der Universität zu Köln. 2001 Habilitation; 2002–2004 Mitarbeiter im Projekt „Die Römische Armee im Osten zwischen Staatskult und lokalen religiösen Kulturen“. Seit 2004 Zweiter Direktor der Kommission für Alte Geschichte und Epigraphik des Deutschen Archäologischen Instituts in München.

Roman Heiligenthal
Geb. 1953, 1981 Promotion in neutestamentlicher Theologie an der Universität Heidelberg, dort 1990 Habilitation. Seit 1993 Professor für Biblische Wissenschaft an der Universität Koblenz-Landau, Campus Landau. Seit 2005 Präsident der Universität Koblenz-Landau.

Bernhard Heininger
Geb. 1958; Studium der Volkswirtschaftslehre, Katholischen Theologie und Pädagogik an der Universität Würzburg. 1986–1996 Assistent an der Universität Würzburg. Promotion zum Dr. theol. 1989, Habilitation 1995. 1996–1999 Lehrstuhlvertretung für „Katholische Theologie I – Biblische Theologie" an der Kulturwissenschaftlichen Fakultät, Universität Bayreuth. Seit 1999 Professor für Neutestamentliche Exegese am Biblischen Institut der Universität Würzburg.

Joachim Hengstl
Geb. 1943. Studium der Rechtswissenschaften 1964–1968 in Freiburg, Köln, München, Freiburg. 1. Juristisches Staatsexamen 1968, Promotion 1971; 2. Juristisches Staatsexamen 1972. Seit 1972 Wissenschaftlicher Mitarbeiter am Institut für Rechtsgeschichte und Papyrusforschung der Philippsuniversität Marburg.

Monica-Elena Herghelegiu
Geb. 1965; Studium der Germanistik und Anglistik in Bukarest. 1987–1991 Referendariat und Lehrertätigkeit; 1991–1995 Studium der orthodoxen Theologie in Bukarest; 1995–1998 Studium der Evangelischen Theologie in Tübingen; 1998–2001 Mitarbeiterin am Lehrstuhl für Neues Testament. 2002 Promotion in Tübingen, seit 2002 wissenschaftliche Assistentin an der Katholisch-theologischen Fakultät in Tübingen.

Elisabeth Herrmann-Otto
Geb. 1948; Studium der Fächer Geschichte, Philosophie und Latein an den Universitäten Köln und Mainz. Erstes Staatsexamen 1972 in Köln. Promotion 1977 in Mainz; 1977–2000 Wissenschaftliche Mitarbeiterin am Projekt: Forschungen zur Antiken Sklaverei an der Akademie der Wissenschaften und der Literatur in Mainz; Habilitation 1993 in Mainz; 1999 apl. Professor. Seit 2000 Universitäts-Professor für Alte Geschichte an der Universität Trier.

Peter Herz
Geb. 1948; Studium der Fächer Geschichte, Latein und Archäologie in Mainz. Promotion 1975. 1976/78 Erstes und Zweites Staatsexamen in den Fächern Latein und Geschichte. Habilitation in Mainz 1985. 1992 apl. Professor. Seit 1994 Ordentlicher Professor für Alte Geschichte an der Universität Regensburg.

Werner Kahl
Geb. 1962; Studium der Evangelischen Theologie in Bochum, Göttingen und an der Candler School of Theology der Emory University in Atlanta (Georgia). Promotion (PhD) 1992 in New Testament Studies an Emory University.

1992–1999 Vikar und Pastor in Essen und Duisburg. 1999–2001 Dozent für Neues Testament an der Universität von Ghana in Legon. 2002–2004 Vertretungsprofessor an der Universität Kassel. Habilitation 2004 im Fach Neues Testament an der Universität Frankfurt a.M., dort seither Privatdozent. 2004–2005 Pfarrer in Gudensberg bei Kassel. Seit 2006 Studienleiter an der Missionsakademie der Universität Hamburg.

Ulrich Kellermann
Geb. 1936; Studium der Evangelischen Theologie in Wuppertal, Tübingen, Bonn und Münster. 1966 Promotion. Hauptberuflich Gemeindepfarrer 1965–1971 in Wuppertal; 1975 Habilitation. 1972–2000 in Mülheim a.d. Ruhr. Seit 1980 apl. Professor an der Universität Münster.

Matthias Klinghardt
Geb. 1957; Studium der Evangelischen Theologie in Wuppertal, Tübingen und Heidelberg; Promotion 1986 und Habilitation 1994 in Heidelberg im Fach Neues Testament. Seit 1998 Professor für Biblische Theologie an der TU Dresden.

Hans Kloft
Geb. 1939; Studium der Klassischen Philologie, der Geschichte und Politikwissenschaft an den Universitäten Köln und Bonn. 1968 Promotion an der Universität zu Köln. 1975 Habilitation an der RWTH Aachen. 1977–2004 Professor für Alte Geschichte an der Universität Bremen.

Dietrich-Alex Koch
Geb. 1942; Studium der Evangelischen Theologie in Göttingen, Mainz, Berlin (West) und Göttingen; 1973 Promotion (Göttingen), danach Vikar (1972–1974) und Hilfspfarrer (1974–1977) in der Evangelisch-lutherischen Landeskirche Hannovers; 1977–1984 Assistent an der Evangelisch-Theologischen Fakultät der Universität Mainz, dort 1984 Habilitation. Seit 1985 Professor für Neues Testament an der Evangelisch-Theologischen Fakultät der Universität Münster.

Anne Kolb
Geb. 1964; Studium an den Universitäten Heidelberg und Oxford; 1992 Promotion an der Universität Heidelberg. Habilitation 2000 an der Universität Zürich; seit 2001 Assistenzprofessur für Alte Geschichte an der Universität Zürich.

Johann Kreuzer
Geb. 1954; Studium der Philosophie, Germanistik und Vergleichenden Religionswissenschaft in Tübingen und Berlin (FU), Promotion 1984 in Berlin (FU), Habilitation 1992 in Wuppertal. Nach Gastprofessuren und Lehrstuhlvertretungen in Prag, Münster, Berlin (HU) und Köln seit 2002 Professor für Geschichte der Philosophie an der Carl von Ossietzky Universität Oldenburg.

Peter Lampe
Geb. 1954; Studium der Theologie, Philosophie und Archäologie in Bielefeld, Göttingen und Rom; Assistent in Bern; Promotion und Habilitation an der Universität Bern, seit 1987 Lehrstühle für Neutestamentliche Wissenschaft (bzw. Geschichte und Archäologie des Frühen Christentums und seiner Umwelt) in Virginia/USA, Kiel und Heidelberg.

Achim Lichtenberger
Geb. 1970; Studium der Klassischen Archäologie, Alten Geschichte und Evangelischen Theologie an den Universitäten Münster, Rom (Tre), Berlin (HU) und Tübingen. 2001 Promotion in Tübingen. Seit 2002 Wissenschaftlicher Assistent am Institut für Klassische Archäologie und Frühchristliche Archäologie/Archäologisches Museum in Münster.

Hermann von Lips
Geb. 1942; Studium der Evangelischen Theologie in Neuendettelsau, Tübingen, Heidelberg und Erlangen. 1968–1983 Vikar und Pfarrer in der Bayerischen Landeskirche. 1974 Promotion in Heidelberg. 1984–1993 Akademischer Rat an der Evangelisch-Theologischen Fakultät der Universität München. 1989 Habilitation. Seit 1994 Professur für Neues Testament an der Universität Halle-Wittenberg.

Hermut Löhr
Geb. 1963; Studium der Theologie und Geschichte in Bonn, Tübingen, Heidelberg und Straßburg, Promotion 1993; Habilitation 2001 in Bonn; Vikariat und Pfarrdienst in der Evangelischen Kirche im Rheinland. Seit 2004 Professor für Neues Testament an der Universität Jena.

Christoph Markschies
Geb. 1962; Studium der Evangelischen Theologie, klassischen Philologie und Philosophie in Marburg, Jerusalem, München und Tübingen. Promotion (1991) und Habilitation (1994) in Tübingen, dort auch 1994 zum Pfarrer ordiniert. Professuren für Kirchen- und Theologiegeschichte des antiken Christentums in Jena (1994–2000), Heidelberg (2000–2004) und Berlin (seit 2004).

Burkhard Meißner
Geb. 1959; Studium der Geschichte, Philosophie, Slawistik, Gräzistik, Klassischen Archäologie in Kiel, Tübingen, Oxford, Heidelberg; 1989 Promotion in Heidelberg. 1990–1991 Wissenschaftlicher Mitarbeiter in Erlangen. 1993–1997 Wissenschaftlicher Assistent in Halle/Saale; 1996 Habilitation für Alte Geschichte. 1997–2003 Oberassistent in Halle/Saale. 2003–2004 Wissenschaftlicher Mitarbeiter in Halle/Saale. 2004 apl. Professor an der Universität Halle/Saale; Derzeit Professor an der Universität der Bundeswehr, Hamburg.

Massimo Miglietta
Geb. 1965; Studium der Rechtswissenschaft an der Katholischen Universität in Mailand. Promotion. Forschungsprofessur in Turin 1997–2002. Seit 2002 Professor an der Juristischen Fakultät der Universität Trient für Römisches Recht und Allgemeines Recht der Antike.

Alan C. Mitchell
Geb. 1948; Studium der Philosophie und Philologie an der Fordham University, 1970–73; Studium dem Neuen Testament; promovierte 1986 an der Yale University und wirkt derzeit als Associate Professor für Neues Testament und Direktor des Institute of Sacred Scripture an der Georgetown University (Washington D.C.).

Peter Müller
Geb. 1950; Studium der Evangelischen Theologie in Bethel, Mainz und Göttingen. 15 Jahre Gemeindepfarramt, Promotion 1987 und Habilitation 1991 an der Evangelisch-theologischen Fakultät der Universität München; 1992 Privatdozent für Neues Testament am Fachbereich Evangelische Theologie der Universität Frankfurt a.M., seit 1993 Professor für Evangelische Theologie an der Pädagogischen Hochschule Karlsruhe.

Josef N. Neumann
Geb. 1945; Studium der Philosophie (München) und Medizin (Freiburg i.Br.). 1978 Promotion. 1979–1983 Ausbildung und Anerkennung als Arzt für Kinderheilkunde an der Universitäts-Kinderklinik Tübingen. 1989 Habilitation im Fach Geschichte der Medizin an der Universität Freiburg i.Br. Seit 1992 Professor für Geschichte und Ethik der Medizin an der Universität Halle-Wittenberg.

Klaus Neumann
Geb. 1964; Studium der Evangelischen Theologie in Erlangen, Marburg, Bonn, München; 1. Theologisches Examen 1990; Vikariat; 2. Theologisches Examen 1993; Promotion 1999 (Augustana-Hochschule Neuendettelsau);

1996–2004 Pfarrer in Döckingen/Mfr. Seit 2004 Assistent am Lehrstuhl Neues Testament an der Augustana-Hochschule Neuendettelsau.

Karl Leo Noethlichs
Geb. 1943; Studium in Köln in den Fächern Geschichte, Alte Geschichte, Klassische Philologie (Schwerpunkt Latein) und Philosophie. Dort Promotion 1971; Habilitation an der RWTH Aachen 1980. Studiendirektor i.H.; seit 1987 apl. Professor an der RWTH Aachen.

Markus Öhler
Geb. 1967; Studium der Evangelischen Theologie in Wien. Promotion 1996; Habilitation 2001 in Wien. Derzeit ao. Professor am Institut für Neutestamentliche Wissenschaft der Evangelisch-Theologischen Fakultät der Universität Wien.

Heike Omerzu
Geb. 1970; Studium der Evangelischen Theologie und Anglistik; 1996–2003 Wissenschaftliche Mitarbeiterin im Fach Neues Testament in Duisburg und Mainz; 2002 Promotion; seit 2003 Juniorprofessorin für Neues Testament an der Universität Mainz.

Wolfgang Orth
Geb. 1944; Studium der Klassischen Philologie und der Geschichte an den Universitäten München und Tübingen. Promotion 1970; Habilitation 1976 in München. 1977–1988 Professor für Alte Geschichte an der Universität Münster, seit 1988 an der Universität Wuppertal.

Vincenzo Petracca
Geb. 1964; Studium der Mathematik, Volkswirtschaft und Theologie in Heidelberg. 2000–2001 Wissenschaftlicher Angestellter an der BU Wuppertal. Promotion 2002 in Wuppertal. Seit 2002 Gemeindepfarrer in Heidelberg-Kirchheim.

Peter Pilhofer
Geb. 1955; Studium der Fächer Mathematik, Philosophie, Theologie an der Universität Erlangen. Promotion 1989 und Habilitation 1993 in Münster. Seit 2002 Professor für Neues Testament an der Theologischen Fakultät der Universität Erlangen-Nürnberg.

Wiard Popkes
Geb. 1936; Studium der Evangelischen Theologie in Rüschlikon/Schweiz, Zürich und Münster. 1966–1969 Gemeindepastor in Münster. 1969–2002 Dozent für Neues Testament am Theologischen Seminar des Bundes Evangelisch-Freikirchlicher Gemeinden; seit 1977 zugleich am Fachbereich Evangelische Theologie der Universität Hamburg; seit 1998 European Fellow des Regent's Park College in Oxford und 1999 Research Professor am International Baptist Theological Seminary in Prag.

Eckart Reinmuth
Geb. 1951; Studium der Evangelischen Theologie in Greifswald. Promotion 1981 in Halle, Habilitation 1992 in Jena. Gemeindepastor in Mecklenburg (1981–1986) und Professor für Neues Testament an der Kirchlichen Hochschule Naumburg (1986–1993) und der Universität Erfurt (1993–1995). Seit 1995 lehrt er an der Theologischen Fakultät der Universität Rostock.

Rainer Riesner
Geb. 1950; Studium der Evangelischen Theologie und Judaistik (Neuendettelsau, Heidelberg, Tübingen). 1980 Promotion; 1990 Habilitation in Tübingen. 1990–1997 Privatdozent für Neues Testament (Tübingen). 1997/98 Lehrstuhlvertretung (TU Dresden). Seit 1998 Professor für Neues Testament an der Universität Dortmund.

Werner Rieß
Geb. 1970; Studium der Germanistik, Geschichte und Romanistik an den Universitäten Augsburg und Tours. Promotion an der Universität Heidelberg 2000. Wissenschaftlicher Angestellter im Fach Alte Geschichte an der Universität Heidelberg 1999–2003. Seit 2004 Assistant Professor of Classics an der University of North Carolina at Chapel Hill.

Günter Röhser
Geb. 1956; Studium der Evangelischen Theologie in Erlangen, Heidelberg und Neuendettelsau. Promotion (1986) und Habilitation (1993) in Heidelberg. Pfarrer der Evangelisch-Lutherischen Kirche in Bayern; 1997–2003 Professor für Bibelwissenschaft an der RWTH Aachen, seit 2003 für Neues Testament an der Universität Bonn.

Hartmut Rosenau
Geb. 1957; Studium der Philosophie, der Evangelischen Theologie und der Erziehungswissenschaften an der BUGH Wuppertal. 1984 Promotion. 1985–1994 Wissenschaftlicher Assistent an der BUGH Wuppertal; 1991 Habilitation an der Universität Marburg. 1994–2000 Professor für Evangelische Theologie/Systematische Theologie an der Universität Duisburg (GH). Seit 2000

Professor für Systematische Theologie/Dogmatik und Direktor des Instituts für Systematische Theologie und Sozialethik an der Universität Kiel.

Veit Rosenberger
Geb. 1963; Studium der Alten Geschichte, Klassischen Philologie und Klassischen Archäologie in Heidelberg, Augsburg, Köln und Oxford. 1992 Promotion in Heidelberg; Habilitation 1997 in Augsburg. Derzeit Vertretungsprofessur für Alte Geschichte an der Universität Erfurt.

Dieter Sänger
Geb. 1949; Studium in Wuppertal, Göttingen, Heidelberg. Wissenschaftlicher Assistent an der Universität Heidelberg. Promotion 1979. Anschließend Gemeindepfarrer in der Badischen Landeskirche (1979–1985); Dozent für Biblische Theologie an der Universität Flensburg (1985–1991) und Akademischer Rat am FB Evangelische Theologie der Universität Mainz (1992–1993). Habilitation 1993 an der Theologischen Fakultät der Universität Kiel. 1994–2000 Professor für Neues Testament am FB Theologie der Universität Gießen, seit 2000 an der Theologischen Fakultät der Universität Kiel und Direktor des Instituts für Neutestamentliche Wissenschaft und Judaistik.

Markus Sasse
Geb. 1967; Studium der Evangelischen Theologie in Heidelberg, Göttingen und Kiel; 1999 Promotion in Heidelberg; 2001 Lehrbeauftragter für Altes und Neues Testament an der Universität Landau. Seit 2002 Pfarrer im Schuldienst.

Ulf Scharrer
Geb. 1971, Studium in Hamburg (Geschichte, Philosophie, Erziehungswissenschaften) und St. Andrews (Alte Geschichte). Seit 2005 Lehrer am Schubart-Gymasium Aalen.

Klaus Scherberich
Geb. 1961; Studium der Fächer Latein und Geschichte an der Universität Köln. 1993 Promotion. Seit 1996 wissenschaftlicher Assistent am Lehrstuhl für Alte Geschichte der RWTH Aachen; 2001 Habilitation. Seit 2001 Oberassistent; 2005 Studienrat i. H.

Gottfried Schimanowski
Geb. 1950; Studium der Evangelischen Theologie. 1975–1978 Mitarbeit am Institutum Judaicum (Tübingen). 1978–1982 Assistent und Vikar an der Kirchlichen Hochschule Wuppertal. 1983 Promotion. 1983–1989 Pfarrer in Wuppertal. 1989–1991 Dozent für Neues Testament und Griechisch in Reutlingen. 1991–1996 Pfarrer in Reutlingen. 1996–1999 Dozent für Neues Tes-

tament an der Universität Riga/Lettland. 2000–2002 Wissenschaftlicher Mitarbeiter am Institutum Judaicum Delitzschianum (Münster). Seit 2003 Schulreferent in Saarbrücken.

Peter Schneemelcher
Geb. 1942; 1964–1969 Studium der Evangelischen Theologie in Bonn und Göttingen. 1970–1975 wissenschaftlicher Assistent an der Universität Bochum. 1974 Promotion. 1975–1986 Gemeindepfarrer in Bochum. 1986–1994 Pfarrer im landeskirchlichen Dienst der EKvW. 1996–2005 Studium der Vergleichenden Religionswissenschaft in Bonn; seitdem freiberufliche Tätigkeit als Religionswissenschaftler.

Wolfgang Christian Schneider
Studium der Geschichte, Kunstgeschichte/Klassische Archäologie und Germanistik an den Universitäten Stuttgart und Tübingen. 1982 Promotion. 1983–1988 Wissenschaftlicher Mitarbeiter am Institut für Geschichte der Universität Darmstadt. 1993 Habilitation. 2002 Apl. Professor an der Universität Darmstadt.

Gerhard Sellin
Geb. 1943; Studium der Evangelischen Theologie in Hamburg, Heidelberg und Kiel; Promotion 1974 in Münster; 1975–1984 Wissenschaftlicher Assistent an der Universität Münster; Habilitation 1981 in Münster; 1984–1992 Professor für Evangelische Religionslehre an der Universität Oldenburg; seit 1992 Professor für Neues Testament und Spätantike Religionsgeschichte an der Universität Hamburg.

Folker Siegert
Geb. 1947; Studium der Evangelischen Theologie, Linguistik und Orientalistik in Erlangen, Göttingen, Heidelberg, Cambridge. 1983–1991 Pfarrer. 1984 Promotion in Tübingen. 1990 Habilitation in Heidelberg. 1991–1996 Professor für Neues Testament an der Universität Neuchâtel/Schweiz; seit 1996 Lehrstuhl für Judaistik und Neues Testament, zugleich Direktor des Institutum Judaicum Delitzschianum an der Universität Münster.

Marcus Sigismund
Geb. 1971; Studium der Geschichte, Katholischen Theologie und Wirtschaftswissenschaften in Wuppertal. Promotion 2002 an der BU Wuppertal. Seit 1999 Lehrbeauftragter für Biblische Theologie und Geschichte der Alten Kirche in Wuppertal. Seit 2003 Wissenschaftlicher Mitarbeiter im Rahmen des DFG-Projektes „Hermeneutik des Neuen Testamentes“ an der Universität Wuppertal.

Peter Söllner
Geb. 1965; Studium der Evangelischen Theologie in Oberursel, Jerusalem und Heidelberg. 1997 Dissertation in Heidelberg. Ab 2003 Lehrauftrag für Neues Testament an der Lutherischen Theologischen Hochschule in Oberursel. Seit 2005 Pastor an der Concordia-Gemeinde Evangelisch-lutherische Freikirche in Celle.

Wolfgang Stegemann
Geb. 1945; Studium der Evangelischen Theologie in Heidelberg, 1975 Promotion. 1973–1977 Assistent in Main. 1977–1979 Pfarrer der Badischen Landeskirche in Nußloch. 1979–1984 Assistent in Heidelberg, 1983 Habilitation. 1983–1984 Privatdozent in Heidelberg, seit 1984 Professor für Neues Testament an der Augustana-Hochschule in Neuendettelsau.

Christoph Stenschke
Geb. 1966; Studium der evangelischen Theologie in Gießen, Promotion am King's College der University of Aberdeen/Schottland. 1998–2001 Pastor. Seit 2001 Dozent für Neues Testament am Missionshaus Bibelschule Wiedenest, Bergneustadt. Seit 2005 außerordentlicher Professor am Department of New Testament der University of South Africa, Pretoria/Südafrika.

Christian Strecker
Geb. 1960; Studium der Evangelischen Theologie in Neuendettelsau, Hamburg, Heidelberg und Tübingen. Promotion 1996; 1992–2004 Wissenschaftlicher Assistent an der Augustana-Hochschule, Habilitation 2003. Seit 2003 Privatdozent an der Augustana-Hochschule. Lehrstuhlvertretung in Heidelberg 2005/2006

Wolfgang Thiel
Geb. 1972; Studium der Klassischen Archäologie, Alten Geschichte und Archäologie der römischen Provinzen an den Universitäten München, Göttingen und Köln. 2002 Promotion in Köln; Seither Wissenschaftlicher Mitarbeiter und Projektkoordinator für das „Lehr- und Forschungszentrum für die antiken Kulturen des Mittelmeerraumes (ZAKMIRA)".

Holger Tiedemann
Geb. 1966; Studium der Evangelischen Theologie und Pädagogik in Hamburg. 1998 Promotion. Seit 2000 Referent für Grundsatzfragen von Studium und Lehre in der Behörde für Wissenschaft und Gesundheit, Hamburg.

Christina Urban
Geb. 1969; Studium der Evangelischen Theologie an der CAU Kiel; 1998–2000 wissenschaftliche Angestellte am Institut für neutestamentliche Wissenschaft und Judaistik der Theologischen Fakultät der CAU Kiel. 2000 Promotion; ab 2000 Vikariat in Berlin.

Dieter Vieweger
Geb. 1958; Studium der Evangelischen Theologie in Leipzig; 1986 Promotion; 1989 Habilitation; 1986–1989 Pfarrer des Thomanerchores Leipzig; 1989–1991 Professor für alttestamentliche Wissenschaft an der Kirchlichen Hochschule Berlin; 1991–1993 an der Humboldt-Universität Berlin. Seit 1993 Professor für alttestamentliche Wissenschaft und Biblische Archäologie an der Kirchlichen Hochschule Wuppertal. 1993–1998 Studium der Ur- und Frühgeschichte in Frankfurt a.M. 1998 Promotion. Seit 1999 Direktor des Biblisch-Archäologischen Instituts Wuppertal und seit 2002 Inhaber der Forschungsprofessur „Archäologie und Ältere Geschichte" in Witten-Herdecke. Seit Dezember 2005 Direktor des Deutschen Evangelischen Instituts für Altertumswissenschaft des Heiligen Landes Jerusalem/Amman, zugleich Forschungsstelle des Deutschen Archäologischen Instituts.

Manuel Vogel
Geb. 1964; Studium der Evangelischen Theologie in Erlangen, Heidelberg und Frankfurt, Promotion 1994 in Heidelberg. 1996–2002 Wissenschaftlicher Mitarbeiter am Josephus-Projekt des Institutum Judaicum Delitzschianum in Münster. 2003 Habilitation. Seit 2004 Privatdozent an der Universität Münster, seit 2005 in Frankfurt.

Ulrich Volp
Geb. 1971; Studium der Evangelischen Theologie und Altertumswissenschaften in Marburg, St. Andrews, Heidelberg und Cambridge. 2001–02 Promotion Universität Bonn, 2006 Habilitation. 1999–2000 Academic Assistant to the Head of Department of Theology and Religion, Universität Birmingham/England, seit 2000 Wissenschaftlicher Assistent an der Abteilung für Kirchengeschichte der Evangelisch-Theologischen Fakultät der Universität Bonn. 2006 Vertretung des Lehrstuhls für Kirchengeschichte (Reformationsgeschichte) ebd.

Bernd Wander
Geb. 1960; Studium der Evangelischen Theologie in Wuppertal und Heidelberg. Promotion 1992 und Habilitation 1997 in Heidelberg. Seit 2003 Apl. Professor für Neues Testament in Heidelberg.

Robert Wenning
Geb. 1946; Studium der Klassischen Archäologie, Geschichte und Germanistik an der Universität Münster. Promotion 1976; Habilitation 1995 an der Universität Eichstätt. 2004 apl. Professor an der Universität Eichstätt. Seit 2001 Hochschullehrer Fachgebiet „Archäologie des Nahen Ostens" am Ägyptologischen Seminar der Universität Bonn.

Engelbert Winter
Geb. 1959; Studium der Fächer Geschichte, Sport, Pädagogik und Klassische Archäologie. Promotion 1987 und Habilitation 1995 in Münster. 1996–2002 Hochschuldozent am Seminar für Alte Geschichte der Universität Münster. 2001 Ernennung zum apl. Professor. Seit 2004 wissenschaftlicher Mitarbeiter der Forschungsstelle Asia Minor in Münster.

Jürgen Zangenberg
Geb. 1964; Studium der Evangelischen Theologie in Erlangen, Heidelberg und Edinburgh; Promotion 1996 in Heidelberg. 1995–1997 Vikariat in Nürnberg. 1997–2004 Wissenschaftlicher Assistent an der Universität Wuppertal. 2003 Habilitation an der Kirchlichen Hochschule/Universität Wuppertal. 2005–2006 Researcher New Testament Exegesis an der Universität Tilburg/Niederlande. Seit 2006 Professor für Neues Testament und Frühchristliche Literatur an der Universität Leiden/Niederlande.

Ruprecht Ziegler
Geb. 1945; Studium der Geschichte, lateinischen Philologie und Geographie an der Universität zu Köln. 1976 Promotion und 1990 Habilitation an der Universität Düsseldorf. 1974–1991 wissenschaftlicher Angestellter an der Universität Düsseldorf. 1991–1992 Gastprofessor an der Universität Klagenfurt; 1992–1995 wissenschaftlicher Angestellter an der Universität Düsseldorf. Seit 1995 Inhaber des Lehrstuhls für Alte Geschichte an der Universität Duisburg.

Ruben Zimmermann
Geb. 1968; 1989–1995 Studium der Evangelischen Theologie in Erlangen, Bonn, Santiago de Chile und Heidelberg. 1999 Promotion in Heidelberg. 1999–2001 Pfarrer in Heidelberg; 2003 Habilitation in München. Seit 2005 Professor für Biblische Theologie an der Universität Bielefeld.

# 4.7 Corrigenda

Band 1:

| | |
|---|---|
| S. 33 Anm. 3: | 9, 169–185 ändern in: 9, 1973, 169–185 |
| S. 33 unten: | SapSal ändern in: Sap |
| S. 40 unten: | met. 1035b ändern in: metaph. 1035b |
| S. 40 unten: | met. 1034a ändern in: metaph. 1034a |
| S. 40 unten: | met. 1037a ändern in: metaph. 1037a |
| S. 41 oben: | Arist. met. ändern in: Aristot. metaph. |
| S. 54 Anm. 12: | Xenophanes Frg. 23 ändern in: Xenophanes (Diels/Kranz 21, B 23) |
| S. 56 Anm. 15: | Xenophanes Frg. 16 u. 15 ändern in: Diels/Kranz 21, B 16 u. 15 |
| S. 81 Anm. 3: | TestIsaak ändern in: TestXII.Is |
| S. 99 Anm. 2: | 31f, B1 ändern in: 31f, 3, B 1 |
| S. 108 Anm. 5: | Dion. Hal. ändern in: Dion. Hal. ant. |
| S. 113 Anm. 9: | Plut. Alc. ändern in: Plut. Alk. |
| S. 136 oben: | Überschrift Beitrag Vieweger muss heißen: neutestamentlichen |
| S. 166 unten: | Epikt. ändern in: Epikt. diss. |
| S. 169 Anm. 2: | 5,20,83–6,8,24 ändern in: 5,83–6,24 |
| S. 169 Anm. 2: | or. 33–35 ändern in: 33–35 |
| S. 186 Mitte: | Strab. 16,780 ändern in: Strab. 16,4,22–24 |
| S. 196 oben: | Iudaeas ändern in: Judäas |
| S. 197 Mitte: | Rabbi ändern in: „Rabbi“ |
| S. 198 oben: | Literaturangabe: Stemmberger ändern in: Stemberger |
| S. 205 oben: | (244,18–245,21) ändern in: (244,18–245,21 [10,20]) |
| S. 205 unten: | (Malalas 260,21–261,14) ändern in: (Malalas 260,21–61,14 [10,45f]) |
| S. 208 Mitte: | Sardis ändern in: Sardes |
| S. 208 unten: | Philo. Flacc. 28 ändern in: Flacc. 66–69 |
| S. 218 unten: | (*birqat ha-minim*) ändern in: (*birkat ha-minim*) |
| S. 230 Mitte: | Gaius inst. 1,9–64 ändern in: Gaius inst. 1,59–63 |
| S. 234 oben: | Coll. Mos. 16,2,1–8 ändern in: Coll. Mos. 16,2,1–6 |
| S. 236 Anm. 39: | Dig. ändern in: dig. |
| S. 238 Anm. 63: | Bek ändern in: bBekh |
| S. 238 Anm. 64: | Bek ändern in: bBekh |
| S. 239 Anm. 3: | Dion Hal. ändern in: Dion. Hal. ant. |
| S. 259 Mitte: | Jad ändern in: mYad |
| S. 259 Mitte: | ySan ändern in: San |

Band 2:

| | |
|---|---|
| S. 16 unten: | Literaturverzeichnis: Bignascat ändern in: Bignasca |
| S. 25 unten: | bKid ändern in: bQid |
| S. 55 Anm. 2: | Plat. leg. ändern in: Plat. rep. |
| S. 55 Anm. 2: | Arist. ändern in: Aristot. |
| S. 61 unten: | Simon ändern in: Simeon |

| | |
|---|---|
| S. 66 Anm. 6: | Gal. 7,666,1 ändern in: Gal. marc. 7,666,1 Kühn |
| S. 114 Mitte: | (or. 31,116) ändern in: (31,116) |
| S. 128 Anm. 7: | (Anm. 5), Text 6,64 ändern in: (Anm. 5), 64 Text 6 |
| S. 130 Anm. 27: | vgl. *F. Siegert*: Die hellenistisch-jüdische Predigten, Tübingen 1980 ändern in: vgl. *F. Siegert*: Drei hellenistisch-jüdische Predigten, Tübingen 1980 |
| S. 137 Anm. 26: | Claud. 25,3 ändern in: Claud. 25,4 |
| S. 138 oben: | Just. 1 apol. 1,26 ändern in: Just. 1 apol. 26 |
| S. 138 oben: | Iren. 1,22 ändern in: Iren. haer. 1,22 |
| S. 144 Mitte: | Malalas (13,37) ändern in: Malalas (344,22f [13,37]) |
| S. 157 Anm. 3: | Q504 ändern in: 4Q504 |
| S. 159 oben: | Stellen im NT ändern in: Korinth: Apg 18,1–17; 19,1; Röm 16,21–23; 1Kor; 2Kor; 2Tim 4,20. Kenchreai: Apg 18,18; Röm 16,1f |
| S. 170 Mitte: | 16,16.30 ändern in: 28,16.30 |
| S. 219 oben: | Plat. polit. ändern in: Plat. rep. |
| S. 221 oben: | Iren 3,1,1 ändern in: Iren. haer. 3,1,1 |
| S. 221 Anm. 5: | Iren 3,5,2 ändern in: Iren. haer. 3,5,2 |
| S. 263 oben: | mSotah ändern in: mSot |

Band 3:

| | |
|---|---|
| Inhaltsverzeichnis: | 3.3.6.1 Autor Reinhard von Bendemann/Gabriele Faßbeck ändern in: Reinhard von Bendemann |
| S. 22 unten: | Hom. h. Dem. 478f ändern in: Hom. h. 2,478f |
| S. 55 Mitte: | Di-onysos ändern in: Dio-nysos |
| S. 71 Anm. 10: | NHC VII,3,15–20 ändern in: NHC VII,3,81,15–20 |
| S. 78 oben; Mitte: | ActJ (Johannesakten) ändern in: ApkrJoh (Geheimschrift des Johannes) |
| S. 102 Mitte: | 1QGenAp ändern in: 1QGenApocr |
| S. 106 unten: | Mk ändern in: Mt |
| S. 116 oben: | Plat. Theaet. ändern in: Plat. Tht. |
| S. 117 Mitte: | Arist. ändern in: Aristot. |
| S. 130 unten: | 2Bar ändern in: ApcBar(syr); ApcBar(gr) |
| S. 146 Mitte: | Plato leg. ändern in: Plat. rep. |
| S. 147 Mitte: | clem. I 1,1 ändern in: clem. 1,1,1 |
| S. 149 unten: | syrBar ändern in: sBar |
| S. 211 Anm. 1: | Yale ändern in: New Haven |
| S. 217 oben: | (Malal. 11,279,8) ändern in: (Malalas 279,8 [11,16]) |
| S. 224 Mitte: | 3.3.6.1 Reinhard von Bendemann/Gabriele Faßbeck ändern in: Reinhard von Bendemann |
| S. 238 oben: | Di-onysos. ändern in: Dio-nysos |
| S. 240 Mitte: | pythgoreischen ändern in: pythagoreischen |
| S. 241 Mitte: | Sybillistik ändern in: Sibyllistik |
| S. 241 Anm. 3 | ς = ו = 6 ändern in: Ϝ = ו = 6 |
| S. 241 unten: | Dahinter steht die hebräische Gematrie des Namens „David“ ändern in: dahinter könnte die hebr. Gematrie des Namens „David“ stehen… |

neukirchener
theologie

Neues Testament und Antike Kultur

Herausgegeben von
Kurt Erlemann, Karl Leo Noethlichs,
Klaus Scherberich, Thomas Wagner
und Jürgen Zangenberg

Jürgen Zangenberg (Hg.)

# Neues Testament und Antike Kultur

## Band 3: Weltauffassung – Kult – Ethos

Neukirchener Theologie

Mix
Produktgruppe aus vorbildlich bewirtschafteten Wäldern und anderen kontrollierten Herkünften
www.fsc.org Zert.-Nr. SGS-COC-005773
© 1996 Forest Stewardship Council
FSC

Dieses Buch wurde auf FSC-zertifiziertem Papier gedruckt.
FSC (Forest Stewardship Council) ist eine nichtstaatliche, gemeinnützige Organisation, die sich für eine ökologische und sozialverantwortliche Nutzung der Wälder unserer Erde einsetzt.

Bibliografische Information der Deutschen Nationalbibliothek

Die Deutsche Nationalbibliothek verzeichnet diese Publikation in der Deutschen Nationalbibliografie; detaillierte bibliografische Daten sind im Internet über http://dnb.d-nb.de abrufbar.


Umschlaggestaltung: Andreas Sonnhüter, Düsseldorf
Lektorat: Volker Hampel
DTP: Astrid Padberg
Gesamtherstellung: Hubert & Co., Göttingen
Printed in Germany
ISBN 978–3–7887–2492–4
www.neukirchener-verlage.de

# Vorwort

Mit diesem Band liegt der dritte und letzte thematische Teil von NTAK vor. Nach der methodischen Grundlegung und der Darstellung historischer Zusammenhänge in Band 1 und der Skizzierung menschlichen Daseins in den unterschiedlichen individuellen und kollektiven Bezügen in Band 2 beschreibt Band 3 nun das geistesgeschichtliche Umfeld, in dem sich antike Menschen in neutestamentlicher Zeit bewegten. Neben der Vorstellung verschiedener Formen griechisch-römischer Philosophie, der mannigfachen Erscheinungen paganer Religiosität sowie der zahlreichen Strömungen des Judentums bietet der Band auch systematische Einblicke in die großen Themen menschlichen Denkens und Spekulierens über Gott, Welt, Staat, Mensch und Vergänglichkeit. Ein letzter Teil widmet sich den praktischen Folgerungen dieser Orientierungen in Ethik und öffentlichem wie privatem Kult.

Das Erscheinen des dritten und letzten Bandes nehmen wir gern zum Anlass, um nochmals auf die konzeptionelle Zielsetzung von NTAK hinzuweisen, nämlich die vielfältigen Verflechtungen des frühen Christentums in seine jüdische und pagane Mitwelt aufzuzeigen, gleichzeitig die Besonderheiten christlicher Lehre und christlichen Lebens zu verdeutlichen und dabei fachwissenschaftliche Grenzen behutsam zu überwinden. Wenn dies wenigstens ansatzweise gelungen sein sollte, wären die Grundlagen noch intensiverer interdisziplinärer Zusammenarbeit gelegt, auf denen weitere Forschungen aufbauen könnten. Es sei noch einmal betont, dass die inhaltliche Schwerpunktsetzung der einzelnen Bände nicht im Sinne einer „Kompartmentalisierung“ des Lebens antiker Menschen in voneinander geschiedene oder in Konkurrenz zueinander stehende Bereiche, etwa hier die Gesellschaft und dort die Religion, zu verstehen ist. Alle drei Bände von NTAK sind vielmehr als sachliche Einheit zu lesen, die einzelnen Artikel bilden ein Gewebe von Bezügen und laden ausdrücklich zum „Kreuz- und Querlesen“ ein. Die zahlreichen Verweise im Text wollen dabei eine Hilfe sein.

Wir freuen uns, dass alle drei Bände in so kurzer Zeit erscheinen konnten, ein vierter Band mit Abbildungen und diversen Registern ist bereits in Arbeit. Ohne die konzentrierte Mitarbeit aller etwa 80 Autorinnen und Autoren wäre dies kaum zu leisten gewesen. Ihre Bereitschaft, sich auf das Konzept von NTAK einzulassen und trotz vieler anderer Verpflichtungen ihre Kenntnisse und Arbeitskraft zur Verfügung zu stellen, hat NTAK erst möglich gemacht. Ihnen gebührt daher zu allererst unser aufrichtiger Dank. Zu danken haben wir wiederum dem unermüdlichen Redaktionsteam in Wuppertal, das unter der bewährten Leitung von Frau Astrid Padberg nicht nur ein kompetenter Ansprechpartner für alle Belange der Autorinnen und Autoren war, sondern auch die eingegangenen Texte bis zur Drucklegung betreut hat. Wie schon bei den ersten beiden Bänden haben stud. phil. Ines Wermeling, Robert Bellin und Jens Blau die unterschiedlichen Aufgaben der Redaktionsarbeit mit großem Einsatz und gewohnter Sorgfalt erledigt. Herr Dr. Volker Hampel und seine Mitarbeiterinnen und Mitarbeiter vom Neukirchener Verlag haben auch den dritten Band von NTAK in kollegialer Zusammenarbeit begleitet. Auch dafür unseren Dank!

Ausdrücklich bitten wir um Kritik und Anregungen von all denen, die NTAK in privater Lektüre oder im Rahmen von Lehrveranstaltungen verwenden (bitte an die Redaktion über Website www.ntak-uni-wuppertal.de leiten).

Im Juli 2005 Die Herausgeber

# Inhalt

# 3.1 Weltanschauliche Richtungen und Gruppen

## 3.1.1 Hellenistisch-römische Philosophie (*Hartmut Rosenau*)

*Vorbemerkung zur geistesgeschichtlichen Situation*

Die hell.-röm. Philosophie löst die sog. klassische gr. ab, die mit der Vorsokratik, vor allem aber mit den Namen Sokrates, Plato und Aristoteles verbunden wird. Allerdings wirken diese großen Gestalten der antiken Philosophie über ihre Anhänger und Schulen, insbes. die Platonische Akademie und den aristotelischen Peripatos, noch weit in die hell.-röm. Zeit hinein, so dass hier nicht unbedingt eine klare und eindeutige Abgrenzung vorgenommen werden kann. Freilich haben sich gegenüber der klassischen Philosophie, die weitgehend das geordnete und überschaubare Gemeinwesen einer *polis* voraussetzt, nun, mit der Ausbreitung und dann besonders mit dem Auseinanderfallen des Großreiches Alexanders nach seinem Tod, die politischen, gesellschaftlichen sowie kulturellen Rahmenbedingungen und damit auch die leitenden Fragestellungen der hell.-röm. Philosophie in ihren unterschiedlichen und vielfältigen Ausprägungen (Stoa; Kynismus; Epikureismus; Platonismus; Pythagoreismus; Aristotelismus; Skepsis) verändert: Gegenüber der Lust einer reinen, gleichsam interesselosen Betrachtung des Seins als solchem und seiner vielfältigen Konkretionen konzentriert sich angesichts einer faszinierenden, aber auch irritierenden Vermischung der Kulturen zwischen Ost und West sowie einer spürbaren Verunsicherung, Orientierungslosigkeit, ja sogar Krise der Rolle des Menschen in einer immer unübersichtlicher und komplexer werdenden Welt die Philosophie mehr und mehr auf die elementare, lebenspraktische Frage nach dem gelingenden, glückenden Leben des Individuums in kosmopolitischer Ungebundenheit, nach der Glückseligkeit (*eudaimonia*) in soteriologischer Hinsicht. Damit übernimmt die Philosophie in hell.-röm. Zeit nun auch für weite, gebildete Gruppen der Gesellschaft bei aller Kritik an überkommenen Traditionen eine durchaus religiös-seelsorgerliche Funktion in der Überwindung lebensweltlicher Entfremdung oder politischer Entwurzelung.

Diese ethische Konzentration auf die *eudaimonia*, der alle logischen, metaphysischen und kosmologischen Untersuchungen sichernd bei- und zugeordnet werden, sollte jedoch nicht als Verengung oder gar unproduktive Verarmung gegenüber der klassischen Philosophie der Antike bewertet, sondern in ihrer beeindruckenden schöpferischen Produktivität und Gelehrsamkeit auch in speziell einzelwissenschaftlicher Hinsicht (von der Medizin über die Technik bis zur Philologie) wahrgenommen werden.

### I. Stoa

*Einführung*

Neben dem Idealtyp des Weisen, wie ihn Sokrates verkörpert hat, ist wohl der sprichwörtliche Stoiker, der allen Schicksalsschlägen unerschütterlich trotzt und sich durch nichts aus der Ruhe bringen lässt, die bis heute populärste, bewunderte wie beargwöhnte Gestalt der antiken Philosophie. In der für das NT maßgeblichen kulturellen Epoche des Hell. ist die Stoa eine der geographisch verbreiteten und auch gesellschaftlich einflussreichsten philosophischen Schulen, deren Anhänger darum auch im NT als kritische Gesprächspartner des Apostels Paulus auf dem Athener Areopag ausdrücklich erwähnt werden (Apg 17,18). Die frühe Christenheit hat insbes. die stoische Ethik weitgehend rezipiert, wenn auch anders – so z.B. mit Bezug auf den Umgang mit Sklaven (vgl. Phlm und Sen. epist. 47) – begründet, und konnte sogar gelegentlich einen stoischen Pantheismus des Kleanthes und Aratos zustimmend zitieren (Apg 17,28). Daher konnte sie auch einen bis ins Mittelalter hinein für echt gehaltenen (wahrscheinlich im 4. Jh. n.Chr. entstandenen), apokryphen und fiktiven Briefwechsel zwischen den Zeitgenossen Paulus und Seneca, dem bedeutendsten Stoiker der röm. Kaiserzeit, hervorbringen. Dieser sollte die historisch wahrscheinliche Ablehnung des christl. Glaubens seitens der Stoa durch Demonstration seiner sachlichen, wenn auch nicht stilistischen Überlegenheit ausgleichen.

*Leitfrage*

Die auf Zenon von Kition (Zypern) und seine um 300 v.Chr. in Athen gegründete Schule zurückzuführende philosophische Richtung der Stoa (benannt nach der dortigen „bunte(n) Halle“, der *stoa poikilē*, dem freskengeschmückten Versammlungsort), ist bei allen Entwicklungen zu einem umfassenden Bildungssystem (Poseidonios) bis in das 3. nachchristl. Jh. hinein in erster Linie an der religiös-ethischen Leitfrage nach der Glückseligkeit, der *eudaimonia*, dem gelingenden Leben orientiert. Dieser lebenspraktischen Zielsetzung, die zuweilen sogar alltägliche Fragen der Kleidung, der Ernährung und körperlichen Ertüchtigung einschließt, sind alle logischen, erkenntnistheoretischen, kosmologischen und ontotheologischen Fragen zugeordnet. Sie werden nicht – wie noch in der klassischen Philosophie eines Plato und Aristoteles – um ihrer selbst willen aus Lust an der reinen Erkenntnis thematisiert, sondern um der „Rettung (*sōtēria*) des Lebens“ (Marc Aurel) in einer kulturell wie gesellschaftlich zunehmend unübersichtlichen orientierungslosen Welt willen. Denn eine Ethik ist nicht ohne ein ihr zugrunde liegendes Wirklichkeitsverständnis im Ganzen zu entwickeln, und so hat sich die stoische Themen-Trias von Logik, (Meta-) Physik und Ethik klassisch herausgebildet, um die mit dem Epochenumbruch des Hell. verbundene Lebenskrise zu meistern und den Stand des Menschen zu sichern. Entsprechend dem Bezug aller Philosophie auf die Lebenspraxis ist auch die Logik der Stoiker nicht so sehr an der Klärung von bloßen Begriffen, sondern mehr an Aussagen (über Sachverhalte) und ihren Beziehungen zueinander interessiert.

*Lebensideal*

Bei allen Unterschieden in der Gewichtung und Ausgestaltung dieser Themenbereiche zwischen der von ca. 300–150 v.Chr. dauernden „älteren“ Stoa (Zenon von Kition; Kleanthes; Chrysipp), der „mittleren“ (Panaitios; Poseidonios; Musonios) von ca. 150 v.Chr. bis zur Zeitenwende und der „jüngeren“

Stoa der röm. Kaiserzeit bis ca. 180 n.Chr. (Seneca; Epiktet; Marc Aurel)[1] wird die Glückseligkeit, das letzte Worumwillen menschlicher Lebensführung, in der Unerschütterlichkeit der Seele (*ataraxia*) gesehen. Diese „Bestheit" (*aretē*; *virtus*; Tugend) entsteht dann, wenn Menschen gemäß der Natur (ihrem Wesen) leben. „*Secundum naturam vivere*" ist darum das Ideal dieser „Religion der Gebildeten" (K. Held), und die Menschen leben dann wesensgemäß und tugendhaft in ihrer besten Verfassung, wenn sie dem göttlichen *logos* folgen, der als *logos spermatikos* alles, was ist, pan(en)theistisch durchwaltet und miteinander verbindet (*homologia*). Dies ist die ontotheologische Grundlage für den typisch stoischen Kosmopolitismus, dessen sozialethische Konsequenz die gleichsam naturrechtliche Anerkennung jedes Menschen als Mensch – unabhängig von seinem Geschlecht, seiner Herkunft oder sozialen Stellung – ist. So besteht wesensmäßig kein Unterschied zwischen dem Sklaven (Epiktet) und dem Kaiser (Marc Aurel).

*Der Weg zur Freiheit*

Diesem alles zu einem harmonischen Sinnzusammenhang fügenden *logos* (oder auch *pneuma* im Sinne einer feinstofflichen Substanz wie das Feuer im Anschluss an Heraklit) kann sich der Weise in Gestalt der fürsorglichen göttlichen Vorsehung (*pronoia*; *providentia*) und des Geschicks (*heimarmenē*; *fatum*) vertrauensvoll hingeben und sich von ihm leiten lassen. Stimmt der Mensch mit diesem überein, kommt er zur Identität mit seiner eigenen Natur und damit zum Heil als Verwirklichung seiner wesentlichen Freiheit. Denn diese besteht in der Übereinstimmung mit dem eigenen Wesensgesetz, das nach der Analogie von Mikrokosmos und Makrokosmos zugleich das Weltgesetz ist. So erreicht der Stoiker eine verlässliche Sicherheit (*securitas*) in allen Lebenslagen und weiß seine Lebenszeit sinnvoll zu nutzen (*carpe diem*!). Stellt er sich aber dem schicksalswaltenden *logos* entgegen, indem er seinen akzidentellen Affekten (*pathē*) – Begierde, Lust, Angst, Trauer – folgt und sich von ihnen als ein Einzelwesen gegen den allgemeinen Weltlogos bestimmen lässt, dann ist er unfrei und verfehlt ohnmächtig seine Bestimmung: „Den Willigen führen die Geschicke, den Widerwilligen reißen sie mit" (Sen. epist. 107,11). Insofern besteht kein Widerspruch zwischen der stoischen Kosmologie oder Schicksalslehre einerseits und der die Freiheit des einzelnen betonenden Ethik andererseits, wie oft behauptet wird. Denn die stoische Freiheit besteht in der apathischen Freiheit von den eigenen Affekten und Leidenschaften zugunsten der Freiheit für eine *logos*-bestimmte Einstimmung in die göttliche Weltvernunft. Sie zeigt sich als das dem Menschen Zukommende (*kathēkon*) qua Pflicht. Und wenn diese Einstimmung aufgrund widriger Lebensumstände nicht mehr vollzogen werden kann, besteht die dann negative Freiheit des Stoikers darin, sich der Macht dieser Umstände überlegen durch den Freitod

---

[1] Außer dem viel zitierten Zeus-Hymnus des Kleanthes gibt es für die ältere und mittlere Stoa nur sekundäre Quellen (z.B. Diog. Laert. Buch 7; Cic. Tusc.). Für die jüngere Stoa sind Sen. dial. Buch 2 (*De constantia sapientis*); dial. Buch 7 (*De vita beata*); Epikt. ench. und M. Aur. repräsentativ. Als leicht zugängliche Quellensammlung mit einer ausführlichen historisch-systematischen Einleitung sei empfohlen: Die Stoa. Kommentierte Werkausgabe, übers. u. hg. v. *W. Weinkauf*, Augsburg 1994.

zu entziehen (*exitus semper patet*), wie es der Erzieher Neros und Staatsmann Seneca angesichts der grausamen Unvernunft des Kaisers für viele vorbildlich getan hat.

*Theodizee*
Allerdings stellt sich hier dem stoischen Wirklichkeitsverständnis in besonderer Weise das Theodizeeproblem. Denn wenn es den *logos* als eine alles bestimmende göttliche Weltvernunft gibt, wie ist dann die Realität des Vernunftwidrigen in der Welt zu erklären, unter dem wir so oft zu leiden haben, das sogar den Vollzug menschlicher Freiheit verhindern und in den Suizid treiben kann? Der originelle Beitrag der Stoiker zur Lösung dieses elementaren Problems menschlichen Existierens liegt in der Unterscheidung zwischen den für übel gehaltenen Dingen einerseits, die es aber an sich nicht sind, und den uns eigentlich nur schreckenden Vorstellungen oder Annahmen (*hypoleipseis*) von den Dingen, deren Bedeutsamkeit aber in die (hermeneutische) Freiheit des Menschen und seines Willens gestellt bleibt – so, wie umgekehrt sich Glück auch nicht als Resultat bestimmter äußerer Umstände zwangsläufig einstellt, sondern vielmehr eine innere Befindlichkeit des Menschen beschreibt, der zwischen gut/zuträglich, böse/schädlich und dem an sich Neutralen (*adiaphoron*) zu unterscheiden vermag.

*Welt- und Geschichtsbild*
Darum ist die vom göttlichen *logos* wie ein Energiefluss durchzogene Welt im Gleichklang von *logos*, *physis* und *theos* an sich auch kein Jammertal, dem es erlösungsbedürftig zu entfliehen gälte. Vielmehr ist sie eine große Bühne, auf der die Menschen ihre vom Schicksal bestimmte Rolle (*persona* = Schauspielmaske) möglichst gut zu übernehmen und sich darin als Persönlichkeit zu bewähren haben. Entsprechend kennt die Stoa auch keine individuelle Unsterblichkeitshoffnung in Verbindung mit einem metaphysisch-religiösen Jenseitsglauben. Der Tod ist vielmehr die dankbar anzunehmende Auflösung des Individuums in das alles bestimmende *pneuma*, das ständig neue Metamorphosen hervorbringt. Und so ist auch die befremdlich wirkende stoische Vorstellung von einem periodisch wiederkehrenden Weltenbrand (Chrysipp) nicht als apokalyptische Vernichtung eines nicht mehr zu rettenden Äons zu verstehen, der durch einen neuen, paradiesischen Äon abgelöst werden muss, sondern geradezu als Bestätigung der *logos*-bestimmten Einheit von Sein und Gutsein im Sinne der Bejahung einer ewigen Wiederkehr des Gleichen.

*Anthropologie und Ethik*
Diese grundsätzlich positive Einstellung zu einer in sich vernünftig und sinnvoll gefügten Welt, die in der Entsprechung von objektiv-rationalen Wirklichkeitsstrukturen und subjektiv-sprachlicher Erfassung bis hin zu etymologischen Betrachtungen auf dem Boden einer materialistischen Erkenntnistheorie prinzipiell nach Regeln und Gesetzen durchschaubar ist, mag auch dafür ein Motiv sein, dass sich Stoiker – paradigmatisch ist hier der Kaiser-Philosoph Marc Aurel zu nennen – in Fortführung aristotelischer Tradition als „politische“, als Gemeinschaftswesen (*zōon politikon*) verstehen, die sich aus den öffentlichen Belangen der Weltgestaltung nicht ins Private zurückziehen, son-

dern sich aktiv für das Gemeinwesen einsetzen (*oikeiōsis*). Dieser Einsatz erfolgt am Leitfaden der bei Panaitios von den vier Grundbestrebungen des Menschen (nach Erkenntnis, Gemeinschaft, Leistung und Harmonie) abgeleiteten Kardinaltugenden der Weisheit, Gerechtigkeit, Tapferkeit und Besonnenheit, ergänzt um die typisch stoischen Tugenden des Wohlwollens, der Milde, Wahrhaftigkeit, Frömmigkeit und Ehrfurcht. Ihr oberstes Kriterium ist das Gewissen (*syneidēsis*), das die Selbstachtung und innere Unabhängigkeit (*autarkia*) des Stoikers verbürgt, die es erlaubt, in Armut wie Reichtum nach der auch von Paulus (1Kor 7,29–31) empfohlenen Maxime „haben, als hätte man nicht" (*hōs mē*) ungebrochen und unverbogen die eigene Identität und Würde in der Übereinstimmung von Leben und Lehre durchzuhalten.

*Literatur*

Quellentexte: *Marc Aurel*: Selbstbetrachtungen, Stuttgart 1988. – *Epiktet*: Handbüchlein der Ethik, Stuttgart 1980. – *Seneca*: Über die Standhaftigkeit des Weisen (*De constantia sapientis*), in: *Ders*., Philosophische Schriften I, Darmstadt 1980, 43–93. – *Ders*.: Über das glückliche Leben (*De vita beata*), in: *Ders*.: Philosophische Schriften II, Darmstadt 1983, 1–77. Sekundärliteratur: *M. Forschner*: Die stoische Ethik, Darmstadt ²1995. – *W. Weinkauf* (Hg.): Die Stoa. Kommentierte Werkausgabe, Augsburg 1994.

## II. Kynismus

*Einführung*

Nicht unwesentliche Impulse hat die Stoa, vor allem ihr Begründer Zenon von Kition, von der schwer einzuordnenden, verehrten wie verachteten antiken Philosophenschule der Kyniker erhalten, die vom 5. Jh. v.Chr. bis ins 5. Jh. n.Chr. verfolgt werden kann (wobei die Bezeichnung „Schule" hier umstritten ist). Der Kynismus hat aber auch die akademische Skepsis, möglicherweise sogar die alt- und zwischentestamentliche Weisheitstheologie sowie das frühe Christentum bis hin zur Entstehung des Mönchtums beeinflusst. Dass Jesus von Nazareth selbst unter kynischem Einfluss gestanden haben soll, ist bei allen (marginalen) Ähnlichkeiten der besitzlosen Lebensführung als Wanderprediger und der Lehre zwar möglich, aber eher unwahrscheinlich.[1] Dazu fehlt dem Kynismus mit seinem ausschließlichen Interesse an der ethischen Praxis ein metaphysisch-religiöses Wirklichkeitsverständnis im Ganzen, so dass sich von daher schon in der Antike Zweifel meldeten, ob es sich – gemessen an den Schulen des Platonismus (Akademiker) und des Aristotelismus (Peripatetiker) – beim Kynismus überhaupt um eine Art systematisch ausgearbeitete Philosophie oder nicht vielmehr lediglich um einen oppositionellen und kauzigen Lebensstil handelt. Am ehesten wird noch Antisthenes (ca. 445–365 v.Chr.) diesem Anspruch an Philosophie gerecht, der üblicherweise als Begründer des

[1] Vgl. dazu *H. D. Betz*: Jesus and the Cynics: Survey and Analysis of a Hypothesis, in: *Ders*.: Antike und Christentum, Gesammelte Aufsätze IV, Tübingen 1998, 32–56. Die Lehre der Kyniker kann allerdings – bis auf zwei kleinere von Antisthenes verfasste Reden des Aias und des Odysseus – nur noch aus sekundären Quellen, v.a. aus Diog. Laert. Buch 6, rekonstruiert werden (vgl. dazu *Luck* 1997).

Kynismus vorgestellt, manchmal aber auch mit guten Gründen von den dann auf seine Nachfolger Diogenes von Sinope (ca. 405–320 v.Chr.) und Krates (ca. 365–285 v.Chr.) zurückzuführenden Kynikern unterschieden wird.

*Verhältnis zum Platonismus*
Antisthenes gilt als bedeutender Schüler und geistiger Erbe des Sokrates, seinerzeit bedeutender als Plato, zu dem er ein gespanntes, ja polemisches Verhältnis entwickelte. Ob er sich zuvor dem Sophisten Gorgias angeschlossen hatte, bleibt im Dunkeln, auch wenn seine die Zeitgenossen beeindruckende Rednerkunst dafür sprechen könnte. Das kritische Verhältnis zu Plato betrifft sowohl die Ideenlehre, die Antisthenes zufolge schon deshalb irrig sei, weil – in Fortführung sokratischer Aporien – eine präzise Definition von Wesenheiten im Sinne von Allgemeinbegriffen von Dingen oder Sachverhalten gar nicht möglich sei – ein Gedanke, der von den akademischen Skeptikern aufgegriffen und weiter verfolgt worden ist. Vielmehr können nur Einzeldinge im Vergleich zu anderen Einzeldingen mehr oder weniger umfassend, aber im Blick auf die alltägliche Praxis hinreichend bestimmt werden. Vor diesem Hintergrund hält Antisthenes eine auch von Plato im Anschluss an Sokrates getroffene Unterscheidung zwischen bloßer *doxa* (Meinung, Ansicht, Schein) und *epistēmē* (begründetes Wissen) durch, die allerdings gerade auch wissenschaftskritische Konsequenzen bis hin zur von Kynikern bevorzugten sprachlichen Form des Witzes, der Parodie und Satire, des Apophthegmas und der Anekdote impliziert.

*Bedeutung von Kynismus*
Aber die Abneigung des Antisthenes gegenüber Plato richtet sich auch gegen den von ihm und seinen Anhängern gepflegten eleganten Lebensstil, den Antisthenes zugunsten seines moralischen Ideals der minimalistischen Bedürfnislosigkeit und abhärtenden Askese immer wieder bissig („zynisch“) attackierte. Bissigkeit, Bedürfnislosigkeit, aber auch respektloses und provozierend schamloses Verhalten der Kyniker in der Öffentlichkeit, wie es insbes. von Diogenes in seinem Fass als vorübergehende Behausung inszeniert worden ist, mögen zu der Namensgebung „Kyniker“ (von *kyōn* = Hund) geführt haben. Aber neben dieser auf Lehre und Verhalten abzielenden Worterklärung gibt es auch die neutrale Alternative, der zufolge die Bezeichnung „Kyniker“ auf das von Antisthenes zu Lehrzwecken in Anspruch genommene Gymnasion „Kynosarges“ in Athen zurückgeführt werden kann.

*Lebensideal*
Wie vielen philosophischen Richtungen des Hell. geht es auch den Kynikern vor dem Hintergrund politischer, gesellschaftlicher und kultureller Umbrüche und Verunsicherungen um die elementare und konzentrierte Frage nach dem glückenden Leben (*eudaimonia*), dessen Sinn nun nicht länger durch die religiös-ethischen Ordnungen und Gesetze der *polis*-Gemeinschaft vorgegeben wird. Vor allem die in diesem Zusammenhang kultur- und sozialkritisch interpretierte Zuwendung zur Natur (*physis*) soll nun die gesuchte Orientierung im Blick auf Kosmopolitismus und Individualismus bieten, die Wege zur angstfreien Selbstgenügsamkeit durch Emanzipation von allen an Herkunft, sozialer

Stellung, Vermögen, Sitte und Brauch, Tradition und Konvention ausgerichteten Werten einschließlich unnatürlicher Geschlechterrollen zu weisen vermag. Das kynische Tugendideal der leidenschaftslosen Autarkie (*autarkia*) hat dementsprechend sowohl eine Kritik an gesellschaftspolitischem und zwischenmenschlichem Engagement wie am lust- und luxusorientierten Hedonismus in jeder (geistigen wie sinnlichen) Form zur Folge, sofern all das in unerwünschte Abhängigkeiten führt. Allerdings machen sich die Kyniker mit dieser politisch desinteressierten Anti-Haltung auch gegenüber der herkömmlichen Religion negativ umso abhängiger von dem, was sie kritisieren, und gefährden ihre angestrebte Autarkie dadurch, dass sie ein gesellschaftlich etabliertes Forum für ihre absichtlich schockierende Selbstdarstellung und -profilierung brauchen, obgleich sie die „Verlegung aller Bedingungen für das Lebensglück in das moralische Selbst des Menschen“[2] anstrengen. Angesichts dieses Ideals können sie die traditionelle Religiosität der Menschen nur als Zeichen ihrer Schwäche werten.

*Literatur*

Quellen: *G. Luck*: Die Weisheit der Hunde. Texte der antiken Kyniker in deutscher Übersetzung mit Erläuterungen, Stuttgart 1997.

Sekundärliteratur: *H. Niehues-Pröbsting*: Der Kynismus des Diogenes und der Begriff des Zynismus, Frankfurt/M. 1988.

## III. Epikureismus

*Einführung*

Neben der konkurrierenden Schule der sittenstrengen Stoa repräsentiert vor allem der auf die Lust und das Angenehme (*hēdonē*) setzende Epikureismus die Besonderheit hell.-röm. im Unterschied zur klassischen Philosophie der Antike. Daher ist es nicht verwunderlich, dass Stoiker wie Epikureer auch namentlich im NT (Apg 17,18–21) als kritische Gesprächspartner des Apostels Paulus erwähnt werden. Es wird dabei wohl insbes. das Reizwort von der Auferstehung von den Toten gewesen sein, das die Anhänger Epikurs (ca. 342–271 v.Chr.) zur spöttischen Ablehnung des Evangeliums hat. Denn für die Vorstellung einer leiblich-individuellen oder auch allgemeinen postmortalen Existenz ist in dem unkritisch von Demokrit übernommenen materialistisch-atomistischen Wirklichkeitsverständnis der Epikureer kein Platz. Eine solche platonische, z.T. jüd. und auch christl. Perspektive, die bei allen Unterschieden zumeist mit dem Gedanken eines Gerichts und seinem doppelten Ausgang (Himmel – Hölle; ewiges Leben – ewige Pein) verbunden ist, würde auch der philosophischen Intention Epikurs und seines Hedonismus strikt zuwiderlaufen.

---

[2] *E. Cassirer*: Die Geschichte der antiken Philosophie, in: *M. Dessoir*: Die Geschichte der Philosophie, Wiesbaden 1925, 136.

*Leitfrage*
Denn dem entmythologisierenden Aufklärer und Therapeuten Epikur geht es auf dem Weg zum höchsten *telos*, nämlich zur ungetrübten Glückseligkeit (*eudaimonia*), vor allem darum, unnötige, ja abergläubische Ängste und Befürchtungen, die das menschliche Leben bedrücken und quälen, zugunsten heiterer Gelassenheit im Leben wie im Sterben abzubauen. Diesem Ziel sind alle erkenntnistheoretischen, naturphilosophischen und ontologischen Überlegungen, die nicht an sich von Interesse sind, zu- und beigeordnet. Zu solchen Befürchtungen gehört – neben der Furcht vor Schmerzen und Krankheit, vor Mangel und Not – auch die archaische Angst vor dem Tod und dem ungewissen Geschick danach, wie es die Götter für die Menschen vorsehen mögen.

*Überwindung von Götter- und Todesfurcht*
Zwar leugnet Epikur keineswegs deren nach der Übereinstimmung der Völker (*consensus gentium*) festgestellte Existenz (im inter-atomaren, leeren Raum), aber er hält doch einen durch Vorsehung und Sorge charakterisierten Bezug der Götter zur Menschenwelt für unvereinbar mit ihrer in sich selbst ruhenden Seligkeit. Die Götter sind, aber sie nehmen keinen Anteil am Geschick der Menschen, das vielmehr durch kosmologische Zufälle und eigene ethische Praxis aus Freiheit bestimmt wird. Dies wird von Epikur schlicht mit dem Hinweis auf das ungelöste, aporetische Theodizeeproblem begründet: „Der Gott will entweder die Übel abschaffen und kann es nicht, oder er will es nicht und kann nicht, oder er will und kann. Wenn er will und nicht kann, ist er schwach, was auf Gott nicht zutrifft. Wenn er kann und nicht will, ist er neidisch, was dem Gott gleichermaßen fremd ist. Wenn er weder will noch kann, ist er neidisch und schwach, also auch kein Gott. Wenn er will und kann – was allein dem Gotte zukommt – woher stammen dann die Übel? Oder warum schafft er sie nicht ab?“[1] Weder Mantik, Magie noch Orakelspruch oder sonstiges numinoses Eingreifen von Göttern in die Menschenwelt ist daher im *horror religiosus* zu fürchten oder teleologisch in Rechnung zu stellen. Und der Tod selbst, von Epikur und seinen Schülern, die ca. 600 Jahre lang über Generationen die Lehre[2] ihres nahezu religiös als „Retter“ (*sotēr*) verehrten Meisters getreu und unverändert überliefert haben, als endgültige Auflösung des Menschen und seiner Empfindungs- wie Wahrnehmungsmöglichkeiten in atomare Materie-Bestandteile aufgefasst, braucht uns auch nicht zu schrecken. Streng und ohne Rücksicht auf die Geschichtlichkeit des Menschen bedacht geht der Tod uns gar nichts an. Denn solange wir sind, ist der Tod nicht, und wenn der Tod ist, sind wir nicht, wie es in dem für sein Denken aufschlussreichen Brief Epikurs an Menoikos lapidar und in Gegenwendung zu Plato heißt.

---

1 Epik. Frg. 374, zit. in: *Epikur*: Briefe, Sprüche, Werkfragmente (gr./deutsch), übers. u. hg. v. *H.-W. Krautz*, Stuttgart 1980, 166.

2 Von den bei Diog. Laert. Buch 10 genannten zahlreichen Schriften Epikurs sind heute nur noch wenige Briefe und Sprüche erhalten (s. Anm. 1). Als getreue Wiedergabe seiner wesentlichen Gedanken gilt das große Lehrgedicht *De rerum natura* des Lukrez (99–55 v.Chr.). Zur Interpretation der Grundstellung Epikurs im weiten philosophiegeschichtlichen Kontext vgl. *W. Janke*: Das Glück der Sterblichen. Eudämonie und Ethos, Liebe und Tod, Darmstadt 2002, 83–115.

*Die Ethik des Lebensgenusses*

Die Bestreitung numinos-religiöser Relevanz des Todes und der Götter führt nun aber bei Epikur nicht zu haltlosem Libertinismus, skeptischer Resignation oder Nihilismus, sondern macht vielmehr den ethisch zu gestaltenden, ganz auf das Diesseits bezogenen Wert des Lebens offenbar, das es jeden Tag möglichst optimal (nicht maximal) zu genießen gilt. Der Leitspruch „*carpe diem*!" meint hier nicht – wie in der Stoa – die rastlose und aufreibende Ausnutzung der Lebenszeit für alle möglichen Verpflichtungen, sondern die achtsame Auskostung dessen, was das Leben an Annehmlichkeiten und Freuden zu bieten hat. Dazu unterscheidet Epikur zwischen dynamischen und statischen Lüsten sowie zwischen leiblichen und geistigen Freuden, wobei letztere im Blick auf Dauer und Flexibilität für die erstrebenswerteren gehalten werden.
Für diese Haltung ist der von Epikur aus Samos am Rande von Athen im Jahre 307 v.Chr. erworbene Garten (*kēpos*), in dem er mit seinen Schülern, zu denen auch – damals Aufsehen erregend – Frauen und Sklaven gehörten, eine am harmonischen Ideal der altruistischen und niemanden ausgrenzenden Freundschaft (*philia*) ausgerichtete Lehr- und Lebensgemeinschaft pflegte, symbolträchtig geworden – bis hin zu groben Fehldeutungen und Missverständnissen. Denn Epikur und seine Freunde waren keine „Epikureer" im umgangssprachlichen Sinn, keine dem exzessiven Genussstreben insbes. der fleischlichen Art hingegebene „Schweinchen", wie es vor allem die Polemik von Stoikern in die Welt gesetzt hat. Gemessen an diesem bis heute nachwirkenden Vorurteil fällt die vermeintlich „sündige Rose" der Epikureer eher wie eine „tugendhafte Petersilie" aus, um Heinrich Heine hier übertragenerweise zu zitieren.

*Der Weg zur Glückseligkeit*

Denn der Genuss, den die Schüler Epikurs auch im Blick auf mögliche schädliche Folgen abwägend ins hedonistische Kalkül (*logismos*) nehmen, richtet sich um der Autarkie und „Meeresstille" der Seele (*galēnē*) willen auf ganz einfache und elementare Dinge, die natürlich, notwendig und zudem leicht zu beschaffen sind. Alles weder Natürliche noch Notwendige, wie z.B. Luxusgüter, ist vielmehr asketisch im Konsumverzicht zu meiden, da hier die Gefahr von Abhängigkeit von äußerlichen Glücksgütern und innerer Unruhe besteht, die das letzte Worumwillen menschlicher Praxis, das souveräne glückselige Leben wie ein (sterblicher) Gott unter den Menschen, verfehlen lassen. Insofern ist der ruhige, affekt-regulierte Weg zur Glückseligkeit qua *hēdonē* durchaus tugendsam, auch wenn die moralische Tugend (*aretē*) nicht selbst das letzte *telos* im Sinne der Glückswürdigkeit (wie in der stoischen Ethik), sondern lediglich Mittel zum Zweck der Glückseligkeit ist, die letztlich negativ durch bloße Abwesenheit von Mangel, Sorge und Schmerz bestimmt ist.

*Rückzug ins Private*

Solche Tugend schließt auch die Gerechtigkeit als sozialethische Norm zur Vermeidung von lustfeindlichen und unangenehmen Konflikten ein, die allerdings nicht aus dem Wesen des Menschen als *zōon politikon* (Aristoteles) oder aus seiner Seelenverfassung in Analogie zur gerechten Einrichtung der *polis* (Plato) hergeleitet wird. Denn ursprünglich sind die Menschen nach Auffassung des epikureischen Individualismus unpolitische, private Einzelwesen, die sich utilitaristisch zur Sicherung der Bedingungen für ihren Hedonismus in gelassener Lebensbejahung vertraglich zusammenschließen. Daher besteht das ethische Engagement der Menschen nach Epikur nicht in der aktiven und verantwortlichen Teilhabe an den öffentlichen Belangen, sondern im Rückzug ins Private: „Lebe im Verborgenen!" (*lathe biōsas*) lautet daher der philosophische Rat. Auch diese idyllische Entpolitisierung der *eudaimonia* im Epikureismus mag als Reaktion einer gebildeten Minderheit auf den Zerfall der klassischen *polis*-Werte in den gesellschaftlichen und kulturellen Umbrüchen des Hell. verstanden werden.

*Literatur*
Quellentexte: *Epikur*: Brief an Menoikeus, in: *Ders*.: Briefe, Sprüche, Werkfragmente, Stuttgart 1980, 41–51. – *Lukrez*: Von der Natur der Dinge, Frankfurt a.M./Hamburg 1960.
Sekundärliteratur: *M. Erler*: Epikur – die Schule Epikurs – Lukrez, in: *H. Flashar* (Hg.): Die Philosophie der Antike 4, Basel 1994, 29–490.

## IV. (Mittlerer) Platonismus

*Einführung*
Von größter wirkungsgeschichtlicher Bedeutung für das frühe Christentum und darüber hinaus ist der Platonismus (→3.2.1; 3.2.3; 3.2.4) geworden. Plato (ca. 428–348 v.Chr.), aus aristokratischem und politisch einflussreichem Hause stammend, hatte vermutlich im Jahre 385 v.Chr. in dem am Rande seiner Geburts- und Heimatstadt Athen gelegenen Hain, der dem Heros Akademos geweiht war, seine Philosophenschule (die „Akademie") gegründet, die rund eintausend Jahre lang – bis zur Schließung unter Kaiser Justinian 529 n.Chr. – Bestand gehabt hat. Allerdings hat die Platonische Akademie in dieser relativ langen Zeit verschiedene Entwicklungsphasen durchlaufen (ältere, mittlere und jüngere Akademie; früher, mittlerer und Neu-Platonismus), von denen für die Zeit des NTs und des frühen Christentums insbes. der mittlere Platonismus – v.a. vertreten durch Plutarch (ca. 45–125 n.Chr.) und Celsus (2. Jh. n.Chr.) – relevant ist. Aber auch der jüd. Religionsphilosoph Philo von Alexandria (ca. 25 v.Chr. –42 n.Chr.; →1.3.2.5) wird ungeachtet seiner Affinität zur Stoa und zum Pythagoreismus dem mittleren Platonismus zugerechnet, der Bibel und gr. *paideia*, Moses und Plato, Offenbarungsglaube und Philosophie mit Hilfe allegorischer Schriftauslegung (→1.3.1.3) zu einer nicht immer ausgeglichenen Synthese gebracht hat.

*Ontologie und Ideenlehre*
Wie der Kyniker Antisthenes ist der poetisch talentierte Plato Schüler des Sokrates gewesen, den er in fast allen seinen Dialogen[1] zum (fiktiven) Ge-

[1] Die Schriften Platos (etwa zwei Dutzend Dialoge und einige Briefe) sind alle überliefert, wenn auch in einigen Einzelfällen (z.B. die Dialoge Alkibiades I und II sowie Menexenos) in ihrer Authentizität umstritten. Die repräsentativsten Dialoge für die platonische Philosophie sind: Politeia (Der Staat), Phaidon und Symposion (Das Gastmahl). Für die philosophische Autobiographie Platos ist der 7. Brief eine wertvolle Quelle. Ob es neben diesen zu-

sprächsführer stilisiert hat, um in dialektischer Rede und Gegenrede (*dialegesthai*), durch Überführung von haltloser Meinung (*doxa*) und sophistischen Relativismen in begründetes und verbindliches Wissen (*epistēmē*) mit Bezug auf die entscheidenden Fragen des menschlichen Daseins nach dem Wesen (*eidos*; *idea*) z.B. der Gerechtigkeit, der Frömmigkeit, der Tapferkeit, der Freundschaft, der Schönheit und der Lust, der Lehr- und Lernbarkeit der Tugend etc. die höchste Wahrheit ans Licht zu bringen, die bei Sokrates selbst und auch noch in den Frühdialogen Platos (z.B. Hippias I; Euthyphron, Laches) zunächst aporetisch offen geblieben sind. Aber schon die mittleren Dialoge Platos (z.B. Politeia; Phaidon; Symposion) entwickeln insbes. am Paradigma der Geometrie die sog. Ideenlehre zur Lösung dieser Aporien, die dann in den Spätdialogen (z.B. Parmenides; Timaios; Theaitetos) zu einem umfassenden metaphysisch-kosmologischen Konzept unter Aufnahme parmenideischer und pythagoreischer Gedanken ausgearbeitet und systematisiert wird. An diese letzten lehrmäßigen Ausarbeitungen des epistemisch-ontologischen Stellenwerts der Idee (*idea*) z.B. der wahren Schönheit oder Gerechtigkeit als oberster Seins- und Erkenntnisgrund für das jeweils einzelne Schöne oder Gerechte in seiner empirischen Erscheinung sowie ihren metaphysischen Zusammenhang (*koinōnia*; *methexis*) bei aller kategorialen Unterschiedenheit (*chōrismos*) knüpft der mittlere Platonismus und in veränderter Form dann der Neuplatonismus (Plotin) einschließlich seiner christl. Rezeption (Origenes; Augustinus) insbes. im Blick auf die Schöpfungstheologie an.
Hieran zeigt sich, dass der Platonismus nicht isoliert und unter Ausblendung anderer Wirklichkeitsbereiche nur an der Frage nach dem ethisch zu gestaltenden geglückten Leben (*eudaimonia*) in unruhigen Zeiten politischer wie kultureller Umbrüche im Hell. interessiert ist, sondern dieses elementare Interesse des Menschseins in die ethisch-religiösen Ordnungsstrukturen der *polis* (Politeia) und weiterhin in ein umfassendes Wirklichkeitsverständnis im ganzen (Timaios) einbindet, das in der göttlichen „Idee des Guten" selbst jenseits des Seienden (*epekeina tēs ousias*) gipfelt, die darum nur noch gleichnishaft (Sonnen-, Linien und Höhlengleichnis in Politeia B. 6 und 7) oder im religionsphilosophischen Mythos (Phaidon; Phaidros) zu erschließen ist. Insofern hat der Platonismus von Anfang an bis in die Gestaltung des akademischen Lebens hinein eine starke Affinität zu Religion und Kult (des Apoll) gehabt und über Philo von Alexandria insbes. den Weg einer negativen Theologie bereitet, wonach sich die Größe Gottes letztlich dem immer unzulänglichen Begriff entzieht.

*Leitfrage*

Anders als bei der epikureischen Nichtigkeitserklärung des Todes stellt Plato am Beispiel des Sokrates sein ganzes Philosophieren in die Einübung des

gänglichen (exoterischen) Schriften noch eine esoterische Lehre Platos etwa im Rückgriff auf eine nicht mehr erhaltene Vorlesung „Über das Gute" gibt, wird sich nicht mehr mit Sicherheit ermitteln lassen. Als Einführung und Kommentar zu den einzelnen nicht umstrittenen Dialogen vgl. *W. Bröcker*: Platos Gespräche, Frankfurt/M. [2]1967; zur ersten Orientierung über Leben und Werk vgl. *J. Mittelstraß*: Plato, in: *O. Höffe* (Hg.): Klassiker der Philosophie I, München 1981, 38–62.

Sterbens. Denn der Tod ist für ihn die Befreiung der unsterblichen Seele aus den Bindungen der Leiblichkeit, wodurch die Seele – bei Plato auch verstanden als Erkenntnisorgan – an der ungetrübten Schau der Ideen-Wahrheit gehindert wird. Denn die an den Leib gebundene sinnliche Erkenntnis führt nur zu Einzelseiendem, das sich schwankend und unsicher bald so, bald anders, immer veränderlich und vergänglich zeigt. Aber sofern die Philosophie als Streben nach der Erkenntnis dessen, was verlässlich und in Wahrheit ist, nämlich unwandelbar an sich selbst immer mit sich selbst identisches Sein wie die Ideen (*auto kath' hauto meth' hautou monoeidēs aei ōn*), von Plato im mythischen Gleichnis auf das leidenschaftliche und hier nicht zur Erfüllung gelangende Treiben des Eros zurückgeführt wird, der seinerseits Kind des Poros (Pfadfinder) und der Penia (Bedürftigkeit) ist, streben die wahren Philosophen letztlich nichts anderes an als gleichsam zu sterben und tot zu sein. Denn nur da, wo die Seele vom philosophischen Eros getrieben die so bestimmten Ideen schaut, die sie Plato zufolge zur Erklärung apriorischer Erkenntnis in einem früheren Leben bereits geschaut hat und sich nun – in Fortführung der sokratischen Mäeutik – lediglich an sie wieder erinnern muss (*anamnēsis*), ist es den Menschen vergönnt, Unsterblichkeit qua Erfüllung des Lebens und somit Glückseligkeit (*eudaimonia*) zu erlangen.

*Der Weg zur wahren Erkenntnis*

Der Weg dorthin führt weder in die stoische Apathie und Ataraxie noch in die epikureische Autarkie, sondern besteht gerade in der leidenschaftlichen und engagierten Öffnung der Seele zunächst für schöne Leiber, dann für schöne und tugendhafte Handlungen und Einsichten bis hin zum plötzlichen und dem Menschen letztlich unverfügbaren Einleuchten der Idee der Schönheit selbst, die alles einzelne, was schön ist, schön und als solches erkennbar sein lässt, wie es die Priesterin Diotima im Gespräch mit Sokrates schildert (Symposion). Dass für Plato das Erreichen der höchsten Wahrheit nicht das berechenbare Resultat menschlicher Denkanstrengung ist, sondern sich plötzlicher (*exaiphnēs*) Eingebung verdankt, macht seine Philosophie insbes. im mittleren Platonismus u.a. anschlussfähig für eine spezifisch religiöse Deutung etwa in Philos jüd. Religionsphilosophie und Apologetik[2], der zufolge die Ideen zu Gedanken Gottes werden.

Wer diesen auch mühsamen Aufstieg zur wahren Erkenntnis durch Abkehr (*periagōgē*) von dem, was zunächst und zumeist für wahr und wichtig gehalten wird, vollzogen hat, der mag von den Alltagsmenschen als ungeeignet und verdorben für die Praxis (wie in Platos Höhlengleichnis in Politeia B. 7) verspottet werden, besitzt aber doch für sich die philosophische *eudaimonia* eines königlichen und göttergleichen Lebens. Dieses besteht nicht etwa in der einseitigen und freudlosen Ausbildung des *logos* unter Abtötung aller sinnlichen Lust, sondern analog zum klassisch-gr. Ideal der Kalokagathie, der Einheit von schön und gut, in einer ausgewogenen Mischung von Vergnügen und Vernunft, wobei allerdings der *logos* als das Maßsetzende insofern führend ist, als nur er das ausgewogene Verhältnis erkennen und bestimmen kann (Philebos).

---

2 Vgl. dazu besonders Philos Schriften *De aeternitate mundi* und *De providentia*.

*Philosophie und Politeia*

Eine solche im *logos* gefestigte Haltung prädestiniert die Philosophen Plato zufolge zur Übernahme leitender Aufgaben der idealen, aristokratisch verfassten *polis*, die analog zu den Teilen und Kräften der menschlichen Seele eingerichtet und geordnet werden muss, wenn sie zum Wohle aller in allen Ständen (Nähr-, Wehr- und Lehrstand) eine gerechte und stabile Verfassung haben soll. Daher sollten idealerweise die Philosophen Könige oder die Könige Philosophen sein.

*Mittlerer Platonismus*

Plutarch als einer der Hauptvertreter des mittleren Platonismus hat das umfassende idealistische Wirklichkeitsverständnis Platos in seinen zahlreichen Schriften[3] weiter systematisch entfaltet und zu einer geschlossenen Synthese aller Wissensgebiete einschließlich Geschichte, Politik und positiver Religion ausgebaut. Anders als Plato selbst hält Plutarch, u.a. Priester am Apollo-Tempel zu Delphi, an einer persönlichen Gottesvorstellung fest und bemüht sich, das in Platos Onto-Theologie liegen gebliebene Theodizeeproblem (Nomoi B. 10) dualistisch zu lösen: Das Übel in dieser Welt ist auf die irrationale Unordnung zurückzuführen, mit der die vorkosmische (Welt-)Seele die mathematisch-rationale Ordnung des demiurgischen Schöpfungswerks stört, und die bei aller Überlegenheit des göttlich Guten letztlich nicht beseitigt werden kann. Dieser metaphysische Dualismus spiegelt sich in der gespannten Struktur der menschlichen Seele zwischen rationalen und irrationalen Komponenten wider, und es ist die ethische Aufgabe des Menschen, diese Spannung durch Ausgleich zu beherrschen und nicht in Extreme abzugleiten. Dabei hilft die aktive Einbindung des Einzelnen in das tradierte und bewährte politische wie religiöse Gefüge der Gesellschaft.

Diesen konservativen Zug des mittleren Platonismus nimmt ein weiterer bedeutender Repräsentant, Celsus, auf, um ihn als Argument gegen das von ihm bekämpfte Christentum mit seinen religiösen Neuerungen und seinem provozierenden Desinteresse an den politischen Angelegenheiten zu wenden. Origenes, der neuplatonisch geprägte christl. Religionsphilosoph (ca. 184–254 n.Chr.), hat nicht zuletzt in der Auseinandersetzung mit Celsus[4] den christl. Glauben vor den Vorwürfen des platten Anthropomorphismus in der Vorstellung eines leidenden Gottes und einer leiblichen Auferstehung in Schutz nehmen können und für die philosophisch gebildete Welt der Spätantike bewahrt.

*Literatur*

Quellentexte: *Plato*: Politeia VI, VII und VIII, in: *Ders.*: Werke IV, Darmstadt 1990, 554–637. – *Ders.*: Phaidon. Das Gastmahl, in: *Ders.*: Werke III, Darmstadt 1990, 2–207; 210–393. – *Plutarch*: Über Isis und Osiris I u. II, Text, Übersetzung und Kommentar von *T. Hopfner*, Darmstadt 1967.

[3] Dazu gehören neben vielen historischen Abhandlungen insbes. die im engeren Sinne philosophischen *moralia* sowie der theologische Traktat *De Iside et Osiride*.

[4] In seinem großen apologetischen Spätwerk *Contra Celsum*, das zugleich die einzig erhaltene Quelle ist, aus der das nicht überlieferte Werk des Celsus, *Alēthēs Logos*, rekonstruiert werden muss.

Sekundärliteratur: *H. Dörrie/M. Baltes* (Hgg.): Der Platonismus in der Antike (bisher 7 Bde.), Stuttgart/Bad Cannstatt 1987–2002.

## V. (Neu-) Pythagoreismus

*Einführung*

Die Wertschätzung von Geometrie und Arithmetik als Paradigma der Ideen in der Platonischen Akademie geht nicht zuletzt auf den Einfluss des Pythagoras (ca. 582–497 v.Chr.) und seiner Schule (→3.2.1) zurück. Denn hier sind Zahlen und ihre Verhältnisse zueinander als ontologische Bestimmungen verstanden worden, die das Seiende im Ganzen bis hin zu beseelten Planetenkonstellationen und Sphärenharmonien betreffen, wie es auch in Weish 11,20 heißt: „Aber du (Gott) hast alles nach Maß, Zahl und Gewicht geordnet." Damit ist der Grundzug des Seienden nicht länger eine (materielle) Substanz, wie z.B. bei manchen der Vorsokratiker, sondern eine (formale) Relation, ein arithmetisch-geometrisches Beziehungsgefüge wie bei den von Pythagoreern festgestellten Hauptintervallen der Tonskala. Es ist nicht auszuschließen, dass es bei dieser Überzeugung von einem rational und relational geordneten Kosmos nach Zahl und Maß in symmetrischer Spannung zwischen Unbegrenztem (gerade Zahlen) und Begrenztem (ungerade Zahlen) wechselseitige Beeinflussungen zwischen Orient und Okzident, Persien, Ägypten und Griechenland gegeben hat, die sich nicht nur in der alt- und zwischentestamentlichen Weisheitstheologie, sondern eben auch und vor allem bei Pythagoras verdichten.

*Pythagoras*

Allerdings ist es im Einzelnen schwer zu entscheiden, worin die originäre „Philosophie" des Pythagoras (der erstmals den Ausdruck *philosophia* im bis heute gebräuchlichen Sinn als Liebe zur oder Streben nach Weisheit geprägt haben soll) bestanden hat und was spätere Schulbildung ist. Denn Pythagoras selbst, über den zwar eine Vielzahl von Legenden, aber kaum historische Fakten bekannt sind, hat – wie Sokrates und Jesus von Nazareth – nichts Schriftliches verfasst und hinterlassen.[1] Entsprechend schwierig und umstritten sind auch die Abgrenzungen späterer Entwicklungen der Pythagoreer im 6. und 5. Jh. v.Chr. und platonisierender Neupythagoreer zwischen dem 1. Jh. v. bis zum 2. Jh. n.Chr. (dazu gehören z.B. Iamblichos, Philolaos, Apollonios von Tyana und Numenios).[2]

In seiner in Kroton/Sizilien gegründeten Schule, die eher einem ebenso religiösen wie politisch aktiven und einflussreichen Orden oder Geheimbund von sozial hochgestellten und angesehenen Persönlichkeiten geglichen hat, zählte

---

[1] Bei der Rekonstruktion der pythagoreischen Lehre können daher nur Sekundärquellen (wie z.B. Aristoteles und Diogenes Laertios) genutzt werden. Eine repräsentative und leicht zugängliche Auswahl pythagoreischer wie neupythagoreischer Fragmente in deutscher Übersetzung bietet *Capelle* 1968, Kap. 3 u. 13.

[2] Vgl. dazu *G. Bechtle*: Pythagoras. Zwischen Wissenschaft und Lebensführung, in: *M. Erler/A. Graeser* (Hgg.): Philosophen des Altertums. Von der Frühzeit bis zur Klassik, Darmstadt 2000, 36–55.

zunächst nur das autoritative mündliche Wort des verehrten Meisters selbst (*autos ephē* als Argument). Seine Schüler und Schülerinnen gaben als „Akusmatiker" die gehörte mündliche Tradition an diejenigen weiter, die nach bestimmten Aufnahmeriten analog zu Einweihungen in Mysterienkulte (→3.1.2) und Praktiken der Orphiker in die aristokratisch-elitäre Gemeinschaft der Pythagoreer aufgenommen worden sind. Erst spät setzte die schriftliche Aufzeichnung und Überlieferung ihrer Forschungen und Lehren besonders auf den Gebieten der Kosmologie (sie nahmen z.B. bereits die Kugelgestalt der Erde an und gaben ein geozentrisches Weltbild auf), der Mathematik, der Musik und Medizin (hier sind z.B. Untersuchungen des menschlichen Auges und Gehirns als zentrales Organ aller geistigen Prozesse bemerkenswert) mit den sog. „Mathematikern" ein, die von den „Akusmatikern" aber deswegen schon nicht mehr ganz als Pythagoreer anerkannt worden sind.

*Reinkarnation der Seele*

Mit einiger Sicherheit lässt sich nur die religiöse Vorstellung von einer Reinkarnation der Seele (in Menschen- wie in Tierleiber) auf Pythagoras selbst zurückführen, wie sie auch in Platos Argumentation für die Unsterblichkeit der Seele (Phaidon) aufgenommen worden ist und vielleicht auch in der ursprünglichen Textgestalt von Jak 3,6 (*trochos tēs geneseōs*) anklingt, die in späterer lat. Lesart zugunsten einer räumlichen Vorstellung (*orbis*) geändert worden ist. Diese Änderung sollte vielleicht den Unterschied zwischen der spezifisch christl. Geschichtstheologie und Eschatologie und einer orphisch-pythagoreischen Reinkarnationslehre vor dem Hintergrund eines schroffen Leib-Seele-Dualismus einschließlich der Vorstellung von einer ewigen Wiederkehr des Gleichen deutlich markieren. Ebenso sicher lassen sich bestimmte mit der Reinkarnationslehre unmittelbar verbundene ethische Regeln für den Tagesablauf und das Leben in der Gemeinschaft sowie Tabuvorschriften auch für Kleidung, Speise und Trank (Vegetarismus) im Rahmen von zehn weltgesetzlichen Dualismen (wie z.B. Licht und Finsternis, gut und böse) auf Pythagoras selbst zurückführen.

*Gerechtigkeit, Schuld und Katharsis*

Unabhängig von unterschiedlichen Geschichtstheorien und Eschatologien im Pythagoreismus und im frühen Christentum gibt es allerdings eine Parallele in einem ausgeprägten Schuldbewusstsein, das die Phythagoreer zu einer allabendlichen rituellen und kathartischen Selbstprüfung veranlasst hat, um den unheilvollen Verstrickungen in Leib und Leben gemäß dem Rad der Wiedergeburt im Vertrauen auf die Hilfe der einen Gottheit mehr und mehr durch eine wohltemperierte, alles Übermaß in Affekten, Begierden und Lust meidende Seelenstimmung zu entgehen. Der Neupythagoreismus (Archytos von Tarent) hat dazu eine ebenfalls auf harmonische Zahlenverhältnisse bauende Theorie sozialer Gerechtigkeit entwickelt, die – wie das Wesen der Zahl – weder Täuschung noch Neid noch Anarchie zulässt. Insgesamt zeichnet sich der Neupythagoreismus der Zeitenwende durch eine immer stärkere kultische Verehrung des Schulgründers vor dem Hintergrund elementarer religiöser und mythischer Heils- und Reinheitsvorstellungen aus, die in transrationalen Spekulationen über Zahlen als Gedanken Gottes gefasst worden sind.

*Literatur*
Quellentexte: *W. Capelle*: Die Vorsokratiker, Stuttgart 1968, Kap. 3 u. 13.
Sekundärliteratur: *L. Zhmud*: Wissenschaft, Philosophie und Religion im frühen Pythagoreismus, Berlin 1997.

## VI. Aristotelismus

*Einführung*
Neben der Platonischen Akademie, der Stoa und dem Epikureismus gehört die Schule des Aristoteles (384–322 v.Chr.; →3.2.1; 3.2.3; 3.2.4) aus Stagira (Mazedonien) zu den bedeutendsten der Antike in hell.-röm. Zeit und weit darüber hinaus – nicht zuletzt für die spätere Entwicklung der christl. Theologie. Auch sie hat ihren Ursprung in Athen, wo Aristoteles nach langjähriger Studienzeit an der Platonischen Akademie seine eigene Wirkungsstätte, das Lykeion, gegründet hat, nachdem nicht er, sondern der (weniger talentierte) Plato-Schüler Speusippos die Leitung der Akademie übertragen bekommen hatte. Weil Aristoteles und seine Schüler im ständigen Auf- und Abgehen in der dem Gott Apollo Lykaios geweihten Wandelhalle philosophierten, werden sie auch „Peripatetiker“ (Spaziergänger; Umherwandler) und ihre Schule der „Peripatos“ genannt.

*Ontologie und Erkenntnistheorie*
Wie sein Lehrer Plato fragt auch Aristoteles in seinen zahlreichen, nahezu alle damaligen Wissensgebiete von der astronomischen Himmelslehre bis zur Poesie thematisierenden Schriften[1] nach den ersten Gründen, Ursachen und Prinzipien (*archai*) alles Seienden. Und ebenfalls wie Plato möchte er von der bloßen Meinung (*doxa*) zu sicher begründetem Wissen (*epistēmē*) gelangen, zu dem nach Aristoteles alle Menschen von Natur aus streben (metaph. B. 1). Darin erfüllt der Mensch seine Bestimmung als vernunftbegabtes Lebewesen (*zōon logon echōn*). Das Werkzeug (*organon*) dieses *logos* ist die von Aristoteles klassisch ausgearbeitete formale Logik in der dreiteiligen Lehre vom Begriff, Urteil und Schluss.
Was aber das Sein des Seienden als solches (*ōn ho ōn*), und nicht insofern es dies und das Besondere ist, ausmacht, ist nicht eine vom bloß abbildlichen Einzelseienden durch einen ontologischen Graben (*chōrismos*) getrennte, gleichsam überweltliche allgemeine und urbildliche „Idee“, sondern es ist Aristoteles zufolge das Wesen (*ousia*), sofern es als das, was allgemein und immer in sich stehend (*to ti en einai*) nirgendwo sonst anwesend ist als in den

[1] Anders als bei Plato sind von Aristoteles keine „exoterischen“, an eine breite Leserschaft auch in werbender Absicht gerichteten, Schriften mehr überliefert, sondern nur sehr nüchtern wirkende vorlesungsartige Texte für den internen Lehrbetrieb des Lykeions, die erst vergleichsweise spät (von Andronikos von Rhodos) bibliothekarisch geordnet worden sind. Zu den wichtigsten zählen die von Andronikos sog. Texte zur „Metaphysik“, die Vorlesungen zur „Physik“ sowie die „Nikomachische Ethik“. Zur ersten Orientierung über Leben, Lehre und Wirkungsgeschichte des Stagiriten vgl. *O. Höffe*: Aristoteles (384–322), in: *Ders*. (Hg.): Klassiker der Philosophie I, München 1981, 63–94.

Dingen selbst, und das allen weiteren Einzelbestimmungen als Substanz zugrunde liegt (*hypokeimenon*). Daher nimmt Aristoteles keine Abwertung des Einzelseienden in seinem Entstehen und Vergehen gegenüber den notwendigen und allgemeinen Seins- und Erkenntnisgründen vor, deren Träger es vielmehr ist. Somit kann alles Seiende näherhin gemäß den grammatischen Strukturen der Sprache kategorial in zehnfacher Hinsicht präzisiert und nach Substanz und Akzidenz, Lage, Beschaffenheit und Größe, Relation zu anderen Seienden etc. ontologisch genau bestimmt werden. Dadurch werden irrige Abwege vermieden, die zumeist auf Äquivokationen des vieldeutigen Wörtchens „sein" beruhen (*to on pollachōs legetai*).

*Gott als Prinzip alles Seienden*

Dabei ist die Ontologie des Aristoteles keineswegs starr und statisch, sondern sie beschreibt einen nach Form (*eidos*) und Materie (*hylē*), Möglichkeit (*dynamis*) und Wirklichkeit (*energeia*) strukturierten Prozess einer inneren zielgerichteten Entwicklung (*entelecheia*), Bewegung (*kinēsis*) und Veränderung (*metabolē*) des Seienden, das im Zusammenwirken von vier Ursachen (Form-, Stoff-, Wirk- und Zweckursache) zur Existenz gebracht wird. Dieses Zusammenwirken hat (nach metaph. B. 12) seinen onto-theologischen Anfangs- und Einheitsgrund in Gott als dem an ihm selbst unbewegt Bewegenden (*akinēton kinoun*). Von ihm her und auf ihn hin ist alles wie auf ein Geliebtes (*hōs eroumenon*) von Ewigkeit hingeordnet. Dieser von Aristoteles zur Erklärung der (onto-) logisch, aber nicht schöpfungstheologisch vom ersten unbewegten Beweger abhängigen Welt im Ausgang von ihrer gegenwärtigen und alltäglichen Erfahrbarkeit notwendig anzunehmende „Gott der Philosophen" ist in sich selbst reine Wirklichkeit und als solche sich selbst denkendes Denken (*noēsis noēseōs*).

*Das aristotelische Lebensideal*

So entfaltet Aristoteles ein umfassendes metaphysisches Wirklichkeitsverständnis in seiner Ersten Philosophie, das dann in allen folgenden Bereichen des Seins gleichsam einzelwissenschaftlich und mythenkritisch auf dem Boden von Wahrnehmung (*aisthēsis*) und Erfahrung (*empeiria*) in nüchterner Forschung induktiv ausgearbeitet wird. Dabei blendet die immense Anhäufung von theoretischem Wissen aber keineswegs existenzvergessen die Belange des menschlichen Lebens in seinem Streben nach Erfüllung und Glückseligkeit (*eudaimonia*) aus. Denn Aristoteles zufolge besteht diese als das letzte, selbstzweckartige Worumwillen menschlicher Praxis gerade in der göttergleichen wissenschaftlichen Erkenntnis und Schau (*theōria*) dessen, was in Wahrheit ist. Weder bloßes Streben nach dem sinnlich Angenehmen (*hēdonē*) noch die Tugend (*aretē*) des moralisch-praktischen Lebens in der leistungs- und anerkennungsorientierten Gestaltung und Förderung allgemeiner politischer Belange kann diese Erfüllung bieten, auch wenn all das in das höchste Gut für den auf Gemeinschaft einer geordneten *polis* hin angelegten Menschen (*zōon politikon*) als Mittel zum Zweck integriert werden muss und kann. Insofern umfasst der autarke *bios theōrētikos* als aristotelisches Lebensideal auch die praktischen Aspekte menschlichen Glücks, ohne allerdings von primär praktischen Interessen geleitet zu sein.

*Der Weg zur Glückseligkeit*
Den Weg zu diesem von allen Menschen gewollten Ziel beschreibt die aristotelische *mesotēs*-Lehre (eth. Nic. B. 2), der zufolge die als nicht nur durch Einsicht, sondern auch durch Gewohnheit einzuübende tugendhafte Haltung (*hexis*) im rechten, mittleren, optimalen „Maß" zur Vermeidung abwegiger Extreme der Lebensführung besteht, wie z.B. die Tapferkeit das mittlere Maß zwischen Tollkühnheit und Feigheit oder die Großherzigkeit das mittlere Maß zwischen Geiz und Verschwendung ausmacht. Diesem ethischen Ideal kann auch noch die von Aristoteles – anders als von seinem Lehrer Plato – keineswegs verpönte Kunst und das durch sie bereitete ästhetische Vergnügen dienen, indem sie (z.B. die Tragödie) die Menschen kathartisch von extremen Gefühlswallungen mittels Furcht und Mitleid reinigt.

*Weitere Entwicklung*
Den sich mehr und mehr auf empirische Forschungen im einzelwissenschaftlichen Bereich konzentrierenden Aristotelismus hat Aristoteles' Nachfolger in der Leitung des Peripatos, nämlich Theophrast (372–287 v.Chr.), bei gleichzeitiger skeptischer Abkehr von der teleologischen (entelechischen) Metaphysik seines Lehrers eingeleitet. Dieser Aristotelismus der hell.-röm. Antike hat mit der geordneten Herausgabe der aristotelischen Schriften durch Andronikos von Rhodos im Rom um 50 v.Chr. und deren Kommentierung insbes. um der Abgrenzung gegenüber dem Platonismus willen einen Höhepunkt erreicht, bis dann beide großen Schulbewegungen im Neuplatoismus (Plotin) wieder zusammengeführt worden sind.

*Literatur*
Quellentexte: *Aristoteles*: Metaphysik XII, Stuttgart 1978, 301–324. – *Ders.*: Nikomachische Ethik, Hamburg 1972.
Sekundärliteratur: *P. Moraux*: Der Aristotelismus bei den Griechen. Von Andronikos bis Alexander von Aphrodisias, 3 Bde., Berlin/New York, 1973/1984/2001.

## VII. Skepsis

*Einführung*
Die sophistische Relativierung der Wahrheit nach dem *homo-mensura*-Satz des Protagoras („Der Mensch ist das Maß aller Dinge, der Seienden, dass sie sind, der Nichtseienden, dass sie nicht sind"), das sokratische Nichtwissen sowie die aporetischen Ausgänge der Frühdialoge Platos haben in der „mittleren" Akademie, vor allem bei Arkesilaos (ca. 315–240 v.Chr.) und Karneades (214–129 v.Chr.), die Ausarbeitung einer skeptischen Haltung gegenüber dogmatisch vorgetragenen Gewissheitsansprüchen in der eigenen Tradition, aber vor allem in der Auseinandersetzung mit der stoischen Erkenntnistheorie motiviert. Dem prüfenden Blick (*skeptesthai* = umherblicken, prüfen) können die Schwächen einer auf Objektivität bedachten Epistemologie nicht entgehen. Sinnestäuschungen, Perspektivität des Urteils über (vermeintliche) Sachverhalte oder moralische Werte und unbegründete Voraussetzungen in der Logik

stellen zwar nicht prinzipiell die nach wie vor gesuchte Möglichkeit von Wahrheit in Frage, aber sie machen auf die Unsicherheit bei der Auffindung verlässlicher und allgemein verbindlicher Wahrheitskriterien aufmerksam. Das gilt besonders im Blick auf onto-theologische Letztbegründungen kausaler wie finaler Art (Gottesbeweise), die das Sein des Seienden in einer göttlich-rationalen „Idee des Guten" oder „Entelechie" zusammenfassen, aber dann keine befriedigende Antwort auf das Theodizeeproblem angesichts des Übels und des Zweckwidrigen in der Welt geben können.

*Erkenntnistheorie*
Daher scheint es den akademischen Skeptikern das Weiseste zu sein, sich des Urteils über Wirkliches und seiner Prinzipien zu enthalten (*epochē*) und sich vielmehr an dem zu orientieren, was einem als das „Wahrscheinliche" (*eulogon; verumsimile*) – in den Abstufungen des Glaubhaften, des Glaubhaften und Unwidersprochenen sowie des Glaubhaften, Unwidersprochenen und allseitig Geprüften – zeigt und sich in der alltäglichen Praxis, vermittelt durch Sitte, Brauch und Gewohnheit, ohne Letztbegründungsansprüche bewährt hat. So wird aus der sokratisch-platonischen Erschütterung der Alltagsmeinung (*doxa*) zugunsten eines philosophisch begründeten Wissens nunmehr eine skeptische Erschütterung der philosophischen Gewissheit (*epistēmē*) zugunsten einer vorphilosophischen, pragmatischen Lebensorientierung. So gesehen ist es nicht weiter verwunderlich, dass die bedeutenden Skeptiker der hell.-röm. Zeit keine eigenen Schriften zur Fixierung und Tradierung ihres „Wissens" verfasst haben.[1]

*Lebensideal*
Gleichwohl ist das lebenspraktische Ziel der Skeptiker dasselbe wie das der Stoiker (und auch der Epikureer), nämlich die in persönlicher Selbstbehauptung (*autarkeia*) gegründete Glückseligkeit (*eudaimonia*) als Unerschütterlichkeit der Seele (*ataraxia*) und Ruhe (*galēnē*) angesichts irritierender Sinnkrisen in den sozio-kulturellen Umbrüchen des Hell. Nur folgt diese nach Prüfung der Skeptiker nicht im Anschluss an eine fundamentalistisch vertretene, Gewissheit versprechende philosophische Lehrmeinung. Denn hier steht Lehrmeinung gegen Lehrmeinung und Schule gegen Schule im unentscheidbaren Streit mit gleich guten Gründen wie Gegengründen (Isosthenie).

*Tropenlehre*
Allein schon dieser Befund hat die vor- und außer-akademische Skepsis des Pyrrhon aus Elis (ca. 360–270 v.Chr.) als eine von mehreren „Weisen" (*tropoi*) zur Infragestellung von Wahrheitsansprüchen im Hin und Her eines *sic et non* genötigt. In der Nachfolge des Pyrrhon haben dann Ainesidemos (1. Jh. v.Chr.), Timon und Agrippa unterschiedlich viele solcher erkenntnisrelativierenden „Tropen" zusammengestellt. Die wichtigsten sind die Argumente für die Relativität der Wahrnehmung, des Denkens, der Moral und Rechtsvorstel-

[1] Daher ist die Rekonstruktion der antiken Skepsis nur durch Sekundärquellen möglich, zu denen v.a. Diogenes Laertios aus dem 3. Jh. n.Chr. und Sextus Empiricus aus dem 2. Jh. n.Chr. gehören. Zur Einführung vgl. *F. Ricken*: Antike Skeptiker, München 1994.

lungen sowie der religiösen und philosophischen Weltdeutungen je nach sozio-kulturellem Kontext. Diese „Tropen“ sind durchaus auch selbstreferentiell angewandt worden. Denn im Unterschied zu den ihrerseits zu dogmatisch behauptetem Nichtwissen neigenden „Akademikern“ hat die pyrrhonische Skepsis konsequent auch ihre eigene Zurückhaltung im Urteil nicht als der Weisheit letzten Schluss, sondern nur als vorläufig und bis auf weiteres ausgegeben, so dass hier die häufig vorgebrachte Kritik an der Selbstwidersprüchlichkeit der Skepsis, die mit Anspruch auf Gewissheit die Bestreitung jeglicher Gewissheit erklärt, keinen Anhaltspunkt findet. Gegenüber solchen Einwänden können die (pyrrhonischen) Skeptiker frei und unerschüttert in ihrer Lebensform bleiben und ihre aufklärerische Problematisierung auch mantisch-religiöser Überzeugungen fortführen. Somit liegt die Konstitution von Wirklichkeit nicht in der (theoretischen) Erkenntnis des Nichtoffensichtlichen, das erst auf vermitteltem Wege erschlossen werden muss, sondern in der (alltäglichen) Praxis im Umgang mit dem Offensichtlichen.
Die skeptische Infragestellung und Verunsicherung philosophisch-wissenschaftlicher wie überkommener weltanschaulich-religiöser Gewissheitsinstanzen unter Verzicht einer eigenen Position zur aktiven Selbstverantwortung eines geglückten Lebens hat allerdings indirekt dem Aufkommen eines anders gearteten Wirklichkeitsverständnisses vorgearbeitet, das sich zur Rechtfertigung seines passiv (*sola gratia*) konstituierten Vertrauens in die Wahrheit auf die Selbstoffenbarung Gottes in Jesus Christus beruft und von hier aus versucht hat, die Einwände und Bedenken der (akademischen) Skeptiker insbes. im Blick auf das Fundierungsverhältnis von Wahrheit (*verum*) und Wahrscheinlichem (*verumsimile*) zu entkräften (so z.B. Augustinus, *Contra Academicos*).

*Schlussbemerkung*
Eine ausdrückliche, argumentative Auseinandersetzung mit bestimmten philosophischen Schulen oder eine direkte Beeinflussung gibt es im NT trotz einiger struktureller und auch inhaltlicher Bezüge und Ähnlichkeiten nicht, wohl aber dann mit und seit den sog. Apologeten in frühchristl. Zeit angesichts einer der Etablierung des Christentums förderlichen Erfahrung, dass sich die gesuchte *eudaimonia* bei aller menschlichen Anstrengung letztlich doch einer göttlichen Fügung verdankt. Die Suche nach Halt und Orientierung in einer politisch und kulturell befremdlichen Welt, das Verlangen nach Geborgenheit, Ruhe und Frieden, nach „Meeresstille“ der Seele und Unerschütterlichkeit konnte das frühe Christentum daher mit seinem Glauben an den Schöpfer, Erhalter, Versöhner und Erlöser der Welt immer erfolgreicher aufnehmen.
Dabei teilt der christl. Glaube freilich mit den unterschiedlichen Philosophenschulen in hell.-röm. Zeit die Ehrfurcht vor der Wahrheit bei gleichzeitiger Ablehnung von sophistischem Scheinwissen oder schaler Weltklugheit in Anknüpfung und Widerspruch und ist auf seine Weise (nach 1Petr 3,15) bereit, Rechenschaft von seiner daseinsbestimmenden Gewissheit nach Maßgabe des *logos* abzulegen.

*Literatur*
Quellentexte: *Sextus Empiricus*: Grundriß der pyrrhonischen Skepsis, Frankfurt/M. [2]1993.

*Sekundärliteratur zur allgemeinen Einführung*
*M. Erler/A. Graeser* (Hgg.): Philosophen des Altertums (Bd. 1: Von der Frühzeit bis zur Klassik; Bd. 2: Vom Hellenismus bis zur Spätantike), Darmstadt 2000. – *K. Held*: Treffpunkt Plato, Stuttgart 1990. – *O. Höffe* (Hg.): Klassiker der Philosophie I, München 1980, 38–136. – *W. Kranz*: Die griechische Philosophie (1941), Köln 1997.

## 3.1.2 Mysterien und Mysterienkulte (*Hans Kloft*)

*Stellen im NT*
Röm 6,1–11; Gal 3,27

Mit dem Ausdruck *mystēria*, allgemein verstanden als Geheimriten, die nur einem bestimmten Kreis von Personen zugänglich sind, wird das Hauptfest der Demeter und Kore (s.u.) bezeichnet, ein religiöses Kultgeschehen, das für Athen (→2.2.7.3 III), vor allem für das benachbarte Eleusis vom späten 6. Jh. v.Chr. an überragende Bedeutung gewann. Den Begriff hat man mit dem Verb *myein* – schließen, verschließen – in Verbindung gebracht, *myēsis* – eine Art Vorweihe, *mystēs* – Eingeweihter, *mystikos* – geheimnisvoll, gehören zum terminologischen Umfeld. Sie deuten bereits an, dass im Begriff *mystērion* – das geheime Tun, das geheime Ritual – eine fruchtbare Chiffre vorliegt, mit deren Hilfe religiöse Konnotationen auf kulturelle, gesellschaftliche und philosophische Tatbestände übertragen werden können: Die philosophische Erkenntnis, das ärztliche Heilmittel, Liebes- und Ehepraktiken werden auf diese Weise als *mystēria*, Geheimnisse, apostrophiert. Und natürlich behält *mystērion* seine Bedeutsamkeit im religiös-kultischen Bereich ganz generell. In diesem Sinne lässt sich von einer allgemeinen religiösen Kategorie bzw. Attitüde sprechen, die ihre sprachliche Fruchtbarkeit auf dem Weg des lat. *mysterium* über den christl. Horizont hinaus bis in unsere Tage behalten hat. Vielfach parallel werden die Bezeichnungen *teletē* (Einweihung, Ritual, Feier) und *orgia* (geheime Feier) verwandt, welche auf die emotionale Seite der Kultfeiern abheben und im heutigen Begriff *Orgien* weiterleben.

Den weiten und unprägnanten Anwendungsbereich gilt es abzugrenzen von den eigentlichen Mysterienkulten der gr.-röm. Welt, die einen deutlich erkennbaren Typus antiker Religiosität darstellen. Ihm eindeutige Konturen zu verleihen, haben sich die Altertums- und Religionswissenschaft seit dem 19. Jh. bemüht, wobei es zwischen dem Idealtypus Weberscher Provenienz als gesteigerter, begrifflicher Konstruktion auf der einen und dem sog. Realtypus als konvergente Summe gemeinsamer Eigenschaften auf der anderen Seite zu unterscheiden gilt.

Dabei fungiert der Demeterkult von Eleusis als eine Art Prototyp, der in Form und Gehalt auf andere Kulte starken Einfluss ausgeübt hat. Die Kultgeschichte, wie sie der homerische Hymnus auf Demeter aus dem späten 7. Jh. v.Chr. erzählt, kennt als Zentralfigur die mütterliche Erdgottheit Demeter, der vom Unterweltsgott Hades die Tochter Kore gewaltsam entführt und unter dem Namen Persephone zur Gattin und Herrin des Totenreiches gemacht wird. Daraufhin lässt Demeter die Saaten verdorren; erst der Vermittlung des Göttervaters Zeus und des Götterboten Hermes gelingt es, einen Ausgleich, einen Vertrag zwischen dem Herrscher der Unterwelt und der trauernden Mutter zu Stande zu bringen, welche der Tochter für einen Teil des Jahres einen Ehrenplatz im Olymp zugesteht, aber eben auch die Herrscherin des Totenreiches an der Seite ihres Gatten belässt, während Demeter die Erde wieder blühen und gedeihen macht.

Der Mythos präsentiert die zentralen Kultgottheiten und sucht die heiligen Handlungen: Abstieg in die Unterwelt, Heraufholen und Präsentation – in bestimmten Ritualen verstehbar zu machen. Ackerbau – Getreide – Unterwelt bilden die drei Bereiche, die dem eleusinischen Kult inhaltlich Profil geben, der wahrscheinlich im 6. Jh. v.Chr. unter den Peisistratiden zum attischen Staatskult unter der priesterlichen Führung vornehmer Familien avancierte. Triptolemos, der „Dreimalworfler", ursprünglich eine Nebenfigur im Mythos, entwickelt sich unter dem Einfluss Athens zum Gründungsheros des Ackerbaus und erhöht damit das kulturelle Ansehen der Stadt (Xen. hell. 6,3,6).

Kultgottheit, Örtlichkeit, heilige Handlungen und Kultpersonal bilden das *eine* komplexe Beziehungsfeld der Mysterien; die Mysten als Adressaten und Mitgestalter, ihre Zusammensetzung und ihre Erwartungen, die nicht weniger wichtige soziokulturelle Seite. Der ursprünglich regionale Geschlechterkult, der an eine persönliche Einweihung und Aufnahme gebunden war, musste sich als attischer Gemeindekult einem größeren Personenkreis öffnen, er hat über die Angehörigen des attischen Demos hinaus auch Fremde, Frauen und Sklaven aufgenommen. Grundlage bildete die Einweihung, die Initiation, die mehrere Stufen umfasste und das entscheidende Kriterium der Aus- bzw. Eingrenzung bildete. Reinigung und Fasten, das Mitführen heiliger Gegenstände, ein Tieropfer bilden Vorstufen, die in der Begegnung des Mysten mit den Gottheiten im Inneren des Heiligtums ihren letzten konstitutiven Akt besaßen. Dabei ging es nicht allein um das heilige Anschauen (*epopteia*) von Gegenständen und dramatisch gestalteten Handlungen unter Ausnutzung optischer und akustischer Effekte, sondern auch um rituelles Mittun. Im sog. *synthēma*, einer bei Clem. prot. 21,2 überlieferten Gebetsformel, einer Art „Passwort", heißt es: „Ich fastete, ich trank den Mischtrank (*kykeōn*), ich nahm aus der Kiste und hantierte (mit Gegenständen) und legte dann in den Korb und aus dem Korb wieder in die Kiste". Jenseits aller Entschlüsselungsversuche wird als Funktion die persönliche Einbindung des Initianden in die Organisation des Kultes durch Schauen und Handeln erkennbar. Was er erfahren hat, unterliegt strengem Stillschweigen (Hom. h. Dem. 478f), wobei die religiöse Grunderfahrung als *arcanum* zu unterscheiden ist von der durchaus bekannten Außenseite des Kultes, den mythischen Erzählungen, literarischen Texten, Kultbildern und sakralen Accessoires. Geheime Kultpraxis und festliche äußere Präsentation zielen erkennbar vom späten 5. Jh. v.Chr. an auf die religiöse Sensibilität des Einzelnen, der von den Mysterien ein glückliches Leben im Diesseits, Rettung und Heil (*sōtēria*) im Jenseits erwartet.

Profil und weitere Entwicklung der Demetermysterien besitzen für die gr.-röm. Welt exemplarischen Charakter. Auf der Insel Samothrake und in Theben beginnt der Kult der großen Götter bzw. der Kabiren (*megaloi theoi*) vom 5. Jh. an Formen eines Mysterienkultes anzunehmen, erkennbar an den Weihinschriften, auf denen sich die Gläubigen für die Rettung aus Seenot erkenntlich zeigen. Spätere orgiastische Züge, Filiationen an anderen Stätten (Pergamon [→2.2.7.3 IX], Delos, Rhodos, Imbros), nicht zuletzt Vereinsbildungen, welche die Außenseite des Kultes pflegen, kann man als typische Momente der Weiterentwicklung annehmen.

Mysterien um die polymorphe Gottheit Dionysos werden ebenfalls im 5. Jh. v.Chr. greifbar. Die frühe Verbindung mit Orpheus und Pythagoras (→3.1.1.5; Hdt. 2,81), ferner die Kultlegende, welche die Einführung des Weines an den Tod des Satyrn Ampelos koppelt (Nonn. Dion. 10–12), haben den „Gott der rauschhaften Ekstase" (Burkert) zur Leitfigur von Jenseitshoffnungen gemacht, die von Mysterienanhängern in vielfältigen Formen bezeugt werden. In hell. Zeit wurde er in Kleinasien und in Ägypten durch Kultvereine verbreitet. In Rom und Italien verband sich Dionysos mit dem italischen Vegetationsgott Liber, fasste gegen 200 v.Chr. von Unteritalien und Etrurien aus Fuß in der Hauptstadt und wurde wegen seines orgiastischen und als gefährlich empfundenen Treibens von der röm. Führung gründlich zunichte gemacht (186 v.Chr., das *Senatus Consultum de Bacchanalibus*, ILS 15). Der romanhaft ausgeschmückte Bericht des Livius (39,9–18) lässt wichtige Elemente (Schweigepflicht, Art und Weise der Feiern, Initiationsriten, soziale Zusammensetzung) erkennen. Nach diesem Rückschlag gewinnt die Dionysosbewegung dann wieder verstärkt in der röm. Kaiserzeit an Boden: Archäologische Zeugnisse und epigraphische Quellen illustrieren wichtige Einzelaspekte und sind darüber hinaus Belege für die „Verbürgerlichung" des Mysterienkultes. Diese profane Seite spricht nicht gegen die ekstatische Dimension der Feiern und die Jenseitserwartungen der Kultanhänger.

Stark orgiastischen Zuschnitt besaß der Kult der Kybele, ursprünglich wohl eine anatolische Berg- und Waldgöttin, die sich als *mater deum Magna Idaea*, als große Göttermutter vom Berge Ida, wie sie später in Rom hieß, im gr. Umkreis des 5. Jh. v.Chr. zu einer Mysteriengottheit ausbildete. Als jugendlicher Geliebter steht ihr Attis zur Seite, der wegen seiner Untreue bzw. Unkeuschheit von Kybele in Raserei versetzt wird und den Tod bzw. die Kastration erleidet. Die verschiedenen Versionen des Mythos (Ov. fast. 4,223–244; Paus. 7,17,5) begründen die im Kult praktizierte Entmannung der Priester (*galloi*) und die bewegende Totenklage um den schönen Jüngling, die in der röm. Kaiserzeit Gegenstand eines mehrtägigen Festzyklus im Frühling waren. Der Kult, der während des 2. Punischen Krieges durch Überführung eines schwarzen Meteorsteines von Pessinus nach Rom offiziell übernommen wurde und in republikanischer Zeit nur eine begrenzte Anhängerschaft besaß, gewann in den Reichsprovinzen große Bedeutung, hier oftmals verbunden mit dem Tauro- bzw. Criobolium, einer Art Bluttaufe, die Reinigung und Wiedergeburt (*renatio*: ILS 4152) bedeutete. Vegetationsfeier im Frühling, persönliche Heilserwartung und allegorische Mythenausdeutung überlagern sich in der Spätzeit und nähern die Magna Mater anderen weiblichen Mysteriengottheiten (Dea Syria, Demeter, Isis) an.

Die ägyptische Isis nimmt dabei einen besonderen Platz ein, ihre altägyptische Mitgift als mächtige Gottesmutter und als Geleiterin der Toten in Verbindung

mit ihrem Bruder und Gatten Osiris gewann vom 4. Jh. v.Chr. an in der gesamten Mittelmeerwelt an Bedeutung. Im Prozess der Ausdehnung hell. Religiosität näherte sie sich der Aphrodite, der Kybele und der Tyche an, ihr Gatte Osiris verband sich mit Zeus und Pluton und avancierte zum ptolemäischen Reichsgott Sarapis. Der Synkretismus förderte die Ausbildung eines Mysterienkultes, der aufgrund seines ägyptischen Ambientes eine große Faszination ausübte und besonders in den Seehandelsstädten auf willige Aufnahme stieß.
Über Kampanien (Puteoli, Pompeii) mag die Isis- und Osirisverehrung nach Rom gelangt sein, traf dort zunächst auf erheblichen Widerstand der politischen Führung, ehe der Kult in der Kaiserzeit vor allem durch Caligula und Domitian staatliche Anerkennung gewann. Neben den archäologischen und inschriftlichen Zeugnissen in den Provinzen beruhen die Kenntnisse über die Interna vor allem auf Plutarchs Schrift über Isis und Osiris und auf dem Isisbuch aus den Metamorphosen des Apuleius. Der Held Lucius wird nach vielen Irrungen und Wirrungen durch die Mysterienweihen zu einem neuen Menschen und am Ende unter die Priester des Osiris aufgenommen (Apul. met. 11,30). Reinigung, Fasten, Askese, dramatische Initiation (das Vielgedeutete *synthēma*, die Einweihungsformel, bei Apul. met. 11,23,8), Neueinkleidung und Festessen zum Geburtstag (*dies natalis*) markieren typische Stationen eines Mysten auf dem Wege zum „neuen Menschen" (*neophytos*). Die bei Firm. err. 22,1 bezeugte mystische Formel, die das Heil der Gläubigen an die Rettung des Gottes bindet, bezieht sich wohl ursprünglich auf den (im Mythos) zerstückelten und wieder zusammengefügten Osiris, konnte aber als allgemeines Heilsversprechen auch auf andere Kulte übertragen werden.
Der Ursprung des Mithraskultes liegt im alten Iran, der als „Mittler" oder „Vertrag" gedeutete Gott stand bei den Achämeniden, in der hell. Zeit bei einigen Herrschern Kleinasiens (Pontos, Kommagene) in hohem Ansehen, ehe er im spätrepublikanischen Rom Fuß fasste (Plut. Pomp. 24,5) und sich im 1. Jh. n.Chr. zu einem bedeutenden Mysterienkult weiterentwickelte. Seine Adressaten waren ausschließlich Männer. Kleine unterirdische Kulträume für rituelle Mahlzeiten, die Stiertötung durch Mithras als zentrales Schöpfungsmotiv, eine hierarchisch gegliederte Anhängerschaft (sieben Weihegrade), verbunden mit astrologischen Spekulationen geben dem Kult sein Gepräge, der sich über das Militär vor allem in den Reichsprovinzen ausbreitete. Die Angleichung an den Sonnengott und die enge Verbindung mit dem Kaiserkult kennzeichnen die spätere Entwicklung und geben dem Kult den Charakter einer staatlichen Loyalitätsreligion.
Der Versuch einer allgemeinen Mysterienphänomenologie ist häufig unternommen worden, schwieriger gestaltet sich die Konturierung eines Verlaufstypes mit charakteristischen Phasen; beide Versuche kommen ohne idealtypische Begriffsbildung nicht aus. Inwieweit eine Vegetationsgottheit zugrunde liegt, deren natürlicher Kreislauf von Werden und Vergehen Ausgangspunkt für Verehrung und Teilhabe der Anhänger war, ist umstritten. Geheimhaltung und Arkandisziplin betreffen die zentralen Vorgänge der Initiation, werden z.T. sehr streng gehandhabt (vgl. die Tötung der *non initiati* durch eleusinische Priester, Liv. 31,14, der Geheimhaltungsschwur der Isismysten), zuweilen auch missbraucht (Ios. ant. Iud. 18,65–80). Die Aufnahmeriten umfassen vorbereitende Prozeduren wie Reinigung, Fasten, sexuelle Enthaltsam-

keit, Gebete, Einübungen in den Kultus und vorbereitende Opfer. Zur Initiation selbst gehören heiliges Schauen (*epopteia*) und Mittun, beides eingebunden in eine „dramatische Vergegenwärtigung des Mythos" (Zeller). Präsentation, rituelle Handlungen und Lesungen geben den „normalen" Gottesdiensten das Gepräge, die z.T. auch gemeinsame Mahlzeiten kennen. All dies zielt auf Integration und Identitätsbildung, auf einen neuen Aggregatzustand, der vielfach als Wiedergeburt (*renatio*) verstanden wird. Die Teilhabe (*methexis*) am Kultgeschehen sichert den einzelnen Mysten Erlösung und Heil, als reflektierte Erwartung sind sie eher das Produkt späterer theologisch-philosophischer Überlegungen. Eine differenzierte Kultgemeinschaft kennt Priester in unterschiedlichen Funktionen und einfache Mysten, richtet sich an Frauen (Isis) oder ausschließlich an Männer (Mithras), bindet staatliche Oberschichten (Demeter) ein, die besonders in der röm. Kaiserzeit eine führende Rolle spielen können. Insofern ist Distanz zur Polis, zur politischen Religiosität des antiken Stadtstaates und der sie tragenden Schichten, kein durchgehendes Kriterium, wiewohl einzelne Züge in diese Richtung weisen. Der zunehmende Synkretismus der Kaiserzeit hat ein Übriges getan, die Mysterienkulte in Kreisen der städtischen Bürgerschaft attraktiv zu machen.

Auf die Fragen, inwieweit das frühe Christentum Anleihen bei den Mysterienkulten vorgenommen, ob und in welchem Maße es seinerseits die Mysterienkulte beeinflusst hat, lässt sich hier und jetzt keine endgültige Antwort geben; die reiche Forschungsgeschichte erlaubt bestenfalls Annäherungen. Die Deutung, dass „der Kyrios Jesus Christus nach Art einer Mysteriengottheit verstanden wird, an deren Tod und Auferstehung der Gläubige durch den Empfang der Sakramente teil gewinnt", wie dies Bultmann für die frühen hell. Christengemeinden postuliert hat, lenkt das Augenmerk auf die zentrale christl. Heilstat, auf Taufe und Eucharistie, die mit den Reinigungsriten und den Mysterienmahlzeiten in Beziehung gesetzt werden. Die Vergleichsmomente: die Gemeinde der Christen als Verein von Mysten, die Reinigung und kultische Mahlzeit als „teuflische Nachäffung" waren den christl. Autoren der hohen Kaiserzeit geläufig. Die religionswissenschaftliche Schule mag die Übereinstimmungen und Übernahmen übertrieben haben; die zur Zeit herrschende Reserve gegenüber der These von dem bedeutenden Einfluss der Mysterienkulte auf das frühe Christentum (Zeller 1994, 522: „im Bereich des Neuen Testamentes lassen sich kaum Entnehmungen aus den Mysterienkulten nachweisen"), scheint den Bogen in die andere Richtung hin zu überspannen. Bultmanns Hinweis auf die produktive Anverwandlung der christl. Botschaft im Umkreis der frühen hell. Gemeinde verweist mit Recht auf das besondere Profil der Empfänger, welche die theologische Entfaltung von Taufe, Tod und Auferstehung bei Paulus (Röm 6,1–11) in ihrer Eigenständigkeit erst verständlich macht. Sprachliche (z.B. Gal 3,27, die Kleidermetaphorik) und sachliche Anknüpfung an pagane Vorstellungen der Zeit haben offensichtlich die Konturierung der Taufe und des Herrenmahles begleitet, die sich als konstitutive Sakramente im sog. Frühkatholizismus erst allmählich rituell und theologisch ausformen, dabei stets der Gefahr ausgesetzt, dass im rituellen Assimilierungsprozess der christl. Kern überlagert wird.

Die anstehenden Klärungsversuche samt der notwendigen wissenschaftsgeschichtlichen Analyse lassen sich nur z.T. durch theologische Ausdeutung der überwiegend literarischen Quellen erzielen. Der schärfere Blick auf die Eigenart der Adressaten, ein diskursives Verständnis von Texten, nicht zuletzt eine anthropologische bzw. phänomenologische Perspektive, dürfte für die weitere Erforschung von Christentum und Mysterienkulten Gewinn bringen. Der Vergleich muss auch die oft genannten Defizite der Mysterienkulte einschließen und sie in ein angemessenes Verhältnis setzen: Eine fast ausschließlich *rituelle* Kultfrömmigkeit, eine eher marginale ethische Dimension, lediglich Ansätze zu einem übergreifenden Sozialverhalten, eine schwache institutionelle, organisatorische und theologische Ausformung, nicht zuletzt ein weitgehender Synkretismus als Verfallsstufe mit großer Beliebigkeit, sofern man das frühe Christentum als Folie nimmt.

*Literatur*

*C. Andresen*: Die Kirchen der alten Christenheit, Stuttgart u.a. 1971; – *U. Bianchi/M. Vermaseren* (eds.): La Soteriologia dei Culti Orientali nell Impero Romano, Leiden 1982. – *J. N. Bremmer*: Götter, Mythen und Heiligtümer im antiken Griechenland, Darmstadt 1996. – *W. Burkert*: Antike Mysterien. Funktion und Gehalt, München [3]1994. – *H. Cancik*: Mysterien/Mystik, HRWG IV, 1998, 174–178. – *C. Colpe u.a.* (Hgg.): Spätantike und Christentum, Berlin 1992. – *F. Cumont*: Die orientalischen Religionen im römischen Heidentum, Darmstadt [5]1969. – *D. Engster*: Konkurrenz oder Nebeneinander. Mysterienkulte in der hohen römischen Kaiserzeit, München 2002. – *F. Graf*: Mysterien, DNP 5, 1998, 615f. – *H. J. Klauck*: Die religiöse Umwelt des Urchristentums I–II, Stuttgart u.a. 1995. – *H. Kloft*: Mysterienkulte der Antike. Götter – Menschen – Rituale, München 1999 ([2]2003). – *K. Latte*: Römische Religionsgeschichte, München 1960. – *R. Merkelbach*: Mithras, Königstein 1984. – *M. P. Nilsson*: Geschichte der griechischen Religion, I–II, München 1967/74. – *F. Stolz*: Synkretismus I, TRE 32, 2001, 527–530. – *R. Turcan*: The Cults of the Roman Empire, Oxford 1996. – *H. D. Wiens*: Mystery Concepts in Primitive Christianity and in its Environment, ANRW II 23.2, 1980, 1248–1284. – *M. Witteyer*: Das Heiligtum für Isis und Mater Magna, Mainz 2004. – *D. Zeller*: Mysterien, Mysterienreligionen, TRE 23, 1994, 504–526.

## 3.1.3 Die religiöse Vielfalt Palästinas

### 3.1.3.1 Pharisäer/Zeloten/Sikarier (*Roman Heiligenthal*)

*Stellen im NT (Auswahl)*

Pharisäer: Mt 6,1–6; 23,3.13–36; Mk 2,24; 7,2–15; Lk 7,36–39; 11,37f; 13,31; 14,1–6; Joh 3,1f; 12,18f; Apg 15,5; 23,6–8; Phil 3,5f; Zeloten: Mk 12,13–17; Lk 6,15; Apg 1,13

*Einführung*

„Vor allem dies hat die wunderbare Einheit unter uns geschaffen. Denn ein und dieselbe Auffassung von Gott zu haben sowie die Lebensführung und im Verhalten sich nicht voneinander zu unterscheiden, das bringt die allerbeste Übereinstimmung in den Wesensmerkmalen der Menschen zustande. Wir sind die einzigen, unter denen man keine Ansichten von Gott zu hören bekommt, die einander widersprechen [...]. Auch in der Lebensführung gibt es keine Differenzen."[1] Auch wenn Josephus (→1.3.2.6) in seiner Apologie des Judentums gegenüber der röm.-hell. Welt hier ein harmonisierendes und angesichts der Differenzierungs- und Trennungsprozesse innerhalb des Judentums seiner Zeit sicher ahistorisches Bild der Einheitlichkeit zeichnet, so äußert sich doch in seiner an die Außenwelt gerichteten Charakterisierung ein Gespür für gemeinsame Grundüberzeugungen, die das Judentum trotz aller Vielfalt zwischen der sog. hell. Reform (ca. 175 v.Chr.) und der Abfassung der ntl. Schriften (bis ca. 120 n.Chr.) verband. Elemente eines solchen „Common Judaism"[2] sind das Bekenntnis zu einem einzigen Gott („Monotheismus"), der durch die in der Tora bezeugten Bundesschlüsse Israel als sein Volk erwählte („Bundesnomismus") und der bildlos im Tempel (bis 70 n.Chr.) und in Synagogen durch Opfer- und Wortgottesdienste verehrt wurde. Grundlage von Lehre und religiöser Lebenspraxis war ein Kanon heiliger Schriften, der de facto zur Zeit Jesu abgeschlossen war. Religiöse und rituelle Gebote prägten das Leben jüd. Menschen und boten die Möglichkeit der eigenen Identitätsfindung in einer polytheistisch geprägten Umwelt. Daneben gab es zahlreiche weitere Schriften und mündliche Traditionen, aufgrund derer sich die vielfältigen Strömungen des Judentums unterschieden. Auf dem Hintergrund gemeinsamer Überzeugungen haben sich bis zur Zeit Jesu unterschiedliche „Judentümer" herausgebildet, die sich größtenteils als religiöse Erneuerungsbewegungen angesichts des Einflusses hell. Kultur und des sich stetig verstärkenden assimilatorischen Drucks seit Beginn der politischen Einflussnahme Roms verstehen lassen. Dabei verkörperten diese unter der Hasmonäerherrschaft entstandenen religiösen Strömungen auch unterschiedliche gesellschaftliche Klassen.[3]

Die religiöse Welt des Judentums bis in die Zeit des allmählichen Übergangs zum Rabbinismus[4] war folglich alles andere als homogen.[5] Die Frage, wie die Entwicklung einer zunehmenden Hellenisierung zu beurteilen sei, spaltete die jüd. Gesellschaft. Das Judentum schwankte zwischen assimilatorischen Tendenzen, d.h. sich an die röm.-hell. Kultur anzulehnen und von ihr zu profitieren, und einem religiös bzw. religiös-politisch motivierten Abgrenzungsdenken, das sich an der Tora und ihren Geboten orientierte und/oder seine Hoffnung auf den kommenden Messias (→3.1.3.4) setzte, der sein Volk von der fremden Herrschaft befreien werde.

Für den Versuch, Palästina in die hell.-röm. Welt zu integrieren, ohne die jüd. Identität rücksichtslos aufzugeben, stehen die auch im NT erwähnten *Herodi-*

---

[1] Ios. c. Ap. 2,179–181.

[2] Vgl. *E. P. Sanders*: Judaism. Practice and Belief, London/Philadelphia 1992 und *G. Theißen/A. Merz*: Der historische Jesus. Ein Lehrbuch, Göttingen 1996, 126–128.

[3] Vgl. *A. J. Saldarini*: Pharisees, Scribes and Sadducees in Palestinian Society, Wilmington 1989.

[4] Die These eines nahtlosen Übergangs von einem dominierenden Pharisäismus zu einem durch das Rabbinat geprägten orthodoxen Judentum für die Zeit nach der Tempelzerstörung wird in der neueren Forschung bestritten, vgl.: *H.-F. Weiß*: Pharisäer I, TRE 26, 1996, 473–481, hier 480. Man sollte im Gegenteil bis ins 2. Jh. mit einer Vielzahl von Faktoren und Gruppen rechnen.

[5] Vgl. zum Folgenden: *G. Stemberger*: Pharisäer, Sadduzäer, Essener, Stuttgart 1991; *J. Maier*: Zwischen den Testamenten. Geschichte und Religion in der Zeit des Zweiten Tempels, Würzburg 1990.

*aner*, deren Anhängerschaft bis tief in das einfache Volk gereicht haben dürfte. Die Herodianer wollten die religiösen Gefühle des jüd. Teils der Bevölkerung nicht verletzen. So zeigte sich etwa Herodes Antipas bei den großen Festen in Jerusalem (Lk 23,7). Die in seiner Regierungszeit geprägten Münzen sind durchweg bilderlos, auch lehnte er entschieden den Versuch des Pilatus ab, goldene Schilde mit dem Namen des Kaisers am Palast in Jerusalem anzubringen (Philo leg. 299–305). Das Ausbalancieren der verschiedenen Strömungen in seinem Land gelang Herodes Antipas so gut, dass er rund dreißig Jahre lang an der Herrschaft blieb. Auch das Beispiel der *Tobiaden* zeigt, dass man die religiös-politischen Verhältnisse in Palästina nicht allein aus dem Blickwinkel der jüd. Erneuerungsbewegungen beurteilen sollte.[6]

*Die pharisäische Bewegung*

Die für die ntl. Zeit wichtigen religiösen Gruppierungen der *Pharisäer*, *Essener* (→3.1.3.3) und *Sadduzäer* (→3.1.3.2) haben ihre gemeinsame historische Wurzel im Widerstand gegen die hellenisierenden Maßnahmen, die in dem Religionsedikt des Antiochos IV. (168/7 v.Chr.) ihren Höhepunkt fanden und einen Aufstand ländlicher Priester („Hasmonäer") gegen die Entweihung des Tempels provozierten (Makkabäeraufstand; →1.4.4.2). Nach der Wiedereinweihung des Tempels (164 v.Chr.) kam es zu Spaltungen innerhalb der priesterlichen Kreise. Die Sadduzäer als religiös konservative Oberschicht unterstützten den Kampf der Hasmonäer um die politische Unabhängigkeit von den seleukidischen Königen. Die stärker religiös orientierten *Chassidim* (auch Asidäer genannt) gaben nach Wiederherstellung der Religionsfreiheit unter Judas Makkabäus (166–160 v.Chr.) das Bündnis mit den Hasmonäern auf. „Die recht spärlichen Nachrichten über die Chassidim aus den Makkabäerbüchern,[7] den Qumranschriften (→3.1.3.3) und apokalyptischen Texten wie dem Danielbuch und dem äthiopischen Henochbuch (→1.3.2.3) lassen keinen Zweifel daran, dass ihre religiöse Vorstellungswelt prophetisch-apokalyptischen Charakter hatte. Die durch Zwangshellenisierung gekennzeichnete Gegenwart sahen sie als Unheilszeit und erhofften vom Anbruch der eschatologischen Zeit die Wiederherstellung der alten religiösen Ordnungen, insbesondere die Restitution von Tempel und Tora."[8] Aus den Chassidim entstanden die Pharisäer und die Essener.[9] Im Gegensatz zu den Pharisäern und Sadduzäern werden die *Essener* im NT nicht erwähnt.[10] Eine lückenlose Dar-

---

[6] Josephus überliefert in ant. Iud. 12,160–222 die Erzählung über den Tobiaden Josef und seine Söhne, die, vom hell. Geist geprägt, wirtschaftlichen Wohlstand und sozialen Aufstieg erreichen. Die Tobiaden sind ein Beispiel für die Existenz einer dem gr. Geist aufgeschlossenen wohlhabenden Mittelschicht, die weder von den religiösen Erneuerungsbewegungen noch von der konservativ eingestellten jüd. Priesterkaste affiziert waren.

[7] Vgl. 1Makk 2,42; 7,12; 2Makk 14,6.

[8] *R. Heiligenthal/A. v. Dobbeler*: Menschen um Jesus. Lebensbilder aus neutestamentlicher Zeit, Darmstadt 2001, 53.

[9] Die Herleitung der Pharisäer und Essener aus der frühjüd. Frömmigkeitsbewegung der Chassidim erscheint weiterhin als die plausibelste Erklärungsmöglichkeit, vgl. *R. Deines*: Pharisäer, TBLNT 2, ²2000, 1458.

[10] Obwohl die Essener weder im NT noch im rabbinischen Schrifttum erwähnt werden, sind sie doch durch recht ausführliche sekundäre Textzeugen der Antike bekannt: Es gibt Berichte bei Philo von Alexandria (→1.3.2.5), Josephus und Plinius d. Ä. Weitere Auf-

stellung der Geschichte des Pharisäismus von seinen Anfängen bis in die Zeit nach der Zerstörung des Tempels ist aufgrund der Quellenlage nicht möglich. Abgesehen von historisch wenig ergiebigen sehr späten rabbinischen Notizen sind wir auf das Geschichtswerk des Josephus angewiesen. Als politische Oppositionspartei gegen die Hasmonäer formieren sich die Pharisäer entweder bereits zur Zeit des Johannes Hyrkanos (134–105 v.Chr.)[11] oder erst unter dessen Nachfolger Alexander Jannaios (103–76 v.Chr.).[12] Deutlich wird die religiöse Motivation des politischen Widerstandes erkennbar: Aufgrund ihrer kultischen Reinheitsvorstellungen wehren sich die Pharisäer gegen die Usurpation des Hohenpriesteramtes durch die Hasmonäer.[13] Den Pharisäern ging es um eine Trennung der politischen Herrschaft vom kultischen Amt des Hohenpriesters. Ihr Widerstand bewirkte, dass sich Johannes Hyrkanos nun den Sadduzäern zuwandte. Wie gefestigt die Pharisäer als politische Gruppierung zur Zeit der Hasmonäer waren, bezeugt der Ratschlag Alexander Jannais, der zuvor noch für Massenhinrichtungen unter den Pharisäern verantwortlich war,[14] an seine Nachfolgerin Salome Alexandra (76–67 v.Chr.) „bei der Regierung nichts ohne ihre Unterstützung (sc. der Pharisäer) zu tun“.[15]

Im Rückblick auf die Zeit der Hasmonäerherrschaft lässt sich zusammenfassend die Haltung der Pharisäer recht eindeutig beschreiben: „Gegenüber den hasmonäischen Hohenpriestertyrannen betonten die Pharisäer einen [...] nachexilischen Standpunkt – gegen die Übernahme hellenistischer Einflüsse im Bereich der weltlichen Macht und für die Trennung von Thron und Altar.“[16] Sie sind nun Teil des politischen Systems und als Religionspartei im Synhedrium fest etabliert. Unter Herodes d. Gr. (37–4 v.Chr.) wirkt sich die traditionelle antihasmonäische Haltung der Pharisäer zuerst positiv aus. Das Verhältnis zum Herrscher ist von gegenseitiger Toleranz geprägt.[17] Allerdings verschlechtert sich gegen Ende der Regierungszeit des Herodes das Verhältnis rapide. Äußerer Anlass hierfür ist die die kultische Reinheit des Tempels (→3.3.2.2) beschädigende Aufstellung eines Adlerbildes am Haupttor des Tempels.[18] Es gibt massive Protestaktionen der Pharisäer, in denen sich wahrscheinlich bereits ihre kommende Spaltung in eine gemäßigte und eine radikal theokratische Fraktion (Zeloten) widerspiegelt. Die in der Forschung heftig diskutierte Frage, ob sich der Pharisäismus im Laufe der Geschichte des Zwei-

---

schlüsse über ihre Lebenspraxis vermitteln Ausgrabungen, vgl. hierzu: *R. Riesner*: Essener und Urgemeinde in Jerusalem, Gießen/Basel ²1998.

11 Ios. ant. Iud. 13,288–296.

12 Vgl. bQid 66a.

13 Vgl. AssMos 5,4; 6,1–9.

14 4QpNah 1,7; Ios. ant. Iud. 13,380f. Josephus nennt die ca. 800 unter Alexander Hingerichteten nicht ausdrücklich Pharisäer, doch liegt die Vermutung nahe, dass dieser die pharisäische Opposition ausschalten wollte; vgl. *Theißen/Merz*: Der historische Jesus (Anm. 2), 134.

15 Ios. ant. Iud. 13,403.

16 *M. Sasse*: Geschichte Israels in der Zeit des Zweiten Tempels, Neukirchen-Vluyn 2004, 222.

17 So toleriert Herodes etwa die Verweigerung des Eides durch die Pharisäer: Ios. ant. Iud. 14,172–176; 15,3f.370; 17,41f.

18 Ios. bell. Iud. 1,648–653; ant. Iud. 17,149–160.

ten Tempels von einer politischen hin zu einer quietistisch-religiösen Bewegung entwickelt habe,[19] lässt sich ebenso wenig eindeutig beantworten wie die Frage nach der Kontinuität oder Diskontinuität zwischen dem Pharisäismus und dem sich nach der Tempelzerstörung herausbildenden Rabbinismus.[20]

*Zu den Aussagen im NT*

Die *Pharisäer* spielen von allen frühjüd. religiösen Gruppierungen im NT die größte Rolle. Allerdings sind die ntl. Schriften als Quelle über den Pharisäismus problematisch. Sie spiegeln eine häufig polemische Verzerrung des Pharisäerbildes aus Konkurrenzgründen und bedienen sich sowohl der philosophischen Gegnerpolemik als auch typischer innerjüd. Polemik.[21] Diese teilweise karikierende Verzerrung des Pharisäerbildes macht auf der einen Seite eine historische Rekonstruktion aufgrund der ntl. Quellen äußerst schwer, kann aber auf der anderen Seite auch ein Hinweis auf die besondere Nähe des Pharisäismus zum frühen Christentum sein. Allgemein kann man sagen, dass Gegner und Renegaten häufig als Geschwister ihrer Gegenspieler oder früheren Glaubensgenossen anzusehen sind.[22] Eine Nähe der religiösen Anschauungen zwischen den Pharisäern und der Jesusbewegung wurde in der Forschung häufig beobachtet.[23] Auffallend sind nicht nur gemeinsame Topoi zwischen Pharisäismus und frühem Christentum, sondern auch das nicht zu unterschätzende Phänomen eines innerchristl. Pharisäismus (Apg 15,5) und die Tatsache, dass wir mit Paulus im NT das Selbstzeugnis eines ehemaligen Pharisäers aus der Diaspora besitzen (Phil 3,5). Am besten kann man die Pharisäer als „reformerische Laienbewegung“ beschreiben. Sie setzten den traditionellen Rechten der aristokratischen Sadduzäer die Ernsthaftigkeit gelebten Glaubens in Übereinstimmung mit dem Gesetz und seinen Geboten entgegen und gewannen auch Einfluss in den jüd. Leitungsgremien (vgl. Joh 3,1f), ohne dass sie in ntl. Zeit einen ausgesprochen politischen Charakter angenommen hätten.[24] Obwohl sie gegen die röm. Fremdherrschaft waren, lehnten sie gewaltsamen Widerstand zur Herbeiführung des messianischen Reiches ab. Nicht nur in diesem Punkt finden sich auffällige Übereinstimmungen mit Positionen der Jesusbewegung. In beiden religiösen Strömungen wurde die mündliche Auslegung der Tora als autoritative Schriftauslegung für die Verwirklichung des am Tempel praktizierten priesterlichen Gesetzes im Alltag praktiziert (vgl. Mk 7,2–15). Auch verstanden sich die Pharisäer als bevollmächtigte Träger göttlicher Offenbarung. Sie sprachen sich deshalb große Vollmacht zu, da sie meinten, in einer bis auf Mose zurückgehenden Sukzession zu stehen (Mt 23,2). Im Gegensatz zu den Sadduzäern glaubten sie an die Auferstehung des Leibes und verbanden diese mit einer ausgeprägten Engellehre (Mt 22,34; Mk 12,25; Lk 20,36; Apg 23,7f). Allerdings teilten sie – anders als Johannes der Täufer, die

[19] So *J. Neusner*: From Politics to Piety, New York $^{2}$1979.

[20] Vgl. die bei *Theißen/Merz*: Der historische Jesus (Anm. 2), 137f zusammengetragenen Argumente.

[21] Vgl. AssMos; bSot 22 b.

[22] So *Berger* 1988, 232.

[23] Vgl. hierzu: *U. Luz*: Jesus und die Pharisäer, Jud. 38, 1982, 229–246, hier 229f.

[24] Zur Kontroverse um den politischen oder religiösen Charakter der Pharisäer s. *Theißen/Merz*: Der historische Jesus (Anm. 2), 137.

Essener und wahrscheinlich auch Jesus – nicht die apokalyptische Naherwartung der Chassidim. Ihr setzten sie „einen Gesetzespragmatismus entgegen, der es ermöglichte, ein am Gesetz orientiertes Leben in Einklang zu bringen mit den Bedingungen einer fortdauernden Weltzeit“.[25] Auf diesem Hintergrund gewinnt für sie die Genauigkeit[26] der Gesetzesbeobachtung besondere Bedeutung, die im NT besonders in der Beachtung von Geboten bzgl. der rituellen Reinheit (Mk 7,2–15 par; Mt 23,26f; Lk 11,39), der Ehe (Mt 19,1–13 par), der Sabbatobservanz (Mk 2,24 par; 3,1–6; Lk 6,7; 14,1–16; Joh 9,13–16) und der Beschneidung (Apg 15,5) ihren Niederschlag findet.
Gemeinsame Mahlzeiten[27] zusammen mit ihren Schülern bedeuteten den Pharisäern viel (Lk 7,36; 11,37; 14,1). Josephus berichtet weiterhin, dass sie beim Volk als Lehrer großen Einfluss und hohes Ansehen hatten (aus der polemischen Sicht früher Christen: Mt 15,12.14; Joh 12,18f.).[28] Dies mag auch daran gelegen haben, dass sie auf ein angenehmes Leben nichts gaben, alles Weichliche verachteten und ihre asketische Lebensweise besonders im Fasten deutlich wurde (Lk 5,33; 18,12).[29] Auch Jesus und Johannes der Täufer grenzen sich von allem „Weichlichen“ ab, so etwa in Lk 7,25 von allen „weichlichen Gewändern“, die von den im Luxus lebenden Höflingen getragen werden. Daneben ist für die Pharisäer das Gebet von Wichtigkeit (Lk 5,33; 18,11f).[30]
Ein weiterer auffallender, mit der Jesusbewegung vergleichbarer Zug ist die Bedeutung von Frauen für die pharisäische Bewegung. Josephus wirft ihnen vor, sie hätten sich bei Frauen eingeschmeichelt,[31] auch weiß er davon, dass Frauen die Pharisäer mit Geld unterstützten.[32] Beide Phänomene treffen auch auf Jesus und seine Jünger zu (Lk 8,1–3).
Die Pharisäer streben nach Gerechtigkeit, wollen sich durch Vollkommenheit auszeichnen und damit Gott gefallen.[33] Sie haben damit vergleichbare Ansprüche an sich selbst, wie auch Jesus sie an seine Jünger und Jüngerinnen stellt (vgl. Mt 19,21).
Wahrscheinlich sprach Jesus ihnen weder ihre eigene Gerechtigkeit ab noch diskreditierte er ihre Form der Alltagsfrömmigkeit als Leistungsreligion. Die Pharisäer sind dasjenige der Judentümer, welches Jesus und seiner Anhängerschaft bei allen Unterschieden am nächsten stand.
Die ntl. Schriften zeichnen ein unterschiedliches Bild der Pharisäer für die Zeit nach der Zerstörung des Jerusalemer Tempels: Die massive Polemik bei Mt (vgl. bes. Kap. 23) lässt sich nur auf dem Hintergrund des Konflikts und des Bruchs judenchristl. Gemeinden mit einem pharisäisch geprägten Umfeld verstehen.

---

25 *A. v. Dobbeler*: Die Bücher 1+2 Makkabäer, Stuttgart 1997, 27.
26 Ios. bell. Iud. 1,110; 2,162;
27 Ios. ant. Iud. 13,289.291. Hiernach haben die Pharisäer Schüler, die sie in ihren Auslegungen des Gesetzes unterweisen.
28 Ios. ant. Iud. 13,288; 18,15.
29 Ios. ant. Iud. 18,12.
30 Ios. ant. Iud. 18,15.
31 Ios. bell. Iud. 1,111.
32 Ios. bell. Iud. 1,571.
33 Ios. ant. Iud. 13,289.291; 18,15.

*Zeloten und Sikarier*
Im Zuge der bürgerkriegsähnlichen Auseinandersetzungen am Ende der hasmonäischen Herrschaft und zu Beginn der röm. Okkupation gab es besonders in Galiläa zahlreiche Unruhen, die sich bis in die Regierungszeit des Herodes fortsetzten.[34] Die Übergänge zwischen gewöhnlichem Räubertum und einem Sozialbanditentum, das im vorideologischen Bereich auch durch soziale Missstände in seinem Handeln motiviert war (→2.2.5.4), sind dabei fließend.[35] Mit dem Auftreten von Messiasprätendenten (→3.1.3.4) im sog. Räuberkrieg (4 v.Chr.) spiegelt sich in der Sehnsucht des Volkes nach einem nationalen Befreier erstmals eine national-religiös gefärbte Ideologie als Movens gewalttätiger Opposition. Mit der Erhebung eines allgemeinen Zensus unter Quirinius (6 n.Chr.) kam es dann zur Gründung einer antiröm. Freiheitsbewegung unter Judas dem Galiläer und dem Pharisäer Saddok. Josephus sieht in ihnen die Gründungsväter einer „vierten Philosophie", die sich lehrmäßig nicht vom Pharisäismus unterscheide, sondern ihr Proprium in einer theokratischen Lehre habe, nach der das Kommen eines davidischen Herrschers durch den erbitterten Widerstand gegen die röm. Okkupation beschleunigt werden könne. Obwohl Josephus von Zeloten (→2.2.5.4) erst im Rahmen des Jüdischen Krieges zwischen 60 und 70 n.Chr. redet, kann man die antiröm. Aufstandsbewegung unter dem Oberbegriff Zelotismus zusammenfassen.[36] Theologisch kann man das Programm der Zeloten als eine „Radikalisierung des pharisäischen Parteiprogramms verstehen".[37] Mit der Eroberung Jerusalems, der Zerstörung des Tempels und der Gefangennahme des Anführers des zelotischen Widerstands, Eleasar ben Simon (70 n.Chr.), endet der Zelotismus als eine aus dem Pharisäismus hervorgegangene vierte Religionspartei in Palästina. Unter dem unpopulären Procurator Antonius Festus (52–60 n.Chr.) wird erstmals eine weitere antiröm. Widerstandsgruppe erwähnt, die Josephus auf Judas den Galiläer zurückführt[38] und die er nach dem kleinen Dolch (lat. *sica*), mit dem sie gewöhnlich ihre Gegner hinterrücks ermorden, Sikarier nennt. Die Sikarier agieren als eine Art „Stadtguerilla" und haben zumeist Vertreter der mit Rom kollaborierenden jüd. Oberschicht als Opfer ausersehen. Zwei ihrer Anführer wurden berühmt: Menachem, der Sohn Judas des Galiläers, eroberte während des Jüdischen Krieges als militärischer Führer der Sikarier die Festung Masada. Er wurde von gemäßigten priesterlichen Kreisen kurz danach in Jerusalem ermordet.[39] Im Jahr 73 n.Chr wurde durch die Römer Masada als letzte von den Freiheitskämpfern gehaltene Festung erobert. Die Festung stand unter dem Kommando des Sikariers Eleasar ben Jair, der mit seinen Anhängern in aussichtsloser Lage wahrscheinlich kollektiven Selbstmord beging. Damit fand auch die Bewegung der Sikarier ihr Ende.

---

[34] Vgl. *E. W. Stegemann/E. Stegemann*: Urchristliche Sozialgeschichte, Stuttgart u.a. 1995, 158–161.
[35] Vgl. die aufschlussreiche Zusammenstellung aller sozialen Unruhen seit des Regierungsbeginns von Herodes bei *Sasse* 2004, 308f.
[36] Die Gleichsetzung der „vierten Philosophenschule" bei Josephus mit dem Zelotentum vertritt bes. *Hengel* [2]1976.
[37] *H.-F. Weiß*: Pharisäer I, TRE 26, 1996, 473–481, hier 479.
[38] Ios. bell. Iud. 2,254–257.
[39] Ios. bell. Iud. 2,443–447.

*Zu den Aussagen im NT*
Im ntl. Schrifttum spielen auch die *Zeloten* eine gewisse Rolle. Es finden sich Belegstellen, dass Jesus mit zelotischen Kreisen während seines Auftretens in Galiläa in Berührung gekommen ist und dass er mit zelotischen Positionen konfrontiert wurde. Wahrscheinlich befanden sich unter den Zuhörern Jesu Menschen, die mit zelotischen Parolen sympathisierten. Denn zum einen sprach Jesus genau die Kreise der Bevölkerung an, die aufgrund ihrer sozialen Situation für die Freiheits- und Hoffnungsparolen der Zeloten besonders empfänglich waren, und zum anderen entstand die zelotische Bewegung in Galiläa. Unter den namentlich aufgezählten Jüngern Jesu befindet sich auch ein „Simon Kananäus" (Mk 3,17f), der im LkEv den Beinamen „der Zelot" (6,15) trägt.[40] Simon, der Zelot, wird noch einmal kurz in Apg 1,13 erwähnt. Die Deutungsmöglichkeit des Namens „Judas Iskariot" (Joh 12,6; Mk 14,10f parr; Mk 14,43–52 parr; Mt 27,3–10; Apg 1,18) als Judas, der Dolchträger (lat. *sicarius*), könnte ebenfalls auf einen zelotischen Hintergrund weisen. Judas wäre dann als *Sikarier*[41] ursprünglich Mitglied dieser besonders radikalen Ausprägung der zelotischen Bewegung gewesen. Wahrscheinlich schimmert in der Perikope vom Zinsgroschen (Mk 12,13–17) noch eine Auseinandersetzung über die Haltung Jesu zur zelotischen Forderung, Rom die Steuerzahlung zu verweigern, durch. Der in Apg 5,37 erwähnte „Judas der Galiläer" spielt im Aufruhr gegen die unter dem syrischen Statthalter Quirinius durchgeführte Volkszählung (Lk 2) eine bedeutende Rolle. Wahrscheinlich durch pharisäische Kreise um den Priester Zadok unterstützt, ruft er zum gewaltsamen Widerstand gegen die Besteuerung der Bevölkerung durch die Besatzer auf. Judas untermauert seinen Widerstand mit einer religiös-politischen Ideologie.[42] Nach Josephus wäre die Zahlung von Steuern an Rom eine Unterwerfung unter einen anderen Herrn als den einen Gott Israels gewesen. Mit äußerster Schärfe bekämpften Judas und seine „Eiferer" (*zēlōtes*) genannten Anhänger auch alle Juden, die gegenüber der fremden Obrigkeit Gehorsam leisten wollten.[43] In vielem glich ihre Lehre der der Pharisäer, jedoch waren sie von einer glühenden Naherwartung und einer brennenden messianischen Hoffnung erfüllt. Die Zeloten lebten in der Hoffnung, durch eigene politische Widerstandstaten das erhoffte baldige Kommen noch beschleunigen zu können („synergistisches Denken"). Dieses Denken gab ihrer Bewegung Kraft und Dynamik.

---

40 Man kann belegen, dass Lukas den aramäischen Beinamen richtig übersetzt, denn *kana* ist der semitische Stamm für „Eifer", und das aramäische Wort *kenana* hat die Bedeutung „der Eiferer".

41 Josephus (bell. Iud. 2,271; ant. Iud. 20,185f) berichtet von einer zur Zeit des Prokurators Festus in Jerusalem aktiven Gruppe von Terroristen, die mit im Gewand versteckten Dolchen Kollaborateure (bell. Iud. 2,425) und Mitglieder der röm. Besatzungsmacht niederstachen. Josephus rechnet diese Gruppe unter die zelotischen Aufständischen, die im folgenden Jüdischen Krieg nach der Einnahme der Festung Masada unter ihrem Führer Eleasar kollektiven Selbstmord begingen (bell. Iud. 7,304–406.437–444).

42 Ios. ant. Iud. 18,23–25.

43 Ios bell. Iud. 2,188.433.

*Literatur*
*G. Baumbach*: Zeloten und Sikarier, ThLZ 90, 1965, 727–740. – *K. Berger*: Jesus als Pharisäer und frühe Christen als Pharisäer, NT 30, 1988, 231–262. – *R. Deines*: Die Pharisäer, Tübingen 1997. – *M. Hengel*: Die Zeloten. Untersuchungen zur jüdischen Freiheitsbewegung in der Zeit von Herodes I. bis 70 n.Chr., Leiden/Köln ²1976. – *P. Schäfer*: Der vorrabbinische Pharisäismus, in: *M. Hengel/U. Heckel* (Hgg.): Paulus und das antike Judentum, Tübingen 1991, 125–175. – *M. Sasse*: Geschichte Israels in der Zeit des Zweiten Tempels, Neukirchen-Vluyn 2004.

### 3.1.3.2 Sadduzäer (*Roman Heiligenthal*)

*Stellen im NT* (*Auswahl*)
Mt 3,7; 16,1.6.11f; Mk 12,18–27 par; Apg 4,1–4; 5,17–21a; 23,6–8

*Geschichte der Sadduzäer*
Wahrscheinlich beriefen sich die Sadduzäer mit ihrem Namen auf den Priester *Zadoq*,[1] aus dessen Geschlecht bis in das 2. Jh. v.Chr. die Hohenpriester am Jerusalemer Tempel hervorgingen.[2] Erstmalig erwähnt werden die Sadduzäer Mitte des 2. Jh.s im Zusammenhang mit der Berufung Jonathans (160–143 v.Chr.) zum Hohenpriester durch die Seleukiden.[3] Folgt man der Essenerhypothese[4] provozierte die Einsetzung eines nicht dem zadokidischen Geschlecht entstammenden Hohenpriesters ein Schisma, in dessen Folge strengpriesterliche Kreise unter Führung des „Lehrers der Gerechtigkeit" Jerusalem verließen und eine neue religiöse Bewegung gründeten. Die Sadduzäer wären dann diejenigen Priester, die weiterhin die Jerusalemer Tempelaristokratie als eine geschlossene religiös-politische Gruppierung stellten. Der entscheidende Unterschied zwischen den Sadduzäern und den Qumran-Essenern liegt in der unterschiedlichen Wertung des hasmonäischen Hohenpriestertums, dessen Legitimität durch die Qumran-Essener bestritten wurde, während sich die sadduzäischen Priesterkreise mit den neuen Verhältnissen arrangierten, indem sie mit den Hasmonäern zusammenarbeiteten. Damit unterstützten sie de facto die Entwicklung des Hasmonäerstaates zu einer hell. Monarchie. Während der hasmonäischen Herrschaftsperiode schwankte der Einfluss der Sadduzäer als einer konservativen, dem Tempelkult verpflichteten politischen Partei, doch kann man allgemein sagen, dass sie „die Geschichte des Tempelstaates in Je-

---

1 2Sam 8,17; 15,24–29 u.ö.

2 Zu anderen in der Forschung diskutierten Herleitungen des Namens vgl. *H.-F. Weiß*: Sadduzäer, TRE 29, 1998, 589–594, hier 590.

3 Ios. ant. Iud. 13,171–173.

4 Die wahrscheinlichste Hypothese zur Entstehung der Essener ist trotz vieler historischer Rätsel folgende: „Im 2. Jh. wird von einem makkabäischen Hohenpriester [...] ein zadokidischer Hoherpriester aus seinem Amt gedrängt. Dieser entmachtete Hohepriester verbündet sich daraufhin mit fundamentalistischen Kreisen, die unabhängig von ihm schon vorher (als Chassidim) existierten (vgl. CD 1,9)." (*G. Theißen/A. Merz*: Der historische Jesus. Ein Lehrbuch, Göttingen 1996, 132). Aus dieser Abspaltung entstanden die Essener mit der Qumrangemeinde als ihrem Zentrum. Die Gemeinschaft bezeichnet ihren Gründer als „Lehrer der Gerechtigkeit" (→3.1.3.3).

rusalem auch in politischer Hinsicht nachhaltig bestimmt haben".[5] Mit dem Niedergang der hasmonäischen Herrschaft nahm bis zu Herodes (37–4 v.Chr.) ihre Bedeutung immer mehr ab. Nach der Zerstörung des Jerusalemer Tempels verloren die Sadduzäer ihr religiöses, politisches und wirtschaftliches Fundament und spielen daher ab ca. 70 n.Chr. keine Rolle mehr (→1.4.4.2; 2.2.7.3 VII; 3.3.2.2). In rabbinischen Texten kann der Begriff „Sadduzäer" allgemein als Bezeichnung für „Ketzer" Verwendung finden.[6]

*Lehre der Sadduzäer*

Von einer ausformulierten theologischen Lehre kann man bei den Sadduzäern nicht sprechen, vielmehr zeichnen sie sich durch eine streng konservative Grundhaltung aus, die auch durch ihre soziale Stellung als maßgebliche Vertreter der Jerusalemer Hierokratie bedingt war.[7] Die Rekonstruktion ihrer religiösen Anschauungen stützt sich dabei vornehmlich auf die Beschreibung der jüd. Religionsparteien durch Josephus,[8] wobei allerdings beachtet werden muss, dass Josephus eine *interpretatio hellenistica* für seine gebildeten Leser betreibt, indem er die jüd. Religionsparteien in Analogie zu den Philosophenschulen der Griechen beschreibt. Deutlich konturiert sind im Bereich der Haggada (→1.5.3, 2.5.7) anthropologische und eschatologische Vorstellungen. So betonen die Sadduzäer im Unterschied zu den frühjüd. Reformbewegungen und den Pharisäern (→3.1.3.1) einen anthropologischen Indeterminismus, der den freien Willen des Menschen betont und ihn damit zur Ursache seines eigenen Schicksals werden lässt.[9] Zum festen Bestandteil antisadduzäischer Polemik wurde deren Leugnung der Auferstehung der Toten, die Teil einer Leugnung jeglicher Jenseitsvorstellungen ist. So lehnen die Sadduzäer jenseitige Belohnungen und Strafen ab und vertreten eine innerweltliche Vergeltungslehre in der Tradition altisraelitischer Weisheit. Der Gedanke der Unsterblichkeit der Seele findet sich bei ihnen im Gegensatz etwa zu den Essenern (→3.1.3.3) nicht. Umstritten ist, ob die Haltung der Sadduzäer einem „praktischen Atheismus" gleichkam" oder ob sie im Rahmen eines theonomen Weltbildes die Eigenverantwortlichkeit des Menschen betonen wollten.
Normative Bedeutung hatte für die Sadduzäer lediglich die schriftlich überlieferte Tora, während der mündlichen Überlieferung im Unterschied zu den Pharisäern keine Bedeutung zukam.

*Die Sadduzäer im Neuen Testament*

Im Unterschied zu den Pharisäern werden die Sadduzäer im NT nicht karikierend dargestellt, allerdings finden sie angesichts ihrer Bedeutung als religiöser Gruppierung zur Zeit Jesu nur geringe Beachtung. Dies mag mit ihrem „Untergang" nach der Tempelzerstörung zusammenhängen. In der gemeinsynoptischen Überlieferung ist allein das Streitgespräch Jesu mit ihnen zum Thema Auferstehung von Relevanz (Mk 12,18–27 par). Die Sadduzäer werden hier

---

5 *Weiß*: Sadduzäer (Anm. 2), 591.
6 Vgl. *B. Schröder*: Sadduzäer, RGG[4] 7, 2004, 732f.
7 Ios. ant. Iud. 13,298; 18,17.
8 Ios. ant. Iud. 13,171–173.297f; 18,11–25; bell. Iud. 2,118–166.
9 Ios. ant. Iud. 13,171–173; bell. Iud. 2,162–166.

als Leugner der Auferstehung historisch korrekt vorgestellt und durch Jesus mit einem Schriftbeweis aus Ex 3,6 widerlegt. Ein tieferes Eingehen auf sadduzäisches Schriftverständnis findet allerdings auch hier nicht statt.
In der Apg wird an drei Stellen auf die Sadduzäer Bezug genommen (Apg 4,1–22; 5,17–33; 23,6–8). In der Auseinandersetzung zwischen Petrus und Johannes vor dem Hohen Rat treten nach Apg 4 die Sadduzäer als entschiedene Gegner der Jesusbewegung auf. Auch hier wird die Behauptung der Auferstehung Jesu als quasi dogmatisches Argument gegen die Vertreter der Jünger ins Feld geführt. Ob hinter dem geschilderten Konflikt eine grundsätzliche Gegnerschaft zwischen den frühchristl. Gemeinden und den Sadduzäern aufgrund der jesuanischen bzw. frühchristl. Tempelkritik steht, kann nur vermutet werden (vgl. hierzu auch Apg 5,17–33). Das in Apg 23 geschilderte Verhör des Paulus durch den Hohen Rat beinhaltet eine knappe Szene (23,6–8), in der zwischen Lehrsätzen der Pharisäer und der Sadduzäer differenziert wird: Der Streit zwischen den beiden Gruppierungen entzündet sich auch hier an der Leugnung der Auferstehung durch die Sadduzäer. Als zusätzliche Information tritt noch hinzu, dass nicht nur die Auferstehung geleugnet wird, sondern auch alle Zwischenwesen wie Engel und Geister.
Zusammenfassend lässt sich sagen, dass in den ntl. Texten die Rolle der Sadduzäer auf ihre Leugnung der Auferstehung reduziert wird.

*Literatur*

*E. Bammel*: Sadduzäer und Sadokiden: EThL 55, 1979, 107–115. – *G. Baumbach*: Das Sadduzäerverständnis bei Flavius Josephus und im Neuen Testament: Kairos 23, 1971, 17–37. – *O. Schwankl*: Die Sadduzäerfrage (Mk 12,18–27 parr), Frankfurt a.M. 1987. – *G. Stemberger*: Pharisäer, Sadduzäer, Essener, Stuttgart 1991.

### 3.1.3.3 Die Essener und die Schriftfunde von Qumran (*Gabriele Faßbeck*)

*Die Essener in der antiken Literatur*

Weder das NT noch die rabbinische Literatur erwähnt die Essener. Doch kann an ihrer Existenz in hell.-röm. Zeit kein Zweifel bestehen, denn diese Gruppierung, in der antiken Literatur als *Essenoi* oder *Essaioi* bezeichnet, hat ansonsten stark die Aufmerksamkeit der Zeitgenossen auf sich gelenkt. Antike Autoren, allen voran Flavius Josephus (→1.3.2.6) und Philo von Alexandria (→1.3.2.5), dazu Plinius d. Ä. (nat. 5,7) sowie eine kurze Notiz, die Dio Chrysostomos zugewiesen wird,[1] betonen den herausragenden Charakter dieser Gemeinschaft, insbes. ihren Gemeinsinn.
Flavius Josephus nennt die Essener in bell. Iud. 2,119–166 und ant. Iud. 13,171–173 als eine von drei bzw. (ant. Iud. 18,11–25) vier philosophischen „Schulrichtungen" (unterschiedlich als *hairesis*, *genos* oder *philosophia*, auch *tagma* bezeichnet) und zwar neben Pharisäern (→3.1.3.1) und Sadduzäern

[1] Bei Synesios, *Vita Dionis*; vgl. *M. Stern*: Greek and Latin Authors on Jews and Judaism. Vol. 1, Jerusalem 1974, Nr. 251.

(→3.1.3.2) und einer Judas dem Galiläer zugeordneten Gruppierung.[2] Philo (hyp., überliefert bei Eus. p.e. 8,11,1–18) beschreibt den essenischen Zusammenhalt im Sinne von Klubs (*hetairia*) oder Speisevereinen (*sussitia*). Nach der Darstellung des Josephus (ant. Iud. 18,21) belief sich die Anzahl der Essener zu seiner Zeit auf mehr als 4000, eine Angabe, die von Philo unterstützt wird (prob. 75).
Unklar ist, wann die essenische Gruppierung sich formierte. In seinen Werken betont Josephus die Altehrwürdigkeit u.a. der essenischen Richtung (ant. Iud. 18,11) und ordnet sie in seiner Darstellung verschiedenen Zeitperioden zu: ant. Iud. erwähnt Essener erstmals im Zusammenhang mit dem Makkabäer Jonathan (161–143/2 v.Chr.), bell. Iud. zur Zeit des Hasmonäerkönigs Aristobul (104–103 v.Chr.). Beide Belegstellen setzen die Existenz der Essener als Gruppe jedoch für die jeweilige Zeit voraus und geben keinen Hinweis auf eine mögliche Entstehungszeit. Allerdings verbürgen keine Quellen eine frühere Existenz der essenischen Gruppierung, und die frühhasmonäische Zeit darf zumindest als *terminus post quem* gelten.
Die geographische Verbreitung der Bewegung ist ebenfalls undeutlich. Während Josephus sie als Städter kennzeichnet, Philo sie einmal (prob.) als Dorfbewohner schildert, die die Städte bewusst meiden, das andere Mal (hyp.) als Bewohner von sowohl Städten als auch Dörfern in Judäa, siedelt Plinius sie als Eremiten nur am Westufer des Toten Meeres im Bereich von En Gedi an. Auch Dio Chrysostomos lokalisiert sie am Toten Meer, spricht allerdings von einer Stadt dort in der Nähe Sodoms, wobei unklar ist, wo Dio Sodom vermutete. Bell. Iud. 5,145 nennt ein Essenertor als südwestlich gelegenen Bestandteil der Jerusalem (→2.2.7.3 VII) schützenden Stadtmauern. Ob die Bezeichnung dieses Tores auf ein in hell.-röm. Zeit tatsächlich bestehendes Essenerviertel im Jerusalemer Stadtgebiet verweist, ist umstritten, aber sicher denkbar, jedenfalls würde dies einen plausiblen Rahmen für die Verbindung einzelner von Josephus genannter Essener mit Jerusalem abgeben. Insgesamt wird man am sichersten von einer gewissen geographischen Streuung der Bewegung im judäischen Bereich auszugehen haben, für eine Verbreitung der Essener auch in Galiläa (→2.2.6.2 I) liegen keine Hinweise vor.
Die historische Rekonstruktion der essenischen Gruppierung gestaltet sich schwierig, weil man für die beiden Hauptquellen Josephus und Philo das besondere Darstellungsinteresse der Autoren in Anschlag bringen muss. Beiden liegt daran, ihrem zumindest zum Teil paganen Lesepublikum die Essener als vorbildliche Judäer zu empfehlen, die in allen Hinsichten den Idealvorstellungen eines röm. Aristokraten entsprechen. Welche Züge des Essenerbildes tatsächlich als historisch zu betrachten sind, wird Gegenstand zukünftiger Forschungsdiskussion sein, die folgende Skizze ist daher nicht mehr als ein Näherungswert.[3] Beide, Josephus und Philo (prob. 75–87; hyp. bei Eus. p.e. 8,11,1–

---

[2] Vgl. Ios. bell. Iud. 2,118 und ant. Iud. 18,23–25. In seiner Autobiographie erhebt Josephus den Anspruch, selbst eine Weile u.a. den Essenern angehört zu haben (vita 10), doch ist diese Behauptung von zweifelhaftem historischen Wert.

[3] Den bisher konsequentesten und instruktivsten Versuch, das Essenerbild des Josephus zu analysieren, hat *Mason* 2000 unternommen. Er listet die vielfältigen präzisen Übereinstimmungen zwischen Josephus' Essenern und dem röm. Tugendkanon auf.

18), schildern die Essener als strikt organisierte Lebensgemeinschaft, in der die Mitglieder Hab und Gut, Nahrung, Kleidung und Tagesablauf miteinander teilen und auch die Sozialfürsorge gemeinschaftlich verantworten. Die Arbeit, der sich die Mitglieder unterziehen, wird als primär landwirtschaftlich und handwerklich gekennzeichnet. Die Zulassung zur Gemeinschaft unterlag einem mehrjährigen Probeverfahren, in dem der Novize zunehmend höhere kultische Reinheitsgrade bis zur Vollmitgliedschaft erwarb. Ehelosigkeit scheint für mindestens einen Teil der Mitglieder charakteristisch gewesen zu sein. Gewählte Verwalter und Priester sicherten die Funktionstüchtigkeit der Gemeinschaft. Ihr Verhältnis zum Jerusalemer Kultzentrum wird von Josephus zwar angesprochen, seine Schilderung lässt aber mehr Fragen offen, als sie beantwortet. Nach Josephus vertraten die Essener besondere Reinheitsvorstellungen, die ihnen nur beschränkte Teilnahme am normalen Opferkult erlaubten. Strikteste Sabbatobservanz ist nach der Darstellung bei Josephus ein Aspekt der besonderen essenischen Reinheitsregularien ebenso wie regelmäßige rituelle Waschungen während der Arbeitstage.
Philo und Josephus bemühen sich um eine *interpretatio Graeca* essenischen Gedankengutes und verunklaren das Bild dadurch beträchtlich. Jedoch scheinen „Schriftwerke der Alten" (so Josephus), eventuell schriftliche Fixierungen von Tora („Gesetze der Väter", so Philo; Josephus berichtet von der hohen Verehrung des „Gesetzgebers", also des Mose, bei den Essenern) eine wichtige Rolle gespielt zu haben. Josephus hebt dabei den Aspekt der essenischen Heilkunst heraus, die sich nach seiner Wahrnehmung ebenfalls dem Studium der Schriften verdankte. Die Erwähnung einzelner Essener bei Josephus[4] fügt diesem Bild eine Reputation der Essener als Wahrsager und Traumdeuter hinzu, die sie mitunter an höchster Stelle am königlichen Hof ausübten.[5]

*Die Schriftrollenfunde vom Toten Meer*

Die Forschung nimmt derzeit mehrheitlich an, dass die seit 1947 in verschiedenen Höhlen am Westufer des Toten Meeres nahe der Ruinenstätte Khirbet Qumran aufgefundenen antiken Schriftrollen aus der Zeit des 3. Jh.s v.Chr bis zum 1. Jh. n.Chr. als Dokumente der essenischen Bewegung aus erster Hand anzusehen sind. Dies gilt unbeschadet der Tatsache, dass sich in den Schriftrollen keine dem Terminus „Essener" entsprechende Selbstbezeichnung ihrer Autoren findet. Die etwa 800 Schriften in meist hebr., aber auch aramäischer und gr. Sprache, umfassen Abschriften biblischer Bücher des AT mit enormem Wert für die Textkritik des AT, Schriften apokryphen und pseudepigraphen (→1.3.1.2) Charakters, von denen viele auch anderweitig überliefert sind, und schließlich solche Schriften, die vorher nicht bekannt waren und sich teils durch eine spezifische Terminologie sowie einen gemeinsamen Vorstellungshorizont als zusammengehörig erweisen. Nicht zuletzt bedingt durch zufällige Umstände der Fundgeschichte haben die Schriften aus Höhle 1 (eben

[4] Judas (Ios. bell. Iud. 1,78), Manaemus (Ios. ant. Iud. 15,372–378) und Simon (Ios. ant. Iud. 17,346); Ios. bell. Iud. 2,567 und 3,11 erwähnen einen Essener namens Johannes als militärischen Befehlshaber im ersten jüdischen Aufstand.

[5] Es scheint, dass Essener zur Zeit der herodianischen Dynastie einen gewissen Einfluss am Hofe hatten. Vgl. auch Philo hyp. bei Eus. p.e. 8,11,18.

die zuerst entdeckten) die besondere Aufmerksamkeit der Fachwelt auf sich gezogen und früh zu einer Gesamtschau geführt. Aus der „Sektenschrift" (1QS), dem Kommentar zum biblischen Buch Habakuk (1QpHab), der „Hymnenrolle" (1QH), der „Kriegsrolle" (1QM) und dann auch weiteren Schriften, die in anderen Höhlen gefunden wurden, nämlich der „Damaskusschrift" (CD, bereits zuvor aus der Kairoer Genizah bekannt) sowie dem sog. „Brief des Lehrers der Gerechtigkeit" (4QMMT, erst in neuester Zeit veröffentlicht) werden Informationen über Geschichte und Organisation der Gruppierung erhoben, die mutmaßlich die Sammlung der Rollen und ihre Deponierung in den Höhlen verantwortet. Übereinstimmungen in organisatorischen, historischen und ideologischen Aspekten mit den antiken Berichten über die Essener, u.a. aber die ungefähre Entsprechung des Fundortes der Schriftrollen zu den geographischen Angaben bei Plinius, haben zur Annahme geführt, dass eine Abspaltung der Essener seit hasmonäischer Zeit und bis zum Ersten Jüdischen Krieg in Khirbet Qumran lebte und als Sammler, Schreiber und eventuell auch Autoren für das Korpus jener Schriften verantwortlich zeichnet. Die dem Qumran-Korpus eigentümlichen Schriftfunde umfassen eine Reihe von Manuskripten mit Gemeinschaftsregeln, die für die Rekonstruktion der Qumran-Gruppe zentral geworden sind, allerdings auch zahlreiche (und noch wesentlich stärker auszuwertende) Parallelen zu hell. Vereinssatzungen (→2.2.4.2) bieten. Daneben existieren Schriften mit hymnisch-liturgischem Charakter, die Nähe zu priesterlicher Theologie nicht zuletzt durch ihre Überzeugung von der kultischen Gemeinschaft mit den Engeln verraten. Einigen Raum nehmen Schriften kalendarischen Inhalts ein. Ein Charakteristikum der hinter diesen Manuskripten stehenden Gemeinschaft scheint ein primär am Sonnenlauf orientierter Kalender gewesen zu sein, der sich in der Berechnung der Sabbate und Feiertage von dem am Jerusalemer Heiligtum geltenden Kalender unterschied und damit anscheinend eine Separierung der Gemeinschaft von den dortigen Kultverrichtungen notwendig machte. Weisheitliche und apokalyptische Traditionen mit stark dualistischer Ausrichtung haben in den Schriftrollen ebenso ihren Platz wie die sehr prominenten Pescharim, Auslegungen biblischer Bücher, die sich durch ihre prophetische Deutung der Bücher auf die als Endzeit verstandene Gegenwart der Autoren auszeichnen. Diese Schriftgattung hat von Beginn an die besondere Aufmerksamkeit der ntl. Forschung auf sich gezogen, bietet sie doch eine erstaunliche Parallele zum frühchristl. Schrift- und Selbstverständnis.

*Die Archäologie Khirbet Qumrans*

Nach der Bergung der ersten Schriftrollen begann Pater Roland de Vaux von der École Biblique et Archéologique de Jérusalem 1951 in unmittelbarer Nähe der Höhlen mit der archäologischen Erforschung der antiken Gebäudeanlage von Khirbet Qumran. Die auf einer Mergelterrasse oberhalb des Westufers des Toten Meeres gelegenen Baureste weisen auf eine Besiedlung zunächst in der Eisenzeit, dann wieder im 2. Jh. v.Chr. bis ins 1. Jh. n.Chr., wobei zahlreiche Erweiterungen der Anlage vorgenommen wurden, deren Art und Datierung inzwischen im Einzelnen umstritten sind. Aufgrund der vergleichsweise mangelhaften Dokumentation bzw. Veröffentlichung des archäologischen Befundes gibt es in jüngster Zeit starke Unsicherheit in der Interpretation des Materials, die zu heftigen Kontroversen führt. Die von de Vaux ursprünglich vertretene Interpretation der Gebäudeanlagen als klosterähnlich organisierter essenischer Schriftrollenmanufaktur stellt zwar nach wie vor die Mehrheitsmeinung dar, doch emanzipiert sich die archäologische Diskussion Qumrans zunehmend von der Textforschung an den Schriftrollen. Neue Grabungen in den Gebäuden und ihrem unmittelbaren Umfeld scheinen darüber hinaus Daten zu liefern, die es notwendig machen, den regionalen Kontext Khirbet Qumrans viel stärker in das Verständnis der Anlage einzubeziehen. Die Frage, ob und wenn ja, wie sich die religiöse Identität der Bewohner im archäologischen Befund überhaupt spiegeln kann, wird unter methodischen Vorgaben zu klären sein, die nur die Archäologie bereitstellen kann.

*Literatur*

*P. R. Davies u.a.*: Qumran. Die Schriftrollen vom Toten Meer, Stuttgart 2002. – *K. Galor u.a.* (eds.): Qumran – The Site of the Dead Sea Scrolls. Archaeological Interpretations and Debates. Proceedings of the Conference Held at Brown University November 17–19, 2002, Leiden u.a. 2006. – *Y. Hirschfeld*: Qumran in Context. Reassessing the Archaeological Evidence, Peabody 2004. – *J. Magness*: The Archaeology of Qumran and the Dead Sea Scrolls, Grand Rapids 2002. – *J. Maier*: Die Qumran-Essener. Die Texte vom Toten Meer, 3 Bde., München/Basel 1995/1996. – *Ders.*: Die Tempelrolle vom Toten Meer und das „Neue Jerusalem", München/Basel [3]1997. – *S. Mason*: What Josephus Says about the Essenes in his Judean War, in: *S. G. Wilson/M. Desjardins* (eds.): Text and Artifact in Religions of Mediterranean Antiquity (FS P. Richardson), Waterloo 2000, 423–455. – *H. Stegemann*: Die Essener, Qumran, Johannes der Täufer und Jesus, Freiburg [2]1993. – *J. C. VanderKam*: Einführung in die Qumranforschung, Göttingen 1998. – *R. de Vaux*: Archaeology and the Dead Sea Scrolls, London 1973. – *J. Zangenberg*: Qumran und Archäologie. Überlegungen zu einer umstrittenen Ortslage, in: *S. Alkier/J. Zangenberg* (Hgg.): Zeichen aus Text und Stein. Studien auf dem Weg zu einer Archäologie des Neuen Testaments, Tübingen 2003, 262–306.

## 3.1.3.4 Propheten und Messiasse (*Kurt Erlemann*)

*Stellen im NT*

Mk 13 parr; Joh 5,43; Apg 5,36; 21,38; 1Joh 2,18.22; 4,3; 2Joh 7; Offb 12f; vgl. Did 16,3f; AscIs 4,2–12; ApcEl 21,2 etc.

*Hinführung, Quellenlage*

Neben den aus schriftlichen Quellen gut rekonstruierbaren jüd. Gruppierungen des 1. Jh.s n.Chr. gab es zu dieser Zeit in Palästina weitere, zum Teil nur schwer greifbare und recht kurzlebige populäre Bewegungen, ohne deren Kenntnis die zeitgenössische Wahrnehmung Jesu unscharf bleibt. Mit Horsley sind folgende Gruppierungen zu unterscheiden: Sozialbanditen,[1] Propheten bzw. Orakelpropheten, messianische Bewegungen und Vertreter der sog. „4. Philosophie" (den Pharisäern nahe stehende Gruppen wie Zeloten im engeren Sinn und Sikarier, →3.1.3.1). Während die in Mk 13 genannten „Pseudo-

[1] Die „Sozialbanditen" werden ab den 40er Jahren des 1. Jh.s in einer Art von „Selbsthilfegruppen" aktiv (*Horsley/Hanson* 1985, 246).

christusse“ auf königliche Messiasprätendenten hinweisen, die die Befreiung Israels von der ungeliebten Führungsaristokratie und von den Römern, notfalls mit militärischen Mitteln, propagierten, verkündigten die „Pseudopropheten“ das bevor stehende, neuerliche und eschatologische Befreiungshandeln Gottes an seinem Volk (neuer Exodus). Die Hauptquellen, die uns über diese Gruppierungen Auskunft geben, sind neben ntl. Texten vor allem Flavius Josephus (→1.3.2.6), Sueton und Tacitus. Umstritten ist die Abgrenzung der einzelnen Gruppierungen voneinander, die Aussagen des Josephus sind nicht eindeutig. Die Grenzen zwischen prophetischen, „messianischen“ und zelotischen Gruppen waren wohl fließend (Hengel [2]1976, 297; Schipper 2002).
Josephus berichtet an mehreren Stellen seiner Hauptwerke von Propheten, Pseudopropheten und Messiasprätendenten. Seine Auskünfte stehen freilich unter dem Vorbehalt, dass sie tendenziös sind und kein Interesse an einer umfassenden Darstellung der Gruppierungen haben. Gleichwohl stellt er die wichtigste Quelle zu den in Mk 13 parr genannten „Pseudomessiassen“ und „Pseudopropheten“ dar. Josephus ist daneben der wichtigste Lieferant an Informationen, während die röm. Historiker Sueton (Vesp. 6; Tit. 3f) und Tacitus (hist. 5,10–13, Erwähnung von Simon und Eleazar) nur allgemeine Informationen über den Jüdischen Krieg bieten.

*Messianismus und messianische Bewegungen im 1. Jh.*
Zur Beschreibung dieser Bewegungen ist eine klare begriffliche und sozialgeschichtliche Bestimmung notwendig. „Messianisch“ im engeren Sinne sind Texte oder Bewegungen, die sich *expressis verbis* auf einen „Messias“ beziehen. Im weiteren Sinne sind alle Texte und Gruppen „messianisch“ zu nennen, die eschatologische Hoffnung mit bestimmten charismatischen Mittler- oder Führungspersönlichkeiten (auch Menschensohn, leidender Gerechter, Erwählter, endzeitlicher Prophet) in Verbindung bringen. Im Folgenden gelten als „messianisch“ die Texte und Gruppen, die die Hoffnung auf politische und religiöse Erneuerung Israels mit einer konkret erwarteten oder bereits präsenten „messianischen“ Gestalt von göttlicher Autorität verbinden und dabei an altisraelitische Mythen (etwa 2Sam 7; Jes 9; Mi 5) anknüpfen.[2] Ihr Ziel war die Befreiung von den Römern und den von ihnen eingesetzten Herodianern, ihr Mittel der militärische Kampf.
In den literarischen Quellen des frühen Judentums jenseits von NT und Josephus bildet die messianische Hoffnung eher eine Randerscheinung, was mit den Trägerkreisen dieser Texte zusammenhängen dürfte.[3] Zu unterscheiden ist einerseits zwischen der Hoffnung auf einen innergeschichtlichen Messias, sei es ein politisch-königlicher aus dem Hause Davids, sei es ein priesterlicher (Aaron, Melchisedek)[4] oder ein prophetischer Messias (Elia bzw. Mose redivivus, Mal 3,1.23), und andererseits der Hoffnung auf eine himmlische, trans-

2 Zur Definitionsfrage vgl. *Schipper* 2002, 27–33; Schipper nennt als inhaltliche Fixpunkte die Erwartung eines irdischen, zeitlich begrenzten Friedensreiches als Gegenkonzept zu bestehenden Machtstrukturen.

3 *Horsley/Hanson* 1985, 256: „There is little evidence for Jewish *expectations* of a messiah or a prophet“.

4 Dan 9,25; TestXII.Lev 17,2f; 1QS 9,11; CD 12,23; 19,10; 20,1. Die Wurzeln priesterlicher Messiaserwartung liegen in Texten wie Jer 33,14–26; Sach 3; 6,9–14.

zendente Erlösergestalt.[5] Abgesehen von PsSal 17,32; 18,5–7 (kurz nach 48 v.Chr.[6]) und einigen Qumrantexten ist die Erwartung eines königlich-politischen Messias nicht belegt.[7] Trotz der eher kargen literarischen Bezeugung im frühen Judentum sprechen die Evv und Josephus für eine hohe messianische Erwartung zur Zeit Jesu und des NT.[8] Einzelne messianische Gruppen scharen sich um charismatische Führer, die sich selbst als Messias ausgeben oder von der Gefolgschaft königlich-messianische Ehren zuerkannt bekommen (die „Pseudomessiasse" von Mk 13,6.22). Josephus nennt mehrere Messiasprätendenten vor 70 n.Chr. So setzten sich der Sklave Simon und der Hirte Athronges selbst das Diadem aufs Haupt.[9] Der Zelot Menahem war „wie ein König" und wurde im Tempel ermordet.[10] Simon bar Giora befreite Jerusalem von den Zeloten (Ios. bell. Iud. 4,510, gegen Johannes von Gischala). Gemeinsam ist den Genannten, dass sie die Hoffnung auf Befreiung von den Römern oder der ungeliebten Führungsschicht schürten und zum Teil ausdrücklich mit dem Königsthron liebäugelten. Simon wurde wie Jesus als „König der Juden" in königlichen Gewändern von den Römern gefangen genommen und später hingerichtet (Ios. bell. Iud. 7,26–31). Der königliche Messias galt gemeinhin als Nachkomme Davids. Dafür sprechen die rabbinische Legende, nach der Menahem in Bethlehem geboren wurde, die Verfolgung aller Davididen durch die Römer nach 70 n.Chr. (Eus. h.e. 3,12) und die Christenverfolgung durch Bar Kochba wegen messianischer Konkurrenz (Hengel $^{2}$1976, 306).

*Prophetische Bewegungen im 1. Jh.*

Zeitgleich, wenn auch deutlich kurzlebiger, waren *prophetische Gruppierungen* in Palästina aktiv. Auch sie hatten die Befreiung von Rom als politisches Ziel, allerdings erwarteten sie hierfür das baldige eschatologische Eingreifen des Gottes Israels. Die Orakel- oder Zeichenpropheten selbst waren zum großen Teil Einzelgänger, die in atl. Prophetentradition Gottes Heil oder Gericht ankündigten (so auch Johannes der Täufer), zum Teil scharten sie Gefolgschaft um sich, die sie, von Visionen geleitet, in die Wüste (vgl. Mt 24,16) oder an den Jordan führten, um ihnen dort Zeichen des neuerlichen Eingrei-

---

5 Hen(aeth) 48,10; 52,4 spricht allgemein von einem kommenden, transzendenten Messias-Menschensohn bzw. dem „Erwählten". 4Esr 7,28f (nach 70 n.Chr.) erwartet einen Messias, der nach 400 Jahren stirbt, und nach 12,31f einen Messias, der die Feinde Israels besiegt und Gericht hält.

6 Die Funktion des Messias in PsSal 17 besteht in der Vernichtung der Gegner und in der Heraufführung einer gerechten Gesellschaft (konkret-innergeschichtliche Hoffnung).

7 In Qumran ist eine differenzierte Messiaserwartung erkennbar. So bezeugt 1QS 9,9–11 die Erwartung eines Propheten und zweier Messiasse (einzige pluralische Verwendung des Begriffs in den Qumranschriften). Zwischen einem (priesterlichen) Messias Aarons und einem (königlichen) Messias Israels unterscheiden CD 12,22–13,1; 14,18f; 19,18f; 19,33–20,1 (singularische Verwendung). Letztere Unterscheidung war möglicherweise gegen die hasmonäische Vereinigung politischer und priesterlicher Macht gerichtet (*Chester* 1991, 25).

8 „The very specific, this-worldly, social and political emphasis of these movements is in fact an integral part of jewish messianism throughout" (*Chester* 1991, 43).

9 Ios. bell. Iud. 2,57–59 = ant. Iud. 17,273–277; bell. Iud. 2,60–65 = ant. Iud. 17,278–284.

10 Ios. bell. Iud. 2,434.444; vgl. EkhaR 1,16; yBer 5,8.

fens Gottes zur Befreiung seines Volkes zu präsentieren.[11] Dabei sind deutliche Analogien zum ersten Exodus aus Ägypten und zu Mose und Josua als den ersten Propheten Israels zu erkennen. – Von den konkreten Propheten des 1. Jh.s zu unterscheiden ist die Erwartung eines endzeitlichen Propheten, wie sie in Mk 9,12f (Johannes als Elia redivivus) oder in Offb 11,1–14 begegnet. Diese Vorstellung ist nur sporadisch im frühen Judentum belegt (Mal 3,1.23; Qumran).
Josephus nennt im Einzelnen einen samaritanischen Propheten unter Pontius Pilatus (ant. Iud. 18,85–87), weiterhin Theudas (ab 44 n.Chr., ant. Iud. 20,97f), sodann einen Betrüger (*goēs*) unter Festus (ant. Iud. 20,188) und einen Pseudopropheten (bell. Iud. 2,261f; vgl. Apg 21,38). Nach Ios. bell. Iud. 6,286f wurden falsche Propheten von Zeloten (→3.1.3.1) zu Propagandazwecken engagiert. – Im Schnittfeld zwischen prophetischen und messianischen Bewegungen ist der in Ios. ant. Iud. 20, 167–172; bell. Iud. 2,262 erwähnte anonyme Ägypter zu verorten. Er versprach seiner Gefolgschaft die Befreiung von den Römern und proklamierte sich für den Fall des Sieges als neuer König.

*Ausblick auf das NT*
Jesus wurde von seinen Zeitgenossen zumindest teilweise als potenzieller königlicher Messias, als endzeitlicher Prophet oder als Sozialbandit wahrgenommen. Für letzteres sprechen seine Verhaftung (Mk 14,43–52) und die Kreuzigungsszene (Mk 15,27). Für seine Einschätzung als königlicher Messiasprätendent sprechen seine Verurteilung als „König der Juden" sowie einzelne Wundertaten mit königlich-messianischem Anstrich (Speisung der 5000, bes. Joh 6,15). Die Ankündigung des nahen Gottesreiches mit seiner ambivalenten Bedeutung für die Menschen (Heil und Gericht), seine Wunder sowie der mehrfache Rückzug in die Wüste ließen ihn als Propheten im Gepräge eines Elia erscheinen.
Die in Mk 13 parr greifbare Position setzt sich von Pseudomessiassen wie von Pseudopropheten gleichermaßen ab. So wie Jesus selbst sich von politisch-messianischen Erwartungen an seine Person distanzierte (Mk 12,13–17.35–37; Joh 6,15), so distanzieren sich die frühen Gemeinden von militärischen Befreiungsaktionen ebenso wie von apokalyptischer Hochstimmung. Befreiendes Handeln wird allein von Gott bzw. dem als Menschensohn zurückkehrenden Auferstandenen erwartet, aber nicht in allernächster Zukunft, sondern dann, wenn es nach dem Geschichtsplan Gottes „dran" ist (Mk 13,32). Legitime Prophetie aus der Sicht des frühen Christentums verweist auf die zu überstehenden Leiden und die Parusie Jesu Christi, deren Zeitpunkt dem souveränen Willen Gottes, des Herrn der Zeit, anheim gestellt bleibt. Denen, die Gottes Eingreifen durch prophetischen oder militärischen Aktionismus forcieren möchten, erteilt Mk 13 parr eine deutliche Absage. Ziel frühchristl. Prophetie ist nicht eschatologische Euphorie, sondern „Nüchternheit", Geduld, Gebet und Gewaltverzicht.

---

[11] Ios. bell. Iud. 2,258–263; ant. Iud. 20,167; vgl. bell. Iud. 7,438–442.

*Literatur*

*P. W. Barnett*: The Jewish Sign Prophets – AD 40–70. Their Intentions and Origins, NTS 27, 1980/81, 679–697. – *O. Böcher*: Antichrist, TBLNT 1, [2]1997, 51–53. – *A. Chester*: Jewish Messianic Expectations and Mediatorial Figures and Pauline Christology, in: *M. Hengel/U. Heckel* (Hgg.): Paulus und das antike Judentum, Tübingen 1991, 17–46. – *J. J. Collins*: The Scepter and the Star. The Messiah of the Dead Sea Scrolls and Other Ancient Literature, New York 1995. – *N. A. Dahl*: Messianic Ideas and the Crucifixion of Jesus, in: *J. H. Charlesworth* (ed.): The Messiah. Developments in Earliest Judaism and Christianity, Minneapolis 1992, 382–403. – *J. D. G. Dunn*: Messianic Ideas and Their Influence on the Jews of History, in: *J. H. Charlesworth* (ed.): The Messiah. Developments in Earliest Judaism and Christianity, Minneapolis 1992, 365–381. – *M. Hengel*: Die Zeloten, Leiden/Köln [2]1976. – *R. A. Horsley/J. S. Hanson*: Bandits, Prophets and Messiahs. Popular Movements at the Time of Jesus, San Francisco 1985. – *Ders.*: „Messianic" Figures and Movements in First-Century Palestine, in: *J. H. Charlesworth* (ed.): The Messiah. Developments in Earliest Judaism and Christianity, Minneapolis 1992, 276–295. – *M. Karrer*: Der Gesalbte. Die Grundlage des Christustitels, Göttingen 1991. – *D. Mendels*: Pseudo-Philo's Biblical Antiquities, the „Fourth Philosophy", and the Political Messianism of the First Century C.E., in: *J. H. Charlesworth* (ed.): The Messiah. Developments in Earliest Judaism and Christianity, Minneapolis 1992, 261–275. – *B. U. Schipper*: „Apokalyptik", „Messianismus", „Prophetie"– eine Begriffsklärung, in: *A. Blasius/B. U. Schipper* (Hgg.): Apokalyptik und Ägypten. Eine kritische Analyse der relevanten Texte aus dem griechisch-römischen Ägypten, Löwen u.a. 2002, 21–40.

### 3.1.3.5 Täufergruppen (*Knut Backhaus*)

*Stellen im NT*

Mt 11,2–6 par Lk 7,18–23; Mk 2,18–22 parr Mt 9,14–17/Lk 5,33–39; 6,29 par Mt 14,12; Lk 11,1; Joh 1,35–51; 3,22–4,3; Apg 18,24–28; 19,1–7

In Ephesos (→2.2.7.3 VI) begegnet Paulus einigen „Jüngern", die vom Heiligen Geist nichts wissen und erklären, sie seien „auf die Taufe des Johannes" getauft worden. Darüber belehrt, dass die Umkehrtaufe auf den Jesus-Glauben vorbereiten sollte, lassen sie sich „auf den Namen Jesu" taufen (Apg 19,1–7). In das Schnittfeld zwischen der Bewegung des Täufers Johannes und der ersten Christengeneration gehört auch der judenchristl. Missionar Apollos aus Alexandria, der von Priscilla und Aquila dem (paulinischen) Gemeinde-Christentum zugeführt wird (Apg 18,24–28). Diese lk getönten, doch historisch fundierten Szenen beleuchten, dass das Christentum in der durch den Täufer Johannes ins Leben gerufenen Bußbewegung wurzelt: Hier ist Jesus, selbst getauft, erstmals aufgetreten; vor deren endzeitlich gestimmtem Gottes- und Israelbild hat er seine eigene Botschaft unter dem Anspruch der Erfüllung entfaltet; hier hat er einen Teil seiner Jünger rekrutiert (vgl. z.B. Joh 1,35–51); in dieser Kontinuität hat er sich selbst (z.B. Mk 11,27–33 parr; Mt 11,7–19 par) und wurde er von den Zeitgenossen (z.B. Mk 6,14–16 parr) verstanden. Das Urchristentum hat um diese Ursprungsverwandtschaft gewusst, in seiner religiösen Praxis an die Anfänge angeknüpft, sich zugleich abgrenzend um Eigenprofil bemüht (vgl. Mk 2,18–22 parr; Lk 11,1) und die Taufe wieder aufgenommen, die dabei vom endzeitlichen Umkehrritual zum christl. Initiationssakrament wurde. Der Blick auf das Täufermilieu eröffnet daher zugleich eine Perspektive auf die religionsgeschichtliche Herkunft des Christentums.

*Das syrisch-palästinische Täufermilieu*

Das Lebenselement Wasser und die Grunderfahrung des Tauch- und Reinigungsbades besitzen für viele Religionen anziehende Symbolkraft. Rituelles Ein- und Untertauchen, Begießen und Besprengen dienen – gerade in Verbindung mit bestimmten Flüssen – der Reinigung, Heiligung, Existenzerneuerung und Initiation. Im Judentum sieht die Reinheitstora zahlreiche Selbstwaschungen vor. Aus dem Bad, das die kultische Unreinheit des Konvertiten beseitigte, wurde, vermutlich in ntl. Zeit, die Proselytentaufe als ein die Beschneidung ergänzendes förmliches Ritual zur Aufnahme in das Bundesvolk.

Dieses Symbolsystem Reinheit wurde von frühjüd. und judenchristl. Gruppierungen, vornehmlich im syrisch-palästinischen Raum vom 2. Jh. v.Chr. bis zum 3 Jh. n.Chr., radikalisiert. Die – in der Regel stetig wiederholte – Tauchung in (fließendes) Wasser rückte hier von der kultischen Peripherie in das Zentrum von Selbstdefinition und ritueller Praxis und verdrängte mit ihrer unmittelbaren Heilsrelevanz in der Regel den Tieropfer-Kult. Die asketisch zurückgezogenen und gerade am Jordan tätigen Gruppen boten vor dem Horizont einer dualistischen Heiligkeitsvorstellung eine Alternative zur hell.-reichsröm. Stadt- und Tempelkultur und ihren dominierenden Religionsstilen. Da solche Täufergruppen für die Überlieferungsträger der sich als normativ durchsetzenden Formen des Juden- und Christentums unter Heterodoxie-Verdacht standen, ist die Quellenlage fragmentarisch und unzuverlässig.[1]

Im Judentum der ntl. Zeit wirkten täuferische Praktiken und Anschauungen offenkundig anziehend. Waschungen besitzen für die priesterlich geprägte Frömmigkeit der qumran-essenischen Gemeinschaften (→3.1.3.3) einen hohen Stellenwert als Sühne- und Heiligungsmittel (vgl. z.B. 1QS 3,3–9; Ios. bell. Iud. 2,138.149f). Josephus berichtet, er habe als junger Mann drei Jahre bei einem Einsiedler namens Bannus gelebt, der häufige sakrale Bäder pflegte und Jünger anzog (vita 11). Um das 1. Jh. n.Chr. belegen (im Jordangebiet?) das Vierte Buch der Sibyllinischen Orakel (vgl. 4,162–170) und die Vita Adae et Evae (6–11) täuferische Vorstellungen.

Aufgrund des Namens wird man die Masbothäer, Baptisten (Just. dial. 80,4) und Hemerobaptisten zu den jüd. Täufergruppen zählen; die Nasaräer sind wahrscheinlich im transjordanischen Täufermilieu zu verorten. In samaritanischem Kontext werden Dositheaner und Sebuäer genannt. Inwieweit diese Termini jeweils gleiche oder verschiedene Kreise bezeichnen und welchen soziologischen und theologischen Realitätsgehalt die häresiologischen Notizen der Kirchenschriftsteller (bes. Hegesipp, Epiphanius) besitzen, lässt sich nicht mehr aufhellen.[2] Im Judenchristentum wird zusätzlich zum Taufsakrament eine intensive sakrale Reinigungspraxis gepflegt, wovon auch die pseudoklementinische Romanlitera-

---

[1] Eine Bestandsaufnahme bietet *Rudolph* 1981. Als Protagonist der Täufergruppen-Forschung wirkte *Brandt* 1910; die umfassendste, doch in der Quellenauswertung zu optimistische Darstellung findet sich bei *Thomas* 1935.

[2] Bei den „Morgentäufern" der rabbinischen Überlieferung (vgl. *Thomas* 1935, 43–45) handelt es sich wohl um Waschungsrigoristen (vgl. z.B. bBer 22a). Epiktet mag bei seinem vieldiskutierten Vergleich diss. 2,9,20f entweder an die Proselytentaufe oder an eine jüd. Täufergruppe (vgl. *parabaptistai*), möglicherweise die Christen, denken.

tur zeugt. Seit dem 2. Jh. n.Chr. ist im syrisch-parthischen Gebiet und darüber hinaus eine auf den Propheten Elchasai zurückgeführte Täufergemeinschaft mit jüd., judenchristl. und gnostischen Zügen wirksam, deren Ausläufer bis ins 10. Jh. bezeugt sind; aus diesen Elkesaiten ging Mani (216–276), der Gründer der manichäischen Religion, hervor. Einzig überdauert hat aus dem vielfältigen palästinisch-syrischen Täufermilieu die gnostische Religionsgemeinschaft der Mandäer. Sie lebt mit eigenen sakralen Schriften und um das Tauchbad zentrierten Kult im Irak und Iran, neuerdings auch in der Diaspora. Erst unter islamischem Einfluss hat sie Johannes den Täufer als ihren Propheten „adoptiert" und wurde daher von neuzeitlichen Missionaren mit den „Johannesjüngern" gleichgesetzt.

*Die Täuferbewegung im NT*

Zum Täufermilieu im Jordangebiet gehört auch der *baptistēs* Johannes. Seine Bußtaufe gewinnt besonderen Rang, weil ihr Vollzug einmalig ist und sie als zeichenhaft verleiblichte Umkehrtat Verschonung im unmittelbar bevorstehenden Gottesgericht ermöglicht. Johannes hat mit seinem prophetischen Wirken eine resonanzreiche Taufbewegung ins Leben gerufen (vgl. auch Ios. ant. Iud. 18,116–119), Jünger gewonnen und stand, wohl auch nach seiner Hinrichtung durch Herodes Antipas, nachhaltig im Ruf des endzeitlichen Heilbringers. Ob Jesus selbst getauft hat (vgl. Joh 4,1–3) oder als Prophetenjünger zeitweilig zum engeren Umfeld des Täufers gehörte, ist unklar. Jedenfalls beansprucht er, mit der Botschaft von der Gottesherrschaft die Täuferpredigt unter dem Vorzeichen der Abba-Theozentrik in ihr Ziel zu führen, und verzichtet daher auf die Bußtaufe ebenso wie auf die Fastenpraxis. Das früheste Christentum nimmt das Taufbad als Realsymbol der österlichen Heilszueignung wieder auf.

Ein Teil der Johannes-Jünger hat vermutlich nach dessen Tod zur Jesus-Bewegung gefunden, die sich in personaler, sozialer und theologischer Hinsicht als Fortsetzung der täuferischen Initiative verstand (vgl. Mt 11,2–6 par; Joh 3,25–30). Die synoptischen Täufer-Logien, vielfach als Polemik gegen eine ihren Meister messianisch verehrende Johannes-Sekte bewertet, setzen sich eher mit den täuferischen Ursprüngen – und damit auch mit christologischen Problemen – der eigenen Gemeinschaft auseinander: Aus dem Jordanpropheten wird der Vorläufer Christi. In der Forschung wurde für einige hymnische Texte täuferische Herkunft postuliert (vgl. Lk 1,46b–55.68–79; Joh 1,1–18), doch ohne zwingende Gründe. Mt demonstriert am Beispiel der Johannes-Jünger eine Dynamik wachsender Christus-Nähe (vgl. Mt 9,14; 11,2f; 14,12). Das JohEv wendet sich Ende des 1./Anfang des 2. Jh.s gegen eine (syrische?) Täufergemeinschaft, die Johannes wahrscheinlich als *Elias redivivus* verehrt hat und an die auch der überlieferungsgeschichtliche Kern der Pseudoklementinen erinnert (vgl. bes. Clem. recogn. 1,54). Im Gegenzug zeichnet Joh den (mit diesem Titel nicht mehr belegten) Täufer als Christus-Zeugen, dessen Funktion sich in der Wegweisung zu Christus erschöpft (vgl. z.B. Joh 1,6–8.15.19–28). In der symbolischen Wandlung des Wassers zu Wein in Kana dürfte sich der Übergang von der älteren Täufer- zur jüngeren, aber „besseren" Jesus-Bewegung spiegeln (2,1–11). So werden Johannes der Täufer und seine Bußbewegung in der frühchristl. Selbstdeutung zur Brücke zwischen alter und neuer Heilszeit und zum Urstadium der eigenen Gemeinschaft.

*Literatur*

*K. Backhaus*: Die „Jüngerkreise“ des Täufers Johannes. Eine Studie zu den religionsgeschichtlichen Ursprüngen des Christentums, Paderborn 1991. – *W. Brandt*: Die jüdischen Baptismen oder das religiöse Waschen und Baden im Judentum mit Einschluß des Judenchristentums, Gießen 1910. – *L. Cirillo*: Elchasai e gli Elchasaiti. Un contributo alla storia delle comunità giudeo-cristiane, Cosenza 1984. – *J. Ernst*: Johannes der Täufer. Interpretation – Geschichte – Wirkungsgeschichte, Berlin 1989. – *A. F. J. Klijn/G. J. Reinink*: Patristic Evidence for Jewish-Christian Sects, Leiden 1973. – *S. C. Mimouni*: Le judéo-christianisme ancien. Essais historiques, Paris 1998. – *K. Rudolph*: Die Mandäer, 2 Bde., Göttingen 1960/61. – *Ders.*: Antike Baptisten. Zu den Überlieferungen über frühjüdische und frühchristliche Taufsekten, Berlin 1981, 569–606; leicht gekürzt: The Baptist Sects, in: *W. Horbury u.a.* (eds.): The Cambridge History of Judaism III, Cambridge 1999, 471–500. – *Ders.*: Gnosis und spätantike Religionsgeschichte, Leiden 1996, 299–626.686–697.– *J. E. Taylor*: The Immerser. John the Baptist within Second Temple Judaism, Grand Rapids 1997. – *J. Thomas*: Le mouvement baptiste en Palestine et Syrie (150 av. J.-C.–300 ap. J.-C.), Gembloux 1935.

## 3.1.3.6 Die Samaritaner (*Jürgen Zangenberg*)

*Stellen im NT*

Mt 10,5; Lk 9,51–56; 10,25–37; 17,11–19; Joh 3,22–30; 4,1–43; 8,48; 11,54; Apg 1,8; 8,4–24; 9,31; 15,3

*Hintergrund*

Neuere Forschungen haben erwiesen, dass die Region Samarien aufgrund ihrer wechselhaften Geschichte seit dem Ende des Nordreichs 722 v.Chr. in ntl. Zeit von mehreren, über ihre Kultur zu definierende Gruppen bewohnt war, von denen die Samaritaner (S.) neben paganen (semitischen oder nicht-semitischen) Bevölkerungselementen und Juden nur eine, mit den Mitteln der Textwissenschaft und Archäologie aufgrund ihrer religiösen Orientierung klar greifbare Gruppe darstellten.

*Geschichte*

Die Ursprünge der S. liegen weitgehend noch im Dunklen (die Textquellen sind entweder spät oder stammen nicht von Samaritanern), dürften aber in spätpersisch-frühhell. Zeit zurückgehen, als nach dem Bericht des Josephus (ant. Iud. 11,306–312) ein Teil der Priesterschaft (→3.3.2.2) aufgrund von unterschiedlichen Vorstellungen von Heirat und Reinheit aus Jerusalem (→2.2.7.3 VII) ausgewiesen wurden, sich in Sichem ansiedelten und auf dem Garizim ein neues Heiligtum gründeten, wobei sie wohl Teile der indigenen Jahwe-gläubigen Bevölkerung (vgl. Jer 41,5; Esr; Neh) absorbierten.
Bis zur Eroberung Samariens und der Zerstörung des Garizim durch Johannes Hyrcanos I. Ende des 2. Jh.s v.Chr. stabilisierte sich die Gemeinschaft der S. nach innen und außen; erste Spuren einer Diaspora sind bereits im 2. Jh. v.Chr. in Ägypten (→1.4.3; 1.4.5.1; Ios. ant. Iud. 13,74–79), auf Delos und an der palästinischen Küste (Caesarea) zu greifen (→1.4.4). Die Zerstörung des Hauptheiligtums bewirkte weder das Ende der S. noch des Priestertums und der praktischen Bedeutung des Berges als Kultort, sondern förderte die Her-

ausbildung einer eigenen Identität und die schrittweise Abgrenzung vom Jerusalemer Judentum. Wesentliche Teile der materiellen Kultur der S. bewegen sich in den in späthell.-frühröm. Zeit üblichen, allgemeinjüd. Bahnen (z.B. Gebrauch der Quadrat- *und* der althebr. Schrift). Dennoch prägen religiöse und politische Spannungen die ntl. Zeit.[1] Ein religiös motivierter Versuch, sich von röm. Oberhoheit zu befreien, scheiterte zu Beginn des Jüdischen Krieges (Ios. bell. Iud. 3,307–315). Die Auswirkungen der forcierten Romanisierung Samariens nach 70 bzw. 135 n.Chr. bleiben undeutlich. Die paganen Neusiedler und die S. scheinen weitgehend nebeneinander gelebt zu haben, wie vielleicht Justin demonstriert, der zwar aus dem im Jahre 73 n.Chr. gegründeten Neapolis (Nablus) stammt, sich aber als typischer Heidenchrist nicht für die „realen" S. interessiert zu haben scheint. Reformen (Baba Rabba) und eine wachsende Diaspora (Synagogen z.B. in Sizilien, Thessaloniki) markieren den Aufschwung samaritanischer Kultur in der Spätantike; eine erkennbare eigenständige Kleinkunst (Lampen) und Architektur (Synagogen) entsteht. Diese „Goldene Zeit" der samaritanischen Religionsgemeinschaft endet mit Justinian, der samaritanische Aufstände in Palästina mit großer Gewalt niederschlägt, die S. aber nicht gänzlich auslöschen kann. Nach einer wechselvollen Geschichte in mittelalterlicher Zeit existieren S.-Gemeinden heute noch auf dem Garizim und bei Tel Aviv.

*Kultur und Religion*
Das älteste Dokument samaritanischer Theologie und Literatur ist eine wohl im Laufe des 2. Jh.s v.Chr. v.a. um Zusätze zum Dekalog erweiterte Rezension des Pentateuch. Die Tatsache, dass die S. bis auf wenige gruppenspezifische Änderungen dieselbe Fassung des Pentateuch besitzen wie die Juden, unterstreicht, dass es sich bei den S. nicht um synkretistische Nachfahren heidnischer Kolonisten handeln kann (so jüd. Polemik im Anschluss an 2Kön 17,24–41 und mehrheitlich die ältere Forschung), sondern um eine in spätnachexilischer Zeit entstandene Sondergruppe des Judentums. Von einem „Bruch" beider Gruppen kann vor dem 4. Jh. n.Chr. nicht die Rede sein, antisamaritanisch-jüd. Polemik ist als Kontroverse verwandter Gruppen um die Legitimität ihrer jeweiligen Ansprüche auf das biblische Erbe zu verstehen, nicht als Apologetik (→3.3.9) nach „außen".
Bereits früh sind drei fundamentale Grundsätze samaritanischer Theologie erkennbar: Die Anerkennung des Garizim als alleinigem Ort rechtmäßiger Gottesverehrung (so im Zusatz zum Dekalog; Jerusalem wird nicht im Pentateuch erwähnt und deshalb als häretisch abgelehnt), die Ablehnung anderer normativer Schriften neben dem s. Pentateuch (ähnlich die Sadduzäer →3.1.3.2) und die besondere Hochschätzung des Mose als Boten Gottes, Gesetzgeber und (mit Josua) als Führer ins gelobte Land sowie als Stifter des Priestertums. Die S. sehen sich als „Hüter des Bundes" (*shomerim*), der Anspruch der Juden, das wahre Israel zu sein, wird vehement bestritten, da sie die wahre Offenbarung Gottes durch Mose durch jerusalemfreundliche Zusätze betrügerisch verändert hätten.

---

[1] Ios. ant. Iud. 18,29f.85–89; 20,118–136; vgl. Tac. ann. 12,54; Joh 4,9; Lk 9,51–56.

Die strenge Konzentration auf Mose führte zur Ausprägung einer besonderen Form der Eschatologie (→1.3.2.3) bei den S. (Dtn 18,15.18), die Auferstehungshoffnung (→3.2.5.2) hat sich in Anlehnung an jüd. Traditionen erst spät entwickelt. Überhaupt resultierte das gemeinsame biblische Erbe in einer Reihe paralleler Entwicklungen im Bereich des praktischen Religionsgesetzes (*halachah*), wie etwa der Verwendung von *miqwaot* (erkennbar nicht von Steingefäßen) bereits im 1. Jh. n.Chr. (Qedumim) und der Ausbildung synagogaler Architektur und einer sich aus biblischen Motiven speisenden Bildersprache etwa ab dem 3. Jh. n.Chr. Viele jüd. Texte erkennen an, dass sich S. um eine strikte Einhaltung aller im Pentateuch geforderten Gebote bemühen. Aufgrund der Garizimorientierung und z.T. unterschiedlicher Entwicklungen in der Pentateuchauslegung und der *halachah* (Dauer der Unreinheit nach Menstruation, Tag der Beschneidung etc.) gelten die S. in vielen rabbinischen Texten jedoch als religiös zwiespältig: S. sind weder Heiden noch Juden und der Umgang mit ihnen erfordert besondere Vorsicht.
Als weitere wichtige Werke samaritanischer Literatur sind das Targum, ein theologisch-philosophisches Werk namens Tibat/Memar Marqa und die Anfänge der s. Synagogenliturgie zu nennen, die in der Spätantike entstanden und im Laufe der Zeit erweitert und verändert wurden. Ein trotz des Verlustes des Tempels weiterhin lebendiges Priestertum bewirkte, dass religionsgesetzliche Bestimmungen lange nicht kodifiziert, sondern von Priestern mündlich verfügt und ausgelegt wurden (anders im Judentum nach 70 n.Chr. die Mischna). Auch bei den S. scheint es Häretiker gegeben zu haben, ihre Konturen bleiben aber recht vage (Dositheos u.a.).

*Zu den Textaussagen im NT*

Abgesehen von Mt 10,5b–6 werden Samarien und die S. nur im lk Doppelwerk und bei Joh erwähnt. Beide Autoren zeigen ein durchaus unterschiedliches Interesse und verarbeiten sehr disparates Material, das keinesfalls nur die S. im Speziellen behandelt. Mt 10,5f zeigt, wie stark sich traditionell-jüd. antisamaritanische Polemik selbst bei der Ausbildung der Identität frühchristl. Gruppen ausgewirkt hat. Mit ähnlichen innergemeindlichen Stimmen scheint der Autor von Joh 4,1–43 (vgl. 8,48!) gerungen zu haben, um ehemals s. Konvertiten in seine Gemeinde zu integrieren. Joh 4,1–43 zeigt, wie Joh aus der Überwindung der traditionellen jüd.-s. Kontroverse über die legitime Beanspruchung atl. Heilstraditionen (Ort der Gottesverehrung, Patriarchen, Reinheit, Messias) zu einer eigenen, zutiefst christl. Position findet. In Joh 3,22–30 geht es weniger um S. als um eine Standortbestimmung gegenüber Täufern (→3.1.3.5), deren Aktivität in Samarien Joh bekannt ist (Aenon bei Salem).
Die Apg sieht die Samarienmission, die bei Jesus noch nicht im Blick war (Lk 9,51–56), im Horizont der dem göttlichen Heilsplan entsprechenden nachösterlichen Mission (Apg 1,8 auf dem Hintergrund von Jes 49,6; vgl. auch Apg 9,31; 15,3). Dass der wohl nicht aus s. Milieu, sondern aus der heidnischen Stadt Samaria stammende Wundertäter Simon in diesem Zusammenhang erwähnt wird, zeigt, wie sehr Lk dem geographischen Schema (Samarien vor dem Zug in die Welt und Missionierung durch Philippus) verpflichtet ist. Zudem ist es eine willkommene Gelegenheit zu demonstrieren, dass alle Missionstätigkeit von den Jerusalemer Autoritäten legitimiert werden muss. In der

Auseinandersetzung über die rechte Frömmigkeit innerhalb der lk Gemeinde spielen S. ebenfalls eine Rolle (Lk 10,25–37 Beispielgeschichte; 17,11–19 Wunderheilung), weil das paradigmatisch rechte Handeln der Außenseiter (sie erweisen Gott Dank und erfüllen sein Gebot) die sich selbst als rechtschaffen dünkenden Adressaten aufrütteln und zu tatkräftigem eigenen Handeln reizen soll.

*Literatur*

*R. T. Anderson/R. Giles*: The Keepers. An Introduction to the History and Culture of the Samaritans, Peabody 2002. – *M. Böhm*: Samarien und die Samaritai bei Lukas. Eine Studie zum religionshistorischen und traditionsgeschichtlichen Hintergrund der lukanischen Samarientexte und zu deren topographischer Verhaftung, Tübingen 2000. – *A. D. Crown* (ed.): The Samaritans, Tübingen 1989. – *Ders.* (ed.): A Companion to Samaritan Studies, Tübingen 1993. – *F. Dexinger/R. Pummer* (Hgg.): Die Samaritaner, Darmstadt 1992. – *S. Haar*: Simon Magus. The First Gnostic?, Berlin/New York 2003. – *Y. Magen u.a.*: Mount Gerizim Excavations 1: The Aramaic, Hebrew and Samaritan Inscriptions, Jerusalem 2004. – *R. Pummer*: The Samaritans, Leiden 1987. – *Ders.*: Early Christian Authors on Samaritans and Samaritanism. Texts, Translations and Commentary, Tübingen 2002 – *G. Theißen*: Simon Magus – Die Entwicklung seines Bildes vom charismatischen zum gnostischen Erlöser. Ein Beitrag zur Frühgeschichte der Gnosis, in: *A. v. Dobbeler u.a.* (Hgg.): Religionsgeschichtliche Studien zum Neuen Testament (FS Klaus Berger), Tübingen 2000, 407–432. – *J. Zangenberg*: ΣΑΜΑΡΕΙΑ. Antike Quellen zur Geschichte und Kultur der Samaritaner in deutscher Übersetzung, Tübingen 1994. – *Ders.*: Frühes Christentum in Samarien. Topographische und traditionsgeschichtliche Studien zu den Samarientexten im Johannesevangelium, Tübingen 1998. – *Ders.*: *Dynamis tou Theou*. Das religionsgeschichtliche Profil des Simon Magus aus Sebaste, in: *A. v. Dobbeler* u.a. (Hgg.): Religionsgeschichtliche Studien zum Neuen Testament (FS K. Berger), Tübingen 2000, 519–540. – *Ders.*: Garizim – „Berg des Segens“. Stadt und Heiligtum der Samaritaner aus hellenistischer Zeit, AW 34.1, 2003, 23–35. – *Ders.*: Between Jerusalem and the Galilee. Samaria in the Time of Jesus, im Druck für: *J. H. Charlesworth* (ed.): Jesus and Archaeology, Grand Rapids 2005.

## 3.1.3.7 Gottesfürchtige und Proselyten (*Bernd Wander*)

*Stellen im NT*

Apg 10,2.22, 13,26.43.50; 16,14; 17,4.17; 18,7 („Gottesfürchtige“)
Mt 23,15; Apg 2,11; 6,5; 13,43 („Proselyten“)

*Einführung*

Seit der Zerstörung des 1. Tempels 587 v.Chr. hatte sich das Judentum über die damals bekannte Welt ausgebreitet. An vielen bekannten und unbekannten Orten waren Synagogen und Gemeinden gegründet worden. Diasporajuden wurden vor allem mit zwei massiven Problemkreisen konfrontiert: Einerseits sich gemäß den Reinheitsforderungen der Tora von der Völkerwelt („Heiden“) fernzuhalten, andererseits der prophetischen Verkündigung Deuterojesajas gerecht zu werden, welcher Israel Gottes Auftrag zumutete, Licht für die Völker zu werden (Jes 42 und 49).

Der zweite Problemkreis entsprach dem erstgenannten insofern, als sich hier die praktische Relevanz dieser Forderungen zeigte. Denn einerseits galten die jüd. Religion und das gemeindliche Leben als enorm attraktiv für weite Kreise der heidnischen Bevölkerung, andererseits entluden sich regelmäßig in Pogromen die Spannungen gegen die jüd. Bevölkerung, weil sie eben nicht nur offen gegenüber Fremden war, sondern sich auch entsprechend der halachischen Vorschriften absonderte. Durch Angaben heidnisch-antiker Autoren wie Epiktet, Juvenal, Plutarch, Sueton, Tacitus u.a. sind wir gut darüber informiert, dass besonders in der Oberschicht der röm. Gesellschaft jüd. Riten und Lebensweisen imitiert wurden und die jüd. Religion als in höchstem Maße attraktiv galt. Grund dafür waren einerseits der praktische Monotheismus, nach welchem ein Gott nicht nur zu glauben oder zu denken, sondern allein ihm zu dienen sei; andererseits die weit verzweigte Ethik und der besondere Umgang mit Kranken, Witwen, Armen und Toten.

Dem Interesse am Judentum standen enorme Konflikte bei der praktischen Umsetzung im Alltag gegenüber. Denn einerseits wurden derartig interessierte Heiden in den Synagogen-Gottesdiensten gerne aufgenommen und unterschiedlich beteiligt, andererseits aber von allem weiteren sozialen Umgang darüber hinaus ausgeschlossen. Das gemeinsame Essen etwa war aufgrund der Reinheitsforderungen unmöglich. Andererseits mussten sich aber große Schwierigkeiten ergeben, wenn Heiden dieses Manko durch Übertritt zum Judentum zu lösen versuchten: Das gesamte öffentliche und berufliche Leben in Militär und Verwaltung war mit dem Opfer für Kaiser (→3.3.4) und Götter verbunden, was mit dem 1. Gebot kollidierte. Darüber hinaus war die jüd. Bevölkerung von bestimmten Berufen ausgeschlossen, was für übertrittswillige Heiden einen weiteren Hinderungsgrund darstellte.

Dieses besondere Spannungsfeld von Attraktion, Aggression, Separation und Hinwendung zur Völkerwelt muss zugrunde gelegt werden, wenn die Bestimmungsgrößen „Gottesfürchtige" und „Proselyten" eine nähere Begriffsbestimmung erfahren.

*Zu den Textaussagen im NT*

Dabei ist die Definition eines Proselyten zur Zeit des NT relativ klar zu bestimmen, auch wenn die Quellen dazu erst aus späterer Zeit stammen. Proselyten waren Heiden, welche Zugang zum Gott Israels bekommen hatten und nach einer längeren Zeit der Unterweisung in Tora und *Halachah* den Übertritt zum Judentum mit der Beschneidung (nur Männer), mit einem Reinigungsbad und durch ein Opfer im Jerusalemer Tempel (bis ca. 70 n.Chr.; →3.3.2.2) besiegelten. Zahlenmäßig wird diese Gruppe nicht besonders groß gewesen sein wegen der o.g. Hindernisse im alltäglichen und beruflichen Leben.

Dem gegenüber stand eine große Zahl von sog. „Gottesfürchtigen"(→3.1.3.7), worunter oft auch die „Sympathisanten" und „Nachahmer" jüd. Religion subsumiert wurden. Terminologisch gesprochen sind Gottesfürchtige eine eingrenzbare Außenbezeichnung für Heiden, welche sich am Leben der Diaspora-Synagogengemeinden in unterschiedlicher Intensität beteiligten. Die Terminologie ist insofern ein Problem, als das NT eine andere Bezeichnung wählt (*phoboumenoi ton theon*: Apg 10,2.22; 13,16.26 oder *sebomenoi ton theon*: Apg 13,43.50; 16,14; 17,4.17; 18,7) als die Inschriften (→1.3.4.2) und heidnischen Autoren (vorwiegend: *theosebeis*). Gelegentlich wurde aus diesem Umstand die unhaltbare Hypothese abgeleitet, nach welcher die „Gottesfürchti-

gen" in der Apg ein theologisches Konstrukt des Lukas seien, um den abrupten Übergang zur beschneidungsfreien Heidenmission zu kompensieren.
Dagegen ist zum einen zu halten, dass atl., antike, jüd. und rabbinische Quellen, epigraphische Zeugnisse und heidnische Autoren eine Vielzahl von Hinweisen zu diesem Phänomen enthalten. Zum anderen ist auf den spektakulären Inschriftenfund von Aphrodisias im Südwestteil der Türkei hinzuweisen. Die Inschrift wurde 1976 bei Grabungsarbeiten entdeckt und 1987 erstmals publiziert.[1] Ursprünglich flankierte diese Inschrift von 2,80 m Höhe einen Synagogeneingang. Sie war von der jüd. Gemeinde in Aphrodisias aufgestellt worden und nannte 125 Namen und Berufe von Unterstützern oder Spendern. 68 dieser Personennamen beziehen sich auf Juden, erkennbar an den überwiegend biblischen und hebr. Namen. Drei Personen werden ausweislich als Proselyten bezeichnet. 54 Personennamen tragen den Zusatz *theosebeis* („Gottesfürchtige"). Knapp 43 % der erwähnten Spender tragen nicht nur diesen Zusatz, sondern sind aufgrund der Namen und Berufe als Teil der heidnischen Bevölkerung erkennbar. Eine große Überraschung war ebenfalls, dass einige dieser „Gottesfürchtigen" zusammen mit Juden und Proselyten eine Gemeinschaft zum Studium der Tora und zum Gebet gebildet haben. Ob sich die Verhältnisse von Aphrodisias auf die gesamte Diaspora ausweiten lassen, ist fraglich. Sie belegen auf jeden Fall ein lebendiges Bild der Möglichkeiten.
Die Ansätze zur beschneidungsfreien christl. Heidenmission werden genau in diesem Umfeld der Diasporasynagogen stattgefunden haben. Hier versammelten sich „gottesfürchtige Heiden", religiös sensibilisiert, mit Schriftkenntnissen vertraut und auf der Suche nach verbindlichen Zusagen einer Zugehörigkeit zum Bund mit dem Gott Israels. Hier werden Paulus und andere ihre ersten Verkündigungen unternommen haben und, wie die Geschichte am Anfang des 2. Jh.s n.Chr. zeigt, auch mit Erfolg.

*Literatur*

*M. Goodman*: Mission and Conversion, Oxford 1994. – *M. Hengel/A. Schwemer*: Paulus zwischen Damaskus und Antiochien, Tübigen 1998. – *B. Wander*: Gottesfürchtige und Sympathisanten, Tübingen 1998.
Zur Inschrift von Aphrodisias, die nach neuerer Forschung wohl in die Spätantike zu datieren ist: *H. Botermann*: Griechisch-jüdische Epigraphik: Zur Datierung der Aphrodisias-Inschriften, ZPE 98, 1993, 184–194. – *A. Chaniotis*: The Jews of Aphrodisias: New Evidence and Old Problems, SCI 21, 2002, 209–242.

[1] *J. Reynolds/R. Tannenbaum*: Jews and Godfearers at Aphrodisias. Greek Inscriptions with Commentary, Textes from the Excavations at Aphrodisias, Conducted by K. T. Erim, Cambridge 1987.

## 3.1.3.8 Nichtjuden in Palästina (*Jürgen Zangenberg*)

*Stellen im NT*

Mt 6,32 par; 9,5 parr; 10,5; 28,19; Mk 7,26 par Mt 15,22; 15,1–15.16–20.39 parr; Apg 8,9–13; 10,1.28; 12,22f

*Einführung*

„At no time in history was Judaism the only religion of Palestine". Diesem programmatischen Satz von David Flusser ist uneingeschränkt zuzustimmen.[1] Entgegen einem weit verbreiteten Vorurteil war Palästina zur Zeit des NT keinesfalls nur von Juden, Samaritanern und später einer wachsenden Zahl von Christen bewohnt. Seit alter Zeit lebten dort auch Menschen, die keinem dieser Zweige biblischer Religion angehört haben und die man pauschal und wenig glücklich als „Heiden" bezeichnet.[2] Dieser Sammelbegriff ist – neben seiner oft abwertenden Verwendung – vor allem deshalb problematisch, weil er suggeriert, dass man es bei „Heiden" mit Angehörigen einer weitgehend einheitlichen Form von Religiosität zu tun hat. Dabei war im Gegenteil das ethnische, kulturelle und religiöse Spektrum, das sich hinter „Heiden" verbirgt, sehr breit, vielfältig und dynamisch. Nur im Gegenüber zu biblisch-jüd. Religiosität, der wir noch weitgehend unseren Sprachgebrauch verdanken, erscheint das „Heidentum" als einheitliche Größe. „Heiden" sind die „anderen". Daher ist ein weiteres Vorurteil zu korrigieren. Gemäß biblischer Denkweise besteht eine tiefe innere Verbindung zwischen dem Jahwe verpflichteten Volk Israel und dem Land, in dem es wohnt. Nach jüd. Auffassung haben Heiden daher kein Anrecht auf das Land und können bestenfalls als „Beisassen" in ihm geduldet werden. Obwohl höchst fraglich ist, inwiefern diese Vorstellung in ntl. Zeit je der sozialen Realität entsprach, hat sie doch das Denken insoweit geprägt, als man bis heute oft „Heidentum" als etwas Fremdes, mit Palästina nicht genuin Verbundenes, wahrnimmt. Ein genauerer Blick auf die Quellen zeigt jedoch, dass pagane Religion in Palästina keinesfalls nur von Fremden praktiziert wurde oder auf fremden Einfluss auf das ursprünglich allein biblischer Tradition verpflichtete Palästina zurückgeführt werden muss. Schließlich ist zu betonen, dass sowohl das Heidentum als auch das Judentum in Palästina seit dem 4. Jh. v.Chr. in jeweils eigener Weise vom Hell. beeinflusst wurden.

---

1 *Flusser* 1976, 1065.

2 Zur Problematik dieses Begriffs vgl. *Zangenberg* 2003, 181–184. Das NT folgt jüd. Terminologie und redet oft von „Völkern" (gr. *ethnē*, hebr. *goyim*). Ich schließe mich dem in den Altertumswissenschaften üblichen Sprachgebrauch an, bin mir aber der Unzulänglichkeit der Begrifflichkeit bewusst, da sie immer noch die „fremde Religiosität" von implizit christl. Voraussetzungen aus versteht: *paganus* war der (noch) nicht christianisierte Anhänger traditioneller Religion, der in der Spätantike zumeist auf dem Land (*pagus*) wohnte. Das deutsche Wort „Heide" spiegelt die direkte Übertragung dieses Begriffs. Wie ein Blick ins Internet zeigt, wird der Begriff „Heide" heute von zahlreichen Anhängern revitalisierter Naturreligion durchaus nicht mehr als diskriminierend wahrgenommen.

Die Präsenz von Heiden ist also nicht per se Anzeichen für „Hell.“, noch ist ihr Fehlen Zeichen für besondere Traditionalität einer Region.[3]
Mit den dramatischen demographischen Umwälzungen nach dem Ersten und vor allem Zweiten Aufstand gegen Rom änderte sich auch das religiöse Gesicht des Landes drastisch und Palästina wurde kulturell und demographisch enger ins Imperium einbezogen. In Regionen, die einst nahezu ausschließlich von Juden besiedelt waren (z.B. Jerusalem), hielt nun mit zugewandertem Militär und Veteranen auch heidnische Religion Einzug.[4]
Leider spielt pagane Religiosität in der Palästinaforschung bisher oft nur eine untergeordnete Rolle. Zum Teil liegt dies sicher an der äußerst lückenhaften textlichen Quellenlage über palästinische pagane Religion in hell.-röm. Zeit bis 70. Über „Heiden“ erfahren wir fast nur aus ihnen wenig gewogenen jüd. oder christl. Quellen. Daher erfordert das Studium paganer Religiosität in besonderem Maße die interdisziplinäre Zusammenarbeit von Textwissenschaft, Archäologie, Numismatik und Epigraphik (→1.3.4.2–1.3.4.4). Für die Zeit nach dem Ersten Krieg bis in die Spätantike liegt erfreulicherweise seit kurzem eine überaus gründliche Zusammenschau vor.[5]

*Formen und Träger paganer Religiosität in Palästina*
Pagane Religion wurde keinesfalls nur von „Römern“ praktiziert. Die Zahl echter „Römer“ (d.h. ethnischer Italiker oder Träger röm. Bürgerrechts) war in Palästina vor 70 ohnehin recht gering und beschränkte sich in Judäa seit Einrichtung der Provinz im Jahre 6 n.Chr. (→1.4.4.2) im Wesentlichen auf Angehörige der Verwaltung und des Militärs (→1.4.1.2; 1.4.1.3 und 2.3.1). In Galiläa (→2.2.6.2 I), das ja zur Wirkungszeit Jesu noch durch von Rom abhängige, aber einheimische Herrscher verwaltet wurde, war der Anteil solcher „Römer“ verschwindend klein, da die noch regierenden Herodianer über eine eigene Verwaltung und eigenes Militär verfügten. Der Hauptmann aus Kapernaum in Mt 8,5 parr muss daher keinesfalls Heide oder gar „Römer“ gewesen sein (sicher aber der in Jerusalem Dienst tuende Hauptmann aus Mk 15,39 und das ihm unterstellte Hinrichtungskommando 15,16–20). Zentren im engeren Sinne an Rom orientierter Religiosität waren Städte wie Caesarea Maritima (Ios. ant. Iud. 15,339; bell. Iud. 1,414), Caesarea Philippi (Ios. ant. Iud. 15,360–364; bell. Iud. 1,404f; Mk 8,27 par Mt 16,13) oder Sebaste (Ios. ant. 15,296–298; bell. Iud. 1,403; Apg 8,5),[6] wo Herodes d. Gr. als Zeichen seiner

---

[3] Die Literatur zu diesem Thema ist Legion, ich verweise hier nur auf die klassische Studie von *M. Hengel*: Judentum und Hellenismus, Tübingen [3]1988 und den Sammelband von *J. J. Collins/G. E. Sterling* (eds.): Hellenism in the Land of Israel, Notre Dame 2001.

[4] Zum Bild nach 70 vgl. v.a. *Belayche* 2001.

[5] *Belayche* 2001. Für die hell.-frühröm. Epoche fehlt eine gleichwertige Darstellung.

[6] Zu Caesarea Maritima vgl. die Beiträge in *T. L. Donaldson* (ed.): Religious Rivalries and the Struggle for Success in Caesarea Maritima, Waterloo 2000 und *L. C. Kahn*: King Herod's Temple of Roma and Augustus at Caesarea Maritima, in: *A. Raban/K.G. Holum* (eds.): Caesarea Maritima. A Retrospective after Two Millennia, Leiden 1996. Zu Caesarea Philippi s. *J. F. Wilson*: Caesarea Philippi. Banias. The Lost City of Pan, London/New York 2004, bes. 56–69; zu Sebaste s. *J. Zangenberg*: Frühes Christentum in Samarien. Topographische und traditionsgeschichtliche Studien zu den Samarientexten im Johannesevangelium, Tübingen 1998, 47–55. Zum Thema vgl. auch *J. S. McLaren*: Jews and the Imperial Cult. From Augustus to Domitian, JSNT 27, 2005, 257–278, bes. 258–262.

Loyalität Tempel zu Ehren der Roma und des Augustus gestiftet hat (→3.3.4), wozu selbstverständlich auch die Einrichtung und Finanzierung entsprechender Priesterkollegien und Opferriten gehört. Der an diesen Tempeln durchgeführte Kult wird sich nicht von dem unterschieden haben, was wir von anderen Orten im Reich her kennen. Lat. Inschriften, die zum Teil auch Gottheiten oder religiöse Vorstellungen oder Praktiken zum Gegenstand haben (z.B. Grabinschriften), kommen praktisch nur in Verbindung mit dem Militär (vor 70 vereinzelt in Caesarea Maritima) und vermehrt ohnehin erst nach 70 vor (Jerusalem, Caesarea u.a.).[7]
Gr. Kulte sind in Palästina seit der Zeit Alexanders bekannt, doch ist auch hier zu beachten, dass deren Träger zumeist nicht ethnische „Griechen" waren, sondern von gr. Sprache und Kultur geprägte Einheimische, meist Phönizier oder andere, aramäisch sprechende Semiten. Griechen waren in Palästina seit dem 5. Jh. zwar in nur geringer Anzahl als Händler präsent, viel wichtiger waren jedoch die Phönizier als Vermittler westlicher Kultur, die durch Handel und Seeverkehr eine wichtige Brücke zwischen der Levante und dem gr. Kulturbereich darstellten (→2.4.2.2).[8] Bedeutende Zentren für diese Art phönizisch-gr. Religiosität waren seit persischer Zeit daher vor allem Städte an der Küste bzw. in der Küstenebene (Gaza, Askalon, Azotos, Lydda/Diospolis, Apollonia, Antipatris, Dora, Ioppe, Ptolemais/Akko, Tyros, Sidon). Seit frühhell. Zeit (3. Jh. v.Chr.) bildeten sich durch Förderung der Ptolemäer und Seleukiden einzelne Städte im Inland als Zentren semitisch-gr. Religiosität heraus (Gadara, Gerasa, Skythopolis; →2.2.7.3 V). So sind etwa der Kult des Dionysos in Skythopolis, des Apollo und Poseidon in Askalon oder der Aphrodite in Ptolemais belegt; die Liste ließe sich beliebig fortsetzen.[9] Trotz aller „gr." Ikonographie und Terminologie verbirgt sich hinter dem „gr." Gewand zumeist eine ungleich ältere semitische Gottheit. Besonders gerne wurde die semitische „Oberste Gottheit" (Baal, Hadad) mit Zeus identifiziert.[10] Ein besonders schönes Beispiel ist das bild- und tempellose Heiligtum des *Zeus Karmēlos* auf dem Karmel, von dessen Priester Basilides sich der spätere Kaiser Vespasian eine positive Zukunft aus den Eingeweiden eines Opfertiers voraussagen ließ (Tac. hist. 2,78; vgl. 1Kön 18,16–46). Oft haben solche lokale Kultgottheiten ihren semitischen Namen bis in die Spätantike bewahrt (z.B. Marnas oder Dagon in Gaza). Überregional verbreitete orientalische Religio-

---

[7] Dazu s. z.B. *W. Eck*: Die Inschriften Iudäas im 1. und frühen 2. Jh. n.Chr. als Zeugnisse der römischen Herrschaft, in: *M. Labahn/J. Zangenberg* (Hgg.): Zwischen den Reichen. Neues Testament und Römische Herrschaft. Vorträge auf der ersten Konferenz der European Association for Biblical Studies, Tübingen 2002, 29–50.

[8] Vgl. die wichtigen Beiträge in *S. Alkier/M. Witte* (Hgg.): Die Griechen und das antike Israel. Interdisziplinäre Studien zur Religions- und Kulturgeschichte des Heiligen Landes, Freiburg (CH)/Göttingen 2004.

[9] Besonders aufschlussreich für das pagane Selbstverständnis palästinischer Städte sind die Münzen, vgl. dazu *A. Spijkerman*: The Coins of the Decapolis and Provincia Arabia, Jerusalem 1978; *Y. Meshorer*: City Coins of Eretz-Israel and the Decapolis in the Roman Period, Jerusalem 1985; *Ders.*: The Coinage of Aelia Capitolina, Jerusalem 1989 (über Jerusalem seit 135 n.Chr.); *R. Barkay*: The Coinage of Nysa-Scythopolis (Beth-Shean), Jerusalem 2003.

[10] Dazu v.a. *A. Lichtenberger*: Kulte und Kultur der Dekapolis. Untersuchungen zu numismatischen, archäologischen und epigraphischen Zeugnissen, Wiesbaden 2003.

nen haben auch in Palästina ihre Spuren hinterlassen, so ist z.B. Isis an mehreren Orten belegt (Samaria, Neapolis nach 73). Der im Osten nur wenig präsente Kult des Mithras kommt auch in Palästina nur sehr vereinzelt vor und ist dann mit röm. Präsenz nach 70 verbunden (z.B. in Caesarea oder Jerusalem; →3.1.2). Freilich wäre es falsch, pagane Religiosität nur mit Tempeln und anderen Monumentalgebäuden in Städten in Verbindung zu bringen. Auch in ländlich geprägten Randgebieten wie Idumäa (Mamre),[11] im von Tyros und Sidon beeinflussten Teil Obergaliläas (Qedesh, Omrit),[12] das kulturell eng mit Südsyrien verwandt ist, sowie im während des 1. Jh. v.Chr. überhaupt erst hell. geprägten Ituräa am Rande des Hermons sind reichhaltige Relikte semitisch-paganer Religiosität gefunden worden, die zweifellos auf alte Gepflogenheiten zurückgehen und keinesfalls „importiert" sind.[13] Darüber hinaus dokumentieren so unterschiedliche Phänomene wie der Wundertäter Simon Magus[14] (Apg 8,9–13), Friedhöfe (→3.2.5.1) oder der häusliche Kult (→3.3.6.1) die Vielfalt paganer Religiosität. An einigen wenigen Orten in Palästina existierte pagane und biblische Religion sogar direkt bei- und nebeneinander (Mamre, Garizim).[15]

Der komplexe, auf mehrere Quellengattungen (Texte, Inschriften, Münzen, Kleinfunde) verteilte Befund dokumentiert die Vielfalt paganer Religiosität und unterstreicht, wie stark sich traditionelle, einheimisch-semitische Religiosität und Gottesvorstellungen unter hell. Einfluss neuen Ausdruck verschafften und weiterentwickelten. Da in allen überwiegend paganen Städten auch Juden lebten und im 1. Jh. v./n.Chr. ganz überwiegend jüd. geprägte Gebiete wie Galiläa und Judäa wirtschaftlich auf die überwiegend paganen Städte an der Küste angewiesen waren, war der Kontakt mit „fremder" Religiosität im „eigenen Land" stets gegeben. Die jüd. Reaktionen gegenüber dem Heidentum waren höchst komplex und schwankten zwischen der Abgrenzung im Alltag aufgrund reinheitsbedingter Tabus (Apg 10,28), dem faktischen Arrangement mit den Gegebenheiten und höchst unterschiedlichen eschatologischen Hoffnungen entweder auf die Vernichtung aller Heiden oder auf ihre Bekehrung zum Gott Israels. Systematische Mission Andersgläubiger (→3.3.9) praktizierte das Judentum zur Zeit Jesu nicht, dennoch kam es zu einzelnen Konversionen bzw. der Annäherung von Heiden an jüd. Lebensweise (→3.1.3.7).[16]

---

[11] Zu Mamre s. *A. Kofski*: Mamre. A Case of a Regional Cult?, in: *Ders./G. G. Stroumsa* (eds.): Sharing the Sacred. Religious Contacts and Conflicts in the Holy Land First – Fifteenth Century, Jerusalem 1998, 19–30; *A. Lichtenberger*: Die Baupolitik Herodes des Großen, Wiesbaden 1999, 143–149.

[12] Zum Tempel im obergaliläischen Omrit vgl. *J. A. Overman u.a.*: Discovering Herod's Shrine to Augustus, BArR 29, 2003, 41–49 und 67f.

[13] Dazu *S. Dar*: Settlements and Cult Sites on Mount Hermon, Israel. Ituraean Culture in the Hellenistic and Roman Periods, Oxford 1993.

[14] Zum paganen Profil des Simon Magus vgl. *Zangenberg* 2000 und →3.1.3.6.

[15] Zu den archäologischen Resten auf dem Garizim vgl. *J. Zangenberg*: Garizim – „Berg des Segens". Stadt und Heiligtum der Samaritaner aus hellenistischer Zeit, AW 34, 2003, 23–35 und →3.1.3.6.

[16] Vgl. dazu das Themenheft „Mission" ZNT 15, 2005 und darin besonders die Beiträge von *Th. Schmeller* und *J. Zangenberg*.

*Palästinische „Heiden" im NT*
Aufgrund der zutiefst jüd. Prägung der frühchristl. Überlieferung in Palästina spielen Heiden nur eine sehr marginale Rolle im NT. Der mt Jesus fordert seine Jünger auf, nicht zu den Heiden (und Samaritanern!) zu gehen, um die Botschaft vom Gottesreich weiterzutragen (Mt 10,5, erst relativiert in 28,19, wo von „allen Völkern" die Rede ist). Entsprechend stellt Petrus fest, dass „Juden nicht erlaubt ist, mit einem Nichtjuden zu verkehren oder sein Haus zu betreten" (Apg 10,28). Jesus selbst begegnet nur wenigen Heiden (eine syrophönizische Frau in Mk 7,26 par Mt 15,22, hier aber ohne explizite Charakterisierung als Heidin). Fraglich ist, ob der Hauptmann von Kapernaum als Heide anzusehen ist (Mt 8,5 parr), er könnte genauso gut jüd. Söldner gewesen sein (s.o.). Pilatus, das Hinrichtungskommando und der Hauptmann unter dem Kreuz als Angehörige der Verwaltung und Besatzungstruppe können jedoch ohne Zweifel als Heiden angesehen werden (Mk 15,1–15 parr; 15,16–20 parr; 15,39 parr). Typisch ist ebenso der Hauptmann Cornelius: er trägt einen röm. Namen, dient als Offizier in einer Militäreinheit möglicherweise aus röm. Bürgern (*cohors Italica*, →1.4.1.3) und ist in der Provinzhauptstadt Caesarea Maritima stationiert (Apg 10,1).
Inhaltliche Hinweise auf heidnisch-palästinische Religiosität kommen im NT nur ganz am Rande vor. Aufgrund seines eigenen, theologisch geprägten Blickwinkels sollte das NT nicht als authentisches Zeugnis über pagane Religiosität angesehen werden. Wenn z.B. das judenchristl. MtEv in 6,7 davor warnt, beim Gebet nicht „wie die Heiden zu plappern", dann entspricht dies wohl eher jüd. antipaganer Polemik als tatsächlicher Praxis oder Intention heidnischer Beter, die durchaus auch kurze Gebete formulieren konnten (→3.3.5). Die Akklamation des wohl überwiegend heidnischen Volks von Caesarea Maritima in Apg 12,22f verwischt die Grenzen zwischen Gott und Mensch und entspricht dem jüd. geprägten Heidenbild des Lukas.[17] Heiden als Negativbeispiele begegnen auch in Mt 6,32 par. Ob in Joh 5,7 und den späteren Zusätzen in 5,3b–4 oder Apg 1,15f pagane Vorstellungen aufgenommen sind, steht dahin. Eher scheinen populäre Ansichten von der Wunderkraft göttlich inspirierter Männer im Hintergrund zu stehen, die auch im jüd. Volksglauben ihren Platz haben können. Auch die Beachtung von Träumen ist im paganen wie jüd. Bereich verbreitet (Mt 2,13; 27,19). Allein die Skizze des samarischen Wundertäters Simon Magus (Apg 8,9–13) bewahrt zutreffende Elemente seiner Verkündigung und stellt ein historisch wichtiges Zeugnis über eine sonst fast vergessene Welt dar. Die christl. Rede von Jesus als „Sohn Gottes" oder „Herr" hat durchaus politische Untertöne und kann als wachsende Konkurrenz zu paganen Gottes- und Herrschertiteln wie auch zeitgenössischen jüd. Heilsbringern verstanden werden (Joh 4,25; Lk 2,11; Apg 10,35; →3.1.3.4; 3.3.4).

[17] Heiden zeichnen sich für Juden besonders dadurch aus, dass sie Geschöpfe als Götter anbeten. Vgl. *H.-J. Klauck*: Magie und Heidentum in der Apostelgeschichte des Lukas, Stuttgart 1996, 51–57; *C. Stenschke*: Luke's Portrait of Gentiles Prior to Their Coming to Faith, Tübingen 1999, 74–77.

*Literatur*
Eine umfassende Studie zu paganen Religionen und Gruppen im späthell. und frühröm. Palästina vor 70 ist ein Desiderat. Bezüglich der im Artikel erwähnten Orte mit paganer Präsenz sei auch auf die entsprechenden Einträge in NEAEHL und OEANE verwiesen.

*N. Belayche*: *Iudaea-Palaestina*. The Pagan Cults in Roman Palestine (Second to Fourth Century), Tübingen 2001. – *G. W. Bowersock*: Polytheism and Monotheism in Arabia and the Three Palestines, DOP 51, 1997, 1–11. – *L. DiSegni*: *Heis theos* in Palestinian Inscriptions, SCI 13, 1994, 94–115. – *L. H. Feldman*: Jew and Gentile in the Ancient World. Attitudes and Interactions from Alexander to Justinian, Princeton 1993, bes. 3–44. – *S. Fine*: Non-Jews in the Synagogues of Late-Antique Palestine. Rabbinic and Archaeological Evidence, in: *Ders*. (ed.): Jews, Christians and Polytheists in the Ancient Synagogue. Cultural Interaction During the Greco-Roman Period, London/New York 1999, 224–242. – *D. Flusser*: Paganism in Palestine, in: *S. Safrai/M. Stern* (eds.): The Jewish People in the First Century, II, Amsterdam 1976, 1065–1100. – *J. Geiger*: Aspects of Palestinian Paganism in Late Antiquity, in: *A. Kofski/G. G. Stroumsa* (eds.): Sharing the Sacred. Religious Contacts and Conflicts in the Holy Land First – Fifteenth Century, Jerusalem 1998, 3–17. – *R. Goldenberg*: The Nations That Know Thee Not. Ancient Jewish Attitudes toward Other Religions, New York 1998. – *M. Hadas-Lebel*: Le paganisme à travers les sources rabbiniques des IIe et IIIe siècles. Contribution à l'étude du syncrétisme dans l'empire romain, ANRW II 19.2, 1979, 397–485. – *M. Halbertal*: Coexisting with the Enemy: Jews and Pagans in the Mishna, in: *G. N. Stanton/G. G. Stroumsa* (eds.): Tolerance and Intolerance in Early Judaism and Christianity, Cambridge 1998, 159–172. – *B. Isaac*: Jews, Christians and Others in Palestine, in: *M. Goodman* (ed.): Jews in a Greco-Roman World, Oxford [2]2004, 65–74. – *M. Jacobs*: Pagane Tempel in Palästina. Rabbinische Aussagen im Vergleich mit archäologischen Funden, in: *P. Schäfer/C. Hezser* (eds.): The Talmud Yerushalmi and Greco-Roman Culture II, Tübingen 2000, 139–159. – *S. Mitchell*: The Cult of Theos Hypsistos between Pagans, Jews, and Christians, in: *P. Athanassidi/M. Frede* (eds.): Pagan Monotheism in Late Antiquity, Oxford 1999, 81–148. – *R. MacMullen*: Paganism in the Roman Empire, New Haven 1981. – *G. G. Porton*: Goyim. Gentiles and Israelites in Mishna-Tosefta, Atlanta 1988. – *M. Smith*: The Gentiles in Judaism 125 B.C.E. – 66 C.E., in: *S. J. D. Cohen* (ed.): Studies in the Cult of Jahweh, Vol. 1, Leiden u.a. 1996, 263–319. – *J. Teixidor*: The Pagan God. Popular Religion in the Greco-Roman Near East, Princeton 1977. – *Y. Tsafrir*: The Fate of Pagan Cult Places in Palestine. The Archaeological Evidence with Emphasis on Beth Shean, in: *H. Lapin* (ed.): Religious and Ethnic Communities in Later Roman Palestine, Bethesda 1998, 197–218. – *G. Veltri*: Römische Religion an der Peripherie des Reiches. Ein Kapitel rabbinischer Rhetorik, in: *P. Schäfer/C. Hezser* (eds.): The Talmud Yerushalmi and Greco-Roman Culture II, Tübingen 2000, 81–138. – *J. Zangenberg*: *Dynamis tou Theou*. Das religionsgeschichtliche Profil des Simon Magus aus Sebaste, in: *A. v. Dobbeler u.a.* (Hgg.): Religionsgeschichtliche Studien zum Neuen Testament (FS K. Berger), Tübingen 2000, 519–540. – *Ders*.: Realizing Diversity. Reflections on Teaching Pagan Religion(s) in Late Hellenistic and Early Roman Palestine, in: *M. C. Moreland* (ed.): Between Text and Artifact. Integrating Archaeology in Biblical Studies Teaching, Atlanta 2003, 181–194.

## 3.1.4 Die religiöse Vielfalt Kleinasiens (*Engelbert Winter*)

*I. Prähistorische Zeit bis zur frühen Bronzezeit*
Die ältesten aus Kleinasien stammenden Funde sind zugleich wertvolle Belege für die Religionsgeschichte dieses Raumes in frühester Zeit. Dank neuerer ar-

chäologischer Forschungen an verschiedenen Orten in Ostanatolien gewinnen wir durch rituelle Befunde Einblicke in die religiöse Vorstellungswelt des akeramischen Frühneolithikum.[1] Die Funde aus Nevali Çorı, Çayönü, vom Gürcütepe und insbes. vom Göbekli Tepe – letztere reichen bis ins 10. Jt. v.Chr. zurück – haben nicht nur zu einer erheblichen Ausweitung unseres Wissens über die Formen des menschlichen Zusammenlebens in dieser Epoche geführt, sondern lassen auch Rückschlüsse auf Ahnenkult und Jenseitsvorstellungen zu. Die auf dem Göbekli Tepe entdeckten megalithisch-monumentalen Bauten und großformatigen Steinskulpturen weisen diesem Ort eine primär religiöse Funktion zu.[2]
Seit längerem bekannt ist die Bedeutung der ca. 50 km südlich der anatolischen Stadt Konya gelegenen neolithischen Siedlung Çatal Hüyük, einer der ältesten Siedlungen der Menschheitsgeschichte (7./6. Jt. v.Chr.).[3] Zahlreiche archäologische Zeugnisse verweisen auf den hohen Stellenwert von Totenritual und Ahnenkult. Viele der auffällig großen Häuser in Çatal Hüyük scheinen als Kultstätten genutzt worden zu sein. In ihnen wurden Tierköpfe aus Gips, gebärende Muttergottheiten aus Ton oder Stein sowie stilisierte Büsten entdeckt.[4] Insgesamt offenbart sich im Neolithikum eine Göttergesellschaft, in deren Mittelpunkt neben der mit einem Leoparden verbundenen Göttin vor allem Wetter-, Erd- und Muttergottheiten standen. Deren Verehrung lässt sich generell in den von Agrarkultur und Regenfeldbau geprägten frühen Gesellschaften des östlichen Mittelmeerraums und Nahen Ostens beobachten.[5]

*II. Hethitische Zeit* (*ca. 1600–1200 v.Chr.*)
Bereits die Hethiter selbst sprachen mit Blick auf die religiösen Verhältnisse ihrer Zeit von den „Tausend Gottheiten des Hatti-Landes“.[6] Aufschlussreich sind v.a. viele der Keilschrifttafeln aus der Hauptstadt des Hethiterreiches Hattuşa sowie aus anderen lokalen Archiven. Es existierte eine kaum überschaubare Vielzahl von Gottheiten, die für alle Lebensbereiche wie Krieg, Jagd, Vegetation und Natur, Reichtum, Krankheit oder Sexualität zuständig waren. Das an einem Berghang in der Unterstadt Hattuşas gelegene Felsheiligtum von Yazılıkaya ist mit seinen Darstellungen männlicher und weiblicher Götter zweifelsohne die beeindruckendste Dokumentation des hethitischen

---

1 *H. Hauptmann*: Ein frühneolithisches Kultbild aus Kommagene, in: *J. Wagner* (Hg.): Gottkönige am Euphrat. Neue Ausgrabungen und Forschungen in Kommagene, Mainz 2000, 5–9.
2 *K. Schmitt*: „Zuerst kam der Tempel, dann die Stadt“. Vorläufiger Bericht zu den Grabungen am Göbekli Tepe und am Gürcütepe 1995–1999, IM 50, 2000, 5–42.
3 *J. Mellaart*: Çatal Hüyük. Stadt aus der Steinzeit, Bergisch Gladbach 1967; *E. Heinrich/U. Seidl*: Zur Siedlungsform von Çatal Hüyük, AA 84/2, 1969, 113–119; *I. Todd*: Çatal Hüyük in Perspective, New York 1976 und *I. Hodder* (ed.): On the Surface. Çatalhöyük, 1993–1995, Cambridge/London 1996.
4 *J. Mellaart u.a.*: The Goddess from Anatolia, Mailand 1989 und *L. E. Roller*: In Search of God the Mother: The Cult of Anatolian Cybele, Berkeley 1999, 27–39.
5 *Popko* 1995, 29–35.
6 *Haas* 1994 sowie mit reichhaltigem Bildmaterial: Die Hethiter und ihr Reich. Das Volk der 1000 Götter. Katalog zur gleichnamigen Ausstellung in der Kunsthalle Bonn (18.01.–28.04.2002).

Staatspantheons. Dort sind auch die beiden wichtigsten Gottheiten dieser Epoche abgebildet: der hurritische Wettergott Teşup und die Sonnengöttin Vabatu. Um 1200 v.Chr. entstand unter Tudhalija IV. eine verbindliche Kultordnung für das gesamte Reich mit einem einheitlichen hethitischen Festkalender. Damit geht die Entwicklung einer organisierten Priesterkaste einher, deren Kompetenz und Sachverstand die Voraussetzung für die richtige Ausübung der zunehmend komplexer werdenden Rituale war, die unter staatlicher Aufsicht durchgeführt wurden.

*III. Hethitische Nachfolgestaaten (12.–8./7. Jh. v.Chr.) und Perserzeit (6.–4. Jh. v.Chr.)*

Trotz des kurze Zeit später folgenden schnellen Zusammenbruchs des hethitischen Großreiches lebten zahlreiche Kulte der hethitischen Zeit in den auf kleinasiatischem Boden entstehenden luwischen Nachfolgestaaten weiter. Zwar wurden die Götter häufig unter anderem Namen verehrt, aber auffälligerweise an den alten Kultplätzen, deren religiöse Bedeutung sich oft über viele Epochen hinweg bis in die röm. Kaiserzeit hinein nachweisen lässt. Neben der kleinasiatischen Artemis und der Aphrodite Urania, deren beider Nähe zur Gestalt des Leoparden die altorientalischen Traditionen erkennen lässt,[7] verdient der phrygische Kult der Kybele von Pessinus besondere Beachtung. Sie darf mit der syrisch-anatolischen Göttin Kubaba gleichgesetzt werden,[8] die im 2. Jt. v.Chr. in der am Euphrat gelegenen hethitischen Stadt Karkamis eine zentrale Verehrungsstätte besaß.[9] In der phrygischen Stadt Pessinus angekommen, verkörperte ein „heiliger Meteor-Stein" die Göttin Kybele. In den mit der Göttin verbundenen Mythen lebte auch der hethitisch-hurritische Mythos von dem Steinwesen Ullikummi weiter.[10] Die Bedeutung des Tempelstaates Pessinus als eines wichtigen religiösen Zentrums in Kleinasien sollte mit seinem berühmten Heiligtum der Kybele/Magna Mater und einer lange weitestgehend unabhängigen Priesterschaft bis in die röm. Kaiserzeit anhalten.[11] Dies gilt in gleicher Weise für den an der persischen Königsstraße gelegenen pontischen Tempelstaat der Göttin Ma mit seinen über 6000 Hierodulen. Die mit Krieg und Sieg verbundene Göttin gehört wie auch die Anaitis von Zela zu einer Reihe mächtiger anatolischer Gottheiten, deren Kult sich auf große Tempelgüter stützte.[12]

---

[7] *Haas* 1999.

[8] *I. M. Diakonoff*: On Cybele and Attis in Phrygia and Lydia, AAH 25, 1977, 333–340.

[9] *E. Laroche*: Koubaba, déesse anatolienne, et le problème des origines de Cybèle, in: Eléments orientaux dans la religion grecque ancienne, Paris 1960, 113–128 und *W. Helck*: Betrachtungen zur Großen Göttin und den ihr verbundenen Gottheiten, München/Wien 1971, 242–263.

[10] *V. Haas*: Hethitische Berggötter und hurritische Steindämonen, Mainz 1982, 187f; *U. Kron*: Heilige Steine, Kotinos (FS E. Simon), Mainz 1992, 56–70 und *Haas* 1999, 553.

[11] *B. Virgilio*: Il "tempio stato" di Pessinunte, AeR 26, 1981, 167–175 und *M. Waelkens*: The Imperial Sanctuary at Pessinous, EA 7, 1986, 37–73.

[12] *Debord* 1982; *E. Olshausen*: Der König und die Priester, in: *Ders./H. Sonnabend* (Hgg.): Stuttgarter Kolloquium zur Historischen Geographie des Altertums 1, 1980, Bonn 1987, 187–212 und *ders.*: Stadt und Land, Griechen und Iranier, Könige und Priester, Die alte Stadt 16, 1989, 287–293.

Das Beispiel von Ephesos (→2.2.7.3 VI), einer der wichtigsten Metropolen Kleinasiens, zeigt zudem, dass bis in die röm. Kaiserzeit hinein ein „erstaunlich reichhaltiges Inventar an Göttern und göttlichen Mächten" existierte und kleinasiatisch-autochthone Gottheiten wie Μήτηρ ὀρεία ihre Stellung gegenüber dem Primat der Artemis behaupten konnten.[13] Auch die unterschiedlichen Formen ländlicher Religiosität fügen sich hier ein. So verdeutlichen die epigraphischen und bildlichen Zeugnisse der im Westen Kleinasiens gelegenen Landschaft Lydien neben einer „rein griechischen Religion" mehrere Schichten eines „vielgestaltigen lydischen Götterkosmos", die einer anatolischen, einer phrygischen und einer persischen Schicht zugeordnet werden können.[14]

*IV. Griechisch-römische Epoche*

Die religiösen Verhältnisse Kleinasiens in gr.-röm Zeit[15] sind durch zwei gegenläufige Entwicklungen geprägt: einerseits durch die zunehmenden Hellenisierungs- bzw. Romanisierungstendenzen, andererseits durch den Versuch, indigene und lokale Traditionen aufrecht zu erhalten, um angesichts fortschreitender Fremdherrschaften die eigenen Identitäten zu wahren.[16] Charakteristisch ist somit das Mit- und Nebeneinander autochthoner und gr.-röm. Gottheiten in Kleinasien, welches die häufige Identifizierung einheimischer Götter mit denen des gr.-röm. Kulturkreises zur Folge hat (→1.4.2.2; 1.4.5.5; 3.1.2 und Artikel zu einzelnen kleinasiatischen Städten unter 2.2.7.3 XIII).

Auffällig sind die häufig vorkommenden Epitheta für gr.-röm. wie indigene Gottheiten.[17] Erwähnenswert erscheint die besonders im phrygisch-lydischen

[13] *D. Knibbe*: Ephesos – nicht nur Stadt der Artemis. Die ‚anderen' ephesischen Götter, in: *S. Şahin u.a.* (Hgg.): Studien zur Religion und Kultur Kleinasiens (FS F. K. Dörner), Leiden 1978, 489–503.

[14] *G. Petzl*: Ländliche Religiosität in Lydien, in: *E. Schwertheim* (Hg.): Forschungen in Lydien, Bonn 1995, 37–48 und *ders.*: Zum religiösen Leben im westlichen Kleinasien. Einflüsse und Wechselwirkungen, in: *E. Schwertheim/E. Winter* (Hgg.): Religion und Region. Götter und Kulte aus dem östlichen Mittelmeerraum, Bonn 2003, 93–101.

[15] Zu den „ökonomischen Aspekten" kultischen Handelns: *Dignas* 2002 und *dies.*: „Auf seine Kosten kommen" – Ein Kriterium für Priester? Zum Verkauf von Priestertümern im hellenistischen Kleinasien, in: *G. Heedemann/E. Winter* (Hgg.): Neue Forschungen zur Religionsgeschichte Kleinasiens, Bonn 2003, 27–40.

[16] Vgl. aus der Vielzahl der Literatur *A. Laumonier*: Les cultes indigènes en Carie, Paris 1958; *R. Fleischer*: Artemis von Ephesos und verwandte Kultstatuen aus Anatolien und Syrien, Leiden 1973; *Th. Drew-Bear*: Local Cults in Graeco-Roman Phrygia, GRBS 17, 1976, 247–286; *Chr. Le Roy*: Un règlement religieux du Letoon de Xanthos, RAr 1986, 279–300 sowie die zahlreichen Beiträge zu den religiösen Verhältnissen in den einzelnen kleinasiatischen Landschaften in: ANRW II 18.3, 1990.

[17] Vgl. *J. Keil*: Die Kulte Lydiens, in: *W. H. Buckler u.a.* (eds.): Anatolien Studies. Presented to Sir W. M. Ramsay, Manchester 1923, 239–266; *Th. Drew-Bear*: Divinités de Phrygie, ANRW II 18.3, 1990, 1907–2044 und *M. Paz de Hoz*: Die lydischen Kulte im Lichte griechischer Inschriften, Bonn 1999. Zu diesem im gesamten kleinasiatischen Raum zu beobachtenden Phänomen auch *M. Santoro*: Epitheta Deorum in Asia Graeca Cultorum ex Auctoribus Graecis et Latinis, Mailand 1974; *E. Schwertheim*: Apollon und Hadad, in: *M. B. de Boer/T. A. Erdridge* (eds.): Hommages à M. J. Vermaseren, Leiden 1978, 1143–1147 und *ders.*: Denkmäler zur Meterverehrung in Bithynien und Mysien, in: *Şahin u.a.*: Studien zur Religion (Anm. 13), 791–837.

Raum zu beobachtende Verehrung des Mondgottes Men, einer Gottheit, die möglicherweise persischer Herkunft ist. Die für Men überlieferten Götterbeinamen verweisen auf die unterschiedlichen Wirkungsbereiche dieses Gottes. Er herrschte über einzelne Orte, konnte rächen und strafen, spendete Reichtum und Heil, war zugleich ein Gott des Himmels und der Unterwelt. Men bewahrte seinen eher „ungriechischen" Charakter bis in die röm. Kaiserzeit hinein. Sein Kult blieb im Wesentlichen auf Kleinasien beschränkt.[18]
Demgegenüber führte die prinzipiell zu beobachtende Bereitschaft kleinasiatischer Kulte, sich fremden Einflüssen zu öffnen, häufig zu Veränderungsprozessen im Charakter einer Gottheit und trug auf diese Weise entscheidend zum Weiterleben religiöser Traditionen wie zur geographischen Verbreitung aus Kleinasien kommender Kulte bei. Bemerkenswert ist erneut das Beispiel der oben erwähnten phrygischen Berggöttin Kybele. Der in phrygischer Zeit sich entwickelnde ekstatisch-orgiastische Charakter des Kults blieb bis in die röm. Kaiserzeit hinein ein bestimmendes Element,[19] das christl. Autoren zu scharfer Kritik veranlassen sollte (z.B. Aug. civ. 7,24). Als in der Endphase des 2. Punischen Krieges die röm. Nobilität den „Heiligen Stein" von Pessinus nach Rom überführen ließ, gelangte der Kult in die Hauptstadt des Imperium Romanum (Liv. 29,11.14; 36,36,3f). Er erfreute sich fortan einer zunehmenden Akzeptanz, erfuhr durch einzelne Kaiser wie Augustus und Claudius eine besondere Förderung.[20]
Um die Mitte des 2. Jh.s n.Chr. entstand bezeichnenderweise in Phrygien, der Heimat der „Großen Mutter", eine christl. Sekte, der Montanismus, eine gegen die immer offenkundiger werdende Diesseitsorientierung der Episkopalkirche gerichtete eschatologisch-rigoristische häretische Protestbewegung. Sie verkündete die unmittelbar bevorstehende Ankunft des Herrn und forderte zur strikten Enthaltsamkeit auf.[21] Ihr Gründer und Namensgeber Montanus soll dem Kirchenvater Hieronymus zufolge „ein Beschnittener", ein Priester der Kybele gewesen sein (Hier. epist. 41). Die als radikalste Form der Askese durchgeführte Kastration lässt an Elemente im Kult der Kybele denken.[22] Auch

[18] *E. Schwertheim*: Ein neues Weihrelief für Men und seine Mutter aus dem Museum Izmit, IM 25, 1975, 357–365; *E. Lane*: Corpus Monumentorum Religionis Dei Menis. Bd. 1–4, Leiden 1971–1978; *ders.*: Men. A Neglected Cult of Roman Asia Minor, ANRW II 18.3, 1990, 2161–2174; *D. Salzmann*: Neue Denkmäler des Mondgottes Men, IM 30, 1980, 261–290; *S. Hübner*: Spiegel und soziale Gestaltungskraft alltäglicher Lebenswelt. Der Kult des Men in Lydien und Phrygien, in: *Schwertheim/Winter*: Religion und Region (Anm. 14), 179–200.

[19] *G. Sfameni Gasparro*: Soteriology and Mystic Aspects in the Cult of Cybele and Attis, Leiden 1985 und *M. J. Vermaseren*: Cybele and Attis. The Myth and the Cult, London 1977.

[20] *I. Becher*: Der Kult der Magna Mater in augusteischer Zeit, Klio 73, 1991, 157–170; zur Verbreitung des Kults der phrygischen Göttermutter in Rom jetzt *Schwertheim* 2005, 100–109.

[21] *H. Paulsen*: Die Bedeutung des Montanismus für die Herausbildung des Kanons, VigChr 32, 1978, 19–52; *A. Strobel*: Das heilige Land der Montanisten, Berlin 1980; *R. Heine*: The Montanist Oracles and Testimonia, Macon 1989; *C. Trevett*: Montanism. Gender, Authority and the New Prophecy, Cambridge 1996; *W. Tabernee*: Montanist Inscriptions and Testimonia, Macon 1997.

[22] *H. Kloft*: Mysterienkulte der Antike. Götter – Menschen – Rituale, München 1999, 66f.

wenn das genaue Verhältnis zwischen Entwicklungen innerhalb eines in Phrygien ansässigen lokalen Christentums und im phrygischen Raum beheimateter paganer Riten für das Entstehen des Montanismus letztlich nur schwer zu bestimmen ist, bleibt der Einfluss kleinasiatisch orgiastischer Kulte unübersehbar, deren Traditionen sich bis in die archaische Zeit zurückverfolgen lassen.[23]
Auch der Kult des in der röm. Kaiserzeit in weiten Teilen des Imperium Romanum verehrten Iupiter Dolichenus[24] reicht weit zurück. Dieser aus der kommagenischen Stadt Doliche kommende, auf dem Stier stehende Gott[25] mit seinen typischen Attributen Blitzbündel und Doppelaxt war ursprünglich ein mächtiger Himmelsgott, der im 2. Jt. v.Chr. im anatolischen Raum als Beschützer und Rächer, Wahrer des Rechts sowie als Regenspender angebetet wurde. Sein Wirken war eng mit dem Alltag der Menschen verbunden. Sie erhofften sich von ihm Beistand in vielen existentiellen Angelegenheiten, sei es in Fragen der rechtlichen Sicherheit, sei es in wirtschaftlichen Belangen.[26] Im Rahmen einer *interpretatio Graeca* wurde aus dem hethitischen Teşup der gr. Zeus Dolichaios, im Rahmen einer *interpretatio Romana* der röm. Iupiter Dolichenus, der seine Heimat weit über die Grenzen Kommagenes hinaus bekannt machte.[27] Im Rahmen der seit 2001 im Gebiet des Zentralheiligtums des Iupiter Dolichenus auf dem Dülük Baba Tepesi bei Doliche durchgeführten Grabungen konnten zahlreiche Funde des 6. und 5. Jh.s v.Chr. gewonnen werden. Sie belegen die bis in die Achaimenidenzeit zurückreichenden Traditionen des Kultes und schließen die „Lücke" zwischen dem röm. Kult des Iupiter Dolichenus und dem des eisenzeitlichen Teşup-Hadad.[28]
Iupiter Dolichenus gehört zugleich zu den aus dem Osten kommenden Kulten, die im 2. und 3. Jh. n.Chr. in vielen Regionen der Mittelmeerwelt höchste Verehrung genossen und zunehmend als Alternative zu den traditionellen Göttern gesehen wurden.[29] Zu diesen zählt auch der röm. Mysteriengott Mithras

---

[23] Zur Diskussion auch *W. Schepelern*: Der Montanismus und die phrygischen Kulte, Tübingen 1929 und *Chr. Trevett*: Montanismus, DNP 8, 2000, 386f.

[24] *M. Hörig/E. Schwertheim*: Corpus Cultus Iovis Dolicheni, Leiden 1987.

[25] Vgl. generell zu diesem Motiv *H. Demircioğlu*: Der Gott auf dem Stier, Berlin 1939.

[26] Zu parallelen Zeusgottheiten in Anatolien wie Zeus Bronton, Zeus Argaios oder Zeus Stratios: *N. Şahin*: Zeus'un Anadolu kültleri, Istanbul 2001; vgl. auch *P. Weiß*: Argaios/Erciyas Dagh – Heiliger Berg Kappadokiens, JNG 35, 1985, 21–48; *J. Börker-Klähn*: Mons Argaios und Papana, „Die Berge", in: *K. Emre u.a.* (eds.): Anatolia and the Ancient Near East. Studies in Honor of T. Özgüç, Ankara 1989, 237–255 und *A. Hillert*: Der Adler auf dem Berg – Berg-Kulte im kleinasiatisch-syrischen Raum. Anmerkungen zur Ikonographie römischer Adler-Votive, ArKB 27, 1997, 285–300.

[27] *E. Schwertheim*: Iupiter Dolichenus, der Zeus von Doliche und der kommagenische Königskult, in: Studien zum antiken Kleinasien (FS F. K. Dörner), Bonn 1991, 29–40 und *E. Winter*: Doliche in hellenistisch-römischer Zeit. Eine kommagenische Stadt zwischen Tradition und Innovation, in: *E. Schwertheim/E. Winter* (Hgg.): Stadt und Stadtentwicklung, Bonn 2003, 51–67.

[28] Vgl. *E. Winter/M. Blömer*: Iupiter Dolichenus – Der Gott auf dem Stier. Ein orientalischer Kult und seine Ursprünge, AW 36.4, 2005, 79–85 und demnächst *Dies.*: Doliche und das Heiligtum des Iupiter Dolichenus auf dem Dülük Baba Tepesi, 1. Vorbericht (2001–2003), IM 55, 2005 (im Druck).

[29] *D. Engster*: Konkurrenz oder Nebeneinander. Mysterienkulte in der hohen römischen Kaiserzeit, München 2002.

(→3.1.2), dessen Ursprünge aufgrund neuerer Erkenntnisse entgegen bisheriger Forschungsmeinungen nicht in Rom und Ostia, sondern im östlichen Kleinasien (Kilikien, Kommagene) zu suchen sein dürften.[30]
Mit Mithras rückt zugleich ein Kult ins Blickfeld, der aus der Sicht des frühen Christentums als bedrohlicher Konkurrent empfunden wurde, von dem es sich abzusetzen und den es nach der Konstantinischen Wende auch aktiv zu bekämpfen galt. Die in den neuen Mithräen von Doliche[31] zu beobachtenden christl. Zerstörungen und Symbole sind bezeichnender Ausdruck für die spannungsgeladene Konkurrenzsituation zwischen Christen und Anhängern des Mithraskults[32] sowie generell für das aggressive Vorgehen der Christen gegen pagane Kultstätten, nachdem die Kirche seit Konstantin d. Gr. um den Schutz und die zunehmende Privilegierung seitens des röm. Staates wusste.[33]

*V. Hellenistischer Herrscher- und römischer Kaiserkult*[34]
Mit Alexander d. Gr., den Diadochen und den Gründern der hell. Großreiche wurden die bis dahin bekannten Elemente traditioneller Religiosität auch in Kleinasien durch einen neuen Faktor erweitert: die kultische Verehrung des Herrschers (→3.3.4).

*VI. Resümee und Ausblick*
Angesichts der bisher in Kleinasien seit frühester Zeit deutlich gewordenen Vielfalt religiöser Strömungen verwundert es nicht, wenn Kleinasien Ausgangspunkt für religionshistorische Entwicklungen war, die die religiösen Verhältnisse des Imperium Romanum in der Umbruchphase vom Prinzipat zum Dominat sowie im weiteren Verlauf der christl. geprägten Spätantike entscheidend mitgestalten sollten. Dies gilt in besonderem Maße für die Geschichte des Christentums.[35] A. v. Harnack kann nur zugestimmt werden, wenn er ausführt, Kleinasien sei „das christliche Land κατ᾽ ἐξοχήν in vorconstantinischer Zeit gewesen“.[36] Kleinasien war das Ziel der Missionstätigkeit der Apostel, das Land, in dem eine Vielzahl christl. Gemeinden existierte, es

---

[30] *A. Schütte-Maischatz/E. Winter*: Doliche – eine kommagenische Stadt und ihre Götter. Mithras und Iupiter Dolichenus, Bonn 2004, bes. 189–201; zum Mithraskult in Kleinasien zuletzt *Schwertheim* 2005, 97–100.
[31] *Schütte-Maischatz/Winter*: Doliche (Anm. 30), 79–156.
[32] *E. Schwertheim*: Mithras. Seine Denkmäler und sein Kult, Leiden 1979, 71f; *G. Lease*: Mithraism and Christianity: Borrowings and Transformations, ANRW II 23.2, 1980, 1306–1332; *M. Clauss*: Mithras und Christus, HZ 243, 1986, 265–285 und *E. Winter*: Mithraism and Christianity in Late Antiquity, in: *St. Mitchell/G. Greatrex* (eds.): Ethnicity and Culture in Late Antiquity, London 2000, 173–182.
[33] *E. Sauer*: The End of Paganism in the North Western Provinces of the Roman Empire. The Example of the Mithras Cult, Oxford 1996 und *Ders.*: The Archaeology of Religious Hatred in the Roman and Medieval World, Stroud 2003.
[34] *F. Taeger*: Charisma. Studien zur Geschichte des antiken Herrscherkults, Bd. 1–2, Stuttgart 1957–1960; *Chr. Habicht*: Gottmenschentum und griechische Städte, München ²1970; *F. W. Walbank*: Könige als Götter. Überlegungen zum Herrscherkult von Alexander bis Augustus, Chiron 17, 1987, 365–382.
[35] Vgl. *Mitchell* 1993.
[36] *A. v. Harnack*: Die Mission und Ausbreitung des Christentums in den ersten drei Jahrhunderten. Bd. 2, Leipzig ⁴1924, 732.

zu Christenverfolgungen kam, Häresien entstanden und religiöse Konflikte ausgetragen wurden, das Heimat zahlreicher großer Kirchenschriftsteller wie Eusebius von Caesarea oder Gregor von Nazianz war, ebenso Ort der ersten ökumenischen Konzilien und nicht zuletzt das Land, von dem aus das Christentum nach Europa getragen wurde. Erneut bestätigt sich die Bedeutung Kleinasiens als wichtigste Brücke zwischen Orient und Okzident. Von diesem Gebiet und den dort lebenden Völkern gingen im Altertum kreative wie wirkungsgeschichtlich bedeutsame Kräfte aus. Die hier entstandenen und sich weiter entwickelnden Kulturen und Religionen prägen bis heute die Geschichte nicht nur dieser Region, sondern ganz Europas.

*Literatur*

*P. Debord*: Aspects sociaux et économiques de la vie religieuse dans l'Anatolie grécoromaine, Leiden 1982. – *B. Dignas*: Economy of the Sacred in Hellenistic and Roman Asia Minor, Oxford 2002. – *R. Gusmani*: Le religioni dell'Asia Minore nel primo millenio a.C., in: *P. Tacchi Venturi* (ed.): Storia delle religioni 2, Turin 1971, 295–341. – *V. Haas*: Geschichte der hethitischen Religion, Leiden u.a. 1994. – *Ders.*: Kleinasien IV: Religion, DNP 6, 1999, 551–555. – *D. Magie*: Roman Rule in Asia Minor to the End of the Third Century after Christ. 2 Bde., Princeton 1950. – *St. Mitchell*: Anatolia. Law, Men and Gods in Asia Minor. 2 Bde., Oxford 1993. – *M. Popko*: Religions of Asia Minor, Warschau 1995. – *S. F. R. Price*: Rituals and Power. The Roman Imperial Cult in Asia Minor, Cambridge 1984 (ND 1994). – *L. Robert*: Études anatoliennes, Paris 1937. – *M. Sartre*: L'Orient Romain. Provinces et sociétés provinciales en Méditerranée orientale d'Auguste aux Sévères (31 avant J.-C.–235 après J.-C.), Paris 1991, bes. 459–500. – *Ders.*: L'Asie Mineure et l'Anatolie d'Alexandre à Dioclétien (IVe s. av. J.-C./IIIe s. ap. J.-C.), Paris 1995, bes. 309–333. – *E. Schwertheim*: Kleinasien in der Antike. Von den Hethitern bis Konstantin, München 2005. – *H. Temporini/W. Haase* (Hgg.): Aufstieg und Niedergang der römischen Welt, ANRW II 18.3, 1990.

# 3.1.5 Die Gnosis[1]

## 3.1.5.1 Begriff und historische Ursprünge (*Peter Schneemelcher*)

ΓΝΩΣΙΣ, *Gnōsis* (gr.), bedeutet Erkenntnis, und in dieser Bedeutung ist das Wort in der Antike gebraucht worden. Im religiösen Bereich beschreibt es ein besonderes Wissen, das Voraussetzung für die Erlösung des Menschen aus den Bindungen dieser Welt ist.

In der Kirchen- und Religionsgeschichte bezeichnet der Begriff eine breite spätantike religiöse Bewegung, die sich aus vielen unterschiedlichen Traditionen zusammensetzt.

[1] Im Folgenden wird generell der Begriff *Gnosis* verwandt. Die Unterscheidung von *Gnosis* und *Gnostizismus* hat sich im deutschen Sprachbereich so nicht durchgesetzt. Der Gnosiskongress 1966 in Messina hatte vorgeschlagen, mit *Gnostizismus* eine bestimmte Gruppe von Systemen aus dem 2. Jh. n.Chr. zu bezeichnen und als *Gnosis* eine die Zeiten übergreifende Konzeption von Erkenntnis zu definieren. Vgl. *U. Bianchi* (ed.): Le origini dello Gnosticismo, Leiden 1970.

Die Anfänge der Bewegung liegen weitgehend im Dunkeln, ihr Ende ist ungefähr mit dem Erlöschen des Manichäismus gleichzusetzen. Es empfiehlt sich, diese Epoche als antike Gnosis zu bezeichnen, da der Begriff der Gnosis auch von der neuzeitlichen Philosophie aufgenommen und weiter entwickelt worden ist. Spätestens mit dem Werk von Hans Jonas wird Gnosis als eine eigene Form der Welt- und Daseinsanalyse betrachtet, die sich durch die Geschichte der Menschheit durchzieht und gerade im 20. Jh. eine besondere Bedeutung erfahren hat.[2]

Ein Konsens darüber, was inhaltlich als gnostisch zu bezeichnen ist, konnte bisher weder für die Antike noch für die moderne Gnosis in der Forschung gefunden werden. Das liegt v.a. daran, dass die verschiedenen Schulen und Systeme sowie die Anzahl und Verschiedenheit der Quellen eine Vielzahl von Deutungen und Herleitungen ermöglichen. So lassen sich für die antike Gnosis nur wenige gemeinsame zentrale inhaltliche Punkte benennen.

Für die Gnosis der Antike stehen als Quellen die Mitteilungen einiger Kirchenväter und anderer frühchristl. Theologen wie Irenäus von Lyon, Clemens von Alexandria, Hippolyt von Rom, Origenes und Epiphanius von Salamis zur Verfügung. Mit den Funden von Nag Hammadi von 1945/46 liegt der Forschung zudem zum ersten Mal umfangreiches Originalmaterial vor, dessen Auswertung allerdings die möglichen Antworten auf die Frage nach Ursprung und Herkunft der Gnosis eher noch vermehrt hat.

Die Bezeichnungen *Gnosis* und *Gnostiker* sind dabei erst relativ spät gebräuchlich geworden. Es sind Fremdbezeichnungen, die von den Kirchenvätern gebraucht wurden, um eine, aus Sicht der späteren Reichskirche, häretische Richtung zu kennzeichnen.[3]

Die Anhänger selbst haben sich nicht als eine geschlossene Gruppe verstanden und Fremdbezeichnungen abgelehnt. Sie nannten sich allenfalls nach ihren Schulhäuptern, und die meisten wollten Christen sein, wenn auch solche, die die höhere Erkenntnis hatten. So begegnen uns in den Texten von Nag Hammadi als Selbstbezeichnungen *die Kinder Gottes*, *die Lichtmenschen*, *die Erwählten*.

Zwischen den Schriften des NT und vielen gnostischen Schriften gibt es Parallelen und Berührungspunkte. Dabei ist zu berücksichtigen, dass die gnostischen Lehrsysteme und der Kanon des NT nicht als geschlossene einheitliche Schriften zu einem bestimmten Zeitpunkt niedergeschrieben wurden, sondern Ergebnisse langer, aus vielen Quellen gespeister Entwicklungen sind. Diese Entwicklungen geschahen weitgehend im gleichen Zeitraum und wohl auch in gleichen Regionen. Es kann daher von einem Prozess des geistigen Austausches gesprochen werden, in dem christl. Glaubensinhalte und gnostisches Gedankengut sich gegenseitig beeinflussten und sich so auch eine christl. Gnosis herausbildete. Zudem hat auf diesem Wege auch eine gnostische Be-

---

2 *Jonas* 1998 (vgl. Literaturverzeichnis →3.1.5.2).

3 So ist noch für Clemens von Alexandria († vor 216) der Christ der wahre Gnostiker (paed. 1,52,2), doch schon Epiphanius von Salamis (315–403) verdammt die Gnostiker generell als geisteskrank (haer. 2,26,1).

grifflichkeit an vielen Stellen des NT Einlass gefunden, doch entscheidend sind jeweils der Kontext und die inhaltliche Füllung der Begriffe.[4]
Auch die Frage nach den Ursprüngen der antiken Gnosis ist bis heute heftig umstritten, ein Konsens ist nicht in Sicht. Das liegt zum einen am Mangel an Quellen, zum anderen an der Vielzahl möglicher Deutungen und Herleitungen, die in sich schlüssig und überzeugend konstruiert sind, aber letztlich nicht bewiesen werden können.
Wie alle Erlösungslehren ist auch die Gnosis in einem Umfeld von religiösen, politischen und soziologischen Bedingungen entstanden. So unterscheiden sich die verschiedenen Erklärungen der Entstehung der Gnosis vor allem durch die Enge bzw. Weite ihrer Herleitung.
1. Eine Möglichkeit ist es, Gnosis als Teil einer im 2. Jh. mit dem Platonismus experimentierenden Theologie zu sehen, die versuchte, auch auf diesem Wege das Christentum den gebildeten Schichten näher zu bringen (Markschies/Berger).
2. Ein anderer Weg der Herleitung orientiert sich stärker an den gesellschaftspolitischen und soziologischen Bedingungen der Zeit. So wurden in ptolemäischer Zeit die Eliten der großen städtischen Zentren sowohl religiös als auch politisch und wirtschaftlich immer mehr zugunsten der Zentralgewalten der jeweiligen Herrscher entmachtet. Die Hinwendung zur Gnosis kann in diesem Zusammenhang verstanden werden als Abwendung einer intellektuellen Schicht von herrschender Religion und Politik zu einer Weltsicht, die über dieser Welt steht. Es ist eine Form von religiösem Laienintellektualismus, der sich resignierend aus dieser Welt zurückzieht, weil er sie nicht mehr nach seinen Vorstellungen gestalten und beherrschen kann (Weber/Kippenberg/Green).
3. Eine religionsgeschichtliche Betrachtungsweise geht von der Beobachtung aus, dass viele Phänomene der Gnosis sich auch in anderen Religionen finden lassen und von daher Gnosis nicht allein auf Christentum oder Judentum zu beschränken ist. Sie ist vielmehr zu verstehen als eine eigenständige Weltanschauung oder Religion,[5] die sich jeweils verschiedenen Religionen anpasst, sie als Träger benutzt, aber dennoch eine gewisse Eigenständigkeit bewahrt (Rudolph).[6]
Eine Übereinstimmung herrscht zur Zeit in folgenden Punkten:

- Es handelt sich bei der Gnosis nicht um eine rein christl. Häresie, gar um die Hellenisierung des Christentums.[7] Ein dogmatisch geschlossenes Christentum, welcher Richtung auch immer, gab es in den ersten zwei Jhh. der Kirche noch nicht, und gnostisches Denken war ein Weg von vielen anderen, Theologie zu treiben.
- Ob es eine vorchristl. Gnosis gegeben hat, muss offen bleiben. Auf je-

[4] So sollte auch 1Tim 6,20f zurückhaltend interpretiert werden. Hier wird nur vor Menschen gewarnt, die von sich behaupten, mehr Wissen und Erkenntnis als andere zu besitzen. Mehr ist dem Text nicht zu entnehmen.
[5] So *G. Quispel*: Gnosis als Weltreligion, Zürich 1951.
[6] Als Beispiele für jene Mischung von Anpassung und Eigenständigkeit können u.a. die Bewegungen der Manichäer, Mandäer, Katharer, Bogomilen und die gnostischen Richtungen innerhalb der Schia dienen.
[7] So *A. v. Harnack*: Lehrbuch der Dogmengeschichte, Bd. I, Tübingen 1909, 502.

den Fall weisen viele Spuren in das Umfeld des Judentums, v.a. in apokalyptische und weisheitliche Traditionen. Auch die samaritanische Tradition (→3.1.3.6) kann nicht übersehen werden.

- Gnosis ist nicht ohne den Mittel- und Neuplatonismus (→3.1.1 IV) denkbar. Diese philosophischen Systeme bilden eine zentrale Grundlage gnostischen Denkens, auch wenn die gnostischen Schulhäupter die Systeme umformten und verfremdeten.
- Jedes Denkgebäude hat auch eine soziale Verortung. Gnosis ist ein Phänomen der kaiserzeitlichen Stadtkultur, in der eine kleine gebildete Oberschicht inmitten einer synkretistischen Vielfalt von Religionen und Philosophien sich ihr System baute, um die Umwälzungen der Zeit zu bewältigen. Die geistigen, wirtschaftlichen und ethnischen Voraussetzungen dazu waren in besonderer Weise in Alexandria (→2.2.7.3 I) als dem geistigen und kulturellen Zentrum mit einer starken jüd. Kolonie (→1.4.5.1) gegeben.

### 3.1.5.2 Hauptlehren (*Peter Schneemelcher*)

Die Vielzahl und Vielfalt gnostischer Richtungen und Schulen erlaubt es nur sehr eingeschränkt, ein gnostisches Lehrgebäude zu entwerfen, in dem alle dogmatischen Aussagen unterzubringen sind, doch lassen sich einige Grundaussagen in einer Reihe von Schriften aufzeigen, die ihrerseits wiederum verschiedenen Richtungen entstammen.[1]

*I. Theogonie und Kosmogonie* – „Er ist der unsichtbare Geist, in Bezug auf den es nicht passend ist, sich ihn als Gott oder etwas ähnliches vorzustellen, denn er ist mehr als Gott, da es keinen über ihm gibt, denn niemand ist Herr über ihn.“[2] Mit dieser Grundaussage wird jedes Gottesbild als menschliches Gedankengebilde abgetan. Der Gott der Gnosis, Ursprung allen Seins, ist unnennbar, unfassbar. Wenn es schon menschlicher Worte bedarf, so kann allenfalls negativ über Gott geredet werden. Doch dieses reine Sein bleibt nicht in sich selbst. Aus ihm heraus tritt eine Schöpfung, in der der Keim der Vergänglichkeit ruht und die Anlage zum Bösen.
Woher aber kommen diese negativen Faktoren? In der Antwort darauf unterscheiden sich Schulen und Systeme. Während der Manichäismus, hier in iranischer Tradition, von einem dialektischen Dualismus ausgeht, bei dem sich zwei Prinzipien gleichwertig gegenüberstehen, sind vor allem die christl. Ansätze eschatologisch ausgerichtet. Das böse Prinzip ist zwar in der Welt, aber es wird überwunden werden. Ursache der ganzen Entwicklung zum Negativen

---

[1] Grundlage der Zitate im Folgenden ist die Ausgabe der Nag Hammadi-Schriften von *Robinson* 2000 (zitiert als NHC); für die Darstellung der Theogonie, Kosmogonie und Anthropologie wird im Folgenden v.a. auf das Apokryphon des Johannes verwiesen, einer christl.-gnostischen Schrift valentinianischer Ausrichtung aus dem 2. Jh.

[2] NHC II,2,23–3,1.

ist ein kosmischer Sündenfall, der eher als Unfall zu verstehen ist. „Die Welt entstand durch ein Versehen!“[3]
Dieses Versehen ist Folge einer göttlichen Entäußerung. Denn aus dem höchsten Sein heraus treten Emanationen, Äonen, die zunächst nur Ausdifferenzierungen der einen göttlichen Wirklichkeit sind.[4] Ein Äon aber, die göttliche Sophia, bricht aus der vollkommenen Harmonie aus, die immer androgyn gedacht wird, und schafft sich ein eigenes Geschöpf, den Jaldabaoth,[5] ein missratenes Geschöpf, das sich dem Einfluss seiner Mutter zu entziehen sucht und als Demiurg sich nun seine eigene Welt schafft, eben die Schöpfung, von der das AT berichtet.
Doch obwohl sein Handeln von nun an negativ und vergänglich sein wird, so behält er dennoch etwas von dem ewigen, göttlichen Funken in sich.

*II. Anthropologie* – Aus diesem Bruch in der Reihe der Emanationen heraus kommt es zur Entstehung des Menschen, bei dem zunächst das ewige Sein, der einzig wahre Gott, wieder handelt. Den Fehler der Sophia gilt es wieder gut zu machen, und so lässt die ewige Gottheit ihr Spiegelbild in Gestalt eines Menschen auf den Wassern des unteren Himmels erscheinen. Jaldabaoth, der Demiurg, und seine Gehilfen sehen das Bild und beschließen, nach diesem Vorbild einen Menschen zu schaffen. Die sieben Planeten steuern jeweils ein Stück zu dieser Schöpfung bei, und am Ende wird Adam als ein beseeltes Wesen geschaffen, dem aber noch das Leben fehlt. Nun greift die Sophia wieder ein. Ihr Geschöpf Jaldabaoth hat in sich immer noch Teile jenes himmlischen Geistes aus der oberen Welt seiner Mutter. Auf den Rat der Sophia hin aber gibt er diese göttlichen Funken an Adam weiter, der dadurch zum Leben erwacht. Bei diesem Leben schaffenden Akt ist die Sophia zwar anwesend, aber sie verbirgt sich in der Gestalt der Eva, die so zur Vermittlerin des wahren Lebens wird. Adam erwacht mit Geist und Seele, beides eingesperrt in einen sterblichen Körper, doch der göttliche Funke ist nun auf ewig in ihm.
Seitdem hat der Mensch Anteil an beiden Welten. Die bösen Mächte haben ihn mit der Seele versehen und in den Körper eingesperrt, doch der Lichtfunke aus der oberen Welt in ihm ist Garant für das wahre, ewige Leben. Die Seele, vom Demiurgen geschaffen, wird zum Sitz der Triebe und Begierden, der Geist allein verbürgt die Erlösung.

*III. Soteriologie* – Im Erkennen liegt die Erlösung, das ist das Programm der Gnosis und ihrer Vertreter. So ist alles dahin ausgerichtet, die Unwissenheit als den zentralen Mangel im Menschen zu beseitigen. Erst, wenn der in die Finsternis dieser Welt gefallene Mensch erkennt, dass er den göttlichen Funken und damit die Erinnerung an die göttliche Heimat in sich trägt, kann er diese Welt als vergänglich und nichtig erkennen, die es nicht wert ist, sich ihr

---

3 NHC II,3,75,2.

4 Bei der Benennung dieser Emanationen entfalten die gnostischen Systeme eine große Vielfalt an Namen, die weitgehend Kunstworte sind. Dazu zählt auch als erste Emanation die Barbelo, wohl eine gnostische Muttergottheit.

5 Vermutlich zusammengesetzt aus semitischen Worten *jalad* = erzeugen und *sebaoth* = himmlische Mächte.

in besonderer Weise zuzuwenden. Dieses erlösende Wissen ist zudem mehr als eine zukunftsgerichtete Vision, es ist bereits die geschehene Erlösung, die aus dem in der Materie gefangenen Menschen einen Erlösten macht, „denn wer sich selbst nicht erkannt hat, hat gar nichts erkannt. Wer aber sich selbst erkannt hat, hat auch schon Erkenntnis über die Tiefe des Alls erlangt.“[6] Diese Erkenntnis aber ist nicht nur Erlösung, sie ist auch absolute Freiheit und Herrschaft über die Materie.

„Jesus sagte: Wer sucht, soll nicht aufhören zu suchen. Und wenn er findet, wird er bestürzt sein; und wenn er bestürzt ist, wird er verwundert sein, und er wird über das All herrschen.“[7]

Voraussetzung dieser erlösenden Erkenntnis und Befreiung des Geistes ist das Aufwachen des Menschen aus seiner Vergessenheit, seine Erweckung. So gehört der Weckruf zum festen Bestandteil vieler gnostischer Lehrschriften: „Ihr Völker, ihr erdgeborenen Menschen, die ihr der Trunkenheit und dem Schlaf ergeben seid und der Unkenntnis Gottes, werdet nüchtern, hört auf, trunken zu sein und in unvernünftigem Schlaf zu schwelgen!“[8] In der Praxis gnostischer Frömmigkeit erfolgt dieser Weckruf durch die Belehrung, doch hinter der Belehrung steht der weckende Ruf des Erlösers.

Auch Gnostiker mussten dabei erkennen, dass nur eine kleine Schar den Weckruf vernahm und v.a. die Masse der Christen innerhalb der Kirche davon unberührt blieb. Die Antwort auf dieses Problem wurde in der unterschiedlichen Disposition der Menschen in Bezug auf das Heil gefunden. Die Menschheit zerfällt in Sarkiker, Psychiker und Pneumatiker. Die Sarkiker sind zum Untergang bestimmt, die Psychiker haben die Möglichkeit der Rettung, doch die kleine Schar der Pneumatiker oder Gnostiker darf ihrer Erlösung gewiss sein.

*IV. Erlösergestalten* – Das gnostische Schrifttum kennt eine Reihe Erlösergestalten, sowohl historische als auch mythische Personen, die als Boten des wahren Gottes und Retter der Wissenden angesehen werden. Zarathustra, Seth, Simon Magus, Poimandres sind nur einige aus der Vielfalt der Namen. Dabei ist Historizität kein gnostisches Kriterium, da Zeit und damit Geschichte unter der Herrschaft des Demiurgen stehen. Der Gnostiker steht über der Zeit. Ob ein Erlöser historisch oder mythisch belegt ist, ist eine moderne Frage, im gnostischen Denken zählt allein der Ruf zur Erkenntnis.

Für die christl. Gnosis hat Jesus die Rolle des Erlösers. So entwickelt gnostische Theologie auch eine besondere Christologie, die nun strikt doketisch ausgerichtet ist. Christus hat nur einen Scheinleib. Die Vereinigung des Menschen Jesus von Nazareth mit dem himmlischen Christus gilt für die Zeitstrecke von Geburt oder Taufe bis zur Kreuzigung. Die Trennung erfolgt allerdings bereits vor der Kreuzigung. Gekreuzigt wurde nicht Christus, sondern ein anderer. Für den Gnostiker Basilides ist es Simon von Kyrene, der ans Kreuz gegangen ist,[9] in der Apokalypse des Petrus aus Nag Hammadi hört Petrus den Erlöser

---

6 NHC II,7,138,15–19.

7 NHC II,2,2.

8 Corpus Hermeticum 1,27.

9 Iren. haer. 24,4.

sagen: „Der, den Du oben neben dem Kreuz fröhlich und lachend siehst, ist der lebendige Jesus. Aber der, in dessen Hände und Füße Nägel geschlagen werden, ist sein leiblicher Teil, welcher der Ausgetauschte ist.“[10]
Zweifellos liegt in der Christologie einer der großen Unterschiede zwischen gnostischem Denken und dem, was später als orthodox in der Kirche festgesetzt wurde, doch die gnostische Christologie in all ihren Ausprägungen war sicher konsequenter in ihrem Verständnis von wahrem Mensch und wahrem Gott in Christus, in dem sie beides so radikal trennte und sich damit die ganzen christologischen Debatten über die Leidensfähigkeit des Christus ersparte. Es konnte eben nicht sein, dass die finstere Macht des Demiurgen auch nur einen Moment Macht oder Erkenntnis über den wahren Gott gewinnen würde.

*V. Eschatologie* – Die Gnosis ist eine stark individualistisch geformte Frömmigkeitsform. Im Mittelpunkt steht das Schicksal der einzelnen Seele. Es geht um ihre Rückkehr in die ewige Heimat, das ist das allein wichtige Ziel. So fehlen auch in den gnostischen Schriften, die sich mit eschatologischen Fragen befassen, durchweg die großen Geschichts- und Untergangsszenarien, wie sie etwa in der Offb begegnen. Auch für die Gnosis ist klar, dass die Schöpfung des Demiurgen zum Untergang bestimmt ist, doch ist das für den Gnostiker weitgehend unwichtig. Durch die wahre Erkenntnis gehört er schon jetzt zu den Geretteten. Zwar muss er seinen Leib noch ablegen, diese Art des Todes bleibt auch ihm nicht erspart, entscheidender aber ist, dass die Seele den Aufstieg vollziehen und alle Hindernisse überwinden kann. Nun hat der Erlöser den Weg bei seinem Abstieg bereits geebnet, doch zwischen der Fremde der Erde und der himmlischen Heimat werden der Demiurg und seine finsteren Mächte noch einmal versuchen, die Seele am Weitergang zu hindern. Und hier bewährt sich ihr Wissen.
So erklärt Jesus dem Jakobus gegenüber den Aufstieg der Seele und gibt ihm die Worte an die Hand, die Jakobus sprechen muss, wenn die Wächter am Weg ihn fragen: „Wenn du ihnen nun in ihre Gewalt kommst, so wird einer von ihnen, der ihr Wächter ist, zu dir sagen: Wer bist du und woher stammst du? Du sollst zu ihm sagen: Ich bin ein Sohn und stamme vom Vater. Er wird zu dir sagen: Was für eine Art von Sohn bist du und von welchem Vater stammst du? Und du sollst ihm sagen: Ich stamme von dem praeexistenten Vater und ich bin ein Sohn des Praeexistenten. Wenn er ferner zu dir sagen wird: Wohin willst du gehen? so sollst du antworten: Zu dem Ort, von dem ich gekommen bin, werde ich zurückkehren!“[11]
So kann die Seele, die die wahre Erkenntnis hat und die rechten Worte gelernt hat, diesen Weg ohne Angst gehen. Sie kann ihn sogar mit einem Gefühl der Überlegenheit gehen, denn sie weiß mehr als die Wächter, die sie aufzuhalten versuchen: „Er (sc. der Gnostiker) kommt dann zu den Gefährten des Demiurgen und zu ihnen muss er sagen: Ich bin ein Gefäß, wertvoller als die Frau, die euch geschaffen hat. Mag auch eure Mutter ihre eigene Herkunft nicht kennen – ich jedenfalls kenne mich selbst und weiß, von wo ich bin.“[12]

---

10 NHC VII,3,15–20.
11 NHC V,3,33,11–24; V,3,34,15–18.
12 Aus einem valentinianischen Katechismus, überliefert bei Iren. haer. 1,21,5.

Während so die gnostische Seele, die Erkenntnis errungen hat, ruhig in ihre Heimat zurückkehren kann, ist dieser Weg für die anderen Seelen versperrt. Zwar hat auch ihr Schicksal die Gnosis beschäftigt, doch finden sich dazu nur wenige Äußerungen, die zudem sehr unterschiedlich sind, je nach Richtung und Schule. Allein die Nag-Hammadi Schriften zeigen schon eine Vielfalt von Vorstellungen. So schaut Paulus in seiner Apokalypse die Rückführung der Seele in einen neuen Körper als Strafe.[13]

In der Apokalypse des Adam dagegen wird vom endgültigen Tod der unerlösten Seele ausgegangen,[14] doch ist auch von ewigen Strafen für die die Rede, die sich etwa der Sünde wider den heiligen Geist schuldig gemacht haben.[15] Dabei darf davon ausgegangen werden, dass auch den großen Denkern der Gnosis Widersprüche und Brüche innerhalb ihrer Systeme durchaus bewusst waren. So konnte das Schicksal der Seele sehr anschaulich dargestellt werden, doch getreu den platonischen Grundlagen war den Denkern und Schreibern durchaus bewusst, dass auch die Seele auf die Seite der Schöpfung gehört und am Ende nur der göttliche Funke des *pneuma* in die Sphäre des reinen Geistes zurückkehrt, während die Seelenteile beim Weg nach oben abgelegt werden.[16] Doch eine dogmatische Geschlossenheit und strikte Logik, wie sie zur Formulierung der christologischen Dogmen der Großkirche führten, war nicht Sache der Gnosis. Die Erkenntnis ihrer Gläubigen bewegte sich auf höheren Ebenen. Das wird auch in der Frage der Auferstehung (→3.2.5.2) sichtbar. Die zeitliche Abfolge von Kreuzigung, Tod, Höllenfahrt und Auferstehung mochte die entstehende christl. Kirche so ihren Gläubigen als Tatsache verkünden, die Gnosis sah mehr dahinter. So konnte das Logion aus dem Philippus-Ev dem Außenstehenden paradox erscheinen, in dem es heißt: „Die, die behaupten, man wird zuerst sterben und dann auferstehen, irren sich. Wenn man nicht die Auferstehung zu Lebzeiten empfängt, wird man nichts empfangen, wenn man stirbt."[17] Dem Gnostiker war klar, dass Auferstehung metaphorisch verstanden sein will. In der Erlangung der Erkenntnis verliert der Tod bereits seine Macht und die Seele kann ihren Weg zurück zum wahren Leben bereits jetzt beginnen.

Steht auch die individuelle Eschatologie eindeutig im Vordergrund, so verzichten die gnostischen Schriften dennoch nicht auf Beschreibungen des endgültigen Endes der gesamten Schöpfung des Demiurgen, doch bedienen sie sich weitgehend der Mythen, die auch in vielen nichtgnostischen Schilderungen begegnen. Weltenbrand und Sintflut sind gängige Vorstellungen, verbunden mit der Rettung und Entrückung derer, die die wahre Erkenntnis haben.

Auch hier haben sich die verschiedenen Systeme eine gewisse Offenheit bewahrt und die Vorstellung der Universal-Eschatologie nicht konsequent zu Ende gedacht. Denn wenn die Materie durch den Abstieg aus der rein geistigen Sphäre geschaffen wurde und nur durch den in ihr immer noch enthaltenen göttlichen Funken überhaupt leben kann, so muss sie auch zusammenbre-

---

13 NHC V,2,21,18–21.
14 NHC V,5,84,2–3.
15 NHC II,1,27,27–29.
16 NHC VI,6,57,4–25.
17 NHC II,3,73,1–4.

chen und vergehen, wenn ihr die Lebenskraft entzogen wird und alles sich zurück zum reinen Geist entwickelt. Am Ende soll wieder das Reich des Geistes allein stehen und alles Materielle wird Nichts sein. Nur wenige Schriften haben das so folgerichtig entwickelt. So heißt es im Gedanken unserer großen Kraft: „Wenn das Feuer sie alle verbrannt hat und wenn es nichts anderes mehr findet, um es zu verbrennen, dann wird es durch sich selbst zerstört werden. Dann werden die Söhne der Materie zerstört werden; sie werden von diesem Augenblick an nicht mehr sein.“[18] Dagegen bleibt der Manichäismus seinem konsequent dualistischen Ansatz auch hierin treu. Am Ende wird alles Böse in einer Grube verschlossen und dort für immer sicher bewahrt werden.

*Literatur*

*Quelleneditionen*: *W. Förster*: Die Gnosis, 3 Bde., Zürich 1995. – *G. Lüdemann/M. Janßen* (Hgg.): Bibel der Häretiker. Die gnostischen Schriften aus Nag Hammadi, Stuttgart 1997. – *J. M. Robinson* (ed.): The Coptic Gnostic Library, 5 vol., Leiden 2000. – *H. M. Schenke u.a.* (Hgg.): Koptisch-gnostische Schriften (Einzelbände).
*Sekundärliteratur*: *K. Berger*: Gnosis I, TRE 13, 1984, 519–535. – *H. A. Green*: The Economic and Social Origins of Gnosticism, Atlanta 1985. – *M. Janßen*: Kanon und Gnosis. Überlegungen zur „Bibel der Häretiker“, ZNT 12, 2003, 39–50. – *H. Jonas*: Gnosis und spätantiker Geist, 2 Bde., Göttingen 1998 (zuerst 1934/54). – *H. G. Kippenberg*: Die vorderasiatischen Erlösungsreligionen, Frankfurt 1991. – *C. Markschies*: Die Gnosis, München 2001. – *S. Petersen*: „Natürlich eine alte Handschrift“. Nag Hammadi, die Gnosis und das Neue Testament, ZNT 4, 1999, 2–11. – *K. Rudolph*: Die Gnosis, Göttingen [3]1994. – *P. Sloterdijk/T. M. Macho* (Hgg.): Weltrevolution der Seele, 2 Bde., Zürich 1991. – *W. Tröger*: Die Gnosis, Freiburg 2001. – *M. Weber*: Wirtschaft und Gesellschaft, Tübingen [5]1972.

[18] NHC VI,4,47,5–8.

### 3.1.5.3 Schulen und Strömungen (*Christoph Markschies*)

*Vorbemerkung*

Von ihren Anfängen im 2. Jh. an hat die mehrheitskirchliche Häresiologie nicht nur bestimmte Theologen und ihre Theologien einer Bewegung namens „Gnosis“ zugewiesen, sondern auch einzelne Schulen und Strömungen. Diese häresiologische Klassifizierung wird bis in die jüngste Zeit fortgesetzt und kaum grundsätzlich in Frage gestellt. Nahezu jede Darstellung der antiken Gnosis gliedert sich in allgemeine Bemerkungen, die das gesamte Phänomen betreffen, und in eine nach Schulen geordnete Übersicht zu speziellen Charakteristika von Strömungen der Gnosis. Nur selten wird dabei präzise zwischen antiken und neuzeitlichen Rubrizierungen unterschieden. Auch die grundlegende Frage, ob die als „Gnostiker“ rubrizierten Theologen sich selbst überhaupt als Angehörige von Schulen und Strömungen begriffen haben, wird im Unterschied zur Frage, ob sie sich selbst als Gnostiker bezeichneten,[1] kaum thematisiert. Dabei ist längst deutlich, dass sich die mehrheitskirchliche Häresiologie der Antike bei einer solchen Zuweisung von Personen und Lehren an zeitgenössischen Formen von wissenschaftlicher Katalogisierung, beispielsweise in der antiken Philosophiegeschichte, orientierte.[2]

Die folgende kurze Übersicht zu gnostischen Schulen und Strömungen ist daher – im Unterschied zu anderen Darstellungen[3] – in zwei voneinander unterschiedene Hauptteile gegliedert: Zunächst werden in aller Kürze *antike* Klassifizierungen von gnostischen Schulen und Strömungen vorgeführt, sodann *neuzeitliche* aus der jüngeren Forschungsdiskussion mit Hinweisen auf die wichtigsten Quellen.

Ausgeschlossen sind in diesem Überblick sowohl die Mandäer als auch die Manichäer.[4] *Mandäer* („die Erkennenden“) werden Angehörige einer bis heute bestehenden und gerade in jüngster Zeit stark aufblühenden gnostischen Religion genannt, die sich in einem Teil ihrer eigenen Quellen auf den Exodus einer jüd. Täufersekte aus dem Ostjordanland nach Mesopotamien zurückführt; allerdings ist ihre für das NT relevante Frühgeschichte aufgrund der meist aus der Neuzeit stammenden und bislang nur wenig befriedigend edierten Quellenüberlieferung kaum mehr konsensfähig zu erhellen.[5] *Manichäer* werden die Angehörigen einer bis ins Mittelalter existierenden gnostischen Religion genannt, die auf die bewusste Synthese des persischen Religionsstifters Mani (216–277 n.Chr.) zwischen Buddhismus, Christentum, Judentum und Zoroastrismus zurückgeht. Hier ist der Quellenbefund nach einer Fülle von Entdeckungen vor allem im 20. Jh. deutlich besser. Aber das Phänomen ist für das NT und die frühe Kaiserzeit ohne jede Bedeutung, verbreitet sich vielmehr erst

[1] *Markschies* 2001, 16–19.

[2] *A. Le Boulluec*: La notion d’hérésie dans la littérature grecque, II$^{e}$–III$^{e}$ siècles, Paris 1985, 48–57.

[3] Auch des Verfassers: *Markschies* 2001, 74–100.

[4] Zu den Manichaern s. *S. N. C. Lieu*: Manichaeism in the Later Roman Empire and Medieval China, Tübingen 1992.

[5] *H. Lietzmann*: Ein Beitrag zur Mandäerfrage, in: *Ders.*: Kleine Schriften I, Berlin 1958, 124–140; *R. Macuch*: Zur Frühgeschichte der Mandäer, ThLZ 90, 1965, 649–660; *E. Lupieri*: The Mandaeans. The Last Gnostics, Grand Rapids/Cambridge 2001, 162–165.

in der Spätantike in erstaunlicher Geschwindigkeit über das Reich und darüber hinaus.

*Antike Klassifizierungen von gnostischen Schulen und Strömungen*[6]
Die häresiologische Rubrizierung beginnt um die Mitte des 2. Jh.s mit dem stadtröm. Apologeten *Justin*, der in einem verlorenen „Syntagma gegen die Häresien" eine Sukzession von Häretikern aufstellte und in seinen anderen erhaltenen Schriften darauf knapp eingeht. Justin behauptet, dass es gnostische Gruppen gibt, die ihren Namen vom „Urheber" der theologischen Position ableiten und sich fälschlicherweise selbst „Christen" nennen (dial. 35,6); er nennt vier solcher Gruppen: Marcionianer, Valentinianer, Basilidianer, Satornilianer. An anderer Stelle sagt Justin deutlich, dass auch Philosophen so verfahren, und nennt beispielsweise Platoniker und Pythagoreer (dial. 2,1). Ganz der Praxis zeitgenössischer Philosophiegeschichtsschreibung entsprechend führte Justin die *successio*/*diadochē* der Häretiker auf einen Stammvater, nämlich den in der Apg erwähnten (Apg 8,9–24) Samaritaner Simon Magus und dessen Schüler Menander zurück (1 apol. 26,1). Auf diese beiden folgten als deren Schüler Satornil und Basilides, schließlich Valentin und Marcion.
Da das „Syntagma" Justins verloren ist, finden sich ausführlichere Informationen über die von ihm genannten Gruppen erst bei Irenaeus von Lyon, der in den achtziger Jahren des 2. Jh.s (also reichlich dreißig Jahre nach Justin) unter dem Titel „Aufdeckung und Widerlegung der fälschlich sog. Gnosis" ein antihäretisches Werk schreibt und darin auch Quellenstücke zitiert. Irenaeus setzt sich in diesem Werk vor allem mit gnostischen Gruppen auseinander, die in seiner Bischofsstadt Lyon und in der Reichshauptstadt Rom wirkten und offenbar auch eine ganze Anzahl von Gemeindegliedern der bischöflichen Mehrheitskirche anzogen. Seine Gegner bezeichnen sich als Schüler des stadtröm. Theologen Valentinus, eines Zeitgenossen Justins, obwohl sie Schüler von dessen Schüler Ptolemaeus waren, der ebenfalls um die Jahrhundertmitte in Rom lebte und vielleicht vor 160 n.Chr. als Märtyrer hingerichtet wurde.[7] Entsprechend schreibt der Bischof von Lyon Valentinus auch eine „Schule" (*didaskaleion*: Iren. haer. 1,11,1) zu. Von den Schülern dieser Schule, den stadtröm. „Valentinianern", zitiert Irenaeus einen gnostischen Systementwurf und kommentiert ihn (haer. 1,1,1–8,5). Dieses „große Systemreferat" ergänzt er durch teilweise sehr knappe Zusammenfassungen und Mitteilungen über andere Valentinianer, um dann eine kurze Geschichte gnostischer Schulen – beginnend mit Simon Magus – anzufügen (haer. 1,23,1–31,2). Dabei folgt er der Klassifizierung Justins – Simon, Menander, Satornil/Saturninus,[8] Basilides –, ergänzt sie aber durch weitere Namen, darunter Karpokrates, Kerinth, Kerdon, Marcion und die sog. „Barbelo-Gnostiker" (haer. 1,25,1–31,2). Dabei fällt auf, dass die Referate zum Teil stark stilisiert sind und von daher sehr fraglich ist, ob ihnen präzise Kenntnisse des Autors zugrunde lagen.

---

6 *Hilgenfeld* 1963, 21–30; *Le Boulluec*: La notion d'hérésie (Anm. 2), passim.
7 Iren. haer. 1 praef. 2; *Ch. Markschies*: New Research on Ptolemaeus Gnosticus, ZAC 4, 2000, 225–254.
8 Nach Iren. haer. 1,24,1f aus Antiochia, vgl. *Ch. Markschies*: Satornil, RGG$^4$ 7, 2004, 846.

Ein vorzügliches Beispiel gelehrter häresiologischer Klassifizierung ist die Einordnung eines Valentinianers namens Theodot durch den hochgebildeten mehrheitskirchlichen Theologen Clemens Alexandrinus in die „östliche Schule“ des Valentinianismus und der Spott des nordafrikanischen Theologen Tertullian über zwei valentinianische „Lehrstühle“ im Westen und Osten.[9] Was diesen am zeitgenössischen philosophischen Unterricht orientierten Klischees historisch zugrunde lag, ist nur noch schwer zu sagen.

Eine deutliche Ausweitung erfährt diese Klassifizierung bei dem stadtröm. Theologen Hippolyt, der in den ersten beiden Jahrzehnten des 3. Jh.s ebenfalls ein (gleichfalls verlorenes) „Syntagma gegen die Häresien“ schrieb und danach eine umfangreiche antihäretische Schrift in zehn Bänden, und dann noch einmal Ende des 4. Jh.s bei dem aus dem palästinischen Mönchtum stammenden Metropoliten der Kirchenprovinz Zypern, bei Epiphanius von Salamis in seinem „Arzneikästlein gegen die Häresien“. Hippolyt kennt auch „Naassener“ (von hebr. *ha-nachash*, „Schlange“: Hipp. haer. 5,6–11), „Peraten“ (gr.: „die Fremden“: haer. 5,12–18) und „Sethianer“ (5,19–22);[10] Epiphanius zählt neben „Kerinthianern“ auch die sicher unhistorische Gruppe der „Merinthianer“ auf, differenziert Gnostiker in „Stratiotiker“, „Phibioniten“, „Kodianer“, „Sokratiten“ und „Borboriten“ (Epiph. haer. 27).[11] Bei einer Gruppe gibt er sogar indirekt zu, dass sie nur aus zwei Personen bestand, bei den in der Umgebung von Hebron in Palaestina lebenden „Archontikern“ (haer. 40,1,5–8). Unter die Gnostiker rechnet er auch den syrischen Theologen Bardesanes und macht ihn von Valentinus abhängig (haer. 56).

Überblickt man solche hier nur auszugsweise referierten Klassifizierungen der Häresiologen, wird schnell deutlich, dass die Notwendigkeit einer übersichtlichen Schematisierung zunehmend häretische Gruppen hat entstehen lassen und von Anfang an die historische Basis der konstruierten Gruppen eher als dünn bezeichnet werden muss. Klar ist außerdem, dass mindestens die Nachrichten über drei Gruppen so stabil sind, dass den Referaten historische Realitäten entsprochen haben dürften: Bis in frühmittelalterliche Zeit hat es Schüler des stadtröm. Theologen Marcion gegeben – eine Inschrift erwähnt mit einer „Synagoge der Marcioniten“ möglicherweise sogar ein eigenes Kirchengebäude,[12] ebenso Menschen, die sich als Anhänger des gleichfalls stadtröm. Theologen Valentinus verstanden. Justin bezeugt eine Gemeinde von Anhängern des Simon Magus in Rom,[13] und der in Alexandria wirkende Lehrer Basi-

[9] *Ch. Markschies*: Valentinian Gnosticism: Toward the Anatomy of a School, in: *J. D. Turner u.a.* (eds.): The Nag Hammadi Library after Fifty Years, Leiden 1997, 401–438, bes. 433–436.

[10] Eine „[Lehre] der Sethianer“ ist erwähnt im sog. „Berliner Koptischen Buch“ (P. Berol. 20915, fol. 128,10f).

[11] Zur Erläuterung der Namen vgl. *A. Pourkier*: L'hérésiologie chez Épiphane de Salamine, Paris 1992, 304, Anm. 72.

[12] *Ph. le Bas/W.-H. Waddington*: Inscriptions grecques et latines de la Syrie, Paris 1870 (ND Rom 1968), III, 2558 = *A. v. Harnack*: Marcion. Das Evangelium vom fremden Gott. Eine Monographie zur Geschichte der Grundlegung der katholischen Kirche. Neue Studien zu Marcion, Leipzig $^{2}$1924 (ND Darmstadt 1960), 341*–344*; *M. Frenschkowski*: Marcion in arabischen Quellen, in: *G. May u.a.* (Hgg.): Marcion und seine kirchengeschichtliche Wirkung, Berlin/New York 2002, 39–66.

[13] Details bei *Markschies* 2001, 74–78.

lides dürfte eine (kleinere?) Gruppe von unmittelbaren Schülern gehabt haben. Ob man darüber hinaus aus den Klassifizierungen der Häresiologen auf institutionell stabile Kreise beispielsweise von „Sethianern" oder „Barbelo-Leuten"[14] schließen sollte, lässt sich kaum mehr mit Gewißheit sagen. Damit ist zugleich auch die Frage neuzeitlicher Klassifizierungen berührt.

*Neuzeitliche Klassifizierungen von gnostischen Schulen und Strömungen*[15]
Wenn man die Rubrizierungen der antiken christl. Häresiologie kritisch betrachtet und quellenkritisch überprüft, dann zerbricht das von ihnen gezeichnete Bild der Frühgeschichte gnostischer Schulen im 2. Jh.: Der historische Simon Magus war entgegen seiner Stilisierung durch Justin und Irenaeus noch kein Gnostiker,[16] und auch andere Gestalten aus der Traditionskette gnostischer Denker, wie beispielsweise Kerinth, sind wohl eher als Judenchristen zu begreifen.[17] Die authentischen Texte des angeblichen syrischen Gnostikers Bardesanes sind kaum als Zeugnisse eines entwickelten gnostischen Systems anzusprechen.[18] Marcion, der in sehr unbeholfener Imitation zeitgenössischer Philologie eine Rezension von Schriften durchführte, die gerade Eingang in ein kanonisches NT fanden, und eine schroffe Trennung von atl. und ntl. Heilsweg lehrte, betonte bestimmte Züge pln. Gnadentheologie und unterscheidet sich darin und in anderen Details (beispielsweise einer fehlenden Mythologie) von den übrigen Gnostikern. Zwischen den erhaltenen Fragmenten der stadtröm. Lehrer Valentinus und Ptolemaeus einerseits und dem entwickelten System ihrer Schüler, das uns Irenaeus referiert, bestehen erhebliche Unterschiede, die die inhaltliche Produktivität dieser Schule illustrieren. Bei allen Unterschieden ist der entwickelte Valentinianismus in allen seinen Formen dadurch verbunden, dass im Rahmen einer mythologischen Erzählung die biblische Erzählung vom Fall und die Geschichte der Erlösung durch Jesus Christus ein innergöttliches Vorbild bekommt – dieser etwas hilflose Versuch, sich an Grundstrukturen der platonischen Popularphilosophie zu orientieren, ist ein Zeichen des relativ frühen Stadiums einer wissenschaftlichen Reflexion des christl. Glaubens.
Durch den großen Textfund einer gnostischen Bibliothek von 13 Codices mit insgesamt 52 Schriften beim oberägyptischen Ort Nag Hammadi in den Jahren 1945/1946 ist zugleich deutlich geworden, dass neben der Theologie Marcions und den Entwürfen von Basilides und Marcion sowie dem valentinianischen System noch mindestens eine weitere selbständige gnostische Strömung systematisiert werden kann. Dieses System wird bei Irenaeus den erwähnten Barbelioten zugeschrieben (haer. 1,29). Da einzelne Passagen seines Referates mit

---

14 Vermutlich ein in der Antike beliebtes aramäisches „Geheimwort": *Markschies* 2001, 96.

15 *Hilgenfeld* 1963, 21–30; *Le Boulluec*: La notion d'hérésie (Anm. 2), passim.

16 So zuletzt *J. Zangenberg*: *Dynamis tou Theou*. Das religionsgeschichte Profil des Simon Magus aus Sebaste, in: *A. v. Dobbeler u.a.* (Hgg.): Religionsgeschichtliche Studien zum Neuen Testament (FS K. Berger), Tübingen 2000, 519–540; kritisch dagegen *S. Haar*: Simon Magus. The First Gnostic?, Berlin/New York 2003, 228–302.

17 *Ch. Markschies*: Kerinth – Wer war er und was lehrte er?, JAC 41, 1998, 48–76.

18 *H. J. W. Drijvers*: Bardaisan of Edessa, Assen 1966; *J. Teixidor*: Bardesane d'Édesse. La première philosophe syriaque, Paris 1992.

einer zu postulierenden Grundschrift der in Nag Hammadi mehrfach (und in zwei Rezensionen) überlieferten „Geheimschrift des Johannes“ (ActJ: NHC II,1; III,1; IV,1 und P. Berol. Gnost. 8502,2) zusammengehen, ist zugleich auch deutlich, dass dieses System bereits aus dem 2. Jh. stammen muss. Es ist mythologisch komplexer, hat an der Spitze eine Trinität Vater-Mutter-Sohn und im Prozess der weiteren Entfaltung des Göttlichen vier Lichter. Da an hervorgehobener Stelle der göttlichen Selbstentfaltung eine „Nachkommenschaft Seths“ auftaucht (P. Berol. Gnost. 8502,2 p. 36,3–5) und gelegentlich Seth die Funktion einer Erlöserfigur zugewiesen wird, hat man in der neueren Forschung dieses System mit den antiken Nachrichten über die Sethianer verbunden, denen allerdings in antiken Quellen ein deutlich anderes System zugewiesen wird. Eine Reihe von Forschern ist der Ansicht, die Geschichte dieser Sethianischen Gnosis von einer nichtchristl. Täufergruppe über eine oberflächliche Phase der Christianisierung (der dann das ActJ zuzuweisen wäre) und eine darauf folgende Entfremdung hin zu einer Annäherung an den paganen Neuplatonismus rekonstruieren zu können.[19] Ob es tatsächlich eine vorchristl. Sethianische Gnosis gab oder nicht vielmehr die nichtchristl. Züge Folge der mehrheitskirchlichen Ausgrenzung der gnostischen Bewegungen sind, wird sich wohl erst konsensfähig beantworten lassen, wenn es eine allgemein akzeptierte Literatur- und Traditionsgeschichte der Schriften von Nag Hammadi mit sichereren Datierungen der Texte gibt.

*Literatur*

*Quelleneditionen*: *Markschies* 2001, 123–127.

*Übersetzungen*: *H.-M. Schenke u.a.* (Hgg.): Nag Hammadi Deutsch 1. Bd. NHC I,1–V,1, Berlin/New York 2001. – 2. Bd. NHC V,2–XIII,1 BG 1 und 4, Berlin/New York 2003. – *F. Williams* (Ed.): The Panarion of Epiphanius of Salamis. Book I (Sects 1–46), Leiden u.a. 1987.

*Sekundärliteratur*: *A. Hilgenfeld*: Die Ketzergeschichte des Urchristentums, urkundlich dargestellt, Darmstadt 1963 (Leipzig 1884). – *K. King*: What is Gnostizism?, Cambridge/London 2003. – *Ch. Markschies*: Die Gnosis, München 2001. – *H.-J. Klimkeit*: Gnosis on the Silk Road. Gnostic Texts from Central Asia, San Francisco 1993.

[19] Als Synthese dieser Forschungsrichtung kann gelten: *J. D. Turner*: Sethian Gnosticism and the Platonic Tradition, Québec u.a. 2001.

# 3.2 Weltanschauliche Themen

## 3.2.1 Weltwahrnehmung und Weltbild (*Johann Kreuzer*)

*Kosmologie und Kosmogonie*
Charakteristisch für die Ursprünge soziokultureller Selbstverständigung im antik-mediterranen Raum sind vier Schöpfungsmythologien: Der pelasgische, der homerische, der orphische und der olympische Schöpfungsmythos. Gemeinsam ist ihnen, dass der kosmogonische Bericht jeweils im Interesse der Erklärung erfolgt, durch die Erzählung einer Entstehung eine bestimmte Ordnung der Welt zu beschreiben. Der pelasgische ist matrilinear, er lässt den Kosmos mit der Großen Göttin (Eurynome) beginnen und endet mit Pelasgos, dem Ahnherr der Menschen, der Arkadiens Boden entstammt. Der homerische Schöpfungsmythos geht von zwei Ursprungsmächten (Okeanos und Tethys) aus und formuliert eine Weltalterentstehungslehre, die die Ordnung von Himmel und Erde formuliert (Il. 14,201–207). Im orphischen Schöpfungsmythos wird die Weltentstehung von den energetischen („psychischen") Prinzipien „Nacht" (Nyx) und Eros her gedacht. Als Ursprungskraft hat Eros analog zu den Jahreszeiten vier „Häupter": der Vegetationszyklus wird zum Maßstab einer in ihrem Erscheinen zeitlich geordneten Welt. Der olympische Schöpfungsmythos leitet aus dem Chaos über die Urmutter/Urerde Gaia und den Himmel (Uranos) die Formen der Vegetation und der Lebewesen ab, die das Ensemble an Naturkräften bilden, in denen sich der Mensch vorfindet.
Hesiod „systematisiert" diese archaischen Mythen und beschreibt die Kosmogonie ausdrücklich als theogonischen Sukzessionsmythos. Deutlich wird, dass der Bericht über die Entstehung der Welt im Interesse der Erläuterung und Deutung ihrer kosmologischen Einrichtung erfolgt. Signifikant ist hier insbes. die Erzählung von Kronos, dem jüngsten der Titanen, der seinen Vater Uranos entmannt, sich mit seiner Schwester Rhea verbindet und aus Angst, wie Uranos vom eigenen Kind entthront zu werden, alljährlich seine Kinder verschlingt. Der Mythos von dem seine eigenen Kinder fressenden Kronos führte früh (nicht zuletzt wegen des sprachlichen Anklangs) zur Vermischung von *K*ronos mit *Ch*ronos, der Personifikation der schaffenden und zerstörenden Wirkung der Zeit. Der jüngste von Kronos' Söhnen, Zeus, befreit, unterstützt von Rhea, seine Geschwister und besiegt seinen Vater Kronos mit den anderen Titanen. Damit steht der Kronide Zeus für den Sieg der olympischen (oberirdischen) Götter über die unterirdischen (titanischen) Kräfte der Natur. Als Resultat dieses Sieges formuliert Hesiod eine Ordnung der Welt mit der Erde in der Mitte zwischen Himmel und Tartaros, in dessen Abgrund die chthonischen Mächte (der Titanen) verbannt sind (theog. 717–741). Die Bedrohung, die von diesem Abgrund ausgeht, gleicht der apokalyptischer Auflösung und Zerstörung (vgl. Offb 9,11; 17,8; →1.3.2.3). Ebenso bedeutsam wie das kosmologische Ordnungsmodell ist Hesiods methodischer Anspruch, „Wahres" (*alētheia*) in kundiger Weise (*sophon*) und mit Erfahrung (*empeiria*) gesättigt zu berichten. Das Ganze der Weltstruktur soll sich *ex archēs*, d.h. aus einem (einzigen) logischen Einheitsgrund erzählen, d.h. sinnvoll verstehen lassen.

An diesen kosmogonisch-kosmologischen Anspruch, die sichtbare Welt aus *einem Prinzip* zu erklären, knüpfen die von Sokrates und Aristoteles sog. „Naturlehrer“ (*physiologoi*) an. Der erste ist Thales, der das Wasser als ursprüngliches Einheitsprinzip ansetzt (vgl. Diels/Kranz 11, A 12).
Anaximander beantwortet die Frage nach dem einen (einheitlich-einzigen) Prinzip der Welt nicht mehr stofflich, sondern begrifflich: Er nennt dieses Prinzip *archē* und unterscheidet es als das Unbegrenzte (*apeiron*) von den begrenzten Dingen. Gleichzeitig versucht er als erster, mathematische Zahlen- und Größenverhältnisse für eine rekonstruktive Kosmologie fruchtbar zu machen. An die Stelle der mythopoetischen Ordnung der Götter und Zeus als des Einen treten Zahlen und Gesetze als logische Formalisierung einer „göttlichen“ Ordnung. Die Entstehung der Dinge ist für Anaximander ein Kreislauf, der unter dem rechtmäßigen Gesetz der Notwendigkeit steht und in der Ordnung der Zeit (*taxis chronou*) geschieht: „Aus dem aber, woher den Dingen das Entstehen ist, entsteht (ihnen) auch das Vergehen zu diesem nach dem Notwendigen, sie geben nämlich einander Recht und Buße nach der Ordnung der Zeit.“ (Diels/Kranz 12, B 1). Dieser Satz ist eine der originären Formulierungen einer in sich geschlossenen, zyklischen Weltordnung.
Anaximenes bringt den Begriff der *psychē* (Seele) in diese Kosmologie ein: der logische Sinn seiner Hypothese, dass die Luft (*aēr*) das eine (= einzige und unbeschränkte) Prinzip sei, liegt in der Analogie, dass sie wie die Seele die körperlichen Dinge zusammenhalte (vgl. Diels/Kranz 13, B 2). Pythagoras (→3.1.1 V) und die pythagoräische Schule – eine kultische Lebensgemeinschaft – deuten die innere Struktur des Kosmos mittels mathematischer Formalisierungen. Die *physis* sei in Harmonie gemäß zahlhafter Prinzipien. In logischer Hinsicht bestehe „alles“ aus Zahlen (vgl. Diels/Kranz 58, B 4f). Die Frage nach der Logizität und Mathematizität des Kosmos bleibt von den Pythagoreern bis zu Plato ein grundlegendes Motiv des Denkens im antiken Kulturraum.
Xenophanes ist ein prototypisches Beispiel für die entmythologisierende Tendenz des vorsokratischen Denkens: Die Kosmogonie ergänzt er im Anschluss an Anaximander um den Gedanken der Zoogonie – alle Lebewesen entstünden aus der „Mischung von Erde und Wasser“ (Diels/Kranz 21, A 33; B 29; 33). Anthropomorphisierende Projektionen im Weltverständnis kritisiert er prägnant und führt den Gedanken ein, dass der eine Gott, der alles lenkt, das mit dem Geist (*nous*) tue (vgl. Diels/Kranz 21, B 23; 25). „Geist“ wird damit zu einem internen und seiner selbst bewussten Moment des Weltbildes.
Für eine radikale Zäsur in der Wahrnehmung und Deutung von Welt steht Heraklit. Die vorhandene Weltordnung hat einen internen, durch das Denken erkennbaren und im Denken realisierbaren „Sinn“: Das ist der *logos*, der das allen Gemeinsame ist, dem gemäß alles geschieht und auf den die Menschen hören sollen (Diels/Kranz 22, B 1; 2; 50). Heraklits Weltdeutung ist im buchstäblichen Sinn Kosmo-Logie: Reflexive Bewusstmachung jener Strukturen von Welt, denen die Menschen tagtäglich begegnen (Diels/Kranz 22, B 72). Der *logos*, von dem er spricht, meint dabei sowohl die rationale Struktur dieser Weltordnung wie die Rede über diese Struktur. Seine Logizität ist das Eine, das mit der Rede von Zeus gemeint ist (Diels/Kranz 22, B 32). Es ist – nicht unähnlich Weish 11,20 (→1.3.2.2) – der Maßstab, dem alles folgt und der sich

als „Harmonie" oder „gegenstrebige Fügung" zeigt. Der Gedanke dieser gegenstrebigen Fügung der Harmonie ist für Heraklits Weltverständnis und dessen Kernsatz, dass das „Eine Alles" – „aus allem Eins und aus Einem Alles" (Diels/Kranz 22, B 10) – ist, zentral. Harmonie bedeutet in diesem Weltverständnis nicht Auflösung, sondern Austragen von Gegensätzen. Zu verstehen gelte es, „wie das Unstimmige mit sich übereinstimmt (*diapheromenon sympheretai*): des Gegenstrebigen Fügung (*palintonos harmonia*) wie bei Bogen und Leier." (Diels/Kranz 22, B 51) Die Kraft, die sich in diesem Erscheinen zeigt, nennt Heraklit „aiōn" und vergleicht sie einem (brettspielenden) Kind, dessen die „Herrschaft" ist (Diels/Kranz 22, B 52). Im Hören auf die Natur (*physis*) des Kosmos, die sich zu verbergen liebt (Diels/Kranz 22, B 112; 123), findet die Seele (*psychē*) den Sinn dieser Kraft in sich (Diels/Kranz 22, B 113–116). Es ist ihr möglich, im Einklang zu sein mit diesem Kosmos, den weder der Götter noch der Menschen einer geschaffen habe, der vielmehr immer war und ist und sein wird: immer-lebendes Feuer, aufflammend nach Maßen und verlöschend nach Maßen (*metra*) (Diels/Kranz 22, B 30). Heraklits Weltbild hat bei aller Betonung der Zerrissenheit und der konstitutiven Bedeutung der Gegensätze, mit der der Streit (*polemos*) „Vater aller Dinge" genannt wird (Diels/Kranz 22, B 53), einen optimistischen Zug – gerade in seiner Zerrissenheit ist dieser Kosmos *kallistos kosmos*: eine schönste und vollkommenste Welt (Diels/Kranz 22, B 124).

Heraklits *logos*-Gedanken setzt Parmenides mit seinem Lehrgedicht *Peri physeōs* die strikte Trennung zwischen denkerischer Gewissheit und kosmologischen Modellbildungen entgegen. Erkenntnis und Gewissheit lassen sich nicht am Kosmos „ablesen", sondern allein durch die methodische Selbstreflexion des Denkens gewinnen, die dem „unerschütterlichen Herz der überzeugenden Wahrheit" (*alētheia*) gilt. Allein der „Weg" methodischer Wissenssicherung bringt „Kunde". „Sein" mit dem Anspruch, ausgesagt werden zu können, gibt es nur durch das Denken. Das ist der Sinn des Grundaxioms: Denn dasselbe ist, was gedacht werden kann und was ist (Diels/Kranz 28, B 3). Was wie die Negation jeder Kosmologie klingt – nur das sich selbst reflektierende Denken ist wahrheitsfähig, nicht das veränderlich Seiende, dem keine wahre Verlässlichkeit eignet –, muss aber zugleich die Gründe für die kosmologischen Meinungen der Sterblichen und die Rechtmäßigkeit dieser Meinungen erklären können. Dies ist Gegenstand des zweiten, explizit kosmologischen Teils von Parmenides' Lehrgedicht. Aber nicht nur dieser die Meinungen der Sterblichen explizit diskutierende Teil hat weltbildliche Relevanz, sondern ebenfalls und zwar implizit der erste, der der Wahrheit und der Sicherung des Wegs (des *methodos*) zur Erkenntnis dieser Wahrheit dient. In diesem ersten Teil wird eine Form des „Seins" (*einai*) formuliert, die vergänglichen Bestimmungen nicht unterliegt – sie ist zu denken als ungewordener, unbewegter, anfangs- wie end- und mangelloser Kosmos des Denkens (*kosmos noētos*), in dem der Untergang verschollen und das Verderben ausgelöscht ist (Diels/Kranz 28, B 8,21). Aus diesem Kosmos des Denkens müssen sich die „bewährten" Meinungen der Sterblichen über den sinnlich wahrzunehmenden Kosmos erklären lassen. Für diese Welt des Sinnlichen nimmt Parmenides als erster eine runde Gestalt (Diels/Kranz 28, A 44) und zwei prinzipiierende Formen an: Ätherisches Feuer = Licht und undurchdringliches Dunkel =

Nacht. Aus dieser Lichtmetaphorik erklärt sich auch der aufklärerische Impuls. Mit kosmologischen Metaphern wird eine Reise aus dem Dunkel irdischer Meinungen ins Licht der Wahrheit versprochen (Diels/Kranz 28, B 1) und damit seinerseits eine kosmologische Ordnung zwischen dem *mundus sensibilis* und der noetischen Sphäre des *mundus intelligibilis* initiiert. „Was man sagen und denken kann, das muss sein. Nichts ist nicht" (Diels/Kranz 28, B 6,1f). Formuliert wird damit ein Heilsversprechen: Gewissheit und Sicherheit gibt es im und durch das Denken (Diels/Kranz 28, B 1,28–32; 8,59–61). Der Kosmos (Diels/Kranz 28, B 4) und seine erscheinende Ordnung (*diakosmos*, Diels/Kranz 28, B 8,60) werden als Insgesamt der veränderlichen, der Bedingung zeitlichen Erscheinens unterworfenen „Zeichen" (*sēmata*) verstanden, die gemäß der Notwendigkeit einer durch den Geist erkennbaren noetischen Ordnung folgen, deren Sein der Zeit nicht unterliegt (Diels/Kranz 28, B 8,1–11). Die methodisch gesicherte, durch das Denken selbst produzierte Sicherheit des Wissens bzw. der „Wahrheit" ist ein Produkt des Denkens, d.h. das Resultat menschlicher Tätigkeit. Damit ist die Konsequenz von Parmenides' Revolution der Denkungsart der Gegensatz zwischen *physis* (als dem von sich aus Gegebenen) und *nomos* (dem von Menschen Gesetzten). Dieser Gegensatz wird grundlegend für die „Krise" des 5. vorchristl. Jh.s.
An den Gegensatz zwischen *physis* und *nomos* knüpfen die Sophisten an. Berühmt ist in diesem Zusammenhang der *homo-mensura*-Satz von Protagoras: „Aller Dinge Maß (*metron*) ist der Mensch, derer die sind, dass sie sind, derer die nicht sind, dass sie nicht sind" (Diels/Kranz 80, B 1). Der – auf sich selbst zurückgeworfene – Mensch wird zum *kritērion* des Seienden. Dazu gehört die Einsicht, dass wir „nicht mit der Wahrheit, sondern mit Wörtern überzeugen" (Gorgias, Diels/Kranz 82, B 11). Ethik und die Reflexion von Sinn und Vermögen der Sprache werden zu integralen Bestandteilen und Errungenschaften des antiken Weltbilds. Eine zweite Konsequenz der parmenideischen Denkrevolution ist der antike Atomismus, namentlich Demokrits. Ihn zeichnet wie Parmenides' Denkansatz ein radikales Misstrauen gegen die sinnlich erscheinende Welt aus. Dem natürlichen Kosmos stellt Demokrit als Prinzipien seiner Physik das Leere und die Atome gegenüber. Der sinnlich erscheinenden wird damit eine noetische, der sichtbaren eine unsichtbare „wahre" Welt entgegengestellt. Wahrhafte Erkenntnis (*gnōmē*) sei nur im Rückgang auf die unveränderlichen, nicht entstandenen und unzerstörbaren Erst- bzw. Letztbestandteile der physikalischen Welt, die Atome, möglich. Der Kosmos ist als aus den Atomen und der prinzipiellen Leere des Raums „zusammengesetzt" zu denken. Dieser unendlich leere Raum wird zum ewigen und unveränderlichen Inbegriff eines in sich ruhenden Kosmos. In ihm gibt es unendlich viele Atome und unendlich viele Welten.
Plato (→3.1.1 IV) reagiert auf den Gegensatz von *physis* und *nomos* und der mit dem Namen der Sophistik verbundenen Verunsicherung, dass ein die Willkür menschlicher Setzungen übersteigendes Wissen nicht möglich sei. Er fügt die ihm vorliegenden Konzepte – insbes. von Heraklit und Parmenides, aber auch das Demokrits – zusammen und versucht, sie zu einer systematischen Kohärenz zu bringen, die zugleich die Möglichkeit und Gültigkeit „wahrer Erkenntnis" sichert. Ausgangspunkt ist die (parmenideische) Differenzierung zwischen *kosmos noētos* und *kosmos aisthētos*. Der wahrer Er-

kenntnis fähige Kosmos des Erkennbaren hängt von Prinzipien und Strukturen ab, die – sollen sie Gültigkeit wie Gewissheit verbürgen – jenseits der sinnlich wahrnehmbaren (veränderlichen) Natur liegen. Die Gleichnisse der *Politeia* (Sonnen-, Linien-, Höhlengleichnis) sollen diese erkenntnistheoretische Hierarchie von *kosmos noētos* und *kosmos aisthētos* veranschaulichen. Wie die Sonne, die dem Auge die Sehfähigkeit verleiht, verhält sich die Idee des Guten zur vernunftbegabten Seele. Das Viele wird gesehen, aber nicht gedacht – die Ideen werden nicht gesehen, sondern gedacht (rep. 507b–c). Im Liniengleichnis wird der Kosmos dementsprechend eingeteilt in das Sichtbare (*horaton*) und das Denkbare (*noēton*). Das Sichtbare teilt sich in Bilder von Dingen, deren Wahrnehmung Wahrscheinlichkeit und Vermutung (*eikasia*) ergibt und in die Dinge (Pflanzen, Tiere, Artefakte) selbst, auf die sich der Glaube (*pistis*) bestätigender Überzeugung richtet. Das vom Sichtbaren getrennte Denkbare teilt sich in den Bereich dialektischen Denkens, der *dianoia*, in dem wissenschaftliche Hypothesen diskursiv überprüft werden, und in die *noēsis* im strengen Sinne, d.h. in die Vernunfteinsicht der Prinzipien, die in der Anwendung des Denkens immer schon leitend und wahrheitssichernd sind. Nur die Welt dieser Vernunfteinsicht ist qua Geist mit sich identisch – nur ihr eignen die Attribute, die Parmenides seinem „wahren Seienden" zugesprochen hatte und Plato den Ideen zuspricht: Ungewordenheit, Mangellosigkeit und Ganzheit, Ewigkeit im Unterschied zur Vielfalt des Veränderlichen usw. Der späte Plato wird diese klassische Form der Ideenlehre, in der die Welt des Denkens getrennt (*chōris*, Phaid. 67d) von der sichtbaren Welt erscheint, kritisieren. Mit dem Konzept „oberster Gattungen" bzw. logischer Strukturprinzipien, die für den sichtbaren und den denkbaren Kosmos zusammen gelten und ihn zu einem sinnvollen Ganzen werden lassen (vgl. soph. 248b–e, 254e–255e), reformuliert Plato Heraklits *logos*-Gedanken, für den der „eine" Logos nicht als Gegensatz des vielgestaltigen, „immer-lebenden" Kosmos, sondern als seine innere Form zu denken ist. Der *Timaios* knüpft zunächst an die „klassische" Ideenlehre an. Das stets Werdende wird vom stets Seienden unterschieden. Der ganze Kosmos ist geworden (Tim. 28b). Die durch das Denken zu rekonstruierende und im Denken präsente Ursache alles Werdenden ist die „Neidlosigkeit" des Gottes (bzw. des intellegibel Einen), der als demiurgische Hervorbringungsinstanz der erscheinenden Welt als eines „beseelten und mit Vernunft begabten Lebewesens" zu denken ist (Tim. 30b–c). Die innere Struktur dieses Kosmos als eines (einigen) sichtbaren Lebewesens besteht in Zahlhaftigkeit: Seine Struktur ist analogisch, d.h. dem Logos gemäß. Plato überträgt auf diesen Kosmos und seine Logizität die Attribute, die Parmenides dem „wahrhaft Seienden" und der Kugelform (*sphaira*), in dem es erscheint, gegeben hatte. Dieses ungewordene, den Kosmos generierende Prinzip nennt er (im Rückgriff auf Heraklit) *aiōn*: Die Form, in der die Weltordnung des Kosmos erscheint, ist Zeit in Gestalt des *chronos*: Sie ist ein nach Zahlen fortschreitendes Bild des im Einen verharrenden Ewigen (Tim. 37d). Der Kosmos wird damit als geworden und zugleich als ewig gedacht (→3.2.3). Das Licht der Sonne sei das Maß (*metron*), durch das uns die Zahl, d.h. die innere Struktur der äußerlich erscheinenden Dinge, gegeben ist (Tim. 39b–c). Aus diesem Ursprung von allem und in Verbindung mit dem Formlosen, in dem es wirklich ist, der *chōra*, die die „Mutter alles Sichtbaren" sei (Tim. 51a–52a), sucht

Plato dann den ganzen Kosmos nach dem Vorbild arithmetischer und geometrischer Gesetzlichkeiten (regulärer Polyeder) zu konstruieren. Hier wird der Einfluss des Pythagoräismus virulent, dessen Tradition Plato bei seinen Sizilienreisen kennenlernte. Ein offenes Problem bleibt die Frage, wie die Behauptung der Immerwährendheit der Welt und des geschlossenen Kosmos, den sie impliziert, mit der Behauptung ihrer „Gemachtheit" – und damit implizit dem Schöpfungsgedanken – verbunden werden kann, d.h. mit jener Logik eines kreativen Weltverständnisses, die die Einzigartigkeit der Welt aus der Relation zu dem Vorbild erklärt, nach dem sie entstanden ist (dazu, dass Plato in diesem Zusammenhang dem Kosmos eine „Geschichte" zuspricht, vgl. →3.2.3). Das Paradox einer zugleich ewigen wie gewordenen Welt löst Aristoteles (→3.1.1 VI) zugunsten der These von der Ewigkeit der Welt auf. Er entlastet die Theorie der Natur von kosmologischen oder kosmogonischen Zusatzhypothesen und setzt an deren Stelle den Anspruch eines Wissens, das sich als diskursiv überprüfbare Wissenschaft (*epistēmē*) von der Natur begreift. Gemeinsam ist ihm mit Plato das Interesse, eine unkontrollierte Chaotik (nicht nur im Hinblick auf das Weltbild) zurückzudrängen. Die Differenz zwischen *kosmos aisthētos* und *kosmos noētos* transformiert sich in der Bestimmung des Verhältnisses von Materie und Form in die Hierarchie von Geltungsansprüchen. Aristoteles geht vom empirisch Mannigfaltigen aus, um aus ihm durch Abstraktion noetische Wesens- und physikalische Bewegungsgesetze zu gewinnen. So wird der bereits von Plato zum (Begriff des) Ewigen intelligibilisierte *aiōn* (von Aristoteles meist adverbial oder adjektivisch gebraucht) zur immerwährenden „objektiven" Himmelsbewegung. Diese absolute stetige Bewegung und mit ihr der Zusammenhalt des sublunaren Bereichs finden im unbewegten Beweger ihren metaphysischen Garanten. Kriterium für die Gültigkeit der physikalischen Bewegungsgesetze ist das logische „Organon". Aristoteles wird hier zum Ausgangspunkt einer Tradition, die die logische Analyse zum einzigen Prüfstein der Gültigkeit eines Weltbilds macht. Ähnlich wie bei Parmenides dient die Reduktion der (Kohärenz von) Erfahrung und mit ihr der Weltwahrnehmung auf logische Analyse einem Sicherungsbedürfnis. Die Gefahr, dass „alles aus der Nacht und dem Beisammen der Dinge hervorgehen würde", löst sich für Aristoteles auf, wenn es etwas gibt, „was sich immer in unaufhörlicher Bewegung bewegt, diese Bewegung aber ist die Kreisbewegung. Also ist der erste Himmel ewig (*aidios*)" (metaph. 1072a). Mit der Angst vor dem Rückfall ins Ungeschiedene diffuser Natur, die sich hier artikuliert, wird zugleich der Grund deutlich, der von Anbeginn erkenntnisleitend für die kosmologischen Weltdeutungen war (vgl. z.B. Hesiod, s.o.). Der „Preis" für die Eindämmung bzw. Ausgrenzung der Angst in Wahrnehmung und Weltbild ist die Geschlossenheit des damit formulierten Kosmos. Die einzige Instanz, die von dem geschlossenen System in sich greifender Sphären, Schalen und Räder – daraus wird die Vorstellung der Welt als *machina mundi*, die Boethius am Ende der Antike tradieren wird – „frei" bleibt, ist der „unbewegte Beweger" – zugleich jene Instanz, die alle Bewegungen im Kosmos und damit seine Geschlossenheit letztbegründend zusammenhält. Er ist bei Aristoteles das kosmologische Residuum eines Gottesbegriffs, dessen Entmythisierung mit Anaximanders Rede vom Notwendigen, das nach der Ordnung der Zeit geschehe, begann. Plato hatte die gottbeseelte Einheit des Kosmos anhand der dialektischen Struktur des sich im Bild zeigenden „Urbilds“ zu erklären und mathematisch formalisierend zu explizieren versucht. Aristoteles erkennt, dass damit die *physis* – die er als „Ursprung der Bewegung/Veränderung“ (*archē kinēseōs*) und Befähigung (*dynamis*) denkt – nur als Produkt und nicht selbst als Tätigkeit und „Im-Werk-Sein“ (*energeia*), d.h. als Wirklichkeit begriffen ist. Die *energeia*, das im Hervorkommen Befindliche, ist früher als die *dynamis* (metaph. 1049b). Wird bei Plato der Kosmos noch als Objekt der Tätigkeit (*technē*) des demiurgischen Weltkunsthandwerkers gedacht, so ist für Aristoteles Tätigsein das Wesen der Natur selbst. Diese Einsicht in das Wesen der *physis* steht im Konflikt mit dem Interesse an einer angstfreien, geschlossenen Welt, das die verschiedenen kosmologischen Modellbildungen und Erzählungen von Anbeginn und auch Aristoteles' Annahme der stetigen Bewegung des Himmels bzw. der Fixsternsphäre als realer Klammer des Kosmos leitet. Die Annahme einer objektiv gegebenen, ewigen Kreisbewegung ebenso wie die Vorstellung der Natur als „Stoff“ (*hylē*), auf den sich als etwas Äußeres eine Tätigkeit bezieht, stellt eine anthropomorphisierende Projektion dar und bedeutet einen Kompromiss mit dem kosmologischen Ordnungsinteresse. Mit den Konzepten von Plato und Aristoteles sind die grundlegenden Optionen und die basalen Problemstellungen formuliert, die über die Antike hinaus die Frage nach der Wahrnehmung und den Gültigkeitskriterien der Erkenntnis von Welt und zusammen mit Ptolemaios' astronomischen Konzepten (s.u.) das Weltbild bestimmen. Die kopernikanische Revolution wird den geschlossenen Kosmos destruieren, der aus dem geozentrischen, an der Ewigkeit der Himmelsbewegungen stabilisierten Weltbild folgte. Zu dieser Revolution aber gehört sowohl der Rückgriff auf Platos „offene Kosmologie“ und die ihr implizite Kreationslogik als auch auf Aristoteles' Einsicht, dass das „Wesen der Natur“ selbst Tätigkeit oder Prozesshaftigkeit ist.

*Astrologie und Astronomie*

Die Lehre vom Einfluss der Gestirne auf das Geschehen unter der Sonne ist im antik-mediterranen Kulturraum eher von peripherer Bedeutung. Wenn Heraklit Thales den „ersten der Sternforscher“ (vgl. Heraklit, Diels/Kranz 22, B 38) nennt, bezieht er sich damit allein auf dessen „naturwissenschaftliche“ Forschungen. Für Aristophanes sind die „Barbaren“ Verehrer von Mond und Sonne. Freilich können die Priviligierung der „Zahl“ bei Pythagoras und den Pythagoreern mit den daraus folgenden Versuchen einer mathematischen Rekonstruktion des Kosmos, die auf die Gestirnbewegungen, die ewige Ordnung der Sterne und die kosmische Harmonie der Sphären übertragen wird, wie Aristoteles' Rede von der absolut stetigen Bewegung des Fixsternhimmels als Restmythologeme eines astrologischen Ordnungsbedürfnisses verstanden werden. Sie bereiten den stärkeren Einfluss astrologischer Lehren im Hell., der Stoa (→3.1.1 I) und im röm. Imperium vor. In der röm. Welt wird die Astrologie als Populärform alltäglichen Heilsversprechens wirksam. Sie bleibt es trotz des Edikts gegen die Astrologen von 139 v.Chr. (Val. Max. 1,3,3). Auf Widerspruch stößt diese Schwundstufe kosmologischer Spekulationen in der Skepsis (Sext. Emp. adv. math. 1,5; →3.1.1 VII) und in der jüd.-christl. Tradition. Obgleich Plotin für astrologische Lehren ebensowenig Sinn zeigt wie für andere gnostische Heilslehren, wird der Neuplatonismus – mit der Lehre von der Hierarchie in sich gestufter intelligibler Schichten und Sphären, die zunehmend als kosmische Entitäten „objektiviert" werden (vgl. →3.2.2) – zu einer Stütze astrologischer Lehren. Der christl. adaptierte Neuplatonismus wird sie neben arabischen Quellen dem Abendland tradieren.

Die Astronomie als Untersuchung der Beschaffenheit und Bewegung der Himmelskörper ist integraler Bestandteil antiker Kosmologie. Von Bedeutung ist sie in der Vorsokratik vor Heraklit und Parmenides und nach Plato und Aristoteles bei den enger naturwissenschaftlich orientierten Planetenforschern von Eudoxos bis zu Ptolemaios. Thales' Ruhm war wegen seiner astronomischen Beobachtungen groß: Er hatte die Sonnenfinsternis von 585 v.Chr. vorhergesagt (Hdt. 1,74) und soll nautische Astronomie betrieben sowie über Sonnenwenden und Äquinoktien geschrieben haben. Anaximander, der in seiner Werkstatt Himmelsgloben hergestellt haben soll, deutet die Entstehung der Gestirne als Abspaltung vom Feuer im Weltall, wodurch sich Feuerkreise bildeten, aus denen er die schiefen Bahnen der Sonne und des Mondes „ableitet".

Für die Pythagoreer ist das Gesetz, dem die ewigen Himmelskörper folgen und das sie zu göttlichen Entitäten macht, die gleichmäßige Kreisbewegung. Die „Harmonie der Sphären" hat entweder die Erde zum Zentrum, um das sich die übrigen Himmelskörper drehen, oder im Buch des Philolaos das Feuer, um das sich die Erde und alle übrigen Himmelskörper drehen. Die astronomischen Systembildungen der Pythagoreer bildeten die Vorlage für die polyedrische Kosmologie in Platos *Timaios*; die alle übrigen Bewegungen sichernde „Ewigkeit" der gleichmäßigen Bewegung der Fixsterne kehrt bei Aristoteles wieder.

Eudoxos von Knidos (ca. 391–338 v.Chr.) hat die Planetenerscheinungen mit einem System konzentrischer Sphären, die zusammengesetzte Rotationsbewegungen ausführen, in einem geozentrischen System zu erklären versucht. Noch Aristoteles hat dieses System zu verbessern versucht, das freilich im Hinblick auf die Empirie seine Wirkmächtigkeit verloren hat. Aristarch von Samos hat (ca. 280 v.Chr.) ein „heliozentrisches" System formuliert: Fixsterne und Sonne stünden still, die Planeten und Erde kreisten um die Sonne. Diese Hypothese wurde von den meisten Astronomen verworfen. Apollonios von Perge (ca. 200 v.Chr.) gilt als Begründer der mathematischen Astronomie der Griechen: Die Anwendung konzentrischer Kreise, der Epizykel (= kleine rotierende Kreise, deren Mittelpunkte größere Kreise durchlaufen), und die Erfindung der Trigonometrie lieferten die exakte Berechnung von Planetenorten. Hipparchos von Nikaia hat zwischen 161 und 127 v.Chr. einen Sternkatalog aufgestellt.

Am Ende und als Summe antiker Astronomie formuliert Ptolemaios um 140 n.Chr. in der *Mathematikē* (*Megalē*) *Syntaxis* eine Theorie, in der er mittels Exzenter und Epizykel die Erscheinungen von Sonne, Mond und Planeten beschreibt und berechnet. Bis Kopernikus bleibt das unter dem arabischen Titel *Amalgest* tradierte Werk Grundlage der abendländischen Astronomie. Die Erde steht im Mittelpunkt, um sie dreht sich die Sonne in einem exzentrischen Kreis, der Mond und die Planeten bewegen sich jeweils auf einem Epizykel, dessen Mittelpunkt wiederum einen exzentrischen Kreis um die Erde durchläuft. Die Sphäre der Fixsterne umschließt dann alles.

*Die Grenzen der Oikumene*
Für Homer und Hesiod bildet der Ozean die Grenze der bewohnten Erde. Vom Unterschied zwischen bewohnten und unbewohnten Teilen der Erde spricht als erster Xenophanes (Diels/Kranz 21, A 41). Die Lehre von der runden Gestalt der Erde (vgl. Parmenides, s.o.) nötigt dann zur Aufteilung von Wohnbereichen nach Zonen und damit zum Begriff des (von anderen unterschiedenen) „eigenen" Kultur- und Zivilisationskreises. Von Völkern, die an den Grenzen der Oikumene leben, spricht Herodot (3,89–117). Demokrit entwirft das erste kartographische Modell dieser Zivilisationszonen.
Aus der sphärischen Gestalt des Alls ergibt sich darüber hinaus die Notwendigkeit einer Ordnung von „oben und unten" und die Annahme von Antipoden. Sie nötigt zur Rede von der *oikoumenē* im engeren Sinn als „unserem Wohn- und Kulturbereich", dokumentiert bei Aristoteles (meteor. 362b). Im weiteren Sinn gehören dann verschiedene Oikumenen zur einen gemeinsam bewohnten Erde.
Bei Ptolemaios verschwindet das Modell verschiedener, voneinander abgegrenzter Oikumenen zugunsten der „einen" nach 180 Längen- und beinahe 90 Breitengraden zu vermessenden gemeinsamen Erde. Seine *Hyphēgēsis* (Anleitung) zur Geographie enthält neben der Aufteilung der Erde in drei Teile (Europa, Libyien, Asien) Modelle für die 26 zu entwerfenden Teilkarten dieser Welt. Atlantischer und Indischer Ozean werden als Binnenmeere der Oikumene betrachtet. Deren Grenzen bildet die *agnostos gē*, die unbekannte Erde.
Der röm. Terminus *orbis terrae* oder *terrarum* übernimmt dieses Modell. Zugleich gewinnt er mit der Ausdehnung der röm. Herrschaft einen politischen Unterton: *orbis terrae* ist der imperiale Bereich, den zu beherrschen Rom berufen ist. Den „theoretischen" Hintergrund dieses hegemonialen Herrschaftsanspruchs bildet der Kosmopolitismus der Stoa, der mit der Vorstellung von der „einen" als von Menschen gleicher Natur bewohnten Welt verbunden ist: Die Vorstellung von der Welt als globaler *polis* (die antike Variante des *global village*). Ihr gemäß lässt sich Nero Gott und Retter der Oikumene rufen, Marc Aurel ihren Wohltäter und Retter.
Die Vorstellung von der „einen von Menschen gleicher Natur bewohnten Erde" wird das Ende des Imperium Romanum überdauern – zum einen im Sinn eines hegemonialen Imperialismus, zum anderen aber auch in dem (Gegen)Sinn, dass Oikumene den ganzen von Formen der Herrschaft zu „erlösenden" Bereich der Welt – den „neuen Himmel und die neue Erde" (Offb 21,1) – meint. Hier gewinnt nicht zuletzt die räumliche Bestimmung utopischer Vorstellungen, die entweder mythische Schichten undomestizierter und herrschaftsferner Lebensformen „am Rand der bewohnten Welt" erinnern (in der *Odyssee* etwa Kalypso oder die Phäaken) oder mit einem westlichen (Garten der Hesperiden – Thule) bzw. östlichen (Garten Eden) Richtungsvektor versehen, einen explizit zeitlichen Index.

*Literatur*
*H. Diels/W. Kranz*: Die Fragmente der Vorsokratiker, 3 Bde., Berlin [5]1951 u.ö. – *T. Barton*: Ancient Astrology, London/New York 1993. – *H. Blumenberg*: Die Genesis der kopernikanischen Welt, Frankfurt a.M. 1975, 503–606. – *W. Ekschmitt*: Weltmodelle. Griechische Weltbilder von Thales bis Ptolemäus, Mainz [2]1990. – *H. Fraenkel*: Dichtung und Philoso-

phie des frühen Griechentums, München 1962 (u.ö.). – *R. French:* Ancient Natural History, London/New York 1994. – *H. G. Gadamer*: Platon und die Vorsokratiker, jetzt in: *Ders*.: Gesammelte Werke. Bd. 6, Tübingen 1985, 58–70. – *O. Gigon*: Der Ursprung der griechischen Philosophie, Basel 1945. – *F. Heinimann*: Physis und Nomos, Basel 1945. – *K. Heinrich*: Parmenides und Jona, Frankfurt a.M. 1982. – *U. Hölscher*: Anfängliches Fragen, Göttingen 1968. – *H. Jonas*: Gnosis und spätantiker Geist, Teil 1, Göttingen 1934 (²1954), Teil 2, Göttingen 1993. – *G. S. Kirk u.a.*: Die vorsokratischen Philosophen, Stuttgart 1994. – *J. Mittelstraß*: Die Kosmologie der Griechen, in: *J. Audretsch/K. Mainzer* (Hgg.): Vom Anfang der Welt. Wissenschaft, Philosophie, Religion, Mythos, München 1989, 40–65. – *R. v. Ranke-Graves*: Griechische Mythologie, Reinbek 1960 (u.ö.). – *J. S. Romm*: The Ages of the Earth in Ancient Thought. Geography, Exploration and Fiction, Princeton 1992. – *J. M. Scott*: Luke's Geographical Horizon, in: *D. W. J. Gill/C. Gempf* (eds.): The Book of Acts in its First Century Setting II: Greco-Roman Setting, Grand Rapids/Carlisle 1994, 483–544. – *B. Snell*: Die Entdeckung des Geistes, Göttingen ⁸2000. – *M. R. Wright*: Cosmology in Antiquity, London/New York 1995.

## 3.2.2 Gott und göttliche Wesen (*Werner Kahl*)

*Stellen im NT*
Mk 1,1.2f.9–15.29–31; 4,35–41; 5,1–20; Lk 4,39; Joh 9,1–10,21; Apg 2,22–24; 14,8–18; 17,16–33

*Einführung*
Menschen in der mediterranen Antike waren gemeinhin von der Existenz und erfahrbaren Wirksamkeit von Mächten, die der numinosen Sphäre zugeordnet wurden, überzeugt. Götter, Geister und Dämonen galten als reale Wirkmächte, die den Weltverlauf im Allgemeinen sowie das Leben von Gesellschaften und Individuen im Besonderen nicht nur beeinflussten, sondern *wesentlich* bestimmten. Diese allgemein geteilte Überzeugung machte einen entscheidenden Aspekt antiken Weltwissens aus. Davon geben insbes. die weit verbreiteten und identitätsstiftenden Dichtungen und Erzählungen der gr. Antike seit ihren schriftlich überlieferten Anfängen Ausdruck: Homers Ilias und Odyssee, Hesiods Theogonie, Pindars Siegeshymnen und Herodots Geschichtsschreibung. Dieser Glaube kam in der Bevölkerung zum Ausdruck durch die Teilnahme an Festen und Umzügen zu Ehren von Göttern (z.B. die Olympischen Spiele und Bakchosfeste), durch Opfergaben, durch die Präsenz von Altären, Tempeln, Götterstatuen sowie nicht zuletzt durch aktuelle Ereignisse und Erlebnisse, die als Manifestationen des Wirkens numinoser Mächte gedeutet wurden (Wunderheilungen, Traumoffenbarungen, Visionen und Auditionen, Göttererscheinungen, Katastrophen usw.; →1.2.6; 3.2.1; 3.2.6). Innerhalb dieses Plausibilitätsnetzes wurde Wirklichkeit in der gesamten Antike erlebt, interpretiert, kommuniziert und manipuliert.[1] Dabei empfanden sich Menschen in ihrer Existenz vom Willen und Wirken der Götter bzw. numinoser Mächte abhängig. Sie lebten im Bewusstsein einer grundsätzlichen Bezogenheit auf die Plä-

[1] Vgl. zur Religionsdefinition aus ethnologischer Perspektive *R. Horton*: African Traditional Thought and Western Science, in: *Ders*.: Patterns of Thought in Africa and the West. Essays on Magic, Religion and Science, Cambridge 1993, 197–258 (Orig.: 1967).

ne jener Kräfte, die menschliches Vermögen – so die Grundannahme – bei weitem überstiegen. Im Vergleich zu den sich in verschiedenster Hinsicht als begrenzt erlebenden Menschen – sie sind *thanatoi* (Sterbliche) und *adynatoi* (Machtlose) – galten die Götter als unsterblich (*athanatos*) und Kraft durchdrungen (*dynatos*).[2] Zur erfolgreichen Lebenssicherung und -gestaltung bedurfte es seitens der Sterblichen eines aktiven In-Beziehung-Tretens zu den Göttern. Durch Opfer und Gebete wurde versucht, auf sie einzuwirken, um sie milde zu stimmen bzw. um sie für die je eigene – private oder staatlich-gemeindliche – Sache zu gewinnen: einen Krieg, eine Reise, eine Ernte, ein Geschäft, eine Gesundung, eine Liebschaft usw. (→3.3.2.1; 3.3.5). Die in der benannten Bezogenheit gründende Beziehung auf die Götter wurde als lebensplanerisch bzw. zum Überleben relevante Aktivität erachtet. Angesichts der letztlich unergründlichen und nicht entrinnbaren göttlichen Pläne,[3] erachteten sich Menschen hinsichtlich ihrer eigenen Möglichkeiten zur Lebensgestaltung nicht als autonom (→3.2.4).[4] Es war allgemein nachvollziehbar, Gott bzw. Göttern mehr zu gehorchen als Menschen, was insbes. in Verteidigungsreden geltend gemacht werden konnte.[5] Seine eigene Begrenztheit und Angewiesenheit auf die Götter nicht anzuerkennen galt als töricht; sich seinem Schicksal bzw. göttlich zugeteiltem Los (*moira*; *aisa*) zu fügen, als weise. Der in der gr. Antike weit verbreitete, mit dem Apollontempel in Delphi in Verbindung gebrachte Weisheitsspruch von der Selbsterkenntnis – Erkenne dich selbst (*gnōthi sauton*) – ist in eben diesem Zusammenhang als Warnung vor Selbstüberschätzung bzw. Überheblichkeit gegenüber den Göttern zu verstehen.

Dem Glauben an die Wirksamkeit von Göttern und anderen numinosen Wesen sowie der damit verbundenen Götterverehrung kommt somit in der Antike eine in Tradition und Erfahrung gründende allgemeine Plausibilität und konkrete Relevanz zu. Auch wenn diese Deutung von Realität aus moderner Perspektive als irrational erscheinen mag, wäre sie damit doch nur vordergründig erfasst. Denn diese Wirklichkeitsinterpretation war durch Rationalität konzeptionalisiert, d.h. es wurde vernunftmäßig zwischen Ursache und Wirkung unterschieden, wenn auch unter der benannten Prämisse, dass mächtige, unsichtbare Wesen innerweltlich wirksam sind. Es ist hier also ein Kausalitätsverständnis vorauszusetzen, das zur Erklärung, Manipulation und Vorhersage von Wirklichkeit über die sichtbare Welt hinaus Faktoren der numinosen, unsichtbaren Welt als die wesentlichen Ursachen innerweltlicher Wirkungen zu benennen vermag. Der Glaube an die Götter ist dabei in der Antike nicht als „Religion" einzuordnen. Er betrifft und durchdringt alle Lebensbereiche. Die Religiosität von Menschen der mediterranen Antike, d.h. Bezugnahme auf die Götter, ist eingebettet in alltägliche Lebensvollzüge.

So wie sich der antike Mensch als familiäres und kommunales Wesen begreift, als welches er in größere soziale Beziehungssyteme eingebunden ist, deren

---

[2] Vgl. z.B. Pind. N. 6–9.

[3] Vgl. Soph. Oid. T. 280f: „Aber Götter nötigen, wo sie nicht wollen, das vermag kein Mensch."

[4] Vgl. z.B. Soph. Oid. T.

[5] In diesem Zusammenhang: Plat. apol. 29d; Apg 4,19; 5,29; vgl. auch Hdt. 5,64.

patriarchalen Strukturen er sich unterzuordnen hat, um das eigene Überleben wie das seiner sozialen Gruppe zu sichern, so kann der antike Götter- und Geisterglaube als numinose Überhöhung und somit als Garant dieser gesellschaftlichen Lebensorganisation interpretiert werden. Wenn die Götter vor allem als Bewahrer und Retter (*sōtēres*) von Leben angerufen werden, so spiegeln sich hierin zudem Existenzbedingungen wider, die menschliches Leben als äußerst fragil und vielfältigen Bedrohungen ausgesetzt erscheinen ließen.
Mit dieser funktionalen Verortung des Gott- bzw. Götterglaubens dürfte – bei aller Diversität im Einzelnen – eine wesentliche Konstante benannt sein, die alle mediterranen Kulturen der Antike miteinander verband. Darüber können auch philosophische Abstraktionen antiker Autoren, die Aspekte zeitgenössischer Religiosität in Frage stellten, nicht hinwegtäuschen. Auch solche Philosophen wie Platon oder Aristoteles, die unter Rekurs auf „das Göttliche" (*to theion*) einen abstrakten Monotheismus vertraten, waren bei aller Kritik an der Volksfrömmigkeit im Einzelnen grundsätzlich von der Notwendigkeit der Anerkennung und Verehrung der Götter überzeugt, und zwar insbes. zur Stabilisierung eines Sozialsystems, wie etwa eines Stadtstaates. Darin eine bloße Akkomodation an herrschende Anschauungen der Bevölkerung unter staatstragendem Interesse zu sehen dürfte ebenso wenig zutreffen wie die Vermutung, hierin läge ein Selbstschutz vor möglicher Verleumdung und Anklage wegen *asebeia* (Gottlosigkeit; vgl. den Tod des Sokrates) vor. Wenn etwa Aristoteles' letzter Wille nach Auskunft von Diogenes Laertios[6] in einer Familienangelegenheit – die Rettung des Nikanor – die Aufstellung von steinernen Bildsäulen zu Ehren der als Retter verehrten Gottheiten Zeus und Athena verfügte oder wenn Ciceros philosophische „Überlegungen keinerlei Konsequenz für sein Verständnis seines Augurats haben, keinerlei Konsequenz für die Kulte und Rituale, die er ausübt" (z.B. in Bezug auf die Interpretation von Vogel- und Blitzzeichen), dann ist eine „kognitive Dissonanz" von „philosophischer Reflexion und Alltagshandeln" zu konstatieren.[7]
In der gesamten gr.-röm. Antike gab es – soweit wir das aus den oft nur fragmentarisch erhaltenen Quellen bzw. Verweisen erschließen können – nur ganz vereinzelt naturphilosophische Stimmen, die einen absoluten Atheismus im Sinne der generellen Ablehnung der Existenz von Göttern zum Ausdruck bringen.[8] Dabei dürfte der Vorwurf der Gottlosigkeit verbreiteter gewesen sein als die Tatsache eines in aller Konsequenz vertretenen Atheismus.[9] Im religionsphilosophischen Diskurs der Antike ging es kaum um die Frage nach der Existenz der Götter – sie wurde als allgemeines kulturelles Wissen weithin vorausgesetzt[10] –, sondern um die Problematik der Erkenntnis ihrer Wesenheiten und

[6] Diog. Laert. 5,16.
[7] *Rüpke* 2001, 127.
[8] Cicero (nat. deor. 1,2) nennt Protagoras, Diagoras von Melos und Theodoros von Kyrene.
[9] Vgl. die Anklage gegen Anaxagoras in Athen um 437 v.Chr., dem Gotteslästerung vorgeworfen wurde, weil er die Sonne als glühenden Felsen beschrieb und den Mond als von erdhafter Natur ausgab, sowie die Anklage gegen Sokrates wegen Einführung neuer Götter.
[10] Vgl. den Gottesbeweis *e consensu omnium* in Cic. nat. deor. 2,12.

Wirkweisen.[11] Philosophischerseits bestand durch die Jhh. und über Schultraditionen hinweg ein Einverständnis in der Ablehnung der beiden Extreme der selten anzutreffenden radikalen Unfrömmigkeit bzw. des Atheismus (*asebeia*) auf der einen Seite und der in der gesamten Antike weit verbreiteten,[12] von Philosophen als übertrieben erachteten, Menschen ständig bedrängenden Furcht vor schädigenden Manifestationen des Wirkens solcher Mächte, die der numinosen Sphäre zugeordnet wurden (*deisidaimonia*) auf der anderen Seite (→3.1.1). Nach Auskunft von Plutarch bewegt sich eine angemessene Form der Frömmigkeit, die den Göttern gegenüber zu erweisen wäre, zwischen diesen beiden Polen: „Einige verfallen, weil sie den Aberglauben fliehen, in hartnäckigen, störrischen Atheismus, verfehlen aber die wahre Frömmigkeit (*eusebeia*), die in der Mitte liegt."[13] Ähnlich differenzierte Sokrates nach den Erinnerungen seines Schülers Xenophon zwischen dem, was Menschen allein aufgrund des Verstandes lernen können – etwa ein Handwerk –, und dem, was ihren Verstand übersteigt – etwa zukünftige Entwicklungen – und worin sie auf göttliche Offenbarungen angewiesen seien.[14] Somit sei es ebenso unsinnig, in Allerweltsangelegenheiten die Götter um Ratschlag anzurufen, wie in anderen Belangen den Einfluss der Götter *a priori* auszuschließen. Beide Positionen bezeichnete er als Ausdruck von Unzurechnungsfähigkeit (*daimonaō*). Vielmehr meinte er, „man müsse lernen, was die Götter zum Erlernen und alsdann zum Tun bestimmt hätten; was aber den Menschen unbekannt sei, das sollten sie durch Beachtung der Vorzeichen (*dia mantikēs*) von den Göttern zu erfahren suchen; denn die Götter gaben denen Zeichen (*sēmainein*), denen sie gnädig gesinnt seien."[15]

*Zur Begegnung mit dem Göttlichen*

Aufgrund der allgemein akzeptierten Überzeugung von der lebensbestimmenden Bezogenheit und überlebensrelevanten Beziehung auf göttliches Wirken bewegte – abgesehen vom religionsphilosophischen Diskurs – weniger die Frage der abstrakten Gotteserkenntnis als vielmehr die nach der Erkundung göttlichen Willens und Wirkens bzw. der Gewinnung göttlicher Hilfe mit Bezug auf konkrete Lebensprobleme die Gemüter und Handlungen von Menschen in der Antike. Es galt also, entweder an der göttlichen Machtsphäre zu partizipieren oder sie doch in bestimmten Situationen für sich zu gewinnen bzw. Götterzeichen wahrzunehmen und angemessen zu deuten, um drohendes Unheil abzuwenden und Erfolg zu garantieren, sei es im privaten oder im öffentlichen Bereich. Somit überwiegt in der Antike – das gilt auch für das Frühchristentum – ein *dynamisches*[16] und eben kein statisches Gottes- bzw.

---

[11] Cic. nat. deor. 1,2; 2,12: „Wie sie sind, darüber gegen die Meinungen auseinander, aber dass es sie gibt, bestreitet niemand."

[12] Vgl. Plin. nat. 28,19; Cic. nat. deor. 1,43.

[13] Plut. mor. 171E–F.

[14] Xen. mem. 1,6–8.

[15] Xen. mem. 1,9.

[16] Vgl. dazu *J. S. Mbiti*: *Ho sōtēr hēmōn* as an African Experience, in: *B. Lindars/S. S. Smalley* (eds.): Christ and Spirit in the New Testament (FS C. F. D. Moule), Cambridge 1973, 397–414.

Götterverständnis. Dabei wurden die Götter je nach spezifischen Funktionen, mittels derer sie erkennbar in Erscheinung traten, differenziert:
*Zeus*, der Blitz schleudernde Wettergott, galt innerhalb der mehr oder weniger stabilen Zwölfzahl der gr. Götter, als deren Wohnstätte der Olymp angenommen wurde, als der mächtigste Gott, dem die Würde des All- und Vatergotts zuerkannt werden konnte.[17] *Athena* wurde in erster Linie als Stadtschützerin verehrt. *Poseidon*, der Gott des Meeres, wurde vor allem von Fischern und Schiffsreisenden angerufen. *Apollon* war vor allem als Schutzgott – insbes. in Fragen von Krankheit und Heilung – wichtig, dessen Weisung man sich etwa bei den Orakeln von Delphi und Delos versicherte. Der Aspekt der wundersamen Rettung vor Krankheit wurde dann seit dem 5. Jh. v.Chr. zunehmend auf den Heilgott *Asklepios* – Sohn des Apollon – übertragen. Die Göttin *Aphrodite* und ihr Sohn *Eros* wurden in Liebesangelegenheiten um Hilfe angegangen. *Hermes*, der Götterbote, wurde für Wege und Grenzübergänge zuständig erachtet und als solcher vor allem von Reisenden verehrt. *Demeter*, der Erdmutter und Getreidegöttin, wurde insbes. für eine gelingende Aussaat und Ernte geopfert. *Dionysos*, der Gott des Weins und der Ekstase, wurde mit ausgelassenen Prozessionen gefeiert, um nur einige der wichtigsten Beispiele gr. Gottheiten anzuführen.
Der Kontakt zwischen der göttlichen und der menschlichen Sphäre kann nach antikem Verständnis und Brauch auf ganz unterschiedlichen Wegen zustande kommen: Menschen suchten z.B. über einen Zeitraum von über einem Jahrtausend das Orakel von Delphi auf, um eine Offenbarung für die erfolgreiche Regelung des Gemeinwesens oder privater Angelegenheiten zu erhalten. Dort bediente sich der Gott Apollon einer Priesterin – der Pythia – als Medium der Kommunikation. Im Trancezustand – sie ist von göttlicher Anwesenheit durchdrungen (*entheos*) – ergeht Weisung an den jeweiligen Bittsteller, und zwar in Form von Rätselsprüchen, die von menschlicher Seite durchaus missverstanden werden können (→3.2.7).
Der als Heil- und Rettergott verehrte Asklepios hingegen kommunizierte mit Kranken vorzugsweise in bestimmten Heilstätten wie denen in Epidauros oder Kos. In Traumerscheinungen gab er den anwesenden Bittstellern Anweisungen zur Heilhandlung oder er vollzog die Heilung unmittelbar selbst, insbes. durch Operationen. Davon geben etwa die Inschriften auf den Stelen von Epidauros Auskunft (→2.2.3.1).[18]
Götter vermochten – bezeugt seit der homerischen Dichtung – in der Vorstellungs- und Erfahrungswelt der mediterranen Antike auch unvermittelt in Menschen- oder Tiergestalt zu erscheinen. Ein so typisches[19] wie für die Problematik der frühchristl. Missionspraxis beredtes Beispiel einer solchen Epiphanie liegt in Apg 14,8–18 vor: Nachdem Paulus in Lystra in Kleinasien einem Mann, der seit Geburt unfähig ist (*adynatos*), auf seinen Füßen zu stehen, mit lauter Stimme befiehlt, sich hinzustellen, und dieser sogleich aufspringt und umhergeht, reagieren die umstehenden Menschen, die die Handlung des

---

[17] Aischyl. Frg. 105.
[18] Vgl. *E. J./L. Edelstein*: Asclepius. A Collection and Interpretation of the Testimonies, New York 1975.
[19] Vgl. Ov. met. 8,620–774.

Fremden bezeugen, in der ihnen einzig möglichen Weise, wenn sie Paulus und Barnabas für Erscheinungen der Götter Hermes respektive[20] Zeus halten, denen in Lykaonien traditionell Verehrung zukam, wie inschriftlich belegt ist:[21] „Die menschenähnlich gewordenen Götter sind zu uns herabgestiegen" (14,11b). Paulus hat hier nämlich scheinbar selbstmächtig das Unmögliche bewirkt, zumal er in seinem Sprechakt nicht auf Gott oder Christus als seine Kraftquellen rekurriert. Somit hat er das Missverständnis im Kontext des kleinasiatischen Polytheismus selbst provoziert.[22] Der Respekt und der Dank den vermeintlichen Göttern gegenüber gebietet es dem Priester des dortigen Zeustempels, ihnen auf der Stelle reichhaltige Opfer darzubringen – ein Anliegen, das die beiden Missionare nur mit Mühe abwenden können, und zwar mit einem Verweis auf ihre menschliche Herkunft einerseits und die Notwendigkeit der Hinwendung zu dem einzigen wirklichen, lebendigen Gott, d.h. den universalen Schöpfergott (14,15) andererseits. Erst aus der Perspektive des Makrotextes – der Apg des Lukas im Zusammenhang mit seinem Ev. – eröffnet sich den Lesern und Leserinnen, was den Lykaoniern im Rahmen ihres kulturellen Wissens verschlossen bleiben musste,[23] dass nämlich hier Folgendes vorausgesetzt ist: Nicht Paulus vollzieht die Wunderheilung, sondern Gott als der Träger numinoser Macht und somit als der eigentliche Wundertäter bewirkt hier wie auch sonst Heilung durch einen Mittler seiner numinosen Kraft, d.h. an dieser Stelle durch den Apostel. Als Heilungswundererzählung ist diese Episode in der Apg insofern singulär, als die in Heilungsprozessen involvierten Apostel Petrus und Paulus durch ihre Handlungen bzw. Sprechakte – Handauflegung und/oder Heilungszusage im Namen Jesu Christi – sonst immer unzweideutig ihre Mittlerrolle signalisieren.[24] Funktion dieser Perikope ist offensichtlich die Abwehr eines Missverständnisses, das sich in der Ausbreitung des Frühchristentums jenseits der Parameter des jüd. Monotheismus beinahe zwangsläufig ergeben musste. Dabei weist Lukas in seinem Doppelwerk nicht nur ausdrücklich darauf hin, dass Gott durch die Apostel wirkt (vgl. Apg 5,12–15; 19,11f), ihm ist gleichermaßen an der Vermeidung der Vergöttlichung des irdischen Jesus gelegen. So predigt Petrus nach Apg 2,22 in Jerusalem vor Israeliten von den Taten Gottes an und durch Jesus von Nazareth, „einen Mann, der von Gott unter euch durch Machttaten (*dynameis*), Wunder

---

[20] Diese Zuordnung, die eine Überordnung des Barnabas über Paulus impliziert, mag einen Reflex auf die historische Tatsache darstellen, dass Paulus in seiner Missionsaktivität zunächst Barnabas zugeteilt war (vgl. Apg 11,19–30). Darüber hinaus übernimmt Paulus in Apg 14,8–18 als derjenige, der den Heilungsbefehl ausspricht, eine entscheidende Funktion des Götterboten Hermes.

[21] Vgl. *H. Conzelmann*: Die Apostelgeschichte, Tübingen 1963, 79f.

[22] Innerhalb der Parameter des jüd.-hell. Monotheismus stellt sich etwa mit Bezug auf die Wunderheilungstätigkeit Jesu nicht die Problematik einer direkten Göttererscheinung, sondern die der Zuordnung Jesu zu Gott (so seine Anhänger) oder zu Satan (so seine Gegner), vgl. Mk 3,22–30 und Joh 9,13–38; 10,19–21. Dasselbe trifft auf die Einschätzung des Petrus innerhalb des Judentums zu, der nach der Heilung eines Lahmen (Apg 3,1–10) danach gefragt wird, in wessen Wundermacht (*dynamis*) er Gesundung zugesprochen hatte (Apg 4,7; vgl. 3,11–26).

[23] Vgl. auch Apg 28,1–6: Paulus, der auf Malta von einer Schlange nicht gebissen wird, wird für einen Gott gehalten (28,6).

[24] Vgl. Apg 3,1–10; 9,32–35.36–43; 28,7–10.

und Zeichen ausgewiesen wurde, die Gott durch ihn vollbrachte (...).“ Der transzendente Schöpfer- und Universalgott ist somit auch im Hinblick auf die Taten des irdischen Jesus das eigentliche aktive Subjekt, und Jesus ist ihm deutlich subordiniert. Die kritische Rezeption des MkEv im LkEv bezeugt dieses lk Anliegen: Das gegenüber der Vorlage deutlich vermehrte Motiv des Betens Jesu im LkEv illustriert seine ständige Angewiesenheit auf Gott. In diesem Sinne variiert Lukas auch die Wunderheilungserzählungen. Obwohl Jesus innerhalb einer Heilungserzählung – wie in der Tradition – als eigenmächtiger Wunderheiler gezeichnet wird, schließt sie regelmäßig mit der Verehrung Gottes[25] durch die Zeugen der Wunderheilung, als dessen ultimativer Prophet Jesus gilt: „Furcht ergriff alle und sie priesen Gott und sprachen: Ein großer Prophet (*prophētēs megas*) ist unter uns aufgetreten, und Gott hat sein Volk besucht“ (Lk 7,16). Lukas bewegt sich mit diesen Überzeugungen grundsätzlich in vorgegebenen Bahnen eines jüd. Gottes- und Offenbarungsverständnisses, innerhalb derer er das Auftreten Jesu deutet. Gleichzeitig wird damit die heidnisch-polytheistische Erwartung an Jesus als Gottheit zurückgewiesen. Funktion Jesu ist nach Lukas, allen Menschen einen Zugang zum Heil Gottes ermöglicht zu haben, und in ihrer Abwendung von ihren Göttern und in der Zuwendung zu dem einen Gott ist das Ziel des göttlichen Plans erreicht.[26]
Im Übertritt der frühchristl. Verkündigung aus einer monotheistisch geprägten Kultur in die Welt des gr.-röm. Polytheismus bot sich freilich eine – in der Variabilität der Schriften des NTs dokumentierte – Vielzahl von Anknüpfungsmöglichkeiten an bestehende Gotteserfahrungen und Vorstellungen der heidnischen Rezipienten an. Die Herausforderung frühchristl. Missionare bzw. der Evangelisten bestand darin, die Bedeutung Jesu in gr. Begrifflichkeit so zu kommunizieren, dass sein Auftreten auch für Menschen mit einem polytheistischen Hintergrund plausibel und lebensrelevant werden konnte, und zwar unter strikter Beibehaltung eines exklusiven Monotheismus. So wird im MkEv der Kontakt zwischen dem einen transzendenten Gott, der in den Heiligen Schriften Israels verehrt wird (Mk 1,2f), und den Menschen dadurch hergestellt, dass sich der Geist Gottes des Menschen Jesus bei seiner Taufe bemächtigt und letzterer durch Gott zum Sohn Gottes deklariert wird: „Und sofort, als er aus dem Wasser stieg, sah er den aufgerissenen Himmel und den Geist (*pneuma*), der wie eine Taube auf ihn herabkam. Und eine Stimme erscholl aus dem Himmel: Du (und kein anderer: *sy*) bist mein geliebter Sohn, an dir habe ich Wohlgefallen“ (Mk 1,10f). Als mit diesem Geist Ausgestatteter tritt Jesus im weiteren Verlauf des Ev nicht nur als der Offenbarer der anbrechenden Nähe des göttlichen Herrschaftsbereichs auf (Mk 1,15), sondern sein Auftreten ist insbes. durch das Vollbringen einer Vielzahl ganz unterschiedlicher Wundertaten gekennzeichnet, die sowohl im Judentum als auch im polytheistischen Hell. allein Gott bzw. den Göttern zugeschrieben werden konnten. Denn nach antikem Verständnis sind Wunder „Manifestationen des Wirkens menschliche Möglichkeiten übersteigender Macht“,[27] d.h. Wunder wer-

[25] In Mk nur 2,1–12! Vgl. Lk 5,25; 7,16; 8,39a; 9,43; 13,13; 17,15; 18,43.
[26] Vgl. Apg 13,46–49; 14,15.
[27] Nach *Alkier* 2000, 306.

den verstanden als Realisationen einer *dynamis*, die aktiven Subjekten der göttlich-numinosen Geistsphäre zuerkannt wird.
Die Evv bezeugen für das Frühchristentum eine Vielzahl von Übertragungen göttlicher Attribute und Fähigkeiten auf Jesus: Jesus trägt die Wundermacht in sich, er ist beständig mit *dynamis* ausgestattet. Sein numinoses Wirken zeichnet sich entsprechend vor allem durch Wunderheilungen aus. Er rettet (*sōzein*) Menschen aus Todesnähe bzw. löst sie aus dämonischer Bindung.[28] Als solchem werden Jesus Fähigkeiten zugesprochen, die im Judentum exklusiv Gott vorbehalten waren und die in der gr.-röm. Welt vor allem an Asklepios geknüpft waren. In der im Frühchristentum weitverbreiteten Bezeichnung Jesu als des Herrn wird die Übertragung eines prägnanten jüd. Gottestitels (LXX: *kyrios*) auf Jesus greifbar,[29] der im Kontext des Hell. zudem politische Herrschaftsansprüche konnotieren lässt und also eine Konkurrenz zu den Machtansprüchen röm. Kaiser implizieren konnte (→3.2.6; 3.3.4).
Die Proponenten der Ausbreitung des Frühchristentums wussten sich hinsichtlich ihrer Gottesvorstellung in ungebrochener Kontinuität mit der Bezeugung der Offenbarungen Gottes in den Heiligen Schriften Israels, auch wenn das Gottesbild modifiziert wird, indem etwa Jesus Christus an Funktionen Gottes partizipiert bzw. sie übernimmt. So verweisen zahlreiche intertextuelle Bezugnahmen in frühchristl. Schriften auf die Septuaginta (→1.3.2.1). Gleichzeitig ist zu bedenken, dass einer Identität hinsichtlich des Gottesverständnisses im Übergang von einer Kultur zur nächsten bzw. im Wandel der Zeit nur durch dynamische Re-Interpretationen – nicht durch statische Repetition – nahe zu kommen war. Nicht erst die Schriften des NT, schon die Schriften des AT und insgesamt des antiken Judentums sind Zeugnis einer solch beständigen *relecture*, die für das Überleben einer Religion wesentlich ist (→1.3.2.4).
Das gilt auch hinsichtlich der ntl.[30] und vor allem joh Passagen, in denen Jesus direkt (Joh 1,18) und im Einklang mit der *intentio operis* (20,28)[31] oder indirekt – als präexistenter *logos* (1,1f.14) – als Gott bezeichnet werden kann. Dabei wird nicht eine Identifizierung mit dem Schöpfer- und Universalgott des Judentums vollzogen.[32] Ersterer bleibt als der Herr der Sohn, letzterer wird als der Vatergott im Frühchristentum verehrt. In der Antike dürfte es im Umfeld des Polytheismus aber kaum möglich gewesen sein, Jesus aufgrund der ihm in den frühchristl. Schriften zugeschriebenen Attribute, Fähigkeiten und Funktionen nicht als Gott zu konzeptionalisieren. Im NT ist das sich hieraus ergebende Problem nicht eindeutig semantisch gelöst. Durch die Aufnahme disparater Attribute und Titel, die traditionsgeschichtlich ganz unterschiedlich verortet werden können und je nach Lektürekontext verschieden gedeutet werden konnten (Gott, Sohn Gottes, Menschensohn, Messias, Prophet, Herr etc.), wird umschrieben und angedeutet, wer Jesus ist bzw. wer er nicht ist. In dieser relativen Offenheit spiegelt sich weniger Unbeholfenheit wider als vielmehr der Versuch, im Ringen um treffende Begriffe die Relevanz des an Christus ge-

---

28 Vgl. Mt 8,25; Mk 5,23; 6,56; Lk 8,36; 13,16.
29 Vgl. auch „Reich des Sohnes“ (*basileia tou hyiou*) in Kol 1,13.
30 Vgl. noch Hebr 1,8f und Röm 9,5 (uneindeutig).
31 Vgl. 1Joh 5,20.
32 Vgl. zur Differenzierung 1Kor 8,6 und Kol 1,12–20.

bundenen Evangeliums Gottes für die je unterschiedlichen Adressaten so angemessen – im Hinblick auf das jüd. monotheistische Bekenntnis und die palästinische Jesusüberlieferung – wie plausibel – im Hinblick auf die Enzyklopädie[33] der Rezeptorkulturen – zu kommunizieren.

Bei aller Variabilität – zuweilen gar bei Kontrarität der Begrifflichkeiten – im Einzelnen setzen die Autoren der ntl. Schriften grundsätzlich voraus, dass sich im Auftreten Jesu die besondere, endzeitliches Heil und gegenwärtige Rettung verbürgende Nähe Gottes ein für allemal realisierte und sie im Glauben an Jesus als den Christus seither allgemein zugänglich sei. Die Gläubigen wissen sich auf den Urgrund der Schöpfung bezogen, und sie leben ultimativ auf ihn hin – vermittelt durch Christus: „Aber uns gilt ein Gott als Vater, aus dem das All ist und auf den hin unsere Existenz ausgerichtet ist, und als der eine Herr gilt uns Jesus Christus, durch den das All vermittelt wurde und wir durch ihn."[34] Durch Jesus als den Christus ist ein bleibender Kontakt mit dem einen Schöpfer- und Universalgott hergestellt worden. Diese Verbindung wird in den ntl. Schriften unterschiedlich zum Ausdruck gebracht: Nach Mt 1,23 wird an Jesus als dem Emmanuel (Aufnahme aus Jes 7,14) anschaulich, dass „Gott mit uns ist" (*meth hēmōn ho theos*). In der frühchristl. Gemeinde aktualisiert sich nach Paulus im Anschluss an Jes 45,14 eine atl. Gotteserfahrung, und zwar in universaler Entschränkung: „Gott ist wahrhaftig unter euch" (*ontōs ho theos en hymin estin*).[35] Hierin wird nach Auskunft der Evv an die Verkündigung Jesu angeknüpft, denn er konnte nach Lk 17,21 zusagen, dass „Gott mitten unter euch ist" (*entos hymōn*). An diese verkündigte Nähe Gottes ist im Frühchristentum die Erfahrung und Erwartung von ultimativem Schutz vor lebensbedrohlicher Anfeindung geknüpft (Röm 8,31): „Wenn Gott für uns ist, wer kann dann effektiv gegen uns sein" (*ei ho theos hyper hēmōn, tis kath hēmōn;*)? „In Christus" bzw. „im Geist Gottes" partizipieren die Gläubigen an der göttlichen Machtsphäre. Durch Jesus Christus sind die Gläubigen in eine unauflösliche[36] göttliche Familienbeziehung eingebunden worden, wie es etwa in der joh Literatur durch eine reziproke Immanenzformel zum Ausdruck kommt: „Ihr werdet erkennen, dass ich in meinem Vater bin und ihr in mir und ich in euch" (Joh 14,20). Als Vater trägt Gott Sorge für die Gläubigen, seine Kinder (vgl. Röm 8,14–17), die somit gleichsam Söhne Gottes (*hyioi theou*) sind (Röm 8,14) und als solche im Geist Gottes wandeln.

Die besondere Attraktivität dieser Gottesverkündigung in der gr.-röm. Antike scheint in der Zusage des Zugangs der Gläubigen zur größten Kraftquelle im Kosmos bestanden zu haben, die mittels der Vater-Kind Metaphorik – anders als bei dem abstrakten Gottesbegriff der gr.-röm. Philosophie möglich, aber in Kontinuität zum atl. Gottesbegriff – persönlich gedacht und angerufen werden konnte. Die Fürsorge und Wohltätigkeit dieses einzigen und allmächtigen Gottes[37] konnte im Wirken Jesu, wie es die Evv je unterschiedlich akzentuiert dar-

[33] Der Begriff der Enzyklopädie stammt aus der Intertextualitätforschung, vgl. dazu →1.3.1.1.

[34] 1Kor 8,6.

[35] 1Kor 14,25.

[36] Vgl. Röm 8,35–39.

[37] Vgl. Lk 3,8; Mk 10,27.

stellen, aufgrund der Abdeckung solcher Erfahrungen und Erwartungen, die in der gr.-röm. Welt an eine Vielzahl von funktional differenten Göttern oder göttlichen Zwischenwesen geknüpft waren, anschaulich werden. Auf den Beistand Gottes beriefen sich die Frühchristen in konkreten, lebensbedrohlichen Situationen.[38]

*Gotteserkenntnis*

Bei aller in der mediterranen Antike angenommenen Verwandtschaft zwischen Göttern und Menschen – vgl. die anthropomorphen Beschreibungen und bildnerischen Darstellungen von Göttern – stellte sich philosophischerseits die Frage nach der Möglichkeit der Erkenntnis der Götter durch die Menschen, denn erstere sind letzteren hinsichtlich aller Fähigkeiten bei weitem überlegen. So legte sich in der Antike nahe, dass die Götter in ihrem Sosein und Walten letztlich nicht begriffen werden können. Aus der beobachteten Ordnung der Welt konnte wohl allgemein auf die Existenz und das Wirken der Götter zurückgeschlossen werden, und auch die Tatsache des universal verbreiteten Glaubens an Götter mochte dieses unzweifelhaft nahelegen.[39] Konkrete Aussagen aber ließen sich aufgrund des angenommenen qualitativen Abstands von Menschen und Göttern nicht treffen. Das Höhlengleichnis des Platon[40] veranschaulicht zudem die menschliche Beschränktheit hinsichtlich der Wahrnehmungsfähigkeit. In der Antike wurde die Frage nach der Gotteserkenntnis insbes. auf die folgende Weisen bedacht: Mittels der *via analogia* wurde das Göttliche mit dem erhabensten, was menschlich wahrnehmbar ist, verglichen – etwa einem König oder der Sonne; mittels der *via eminentia* bewegte sich ein Betrachter über eine ansteigende Werteskala auf den ultimativen, göttlichen Wert zu; mittels der *via negationis* wurde jegliche positive Aussage über Gott als Unmöglichkeit abgewehrt. In der innerlichen Versenkung in den eigenen *logos*, der vom göttlichen *logos* abgeleitet ist, kann sich in der *unio mystica* eine den Betrachter tief ergreifende Gottesschau vollziehen, die allerdings begrifflich nicht zu kommunizieren ist (→3.3.7).
Sokrates zufolge kommt man dem Göttlichen durch Entsagung am nächsten, denn er glaubte, dass „es eine göttliche Eigenschaft ist, nichts zu benötigen, dass man aber dem Göttlichen am nächsten kommt, wenn man möglichst wenig benötigt, und das Göttliche ist das Beste, was aber dem Göttlichen am nächsten steht, das steht auch dem Besten am nächsten.“[41] In der Nachahmung einer göttlichen Eigenschaft erschließt sich hiernach die Nähe zur Gottheit. In ähnlicher Argumentation ergeht in joh Wendung folgende Weisung: „Geliebte, lasst uns einander lieben, denn die Liebe ist aus Gott, und jeder der liebt, stammt von Gott ab und erkennt Gott.“[42] Wahre Gotteserkenntnis erschließt sich des Weiteren exklusiv in Partizipation an Christus, durch den die Liebe Gottes ultimativ aktualisiert wurde, da er eins ist mit Gott (Joh 10,30): „Ich und der Vater sind eins.“ Da sich Gott in Jesus offenbarte, ist er auch nur

[38] Vgl. 2Kor 1,8–11; Jak 5,13–16.
[39] Vgl. Cic. nat. deor. 2,12; vgl. auch Röm 1,18–32.
[40] Plat. rep. 514a–517a.
[41] Xen. mem. 1,6,10.
[42] 1Joh 4,7.

durch ihn erkennbar (Joh 14,6f): „Ich bin der Weg, die Wahrheit und das Leben. Niemand kommt zum Vater außer durch mich. Wenn ihr mich erkannt habt, werdet ihr auch meinen Vater erkennen. Von jetzt an kennt ihr ihn und ihr habt ihn geschaut." Entsprechend gilt aus dieser Perspektive negativ, dass polytheistisch gläubige Heiden Gott seinem Wesen nach nicht kennen können und sie folglich auch einen verwerflichen Lebenswandel führen müssen.[43]

*Polytheismus und Synkretismus*
Für die gesamte gr.-röm. Antike ist der Glaube an eine Vielzahl von Göttern belegt, die nach ihren jeweiligen Funktionen different sind. Durch überregionale Handelskontakte, aber insbes. durch militärische Expansionen (vgl. Hell. und röm. Reich) und daraus entstehende Multikulturalität vor allem in den Metropolen wurde zum einen das numerische Anwachsen verehrter Gottheiten begünstigt. Polytheistische Systeme sind grundsätzlich offen für die Inkorporation neuer Gottheiten, zumal wenn ihnen Funktionen zukommen, die bisher im eigenen Pantheon nicht abgedeckt waren. Zum anderen aber bestand die Tendenz, fremde Götter mit den je eigenen zu identifizieren, was sich vor allem bei ähnlicher Funktionszuschreibung nahe legte. Zugrunde liegt die Annahme, dass weithin nur die Bezeichnungen der Götter von Kultur zu Kultur different seien, nicht aber ihre Wesenheiten. Herodot vermochte die ägyptische Göttin Isis mit Demeter und Osiris mit Dionysos gleichzusetzen. Die Römer identifizierten gr. Gottheiten mit den ihren: So wird Zeus als Jupiter verehrt, Hera als Iuno, Athene als Minerva, Artemis als Diana, Hermes als Merkur und Poseidon als Neptun. Daneben wurden in der gr.-röm. Antike personifizierte Wertebegriffe zu Gottheiten erhoben, z.B. in Athen das Erbarmen (*eleos*) und der Eifer (*hormē*), in Rom die Hoffnung (*spes*) und der Sieg (*victoria*).
Im NT wird der Polytheismus aus der Perspektive des jüd. Monotheismus abgelehnt und kritisiert. Nur einer ist Gott (*heis theos*),[44] und das ist der Universal- und Schöpfergott, wie er in jüd.-frühchristl. Tradition exklusiv angebetet wird. Paulus spricht von den „sogenannten Göttern" der gr.-röm. Welt (1Kor 8,5), denen aber eigentlich kein Götterstatus zukomme (Gal 4,8): „Aber einst habt ihr, als ihr Gott nicht kanntet, denen gedient, die von Natur aus keine Götter sind (*tois physei mē ousin theoi*)," denn „was mit Händen gemacht ist, sind keine Götter" (Apg 19,26; vgl. 17,29). In der Missionsarbeit des Paulus geht es ausdrücklich darum, vormalige Polytheisten zur Abkehr von ihrer traditionellen Götterverehrung, die aus dieser Perspektive als Götzendienst erscheint, zu bewegen, indem sie sich dem „lebendigen und wahren Gott" zuwenden (1Thess 1,8; vgl. Apg 17,30).
Im Einklang mit stoischer Philosophie (→3.1.1 I) kann Paulus bei seiner Rede auf dem Areopag in Athen (Apg 17,22–31) bei seinen Zuhörern die Überzeugung daran voraussetzen, dass „alle Menschen eines Geschlechts" sind (17,28 in Aufnahme eines Zitats des Dichters Arat). Der einen Menschheit auf der einen Seite entspricht nach Paulus der eine Gott auf der anderen Seite. Und dieser Gott ist den Menschen nicht fern (17,27: *ou makran*), wie Paulus in

43 1Thess 4,3–5; Röm 1,18–32.
44 1Kor 8,4.6.

scheinbarer Übereinstimmung mit pantheistischen Einsichten der zeitgenössischen Popularphilosophie aufweist.[45] In der Akzeptanz der Umkehr zu diesem einen Schöpfer und Universalgott, und zwar angesichts des erwarteten Gottesgerichts durch den von Gott von den Toten auferweckten Christus erweist sich Paulus zufolge die wahre Gotteserkenntnis. Der Mangel an wahrer Gotteserkenntnis wird für ihn nicht nur anschaulich am praktizierten Polytheismus der Athener; im Grunde – so seine Argumentation – gestehen sich seine Adressaten dieses Unvermögen ein, wenn sie in Athen einen Altar unterhalten, der dem „unbekannten Gott" gewidmet ist (17,23). Diesen Mangel versucht Paulus in seiner Predigt aufzuheben (17,23): „Ich verkündige euch, was ihr unwissend verehrt." Epikureer und Stoiker unter seinen Zuhörern konzeptionalisieren die Verkündigung des Paulus ablehnend unter den Parametern des Polytheismus, wenn sie – im übrigen unter Rekurs auf den klassischen Vorwurf an Sokrates – seine Rede von Jesus und der Auferstehung mit dem Vorwurf der Einführung fremder, d.h. hier Athen gefährdender Gottheiten (*xenōn daimoniōn*) bedenken (17,18; →3.1.1 I u. III).

*Monotheistische Tendenzen*

Monotheistische Anklänge in der gr.-röm. Antike ergaben sich zum einen als Resultat des religiösen Synkretismus, wenn einer Gottheit Funktionen vormals unterschiedlicher Götter zuwuchsen und diesem Gott in seiner so entstandenen Machtfülle dann die Qualität eines Allgotts zugesprochen werden konnte. So erschienen Jupiter und der ägyptische Gott Serapis als Pantheus und Zeus-Asklepios sowie Zeus-Serapis als ultimative Retter in allen Lebenslagen, neben denen die anderen traditionellen Götter in ihrer Bedeutung verblassten.[46] Mit Bezug auf Zeus konnte in dieser Hinsicht an der traditionellen Vorstellung angeknüpft werden, wonach er der oberste der Götter und als solcher der „Vater sowohl von Menschen wie von Göttern" (*patēr andrōn te theōn te*)[47] und somit der „Herr von allen" sei (*Zeus ho pantōn kyrios*).[48] Insbes. der aus Ägypten stammende Mysterienkult der Isis (→3.1.2) usurpierte den universalen Anspruch einer Allgöttin, der ab dem 2. Jh. v. Chr. Verehrung im ganzen röm. Reich zuteil wurde.[49]

Zum anderen weist die philosophische Reflexion über die Götter insbes. seit Plato und Aristoteles Tendenzen eines metaphysischen Monotheismus auf, wobei gleichzeitig an die Notwendigkeit der Verehrung der Götter festgehalten wird. In Abkehr von den anthropomorphen Gottesbildern der Mythen wird philosophischerseits das Göttliche (*to theion*) abstrahiert und als eigentliches Sein bzw. als unveränderliche Erstursache und „Ziel alles Strebens" konzeptionalisiert.[50] Mit dieser entpersönlichten transzendenten Gottesvorstellung, in der die Gottheit in weite Ferne vom Menschen rückte, ergab sich allerdings die Problematik der Kommunikation zwischen Gottheit und Menschheit. Eine

---

45 Vgl. Sen. epist. 41,1; Dion Chrys. 12,28.
46 Vgl. Aristeid. or. 42f.
47 Hom. Il. 1,544.
48 Pind. I. 5,53.
49 Vgl. Plut. *De Iside et Osiride*; Apul. met. 11,15.
50 Vgl. Aristot. metaph. 1072a–1073a.

Möglichkeit war, durch die Einführung numinoser Zwischenwesen – Engel, Heroen und Dämonen – diese Lücke zu füllen. Eine andere Denkmöglichkeit wurde von den Anhängern der Stoa verfolgt: Das Göttliche wirkt als Geist (*pneuma*) im ganzen Kosmos, und dem Menschen ist es als Möglichkeit und Aufgabe gegeben, sich mit seiner von der Gottheit gegebenen Identität (*logos*) in Einklang mit dem göttlichen Geist zu bringen. Gelegentlich begegnen Anklänge an die Vorstellung von einem persönlich sich den Menschen zuwendenden Gott,[51] wie sie sich vor allem in den Schriften des NT weit verbreitet findet. Nirgends aber außerhalb des Judentums war in der Antike ein so personaler und exklusiver Monotheismus vertreten worden, wie er im Frühchristentum unter Fokussierung der persönlich fürsorglichen Zuwendung des allmächtigen Vatergottes zu seinen Kindern weitergeführt wurde und nachhaltig in die gr.-röm. Enzyklopädie eingetragen worden ist. Dabei usurpiert Christus in den ntl. Schriften an keiner Stelle die Gott zugeschriebene Würde und Bedeutung. Er bleibt immer Mittler Gottes, der als solcher göttliche Funktionen übernimmt, um dem göttlichen Heilsplan mit der Menschheit zu dienen und um auf Gott hinzuweisen.

*Numinose Zwischenwesen: Dämonen und Engel*

Das Universum der gr.-röm. Antike war von numinosen Zwischenwesen bevölkert. Der in der Antike anzutreffende Glaube an die Wirksamkeit von Engeln, Dämonen bzw. Geistern[52] verweist auf diese Realität mediterranen Welterlebens. Diese weitverbreitete Deutung von Wirklichkeit wurde auch von gr. und röm. Philosophen sowie von der jüd. Bevölkerung geteilt. Die Begriffe Dämonen, Engel und Geister können sich hinsichtlich ihrer Bedeutung je nach Tradition und literarischem bzw. spezifisch kulturellem oder auch philosophischem Kontext teilweise bis vollständig überlappen. Insgesamt handelt es sich bei diesen der numinosen Sphäre zugeordneten Geistwesen um auf Menschen wirkende Mächte, denen ein ganz erheblicher Einfluss auf individuelle Lebensläufe eingeräumt wird, denn ihre alle Bereiche des menschlichen Lebens betreffenden Wirkungen können sich entweder als lebensfördernd oder als lebensschädigend erweisen. Aufgrund der räumlichen Entfernung und des qualitativen Abstands der Götter bzw. der metaphysisch abstrahierten Gottheit von den Menschen fungieren sie als numinose Zwischenwesen, die an Aspekten von göttlichem Vermögen partizipieren, die aber hinsichtlich Reinheit und Machtfülle von den Göttern verschieden sind.[53] Plato legt in symp. 202d–f eine Systematisierung des Verhältnisses von Gott bzw. Göttern, Dämonen und Menschen vor, die nachhaltig auf seine Schüler sowie auf Vertreter der Stoa, Neupythagoreer, Mittel- und Neuplatoniker gewirkt hat (→3.1.1 I, IV, V): „Alles Dämonische ist zwischen Gott und dem Sterblichen" (*pan to daimonion metaxy esti theou te kai thnētou*). In dieser Zwischenposition nimmt das

[51] Vgl. vor allem Epikt. diss. 1,3,1; 1,9,7.

[52] Vgl. auch Heroen der gr.-röm. Welt. Es handelt sich hierbei um posthum vergöttlichte Städte- und Familiengründer bzw. Wohltäter, die als Geistwesen nach ihrem Tod um Beistand angerufen werden können, bzw. die von sich aus in Kontakt mit den Menschen ihres Einflussbereichs treten, um ihnen zu helfen, um sie zu warnen, aber auch um sie zu bestrafen.

[53] Vgl. Plut. mor. 360D; Max. Tyr. 8,8.

Dämonische eine Funktion als Kommunikationsorgan zwischen den Göttern und den Menschen ein, und zwar in beide Richtungen.[54] In der Literatur bis Plato einschließlich[55] und noch darüber hinaus besteht eine Uneindeutigkeit hinsichtlich der Referenzialität und Bedeutungsbegrenzung der Begriffe Gottheit (*to theion*), Gott (*ho theos*), Götter (*hoi theoi*), Dämonisches (*to daimonion*) und Dämonen (*hoi daimones*), die von Homers Ilias bis zu Xenophons *Erinnerungen an Sokrates*[56] teilweise synonym gebraucht werden können. Der Vorwurf der Ablehnung der Götter an Platos Lehrer Sokrates nötigte zu einer differenzierten Klärung dessen, was genau mit diesen Begriffen gemeint sei. In der platonischen *Apologie des Sokrates* führt dieser den Vorwurf einiger seiner Gegner, wonach er überhaupt nicht an Götter glaube (*ou nomizeis theous*),[57] ad absurdum: Denn da Sokrates schon immer öffentlich bekannte, dass ihm „etwas Göttliches als auch Dämonisches" (*theion ti kai daimonion*) in Gestalt einer Stimme mit warnend beratender Funktion zu widerfahren pflegte,[58] er also offensichtlich an die Realität dämonischer Sachverhalte glaube (*daimonia nomizō*), müsse er notwendiger Weise auch von der Existenz von Dämonen überzeugt sein (*daimonas nomizein*). Da Dämonen aber gemeinhin für Kinder von Göttern (*theōn paidas*) bzw. für eine Art von Göttern (*theoi tines eisin hoi daimones*) gehalten würden, sei die Anklage gegen Sokrates invalidiert, „da du sagst, dass ich nicht an Götter glaube, und doch wieder daran glaube, da ich ja an Dämonen glaube. Wenn aber die Dämonen Kinder von Göttern sind, Bastarde von Nymphen oder von irgendwelchen anderen Wesen, wie es heißt, welcher Mensch brächte es fertig zu glauben, dass es zwar Kinder von Göttern gibt, nicht aber Götter?!"[59]
Während in diesem Diskurs und in der Folgezeit zunehmend die Dämonen als den Göttern subordiniert konzeptionalisiert wurden, konnten etwa in der Ilias Gott und Dämon (*daimōn*) synonym gebraucht werden, was durch metrische Notwendigkeiten begünstigt werden mochte. Tendenziell aber scheint schon in dieser frühen gr. Dichtung angelegt zu sein, dass von Göttern als von Dämonen dann geredet wird, wenn erstere auf Menschen wirken und diese sich einer plötzlichen und unbegreiflichen numinosen Wirkung ausgesetzt sehen. Entsprechend wird *daimōn* meistens etymologisch abgeleitet von *daiomai* – zuteilen: Dämonen teilen den Menschen ein göttlich vorbestimmten Los zu, welches in den gewohnten Lebenslauf einbricht und vornehmlich als katastrophal

---

[54] Von Plato bis zu dem Neuplatoniker Iamblichos (4. Jh n.Chr.) zieht sich in dieser Hinsicht eine Linie, wobei eine zunehmende Differenzierung der Stufen zwischen dem in größter Transzendenz gedachten göttlichen Wesen (*to theion*) und den Menschen zu beobachten ist: So führt Iamblichos in Berufung auf Pythagoras die folgende Abstufung an: Götter – Dämonen – Halbgötter – Heroen – Menschen (v. P. 37), die er an anderer Stelle noch weiter ausdifferenziert: Götter – Erzengel – Engel – Dämonen – Heroen – sublunare Archonten (*kosmokratores*) – hylische Archonten (*pneumata*) – Seelen (de myst. 2,3). Dabei werden die Dämonen in gute, d.h. lebensfördernde, und böse, d.h. schädigende Geistwesen unterschieden.

[55] Plato hält sich in seinen Dialogen und Abhandlungen durchaus nicht an diese Systematisierung.

[56] Vgl. Xen. mem. 1,4,10–13: Miteinander identifiziert sind *to daimonion*, *theoi* und *theos*.

[57] Plat. apol. 26c.

[58] Plat. apol. 31c–d.

[59] Plat. apol. 27d.

erlebt wird. Im Schaudern vor diesen göttlichen Zuteilungen mit oft – aber nicht ausschließlich – negativen bzw. unabsehbaren Folgen mag der unheimliche und furchterregende Beiklang des Begriffs Dämon gründen, der ihm im Hell. zunehmend und beinahe ausschließlich zuwächst.[60] Um die Zeitenwende galten Dämonen weithin als von den Göttern abgekoppelte, selbstständige und Unheil bringende böse bzw. unreine Geister, vor denen man sich durch Abwehrzauber zu schützen suchte und derer man sich mittels Magie (→3.2.6) bedienen konnte, um Widersacher zu schädigen. So behauptete Plinius d. Ä. in der zweiten Hälfte des 1. Jh.s, „dass es niemanden gäbe, der sich nicht fürchte, durch irgendwelche schaurigen Beschwörungen (...) verflucht zu werden (...). Wo besteht die Gefahr? Überall. Es drohen gesundheitliche Schäden, mangelnde Konzentrationsfähigkeit in intellektuellen Berufen (...), wirtschaftlicher Misserfolg, Liebeszwang zu einer Person hin, Frigidität gegenüber anderen (...)“ usw.[61] Moderne Betrachter haben – nicht zu Unrecht – jene Epoche aufgrund der zahlreichen auf uns gekommenen schriftlichen Bezugnahmen auf dämonische Attacken und ihre Abwehr als ein Zeitalter der Angst[62] zu begreifen versucht.

Die Schriften des antiken Judentums bezeugen, dass sich zur Zeit des Hell. auch Veränderungen traditionell jüd. Vorstellungen über böse Geister bzw. Dämonen ergaben. Grundsätzlich gilt für die Schriften des AT, dass es im Universum keine Macht außer die an Gott gebundene gibt: Gott gibt Leben und Tod. Auf Gott werden Gesundheit und Krankheit zurückgeführt. Entsprechend diesem Erfordernis eines strikten Monotheismus begegnen böse Geister bzw. Satan – nach Hi 1f einer der Göttersöhne bzw. Engel – im AT als Gott subordinierte und somit nicht-selbstständige Geistwesen, derer sich Gott in der Kommunikation bzw. im Umgang mit Menschen bedienen kann: So wird in 1Sam (LXX: 1Kön) 16,14f der Saul bedrängende Geist ausdrücklich auf Gott zurückgeführt, denn es handelt sich um einen „bösen Geist vom Herrn“ (*pneuma ponēron para kyriou*). Auch das aramäisch abgefasste 1QGenAp steht noch ganz in dieser Tradition, wenn Gott dem Pharao einen bösen Geist schickt (20,18f), der als „Geist des Erschlaffens“ (20,26) diesen körperlich so schwächt, dass er sich der Saraj nicht nähern kann. Nachdem die Gefahr gebannt ist, vertreibt Abram den bösen Geist, indem er betet und dem Pharao die Hände auflegt (20,29f). Gebet und Handauflegung verweisen darauf, dass Abram hier als Mittler fungiert: Gott ist vorausgesetzt als die numinose Macht, die den Exorzismus bewirken kann.

Es beginnt sich aber im Judentum vor der Zeitenwende die im Hell. verbreitete Anschauung Bahn zu brechen, wonach Dämonen selbstständig und unkontrolliert schädigend wirken. Ein frühes Beispiel dieser Konzeption liegt in dem Buch Tobit vor: Der Erzengel Raphael – „Gott heilt“ – tritt einem krankheits-

---

[60] Im NT wie bei Plutarch (mor. 458B–C) begegnet *daimōn* schließlich als Gattungsbegriff für widergöttliche Schadensgeister.

[61] *Rüpke* 2001, 167 unter Rekurs auf Plin. nat. 28,29.

[62] Vgl. den Titel des Klassikers von *E. R. Dodds*: Pagan and Christian in an Age of Anxiety, Cambridge 1965. Vgl. auch *Turcan* 2000, 2: „Romans lived in obsessive fear of hazards, the occult powers that threatened or hampered human actions, whether as regards subsistence, the daily toil necessary for survival, or the war that must be waged against neighbours to safeguard present or future harvests.“

verursachenden und scheinbar selbstständig wirkenden bösen Geist (*ponēron daimonion*) mit Namen Asmodaun entgegen, vertreibt und bindet ihn (Tob 3,16f; 8,1–3). Der von Gott gesandte gute Engel (5,22: *angelos agathos*) instruiert Tobit, wie ein Dämon bzw. böser Geist (6,8: *daimonion ē pneuma ponēron*), der hier offensichtlich dem Willen Gottes entgegensteht, vertrieben werden kann. Eine antagonistisch konzipierte Geistervorstellung im Sinne eines kosmologischen Dualismus, die sich allerdings noch im Rahmen des Monotheismus bewegt, liegt vielen Schriften und Fragmenten aus Qumran (→3.1.3.3) zugrunde: Gott „schuf Geister von Licht und von Finsternis" (1QS 3,25). In der Welt versuchen die Geister bzw. Engel der Finsternis unter ihrem Anführer Belial schädigenden Einfluss auf Menschen zu nehmen und sie von Gott abzubringen (1QS 4,9ff), der allerdings die Seinen durch den Engel des Lichts, Michael, und die zu ihm gehörenden guten Geister bewahren wird, bevor dann am Ende der Zeiten Gott selbst die Mächte der Finsternis vernichten wird (1QM 1,1.13; 11,8f; 15,3; 18,1.3): „Und es gibt keinen Satan (Anfeinder) bzw. bösen Geist mehr, sondern Frieden und Segen" (4Q504, Frg. 2,4,12f).
Die Schriften des NT bezeugen, dass sich die Frühchristen hinsichtlich der Dämonologie in den durch das Judentum vorgegebenen Bahnen bewegten, wenn sie mit allen mediterranen Kulturen die lebensbedrohliche Existenz und Wirkung schädigender Dämonen voraussetzen, sie aber – in Kontinuität mit jüd. Traditionen – bezogen sehen auf den kosmischen Endkampf göttlicher versus widergöttlicher Geistmächte, der sich in ihrer Gegenwart vollzieht und dessen Ausgang im Wirken und in der Auferweckung Jesu schon vorweggenommen ist. Die Überzeugung davon, dass die endzeitliche Überwindung dämonischer Mächte an Jesus von Nazareth als den Christus Gottes gebunden ist, vermochte innerhalb des Judentums allerdings nur eine Minderheit zu teilen. Im Übergang der Mission nach Kleinasien, Griechenland und Rom bedeutete diese jüd.-apokalyptisch gewendete Dämonologie einen Neueintrag in die gr.-röm. Enzyklopädie. Die Bedeutung des Auftretens Jesu im Allgemeinen wie seiner Wunderheilungen und Exorzismen im Besonderen werden in den ntl. Schriften innerhalb dieses eschatologischen Referenzrahmens kommuniziert. In dieser Hinsicht unterscheiden sich – bei aller strukturalen Übereinstimmung dieser Erzählungen – die hier beschriebenen Überwindungen von Dämonen grundsätzlich von denen, die in den Schriften des Josephus oder in der Lebensbeschreibung des Apollonios von Tyana durch Philostratos[63] geschildert sind. Der in den Zauberpapyri gelegentlich als apotropäisches Mittel begegnende Name Jesu zeigt eine enteschatologisierende Dekontextualisierungstendenz in der Rezeption frühchristl. Überlieferung in der mediterranen Antike an, die sich durch die kulturtranszendierende Identität von Dämonenerfahrungen und sich daraus ergebender Nöte nahe legte. Die Schadensgeister bleiben meistens anonym; sie werden allenfalls nach ihrer Wirkung, die im spezifischen Verhalten oder Unvermögen des jeweils Besessenen zu Tage tritt, benannt – etwa als „unreiner Geist" (*en pneumati akathartō*), der den von ihm abhängigen Menschen sich an Leichnamen verunreinigen lässt und der entsprechend seiner Vorliebe in einen anderen als unrein geltenden Wohnort ausfährt, d.h. eine Schweineherde (Mk 5,1–20); als „Geist von Schwachheit"

[63] Vgl. Ios. ant. Iud. 8,45–50; Philostr. Ap. 3,38; 4,20; 6,43.

(*pneuma astheneias*), der eine Frau bindet und gekrümmt sein lässt (Lk 13,10–17); als „taubstummer Geist" (*to alalon kai kōphon pneuma*), der einen Jungen taub und stumm sein lässt (Mk 9,14–29), etc.
Dämonischen Geistmächten wurden sowohl aus jüd., frühchristl. wie überhaupt aus gesamt-mediterraner Perspektive schädigende Wirkungen zugesprochen, die alle Bereiche menschlichen Lebens und Zusammenlebens betreffen konnten, wie an folgenden ntl. Beispielen aufgezeigt sei:

1. Das individuelle Leben insbes. durch Krankheit (→2.2.3.1), Schwäche[64] oder Wahnsinn (→2.2.3.3) mit u.U. gravierenden ökonomischen und sozialen Auswirkungen für die Betroffenen und ihre Familien: So lebt der von unreinen Geistern besessene Gerasener abseits der Gesellschaft in Gräbern. Durch den durch Jesus vollzogenen Exorzismus wird die Rückkehr des Gesundeten in die eigene Familie ermöglicht (Mk 5,1–20). Auch in Mk 1,29–31 liegt ein Exorzismus vor, wenn es heißt, dass das Fieber die Schwiegermutter des Petrus verließ, nachdem Jesus ihre Hand anfasste. Lukas formuliert für den modernen Leser deutlicher (Lk 4,39): „Und nachdem Jesus an sie herangetreten war, fuhr er das Fieber an, und es verließ sie (*epetimēsen tō pyretō kai aphēken autēn*)."[65] Die Notiz, wonach die Schwiegermutter sofort nach erfolgter Ausfuhr des Fiebers wieder ihrer Tätigkeit im Haushalt nachgeht, zeigt nicht nur den Erfolg der wundersamen Heilung durch Jesus an, sondern veranschaulicht auch ihre Wiederherstellung als Hausfrau, der etwa in der Essenszubereitung für die Familie eine wesentliche Bedeutung zukam.
2. Den natürlichen Lebensraum von Menschen: Wenn Jesus in Mk 4,35–41 par einem als lebensbedrohend erlebten Sturmwind auf dem See gebietet (*epetimēsen*) zu verstummen, dann ist auch hier ein Exorzismus vorausgesetzt.[66]
3. Das Einverständnis zwischen Menschen: Innerchristl. Irrlehren, die die Gemeinschaft im Glauben gefährden, werden in der Gegenwart der Frühchristen als Zeichen des Anbruchs der letzten Tage gedeutet (vgl. 2Joh 7). Gläubige werden den Geistern der Verführer sowie den Lehren der Dämonen anhängen (1Tim 4,1: *prosechontes pneumasin planois kai didaskaliais daimoniōn*). Es stehen sich gerechtes und sündiges Tun – vertreten durch die Kinder Gottes respektive die Kinder des Teufels – gegenüber (1Joh 3,7–10).
4. Das politische Leben: Nach der Offb stehen Teufel und Satan hinter dem widergöttlichen Treiben des röm. Staates (vgl. Offb 12,9.18; 13; 18,23; 20,8).

[64] Wenn Paulus seine als Schwäche bezeichnete Konstitution darauf zurückführt, dass ihm ein „Stachel im Fleisch" bzw. ein „Engel des Satans" (*angelos satana*) gegeben wurde, und zwar *von Gott* (*Passivum divinum*: *edothē*) mit erzieherischer Funktion (vgl. 2Kor 12,7–10), dann bewegt er sich hier noch ganz in den Bahnen eines traditionellen jüd. Verständnisses, wie es in den atl. Schriften ungebrochen zum Ausdruck kommt: Nicht nur Gesundheit und Stärke, sondern auch Krankheit und Schwäche inklusive dämonische Schädigung gehen ultimativ von Gott aus (vgl. dazu auch: 1Kor 5,5; 10,10; 11,29–31; 2Thess 2,9–11).
[65] *Epitimaō* im Zusammenhang mit Dämonen ist im NT geradezu *terminus technicus* für den Akt der Dämonenaustreibung durch den mit *exousia* bzw. *dynamis* ausgestatteten Gottessohn, vgl. noch Mk 1,25 par; 3,12; 9,25 par; vgl. Jud 9.
[66] Vgl. ähnlich Hom. Od. 5,383f und 19,199–202.

So wird im Frühchristentum die Bedeutung des Auftretens Jesu und seine Funktion vornehmlich im Rahmen des kosmischen Antagonismus zweier Herrschaftsbereiche – des Reiches Gottes und des Reiches des Satans, des Herrschers dieser Welt[67] – beschrieben. Beiden Machtbereichen sind Engel zugeordnet. Engel sind numinose Zwischenwesen, die ursprünglich als Götterboten fungierten, um den räumlichen, aber auch qualitativen Abstand, zwischen den Göttern der gr.-röm. Antike bzw. dem Gott Israels zu den Menschen zu überbrücken. Im apokalyptischen Kampf der Weltreiche gegeneinander, wie er unter den Qumran-Essenern wie auch unter den Frühchristen vorausgesetzt wurde, werden Engel, die im Auftrag Gottes Christus zur Seite stehen, von Engeln im Dienst Satans differenziert (Mt 25,41; 1Kor 6,3; 2Kor 12,7; 2Petr 2,4; Jud 6; Offb 12,7.9). In der göttlichen Vernichtung und endgültigen Überwindung der dämonisch-satanischen Mächte, die in der Offb für die Verfolgung und Tötung von Christusgläubigen verantwortlich gemacht werden, erweist sich „die Rettung und die Kraft, die Königsherrschaft unseres Gottes sowie die Macht seines Gesalbten“ (Offb 12,10).

In den Evv wird dieser Kampf auf die Vertreibung von Dämonen bzw. auf die Durchsetzung des göttlichen Herrschaftsbereichs durch Jesus fokussiert. Engel spielen hier eine untergeordnete Rolle. Sie bereiten das Jesusgeschehen vor (Mt 1f; Lk 1f), dienen ihm, wenn nötig (Mk 1,13), und fungieren als Boten nach seinem Tod (Mt 28,2–7 par).

Aufgrund seiner Ausstattung mit dem (Lk 3,22: heiligen) Geist (Mt 3,16: Gottes) bei der Taufe (Mk 1,10), die mit der göttlichen Proklamation seiner Gottessohnschaft (Mk 1,11 par) und der Zuteilung von göttlicher Kraft (*dynamis* bzw. *exousia*, vgl. Lk 4,14; Mk 1,22.27 par) einhergeht, vermag es Jesus, im weiteren Verlauf der synoptischen Erzählung Dämonen seinen Willen aufzuzwingen, auf dass sie ausfahren. Seine Macht ist stärker als die der bösen Geister; seine Reinheit ist gewissermaßen ansteckender als die Unreinheit der Dämonen. Deutlich werden seine Exorzismen als Funktion des nahe gekommenen Herrschaftsbereichs Gottes beschrieben (vgl. Mk 1,15 par). Das Zurückweichen der Dämonen aufgrund des Wirkens Jesu gilt ausdrücklich als Hinweis auf die sich durchsetzende Herrschaft Gottes: „Wenn *ich* (betont: *egō*) aber mit dem Geist Gottes (Lk: mit dem Finger Gottes) die Dämonen austreibe, dann ist das Königreich Gottes (*hē basileia tou theou*) zu euch gelangt“ (Mt 12,28; Lk 11,20; →2.2.3.3).

Ein Reflex auf die historische Auseinandersetzung um das Auftreten Jesu liegt offensichtlich in den Perikopen vor, in denen diskutiert wird, welcher Herkunft die Jesus innewohnende Kraft sei, d.h. von Gott kommend – so seine Anhänger und die Verfasser der Evv – oder auf widergöttliche Ausstattung mit Wundermacht zurückgehend, wie seine Gegner im Judentum behaupten (Mk 3,22–30 par). Dabei wird die Erfahrung mit Jesus, wonach er Dämonen austreiben konnte, nicht in Zweifel gezogen, sondern auch von den Gegnern als Faktum vorausgesetzt. Denn auch der „Satan tritt mit großer Kraft und mit trügerischen Zeichen und Wundern auf“, wie es etwa in der frühchristl. Gemeinde für die Endzeit erwartet werden kann (2Thess 2,9). Jesus versucht nach Mt 12,24–37 par diesen Vorwurf ad absurdum zu führen, indem er gel-

[67] Vgl. Mt 12,26 par; Offb 11,15; 16,10.

tend macht, dass die Vertreibung der Dämonen, die durch Jesus offensichtlich geschieht, eine Entkräftigung des satanischen Herrschaftsbereichs bedeutet. Dabei wird dieser Vorwurf als schwerwiegende Verunglimpfung des in Jesus wirkenden göttlichen Geistes erachtet, für die Vergebung ausgeschlossen wird. In ähnlicher Weise wird die Frage nach Jesu Identität in Joh 9,1–10,21 verhandelt: Eigentlich kann die durch Jesus ermöglichte Blindenheilung ultimativ nur auf Gott zurückgeführt werden, aber trotzdem sprechen ihm seine Gegner diese Verbindung zu Gott ab: Unter den Juden entsteht ein Zwiespalt. „Einige von ihnen sagten: Er hat einen Dämon und ist rasend (*daimonion echei kai mainetai*). Was hört ihr auf ihn? Andere sprachen: Dies sind nicht Worte eines Besessenen. Kann etwa ein Dämon die Augen eines Blinden öffnen?“ (Joh 10,19–21). Gegen solche Anklagen[68] verweist Jesus auf seine göttliche Herkunft: „Ich habe keinen Dämon, sondern ich ehre meinen Vater“ (Joh 8,49). Aber nicht nur die Gegner Jesu, auch seine Familie stuft sein Verhalten als problematisch ein: Sie halten ihn für „außer sich“ (*exesti*) und wollen ihn ergreifen (Mk 3,21). Auch die ehemaligen Nachbarn in seiner Heimatstadt Nazareth fragen sich argwöhnisch, woher Jesus diese Weisheit und Kraft hat (Mk 6,2 par). Lukas lässt diesen Hinweis aus, wie er auch zusammen mit Matthäus das kompromittierende Urteil aus Mk 3,21 übergeht. In gleicher Tendenz vermeidet Lukas in seiner Parallele zu Mk 1,12 – „und sofort warf der Geist ihn (Jesus!) in die Wüste hinaus“ – das naheliegende Missverständnis in der Lektüre, wonach Jesus als Dämonenbesessener erscheinen könnte, indem er zum einen Jesus als grammatisches Subjekt des Satzes angibt und zum anderen den Geist als heiligen qualifiziert:[69] „Jesus aber wandte sich voll des heiligen Geistes vom Jordan ab, und er wurde im Geist in der Wüste herumgeführt.“ Der Makrotext des MkEv lässt indes keinen Zweifel an der Identität Jesu als des Sohnes Gottes. Die Überschrift in Mk 1,1 gibt mit der wahrscheinlich ursprünglichen Lesart „des Sohnes Gottes“ (*hyiou theou*) als Näherbestimmung von Jesus Christus eine Lektüreanweisung, die durch die Gottessohndeklaration in 1,11 bestätigt wird (vgl. als Affirmation des göttlichen Taufbekenntnisses zu Jesus: 9,7). Überhaupt begegnet „Sohn Gottes“ im narrativen Verlauf des MkEv immer in numinosen Zusammenhängen und nie als Selbstbezeichnung Jesu. Insbes. sind es die dämonischen Geister, die aufgrund ihrer Zugehörigkeit zur numinosen Sphäre ein Geheimwissen über Jesu Identität haben, welches sie in der Begegnung mit ihm, und zwar in Anerkennung seiner sie übersteigenden Kraft, preisgeben (Mk 3,11; 5,7). Schließlich erkennt als Mensch der Hauptmann am Kreuz aufgrund der wundersamen Umstände des Todes Jesu (vgl. 15,38) dessen Gottessohnschaft (15,39). Selbst den Jüngern Jesu war diese Erkenntnis – vgl. das mk Motiv des Jüngerunverständnisses – zu Lebzeiten Jesu verschlossen geblieben, und auch sie fragten sich beständig nach der Identität Jesu.[70] So weist nach dem MkEv das Bekenntnis Gottes zu Jesus und die damit einhergehende Ausstattung mit göttlicher Wundermacht Jesus als zu Lebzeiten unerkannt gebliebenen Sohn Gottes aus. Im Mk- und im JhEv wird der Aspekt der Gottessohnschaft Jesu auf un-

68 Vgl. noch Joh 7,20; 8,48–52.
69 In ähnlicher Tendenz vgl. Mt 4,1.
70 Vgl. Mk 4,41; 8,14–21.

terschiedliche Weise verstärkt, und zwar in Richtung auf eine wesenhafte Nähe von Gott und Christus, die offensiv verkündigt[71] und von den Anhängern Jesu auch so verstanden wird.[72] Insbes. die joh Aussagen von der logoshaften Präexistenz des Gottessohnes sowie die durch den Geist Gottes ermöglichte wundersame Empfängnis Jesu in der mt und lk Vorgeschichte mussten unter den Verstehensparametern der gr.-röm. Antike – und im unbedingten Widerspruch zur atl. Tradition, in der Gottessohnschaft immer ein Verhältnisbegriff ist, der Zugehörigkeit zu Gott zum Ausdruck bringt[73] – als klare Hinweise auf eine biologisch begründete, wesenhafte Herkunft Jesu von Gott rezipiert werden,[74] auch wenn sie aus jüd.-hell. Perspektive durchaus noch im übertragenen Sinn verstanden werden konnten.[75] Denn sowohl die Formulierung als auch die Rezeption der Gottessohnschaftsaussagen in den ntl. Schriften erging im Kontext einer bis auf Alexander d. Gr. zurückgehenden – altägyptische Pharaonentradition weiterführenden – Praxis der Verehrung hell. Herrscher als wesenhafter Gottessöhne. Ab dem 1. Jh. v.Chr. konnte auch röm. Kaisern ab Caesar posthum eine Apotheose zuerkannt werden bzw. sie konnten – wie als erster Augustus – die Würde der Gottessohnschaft beanspruchen oder gar die Verehrung als Universalherr bzw. Gott schon zu Lebzeiten einfordern (so Nero und Domitian) (→3.3.4).[76] Die Verkündigung von Jesus als dem Gottessohn und Herrn (*kyrios*), der mit Macht die göttliche Königsherrschaft auf der Erde zu etablieren trachtet, befand sich auf Kollisionskurs mit den Machtansprüchen der Herrscher des röm. Reiches. Entsprechend wurde Jesus von den Römern als „König der Juden" hingerichtet, und die Offb identifizierte den röm. Herrscher Nero in gematrischer Verschlüsselung (→3.3.8) als satanisches Tier, das für die Verfolgung der Christusgläubigen verantwortlich gemacht wird und dafür am nahenden Ende der Tage zusammen mit seinem Königreich vernichtet werden wird.[77]

In analoger Weise trat nachweislich ab dem 2. Jh. das Bekenntnis zu Christus als dem Retter in ein Konkurrenzverhältnis zum weit verbreiteten Glauben an Asklepios als Heil- und Rettergott der Antike. Für Asklepios lässt sich diachron durch die gr. Literaturgeschichte hindurch die nachträgliche Vergöttlichung bzw. Apotheose eines vormals als Menschen dargestellten Heros erkennen: In der Ilias und noch in den Siegeshymnen Pindars aus dem 5. Jh. gilt

[71] Vgl. Joh 10,36 („Ich bin Sohn Gottes") sowie die Reden Jesu in Joh, in denen die Vater-Sohn Metaphorik ausgebreitet wird.

[72] Vgl. das Bekenntnis des Petrus nach Mt 16,16: „Du bist der Christus, der Sohn Gottes, des Lebendigen."

[73] *Colpe* 1983, 32: „Es kann mit G. [= Gottessohn] (oder Gottessöhnen), je nach Kontext, ein mythisch gezeugtes Gottwesen (...), ein zur göttlichen Sphäre gehöriges Wesen (einschließlich Engel) oder ein zu Gott in einem personalen oder rechtlichen (Adoption, Beauftragung) Verhältnis stehender Mensch gemeint sein (...)."

[74] Vgl. Paulus bzw. pln. Tradition: Röm 1,3f; 1Kor 8,6; Phil 2,6–11; Kol 1,15–18; Hebr 1,1–14: Hinsichtlich der Bestimmung des Verhältnisses von Jesus zu Gott werden diese Texte je nach Rezeptionskontext unterschiedliche Bedeutungsfestlegungen provozieren.

[75] Vgl. Philos *logos*-Begriff, wonach *logos* als erstgeborener Sohn Gottes erfasst werden kann (som. 1,215; conf. 146), sowie seine Beschreibungen durch Gott bewirkter wundersamer Geburten (Cher. 40–52).

[76] Suet. Dom. 13.

[77] Offb 13,11–18; 17,8–18.

er als „untadliger Arzt“,[78] bevor er dann ab etwa Mitte des 5. Jh.s als der gr. Heilgott schlechthin Verehrung erfuhr[79] und in der Folgezeit als solcher im Mittelmeerraum geradezu universelle Bedeutung erlangte: Im Jahr 293 v.Chr. holte eine röm. Delegation diesen Heilkult von Epidauros nach Rom, um einer Epidemie Einhalt zu gebieten.[80] Dort wurde dem Heilgott auf der Tiberinsel unter dem latinisierten Namen Aesculapius im Jahr 291 ein Tempel geweiht. Aus christl. Perspektive erwies sich Christus als effektiver als Asklepios, der zudem zu einem Dämon herabgewürdigt wurde (→2.2.3.1).

*Theioi andres*
Im 20. Jh. ist in der ntl. Wissenschaft der Begriff des Gottmenschen bzw. göttlichen Menschen (*theios anēr*) bemüht worden, um die Darstellung Jesu in den Evv als auch die Attraktivität frühchristl. Missionare im Kontext hell. Weltwissens plausibel zu machen.[81] Mittlerweile überwiegt in der Forschung eine eher kritische Einschätzung dieser Kategorie, denn sie hat sich hinsichtlich ihres heuristischen Werts als zweifelhaft, da uneindeutig und irreführend erwiesen.[82] Es handelt sich bei *theios anēr* entgegen früherer Anschauung nicht um einen *terminus technicus*. Wenn der Begriff begegnet – und er begegnet nirgends im NT – ist stets sein literarischer und kultureller Kontext zu beachten. Für die gr. Literatur gilt hinsichtlich der für das NT interessanten Verbindung von Gottessohnschaft bzw. wundersamer göttlicher Abstammung eines Menschen (Pythagoras, Plato, Aristoteles, Alexander d. Gr., Apollonios von Tyana, Alexander von Abonuteichos) und der *theios anēr*-Bezeichnung, dass sie sich kaum nachweisen lässt.[83] *Theios*-Prädikation und Gottessohnbezeichnung scheinen sich geradezu auszuschließen. In der klassischen gr. Literatur bezeichnet das Prädikat *theios* vornehmlich einen Menschen, der in der Verehrung der Götter als fromm bezeichnet werden kann. Auch jemand, der sich unter seinen Mitmenschen in irgendeiner Eigenschaft oder Fähigkeit hervortut, kann als *theios* verehrt, aber eben nicht angebetet werden, da ihm keine göttliche Wesenheit zuerkannt wird.[84] Somit kann die Bezeichnung *theios* für einen Menschen Ausdruck höchster Bewunderung sein, wie sie von Pindar etwa Antilochos entgegengebracht wird, der sich im Kampf für seinen Vater opferte:[85] *theios anēr* wäre an dieser und an den meisten anderen Stellen nicht wörtlich im Sinne einer Partizipation an göttlicher Natur oder der Wesenheit eines Halbgottes zu nehmen, sondern im Sinne von Mensch, der sich wie ein Gott verhalten hat. Von dem an Vespasian in Ägypten gekoppelten Wundergeschehen auf eine ihm zugeschriebene Würde als *theios anēr* zu schließen, geht am Textbefund vorbei, denn in den Erzählungen wird Vespasian nicht als Wundertäter beschrieben, sondern vielmehr als Medium, durch welches der trans-

78 Hom. Il. 4,193; 11,598f; vgl. ähnlich Pind. P. 3.
79 Vgl. Aristoph. Plut. 705–710.
80 Ov. met. 15,622–744.
81 Vgl. die beiden einflussreichen Darstellungen von *Betz* 1983 und *Georgi* 1987 (orig. 1964).
82 Vgl. *von Martitz* 1967, *Holladay* 1977 und *Blackburn* 1991.
83 Vgl. *von Martitz* 1967, 337–340.
84 Vgl. ebd. 338.
85 Pind. P. 6,28–42.

zendente Gott Serapis wirkt.[86] Im AT und in der jüd. Tradition der Antike ist der Sachverhalt noch deutlicher: Weder Moses noch Elia oder Elisa werden als wundertätige Gottesmänner gezeichnet. Sie sind immer Mittler numinoser Macht, die auf Gott im Gebet wirken bzw. durch welche Gott als der eigentliche Wundertäter wirkt. Wenn Elia im Zusammenhang einer erfolgreich verlaufenen Totenauferweckung als Mensch Gottes (*anthrōpos theou*) erkannt wird, „in dessen Mund das wahre Wort Gottes ist" (LXX: 3Kön 17,24), so ist Elia zu Gott in ein bestimmtes Verhältnis gesetzt. Selbiges bestätigt sich hinsichtlich der Darstellung des Mose durch Philo und Josephus: Gott wirkt die Wundertaten durch Moses. Als Weiser auf der höchsten Stufe mag Moses einem törichten Menschen als Gott erscheinen, aber aus göttlicher Perspektive ist er doch höchstens ein Mensch Gottes (*anthrōpos theou*).[87] Als *theios anēr* könnte ein Mensch aufgrund absoluter Sündlosigkeit bezeichnet werden – aber Philo hütet sich, selbst Moses damit deutlich zu identifizieren.[88] Zu Lebzeiten war Moses vielmehr „König, Gesetzgeber, Hohepriester und Prophet"[89] – und zwar jeweils in höchster Vervollkommnung, nicht aber ein Gottmensch.
Auch die mit Wundern in Verbindung gebrachten Rabbinen Honi der Kreiszieher oder Hanina ben Dosa werden in der rabbinischen Literatur nicht als Gottmenschen gezeichnet, sondern es handelt sich bei ihnen in Übereinstimmung mit der atl. Tradition um Mittler numinoser Macht, insbes. hinsichtlich ihrer Fähigkeit, auf Gott einzuwirken im Gebet (→3.2.6; 3.3.5).[90]

*Literatur*

*S. Alkier*: Wunder und Wirklichkeit in den Briefen des Apostels Paulus, Tübingen 2000. – *H. D. Betz*: Gottmensch II (Griechisch-römische Antike u. Urchristentum), RAC 12, 1983, 234–312. – *B. L. Blackburn*: Theios Anēr and the Markan Miracle Traditions. A Critique of the Theios Anēr Concept as an Interpretative Background of the Miracle Traditions Used in Mark, Tübingen 1991. – *H. Boers*: The Justification of the Gentiles. Paul's Letters to the Galatians and Romans, Peabody 1994. – *C. Colpe u.a.*: Geister (Dämonen), RAC 9, 1976, 546–797. – *Ders.*: Gottessohn, RAC 12, 1983, 19–58. – *E. R. Dodds*: The Greeks and the Irrational, Berkley u.a. 1951. – *Ders.*: Pagan and Christian in an Age of Anxiety, Cambridge 1965. – *H. Dörrie*: Gottesvorstellung, RAC 12, 1983, 81–154. – *D. Georgi*: The Opponents of Paul in Second Corinthians, Edinburgh 1987. – *A. Grillmeier*: Gottmensch III (Patristik), RAC 12, 1983, 312–366. – *C. R. Holladay*: Theios Aner in Hellenistic–Judaism. A Critique of the Use of This Category in New Testament Christology, Atlanta 1977. – *W. Kahl*: New Testament Miracle Stories in Their Religious-Historical Setting. A Religionsgeschichtliche Comparison from a Structural Perspective, Göttingen 1994. – *Ders.*: Wunder und Mission in ethnologischer Perspektive, ZNT 15, 2005, 35–43. – *H. Kleinknecht*: *theos* A. Der griechische Gottesbegriff, ThWNT 3, 1938, 65–79. – *W. von Martitz*: *hyios* A. *hyios* im Griechischen, ThWNT 8, 1967, 335–340. – *J. Michl*: Engel I (heidnisch), RAC 5, 1962, 53–60. – *Ders.*: Engel II (jüdisch), RAC 5, 1962, 60–97. – *J. Rüpke*: Die Religion der Römer, München 2001. – *W. Schottroff*: Gottmensch II (Alter Orient u. Judentum), RAC 12, 1983, 155–234. – *R. Turcan*: The Gods of Ancient Rome. Religion in Everyday Life from Archaic to Imperial Times, Edinburgh 2000.

---

86 Vgl. Tac. hist. 4,81; Suet. Vesp. 7; anders aber in Cass. Dio. 65,5. Vgl. dazu *A. Henrichs*: Vespasian's Visit to Alexandria, ZPE 3, 1968, 51–80; *Kahl* 1994, 128f.

87 Philo det. 172.

88 Philo virt. 177.

89 Vgl. vita Mos. 2,292.

90 Vgl. *Kahl* 1994, 154f.

## 3.2.3 Zeit- und Geschichtsbild (*Johann Kreuzer*)

*Ausgangspunkt*

„Zeit“ wird in dem Augenblick zum Thema, in dem das Bewusstsein entsteht, dass ihre Erfahrung weder mit der Objektivität eines Naturablaufs identisch ist noch mit dessen Geschehen, für das insbesondere der Vegetationszyklus der wiederkehrenden Jahreszeiten die ursprüngliche Folie bildet, erklärt ist.
Die fraglose Einheit mit dem Wachstumskreislauf der *physis*, die hier schwindet, kehrt umgekehrt wieder in der Frage nach der Objektivität der Zeit (→3.2.1). Was im Lauf der Tage und des Jahres als Geschehen erfahren wird, muss sich als *Kontinuum* begreifen lassen. Neben dieser Frage nach der Zeit als Kontinuum stellt sich ebenso sehr die Frage nach ihrer *Diskretion*: Das ist die individuell oder lebensgeschichtlich erlebte Form, die das Geschehen von „Zeit“ sowohl unterbricht als auch bewusst werden lässt. Hier taucht neben der jede Lebensgeschichte transzendierenden „objektiven“ Zeit, die sich in *chronos* als Personifikation ihrer Herrschaft dokumentiert, jene andere, ebenso objektive Form der Zeiterfahrung auf, die die Rede vom *kairos* reflektiert. Dass nicht „die Zeit“ Agens ihrer Erfahrung, sondern dass es die Seele (*psychē*) ist, die ihre Beziehung zur Zeit und sich in Beziehung zu ihr erfährt: Dies ist das Ergebnis des Thematischwerdens der Frage nach der Objektivität des *chronos* in der Periode zwischen Homer und Aristoteles.

*Leitbegriffe*

Leitend sind für die antike Frage nach der Zeit und für die Semantik der Rede über sie folgende Begriffe bzw. Begriffsgruppen: 1) Für die „Herrschaft der Zeit“, der alle Naturwesen unterliegen: *etos* (ein bestimmtes Jahr), *eniautos* (der Zeitraum eines Jahres), *hēmera* (Tag), davon abgeleitet: *ep-hēmeroi* (die Wesen, denen die Spanne des Tages als Lebenszeit gegönnt ist) – *chronos*: das ist Zeit in der Form, der Lebendiges (Beseeltes) schlechterdings unterliegt – und *hōra*: Zeitabschnitt, Tageszeit, die „Stunde“ eines Geschehens. Für 2) die objektive Einheitsform generativer Zeit, das ist Zeit als Bedingung des Werdens oder als Lebenszeit: *aiōn*. Und für die Formen erfüllter, individuell-angeeigneter Zeit 3): *kairos* (der geeignete Zeitpunkt, etwas zu tun: die Zeit, auf die es ankommt) sowie *exaiphnēs*, das ist die Zeitbestimmung der Augenblicke plötzlicher Veränderung.
Von der *Ilias* zur *Odyssee* vollzieht sich der Übergang von der ins objektive Naturgeschehen eingebetteten Tages-Wahrnehmung zur *chronos*-Wahrnehmung. Formuliert wird ein Katalog von Zeiterfahrungstypen. Die „Tage“ sind eingeordnet in die Zyklen der Jahreszeiten und „rollenden Jahre“, in ihnen unterliegen die Menschen der Herrschaft des *chronos* (vgl. Hom. Od. 19,130–142.149–154). Diese „leere“ ist aber nicht die gelebte Zeit. Die dem Lebendigen spezifisch zugehörige Zeitform ist der *aiōn*. Mit ihm ist jene generative Kraft angesprochen, die sich als lebenserzeugende und -erhaltende Form zeigt (vgl. Hom. Il. 19,27). *Aiōn* ist die als Lebenszeit begriffene Form der Zeit, die sich im Vorübergehen des Endlichen erhält. So spricht Odysseus Kalypso gegenüber von der Angst, dass sein *aiōn* vergeblich gewesen sei, und verzichtet auf die zeitentrückte Unsterblichkeit, die sie ihm verspricht (Hom. Od. 5,152–160.208–220).

An diese Rede vom *aiōn* als einer im Vorübergehen des Endlichen sich immer von neuem („ewig") erhaltenden Kraft knüpft Heraklit an. Die Bestimmung des *aiōn* als Prinzip der Lebenszeit und ihr generativer Sinn sind bei ihm von zentraler Bedeutung. Sie sind das „Gesetz", dem alles folgt – seine Herrschaft gleicht einem (brett-)spielenden Kind (Diels/Kranz 22, B 52). Der *aiōn* hat als Zeiterklärungsmodell bei Heraklit eine zeitlich-endliche und eine die Zeit des Endlichen übergreifende Dimension. Er lässt die Zeit der sterblichen Tagwesen in dieser sich generativ-fortzeugenden kosmischen und in diesem Sinn „ewigen" Zeitform aufgehoben sein.

Dem setzt Pindar den „Protest" der sich in ihrer Endlichkeit begreifenden Tagwesen entgegen. Der *aiōn* als Herrschaft der Zeit ist tückisch und wirbelt den Lebensweg umher (Pind. I. 8,14f). Pindar unterscheidet deshalb den „namenlosen *K*ronos" vom *Ch*ronos, der „allein herausbringt Wahrheit, wie sie wirklich ist" (O. 10,53–55). Dieser *chronos* ist der „Vater aller Dinge" (O. 2,17). Das Begreifen seiner Herrschaft, d.h. der irreversiblen Objektivität der Sukzession der Zeit, leitet über zu dem für Pindars Zeittypologie wie vielleicht für das klassisch-gr. Zeitempfinden entscheidenden – und eine „Brücke" zum ntl. Zeitverständnis bauenden – Begriff des *kairos*: dem geeigneten (richtigen) Zeitpunkt, etwas zu tun. *Kairoi* sind die Zeitpunkte, auf die es in der Zeit ankommt, weil sie diese in ihrer Irreversibilität zu transzendieren scheinen. Es sind die Augenblicke, in denen das Fließen der Zeit „aufgehoben" – enthalten wie negiert – ist. Die kairologische Zeit ist nicht (nur) der Gegenbegriff zur chronologischen Zeit. In den *kairoi* wird Zeit als *chronos* vielmehr bewusst. Der *kairos* bedeutet insofern die angemessene und „höchste Zeit" (des Handelns): Das Maß (*metron*) zu kennen, das mit jedem verbunden ist, ist deshalb der beste, der *aristos kairos* (O. 13,47f). Im NT kehrt das mit der Rede von der „Fülle der Zeit" (Gal 4,4) wieder.

Plato (→3.1.1 IV) setzt der unhintergehbaren Endlichkeit gelebter Zeit, die bei Pindar formuliert wird, wieder den Versuch entgegen, „Zeit" in einem erfahrungsübergreifenden Sinnzusammenhang zu verorten bzw. abzusichern. Zu diesem Zweck wird der Begriff des *aiōn*, der bei Heraklit noch mit seiner konkreten Bedeutung endlicher Lebenskraft verbunden bleibt, in eine von der Bedingung der Zeit nicht tangierte, zeitenthobene Begründungsinstanz umgedeutet: Der *aiōn* wird zu einem zeitentrückt „Ewigen". Mit dieser Konstruktion verschieben sich auch Bedeutung und Gehalt des *chronos*. Die Bedingung der Zeit lasse sich im Aufstieg zur Sphäre zeitlos gültigen Wissens überwinden. Deswegen wird die Zeit des Endlichen zu etwas Sekundärem gegenüber der Wahrheit eines zeitfernen Ewigen. Pindars Transzendenz der Zeit stellt Plato ihre Überwindung im begreifenden Wissen entgegen. In kompakter Weise fasst diese Auffassung von Zeit (und Ewigkeit) die Definition aus dem *Timaios* zusammen: Die Zeit (des *chronos*) sei „ein nach Zahlen fortschreitendes Bild des im Einen verharrenden Ewigen" (Tim. 37d). Die Dimensionen der Zeit sind Formen der die Ewigkeit harmonisch nachahmenden und nach Zahlenverhältnissen umlaufenden Zeit (Tim. 38a). Maßstab wie Garant dieses Umlaufs und des mit der Zeit gewordenen Himmels ist das „Vorbild (*paradeigma*) der ewigen Natur" (Tim. 38b). Gestirne und Planeten sind der Anhalt jener Logizität, die der *chronos* mit seiner Zahlhaftigkeit zeigt (Tim. 47a). Auf die konkrete Erfahrung von Zeit, die sich nicht in einer am Kosmos abgelese-

nen Chronometrie erschöpft, geht Plato im Parmenides anhand der Diskussion des *exaiphnēs* ein. Hier geht es um die Klärung dessen, was „in der Zeit" ist, es geht um den Augenblick des Übergangs, der als Zeit erfahren wird. Es ist das wunderbare Wesen des Augenblicks (Parm. 156d), das zwei Jetzte trennt und zugleich verbindet und *exaiphnēs* Kontinuität wie Diskretion der Zeit erklärt.
Aristoteles (→3.1.1 VI) knüpft an Platos Auffassung der Zeit als einer nach Zahlen fortschreitenden Entität an. Auch wenn er Zeit nicht aus einem zeitentrückt Ewigen intellegibler Art deduziert, sondern vom empirischen Faktum der Bewegung, das als Veränderung für ihn das Wesen der *physis* ist (phys. 185a), ausgeht, übernimmt er von Plato, dass Zeit eine Ordnung hat, die in einer objektiven Zahlhaftigeit gründet. Deren Garant – wie Stabilisator des Kosmos insgesamt – ist die immerwährend-stetige Himmelsbewegung (→3.2.1). An die Stelle von Platos noetischer Hypothese des im „Einen verharrenden Ewigen" setzt Aristoteles die physikalische Supposition der ewiggleichen, stetigen Bewegung des ersten bzw. Fixsternhimmels (metaph. 1072a). An dieser objektiven Entität, die den Kosmos wie eine Klammer umfängt und Geschichte im Sinn der Entwicklung von Neuem eigentlich verunmöglicht, wird Zeit „abgelesen". Darauf beruht die äußerst folgenreiche Definition, dass Zeit die „Messzahl der Bewegung (*arithmos kinēseōs*) gemäß dem Davor und Danach" sei (phys. 219a–b). Aristoteles formuliert hier in grundlegender Weise jene verräumlichte Vorstellung von Zeit, in der das Quantum Zeit an die Stelle ihrer qualitativen Erfahrung tritt. Dass sie mit dem abgezählten Maß einer Strecke (eines Zeitraums) in einem absolut stetigen Kontinuum gleichgesetzt wird, lässt „Zeit" zu einer leeren Abfolge gleichgültiger Punkte werden. Aristoteles hat in der Physik-Vorlesung selbst das Gegenmodell zu diesem Konzept „leerer Zeit" formuliert. Zeit werde dadurch erfasst, dass die Seele zwei Jetzte „anspreche", wodurch sie sich selbst „in der Mitte" zwischen einem „davor" und „danach" begreife (phys. 219a26–29). Was wir als Zeit erfahren, ist eine Verbindungsleistung – das Zusammenbringen verschiedener Jetzte – im objektiven Vorübergehen der Zeit. Diese „Entdeckung" drängt Aristoteles zwar – vermutlich wie in seiner Kosmologie aus Angst vor einem Rückfall in die Kontingenz bloßer Natur (→3.2.1) – zugunsten der verräumlichten Zeitvorstellung und der naturalistischen Supposition einer ewigen Fixsternbewegung zurück. Doch werden am Ende der Antike Plotin und insbes. Augustinus an die Einsicht, dass die Objektivität der Zeit mit der Objektivität von Bewusstseinsleistungen zusammenhängt, anknüpfen.

*Geschichtsbild*
Es ist seit Nietzsche üblich, von einer zyklischen Zeitauffassung der Antike zu sprechen, der dann die jüd.-christl. Zeit- und Geschichtsauffassung als „lineargerichtete" entgegengesetzt wird (→1.3.3.4). Die Vorstellung von einer zyklischen Zeitauffassung (in) der Antike und einem fehlenden Geschichtsbewusstsein trifft nicht zu. Ihr widerspricht z.B. die Erzählstruktur der *Odyssee*. Was hier über einen Zeitraum von (rechnet man das Geschehen vor Troja hinzu) 20 Jahren berichtet wird, ist ein in der Zeit gerichteter, von Odysseus' wie Penelopes Sehnsucht und dem Schmerz um die leer verlaufende Zeit geprägter Ablauf, der in der Heimkehr des Odysseus und dem Augenblick der Wiederer-

kennung kulminiert (Od. 23,166–206). Der *kairos* der Wiedererkennung ist in diesem Sinn Resultat einer „Geschichte". Freilich ist dies kein Geschichtsbewusstsein im Sinn des Singulars „die Geschichte". Der Plural von „Geschichten", in der sich endliche Wesen (Ep-hemeriden) in ihrer Beziehung zur irreversiblen Sukzession von Zeit (der Herrschaft des *chronos*) begreifen, ist Teil der am Lauf der Jahreszeiten abgelesenen zyklischen Zeit. Das Modell einer zyklischen Zeit- und Geschichtsauffassung steht keineswegs im bloßen Widerspruch zu einer linearen. Denn ein Begreifen der Wiederkehr desselben ist ohne ein Bewusstsein der inzwischen vergangenen Zeit nicht denkbar. Eine „zyklische" Zeit- und Geschichtsauffassung ist nicht zirkulär. Hier zeigt sich der für die Entstehung eines „Geschichtsbewusstseins" originäre Unterschied zwischen der *Ilias*, die auf die Präsenz eines Geschehens gerichtet ist, und der *Odyssee*, in der jedes Geschehen immer auch eine zeitlich „gerichtete" Dimension hat.

Pindar wird es als Aufgabe dichterischer Sprachfindung ansehen, die *kairoi* des Gelingens erinnerungsfähig, d.h. aus dem zeitgebundenen Geschehen und Geschick großer Tüchtigkeiten (*aretai*) eine dem Vergehen in der Zeit nicht mehr unterworfene „erzählungsreiche Geschichte" zu machen (vgl. Pind. P. 9,76–79). Geschichte hat das der Bedingung der Zeit unterworfene Dasein, das sich in seiner Endlichkeit erinnert und durch dies Erinnern die Herrschaft des *chronos* wie den „tückischen *aiōn*" transzendiert.

Dem setzt Heraklit seine Lehre vom *aiōn* entgegen – in ihr ist die Zeit des Endlichen ein Epiphänomen. Zwar „müssen sehr vieler Dinge Augenzeugen (*historas*) die philosophischen Männer sein" (Diels/Kranz 22, B 35). „Geschichte" (*historia*) ist damit terminologisch bezeugt. Aber „Vielwisserei lehre keine Vernunft (*nous*)" (Diels/Kranz 22, B 40). „Geschichte" gilt als Bereich vieler Geschehnisse und Dinge, derer die Augen Zeugen wurden oder sind. Sie taucht damit terminologisch, aber nicht als erkenntnisrelevant auf.

Auch Parmenides' „wahrhaft Seiendes" soll ein Wissen jenseits des Werdens und der Geschichte begründen. Das Sein des Denkens ist geschichtslos. Geschichte ist der Bereich bloßer Augenzeugenschaft: Die Sphäre des „Vielen", dessen empirische Zusammenhänge die Geschichtsschreibung erkundet und darlegt, so Herodot in seiner Darlegung (*apodeixis*) *historiēs*.

Die Ideenlehre, die Plato (→3.1.1 IV) Sokrates insbes. im *Phaidon* formulieren lässt, situiert die Wahrheit des Denkens jenseits (*epekeina*, rep. 509b) der Geschichte des Werdenden. Der späte Plato stellt diese Dichotomie zwischen einem allein wahrheitsfähigen Sein jenseits der Geschichte des Veränderlichen und den Formen des Werdens zur Disposition. In diesem Zusammenhang formuliert er den Mythos von den „beiden Umläufen", d.h. der internen (periodischen) Geschichte des *kosmos*, im *Politikos* (vgl. polit. 271e–273d). Die Zeitalter, die der Jetztzeit entgegengehalten werden (das goldene und das der erdgeborenen), stehen zwar für die rückwärts gewandte Gegenutopie einer mythischen Einheit mit dem Naturgeschehen des Kosmos. Es sind Zeitalter ohne Zeit – vorgeschichtliche Hypothesen, die der Erklärung des Zustands der jetzigen Weltordnung dienen. Aber die Hypothese von den verschiedenen Zeitaltern und ihrem Umlauf spricht dem Kosmos eine Geschichte zu.

Für Aristoteles bleibt Geschichte Polyhistorik: Sammlung und Beschreibung von Fakten auf vielerlei Gebieten. Mit der hegemonialen Entwicklung des röm. Imperiums taucht der Begriff der Universalgeschichte und mit ihr die Frage nach dem „Sinn“ der Geschichte auf. Cicero spricht von einem „Fortschritt der Zeiten“ (nat. deor. 3,65). Die stoische Vorstellung (→3.1.1 I) von der Oikumene als der „einen“ von Menschen gleicher Natur bewohnten Welt begründet den Glauben an einen universalen Fortschritt und mit ihm das Konzept einer Universalhistorie. Ebenso stoisch ist die Lehre von der ewigen Wiederkunft des Gleichen, die sich an Heraklits Lehre vom Kosmos als ewiglebendem Feuer anlehnt. Diesem Gedanken der ewigen Wiederkehr des Gleichen – den Nietzsche zum Gegenbild der jüd.-christl. Geschichtsauffassung stilisiert hat – steht das in die Zukunft hinein offene und insofern sich von der Zukunft her begreifende Zeitverständnis des NT gegenüber. Die Zeit der Geschichte ist wesentlich endlich. Sie ist von ihrem Eschaton her zu begreifen. Futurische und präsentische Eschatologie werden zu Deutungsformen sich in seiner Endlichkeit erkennenden Daseins. Augustinus wird der „ewigen Wiederkehr des Gleichen“ (wie der Einsicht von Kohelet 1,9–11, dass „nichts Neues unter der Sonne geschehe“) in *De civitate dei* die Dignität des Endlichen entgegenhalten. Wenn die Zeit des Endlichen kein unendlicher Vorrat ist, dann kommt es auf das Leben in der Zeit an. „Geschichte“ – im Sinn des Plurals der Geschichten wie des Singulars – ist der Name dafür.

*Literatur*

*H. Diels/W. Kranz*: Die Fragmente der Vorsokratiker, 3 Bde., Berlin [5]1951 u.ö. – *H. Cancik*: Die Rechtfertigung Gottes durch den „Fortschritt der Zeiten“, in: *H. Gumin/H. Meier* (Hgg.): DIE ZEIT. Dauer und Augenblick, München 1983, 278–288. – *K. Erlemann*: Zeit IV, TRE 36, 2004, 523–534. – *H. Fraenkel*: Die Zeitauffassung in der frühgriechischen Literatur, in: *Ders.*: Wege und Formen frühgriechischen Denkens, München 1960, 1–22. – *Th. Georgiades*: Nennen und Erklingen, Göttingen 1985. – *J. Kreuzer*: Augustinus-Einführung, Hamburg 2005. – *Ders.*: Von der erlebten zur gezählten Zeit. Die Anfänge der Zeitphilosophie in der Antike, in: *J. Kreuzer/G. Mohr* (Hgg.): Die Realität der Zeit, München 2005, 1–49. – *M. Theunissen*: Pindar. Menschenlos und Wende der Zeit, München 2000.

## 3.2.4 Die Auffassung vom Menschen (*Hartmut Rosenau*)

*Stellen im NT*

Röm 1,18–25; 6,5–14; 1Kor 2,11–16; 15,12–57; Hebr 2,6–18; 9,27

### *I. Die Fraglichkeit des Menschen*

In der antiken und hell. Philosophie gibt es noch keine eigene Fachdisziplin mit der Bezeichnung „Anthropologie“ im Sinne einer methodisch und systematisch abgegrenzten „Lehre vom Menschen“ (*logos tou anthrōpou*). Eine solche bildet sich erst in der Neuzeit im Zuge einer Ausdifferenzierung des philosophischen Fächerkanons heraus. Aber natürlich gibt es ein profundes, vielfältiges, aber nicht auf einen Nenner zu bringendes Nachdenken über das Wesen des Menschen (*anthrōpos*) und seine Stellung in der Welt (*kosmos*). Dabei spielen meistens folgende Aspekte – in ganz unterschiedlichen Kontexten und Wertungen – eine besondere Rolle, die sich zu unterschiedlichen Auffassungen vom Menschen zusammenfügen: die Positionierung des Menschen

im Vergleich zum Göttlichen wie auch im Vergleich zur Tierwelt; die Bedeutung des Schicksals (*heimarmenē*; *fatum*) in der Lebensführung; die Möglichkeiten und Fähigkeiten des Menschen, ein sinnvolles, gelingendes, glückendes Leben (*eudaimonia*) zu erreichen; die Aufgabe und Bestimmung des Menschen in der Gesellschaft (*polis*) wie in der Geschichte; das Faktum der Leiblichkeit und Geschlechtlichkeit des Menschen (*erōs*); das Verständnis des Todes (*thanatos*) und die Frage nach einer postmortalen Existenz (*athanasia*); die Identitätsfindung des Menschen im Blick auf die anderen (Völker und Kulturen) sowie im Blick auf das eigene, oft als rätselhaft und ambivalent empfundene Dasein in der Spannung zwischen Denken (*dianoia*), Fühlen (*pathos*) und Wollen (*thelēma*) oder zwischen Einsicht (*ratio*), Emotionalität (*affectio*) und Neigungen (*inclinatio*).
Die Fraglichkeit des Menschen wird insbes. in den politischen und kulturellen Umbruchphasen des Hell. offenbar, die zu einer Neuorientierung im Selbstverständnis des Menschen Anlass geben, der nun nicht mehr als „das Vertrauteste der Lebewesen" (Aristot. hist. an. 491a22) wahrgenommen wird. Denn eine bislang gültige, selbstverständliche und schlichte Leitdifferenz zur Schaffung und Bewahrung der eigenen Identität – nämlich die zwischen „Griechen" und „Barbaren" – löst sich in ihrer Leistungsfähigkeit angesichts der für den Hell. typischen Vermischung von Völkern und Kulturen sowie mit der Erweiterung des Weltbildes seit den Eroberungsfeldzügen Alexanders d. Gr. mehr und mehr auf. Dabei spielt es nur eine untergeordnete Rolle, ob bei solchen „wir und die anderen"-Schemata „die anderen" pauschal als unzivilisiert (wie z.B. bei Aristot. pol. 1256a30–1256b1) abgewertet oder als Verkörperung eines vermeintlich reinen, aber ebenso auch rohen Urzustandes der Menschheit (wie z.B. schon bei Homer, dann aber auch bei Horaz und Tacitus mit Bezug auf Skythen, Inder und Germanen) in zivilisationskritischer Absicht idealisiert werden. Hierzu gibt es Analogien zur größtenteils positiven Einstellung der hell. Philosophie zu den noch unverdorbenen, unschuldigen Kindern (Epikur, →3.1.1 III), die beispielsweise noch von Aristoteles im Blick auf ihre noch nicht entwickelte Vernünftigkeit und damit der Fähigkeit, ein glückseliges Leben zu führen, abgewertet worden sind. Denn das Entscheidende ist nun, dass ein Selbstverständnis des Menschen nicht von vornherein festliegt und gegeben ist, sondern sich erst im Konflikt und in der Auseinandersetzung herausbildet. Dazu kann auch das Bedenken klimatischer Lebensbedingungen und kosmisch-astraler Einflüsse gehören, aber auch die Frage nach der Bedeutung sozialer Stellungen etwa im Blick auf Herrschafts- und Knechtschaftsverhältnisse: So steht z.B. der These des Aristoteles (pol. 1253b–1255b), es gebe Menschen, die „von Natur aus" Sklaven seien, die Sicht der späteren Stoa (Sen. epist. 47) gegenüber, dass Sklaverei lediglich eine Frage menschlicher Konvention und im Blick auf das Wesentliche des Menschen von keinerlei Relevanz sei (→2.2.5.3).
Aber auch unabhängig von solchen sozio-kulturellen und politisch-historischen Lagen kommt immer wieder ein philosophisches Staunen (*thaumazein*) über die Großartigkeit wie über das Elend des Menschen, über seine unglaublichen Fähigkeiten wie über seine erschreckenden Hinfälligkeiten auf, wie es prägnant in der „Antigone" des Sophokles (Ant. 332f) zum Ausdruck gebracht wird: „Vieles ist ungeheuer, doch nichts ungeheurer als der Mensch ...". Diese

im positiven wie im negativen Sinne gemeinte Ungeheuerlichkeit (*deinon*) mag die Konsequenz einer tragischen, gefährlichen und unberechenbaren Situation des Menschen im ambivalenten Zwischenraum (*inter-esse*) zwischen Gott und Tier sein, die darin ihren Grund hat, dass das Wesen des Menschen nicht – wie bei Dingen – einfach vorliegt und feststeht, sondern erst gefunden werden muss. Menschen „sind" nicht einfach Menschen, sondern sie haben Menschen zu sein. Und es ist eine Implikation menschlich-endlicher Freiheit gerade auch in ihrer tragischen Verstrickung, dass diese Aufgabe gelingen, aber auch misslingen kann. Dabei schwankt das Selbstverständnis des Menschen zwischen dem Extrem der Überzeugung anthropozentrischer Überlegenheit über alles, was ist, gemäß dem „homo-mensura"-Satz des Sophisten Protagoras: „Der Mensch ist das Maß aller Dinge, der Seienden, dass sie sind, und der Nichtseienden, dass sie nicht sind" (zit. n. Plat. Theaet. 152a; Diels/Kranz 80, B1) auf der einen Seite (→3.1.1), und dem Extrem tiefer Resignation über die unbedeutende Rolle des Menschen im Gefüge des Kosmos auf der anderen Seite, wie sie auch bei Seneca (dial. 6,11,3–5) zu finden ist: „Was ist der Mensch? Ein schwacher Körper und gebrechlicher, der nackt, von Natur ohne Waffen, fremder Hilfe bedürftig, an alle Misshandlungen des Schicksals ausgeliefert [...] Unsterbliches, Ewiges wälzt er in seinem Herzen und plant für Enkel und Urenkel, wo ihn doch bisweilen bei seinen weit ausholenden Versuchen der Tod überwältigt [...]."

Die Antagonismen des Menschseins kommen in komödiantischer Brechung in dem bekannten Mythos vom Kugelmenschen zum Ausdruck, wie ihn in Platos „Symposion" (symp. 189c–193d) Aristophanes als Lobrede auf den Gott Eros vorträgt: Menschsein heißt, ergänzungs- und heilungsbedürftig, auf Wiederherstellung ursprünglicher Ganzheit angewiesen zu sein. Die Widersprüche und Verkehrungen des Menschen, die ihn einerseits wegen seines aufrechten Gangs, der Fähigkeiten der Hände, vor allem aber wegen seines *ethos* und *logos* weit über das Tier stellen (Diogenes v. Apollonia), aber im Blick auf deren Missbrauch den Menschen weit unter das Tier fallen lassen, werden auch in vielen, je unterschiedlich akzentuierten dualistischen Konzeptionen reflektiert, die den Menschen z.B. als ein gegenstrebiges Kompositum aus Göttlichem und Irdischem verstehen (Orphik), aus Geist und Materie, Seele und Leib (Pythagoreismus; Platonismus). Auch in das hell. geprägte Judentum fließen diese anthropologischen Dualismen ein (Josephus; Philo v. Alexandria), die allerdings von den Rabbinen mit Bezug auf die Geschöpflichkeit und Gottebenbildlichkeit des Menschen kontrovers diskutiert oder meist sogar zugunsten eines ganzheitlichen Menschenbildes abgelehnt werden. Solche z.T. auch in heils- bzw. unheilgeschichtliche Zusammenhänge („Goldenes Zeitalter" als Stilisierung glanzvoller Vergangenheit nach Hesiod) eingefasste Dualismen versuchen gleichsam ätiologisch die Widersprüchlichkeiten und Spannungen des Menschseins einschließlich der leidvollen Diskrepanzen zwischen Ideal und Wirklichkeit im Rückgang auf erste Gründe und metaphysisch-mythologische Prinzipien verstehbar zu machen. Doch neben den verschiedenen dramatischen Auffassungen des Menschseins zeichnet z.B. der Epikureismus (→3.1.1 III) ein heiteres, gelassenes und ganz undramatisches, geschichtsloses Bild vom Menschen, der sich weder in einem spannungsvollen Bezug zum Göttlichen noch zum Ewigen positionieren muss. Vor dem Hintergrund des von Demokrit übernommenen Atomismus und Materialismus hat der Mensch nach seinem Tode, durch den er sich wieder in jeder Hinsicht (Leib, Seele, Geist) in seine atomaren Bestandteile auflösen wird, weder etwas zu erhoffen noch zu befürchten. Er hat nur sein diesseitiges Leben im Blick auf das möglichst Angenehme zu besorgen, und er ist auch in der Lage, es zu erreichen, wenn er sich in seinen Bedürfnissen auf das Wesentliche und Einfache konzentriert.

*II. Das vernunftbegabte Lebewesen*

Die verschiedenen Auffassungen vom Menschen verdichten sich in wirkungsgeschichtlicher Bedeutsamkeit zu der klassisch-philosophischen Bestimmung des Menschen als vernunft- und sprachbegabtes Lebewesen, als *zōon logon echon* bzw. als *animal rationale* (Heraklit; Plato; Aristoteles; Seneca). Darin findet die viel beredete Aufforderung „erkenne dich selbst!“ (*gnōthi seauton*) am Eingang des Apollon-Tempels zu Delphi eine philosophische Antwort, die den ursprünglich religiösen Sinn einer demütigen Erkenntnis und frommen Anerkenntnis der unüberwindlichen Grenzen und Unterschiede zwischen den unsterblichen Göttern und den sterblichen Menschen zu einer Vergöttlichung (*theosis*) des Menschen im Hinweis auf seine *logos*-Natur transformiert. Diese verbindet ihn im Übersteigen seiner *animalitas*, seiner leibgebundenen Sinnlichkeit mit dem Göttlichen, sofern der Mensch seinem „von Natur aus“ (*physei*) gegebenem Streben nach Erkenntnis (Arist. metaph. 980a) nachgeht und es in der reinen *theōria*, der ungetrübten Schau des Einen, Wahren und Guten zur Erfüllung bringt.

Dabei betont gerade die stoische Philosophie (Marc Aurel; →3.1.1 I), mit Bezug auf den Vorsokratiker Heraklit (Diels/Kranz 22, B 2), dass im theoretischen Beachten und ethischen Folgen des *logos*, der *ratio* als universaler, pantheistisch vorgestellter Weltvernunft, sich das Menschsein nicht länger durch Abgrenzung und Aussonderung (zwischen Völkern, sozialen Schichten oder auch den Geschlechtern) definiert, sondern durch *oikeiōsis*, durch solidarisches, kosmopolitisches Einfügen in ein universales Ganzes und Gemeinsames. Erst dadurch kommt der Mensch in Wahrheit zu sich selbst und zu seiner wesentlichen Freiheit, indem er mit sich und seiner Natur, die zugleich die All-Natur des göttlichen *logos* in der Welt ist, auch als gesellschaftlich bestimmtes Wesen übereinstimmt (Sen. benef. 4,18).

Allerdings spricht sich hier ein Vernunftoptimismus aus, der sich trotz seiner Herleitung aus altehrwürdigen sokratisch-platonischen Traditionen nicht ungebrochen behaupten konnte. Das Vertrauen auf die Durchsetzungskraft menschlicher Einsicht gegenüber den eigenen, oft gegenläufigen Trieben und Affekten zur Gestaltung eines gerechten, verlässlichen und gedeihlichen Lebens in der Gemeinschaft eines Staates oder gar der ökumenischen Völkerwelt (Plat. Prot. 352b–c) ist nicht nur in der aus Platos eigener Schule hervorgegangenen „akademischen“ Skepsis in Frage gestellt worden (→3.1.1 VII). In vielen religiös geprägten Weltanschauungen (wie z.B. in der Gnosis →3.1.5), aber auch im Judentum und Christentum vor dem Hintergrund eines ausgeprägten Sünden- und Schuldbewusstseins wie angesichts einer ebenso elementaren Erlösungssehnsucht und -gewissheit gibt es hierzu alternative Auffassungen des Menschen. In numinoser Welteinstellung (Homer; Pindar) sind es transrationale Mächte und Gewalten wie *tychē* und *anankē*, *erōs* und *thanatos*, *chronos*, *pronoia* und *heimarmenē*, aber auch Gottheiten und Engelwesen, die das Leben des seiner selbst nicht mächtigen Menschen[1] wesentlich unverfügbar und gleichsam von außen bestimmen. Doch auch in solchen philosophischen Schulen, die sich verhältnismäßig weit von herkömmlicher Mythologie und Religion entfernt haben (Aristotelismus; Epikureismus), ist der Mensch (noch) nicht als ein im modernen Sinn „autonomes" Wesen in den Blick genommen, das sein gelingendes Leben unter dem Ideal einer göttergleichen Autarkie selbst in der Verfügungsgewalt hätte, auch wenn der Mensch als *logos*-Wesen ethischen Regeln (z.B. dem Auffinden des mittleren bzw. optimalen Maßes zwischen den zu meidenden Extremen einer Lebensführung nach der Nikomachischen Ethik des Aristoteles) folgen kann und insofern dem Schicksal und Zufall im Blick auf seine Tüchtigkeit (*aretē*) nicht völlig ausgeliefert ist. Vielleicht ist uns Menschen im *theatrum mundi* aber auch nur eine bestimmte Rolle zugewiesen, die wir zu übernehmen und möglichst gut zu spielen (Epikt. ench. 17; Plot. 4,2; M. Aur. 12,36) wenn auch nicht unbedingt mit unserem wahren Selbst zu identifizieren haben.

*III. Das Verhältnis von Leib und Seele*

Was aber ist das wahre Selbst? Die Antworten der antiken und hell. Philosophie auf diese Frage sind eng mit der Leib-Seele-Thematik verbunden, die sowohl im Rabbinentum als auch im Blick auf die Ausbildung der Theologie im frühen Christentum in Anknüpfung und Widerspruch von besonderer Bedeutung sind.

In homerischer Zeit wird das wahre und wesentliche Menschsein allein in der leiblichen Existenz, in der physischen Präsenz inmitten eines ästhetisch, ethisch und numinos geordneten Kosmos gesehen, der Sterbliche und Unsterbliche, Menschen wie Götter umschließt. Der Tod beendet diese Möglichkeit der geglückten Wesenserfüllung und wird darum als ein Übel erfahren. Zwar wird die Seele (*psychē*) des Menschen im Tod nicht vernichtet oder zersetzt wie der Leichnam (*sōma*), aber sie führt nur ein wenig attraktives Schattendasein in der Unterwelt (*hadēs*), im Grenzbereich zwischen Sein und Nichtsein. Daher möchte Achill in Homers „Odyssee" (Od. 11,489–491) lieber das ärmste Los auf Erden – aber in leiblicher Anwesenheit unter der Sonne – als die höchste Königswürde in der Unterwelt übernehmen. Mit der Orphik und dem Pythagoreismus (→3.1.1 V) kommen im Gegensatz dazu mythisch-religiöse Vorstellungen von der ontologischen Überlegenheit der Seele über den Leib des Menschen auf, die zur Überzeugung von der Unsterblichkeit der Seele sowie zur Annahme einer Reinkarnation führen. Der Leib wird zum bloßen Behälter, gar zum Kerker oder Grab der Seele abgewertet (*sōma – sēma*), die auch ohne ihn existieren kann.

Vor dem Hintergrund einer Ontologie, der zufolge mit „Sein" nichts Vergängliches, sondern streng genommen nur dasjenige bezeichnet werden kann, was immer, unwandelbar, eingestaltig und mit sich selbst durchgängig übereinstimmend ist, hat insbesondere Plato (→3.1.1 IV) in Aufnahme orphischer wie pythagoreischer Vorstellungen einen Leib-Seele-Dualismus konzipiert, in dem

---

[1] Vgl. *Bultmann* [5]1968.

die Seele (*psychē*) als das Prinzip der Lebendigkeit, aber auch der reinen Erkenntnis des Einen, Wahren, Guten und Schönen zur unsterblichen Essenz des Menschen erhoben wird. Demgegenüber ist die Verbindung der Seele mit dem Leib eine üble Verunstaltung und Einschränkung des menschlichen Wesens (Plat. rep. 611b–d). Vom Leib im Tod befreit zu werden ist Gesundung der Seele (Plat. Phaid. 118a), für die man dem Gott der Heilkunst, Asklepios, ein Dankopfer schuldig ist, und allein um sie sollte man sich zu Lebzeiten sorgen. So lässt Plato in seinem Dialog „Phaidon" Sokrates von seinen Schülern unmittelbar vor seinem Tod durch den Schierlingstrank gelassen Abschied nehmen, nachdem er in vier Argumentationsgängen die prinzipielle Selbständigkeit der Seele gegenüber dem Leib, ihre Präexistenz, ihre Postexistenz und schließlich ihre Unvergänglichkeit im Blick auf eine substanz-metaphysische Durchklärung der „Ideen" als zeitlose Seins- und Erkenntnisgründe dessen, was in Wahrheit ist, philosophisch plausibel gemacht hat. Ob Plato damit auch eine Unsterblichkeit des Individuums oder eher ein postmortales Aufgehen der Einzelseele in das allgemeine Reich der Ideen im Blick gehabt hat, bleibt fraglich. Aber fest steht, dass sich Plato hiermit weit von der Auffassung des Menschen seines Lehrers Sokrates entfernt hat, der – jedenfalls in der Überlieferung nach Xenophons „Memorabilien" (mem. 1,4,11–14) – durchaus einer sinn- und zweckvollen Leib-Seele-Einheit des Menschen staunende Bewunderung entgegenbringen konnte.

Angesichts der Wirkkraft des Platonismus hatte es die christl. Theologie nicht leicht, ein relationsontologisch begründetes Menschenbild zu behaupten, das bei allen ähnlich platonisch klingenden Dualismen (z.B. Geist und Leib; innerer und äußerer, neuer und alter Mensch bei Paulus; vgl. Röm 7,14–21; 1Kor 2,14–3,3; 2Kor 4,16) in Aufnahme atl.-jüd. Vorstellungen von einer gerade auch die Leiblichkeit des Menschen einschließenden, psychisch-physischen Ganzheitlichkeit des Menschen ausgeht. Diese bildet wohl auch den Hintergrund für die christl. Einsicht in die besondere psychosomatische Bedeutung von Krankheit und Gesundheit (→2.2.3.1) z.B. im Zusammenhang mit Heilungswundern oder Gleichnisreden Jesu. Daher verkündet das Evangelium auch nicht eine die Leiblichkeit des Menschen (und damit auch die Schöpfung Gottes) abwertende Unsterblichkeit der Seele, sondern die Auferstehung auch des Individualität verbürgenden Leibes, wenn auch in unvorstellbar verwandelter Form (*sōma pneumatikon* nach 1Kor 15,46). Insbes. der lat. Kirchenvater Tertullian hat sich in diesem Zusammenhang für ein ganz materialistisches Verständnis des Auferstehungsglaubens in strikter Unterscheidung von heidnisch-philosophischen Unsterblichkeitstheorien eingesetzt (resurr. 8f).

Allerdings führen solche dualistischen Konzeptionen des Menschen bei Plato selbst (anders als im späteren Platonismus bzw. Neuplatonismus) nicht durchgängig zu leib- und sinnenfeindlichen Konsequenzen: Die Begeisterung auch für die Schönheit eines menschlichen Leibes (weiblich wie männlich) ist für Plato durchaus eine wenn auch in Richtung auf die nichtsinnliche „Idee" der Schönheit zu übersteigende Stufe auf dem vom *erōs* geleiteten Weg zur Erfüllung des menschlichen Wesens, wenn es um das Erreichen der göttergleichen Unsterblichkeit durch Zeugung im Schönen dem Leib und der Seele nach geht (symp. 206b–212a). Und in seinem Dialog „Philebos" plädiert Platos Sokrates durchaus nicht für eine die leiblichen Freuden und Genüsse strikt meidende, asketische Lebensführung zugunsten einer dem Menschen doch nicht möglichen Existenzform als reiner Geist. Vielmehr kommt es um des gelingenden Lebens willen auf die rechte Mischung aus leiblicher Lust (*hēdonē*) und geistiger Einsicht (*dianoia*) an, wobei freilich das angemessene Mischungsverhältnis nur der *logos* des Menschen und nicht seine ins Maßlose treibenden Lüste finden können. Insofern behält der *logos* (als *hēgemonikon*, als führender Seelenteil gegenüber den affektiven und begierdehaften Seelenteilen) zwar die Priorität gegenüber dem Leib und seinen sinnlichen Bedürfnissen, aber in der Weise der rechten, ausgewogenen, „gerechten" Integration und nicht der polemischen Exklusion. Somit ist die angemessene Zuordnung der drei Seelenteile nach Platos Verständnis von Gerechtigkeit (in politischer Umdeutung des alten Mikrokosmos-Makrokosmos-Verständnisses des Menschen) auch das Paradigma und Analogon zur Bildung eines idealen, gerechten Staatswesens – und umgekehrt (rep. 435b–445e).

*IV. Der Mensch als Gemeinschaftswesen*

Wie das *logistikon* der Seele die anderen beiden Seelenteile (*pathētikon*; *epithymētikon*) leitend in ein ausgewogenes Verhältnis zueinander zu bringen hat, wenn das Menschsein als solches gelingen soll, so der „Lehrstand" (die Philosophen-Könige) den „Wehrstand" des Militärs und den „Nährstand" der Handwerker und Bauern, wenn das wahrhaft menschliche Leben in der *polis*-Gemeinschaft eingerichtet werden soll.

Eine substantielle Zusammengehörigkeit von Leib und Seele im Blick auf das Wesen des Menschen hat Aristoteles (→3.1.1 VI) in kritischer Auseinandersetzung mit Plato vor Augen, wenn er entsprechend seiner *hylē-eidos*-Ontologie die Seele als die Form des Leibes versteht (*Peri psychēs*; *De anima*). Beides kann wohl voneinander (theoretisch) unterschieden, aber nicht getrennt werden. Nach Aristoteles „hat" der Mensch nicht nur einen Leib, sondern er „ist" Leib, der von der Seele (wie bei allen Lebewesen) innerlich belebt, gestaltet und so zur vollendeten Verwirklichung (*entelecheia*) gebracht wird. In der Sicht dreifacher Differenzierung der menschlichen Seele nach Aristoteles entstehen die vegetative und die sensitive Seele wie der Leib mit der Geburt, und sie werden auch mit ihm im Tod vergehen. Anders sieht es mit dem obersten Seelenvermögen aus, das für die Erkenntnis- und Denkprozesse zuständig ist (*nous*; Geist). Hier unterscheidet Aristoteles nochmals zwischen einem „leidenden" Erkenntnisvermögen, das passiv Eindrücke zur begrifflichen Bearbeitung aufnimmt, und einem „tätigen" Intellekt, der gleichsam nicht-empirische, reine Erkenntnis aktiv produziert. „Nur dieser letzte *nous* ist (vom Leib, H. R.) abtrennbar, leidensunfähig und rein, weil er seinem Wesen nach Wirklichkeit ist. Denn immer ist das Wirkende von höherem Rang als das Leidende [...] Freilich ist er erst nach der Trennung ganz er selbst, und dieser Teil der Seele allein ist unsterblich und ewig. Wir haben aber keine Erinnerung davon, weil ja dieser Teil nichts leiden kann, der leidensfähige Geist jedoch ist vergänglich, dessen sich der tätige bedient" (Aristot. an. 430a). Seine (unpersönliche) Unvergänglichkeit verdankt dieser tätige, präexistente *nous* seiner göttlichen Herkunft gleichsam von außen (*thyrathen*), die ihn selbst zu etwas Göttlichem im Menschen macht.

Gleichwohl ist die spezifische Differenz, die den Menschen von allen anderen Lebewesen unterscheidet, der *logos*: der Mensch ist das *zōon logon echon*. Dass diese klassische Definition durchaus auch die Leiblichkeit des Menschen impliziert, wird dann deutlich, wenn man sie aus der mit der Übersetzung ins Lat. (*animal rationale*) oder Deutsche (vernunftbegabtes Lebewesen) verbundenen Engführung und ausschließlichen Konzentration auf das Geistig-Rationale herauslöst und auf den Kontext der ursprünglichen Bestimmung des Menschen bei Aristoteles zurückgeht. Denn der „Sitz im Leben" dieser Bestimmung des Menschen ist nicht die Logik, sondern die Konzeption des menschlichen Zusammenlebens in der *polis* im Sinne eines (leiblich vermittelten) Interaktionszusammenhangs sprach- und kommunikationsfähiger Akteure (pol. 1253a9f).

Insofern ist die adäquate Erläuterung dessen, was über den Menschen als *zōon logon echon* ausgesagt wird, die aristotelische Bestimmung des Menschen als *zōon politikon*, als ein essentiell auf die (*polis*-) Gemeinschaft angelegtes Lebewesen. Zur rechten Gestaltung einer solchen wahrhaft menschlichen Gemeinschaft ist allerdings die wechselseitige sprachliche Verständigung über das Gute und Schlechte, Nützliche und Schädliche nötig, auf die der Mensch als *logos*-Wesen ebenso angewiesen wie in seinen Fähigkeiten bezogen ist.

Als *logos*-bestimmte Gemeinschaftswesen haben Menschen aber nicht nur die Möglichkeit und Fähigkeit, diese ihre Bestimmung in der *polis* zu erfüllen, sondern auch, sie durch Missbrauch oder Fehlleitung ihrer Anlagen auf unmenschliche Art und Weise zu verfehlen, indem sie sich in ihrem Verhalten als nicht gemeinschaftsfähig erweisen und eine von allen Bezügen losgelöste, isolierte Einzelexistenz führen (wollen). Als solche stehen sie dann außerhalb von Sittlichkeit und Recht in schaler, eigenwilliger Autarkie. Das Ideal der Selbstgenügsamkeit (*autarkeia*) greift später freilich die Stoa (→3.1.1 I) in kosmo-theologischen Zusammenhängen auf, indem sie das Bild des standhaften, unerschütterlichen Weisen zeichnet, der sich weniger als ein leibvermitteltes Gemeinschaftswesen einer konkreten *polis*, sondern als Geistwesen (*animal rationale*) in unmittelbarer Verbundenheit mit der göttlichen Weltvernunft versteht, die ihn weit über Freud und Leid seines Einzelschicksals in konkreten Gemeinschaftsbezügen hinaushebt. Eine Zusammenführung des aristotelischen Verständnisses des Menschen als Gemeinschaftswesen einerseits mit dem stoischen Ideal des innerlich unabhängigen Menschen andererseits kann im aufkommenden christl. Verständnis des Menschen gesehen werden, demzufolge ausnahmslos alle Menschen als durch ihren Gottesbezug konstituierte „Personen" mit individueller Würde und Respektabilität zu verstehen sind, die durch keine noch so drückenden Lebensumstände in Frage gestellt werden können.

Freilich kann dieser wie im antiken Judentum zumeist mit der Vorstellung des Menschen als Geschöpf und Ebenbild Gottes verbundene Gottesbezug aus ntl. Sicht nicht nur die Würde, sondern gerade auch die Erlösungsbedürftigkeit aller Menschen unter der Macht der Sünde umso schmerzlicher deutlich machen. Diese äußert sich in den insbes. von Paulus beschriebenen Diskrepanzen und Widersprüchen zwischen „innerem" und „äußerem" Menschen, „Geist" und „Fleisch", Wollen und Können des Guten (Röm 7,14–24), die durch eigene intellektuelle, moralische oder religiöse Anstrengung nicht zu überwinden sind. Umso befreiender muss die „frohe Botschaft“ des NT vom Heilshandeln Gottes in Jesus Christus sein, der als „Bild des unsichtbaren Gottes“ (Kol 1,15) die Möglichkeit eines gelingenden Menschseins in die Wirklichkeit der Versöhnung von Mensch und Gott gestellt hat.

*Literatur*

*K. Bartels* (Hg.): Was ist der Mensch? Texte zur Anthropologie der Antike, München 1975. – *G. Bornkamm*: Mensch und Gott in der griechischen Antike, Bremen 1950. – *R. Bultmann*: Das Verständnis von Mensch und Welt im Neuen Testament und im Griechentum (1940), in: *Ders.*: Glauben und Verstehen, Bd. 2, Tübingen [5]1968, 59–78. – *H.-G. Gadamer/P. Vogler*: Neue Anthropologie Bd. 6 (Philosophische Anthropologie 1. Teil), Stuttgart/München 1975. – *W. Janke*: Das Glück der Sterblichen. Eudämonie und Ethos, Liebe und Tod, Darmstadt 2002. – *F. von Kutschera*: Die großen Fragen. Philosophisch-theologische Gedanken, Berlin/New York 2000, 1–106.

## 3.2.5 Tod und Auferstehung

### 3.2.5.1 Begräbnis und Totenpflege (*Ulrich Volp/Jürgen Zangenberg*)

*Stellen im NT*

Mt 8,21f; Mk 5,1–20 parr; 5,35–43 parr; 15,42–47 parr; 16,1–8 parr; Lk 7,11–17; Joh 11,1–44; 19,38–42; 20,1–10.15

*Allgemeines*

Bestattung und Totenpflege stellen im Judentum wie in allen anderen antiken Kulturen einen wesentlichen Teil des rituell geregelten menschlichen Gemeinschaftslebens dar. Dabei vermischen sich im 1. Jh. v.Chr. Regelungen und Überlieferungen aus den Traditionen des jüd. Volkes, besonders der hebr. Bibel, mit gr.-röm. Werten und Vorschriften zu Bestattung und Totengedenken. Lokale Unterschiede von Ort zu Ort waren, mit Ausnahme der Gebete, nicht selten größer als zwischen jüd. und paganen Bestattungen.

Jeder Jude hatte die Pflicht, einen Toten zu bestatten (Tob 2,1–10; 4,13; Sir 38,16b; Ios. c. Ap. 2,205; Mt 8,21), selbst wenn er nicht zur Familie gehörte. Im paganen Bereich gab es eine solche Verpflichtung in der Regel nur für „Familienmitglieder“, d.h. für die Mitglieder des eigenen Hauses (häufig inklusive Sklaven). Die Bestattung war immer lediglich ein Teil eines komplexen, rituell geprägten Vorgangs, der die Vorbereitung auf den Tod des Angehörigen, die Behandlung der Leiche nach dem Eintreten des Todes, ihre Überführung zum Bestattungsplatz, die Grablegung selbst und das rituelle Totengedenken umfasste. Primärer Träger von Bestattung und Totenpflege war die Familie (→1.2.5), wobei Frauen und Männer verschiedene Aufgaben zu erfüllen hatten und der Verstorbene und seine Familie im Laufe des Trauerprozesses Bereiche unterschiedlich hohen Grades an Öffentlichkeit berührten. Bestattung und Totenpflege waren weder Sache des Kultpersonals (Priester) noch

religiöser Einrichtungen wie des Tempels (→3.3.2) oder der Synagoge (→3.3.3).[1]
Der Trauerprozess begann im Haus des Toten, in dem der Leichnam aufgebahrt wurde und sich Verwandte und Freunde verabschieden konnten. Familienmitglieder betrauerten den Verlust durch eine ritualisierte Klage, mitunter geleitet von professionellen Klagefrauen. Dazu gehörte auch das Einreißen der Kleidung;[2] Gebete (→3.3.5) wurden gesprochen (vgl. Mk 5,38). Auch das Waschen, Salben und Einwickeln[3] bzw. Ankleiden der Leiche gehörte zum Trauerritus, der in vielen Einzelheiten Ähnlichkeiten mit anderen antiken Familienritualen teilte, z.B. bei der Besprengung der Leiche mit Wein oder Duftölen.
Möglichst innerhalb eines Tages (Seuchengefahr) wurde der Tote aus dem Haus getragen und unter lautstarker Begleitung der Trauergemeinde (Klage, Musik [→2.6.2]) aus der Siedlung hinaus auf den Friedhof überführt (Lk 7,12; Joh 11,31). Während der letzten Reise des Toten überschritt die Trauergemeinde den privaten Bereich der Familie und gewährte so der weiteren Öffentlichkeit die Möglichkeit, sich an der Trauer zu beteiligen (Sir 7,33f). Nahezu alle antiken Grabstätten lagen außerhalb der Siedlungen der Lebenden, waren in Steinbrüchen (Golgatha) und Abhängen angelegt (Joh 11,38) und bildeten oft regelrechte Nekropolen. Sie galten als unrein (Mk 5,2.5; Mt 23,27), weshalb auch das röm. Recht die Bestattung *intra urbem* ausdrücklich verbot. Am Grab, das zuweilen auf einem kleinen Grundstück lag und im Besitz der Familie war, erfolgte die Beisetzung, die je nach Stellung und Wunsch des Toten bzw. seiner Familie unterschiedlich aufwändig gestaltet werden konnte. Am Grab konnte man den Toten nach gr.-röm. Sitte durch eine Lobrede ehren (*laudatio funebris*), man vollzog auch hier die Klageriten laut und öffentlich, bevor man die Leiche zur letzten Ruhe bettete. Wichtig war der auf die Beisetzung folgende Leichenschmaus, der im Sinne der antiken Tischgemeinschaft die Grenze der Trauergemeinschaft markierte und nach Josephus (→1.3.2.6) viele Angehörige arm gemacht hat (Ios. bell. Iud. 2,1).
Das Grab war zwar Schauplatz des Totengedenkens und des Gebets, galt aber – nicht zuletzt wegen seiner Unreinheit – nicht als Ort besonderer Gottesnähe. Verbreitet ist das Bild vom ewigen Ruheort des Toten (jüd. *bet olam*: Haus der Ewigkeit; pagan *domus aeterna*). Es durfte nicht veräußert oder von unbefugten Personen benutzt werden, was aber dennoch häufig geschah. Das röm. Recht enthält deshalb ausführliche Regelungen zur Definition des Grabes als (unreinem) *locus religiosus*. Herodes Antipas musste massive Gewalt anwenden, um eine Ansiedlung von Menschen im über alten Gräbern errichteten Tiberias zu erzwingen (Ios. ant. Iud. 18,36–38). Die Anwesenheit des Toten verunreinigte das Haus (→2.2.1.1) und alle, die es betraten. Deshalb erfolgte eine rituelle Reinigung des Hauses nach der Beisetzung, mit der die Trauerfa-

---

1 Eine Aufbahrung in der Synagoge findet sich erst bei späten Zeugen, auch wenn sie zum Beispiel von dem Patriarchen Jehuda Ha-Nasi (gestorben vermutlich 217) berichtet wird, was nicht unbedingt historisch ist. Vgl. KohR 7,12 und 9,5. Die Aufbahrung in Synagogen wird vermutlich irgendwann nach dem 3. Jh. aufgekommen sein.

2 Vgl. zur rabbinischen Deutung und den später stark ausdifferenzierten Details dieses Aktes Sem 9 und bMQ 22b.

3 Tücher Mk 15,46 parr; Binden und Gesichtstuch Joh 11,44; Binden Joh 19,40.

milie wieder ins alltägliche Leben entlassen und sie wieder fähig zur Teilnahme am Kult wurde.
Mit der Beisetzung war der Trauerprozess noch nicht abgeschlossen. Man besuchte den Toten am Grab (Joh 11,31); in manchen Gegenden waren Totenmähler verbreitet, die auch von den frühen Christen weitergepflegt wurden. In vielen jüd. Kammergräbern Palästinas erfolgte nach etwa einem Jahr das Ossilegium (s.u.).
Die Ereignisabfolge vom Ableben des Toten bis zu den Ritualen am Grab kann als ein mehrdimensionaler „Übergangsritus" begriffen werden, der den Prozess der Lösung des Toten aus der Welt der Lebenden, den Übergang des Verstorbenen in die ihn nun umgebende Welt der Toten und die Reintegration der Hinterbliebenen in den Alltag erfahrbar gestaltet. Auch die in größerem zeitlichen Abstand gefeierten Totengedenkrituale bzw. Totenmahlfeiern und die Sekundärbestattung (s.u.) müssen dabei mitbetrachtet werden. Neue kulturwissenschaftliche Forschungen haben eine Korrespondenz zwischen solchen rituellen Ablaufphasen und den individualpsychologischen Trauerphasen aufgezeigt.[4]

*Archäologische Aspekte*
Gräber gehören zu den schwierigsten Themen in der Archäologie. Sie sind hochkomplexe, aber stets nur ausschnitthafte Kunstprodukte, in die die Werte und Einstellungen einer Gesellschaft, ihre Rituale im Umgang mit den Toten, persönliche Ansichten und Vorlieben und anonyme, natürliche Zerfallsprozesse einfließen. Das Problem bei der Interpretation von Grabbefunden liegt darin, dass die nacheinander abgelaufenen und von unterschiedlichen Personen gestalteten Vorgänge in gleichsam geronnener Form anzutreffen sind und sich daher die archäologischen Reste in aller Regel nicht einfach als Drehbuch des Bestattungsvorgangs oder Reflex von Status und Lebensverhältnissen des Toten verwenden lassen. Noch problematischer ist der direkte Rückschluss aus der Form oder Ausstattung eines Grabes auf bestimmte weltanschauliche oder religiöse Überzeugungen des Toten oder seiner Angehörigen (etwa des Glaubens an die Auferstehung). Die materialen Quellen ergänzen und korrigieren die oft spärlichen Angaben zum Bestattungswesen aus literarischen Quellen.
Fragmente von Textilien (→2.2.1.8), lederne Schließen und Knöpfe sowie Sandalen dokumentieren, dass Tote zu Hause nicht immer nur in leinerne Leichentücher oder -binden eingehüllt, sondern oft regelrecht bekleidet wurden, bevor man sie zur Ruhe bettete. Mitunter stieß man auch auf Kosmetikgegenstände wie Schmuckstäbchen, Schalen zum Mischen von Kosmetika, Haarnadeln und Kämme, die zum persönlichen Besitz der Toten gehörten. Während es aus paganen Gräbern in vorchristl. Zeit noch viele Beispiele großzügiger Grabbeigaben gibt, finden sich in jüd. Gräbern ebenso wie in paganen und christl. Gräbern seit dem 1. Jh. vor allem Gegenstände, die einen engen Bezug zum Verstorbenen symbolisieren („rituelle Konzentration"[5]) oder auch solche, die in engem Kontakt mit dem Toten gestanden hatten.

---

[4] Zur Beschreibung der einzelnen Phasen ist bis heute die klassische Einteilung *van Genneps* verbreitet. Vgl. in diesem Sinne sowie zu den Trauerphasen *Volp* 2002.
[5] Vgl. zur Konzentrationsthese *Volp* 2002, 36f.56–58.198–202.

Im Judentum zur Zeit Jesu begegnen zwei *Grabformen*, das höhlenähnliche Kammergrab und das schachtähnliche Senkgrab, die beide eine längere Vorgeschichte haben und auch außerhalb von Palästina anzutreffen sind. Das *Kammergrab* war die bekannteste Grabform in Palästina zur Zeit Jesu, nur sie wird im NT erwähnt. Das einzelne Kammergrab war oft Teil eines größeren architektonischen Ensembles mit einem gestalteten Vorhof zur Versammlung oder zur letzten Vorbereitung des Toten, mit Nebenräumen und Vorrichtungen zur Wasserversorgung. Im Umfeld des Grabes befand sich oft ein Garten (vgl. Joh 19,41; 20,15). Nicht selten war die Fassade des Grabes dekorativ gestaltet, der Eingang konnte entweder mit einem Rollstein (nur bei sehr aufwändigen Anlagen; Mk 15,46; 16,3 parr), einem einsetzbaren Verschlussstein (Joh 11,38f) oder einer steinernen Schwenktür verschlossen werden. Durch einen Schlupfeingang gelangte man in eine Vorkammer, oft aber auch unmittelbar in die Hauptkammer des Grabes. An den Seitenwänden befanden sich rechtwinklig zur Wand in den Fels geschlagene Schiebestollen (sog. *loculi* oder *kochim*) bzw. längs zur Wand verlaufende Bänke (Mk 16,6 parr) oder Nischen, in die der Leichnam abgelegt wurde. Nur besonders reiche Personen konnten sich Sarkophage aus Stein leisten, die man in der Regel in der Hauptkammer aufstellte.

Die Kapazität dieses Grabtyps war nicht beliebig erweiterbar. Bereits in eisenzeitlichen Grabanlagen ist der Brauch belegt, die nach der Verwesung der Leiche übrig gebliebenen Knochen abzuräumen und in einem Repositorium, einem niedrigen Raum an der Hauptkammer, gesammelt beizusetzen. Während des 1. Jh.s v.Chr. ändert sich diese Sitte insofern, als nun statt der Sammelkammer zunehmend Ossuare (bis zu 1 m lange, aus weichem Kalkstein gefertigte Knochenkisten) in Gebrauch kommen, in die die sterblichen Überreste einzelner Personen, oft aber auch kleinerer, möglicherweise eng verwandter Personengruppen (z.B. Erwachsene und Kind) zweitbestattet wurden. Im Gegensatz zur rabbinischen Literatur wird die Sekundärbestattung im NT nicht ausdrücklich erwähnt.[6] Diese neue, typisch jüd. Form der Beisetzung eröffnete willkommene Möglichkeiten künstlerischer Gestaltung. Oft sind die Namen der darin bestatteten Personen, z.T. mit Angabe der Herkunft und des Berufes, auf dem Ossuar angegeben. Dies belegt nicht nur ein wachsendes Interesse an der individuellen Erkennbarkeit einzelner Personen im Verband der Großfamilie, sondern demonstriert auch die zunehmende Verwendung von Schrift im Alltag. Entgegen einer weit verbreiteten Sicht sind Ossuare nämlich kaum ein Resultat besonderer Vorstellungen über die postmortale Existenz der Toten (etwa der Hoffnung auf die individuelle Auferstehung; →3.2.5.2) oder einer spezifischen Gruppenzugehörigkeit ihrer Nutzer (etwa zu den Pharisäern; →3.1.3.1).

Die Behandlung des Toten in *Senkgräbern* unterscheidet sich nicht grundsätzlich von der Primärbestattung in Schiebestollen zeitgenössischer Kammergräber. Meist ist nur eine einzelne Person in einem Grab begraben, immer wieder begegnen aber auch Doppelbestattungen. Auch in Senkgräbern können Gegenstände abgelegt werden, wenn diese auch oft deutlich spärlicher ausfallen als in Kammergräbern (Qumran, anders aber in Khirbet Qazone). Auch bei

---

[6] Vgl. aber möglicherweise Mt 8,21 par, dazu *McCane* 2003, 73–77. S. noch mMQ 1,5.

Senkgräbern ist keine spezifische Verbindung zu einer bestimmten Religionspartei nachweisbar (etwa Essener; →3.1.3.3).
Im paganen Raum findet sich im 1. Jh. v./n. neben der Inhumation auch die Kremation, die durch ein ausgestaltetes Kremationsritual mit anschließender Urnenbestattung Raum für einen differenzierten Bestattungsritus ließ. Diese relativ teure Bestattungsart (vgl. Homer), bei der wohlriechende Essenzen und zahlreiche Grabbeigaben mit verbrannt wurden, war in ntl. Zeit noch bei den röm. Eliten beliebt (vgl. Vergil), wurde jedoch von der Erd- bzw. Sarkophagbestattung immer mehr verdrängt.
Abgesehen von den Behältnissen für den Leichnam bzw. dessen Reste wie Särge, Sarkophage oder Ossuare finden sich in vielen Gräbern Objekte, die über Rituale rund um die Bestattung Auskunft geben können. Auffallend ist dabei – etwa im Vergleich zum benachbarten Ägypten – dass keine Ausstattungsgegenstände in jüd. Gräbern vorhanden sind, die die Welt der Lebenden direkt nachahmen oder abbilden. Das jüd. Grab war keine Kopie der Wohnung der Lebenden, und der Tod keine bloße Verlängerung des Lebens unter anderen Bedingungen. Dennoch bedurfte der Tote besonderer Pflege durch die Hinterbliebenen, die in Form von Grabobjekten erkennbar wird. Besonders oft trifft man auf Keramik, darunter auffallend viele Kochtöpfe und Schüsseln.[7] Zahlreiche Fläschchen aus Ton oder Glas enthielten Duftstoffe, die besonders im Falle der Kammergräber den unerträglichen Verwesungsgeruch mildern sollten. In Krügen wurde Wein, Öl oder Wasser aufbewahrt, um den Toten bei der Zweitbestattung durch Besprengen nochmals ehren zu können. Vor allem in Kammergräbern wurden zudem zahlreiche Tonlampen zur Beleuchtung bei Besuchen und zuweilen auch Münzen gefunden.

*Textaussagen im NT*
Die Erzählungen von der Bestattung Jesu gehören zu den ausführlichsten Berichten über den Ablauf einer jüd. Bestattung aus der Zeit des NT.[8] Trotz der spezifischen Umstände der Grablegung Jesu ermöglicht die Erzählung einen guten Einblick in die grundsätzliche Bedeutung, die eine Bestattung für antike Menschen besaß. Für die frühe (heiden-)christl. Bestattung ist zudem das Beispiel Jesu ein nicht zu unterschätzendes Paradigma geworden.
Jesus wird trotz der Eile (Sabbatabend) und der ungewöhnlichen Umstände (der Leichnam muss vom Statthalter zurückerbeten werden) mit einem Mindestmaß an Ehrerbietung beigesetzt. Sein Leichnam wird in ein Tuch gewickelt und in einem Grab zur Ruhe gebettet. Die Frauen suchen das Grab nach Ablauf des Sabbat auf, um die bisher unterlassene Salbung nachzuholen (synEvv). Insofern gibt die Bestattung dem Hingerichteten ein Stück seiner Würde zurück, die ihm Folter und Kreuzigung genommen haben.
Die Beschreibung der Evv legt nahe, dass es sich beim Grab Jesu um ein normales Kammergrab handelte. Sehr wahrscheinlich befand es sich unmittelbar neben der Hinrichtungsstätte Golgatha, beide Orte sind im Bereich der heutigen Grabeskirche zu vermuten, ohne dass sie sich exakt lokalisieren lassen.

---

[7] Vermutlich z.T. zur Aufbewahrung von Speise für die Toten, vgl. Dtn 26,14; Tob 4,17; Bar 6,26b; Sir 30,18, oder als Reste von Totenmählern der Hinterbliebenen.
[8] Mk 15,42–47; 16,1 mit Parallelen bei Mt/Lk und einer eigenständigen Tradition bei Joh.

Ungewöhnlich an der Bestattung Jesu ist, dass keine Familienangehörigen beteiligt sind, obwohl die Bestattung primäre Aufgabe der Familie gewesen wäre. Josef von Arimathäa und die Frauen übernehmen stattdessen diese Rolle. Damit wird Jesu Bestattung zum Ereignis, an dem sich eine neue Familie konstituiert. Es ist gut denkbar, dass sich in dieser Erzählung nicht nur historische Erinnerungen an einen berühmten Einzelfall spiegeln, sondern vor allem das Lebensgefühl und die vitalen Bedürfnisse der frühesten Christen. Sie hatten den Bruch ihrer bisherigen Sozialbeziehungen erfahren *und* deren Neukonstitution unter dem Vorzeichen der Jüngerschaft (vgl. Mk 1,16–20; 3,21–35; 1Tim 5,8). Insofern besaß die Erzählung einen gewissen modellhaften Charakter, da sie einen Bereich nannte, in dem Christen ihre Zusammengehörigkeit in besonderer Weise unter Beweis stellen konnten, und ist damit auch für die Entwicklung eines christl. Bestattungswesens folgenreich geworden.

*Weitere Entwicklung*
Das Christentum breitete sich nach Jesu Tod in einem rituell pluralistischen Kulturraum aus. Mangels klarer ritueller Vorschriften hinsichtlich Tod und Bestattung folgten die christl. Familien zunächst den lokalen Traditionen, seien sie jüd., gr. oder röm. gewesen. Erst seit dem 2. Jh. lassen sich dezidierte Spuren eigener Formen des Umganges mit Tod und Bestattung ausmachen; als Konsequenz kam es zur Neubestimmung grundlegender Fragen des Rituals. Eine solch zentrale Frage ist die der rituellen Reinheit und Unreinheit. Bereits in den ntl. Schriften, erst recht aber in den erhaltenen Werken der Kirchenväter wird diese Frage einigermaßen eindeutig beantwortet: Die „jüd." Reinheitsgebote sollten für Christen keine Gültigkeit mehr haben. Die Vertreter der jungen Religion koppelten sich damit von den rituellen Traditionen des jüd. Wurzelgrundes ab.
Mit der Stellungnahme gegenüber den jüd. Traditionen war die christl. Position aber noch nicht endgültig gefunden: Spätestens seit der Zeit Konstantins und der Übernahme öffentlicher Funktionen, die vorher den paganen Kulten zugefallen war, musste die dort so wichtige Reinheitsfrage wieder aktuell werden, zumindest gibt es Belege für einen massiven Konflikt um die Reinheit von Reliquien in Gotteshäusern. Dieser Konflikt wurde gelöst, indem man ganz im Gegensatz zu paganen und jüd. Vorstellungen den menschlichen Überresten ihre Unreinheit absprach. Damit konnten Reliquien in Gotteshäusern dauerhaft aufbewahrt werden.
Das Christentum war nicht damit zufrieden, Einzelnen existentielle Fragen zu beantworten, wie es manche philosophische Schulen taten, und Bestattung und Totengedenken den Familien und bestimmten Berufsgruppen zu überlassen. Sowohl die Aufgaben der traditionellen „Familienreligion" (→3.3.6) als auch die des öffentlichen Kultes wurden nach und nach für das Christentum reklamiert. So begegnen bereits in vorkonstantinischer Zeit im Zusammenhang mit dem Totengedenken (und vielleicht auch mit der Bestattung) gottesdienstliche Feiern, in denen priesterliche Funktionsträger liturgische Aufgaben übernahmen.

*Literatur*
*C. A. Evans*: Jesus and the Ossuaries, Waco 2003. – *B. R. McCane*: Roll Back the Stone. Death and Burial in the World of Jesus, Harrisburg 2003. – *L. Triebel/J. Zangenberg*: Hinter Fels und unter Erde. Beobachtungen zur Archäologie und zum kulturellen Kontext jüdischer Gräber im hellenistisch-römischen Palästina, in: *S. Alkier/J. Zangenberg* (Hgg.): Zeichen aus Text und Stein. Studien auf dem Weg zu einer Archäologie des Neuen Testaments, Tübingen 2003, 447–487. – *U. Volp*: Tod und Ritual in den christlichen Gemeinden der Antike, Leiden u.a. 2002. – *J. Zangenberg*: Zwischen Welt und Unterwelt. Bestattungssitten und Gräber in Palästina zur Zeit Jesu, WUB 8/1 (27), 2003, 40–46. – *Ders.*: Haus der Ewigkeit. Archäologische und literarische Studien zur jüdischen und frühchristlichen Bestattungskultur in Palästina, Habilitationsschrift Wuppertal 2003 (im Druck, Tübingen 2006).

## 3.2.5.2 Unsterblichkeit der Seele und Auferstehung der Toten (*Ulrich Volp*)

*Stellen im NT*
Mt 22,23–33; 25,31–46; Mk 9,10.40; 13 parr; Lk 7,11–17; 12,8; 20,27–40; 23,42f; Joh 4,14; 5,22–29; 6,39f.44; 11,24; 12,48; 14,2; Röm 13,8–14; 1Kor 15; 2Kor 5; Eph 5,1–21; Phil 3,12–4,1; 1Thess 4,1–5,11, 2Tim 3,1–9; 2Petr 2f

*Die Unsterblichkeit der „Seele“*
Jeder, der sich den antiken Auferstehungsvorstellungen nähert, wird früher oder später auf den Begriff der „Seele“ stoßen, der die Erkenntnis allerdings häufig eher behindert als erleichtert. Dies macht bereits ein Blick auf die Terminologie deutlich: Das hebr. *naepes*, das gr. *psychē* und das lat. *anima* etwa können, auch wenn sie im Deutschen sämtlich mit „Seele“ wiedergegeben werden, in den antiken Texten jeweils völlig unterschiedliche Dinge bezeichnen. Mindestens drei funktional verschiedene „Seelenarten“ müssen unterschieden werden (vgl. 3.2.4): Die für körperliche Vegetativfunktionen konstitutive Lebens- oder *Vitalseele*, die für das geistige Leben im Unterschied zum Körper konstitutive Ich- oder *Egoseele* sowie die nach dem Tod des Menschen weiterexistierende und u.U. auch präexistente Frei- oder *Exkursionsseele*, die uns an dieser Stelle v.a. interessiert.
Die *hebr. Bibel* kennt eine Reihe von Ausdrücken für das dem Menschen von Gott verliehene Lebensprinzip im Zusammenhang mit Atmung, „Geist“, Nahrungsaufnahme etc., die sich im Deutschen meist mit „Seele“ wiedergeben lassen: *naepes*, *ruah*, *leb*. Das damit bezeichnete menschliche Leben entschwindet jedoch mit dem Tod des Menschen und besitzt keine eigene Existenz außerhalb von ihm. Die atl. und ältere jüd. Literatur geht vielmehr in aller Regel von einer tendenziell ganzheitlichen Anthropologie aus, in der kein Platz für eine unsterbliche (Exkursions-)Seele im hell. Sinne ist (vgl. 3.2.4). Im europäischen Mittelalter ergibt sich dagegen eine reiche systematische Diskussion der platonischen und aristotelischen Seelenlehren unter jüd. Gelehrten (Saadja, Isaak Israeli, Mose ben Maimon).
Im *gr. Denken* kann *psychē* etwa bei den Pythagoreern oder bei Plato (→3.1.1 IV) eine Seele bezeichnen, die bei der Geburt in das Kind eintritt und beim Tod wieder entweicht (vgl. auch Porphyrios); schon bei den Orphikern gibt es

solche Vorstellungen, die auch etymologisch einleuchten mussten (*psŷchō* = „blasen“). Seltener wird eine Beseelung bereits bei der Zeugung vorgestellt (Epikureer, einige Neupythagoreer) – eine Frage, die etwa für die Bewertung des Schwangerschaftsabbruchs von Bedeutung ist. Aristoteles entwickelt eine hoch ausdifferenzierte Seelenlehre, die Pflanzenseele, Tierseele und Geistseele unterscheidet, und zwar sukzessive auch beim werdenden Embryo. Damit ist der Boden bereitet für eine nicht abreißende antike Debatte um die Konsequenzen unterschiedlicher Seelenlehren. Brisanz erhält diese Diskussion durch die platonische Vorstellung von der göttlichen Herkunft der Seele, die dadurch einen besonderen Wert erhält und unsterblich gedacht wird. Besonders einflussreich wurde die platonische Tendenz, Exkursions- und Egoseele zusammen zu denken. So wird bei Plato der *nous* zum Seelenlenker und „ursprünglichsten und göttlichsten aller Dinge“, der als Rettung bzw. Erlösung (*sōtēria*) von allem, was im Menschen ist, erscheint.[1] Platonische Seelentheorien verstehen deshalb den *nous* häufig als eine Art Identitätsbewahrer für den Menschen über den Tod hinaus. Im Anschluss an Pythagoras verlässt in den Vorstellungen Platos und der Mehrheit der hell. Popularphilosophen die Seele beim Tod den Körper wie ein Vogel, der zum Himmel emporfliegt. Der Körper wird als Konsequenz zum Grab, zur Fessel (Plato), zum Käfig (Seneca) oder zum Kerker (Cicero) der Seele – eine Vorstellung, die nicht nur christl. Auferstehungsvorstellungen, sondern auch die tendenzielle Leibfeindlichkeit vieler christl. Autoren vorbereitet.

Die eindeutige Qualifizierung des Embryos als unbeseelt weist auf eine andere Tendenz im *röm. Denken* hin, auch wenn diese Frage weniger intensiv debattiert wird. Auch im Lat. kommt die Etymologie *anima –anemos* („Wind“) der Vorstellung entgegen, die Seele verlasse nach dem Tod den Körper wie Wind oder Rauch „nach oben“.

Ein geradezu zwangsläufiges Ergebnis der Differenz zwischen atl.-jüd. und hell. Anthropologie ist die große begriffliche Unschärfe des NTs in dieser Frage. *Psychē*, *pneuma* und *nous* können je nach Kontext alle Vital-, Ego- oder Exkursionsseele bezeichnen. Selbst innerhalb des Textcorpus desselben Autors (z.B. Paulus) ist der Wortgebrauch häufig uneinheitlich. Am stärksten nähert sich vielleicht 1Petr 2,11f an ein hell. Exkursions- und Egoseele verschmelzendes Seelenverständnis an, wonach dem Fleisch und seinen Begierden eine unsterbliche und vernunftkonstitutierende Seele gegenübersteht. Paulus dagegen scheint in der Frage der Auferstehung meist eher einer aus den atl. Texten gespeisten ganzheitlichen Anthropologie zuzuneigen (1Kor 15,35–49), auch wenn seine Ethik stark dualistisch-anthropologische Züge erhalten kann (Gegensatz von *sarx* und *pneuma*).

Die *nachntl.* und in der Anthropologie dualistisch denkenden christl. Autoren diskutieren die Frage der Seele ausführlich. Danach ist die Seele eindeutig göttlich und unsterblich, wenn auch die Frage nach der Präexistenz der Seele (Origenes), göttlicher Schaffung der Seele bei oder nach der Empfängnis (Clemens Alexandrinus, Laktanz) oder Weitergabe eines Seelenhauchs bei der Zeugung (sog. Traduzianismus, Tertullian[2]) umstritten bleibt.

---

[1] Plat. leg. 966a–969d.

[2] Tert. anim. 25–38.

*Voraussetzungen für den Auferstehungsglauben*
Die ntl. Auferstehungsgedanken haben zwei grundlegende geistesgeschichtliche Entwicklungen zur Voraussetzung, deren Komplexität auch die Unterschiede und Uneinheitlichkeiten in den Aussagen der frühen christl. Autoren verständlich macht: 1. Die Veränderungen in den anthropologischen Vorstellungen der Zeit und 2. das im 1. Jh. populäre jüd.-apokalyptische Geschichts- und Weltbild. Die Positionierung zu diesen beiden Fragen determiniert in der Regel das Auferstehungsverständnis der einzelnen Texte.
1. Die Bandbreite und Diskussion um die Auferstehungsvorstellungen ntl. Zeit ist zum großen Teil durch das im Abschnitt 3.2.4 behandelte Spektrum der antiken Anthropologien bestimmt. An einem Ende steht dabei eine radikal dichotomische bzw. dualistische Auffassung vom Menschen, wie sie in Teilen der hell. Popularphilosophie anzutreffen ist. Im einfachsten Fall findet sich hier die Zweiteilung in Seele und Körper, wobei die Seele nach dem Tod als blutloser Schatten im Hades weiterlebt. Allerdings wurde in der Regel nur ein Teil dessen, was man unter „Seele" fassen kann (s.o.), als unsterblich angesehen, und zwar meistens nur die Exkursionsseele, die oft gerade nicht das Wesentliche einer menschlichen Person umfasste. Auch Tieren und sogar besonderen Pflanzen (Palmen) wurde manchmal der Besitz einer solchen Seele unterstellt.
Im Gegensatz dazu steht am anderen Ende des anthropologischen Spektrums ein ganzheitliches Verständnis des Menschen, wie es v.a. die atl. und ältere jüd. Literatur vertritt. Die *naepes* etwa bezeichnet meist nur eine Dimension der menschlichen Existenz („Leben", „Personsein" etc.), nicht jedoch einen vom Körperlichen trennbaren Teil, der nach dem Tode weiterleben könnte. Darin ist der Hauptgrund dafür zu sehen, weshalb der älteren hebr. Diskussion ein Glaube an ein Weiterleben der Seele nach dem Tod fremd ist. Der Gedanke einer leiblichen Auferstehung kommt dagegen einer solch ganzheitlichen Anthropologie entgegen.
2. Die jüd.-apokalyptische Vorstellung (→1.3.2.3) von einem allgemeinen Gericht am Ende der Zeit geht von einer leiblichen und „ganzen" Auferstehung der Toten aus. Der (nachexilische) apokalyptische Abschnitt Jes 24–26 endet mit der Verkündigung der „Auferstehung der Leichname". Das Buch Daniel kennt bereits die doppelte Auferstehung, „die einen zum ewigem Leben, die anderen zu ewiger Schmach" (Dan 12,2; vgl. ähnlich Hen[aeth] 22).
Seit etwa dem 2. Jh. v.Chr. lässt sich eine stärkere Vermischung der unterschiedlichen anthropologischen Konzepte und apokalyptischen Vorstellungen beobachten, und seit dieser Zeit finden sich im Judentum klare Anzeichen einer Auferstehungshoffnung (Bilderreden im Hen[aeth], 4Esr, 2Bar, PsPhilo lib. ant.). Für die Gerechten wird ein Weiterleben nach dem Tod angenommen, ursprünglich wohl zuerst für die Märtyrer der Makkabäerzeit (2Makk 7; vgl. Lk 14,14). In ntl. Zeit scheint es bereits eine allgemeine, aber wenig konkret gefasste und v.a. uneinheitliche Auferstehungshoffnung im Judentum gegeben zu haben (vgl. v.a. 4Esr; Apg 23,1–11). Josephus (→1.3.2.6) unterstellt den Pharisäern (→3.1.3.1) einen Auferstehungsglauben (Ios. bell. Iud. 2,163; ant. Iud. 18,14; vgl. Apg 23,8), während nach Mk 12,18 parr die Sadduzäer (→3.1.3.2) die Auferstehung ablehnten, weil sie in der Schrift nicht vorkommt. Im rabbinischen Schrifttum (→2.5.7) wird schließlich an prominenter

Stelle für den Auferstehungsglauben gestritten (Achtzehngebet; Morgengebet; mSan 10,1; bSan 91b; SifDev 306) und die Auferstehungslehre sogar auf die Tora zurückgeführt. Diese Vehemenz deutet freilich darauf hin, dass sie auch in späterer Zeit noch umstritten war. Vereinzelt findet sich etwa die Vorstellung einer körperlichen Auferstehung aller, die ihren Beginn in Israel haben wird. Die Sekundärbestattungen von Diasporajuden in Palästina (v.a. Beth Shearim) stehen vielleicht in einem Zusammenhang mit einer solchen Auferstehungserwartung (→3.2.5.1).

*Auferstehung der Toten im NT*

Die bereits erwähnte Aussage Mk 12,18 parr, die „Sadduzäer glaubten nicht an die Auferstehung", lässt bereits vermuten, dass der Auferstehungsglaube in den meisten ntl. Schriften vorausgesetzt wird. Thematisiert wird diese apokalyptisch gedachte Auferstehung aller Toten in den Evv freilich nur an dieser Stelle (nicht jedoch beispielsweise in der syn. Apokalypse Mk 13 parr). Eine leibliche Auferstehung zum Gericht setzen jedoch Mk 9,45–48; Mt 10,28 und auch Lk 13,28f voraus, wobei sich die Unterschiede durch eine unterschiedlich bald erwartete Wiederkunft Christi in diesen Texten erklären lassen. So entkoppelt die lk Theologie die individuelle Auferstehungshoffnung weitgehend von der Parusie (Apg 24,15). Die Predigt Jesu unterschied sich von der jüd. Apokalyptik offenbar dadurch, dass er ein geringes Interesse an einer präzisen Ausmalung der eschatologischen Erwartung hatte, stattdessen aber dem Aufruf zur Entscheidung breiten Raum einräumte.

Die pln. Auferstehungsaussagen sind fast alle von der Erwartung einer nahen Parusie gekennzeichnet (z.B. 1Thess 1,9f).[3] Vor diesem Hintergrund diskutiert Paulus den „vorzeitigen" Tod von Gemeindegliedern (1Thess) und das Leugnen der allgemeinen Auferstehung durch („gnostische"?) Gegner in Korinth (1Kor 15). Dabei findet sich die enge Verbindung mit der Auferstehung Jesu Christi (1Kor 15,1–34), die außerhalb des pln. Corpus kaum diskutiert wird (vgl. noch Kol 1,18 und Apg 26,23). So gibt es in nachntl. Zeit eine Fülle an christl. Schriften „Über die Auferstehung der Toten" (*De resurrectione mortuorum* o.ä.), aber keine einzige über die Auferstehung Christi. Auch in 1Kor 15 geht es Paulus um die theologische Notwendigkeit der Auferstehung der Toten, die für ihn zum Grundbestand des christl. Kerygmas gehört, und nicht um einen Nachweis der leiblichen Auferstehung Jesu (vgl. z.B. auch Röm 8,18–39). Dabei profiliert Paulus ausdrücklich eine ganzheitliche Anthropologie, für die der Mensch Leib *ist* und wonach deshalb Sünde, Tod und Vergänglichkeit den ganzen Menschen ebenso betreffen wie das Heil und die Auferstehung. Hier ist freilich mit einem Konflikt mit den dichotomen hell. Vorstellungen vom Menschen zu rechnen (vgl. Apg 17,32; →3.2.4). Paulus sieht offenbar eine Gefahr in einer leibfeindlichen, dualistischen Anthropologie, nach der der Mensch aus eigener Kraft „pneumatisch" zu werden erstreben könnte (vgl. 2Kor 5,1–10). In den asketischen Theologien in nachntl. Zeit, die kaum noch Verständnis für die jüd.-ganzheitliche Anthropologie des Paulus zeigen, sind

[3] Anders nur Phil 1,23: „Ich habe Lust, aus der Welt zu scheiden und bei Christus zu sein, was auch viel besser wäre". Ausführlich zum Thema: *Erlemann* 1995, 188–206.

solche „esoterischen" Tendenzen tatsächlich zu beobachten (z.B. in der Ethik des Gregor von Nyssa).
Das lk Doppelwerk ist stärker der hell.-dualistischen Anthropologie verpflichtet, was z.T. erklärt, weshalb hier die Verkündigung von Auferstehung und Gericht im Mittelpunkt der apostolischen Predigt stehen. Lk 8,55; 23,46 und Apg 7,59 gehen offenbar davon aus, dass sich Geist (*pneuma*) und Körper im Augenblick des Todes trennen; das *pneuma* zumindest der Gerechten ist nach dem Tod bei Gott. Eine Verbindung der allgemeinen Auferstehung mit der exemplarischen Auferstehung Jesu lässt sich vielleicht hinter Apg 4,2; 17,18; 26,23 vermuten. Das Interesse daran steht aber hinter dem auch bei Paulus zu beobachtenden Festhalten an der wahrhaft leiblichen Auferstehung Jesu (Lk 24) zurück.
Die Eschatologie des JohEv wird im Gegensatz zu Paulus in der Regel vom christologischen Interesse überlagert („Ich bin die Auferstehung und das Leben!" Joh 11,25). Die apokalyptischen Aussagen werden meist in futurisch-postmortale Eschatologie überführt, wobei bei der Lektüre u.U. noch mit – umstrittenen – „kirchlichen" bzw. „antignostischen" Redaktionsschichten zu rechnen ist. Eine Naherwartung findet sich v.a. in den Abschiedsreden (Joh 16,16).

*Auferstehung der Toten in der christl. Diskussion außerhalb des NTs*
Unbeschadet des erwähnten Desinteresses an einer Diskussion der Auferstehung Jesu gehörte der Glaube an die eigene Auferstehung zum Grundbestand christl. Identität, die trotz der großen Pluralität früher Theologien nirgends in Frage gestellt wird. Selbst die seit dem Ende des 2. Jh.s einsetzende pagane Kritik am Christentum greift den Auferstehungsglauben nicht an; das deutet auf die große Popularität von Auferstehungsvorstellungen auch in nichtchristl. Kreisen hin, die wiederum sicher ein Faktor für die Attraktivität des Christentums in den ersten Jhh. gewesen sind. Für Tertullian (um 200) war die Auferstehung *der* zentrale Glaubensinhalt überhaupt („was wir sind, sind wir im Glauben daran"[4]). Die pln. Polemik gegen die Leugnung von der Auferstehung der Toten 1Kor 15,12–19 entwickelte sich in der Folge zu einem der populärsten Auslegungstexte in der Alten Kirche (Origenes, Gregor von Nyssa u.a.).
Auch die historischen Folgen der Auferstehungstheologie waren enorm: Nicht nur die erwähnten apologetischen Schriften, die regelmäßig mit einem Ausblick auf die erwartete Auferstehung enden (Arist. apol. 16,2; Diogn. 10–12; Athenag. leg. 36), sondern auch die Märtyrertheologie speiste sich ganz wesentlich aus der Auferstehungshoffnung. Dies verband sich auch immer wieder mit chiliastischen Hoffnungen, teilweise gegen den erbitterten Widerstand der Großkirche wie im Montanismus. Hauptgegenstand der Katechetik blieb jedenfalls für die folgenden Jhh. die Lehre von der erwarteten Auferstehung, die damit nicht zuletzt für viele Christen zur zentralen Motivation der praktischen Ethik wurde.[5]

---

[4] Tert. resurr. 1.
[5] Vgl. nur etwa Aug. catech. rud. 46–49 oder auch bereits Did 14–16.

*Literatur*
*J. E. Alsup*: Die Auferstehung Jesu in der neutestamentlichen Überlieferung, Darmstadt 1975. – *R. Bauckham*: The Fate of the Dead. Studies on the Jewish and Christian Apocalypses, Leiden u.a. 1998. – *J. Becker*: Auferstehung der Toten im Urchristentum, Stuttgart 1976. – *E. Brandenburger*: Fleisch und Geist. Paulus und die dualistische Weisheit, Neukirchen-Vluyn 1968. – *J. N. Bremmer*: The Early Greek Concept of the Soul, Princeton 1983. – *K. Erlemann*: Naherwartung und Parusieverzögerung im Neuen Testament, Tübingen 1995. – *J. A. Fischer*: Studien zum Todesgedanken in der Alten Kirche. Die Beurteilung des natürlichen Todes in der kirchlichen Literatur der ersten drei Jahrhunderte, München 1954. – *U. Fischer*: Eschatologie und Jenseitserwartung im hellenistischen Diasporajudentum, Berlin/New York 1978. – *H. E. Lona*: Über die Auferstehung des Fleisches. Studien zur frühchristlichen Eschatologie, Berlin/New York 1993. – *E. Rohde*: Psyche. Seelencult und Unsterblichkeitsglaube der Griechen, Tübingen [9]1925. – *A. F. Segal*: Life after Death. A History of the Afterlife in Western Religion, New York u.a. 2004. – *G. Sellin*: Der Streit um die Auferstehung der Toten, Göttingen 1986. – *C. Setzer*: Resurrection of the Body in Early Judaism and Early Christianity. Doctrine, Community and Self-Definition, Boston/Leiden 2004. – *H. W. Wolff*: Anthropologie des Alten Testaments, Gütersloh [7]2002.

## 3.2.6 Wunder, Wundertäter und Magie (*Peter Busch*)

*Stellen im NT*
Mt 2,1.7; 4,23; 8,13; Mk 1,29f; 3,1–6; 4,35–41; 5,21–43; 6,35–44; 7,29f; 8,1–9; Lk 5,26; 7,11–17; 13,10–17; 17,14; Apg 2,22; 7,52; 8,9–11; 13,6.8; 19,19; Röm 15,19; 2Kor 12,12

Die Heilungen, Exorzismen und Wundertaten Jesu in den Evv sowie der Jünger in der kanonischen Apg gehören gerade in der heutigen postaufgeklärten Welt zu den befremdlichsten Texten des NT überhaupt, widersprechen sie doch in moderner Anschauung dem Kriterium der Analogie, das seit Troeltsch – neben dem der Kritik und der Korrelation – als ein Grundpfeiler exegetischer Wissenschaftlichkeit gilt. Die zahlreichen Parallelen aus der Umwelt des NT entlarven diese Perspektive allerdings als rein neuzeitliche, die antikem Empfinden kaum gerecht wird. Der vorliegende Themenkomplex ist darum Paradebeispiel für den „garstigen Graben" zwischen modernem Rezipienten und dem Wirklichkeitsverständnis der antiken Texte.
Die Magiedebatte ist im aktuellen deutschsprachigen religionsgeschichtlichen Diskurs hauptsächlich von der Aporie geprägt, dass sich der Begriff „Magie" auf Grund seiner schillernden Verwendung einer allgemein gültigen Definition entzieht (Kippenberg, in: Kippenberg/Luchesi 1995, 9–51). Im Hintergrund steht dabei der Anspruch seit Frazer, das Phänomen „Magie" allgemeingültig und unabhängig von seiner historischen oder soziologischen Veränderbarkeit zu beschreiben. Dabei kreist die Diskussion meistenteils um eine Verhältnisbestimmung von „Magie" zu „Religion". Ist Magie eine vorreligiöse Frühform des Erkennens (Frazer) und damit der Religion im kulturellen Entwicklungsprozess vorgeordnet? Ist sie im Gegenteil eine nachreligiöse Degeneration von Religion aufgrund menschlicher Unzulänglichkeit (Barb)? Oder steht Magie als Phänomen parallel zu Religion und unterscheidet sich davon in der Art der Ausübung (etwa durch verstärkte Verwendung streng zu befolgender Regeln) oder in der Intention der Ausübenden? Gerade für letzteren Aspekt ist bei der

ntl. Diskussion besonders im deutschsprachigen Raum breite Zustimmung zu verzeichnen. „Magie" wird dann intentional als (durch operative Zaubermittel verstärkten) „Zwang" der Gottheit verstanden im Gegensatz zu Religion, deren Erkennungszeichen die devote „Bitte" an die Gottheit sei.[1]
Die berechtigten kritischen Anfragen an eine derartige phänomenologische Einteilung (ist etwa ein Fürbittgebet dann religiös oder magisch?) haben in den letzten Jahren zu einer Neuorientierung geführt, bei der zwei Tendenzen beobachtbar sind: Einmal versucht ein historischer Zugang die einschlägigen Begriffe wie *magia*, *mageia* oder *goēteia* in ihrer antiken Bedeutungsvielfalt zu erfassen (Graf; auch angelegt im TRE-Artikel von Harmening). Die Frage nach der Magie wird dann als antike Begriffsgeschichte entsprechender Termini behandelt. Zweitens wird – darauf aufbauend und auf der Grundlage soziologischer Forschungen zur Magie (Durkheim, Mauss) – die pragmatische Funktion der Begriffe im Kommunikationsgeschehen beachtet: Es ist etwas anderes, ob jemand sich selbst als Magier bezeichnet oder (etwa in polemischer Verfemung) einen anderen als Magier bezichtigt. Dies führt zu einer konsequenten Unterscheidung zwischen einer Innensicht und einer Außensicht der Magie, die auch der folgenden Darstellung zugrunde liegt.
Die Außensicht der Magie ist in der verbreiteten antiken Magiepolemik erkennbar, die im röm. Reich auch ernstzunehmende juristische Konsequenzen hatte, denn seit dem Zwölftafelgesetz stand auf „Schadenszauber", wenn auch nicht auf „Magie" allgemein, die Todesstrafe. Diese Polemik wurde durchweg gepflegt, sei es von Römern,[2] von Griechen (in satirischer Weise beispielsweise in Lukians *Philopseudes*), von Juden[3] und im Christentum. Hierbei ist für das NT erstens auf die Benennung des Barjesus bzw. Elymas in Apg 13,6.8 als *magos* hinzuweisen,[4] die, gerade im Zusammenspiel mit dem Begriff *pseudoprophētēs,* sicherlich eine diffamierende Fremdbezeichnung darstellt und darum in die frühchristl. Magiepolemik einzuordnen ist. Auch die Charakterisierung des Simon in Apg 8,9–11 als *mageuōn*,[5] also „einer, der Zauberei (*magia*) treibt", dürfte eine polemische Fremdbezeichnung darstellen, die Simons Eigenbezeichnung *megas* in Apg 8,9 gegenübersteht. Die breite weitere Entfaltung der frühchristl. Magiepolemik gerade im Zusammenhang mit *Simon Magus* ist in den apokryphen Apostelgeschichten[6] und bei den frühen Kirchenvätern[7] erkennbar.
Die Innensicht der Magie erschließt sich uns aus der Vielfalt der überlieferten magischen Papyri, Fluchtäfelchen, Gemmen und Figurinen. Für den Interessierten könnte eine erste Annährung an die Relikte antiker Magie um das NT über die Sammlungen von Preisendanz (die „klassische" Zusammenstellung der *papyri graecae magicae* = PGM), Gager, Ogden und Michel erfolgen. Das

---

1 Vgl.: *Goode* 1951, 53f; *de Vries* 1962; *Trunk* 1994, 377; *Klauck* 1995, 175.

2 Erkennbar beispielsweise bei den beiden Magieprozessen gegen C. Furius Cresimus bei Plin. nat. 8,41–43 oder gegen Apuleius von Madaura, erschließbar aus dessen *Apologia.*

3 Für *magoi* schon angelegt in der Septuaginta in Dan 2,2.10; 4,4; 5,7–15 und im zeitlichen Umfeld des NT auch in Qumran, vgl. *Lange* 1997.

4 Vgl. *Klauck* 1996, 61f.

5 Vgl. *Klauck* 1996, 24–35; *Theißen* 2000; *Zangenberg* 2000.

6 Bes. ActPe; Hom. Clem. 2,22–25; Clem. recogn. suppl. 2,8–12.

7 Vgl. etwa Just. 1 apol. 26; Iren. haer. 1,23,1–4; Hipp. haer. 6,19f; Epiph. haer. 21,1–4.

Bild dieser Zeugnisse verdichtet sich dahingehend, dass es sich bei der antiken Magie keineswegs nur um einen Ausdruck der „Volksreligiosität" handelt, sondern – unbeschadet des volkstümlichen Glaubens an Magie und der verbreiteten apotropäischen Schutzmittel – um eine in Büchern tradierte Fachwissenschaft mit einer sich entfaltenden Fachsprache. In diesem Sinne können auch die „Ephesinischen Zauberbücher" in Apg 19,19 verstanden werden, und im Rahmen des zeitgenössischen Judentums könnte uns in 4Q560 ein Fragment eines derartigen jüd. Zauberbuches erhalten sein. Im gr.-röm. Bereich hatten Spezialisten diese Literatur zur Verfügung, tradierten sie weiter und stellten ihr Wissen auch Klienten – wohl mit kommerziellem Hintergrund – zur Verfügung. Auf diese Weise dürfte es sich gerade bei den bei Gager besprochenen Bindezaubern (*defixiones*) einer geliebten Person, eines juristischen oder politischen Gegners, der gegnerischen Mannschaft beim Wagenrennen oder eines persönlichen Widersachers um Auftragsarbeit von Klienten an Spezialisten gehandelt haben. Möglicherweise führten einige dieser professionellen Zauberkundigen den Namen „Magier", wie es etwa aus PGM 4,2081f hervorgeht. Hier könnten noch Erinnerungen an die bei Herodot genannte persische Priesterkaste der „Magier" anklingen (Diskussion um den Namen Magier bei Nock), die wohl auch bei den in Mt 2,1.7 erwähnten *magoi* aus dem Osten ihr Echo findet. Smith hatte erwogen, dass auch Jesus von Nazareth den antiken „Magiern" zuzuordnen sei; doch angesichts fehlender Hinweise auf dessen mögliche Kenntnisse einer magischen Fachsprache oder der einschlägigen Fachliteratur sowie einer kommerziellen Nutzung derartigen Wissens dürfte dies eher auszuschließen sein (Becker, Busch).
Jesus wird dagegen oftmals den *theioi andres* („göttlichen Menschen") zugeordnet (→3.2.2), die jedoch in der neueren Forschung – entgegen der klassischen Darstellung von Bieler – nicht als fester „Typus" angesprochen werden. Die antiken Zeugnisse scheinen dagegen eher auf ein breites Spektrum antiker Wundertätergestalten hinzuweisen, denen man eine besondere Nähe zur Gottheit nachsagte. Im Judentum ist es etwa Honi, der Kreiszieher (Ios. ant. Iud. 14,22–24; mTaan 3,8), von dem erzählt wird, er habe durch nachhaltiges und letztendlich erfolgreiches Gebet um Regen ein Naturwunder vollbracht (auch Jesus vollbringt Naturwunder, man denke an die Sturmstillung in Mk 4,35–41) und sei als Gerechter getötet worden (wie auch Jesus nach Apg 7,52). Hanina ben Dosa ist immun gegen Schlangenbisse (wie auch Paulus nach Apg 28,6), vollbringt zwei Fernheilungen[8] und hat Macht über die Dämonen (bPes 112b wie auch Jesus nach Mk 1,29f). Bei beiden sind Parallelen zu Jesu Wundertaten erkennbar. In der paganen Antike sind etwa die umherziehenden, gemeindebildenden Wundertäter Apollonius von Tyana (Philostr. Ap., vgl. Koskenniemi) oder Alexander von Abonuteichos (Lukian. Alex., vgl. Victor) zu nennen. Im Rahmen dieses Spektrums steht die Gestalt des wandernden Wundertäters Jesus, wie er etwa in Mt 4,23 summarisch beschrieben wird, keineswegs allein im Raum, sondern gewinnt in seinem zeitgenössischen Umfeld an Plausibilität. Gleiches gilt dann auch für die wundertätigen und umherziehenden Apostel der kanonischen Apg sowie die der apokryphen Apostelgeschichten –

[8] Vgl. bBer 34b, wie auch Jesus bei Heiden nach Mk 7,29f; Mt 8,13 und bei Samaritanern nach Lk 17,14.

hier kann man beim antiken Leser die Kenntnis analoger Traditionen über verschiedene Wundertätergestalten voraussetzen.
Die enge Verbindungsstelle dieser Charismatiker zu Jesus sind die „Wunder", zu deren Systematisierung ist – abgesehen von der formgeschichtlichen Frage, ob es überhaupt eine antike Gattung Wundergeschichten gibt – auf thematisch geleitete Vorschläge zu verweisen. Klassisch ist inzwischen die Einteilung von Theißen 1987 (andere Segmentierung in „topics" etwa bei Alkier 2001b) in Exorzismen (z.B. Lk 13,10–17), Therapien (z.B. Mk 5,21–43), Normenwunder (z.B. Mk 3,1–6), Geschenkwunder (z.B. Mk 6,35–44; 8,1–9), Rettungswunder (z.B. Mk 6,48–52) und Epiphanien (z.B. Mk 9,2–8). Die Bedeutungsvielfalt der einschlägigen ntl. Termini *dynameis*, *terata* und *semeia*, die in Apg 2,22; Röm 15,19; 2Kor 12,12 aufgereiht sind (noch zu ergänzen durch *paradoxa*, nur in Lk 5,26) treffen sich in der Bezeichnung des Außergewöhnlichen, das die Alltagserfahrung durchbricht und auf das Wirken der göttlichen Macht hinweist. Auffällig ist, dass bei der antiken Wahrnehmung der Wunder keineswegs die grundsätzliche Möglichkeit derartiger die Alltagserfahrung durchbrechender Phänomene in Frage gestellt wurde – im Gegensatz zur Wunderdiskussion seit der Aufklärung mit Blick auf die sich entwickelnden empirischen Naturwissenschaften (Alkier 2001a). Man rechnete im Rahmen des antiken Weltbildes, das die Erfahrungswelt des Menschen im Zusammenspiel mit der göttlichen Macht begriff, grundsätzlich damit, dass die Gottheit oder besonders begnadete Menschen das Außergewöhnliche leisten könnten. Wunder haben damit – gerade im Gegensatz zur Wahrnehmung bei uns Heutigen – im Rahmen der antiken Welterfahrung ihren Platz. Wir können davon ausgehen, dass die Wundererzählungen im NT für die antiken Rezipienten durchaus bekannte und traditionelle Züge trugen. Die Wiederbelebung des „Jünglings zu Nain" in Lk 7,11–17 erinnert beispielsweise, neben einer Analogie zu einer Tat des Apollonius von Tyana bei Philostr. Ap. 4,45, durchaus an eine Auferweckung durch den Propheten Elia in 1Kön 17,10.17–24.[9] Die zahlreichen Wunderberichte, die uns aus der gr.-röm. Antike überliefert sind, wirkten wohl auch für den antiken Rezipienten in dieser Hinsicht bestätigend. In diesem Zusammenhang wurde es gerade als Kennzeichen „göttlicher" Menschen verstanden, wenn sie Wunder vollbringen konnten – dies zeigen die Beispiele oben für die jüd. Wundertäter oder auch das Heilungswunder, das nach Suet. Vesp. 7; Tac. hist. 4,81; Cass. Dio 66,8 dem Kaiser Vespasian selbst nachgesagt wurde. Dies dürfte der Grund sein, warum sich gerade auf Jesus die Wunderberichte konzentrieren: Sie sind nach antiker Vorstellung Erweis seiner Göttlichkeit. Die Apostel, die Wunder im Anschluss daran „im Namen Jesu" vollbringen, erweisen damit ihre Autorität durch Sukzession.

*Literatur*

*S. Alkier*: Wen wundert was? Einblicke in die Wunderauslegung von der Aufklärung bis zur Gegenwart, ZNT 7, 2001, 2–15 (2001a). – *Ders*: Wunder und Wirklichkeit in den Briefen des Apostels Paulus, Tübingen 2001 (2001b). – *D. E. Aune*: Magic in Early Christianity, ANRW II 23.2, 1980, 1507–1557. – *A. A. Barb*: The Survival of Magic Arts, in: *A. Momigliano* (ed.): The Conflict between Paganism and Christianity in the Forth Century, Oxford 1964, 110–125. – *M. Becker*: Wunder und Wundertäter im frührabbinischen Judentum,

[9] *Kollmann* 1996, 266–268.

Tübingen 2002. – *L. Bieler*: Theios Aner. Das Bild des „göttlichen Menschen" in Spätantike und Frühchristentum, Darmstadt 1976 (Wien 1935/36). – *R. Brucker*: Die Wunder der Apostel, ZNT 7, 2001, 32–45. – *P. Busch*: War Jesus ein Magier?, ZNT 7, 2001, 25–31. – *M. Dickie*: Magic and Magicians in the Greco-Roman World, London/New York 2001. – *E. Durkheim*: The Elementary Forms of the Religious Life, New York 1976 (1912). – *J. G. Frazer*: Der goldene Zweig. Eine Studie über Magie und Religion, Berlin 1968 (1928). – *J. G. Gager*: Curse Tablets and Binding Spells from the Ancient World, Oxford 1992. – *W. J. Goode*: Religion among the Primitives, Grencoe 1951. – *F. Graf*: Gottesnähe und Schadenzauber. Die Magie in der griechisch-römischen Antike, München 1996. – *D. Harmening*: Magie III. Historisch, TRE 21, 1991, 695–701. – *W. Kahl*: New Testament Miracle Stories in their Religious-Historical Setting, Göttingen 1994. – *H. Kippenberg/B. Luchesi*: Magie. Die sozialwissenschaftliche Kontroverse über das Verstehen fremden Denkens, Frankfurt 1995. – *H. - J. Klauck*: Die religiöse Umwelt des Urchristentums I. Stadt- und Hausreligion, Mysterienkulte, Volksglaube, Stuttgart u.a. 1995. – *Ders.*: Magie und Heidentum in der Apostelgeschichte des Lukas, Stuttgart 1996. – *B. Kollmann*: Jesus und die Christen als Wundertäter. Studien zu Magie, Medizin und Schamanismus in Antike und Christentum, Göttingen 1996. – *E. Koskenniemi*: Apollonius of Tyana: A Typical Theios Aner?, JBL 117/3, 1998, 455–467. – *A. Lange*: The Essene Position on Magic and Divination, in: *M. Bernstein u.a.* (eds.): Legal Texts and Legal Issues. Proceedings of the Second Meeting of the International Organization for Qumran Studies Cambridge 1995 (FS J. M. Baumgarten), Leiden 1997, 289–303. – *M. Mauss*: A General Theory of Magic, London 1972. – *S. Michel*: Bunte Steine – Dunkle Bilder: Magische Gemmen, München 2001. – *A. D. Nock*: Paul and the Magus, in: *Ders.*: Essays on Religion and the Ancient World I, ed. *Z. Steward*, Cambridge 1972 (1933), 308–330. – *D. Ogden*: Magic, Witchcraft and Ghosts in the Greek and Roman World. A Source Book, Oxford 2002. – *K. Preisendanz* (Hg): Papyri Graecae Magicae – Die griechischen Zauberpapyri, Band I und II, Stuttgart 1928–1931 (1973–²1974, ND 2001). – *M. Smith*: Jesus der Magier, München 1981 (engl. 1978). – *G. Theißen*: Urchristliche Wundergeschichten. Ein Beitrag zur formgeschichtlichen Erforschung der synoptischen Evangelien, Gütersloh 1987. – *Ders.*: Simon Magus – die Entwicklung seines Bildes vom Charismatiker zum gnostischen Erlöser. Ein Beitrag zur Frühgeschichte der Gnosis, in: *A. v. Dobbeler u.a.* (Hgg.): Religionsgeschichte des Neuen Testaments (FS K. Berger), Tübingen/Basel 2000, 407–431. – *E. Troeltsch*: Über historische und dogmatische Methode in der Theologie, in: *Ders.*: Gesammelte Schriften II, Tübingen 1913, 729–753. – *D. Trunk*: Der Messianische Heiler. Eine redaktions- und religionsgeschichtliche Studie zu den Exorzismen im Matthäusevangelium, Freiburg u.a. 1994. – *U. Victor*: Alexandros oder der Lügenprophet, Leiden u.a. 1998. – *J. de Vries*: Magic and Religion, HR 1, 1962, 214–221. – *J. Zangenberg*: Dynamis tou theou. Das Religionsgeschichtliche Profil des Simon Magus aus Sebaste, in: *A. v. Dobbeler u.a.* (Hgg): Religionsgeschichte des Neuen Testaments (FS K. Berger), Tübingen/Basel 2000, 519–540.

## 3.2.7 Orakelwesen, Prophetie (*Veit Rosenberger*)

*Stellen im NT*

Mt 1,22f; 3,1–12; 7,15–23; 11,9–13; 13,14–17; Mk 6,4; 8,28; Lk 1,76; Apg 7,49–52; 13,1–3; Röm 16,25f; 1Kor 11,5; 14,5; 1Petr 1,10–12

Die Erkundung der Zukunft und die Suche nach göttlicher Entscheidungshilfe, wohl ein Grundbedürfnis des Menschen, begegnet in allen Kulturen der antiken Mittelmeerwelt. Orakelwesen und Prophetie lassen sich nicht scharf voneinander trennen. Orakel (*manteion*, *chrēstērion*, *oraculum*) sind Weissagungen, die an bestimmten Orten nach einem festgelegten Ritus und zu festgelegten Zeiten, an denen die Gottheit als anwesend gedacht war, erteilt wurden; zugleich bezeichnet Orakel den Ort der Weissagung. Prophetie geschieht durch einen Seher (*mantis*), der nicht an einen Ort oder bestimmte Rituale zur Erlangung seiner Sprüche gebunden ist; er entspricht dem atl. Propheten (hebr. *nabi*). Im Gegensatz dazu verkündete nach üblichem Sprachgebrauch – Ausnahmen sind belegt – der Prophet (*prophētēs* = Aus-sprecher) an einem Orakel die Sprüche (Apollonorakel von Didyma, Klaros, Zeus in Dodona, Ga in Aigeira) der Gottheit; lat. *vates* bezeichnet beide Aspekte. Im Orakelwesen und in der P. treten Propheten und Seher – ihre Rolle ist nicht geschlechtsspezifisch gebunden – als Vermittler zwischen Göttern und Menschen auf.

*Orakel in der griechisch-römischen Welt*
Insgesamt sind, abgesehen von den im 2. Jh. n.Chr. im Osten weit verbreiteten Astragalorakeln sowie den Orakeln in Syrien, über 60 Orakelstätten von unterschiedlicher Bedeutung bekannt. Es ist nicht unwahrscheinlich, dass zu nahezu jedem Ort eine Orakelstätte von lokaler Bedeutung gehörte. Höchstes Ansehen genoss Delphi mit Ausstrahlung über die gr. Welt hinaus; mehr als 600 Orakelsprüche sind überliefert. Überregionale Bedeutung besaßen auch die Orakel, die der Lyderkönig Kroisos um die Mitte des 6. Jh. v.Chr. gemeinsam mit Delphi getestet haben soll (Hdt. 1,46): Dodona, Didyma, Abai, Oropos, Lebadeia und das Ammoneion der Oase Siwa. Dodona galt als das angeblich älteste Orakel und wurde vor allem von Klienten aus Nordwestgriechenland sowie Unteritalien konsultiert; Didyma war Orakel vor allem der kleinasiatischen Griechen; weniger Befragungen sind für Abai, Oropos, Lebadeia und das Ammoneion der Oase Siwa überliefert. Ferner sind Klaros, das im 1. und 2. Jh. n.Chr. Klienten aus dem gesamten Kleinasien anzog, und Gryneion zu nennen. Die bekanntesten Orakel in Italien befanden sich in Praeneste (Fortuna Primigenia) und in Antium (Fortunae) (Champeaux). Mit Ausnahme der Astragalorakel zeichneten sich die Orakelstätten meist durch eine marginale Lage aus, zum Ambiente gehörte eine Quelle, oft auch ein Hain wie beim Orakel des Flussgottes Clitumnus (Plin. epist. 8,8) oder eine Höhle bzw. ein Erdspalt (Delphi, Lebadeia). Häufigste Orakelgeber sind Apollo und Zeus.
Unklarheiten über die Vorgänge während einer Orakelbefragung (Maurizio) sind durch die Quellenlage bedingt; was zählte, war nicht so sehr, auf welche Weise eine Antwort erhalten war, sondern, dass man eine Antwort erhalten hatte. Allen Orakeln gemeinsam war die Forderung nach Reinheit (Fasten, Enthaltsamkeit, Waschungen). Die Orakeltechniken lassen sich in vier Gruppen aufteilen. 1. Ein inspiriertes Medium, z.B. die Pythia in Delphi, erteilt Auskunft; zumeist stehen zwischen Medium und Klienten vermittelnde Priester. Vergleichbar war die Orakelpraxis in Dodona, wo das Rauschen der Heiligen Eiche sowie das Flugverhalten und Rufen der Heiligen Tauben gedeutet wurden. 2. Ein Medium verwendet zufallsgesteuerte Mantik, z.B. das Bohnenorakel in Delphi, bei dem Bohnen aus einem Gefäß gezogen wurden; eine helle Bohne bedeutete Zustimmung, eine dunkle Ablehnung. 3. Der Klient wird selbst zum inspirierten Medium, wie in der Höhle des Trophonios in Lebadeia (Paus. 9,39f). In einem Gebäude im Heiligtum stieg man mit einer Leiter in einen Erdspalt, legte sich auf den Boden, schob die Füße durch eine Öffnung und wurde wie durch einen Wirbel in die eigentliche Orakelhöhle gezo-

gen. Hier soll Trophonios selbst den Anfragenden seine Antworten erteilt haben. In Oropos sollen die Anfragenden mit Amphiaraos im Traum kommuniziert haben; die Vorgänge beim Totenorakel von Ephyra sind nur mit Vorsicht zu rekonstruieren. 4. Der Klient wendet selbst zufallsgesteuerte Mantik an: Beim Würfelorakel des Herakles in Bura (Peloponnes) hatte man vier Würfe, wobei die Deutung jeder möglichen Kombination schriftlich fixiert war (Paus. 7,25). Astragalorakel, bei denen die Fußwurzelknochen von Ziegen, Schafen oder Schweinen als Würfel verwendet wurden, sind im 2. Jh. n.Chr. in zahlreichen Städten Kleinasiens belegt (Nollé). Ortsunabhängig sind Weissagetechniken wie das Homerorakel, bei dem jeder möglichen Kombination von drei Würfeln ein bestimmter Homervers zugeordnet war, den man in Handbüchern nachschlagen konnte. Prinzipiell war es nicht ausgeschlossen, dass die Klienten im Falle eines ungelegenen Orakelspruches ihre Anfrage wiederholten, wie etwa die Athener vor Salamis 480 v.Chr. (Hdt. 7,140f).

Durch die mündliche und schriftliche Tradition sowie durch die zunehmende Ausstattung der großen Orakelstätten mit Weihgeschenken, die aufgrund eines günstigen Orakelspruches aufgestellt worden waren, bildete sich die Umgangsweise mit dem Orakelwesen heraus: Natürlich konnte man zweifeln, ob die Götter den Menschen tatsächlich Antworten geben, aber wer ein Orakel befragte, hatte gute Aussichten, die Antwort zu erhalten, die er sich erhoffte (Rosenberger 2001, 11–15). Beim Orakelwesen ging es weniger um Angelegenheiten des Glaubens, sondern um Verhaltensformen und um Kulturtechniken. Man verwendete Orakelsprüche, bog sie um oder beschnitt sie, um sie den eigenen Bedürfnissen anzupassen. Gleichwohl befragten die Menschen immer wieder Orakel.

Orakelsprüche stifteten gesellschaftliche Normen und besaßen legitimatorische Qualität. Zumeist half ein Orakel bei der Wahl zwischen zwei Möglichkeiten. Als sich die Athener 352/1 v.Chr. fragten, ob die Heilige Au von Eleusis verpachtet werden oder brachliegen solle, deponierten sie beide Möglichkeiten auf zwei identischen Zinntäfelchen unter der Aufsicht der Volksversammlung in einer silbernen und einer goldenen Hydria, wobei nicht mehr nachvollziehbar war, welches Gefäß welche Antwort enthielt. Beide Gefäße wurden dem delphischen Orakel vorgelegt (IG II$^2$ 204; SIG$^3$ 204). Vorhersagung der Zukunft findet sich nur in den mythischen und semihistorischen Orakelsprüchen, die oft als dunkel gelten. Diese Tradition setzte sich in einigen Losorakeln, wie z.B. den *sortes Astra(m)psychi*, fort. Oft waren kultische und politische Neuerungen in gr. Poleis durch einen Spruch aus Delphi sanktioniert. Bei innergr. Kriegen verweigerte Olympia die Auskunft (Xen. hell. 3,2,22). Die Orakeltäfelchen aus Dodona erlauben einen Einblick in die Motive der Privatpersonen, die ein Orakel konsultierten: Reise, Heirat, Krankheit, Rechtsstreitigkeiten, Statusfragen, Unglück, Seuchen und Unfruchtbarkeit etc.

Texte, die sich als das Werk inspirierter Propheten ausgaben, spielten eine bedeutende Rolle in der antiken Welt. Die ältesten Orakelsammlungen aus dem 6. Jh. v.Chr. sind mit den Namen der Urdichter Orpheus, Musaios und Abaris verknüpft. Daneben wurden Sammlungen von Sprüchen aus berühmten Orakelstätten zusammengestellt; zumindest die Spartaner und die Athener verfügten über solche Sammlungen, aus denen immer wieder zitiert wurde (vgl. Thuk. 2,54,2). Der Athener Hippias soll im Exil am persischen Königshof mit

der von Onomakritos verwalteten Orakelsammlung des Musaios den Großkönig zum Zug gegen Athen (490 v.Chr.) bewogen haben (Hdt. 7,6).
P. konnte als Medium des Widerstandes dienen: Im 2. Jh. v.Chr. entstand in Ägypten, wohl von Priestern verfasst, das sog. Töpferorakel; in diesem Text sagt ein von Hermes inspirierter Prophet den Untergang der Fremdherrschaft der Ptolemäer sowie die Ankunft eines Segen bringenden Königs voraus. Bei Phlegon von Tralles finden sich antiröm. Texte, die im 2. und 1. Jh. v.Chr. im Osten in Umlauf waren. So soll 191 v.Chr., zu Beginn des Krieges der Römer gegen Antiochos III., ein röm. Offizier in seherische Ekstase verfallen sein. Er sagte den Römern eine militärische Katastrophe voraus und prophezeite, dass er selbst von einem roten Wolf gefressen werde. Bald darauf verschlang der Wolf den gesamten Körper des Römers bis auf den Kopf, der den Römern orakelte, dass Ares das Land beherrschen werde (Gauger).

*Seher und Propheten in der griechisch-römischen Welt*
Nicht in allen Fällen lässt sich erkennen, ob Propheten bzw. Seher als Sprachrohr einer Gottheit auftraten oder ob sie lediglich als Deuter agierten. Für die Griechen waren die Seher aus mythischer Zeit von einer Gottheit inspiriert. Als Preis für seine Gabe hatte Teiresias, der berühmteste Seher, sein Augenlicht eingebüßt; noch nach seinem Tod soll er in Orchomenos Orakel erteilt haben (Plut. mor. 434c). Seine Tochter Manto hatte ebenfalls seherische Fähigkeiten und gilt als Gründerin des Orakels von Klaros. Ihr Sohn Mopsos soll zusammen mit dem Seher Amphilochos das Orakel von Mallos gegründet haben. Fähigkeit zur P. besaßen u.a. ferner Kassandra und der Meergreis Proteus. Göttliche Inspiration beanspruchten traditionell auch Dichter. In der Gestalt des Aristeas von Prokonnesos, der im 7. Jh. v.Chr. als Dichter und als ekstatischer Apollonprophet auftrat, vereinten sich die beiden Aspekte (Hdt. 4,14f).
In Didyma führten sich viele Generationen von Propheten auf den mythischen Gründer des Orakels, den Seher Branchos, zurück; auch in anderen Heiligtümern war das Amt des Propheten erblich. Beim Apollonorakel von Korope stand der *prophētēs* weit unter dem Apollonpriester und den städtischen Amtsträgern, deutliches Indiz für die niedrige Position des Propheten in diesem Heiligtum. Ferner ist das Amt des Propheten aus Orten bekannt, in denen es kein Orakel gab, z.B. aus Rhodos und Massilia (CIL XII 410). In einem allgemeineren Sinn galten ägyptische Priester als Propheten. Bei Kriegen waren nicht nur in den homerischen Epen Seher (Kalchas) beteiligt. In klassischer Zeit nahmen die Spartaner mehrfach die Unterstützung der in Olympia heimischen Sehergeschlechter der Iamiden und Klytiaden, die sich auf Apollon zurückführten, in Anspruch. Im Unterschied dazu behalfen sich die Athener regelmäßig mit Sehern aus den eigenen Reihen. Aufgabe der Seher im militärischen Kontext war wohl, göttliche Zustimmung für den Beginn einer Schlacht einzuholen.
Gleichwohl traten inspirierte Seher auch in historischer Zeit auf. Empedokles (ca. 490–430 v.Chr.) verkörperte eine Mischung aus Philosoph, Seher und Wundertäter. Apollonios von Tyana zog im 1. Jh. n.Chr. als Wanderphilosoph durch Griechenland und führte u.a. in den Orakeln von Delphi, Dodona und Abai Neuerungen im Kult ein (Philostr. Ap. 8,19). In die Reihe dieser Menschen mit göttlichem Anspruch gehören neben Alexander v. Abonuteichos

auch die im 2. Jh. n.Chr. in Palaestina und Phoenicia auftretenden Propheten, die sich für Gott oder den göttlichen Geist ausgaben (Or. Cels. 7,8). Der Vergleich mit anderen Kulturen zeigt, dass Seher und Propheten zumindest in dem Ruf stehen mussten, ehrlich zu sein. Nur selten wird die naturwissenschaftliche Erklärung von Phänomenen der Deutung durch Wahrsager gegenüber gestellt (Plut. Per. 6). Einen schlechten Leumund hatten allenfalls Wahrsager, die ihre Dienste für Geld anboten (Cic. div. 1,132). Dies erklärt die periodisch stattfindenden Vertreibungen von Wahrsagern, etwa unter Augustus 11 n.Chr. (Cass. Dio 56,25). Doch zugleich ist zu beobachten, dass sich über die gesamte Antike hinweg mächtige Politiker oft ihre persönlichen Wahrsager hielten, um damit ihre Verbindung zu den Göttern zu demonstrieren und das Wissen um die Zukunft zu beanspruchen.
Sibyllen sind in der gr.-röm. Kultur Seherinnen, die ihre Jungfräulichkeit bewahren, ein sehr hohes Alter erreichen und ihre Prophezeiungen nur ungefragt erteilen. Bereits in der Antike wurden Sibyllen, etwa die *Sibylla Hebraica* bzw. *Iudaica*, in das System der biblischen Propheten und in die christl. Eschatologie eingefügt.

*Rom in republikanischer Zeit*
Besonders in der Zeit der Republik finden sich in Rom einige Sonderformen der Divination. Im Auspizienwesen waren die Auguren für die Deutung von Vogelflug und Vogelruf, Donner und Blitz zuständig. Haruspices interpretierten die Eingeweide des Opfertiers und verkündeten, ob ein Vorhaben glücklich ausgehen werde. Prodigien, wie etwa Blitzschläge, Missgeburten bei Mensch und Tier, Himmelszeichen, wie Finsternisse, Meteore und Kometen sowie Regen ungewöhnlicher Stoffe, wie Blut, Milch oder Steine, verkündeten den Zorn der Götter. Sie ereigneten sich zu einem beliebigen Zeitpunkt innerhalb des Jahres, bezogen sich auf den Staat und wurden zu Beginn des neuen Jahres vom Staat aus kollektiv entsühnt. Vorschläge für die Riten zur Besänftigung der Götter lieferten die Priesterschaften der *haruspices*, *decemviri* und *pontifices*, doch letztlich entschied der Senat über die richtige Vorgehensweise. *Omina* treten zumeist direkt vor einem wichtigen Ereignis auf, sagen eine künftige Entwicklung voraus und sind oft auf eine einzelne Person gemünzt. Als Beispiel sind die *omina mortis* zu nennen.

*Judentum und Christentum*
Christl. P. nimmt jüd. und pagane Einflüsse auf. Im AT ist P. Mahnung zur Umkehr, Gesetzespredigt und Zukunftsansage. Für die hell.-frühröm. Epoche berichtet Flavius Josephus (→1.3.2.6) von Menschen, die sich als Propheten ausgaben und beträchtliche Wirkung entwickelten (→3.1.3.4). Nach Neros Tod 68 n.Chr. kursierten im Osten des Röm. Reiches P., dass sich Männer aus Iudaea der Welt bemächtigen werden (Tac. hist. 5,13,2; Suet. Vesp. 4,5). Flavius Josephus kehrte die überwiegend antiröm. Haltung dieser P. um und sagte Vespasian die Kaiserwürde vorher (Ios. bell. Iud. 3,399–408); Josephus leitete seine prophetische Gabe von seiner Abstammung aus einem alten Priestergeschlecht ab. Bei Philo (→1.3.2.5) wird jeder wahre Weise zum Propheten (her. 259).

Die sog. Sibyllinischen Orakel, die sich auf die gr.-röm. Sibyllen berufen, erzählen über viele Seiten hinweg die röm. Geschichte *ex eventu* in Form von Prophezeiungen. Am Ende stehen christl. P. vom Weltuntergang und dem Gericht; schließlich wird eine paradiesische Sozialutopie entwickelt. Vorstellungen von einem Ende der Zeit sind bei den paganen Propheten und Sehern weitgehend unbekannt. Übereinstimmungen existieren allenfalls in der 4. Ekloge Vergils, in der 40 v.Chr. mit der Geburt eines Knaben, über dessen Identität viel spekuliert worden ist – handelt es sich um Christus oder nicht doch um den Sohn von Antonius und Octavia? –, der Beginn eines neuen Goldenen Zeitalters verknüpft wird. Inwiefern Vergil dabei auf Jes 7 oder auf Passagen aus dem 3. Buch der Sibyllinischen Orakel zurückgreift, muss offen bleiben. Als Vergleich ist ferner auf die Voraussage des kommenden Heils und der Geburt Christi bei Mt 1,22f; Röm 16,25f oder 1Petr 1,10–12 zu verweisen.
Johannes der Täufer wurde als Prophet in der Tradition des AT verstanden (Mt 3,1–12); er ist prophetisch-apokalyptischer Gerichtsprediger und Charismatiker. Die Evv bezeugen, dass Jesus als Prophet angesehen wurde und dazu auch durch Wort und Tat Anlass bot (Mk 6,4; 8,28). In den frühen christl. Gemeinden spielten Propheten eine wichtige Rolle (1Kor 14,5; Apg 13,1–3). Ihr Wert wurde nicht so sehr an ihrer P., sondern mehr noch an ihrem Lebenswandel, der sich radikal an der Nachfolge Christi orientieren sollte, gemessen (Mt 7,15–23). Auch Frauen konnten als Prophetinnen auftreten (1Kor 11,5). P. war vor allem apokalyptisch-eschatologischer Natur. Ausführlichste christl. P. ist die Offb. Im Zuge der Institutionalisierung der Kirche trat P. in den Hintergrund. Seit dem 3. Jh. wuchs die Skepsis (Tert. paenit. 1; Eus. h.e. 5,16,4); lediglich im Montanismus waren Propheten von zentraler Bedeutung.

*Entwicklungen*
Aufgrund der dürftigen Quellenlage lässt sich die Chronologie der gr. Orakelstätten nur rudimentär erkennen; zugleich ist von einem ständigen Bedürfnis nach göttlichem Rat auszugehen. Delos ist als Orakel in archaischer Zeit belegt und scheint danach nicht mehr konsultiert worden zu sein. Delphi erlebte seine Blütezeit vom 6.–5. Jh. v.Chr. Spätestens in hell. Zeit geschah eine Fixierung von Vorschriften und Publikation der Klienten sowie ihrer Fragen und Antworten. Im 2. Jh. n.Chr. empfand man einerseits einen Niedergang des Orakelwesen, besonders deutlich im Falle Delphis (Plut. mor. 410–438), andererseits ist gleichzeitig in einigen Orten (Didyma, Gryneion) ein Aufschwung zu erkennen. Weiteres Indiz für die Konjunktur von Weissagung ist der Fall des Alex-ander v. Abonuteichos, der um 150 n.Chr. das Orakel des Glykon im Norden Kleinasiens begründete, dem während der Pest am Ende des Jh.s eine überregionale Bedeutung zuwuchs. Für den Niedergang der Orakelstätten sind vor allem zwei Gründe hervorzuheben: Zum einen die Unterdrückung der paganen Kulte gegen Ende des 4. Jh.s; unter Theodosios I. wurden in der Zeit nach 391 n.Chr. die letzten Orakelstätten geschlossen. Grabungen brachten Reste der heiligen Eiche in Dodona zutage, deren Fälldatum sich durch dendrochronologische Untersuchungen auf das Jahr 392 festlegen ließ. Zum anderen das Herrschaftsverständnis der spätantiken Kaiser, die jegliches Wissen um die Zukunft für sich beanspruchten und alle, die selbständig Weissa-

gung betrieben, unnachsichtig verfolgten. Doch genauso wie sich zahlreiche pagane Kulte noch über Jhh. hielten, ist von einem Weiterleben von Orakelwesen und P. auszugehen.

*Literatur*
*J. Bremmer*: Prophets, Seers and Politics in Greece, Israel and Early Modern Europe, Numen 40, 1993, 150–183. – *J. Champeaux*: Sors oraculi, MEFRA 102, 1990, 271–302. – *J. Fontenrose*: The Delphic Oracle, Berkeley/Los Angeles 1978. – *J.-D. Gauger*: Phlegon von Tralles, mirab. III. Zu einem Dokument geistigen Widerstandes gegen Rom, Chiron 10, 1980, 225–261. – *Ders.*: Sibyllinische Weissagungen, Darmstadt 1998. – *L. Maurizio*: Anthropology and Spirit Possession, JHS 115, 1995, 69–86. – *J. Nollé*: Südkleinasiatische Losorakel in der römischen Kaiserzeit, AW 18.3, 1987, 41–49. – *H. W. Parke*: Greek Oracles, London 1967. – *V. Rosenberger*: Griechische Orakel, Darmstadt 2001. – *G. Weber*: Kaiser, Träume und Visionen in Prinzipat und Spätantike, Stuttgart 2000.

## 3.2.8 Hellenistisch-römische Staatsidee (*Matthias Klinghardt*)

*Stellen im NT*
Röm 7,4; 12,4f; 1Kor 6,15; 10,16f; 11,29; 12,12–27; Eph 1,23f; 2,13; 4,4–15; 5,23–30; Kol 1,18–22; 2,19–23; 3,15

Unter den frühesten Begriffen, mit denen Christen ihre eigene Gemeinschaft bezeichneten, ragen zwei hervor, die ihre entscheidende Prägung aus dem politischen Bereich des urbanen Lebens bzw. des imperialen Selbstverständnisses des frühen Prinzipats erhielten: *sōma* (Leib/Körper)[1] und *ekklēsia* (Volksversammlung). Da weder die metaphernspendenden Bereiche noch die politischen Strukturen, zu deren Beschreibung sie ursprünglich verwendet wurden, identisch sind, sollen sie hier nacheinander besprochen werden (zur antiken Gesellschaftsauffassung →3.2.4).

*1. sōma*
*Der philosophische Hintergrund der Körper-Metapher*
Die Verwendung der Metapher des Körpers (gr. *sōma*; lat. *corpus*) zur Bezeichnung von Personengruppen, die sich noch in neuzeitlichen Lehnwörtern wie „Korpsgeist" oder „Freikorps" bzw. im Rechtsbegriff „Körperschaft" spiegelt, ist alt und in sich vielschichtig. Am bekanntesten ist die Fabel des Menenius Agrippa, von dem Livius (2,32,8–12; vgl. Plut. Coriol. 6; Dion. Hal. ant. 6,85f) berichtet, dass er die Plebejer, die nach Auseinandersetzungen mit den Patriziern auf den Heiligen Berg ausgezogen waren, durch die Erzählung der Fabel vom erfolglosen Aufstand der Glieder gegen den Magen zur Verhandlungsbereitschaft und letztlich zur Rückkehr nach Rom bewegen konnte.

[1] Da *sōma* in diesem Zusammenhang nicht die Leiblichkeit (im Gegensatz zu Geist, Seele o.ä.) betont, sondern den körperschaftlichen Aspekt der organischen Einheit, übersetze ich *sōma* im Folgenden mit „Körper".

Obwohl die *sōma*-Metapher für soziale Körper in politischen Zusammenhängen bereits bei Plato und Isokrates im 4. Jh. v.Chr. verwendet wurde, hat sie ihre entscheidende Prägung erst durch die Philosophie der Stoa (→3.1.1 I) erfahren. Vor allem die Belege aus der Zeit der späten Republik und des Prinzipates sind nachhaltig beeinflusst von der intensiven stoischen Debatte, inwiefern mehrere Einzelne ein Ganzes bilden können, das in sich mehr ist als die Summe seiner Teile. Grundlegend ist dafür der materialistische Ausgangspunkt, dass alles Wirkliche – das Seiende (*ta onta*) im Gegensatz zum nur Gedachten (*to lekton*) – überhaupt nur als *sōma* existieren kann: „Einheit" gibt es daher nur als Einheit eines Körpers, und sie beruht auf der grundlegenden Adhäsionskraft, der Spannung (*tonos*), die dem Körper Zusammenhalt, Form und Qualität verleiht.
Nun gibt es sehr verschiedene Arten von „Körpern", bei denen diese Adhäsionskraft dann auch auf unterschiedliche Weise gedacht werden muss: Bei künstlich-anorganischen Körpern (z.B. Schiff, Haus) ist es der mechanisch hergestellte „Zusammenhalt" (*hexis*), bei organischen Körpern (z.B. Pflanzen, Stein) die gewachsene „Natur" (*physis*), bei Tieren die eingepflanzte „Seele" (*psychē*), bei Menschen die „vernünftige Seele" (*psychē logikē*) bzw. der „Verstand" (*nous*; *ratio*).[2] Werden mehrere Einzelkörper miteinander zu einer neuen Einheit verbunden, verändern sich die zusammenhaltende Kraft und damit die Qualität: Es entsteht ein neues *sōma* mit einer eigenen Gestalt und Adhäsionskraft, die Ausgangskörper und ihre Qualität sind verloren. Was so z.B. von der Tetrapharmakos, der Mischung aus Wachs, Talg, Pech und Harz, gilt, bei der die Qualitäten der ursprünglichen Bestandteile sich in eine neue, gemeinsame Qualität verwandeln (Philo conf. 187), lässt sich so allerdings nicht auf soziale Körper anwenden, bei denen die Einzelkörper ja weiter existieren. Die strengere physikalische Theorie der jüngeren Stoa (v.a. Poseidonios von Apameia) hat daher die *sōma*-Qualität sozialer Gruppen bestritten, u.a. mit dem Argument, dass es in sozialen Körpern im Unterschied zu organisch gewachsenen keine Sympathie der Glieder untereinander gebe (und deswegen lieber von Teilen als von Gliedern gesprochen): Der einzige überlebende Soldat eines untergegangenen Heeres habe keinen Anteil am allgemeinen Leiden (Sext. Emp. adv. math. 9,80).
Von dieser strengen materialistischen Sicht unterscheidet sich die frühkaiserzeitliche Stoa (v.a. Seneca, Epiktet, Marc Aurel): Sie behauptet die Sympathie auch zwischen den Gliedern sozialer Körper, obwohl diese „von Natur aus einzeln und getrennt"[3] sind, und bezeichnet sie daher auch ganz konsequent als Glieder, nicht als Teile eines Körpers (M. Aur. 7,13). Die Begründung liegt in der Vernunft (*psychē logikē* bzw. *ratio*): Alle Vernunftwesen (sofern sie sich ihrer Vernunft auch wirklich bedienen: M. Aur. 6,14,2) haben Teil an der einen Vernunft des Kosmos und bilden so die höchste Form von Einheit. Am Ende lassen sich die Kriterien, die zunächst ausschließlich für organische Körper galten, auch auf soziale Körper anwenden: Sie bestehen aus Gliedern

[2] Die unterschiedlichen Ausprägungen des *tonos* etwa bei Philo leg. 2,22; immut. 35; M. Aur. 6,14; Plut. mor. 451B u.ö.
[3] *Natura diducti et singuli*: Sen. epist. 102,6.

(nicht: Teilen), die Sympathie miteinander empfinden, und werden „von einem Geist zusammengehalten“.[4]
Die Einheit sozialer Körper wurde also nicht einfach aus der Bildlogik des menschlichen Körpers abgeleitet, sondern im Rahmen der stoischen Kosmologie philosophisch deduziert: Allein die Tatsache, dass der ganze Kosmos ein aus vielen Einzelkörpern zusammengesetzter Universalkörper ist, der durch den göttlichen Logos (bzw. Geist oder Vernunft) zusammengehalten wird, ermöglicht den Zusammenhang sozialer Gruppen innerhalb des Kosmos aufgrund der Teilhabe an diesem Geist, der das grundlegende organisierende Prinzip darstellt.[5] Die Vorstellung der Existenz sozialer Körper führte dazu, dass *corpus* die am weitesten verbreitete Bezeichnung freiwilliger Personenzusammenschlüsse wurde (→2.2.4.2) und stellte die entscheidende Voraussetzung für die Ausbildung der Rechtsfigur der Juristischen Person dar.
Wenn Paulus in 1Kor 12 mit Blick auf die korinthische Gemeinde von der Einheit der Vielen in dem Einen Körper spricht (12,12) und dabei die Unterscheidung von Glied und Teil betont (12,27), mit der wechselseitigen Sympathie der Glieder argumentiert (12,26) und diese Einheit mit dem einen Geist begründet (12,1–3.11), dann ist er diesen Grundlagen erkennbar eng verpflichtet.

*Politische Verwendungen der Körpermetapher*
Die Fabel des Menenius Agrippa verbindet zwei Aspekte miteinander, die sich auch in zahlreichen weiteren Belegen identifizieren lassen: Einerseits zeigt die organische Einheit der Glieder im Körper die Zusammengehörigkeit und das wechselseitige aufeinander Angewiesensein verschiedener sozialer Gruppen im „Körper“ des Staates. Andererseits ermöglicht diese organisch gedachte Einheit die Differenzierung der inneren Struktur und ihre hierarchische Stufung: Die einzelnen Glieder unterscheiden sich nicht nur hinsichtlich ihrer Funktion für das Ganze, sondern einige von ihnen sind auch wichtiger bzw. unwichtiger als andere. In der hell.-röm. Zeit lassen sich verschiedene Ausprägungen der Metaphorik unterscheiden:
1. Grundlegend ist die Betonung der *organischen Zusammengehörigkeit* der Glieder: Alle sind notwendig, aber sie sind auch nur in dieser Einheit lebensfähig. Autarkie ist eine Eigenschaft der *polis*-Gemeinschaft, in der sich der Einzelne immer schon vorfindet und ohne die er gar nicht lebensfähig ist (Aristot. pol. 1253a18–29). Wenn diese Einheit (z.B. durch Bürgerkriege) zerstört wird, werden aus einem Körper zwei (z.B. Cic. Mur. 51; Phil. 13,40 über Catilina bzw. M. Antonius).
2. Die so gedachte Einheit ermöglicht eine *funktionale Binnendifferenzierung*: Alle „Glieder“ haben einen unverzichtbaren, aber je eigenen, unterschiedli-

---

[4] Die These, dass nur organisch gewachsene Körper „von einem Geist zusammengehalten werden“, etwa bei Achilleus Tatios, *Eisagōgē* 14; Philo immut. 35; Sen. epist. 102,6f; Dig. 41,3,30 pr. Die Anwendung dieses Kriteriums auch auf andere Körper bei Cic. nat. deor. 2,19 (vom Kosmos); Philo all. 2,21f; Plut. mor. 426A–B; M. Aur. 7,13; Dig. 6,1,23,5 (zusammengesetzte Statue) u.ö.

[5] Besonders deutlich ausgeführt von Poseidonios (bei Sext. Emp. adv. math. 9,79–84) mit dem Nachweis, dass der Körper des Kosmos von dem göttlichen Geist zusammengehalten wird.

chen Platz im Gemeinwesen. So verdeutlicht Plato (rep. 414c–421c) beispielsweise die unterschiedlichen Funktionen der für den Staat notwendigen Gruppen als erwerbende, helfende und beratende Funktion des Körpers und bezieht sie auf die entsprechenden Personengruppen der *polis* (Bauern und Handwerker; Wächter; Ratsherren). Plutarch bietet eine schöne Erweiterung der politischen Metaphorik mit dem Hinweis, dass die Aufspaltung der Hand in fünf Finger keine Schwächung, sondern eine Stärkung bedeute (mor. 812D). Die Bedingung für diese Einheit ist natürlich, dass die Glieder tatsächlich zusammen gehören und nicht gegeneinander agieren (Sen. dial. 4,31 etc.).
3. Diese Binnendifferenzierung erfordert *ausgewogene Wechselseitigkeit*: Unangemessene Dominanz des einen zu Lasten eines anderen Gliedes muss vermieden werden (z.B. Aristot. pol. 1302b34–1303a13). Cicero bezieht das Wachstum eines Gliedes auf Kosten der anderen nicht auf die Gruppen der *polis*-Bevölkerung, sondern auf die Statusgewichtung innerhalb der Senatsaristokratie und begründet (mit Blick auf Caesars Ausnahmestellung) mit diesem Bild den Tyrannenmord zugunsten des Gesamtnutzens (off. 3,22.32; vgl. 1,85).
4. Häufig dient das Kriterium der *Sympathie* zwischen den einzelnen Gliedern zum Nachweis der Zusammengehörigkeit des Gesamtkörpers. Plutarch begründet mit diesem Argument das Klagerecht Dritter: Durch ein Unrecht leiden eben nicht nur die unmittelbar Geschädigten, sondern „alle, die sich wie die Teile eines einzigen Körpers erachten und miteinander mitleiden" (Sol. 18,5; vgl. auch Plato leg. 462d u.ö.).
5. Damit eng verwandt ist die Erweiterung des Bildfeldes durch die Vorstellung der *Infektion*: Ein „Glied" kann mit seiner Krankheit die anderen anstecken und so das Ganze gefährden (z.B. Ios. bell. Iud. 1,507; 2,264; 4,406 u.ö.). Dabei wird gelegentlich darauf verwiesen, dass die Ansteckungsgefahr dort besonders groß ist, wo die wichtigsten Glieder betroffen sind (Ios. bell. Iud. 4,406; Plin. epist. 4,22). Als Reaktion auf die Infektionsgefahr wird gelegentlich Amputation empfohlen: Wenn ein erkranktes Glied den ganzen Körper gefährdet, kann es notwendig sein, es um des Gemeinwohls willen zu beseitigen.[6] Charakteristisch ist Ciceros Argumentation (off. 3,22), dass die Ungeheuerlichkeit des Tyrannen „aus der gemeinsamen Menschlichkeit des Körpers herausgeschnitten werden muss"; hier wird deutlich, dass der soziale Körper den Einzelnen mit dem kosmischen Körper verbindet.
Angesichts der wechselnden Bezugsgrößen ist eine einheitliche Verwendung der Körpermetapher in diesen Belegen – über den grundlegenden Aspekt der Einheit hinaus – nicht erkennbar.

*Haupt und Glieder*
Das ist anders bei der Erweiterung der Körpermetaphorik durch die Gegenüberstellung von Haupt (bzw. Geist) und Körper (bzw. Gliedern). Sie stellt eine eigenständige Weiterentwicklung dar, bewegt sich aber innerhalb des durch den stoischen Diskurs gesteckten Rahmens, indem sie die Vorstellung von der notwendigen Einheit der Glieder und deren funktionale Differenzie-

[6] Plin. epist. 4,22; Epik. diss. 2,5,25f u.ö.

rung voraussetzt. Neu ist der Aspekt, dass das Haupt als organisierende Mitte des Körpers verstanden wird, von dem die Glieder Leben und Einheit erhalten. Aufschlussreich sind dabei die Veränderungen auf der Sachebene dieses Bildes: Während noch Cicero mit der Haupt-Glieder-Metaphorik das Verhältnis zwischen Rom und den italischen Städten beschreibt,[7] kann schon von Augustus gesagt werden, dass er die Klientelkönige im Osten zu „Gliedern und Teilen des Imperiums“ gemacht habe.[8] Und bereits Tiberius wird zum Garanten der Einheit des Reiches aus Rom und allen Provinzen: Da der „Körper des Staates einer ist, muss er von dem Geist eines Einzigen regiert werden.“[9] Auch wenn die Haupt-Glieder-Relation nicht einfach eine Funktion der imperialen Politik des Prinzipats ist, so zeigt diese Ausweitung der Perspektive, dass sie erst in der universalen Erstreckung ihre volle Wirkung entfaltet: Das weltweite *corpus imperii* wird durch die Person des *princeps* als dem Haupt zusammengehalten und lebt durch ihn. Es überrascht daher nicht, dass die überwiegende Mehrzahl der Belege für die Haupt-Glieder-Relation aus der Zeit des Prinzipats stammt.

Der Philosoph und Kaisererzieher Seneca macht in besonderer Weise die enge Beziehung zwischen stoischer Kosmologie und imperialer Politik deutlich: Er schreibt dem jungen Nero ins Stammbuch, dass er der *animus rei publicae* bzw. die *mens imperii* sei (clem. 1,3,5f; 1,5,1): Der Kaiser ist für den Staat, was der Verstand oder die Seele für den Körper ist.[10] Dies ist nicht einfach eine absolutistische Funktionsbestimmung des Prinzipats, sondern die politische Ausformung der Vorstellung vom Kosmos als einem Körper, der von der allerreinsten Vernunft zusammengehalten wird. Da die Vernunft (*ratio*) Menschen und Göttern gemeinsam ist (epist. 92,29), gibt es im Rahmen der stoischen Kosmologie eine enge Entsprechung zwischen dem Weltgeist, seiner Verkörperung im Kaiser und der Einstimmung des einzelnen Gebildeten in dieses kosmische Gefüge.[11] Der Kaiser ist daher nicht nur von den Göttern eingesetzt (clem. I 1,1), sondern er gilt, wie Plutarch ausführt, selbst als lebendiger Logos (*empsychos logos*), d.h. als Inkarnation der göttlichen Vernunft und des göttlichen Gesetzes (*nous* und *nomos*: Plut. mor. 780c): Der Kaiser wird als Haupt des *corpus imperii* zum göttlichen Repräsentanten gegenüber dem gesamten Menschengeschlecht.[12]

Diese Bestimmung zeigt auf der einen Seite, dass Divination und religiöse Herrscherverehrung ganz auf der Linie dieser Kosmologie liegen. Auf der an-

[7] Att. 8,1,1. Es entspricht dieser italischen Perspektive, dass Cicero die Einheit des *corpus* auf die Gesamtheit der Bürger (Stadt-)Roms bezieht (Phil. 8,15f; off. 1,85 u.ö.).

[8] Suet. Aug. 48. Vell. (2,90,1ff) führt aus, dass nach dem Bürgerkrieg die „Glieder des Staates zusammenzuwachsen begannen (*coalescentibus rei publicae membris*)“ (2,90,1) und denkt an die Einheit der vorher auf die Bürgerkriegsparteien verteilten Provinzen.

[9] Tac. ann. 1,12,1–3 (von der Übertragung des *imperium* über Rom und die Provinzen an Tiberius 14 n.Chr.).

[10] S. bereits Diotogenes (bei Stob. 4,7,62): Der König als *logika psycha* seines Reiches und als Verkörperung des göttlichen *logos* in der Welt (Ekphantos, bei Stob. 4,7,65).

[11] Vgl. M. Aur. 6,38.

[12] *Genus humanum*: Sen. clem. 1,1,2.4. Die göttliche Stellvertretung vor dem ganzen Menschengeschlecht hat ein direktes Gegenstück in Plinius' Verhältnis zu Trajan (Plin. paneg. 80,3–5).

deren Seite ist erkennbar, dass der Herrschaftsanspruch des Kaisers universale, wenn nicht kosmische Dimensionen besitzt. Dementsprechend drückt sich die durch ihn repräsentierte Einheit nicht allein in politischen, sondern in kulturellen Kategorien aus: Sie umfasst nicht nur „zerstreute Mächte", sondern führt auch zur „Gemeinsamkeit *einer* Umgangssprache" und verleiht „dem Menschen Menschlichkeit (*humanitatem homini daret*)" – so wird Rom das „alleinige Vaterland aller Völker auf dem ganzen Erdkreis" (Plin. nat. 2,39).
Diese Vorstellung von der imperialen Einigung des Menschengeschlechts wurde von den Flaviern programmatisch rezipiert: Vespasians jüd. Triumph (71 n.Chr.) und die damit zusammenhängende Weihung des Pax-Tempels, der vorwiegend mit Votivgaben aus dem gr. Osten ausgestattet war, repräsentieren den Anspruch auf weltweite[13] Einheit: Alle Völker und Kulturen sind durch das eine, gemeinsame Haupt als *membra* des einen *corpus imperii* in der Pax Romana zusammen geführt. Es ist kein Zufall, dass am Anfang der Sieg über die Juden steht: Der antike Antisemitismus hatte ihnen den „Hass auf das Menschengeschlecht" (*odium humani generis*) vorgeworfen, also Separation und Isolation von der restlichen Menschheit (→3.3.9).[14] Vespasians Sieg über die aufständischen Judäer wird so zum Beginn der Zwangseingliederung der Juden in das *genus humanum*. Erst diese „kulturimperialistische" Integration ermöglicht weltweiten Frieden, denn ohne den Kaiser als *caput mundi* „erbeben die Glieder in Zwietracht" (Curt. 10,9,3).
Im NT rezipiert der Eph diese Herrschaftsideologie und betont die umfassende Einheit des Körpers, jetzt die Gemeinschaft der Christen: es gibt nur einen, wie es auch nur einen Geist gibt (Eph 2,16.18; 3,6; 4,4) und nur einen *kyrios* (4,5). Die Einheit des Körpers ist gewährleistet durch das eine Haupt (4,15f) und äußert sich in erster Linie als Friede und Beseitigung von Feindschaft und Fremdheit (2,14–16) bzw. gewährt allen dasselbe Bürgerrecht (2,18f). Dabei ist die entscheidende Differenz, die aufgehoben wird, ganz pointiert die zwischen Heiden und Juden (2,11–14; 3,6). Auch wenn das gesamte Bildfeld hier christologisch interpretiert wird, ist der Rückgriff auf die philosophisch-politischen Kategorien der flavischen Reichsideologie noch deutlich erkennbar.

*2. ekklēsia*

*Ekklēsia* (*e.*), die am häufigsten verwendete Selbstbezeichnung der christl. Versammlungen im NT, war ursprünglich *term. techn.* für die Volksversammlung der gr. Stadtstaaten, in der die stimmfähigen Bürger des *dēmos* repräsentiert waren; im Unterschied zur Gesamtbevölkerung waren das nur erwachsene, freie Männer, die in die Bürgerschaftsrolle eingetragen waren. *Ekklēsiai* wurden in unterschiedlicher Häufigkeit meist morgens zu ordentlichen und, im Bedarfsfall, zu außerordentlichen Sitzungen einberufen (*synagein*), in der Re-

[13] Ios. bell. Iud. 7,158–162: Vespasian führt im Pax-Tempel Kunstwerke aus der ganzen Ökumene zusammen, darunter auch die Torarollen und die Gerätschaften aus dem Jerusalemer Tempel. Vgl. Plin. nat. 34,84; 35,102.120.

[14] Vgl. *P. Schäfer*: Judaeophobia. Attitudes Toward the Jews in the Ancient World, Cambridge/London 1997; *Z. Yavetz*: Judenfeindschaft in der Antike. Die Münchner Vorträge, München 1997.

gel von dem sitzungsleitenden Vorsitzenden (*epistatēs*), der auch die Tagesordnung erstellte und vorher veröffentlichte. Der Vorsitzende wurde nicht aus der Versammlung gewählt, sondern war üblicherweise ein Mitglied des Rates (*boulē*; in Athen die Prytanen, anderswo Archonten usw.); die Annuität der Ratsfunktion begrenzte auch den Vorsitz in der Volksversammlung.
Die *e.*, der in klassischer Zeit die letzte Entscheidungskompetenz im Staat zustand, beriet und fasste Beschlüsse über Vorlagen, die zuvor im Rat erstellt worden waren (*probouleumata*). Die Abstimmung erfolgte durch Handaufheben (*cheirotonia*), durch Zuruf/Akklamation (*bōai*) oder durch geheime Abstimmung mit Stimmsteinen (*psēphophoria*); Psephophorie war vor allem dann geboten, wenn ein Quorum notwendig war, das hinterher anhand der abgegebenen Stimmsteine ausgezählt werden konnte. Die *e.* besaß keine Gesetzgebungskompetenz (die fiel in die Zuständigkeit der Thesmotheten), sondern übte eine exekutive Funktion im Rahmen der gesetzlichen Vorgaben aus, z.B. die Bewilligung von Mitteln für innen- und außenpolitische Vorhaben, die Entscheidung über private und öffentliche (Bitt-)Gesuche, und vor allem die Bestellung und Entlastung von Beamten, deren Tätigkeitsberichte sie entgegennahm und bewertete. Die große Masse der erhaltenen Dekrete gr. Ekklesien bezieht sich daher auf die öffentliche Anerkennung von Beamten durch Belobigung (*epainos*), Bewilligung eines Kranzes (*stephanos*) oder die Errichtung einer Stele.
Als in hell. und röm. Zeit die politische Selbständigkeit der Städte durch übergeordnete Instanzen (hell. Könige, später röm. Provinzialverwaltung) stark eingeschränkt wurde, verlagerte sich die Funktion der *e.* fast vollständig auf diesen Bereich der öffentlichen Anerkennung von Personen, die sich um die Gesamtheit verdient gemacht hatten. Neben Bürgern, die der Stadt finanzielle Zuwendungen gemacht hatten, wurden vor allem die hell. Könige als Wohltäter (*euergetai*) geehrt. Der König, der durch den Vorsitzenden (jetzt meist ein königlicher Beamter) als direkt anwesend gedacht war, konnte die *e.* einberufen, Reden halten, seine „Gesetze für die *e.*" erlassen (eine Formulierung, die für die klassische *e.* undenkbar war) und ihr seine königlichen Anordnungen (*basilika prostagmata*) auch brieflich mitteilen.[15] Die *e.* wandelte sich von der Beratungs- und Beschlussinstanz zum Forum, vor dem lange Reden gehalten wurden und das zur Darstellung öffentlichen Ansehens diente: Die wesentliche Funktion der *e.* war jetzt die Akklamation, mit der sie den Herrscher ehrte und verherrlichte, seine Gesetze akzeptierte und so seine Herrschaft bestätigte. Dieses monarchische Verständnis wurde auch vom hell. Judentum rezipiert (wichtige Belege vor allem bei Koh, Sir, Philo, Josephus): *e.* war die Volksversammlung Gottes, die ihn als König akklamierte und seine Satzungen übernahm. Charakteristisch sind der *epainos* als wesentliche Tätigkeit der *e.* (z.B. Jdt 6), die langen Reden (bei Philo vor allem Schriftauslegung) mit akklamierendem Applaus (Philo vit. cont. 79; Sir 21,17; syrBar 61,4) sowie die briefliche Mitteilung des Willens Gottes (ParalipJer 7,16). Diese hell.-jüd. Verwendung von *e.* für die Versammlung des Gottesvolks macht die christl.

---

[15] Z.B. Ios. ant. Iud. 16,62–65 (Herodes); 19,332 (Simon); 1Makk 4,59 (Judas und seine Brüder); Lukian. Icar. 28–33; Plut. Rom. 27; SIG[3] 814 (Nero). Zur hell. *ekklēsia* s. *Berger* 1976.

Rezeption leichter verständlich. Denn eine ganze Reihe von Aspekten, die das christl. Verständnis von *e.* ausmachen, legt sich durch die Vorgeschichte nahe: Die Bezeichnung der Gemeinde „*e.* Gottes/Christi", die ganz auf den Herrscher ausgerichtet ist; das Lob Gottes durch Hymnus oder Psalm als wesentliche Funktion der *e.* (Apg 14,27; 1Kor 14,26; Eph 3,21); die *e.* als Ort zur Darstellung des sozialen Rangs (2Kor 8,18); die interne Gliederung der *e.* mit der Differenzierung in Funktionäre und „normale" Mitglieder (Apg 14,23: Älteste); Beratung und Beschlussfassung nach Vorlage durch Funktionäre (Apg 15,22, mit der für Volksbeschlüsse typischen Formel); Zugehörigkeit zur *e.* im Bild des Bürgerrechts (Eph 2,19); die offizielle Beauftragung durch die *e.* (Apg 11,22f; 15,3; 2Kor 8,23); die Versendung von Briefen durch „Abgesandte" an eine *e.*, die in ihr zur Verlesung kommen (neben den pln. Briefen auch die Briefe Offb 2f) u.a.m.

Auf der anderen Seite sind vor allem zwei Unterschiede im Auge zu behalten: Anders als in der gr. und jüd. *e.* war die Zugehörigkeit zur christl. *e.* nicht durch Geburtsrecht geregelt. Vor allem wurde *e.* über die Bezeichnung der aktuellen Versammlung hinaus zu einer Gruppenbezeichnung. Sofern die wesentliche Funktion *e.* im Lobpreis Gottes bestand, war für diesen Wechsel das „immerwährende Gebet" wichtig, das in der Einhaltung regelmäßiger Gebetszeiten seinen Ausdruck fand.

*Literatur*

*sōma*: *L. Bloos*: Probleme der stoischen Physik, Hamburg 1973. – *G. F. Chesnut*: The Ruler and the Logos in Neopythagorean, Middle Platonic, and Late Stoic Political Philosophy, ANRW II 16.2, 1987, 1310–1332. – *A. Ehrhardt*: Das Corpus Christi und die Korporationen im spät-römischen Recht, ZSRG.R 70, 1953, 299–347; 71, 1954, 25–40. – *E. Faust*: Pax Christi et Pax Caesaris. Religionsgeschichtliche, traditionsgeschichtliche und sozialgeschichtliche Studien zum Epheserbrief, Freiburg (CH)/Göttingen 1993. – *E. R. Goodenough*: Die politische Philosophie des hellenistischen Königtums, in: *H. Kloft* (Hg.): Ideologie und Herrschaft in der Antike, Darmstadt 1979, 27–89. – *D. Kienast*: Corpus Imperii. Überlegungen zum Reichsgedanken der Römer, in: *G. Wirth* (Hg.): Romanitas – Christianitas. Untersuchungen zur Geschichte und Literatur der römischen Kaiserzeit (FS J. A. Straub), Berlin/New York 1982, 1–17. – *M. Klinghardt*: *Unum Corpus*. Die *genera corporum* in der stoischen Physik und ihre Rezeption bis zum Neuplatonismus, in: *A. von Dobbeler u.a.* (Hgg.): Religionsgeschichte des Neuen Testaments (FS K. Berger), Basel/Tübingen 2000, 191–216. – *A. A. Long*: Soul and Body in Stoicism, in: *Ders.*: Stoic Studies, Cambridge 1996, 224–249. – *D. Peil*: Der Streit der Glieder mit dem Magen. Studien zur Überlieferungs- und Deutungsgeschichte der Fabel des Menenius Agrippa von der Antike bis ins 20. Jh., Frankfurt a.M. u.a. 1985. – *E. Schweizer*: σῶμα κτλ., ThWNT 7, 1024–1091. – *M. Walter*: Gemeinde als Leib Christi. Untersuchungen zum Corpus Paulinum und zu den Apostolischen Vätern, Freiburg (CH)/Göttingen 2001.

*ekklēsia*: *K. Berger*: Volksversammlung und Gemeinde Gottes. Zu den Anfängen der christlichen Verwendung von „Ekklesia", ZThK 73, 1976, 167–207. – *W. Bieder*: Ekklesia und Polis im Neuen Testament und in der Alten Kirche, Zürich 1941. – *C. G. Brandis*: Ekklesia, RE V.2, 1905, 2163–2200. – *J. Hainz*: *Ekklesia*. Strukturen paulinischer Gemeinde-Theologie und Gemeinde-Ordnung, Regensburg 1972. – *W. O. McCready*: *Ekklēsia* and Voluntary Associations, in: *J. S. Kloppenborg/St. G. Wilson* (eds.): Voluntary Associations in the Graeco-Roman World, London 1996, 59–73. – *H. Merklein*: Die Ekklesia Gottes. Der Kirchenbegriff bei Paulus und in Jerusalem, BZ N.F. 23, 1979, 48–70.

# 3.3 Lebenspraxis in Kult und Ethik

## 3.3.1 Ethik und Tugendlehre (*Hermut Löhr*)

*Stellen im NT*

Mt 5,1–7.29; 23,8–10; 24f; 28,16–19; Mk 2,1–3,6; 10,17–21.28–31; 12,28–34; Lk 3,7–9; 6,17–49; Joh 13–16; 1Kor 4,6–16; 5; 6,13–20; 7; 8; 10,14–11,1; 13; Röm 1,18–3,20; 7,7–25; 13; Gal 2,11–14; Eph 2,11–22; 4,17–19; 5,21–6,9; Kol 3,18–4,1; 2Tim 3,10–13; Hebr 3,7–4,11; 5,11–6,8; 10,22–24.26–31; 11,1–40; 12,12–17; 1Petr 4,3f; 1Joh 4,7–21

*Philosophie als Lebensform*

Den Schriften des NT ist die theologisch-wissenschaftssystematisch seit dem 17. Jh. geläufige Unterscheidung von „Theologie“ und „Ethik“ fremd. Dies gilt sowohl für den terminologischen Befund wie für die Sache. Die Wörter *theologia* und *ēthikē* (erg. *theōria*; Aristot. an. post. 89b9) begegnen nirgends. Dagegen findet sich einmal der Begriff *ēthos* (1Kor 15,33 = Men. Thais Frg. 218 Kock[1]) im Sinne von „Sitten“ oder „Gebräuchen“. Weder dieser sprachliche Befund noch die Tatsache, dass das NT keine systematisch-theoretische Entfaltung der Handlungsdimension des menschlichen Lebens bietet, sollte jedoch dazu veranlassen, das Vorhandensein ntl. Ethik insgesamt zu bestreiten. Denn ein – gewiss situativ und kontextuell bestimmtes, gleichwohl aber ins Grundsätzliche reichendes – Nachdenken über das konkret zu Tuende, soweit es über das bloß Technische hinausgeht, und seine Begründung sind vielfach nachweisbar. So ist es auch nicht erforderlich, den wissenschaftssprachlichen Begriff der „Ethik“ zu Gunsten desjenigen des „Ethos“ im Sinne eines „Kanons von institutionalisierten Handlungen“ o.ä. zurückzustellen.[2] Aber eine sachliche wie auch strukturelle Trennung zwischen solcher Reflexion und der Darlegung von Tatsachen über Gott oder die Götter (und ihr Verhältnis zu den Menschen) bzw. Glaubensinhalten oder einem Nachdenken über die Welt wird nicht vorgenommen.

Diese enge Verknüpfung von Theologie (als Untergebiet der Philosophie) und Ethik entspricht sowohl der biblisch-jüd. Praxisorientierung des Glaubens wie der gr.-röm. Konzeption von „Philosophie als Lebensform“ (Pierre Hadot):[3] Das Ziel des Nachdenkens und Sprechens über Mensch, Gott und Welt ist wesentlich ein praktisches; es soll zum gelingenden, glücklichen Leben und getrosten Sterben verhelfen. Wenn daher in diesem Beitrag „Ethik und Tugendlehre“ aus dem Ganzen von Philosophie und Theologie ausgesondert sind, so reflektiert dies einerseits ein kritisch zu befragendes wissenschaftsgeschichtliches Erbe der Exegese, geschieht andererseits aber auch aus Gründen der Begrenzung und Strukturierung der Darstellung. Es ist aber vorab klarzustellen,

---

1 Vgl. auch Apg 16,21; 26,3.

2 Dies ist der Vorschlag von *Wolter* 2001, 61; vgl. *Wolter* 1997, 430f. Eine umfassendere Defintion von „Ethos“ schlug *C. Geertz* vor: Ethos, World View and the Analysis of Sacred Symbols, in: *Ders.*: The Interpretation of Cultures. Selected Essays, New York 1973, 126–141, hier 127: „A people’s ethos is the tone, character, and quality of their life, its moral and aesthetic style and mood; it is the underlying attitude toward themselves and their world that life reflects“.

3 Vgl. *Hadot* 1999, 73–270.

dass eine „ntl. Theologie“ ohne ihre ethischen Implikate und Explikate ebenso unvollständig wäre wie eine „ntl. Ethik“ ohne den theologisch-philosophischen Gedankenzusammenhang, in dem sie steht.

Das Verhältnis von Theologie und Ethik ist dabei in keiner ntl. Schrift grundsätzlich und systematisch durchdacht. Etwa ein Gefälle hin von der Theologie zur Ethik ist nicht festzustellen; auch Deute-Schemata wie die von „Indikativ und Imperativ“, „Zuspruch und Anspruch“ oder „Rechtfertigung und Heiligung“ werden dem differenzierten Textbefund nicht gerecht. Die Tatsache, dass einzelne ntl. Briefe eine strukturelle Unterscheidung von „Lehre“ und „Paränese“ bzw. „Paraklese“ (letzteres ist der vom NT selbst gebrauchte Begriff)[4] durchaus erkennen lassen, bedeutet weder eine konzeptionelle Trennung von weltanschaulicher Darlegung und ethischer Mahnung noch eine Abwertung letzterer. Funktional ist die sich findende Nachstellung[5] der Paränese (im engeren Sinne),[6] die eine sachliche Parallele in der (logischen? strukturellen?) Abfolge von *decreta* und *praecepta* bei Sen. epist. 94 und 95 (vgl. bes. epist. 94,34) hat, eher im Sinne einer Klimax denn einer Antiklimax zu interpretieren, zumal wenn man die Veröffentlichungs- und Rezeptionsbedingungen frühchristl. Briefe (Verlesung in der Gemeindeversammlung bzw. im Gottesdienst) bedenkt.[7]

Vielmehr ist der auch konzeptionelle Zusammenhang aufzusuchen, der beide miteinander verbindet. Funktional-soziologische Erklärungsversuche des Befundes bilden eine wertvolle Ergänzung, aber keine Alternative im Sinne einer Beschreibung der jeweils zu Grunde liegenden Intention und Anschauung des Zusammenhangs.

Es darf nicht übersehen werden, dass, legt man nicht den Sprachgebrauch der Antike, sondern einen weiteren, funktionalen Paränese-Begriff zu Grunde, in der ntl. Briefliteratur nicht nur, was seit dem Nachweis durch Martin Dibelius[8] Allgemeinwissen der Exegese ist, Jak als insgesamt paränetischer Brief zu gelten hat, sondern z.B. auch die pln. Texte 1Thess[9], Phil[10] und 1Kor[11]. Der offenbar im Umkreis der Paulus-Schule entstandene Hebr (vgl. 13,23) ist insgesamt durch den Wechsel von darlegenden und mahnenden Passagen bestimmt,[12] so dass innerhalb der exegetischen Diskussion die Frage nach dem vom Autor intendierten pragmatischen Schwerpunkt (referenziell-informativ oder direktiv) gegensätzlich beantwortet wird. Eine vergleichbare Struktur weist 1Petr

---

[4] *Parakalein* und *paraklēsis* begegnen oft im NT, während sich *parainein* nur in Apg 27,9.22 sowie Lk 3,18 findet.

[5] Vgl. Röm 12–15; Gal 5f; Phil 4; 1Thess 4f; Kol 3f.

[6] Zur Diskussion um die Definition des Terminus „Paränese“ vgl. die Überblicke und unterschiedlichen Lösungsvorschläge von *Popkes* 2004, 13–46 bzw. 47–72.

[7] *K. Berger*: Apostelbrief und apostolische Rede. Zum Formular frühchristlicher Briefe, ZNW 65, 1974, 190–231, bes. 228–231 versucht eine formgeschichtliche Erklärung des Phänomens. Die in dem Beitrag herausgestellte Nähe zur Rede legt eine rhetorische Erklärung des Befundes nahe.

[8] Vgl. *Dibelius* 1984; zur Kritik vgl. *W. Popkes*: Adressaten, Situation und Form des Jakobusbriefes, Stuttgart 1986, 10–17.

[9] Vgl. *Malherbe* 1986; *Ders.* 1988.

[10] Vgl. *Stowers* 1991; *White* 1990, 201–215; *Fitzgerald* 1996, 141–160.

[11] Vgl. *Mitchell* 1991 („*deliberative rhetoric*“).

[12] Vgl. *Löhr* 1994, 72–79.

auf, so dass auch dieser Text insgesamt als paränetisch verstanden werden konnte.[13] Gleiches gilt für Past.[14] Sogar ein erzählender Text wie Mk konnte nach seiner übergreifenden Pragmatik als paränetisch eingeordnet werden,[15] während die in der Synoptikerforschung postulierte Logienquelle Q trotz der Anregung von Martin Dibelius[16] seltener im umfassenden Sinne als paränetisch aufgefasst wird.[17]

Auch abgesehen von Beobachtungen zur Struktur und Pragmatik insbes. in der ntl. Briefliteratur kann der sachliche Zusammenhang von „Theologie" und „Ethik" im ntl. Denken aufgezeigt werden. Drei zentrale Beispiele veranschaulichen dies:

Der ntl. zentrale Begriff der *pistis* kann semantisch nicht auf das Fürwahrhalten von (logisch oder empirisch nicht einwandfrei verifizierbaren) Glaubenstatsachen begrenzt werden. Dies erhellt schon aus seinem die ntl. Schriften mit prägenden Gebrauch in der LXX, in der er regelmäßig für hebr. *emunah* eintritt, das meist mit „Treue, Zuverlässigkeit" wiederzugeben ist. Dies korreliert auch der pagan-gr. Semantik des Begriffs.[18] Entsprechend beschreibt die ntl. *pistis* eine Gesamthaltung des Menschen. Für den Beispielkatalog Hebr 11 spricht Erich Gräßer sogar ausdrücklich vom Glauben als „Tugend" und kontrastiert dem den seines Erachtens stärker theologisch-christologisch orientierten pln. Glaubensbegriff.

Es ist auffällig, dass nach der einzigen Definition von *pistis* im NT in Hebr 11,1f, die gerade die *fides qua* zu betonen scheint, nach der schwierigen Schöpfungsaussage in 11,2, im ganzen übrigen Kapitel die Glaubens-Haltung der „Wolke der Zeugen" im Sinne des Durchhaltens, des Ertragens von Leiden und des geduldigen Wartens auf das in himmlischer Zukunft Erhoffte, letztlich der Begegnung mit Gott, herausgearbeitet wird, nur vereinzelt im Sinne einer Erkenntnis (11,3.6.27) von Gott und der Welt. Die zugespitzte Bestimmung der *pistis* im Hebr primär als Tugend[19] behält somit trotz mancher bedenkenswerter Einwände[20] ihre Berechtigung.

Wer die Unterschiede der semantischen Akzentuierungen des Glaubensbegriffes etwa zwischen Paulus und Hebr, aber auch Paulus und Jak, im Sinne der Unterscheidung von „Theologie" und „Ethik" auswerten möchte, könnte

---

[13] Vgl. u.a. *A. Reichert*: Eine urchristliche praeparatio ad martyrium, Frankfurt a.M. 1989, 96–143; *F. R. Prostmeier*: Handlungsmodelle im ersten Petrusbrief, Würzburg 1990, 119–121; *R. Feldmeier*: Die Christen als Fremde, Tübingen 1992, 133–174.

[14] Vgl. *Quinn* 1990, 189–210; *Malherbe* 2004, 297–317.

[15] *Popkes* 2004, 18–20, bes. 20 bezeichnet Mk in Anlehnung an 1QS als „*Manual of Discipleship*".

[16] Vgl. *M. Dibelius*: Die Formgeschichte des Evangeliums, Tübingen $^{2}$1933, 234–239.

[17] Vgl. *Popkes* 1996, 65–67.

[18] *C. Spicq*: Notes de lexicographie néo-testamentaire II, Fribourg (CH)/Göttingen 1978, 697–703 bietet zahlreiche Belege, bes. aus den Papyri.

[19] Vgl. *E. Gräßer*: Der Glaube im Hebräerbrief, Marburg 1965, 145 und *passim*.

[20] *G. Schunack*: Exegetische Beobachtungen zum Verständnis des Glaubens im Hebräerbrief. Eine kritische Anfrage, in: *S. Maser*/*E. Schlarb* (Hgg.): Text und Geschichte. Facetten theologischen Arbeitens aus dem Freundes- und Schülerkreis (FS D. Lührmann), Marburg 1999, 208–232 konstruiert aus der Beobachtung, dass *pistis* in Hebr nicht Inhalt der direkten Mahnung ist, falsche Alternativen. Dass Glaube wesentlich passives Bestimmtsein ist (226f), steht seiner Einordnung in die Ethik nicht entgegen.

die pln. Konsoziation von *pistis* und *agapē*[21] als *interpretatio Christiana* des paganen, seit Hesiod und Homer nachweisbaren, von Platon und Aristoteles aus der philosophischen Ethik ausgeschiedenen, aber auch im Judentum des Zweiten Tempels[22] aufgenommenen „Kanons der zwei Tugenden"[23] von *eusebeia* und *dikaiosynē* verstehen.[24] Diese Analogisierung darf jedoch nicht übersehen lassen, dass das frühe Christentum daneben eine Trias christl. Tugenden bilden konnte – zu Glaube und Liebe tritt die Hoffnung (*elpis*) – und dass ferner in der Dualität von Glaube und Liebe damit die *pistis* ihrer auch ethischen, normativ-handlungsorientierten Qualität nicht beraubt ist.

Es stellt demgegenüber eine Besonderheit und Zuspitzung dar, wenn Paulus einmal (Gal 5,6) das Verhältnis von *pistis* und *agapē* in einen „pragmatischen Folgezusammenhang"[25] bringt, der freilich weiterer Konkretion bedarf.

Dass der ntl. Begriff der Sünde (*hamartia*), wiederum nicht zuletzt aufgrund seiner Prägung in der LXX, auf den Bereich des menschlichen Verhaltens (und seinem Scheitern an einer Norm) zielt, ist von vornherein plausibel. Scheint damit das Verhältnis von handelndem Mensch und Norm setzenden Gott wesentlich auf das Gebiet des Tuns bezogen zu sein, also Gegenstand der Ethik zu werden, so ist dem aus fundamentalen theologischen wie auch konkreten exegetischen Gründen widersprochen worden. Besonders mit Bezug auf Paulus (vgl. vor allem Röm 7) wird von der Vertiefung eines „moralischen" hin zu einem „theologischen" Sündenverständnis gesprochen, wobei die Vorliebe des Apostels für den Singular *hamartia* gegenüber dem Plural *hamartiai* als erstes wesentliches Indiz für solche Vertiefung gewertet wird. Es ist jedoch nicht zu verkennen (und auch traditionsgeschichtlich die plausiblere Annahme), dass der pln. Sündenbegriff auch eine wesentlich moralisch-ethische Dimension hat. Die Gegenüberstellung von Sünde als eigenverantwortlicher „Tat" und Sünde als fremd verursachtem „Verhängnis" reißt auseinander, was für die pln. Theologie unbedingt zusammengehört und – darin besteht nun allerdings die denkerisch-vertiefende Leistung des Apostels! – zusammengedacht wird.[26]

Ein drittes Beispiel für den Zusammenhang von „Theologie" und „Ethik" im NT: Eines der vielleicht frühesten und sicher vorliterarischen christologisch-soteriologischen Bekenntnisse des frühen Christentums spricht vom Sterben oder Dahingeben des Sohnes Gottes oder des Christus „für (*hyper/dia/peri*)

---

[21] Vgl. 1Kor 16,13f; Gal 5,6; 1Thess 3,6; Phlm 5; deuteropln. Eph 1,15; 3,17; in Past 1Tim 1,14; 2Tim 1,13.

[22] Z.B. Arist 128–132; Jub 37,7; TestXII.Dan 5,3; TestXII.Jos 5,2; 7,6; TestXII.Ben 3,3; Philo dec. 50; 106f; spec. leg. 2,61–63, virt. 95; her. 168; 172; Ios. c. Ap. 2,206.291.

[23] Zum Kanon der zwei Tugenden vgl. *Dihle* 1968; s. auch *Berger* 1972, 142–165.

[24] Dies ist der Vorschlag von *Wolter* 2001, 61–90, hier 83.

[25] *Wolter* 2001, 84.

[26] Gleichwohl ist Röm 7 gewiss der ntl. Ausgangspunkt für Überlegungen zur Willensfreiheit im Rahmen antiker Philosophie. Vgl. *H. Hommel*: Das 7. Kapitel des Römerbriefs im Lichte antiker Überlieferung, in: *Ders.*: Sebasmata. Studien zur antiken Religionsgeschichte und zum frühen Christentum, Bd. II, Tübingen 1984, 141–173; *C. Horn*: Augustinus und die Entstehung des philosophischen Willensbegriffs, ZPhF 50, 1996, 113–132; *A. Dihle*: Die Vorstellung vom Willen in der Antike, Göttingen 1985.

uns".[27] Als bildspendender Bereich kommen neben dem biblischen Stellvertretungs- oder Sühnegedanken[28] auch die pagan-antike Ethik mit ihrem Ideal des Sterbens[29] für das Gemeinwohl der Polis,[30] die Freiheit Griechenlands,[31] den Freund,[32] den Geliebten,[33] für Eltern, Kinder, Geschwister, Verwandtschaft o.ä. (eine ganze Liste bei Philostr. Ap. 7,12) in Betracht, die ihrerseits Aufnahme ins Judentum fand.[34] 4Makk spricht darüber hinaus vom Sterben für Gott (16,25) und für Tugend und *kalokagathia* (1,8.10; vgl. 6,22; 10,10).[35] Das heißt, eine zentrale „theologische" Aussage des NT könnte unter Bezug auf ein bzw. in Konvergenz zu einem pagan-ethischen, jüd. rezipierten Ideal formuliert worden sein. Die in solcher Erklärung liegende Konkurrenz zur Herleitung aus genuin biblischen Stellvertretungsaussagen ist eine nur scheinbare; tatsächlich dürfte schon in der jüd. Literatur des Zweiten Tempels eine Verschmelzung verschiedener Vorstellungsgehalte stattgefunden haben.[36]
Entspricht diese Praxis-Orientierung der ntl. Quellen, die ihren Grund in der Anthropologie haben dürfte, sowohl dem jüd.-halachischen Erbe als auch dem „Primat der praktischen Vernunft" (Malte Hossenfelder) der paganen Ethik, so ist festzuhalten, dass die ntl. Ethik wie die jüd. Literatur des Zweiten Tempels einschließlich Philos[37] keine systematische Unterteilung des Ganzen der Philosophie (etwa in Logik, Physik und Ethik; vielleicht auf Xenokrates zurückgehend; vgl. Sext. Emp. adv. math. 7,16) wie auch der Ethik vorgenommen hat.

*Separation – Integration – Universalität*

Fragt man nach dem Verhältnis ntl. Ethik zu ihrer paganen wie jüd. Umwelt, so ist zu differenzieren zwischen dem sich aus der Perspektive des exegetischen Beobachters ergebenden Befund und der Selbstwahrnehmung bzw. Selbststilisierung, die uns aus den Quellen explizit entgegentritt. Letzterem wendet sich dieser Abschnitt zu.
Zur Wahrnehmung dieser Selbstbestimmung und ihrer Pragmatik ist auszugehen von der Beobachtung, dass die ntl. Literatur insgesamt primär als Binnen-

---

[27] Sterbensformel: Röm 5,8; 14,15; 1Kor 8,11; 1Thess 5,10; Dahingabeformel: Joh 3,16; Röm 8,23; Gal 1,4; 2,20; Eph 5,2.25; 1Joh 3,16; vgl. Mk 10,45b; 1Tim 2,6; Tit 2,14.
[28] Zum AT vgl. *Janowski* 1997, zum NT und seiner Umwelt *Röhser* 2002.
[29] Darauf, dass der Gedanke der Stellvertretung in den biblisch-jüd. wie paganen Quellen nicht notwendig denjenigen des Sterbens impliziert, weist *Röhser* 2002, 75–81 hin.
[30] Aristot. eth. Nic. 1169a; Thuk. 2,43.
[31] Plut. Arist. 21.
[32] Aristot. eth. Nic. 1169a; Epikt. diss. 2,7,3.
[33] Plat. symp. 179a–e.
[34] Sterben für die Gesetze in 2Makk 6,28; 7,9; 8,21; 3Makk 1,23; 4Makk 6,27; 13,9; für den Bund in 1Makk 2,50f; für das Volk in 1Makk 6,44; Ios. ant. Iud. 13,6; für das Vaterland in 2Makk 8,21; für die Freiheit bei Ios. ant. Iud. 13,5.
[35] Vgl. *K. Wengst*: Christologische Formeln und Lieder des Urchristentums, Gütersloh 1972, 67–70. Zur antiken Freundschaftsethik vgl. etwa den Sammelband von *Fitzgerald* 1997; ferner *Smith Pangle* 2003.
[36] Vgl. 2Makk 7,37f; dann 4Makk 6,27–29; 17,21f.
[37] Vgl. *S. Sandmel*: Philo Judaeus. An Introduction to the Man, His Writings, His Significance, ANRW II 21.1, 1978, 3–46, hier 22 zum unsystematischen Charakter von Philos Philosophie.

literatur anzusehen ist und sich an bereits zur christl. Gemeinde gehörende Rezipienten wendet.[38]
Dem entspricht, dass in der Briefliteratur sich vielfach mahnende Teiltexte finden, die funktional als „postkonversionale Mahnreden“[39] bestimmt werden konnten, da sie explizit oder implizit den Ausgangspunkt *nach* der Bekehrung und Integration der Adressaten nehmen und diese zu einem ihrem vorgenommenen Existenzwechsel entsprechenden Verhalten auffordern. Auffällig ist die Tatsache, dass in den expliziten Erinnerungen an die vor-christl. Vergangenheit und ihren Wandel ausdrücklich nur die pagane, „heidnische“ Existenz in den Blick genommen wird,[40] während ein mögliches jüd. Vorleben der Adressaten nicht ausdrücklich benannt und abgewertet wird.
Röm 6,17–22 formuliert den Rückblick derart, dass nach den vorausgehenden Darlegungen in Röm 1,18–3,20 ehemalige Juden wie Heiden betroffen sind. Der autobiographische Rückblick des Apostels Paulus auf seine eigene vorchristl. Existenz in Phil 3,5–7 (vgl. 2Kor 11,22) ist von solcher adressatenbezogenen Rede zu unterscheiden.
Dieser Gestus der Rede ist nicht einlinig in Hinsicht auf die tatsächliche religiöse Herkunft der intendierten Adressatenschaft der Texte auszuwerten (historisch wahrscheinlich ist vielmehr die Annahme von aus Juden- und Heidenchristen bestehenden gemischten Gemeinden), sondern Hinweis darauf, dass die sich auch in der grundsätzlichen ethischen Orientierung ausformende Verhältnisbestimmung mit Bezug auf Judentum und Heidentum im letzteren Fall offenbar eher im Sinne einer Diskontinuität, im ersten Fall hingegen eher im Sinne von Kontinuität verstanden wurde. Dass sich auf der Ebene der materialen Ethik sowohl Differenzen zum nicht-christl. Judentum[41] wie auch Kontinuitäten zu paganer Ethik aufweisen lassen, nimmt dieser Vermutung nicht ihre Gültigkeit, sondern ist Indiz für das spannungsvolle Verhältnis des entstehenden Christentums zum Judentum seiner Zeit. Diese Spannung, die durch das Miteinander nicht nur von Juden- und Heidenchristen in einer Gemeinde, sondern auch durch dasjenige verschiedener Missionsstile und der diesen entsprechenden Verkündigung im entstehenden Christentum geprägt ist, manifestiert sich in den Quellen in verschiedenen Problemlagen und Lösungsversuchen,

[38] Dies gilt ausweislich von Lk 1,4 explizit auch für das lk Doppelwerk.

[39] Vgl. *Berger* 1984a, 130–135 (134f zu Analogien im Judentum und der paganen Umwelt).

[40] Besonders deutlich in Eph 4,17–19; 1Petr 4,3f; vgl. aber auch Kol 2,13; 1Petr 1,14f; Hebr 5,11–6,3.

[41] Freilich ist in der exegetischen Diskussion höchst umstritten, inwieweit sich differente ethische Positionen des frühen Christentums als Ausdruck der Abgrenzung gegenüber dem zeitgenössischen Judentum insgesamt oder aber als Beitrag zu einer innerjüd.-halachischen Diskussion verstehen lassen. Hängt eine Entscheidung in dieser Frage zum einen von der Definition dessen ab, was man jeweils als „jüd.“ oder „christl.“ versteht, so ist darüber hinaus jeweils auch zu prüfen, worin sich explizit die empfundene Devianz ausdrückt bzw. an welcher Norm sie gemessen wird. So verschärfen die Antithesen der Bergpredigt (Mt 5,21–48) einerseits das von der jüd. Norm, der Tora, Gebotene (vgl. 5,21–26.27–30.33–37.43–48), z.T. widersprechen sie dieser Norm aber auch kontradiktorisch (5,31f.38–42). Damit ist aber im Kontext weder die vorgegebene jüd. Gottesvorstellung noch die dieser entsprechende Norm der „Gerechtigkeit“ (5,20) in Frage gestellt. Auch der *nomos* und seine Gebote werden als Norm nicht grundsätzlich in Frage gestellt (5,17–19).

wie z.B. den Vereinbarungen des Jerusalemer Apostelkonzils,[42] dem antiochenischen Konflikt (Gal 2,11–14) oder der Auseinandersetzung um die Frage des sog. Götzenopferfleisches in der pln. Korrespondenz mit der Gemeinde in Korinth.[43] Die ethischen Stellungnahmen des Apostels Paulus in solchen Konflikten zeigen dabei kein ganz einheitliches Gepräge.
Wohl ist er der Vertreter der sich nicht strikt an der Tora und ihrer Beschneidungsforderung orientierenden Heidenmission, welche sich überwiegend als Verkündigung an Heiden gestaltet haben dürfte, die dem synagogalen Diasporajudentum nahe standen (und die Verkündigung an Juden nicht ausgeschlossen haben wird). Er kann in der Frage des Götzenopferfleisches zwar nicht die in der korinthischen Gemeinde vertretende adiaphoristische Haltung des „Alles ist erlaubt“ (1Kor 6,12; 10,23) einnehmen, welche offenbar die Teilnahme an paganen Kultmahlzeiten (1Kor 10,14–22) freigab, wohl aber persönlich eine Auffassung haben, welche er als „stark“ bezeichnet und eine größere Anpassung an die Lebenswirklichkeit einer gr.-röm. Großstadt wie Korinth erlaubt. In Fragen der Sexualethik hingegen erscheint der Apostel seinem kulturell-religiösen Erbe sehr viel stärker verpflichtet und einer Anpassung der eigenen Ethik an die nicht-jüd. Lebenswelt und ihre Normen und Gebräuche verschlossen. So will er die Beziehung von Stiefsohn und Stiefmutter von der Gemeinde streng bestraft wissen (1Kor 5), lehnt den Umgang mit der Prostituierten strikt ab (1Kor 6,13–20) und gibt eine höchst kritische Haltung zu gelebter männlicher wie weiblicher Homosexualität (Röm 1,26f; 1Kor 6,9) zu erkennen. Nicht von ungefähr ist es die „Unzucht“ (*porneia*), welche er bereits in 1Thess 4,3–5 als Ausweis heidnischer, gottferner Existenz ablehnt.[44]
Verallgemeinert wird diese Haltung in Mahnungen, nicht so zu leben wie die Heiden.[45] In Röm 12,2 („gleicht euch nicht dem Kosmos an“) wird diese Abgrenzung in noch grundsätzlicherer Form ausgesagt,[46] was für Paulus allerdings eine Flucht aus dem Kosmos gerade ausschließt.[47] Für ihn konstituiert sich christl. Existenz im und angesichts des (grundsätzlich bösen: Gal 1,4) Kosmos, freilich auch im Gegenüber zu ihm. Der Letztgrund für diese Haltung zur Welt ist nicht zweckfreie Askese, sondern das (von der jüd. Apokalyptik mitgebrachte) Wissen, dass „das Wesen dieser Welt vergeht“,[48] daneben aber

---

42 Gal 2,7–10; siehe den Unterschied in Apg 15,1–29.

43 1Kor 8; 10,14–11,1; vgl. auch die Wiederaufnahme des Themas in Röm 14.

44 Daneben steht die Begierde bzw. Begierden (*epithymia*) als das heidnische Laster schlechthin; vgl. 1Thess 4,5; Eph 4,22; 1Petr 1,14; 2,11; vgl. Gal 5,16f.24; Kol 3,5. Die zentrale Bedeutung von *epithymia* verdankt sich vermutlich jüd. Erbe, genauer der Rezeption des 10. Dekaloggebotes (vgl. Philo spec. leg. 4,84f; dec. 51; 142; 173; ApcMos 19,3; ApcAbr 24,9; Targum Neofiti I zu Ex 20,17 und Dtn 5,18; im NT ausgearbeitet in Röm 7,7–13; vgl. 1Kor 10,6). Doch begegnet auch in paganer Philosophie die Vorstellung von der Begierde als dem Ursprung alles Bösen, vgl. Max. Tyr. 24,4a; Lukian. Cyn. 15.

45 So 1Thess 4,5 (vgl. 4,13); 5,6; 2Kor 6,14f (6,17 im Zitat von Jes 52,11 die ausdrückliche Aufforderung zur Separation); Eph 4,17–19; 5,7.11.

46 Zugleich wird deutlich, dass der sich ethisch manifestierende Existenzwandel wesentlich intellektuell begründet ist (siehe den Unterschied in Röm 1,19.21; 2,12–16 und vgl. Eph 4,23).

47 1Kor 5,10; vgl. Joh 17,15; Phil 1,23f.

48 1Kor 7,31; 1Joh 2,17.

hier und da auch eine positive Würdigung der Schöpfung und ihrer Güter.[49] In der joh Theologie werden zwei fundamentale und fundamental unterschiedliche Existenzweisen herausgearbeitet: aus dem Kosmos zu stammen und dementsprechend zu handeln[50] oder – in Entsprechung zu Christus[51] – nicht.[52] Wenn auch die die konkreten sozialen Folgen des Heilswerkes in Christus schlaglichtartig beleuchtenden Äußerungen in Röm 10,12; 1Kor 7,19; 12,13; Gal 3,28; 5,6; 6,15; Kol 3,11 sowie ausführlich in Eph 2,11–22 den Unterschied von Juden und Griechen für aufgehoben erklären, so bedeutet dies in der ethischen Reflexion und Konkretion des Apostels keine Indifferenz. Solche Inkongruenz verweist bereits darauf, dass die (Neu-) Orientierung der Ethik sich nicht in einer Negation erschöpft, sondern positiv ein Kriterium bzw. Ziel benennt, nämlich das Zusammenleben in der christl. Gemeinde bzw. Kirche. Neben der Rücksicht auf den „schwachen" Bruder und sein Gewissen[53] ist es die Ausrichtung am Nutzen[54] bzw. Aufbau[55] der Gemeinde – ein Ziel, dem auch die Arbeit des Apostels selbst dient.[56] Dem korrespondieren Bezeichnungen und Metaphern der christl. Gemeinde bzw. Kirche, die den Aspekt des gleichsam organischen Zusammenhangs herausstellen, angefangen mit der allgemeinsten ntl. Benennung als *ekklēsia* („Volksversammlung") (→3.2.8) bis zur Metaphorik von Familie (→2.2.1.9),[57] die Bezeichnung „Geliebter/Geliebte",[58] die im paganen Kontext nur in tatsächlichen familiären Zusammenhängen Verwendung findet,[59] Wohnung und Haus,[60] Tempel[61] und Leib Christi.[62] Findet sich diese Metaphorik fast ausschließlich im pln.-deuteropln. Schrifttum, so ist die darin implizierte ethische Konsequenz Gemeingut der ntl. Schriften: Die überlieferte Ethik der ersten Christen ist weit

---

[49] 1Kor 7; Kol 2,21–23; 1Tim 4,3–5.

[50] Joh 8,23; hypothetisch 15,19; 1Joh 4,5.

[51] Joh 8,23; 17,14.16.

[52] Joh 15,19; 17,14.16.

[53] Vgl. Röm 14,1.3.13.15.21; 1Kor 8,7–13; 10,27–29.

[54] Vgl. 1Kor 6,12; 10,23.

[55] Röm 15,2; 1Kor 8,1; 10,23; 14,3–5.12.17.26; Eph 4,12.16; 1Thess 5,11; vgl. Apg 9,31; Eph 2,19–22.

[56] Vgl. 2Kor 10,8; 12,19; 13,10.

[57] Vgl. die Bezeichnungen „Bruder" und „Schwester" für die Jünger Jesu in Mt 28,10; Joh 20,17; vgl. Mt 25,40; Apg 1,16; Hebr 2,12, für Mitchristen in Apg 6,3; 9,30; 10,23; 15,7.13.22f; Röm 8,29; 16,1.23; 1Kor 1,1; 5,11; 7,15; 9,5; 16,12; 2Kor 1,1; Phil 1,14; 2,25; Kol 1,1; 4,7.9; Eph 6,23; 1Thess 3,2; Phlm 1f; 1Tim 6,2; 1Petr 5,12; 2Petr 3,15; Hebr 13,23f; Jak 2,15; Offb 1,9; 12,10, die Aufforderungen zur Bruderliebe in Röm 12,10; 1Thess 4,9; 1Petr 1,22; 2Petr 1,7; Hebr 13,1. Außerntl. im übertragenen Sinn ist von der Bruderliebe nur in 2Makk 15,14 die Rede. Vgl. *Klauck* 1990.

[58] Z.B. in der Anrede in Röm 12,19; 16,5.8f.12; 1Kor 10,14; 15,58; 2Kor 7,1; 12,19; Phil 2,12; 4,1; 1Petr 2,11; 4,12; 2Petr 3,1.8.14.17; Hebr 6,9; 1Joh 2,7; 3,2.21; 4,1.7.11; 3Joh 2.5.11; Jud 3.17.20; Jak 1,16.19; 2,5.

[59] Vgl. *Wischmeyer* 1986.

[60] Vgl. neben den oben zum „Aufbau" genannten Belegen noch 1Kor 3,9; Gal 6,10; Eph 2,19.21f; Kol 1,23. Auf dasselbe Bildfeld verweist die Bezeichnung kirchlicher Funktionsträger als *oikonomos*; vgl. 1Kor 4,1; Tit 1,7; 1Petr 4,10.

[61] 1Kor 3,16f; 2Kor 6,16; Eph 2,21; siehe den Unterschied in 1Kor 6,19.

[62] Röm 12,5; 1Kor 10,17; 12,13.27; Eph 1,23; 2,16; 3,6; 4,4.12.15f; 5,23.30; Kol 1,18.24; 2,19; 3,15.

überwiegend Binnenethik, welche Normen für das Zusammenleben in den Ortsgemeinden und darüber hinaus[63] setzt. Man kann von ekklesialer Ethik sprechen.
Dabei spielt die Ordnung der zum Gottesdienst versammelten Gemeinde eine wichtige Rolle.[64] Frühchristl. Ethik prägt sich u.a. als Ethik für die gottesdienstlich versammelte Gemeinde aus.
Der Charakter der ntl. Briefliteratur bringt es mit sich, dass Ratschläge und Mahnungen zu einem bestimmten Verhalten zumeist an die Gemeinde insgesamt oder Teile derselben gerichtet sind. Damit gerät das Individuum als Subjekt des Handelns und Adressat von Ethik freilich nicht aus dem Blick. Vielmehr bewegt sich ntl. Ethik, soweit sie Binnenethik ist, im Spannungsfeld von Individuum und Gemeinschaft.
Verdeutlichen lässt sich dies an der Tatsache, dass innerhalb der ntl. Literatur Mahnungen in außergewöhnlicher Fülle mit dem Reziprokpronomen *allēlōn* formuliert sind (vgl. insbes. Gal 5,13–15; 5,25–6,5).[65] Darin drückt sich sowohl der gemeinschaftliche Rahmen der Adressatenschaft wie ihre individuelle ethische Ansprechbarkeit und Verantwortung aus. Im Hintergrund steht das überwiegend frühjüd. bezeugte Ideal der wechselseitigen sozialen Verantwortung.[66] Gleichzeitig nehmen die so formulierten Mahnungen eine Gemeinschaft von Gleichen in den Blick, in welcher Statusunterschiede keine Rolle mehr spielen. Traditionsgeschichtlich verweist diese syntaktische Ausformung der ethischen Mahnung in das Feld der paganen wie jüd.-innerfamiliären Mahnung und Freundschaftsethik, wobei in TestXII[67] und Jub 36,4 anders als im NT die Familiensituation narrativ ausgeformt ist, aber ebenso wie im NT die Übertragung auf die nicht-familiäre Gemeinschaft intendiert ist. Wo die reziproke Mahnung zurücktritt, so vor allem in Past, ist dies ein Hinweis darauf, dass anstelle einer egalitären Konzeption von Gemeinschaft eine differenzierte Wahrnehmung der fortbestehenden Status- und Rollenunterschiede (bei fortbestehender wechselseitiger Verpflichtung) tritt (die ja auch in den pln. Gemeinden *de facto* offensichtlich nicht einfach fortfallen).
Mit Bezug auf die Gemeinde- und Gottesdienstordnung hat auch Paulus explizit hierarchisch gedacht.[68] Solche ethische Differenzierung formt sich aus in Haustafeln (Kol 3,18–4,1 und die Aufnahme in Eph 5,21–6,9),[69] Mahnungen

---

63 Vgl. den Hinweis auf 1Kor 11,16. – Es ist nicht zu bestreiten, dass die Rede von der *ekklēsia* im Singular bei Paulus wie in anderen ntl. Quellen *auch* die universale Kirche meinen kann; vgl. Mt 16,18; Apg 9,31; 1Kor 6,4; 12,28; Eph 1,22; 3,10.21; 5,23–32; Kol 1,18.24; Phil 3,6; 1Tim 5,16; das Wissen um eine die Ortsgemeinde übersteigende universale bzw. „ökumenische" Gemeinschaft der Christen ist also bereits für die ersten Jahrzehnte des entstehenden Christentums vorauszusetzen.

64 Vgl. z.B. 1Kor 8; 10,14–12,31; Hebr 10,25; Jak 2,2–4.

65 Vgl. *Berger* 1984a, 125f; *Wolter* 2001, 84f mit zahlreichen weiteren Belegen.

66 Philo dec. 165–167; hyp. 7,14; Ios. c. Ap. 2,190–219; pagan: Hekaton bei Sen. benef. 2,18,1f; 3,18,1f; 3,22,1f; Ariston bei Sen. epist. 94,1–3.

67 TestXII.Zab 8,4–6; TestXII.Dan 5,3; TestXII.Gad 6,1; TestXII.Jos 17,2f.

68 1Kor 12,28–30; 16,15f; vgl. *Mitchell* 1991, 163f zur Aufnahme paganer Topoi in 1Kor 12.

69 Angesprochen sind Frauen und Männer, Kinder und Väter, Sklaven und Herren. 1Petr 2,18–3,7 ist eher als Stände-, denn als Haustafel zu bezeichnen; vgl. *H. von Lips*: Die Haus-

an Männer (1Tim 2,8), Frauen (2,9), Witwen (5,4), Reiche (6,17), alte Männer (Tit 2,2) und Frauen (2,3), junge Frauen (indirekt in 2,4f) und Männer (2,6–8); Sklaven (1Tim 6,1f) und ihre Herren (Phlm) sowie als kirchliche Funktionsträger Episkopen (1Tim 3,1–7; Tit 1,5–9) und Diakone (1Tim 3,8–13). Bereits bei Paulus begegnet eine vergleichbare Differenzierung, im Rahmen seiner Ausführungen zu Ehe und Ehelosigkeit, in 1Kor 7.[70]

Der ntl. Befund kann kaum so ausgewertet werden, dass an die Stelle einer frühen tatsächlichen Realisierung eines egalitären Ideals zunehmend die Wiederanpassung an die die Gemeinden umgebenden Rollen- und Statusnormen erfolgte. Vielmehr ist die Voranstellung der Mahnung zu reziproker Unterordnung in Eph 5,21[71] vor die Haustafel von Eph Ausdruck einer Spannung, in welcher die ekklesiale Ethik des entstehenden Christentums insgesamt und von frühester Zeit an gestanden haben wird.

Mit der Binnenorientierung der ekklesialen Ethik des NT gerät der nichtchristl. Kontext jedoch nicht in Vergessenheit. Vielmehr wird die Außenwirkung der Lebensführung in der Gemeinde argumentativ in die ethische Mahnung eingeholt.

Dies gilt insbes. für die pln. Ethik, wenn der Apostel in 1Kor 5,1 ein Fehlverhalten in der Gemeinde anprangert, wie es „nicht einmal unter den Heiden vorkommt“, oder wenn er in 1Kor 6,1–11 heftig kritisiert, dass korinthische Christen ihre Rechtsstreitigkeiten nicht untereinander regeln, sondern vor den lokalen Gerichten[72] austragen, oder wenn er im Rahmen seiner Weisungen für den Gottesdienst den Fall konstruiert, ein „Ungläubiger“ oder „Unkundiger“ käme hinzu (1Kor 14,24).

Verallgemeinert wird solche Außenorientierung der ethischen Weisung in Mahnungen wie 1Thess 4,12 („damit ihr rechtschaffen vor denen da draußen lebt“)[73] oder 1Kor 10,32 („werdet unanstößig gegenüber Juden und Griechen und der Kirche Gottes“).

In der Apg dürfte insbes. das das Problem des Besitzes thematisierende Diptychon in 4,32–37; 5,1–11 idealisiert und der Intention nach auch werbend gemeint sein: Der Darstellung der urchristl. Gütergemeinschaft, exemplifiziert am Verhalten des Diasporajuden Josef Barnabas (4,36f), folgt das Normwunder, welches das von dem ethischen Ideal abweichende Verhalten sanktioniert.

Noch einmal anders grenzt der Gedanke der Neuheit die frühchristl. Gemeinde, ihre Botschaft und auch ihre Ethik, in einer Figur der Überbietung von der

---

tafel als „Topos“ im Rahmen der urchristlichen Paränese. Beobachtungen anhand des 1. Petrusbriefes und des Titusbriefes, NTS 40, 1994, 261–280.

[70] Mann: 1Kor 7,1–5; Frau: 7,2–5; Ledige: 7,8.27; Verheiratete: 7,10.27; Geschiedene: 7,11; Christ, der mit einer Ungläubigen verheiratet ist: 7,12.15f; Christin, die mit einem Ungläubigen verheiratet ist: 7,13.15f; Beschnittener: 7,18; Unbeschnittener: 7,19; Sklave: 7,21; Freier: 7,22; unverheiratete junge Männer: 7,28.35–38; unverheiratete junge Frauen: indirekt in 7,28; Witwen: 7,39.

[71] Vgl. Gal 5,13; 1Petr 5,5.

[72] Paulus spricht von den heidnischen Gerichten als von den „Ungerechten“ im Gegensatz zu den „Heiligen“ (1Kor 6,1) sowie von den „Ungläubigen“ im Gegensatz zu den christl. Brüdern (6,6). Im Kontext wird aus dem Lasterkatalog in 6,9f, den der Apostel auf die vorchristl. Existenz mancher Adressaten bezieht (6,11), deutlich, wie er das Heidentum beurteilt.

[73] Vgl. Röm 13,13, 1Kor 7,35; 14,40.

Umwelt ab. Ist die Rede von der „neuen Lehre in Vollmacht“[74] kontextuell nicht direkt auf ethische Unterweisung bezogen, so ist das Gebot der Bruderliebe in der joh Tradition einerseits das längst Bekannte, Gemeindegründende,[75] andererseits zugleich das Neue.[76] Im Hintergrund könnte apokalyptisches Denken stehen, welches den neuen Äon und seine Ethik von den Bedingungen der vergehenden alten Welt trennt. In anderen Texten wird eine solche Wandlung auf die Taufe und die Mitteilung des Geistes bezogen.[77]
In diesem Zusammenhang begegnet die Metaphorik des Gewandes (vgl. noch Gal 3,26–38) sowie die Vorstellungen von der „neuen Schöpfung“ (Gal 6,15), des neuen Bundes (2Kor 3,6; Hebr 8) und des Leibes Christi (1Kor 12,13; Eph 2,11–16), die ethische Implikate haben.
Die ekklesiale Ethik des NT ist thematisch und hinsichtlich ihrer Adressaten primär an der minoritären Gemeinde bzw. der von der Welt unterschiedenen ortsübergreifenden Kirche interessiert. Ihr Bezug auf die Welt sind primär die Fürbitte (etwa für die staatlichen Autoritäten: 1Tim 2,1f) und Mission bzw. Verkündigung. Darüber hinaus kommt in der Behandlung des konkreten Problems mit einem Sklaven in Phlm oder in den Mahnungen zum unanstößigen Verhalten (1Kor 1,8; Phil 2,15) und zum Abweisen von übler Nachrede (1Petr 2,12; 3,15f) der Anspruch zum Ausdruck, auch ethisch Vorbild nicht nur für andere Gemeinden (1Thess 1,6f), sondern für die Welt zu sein und Außenstehende zu „gewinnen“ (1Kor 9,19–23; 1Petr 3,1). Die in den Zusammenhang antiker Konversionstheologie gehörende[78] metaphorische Rede vom Licht (im Gegensatz zur Finsternis) kann auch die ethische Vorbildlichkeit der Gemeinschaft meinen.[79]

*Ethischer Fortschritt*
Es wurde bereits darauf hingewiesen, dass sich in der ntl. Briefliteratur wiederholt mahnende Passagen finden, die ihren Standpunkt ausdrücklich *nach* der Bekehrung der angesprochenen Adressaten nehmen und daher als „postkonversionale Mahnreden“ bezeichnet werden konnten. In ihnen werden die Adressaten aufgefordert, das ihrem Heilsstand und ihrer neuen sozialen Bindung entsprechende Verhalten zu realisieren bzw. beizubehalten. Der grundsätzliche Existenzwandel der Adressaten ist vorausgesetzt, wird aber eigens thematisiert.
Doch ist die Beschreibung dieses Textphänomens als *reditus ad conversionem* bzw. *reditus ad baptismum*[80] irreführend, wenn sie als Rückführung in die Situation der Entscheidung bzw. Erstbekehrung verstanden wird.[81] Die Auswer-

[74] Mk 1,27; vgl. Joh 7,46.
[75] 1Joh 2,7; 2Joh 5f.
[76] Joh 13,34f; 1Joh 2,8.
[77] Röm 6,4; 7,6; 2Kor 5,17; Eph 4,22–24; Kol 3,9f.
[78] Vgl. *Löhr* 1994, 190f mit den Anm.
[79] Mt 5,14–16; Phil 2,15; Eph 5,8f.
[80] So *Berger* 1984a, 130. Mehr oder minder direkte Erinnerungen an die Taufe im Dienste ethischer Weisung finden sich in 1Kor 6,9–11; 10,2; Eph 5,25f; Hebr 6,2; 10,22.
[81] *Berger* 1984a, 217–220 bezeichnet „alles, was die grundsätzliche Wahl des christlichen Weges zum Thema macht“, als „protreptische Mahnrede“ und legt damit eher ein semantisches als ein pragmatisches Kriterium an. Er sieht durchaus enge Berührungen dieser Gat-

tung solcher und anderer Texte im Sinne eines „täglichen neuen Rufes“ zu Entscheidung und Umkehr auf der Grundlage der anthropologisch-theologischen Einsicht des *simul iustus et peccator* stellt eine Interpretation dar, welche ihrer auf Stabilisierung und Vergewisserung ausgerichteten Pragmatik nicht gerecht wird.[82]
Deutlich wird dies insbes. in Mahnungen, die ausdrücklich zum „Festhalten“ des Bekenntnisses, der Hoffnung u.a.,[83] „Bewahren“[84] oder zum „Bleiben“ in Christus[85] auffordern und damit in grundsätzlicher Weise formulieren, was andere Teiltexte konkreter fassen. Ein anderer Ausdruck für dieselbe Gedankenführung ist die Erinnerung an die eigene „Berufung“ (*klēsis*) in 1Kor 1,26[86] und die Mahnung, dieser entsprechend sein Leben zu führen.[87] In der Lebensführung bewahrt und bewährt sich die Wende zum Heil.
Es ist der *auctor ad Hebraeos*, der die dieser Konzeption inhärente Logik ausformuliert in der argumentativ begründeten Aussage, eine zweite Bekehrung (*metanoia*) sei nicht möglich.[88] Diese Warnung stellt keinen Widerspruch zu dem sonst sich in ntl. Ethik findenden *reditus ad conversionem* dar, sondern hebt die anderen Texten inhärente Pragmatik auf die Ebene expliziter, warnender statt werbender, Aussagen.
Der im Kontext begegnende, sowohl in jüd. wie paganer Philosophie der Zeit geläufige[89] philosophisch-padägogische Topos der Unterscheidung von „Milch“ und „fester Speise“ (Hebr 5,12–14) als Metaphern für die Anfangsunterweisung einerseits, andererseits die Belehrung bereits Fortgeschrittener, der die Basis für den Vorwurf bildet, die Adressaten hätten wieder die Nahrung der Neophyten nötig (5,12), wird kontextuell gerade *nicht* dazu verwendet, zur Anfangsbelehrung zurückzukehren und damit die Adressaten erneut vor ihre in der Bekehrung einst vollzogene Entscheidung zu stellen.[90]

---

tung zur postkonversionalen Mahnrede (220). Die gegenseitige Abgrenzung dieser Gattungen bleibt *de facto* unscharf (treffender ist die Kennzeichnung von „protreptischer Mahnung“ S. 37). Neuerdings weist *D. M. Swancutt*: Paraenesis in Light of Protrepsis. Troubling the Typical Dichotomy, in: *Starr/Engberg-Pedersen* 2004, 113–153 nach, dass die seit *P. Hartlich*: De exhortationum a Graecis Romanisque scriptarum historia et indole, Leipzig 1889 vorgenommene funktionale Unterscheidung zwischen Protrepsis und Paränese dem quellensprachlichen Befund nicht entspricht. Anders wäre der Befund zu beurteilen, wenn sich nachweisen ließe, dass der ursprüngliche Ort der ethischen Unterweisung die Taufe gewesen sei. Das bleibt aber schwierig; vgl. *Popkes* 1996, 77.

[82] Mit Bezug auf Paulus und die Stoa treffend *Engberg-Pedersen* 2000, 36.

[83] *Epechein*: Phil 2,16; *katechein*: Hebr 3,6.14; 10,23; *kratein*: Hebr 4,14; 6,18; 2Thess 2,15; Offb 3,11.

[84] *Terein*: Jud 21; vgl. Hebr 3,12.

[85] *Menein*: Joh 15,1–10; 1Joh 2,24.27f; 2Tim 3,14.

[86] Auch in Phil 3,14 ist die *klēsis* nicht das noch Ausstehende, sondern das bereits Vorgegebene. Die Einheitsübersetzung macht mit dem Doppelpunkt nach „Siegespreis“ aus der *ano klēsis* fälschlich eine Apposition zu *brabeion*.

[87] Eph 4,1, vgl. 4,4; 2Petr 1,10; vgl. 2Thess 1,11.

[88] Hebr 6,4–6; 10,26–28; 12,15–17.

[89] Vgl. *Löhr* 1994, 167f.

[90] In 1Kor 3,1–3 hingegen will Paulus seinen Adressaten weiterhin „Milch“ geben. Sie haben noch keine „feste Nahrung“ genossen. Der begründende Vorwurf lautet, die zerstrittenen Korinther lebten noch „fleischlich“ und „nach Menschenart“.

Meint in Hebr 6,1 der Begriff *teleiotēs* die Vollkommenheits-Lehre, nicht die bereits verwirklichte auch ethische Vervollkommnung, so wird der Wortstamm *telei-*, entsprechend gr.-philosophischem,[91] aber auch jüd. Gebrauch (bes. Philo Abr. 52–59 u. *passim*),[92] auch zur Bezeichnung der angestrebten bzw. erforderlichen ethischen Vervollkommnung verwendet.[93]
Ein stärker lehrhaft-noetisches Moment, das aber ethische Implikationen nicht ausschließt, hat die Vorstellung der Vollkommenen in 1Kor 2,6; 14,20; Hebr 5,14 (Unterscheidung von Gut und Böse).[94] Durch eine Figur der Entsprechung (Mt 5,48) ist das Konzept ethischer Vollkommenheit mit der Vorstellung der Vollkommenheit Gottes verknüpft.
Ist einerseits deutlich, dass ntl. Ethik den Christen nicht immer wieder am Anfang eines Weges sieht, so ist andererseits schon die Existenz vielfältiger Mahnungen Hinweis darauf, dass die frühchristl. Autoren nicht von einer *tatsächlich* fehler- und sündenfreien Existenz ausgehen. Die von Hans Windisch u.a. vertretene „Taufentsündigungstheorie", die der urchristl. Theologie die Auffassung eines prinzipiell sündenfreien christl. Lebens nach der Taufe zuschrieb, ist daher zwar als den Befund wenig treffend abzulehnen.[95] Doch bedeutet dies weder, dass ntl. Theologie auf die ethische Anstrengung verzichtet, noch auch, dass der ntl. (auch der pln.!) Begriff der Sünden bzw. der Sünde im Kern unethisch, und d.h. ohne Bezug auf das Handeln des Menschen, gefasst ist.
Wenn das Verhältnis von ethischem Bemühen und ethischem Scheitern, bezogen auf die Mitglieder der christl. Gemeinden und Kirche, nicht im Sinne einer jedenfalls innerweltlich unaufhebbaren Dialektik zu verstehen ist, so muss es andere Konzepte geben, mit denen das NT die Adressaten seiner Ethik als solche beschreibt, die auf dem Wege einer ethischen Verbesserung sind. In der Tat gibt es, abgesehen von der der ntl. Ethik impliziten Logik, ausdrückliche Indizien für solche Konzepte.
So kann Paulus, nachdem er in Phil 1,12 vom „Fortschritt des Evangeliums" (*prokopē tou euangeliou*) als Ziel seines Wirkens geschrieben hat, in 1,25 denselben Begriff aufnehmen und auf die Adressaten anwenden. Der Apostel rekurriert damit – vermutlich durch populärphilosophische Vermittlung[96] – auf ein stoisches Konzept (→3.1.1 I), welches die diastatische Auffassung zweier Menschengruppen, der Weisen und der Nicht-Weisen, auszugleichen versuchte mit der Absicht, den Menschen in seiner Lebensführung zu beraten und zu verbessern.[97] In der Anrede an Timotheus wird dasselbe Konzept in 1Tim 4,15 vorausgesetzt, ohne dass der unbekannte Verfasser darin einen Widerspruch

[91] Z.B. Aristot. m. mor. 1200a; Plut. mor. 1046E = SVF III Nr. 299.

[92] Vgl. ausführlich *W. Völker*: Fortschritt und Vollendung bei Philo von Alexandrien. Eine Studie zur Geschichte der Frömmigkeit, Leipzig 1938, 260–279.

[93] Mt 5,48; 19,21; Röm 12,2; Kol 4,12; 1Joh 4,18; Jak 1,4.

[94] In Hinsicht auf die eschatologische Vollendung, verstanden als Erlangen des höchsten Gutes, wird in Phil 3,12 (vgl. 3,15) ein Vorbehalt formuliert.

[95] Zur Diskussion vgl. *Löhr* 1994, 25 Anm. 84.

[96] Zum Konzept des *prokoptōn* bei Philo vgl. *D. Winston*: Philo's Ethical Theory, ANRW II 21.1, 1984, 372–416, hier 410–414 und bes. *Völker*: Fortschritt (Anm. 92).

[97] Vgl. dazu *T. Engberg-Pedersen*: The Stoic Theory of Oikeiosis. Moral Development and Social Interaction in Early Stoic Philosophy, Aarhus 1990, 126–140.

zur Rede von der „verliehenen Gnadengabe" im vorhergehenden Vers (4,14) erblickt hätte.[98] In Phil begegnen andere Aussagen, welche dieselbe Sache, die mögliche ethische Verbesserung des Menschen, mit in den Blick nehmen. So setzt der Apostel in der briefeinleitenden Eucharistie ein (gewiss auch ethisches) Wachstum der Adressaten voraus (Phil 1,6), betet in Phil 1,9–11[99] für das Wachstum der Liebe der Adressaten in Hinsicht auf Einsicht und Verständnis bzw. Urteilsfähigkeit (*epignōsis*; *aisthēsis*) und bezieht in 3,15f das Fortschrittskonzept auch auf die eigene Person. Auch die Rede vom „Wachsen" (*auxanein*) kann in der Briefliteratur im Sinne von Fortschritt und Verbesserung der Adressaten in verschiedener Hinsicht Verwendung finden,[100] wobei Gott als Verursacher solcher Veränderung mehrfach explizit genannt wird.

Freilich ist mit dem Hinweis auf das Wirken Gottes (bzw. seines Geistes) in diesem Prozess die menschliche Selbsttätigkeit nicht ausgeschaltet. Gottes Wirken und dasjenige des Menschen bilden für die ntl. Ethik keinen Gegensatz. Dabei bleibt es nicht bei bloßen Appellen und auf Einsicht zielenden rationalen Argumentationen. Vielmehr wird in den ethischen Weisungen des NT vielfach ein Autoritätsgefälle inszeniert, welches dieser Mahnung zum Fortschritt zusätzliche Dynamik verleitet.

*Lehrer und Vorbilder*

Die im NT auftretenden Lehrer der Ethik erscheinen nicht bloß als Sprachrohre einer ganz unabhängig vom Vermittler bestehenden und überzeugenden Sache. Vielmehr werden die erzählten, impliziten und expliziten Autoren der ntl. Ethik als autoritative Lehrer oder Psychagogen gezeichnet, welche ihre Adressaten nicht allein mit der Kraft des Argumentes überzeugen, sondern auch durch ihr eigenes ethisches Vorbild auf den Weg der Verbesserung ziehen.

Unbeschadet der Tatsache, dass Jesus von Nazareth in allen kanonischen Evv eine Würdestellung zugeschrieben wird, die weit über das Maß menschlicher Alltagserfahrung hinausgeht und sich u.a. in verschiedenen Hoheitstiteln ausdrückt, ist er auch als Lehrer und ethisches Vorbild dargestellt. Dabei erhellt die Lehrerrolle Jesu nicht nur aus der (auf die erzählte Rede beschränkten) ausdrücklichen (und wahrscheinlich aus vorösterlicher Zeit überlieferten) Bezeichnung als Lehrer durch seine Jünger[101] und Außenstehende (hebr./aram.: *rabbi* bzw. *rabbouni*,[102] gr.: *didaskalos*[103]), der Beschreibung eines wichtigen

[98] Vgl. noch den Gebrauch des stammgleichen Verbs *prokoptein* in Gal 1,14.

[99] Vgl. *U. B. Müller*: Der Brief des Paulus an die Philipper, Leipzig 1993, 45 mit den Anm.: Der Begriff *diapheronta* (Phil 1,10) dürfte ebenfalls seinen Ursprung in stoischer Philosophie haben. Vgl. auch den Wunsch in 1Thess 3,12.

[100] So in 1Kor 3,6f; 2Kor 9,10 (Gerechtigkeit); 10,15 (Glaube); Eph 2,21; 4,15 (in allem); Kol 1,10 (in der Erkenntnis Gottes; vgl. 1,6); 2,19; 1Petr 2,2; 2Petr 3,18 (in Gnade und Erkenntnis).

[101] Die ihrerseits in allen vier Evv durchgängig als *mathētēs*, „Schüler", bezeichnet werden.

[102] Mt 26,25.49 par; Mk 9,5; 10,51; 11,21; Joh 1,38.49; 3,2; 4,31; 6,25; 9,2; 11,8; 20,16.

[103] Mt 8,19; 9,11; 10,24f – der einzige Beleg aus Q; 12,38; 17,24; 19,16 parr; 22,16 parr.24 parr.36 parr; 23,8; 26,18 par; Mk 4,38; 5,35 par; 9,17.38; 10,20.35; Lk 7,40; 9,38; 10,25; 11,45; 19,39; 12,13; 21,7; Joh 1,38; 3,2.10; 8,4; 11,28; 13,13.14; 20,16.

Teils seines Tuns mit dem Verb *didaskein* („lehren“)[104] und der Kennzeichnung des Inhalts der Verkündigung Jesu als „Lehre“ (*didachē*),[105] sondern auch aus dem tatsächlichen Charakter seiner Verkündigung, die sich vielfach als autoritative Mitteilung ethischen Inhalts darstellt. In der Situation des Abschieds erhält diese Unterweisung Vermächtnis-Charakter (vgl. Mt 24f; 28,16–19; Joh 13–16).[106] Diese Lehre ist im Wesentlichen in Aufnahme, Radikalisierung und Widerspruch an der Tora orientiert, greift darüber hinaus aber weisheitliche und eschatologische Inhalte aus der jüd. Tradition[107] auf. Über die Rolle des Lehrers als Vermittlers (welche, z.B. in der Bergpredigt, höchstens in Überbietung typologisch am überlieferten Mose-Bild[108] orientiert ist) hinaus wächst Jesus als Vorbild, z.B. in Hinsicht auf sein Verhalten gegenüber vorgegebenen ethischen Normen wie Sabbatobservanz und Fasten,[109] mit Bezug auf sein Dienen (Mk 10,42–45 par; Joh 13,1–20) als auch besonders mit Bezug auf seinen gehorsamen Weg in das Leiden.[110] Der an seine Jünger ergehende Ruf zur Nachfolge, der in Mk,[111] Q[112] und bei Joh (Joh 1,35–51) je unterschiedlich gestaltet ist[113] und ethische Implikationen hat (Trennung von der leiblichen und rechtlichen Verwandtschaft, Besitzverzicht; Beauftragung und Befähigung zu Verkündigung, Heilung, Exorzismus, Segen und Fluch) wird in der Darstellung der Evv (und möglicherweise wiederum bereits vorösterlich) ergänzt durch das Verhaltensmodell der größeren *familia Dei*,[114] in welcher die natürlichen verwandtschaftlichen Beziehungen ersetzt werden durch eine durch das Tun definierte neue Verbindung (Mk 3,35), die soziale Re-Integration bedeutet (Mk 10,28–31 parr) und durch ein elitäres Egalitätsideal geprägt ist (Mt 23,8–10). Mit diesem Modell ist die ekklesiale Ethik des NT eingeschrieben in die Verkündigung Jesu selbst und empfängt daraus ihre autoritative Begründung.[115] Dagegen wird, besonders deutlich in der lk Konzep-

---

[104] Mt 4,23 par; 5,2; 7,29; 9,35; 11,1; 13,54; 21,23 par; 22,16 parr; 26,55 par; Mk 1,21f par; 2,13; 4,1f; 6,2.6.34; 8,31; 9,31; 10,1; 11,17; 12,35; Lk 5,3.17; 6,6; 11,1; 13,10.22.26; 19,47; 21,37; 23,5; Joh 6,59; 7,14.28.35; 8,2.20; 9,34; 18,20; Apg 1,1.

[105] Mt 7,28 parr; Mk 1,27; 4,2; 11,18; 12,38; Joh 7,16f; 18,19.

[106] Frühjüd. vgl. TestXII; Tob 4,3–19; Jub 7,20; gr.-röm Xen. Kyr. 8,7,1–28; Sall. Iug. 9,4–11,2; Dion Chrys. 30,8–44 (Timarchos).

[107] Das Verhältnis der Jesus-Überlieferung zur gr. Gnomik untersuchen u.a. *Dihle* 1962; *Ehrhardt* 1964, 44–63; *Hommel* 1966, vgl. ferner die Übersichten bei *Berger* 1984a, 155–157; *ders.* 1984b, 1059–1066.

[108] Zu Mose als Lehrer vgl. Philo vita Mos. 1,21; gig. 54; Artapanos, FgrHist 726, F 3,4 = Eus. p.e. 9,27,4; Ios. ant. Iud. 3,49. Als Lehrer der Vergangenheit begegnen daneben vor allem Henoch (TestAbr B 11,3) und Jona (PsPhilo *De Iona*). Eschatologischer Lehrer der Gegenwart ist der „Lehrer der Gerechtigkeit“ aus Qumran.

[109] Vgl. die vielleicht vor-mk Sammlung Mk 2,1–3,6.

[110] Vgl. bes. Mk 8,34–38 parr; 13,9–13 parr; 14,41f parr; Phil 2,5–11; s. auch Hebr 5,7f; 13,2. Vgl. hierzu *Dormeyer* 1974, bes. 283f. Die vorgenommenen literarkritischen Scheidungen bleiben hypothetisch.

[111] Mk 1,16–18,19f; 2,13f.

[112] Mt 8,19–22 par Lk 9,59–62.

[113] Vgl. *Kuhn* 1980.

[114] Vgl. dazu insgesamt *Roh* 2001.

[115] In anderer Weise geschieht dies bei Paulus in Gal 6,2 mit der Rede vom „Gesetz Christi“, das material gefüllt ist durch das Gebot der Bruderliebe, vgl. *Schürmann* 1990.

tion der „zwölf Apostel",[116] die unmittelbare Jüngerschaft Jesu als einmalige und autoritative Gruppe der Frühzeit mehr als Vermittler und Garant der Jesus-Tradition bis hin zum eschatologischen Gericht[117], denn als Handlungsmodell inszeniert. Gleichwohl stehen die Jünger als Adressaten der Unterweisung vielfach stellvertretend für die intendierten Leser des Evangeliums. Der universalen Geltung des Jesus-Gebotes nach Mt 28,19f korreliert die Aufforderung an die Jünger bzw. Schüler Jesu, „alle Völker" zu „Schülern" (wie sie selbst es waren) zu machen. In der Briefliteratur wird das Beispiel Jesu angeführt im Zusammenhang der Forderung nach einer gemeinschaftsgerechten Gesinnung der Niedrigkeit (Phil 2,5.7f), der Leidensnachfolge (1Petr 2,21) und vielleicht auch mit Bezug auf seine Verkündigung (Kol 2,6f).
Diese Doppelfunktion des (erzählten) Jesus als autoritativer Lehrer und Vorbild überträgt die ntl. Briefliteratur auch auf die Beziehung zwischen Autor/Apostel und angeschriebener Gemeinde. Ist nach Apg 13,1; Röm 12,7; 1Kor 12,28f; Eph 4,11; Jak 3,1[118] der urchristl. Lehrer eine ausdifferenzierte Funktion innerhalb der Gemeinde, so wird *didaskalos* in 1Tim 2,7; 2Tim 1,11 zur Selbstbezeichnung des (expliziten, fiktiven) apostolischen Autors im Gegenüber zu seinem Adressaten. Dementsprechend wird auch das apostolische Handeln u.a. als „Lehren" beschrieben,[119] wobei eine strenge Unterscheidung der Lehrinhalte von den Inhalten anderer Formen mündlicher Äußerung, wie „Predigen", „Verkündigen" o.ä.,[120] kaum möglich ist. Besonderes Gewicht erhält auch die apostolische Weisung in der Situation des Abschieds.[121]
Auch der Apostel ist nicht nur Vermittler, sondern auch Vorbild christl. Ethik. So stellt sich Paulus den Korinthern in 1Kor 4,6–16 als Beispiel der Demut hin, ausdrücklich zum Zwecke der Ermahnung (4,14: *nouthetein*; 4,16: *parakalein*). Er kann sicher auch werbend auf die von ihm als ethisch optimal empfundene und gelebte Ehelosigkeit hinweisen, ohne damit eine autoritative Weisung zu verbinden (7,7f). In der Götzenopferfleischfrage ist es die im Ich-Stil präsentierte Verhaltensweise (8,13), welche die für die *ekklēsia* empfohlene Lösung darstellt. Eine nur scheinbare Umkehrung des Autoritätsgefälles stellt es dar, wenn Paulus nach 9,20–23; 10,33 (vgl. Phil 4,12) sich dem jeweiligen missionarischen und gemeindlichen Kontext anpasst. Worin diese Anpassung im Einzelnen besteht, bleibt ungesagt. Jedenfalls dürfte die Dimension des Handelns zumindest mit betroffen sein.

---

116 Schon vor Lk aber waren „die Zwölf" Bezeichnung einer festen Gruppe im Urchristentum, vgl. 1Kor 15,5; dann Mt 10,5; 26,14 par.47 par; Mk 3,16; 4,10; 6,7 par; 9,35; 10,32 par; 11,11; 14,17.20; Lk 8,1; 9,12; 22,3; Joh 6,67.70f; Apg 6,2. Ferner kennt Lk auch den nicht auf die „Zwölf" bezogenen Apostelbegriff, vgl. Apg 14,4.14.

117 Mt 19,28 par; siehe den Unterschied in Offb 4,4.10.

118 Vgl. 1Tim 4,11; 6,2; 2Tim 2,2; 4,3; Offb 2,20.

119 Apg 4,2.18; 5,21.25.28.42; 11,26; 15,1.35; 18,11.25; 20,20; 21,21.28; 28,31; 1Kor 4,17; Eph 4,21; Kol 1,28; 2,7; 2Thess 2,15; 1Tim 2,12; vgl. Hebr 5,12. Die Bezeichnung der Adressaten als bezüglich der Bruderliebe „von Gott Gelehrte" in 1Thess 4,9 richtet sich nach einer Vermutung von *Malherbe* 1988, 63 gegen das epikureische Ideal des „Autodidakten".

120 Vgl. *Popkes* 1996, 74 mit einer Auflistung anderer Begriffe aus dem *Corpus Paulinum*.

121 Vgl. Apg 20,18–38; 2Tim; 2Petr.

Das eigene vorbildhafte Handeln ist wiederum abgeleitet vom Beispiel Christi (1Kor 11,1). Mit solcher Vorbildfunktion kann auch das Stichwort der „Nachahmung“[122] verbunden werden. Als schon realisierte Möglichkeit ist die Nachfolge in das apostolische Leben und Leiden in 2Tim 3,10–13 dargestellt. In 1Petr 5,3 werden die Presbyter zum vorbildhaften Leben für die Kirche aufgefordert.

Damit verwandt, aber zu unterscheiden sind Aussagen, welche die eigene unanstößige Lebensführung und Leidensbereitschaft als Beglaubigung des Dienstes an der Gemeinde zu verstehen geben.[123]

Neben der Berufung Elisas durch Elia nach 1Kön 19,19–21; Ios. ant. Iud. 8,354 sind es vor allem pagan-gr. Schilderungen von Philosophennachfolge[124] sowie der Bekehrung zur Philosophie eines Sokrates (Diog. Laert. 2,48), Plato (Aristoteles bei Them. or. 23 p. 356 Dindorf), Xenokrates (Diog. Laert. 4,16f), Apollonios (Philostr. Ap., *passim*), die einen Vergleich ermöglichen, wobei in diesen weniger die Bindung an den Lehrer als vielmehr ethische Konsequenzen, wie Bruch mit der eigenen Familie, Freunden und gesellschaftlicher Konvention sowie Besitzverzicht, akzentuiert werden. Kennzeichen des neuen Lebensstils konnte die bescheidene Ausrüstung des wandernden Philosophen-Lehrers sein.[125] In der philosophischen Briefliteratur, etwa im sokratischen Corpus und bei Seneca,[126] dient die Selbstdarstellung als Beispiel für die Adressaten. In den Briefen Senecas findet sich sogar eine ähnliche Dreierstruktur von Vorbild und Nachahmung wie bei Paulus: Das eigene Beispiel für den Leser wird wiederum im Vorbild Sokrates begründet (epist. 70,9; 71,1.7).

Neben diesem ausführlichen Bezug auf die Ur- und Gründungsgestalten der eigenen religiösen Gruppe begegnen andere ethische Vorbilder nur sporadisch. Unbenannt bleiben die in den Parabeln und Beispielerzählungen Jesu auftauchenden Personen, deren Verhalten als vorbildlich hingestellt wird.[127] Aus biblisch-jüd. Tradition sind als (positive oder negativ-abschreckende) Vorbilder die gefallenen Engel (Jud 6), Kain (Jud 11), Sodom und Gomorra (Jud 7), Exodusgeneration (1Kor 10,1–13; Hebr 3,7–4,13; Jud 5), die Korachiten (Jud 11), die Propheten (Jak 5,10), Elia (Jak 5,17f), Hiob (Jak 5,11), Bileam (2Petr 2,15; Offb 2,14), Esau (Hebr 12,16f) sowie auch die ganze Reihe der Glaubenszeugen von Hebr 11,1–38, die vielfach auf die jüd. Haggada der Zeit rekurriert,[128] übernommen.[129] Dagegen begegnen Gestalten der paganen Mytho-

---

122 1Thess 1,6; Phil 3,17; 2Thess 3,7–9.

123 Z.B. 2Kor 6,1–10; 11,16–33, bes. 11,29; Phil 1,12; 1Thess 2,10.

124 Pythagoras: Iambl. v. P. 6,30; 17,73; Empedokles: Diels/Kranz 31, B 112; Menekrates Zeus: Athen. 7,289b–c; Philostr. Ap.

125 Antisthenes: Diog. Laert. 6,13; vgl. Mt 10,10; Mk 6,8f; unter Voraussetzung der Pseudonymität auch 2Tim 4,13.

126 Vgl. *Fiore* 1986, 26–33 zur rhetorischen Theorie.

127 Z.B. Mt 13,44–46; 21,28–32; 25,1–32; Lk 10,29–37; 12,16–21; 16,19–31; 18,9–14.

128 Ausführliche Nachweise aus der jüd. Haggada bei *C. Rose*: Die Wolke der Zeugen. Eine exegetisch-traditionsgeschichtliche Untersuchung zu Hebräer 10,32–12,3, Tübingen 1994.

129 Die Funktion der Gestalt Adams in Röm 5,12–19; 1Kor 15,21f ist mit dem Begriff „Vorbild“ nicht ausreichend beschrieben.

logie oder Geschichte als explizit gemachte Vorbilder (wie etwa Odysseus, Herakles/Sostratos, Sokrates, Diogenes oder Pythagoras)[130] gar nicht.
Dieser Befund bestätigt die Beschreibung der Selbstverortung christl. Ekklesia-Ethik in differenzierter Kontinuität zur biblisch-jüd. Ethik und stärkerer Diskontinuität zum kulturellen Wissen der paganen Umwelt.

*Tugenden – Güter – Pflichten*
Zwar kennt das NT vereinzelt den Begriff der „Tugend" (*aretē*[131]), doch hat es, wie das sonstige Judentum des Zweiten Tempels, keine den paganen Philosophenschulen vergleichbare systematische Tugendlehre ausgearbeitet.[132] Weder das auf Plato (rep. 427e–445e) zurückgehende Schema der vier Kardinaltugenden noch die aristotelische Unterscheidung von ethischen und dianoëtischen (intellektuellen) Tugenden (Aristot. eth. Nic. 1138b35ff) und seine Bestimmung der ethischen Tugenden als „Mitte" (*mesotēs*; eth. Nic. 1107a) zwischen den beiden Extremen von Übermaß und Mangel werden erkennbar rezipiert. Man hat zwar die bei Paulus und in pln. Tradition (1Kor 13; 1Thess 5,8; Hebr 10,22–24) bezeugte Trias von Glaube, Liebe und Hoffnung in Entsprechung zu solchen Schemata als christl. Kardinaltugenden gewertet (ausgearbeitet bes. bei Thomas von Aquin), doch entspricht dies kaum dem Stellenwert und dem systematischen Ort dieser Gruppierung. Man könnte auch fragen, inwiefern insbes. *elpis* als handlungsorientiert und damit ethisch relevant gelten kann.[133] In den Tugendkatalogen des NT wird *elpis* nicht aufgeführt.
Dass sich gleichwohl begriffliche Deckungen feststellen lassen (z.B. wird von den vier gr. Kardinaltugenden allein die *andreia* im NT nicht erwähnt),[134] weist darauf hin, dass die Tugendlehre in eklektischer und unsystematischer Weise Anteil hat an einem vermutlich popularphilosophischen Tugend-Wissen. Diese Vermutung findet ihre Bestätigung durch die ntl. Tugendkataloge,[135] in denen ein breit gefächertes Inventar von Begriffen begegnet. Es handelt sich um

---

130 Nachweise bei *Berger* 1984b, 1343f.

131 Phil 4,8; 2Petr 1,5, anders 1Petr 2,9; 2Petr 1,3.

132 Gerade die Gleichstellung der *aretē* mit anderen Gliedern des Tugendkatalogs wird von *Wibbing* 1959, 118f als Indiz für die Distanz des pln. Denkens zur gr., insbes. stoischen Philosophie gewertet.

133 Die Mahnung zum „Festhalten" in Hebr 10,23 bezieht sich auf das Bekenntnis, nicht auf die Hoffnung selbst.

134 Anders im Judentum; vgl. TestXII.Sim 2,5; TestXII.Gad 1,2; TestXII.Ben 4,4; Arist 199.281; oft bei Philo und Josephus.

135 Einzeln: Eph 4,2f; Phil 4,8; 1Tim 4,12; 2Tim 2,22; 3,10; 1Petr 3,8; 2Petr 1,5–7; ergänzt durch Lasterkataloge in Gal 5,19–23; Kol 3,5–17. Die katalogartige Gegenüberstellung von Tugenden und Lastern steht in sachlichem, weniger sicher in genetischem (so *Berger* 1984b, 1091) Zusammenhang mit der Vorstellung zweier, ethisch positiv bzw. negativ, qualifizierter Wege, die ihre früheste christl. Ausformung im Zwei-Wege-Traktat der Did (1,1–6,1) gefunden hat. Die (judenchristl.) Did bzw. die in ihr verarbeitete Vorlage dürfte das Schema aus jüd.-ethischer Tradition (1QS 3,13–4,26; TestXII.Lev 19,1; TestXII.As 1,3–9) übernommen haben, wobei die weitergehende Annahme eines umfassenderen jüd. Proselyten-Katechismus (*A. Seeberg*) unbelegbar bleibt. Das im Hintergrund stehende Motiv von den beiden Wegen ist in der antiken Ethik seit Hes. erg. 287–292; den Psalmen (1,1–6; 138,24); Prov 2,13; 4,18f; 11,20 u.v.a weit verbreitet und findet sich auch im NT: Mt 7,13f par; 2Petr 2,15; vgl. *K. Niederwimmer*: Die Didache, Göttingen 1989, 83–87.

eine Textgattung, die vielfältige Parallelen, insbes. in der stoischen Philosophie der Kaiserzeit,[136] aber auch in der jüd. Literatur des Zweiten Tempels[137] einschließlich der Qumran-Texte[138] hat. Liegt den stoischen Schul-Katalogen prinzipiell die Struktur der vier Kardinaltugenden zu Grunde (Stob. 2,60,9 = SVF III Nr. 264) und enthalten sie Erläuterungen, so ist in den Quellen der kaiserzeitlichen Popularphilosophie eine Tendenz zur Lockerung des Schemas und zur Verkürzung zu einer asyndetischen Aufzählung festzustellen.[139]
Ein bestimmtes Schema ist auch den ntl. Katalogen kaum unterlegt. In den genannten frühchristl. Katalogen begegnen *agapē* (siebenmal), *pistis* (fünfmal) und *makrothymia* (viermal) am häufigsten.[140] Sprachlich auffällig ist der Katalog in Phil 4,8 mit zwei ntl. *hapax legomena*.
Bemerkenswert ist die Tatsache, dass ein Leitbegriff paganer Ethik, derjenige der Gerechtigkeit (gr.: *dikaiosynē*;[141] lat.: *iustitia*), in den ethischen Diskurs des NT zwar Aufnahme findet,[142] aber, markant in der Konsoziation „Gerechtigkeit Gottes", der auf die atl. und im frühen Judentum eschatologisch-soteriologisch interpretierte Vorstellung der Bundesgerechtigkeit des Gottes Israels zurückgreift, und wohl schon vorpln.,[143] als ein wesentliches nicht-ethisches Konzept zur Deutung der *conditio humana* erscheint. Hier erweist sich das NT besonders deutlich als Erbe biblisch-jüd. Tradition.
Die verschiedenen im NT erwähnten Tugenden sind zunächst auf den Binnenbereich der *ekklēsia* bezogen, greifen aber sachlich darüber hinaus.[144] In der Verkettung von 2Petr 1,5f erscheint die Bruderliebe als Vorbedingung und Ermöglichung der *agapē* zu allen Menschen; die Zweiheit von Glaube und Liebe rahmt sicher nicht zufällig den ganzen Katalog. Damit ist die christl. (durch das hell. Judentum seit der LXX vermittelte)[145] Haupttugend explizit universalisiert, was in anderen und früheren Texten, die eine Voranstellung der *agapē* formulieren, nicht explizit gesagt (1Kor 13,13) bzw. direkt ausgeschlossen wird (1Joh 4,7–21). Weder unter funktionalem noch unter ethischem Aspekt wird man sagen können, dass die ntl. Tugenden, wie in der Stoa (Diog. Laert. 7,89 = SVF III Nr. 39; markant anders im Epikureismus), Selbstzweck

---

136 Vgl. Dion Chrys. 1,26; Lasterkatalog: 1,82; 3,5 u.ö.; Epikt. diss. 1,29,39; 2,14,8; 3,5,7; 3,20,5.14f; M. Aur. 6,30,2.

137 Philo sacr. 27; praem. 159f; ebr. 23; op. 73; all. 1,86; virt. 182; Weish 8,7 die vier platonischen Tugenden; TestXII.Jos 10,1; Hen(sl) 66,6.

138 1QS 1,5; 2,24; im Rahmen der Zwei-Geister-Lehre: 4,2–8; in 4,9–14 folgt ein Lasterkatalog; 8,2; 10,25f.

139 Plut. mor. 1041A = SVF III Nr. 297; mor. 449A = SVF III Nr. 439; mor. 441C = SVF III Nr. 459; mor. 446F = SVF III Nr. 459.

140 In seiner Untersuchung der Begrifflichkeit der ntl. Tugendkataloge stellt *Wibbing* 1959, 104–106 eine hohe terminologische Konvergenz mit den Tugendkatalogen von 1QS fest.

141 Etwa bei Plat. rep. 432b–445e oder Aristot. eth. Nic. 1129a3ff.

142 Mt 3,15; 5,20; 6,1.33; 21,32; Apg 10,35; 24,25; Röm 14,17; Phil 1,1; Eph 5,9; Hebr 11,33; 12,11; 1Petr 2,24; 1Joh 2,29; 3,7.10; Offb 21,11.

143 Röm 3,25f; 2Kor 5,21.

144 Vorwiegend gemeindebezogene Tugenden sind die „Einheit des (hl.) Geistes" in Eph 4,3, die „Gleichgesinntheit" in 1Petr 3,8 und insbes. die „Bruderliebe" in 1Petr 3,8; 2Petr 1,7.

145 Vgl. Weish 6,17–21; Arist 229; oft in TestXII, vgl. TestXII.Rub 6,9; TestXII.Jos 17,3; TestXII.Gad 4,2; 5,2; TestXII.Ben 3,5; 8,1f.

sind und das höchste zu erreichende Gut also mit der Verwirklichung der Tugenden (die sich als Unerschütterlichkeit, Leidensfreiheit oder Affektlosigkeit benennen lassen) bereits vorhanden ist. Allerdings kommt Paulus in 1Kor 13,8 (die Liebe „bleibt") einer solchen Auffassung nahe; und wenn 1Joh 4,16 Gott und *agapē* identifiziert, so scheint in der Verwirklichung der *agapē* das höchste Gut, das Sein in Gott, tatsächlich erreicht.

Die Bestimmung des höchstens Gutes erfolgt im NT in unterschiedlicher Begrifflichkeit und Bildlichkeit. Den Leitbegriff der gr. Ethik, die *eudaimonia* („Glückseligkeit"), sowie die je nach Philosophenschule unterschiedliche negative und positive Näherbestimmung, z.B. als Ataraxie und *galēnē* („Meeresstille) bei Epikureern und Pyrrhoneern, Apathie und „Wohlfluss des Lebens" (*euroia biou*) in der Stoa, verwendet das NT nirgends, anders als zeitgenössische jüd. Schriftsteller wie Philo (→1.3.2.5) und Josephus (→1.3.2.6).[146] Dagegen konvergieren ntl. und pagan-antike Ethik zumindest partiell in der Analyse der Grundsituation des Menschen in der Welt, welche zu solchen Bestimmungen in der Güterethik führt: Für pagan-antikes Verständnis ist es das dem Menschen nicht Verfügbare, Bedürfnisse, Begierden, die er nicht selbstständig und jederzeit befriedigen kann, die ihn nach ethischer Neuorientierung bzw. Heilung suchen lassen. Im NT ist es neben der Bestimmung der Todesfurcht und dem Wissen um die Vergänglichkeit als die Existenz bestimmend und verdunkelnd[147] vor allem die pln. Reflexion auf die Selbstmächtigkeit der Begierde bzw. der Sünde (Röm 7,7–13), welche das Maßnehmen an expliziten ethischen Normen ergänzen.[148]

Deutlich wird die primär jüd. Prägung ntl. Ethik durch die Tatsache, dass ein zentraler Ausdruck für das anzustrebende höchste Gut, die Königsherrschaft bzw. das Königreich Gottes,[149] deutlich in den Zusammenhang jüd. Eschatologie und Ethik verweist.[150] Ist die „Königsherrschaft Gottes" primär eine endgeschichtliche (eschatologische), von Gott herbeigeführte, bestimmte und von seinem Gesandten angekündigte Größe, so impliziert die erwartete, teilweise bereits schon verwirklichte (Lk 17,21) Gegenwart derselben auch ethische Konsequenzen. Im Zusammenhang der Ankündigung der Königsherrschaft erschallt der Ruf zur Umkehr (Mt 4,17; Mk 1,15), der den Umkehrruf der atl. Prophetentradition aufnimmt und aktualisiert. In den „Einlasssprüchen",[151] die

---

146 In frühjüd. Literatur spielen Apathie (Philo; Josephus) und *galēnē* (Philo) hingegen eine gewisse Rolle. Zur *eudamonia* als von Gott geschenkter Belohnung für die Befolgung des Gesetzes vgl. programmatisch Ios. ant. Iud. 1,14. In der Ablehnung der – von Epikur (kyr. dox. 27; epist. Men. 128 u.ö.) als höchstem Gut vertretenen – „Lust" (*hēdonē*) ist sich das NT (Lk 8,14; Tit 3,5; Jak 4,1.3) mit der kynischen und stoischen Philosophie der Zeit einig, ohne dass man eine (andernorts wahrscheinliche) ausdrückliche Auseinandersetzung mit epikureischer Philosophie annehmen müsste.

147 Hebr 2,14; 1Kor 15,53–55; 2Tim 1,10.

148 Zu diesem Gedankenkreis und seinen Parallelen in 1QS vgl. *K. G. Kuhn*: Πειρασμός – ἁμαρτία – σάρξ im Neuen Testament und die damit zusammenhängenden Vorstellungen, ZThK 49, 1952, 200–222.

149 Mt überwiegend: „Königreich der Himmel"; 2Petr 1,11: Königsherrschaft Christi.

150 Vgl. *Camponovo* 1984.

151 Vgl. Mt 5,20; 7,21; 18,3; 23,13; Mk 9,47; 10,15.23–25; Joh 3,5; Apg 14,22; auch nachntl.: EvThom 22.114; Herm(s) 9,12,5–8; 14,1f, 15,2f; 16,2; 20,2f; 2Clem 6,9 u.ö.; vgl. *F. W. Horn*: Die synoptischen Einlaßsprüche, ZNW 87, 1996, 187–202, bes. 191; *H. Windisch*:

möglicherweise auf die Verkündigung Jesu und ihre Abgrenzung gegenüber pharisäischen Positionen zurückgehen und auf die Vorstellung von Zulassungsbedingungen zum Gottesvolk zurückgeführt werden,[152] werden negativ oder positiv, (auch gesinnungs-) ethische Anforderungen[153] für den Eintritt des Menschen in die Königsherrschaft Gottes formuliert. Verwandt sind Aussagen, welche das Nicht-Erlangen des höchsten Gutes (des Reiches Gottes) mit dem vorausgehenden menschlichen Verhalten verbinden.[154]

Die Verbindung zwischen Verhalten und höchstem Gut ist deutlich erkennbar auch in der Exodus-Typologie von Hebr 3f, in deren Kontext die Adressaten aufgefordert werden, von Gott nicht abzufallen (3,12), ihr Herz nicht verhärten zu lassen durch „die Täuschung der Sünde" (3,13), sondern in die endeschatologisch interpretierte, als nahe bevorstehend inszenierte Ruhe, die *katapausis*, des Gottesvolkes bei Gott einzutreten (4,1.11).

Sogar ein so allgemeiner und ntl. überwiegend nicht-ethisch konnotierter Begriff wie derjenige der „Rettung" (*sōtēria*) kann – ausgerechnet bei Paulus – Gegenstand einer Mahnung werden: „Mit Furcht und Zittern erwirkt eure Rettung" (Phil 2,12). Und das Hoffnungs-Gut des (ewigen) Lebens (*zōē aiōnios*) kann in ethische Zusammenhänge gerückt werden, etwa wenn Jesus nach dem notwendig vorausgesetzten Tun gefragt wird (Mt 19,16 parr), die Entscheidung im Endgericht über den Eingang in das Leben vom Verhalten gegenüber den Brüdern (Mt 25,46) oder allgemeiner vom guten Werk (Röm 2,7) abhängig gemacht wird, der Apostel vom Wandel (d.h. Verhalten) in der „Neuheit des Lebens" spricht (Röm 6,4) oder das höchste Gut als „Ziel" des menschlichen Handelns erkennbar wird (Röm 6,22). Im Makarismus Jak 1,12 (vgl. Offb 2,10) erscheint das Leben als Belohnung („Siegeskranz") für die erwiesene Bewährung und *agapē*. Besondere Beachtung findet das Gut des Lebens in Joh, wo der Glaube zur Voraussetzung gemacht wird,[155] dem „Ernte"-Dienst der Jünger das Leben verheißen wird (Joh 4,36) oder den Tätern des Guten die „Auferstehung des Lebens" zugesagt wird (4,29). Einmal wird die ethische Norm, das Gebot Gottes, des Vaters, mit dem ewigen Leben identifiziert (12,50). Demjenigen, der Menschen tötet, ist das ewige Leben verwehrt (1Joh 3,15).

Die Auffassung, dass das Erreichen des höchsten Gutes mit dem eigenen Tun zusammenhängt, verbindet ntl. Ethik mit dem eudämonistischen Grundzug des antiken ethischen Diskurses insgesamt.

---

Die Sprüche vom Eingehen in das Reich Gottes, ZNW 27, 1928, 163–192 weist als möglichen traditionsgeschichtlichen Hintergrund u.a. auch auf die Vorstellung vom Eingang in das verheißene Land, die heilige Stadt und bes. die Tempeleinlassliturgien (Ps 15,24; 118) hin; S. 189–192 der Verweis auf *Tabula Cebetis* (bes. 4,2f) und Lukian, *Hermotimos* als pagane Parallelen zur frühchristl. Vorstellung.

[152] Dtn 23,2–9; rezipiert u.a. bei Philo und in Qumran. Vgl. *Berger* 1984a, 183.

[153] U.a. Annehmen der Gottesherrschaft „wie ein Kind"; Verzicht auf Reichtum; Forderung der besseren Gerechtigkeit, der Erfüllung des Willens Gottes.

[154] 1Kor 6,9f; Gal 5,19–21; Eph 5,5.

[155] Joh 3,15f.36; 5,24; 6,47; 20,31; vgl. 1Joh 5,12.

*Normen und Werte*

Die Reflexivität ntl. Ethik zeigt sich in der Frage nach Normen und Werten besonders deutlich. Denn neben die (begründete) Anweisung zu diesem oder jenem Verhalten treten in den Texten ausführlichere „Normendiskurse",[156] die einzelne Normen ausführlicher darstellen und erörtern[157] und sich der Frage nach dem Verhältnis einzelner Tugenden und Laster widmen,[158] auch wenn diese Texte hinsichtlich Umfang und gedanklicher Breite nicht mit entsprechenden Traktaten der Umwelt[159] vergleichbar sind.

Ein erheblicher Teil des normenethischen Diskurses im NT ist dem Gesetz (*nomos*) gewidmet. Gemeint ist damit die biblisch-jüd. Tora hinsichtlich ihrer vorschreibenden bzw. verbietenden Dimension. Dabei wird einerseits die Frage der Befolgung verschiedener Einzelbestimmungen, wie Beschneidung, Ehebruch und -scheidung, Sabbatheiligung, Fasten, Ehrung der Eltern, Liebesgebot u.a.m., thematisiert, andererseits rückt die Frage nach der Erfüllung des Gesetzes grundsätzlich in den Blick, etwa in der Jesus-Überlieferung,[160] bei Paulus[161] oder in Jak (2,14–26). Ist so das früheste Christentum mit dem Judentum seiner Zeit durch die gemeinsame Bezugsgröße des normenethischen Diskurses eng verbunden, so darf nicht übersehen werden, dass in der jüd. Literatur des Zweiten Tempels durchaus unterschiedliche Rezeptionen und Funktionalisierungen der Tora begegnen, bis hin zu einer (gewiss minoritären) grundsätzlichen Problematisierung des Gesetzes.[162] Die selektiv-positive Haltung des frühen Christentums zu den Vorschriften der Tora, vor allem die Konzentration auf die nicht auf den Kult bezogenen Weisungen, steht Positionen nahe, die aus dem Diaspora-Judentum überliefert sind. Die Situationen der Tempelferne und Landlosigkeit sind das Gemeinsame der konzeptionellen Landkarten von Diasporajudentum und entstehendem Christentum, und dies wirkt sich auch normenethisch aus.

Verbunden sind das Judentum des Zweiten Tempels und das entstehende Christentum auch durch die herausragende Stellung, welche sie dem Dekalog als Zusammenfassung oder Zuspitzung der ethisch verstandenen Tora einräumen.[163] Dass diese Sonderstellung des Dekalogs im Judentum noch im 1. Jh. n.Chr. offenbar zugunsten einer stärkeren Betonung der Einheit der ganzen Tora kassiert wurde,[164] könnte sich als Reaktion auf die christl. Inanspruchnahme der Zehn Worte und Differenzierungen im Gesetz erklären.

---

156 Vgl. *Berger* 1984a, 211f.

157 Rein und unrein: Mk 7,18–23 par; *agapē*: 1Kor 13,1–3.8–12.13; Gesetz: Lk 16,16f par; Beschneidung des Herzens: Röm 2,25–29; Erkenntnis und Liebe: 1Kor 8,1–6; Weisheit: Jak 3,15–18; Frömmigkeit: 1Tim 6,6–10; Glaube und Werke: Jak 2,14–26.

158 1Tim 6,10; Jak 1,3f.15.13–18; 2,14–26; 3,2–12.16.18; 4,1.

159 Z.B. Plut. mor.; TestXII; Philo virt.

160 Mt 5,17–20.21–48; Mk 12,28–31 parr.

161 Röm 1,18–3,20; 7; 13,8–14; Gal 3f; 5,14; 6,2.

162 Genannt werden als Belege Philo migr. 89f; 4Esr 7,72; 8,20–36.47–49; Ios. ant. Iud. 4,141–155; Strab. 16,2,35–38.

163 Für das Judentum vgl. u.a. Philo dec.; PsArist 168; Ps.-Phok 3–8; Weish 14,25–27; für das NT s. Mk 10,19 parr; Röm 13,9; 1Tim 1,8–10; Jak 2,8–11; ferner Did 2,1–3.

164 Vgl. yBer 1,8 fol. 3c; bBer 12a.

Eine ausdrückliche Zuspitzung der ethischen Orientierung am Gesetz stellt die Orientierung am Liebesgebot (Lev 19,18) in der synoptischen,[165] joh[166] und pln.[167] Überlieferung dar. Während in den synoptischen und pln. Aussagen die Erfüllung des Liebesgebotes als Erfüllung der Tora etabliert wird, nennt Jak 2,8 das Liebesgebot selbst das „königliche Gesetz". Knüpft das NT in der Herausstellung des Liebesgebotes als Inbegriff der Tora an jüd. Vorbilder an, so begegnet der Gedanke einer „Zusammenfassung" (Röm 13,9) des Gesetzes im Liebesgebot in der jüd. Literatur der Zeit nicht. Wird die binnenethische Orientierung dieser Norm im NT nur in der Radikalisierung durch das Gebot der Feindesliebe in Mt 5,43 überschritten, so hat schon die jüd. Tradition in Lev 19,18b LXX; Sir 13,15; TestXII.Is 7,6 ausdrücklich den universalen Bezug des Gebotes herausgestellt. Die Verknüpfung des Liebesgebotes mit dem Dekalog deutet sich in einigen Passagen jüd. Literatur zwar an,[168] wird aber vor-ntl. nicht ausgeführt. Die mit Hilfe von Lev 19,18 und Dtn 6,4f vorgenommene Formulierung eines Doppelgebotes von Gottes- und Nächstenliebe als des „höchsten Gebotes" (Mk 12,28–34 parr) hat ihre traditionsgeschichtliche Basis in der jüd. Literatur des Zweiten Tempels.[169] Auf diese hat, besonders bei Philo, PsArist und bei Josephus, die pagan-gr. Vorstellung vom „Kanon der zwei Tugenden" direkt eingewirkt.

In den Zusammenhang des Gesetzesdiskurses gehören auch die Vorstellungen, den Heiden (denen die Tora nicht am Sinai geoffenbart wurde) seien die Forderungen der Tora „ins Herz geschrieben" (Röm 2,14f). Im pln. Kontext geht es zwar nicht um die Darlegung einer natürlichen Theologie oder Naturrechtslehre, sondern um den Aufweis der Sündhaftigkeit und Unentschuldbarkeit aller Menschen vor Gott, d.h. letztlich wird dem natürlichen Gesetz eine anklagende, keine positiv-normierende Funktion zugeschrieben. Doch scheint der Apostel an Vorstellungen vom natürlichen Gesetz (und seiner Korrelation zur schriftlichen Tora) anzuknüpfen, die in der zeitgenössischen jüd. Philosophie, greifbar bei Josephus, PsPhokylides (→1.3.2.7) und insbes. bei Philo, entwickelt wurden, welche selbst wiederum nicht ohne die Rezeption vorangegangener Debatten über das Verhältnis von Natur und Gesetz, z.B. bei Plato (→3.1.1 IV) und in der Stoa (→3.1.1 I), vorstellbar sind.[170]

Dass der Gesetzesdiskurs des NT auch in einem pagan-philosophischen Kontext der Reflexion auf das Gesetz steht, nimmt die ntl. Exegese in jüngerer Zeit

---

165 Mt 5,43; Mk 12,28–31 parr.

166 Joh 13,34f; 15,12f.17; 1Joh 3,16.

167 Röm 13,8–10; Gal 5,14. Es handelt sich um die bislang ältesten überlieferten direkten schriftlichen Zitate von Lev 19,18.

168 Philo dec. 108–110; 167; Jub 7,20; 20,2–9; PsPhilo lib. ant. 11 (→1.3.2.4).

169 Vgl. bes. TestXII.Is 5,2; 7,6; TestXII.Dan 5,3; mAv 6,1.6. In diesen Passagen ist nicht von einer Zusammenfassung der Tora im Doppelgebot der Liebe zu sprechen, vgl. *Wischmeyer* 2004, 149.

170 Die normierende Kraft der *physis* setzen auch Röm 1,26f; 1Kor 11,14 (vgl. Gal 4,8) voraus, ohne, wie etwa die Stoa (jüd. rezipiert bei Philo), damit das Leben gemäß der Natur zum Leitbegriff zu heben. Im gleichen Zusammenhang (1Kor 11,13) findet sich die Vorstellung vom Geziemenden (*prepon*; vgl. *prepein* in Eph 5,3; 1Tim 2,10; Tit 2,1); vgl. die Zusammenstellung von „Natur" und *prepon* bei Philo spec. leg. 3,48.

wieder stärker wahr.[171] Wenn auch der primäre Ort der pagan-antiken Gesetzesdebatte, anders als im NT, das politische Leben in der Polis ist, so werden mit der Berücksichtigung der religiösen und soteriologischen Dimension des Gesetzes, mit der Frage nach Gesetzesbindung und Freiheit, nach Gesetz und Gerechtigkeit u.a. Themen angesprochen, die mit ntl. Gedanken konvergieren und im Kontext einer universalen, auch religiöse Momente einschließenden Sinndeutung stehen. Dass ein gelingendes Leben ein am Gesetz orientiertes Leben ist, ist mehrheitliche Einsicht im pagan-antiken Denken ebenso wie im Frühjudentum und entstehenden Christentum.

Solcher positiven Wertschätzung des Gesetzes scheinen Aussagen in pln. Texten zu widersprechen, welche die Bestimmung der Freiheit (*eleutheria*) gegen aus der Tora abgeleitete Verhaltensnormen wie die Enthaltung von Speisen (1Kor 9,1; 10,29), die Beschneidung[172] und sogar gegen das Gesetz insgesamt (Röm 7,3) anführen. Hier zeigt sich zum einen eine Bruchlinie im pln. Denken, das zwischen verschiedenen Vorschriften des Gesetzes unterscheidet, zum anderen die Analyse der „Begierde" als einer das Gesetz instrumentalisierenden und den Menschen versklavenden Macht. Soweit Freiheit vom Gesetz proklamiert wird, findet sie ihre Konkretion und Begrenzung in der Liebe (Gal 5,13) und in der Unterordnung.[173] Wo die (auch ethisch gefasste) Sünde als Sklaverei erfahren wird (2Petr 1,19), ist die von außen geschenkte Freiheit Chiffre für das Heilshandeln Gottes (Röm 6,15–23; 2 Kor 3,17). Konnte die Forschung wahrscheinlich machen, dass Paulus sich z.T.[174] auf verschiedene jüd. Konzeptionen des Freiheitsgedankens[175] gestützt haben mag, so ist z.B. in der Auseinandersetzung mit Korinth, aber auch in der Vorstellung von der Freiheit vom Gesetz, auch mit Übernahmen etwa aus kynisch-stoischer Popularphilosophie zu rechnen. Wenn Jak 1,25; 2,12 Freiheit und Gesetz, anders als Paulus, gerade zusammendenkt, so folgt er damit einer im Judentum bei Philo[176] aufgenommenen stoischen[177] Tradition.

Der im Gedanken des natürlichen Gesetzes implizierte Gedanke einer internen ethischen Norm ist nicht zufällig, sondern bedingt durch konzeptionelle Nähe, in Röm 2,14 verbunden mit dem Konzept des Gewissens (*syneidēsis*). Dem Gewissen als „innerer Gerichtshof"[178] kommt die Aufgabe der (auch vorausgehenden) Beurteilung menschlicher Handlungen durch den Vergleich mit den vorgegebenen, nicht selbst gesetzten, ethischen Normen zu. Wiewohl im Einflussbereich christl. Tradition besonders wirkmächtig geworden, ist das Konzept des Gewissens, das im NT wiederholt bei Paulus,[179] in Apg (23,1; 24,16), Past[180] sowie in 1Petr 3,16.21 und in Hebr,[181] auffälligerweise aber nicht in der

---

171 Vgl. z.B. *Sonntag* 2000; *Haacker* 1996 sowie die Zusammenfassung bei *Schnelle* 2003, 579–585.

172 Gal 2,4; 5,1.13, vgl. die Vorbereitung in 4,21–31.

173 1Kor 9,19; vgl. Mt 17,26; 1Petr 2,16 zum Verhältnis zu den staatlichen Autoritäten.

174 Röm 8,21; 2Kor 3,17; Gal 4,26.

175 4Esr 7,96–98.101; 11,46; 13,25–26.29; ApcBar(syr) 51,3.5; Philo prob. 95.

176 Vgl. prob. 45–47; spec. leg. 4,149f.

177 Epikt. diss. 4,1,158; 4,7,17.

178 Vgl. dazu Hi 27,6 LXX.

179 Außer Röm 2,15 vgl. 9,1; 13,5; 1Kor 4,4; 8,7.10.12; 10,25.27–29; 2Kor 1,12; 4,2; 5,11.

180 1Tim 1,5.19; 3,9; 2Tim 1,3; Tit 1,15.

Evv-tradition über Jesus, begegnet, keine frühchristl. Erfindung. Vielmehr greift die frühchristl. Ethik eine (nicht exklusiv an den Terminus *syneidēsis* bzw. das stammgleiche Verb *synoida* gebundene) intellektualistisch akzentuierte Vorstellung auf, die in ntl. Zeit pagan etwa bei Cicero (rep. 3,33; Tusc. 4,45) und in der Stoa,[182] jüd. etwa in Koh 10,20 LXX; Weish 17,10; TestXII,[183] Josephus[184] und besonders bei Philo[185] Verwendung fand.[186] In traditionsgeschichtlicher Hinsicht tritt neben die Annahme der Übernahme jüd. Begrifflichkeit und Vorstellung auch die Erwägung, dass Paulus das Konzept aus seinem Kontakt mit der Gemeinde in Korinth übernommen haben könnte.[187]
Die Anteilnahme ntl. Ethik an der Popularphilosophie der Zeit lässt sich auch durch die sog. „Goldene Regel" veranschaulichen, die frühchristl. erstmals in Q (Lk 6,31/Mt 7,12) als ethischer Leitsatz begegnet und von Mt in die Zusammenfassung der Lehre Jesu in der Bergpredigt aufgenommen wird. In der jüd. Literatur des Zweiten Tempels ist sie ab dem 2. Jh. v.Chr. bezeugt.[188] Sie dürfte aus gr. Popularphilosophie stammen, wo sie seit dem 5. Jh. v.Chr. begegnet (Hdt. 3,142), fand aber z.B. auch Eingang in die späte antik-ägyptische Weisheitsliteratur.
Ein anderer zentraler Leit- und Zielbegriff ntl. Ethik ist „das Gute" (*to agathon*), besonders prominent in Röm. Auffällig ist die direkte Konsoziation des Lexems mit Verben des Tuns: *ergazein* (Röm 2,10; auch Gal 6,10); *poiein* (Röm 3,8; 7,19; 13,3), *prassein* (Röm 9,11) oder lexematische und semantische Zusammenhänge, die zu erkennen geben, dass das Gute Inhalt oder Bezugs- und Zielpunkt des menschlichen Handelns ist: Röm 12,9 (*kollōmenoi tō agathō*); 12,21 (*nikan en tō agathō to kakon*); 15,2 (*areskein eis to agathon*); 16,19 (*sophous einai eis to agathon*). Als Orientierungsziel und Produkt des Handelns ist der Begriff *to agathon* auch in Röm 8,28; 13,4 zu interpretieren, jeweils in der finalen Wendung *eis* (*to*) *agathon*.[189] Dass dieser zentrale Wertbegriff ntl., aber auch pagan-antiker und biblisch-jüd. Ethik in der ntl. Wissenschaft bisher auffällig wenig Beachtung gefunden hat,[190] könnte sich daraus erklären, dass „das Gute" im NT nicht als weiterer Darlegung bedürftiger Gegenstands-, sondern als Bestimmungsbegriff verwendet wird, der Personen, Handlungen usw. prädiziert und als solcher etwa in der Paränese ohne weitere Erläuterung eingesetzt werden kann. In einzelnen Passagen wird darüber hin-

---

181 Hebr 9,14; 10,22; 13,18; anders Hebr 10,2; 1Petr 2,19.

182 Epikt. diss. 1,14,12; 2,8,11f; 3,22,94; Sen. epist. 12,9; 41,1f; 43,4f; 73,76; 81,20; 105,8; benef. 3,1,4.

183 TestXII.Rub 4,3; TestXII.Jud 20,2.

184 Ios. ant. Iud. 13,316; 16,102f; c. Ap. 2,218.

185 Z.B. prob. 99; 124; 149; spec. leg. 1,235; 2,49; 3,54; 4,6.40; virt. 206; praem. 84; 163; det. 146.

186 Frühe pagane Belege sind u.a. Aristoph. Thesm. 476f; Demokrit (Diels/Kranz 68, B 297); Eur. Or. 396. Die *Sache* dürfte auch atl. Anthropologie nicht fremd sein, vgl. 1Sam 24,6; 2Sam 24,10 sowie die Auslegung der Sündenfallgeschichte Gen 3 bei Ios. ant. Iud. 1,47.

187 So *Klauck* 1994.

188 Bei Arist 207; TestXII.Zab 5,3; Sir 31,15 und Tob 4,15.

189 Vgl. ferner Mt 12,35; Lk 6,45; Joh 5,29; 2Kor 5,10; 1Petr 3,13; 3Joh 11 und bes. Mt 19,16 diff. Mk 10,17; Lk 18,18.

190 Eine ausführlichere Darstellung des Themas ist in Vorbereitung.

aus deutlich, dass diese Akzeptanz des Wertes des Guten die christl. Autoren nach ihrem Selbstbewusstsein nicht zusammen mit den angeredeten christl. Adressaten von der übrigen Welt abtrennt, sondern gerade mit ihr verbindet.
In Mt 19,16–22 ergibt sich eine Konkretion des Guten als des zu Tuenden durch die Identifikation mit der „sozialen Tafel" des Dekalogs. In derselben Perikope wird die Verbindung zur Güterlehre über die Begriffe des „ewigen Lebens" und der „Vollkommenheit" eingeführt.
Die ntl. Ethik kennt weitere Wertkonzepte. Dazu zählt dasjenige der Heiligkeit (*hagios*; *hagiasmos*; *hagiosynē*). Heiligkeit ist nicht nur Eigenschaft und Gabe Gottes, sondern auch Ideal des eigenen Handelns.[191] Das Konzept schließt an den atl.[192] und frühjüd. rezipierten[193] Gedanken der Heiligkeit (im Sinne der Gotteszugehörigkeit) des Gottesvolkes an[194] und zitiert ausdrücklich die Heiligkeitsforderung (Lev 19,2 in 1Petr 1,16), welche die ethische Ausrichtung von Heiligkeit bestimmt. Die Bezeichnung „die Heiligen" für die eigene Gruppe[195] hat ebenfalls Analogien in der jüd. Literatur des Zweiten Tempels[196] und akzentuiert Heiligkeit als exklusives Konzept, in dem sich Erwählungs- und Rettungswissen mit ethischer Inanspruchnahme verbindet. Verwandt (bis hin zur Synonymität), auch hinsichtlich ihrer Begründung in der voraufgehenden und geschenkten Eigenschaft Gottes, sind Aussagen über die erforderliche „Reinheit"[197] der Gemeinde, welche das Feld der Ethik mit (letztlich archaisch-transkulturellen, in der Zeit des NT im Judentum stärker als im paganen Umfeld geläufigen) Vorstellungen vom Fehlverhalten als Befleckung verbinden.
Andere ethische Werte, wie z.B. die „Ehrwürdigkeit" (*semnos*, *semnotēs*[198]), die „Wahrheit" bzw. „Wahrhaftigkeit" (*alētheia* u.a.[199]), sind weniger prägend für die ntl. Ethik insgesamt geworden.
Mit Bezug auf die Weisheit (*sophos/sophia*) als Wert ist einerseits eine positive, handlungsorientierende Rezeption festzustellen,[200] andererseits bei Paulus eine scharfe Abgrenzung gegenüber der „Weisheit dieser Welt"[201] und damit indirekt eine Kritik des hell. Bildungsideals der Zeit (vgl. noch Röm 1,14.22). Solche negative und exkludierende Bewertung der Weisheit ist funktional als Separation einer Minderheit und ihrer Überzeugungen zu verstehen. Sie be-

---

191 Röm 6,19.22; 2Kor 7,1; Eph 1,4; 5,27; Kol 1,22; 1Thess 3,13; 4,3f.7; 2Thess 2,13; 1Tim 2,15; 1Petr 1,2.15f; 2Petr 3,11; Hebr 12,14; Offb 22,11.

192 Vgl. *T. Pola*: Heiligkeit im Alten Testament. Ethische Relevanz und Wendepunkte der Traditionsgeschichte, in: *D. Sänger* (Hg.): Heiligkeit und Herrschaft. Intertextuelle Studien zu Heiligkeitsvorstellungen und zu Psalm 110, Neukirchen-Vluyn 2003, 27–43.

193 Vgl. die ältere, vor der Entdeckung der Texte von Qumran verfasste Studie von *R. Asting*: Die Heiligkeit im Urchristentum, Göttingen 1930, 34–72.

194 Ex 19,6; Dtn 7,6; 1Petr 2,9.

195 Röm 1,7; 8,27; 1Kor 1,2; 2Kor 1,1; Eph 6,18; Phil 1,1 u.a.; für die Jerusalemer Gemeinde: Röm 15,25f.31; 1Kor 16,1 u.a.

196 Dan 7,21; Tob 8,15; 12,15; 1Makk 1,46; 1QS$^b$ 1,5; 1QH 15,10; 1QM 6,6; 12,7; 1QS 5,18.20; 11,8; CD 4,6.

197 *Katharos*, *katharizo* u.a.: Mt 5,8; 23,26; Joh 13,10f; 2Kor 7,1; Jak 4,8; *hagnos*: 2Kor 11,2f; Phil 1,17; 4,8; 1Tim 5,22; Tit 2,5; 1Petr 3,2, Jak 3,17; 4,8 u.ö.

198 Phil 4,8; 1Tim 2,2; 3,4.8.11; Tit 2,2.7.

199 Joh 3,12; 1Joh 1,6; 2Joh 4; 3Joh 3f.

200 Röm 16,19; 1Kor 6,5; Eph 5,15.

201 1Kor 1,20 und insgesamt 1Kor 1–3, vgl. auch Mt 11,25 par.

deutet freilich nicht, dass der Wert der Weisheit aufgegeben ist.[202] Die implizierte Figur der Überbietung hat ihr Vorbild in der Selbstverortung jüd. Weisheit und ihres Offenbarungsbezugs gegenüber der in der Immanenz verharrenden Weisheit der Völker.[203] Das Motiv selbst der „höheren Weisheit durch Offenbarung", verbunden mit der Vorstellung der Weisheit aus dem Osten, hat das Judentum freilich selbst vermutlich aus dem paganen Hell. übernommen.[204] Nicht im Sinne einer Norm setzenden, wohl aber einer Norm bestätigenden Instanz ist die aus der jüd.-apokalyptischen Tradition[205] (ausgehend von Dan 7 und 12,1–3) übernommene und modifizierte Rede vom (endzeitlichen) Gericht Gottes (bzw. Christi) im NT Teil des ethischen Diskurses. Er scheint Bestandteil der Erstunterweisung an Neophyten gewesen zu sein.[206] Motiviert mit dem Hinweis Gericht werden schon der Umkehrruf des Täufers (Lk 3,7–9 par) oder der Ruf in die Nachfolge Jesu.[207] Wo explizit von dem beurteilenden Maßstab in diesem Gericht die Rede ist, wird auf die Erfüllung des göttlichen Willens (Mt 7,19.21–23), die (auch unbewusste) Erfüllung des Liebesgebotes (Mt 25,31–46), Vergebungsbereitschaft und Barmherzigkeit (Mt 18,23–34), gemeinschaftsgerechtes Verhalten (1Kor 3,17), das Durchhalten in Verfolgung (Mk 13,9–13; vgl. die Überwindersprüche in Offb 2f) verwiesen. Nicht nur Taten, auch Worte (Mt 12,36f) werden bewertet. Die Gleichnistradition ist schon in Q von der Gerichts-paränese mit geprägt (Lk 12,35–40; 19,12–27), Lasterkataloge können den Hinweis auf das Zorngericht Gottes enthalten (Kol 3,5f; Eph 5,3–6). Der (in der biblischen Weisheit bereits formulierte)[208] Zusammenhang zwischen Tat und Ergehen wird endeschatologisch bestätigt.[209] Der Aufweis der universalen Schuldverfallenheit und Gnadenbedürftigkeit des Menschen (Röm 1,18–3,20) steht auch für Paulus nicht im Widerspruch zur Vorstellung einer Beurteilung der Taten im Endgericht (1Kor 3,14f; 2Kor 5,10), die aufgrund des vorhandenen ethischen Wissens nicht durchweg vorweggenommen werden kann (Röm 14,10; anders jedoch Phil 3,18f).[210] Der Verweis auf das nahe[211] bzw. überraschende[212] Kommen des Gerichts verleiht der ethischen Weisung Dringlichkeit, wertet aber das gebotene Verhalten nicht im Sinne einer bloß interimistischen Ethik ab.

---

202 Mt 23,34 parr; 1Kor 3,18; Jak 3,13.

203 Aristoboulos Frg. 3–5 = Eus. p.e. 13,12,1f.3–8.9–16; Philo spec. leg. 2,165f.

204 Vorsichtig *Hengel* ²1973, 383–394.

205 Eine *interpretatio Graeca* frühjüd. Eschatologie (der Essener) bietet Ios. bell. Iud. 2,154–165. Wohl aufgrund älterer ägyptischer Vorstellungen hat auch die gr. Antike ab dem 5. Jh., zunächst in orphisch-pythagoräischen Kreisen, bes. aber bei Plato, eine ethisch orientierte Vorstellung vom Totengericht entwickelt.

206 1Thess 1,9f; Apg 10,42; 17,30f; 24,25; Hebr 6,2.

207 Mk 8,34–38; 10,28–31; 13,11–13.

208 Vgl. *B. Janowski*: Die Tat kehrt zum Täter zurück. Offene Fragen im Umkreis des „Tun-Ergehen-Zusammenhangs", ZThK 91, 1994, 247–271 (Hinweis PD S. Graetz, Bonn).

209 Mt 5,19; 6,14f; 10,32f; 16,27; 23,34–36; vgl. 27,25; Mk 8,38; Apg 5,28; Röm 2,6 (Zitat von Ps 62,13 LXX); 1Kor 3,17; 2Kor 5,10.

210 Die Differenz dieser Aussagen ist funktional-kontextuell bedingt.

211 Mt 3,7 par 10b; vgl. Röm 13,11; 1Kor 16,22; Phil 4,5; 2Petr 3,11–18.

212 Mt 25,1–13; Mk 13,32.35; Lk 12,35–38.39f; 19,12–27; 1Thess 5,1–6; 2Petr 3,10. Aus jüd.-apokalyptischer Gerichtsparänese vgl. u.a. Hen(aeth) 94,6; 97,5; 4Esr 4,51f.

Noch im Anfangsstadium der Erforschung ist die Teilhabe der ntl. Texte an antiken, die Grenze zwischen Judentum und paganem Denken überschreitenden Wert-Diskursen, welche unterhalb der Ebene expliziter ethischer Normsetzung diesen doch zu Grunde liegt. Am gründlichsten untersucht wurde der Diskurs über Ehre und Schande („*honour*“ u. „*shame*“ →2.2.5.2), z.B. mit Bezug auf die homerische Welt und das klassische Athen,[213] die mediterrane Welt insgesamt[214] sowie jüd. Schriften wie Sir, Weish oder 4Makk.[215] Auch zu atl. und ntl. Schriften liegen Untersuchungen vor.[216] Die festzustellende Universalität des Diskurses darf nicht übersehen lassen, dass er sowohl integrierend wie separierend aktualisiert werden konnte. Von daher bot er sich für die Minderheitensituation insbes. des Diaspora-Judentums ebenso an wie für das entstehende Christentum. Es ist aber vor dem Missverständnis zu warnen, die antik-mediterrane Kultur und die auf ihr aufbauende Ethik sei nur von diesem einen Werte-Diskurs bestimmt gewesen. Vielmehr ist mit einer Mehrzahl solcher Diskurse zu rechnen, die integrierende oder separierende Funktion haben konnten. Hinzuweisen ist insbes. auf den Diskurs über Kraft und Schwachheit, dessen Rekonstruktion noch ganz am Anfang steht.[217] Die weitere Einsicht in solche den antiken Gesellschaften und Gruppen zugrunde liegenden Wertediskurse dürfte für die Beschreibung des Verhältnisses ntl. Ethik zur umgebenden antiken Kultur einen wertvollen Beitrag leisten.[218]

*Literatur* (Lexikon- und Wörterbucheinträge werden nicht nachgewiesen):
*Allgemein*
*K. J. Dover*: Greek Popular Morality. In the Time of Plato and Aristotle, Oxford 1974. – *C. Horn*: Antike Lebenskunst. Glück und Moral von Sokrates bis zu den Neuplatonikern, München 1998. – *R. B. Hays*: The Moral Vision of the New Testament. Community, Cross, New Creation. A Contemporary Introduction to New Testament Ethics, Edinburgh 1997. – *M. Hossenfelder*: Die Philosophie der Antike 3: Stoa, Epikureismus und Skepsis, München ²1995. – *A. J. Malherbe*: Moral Exhortation. A Greco-Roman Sourcebook, Philadelphia 1986. – *Ders.*: Paul and the Popular Philosophers, Philadelphia 1988. – *Ders.*: Hellenistic Moralists and the New Testament, ANRW II 26.1, 1992, 267–333. – *W. A. Meeks*: The Moral World of the First Christians, Philadelphia 1986. – *M. C. Nussbaum*: The Therapy of Desire. Theory and Practice in Hellenistic Ethics, Princeton 1994.

*Philosophie als Lebensform*
*K. Berger*: Die Gesetzesauslegung Jesu. Ihr historischer Hintergrund im Judentum und im Alten Testament. Teil I: Markus und Parallelen, Neukirchen-Vluyn 1972. – *M. Dibelius*: Der Brief des Jakobus. Mit Ergänzungen von H. Greeven, Göttingen ¹²1984. – *A. Dihle*: Der Kanon der zwei Tugenden, Köln/Opladen 1968. – *T. Engberg-Pedersen*: Paul and the

[213] Vgl. *Adkins* 1960.
[214] Vgl. *J. Pitt-Rivers*: Honour and Social Status, in: *Peristiany* 1966, 21–77.
[215] Vgl. *deSilva* 1995, 99–142.
[216] Vgl. *deSilva* 1995, 15 Anm. 48. Zum lk Doppelwerk s. *Malina/Neyrey* 1991; zu Röm vgl. *Moxnes* 1988, zu Hebr vgl. bes. *deSilva* 1995.
[217] Vgl. vorläufig *H. Löhr*: Some Remarks Concerning the Discourse on Weakness (and Power) in Hebrews. Paper Delivered at the SBL International Meeting 2004, Groningen 2004. Eine Publikation ist in Vorbereitung. Vgl. auch die Hinweise bei *U. Heckel*: Kraft in Schwachheit. Untersuchungen zu 2. Kor 10–13, Tübingen 1993, 277–288.
[218] Auf eine Darstellung der Stile und Gattungen, in welchen sich die ntl. Ethik ausspricht, muss aus Platzgründen verzichtet werden, vgl. jedoch →1.3.2; 1.3.3.

Stoics, Edinburgh 2000. – *Ders.*: The Concept of Paraenesis, in: *J. Starr/Ders.* (eds.): Early Christian Paraenesis in Context, Berlin/New York 2004, 47–72. – *J. T. Fitzgerald*: Philippians in the Light of Some Ancient Discussions of Friendship, in: *Ders.* (ed.): Friendship, Flattery, and Frankness of Speech. Studies on Friendship in the New Testament World, Leiden u.a. 1996, 141–160. – *Ders.* (ed.): Graeco-Roman Perspectives on Friendship, Atlanta 1997. – *P. Hadot*: Wege zur Weisheit. Oder: Was lehrt uns die antike Philosophie. Aus dem Französischen von H. Pollmeier, Berlin 1999. – *B. Janowski*: Stellvertretung. Alttestamentliche Studien zu einem theologischen Grundbegriff, Stuttgart 1997. – *H. Löhr*: Umkehr und Sünde im Hebräerbrief, Berlin/New York 1994. – *A. J. Malherbe*: Exhortation in First Thessalonians, NT 25, 1983, 238–256. – *Ders.*: Paul and the Thessalonians. The Philosophic Tradition of Pastoral Care, Philadelphia 1987. – *Ders.*: Paraenesis in the Epistle to Titus, in: *J. Starr/T. Engberg-Pedersen* (eds.): Early Christian Paraenesis in Context, Berlin/New York 2004, 297–317. –*M. M. Mitchell*: Paul and the Rhetoric of Reconciliation. An Exegetical Investigation of the Language and Composition of 1 Corinthians, Tübingen 1991. – *W. Popkes*: Paränese und Neues Testament, Stuttgart 1996, 171–174. – *Ders.*: Paraenesis in the New Testament. An Exercise in Conceptuality, in: *J. Starr/T. Engberg-Pedersen* (eds.): Early Christian Paraenesis in Context, Berlin/New York 2004, 13–46. – *J. D. Quinn*: Paraenesis and the Pastoral Epistles. Lexical Observations Bearing on the Nature of the Sub-Genre and Soundings in Its Role in Socialization and Liturgies, in: *L. G. Perdue/J. G. Gammie* (eds.): Paraenesis. Act and Form, Atlanta 1990, 189–210. – *G. Röhser*: Stellvertretung im Neuen Testament, Stuttgart 2002. – *L. Smith Pangle*: Aristotle and Philosophy of Friendship, Cambridge 2003. – *Th. Söding*: Die Trias Glaube, Hoffnung, Liebe bei Paulus. Eine exegetische Studie, Stuttgart 1992. – *L. M. Stowers*: Friends and Enemies in the Politics of Heaven. Reading Theology in Philippians, in: *J. M. Bassler* (ed.): Pauline Theology 1, Minneapolis 1991, 105–121. – *G. M. Styler*: The Basis of Obligation in Paul's Christology and Ethics, in: *B. Lindars/S. S. Smalley* (eds.): Christ and Spirit in the New Testament (FS C. F. D. Moule), Cambridge 1973, 175–187. – *L. M. White*: Morality Between Two Words. A Paradigm of Friendship in Philippians, in: *D. L. Balch* u.a. (eds.): Greeks, Romans, and Christians (FS A. J. Malherbe), Minneapolis 1990, 201–215. – *M. Wolter*: Ethos und Identität in paulinischen Gemeinden, NTS 43, 1997, 430–444. – *Ders.*: Die ethische Identität christlicher Gemeinden in neutestamentlicher Zeit, in: *W. Härle/R. Preul* (Hgg.): Woran orientiert sich Ethik?, Marburg 2001, 61–90.

*Separation – Integration – Universalität*

*R. Aasgaard*: „Brotherly Advice". Christian Siblingship and New Testament Paraenesis, in: *J. Starr/T. Engberg-Pedersen* (eds.): Early Christian Paraenesis in Context, Berlin/New York 2004, 237–265. – *K. Berger*: Formgeschichte des Neuen Testaments, Heidelberg 1984 (= *Berger* 1984a). – *H.-J. Klauck*: Brotherly Love in Plutarch and in 4 Maccabees, in: *D. L. Balch u.a.* (eds.): Greeks, Romans, and Christians. (FS A. J. Malherbe), Minneapolis 1990, 144–156. – *H. Moxnes* (ed.): Constructing Early Christian Families. Family as Social Reality and Metaphor, London/New York 1997, 103–197. – *T. Roh*: Die „familia Dei" in den synoptischen Evangelien. Eine redaktions- und sozialgeschichtliche Untersuchung, Fribourg (CH)/Göttingen 2001. – *O. Wischmeyer*: Das Adjektiv ἀγαπητός in den paulinischen Briefen. Eine traditionsgeschichtliche Miszelle, NTS 32, 1986, 476–480.

*Ethischer Fortschritt*

*W. Kinzig*: Novitas Christiana. Die Idee des Fortschritts in der Alten Kirche bis Eusebius, Göttingen 1994. – *D. M. Swancutt*: Paraenesis in Light of Protrepsis. Troubling the Typical Dichotomy, in: *J. Starr/T. Engberg-Pedersen* (eds.): Early Christian Paraenesis in Context, Berlin/New York 2004, 113–153.

*Lehrer und Vorbilder*

*K. Berger*: Hellenistische Gattungen im Neuen Testament, ANRW II 25.2, 1984, 1031–1432.1831–1885 (= *Berger* 1984b). – *S. Byrskog*: Jesus the Only Teacher. Didactic Authority and Transmission in Ancient Israel, Ancient Judaism and the Matthean Community,

Stockholm 1994. – *H. Cancik*: Untersuchungen zu Senecas Epistulae morales, Hildesheim 1967. – *A. Dihle*: Die Goldene Regel. Eine Einführung in die Geschichte der antiken und frühchristlichen Vulgärethik, Göttingen 1962. – *D. Dormeyer*: Die Passion Jesu als Verhaltensmodell. Literarische und theologische Analyse der Traditions- und Redaktionsgeschichte der Markuspassion, Münster 1974. – *A. Ehrhardt*: Greek Proverbs in the Gospel. The Framework of New Testament Stories, London 1964. – *B. Fiore*: The Function of Personal Example in the Socratic and Pastoral Epistles, Rom 1986. – *C. E. Glad*: Paul and Philodemus. Adaptability in Epicurean and Early Christian Psychagogy, Leiden 1995. – *H. Hommel*: Herrenworte im Licht sokratischer Überlieferung, ZNW 57, 1966, 1–23. – *H. W. Kuhn*: Nachfolge nach Ostern, in: *D. Lührmann/G. Strecker* (Hgg.): Kirche (FS G. Bornkamm), Tübingen 1980, 105–132. – *E. von Nordheim*: Die Lehre der Alten, 2 Bde., Leiden 1980/1985. – *H. Schürmann*: „Das Gesetz des Christus“ (Gal 6,2). Jesu Verhalten und Wort als letztgültige sittliche Norm nach Paulus, in: *Ders.*: Studien zur neutestamentlichen Ethik, Stuttgart 1990, 53–77.

*Tugenden - Güter – Pflichten*

*O. Camponovo*: Königtum, Königsherrschaft und Reich Gottes in den frühjüdischen Schriften, Fribourg (CH)/Göttingen 1984. – *E. Kamlah*: Die Form der katalogischen Paränese im Neuen Testament, Tübingen 1964. – *S. Wibbing*: Die Tugend- und Lasterkataloge im Neuen Testament und ihre Traditionsgeschichte unter besonderer Berücksichtigung der Qumran-Texte, Berlin 1959.

*Normen und Werte*

*A. W. Adkins*: Merit and Responsibility. A Study in Greek Values, Oxford 1960. – *M. Bockmuehl*: Natural Law in Second Temple Judaism, VT 45, 1995, 17–44. – *P. Bosman*: Conscience in Philo and Paul. A Conceptual History of the Synoida Word Group, Tübingen 2003. – *D. A. deSilva*: Despising Shame. Honor Discourse and Community Maintenance in the Epistel to the Hebrews, Atlanta 1995. – *H.-J. Eckstein*: Der Begriff Syneidesis bei Paulus, Tübingen 1983. – *K. Haacker:* Der „Antinomismus“ bei Paulus im Kontext antiker Gesetzestheorie, in: *H. Lichtenberger u.a.* (Hgg.): Geschichte – Tradition – Reflexion (FS M. Hengel), Bd. 3, Tübingen 1996, 387–404. – *M. Hengel*: Judentum und Hellenismus. Studien zu ihrer Begegnung unter besonderer Berücksichtigung Palästinas bis zur Mitte des 2. Jahrhunderts vor Christus, Tübingen [2]1973. – *R. A. Horsley*: The Law of Nature in Philo and Cicero, HThR 71, 1978, 35–59. – *F. S. Jones*: „Freiheit“ in den Briefen des Apostels Paulus. Eine historische, exegetische und religionsgeschichtliche Studie, Göttingen 1987. – *H.-J. Klauck*: „Der Gott in dir“ (Ep. 41,1). Autonomie des Gewissens bei Seneca und Paulus, in: *Ders.*: Alte Welt und neuer Glaube, Fribourg (CH)/Göttingen 1994, 11–31. – *W. Kullmann*: Antike Vorstufen des modernen Begriffs des Naturgesetzes, in: *O. Behrends/W. Sellert* (Hgg.): Nomos und Gesetz. Ursprünge und Wirkungen des griechischen Gesetzesdenkens, Göttingen 1995, 36–111 – *B. Malina/J. H. Neyrey*: Honor and Shame in Luke-Acts: Pivotal Values of the Mediterranean World, in: *J. H. Neyrey* (ed.): The Social World of Luke-Acts. Models for Interpretation, Peabody 1991, 25–66. – *H. Moxnes*: Honour and Righteousness in Romans, JSNT 32, 1988, 61–77. – *J. G. Peristiany* (ed.): Honour and Shame: The Values of Mediterranean Society, Chicago 1966. – *D. T. Runia/G. E. Sterling* (eds.): Laws Stamped with the Seals of Nature. Law and Nature in Hellenistic Philosophy and Philo of Alexandria, Providence 2003. – *U. Schnelle*: Paulus. Leben und Denken, Berlin/New York 2003. – *H. Sonntag*: ΝΟΜΟΣ ΣΩΤΗΡ. Zur politischen Theologie des Gesetzes bei Paulus und im antiken Kontext, Tübingen 2000. – *S. Vollenweider*: Freiheit als neue Schöpfung. Eine Untersuchung zur Eleutheria bei Paulus und in seiner Umwelt, Göttingen 1989. – *O. Wischmeyer*: Agape, in: *Dies.*: Von Ben Sira zu Paulus, Tübingen 2004, 89–161.

## 3.3.2 Tempel und Tempelkult

### 3.3.2.1 Tempel und Opferkult in der antiken Welt (*Günter Röhser*)

*Stellen im NT*
Mt 5,23f; 8,4; Mk 1,44; 7,11; Lk 1,9–13; 21,1.4f; Joh 2,16 parr; 18,20; Apg 7,48; 14,13.18; 17,23–25.29; 19,24–40; Röm 1,23; 3,25; 12,1; 1Kor 3,16f; 8; 10,16–21.25–28; 11,24–26; 2Kor 6,16; Eph 5,2; Hebr 13,15f; 1Petr 2,5; Offb 1,6; 8,3f; 9,20

*Allgemein*
Tempel und Tempelkulte sind ein selbstverständlicher und allgegenwärtiger Teil der antiken Welt. Im Unterschied zu modernen „Gotteshäusern" sind sie in erster Linie nicht einem besonderen religiösen Lebensbereich zugeordnet, sondern Teil des öffentlichen Lebens (→1.2.2). Exemplarisch kann man dies an Joh 18,20 festmachen, wo der Jerusalemer Tempel als der Ort bezeichnet wird, „wo alle Juden zusammenkommen". Dort redet Jesus „in der Öffentlichkeit" und nicht „im Verborgenen". Dies entspricht der atl. Bestimmung des Tempels (Dtn 31,11); demgemäß raten einige röm. Führungsoffiziere bei der Belagerung Jerusalems im Jahre 70, zur endgültigen Niederschlagung aller jüd. Aufstandsversuche den Tempel zu zerstören, „bei dem die von überall her (kommenden Juden) sich versammeln" (Ios. bell. Iud. 6,239).
In der Stadt Rom wird an öffentlichen Tempeln der röm. Staatskult vollzogen (zum Kaiserkult →3.3.4) und ebenso der *polis*-Kult in gr. Städten. Die Priester haben bei solchen und ähnlichen Ritualen nicht notwendigerweise eine leitende, wohl aber immer eine offizielle Funktion: Als die Menschen in Lystra Barnabas und Paulus in Verkennung ihrer Mission Opfer darbringen wollen, weil sie sie für Götter in Menschengestalt halten, handelt der Priester (andere Lesart [sog. westlicher Text]: mehrere Priester) des Zeusheiligtums „zusammen mit den Leuten", d.h. stellvertretend für sie, in offizieller Funktion; und die bekränzten Stiere für das Opfer treibt er offenbar an den Stadttoren zusammen (Apg 14,13.18).[1] An der öffentlichen Funktion des Tempels macht sich auch seine wirtschaftliche sowie seine identitätsstiftende Bedeutung für das jeweilige Gemeinwesen (→1.2.3) fest. Dies wird nirgendwo deutlicher als in der Besorgnis der Silberschmiede von Ephesos (→2.2.7.3 VI) wegen ihres schwunghaften Devotionalienhandels mit Nachbildungen von Artemisheiligtümern sowie dem sich anschließenden Volksauflauf im Theater (unter dem Motto „Groß ist die Artemis der Epheser"): Beide Gruppen sehen – zumindest nach der Darstellung der Apg des Lukas – durch die pln. Mission ihre Zukunft bedroht, die wesentlich an dem Ansehen der „großen Göttin" hängt (Apg 19,24–40). Zu vergleichen sind auch Jesu Aktion gegen die „Geschäftemacherei" im Jerusalemer Tempel (Joh 2,16 parr), die von vielen Exegeten als (ein) Grund dafür angesehen wird, dass die Behörden gegen ihn vorgingen, sowie das Bestreben des jüngeren Plinius (111–113 n.Chr. Legat in Bithynien-

[1] Zur Lokalisierung des Tempels „vor der Stadt" (14,13) s. die Parallelen bei *R. A. Kearsley*: Acts 14.13: The Temple Just Outside the City, in: *S. R. Llewelyn* (ed.): New Documents Illustrating Early Christianity 6, North Ryde 1992, 209f; weitere kultur- und religionsgeschichtliche Einzelheiten zur Perikope s. bei *Frenschkowski* 1997, 128–140.

Pontus), durch sein Vorgehen gegen die Christen den Absatz von Opferfleisch wieder anzukurbeln, „für das sich bisher nur sehr selten ein Käufer fand" (epist. 10,96). – Viele Tempelangestellte, Handwerker, Viehhändler und Bauern sind als Teil der Tempelwirtschaft von ihrem jeweiligen Heiligtum abhängig und an einem ungestörten Tempelbetrieb (samt Markttagen) interessiert.
Dass der Tempel ein aus der Alltagsrealität aus- und von ihr abgegrenzter Bereich (von besonderer Heiligkeit) ist oder zumindest sein sollte, spricht nicht gegen seinen öffentlichen Charakter – im Gegenteil: Die stellvertretende Ausgrenzung eines Teiles dokumentiert die Zuständigkeit und den Anspruch für das Ganze (Stadt, Staat, Land) und dessen Zugehörigkeit zu dem/den jeweiligen Gott/Göttern. Dabei ist zwischen dem Tempelbezirk (*hieron*, lat. *templum*) und dem eigentlichen Tempelgebäude (*naos*, lat. *aedes*) zu unterscheiden (in exakter terminologischer Parallele zum Jerusalemer Tempel für den Artemis-Tempel von Ephesos in Apg 19,24.27). Der Bezirk ist stets größer als das Gebäude, da wichtige Teile des Kultes vor und außerhalb des Tempelgebäudes, unter freiem Himmel stattfinden. Konstitutiv für den gr. Kult ist ohnehin der Altar und nicht das Tempelgebäude; letzteres ist lediglich Haus der Gottesstatue und Aufbewahrungsort für Votivgaben[2] und fehlte in manchen Heiligtümern (z.B. Zeus in Dodona). Aber auch in Jerusalem wurde der Altardienst am Brandopferaltar wieder aufgenommen, bevor noch der Zweite Tempel fertig erbaut war.[3]
Dem öffentlichen Tempelkult steht in idealtypischer Weise der Privatkult (Haus-, Familien- und Gruppenkult) gegenüber (→1.2.5; 3.3.6.1; 3.3.6.2). Der letztere kann den ersteren ergänzen (so z.B. der röm. Hauskult oder die Feste der jüd. Familie), er kann aber auch in Spannung zu ihm treten. So wollte Plato in seinen „Gesetzen" (leg. 909d–910d) die Privatkulte kategorisch verbieten, weil sie sich der Kontrolle des Staates entziehen könnten, und im Falle der Bacchanalien (→3.1.2) ging der röm. Staat mit äußerster Härte gegen einen „Geheimkult" vor. Im Falle der Christen steigerte später das Fehlen von Priestern und Kultheiligtümern sicherlich noch die Irritation. Jesus legt nach Joh 18,20 (im jüd. Kontext) Wert auf die Feststellung, dass er keine Geheimlehre vertritt.
Im Mittelpunkt des öffentlichen Kultes steht der korrekte Ritualvollzug (→1.2.6). Deswegen braucht man dafür auch Spezialisten (Priester und Opferdiener). Dies schließt persönliche Haltungen und individuelle Überzeugungen der Teilnehmenden (Priester und Volk) nicht aus – sie können sogar für einen authentischen Ritualvollzug unverzichtbar sein –, wie auch umgekehrt ein Hauskult stark am formalen Vollzug und der Verpflichtung gegenüber der Tradition orientiert sein kann. Was wir heute „persönliche Frömmigkeit" nennen, steht aber zweifellos nicht im Vordergrund von Tempelkulten. Vielmehr sind die Privatkulte das eigentliche „Einfallstor" für individuelle (auch neue) Glaubensüberzeugungen und -praxis (Verehrung von „nahen" Hausgöttern, Kultvereine, Mysterienkulte, christl. Hausgemeinden). Sie decken sich nicht

---

2 Zum Kultbild vgl. Apg 17,29; 19,26.35; Röm 1,23; Offb 9,20; zu den Votivgaben s.u.

3 Esr 3; zum (tempellosen) Altar- und Opferkult der Ur- und Frühzeit vgl. Gen 4,3–5; 8,20; 12,7f u.ö.

mit den Grenzen einer politischen oder nationalen Gemeinschaft und beziehen von daher ihre potentiell „subversive" Kraft.
Daneben gibt es auch echte Überschneidungen zwischen beiden idealtypischen Bereichen. Dazu gehören individuelle Kulthandlungen am Tempel, wie private Opfer und persönliche Gelübde (Ablegung und Einlösung) samt zugehöriger Gebetspraxis (auf den generell engen Zusammenhang zwischen Gebet und Gelübde weist gr. *euchē*, welches beides bedeuten kann) – insbes. die Befragung von Orakeln (→3.2.7, z.B. Delphi, Dodona) und die Darbringung von Votivgaben (Weihgeschenken) nach erfolgter Genesung in den Heiligtümern der Heilheroen (z.B. Epidauros). Letztere gehören auch zu den wichtigen Wallfahrtsorten der Antike. Überhaupt wurden bei Wallfahrten gerne Weihgaben gestiftet;[4] dies verstärkte wiederum die wirtschaftliche und ggf. politisch-militärische Potenz der Tempel und ihres Personals (vgl. Ios. bell. Iud. 6,335). Auch wenn es keinen gr. und lat. Begriff dafür gibt, so ist doch das Phänomen der Pilgerreise in der gesamten antiken Welt verbreitet. Zu den bekanntesten Wallfahrtsorten gehören neben den Asklepios-Heiligtümern von Epidauros (Peloponnes) und Lebena (Kreta) auch der bereits genannte Artemis-Tempel in Ephesos (→2.2.7.3 VI), derjenige in Brauron und die Kykladen-Insel Delos (Thuk. 3,104,3–6). Im Zusammenhang mit der (einmaligen) Pilgerfahrt zum Zwecke der Einweihung in Mysterien (→3.1.2) und/oder Orakelbefragung (→3.2.7) findet sich das in Kol 2,18 im Kontext von Engelverehrung belegte Verb *embateuein* („eintreten").[5] Lukian von Samosata gibt im 2. Jh. eine ausführliche Beschreibung einer Pilgerfahrt zur „Syrischen Göttin" im nordsyrischen Hierapolis (Syr. d. 10; 55f). Bei vielen dieser Handlungen und Gepflogenheiten haben wir es ohne Zweifel mit Elementen privater Tempelfrömmigkeit zu tun. Hingegen unterstreichen Weihungen aus staatlichen oder amtlichen Anlässen oder die Übersendung von Weihgeschenken durch fremde Herrscher[6] wiederum die politische und religionspolitische Bedeutung der öffentlichen Heiligtümer. Auch bei Massen-Wallfahrten, wie zu den Hauptfesten in Jerusalem, tritt der individuelle Charakter zugunsten des gemeinschaftlichen und offiziellen stark zurück. Herodot (2,58–63) beschreibt solche Feste (*pan-ēgyris* = „Festversammlung des ganzen Volkes") für Ägypten und führt ihre Entstehung auf die Ägypter zurück, von denen sie die Griechen übernommen hätten.[7]

*Opferkult und Abendmahl*
Im Übergangsfeld von privatem und offiziellem Kult dürften sich auch jene Kultmähler bewegen, mit denen Paulus es in 1Kor 8–10 zu tun hat. Wie in Je-

---

[4] Beispiele etwa in Delos; für einen babylonischen Tempel bei Hdt. 1,183,3, für den Jerusalemer Tempel z.B. in Ios. bell. Iud. 5,562 und Lk 21,5 bezeugt.

[5] Material und Diskussion bei *K. Berger/C. Colpe* (Hgg.): Religionsgeschichtliches Textbuch zum Neuen Testament, Göttingen/Zürich 1987, Nr. 527 und *Frenschkowski* 1995, 60f.

[6] Z.B. der röm. Kaiser an den Jerusalemer Tempel: Ios. bell. Iud. 5,562f.

[7] Derselbe Begriff findet sich für die jährlichen Jerusalemer Wallfahrtsfeste in Ios. bell. Iud. 5,230. – Zur wirtschaftlichen Bedeutung der Wallfahrt für Jerusalem und Judäa in herodianischer Zeit s. *M. Goodman*: The Pilgrimage Economy of Jerusalem in the Second Temple Period, in: *L. I. Levine* (ed.): Jerusalem. Its Sanctity and Centrality to Judaism, Christianity, and Islam, New York 1999, 69–76.

rusalem, so bestand auch an nichtjüd. Tempeln für größere und kleinere Gruppen (Familien, Vereine) die Möglichkeit, jederzeit ein privates oder halbprivates Opferfest zu feiern. Doch weniger die Zusammensetzung der Teilnehmer, sondern allein schon die Tatsache, dass solche „Festbankette" in Korinth (→2.2.7.3 VIII) an öffentlichen Heiligtümern stattfinden, macht die Teilnahme für Christen (im Unterschied zur Teilnahme an Gastmählern in Privathäusern) in den Augen des Paulus von vornherein anstößig. Auch dies unterstreicht noch einmal den öffentlichen Charakter der Tempelanlagen: Auf wessen Einladung hin oder aus welchem Anlass auch immer – Opferfeiern und Festmähler in den Tempelanlagen der Stadt (die Speiseräume des im Norden Korinths ausgegrabenen Asklepios-Tempels geben uns eine gute Anschauung davon) bekommen unweigerlich den Charakter offizieller Kulthandlungen und sind deshalb mit dem jüd. und christl. Bekenntnis unvereinbar.
Nach Auffassung des Paulus kommt man bei Kultmahlzeiten in öffentlichen Tempeln (1Kor 8: „Götzenopferfleisch"-Essen) in Berührung mit den als „Dämonen" abqualifizierten heidnischen Göttern, d.h. man begibt sich in ihren Machtbereich und erkennt ihre Macht an. Dadurch entsteht die Gefahr, dass die Grenze zwischen der Gemeinde als dem „Leib Christi" und dem Reich der Dämonen verwischt wird (1Kor 10,16–21). „Götzenopferfleisch" ist zunächst jüd.-polemische Bezeichnung für *hierothyton* (10,28; „der Gottheit geopfertes [Fleisch]") und hat folgenden kultur- und religionsgeschichtlichen Hintergrund: Fleisch, das auf dem Markt (genauer: im *macellum* = „Markthalle") angeboten wurde, konnte von Tieren stammen, die im Rahmen einer heidnischen Kulthandlung geschlachtet worden waren.[8] Jede Einladung zu Bekannten oder Freunden – sei es zu Hause oder im Tempel (1Kor 8,10; 10,27) –, jeder Einkauf im *macellum* (10,25) konnte Christen mit der Frage konfrontieren, ob sie solches Fleisch kaufen und essen dürften. Paulus bejaht die Frage grundsätzlich (mit der Begründung, dass es für Christen keine anderen Götter gebe als nur den Einen, aus dessen Hand alle Gaben der Schöpfung kommen und deswegen auch genossen werden dürften), lehnt aber jedes demonstrative (öffentliche wie private) Essen ab. Trotz der fundamentalen Kritik am Götzenkult lassen sich aus 1Kor 10,18–21 wichtige Rückschlüsse auf das frühchristl. Abendmahlsverständnis ziehen, die hier kurz skizziert seien:

Das (Opfer- bzw. Herren-)Mahl ist Ausdruck religiöser Zugehörigkeit und hat bestimmte Konsequenzen für Leben und Verhalten („Wes Brot ich ess, des Lied ich sing"). Das zu schlachtende Opfertier bzw. die Speisen des Abendmahls werden durch bestimmte kultische Handlungen bzw. Gebete der jeweiligen Gottheit als dem Gegenstand der Verehrung, Gastgeber und Herrn des Mahles übereignet. Durch das Essen kommt man also in Berührung mit dem „Eigentum" der Gottheit und begibt sich auf diese Weise in Gemeinschaft mit ihr. Beim jüd.-christl. Mahl geschieht die genannte Übereignung durch den Mahlsegen (Benediktionen und Danksagungen über Brot und Weinbecher; vgl. 1Kor 10,16). Die Besonderheit des christl. Herrenmahls besteht a) darin, dass der Name des „Herrn" (Jesus Christus) über den Speisen angerufen wird, b) in der metaphorischen Selbstidentifikation Jesu und seines Heilswerkes mit den Mahlgaben („Das ist mein Leib ..."; „dieser Becher ist der neue Bund ..."; 1Kor 11,24f). Durch den Empfang von Brot und Wein, welche Jesus und sein Heilswerk vertreten bzw. repräsentieren, bekommen die Glaubenden (die Genossen des erneuerten Sinai-Bundes) leibhaftigen Anteil an der Person und den Gaben des Messias. Denn

[8] Gr. *thyein* bedeutet sowohl „opfern" als auch „schlachten" (vgl. Mt 22,4).

die Schöpfungsgaben Brot und Wein stehen stellvertretend für das Ganze des Heils, solange der Messias nicht mehr sichtbar gegenwärtig ist bzw. „bis er (wieder)kommt" (1Kor 11,26). Eine irgendwie geartete besondere Gegenwart Jesu in den Elementen ist nicht im Blick; es geht vielmehr um Partizipation (Anteilhabe) an einer größeren (unsichtbaren, geistlichen) Wirklichkeit durch (leibliches) Essen und Trinken, welches nicht mehr – trotz einer gewissen Affinität der Becherworte in der Abendmahlsüberlieferung zum gr.-röm. Trankopfer-Ritual[9] – als „Opfermahl" verstanden werden kann.

*Priesterdienst und Opfertheorien*

Priester sind hervorgehobene Personen (in Griechenland und Rom beiderlei Geschlechts, in Israel nur Männer) einer Gemeinschaft, die zwischen der jeweiligen Gottheit und ihren Verehrern in doppelter Richtung eine Mittleraufgabe wahrnehmen – oft noch in der ursprünglichen Einheit mit politischen Funktionen (Herrscher, Beamte): Sie bringen Bitte und Dank in Gestalt von Opfern und Gebeten (→3.3.5) stellvertretend für die jeweiligen Menschen vor die Gottheit (Lev 9,7 u.ö.; Philo spec. leg. 1,229; Porph. abst. 4,5) und vermitteln umgekehrt Weisung (Orakelerteilung, Rechtspflege, Weisheitslehre) und gnädige Zuwendung der Gottheit an die Menschen[10] – bis hin zur Repräsentanz, ja Präsenz der Gottheit in ihrer Person (v.a. bei den Römern). Der kultische Dienst der Priester darf nicht – und dies gilt für die gesamte antike Welt – als ein Versuch des Menschen gewertet werden, sich selbst zu erlösen oder die Gottheit zu zwingen oder zu bestechen, sondern in jedem Falle als eine gnädige Einrichtung der Gottheit zur Regelung, Aufrechterhaltung und ggf. Wiederherstellung intakter Beziehungen zwischen ihr und den Menschen.
Damit ist die eine Grundfunktion des Opferkultes benannt (Erfreuen und Besänftigen der Götter, Erfahrung ihrer Gegenwart, Sühne und Dank, Anerkennung ihrer Überlegenheit und ihres Vorrangs). Die andere ist die sozialkommunikative und -integrative Funktion der gemeinschaftlichen Darbringung und Feier entsprechender Opfermähler und -feste. Bei den Einzelformen der Opfer bestehen durchaus gewisse Entsprechungen zwischen gr.-röm. und israelitischen Opfern.[11]
Die Funktionen der Opferriten sind im gesamten Raum, den wir überblicken können, absolut primär gegenüber möglichen Deutungen der Opferriten selbst. Dies gilt etwa für eine angebliche stellvertretende Bedeutung des Opfertieres im atl. Sühnekult. Eine solche Interpretation lässt sich den Ritualtexten selbst nicht mit hinreichender Deutlichkeit entnehmen und auch wirkungsgeschichtlich nicht eindeutig belegen.[12]
Entsprechend umstritten sind in der Forschung die verschiedenen Opfertheorien. Der wichtigste „Deutungsbegriff", der sich in biblischer Literatur findet, ist hebr. *qorban* bzw. gr. *dōron*.[13] Er dürfte überhaupt den Grundsinn des anti-

---

[9] Vgl. *K. Berger*: Wozu ist Jesus am Kreuz gestorben?, Stuttgart 1998, 214–216.
[10] Ein ausführliches Beispiel bei Strab. 14,1,44.
[11] Zu den Gemeinsamkeiten und Unterschieden s. *J. Rüpke*: Die Religion der Römer, München 2001, 141f; *B. H. McLean*: The Cursed Christ. Mediterranean Expulsion Rituals and Pauline Soteriology, Sheffield 1996, 52–64.
[12] Vgl. *G. Röhser*: Stellvertretung im Neuen Testament, Stuttgart 2002, 50f und v.a. *Chr. Eberhart*: Studien zur Bedeutung der Opfer im Alten Testament. Die Signifikanz von Blut- und Verbrennungsriten im kultischen Rahmen, Neukirchen-Vluyn 2002.
[13] Siehe Mt 5,23f; Mk 7,11; Hebr 5,1; 11,4; vgl. Eph 5,2 „sich selbst geben".

ken Opferns bezeichnen (in Lk 21,1.4 auch für Geldgaben an den Tempel): „Gabe", „Geschenk" an die Gottheit (so auch Plat. Euthyphr. 14c–15a).
Interessant ist in diesem Zusammenhang Mt 8,4: Nach der Heilung des Aussätzigen befiehlt Jesus ihm, sich dem Priester zu zeigen und ihm die „Opfergabe" zu übergeben, die Mose angeordnet hat (vielleicht ist sogar „Dankesgabe, Dankopfer" zu verstehen, da *dōra* auch *terminus technicus* für gr. Dankopfer ist und die Reinigung des Aussätzigen – kraft seiner Heilung durch Jesus – bereits vollzogen ist: Mt 8,3 par Mk 1,41f). Hingegen zeigt die Mk-Vorlage (1,44) noch, worauf die Formulierung ursprünglich zielte: auf die kultische *Funktion* des Opfers (rituelle „Reinigung" des Geheilten). Dies entspricht auch vollständig dem atl. Bezugstext (Lev 14,2–32), wo weder das Motiv der (Dankes-)Gabe noch dasjenige eines stellvertretenden Todes der geschlachteten Tiere, wohl aber „Reinigung" und „Entsühnung" eine Rolle spielen. – In Röm 3,25 hebt Paulus auf die Funktion der *kapporät*[14] im Allerheiligsten des Jerusalemer Tempels ab, diejenige Stelle zu sein, an der man die Sünden der Israeliten alljährlich „treffen" und beseitigen kann. Für ihn ist nunmehr der gekreuzigte Jesus der Ort, an dem die Sünden der Menschen eliminiert werden.[15] Der Gedanke stellvertretender Sühne klingt allenfalls am Rande an. – Feuer- und Wohlgeruchsopfer sollen die Gottheit besänftigen und erfreuen.[16] Wiederum können sie grundlegend als Geschenk[17], namentlich als Speise für Gott[18] verstanden werden. Eine sekundäre Interpretation deutet den aufsteigenden Rauch des Räucheropfers als Symbol bzw. Träger der zu Gott aufsteigenden (und demzufolge Gott „angenehmen" = von ihm angenommenen) Bitten und Gebete der Menschen.[19] So dürfte es z.B. kein Zufall sein, dass dem Priester Zacharias nach Lk 1,9–13 die Erhörung seines Gebets um einen Sohn gerade während des Räucheropfers von einem neben dem Räucheraltar stehenden Engel verkündigt wird.[20]
Schließlich wird das Räucheropfer als wertvoller und höher als die Tieropfer erachtet, weil es (wie die Gebete) unblutig ist.[21] Überhaupt ist das „Selbstopfer" eines gerechten und tugendhaften Lebens das beste Opfer überhaupt.[22]
Damit stehen wir am Übergang zur metaphorischen Verwendungsweise von Tempel-, Priester- und Opferterminologie. Seit hell. Zeit wird sie auf breiter Front über den rituellen Kult hinaus ausgedehnt auf alle Bereiche des religiösen und ethischen Lebens und Nachdenkens: Paulus bezeichnet die Gemeinde als den „Tempel Gottes",[23] die Christen werden insgesamt als Priester für Gott

---

[14] Aufsatz der Bundeslade, „Sühnedeckel" (vgl. Hebr 9,5).
[15] *Röhser*: Stellvertretung (Anm. 12), 116–119.
[16] Z.B. vom Brandopfer Gen 8,21; Lev 1,9 u.ö.; vom Speiseopfer und Weihrauch Lev 2,2; zu letzterem vgl. Ex 30,1–8; Num 17,11f; zum Ganzen Eph 5,2.
[17] Zum Weihrauch als (besonders wertvollem) Huldigungsgeschenk vgl. Mt 2,11 und das Weihrauchopfer im röm. Kaiserkult.
[18] Lev 21,6; Num 28,2; Mal 1,7; Jub 21,9; vgl. aber Ps 50,8–13; Apg 17,25.
[19] Vgl. Ps 141,2; Offb 8,3f.
[20] Auch das Volk betet draußen zur Stunde des Räucheropfers; vgl. das ganz ähnliche Ereignis in Ios. ant. Iud. 13,282.
[21] TestXII.Lev 3,6; Philo spec. leg. 1,275.
[22] Isokr. or. 3,20; Philo spec. leg. 1,201.272; vgl. Röm 12,1.
[23] 1Kor 3,16f; 2Kor 6,16; ähnlich Philo spec. leg. 2,148 von jedem jüd. Haus beim Pessach-Fest, som. 1,215 vom Kosmos und der vernünftigen Seele.

angesehen (1Petr 2,5; Offb 1,6), wahre Opfer sind Lobopfer (Bekenntnis des Namens Gottes) und Wohltätigkeit (Hebr 13,15f). Dies kann, muss aber nicht mit Tempel- und Ritualkritik verbunden sein. Diese hat ebenfalls bereits eine lange Tradition in gr. Philosophie und im AT und kann z.B. dazu führen, dass der Jerusalemer Tempel als „von Händen gemacht" (und damit Gottes Universalität unangemessen) mit gr. Heiligtümern auf eine Stufe gestellt wird (Apg 7,48; 17,23f). In orphischer und pythagoreischer Tradition (vgl. Apollonios von Tyana) wird das blutige Opfer ganz abgelehnt (Philostr. Ap. 1,1; 8,7,12), im NT ist es durch den Heilstod Jesu Christi entbehrlich geworden.

*Literatur*

*D. Baudy u.a.*: Kult/Kultus I–V, RGG[4] 4, 2001, 1799–1810. – *A. Bendlin u.a.*: Opfer, DNP 8, 2000, 1228–1252. – *M. Frenschkowski*: Offenbarung und Epiphanie, 2 Bde., Tübingen 1995/1997. – *J. Renger/V. Rosenberger*: Tempelwirtschaft, DNP 12/1, 2002, 125–129. – *J. Rüpke*: Die Religion der Römer. Eine Einführung, München 2001. – *S. Schroer*: Griechische Heiligtümer im Spiegel alttestamentlicher Kosmologien und Theologien, in: *O. Keel/E. Zenger* (Hgg.): Gottesstadt und Gottesgarten. Zu Geschichte und Theologie des Jerusalemer Tempels, Freiburg u.a. 2002, 231–288 (Abbildungen!). – *J. E. Stambough*: The Functions of Roman Temples, ANRW II 16.1, 1978, 554–608 (Abbildungen!).

## 3.3.2.2 Der Jerusalemer Tempel (*Heinz-Martin Döpp*)

*Stellen im NT*

Mt 4,5; 8,4; 12,5; 21,12.14.17.23; 26,2f.17–19.55.58; 27,51; Mk 1,44; 11,11f.15.18; 12,41–44; 14,1f.12–16.49.53.58; 15,38; Lk 1,8–10; 4,9; 5,14; 6,4; 10,31f; 19,29–40.41–47; 20,1; 21,1.37; 22,1.7–20.54.66; 24,53; Joh 2,13f.20.23; 4,45; 6,4; 7,14.32.45f; 8,2.20; 11,47.55.57; 12,1.5.20; 13,25–29; 18,3.12.20; Apg 2,1–4.46; 3,1–26; 4,1f; 5,12.20f.25; 6,9; 7,47; 8,27–31; 12,3f; 20,6.16; 21,15–30; 24,11f.17–19; 1Kor 9,13; Offb 11,2

### *I. Der Tempel*

*Architektur*

Der Tempel in Jerusalem (→2.2.7.3 VII) war ein typisches Stadtheiligtum, nahe zur Stadt und zugleich in enger Verbindung zur angrenzenden königlichen Burg. Der monumentale Bau allerdings zeigte deutlich: Hier handelt es sich nicht um eine Art Palastkapelle oder königliches Heiligtum. Vielmehr kommt dem hier verehrten Gott eine herausragende Bedeutung zu. Jedem, der nach Jerusalem kam, war klar: Der hier verehrte Gott ist ein mächtiger Gott, der in einem riesigen Tempel auf der Erde residiert und dem man sich nicht unangemessen nähern kann. Zugleich ist es ein Gott, der den Menschen im Tempel nahe ist und ihnen mit all seiner Kraft helfen will. Die Architektur des Tempels folgte deshalb einer inneren Logik. Es war die Idee zunehmender Heiligkeit der Bezirke. Sie steigerte sich von den verschiedenen Vorhöfen, zum Heiligtum bis zum quadratischen Allerheiligsten (mKel 1,6–9). Sie orientierte sich an dem Plan, den Mose für den Bau des Heiligtums erhalten hatte (Ex 25–31.35–40). Dieser baulichen Konstruktion entsprach eine kultische Klassifizierung. Sie reichte bei den Vorhöfen von den Bereichen, zu denen alle – auch Nicht-Juden – Zutritt hatten, über die Bereiche, in denen jüd. Männer und Frauen, bis zu dem Bereich, zu dem nur jüd. Männer Zutritt hatten. Das Heiligtum durften nur Priester und Leviten betreten, das Allerheiligste nur der Hohepriester am Versöhnungstag. So war es unmöglich, direkten Blickkontakt zur Gottheit aufzunehmen (vgl. Ex 33,12–23). Dadurch war architektonisch die theologische Vorstellung der Unverfügbarkeit Gottes umgesetzt. Allerdings durften die Pilger an den Wallfahrtsfesten bei geöffneter Tempeltür einen Blick ins Tempelinnere werfen. Korrespondierend dazu galten verschiedene Reinheitsvorschriften für die verschiedenen Bereiche. An den Hohenpriester wurden die höchsten Reinheitsvorschriften gestellt.

*Geschichte des Zweiten Tempels*

Nach dem babylonischen Exil wurde aufgrund persönlicher Anordnung des persischen Königs Kyros der 587 v.Chr. von den Babyloniern zerstörte Salomonische Tempel in Jerusalem wieder aufgebaut (Esr 6,1–4.6–18). Unter König Dareios I. wurde 520 v.Chr. dazu der Grundstein gelegt (Esr 3,8; Hag 1,14f). Zur Unterscheidung vom Salomonischen, ersten Tempel, wurde er der Zweite Tempel genannt. Nach vier Jahren war der Zweite Tempel nach dem Vorbild des Ersten Tempels vollendet (515 v.Chr.), konnte im Vergleich aber nicht mithalten (Hag 2,3). Das Allerheiligste blieb leer, da die Lade verschwunden war. Um ihr Verschwinden ranken sich zahlreiche Legenden (2Makk 2,4–7; ApcBar[syr] 6; Offb 11,19 u.ö.). Die anderen Geräte wie Leuchter, Schaubrottisch und Rauchopferaltar waren wieder vorhanden; entweder die Originale, die der persische König zurückgegeben hatte (Esr 5,14f), oder Nachbildungen (1Makk 1,23; 4,49).

Antiochos IV. Epiphanes plünderte den Zweiten Tempel 169 v.Chr. und schändete ihn, indem er darin 167 v.Chr. Zeus einen Altar errichtete (Dan 11,31; 1Makk 1,20–24; 2Makk 6,2–6). Nach der Eroberung durch die Makkabäer wurde der Tempel 164 v.Chr. neu geweiht (1Makk 4,58f; 2Makk 1,9; 2,16–18). Schließlich wurde er durch Pompeius 63 v.Chr. gestürmt (Ios. bell. Iud. 1,152f) und durch Crassus 54 v.Chr. erneut geplündert (Ios. ant. Iud. 14,105).

Ab dem Jahr 20/19 v.Chr. erweiterte Herodes d. Gr. den Tempel mit großem Aufwand.[1] Architektonisches Vorbild war das sog. *Kaisareion*, ein von Säulenhallen umgebenes *temenos* (abgegrenzter heiliger Bezirk) mit einem zentralen Tempelgebäude in der Mitte. Dieser aus Ägypten stammende, im röm. Reich weit verbreitete Baustil für monumentale Kult- und Kulturzentren schuf Heiligtümer, die den Bedürfnissen des Herrscherkultes (→3.3.4) gerecht werden sollten (vgl. das *Kaisareion* in Alexandria [Philo. leg. 150f]). Für den Umbau ließ Herodes die Tempelfläche auf 4 Stadien (ca. 144 000 qm) vergrößern. Dazu wurden an der Bergkante riesige Stützmauern errichtet, deren Westmauer (*kotel*) bis heute noch erhalten ist. Bei den Bauarbeiten nahm Herodes auf die Heiligkeit des Terrains Rücksicht.[2] Am Ende übertraf die Schön-

---

1 Ios. bell. Iud. 5,184–247; ant. Iud. 15,380–425 sowie die Mischnatraktate mMid, mTam, mYom, mSheq. Das Bild eines „idealen Tempels“ zeichnet die Tempelrolle aus Qumran (11QT).

2 Ios. ant. Iud. 15,390.420f; mMid 3,4.

heit des Herodianischen Tempels nach Meinung der Menschen die des Salomonischen Tempels bei weitem. „Wer den Tempelbau des Herodes nicht gesehen hat, hat keinen Prachtbau gesehen".[3] Nach 9 1/2 Jahren Bauarbeiten wurde der umgebaute Tempel offiziell eingeweiht. Aber erst im Jahre 64 n.Chr. wurde seine Vollendung gefeiert, so dass sich die Bauarbeiten über 46 Jahre hinzogen (Joh 2,20).
Kurz nach seiner Vollendung wurde der Zweite Tempel im Jahre 70 n.Chr. im jüd.-röm. Krieg von den Römern unter Titus erobert und ging in Flammen auf (Ios. bell. Iud. 6,220–267). Als Datum seiner Zerstörung gilt der 9. Av, der bis heute als Gedenktag begangen wird. Seither ist der Tempel in Jerusalem nicht wieder aufgebaut worden.
Insgesamt bestand der Zweite Tempel 420 Jahre, zehn Jahre länger als der Erste Tempel. Viele hielten ihn für unzerstörbar. Umso tiefer traf die jüd. Welt seine Zerstörung. Es ist das Verdienst der rabbinischen Gelehrten (→1.4.4.3), die religiösen Traditionen so umgestaltet zu haben, dass das Judentum von 70 n.Chr. bis heute ohne den Tempel in Jerusalem als dem zentralen Kultort auskommt und trotzdem die Erinnerung an den Tempel in vielfältiger Weise wach gehalten wird.

*Tempelplatz und Tempelgebäude*
Nach dem Umbau durch Herodes verliefen auf den Stützmauern des Tempelplatzes ringsherum riesige Säulenhallen. In der nordwestlichen Ecke waren sie mit der Burg Antonia verbunden. Die Säulenhalle auf der vorherodianischen Ostmauer wurde aufgrund ihres Alters Salomo zugeschrieben.[4] Der prächtigste Teil der Säulenhallen, die königliche Porticus (*stoa basileios*), lag im Süden. Dieser Gebäudekomplex war ca. 185 m lang, 15 m breit und 30 m hoch und hatte die Form einer dreischiffigen röm.-westlichen Basilika mit riesigen Säulen. Im Südosten lagen unterhalb der königlichen Säulenhalle die sog. Ställe Salomos. Mit ihren riesigen Ausmaßen (80 m breit, 60 m tief, 9–10 m hoch) dienten sie als Lagerhalle für den Markt.
In den Säulenhallen wurden wie in anderen *Kaisareia* Weihegaben und erbeutete Rüstungen ausgestellt. Die Menschen konnten sich im kühlenden Schatten der Hallen aufhalten und Tempelpredigten zuhören.[5] In diesen Hallen befand sich auch eine Synagoge. Die königliche Säulenhalle hatte die Funktion einer Markthalle. Dort tauschten Geldwechsler im Auftrag der Tempelverwaltung Münzen in die im Tempel verwendeten wertbeständigen tyrischen Schekel um (→1.3.4.3). Händler boten hier Tauben und andere Tiere als Opfertiere an (Mt 21,12; Mk 11,15; Lk 19,45; Joh 2,14). In der Spätzeit des Zweiten Tempels wurde dieses geschäftige Treiben durch die Einrichtung von Opferkästen eingeschränkt (mSheq 5,5; tSheq 3,2f). Viehhändler (Joh 2,14) befanden sich allerdings nicht auf dem Tempelberg, sondern außerhalb vor den Stadttoren

---

[3] Vgl. bBB 4a; bSuk 51b; Philo leg. 191.198; spec. leg. 1,71–73; Arist 84f; Ios. bell. Iud. 6,267; ant. Iud. 15,219; Mt 24,1; Mk 13,1; Lk 21,5.
[4] Vgl. Joh 10,23; Apg 3,11; 5,12; Ios. ant. Iud. 15,401; 20,221.
[5] Vgl. tSan 7,1; Ios. ant. Iud. 17,149–151; bPes 26a; Mt 21,23; Lk 19,47; 20,1; 21,37; Joh 7,14; 8,2; 18,20.

(mSheq 7,2; tSheq 2,9). Der Tempel hatte also nicht nur kultische Funktion, sondern auch die einer *agora*, eines Marktplatzes oder Versammlungsortes.
An der südwestlichen höchsten Ecke des Gebäudes war wahrscheinlich der Ort, von dem aus die Trompete geblasen wurde. Darauf weist eine spezielle Inschrift hin, die bei Ausgrabungen gefunden wurde. Möglicherweise ist dieser Stein der Schlussstein bzw. die höchste Zinne des Tempels (Mt 4,5; Lk 4,9). Sie überragte das Kidrontal um mehr als 50 m.
Der weitläufige Tempelplatz war zur Zeit Jesu über verschiedene Zugänge zu erreichen. Unübersehbar waren die zwei Hulda-Tore im Süden (ein Doppel- und ein Dreifach-Tor) mit breiter, vorgelagerter Freitreppe. Durch einen 60 m langen, schräg aufwärts führenden Tunnel gelangte man von dort direkt auf den Tempelplatz, ohne mit dem geschäftigen Treiben in den Säulenhallen in Berührung zu kommen. Die königliche Säulenhalle ihrerseits war über eine breite, vom sog. Robinson-Bogen getragene Treppe mit dem Marktviertel in der Oberstadt Jerusalems verbunden.
An die Säulenhallen schloss sich nach innen der „Vorhof der Heiden" an (4Makk 4,11; Offb 11,2). Zu ihm hatten alle – auch Nicht-Juden – Zutritt. Vom Vorhof aus stiegen weitere Vorhöfe terrassenförmig an. Sie waren durch ein 70–150 cm hohes Steingitter oder eine Balustrade (*soreg*) von dem Vorhof der Heiden abgetrennt. Steintafeln wiesen in gr. und lat. Sprache darauf hin, dass der weitere Zutritt für Heiden unter Androhung der Todesstrafe verboten war.[6]
Nach der Balustrade gelangte man über 12 Stufen zu einer schmalen Terrasse (*chel*), die das Tempelgebäude umgab. Durch Tore schritt man in den eigentlichen Vorhof. Eines dieser Tore war das sog. „Schöne Tor" (Apg 3,2.10). Der innere Vorhof war durch eine Mauer in zwei Flächen geteilt: den Vorhof der Frauen im Osten und den der Männer bzw. Israeliten im Westen.
Die weitläufige, auch Frauen zugängliche, östliche Abteilung unmittelbar nach dem Schönen Tor stand für unterschiedliche religiöse Zwecke zur Vergügung. In Ecken befanden sich Räume für Nasiräer, die ihr Gelübde vollendeten und jede Unreinheit vermieden (Apg 21,23–30), für Aussätzige, die sich den Priestern zu zeigen hatten (Mt 8,4; Mk 1,44; Lk 5,14) sowie für Öl, Wein und Holz für Kultzwecke. Die Frauenabteilung umschloss an drei Seiten eine Galerie (*exostra*). An der Säulenhalle, die den Hof umgab, waren 13 Opferstöcke (*schofarot*) in Form eines Horns angebracht (mSheq 6,5; Mk 12,41–44; Lk 21,1). Von dort entnahmen die Priester die Gaben. Sie wurden in Schatzkammern auf dem Tempelgelände aufbewahrt (Joh 8,20). Beschriftungen zeigten den Verwendungszweck der Gabe, z.B. für die Almosen- oder Armenkasse. Diese befand sich in einem Raum, in dem die Spender ihre Gaben diskret einlegen konnten.[7]
Die wesentlich kleinere Männerabteilung, der sog. Vorhof der Israeliten, war durch das Nikanor-Tor, das „Prunktor" des Nikanor aus Alexandria (Ios. bell. Iud. 5,201–204; mMid 2,6), vom Frauenvorhof aus zu erreichen und soll um

[6] Siehe z.B. OGIS 598 bzw. CIJ 1400 und *C. K. Barrett*/*C.-J. Thornton* (Hgg.): Texte zur Umwelt des Neuen Testaments, Tübingen $^{2}$1991, 60.
[7] Vgl. mSheq 5,6; Joh 12,5 und 13,25–29. Wahrscheinlich hielten sich dort auch Bettler auf, um von den Ein- und Ausgehenden Almosen zu erbetteln (Mt 21,14; Apg 3,2–10).

15 Stufen höher als die Abteilung der Frauen gelegen haben. Auf diesen 15 Stufen sangen die Leviten die 15 Stufenpsalmen. Der Hof der Israeliten war kurz, aber sehr breit (11 x 135 Ellen). In den Ecken befanden sich Vorratskammern für Tempelgerätschaften, Musikinstrumente und Gaben der Menschen.

Der sich anschließende Teil des Innenhofes war den Priestern vorbehalten und durch Quadersteine vom Hof der Israeliten abgesetzt. In ihm (187 x 135 Ellen) wurden die meisten Opferriten durchgeführt. Dort standen der Brandopferaltar (Ex 27,1–8) und das Waschbecken (Ex 30,17–21). Der quadratische Brandopferaltar war aus unbehauenen Steinen gebaut. Er hatte eine Seitenlänge von 32 und eine Höhe von 16 Ellen und war über eine Rampe im Süden zugänglich. An seinen vier Ecken befanden sich Hörner. Der Altar hatte an der südöstlichen Seite zwei Spundlöcher, damit das Opferblut abfließen konnte. Dort befanden sich auch zwei Schalen, in die die Wein- und Wasseropfer gegossen wurden. Das bronzene Wasserbecken neben dem Altar hatte 12 Zuflüsse, an denen sich die Priester Hände und Füße reinigten. Nördlich des Altars wurden die Opfertiere geschlachtet und vorbereitet. An den Hof grenzten Räume, u.a. die sog. Quaderhalle (*lischkat hagasit*), in der der Sanhedrin seinen Sitz hatte (mSan 11,2; mMid 5,4; tSan 7,1).

Weitere 12 Stufen höher befand sich der eigentliche Tempelbau, ausgerichtet von Ost nach West. Er war gewaltige 110 Ellen lang und 100 Ellen hoch und von außen mit leuchtend weißem Marmor geschmückt.

Dem Gebäude war im Osten eine Eingangshalle (*ulam*) von 11 Ellen Tiefe vorgebaut. Sie hatte eine prunkvolle Fassade von 100 Ellen Breite und Höhe, verziert u.a. mit einem vergoldeten Weinstock, und ein mit Goldplatten geschmücktes Zedernholztor (40 Ellen hoch, 20 Ellen breit).

Das hinter der Vorhalle liegende Heiligtum war 100 Ellen hoch und 70 Ellen breit. Die Grundmaße orientierten sich am alten Tempel bzw. der Stiftshütte (Ex 26; 1Kön 6). Im Gebäude lagen, umgeben von 38 Kammern, die sich auf drei Stockwerke verteilten, das Heilige (*hechal*) und das Allerheiligste (*debir*). Diese Räume waren mit Edelholz verkleidet und hatten kleine, vergitterte Fenster. Das Heilige war ein rechteckiger Raum von 20 x 40 Ellen und 60 Ellen Höhe. Das Allerheiligste war ein quadratischer Raum von 20 x 20 Ellen und 60 Ellen Höhe. Zwischen beiden Räumen hingen zwei kunstvoll in Babylon gefertigte Vorhänge, farblich gearbeitet als Abbild des Alls: scharlachrot für das Feuer, weiß für die Erde, violett für die Luft und purpur für das Meer. Auf das Gewebe war das Himmelsgewölbe gestickt, allerdings ohne Tierkreiszeichen.[8]

Im Heiligen standen der immer brennende siebenarmige Leuchter (Ex 25,31–39), der Schaubrottisch, auf den jeden Sabbat 12 Ringbrote gelegt wurden, die als Speise der Götter galten und den Priestern zufielen,[9] und ein durch drei Treppenstufen erhöhter, wohl zylindrischer goldener Ständer als Räucheraltar (Ex 30,1–10; 1Kön 7,48–50).

Da das Allerheiligste leer war, wurde das Blut des Tieres, das am Versöhnungstag vom Hohenpriester für seine eigenen Sünden und die Sünden Israels

---

[8] Vgl. 2Chr 3,14; mYom 5,1; Ios. bell. Iud. 5,211–214; Mt 27,51; Mk 15,38.

[9] Vgl. Ex 25,23–30; 30,22–33; Lev 24,1–9; 1Sam 21,2–7; 1Kön 7,48; Lk 6,4.

dargebracht wurde, an den Stein gesprengt, auf dem früher die Lade gestanden hatte (mYom 5,2).

*II. Tempelkult*
*a. Feste und Wallfahrtswesen*

*Wallfahrt allgemein*
Dreimal jährlich ist männlichen Juden in der Tora geboten, zu den Wallfahrtsfesten nach Jerusalem hinaufzuziehen (Ex 23,14–17): zu *Pessach* (Passa), *Schavuot* (Wochenfest) und *Sukkot* (Laubhüttenfest) (→2.2.1.7).
Die Wallfahrt erneuerte und bereicherte das persönliche religiöse Erleben und verstärkte den Zusammenhang zwischen den Juden aller Länder.
Wallfahrtsfeste hatten einen erheblichen Einfluss auf Handel und Wirtschaft und stellten eine große organisatorische Herausforderung dar. Der Hohe Rat hatte sich um das Wohl der Wallfahrer während ihres Aufenthaltes in der Stadt zu kümmern. Dazu gehörten ausreichende Übernachtungsmöglichkeiten, Versorgung und Instandhaltung der Wege, die Pflanzung von Bäumen als Sonnenschutz und die Vorhaltung von Trinkwasservorräten.
Die Pilger mussten in Jerusalem übernachten (Dtn 16,7). Sie waren in der Stadt selbst, in umliegenden Dörfern (Mt 21,17; Mk 11,11f) oder in Zelten rings um die Stadt in Gruppen untergebracht. Die Unterbringung war kostenlos. Allerdings übergaben die Pilger den Gastgebern die Felle ihrer Opfertiere.
Alle Wallfahrer wurden auf besondere Weise begrüßt: Sobald sie in die Nähe Jerusalems kamen, schickten sie Boten voraus. Daraufhin kamen ihnen – je nach Wichtigkeit der Pilger – Vorsteher, Stellvertreter oder Schatzmeister sowie Handwerker der Stadt entgegen und hießen sie willkommen.[10] Die Pilger kamen bis zu sieben Tage vor dem Fest an, um sich kultisch zu reinigen.[11] Dafür waren auf dem Gelände des Tempelberges zahlreiche Bäder vorhanden.[12]
Die Anwesenheit so vieler Menschen aus verschiedenen Ländern prägte die Atmosphäre Jerusalems (mAv 5,5; Philo spec. leg. 1,69; Joh 12,20). Verschiedene Sprachen waren zu hören (Apg 2,5.8–11). Hebr. war die liturgische Sprache im Tempel, Aramäisch die Umgangssprache des Volkes, Gr. die Sprache der Vornehmen. Dazu kamen die unterschiedlichen Sprachen der Wallfahrer.
Mit der Wallfahrt verbunden waren diverse Abgaben. Seit Nehemia unterstützte das Volk den Tempel durch die Steuer eines Drittel-Schekels und führte dort ihre Zehnten, Heben, Erstlingsfrüchte und sonstigen Gaben an die Priesterschaft ab (Neh 10,33–40). Dazu kam der Halb-Schekel (Ex 30,13; vgl. Mt 17,24). In der Zeit des Zweiten Tempels kamen zu den traditionellen Wallfahrtsfesten noch andere Formen der Wallfahrt hinzu:

---

[10] Vgl. mBik 2,4; mTeh 118,22; Mk 11,9; Mt 21,9; Lk 19,38; Joh 12,13.
[11] Vgl. mNaz 7,3; Joh 12,1; Apg 20,16; 21,15–26; 24,18.
[12] Manche Auslandsgemeinden, wie die aus Kyrene, Alexandria, Kilikien und Kleinasien, unterhielten wahrscheinlich sogar eigene Synagogen in Jerusalem, an die sich die jeweiligen Pilger wandten (Apg 6,9).

Das Tempelweihfest *Chanukka* (Joh 10,22) im November/Dezember erinnert an die Wiedereinweihung des Tempels am 25. Kislev 164 v.Chr. (1Makk 4,36–59; 2Makk 1,9.18; 10,1–8) und dauert acht Tage. Es ist ein fröhliches Fest und wird „Laubhüttenfest des Kislev“ (2Makk 10,6f) oder „Lichterfest“ (Ios. ant. Iud. 12,325) genannt.[13] Mit der Zeit entwickelten sich auch das Heraufbringen der Erstlingsfrüchte (Ex 23,16), die Darbringung des Holzopfers (Neh 10,35) und das Hinaufziehen der Standmannschaften zu regelrechten Wallfahrten.

Gemäß der Tora sollen die Menschen nicht mit leeren Händen vor Gott treten (Ex 23,15; 34,20; Dtn 16,16). Dies wurde als Pflicht zur Darbringung zweier Opfer am ersten Tag beim Erscheinen im Tempel und als Pflicht zu Almosen verstanden. Die Gabe der Almosen konnte zu den zwei Pflichtopfern hinzukommen oder auch an deren Stelle treten. Als Maß war ein Silbergroschen für das Schauopfer und zwei Silbergroschen für das Freudenopfer festgesetzt (Sifre R’eh 143.196).

*Pessach/Passa*

*Pessach*, das Fest der ungesäuerten Brote (*mazzot*), wurde und wird am 15. Nissan, d.h. im Frühling, gefeiert.[14] Es ist das Fest für die Erstlinge der neuen Getreideernte und erinnert an den Auszug aus Ägypten.

Am Vorabend des Festes (14. Nissan) wurde das *Pessach*-Opfer im Tempel dargebracht. Der Priester sprengte das Blut an den Altar und verbrannte kleine Stücke vom Fett und die inneren Organe darauf. Außerdem schlachtete jeder sein eigenes Opfertier. Diese Schlachtungen fanden ursprünglich bei Sonnenuntergang statt (Ex 12,6; Lev 23,5; Dtn 16,6f), später wurden sie in das letzte Drittel des Tages vorverlegt, weil aufgrund der hohen Zahl an Opfern die Gefahr bestand, dass vor Einbruch der Dämmerung die vorgeschriebene Schlachtung nicht abgeschlossen war. Das *Pessach*-Opfer wurde, obwohl es von Laien dargebracht wurde, als öffentliches Opfer angesehen und auch am Sabbat dargebracht (mPes 6,1). Zusammen mit dem *Pessach*-Opfer wurde ein freiwilliges Friedens- oder Festopfer dargebracht. Es sollte die Heiligkeit des *Pessach*-Mahls erhöhen, weil man sich daran satt essen konnte (yPes 6,5 [33c]; bPes 70a).

Zur Schlachtung des *Pessach*-Opfers taten sich die Menschen in Gruppen von fünf (mPes 9,10), in der Regel aber nicht weniger als zehn Personen, auch Frauen (tPes 4,3), zusammen. Frauen konnten *Pessach* auch für sich halten. Das *Pessach*-Opfer wurde im Familienverband verzehrt (mPes 8,3), aber auch Meister und Schüler oder Nachbarn konnten das *Pessach* miteinander halten (Mt 26,17–19; Mk 14,12–16; Lk 22,7–13). Das gemeinschaftliche Mahl im kleinen Kreis folgte schon zur Zeit des Zweiten Tempels einer festen Ordnung (*seder*). Dazu gehören vier Becher Wein vor, während und nach der Mahlzeit,

---

13 Die Bezeichnung Lichterfest könnte sowohl an das Wunder des acht Tage lang brennenden Öls erinnern als auch daran, dass mit der erneuten Tempelweihung die Freiheit in der Religionsausübung wiedererlangt wurde und aufleuchtet (Ios. ant. Iud. 12,325–326).

14 Vgl. Ex 12; 34,18–26; Lev 23,4–8; Num 9,1–14; Dtn 16,1–8; Mt 26,2.17; Mk 14,1f.12; Lk 22,1.7; Joh 2,13.23; 4,45; 6,4; 11,55; Apg 12,3f; 20,6.

das Singen der Hallel-Psalmen und die Erwähnung des Auszugs aus Ägypten (Jub 49,6; Lk 22,17–20; mPes 10,5).
Am zweiten Tag des *Pessach*-Festes wurde die *Omer*-Garbe dargebracht. Sie wurde von den Tempelbediensteten im Beisein der Pilger in der Nähe von Jerusalem in einer feierlichen Zeremonie geschnitten und im Tempel dargebracht. Mit der *Omer*-Garbe fing die 50-tägige Zählung bis zum Wochenfest (*schavuot*) an.[15]

*Schavuot/Wochenfest*
Das Wochenfest im Frühsommer, am 50. Tag (gr. *pentekoste*, daher „Pfingsten") nach *Pessach* (Apg 2,1; 20,16; 24,11f.17–19), dauerte nur einen Tag (Ex 23,16; 34,22; Lev 23,15–22; Dtn 16,9–12). Als Erntefest für die ersten Feldfrüchte hatte es keine für das Volk verbindlichen Vorschriften. Die Darbringung der beiden Brote war nur für Priester verpflichtend. Dennoch zogen die Menschen selbst aus der Diaspora an *Schavuot* zahlreich herbei (Apg 2,1–13). Ob die Wallfahrt zum Wochenfest schon zur Zeit des Zweiten Tempels mit der Feier der Sinai-Offenbarung zu tun hatte, ist umstritten. Mit dem Wochenfest begann die Darbringung der Erstlingsfrüchte von Trauben und Feigen. Da ein Tag für die Darbringung nicht reichte, wurde schon bald dem Wochenfest eine Zusatzwoche angehängt (bHag 17a).

*Sukkot/Laubhüttenfest*
Ursprünglich war das Laubhüttenfest[16] im Herbst das Fest der letzten Früchte, der Wein- und Olivenernte. Kennzeichen ist das Bauen und Wohnen in einer Laubhütte und die Bitte um eine ergiebige Regenzeit am Ende des Festes (mSuk). *Sukkot* wurde und wird sechs Tage nach dem Versöhnungstag gefeiert. Es heißt auch schlicht „Das Fest" (Joh 7,2.10f.14.37), weil es durch öffentliche Feiern, festliche Umzüge und den prunkvoll gestalteten Tempeldienst ein wahres Fest der Freude war und manchen als das wichtigste jüd. Fest erschien (Ios. ant. Iud. 8,100). Das siebentägige Fest hat seinen Namen von den Laubhütten, die zum Fest in besonderer Weise gebaut werden (*sukka*). Das Wohnen in der Laubhütte ist Brauch nicht nur in Jerusalem, sondern überall, wo Juden leben. In der Laubhütte wird gegessen, geschlafen und Besuch empfangen. Das Wohnen in der Laubhütte erinnert an die Zeit der Wanderung in der Wüste. Es erinnert an das Ausgeliefertsein und die hilfreichen Wundertaten Gottes. Laut biblischer Ordnung sind am ersten Tag allein 13 Stiere, 2 Widder und 14 Schafe darzubringen (Num 29,13).
Manche der Bräuche, wie z.B. das Wasseropfer und das Schlagen der Bachweiden, wurden am Tempel sogar gegen den Willen der Hohenpriester und Sadduzäer (→3.1.3.2) vom Volk durchgesetzt.

[15] Wurde ein Pilger zum *Pessach*-Fest kultisch unrein, z.B. durch die Berührung mit einem Toten, so hatte er die Möglichkeit, sein *Pessach*-Opfer an dem sog. kleinen *Pessach* am 14. Ijjar – einen Monat später – darzubringen (Num 9,10–12). Es dauerte nur einen Tag und hatte eine verkürzte Liturgie. Das Festopfer fiel weg, beim Essen wurde kein *Hallel* gesungen, Kinder und Frauen zogen in der Regel nicht mit hinauf nach Jerusalem.
[16] Ex 23,16; 34,22; Lev 23,33–36.39–43.

### *b. Opfer und Gaben*

Gottes- und Opferdienst beschreiben Aristeas (83–99), Josephus, Philo und die Mischna (mTam, mYom, mSuk, mMen, mQod und mMQ) eingehend.

Tägliche Opfer: Der gesamte Opferdienst am Tempel wurde von täglichen Brand-Opfern (*tamid*) gerahmt. Jeden Tag wurde am Morgen zu Beginn und am Abend zum Abschluss der Opferhandlungen jeweils ein Lamm dargebracht (Ex 29,38–42). Zwischen diesen beiden *Tamid*-Opfern wurden die anderen üblichen gemeinschaftlichen Opfer (Lev 1–7) wie die Friedensopfer (*schalmei zibur*), das Sündopfer (*chattat*) und das Schuldopfer (*asham*), das Mehl- (*minchah*) und Weinopfer (*nasach*) sowie die individuellen Opfer vollzogen. Je 20 Priester brachten die täglichen Brandopfer dar. Die anderen Priester kümmerten sich um die privaten Opfer. Das Morgen-*Tamid* begann kurz nach der Dämmerung mit dem Ruf an die Priester, Leviten und Israeliten, ihren Dienst auf- und ihren Platz einzunehmen. Es hatte einen festen Ablauf. Das Abend-*Tamid* verlief in ähnlicher Weise. Kurz vor Sonnenuntergang wurden dann die Tore zum Heiligen und am Vorhof geschlossen. Einige Priester blieben zurück, um die restlichen Opferstücke zu verbrennen und den Altar mit Holz zu versorgen, damit die Glut nicht ausging.
Individuelle Opfer: Individuelle Opfer hatten ihren Platz zwischen den beiden täglichen *Tamid*-Opfern. Dazu gehörten freiwillige Gaben (*nedavah*), Brandopfer (*olah*) (Lev 1), Friedensopfer (*schelamim*) (Lev 3), Dankopfer (*todah*) (Lev 7,12–15; Mt 8,4), Erstgeburt (*bechor*), Zehnt (*maaser*) und verschiedene Speiseopfer (*minchah*) (Lev 2). Handelte es sich um Tieropfer, so gehörte das Blut des Tieres, Symbol des Lebens, Gott. Je nach Opferart wurde es deshalb an den Sockel oder an die Hörner des Altars gesprengt. In den meisten Fällen legte der Opfernde nur die Hand auf das Opfer. Alles Weitere (Schlachten, Besprengen, Opfern) übernahmen die Priester. Sie erhielten von den Tier- und Speiseopfern ihren Anteil.
Opfer am Sabbat: Am Sabbat wurden keine individuellen Opfer dargebracht. Die Arbeiten für die gemeinschaftlichen Opfer jedoch waren erlaubt (Mt 12,5), doch wurde versucht, diese möglichst bereits am Vortag zu verrichten. Zum üblichen *Tamid*-Opfer wurden am Sabbat zwei Schafe dargebracht und die Schaubrote ausgelegt. – Am Sabbat wechselten die Dienste der Priester. Die den Dienst beendenden Priester begrüßten am Morgen die neuen mit den Worten „Möge der, der seinen Namen in diesem Haus wohnen lässt, unter euch Liebe und Bruderschaft, Friede und Freundschaft wohnen lassen" (bBer 12a). Nach dem Zusatzgebet (*mussaf*) wechselten offiziell die Priesterabteilungen. Das Auslegen der neuen Schaubrote (Lev 24,1–9) sowie das Verteilen der alten unter die Priester war die erste Handlung der neuen Abteilung.

### *c. Priesterwesen*

#### *Allgemein*

Die Hauptaufgabe der Priester war in alten Zeiten nicht das Kultwesen. Sie waren vielmehr dafür zuständig, vergleichbar Sehern, Propheten und Weisen, den göttlichen Willen zu erkunden und dem Volk mitzuteilen sowie bei Rechtsstreitigkeiten zu entscheiden. Priesterliche Funktionen konnten viele übernehmen, zumal es zunächst keinen zentralen Kultort gab. Erst im Laufe der Zeit wuchs den Priestern der nahezu alleinige Anspruch auf die Kultausübung zu.

#### *Kultordnung*

Der Kult war auf alle Priesterfamilien verteilt. Da die Zahl der Priester und Leviten in der Zeit des Zweiten Tempels stetig auf mehrere Tausend anwuchs,

deren Versorgung durch den Tempel aber nicht mehr gewährleistet war, musste eine neue Regelung getroffen werden. Priester und Leviten wurden in 24 Abteilungen (*mischmarot*) eingeteilt, die wiederum aus 4–9 Familien (*bate avot*) bestanden, die sich den Dienst teilten. Jede Abteilung hatte eine Woche lang zu dienen (Lk 1,8). Dazu zogen sie hinauf nach Jerusalem in den Tempel (Lk 10,31). Wenn eine Woche vergangen war, wurde die Gruppe abgelöst und zog wieder heim. Jeder Priester diente somit höchstens zwei Wochen im Jahr im Tempel. Während dieser Zeit genoss er Privilegien und Versorgung.
Parallel zu diesen 24 Abteilungen wurde das ganze Land in Bezirke und Beistände bzw. Standmannschaften (*maamadot*) aufgeteilt (mTaan 4,2). Vertreter der Bezirke sollten den Priestern als Abgesandte des Volkes bei den Opfern beistehen. Der Brauch verdeutlichte, dass die Priester ihren Dienst als Diener Gottes stellvertretend für das Volk verrichteten.
Weltweit entrichtete jeder Jude jährlich einen halben Schekel für den Aufwand der Opfer und alle anderen Tempelaktivitäten. Der Tempelkult war somit Sache des ganzen Volkes, nicht etwa des Königs oder Herrschers.
Der Tempel stand grundsätzlich für jeden offen. Niemand musste bezahlen, um opfern zu dürfen. Der Tempelbedarf wurde aus dem Tempelschatz bestritten. Das für das Opfer notwendige Holz war dementsprechend für alle umsonst (Sifra 14; bMen 21b). Selbst Opfer von Heiden und Proselyten wurden akzeptiert und ggf. aus der Tempelkasse bezuschusst (mSheq 7,5–6).
Bevor ein Nicht-Priester den Tempelbezirk betrat, hatte er sich rituell zu reinigen und die Schuhe auszuziehen. Viele kleideten sich in weiße Gewänder. Nach dem Besuch des Tempels war es üblich, dem Tempel nicht einfach den Rücken zu kehren, sondern das eigentliche Tempelgebäude rechts herum beginnend einmal zu umkreisen und sich 13-mal, entsprechend der Anzahl der Tore, zu verneigen.

*Priester*

Die Priester (*kohen*; Pl.: *kohanim*) agierten beim täglichen Gottesdienst. Nur ihnen war es erlaubt, das Heilige zu betreten und sich dem Altar zu nähern. Sie trugen ein knöchellanges weißes Gewand, das mit einem braunen Gürtel zusammengehalten wurde, und einen weißen kegelförmigen Turban. Zu ihren Aufgaben gehörte es, die gemeinschaftlichen und privaten Opfer darzubringen, den Weihrauch zu brennen, die Lichter im Heiligen anzuzünden und das Volk zu segnen. Sie bliesen die Posaunen zu Beginn der Gesänge der Leviten und zwischen den Abschnitten, bewachten den Zugang zum oberen Tempelbereich und wiesen den Hohenpriester in seine Pflichten am Versöhnungstag ein. Obwohl es halachisch nicht vorgeschrieben war, übernahmen sie das Schlachten der Opfertiere und begleiteten den Sühnebock am Versöhnungstag in die Wüste.
Priester hatten eine einwandfreie priesterliche Abstammung nachzuweisen. Sie durften keinen körperlichen Makel haben oder durch rituelle Verunreinigung, wie die Berührung mit einem Leichnam oder körperliche Ausflüsse, untauglich geworden sein (Ez 44,25–27).[17] Priester mussten sich vor dem Dienst

[17] In diesem Fall waren sie für den Opferdienst nicht zugelassen, zogen aber sehr wohl mit ihren Abteilungen zum Tempel und verrichteten dort untergeordnete Dienste.

Hände und Füße waschen (Ex 30,18–21), durften während des Dienstes keinen Alkohol trinken (Lev 10,9; Ez 44,21) und sollten auf ein gepflegtes Äußeres achten, indem sie sich regelmäßig die Haare schnitten (Lev 10,6; Ez 44,20). Manche Trauerriten waren ihnen als ursprünglich heidnisch untersagt (Lev 21,5.10–12). Priester unterlagen strengen Ehevorschriften (Lev 21,7; Ez 44,22). Ihr Dienst im Tempel sollte möglichst im Alter von 20 Jahren beginnen, unterlag aber keiner Altersbeschränkung.
Die Masse der Priester lebte mit ihren Familien außerhalb Jerusalems in den kleineren Ortschaften des Landes. Sie hatten keinen persönlichen Grundbesitz, der sie hätte ernähren können. Sie lebten von den Tempelgaben (1Kor 9,13). Es standen ihnen im Tempel u.a. Teile der Tier- und Speiseopfer zu, die Erstlinge der Tiere und Früchte, ein Teil der landwirtschaftlichen Erträge (*terumah*), ein Teil des Zehnten an die Leviten, ein Teil der gebackenen Schaubrote (*halah*) sowie der Preis von fünf Schekel für die Auslösung des Erstgeborenen (*pidjon bekhor*).

*Der Hohepriester*
Nur dem Hohenpriester (*kohen hagadol*) (Mt 26,57; Mk 14,53; Lk 22,54) war es erlaubt, am Versöhnungstag hinter den Vorhang in das Allerheiligste zu gehen und dort die Sühneopfer zu verrichten (Lev 16,1–34). Er trug ein besonders reichhaltig verziertes Gewand.[18]
Aufgrund seiner herausragenden Stellung musste der Hohepriester mehr als gewöhnliche Priester auf kultische Reinheit und Ehegebote achten (Lev 21,13–15). Er wohnte in Jerusalem (Mt 26,3.58; Lk 22,54).
Seit der hell. Epoche war der Hohepriester praktisch der führende politische Kopf in Judäa. Als Vorsitzender im Sanhedrin, der höchsten politischen, gesetzgebenden und richterlichen Instanz, repräsentierte er das Volk. Er beaufsichtigte den Tempelkult und amtierte nicht nur am Versöhnungstag, sondern auch an Sabbaten, Neumondstagen und Wallfahrtsfesten. Der Hohepriester gehörte in dieser Zeit in der Regel zur Familie des Zadok (1Chr 5,29–41). Sein ältester Sohn war zugleich Anführer der Leviten (Num 3,32) und wurde nach dem Tod seines Vaters zum Nachfolger als Hoherpriester bestimmt (Lev 21,10). Tendenzen zur Hellenisierung brachten das Amt des Hohenpriesters in Verruf. Vor allem, als mit Menelaos jemand aus dem Stamm Benjamin zum Hohenpriester eingesetzt wurde. Dies änderte sich wieder in der hasmonäischen Zeit. Zwar waren auch die hasmonäischen Hohenpriester nicht aus dem Stamm Zadok, doch machten ihre Verdienste um die Rettung des Volkes den Hohenpriester jetzt wieder zum anerkannten politischen und religiösen Führer des Volkes. Mit dem Königtum des Herodes ging das politische Amt des Hohenpriesters verloren. Nach Herodes' Tod und der Entmachtung des Archelaos fiel den Römern die Aufgabe zu, die Hohenpriester zu bestimmen. Sie galten deshalb als Römerfreunde und waren beim Volk unbeliebt, ja verhasst.

*Oberpriester*
Als Stellvertreter des Hohenpriesters hatte der Oberpriester oder Tempelhauptmann (*segan*) die Aufsicht über den Kult und die Polizeigewalt über den

[18] Ex 28,1–43; 39,1–30; Ios. bell. Iud. 5,230–236.

Tempelbezirk (Joh 7,32.45f; 18,3.12). Ihm zur Seite standen die Vorsteher der einzelnen Priesterabteilungen, die Tempelaufseher (*amarkal*), denen die Leviten unterstellt waren, und drei Schatzmeister (*gisbar*) des Tempels. Sie alle wurden Oberpriester genannt und wohnten ständig in Jerusalem (Joh 11,47.57). Oft kamen sie aus den vornehmen sadduzäischen Familien Jerusalems und hatten in der Stadt einflussreiche Stellungen.

*Leviten*
Die Leviten, Nachfahren aus dem Stamm Levi, zogen wie die Priester zum Tempel (Lk 10,32) und verrichteten dort für eine Woche ihren Dienst. Sie waren Psalmsänger und Torwächter (mMid 1,1; 2,5). Die Psalmen sangen sie auf den Stufen zwischen dem Vorhof der Israeliten und dem Vorhof der Priester. Dabei wurden sie von den am Altar stehenden Priestern mit Instrumenten begleitet. Als Torwächter achteten sie im unteren Bereich des Tempels darauf, dass niemand den Tempel betrat, dem es nicht erlaubt war. Sie bewachten den Tempel Tag und Nacht und öffneten bzw. verschlossen die Tore des Tempels zu den festgesetzten Stunden.

*Israeliten*
Juden bzw. Israeliten, die weder Priester noch Leviten waren, hielten sich als Beistände bzw. Standmannschaften bei den täglichen Opfern in der Nähe der Priester auf und versammelten sich anschließend zu Gebet und Toralesung. Auch sie kamen wochenweise mit den jeweiligen Priesterabteilungen zum Dienst an den Tempel.

*III. Tempel und Synagoge*

*Tempel und Synagoge*
Im Verlauf der Zeit des Zweiten Tempels gewann die Synagoge neben dem zentralen Tempelkult in Jerusalem an Bedeutung.
Die Anfänge der Synagoge liegen vermutlich in der Zeit Esras (→3.3.3). Esra verband die Lesung der Tora mit dem Tempel, indem er und Nehemia das Volk im Tempelvorhof zur Toralesung versammelten (Neh 8). Toralesung und Gebet wurden so in den Tempel einbezogen. Die sich daraus entwickelnde Synagoge ergänzte somit den Opferkult. So etablierte sich in den Vorhöfen des Tempels im Laufe der Zeit eine Synagoge und ein Lehrhaus.
Die meisten Grundbegriffe und Riten in den Synagogen waren im Leben und Opferkult des Tempels verankert. So wurden die Gebetszeiten bewusst den Opferzeiten im Tempel angepasst. Die Beter wandten sich in der Synagoge zum Gebet in Richtung Tempel (mBer 4,5f). Auch viele liturgische Elemente, wie das Blasen des *Schofars*, das Schütteln des *Lulav* oder der Priestersegen, stammen aus dem Tempelritual. Indem sie überall in den Synagogen praktiziert wurden, hielten sie die Verbindung und Erinnerung an den Tempelkult wach.

*Tempel als Lernort und Torazentrum*
Wo genau sich die Synagoge und das Lehrhaus auf dem Tempelberg oder in den Befestigungsanlagen befunden haben, ist nicht zu lokalisieren. Bekannt

ist, dass sich die Mitglieder des Sanhedrin an Sabbaten nicht in der Quaderhalle versammelten, sondern im Lehrhaus innerhalb des Tempelbezirkes. Sie bildeten dort eine Art Akademie (*bet hamidrasch*) zum Studium der Tora (tSan 7,1). Aus der Zeit des Herodes ist überliefert, dass zwei Schriftgelehrte täglich Jugendliche im Tempel unterrichteten. Sie wiegelten ihre Schüler auf, den goldenen Adler, den Herodes am Tempel hatte anbringen lassen, abzuschlagen (Ios. ant. Iud. 17,149–163). Auch von Rabban Jochanan ben Zakkai ist gegen Ende der Zeit des Zweiten Tempels überliefert, dass er im Schatten des Heiligtums Vorträge gehalten hat (bPes 26a). Von Jesus wird berichtet, dass er immer wieder im Tempel lehrte und die Schrift auslegte.[19] Nach Jesu Tod versammelte sich die urchristl. Gemeinde täglich im Tempel.[20] Einige legten dabei dem Volk die Schrift aus (Apg 2–4; 5,20f.25).
Durch die zunehmende Bedeutung der Schriftauslegung gewannen die Männer der Tora, die Schriftgelehrten oder Pharisäer (→3.1.3.1), an Ansehen. Unter ihnen gab es viele Priester. Diese Torakundigen bildeten in der Zeit des Zweiten Tempels am Tempel und im Sanhedrin die zweite Kraft neben dem Hohenpriester, dem sadduzäischen Priesteradel und den Ältesten, d.h. den Oberhäuptern der einflussreichsten Jerusalemer Familien (Lk 20,1; 22,66).
Der Tempel war Ort der Aufbewahrung, Pflege und Verbreitung der heiligen Schriften. 120 Buchschreiber arbeiteten dort. Sie wurden vom Tempelschatz bezahlt. Ihre Aufgabe war es, den genauen Text und die Zugehörigkeit der Bücher zur biblischen Literatur festzustellen, die biblischen Bücher abzuschreiben und Rollen, die ihnen gebracht wurden, zu korrigieren. Grundlage war das sog. „Buch der Tempelhalle". Aus ihm wurde an Festtagen im Tempel vorgelesen. Unter Aufsicht und mit Bestätigung des Tempels wurde die Übersetzung der Tora und der Prophetenbücher angefertigt, und vom Tempel aus wurden Interessenten im In- und Ausland mit Literatur versorgt (vgl. Apg 8,27–31). So war der Jerusalemer Tempel bis zu seiner Zerstörung im Jahre 70 das überragende geistige, religiöse und wirtschaftliche Zentrum des antiken Judentums.[21] Seine Zerstörung markierte in der Tat den Beginn einer neuen Ära.

### *Literatur*

*J. Ådna*: Jerusalemer Tempel und Tempelmarkt im 1. Jahrhundert n. Chr., Wiesbaden 1999. – *T. H. Busink*: Der Tempel von Jerusalem. Von Salomo bis Herodes. Eine archäologisch-historische Studie unter Berücksichtigung des westsemitischen Tempelbaus, Bd. 1, Leiden 1970, Bd. 2, Leiden 1980. – *H.-M. Döpp*: Die Deutung der Zerstörung Jerusalems und des Zweiten Tempels im Jahre 70 in den ersten drei Jahrhunderten n.Chr., Tübingen/Basel 1998. – *G. Fassbeck*: „Unermeßlicher Aufwand und unübertreffliche Pracht" (Bell 1,401). Vom Nutzen und Frommen des Tempelneubaus unter Herodes dem Großen, in: *S. Alkier/J. Zangenberg* (Hgg.): Zeichen aus Text und Stein. Studien auf dem Weg zu einer Archäologie des Neuen Testaments, Tübingen 2003, 222–249. – *C. T. R. Hayward*: The Jewish Temple. A Non-Biblical Sourcebook, London/New York 1996. – *E. Mazar*: The Complete Guide to the Temple Mount Excavations, Jerusalem 2002. – *S. Safrai*: The Temple, in:

[19] Vgl. Mt 21,23; 26,55; Mk 11,18; 14,49; Lk 19,47; 20,1; 21,37; Joh 7,14; 8,2.20.
[20] Vgl. Lk 24,53; Apg 2,46; 3,1–26; 4,1f; 5,12.20f.25; 21,26–30.
[21] Zum samaritanischen Heiligtum auf dem Garizim, der zeitweise in Konkurrenz zum Jerusalemer Tempel stand, vgl. →3.1.3.6. Auch in Leontopolis in Ägypten bestand bis 74 n.Chr. ein Konkurrenzheiligtum, dazu vgl. →1.4.5.1.

*Ders. u.a.* (eds.): The Jewish People in the First Century, Bd. II, Assen/Amsterdam 1976, 865–907. – *Ders.*: Die Wallfahrt im Zeitalter des Zweiten Tempels, Neukirchen-Vluyn 1981. – *H. Schwier*: Tempel und Tempelzerstörung, Göttingen 1989. – Themenheft: Der Tempel von Jerusalem, WUB 13, 3/1999. – *J. C. VanderKam*: From Joseph to Caiaphas. High Priests after the Exile, Mineapolis/Assen 2004.

### 3.3.3 Die jüdische Synagoge (*Carsten Claußen*)

*Stellen im NT*

Mt 4,23; 6,2.5; 9,18.23.35; 10,17; 12,9; 13,54; 23,6.34; Mk 1,21.23.29.39; 3,1; 5,22.35f.38; 6,2; 8,49; 12,39; 13,9; Lk 4,15f.20.28.33.38.44; 6,6; 7,3.5; 8,41.49; 11,43; 12,11; 13,10.14; 20,46; 21,12; Joh 6,59; 9,22; 12,42; 16,2; 18,20; Apg 6,9; 9,2.20; 13,5.14f.43; 14,1; 15,21; 16,13.16; 17,1.10.17; 18,4.7f.17.19.26; 19,8; 22,19; 24,12; 26,11; Jak 2,2; Offb 2,9; 3,9

Neben dem Jerusalemer Tempel (→3.3.2.2) und der Familie (→1.2.5; 3.3.6.2) war die Synagoge für das Judentum zur Zeit des Zweiten Tempels der wichtigste Ort religiösen und überhaupt sozialen Lebens.[1] Antike literarische Zeugnisse, archäologische Gebäudefunde und zahlreiche Inschriften bezeugen für Palästina (→1.4.4.3) und für die jüd. Diaspora (→1.4.5) die besonders nach der Zerstörung des Tempels (70 n.Chr.) stark wachsende Bedeutung der antik-jüd. Synagogen.

*Terminologie*

Die in der Antike weitaus gebräuchlichsten Termini für die Benennung jüd. Versammlungsgebäude sind *synagōgē* und *proseuchē*. Daneben findet sich eine Vielzahl von Begriffen sowohl für den Versammlungsort (u. a. *sabbateion*, *semneion*, *didaskaleion*, *hieros topos/peribolos*) wie auch für die Gemeinde (u. a. *politeuma*, *synodos*, *symphoitēsis*).[2]

Ursprünglich hat der Begriff *synagōgē* keinerlei religiöse Konnotationen. So beziehen sich die meisten der über 200 Belege in der LXX (→1.3.2.1) vor allem auf die Gesamtgemeinde Israels oder auf Ansammlungen von Menschen, Tieren und Sachgegenständen verschiedener Art, jedoch kaum jemals auf ein Versammlungsgebäude.[3] Später im 1. Jh. n.Chr. kann *synagōgē* ein Synagogengebäude oder auch eine Gemeinde(-versammlung) bezeichnen. Beide Bedeutungen finden sich gelegentlich nebeneinander. So lautet eine Stifterinschrift aus Berenike in der nordafrikanischen Kyrenaika (55/56 n.Chr.):

---

[1] Für die samaritanischen Synagogen siehe *Hüttenmeister/Reeg* 1977, Bd. 2.

[2] Für eine ausführliche Diskussion der Termini s. *Claußen* 2002, 113–150.

[3] In Num 16,24 LXX bezeichnet synagōgē als Übersetzung für eine Gebäudebezeichnung verwendet, was im unmittelbaren LXX-Kontext aber eher eine Menschengruppe (vgl. *synagōgē* in Num 16,19.21.24a LXX) benennt; Sus 28 (Zusatz zu Daniel in Dan 13 LXX) nennt eine *synagōgē tēs poleōs* (= Synagoge/Versammlung der Stadt). Dies kann den Ort einer Gerichtsverhandlung bezeichnen, bedeutet hier jedoch wahrscheinlicher „Versammlung“.

(…) Es erschien der *synagōgē* (= Gemeinde) der Juden in Berenike angebracht, die (Namen) derjenigen auf einer steinernen Säule aufzuschreiben, die zur Renovierung der *synagōgē* (= Gebäude) gespendet haben (…).[4]

In zwei Papyri aus Ägypten bezeichnet *synagōgē* die jüd. Synagogengemeinde[5] oder deren Gemeindeversammlung in einer *proseuchē*.[6] Josephus (→1.3.2.6) verwendet *synagōgē* insgesamt achtmal, dabei unter anderem zur Bezeichnung der Synagogengebäude in Caesarea Maritima (bell. Iud. 2,285.289), Dora (ant. Iud. 19,300.305) und in Antiochia (bell. Iud. 7,44),[7] wobei die Bedeutung „Versammlung" gelegentlich mitschwingt.[8] Für Synagogen im Land Israel benutzt er fast ausschließlich *synagōgē*. Lediglich die Synagoge in Tiberias nennt er *proseuchē* (Vita 277.280.293), vielleicht weil es sich dabei um ein außergewöhnlich großes Gebäude handelte, das in einem gewissen Gegensatz zum Jerusalemer Tempel stand. Philo (→1.3.2.5) benutzt den Begriff *synagōgē* für eine jüd. Gemeinde lediglich in Schriftzitaten.[9] An der einzigen Stelle, an der es sonst bei ihm noch vorkommt, bezeichnet es eine Synagoge der Essener (→3.1.3.3) in Palästina (prob 81).[10] Im NT ist es für gewöhnlich schwer auszumachen, ob *synagōgē* für ein Synagogengebäude, eine Gemeinde oder für eine Versammlung steht. Ein Gebäude ist mit Sicherheit in Kapernaum (Lk 7,5) und Korinth (Apg 18,7) gemeint. Generell wird in den antiken Zeugnissen ein langsamer Bedeutungswandel von der ursprünglichen Bedeutung „Versammlung" und „Gemeinde" hin zu „Synagogengebäude" sichtbar.
Das gr. Wort *proseuchē* kommt in der LXX ausschließlich in der Bedeutung „Gebet" vor, kann aber in Verbindung mit *oikos* – wie im NT – für den Tempel als „Gebetshaus" stehen.[11] *Proseuchē* findet sich jedoch bereits in den ältesten Synagogeninschriften überhaupt (3. Jh. v.Chr.) als Bezeichnung für einen jüd. Versammlungsort.[12]
Der Begriff *proseuchē* setzte sich in der Diaspora als *terminus technicus* für die Synagoge (= „Bethaus") durch.[13] Josephus verwendet *proseuchē* als Bezeichnung für „Gebet" (Ios. bell. Iud. 5,388) ebenso wie im Sinne von „Gebetsort", so etwa für die Synagogen Ägyptens (Ios. c. Ap. 2,10).[14] Bei Philo findet es sich nur als Bezeichnung für Synagogen in Alexandria und in Rom.[15] Im NT steht das Wort gewöhnlich für „Gebet". Die Bedeutung von *proseuchē*

---

4 CJZC 72; vgl. CIJ 718; 720; 722; 781; 861; 1404.
5 CPJ III 473, Z. 7 u. 9.
6 CPJ I 138.
7 Ios. ant. Iud. 19,300–305; bell. Iud. 2,287–292; 7,44–47.
8 So in Ios. ant. Iud. 19,305.
9 Num 27,16f gemäß der LXX in post. 67 (zweimal) und agr. 44 (zweimal).
10 Vgl. *locus* 77 in Qumran; CD 11,21–12,1.
11 Jes 56,7; 60,7; 1Makk 7,37; vgl. Mk 11,17 parr Mt 21,13 und Lk 19,46.
12 OGIS 726 = CIJ 1440 = JIGRE 22; 117 (= CPJ III 1532a); vgl. JIGRE 13; 24; 25; 27; 28; 125 u. a.
13 So etwa in den Papyri: CPJ I 129; 134; II 432; vgl. Philo Flacc. 53.
14 Beides ist möglich in Ios. ant. Iud. 14,258, die Übersetzung mit „Gebet" aber wohl wahrscheinlicher.
15 Philo Flacc. 41.45.47–49.53.122; leg. 132.134.137f.148.152.156f.165.191.346.371; vgl. *proseuktērion* in vita Mos. 2,216.

in Apg 16,13.16 im Sinne einer jüd. Gebetsstätte ist wohl vorzuziehen, jedoch umstritten.

*Ursprünge*
Versuche, die Ursprünge der Synagoge geographisch und chronologisch zu verorten, haben bisher nicht zu einem einhelligen Forschungskonsens geführt. Josephus (Ios c. Ap. 2,175), und Philo (vita Mos. 2,217; op. 128) ebenso wie die Targumim[16] führen die Synagoge auf Mose zurück (vgl. Apg 15,21), was historisch sicher nicht zutrifft. Neuzeitliche Datierungsversuche setzen dagegen mit der vorexilischen Zeit des Ersten Tempels im 8. oder 7. Jh. v.Chr. ein, so etwa als Reaktion auf die assyrerfreundliche Religionspolitik Manasses (696–642 v.Chr.; vgl. 2Kön 21) oder als Folge der Reformen Josias (622 v.Chr.; vgl. 2Kön 23,11f). Die These, dass die Zerstörung des Tempels und das babylonische Exil im 6. Jh. v.Chr. als historischer Hintergrund für den Ursprung der Synagoge anzusehen seien, war lange Zeit vorherrschend, muss aber heute als überholt angesehen werden. Schließlich sehen manche in den Reformen Esras und Nehemias im 5. Jh. v.Chr., besonders in den öffentlichen Toralesungen (Neh 8,1–10.40), die Anfänge synagogaler Versammlungen (→3.3.2.2). Die ältesten epigraphischen Spuren stammen aus der ptolemäischen Zeit des 3. Jh.s v.Chr.[17] und deuten auf eine mögliche Entstehung der Synagoge im hell. Ägypten hin. Als Vorläufer der späteren Synagogen ist an Versammlungen im oder am Stadttor[18] ebenso wie an die religiöse Unterweisung im familiären Kontext[19] zu denken.

*Funktionen*
Die ältesten epigraphischen Belege weisen die jüd. Synagoge mit dem Begriff *proseuchē* bereits im 3. Jh. v.Chr. als Ort des Gebets aus.[20] Der gr. Terminus *synagōgē* betont dagegen den Aspekt der Versammlung. Konkretere Einblicke in die Nutzung eines jüd. Gemeindezentrums im Jerusalem der Zeit sehr wahrscheinlich vor 70 n.Chr. gewährt die Theodotos-Inschrift (CIJ 1404; →1.3.4.2),[21] die neben Toralesung und den Unterricht in den Geboten auch die Funktion als Gästehaus und spezielle Wasserinstallationen, vielleicht für rituelle Waschungen, erwähnt. Vermutlich diente diese Synagoge vor allem Pilgern aus der Diaspora als Versammlungsort und zur Unterkunft.
Als Gemeindezentren waren Synagogen jedoch keinesfalls auf diese im engeren Sinne religiösen Zwecke beschränkt. So konnten sie unter anderem auch Bibliothek, Archiv oder Orte für Gerichtsverhandlungen[22] (→1.5.3), zur Aufbewahrung der Tempelsteuer oder zur Sklavenbefreiung sein.

---

16 TPsJ zu Ex 18,20 und Num 24,5; PesR 129b.
17 JIGRE 22 u. 117.
18 *S. B. Hoenig*: The Ancient City-Square. The Forerunner of the Synagogue, ANRW II 19.1, 1979, 448–476.
19 Dtn 11,19; vgl. Dtn 4,10; 6,4–7; Ps 78,5. *Claußen* 2002, 160–164.
20 JIGRE 22 u. 117.
21 *J. S. Kloppenborg Verbin*: Dating Theodotos (CIJ II 1404), JJS 51, 2000, 243–280.
22 Sus 28 (Zusatz zu Daniel in Dan 13 LXX); mMak 3,10; Mk 13,9; Joh 9,22; 12,42; 16,2; Apg 21,28; 2Kor 11,24.

*Ämter*
Für die Funktionäre der jüd. Gemeinden sind eine Vielzahl von Ehrentiteln und Amtsbezeichnungen überliefert, unter denen *archisynagōgos* (= Synagogenvorsteher) und *presbyteros* (= Ältester) die bedeutendsten sind. Daneben finden sich eine Reihe von weiteren Ehrentiteln (*patēr* und *mētēr synagōgēs*), Verwaltungsämtern (*gerousiarchēs*, vielleicht auch *archōn*, *phrontistēs* und *grammateus*), Ämter mit wohl zum Teil kultischen Aufgaben (*psalmōdos* und *hiereus*) und Hilfsdienste (*hypēretēs*, *eisaggeleus*). Das genaue Bedeutungsspektrum dieser Titel und Dienste ist jedoch oft nicht genau zu bestimmen.[23]
Eine ganze Reihe von Inschriften bezeugen einen oder gleich mehrere *archisynagōgoi* als Patrone und Stifter von Synagogen, so bereits die Theodotos-Inschrift (CIJ 1404). Die Nennungen von *archisynagōgoi* im NT deuten teilweise darauf hin, dass jene als eine Art Synagogenvorsteher auch gewisse liturgische Funktionen im Gottesdienst wahrnahmen: So bezieht ein *archisynagōgos* gegen Jesu Heilungshandeln an einem Sabbat in einer Synagoge(nversammlung) deutlich Stellung (Lk 13,14). Paulus und seine Mitreisenden werden von den *archisynagōgoi* in einer Synagoge(nversammlung) in Antiochia in Pisidien dazu eingeladen, „nach der Lesung des Gesetzes und der Propheten" (Apg 13,15) das Wort zu ergreifen (vgl. Apg 18,8.17).
Die Terminologie der Synagogentitel scheint dabei nicht immer sehr präzise zu sein. So wird Jairus, dessen Tochter Jesus vom Tode auferweckt, gelegentlich als *archisynagōgos* (Mk 5,22.35f.38; Lk 8,49) betitelt, an anderer Stelle dagegen als *archōn tēs synagōgēs* (= Leiter der Synagoge; Lk 8,41) oder einfach als *archōn* (Mt 9,23).
Bei den *presbyteroi* der Synagogengemeinden handelt es sich eher um einen Kollektivbegriff für besonders geehrte Personen (= „Honoratioren") und Leiter insgesamt (vgl. Lk 7,3).[24] Ihre angesehene soziale Stellung im Synagogenleben mag in persönlichen Verdiensten oder familiärer Herkunft begründet gewesen sein. Als Geehrte hatten sie gelegentlich auch ein konkretes Amt inne.
Für eine Reihe von Synagogentiteln sind auch analoge Femininum-Formen (*archisynagōgissa*, *presbytera*, *pateressa synagogae*) belegt. Es gibt keinen Grund, diese lediglich als Ehrentitel aufzufassen.[25]

*Archäologische Zeugnisse*
Die archäologischen Funde antiker Synagogengebäude sind meist spärlich und deren Identifizierung nicht selten umstritten. Synagogenversammlungen konnten ebenso in privaten Räumlichkeiten abgehalten werden und hinterließen entsprechend keine charakteristischen Spuren. Erst ab dem späten 2. und 3. Jh. n.Chr. finden sich verstärkt als öffentliche Synagogen errichtete Gebäude.
Das NT berichtet von palästinischen Synagogen in Nazareth (Lk 4,16), Kapernaum (Mk 1,21; Joh 6,59), Jerusalem (Apg 6,9; 24,12) und anderen Orten (Mk 1,39). In Palästina gelten vor allem Funde in Gamla im Golan und auf

---

[23] Vgl. *Claußen* 2002, 256–293.
[24] Vgl. CIJ 1404; *Claußen* 2002, 264–273.
[25] Vgl. *B. J. Brooten*: Women Leaders in the Ancient Synagogue. Inscriptional Evidence and Background Issues, Chico 1982, 5–72.

den herodianischen Festungen Masada und Herodeion als Ruinen antiker Synagogengebäude.[26]
Östlich vom See Genezareth liegt die Stadt *Gamla* (Ios. bell. Iud. 4,2–83). An deren Ostmauer wurden die Reste eines Synagogengebäudes aus der Zeit vor der Zerstörung der Stadt (67 n.Chr.) ausgegraben. Obwohl diese Synagoge und deren Eingang in N/S-Richtung und damit nach Jerusalem ausgerichtet ist, mag dies seinen Grund in den topographischen Gegebenheiten vor Ort gehabt haben. Die Versammlungshalle misst 13,40 m mal 9,30 m bei einer Gesamtgröße des Gebäudes von 25,5 m Länge und 17 m Breite.
Ein Fragment einer herodianischen Lampe und eine Münze aus der Zeit Herodes d. Gr. (37–4 v.Chr.), die unterhalb des Fußbodens gefunden wurden, machen eine Errichtung der Synagoge von der zweiten Hälfte des 1. Jh.s v.Chr. bis zum Anfang des 1. Jh.s n.Chr. wahrscheinlich.
Der innere Bereich des Versammlungsraumes wird von einem Gang umgeben. Dem schließen sich nach allen vier Seiten parallel zu den Wänden verlaufende zwei- bis vierstufige steinerne Sitzbänke an. Jeweils vor den Sitzbänken umgeben insgesamt 16 Säulen den Innenraum. Der Fußboden ist ungepflastert. Lediglich eine Reihe von Steinen und zwei weitere Säulen befinden sich im inneren Bereich. Eine kleine Nische in der Nähe der westlichen Ecke mag der Aufbewahrung von Gegenständen gedient haben. Insgesamt erinnert die architektonische Gestaltung des Innenraumes an ein öffentliches Gebäude aus hell. Zeit, etwa ein *bouleutērion* oder ein *ekklēsiastērion*. Ein kleiner Raum im Nordosten, vielleicht eine Art Studierzimmer, verfügt ebenfalls über Sitzbänke an den Wänden. Im östlichen Gang befindet sich ein durch einen Kanal gespeistes kleines Wasserbecken, das möglicherweise für rituelle Zwecke genutzt wurde. Die Identifizierung des Gebäudes wird durch eine Reihe von Details gestützt. So fand sich innerhalb der Synagoge ein mit einer eingeritzten Rosette verzierter Steinblock, ein Motiv, wie es für die antik-jüd. ebenso wie noch für die rabbinische Zeit typisch ist. Westlich vom Gebäude liegt eine 4,5 m mal 4 m große Mikwe. Schließlich unterstreichen die Sitzbänke die Identifizierung als Versammlungsraum. Dieser Synagogenfund ist der für Palästina bisher älteste eines Synagogengebäudes aus der Zeit des Zweiten Tempels (vor 70 n.Chr.).
Während des ersten jüd. Aufstandes wurde die Festungsanlage *Masada* am Westufer des Toten Meeres 66 n.Chr. bis 74 n.Chr. von Zeloten besetzt. In der nordwestlichen Kasemattenmauer richteten sie einen 10,5 m mal 12,5 m großen Synagogenraum ein. Teils vierstufige steinerne Sitzbänke verlaufen entlang der Außenwände. In der nordöstlichen Ecke wurde ein kleiner Nebenraum von 3,5 m mal 5,5 m als eine Art Geniza eingebaut. Dort brachten Grabungen Schriftfragmente aus dem Dtn und aus Ez 37 zum Vorschein. Die Identifizierung wird zusätzlich durch ein in der Synagoge selbst gefundenes

[26] Für einen Gesamtüberblick auch neuerer Funde in Palästina: *C. Claußen*: Synagogen Palästinas in neutestamentlicher Zeit, in: *S. Alkier/J. Zangenberg* (Hgg.): Zeichen aus Text und Stein. Studien auf dem Weg zu einer Archäologie des Neuen Testaments, Tübingen/Basel 2003, 351–380. Die Endpublikation der dort vorgestellten Synagoge von Qiryat Sefer liegt nun vor in: *Y. Magen u.a.*: Khirbet Badd'Isa – Qiryat Sefr, in: *Y. Magen u.a.*: The Land of Benjamin, Jerusalem 2004, 179–241 (zur Synagoge 200–206).

Ostrakon mit der Aufschrift „Priesterzehnt“ und eine Mikwe in etwa 15 m in nordöstlicher Richtung von der Synagoge entfernt gestützt.
Die nach ihrem Erbauer benannte Festung *Herodion* liegt etwa 12,5 km südlich von Jerusalem und 5 km südöstlich von Bethlehem. Auch sie wurde während des jüd. Aufstandes von Zeloten besetzt und erst 71 n.Chr. von den Römern eingenommen. Im Nordwesten der Festung befindet sich ein etwa 14 m mal 10 m großer Versammlungsraum. Dieser Raum war ursprünglich wohl ein *triclinium* und wurde erst durch die Zeloten umgebaut. Der Haupteingang befindet sich in der Mitte der östlichen Wand. An den übrigen Wänden verlaufen dreistufige Steinbänke. In unmittelbarer Nähe außerhalb des Raumes befindet sich eine Mikwe. Diese sowie die Ausstattung mit Sitzbänken und eine gewisse Ähnlichkeit zu dem Fund auf Masada stützen die Identifizierung als Synagoge.
Bisher wurden keinerlei Überreste eines antiken Synagogengebäudes in *Jerusalem* gefunden. Die Theodotos-Synagogeninschrift (CIJ 1404; →1.3.4.2) ist insofern ein einsamer archäologischer Hinweis. Dies steht in vermeintlichem Gegensatz zu späteren rabbinischen Zeugnissen: Demnach soll es zur Zeit des Zweiten Tempels zwischen 394 und 480 Synagogen in Jerusalem gegeben haben.[27] Obwohl die mit der Zahl 480 verbundenen gematrischen Spekulationen die Zahlenangaben der Rabbinen in Zweifel ziehen, ist die Vielzahl antiker Synagogen in Jerusalem an sich kaum zu bezweifeln (Joh 18,20; Apg 6,9; 24,12). Eine spätere rabbinische Notiz legt jedoch die Vermutung nahe, dass es sich bei diesen Synagogen keineswegs um spezielle Synagogengebäude gehandelt habe:

R. Jehoshua’ b. Levi sagte: „Und er verbrannte das Haus Gottes“ (2Kön 25,9; Jer 52,13): das ist der Tempel; „und das Haus des Königs“ (ebd.): das ist der Palast des *Ṣidqijahu* „und alle Häuser Jerusalems“ (ebd.): das sind die vierhundertachtzig Synagogen, die in Jerusalem waren.[28]

Diese Auslegung von 2Kön 25,9 und Jer 52,13 setzt die Privathäuser in Jerusalem mit Synagogen gleich. Dies ist umso bemerkenswerter, als die Rabbinen sich für eine strikte Trennung privater Räumlichkeiten und öffentlicher Synagogen aussprachen (mMeg 3,3; tMeg 3,6). So liegt die Vermutung nahe, dass Synagogenversammlungen im Jerusalem des Zweiten Tempels nicht selten in Privathäusern stattfanden.
Eine Synagoge in *Kapernaum* am nördlichen Ufer des Sees Genezareth wird im NT mehrfach erwähnt.[29] Die sog. „Weiße Synagoge“, die unweit des „Petrushauses“ ausgegraben und teilweise rekonstruiert wurde, stammt jedoch aus dem 4./5. Jh. n.Chr. Unterhalb dieser Synagoge befinden sich allerdings ein Steinpflaster und Reste von Wänden aus dem 1. Jh. n.Chr., die auf Grund ihrer Größe ein öffentliches Gebäude vermuten lassen. Ob es sich dabei um Überreste jenes Versammlungsgebäudes aus der Zeit Jesu (Lk 7,5) handelt, ist nicht nachzuweisen.

---

27 Vgl. bKet 105a; yKet 35c, 61–64; siehe *Hüttenmeister/Reeg* 1977, Bd. 1, 205.
28 Vgl. yMeg 73d, 29ff; siehe *Hüttenmeister/Reeg* 1977, Bd. 1, 206.
29 Mt 8,5; Mk 1,21; 2,1; Lk 4,23; 7,1; Joh 4,46; 6,59.

Wurden entsprechende Funde in *Magdala* und *Chorazin* lange Zeit als Synagogen identifiziert, so kann dies inzwischen nicht mehr als wahrscheinlich angesehen werden. Der Fund in Chorazin ist gegenwärtig nicht auffindbar und entzieht sich damit einer differenzierteren Untersuchung. Das fragliche Gebäude in Magdala wird in neueren Untersuchungen als Nymphäum[30] oder gar als Latrine[31] identifiziert.

Die Apg nennt für die *Diaspora* Synagogen(gemeinden) in Damaskus (9,2.20), Salamis (13,5), Antiochia in Pisidien (13,14.43), Ikonion (14,1), Thessalonike (17,1), Beroia (17,10), Athen (17,17), Korinth (18,4.7f), Ephesos (18,19.26; 19.8) und wohl auch in Philippi (16,13.16). Die frühesten archäologischen Funde antiker Diasporasynagogen können in die Zeit zwischen dem 2. Jh. v.Chr. und dem 3. Jh. n.Chr. datiert werden. Sie stammen von der Insel Delos in der Ägäis, dem stadtröm. Hafen Ostia, Dura Europos in Syrien, Stobi in Makedonien und Priene und Sardes in Kleinasien.[32]
Die gr. Insel *Delos* erlebte ihre Blütezeit, nachdem die Römer sie 166 v.Chr. an Athen übergeben hatten, und auch der dortige bislang älteste Synagogenfund mag bereits im 2. Jh. v.Chr. errichtet worden sein. Als gesichert kann eine Datierung in die Zeit vor der kriegerischen Verwüstung der Insel im Jahre 88 v.Chr. gelten. Die Identifizierung war lange Zeit umstritten, besonders durch das Fehlen einschlägiger jüd. Symbole oder Baumerkmale. Diese sind allerdings für eine so frühe Zeit auch kaum zu erwarten.
Der Versammlungsraum misst 16,9 m mal 14,4 m. Er wurde später durch eine Wand mit drei Durchgängen in zwei Räume unterteilt. An den Wänden befinden sich Reste von Sitzbänken. Ein Marmorthron wird für gewöhnlich als ein „Sitz des Mose" (Mt 23,2)[33] interpretiert. Die Lage am Meer und einige Ähnlichkeiten zu Synagogen des galiläischen Typs stützen die Identifizierung. Mehrere in den beiden Versammlungsräumen gefundene Inschriften verweisen auf den *theos hypsistos* (= höchster Gott). Eine weitere Inschrift aus einem Haus in der Nähe erwähnt *proseuchē*. Zwar finden sich diese Begriffe auch in paganen Kontexten. Jedoch in Verbindung mit den übrigen genannten Merkmalen deuten sie mit großer Wahrscheinlichkeit auf eine bereits ursprünglich als öffentliches Synagogengebäude errichtete Konstruktion hin.[34]
Die Kenntnis antiker Synagogen *Roms* (→2.2.7.3 XI) stützt sich vor allem auf die zahlreichen Katakombeninschriften aus dem 3.–5. Jh. n.Chr.[35] Zusätzlich

---

30 *S. M. Ruf*: Maria aus Magdala. Eine Studie der neutestamentlichen Zeugnisse und archäologischen Befunde, München 1995, 69–72.75–84, bes. 83f.

31 *J. Zangenberg*: Magdala am See Genesaret. Überlegungen zur sogenannten „minisinagoga" und einige andere Beobachtungen zum kulturellen Profil des Ortes in neutestamentlicher Zeit, Waltrop 2001, 29–44.

32 Vgl. *C. Claussen*: Meeting, Community, Synagogue – Different Frameworks of Ancient Jewish Congregations in the Diaspora, in: *B. Olsson/M. Zetterholm* (eds.): The Ancient Synagogue. From Its Origins until 200 C.E., Stockholm 2003, 144–167.

33 Vgl. entsprechende Funde in Dura Europos, Hammat Tiberias, ‘En Gedi.

34 Dies weist jetzt die exzellente Studie von *M. Trümper*: The Oldest Original Synagogue Building in the Diaspora. The Delos Synagogue Reconsidered, Hesperia 73/3, 2004, 513–98 überzeugend nach.

35 Vgl. *D. Noy*: Jewish Inscriptions of Western Europe, Bd. 2: The City of Rome, Cambridge 1995.

wurde in *Ostia*, dem stadtröm. Hafen, unter dem späteren Synagogengebäude aus dem 4. Jh. n.Chr. eine Synagoge aus dem 1. Jh. n.Chr. ausgegraben. Dieses frühere Gebäude verfügte über einen Versammlungsraum von 24,90 m x 12,5 m. Sitzbänke an den Wänden und ein Bema an der gekrümmten Westwand stammen wahrscheinlich schon aus der ersten Bauphase. Das Gebäude wurde sehr wahrscheinlich bereits ursprünglich als Synagoge erbaut.[36]
Die Synagoge von *Dura Europos* in Syrien gilt wegen ihrer beeindruckenden Wanddekorationen, die biblische Szenen darstellen, als der bei weitem sensationellste antike Synagogenfund. Die erste baugeschichtliche Entwicklungsstufe lässt den Umbau eines ursprünglichen Privathauses etwa gegen Ende des 2. Jh.s n.Chr. erkennen. Dabei entstand aus zwei kleineren Räumen ein Versammlungsraum von ca. 10,75 m mal ca. 4,95 m Größe.
Im makedonischen *Stobi* wurden unterhalb einer christl. Basilika (4.–5. Jh. n.Chr.) Reste von zwei Synagogen ausgegraben. Die ältere der beiden aus dem späten 2. oder frühen 3. Jh. n.Chr. wird durch eine als Spolie vor Ort gefundene Inschrift genauer identifizierbar. Demnach hat ein gewisser Claudios Tiberios Polycharmos, „Vater der Synagoge in Stobi", seiner Synagogengemeinde das Erdgeschoss seines Privathauses übereignet, während er selbst weiterhin das Obergeschoss nutzte.[37] Vermutlich hatte Polycharmos schon bisher sein Privathaus als eine Art Haussynagoge für jüd. Gottesdienste zur Verfügung gestellt.
In den Mauern eines ursprünglich röm. Bad- und Gymnasion-Komplexes wurde ab dem 3. Jh. n.Chr. im kleinasiatischen *Sardes* (→2.2.7.3 XIII) eine jüd. Synagoge eingerichtet. Die heutige archäologische Rekonstruktion orientiert sich am baulichen Stand des 4. Jh.s n.Chr. Das Gebäude hat mit ca. 80 m mal 18 m, ursprünglich unterteilt in einen Hauptraum von 59,65 m Länge und einen Vorraum von 21,6 m Länge, ganz erhebliche Ausmaße. Erst in der zweiten Hälfte des 3. Jh.s n.Chr. wurde das Gebäude von der jüd. Gemeinde übernommen.
Das Synagogengebäude im kleinasiatischen *Priene* war vermutlich im 3.–4. Jh. n.Chr. in Gebrauch. Der Versammlungsraum misst 19 m x ca. 14 m. Wurde das Gebäude ursprünglich als Hauskirche identifiziert, so weisen eine Reihe jüd. Symbole – Menora, Schofar, Lulav und Etrog – auf dem Fußboden direkt vor dem Toraschrein es als Synagoge aus. In der Jerusalem zugewandten Ostwand befindet sich eine Nische. An der Nordwand läuft eine Sitzbank entlang. Dass die äußeren Längswände nicht ganz parallel verlaufen, ist dem Ursprung des Gebäudes als Privathaus geschuldet. Einige kleinere Räume umgeben den Versammlungsraum und mögen ebenfalls von der jüd. Gemeinde genutzt worden sein.

---

[36] So *A. Runesson*: The Synagogue in Ancient Ostia. The Building and its History From the First to the Fifth Century, in: *B. Olsson u.a.* (eds.): The Synagogue of Ancient Ostia and the Jews of Rome. Interdisciplinary Studies, Stockholm 2001, 29–99, bes. 81.89–92; anders *L. M. White*: Synagogue and Society in Imperial Ostia. Archaeological and Epigraphic Evidence, HThR 90, 1997, 23–58, bes. 28f.

[37] Für den gr. Text siehe *Claußen* 2002, 200; Vgl. CIJ 694; für eine ausführliche Analyse und eine historische Einordnung vgl. *M. Hengel*: Die Synagogeninschrift von Stobi, ZNW 57, 1966, 145–183, hier 146 (= *Ders.*: Judaica and Hellenistica. Kleine Schriften I, Tübingen 1996, 91–125). Vgl. *Levine* 2000, 252–255, bes. 254.

Auffällig ist, dass eine ganze Reihe früher Synagogen durch Umbauten aus Privathäusern (Stobi, Priene, Dura Europos) oder anderweitig bereits vorfindlichen architektonischen Strukturen (Masada, Herodion, Sardes) hervorgingen. Aber selbst in frühester Zeit sind bereits ursprünglich als Synagogengebäude errichtete Strukturen belegt (Delos, Ostia, Gamla). Eine lange Zeit übliche Einteilung in drei angeblich für das 2. –6. Jh. n. Chr. datierbare Bauphasen mit den Typen Basilica, Breithaus und Apsidialbau hat sich mittlerweile als unhaltbar erwiesen.[38]

*Die rechtlichen Rahmenbedingungen (→1.5)*
Von den gelegentlichen Vereinsverboten (→2.2.4.2) im röm. Reich blieben die jüd. Synagogen ausgenommen. Flavius Josephus (→1.3.2.6) überliefert etwa 30 offizielle Dokumente (Ios. ant. Iud. 14; 16; 19), in denen er in zweifellos apologetischer Absicht (Ios. ant. Iud. 14,174–178) seinen nicht-jüd. Adressaten den privilegierten Rechtsstatus jüd. Gemeinden vor Augen stellt.
Als wichtigstes Privileg wurde den Juden zugestanden, Entscheidungen in Bereichen zu treffen, die sie speziell betrafen (ant. Iud. 14,235.260). Ausdrücklich wurden ihnen Versammlungsrecht (ant. Iud. 14,216.227.235.257) und auch die Einrichtung eigener Versammlungslokale (ant. Iud. 14,235.258.260) gestattet. Im Gegensatz zu ihrer nicht-jüd. Umwelt durften sie den Sabbat (ant. Iud. 14,226.242.245.258.263f) und ihre jüd. Feste (ant. Iud. 14,213–216.257. 260) abhalten. Die Erlaubnis zur Einhaltung jüd. Speisevorschriften (ant. Iud. 14,226.245.261) machte ihnen das Leben in der Diaspora überhaupt erst möglich. Auch eine begrenzte Finanzhoheit wurde ihnen zugestanden. So durften sie Spenden einsammeln und die Tempelsteuer nach Jerusalem übersenden (ant. Iud. 14,214.227; vgl. 16,171). Die Freistellung vom Militärdienst (ant. Iud. 14,223–240) und von der Verpflichtung zur Teilnahme am Kaiserkult (ant. Iud. 19,280–285) zeigt ein deutliches Entgegenkommen der röm. Autoritäten gegenüber den Juden. Der offizielle Rechtsstatus der Synagogengemeinden ist damit als ausgesprochen privilegiert zu bewerten.
Eine ganz andere Frage ist die nach der tatsächlichen Gewährung dieser Sonderrechte durch die lokalen Autoritäten der hell. Städte. Josephus überliefert ein offizielles Schreiben der röm. Obrigkeit in Gestalt des L. Antonius (*proquaestor* und *propraetor*) an die Stadt Sardes aus dem Jahre 49 v.Chr. Dieses Dokument veranschaulicht, dass die jüd. Bevölkerung vor Ort durchaus Schwierigkeiten hatte, auch in den Genuss der offiziellen Privilegien wie Versammlungsfreiheit und das Recht auf einen Versammlungsort zu kommen. So bemühten die Juden die übergeordnete Instanz und erlangten so Unterstützung vor den lokalen Autoritäten in Sardes (ant. Iud. 14,235).
Konnte der Rat der Stadt Sardes sich in einem späteren Schreiben (ant. Iud. 14,259–261) schließlich dazu durchringen, den jüd. Bürgern einen speziellen Ort für ihre Gottesdienste zuzuweisen, so impliziert das natürlich, dass ein solcher Ort bis dato eben noch nicht bestanden hatte. Wollten die Juden in Sardes sich zu Gottesdiensten versammeln, so waren die angestammten Orte dafür

[38] So mit Recht *H. Bloedhorn*: Die Kapitelle der Synagoge von Kapernaum. Ihre zeitliche und stilistische Einordnung im Rahmen der Kapitellentwicklung in der Dekapolis und in Palaestina, Wiesbaden 1993, XI.8.

wohl die Privathäuser. Von einem eigenen Synagogengebäude, wie es später archäologisch eindrucksvoll belegt ist, war noch lange keine Rede.
So ist festzuhalten, dass sich die kommunale Selbstverwaltung im röm. Reich gemäß der vor Ort häufig antijüd. Grundstimmung zum Nachteil der Juden auswirkte. Die Privilegien des röm. Staates machten dabei das Zusammenleben von Juden und Nichtjuden überhaupt erst möglich. Sie mussten jedoch vor Ort, wenn möglich mit Unterstützung der röm. Obrigkeit, mühsam eingefordert werden (vgl. ant. Iud. 20,160f).

*Gottesdienst*
Über die Liturgie jüd.-synagogaler Gottesdienste zur Zeit Jesu und der ntl. Autoren ist nur wenig bekannt. Die wichtigsten Elemente jüd. Synagogalgottesdienste waren: Schriftlesung (Apg 15,21) und -auslegung (Apg 13,15.42; 14,1; 17,2), Gebet (Mt 6,5) sowie Unterricht.[39] Die öffentliche Toralesung ist dabei als *conditio sine qua non* des Synagogengottesdienstes anzusehen. So bezeugt Lukas: „Denn Mose hat seit ältesten Zeiten in jeder Stadt seine Verkündiger, da er in den Synagogen an jedem Sabbat verlesen wird" (Apg 15,21; vgl. 2Kor 3,15).[40] Die Verlesung eines Abschnittes aus den Propheten scheint dagegen jüngeren Datums zu sein. Philo (→1.3.2.5) erwähnt für Ägypten nur Toralesung und auslegende Predigt (hyp. 7,11–14). Das früheste Zeugnis einer Prophetenlesung im liturgischen Kontext eines Synagogengottesdienstes zur Zeit des Zweiten Tempels überliefert Lk 4,17–21: Demnach habe Jesus in der Synagoge seiner Heimatstadt Nazareth einen Abschnitt aus dem Jesajabuch (Jes 61,1f) vorgelesen und anschließend ausgelegt.[41] Als einzige Zeugnisse antiker Synagogenpredigten sind drei hell.-jüd. Predigten in armenischer Sprachgestalt erhalten.[42] Die ursprünglich gr. Texte von *De Jona*, einem kleinen Fragment gleichen Namens und *De Sampsone* sind wahrscheinlich spätestens ins 2.Jh. n.Chr. zu datieren.[43]
Schon die vorwiegend in der Diaspora gebräuchliche Bezeichnung als *proseuchē* (= Gebet, und davon abgeleitet „Bethaus") unterstreicht die Wichtigkeit von Gebeten im Synagogengottesdienst. Dass dies nicht in der Theodotos-Inschrift (CIJ 1404) auftaucht, mag damit zusammenhängen, dass deren Gottesdienstbesucher – ebenso wie Mitglieder der Jerusalemer Urgemeinde (vgl. Apg 3,1) – zum Gebet in den nahen Tempel gingen.
Schließlich ist die Synagoge ein Ort der Lehre und des Schriftstudiums. Philo versucht sie seinen Lesern gar als eine Art Philosophenschule zu vermitteln (som. 2,127). Auch für Josephus bilden die Toralesung und das Torastudium am Sabbat eine Einheit (c. Ap. 2,175; vgl. ant. Iud. 16,43). Die später übliche Trennung in Synagoge und Lehrhaus ist für die Frühzeit nicht vorauszuset-

---

[39] Mt 4,23; 9,35; Mk 1,21; 6,2; Lk 4,15; 6,6; 13,10; Joh 6,59; Apg 18,4; 19,8.
[40] Vgl. Dtn 31,10–13; Neh 8.
[41] Vgl. mMeg 4,1.
[42] Die Texte finden sich in deutscher Übersetzung bei *F. Siegert*: Drei hellenistisch-jüdische Predigten, Bd. 1: Übersetzung aus dem Armenischen und sprachliche Erläuterungen, Tübingen 1980, 9–83; vgl. auch Bd. 2: Kommentar nebst Beobachtungen zur hellenistischen Vorgeschichte der Bibelhermeneutik, Tübingen 1992.
[43] *Siegert*: Predigten 1 (Anm. 41), 39–48, bes. 45.

zen.[44] An den frühen Synagogengottesdiensten nahmen selbstverständlich auch Frauen teil.[45] Ein Quorum von zehn Männern (*minjan*) als konstitutiv für den Gottesdienst belegt erst die Mischna.[46]

*Literatur*

*D. D. Binder*: Into the Temple Courts. The Place of the Synagogues in the Second Temple Period, Atlanta 1999. – *C. Claußen*: Versammlung, Gemeinde, Synagoge. Das hellenistisch-jüdische Umfeld der frühchristlichen Gemeinden, Göttingen 2002. – *S. Fine*: This Holy Place. On the Sanctity of the Synagogue during the Greco-Roman Period, Notre Dame 1997. – *R. Hachlili*: Ancient Jewish Art and Archaeology in the Land of Israel, Leiden 1988. – *Dies.*: Ancient Jewish Art and Archaeology in the Diaspora, Leiden 1998. – *Ph. A. Harland*: Associations, Synagogues, and Congregations. Claiming Place in Ancient Mediterranean Society, Minneapolis 2003. – *F. Hüttenmeister/G. Reeg*: Die antiken Synagogen in Israel, 2 Bde., Wiesbaden 1977. – *L. I. Levine*: The Ancient Synagogue. The First Thousand Years, New Haven/London 2000. – *Ders.*: The First Century Synagogue. Critical Reassessments and Assessments of the Critical, in: *D. R. Edwards* (ed.): Religion and Society in Roman Palestine. Old Questions, New Approaches, New York/London 2004, 70–102. – *K. L. Noethlichs*: Das Judentum und der römische Staat. Minderheitenpolitik im antiken Rom, Darmstadt 1996. – *A. Runesson*: The Origins of the Synagogue. A Socio-Historical Study, Stockholm 2001. – *H.-P. Stähli*: Antike Synagogenkunst, Stuttgart 1988. – *L. M. White*: The Social Origins of Christian Architecture, 2 Bde., Valley Forge 1996/97.

## 3.3.4 Herrscherverehrung und Kaiserkult (*Wolfgang Christian Schneider*)

*Stellen im NT*

Mt 1,1–11; 21,4; Mk 11,1–10; Lk 1f; 19,28–40; Joh 12,13

Im Zuge der Entfaltung eines kritischen Denkens waren in Griechenland im 5. Jh. Religion und Politik (→1.2.3) auseinandergerückt und damit auch die Annahme eines unmittelbaren Gottesbezugs der politisch Tätigen geschwunden, wie ihn die gr. Frühzeit gekannt hatte und viele umgebenden Völker beibehielten. Die Philosophie führte eine zunehmend breiter werdende Diskussion um das Wesen des Göttlichen, die schließlich in der Sophistik eine radikale Religionskritik und Götterkritik hervorrief. Ihr antwortete um die Wende vom 5. zum 4. Jh. eine v.a. vom sokratisch-platonischen Kreis getragene Haltung, die Gedanken des Xenophanes und seiner Folger ausarbeitend der aufbrechenden Scheidung von Göttlichem und Menschlichem mit der Transzendierung des Göttlichen begegnete. Zugleich – und damit letztlich strukturell verbunden – kam es zu einer Aufwertung der Person: Der Mensch wurde auf neue Weise sich selbst Gegenstand und trat mit einem erhöhten Eigenbewusstsein sowohl der verfassten Gemeinschaft als auch dem zunehmend transzendent gesehenen Göttlichen gegenüber.

---

[44] Vgl. bMeg 27a.

[45] Zu Frauen in Synagogen vgl. Lk 13,10–17; Apg 16,13; 17,4.12; Ios. ant. Iud. 14,260; bell. Iud. 2,560.

[46] Vgl. mMeg 4,3.

Angesichts dessen aber riss die Frage nach der Vermittlung der beiden Seiten auf: Wie konnte das – mehrheitlich doch angenommene – Göttliche hin zum Menschen sein, wie konnte ein die Menschen angehendes Heilswirken gegeben sein? Das erhöhte Selbstbild der Menschen verlangte nach unmittelbarer und individueller Erfahrung des Göttlichen, suchte eine „leibhaftige" Vergegenwärtigung der zunehmend als „unsicher" oder „entfernt" erlebten Götter. So teilte sich das Göttliche: Auf der einen Seite sammelte sich ein in der gesellschaftlichen Breite zunehmend als transzendent erfahrenes umfassendes Göttliches, in dem die meisten die Götter sahen, die jedoch von unmittelbar Persönlichem zunehmend frei wurden, auf der anderen Seite wurde Göttliches auf neue Weise im Menschlichen gesehen: Der große, in je besonderer Weise im Gelingen seines Tuns von der transzendenten Gottheit ausgezeichnete Mensch war es, der den übrigen Menschen das Übermenschliche vermittelte, sei er nun Dichter (wie Sophokles), Philosoph oder Herrscher. Das von diesen Großen ausgehende positive Tun wurde als göttliche Zuwendung wahrgenommen.

Die verminderte Bedeutung der verfassten Gemeinschaft für die Identität des Einzelnen und der zunehmende Rückzug des Einzelnen von einem Tun für die *polis* führten dazu, dass die Geschicke der verfassten Gemeinschaft zunehmend von auswärtigen Monarchen bestimmt wurden. Selbst in den Poleis lag die Kriegsführung zunehmend in der Hand von Söldnerführern bzw. Söldnerheeren. Macht und Machtausübung wurden daher in der Breite der Gesellschaft weniger als selbst mitvollzogener Teil des gemeinschaftlichen Tuns unmittelbar erlebt, sondern immer mehr als jenseits der eigenen Welt stehend gesehen, von wo sie auf die Menschen wirkten. Alles, was positiv von der Macht zu erwarten war, Hilfe, Rettung, Heil, wurde den fernen Inhabern der Macht zugeschrieben. So wurden die großen Handelnden die Träger von Göttlichem, ihnen galt die Erwartung heilenden Helfens im Konkreten. Göttlich freilich wurden die Mächtigen nicht in demselben Sinne wie die transzendent gewordene Göttlichkeit, vielmehr in einem nachgeordneten Sinne, als deren Mittler, als deren Heil vermittelnde „Erscheinungen" oder als „Söhne" der transzendenten Gottheit.

Die erste Verkörperung dieser neuen sozialen und religiösen Wirklichkeit war Alexander d. Gr. In seiner Person, seinem Selbstbild durchdrangen einander archaische Vorstellungen einer übermenschlichen Kraft des „Gefolgschaftsführers" und der „moderne" Gedanke der vom hierarchisch Höchsten ausgehenden Bewegungsfähigkeit.[1] Alexanders Erfolge und seine Annäherung an persische Herrschervorstellungen ließen dieses zunehmend als göttlich erlebte Herrschertum sozial wirksam werden. In dies traten nach Alexanders frühem Tod seine Nachfolger ein, zunächst die makedonischen Herrscher Ägyptens, mitgetragen von der dort lebendigen Tradition des „Gottkönigs", bald folgten ihnen die Seleukiden und kleinere Herrscher Kleinasiens.

[1] Wie (wohl Mitte 3. Jh. v.Chr.) Ekphantos bei Stob. 4,7,64 und Diotogenes bei Stob. 4,7,61 darlegen, besitzt der Herrscher wesenhaft Gottebenbildlichkeit und ist so qualitativ über die anderen erhoben; dazu *E. R. Goodenough*: The Political Philosophy of Hellenistic Kingship, Yale 1928, 55–102.

Beispielhaft erscheint dieses religiös gefüllte Herrscherbild im Preislied der Athener für Demetrios Poliorketes.[2] Als dieser 291/290 v.Chr. – offenkundig zur Zeit der eleusinischen Mysterien (→3.1.2) – in die von den Ätolern bedrängte Stadt schützend einzog, empfingen ihn die Athener nicht nur mit Weihrauch, Kränzen und Weinopfern, sondern sie zogen ihm auch mit Chorprozessionen und Phallostänzern singend und tanzend entgegen, wie beim Empfang der eleusinische Demeter also, der Demetrios als göttlich verschwistert gepriesen wurde.

„Denn die anderen Götter", so erklang der Hymnus, „weilen fern von uns, haben keine Ohren, kümmern sich nicht um uns oder existieren nicht; dich aber sehen wir vor uns, nicht aus Holz oder Stein, sondern in Wirklichkeit. So beten wir zu dir: Zuerst schaff' Frieden, Liebster, denn mächtig, Herr, bist du!"[3] Alle wesentlichen Momente der Religionsdiskussion des 5. und 4. Jh. sind hier angesprochen: die Transzendierung des Göttlichen, die Vorstellung Epikurs (→3.1.1 III), dass die Götter in seliger Distanz leben, ohne Bezugnahme auf die Menschen, der Streit um die Menschengestaltigkeit der Götter, denen die Kritiker die menschlichen Sinne, damit aber auch die Wahrnehmungsfähigkeit absprechen, schließlich die radikale Absage an die Existenz der Götter, deren Bilder eben nur Holz oder Stein sind. Dem wird die leibhaftige Gegenwart des Demetrios entgegengestellt und seine von den Athenern angerufene unmittelbare Wirkmächtigkeit, „göttlich" hilfreich Frieden gegenüber den übermächtigen Ätolern zu schaffen. Der Vorgang in Athen war nicht von Demetrios herbeigeführt worden, er selbst äußerte sich über die ihm geltenden Zuschreibungen geradezu verächtlich (Athen. 6,253a–f). Das Geschehen entsprang vielmehr dem Verlangen des Volkes, es kam darin ein Bedürfnis nach einer unmittelbar erlebten Einwohnung des Göttlichen im Menschen zum Ausdruck, wie es als verbreitete Erscheinung auch die hell. Romane zeigen, die eine Auserwähltheit der Helden schildern, die an das Göttliche heranreicht oder sich gar einer Gotteskindschaft verdankt.[4]

So erweist sich der Hymnus für Demetrios als Antwort auf die Kluft, die die Transzendierung des Göttlichen zwischen dem Menschlichen und dem Göttlichen aufgerissen hatte – in einem Moment, in dem die Menschen als Folge ihres gesteigerten Selbstbildes ein unmittelbar ihnen geltendes Erlösungsbedürfnis im Konkreten, in ihrer unmittelbaren Lebenswelt hatten. Die Großen, und insbes. die Herrscher, treten in die entstandene Lücke ein, überbrücken die Kluft vom Göttlichen zum Menschlichen hin. Denn Großes, „Übermenschli-

---

2 Dichtung überliefert von Duris (nach Demochares) bei Athen. 6,253a–f; FgrHist 76, F 13 – Text auch in *Leipoldt/Grundmann* Bd. 2, 1967, Nr. 127; vgl. auch Plut. Dem. 10–13; 23f. Dass dieser Vorgang keine Besonderheit Athens war, zeigt die von Athenaios überlieferte ähnlich begründete Tempelstiftung in Theben.

3 Zu beachten ist auch der einleitende Absatz: Chorprozession und Phallostänzer sangen inmitten der Volksmenge: Er (Demetrios) sei der einzige wirkliche Gott, die anderen schliefen, seien fortgezogen oder gar nicht vorhanden [...]. Die äußeren Umstände dieses Einzugs entsprechen dem im vorderen Orient üblichen, wie der Vergleich mit dem Einzug Davids und der Bundeslade in Jerusalem in 2Sam 6,12–16 zeigt; vgl. auch die Vorgänge 1Kön 18,27.

4 Vgl. etwa Chariklea in den Aithiopika von Heliodor und den Alexanderroman. Vgl. insgesamt *M. Frenschkowski*: Offenbarung und Epiphanie, 2 Bde., Tübingen 1995/1997.

ches", das vor allem im konkreten Machtvollzug, im Sieg oder in herrscherlicher Friedensherstellung erlebt wurde, konnte nur einem verfügbar sein, der der Gottheit verbunden war, in dem die Gottheit wirkte. Damit rückten die Herrscher von der breiten Bevölkerung ab. Im Gelingen des großen Tuns erwiesen sie ihre Gottesnähe, ihr Vermögen, Mittler des übermenschlichen Heils für die ihnen untergebenen Menschen zu sein. Wenn hell. Herrscher göttliche Ehren erhielten, ist dies also weder maßlose Übersteigerung des Herrschaftsanspruchs noch einfach unterwürfige Schmeichelei, wie das die „aufgeklärten" Zeitgenossen (etwa Demochares) schreiben, denen die Überlieferung dieser Vorgänge zu danken ist, schließlich auch kein tiefer Verfall der gr. Religion, wie die neuzeitliche Wissenschaft klagte,[5] sondern es ist wesentlich die folgerichtige Entfaltung hellenischen Denkens, das einerseits die Transzendierung entwickelt hatte, andererseits – nachdem es einst (gegenüber dem kaum bewältigbaren und bedrohlichen Übermenschlichen) die Menschengestalt des Göttlichen gewonnen hatte – an der engen Verbindung von Gott und Mensch festhielt und nunmehr im großen, göttlich begnadeten Menschen die Verkörperung des transzendenten Göttlichen zu erkennen suchte.
Bald durchdrang der Gottesbezug das Selbstbild der Herrscher, konnten diese doch von der vorherrschenden religiösen Vorstellungswelt nicht unabhängig bleiben. So suchten die Herrscher sich immer häufiger in ihrer Vertrautheit, ja Übereinstimmung mit der Gottheit darzustellen. Ein biblisch bekannter Vertreter dieses Bemühens ist der Seleukide Antiochos IV. (175–164 v.Chr.), der seine Person mit dem höchsten Gott Israels im Tempel in Jerusalem verknüpft sehen wollte, was bei vielen in Israel Anklang fand (1Makk 1,11–15; 34; 41–52; 2Makk 4,7–15), bei anderen aber, an deren Spitze sich die Makkabäer stellten, fundamentalen Widerspruch und Widerstand auslöste. Bauliche Zeugnisse solchen Bemühens haben sich in Kommagene auf dem Nemrud Dagı, dem „Thron der Götter", erhalten.[6] König Antiochos I. von Kommagene (69–36 v.Chr.), der sich auf Alexander d. Gr. und den achaimenidischen Großkönig Dareios I. zurückführte, schuf im Sinne des gr.-persischen Synkretismus eine Anlage, die die von ihm erreichte machtpolitische Größe Kommagenes und die Aufnahme seiner selbst unter die Götter vor Augen führen sollte.[7]
Über die Teilhabe der Herrscher am Göttlichen dringen – wie schon die Ereignisse von 291/290 zeigen – zahlreiche Momente des Götterkults in die Vor-

---

[5] Vgl. etwa *M. P. Nilsson*: Geschichte der Griechischen Religion, Bd. II, München [3]1967, 150–154, bes. 152.

[6] *F. K. Dörner*: Der Thron der Götter auf dem Nemrud Dag. Kommagene – Das große archäologische Abenteuer in der östlichen Türkei, Bergisch Gladbach [3]1987; *D. H. Sanders* (ed.): Nemrud Dagı. The Hierothesion of Antiochos I of Commagene I–II, Winona Lake 1996; Zu Kultfeiern für Antiochos I. auf dem Nemrud Dagı vgl. *S. Şahin*: Forschungen in Kommagene II: Topographie, EA 18, 1991, 116–123.

[7] *J. Wagner*: Die Könige von Kommagene und ihr Herrscherkult, in: *J. Wagner* (Hg.): Gottkönige am Euphrat. Neue Ausgrabungen und Forschungen in Kommagene, Mainz 2000, 11–25; *B. Jacobs*: Die Religionspolitik des Antiochos I. von Kommagene, in: *Wagner*: Gottkönige am Euphrat (s.o.), 45–49 und *Ch. Crowther/M. Facella*: New Evidence for the Ruler Cult of Antiochos of Commagene from Zeugma, in: *G. Heedemann/E Winter* (Hgg.): Neue Forschungen zur Religionsgeschichte Kleinasiens, Bonn 2003, 41–80.

gänge um den Herrscher und die Herrscherrepräsentation ein, es entsteht ein „Herrscherkult". Eine herausragende Bedeutung erhielt dabei die Feier der „Ankunft" (*adventus/parousia*) des Herrschers, war dies doch der Moment, wo der Mittler des Göttlichen sich unmittelbar den Menschen nahte und für die Bitten der ihm zugehörigen Menschen zugänglich wurde. So wurde der Herrschaftsantritt eines Königs grundsätzlich als göttliche „Ankunft" begangen. Die Untergebenen brachten ihm erhöhende und opferartige Geschenke dar. Und das wiederholte sich bei jeder neuen „Ankunft", bei jedem Einzug eines Herrschers in eine Stadt. Die Bevölkerung kam in Festkleidern dem Herrscher mit Lobgesängen und Gaben entgegen oder erwartete ihn, nach Rang feierlich geordnet, am Stadttor, Zweige in den Händen. Die Straßen waren mit frischem Laub und Blumengirlanden geschmückt, mit Blüten und Kräutern bestreut. Vor dem Einherziehenden breiteten die Bewohner Teppiche auf dem Wege aus. An bedeutsamen Orten konnten auch Altäre aufgestellt sein (vgl. Suet. Cal. 13).
Sehr bald wurde dann auch in der „ersten Ankunft", der Geburt des Herrschers, ein wunderbares göttliches Erscheinen gesehen. So wurde von Alexanders Zeugung und Geburt viel Wunderbares erzählt, etwa auch, dass er nicht Sohn Philipps, sondern von einer göttlichen Schlange gezeugt sei.[8] Ähnliche wunderbare Geburtsereignisse werden dann auch für spätere hell. Herrscher und röm. Kaiser überliefert. Noch in der Erzählung des Lk von der Geburt Jesu (Lk 1f) kommt diese Tradition zum Tragen.

In diesem Spannungsfeld zwischen Göttlichem und Menschlichem steht auch die jüd. Messiastheologie (→3.1.3.4).[9] In der Folge seiner Auseinandersetzung mit der gr. Philosophie und der Erwerbung der Transzendenz für den jüd. Gott sah sich das Judentum vor ähnliche Probleme wie die Menschen der umgebenden hell. Kultur gestellt. Auch der Gott des Judentums war weithin in eine ungreifbare transzendente Ferne gerückt. Teilweise war dies Folge unmittelbaren Erlebens im Exil, teilweise aber auch eine bewusst vollzogene Umorientierung, mit der die JHWH-Gläubigen den auf sie zukommenden Anforderung der gr. Metaphysik und der Transzendierung des Göttlichen antworteten. Der damit gegebenen Ferne der Gottheit begegnete das Judentum, vor allem das pharisäischer Prägung (→3.1.3.1), mit dem Denkbild des Messias. Dem Vermittler des Göttlichen der hell. Kultur entsprechend wurde aus kurzen gleichnishaften Aussagen in den prophetischen Schriften (bes. Jes und Dan) die Verkündigung eines kommenden, mit königlichen Zügen ausgestatteten, ge-

---

[8] Vgl. Plut. Alex. 2f nach einer älteren Alexanderbiographie der pathetischen Geschichtsschreibung.

[9] Vgl. *G. S. Oegema*: Der Gesalbte und sein Volk. Untersuchungen zum Konzeptualisierungsprozeß der messianischen Erwartung von den Makkabäern bis Bar Koziba, Göttingen 1994; bes. 70–100; *J. Klausner*: The Messianic Idea in Israel from its Beginning to the Completion of the Mishnah, New York 1955; *H. Gressmann*: Der Messias, Göttingen 1929; *M. Karrer*: Der Gesalbte. Die Grundlagen des Christustitels, Göttingen 1990. Da dem frühen Judentum eine die Tora überschreitende dogmatische Festlegung fremd war, ist jedoch festzuhalten, dass es nicht *den* Messias gab, sondern verschiedene, miteinander konkurrierende Messiaskonzeptionen. Vgl. auch *C. Auffarth*: Herrscherkult und Christus-Kult, in: *Cancik/Hitzl* 2003, 283–317.

salbten, gottverbundenen Helfers und Retters gewonnen, der machtvoll das Volk einen und lenken soll. Der Messias ist damit strukturell ein Seitenstück zum vergöttlichten hell. Herrscher. Und als solchen zeigen auch die in hell. Zeit abgefassten Prophetenbücher (etwa Sach 9,9–17) den Messias: als triumphierenden Sieger,[10] als Stifter des Friedens und als Herrscher über den Weltenkreis.

Wenn die Verfasser des NT in ihrer Darstellung Momente des hell. Herrscherkults aufgreifen, so geht das also nur teilweise auf äußere Einflüsse der zeitgleichen hell.-röm. Umwelt zurück, in vielen Fällen entspringt die Übereinstimmung auch der Nutzung und Fortführung von hell. Bildern und Gedankengängen innerhalb des Judentums. Mt 21,4f verdeutlicht dies mit einem Verweis auf Sach 9,9 innerhalb seines Textes über Jesu Einzug in Jerusalem. Die Schilderung dieses Einzugs bei den Evangelisten spiegelt unmittelbar den üblichen hell. Herrschereinzug: das Entgegenziehen mit Palmzweigen in den Händen (Joh 12,13), die Streu von frischem Laub auf dem Weg, aber auch das – schon für den jüngeren Cato (Plut. Cato minor 12) überlieferte – Ausbreiten von Gewändern auf dem Boden vor dem Einziehenden. Wenn Jesus dabei auf dem Füllen einer Eselin reitet, so ist dies keineswegs ein Demutsgestus, vielmehr nutzt er damit das im AT häufiger bei Königserhebungen erwähnte herrscherliche Reittier.[11] Die von den Evangelisten überlieferten Zitate von Ps 23 und 117 [LXX] haben dabei den Charakter von Herrscher-Laudes, und so ist es höchst bezeichnend, dass Joh 12,13 vom „König von Israel" spricht und Lk 19,38 in mehreren Handschriften „Gesegnet sei der König" oder „Gesegnet sei der kommende König" lautet. Die von Lk 19,39 erwähnte Aufforderung der Pharisäer an Jesus, den Zuschreibungen der Menge zu wehren, zeigt, dass auch sie die Art des Einzugs als herrscherlich auffassten.

Der röm. Kulturkreis stand der Einwohnung des Göttlichen im Menschen lange fremd gegenüber. Zwar besaß ursprünglich der König sakrale Eigenschaften, die dann – aufgeteilt – von den Führern der an seine Stelle tretenden Adelsschicht übernommen wurden. Doch die ganz auf die Wirkmächte gerichtete, nahezu apersonale Göttlichkeit in der röm. Religion bot für die Vergöttlichung einer Person kaum Ansatzpunkte.[12] Mit dem Eintritt Roms in den hell. Kulturraum im beginnenden 2. Jh. v.Chr. aber wurden die Römer in die vielfältigen, aber doch immer vom Menschen her aufgefassten Formen der hell. Religiosität hineingezogen. Schon 195 v.Chr. war der Göttin *Roma* von den Bewohnern der Stadt Smyrna (→2.2.7.3 XIII) ein Tempel geweiht worden (→1.4.1.1),[13] zweifellos zunächst ein politisch begründeter Akt nach Art hell. Religionspolitik, der sich wegen des Fehlens eines röm. Herrschers an die Per-

---

10 In Sach 9,9 ist statt „demütig" (ʿani) „triumphierend" (ʿone) zu lesen: Vgl. die überzeugende Korrektur der Lesung von *J. B. Köhler*: Sacharia IX 9. Ein neuer Übersetzungsvorschlag, VT 21, 1971, 370.

11 Gen 49,14; Ri 5,10; 10,4; 12,14; Sach 9,9 (zur wichtigen Korrektur der Lesung von *J. B. Köhler* s. Anm. 10); vgl. auch 1Kön 1,38. Die Schilderung Mk 11,1–10 und Lk 19,28–40 ist hinsichtlich des Reittiers genauer als Mt 21,1–11.

12 Vgl. *K. Latte*: Römische Religionsgeschichte, München 1960, 50–61.

13 *R. Mellor*: „Thea Roma". The Worship of the Goddess Roma in the Greek World, Göttingen 1975; *Ders.*: The Goddess Roma, ANRW II 17.2, 1981, 950–1030.

sonifikation der Stadt Rom richtete. Bald wurden die in Kleinasien tätigen Mitglieder der röm. Führungsschicht auch persönlich in die Selbstverständlichkeiten des hell. Herrscherkults einbezogen. So wurde in der Spätzeit der Republik Pompeius nach seinem Sieg über den pontischen Herrscher Mithradates VI. Eupator einem hell. König gleich als *Euergetēs* und *Sōtēr* in Kleinasien verehrt.[14] Caesar wurde gar vom Landtag der Provinz Asia als „der leibhaftig erschienene Gott und Retter des Menschengeschlechts" gefeiert (SIG$^3$ 760). Eine konkrete Umsetzung solcher „Heiligungen" ist für den jüngeren Cato überliefert, dem bei seinem Abschied aus Makedonien, wo er als Militätribun gedient hatte, die Leute allerorten Kleider vor den Füßen auslegten.[15]
In Rom selbst jedoch kamen diese Dinge längere Zeit nicht zum Tragen, auch nachdem die Stadt seit der späten Republik zunehmend von der hell. Kultur bestimmt wurde. In dem nach den Bürgerkriegen neu geordneten Staatswesen (wie im lat. geprägten Westen der röm. Herrschaft) gründete die kultisch-religiöse Sonderstellung des *princeps* („Kaisers") weiterhin auf der Sakralität des dem röm. Magistrat eigenen *imperium* (→1.2.3). Da allerdings nun dem monarchischen Princeps das umfassende *imperium* zukam und er als der e i n e *imperator* der maßgebliche Träger des öffentlichen Wohlergehens und der Garant des Sieges wurde, erhielt der „Kaiser" allmählich auch kultisch eine Bedeutung: Er wurde in den Roma-Kult einbezogen, mit Romulus-Quirinus verbunden und erhielt so auch eine Priesterschaft. In der Folge erstarkten auch in Rom Momente der hell. vergöttlichenden Herrschervorstellung, gleichwohl galt der „Kaiserkult" für die staatliche röm. *religio* lange Zeit nicht eigentlich bzw. nicht dauerhaft der individuellen Person des Kaisers, sondern dem Träger des *imperium*. Dieser war es, mit dem sich die für die politische Ordnung unabdingbare Gewährleistung sakral gesicherten Handelns verband, auf der Wohlergehen und Sieg der verfassten Gemeinschaft beruhten. Eben diese Verschränkung von staatlicher Existenz und kaiserlicher Person verlieh dem Kaiserkult seine große Bedeutung. Rom konnte auf ihn nicht verzichten und eine Verweigerung des Kaiserkults nicht hinnehmen, weil dies die Verankerung von *imperium* und *imperator* im Übermenschlichen gefährdet und so die Existenz Roms grundlegend in Frage gestellt hätte.
Während Augustus im Hinblick auf die traditionelle röm. *religio* und die damit verknüpften Empfindlichkeiten der stadtröm. Öffentlichkeit kultische Ehren für seine eigene Person auch außerhalb Roms nur in engem Rahmen zuließ,[16] entstand in der späteren Kaiserzeit eine Vielzahl prächtiger Tempel des provinzialen Kaiserkults, sog. Neokorietempel.[17] Unter ihnen wurde der Hadrianstempel von Kyzikos als „schönster und größter aller Tempel" (Cass. Dio

---

[14] *L. R. Taylor*: The Divinity of the Roman Empire, Atlanta 1931; *D. Michel*: Alexander als Vorbild für Pompeius, Caesar und Marcus Antonius. Archäologische Untersuchungen, Brüssel 1967, bes. 48–50 und *E. Winter*: Stadt und Herrschaft in spätrepublikanischer Zeit. Eine neue Pompeius-Inschrift aus Ilion, in: *E. Schwertheim/H. Wiegartz* (Hgg.): Die Troas. Neue Forschungen zu Neandria und Alexandria Troas II, Bonn 1996, 175–194.

[15] Plut. Cato minor 12; vgl. des Weiteren 13.

[16] *G. W. Bowersock*: Augustus and the Greek World, Oxford 1965; *D. Kienast*: Augustus. Prinzeps und Monarch, Darmstadt $^3$1999, 244–260.

[17] *Price* 1984 und *S. J. Friesen*: Twice Neokoros. Ephesos, Asia and the Cult of the Flavian Imperial Family, Leiden u.a. 1993.

70,4,1) gerühmt. Einer spätantiken Quelle zufolge zählte er zu den Weltwundern (Malal. 11,279,8).[18] Im Verlauf des 2. und besonders des 3. Jh.s n.Chr. überboten die Provinzmetropolen geradezu einander, den röm. Kaisern kultische Ehren anzutragen, Tempel und Altäre zu errichten oder Festspiele abzuhalten.[19] Einen Einblick in die mit dem Kaiserkult zunehmend reichsweit verbundenen Vorstellungen bieten die Widmungsinschriften. Sie stellen neben Herrschertum und Sieghaftigkeit v.a. die vom Kaiser vermittelte Rettung (*sōtēria*), das Wohltun (*euergetein*), die Gnade (*charis*), die Fürsicht (*pronoia*) heraus, insgesamt also Begriffe der Vermittlung göttlichen Heils. Die ntl. Schriften, die diese Begriffe wählen, um Jesu Mittlerschaft zwischen Gott und Menschen zu fassen, geben so zu erkennen, in welchem Maße der antike Herrscherkult bei der Formung der christl. Vorstellungswelt und Lehre wirksam wurde.[20]

*Literatur*

*H. D. Betz*: Heroenverehrung und Christusglaube. Religionsgeschichtliche Beobachtungen zu Philostrats Heroicus, in: *H. Cancik u.a.* (Hgg.): Geschichte, Tradition, Reflexion. FS Martin Hengel, Tübingen 1996, Bd. 3, 119–139. – *H. Cancik*: Christus Imperator. Zum Gebrauch militärischer Titulaturen im Römischen Herrscherkult und im Christentum, in: *H. v. Stietencron* (Hg.): Der Name Gottes, Düsseldorf 1975, 112–130. – *Ders./K. Hitzl*: Die Praxis der Herrscherverehrung in Rom und seinen Provinzen, Tübingen 2003. – *M. Clauss*: Kaiser und Gott. Herrscherkult im römischen Reich, Stuttgart/Leipzig 1999. – *P. Dufraigne*: Adventus Augusti – Adventus Christi. Recherche sur l'exploitation idéologique et littéraire d'un cérémoniel dans l'antiquité tardive, Paris 1994. – *Chr. Habicht*: Gottmenschentum und griechische Städte München ²1970 – *M. Hengel*: Der Sohn Gottes, Tübingen 1975. – *P. Herz*: Herrscherverehrung und lokale Festkultur im Osten des römischen Reiches (Kaiser/Agone), in: *H. Cancik/J. Rüpke* (Hgg.): Römische Reichsreligion und Provinzialreligion, Tübingen 1997, 239–264. – *J. Lehnen*: Adventus Principis. Untersuchungen zu Sinngehalt und Zeremoniell der Kaiserankunft in den Städten des Imperium Romanum, Frankfurt a.M. u.a. 1997. – *J. Leipoldt/W. Grundmann*: Umwelt des Urchristentums. Darstellung des neutestamentlichen Zeitalters, 3 Bde., Berlin 1967; ³1971. – *T. Pola*: Das Priestertum bei Sacharja. Historische und traditionsgeschichtliche Untersuchungen zur frühnachexilischen Herrschererwartung, Tübingen 2003. – *S. R. F. Price*: Rituals and Power. The Roman Imperial Cult in Asia Minor, Cambridge 1984. – *F. Taeger*: Charisma. Studien zur Geschichte des antiken Herrscherkults, 2 Bde., Stuttgart 1957–1960. – *S. Vollenweider*: Zwischen Monotheismus und Engelchristologie. Überlegungen zur Frühgeschichte des Christusglaubens, ZThK 99, 2002, 21–44. – *F. W. Walbank*: Könige als Götter. Überlegungen zum Herrscherkult von Alexander bis Augustus, Chiron 17, 1987, 365–382. – *D. Zeller*: Menschwerdung Gottes und Vergöttlichung von Menschen, Göttingen/Fribourg (CH)1988.

---

18 *A. Schulz/E. Winter*: Historisch-Archäologische Untersuchungen zum Hadrianstempel in Kyzikos, in: *E. Schwertheim* (Hg.): Mytische Studien, Bonn 1990, 33–82.

19 *P. Weiss/A. Perge*: Beobachtungen zu einem bemerkenswerten städtischen Dokument des späten 3. Jahrhunderts n.Chr., Chiron 21, 1991, 353–392; *Herz* 1997.

20 Dazu vgl. bes. *M. Labahn*: „Heiland der Welt". Der gesandte Gottessohn und der römische Kaiser – ein Thema johanneischer Christologie?, in: *Ders./J. Zangenberg* (Hgg.): Zwischen den Reichen. Neues Testament und Römische Herrschaft, Vorträge auf der Ersten Konferenz der European Association for Biblical Studies, Tübingen 2002, 147–173; *M. Frenschkowski*: Kyrios in Context. Q 6:46, the Emperor as „Lord" and the Political Implications of Christology in Q, in: *Labahn/Zangenberg* (Hgg.), Zwischen den Reichen (s.o.), 95–118.

## 3.3.5 Gebet (*Niclas Förster*)

*Stellen im NT (Auswahl)*
Mt 6,1–18; 9,14f; 14,19; 15,36; 26,26; Mk 1,35; 12,29.40; 14,36; 15,34; Lk 1,46–55.68–79; 2,14.37; 3,21; 4,16–27.42; 5,33–35; 11,1–4; 24,30.53; Joh 6,11; Apg 1,14; 2,42–47; 3,1; 4,24; 6,4; 10,3.9.25f.30; 12,20–24; 13,14–16; 14,8–18; 27,35; 28,3–6; Röm 8,15; 1Kor 14,16; Gal 4,6; Eph 5,14–20; Kol 3,16f; Offb 4,1–11; 5,9–14; 7,12; 11,15–18; 12,10–12; 15,3f; 19,1–8; 22,20

*Einleitung*
Das Gebet und die gebetsrelevanten Passagen im NT sind so mannigfaltig wie menschliche Lebensäußerungen und -haltungen allgemein. Dies bezieht sich ebenso auf die Vielzahl der Gebetsanlässe als auch auf die höchst unterschiedlichen Gebetsformen und -inhalte. Darum soll im Folgenden das Gebet im NT ausschließlich in seiner Beziehung zum jüd. und paganen Beten erörtert werden. Der Schwerpunkt wird dabei auf der jüd. Prägung des Gebetslebens Jesu und der ersten Christen liegen, denn der direkte Einfluss paganer Vorbilder ist nicht nachweisbar und wurde erst durch die Vermittlung und die spezielle Perspektive des Judentums möglich und entsprechend apologetischer Vorgaben modifiziert.

*Zum jüd. Hintergrund einzelner Textstellen*
Im NT sind nur wenige Gebetsworte im Munde Jesu überliefert, und es gibt auch keine programmatischen Selbstzeugnisse zu der Verbindung seines Gebetslebens mit den jüd. Zeitgenossen. Dennoch war Jesu Beten im Judentum verwurzelt, wie die entsprechenden ntl. Passagen belegen. Das gilt insbes. für seine umfassende Kenntnis atl. Gebetstexte, zu denen vor allem die Ps zählen, die in Jesu Gebetsäußerungen immer wieder vorausgesetzt sind.[1] Es lag daher nahe, dass die frühe Kirche den Psalter vom Judentum als ihr Gebetsbuch übernahm. Das für den Morgen und Abend übliche Schema-Gebet,[2] das als Bekenntnisformel des Judentums betrachtet werden kann, dürfte Jesus gleichfalls gekannt haben, wie die Anspielung in Mk 12,29 par nahe legt. Andere wichtige, jüd. Tagesgebete, wie z.B. das Achtzehn-Bitten-Gebet, das sicherlich in Grundzügen bis in vorchristl. Zeit zurückreicht, werden jedoch an keiner Stelle im NT explizit erwähnt.
Weiterhin erfahren wir aus den Evv, dass sich Jesus bei den Mahlzeiten wie jeder fromme Jude verhielt und dementsprechend die Danksagungen für Speise und Trank[3] sprach. Später wurde diese Sitte des jüd. Tischgebets von christl. Gemeinden übernommen.[4]
Auch die jüd. Verbindung von Fasten und Gebet ist im NT belegt, denn für fromme Juden bildete die Trias von Almosengeben, Beten und Fasten ein

[1] Mk 15,34; vgl. Mt 27,46 = Ps 22,2; Lk 23,46 = Ps 31,6; Mt 22,44; 26,64; Lk 20,42f = Ps 110,1; Lk 20,17 = Ps 118,22.
[2] Nach Dtn 6,4–9; 11,13–21; Num 15,37–41.
[3] Mt 14,19 par; 15,36 par; 26,26 par; Lk 24,30; Joh 6,11.
[4] Jub 22,6; Apg 27,35; Röm 14,6; 1Kor 10,30; 1Tim 4,4f, vgl. EvThom 6 und Ios. bell. Iud. 2,131.

Grundmerkmal gottgefälligen Lebens.[5] Einen bemerkenswerten Unterschied deutet allerdings die Tatsache an, dass das Fasten im Zusammenhang mit dem Beten von Jesus für sich und seine Jünger ausdrücklich ausgeschlossen wird.[6] Schließlich dienten Jesus die jüd. Gebetszeiten als tägliche Orientierungspunkte für die Verrichtung seiner Gebete. Dies entsprach dem jüd. Brauch, den Tag durch die Gebetszeiten zu heiligen.[7] Für die christl. Gemeinden spielten die Gebetszeiten im täglichen Leben entsprechend Jesu Vorbild dann eine ebenso wichtige Rolle.[8] Eine ausdrückliche Anweisung zu dieser Praxis enthält erstmals die Didache (Did 8,3).

Doch wird im MtEv auch Jesu Kritik an jüd. Gebetsgewohnheiten laut. Sie richtet sich aber nicht gegen Gebetsinhalte, sondern gegen das bewusst in die Öffentlichkeit getragene Beten, das die Aufmerksamkeit der Mitmenschen auf sich ziehen sollte.[9] Hierbei ist wohl in erster Linie an die täglichen Gebete zu denken, die zur üblichen Gebetszeit oft außerhalb des Hauses auf der Straße verrichtet wurden. Erst die Didache Anfang des 2. Jh.s n.Chr. geht einen wesentlichen Schritt über diese Gebetskritik im MtEv hinaus und ersetzt die jüd. Tagesgebete durch das dreimal täglich zu rezitierende Vaterunser.[10] In dieser Regelung wird einerseits die enge Verbundenheit des Urchristentums mit herkömmlichen, jüd. Gebetsmustern und Traditionen deutlich, andererseits wird das gleichzeitige Bemühen um Abgrenzung ersichtlich, wodurch das Vaterunser zu einem Proprium christl. Betens im kalkulierten Gegensatz zur jüd. Umwelt wird. Diese Entwicklung hat aber in den Büchern des NT noch keinen entsprechenden Niederschlag gefunden, sondern wird zum ersten Mal in Did greifbar. Im selben Zusammenhang sei noch darauf hingewiesen, dass im NT der Beginn einer Gebetspraxis fassbar wird, mit der sich bestimmte Gruppen innerhalb des Judentums von ihren übrigen jüd. Zeitgenossen unterscheiden wollten, ohne dass eine Selbstdefinition und Abgrenzung gegen andere Juden mit Hilfe dieser Gebete im Mittelpunkt stände. Ein Beleg dafür findet sich im LkEv, in dem die Gebete der Pharisäer sowie die der Johannesjünger erwähnt sind.[11] Besondere Bedeutung hat bei Lukas ferner der explizite Hinweis der Jesusjünger auf die von Johannes dem Täufer seinem Jüngerkreis gelehrten Gebete (→3.1.3.5), der Jesus veranlasste, seine Jünger das Vaterunser zu lehren.[12] Auch das Gebet Jesu bei seiner Taufe, das nur von Lukas erwähnt wird, scheint in Verbindung mit der Gebetsüberlieferung des Täuferkreises zu stehen.[13]

Ein weiterer Kristallisationspunkt jüd. Frömmigkeit war der Jerusalemer Tempel, den Jesus ebenso wie die palästinische Urgemeinde wiederholt aufsuchten

---

5 Mt 6,1–18; Lk 2,37, vgl. Tob 12,8; Jdt 8,6.

6 Mt 9,14f par.

7 Dieses tägliche Beten ist in Mk 1,35 vorausgesetzt; vgl. auch Mt 6,5–7 und Lk 18,10. Zu den täglichen Gebetszeiten, die an den Opferzeiten im Tempel orientiert waren, s. auch →3.3.6.2.

8 Apg 3,1; 10,3.9.30, vgl. Dan 6,11; Ps 55,18.

9 Mt 6,1.5f; vgl. Mt 23,5.

10 Did 8,3.

11 Lk 5,33.

12 Lk 11,1–4.

13 Lk 3,21.

(→3.3.2.2). Beispielsweise nahm Jesus an den Pilgerfesten teil.[14] Im übrigen wird der Tempel im lk Doppelwerk in merkwürdiger Einseitigkeit als ein Ort des Gebets geschildert, während die herausragende Stellung der Opfer als kultischer Mittelpunkt im Tempel zwar bekannt, aber merklich von zweitrangiger Bedeutung bleibt. Zudem ist der Tempel nach Jesu eigenen Worten ein Gebetshaus, und auch die Urgemeinde versammelte sich dort vornehmlich zum gemeinsamen Gebet.[15] Der Grund für das ausgeprägte Desinteresse des Lukas am Opferkult ist vielleicht darin zu suchen, dass der Jerusalemer Tempel für Juden wie Heiden mit dem Idealbild eines Orts der Kontemplation und des Gebets verbunden war, das sich häufig mit einer opferkritischen Einstellung verknüpfte. Ein prominenter, paganer Vertreter dieser besonderen Sicht des jüd. Kultes ist der gr. Philosoph Theophrast.[16]

Aus den ntl. Berichten wird ferner deutlich, dass das gottesdienstliche Leben Jesu ganz in den Bahnen jüd. Frömmigkeit verlief, denn er besuchte regelmäßig den synagogalen Sabbatgottesdienst (→3.3.3).[17] Von dieser Praxis wichen auch seine Jünger und die ersten Christen bis zum endgültigen Bruch mit den jüd. Gemeinden nicht ab. Die Entwicklung des Synagogengottesdiensts, der nach der Zerstörung des zweiten Tempels eine zentrale aber durchaus flexibel gehandhabte Gebetsordnung herausbildete, wird im NT nirgends sichtbar. Nur einmal im Rahmen der Bergpredigt im MtEv korrigiert Jesus das demonstrativ in der Öffentlichkeit vorgetragene Synagogengebet, das die Reputation bei den Mitmenschen erhöhen sollte, und mahnt zum Beten im Verborgenen.[18] Passend dazu ist in den Evv oft vom Gebet Jesu in der Einsamkeit die Rede.[19] Bemerkenswert ist ebenso, dass das Gemeindegebet im lk Doppelwerk in zwei relativ ausführlichen Beschreibungen des synagogalen Gottesdienstablaufs fehlt. Stattdessen beschränkt sich Lukas auf die Schilderung der biblischen Lesung und der anschließenden Predigt.[20] Die dieser lk Stilisierung des Synagogengottesdiensts als Studium der heiligen Schriften und Lehre zugrunde liegende Sicht dürfte sich durch die Adaption jüd.-apologetischer Vorstellungen erklären, die das gottesdienstliche Geschehen am Modell antiker Philosophenschulen orientiert beschrieben und die ihre nächsten Parallelen in den Werken Philos (→1.3.2.5) und Josephus' (→1.3.2.6) haben.[21] Um ein überzeugendes und stimmiges Bild eines philosophischen Gottesdienstes zu zeichnen, unterdrückte Lukas höchstwahrscheinlich – ähnlich wie diese jüd. Autoren – die Schlüsselrolle des gemeinsamen Betens im Synagogengottesdienst.

Was dagegen den urchristl. Gottesdienst anbetrifft, wie er uns in den ntl. Quellen entgegentritt, so bietet sich hier ein signifikant anderes Bild, selbst wenn sich seine Entwicklungsgeschichte aus den ersten Anfängen heraus nicht ge-

[14] Lk 2,41f; Joh 2,23; 4,45; 5,1; 7,2–14; 10,22.

[15] Mt 21,12f; Mk 11,17 = Jes 56,7; Lk 1,10; 2,37; 18,10; 19,45; 24,53; Joh 2,13–16; Apg 3,1; 22,17.

[16] Theophrast bei Porph. abst. 2,26.

[17] Mt 12,9; Mk 3,1; Lk 4,16; 6,6.

[18] Mt 6,5f.

[19] Mk 1,35; Lk 4,42; vgl. Mt 26,39; Mk 14,35; Lk 22,41.

[20] Lk 4,16–27; Apg 13,14–41.

[21] Philo som. 2,127; vita Mos. 2,215f; spec. leg. 2,61f; hyp. 359f (= Eus. p.e. 7,12f) sowie Ios. ant. Iud. 16,43.

nau nachzeichnen lässt. Demnach war schon bei den ersten Christen das gemeinsame Beten ein Hauptmerkmal des Gottesdienstes, wobei deutliche Einflüsse seiner jüd. Wurzeln zutage treten. So prägten Hymnen und Psalmen die gottesdienstlichen Versammlungen der ersten Christen, was eine enge Verbindung mit Jesu Gebetsfrömmigkeit aufweist.[22] Die liturgische Sprache charakterisiert ein gewisser konservativer Grundzug. Dies führte dazu, Segensformeln und fest in der gemeindlichen Tradition verankerte Worte und Wendungen aramäischen bzw. hebr. Ursprungs, wie Amen, Halleluja, Abba oder Maranatha, zu bewahren, die schon in den ersten Tagen der Kirche im gr.-sprachigen Milieu verbreitet Verwendung fanden.[23] Auch in der Gottesanrede ließ sich die christl. Gemeinde von atl. Vorbildern leiten.[24]
Auf geläufige, jüd. Gebetstexte, die von den Christen in ihrer gottesdienstlichen Liturgie adaptiert wurden, enthält das NT hingegen keine expliziten Hinweise. Lediglich bestimmte charakteristische Themen christl. Gebetsfrömmigkeit, wie z.B. das Gebet für das Wohl des Kaisers[25] sowie die Sitte der Frauen, sich beim Beten zu verhüllen, haben in jüd. Gepflogenheiten enge Parallelen.[26] In Did sind dann die ersten Texte von Mahlgebeten überliefert, die auf jüd. Vorlagen zurückgehen.[27]

*Zum paganen Hintergrund einzelner Textstellen*
Darüber hinaus gibt es einige Stellen im NT, die sowohl auf das Beten als auch auf den Kult der Heiden eingehen. Der in den Tempeln übliche, öffentliche Kult kommt vor allem in der Apg in den Blick. So berichtet Lukas, dass Paulus ein Altar des unbekannten Gottes in einem Athener Heiligtum aufgefallen sei.[28] Ferner erwähnt er das vom Himmel gefallene Kultbild der Artemis von Ephesos[29] und die Sitte, dem Zeus mit Kränzen und Girlanden geschmückte Stiere zu opfern.[30] Die zum Opfer gehörenden Gebete werden in diesem Zusammenhang übergangen.[31] Auch die private Gebetsfrömmigkeit im Kreis der Familie bleibt unbeachtet. Nur die Verehrung der ephesischen Artemis auf privaten Hausaltären[32] wird schlaglichtartig durch die Silbertempel des

[22] Zahlreiche Lieder und hymnenartige Stücke sind im NT überliefert: Lk 1,46–55.68–79; 2,14; Eph 5,14–20; Kol 3,16f sowie zahlreiche Hymnen in Offb 4,1–11; 5,9–14; 7,12; 11,15–18; 12,10–12; 15,3f; 19,1–8.
[23] Mk 14,36; Röm 8,15; Gal 4,6; 1Kor 14,16; Offb 7,12; 19,1.3f.6; 22,20; vgl. Ps 104,35; 106,1.48 usw.
[24] S. z.B. Apg 4,24; vgl. Ex 20,11; Jes 37,16; Ps 146,6.
[25] 1Petr 2,13–17 sowie Röm 13,1–7 und 1Tim 2,1–7, vgl. Jer 29,7; Esr 6,10; 1Makk 7,33.
[26] 1Kor 11,13; vgl. z.B. bNed 30b.
[27] Did 9 bzw. 10.
[28] Apg 17,23.
[29] Apg 19,35; zur Verehrung eines vom Himmel gefallenen Bildes der Artemis vgl. Eur. Iph. T. 87f.977.1384f.
[30] Apg 14,13; zu dieser Sitte s. z.B. Lukian. sacr. 12.
[31] Solche Gebete waren ein wesentlicher Teil des Opferrituals. Aus röm. Perspektive urteilte Plinius, dass es bei den Göttern „keine Wirkung“ habe, „ohne Gebet Opfertiere zu schlachten“ (nat. 28,10).
[32] Zu solchen Altären in Privathäusern vgl. →3.3.6.1.

Schmids Demetrios beleuchtet, falls diese Devotionalien der häuslichen Andacht gedient haben sollten.[33]
Für die Ausbildung des christl. Betens spielen pagane religiöse Vorstellungen allerdings keine herausragende Rolle. Die Erwähung des Betens der Heiden durch ntl. Autoren dient vielmehr in vielen Fällen nur als negativ bewerteter Hintergrund und als Mittel der Abgrenzung, um sich so *ex negativo* der Spezifika christl. Gottesanrufung zu versichern. Besonders erhellend zu den ntl. Ausführungen über das pagane Beten ist zunächst eine Stelle in der Bergpredigt, in der sich Jesus betont gegen das Viele-Worte-Machen als Charakteristikum paganen Betens wendet. Das bedeutet allerdings nicht, dass Jesus eine lange Gebetsandacht prinzipiell ablehnte oder eine Anweisung für kurze Gebete geben wollte. Vielmehr stellt Jesus hier heraus, dass für die Erhörung des Gebets durch Gott keineswegs viele Worte notwendig sind.[34]
Ferner finden wir in der Apg unter dem Aspekt der Anbetung lebender Menschen eine bewusste Abgrenzung zwischen heidnischem und christl. Beten. Als zentralen Kritikpunkt am paganen Beten beleuchtet Lukas insbes. die Anrufung lebender Menschen als Gottheiten. Dabei wird deutlich, dass Lukas unter dem besonderen Blickwinkel seiner jüd.-hell. Umwelt argumentierte und deren Apologetik voraussetzte.[35] Interessant ist nämlich, dass er nur auf diesen unter vielen Heiden Missfallen erregenden Aspekt des Herrscherkults einging und somit einer direkten Konfrontation mit dem röm. Staat geschickt aus dem Wege gehen konnte.[36] Die in Apg 14,8–18 von Lukas beschriebene Szene in Lystra spiegelt die Verehrung von Privatleuten – Paulus und Barnabas – als Gottheiten, die eine Reaktion auf ein Heilungswunder darstellt. Diese Form der Menschenvergottung galt in der Antike bei gebildeten Heiden als lächerlicher Größenwahn, wie die Anekdoten über den gr. Arzt Menekrates belegen, der sich wegen seiner außerordentlichen Heilerfolge ausdrücklich mit Zeus gleichsetzte und sich auch so anreden ließ.[37]
An einigen weiteren Stellen im lk Doppelwerk kann man schließlich in verschiedenen Nuancierungen noch das Nachwirken literarisch vorgeformter Darstellungsmuster wahrnehmen, die der Beschreibung von Idealgemeinschaften dienten, deren Lebensweise im Gebet fundiert war.[38] Hierfür lassen sich Parallelen bei paganen wie jüd. Schriftstellern auffinden, die sich an den von Plato und Aristoteles herausgebildeten Vorstellungen vom *theōretikos bios* orientierten.[39] Zu diesem in der Philosophie verwurzelten Vorstellungskreis gehörte u.a. als ein Merkmal, dass sich die Gemeinschaft regelmäßig zum Gebet versammelte. Dieses literarische Grundmuster beeinflusste z.B. die Darstellung der Lebensweise der Pythagoräer sowie ägyptischer Priester in der paganen

---

33 Apg 19,24.

34 Mt 6,7f, vgl. Mk 12,40. Vielleicht steht im Hintergrund auch eine Anspielung auf das *fatigare deos* (Sen. epist. 31,5).

35 Apg 10,25f; 12,20–24; 14,8–18; 28,3–6.

36 Das Gebet an lebende Herrscher wurde auch von der paganen Öffentlichkeit abgelehnt, wie der Hymnus an Demetrios Poliorketes (Athen. 6,253d–f) und die Reaktion vieler Zeitgenossen dokumentieren.

37 Athen. 7,289a–290a.

38 Lk 24,53; Apg 1,14; 2,42–47; 4,32–35; vgl. auch 6,4.

39 Z.B. Aristot. eth. Nic. 1178b7–22.

Literatur.[40] Dasselbe gilt für die ausführlichen Beschreibungen jüd. Gruppen wie der Therapeuten und Essener (→3.1.3.3) bei Autoren wie Philo von Alexandria und Flavius Josephus,[41] wobei Lukas höchstwahrscheinlich in seiner Darstellung durch solche jüd.-hell. Idealbeschreibungen mit beeinflusst war. Zusammenfassend lässt sich sagen, dass die oben angesprochenen Gemeinsamkeiten zwischen jüd. und christl. Gebetspraxis Hinweise bieten, die belegen, dass bestimmte Erscheinungsformen christl. Betens, von dem innerhalb des NT berichtet wird, ihren Ursprung in jüd. Frömmigkeitspraxis und Denkweise hatten.

*Literatur*

*G. Bindemann*: Das Gebet um tägliche Vergebung der Sünden in der Heilsverkündigung Jesu und in den Briefen des Apostels Paulus, Gütersloh 1902. – *P. F. Bradshaw*: The Search for the Origins of Christian Worship. Sources and Methods for the Study of Early Liturgy, Revised and Enlarged Edition, London 2002. – *D. M. Crump*: Jesus the Intercessor. Prayer and Christology in Luke-Acts, Tübingen 1992. – *O. Cullmann*: Das Gebet im Neuen Testament. Zugleich Versuch einer vom Neuen Testament aus zu erteilenden Antwort auf heutige Fragen, Tübingen 1994. – *G. Delling*: Der Gottesdienst im Neuen Testament, Göttingen 1952. – *C. W. Dugmore*: The Influence of the Synagogue Upon the Divine Office, Oxford 1944 (ND Westminster 1964). – *I. Elbogen*: Jewish Liturgy. A Comprehensive History, Philadelphia u.a. 1993 (Orig. 1913). – *D. K. Falk*: Jewish Prayer Literature and the Jerusalem Church in Acts, in: *B. Bauckham u.a.* (eds.): The Book of Acts in Its First Century Setting IV. The Book of Acts in Its Palestinian Setting, Grand Rapids/Carlisle 1995, 267–301. – *L. Feldkämper*: Der betende Jesus als Heilsmittler nach Lukas, St. Augustin 1978. – *W. Fenske*: „Und wenn ihr betet…“ (Mt. 6,5). Gebete in der zwischenmenschlichen Kommunikation der Antike als Ausdruck der Frömmigkeit, Göttingen 1997. – *R. Gebauer*: Das Gebet bei Paulus. Forschungsgeschichtliche und exegetische Studien, Gießen/ Basel 1989. – *A. Gerhards u.a.* (Hgg.): Identität durch Gebet. Zur gemeinschaftsbildenden Funktion institutionalisierten Betens in Judentum und Christentum, Paderborn u.a. 2003. – *E. von der Goltz*: Das Gebet in der ältesten Christenheit. Eine geschichtliche Untersuchung, Leipzig 1901. – *H. Greeven*: Gebet und Eschatologie im Neuen Testament, Gütersloh 1931. – *F. Hahn*: Der urchristliche Gottesdienst, Stuttgart 1970. – *A. Hamman*: La Prière I, Le Nouveau Testament, Tournai 1959. – *G. Harder*: Paulus und das Gebet, Gütersloh 1936. – *W. Horbury*: Early Christians on Synagogue Prayer and Imprecation, in: *G. N. Stanton/G. G. Stroumsa* (eds.): Tolerance and Intolerance in Early Judaism and Christianity, Cambridge 1998, 296–317. – *L. W. Hurtado*: Lord Jesus Christ. Devotion to Jesus in Earliest Christianity, Grand Rapids/Cambridge 2003. – *N. B. Johnson*: Prayer in the Apocrypha and Pseudepigrapha. A Study of the Jewish Concept of God, Philadelphia 1948. – *R. J. Karris*: Prayer and the New Testament, Jesus and His Communities at Worship, New York 2000. – *J. Leonhardt*: Jewish Worship in Philo of Alexandria, Tübingen 2001. – *H. Löhr*: Studien zum urchristlichen und frühchristlichen Gebet. Untersuchungen zu 1Clem 59 bis 61 in seinem literarischen, historischen und theologischen Kontext, Tübingen 2003. – *R. N. Longenecker* (ed.): Into God's Presence. Prayer in the New Testament, Grand Rapids/ Cambridge 2001. – *U. Mittmann-Richert*: Magnifikat und Benediktus. Die ältesten Zeugnisse der judenchristlichen Tradition von der Geburt des Messias, Tübingen 1996. – *L. Morris*: The Saints and the Synagogue, in: *M. J. Wilkins/T. Paige* (eds.): Worship, Theology and Ministry in the Early Church (FS R. P. Martin), Sheffield 1992, 39–52. – *Ch. G. Müller*: Bitten und Beten im NT und seiner Umwelt: Martial und Matthäus im Vergleich, NTS 49, 2003, 1–21. – *J. M. Nielen*: Gebet und Gottesdienst im Neuen Testament. Eine Studie zur biblischen Liturgie und Ethik, Freiburg 1937. – *E. Orphal*: Das Paulusgebet. Psychologisch-exegetische Untersuchung des

[40] Iambl. v. P. 96–100; Chaeremon Frg. 10 van der Horst.
[41] Philo vita cont. 75–80; Ios. bell. Iud. 2,128–133.

Paulus-Gebetslebens auf Grund seiner Selbstzeugnisse, Gotha 1933. – *W. Ott*: Gebet und Heil. Die Bedeutung der Gebetsparänese in der lukanischen Theologie, München 1965. – *St. C. Reif*: Judaism and Hebrew Prayer. New Perspectives on Jewish Liturgical History, Cambridge 1993 (ND 1995). – *St. Talmon*: The Emergence of Institutionalized Prayer in Israel in the Light of the Qumran Literature, in: *M. Delcor* (ed.): Qurman, sa pieté, sa théologie et son milieu, Löwen 1978, 265–284. – *M. M. B. Turner*: Prayer in the Gospels and Acts, in: *D. A. Carson* (ed.): Teach us to Pray. Prayer in the Bible and the World, Grand Rapids/Carlisle 1990 (ND 1994), 59–83. – *R. A. Werline*: Penitential Prayer in Second Temple Judaism. The Development of a Religious Institution, Atlanta 1998.– *G. P. Wiles*: Paul's Intercessory Prayers. The Significance of the Intercessory Prayer Passages in the Letters of St Paul, Cambridge 1974. – *T. Zahavy*: Studies in Jewish Prayer, Lanham u.a. 1990.

## 3.3.6 Formen nicht-öffentlicher Frömmigkeit

### 3.3.6.1 Formen nicht-öffentlicher Frömmigkeit bei Griechen und Römern (*Reinhard von Bendemann*/*Gabriele Faßbeck*)

*Stellen im NT*

Zur Bedeutung des „Hauses" im Frühchristentum vgl. Röm 16,3.5.23; 1Kor 1,16; 11,34; 14,23; 16,15.19; Mt 10,12–14 par; Lk 12,52; 16,4; 19,5.9; Apg 16,31f.34; 17,5; 18,7f; 20,20; 21,8; 1Tim 3,4f.12.15; 5,4.13; 2Tim 1,16; 2,20; 4,19 u.a.m. Zur klaren, auf atl. und frühjüd. Hintergrund verständlichen Grenzziehung gegenüber Praktiken der „Zauberei": Gal 5,20; Apg 19,18f (8,4–25; 13,4–12; 16,16–24); Offb 18,23; 21,8; 22,15; vgl. Offb 2,17 (der weiße Stein als Amulett?). Siehe auch unter →3.2.6

*Das Haus als Ort nicht-öffentlicher Frömmigkeit*

In seiner Rede *De magia* muss sich Apuleius von Madaura, der Zauberei bezichtigt, unter anderem des Vorwurfes erwehren, er habe im Haus des Crassus während dessen Abwesenheit Opferrituale (→3.3.2.1) vollzogen, von denen rauchgeschwärzte Wände wie zurückgebliebene Vogelfedern zeugten (Apul. apol. 57–60). Apuleius wird hier ein Kapitaldelikt angelastet (vgl. Cic. Vatin. 14). Einschlägige nächtliche Praxis mit schädlicher Zielsetzung konnte in späterer Zeit die Strafe mit dem Tod zur Folge haben.[1] Besteht die Verteidigung des Apuleius vorrangig darin, dass er die Gegenseite nicht nur auf die Widersprüchlichkeit der Vorwürfe hinweist, sondern sie vor allem diskreditiert, so gibt der Vorgang indirekt zu erkennen, dass sich antik im (eigenen oder fremden) Haus (→2.2.1) seit frühester Zeit ein eigener qualifizierter Entfaltungsraum religiöser Zeichensprachen eröffnet.[2] Kultische Vorstellungen und Vollzüge im Haus können sich dabei parallel zu öffentlichen Glaubensvorstellungen und Kultformen gestalten und integrative Funktionen übernehmen, sie können sich aber auch „quer" zu öffentlichen Institutionen der *communitas* entwickeln.

Auf die Bedeutung des vergleichsweise wenig erforschten komplexen Problems des „Hauskults" in hell.-röm. Zeit als eines eigenen Verbunds von Ü-

[1] Apuleius: De Mageia, Hg., eingel. u. erl. von *J. Hammerstaedt u.a.*, Darmstadt 2002, 265, Anm. 420 zu Paul. sent. 5,23,15.

[2] Vgl. *Herter* 1986, 770; *Wachsmuth* 1980, 53ff.

berzeugungen und Praktiken hat Wachsmuth aufmerksam gemacht. Er zeigt zunächst ausgehend von den beiden Reden Ciceros dom. und har. resp., dass das röm. Wohnhaus per se als ein profaner Ort galt. Das röm. Privathaus war weder als *sacer* noch – im Unterschied zu den Bestattungsstätten (→3.2.5.1) – als *locus religiosus* qualifiziert.[3]

Ein Konsekrationsakt von privaten Grundstücken war auch nach der *Lex Papiria* nur auf plebiszitären Beschluss hin möglich (vgl. Cic. Att. 4,2,3). An dieser Stelle vermag aber Cicero nach Rückkehr aus seiner Verbannung anzusetzen, um von dem Gegner Publius Clodius Pulcher sein auf dem Palatin gelegenes Haus und Grundstück zurückzuerhalten. Zugleich rekurriert Cicero aber auf die Integrität, welche ein Haus durch die in ihm gepflegten kultischen Praktiken und Riten gewinnt.[4] Solche Integrität markiert den Bereich des Hauses als einen quasi autonomen Bereich in eigentümlicher Mittelstellung zwischen individueller Frömmigkeit (*sacra privata*) und staatlich-öffentlicher Religiosität (*sacra publica*).

Aus staatlicher Sicht konnte dieser Sachverhalt selbstregulierter, lebendiger Praxis als eine Gefährdung erkannt werden. Bereits Plato sucht in den *Nomoi*, den Hauskult per se zu unterbinden.[5]

Nach Nilsson war der Hauskult „the most Roman of all cults of the Roman religion".[6] Die Hoheit über ihn kam zunächst dem *pater familias* zu (vgl. Plaut. Capt. 775), doch war auch die *mater* an der Pflege kultischer Vollzüge nicht unbeteiligt.[7] Inhaltlich ging es zunächst um die Erinnerung an die eige-

---

[3] *Wachsmuth* 1980, 38ff; vgl. Cic. dom. 128: *consecrabantur aedes, non privatorum domicilia, sed quae sacrae nominantur*; har. resp. 11: Normalerweise (*multo maxima ex parte*) sind Privathäuser frei von *religio* (*liberae religione*). Zum Religionsbegriff Ciceros vgl. *Muth* 1978, 342–347. Vgl. die Einschätzung des Polybios (6,56) über die weit reichende Bedeutung der Religion bei den Römern im privaten wie im öffentlichen Leben.

[4] Cic. dom. 109: „Was ist heiliger, geschützter durch allen Kult (*religio*) als das Haus eines jeden einzelnen Bürgers? Hier sind die Altäre, hier die Brandstätten, hier die Schutzgötter des Hauses (*di penates*), hier die heiligen Bräuche (*sacra*), die gottesdienstlichen Vollzüge (*religiones*), die Zeremonien zusammen konzentriert: dieser Zufluchtsort ist so heilig für alle, dass es dem (göttlich begründeten) Sittengesetz entspricht, dass niemand von dort hinweggerissen wird". Nach *Wachsmuth* 1980, 43 gibt es in der antiken Literatur „keine eindringlichere, keine präzisere Paraphrase der Religiosität des antiken Hauses". Vgl. die kritische Analyse der Argumentation durch *C. Bergemann*: Politik und Religion im spätrepublikanischen Rom, Stuttgart 1992, bes. 3–24.52–79.80–85.

[5] Vgl. Plat. leg. 909d–910e: „Es muss aber ein über dieses alles sich erstreckendes, gemeinsames Gesetz bestehen, das da, weil eine demselben zuwiderlaufende Gottesverehrung nicht gestattet ist, bewirke, dass die große Menge sich in Wort und Tat minder fahrlässig beweise und eine minder unverständige Meinung über sie hege. Das für alle gültige Gesetz laute nämlich ganz einfach so: Kein einziger habe in seiner eigenen Wohnung ein Bethaus, kommt es aber jemandem in den Sinn, zu opfern, dann begebe er sich deshalb nach den öffentlichen Tempeln und übergebe seine Opferspenden den Priestern und Priesterinnen, welche für die Reinheit derselben Sorge tragen; mit ihnen aber und demjenigen, der mit ihm beten will, vereinige er sein Gebet ..." (übers. F. D. E. Schleiermacher). Ähnlich Cic. leg. 2,19: „Niemand soll für sich allein Götter haben, weder neue noch auswärtige, außer den staatlich (*publice*) eingeführten ..." (vgl. *Wachsmuth* 1980, 48f).

[6] *Nilsson* 1960, 285.

[7] Zum Konzept der *patria potestas*: *W. K. Lacey*: Patria Potestas, in: *B. Rawson* (ed.): The Family in Ancient Rome: New Perspectives, London 1986, 121–144. *Muth* 1978, 326f: Der *pater familias* „... vertrat seine Familie der Gottheit gegenüber und vollzog in dieser Eigen-

nen Vorfahren. Hier sind ein Schwerpunkt und Proprium röm. *religio domestica* zu erkennen. Laren und Penaten konnten metonymisch für das eigene Haus stehen, wie die oben genannte Apuleius-Stelle für die Penaten beispielhaft zeigt (Apul. apol. 57,3).
Die *lares familiares*, für die die Funde in Pompeii und Herculaneum reiches Anschauungsmaterial bieten,[8] wurden in eigenen Nischen, Tempelchen oder auch Wanddarstellungen verehrt. Lararien befanden sich häufig im Atrium eines Hauses.[9] Mit den *lares* verband sich entweder die Vorstellung der *genii* der verstorbenen Vorfahren und/oder die Vorstellung des lokalen Schutzes (vgl. Plin. nat. 28,27). Hiervon zu unterscheiden sind trotz verschiedentlicher Verwechslung die unterschiedlich dargestellten *di penates*, die – für den Hausvorrat zuständig – ursprünglich am Herd verehrt wurden und denen bei den Mahlzeiten auf einer *patella* geopfert wurde (vgl. z.B. Hor. carm. 3,23,17–20; Cic. Verr. II 4,48). Sie konnten bei dauerhaftem Verlassen eines Hauses mitgenommen werden (vgl. z.B. Verg. Aen. 2,717; Hor. carm. 2,18,26f).[10]

*Formen nicht-öffentlicher Religiosität*
Im Blick auf die Gestaltung der Gegenwart kam den gemeinsamen Mahlzeiten in der *religio domestica* eine hervorragende Rolle zu. Diese dienten zugleich als mögliche Schaltstelle zur Öffentlichkeit in der Form von Vereinsmählern (→2.2.4.2) und Symposien im Freundeskreis oder Totengedächtnismahlzeiten.[11]
Grundlegende Bedeutung hatte die Gestaltung von „rites de passage" (→2.2.2) sowie der familiären Festtage im Kalender (*feriae privatae*), über die die *vita* der Familie und das Leben der Gemeinschaft aufeinander bezogen waren. Kalendarische Feste konnten sich bei der *familia rustica* anders als im urbanen Bereich gestalten.[12] Den grundsätzlichen Unterschied zwischen öffentlicher und privater Begehung hält eine Formulierung in der Claudius-Vita des Sueton fest, nach der Claudius die Verlobung der Tochter sowie den Geburtstag des Enkels nicht öffentlich ausrichtete, sondern „nur im Kreise seiner nächsten

---

schaft die häuslichen Kulte, sprach Gebete und brachte Opfer dar. Dies ist eine allgemeinere, wohl gemeinmenschliche, auf jeden Fall aber ursprünglichere und selbstverständlichere Vorstellung vom Priestertum, welche ... nicht spezifisch römisch ist". *H. Blanck*: Einführung in das Privatleben der Griechen und Römer, Darmstadt ²1996, 100–119. Zur Bedeutung der Frau: *Herter u.a.* 1986, 771.

8 Siehe *Wachsmuth* 1980, 51f; *Herter u.a.* 1986, 780.

9 Zu den Schreinen in Pompeii, Herculaneum, Campania, Ostia und Delos: *Orr* 1978, 1575–1588.

10 Zu einzelnen Hausgöttern wie Zeus, Hestia und den verschiedenen Glücksgöttern: *Herter u.a.* 1986, 772–780. Zu Laren, Penaten und der Vorstellung des *genius*: *Nilsson* 1960, 273–283; *Harmon* 1978, 1593–1595.

11 Siehe hierzu *M. Klinghardt*: Gemeinschaftsmahl und Mahlgemeinschaft. Soziologie und Liturgie frühchristlicher Mahlfeiern, Tübingen 1996. Vgl. *G. Gerlach*: Zu Tisch bei den alten Römern. Eine Kulturgeschichte des Essens und Trinkens, Stuttgart 2001.

12 Vgl. *Stambaugh* 1988, 159–161; *Harmon* 1978, 1596–1603. Vgl. *S. Dixon*: The Roman Family, Ancient Society and History, Baltimore/London 1992, 61–97.133–163 zu familiären Ritualen. Zum röm. Festkalender: *H. H. Scullard* (übers. M. Buchholz): Römische Feste. Kalender und Kult (Festivals and Ceremonies of the Roman Republic), London 1981/Mainz 1985. Zu bäuerlicher Religiosität: *Scherrer* 1989, 90f.

Umgebung ..." (Suet. Claud. 12,1: *nimios honores recusavit, sponsalia filiae natalemque geniti nepotis silentio ac tantum domestica religione transegit*). Neben reinigenden (kathartischen) Riten standen auch im Haus Unheil abwehrende (apotropäische) Praktiken im Vordergrund. Als religiös qualifiziert galt die Türschwelle, die zum Gegenstand verschiedener magischer Praktiken werden konnte (→3.2.6).[13] Amulette und Talismane sicherten persönliches Wohlergehen und Schutz. Was „Magie" oder „Zauberei" im Unterschied zu gesellschaftlich legitimierter Frömmigkeit ist, bleibt auch hier eine Frage der Perspektive und Definition, die sich reziprok verhält zum eigenen sozialreligiösen Wertigkeitssystem. Die Zunahme des Bedürfnisses nach „nichtöffentlichen" Frömmigkeitsformen wie „Zauberei" und „Magie" in ntl. Zeit wird in der Forschung häufig mit dem Lebensgefühl der hell. Ära erklärt, welches von Vereinzelung, politischer Abhängigkeit und Einflusslosigkeit wie tiefer Verunsicherung gekennzeichnet gewesen sei.[14] Solche Klassifikationen des Lebensgefühls einer – zudem in der Abgrenzung und Beschreibung strittigen – „Epoche" können nur einen heuristischen Wert haben. Insgesamt sind die Grenzen zwischen legitimer und subkulturell-nonpubliker Religiosität keineswegs scharf zu ziehen und ist zu vergegenwärtigen, dass auch „private" religiöse Praxis in der Antike immer öffentlich-politische Implikationen besitzt.[15] Einschlägige Grenzziehungen haben zudem die unterschiedlichen sozialen Niveaus in Rechnung zu bringen.[16]

Eigene Kulträumlichkeiten gewannen in den neuen Formen der Mysterienkulte (→3.1.2) an Wichtigkeit, deren Verhältnis zur öffentlichen Religion sich kritisch-überbietend, aber auch ergänzend-stimulativ in sehr verschiedenen Gestalten und sozialen Formen entfalten konnte.[17] Weiter wäre hier eine Fülle verschiedenster kleinerer Kulte und lokaler Erscheinungen zu nennen.[18]

Ganz anders konnte sich im jüd. Bereich die Gestaltung des häuslichen Lebens ganz auf die Praxis der Heiligkeit in Analogie zu und in der Partizipation an

---

[13] Vgl. *Scullard*, Römische Feste (Anm. 12), 23.

[14] Vgl. *H.-J. Gehrke*: Geschichte des Hellenismus, München $^2$1995, 71–75.

[15] Vgl. *F. Stolz*: Grundzüge der Religionswissenschaft, Göttingen 1988, 64–70.77.

[16] Siehe *Scherrer* 1989, 75–79.

[17] Vgl. *D. Zeller*: Mysterien/Mysterienreligionen, TRE 23, 1994, 504–526.

[18] Beispielhaft ist dies in der Streuung von neuen Kultformen in den Häusern von *Ostia antica* zu studieren. Der Hafen Roms bot das Einfalltor für eine Fülle von Fremdkulten, die sich neben dem öffentlichen Kult etablierten. Vgl. *A. Pascolini*: Ostia, Rom 1979, 66–69. Zur Etablierung eines Privatkultes im Haus des Dionysios auf der Basis der Verehrung der Agdistis, einer phrygischen Variante der Magna Mater (siehe: *P. Gerlitz*: Muttergottheiten, TRE 23, 1994, 497–503), in Philadelphia (SIG$^3$ 985 = F. Sokolowski: Lois sacrées de l'Asie Mineure, Paris 1955, nr. 20): *S. C. Barton/G. H. R. Horsley*: A Hellenistic Cult Group and the New Testament Churches, JAC 24, 1981, 7–41; *H.-J. Klauck*: Die religiöse Umwelt des Urchristentums, Bd. I: Stadt- und Hausreligion, Mysterienkulte, Volksglaube, Stuttgart u.a. 1995, 65–68. *Barton/Horsley* (s.o.), 25: „Whether or not Dionysius, in initiating (and hosting?) the society had the moral reformation of the wider community in mind is difficult to say. But the almost exclusive concern for moral purity in the regulations and the universal appeal of the cult itself, suggests a concern to reach beyond individual, household, and even cult association, to society at large." Zur Zweiteilung des gr. und röm. Wohnhauses in einen privaten und einen repräsentativen Teil: *Blanck*: Einführung (Anm. 7), 23–36.38f zur *insula* und *villa rustica*.

der Heiligkeit des Gottes Israels ausrichten und hierbei eigene lebenspraktische und liturgische Formen entwickeln (→3.3.6.2).[19]

*Zum Begriff des „Privaten" in der antiken Religion*

Abschließend ist festzuhalten: Ein neuzeitlicher Begriff des „Privaten" ist der gr.-röm. Antike als solcher fremd. Bleibt das antike Haus auch in seinen besonderen kultischen Praktiken zur Öffentlichkeit hin durchlässig, ja ist es als Institution selbst immer auch lebendiger Ausdruck der übergeordneten Kulturgemeinschaft,[20] so bietet es den Raum der Entwicklung eines eigenen und relativ eigenständigen Zeichensystems. Die Entwicklung und lebensweltliche Verfestigung einer entsprechenden relativ autonomen Zeichensprache kann durch kritische Kontexte zusätzlich stimuliert werden (Exilssituation; Leben im „paganen" Kontext oder Dissoziation von eigener „paganer" Vergangenheit; vgl. zum Eindringen von „Aberglauben" in die Häuser für das 5. Jh. v.Chr. Liv. 4,30,9–11).[21] Einzelnen Kulten ist von Hause aus defamiliarisierender Charakter zuzumessen.[22] Die Unterscheidung von öffentlichen religiösen Verhaltensformen und Institutionen und privater „Religiosität" wurde grundsätzlich denkmöglich erst mit der stärkeren Wahrnehmung des Individuums im Gegenüber zur Gemeinschaft, wie sie auf gr. Boden insbes. mit der Sophistik anhob.

Sind die ntl. Belege für „Haus" für die Untersuchung antiker *religio domestica* mehrheitlich nur indirekt ergiebig, so zeigt sich generell spätestens in der dritten frühchristl. Generation, wie sich neue Formen der lehrhaften Orientierung und der Praxis gerade im eigenen, öffentlichem Zugriff entzogenen Raum der „Häuser" zu etablieren und auszudifferenzieren vermochten.[23]

---

[19] Vgl. *Herter u.a.* 1986, 789–792.

[20] Vgl. *Stambaugh* 1988, 157: „To the extent that the traditional Roman house was a castle, it was a safe refuge from rivals and the whirl of public life outside. It was a separate world, mirroring in domestic space the relationship between the family and the other worlds outside its boundaries. But even though these boundaries were real, they were not impermeable, and the relationship between what was private and what was public was fluid, pervasive, and less distinct than it is in a large city today".

[21] Zu den Wurzeln des Konflikts zwischen röm. Staat und werdendem Christentum *Muth* 1978, 310–314.

[22] „Dionysos ist der Gott der Ausnahme: Im Zug der Verselbständigung des Individuums wird sein Kult zum Ausdruck der Absonderung privater Gruppen von der Polis. Neben den dionysischen Polis-Festen entwickeln sich private Dionysos-Mysterien. Sie sind esoterisch, finden zur Nachtzeit statt; der Zugang erfolgt über eine individuelle Weihe, *teleté*.": *W. Burkert*: Griechische Religion der archaischen und klassischen Epoche, Stuttgart u.a. 1977, 433f.

[23] Zur Frage der Taufe von „Häusern" im ältesten Christentum: *A. Strobel*: Der Begriff des „Hauses" im griechischen und römischen Privatrecht, ZNW 56, 1965, 91–100. Zu der 1932 entdeckten, auf Umbauten zwischen 240 und 250 n.Chr. basierenden Hauskirche von Dura Europos: *P. W. Haider*: Eine christliche Hauskirche in Dura Europos, in: *Ders. u.a.* (Hgg.): Religionsgeschichte Syriens. Von der Frühzeit bis zur Gegenwart, Stuttgart u.a. 1996, 284–288. Zu den antiken Anweisungen für häusliches Leben unter jüd. und christl. Einfluss: *I. Richarz*: Oikos, Haus und Haushalt. Ursprung und Geschichte der Haushaltsökonomik, Göttingen 1991, 34–42. *H.-J. Klauck*: Hausgemeinde und Hauskirche im frühen Christentum, Stuttgart 1981.

*Literatur*
*D. P. Harmon*: The Family Festivals of Rome, ANRW II 16.2, 1978, 1592–1603. – *H. Herter u.a.*: Haus I (Hausgötter, Hausschutz), RAC 13, 1986, 770–801. – *R. Muth*: Vom Wesen römischer „religio", ANRW II 16.1, 1978, 290–354. – *M. P. Nilsson*: Roman and Greek Domestic Cult, in: *Ders.*: Opuscula Selecta, Bd. III, Lund 1960, 271–285. – *D. G. Orr*: Roman Domestic Religion. The Evidence of the Household Shrines, ANRW II 16.2, 1978, 1557–1591. – *P. Scherrer*: Aspekte der Volksfrömmigkeit im alten Rom, in: *H. C. Ehalt* (Hg.): Volksfrömmigkeit. Von der Antike bis zum 18. Jahrhundert, Wien u.a. 1989, 67–115. – *J. E. Stambaugh*: The Ancient Roman City, Baltimore/London 1988. – *D. Wachsmuth*: Aspekte des antiken mediterranen Hauskults, Numen 27, 1980, 34–75.

## 3.3.6.2 Nicht-öffentliche Frömmigkeit im antiken Judentum (*Gabriele Faßbeck*)

*Stellen im NT*
Mt 6,1–18.12,1–8; 23,5; Mk 7,2f; Lk 1,59; 2,36–38; 11,28; Joh 2,6; 5; Apg 8,28; 10; 19,12; 21,23f; 27,35; Gal 2,11–14; Offb 19,10

*Einführung*
Als „privat", „nicht-öffentlich" in der jüd. Antike bezeichnen wir im Folgenden all jene religiösen Verrichtungen, die nicht an öffentliche Orte wie den Jerusalemer Tempel (→3.3.2.2) oder eine Synagoge[1] (→3.3.3) gebunden waren oder sich auf diese richteten. „Religiös" nennen wir solche Praktiken, die im gr.-sprachigen Judentum als Ausdruck von *eusebeia* verstanden werden. *Eusebeia* meint Verhaltens- und Handlungsweisen, die in Entsprechung zum göttlichen Gesetz (hebr.: *tora*, gr.: *nomos*) stehen.[2] Im engeren Sinn bezeichnet *eusebeia* die torakonforme Verehrung Gottes. Dieser engere Sinn wird nachfolgend leitend für die Darstellung sein. Dabei ist zu beachten, dass für das Frühjudentum Tora nicht einfach identisch mit den fünf Büchern Mose war, sondern ebenso auch – nicht notwendig schriftlich niedergelegte – Interpretationen und Erweiterungen derselben umfasste, die in gleicher Weise als Handlungsmaßstäbe galten.
Die Quellen- ebenso wie die Forschungslage (es fehlt eine neuere monographische Behandlung des Themas[3]) stellt jede Erörterung des Phänomens privater Religionspraxis vor Probleme. Ältere Forschungsarbeiten verlassen sich für die Rekonstruktion alltäglicher Frömmigkeitspraxis in einem Maße auf die an Detailangaben reiche rabbinische Literatur, das in neuerer Zeit suspekt geworden ist.[4] Das Phänomen privater Frömmigkeitspraktiken ist naturgemäß schwer zu erfassen, denn es hat nur zufällige Spuren in den literarischen Quellen hinterlassen. Die Tatsache, dass die uns erhaltenen schriftlichen Quellen

[1] Dabei wird im Fall der Synagoge die Grenzziehung schon unscharf, insofern Mitglieder einer Synagoge sich in den ersten Jhh. christl. Zeitrechnung oft in Wohnhäusern trafen.
[2] Z.B. Sir 37,12; 49,3; 4Makk 5,16–8; 7,1–23; Philo vita Mos. 1,302–303.317; dec. 52; 100; Ios. ant. Iud. 14,65; 17,150; 19,374.
[3] Einen Anfang machte *Wick* 2002.
[4] So noch *Safrai* 1976.

zudem meist die religiöse Ausrichtung der gebildeten Oberschicht spiegeln, wiegt in diesem Falle besonders schwer, denn wer sich mit privater Frömmigkeit beschäftigt, will ein möglichst alle Schichten der antiken Bevölkerung umfassendes Bild alltäglicher gesellschaftlicher Wirklichkeit erstellen. Jeder Versuch, frühjüd. private Religiosität zu rekonstruieren, muss daher zumindest neben den literarischen Quellen alle anderen verfügbaren Ressourcen nutzen, besonders die archäologischen (→1.3.4.4) und genauso auch die Zeugnisse magischer Praxis (→3.2.6). In jedem Fall wird man mit geographischen (→1.4.4; 1.4.5) und sozialen Unterschieden[5] zu rechnen haben, auch wenn in der folgenden Darstellung aus praktischen Gründen auf diese nur wenig Gewicht gelegt werden kann. Eine gesonderte Darstellung würde die religiöse Praxis priesterlicher Familien (→3.3.2.2) verlangen. Im Folgenden wird nur über nicht-priesterliche Frömmigkeitspraxis gehandelt werden.[6]
Jüd. Frömmigkeitspraxis in hell.-röm. Zeit kennt nichts dem röm. Hauskult Vergleichbares mehr, obwohl familiengebundene Kultübungen und Kultstatuen im häuslichen Rahmen für die israelitische Zeit wahrscheinlich gemacht werden können.[7] Ein fernes Echo der früheren Bedeutung der Familie als „ritueller Gemeinschaft" könnte in den an das Passahfest gebundenen Riten nachklingen.[8] Die Familie (→2.2.1.2) mag eine Rolle in der elementaren religiösen Unterweisung der Kinder wahrgenommen haben.[9] Fraglos blieb sie auch in hell.-röm. Zeit ein zentraler Faktor für die Bestimmung der Identität des Einzelnen.[10] Dennoch lässt sich erkennen, dass dem Individuum in der jüd. Antike größere Bedeutung als Subjekt privater Religionspraxis zukam als in vorhell.[11] bzw. vorexilischer[12] Zeit.

*Rituelle Reinheit*

Archäologische und literarische Quellen weisen darauf hin, dass die Aufrechterhaltung profaner, nicht-priesterlicher Reinheit im Zentrum persönlicher Religionspraxis stand.[13] Frauen unterlagen in Hinsicht auf ihre Reinheit besonderen Restriktionen. Das genaue Verständnis von Reinheit und die damit einhergehenden Praktiken dürften abhängig von Ort und Zeit und Gruppenzugehörigkeit variiert haben. In jedem Fall wurde damit – neben dem allgemein geübten Ritus der Beschneidung für Männer – auf der Ebene individueller Fröm-

---

5 *Guijarro* 1997 unterscheidet drei soziale Strata in agrarischen Gesellschaften: Oberschicht mit denen, die ihr unmittelbar zuarbeiten, ca. 10 % der Bevölkerung; Mittelschicht, umfasst kleine Grundbesitzer, Landarbeiter, Tagelöhner und Handwerker, etwa 75 %, Unterschicht, zu der Sklaven und Kranke, Unreine zählen, etwa 15 %.

6 Nicht behandelt werden hier die religiösen und rituellen Aspekte von Tod und Begräbnis, dazu vgl. →2.2.2.4; 3.2.5.1.

7 Siehe *van der Toorn* 1996, 206–235; vgl. auch *Albertz* 1992, bes. I 143–157 und 291–304; II 413–459.

8 Siehe *van der Toorn* 1996, 378; *Cohen* 1987, 63.

9 4Makk 18,10; vgl. Ios. c. Ap. 2,204; *Cohen* 1987, 120; *Stegemann/Stegemann* $^{2}$1997, 132.

10 Mk 6,2f; *Guijarro* 1997, 62.

11 *Cohen* 1987, 43.75.

12 Vgl. *van der Toorn* 1996, 372f.

13 Dazu z.B. *Regev* 2000. Zu den Ursachen kultischer Unreinheit, die so auch in der Periode des zweiten Tempels galten, vgl. Lev 11–15; Num 19.

migkeitsverrichtung sehr effektiv für die Abgrenzung des Judentums nach außen Sorge getragen.[14] Dies gilt, obwohl es nach dem Zeugnis des Philo von Alexandria (→1.3.2.5) interessanterweise auch religiös gleichgültige Juden gab (spec. leg. 1,186). Der Aristeasbrief (Arist) als Dokument der ägyptischen Diaspora (→1.3.2.7; 1.4.5.1) fasst das Anliegen prägnant zusammen:

„Da nun der Gesetzgeber [gemeint ist Moses] ... (dies) alles klar erkannte, umgab er uns mit undurchdringlichen Wällen und eisernen Mauern, damit wir uns mit keinem Volk irgendwie vermischen, (sondern) rein an Leib und Seele bleiben" (Arist 139). Diese „undurchdringlichen Wälle" bestehen näherhin aus „Reinheitsgeboten in bezug auf Speisen und Getränke und Berühren, Hören und Sehen." (Arist 142; Übersetzung Meisner).

Selbst wenn die Notwendigkeit der Abgrenzung gegen die nichtjüd. Umwelt in der Diaspora möglicherweise als drängender empfunden wurde als in Palästina selbst, so wurden die Eigentümlichkeiten jedenfalls im paganen Umfeld als distinkt jüd. wahrgenommen. Besonders die jüd. Abstinenz von Schweinefleisch ist wiederholt Gegenstand gelehrter und weniger gelehrter Einlassungen paganer Autoren.[15] Einen Sonderfall der Enthaltsamkeit u.a. von Speisen, in diesem Fall von alkoholischen Getränken, stellt das Nasiräatsgelübde (Num 6) dar, dessen Durchführung in hell.-röm. Zeit mehrfach belegt ist (1Makk 3,47–54; Ios. bell. Iud. 2,313; ant. Iud. 19,294; Apg 18,18; 21,23–26).
Nicht nur Vermeidung bestimmter Speisen, sondern auch rituelle Waschungen sowie die Wahl der Tischpartner sicherten zusätzlich die kultische Reinheit (Mk 2,16; Tob 2,1). Belegt sind das Abspülen der Hände vor den Mahlzeiten (Mk 7,2f) und vor dem Gebet (Arist 305; vgl. Sib 3,592), ohne dass klar ist, ob dieser Ritus in der jüd. Antike allgemein bindend war. Strengere Gruppierungen wie die u.a. von Josephus erwähnten Essener (→3.1.3.3) nahmen vor den Mahlzeiten Tauchbäder vor (Ios. bell. Iud. 2,129.150; aber vgl. auch Jdt 12,7f). Reinigungsbäder sind ebenso in Vorbereitung auf den Sabbat belegt (2Makk 12,38). Kontakt mit Heiden überhaupt (Apg 10,28), aber besonders die Tischgemeinschaft mit ihnen unterlag grundsätzlich Reinheitsbedenken (Gal 2,11–14). Wieder lässt sich schwer abschätzen, ob die Bedenken jederzeit und überall geteilt wurden, doch scheinen die allgemein gehaltenen Vorwürfe paganer Autoren über jüd. Absonderung zumindest für eine weite Verbreitung solcher Bedenken zu sprechen.[16]
Zu Tisch und in der Speisenzubereitung verwendetes Geschirr unterlag eigenen Reinheitsvorschriften und Reinigungsriten, lediglich steinerne Gefäße galten als immun gegen rituelle Verunreinigung (mKel 10,1). Wie die archäologischen Funde belegen, erfuhr die Steingefäßindustrie im Palästina des späten 1. Jh.s v.Chr. und bis zur Tempelzerstörung ungeahnten Aufschwung, was sicher zum Teil auch mit der zentralen Bedeutung von Reinheitsfragen zu erklären ist.[17] Anlagen für das rituelle Tauchbad, die sog. Mikwen, sind im archäo-

---

[14] *Cohen* 1987, 61.
[15] Ios. c. Ap. 2,137; Plut. mor. 669E–671C; Tac. hist. 5,4,2; Iuv. 6,160; Sext. Emp. Pyrrh. 3,223; Porph. abst. 1,14.
[16] Vgl. *Esler* 1987, 76–86 mit vielen Quellenbelegen.
[17] *Deines* 1993; *Magen* 2002; mit bedenkenswerten Gründen anders gewichtet aber von *Miller* 2003.

logischen Spektrum Palästinas in der Zeit des 1. Jh.s v./1. Jh.s n.Chr. ebenfalls breit vertreten,[18] sei es im Zusammenhang mit Synagogen (→3.3.3, Herodeion, Gamla), Grabstätten (→2.2.7.3 VII Jerusalem, Jericho), Wohneinheiten (→2.2.1.1, Jerusalem, Sepphoris) oder landwirtschaftlichen Produktionsstätten für Wein und Oliven (→2.3.4, z.B. Gamla, Ramat Hanadiv), wo die Reinerhaltung der Produkte im Verarbeitungsprozess zu gewährleisten war.[19]
Weitere Vorbehalte im Zuge antiker jüd. Reinheitsregularien betrafen Eheschließungen zwischen Juden und Nichtjuden. Hier wird der unmittelbare Zusammenhang zwischen Reinheitsfragen und sozialer Abgrenzung ganz deutlich, zumal mit solcher Art von Kontakten das Problem der Fremdgötterverehrung, in den Quellen als Idolatrie verdammt, in unmittelbarer Weise gestellt war. Die jüd. und paganen literarischen Quellen zeichnen für Palästina und die Diaspora ein übereinstimmendes Bild der Verurteilung von Mischehen (Jub 30,7–17; Philo spec. leg. 3,29), lassen aber zugleich erkennen, dass diese Einstellung nicht von allen Juden gleichermaßen geteilt wurde.[20]

*Frömmigkeitspraxis und Bewahrung von Identität*
Im weiteren Sinne zur Kenntlichmachung und Abgrenzung gegen außen diente religiöse Kleidung (→2.2.1.8), die Arist gleich im Anschluss an die Speisegebote und einige abwertende Bemerkungen über paganes Sexualverhalten (→2.2.1.3) behandelt.[21] Arist bietet den historisch frühesten Beleg für den Gebrauch von Schaufäden und Gebetsriemen (Phylakterien; vgl. Mt 23,5) sowie von Mezuzot für die Türen. Vorauszusetzen ist wohl, dass nur Männer diese Merkzeichen trugen. Archäologische Belege stammen aus den Höhlen in der judäischen Wüste. Die Fundumstände dort machen es wahrscheinlich, dass die Phylakterien im Gebrauch für das private Gebet (→3.3.5) waren. Freilich illustrieren die archäologischen Funde auch, dass der Schritt von den biblisch geforderten Erinnerungszeichen an der Kleidung (Num 15,38–41; Dtn 22,12) hin zu magischer Präparation von Kleidungsstücken nicht groß war.[22]
Ein letzter Aspekt, den man zu den das Judentum von seiner Umwelt unterscheidenden Merkmalen rechnen kann, ist die Sabbatobservanz.[23] Für die hell.-röm. Zeit steht die allgemeine Einhaltung des Ruhetages außer Frage, auch wenn keine allgemeingültige Aufstellung unerlaubter Tätigkeiten existierte, sondern allenfalls Summarien dessen, was man auf Basis der Tora für verboten hielt (Jub 50). Die pagane Umwelt betrachtete den Sabbat oft fälschlich als Fastentag und denunzierte ihn gerne als Beweis für die Trägheit der Juden.[24]

---

18 Dagegen nicht so sehr in der Diaspora, doch ist zu beachten, dass natürliches fließendes Wasser ebenso für die Reinigung genutzt werden konnte, vgl. Ios. ant. Iud. 12,106.

19 In der neuesten Diskussion werden allerdings bei weitem nicht mehr alle Anlagen, die früher als Mikwen galten, auch als solche akzeptiert, vgl. *Wright III* 1997.

20 *Meleager*: Anth. Gr. 5,160; Mart. 7,30; 11,94.

21 Zur komplexen Bedeutung von Kleidung und Habit in der jüd. Diaspora vgl. *Cohen* 1993.

22 Unter den Bar Kochba-Funden nennt *Yadin* 1971, 81 ein Kinderkleidungsstück, in das sich verschiedene Kräuter, Gewürze und Samen eingebunden fanden, für die der Talmud eine magische Erklärung wahrscheinlich macht.

23 *Goldenberg* 1979.

24 Strab. 16,2,40; Iust. 36,2,14; Seneca, *De superstione* bei Aug. civ. 6,11.

Andererseits scheint die jüd. Sabbatobservanz auch eine gewisse Attraktion ausgeübt zu haben (Ios. c. Ap. 2,282). Von den heute üblichen Sabbatriten ist das Lichteranzünden zu Sabbatbeginn bereits in der Antike belegt.[25] Auch ist die prominente Rolle des Weines im Rahmen der Sabbatpraxis bekannt (Plut. mor. 671D–E).

Beten, Fasten und Almosengeben galten als zentrale Frömmigkeitsübungen (Tob 12,9; vgl. Mt 6,1–18). Für das persönliche Gebet scheinen sich in Analogie zu den Opferzeiten im Tempel regelmäßige Zeiten herausgebildet zu haben.[26] Ebenso ist das Gebet vor Mahlzeiten belegt (Arist 185; Sib 4,24–26; Apg 27,35). Als Gebetsort bot sich ein Privatgemach an (Jdt 9,1), oft im oberen Geschoss eines Hauses (Tob 3,12; JosAs 10,8b–17). Die Gebetspraxis kannte durchaus nicht nur den Gott Israels als Adressaten. Rituelle Engelverehrung scheint ebenso vorgekommen zu sein (Offb 19,10; 22,9; TestAbr A 4). Die herausragende Bedeutung von Engelgestalten (→3.2.4) in der religiösen Welt des Frühjudentums steht außer Zweifel. Dabei wurde mit guten, hilfreichen Engelmächten gerechnet, aber auch mit schädlichen, deren Einfluss man mit den Mitteln der Magie begegnen konnte (Apg 5,15f; 19,12; TestSal *passim*; vgl. Hen(aeth) 7,1; 8,3; Tob 6,9f; Jub 10,12f). Besonders darauf spezialisierte Wundertäter (→3.2.6) führten ihre Arbeit auch in den Wohnhäusern durch, wie nicht nur die syn. Tradition deutlich macht. Für Palästina ist darüber hinaus die Verehrung von Prophetengräbern belegt.[27] Gläubige pilgerten, möglicherweise in Kombination mit den Tempelwallfahrten, dorthin, oft auch, um wundertätige Hilfe für Krankheiten zu erfahren (VitProph, besonders VitJer 4). Ebenso konnten, ähnlich wie in der paganen Welt, andere Orte aufgesucht werden, denen man Heilkraft zuschrieb (Joh 5).

Bestimmte Feiertage des jüd. Kalenders erforderten allgemeines Fasten (Philo spec. leg. 1,186), aber neben dem Fasten für Anliegen des Gemeinwesens (Ios. Vita 290–293) ist auch das Fasten zugunsten persönlicher Anliegen (in Kombination mit Gebet: Dan 9,3; Tob 3,12 u.ö.), als Ausdruck eines besonders gottgeweihten Lebens (Mk 2,18; Lk 2,36–38) oder als Bußübung (TestXII.Rub 1,10; TestXII.Jud 15,4) belegt. Für unterschiedlich lange Zeitperioden konnte Fasten die Enthaltung von allen Speisen oder nur von bestimmten (z.B. von Wein und Fleisch: TestXII.Rub 1,10; TestXII.Jud 15,4) bedeuten. Jüd. Fastenbräuche hatten in den Augen der paganen Umwelt beinahe sprichwörtliche Berühmtheit (Suet. Aug. 76,2).

Die Verteilung von Almosen an Bedürftige war nicht nur eine ethisch hochgeschätzte Tat, sondern konnte regelrecht als von Sünde und Tod erlösendes Sühnemittel betrachtet werden (Sir 3,3; Tob 4,11; 12,9). Auch die Bestattung Toter (→3.2.5.1) galt als wichtige religiöse Pflicht (Dtn 21,23; 2Sam 21,12–14; Tob 2,1–10; 4,13; Sir 38,16; vgl. Offb 11,8).

---

[25] Lysimachos, *Aegyptiaca* bei Ios c. Ap. 1,308; Sen. epist. 95,47; Pers. 5,180f; Ios. c. Ap. 2,282.

[26] *Cohen* 1987, 67; *Sanders* 1992, 258; vgl. Dan 9,21; Sib 3,591f; Ios. ant. Iud. 4,212; Hen(sl) 51,4.

[27] Dazu *van der Horst* 2001.

*Literatur*

*R. Albertz*: Religionsgeschichte Israels in alttestamentlicher Zeit. Teil 1: Von den Anfängen bis zum Ende der Königszeit, Göttingen 1992; Teil II: Vom Exil bis zu den Makkabäern, Göttingen 1992. – *S. J. D. Cohen*: From the Maccabees to the Mishnah, Philadelphia 1987. – *Ders.*: „Those Who Say They are Jews and Are Not“: How Do You Know a Jew in Antiquity When You See One?, in: *Ders./E. S. Frerichs* (eds.): Diasporas in Antiquity, Atlanta 1993, 1–45. – *R. Deines*: Jüdische Steingefäße und pharisäische Frömmigkeit. Ein archäologisch-historischer Beitrag zum Verständnis von Joh 2,6 und der jüdischen Reinheitshalacha zur Zeit Jesu, Tübingen 1993. – *P. F. Esler*: Community and Gospel in Luke-Acts. The Social and Political Motivations of Lucan Theology, Cambridge u.a. 1987. – *R. Goldenberg*: The Jewish Sabbath in the Roman World up to the Time of Constantine the Great, ANRW II 19.1, 1979, 414–447. – *S. Guijarro*: The Family in First-Century Galilee, in: *H. Moxnes* (ed.): Constructing Early Christian Families, London/New York 1997, 42–65. – *P. W. van der Horst*: Die Prophetengräber im antiken Judentum. Franz-Delitzsch-Vorlesung 2000, Münster 2001. – *Y. Magen*: The Stone Vessel Industry in the Second Temple Period, Jerusalem 2002. – *S. S. Miller*: Some Observations on Stone Vessel Finds and Ritual Purity in Light of Talmudic Sources, in: *S. Alkier/J. Zangenberg* (Hgg.): Zeichen aus Text und Stein. Studien auf dem Weg zu einer Archäologie des Neuen Testaments, Tübingen 2003, 402–419. – *E. Regev*: Non-Priestly Purity and its Religious Aspects According to Historical Sources and Archaeological Findings, in: *M. J. H. M. Poorthuis/J. Schwartz*: Purity and Holiness. The Heritage of Leviticus, Leiden u.a. 2000, 223–244. – *S. Safrai*: Home and Family, in: *Ders./M. Stern* (eds.): The Jewish People in the First Century. II, Amsterdam 1976, 728–792. – *Ders.*: Religion in Everyday Life, in: *Ders./M. Stern* (eds.): The Jewish People in the First Century. II, Amsterdam 1976, 793–833. – *E. P. Sanders*: Law, Law in Judaism of the NT Period, ABD 4, 1992, 254–265. – *Ders.*: Judaism. Practice and Belief 63 BCE–66 CE, London/Philadelphia 1992. – *E. W. Stegemann/W. Stegemann*: Urchristliche Sozialgeschichte, Stuttgart u.a. ²1997. – *K. van der Toorn*: Family Religion in Babylonia, Syria and Israel, Leiden u.a. 1996. – *P. Wick*: Die urchristlichen Gottesdienste. Entstehung und Entwicklung im Rahmen der frühjüdischen Tempel-, Synagogen- und Hausfrömmigkeit, Stuttgart u.a. 2002. – *B. G. Wright III*: Jewish Ritual Baths – Interpreting the Digs and the Texts: Some Issues in the Social History of Second Temple Judaism, in: *N. A. Silberman/D. Small* (eds.): The Archaeology of Israel, Sheffield 1997, 190–214. – *Y. Yadin*: Bar Kochba. The Rediscovery of the Legendary Hero of the Second Jewish Revolt against Rome, New York 1971.

## 3.3.7 Mystik (*Günter Röhser*)

*Stellen im NT*

Mk 14,62–64; Joh 1,51; 3,13; 6,62; Apg 7,55f; 13,2; Röm 8,38f; 12,5; 1Kor 12–14; 2Kor 5,17; 12,2–4; Eph 2,6; 4,8–10; Kol 2,12.18.23; 3,1–5; Hebr 4,14; 7,26; Offb 4f

Mystische Praxis ist nicht „individualistisch“ (im modernen Sinn) bestimmt, sondern wird a) zumeist von einer sozialen, wenn auch minoritären (= in der Minderheit befindlichen) Gruppe getragen und möchte b) zumindest im jüd.-christl. Raum in die größere Gemeinschaft hineinwirken und zu einer besseren Erfüllung des als Wille Gottes Erkannten beitragen. Einzuräumen ist, dass solche Trägergruppen in der jüd.-christl. Überlieferung schwer greifbar sind, was zum Teil mit ihrem besonderen Selbstverständnis (als Träger göttlicher Geheimnisse) zusammenhängen mag (Tendenz zu Anonymität und Esoterik). Immerhin wird man z.B. auf die hinter der sog. Sabbatliturgie aus Qumran

(4QShirShabb) stehende Kultgruppe oder auf den Kreis christl. Propheten, dem der Seher Johannes angehört (Offb 22,6.9), und andere apokalyptische Zirkel als frühe Beispiele verweisen dürfen; in der späteren Mystik begegnen uns vorwiegend einzelne große rabbinische Gestalten (Akiba, Ismael; dazu Mose), die aber, da pseudepigraphisch (→1.3.1.2), weder als Träger noch als literarische Verfasser angesprochen werden dürfen. – Im traditionellen gr. und röm. Stadt- und Staatskult hat die Mystik keinen Ort.

*Mystik als Konflikt- und Krisenphänomen*
Schon die Vorgeschichte des modernen Begriffs „Mystik" legt einen konflikttheoretischen Ansatz zur Erklärung des Phänomens nahe. Trotz eines Verbums *myeō* „einweihen" (→3.1.2, im NT: Phil 4,12; vgl. 3Makk 2,30) wird er im Allgemeinen auf das gr. *myō* („[sich] schließen", und zwar vornehmlich von Augen und Mund) zurückgeführt. Dies weist darauf hin, dass man es in der Mystik mit (göttlichen) „Geheimnissen" zu tun hat. Es gibt zwei Möglichkeiten, damit umzugehen: a) Man verschweigt die Geheimnisse bzw. weist auf die Gefährlichkeit des Eindringens hin: Hierher gehört die bekannte rabbinische Geschichte von den „Vieren im Paradies",[1] von denen nur einer (Rabbi Akiba) den Eingang und die Schau im Paradies[2] unbeschadet überstanden hat; im Lichte von mHag 2,1 (Barrett/Thornton $^{2}$1991, Nr. 299) gelesen, stellt dies eine eindringliche Warnung vor der leichtfertigen Beschäftigung mit bestimmten esoterischen Dingen (Schöpfungswerk, Gottes Thronwagen, mystische Spekulationen) dar (so auch tHag 2,6); b) Man teilt die Geheimnisse bzw. die göttliche Offenbarung mit und riskiert damit den offenen Konflikt mit der religiösen und gesellschaftlichen Majorität. Exemplarische Belege für letzteres sind AscIs 3; ParalipJer 9,19–28 und Apg 7,55–57: Jesaja (wie der Seher Johannes Mitglied einer Prophetengruppe!), Jeremia und Stephanus beanspruchen mehr und anderes gesehen zu haben, als die Tradition erlaubt,[3] und verfallen damit dem Martyrium (Todesstrafe für Gotteslästerer; vgl. Mk 14,62–64). Alle drei Visionäre stehen in einer aktuellen Auseinandersetzung um die rechte Interpretation des göttlichen Willens. Man kann aber auch ganz allgemein sagen, dass eine Konflikt- und Krisensituation das Aufkommen mystischer Strömungen begünstigt. Frühjüd. Mystik hat zunächst als Teilaspekt der apokalyptischen Bewegung (→1.3.2.3) Anteil an der Krise des auf das Volksganze bezogenen heilsgeschichtlichen Erwählungsglaubens im Judentum des Zweiten Tempels (Offenbarungen nur für einzelne Erwählte bzw. besondere, vermutlich schriftgelehrte Trägerkreise). Zu ihrer vollen Blüte gelangt sie dann nach dem Verlust des Jerusalemer Tempels und dem Ende der eschatologischen Apokalyptik durch die politischen Katastrophen des 1. und 2. Jh.s in der sog. Hekhalot-Literatur (von *hekhal* = himmlischer Palast, Tempelhalle). Dort konzentriert sich die Heilserfahrung ganz auf die Teilnahme am himmli-

---

1 Z.B. in tHag 2,3f: *Barrett/Thornton* $^{2}$1991, Nr. 301.

2 Zu vergleichen ist 2Kor 12,2–4: die Entrückung des Paulus in den dritten Himmel bzw. in das Paradies.

3 Gott selbst (vgl. Ex 33,20), den Sohn Gottes bzw. die „Geheimnisse" (*mystēria*) Jesus als Menschensohn.

schen Kult („vertikale“ statt „horizontale“ Apokalyptik[4]) am Ende einer langen Reise durch die himmlischen Paläste (ohne freilich die Zukunftserwartung ganz aufzugeben). Was sich davon auch im NT findet, sind Elemente und Vorstufen dieser rabbinischen Mystik. Besonders intensiv erfolgte die Rezeption z.B. in Offb 4f (zusammen mit den atl. Vorbildern),[5] und auch hier ist der Hintergrund einer Krisensituation überdeutlich: Die Offenbarung des Johannes verdankt ihre Entstehung wohl überhaupt der besonderen Gefährdungssituation der angesprochenen Gemeinden durch den röm. Kaiserkult und seine Propagandisten (→3.3.4).

*Mystik als Grenzüberschreitung*

Religionswissenschaftlich wird wohl eine Bestimmung von Mystik am ehesten Konsens finden, die diese als eine Grenzerfahrung bzw. Überschreitung und Aufhebung von Grenzen beschreibt, und zwar der Grenzen zwischen gewöhnlichem irdischen („sichtbarem“) und transzendentem („unsichtbarem“) Bereich. Dies gilt in doppelter Hinsicht: Weder ist das Individuum (im modernen Sinne) eine Grenze für das Einwirken göttlicher Kräfte noch der Himmel eine Grenze für das Vordringen des Menschen zu Gott. Damit ist zugleich gesagt, dass in der Erfahrung des Mystikers die Grenzüberschreitung in beide Richtungen erfolgt: vom Menschen hin zum Himmel („Aufstieg“,[6] Himmelsreise) und vom Himmel hin zum Menschen (Sich-Öffnen,[7] Inspiration, Erleuchtung). Als Kennzeichen solcher „ekstatischer“ Erfahrung gelten Unmittelbarkeit, Klarheit, Sicherheit, aber auch ihr vorübergehender Charakter. Vorbereitende Handlungen (Askese, Gebet, Meditations- und Reinigungspraktiken) kommen vor,[8] machen das Ganze aber deswegen noch nicht zu einer menschlichen Manipulation: Die mystische Erfahrung selbst ist und bleibt unverfügbare Gnade Gottes. Zu ergänzen ist noch, dass nicht nur die religiösen Phänomene selbst, sondern auch die Beschreibung, Reflexion und Vermittlung derselben (in Texten, durch Literatur) durch den Begriff „Mystik“ umfasst werden.

*Formen mystischer Erfahrung*

Im Anschluss an H.-Chr. Meier kann man grundsätzlich zwei Formen mystischer Erfahrung unterscheiden: solche, die an alltägliche Erfahrungen sinnlicher Wahrnehmung anknüpfen (Sehen: Vision, Hören: Audition, Fühlen: Entrückung) und sich nur durch den außergewöhnlichen Inhalt von ihnen unterscheiden, und solche, die in der alltäglichen Erfahrung keine direkten Entsprechungen aufweisen (Glossolalie = Zungenrede, Prophetie, Immanenz = Ein-

[4] Vgl. dazu *J. E. Fossum*: The Image of the Invisible God. Essays on the Influence of Jewish Mysticism on Early Christology, Freiburg (CH)/Göttingen 1995, 1.

[5] *G. Schimanowski*: Die himmlische Liturgie in der Apokalypse des Johannes. Die frühjüdischen Traditionen in Offenbarung 4-5 unter Einschluß der Hekhalotliteratur, Tübingen 2002.

[6] In der *merkabah* (= Thronwagen)-Mystik auch „Abstieg“ (nach innen) zum Thron Gottes genannt.

[7] Das Motiv findet sich von Ez 1,1 bis ApcMos 35,2 und weit darüber hinaus; im NT vgl. Mk 1,10; Joh 1,51; Apg 7,56; 10,11; Offb 4,1; 19,11.

[8] Z.B. Apg 13,2; ApcAbr 9–17; 4Esr 9,24f, v.a. aber in späterer Mystik.

wohnung, sc. des Göttlichen oder Widergöttlichen im Menschen). Meier nennt sie „kompliziertere intersubjektive Prozesse, die als besondere Kommunikationsformen bezeichnet werden können“.[9] In diesem Bereich finden sich etliche Fälle, die in ihrer Beurteilung in der Forschung umstritten sind. Manchmal muss man fragen, ob es sich nicht nur um theologische Statusaussagen handelt, ohne dass eine lebendige („mystische“) Erfahrung dahinter steht. Zu verweisen ist etwa auf das Innewohnen der Sünde bzw. des Geistes im Menschen nach Röm 7f, die a) schon untereinander ontologisch nicht auf derselben Stufe stehen (der Geist im Ansatz als personal gedacht, die Sünde hingegen nur als „personifiziert“[10]), b) deren „inspiratorische“ Wirkung in Ausmaß und Intensität aus den Texten nicht immer klar erkennbar wird, oder auf die sog. reziproken Immanenzformeln im JohEv,[11] die vielleicht nur die vollkommene Einheit und wechselseitige Bezogenheit aller zum Ausdruck bringen sollen. Hierher gehören dann auch die „In-Christus“-Aussagen (v.a. bei Paulus, z.B. Röm 12,5; 2Kor 5,17), die schon von Albert Schweitzer als „Gedankenmystik“ verstanden wurden[12] und insofern nicht in den Kreis der hier gemeinten Mystik-Aussagen von unmittelbarer religiöser Evidenz gehören.

*Zur Traditions- und Religionsgeschichte mystischer Texte*

Traditionsgeschichtlich orientiert man sich für das Verständnis der Texte aus der ersten oben genannten Gruppe (Visions-, Auditions- und Entrückungsberichte) am besten an den biblischen und frühjüd. Texten der Gattung „Thronvision“. Zentrales Element ist – wie schon der Name andeutet – die (manchmal abgeschwächte) Schau Gottes bzw. seiner Herrlichkeit auf seinem Thron bzw. – in der Tradition Ezechiels – auf seinem (später *merkabah* genannten) Thronwagen, umgeben im himmlischen Heiligtum von den Heerscharen der Engel. Die Geschichte dieser Gattung reicht von 1Kön 22,19 bis in die rabbinische Merkabah-Mystik und darüber hinaus; die wichtigsten vorrabbinischen Stationen sind Jes 6; Ez 1–3.10; Dan 7,9f; Hen(aeth) 14.71 und Hen(sl) 20–22 sowie im NT Apg 7,55f und Offb 4f u.ö.[13] Die Rezeption erfolgt, indem mystische Texte in immer neue und eigene mystische Texte und Erfahrungen umgesetzt und so existenziell angeeignet werden; man darf also die Rolle der Schrift im mystischen Prozess nicht unterschätzen: Textlektüre und -auslegung auf der einen, „ekstatische“ Erfahrung auf der anderen Seite sind mitnichten Gegensätze, sondern bedingen und ergänzen einander. Dies gilt umso mehr, als jüd. Mystik elementare Erfahrungen von himmlischer Ordnung, Ästhetik und Harmonie eröffnet, die motivierend und orientierend auf das alltägliche Leben und den Umgang mit der Tora einwirken. Wegen ihrer rhetorisch gebundenen Form besonders eindrücklich sind z.B. die Sabbatopfer-Gesänge 4Q403 und 4Q405 (auch Ez 1 wird hier rezipiert) oder die Kapitel AscIs 7–11, in denen mit immer denselben Formulierungen der Aufstieg Jesajas sowie der

---

9 *Meier* 1998, 274.

10 *G. Röhser*: Metaphorik und Personifikation der Sünde, Tübingen 1987.

11 Jesus in den Glaubenden und die Glaubenden in Jesus, Jesus im Vater und der Vater in Jesus, in beiden die Glaubenden: Joh 14,10f.20; 15,4f; 17,20–26.

12 Die Mystik des Apostels Paulus, Tübingen 1930 ($^{2}$1954).

13 Vgl. *K. Berger*: Formen und Gattungen im Neuen Testament, Tübingen 2005, 355–357.

Abstieg und Wiederaufstieg Christi durch die sieben Himmel und das dort Geschaute und Gehörte beschrieben werden. „Die jüdische Begegnung mit der Welt Gottes gleicht immer einem Einbezogenwerden in Rhythmus und Strukturen intensivsten Lebens an seiner Quelle.“[14]
Dagegen wird man für die Inspirations- und Immanenzvorstellungen zur Erklärung auch auf nichtjüd. Vorbilder und Einflüsse, vermittelt v.a. über das hell. Judentum, zurückgreifen müssen.[15] Im gr. Bereich stoßen wir dabei auf rauschhaft-ekstatische („enthusiastische“) Formen der Mystik, v.a. in den Dionysos-Mysterien (→3.1.2), im Kult der Magna Mater und im Korybantismus,[16] sowie auch – in der platonisch-neuplatonischen, eher intellektuell-philosophischen Entwicklungslinie – auf pantheistische Tendenzen (Ziel einer Vereinigung mit dem göttlichen All-Einen), die im jüd.-frühchristl. Bereich völlig undenkbar sind, da das personale Gegenüber des transzendenten, immer noch größeren Gottes der biblischen Offenbarung durchgehend erhalten bleibt. Was schließlich die korinthischen Glossolalen angeht, so sind die Befürchtungen des Paulus wegen einer Verwechslung mit orgiastischen gr. Kulten (vgl. 1Kor 14,23) sachlich gesehen wohl unbegründet. Denn es handelt sich dabei nur um den etwas ungeordneten Versuch einer Teilnahme von nichtjüd. Jesusgläubigen am himmlischen Kult des Gottes Israels (s.o.) und insofern keineswegs um eine chaotisch-rauschhafte Erfahrung.[17]

*Mystik-Kritik im NT*
Abschließend muss hier nun aber doch darauf hingewiesen werden, dass das NT bei aller grundlegenden Bedeutung mystischer Erfahrungsformen auch einen grundsätzlich mystik-kritischen Akzent enthält – nämlich überall dort, wo der mystische Vollzug der Himmelsreise auf Jesus Christus eingeschränkt, die Teilnahme der Gemeinde am himmlischen Kult und das Hinzutreten zum Thron Gottes (Hebr 4,16; vgl. 10,19) nur metaphorisch verstanden und auf das gelingende Miteinander in der Gemeinde hin ausgerichtet wird. So hält Paulus den korinthischen Glossolalen entgegen, dass die Zugehörigkeit zur Gemeinde als „Leib Christi“ (durch die Taufe) und dessen „Auferbauung“ in der Liebe das Entscheidende sei (1Kor 12–14); der unmittelbare Kontakt mit Gott in der mystischen Erfahrung – wie ihn offenbar die Glossolalen besonders anstrebten – „kann damit im Prinzip dem erhöhten Christus selbst vorbehalten bleiben.“[18]
Auch der Verfasser des Kol greift die Sehnsucht bei seinen Adressaten nach der Himmelsreise auf (vgl. Kol 2,12; noch deutlicher Eph 2,6) und lenkt sie auf das ethische Handeln um (Kol 3,1–5).[19] Christus ist derjenige, der über alle

---

14 *Berger* $^{2}$1995, 49.
15 Vgl. die delphische Pythia (→3.2.7), die sokratisch-platonisch-stoische Daimon-Lehre, die Inspirationslehre bei Plato und Philo (→1.3.2.5; s. *Frenschkowski* 1995, 298–300.326–329).
16 Vgl. *von Brück u.a.* 2002, 1655.
17 Vgl. *G. Röhser*: Übernatürliche Gaben? Zur aktuellen Diskussion um die paulinische Charismen-Lehre, ThZ 52, 1996, 243–265.
18 *Röhser*: Übernatürliche Gaben? (Anm. 17), 253.
19 Vgl. *I. Maisch*: Der Brief an die Gemeinde in Kolossä, Stuttgart 2003, 37. Verf. sieht aber keinen Zusammenhang mit frühjüd. Mystik: ebd. 192f; anders z.B. *J. H. Roberts*:

Engel, Mächte und Gewalten erhöht ist und dem darum alleine Verehrung gebührt (gegen mystisch-asketische Engelverehrung: Kol 2,18.23; vgl. auch Röm 8,38f; Eph 4,8–10). Ebenso ist für den Autor des Hebr alleine Jesus derjenige, der die Himmel durchschritten hat (Hebr 4,14) und höher als die Himmel geworden ist (7,26). Neuerdings hat man auch im JohEv eine Ersetzung des Aufstiegs zur *merkabah* durch die Verbindung mit dem irdischen und (als einzigem) aufsteigenden Menschensohn erkennen wollen (vgl. Joh 1,51; 3,13; 6,62).[20]

*Literatur*

*Ch. K. Barrett/C.-J. Thornton* (Hgg.): Texte zur Umwelt des Neuen Testaments, Tübingen ²1991, 387–393. – *K. Berger*: Theologiegeschichte des Urchristentums, Tübingen/Basel ²1995, 45–49.332–335.466–469. – *M. von Brück u.a.*: Mystik I–IV, RGG⁴ 5, 2002, 1651–1675. – *H. Cancik*: Mysterien/Mystik, HRWG 4, 1998, 174–178. – *A. D. DeConick* (ed.) *u.a.*: „Early Jewish and Christian Mysticism“: A Collage of Working Definitions, SBL.SP 40, 2001, 278–304. – *M. Frenschkowski*: Offenbarung und Epiphanie, 2 Bde., Tübingen 1995/1997. – *B. Heininger*: Die „mystische“ Eva, BZ 46, 2002, 205–221. – *H.-Chr. Meier*: Mystik bei Paulus. Zur Phänomenologie religiöser Erfahrung im Neuen Testament, Tübingen/Basel 1998. – *Ders.*: Mystik im Neuen Testament. Das Johannesevangelium und Paulus im Kontext früher jüdischer Mystik, GlLern 17, 2002, 124–135. – *P. Schäfer*: Hekhalot-Studien, Tübingen 1988. – *Ders.*: Der verborgene und offenbare Gott, Tübingen 1991. – *H. Wißmann/G. Stemberger*: Esoterik, TRE 10, 1982, 366–374.

Jewish Mystical Experience in the Early Christian Era as Background to Understanding Colossians, Neotest. 32, 1998, 161–189.

20 *J. J. Kanagaraj*: „Mysticism" in the Gospel of John, Sheffield 1998.

## 3.3.8 Zahlenmystik und Gematrie (*Vincenzo Petracca*)

*Stellen im NT*
Mt 1,1–17; Joh 21,11; Offb 13,18

Der Ursprung der Zahlenmystik ist die Auffassung, dass Zahlen und Buchstaben Träger verhüllter, metaphysischer Wahrheiten seien, die man mit Hilfe von Zahlenspekulation enthüllen könne. Die Zahlenmystik eröffnete die Möglichkeit, die Welt ohne Verwendung der Sprache durch Zahlen abzubilden und systematische Beziehungen und Entsprechungen zu suchen. Begriffe und Dinge ließen sich in Zahlen ausdrücken und miteinander ins Verhältnis setzen. Im Hintergrund steht dabei das Weltbild der *Pythagoreer* (→3.1.1 V). Dieses basierte auf einer Verzahnung von Zahlen und kosmischer Harmonie und führte alles Erkennbare auf die Zahl zurück. Zwei berühmte Fragen und Antworten der Pythagoreer waren: „Was ist das Weiseste?" – „Die Zahl!" „Was ist das Schönste?" – „Die Harmonie!"[1] Die Zahl wurde als das Wesen und der Kern aller Dinge aufgefasst.
Die wichtigsten Arten der pythgoreischen Zahlenspekulation sind:

*Zahlenspekulation mit Dreieckszahlen*
Eine Zahl x heißt *Dreieckszahl* mit der Grundzahl (oder Gnomon) a, falls die Summe der ganzen Zahlen von 1 bis a genau den Wert x ergibt. Beispielsweise ist 666 eine Dreieckszahl mit der Grundzahl 36, d.h. 1+2+3+...+36=666. Die Dreieckszahl lässt sich als figurierte Zahl in einem gleichseitigen Dreieck so anordnen, dass die Grundzahl genau den Seiten entspricht (vgl. unten die Abbildung der Tetraktys). Die Pythagoreer entwickelten eine Zahlenspekulation mit Dreieckszahlen, in der Dreieckszahl und Grundzahl gegenseitig austauschbar waren. Die Wurzel dieser Zahlenmystik bildete die Vorstellung, dass sich die ganze Welt in einer Begriffspyramide darstellen lasse. Der Zusammenhang zwischen der Dreieckszahl Zehn (Zahl der Vollkommenheit) und ihrer Grundzahl Vier (Zahl der Vollständigkeit) führte die Pythagoreer zur Verehrung der Tetraktys. Die Tetraktys, die zugleich die Vier als auch die Zehn meinte, war der Inbegriff der Vollkommenheit und wurde als Gott der Harmonie personifiziert.
*NT*: Ob bei den Zahlen 153 (Joh 21,11)[2] und 666 (Offb 13,18) Zahlenspekulationen mit Dreieckszahlen vorliegen, muss hypothetisch bleiben.

**Tetraktys**: Der Zahl 10 entspricht das Dreieck,
die Zahl 4 stellt die Seiten des vollkommenen Dreiecks dar.

[1] Iambl. v. P. 82.
[2] So bereits Aug. in evang. Ioh. 122,8.

*Zahlenspekulation durch Gematrie*

Die *Gematrie*, seit dem 8. vorchristl. Jh. in Milet bekannt, ist die Kunst der „Berechnung des Zahlenwertes eines Wortes". In der Gnosis (→3.1.5), der jüd. Schriftauslegung (→2.5.7), der Wahrsagekunst, der Magie (→3.2.6) und der Astrologie war die Gematrie verbreitet. Sie beruht darauf, dass weder die gr. noch die hebr. Sprache gesonderte Zahlzeichen kennen, sondern Buchstaben auch als Zahlzeichen verwendet werden. Der gematrische Wert eines Wortes ist die Summe der Zahlenwerte seiner Buchstaben. Außer der im Folgenden verwendeten milesischen Zählung[3] waren die Zählweisen geläufig, dass die Nullen gestrichen (*regula novenaria*) oder die Buchstaben durchlaufend gezählt (additive Zählung) werden. In Pompeii stieß man auf das gematrische Rätsel: „Ich liebe die, deren Zahl 545 ist".[4] Bekannt war in der Sybillistik und der Gnosis, dass Jesus den gematrischen Wert 888 besitzt.[5] In Sib 7,148 wird Rom durch gematrische Namensweissagung die Existenzdauer von 948 Jahren prophezeit.[6] Artemidor (2. Jh. n.Chr.) schildert folgende gematrische Weissagung: Ein Seefahrer erhielt im Traum auf die Frage, ob er Rom erreichen werde, die Antwort „Nein!" Wider Erwarten erreichte der Seemann nach 470 Tagen Rom. Die Traumprophezeiung erfüllte sich indes nach Artemidor auf durchaus doppelbödige Weise: Liest man die Traumbotschaft „OY" (Nein) nicht als Wort, sondern als Zahl, so prophezeit sie die Anzahl der Reisetage: 470 (Artem. 4,22).

*NT*: Bei der Zahl 666 in Offb 13,18 handelt es sich um eine gematrische Verschlüsselung des Namens „Kaiser Nero". Die hebr. Schreibweise des gr. Titels „Neron Qesar" hat den gematrischen Wert 666. Die abweichende Lesart 616 in Offb 13,18 könnte dadurch entstanden sein, dass bei lat. Aussprache der Name „Nero" statt „Neron" gelesen worden ist.[7] Der Name deutet auf die mythische Gestalt des *Nero redivivus*.[8]

Der Stammbaum Mt 1,1–17 ist in 3mal 14 Geschlechter gegliedert. Dahinter steht die hebräische Gematrie des Namens „David", die 14 ergibt. Die Zahlensymbolik veranschaulicht, dass die an David in 2 Sam 7,12–16 ergangene messianische Verheißung in Jesus erfüllt ist.[9]

---

3 Gr. Alphabet = hebr. Alphabet = milesischer Zahlenwert: A = א = 1; B = ב = 2; Γ = ג = 3; Δ = ד = 4; E = ה = 5; Ϛ = ו = 6; Z = ז = 7; H = י = 8; Θ = ח = 9; I = ט = 10; K = כ = 20; Λ = ל = 30; M = מ = 40; N = נ = 50; Ξ = ס = 60; O = ע = 70; Π = פ = 80; – = צ = 90; P = ק = 100; Σ = ר = 200; T = ש = 300; Y = ת = 400; Φ = – = 500; X = – = 600; Ψ = – = 700; Ω = – = 800.

4 Siehe ausführlicher *Dornseiff* 1922, 112.

5 ΙΗΣΟΥΣ=10+8+200+70+400+200=888 (Sib 1,324–331; Iren. haer. 1,15,2); vgl. ferner Barn 9,8; Sib 1,137f; 5,1–42.

6 ΡΩΜΗ=100+800+40+8=948 [Jahre].

7 Die hebr. Schreibweise von „Neron Qesar", die durch Funde in Murabba'at belegt ist, lautet: נרונ קסר = (50+200+6+50+100+60+200) = 666; Die hebr. Schreibweise von „Nero Qesar" (Lateinisierung von „Neron Qesar") hat den Zahlenwert 616: נרו קסר = (50+200+6+100+60+200) = 616.

8 Im Hintergrund steht die Vorstellung, dass Nero im Jahr 68 n.Chr. nicht Suizid begangen habe, sondern mit einem Heer wiederkehren und gegen Rom ziehen werde (Sib 4,119–139; Sib 5,28–178.361–446; AscIs 4).

9 Vgl. *Driver* 1968, 77.

Auch bei den „153 Fischen“ in Joh 21,11 mag eine Gematrie vorliegen, wie der allegorische Gesamtzusammenhang der Fischfanggeschichte nahelegt, wenngleich die bisherigen Lösungsvorschläge nicht zu überzeugen vermögen.[10]

*Zahlenspekulation durch Isopsephie*

Eine Sonderform der Gematrie bildet die Spekulation mit „gleichzahligen Gematrien“, die sog. *Isopsephie*. Sie setzt Wörter, die den gleichen gematrischen Wert besitzen, miteinander in Beziehung, oft werden sie als austauschbare Synonyme verwendet. Man glaubte, durch Isopsephien geheime, metaphysische Beziehungen aufzudecken. Artemidor deutet Träume isopsephisch (Artem. 4,24). Zu Lebzeiten Neros soll im Volk das isopsephische Epigramm umgegangen sein: „Nero tötete seine eigene Mutter“.[11] Der Gnostiker Markos (2. Jh. n.Chr.) erklärt die Selbstprädikation Jesu als A und Ω isopsephisch durch die Taube bei Jesu Taufe.[12]

*NT*: Bei der apokalyptischen Zahl 666 handelt es sich um eine hebr. Isopsephie zwischen den gr. Wörtern „Kaiser Nero“ und „Tier“. Offb 13,18 ist ein hintersinniges Rätsel, dessen buchstäbliche Befolgung Hinweise zu seiner Lösung bietet: Die Leserschaft wird aufgefordert, die Zahl des Wortes *thērion* zu berechnen, obwohl das Ergebnis mit 666 bereits angegeben ist. Einzig wer entschlüsselt, dass die Gematrie auf der hebr. Umschreibung des gr. Wortes fußt,[13] ist dazu in der Lage und damit fähig, den zweiten Teil des Rätsels zu lösen, denn es liegt eine Isopsephie vor, wie der Wortlaut offenbart: Die Zahl des Tieres ist die Zahl eines Menschen. Es gilt einen passenden Menschennamen zu finden, dessen gematrischer Wert (bei hebr. Umschreibung) 666 ergibt. Die Lösung lautet „Kaiser Nero“.

Der Verfasser der Offb ist ein Zahlenmystiker, der die Verbindung zwischen dem apokalyptischen Tier und Nero in eine kunstvolle Isopsephie mit der hervorstechenden Zahl 666 kleidet. Verstärkt wird die Zahlenmystik durch die Negativsymbolik der Zahl Sechs, denn 666 ist als dreifache Potenzierung der Unvollkommenheit zu verstehen.[14] Daneben ist die Zahl 666 auch eine Tarnzahl. Revolutionärer Okkultismus wurde seit Tiberius mit dem Tod bestraft. Der Besitz apokalyptischer Prophetie wie etwa der sibyllinischen Orakel (→1.3.2.3) fiel nach Justin unter diesen Tatbestand (1 apol. 44). Über das Leben des Kaisers und über die zukünftige Gestalt politischer Dinge Weissagungen einzuholen, stand zwar unter Todesstrafe, wurde aber von den Kaisern in unterschiedlicher Härte verfolgt.[15] Um der Gefahr der Zensur zu entgehen und um sich und seine Leser vor einer drohenden, strafrechtlichen Verfolgung zu

10 Vgl. *Oberweis* 1986, 236–241.

11 Suet. Nero 39,2. Der Name „ΝΕΡΩΝ“ und der Satz „tötete seine eigene Mutter“ (ΙΔΙΑΝ ΜΗΤΕΡΑ ΑΠΕΚΤΕΙΝΕ) sind eine Isopsephie mit dem Wert 1005.

12 Iren. haer. 1,14,6: „Taube“ (ΠΕΡΙΣΤΕΡΑ) und „A“ und „Ω“ sind eine Isopsephie mit dem Wert 801. Weitere Isopsephien bei *Dornseiff* 1922, 96–104.

13 Die hebr. Umschreibung des gr. Wortes *thērion* lautet תריון = 400+200+10+6+50 = 666.

14 So bereits Irenäus (haer. 5,28,2). Grundlage der Interpretation der Sechs als Zahl des Mangels ist die Gleichung: 6 = 7–1 (wobei Sieben die Zahl der Vollkommenheit ist).

15 *Cramer* 1954, 232–281 zählt zehn Astrologenvertreibungen und zwölf (meist tödliche) Prozesse gegen Klienten von Astrologen im 1. Jh. n.Chr. auf.

schützen, verwendet der Apokalyptiker statt einer offenen Prophetie ein gematrisches Rätsel.[16] Mittels einer Isopsephie will er seiner Leserschaft zu verstehen geben: Das apokalyptische Tier, dessen tödliche Wunde geheilt werden wird (Offb 13,3), wird Kaiser Nero sein.

### *Literatur*

*F. H. Cramer*: Astrology in Roman Law and Politics, Philadelphia 1954. – *F. Dornseiff*: Das Alphabet in Mystik und Magie, Leipzig u.a. 1922. – *G. R. Driver*: The Number of the Beast, in: *S. Wagner* (Hg.): Bibel und Qumran (FS H. Bardtke), Berlin 1968, 75–81. – *C.-M. Edsman*: Alphabet- und Buchstabenmystik, RGG³ 1, 1957, 246. – *S. Kreuzer*: Zahl/Zahlensymbolik, Düsseldorf/Zürich 2001. – *M. Oberweis*: Die Bedeutung der neutestamentlichen „Rätselzahlen" 666 (Offb 13,18) und 153 (Joh 21,11), ZNW 77, 1986, 226–241. – *O. Rühle*: ἀριθμέω κτλ., ThWNT 1, 1933, 461–464. – *J. Schmidt*: Die Rätselzahl 666 in Offb 13,18. Ein Lösungsversuch auf der Basis lateinischer Gematrie, NT 44, 2002, 35–54. – *H. Wissmann*: Buchstabensymbolik I, TRE 7, 1981, 304–306.

[16] Ähnlich wird in Offb 18 der Untergang Roms chiffriert als „Sturz Babylons" geweissagt.

## 3.3.9 Apologetik, Polemik und Mission: Der Umgang mit der Religiosität der „anderen“ (*Christoph Stenschke u. Hgg.*)

*Stellen im NT*
Mt 23,15; 28,11–15.18–20; Lk 8,26–37; Apg 4,13; 8,6–13; 11,26; 12,5; 14,1.3.8–18; 16,1–3.13.16–22; 17,16f.22–31; 18,12–17; 19,11f.14.23–40; 26,24; 28,4–8; Röm 1,18–32; 1Kor 6,9–11; 1Thess 1,9f; 2,14–16; Hebr 7; 8,6

*Vorbemerkungen, Begrifflichkeiten*
In der frühen röm. Kaiserzeit war nicht nur die weitgehende Freizügigkeit von Gütern (→2.3.4) und Menschen (→2.4.2) selbstverständlich, sondern auch die Mobilität von Ideen und religiösen Traditionen. Oft genug lebten Menschen verschiedener ethnischer Herkunft in einer Stadt miteinander, ursprünglich fremde Kulte hielten an vielen Orten Einzug. Die Anhänger der unterschiedlichen, miteinander in Konkurrenz und Berührung stehenden religiösen Traditionen gingen in unterschiedlicher Weise mit der Pluralität ihrer kulturellen Landschaft um. Einige dieser Verhaltensweisen seien hier vorgestellt, differenziert nach paganer, jüd. und christl. Provenienz. Sie reichen von polemischer, aus Klischees oder Verletzungen herrührender Abgrenzung über apologetische Darstellung des Wahrheitsanspruchs der eigenen Religiosität bis hin zu missionarischem Werben. Der Unterschied zwischen Apologetik und Polemik ist ein gradueller. Argumentativ vorgetragene Apologetik mischt sich oft mit Polemik, Verteidigung und Angriff sind oft schwer auseinander zu halten. Ebenso arbeitet Mission nicht selten mit apologetischer Argumentation, wenn nicht mit Polemik.[1]
Für die Darstellung der Thematik ist wichtig, dass sich für die Zeit des NT nicht sauber zwischen jüd. und christl. Positionen trennen lässt. Weder ist ntl. Polemik gegen „(die) Juden“ per se antijüd., denn die ntl. Autoren argumentieren sämtlich von einem grundsätzlich jüd. Selbstverständnis aus, noch sind Juden und Christen für Außenstehende schon klar voneinander zu trennen – religiös wie soziologisch bilden die Christen in der Anfangszeit in der Regel eine Gruppe innerhalb des Judentums, die sich erst allmählich als eigenständige, vom Judentum unabhängige und zu unterscheidende Gruppierung versteht und präsentiert. Infolgedessen ist auch nicht scharf zwischen antijüd. und antichristl. Polemik seitens der „Heiden“ zu trennen, sondern man muss mit analogen Klischees und Vorwürfen gegenüber Juden und Judenchristen rechnen. Auf der anderen Seite ist von der Übernahme apologetischer bzw. polemischer Muster bei Juden und den ntl. Autoren gleichermaßen auszugehen. Denn da die ntl. Autoren (größtenteils) als Judenchristen schreiben, übernehmen sie zahlreiche Topoi jüd. antipaganer Polemik, andererseits werden Christen später oft mit denselben Vorwürfen paganer Schriftsteller belegt wie auch vor und neben ihnen die Juden. Im NT wird von Seiten der Nichtjuden zwischen Juden und Christen noch kaum differenziert (vgl. Apg 11,26; 18,12–17; 19,23–40).

[1] Zum Problem einer „paradoxen Intervention” vgl. *V. A. Lehnert*: Die Provokation Israels. Die paradoxe Funktion von Jes 6,9–10 bei Markus und Lukas. Ein textpragmatischer Versuch im Kontext gegenwärtiger Rezeptionsästhetik und Lesetheorie, Neukirchen 1999.

*Apologetik und Polemik von Heiden gegen das Judentum*

Mehr oder weniger ernst gemeinte Polemik gegen Juden und ihren Glauben war weit verbreitet. Gespeist wurde sie aus Unkenntnis, aus eigenem Überlegenheitsgefühl oder der Ablehnung des Fremden, und oft genug führte sie zu offener Abscheu. Neben der direkten Kritik am jüd. Glauben aus der jeweiligen nichtjüd. Wahrnehmung (Fehlen von Götterbildern, Sabbatgebot, Speisegebote) treten eng mit der spezifischen Religiosität verknüpfte ethisch-moralische Vorwürfe (wie z.B. Faulheit aufgrund des Sabbatgebotes). Weiter finden sich Vorwürfe allgemeinerer Art, die nicht direkt religiös motiviert sind. Einige repräsentative Beispiele, was Kontext und Genre betrifft, müssen genügen.[2]

Cicero bemerkt, dass die Ausübung der jüd. kultischen Riten im Widerspruch „zum Glanz des römischen Reiches, zur Würde unseres Namens, zu den Einrichtungen der Vorfahren stehen".[3] Das Judentum ist eine *barbara superstitio*, ein fremdartiger (Aber)glaube (Flacc. 67–69). In einem Exkurs, der die ausführlichste nichtjüd. Äußerung über jüd. Religion und Kultur darstellt, versucht Tacitus aus einer verzerrten Geschichtsdarstellung heraus (den Göttern verhasstes Gesindel aus Ägypten) die jüd. Riten und Bräuche abzuleiten und zu erklären (hist. 5,3–5).[4] Mose führte „unter ihnen neue Gebräuche ein, die denen aller üblichen Sterblichen entgegengesetzt sind. Bei ihnen ist alles unheilig, was bei uns heilig ist, so wie andererseits bei ihnen alles erlaubt ist, was bei uns verabscheut wird". Daher kann er schreiben: „Die Gebräuche, sie mögen nun aufgekommen sein, wie sie wollen, rechtfertigt ihr Alter", fährt jedoch fort: „andere, verkehrte und abstoßende Einrichtungen sind Ausdruck von Schlechtigkeit". Während die Juden loyal zueinander stehen, „hassen sie alle anderen Menschen wie Feinde". Das zeigt sich in ihrem Verhalten: „Sie essen mit niemand, schlafen allein und enthalten sich, so sehr das Volk sonst der geschlechtlichen Lust hingegeben ist, des Umgangs mit fremden Frauen; unter ihnen selbst ist nichts unerlaubt. Sie haben die Beschneidung der Zeugungsglieder eingeführt, um ein Unterscheidungszeichen zu haben. Wer zu ihren Riten übergeht, übernimmt diesen Brauch; und das erste, was ihnen beigebracht wird, ist, dass man die Götter verachten, seinem Vaterlande entsagen und Eltern, Kinder und Geschwister verleugnen muss ... Ihnen sind alle unheilig, welche Götterbilder aus vergänglicher Materie in Menschengestalt machen".[5] Die Juden sind eine *taeterrima gens*, ein abscheuliches Volk (hist. 5,8). Die Ausführungen des Tacitus sind ein Hinweis darauf, wie fremd und eigenartig jüd. Leben selbst einem gebildeten und aufgeschlossenen Römer vorkam. In seinen Satiren spottet Juvenal über das Land, in dem „die gebräuchliche Freundlichkeit Schweinen ein hohes Alter beschert" und „in dem Schweine-

[2] Weitere Beispiele bei *M. Stern*: Greek and Roman Authors on Jews and Judaism, Bd. I, Jerusalem 1974; Bd. II, Leiden 1980.

[3] Vgl. *K. L. Noethlichs*: Das Judentum und der römische Staat: Minderheitenpolitik im antiken Rom, Darmstadt 1996, 44–69.

[4] Vgl. den knappen Überblick über solche Darstellungen und Quellenangaben bei *E. Schürer*: The History of the Jewish People in the Age of Jesus Christ. A New English Edition, Bd. III.1, Edinburgh 1986, 151.

[5] Text nach *J. Leipoldt/W. Grundmann*: Umwelt des Urchristentums, Bd. 2, Berlin $^{2}$1970, 258–260.

fleisch als so wertvoll wie Menschenfleisch gilt“ (4,160). Im Halten des Sabbats sieht Juvenal nichts als Faulheit und Trägheit, im jüd. Gottesdienst die Anbetung von Wolken und Himmel (14,96–106).
Texte wie diese zeigen eine eigenartige Mischung aus sachlich zutreffenden Kenntnissen, falschen Informationen, schlichter Ignoranz und einer Interpretation des Überlieferten und selbst Wahrgenommenen, die vom jüd. Selbstverständnis signifikant abweicht. Sie deuten auf wenig bis keine Kenntnis der jüd. Quellen und des jüd. Selbstverständnisses hin.[6] Hier liegt der Ansatzpunkt der jüd. Apologetik.
Als auch politisch gefährdete religiöse Minderheit mussten Juden immer wieder ihren Glauben gegen philosophische Einwände ernsthaft verteidigen. Diese Absicht ist etwa in den Schriften Philos von Alexandria (→1.3.2.5) zu erkennen und findet sich auch in den Werken des Flavius Josephus (→1.3.2.6) wieder.[7] In seiner Schrift *Contra Apionem* weist Josephus unter anderem den Vorwurf zurück, die Juden hätten sich verschworen, keinem Fremden Güte zu zeigen, insbes. den Griechen (c. Ap. 2,121). Er referiert und widerlegt die Darstellung der Geschichte des jüd. Volkes bei Manetho (1,26) und weist die Verunglimpfung des Jerusalemer Tempeldienstes und den Vorwurf des regelmäßigen Ritualmords (2,8) zurück.[8] Josephus zeigt das hohe Alter und damit die „Rechtmäßigkeit“ des Judentums auf.

*Apologetik und Polemik von Heiden gegen das Christentum*
Sueton und Tacitus, die zu den frühesten Autoren in diesem Kontext gehören, formulieren sehr pauschal: In der Nerovita Suetons (16,2) gelten die Christen als Anhänger eines neuen und Verderben bringenden Aberglaubens (*genus hominum superstitionis novae ac maleficae*), und ähnlich unscharf wirft ihnen Tacitus (ann. 15,44) *flagitia* und *exitiabilis superstitio* vor, ohne diese allerdings näher zu kennzeichnen. Zudem wird die Verurteilung und Kreuzigung Jesu als Verbrecher durch die staatliche Ordnungsmacht von vielen als anstößig empfunden worden sein und zu den Vorurteilen beigetragen haben.[9] In gewissem Gegensatz dazu steht der Bericht von Plinius d. J. (epist. 10,96,7), der als christl. *culpa* bzw. christl. *error* konkret aber nur Positives zu berichten weiß, nämlich kein *scelus* zu begehen, wobei Diebstahl (*furtum*), Raub (*latrocinium*), Ehebruch (*adulterium*), Treuebruch (*fidem fallere*) und Leugnung von Schulden (*depositum abnegare*) eigens genannt werden. Als weitere heidnische Quelle des 2. Jh.s existiert ferner Celsus mit seinem *Alēthēs logos*, greifbar in der Replik des Origenes, *Contra Celsum*, aber auch christl. Apologeten wie Justin oder Tertullian lässt sich einiges entnehmen. Zunächst ist ein Teil der Polemik identisch mit der antijüd. Dies gilt vor allem für die christl. Religiosität, den Monotheismus, aus dem sich eine Absage an die heidnischen

6 Vgl. *N. R. M. de Lange/C. Thoma*: Antisemitismus I, TRE 3, 1978, 113–119.
7 Vgl. dazu *C. Gerber*: Ein Bild des Judentums für Nichtjuden von Flavius Josephus, Leiden 1997; eine Sammlung der apologetischen Topoi findet sich bei *Noethlichs*: Das Judentum und der römische Staat (Anm. 3), 69–75.
8 Texte bei *Leipoldt/Grundmann*: Umwelt des Urchristentums (Anm. 5), 255–258.
9 Diese negative Konnotation schwingt wohl auch bei der auf den ersten Blick als neutrale Information erscheinenden Stelle Tac. ann. 15,44,3 mit: *auctor nominis eius* (sc. *Chrestiani*) *Christus Tiberio imperitante per procuratorem Pontium Pilatum supplicio affectus erat.*

religiösen Feste, aber auch an die Schauspiele jeder Art ergibt. Aber auch das Gegenteil, der Vorwurf der Gottesleugner, taucht auf. Die Verehrung eines Eselskopfes ist schon aus der antijüd. Polemik bekannt. Hinzu kommen missverständliche Anrede als Bruder oder Schwester, Promiskuität, ritueller Kindermord, zudem die politisch gefährlichen Vorwürfe des Frevels beim Kaiserkult, der Störung der öffentlichen Ruhe und Ordnung, der Bildung von illegalen Vereinen und wirtschaftliche Nutzlosigkeit (*infructuosa negotia*) bezüglich des Handels.[10] Überhaupt galten die Christen in den Augen vieler Heiden als ungebildet und als Feinde paganer Weisheit.[11]
Im NT gibt es nur wenige Spuren nichtjüd. Polemik oder Apologetik gegenüber den judenchristl. Missionaren. Ein Beispiel ist die Reaktion der Nichtjuden in Ephesos (→2.2.7.3 VI) auf die Missionserfolge des Judenchristen Paulus (Apg 19,23–40). Gegenüber dieser christl. Polemik gegen Götterbilder (19,26) wird die ephesinische Artemis akklamiert: „Groß ist die Artemis der Epheser!" Zu einer inhaltlichen Auseinandersetzung kommt es nicht. Die „Apologetik" besteht hier einfach in der Bekräftigung des Bestehenden. Nichtjüd. religiöses Erbe wird im NT gegen die christl. Mission nur dann verteidigt, wenn materielle Interessen beeinträchtigt erscheinen (Apg 16,16–22; 19,24–27). In Apg 14,8–18; 17,22–31; 19,26 und 26,24 (Reaktion des Festus auf die Verkündigung der Auferstehung von den Toten: „Du bist von Sinnen") erfolgt seitens der Nichtjuden keine inhaltliche Auseinandersetzung. Eng verbunden mit der Polemik ist der antike Antijudaismus, der sich im NT etwa im Spott der Soldaten unter dem Kreuz Jesu (Lk 23,36–38) und in Philippi (→2.2.7.3 X) zeigt: „Diese Menschen bringen unsere Stadt in Aufruhr; sie sind Juden und verkündigen Ordnungen, wie wir weder annehmen noch einhalten dürfen, weil wir Römer sind" (Apg 16,21).[12]

*Apologetik und Polemik von Juden gegen das Heidentum*

Polemik gegen nichtjüd. Religiosität findet sich bereits verschiedentlich im AT (z.B. Jes 2,8; 42,17; 44,9.12–20; 45,20; Hab 2,18). Ab dem 1. Jh. v.Chr. – wach gehalten und angereichert durch verschiedene konkrete Auseinandersetzungen – findet sie ihre Fortsetzung. Eine der ausführlichsten Schilderungen der Torheit nichtjüd. „Götzendienstes" findet sich in Weish 13f:

> (13,1) Es sind von Natur aus alle Menschen nichtig, die von Gott nichts wissen und an den sichtbaren Gütern den, der wirklich Gott ist, nicht zu erkennen vermögen und die, obwohl sie auf seine Werke achten, nicht begreifen ... (13,10) Aber sie sind unglückselig und setzen ihre Hoffnung auf tote Dinge, die Werke von Menschenhand als Götter anrufen, Gold und Silber, kunstvoll verarbeitet ... (14,9) Denn Gott sind beide gleich verhasst, der Gottlose und sein gottloses Werk; (14,10) denn das Werk wird samt dem Meister bestraft werden. (14,11) Darum werden auch die Götzen der Heiden heimgesucht; denn sie sind in der Schöpfung Gottes zum Gräuel und zum Ärgernis für die Seelen der Menschen geworden und zum Fallstrick ... (14,12) Denn Götzenbilder zu ersinnen ist der Anfang der Hurerei, und sie zu erfinden ist des Lebens Verderben.

---

[10] Eine Zusammenstellung der Vorwürfe aus christl. Sicht findet sich bei Tert. apol. 6–10 und bei Min. Fel. 8f.

[11] Z.B. Tert. apol. 7,1; 8,1–3.7; 10,1; 16,1; 19,3; 28,3; 39,1f.14f; 42,1.4; Or. Cels. 1,1–12; 3,44; 5,2–24; 8,12–14.

[12] Vgl. dazu *Stenschke* 1999, 77–80.99f.117–126 u.ö.

Die sibyllinischen Orakel schildern Nichtjuden als Menschen, die „in gleißendem Truge befangen und Werke der Menschen ehren aus Gold oder Erz oder Elfenbein oder Silber, Bilder von Göttern aus Holz oder Stein, die alle nicht leben, oder aus irgendeinem Stoffe geformt und mit Farbe bestrichen, wie sie die Sterblichen bilden in eitlem Wahn des Herzens" (Sib 3,585–590). Über sie kommt Gottes Gericht, weil „dem ewigen Schöpfer der Menschen alle nicht wollten Ehre bringen in frommer Begier, sondern Bilder verehren, die mit Händen gemacht" (Sib 3,604–606). Verbunden ist die Religionskritik mit massiven ethischen Vorwürfen: (Die Juden) „treiben nicht schamlos mit Knaben unreinen Umgang, wie es tun die Phöniker, Ägypter auch und Latiner, und auch Hellas" (Sib 3,596–600).[13] Freilich kann man fragen, ob sich diese Polemik wirklich nur nach außen richtet oder nicht vielmehr eher den Sinn hat, die eigene, durch Abfall und Anpassung bedrohte Gemeinschaft bei der Stange zu halten.[14]

Freilich haben Juden – bei und trotz aller Polemik und Apologetik gegen Nichtjuden – einzelne nichtjüd. Sitten und Institutionen übernommen[15] und darüber hinaus teilweise auch religiöse Inhalte, die sich – zumindest in der Ausprägung, die sie im 1. Jh. hatten – nicht aus der hebräischen Bibel ableiten lassen.

*Apologetik und Polemik von Juden gegen das Christentum*

Das NT ist ein wichtiges Zeugnis für Apologetik und Polemik von Juden gegen Judenchristen. Erste Polemik gegen Jesus und seine Jünger entzündete sich offenbar an Jesu Umgang mit Fasten-, Sabbat- und Reinheitsfragen (vgl. Mk 2,18–22: Jesu Jünger fasten nicht; Mt 11,19 par Lk 7,34: Jesus ein Weinsäufer; Joh 5 etc.: Jesus bricht den Sabbat; Mk 2; Lk 5,30; 15,2: Jesu Gruppe hält Mahlgemeinschaft mit Zöllnern und Sündern). Gegen den Vorwurf, Jesus setze die Tora außer Geltung, steht die Apologie Mt 5,17–20 (Jesus als wahrer Erfüller der Tora). Jesu Herkunft aus Nazareth ist nach dem JohEv Anlass zur Polemik (Joh 1,46; 7,40–52). Jesu Tempelworte (Mk 13,2; Joh 2,19 par) geben Anlass, gegen ihn gerichtlich vorzugehen.

Nach der Auferstehung Jesu wurde von seinen Gegnern das Gerücht verbreitet, die Jünger Jesu hätten den Leichnam Jesu entwendet. Apologetisch wird in Mt 28,11–15 die Entstehung dieser Polemik erklärt und damit aufgehoben. Nach dem Pfingstwunder ist die Reaktion der Menge, die dies miterlebt hat, gespalten. Zum einen reagiert sie mit Spott, der entschieden zurückgewiesen wird. Zum anderen wundert sich die jüd. Führung über das Auftreten der Christen, „denn sie merkten, dass sie (in rabbinischer Tradition und Theologie) ungelehrte und einfache Leute waren" (Apg 4,13; vgl. Lk 17,21). Dieser

---

[13] Text nach *Leipoldt/Grundmann*: Umwelt des Urchristentums (Anm. 5), 280; vgl. auch Sib 3,185; 4,6–11; 5,386–394; 7,43–45.

[14] Zum Ganzen vgl. *Goodman* 1994, 38–90 und *Schnabel* 2002, 123–174.

[15] Vgl. den Überblick in *Schürer*: The History of the Jewish People (Anm. 4), 29–84 und *Hengel* $^{3}$1988.

Einschätzung steht freilich der souveräne, christologische Gebrauch des AT entgegen.[16]
Eine weitere wichtige Quelle ist Celsus, der im ersten Teil seines *Alēthēs logos* einen Juden gegen die Christen polemisieren lässt. Aber auch aus den christl. Apologien wie Justins Dialog mit dem Juden Tryphon und auch aus den späteren *Contra Iudaeos*-Texten lässt sich wohl manches schon für die Frühzeit entnehmen. Das, was die Christen den Juden vorwerfen, ist in jüd. Sicht gerade umgekehrt auch ein Vorwurf gegen die Christen: So beharren die Juden auf der Einhaltung des Mosaischen Gesetzes und auf der Beschneidung. Der Vorwurf des Polytheismus richtet sich gegen die Gottgleichheit Jesu, dessen Kreuzigungstod deutlich gegen dessen Göttlichkeit spricht. Insgesamt bewegt sich diese jüd.-christl. Auseinandersetzung mehr auf der Ebene der Schriftauslegung.

*Christliche Apologetik und Polemik gegen das Heidentum*
Die aus jüd. Quellen bekannte jüd. Polemik gegen nichtjüd. Gottesvorstellung und Ethik erscheint auch in christl. Quellen an mehreren Stellen. Die „Torheit" nichtjüd. Religiosität zeigt sich beispielsweise in der Reaktion der Landbevölkerung in Lystra, die Menschen als Götter verehren will. Die betroffenen Christen verhindern dies vehement und rufen zur Bekehrung von diesen falschen Göttern zum lebendigen Gott auf (Apg 14,8–18). Eine umfangreichere Abrechnung mit nichtjüd. Religiosität findet sich in der Areopagrede des Paulus (Apg 17,22–31): „Der eine lebendige Schöpfer-Gott läßt sich nicht von Menschenhänden dienen wie einer, der etwas nötig hätte ... wir sollen nicht meinen, die Gottheit sei gleich den goldenen, silbernen und steinernen Bildern, durch menschliche Kunst und Gedanken gemacht".[17] Auch von Seiten der Nichtjuden wird die Missionspredigt entsprechend verstanden und zugespitzt (Apg 19,26). In seiner Anklage der nichtjüd. Welt in Röm 1,18–32 greift Paulus ausführlich auf die Weisheit Salomos (Weish 13,1–10, s.o.) zurück.[18] Die Christen haben sich „bekehrt von den Abgöttern, zu dienen dem lebendigen und wahren Gott" (1Thess 1,9f). Die Christen Korinths werden erinnert und in die Pflicht genommen: „Weder Unzüchtige noch Götzendiener, Ehebrecher, Lustknaben, Knabenschänder, Diebe, Geizige, Trunkenbolde, Lästerer oder Räuber ... solche sind einige von euch gewesen" (1Kor 6,9–11). Hier zeigt die Eingrenzung auf „einige", ebenso wie die Darstellung von Nichtjuden in Evv und Apg,[19] dass Nichtjuden durchaus differenziert wahrgenommen wurden. Andererseits wird die Bekehrung als scharfe Wendung im Glauben, Denken und Leben begriffen. Judenchristen teilen viele Aspekte der jüd. Apologetik gegenüber Nichtjuden, vor allem das Bekenntnis zu dem einen, wahren und lebendigen Gott.

---

[16] Dazu *K. Erlemann*: Lizenz zum Reden Die lukanischen Apostel zwischen Geist und Rhetorik", in: *A. von Dobbeler u.a.* (Hgg.): Religionsgeschichte des Neuen Testaments (FS K. Berger), Tübingen/Basel 2000, 79–91.
[17] Vgl. *Stenschke* 1999, 178–193.203–224.
[18] Vgl. den Nachweis bei *U. Wilckens*: Der Brief an die Römer 1. Teilband Röm 1–5, Zürich u.a. $^{2}$1997, 96–100.
[19] Vgl. den Überblick bei *Stenschke* 1999.

*Christliche Apologetik und Polemik gegen das Judentum*

Spezifisch christl. Polemik und Apologetik findet sich im NT nur gegenüber dem Judentum, da man, wie bereits erwähnt, die jüd. Einschätzung der Nichtjuden teilte. Die an einigen Stellen geäußerte Kritik an Aspekten jüd. Verhaltens stammen von Juden und sind jüd. Ursprungs. Daher ist ihr Inhalt – bei gewissen äußerlichen Ähnlichkeiten – nicht von heidnischer Wahrnehmung des Judentums bestimmt. Sie stehen eher in der Tradition prophetischer Polemik. Zu solchen Ähnlichkeiten gehört z.B. die Beschuldigung, die Paulus gegen die Christen verfolgenden Juden in 1Thess 2,14–16 hervorbringt: Sie seien allen Menschen feind und stünden schon unter dem Zorn Gottes. Hauptpunkt christl.-antijüd. Polemik ist die direkte oder narrativ gestaltete Kritik an denjenigen Juden, die die Christusverkündigung nicht anerkennen.

Als Reaktion auf jüd. Ab- und Ausgrenzungsmaßnahmen ist die Polemik gegen die jüd. Führungsschicht im MtEv (bes. Mt 6 und 23), im JohEv (bes. Joh 8,44) und in Offb 2,9; 3,9 („Synagoge des Satans") zu verstehen. Gegen die Missdeutung der Polemik als Antijudaismus ist diese vielmehr als – freilich sehr emotional geführte – innerjüd. Auseinandersetzung zu verstehen, in der sich die Verletztheit einer Gemeinde zeigt, die sich selbst noch als „jüd." begreift, aber von den nicht-jesusgläubigen Juden zurückgewiesen wird.[20] Ähnlich ist die ntl. Rede von der Verstockung der jüd. Adressaten zu bewerten (Mk 4,10–12 parr: Parabeltheorie; Röm 9–11, vgl. Joh 12,37–41: zeitweise Verstockung Israels). Innerjüd. bzw. innerchristl. Polemik ist ferner die Etikettierung von Gegnern als „Pseudochristus" bzw. „Pseudoprophet" (→3.1.3.4) oder „Antichrist" (Mk 13 parr; 1Joh 2,18–29; 4,3).

Subtiler und nur aus dem Kontext als solche zu identifizieren sind apologetische Argumentationsmuster wie Altersbeweis und die platonisierende Kultivierung des Unsichtbaren als Gegenstand christl. Hoffnung, die sich besonders bei Paulus und im Hebr finden.[21] Gegen die zu vermutende apologetisch-polemische Argumentation gegen die Christen, wonach der Tora als der älteren Satzung Gottes das höhere Recht auf Wahrheit und Geltung zukomme, führt Paulus die neue Heilsordnung auf Gottes Bund mit Abraham als die (noch) ältere Satzung zurück, der gegenüber die Tora lediglich ein nachträgliches Provisorium sei (Gal 3,15–29). Analog lässt der Hebr das Hohepriestertum Jesu Christi auf die Ordnung Melchisedeks (unter Bezug auf Gen 14) gegründet sein, die älter ist als die Ordnung Levis (Hebr 7; 8,6). Die Diskussion um die „Neuheit" des Gebotes Jesu (Joh 13,34 diff. 1Joh 2,7f diff. 2Joh 5) ist vor demselben Argumentationshintergrund zu verstehen, wonach das Ältere das Bessere und Glaubwürdigere ist. Der pointierte Stellenwert, den bei Paulus und im Hebr der Verweis auf das Unsichtbare als den besseren, glaubwürdigeren Gegenstand des Glaubens einnimmt (vgl. Röm 8,24: Hoffnung auf Sichtbares ist keine richtige Hoffnung; 2Kor 4,18: Das Unsichtbare ist das Ewige; Hebr 8,5: Der sichtbare Kult ist nur Schatten und Abbild des Himmlischen)

---

[20] Vgl. das Stichwort *aposynagōgos* in Joh 9,22; 12,42; 16,2; weiter dazu *K. Erlemann*: 1Joh und der jüdisch-christliche Trennungsprozeß, ThZ 55, 1999, 285–302.

[21] Dazu vgl. *K. Erlemann*: Alt und neu bei Paulus und im Hebräerbrief. Frühchristliche Standortbestimmung im Vergleich, ThZ 54, 1998, 345–367.

lässt vermuten, dass sich antichristliche Polemik an dieser Stelle festgemacht hatte.[22]

*Mission: Begrifflichkeiten*

Die Beurteilung des Phänomens Mission hängt von dessen Definition ab. Wir folgen der Formulierung von E. J. Schnabel, der unter Mission „die Aktivität einer Glaubensgemeinschaft [versteht], die sich von ihrer Umwelt in religiöser (theologischer) Hinsicht und im Hinblick auf gesellschaftliches (ethisches) Verhalten unterscheidet, die vom Wahrheitsanspruch der eigenen Glaubensinhalte überzeugt ist und die darauf hinarbeitet, andere Menschen für die Glaubensinhalte und die Lebenspraxis, von deren Wahrheit und Notwendigkeit man überzeugt ist, zu gewinnen".[23]

*Pagane Mission*

Neben einer Vielzahl örtlich verankerter Kulte haben sich zahlreiche Kultformen, Riten und Praktiken über den ganzen Mittelmeerraum ausgebreitet. Meist stammten diese Kulte aus Ägypten, Kleinasien oder Griechenland und wanderten nach Westen. Besonders bekannt sind der Kult der Isis, des Dionysos und des Mithras (→3.1.2). Nur selten wurden die neuen Religionen unterdrückt, oft aber enthusiastisch aufgenommen. Zumeist haben sie sich durch ihre Anhänger verbreitet, weniger durch systematische, organisierte Propaganda.[24]

Im NT finden sich – bedingt durch die vorherrschende Binnenperspektive – keine direkten Hinweise auf den Modus der Ausbreitung anderer Religionen. Während die Hinweise auf nichtjüd. Religiosität in Palästina in den Evv und den entsprechenden Teilen der Apg im Vergleich zu ihrer tatsächlichen Präsenz relativ spärlich sind (→3.1.3.8), erscheinen verschiedene nichtjüd. Kulte und Formen von Magie und Mantik in Kleinasien und Europa in Apg und in der Briefliteratur des NT (→3.1.4). Ihr Ursprung oder ihre Verbreitung wird nicht reflektiert. Vor allem in der Apg werden pagane Kulte erwähnt, freilich nicht in neutral-dokumentarischer Weise, sondern in der Absicht, die christl. Position als besonders vertrauenswürdig darzustellen. Von der lykaonisch sprechenden Landbevölkerung Lystras werden Barnabas und Paulus aufgrund ihrer rettenden Heilkraft mit den gr. Göttern Zeus und Hermes identifiziert (Apg 14,12).[25] Athen ist übersät mit Götterbildern (Apg 17,16). Bei der Verhandlung vor dem Areopag geht es vermutlich um die Frage, ob das von Pau-

---

[22] Die Hinweise des Paulus auf den Geist und seine Gaben als sichtbarer Anfang des Neuen erhalten in diesem Rahmen apologetische Funktion. Vgl. dazu *K. Erlemann*: Der Geist als ἀρραβών (2Kor 5,5) im Kontext der paulinischen Eschatologie, ZNW 83, 1992, 202–223 und *Ders.*: Anfänge, die das Ganze verbürgen. Überlegungen zu einer frühchristlichen Metapherngruppe (FS W. Eckey), Wuppertal 2000, 67–89.

[23] *Schnabel* 2002, 11; *T. Schmeller*: Mission im Urchristentum. Definition, Motivation, Konkretion, ZNT 15, 2005, 2–11.

[24] Vgl. *M. Goodman*: Mission and Conversion: Proselytizing in the Religious History of the Roman Empire, Oxford 1994, 20–37; *J. Zangenberg*: Mission in der Antike und im antiken Judentum, ZNT 15, 2005, 12–21.

[25] Vgl. dazu *M. P. Nilsson*: Geschichte der griechischen Religion, Bd. I, München ³1967, 385–427.501–510.

lus verkündigte Götterpaar (Jesus und die Auferstehung) anerkannt wird und in Athen kultisch verehrt werden darf. Der ephesinische Goldschmied Demetrius verweist stolz darauf, dass der göttlichen Majestät der großen Stadtgöttin Artemis von Ephesos (→2.2.7.3 VI) in der ganzen Provinz Asien und im ganzen Weltkreis Verehrung erwiesen wird (Apg 19,27).[26]

*Jüdische Mission*
Auch das Judentum hat spätestens seit hell. Zeit eine enorme Ausbreitung über die gesamte antike Mittelmeerwelt und darüber hinaus erfahren (→1.4.5.1–6; 2.2.7.1; 2.2.7.3).[27] Besondere Anziehungskraft übten die Diasporagemeinden aus, und das Judentum fand Sympathisanten in verschiedenem Ausmaß, von verhaltenem Interesse über „Gottesfürchtige" (→3.1.3.7) bis hin zu Vollproselyten. Sowohl die Glaubensinhalte (Monotheismus) wie auch die strengen ethisch-moralischen Forderungen und deren Umsetzung spielten dabei eine Rolle. War der Übertritt zum Judentum vollzogen, so brachte dies freilich auch Konsequenzen mit sich, die die Fortsetzung des bisherigen sozialen Lebens erschwerten (Speisegesetze, Verbot der Teilnahme am Fremdkult). Trotz dieser starken Expansion hat sich die These in der Forschung durchgesetzt, dass es im Judentum entgegen vereinzelter gegenteiliger Hinweise keine systematische und aktive Mission gab.[28] Man spricht besser von einer „defensiven" als von einer „offensiven" Zuwendung zur Umwelt.
Das NT setzt die Ausbreitung des Judentums ganz selbstverständlich voraus. So berichten etwa Apg 12,5.14; 14,1; 16,1–3.13 von der Anwesenheit von Juden und Synagogen außerhalb des jüd. Kernlandes, auch kennt sie Nichtjuden im Umkreis der Synagogen, sog. „Gottesfürchtige".[29] Neben Hinweisen auf das „offizielle", in Synagogengemeinden organisierte Diasporajudentum erscheinen auch andere religiöse Praktiken unter Juden. Apg 13,6 erwähnt „einen Zauberer, ..., einen Juden, der hieß Barjesus". Apg 19,14 berichtet von den Söhnen eines jüd. Hohenpriesters, die als erfolgreiche Exorzisten ein gewisses Ansehen in ihrer magisch geprägten Umgebung erlangt haben. Beide bezeugen die Fähigkeit von Juden, sich im nichtjüd. religiösen Kontext zu bewegen. Auch die ntl. Briefe zeigen, dass es in den Empfängergemeinden teilweise einen beachtlichen Anteil von Judenchristen gab. Das NT erwähnt keine eigenständige, systematische jüd. Mission. Nur Mt 23,15 deutet an, dass manche Juden Proselyten zu gewinnen suchten.[30]

*Christliche Mission*
Die christl. Mission wird von Judenchristen initiiert, und erst in einer späteren Phase erscheinen heidenchristl. Mitarbeiter. Die Christen berufen sich auf den Auftrag des auferstandenen Jesus, die Botschaft zu „allen Völkern" zu bringen (Mt 28,18–20; Mk 16,15; Lk 24,47). Insofern bestand eine Verpflichtung zur

---

26 Vgl. *Stenschke* 1999, 80–84, *G. Mussies*: Artemis, DDD, Leiden ²1999, 91–97.
27 Vgl. auch den ausführlichen Überblick zur Diaspora in *Schürer*: The History of the Jewish People (Anm. 4), 1–176.
28 Vgl. *Schnabel* 2002, 94–174.
29 Apg 13,43; 14,1; 16,13–15; 17,4.12 usw.; vgl. *Stenschke* 1999, 310–315.
30 Vgl. *Schnabel* 2002, 165–167.

Missionierung. Die „Kontaktzone" zwischen dieser judenchristl. Mission und ihrer nichtjüd. Umwelt ist neben der Verkündigung des Evangeliums (Apg 14,9; 17,17) die teilweise offensive Infragestellung nichtjüd. religiöser Anschauungen und die Präsentation einer Alternative in Wort und Tat, zu deren Annahme aufgefordert wird. Durch verschiedene, beiläufig oder demonstrativ gewirkte oder geschehene Wunder (Lk 8,26–37; Apg 8,6–13; 14,3.10; 16,16–18.26; 19,11f; 28,4–8) wird die Machtlosigkeit der nichtjüd. Götter und Vorstellungen aufgezeigt und die Überlegenheit des Gottes Israels und seines Messias demonstriert. In diesem antiken „Streitbereich" stehen Verkündigung und göttliche Machterweise in einem engen Zusammenhang. So kann die Überlegenheit des neuen Glaubens konkret erfahren und „bewiesen" werden. Nach der geschickten Anknüpfung an die Realien nichtjüd. Religiosität (Apg 17,23) folgt eine ganz jüd. geprägte umfassende Kritik an deren Theorie und Praxis (17,24–31), die der philosophischen Kritik derselben Religiosität in manchem ähnelt. Die christl. Missionare kennen die Vorstellungen ihrer Zeitgenossen und sind mit ihnen – unter dem Vorzeichen der aktiven Werbung für den eigenen Glauben – im Gespräch.

*Literatur*

*M. Edwards u.a.* (eds.): Apologetics in the Roman Empire. Pagans, Jews and Christians, Oxford 1999. – *L. Feldman*: Jew and Gentile in the Ancient World. Attitudes and Interactions from Alexander to Justinian, Princeton 1993. – *M. Goodman*: Mission and Conversion. Proselytizing in the Religious History of the Roman Empire, Oxford 1994. – *F Hahn*: Das Verständnis der Mission im Neuen Testament, Neukirchen-Vluyn 1963. – *Ders.*: Mission in neutestamentlicher Sicht. Aufsätze, Vorträge und Predigten, Erlangen 1999. – *M. Hengel*: Judentum und Hellenismus: Studien zu ihrer Begegnung unter besonderer Berücksichtigung Palästinas bis zur Mitte des 2. Jh. v.Chr., Tübingen [3]1988. – *P. W. van der Horst u.a.* (eds.): Persuasion and Dissuasion in Early Christianity. Ancient Judaism and Hellenism, Löwen u.a. 2003. – *W. Kahl*: Wunder und Mission in ethnologischer Perspektive, ZNT 15, 2005, 35–43. – *H.-J. Klauck*: Magie und Heidentum in der Apostelgeschichte des Lukas, Stuttgart 1996. – *W. Löhr*: Die Ausbreitung des antiken Christentums als historiographisches Projekt. Vorschläge, Probleme, Perspektiven, ZNT 15, 2005, 22–34. – *S. McKnight*: A Light Among the Gentiles. Jewish Missionary Activity in the Second Temple Period, Minneapolis 1991. – *P. Schäfer*: Judaeophobia. Attitudes Toward the Jews in the Ancient World, Cambridge/London 1997. – *E. J. Schnabel*: Die urchristliche Mission, Wuppertal/Zürich 2002. – *C. Stenschke*: Luke's Portrait of Gentiles Prior to Their Coming to Faith, Tübingen 1999. – *Ders.*: Neuere Studien und Tendenzen zur Mission im Neuen Testament, EJTh 12, 2003, 5–20. – *Z. Yavetz*: Judenfeindschaft in der Antike, München 1997.

Lisa

neukirchener
theologie

Neues Testament und Antike Kultur

Herausgegeben von
Kurt Erlemann, Karl Leo Noethlichs,
Klaus Scherberich, Thomas Wagner
und Jürgen Zangenberg

Kurt Erlemann / Karl Leo Noethlichs (Hg.)

# Neues Testament und Antike Kultur

## Band 1: Prolegomena – Quellen – Geschichte

Neukirchener Theologie

FSC Mix
Produktgruppe aus vorbildlich bewirtschafteten Wäldern und anderen kontrollierten Herkünften
www.fsc.org Zert.-Nr. SGS-COC-005773
© 1996 Forest Stewardship Council

Dieses Buch wurde auf FSC-zertifiziertem Papier gedruckt.
FSC (Forest Stewardship Council) ist eine nichtstaatliche, gemeinnützige Organisation, die sich für eine ökologische und sozialverantwortliche Nutzung der Wälder unserer Erde einsetzt.

Bibliografische Information der Deutschen Nationalbibliothek

Die Deutsche Nationalbibliothek verzeichnet diese Publikation in der Deutschen Nationalbibliografie; detaillierte bibliografische Daten sind im Internet über http://dnb.d-nb.de abrufbar.


Umschlaggestaltung: Andreas Sonnhüter, Düsseldorf
Lektorat: Volker Hampel
DTP: Astrid Padberg
Gesamtherstellung: Hubert & Co., Göttingen
Printed in Germany
ISBN 978–3–7887–2492–4
www.neukirchener-verlage.de

# Vorwort

Der nunmehr vorliegende erste Band der Reihe „Neues Testament und Antike Kultur“ (NTAK) ist das erfreuliche Ergebnis der Zusammenarbeit von über 80 renommierten Fachwissenschaftlerinnen und Fachwissenschaftlern unterschiedlicher Disziplinen und Nationalitäten. Sie haben auf die Anfrage hin, an diesem Projekt mitzuarbeiten, spontan zugesagt – aus Überzeugung, dass einerseits das Projekt an sich wichtig und sinnvoll ist und dass andererseits die interdisziplinäre Zusammenarbeit der einzige Weg ist, eine so breit angelegte Fragestellung, wie sie der Titel andeutet, annähernd sachgemäß zu bearbeiten. Für ihr Engagement, ihren Elan und ihre Bereitschaft, ihr Fachwissen zur Verfügung zu stellen, sei ihnen an dieser Stelle herzlich gedankt!
Ebenso herzlich gilt unser Dank den Mitarbeiterinnen und Mitarbeitern im Wuppertaler Redaktionsteam – allen voran Astrid Padberg, die in nie ermüdendem Einsatz und mit hoher Sachkompetenz die technische Seite des Projekts betreute, die Korrespondenz führte und sich geduldig mit Layoutfragen befasste. Nicht minder ist den studentischen Mitarbeitern an NTAK, Ines Wermeling und Robert Bellin, für die akribische Durchsicht der Manuskripte zu danken sowie Jens Blau für die Erstellung und Betreuung der Homepage (www.ntak-uni-wuppertal.de)!
Weiterhin danken wir dem Rektorat der Bergischen Universität Wuppertal und der Gesellschaft der Freunde der Bergischen Universität für die finanzielle Unterstützung einer ersten Koordinationstagung, die im Mai 2001 in Bonn-Bad Godesberg stattfand, sowie dem leider in Auflösung befindlichen Institut für Evangelische Theologie der RWTH Aachen, das uns eine zweite wertvolle Tagung in Aachen im Juni 2002 ermöglichte.
Last, but not least gilt der Dank der Herausgeber dem Neukirchener Verlag, und hier besonders Herrn Dr. Volker Hampel, der das Projekt von Anfang an großzügig unterstützt und gefördert hat.
Wir hoffen, mit NTAK einen interessierten, aber auch kritisch mitdenkenden Leserkreis zu erreichen, und freuen uns darüber, dass das Studienbuch nur der Anfang einer langfristigen interdisziplinären Zusammenarbeit zu sein scheint!

Im März 2004 Die Herausgeber

# Inhalt

## 1.1 Intention und Methodik des Studienbuches (*Kurt Erlemann/Karl Leo Noethlichs/ Klaus Scherberich/Jürgen Zangenberg*)

*Intention und Leitidee*

Das moderne Europa ruht auf dem Erbe der klassischen Antike und des Christentums. Beide Wurzeln sind eng miteinander verwoben. Das vorliegende, vierbändige Studienbuch „Neues Testament und Antike Kultur" (NTAK) entfaltet die unterschiedlichen Einflüsse und Wechselbeziehungen zwischen diesen beiden Größen. Denn wer das NT verstehen will, muss die Welt kennen, in der es entstanden ist. Das Studienbuch ist als Verstehenshilfe für diejenigen konzipiert, die das NT lesen und studieren; es möchte Antwort auf die zahlreichen Fragen nach dem kulturellen Kontext ntl. Vorstellungen und Aussagen geben, die sich durch die zeitliche und kulturelle Distanz aufdrängen. Dabei soll das NT bewusst nicht als Fremdkörper, sondern als Teil antiker Kultur dargestellt werden.

Weil Religion, Gesellschaft und Kultur in der antiken Welt eine Einheit bilden, ist interdisziplinäre Zusammenarbeit der einzige Weg ihrer Erforschung. Nur so kann auch das Eigene eines jeden Themas sachgemäß erfasst werden. Über 80 international renommierte Wissenschaftlerinnen und Wissenschaftler aus zahlreichen Ländern und den Bereichen Bibelwissenschaft, Kirchengeschichte, Alte Geschichte, Altphilologie, Judaistik, Religionswissenschaft, Archäologie, Rechtsgeschichte, Philosophie und Medizingeschichte haben ihre Erkenntnisse zu mehr als einhundert Themen aus dem Spannungsfeld von NT und antiker Kultur zu diesem Studienbuch zusammengetragen. Dabei werden gleichwohl noch zahlreiche Fragen offen bleiben, die auf Grund der Seitenbegrenzung nicht behandelt werden konnten; es ist die Hoffnung der Herausgeber von NTAK, in künftigen Auflagen noch manche bestehende Lücke schließen zu können.

*Forschungsgeschichtlicher Ort und methodologische Grundlagen des Studienbuches*

In den letzten Jahrzehnten hat sich die stillschweigende Arbeitsteilung der an sich sachlich und methodisch verwandten Wissenschaftsdisziplinen Neues Testament, Altertumswissenschaften, Rechtsgeschichte und Judaistik als gravierendes Problem erwiesen. In all diesen Wissenschaftsbereichen kommt mehr und mehr zu Bewusstsein, dass die bisher geübte Abgrenzung bzw. Differenzierung der Forschungsgegenstände und -aufgaben sich eher der Entstehungsgeschichte der beteiligten Disziplinen als dem jeweiligen Forschungsgegenstand verdankt. Denn der Gegenstand, die antiken mediterranen Kulturen und Gesellschaften, ist diesen Wissenschaften grundsätzlich gemeinsam. Zu dieser Erkenntnis haben besonders sozialwissenschaftliche bzw. kulturanthropologische Methoden und Modelle in allen oben genannten Disziplinen beigetragen, nicht zuletzt auch die Thematisierung des Forschungsgegenstandes (antike) Mittelmeerwelt in den Sozialwissenschaften (vor allem Kulturanthropologie bzw. Ethnologie) selbst. Für die ntl. Wissenschaft bedeutet der Wandel einerseits, dass das NT bewusster als bisher als Hervorbringung und inte-

graler Teil der antiken Mittelmeerwelt zu verstehen ist, andererseits, dass ihr besonderes Profil gerade und besser auf dem Hintergrund des Gemeinsamen zur Geltung kommen kann. NTAK knüpft an diese grundlegenden Einsichten an, ohne freilich bestimmte Methoden oder Modelle unkritisch zu kopieren.
Das Anliegen von NTAK, Einblick in den kulturellen Kontext des NT und damit eine Verständnishilfe zu bieten, steht in einer langen Tradition früherer Studienbücher. Die Notwendigkeit eines neuen Anlaufs ergibt sich zum einen aus den Defiziten bisheriger Entwürfe: Teils sind sie inhaltlich[1], teils sind sie geographisch begrenzt[2], teils sehr knapp[3]. Die meisten Publikationen sind zudem bereits vor längerer Zeit erschienen und entsprechend überarbeitungsbedürftig. Zum anderen strebt NTAK auf Grund der genannten konsequenten interdisziplinären Verzahnung auch eine begriffliche und methodologische Neubesinnung an. NTAK versucht eine konzeptionelle Neufassung des Verständnisses von Religion, Gesellschaft und Kultur in der Antike. Makrosoziologische und anthropologische Theorien und Modelle wurden hinsichtlich ihrer Anwendung auf die antike Mittelmeerwelt geprüft und fruchtbar gemacht. Insbes. werden das Verhältnis von Religion und Kultur, von Religion und Politik sowie von Philosophie, Ethos und Religion neu bestimmt (→1.2). Unter Aufnahme eines modernen, den Kulturwissenschaften verpflichteten Verständnisses wird Religion in NTAK nicht länger als eine separate Sonderwirklichkeit verstanden und dargestellt, für die die Theologie zuständig ist, sondern als Teil von Kultur insgesamt. Die gewohnte fundamentale Unterscheidung zwischen „jüdisch-christlich“ einerseits und „pagan“ andererseits, die deutlich von christl. Überzeugungen und Denkweisen geprägt ist, nimmt das Andere in seinem eigenen Recht nicht wahr und ist von daher kaum noch aufrecht zu erhalten. Nur ein moderner, umfassender Religionsbegriff, der etwa die konzeptionelle Trennung von privater und öffentlicher Religion überwunden hat, kann verhindern, das Verhältnis von Religion und Politik in der antiken Mit-

---

[1] *H.-J. Klauck*: Die religiöse Umwelt des Urchristentums (2 Bde.), Stuttgart 1995, zus. ca. 400 S.: Vermittlung der notwendigen Basisinformationen zum gr.-röm. Bereich – *Themen*: Pagane Religiosität, Mysterienkulte, Volksglaube, Kaiserkult, Philosophie, Gnosis.

[2] *H. Daniel-Rops*: Er kam in sein Eigentum. Die Umwelt Jesu. Der Alltag in Palästina vor 2000 Jahren, Stuttgart 1980 (1961): Darstellung des täglichen Lebens in Palästina zur Zeit Jesu. – *Themen*: Das kulturelle Leben im Umfeld des NT im weiteren Sinne. Im Einzelnen: Geographie, Judentum, Politik, Jerusalem, Kindheit Jesu, Brauchtum, Sozialgeschichte, Recht, Kalender, Münzen, Wohnen, Arbeitswelt, Handel, Sprache, Wissenschaft, Alltagsleben, Lebenszyklus, Religiosität, Tempel, jüdische Gruppierungen, Messiaserwartung.

[3] *E. Lohse*: Umwelt des Neuen Testaments, Göttingen [6]1983 (1971), 225 S.: Veranschaulichung der historischen Lage der Hörer des Evangeliums als Vorbedingung hermeneutischer Bemühung. – *Themen*: Religiöse Gruppen des Judentums, soziale Lebensbedingungen, Brauchtum, Religiosität, politische Verhältnisse, Geistesgeschichte, Gnosis. – Weiter *W. Foerster*: Neutestamentliche Zeitgeschichte, Hamburg 1968, 374 S.: Zusammenführung zweier früherer Bücher (Palästina/Römisches Weltreich zur Zeit Jesu) – *Themen*: Judentum Palästinas (Profangeschichte, religiöse Lage, bes. Pharisäismus), römisches Weltreich (Profangeschichte von 300 v. – 100 n.Chr., politische, gesellschaftliche, wirtschaftliche, kulturelle und religiöse Lage, Philosophie), die Juden im römischen Reich. – Sodann *B. Reicke*: Neutestamentliche Zeitgeschichte. Die biblische Welt 500 v. – 100 n.Chr., Berlin 1965, 260 S.: Historische Betrachtung unter Verzicht auf theologische Fragestellungen. – *Themen*: Entwicklung des Judentums ab 500 v.Chr., Lage der Kirche im Römerreich.

telmeerwelt unter rein funktionalen Gesichtspunkten zu sehen. Damit öffnet sich nicht nur ein neuer Blick auf sog. „private Religion" in Haus und Familie, die durchaus als Ausdruck von Glauben ernst zu nehmen ist, sondern z.B. auch auf den Kaiserkult, der oft als emotional leer und simple Loyalitätskundgebung diffamiert wird. Schließlich: Wenn antike Philosophie gerade auch eine „Lebensform" war, wie unterscheiden sich Philosophie bzw. die Existenz philosophischer Schulen von Religion und von Ethik? Diese Frage stellt sich insbes. auch für das frühe Christentum, das sich bald selbst gern als Philosophie bezeichnete. Sie stellt sich aber auch etwa für das Judentum. So wird die Existenz verschiedener religiöser „Parteien" vom jüd. Historiographen Flavius Josephus (→1.3.2.6) mit philosophischen Schulen verglichen. Die Grenzen sind auch hier fließend, und es kommt darauf an, auf das zu hören, was antike Menschen selbst empfunden und gelebt haben.

Das Studienbuch hat weder Lexikoncharakter[4] noch ist es eine reine Textsammlung[5]. Die Vielzahl an Themen und Autoren, die sich unterschiedlichen Schulen und Methoden verpflichtet wissen, bringt es mit sich, dass die von allen Autorinnen und Autoren getragene konzeptionelle Intention von NTAK möglichst behutsam und mit dem gebührenden Respekt vor der Vielfalt und Komplexität des Materials umzusetzen war. Weder konnte, ja sollte ein Werk in einem Guss am Ende des Arbeitsprozesses stehen, noch einfach eine lockere Sammlung von Einzelbeiträgen. Das eine hätte einen völlig falschen Eindruck von der aktuellen Forschungslage vermittelt, die in vielen Dingen naturgemäß kontrovers und offen ist, das andere würde den didaktischen Zweck des Werkes verfehlen, Zusammenhänge und Überschneidungen antiker Lebensäußerungen transparent zu machen.

Angesichts der Stofffülle und der Spezialisierungen innerhalb der Teildisziplinen konnte nur eine Gemeinschaftsarbeit hinreichenden Erfolg gewährleisten, wie sie unter anderen forschungsgeschichtlichen Umständen bereits bei Lei-

---

4 Anders etwa *K.-W. Weeber*: Alltag im Alten Rom. Ein Lexikon, Zürich 1995, 447 S.: „Kulturgeschichtliches Lexikon", dargestellt in 220 Artikeln mit eingestreuten Originalzitaten. – *Themen*: Inhaltliche Aufarbeitung der Alltagswelt Roms im weitesten Sinne (Gegenstände des täglichen Lebens, soziale Lebensbedingungen, Bildung, Kultur, Freizeit, Mode, Arbeitswelt, Lebensmittel etc.), jeweils bezogen auf die Hauptstadt im 1. und 2. Jh. – Weiter *B. Reicke/L. Rost*: Biblisch-Historisches Handwörterbuch. Landeskunde, Geschichte, Religion, Kultur, Literatur, 4 Bde., Göttingen 1962–1979, ca. 1200 S.: Alphabetische Darstellung von kurzen Einzelartikeln; „Neue Besinnung auf die empirischen Grundlagen der biblischen Vorstellungen". – *Themen*: „Einleitungswissenschaften". Im Einzelnen: Biblische Landeskunde, Archäologie, Völkergeschichte, Kulturgeschichte, Literaturgeschichte, Biographie, religiöse Terminologie, Religionsgeschichte.

5 Anders *H. G. Kippenberg/G. A. Wewers*: Textbuch zur neutestamentlichen Zeitgeschichte, Göttingen 1979, 244 S.: Quellensammlung zu Einzelthemen. Religionsgeschichtliche Texte werden in ihrem Kontext dargestellt. – *Themen*: politische Gegebenheiten und religiöse Vorstellungen Palästinas zur Zeit Jesu. Im Einzelnen: Materialer Geschichtsprozess inklusive Sozialgeschichte, Rekonstruktion des Denkens von Samaritanern und rabbinischem Judentum. Der Band wird ergänzt durch das Religionsgeschichtliche Textbuch zum NT (*K. Berger/C. Colpe*, Göttingen 1987). Eine für die ntl. Exegese unerlässliche Textsammlung ist die von *G. Strecker* begonnene und *U. Schnelle* mit Mitarbeitern fortgeführte Neubearbeitung des „Neuen Wettstein". Bereits erschienen sind Band I.2 (Texte zum Johannesevangelium), Berlin u.a. 2001 (988 S.) und Band II.1 und 2 (Briefe und Johannesapokalypse, Berlin u.a. 1996 (insges. 1831 S.).

poldt/Grundmann[6] oder Reicke/Rost (Anm. 4) praktiziert wurde. Bei der Entwicklung des Profils von NTAK war die didaktische Konzeption von Klauck (Anm. 1) hilfreich; die Einbeziehung von Indices und Abbildungen, wie sie in zahlreichen vorliegenden Werken vorgenommen wurde, wurde ebenfalls dankbar aufgegriffen; Während der Ausarbeitungsphase standen die Autoren über die Projektwebsite in ständigem Austausch, einige Artikel sind bewusst von vorn herein von mehreren Vertretern unterschiedlicher Disziplinen verfasst worden.

*Technische Hinweise und Aufbau*

Der didaktische Zuschnitt bedingt eine strenge Bezugnahme der Einzelartikel auf ntl. Texte und Themen, das heißt die antike Lebenswelt wird nicht kompendienartig, sondern primär im Hinblick auf ntl. Problemstellungen hin entfaltet. Die ntl. Bezugstexte werden in den Artikeln genannt, Literaturangaben zu jedem Einzelbeitrag sollen die vertiefte Eigenarbeit ermöglichen. Auf die Verwendung von Griechisch und Hebräisch im Original wird in NTAK weitestgehend verzichtet; wichtige Ausdrücke werden in Umschrift und in Übersetzung geboten, um möglichst vielen Leserinnen und Lesern eine Gewinn bringende Lektüre zu ermöglichen. Diesem Ziel gilt auch die Beschränkung von Fußnoten und der Literaturangaben auf ein notwendiges Minimum. Die Abkürzung der biblischen Primärquellen orientiert sich an den Loccumer Richtlinien. Die Abkürzungen für griechische und römische Primärquellen erfolgen weitgehend nach *Der Neue Pauly*[7], *TLL*[8] und *Lampe*[9]. Durchweg werden Altes Testament bzw. alttestamentlich (AT, atl.), Septuaginta (LXX), Neues Testament bzw. neutestamentlich (NT, ntl.), Evangelien bzw. synoptische Evangelien (Evv, synEvv), griechisch (gr.), hellenistisch (hell.), römisch (röm.) jüdisch (jüd.), christlich (christl.) im fortlaufenden Text abgekürzt. Zahlreiche Querverweise (→) referenzieren auf benachbarte Artikel und Themen.

Der erste der vier Bände begründet zunächst die methodische Zugangsweise des Werkes, erläutert die Begriffe Kultur, Religion und Gesellschaft und fragt nach der Bedeutung von Werten und Ritualen. Eine Einführung in die wichtigsten, nicht nur textlichen Quellen und ihre sachgemäße Auswertung schließt sich an. Die Darstellung des historischen Umfelds der für das NT relevanten Regionen des Imperium Romanum (Palästina und Syrien, Kleinasien, Ägypten und die jüdische Diaspora), einschließlich der Verwaltung, des Finanzwe-

---

[6] *J. Leipoldt/W. Grundmann*: Umwelt des Urchristentums (3 Bde.), Berlin 1965–1967 (1 Band Darstellung, 1 Band Texte, 1 Bildband), ca. 1500 S.: Band 1: Bild der Zeit Jesu, ihrer religiösen und geistigen Kräfte. Band 2: „religionsgeschichtliches Lesebuch“ – *Themen*: Band 1: Politische Situation im Mittelmeerraum, bes. in Palästina. Im Einzelnen: Weltpolitik, Hellenismus, Mysterien, Kaiserkult, Judentum, Philosophie, Gnosis, Urchristentum. Band 2: Politische und soziale Verhältnisse im Römischen Reich, Hellenistische Volksfrömmigkeit, Mysterien, Herrscherkult, palästinisches und hellenistisches Judentum, Philosophie, Gnosis.

[7] *H. Cancik/H. Schneider* (Hgg.): Der Neue Pauly. Enzyklopädie der Antike, Bd. 1, Stuttgart/Weimar 1996, XXXIX–XLVII.

[8] Thesaurus Linguae Latinae. Index. Editio altera, Leipzig 1990.

[9] *G. W. H. Lampe* (ed.): A Patristic Greek Lexicon, Oxford 1961, IX–XLIII.

sens und Militärs, sowie eine ausführliche Darstellung des römischen und jüdischen Rechts legen den Grund für die weiteren Bände. Band 2 beschäftigt sich mit den vielfältigen Fragen des Alltagslebens der ntl. Zeit. Band 3 ist den weltanschaulichen Themen der ntl. Zeit (Religiosität, Philosophie) gewidmet. Abbildungen, Karten und Graphiken konnten aus Gründen des Umfangs nicht in die jeweiligen Artikel integriert werden, sondern sind zusammen mit einem breit angelegten Textstellen- und Sachregister in einem eigenen Band 4 untergebracht.

# 1.2 Teilaspekte antiker Kultur

## 1.2.1 Moderner und antiker Kulturbegriff (*Klaus Neumann/Wolfgang Stegemann*)

*Stellen im NT*
Apg 15,1; Tit 1,12; 1Kor 11,14f

*I. Antiker Kulturbegriff*
In verschiedenen antiken Quellen sind wesentliche Elemente der modernen Kulturauffassung (Gegensatz Natur/Kultur; Gestaltbarkeit der Welt durch den Menschen; Kulturentwicklungstheorien; kultureller „Relativismus“) schon angelegt, werden aber weder unter einem Begriff vereint noch in einem einzigen Diskurs zusammengeführt. Einen dem heutigen vergleichbaren umfassenden und abstrakten Begriff von Kultur – etwa: Kultur als „Inbegriff aller menschlichen Arbeits- und Lebensformen“[1] – kennen die antiken mediterranen Sprachen somit nicht. Es kann also nicht darum gehen, nach einem Äquivalent dafür zu suchen. Der insbes. infrage kommende Kandidat, Ciceros *cultura animi* (Tusc. 2,13: *cultura autem animi philosophia est*), „bezieht sich auf die individuelle Persönlichkeitsbildung, die subjektive Bildungsfähigkeit im Sinne einer rein geistigen Kultur“ (Müller 2003, 15), kommt also dem umfassenden Kulturbegriff der Moderne (Kultur betrifft die Gestaltung aller Lebensbereiche) nur zum Teil entgegen. Gleiches gilt für die in diesem Zusammenhang ebenfalls erwogenen Begriffe *humanitas* oder *paideia*.
Freilich heißt dies nicht, dass die antiken Gesellschaften kein Konzept von Kultur (keine „Kulturtheorie“) hervorgebracht hätten. Denn sie haben nicht nur den Begriff (*cultura*) in die Welt gesetzt, sondern durchaus Vorstellungen gehegt, die z.B. als Kultur(entstehungs)theorien (oder Kulturgeschichte) bezeichnet werden können. Vor allem aber zeigen die antiken mediterranen Kulturen ein Bewusstsein dafür, dass Menschen die von ihnen vorgefundenen („natürlichen“) Verhältnisse durch Arbeit, Pflege und/oder sonstiges Knowhow in einen für sie lebbaren und ihren Vorstellungen und Bedürfnissen entgegen kommenden Lebensraum transformieren. Und sie kannten bzw. imaginierten in diesem Zusammenhang auch mehr oder weniger auffällige Unterschiede in der Lebensweise, den Wertvorstellungen, den Sitten und Bräuchen, aber auch den Fertigkeiten, durch die sich die verschiedenen ethnischen Gruppen voneinander abhoben. Zu fragen wäre also nach den Besonderheiten der Kulturdiskurse der Antike, nicht danach, ob die antiken Diskurse über Kultur diesen oder einen vergleichbaren Begriff verwenden und mit unseren modernen Diskursen übereinstimmen. Insbes. kommen für die Eruierung der antiken Vorstellungen kosmologische, anthropologische und ethnographische Diskurse infrage.

---
[1] *W. Frühwald u.a.*: Geisteswissenschaften heute, Frankfurt a.M. 1991, 40.

*Kulturentstehungstheorien*
Die Biblische Urgeschichte (Gen 1–11) ist eine Art *Kulturentstehungsgeschichte* der Menschheit. Sie lässt sich als eine (deszendente) Kulturentstehungstheorie lesen, die den Zustand zur Zeit ihrer Abfassung als Ergebnis einer Entwicklung des Abfalls von einem paradiesischen Urzustand darstellt. Unterschiedliche Lebensformen (Ackerbau/Viehzucht) werden als konfliktuöse Abfolge gedeutet (Gen 4,1–16), Errungenschaften der Kultur als negativ (Gen 4,17–24) oder ambivalent (Weinbau *und* Rausch: Gen 9,20f) bewertet. Herausragende Bedeutung kommt der Völkertafel zu (Gen 10), in der die sich in eine Vielzahl von Völkern ausdifferenzierende Gesamtmenschheit durch die Abstammung von Noah auf einen einheitlichen Ursprung zurückgeführt wird. Die ursprüngliche Einheit wird freilich als Antwort auf einen Akt hybrider Selbstüberschätzung (Turmbau zu Babel) von Gott selbst unterminiert (Gen 11,1–9). Als zivilisatorische (moralische) Deszendenztheorie ist der biblischen Urgeschichte Hesiods Lehre von den fünf Menschengeschlechtern vergleichbar (erg. 106–201). In den Reflexionen über die Entstehung kultureller Praktiken ist Ausgangspunkt für kulturelle Höherentwicklung häufig die physische „Schwäche“ des Menschen (der Mensch als „Mängelwesen“), der seine Bedürftigkeit (*chreia*) durch seine kognitiven Fähigkeiten und sein technisches Geschick überwindet und sich aus dem tierähnlichen Leben zu höheren Stufen des Daseins arbeitet (Protagoras, Demokrit, Plato; am ausführlichsten Lucr. 5,925–1435). Umfassend hat zuletzt Reimar Müller die „antiken Theorien über Ursprung und Entwicklung der Kultur von Homer bis Seneca“ dargelegt.

*Gegensatz Natur-Kultur*
Nach Auffassung des Apostels Paulus lehrt „die Natur“ (*physis*), dass lange Haare für einen Mann „unehrenhaft“ sind, während sie einer Frau zur „Ehre“ gereichen (1Kor 11,14f). Wir dagegen können uns nur eine Natur vorstellen, die bei Frauen und Männern gleichermaßen die Kopfhaare wachsen lässt, und halten die auf die Geschlechter verteilte Kürze/Länge der Haare für eine Frage gesellschaftlicher oder kultureller Konventionen. Sollten wir also mit John J. Winkler auch mit diesem antiken Text nach dem Motto umgehen: „Statt ‚Natur‘ lies: ‚Kultur‘?“[2] Das führte zwar zu einer modernen Adaption des Textes. Doch dessen Besonderheit, dass er etwas, was wir als kulturelle Konvention verstehen, den Geschlechtern qua Natur einschreibt, ginge dabei verloren. Denn die antiken Gesellschaften besaßen durchaus ein Konzept von Kultur, das zwischen Natur und „Kultur“ (im Sinne von *nomos* oder *ethos/mos*) unterscheiden konnte. Kultur (*nomos* oder *mos*), so zeigt sich in dieser Dichotomie, wird im Gegensatz zur Natur [alles, was von sich aus, ohne Zutun des Menschen, da ist oder gewachsen ist (*phyesthai*)] durch menschliche Einwirkung, auch mithilfe von *technē*, durch bewusste und planmäßige Auseinandersetzung mit der Natur und durch Pflege „geschaffen“. Insbes. wird das Gegensatzpaar *nomos-physis* seit dem späten 5. Jh. v.Chr. reflektiert, wobei der *nomos* als bloße Gewohnheit auch den Sinn von Zufälligkeit oder Beliebigkeit annehmen kann, so dass im Gegenzug nach einer „naturgemäßen“ Wertord-

2 *J. J. Winkler*: Der gefesselte Eros, München 1997, 33.

nung gesucht wird. Die sog. *Dissoi logoi*[3] (um 400 v.Chr.) bringen diese Relativierung auf den Begriff: „Ich denke, wenn jemand alle Menschen auffordern würde, alles das, was jeder einzelne als schändlich (*ta aischra*) betrachtet, in eins zusammenzubringen, und dann wiederum von dieser Masse das Schickliche (*ta kala*) herauszunehmen – was wieder die einzelnen so ansehen, dann würde auch nicht eines übrig bleiben …" (2,18). Es ließe sich davon sprechen, dass die Gegensatzpaare *physis-nomos* bzw. *physis-technē* so etwas wie elementare Einsichten über „die schöpferische Auseinandersetzung des Menschen mit seiner natürlichen Umwelt und das objektivierte Ergebnis dieser Auseinandersetzung in Form von Technik und Lebensweise (Zivilisation)" zur Sprache brachten (Müller 2003, 18). Übrigens kann auch das NT etwa die dem jüd. Volk eigene Praxis der Beschneidung als *nomos* bzw. *ethos* (so Apg 15,1) bezeichnen. Überhaupt wird man mehr als bisher darauf achten müssen, dass auch im ntl. Gebrauch von *nomos* (für die Tora) dessen ethnische Bindung an Israel – und damit an die besondere „Kultur" des jüd. Volkes – eine zentrale Rolle spielt. Der semantische Spielraum reicht auch hier (wie z.B. bei Herodot: dazu Cartledge 1998, 58–60) von Sitte (die typisch für ein bestimmtes Volk ist) bis zu Gesetz. Schon im 7. und 6. Jh. v.Chr. konnte ein einziger (vermeintlicher) Wesenszug mit einem Volk verbunden werden: Dorier sind mutig, Lyder sind weichlich usw. Im NT zitiert (vermutlich) Tit 1,12 ein garstiges Wort: „Kreter sind immer Lügner, böse Tiere und faule Bäuche".

*Ethnographische Einsichten*
Die Debatte um die Relativität moralischer Normen war zweifellos auch eine Folge des zumal von Herodot und Hekataios präsentierten Wissens über die vielen unterschiedlichen, zum Teil „kuriosen" Bräuche und Gewohnheiten (*nomoi*) der Völker. Herodot (3,38,4) zitiert zustimmend Pindar (Frg. 169): „Das Gesetz (*nomos*) ist aller König" angesichts der den Indern zugeschriebenen Sitte, ihre Toten zu verzehren. Die Beschreibung der Fremdheit anderer „Kulturen" bzw. Ethnien, die bei Hekataios von Milet (ca. 550–480 v.Chr.) durch Darstellung ihrer besonderen Lebensweise (*diaita*) und ihrer Gebräuche (*nomoi*), vom politischen System bis zum Totenkult reichen können (und erstmals auch ihre kultischen Praktiken umfassen), bemisst sich implizit am Griechentum. Dessen Lebensweise wird noch nicht untersucht bzw. dargestellt, sondern als maßgeblich und bekannt vorausgesetzt und der der „Barbaren" gegenübergestellt. Die Erkundung (*historia*) fremder Völker und ihrer Sitten und Gewohnheiten führt dann bei Herodot zu vermehrter kultureller Selbst-Reflexion. Er beschreibt umfassend die Länder (und damit Völker) der Oikumene, darunter besonders ausführlich Lydien, Assyrien, Ägypten, Skythien und Persien. Bemerkenswert, dass in seinen Berichten über Ägypten und Skythien die dortigen Sitten und Gewohnheiten als Abweichungen von einer allgemeinen Norm beurteilt werden (überall tragen Priester ihre Haare, in Ägypten scheren sie sie usw.). Hintergrund ist Herodots Theorie über den Zusammenhang zwischen Klima und ethnischen Besonderheiten, die sich an den beiden genannten Völkern als den nördlichsten (Skythen) und südlichsten

3 *T. M. Robinson*: Contrasting Arguments. An Edition of the Dissoi Logoi, reprint edition, Salem 1984.

(Ägypter) Repräsentanten seines geographischen Gesichtsfeldes realisiert. Deutlich wird die enge Verbindung von Sitte und ethnischer Zugehörigkeit in Herodots „Definition" des Griechischen (*to hellēnikon*), das durch Bluts- und Sprachverwandtschaft, gemeinsamen Kult und Gemeinsamkeit der Lebensweise (*ēthea homotropa*) bestimmt wird (8,144,2; vgl. Cartledge 1998, 145).

*II. Moderner Kulturbegriff*

*Genese und Geschichte des Begriffes „Kultur"*

Erst in der 2. Hälfte des 18. Jh. begann sich das Wort *cultura* in Richtung seiner heutigen Bedeutung zu entwickeln, d.h. zu einem Universalbegriff, der einerseits „grundsätzlich *alles* menschlich Geschaffene, Gedachte, Bewertete, Beeinflußte"[4] meint, also allumfassend auf die Gestaltung der Welt durch den Menschen abstellt, und andererseits die charakteristische Lebensweise und die Gesamtheit der typischen Lebensformen und Lebensäußerungen eines (i.d.R. ethnisch bestimmten) Kollektivs bezeichnet. „Cultur" tauchte zunächst im dt. Sprachraum auf (Irwing, Herder), während sich im engl. und frz. Sprachraum zeitgleich der Neologismus „*civilisation*" etablierte. Für die Geschichtsphilosophie der Aufklärung haben es beide Begriffe mit der Bewegungsrichtung des historischen Prozesses zu tun, denn die Geschichte wird als umfassender und gerichteter Zivilisations- und Fortschrittsprozess begriffen. Erst seit dieser Zeit sprach man im Übrigen von „der" Geschichte im Singular,[5] so dass die Vorstellungen „der" Kultur, „der" Geschichte und „des" Fortschritts ein Begriffssyndrom bilden. Darin impliziert „Cultur" dann stets auch die Gestaltung und Gestaltbarkeit der Welt durch den Menschen und ist Ausdruck einer säkularen und anthropozentrischen Historie. Aus der alten Vorstellung der *cultura animi* entstand der neue Begriff, indem die ursprünglich auf Individuen bezogene Bedeutung auf Kollektive bzw. die Menschheit als Ganzes übertragen wurde („Erziehung des Menschengeschlechts"). Zugleich ist jetzt mit „Cultur(a)" nicht mehr nur der Prozess der „Kultivierung" gemeint, sondern auch dessen Ergebnisse und Hervorbringungen. Da die Aufklärungsphilosophie „Kultur" teleologisch versteht, ist der Begriff zunächst als Gradbegriff konzipiert und wird nur im Singular verwendet. Die „Kultur" einer Gruppe ist der von ihr erreichte „Grad der Kultur". Erst die neue relativistische Geschichtskonzeption des Historismus erlaubte es, seit dem beginnenden 19. Jh. von Kulturen auch im Plural zu sprechen. Seither hat sich die Bedeutung des Begriffs im Grundsätzlichen nicht mehr verändert, jedoch wurde eine Vielzahl von Konzepten und Theorien entworfen, um „Kultur" inhaltlich zu beschreiben, ihre Reichweite zu bestimmen (insbes. das Verhältnis von „Kultur" zu „Biologie") und sie als analytische Kategorie zu operationalisieren.

*Konzepte der Wahrnehmung und Beschreibung von Kultur*

Am Anfang der Wahrnehmung und Beschreibung fremder Kulturen und kultureller Phänomene stehen im Zeitalter der „Entdeckungen" und Eroberungen

---

[4] *H. Gerndt*: Kulturwissenschaft im Zeitalter der Globalisierung. Volkskundliche Markierungen, Münster u.a. 2002, 196.

[5] Vgl. *Th. Nipperdey*: Deutsche Geschichte 1800–1866. Bürgerwelt und starker Staat, München 1983, 499.

die Berichte über Lebensweise, Sitten und Gebräuche der „Anderen", wie der amerikanischen und afrikanischen Eingeborenen. Von Anfang an und auch in der Aufklärungsphilosophie und -historiographie vollzieht sich die Reflexion über die eigene und fremde Kultur in der Spannung von Ethnozentrismus und Kulturkritik (das Klischee des „edlen Wilden" als Gegenbild zur eigenen dekadenten Kultur). Mit Bezug auf die eigene Kultur ist Kulturgeschichte primär „Sittengeschichte".[6]

Die weitere wissenschaftliche Beschäftigung mit Kultur in Geschichte und Ethnologie im 19. Jh. steht, exemplarisch schon bei Herder, im Zeichen des „Widerspruchs zwischen evolutionstheoretischer und kulturrelativistischer Position" (Berg, in: Marschall 1990, 66). Das gilt auch für den „Vater der Kulturanthropologie", E. B. Tylor, dem diese die nach wie vor klassische Definition ihres „Gegenstandes" verdankt: „Culture or Civilization, taken in its wide ethnographic sense, is that complex whole which includes knowledge, belief, art, morals, law, custom, and any other capabilities and habits acquired by man as a member of society" (Tylor 1871, 1). Doch verwendet Tylor „Kultur"/„Zivilisation" nicht nur in dieser deskriptiv-wertneutralen Weise, sondern setzt sie im Rahmen seines evolutionären Dreierschemas von Wildheit, Barbarei und Zivilisation (*savagery, barbarism, civilization*) auch mit den „Hochkulturen" und insbes. der eigenen Kultur gleich. Erst bei dem Anthropologen Franz Boas wird um die Wende vom 19. zum 20. Jh. die Rede von Kulturen im Plural zum Normalfall (vgl. Feest, in: Feest/Kohl 2001, 54).

Tylors allumfassender Kulturbegriff evozierte in der Folgezeit die Frage nach der Einheit und dem Zusammenhang von Kultur. Begnügte man sich zunächst mit einem bloß additiven Konzept von Kultur, das die jeweiligen Besonderheiten in den von Tylor benannten Bereichen nacheinander aufzählte und Kulturen so als Konglomerate von Artefakten, Sitten und Gebräuchen präsentierte, so brachte das 20. Jh. den Übergang zu holistischen Kulturkonzepten und gleichzeitig die Abkehr vom spekulativen und wertenden Evolutionismus zu Gunsten der Empirie, indem sich als methodischer Standard die eigene systematische Feldforschung etablierte. Dabei rückte die synchrone Perspektive in den Vordergrund, d.h. das Beschreiben und Verstehen der aktuell vorgefunden Gesellschaft in ihrer Eigenart als „Totalphänomen" (Mauss). In der US-amerikanischen Kulturanthropologie wurden dazu in Aufnahme und Abwandlung der deutschen „Kulturkreislehre" das heuristische und primär deskriptive Konzept der *culture area* und die Theorie der kulturellen Diffusion entwickelt, in der britischen Sozialanthropologie in Aufnahme der Soziologie Durkheims das holistische Konzept des Strukturfunktionalismus (Radcliffe-Brown) sowie die eher utilitaristische Theorie des Funktionalismus (Malinowski). Beide verstehen eine Gesellschaft oder Kultur als ganzheitliches System, was impliziert, dass die einzelnen Kulturelemente nur im Rahmen dieses Ganzen verstanden werden können. Allerdings führte dies zu einer einseitigen Bevorzugung der Untersuchung sozialstruktureller Phänomene (Verwandtschaftssysteme, politische Organisation). Doch führte E. E. Evans-Pritchard die britische Anthropologie zur „Kultur" zurück, indem er das Thema der Wahrnehmung und Inter-

[6] *Voltaire* (eigentlich *François-Marie Arouet*): Essay sur l'histoire générale et sur les mœurs et l'esprit des nations, Genf 1756.

pretation der Wirklichkeit mit seinen Studien über Hexerei und Religion von neuem auf die Tagesordnung setzte. In der Folgezeit entstanden gerade auf diesem Gebiet viele wichtige und nach wie vor grundlegende Arbeiten (Lienhardt, Turner, Douglas). Dabei versuchte die britische Anthropologie vielfach, auf dem Weg des Kulturvergleichs zu neuen kulturübergreifenden Konzepten und Universaltheorien vorzustoßen. So bestimmte Mary Douglas „Unreinheit" als klassifikatorische Anomalie und nahm eine Korrelation zwischen Gesellschafts- und Klassifikationssystemen an, und Victor Turner prägte die Begriffe „Ritualprozess", „Liminalität" und „Communitas". Ihre Arbeiten wurden auch von Religionswissenschaftlern und Theologen (z.B. Strecker) vielfach aufgegriffen.

Für die US-amerikanische Anthropologie blieben dagegen Kulturpartikularismus und Kulturrelativismus kennzeichnend, doch versuchte man auch hier, zum Zweck des Kulturvergleichs universale Kategorien zu entwickeln. Dies waren bevorzugt psychologische Kategorien, was in der Darstellung und Festschreibung von „Kulturen" in ihren „ideal(typisch)en Repräsentanten" resultierte (Benedict, Mead). Als zentraler Ort der Realisierung und Reproduktion von „Kultur" wurde die Formierung der kulturtypischen „Persönlichkeitsstruktur" begriffen (*culture and personality*). Eine Gegenbewegung brachten der Kulturmaterialismus bzw. die Kulturökologie, von denen „Kultur" als Funktion der natürlichen Umwelt und der Anpassung an diese verstanden wurde. Zugleich nahm man die gerichtete Entwicklung der Kultur zu immer komplexeren Formen an („Neoevolutionismus").

Gegen solche materialistischen Kulturtheorien wiederum richtete sich die in den 60er und 70er Jahren von Clifford Geertz entworfene „symbolische Antropologie", die Kultur als „symbolisches System", als „Gewebe von Bedeutungen" definierte. Die Ethnologie stellt sich dann in Aufnahme der Tradition der Hermeneutik (Dilthey, Weber) als eine *interpretierende* Wissenschaft dar, die vor der Aufgabe steht, fremdes und oft scheinbar unverständliches Verhalten zu entziffern wie einen „Text", der „fremdartig, verblaßt, unvollständig" ist (Geertz 1983, 15). Das wichtigste Mittel dazu ist die Rekonstruktion der spezifischen Bedeutungssysteme und -kategorien, die die Sicht der jeweiligen Kultur auf die Welt prägen. Mit Geertz' „interpretativem", „symbolischem" oder „semiotischem" Zugang verband und vermischte sich in der Rezeption oft der strukturalistische Ansatz von Claude Lévi-Strauss. Dieser war zwar von seiner Herkunft her von ganz anderen Quellen inspiriert als Geertz, nämlich vom sprach- und literaturwissenschaftlichen Strukturalismus, aber auch ihm ging es um die Rekonstruktion von Systemen von Bedeutung, um kognitive und epistemologische Strukturen. Mit dem Thema der „Interpretation" wurde des Weiteren „der Anthropologe als Schriftsteller" entdeckt und der Vorgang der „ethnologischen Repräsentation" der „Anderen" der kritischen Reflexion unterworfen, die sogleich zur Diagnose einer tiefgreifenden „Krise" dieser Repräsentation führte (vgl. Berg/Fuchs). Diese *„writing culture"*-Debatte bedeutete eine massive Anfrage an alle holistischen Kulturkonzepte und damit an die Ethnologie als objektive Wissenschaft überhaupt. Statt der „Eingeborenen" wurde nun die Ethnographie selbst zum Thema der Untersuchung, indem sie als Konstruktion von „Anderen" (*„othering"*) enthüllt und denunziert wurde. Diese postmoderne Ethnographiekritik befasst sich, wenn auch in einem ganz anderen Sinn als von Geertz seinerzeit gemeint, vornehmlich mit Texten und literarischen Strategien. So hat sich mittlerweile eine umfassende Annäherung und partielle Verschmelzung zwischen Literaturwissenschaft und Kulturwissenschaften einschließlich der Ethnologie vollzogen. Überall war die Auseinandersetzung mit der postmodernen Infragestellung der „großen Erzählungen", d.h. aller globalen Theorien und Systeme, unausweichlich, was zur Betonung des Partikularen und Performativen führte. So sind an die Stelle der früheren holistischen Kulturkonzepte vielfach performative Theorien getreten, die Kultur nicht mehr als Gegenstand oder als System, sondern als Praxis und Effekt betrachten, wobei stets die ideologischen und politischen Implikationen (Machteffekte) solcher Praxis im Blick sind. Wichtige Ideengeber einer solchen Auffassung waren Michel Foucault und Pierre Bourdieu. Dies bedeutet zugleich, Phänomene der Fragilität und Hybridität (Homi Bhabha) nicht als Krise, sondern als Normalfall der Kultur zu betrachten. Ob überhaupt jemals irgendwo ein einheitliches, umfassendes und zugleich eindeutiges kulturelles Sinnsystem existiert hat, kann dann grundsätzlich bezweifelt werden.

*Kulturbegriff und Verstehen des NT*
Aufgrund der vielen unterschiedlichen Verwendungsweisen des modernen Kulturbegriffs ist jeweils zu präzisieren, wie der Begriff verstanden wird. Insofern „Kulturgeschichte" heute nicht mehr nur eine kleine und elitäre Teilgeschichte sein soll („Kunst- und Kulturgeschichte"), sondern auf die grundlegende Tatsache der sozialen oder kulturellen Interpretation bzw. Konstruktion der Wirklichkeit abzielt, ist der ethnologische Kulturbegriff zu Grunde zu legen, dem außerdem die Rede von Kulturen im Plural entspricht, also ein bewusst *deskriptiv* und *wertneutral* angelegtes Kulturkonzept. Darin ist die doppelte Voraussetzung impliziert, dass zum einen der Mensch im Verhältnis zu seiner Umwelt stets auf Orientierung durch Kultur angewiesen ist, auf Wahrnehmungs- und Verhaltensmuster, die nur auf dem Wege der Sozialisation und Enkulturation erworben werden können, zum anderen, dass Kultur stets spezifisch ist, es also keine kulturellen Unversalien gibt, sondern nur kulturell individuelle Formen. Die Bewohner/innen der antiken Mittelmeerwelt sind dann als Angehörige einer anderen, uns fremden Kultur zu behandeln, deren Wirklichkeit an vielen Stellen und in vielen Hinsichten fundamental anders konstruiert war als die unsere. An Stelle „anthropologischer" Kategorien (wie sie z.B. die existenziale Interpretation vorsah) sollten kulturelle treten, d.h. es sind die jeweiligen sinnstiftenden kulturspezifischen Kategorien, Symbolsysteme, Diskurse und Praktiken zu rekonstruieren und für die Interpretation der ntl. Texte in Anschlag zu bringen. Auch das Verständnis der an sich „stummen" Relikte der materiellen Kultur der Antike ist ohne Kenntnis dieser kulturspezifischen Sinnzusammenhänge unmöglich (→1.3.4.4). Umgekehrt sind die materiellen Relikte wichtige und oft sogar die einzig verbliebenen Quellen zur Rekonstruktion solcher Vorstellungskomplexe und Sinnzusammenhänge.
Auch wie die historische Rekonstruktion antiker Kultur im Konkreten aussieht, hängt vom verwendeten Kulturkonzept ab. Bisher sind unter dem Namen „kulturanthropologische Exegese" vorwiegend strukturfunktionalistische und symboltheoretische Ansätze fruchtbar gemacht worden (s. Malina), die

Kulturen als relativ homogene Sinnsysteme auffassen, während die postmoderne Ethnologie und mit ihr die performativen Kulturtheorien und das Konzept einer von Haus aus hybriden Kultur noch als unterrezipiert gelten müssen.

*Literatur*

*E. Berg/M. Fuchs* (Hgg.): Kultur, soziale Praxis, Text. Die Krise der ethnographischen Repräsentation, Frankfurt a.M. 1993. – *H. K. Bhabha*: Die Verortung der Kultur, Tübingen 2000. – *P. Cartledge*: Die Griechen und wir, Stuttgart/Weimar 1998. – *Chr. F. Feest/K.-H. Kohl* (Hgg.): Hauptwerke der Ethnologie, Stuttgart 2001. – *J. Fisch*: Zivilisation, Kultur; in: *O. Brunner u.a.* (Hgg.): Geschichtliche Grundbegriffe 7, Stuttgart 1992, 679–774. – *C. Geertz*: Dichte Beschreibung. Beiträge zum Verstehen kultureller Systeme, Frankfurt a.M. 1983. – *Ders.*: Die künstlichen Wilden. Der Anthropologe als Schriftsteller, Frankfurt a.M. 1993. – *B. J. Malina*: Die Welt des Neuen Testaments. Kulturanthropologische Einsichten, Stuttgart u.a. 1993. – *W. Marschall* (Hg.): Klassiker der Kulturanthropologie. Von Montaigne bis Margaret Mead, München 1990. – *R. Müller*: Die Entdeckung der Kultur. Antike Theorien über Ursprung und Entwicklung der Kultur von Homer bis Seneca, Düsseldorf/Zürich 2003. – *K. Neumann*: Das Fremde verstehen – Grundlagen einer kulturanthropologischen Exegese. Untersuchungen zu paradigmatischen mentalitätengeschichtlichen, ethnologischen und soziologischen Zugangswegen zu fremden Sinnwelten, Münster 2000. – *W. Stegemann*: Kulturanthropologie des Neuen Testaments, VF 44, 1999, 28–54. – *Chr. Strecker*: Die liminale Theologie des Paulus. Zugänge zur paulinischen Theologie aus kulturanthropologischer Perspektive, Göttingen 1999. – *E. B. Tylor*: Primitive Cultur. Researches into the Development of Mythology, Philosophy, Religion, Art, and Custom, Vol. 1, London 1871.

## 1.2.2 Moderner und antiker Religionsbegriff (*Ulrich Berner*)

*Problemstellung*

Für die Religionswissenschaft ist es von Anfang an ein Problem gewesen, wie ihr Gegenstand, die Religion, definiert werden soll.

Im 19. Jh. hat Max Müller, einer der Begründer der Religionswissenschaft, in seinen öffentlichen Vorlesungen viel Zeit darauf verwandt, die Problematik des Religionsbegriffes zu erörtern (Müller 1890, 25–135). Ein zentraler Aspekt dieser Problematik war die Überlegung, dass auch der Buddhismus einbezogen werden müsste – eine Definition der Religion als „Glaube an Gott" kam deshalb nicht in Frage. Müllers eigene Definition war zentriert auf die Idee des Unendlichen – dies erschien wirklich umfassend genug. Um die Wende zum 20. Jh. hat Emile Durkheim, einer der Begründer der Religionssoziologie, dasselbe Problem erörtert und die Unterscheidung zwischen „heilig" und „profan" eingeführt, die auch für den Buddhismus gelten sollte (Durkheim 1967, 130). In einer anderen Bedeutung, angeregt durch den theologischen Ansatz Rudolf Ottos, ist der Begriff des Heiligen dann für die Religionsphänomenologie wichtig geworden, eine Richtung der Religionswissenschaft im 20. Jh. So war z.B. Gustav Mensching davon überzeugt, dass die Formel „Begegnung mit dem Heiligen" ein universal anwendbarer Religionsbegriff ist (Mensching, 15). Diese Auffassung blieb aber umstritten.

In den 60er Jahren des 20. Jh.s setzte eine neue Problematisierung ein, die in dem Vorschlag des Religionshistorikers W. C. Smith gipfelte, den Begriff „Religion" ganz fallen zu lassen (Smith 1978, 194). Der Soziologe Werner Cohn glaubte zeigen zu können, „dass der Begriff ‚Religion' in seiner Anwendung auf nichtwestliche Kulturen inkonsistent gebraucht wird" (Cohn 1969, 19). Die Frage nach der eurozentrischen Fixierung des Religionsbegriffs stand

im Mittelpunkt des religionswissenschaftlichen Kongresses von 1990 und scheint seitdem noch nichts von ihrer Aktualität verloren zu haben (Bianchi 1997, IX; Haußig 2003, 13f).
Eine weitere Komplikation ergab sich aus dem Nebeneinander von funktionalen und substantialen Religionsbegriffen, die in der Religionssoziologie und -ethnologie verwendet wurden. Th. Luckmann vertrat die Auffassung, dass Religion nicht inhaltlich, sondern „nur nach ihrer Funktion für den Menschen bestimmbar" sei – im weitesten Sinne sei Religion „das, was den Menschen zum Menschen werden lässt" (Luckmann 1980, 175f). P. L. Berger bestand demgegenüber auf einer substantialen Definition und griff dabei auf den Begriff des Heiligen zurück – „im Sinne der Religionswissenschaft seit Rudolf Otto" (Berger 1973, 168). M. E. Spiro hat ebenfalls eine substantiale Definition für notwendig gehalten und den Glauben an übermenschliche Wesen als inhaltliche Bestimmung des Religionsbegriffs vorgeschlagen – damit konnte er z.B. den Kommunismus aus der Betrachtung ausschließen (Spiro 1966, 90f). W. H. Goodenough hat dagegen einen problemorientierten Ansatz entwickelt und den Begriff *salvation* in den Mittelpunkt gestellt – damit konnte der Marxismus in die Betrachtung einbezogen werden (Goodenough 1974, 166f). In der neueren Religionssoziologie hat R. Stark einen substantialen Religionsbegriff vertreten, als inhaltliche Bestimmung aber den Begriff des Übernatürlichen gewählt (Stark 1981, 159) – einen Begriff, der z.B. von Spiro verworfen worden war.
Der Religionshistoriker R. D. Baird hatte sich in den 60er Jahren dem Trend zur funktionalen Definition angeschlossen und dabei an Tillichs Begriff *ultimate concern* angeknüpft (Baird 1968, 21). J. Waardenburg hat es dagegen für sinnvoll gehalten, eine funktionale Betrachtungsweise – Religion als Orientierungssystem – durch eine substantiale Bestimmung zu ergänzen: Er betrachtet Religionen als „Orientierungssysteme besonderer Art", die „ganz spezifische Elemente" umfassen, wie z.B. die Vorstellung, „dass es geistige Wesen gibt, mit denen man in eine Verbindung treten kann" (Waardenburg 1986, 34).

Wie schon diese wenigen Beispiele zeigen, scheint es unmöglich zu sein, eine Einigung über die Definition des Religionsbegriffs zu erreichen – noch nicht einmal über die Art der Definition. Für die religionswissenschaftliche Arbeit selbst ist es aber auch gar nicht nötig, sich auf einen allgemein verbindlichen Religionsbegriff zu einigen (vgl. Platvoet 1999, 510–512). Der Blick auf die verwirrende Vielfalt der Religionsbegriffe kann sogar zu einem Erkenntnisgewinn führen.
Die verschiedenen Religionsbegriffe spiegeln die divergierenden Interessen der Forschung, die sich jeweils auf einen Aspekt des Gegenstandes konzentrieren, der in der eigenen kulturellen Tradition konventionell als „Religion" bezeichnet wurde. Das Interesse kann sich auf den Inhalt des Glaubens richten, wie z.B. auf den Gottesglauben (vgl. Adriaanse 1999, 243); oder auf den Verpflichtungscharakter des Glaubens – dann kann z.B. auch der Kommunismus als Religion betrachtet werden (Russell 1968, 211f). Das Interesse kann sich aber ebenso gut auf Riten, Kulte und/oder Institutionen richten – dann können z.B. auch institutionalisierte und ritualisierte Sportarten als Religionen betrachtet werden (vgl. Chidester 2000, 221f). So ergibt sich eine Vielzahl von Religionsbegriffen, deren Gemeinsamkeit nur noch als „Familienähnlichkeit" beschrieben werden kann, d.h. es ist nicht mehr möglich, eine Summe von Eigenschaften anzugeben, die allen Religionen gemeinsam sind (vgl. Saler 1994, 832f). Es wäre nicht sinnvoll, darüber zu streiten, wo das „Wesen" der Religion denn nun wirklich liegt – dieses kann eben ganz verschieden bestimmt werden, je nachdem ob das Erkenntnisinteresse, das die religionswissenschaftliche Arbeit leitet, mehr theologisch/philosophisch oder mehr sozialwissenschaftlich ausgerichtet ist.

Diese Unterschiede zeigen sich z.B. auch beim Blick auf verschiedene Darstellungen der gr. Religion: Ein theologisch geprägter Religionsbegriff, der die individuelle Mensch-Gott-Beziehung in den Mittelpunkt stellt, rückt die Zeugnisse persönlicher Religiosität in den Vordergrund (Festugière 1984, 1f); ein soziologisch geprägter Religionsbegriff, der die gesellschaftliche Funktion in den Mittelpunkt stellt, rückt die Zeugnisse der öffentlichen Religion in den Vordergrund (Bruit Zaidman/Schmitt Pantel 1994, 12f). Es wäre nicht sinnvoll zu fragen, welche Darstellung dem Gegenstand, der gr. Religion, besser gerecht wird – der Religionsbegriff bestimmt eben die Fragestellung sowie die Auswahl und Gewichtung der Quellen. Die Verschiedenheit der Religionsbegriffe, die in den Darstellungen der antiken Religionen vorausgesetzt werden, zeigt sich schon in dem Schwanken zwischen Singular und Plural – in der Rede von der gr. Religion oder von den gr. Religionen. Auch das terminologische Schwanken zwischen „Mysterienkult" und „Mysterienreligion" lässt auf einen divergenten oder inkonsistenten Sprachgebrauch schließen.[1]

Eine notwendige Voraussetzung für die religionswissenschaftliche Arbeit ist nicht die Einigung auf einen allgemein verbindlichen Religionsbegriff, sondern die Unterscheidung zwischen metasprachlicher und objektsprachlicher Verwendung der Begriffe, d.h. die Unterscheidung zwischen religionswissenschaftlicher und religiöser Sprache: die Objektsprache ist die Sprache der (religiösen) Menschen, z.B. das Sanskrit, über die in der Metasprache der Religionswissenschaft gesprochen wird. Das bedeutet, dass es eben nicht darum geht, in anderen Kulturen nach einer Entsprechung zum Religionsbegriff zu suchen. Es ist gerade nicht zu fragen, was jene Menschen unter „Religion" verstehen – diese Frage wäre sinnvoll nur auf der metasprachlichen Ebene zu erörtern, also z.B. zwischen europäischen und japanischen Religionswissenschaftlern, die das (engl.) Wort *religion* im internationalen wissenschaftlichen Diskurs verwenden.

Der Ausgangspunkt der religionswissenschaftlichen Arbeit ist eine metasprachliche Definition, die einen Bereich der Kultur abgrenzt und als „Religion" definiert, analog zur Abgrenzung von Literatur, Musik oder Kunst in benachbarten Kulturwissenschaften. Diese metasprachliche Definition der Religion ist prinzipiell unabhängig davon, ob die ausgewählten kulturellen Phänomene auf der objektsprachlichen Ebene selbst als „Religion" bezeichnet werden. Ein lockerer Zusammenhang mit dem objektsprachlichen Gebrauch in jenen europäischen Sprachen, in denen das Wort *religion* vorkommt, sollte allerdings gegeben sein, da die metasprachliche Definition nicht gegen jede Intuition des Sprachgebrauchs verstoßen sollte; doch werden es immer nur einige Aspekte der objektsprachlichen Verwendung sein, die aufgenommen werden können.

Für die religionswissenschaftliche Arbeit außerhalb des eigenen kulturellen Kontextes ergeben sich mehrere Ansatzpunkte. Ein erster Ansatzpunkt wäre die Anwendung auf kulturelle Institutionen, die durch einen metasprachlichen Religionsbegriff als relevant ausgewählt und hypothetisch als religiös betrachtet werden – in der Antike wären dies z.B. Orakelstätten und Priesterkollegien, vielleicht aber auch das Theater oder der Sport. Je nach dem Erkenntnisinteresse und der entsprechenden Definition wird sich der Blick dann stärker auf

[1] Zur terminologischen Reflexion vgl. *Burkert 1987*, 3f.

Glaubensinhalte richten, wie z.B. die Theologie des Euripides in ihrem Verhältnis zur Philosophie, oder auf Rituale, wie z.B. die Aufführung der Tragödie im Kontext der Polis-Religion. Ein interessanter Grenzfall ist die Institution des Herrscherkultes (→3.3.4), die der Interpretation als religiöses und/oder politisches Phänomen schon immer große Schwierigkeiten bereitet hat (vgl. Löhr 1997, 755–757).
Ein anderer Ansatzpunkt wäre die Untersuchung der objektsprachlichen Begriffe, die sich auf jene „übermenschlichen Wesen" beziehen, die in manchen metasprachlichen Religionsbegriffen eine zentrale Rolle spielen. Im Lateinischen wäre dann *numen* von besonderem Interesse (vgl. Muth 1988, 204f), im Griechischen *daimōn*.
Der beste Ansatzpunkt ist vielleicht die Untersuchung der objektsprachlichen Begriffe, mit denen menschliche Einstellungen und Verhaltensweisen beschrieben werden, die durch einen metasprachlichen Religionsbegriff als relevant ausgewählt und hypothetisch als religiös betrachtet werden. Zu dieser religiösen Begrifflichkeit gehört im Lateinischen sicherlich *religio*, daneben aber auch eine Reihe anderer Begriffe, wie z.B. *pietas*, *sanctitas* und *fides*. Im Sanskrit gehört dazu nicht nur der Begriff *dharma*, der in diesem Zusammenhang immer genannt wird (Haußig 1999, 63), sondern auch eine Reihe anderer Begriffe, wie z.B. *mārga*, *darśana* und *śraddhā* (vgl. Stietencron 1993, 125). Dabei ist zu beachten, dass die Bedeutung solcher Begriffe in den einzelnen Quellen zu erheben ist. Denn es kann sich schon im Werk einzelner Autoren eine Verschiebung der Bedeutung ergeben (vgl. Wagenvoort 1980, 9f), so dass es vielleicht gar nicht möglich ist zu sagen, was z.B. *religio* in „der" röm. Religion bedeutet – ebenso wie ja auch der moderne Begriff „Religion" in der objektsprachlichen, theologischen Verwendung ganz verschiedene Bedeutungen hat (vgl. Wagner 1986, 441f). Auf jeden Fall ist es zu vermeiden, vorschnell ein Wesen der röm. und/oder gr. Religion zu konstruieren oder das Fehlen von Religion in der Antike zu konstatieren.
„Religion" wird für das Folgende, in Anknüpfung an Waardenburg, definiert als ein Orientierungssystem besonderer Art: Es erfüllt die Funktion, dem Menschen Normen für das Leben zu geben und Trost für das Sterben; die Erfüllung dieser Funktion wird ermöglicht oder zumindest unterstützt durch Institutionen, die einen Rahmen für rituelle Erfahrungen bieten; die Normen werden durch den Bezug auf Gesetze begründet, die höher sind als die von Menschen gemachten, und der Trost wird zumeist durch den Bezug auf einen Bereich gegeben, der über das irdische Leben hinausgeht. Die Frage nach der Religion in der Antike bezieht sich demnach in erster Linie auf den einzelnen Menschen und erst in zweiter Linie auf die Institutionen, in die der einzelne eingebunden ist.[2] Auf diese Weise soll sichergestellt werden, dass die Komplexität dessen, was zur Religion eines Menschen gehört, wahrgenommen wird. Die Erforschung der Religion in der modernen Gesellschaft dürfte ja auch nicht reduziert werden auf die Frage nach der Zugehörigkeit zu einer Kirche oder einer vergleichbaren religiösen Institution – so hat sich z.B. bei einer Feldfor-

---

[2] Rüpke betont zwar das „Eingebettetsein" der antiken Religion, warnt aber auch vor der Gefahr, das Kollektive in der Antike zu verabsolutieren und das Bild dadurch zu überzeichnen (*Rüpke* 2001, 13f.19f).

schung in Deutschland gezeigt, dass „neben, in und manchmal gegen die konfessionellen Identitäten ganz andere Formen religiöser oder spiritueller Orientierung bestehen" (Bochinger 2002, 32).

*„Religio" und verwandte (lateinische) Begriffe in der Antike*
*1. Römische Religion*
Die bekannteste Definition von *religio* im vorchristl. Sprachgebrauch, zugleich eine etymologische Ableitung, findet sich bei Cicero: als „fromm" (*religiosi*) werden demnach jene Menschen bezeichnet, „die alles, was mit der Verehrung der Götter zu tun hatte, sorgfältig ausübten und gleichsam immer wieder erwogen (*relegere*)" (nat. deor. 2,72).[3] An einer anderen Stelle desselben Werkes wird *religio* kurz als „Verehrung der Götter" (*cultus deorum*) definiert (2,8; vgl. 1,117), und die ganze *religio* des röm. Volkes wird eingeteilt in „Opfer und Deutungen des Vogelfluges" (*sacra et auspicia*), wozu als Drittes noch andere Quellen und Techniken der Divination (Erklärer der sibyllinischen Bücher; Haruspices) kommen (3,5). *Religio* ist in diesem Zusammenhang also eher als „Kult" zu übersetzen, nicht als „Religion", und der Plural *religiones*, der gerade an dieser Stelle begegnet, bezeichnet religiöse Bräuche, nicht Religionen. Die Folgerung scheint nahezuliegen, dass damit bereits das Wesen der röm. Religion erfasst ist – dass es sich eben um eine staatliche Kultreligion handelt (vgl. Wlosok 1970, 39f).
Es ist aber zu bedenken, dass es sich im Kontext der bekannten Definition (nat. deor. 2,71f) um eine Gegenüberstellung von *religio* und *superstitio* handelt: Der letztere Ausdruck, der im Gegensatz zu *religio* eine negative Bedeutung hat, bezeichnet jene Menschen, „die alle Tage beteten und Opfer dafür brachten, dass ihnen ihre Kinder am Leben blieben (*ut superstites essent*)". Was hier ausdrücklich als ein Fehler bewertet und aus dem Begriff *religio* gerade ausgeschlossen wird, dürfte nach einem modernen Verständnis des Religionsbegriffes zumeist als ein religiöses Phänomen eingeordnet werden. Die kritische Bemerkung Ciceros zeigt jedenfalls, dass es neben dem öffentlichen Kult, in dem es um das Wohl des Staates geht, einen Bereich der privaten Religiosität gibt, in dem es um das eigene Heil bzw. das der Familie geht. Was auf der objektsprachlichen Ebene als Aberglaube abgewertet wird, gehört zur Religion, wie sie oben metasprachlich definiert worden ist.
Neben *religio* ist also auch und gerade der Gegenbegriff *superstitio* in die Betrachtung einzubeziehen. Dazu kommen zumindest noch die Begriffe *pietas* und *sanctitas*, die schon im Proömium jenes Werkes zusammen mit *religio* eingeführt werden und die ebenfalls eine positive Bedeutung haben (nat. deor. 1,3). *Pietas* war in einem früheren Werk Ciceros als Verpflichtung gegenüber dem Staat und der Familie definiert und damit klar gegen *religio* abgegrenzt worden (inv. 2,66). In jenem späteren Werk wird *pietas* aber ausdrücklich auf die Götter bezogen und als „Gerechtigkeit gegenüber den Göttern" definiert (*iustitia adversum deos*), so dass sich eine Überschneidung mit *religio* ergibt (nat. deor. 1,116). *Sanctitas* wird von Cicero definiert als „Wissen um die Verehrung der Götter" (*scientia colendorum deorum*), so dass sich noch eine andere Überschneidung mit *religio* ergibt. Es ist also eine komplexe und diffe-

[3] Übersetzung: *W. Gerlach/K. Bayer*, München 1987.

renzierte Begrifflichkeit zu berücksichtigen, wenn die röm. Religion der späten Republik erfasst werden soll.
Ferner ist zu bedenken, dass die verschiedenen philosophischen Theorien, die in der Schrift *De natura deorum* dargestellt werden – die epikureische, die skeptische und die stoische – zugleich auch verschiedene religiöse Einstellungen repräsentieren. Die Anhänger dieser Philosophien haben gemeinsam, dass sie am öffentlichen Kult teilnehmen – sie tun dies aber aus verschiedenen Gründen und mit verschiedenen Vorstellungen von den Göttern. Die sorgfältige Ausübung des Kultes, nach der röm. Tradition, ist also nur die Schnittmenge der Phänomene, die in ihrer Gesamtheit – metasprachlich definiert – als „römische Religion" bezeichnet werden können.
Dieser Eindruck der Vielfältigkeit religiöser Phänomene würde sich noch verstärken, wenn die fremden Kulte, die im Römischen Reich aufgenommen bzw. geduldet wurden, in die Betrachtung einbezogen werden. Schon für Cicero würde ja gelten, dass er nicht nur in das System der staatlichen Kulte integriert war – als Mitglied des Kollegiums der Auguren;[4] er hat daneben auch die Möglichkeit wahrgenommen, sich in einen gr. Mysterienkult (→3.1.2) einweihen zu lassen. Die Einweihung in die Mysterien von Eleusis hat ihm die Sicherheit vermittelt, mit einer besseren Hoffnung zu sterben (leg. 2,36). Zur Religion Ciceros gehört aber auch noch die Philosophie: In einer akuten Begegnung mit dem Tod hat er in der Philosophie seinen Trost gesucht (Att. 12,14; Tusc. 3, 76).[5]
Die Vielfalt innerhalb der röm. Religion zeigt sich indirekt auch im Werk Varros, eines Zeitgenossen Ciceros. Dem Bericht Augustins zufolge hat Varro drei Arten der *Theologie* unterschieden: die „mythische", die „physische" und die „staatliche" (civile); die erste Art der Theologie habe Varro den Dichtern und dem Theater zugeordnet, die zweite den Philosophen und der Welt, die dritte den Bürgern – vor allem den Priestern – und der Stadt (civ. 6,5). Augustin zufolge hat Varro die mythische Theologie scharf kritisiert, die physische zwar nicht kritisiert, wohl aber vom Volk fernhalten wollen. Varros Präferenz hat demnach jener „staatlichen" Theologie gegolten, die sich auf die öffentliche Verehrung der Götter bezieht.[6] Gerade seine Kritik an den anderen Arten der Theologie lässt aber erkennen, dass der öffentliche Kult nicht alle Römer zufrieden stellen konnte – sonst hätte die Theologie der Dichter und der Philosophen nicht so viel Interesse und Aufmerksamkeit gefunden.
Das Nebeneinander öffentlicher und nicht-öffentlicher, röm. und nichtröm. Kulte hat gelegentlich zu Spannungen geführt, wie es sich z.B. im sog. Bacchanalien-Skandal zeigt: Der Mysterienkult des Dionysos (→3.1.2), der aus Griechenland über Etrurien nach Rom gekommen war, wurde im Jahre 186 v.Chr. vom röm. Senat verboten und unterdrückt. Im Geschichtswerk des Li-

[4] Zur Frage nach der (religiösen) Bedeutung dieser Priesterämter für die Amtsinhaber vgl. *Eck* 1989, 31–34.

[5] Als ein Vergleichsbeispiel könnte Plutarchs „Trostbrief an seine Gattin" herangezogen werden.

[6] Durch die „Betrachtung des Varronischen genus civile der Theologie" ergeben sich R. Muth zufolge „verläßliche Auskünfte über das Wesen der römischen Religion" (*Muth* 1988, 203). Zur Kritik an den Versuchen einer Wesensbestimmung der röm. Religion vgl. *Ulf* 1982, 145–163.

vius findet sich ein ausführlicher Bericht über dieses Ereignis (39,8–19). Der novellistisch gestaltete Bericht des Livius wird in seinen Grundzügen durch eine Inschrift bestätigt (CIL I $^{2}$, 581). Der Begriff *religio* hat in diesem Bericht eine ambivalente Bedeutung: Einerseits gilt, dass *religio* als die Einstellung, die das Recht der Götter ernst nimmt, nicht zerstört werden darf (39,16,9). Andererseits gilt, dass es auch eine verkehrte religiöse Einstellung (*prava religio*) gibt, die sich auf ein falsches Ziel richtet – wenn sie z.B. durch einen fremden Ritus in die Irre geführt worden ist – und die deshalb korrigiert werden muss (39,16,6). In einem solchen Fall wäre es falsch, wenn die Anhänger des Kultes sich aufgrund ihrer religiösen Einstellung (*religio*) gegen die Zerstörung der Heiligtümer wehren würden – es würde sich dann um Aberglauben (*superstitio*) handeln (39,16,10). Nach dem erfolgreichen Abschluss der staatlichen Maßnahmen ist die Ausübung des Dionysos-Kultes dann doch wieder erlaubt worden – allerdings unter bestimmten Auflagen, die eine staatliche Kontrolle sicherstellen und eine Institutionalisierung des Kultes verhindern sollten (39,18,8f). Diese Ausnahmebestimmungen zeigen, dass letztlich doch auf den Bereich der privaten Religiosität, der durch die öffentlichen Kulte nicht abgedeckt werden konnte, Rücksicht genommen wurde. Der entscheidende Gesichtspunkt für das Eingreifen des Senats war die Sorge, dass der fremde, nicht-öffentliche Kult die moralische und staatliche Ordnung gefährden könnte (vgl. Berner 1992, 48–51).
Im naturphilosophischen Werk des Lukrez erhält *religio* eine negative Bedeutung: Es bezeichnet eine Einstellung, die auf der Furcht vor den Göttern beruht und die deshalb destruktive Konsequenzen haben kann – bis hin zum Menschenopfer. Gleich zu Beginn des Werkes wird ein Beispiel aus der gr. Mythologie angeführt, das diese destruktive Tendenz der Religion belegen soll: die Opferung Iphigenies (Lucr. 1,84–101). Aus der Sicht des Lukrez wird diese verfehlte Einstellung überwunden durch die Philosophie Epikurs (→3.1.1), der die Furcht vor den Göttern und auch die Furcht vor der Unterwelt aufgehoben hat (1,62–79). Was sich auf der objektsprachlichen Ebene als Ablehnung der Religion darstellt, könnte auf der metasprachlichen Ebene durchaus als Religion eingeordnet werden – es sei denn, dass der Unsterblichkeitsglaube (→3.2.5.2), der im Epikureismus fehlt, in die Definition des Religionsbegriffes einbezogen würde. Jedenfalls ist auch die epikureische Philosophie ein Orientierungssystem, das dem Menschen Normen für das Leben und Trost für das Sterben gibt, wie es z.B. in Epikurs Brief an Menoikeus klar zum Ausdruck kommt (Diog. Laert. 10,123–132).

*2. Römische Religion und Christentum*

In der ersten Phase der Auseinandersetzung mit der röm. Religion ist das Christentum aus der Sicht der Römer oft als *superstitio* bezeichnet worden, gerade nicht als *religio*: Plinius d. J. (epist. 10,96), Sueton (Nero 16,2) und Tacitus (ann. 15,44,3) stimmen in dieser negativen Beurteilung des Christentums überein. Das negative Urteil des Plinius bezieht sich nicht auf Glaubensinhalte, sondern auf die mangelnde Loyalität der Christen gegenüber Kaiser und Staat. Tacitus hat das Judentum ebenfalls in diese Kategorie eingeordnet (hist. 5,8,2f). Sein Urteil bezieht sich auf Riten und Bräuche der Juden (hist. 5,4f).

Die christl. Apologeten, wie z.B. M. Minucius Felix, haben dieses negative Urteil zurückgegeben und den positiven Begriff *religio* für das Christentum in Anspruch genommen, die röm. Religion dagegen als *superstitio* bezeichnet. In dem apologetischen Dialog des Minucius Felix werden die beiden Perspektiven einander gegenübergestellt: Die Ablehnung des Aberglaubens (*superstitio*) und die Sorge um die Bewahrung der *religio* – jeweils aus christl. und heidnischer Sicht (Min. Fel. 1,5; 13,5; 38,7). Ein neuer Gesichtspunkt ist in der christl. Argumentation dadurch gegeben, dass der Begriff *religio* in seiner Anwendung auf das Christentum als *vera religio* qualifiziert wird und dass die Bekehrung zum Christentum auch als „glauben" (*credere*) bezeichnet werden kann (Min. Fel. 40,4).

In der letzten Phase der Auseinandersetzung zwischen röm. Religion und Christentum, in dem Streit um den Victoria-Altar, wird der Begriff *religio* ebenfalls auf beiden Seiten verwendet. Ein charakteristischer Unterschied liegt darin, dass der Rhetor Symmachus, der Vertreter der „heidnischen" Seite, überwiegend den Plural *religiones* verwendet: es geht ihm darum, den religiösen Zustand (*statum religionum*) der Vergangenheit wiederherzustellen, einen Zustand, der eine Vielzahl von religiösen Kulten und Bräuchen (*religiones*) zulässt (rel. 3,3.19). Er vertritt also ein pluralistisches System, das auf der Annahme beruht, es gebe zwar viele Bräuche, Riten und Kulte, doch könne alles, was die Menschen verehren, als Eines angesehen werden (3,8.10). Symmachus wäre durchaus bereit, das Christentum in diese Vielzahl der Kulte (*religiones*) einzuordnen. Er bittet nur darum, dass die traditionellen röm. Kulte weiterhin ausgeübt werden können. Brauch (*mos*) und Gewohnheit (*consuetudo*) sind neben *religiones* die wichtigsten Begriffe in seiner religiösen Konzeption.

Demgegenüber verwendet der Bischof Ambrosius, der Vertreter der christl. Seite, *religio* fast ausschließlich im Singular (epist. 17,7.12.13 u.ö.). Neben *religio* spielt der Begriff *fides* eine zentrale Rolle in seiner religiösen Konzeption (epist. 17,1.2.3 u.ö.), und zwar als Bezeichnung des christl. Glaubens – Symmachus hatte diesen Begriff nur in der älteren Bedeutung als „Treue" oder „Zuverlässigkeit" verwendet (rel. 3,3.19). In dem christl. Verständnis von *religio*, wie es von Ambrosius vertreten wird, ist kein Platz für die röm. Religion: Wenn Ambrosius den Standpunkt des Symmachus im Blick hat, spricht er von *superstitio* (epist. 17,6.10 u.ö.; vgl. epist. 18,10).

*Ausblicke*

Die Betrachtung einiger Beispiele aus der (lat.) religiösen Begrifflichkeit der Antike hat gezeigt, dass es nötig ist, die Bedeutung von *religio* in den einzelnen Quellen zu erheben und eine ganze Reihe anderer Begriffe zu berücksichtigen. Das Begriffspaar *religio – superstitio* ist ein guter Ansatzpunkt, die Dynamik und Komplexität der antiken Religionsgeschichte zu untersuchen. Eine rein begriffsgeschichtliche Betrachtung von *religio* ist in diesem Zusammenhang also nur teilweise hilfreich, und sie kann sogar irreführend sein, wenn

nicht zwischen objekt- und metasprachlichem Gebrauch unterschieden wird.[7] Die Einbeziehung der gr. Quellen würde ohnehin dazu zwingen, von der *religio*-Begriffsgeschichte abzugehen und schärfer zwischen Begriffen und Phänomenen, Wörtern und Bedeutungen zu unterscheiden.
Ein Ansatzpunkt wäre z.B. die Gegenüberstellung von *eusebeia* und *deisidaimonia*, wie sie von Plutarch vorgenommen wurde – auch hier werden, aus der Sicht der metasprachlichen Definition, verschiedene Arten von Religion nebeneinander gestellt: verschiedene Auffassungen vom Wesen der Götter, mit verschiedenen Konsequenzen für das Handeln der Menschen. Plutarch bezeichnet die Furcht vor den Göttern und das daraus resultierende Verhalten der Menschen als „Aberglauben" (*deisidaimonia*), in klarer Abgrenzung gegen die richtige Art von Religiosität, die er als *eusebeia* bezeichnet (mor. 171E). Es wäre sogar zu überlegen, ob der „Atheismus", der Plutarch zufolge das andere Extrem im Verhalten gegenüber den Göttern darstellt (mor. 164E), ebenfalls als eine Art von Religion, im Sinne der metasprachlichen Definition, betrachtet werden müsste. Plutarch selbst hat dem Atheismus jedenfalls zugestanden, eine Orientierung im Leben zu bieten – im Vergleich mit dem Aberglauben sogar eine bessere (mor. 168B–D). Es ist also festzuhalten, dass Plutarch die entscheidende Grenze nicht zwischen Gottesglaube und Atheismus zieht – wie es vielen modernen Religionsbegriffen entsprechen würde –, sondern zwischen richtiger und falscher Einstellung mit Bezug auf die Götter. Atheismus und Aberglaube werden damit zusammengeordnet als falsche religiöse Einstellungen. Für die Religionswissenschaft ergibt sich daraus die Anregung, auch den Atheismus in ihren Gegenstandsbereich aufzunehmen (vgl. Löhr 1995, 155–160).

*Literatur*

*H. J. Adriaanse*: On Defining Religion, in: *J. G. Platvoet/A. L. Molendijk* (eds.): The Pragmatics of Defining Religion, Leiden u.a. 1999, 227–244. – *R. D. Baird*: Interpretative Categories and the History of Religions, in: *J. S. Helfer* (ed.): On Method in the History of Religions, Middletown 1968, 17–30. – *P. L. Berger*: Zur Dialektik von Religion und Gesellschaft, Frankfurt a.M. 1973. – *U. Berner*: Religio und Superstitio. Betrachtungen zur römischen Religionsgeschichte, in: *Th. Sundermeier* (Hg.): Den Fremden wahrnehmen, Gütersloh 1992, 45–64. – *U. Bianchi* (ed.): The Notion of „Religion" in Comparative Research, Rom 1994. – *Chr. Bochinger*: Die unsichtbare Religion in der sichtbaren Religion. Zur Alltagsreligiosität evangelischer und katholischer Christen in Franken, in: *M. Heimbach-Steins* (Hg.): Religion als gesellschaftliches Phänomen, Münster 2002, 27–43. – *L. Bruit Zaidman/P. Schmitt Pantel*: Die Religion der Griechen. Kult und Mythos, München 1994. – *W. Burkert*: Ancient Mystery Cults, Cambridge 1987. – *D. Chidester*: The Church of Baseball, The Fetish of Coca-Cola, and the Potlatch of Rock'n'Roll, in: *B. D. Forbes/J. H. Mahan* (eds.): Religion and Popular Culture in America, Berkeley u.a. 2000, 219–238. – *W. Cohn*: On the Problem of Religion in Non-Western Cultures, IJRS 5, 1969, 7–19. – *E. Durkheim*: Zur Definition religiöser Phänomene, in: *J. Matthes* (Hg.): Religion und Gesellschaft. Einführung in die Religionssoziologie I, Hamburg 1967, 120–141. – *W. Eck*: Religion und Religiosität in der soziopolitischen Führungsschicht der hohen Kaiserzeit, in: *W. Eck* (Hg.): Religion und Gesellschaft in der röm. Kaiserzeit (FS F. Vittinghoff), Köln/Wien 1989, 15–51. – *E. Feil*: Religio. Die Geschichte eines neuzeitlichen Grundbegriffs vom Frühchristen-

[7] Zur Begriffsgeschichte von *religio* vgl. das monumentale, auf vier Bände angelegte Werk von E. Feil. Zur Kritik aus religionswissenschaftlicher Sicht vgl. *Stietencron* 2000, 131f.

tum bis zur Refomation, Göttingen 1986. – *A.-J. Festugiere*: Personal Religion among the Greeks, Westport 1984. – *W. H. Goodenough*: Toward an Anthropologically Useful Definition of Religion, in: *A. W. Eister* (ed.): Changing Perspectives in the Scientific Study of Religion, New York u.a. 1974, 165–184. – *H.-M. Haußig*: Der Religionsbegriff in den Religionen. Berlin u.a. 1999. – *Ders.*: Einleitung, in: *H.-M. Haußig/B. Scherer* (Hgg.): Religion. Eine europäisch-christliche Erfindung?, Berlin u.a. 2003, 13–33. – *G. Löhr*: Atheismus – ein Gegenstand der Religionswissenschaft?, Saeculum 46, 1995, 139–160. – *Ders.*: Religiöse und philosophische Legitimation politischer Macht im antiken Herrscherkult, in: *J. Mehlhausen* (Hg.): Recht. Macht. Gerechtigkeit, Gütersloh 1997, 745–758. – *Th. Luckmann*: Religion in der modernen Gesellschaft, in: *Ders.*: Lebenswelt und Gesellschaft, Paderborn 1980, 173–189. – *G. Mensching*: Die Religion. Erscheinungsformen, Strukturtypen und Lebensgesetze, München o.J. – *M. Müller*: Natürliche Religion. Gifford-Vorlesungen 1888, Leipzig 1890. – *R. Muth*: Einführung in die griechische und römische Religion, Darmstadt 1988. – *J. G. Platvoet*: Contexts, Concepts and Contests: Towards a Pragmatics of Defining „Religion“, in: J. *G. Platvoet/A. L. Molendijk* (eds.): The Pragmatics of Defining Religion, Leiden u.a. 1999, 463–516. – *J. Rüpke*: Die Religion der Römer, München 2001. – *B. Russell*: Warum ich kein Christ bin, Hamburg 1968. – *B. Saler*: Cultural Anthropology and the Definition of Religion, in: *U. Bianchi* (ed.): The Notion of „Religion“ in Comparative Research, Rom 1994, 831–836. – *W. C. Smith*: The Meaning and End of Religion, San Francisco 1978. – *M. E. Spiro*: Religion. Problems of Definition and Explanation, in: *M. Banton* (ed.): Anthropological Approaches to the Study of Religion, New York u.a. 1966, 85–126. – *R. Stark*: Must all Religions be Supernatural?, in: *B. Wilson* (ed.): The Social Impact of New Religious Movements, New York 1981, 159–177. – *H. v. Stietencron*: Der Begriff der Religion in der Religionswissenschaft, in: *W. Kerber* (Hg.): Der Begriff der Religion, München 1993, 111–137. – *Ders.*: Religion. Vom Begriff zum Phänomen oder vom Phänomen zum Begriff?, in: *E. Feil* (Hg.): Streitfall “Religion”, Münster u.a. 2000, 131–136. – *Chr. Ulf*: Das römische Lupercalienfest. Ein Modellfall für Methodenprobleme in der Altertumswissenschaft, Darmstadt 1982. – *J. Waardenburg*: Religionen und Religion, Berlin u.a. 1986. – *H. Wagenvoort*: Pietas, in: *Ders.*:Selected Studies in Roman Religion, Leiden 1980, 1–20. – *F. Wagner*: Was ist Religion? Studien zu ihrem Begriff und Thema in Geschichte und Gegenwart, Gütersloh 1986. – *A. Wlosok*: Römischer Religions- und Gottesbegriff in heidnischer und christlicher Zeit, AuA 16, 1970, 39–53.

## 1.2.3 Politik und Religion (*Wolfgang Christian Schneider*)

*Stellen im NT*

Mt 11,19; 17,24–27; 18,17; 21,31f; Mk 2,13–17 parr; Joh 18,28f; 19,12; Apg 6,5; 14,11–13

In allen Gesellschaften der Antike war die Religion das tragende Fundament der Gemeinschaft und ihrer Ordnung. Sie fasste, formte und bestimmte das soziale Handeln und verankerte die soziale Ordnung im Übermenschlichen. So waren das Religiöse und das Politische in den mediterranen Kulturen innig verbunden.

*Die griechische Welt*

Das religiöse Denken der Griechen ging von einer Vielzahl von Göttern aus, denen eine Fülle von verschiedenen Kulten galt, die aber einander nicht ausschlossen. Denn der Grundgedanke der gr. Religiosität war die Epiphanie, die einzelne unmittelbare göttliche Erfahrung, die erst nachträglich in einem Na-

men gefasst oder einer der bekannten Gottheiten zugeordnet werden konnte, letztlich aber immer abhängig von Ort und Zeit und vom Empfänger des göttlichen Aufscheinens blieb.[1] Im AT vermag die Gotteserscheinung Jakobs in Bethel (Gen 28,10–22) diese religiöse Grundhaltung zu verdeutlichen. Nach ihrem Erscheinen erfuhr eine solche manifest gewordene Göttlichkeit an ihrem Ort Verehrung, die – sofern die Nachkommen in sie eintraten – zu einem Kult gerinnen konnte.
So waren zu Beginn der historischen Überlieferung im Ostmittelmeerraum – im Rahmen weiter reichender religiöser Übungen, Überzeugungen und Haltungen – zunächst die Kulte der einzelnen „Häuser" (*oikoi*) maßgeblich (→3.3.6).[2] Dabei traten die sozial bedeutenden Geschlechter auch im Religiösen besonders hervor: Die Familienhäupter nämlich, die sich in ihrem sozialen Vermögen, in ihrer „Macht", als Große zu erkennen gegeben hatten und diese Größe für sich und ihr „Haus" aufrecht erhalten konnten, erwiesen in ihrem erfolgreichen sozialen Handeln auch die Gültigkeit ihres kultischen Tuns: Für den Blick der Gemeinschaft war offenkundig, dass ein machtvoll Handelnder mit einer großen Gottheit verbunden war und einen machtvollen Kult besaß, der große göttliche Machterweise gewinnen und den man in das eigene Handeln hereinziehen konnte. Die Vorgänge um den am Beginn der Geschichte Israels stehenden Schutz- und Sippengott Abrahams, Isaaks und Jakobs (Ex 3,6.15 u.ö.) fügen sich so nahtlos in den ostmediterranen Kulturraum ein. Von vornherein war so im Religiösen auch die Frage nach Macht und Erfolg gestellt, beide sind wesentlich *auch* religiöse Kategorien,[3] und vielfach preisen die religiösen Überlieferungen die Gottheiten eben im Hinblick auf den einem Großen und seinem Haus gewährten Machterweis. Der religiöse Kult eines solchen „Großen" erhielt einen über die eigene Familie, das eigene Haus hinausreichende Gültigkeit in der Gesellschaft, zog andere, Einzelne oder auch ganze „Häuser", an. Wenn somit Geringerrangige oder das einfache Volk in die Kulte der adligen Großen einzutreten verlangten, so nicht deswegen, weil sie von vornherein keine Kulte gehabt hätten,[4] es dürfte vielmehr auch in der sozial „geringeren" Bevölkerung durchaus „hauseigene", ja auch personeneigene Kulte[5] gegeben haben. Doch diese waren – wie das soziale Handeln ergeben hatte und ergab – offenkundig nicht so machtvoll und Erfolg sichernd, wie die der großen Familien und Familienhäupter. Die großen „Häuser" gewährten ein Eintreten in den eigenen Kult, weil das die eigene hohe Geltung mehren konnte, während sie zugleich die maßgebenden Herren des Kultes

---

[1] Vgl. *Nilsson* I $^{3}$1967, 73ff. So steht am Beginn des bittenden Hymnus an die Gottheit der Aufruf der früher erfahrenen Epiphanie, vgl. z.B. den Aphrodite-Hymnus der Sappho (Frg. 1 Diehl). Grundlegend zur gr. Sicht des Göttlichen *Otto* 1934; 1956.

[2] Vgl. zu Zeus *Sjövall* 1931; *Nilsson* I $^{3}$1967, 402ff.

[3] So ist *Löhr* 1996 zuzustimmen. Diese „Macht" aber ist nicht trennbar von „Vermögen" (Können und Haben), Gratia (Gunst und Grazie) und Charisma, wie es *Taeger* 1957/1960 beschreibt.

[4] So *Nilsson* I $^{3}$1967, 710, der mit seinem Gedanken einer „religiösen Klientelschaft" jedoch zu sehr vom entwickelten Rom her sieht.

[5] Hier liegt der Bereich der privaten Frömmigkeit, den die Vertreter einer Gemeindereligion als *superstitio* ablehnen (→1.2.2).

blieben. Von vornherein ist damit die Religion mit einer differenzierteren Gesellschaftsbildung und der sozialen Praxis, also der „Politik", verbunden.
Als es im 7./6. Jh. v.Chr. – vielfach durch einen Zusammenschluss (*synoikismos*) mehrerer zuvor einzeln siedelnder hervorragender „Häuser" und ihres Anhangs – zur Bildung von Städten kam und damit einhergehend ein sozialer Ausgleich notwendig war, wurden viele der „Hauskulte" oder „Geschlechterkulte" auf die neue Gemeinschaft bezogen und verallgemeinert: Einerseits wurde den in die Polis eintretenden geringerrangigen Familien der Zugang zu den Kulten der großen Geschlechter geöffnet, andererseits wurden die Kulte vielfach miteinander verflochten oder zusammengelegt, und ihnen so ihre familiäre Spezifik genommen. In Athen geschah das in den Kulten von Zeus Phratrios und Apollon Patroos.[6] Häufig übernahmen von der Gemeinschaft bestimmte Amtsträger einzelne religiöse und kultische Pflichten der großen Familienhäupter und der Könige, da deren „Häuser" ja nun in der Polis aufgegangen waren. Allerdings blieben die großen Familien noch lange bestimmend und wurden auch später zumeist nicht gänzlich ihrer alten religiösen und kultischen Bevorrechtung entkleidet. Oft oblag ihnen als Häuptern der nun konstituierten Sakralkörperschaften die alltägliche Führung in der Pflege des Kultes, wodurch sie zugleich auf Dauer im politischen Raum wirksam blieben. Bekannt sind etwa die Eumolpiden, die über lange Zeit hinweg den Kult von Eleusis und damit einen der vornehmsten Kulte Athens betreuten. Die Sonderstellung, die die jüd. Überlieferung den Aaroniten zuerkennt, ist demnach in der antiken Welt nichts Ungewöhnliches.
Die mit der Herausbildung der Stadtgesellschaften verbundene soziale und politische Umschichtung erfasste aber auch von einer anderen Seite her das Religiöse, die für das spätere Judentum bedeutsam wurde: Die aus den numinosen Zusammenhängen heraustretenden, zunehmend – wie auch die Lyrik zeigt – persönlich empfindenden Menschen schufen sich ein neues Medium für ihre Begegnung mit dem Göttlichen: Die große, der Menschengestalt nachgeformte Götterfigur (*agalma*). Sie trat an die Stelle des rohen *xoanon* (fetischartiges Holzbild) wie des magisch erfüllten Kleinbildes,[7] war also zunächst ein gesellschaftlicher, ja aufklärerischer Gewinn: In seiner menschlichen Gestalt rückte das „Ganz Andere" auf neue Weise an den Menschen heran, eine neue, gerade auch gemeinschaftsbezogene und politische Kommunikation zwischen den Menschen und Göttern wurde möglich. Der als Einzelner heraus tretende Mensch, der bestimmend für die politische Ordnung, für das Handeln der verfassten Gemeinschaft wurde (sei es nun die regulierte Aristokratie Spartas oder die Demokratie Athens), wurde aus seiner Beschränkung im Religiösen gelöst und dem Gemeinschaftlichen verpflichtet. So bildeten Religion und Kulte in der neuen politischen Ordnung der Städte, die den hellenischen Raum zunehmend bestimmten, das einigende Band der Gesellschaft und waren kon-

---

6 Auch von Zeus Patroos ist die Rede: *Sjövall* 1931, 49ff.

7 Vgl. dazu *Schefold* 1959, 18f.48ff. Manche Kulte, so etwa der in Olympia, waren überhaupt lange Zeit bildlos; vgl. *Nilsson* I $^{3}$1967, 80ff, *Sjövall* 1931, 27. Im Zuge der bildlichen „Vermenschlichung" der Götter verlieren diese ihre in alten Belegen überlieferte „Mehrgliedrigkeit", etwa Zeus seine Dreiäugigkeit, Apoll seine vier Ohren und vier Hände: *Sjövall* 1931, 28.

stitutiv für die verfasste Ordnung. Die leitenden Befugnisse in der Gemeinschaft wurden in kultischen Akten mit den Göttern verbunden. Große religiöse städtische Feste – wie in Athen die Panathenäen – förderten den sozialen Ausgleich nach innen, festigten die gemeinsame Identität – und stellten sie in ihrer Macht nach außen dar.

Denn ebenso wie die Religion nach innen integrierend wirksam wurde, tat sie es auch nach außen, in den Beziehungen gegenüber anderen gr. Gemeinwesen. Zahlreich waren die Heiligtümer und Kulte, die trotz lokaler Verwurzelung allgemein in Griechenland Verehrung fanden. Berühmt waren die Feste und die Kultspiele von Olympia, die isthmischen Spiele von Korinth, die pythischen von Delphi und schließlich die Panathenäen in Athen, weit bekannt Orakelstätten wie Delphi, Didyma und Dodona (→3.2.7), doch standen daneben zahlreiche weitere Heiligtümer und Kulte mit gesamtgr. Ausstrahlung. Die Weihegaben mancher Heiligtümer, etwa die des Heraion auf Samos, scheinen sogar anzuzeigen, dass auch Nichtgriechen an den kultischen Vorgängen dort teilhatten.

Aber auch im konkreten politischen Geschehen traten religiöse Momente immer wieder hervor. Häufig etwa wurden religiös-mythische Bezüge, wie die gemeinsame Abstammung von einem Gott oder göttlichen Heroen oder die Stiftung von Städten durch dieselbe göttliche Person, als begründend für Bündnisse und teilweise auch für Machtansprüche herangezogen. Engere freundschaftliche Beziehungen zwischen den freien Städten wurden durch wechselseitige Festgesandtschaften zu den hohen Kultfesten zum Ausdruck gebracht. Nur sehr selten wurde die Religion negativ in innergr. Streitigkeiten aufgerufen; die gr. *poleis* blieben sich immer bewusst, dass sie letztlich einem religiösen Gesamtzusammenhang zugehörten.

Wenngleich die Gemeinschaft ihren Bestand in der Pflege der verschiedenen Kulte begründet sah, übte sie in der Gewichtung des religiös-kultischen Tuns des Einzelnen weithin Toleranz. So konnten die Sophisten ihre Religionskritik lange Zeit öffentlich diskutieren. In politischen Krisenzeiten allerdings, wie sie in Athen nach der Niederlage gegen die von Persien finanzierten Spartaner im Jahre 404 gegeben waren, wurde die Gemeinschaft empfindlich gegenüber religiösen Sonderbestrebungen, die vermeintlich die Verankerung der Gemeinschaft im Göttlichen in Frage stellten. Am sichtbarsten trat dies hervor, als Sokrates mit seiner neuartigen erkenntnistheoretischen und ethischen Haltung der Asebie, der Gottlosigkeit, angeklagt, schuldig gesprochen und hingerichtet wurde.

Sokrates' Haltung war das Ergebnis einer längeren Entwicklung, die den Einzelnen mehr und mehr aus den existenziellen Bindungen an die Gemeinschaft gelöst und auch die Bindungen im Religiösen gelockert hatte. Sie stellte Religion und Politik in ein neues Verhältnis zueinander. Der nun frei gestellte Einzelne hatte aus seiner inneren Verpflichtung heraus ethisch-konstruktiv auf das Gemeinschaftliche hin zu handeln, gerade so erfüllte er die göttlichen Forderungen an ihn. Damit aber wurde das Religiöse in seiner Verbindung mit dem Philosophischen (→1.2.4) auf neue Weise politisch: Gerade im ethisch richtigen Tun im Gemeinschaftlich-Politischen erfüllte sich das pflichtgemäße Tun des Einzelnen im Religiösen.

So stellte sich die gr. Welt im Politischen und Religiösen im Laufe des 4. Jh. zunehmend bipolar dar. Die zuvor verpflichtenden Mittelinstanzen (die verfasste Stadtgemeinde wie der einzelne Kultus) verloren ihre Verbindlichkeit: Auf der einen Seite bildete sich im Politischen die Instanz einer dem Anspruch nach ethisch begründeten übergreifenden Ordnung, sei es nun der Gedanke eines „Allgemeinen Friedens“ oder ein bündnisartig gegliedertes Großreich, während zugleich im Religiösen eine zunehmend als Einheit und Ganzes aufgefasste, von den Menschen abgerückte Ordnung, ja ein transzendentes Göttliches in Erscheinung trat. Auf der anderen Seite erfuhr gegenüber solch umfassenden Ordnungen der Einzelne und das Konkrete immer größere Beachtung. Denen, die Herausragendes sichtbar werden ließen, wurden übermenschliche Qualitäten zugeschrieben, gerade auch darin, das Göttliche unmittelbarer zu erfahren und es den übrigen vermitteln zu können. Diese Bipolarität ist der Bedingungshintergrund für die Entstehung des Herrscherkults (→3.3.4), der zunächst von der breiten Gesellschaft ausging. Den Menschen der hell. Zeit war es zunehmend ein Anliegen, das Göttliche unmittelbar zu erleben und das ihnen zuteil gewordene positive Tun als göttliche Zuwendung wahrzunehmen. Das in das Transzendente „entglittene“ Göttliche wurde so für die Menschen gegenwärtig.

Für die Haltung der Griechen hell. Zeit gegenüber den Göttern anderer Völker war diese Sicht folgenreich. Aus der Vorstellung vom Einen, vom Ganzen des Göttlichen ergab sich nahezu zwangsläufig die Auffassung, dass letztlich unter den vielen Namen der Verehrten dieselbe göttliche Macht stehe. Dabei wurden die jeweils vorhandenen Spezifika im Sinne der den Griechen schon immer vertrauten Divergenz der Kulte anerkannt, zugleich aber traten sie in ihrem Gewicht zurück, da es ja die konkreten großen Menschen waren, die das Göttliche den vielen Übrigen vermittelten. So kam es in den vielen hellenisierten Gebieten zu einer freieren Bewegung der Menschen zwischen den religiösen und philosophischen Traditionen, auch zu Übertritten zum Judentum[8], und zu einer wechselseitigen Durchdringung von autochthonen Religionsvorstellungen und denen der hellenischen Welt sowie zu vielfältigen „synkretistischen“ Bildungen.[9] Es entstand eine religiöse Koine.

Dies allerdings zog die Religion wiederum sehr konkret ins Politische hinein. Denn da kaum einer der Herrschaftsräume hell. Zeit in sozialer und ethnischer Hinsicht geschlossen war, musste den Herrschern daran gelegen sein, Momente zu entwickeln und zu fördern, die geeignet waren, die heterogene Bevölkerung zu verbinden. Angesichts der Annahme einer Einheit des Göttlichen stellte sich da die Religion ganz zwanglos als ein wesentliches Integrationsmoment dar, freilich nicht als vereinzelter Aspekt, sondern als Teil eines allgemeinen kulturellen Ausgleichs. Am deutlichsten zeigt sich das in Ägypten, wo gefördert von den Ptolemäern unter Rückgriff auf heimische und gr. Vorstellungen mit Serapis ein neuer Reichsgott entstand, der die ägyptische Bevölkerung und die Griechen Alexandrias religiös vereinte und den „heilvermittelnden“ Herr-

[8] Ein Beispiel ist Nikolaos von Antiochia, den Apg 6,5 erwähnt; nach seinem Übertritt zum Judentum schließt er sich der Jesusbewegung an und wird mit Stephanus einer der ersten Diakone der Christengemeinde.

[9] Vgl. dazu auch die Ereignisse in Lykaonien Apg 14,11–13.

schern eine Sonderstellung bot. Auch die Seleukiden betrieben bald in diesem Sinne eine aktive Religionspolitik, die in Judäa zunächst zu erheblichen inneren Spannungen und dann zum Aufstand traditionalistischer Kreise gegen die Seleukiden und ihre jüd. Sympathisanten führte (1Makk 1,11–15.41–53; 7,5–25; 9,23–25; →1.4.4.2).

*Die religio des Imperium Romanum*
Als Rom die hell. Reiche als Vormacht im südöstlichen Mittelmeerraum ablöste, war es seinerseits schon zu einem erheblichen Teil hellenisiert. Doch wenngleich in diesem Zuge die Götter Roms mit den gr. Gottheiten verbunden waren, blieb doch der Staatskult, in dem die konkreten Göttergestalten zurücktraten, von der Hellenisierung weitgehend unberührt. Für die *res publica* bildete die *religio* (→1.2.2) das tragende Fundament der Gemeinschaft und ihrer Ordnung, wobei die sozialen und „politischen" Anliegen das Maßgebliche blieben. Ob Priester tätig werden sollten, was sie zu tun hätten (nach Maßgabe ihrer rituellen Regeln) oder welcher Kultpraktiker ggf. herbeizuziehen wäre, entschied – in Nachfolge der Hausväter und Könige der Frühzeit – der Senat, dann auch der Kaiser. So hat das religiöse Tun der Römer für die spätere, von der Ethik und einer inneren Hinwendung geprägte Religiosität etwas eigentümlich Äußerliches. Dies wird dadurch verstärkt, dass in den Geschichtswerken zuweilen ein fast rationales „säkulares" Handeln zu beobachten ist; doch solche Erscheinungen sind nahezu durchweg nur oberflächlich, sind zuweilen auch Ausdruck der Haltung einzelner „aufgeklärter" Personen, seien es nun die politisch Tätigen selbst oder die späteren Former der Überlieferung. Die „religiöse" Grundlegung, die Bindung jeglicher Gültigkeit gemeindlichen Handels an die *religio*, die Notwendigkeit, Macht und Handlungsbefugnis für eine Amtsführung durch rituelle Akte übertragen zu erhalten, und im politischen Handeln nach dessen Maßgabe aufzutreten, war nie in Frage gestellt; sie blieb verpflichtend bis in die Zeit der Kaiser nach Konstantin. Erst die Religionsgesetzgebung Theodosios' I. von 380/381 (Theod. 16,1,2 und 16,10,7) setzte das Christentum an die Stelle der alten *religio*.
Trotz der Götter war die *religio* des röm. Staates wesentlich „numinos" bestimmt. Jedes Handeln im Namen der Gemeinschaft, auch die Kriegführung, musste über spezifische rituelle Akte in seiner Übereinstimmung mit dem Göttlichen erwiesen werden, und es war in den Grundzügen seines Verlaufs und in seiner Örtlichkeit rituell gebunden. Um dies zu gewährleisten, wurden teilweise recht komplizierte Vorrichtungen getroffen, etwa ein aus dem röm. Gemeindeland ausgesondertes fiktives „Feindesland" gebildet, das es erlaubte, auch bei fernen Kriegen die notwendigen Riten durchzuführen, ohne die ein Sieg nicht zu erlangen war. Erst eine besondere, der Person rituell übertragene Qualität, das *imperium*, gab dem hohen Amtsträger Roms das Vermögen zum Handeln, und dieser unterlag, um das aufrechtzuerhalten, gewissen tabuartigen Beschränkungen. Zugleich war jedes amtliche Wirken an rituell gesonderte Bereiche, *templa*, gebunden. Der Senat durfte nur in „inaugurierten" Räumen, in *templa*, tagen, ein solcher war auch die *curia* in Rom. Auch im öffentlichen Auftreten vor dem Volk war der Magistrat mit seinem Handeln an den rituellen Ort gebunden; die *rostra*, die Rednertribüne, waren ein inaugurierter Raum nach Art eines *templum*, die prätorische Gerichtstribüne eben-

falls, und auch das *praetorium* eines militärisch tätigen Imperiumträgers – das aber war der röm. Statthalter in der Provinz – hatte eine sakrale Qualität.[10] So war in Rom das Religiöse und das Politische strikt miteinander verbunden. Emporgestiegen zu seiner machtvollen Größe war Rom nach eigener Überzeugung durch göttlichen Willen (→1.4.1.1), und das war im ständigen Rückbezug des staatlichen Handelns auf das Göttliche aufrechtzuerhalten.
Als nach dem Zerfall der Republik mit Augustus der *princeps* die bestimmende Person im Gemeinwesen wurde, änderte sich nichts an der religiösen Fundierung und rituellen Gebundenheit des öffentlichen Handelns in der *res publica*, die ja fortbestand. Allerdings lag nun beim „Kaiser" die maßgebliche Autorität: Er bestimmte das staatliche Handeln und verantwortete zugleich die Wahrung der religiösen Ordnung: Als der *eine imperator* besaß er das umfassende *imperium*, und wenngleich er in den ihm direkt unterstellten Provinzen den zivilen und militärischen Oberbefehl nachrangigen Männern übertragen hatte, so amtierten diese doch gänzlich in seinem Namen, mit seinem *imperium*. Sie unterlagen damit auch den religiösen und rituellen Beschränkungen des *imperium*-Trägers, waren etwa in ihrem öffentlichen Handeln an die rituell bestimmten, „inaugurierten" Räumlichkeiten gebunden, nur so konnte ihr Handeln gültig sein.
Schon als Träger des umfassenden *imperium*, als *imperator*, war der Kaiser eine sakral bestimmte Gestalt. Darüber hinaus war der Kaiser seit 12 v.Chr. auch *pontifex maximus*, also das Haupt einer der beiden höchstrangigen Priesterschaften Roms, zugleich aber auch *augur*, Mitglied also der zweiten bedeutenden Priesterschaft. Hinzu kamen mit der Zeit weitere priesterliche Befugnisse. In der Erzählung vom „Zinsgroschen" (Mk 12,13–17 parr; →1.3.4.3) sind diese Umstände mit angesprochen, denn der vorgewiesene Denar bietet ja nicht nur das Bild des „Kaisers", der Dargestellte nannte sich darauf auch *pontifex maximus*, ranghöchster Priester der röm. *religio*. Sein Bild in der Hand zu haben, bedeutete für streng religiöse Juden ganz unmittelbar Eintritt in „fremden Dienst". Eben daher galten die „Zöllner", die lokalen Bediensteten der röm. Pachtgesellschaften (→2.3.1), als unrein (z.B. Mk 2,13–17 parr; Mt 11,19; 18,17; 21,31f). Jede negative Äußerung zu Münze und Steuerpflicht aber wäre – röm. gesehen – eine Verletzung der religiösen Gründung des Imperium gewesen, die Herodes Antipas im Namen Roms zu ahnden gehabt hätte. Daher spricht der Text von „Hinterlist".
Wenngleich der Kaiser in der Gesellschaft vermehrt nach Maßgabe hell. Religiosität als göttliche Person verehrt wurde, erfolgte der öffentliche Kult im Herrschaftsbereich Roms doch auf der Grundlage der alten röm. *religio*. Demgemäß war der Amtssitz des Trägers und Vollziehers des kaiserlichen *imperium* in den Provinzen, das *praetorium*, ein nach Maßgabe der röm. *religio* „inaugurierter" Sakralraum, ein *templum*.[11] Dies aber war keineswegs eine

[10] Wie *Latte* 1960, 66f.140f. dargelegt hat, ist der älteste und eigentliche Gehalt der Tätigkeit der *augures* nicht die Vogelschau, sondern die Kraftmehrung, dies eben kommt in der auszeichnenden Sonderung des *templum* als Kraftort für das öffentliche Handeln und die Begabung des Magistrat mit dem *imperium* zum Ausdruck. Zum *templum* und seinen Implikationen: *Nissen* 1869; *Rüpke* 2001.

[11] Nach Serv. Aen. 1,466 sind *templa* Örtlichkeiten, *in quibus auspicato et publice res administrarentur et senatus haberi potest*, sie sind, wie Cic. leg. 2,21 sagt, *liberata et effata.*

bloß innerröm. bedeutsame Formalie, sondern ein den Untergebenen Roms bewusstes wesentliches religiöses Moment, wie es auch – während der Römerzeit in Palästina verfasst – Mischna und Tosefta bestätigen: Sie untersagten den Juden die Mitarbeit an der Errichtung einer Basilika, die ja gewöhnlicherweise einen sakral definierten Bereich (mit *tribunal*) für die amtlichen Geschäfte und die Rechtsprechung des Imperiumträgers enthielt, und ebenso die Mitarbeit an der gleichfalls sakralen (freistehenden) Richtertribüne (*tribunal*) als „Fremden Dienst" (*avodah zarah*), das heißt als „Götzendienst".[12]

Im NT spiegeln sich diese Umstände im Verfahren gegen Jesus (Joh 18,28f; →1.5.1.4): Pilatus führt es im *praetorium*, das die Juden aber, um nicht – durch „Fremden Dienst" – unrein zu werden, nicht betreten können. So kommt Pilatus zur Anhörung ihrer Anklagen zu ihnen aus dem *praetorium* heraus, um dann innen, auf seinem nach der röm. *religio* inaugurierten Amtssitz innerhalb des *praetorium*, an den er für ein gültiges Handeln rituell gebunden ist, das Verfahren mit der Vernehmung des Angeklagten weiterzuführen und schließlich das Urteil zu sprechen. Sowohl der Römer als auch die Juden sind damit in ihrem öffentlichen Handeln im Prozess gegen Jesus hinsichtlich der Örtlichkeit religiös gebunden. Für beide ist das rechtlich-politische und das religiöse Handeln miteinander verflochten. Die jüd. Führung zieht die röm. Obrigkeit in ihre innerreligiösen Streit um einen „Messias" herein, und der Römer geht darauf ein, weil er von der Verschränkung von Religiösem und Politischen im Judentum weiß, so gilt ihm der messianische Führer als Usurpator eines mit Rom und seiner sakral verankerten Ordnung konkurrierenden Königtums über die Juden.

Gemeinhin suchten die Römer trotz des Festhaltens an der eigenen *religio* den Ausgleich mit den Gottheiten der unterworfenen Völker. Meist wurden diese – dem Grundansatz röm. Religiosität entsprechend – in ihrem Bereich als Wirkmächte anerkannt und im Sinne der hell. Vorstellungen synkretistisch über Ähnlichkeiten mit einem der röm.-gr. Götter gleichgesetzt. Ein bodenständiger Kult konnte so zugleich der Gottheit Roms gelten. Eine „tolerante" Haltung im Religiösen war darüber hinaus für die Amtsträger in den Provinzen ein Gebot politischer Klugheit. Denn dies förderte nicht nur allgemein die Ruhe, sondern beugte auch Beschwerden von Seiten der provinzialen Führungsschicht in Rom vor, waren doch diese – wie die Briefe Ciceros aus seiner Provinzialamtszeit 51–50 v.Chr. zeigen – über vielfältige Beziehungen mit der Führungsschicht in Rom verflochten und konnten einem Provinzstatthalter erheblich schaden.

In den Evv kommt diese mittelbare Abhängigkeit der Statthalter von den ihnen untergebenen Provinzialen während des Prozesses mit Jesus zum Ausdruck, als die Menge zur Durchsetzung ihres – angeblich – von Jesus verletzten Ritualrechts den Pilatus warnte, im Falle der Freigabe des Angeklagten kein Freund des Kaisers (*amicus Caesaris*) mehr zu sein, da

---

Zum religiösen Gehalt des *praetorium* vgl. noch Hyg. mun. castr. 11f in Verbindung mit den Nachrichten in Hyg. grom. p. 135,3f sowie Non. p. 44 Roth.

[12] Vgl. mAZ 1,7; *Neusner* 1985, 151. Bei der Diskussion um die frühchristl. Basilika wird vielfach der Profancharakter der Basilika betont; die angeführten Stellen zeigen, dass den frühen Christen (Judenchristen) der (partielle) Sakralcharakter der röm. Basilika (dazu: *W. Ch. Schneider*: Elemente der römischen Reichsreligion im christlichen Kultraum nach 313, in: Frühes Christentum zwischen Rom und Konstantinopel. Akten des XIV. Weltkongresses für Christliche Archäologie, Wien 1999 – im Druck) bewusst gewesen sein muss.

einer, der sich zum König mache, dem Kaiser widerstehe, und den Statthalter damit zur Aufgabe seines Vorhabens, Jesus zu entlassen, zwingt (Joh 19,12).

Wie aber gerade auch die Anklage Jesu verdeutlicht, war das Judentum im Religiösen in sich zerrissen – teilweise als Folge der Fragen, die die hell. Welt aufgebracht hatte – und die politische Lage aufgeheizt. Es konnte kaum eine das Religiöse berührende Entscheidung des röm. Statthalters geben, die nicht von *einer* Seite des zerklüfteten Judentums Gegnerschaft erfuhr. Gemeinsam war den untereinander religiös zerstrittenen jüd. Fraktionen nur die Frontstellung gegen Rom, die sich schließlich im Aufstand gegen Rom entlud. Die Juden verweigerten sich ihrer unter Pompeius übernommenen Pflicht, nach ihrem Ritus im Tempel zu Jerusalem für das Heil Roms – und dann auch der „Kaiser" – zu opfern. Das aber berührte Rom existenziell: Damit war die Verankerung der *res publica* im Göttlichen in einem Teil des *imperium* gefährdet. Rom musste dem mit aller Härte begegnen.
So wird es verständlich, dass Vespasian im Vorfeld der härteren Kampfhandlungen einen besonderen Kultakt der *religio* vollzogen zu haben scheint: Denn als er, wie Tacitus überliefert, auf dem Karmel zwischen Syrien und Judäa der dortigen bildlosen und tempellosen Gottheit opferte, wohl in einem alten JHWH-Heiligtum, das auch die Tosefta kennt,[13] so stellte dies offensichtlich eine *evocatio* dar, eine „Herausrufung" der Gottheit der Gegner, um sie für sich zu gewinnen und ihr dann in Rom einen Kult zu weihen. So war es – nach Maßgabe der röm. Religionsvorstellung – höchst folgerichtig, wenn nach dem jüd. Krieg und der Zerstörung des Tempels in Jerusalem die (nach Mt 17,24–27 auch von Jesus entrichtete) Tempelsteuer der Juden dem Tempel des Iuppiter Capitolinus zugewiesen wurde: Der Aussage der Juden von der einzigartigen übermächtigen Göttlichkeit des JHWH folgend wurde der Gott vom Karmel nach der (erfolgreichen) *evocatio* als eine Erscheinung Iuppiters behandelt; alles, worauf JHWH von Seiten seiner Anhänger Anspruch hatte, wurde nach der Zerstörung des Tempels dem höchsten Gott zugeordnet, den das röm. Pantheon kannte und das synkretistische hellenisierte Denken als den universellen Gott sah. Die Überweisung der Tempelsteuer (→2.3.1) an den Iuppiter-Tempel bildete also keine willkürliche Zwangsmaßnahme, vielmehr suchten die Römer ihrer Scheu vor allen Gottheiten entsprechend die Fortdauer der Verehrung des hohen Gottes Palästinas zu gewährleisten, der nun freilich im Iuppiter-Tempel in Rom Wohnung hatte, damit nicht etwa dieser JHWH angesichts ausbleibenden Kultes dem röm. Reich Schaden zufüge. So ist es höchst folgerichtig, dass das röm. Jerusalem nach der Niederwerfung Bar Kochbas *Aelia Capitolina* hieß und dass bis zum offiziellen Ende des Iuppiterkultes in Rom diesem die Tempelsteuer der Juden verblieb.
Für Rom konnte die Religion nie wirklich Mittel oder Ziel des Politischen sein, da Politisches und Religiöses von vornherein verbunden waren.

[13] Tac. hist. 2,78; tAZ 6,8. *Neusner* 1981, 334 bezeugt für den Karmel eine Baumkultstätte offensichtlich des alten JHWH (vgl. 1Kön 18,19–46), die der nachexilischen Konzentration des Kultes auf Jerusalem zum Opfer fiel, aber weiterhin der Verehrung diente.

*Literatur*
*K. Latte*: Römische Religionsgeschichte, München 1960. – *G. Löhr*: Religiöse und philosophische Legitimation politischer Macht im antiken Herrscherkult, in: *J. Mehlhausen* (Hg.): Recht, Macht, Gerechtigkeit, Berlin 1996, 745–758. – *J. Neusner*: A History of the Mishnaic Law of Damages 4, Leiden 1985. – *Ders.*: The Tosefta, Fourth Division: Neziqin (The order of the Damages), New York 1981. – *M. P. Nilsson*: Geschichte der griechischen Religion, 2 Bde., München I ³1967, II ²1961. – *H. Nissen*: Das Templum. Antiquarische Untersuchungen, Berlin 1869. – *W. F. Otto*: Die Götter Griechenlands. Das Bild des Göttlichen im Spiegel des griechischen Geistes, Frankfurt a.M. 1934. – *Ders.*: Theophania. Der Geist der altgriechischen Religion, Hamburg 1956. – *J. Rüpke*: Die Religion der Römer, München 2001. – *F. Taeger*: Charisma. Studien zur Geschichte des antiken Herrscherkults, 2 Bde., Stuttgart 1957/1960. – *K. Schefold*: Griechische Kunst als religiöses Phänomen, Hamburg 1959. – *H. Sjövall*: Zeus im altgriechischen Hauskult, Lund 1931. – *G. Wissowa*: Religion und Kultus der Römer, München 1912 (ND 1971). – *A. Wlosok*: Römischer Religions- und Gottesbegriff in heidnischer und christlicher Zeit, AuA 16, 1970, 39–53

## 1.2.4 Philosophie, Ethik und Religion (*Hartmut Rosenau*)

*Stellen im NT*
Mt 5–7; 11,25; 13,54; 19,16; Mk 6,2; 10,17; 12,14; Lk 2,52; 10,21; 18,18; Joh 1; 18,38; Apg 3,21; 17,16–34; Röm 1,20; 11,25; 1Kor 1,18–31; 2,1–6; 15,46; 2Kor 1,12; 10,4f; Eph 4,14; 5,15–17; Phil 4,8; Kol 2,8–23; 1Tim 1,3–7; 3,5; 6,20f; Jak 1,5–8.17; 1Petr 3,15

Unbeschadet der vielfältigen, auch umstrittenen Möglichkeiten, Philosophie, Ethik und Religion zu definieren (z.B. Philosophie als Erkenntnis des Seienden aus Prinzipien; Religion als Transzendenzerfahrung; Ethik als Theorie menschlich guter Lebensführung hinsichtlich ihrer Motive, Inhalte und Ziele), sind in neuzeitlich-moderner Perspektive, insbes. vor dem Hintergrund einer sich ausdifferenzierenden Wissenschaftssystematik, Philosophie, Ethik und Religion präzise gegeneinander abzugrenzende Möglichkeiten menschlicher Weltauslegung und -gestaltung. Beispielhaft kann hier auf F. D. E. Schleiermacher verwiesen werden, der in seinen „Reden über die Religion“ (1799) diese streng von Metaphysik (Philosophie) und Moral (Ethik) unterschieden wissen will, um ihr bestimmten Auflösungstendenzen zum Trotz eine „eigene Provinz im Gemüt“ zu sichern (2. Rede). Solche distinkten Ein- und Abgrenzungen lassen sich in ntl. Zeit und ihrer kulturellen Umgebung (Hellenismus[1]) kaum oder gar nicht vornehmen. Hier können Religion, Philosophie und Ethik weder sachlich noch einstellungsmäßig etwa mit Bezug auf bestimmte Vermögen des Menschen (Gefühl, Verstand und Wille) voneinander getrennt werden. Auch darum ist es problematisch, die geistesgeschichtliche Epoche des Hellenismus insgesamt als primär gefühlsbestimmt zu interpretieren.[2] Philosophie, Ethik und Religion sind vielmehr in den ganz elementaren und praktischen Fragen nach einem gelingenden Leben, nach Sinn, Orientierung und

[1] Zur Eingrenzung und Charakterisierung der Epoche des Hellenismus vgl. *D. Timpe u.a.*: Hellenismus, RGG 3, ⁴2000, 1609–1615.
[2] So *C. Schneider*: Geistesgeschichte der christlichen Antike, München 1970, 103–125.

Halt angesichts einer zunehmend komplexer werdenden Welt, die sowohl produktiv, bunt und bereichernd als auch beängstigend und fremd wirken kann, eng miteinander verbunden. Eine Abstraktion von den vielfachen Überschneidungen und Gemeinsamkeiten im Blick auf die gedeutete und gestaltete Lebenswelt wäre Ausdruck eines ganz künstlichen, philosophisch wie dogmatisch befangenen Standpunktes.

Die schon klassische Rede von einer Entwicklung „vom Mythos zum Logos" (W. Nestle), neuerdings ergänzt durch die Annahme einer systematischen Entfaltung der antiken, insbes. platonischen Philosophie „vom Kult zum Logos" (K. Albert) signalisiert ebenso griffig die enge Zusammengehörigkeit von Religion (Mythos; Kult) und Philosophie (*logos*) wie das antike Leitmotiv der *eudaimonia* (Glückseligkeit) das Ineinander von Religion und Ethik hinsichtlich der guten Lebensführung, deren Erfüllung sich bei aller menschlichen Anstrengung letztlich doch einer göttlichen Fügung verdankt. Denn von solchen Entwicklungen kann nur gesprochen werden, wenn die Philosophie auch ethisch-religiöse wie umgekehrt die Religion auch ethisch-philosophische Implikationen und Anlagen hat. Konsequenterweise hat sich das frühe Christentum, sofern es z.B. im Rückgriff auf die Methoden allegorischer Textinterpretation, wie sie nicht nur von Philo v. Alexandria (→1.3.2.5) mit Bezug auf die hebräische Bibel, sondern auch von der philosophischen (stoischen wie epikureischen) Homer-Exegese bekannt waren, apologetische Interessen entwickelt und verfolgt hat, mit einer gewissen Selbstverständlichkeit als „wahre Philosophie" präsentieren können (Origenes). Entsprechend sind auch im Licht des hell. Judentums (→1.3.2.6 Flavius Josephus) z.B. die Differenzen zwischen Pharisäern (→3.1.3.1) und Sadduzäern (→3.1.3.2) als Unterschiede zwischen philosophischen Schulen (*haireseis*) – etwa wie die zwischen Pythagoreern und Stoikern (→3.1.1) – aufgefasst worden. Nicht zuletzt die inner- wie vor- und außerchristl. Gnosis (→3.1.5) mag gerade mit ihrem schillernden Amalgam unterschiedlichster weltanschaulicher Möglichkeiten zwischen Orient und Okzident für dieses In- und Miteinander von Religion, Philosophie und Ethik im kulturellen Kontext des NT repräsentativ sein, ebenso wie schon im Ausgang des Alten und im Übergang zum NT die Theologie der Weisheit (→1.3.2.2) *chokma* mit ihrem Lebensideal zwischen Gottesfurcht und Weltgestaltung angesichts der Erfahrung der Brüchigkeit überkommener religiöser (narrativer, kultischer wie prophetischer) Traditionen. Und nur vor dem Hintergrund solcher Gemeinsamkeiten sind die selbstverständlich auch zu verzeichnenden, z.T. polemischen Abgrenzungsversuche zwischen „Athen und Jerusalem" in ihren unterschiedlichen Ausprägungen (v.a. bei Tertullian) verständlich. Es sind Auseinandersetzungen vor dem Hintergrund gemeinsamer Anliegen, Versuche der Selbstbehauptung und Profilierung gerade im Vollzug einer Inkulturation angesichts der Entfaltung eines angemessenen, tragfähigen Selbst-, Welt- und Gottesverständnisses.

Bezeichnenderweise bleibt die erstmalige philosophische Frage nach der „subjektiven" Seite der Religion, nach dem Wesen (*eidos*) der Frömmigkeit (*eusebeia*) in Platos Frühdialog „Euthyphron" letztlich aporetisch. Eine definitorische Ein- und Abgrenzung will bei diesem merkwürdigen Phänomen menschlicher Existenz zwischen der politischen Tugend der Gerechtigkeit und der Bereitschaft, sich dem auch befremdlich erscheinenden Willen des Gottes jenseits aller Gepflogenheiten und Sitten hinzugeben, nicht gelingen. So ist vielleicht aus philosophischer Sicht Frömmigkeit gerade ein beharrliches und konsequentes Aushalten der Fraglichkeit von Grundbestimmungen menschlichen Daseins in bescheidener Anerkennung der Grenzen menschlicher – im Unterschied zu göttlicher – Erkenntnis- und Gestaltungsfähigkeiten. Solche Frömmigkeit warnt vor hybrider Selbstüberschätzung im vorgeblichen Wissen, wo es nur aufrichtiges Fragen geben kann. Entsprechend fehlt im gr. Text des NT ein *terminus technicus* für Religion wie auch für Ethik (Gottesdienst und Paränese wären noch am ehesten als Äquivalente anzusehen). Lediglich Philosophie scheint ein auch im NT konturierter Begriff zu sein (Kol 2,8), obgleich auch hier noch der Inhalt vage bleibt.[3] Und noch der Titel der ersten systematischen Explikation des christl. Glaubens: Origenes' um 220 n.Chr. verfasstes Werk *Peri archōn* (*De principiis*), lässt bewusst einen Deutungsspielraum zwischen Erkenntnistheorie, Ontologie, Kosmologie (→3.2.1), *regula fidei* und *summum bonum* offen, wenn es um die Anfangsgründe (*archai*; *principia*) geht.

Vor diesem hier nur grob umrissenen Hintergrund liegt es nahe, von den bis heute jeweils gängigen neuzeitlichen (theoretisch-wissenschaftlich präzisen, darum aber auch einengenden) Formeln für Philosophie, Ethik und Religion zurückzutreten und vielmehr nach integrativen Bestimmungen zu suchen, um das NT in seinem hell. Kontext mit seinem z.T. antagonistischen, z.T. in Konkurrenz, z.T. in Harmonie und Ergänzung zueinander stehenden religiösen, philosophischen und ethischen Optionen besser verstehen zu können. In dieser immer weiter ausgreifenden, schrankenloser und darum auch politisch, gesellschaftlich und kulturell unübersichtlicher oder verwirrender werdenden Welt, die bei aller Tendenz zur Vereinheitlichung so unterschiedliche Religionen, Kulte, philosophische Schulen und Gemeinschaften kennt, scheint die elementare, praxisorientierte Suche nach Halt gebenden Grenzen bei einer spürbaren Betonung des Individuellen den gemeinsamen Horizont von Philosophie, Religion und Ethik darzustellen. Alle drei sollen hier als gleichursprünglicher Ausdruck eines menschlichen Grenzbewusstseins verstanden werden: sei es im Blick auf die genuine Wortbedeutung von *nomos* als umfriedeter Weideplatz und Gehege menschlicher Weltgestaltung, sei es im Blick auf die erkenntnistheoretische Suche nach dem *horismos*, dem ein- und abgrenzenden *logos* präziser Seinserfassung, sei es im Blick auf den vieldeutigen delphischen Leitspruch des Apollo-Tempels *gnōthi sauton* („erkenne dich selbst") mit seiner Einschärfung der Grenze zwischen Sterblichen und Unsterblichen. Diese Suche nach Maß und Grenze in einer unübersichtlicher werdenden Welt äußert sich stimmungsmäßig in einem Verlangen nach Geborgenheit, Ruhe und Frieden (*schalom*), nach „Meeresstille" der Seele (*galēnē*) und Unerschütterlichkeit (*ataraxia*) zwischen Freiheitspathos und Schicksalsergebenheit, das das frühe Christentum erfolgreich bedienen konnte.

Zwar kennt der Hellenismus auch in ntl. Zeit insgesamt eine Verschiebung der Gewichte zugunsten der Ethik im Sinne der Lebenskunst, die mit Aristoteles nach dem rechten Maß (*mesotēs*) fragt, das letztlich in einem ontotheologischen Ordo-Denken gründet (vgl. auch SapSal 11,20: „Aber du (Gott)

---

[3] Vgl. *O. Michel*: philosophia, philosophos, ThWNT 9, 169–185, bes. 182.

hast alles nach Maß, Zahl und Gewicht geordnet“). Doch kann man daraus keinen Prioritätsanspruch ableiten oder das eine als bloße Form der eigentlichen (ethischen, religiösen oder philosophischen) Substanz unterordnen. Auch in der seit Cicero gebräuchlichen Etymologie von *religio* im Sinne von *relegere* (etwas – im Kult – sorgfältig beachten), später von Lactantius variiert durch die Ableitung von *religare* (sich – an eine höhere Macht – zurückbinden),[4] klingt noch das hell. Ineinander von Religion, Philosophie und Ethik hinsichtlich eines elementaren Grenzbewusstseins an, das zuletzt von der soteriologischen Grundintention des die Einheit alles Seienden suchenden Neuplatonismus umfassend aufgenommen wurde und im Verein mit jüd.-christl. Schöpfungstheologie spätere mittelalterliche bis frühneuzeitliche Entwicklungen noch prägen konnte.

*Bezug zum NT*

Nun ist es im Einzelnen sehr schwer, im Blick auf den ntl. Kanon mit seinen unterschiedlichen Texten von historisch sicher verbürgten Beeinflussungen von oder Auseinandersetzungen mit religiösen, philosophischen und ethischen Positionen des hell. Kontextes zu sprechen. Aber zunächst einmal gibt es auch im NT die lebensweltlich verankerte gemeinsame Leitfrage nach dem gelingenden, guten Leben, nach eingrenzendem Halt und Sinn: Was ist als das Gute (*agathon*) zu tun, um das ewige, erfüllte Leben (*zōē aiōnion*) zu erreichen (Mt 19,16; Mk 10,17; Lk 18,18)? Daneben kann eine Reihe von inhaltlichen Vergleichbarkeiten zwischen ntl. Traditionen und insbes. dem philosophischen Milieu des hell. Kontextes ausgemacht werden, das vornehmlich von Plato und Aristoteles, aber auch von Epikur und der Stoa (→3.1.1), von der akademischen Skepsis und den Sophisten geprägt ist. Diese Bezüge beruhen wohl kaum auf ausdrücklicher Kenntnisnahme, Reflexion und argumentativer Auseinandersetzung, sondern ergeben sich aus dem mehr oder weniger selbstverständlichen vorwissenschaftlichen Sprachgebrauch, der es nicht angezeigt sein lässt, hier nur einseitige Abgrenzungen zu vermuten. Selbst die von Mt stilisierte Bergpredigt Jesu (Mt 5–7) kann z.B. bei allen markanten Spezifika durchaus in weiten Teilen auch mit der provokanten philosophischen Lebenshaltung des Kynismus (→3.1.1) eines Diogenes von Sinope verglichen werden. Und wenn Jesus v. Nazareth – im Unterschied zu „den“ Pharisäern und Schriftgelehrten – als der Lehrer mit Weisheit (*sophia*) und Vollmacht (*exousia*) dargestellt wird (Mt 13,54; Mk 6,2; Lk 2,52), so muss dies nicht als ein philosophobisches Ausweichen vor argumentativen Begründungen in bloße Autoritätsbehauptungen (*doxa* statt *epistēmē* im sokratisch-platonischen Sinn) verstanden werden. Auch diese Konzentration auf den Lehrer als Autorität und damit als Argument findet ihre Parallele seit Pythagoras bei fast schon kultisch organisierten Philosophenschulen in hell. Zeit. Schließlich teilt das NT mit der sokratisch-platonischen Tradition die Ehrfurcht vor der Wahrheit (*alētheia*) und einer ungeheuchelten Wahrhaftigkeit (Mk 12,14) bei gleichzeitiger Reserve gegenüber sophistischem Scheinwissen und schaler Weltklugheit (Mt 11,25; Lk 10,21).

[4] Vgl. *F. Wagner*: Religion II. Theologiegeschichtlich und systematisch-theologisch, TRE 28, 1997, 523f.

Von seiner Sprache sowie von manchen Vorstellungsgehalten her zeigt sich insbes. Joh als philosophieaffin, und so ist dieses Evangelium auch bis in die Gegenwart hinein rezipiert worden. Vor allem sein durchaus auch kultkritisches Bekenntnis zu Geist (*pneuma*) und Wahrheit (*alētheia*) nach Joh 4,23f vor dem Hintergrund der schon sprichwörtlich gewordenen Pilatus-Frage: *ti estin alētheia* – was ist Wahrheit? (Joh 18,38), hat diese wirkungsgeschichtlich bedeutsame Affinität des Joh begründet. Aber auch seine weit ausgreifende, kritisch gnostische wie weisheitliche Elemente aufgreifende Spekulation über den anfänglichen, göttlichen *logos* im berühmten Prolog (Joh 1,1–18) macht seinerseits nochmals auf die fließenden Grenzen von Philosophie und Religion in hell. Zeit aufmerksam.

Der *locus classicus* für ein dennoch kritisches Verhältnis des NT zur Philosophie ist wohl die in der Apg erwähnte Diskussion des Apostels Paulus mit Epikureern und Stoikern auf dem Athener Areopag (Apg 17,16–34), den bedeutendsten Philosophenschulen in ntl. Zeit. In seiner Rede spielt Paulus (nach Lukas) nicht nur zustimmend auf den Stoiker Kleanthes, sondern auch auf den ebenfalls stoisch geprägten gr. Dichter Aratos an, um vor diesem Hintergrund auf überbietende Weise das Evangelium vom gekreuzigten und auferstandenen Christus zu verkünden. Dass sich die paulinische Deutung des Kreuzes Jesu als durch die Auferstehung gleichsam beglaubigtes Heilsgeschehen allerdings nicht ohne weiteres mit den pan(en)theistischen Überzeugungen der Stoiker von einem alles durchwaltenden, Göttliches und Menschliches verwandtschaftlich verbindenden Geist (*logos*; *pneuma*) vermitteln lässt, zeigt entsprechend die Reaktion der Zuhörer zwischen offenem Spott und höflicher Ablehnung (Apg 17,32). Diese Ablehnung wird erst in dem apokryphen (fiktiven) Briefwechsel zwischen Paulus und Seneca, einem der bedeutendsten Repräsentanten der Stoa in der röm. Kaiserzeit, wieder gutgemacht: Bei beidseitiger Wertschätzung liegt doch der größere Teil der Wahrheit (wenn auch in verbesserungswürdigem Stil) bei Paulus.

Auch im Bereich der ntl. Ethik kann diese Form der Anknüpfung durch Überbietung festgestellt werden: Es kommt der christl. Paränese nicht unbedingt darauf an, etwas spezifisch Neues im Vergleich zur paganen Umwelt zu bieten – vielmehr kann inhaltlich sehr viel v.a. von der stoischen Ethik aufgenommen werden –, aber es kommt darauf an, diesen Idealen besser gerecht zu werden als die „Heiden“.[5] In diesem Sinn gilt als urchristl.-ethische Maxime: „was immer wahr, ehrwürdig, rechtschaffen, lauter, liebenswert und erfreulich zu hören ist, was an Tugenden gilt, und was Lob verdient – das lasst euch angelegen sein“ (Phil 4,8).

Denn grundsätzlich besteht diese Möglichkeit der Anknüpfung in der für Paulus prinzipiell möglichen allgemeinen Gotteserkenntnis (Röm 1,20), auch wenn sie seiner Überzeugung nach faktisch nicht zur Anerkennung des wahren Gottes, sondern vielmehr zur Idolatrie führt. Nur die daraus entstehende Haltung einer bornierten Selbstgefälligkeit und vermeintlichen Klugheit wird entsprechend von Paulus angesichts der Offenbarung Gottes in Jesus Christus

[5] Vgl. *M. Wolter*: Die ethische Identität christlicher Gemeinden in neutestamentlicher Zeit, in: *W. Härle/R. Preul* (Hgg.): Woran orientiert sich Ethik?, Marburg 2001, 61–90, bes. 79–90.

ad absurdum geführt (Röm 11,25; 1Kor 1,26–31; 2Kor 1,12; 10,4f), ohne damit gleich eine generell paradoxe Stellung des Evangeliums im Verhältnis zur Philosophie zu markieren. Solche Selbstgefälligkeit der Weltklugen mag sich sowohl in heftigen Streitereien als auch in einem bestimmten elitären Gehabe äußern, mit dem Anhänger einiger Philosophenschulen auf Abständigkeit gegenüber der Menge bedacht sind. Beides soll unter Christen (idealiter) nicht sein, auch wenn dieser Hiatus zwischen den Eingeweihten und den Außenstehenden, den Wissenden und den „Vielen", wie er über bestimmte Mysterienkulte (→3.1.2) v.a. in der valentinianischen Gnosis (→3.1.5) sogar zur soteriologischen Klassifizierung (Hyliker, Psychiker, Pneumatiker) aufgenommen worden ist, immer wieder auch in christl. Kreise – besonders vor apokalyptischen Hintergrund – Eingang gefunden hat.
Eine entscheidende Grenze zwischen Philosophie und christl. Glauben ist freilich dann erreicht, wenn im gemeinsamen Fragen nach der Wahrheit diese personifiziert, exklusiv mit der Person und dem Geschick Jesu Christi identifiziert und mit seinem Kreuz und seiner Auferstehung verbunden wird (1Kor 1,18–31). Dieser Exklusivitätsanspruch, der auch in der christl. Verweigerung des Herrscherkultes (→3.3.4) seinen Ausdruck findet, lässt sich kaum weder inhaltlich (gegenüber jüd. Messiaserwartungen) noch formal (gegenüber paganphilosophischen Gottes- und Heilsvorstellungen) vermitteln. Dennoch: dass mit dieser als „unhellenisch" empfundenen Exklusivität in soteriologischer und eschatologischer Hinsicht (im Unterschied zur Gnosis) gerade keine Ausgrenzungen, sondern im Gegenteil gerade eine heilsuniversale Perspektive verbunden ist, die allen Menschen und Völkern gilt, mag wiederum bis zur Vorstellung einer *apokatastasis pantōn* (Wiederbringung aller Dinge) bei Origenes als eine Einwirkung des hell. Kontextes auf die Entwicklung des christl. Glaubens verstanden werden. So präsentiert sich das junge Christentum in seiner Kritik der Weltweisheit (1Kor 2,1–6) zwar als anders, aber nicht als das unvergleichlich Andere im Verhältnis zu seinem kulturellen Umfeld.
Diese Vergleichbarkeit beruht in philosophischer Hinsicht vor allem darauf, dass das NT einen von Plato und Aristoteles entwickelten und von den Stoikern aufgenommenen erkenntnistheoretischen Grundsatz teilt, dass nämlich Gleiches nur durch Gleiches erkannt werden kann (*idem per idem*), was insbes. von der geistgewirkten Gotteserkenntnis gilt (1Kor 2,10–12). Selbst die für das Spezifikum der christl. Ethik gehaltene *agapē* (Liebe),[6] die auch nach dem gerade genannten erkenntnistheoretischen Grundsatz nur diejenige sein kann, mit der Gott die Menschen in Christus liebt, muss nicht schlichtweg dem platonischen *erōs* (z.B. in der Diotima-Rede des Symposion) entgegengesetzt werden. Die Grundzüge der *agapē*, wie Paulus sie in 1Kor 13,4–12 beschreibt, haben hinsichtlich der Haltung der Selbsthingabe und der Unverfügbarkeit ihrer Erfüllung bei allen Unterschieden durchaus Analogien zum erotisch motivierten Stufengang des Schönen bei Plato. Freilich ist die praktizierte und auch institutionalisierte Liebe schon früh der paganen Umwelt als beeindruckende *nota ecclesiae* aufgefallen.

---

[6] Vgl. dazu *S. Pfürtner* (Hg.): Ethik in der europäischen Geschichte I, Stuttgart 1988, 97–115.

Demgegenüber sind es am ehesten noch Themen der Eschatologie, insbes. die christl. Überzeugung von einer individuellen und somit auch leiblichen Auferstehung (→3.2.5.2), die sich als Fremdkörper im weltanschaulich breit gefassten Rahmen des Hellenismus ausmachen. Dazu gehört auch ein mit der Eschatologie eng verbundenes spezifisch christl. Zeitverständnis (Naherwartung; Parusieverzögerung; Apokalyptik[7] [→1.3.2.3]), das u.a. zu unterschiedlichen Begründungen für ansonsten vergleichbare ethische Überlegungen – z.B. zwischen der stoischen und der pln. Haltung zur Sklavenfrage (→2.2.5.3) – führt.[8] Vielleicht gehört hierzu auch die gelegentlich im NT erwähnte eschatologische Vorstellung von einer Allversöhnung (*apokatastasis pantōn* nach Apg 3,21) – eine Vorstellung, die mehr der Erfahrung grenzenloser göttlicher Liebe als der menschlichen Erwartung und dem irdischen Streben nach Gerechtigkeit entgegenkommt. Gleichwohl gilt gerade hier der auch von Christen übernommene sokratische Grundsatz von der Rechenschaft nach Maßgabe des *logos* (1Petr 3,15). Denn nur so kann sich der Glaube angesichts der schwankenden, unbegründeten Meinungen behaupten, mündig gegen Lug und Trug vertreten und sicher werden (Eph 4,14). Nur so ist eine auf das Wesentliche gerichtete, weise Achtsamkeit der Lebensführung entsprechend dem *carpe diem* („Nutze den Tag!“) der Philosophen möglich (Eph 5,15–17).

Die bekannte Warnung des Kol vor der Philosophie (Kol 2,8) angesichts der alles überragenden Herrschaft des Christus Pantokrator – in einem Atemzug genannt mit Dämonen- und Engelverehrung, jüd. Beschneidungs- und Fastenpraxis, astrologischen Observanzen und Einweihung in Mysterienkulte (→3.1.2; Kol 2,8–23) – belegt nochmals auf ihre Weise das lebensweltliche Ineinanderfließen von Religion, Philosophie und Ethik in ntl. Zeit, insbes. dann, wenn eine alles erschütternde Krisensituation (wie das Erdbeben von Kolossae und die Zerstörung der Stadt) bewältigt werden muss. Ob freilich die Warnung des Kol nur bestimmte, abseitige Philosophien oder nicht doch die Philosophie undifferenziert und pauschal (einschließlich der „klassischen“) meint, kann vom Textbefund her nicht entschieden werden. Wie dem auch sei: Verderblich wird die Philosophie in den Augen des Kol erst dann, wenn sie die befreiende Wirkung des Christusglaubens verspielt und die Menschen in Selbstsucht auf sich und ihre vermeintliche soteriologische Macht zurückwirft und damit letztlich in Angst und Verzweiflung treibt. Das Gleiche gilt für die Ablehnung gnostischer Spekulationen über Genealogien, wenn sie auf unkontrollierbar hohem Niveau vom Wesentlichen ablenken (1Tim 1,3–7; 6,20f). Das Wesentliche aber besteht hier – wie so oft – im Einfachen und Schlichten: Liebe aus reinem Herzen, gutes Gewissen und ungeheuchelter Glaube (1Tim 3,5).

Diese Einfältigkeit des Glaubens gründet nach Jak 1,17 in der Einfachheit und darum auch Beständigkeit Gottes analog zur Seinsweise der platonischen Ideen und den *ousiai* (Wesenheiten; Substanzen) des Aristoteles. Sie wird aber durch den Spaltpilz des Zweifels gefährdet, und darum schließt der christl. Glaube bei allen Möglichkeiten einer strukturell wie inhaltlich positiven Be-

---

[7] *K. Erlemann*: Zeit IV, TRE 36, 2004 (im Druck).

[8] Vgl. *M. Heidegger*: Einleitung in die Phänomenologie der Religion (WS 1920/21), in: *Ders.*: Phänomenologie des religiösen Lebens, Frankfurt a.M. 1995, 3–126.

ziehung zu anderen religiösen Kulten, Philosophien und ethischen Lebensentwürfen sich nur gegen eine philosophische Strömung des Hellenismus rundweg ab, nämlich gegenüber dem Skeptizismus (→3.1.1.7), vgl. Jak 1,5–8. In dieser zu ntl. Zeit umgangenen, erst mit Augustinus (*Contra Academicos*) einsetzenden Auseinandersetzung mit der Skepsis mag gerade heute eine nicht nur reizvolle, sondern durchaus entscheidende Aufgabe in ansonsten vergleichbarer Situation liegen.

*Literatur*

*K. Albert*: Vom Kult zum Logos. Studien zur Philosophie der Religion, Hamburg 1982. – *J. Ulrich*: Selbstbehauptung und Inkulturation in feindlicher Umwelt: Von den Apologeten bis zur „Konstantinischen Wende", in: *D. Zeller* (Hg.), Christentum I, Stuttgart u.a. 2002, 223–300.

## 1.2.5 Individuum, Familie und Gesellschaft (*Marcus Sigismund*)

*Stellen im NT*

Mt 8,14; 9,18.23; 10,37; 12,46–50; 20,20f; 21,37f; Mk 1,29f; 8,35–37; Lk 1,5f; 12,48; Röm 2,9; 7,24; 8,4; 13,1; 1Kor 6,9.15; 10,16; 11,7; 12,12–26; 15,45; 2Kor 7,5; 13,13; Eph 6,5–9; Kol 3,22–4,1; 1Petr 2,18f

Die Betrachtung der Themenkomplexe Individuum, Familie und Gesellschaft erweist sich für alle historischen Epochen schon alleine deshalb als schwieriges Unterfangen, weil es sich bei diesen Termini um neuzeitliche Begriffe zum einen der Alltagssprache, zum anderen der philosophischen und soziologischen Theorie handelt. Je nach Kontext und Zielinteresse sind die Begriffe daher mit recht unterschiedlichen Definitionen verbunden. Moderne Konzepte von Individuum, Familie und Gesellschaft lassen sich daher i.d.R. nur sehr bedingt auf die antike(n) Kultur(en) anwenden. Indes ist das Verhältnis des Einzelnen zu seinem näheren und weiteren soziologischen Umfeld Epochen übergreifend von hohem Belang.

Um sich der Stellung und der mannigfaltigen Beziehungen des einzelnen Menschen in seinem jeweiligen gesellschaftlichen Umfeld bewusst zu werden, erscheint es sinnvoll, mit der Historischen Anthropologie[1] drei Bereiche menschlichen Lebens zu unterscheiden:

1. Korporalität (primärer Kreis)
2. Sozialität (sekundärer Kreis)
3. Kulturalität (tertiärer Kreis)

Jeder Mensch bewegt sich in allen drei Kreisen, wenngleich die Gewichtung je nach Kultur, in der das Individuum lebt, unterschiedlich ausfallen kann. So mag der Steinzeitmensch sich stärker von dem primären Kreis, der Mensch der Neuzeit stärker von dem Tertiären her definieren. Nichtsdestotrotz muss von Anfang an klar sein, dass die Trennung dieser Bereiche lediglich analytische Bedeutung hat, während sich die Lebenswirklichkeit gerade dadurch cha-

[1] Vgl. hierzu ausführlich *Maurer* 2003, 297.

rakterisiert, dass ständig alle drei Bereiche ineinanderspielen und sich gegenseitig beeinflussen.

Die Korporalität, d.h. der Mensch als Individuum, Persönlichkeit und Körperwesen, ist die primäre Gegebenheit menschlicher Existenz. Es geht dabei nicht nur um die biologisch-medizinische Existenz, sondern auch um die soziologische Präsenz sowie um die damit verbundenen kulturwissenschaftlichen Aspekte: wie der Mensch sich in unterschiedlichen Lebensstufen entwickelt (→2.2.2), wie er sich kleidet (→2.2.1.8), was er isst (→2.2.1.5), sein technisches und wirtschaftliches Know-how (→2.4) usw. Vielfach ist man sich hierbei der sozialen Interaktionen nicht bewusst, die das Individuum zwangsläufig mitdefinieren. „Das *Ich* ist zunächst lediglich dadurch bestimmt, dass es dasjenige ist, *für* welches ein anderes da sein kann und gegenwärtig ist. [...] Gegenwärtigkeit zeigt sich also vom Phänomen her als das Verhältnis, worin ein Anderes zu einem Ich steht".[2] Anders formuliert: „Das Ich ist, phänomenal, nicht ohne das gegenwärtige Andere. Ich ist nicht ohne Welt."[3]
Dies führt uns zur Sozialität. Wo mehrere Menschen interagieren, bilden sich i.d.R. sehr schnell hierarchische Beziehungen, soziologische Rollen, politische Bündnisse oder private Beziehungen. Diese fallen in den sekundären Bereich. Auch familiäre Beziehungen sind hierin zu fassen, wie etwa die Beziehung eines Neugeborenen zu seiner Mutter. Schon dieses Beispiel verdeutlicht, dass der Mensch ohne soziale Interaktion nicht zu leben in der Lage ist. Daher sind auch Aspekte, die dieses Zusammenleben regeln und bestimmen, in diesen Bereich hinein zu nehmen. Wenn ein kleines Kind beispielsweise im jüd. Raum beschnitten oder im christl. Kontext getauft wird, so wird die ambivalente Rolle des Ritus als religiöse Form wie als Mittel der Sozialisation deutlich (→1.2.6). Auch die Rechtsvorschriften gehören sicherlich in diesen sekundären Kreis (→1.5). Politisches und soziales Leben bestimmen die Lebensmöglichkeiten und die Möglichkeit der Selbstentfaltung des Menschen genauso elementar wie Nahrung und Lebensalter.

Wie schwer die Trennung der drei Bereiche in der analytischen Praxis ist, wird am deutlichsten im tertiären Kreis, der Weltanschauungen, Existenzauslegungen, Sinnhorizonte, Mentalitäten und Gruppengefühle umfasst, darüber hinaus aber auch Formen und Institutionen des Austausches solcher Gedanken und Gefühle einschließt (→3.2; 3.3). Gerade diese Aspekte des Denkens und Fühlens scheinen vielen Menschen heute als höchst persönliche, durch welche sie ihre Individualität definiert sehen. Jedoch ist diese „Individualität" nur möglich durch ein sich-hinein-Stellen in eine bestimmte Kulturalität.[4] Denn niemand lebt außerhalb von Traditionen und sozialen Kontexten, die ihn verpflichten und einbinden, aber auch Freiräume einräumen und Vorbedingungen

---

2 *Huber* 1995, 26f.

3 *Huber* 1995, 27.

4 Überdies lassen verschiedene sozial-historische Entwicklungen die Trennungen fragwürdig erscheinen. So sprach man beispielsweise häufig (so weit ich sehe erstmals *E. Lacombe*: Déclin de l'individualisme, Paris 1937) von der Auflösung der Individualität in der modernen urbanen Gesellschaft.

schaffen können für neue (aber letztendlich doch immer im Vorher fundamentierte) Denk- und Lebensformen. Kategorien wie „innen“ und „außen“ sind ebenso wie „traditionsgeleitet“ und „freischöpferisch“ bei näherer Analyse Konstruktionen, die es im historischen Prozess nicht geben kann.[5] Dessen muss man sich bewusst werden, um die antike Konzeption von Individuum, Familie und Gesellschaft zu verstehen.

*Individuum*

Die Rede vom Individuum erweist sich zum gegenwärtigen Zeitpunkt als problematischer denn je. „Bloß vom Individuum zu sprechen hat theoretisch wenig Sinn. Als Individuum bezeichnet sich stets etwas in Abgrenzung von etwas, das es nicht ist.“[6] Daher definiert sich das Individuum immer in Abgrenzung von der Gesellschaft, was in der modernen Gesellschaftsanalyse zur Sichtweise der Individualität im Sinne origineller Lebensinszenierung oder simplen Egoismus geführt hat.[7] Zudem lassen gesellschaftliche Prozesse wie Individualisierung und Entindividualisierung[8] die klassischen Definitionsversuche der Neuzeit (Hegel, Kierkegaard, Nietzsche, Elias, Plessner) obsolet erscheinen.

Die antike Philosophie versucht das Individuum zunächst aus der Naturphilosophie heraus zu erklären und bleibt in seinen Ausführungen sehr abstrakt, zumal das Ziel nicht eine nähere Bestimmung des einzelnen Menschen ist, sondern das Einzelne-an-sich-Seiende definiert werden soll. Die Überlegungen gehen daher von den Betrachtungen der Atome seitens Leukipp und Demokrit aus und ziehen sich in vielen Variationen bis zum Mittelplatonismus (und darüber hinaus über den mittelalterlichen Thomismus bis in die Neuzeit) hinein.[9] Wahrscheinlich erklärt sich hieraus die bis heute vielfach formulierte These, die Antike habe keinen Begriff vom menschlichen Individuum.[10]

In diesem Kontext ist der wesentliche Begriff *atoma*, der von Cicero mit *individua* übersetzt wird.[11] Erste Ansätze, den Begriff der Individualität auf den Menschen zu beziehen, finden sich bei Plato, der dem vollbestimmten Wesen (*atomon eidos*) einen individuellen Charakter einräumt. Deutlicher wird freilich erst Aristoteles, der das Individuelle (im Sinne des numerisch Einzelnen) als dasjenige ansieht, was als konkretes Einzelwesen durch eine bestimmte Form und den letzten Stoff (met. 1035b 30) konstituiert ist. Als Beispiel führt er (und in seiner Folge die weitere Philosophie) Sokrates an, der auf diese Weise eine bestimmte Form in dem Fleisch und den Knochen hat (met. 1034a 6), und damit ein ganzheitliches (*synholon*) Wesen sei, das als solches (selbstständiges) substanziell ist (met. 1037a 30; 1030a 19) und dem nicht-substanziellen Allgemeinen gegenübersteht. Von hieraus wurde eine Grundan-

---

5 *Van Dülmen* 2000, 80.

6 *Meyer-Drawe* 1997, 705.

7 *Meyer-Drawe* 1997, 705f.

8 Vgl. allgemein *W. Helsper*: Selbstkrise und Individuationsprozeß. Subjekt- und sozialisationstheoretische Entwürfe zum imaginären Selbst der Moderne, Opladen 1989.

9 Eine kurze, aber sehr aufschlussreiche Zusammenfassung dieser Entwicklung bietet *Meyer-Drawe* 1997.

10 So etwa freilich noch fälschlich *Meyer-Drawe* 1997, 698.

11 Cic. fin. 1,17 u.ö.

nahme antiken und mittelalterlichen Denkens, dass seiend im eigentlichen Sinne nur das ist, was von sich selbst her Bestand hat (Arist. met. 1028).
Weitaus klassischer erscheint die vom Plotin-Schüler Porphyrios vorgenommene Definition des Individuums: „Individuen aber heißen solche Wesen, weil jedes aus Eigentümlichkeiten besteht, deren Gesamtheit bei keinem anderen jemals dieselbe sein wird.“[12] Sehr schön fasst Boethius naturphilosophische und anthropologische Erwägungen zusammen: „Individuum wird genannt, was überhaupt nicht zerschnitten werden kann, wie z.B. Einheit oder Geist; Individuum wird genannt, was wegen der Härte nicht zerteilt werden kann, wie z.B. Stahl; Individuum wird das genannt, dessen Prädikation auf andere ähnliche nicht zutrifft, wie z.B. Sokrates.“[13]
Freilich setzte die Beschäftigung mit dem spezifisch menschlichen Individuum schon weitaus früher ein: Bereits die Sophisten hatten nicht mehr über die Struktur des Seins und die Erscheinungswelt der Natur (*physis*), sondern über den Menschen und die Ordnung der menschlichen Gesellschaft (*nomos*) nachgedacht. Ausgangspunkt war die Beobachtung, dass die Natur eine andere Wirklichkeit zeigt als jene, die sich die Menschen durch Verfassungen und Gesetze geben. So verwies die Natur auf die physiologische Gleichheit aller Menschen, während die soziale und politische Ordnung scharfe Trennungslinien zog. Hieraus entwickelte sich die Tendenz, das individuelle Glück als das eigentliche Ziel eines kraftvollen Lebens zu bestimmen (vgl. etwa Plat. Gorg. 491e–492c; Aristoph. Nub.). Die daraus entstandene und bis weit in die röm. Epoche beliebte Individualethik ist ein klares Indiz, dass der antike Mensch sich als Individuum verstand, wenngleich eine klare Definition des Individuums nicht festgelegt wurde.
Fraglich bleibt überdies, ob philosophische Überlegungen die antike Ansicht über das, was ein Individuum ist, überhaupt wiederzugeben vermögen. Eine institutionelle Fixierung des Individuums finden wir in der röm.-kaiserzeitlichen Epoche (und somit der ntl. Zeit) in der juristischen Terminologie. Dort kann der Begriff *persona*[14] ein menschliches Lebewesen bezeichnen (*homo*, *singularis persona*), welches Träger von Rechten und Verbindlichkeiten sein kann (Gaius inst. 1,8,9).[15] Hierin zeigt sich die Ambivalenz der antiken Individualität, da das *ius personarum* (→1.5.1.2.) eine *persona* bzw. sein *caput* in seinem jeweiligen *status*, etwa *libertatis*, *civitatis* oder *familiae*, charakterisiert sieht. So haben denn auch Alter, Geschlecht sowie seine geistliche und sittliche Integrität Einfluss auf seine Stellung, ebenso seine personenrechtliche Position, Familienstand etc.[16] Aspekte, die in der Person selbst liegen, vermischen sich mit denen, welche die Gesellschaft verursacht. Fasst man die philosophischen und die legislativen Indizien zusammen, so scheint die röm. Antike das Individuum als einen Menschen angesehen zu haben, der sich sei-

---

[12] Porph. Isag. 7,21–23.
[13] Boeth. in Porph. comm. 3.
[14] Vgl. hierzu *Düll* 1937, 1038–1041.
[15] Freilich gilt zu beachten, dass *persona* zwar auch den *servus* in seiner Form als *homo* bezeichnen kann, im engeren Sinne aber i.d.R. auf den *homo* als *liber* beschränkt bleibt, da es dem *servus* an *caput*, und damit eines wesentlichen Elementes der *persona*, ermangelt. Vgl. hierzu Inst. 1,16,4; Cassiod. var. 6,8; vgl. ferner Gaius inst. 2,13; Dig. 50,17,32.
[16] Näheres zum *ius personarum* findet sich bei Gaius inst. 1,9–12.

ner selbst als einzelner, denkender und sich-selbst-verantwortlicher Mensch bewusst ist, sich aber gleichwohl durch seine jeweilige soziologische Rolle bzw. Funktion fest im gesellschaftlichen Gefüge verankert weiß. Paradigmatisch wird dieses Verständnis deutlich im Totenkult der Römer (→3.2.5.1). Beim Leichenzug wurden die Wachsmasken der verstorbenen Verwandten mitgetragen. Somit wird der Individuen gedacht, gleichwohl der familiäre Bezug der Verstorbenen verdeutlicht.

Einen Fingerzeig für das jüd. (und in Folge christl.) Verständnis von Individuum ist der hebr. Begriff *näfäsch*, der in jüd.-hell. Schriften mit *psychē* wiedergegeben wird. Die Wurzel *nafasch* hat die Bedeutung atmen, jedoch kommt die Wurzel im AT zumeist in nominaler Bedeutung vor und hat dort u.a. die Bedeutung Leben und lebendiges Wesen. Nicht selten bezeichnet *näfäsch* das menschliche Individuum.[17] Der Terminus ist der übliche Begriff für die ganzheitliche menschliche Natur. Er wird daher verwendet, wenn bezeichnet werden soll, was der Mensch ist, nicht, was er besitzt.[18] Die Ganzheit des Menschen findet sich in Gen 2,7 treffend formuliert. Die Einheit der menschlichen Natur wird nicht durch gegensätzliche Begriffe Körper und Seele, sondern durch sich ergänzende und untrennbare Begriffe Körper und Leben ausgedrückt.[19] Ein Leib-Seele-Dualismus ist dem atl. Denken nahezu durchgehend fremd, findet sich jedoch später in hell. beeinflussten Schriften des Judentums sowie im rabbinischen Schrifttum und dürfte in ntl. Zeit in weiten Teilen des Judentums vertreten worden sein.[20]
Dessen ungeachtet ist jedes Individuum eine *näfäsch*. Daher kann *näfäsch* das Individuellste im menschlichen Wesen bezeichnen, nämlich sein Ich, und zu einem Synonym des Personalpronomens werden (vgl. Gen 27,25). Grundsätzlich sollte beachtet werden, dass die atl. Anthropologie den Menschen in seinem Sein und nicht in seinem Haben betrachtet, zudem gleichermaßen in seiner Autonomie und seiner Abhängigkeit sieht. Niemals aber betrachtet das AT den Menschen als Abstraktum, sondern so, wie er in einer bestimmten Situation erscheint.[21] Sieht man von Urgeschichte und Weisheitsschriften ab, wird der Mensch stets als Individuum oder als Glied eines Volkes in seiner geschichtlichen Rolle gewertet.[22] Darüber hinaus entwickeln die atl. Schriften aber in der Tradition altorientalischer Mythen eine genuin theologische Anthropologie, welche den Menschen radikal auf Gott hingeordnet sieht, den er sich in Schöpfung nach Gottes Ebenbild verbunden weiß (Gen 1; vgl. Hi 10,8–12; Ps 139).

Das NT enthält als Schriften von Menschen an Menschen eine Unzahl anthropologischer Aussagen (vgl. →3.2.4). So betonen beispielsweise die ntl. Schriften die Verantwortlichkeit des einzelnen Menschen (Lk 12,48; 1Kor 6,9).

---

[17] Vgl. *Dihle u.a.* 1973, 614 Anm. 48 sowie 633.
[18] *Näfäsch* lässt sich dann auch sehr treffend definieren als „the living and acting being“ (*Murtonen*, entn. aus: *Dihle u.a.* 1973, 614.
[19] Vgl. *Dihle u.a.* 1973, 629.
[20] Vgl. *Frevel/Wischmeyer* 2003, 27f.
[21] Vgl. *Dihle u.a.* 1973, 629.634.
[22] Vgl. *Dihle u.a.* 1973, 629.

Wenngleich das Individuum somit oft im Fokus steht, finden sich wenige Reflexionen darüber, was ein menschliches Individuum ausmacht. Grundsätzlich kann man aber von einer Übernahme atl. Vorstellungen sprechen, welche den Menschen vor allem dadurch charakterisiert sehen, dass er von Gott geschaffen und sein Ebenbild ist (Mt 19,4; 1Kor 11,7). Diese Ansicht findet man besonders im pln. Schrifttum. Das äußere und körperliche menschliche Individuum versteht Paulus von der Vollständigkeit und Funktionsfähigkeit seiner Glieder her; dabei sind Körper (*sōma*; 1Kor 6,15; Röm 7,24), Beschaffenheit (*sarx*; 2Kor 7,5; Röm 8,4) und das natürliche Leben (*psychē/psychikos*; Röm 2,9; 13,1;) wichtige Termini (vgl. auch 1Kor 12,12–26; vgl. daneben Mk 8,35–37). In diesem Zusammenhang kann *psychē* für die Person stehen (Röm 2,9; 13,1; 1Kor 15,45) und die etwas engere Bedeutung der Intentionalität des Menschen tragen. Das „Ich" sieht Paulus zwischen die Größen Gesetz, Gebot, Sünde, Leib und Tod gestellt, denen er ausgeliefert ist (Röm 7),[23] die er jedoch durch Christus als neugeborener Mensch nicht zu fürchten braucht.[24] Grundmotiv dieser Anthropologie sind die implizit schon bei Jesus zu erschließenden Vorgaben: 1. der Mensch steht immer als Einzelner vor Gott, 2. Gott erhält den Menschen.[25]

*Familie*

Familie und Gesellschaft bilden die beiden wichtigsten Bezugspunkte des Individuums im sekundären Bereich. Auch hier sind verschiedene moderne Sichtweisen zu beachten. Als analytische Kategorie betrachtet man Familie als die Zusammengehörigkeit von zwei oder mehreren aufeinander bezogenen Generationen, die zueinander in einer Eltern-Kind-Beziehung stehen.[26] Daneben existiert die Sichtweise der Familie als Institution, die sich nach außen abgrenzt und eine starke Binnenorientierung aufweist.[27] Die antiken Familienkonzepte tragen Elemente beider Definitionen.

Die (Klein-)Familie (*oikos/familia*) war die zentrale Institution der antiken Gesellschaften. Sie ist nur bedingt mit dem zu vergleichen, was wir im alltäglichen Sprachgebrauch unter Familie verstehen. Sie bestand aus dem Familienoberhaupt (*kyrios*, *pater familias*), seiner Frau (*gynē*, *uxor*), den Kindern (*paides*, *liberi*), sowie den Freigelassenen und den Sklaven. Die *familia* umfasst somit den ganzen Haushalt, was sich im gr. Begriff *oikos* trefflich niederschlägt (vgl. Aristot. pol. 1252b).[28]

Ein Leben außerhalb einer Familie war kaum denkbar. Sie sicherte nicht nur dem einzelnen eine zumindest rudimentäre existentielle Absicherung in der Notlage (u.a. im Alter →2.2.2.3 oder bei Behinderung →2.2.3.2), sondern die Familie bildete über die rein soziologische und materielle Bindung hinaus durch den Hauskult auch eine sakrale Einheit (→2.1). Noch in der Spätantike

---

23 Vgl. hierzu ausführlich *Frevel/Wischmeyer* 2003, 90–93.

24 Vgl. *Frevel/Wischmeyer* 2003, 102–105

25 Vgl. *Frevel/Wischmeyer* 2003, 85–88.

26 Vgl. *Lenz/Böhnisch* 1997, 9–63.

27 Vgl. etwa *Kaufmann* 1995; *Hettlage* 1992.

28 Gerade für den röm. Rechtsraum könnte man daher sagen, dass *familia* alle Personen umfasst, die unter der *potestas* des *pater familias* fallen, dazu der Besitz der Gemeinschaft. Vgl. Ulp. dig. 50,16,195,1.

konnte daher eine Heiligenlegende den gesellschaftstheoretischen Zusammenhang so formulieren: „Der Ehe entspringen Väter, Mütter, Kinder und Familien. Städte, Dörfer und Landwirtschaft sind durch sie in Erscheinung getreten. Ackerbau und Seefahrt und alle Fertigkeit dieses Staates – Gerichte, das Heer, das Oberkommando, Philosophie – beruhen auf ihr. Mehr noch aus der Ehe gehen die Tempel und Heiligtümer unseres Landes hervor.“ (Vita Theclae 16).

In der gr. Antike wahrte die Familie eine hohe Eigenständigkeit. Feste übergreifende Familienstrukturen (etwa Clan, Sippe) gab es nicht. Die *anchisteia*, ein Kreis von Verwandten, der bis zu den Kindern der Vettern ersten Grades reichte, hatte vorwiegend Belang im Erbrecht, ist aber nicht als fester politisch-sozialer Verband zu verstehen. Auch gibt es keine „Geschlechter“ (*genea*) als Organisationsform.
Demgegenüber ist zu beachten, dass im röm. Raum *familia* sowohl die engere (Klein-)Familie als auch die große Gruppe aller Verwandten bezeichnen kann. Zudem ist die Verbundenheit in der *gens*, einem Verband mehrerer Familien gleicher (biologischer, manchmal auch nur geographischer) Herkunft, auch nach Verschwinden ihrer rechtlichen Bedeutung weiterhin als hoch einzuschätzen.

Die Sichtweise der jüd. Welt ist der paganen in diesem Punkt sehr ähnlich. Schon im AT gilt die Familie (*bayit*) als Grundlage der israelitischen Gesellschaft. Wie der gr. *oikos* kann *bayit* sowohl die Familie als auch das Haus bezeichnen. Es verwundert daher nicht, hiermit eine patriarchal ausgerichtete Familie mit dem Vater als Haushaltsvorstand bezeichnet zu finden. Eine derart verstandene Familie kann mehrere Generationen unter einem Dach zusammenschließen (insbes. Frauen der Söhne; Gen 7,1.7; 46,8.26), umfasst aber auch das Gesinde. In dörflichen Kontexten darf man darüber hinaus clanartige Strukturen vermuten. Das Gesetz bildet selbstverständliche Vorgaben für das familiäre Zusammenleben. Die hohe Wertschätzung der Familie im jüd. Denken kommt in rabbinischer Zeit in der Formulierung zum Ausdruck, dass der Mensch erst in der Ehegemeinschaft diesen Namen verdient, da Gott den Menschen als Mann und Frau geschaffen hat (bJeb 63a zu Gen 1,28).

Ob man von einer spezifisch christl. Theorie der Familie sprechen kann, ist mehr als fraglich. Die Evv setzen als Familie die Kleinfamilie voraus, die Eltern und Kinder umschließt (Mt 9,18.23; 10,37; 20,20f; 21,37f; Lk 1,5f). Manchmal werden alte Verwandte als Mitbewohner erwähnt (Mt 8,14; Mk 1,29f). Somit dürfen wir die Organisationsform des *oikos* im hell. Sinne voraussetzen. Gleiches gilt für die Pastoralbriefe, in denen *oikos* explizit als Leitbegriff für den christl. Familienstand genannt wird (1Tim 3,4). Dabei scheint es den ntl. Texten selbstverständlich, dass bei wohlhabenden Familienhäusern auch Sklaven dazugehören (Phlm; 1Petr 2,18f; vgl. schon Eph 6,5–9; Kol 3,22–4,1). Darüber hinaus finden wir viele Vorgaben für das Verhalten der Familienmitglieder zueinander (vgl. dazu →2.2.1.2; 2.2.1.4). Es fällt aber insgesamt auf, dass der hohe Wert der (auf Nachwuchs ausgerichteten) Ehe (und damit der Familie) stets betont wird. Allerdings findet sich die traditionelle antike Familienstruktur zugunsten der Glaubensgemeinschaft in Christo

durchbrochen. Die Glaubenden bilden quasi eine neue Familie (Mt 10,37; 12,46–50).
Schon Aristoteles formulierte (pol. 1253b), dass jede Polis aus Häusern (*oikiai*) zusammengesetzt sei. Daher ist Familie im hell. Raum über den Personenverband hinaus und abgesehen von seiner Rolle als wirtschaftlicher Einheit (Xen. oik. 7,22–43), elementarer Bestandteil der Polis und damit der Gesellschaft im antiken gr. Sinne.

*Gesellschaft*
Der Terminus Gesellschaft verweist im weitesten Sinne auf bestimmte soziale Gemeinsamkeiten von Lebewesen. Spezifisch menschliche Gesellschaft entwickelt sich jedoch immer mittels soziokultureller Lernprozesse und im Rahmen tradierter kultureller Werte und Vorstellungen.[29] So können Gesellschaften historisch geprägt sein (z.B. Nationen) oder sich auf eine gemeinsame Wertebasis berufen (z.B. Glaubensgemeinschaften). Hauptunterscheidungsmerkmal ist die jeweilige Kultur (was freilich angesichts zeitlich wandelnder Bestimmungen dessen, was Kultur ist, die Operationalisierung von Gesellschaften kompliziert (→1.2.1). So lässt sich Gesellschaft grundsätzlich als eine organisierte Gesamtheit von Menschen verstehen, „die in einem gemeinsamen Gebiet zusammenleben, zur Befriedigung ihrer sozialen Grundbedürfnisse in Gruppen zusammenarbeiten, sich zu einer gemeinsamen Kultur bekennen und als eigenständige soziale Einheit funktionieren."[30] Jedoch betrachten andere Definitionen Gesellschaften nicht mehr als Gesamtheit von Individuen, sondern von sozialen Interaktionen. Gesellschaften werden dann als autarke Sozialsysteme verstanden, in denen die Dichotomie von Individuum und Kollektiv durch die Konzeption standardisierter und integrierter sozialer Rollen überwunden wird.[31]
Vor dem Hintergrund dieser verschiedenen Definitionen[32] ist die ältere These, der Antike sei der Begriff Gesellschaft, so wie wir ihn verstehen, fremd, zu revidieren.[33] Vielmehr lassen sich viele Elemente antiken Gesellschaftsverständnisses aufzeigen, die obige Definitionen auszufüllen vermögen. Da diese Aspekte in einzelnen Artikeln dieses Studienbuches abgehandelt werden (vgl. insbes. →2.2), folgen auch hier nur einige Grundüberlegungen:

Während sich der deutsche Begriff „Gesellschaft" vom althochdeutschen *sal* ableiten lässt und damit Gesellschaft sprachlich-ursprungshaft als räumlich vereint lebende oder zeitweilig vereinte Personen kennzeichnet, verweisen die lat. und gr. Termini auf rechtssprachige Wurzeln. Im lat. Sprachraum findet man *societas* und *communitas* synonym für das gesellschaftliche Leben verwendet. Im gr. Raum benutzt man den Begriff *koinōnia*. Die Definition des Aristoteles für *koinōnia* spiegelt die antike Ansicht hierzu gut wider, wenn er

---

[29] Vgl. *Kaupp* 1974, 459.
[30] Vgl. *Kaupp* 1974, 464.
[31] Vgl. insbes. *Parson* 1985.
[32] Eine Übersicht über die aktuelle Diskussion und die verschiedenen Forschungsansätze bietet *Pongs* 2000.
[33] Vgl. so noch *Thraede* 1978, 837; die ältere Lit. zum Thema findet sich dort gesammelt.

sie definiert als „sowohl die verschiedenen, auf Vertrag beruhenden Formen menschlicher Vereinigungen wie naturwüchsige Grundformen des Zusammenlebens in Haus- und Stammverband."[34] Zu Beginn der „Politik" führt Aristoteles zudem aus, dass *polis* unter allen *koinōniai* jene sei, deren Zweck die Zwecke aller anderen überragt und in sich fasst (Aristot. pol. 1252; vgl. auch eth. Nic. 1145a, wo sich verschiedene Koinonia-Arten aufgegliedert finden). Daher möchte er *koinōnia* nahezu mit *polis* identifizieren.
Dessen ungeachtet kann Gesellschaft im Denken des Aristoteles sowohl die „Natürlichen" des Hauses beinhalten (also die Familie: Mann-Frau; Eltern-Kinder; Herr-Knecht) als auch diejenigen Sozialformen bezeichnen, die zwischen den Bürgern durch Übereinkunft entstehen. Beide Formen bilden zudem keinen selbstständigen Bereich zwischen den Einzelnen und der Polis, sondern sind abhängige Teile der *koinia politikē* (eth. Nic. 1160a). Von hieraus entwickelt Aristoteles die Begriffe *zōon politikon* und *physei koinōnikon* als Zentralsätze seiner Gesellschaftstheorie. Der Mensch ist als Individuum daran interessiert, in einer Gesellschaft zu leben.

Cicero greift das Konzept bürgerlicher Gesellschaft, wie wir es bei Aristoteles finden, auf, und verweist nach seinem Entwurf einer Staatslehre in fin. 4,5 programmatisch auf das gr. Pendant *politikon*. Auch der Römer sieht Gesellschaft als Naturbestimmung des Menschen und zum Dasein des Menschen in der Welt zugehörig an (fin. 3,66; leg. 1,23; off. 1,16f). Er betrachtet aber auch neben der bürgerlichen die menschliche Gesellschaft: *naturalis societas inter homines* (leg. 1,16; off. 1,53f; 3,21f). Vor allem hieran wird deutlich, dass antike Gesellschaft eben mehr ist als eine räumlich vereinte Gesamtheit von Menschen gleicher Kultur, sondern Individuen in sozialer Interaktion. Dabei erscheint eine Trennung in privates und öffentliches Leben nicht mehr möglich, beide Sphären sind vielmehr verknüpft. So wurde beispielsweise in röm. Zeit das gesellschaftliche Leben stark von Patronats- und Klientelverhältnissen (→2.2.5.2) geprägt. Dieses Verhältnis ist dadurch gekennzeichnet, dass eine Person mit Macht und Ansehen (*patronus*) sozial und politisch Schwächere (*clientes*) unter ihren Schutz nahm. Hieraus resultierte eine Reihe von gegenseitigen Verpflichtungen, die nie in einen verbindlichen Katalog zusammengefasst wurden, aber dem sozialen Bereich des Lebens angehörten. Hierzu gehörten beispielsweise Rat und Schutz des Patrons für seinen Klienten bei Gericht und finanzielle Unterstützung in der Not, aber auch Gefolgschaft des Klienten in politischen Auseinandersetzungen. In moderner Terminologie könnte man von einem hierarchisch gebauten Netzwerk sprechen.
Freilich wirkt es sich in der analytischen Praxis erschwerend aus, dass in der röm.-kaiserzeitlichen Epoche unübersehbar viele unterschiedlich organisierte Gesellschaften, d.h. soziokulturelle Einheiten, in Gemeinwesen lebten, die einen kaum vergleichbaren zivilisatorischen Entwicklungsstand hatten.[35]
Höchste und für die Antike typische Sozialisationsstufe ist die Stadtgemeinde, welche vom Imperium Romanum lediglich politisch-administrativ umfasst wird. Während die Frage einer städtisch-bürgerlichen Gemeinschaft für die

[34] *Kaupp* 1974, 461.
[35] Vgl. *Vittinghoff* 1990, 168.

verschiedenen Städteformen des röm. Raumes (Kolonien, Munizipien) je einzeln bestimmt werden müssen, erweist sich die gr. Polis aufgrund ihrer Verfassungsorgane als chronologisch stabile Erscheinung einer Gesellschaftsform, deren Regeln aufgrund der Gesetze und ethischer Normen fassbar sind. Und genau dort schließt sich der Kreis vom Individuum zur Gesellschaft. Die Gesellschaft ist nichts anderes als die Gesamtheit der Polis-Bewohner mit ihren sozialen Interaktionen. Der Bewohner, das Individuum, stellt sich mit all seinen individuellen Eigenschaften in den Kontext dieser Gesamtheit. Treffend fasst daher Aristoteles die antiken Zusammenhänge in Worte, wenn er zu Beginn seiner Politik das Haus (*oikos*) als soziale Sicherung des Lebenswichtigen betrachtet, in der Polis aber die Natur des Menschen verwirklicht sieht (Aristot. pol. 1253a) und als Krone der gesellschaftlichen Bindungen bezeichnet. Daraus folgt ein Verständnis der Polis als begreifende Normierung: die Polis ist Gemeinschaft in einem guten Leben unter Häusern und Geschlechtern mit der Bestimmung des in sich ruhenden und selbstständigen Lebens (Aristot. pol. 1280b).

Gegen diese eher abstrakte Gesellschaftstheorie steht die jüd. Abgrenzung des erwählten Gottesvolkes. Diese drückt sich aus im Terminus *qahal*, welcher, die Versammlung von Menschen allgemein (1Sam 17,47; Jer 26,17; Esr 10,1) bezeichnen kann, im Speziellen aber die Gemeinde Israels als Kultusgemeinschaft kennzeichnet (Ps 22,23.26; 35,18; Esr 2,64; 10,12 u.ö.). Ebenso findet sich diese semantische Verengung im hebr. Terminus *'am* (LXX *laos*), welcher ursprünglich die Gesamtheit der Bürger einer Stadt mit vollem Bürgerrecht (Rut 4,4.4; 2Chr 32,18; Neh 8,1 u.ö.) oder eine Stammesversammlung (1Sam 10,17.22–24; 1Kön 20,8) bezeichnen konnte, und in offiziellen griechischsprachigen Dokumenten mit *dēmos* wiedergegeben wurde (1Makk 8,29; 14,20; 15,17). Schon früh und mit zunehmender Ausschließlichkeit wird *'am* aber für die religiöse Gemeinschaft der Gläubigen *JHWH*'s verwendet (Ri 20,2; Dtn 7,6; 14,2; vgl. 1QM 3,13; 12,7). Dabei stellt sich die Frage der Ordnung dieser Gesellschaft nicht, da sie als von Gott allumfassend gewährt verstanden wird (*mischpat* [Ex 21,1; Lev 18,4; Dtn 33,10; Jes 51,4 u.ö.]). Das Konzept der jüd. Gesellschaft wird u.a. darin deutlich, dass es mit *jahad* ein eigenes Wort besitzt, mit dem sich das Individuum als dem Judentum als (Kultus)-Gesellschaft zugehörig bezeichnen kann. Primäres Kennzeichen der jüd. Gesellschaft ist somit nicht ein theoretisches Verständnis von Gesellschaft, sondern das Wissen um die Erwählung als Gottesvolk.

Das frühe Christentum nimmt beide Traditionen auf. So findet sich in den ntl. Schriften *koinōnia* als Gemeinschaft verstanden, die durch gemeinsame Teilhabe an etwas zustande kommt und sich in wechselseitigem Empfangen und Geben verwirklicht (vgl. 2Kor 8,23; Gal 6,6; Hebr 10,33). Zwar ist diese Sichtweise der paganen Vorstellung *koinōnia*, die auf Interaktion der Individuen beruht, ähnlich, erhält aber einen ganz eigenen Akzent dadurch, dass sie vor allem im christologischen und ekklesiologischen Zusammenhang erscheint. Die Teilhabe am Leib des erhöhten Christus begründet die Gemeinschaft aller Mitteilhaber im Leib Christi, nämlich der Gemeinde (1Kor 10,16f). Was verbindet, ist die Gemeinschaft im Geiste (2Kor 13,13). Zur Gesellschaft im paganen Sinne, die freilich Rahmenbedingung des täglichen Lebens bleibt, tritt die Gemeinschaft der Glaubenden.

*Zusammenfassung*
Wenngleich sich die antike Philosophie um eine scharfe Abgrenzung des Individuums bemüht (und damit mittelalterliches und neuzeitliches Denken prägt), wird doch deutlich, dass in der Praxis Individuum, Familie und Gesellschaft auf das Engste verwoben sind. Das Individuum definiert sich von der Gesellschaft her und findet in der Familie Halt, die Gesellschaft besteht aus Familien, die wiederum den Zusammenschluss von Individuen darstellen. Wie oben gezeigt, ist sich die Antike dessen voll bewusst. Das jüd. und christl. Denken bleibt im Rahmen dieser Schematik, fügt dem aber eine radikal auf Gott hingeordnete Anthropologie und eine eigene Ethik hinzu, welche die Verhältnisse der Individuen zueinander im Allgemeinen und den Umgang in der Familie im Speziellen regelt.

*Literatur*
*A. Dihle u.a.*: psyche, ThWNT 9, 1973, 604–661. – *R. Düll*: Persona, RE XIX.1, 1937, 1038–1041. – *Chr. Frevel/O. Wischmeyer*: Menschsein. Perspektiven des Alten und Neuen Testaments, Würzburg 2003. – *R. Hettlage*: Familienreport. Eine Lebensform im Umbruch, München 1992. – *G. Huber*: Eidos und Existenz. Umrisse einer Philosophie der Gegenwärtigkeit, Basel 1995. – *F.-X. Kaufmann*: Zukunft der Familie im vereinten Deutschland. Gesellschaftliche und politische Bedingungen, München 1995. – *P. Kaupp*: Gesellschaft, Hist.Wb.Philos. 3, 1974, 459–466. – *Th. Kobusch u.a.*: Individuum, Individualität, Hist.Wb.Philos. 4, 1976, 300–323. – *K. Lenz/L. Böhnisch*: Zugänge zu Familien – ein Grundlagentext, in: *Dies.* (Hgg.): Familien. Eine interdisziplinäre Einführung, Weinheim/München 1997, 9–63. – *M. Maurer*: Historische Anthropologie, in: *Ders.* (Hg.): Aufriß der Historischen Wissenschaft, Bd. 7, Stuttgart 2003, 294–385. – *K. Meyer-Drawe*: Individuum, in: *Chr. Wulf* (Hg.): Vom Menschen. Handbuch Historische Anthropologie, Weinheim/Basel 1997, 698–708. – *T. Parson*: Das System moderner Gesellschaften, Frankfurt a.M. 1985. – *A. Pongs* (Hg.): In welcher Gesellschaft leben wir eigentlich? Gesellschaftskonzepte im Vergleich, 2 Bde., München 2000. – *M. Riedel*: Gesellschaft, bürgerliche, Hist.Wb.Philos. 3, 1974, 466–473. – *U. Schnelle*: Neutestamentliche Anthropologie, Neukirchen-Vluyn 1991. – *K. Thraede*: Gesellschaft, RAC 10, 1978, 837–847. – *R. van Dülmen*: Historische Anthropologie. Entwicklung, Probleme, Aufgaben, Köln u.a. 2000. – *F. Vittinghoff*: Gesellschaft, in: *W. Fischer u.a.* (Hgg.), Handbuch der europäischen Wirtschafts- und Sozialgeschichte, Bd. 1, Stuttgart 1990, 161–374.

## 1.2.6 Gesellschaft und Ritus (*Wolfgang Christian Schneider*)

*Stellen im NT*
Mt 3,1–10; 9,10; 11,19; 12,1; 15,2; 15,10; 26,61; Mk 2,15.27; 5,25; 7,5.15.20; 15,18; Lk 3,1–10; 5,29; 6,1–5; 6,6; 8,43; 10,25–42; 18,9–14; 19,1–10; Joh 4,7–29; 9,1.21; Apg 6,1; 7,41.48–50; 10,1–11,18; 15,1–29; 1Kor 8

*Ritus und Gemeinschaft*
Im gesellschaftlichen Leben der antiken Kulturen nahmen Riten einen breiten Raum ein, und sie traten in großer Vielfalt in Erscheinung. Riten sicherten und

ordneten die Gesellschaft in umfassendem Sinne, sie bestimmten spezifische Identitäten und soziale Zugehörigkeiten, sie strukturierten das Leben des Einzelnen, der Familien und der sie fassenden Gemeinschaft, gaben die Ordnung in Raum und Zeit. Im Hinblick auf ihre gesellschaftliche Bedeutung scheiden sich die Riten in zwei Bereiche, die zwar nicht wirklich getrennt, aber doch in ihrer ersten Ausrichtung, ihrem Bewegungsablauf verschieden gelagert sind: Riten, die unmittelbar im sozialen Leben ansetzen, sich wesentlich auf die Gruppe oder den Einzelnen beziehen, um sie (etwa in „Schwellenriten") sozial – dann auch vor der Gottheit – zu situieren, stehen neben Riten (etwa Kultriten im strengen Sinne), die unmittelbar auf die Gottheiten zielen, deren Ansprüchen an den Spender und dessen Gemeinschaft genügen sollen oder sie zu einer bestimmten Haltung gegenüber diesen bewegen sollen. Bei all dem waren die Riten gleicherweise fest und offen; unter den antiken Kulturen und Gesellschaften gab es einige, etwa Rom, die grundsätzlich streng an den gegebenen Riten festhielten, und andere, deren rituelle Ordnung auf neu Eintretendes schöpferisch antwortete. Zugleich standen innerhalb der einzelnen Gesellschaft neben Bereichen, in denen einmal gefundene Riten bewahrt wurden, andere, in denen die Riten auf die Lebensbedürfnisse beweglich eingingen.
In der gr. Kultur historischer Zeit waren die kultischen Riten verhältnismäßig offen. Denn die polytheistische gr. Gesellschaft dachte von der Epiphanie her: Der besondere Ritus oder die „jetzt" gültige Modellierung der schon geübten, durch eine längere Tradition geronnenen rituellen Formen, ergab sich wesentlich aus dem Modus der Erscheinung des jeweils eintretenden Göttlichen. So blieben die Riten, selbst wenn ihre Formen überkommen waren, doch formbar, neue Erfahrungen konnten, ja mussten eingehen in die alte Form und sie auf das gegenwärtig Geschehende hin wandeln.[1] Beispielhaft zeigt dies die Entwicklung der Tragödie (→1.3.3.2) als ritueller Teil des dionysischen Kultzusammenhangs. Ihre Formung zu verschiedenen Zeiten antwortet auf die Entwicklung der „aufführenden" Gemeinde, ihres Menschenbildes und der ihr entgegentretenden gesellschaftlichen Anforderungen.[2]
Zugleich hatten die für den Einzelnen wie für die Gesellschaft bedeutsamen Kulte verschiedene Ausrichtungen und göttliche Empfänger, sie schlossen einander weder aus, noch waren sie in Modus und Maß der Kultübung und Verehrung unbedingt verpflichtend. Damit ergaben sich Möglichkeiten einer „Modellierung" der rituellen und religiösen Ordnung durch veränderte Gewichtungen im Vollzug der Riten oder durch gezielte Förderung bestimmter Kulte oder Riten. Das erlaubte es leitenden Personen (wie Peisistratos) oder Gruppen, mit dem den einzelnen Kulten oder Riten inhärenten Gehalt eigene Vorstellungen oder auch die eigene Geltung auf spezifische Weise zu akzentuieren und zu popularisieren, Loyalitäten zu gewinnen oder zu verstärken.

---

1 Dies zeigt sich deutlich bei einer diachronen Betrachtung der Einzelkulte, vgl. etwa zum Kult von Eleusis *Nilsson* I $^{3}$1967, 469ff.654ff; reguliert wurden Veränderungen im Kultischen durch das Orakel in Delphi, dazu *Nilsson* I $^{3}$1967, 629ff. Freilich gab es immer Bereiche, die einer Veränderung wenig zugänglich waren, etwa auch Bestimmungen, die das Betreten von Tempeln beschränkten oder überhaupt untersagten; dazu *Nilsson* I $^{3}$1967, 75ff.

2 Vgl. *Meier* $^{3}$1995.

Den mit den Kulten verbundenen Festen kam daher ein besonderer Rang bei der Herausbildung und Festigung der gr. Poliswelt zu. Solche öffentlichkeitswirksamen Feste, jährlich gefeiert, wie die Anthesterien in Athen und die Mysterien von Eleusis, oder in festen mehrjährigen Abständen begangen, wie in Athen die Panathenäen, lösten umfangreiche Pilgerströme aus, zogen Menschen aus entfernteren Gegenden der eigenen (gebietskörperschaftlichen) Stadt an oder Bürger anderer Städte. Dabei war in der Teilnahme an den prächtigen Festaufzügen und den zugehörigen Spielen wie in deren Betrachtung immer auch das Kultische gegenwärtig: als Gabe an die gefeierten Gottheiten. Politische Vertrautheiten oder Bindungen zwischen den Städten oder Herrschaften fanden bei solchen Feierlichkeiten in wechselseitigen rituellen Festgesandtschaften ihren Ausdruck und wirkten auf ihre Weise Loyalitäten erweckend, bindend oder festigend auf den Sozialverkehr. Schließlich vergegenwärtigten gerade die großen Festriten die ansonsten nirgends „vorstellbare" hellenische Gesamtgemeinschaft. Dies gilt besonders etwa für Olympia oder Delphi, die ursprünglich – und im Rituellen fortdauernd – regional bezogen waren, dann aber eine hellenenweite Bedeutung erhielten und in röm. Zeit sogar auf den gesamten Mittelmeerraum ausstrahlten. Schon bald, besonders aber in hell. Zeit, fanden sich zu solchen Festzeiten bei den Tempeln auch Personen ein, die der versammelten Menge ihre je eigenen geistigen Vorstellungen und Lehren darzulegen suchten, um Anhänger für ihre Sicht zu gewinnen.
In hell. Zeit veränderte sich die religiöse Situation in Griechenland mit erheblichen Folgen für das Rituelle. Seit dem 4. Jh. v.Chr. lässt sich eine zunehmende Ausdünnung der existenziellen Bindungen der Bürger an ihre Stadt beobachten, damit einher geht eine wachsende Individualisierung (→1.2.5) der Menschen. Während bei den alten großen Festen der Gemeinden das Rituelle zunehmend zugunsten einer außerreligiösen Repräsentation zurücktrat, kam es intern, beim Einzelnen, zu einer Umschichtung und Auffächerung: Neben einer – von der Philosophie (→1.2.4) gestützten – Transzendierung des Göttlichen, für die Rituelles nur noch äußere, letztlich unerhebliche „Sitte" war, brach ein individuell gelagertes Zuwendungsverlangen hervor, das seine Verwirklichung gerade in Riten fand, die den Einzelnen unmittelbar erfassten. Kulte, die dafür Ansätze boten, oftmals fremdländische, die zunächst über soziale Unterschichten – etwa auch Sklaven – Eingang in den gr. Kulturzusammenhang erlangt hatten, fanden verstärkt Zulauf. Besonders für die Großstadt Athen, zumal den Hafen Piräus, ist dies belegt, etwa im Eindringen der kleinasiatischen Kybele und des Attis.
Wo diese ursprünglich randständigen Kulte wegen der Übermacht der institutionalisierten Kulte nicht eigenständig durchzudringen vermochten, traten sie über synkretistische Gleichsetzungen in Verbindung mit einem der anerkannten Kulte auf. Kybele etwa verbindet sich teilweise mit Demeter. Damit fächerten sich die rituellen Gegebenheiten auf: Zu den alten Riten kamen neue hinzu, die dann wiederum vielfältige Bindungen mit dem Überkommenen eingingen. Gerade dadurch aber vermochten diese rituell reorganisierten Kulte dem Bedürfnis nach einer individuellen Ergriffenheit Rechnung zu tragen. So ist der Synkretismus als konstruktives Prinzip zu sehen, das – vor dem Hintergrund der Transzendierung des Göttlichen – einen Ausgleich zwischen divergierenden religiösen und kultischen Ansätzen anbahnte. Mitunter kam es auch

zu gezielten rituellen Vereinheitlichungen, etwa im Fall des Serapis-Kultes, für den Ptolemaios IV. Philopator eine Priesterkonferenz einberief, um die rituellen Übungen an den verschiedenen Kultstätten miteinander abzugleichen.[3] Eine vermehrte Bedeutung erhalten in diesem Zusammenhang Mysterienkulte (→3.1.2), ihre Riten waren von ihrer Struktur her besonders geeignet, individuell bzw. individualisierend „aufgeladen" zu werden. Dabei kommt es auch zu einer inhaltlichen Anreicherung: Aus dem vor Augen geführten unmittelbaren Erleben der Epiphanie – etwa in Eleusis – formten sich allmählich Vorstellungen einer bleibenden Gottesnähe und einer damit verbundenen „Erlösung" von den Bedingtheiten des Irdischen. Angesichts ihrer individuellen Lagerung verbinden sich diese Vorstellungen häufig mit Elementen der philosophischen Spekulation, was dann auch im Sinne einer Neubegründung der überkommenen Götterreligion wirksam wird.
Im Zuge dieser Prozesse veränderten sich auch die Reinheitsvorstellungen und insbes. die Reinheitsgebote, denen seit alters in vielfältigen Erscheinungen Bedeutung zukam. In den überkommenen Riten entsprangen sie zumeist einerseits der Vorstellung der Steigerung des eigenen Vermögens, andererseits Vorstellungen der „Befleckung", der Widrigkeit eines unmittelbaren Kontakts, da dieser eine rituelle Sonderqualität, ein Heiliges, entwerten oder auch verletzen und dann zerstörend wirksam werden lassen konnte. Auch wenn diese alten Reinheitsvorstellungen teilweise weiterlebten, trat – wesentlich getragen von der Verschränkung mit einer philosophischen Ethik (→3.3.1) und dem von dieser beeinflussten Mysterienwesen (→3.1.2) – zunehmend die Frage der je eigenen inneren Reinheit in den Vordergrund.[4] Damit löste sich die Frage der rituellen Reinheit zwar zunächst vom Gesellschaftlichen, doch nur, um sich auf höherer Ebene erneut mit dem Gesellschaftlichen zu verbinden. Denn als Regulativ des sozialen und politischen Handelns des Einzelnen wurde individuelle Reinheit wieder Teil des Gesellschaftlichen.

In der röm. Kultur kam dem Rituellen eine besondere Bedeutung zu. Denn die röm. Religion dachte von einer vielfältig von göttlichen Kräften erfüllten Ordnung her. Noch Augustin gefällt sich darin, die vielen göttlichen Wirkmächte aufzureihen, die in nur einem Getreidespross bis zur Ernte in Erscheinung treten.[5] Das Personale der Gottheit trat hinter der in ihrem Namen gefassten Wirkmacht zurück, weswegen im Kult – etwa bei Mars – lange Zeit anikonische Gotteszeichen gegenwärtig blieben. Auch gab es ursprünglich keine Genealogie der Götter und – anders als in Griechenland – keinen Geburtstag einer Gottheit. Das hohe jährliche Fest war der *natalis templi*, die rituelle Grundlegung von Kult und Ritus durch die Gemeinde.[6] Entscheidend für das Wohl und Wehe der Gemeinschaft war der richtige rituelle Umgang mit den göttlichen Wirkmächten und der sie umfangenden übermenschlichen Ord-

3 *Leipoldt/Grundmann* II $^{2}$1970, 82f.
4 Vgl. zur alten Vorstellung *Nilsson* I $^{3}$1967, 75ff.89ff, zur neuen etwa die Bestimmungen der Andania-Mysterien, *Leipoldt/Grundmann* II $^{2}$1970, 89f.
5 Aug. civ. 4,8; ähnlich civ. 6,9 über die im Geschlechtlichen waltenden Gottheiten.
6 *Templum* meint dabei zunächst nicht das Gebäude (das später hinzutreten konnte), sondern den geweihten Raum.

nung. Die göttliche Macht war sorgfältig zu beachten, durch Riten und Gaben in das Eigene hineinzuziehen und in ihrer Wirksamkeit für das Eigene zu steigern.

So durchzog die Ritualität in vielen Erscheinungen die soziale Welt der Römer: Jeder entscheidende Moment im Leben des Einzelnen wurde rituell bedacht. In gleicher Weise trugen Riten die Gemeinschaft als Ganzes; sie erst machten ein verfasstes soziales Handeln, eine *res publica*, möglich. Nur ein vollgültiger Vollzug der Riten konnte die Einbettung des gemeindlichen Tuns in die übermenschliche Ordnung erreichen und damit Fortdauer und Blüte der Gemeinde gewährleisten. Jedes – auch unabsichtliche – Abweichen vom vorgegebenen Ritus machte den Akt ungültig, weshalb hinsichtlich der röm. Religion historischer Zeit von Formalismus gesprochen wurde.[7] Die religiöse Welt Roms war daher, obwohl sie wie die Griechenlands polytheistisch war, hinsichtlich des eigentlichen Gemeindekultes erheblich weniger offen. Nachdem das rituelle Gefüge in frühröm. Zeit einmal seine Gestalt gefunden hatte, war es nurmehr in beschränktem Umfang für Entwicklungen zugänglich. Mochten auch die Gottheiten mit etruskischen oder gr. Benennungen verbunden und plastisch gebildet worden sein, für die staatlichen Belange hielt Rom im Grundlegenden nahezu unerbittlich am überkommenen Ritus fest. Was – nach Maßgabe der alten Ordnung – neu einzurichten war, wurde sorgsam in die alte Übung eingepasst, „Neues" wurde nur als Ausfüllung des „Alten" zugelassen. Wenn wiederholt neue Kulte eingeführt wurden, etwa die des Apollo oder der Mater Deum Magna Idaea (Kybele)[8], so bedeutete dies lediglich in additiver Mehrung eine Fortführung des Überkommenen und war nicht mit einer strukturellen Veränderung verbunden.

Im öffentlichen Leben traten die Riten der röm. Religion vor allem bei Akten der politischen Einrichtungen und bei Festen in Erscheinung (→1.2.3). Dabei aber waren sie nicht Akte einer „Politik", sondern Ausfluss der notwendigen Einbettung des gemeinschaftlichen Tuns in die übermenschliche Ordnung, die es zu wahren, zu bestätigen und zu erneuern galt. Ein politisches Handeln war nur innerhalb eines rituell bestimmten Raumes und nur mit einer rituell vermittelten Sonderqualität, dem *imperium*, möglich. Der Magistrat trug seinen Handlungsvorsatz rituell gegenüber der Gottheit vor, worauf ihm – im positiven Fall – durch ein Zeichen bestätigend die für das Gelingen notwendige Kraft zukam. Auch zeigten die göttlichen Wesenheiten mitunter von sich aus einen Missstand, ein Fehlverhalten in der Gemeinschaft an, worauf dann die Gemeinde rituell zu reagieren hatte, wiederholt mit der Neubegründung eines Ritus. Mehrfach wurden auf derartige negative Himmelszeichen (*omina*) hin Feste und Festspiele eingerichtet, wobei es wesentlich darum ging, die Gesellschaft in ihrer Ordnung vor dem Übermenschlich-Göttlichen rituell darzustel-

[7] *Latte* 1960, 198.

[8] Es führt in die Irre, hinsichtlich der Übertragung der Kybele nach Rom 205/204 v.Chr. von Orientalisierung zu sprechen: Die Gottheit wurde als Gottheit des trojanischen Ursprungs von Rom übertragen und trat in der röm. Ordnung nur als solche auf; die phrygische Kultkomponente war als binnensakral strikt auf Tempel und Tempelbezirk beschränkt und fand – wie die archäol. Befunde zeigen – Teilnahme nur von Seiten der Sklaven aus dem Osten. Erst in der Kaiserzeit treten Römer hinzu.

len und so in ihrer Verankerung in diesem zu bestätigen und in ihrer Kraft zu erneuern.
Die röm. Religion kannte eine rituelle Sonderung von Arbeitstagen und Feiertagen und ein Arbeitsverbot an Feiertagen. Dies aber wurde, da die Verbote noch ganz aus der agrarischen Lebenswelt stammten und wortwörtlich genommen wurden, in späterer Zeit auf vielfältige Weise durch formalistisch begründete „Erlaubtheiten" in seiner Strenge gemildert. So durften etwa Arbeiten vorgenommen werden, die Bestehendes ausbesserten oder säuberten.[9] Die röm. Pontifikalreligion kannte somit eine rituelle Kasuistik nicht unähnlich der des pharisäischen Judentums (→3.1.3.1).
Wie die Überlieferung zeigt, war die religiöse Ordnung Roms nicht Herrschaftsinstrument einer Oberschicht, sie war vielmehr in der breiten Bevölkerung verankert, die eifrig über die Wahrung der alten Ordnung wachte. Als die republikanische Ordnung im Bürgerkrieg zusammenbrach und die Kultpflege verwahrloste, bedeutete das daher nicht das Ende der traditionellen Riten, vielmehr kam es unter Augustus zu einem Wiederaufbau der kultischen Ordnung Roms bei fortdauernder Akzeptanz. Ermöglicht wurde dies durch die qualitative Zeitauffassung der Römer,[10] die ein Verrinnen der Qualität einer Zeitphase (eines *saeculum*) kannte, worauf aber durch eine rituell vollzogene Reinigung wiederum eine Zeit sakral gültigen gesellschaftlichen Lebens herbeizuführen war. Dies vollzog nach den Wirren der Bürgerkriege Augustus mit seiner Saecularfeier, die aus diesen Zusammenhängen ihr zeitgenössisches Pathos gewann. Auch die Hervorhebung der Geburt Jesu unter Augustus durch Lukas (2,1f) steht noch in ihrem Bann.
Jenseits des rituellen Herkommens war dem Einzelnen ein geringer Spielraum für eine persönliche Religiosität (→3.3.6) gegeben. Privates war nur nach Maßgabe der Riten der Gemeinschaft zugelassen. Damit entfiel die Notwendigkeit einer *inneren* Hingabe des Einzelnen im religiös-rituellen Geschehen. Ansätze einer *inneren* Religiosität, die seit dem 2. Jh. v.Chr. vereinzelt auftraten, wurden – sobald sie gewichtiger in den öffentlichen Raum vordrangen – von der röm. Obrigkeit und der sie tragenden Schicht rigoros ausgeschlossen, etwa 186 v.Chr., als das aus dem gr. Bereich eingedrungene Bacchanalienwesen mit großer Härte unterdrückt wurde. Allerdings wurden den nichtröm. Unterschichten, insbes. den Sklaven, aber auch den zugereisten Fremden, die je eigenen Riten des Herkunftzusammenhangs ungemindert zugestanden, solange sie nicht in die Öffentlichkeit hineinwirkten.
Seit dem 1. Jh. v.Chr. allerdings verlor die alte religiöse Welt in der Oberschicht ihre Verbindlichkeit. Die Gebildeten zogen sich von vielen Teilen der Inhalte und vielfach auch von den rituellen Erfordernissen zurück, traten ein in die hell. religiöse Welt. Immer häufiger suchten Römer den Zugang zu gr. Kulten, Befragungen in gr. Orakelheiligtümern mehrten sich ebenso wie Eintritte in hellenische Mysterienkulte (→3.2.6), etwa den von Eleusis. Darüber hinaus aber lässt sich auch ein Interesse an fremden religiösen Erscheinungen,

---

9 Vgl. Cato agr. 2,4; Serv. georg. 1,270.

10 Vgl. dazu *W. Ch. Schneider*: Zur Auffassung der Zeit bei Cicero, in: *P. Defosse* (ed.): Hommages á Carl Deroux, Brüssel 2002, Bd. 2, 409–424.

etwa dem Judentum, beobachten.[11] Begleitet wurde all dies durch eine verstärkte Hinwendung der gebildeten Römer zur Philosophie (→1.2.4), die mit einem inneren Abrücken von den überkommenen rituellen Formen verbunden war.
Seit spätrepublikanischer Zeit erstarkte auch in den unteren Schichten eine private Religiosität, die Mantik, Magie und Mysterien (→3.1.2) einschließen konnte. Damit teilweise verschränkt entwickelte sich in Rom ein Synkretismus, der erheblich auf die überkommenen Riten einwirkte und „hell.-östliche" Momente in die Kultübung hereinzog. In diesem Zusammenhang erwarb sich nicht nur die 205/204 v.Chr. eingezogene Idäische Mutter innerhalb der röm. Bevölkerung in ihrer orientalischen Wesenheit als „Kybele" Anerkennung, sondern es wurden auch andere „orientalische" und „orientalisierende" Kulte attraktiv, etwa der ekstatische Dionysos-Kult. Trotz dieser „Privatisierung" des religiösen Lebens und des „Verschwimmens" der röm. Götterwelt kam es in der sozialen Breite zu keiner Distanzierung vom Staatskult und seinen Riten. Denn dessen Grundlage war ein weitgehend unspezifiziertes Göttliches – das aber war von sehr vielen religiösen Grundhaltungen aus zugänglich. Selbst eine überragende Einzelgottheit henotheistischer oder gar monotheistischer Prägung konnte ihr letzter Träger sein.[12] Eine zusätzliche Stabilisierung erhielten der Staatskult und seine alten Riten, als sie nach Augustus mit dem Herrscherkult (→3.3.4) verschränkt wurden.
Das Leben des Einzelnen in der gr. und röm. Gesellschaft war durchzogen von einer Vielzahl Riten. Letztlich war jeder individuell oder sozial bedeutsame Tag im Leben eines antiken Menschen mit rituellen Vorgängen verbunden. Eine besondere, auch gesellschaftlich bedeutsame Stellung kam Riten zu, die Momente von Identitätswandel oder veränderter sozialer Zugehörigkeit markierten (Schwellenriten). Der Vielfalt der staatlichen Ordnung im Mittelmeerraum entsprechend waren diese Riten schon innerhalb Griechenlands sehr verschieden gestaltet, und diese wiederum hoben sich ab von den in Italien und Rom geübten, und doch besitzen sie gemeinsame Grundzüge. Wegen seiner Konzentration auf die göttlichen Wirkkräfte war Rom besonders detailfreudig, etwa bei der Geburt (→2.2.2.1)

Nach der von mehreren Gottheiten phasenweise überwachten Geburt legte die Hebamme das Kind dem Vater zu Füßen, er hob es auf und nahm es damit rituell in die Familie auf. Während der Zeit des Wochenbetts oblagen ihm im Hause verschiedene Riten, in dieser Zeit war Iuno Lucina, die Iuno der Geburt, auf einem ihr bereiteten Bett gegenwärtig. Der neunte (bei Mädchen der achte) Tag nach der Geburt, mit dem die Wochenbettzeit endete, war der Weihetag (*dies lustricus*), an dem das Kind, lustriert, geweiht und gegen jeden Zauber gefeit wurde und den Namen erhielt. Neben den Festlichkeiten im Haus mit Segenswünschen für das Kind, Geschenken und dem Umhängen der Bulla (einer Kapsel mit Schutz-

[11] Vgl. Hekataios v. Abdera (FgrHist Nr. 264) F 6,4; PsHekataios (ebd.) F 21,199; Strabon (der wohl den von Pompeius unterrichteten Poseidonius referiert) 16,2,35ff; vgl. auch den Cornelius, den Hauptmann der italischen Kohorte, Apg 10.
[12] Eine henotheistische Auffassung des Göttlichen bietet schon Xenophanes Frg. 23 nach Clem. str. 5,109; Eus. p.e. 13,13,36.

zauber) war es üblich, die Kinder anerkannten Personen vorzuführen, um Segenswünsche zu gewinnen und sie in Tempeln den Göttern anzuempfehlen.[13]

Die Schilderung des Lukas (2,21–40) über die Geburt und frühe Kindheit Jesu, mit der Darstellung im Tempel und den Segnungen durch Simeon und Anna zeigt viele dieser Dinge. Rituell begangen wurden in Rom danach vor allem, beim Knaben, der Moment des Sprießens des ersten Bartflaums und ungefähr im Alter von 15 Jahren – zumeist am Liber-Fest – das Ablegen von Kindertoga und Bulla, die den Laren geopfert wird, und das Anlegen der *toga virilis*, dann recht früh Verlobung und Heirat, schließlich die Volljährigkeit, die erst mit 25 Jahren eintrat. Im weiteren Leben war jeder bedeutendere Weg, insbes. jede Abreise und „Rückkehr", mit Riten verbunden, etwa die Rückkehr von einer Seefahrt oder einem Kriegszug oder die Genesung von einer Krankheit, da dann die eingegangenen Gelübde (*vota*) erfüllt werden mussten. Bei den Mädchen wurde der Beginn des Schwellens der Brüste rituell begangen, sicherlich jedoch noch weitere Momente. Die rituelle Beendigung der Kindheit fiel bei ihnen unmittelbar mit den Vorbereitungen zur Verlobung und Verheiratung zusammen, die zumeist schon in recht jungen Jahren erfolgte. Am Vortag des Verlobungsfestes opferten die Mädchen ihr Spielzeug den Laren der Familien.
Im Leben des Erwachsenen hielt die rituelle Einbindung an. Es gab, zumal für die Anhänger von Mysterienkulten (→3.1.2), Fastenzeiten, Speise- und Reinheitsgebote, etwa bei den Eleusinischen Mysterien im Zusammenhang mit Festvorbereitungen. Aber auch die als Kultgemeinschaften organisierten Philosophenschulen (→3.1.1) kannten rituelle Einschränkungen. Nicht selten begegnen auch zeitweilige oder dauerhafte Tabuierungen; so konnte, was mit Blut und Tod in Kontakt war, im rituell geprägten Zusammenhang verboten sein. Wie in den Familien und „Häusern" (→3.3.6) war das Rituelle auch im weiteren Sozialleben gegenwärtig. Festzüge der einen oder anderen Festgemeinde, dieses oder jenes Kultes traten auf. Alle wesentlichen Ereignisse und sozialen Akte waren kultisch gefasst, vor allem auch die Märkte, die meist in Tempelfesten (→3.3.2) begründet waren. Vergabungen an die Gemeinschaft und Speisungen oder Spiele, etwa auch Tierhetzen, waren grundsätzlich Teil religiöser Festzusammenhänge und daher innig mit rituellen Akten verschränkt. Öffentlich angebotenes Fleisch war fast immer Opferfleisch (vgl. 1Kor 8). Wer immer an Fest und Markt teilnahm, trat damit auch in einen rituellen Zusammenhang ein. All dies veranlasst die streng in Kategorien ritueller Reinheit denkenden Lehrer der pharisäischen Tradition dazu, ihren Anhängern nicht nur jede Teilnahme und jeden Handel bei diesen Veranstaltungen zu verbieten, sondern sogar das Grüßen der Bewohner auf den öffentlichen Plätzen zu Festzeiten als Mitwirken am Götterdienst zu untersagen.[14]
So war im Alltag der antiken Welt die Grenze zwischen Rituellem und „Profanem" fließend: Zwar gab es Gerätschaften, die dem rituellen Gebrauch vorbehalten waren, doch zugleich wurden alltägliche Geräte ohne weiteres auch

---

[13] Vgl. Suet. Cal. 25,4, zu Caligula und seiner Tochter Julia Drusilla, und Pers. 2,31ff. Möglicherweise greift die spätantike Ikonographie der Geburt Jesu die liegende Lucina auf.
[14] Vgl. tAZ 1,2.5–7.9.13.15–18.

bei Kultübungen genutzt, zugleich gelangten rituell genutzte Geräte häufig wieder in den profanen Bereich. Die Bestimmungen in Mischna und Tosefta (→1.5.3) zum „Fremden Dienst“ zeigen, welche Schwierigkeiten sich für das Judentum daraus ergaben. Diese Texte zeigen aber auch, welche Probleme sich daraus für das Sozialleben in den Städten ergeben konnten, wenn einzelne religiöse Gruppierungen sich gegenüber der religiösen und rituellen Koine der mediterranen Welt absonderten.

*Religiöse Kritik an Kult und Ritus*

Gegen Ende des 6. Jh. v.Chr. setzte im gr. Kulturraum mit Xenophanes (ca. 570–460) eine kritische Wendung gegen Kult und Ritus ein, die sich im Zuge der sophistischen Bewegung zunehmend ausbreitete und seit dem späten 4. Jh. bei Gebildeten eine gängige Erscheinung wurde. Die rituellen Einrichtungen und das Handeln gegenüber den Gottheiten wurden nach rationalen, „aufklärerischen“ Gesichtspunkten bewertet und in ihrer Unangemessenheit gegenüber dem entwickelten Menschenbild lächerlich gemacht. Beispielhaft zeigt das Xenophanes’ Rede vom negroiden Gottesbild der Aitiopen und der Ochsenähnlichkeit von „möglichen“ Göttern der Ochsen[15], die gleicherweise die Vorstellungen von den Gottesgestalten traf wie deren Kultbilder. Sakralbauten konnten das Göttliche nicht fassen, äußerliche Riten es nicht erreichen. Das eine wie das andere wurde als „menschengeschaffen“ abgewertet, die Gottheit rückte vom Menschen ab, wurde gestaltlos und transzendent. Im Kultischen traf das besonders alte archaische Riten, sie wurden dem Empfinden fremd. Die blutigen Tieropfer erfuhren zunehmend Ablehnung, an ihre Stelle sollte eine verinnerlichte Hinwendung zur Gottheit treten, die sich in einem ethischen Handeln verwirklichte. Im gr. Bereich vertrat dies schon in der zweiten Hälfte des 4. Jh. v.Chr. Theophrast, der die blutigen Tieropfer an die Götter als „unfromm“, als Unrecht an den dem Menschen verwandten Wesen verurteilte und die Ehrung der Götter auf Gaben von Feldfrüchten eingeschränkt sehen wollte.[16] Die Gottheit sehe mehr auf die reine Gesinnung als auf die Menge des Geopferten, die ja nur Zeichen des Wohlstandes, nicht der Gottergebenheit sei.[17] Im röm. Bereich wird diese ethische Wendung aufgenommen, wie Varro zeigt, der sich zugleich gegen Opfer für die Götter und gegen Bilder der Götter wendet, und Persius, der ethisches Handeln als Opfer verlangt.[18]

---

[15] Xenophanes Frg. 16 u. 15 (zitiert von Clem. str. 5,109, der ähnliche Belege anschließt); Eus. p.e. 13,13,36; Thdt. affect. 3,72); Epicharm spricht Frg. 173 im selben Sinne von der Hundsgestalt von Göttern der Hunde (Ochsen, Esel und Schweine); vgl. auch Hor. sat. 1, 8,1ff. Vgl. *Geffcken* 1918, 288ff und bes. 295 zu Poseidonios.

[16] Nur in Fragmenten – vor allem aus Porphyrios’ *De abstinentia* – überliefert, vgl. *Bernays* 1866; *Pötscher* 1964.

[17] Vgl. das Excerpt Stob. 3,3,50 (Frg. 10 Pötscher; vgl. auch Frg. 2; 3; 7). Der Verzicht des Judentums auf die Tieropfer beim Wiederaufbau des Judentums nach der Niederlage von 70 n.Chr. und der Zerstörung des Tempels steht somit in der Tradition der hellenischen Diskussion um die Tieropfer, entspringt einem Eingehen des pharisäischen Reformjudentums auf die griechische Philosophie.

[18] Arnob. nat. 7,1 = Varro Frg. 1,30 Agahd; vgl. Cic. nat. deor. 2,71f; Pers. 2,42ff.71ff, der von der verfehlten Übertragung von Menschenbrauch auf die Götter spricht.

Auch innerhalb des Judentums kam es zu Auseinandersetzungen um das Rituelle, wie gerade das NT zeigt. So zieht sich – in Abkehr von seinem als Priester im Tempel dienenden Vater – Johannes der Täufer vom Tempelkult (→3.3.2) zurück, spricht von Umkehr, Buße und zeigt damit, dass er an die Stelle des Rituellen die innere (ethische) Zuwendung gegenüber der Gottheit setzt. In dieselbe Richtung weist seine Absage an das rituell-religiös Privilegierende der Abrahamabstammung, nicht *sie* ist es, die den Bezug zur Gottheit gewährleistet, sondern die innere Bereitschaft und ein dementsprechendes Tun nach außen, die „Frucht der Buße", ein ethisch begründetes Tun innerhalb der Gesellschaft, das Lk beispielhaft auch für Zöllner und Soldaten erläutert (Lk 3,1–10; vgl. Mt 3,1–10). Die Gottheit wird aus der archaischen, wesentlich rituell begründeten Beschränkung auf das Volk Israel, Abrahams Nachkommen, gelöst. Das folgt aus der Anbindung des jüd. Gottes an die im gr. Denken entwickelte Transzendenz: Ein Gott, der mit der transzendenten Göttlichkeit eins ist, kann nicht auf eine Volkszugehörigkeit und volksspezifische Riten beschränkt werden: „Alles Fleisch soll Gott schauen", lässt Lukas (3,6) die noch auf Israel beschränkte Aussage des Jesaja (40,5) zitierend Johannes d.T. sprechen.
Im Handeln Jesu schildern die Evv dieselbe Distanz zur Ritualität, dasselbe Beharren auf der Notwendigkeit eines ethischen Tuns. Anlass dazu gab die divergierende Bewertung des Sabbats. Jesus befürwortet zwar den Sabbat, er beteiligt sich an der Schriftauslegung am Sabbat in den Synagogen von Nazareth und Kapernaum, doch steht für ihn das Bemühen um eine innerliche Verankerung des Gottesbezugs an erster Stelle, und er zeigt das, indem er die den anderen jüd. Lehrtraditionen wichtige rituelle Heiligung des Sabbats exemplarisch verletzt oder Verletzungen billigt – um eben den Vorrang des Innerlich-Ethischen vor Augen zu führen. Die Szenen des Ährenzupfens der Jünger (Mt 12,1–14; Lk 6,1–5) oder der Heilmittelbereitung für den Blinden am Sabbat (Joh 9,1–23; vgl. auch Lk 6,6–11), sollen dies handgreiflich aufweisen. Der Hinweis auf das 1Sam 21,3–7 berichtete Essen der Schaubrote, eine gewichtige Verletzung der Ritualität, leistet das gleiche im Sinne pharisäischer Argumentation. In Mk 2,27 findet sich dann die Aussage, die jeder Dominanz zeitlicher Ritualität im eigentlichen Sinne den Boden entzieht: „Der Sabbat ist um des Menschen willen gemacht, nicht der Mensch um des Sabbats willen." Die Einhaltung der Riten wird dem ethischen Urteil unterstellt.
Ähnlich verhält es sich mit den Reinheitsgeboten. Dem Vorwurf der Pharisäer (→3.1.3.1), die Unterlassung des schriftgeforderten rituellen Händewaschens bei seinen Jüngern zu dulden, begegnet Jesus mit dem Vorwurf, eine rituell begründete Missachtung des Gebotes, die Eltern zu ehren, zuzulassen und so die von der Schrift eigentlich geforderte ethische Reinheit zu missachten (Mt 15,2–20; vgl. Mk 7,5–23). Daraus ergibt sich die grundsätzliche Stellungnahme zum Verhältnis ritueller und ethischer Reinheit: Nicht was in den Mund hineingeht, verunreinigt den Menschen, sondern was aus dem Munde ausgeht (Mt 15,10; vgl. Mk 7,15), und das wird im Konkreten benannt (Mt 15,18–20; Mk 7,20–23). An die Stelle ritueller Reinheit ist die Ethik getreten.[19] Eine Bes-

[19] Zu rhodischen Inschriften der frühen Kaiserzeit die die rituelle Reinheit durch die Forderung nach einer Reinheit des Sinns ergänzen vgl. *Nilsson* II $^{2}$1961, 373.

tätigung erhält dies in den absichtsvollen Begegnungen mit rituell Unreinem (Mt 9,10–13.18–26; 11,19; Mk 2,15–17; Lk 5,29–32) oder der Unreinheit Verdächtigten (Lk 19,5–10; Joh 4,7–30) und der Erzählung vom barmherzigen Samaritaner (Lk 10,25–42): Gegen Priester und Levit, die doch als „vollgültige" Gottesverehrer gelten, wird der dem Tempelkult der Juden Fernstehende und daher religiös-rituell „Wertlose" als Vorbild des religiös notwendigen ethischen Handelns vorgestellt. Noch deutlicher wird Jesus im Gleichnis vom Pharisäer und Zöllner (Lk 18,9–14) und im konkreten Tun bei der Heilung der Blutflüssigen und der Erweckung der Tochter des Jairus (Mk 5,21–43; Lk 8,43). Auf dem Weg zum Haus des Synagogenvorstehers wird Jesus von der Blutflüssigen berührt, wodurch er nach den Ritualregeln (in Lev 15,25–30) unrein wurde. Jesus bemerkt es, heilt die Frau und setzt seinen Weg fort, um das Haus des Synagogenvorstehers zu betreten und das Kind zu erwecken. Nach alter jüd. Ritualvorstellung erfasst damit die Unreinheit auch Haus und Person des Synagogenvorstehers, der angesichts seiner Funktion den Pharisäern, die in besonderem Maße über die Reinheitsgebote wachten, nahe gestanden haben muss. Aber auch nach alter Ritualvorstellung vieler Griechen war das Sterbehaus unrein. Bewusst erfolgen Krankenheilung und Totenerweckung im Status der jüd. und gr. Unreinheit, um den Vertretern des alten Ritualrechts die Nichtigkeit der Unreinheitsvorstellungen vor Augen zu führen – und einer der ihren wird als Nutznießer von Jesu „Unreinheit" in den Vorgang einbezogen.

In der Apg setzt sich diese Abkehr von äußerlichem Reinheitsbegriff und Ritualgebot fort, etwa in der „Zumutung" einer Erscheinung an Petrus, unreine Speise zu essen (Apg 10,1–11,18), und dem schließlichen Verzicht auf die rituelle Beschneidung (Apg 15,1–29). Ein weiteres Zeugnis dieser zweifellos schon seit längerem im Judentum vorhandenen Haltung ist Stephanus' Angriff auf den Tempel und mit ihm den Tempelkult,[20] den Mittelpunkt des seit Serubbabel vorherrschenden Judentums: Ganz in der Sprache der Kritik an den „Götzenbildern" nennt er den Tempel als „von Menschenhand verfertigt" (Apg 7,41.48–50). Unter diesem Blickwinkel erst wird der belastende Gehalt der Zeugenaussage gegen Jesus verständlich, dieser habe von der Zerstörung und dem Wiederaufbau des Tempels gesprochen (Mt 26,61), eine Aussage, die im Stephanus-Prozess wiederkehrt: In den Ohren der jüd. Richter musste eine solche Äußerung einen Angriff auf den für sie konstitutiven Tempel samt Tempelkult darstellen,[21] eine Widerlegung seiner als Wohnstatt Gottes. Dass Jesus eine derartige „Herabwürdigung" des Tempels im vollen Sinne vertrat, ist eher unwahrscheinlich, da die Texte ihn bei Auftritten im Tempel zeigen. Gleichwohl enthält die „Reinigung des Tempels" den Hinweis, dass er eine abweichende, offenkundig innerlich-religiös ansetzende Sicht der Ritualität

[20] Auch im synagogalen Judentum wird dies wirksam, wenn trotz des (von außen verursachten) Verlusts des – zuvor doch weithin (vgl. 2Makk 3) als konstitutiv angesehenen – Tempels und der Möglichkeit der vorgeschriebenen Opfer die religiöse Gemeinschaft mit dem Gott der Tora fortgeführt und als gültig angesehen wird.

[21] Ähnliches gilt für Jesu Weissagung der Zerstörung des Tempels in Mt 24,1–3; Joh 4,21 und insbes. Mk 13,1–4, dessen Text durch die in einigen Bibel-Hss. und bei Cyprian belegte Ergänzung zu Mk 13,2: „und nach drei Tagen wird ein anderer erstehen ohne Hände" als zur oben erwähnten Aussage als zugehörig erwiesen wird.

des Tempels vertrat, wie es in Joh 4,21–24 zum Ausdruck kommt. Dies wird Stephanus der Lehre Jesu verbunden haben, er kam offenkundig aus dem Kreis der Apg 6,1 genannten Hellenisten, und tatsächlich spiegelt Stephanus' Rede den Diskussionszusammenhang, der seine „aufklärerische" Haltung prägte: Es ist die Absage an rituelle Dinge zugunsten einer aus der Tradition der gr.-hell. Philosophie stammenden Transzendierung Gottes und eines inneren Gottesbezugs.

*Literatur*

*J. Bernays*: Theophrastos' Schrift „Über die Frömmigkeit", Berlin 1866 (ND 1971). – *L. Bruit Zaidman u.a.*: Die Religion der Griechen. Kult und Mythos, München 1994. – *N. D. Fustel de Coulanges*: Der antike Staat. Kult, Recht und Institutionen Griechenlands und Roms, München 1988. – *J. Geffcken*: Der Bilderstreit im heidnischen Altertum, ARW 19, 1918, 286–315. – *K. Latte*: Römische Religionsgeschichte, München 1960. – *J. Leipoldt/W. Grundmann*: Umwelt des Urchristentums, 3 Bde., Berlin I ²1967, II ²1970, III ²1967. – *Chr. Meier*: Die Entstehung des Politischen bei den Griechen, Frankfurt a.M. ³1995. – *M. P. Nilsson*: Geschichte der griechischen Religion, München I ³1967, II ²1961. – *W. Pötscher* (Hg.): Theophrastus, Peri eusebeias, Leiden 1964. – *J. Rüpke*: Innovationsmechanismen kultischer Religionen. Sakralrecht im Rom der Republik, in: *H. Cancik u.a.* (Hgg.): Geschichte, Tradition, Reflexion. FS Martin Hengel, Bd. 2, Tübingen 1996, 265–285. – *G. Wissowa*: Religion und Kultus der Römer, München 1912 (ND 1971).

# 1.3 Die Quellen und ihr Einfluss auf das NT

## 1.3.1 Grundsätzliches: Produktion, Rezeption und Interpretation antiker Texte

### 1.3.1.1 Intertextualität (*Stefan Alkier*)

*Das texttheoretische Konzept der Intertextualität*
Das Konzept der Intertextualität stellt den Textwissenschaften die Aufgabe, die Beziehungen, die ein Text mit anderen Texten einzugehen in der Lage ist, zu erforschen. Es gibt zu bedenken, dass kein Text isoliert von anderen Texten produziert und rezipiert wird. Die hermeneutische Konsequenz dieser Einsicht besteht in der Dezentrierung und Pluralisierung des Textsinns: Texte *haben* keinen Sinn, sondern sie ermöglichen die Erzeugung von Sinn im Lektüreakt. Diese Generierung von Sinn wird mitbestimmt durch die jeweils aktualisierten Beziehungen des vorliegenden Textes zu anderen Texten. Das hermeneutische, methodische und zugleich ethische Problem des Konzepts wird mit zwei Fragen formuliert: *Welche* Textbeziehungen sollen berücksichtigt werden und *wie* sollen sie untersucht werden? Die höchst unterschiedliche Beantwortung dieser Fragen lässt idealtypisch zumindest die Einteilung in ein begrenztes und ein unbegrenztes Intertextualitätsverständnis zu.
Begrenzte Intertextualität: Nur solche Textbeziehungen werden berücksichtigt, die im auszulegenden Text eingeschrieben sind oder zumindest auf der Basis des vorhandenen Zeichenbestandes des zu interpretierenden Textes postuliert werden können. Diese Beziehungen sollen methodisch kontrolliert untersucht werden, d.h. die Weisen des Zitierens, Markierens, An- und Einspielens anderer Texte im zu untersuchenden Text sollen textwissenschaftlich ausdifferenziert und hermeneutisch fruchtbar gemacht werden.
Unbegrenzte Intertextualität: Ein gegebener Text steht in Beziehung zum gesamten Universum der Texte, auch zu denjenigen, die nach ihm produziert wurden, ja sogar zu denen, die erst noch produziert werden. Ein einzelner Text ist keine autonome Größe, sondern in eine unendliche, unvorhersehbare und damit unbeherrschbare Vielzahl von Verflechtungen mit anderen Texten eingebunden, die seinen Sinn ständig verschieben und unkontrollierbar halten.
Der unbegrenzte Intertextualitätsbegriff stand am Beginn der intertextuellen Theoriebildung. Er wurde von Julia Kristeva[1] geprägt und richtete sich im französischen strukturalistischen Diskurs der sechziger Jahre des 20. Jh. gegen ein einengendes Textverständnis, das Texte als geschlossene Strukturen verstand, die analog zur naturwissenschaftlichen Analyse eines Kristalls unabhängig von seinen Produktions- und Rezeptionsbedingungen analytisch zu erheben seien.[2]

---

[1] *J. Kristeva*: Bachtin, das Wort, der Dialog und der Roman, in: *J. Ihwe* (Hg.): Literaturwissenschaft und Linguistik III. Ergebnisse und Perspektiven, Frankfurt a.M. 1972, 345–375.

[2] Vgl. dazu *U. Eco*: Lector in fabula. Die Mitarbeit der Interpretation in erzählenden Texten, München/Wien 1987, 6ff. Vgl. auch *F. Dosse*: Geschichte des Strukturalismus, 2 Bde., Hamburg 1996.

Während die poststrukturalistischen Impulse des Begriffs der Intertextualität mit seinen kultursemiotischen und ideologiekritischen Anliegen vor allem in den Literaturwissenschaften, der Philosophie und der Bibelexegese der USA und in Frankreich aufgegriffen wurden, motivierte der Begriff Text- und Literaturwissenschaftler gerade auch im deutschsprachigen Bereich dazu, das Konzept im engeren Rahmen universitärer Methodologie auszuarbeiten.[3] Aber auch die Vertreter des begrenzten Intertextualitätsbegriffs ziehen aus dem Konzept hermeneutische Konsequenzen und konstatieren „ein sukzessives Abrücken von einem eher unreflektierten Textbegriff, jenem mehr oder minder autonomen Text, der einem Autor verpflichtet ist und eine einmalige, abgeschlossene und unveränderliche Sinngröße in Kommunikationsakten darstellt".[4] Mit dem Intertextualitätskonzept wird die Autorzentriertheit definitiv verabschiedet.[5] In den Mittelpunkt rückt der Text in seiner Verwobenheit mit anderen Texten.

*Das NT und die Textwelten der Antike*

Das Paradigma der Intertextualität ermöglicht eine enorme Ausweitung der Fragehinsichten und Forschungsgegenstände bibelwissenschaftlicher Forschung.Wenn Texte nicht nur *einen* Sinn *haben*, den es wieder zu finden gilt, sondern viele Sinnmöglichkeiten *motivieren,* die auch von den herangezogenen intertextuellen Bezügen gespeist werden, so verabschiedet sich damit jede exklusive Einzeichnung eines Textes in nur eine Kultur oder nur einen kulturellen Ausschnitt. Ohne Paulus aus seinem jüd. Kontext herauslösen zu wollen, ist es z.B. dennoch sinnvoll, seine Briefe *auch* im Zusammenhang mit lat. Literatur zu lesen, wie es Dieter Georgi provokativ vorgeführt hat.[6] Ein anderes Beispiel: Die produktionsorientierte Fragestellung, wie arbeitet Mt mit dem Buch Jesaja, wird von dem Paradigma Intertextualität ebenso abgedeckt wie die rezeptionsorientierte Fragestellung, wie ein angenommener röm. Leser der Res Gestae des Augustus das Mt hätte lesen können. Es lässt sich aber auch rein textorientiert fragen, welche Sinneffekte intertextuell erzielt werden können, wenn ein biblischer Text mit einem Text einer späteren Epoche oder auch mit einem Text unserer Gegenwart zusammen gelesen wird. Entschei-

[3] Vgl. z.B. *J. Helbig*: Intertextualität und Markierung. Untersuchungen zur Systematik und Funktion der Signalisierung von Intertextualität, Heidelberg 1996. Allerdings dürfen diese kulturellen Vorlieben nicht überbetont werden. So bemüht sich etwa der Franzose *Gérard Genette* um die Strukturierung verschiedener Weisen der Intertextualität, vgl. sein Buch: Palimpseste. Die Literatur auf zweiter Stufe, Frankfurt a.M. 1993.

[4] *W. Heinemann*: Zur Eingrenzung des Intertextualitätsbegriffs aus textlinguistischer Sicht, in: *J. Klein/U. Fix* (Hgg.): Textbeziehungen. Linguistische und literaturwissenschaftliche Beiträge zur Intertextualität, Tübingen 1997, 21–37.

[5] Zu Recht wird die unsachgemäße Verwendung des Begriffs Intertextualität scharf kritisiert von *T. A. Schmitz*: Moderne Literaturtheorie und antike Texte. Eine Einführung, Darmstadt 2002, 93: „Hinter dem Begriff verbirgt sich gelegentlich nicht mehr als eine modisch aufgemotzte Version von Untersuchungen, die schon seit Jahrhunderten geführt werden [...] Tatsächlich haben wir es manchmal mit einem Etikettenschwindel zu tun, insbesondere dort, wo im Vordergrund des Interesses nicht mehr der Text, sondern der Autor steht, also wenn Kategorien wie ‚Einfluss' oder ‚Quellen' ins Spiel kommen."

[6] Vgl. *D. Georgi*: Aeneas und Abraham. Paulus unter dem Aspekt der Latinität, ZNT 10, 2002, 37–43.

dend ist, dass die Einengung auf die Frage nach Genealogien und Analogien durch das Intertextualitätskonzept aufgesprengt wird, ohne diese Forschungshinsichten zu diffamieren. Allerdings wird dann auch für die genealogische Forschung, die an dem historischen Produktionsprozess der Texte interessiert ist, der textwissenschaftliche Maßstab angelegt werden, der die einseitige oder gar ausschließliche Festlegung des Textsinns auf seine Genealogie aus textologischen, rezeptionsästhetischen und letztlich semiotischen Gründen verneint. Die Chancen, die diese Offenheit des Intertextualitätskonzepts ermöglicht, werden aber zum Problem, wenn sie lediglich für ein beliebiges und damit belangloses akademisches Spiel eingesetzt werden. Die wissenschaftliche Kreativität, die vor allem der unbegrenzte Intertextualitätsbegriff freisetzt, darf nicht zum Schaden der realen Gegebenheit der Texte, ihrer Auslegungsgemeinschaft und dem gesellschaftlichen Gemeinwohl missbraucht werden. Gerade an die ideologiekritischen und befreienden Aspekte der Konzeption Kristevas ist an dieser Stelle zu erinnern. Das Ausschöpfen des Sinnpotenzials von Texten gerade durch die Erforschung ihrer historischen, kulturellen und ästhetischen Bezüge zu anderen Texten soll das Zusammenleben in pluralen Gesellschaften fördern. Es ist daher aus ethischen Gründen stets Rechenschaft darüber abzulegen, welche intertextuellen Ebenen und welche konkreten Textbeziehungen in den Blick genommen werden sollen und mit welchem Interesse und Forschungsziel die Untersuchung angegangen wird.[7]
Grundsätzlich sollten zumindest drei intertextuelle Perspektiven unterschieden werden, ohne sie gegeneinander auszuspielen: eine produktionsorientierte, eine rezeptionsorientierte und eine rein textorientierte. Jede Arbeit an einem biblischen Text, die mindestens einen weiteren Text ins Spiel bringt, kann mindestens von einer dieser Perspektiven aus angegangen werden. Damit kann z.B. die synoptische Arbeit an den Evv aus ihrer literarkritischen Engführung befreit werden. Auch die Frage nach dem Verhältnis der pln. Briefe zu den Deuteropaulinen erhält ganz andere Fragemöglichkeiten. Nicht nur ganze Texte, sondern auch Textabschnitte, wie z.B. die Genealogien in Mt und Lk, können unter diesen intertextuellen Perspektiven einen großen Reichtum nachvollziehbarer Sinneffekte erreichen, wenn man sich vergegenwärtigt, welche Textwelten allein durch den Namen Abraham in diesen Genealogien intertextuell eingeschrieben werden. Aber nicht nur diese Weisen *referenzieller* Intertextualität, sondern auch die traditionell in der Formgeschichte behandelten Fragen *texttypologischer* Intertextualität sind zu berücksichtigen.[8] Vor jeder intertextuellen Arbeit muss aber eine intratextuelle Textanalyse der in Beziehung zueinander gebrachten Texte erfolgt sein.
Die *produktionsorientierte* Perspektive fragt im Sinne des begrenzten Intertextualitätskonzepts nach der Verarbeitung benennbarer Texte im zu interpretierenden Text. Sie achtet nicht nur darauf, welche Texte zitiert oder anderweitig eingespielt werden, sondern auch darauf wie das geschieht.[9] Gerade weil es in

---

[7] Vgl. zur Ethik der Interpretation *S. Alkier*: Fremdes Verstehen – Überlegungen auf dem Weg zu einer Ethik der Interpretation Biblischer Schriften, ZNT 11, 2003, 48–59.
[8] Vgl. zu dieser Unterscheidung *Holthuis* 1993.
[9] Vgl. dazu etwa die akribische Arbeit von *F. Wilk*: Die Bedeutung des Jesajabuches für Paulus, Göttingen 1998.

der Antike keine einheitliche Zitierpraxis gegeben hat und von der Formensprache und Ethik gegenwärtigen universitären Zitierens her nicht verstanden werden kann, bedarf es hier eingehender Untersuchungen, wie sie z.B. Daniel Boyarin für die jüd. Midrasch-Literatur bereits unternommen hat.[10] Aber auch die Gräzistik und Latinistik hat auf diesem Gebiet eindrückliche Forschungsarbeit geleistet, die auch für die Bibelwissenschaften von großem Interesse ist, da das ständige Einspielen oder Voraussetzen gr. Literatur in der lat. Literatur in mancher Hinsicht vergleichbar ist mit der vorausgesetzten Kenntnis und Einspielung atl. bzw. frühjüd. Literatur in der ntl. bzw. frühchristl. Literatur.[11]
Die *rezeptionsorientierte* Perspektive, die sich überwiegend einem begrenzten Intertextualitätskonzept verpflichtet weiß, fragt nach den Vernetzungen mindestens zweier Texte in historisch nachweisbaren Lektüren.[12] Wird mit einem eher unbegrenzten Intertextualitätskonzept gearbeitet, werden auch historisch mögliche Lektüren durchgespielt, auch wenn es dafür keine historischen Belege gibt, z.B. wie hätte ein hell. gebildeter Jude in Alexandria in den 70er Jahren des 1. Jh.s n.Chr. die Paulusbriefe gelesen. Letzteres wird freilich immer mit einem hohen Maß an Hypothesen belastet sein, setzt aber anderweitig die viel zu sehr vernachlässigte historische Phantasie in ihr begrenztes Recht.
Die *textorientierte* Perspektive fragt im Sinne des unbegrenzten Intertextualitätskonzepts nach Sinneffekten, die sich aus dem Zusammenlesen zweier oder mehrere Texte ergeben, auch wenn dies nicht genealogisch, analogisch oder rezeptionsgeschichtlich begründet wird. Die Frage dabei lautet etwa, welche Sinneffekte sich z.B. aus dem Zusammenlesen von Ovids Metamorphosen oder Vergils Aeneis und z.B. den Briefen des Apostels Paulus ergeben, unabhängig davon, ob ein antiker oder auch ein späterer Leser einen Zusammenhang zwischen diesen Texten hergestellt hat. Die Möglichkeiten der Konstruktion intertextueller Bezüge werden dabei nicht zeitlich oder kulturell begrenzt. So liest etwa Tina Pippin[13] mit ihrem Interesse an „Jezebel" 2Kön 9, Offb 2 und dem Südstaaten-Drama – wohlgemerkt die Südstaaten der USA! – „Vom Winde verweht" zusammen und kommt zu interessanten Ergebnissen. Dem Paradigma „Intertextualität" entsprechend beansprucht Pippin nicht, 2Kön 9 damit „entschlüsselt" oder hinreichend analysiert zu haben. Vielmehr weisen ihre Untersuchungen mögliche Sinneffekte auch der biblischen Texte auf, die aus der vorgenommenen intertextuellen Verknüpfung resultieren und in der Kulturgeschichte der USA wirksam sind.
Es sei zumindest noch kurz darauf hingewiesen, dass auch die Frage einer Biblischen Theologie mit dem Konzept der Intertextualität angegangen wer-

---

[10] *Boyarin* 1990.
[11] Vgl. *Th. K. Hubbard*: The Mask of Comedy. Aristophanes and the Intertextual Parabasis, Ithaca 1991; *St. Hinds*: Allusion and Intertext. Dynamics of Appropriation in Roman Poetry, Cambridge 1998; *R. F. Thomas*, Reading Vergil and his Texts. Studies in Intertextuality, Ann Arbor 1999; *C. Cusset*: La Muse dans la Bibliotheque. Recriture et intertextualité dans la poésie alexandrine, Paris 1999; *D. Fowler*: Roman Constructions: Readings in Postmodern Latin, Oxford 2000 (Lit.!).
[12] Vgl. z.B. *B. N. Fisk*: Do You not Remember? Scripture, Story and Exegesis in the Rewritten Bible of Pseudo-Philo, Sheffield 2001.
[13] *T. Pippin*: Jezebel Re-Vamped, in: *G. Aichele/G. A. Phillips* (eds.): Intertextuality and the Bible, Atlanta 1995, 221–233.

den kann und sich damit ganz neue und auch befreiende Perspektiven ergeben.[14] Eine intertextuelle Biblische Theologie wird nicht länger nach einer sinnzentrierenden „Mitte" der Schrift suchen, die in exklusiver Überheblichkeit die Anderen immer ausgrenzen muss, sondern nach den vielfältigen Sinnmöglichkeiten Ausschau halten, die das Zusammenlesen biblischer Texte im Rahmen der verschiedenen konkreten Kanones hervorbringt. Gerade für den jüd.-christl. Dialog, aber auch für den innerchristl. ökumenischen Dialog ergibt sich die Chance, die je eigenen Schrifttraditionen zu bewahren, ohne die der anderen zu diffamieren. In christl. Textwelten können die atl. Texte vom NT her gelesen werden, wie auch die ntl. von den atl. her, ohne die Exklusivität dieser Textwelt zu behaupten. Aufgrund der unterschiedlichen Textwelten ergeben sich dann auch zwanglos unterschiedliche Sinnpotenziale der Texte. Jesaja im intertextuellen Bezug einer jüd. Textwelt motiviert andere Sinnerzeugungen als Jesaja im intertextuellen Bezug christl. Textwelten. Damit ist auch die wohlgemeinte Rede vom doppelten Ausgang der Hebräischen Bibel in Judentum und Christentum zugunsten eines pluralen Sinnkonzepts überholt, das nicht nur auch die Brüche und Kontroversen innerhalb jüd. und christl. Glaubensrichtungen einzubeziehen in der Lage ist. Vielmehr können damit auch die islamischen Textwelten gleichermaßen in das Gespräch miteinbezogen werden. Intertextualität zielt auf ein plurales Miteinander, das Traditionen und gewachsenen Identitäten Raum gibt und sich zugleich gegen jeden exklusiven Fundamentalismus wohlbegründet ideologiekritisch zur Wehr setzt.

Aus dieser Vielfalt der Fragemöglichkeiten ergibt sich für die ntl. Forschung die notwendige Aufgabe eines ausgiebigen Quellenstudiums antiker Literatur, und zwar nicht nur der jüd. und gr.-hell., sondern ebenso der röm. Literatur. Sicherlich bieten die Textwelten der Antike nicht die einzige Möglichkeit, das NT im Zusammenhang antiker Kultur zu lesen, wie es zu Recht insbes. die archäologische Forschung nachhaltig betont. Aber welche reichhaltigen literaturgeschichtlichen und -ästhetischen Möglichkeiten intertextuelle Verfahren bieten, das NT bzw. seine Schriften im Zusammenhang mit antiker Kultur wahrzunehmen, sollte deutlich geworden sein. Da dieses Konzept auch von Gräzisten und Latinisten aufgegriffen worden ist,[15] liegen hier auch völlig neue interdisziplinäre Forschungsmöglichkeiten bereit. Selbstverständlich wird das Konzept auch für die atl.[16] und außerkanonische[17] Literatur fruchtbar gemacht.

---

[14] Vgl. *R. B. Hays*: Echoes of Scripture in the Letters of Paul, New Haven/London 1989; *ders.*: Can the Gospels Teach us How to Read the Old Testament?, Pro Ecclesia 11, 2002, 402–418; *H. Hübner*: Intertextualität – die hermeneutische Strategie des Paulus. Zu einem neuen Versuch der theologischen Rezeption des Alten Testaments im Neuen, in: *Ders.*: Biblische Theologie als Hermeneutik. Gesammelte Aufsätze, hrsg. von *A. Labahn*/*M. Labahn*, Göttingen 1995, 252–271; *ders*: Biblische Theologie des Neuen Testaments, 3 Bde., Göttingen 1990–1995; *G. Steins*: Die Bindung Isaaks im Kanon (Gen 22), Neukirchen-Vluyn 1999.

[15] Vgl. dazu Anm. 11 und die Bibliographie in *Fowler*: Roman Construction (Anm. 10).

[16] Vgl. u.a. *U. Bail*: Gegen das Schweigen klagen. Eine intertextuelle Studie zu den Klagepsalmen Ps 6 und Ps 55 und der Erzählung von der Vergewaltigung Tamars, Gütersloh 1998.

[17] Vgl. *R. F. Stoops*/*D. R. MacDonald* (eds.): The Apocryphal Acts of the Apostles in Intertextual Perspectives, Atlanta 1997.

*Literatur*

*S. Alkier*: Intertextualität – Annäherungen an ein texttheoretisches Paradigma, in: *D. Sänger* (Hg.): Heiligkeit und Herrschaft. Intertextuelle Studien zu Heiligkeitsvorstellungen und zu Psalm 110, Neukirchen-Vluyn 2003, 1–26. – *Ders.*: Zeichen der Erinnerung – Die Genealogie in Mt 1 als intertextuelle Disposition (im Druck). – *Ders. u.a.*: Intertextualität – Auswahlbibliographie, in: *D. Sänger* (Hg.): Heiligkeit und Herrschaft (s.o.), 206–214. – *D. Boyarin*: Intertextuality and the Reading of Midrash, Bloomington 1990. – *S. Draisma* (ed.): Intertextuality in Biblical Writings. Essays in Honour of B. van Iersel, Kampen 1989. – *R. B. Hays*: Echoes of Scripture in the Letters of Paul, New Haven/London 1989. – *S. Hinds*: Allusion and Intertext. Dynamics of Appropriation in Roman Poetry, Cambridge 1998. – *S. Holthuis*: Intertextualität. Aspekte einer rezeptionsorientierten Konzeption, Tübingen 1993. – *S. Moyise*: Intertextuality and the Study of the Old Testament in the New, in: *Ders.* (ed.): The Old Testament in the New. Essays in Honour of J. L. North, Sheffield 2000, 14–41.

## 1.3.1.2 Anonymität, Pseudonymität und Pseudepigraphie (*Ruben Zimmermann*)

*Pseudepigraphe Schriften im NT*

Joh; Eph; Kol; 2Thess; 1Tim; 2Tim; Tit; Jak; 1Petr; 2Petr; 2Joh; 3Joh; Jud

Während die Literatur des Alten Orients überwiegend anonym überliefert wurde, hat sich die Vorstellung einer „individuellen Verfasserschaft" bis hin zum Konzept des „geistigen Eigentums" in der gr. Antike (ca. seit dem 7./6. Jh. v.Chr.) entwickelt. Neben die orthonyme Angabe des tatsächlichen Autors einer Schrift trat hier bald der Gebrauch „pseudonymer" Verfassernamen. Anders als bei der neuzeitlichen Verwendung von Pseudonymen, bei der ein Deckname meist die wahre Identität des Autors verbergen soll,[1] erfüllten die unechten Verfasserangaben in der Antike vielfach eine legitimierende Funktion, d.h. einer Schrift sollte durch den Namen einer Autorität der Vergangenheit Geltung verschafft werden.

Obgleich auch in der Antike Formen der „Echtheitskritik" vorhanden waren und Fälschungen verurteilt wurden,[2] darf das Phänomen der Pseudepigraphie (wörtl. „mit falscher Überschrift") nicht mit den Kategorien eines modernen historischen Bewusstseins bzw. den Maßstäben der Korrespondenzwahrheit beurteilt werden. Gegenüber pauschalen Werturteilen, bei denen die P. entweder als allgemein akzeptiertes Stilmittel historisch verharmlost oder als illegitime literarische Fälschung ethisch verurteilt wird,[3] sind verschiedene Formen der P. mit je unterschiedlichen Entstehungsbedingungen und -begründungen zu differenzieren:

[1] Vgl. die Beispiele bei *M. Wolter*: Pseudonymität II. Kirchengeschichte, TRE 27, 1997, 662–670.

[2] So z.B. Porphyrios zu den pythagoräischen Schriften oder Galen zum Corpus Hippocraticum; im Urchristentum etwa der Kanon Muratori, der den ps-pln. Laodizener- und den Alexandrinerbrief als „Fälschungen" verurteilt; vgl. dazu den chronologischen Abriss sowie die Nennung namentlich bekannter Fälscher bei *Speyer* 1971, 112–131; ferner *Baum* 2001, 21–30.

[3] Vgl. zur theologischen Problematik *Zimmermann* 2003, 27f.

*Formen der Pseudepigraphie im antiken Schrifttum*
Von einer *überlieferungsgeschichtlichen P.* kann man sprechen, wenn im Lauf der Tradierung (ursprünglich anonyme) Schriften an einen bestimmten Personennamen gebunden wurden (z.B. in der gr. Tradition: medizinische Texte an Hippokrates; in der jüd. Tradition: Psalmen an David, Weisheitstexte an Salomo). Bei der *literarischen bzw. gattungsbedingten P.* wurde die pseudonyme Verfasserschaft durch die literarische Perspektive vorgegeben: So wurden z.B. Apokalypsen als Visionsberichte (Hen; OffbMos; OffbJes) oder Testamente als Vermächtnisschriften (TestXII) einer biblischen Gestalt stilisiert. Im gr. Schrifttum wäre hier vor allem an die Arbeiten der Rhetoren zu denken, die in literarischer Fiktion nicht nur Reden und Dialoge, sondern auch Urkunden und Briefe „erfunden" haben. Ein interessantes Beispiel aus dem jüd.-hell. Bereich ist z.B. der Aristeasbrief (→1.3.2.7), bei dem sich der Verfasser als hochgestellter Beamter am Hof des Ptolemaios II. Philadelphos ausgibt, um die gr. Übersetzung (LXX) der hebr. Bibel zu legitimieren (→1.3.2.1). Häufig begegnet ferner eine *imitative P.*, bei der Schriften inhaltlich und stilistisch eng an normative Werke anerkannter Autoritäten angelehnt wurden. Besonders in den antiken Philosophen- und Ärzteschulen war es üblich, dass Schüler nicht nur Schriften des Lehrers herausgegeben, sondern auch eigene Arbeiten in Anerkennung des Lehrers unter dessen Namen veröffentlicht haben (z.B. Ps-Pythagoras, Ps-Heraklit, ps-platon. Briefe etc.). *Zufällige bzw. technisch bedingte P.* liegt dann vor, wenn die falsche Verfasserangabe durch irrtümliche Zuschreibungen (z.B. durch Abschreiber oder bei Namensgleichheit) erfolgte, auf Missverständnissen beruhte (z.B. wenn Stilübungen als „echt" eingestuft wurden) oder durch besondere Umstände der Entstehung einer Schrift (z.B. Sekretärsarbeit; Stellvertretung wegen Gefangenschaft des genannten Autors) verursacht war. Umstritten bleibt, ob man von einer *„echten religiösen bzw. offenbarungstheologischen P."*[4] als eigener Form sprechen kann, bei der ein Autor in innerer Identifizierung, sei es durch Inspiration, Diktat oder Vision die Botschaft eines Gottes niederschrieb (z.B. JHWH-Sprüche der Propheten; Orakel an gr. Heiligtümern). Schließlich kann die *literarische Fälschung* als Sonderfall der P. betrachtet werden, bei der ein Autor aus eigennützigen (z.B. politischen oder finanziellen) Interessen und in bewusster Täuschungsabsicht der Rezipienten die falsche Verfasserangabe einführt. So hat z.B. Anaximenes v. Lampsakos nach dem Zeugnis von Pausanias (6,18,5) eine Schmähschrift unter dem Namen seines Feindes Theopompos veröffentlicht, um dessen Ruf zu schädigen.

*Pseudepigraphie im NT und Urchristentum*
In der ntl. Tradition finden sich Formen einer *überlieferungsgeschichtlichen P.*, sei es, dass einzelne Logien bzw. Reden Jesus in den Mund gelegt wurden, sei es, dass anonyme Schriften zumindest im Laufe ihrer Wirkungsgeschichte mit dem Namen apostolischer Autoritäten verbunden wurden (Evv, Hebr, 1Joh). Von einer *literarischen P.* könnte man beim joh Schrifttum sprechen, denn auch wenn nicht ausgeschlossen werden kann, dass sich die Verfasseran-

[4] So *Speyer* 1971, 35–37, ähnlich *P. Pokorný*: Pseudepigraphie. I, TRE 27, 1997, 645–655, hier 647.

gaben wie „der Jünger, den Jesus liebte“ (Joh 21,20.24), „der Alte“ (2Joh 1; 3Joh 1) oder „Johannes von Patmos“ (Offb 1,9) auf historische Personen beziehen, kann man hier doch aus rezeptionsästhetischer Sicht Pseudonyme erkennen, die eine bestimmte literarische Funktion erfüllen sollten (z.B. der Lieblingsjünger in Joh als idealer Jünger). Größere Relevanz haben zweifellos Formen der *imitativen P.*, wie sie sich bei einigen Briefen des NT zeigen. Aus sprachlich-stilistischen, theologischen sowie zeitgeschichtlichen Gründen muss bei einer Reihe von Briefen, die Paulus als Verfasser nennen, davon ausgegangen werden, dass der Apostel selbst die Briefe nicht geschrieben hat. Während dies für 2Thess und Kol umstritten ist, wird die P. von Eph oder den Pastoralbriefen (1–2Tim, Tit) allgemein anerkannt. Einen ausgeprägt imitativen Charakter tragen 2Thess, der sich formal und inhaltlich eng an 1Thess anlehnt, sowie Kol und Eph, die deutlich in inhaltlicher Kontinuität zur pln. Theologie stehen. Die ausgereifteste Form der ntl. P. zeigt sich bei den Pastoralbriefen, die nicht nur eine „doppelte Pseudonymität“[5] im Blick auf Verf. und Adressaten aufweisen, sondern durch die fingierte Briefsituation (z.B. 1Tim 1,3), „Paulusanamnesen“ (z.B. 1Tim 1,12–17) und Personalnotizen (z.B. 2Tim 1,15–18) ein umfassendes Bild pln. Verfasserschaft entwerfen wollen. Im Gewand dieser fiktiven, aber offenbar autoritativen Kommunikationssituation werden dann die gegenwärtigen Probleme der eigentlichen Adressaten verhandelt (z.B. zur Kirchenordnung). Dabei wird sichtbar, dass sich urchristl. Autoren wie hier aus der „Paulusschule“[6], möglicherweise in Auseinandersetzung mit Gegnern ermächtigt sahen, die P. als literarisches und theologisches Mittel einzusetzen, um gleichermaßen die Traditionskontinuität und Aktualität ihrer Botschaft zum Ausdruck zu bringen. Eine gewisse Verselbstständigung der Rückbindung an Apostelnamen zeigt sich bei den katholischen Briefen (1–2Petr; Jud; Jak); zumindest liegen hier keine orthonymen Briefe vor, durch die der Nachweis einer stilistischen und inhaltlichen (Dis-)Kontinuität möglich wäre. Hier bahnt sich vielmehr der Weg an, der dann im 2. und 3. Jh. weitergegangen wird. In dieser Zeit ist die P. eine beliebte Form der Literaturproduktion, die oft jenseits inhaltlich-theologischer Kontinuitätsbemühungen bei unterschiedlichen Textsorten (z.B. EvPetr; ActPaulThecl; ApkPl; Laodizenerbrief), in gegensätzlichen theologischen Gruppierungen (z.B. auch in der Gnosis, vgl. Nag Hammadi-Texte) und unter Heranziehung verschiedenster urchristl. Namen (neben Apostelnamen wie Thomas, Petrus z.B. auch Clemens, vgl. Ps-Clementinen) begegnet.

*Literatur*

*A. D. Baum*: Pseudepigraphie und literarische Fälschung im frühen Christentum, Tübingen 2001. – *N. Brox*: Falsche Verfasserangaben, Stuttgart 1975. – *R. Burnet*: La pseudépigraphie comme procédé littéraire autonome: L'exemple des pastorales, Apocrypha 11, 2000, 77–91. – *M. Frenschkowski*: Pseudepigraphie und Paulusschule. Gedanken zur Verfasserschaft der Deuteropaulinen, insbesondere der Pastoralbriefe, in: *F. W. Horn* (Hg.): Das Ende des Paulus, Berlin u.a., 2001, 239–272. – *M. Hengel*: Anonymität, Pseudepigraphy

[5] Vgl. dazu *E. Reinmuth*: Zur neutestamentlichen Paulus-Pseudepigraphie in: *N. Walter u.a.*: Die Briefe an die Philipper, Thessalonicher und an Philemon, Göttingen 1998, 190–202, hier 193f.

[6] Vgl. dazu *Frenschkowski* 2001, 253–262.

und „literarische Fälschung“ in der jüdisch-hellenistischen Literatur, in: *Ders.*: Judaica et Hellenistica, Tübingen 1996, 196–251. – *O. Hochadel/U. Kocher* (Hgg.): Lügen und Betrügen. Das Falsche in der Geschichte von der Antike bis zur Moderne, Köln 2000. – *M. Janßen*: Unter falschem Namen. Eine kritische Forschungsbilanz frühchristlicher Pseudepigraphie, Leiden u.a. 2003. – *D. G. Meade*: Pseudonymity and Canon, Tübingen 1986. – *W. Speyer*: Die literarische Fälschung im heidnischen und christlichen Altertum, München 1971. – *Ders.* (Hg.): Pseudepigrahie in der heidnischen und jüdisch-christlichen Antike, Darmstadt 1977. – *R. Zimmermann*: Unecht – und doch wahr? Pseudepigraphie im Neuen Testament als theologisches Problem, ZNT 12, 2003, 27–38.

## 1.3.1.3 Allegorese, Typologie, Midrasch (*Gerhard Sellin*)

*Stellen im NT*
Mt 13,24–30.36–43; 22,1–14; Mk 4,1–34; 8,14–21; 12,1–12; Joh 6,31–58; Röm 5,12–21; 1Kor 9,9; 10,1–13; 15,21f.45–47; 2Kor 3,7–11; Gal 4,21–31; Hebr 7,1–3; 10,20

Der Gebrauch historisch abständiger Texte macht Interpretation erforderlich. Diese kann zunächst durch Fort- und Umschreibung der Texte geschehen. Sind die Texte jedoch über ihre (mündliche oder schriftliche) Fixierung hinaus kanonisiert, kann Interpretation nur noch metatextlich erfolgen, d.h. als Kommentar.

*Allegorese/Allegorie*
In der gr. Antike hatten die Epen Homers weitgehend kanonische Geltung. Doch schon im 5. Jh. v.Chr. gebrauchten einige vorsokratische Philosophen (Anaxagoras, Metrodor von Lampsakos) eine Methode, mit der sie die mythischen Aussagen Homers oder Hesiods plausibel zu interpretieren versuchten: die *Allegorese*, eine Methode, die den Umgang mit Mythen bis ins 18. Jh. prägte. Die Allegorese stellt wahrscheinlich den Anfang der Exegese von fixierten und kanonisierten Texten überhaupt dar. Zugleich bezeugt ihr Aufkommen den Anfang eines hermeneutischen Bewusstseins. Sie entstand in einer besonderen Situation: Ihre Voraussetzung ist eine Gesellschaft, die ihre Mythen überwiegend nur noch als schriftliche Epen besitzt. Der lebendige Mythos hatte noch eine unmittelbare soziale Bedeutung (→1.3.3.1). Im schriftlichen Epos aber verliert er seine gesellschaftsfundierende Funktion, und seine Symbole werden zu Chiffren, die auf einen für die Gegenwart akzeptableren („vernünftigen“) Sinn *hinter* der manifesten Bedeutung der Wörter verweisen. Als die Schrift dem Mythos seine Unmittelbarkeit genommen hatte, wurde die Interpretation als Auflösung der so entstandenen *kognitiven Dissonanz* (des Widerspruchs zwischen wörtlicher Aussage des Textes und Plausibilitätssystem der Gegenwart des Interpreten) notwendig. In dieser Situation, als der Mythos seine Selbstverständlichkeit verlor, entstand die gr. Aufklärung. Da die von Homer geschilderten Handlungen von Göttern und Helden der Moral und Vernunft widersprachen, wurden sie mittels der Allegorese (um)gedeutet – entweder physikalisch, wobei die Götter als Substitute für die Elemente verstanden wurden (z.B. Hera = die Luft; Poseidon = das Meer, das Wasser), oder ethisch, wobei die Helden bestimmte Tugenden darstellten. In der Stoa wurde diese Methode (als *substitutionelle* Allegorese) systematisiert:

Die manifesten Bedeutungen der Zeichen eines Textes A werden durch andere Bedeutungen aus einem Text B ersetzt, wobei die beiden Texte eine gewisse strukturelle Analogie haben müssen. Ein Beispiel: Bei Homer Od. 22 wird erzählt, wie die Freier der scheinbar verwitweten Penelope sich einstweilen mit den Mägden abgeben, weil sie an Penelope nicht herankommen. In der stoischen Allegorese werden die Mägde als die enzyklischen (propädeutischen) Wissenschaften (Grammatik, Rhetorik, Dialektik, Arithmetik, Geometrie, Astronomie, Musiktheorie) gedeutet, und die Freier sind deren Schüler. An die wahre Weisheit (Penelope) aber kommen diese nicht heran. Sie ist nur für den dazu Auserwählten wahren Weisen (Odysseus) bestimmt. – Von dieser Art der Allegorese ist eine andere zu unterscheiden, die vor allem von den Neuplatonikern gebraucht wird, die aber schon bei Plutarch und Philo von Alexandria (→1.3.2.5) vorkommt und auf Platos Methode der *Dihairese* basiert (*dihairetische* Allegorese). Sie beruht auf der Ideenlehre. Die Ideen sind hierarchisch wie eine Pyramide geordnet: „Das Intelligible faltet sich über viele Vermittlungsstufen durch analogische Zusammenhänge in das Wahrnehmbare und Vorstellbare aus, so dass eine Rückführung des Ausgefalteten methodisch sicher möglich ist, wenn der Dichter die analogischen Zusammenhänge selbst richtig erkannt und daher die rechten Bilder gefunden hat" (Bernard 1990, 91). Die Ideen sind zugleich als personale Kräfte (Götter, Engel, Dämonen) vorgestellt. Im Prinzip findet sich diese Methode der platonischen Allegorese schon bei Philo, der sie offenbar voraussetzt, doch lassen sich ihre Anfänge vor Philo nicht mehr feststellen. – Im NT gibt es allegorische Interpretationen vor allem im synoptischen Gut der narrativen Gleichnisse und bei Paulus. Was die Gleichnisse betrifft, so ist zunächst zu unterscheiden zwischen Allegorie und Allegorese. Allegorie ist ein nach einem Schlüssel chiffrierter Text (z.B. Mk 12,1–12; Mt 22,1–14), der bei Kenntnis des Schlüssels dechiffriert werden kann. Eine Allegorese ist eine *Interpretation* eines Textes, den der Interpret für eine Allegorie *hält* (so, wie die Neuplatoniker Homers Mythen und Philo die Texte seiner Bibel für allegorisch halten). Mt 13,36–43 stellt eine Allegorese von Mt 13,24–30 dar, eines Textes, der nicht zwingend als Allegorie angesehen werden muss. Mk stellt künstlich alle Gleichnisrede Jesu als nur für Eingeweihte verständlich vor (Mk 4,10–12.33–34). Der Musterfall einer ntl. Allegorese ist Gal 4,21–31, wo ein größerer Erzählzusammenhang (Gen 15–17; 21: Abraham, seine beiden Frauen und seine beiden Söhne) interpretiert wird. In Philos Allegorese war Isaak Typ des Charismatikers. An eine solche allegorische Auslegung kann Paulus anknüpfen: Isaak steht für das „geistliche" Gottesverhältnis, das nicht an die leibliche Abrahamskindschaft gebunden ist.

*Typologie*

Die *Typologie* (genauer: *Typologese*) ist ein hermeneutisches Modell, das auf den ersten Blick von der Allegorese nicht scharf zu trennen ist. Die *Typologese* im engeren Sinne allerdings ist erst ein christl. Konzept. „Sie besteht in der Zusammenschau zweier Geschehnisse, Einrichtungen, Personen oder Dinge, deren je eines aus dem AT und dem NT gegriffen und zu einem Ereignispaar derart verbunden wird, dass durch die Zuordnung zu einem spiegelnden Sichbeleuchten ein Sinnzusammenhang zwischen den beiden an den Tag gebracht wird ... Das typologische Denken wurzelt im Glauben an die das Alte und das

NT überbindende Einheit der Offenbarung Gottes, deren Geschiedenheit in der Zeit durch ihre Einheit in der Hingerichtetheit auf Christus aufgehoben wird" (Ohly 1988, 22f). Diese korrelierende Methode setzt eigentlich das NT schon voraus (insofern Korrelationen in beiden Testamenten gefunden werden), doch gibt es auch schon im NT selbst Bezugnahmen auf atl. „Vor-Bilder". Von „Typologie" sollte man hier aber erst dann sprechen, wenn zwischen Vor- und Nachbild a) ein zeitlicher Abstand besteht und b) das Nachbild das Vorbild überbietend vollendet. Das heißt: *Typologese* (als hermeneutisches Modell) setzt ein Konzept von Heilsgeschichte voraus. Dadurch unterscheidet sie sich von der Allegorese. Wo der Begriff *typos* im NT begegnet, fehlen aber diese beiden Kriterien (historischer Abstand und Überbietung) überhaupt (Ostmeyer 2000). Eine Typologese als hermeneutische Methode gibt es im NT demnach noch nicht. Auch in Röm 5,14 ist Adam *typos* des „Künftigen" nur insofern, als er (wie Christus) als Stammvater eines Kollektivs fungiert. Auch in 1Kor 10,6.11 geht es nur um die Analogie zwischen den Wüstenvätern unter der Wolke und den korinthischen Getauften. 1Kor 10,11 bringt jedoch einen eschatologischen Aspekt hinzu, der nun hermeneutisch relevant ist: Die Ereignisse in der Wüstenzeit „geschahen an jenen ‚modellhaft' [so übersetzt Ostmeyer *typikōs*], geschrieben aber sind sie zur Warnung für uns, auf die das Ende der Zeiten gekommen ist".

*Midrasch*

Eine solche eschatologische Aktualisierung ist hermeneutisches Prinzip in der Pescher-Auslegung einiger Kommentare (zu Propheten und Psalmen) unter den Qumranschriften (z.B. 1QpHab). Entstanden ist die Pescher-Methode wohl ca. 100 v.Chr. Sie geht auf die Traumdeutung zurück und setzt dabei eine doppelte Inspiration voraus: Inspiration des Schriftverfassers der kanonischen Texte (entsprechend dem Träumer) und Inspiration des Deuters (entsprechend dem Traumdeuter). Die Aussagen des Textes werden direkt auf die Gegenwart bezogen: „Wenn es heißt: ‚Wegen der Bluttaten an der Stadt und der Gewalttat am Lande' (Hab 2,17), so ist seine Deutung: Die Stadt, das ist Jerusalem, wo der gottlose Priester Gräuel verübte ..." (1QpHab 12,7f). – Davon zu unterscheiden ist die Hermeneutik der Gattung des *Midrasch*, eines Kommentars biblischer (atl.) Schriften. Diese Gattung und ihre Methode haben sich erst im rabbinischen Judentum (ab 100 n.Chr.) herausgebildet, doch liegen ihre Anfänge wohl früher im hell.-synagogalen Judentum. Im Unterschied zur Pescher-Auslegung beruht sie auf einer hermeneutisch reflektierten Methodik, die in den sieben Interpretationsregeln (*Middot*) Hillels, den 13 Middot R. Jischmaels und den 32 Middot R. Eliezers Ausdruck gefunden hat. Der biblische Konsonantentext gilt als buchstäblich inspiriert. Die Deutung aber ist eine kreative Auslegung, die z.B. durch Änderung der Vokalisierung und mittels der Middot zu überraschenden, teils kühnen Interpretationen kommt. In der rezeptionsästhetischen Literaturwissenschaft sowie in der von dieser beeinflussten Exegese der biblischen Schriften hat die Midraschhermeneutik deshalb große Aufmerksamkeit gefunden. – Die Midraschim lassen sich auf zwei Weisen in Untergattungen einteilen: (1.) in *halakhische* Midraschim (Auslegung biblischer Gesetzestexte) und *haggadische* Midraschim (Auslegung überwiegend erzählender und weisheitlicher Texte), (2.) in *Ausle-*

*gungs*-Midraschim und *Homilien*-Midraschim. Die letztgenannten haben ihren *Sitz im Leben* im Synagogengottesdienst. Auch von ihnen gibt es zwei Arten: das „Proem", das zur Tora-Lesung hinführt und mit einem Zitat aus den *Ketubim* (dem neben Tora und Propheten dritten Teil der jüd. Bibel) beginnt, und die eigentliche Homilie, die auf die Tora-Lesung folgt und deren Anfangsverse zitiert, einzelne Begriffe daraus deutet, Prophetenzitate (*Haftarot*) heranzieht und nach einer Wiederholung des Anfangsverses der Tora-Lesung eine *conclusio* aufstellt. Für diese Form des homiletischen Midrasch, in dem verschiedene Zitate nach einem festen Schema verbunden werden, gibt es Analogien im NT. So entspricht (nach Borgen 1995) Joh 6,31–58 im Aufbau einem homiletischen Midrasch: (1) Zitat bzw. Referat aus der Tora: Ex 16,4.15 (Joh 6,31); (2) Jes 54,13 als *Haftara* (Joh 6,45); (3) Zitate oder Paraphrasen einzelner Elemente aus der Toralesung im weiteren Verlauf; (4) *conclusio*. Insgesamt bezieht sich diese Midraschform mehr auf ganze Textpassagen oder Perikopen als auf einzelne Zitate. – Man erkennt an diesem Aufbau zweierlei: einmal die Nähe zum Aufbau der Traktate Philos im allegorischen Kommentar und in den *Quaestiones*, wo die Lemmata aus den Toratexten durch sekundäre Zitate (oft aus Psalmen oder Propheten) ergänzt und gedeutet werden, zum anderen den Einfluss der gr.-röm. Rhetorik. Auszuschließen ist die Annahme, dass die Allegorese Philos auf eine (proto)rabbinische Midrasch-Exegese zurückgehe.

*Literatur*

*W. Bernard*: Spätantike Dichtungstheorien. Untersuchungen zu Proklos, Herakleitos und Plutarch, Stuttgart 1990. – *P. Borgen*: Bread from Heaven, Leiden 1965. – *D. Dawson*: Allegorical Readers and Cultural Revision in Ancient Alexandria, Berkeley 1992. – *A. Goldberg*: Formen und Funktionen von Schriftauslegung in der früh-rabbinischen Literatur, in: *J. Assmann/B. Gladigow* (Hgg.): Text und Kommentar. Archäologie der literarischen Kommunikation IV, München 1995, 187–197. – *L. Goppelt*: Typos. Die typologische Deutung des Alten Testaments im Neuen, Gütersloh 1939 (ND 1969). – *G. Kurz*: Metapher, Allegorie, Symbol, Göttingen 1982. – *F. Ohly*: Typologie als Denkform der Geschichtsbetrachtung, in: *V. Bohn* (Hg.): Typologie, Frankfurt a.M. 1988, 22–62. – *K.-H. Ostmeyer*: Typologie und Typos: Analyse eines schwierigen Verhältnisses, NTS 46, 2000, 112–131. – *G. Sellin*: Die Allegorese und die Anfänge der Schriftauslegung, in: *H. Graf Reventlow* (Hg.): Theologische Probleme der Septuaginta und der hellenistischen Hermeneutik, Gütersloh 1997, 91–138. – *W. R. Stegner*: The Ancient Jewish Synagogue Homily, in: *D. E. Aune* (ed.): Graeco-Roman Literature and the New Testament, Atlanta 1988, 51–69. – *G. Stemberger*: Midrasch. Vom Umgang der Rabbinen mit der Bibel. Einführung – Texte – Erläuterungen, München 1989.

## 1.3.2 Genuin jüdische Literatur

### 1.3.2.1 Die Septuaginta (LXX) als Übersetzungscorpus (*Folker Siegert*)

*Stellen im NT*

Alle Schriftzitate (bei Paulus, Mt und Joh können sie nach dem Hebräischen variiert sein); Apg 8,28 (eine LXX-Jesajarolle); 15,21 (Mose wird in den Synagogen gelesen); ferner Lk

16,16 (*nomos* „Gesetz"); Röm 7 (*nomos*); Joh 5,39 (*graphē* „Schrift"); 2Kor 3,14 („Altes Testament"); 2Tim 3,15f; 2Petr 1,20 (Inspiration der Schrift)

Etwas für die Antike Untypisches eröffnet diesen Abschnitt: heilige Schriften im Umfang von vielen hundert Seiten (oder über einem Dutzend Rollen), nichts davon geheim, sondern je wichtiger, desto bekannter durch synagogale Lesungen, und – alles übersetzt in die damalige Weltsprache Griechisch.

*Name, Entstehung und Bezeugung der LXX*
Schriftliches Übersetzen war in der Antike etwas Seltenes. Die Verwaltungen mancher Großreiche (Babylonien, Persien, Rom) waren zwar von vornherein zweisprachig, und es gibt mehrsprachige Inschriften (z.B. den Rosetta-Stein) mit jeweils gr. Bestandteilen; doch war es nicht üblich, Bücher oder gar ein Büchercorpus zu übersetzen. Wer als Orientale im Westen gelesen werden wollte, musste in der Sprache und in den literarischen Konventionen der Griechen Neues schaffen: Berosos hat so in hell. Zeit die Geschichte Babyloniens neu geschrieben, ebenso Manetho die Ägyptens. Im 1. Jh. n.Chr. tat Josephus (→1.3.2.6) desgleichen für die jüd. Geschichte – zu spät, um noch von der Offenheit der hell. Epoche für alles Orientalische zu profitieren.
Der Umstand, dass die Tora innerhalb des Judentums als „väterliches Gesetz" in Geltung stand, im Original aber nicht mehr verständlich war, führte dazu, dass man sich im Judentum Alexandrias in frühptolemäischer Zeit zu dem ungewöhnlichen Schritt des Übersetzens entschloss. Die Übersetzungstätigkeit erstreckt sich vom 3. Jh. v.Chr. bis in christl. Zeit. Beim Buch Qohelet ist sie nicht mehr angekommen: Von diesem Buch haben wir nur die Aquila-Fassung.
Die Ursprungslegende der LXX-Übersetzung – sicherlich die wirkungsvollste Legende der westlichen Literaturgeschichte – steht in dem pseudepigraphen *Aristeasbrief* (→1.3.2.7), dem fingierten Schreiben eines Griechen namens Aristeas an seinen Freund Philokrates, der ihm über die ungewöhnlichen Umstände der neuesten Anschaffung der Bibliothek zu Alexandria berichtet. Danach wäre es Ptolemaios II. Philadelphos, zweiter Grieche auf dem Pharaonenthron, höchstpersönlich gewesen, der ein gr. Exemplar der Gesetzgebung, an die die Juden seines Landes sich gebunden fühlten, für die alexandrinische Bibliothek bestellte. 72 (6 x 12) jüd. Weise aus allen zwölf Stämmen hätten, aus Judäa kommend, die Übersetzung auf seine Kosten ausgeführt. Das führte zu der vereinfachten Bezeichnung „Übersetzung der Siebzig", die genau genommen übrigens nur für den Pentateuch gilt, den *nomos*.
Seit Elias Bickermann ist die Forschung gewillt, ein Interesse des Ptolemäers am jüd. Gesetzestext anzunehmen. Von einem seiner Nachfolger, Ptolemaios VI., an den der alexandrinische Jude Aristobulos seine Auslegungen mosaischer Texte richtete, ist dies sogar belegt. Bei alledem ist jedoch der Eingang des übersetzten jüd. *nomos* in die Bibliothek des Musentempels eine fragliche Vorstellung. Der Text war eindeutig *nicht* Literatur; er lief dem Ästhetizismus gerade der Alexandriner diametral entgegen. Auch als Archivstück für die ptolemäische Verwaltung kann man sich den *nomos* nur schwer vorstellen: Sollte seine amtliche Aufbewahrung bedeuten, dass die Juden Alexandrias und Ägyptens nach Sonderrechten leben durften?

Am deutlichsten ist das Interesse der Juden selbst, ihr Gesetz auch in gr. Sprache lesen zu können. In Apg 15,21 gilt der Brauch, „Mose“ in den Synagogen vorzulesen und auszulegen, bereits als uralt, und Synagogen sind gerade in Ägypten schon ab dem 3. Jh. v.Chr. bezeugt.
Spätere Legende (etwa Philo vita Mos. 2,25–44; im Talmud vgl. Megilla 9a) macht aus der Gemeinschaftsarbeit eine Leistung von 72 Einzelnen, die unabhängig voneinander zu einem wörtlich identischen Ergebnis kommen. 2Tim 3,16f bringt diese Auffassung dann auf den Begriff.
Die Übersetzer dürften Leute aus dem Stand der Schreiber (*soferim*, gr. *grammateis*) gewesen sein, und zwar solche, die zugleich in – mündlichem – Dolmetschen geübt waren. Sie haben anfangs *Satz für Satz* gearbeitet, nicht Wort für Wort (wie später bei manchen Hagiographen). Die Arbeit an den Propheten liegt etwa in der Mitte.

*Der lange Weg zum LXX-Urtext*
Unter „Urtext“ versteht die LXX-Forschung das erste *griechische* Übersetzungsergebnis, so wie es aus den Händen der Übersetzer in die der Abschreiber überging. Das Hebräische nennt man „die Vorlage“. Beide sind uns nicht mehr im Urzustand erhalten, sondern in Abschriften, deren allmählich wachsende Diversität in den Druckausgaben nach Möglichkeit wieder reduziert wird. Über tausend Jahre einer höchst komplizierten Überlieferung müssen von den modernen Editoren überblickt werden, in deren Verlauf zunächst interpretatorische oder editorische Entscheidungen der Übersetzer, auch deren evtl. Fehler, sodann Übermittlungsfehler im Griechischen und redaktionelle Eingriffe in der weiteren Übermittlung in Anschlag zu bringen sind. Die meisten Bücher sind im Laufe der Zeit an den – jeweiligen – Stand des hebräischen Textes angeglichen worden.
Nachträgliche Eingriffe in den Text, die eine einheitliche Absicht oder Methode erkennen lassen, werden als „Rezensionen“ bezeichnet. Nach Emanuel Tovs Meinung sind auch die „Übersetzungen” von Aquila, Symmachos und Theodotion eher als Rezensionen der LXX anzusehen, auf der sie nämlich beruhen.
Jüdische Handschriften von LXX-Texten sind selten, aber doch fragmentarisch für einen Teil der Bücher erhalten, auch in Qumran (Höhle 7). Die Hauptzeugen des ganzen (oder fast ganzen) Textes der LXX sind christl.; es sind die großen pergamentenen Majuskelcodices B (Vaticanus), א[1](Sinaiticus) und A (Alexandrinus). Sie enthalten AT und NT in einem, sind also im christl. Sinne „Bibeln“, wenn auch mit einem in beiden Testamenten mitunter etwas abweichenden Kanon. Ihr Wert liegt darin, dass sie großenteils noch unberührt sind von der unter Origenes stattgefundenen Fusionierung der Überlieferungslinien: Origenes hatte in seiner Hexapla – einer Nebeneinanderstellung des Hebräischen und der Konkurrenzübersetzungen des Aquila, Symmachos und Theodotion – eine Fassung des LXX-Textes ediert, die zahlreiche Elemente aus den drei anderen Übersetzungen eklektisch mit aufnahm.

[1] Der Codex Sinaiticus wird in den LXX-Ausgaben und der einschlägigen Literatur mit dem Siglum „S“ belegt, in NT-Ausgaben hingegen mit Aleph.

*Die LXX als Übersetzungsleistung. Sprache und Stil*
Zwangsläufig griffen die Übersetzer bei ihrer Wortwahl nicht selten zu einer Art von Interpretation: Sie legen sich, ob gern oder ungern, auf einen bestimmten Textsinn fest, und dieser ist selten deckungsgleich mit dem des Ausgangstextes. Daneben gibt es eindeutige Fälle von *Vermeidung* des Interpretierens beim Übersetzen – um den Preis der Unklarheit (James Barr: „imitative technique of translation"). Die Übersetzer des *nomos* wählten den in der ganzen hell. Völkergemeinschaft verständlichen Mittelwert aus allen gr. Dialekten, die *koinē dialektos*. Wortwahl und Syntax sind nichtliterarisch; nur einige der feierlichsten Texte, etwa in den Großen Propheten, insbes. aber im Psalter, sind für lautes Vorlesen geschaffen, im Stil der „asianischen" Kunstprosa, der zwar keine Sing-Melodie vorsieht, aber verlangsamte, rhythmische Satzschlüsse. Dem lapidaren Latein der Vulgata, das einst der hieratische Stil des Westens werden sollte, wurde vorgearbeitet. *Die LXX ist somit der erste große Text in einer „modernen" Sprache* – modern in dem Sinne, dass ein großes Vokabular kombiniert wird mit einer umso einfacheren Syntax.

*Der Umgang mit Namen: Transkription, Übersetzung, Ersatz*
„Wer den Namen des HERRn nennt, soll des Todes sterben" (Lev 24,16 LXX). Der nur noch vom Hohenpriester auszusprechende Gottesname, das *tetragrammaton onoma* (Philo, vita Mos. 2,115), wurde im Hebräischen bei lautem Lesen durch *adonāi* (mit Plural-Vokalisierung) ersetzt; im Griechischen sagte – und schrieb man dann auch bald – *kyrios* (meist ohne Artikel). Mit dieser Wortwahl vermied man beispielsweise *anax*, was ein Titel des Zeus gewesen wäre. Positiv prägte die Einführung des quasi-Namens HERR das Gottesbild im Sinne einer Ausübung von Herrschaft.
Zunamen oder Titel des Gottes Israels werden ähnlich behandelt. *sabaot* (fast nur im Jesaja-Buch so umschrieben) wird meist übersetzt (oder ersetzt) durch die Neubildung *pantokratōr*, ebenso *sela'* („Fels") durch *antilēmptōr* („der mich aufnimmt"), denn an Steine durfte auf keinen Fall gedacht werden. Unendlich wirkungsvoll war die Wiedergabe von *ehje ascher ehje* in Ex 3,14 mit *egō eimi ho ōn*, „Ich bin der Seiende". Philos gesamte Theologie beruht auf dieser Annäherung des Gottes Israels an das „Sein" Platos (→1.3.2.5).

*Übersetzungstendenzen der LXX: Begriffe*
Im Wortschatz ist das LXX-Griechisch sehr reich. Er überschreitet bei weitem den der Schulwörterbücher und damit der klassischen Lektüre. Alle Varianten des Übersetzungsverfahrens sind möglich: Vokabelgleichungen (*derek* > gr. *hodos*, „Weg", auch im Sinn von „Lebensweise") ebenso wie solche Wiedergaben, die stärker differenzieren als die Vorlage (so für *dābār* „Wort" acht verschiedene Wiedergaben). In anderen Fällen getraute man sich, in einem umgekehrten, auch auf Begriffsbildung hinauslaufenden Verfahren eine hebräische Vielfalt zu vereinfachen: So entstand z.B. aus einer Vielfalt kultischer, an Opferhandlungen gebundener Begriffe der ethische, einheitliche Begriff *hamartia*, „Sünde", Voraussetzung nicht zuletzt der Theologie des Paulus (Röm 9,3–20 usw.). Philosophische Terminologie wurde fast nur im Bereich der Ethik und der Psychologie aufgenommen, so das häufige, höchst wichtige *dianoia* „Gesinnung".

Von bleibender Wirkung bis heute war die Modifizierung gr. Begriffe. So gibt die LXX *berit* mit *diathēkē* wieder, was nicht „Bund" heißt (das wäre *synthēkē*) und auch nicht „Testament" heißen soll (auch nicht in 1Kor 11,25 etc.), sondern „Verfügung, Anordnung". Die Ableitung ist von *diatithesthai* „verfügen"; vgl. etwa Ps 105(104),8f. Es soll an den einseitigen Charakter des Rechtsverhältnisses gedacht werden. Für *tora*, auch für den gelegentlich stehenden Plural *torot*, setzen die „Siebzig" einheitlich den Singular *nomos*, „Gesetz" schlechthin. Auch dieser wurde, d.h. blieb, ein Grundbegriff paulinischen Denkens (Röm 2,12–3,19; 7 etc.). Der *nomos*, das Nationalgesetz, war nun einmal das umfassendste jüd. Proprium.

Darüber hinaus wurden viele Anthropomorphismen in der Rede von Gott vermieden und überhaupt Metaphern gerne aufgelöst. Zweck war nicht poetische Bildkraft, sondern semantische Genauigkeit.

Neologismen – also Neuprägungen gr. Wörter, um nahe an hebräischen Wortbedeutungen zu bleiben –, sind von der Forschung zu Hunderten festgestellt worden, verringern sich jedoch mit der Zahl der Papyrusfunde (→1.3.4.1), die manchen einfach nur nichtliterarischen Ausdruck nunmehr auch für das Profangriechische belegen. Als gute Beispiele werden weiterhin Wörter gelten wie *thysiastērion* für den Jerusalemer Opferaltar (über 400 mal; heidnische Altäre heißen stattdessen ganz gewöhnlich *bōmos*), *holokautōma* (lat. dann *holocaustum*) für ein „Ganzopfer", *proseuchē* für „Gebet" (auch hier unter Vermeidung pagan-kultischen Vokabulars); *prosēlytos* (mit einer sogar gegenüber dem damaligen hebr. *gēr* neuen Bedeutung) für „Proselyt" u.a., auf ethischem *ho plēsion* „der Nächste" für *rea'*, was erst nur für Mitjuden gegolten hätte. Für „schaffen" hatte man zunächst nur *poiein*, fand dann aber die Metapher *ktizein* (eigtl. „gründen"), daher dann *ktisis* „Schöpfung" als Terminus.

*Übersetzen und Edieren. Intertextualität und Biblische Theologie*

Die Regel, nichts hinzuzutun und nichts wegzulassen (Dtn 4,2; 12,32) galt im strengen Sinne nur für den *nomos*, in dem sie auch steht. Doch finden sich bereits Anpassungen an die Diasporasituation wie Ex 22,27(28): „Götter (*theous*) sollst du nicht verfluchen" (in Ausnützung des hebr. Plurals *elohim*). Wenn in Ex 15,3 (Moselied) JHWH „wie ein Kriegsmann" eingreift, so wird dies in der LXX regelrecht zensiert zu *syntribōn polemous*: Er ist „Vernichter von Kriegen"; vgl. Jes 42,13. Die Zahlenangaben der Genesis (Lebensalter der Patriarchen; Stammtafeln) werden in der LXX höher gesetzt, anscheinend um Berechnungen gr. Gemeinwesen, die allemal bis zum Trojanischen Krieg hochzugehen trachteten, noch zu übertreffen. Die Perikope über das himmlische Vorbild der irdischen Bundeslade (Ex 36–39), Gegenstand zahlreicher Spekulationen, ist im Hebräischen wie im Griechischen öfters überarbeitet und neu geordnet worden und war der letzte noch nicht fixierte Text im *nomos*.

Implizit wird in Fällen wie dem oben zitierten Jes 42,13 (Rückgriff auf eine LXX-Eigenart in Ex 15,3), die zahlreich sind, *gesamtbiblisches Denken* erkennbar: Die Übersetzer hatten größere Einheiten vor sich, auch im Sinn, als die meisten Verfasser der hebräischen Originale. Sie blickten auf das Ganze beim Übersetzen der jeweiligen Teiltexte in einer „Intertextualität" (→1.3.1.1), wie sie der Hebräischen Bibel so stark nicht eigen ist.

*Rezeption und Aktualität der LXX*
Philo berichtet aus Alexandrias jüd. Gemeinden, der Tag des Abschlusses der gr. Tora-Übersetzung werde alljährlich als Fest gefeiert (vita Mos. 2,41). Ältester bekannter Benutzer des LXX-Pentateuch ist gegen 200 v.Chr. der Jude Demetrios, gefolgt von Eupolemos, Aristobulos und anderen, meist nicht namentlich bekannten, die auch aus anderen Büchern zitieren.
Philo, dessen Hebräischkenntnis sich auf die Benutzung von Onomastika beschränkt, betrachtet die Übersetzung des *nomos* als eine Gottesgabe an die gesamte Menschheit (vita Mos. 2,35). Die von den Christen von Anfang an (Paulus, Q) für sich beanspruchten heiligen Schriften des Judentums auf Griechisch – damals in ihrem Umfang noch offen – gerieten im rabbinischen Judentum außer Gebrauch, auch wenn die Mischna (mMeg 1,8) sie noch zu kennen scheint. Eine Anzahl von absichtlichen Änderungen der Übersetzer wird verschiedentlich referiert als Anpassung an „König Talmai". Der nachtalmudische Traktat Soferim 1,7 bezeichnet den Tag der Übersetzung des gr. Pentateuchs als Unglückstag; er sei für Israel so schlimm gewesen wie der Tag der Anfertigung des Goldenen Kalbes. Das, was einstmals eine „Tora für den König Talmai" werden sollte, war die Bibel der Christen geworden.

*Literatur*
*J. Barr*: The Typology of Literalism in Ancient Biblical Translations, Göttingen 1979. – *C. Dogniez*: Bibelübersetzung I.1 RGG I, [4]1999, 1487–1491. – *D. A. Koch*: Die Schrift als Zeuge des Evangeliums. Untersuchungen zur Verwendung und zum Verständnis der Schrift bei Paulus, Tübingen 1986. – *F. Siegert*: Zwischen Hebräischer Bibel und Altem Testament. Eine Einführung in die Septuaginta, Münster 2001. – *Ders.*: Register zur „Einführung in die Septuaginta", Münster 2002. – *E. Tov*: Die griechischen Bibelübersetzungen, ANRW II 20.1, 1987, 121–189. – *Ders.*: The Greek and Hebrew Bible. Collected Essays on the Septuagint, Leiden 1999.

### 1.3.2.2 Weisheitsliteratur (*Hermann von Lips*)

*Stellen im NT (Auswahl)*
Mt 5–7; 8,20; 10,26–31; 11,16–19; 11,25–27.28–30; 12,38–42; 23,34–36.37–39; Mk 2,17.19.21f; 4,2–32; 8,35–37; Lk 6,20–49; 7,31–35; 9,58; 10,21f; 11,29–32; 11,49–51; 12,2–7; 12,22–31; 13,34f; 14,34f; Joh 1,1–18; 3,8.16f.20; 4,10.37.44; 6,35; 7,33f.37f; 8,21; 12,25; 13,16; 15,5.20; Röm 8,3f; 10,6–8; 12,9–21; 1Kor 1,18–2,16; 8,6; 10,1–4; 2Kor 3,17f; 4,4; Gal 4,4f; 5,25–6,10; Eph 1,7–10; 3,4–7.8–11; 4,8–10; 5,15–20; Phil 2,5–11; 4,4–9; Kol 1,15–20.26f; 2,2f; 4,2–6; 1Thess 4,1–12; 5,14–22; 2Tim 1,9–11; Tit 1,2f; Hebr 1,1–4; 13,1–19; Jak (ganz); 1Petr 3,8–17; 4,7–11; 5,5b–9; 1Joh 4,9

*Einführung*
Jüd. Weisheitsliteratur ist hier im Rahmen des Frühjudentums in den Blick zu fassen, das nach weitgehendem Konsens die Zeit von ca. 200 v.Chr. bis 200 n.Chr. umfasst. Frühjüd. Weisheitsliteratur steht in der Tradition atl. Weisheitsliteratur (Spr, Hi, Koh) und einer damit zusammenhängenden lebendigen Weisheitstradition, die sich z.B. in der Person einzelner Weisheitslehrer konkretisierte (z.B. Jesus Sirach). In frühjüd. Zeit ist auch die hell. Kultur als beeinflussender Faktor mit zu berücksichtigen.

Ausgangspunkt der Weisheitstradition ist die sog. Erfahrungsweisheit, deren Anliegen es ist, die Welt in ihren Ordnungen und Regeln zu erfassen, um daran die Lebensgestaltung zu orientieren und ein Gelingen des Lebens zu erreichen. Der Niederschlag in Sprichwörtern und Kunstsprüchen, die zu Spruchsammlungen verbunden werden, ist die älteste fassbare Form (Spr 10–30). Eine andere Form ist dann die weisheitliche Mahnrede bzw. Paränese, die statt des Einzelspruchs längere thematische Einheiten umfasst (vgl. mehrfach in Spr 1–9). Eine besondere Traditionslinie sind Weisheitsreflexionen, die sich der Vorstellung der Gestalt oder Person der „Weisheit" widmen, die sich aus der Eigenschaft „Weisheit" entwickelt hat. Die Weisheit kann dabei als den Menschen gegenübertretende Person verstanden werden (Spr 1,20–33), aber auch als göttliches Wesen (Hypostase), das schon bei der Erschaffung der Welt mitgewirkt hat (Spr 8,22–31).
Zur Erfassung der frühjüd. Weisheitstradition, die dann auch ins Urchristentum und so ins NT einwirkte, ist primär die eigentliche Weisheitsliteratur zu berücksichtigen, daneben aber auch die Befunde weisheitlicher Tradition in anderen frühjüd. Schriften.

Als die zwei wichtigsten frühjüd. Weisheitsschriften haben das Buch Jesus Sirach und die Weisheit Salomos Eingang in das gr. AT (LXX →1.3.2.1) gefunden. Das Buch des *Jesus Sirach* hat den traditionellen Charakter der weisheitlichen Spruchsammlung und beinhaltet auch die Form der weisheitlichen Paränese, die verschiedenen Themen der Lebensgestaltung gewidmet ist (Lebensbereich des einzelnen v.a. in Sir 2–23, Leben in der Öffentlichkeit v.a. in 23–50). Besonders charakteristisch ist das Lied von der göttlichen Weisheit in Sir 24, wo deren Weg von der Ewigkeit her zum Volk Israel und nach Jerusalem beschrieben wird und die schließlich mit dem Gesetz des Mose identifiziert wird (24,23). Während das Buch Sirach in Hebräisch geschrieben (Anfang 2. Jh. v.Chr.) und erst später ins Griechische übersetzt wurde (ca. 130 v.Chr.), ist die *Weisheit Salomos* von vornherein in griechischer Sprache geschrieben (1. Jh. v.Chr.). Daher ist diese Schrift stärker von hell. Denken beeinflusst, was sich in der Übernahme des Gedankens der Unsterblichkeit (Weish 2,23; 3,4; 4,1) und des Leib-Seele-Dualismus (8,19f; 9,15) zeigt. In den drei Teilen des Buchs wird zuerst das Streben nach Gerechtigkeit als Voraussetzung für die Gabe der Weisheit thematisiert (1,1–6,21) und dann (6,22–9,18) die erstrebenswerte enge Verbindung mit der göttlichen Weisheit im Bild von Liebe und Ehe formuliert (8,2.9.16–18). Der dritte Teil (10,1–19,22) widmet sich der Geschichte des Volkes Israel, dabei insbes. dem Wirken der Weisheit an Einzelpersonen in dieser Geschichte (9,18–10,21).
Weitere frühjüd. Weisheitsschriften: Die unter dem Namen des gr. Dichters Phokylides (6. Jh. v.Chr.) veröffentlichte, aber wohl erst im 1. Jh. n.Chr. entstandene und daher als *Pseudo-Phokylides* (→1.3.2.7) bezeichnete Schrift ist deutlich jüd. Ursprungs. Im Eingangsteil dieser Spruchsammlung, die biblische Weisheit mit hell. Gnomik verbindet, wird nämlich auf einzelne Gebote des Dekalogs Bezug genommen (3–8). Möglich, aber nicht sicher ist die jüd. Herkunft der Spruchsammlung „Worte des weisen Menander" (*Pseudo-Menander*, ebenfalls nach einem gr. Autor benannt).

In rabbinischer Tradition ist die Spruchsammlung der *Pirke Abot* (Sprüche der Väter) erhalten, und zwar als eigener Traktat der Mischna (dem Grundstock des Talmud als dem zentralen jüd. Lehrwerk). Einzelnen Schriftgelehrten, die in einer langen Traditionsreihe bis auf Mose zurückgeführt werden, werden hier jeweils Einzelsprüche weisheitlicher Art zugeordnet. Insgesamt haben wir für die rabbinische Tradition festzustellen, dass hier die seit Sir verbreitete Gleichsetzung von Weisheit und Gesetz übernommen ist. Verschiedene Weisheitstexte, aber ganz unterschiedlicher Länge, sind in den Schriften der Gemeinschaft von *Qumran* gefunden worden (v.a. in der 4. Höhle, also verschiedene Texte mit der Bezeichnung 4Q). Teilweise sind dies in Qumran entstandene Texte, teilweise aber auch eigenständige Schriften, die in der Bibliothek von Qumran Aufnahme gefunden haben.

Neben eigenständigen Weisheitsschriften sind auch solche frühjüd. Schriften zu erwähnen, die einer anderen Gattung zugehören, aber weisheitliche Texte und Elemente weisheitlicher Tradition enthalten. Hier sind einige griechischsprachige Schriften zu nennen: der *Aristeasbrief* (→1.3.2.7), der die Legende von der Entstehung der gr. Übersetzung der Tora erzählt und in einem großen Dialogteil weisheitliche Tradition aufnimmt. Das mit philosophischem Anspruch auftretende *4. Makkabäerbuch* (→1.3.2.7) bezieht in seine Argumentation auch weisheitliche Terminologie ein (z.B. Definition 4Makk 1,16.17). Das Buch *Baruch* enthält ein wohl nachträglich eingefügtes Lied von der Weisheit (Bar 3,9–4,4), wo diese ebenfalls mit dem Gesetz identifiziert wird und Israel damit als alleiniger Besitzer der Weisheit verstanden wird. Aus der gr. sprechenden Diaspora stammt auch das Buch „*Joseph und Aseneth*" (→1.3.2.7), in dem die Bekehrung der Nichtjüdin Aseneth zum Judentum thematisiert wird, wobei weisheitliche Motive und Begriffe eine Rolle spielen. Mit *Aristobul* und *Philo* von Alexandria (→1.3.2.5) sind zwei jüd. Autoren bzw. Religionsphilosophen zu nennen, in deren Werk die Weisheitstradition deutliche Aufnahme gefunden hat.
Unter den apokalyptischen Schriften (→1.3.2.3) sind herauszuheben: Der *äthiopische Henoch* enthält im Mittelteil (Hen[aeth] 37–73) weisheitliche Terminologie, im Schlussteil weisheitliche Paränesen (93–106). Besonders prägnant ist das Lied von der Weisheit in Hen(aeth) 42, wo deren vergebliche Wohnungssuche auf der Erde und die enttäuschte Rückkehr in den Himmel geschildert wird. Weisheitliche Charakteristika enthalten auch die beiden Apokalypsen *4Esr* und *syrischer Baruch*, wobei die Verbindung von Weisheit und Gesetz auffällt. Weisheitliche Elemente enthält teilweise auch die *Testamentenliteratur*, z.B. paränetische Teile in den Testamenten der 12 Patriarchen (TestXII).

*Zu den ntl. Textaussagen*
Einfluss der frühjüd. Weisheitsliteratur und Weisheitstradition lässt sich im NT in drei Linien feststellen: in der Jesusüberlieferung, in der Christologie und in den paränetischen Texten.

In der *Verkündigung Jesu*, die die Evv überliefern – vor allem im Stoff der Logienquelle (Q), die von Mt und Lk aufgenommen wurde – lassen sich sowohl weisheitliche Formen als auch Inhalte feststellen: In vielen Jesusworten werden Erfahrungsbezüge aus alltäglichen Sachverhalten angesprochen, wie dies weisheitlicher Art entspricht. Dabei kommen verschiedene Lebensbereiche in den Blick: das menschliche Individuum (Mt 25,1–13 klug und töricht), das zwischenmenschliche Verhalten (Lk 11,11f väterliche Fürsorge), soziale und gesellschaftliche Gegebenheiten (Lk 16,13 Herr und Diener) sowie auch die den Menschen umgebende Natur bzw. Schöpfung (Lk 12,24.27f Pflanzen und Tiere). Sowohl in der Form des einfachen Spruches (Mk 2,17: Kranke brauchen den Arzt) als auch in der ausgeführten Form des Gleichnisses (Mk 4: Saat und Ernte) geschieht dies. Auch die Form des weisheitlichen Mahnspruchs begegnet vielfach, z.B. im Blick auf das Verhältnis zu den Mitmenschen (Lk 6,27–35: Feindesliebe u.a.), zu den eigenen Lebensbedürfnissen (Lk 12,22–31: Sorge um Kleidung und Nahrung), zum Besitz (Lk 12,33f), aber auch das Verhalten gegenüber Gott (als Schöpfer, als Adressat des Gebets Mt 7,7–11). Die Seligpreisungen (Mt 5,3–12) entstammen ebenfalls weisheitlicher Tradition, sind aber im eschatologischen Kontext zu Verheißungen umgeprägt worden. Wichtig ist bei alledem, dass die Aufnahme weisheitlicher Inhalte und Formen durch Jesus darauf gerichtet ist, seine Verkündigung der kommenden und schon nahen Gottesherrschaft zu konkretisieren.

Den weisheitlichen Mahnworten, die wir in der Jesusüberlieferung finden, entsprechen formal die *paränetischen Texte*, die wesentlicher Bestandteil der ntl. Briefliteratur sind. Zwar gilt für die urchristl. Paränese generell, dass sie gleichermaßen auch hell. Einfluss erkennen lässt, doch sind die Analogien zur Weisheitstradition deutlich. In der Spruchparänese, wie wir sie z.B. in Röm 12,9–21 und 1Thess 4,1–12; 5,14–22 finden, zeigen sich viele weisheitliche Motive und Motiv-Zusammenhänge (z.B. Röm 12,10–18: Ehrerbietung, Warnung vor Trägheit, Geduld, Gastfreundschaft, Besonnenheit statt Hochmut, Friedfertigkeit statt Vergeltung des Bösen). Auch für die katalogische Paränese (Haustafeln Kol 3,18–4,2 u.a.; Tugend- und Lasterkataloge Gal 5,19–23 u.a.) gilt, dass sie formal hell. Hintergrund hat, aber inhaltlich auch weisheitliche Tradition erkennen lässt (Tugenden: Güte, Treue, Sanftmut, Geduld usw.; Laster: Neid, Streit, Zorn, Lüge usw.). Eine ntl. Schrift ist ganz der Paränese zuzuordnen und lässt zugleich deutlichen Einfluss der Weisheitstradition erkennen (z.B. enge Beziehung zu Jesus Sirach): der Jakobusbrief.

Ganz anders geartet ist der Einfluss der Weisheitstradition in *christologischen Texten* des NT. Hier geht es darum, dass Attribute der als (göttliche) Person verstandenen Weisheit auf Jesus übertragen werden, um dadurch seine Bedeutung für die Welt und die Menschen auszudrücken. In einigen Texten aus der Logienquelle wird Jesus derart mit der Weisheit in Verbindung gebracht, dass dahinter die Vorstellung von der die Menschen einladenden, aber abgelehnten Weisheit erkennbar wird (Lk 7,35; 11,31; 11,49). Deutlich ist das Moment der Einladung in dem nur bei Mt stehenden Text 11,28–30 festzustellen. Eine Verbindung von Aussagen über Jesus mit dem Begriff Weisheit (Gottes) finden wir auch bei Paulus in 1Kor (1,24.30; 2,7), ohne dass hier eine eigentliche Weisheitschristologie vorliegt.

Eine Weiterentwicklung solcher weisheitschristologischen Ansätze ist in den Bekenntnisaussagen über die Präexistenz und Schöpfungsmittlerschaft Jesu Christi zu sehen: Christus war (wie die Weisheit) von Anfang an, vor der Erschaffung der Welt bei Gott, und er war aktiv an der Schöpfung mitbeteiligt. Derartige Aussagen sind enthalten in Texten wie 1Kor 8,6; Phil 2,6–7; Kol 1,15–18; Hebr 1,2f. Der Präexistente war auch in der Geschichte Israels wirksam (1Kor 10,1–4), er ist von Gott in die Welt gesandt worden (Gal 4,4f; Röm 8,3f; Joh 3,16f; 1Joh 4,9). Konzentriert finden sich Aussagen über Präexistenz und Schöpfungsmittlerschaft Christi mit weisheitlichem Hintergrund im sog. Joh.-Prolog Joh 1,1–18. Insgesamt lassen weitere joh. Aussagen über Christus weisheitliche Motive erkennen (Joh 4,10; 7,33f.37f; 8,21: einladende, aber abgelehnte Weisheit).

*Literatur*

*J. J. Collins*: Jewish Wisdom in the Hellenistic Age, Louisville 1997. – *M. Küchler*: Frühjüdische Weisheitstraditionen, Göttingen/Freiburg (CH) 1979. – *H. von Lips*: Weisheitliche Traditionen im Neuen Testament, Neukirchen-Vluyn 1990.

### 1.3.2.3 Apokalyptik (*Monica Herghelegiu*)

*Stellen im NT*

Mt 24; Mk 13; Lk 17; 21; Joh 14; Röm 8,18–25; 1Kor 15; 2Kor 4,16–5,10; Phil 2,15; 3,20f; 4,5f; 1Thess 4; 1Tim 4,1–5; 2Tim 3,1–9; 4,1; Hebr 10,35–39; 12,18–29; 2Petr 2,1–11; 3,3–13; 1Joh 2,18–25; 2Joh 7; Offb

*Einführung*

Der Begriff Apokalyptik wurde 1832 von Friedrich Lücke[1] als Kunstwort für ein literarisches Phänomen geprägt, das, ausgehend vom Titel der Johannesapokalypse (Offb 1,1), charakteristische jüd. und christl. Texte auf Grund ihrer besonderen Sicht von Welt und Geschichte und hinsichtlich bestimmter formaler Kriterien zusammenfasst. In der A. verbinden sich weisheitlich-kosmologische Elemente (z.B. Spekulation über den Aufbau der Welt, Regelmäßigkeit der kosmischen und geschichtlichen Ereignisse, Himmelsreisen) mit prophetischer Zeitansage (z.B. Gerichtsankündigung, Hoffen auf das Eingreifen Gottes) und „moralischer Geschichtsbetrachtung" unter oft deutlich paränetischer Perspektive (Ermutigung an die kleine Schar der „Gerechten"). Manche A. besitzen auch erzählende Teile (Dan).

Ihre Wurzeln hat die jüd. A. vermutlich im späten 4. Jh. v.Chr., ihre Blüte setzt man in der Zeit zwischen der Entweihung des Tempels durch Antiochos IV. Epiphanes (167 v.Chr) und dem Bar Kochba-Aufstand (132–135 n.Chr.; →1.4.4.2) an.[2] Eine besondere Bedeutung hat die A. nicht zuletzt dadurch,

---

[1] *F. Lücke*: Versuch einer vollständigen Einleitung in die Offenbarung Johannis und die gesamte apokalyptische Literatur. Commentar über die Schriften des Evangelisten Johannes IV,1, Bonn 1832. – Zur Begriffsbestimmung *Blasius/Schipper* 2002, 21–27.

[2] A. Texte sind jedoch im jüd. wie christl. Bereich bis ins Mittelalter hinein verfasst worden. Inwiefern bei der Entstehung der A. außerjüdische Faktoren eine Rolle gespielt haben, ist umstritten. Deutlich ist jedoch, dass auch außerhalb des Judentums einzelne aus a. Literatur bekannte Elemente und Motive vorkommen (Ägypten, Persien), ohne dass deren literarischer Kontext unbedingt als „a." im Vollsinn zu bezeichnen wäre. Zu „a." Texten aus Ägypten vgl. die Sammlung bei *Blasius/Schipper* 2002, 21–40.

dass das frühe Christentum in weiten Bereichen als a. Bewegung im Gefolge jüd. A. verstanden werden kann.

Die bekanntesten jüd.-a. Schriften sind: Dan, Henochapokalypsen (Hen[sl], Hen[gr] und Hen[aeth]), Himmelfahrt des Mose (AssMos), Baruchapokalypse (ApcBar[syr] und ApcBar[gr]), das 4. Esrabuch (4Esr), die A. Abrahams (ApcAbr), die jüd. Sibyllinen (Sib). Als a. Texte gelten weiter: Jes 24–27; 65f; Sach 14; PsSal 17f, a. Elemente enthalten z.B. die Testamente der 12 Patriarchen (TestXII)[3], die „Reste des Buches Jeremia" (ParalipJer), das Leben Adams und Evas (VitAd) sowie zahlreiche Texte aus Qumran.

*Merkmale der jüdisch-apokalyptischen Literatur*

Angesichts der Komplexität des Phänomens A. ist eine allgemein anerkannte Definition bis heute nicht gefunden worden. Stattdessen ist im Anschluss an das Symposium in Uppsala 1979 auf bestimmte Charakteristika zu achten, die für die Gattung „A." konstitutiv sind, ohne dass sie freilich bei jedem einzelnen Text in gleicher Weise vertreten sein müssen. [4]

1. „Offenbarungsliteratur": Ziel der A. ist die Offenbarung verborgener göttlicher Geheimnisse über die himmlische Welt, über die Entstehung des Bösen oder über die Endereignisse, um dadurch den Menschen Orientierung in der Welt zu geben.

2. Universales Geschichtsverständnis: Die Geschichte von der Schöpfung bis in die Gegenwart wird als Ganzheit gesehen, rekapituliert und periodisiert (Ablauf der Weltreiche in Dan 2). Die Gegenwart ist ethisch dekadent, sündig, hingegen ist die Zukunft die Zeit der gerechten und universalen Herrschaft Gottes.

3. Kontrast zwischen „dieser Welt" und der kommenden: Den gottfeindlichen Mächten der Gegenwart steht das zukünftige Heil (Gottesherrschaft o.ä.) gegenüber, jenseits der unheilvollen Gegenwart wird das neue, paradiesische Heil bzw. die Restitution der Weltschöpfung erwartet. Das, was im Himmel schon gilt (nämlich, dass Gott König ist), setzt er dann auch auf Erden durch. Da Gott bei all dem der Herr über Geschichte und Kosmos bleibt, kennt die A. trotz dieses Kontrastes keinen wirklichen „Dualismus". Indem A. auf die „letzen Dinge" blickt, ist sie „eschatologisch", doch nicht jeder eschatologische Text ist auch sogleich a.

4. „Messianismus" (→3.1.3.4): Die mit kosmischen Umwälzungen verbundene Wende der Geschichte geht stets von Gott aus, kann aber durch einen Repräsentanten vollzogen werden. Dieser kann je nach der ihm zugedachten Funktion mit königlichen oder priesterlichen Zügen ausgestattet sein und verschiedene Namen tragen (Messias, Menschensohn, Davidssohn). Manche Texte kommen jedoch ohne messianische Gestalten aus (1QM).

5. Da die A. die in der Weisheit diskutierte Frage nach der Theodizee (Ps 73; Hi) bearbeitet, indem sie die Einlösung der Gerechtigkeit Gottes in der Zukunft erwartet, ist die kosmische Wende vom Unheil zum Heil oft mit der Vorstellung eines Gerichtes (entweder als einfache Bestätigung der Gerechten

---

[3] Erwähnenswert sind auch christl. bearbeitete Schriften mit jüd. Vorlage, wie z.B. TestAbr, TestAdam, TestIsaak, ApcEl, ApcZeph etc.

[4] *D. Hellholm* (ed.): Apocalypticism in the Mediterranean World and the Near East, Tübingen 1983 ([2]1989). Zuletzt *Blasius/Schipper* 2002, 21–27.

oder mit doppeltem Ausgang) verbunden. Die Auferstehung der Toten (→3.2.5.2), die in diesem Kontext oft begegnet, stellt sicher, dass Tote wie auch Lebende vor dem Gerichtsthron Gottes erscheinen müssen.
6. Pseudepigraphie (→1.3.1.2): A. Schriften werden sehr oft Autoritäten der Heilsgeschichte zugeschrieben (Adam, Abraham, Henoch, Baruch, Daniel usw.), da man ihnen besondere Kenntnisse und Gottesnähe zuschreibt.
7. Viele a. Schriften sind als Reaktion auf konkrete politische Ereignisse entstanden, die sie deuten und bewältigen wollen. Dan gilt als Reaktion auf die Verfolgung durch Antiochos IV. Epiphanes, AssMos auf die blutige Niederwerfung des Aufstands in Judäa durch Varus nach dem Tode des Herodes, 4Esr und ApcBar(syr) reagieren auf die Katastrophe der Tempelzerstörung.
8. Die Sprache der A. ist oft verschlüsselt und bedient sich mythisch-symbolischer Bilder, die dekodiert werden müssen. So wird das Gottesvolk als Land, Löwe oder Weinstock (Offb 13; Hen[aeth] 85; ApcAbr 13; ApcBar[syr] 36f) oder das Alexanderreich als Tier mit eisernen Zähnen und 10 Hörnern (Dan 7,7f) charakterisiert. Da in a. Literatur sehr oft auch Aussagen des AT zitiert bzw. kommentiert werden, ist A. zu einem hohen Grad auch Resultat von Schriftgelehrsamkeit; ihre „Spontaneität“ sollte man daher nicht zu hoch veranschlagen.

*Die Apokalyptik im NT*
Das Urchristentum entfaltet eine radikale Form von A., die mit Jesu Predigt von der kommenden Gottesherrschaft und von der zugleich verborgenen präsentischen Gottesherrschaft beginnt. Käsemann stellte die These auf, dass die A. „die Mutter aller christl. Theologie“[5] gewesen sei. Demnach wurde die urchristl. A. im Sinne der Naherwartung durch die nachösterliche Geisterfahrung ausgelöst. Spezifisch für die frühchristl. A. ist ihre christologische Rückbindung (der erwartete Menschensohn-Messias ist bereits da gewesen) und die Verzahnung von präsentischer und futurischer Dimension. So gilt die entscheidende Äonenwende als bereits vollzogen, der „eschatologische Vorbehalt“ reduziert sich auf die kosmische Sichtbarwerdung der im Kleinen und Verborgenen bereits wirksamen neuen Heilswirklichkeit (vgl. Wachstumsgleichnisse; „revelatorische“ Heilserwartung[6]). Paulus behandelt typische Themen der A. innerhalb der Christologie, die von der Gegenwart des Erhöhten in der Gemeinde der Glaubenden ausgeht. Das Christusgeschehen hat Teloscharakter, die gesamte Weltgeschichte bewegt sich darauf zu. Typisch a. Themen bei Paulus sind: Die neue Schöpfung (2Kor 4,6; 5,17; Röm 8,17), Gerechtigkeit und Gericht (Röm 1,18–25; 1Kor 3,1–4; 6,2; 1Thess 1,9–11), die Äonenlehre (1Kor 10,11; 2Kor 5,17; Gal 1,4). Die zahlreichen pln. Zukunftsaussagen sind auf die von ihm erwartete Parusie Christi und auf die damit verbundene allgemeine Totenauferstehung bzw. die Verwandlung der Lebenden und auf das Endgericht zentriert. Angaben darüber sind direkt oder indirekt in allen Briefen enthalten. Die Paulusbriefe zeugen von einer nahezu konstanten Naherwartung des Endes.[7] Aussagen über den Ablauf der Endereignisse (sog.

---

[5] *E. Käsemann*: Anfänge christlicher Theologie, ZThK 57, 1960, 162–185, hier 180.
[6] Zur Begrifflichkeit vgl. *Erlemann* 1995, 392.
[7] *Erlemann* 1995, 188–206.

„Tagmata") finden sich u.a. in 1Kor 15 (im Rahmen der Argumentationskette über die Auferstehung) und 1Thess 4. Parusie und Totenauferstehung sind nach Paulus noch nicht das völlige Ende, auf sie folgen nach Röm 11,25–32 die Zuwendung von „ganz Israel" zu Christus und die damit verbundene „Fülle" des Heiles für die Welt (Röm 11,12). In 2Kor 5,1–10 beschreibt Paulus in einem eschatologischen Exkurs die Sehnsucht der angefochtenen Christen nach dem Auferstehungsleib und dem Anbruch der Gottesherrschaft. In Phil 3,20f spricht Paulus anhand eines Beispieles „präsentisch-räumlicher Apokalyptik", das sich sprachlich am antiken Stadtideal orientiert,[8] über das Reich Gottes als die wahre Heimat der Christen, dort, wo der erhöhte Kyrios zur Rechten Gottes thront (vgl. Röm 8,34). In einer „a." Szenerie bewegt sich Paulus auch im Parusietext von Röm 8,18–25, wo er die Verherrlichung der endzeitlichen Heilsgemeinde mit dem Schicksal der ganzen Schöpfung Gottes verbindet.

Die Evangelisten haben das Wirken Jesu mehr oder minder in einem „a." Rahmen dargestellt. Zentral ist die Hoffnung auf das Kommen des Menschensohns und die Verkündigung des Reiches Gottes. Mk sieht im Wirken Jesu von der Bußtaufe des Johannes bis zum Kreuzestod die Erfüllung der Prophetie aus Dan 7,13. Die sog. Mk-Apokalypse (Mk 13,28–32) zielt auf die knappe Darstellung der Parusie, welcher die Zeichen der Endzeit vorausgehen (Mk 13,14–27, vgl. 1 Thess 2,3–11; Offb 11,7–15). Auf dem Höhepunkt der Krise der gesamten Schöpfung, inmitten der Finsternis, erscheint im Anschluss an Dan 7,13 der Menschensohn auf den Wolken des Himmels im göttlichen Lichtglanz, begleitet von einem Engelheer (vgl. Hebr 1,14). Mt reflektiert in seinem Evangelium ebenfalls typische Themen der „A".: Das Endgericht, die Messiasthematik, das Verhältnis von Reich Gottes und Reich des Menschensohns (bes. Mt 13,36–43). Von Mk übernimmt er die Darstellung des Kommens des Menschensohns (Mt 24), betont durch Anspielungen auf Sach 12,10–14 die Universalität des Gerichts und spricht von der Sammlung der Erwählten (vergleichbar 1Thess 4,16; 1Kor 15,52). Bei Lk fehlen apokalyptische Details. Aber selbst wenn er das Reich Gottes bereits in der Person Jesu angebrochen sieht (Lk 17,20f), betont er die Zukünftigkeit des Reiches Gottes, das sich mit der Parusie Christi definitiv durchsetzen wird (Lk 17,22–37; Apg 1,6–8). Das Zeugnis des JohEv ist hinsichtlich der a. Bezüge singulär: Zwar werden die Menschensohnüberlieferung und a. Themen wie Gericht, ewiges Leben, Erhöhung oder die Gegensatzpaare Tag – Nacht, Licht – Finsternis, Zorn – Liebe tradiert, doch erscheinen endzeitliche Bezüge nur bedingt und sind durch das „Schon-jetzt" der Gegenwart Christi relativiert.

Die weiteren ntl. Schriften behandeln ansatzweise Themen der A. unter der Erfahrung des Ausbleibens der erhofften Parusie (2Petr 3,3–13; Hebr 10,35–39). Diese Schriften streifen auch das Thema des Endgerichts (Hebr 12,18–29; 2Tim 4,1) und spiegeln Auseinandersetzungen um Naherwartung und Gegenwartseschatologie (1Joh 2,18–25; 1Tim 4,1–5; 2Tim 3,1–9; 2Petr 2,1–11; 2Joh 7). Offb ist das einzige a. Buch im NT und erhebt den Anspruch, unmittelbar im Auftrag des Auferstandenen geschriebene Prophetie zu sein. Die Endge-

---

8 *A. M. Schwemer*: Himmlische Stadt und himmlisches Bürgerrecht bei Paulus (Gal 4,26 und Phil 3,20), in: *M. Hengel u.a.* (eds.): La Cité de Dieu, Tübingen 2000, 195–245.

schichte erscheint im Licht der Herrlichkeit Gottes und seines Christus, die Gegenwart wird von der Zukunftsperspektive her gedeutet. Im Zentrum der Darstellung steht Christus das Lamm als Retter und Richter, der seiner Gemeinde Trost in der Not vermittelt. Der Seher übernimmt traditionelle jüd. Themen und christologisiert sie: Christus als die Inkarnation des Wortes Gottes (vgl. Sap 18,14f; 4Esr 13,1–4), das endzeitliche Messiasmahl (Ez 39,17–20; vgl 1Q28a), das messianische Friedensreich (Hen[aeth] 38f); die Vorstellung von der doppelten Auferstehung (Hen[aeth] 58,1; ApcBar[syr] 30,1–6); die Erwartung des Endgerichts (Hen[aeth] 58,1; 4Esr 7,26); das Neue Jerusalem (ApcBar[syr] 4,2–5; 4Esr 7,26; 5Q15). Das Buch endet mit der Schau des gemeinsamen Thrones für Gott und das Lamm sowie mit der Erwartung der Ankunft des Kommenden, der niemand anderes als der Gekreuzigte und Auferstandene ist.

*Literatur*

*A. Bedenbender*: Der Gott der Welt tritt auf den Sinai, Berlin 2000. – *J. J. Collins*: The Scepter and the Star. The Messiahs of the Dead Sea Scrolls and Other Ancient Literature, New York u.a. 1995. – *Ders.* (ed.): The Encyclopedia of Apocalypticism, Bd. I: The Origins of Apocalypticism in Judaism and Christianity, London 1998. – *F. Hahn*: Frühjüdische und urchristliche Apokalyptik. Eine Einführung, Neukirchen-Vluyn 1998. – *K. Erlemann*: Naherwartung und Parusieverzögerung im Neuen Testament. Ein Beitrag zur Frage religiöser Zeiterfahrung, Tübingen 1995. – *Ders.*: Endzeiterwartungen im frühen Christentum, Tübingen 1996. – *M. Hengel*: Judentum und Hellenismus, Tübingen [3]1988. – *K. Koch*: Ratlos vor der Apokalyptik, Gütersloh, 1970. – *G. S. Oegema*: Zwischen Hoffnung und Gericht, Neukirchen-Vluyn 1999. – *Ders*: Apokalypsen. Einführung, Gütersloh 2001. – *B. U. Schipper*: „Apokalyptik", „Messianismus", „Prophetie" – eine Begriffsbestimmung, in: *A. Blasius/B. U. Schipper* (Hgg.): Apokalyptik und Ägypten. Analyse der relevanten Texte aus dem griechisch-römischen Ägypten, Löwen u.a. 2002, 21–40. – *J. M. Schmidt*: Die Jüdische Apokalyptik, Neukirchen-Vluyn 1976. – *J. C. VanderKam/W. Adler* (eds.): The Jewish Apocalyptic Heritage in Early Christianity, Assen 1996.

## 1.3.2.4 Aktualisierende Auslegungen der biblischen Schriften Israels (*Eckart Reinmuth*)

*Einführung*

Für die Literatur des antiken Judentums war der Bezug zu den biblischen Schriften grundlegend. Diese Tatsache spiegelt sich in ganz unterschiedlichen Texten wider. Für diejenigen Texte, die als überwiegend narrative Neugestalten ihrer biblischen Prätexte entstanden, hat sich als Fachwort die Bezeichnung „*rewritten bible*" durchgesetzt[1] – ein Schlagwort, das im Deutschen kein geeignetes Äquivalent gefunden hat. Es geht dabei nicht um Kopien, sondern um narrative Neugestaltungen biblischer Texte, die auf diese Weise interpretiert und aktualisiert wurden. So konnten zeitgenössische Auseinandersetzungen, Themen und Fragestellungen bearbeitet werden. Jede Analyse dieser Texte muss also das diskursive Potenzial beachten, das ihre narrative Gestaltung enthält. Das Stichwort *rewritten bible* ist ein moderner Hilfsbegriff, mit dem

[1] Der Begriff wurde 1961 von Geza Vermes eingeführt. Es geht neben dem *Liber Antiquitatum Biblicarum* (LAB) v.a. um Werke wie das Jubiläenbuch und das Genesisapokryphon.

sehr unterschiedliche Texte des antiken Judentums zu einer Textgruppe zusammengefasst werden.[2] Ihr gemeinsames Merkmal ist ihre auf biblische Prätexte bezogene Narrativität. Das Wesentliche dieser Schriften kann exemplarisch am Liber Antiquitatum Biblicarum (LAB) verdeutlicht werden.

*Ein Beispiel: Der Liber Antiquitatum Biblicarum*

Der LAB, der lange Zeit dem Schrifttum Philos von Alexandria (→1.3.2.5) zugerechnet wurde und deshalb den Autornamen „Pseudo-Philo" trägt, bezieht sich auf die biblische Geschichte von der Schöpfung bis zum Tod Sauls. Erzählinhalte werden knapp referiert, dann aber – zumeist mit Hilfe direkter Reden der erzählten Figuren – ausführlich diskutiert und auf diese Weise theologisch gedeutet und bewertet. Der narrative Diskurs des LAB ist also in einem hohen Maße argumentativ durchsetzt. Es handelt sich überdies um eine gezielte Auswahl von Erzählinhalten – auch sie verrät einiges über das theologische Profil und Interesse des Autors. Aber nicht nur das: Ps.-Philo füllt die biblische Geschichte mit Details aus, wo diese im biblischen Stoff nicht enthalten sind; er nennt Gründe für Ereignisse, wo solche Gründe nicht genannt werden oder inakzeptabel erscheinen; er gleicht scheinbare Widersprüche des biblischen Stoffes aus; er nennt konkrete Namen und Zahlen, wo diese im biblischen Vorbild nicht geboten werden; er identifiziert anonyme biblische Figuren mit bekannten; er stellt narrative Verbindungen zwischen aufeinander folgenden biblischen Abschnitten her, die an sich nicht miteinander verbunden sind; er macht Gebrauch von der Gezera-schawa-Regel[3].

Über den Autor ist indessen nichts bekannt. Die am meisten überzeugende Vermutung geht dahin, dass er sehr bald nach – oder unmittelbar vor – dem Ende des ersten „jüdischen Krieges", also im letzten Drittel des 1. Jh. n.Chr. gearbeitet hat.[4] Sein Werk reflektiert, wie und warum es in der Geschichte Israels immer wieder zu Katastrophen kam, ja unter theologischem Gesichtspunkt – auch Pseudo-Philo ist ein später Erbe dtr. Theologie – kommen musste. Der LAB ist eine interpretierende Nacherzählung der Erwählungsgeschichte vor dem Horizont einer unübersichtlichen und beunruhigenden Gegenwart, in der die Identität und Existenz Israels fraglich geworden ist. Auf eine vereinfachte Formel gebracht, kann man sagen: Das Wohlergehen Israels verdankt sich regelmäßig dem Erbarmen Gottes, seine Gefährdung indessen eigenem Ungehorsam.

[2] Als biblische Vorform können die Chronikbücher gelten; so unterschiedliche Texte wie Joseph und Aseneth (→1.3.2.7), die Testamente der zwölf Patriarchen, die „Exagoge" des Tragikers Ezechiel, die Antiquitates des Flavius Josephus (→1.3.2.6) oder einige Passagen aus Werken Philos von Alexandria (→1.3.2.5) sind in ihrer Zugehörigkeit umstritten. „*Rewritten Bible*" ist kein Gattungsbegriff.

[3] Gemeint sind Analogieschlüsse, die von der Verwendung desselben Wortes an unterschiedlichen biblischen Textstellen auf einen übereinstimmenden Sachverhalt schließen; vgl. im NT z.B. Röm 4,3.8; 1Kor 3,19f u.ö.

[4] Es gilt als gesichert, dass der lat. Textform eine gr. Übersetzung zu Grunde lag, die ihrerseits auf ein hebräisches Original zurückging. Zu weiteren einleitungswissenschaftlichen Fragen ist hier auf die Standardwerke zum LAB zu verweisen.

*Bedeutung für das NT*
Die Bedeutung der Schriften des antiken Judentums, die als aktualisierende Interpretationen seiner biblischen Texte verfasst wurden, ist für ein sachgemäßes Verstehen des NT kaum zu überschätzen. Das gilt u.a. für theologische Voraussetzungen, für wichtige Facetten der Intertextualität (→1.3.1.1), für narrative Techniken und Gestaltungsmomente. Der Schriftbezug des NT kann nur vor dem Hintergrund der zeitgenössischen Interpretation der biblischen Schriften Israels sachgemäß erfasst werden. Jede Beschäftigung mit der biblischen Intertextualität also v.a. mit Schriftzitaten oder -anspielungen im NT, muss diesen Umstand berücksichtigen. Die *rewritten bible* des antiken Judentums bildet einen der wichtigsten Kontexte des frühen Christentums und seiner Schriften.

Im Blick auf den LAB ist z.B. darauf hinzuweisen, dass in LAB 18,5; 32,2–4; 40,2, also dreimal, die „Bindung Isaaks", die sog. *Aqedah* (Gen 22), erwähnt wird; vgl. dazu Hebr 11,17–19, wo es – ebenfalls in Widerspruch zum biblischen Prätext – heißt, dass Abraham Isaak tatsächlich opferte, ihn aber „im Gleichnis" (*en parabolē*) wiederbekam. 1Kor 2,9 findet sich ein Zitat unbekannter Herkunft, für das LAB 26,13 eine Parallele bietet. Für die Kindheitsgeschichten des Mt und Lk sind die des LAB mit ihren z.T. analogen Motiven aufschlussreich. LAB 40,4 zeigt eine verblüffende Ähnlichkeit mit der Überzeugung des Paulus, dass Gott selbst im Kreuzestod Jesu die Weisheit der Weisen zunichte gemacht habe (1Kor 1,18–25). Viele theologische Fragen des NT werden auch im LAB diskutiert, z.B. solche nach der geschichtsmächtigen Rolle der Tora, nach dem Wider- und Miteinander von Barmherzigkeit und Gerechtigkeit Gottes, nach Eschatologie, Auferstehung und Gericht, nach Gottes planendem Handeln, seiner mit den biblischen Verheißungen verbundenen Zeugenrolle. Die Auseinandersetzung mit den aktualisierenden Auslegungen der biblischen Schriften Israels erschließt unabdingbare Voraussetzungen und Perspektiven für eine wissenschaftlich verantwortete Lektüre des NT.

*Literatur*
*H. Jacobson*: A Commentary on Pseudo-Philo's Liber Antiquitatum Biblicarum. With Latin Text and English Translation. Vol. I and II, Leiden u.a. 1996. – *C. Dietzfelbinger*: Pseudo-Philo: Antiquitates Biblicae (Liber Antiquitatum Biblicarum), Gütersloh [2]1979, 91–271.

### 1.3.2.5 Philo von Alexandria (*Gerhard Sellin*)

*Stellen im NT*
Joh 1,1–3; Röm 8,39; 1Kor 1,18.24; 2,6–3,4; 6; 12–14; 15,35–50; Gal 2,15–4,31; Eph 1,4.22; 4,15; 5,23; Kol 1,15–20; 2,10.19; Hebr 6,20–10,39; 1Joh 4,7f.16

Das ntl. Christentum bezieht die Symbole, die seiner Theologie zu Grunde liegen, überwiegend aus dem hell. Judentum. Die Bibel der ersten Christen ist die Septuaginta (→1.3.2.1). Aber auch die theologische Entfaltung, der Diskurs der Jesus-Christus-Erfahrung, wie er erstmals in Antiochia (→2.2.7.3) greifbar wird, bedient sich überwiegend diasporajüd. Topik und Methodik.

Die wichtigste und umfangreichste Quelle solcher gr.-jüd. Theologie ist das umfangreiche Werk Philos von Alexandria.

*Biographie*
Von Philos Leben ist nur wenig bekannt. Im Jahre 40 n.Chr. leitete er eine Gesandtschaft der alexandrinischen Judenschaft nach Rom zum Kaiser Gaius Caligula, um sich über die Verfolgung durch die gr. Bürger unter dem Präfekten Flaccus zu beschweren. Philo muss damals bereits in höherem Alter gewesen sein. Das Unternehmen scheitert. Der Kaiser hat nur Spott übrig für die Juden, die Delegation kehrt erfolglos zurück (davon berichtet Philo in seiner Schrift *Legatio ad Gaium*). Aufgrund dieses einzigen fixen Datums kann man seine Lebenszeit auf ca. 20 v. bis 50 n.Chr. schätzen. Er war demnach ein älterer Zeitgenosse des Paulus. Seine Familie war wohlhabend und einflussreich. Sein Bruder Alexander und sein Neffe Tiberius Alexander hatten gute Beziehungen zu Rom. Die große Bedeutung Philos beruht auf seinen erhaltenen philosophisch-theologischen Schriften, die freilich verloren wären, wenn sie nicht durch spätere christl. Alexandriner bewahrt worden wären.

*Schriften*
Der Hauptteil der 49 überlieferten Einzeltraktate lässt sich bis auf einige Einzelabhandlungen auf drei Hauptwerke zurückführen: (a) Die systematische Darstellung der Mosaischen Gesetzgebung (op.; Abr.; Ios.; dec.; spec. leg. I–IV; virt.; praem.). Der Aufbau dieses Werkes folgt der Systematik der stoischen Natur- und Gesetzeslehre: Die Basis ist das in der Schöpfung angelegte Naturgesetz, das jedem kodifizierten Gesetz übergeordnet ist (op.). Die Tora entspricht nämlich der Schöpfung. Dieses Naturgesetz wird von den Urvätern noch vor der Gabe des kodifizierten Gesetzes (vgl. Gal 3,17) intuitiv und vorbildlich gelebt (Abr.; Ios.; die Teile über Isaak und über Jakob sind verloren). Erst dann folgt als Summe und Prinzip des kodifizierten Gesetzes der Dekalog (dec.), darauf schließlich alle Einzelgesetze der Tora (spec. leg. I–IV) sowie – als gr. Pendant – die Tugenden (virt.). Auf niedrigster Stufe stehen die „Belohnungen und Strafen“ (praem.) als Sanktionen für jene, denen die sittliche Einsicht völlig fehlt. – Die beiden anderen Hauptwerke sind fortlaufende exegetische Kommentare: (b) Die *Quaestiones et solutiones* („Probleme und Lösungen“) sind eine Vers-für-Vers-Kommentierung von Gen und Ex, deren erhaltene Teile (Gen 2,4–28,9 [mit Lücken]; Ex 12,2–28,34 [mit Lücken]) vollständig nur armenisch überliefert sind. Es gibt jedoch zahlreiche griechische Fragmente. Auf das durch eine Frage („Was ist die Bedeutung der Worte ...?“) eingeleitete Lemma (die zitierte LXX-Stelle) folgt zunächst eine wörtliche Interpretation, dann oft zusätzlich eine allegorische. Die Form dieser Kommentargattung geht auf die aristotelische Methode der literalen Homer-Interpretation der alexandrinischen Philologenschule (Aristarch von Samothrake) zurück. – (c) Dass Philo dagegen die Allegorese (→1.3.1.3) bevorzugte, zeigt sein drittes, bedeutendstes Werk, der Allegorische Kommentar zur Genesis (all. I–III; Cher.; sacr.; det.; post.; gig.; imm.; agr.; plant.; ebr.; sobr.; conf.; migr.; her.; congr.; fug.; mut.; som. I–II). Einzelne Verse oder Versteile werden Anlass zu ausführlichen Abhandlungen, die das allegorische Potenzial ausschöpfen. Dabei werden auch sekundäre Zitate aus den Propheten oder den

Psalmen als Interpretationshilfen herangezogen. Darin deutet sich die spätere Methodik des rabbinischen Midrasch (→1.3.1.3) an. – (d) Daneben sind einige philosophische und apologetische Einzelschriften Philos erhalten (vita Mos.; prob.; vita cont.; aet.; Flacc.; leg.; prov. I–II; Hypothetica [fragm.]), von denen die Mose-Biographie, die stoisch ausgerichtete Schrift über die „Freiheit des Tugendhaften" (prob.) und die Schrift über die vorbildliche Sekte der Therapeuten (vita cont.) hervorzuheben sind. Die Therapeuten werden von Philo als Vorbild der Frömmigkeit und als Vorläufer seiner Allegorese vorgestellt.

*Philos Allegorese*

Die Allegorese Philos ist überwiegend von der platonischen Dihairese geprägt, doch verwendet er auch stoische Etymologie. Der Bibeltext liefert ihm die Substanz für die geistliche Interpretation: Moses hat in den „Buchstaben" des Pentateuch nicht nur alle Wahrheit der Philosophen, insbes. Platos, vorweggenommen, sondern auch – verschlüsselt – das wahre Wesen des Menschen und den Weg zu seiner Erlösung mustergültig dargestellt. In der Schrift über die Therapeuten (vita cont.), eine sonst völlig unbekannte Sekte, die in der Nähe Alexandrias ein klösterliches, asketisches und kontemplatives Leben führte, erklärt Philo die Methode der allegorischen Interpretation, die er dieser Sekte zuschreibt, am deutlichsten:

„Die Auslegung der heiligen Schriften geschieht auf die Weise, dass die in Allegorien verborgene Bedeutung erörtert wird. Denn die gesamten Gesetzesbücher gleichen nach Ansicht dieser Männer einem Lebewesen, das als Körper die wörtlichen Anordnungen hat, als Seele aber die in den Worten verborgene unsichtbare Bedeutung besitzt. Hierin besonders beginnt die vernunftbegabte Seele das ihr Verwandte zu schauen. Sie erblickt durch die Worte wie durch einen Spiegel die übermäßige Schönheit der in ihnen sich zeigenden Gedanken; sie faltet die allegorischen Symbole auseinander und entfernt sie und führt die Bedeutung der Worte nackt ans Licht für die, welche nur ein wenig erinnert zu werden brauchen, um das Unsichtbare durch das Sichtbare sehen zu können" (vita cont. 78).

Es gab in Philos Umgebung Exegeten, die diese allegorische Interpretation absolut setzten und die wörtliche Bedeutung der Gebote nicht mehr beachteten und erfüllten (migr. 89). Philo wirft diesen radikalen Allegoristen vor, sie lebten so, als wären sie „körperlose Seelen" außerhalb jeder menschlichen Gesellschaft. Er verlangt nämlich beides: den tieferen Sinn (*hyponoia*) zu erkennen und den Literalsinn zu befolgen (→1.3.1.3).

*Philos Theologie*

Philos Theologie beruht auf dem Zusammenhang von (a) ontologischer Gotteslehre (als negativer Theologie), (b) einer Soteriologie, die Schöpfung und Erlösung umfasst und ein Wirken Gottes durch Mittlerkräfte voraussetzt, deren Inbegriff der Logos ist, und (c) einer platonischen, aber zugleich ganzheitlichen und dualistischen Anthropologie. – (a) Gott ist das wahrhaft Seiende (Ex 3,14 LXX). Als solches hat er keinen Namen und kein Prädikat außer dem, dass er „ist". Deshalb ist er „unaussprechlich", „unbenennbar", „undenkbar" und „unbegreiflich" (mut. 7–38; som. 1,61–67). Er ist eine Ein- und Allheit, aber keine Vielheit. Philo geht noch weiter: Gott ist sogar dem Sein (als höchster Wesenheit) transzendent: „Jenes Wesen, das noch besser ist als das

Gute, ursprünglicher als die Einheit und reiner als die Eins, kann unmöglich von einem anderen geschaut werden, weil es nur von sich allein begriffen werden darf" (praem. 40; vgl. vita cont. 2). Zu Grunde liegt hier die Ontologie des späten Plato (die Lehre vom Einen = dem Guten als Idee der Ideen). – (b) Die Gutheit Gottes impliziert aber seinen schöpferischen Geber-Charakter – nach Plat. Tim. 29e–30b: Der Schöpfer dieses Weltalls „war gut; in einem Guten erwächst aber niemals Neid. Frei davon wollte er, dass alles ihm möglichst ähnlich werde ...". Philo verwendet die Begriffe „Gutheit" (*agathotēs*) und „Gunst" (*charis*). Die ganze Welt ist so als Schöpfung Gnadengabe Gottes. Schon vor Philo wurde im hell. Judentum von Aristoteles her der *dynamis*-Begriff übernommen (Gott ist als „unbewegter Beweger" zugleich eine wirkende Kraft). Die bewegenden, wirkenden Aspekte Gottes werden bei Philo jedoch von Gott abgehoben: Gott wirkt durch verschieden abgestufte „Kräfte" (mythologisch z.B. Engel), die alle im *logos*-Begriff dihairetisch vereint sind. Der *logos* teilt sich auf in eine schöpferische, gnädige Kraft, genannt „Gott" (*theos*), und eine herrscherliche, strafende Kraft, genannt „Herr" (*kyrios*). Im NT ist die Rede von der „Gutheit Gottes" gesteigert zur Rede von der „Liebe Gottes" (Röm 8,39; 1Joh 4,7f.16; vgl. Eph 1,4: präexistente Erwählung „in Liebe"). – (c) Philo redet im Allegorischen Kommentar von zwei verschiedenen Menschen, dem „himmlischen Menschen" oder „Menschen Gottes" und dem „irdischen Menschen". Das Wesen beider Menschen wird aber von ihrem „Geist" (*nous*) bestimmt: Es hängt davon ab, ob der „Geist" des Menschen vom Irdischen (der Materie, den Begierden) oder vom Himmlischen (der Tugend, der Zuwendung zum Logos) bestimmt ist. Wie bei Paulus ist Philos Anthropologie ganzheitlich, doch wertet er den Leibbegriff (*sōma*) im Unterschied zu Paulus negativ.

*Philo und das NT*

Ntl. Entsprechungen gibt es vor allem zum *logos*-Begriff und damit in der Christologie. Der *logos* ist die erkennbare Seite Gottes, sein den Menschen zugewandtes Angesicht. Moses, der zum Sinai aufsteigt und zwischen Gott und Volk vermittelt, ebenso wie der Hohepriester, der am Versöhnungstag das Allerheiligste betritt (Lev 16), sind Symbole des *logos*. – (a) Diese Symbolik wird in Teilen des NT für die Christologie verwendet, nicht nur da, wo der Logosbegriff erscheint (Joh 1,1–3), sondern auch in analogen Symbolen: „Bild des unsichtbaren Gottes" (Kol 1,15–20), „*dynamis* Gottes" (1Kor 1,18.24), „Weisheit Gottes" (1Kor 1,24), „Hoherpriester" (Hebr 6,20–10,25). – (b) Auf dem Philonischen *logos*-Konzept beruht auch die paulinische „Christusmystik": „in Christus" (z.B. Gal 2,17) und „Christus in mir" (Gal 2,20) sowie das Motiv von der Einheit in Christus (z.B. Gal 3,28). Der *logos* ist für Philo ein „Ort" (*topos*), ein „Raum", der geistliche Bereich, in den ein Mensch aufsteigen kann (wie Moses auf den Berg). Der *logos* kann aber auch als Geist Wohnung nehmen in einem Menschen (wobei der Menschengeist [*nous*] für diese Zeit abwesend ist [Ekstase als metaphorisches Modell]). – (c) Die paulinische Begründung des Evangeliums vor allem im Gal und Röm hat analoge Züge zu Philos universalistischer Heilslehre: Isaak ist bei beiden Symbol des Charismatikers („geistgemäß": *kata pneuma*), d.h. des aufgrund von Verheißung „Geborenen" (Gal 4,21–31). – (d) Sehr viel näher als Paulus selbst kommen den philonischen Anschauungen aber die Korinther, was sich indirekt aus der paulinischen Kritik im 1Kor an Weisheit und Pneumatikertum der Korinther erschließen lässt. Hier kommt vor allem die Differenz zwischen philonischer und paulinischer Anthropologie zum Ausdruck: Paulus betont die Leiblichkeit (*sōma*) im Rahmen der Ethik (1Kor 6; 12–14) und der Eschatologie (1Kor 15,35–50), während die Korinther einseitig spiritualistisch denken. – (e) Besonders im Eph und Kol haben die Bezugnahmen auf philonische Motive zugenommen: Die Haupt-Leib-Metaphorik (Eph 1,22; 4,15; 5,23; Kol 1,18; 2,10.19) und die Voraussetzungen des Pleroma-Konzeptes (Eph 1,23; 3,19; 4,13; Kol 1,19; 2,9) gehen auf philonische Ansätze zurück.

*Ausgaben und Übersetzungen*

1. Gesamtausgaben

*L. Cohn u.a.* (Hgg.): Philonis Alexandrini opera quae supersunt, 6 Bde. (+ Indexband von *H. Leisegang*), Berlin 1896–1930 (ND 1962). – *L. Cohn u.a.* (Hgg.): Philo von Alexandria. Die Werke in deutscher Übersetzung, I–VI: Breslau 1909–1938 (ND 1962); Band VII, Berlin 1964. – *F. H. Colson/G. H. Whitaker* (eds.): Philo in Ten Volumes (LCL), Cambridge/London 1929–1953 (gr. Text m. engl. Übers.). – *R. Marcus* (ed.): Philo Supplement I–II (LCL), Cambridge/London 1953 (engl. Übers. der armenischen Fragmente). – *R. Arnaldez u.a.* (eds.): Les œuvres de Philon d'Alexandrie, 36 Bde., Paris 1961–1992 (gr. Text m. franz. Übers. und Komm.).

2. Einzelausgaben mit Kommentar

*H. Box*: Philonis Alexandrini In Flaccum, New York ²1979. – *R. Cadiou*: Philon d'Alexandrie, La migration d'Abraham, Paris 1957. – *D. T. Runia*: Philo of Alexandria, On the Creation of the Cosmos According to Moses, Leiden 2001. – *E. M. Smallwood*: Philo of Alexandria, The Legatio ad Gaium, Leiden ²1970. – *D. Winston/J. Dillon*: Two Treatises of Philo of Alexandria: A Commentary on De Gigantibus and Quod Deus Sit Immutabilis, Chico 1983.

*Literatur*

*P. Borgen*: Philo of Alexandria. An Exegete for his Time, Leiden u.a. 1997. – *D. T. Runia*: Philo of Alexandria and the Timaeus of Plato, Leiden 1986. – *D. T. Runia* (ed.): The Studia Philonica Annual (seit 1989). – *S. Sandmel*: Philo of Alexandria: An Introduction, New York 1979. – *G. Sellin*: Eine vorchristliche Christologie. Der Beitrag des alexandrinischen Juden Philon zur Theologie im Neuen Testament, ZNT 4, 1999, 12–21.

## 1.3.2.6 Flavius Josephus (*Manuel Vogel*)

*Einführung*

Die Schriften des jüd. Historikers Flavius Josephus sind die wichtigsten außerntl. Quellentexte für die Erforschung der ntl. Zeitgeschichte und des frühen Christentums. Einen Großteil unserer Kenntnisse über die Geschichte des syrisch-palästinischen Raumes im ersten vor- und nachchristl. Jh. verdanken wir seinen Werken, die zugleich ein unvergleichliches Zeugnis jüd. Akkulturation an die gr.-röm. Welt sind. Wird Josephus nicht nur als Informant in zahllosen wichtigen historischen Einzelheiten gewürdigt, sondern auch als eigenständiger antiker Autor, so erschließen sich seine Schriften als Dokumente einer hell.-jüd. Variante rhetorischer und biographischer Geschichtsschreibung (→1.3.3.4).

*Leben*
Josephus, 36/37 n.Chr. als Joseph ben Matthia in Jerusalem geboren, stammte aus einer Priesterfamilie und wuchs in den Kreisen der gr. gebildeten Jerusalemer Priesteraristokratie auf. Beim Ausbruch des jüd. Krieges 66 n.Chr. zählte der noch nicht dreißigjährige Josephus zu den militärischen und wohl auch ideologischen Köpfen des Aufstandes gegen Rom (→1.4.4.2). Mit dem Kommando über Galiläa betraut, musste er sich schon nach wenigen Monaten den röm. Truppen unter der Führung des späteren Kaisers Vespasian ergeben und geriet im Juli des Jahres 67 n.Chr. in röm. Kriegsgefangenschaft. Zwei Jahre später wurde er freigelassen, angeblich deshalb, weil er Vespasian die Kaiserwürde prophezeit hatte. Auf röm. Seite erlebte er die Eroberung Jerusalems unter dem Befehl von Vespasians Sohn Titus mit und begleitete den siegreichen Feldherrn im Frühjahr 71 nach Rom. Dort verbrachte er als Pensionär der flavischen Kaiser, nun als Flavius Josephus den Gentilnamen seines Patrons Vespasian führend, sein restliches Leben. Er starb wahrscheinlich um das Jahr 100 n.Chr.

*Werke*
*(1) Bellum Iudaicum.* Josephus' erstes Geschichtswerk in sieben Büchern, entstanden zwischen 75 und 79, lässt bereits ein klares apologetisches Interesse erkennen: Josephus will zeigen, dass die Juden insgesamt stets ein friedfertiges Volk waren und von einer fanatischen Minderheit in den Aufstand getrieben wurden. Hierbei spart er nicht mit Kritik an den röm. Provinzstatthaltern, die durch ihre Grausamkeit die jüd. Loyalität gegenüber Rom auf eine harte Probe gestellt haben. Als leuchtendes Beispiel für diese Loyalität dient ihm König Herodes d. Gr. (gest. 4 v.Chr.), dessen fast 40jährige Regierungszeit er im ersten Buch des *Bellum* beschreibt.
Die Romfreundlichkeit des *Bellum* ist durchaus pragmatisch. Die Bedeutung Roms wird nicht theologisch überhöht. Indem Josephus zugesteht, dass Gott den Römern gegenwärtig die Weltherrschaft übergeben hat, deutet er (unter Verwendung geschichtstheologischer Konzeptionen des Jeremia- und Danielbuches) zugleich an, dass sich das Blatt der Geschichte auch wieder wenden kann, vor allem aber, dass der Gott der Judäer nicht von den Römern besiegt wurde, dass er vielmehr auch *ihr* Geschick bestimmt. Zur Stellung Roms im lk. Doppelwerk bestehen auffällige Parallelen.[1]

*(2) Antiquitates Iudaicae, Vita.* In den zwanzig Bücher umfassenden *Antiquitates Iudaicae*, die er zusammen mit einem autobiographischen Anhang (s.u.) 93/94 n.Chr. veröffentlichte, unternahm Josephus eine Darstellung der jüd. Geschichte von der Weltschöpfung bis zum Jahr 66 n.Chr. In Büchern 1–11 diente ihm die LXX (→1.3.2.1) oder eine ihr nahestehende Rezension als Quelle, ab Buch 12 neben zahlreichen anderen hell. Quellen die „Weltgeschichte" des Nikolaos v. Damaskus, eines Gelehrten am Hof Herodes' d. Gr. Das apologetische Gesamtkonzept der *Antiquitates* ist ein anderes als das des *Bellum*: Bezugsgröße ist nicht mehr (nur) das jüd. Volk, sondern nun v.a. das

---

[1] Vgl. dazu *G. E. Sterling*: Historiography and Self-Definition: Josephos, Luke-Acts and Apologetic Historiography, Leiden 1992.

jüd. Gesetz. Josephus stellt die Mosetora als eine Art wahrer Philosophie vor, deren Befolgung Glückseligkeit (*eudaimonia*) verheißt, aber auch als Grundlage einer idealen Verfassung für ein von einer Priesteraristokratie zu führendes Staatswesen. In der Manier biographischer Geschichtsschreibung[2] führt Josephus anhand biblischer und historischer Epochen und Gestalten vor, dass das Mosegesetz dem Einzelnen wie dem Volk zum Glück verhilft, wenn es befolgt wird, dass aber dessen Übertretung unweigerlich in den Untergang führt. An mehreren Stellen arbeitet Josephus zudem (in redigierter Form) projüd. röm. Rechtsurkunden in seine Darstellung ein, die beweisen sollen, dass die Juden von den Römern stets respektvoll behandelt wurden und dass der Aufstand gegen Rom die Ausnahme von der historischen Regel guter jüd.-röm. Beziehungen darstellt.
Den *Antiquitates* hat Josephus die autobiographische *Vita* als Anhang beigefügt. In dieser kleinen Schrift stellt sich der Autor der *Antiquitates* – entsprechend den Erwartungen seines röm. Publikums – als respektabler Charakter vor, der sich in einer frühen öffentlichen und (wenngleich kurzen) militärischen Karriere bewährt und durch Diplomatie und Klugheit in zahlreichen (gewiss zu seinem eigenen Vorteil zurechterzählten) Intrigen seiner Gegner und Neider obsiegt hat.

*(3) Contra Apionem.* Das zwei Bücher umfassende, um 96 n.Chr. entstandene apologetische Spätwerk, für das sich seit Hieronymus der Titel *Contra Apionem* eingebürgert hat, ist der systematischen Widerlegung antiker antijüd. Klischees gewidmet. Zu Josephus' literarischen Gegnern zählt der alexandrinische Grammatiker Apion, der in der Mitte des 1. Jh. n.Chr. in Rom wirkte und in seiner *Geschichte Ägyptens* gegen die Juden polemisierte. Josephus will gängige Vorurteile gegen das antike Judentum dadurch entkräften, dass er dessen hohes Alter aus ägyptischen und phönizischen Quellen belegt und das hohe Ethos und den philosophischen Rang der jüd. Religion darstellt.

*Alte und neue Josephusforschung*
Josephus ist im Laufe seiner langen Rezeptionsgeschichte zweifach Unrecht geschehen: Durch die christl. Vereinnahmung des jüd. Historiographen für die Zwecke christl. antijüd. Apologetik und Polemik sowie durch die unsachgemäße Verwendung seiner Schriften als Steinbruch für historisches Faktenmaterial. Kann ersterer Missbrauch heute als überwunden gelten, so stellen doch die Reduktion seiner Werke auf ihren tatsächlichen oder vermeintlichen Quellenwert und der unkritische Rekurs auf isolierte „Daten" bis heute ein methodologisches Problem dar. Die überwältigende Fülle historischer Details macht allzu leicht vergessen, dass Josephus seine Quellen stets planvoll und gezielt seinem eigenen schriftstellerischen Interesse unterordnet. Die rhetorisch-biographische Geschichtsschreibung seiner Zeit ließ ihm die Freiheit, die gleichen Ereignisse und Personen einmal so und im nächsten Werk ganz anders darzustellen, je nachdem, wie es die jeweilige erzählerische Absicht erforderte

[2] Josephus gestaltet die biblischen Figuren konsequent nach dem Typus des hell. Helden. Vgl. dazu ausführlich *L. H. Feldman*: Josephus's Interpretation of the Bible, Berkeley u.a. 1998.

(→1.3.3.4).[3] Hat die ältere Quellenkritik hierin die planlose Verarbeitung disparaten Quellenmaterials am Werk gesehen, so versteht die neuere Josephusforschung solche „Widersprüche" als Niederschlag je unterschiedlicher erzählerischer Konzepte. Diese müssen stets ermittelt werden, damit Einzelheiten aus den josephischen Werken für die ntl. Forschung fruchtbar gemacht werden können, ohne dem Kurzschluss einer positivistischen Verwertung scheinbar neutraler Geschichtstatsachen zu erliegen.

*Literatur*

(1) *Textausgaben und Kommentare*
(1.1) *Gesamtausgaben*
*B. Niese*: Flavii Josephi opera, 7 Bde., Berlin 1885–1895 u.ö. – *H. St. J. Thackeray u.a.*: Josephus in Nine Volumes (ND in 13 Bdn.), Cambridge 1926ff. (gr. Text und engl. Übers., LCL). – *S. Mason* (ed.): Flavius Josephus. Translation and Commentary, Leiden 1999ff (engl. Übers. und erschöpfender Kommentar, bisher 2 Bde.)
(1.2) *Bellum Iudaicum*
*O. Michel/O. Bauernfeind*: Flavius Josephus, De Bello Judaico – Der Jüdische Krieg. Griechisch und Deutsch, 3 Bde. in 4 Teilen, 1959–1969. (Gr. Text und dt. Übers. mit ausgewählten Anmerkungen).
(1.3) *Antiquitates*
*E. Nodet*: Flavius Josèphe. Les Antiquités Juives, Paris 1992ff (Gr. Text und frz. Übers mit Kommentar; bisher 3 Bde.). – Jüdische Altertümer, übersetzt und mit Einleitung und Anmerkungen versehen von *H. Clementz*, Wiesbaden [8]1989 (z.T. unzuverlässig, jedoch bisher einzige dt. Gesamtübers.).
(1.4) *Vita*
*F. Siegert/H. Schreckenberg u.a.*: Flavius Josephus. Aus meinem Leben (Vita), Tübingen 2001 (revidierter gr. Text, dt. Übers. und ausgewählte Anmerkungen).
(1.5) *Contra Apionem*
*F. Siegert/H. Schreckenberg u.a.*: Flavius Josephus. Contra Apionem, Tübingen 2005 (revidierter gr. Text, dt. Übers. und ausgewählte Anmerkungen).
(2) *Sonstige Literatur*
*H. Schreckenberg*: Josephus, RAC 18, 1998, 761–801 (guter Überblicksartikel). – *P. Bilde*: Flavius Josephus between Jerusalem and Rome. His Life, Works and their Importance, Sheffield 1988 (nützlich für den vertieften Einstieg). – *S. Mason*: Flavius Josephus und das Neue Testament, Tübingen 2000 (empfehlenswerte Einführung speziell für Studierende der biblischen Fächer).

[3] Ein Beispiel hierfür ist die völlig unterschiedliche Darstellung Herodes' d. Gr. im *Bellum* („treuer Parteigänger Roms") und in den *Antiquitates* („notorischer Übertreter des Mosegesetzes und Jude zweifelhafter Herkunft"). Vgl. dazu ausführlich *M. Vogel*: Herodes. König der Juden – Freund der Römer, Leipzig 2002.

### 1.3.2.7 Aristeasbrief, Pseudo-Phokylides, Joseph und Aseneth, 4. Makkabäerbuch (*Dieter Sänger*)

*Stellen im NT*
Mt 4,10; 6,9; Mk 7,10; 10,19.45; 12,29f; Joh 5,44; Apg 7; 9,1–19a; Röm 3,24f; 4,24f; 1Kor 8,6; 12,5f; 2Kor 5,21; 1Thess 1,9; Kol 3,18–4,1; Eph 5,12–6,9; 6,2f; 1Tim 1,17; 1Petr 2,18–3,7; 2,24; 1Joh 2,2; 4,10; Hebr 2,16f; Offb 15,4

*Literarischer Charakter, religiös-kulturelles Milieu, Zielsetzung*
Alle vier Werke entstammen dem hell. Diasporajudentum (→1.4.5) und sind in gr.-röm. Zeit verfasst worden.[1] Obwohl sie nach Inhalt, Form und Sprache differieren, verschiedenen literarischen Gattungen angehören und unterschiedliche Absichten verfolgen, ist ihnen eines gemeinsam: Sie orientieren sich jeweils an gr. bzw. hell. Vorbildern. Der angestrebte Wirkungseffekt ist stets der gleiche. Ihre durchweg anonym bleibenden Autoren – gegenteilige Angaben sind fingiert – wollen ihren vorwiegend jüd. Lesern den Eindruck vermitteln, die eigene Kultur sei mit der sie umgebenden ebenbürtig und brauche sich hinter ihr nicht zu verstecken. Die hier zum Vorschein kommende apologetische Tendenz darf freilich nicht überbewertet, geschweige denn verabsolutiert werden. Mindestens ebenso deutlich erkennbar ist das Interesse an einem die ethnischen Grenzen überschreitenden interkulturellen Dialog, ohne dass er programmatisch eröffnet oder offensiv geführt wird.
Besonders *Ps.-Phok* (ca. 50 v.Chr.–50 n.Chr.) ist darum bemüht, jüd. und hell. Denken miteinander zu verschmelzen. Gleich zu Beginn (1f) präsentiert er seine aus 230 Hexametern[2] bestehende Spruchsammlung, deren weisheitlich-moralische Sentenzen vor allem bestimmte Abschnitte der Tora, der Proverbien und des Sirachbuchs in paränetischer Absicht aktualisieren, als ein Gedicht des milesischen Lyrikers Phokylides (7./6. Jh. v.Chr.). Das klassische Metrum und die aphoristische Kürze der einzelnen Verse sollen die Plausibilität der fiktiven Zuschreibung noch erhöhen. Sie zielt darauf ab, den universalen Geltungsanspruch der in das Gewand popularphilosophischer Ethik gekleideten biblisch-jüd. Überlieferung zu bekräftigen und sie als mit zeitgenössischen Vorstellungen kompatibel zu erweisen.
Auch der Verfasser des *Aristeasbriefes* (ca. 150–120 v.Chr.) verschleiert seine wahre Identität, indem er vorgibt, ein Leibgardist des ptolemäischen Königs zu sein (16; 40). In der legendarischen, mit weiteren Informationen angereicherten Rahmenhandlung (1–11; 172–181; 301–322) werden die Motive und näheren Umstände geschildert, die Ptolemaios II. Philadelphos auf Anraten seines Bibliothekars bewogen haben, die Tora ins Griechische übersetzen zu lassen (→1.3.2.1). Dazwischen sind sieben längere Dialogpartien eingeschoben (187–294), in denen der König mit den 72 vom Jerusalemer Hohenpriester

[1] Mit Bezug auf JosAs gilt dieser breite Konsens jetzt nicht mehr, vgl. *R. S. Kraemer*: When Aseneth Met Joseph. A Late Antique Tale of the Biblical Patriarch and His Egyptian Wife, Reconsidered, New York/Oxford 1998. Sie datiert die Schrift in das späte 3. oder frühe 4. Jh. (ebd. 225–244). Jüd. Herkunft hält sie für möglich, christl. aber für wahrscheinlicher (ebd. 245–285).

[2] Zum Grundbestand gehören aber nur 219, die übrigen sind sekundär, vgl. *Thomas* 1992, 20f.

für die Übersetzungsarbeit ausgewählten jüd. Weisen philosophische Fragen diskutiert. Der Autor verknüpft in seinem als Brief stilisierten Werk geläufige Stil- und Erzählformen von zumeist lehrhafter Art (Spruchgut, Fürstenspiegel, Tischgespräche) mit gattungstypischen Elementen der antiken Geschichtsschreibung (→1.3.3.4) wie Reiseberichte, amtliche Verlautbarungen, Namenslisten, Korrespondenzen und staatliche Dekrete, um ihm durch die Genauigkeit und Fülle der mitgeteilten Ereignisse den Stempel historischer Glaubwürdigkeit aufzudrücken. Die Kombination verschiedener literarischer Gestaltungsmittel soll zusammen mit den Erörterungen über den verborgenen, aber tiefen und vernünftigen Sinn der mosaischen Gebote deutlich machen, dass sich das religiös-kulturelle Erbe des Judentums vor dem Forum griechischer Bildung behaupten und mit ihr messen kann (vgl. 200; 235).
Im Mittelpunkt der Schrift von *Joseph und Aseneth* steht die Priestertochter und Götzendienerin Aseneth (Gen 41,45, vgl. 41,50; 46,20), die der fromme Jakobssohn Joseph nach ihrer Bekehrung zum Gott der Hebräer heiratet. Vermutlich ist die Schrift kurz vor oder nach der Zeitenwende entstanden, am ehesten in Ägypten.[3] Sie besteht aus zwei geschlossenen, nur locker miteinander verbundenen Teilen. Der erste Teil (1–21) erzählt die Liebesgeschichte zwischen Aseneth und Joseph, in die Aseneths Bekehrung eingelagert ist (10–18), der zweite (22–29) von ihrer Gefährdung durch den eifersüchtigen Kronprinzen und ihrer glücklichen Rettung. Das Werk entzieht sich einer exakten literarischen Einordnung. Einerseits weist es enge Parallelen zu biblischen und außerkanonischen Novellen auf (Est, Ruth, Tob, Jdt), andererseits berührt sich die Liebeshandlung strukturell und motivlich mit dem hell. Roman vom Schlage eines Chariton, Xenophon v. Ephesos, Achilleus Tatios, Heliodor usw.[4] Diese doppelte Affinität zur jüd. Novellistik und antiken Romanliteratur dürfte kein Zufall sein. Die mit ihrer biblisierenden Sprache und Diktion an das Griechisch der LXX (→1.3.2.1) erinnernde, primär für ein jüd. Publikum und seine heidnischen Sympathisanten gedachte Schrift thematisiert unter Verwendung konventioneller Erzählmuster die Probleme von Konversion und Mischehen inmitten einer andersgläubigen Umwelt. Am Beispiel der Proselytin Aseneth will sie exemplarisch zeigen, was das Judentum gibt und nützt.
Das seit Eusebius (h.e. 3,10,6) häufig, aber fälschlich Flavius Josephus (→1.3.2.6) zugeschriebene 4. Makkabäerbuch stellt eine Mischung aus philosophischem Traktat und Märtyrerbericht dar, lässt jedoch auch eine Nähe zur gr. Tragödie und zur Preis- und Gedenkrede (Enkomion/Panegyrikos) erken-

---

[3] *D. Sänger*: Erwägungen zur historischen Einordnung und zur Datierung von „Joseph und Aseneth", ZNW 76, 1985, 86–106 und *E. M. Humphrey*: Joseph and Aseneth, Sheffield 2000, 28–37. Zur Rekonstruktion des ursprünglichen Textes vgl. grundlegend *Ch. Burchard*: Untersuchungen zu Joseph und Aseneth. Überlieferung – Ortsbestimmung, Tübingen 1965. Er liegt jetzt in einer kritischen Ausgabe vor: Joseph und Aseneth. Kritisch hrsg. von *Ch. Burchard* mit Unterstützung von *C. Burfeind* und *U. B. Fink*, Leiden/Boston 2003. Die alternativen Positionen diskutiert *Humphrey* (s.o.), 17–27.

[4] Vgl. dazu *S. West*: Joseph and Asenath. A Neglected Greek Romance, CQ 24, 1974, 70–81; *R. I. Pervo*: Aseneth and her Sisters. Women in Jewish Narratives and in Greek Novels, in: *A.-J. Levine* (ed.): Women Like This. New Perspectives on Jewish Women in the Greco-Roman World, Atlanta 1991, 145–160; *C. Hezser*: "Joseph and Aseneth" in the Context of Ancient Greek Erotic Novels, FJB 24, 1997, 1–40.

nen.[5] Der Verfasser selbst bezeichnet sein Werk als ein „philosophisches Lehrstück“ (4Makk 1,1). Darin geht es ihm um den Nachweis, dass die mit den vier Kardinaltugenden identifizierte (4Makk 5,22–24) „fromme Vernunft“ (eusebes logismos) Herrscherin über die Leidenschaften ist. Als Beleg führt er neben zentralen Gestalten aus der israelitischen Frühgeschichte (1,13–3,18) die makkabäischen Märtyrer aus der Erzählvorlage 2Makk 6f an, deren Verhalten als vorbildlich gerühmt wird (5,1–14,18). Weder den greisen Priester Eleazar noch die sieben Brüder oder ihre Mutter kann der Tyrann Antiochos IV. Epiphanes dazu bewegen, die Speisevorschriften zu missachten und Schweinefleisch zu essen. Lieber verzichten sie auf die versprochenen Belohnungen und sterben qualvoll, als gegen göttliches Gebot zu verstoßen. Durch ihre Opferbereitschaft, in der die fromme Vernunft über die Affekte triumphiert, bezwingen sie letztlich den Seleukidenkönig. Mit seinem theoretischen Unterbau verfolgt der Autor den Zweck, angesichts wachsender Assimilierungs- und Anpassungstendenzen den verpflichtenden Charakter des atl. Gesetzes einzufordern und die auf ihm beruhende jüd. Lebensweise als ebenso human wie sittlich geboten, rational begründbar und mit gr. Lebensideal vereinbar erscheinen zu lassen.[6]

*Ntl. Textaussagen und Bezüge*

Keines der genannten Werke hat einen direkten Einfluss auf die Schriften des NT ausgeübt. Die sie verbindenden theologischen, anthropologischen und ethischen Aussagen sind größtenteils durch die gemeinsame biblisch-jüd. Tradition vermittelt. Häufig konvergieren sie aber auch mit gleich lautenden Vorstellungen der heidnischen Umwelt, ohne sich inhaltlich mit ihnen decken zu müssen.

Prominentes Beispiel sind die im NT mehrfach zitierten bzw. anklingenden (Mt 6,9 par; Mk 7,10 par; 10,19 par; Joh 5,44; Eph 6,2f; 1Tim 1,17, vgl. Mk 12,29f par; 1Petr 2,17; Offb 15,4 u.ö.) atl. Gebote, Gott und die Eltern zu ehren (Ex 20,2f.12/Dtn 5,6f.16; Lev 19,3f; Dtn 27,15f; Prov 1,7f). Ihr hoher Stellenwert, den Ps.-Phok (8) und Arist (228; 234) nachdrücklich unterstreichen (vgl. JosAs 9,2; 11,4f; 4Makk 15,10), ist in der gr.-röm. Antike fast unbestritten (Xen. mem. 4,4,198f; Men. sent. 322; Polyb. 6,4,4 u.ö.). Doch im Unterschied zum paganen Bereich, in dem die Verehrung *aller* Götter (→3.2.2) eingeschärft wird,[7] bleibt sie bei den ntl. Autoren ausschließlich auf den in der Schrift bezeugten und von Jesus verkündeten *einen* Gott beschränkt (z.B. Mt 4,10; 1Kor 8,6a; 12,5f; 1Thess 1,9). Das in dieser Reduktion liegende Konfliktpotenzial illustriert der spätere Vorwurf, Christen seien Atheisten (Just. 1 apol. 6; Clem. str. 7,1,1).

Die im NT singulären Haustafeln Kol 3,18–4,1; Eph 5,12–6,9 und 1Petr 2,18–3,7 ordnen das Beziehungsgefüge der im Haus (*oikos*) (→2.2.1) lebenden

---

5 Zur literarischen Form vgl. *J. W. van Henten*: The Maccabean Martyrs as Saviours of the Jewish People. A Study of 2 and 4 Maccabees, Leiden u.a. 1997, 60–67.

6 Vgl. *R. Weber*: Das Gesetz im hellenistischen Judentum. Studien zum Verständnis und zur Funktion der Thora von Demetrios bis Pseudo-Phokylides, Frankfurt a.M. u.a. 2000, 215f. 254f.

7 Dem widerspricht nicht, dass – wie etwa im Fall von Isis – die Göttervielfalt in einem Wesen zusammenfließen konnte.

Gruppen und regeln ihr Verhältnis zueinander. Unter Hinweis auf ihren familiären und sozialen Status werden Männer, Frauen, Kinder und Sklaven ermahnt, es an dem, was sie einander schulden, nicht fehlen zu lassen. Ein solcher auf Wechselseitigkeit angelegter Pflichtenkatalog begegnet in erweiterter Form bei Ps.-Phok (175–227), wenngleich das die Haustafeln kennzeichnende reziproke Moment zurücktritt (195–197; 224). Hier wie dort enthalten die Forderungen der Spruchreihen nichts, was aus dem Rahmen des damals Üblichen herausfällt. Vielmehr reflektieren sie hell., vor allem stoisch geprägtes Gedankengut und spiegeln zudem Grundsätze der antiken Oikonomik (Haushaltekunst).[8] Überhaupt geht der materiale Gehalt ethischer Weisungen im NT ungeachtet ihrer spezifischen Motivierung[9] vielfach mit denen der nichtchristl. Umwelt konform.

Den mit Jesu Kreuzestod verbundenen Sühneaussagen Röm 3,24f; 4,24f; 2Kor 5,21; 1Petr 2,24; Hebr 2,16f u.ö., vgl. Mk 10,45; 1Joh 2,2; 4,10 ist die Interpretation der Märtyrerschicksale in 4Makk 6,28f und 17,20–22 (vgl. 2Makk 6,28; 7,9.37f) an die Seite zu stellen. Jeweils ist von einer Ersatzleistung, d.h. von einem stellvertretenden Sterben zugunsten anderer, die Rede. Wie die kultische Begrifflichkeit verrät, bilden Konzeptionen der atl. Opfertheologie (bes. Lev 4,1–35; 16f) den traditionsgeschichtlichen Hintergrund. Dass einer für etwas oder jemanden stirbt, entspricht aber auch gr. Anschauung (vgl. nur Thuk. 2,43; Eur. Iph. A. 1368–1401; Plat. symp. 179b). Allerdings lassen die in Frage stehenden Texte jegliche theologische Sinngebung vermissen. Trotz ähnlicher Formulierungen unterscheiden sich die ntl. Sühneaussagen von denen des 4Makk vor allem dadurch, dass sie den ursprünglich kultischen Kontext in einen christologischen transformieren und damit das Sühnegeschehen qualitativ neu bestimmen: Es ist ein unwiederholbares eschatologisches Ereignis und besitzt, indem es alle Menschen umfasst, universale Gültigkeit.

Die Stephanuserzählung (Apg 7) hat, was ihre Motivik und dramatische Gestaltung betrifft, eine enge literarische Parallele im Eleazarmartyrium. Redet Eleazar zu Antiochos und seinem Gefolge, ergreift Stephanus vor dem Hohenpriester und dem Synhedrium das Wort (7,2–53). In der negativen Reaktion seitens der Adressaten kündigt sich das spätere Geschick von beiden schon an (Apg 7,54/4Makk 6,1.24). Vor ihrer Steinigung bzw. während ihrer Folterung blicken die Märtyrer zum Himmel auf (Apg 7,55/4Makk 6,6.26), und noch im Sterben wenden sie sich bittend an Gott (Apg 7,59f/4Makk 6,27–29). Eine Todesnotiz bestätigt den Vollzug der Hinrichtung (Apg 7,60b/4Makk 6,30a). Zumeist wird die lk Darstellungsweise mit dem dramatischen Episodenstil der gr. Geschichtschreibung verglichen, als deren Repräsentanten u.a. Herodot, Dionysios v. Halikarnassos und der Alexanderhistoriker Kleitarchos gelten (→1.3.3.4). Das 4Makk verdient in dieser Hinsicht kaum weniger Be-

---

[8] *Thomas* 1992, 378–391; *A. Standhartinger*: Studien zur Entstehungsgeschichte und Intention des Kolosserbriefs, Leiden u.a. 1999, 256–276.

[9] Vgl. nur *W. Popkes*: Paränese und Neues Testament, Stuttgart 1996; *W. Pratscher*: Grundlinien der Begründung der Ethik im Neuen Testament, in: *Ch. Niemand* (Hg.), Forschungen zum Neuen Testament und seiner Umwelt (FS A. Fuchs), Frankfurt a.M. u.a. 2002, 383–401.

achtung.[10] Ähnliches gilt für die in Apg 9,1–19a geschilderte Bekehrung des Paulus. Sie zeigt nicht nur in Einzelzügen, sondern in ihrer Gesamtstruktur eine deutliche Verwandtschaft zu Aseneths Bekehrung in JosAs 1–21. Ihr dem antiken Roman nachempfundener Handlungsverlauf wie auch der verarbeitete Stoff und seine Topik sind offensichtlich genrebedingt.[11] Der historischen Rekonstruktion des in Apg 9,1–19a Berichteten ist dadurch von vornherein eine Grenze gesetzt. Jeder Versuch, hinter den Text zurückzufragen, hat die gattungsgeschichtliche und kompositorische Eigenart dieses Abschnitts zu berücksichtigen. Lukas dokumentiert einmal mehr, wie bewusst und in welch hohem Maße die inmitten einer multireligiösen Gesellschaft lebenden ntl. Autoren sich auf den zeitgenössischen Erfahrungs-, Denk- und Sprachhorizont eingelassen haben, um das Evangelium in die gr.-röm. Welt zu inkulturieren.

*Literatur*

*J. M. G. Barclay*: Jews in the Mediterranean Diaspora. From Alexander to Traian (323 BCE–117 CE), Edinburgh 1996. – *U. Breitenstein*: Beobachtungen zu Sprache, Stil und Gedankengut des Vierten Makkabäerbuchs, Basel/Stuttgart ²1978. – *Ch. Burchard*: The Importance of Joseph and Aseneth for the Study of the New Testament: A General Survey and a Fresh Look at the Lord's Supper, in: *Ders.*: Gesammelte Studien zu Joseph und Aseneth, Leiden u.a. 1996, 263–295. – *J. W. van Henten*: Die Märtyrer als Helden des Volkes, in: *H. Lichtenberger/G. S. Oegema* (Hgg.), Jüdische Schriften in ihrem antik-jüdischen und urchristlichen Kontext, Gütersloh 2002, 102–133. – *J. Thomas*: Der jüdische Phokylides. Formgeschichtliche Zugänge zu Pseudo-Phokylides und Vergleich mit der neutestamentlichen Paränese, Freiburg (CH)/Göttingen 1992. – *L. M. Wills*: The Jewish Novel in the Ancient World, Ithaca/London 1995.

---

[10] Vgl. *B. Heininger*: Der böse Antiochus. Eine Studie zur Erzähltechnik des 4. Makkabäerbuchs, BZ 33, 1989, 43–59, bes. 58f.

[11] *Ch. Burchard*: Der dreizehnte Zeuge. Traditions- und kompositionsgeschichtliche Untersuchungen zu Lukas' Darstellung der Frühzeit des Paulus, Göttingen 1970, 59–105.

## 1.3.3 Nichtjüdische Literatur

### 1.3.3.1 Epos (*Alfred Breitenbach*)

„Was hat Vergil mit dem Evangelium zu tun?“[1] So fragt der Kirchenvater Hieronymus im 4. Jh., und er glaubt die Antwort geben zu können: Nichts. Kann man sich dem Schöpfer der *Vulgata* anschließen? Vergil steht bei Hieronymus repräsentativ für das klassische Heldengedicht (Helden-Epos), wie es uns zuerst in den homerischen Epen des 8. vorchristl. Jh., *Ilias* und *Odyssee*, greifbar ist. Aristoteles preist im 4. Jh. v.Chr. in seiner *Poetik* die epischen Dichtungen Homers als vorbildlich. Es werden jedoch schon früh auch historische Ereignisse in epischer Form verarbeitet (Historisches Epos, z.B. Choirilos von Samos im 5. Jh. v.Chr.), und auch „Lehrgedichte“ im epischen Versmaß, dem Hexameter, gelten der Antike als „Sach-Epen“ (z.B. Hesiod, 8./7. Jh. v.Chr.).[2] In der jüngsten Zeit wächst das Interesse an Bezügen zwischen ntl. Schriften und epischen Texten (→1.3.1.1), wobei man sich hier auf das Historische und das Helden-Epos konzentriert. Dabei werden vor allem der Klassiker Homer und lateinische Epik berücksichtigt. Man beschränkt sich nicht nur darauf, (1) einzelne Parallelen zwischen antikem Epos und NT aufzuzeigen, sondern möchte (2) in Teilen des NT sogar ein neues Epos konzipiert wissen.
(1) Es ist nicht unberechtigt, das Epos als Hintergrund für die Rezeption der ntl. Schriften in den Blick zu nehmen. Die homerischen Dichtungen waren nämlich vermutlich nicht nur den Verfassern der ntl. Schriften, sondern wahrscheinlich auch denjenigen, die das NT *lesen* konnten, bekannt, denn diese Texte bildeten den zentralen Teil des schulischen Lektüre-Kanons für den griechischsprachigen Raum.[3] Epische Schöpfungen des Hellenismus (z.B. Apollonios von Rhodos) konnten die homerischen Meisterwerke nicht von ihrer Spitzenposition verdrängen. Dass sich auch eine jüd. Epik entwickelt hatte, wie Textfragmente zeigen,[4] könnte es den Autoren der ntl. Schriften erleichtert haben, epische Elemente für die Vermittlung ihrer neuen Botschaft in Dienst zu nehmen. Auch Christen späterer Jhh. verbreiteten ihre Botschaft in dieser Gattung (z.B. Iuvencus, 4. Jh.). Insofern hat das Aufzeigen motivischer Parallelen in Epos und NT einiges für sich, besonders da es die Rezeptionshal-

---

[1] Hier. epist. 22,29,7.

[2] Ein solches Sach-Epos, die *Phainomena* des Aratos von Soloi (3. Jh. v.Chr.), zitiert Paulus in seiner Areopagrede (Apg 17,28); vgl. aber auch den 4. Vers im *Zeus-Hymnus* des Kleanthes (Stoicorum veterum fragmenta 1, 121 Nr. 537). Ob das Zitat Tit 1,12 einer *Theogonie* des Epimenides (*E. Diels/W. Kranz* [Hgg.]): Die Fragmente der Vorsokratiker 1 [Berlin [8]1956] 31f, B1) entstammt, ist völlig unklar, vgl. *Chr. Zimmer*: Die Lügner-Antinomie in Titus 1,12, LingBib 59, 1987, 78–82; *L. Oberlinner*: Die Pastoralbriefe. Titusbrief, Freiburg 1996, 38f.

[3] Vgl. *R. F. Hock*: Homer in Greco-Roman Education, in: *D. R. MacDonald* (ed.): Mimesis and Intertextuality in Antiquity and Christianity, Harrisburg 2001, 56–77. Anders *M. Hengel*: Zum Problem der „Hellenisierung“ Judäas im 1. Jh. n.Chr., in: *Ders.*: Judaica et Hellenica 1, Tübingen 1996, 88f, dem zufolge man klassische Bildung bei den ntl. Autoren nicht voraussetzen darf („außer vielleicht Lukas und der Vf. des Hebräerbriefes“ ebd.).

[4] *N. Walter*: Fragmente jüdisch-hellenistischer Epik: Philon, Theodotos, in: JShrZ IV 3, 135–371; *G. S. Oegema*: Poetische Schriften, in: JShrZ VI, Supp. 1, 4, 45–62.

tung der gebildeteren Leser oder Hörer des Evangeliums berücksichtigt. Und so ist, unabhängig von einer direkten „literarischen Abhängigkeit“, die Frage sinnvoll, wie ein Leser die ihm bekannten Epen mit den ntl. Texten in Bezug setzen konnte.[5] Heute wird jedoch auch eine andere Form intertextueller Beziehung herausgearbeitet, indem man Einzeluntersuchungen anstellt, in denen, um ein Beispiel zu nennen, Seefahrten und Schiffbruch des Paulus (Apg 27f) mit denen des Odysseus (Hom. Od. 5,262–493; 12,399; 13,115) verglichen werden, und man eine direkte Nachahmung Homers postuliert.[6] Bei derartigen Analysen muss stets die Frage nach der Aussageabsicht des christl. Verfassers vorausgehen: Auf der Folie epischer Texte will der ntl. Autor seine „Geschichte“ als Steigerung des epischen Vorbildes präsentieren. Man sollte jedoch nicht ohne weiteres alle Parallelen, die sich zwischen Homer und etwa dem Mk herstellen lassen, unbesehen als bewusste Entlehnungen begreifen.[7] Viele Motive sind zwischenzeitlich von anderen Literaturgattungen (im Fall der Apg besonders vom Reise-Roman) aufgenommen worden und quasi literarisches Allgemeingut. Insofern zeigt sich hier eine Problematik, die bereits seit längerem für die ntl. „Zitate“ aus der Tragödie oder Komödie untersucht wird (→1.3.3.2). Die Tatsache, dass die Nachfolger des Mk in der synoptischen Tradition dessen Parallelen zum homerischen Epos nicht aufgegriffen haben, zeugt daher nicht zwangsläufig von mangelnder Aufmerksamkeit bei der Lektüre, sondern vielmehr davon, dass die Einzelmotive als nicht mehr spezifisch homerisch angesehen wurden.

(2) Im Hinblick auf die Funktion, die die *Aeneis*, das röm. National-Epos des Vergil (70–19 v.Chr.), für den neu entstehenden Prinzipat hatte, und auf die sich an Vergil anschließende und orientierende, auch historische lateinische

---

[5] *R. Strelan*: A Greater Than Caesar: Storm Stories in Lucan and Mark, ZNW 91, 2000, 166–179 (weitere Lit. 166 Anm. 4f) sagt dies 170 ausdrücklich: „I am not suggesting literary dependency, nor that Mark knew the Lucan epic. … The question is: If some in an audience knew the storm stories of Homer and Vergil, and if they knew a version of the storm story involving Caesar such as that told by Lucan, how would they hear Mark's story?“ Vgl. auch zuletzt *D. Georgi*: Aeneas und Abraham. Paulus unter dem Aspekt der Latinität?, ZNT 5, 2002, 37–43.

[6] *D. R. MacDonald*: The Shipwrecks of Odysseus and Paul, NTS 45, 1999, 88–107; ebd. 95 weitere Literatur. Vgl. auch *P. L. Hofrichter*: Parallelen zum 24. Gesang der Ilias in den Engelerscheinungen des lukanischen Doppelwerkes, in: *Ders.*: Logoslied, Gnosis und Neues Testament, Hildesheim 2003, 235–251 (weitere Literatur ebd. 237 Anm. 11).

[7] *D. R. MacDonald* hat in seiner beeindruckenden, jedoch nicht unproblematischen Arbeit The Homeric Epics and the Gospel of Mark, New Haven/London 2000 eine große Fülle von Parallelen aufgezeigt. Die Arbeit ist jedoch insofern kritisch zu beurteilen (und zu benutzen), als die sprachlichen Parallelen mitunter recht dürftig sind und die Aufdeckung der einzelnen Bezüge zu einem „philologischen Spiel“ zu werden droht (vgl. die warnenden Bemerkungen im Abschnitt →1.3.1.1). Ein geschlossenes Konzept wird letztlich nicht aufgezeigt; stattdessen will MacDonald an vielen Stellen (häufig nicht überzeugend) absichtliche „Homer-Imitation“ nachweisen. Ein Beispiel: Man fragt sich etwa, welche Konzeption der Autor des MkEv im Kopf gehabt haben soll, wenn er Mk 5,1–20 Jesus sowohl nach dem Odysseus als auch nach der Kirke von Hom. Od. 10,307–347 gestaltet hat; dass etwa die Frage Mk 5,6 „Was habe ich mit dir zu tun, Jesus …?“ mit der Frage Hom. Od. 10,325 „Wer und woher bist du?“ (die beiden Fragepronomina *ti* bzw. *tis* werden als Signalwörter für die Homer-Reminiszenz hervorgehoben!) eine Parallele anzeigen soll, ist gänzlich unwahrscheinlich (das Beispiel bei *MacDonald* [s.o.], 63–67).

Epik des 1. Jh. n.Chr. (*Pharsalia* des Lucanus, *Punica* des Silius Italicus), hat man jüngst die These vertreten, das lk Doppelwerk sei als „Prosa-Epos" verfasst, das die Gründungsgeschichte der christl. Gemeinschaft preise.[8] Die Annahme basiert auf der Angabe Senecas (gest. 65 n.Chr.), die *Aeneis* sei von dem Adressaten einer seiner Trostschriften in gr. Prosa übertragen worden.[9] Die angeführten „epischen" Elemente können jedoch nicht überzeugen, denn unübersehbar sind sie einerseits nicht spezifisch episch und/oder andererseits im Rahmen des NT nicht „Eigengut" des Verfassers von Lk und Apg.

Hier eine Auswahl der festgestellten Parallelen.[10] Sowohl in der *Aeneis* als auch im NT finde in der Zeit des Rezipienten die Erfüllung vergangener Orakelsprüche bzw. Verheißungen statt; die Handlung sei jeweils durch göttlichen Auftrag oder Plan motiviert; sowohl *Aeneis* als auch Lk begännen mit einer gefahrvollen Situation für den „Helden", und sowohl Lukas als auch Vergil rekurrierten auf Elemente früherer Texte, nämlich die gr. Bibel (→1.3.2.1) bzw. Homer; in beiden Werken spiele das Erscheinen göttlicher bzw. übernatürlicher Wesen (Gottheiten, Engel) eine wichtige Rolle für den Fortgang der Ereignisse, und schließlich sei der Zielpunkt in beiden Werken, dass die Gruppe der Protagonisten eine ältere Gruppe „ersetzen" bzw. deren Existenz unter neuen Vorzeichen fortführen soll, bei Vergil die Kontinuität Trojas in Rom, bei Lukas die Kontinuität Israels in der christl. Kirche.

Die Idee, dass parallel zur Ausbreitung des vergilischen Epos in seiner Herrschaft begründenden und legitimierenden Funktion der Plan eines christl. Gegenstücks entwickelt worden sei, ist interessant. Ob man aber die Verwirklichung eines solchen christl. Planes, die hier in Lk und Apg stattfinden soll, unter dem Stichwort „Epos" fassen muss, ist fraglich;[11] schließlich ist die Idee eines Prosa-Epos auch deshalb problematisch, weil in der Antike das Metrum, der Hexameter, als gattungskonstituierend empfunden wird. Bewusstes Einsetzen epischer Elemente oder die geplante Konzeption eines „Epos" kann man im NT wohl nur dann finden, wenn man einen modernen, d.h. sehr weiten, Epos-Begriff zu Grunde legt, der der Antike nicht geläufig war. Allerdings werden in der Entstehungszeit der ntl. Schriften auch neue Epen in der Nachfolge Vergils geschaffen, und Vergil und Homer, an dem sich Vergil auf seine Weise orientiert hat, sind einem Teil der Leser durchaus präsent. Man sollte die eingangs zitierte Äußerung des Hieronymus durchaus als Warnung vor zu schnellen Schlussfolgerungen, was das Verhältnis von Epos und NT angeht, Ernst nehmen, auch wenn man seine rigorose Leugnung jeglicher Bezüge nicht in jeder Hinsicht teilen muss.

*Literatur*

*A. Lesky*: Epos, Epyllion und Lehrgedicht, in: *E. Vogt* (Hg.), Griechische Literatur, Wiesbaden 1981, 19–72. – *H. Neumann u.a.*: Epos, DNP 4, 1998, 10–29. – *W. Schetter*: Das römi-

---

8 *M. P. Bonz*: The Past as Legacy. Luke-Acts and Ancient Epic, Minneapolis 2000.

9 Vgl. Sen. dial. 11,8,2.11,5f und dazu den Kommentar von *Th. Kurth*: Senecas Trostschrift an Polybius, Stuttgart/Leipzig 1994, 100.140–142. Die Übersetzung des Polybius ist nicht erhalten, ihr Charakter und ihre Verbreitung sind daher unklar.

10 Zusammenfassend *Bonz*: The Past as Legacy (Anm. 8), 189–193.

11 Vgl. *Georgi*: Aeneas und Abraham (Anm. 5), der zu Recht nicht nur das Epos *Aeneis* für seinen Vergleich von Abraham- und Aeneas-Tradition heranzieht.

sche Epos, in: *M. Fuhrmann* (Hg.): Römische Literatur, Wiesbaden 1974, 63–98. – *K. Thraede*: Epos, RAC 5, 1962, 983–1042.

### 1.3.3.2 Drama (*Alfred Breitenbach*)

*Stellen im NT*
Möglicherweise Einfluss z.B. auf Mt 7,3 (Lk 6,41); Lk 4,23; Apg 5,39; 12,7; 19,35; 26,14; Röm 7,15.20; 1Kor 15,33

Zweifellos schildert das NT dramatische Ereignisse, Ereignisse, die „bühnenreif" sind. Haben die ntl. Autoren auch Dramen daraus gemacht?

*Hintergrund*
Vorausgesetzt, diese Schriftsteller rechneten damit, dass ihre Texte auch zur Rezitation im christl. Kult vorgesehen waren, hätten sie, (a) was das Kultische angeht, eine alte, ja die ursprüngliche „dramatische" Tradition aufgegriffen und, (b) was die Rezitation betrifft, einer zeitgenössischen Praxis Rechnung getragen:
(a) Die griechische Tragödie (und auch die Komödie) waren in der gr. Stadt (*polis*) ursprünglich eingebunden in einen religiösen Kult des Vegetations- und Fruchtbarkeitsgottes Dionysos. In Athen wurden jedes Jahr an zwei Festen ausschließlich für den jeweiligen Termin neu geschriebene Tragödien und Komödien aufgeführt. Die als abwechselnde Partien von Schauspielern und Chor gestalteten Theaterstücke hatten künstlerischen Anspruch, jedoch auch politisch-didaktische Funktion, insofern sie den Bewohnern der Stadt kulturelles Erbe und moralische Werte zu vermitteln suchten. Gleichzeitig konnte, besonders in der Alten Komödie (prominentester Vertreter ist Aristophanes, 5.–4. Jh. v.Chr.), die Tagespolitik ins Spiel kommen. Die Wiederaufführung bereits gespielter Stücke setzte sich erst allmählich durch, und zwar zunächst infolge zunehmender Kanonisierung der großen Tragiker (Ende 5./Anfang 4. Jh. v.Chr.) bzw. Komödiendichter (3. Jh.); ab dem 3. Jh. wurde diese Entwicklung auch durch den Rückgang von Neuproduktionen verstärkt, ein Prozess, der letztlich in der Praxis gipfelte, nur noch Teile von Tragödien und besonders populäre Stücke aufzuführen.
(b) In Rom, wo man seit der Mitte des 3. vorchristl. Jh. Dramen nach griechischem Vorbild aufführte, war die große Blüte der Komödie bald wieder vergangen. Vollständige lateinische Komödien sind nur von Plautus (3.–2. Jh. v.Chr.) und Terenz (gest. um 159 v.Chr.) überliefert. Lateinische Tragödien aus vorchristl. Zeit sind lediglich fragmentarisch auf uns gekommen, doch hat im 1. Jh. n.Chr. mit komplett erhaltenen Tragödien des stoischen Philosophen Seneca (gest. 65 n.Chr.) möglicherweise eine Sonderform, nämlich das Rezitationsdrama,[1] seine Spuren hinterlassen. Unter anderem hat diese Form des Dramas, das nicht für eine dramatische Aufführung, sondern für Rezitation

[1] Die Klassifizierung der Tragödien Senecas als Rezitationsdramen im oben geschilderten Sinn ist jedoch nicht ohne Widerspruch geblieben; vgl. z.B. zur Aufführung einzelner Szenen *P. L. Schmidt*: Nero und das Theater, in: *J. Blänsdorf* (Hg.): Theater und Gesellschaft im Imperium Romanum, Tübingen 1990, 149–163.

oder private Lektüre geschrieben worden sein könnte und in gewisser Weise philosophische Inhalte zu vermitteln versucht, zu der Überlegung Anlass gegeben, auch die Verfasser der Evv hätten ihre Inhalte als Dramen gestaltet, als Lektüre für die entstehende Christengemeinde. Prinzipielle Berührungsängste von Juden und den aus ihnen hervorgehenden Christen mit der Gattung der Tragödie sind nicht notwendigerweise anzunehmen, denn die Tragödie *Exagoge* des Juden Ezechiel (3./2. Jh. v.Chr.), von der Reste erhalten sind,[2] zeigt, dass dramatische Dichtung mit neuen religiösen Inhalten versehen werden konnte (hier: Ex 1–15). Die Verfasser der ntl. Schriften dürften darüber hinaus, freilich in unterschiedlichem Maße, mit den Texten der kanonischen Dramenautoren bekannt gewesen sein. Auf der einen Seite wurden die Klassikertexte in der Schule gelesen, auf der anderen Seite wurden beliebte Stücke aus den großen Tragödien und Komödien wiederholt als Reprisen aufgeführt[3].

*Einfluss*

Will man versuchen, den Einfluss dramatischer Texte auf das NT zu eruieren, wird man zweckmäßig zwischen (a) inhaltlicher und (b) formaler Orientierung am Drama unterscheiden, denn anders als beim Epos (→1.3.3.1) lassen sich durchaus nennenswerte inhaltliche Übernahmen nachweisen, die „Zitaten" nahe kommen.

(a) Es ist jedoch nicht leicht zu entscheiden, ob eine Parallele zwischen ntl. Texten und dramatischen Texten bewusste Übernahme bedeutet. Vielfach handelt es sich bei vermeintlichen „Zitaten" um selbstständig gewordene, zumindest bereits in andere literarische Gattungen oder sogar in die Alltagssprache eingeflossene Redensarten und Sprichwörter, die keine Kenntnis einer Tragödie oder Komödie voraussetzen.[4] – An anderen Stellen mag die Erinnerung an einen dramatischen Text im Hintergrund der Formulierung stehen, ist mithin also eine Orientierung an einer bekannten dramatischen Passage nicht unwahrscheinlich; so hat man etwa in den Worten „Wie ein schlechter Arzt, der krank geworden ist, bist du mutlos und weißt nicht herauszufinden, durch welche Medikamente du geheilt werden kannst", die sich im Aischylos zugeschriebenen *Gefesselten Prometheus* die Titelgestalt sagen lassen muss (473–475), ein frühes „Arzt, heile dich selbst" (Lk 4,23) erkannt[5] und in der Apg

---

[2] *E. Vogt*: Tragiker Ezechiel, in: JShrZ IV 3, 113–133; *G. S. Oegema*: Poetische Schriften, in: JShrZ VI 1, 4, 37–44 mit Literatur.

[3] Zu Zweifeln an gr. Bildung, die man bei den Autoren des NT voraussetzt, vgl. *M. Hengel* (zitiert im Abschnitt 1.3.3.1 Epos Anm. 3); zur Aufführung vgl. *G. Heldmann*: Die griechische und lateinische Tragödie und Komödie in der Kaiserzeit, WSt 24, 2000, 185–205.

[4] So hat etwa 1Tim 6,10 (Wurzel allen Übels ist die Geldgier) zwar bei Soph. Ant. 295–300 eine Parallele, gleichzeitig findet man ähnliche Formulierungen jedoch auch in anderen Texten vorchristl. Zeit. Vgl. *R. Renehan*: Classical Greek Quotations in the New Testament, in: *D. Neiman/M. Schatkin* (eds.): The Heritage of the Early Church (FS Georges V. Florovsky), Rom 1973, 17–46, hier 18f.

[5] Vgl. Eur. Frg. 1086 Nauck[2] und S. Sulpicius Rufus bei Cic. fam. 4,5,5. Ein anderes Beispiel: Zu Mt 7,3/Lk 6,41 (der Balken im eigenen Auge) vgl. etwa Comic. adesp. Frg. 725 (PCG 8, 206 Kassel/Austin), wo der unbekannte Komiker fragen lässt: „Was erkennst Du, verleumderischster Mensch, so schnell das Fremde, übersiehst aber das Eigene?"

manches spezifische Vokabular des Euripides[6] und auch motivische Gemeinsamkeiten[7] zu finden geglaubt. – Ein wörtliches Zitat aus dem gr. Drama findet sich 1Kor 15,33: *phtheirousin ēthē chrēsta homiliai kakai* („Schlechter Umgang verdirbt gute Sitten"). Es ist aber unklar, ob diese Worte von dem Tragiker Euripides oder dem Komödiendichter Menander (= Frg. 165 [PCG 6, 2, 124 Kassel/Austin]) stammen oder ob es sich bereits um eine Anlehnung Menanders an Euripides handelt. Schließlich könnte auch dieser Vers schon sprichwörtlich gewesen sein.[8]
(b) Im Wissen, dass antike Dramen in gebundener Sprache verfasst sind, hat man, ausgehend von der Gestalt des hell. Dramas sowie der Dramentheorie, wie sie Aristoteles in seiner *Poetik* und später Horaz in seiner *Ars Poetica* darstellen, eine formale Anpassung ntl. Texte an das hell. Drama diskutiert, und zwar besonders für Mk[9] und Joh.[10] Dabei setzt man voraus, dass derjenige, der lesen kann, sich dramatische Texte etwa zur Zeit der Entstehung des MkEv weniger auf der Bühne als vielmehr durch Lektüre erschließt. Form und Inhalt seien in Anlehnung an die Tragödie entstanden:[11] Die Einteilung der Handlung in eine schwankende Zahl von „Akten" mit Prolog, die inhaltliche Gliederung in Aufbau der Handlung, Umschwung und Lösung[12] sowie das Erwecken von Mitleid und Furcht, was Aristoteles (poet. 1449b) als die Wirkungen der Tragödie ansieht[13]. Aber schon die Tatsache, dass die Einteilung der einzelnen „Akte" bei den verschiedenen Vertretern einer derartigen Kompositionshypo-

6 *W. Nestle*: Anklänge an Euripides in der Apostelgeschichte, Ph. 59, 1900, 46–57; *Renehan*: Classical Greek Quotations (Anm. 4), 21–23 zu Apg 5,39; 12 (z.B. 12,7); 19,35; 26,14.

7 Vgl. auch *Renehan*: Classical Greek Quotations (Anm. 4), 24–26, der die Worte des Paulus Röm 7,15–20 („Was ich tue, erkenne ich nicht; denn nicht das, was ich will, tue ich, sondern was ich hasse, das tue ich usw.") mit Eur. Med. 1077–1080 („... besiegt werde ich durch Übel; und ich weiß zwar, welches Übel ich im Begriff bin zu tun, doch mein innerer Trieb (*thymos*) ist stärker als meine Absichten (*bouleumata*), dieser Trieb, der für Menschen Ursache der größten Übel ist.") und anderen Euripides-Texten verbindet (Hipp. 380–384, Frg. 220; 841 Nauck$^2$).

8 Vor allem im Lichte der frühen Entstehung von Sammlungen, in denen markante Sätze aus den Komödien des Menander zusammengestellt wurden, vgl. *H. Chadwick*: Florilegium, RAC 7, 1969, 1132f. Aus byzantinischer Zeit ist eine regelrechte Sammlung solcher Sentenzen erhalten: *S. Jaekel* (Hg.): Menandri Sententiae, Leipzig 1964, unser Vers: S. 79, 808.

9 *S. H. Smith*: A Divine Tragedy: Some Observations on the Dramatic Structure of Mark's Gospel, NT 37, 1995, 209–231 (weitere Literatur ebd. 209 Anm. 3).

10 Literatur bei *L. Schenke*: Das Johannesevangelium. Einführung – Text – dramatische Gestalt, Stuttgart 1992, 213 Anm. 23; für die Passion des JohEv als tragische Konzeption plädiert *W. Verburg*: Passion als Tragödie? Die literarische Gattung der antiken Tragödie als Gestaltungsprinzip der Johannespassion, Stuttgart 1999.

11 Zur möglichen Repräsentation des Chores durch das „Volk" bei Markus vgl. *Smith*: A Divine Tragedy (Anm. 9), 226f; zunächst abgelehnt für Matthäus von *J. R. C. Cousland*: The Crowds in the Gospel of Matthew, Leiden u.a. 2002, 45 Anm. 64, der neuerdings jedoch Parallelen zwischen tragischem Chor und dem „Volk" aufzeigen möchte (The Choral Crowds in the Tragedy According to St. Matthew, noch unveröffentlichtes Manuskript).

12 Orientierung an Forderungen der aristotelischen *Poetik* hat man in der Gestaltung von Kleinszenen bei Livius beobachtetet (peripatetische oder tragische Geschichtsschreibung →1.3.3.4); vgl. *E. Burck*: Die Erzählungskunst des T. Livius, Berlin/Zürich $^2$1964, 176–195.

13 Vgl. z.B. *F. G. Lang*: Kompositionsanalyse des Markusevangeliums, ZThK 74, 1977, 1–24, bes. 20f; *Schenke*: Das Johannesevangelium (Anm. 10), 219.

these mitunter erheblich schwankt, lässt Vorsicht bei der postulierten „dramatischen Struktur" der Evv angezeigt sein.[14] Zweifelhaft erscheinen solche Versuche auch insofern, als Aristoteles nicht beschrieben hat, welche Elemente einen Text zum Drama machen, sondern welche Ansprüche man an ein Drama, und das heißt an eine Tragödie oder Komödie in ihrer klassischen Form, stellen darf. Diese enge Bindung an Metrum und notwendige formale Bestandteile lässt letztlich auch hier, ähnlich wie beim Epos, den Hinweis sinnvoll erscheinen, dass man in der Antike unser weites Verständnis von „dramatischen" Ereignissen nicht zu Grunde legen darf.

*Literatur*

*B. M. Gauly u.a.* (Hgg.): Musa tragica, Göttingen 1991. – *J. Latacz*: Einführung in die griechische Tragödie, Göttingen ²2003. – *A. Lesky*: Die tragische Dichtung der Hellenen, Göttingen ³1972. – *H.-G. Nesselrath*: Komödie, RAC 21, (erscheint 2004).

[14] Es ist nebenbei bemerkenswert, dass *Schenke*: Das Johannesevangelium (Anm. 10), der Joh als „Drama" versteht, 205 den Synoptikern insgesamt, und somit auch dem von anderen als „Dramatiker" verstandenen Verfasser des Mk, das „Dramatische" abspricht, wenn er ihre Werke ebd. als „narrative Texte" bezeichnet.

### 1.3.3.3 Rhetorik (*Ralph Brucker*)

*Stellen im NT*
Alle Briefe (→1.3.3.6); alle Reden in den Evv (bes. Mt 5–7 par Lk 6,20–49; Mt 10,5–42; 13; 18; 23; 24f; Joh 5,19–47; 6,32–65; 10,1–30; 12,24–36.44–50; 14–16) und in der Apg (bes. 2,14–36; 3,12–26; 7,2–53; 10,34–43; 11,5–17; 13,16–41; 15,7–11.13–21; 17,22–31; 19,25–27.35–40; 20,18–35; 22,1–21; 24,10–21; 26,2–29)

1. Die Bedeutung der Rhetorik als Kunst der Überzeugung durch das Wort kann kaum überschätzt werden. Seit ihrer Ausbildung zur erlernbaren Technik im 5. Jh. v.Chr. (Entstehung der Demokratie) hat sie sich permanent weiterentwickelt und ausdifferenziert; dennoch haben sich bestimmte Grundzüge konstant durchgehalten. Ausgangspunkt der rhetorischen Theorie ist die *Ars rhetorica* des Aristoteles (384–322 v.Chr.), der die Redepraxis seiner Zeit philosophisch reflektiert und in ein System bringt.[1] Hier begegnen bereits die Einteilung der Beredsamkeit in drei Redegattungen (*genē tōn logōn/genera dicendi*) sowie die drei Hauptgesichtspunkte der Rede, nämlich die Beweismittel (*pisteis/probationes*), die sprachlich-stilistische Gestaltung (*lexis/elocutio*) und die wirkungsvolle Gliederung (*taxis/dispositio*).[2] Wichtige theoretische Werke aus hell.-röm. Zeit sind die einschlägigen Schriften Ciceros (*De inventione*, *De oratore*, *Brutus*, *Orator*, *Partitiones oratoriae*, *Topica*) und die Cicero zugeschriebene, anonyme *Rhetorica ad Herennium* aus dem 1. Jh. v.Chr. sowie die umfassende *Institutio oratoria* von Quintilian (Ende des 1. Jh. n.Chr.).
Die drei grundlegenden Redegattungen sind die Rede vor Gericht (*genos dikanikon/genus iudiciale*), die (politische) Beratungsrede (*genos symbouleutikon/genus deliberativum*) und die epideiktische – d.h. lobende oder tadelnde – Gelegenheitsrede (*genos epideiktikon/genus demonstrativum*). Als musterhafte Beispiele gelten noch Jhh. später die von Lysias für seine Klienten geschriebenen Gerichtsreden, die politischen Reden des Demosthenes vor der athenischen Volksversammlung und die Lobreden (Enkomien) des Isokrates. Diese drei Redner des 5./4. Jh. v.Chr. werden auch immer wieder als beispielhafte Vertreter unterschiedlicher Stilarten genannt: Lysias vertritt einen „schlichten" Stil, Demosthenes beherrscht alle Tonlagen bis hin zur „Gewaltigkeit", und Isokrates nutzt die rhetorischen Schmuckmittel, wie Parallelismus und Klangfiguren, besonders effektiv.[3] Stilistisches Ideal ist die „Angemessenheit", weshalb auch innerhalb einer Rede Stil und Redegattung mit Rücksicht auf den jeweiligen Redegegenstand wechseln können.

---

[1] Zu vergleichen ist die etwa zeitgleich geschriebene, viel stärker technisch orientierte *Rhetorica ad Alexandrum* eines unbekannten sophistischen Verfassers (wegen des fingierten Widmungsbriefes an Alexander d. Gr. als Werk des Aristoteles überliefert).

[2] Diese drei Gesichtspunkte sind in den späteren Rhetorik-Lehrbüchern durch das Memorieren (*memoria*) und den Vortrag (*pronuntiatio*) zur Fünfzahl erweitert und als Aufgaben des Redners angeführt, wobei die erste als „Auffindung" (*inventio*) bezeichnet wird.

[3] Die „Erfindung" (und exzessive Verwendung) der Schmuckmittel wird meist Isokrates' Lehrer, dem sizilischen Redner Gorgias, zugeschrieben. Wichtige gr. Redner der Kaiserzeit sind Dion von Prusa und Aelius Aristides (1./2. Jh. n.Chr.). Der bedeutendste röm. Redner ist zweifellos Cicero.

Das Grundmuster für den Aufbau einer Rede besteht aus der Eröffnung (*prooimion/prooemium/exordium*), der „Erzählung" (*diēgēsis/narratio*), der Ankündigung des Beweiszieles (*prothesis/propositio*), der Beweisführung (*pistis/probatio/argumentatio*) und einem Resümee (*epilogos/conclusio/peroratio*). Dieses Grundmuster kann jedoch je nach Redesituation und -gattung variiert werden; zudem kann an jeder Stelle der Rede ein vom eigentlichen Thema abschweifender Exkurs (*parekbasis/digressio*) eingelegt werden.
Einflüsse der Rhetorik finden sich in allen Prosatexten, soweit sie „bewegen, belehren und unterhalten" (*movere, docere, delectare*) wollen; die schon von Aristoteles besprochenen Argumentationsverfahren und Stilmittel haben Allgemeingültigkeit. Die Gattung „Rede" im engeren Sinn ist neben ihrer eigenständigen Existenz auch in erzählender Literatur, besonders der Geschichtsschreibung seit Thukydides, anzutreffen, wo den handelnden Personen gern fiktive Reden in den Mund gelegt werden. Aufgrund seines monologischen Charakters kommt der Brief (→1.3.3.6), sobald er über kurze persönliche Mitteilungen hinausgeht, der Rede sehr nahe.

2. Im NT werden v. a. die Briefe unter rhetorischen Aspekten analysiert (bes. seit Betz, kritisch Anderson). Als rhetorische Gattung liegt hier meist das *genus deliberativum* vor, da es um Zu- und Abraten hinsichtlich der Lebensführung der Adressaten geht (s. exemplarisch zum 1Kor Mitchell); dabei sind jedoch oft epideiktische Elemente eingestreut (s. Brucker).
Die im NT angeführten Reden sind, wie in antiker Literatur üblich, keine „Originalmitschriften", sondern literarische Kompositionen. Die Jesus-Reden bei den Synoptikern sind durch Aneinanderreihung von Sprüchen und Spruchgruppen gestaltet; die im Joh kreisen eher „meditativ" um ein Thema und sind oft dialogisch aufgelockert. Die Reden in der Apg folgen (wie Dibelius herausgearbeitet hat) dem Vorbild der antiken Geschichtsschreibung (→1.3.3.4) und kommen auch in ihrer Disposition den Gepflogenheiten gr.-röm. Rhetorik näher (Analogien in der jüd. Literatur sind z.B. 1Makk und Josephus, →1.3.2.6).

Zur Frage der rhetorischen Ausbildung →2.5.6.

*Literatur*

*R. D. Anderson Jr.*: Ancient Rhetorical Theory and Paul, Kampen 1996 (rev. ed. 1998). – *Ders.*: Glossary of Greek Rhetorical Terms, Löwen 2000. – *H. D. Betz*: Der Galaterbrief. Ein Kommentar zum Brief des Apostels Paulus an die Gemeinden in Galatien, München 1988 (Orig. engl. 1979). – *R. Brucker*: ‚Christushymnen' oder ‚epideiktische Passagen'? Studien zum Stilwechsel im Neuen Testament und seiner Umwelt, Göttingen 1997. – *M. Dibelius*: Die Reden der Apostelgeschichte und die antike Geschichtsschreibung, in: *Ders.*: Aufsätze zur Apostelgeschichte, Göttingen 1951 u.ö., 120–162. – *M. M. Mitchell*: Paul and the Rhetoric of Reconciliation: An Exegetical Investigation of the Language and Composition of 1Corinthians, Tübingen 1991. – *S. E. Porter* (ed.): Handbook of Classical Rhetoric in the Hellenistic Period (330 B.C.–A.D. 400), Leiden 1997.

### 1.3.3.4 Geschichtsschreibung (*Klaus Scherberich/Axel von Dobbeler*)

*Stellen im NT*
Lk 1,1–4; Apg

Zu der Zeit, als die ntl. Schriften entstanden, blickte die nichtjüd. Historiographie bereits auf eine mehrhundertjährige Tradition zurück, in deren Verlauf sich eine Reihe von unterschiedlichen Untergattungen (z.B. Universalgeschichte, Monographie, Lokalgeschichte) und Richtungen (z.B. „tragische" bzw. „mimetische" und „pragmatische" Geschichtsschreibung) entwickelten.[1] Fragt man nach etwaigen Gemeinsamkeiten zwischen dieser Geschichtsschreibung und den Schriften des NT, so kommt dort hauptsächlich das lk Doppelwerk in Betracht, genauer das Proömium von Lk und die Apg.[2]
So weist das Vorwort von Lk (1,1–4) bis hinein in die Wortwahl mehrere Parallelen zu Proömien der G. auf, wovon nur Folgendes genannt sei: der Verweis auf die „Vielen", die vor dem Verfasser das Thema behandelt haben;[3] der implizite Hinweis darauf, dass die eigene Darstellung die der Vorgänger übertreffen wird; der Hinweis auf das Neue der eigenen Darstellung bzw. die Abgrenzung von den Vorgängern: Untersuchung des behandelten Gegenstandes von Anfang an (*anōthen*) und mit Sorgfalt (*akribōs*)[4], ferner die Hervorhebung der eigenen Zuverlässigkeit (*asphaleia*)[5] und die Darstellung der Reihe nach (*kathexēs*).[6]
Eine weitere auffällige Ähnlichkeit zwischen der Apg und der G. stellen die zahlreichen Reden dar (1,16–22 u.ö.), die in der Apg insgesamt ein knappes Drittel ausmachen (bei Thuk. und Sall. Catil. etwa ein Viertel). In der G. gab es eine umfangreiche Diskussion darüber, wie Reden gestaltet werden sollten. Programmatisch zu den Reden in seinem Werk und mit großem Einfluss auf die spätere G. äußerte sich schon Thuk. 1,22,1 im sog. Methodenkapitel. Die Reden in der Apg entsprechen in ihrer Form, ihrer rhetorischen Ausgestaltung durch den Verfasser und ihrer Funktion an wichtigen Punkten der Handlung vielfach den Reden in der G. (z.B. bei Livius).[7] In Hinsicht auf die sog. Missi-

[1] *O. Lendle*: Einführung in die griechische Geschichtsschreibung. Von Hekataios bis Zosimos, Darmstadt 1992; *K. Meister*: Die griechische Geschichtsschreibung. Von den Anfängen bis zum Ende des Hellenismus, Stuttgart u.a. 1990; *A. Mehl*: Römische Geschichtsschreibung. Grundlagen und Entwicklung. Eine Einführung, Stuttgart u.a. 2001; *D. Flach*: Römische Geschichtsschreibung, Darmstadt [3]1998.

[2] Gemeinsamkeiten zwischen den ntl. Schriften und der gr.-röm. Biographie bleiben hier ausgeklammert, s. dazu →1.3.3.5.

[3] Vgl. z.B. Thuk. 1,21,1; Polyb. 1,4,2f; Diod. 1,3,5; Ios. bell. Iud. 1,1f; ant. Iud. 1,4.

[4] Vgl. z.B. Thuk. 1,22,2; Diod. 1,4,4f; Ios. bell. Iud. 1,9.17.

[5] Zur wahrheitsgemäßen Darstellung vgl. z.B. Thuk. 1,20,3; 1,21,1; 1,22,1; Polyb. 1,14,6; Dion. Hal. 1,1,2; Ios. bell. Iud. 1,16.

[6] Zu Vorworten in der G. vgl. *G. Avenarius*: Lukians Schrift zur Geschichtsschreibung, Meisenheim am Glan 1956; *Herkommer* 1968; *Alexander* 1993, 23–41.

[7] *M. Dibelius*: Die Reden der Apostelgeschichte und die antike Geschichtsschreibung, in: *Ders.*: Aufsätze zur Apostelgeschichte hg. von *H. Greeven*, Göttingen [4]1961, 120–162; *Soards* 1994 (insgesamt zurückhaltender).

onsreden (2,14–39 u.ö.) hat man Ähnlichkeiten mit den Reden bei Dionysios von Halikarnassos konstatiert.[8]
Daneben finden sich in der Apg viele Berührungspunkte mit der „tragischen" bzw. „mimetischen" G., zu deren Kennzeichen eine emotionale und spektakuläre Darstellung, Übertreibungen, Peripetien, Erfindungen und Mirakulöses zählen (vgl. z.B. 13,6–12; 16,35–40; 19,23–40).[9] Auch der „dramatische Episodenstil" der Apg findet in dieser Richtung der G., wie sie etwa von Duris von Samos, Phylarch und Kleitarchos repräsentiert wird, seine Entsprechungen.[10]
Aufgrund der angeführten Gemeinsamkeiten wird die Apg heute ganz überwiegend der Gattung der Historiographie zugerechnet, wobei allerdings nach wie vor umstritten ist, um was für eine Art von G. es sich genau handelt (historische Monographie, „general history", „political history", „theological history", „apologetic history", „missionary history", „institutional history"). Daneben werden jedoch auch weiterhin andere Gattungszuweisungen vertreten (z.B. historischer Roman, Philosophengeschichte nach Art des Diogenes Laertios).
Trotz aller Gemeinsamkeiten mit der G. bleibt festzuhalten, dass die Apg ein komplexes Werk darstellt, in das ganz unterschiedliche literarische Traditionen eingeflossen sind und das nicht monokausal von der nichtjüd. Historiographie her erklärt werden kann. Auch die Frage der Glaubwürdigkeit der Apg wird durch die Zuweisung in die Gattung G. nicht von vornherein präjudiziert.
Worauf sind die skizzierten Gemeinsamkeiten mit der G. zurückzuführen? Die Antwort auf diese Frage hängt zum einen davon ab, wie man den Bildungshintergrund des Verfassers einschätzt. Kannte er aus eigener Lektüre Historiker oder einen Traktat über die G. nach Art von Lukians Schrift über die Geschichtsschreibung? Oder hatte er vielleicht nur als Zuhörer das Vorlesen von historischen Werken miterlebt und schöpfte daher seine Kenntnisse? Wenn man – der altkirchlichen Tradition folgend – die Identität des Verfassers mit dem aus dem Corpus Paulinum bekannten Paulusmitarbeiter (Phlm 24; 2Tim 4,10f) und „geliebten Arzt" (Kol 4,14) Lukas annimmt,[11] so könnte dies auf einen gewissen Bildungsgrad schließen lassen. Dass Ärzte schriftstellerisch tätig waren und auch als Historiker dilettierten, war in der Antike durchaus nicht ungewöhnlich, wie das Beispiel des Soranos von Ephesos zeigt, aus dessen Feder u.a. ein zehnbändiges Werk über das Leben berühmter Ärzte

---

[8] *E. Plümacher*: Die Missionsreden der Apostelgeschichte und Dionys von Halikarnass, NTS 39, 1993, 161–177.

[9] *E. Plümacher*: TEPATEIA. Fiktion und Wunder in der hellenistisch-römischen Geschichtsschreibung und in der Apostelgeschichte, ZNW 89, 1998, 66–90.

[10] *Plümacher* 1972, 80–136. Weitere Parallelen zu den Usancen der G. bei *H. Steichele*: Vergleich der Apostelgeschichte mit der antiken Geschichtsschreibung. Eine Studie zur Erzählkunst in der Apostelgeschichte, Diss. München 1971 und *W. C. van Unnik*: Luke's Seccond Book and the Rules of Hellenistic Historiography, in: *J. Kremer* (ed.): Les Actes des Apôtres. Traditions, rédaction, théologie, Gembloux/Löwen 1979, 37–60.

[11] Vgl. *A. von Harnack*: Beiträge zur Einleitung in das Neue Testament I: Lukas der Arzt, Leipzig 1906; *M. Hengel/A. M. Schwemer*: Paulus zwischen Damaskus und Antiochien. Die unbekannten Jahre des Apostels, Tübingen 1998, 18–26; *Alexander* 1993; *C.-J. Thornton*: Der Zeuge des Zeugen. Lukas als Historiker der Paulusreisen, Tübingen 1991.

stammt.[12] Allerdings kann die literarische Leistung des Verfassers natürlich auch unabhängig von dieser (umstrittenen) Identifikation erklärt werden. Jedenfalls weisen neben den Prologen Lk 1,1–4 (s.o.) und Apg 1,1[13] auch die in ihrer Bedeutung umstrittenen „Wir"-Stücke der Apg auf eine gewisse Kenntnis der Gepflogenheiten und Regeln der G. hin.[14] Schließlich darf man nicht außer Acht lassen, dass der Verfasser das AT (zumindest zum Teil) sehr gut gekannt hat und dass einige atl. Bücher von der hell. G. beeinflusst worden sind (z.B. 1 und 2Makk). Auf diese Weise könnten Standards der G. auf indirektem Weg vermittelt worden sein. Auch ein Einfluss der sonstigen hell.- jüd. Historiographie ist in gleicher Art denkbar, allerdings wegen ihres fragmentarischen Charakters kaum zu verifizieren.[15]

*Literatur*

*L. Alexander*: The Preface to Luke's Gospel. Literary Convention and Social Context in Luke 1.1–4 and Acts 1.1, Cambridge 1993. – *D. E. Aune*: The New Testament in its Literary Environment, Philadelphia 1987. – *E. Herkommer*: Die Topoi in den Proömien der römischen Geschichtswerke, Diss. Tübingen 1968. – *E. Plümacher*: Lukas als hellenistischer Schriftsteller. Studien zur Apostelgeschichte, Göttingen 1972. – *Ders.*: Geschichte und Gechichten. Studien zur Apostelgeschichte und zu den Johannesakten, hg. v. *J. Schröter/R. Brucker*, Tübingen 2004. – *C. K. Rothschild*: Luke-Acts and the Rhetoric of History. An Investigation of Early Christian Historiography, Tübingen 2004. – *M. L. Soards*: The Speeches in Acts. Their Content, Context, and Concerns, Louisville 1994. – *G. E. Sterling*: Historiography and Self-Definition. Josephos, Luke-Acts and Apologetic Historiography, Leiden u.a. 1992. – *B. W. Winter/A. D. Clarke* (eds.): The Book of Acts in Its Ancient Literary Setting, Grand Rapids/Carlisle 1993.

[12] Vgl. *A. E. Hanson/M. H. Green*: Soranus of Ephesus, *Methodicorum princeps*, ANRW II 37.2, 1994, 968–1075, hier 1007–1018.

[13] Anders *Alexander* 1993, 177, die nur Beziehungen zum Bereich der wissenschaftlich-technischen Literatur sieht und meint, die Vertrautheit des Vf. mit gr. Literatur habe kaum über den Bereich medizinischer Handbücher hinausgereicht.

[14] *E. Plümacher*: Wirklichkeitserfahrung und Geschichtsschreibung bei Lukas. Erwägungen zu den Wir-Stücken der Apostelgeschichte, ZNW 68, 1977, 2–22.

[15] Zum Einfluss des AT und der jüd. Historiographie auf die Apg vgl. *Soards* 1994, 143–161; *Sterling* 1992, 352–365. *St. Mason*: Flavius Josephus und das Neue Testament. Aus dem Amerikanischen von *M. Vogel*: Tübingen/Basel 2000, 270–326 nimmt an, dass der Vf. der Apg die Schriften des Josephus „irgendwie" kannte. Zu Gemeinsamkeiten mit 4Makk vgl. →1.3.2.7.

## 1.3.3.5 Biographische Literatur (*Dirk Frickenschmidt*)

*Zur Geschichte der Textsorte*
Bereits in epischen (Beispiel Herakles-Epik, →1.3.3.1) und historiographischen Schriften (Herodot, Thukydides, Polybios; Geschichtserzählungen im AT, →1.3.3.4) finden sich biographische Akzente und Passagen. Bald entstehen Erzählungen, in denen das Biographische dominiert. Isokrates' *Euagoras* „ist das erste bekannte Beispiel dafür, dass die Taten und Tugenden einer nicht lange Zeit zuvor verstorbenen herausragenden Figur des politischen Lebens einer breiten Öffentlichkeit in Prosaform präsentiert worden sind."[1] Xenophon stellt im *Agesilaos* Taten und Tugenden getrennt dar. In der Folgezeit bildet sich eine eigenständige Textsorte antiker Biographien heraus.
Das schnell wachsende Interesse an beispielhaften Lebensläufen entwickelt sich nicht zufällig in einer Zeit politischen Wandels: Gr. Städte verlieren ihre Selbstständigkeit an die Makedonen; später sorgt die röm. Expansion dafür, dass in allen Provinzen herkömmliche Rollen des öffentlichen Lebens relativiert und neu definiert werden. Gleichzeitig kommen offene Fragen einer multikulturellen Gesellschaft auf die Tagesordnung: Sittliche Werte und religiöse Überzeugungen sind nicht mehr selbstverständlich durch heimatliche Prägung vorgegeben, sondern müssen bewusster gewählt und stärker in selbstständig verantwortete Lebensformen eingebracht werden. Neben Herrschern werden Philosophen zu Leitbildern (Sokrates u.a.; vgl. die spätere Sammlung bei Diogenes Laertios, →3.1.1). Vor diesem Hintergrund werden Biographien zu wichtigen Orientierungsschriften.
Für das 5. –2. Jh. v.Chr. sind Titel und Fragmente vermutlicher antiker Biographien belegt, aber kaum Schriften erhalten. Viel besser ist die Quellenlage für die Blütezeit der antiken Biographie in den vier Jhh. um die Zeitenwende. In Werken solcher Autoren wie Cornelius Nepos (Sammlung antiker Biographien nach Kategorien), Nikolaos v. Damaskus (Augustus-Biographie), Philo v. Alexandria (*Vita Mosis*) (→1.3.2.5), Plutarch (berühmte Griechen und Römer in Parallelbiographien sowie einige Einzelbiographien), Sueton (Kaiserbiographien und *De viris illustribus*) und Tacitus (Biographie des Schwiegervaters Agricola) zeigt sich die ganze Bandbreite der Literaturfamilie und die große Vielfalt der in ihr eingesetzten erzählerischen Mittel.[2]

*Dreigliedriger Aufbau der Gesamtform und wichtige Topoi*
Antike Biographien konnten nicht nur von sehr unterschiedlicher Länge sein, sondern auch je nach Gegebenheiten (vorhandenen Informationsquellen, besondere Interessen des Autors) variieren. Bei aller Vielfalt zeigt der Hauptbestand erhaltener Biographien aber eine erstaunliche Konstanz vergleichbarer Grundzüge quer durch die Variationen.[3] Nur umfangreiche biographische Romane (Xenophons *Kyrupädie*), vor allem in der Spätantike (Alexanderroman,

---

1 *Sonnabend* 2002, 33.
2 Stilistische Mittel (wie z.B. Dialogform in Satyros' Euripides-Biographie) und sprachliches Niveau variierten stark, während formbestimmende Faktoren (Gesamtaufbau und konventionelle Topoi an typischen Stellen im Aufbau) vergleichbar blieben.
3 Vgl. *Frickenschmidt* 1997, 192–348 mit einem ausführlichen Überblick.

Iamblichos' *Pythagoras*, Philostrats *Apollonios v. Tyana*) sprengten den konventionellen Rahmen und bildeten eine eigene Nische von Texten.
Üblich war ein dreigliedriger Grundaufbau mit Anfangs-, Mittel und Schlussteil. Er war nicht trivial, da jeder der drei Teile bestimmte Funktionen wahrnahm, die für eine antike Biographie kennzeichnend waren und die sie von bekannten antiken Gattungen ebenso deutlich unterschied[4] wie von den Konventionen moderner Biographien. Im ersten Teil, der gelegentlich mit Hilfe des Stichwortes „Anfang/anfangen" explizit gekennzeichnet wurde,[5] ging es nicht wie heute um Geburt und Entwicklung, sondern vor allem um die Herkunft (x Sohn des y, evtl. weitere Vorfahren) und die verborgene Identität eines Mannes[6] (was war von Beginn an prägend und wesentlich?).[7] Deshalb konnten auch numinose Vorzeichen, besondere Geburtsumstände, Erzählungen von Gefährdung und Bewahrung in der Kindheit oder frühe Signale eines prägnanten Charakters eine Rolle in diesem Abschnitt spielen. Im Mittelteil, der mit dem Schritt der Hauptperson in eine breitere Öffentlichkeit begann (und auch direkt auf eine Herkunftsangabe folgen konnte), sollte dann ihr Wesen in Taten und Worten, im Verhalten insgesamt erhellend zum Ausdruck kommen. Die Schilderung eines markanten Höhe- und Wendepunktes in der öffentlichen Wirksamkeit mit anschließender Benennung des für eine Person Kennzeichnenden[8] konnte ebenso zum Mittelteil gehören wie die Thematisierung des wechselhaften Rufes bei Freunden und Feinden. Der Schlussteil begann oft mit der Schilderung von Auseinandersetzungen über die besondere Stellung der Hauptperson und Voraussagen oder Vorzeichen eines drohenden Endes. Erstaunlich viele antike Biographien enthalten in gewisser Weise „Passionsgeschichten". Sie schildern nicht nur Auseinandersetzungen um die besondere Stellung der Hauptperson, Intrigen, Flucht und Gefangennahme, To-

---

[4] In Geschichtswerken gab es zwar biographische Tendenzen und Passagen, aber die antike Historiographie (→1.3.3.4) folgte in der Regel dem kontingenten Ablauf von Ereignissen ohne Rücksicht auf Einzelpersonen oder die Einheit der Handlung (s. Aristot. poet. 1449b), während antike Biographen Ereignisse auch gegen die Chronologie zur Kennzeichnung der Hauptperson im Rahmen einer relativ konsistenten Darstellung nutzen konnten (so hat z.B. Plutarch die „Seeräuberepisode" in Caesars Leben in verschiedenen Biographien verschiedenen Lebensabschnitten zugeordnet und damit der jeweiligen Absicht und dem Kontext der Charakterschilderung untergeordnet).

[5] Eine solche Kennzeichnung des ersten Abschnittes stammt aus der antiken Historiographie (vgl. Isokr. or. 5,1; Ios. bell. Iud. 1,18 u. 1,30; Polyb. 1,5,1 u.a.) und bekam in der antiken Biographie spezifische Bedeutung zur Kennzeichnung des ersten Hauptteils, der in der Regel von der Herkunft der Hauptperson bis zu ihrem ersten öffentlichen Auftreten reichte; vgl. *Frickenschmidt* 1997, 241f zu Nep. Epam. 1 u. Them. 1; Nikolaos v. Damaskus vita Aug. 2; Philo vita Mos. 1,2 und Alexanderroman 1,2.

[6] In der damaligen patriarchalen Gesellschaft wurden Frauen nicht zu Hauptpersonen (erhaltener) Biographien.

[7] Vgl. z.B. die einfache Grundform als Einleitungssatz bei Nep. Them. 1; Alc. 1; Thras. 1; Epam. 1; Plut. mor. 832B (Antiphon); Diog. Laert. 6,1 u. 6,2 (Antisthenes u. Diogenes).

[8] Dieses von Plutarch in vielen seiner Biographien verwendete Verfahren findet sich bereits bei Nepos (Timol. 3,5f), daneben in Tac. Agr. 40,4 und sogar in einer biographischen Passage in Ios. ant. Iud. 18,339f (über das Brüderpaar Asinaeus u. Anilaeus).

desurteile, Ermordungen und Selbstmorde, sondern in einigen Fällen auch die Inszenierung eines Pseudo-Prozesses zur Vernichtung der Hauptperson.[9]
Im Mittelteil antiker Biographien zeigen sich zudem Varianten zweier grundlegender Organisationsformen: entweder wurden Taten und Charaktereigenschaften der Hauptperson separat behandelt (so bereits in älteren Enkomien und später z.B. in Rubriken für Tätigkeitsbereiche und Charakterzüge in Suetons Kaiserbiographien), oder die Tugenden sollten im Gesamtverhalten exemplarisch zum Ausdruck gebracht werden (so in vielen antiken Biographien und programmatisch bei Plutarch).

*Orientierung am exemplarischen Leben und biographische Symbiose*
Neben Unterhaltungs- und Bildungszwecken dienten antike Biographien nach Auskunft ihrer Autoren vor allem dazu, aus den Lebensläufen anderer zu lernen und Exemplarisches für das eigene Leben zu gewinnen. Plutarch geht noch einen Schritt weiter: Wer eine Biographie liest, vergegenwärtigt demnach die Hauptperson so intensiv, dass es zu einer Art Zusammenleben („Symbiose“) kommt (Plut. Aem. 1), und Tacitus spricht von einem „Verehren durch Ähnlichwerden“ (Tac. Agr. 46).[10] Damit das gelingen kann, soll über die oberflächliche Wahrnehmung einer Person hinaus die sie kennzeichnende verborgene Identität in der Biographie offenbar und so neu wirksam werden.

*Evangelien als antike Biographien*
Bis heute ist die aus der Zeit der Älteren Formgeschichte (erste Hälfte 20. Jh.) stammende Annahme prägend geblieben, die Evv seien eine aus dem „urchristl. Kerygma“, also elementaren Formen von Glaubensverkündigung, entstandene analogielose Form von Volksliteratur (*sui generis*). Diese Annahme geht von einer ganzen Reihe von falschen Voraussetzungen aus[11] und vermischt die formgeschichtliche mit der inhaltlichen Ebene. Die hervorstechende Besonderheit der Evv liegt in ihrer jüd. geprägten religiösen Eigenart auf inhaltlicher Ebene, also darin, dass im Handeln und Reden Jesu ständig auch vom einen Gott die Rede ist, der so beinahe wie eine zweite Hauptperson präsent gemacht wird. Das hat aber nicht zu einer grundlegend eigenen antiken Textsorte geführt. Die vier Evv erzählen durchgehend im konventionellen formgeschichtlichen Rahmen antiker Biographien.

---

[9] In Plut. Eum. 16 wird z.B. geschildert, wie ein Vernichtungsbeschluss direkt aus Ärger und Neid gegenüber der Sonderstellung des Eumenes folgt (vgl. Nep. Dat. 5; Diog. Laert. 2,37 über Sokrates; Plut. Kim. 44f u.a.). Dabei werden niedrige Beweggründe, unter ihnen auch Verrat (z.B. Nep. Eum. 13 oder Plut. Dion. 54), ausdrücklich angesprochen. Nicht nur Prozesse gegen die Hauptperson, wie gleich in den ersten beiden Nepos-Viten (Milt. 7 u. Them. 8: Verratsanklagen mit Gefängnis oder Todesurteil; vgl. die Anklagekombination Landesverrat und Gottlosigkeit bei Diog. Laert. 2,12ff über Anaxagoras), wurden immer wieder geschildert, sondern in einigen Fällen auch Pseudo-Prozesse, bei denen unter Vorwand und bei bloßem Schein eines regulären Verfahrens jemand unter offenkundigem Vorwand ermordet wurde (Nep. Phok. 3f.34–36; Plut. Phok. 38; Agis 19; Aisoproman 127;132; zum Topos s. *Frickenschmidt* 1997, 324–331). Auch das Aufhetzen der Menge gehörte zu den geschilderten Maßnahmen (Plut. Alc. 36).

[10] Vgl. *Frickenschmidt* 1997, 217–224 zum Konzept der Präsenz des maßgebenden Menschen im eigenen Leben.

[11] Im Einzelnen vgl. den Forschungsbericht bei *Frickenschmidt* 1997, 3–75.

Drei Beispiele aus dem Mk sollen das exemplarisch für viele andere Evv-Texte verdeutlichen:
Jedes einzelne Satzglied aus Mk 1,1 „Anfang des Evangeliums von Jesus Christus, Gottes Sohn" ist in seiner Deutung unter Exegeten umstritten: Bezieht sich „Anfang" auf die komplette Erzählung, einen Teil (welchen?) oder statt auf die Erzählung auf Jesu Verkündigung, und ist mit „Evangelium" entsprechend die Schrift oder die mündliche Botschaft gemeint? Steht Jesus Christus im objektiven (Evangelium über Jesus Christus) oder subjektiven (Evangelium des Jesus Christus) Genitiv? Ist „Gottes Sohn" (mit dem besseren Textzeugnis) genuin oder darf man es mit Nestle-Aland unter Verdacht (sekundäre Ergänzung?) und in Klammern setzen? Ein Blick auf antike Biographien klärt jede dieser Fragen, da der Einleitungssatz sich ganz im Rahmen antiker biographischer Konventionen (s.o.) bewegt: „Gottes Sohn" neben Name (Jesus) und Beiname (Christus) ist demnach definitiv nicht sekundär, da eine solche Herkunftsnennung konstitutiv war und hier nur anstelle eines leiblichen Vaters Gott genannt wird (kühne Metapher!). „Anfang" kennzeichnet wie üblich den ersten Hauptteil der Erzählung bis zu Jesu öffentlichem Auftreten (Mk 1,14f). Und „Evangelium" steht hier anstelle von Worten wie sonst „Bios", „Erzählung" u.ä. in historiographischen und biographischen Eingangswendungen und kennzeichnet den Inhalt der biographischen Erzählung als frohe Botschaft.
Nicht nur Mk 6,32–44, sondern alle vier Evv erzählen im Mittelteil von der Brotspeisung (nebst folgenden Geschichten in ihrem Kontext) als Höhepunkt im öffentlichen Auftreten Jesu. Und in allen vier Evv folgt auf diesen Kontext eine Charakterisierung Jesu. Bei Mk leitet die Zeichenforderung der Pharisäer (Mk 8,11; Taten kennzeichnen in antiken Biographien die verborgene Identität der Hauptperson) zur von ihm selbst gestellten Frage nach seiner Identität über (Mk 8,27). Messiasbekenntnis, Leidensweissagung und Verklärung charakterisieren Jesus dann, wie aus anderen antiken Biographien belegt (s.o.), im Anschluss an den Höhepunkt der Wirksamkeit. Derselbe Grundaufbau (bei variablen Mitteln der Charakterisierung) bei Joh und Synoptikern erklärt sich also aus gemeinsamen biographischen Topoi an üblicher Stelle.
Zur Deutung der Passionsgeschichte findet ein Disput zwischen Exegeten statt, bei dem sie einerseits als besonders alter und verläßlicher Teil urchristl. Überlieferungen gilt, andererseits gegen die Darstellung bei Mk eingewendet wird, die Verhandlung gegen Jesus habe jüd. und/oder röm. Prozessrecht so nicht entsprochen und sei daher als mehr oder weniger fiktiv zu beurteilen. Antike Leser hätten dagegen schnell gemerkt, dass Mk (und noch stärker Joh) nicht den Ablauf eines regulären Prozesses, sondern – wie in anderen antiken Biographien (s.o.) – eines Pseudo-Prozesses schildert. Sowohl der hohepriesterliche Hannas/Kaiphas-Clan in Jerusalem als (abgestuft) auch Pilatus und das jeweilige Verhalten werden (soweit erkennbar: völlig zu Recht) aus dieser biographischen Perspektive gekennzeichnet. Es führt daher nicht weiter, gegen diese Erzählintention und das, was in ihrem Sinn bei Mk ausgeführt wird, nach Indizien für oder gegen einen regulären und fairen Prozeß zu suchen. Ein Blick auf antike Biographien hätte den z.T. engagiert geführten exegetischen Disput in diesem Punkt als falsche Alternative erübrigt und käme zu ganz anderen und sachgerechteren Ergebnissen.

Die intensiven Gemeinsamkeiten der Evv mit antiken Biographien zeigen sich also insgesamt auf drei Ebenen:
- eine vergleichbare dreigliedrige Gesamtform mit Einleitungssätzen, die erst im Zusammenhang anderer Biographien verständlich werden;
- eine Fülle vergleichbarer Topoi an vergleichbarer Stelle im Gesamtaufbau und insgesamt vergleichbare Erzählstrategien;
- eine vergleichbare Doppelintention: a) die verborgene Identität eines exemplarischen Lebens deutlich vor Augen treten zu lassen und b) eine Art „Zusammenleben" mit der durch die Erzählung lebendig verinner-

lichten Hauptperson zu ermöglichen, durch das das eigene Leben entscheidend bereichert wird.[12]

Diese Intention wirkt bis heute: „Die Biographie der Hauptfigur wird interessant, weil sie eigene biographische Erfahrungen trifft und Impulse für die Idealvorstellung der eigenen Biographie gibt. … Von den Evv holen sich bis auf den heutigen Tag Christen und Nichtchristen ihre Lebensmodelle.“[13] Eine konsequente Einbeziehung des reichhaltig belegten Vergleichs in moderne Evv-Kommentare und ntl. Methodenbücher steht mit wenigen Ausnahmen noch aus.

*Literatur*

*R. A. Burridge*: What are the Gospels? A Comparison with Graeco-Roman Biography, Cambridge 1992. – *A. Dihle*: Die Evangelien und die griechische Biographie, in: *P. Stuhlmacher* (Hg.): Das Evangelium und die Evangelien, Tübingen 1983, 383–412. – *D. Dormeyer*: Das Markusevangelium als Idealbiographie von Jesus Christus, dem Nazarener, Stuttgart 1999. – *D. Frickenschmidt*: Evangelium als Biographie. Die vier Evangelien im Rahmen antiker Erzählkunst, Tübingen 1997. – *H. Sonnabend*: Geschichte der antiken Biographie. Von Isokrates bis zur Historia Augusta, Stuttgart/Weimar 2002.

[12] Für ausführliche Vergleichsbelege im Blick auf Struktur und Topoi jedes der Evv vgl. *Frickenschmidt* 1997, 351–510.

[13] *Dormeyer* 1999, 66.

## 1.3.3.6 Briefliteratur (*Ralph Brucker*)

*Stellen im NT*
Alle Briefe; dazu Apg 15,23–29 (das „Aposteldekret"); 23,26–30; Offb 2f und passim (bes. 1,4–6.9; 22,21)

1. Der Brief war in der ganzen Antike ein verbreitetes Mittel der Kommunikation zwischen räumlich getrennten Partnern. Als Schreibmaterialien (→2.5.4) dienten dünne Holztäfelchen (z.T. mit Wachs ausgefüllt), Plättchen und Tafeln aus Blei, Gold oder Kupfer, für kurze Mitteilungen und Quittungen auch Tonscherben (Ostraka, →1.3.4.1), vor allem aber Papyrusblätter (→2.5.2), die mit Tinte und Schreibrohr beschrieben wurden (vgl. 2Joh 12; 3Joh 13), und zwar nur auf der Vorderseite, woraus sich die Standardlänge antiker Briefe ergibt (im NT nur von Phlm, 2Joh, 3Joh eingehalten). Eigenhändige Abfassung durch den Absender ist die Ausnahme; meist wurden Briefe durch professionelle Schreiber niedergeschrieben,[1] wobei der Briefautor entweder Wort für Wort diktierte oder bloß mehr oder weniger ausführliche Stichworte gab und dem Schreiber („Sekretär") die Ausarbeitung überließ. Besonders bei offiziellen Schreiben dienten eigenhändige Zusätze am Ende der Beglaubigung (vgl. 1Kor 16,21; Gal 6,11; Phlm 19; nachgeahmt Kol 4,18; 2Thess 3,17; ein Gruß des Schreibers steht Röm 16,22).

2. Die Beförderungsmöglichkeiten waren unterschiedlich: Für Staatszwecke bestand schon bei den Persern ein ausgeklügeltes Botensystem (vgl. Hdt. 8,98), das in hell. Zeit von den Nachfolgern Alexanders d. Gr. kopiert und von den Römern (ab Caesar und Augustus) perfektioniert wurde (*cursus publicus*). Privatpersonen konnten diese Staatspost jedoch nicht nutzen und waren auf reisende Verwandte, Freunde, Händler oder andere Fremde angewiesen; das führte oftmals zu verspäteter Zustellung oder gar Verlust eines Briefes (vgl. Cic. fam. 8,12,4; Att. 1,13,1; 2,13,1). Die Briefe zwischen Paulus und seinen Gemeinden wurden durch besonders vertrauenswürdige Gemeindeglieder (1Kor 16,3.17f; Phil 2,25–30; nachgeahmt Kol 4,7f = Eph 6,21f) überbracht, die zugleich mündliche Zusatzinformationen bieten konnten; bisweilen sandte er – mit oder ohne Brief – sogar seine engsten Mitarbeiter (Timotheus: 1Kor 4,17; 16,10f; Phil 2,19–23; 1Thess 3,1–6; Titus: 2Kor 8,16–24).

3. Eine Einteilung antiker Briefe nach der Alternative „unliterarische Briefe oder literarische Episteln", die Deissmann unter dem Eindruck der um 1900 entdeckten Papyri (→1.3.4.1) vorgenommen hat, wird dem Gesamtbefund nicht gerecht, da es fließende Übergänge gibt.[2] Als grobe Einteilung lassen

---

[1] Bei einem ärmeren Briefschreiber konnte dies auch ein schreibkundiger Freund oder Verwandter sein, während wohlhabende Römer (wie etwa Cicero) dafür eigene Sklaven als Privatsekretäre hatten.

[2] Deissmann ging es v. a. darum, die „Briefe" des Paulus von den „Episteln" wie Jak und Hebr abzusetzen. Aber auch Paulus schreibt nicht als Privatmann, sondern als Apostel, und seine Briefe zielen auf Öffentlichkeit: Alle seine (echten) Briefe – auch Phlm – sind an Gemeinden gerichtet (Gal sogar an einen Gemeindeverband), 1Thess 5,27 ordnet ausdrücklich

sich aber die ausschließlich im Original auf Papyrus (zufällig) erhaltenen Privatbriefe – als reine Gebrauchstexte – von solchen Briefen unterscheiden, die der Nachwelt durch Abschriften erhalten worden sind; letztere kann man noch unterteilen in diplomatische Schreiben (offizielle Königs- oder Kaiserbriefe, die auf Inschriften festgehalten oder von Historikern überliefert wurden) und literarische Briefe (in Briefsammlungen oder literarischen Werken überliefert).[3] Innerhalb dieser Gruppen können jeweils weitere Untergliederungen vorgenommen werden.

4. Antike griechische Briefe folgen besonders am Anfang und Ende bestimmten Konventionen des Aufbaus: Am Anfang steht ein dreiteiliges Präskript, bestehend aus dem Namen des Absenders im Nominativ (*superscriptio*), dem Namen des Empfängers im Dativ (*adscriptio*) und einer Grußformel (*salutatio*), i.d.R. dem Infinitiv *chairein* (so im NT Apg 15,23; 23,26; Jak 1,1), in jüd. Briefen jedoch stattdessen einem Friedenswunsch („Friede sei mit dir/euch"). Bei Paulus ist dies zu dem besonderen Gruß „Gnade (*charis* als Wortspiel zu *chairein*) sei mit euch und Friede" verbunden (übernommen in Kol; Eph; 2Thess; Tit sowie 1Petr; 2Petr; Offb 1,4; 1Clem; durch „Erbarmen" [*eleos*] erweitert 1Tim; 2Tim; 2Joh). Alle drei Elemente konnten nach den aktuellen Gegebenheiten erweitert werden (so regelmäßig bei Paulus). – Auf das Präskript folgt in gr. und röm. Briefen oft ein Wohlergehens- oder Gesundheitswunsch für den Empfänger (vgl. 3Joh 2), was durch einen Dank für eigenes Wohlergehen und einen Hinweis auf die Götter erweitert sein kann (Briefproömium). In den Paulusbriefen steht an dieser Stelle meist eine Danksagung, in 2Kor 1,3–11 eine Eulogie (vgl. Eph 1,3–14; 1Petr 1,3–12); nur im Gal drückt Paulus stattdessen seine Verwunderung über das Verhalten der Adressaten aus. – Das eigentliche Corpus des Briefes kann mehr oder weniger ausführlich sein und sich bei größerer Länge dem Aufbauschema antiker Reden (→1.3.3.3) annähern (s.u. 5). – Am Ende eines Briefes (Postskript) stehen Grüße und eine abschließende Grußformel (meist *errōso*, „sei gesund/lebe wohl!", vgl. Apg 15,29), manchmal ein Eigenhändigkeitsvermerk (s.o. 1) sowie eine Datumsangabe (nicht im NT).[4]
Typische Elemente innerhalb des Corpus sind (Selbst-)Empfehlungen, Mitteilungen, Appelle, Mahnungen, Bitten; stehende Wendungen sind z.B. Kundgabeformeln (vgl. Röm 1,13; Gal 1,11; Phil 1,12 u.ö.), der Hinweis auf geistige Anwesenheit trotz körperlicher Abwesenheit (vgl. 1Kor 5,3), Sehnsuchtsäußerungen (vgl. Phil 1,8; 1Thess 3,6.10), Besuchswünsche und -pläne (vgl. Phil 2,24; Röm 15,22–29).

---

die Verlesung des Briefes vor der ganzen Gemeinde an, und in der sprachlichen Gestaltung macht er von zahlreichen literarischen Mitteln seiner Zeit Gebrauch.

[3] Vgl. *Klauck* 1998, 71–73. – Cicero (fam. 2,4,1) unterscheidet Briefe, die der bloßen Informationsübermittlung dienen, von zwei anderen Arten: einerseits den freundschaftlichheiteren, andererseits den ernsthaft-gewichtigen (meist zu politischen Fragen). Zu den beiden letzteren vgl. Ciceros Zweiteilung in öffentliche und private Briefe (Flacc. 37). Auch Ciceros Freundschaftsbriefe sind natürlich nicht frei von literarischen Kunstmitteln.

[4] Die uns gewohnte namentliche Unterschrift gehört also nicht zum antiken Formular.

5. Die antike Rhetorik hat sich dem Brief nur sporadisch und unter stiltheoretischem Aspekt gewidmet; erst ab dem 3. Jh. n.Chr. sind ausführlichere brieftheoretische Äußerungen überliefert (die wichtigsten Texte bei Malherbe). Als briefliche Tugenden werden meist Kürze und Deutlichkeit sowie ein schlichter Stil genannt; zur Gliederung gibt es keine konkreten Anweisungen. Briefen politischen, philosophischen oder religiösen Inhalts wird jedoch eine größere Nähe zur Rede zugestanden, was sich an Beispielen aus der Praxis (v.a. an Briefen von Rednern und Philosophen) bestätigt. So kann der Briefaufbau am Grundmuster für die Disposition einer Rede orientiert sein; dies wird heute vielfach auch für die Briefe im NT angenommen.

6. Bis zur Entdeckung der Papyri (instruktive Beispiele bei Deissmann und White) waren nur die literarisch überlieferten antiken Briefe bekannt (die gr. fast vollständig gesammelt bei Hercher; kritische Bestandsaufnahme aller antiken literarischen Briefe einschließlich lat. und jüd. Autoren sowie Diskussion ausgewählter Fallbeispiele bei Klauck). Neben eigenständigen Briefsammlungen, die bekannten Rednern und Philosophen zugeschrieben werden (Echtheit oft umstritten), lassen sich auch Briefzitate in der Geschichtsschreibung (Thukydides, Diogenes Laertios; in jüd. Literatur bes. 1–2Makk, Josephus [→1.3.2.6]) finden, bei denen es sich (analog zu den Reden, →1.3.3.3) zumeist um literarische Fiktionen handelt;[5] das gilt erst recht für Briefeinlagen in romanhaften Werken.

7. Von den 27 Schriften im NT sind 21 als Briefe in den Kanon gelangt; hinzu kommen zwei (fingierte) Briefzitate in der Apg (15,23–29; 23,26–30) sowie starke briefliche Elemente in der Offb (die „sieben Sendschreiben" in Kap. 2f; briefliche Rahmung des ganzen Werkes, s. Karrer). Die Paulusbriefe weisen alle Merkmale „echter" Brieflichkeit auf, sind jedoch erheblich länger, als dies für situationsbezogene antike Briefe üblich ist. Bei den deuteropaulinischen Briefen (Kol; Eph; 2Thess; Past) werden, abgesehen von der Imitation der typisch paulinischen Rahmung, in unterschiedlicher Weise Elemente der Paulusbrief-Fiktion eingesetzt (z.B. Kol 1,23–2,5; Eph 3,1–13; 2Thess 2,2; 3,7–10; 1Tim 1,3.12–17; 2Tim 3,10f; 4,6–18). Hebr ist eine anonyme „Lesepredigt" mit brieflichem Ende. Von den sieben „katholischen (d. h. an die gesamte Kirche gerichteten) Briefen" stellen Jak; 1–2Petr; Jud den Bezug zu ihrer historischen Situation (Ende 1./Anfang 2. Jh. n.Chr.) durch briefliche Fiktion im Namen eines Apostels her; 1Joh ist anonym, steht aber dem JohEv nahe, und 2–3 Joh nennen einen „Ältesten" (*presbyteros*) als Verfasser. Hebr hat kein briefliches Präskript, Jak kein Postskript, und beim 1Joh fehlt beides. Zum Sonderproblem der Pseudepigraphie (→1.3.1.2).

*Literatur*

*A. Deissmann*: Licht vom Osten, Tübingen [4]1923. – *R. Hercher*: Epistolographi Graeci, Paris 1873 (ND 1965). – *M. Karrer*: Die Johannesoffenbarung als Brief, Göttingen 1986. – *H.-*

[5] Es gibt jedoch Ausnahmen: Wenigstens zum Teil authentisch sind z.B. die bei Diogenes Laertios, Buch 10, mitgeteilten Lehrbriefe des Philosophen Epikur sowie die Briefe im 2Makk (s. dazu *Klauck* 1998, 121–125 bzw. 199–208).

*J. Klauck*: Die antike Briefliteratur und das Neue Testament, Paderborn 1998. – *A. J. Malherbe*: Ancient Epistolary Theorists, Atlanta 1988. – *S. K. Stowers*: Letter-Writing in Greco-Roman Antiquity, Philadelphia 1986. – *J. L. White*: Light from Ancient Letters, Philadelphia 1986. – Weitere Literatur →1.3.3.3.

## 1.3.4 Nichtliterarische Quellen

### 1.3.4.1 Griechische Papyri und Ostraka (*Joachim Hengstl*)

*Stellen im NT*
Mt 8,5–13; Lk 7,1–10; Lk 2,1–3; Lk 16,1–8

*Einführung*
Alltagsurkunden auf Ostraka, Papyri und Leder gibt es aus dem achämenidischen, dem hell. und röm. Palästina sowie aus der nabatäischen Nachbarschaft.[1] Gemessen an der Zahl der gr. Papyri und Ostraka aus dem gr.-röm.-byzantinischen Ägypten handelt es sich um einen kleinen Urkundenbestand. Er besitzt zudem – ohne seinen geschichtlichen und kulturgeschichtlichen Wert verkleinern zu wollen – nur eine beschränkte Aussagekraft zu den Hintergründen des NT.
Mit der Eroberung des persischen Reiches durch Alexander d. Gr. setzte im vorderen Orient und auch in Palästina eine starke und tiefgehende Hellenisierung ein (→1.4.4.1). Wie zuvor das Aramäische und zunächst neben diesem wurde nunmehr das Griechische verbreitet gebraucht. Jüd. Vorstellungen, die Institutionen der Reichsmacht und die gr. Sprache verbanden sich miteinander. Die gr. Urkunden des Archivs der im Zusammenhang mit dem Aufstand des Bar Kochba umgekommenen Jüdin Babatha (Judaea 110 – 132 n.Chr.) machen das deutlich,[2] indem sie röm., gr. und jüd. Elemente enthalten. Materiell liegt jüd. und röm. Recht vor. Spezifisch röm. sind die Datierungsweise nach Konsuln und die Stipulationsklausel sowie die prozessualen und anderen Institutionen. Das Formular hingegen verrät griechische Vorlagen.
Die Begriffswelt wird jedoch von der verwendeten Sprache geprägt. Um überall verständlich zu sein, muss das bei der Niederschrift zur Bezeichnung von Sozialem, Administrativem, Rechtlichem, Fiskalischem und ähnlichen Gege-

---

1 Siehe z.B. *I. Eph'al/J. Naveh*: Aramaic Ostraca of the Fourth Century B.C. from Idumaea, Jerusalem 1996; Überblick zur röm. Epoche s. *H. Cotton u.a.*: The Papyrology of the Roman Near East: A Survey, JRS 85, 1995, 214–235; sie listen 609 Texte auf (s. auch *L. H. Schiffman* [ed.]: Semitic Papyrology in Context. A Climate of Creativity, Leiden/Boston 2003); s. ferner *H. Cotton*: The Languages of the Legal and Administrative Documents from the Judaean Desert, ZPE 125, 1999, 219–231.

2 Siehe P. Yadin in: The Documents of the Bar Kokhba Period in the Cave of Letters: Greek Papyri, ed. by *N. Lewis*; Aramaic and Nabatean Signatures and Subscriptions, ed. by *Y. Yadin* and *J. C. Greenfield*, Jerusalem 1989; anschaulich zu Babatha und ihrem Archiv *J. Taylor*: Petra und das versunkene Königreich der Nabatäer, Düsseldorf/Zürich 2002, 172–189.

benheiten verwendete Vokabular der allgemeinen Übung entsprechen.[3] Schon deshalb ist es sinnvoll, die gr. Papyri und Ostraka aus Ägypten (→1.4.3) als Alltagszeugnisse heranzuziehen: Der Sprachgebrauch dort erhellt die kulturellen Hintergründe des gr. verfassten NT.
Darüber hinaus waren die Gegebenheiten und damit das Leben der Menschen in der hellenisierten Mittelmeerwelt ungeachtet aller klimatischen, wirtschaftlichen, ethnischen, kulturellen und sozialen Unterschiede in jener Epoche letztlich doch recht ähnlich. Wie bei jedem Vergleich ist zwar Vorsicht am Platze. Dennoch ist es aufschlussreich, die kulturgeschichtlich aussagefähigen Zeugnisse über die unmittelbare Fundregion hinaus auszuwerten. Das NT ist eine vielschichtige Darstellung. Das Alltagsleben ist davon nur ein Teilaspekt. Er aber tritt in den gr. Papyri und Ostraka aus Ägypten anschaulich vor Augen. Die diesbezügliche Sekundärliteratur ist dementsprechend umfangreich.

*Zu den Textaussagen im NT*
Mit dem Griechischen werden im NT auch die in dieser Sprache üblichen Termini für Verwaltungsorgane, Rechtsinstitute u.s.f. verwendet. Allerdings darf man keinen technischen Gebrauch erwarten. So wird das mehrfach im NT erwähnte Betsaida in Lk 9,10 und Joh 1,44 als *polis* (→2.2.7.1) bezeichnet. Der regionale Herrscher Philippus hat Betsaida tatsächlich um 30 n.Chr. zur *polis* erhoben, um gegenüber den umliegenden Orten ein Mehr an Rechten zum Ausdruck zu bringen. Was über die Bezeichnung hinaus den „*polis*-Charakter“ ausgemacht haben könnte, ist ungewiss. Die bislang feststellbaren Einrichtungen decken sich auf jeden Fall nicht mit dem, was an Bürgerrecht, Selbstverwaltungseinrichtungen und städtebaulichen Gegebenheiten die *poleis* Alexandria, Naukratis und Ptolemais sowie später Antinoopolis in Ägypten und erst recht zuvor die *poleis* im gr. Bereich ausgezeichnet hat. Nicht nur der Begriff *polis* bleibt inhaltsleer, sondern Betsaida wird anderwärts auch als Dorf (*kōmē*; Mk 8,22f.26) bezeichnet.
Entsprechendes gilt für den Gebrauch rechtlich signifikanter Termini. Wer immer an den Schriften des NT schrieb tat dies in der Sprache und der Form seiner Zeit; er hatte beim Schreiben nicht eigens Vertragsformulare oder Briefsteller vor Augen. Eine eigentliche Rechtsterminologie hat es in den außerröm. antiken Rechten nicht gegeben, und deshalb werden solche Begriffe im NT lediglich beschreibend, nicht technisch verwendet: Wer arbeitet, erhält Lohn (*misthos*; Lk 10,7; Jh 4,36); das besagt jedoch nicht, es läge eine *misthōsis*, also ein Vertragsverhältnis nach griechischem Recht, vor.
Gleiche Begriffe beschreiben entsprechende Umstände: Wenn Jesus sich nach Mt 4,12 dem Zugriff der Behörden entzieht, wie dies in Ägypten Menschen vielfältig tun, so sind dafür *anachōrein* bzw. *anachōrēsis* hier wie dort die Be-

---

[3] Vgl. dazu beispielsweise *H. Cadell*: Vocabulaire de l'irrigation – la Septante et les papyrus, in: *B. Menu* (ed.): Les problèmes institutionnels de l'eau en Égypte ancienne et dans l'Antiquité méditerranéenne, Kairo 1994, 103–117; *G. Dorival*: «Dire en grec les choses juives». Quelques choix lexicaux du Pentateuque de la Septante, REG 109, 1996, 527–547; *A. Passoni Dell'Acqua*: Il III libro dei Maccabei e l'amministrazione tolemaica, in: *B. Kramer u.a.* (Hgg.): Akten des 21. Internationalen Papyrologenkongresses Berlin, 13.–19.8.1995, Stuttgart/Leipzig 1997, 786–794.

zeichnungen. Demgegenüber stehen die von Jesus bei Lk 11,31–53 gebrauchten Wörter „Urteil“ (*krisis*), „verurteilen“ (*katakrinein*), „durchsuchen“ (*ekzētein*) und „Advokaten“ (*nomikoi*) in keinem rechtlichen Zusammenhang und erlauben keinen Rückschluss auf irgendeine Rechtsordnung.
Die Papyri helfen ferner, sonst nicht oder nicht ohne weiteres nachvollziehbare Lebenssachverhalte aufzuhellen, welche den Hintergrund der Aussagen Jesu, seiner Wunder und seiner Gleichnisse sowie der Apostelbriefe bilden. Dem Gleichnis vom barmherzigen Samariter (Lk 10,30–37) lassen sich die Nachrichten von der – mangelhaften – öffentlichen Sicherheit beigesellen (z.B. SB XXIV 15970, →2.2.5.4). Landarbeit, Rechnungswesen und Gutsbetrieb (z.B. Mk 12,1–12) treten in den gräko-ägyptischen Texten plastisch vor Augen;[4] ferner beispielsweise Schulden und Schuldentilgung (Mt 18,21–35), ein in der Antike offenbar allgegenwärtiges Thema.[5] Erst die Papyri erhellen, dass Gott den als *arrha* bezeichneten Geist nicht, wie M. Luther übersetzt hat, als „Pfand“, mithin als Haftungsobjekt gegeben hat, sondern als die Abmachung zwischen Gott und Mensch gültig machendes Moment.[6] Nur einige solcher Aspekte können in diesem Rahmen noch erwähnt werden.
Mannigfache Vergleiche lassen sich zwischen den zahlreichen gräko-ägyptischen Briefen und den Apostelbriefen ziehen. Dabei geht es vor allem um Äußerlichkeiten: Anredeform, allgemeine Stilisierung, Darstellung des Briefzwecks, Schlussfloskeln, Transporthinweise. Private Briefe bedurften der Beförderung durch irgendeinen Helfer und enthielten oft entsprechende Adressenangaben. Griechische Briefe begannen gewöhnlich mit einem schlichten „X dem Y zum Gruß“ (→1.3.3.6). Sender und Empfänger kannten in aller Regel sich und auch die Zusammenhänge.
Inhaltlich sind antike Briefe heute oft kaum verständlich, denn regelmäßig setzen sie diesen Kenntnisstand voraus. Soweit es nicht um Sachfragen ging, wurden in Privatbriefen vor allem persönliche Grüße und Wünsche ausführlich ausgedrückt.[7] Die Floskeln zeigen freilich nicht mehr als das Anliegen, in einer Epoche meist sporadischer Kontakte die privaten Beziehungen zu halten. Mit diesen, hier nur grob skizzierten Mustern lässt sich die Gestaltung der Apostelbriefe vergleichen. Ein nach Umfang und Inhalt bezeichnendes und wohlbeachtetes Beispiel ist der Brief des Apostels Paulus an Philemon. Paulus folgt darin dem geläufigen Muster des Empfehlungsbriefs; für den heutigen Leser ist er wenig konkret. Schlussfolgerungen erlaubt lediglich die Tatsache, dass er sich zugunsten eines Sklaven (→2.2.5.3) bei dessen Eigentümer einsetzt, und das bietet der Sekundärliteratur hinreichende Gelegenheit zu weiterführenden Erwägungen und Vergleichen.[8]

---

[4] S. z.B. *D. Rathbone*: Economic Rationalism and Rural Society in Third-Century A.D. Egypt, Cambridge 1991.

[5] Vgl. ferner *B. Weber*: Schulden erstatten - Schulden erlassen. Zum matthäischen Gebrauch einiger juristischer und monetärer Begriffe, ZNW 83, 1992, 253–256; *B. Tenger*: Die Verschuldung im römischen Ägypten (1.–2. Jh. n.Chr.), St. Katharinen 1993.

[6] Vgl. *K. Erlemann*: Der Geist als „arrabōn“ (2Kor 5,5) im Kontext der paulinischen Eschatologie, ZNW 83, 1992, 202–221; *G. Thür*: Arra, Arrabon, DNP 2, 1997, 23f.

[7] Vgl. dazu z.B. *R. Buzón*: Die Briefe der Ptolemäerzeit. Ihre Struktur und ihre Formeln, Diss. Heidelberg 1984 mit weiteren Nachweisen.

[8] Zuletzt *P. Arzt-Grabner*: Philemon, Göttingen 2003.

Um einen Sklaven geht es auch in der Erzählung vom Hauptmann von Kapernaum (Mt 8,5–13). „Da aber Jesus einging zu Kapernaum, trat ein Hauptmann zu ihm, der bat ihn und sprach: 'Herr, mein Knecht liegt zu Hause und ist gichtbrüchig und hat große Qual'". Das Bild scheint eindeutig und von Jesu Zuwendung und dessen daran geknüpften Gedanken (Mt 8,10–12) abgesehen banal: Ein alter Haudegen im Offiziersrang will sich seinen kranken Burschen erhalten und wendet sich an Jesus – erfolgreich – um Hilfe. Letztendlich geht es nicht um mehr, und dennoch ist der Hintergrund farbiger. Bei dem Erkrankten handelte es sich um den privaten Sklaven des Hauptmanns. Die Parallelüberlieferung Lk 7,1–10 erweist das zweifelsfrei. Solche – freie wie unfreie – Gehilfen hielt man sich in entsprechender Position in ptolemäischer (vgl. P. Ent. 48; Ende 218 v.Chr.) wie in röm. Zeit.[9] Die Zuwendung des Hauptmanns entspringt nicht schnöder Sorge um die Arbeitsfähigkeit eines für Geld erworbenen Sklaven. Die Vorstellung von Sklavenheeren oder dem Spartakus-Aufstand (73–71 v.Chr.) ist ein zu einseitiges Bild vom antiken Sklavenwesen. Die ägyptischen Zensus-Deklarationen verraten demgegenüber, dass Sklaven im Alltag gewöhnlicher Leute ein rarer Besitz waren[10] und, berücksichtigt man die beengten Lebensverhältnisse jener Zeit, buchstäblich „am Tisch ihres Herrn" aßen. Mitunter sind die daraus resultierende Zuneigung und ein echtes Mitgefühl in den Quellen fassbar, wie es der liebevolle Brief einer Sklavin an ihren Herrn P. Giss. I 17 (um 117 n.Chr.) zeigt. In der Eingabe P. Oxy. L 3555 (1./2. Jh. n.Chr.) wird vorgetragen, die dort erwähnte Sklavin sei zur Unterstützung im Alter bestimmt und erhielt deshalb eine Ausbildung. Kapernaum war kein Garnisonsort, und der „Hauptmann" war folglich nicht Angehöriger einer dort stationierten Truppe, sondern offenbar ein *centurio* (in den Papyri vor allem *hekatontarchos*), wie er in den Papyri als örtlicher „Polizeipräfekt" erscheint (→1.4.1.3).[11] Über seine Aufgaben wüsste man gern mehr. Im röm. Ägypten waren solche *centuriones* zugleich Bestandteil der Rechtspflege. Die an sie gerichteten Petitionen[12] und die an sie ergehenden Weisungen in Rechtssachen zeigen dies deutlich. So wendet sich ein am Schulden-Eintreiben gehinderter Priester an einen *centurio* (BGU I 36 = 436; 101–103 n.Chr.), und in der Eingabe P. Mich. VI 425 (198 n.Chr.) erbittet der Petent, einen *centurio* anzuweisen, einen Beschuldigten vorzuführen. Die Hilfe von Verwaltungsorganen in privaten Rechtsstreitigkeiten scheint freilich eine ägyptische Eigenheit gewesen zu sein, von der das neben der ordentlichen Gerichtsbarkeit verbreitete Petitionenwesen des gr.-röm. Ägypten zeugt.[13] Die Juden hielten sich

[9] Anschaulich dazu und mit weiteren Nachweisen *M. A. Speidel*: Die römischen Schreibtafeln von Vindonissa, Brugg 1996, 53f.

[10] Vgl. *R. S. Bagnall*/*B. W. Frier*: The Demography of Roman Egypt, Cambridge u.a. 1994, Index s.v. „slave".

[11] Vgl. dazu *R. Alston*: Soldier and Society in Roman Egypt, London/New York 1995, 86–96.

[12] Liste solcher Eingaben: *Alston*: Soldier and Society (Anm. 11), 88–90; vgl. dazu *D. W. Hobson*: The Impact of Law on Village Life in Roman Egypt, in: *D. Halpern*/*D. W. Hobson* (eds.): Law, Politics and Society in the Ancient Mediterranean World, Sheffield 1993, 193–219.

[13] Dazu beispielsweise *J. Hengstl*: Petita in Petitionen gräko-ägyptischer Papyri, in: *G. Thür*/*J. Vélissaropoulos-Karakostas* (Hgg.): Symposion 1995. Vortäge zur griechischen und

an die örtlichen Gegebenheiten. Das bereits genannte „Archiv der Babatha" zeigt, dass das im röm. Palästina der übliche Prozess war, bis hin zur Verwendung röm. Prozessformulare.[14] Im ptolemäischen Ägypten besaßen die Juden neben dem Zugang zum allgemeinen Justizwesen eine Eigengerichtsbarkeit.[15] Für den „Hauptmann von Kapernaum" sind entsprechende Funktionen nicht nachzuweisen. Das in seinen Worten spürbare Selbstbewusstsein macht deutlich, dass er dennoch über hinreichende Aufgaben und Amtsgewalt verfügt.

Das Abgabenwesen (→2.3.1) tritt im NT beeindruckend vor Augen bei jener berühmten Schätzung, welche den Anlass zu Jesu Geburt in Betlehem gegeben hat (Lk 2,1–3), und bei dem negativen Bild, welches die „Zöllner" (→2.2.5.4) an die Seite der „Sünder" stellt (z.B. Lk 7,34: „Siehe [Jesus ist] der Zöllner und Sünder Freund."). Papyri und Ostraka belegen vielfältig Steuern und Zölle sowie die Veranlagung dazu und ihre Erhebung; sie veranschaulichen also die technische Seite der Aussagen des NT zu „Schätzung" und „Zöllnern". Eigentumsdeklarationen sind bereits aus dem ptolemäischen Ägypten bestens belegt. Augustus aber war es vorbehalten, aus den einzureichenden Deklarationen ein System regelmäßiger, zunächst in 7-jährigem Rhythmus vorzunehmender „Schätzungen" zu schaffen, von denen die erste wohl 11/10 v.Chr. stattgefunden hat.[16] Neben Zensusbelegen (SB XX 14440; 12 n.Chr. mit Hinweisen auf frühere Schätzungen) ist auch die Anordnung der Rückkehr in den Heimatort zum Zwecke der Schätzung (Edikt des *praefectus Aegypti* in P. Lond. III 904; 104 n.Chr.) belegt. Die Rolle der „Zöllner" in Judäa ist zu komplex und spezifisch, als dass sie sich in den Zeugnissen des gr.-röm. Ägypten angemessen spiegeln könnte.[17] Diese führen aber die Ansprüche des Staates und seine Allgegenwart sowie die seiner Steuereinzieher beeindruckend vor Augen; sie machen verständlich, dass dessen Abgabenvollstrecker und Zöllner auch in Judaea eine gehasste Belastung der kleinen Leute darstellten.

Schließlich verhelfen die Papyri zu einer plausiblen Erklärung des Gleichnisses vom ungerechten Verwalter (Lk 16,1–8): Vom Hinauswurf aus seiner Stellung bedroht, stellt dieser den Schuldnern seines Herrn neue Schuldurkunden aus, mindert darin die Schulden und erlangt damit doch das Lob seines Herrn. Das auf den ersten Blick merkwürdige Geschehen scheint auf der Praxis zu beruhen, Darlehen ausdrücklich als „unverzinslich" zu gewähren, tatsächlich aber den Zins unter Umgehung jeglicher Zinsbegrenzung in die Darlehens-

hellenistischen Rechtsgeschichte (Korfu, 1. –5. September 1995), Köln u.a. 1997, 265–289; *Hobson*: The Impact of Law (Anm. 12).

[14] S. z.B. *D. Nörr*: PSI VII 743r fr. e: Fragment einer römischen Prozessformel? Bemerkungen zum vorhadrianischen Edikt und zu den Hermaneumata Pseudodosetheana, ZSRG.R 117, 2000, 179–251, hier 182 mit weiteren Nachweisen.

[15] S. Urkunden des Politeuma der Juden von Herakleopolis (144/3–133/2 v.Chr.) (P. Polit. Iud.), bearbeitet von *J. M. S. Cowey* und *K. Maresch*, Wiesbaden 2001.

[16] *S. R. S. Bagnall*: The Beginnings of the Roman Census in Egypt, GRBS 32, 1991, 255–265, hier 261f; ferner *Bagnall/Frier*: Demography (Anm. 10), 2–5.

[17] Eingehend dazu *F. Herrenbrück*: Jesus und die Zöllner, Tübingen 1990 passim mit weiteren Nachweisen.

summe einzukalkulieren. Erst die Reduzierung macht die Verträge „gerecht", und eben das billigt der rechtlich denkende Herr.[18]

*Literatur*

*A. Deissmann*: Licht vom Osten. Das Neue Testament und die neuentdeckten Texte der hellenistisch-römischen Welt, Tübingen [4]1923. – *J. F. Oates u.a.* (eds.): Checklist of Editions of Greek, Latin, Demotic and Coptic Papyri, Ostraca and Tablets, Oakville [5]2001 (Vgl. Webedition: http://scriptorium.lib.duke.edu/papyrus/texts/clist.html, danach die hier benützten Abkürzungen). – *J. Hengstl* (Hg.): Griechische Papyri aus Ägypten als Zeugnisse des öffentlichen und privaten Lebens, München 1978 (Neuauflage in Vorbereitung). – *H.-A. Rupprecht*: Kleine Einführung in die Papyrusforschung, Darmstadt 1994. Heidelberger Gesamtverzeichnis der griechischen Papyrusurkunden Aegyptens: http://www.rzuser.uni-heidelberg.de/~gv0/gvz.html.

[18] Eingehend dazu *J. Herrmann*: Rechtsgeschichtliche Überlegungen zum Gleichnis vom ungerechtfertigten Verwalter (Luk. 16. 1–8), RHD 38, 1970, 389–402 (= *ders*.: Beiträge zur Rechtsgeschichte, München 1990, 337–350).

## 1.3.4.2 Inschriften/Epigraphik (*Thomas Corsten*)

Die Epigraphik (Inschriftenkunde) beschäftigt sich hauptsächlich mit dem Teil der schriftlichen Überlieferung des Altertums, der auf Stein und Metall geschrieben ist, daneben bisweilen auch mit Texten auf Holz und Keramik. Der Erkenntniswert der Inschriften beruht vor allem darauf, dass sie (wie auch Münzen →1.3.4.3 und Papyri →1.3.4.1) in den meisten Fällen unmittelbare und zeitgenössische Zeugnisse der Antike sind, die weder durch Missverständnisse noch Verfälschungen auf dem Wege der antiken und mittelalterlichen Textüberlieferung entstellt worden sind, wie es der Literatur widerfahren ist.[1] Der Epigraphiker hat die Aufgabe, das vorhandene Material zu sichern und zu publizieren sowie durch Feldforschungen (Ausgrabungen, Surveys) zu vermehren. Die Sicherung von Inschriften besteht vor allem darin, der Nachwelt den Text, das Aussehen des Inschriftträgers und den Fundzusammenhang durch Notizen, Abschriften, Photographien sowie Abklatsche (Abdrücke aus Papier oder Latex) zu erhalten und der Forschung zugänglich zu machen.
Die epigraphischen Zeugnisse können in den meisten Bereichen der Altertumswissenschaft zu neuen, oft grundlegenden Erkenntnissen führen. Dies ist in besonderem Maße für Fragen historischer Zusammenhänge sowie der Religions- und Literaturgeschichte der Fall. Die in Inschriften erhaltenen Informationen stehen in einer fruchtbaren Wechselwirkung mit der antiken Literatur und bieten oftmals Hintergrundinformationen für in ihr geschilderte Ereignisse oder Zustände. Vor allem aber auf dem Gebiet der Prosopographie sind die Inschriften unersetzlich: die führenden Schichten der gr. Welt und des Römischen Reiches, ebenso die Chronologie der röm. Statthalter und ihre Namen wären ohne Inschriften fast unbekannt.[2]
Die Vielzahl der aus der antiken Literatur bekannten Mythen und Götter(bei)namen wird durch das inschriftlich überlieferte Material um ein Vielfaches übertroffen. Zahlreiche Namen von Gottheiten, die in den Gebieten des östlichen Mittelmeerraumes oder im röm. Westen von der einheimischen Bevölkerung, in zunehmendem Maße aber auch von Griechen und Römern verehrt wurden, kennen wir nur, wenn sie in Inschriften genannt werden. Über die vor allem in der hell. und röm. Zeit beliebten Mysterienkulte (→3.1.2), von denen einige bei den antiken Schriftstellern genannt werden, würden wir nahezu nichts wissen, wenn nicht gelegentlich Inschriften gefunden würden, die z.B. Kultgesetze oder Weihungen wiedergeben, die einen Einblick in die Vorstellungen der Gläubigen geben können und zumindest einen Teil der Vorgänge bei Mysterienfeiern erahnen lassen. Daneben vervollständigen Hymnen, Aretalogien und Heilungsberichte aus Heiligtümern unser Bild von den Vorstellungen der antiken Menschen über die Götter und ihr Wirken, und der „Volksglaube“ wird z.B. aus Orakeln (→3.2.7) und aus Fluchformeln auf Grabsteinen deutlich.
Derartige Texte sind von großer Bedeutung für die Beurteilung der Entstehung des Christentums und für das Verständnis der Umwelt, in der es entstand;

---

1 Vgl. dazu z.B. *H. Wankel*: Die Rolle der griechischen und lateinischen Epigraphik bei der Erklärung literarischer Texte, ZPE 15, 1974, 79–97, hier 80.

2 Vgl. *Wankel*: Rolle (Anm. 1), 79f.

schließlich wurde die neue Religion von ihren Feinden als eine der vielen Mysterienreligionen angesehen, denen oftmals ein schädlicher Einfluss auf die Bevölkerung nachgesagt wurde. Wenn die Schauergeschichten über die christl. Kultpraxis auch erfunden sind, so ist doch nicht von der Hand zu weisen, dass das Christentum in der Kaiserzeit nur eine von unzähligen Religionen war, die auf dem fruchtbaren Boden der östlichen Mittelmeerwelt von alters her gepflegt wurden bzw. neu entstanden, wie die Inschriften deutlich belegen. Ebenso stellt sich heraus, dass auch die Beichte keine Erfindung der Christen ist: Im westlichen Kleinasien bekannten Menschen ihre Verfehlungen, indem sie Stelen mit Inschriften aufstellten, in denen sie von ihrer Missetat, der Strafe durch eine Gottheit und ihre Sühne berichteten.[3] Diese Verfahrensweise war offenbar im Orient weit verbreitet, und durch die „*Confessiones*" des Augustinus erhält die Praxis Eingang in die Literatur.[4]
Überhaupt spielte die Umwelt des Christentums eine wichtige Rolle für die verschiedenen Ausformungen der neuen Religion, besonders in Kleinasien und dem Vorderen Orient. Während die Auseinandersetzungen zwischen den Anhängern des Johannes und des Paulus um das Problem der „Judenchristen" schon aus dem Ursprungsgebiet des Christentums herstammten, kennen wir aus Kleinasien zahlreiche verschiedene Richtungen, die in den folgenden Jhh. entstanden und sich teilweise gegenseitig bekämpften und verfolgten. Als Beispiel sei hier nur der Montanismus genannt, der im 2. Jh. in Phrygien im Herzen Anatoliens von einem gewissen Montanus begründet wurde; die wenigen und für die Forschung unzureichenden literarischen Bezeugungen werden auf willkommene Weise durch die epigraphische Überlieferung ergänzt.[5]
Andererseits können Inschriften aus dem Umfeld des Christentums Hintergrundinformationen zu Berichten des NT liefern; dabei stellt sich u.a. heraus, dass die Apg in der Schilderung historischer Ereignisse und Zustände durchaus zuverlässige Nachrichten enthält.[6] Ein gutes Beispiel dafür ist der Aufruhr der Silberschmiede in Ephesos (Apg 19,23–40; →2.2.7.3 Ephesos).

Silberschmiede (*argyrokopoi*) sind nämlich in zahlreichen Städten Kleinasiens durch Inschriften bezeugt. Wie die meisten Handwerker waren sie in Gilden organisiert, und eine solche ist neben Ephesos auch in Smyrna bezeugt. Dort hielt die Gilde der Silberschmiede und Goldgießer inschriftlich fest, dass eine Statue der Göttin Athene von ihr repariert worden sei und daher der Stadt wieder zum Kult zur Verfügung stehe. Der sich darin ausdrückende Berufsstolz geht einher mit Ansehen und Einfluss, über den die sicherlich nicht armen Silberschmiede in den Städten verfügt haben müssen. Ihre soziale Stellung findet auch darin ihren Niederschlag, dass im Stadion der pamphylischen Stadt Perge (an der Südküste Kleinasiens) mehrere Sitze durch Aufschriften für Angehörige dieser Berufsgruppe reser-

[3] Eine kommentierte Sammlung der Beichtinschriften bietet *G. Petzl*: Die Beichtinschriften Westkleinasiens, Bonn 1994. Nachträge: *ders.*: Neue Inschriften aus Lydien (II), EA 28, 1997, 69–79.

[4] *P. Frisch*: Über die lydisch-phrygischen Sühneinschriften und die „Confessiones" des Augustinus, EA 2, 1983, 41–45.

[5] Die literarischen Zeugnisse bei *R. E. Heine*: The Montanist Oracles and Testimonia, Macon 1989; die (sicheren und vermuteten) epigraphischen Zeugnisse bei *W. Tabbernee*: Montanist Inscriptions and Testimonia, Macon 1997.

[6] Vgl. *F. F. Bruce*: The Acts of the Apostles, ANRW II 25.3, 1985, 2569–2603, hier 2575–2579.

viert waren.[7] In Ephesos selbst sind mehrere Inschriften mit der Erwähnung von Silberschmieden und ihren Gilden gefunden worden, die einen Einblick in ihr Selbstverständnis und ihre Stellung in der Stadt geben. Aus zweien dieser Texte geht hervor, dass die Gilde der Silberschmiede freundschaftliche Kontakte z.B. zu Mitgliedern der röm. Reichsaristokratie pflegte, also keine untergeordnete Rolle in Ephesos spielte.[8] Angesichts solcher Gegebenheiten und weil sich in den Städten des Römischen Reiches politischer Einfluss vor allem auf Reichtum gründete, verwundert es nicht, dass es dem Silberschmied Demetrius ohne Mühen gelang, die Epheser gegen Paulus aufzuwiegeln.

Im Folgenden sollen drei Inschriften exemplarisch besprochen werden, die im NT genannte Personen betreffen oder dort erwähnte Zustände und Geschehnisse erklären helfen.

1. Lateinische Bauinschrift des Pontius Pilatus aus Caesarea Maritima (*C. M. Lehmann/K. G. Holum*: The Greek and Latin Inscriptions of Caesarea Maritima, Boston 2000, Nr. 43; AE 1981, 850):

1 [- - -]s Tiberieum
2 [- Po]ntius Pilatus
3 [praef]ectus Iudae[a]e
4 [- - - - - - - - -].

*- - - das Tiberieum - - Pontius Pilatus, Praefect von Iudaea, - - -*

Die Inschrift wurde von Pontius Pilatus aufgestellt, der 26–36 Statthalter von *Iudaea* war (→1.4.4.2); neben ihr nennt nur noch ein weiterer epigraphischer Text, die Grabinschrift eines Christen, seinen Namen[9], nicht aber seine Amtsbezeichnung *praefectus*, und darin liegt die Bedeutung der vorliegenden Inschrift. Tacitus (ann. 15,44,3) bezeichnet Pilatus nämlich als *procurator*, weil der Statthalter von *Iudaea* zu seiner eigenen Zeit (um 100) diesen Titel trug.
Die Inschrift ist nicht mit Sicherheit zu ergänzen (die bisherigen Versuche sind bei Lehmann/Holum verzeichnet), aber es wird sich um die Bauinschrift eines Profangebäudes handeln. Nach einer vor kurzem vorgeschlagenen Ergänzung gehörte sie zu einem von zwei Leuchttürmen, dessen anderer „Druseum“ (nach dem Bruder des Tiberius) hieß; beide waren ursprünglich von Herodes errichtet worden, und Pilatus hat das Tiberieum wieder herstellen lassen:[10]

---

[7] Smyrna: I. Smyrna 721; Perge: *R. Merkelbach/S. Şahin*: Die publizierten Inschriften von Perge, EA 11, 1988, 97–170, hier 133f Nr. 58.

[8] I. Ephesos 425 und 636. Zu diesen und weiteren epigraphischen Zeugnissen für Silberschmiede in Ephesos s. *G. H. R. Horsley*, NDIEC 4, 1987, 7–10 Nr. 1.

[9] *S. Mitchell*: Regional Epigraphic Catalogues of Asia Minor II, Oxford 1982, Nr. 186. Dort heißt es in Z. 1–7: „(Dies ist das Grab) eines höchst rechtschaffenen Mannes, dem der Herr Jesus Christus, der Zeugnis abgelegt hat vor Pontius Pilatus ..., helfen möge.“

[10] *G. Alföldy*: Pontius Pilatus und das Tiberieum von Caesarea Maritima, SCI 18, 1999, 85–108.

1 [Nauti]s Tiberieum |
2 [- Po]ntius Pilatus |
3 [praef]ectus Iudae[a]e |
4 [ref]e[cit].

*Für die Seeleute stellte [-] Pontius Pilatus, der Praefect von Iudaea, das Tiberieum wieder her.*

2. Brief des Kaisers Claudius aus Delphi mit Erwähnung des Statthalters Gallio (Boffo 1994, 247–256, Nr. 29; F. de Delphes III.4 286; SEG 3, 1927, 389):[11]

Der stark beschädigte griechisch verfasste Brief entstand während der Amtszeit des Gallio als Statthalter der Provinz Achaia (zwischen Juli 51 und 52, vgl. →1.4.6), wobei jedoch die Zahl der tribunizischen Gewalt in der Inschrift selbst ergänzt und die 26. Akklamation nicht genau datiert ist:

1 Τιβέρ[ιος Κλαύδιος Καῖσ]α̣ρ Σ[εβαστ]ὸς Γ̣[ερμανικός, δημαρχικῆς ἐξου]-
2 σίας [τὸ ΙΒ, αὐτοκράτωρ τ]ὸ̣ ΚΣ π[ατὴρ π]α̣τρί[δος – *ca. 14* – χαίρειν].

*Tiberius Claudius Caesar Augustus Germanicus, als er zum 12. Mal die tribunizische Gewalt innehatte und zum 26. Mal zum Imperator ausgerufen worden war ....*

In den Z. 5–6 wird der Statthalter L. Iunius Gallio (Annaeanus) erwähnt:

5 ... Λ.᾽ Ἰού]-
6 νιος Γαλλίων ὁ φ[ίλος] μου κα̣[ὶ ἀνθύ]π̣ατος ...

*L. Iunius Gallio, mein Freund und Proconsul ...*

Bei ihm handelt es sich um den in Apg 18,12–17 einfach „Gallio" genannten Proconsul von Achaia[12], dem Paulus in Korinth (→2.2.7.3) begegnete. Der Apostel war vor dessen Amtszeit in der Stadt eingetroffen, die wohl der Statthaltersitz der Provinz war, und verweilte 18 Monate dort. Die Inschrift ist daher für die Chronologie der Paulus-Reisen von Bedeutung, wenn die Formulierung in Apg auch immer noch Raum für Unklarheiten lässt. Denn es ist weder klar, ob die in Apg 18,11 angegebene Dauer von Paulus' Aufenthalt in Korinth die Gallio-Episode einschließt, noch ob die Anklage unmittelbar nach dem Amtsantritt des Statthalters erfolgte (Boffo 1994, 252–255 gibt einen Überblick über die Forschung, vgl. auch →1.4.6).[13]

---

11 Die Zahl der Akklamation ist bei Boffo als „KP" wiedergegeben, auf dem Stein steht jedoch eindeutig „KS", wobei das „S" kastenförmig ist (vgl. das Foto in F. de Delphes III.4 Taf. VII, Frg. 2271).

12 *W. Eck*: Iunius II 15, DNP 6, 1999, 67.

13 *K. Haacker*: Die Gallio-Episode und die paulinische Chronologie, BZ 16, 1972, 252–255; vgl. *Boffo* 1994, 253 Anm. 18.

3. Griechische Bauinschrift der Synagoge des Theodotos aus Jerusalem (Boffo 1994, 274–282, Nr. 31; SEG 8, 1937, 170; CIJ 1404):

Θ[ε]όδοτος Οὐεττηνοῦ, ἱερεὺς καὶ
ἀ[ρ]χισυνάγωγος, υἱὸς ἀρχισυν[αγώ]-
γ[ο]υ, υἱωνὸς ἀρχισυν[α]γώγου, ᾠκο-
δόμησε τὴν συναγωγ[ὴ]ν εἰς ἀν[άγ]νω-
σ[ιν] νόμου καὶ εἰς [δ]ιδαχ[ὴ]ν ἐντολῶν, καὶ
τ[ὸ]ν ξενῶνα κα[ὶ τὰ] δώματα καὶ τὰ χρη-
σ[τ]ήρια τῶν ὑδάτων εἰς κατάλυμα τοῖ-
ς [χ]ρ̣ήζουσιν ἀπὸ τῆς ξέ[ν]ης, ἣν ἐθεμε-
λ[ίω]σαν οἱ πατέρες [α]ὐτοῦ καὶ οἱ πρε-
σ[β]ύτεροι καὶ Σιμων[ί]δης.

*Theodotos, der Sohn des Vettenus, Priester und Synagogenvorsteher, Sohn eines Synagogenvorstehers, Enkel eines Synagogenvorstehers, erbaute die Synagoge für die Lesung des Gesetzes und die Unterrichtung der Vorschriften und das Gästehaus und die Zimmer und die Wasservorrichtungen für die Herberge, die die aus der Fremde nötig haben, die (scil. die Synagoge) seine Väter und die Älteren und Simonides gegründet haben.*

Diese im Jahre 1913 in röm. Bauschutt entdeckte Inschrift gehörte zu einer Jerusalemer Synagoge (→3.3.3), deren Reste in der Nähe des Fundorts zu vermuten sind. Die Datierung der Inschrift war immer wieder umstritten; die Mehrheit der Forschung zog die Zeit vor der Zerstörung des Jerusalemer Tempels im Jahre 70 n.Chr. in Betracht, andere plädierten für die Entstehung im 2. oder 3. Jh. n.Chr. Gegen die späte Datierung wurde angeführt, dass Vespasian nach der Zerstörung Jerusalems den Juden verbot, in der Stadt zu wohnen; damit hätte auch kein Bedarf an Synagogen bestanden (obgleich der Kaiser den Kult wohl nicht untersagte).[14] Gegen die frühe Datierung spräche andererseits, dass in der Zeit des Tempels in Jerusalem eine Synagoge mit all ihren aus späteren Perioden bekannten Bestandteilen eigentlich überflüssig gewesen wäre. Inzwischen scheint sich die Frühdatierung jedoch durchgesetzt zu haben, und sie wurde kürzlich noch einmal durch eine gründliche Untersuchung auch der Buchstabenformen gegen neuere Vertreter der anderen Ansicht bestärkt.[15] Aufgrund dieser Datierung ist die Inschrift von höchstem Interesse, weil sie so die frühesten Bezeugungen einiger Ämter und Titel aus dem Umfeld der Synagoge enthält. Denn wenn Theodotos sich in Z. 3 „Enkel eines Synagogenvorstehers“ nennt, ist dieses Amt somit schon für das (ausgehende) 1. Jh. v.Chr. belegt, und in Z. 9f liegt die früheste Erwähnung von „Ältesten“

[14] Vgl. dazu zuletzt: *T. Rajak*: Synagogue and Community in the Graeco-Roman Diaspora, in: *J. R. Bartlett* (ed.): Jews in the Hellenistic and Roman Cities, London/New York 2002, 28.30.

[15] Zur Spätdatierung zuletzt *H. C. Kee*: Defining the First-Century CE Synagogue: Problems and Progress, NTS 41, 1995, 481–500; dagegen: *K. Atkinson*: On Further Defining the First-Century CE Synagogue: Fact or Fiction? A Rejoinder to H. C. Kee, NTS 43, 1997, 491–502; *J. S. Kloppenborg Verbin*, Dating Theodotos (CIJ II 1404), JJS 51, 2000, 243–280 (vielleicht frühes 1. Jh. n.Chr.).

vor. Des Weiteren ist bemerkenswert, dass die Jerusalemer Synagoge zu diesem frühen Zeitpunkt schon alle Elemente und Funktionen aufweist, die die späteren Gebäude auszeichnen, wie ihre Benutzung für Lesungen und Unterricht (Z. 4f) sowie Herbergsräume (Z. 6–8). Im Übrigen ist es interessant zu beobachten, dass „Synagoge" in Z. 4 das Gebäude bezeichnet, während es in Z. 8f, wieder aufgenommen durch das Relativpronomen, als „Versammlung" zu verstehen ist (vgl. Boffo 1994, 279).

*Literatur*

Auswahlbibliographie: *F. Bérard u.a.*: Guide de l'épigraphiste, Paris [3]2000. Zur Einführung in die griechische Epigraphik: *Th. Corsten*: Inschriftenkunde, griechische, DNP 14, 2000, 588–614; in die lateinische: *M. G. Schmidt*: Lateinische Inschriften, DNP 15/1, 2001, 47–64.

Neufunde und neue Behandlungen griechischer Inschriften: Supplementum Epigraphicum Graecum (SEG), Bulletin épigraphique in: REG; beide jährlich, teilweise kommentiert; für lateinische Inschriften: L'Année épigraphique.

Inschriften mit Bezug zum Christentum: *L. Boffo*: Iscrizioni greche e latine per lo studio della Bibbia, Brescia 1994; daneben die Reihe: *G. H. R. Horsley u.a.* (eds.): NDIEC. – *W. Eck*: Die Inschriften Judäas im 1. und frühen 2. Jh. n.Chr. als Zeugnisse der römischen Herrschaft, in: *M. Labahn/J. Zangenberg* (Hgg.): Zwischen den Reichen. Neues Testament und römische Herrschaft, Tübingen 2002, 29–50.

### 1.3.4.3 Münzen, Münzsysteme und Münzumlauf im Palästina der frühen römischen Kaiserzeit (*Ruprecht Ziegler*)

*Stellen im NT*

Mt 5,25f; 10,9; 10,29–31; 17,24–27; 18,23–34; 20,1–16; 21,12–16; 22,15–22; 25,14–29; 26,14–16; 27,3–11; 28,11–15; Mk 6,30–44; 11,15–17; 12,13–17; 12,41–44; 14,3–9; 14,10f; Lk 7,39–43; 10,34f; 12,6f; 12,57–59; 15,8–10; 19,11–27; 20,20–26; 21,1–4; 22,3–6; Joh 2,13–17; 12,3–8; Apg 8,18–20; 19,18f; Offb 6,6

*Überblick*

Die Münzen legen auf einzigartige Weise Zeugnis ab, einerseits von den wirtschaftlichen Verflechtungen Palästinas mit seiner Umwelt, andererseits aber auch von der kulturellen und politischen Vielfalt, ja Zerrissenheit dieses Landes im 1. Jh. n.Chr. röm. Statthalter und herodianische Klientelherrscher prägten Münzen, die durchweg gr. Aufschriften trugen und mit Bildern und Legenden ganz bestimmte Ideen propagierten. Daneben zirkulierten röm. Reichsprägungen mit ihren lat. Legenden und rom-orientierten Bildthemen sowie städtische Münzen etwa aus Ptolemais Ake, Dora, Caesarea Maritima, Askalon, Gaza, Nysa Skythopolis, Gadara, Gaba, Sepphoris, Tiberias, Caesarea Philippi und Kanatha mit gr. Legenden und zumeist dem Kaiserporträt.[1] Zusätzlich waren größere Mengen von Silbermünzen aus dem phönikischen Tyros, dem syrischen Antiochia oder gar dem kappadokischen Caesarea (alle ebenfalls mit gr. Aufschriften) im Umlauf. Fast so vielfältig wie die Bilder und

[1] Das gesamte hier zur Diskussion stehende östliche Münzmaterial bis zum Ende der flavischen Dynastie ist übersichtlich katalogisiert und ausgezeichnet kommentiert in Roman Provincial Coinage I 1992, 655–685; II 1999, 294–318; zu Details *Meshorer* II 1982.

Aufschriften waren die Münzbezeichnungen und die Münzsysteme, die den zirkulierenden Geldstücken zu Grunde lagen.[2]

In Palästina umlaufende Silber und Aes-Münzen im Überblick:

1 Tetradrachme/Stater/Schekel/Sala = 4 Denare/Drachmen
Für den Umtausch in lokales Aes-Geld war ein „Agio" zu entrichten. Ein Denar/eine Drachme war also nicht 16 Assaria, sondern 18 Assaria wert.
1 Sesterz/Ma'ah = 2 Dupondien
1 Dupondius/Obolos = 2 Asse/Assaria
1 As/Assarion = 4 Quadranten/Kodrantai/Chalkoi
1 Quadrans/Kodranites/Chalkus = 2 Lepta/Prutah-Stücke

In der röm. Reichswährung galt in der frühen Kaiserzeit reichsweit folgendes recht einfache und übersichtliche Wertverhältnis der Nominale zueinander: 1 *Aureus* (Gold) = 25 Denare (Silber); 1 Denar = 4 Sesterzen (Messing); 1 Sesterz = 2 Dupondien (Messing) bzw. 4 Asse (Kupfer); 1 As = 2 Semisses (Messing) oder 4 Quadranten (Kupfer). In Palästina zirkulierten davon freilich fast ausschließlich *Aurei* und Denare. Reichsmünzen in unedlem Metall waren nur in sehr geringen Mengen im Umlauf. Der Kleingeldbedarf wurde mit dem lokalen Geld gedeckt.
Vor der Besetzung dieses Gebiets durch Pompeius hatte nur das griechische Münzsystem gegolten, das Alexander d. Gr. zur Weltwährung gemacht hatte. Es basierte auf einer Silberdrachme „attischen" Standards. Das am meisten ausgeprägte Nominal in Silber war in diesem Raum noch in der röm. Kaiserzeit die Tetradrachme, das Vier-Drachmenstück unterschiedlicher Herkunft. Werte unterhalb der Drachme wurden zumeist in Bronze ausgebracht. Das Grundnominal war der „Chalkus" (*chalkous*). Reine Recheneinheiten waren das Talent und die Mine, sie hatten den Wert von 6000 bzw. 100 Drachmen.

In Judäa waren unter den Hasmonäern (103/76–63/40 v.Chr.) ausschließlich Kleinmünzen emittiert worden, zweifellos Chalkoi herkömmlicher „attisch-seleukidischer" Art. Viele dieser Münzen trugen als Bild zwei gekreuzte Füllhörner, das in der Region zum Erkennungszeichen des häufigsten, kleinsten, Nominals werden sollte. Unter Antigonos Mattathias (40–37 v.Chr.) kamen zwei größere Nominale, wohl Aes-Hemiobole (Tetrachalka) und Aes-Obole, dazu. Sie standen zu den Chalkoi in einem Wertverhältnis von 1:4:8. Herodes d. Gr. (40–4 v.Chr.) und sein Sohn Herodes Archelaos (4 v.Chr.–6 n.Chr.) ließen Tetrachalka, Dichalka und Chalkoi ausbringen. Wie in Rom ein Dupondius zwei Asse, vier Semisses oder acht Quadranten galt, so sollte hier ein Aes-Obol/Diassarion vier Dichalka/Hemiassaria oder acht Chalkoi/Kodrantai wert sein. Herodes Antipas (4 v.Chr.–39 n.Chr.) folgte mit Aes-Emissionen in Tiberias, einer Gründung zu Ehren des Tiberius.[3] Mit der Aufschrift TIBEPIAC erscheint erstmals ein Stadtname auf einer jüd. Münze. Antipas' Halbbruder Herodes Philippos (4 v.Chr.–34 n.Chr.) passte seine Münzprägung der überwiegend nichtjüd. Herkunft der Bevölkerung seines Herrschaftsgebietes an

2 Einen guten Überblick liefert *Reiser* 2000, dem hier weitgehend gefolgt wird.
3 Zu den Nominalen siehe vor allem *Weiser/Cotton* 1996, 257.

und brachte in Caesarea Philippi, seiner wiedergegründeten Hauptstadt, Münzen unterschiedlicher Wertigkeit mit dem Kaiserbild (zuerst Augustus, dann Tiberius) aus. Er ließ sich sogar, als erster jüd. Herrscher überhaupt, selbst auf Münzen abbilden. Gleichzeitig, seit 6 n.Chr. und sporadisch bis 59 n.Chr., prägten röm. Statthalter in Jerusalem in gewaltigen Mengen Aes-Geld im Wert von halben Quadranten/Kodrantai mit griechischer Aufschrift, in der der Kaisername aufgeführt wird, auf denen das Kaiserbild aber nicht erscheint, um jüd. Empfindungen nicht zu verletzen. Dieses Hemichalkion (*prutah*) wurde als Lepton bezeichnet (die übliche unspezifische Benennung für die jeweils kleinste Aes-Münze). Die Wertigkeit gibt Mk 12,42f um 70 n.Chr. an. Mit dieser Angabe stimmt die Bemerkung in der Mischna überein, die eine *prutah* zu 1/8 As/Assarion berechnet. Da etwa 10 Jahre später, als Matthäus und Lukas ihre Evv verfassten, diese Kleinstmünzen nicht mehr ausgebracht wurden, wurde als Lepton bereits der Quadrans bezeichnet (Lk 12,59 und Mt 5,26).[4] Nach demselben System wurden die Aes-Münzen des Enkels von Herodes d. Gr., Agrippas I. (37–44 n.Chr.), geprägt, der zeitweise über das ganze Territorium seines Großvaters herrschte. Auf den in Jerusalem emittierten Stücken ließ er in schlichter Form ein orientalisches Königssymbol, den Schirm, sowie drei Ähren abbilden. Die in Caesarea Philippi bzw. Caesarea Maritima geschlagenen Münzen folgten ganz hell. Gepflogenheiten, unter anderem, indem sowohl Angehörige des Kaiserhauses wie auch seiner eigenen Familie abgebildet wurden. Hell. Tradition verpflichtet sind auch die Prägungen Agrippas II. (53–100 n.Chr.).

Ein ganz anderes Erscheinungsbild weisen die Münzen des ersten Jüdischen Aufstandes (→1.4.4.1; 1.4.4.2) auf, sie sind betont jüd. Als Darstellungen erscheinen Kelch, zweihenkeliges Gefäß, Zweig mit drei Granatäpfeln, Palme, Weinblatt mit Ranke, Zitrusfrucht (*etrog*) und Feststrauß (*lulav*, hinweisend auf das Laubhüttenfest). Betont jüd. sind auch die Aufschriften wie „Freiheit Zions“ und „Für die Erlösung Zions“ auf Aes-Münzen. Erstmals begegnet auch die Bezeichnung „Israel“ auf Münzen. In Silber kamen Münzen zur Ausgabe mit der Aufschrift „Schekel“, „Halbschekel“ und „Viertelschekel“. Das hebräische/aramäische Wort „Schekel“ bezeichnet im Allgemeinen Vier-Drachmenstücke, womit sich die genannten Münzen auch aufgrund ihrer Gewichte als Tetradrachmen, Didrachmen und Drachmen zu erkennen geben. Das von den Aufständischen geprägte Bronzegeld hatte das gleiche Format und zunächst auch die gleiche Wertigkeit wie die zuvor in diesem Raum in Massen geprägten Aes-Münzen. Im vierten Jahr des Aufstandes (69/70 n.Chr.) wurden Bronzemünzen ausgebracht mit den Wertbezeichnungen „Halb“ und „Viertel“ sowie unmarkierte Achtel. Nach Formaten und Gewichten entsprachen sie den bisherigen Obolen, Hemiobolen und Dichalka. Früher wurden diese Münzen als Notgeld zu 1/2, 1/4 und 1/8 Schekel eingestuft.[5] Der wahre Grund für die Wertangaben dürfte aber eher eine Änderung des Wertniveaus aller umlaufenden Aes-Münzen aufgrund der Krisenzeit gewesen sein. Die

---

4 *Weiser/Cotton* 1996, 258–261; vgl. *Reiser* 2000, 478.

5 Siehe z.B. *L. Kadman*: The Coins of the Jewish War of 66–73 C.E., Jerusalem 1960, 79; *S. Sperber*: The „Bronze Shekel“, INJ 2, 1964, 63–67; *Meshorer* II 1982, 115f.

Bezugsgröße war wohl der Aes-Obol bzw. sein Pendant, die Aes *ma'ah*. Das Aes-Geld sollte offenbar mit verdoppeltem Nennwert zirkulieren. Ist diese Auffassung richtig, so wurde jetzt erstmals mit einer (vorerst nur theoretischen) *ma'ah* gerechnet, die zwei Aes-Diassaria/Dupondien entsprach. Tatsächlich wurde die *ma'ah* in diesem Raum zuerst 88/89 n.Chr. in Caesarea Philippi unter Agrippa II. (um 50–59 n.Chr.) ausgebracht. *Ma'ot* zu vier Assaria/*issarim* finden sich auch in rabbinischen Quellen.[6]

Die Tempelsteuer der Juden wurde, abgesehen von Aufstandszeiten, offenbar in Denaren, vor allem aber in tyrischen Silbermünzen bezahlt. So enthält ein am Berg Karmel vergrabenes Depot von Tempelsteuergeldern 3400 tyrische Schekel/Tetradrachmen, 1000 tyrische Halbschekel/Didrachmen und 160 Denare. Die Steuer betrug zwei Drachmen/Denare pro Person (Ex 30,12; vgl. Ios. ant. Iud. 3,194f). Die tyrischen Silbermünzen, die die wichtigsten Silbermünzen in Südsyrien, Phönikien, Judäa und Galiläa darstellten, zeigen auf der Vorderseite den Stadtgott von Tyros, „Baal Melkarth", der von den Griechen mit Herakles gleichgesetzt wurde, auf den Rückseiten ist ein Adler mit der Legende ΤΥΡΟΥ ΙΕΡΑΣ ΚΑΙ ΑΣΥΛΟΥ zu erkennen. Alle Münzen sind datiert, weshalb wir den Ausgabezeitraum genau kennen. Die tyrischen Schekel wurden geprägt von 126/25 v.Chr. bis zum Jahr 191 der lokalen Ära, d.h. 65/66 n.Chr. Gemäß Y. Meshorer wurden die Schekel ab dem Jahre 108 = 18/17 v.Chr. nicht mehr in Tyros, sondern im Auftrag des Herodes d. Gr. in Jerusalem ausgebracht.[7] Herodes hätte gerade für die Tempelsteuer eigene Silbermünzen benötigt, nicht nur die in seinem Namen geprägten Kleinbronzen. Erst mit dem Beginn des Ersten Jüdischen Aufstandes fand die Prägung ihr Ende. Das Silbergeld der Aufständischen ersetzte die in Jerusalem emittierten ‚tyrischen' Münzen. Die Auffassung, dass in Jerusalem durch Herodes d. Gr. Silbermünzen tyrischen Standards mit dem Kopf des Melkarth geprägt wurden, ist kaum zu halten. Wenn in der tKet 13,20 (um 250–300 n.Chr.) steht: „Silbergeld, erwähnt im Pentateuch, ist immer tyrisches Silbergeld. Was ist tyrisches Silbergeld? Es ist Jerusalemitisches", so ist damit keineswegs gesagt, dass die „tyrischen" Silbermünzen in Jerusalem geprägt worden sind, sondern nur, dass dieses Silbergeld in irgendeiner Beziehung zu Jerusalem stand. Diese Beziehung war, dass die Tempelsteuer in gängigem Silbergeld hohen Standards zu entrichten war. Als die tyrische Münzstätte ihre Tätigkeit 65/66 n.Chr. einstellte, wurden weiterhin alle Statere, silberne Tetradrachmen, guten „tyrischen" Standards, als „Tyrioi" bezeichnet, z.B. auch Tetradrachmen aus dem syrischen Antiochia mit dem Porträt des jeweiligen Kaisers auf der Vorderseite. „Tyrisches" Silbergeld bedeutet also gängiges und allgemein akzeptiertes Silbergeld, das in Tetradrachmen aber auch in röm. Denaren entrichtet werden konnte.[8] So konnte zur Zeit der Tosefta die Tempelsteuer in „tyri-

[6] *Weiser/Cotton* 1996, 259f.265f. Zu Nennwertveränderungen siehe *R. Ziegler*: Kaiser, Heer und städtisches Geld, Wien 1993, 56; vgl. allgemein *R. Wolters*: Nummi Signati. Untersuchungen zur römischen Münzprägung und Geldwirtschaft, München 1999, 350–410.

[7] *Y. Meshorer*: One Hundred Ninety Years of Tyrian Shekels, in: *A. Houghton u.a.* (Hgg.): Festschrift für Leo Mildenberg, Wetteren 1984, 171–179.

[8] Im Schatzfund von Isfiya, vergraben um 60 n.Chr., lagen 3850 tyrische Tetradrachmen, 110 tyrische Didrachmen und 275 Denare: Coin Hoards 1, London 1975, 32, Nr. 118. Der

schem Silbergeld" entrichtet werden, obwohl diese Münzen längst nicht mehr geprägt wurden. Das Ende der Tyreier-Prägung im Jahre 65/66 n.Chr. fiel zeitlich mit dem Ausbruch des Ersten Jüdischen Aufstandes zusammen. Wahrscheinlich wurde die ohnehin schon nach und nach reduzierte Produktion wegen der risikoreichen Nähe zum Gebiet der Aufständischen eingestellt.[9]

Wie das Geld des Ersten Aufstandes, so sind auch die Aufschriften und das Aussehen der Münzen des sog. Bar Kochba-Aufstandes (132–135 n.Chr.) (→1.4.4.1; 1.4.4.2) nachdrücklich jüd. Die Wiederbelebung des Hebräischen als Umgangssprache gehörte zum Programm der Aufständischen. Als Münzlegenden finden wir unter anderem „Der Erlösung Israels", „Der Freiheit Israels/Jerusalems", „Simeon, Fürst Israels" (Simeon = Simeon bar Kochba), als Münzbilder sind Harfe und Lyra, Traube, Weinblatt, Palmbaum, Lulav und Etrog auszumachen. Ungewöhnlich sind die Tempelfassade und zwei Trompeten, die auf die beabsichtigte Wiederherstellung des Tempels hinweisen. Bar Kochba knüpfte offensichtlich an die Tradition des Ersten Aufstandes an, wahrscheinlich in bewusster Abgrenzung von der hasmonäisch-herodianischen Tradition, die in hell. Manier offiziell von „den Juden" gesprochen hatte. Bei allen Münzen handelt es sich um Überprägungen älterer Münzen (Denaren, Tetradrachmen aus Antiochia, Drachmen aus dem kappadokischen Caesarea, Bronzemünzen unter anderem aus den Städten Gaza und Askalon) mit neuen Stempeln. Wichtig war also die Propagierung der neuen Programme, an den Nominalen änderte sich nichts. Ausgebracht wurden vor allem die „Sala" (Tetradrachme) und eine kleine Silbermünze im Wert einer Drachme oder eines Denars.[10]

Die östlichen Nominale waren in röm. Zeit mit den reichsröm. schon früh kompatibel gemacht worden. Im Gegensatz zu den röm. Nominalen ist für die östlichen Pendants aber eine „Schnittstelle" zwischen Geldstücken aus unedlen und edlen Metallen charakteristisch. Wurde nämlich Bronze- in Silbergeld umgetauscht, war eine Gebühr zu entrichten, ein „Agio". Der röm. Silberdenar oder die Drachme, die dem Denar gleichgestellt war, galt also nicht 16 „Assaria" (die den röm. Assen angeglichenen entsprechenden lokalen Bronzemünzen desselben Nennwerts), sondern 16 Assaria plus 2 Assaria „Agio", also 18 Assaria. Das theoretische Sechzehntel des Silberdenars/der Drachme hieß „Silber-Assarion"; es war eine reine Recheneinheit. Dieses „Agio" war auch dann zu bezahlen, wenn kein Bronzegeld in Silbergeld eingetauscht wurde, Preise oder Abgaben jedoch in Silbergeld gefordert, aber in Bronzegeld bezahlt wurden. 16 Bronzeassaria waren also der Betrag von einem tatsächlich nicht existierenden Bronzedenar/einer Bronzedrachme, ebenfalls einer reinen

Fund von Shahariyem (südlich von Hebron), vergraben zwischen 66–70 n.Chr., enthielt 17 tyrische Tetradrachmen, zwei Tetradrachmen des Nero aus dem syrischen Antiochia und sieben Schekel des Ersten Aufstandes: Coin Hoards 8, London 1994, 65, Nr. 553.

[9] *W. Weiser/H. Cotton*: Neues zum „tyrischen Silbergeld" herodianischer und römischer Zeit, ZPE 139, 2002, 235–243. Die These Meshorers wird von Weiser überzeugend widerlegt. Skeptisch auch schon die Bearbeiter von Roman Provincial Coinage I, 1992, 655f.

[10] Zu den Überprägungen bes. *Mildenberg* 1984, 27; *Reiser* 2000, 466f. Zu den Typen nimmt Mildenberg in seinem Münzcorpus ausführlich Stellung.

Rechengröße. Erst 18 Bronzeassaria entsprachen also einem Silberdenar/einer Drachme.[11] Für den Umtausch waren Geldwechsler zuständig (im NT wird der Wechsler *kollybistēs* genannt); ihre Tische hatten sie in den Tempeln aufgestellt (Joh 2,13–22; Mt 21,12–16; Mk 11,15–17).

*Im NT erwähnte Münzen*
Fast alle Erwähnungen von Münzen im NT finden sich in den Evv. Denare zirkulierten im Palästina des 1. Jh. n.Chr. nicht in großen Mengen; dennoch wird dieses Nominal (*to dēnarion*) am häufigsten genannt. Wahrscheinlich wird mit dem Begriff Denar (aber auch seinen Unterteilungen) zumeist untechnisch umgegangen, z.B. Lk 15,8f oder Mt 20,1–16, wo in einem Gleichnis ein Denar als akzeptabler Tageslohn eines Arbeiters in einem Weinberg angegeben wird, oder Mk 6,37, wo die Jünger Jesus vorrechnen, dass zur Verköstigung von etwa 5000 versammelten Menschen Brot für 200 Denare nötig wäre, pro Person also etwas mehr als ⅔ eines Assarions (das „Agio" mitgerechnet). Die Preise scheinen realistisch zu sein, auch die für Luxusartikel wie das Parfüm für 300 Denare in Mk 14,5; Joh 12,5.[12]
Münzbild und Münzaufschrift spielen eine wichtige Rolle in der berühmten Erzählung von der Steuerfrage (Mk 12,13–17). Auf die Frage, ob dem Kaiser Steuern gezahlt werden sollten, lässt sich Jesus einen Denar geben und fragt nach dem Bildnis und der Aufschrift der Münze, also nach dem Prägeherrn. Es wird sich um einen Denar (diesmal wohl keine Drachme) des Tiberius oder seines Vorgängers Augustus gehandelt haben.
Bei der Didrachme für die Tempelsteuer in Mt 17,24 ist wohl an eine tyrische Didrachme zu denken, bei dem Stater in Mt 17,27 an eine tyrische Tetradrachme, die Tempelsteuer für zwei Personen. Als Stater wurde im gr. Sprachraum das Leitnominal des Großgeldes bezeichnet, in diesem Fall das Vier-Drachmenstück. Diese Münze ist höchstwahrscheinlich auch gemeint mit den „dreißig Silberlingen" (*argyria*), die Judas für seinen Kollaborationsdienst erhielt (Mt 26,15; 27,3.5.6.9); das Geld stammte ja wohl auch aus der Tempelkasse. Die gleiche Aussage gilt vermutlich auch für „Silberlinge" in Mt 28,12.
Der As/das Assarion (*to assarion*) erscheint in Mt 10,29/Lk 12,6. Nach diesen Passagen werden zwei Sperlinge für ein Assarion (Mt) bzw. fünf Sperlinge für zwei Assaria verkauft (Lk). Hier ist nicht an reichsröm. Asse zu denken, die in Palästina kaum umliefen, sondern an lokale Münzen dieses Nominals. Der Quadrans (*kodrantēs*) wird in Mt 5,26 erwähnt im Zusammenhang mit dem Lepton (Mk 12,42), das jeweils als kleinstes Nominal des lokalen Währungssystems angesprochen wird (Mk 12,42/Lk 21,2; Lk 12,59). Zeitweise war ein Lepton die dem röm. Quadrans entsprechende lokale Münze (Chalkus), zeitweise, vor allem unter den röm. Statthaltern, der Halbwert desselben. Das beweist die Umrechnung, die Mk 12,42, offenbar für die Leser außerhalb Palästinas, liefert. Die recht häufige Erwähnung von Kleinnominalen im NT kann als Beleg dafür gewertet werden, dass die Evv vor allem die Welt der Unterschichten schildern.

---

[11] *J. R. Melville Jones*: Denarii, Asses and Assaria in the Early Roman Empire, BICS 18, 1971, 99–105; *Weiser/Cotton* 1996, 247f.
[12] *Schwank* 1999, 226–232; *Reiser* 2000, 480–486.

*Literatur*
*S. Alkier*: „Geld“ im Neuen Testament. Der Beitrag der Numismatik zu einer Enzyklopädie des Frühen Christentums, in: *S. Alkier/J. Zangenberg* (Hgg.): Zeichen aus Text und Stein. Studien auf dem Weg zu einer Archäologie des Neuen Testaments, Tübingen 2003, 308–355. *Y. Meshorer*: Ancient Jewish Coinage, 2 Bde., New York 1982. – *L. Mildenberg*: The Coinage of the Bar Kokhba War, Aarau u.a. 1984. – *M. Reiser*: Numismatik und Neues Testament, Biblica 81, 2000, 457–488. – Roman Provincial Coinage, Bd. I, bearb. *A. Burnett u.a.*: London/Paris 1992. Supplement 1, London/Paris 1998. Bd. II, bearb. *A. Burnett u.a.*, London/Paris 1999. – *B. Schwank*: Das Neue Testament und seine Münzen, EuA 75, 1999, 214–233. – *W. Weiser/H. Cotton*: „Gebet dem Kaiser, was des Kaisers ist…“, ZPE 114, 1996, 237–287.

## 1.3.4.4 Materielle Kultur: Biblische Archäologie der neutestamenlichen Zeit (*Dieter Vieweger*)

*Stellen im NT*
Mt 5,15; Mk 2,4; 12,1–9; 13,34f; 15,20–47 parr; Lk 11,5–7; 12,42f; 16,1–8; Apg 1,13; 1Thess 4,13–18

*Einführung*
Es gibt kaum ein Thema, bei dem sich die Interessen von Christen und Juden den Fragen der Archäologie und der Historie so stark annähern wie bei der Suche nach den Orten der großen Traditionen Palästinas. Die Pilger aller Zeiten machten sich auf, um gerade die räumliche Nähe zu den Stätten zu suchen, an denen ihr Glaube seinen Ursprung nahm. Damit standen sie unweigerlich vor dem Problem: Wie und wo sind die Stätten der Bibel aufzufinden?
Aber auch die Frage nach der Zuverlässigkeit der biblischen Aussagen bewegt die Gläubigen mindestens seit der Aufklärung. Ist das alles wahr? Ist es wirklich in Raum und Zeit passiert? Lässt sich die Bibel an Ort und Stelle beweisen?[1]

*Pilgerreisen und historische Topografie*
Spätestens als der christl. Glaube im Römischen Reich offizielle Anerkennung gefunden hatte,[2] begannen Christen, u.a. zu den Apostelgräbern nach Rom (→2.2.7.3) und zu den heiligen Stätten in Palästina zu pilgern. Dort zog es sie besonders nach Jerusalem (→2.2.7.3), dem Ort der Passion und Auferstehung Jesu, wo man ihn – am Ende der Tage – auch zurückerwartete. Doch es war nicht einfach, die Orte zu lokalisieren, an denen Jesus gelebt und gelitten hatte. Die ersten christl. Gemeinden hatten in der Erwartung gelebt, Christus werde zu ihren Lebzeiten zurückkehren, um das himmlische Friedensreich aufzurichten (z.B. 1Thess 4,13–18). Daher rechnete damals niemand mit dem Problem, heilige Stätten einstmals wieder auffinden zu müssen.
In Jerusalem waren die Probleme besonders groß. Die Stadt war gegen Ende des ersten jüd. Aufstandes (66–70 n.Chr.) schwer zerstört worden und blieb

[1] Eine ausführliche Darstellung der Aufgaben und eine Beschreibung der Methoden der Biblischen Archäologie findet man bei *Vieweger* 2003.
[2] Im Jahr 313 n.Chr. erhielt das Christentum im sog. Edikt von Mailand uneingeschränkte Religionsfreiheit durch Licinius und Konstantin d. Gr.

zunächst in Ruinen liegen. Nach der Niederschlagung des Bar Kochba-Aufstandes (132–135 n.Chr.) setzte der Kaiser Hadrian (117–138 n.Chr.) seine Pläne um, aus Jerusalem eine hell.-röm. *Colonia* mit dem Namen *Aelia Capitolina* zu machen (→1.4.4.2). Der von ihm erbauten Stadt verlieh er ein ganz neues Gepräge, das bis heute in Grundzügen erhalten ist. In der Stadt wurden im Bereich der späteren konstantinischen Grabeskirche ein Venustempel und auf dem ehemals jüd. Tempelplatz ein Iuppitertempel oder eine -statue errichtet. Am Forum – im Bereich der heutigen Grabeskirche – entstand ein Heiligtum für Aphrodite/Venus.

Das kollektive Gedächtnis hatte im 4. Jh. n.Chr. gerade diese Veränderungen weitgehend verdrängt und suchte die im Jahr 70 n.Chr. zerstörten Stätten des Leidens und Sterbens Jesu mitten in der röm. geprägten Stadt, wie man am Beispiel der *Via dolorosa* sehen kann. Sie führt von Betanien bzw. vom Garten Getsemane bis zur Grabeskirche. Der Verlauf der wohl berühmtesten Straße Jerusalems, die fromme Christen bis heute im Gedenken an den Leidensweg Jesu entlang ziehen, hält historischen Rückfragen nicht stand. Entscheidend für die Rekonstruktion der Streckenführung ist die Frage, wo das *Prätorium*, der Sitz des an der Hinrichtung beteiligten Präfekten Pontius Pilatus, lag. In frühchristl. Zeit wurde die *Via dolorosa* durch den Südteil der Stadt geführt. Nach der Niederlage der Kreuzfahrer kamen die Franziskaner als Hüter der heiligen Stätten in die Stadt. Sie führten nunmehr die lat. Pilger zu den Leidensorten Jesu. Durch die Franziskaner erhielt die *Via dolorosa* bereits im 13. Jh. ihre heutige Route, wobei diese das *Prätorium* an einem recht unwahrscheinlichen Ort – nördlich des Tempelplatzes – annahmen.[3]
Golgata, die Hinrichtungs- und Grablegungsstätte Jesu und damit der Endpunkt der *Via dolorosa*, muss sich z.Z. der Kreuzigung Jesu außerhalb der damaligen Stadtmauern Jerusalems befunden haben (so auch die Mitteilung Mk 15,20–47 parr). Trotz der stetig neu aufflammenden Diskussionen um den Verlauf der sog. 2. und 3. Nordmauer Jerusalems haben die Ausgrabungen von Kathleen M. Kenyon und Ute Wagner-Lux/Karel Vriezen übereinstimmend das Ergebnis erbracht,[4] dass das Gebiet der heutigen Grabeskirche im 1. Jh. n.Chr. noch nicht zum Stadtgebiet gehörte. Es ist außerdem gut vorstellbar, dass die Römer mit dem Bau des der Aphrodite/Venus geweihten Tripelheiligtums im Bereich der heutigen Grabeskirche gerade die christl. Tradition dieses Platzes vergessen machen wollten (Eus. v.C. 3,25–40). So spricht manches für diesen Bereich, nichts jedoch für das spezielle Grab, das erst im 4. Jh. n.Chr. lokalisiert wurde.

Die Identifizierung antiker Ortslagen ist traditionell ein wichtiger Zweig der Palästinaforschung. Die Identifikation schriftlich erwähnter historischer Stät-

---

[3] Zur Wegführung der *Via dolorosa* s. *A. Schönfelder*: Die Prozessionen der Lateiner in Jerusalem zur Zeit der Kreuzzüge, HJ 32, 1911, 578–597; *A. Storme*: The Way of the Cross. A Historical Sketch (The Holy Places of Palestine), Jerusalem ²1984; *A. Facchini*: Le processioni praticate dai fratri minori nei santuari di Terra Santa. Studio storico-liturgico, Kairo 1986 und *B. Pixner*: Die historische Via Dolorosa, in: *Ders.*: Wege des Messias und Stätten der Urkirche. Jesus und das Judenchristentum im Licht neuer archäologischer Erkenntnisse, Gießen 1991, 275–286. – Die frühchristl. Lokalisation des Prätoriums hatte den Hasmonäerpalast in der Nähe des herodianischen Tempels im Blick – eine Möglichkeit, die nicht völlig auszuschließen ist. Nach Flavius Josephus (ant. Iud. 17,254–268; bell. Iud. 2,41–54.277–279) und Philo von Alexandria (leg. 38) ist das Prätorium eher im Herodespalast nahe der sog. Davidszitadelle zu vermuten (Mk 15,1–19 parr). Eine überzeugende Argumentation zur Rekonstruktion des Passionsweges Jesu findet sich bei *Otto* 1980, 148–159.

[4] Grabung 1961f: *K. M. Kenyon*: Digging up Jerusalem, London 1974, 227ff; Grabung 1970–1974: *K. J. H. Vriezen*: Die Ausgrabungen unter der Erlöserkirche im Muristan, Jerusalem (1970–1974), Wiesbaden 1994, 23–52.291–296.

ten, Ortslagen und Landschaften stellt methodisch ein spezielles Problem dar, weil dabei Kenntnisse aus vielen literarischen und archäol. Quellen systematisch auszuwerten sind:

- Texte (z.B. biblische Texte, das Onomastikon des Eusebius, die Berichte von Pilgern und Handelsreisenden, Inschriften usw.),
- historische Karten und Bildträger (z.B. Straßenkarten aus röm. Zeit),
- Ausgrabungs- und Surveybefunde (z.B. Siedlungsabfolgen von Ausgrabungsstätten; Beziehungen von Siedlungen eines Gebietes untereinander) und
- traditionelle arabische Ortsnamen (Pionierarbeit durch E. Robinson).

Diese Aufzählung der wichtigsten zur Verfügung stehenden Quellen zeigt schon im Ansatz, wie problematisch das gesamte Unternehmen sein kann, selbst wenn jede dieser Quellen einer ihr angemessenen Quellenkritik unterzogen wird. Dabei ist auf die Datierung der in den historischen Quellen genannten topografischen Aussagen und deren Zuverlässigkeit Rücksicht zu nehmen. Außerdem muss stets mit der Abwandlung von Ortsnamen gerechnet werden, ebenso mit der Wanderung von Ortsnamen – wenn z.B. Einwohner ihre Siedlung verließen und sich an anderer Stelle neu ansiedelten. Widerstreitende bzw. sich gegenseitig bestätigende Aussagen zu speziellen Lokalisierungsvorschlägen von Ortslagen sind stets innerhalb des großen, historisch-topografischen Hypothesengebäudes miteinander abzuwägen.[5]

*Aufgaben der Biblischen Archäologie*

Die Biblische Archäologie hat nicht die Aufgabe, alt- oder ntl. Texte durch Ausgrabungen oder Oberflächenforschungen zu beweisen. Sicher hat man das im 19. Jh. anders gesehen. Die ursprüngliche Zielstellung der *American Palestine Exploration Society* lautete bei ihrer Gründung 1870: „... whatever goes to verify the Bible history as real, in time, place and circumstances, is a refutation of unbelief".[6] Und selbst in der zweiten Hälfte des 20. Jh. war die Devise „Forscher beweisen die historische Wahrheit" noch immer sehr populär.[7] Der theologische Gehalt der biblischen Überlieferungen ist jedoch mit den Methoden der Archäologie weder zu untermauern noch zu widerlegen.[8] „Die archä-

[5] Folgende Werke sollten bei Fragen nach der Identifikation von biblischen Ortsnamen neben den gängigen Bibelatlanten herangezogen werden: *Abél* [3]1967; *Aharoni* 1984; *D. Jericke*: Topographie des Alten Testaments, Wiesbaden (in Vorb.); *Z. Kallai*: Historical Geography of the Bible. Tribal Territories of Israel, Jerusalem/Leiden 1986; *J. Simons*: The Geographical and Topographical Texts of the Old Testament. A Concise Commentary in XXXII Chapters, Leiden 1959 und *G. A. Smith*: The Historical Geography of the Holy Land, Jerusalem [30]1966.

[6] Zitat nach *de Vaux* 1970, 67.

[7] *W. Keller*: Und die Bibel hat doch recht. Forscher beweisen die historische Wahrheit, Düsseldorf 1955.

[8] Vgl. die in *F. Crüsemann*: Alttestamentliche Exegese und Archäologie, ZAW 91, 1979, 177–193, hier 177 aufgeführten Hinweise auf theologiegeschichtlich relevante Problemstellungen – u.a. die gegensätzlichen Stellungnahmen von de Vaux 1970 („this spiritual truth can neither be proven nor contradicted") und *F. Delitzsch*: Die große Täuschung. Kritische Betrachtungen zu den alttestamentlichen Berichten über Israels Eindringen in Kanaan, die Gottesoffenbarungen vom Sinai und die Wirksamkeit der Propheten, Stuttgart 1921.

ol. Wahrheit über die Bibel" ist demzufolge durch die Archäologie ebenso wenig zu erheben.[9]
Das Interesse an Palästina und der biblischen Zeit verbindet die exegetische Wissenschaft und die Biblische Archäologie. Methodisch sind aber sowohl die Exegese als auch die Archäologie ihren jeweils eigenen Grundlagen verpflichtet. Die Biblische Archäologie ist keine Hilfswissenschaft der Bibelauslegung.[10] Nicht nur die Verschiedenheit ihrer Hauptquellen, sondern auch die ihres methodischen Instrumentariums machen den Wert und die Bedeutung ihrer jeweils eigenen Forschungen aus. Die übergeordneten Fragestellungen zwingen zur Kooperation.

Für die Bibelleser/-innen und Exegeten/-innen sind die Erkenntnisse der Biblischen Archäologie u.a. dort von besonderer Wichtigkeit, wo die biblischen Mitteilungen auf Vorstellungen basieren, die ihrer Leserschar damals wohlvertraut war. So werden ganz selbstverständlich Vorstellungen vom Ackerbau in ntl. Zeit, von der Viehzucht, vom Handel (→2.3.3 und 2.3.4) und der politischen, kulturellen wie religiösen Situation vorausgesetzt oder in kurzen Worten angedeutet. Heute sind sie den Lesern/-innen nicht nur fremd, sondern die Unkenntnis über die damalige Situation verführt dazu, Vorstellungen und Wertmaßstäbe der modernen Welt fälschlich in die biblische Argumentation mit einzutragen.
Auch die Geographie, Handelswege, Maße und Gewichte sowie der religiöse Festkalender (→3.3.2.1) und die klimatische Jahresfolge sind modernen Vorstellungen nicht geläufig. Aus diesem Grund geht es der Biblischen Archäologie um die Erläuterung der Umwelt der Bibel im weitesten Sinne. Einige ihrer Arbeitsfelder mit Bezug auf das NT sollen im Folgenden kurz angedeutet werden:

1. Ein weites Feld biblisch-archäol. Arbeit bezieht sich auf die Identifikation und Erklärung von Realien (Häuser, Arbeitsgeräte, Maße u.a.) auf deren Beschreibung, Funktion und soziale bzw. gesellschaftliche Bedeutung (→2.2.1.1 und 2.4.1).

Einfache Häuser (bes. auf dem Land) besaßen oft nur einen Hauptraum, der von einem Licht auszuleuchten war (vgl. Mt 5,15) und in dem die ganze Familie nächtigte (vgl. Lk 11,5–7). Solche Häuser waren mit Schilf, Lehm, Heu und Zweigen gedeckt (vgl. Mk 2,4). Repräsentative Stadthäuser hatten häufig ein zweites Geschoss (vgl. Apg 1,13), wie man das auch aus den vom Vesuv verschütteten Städten Herculaneum und Pompeii kennt und in Stadtgrabungen Palästinas nachweisen kann.

---

[9] So der äußerst unglücklich gewählte Untertitel von *I. Finkelstein/N. A. Silberman*: Keine Posaunen vor Jericho. Die archäologische Wahrheit über die Bibel, München 2002.

[10] Die Biblische Archäologie ist grundsätzlich nicht auf die biblische Epoche oder auf biblisch relevante Themen im Sinne einer zweckorientierten „Bibelarchäologie" beschränkt. Sie steht vielmehr für eine egalitäre, interdisziplinäre Zusammenarbeit aller beteiligten Wissenschaften auf der Basis der ihnen je eigenen Methoden und der Maßgabe der Unbegrenztheit ihrer Fragestellungen. Vgl. dazu auch *J. Zangenberg*: Archäologie und Neues Testament, ZNT 13, 2004, 2–10.

2. Die kulturelle Situation wird beleuchtet (z.B. durch Bildträger →2.6.1, Wandmalereien und Schmuck →2.2.1.8).

3. Die ökonomische Situation lässt sich aus verschiedenen Befunden und Funden erklären.

Palästina war seit jeher ein agrarisches Land, in dem Ackerbau und Viehzucht dominierten. Überschussproduktion wurde durch Wein, Öl und in den Ebenen auch mit Getreide erwirtschaftet. Das NT spielt mehrfach auf die vom Großgrundbesitz geprägte Situation der Landwirtschaft (→2.3.4) an (Mk 12,1–9; 13,34f; Lk 16,1–8; 12,42f, vgl. die Zenon-Papyri). Die Landnutzung und die klimatischen Voraussetzungen werden von der Biblischen Archäologie erforscht. Die Osteologie bearbeitet außerdem die Bereiche Tierhaltung, Fischfang und Jagd und untersucht aufgefundene Knochen mit Bezug auf ihre archäol. Kontexte (z.B. Funde in Wohnbereichen oder im rituellen Umfeld).

Außerdem interessieren technische Möglichkeiten, z.B. im Handwerk, beim Bergbau, bei wasserbaulichen Anlagen und im Bereich der Schifffahrt (→2.4.2.1 und 2.4.2.2). Auch Aussagen über den Handel (Exporte) und über das Finanzsystem (→1.3.4.3) werden angestrebt.

Viele handwerkliche Techniken wurden über alle Zeiten hinweg im familiären Kontext ausgeführt, wie z.B. das Spinnen, Nähen, Weben, Korbflechten sowie das Backen und Kochen. Archäologisch werden sie durch Spinnwirtel, Nähnadeln, Webgewichte, Öfen u.a. nachgewiesen. Andere Tätigkeiten legten eine gemeinschaftliche Nutzung von Installationen nahe, z.B. das Worfeln, das Weinkeltern und das Ölpressen. Parallel zur familiär getragenen Arbeit wurden viele Tätigkeiten in städtischen Zentren und im Bereich der Königs- oder Tempelwirtschaft in Werkstätten und Küchen ausgeführt. Beim Gerben und Walken, bei der Tischlerei, Töpferei und der Schmuckherstellung lag aufgrund der zu erwartenden Fertigkeiten und Fähigkeiten sowie der benötigten Arbeitsmittel die Spezialisierung einzelner Gruppen auf ein entsprechend qualifiziertes Handwerk nahe. Ähnliches gilt für die Herstellung von Salben und das Sammeln von Heilkräutern. Die Handwerker verfügten über ein verschieden reproduzierbares Know-how und besaßen daher in ihrer Gesellschaft ein unterschiedliches Renommee.

Die erste Beschreibung des Bergbaus in Palästina stammt von Eusebius, der das schreckliche Los der während der Christenverfolgung hier zwangsweise arbeitenden Christen beschrieb.[11]
Zentren der Unterwasserarchäologie Palästinas sind Caesarea Maritima und Dor.

Der zur Zeit Herodes' d. Gr. angelegte Hafen von Caesarea Maritima verdeutlicht die Ausrichtung der Herrscher Palästinas nach Westen. Der Ort wurde inzwischen an wichtigen Stellen, insbes. im Hafenbereich, archäologisch erforscht.

---

[11] Ausführlich zitiert bei *W. Geerlings*: Zum biblischen und historischen Hintergrund der Bergwerke von Fenan in Jordanien, Der Anschnitt 37, 1985, 159f. Dort wird auch die Äußerung von Bischof Athanasius von Alexandria (295–373 n.Chr.) erwähnt, der von der Verbannung des Subdiakons Eutychios in ein Bergwerk berichtet, „und zwar nicht einfach in ein Bergwerk, sondern in das von Fenan, wo auch ein verurteilter Mörder nur wenige Tage leben kann" (ebenda 160). – Das Deutsche Bergbau-Museum in Bochum untersuchte maßgeblich den historischen Bergbau von Fenan (Jordanien) und Timna (Israel).

Für die nicht nur auf Meere, sondern ebenso auf Seen und Flüsse spezialisierte Unterwasserarchäologie ist in Israel der See Genezareth von besonderem Interesse. Im Kibbuz Ginosar wird der Rumpf eines Fischerbootes (erstes vor- bis nachchristl. Jh.) gezeigt.

Die Technikgeschichte versucht auf der Basis archäol. (Be-)Funde, textlicher Überlieferungen und ethnologischer Vergleiche die Verfahren zur Herstellung von Artefakten in der Prähistorie und der Antike zu ergründen. Die experimentelle Archäologie vollzieht die technikgeschichtlichen Theorien nach und prüft diese auf ihre Plausibilität.

4. Aussagen über die Sozialstruktur einer Gesellschaft sind u.a. aus dem Aufbau von Siedlungen, aber auch aus dem Siedlungsmuster von Landschaften zu erheben. Diese werden durch Informationen aus schriftlichen Quellen der ntl. Zeit (z.B. Flavius Josephus →1.3.2.6) ergänzt.

5. Die politische Situation (zur Zeit Herodes' d. Gr., seiner Söhne und der röm. Prokuratoren) wird eindrücklich durch das Bauprogramm der jüd. Herrscher ausgedrückt: Bet-Schean/Skythopolis, Caesarea Maritima, Samaria/Sebaste, Tiberias am See Genezareth, Caesarea Philippi und Betsaida/Julias zeigen in ihrer Anlage (Theater, Amphitheater, Hippodrome, Foren, Bäder, Tempel für den Kaiser bzw. heidnische Gottheiten) und oft auch durch ihre Namensgebung die Abhängigkeit der Oberschicht Judaeas von den röm. Machthabern, aber auch die selbstverständliche Ausrichtung weiter Teile der Bevölkerung Palästinas auf das röm.-gr. Lebensgefühl, auf Geist und Sitte des *Imperium Romanum* – und dies gewiss nicht allein in den freien Städten der Dekapolis (→2.2.7.3).

Die dem Selbstschutz dienenden Fluchtburgen Herodes' d. Gr. – bes. das Herodeion bei Betlehem, Masada und Machaerus – bezeugen den geringen Rückhalt des Herrschers im eigenen Volk. Mit den röm. Belagerungsbauten um Machaerus und Masada sind Zeugnisse des schicksalhaften Kampfes der Aufständischen des ersten Jüdischen Krieges gegen die röm. Übermacht erhalten (→1.4.4.2).
Der zwischen 22 und 10 v.Chr. gegründete Haupthafen Caesarea Maritima des judäischen Königtums diente als administrative Hauptstadt des Landes. Der Ort war aufgrund seiner Lage (schnelle Verbindung zu Rom und allen Mittelmeerhäfen; Nähe zur *Via maris*, die von Ägypten kommend Palästina mit Syrien und Mesopotamien verband) und seiner reichen Ausstattung auch Sitz der Präfekten der Provinz *Iudaea*. Dieser soziale und religiöse Brennpunkt *Iudaeas* wurde nicht ohne Grund zum Ausgangspunkt der Revolten gegen die Römer im Jahr 66 und 132 n.Chr.

6. Das Bild von der religiösen Situation wird einerseits vom herodianischen Tempel geprägt, der in vielfältiger Weise aus den wenigen erhalten gebliebenen oder erkennbaren Resten (Umfassungsmauer) rekonstruiert wird, als auch durch verschiedene Synagogenfunde und Bildträger (z.B. Mosaikfußböden und Münzprägungen). Zusätzlich haben wir Nachrichten über religiöse Gruppierungen aus dem Umfeld der ntl. Zeit (bes. Flavius Josephus und Philo von Alexandria →1.3.2.5), nicht zuletzt aber durch die unverhofften Funde bei Khirbet Qumran und im Wadi Murabba'at am Westufer des Toten Meeres.

Die Fragmente atl. Schriftrollen aus den Höhlen von Qumran (→3.1.3.3) sind die mit Abstand ältesten Zeugnisse der hebräischen Textüberlieferung und eröffnen einen grundlegenden Zugang zur Textgeschichte des AT vor der Kanonisierung des um etwa 100 n.Chr. in seinem Umfang und Bestand festgelegten atl. Konsonantentextes.
Die Schriften geben einen einzigartigen und vielgestaltigen Einblick in das religiöse Leben und Denken, das Schicksal und die Hoffnungen der jüd. Gemeinschaft in der Zeit vor der und um die Zeitenwende.

*Fazit*

Durch die Arbeit der Biblischen Archäologie bekommt die Exegese einen Zugang zum Alltag, in dem die Schreiber biblischer Texte lebten und auch ihre Adressaten fanden. Nicht nur herausgehobene Ereignisse, die Schriftsteller uns überlieferten, sondern auch das kulturelle Umfeld des NT wird auf diese Weise greifbar. Das ermöglicht der exegetischen Forschung ein umfassenderes Verständnis der ursprünglichen Aussageabsicht ntl. Texte.

*Literatur*

*F.-M. Abél*: Géographie de la Palestine, I. Géographie physique et historique, II. Géographie politique, Paris ³1967. – *Y. Aharoni*: Das Land der Bibel. Eine historische Geographie, Neukirchen-Vluyn 1984. – *R. de Vaux*: On Right and Wrong Uses of Archaeology, in: *J. A. Sanders* (ed.): Near Eastern Archaeology in the Twentieth Century. Essays in Honor of N. Glueck, Garden City 1970, 64–80. – *W. G. Dever*: Biblical Archaeology. Death and Rebirth, in: *A. Biran* (ed.): Biblical Archaeology Today, Jerusalem 1993, 706–722. – *Ders.*: What Did the Bible Writers Know and When Did they Know it? What Archaeology Can Tell Us about the Reality of Ancient Israel, Grand Rapids 2001. – *H. J. Franken*: The Problem of Identification in Biblical Archaeology, PEQ 108, 1976, 3–11. – *S. Hansen*: Anmerkungen zur »Theoriediskussion« in der Prähistorischen Archäologie, in: *S. Altekamp* u.a. (Hgg.): Posthumanistische Klassische Archäologie. Historizität und Wissenschaftlichkeit von Interessen und Methoden, Kolloquium Berlin 1999, München 2001, 113–125. – *P. J. King*: The Contribution of Archaeology to Biblical Studies, CBQ 45, 1983, 1–16. – *E. Otto*: Jerusalem – die Geschichte der Heiligen Stadt. Von den Anfängen bis zur Kreuzfahrerzeit, Stuttgart 1980. – *N. A. Silberman/D. Small*: The Archaeology of Israel. Constructing the Past, Interpreting the Present, Sheffield 1997. – *D. Vieweger*: Archäologie der biblischen Welt, Göttingen 2003. – *G. E. Wright*: Biblical Archaeology, Philadelphia ²1962. – *Ders.*: What Archaeology Can and Cannot Do, BA 34, 1971, 70–76. – *J. Zangenberg*: Archäologie und Neues Testament. Denkanstöße zum Verhältnis zweier Wissenschaften, ZNT 13, 2004, 2–10.

# 1.4 Historische Kontexte

## 1.4.1 Das Imperium Romanum von der Republik zum Prinzipat

### 1.4.1.1 Die äußere Entwicklung (*Karl Leo Noethlichs*)

*Stellen im NT*
Mt 2; 22,15–22; 27,2.11–26; Mk 15,1–15; Lk 2,1–5; 3,1f; Joh 18,28–19,22.38; Apg 2,9–11; 12,1–23; 18,1f.12.23–26.32; Offb 1,4; 2,1–3,22; 17,1–18

*Der ager Romanus vom Ende des 2. Punischen Krieges bis zum Bundesgenossenkrieg (241–89 v.Chr.)*
Im Jahr 241 v.Chr., am Ende des 1. Punischen Krieges, erreichte der *ager Romanus*, das eigentliche Staatsgebiet Roms, mit der Schaffung der beiden letzten *tribus* rechtlich seine endgültige Form (Liv. perioch. 19). Jeder röm. Bürger war in eine solche Tribus eingeschrieben, von denen es jetzt 35 gab und deren Zahl künftig nie mehr verändert werden sollte. Die Aufgabe einer Tribus bestand im Einsammeln der Steuern (*tributum*) und in der Durchführung der jährlichen Aushebungen. Tatsächlich vergrößerte sich das Staatsgebiet jedoch auch in der Folgezeit durch die Einbeziehung des Privatlandes (*ager privatus*) in die Tribusorganisation und durch Ausweitung und Teilung bestehender *Tribus*. Dies bedeutete allerdings den Abschied von einem geschlossenen Staatsterritorium. Diese Mischung aus röm. und nichtröm., also peregrinen Gebieten bedingte wohl auch, ebenfalls um 241 v.Chr., die Einrichtung eines besonderen Magistraten für die Rechtsprechung unter Fremden in Rom: Neben den *praetor urbanus*, der die Prozesse unter Römern leitete, trat nun der *praetor peregrinus* für Verfahren, an denen Nichtrömer beteiligt waren (Liv. perioch. 19; Pompon. dig. 1,2,2,28). Erst nach dem Bundesgenossenkrieg 91–89 v.Chr. gewann der *ager Romanus* wieder eine zusammenhängende Form, als man nach größeren Schwierigkeiten um 87 v.Chr. die *socii* in die 35 *Tribus* aufnahm, deren Zahl also auch jetzt nicht erhöht wurde (Liv. perioch. 80; App. civ. 1,53). Bis dahin bestand Mittel- und Süditalien neben dem *ager Romanus* aus Halbbürgergemeinden, d.h. Gemeinden, die in Rom kein Stimmrecht hatten (*civitates sine suffragio*), aus den *municipia* der Verbündeten (*socii*) und peregrinen (u.a. auch gr.) Gemeinden (→2.2.7.1). Die *socii*, die im Inneren Autonomie genossen, aber Heereskontingente zu stellen hatten, waren durch verschiedene Verträge (*foedera aequa* oder *iniqua*) an Rom gebunden bzw. von Rom abhängig, ohne dass es vertragliche Querverbindungen untereinander gab. Innerhalb dieses *ager Romanus* gab es rechtlich nur eine wirkliche *civitas*, nämlich Rom. Die Sicherung der röm. Herrschaft erfolgte hier durch verschiedene Maßnahmen: In Latium und Kampanien durch Anlage von *coloniae* bzw. *municipia civium Romanorum*, also durch die Entsendung röm. Bürger in Städte außerhalb Roms, aber auf röm. Gebiet, wobei der Bezug zu Rom immer erhalten blieb. In den entfernteren Gebieten geschah dies durch sog. „Latinische Gemeinden" (*coloniae Latinae*). Sie stellten die einzige Form des republikanischen Rom dar, so etwas wie Territorialherrschaft zu etablieren.

Hier ging es nicht um ein bestimmtes konkretes Stadtrecht, sondern um ein künstliches, an einen Stadttyp gebundenes. Mit diesen *coloniae Latinae* griff Rom sogar über den Po auf die *Transpadana* über (Mailand, Placentia, Cremona). Bei Übersiedlung solcher Latiner nach Rom lebte das röm. Bürgerrecht wieder auf.
Nach 89 v.Chr. war also die Stadt Rom über ganz Italien vom Po bis Kalabrien vergrößert. Alle freien Bewohner hatten das röm. Bürgerrecht und brauchten keine regelmäßigen Steuern zu zahlen.

*Der Beginn römischer Provinzialherrschaft*
Die röm. Herrschaftsform der „Provinzialverwaltung" (→1.4.1.2) entstand nach der Eroberung der ersten außeritalischen Gebiete Sizilien und Sardinien/Korsika um 227 v.Chr. (s.u.). Der Begriff *provincia*, eigentlich eine Bezeichnung für den Aufgabenbereich jedes Magistraten, erhielt seine territoriale Bedeutung im Zusammenhang der Neugestaltung dieser außeritalischen Herrschaftsformen. Solche Gebiete ließen sich nicht mehr unmittelbar von Rom aus verwalten. Daher schickte man einen Vertreter des röm. Volkes mit militärischer Befehlsgewalt (*imperium*), einen *praetor*, dorthin. So entstand die Provinzialadministration, die, weil eine Herrschaft über Nichtrömer, von vorn herein auf das Prinzip der *Kollegialität*, d.h. auf die Besetzung eines Amtes mit mindestens zwei Personen, verzichtete. Nach Ende der Amtszeit bestand allerdings für die Provinzialen die Möglichkeit, über einen röm. Patron den ehemaligen Statthalter in Rom anzuklagen. Wenn man die Theorie des Juristen Gaius aus dem 2. Jh. n.Chr. (Gaius inst. 2,7) auch schon auf diese Zeit anwenden darf, so galt eine „Provinz" als Eigentum des röm. Volkes. Die dortigen Bewohner hatten lediglich ein „Besitz"- oder „Nutzungsrecht" (*possessio* bzw. *ususfructus*). So wurden dann die Steuern, das *tributum*, begründet (→2.3.1). Deren Einziehung geschah durch besondere Steuerpächter (*publicani*), deren korruptes Zusammenspiel mit dem Statthalter zu vielfältigen Problemen der Ausbeutung und zu manchem Prozess in Rom gegen ehemalige Statthalter führte. Dabei galt für jede einzelne Provinz eine besondere *lex provinciae*, weil Rom durchaus auf die Besonderheiten einer jeden Region Rücksicht zu nehmen bereit war.
Für die röm. Ausbreitung außerhalb Italiens gibt es kein einheitliches Motiv. Es muss von Fall zu Fall geprüft werden, ob Rom „imperialistisch" handelte, d.h. bewusst darauf aus war, seine Macht zu verbreitern, oder in etwas hineingezogen wurde, dessen Folgen die Römer nicht übersehen konnten. Wir haben es im Folgenden mit einer Mischung aus diesen beiden Motiven zu tun, und nur ein einziges Mal, nämlich 196 v.Chr. mit der „Freiheitserklärung Griechenlands", schien Rom auf weitere Eroberungen dort verzichten zu wollen, wenngleich das nicht lange anhielt.
Für die einzelnen Schritte der Expansion gibt es als besondere Quelle die *fasti triumphales* (A. Degrassi, Inscr. Italiae XIII). An diesem, unter Augustus neu verfassten Verzeichnis der röm. Triumphe lassen sich bequem die Stationen der Ausbreitung ablesen, wenngleich es nur lückenhaft erhalten und der Anfang interpoliert ist. In dieser Sicht erscheint die röm.-republikanische Geschichte als eine dichte Abfolge von Kriegen, von denen einer auf den anderen folgt, z.T. auch mehrere nebeneinander geführt wurden.

*Die römische Expansion bis zum Jahr 133 v.Chr.*

Nach dem 1. Punischen Krieg, einer Phase relativer Ruhe, gekennzeichnet allerdings durch die Annexion von Sardinien und Korsika, wurde Rom um 229 v.Chr. in den 1. Illyrischen Krieg gegen die Königin Teuta, Tochter des Agron, verwickelt. Dies bedeutete eine erste Orientierung nach Osten. Die Triumphalfasten verzeichnen für 228 einen Seesieg über die Illyrer. Die Römer nutzen die Gelegenheit, Gesandtschaften zu den Ätolern, Achäern, Athenern und Korinthern (→2.2.7.3) zu senden, wobei sie von den letzteren zu den „Isthmischen Spielen" zugelassen werden (Polyb. 2,12). Ab jetzt beginnt die angeblich „trojanische" Abstammung der Römer eine Rolle zu spielen (Polyb. 2,12,8).

Um 227 v.Chr. scheint dann die eigentliche Phase röm. Provinzverwaltung zu beginnen: Sizilien, Sardinien und Korsika kommen unter die Aufsicht von Prätoren und werden *provinciae*: Liv. perioch. 20; Sol. 5,1; Pompon. dig. 1,2,2,32; Zon. 8,19.

Im Norden Italiens taucht inzwischen ein neuer Kriegsgegner auf, die Kelten. Nach Polybios (2,24) verfügte Rom damals mit seinen verschiedenen Bundesgenossen insgesamt über mehr als 700.000 Fußsoldaten und ca. 70.000 Reiter. In den Jahren 228–218 v.Chr. wurde das Gebiet bis zum Po mit Ligurien in wechselvollen Kämpfen schließlich unterworfen, nördlich des Po Städte gegründet und das Gebiet durch die *via Flaminia* erschlossen.

218 v.Chr. bricht dann der 2. Punische Krieg aus, dessen Gründe im Dunkeln liegen: Verletzung des sog. „Ebrovertrages" oder die karthagische Eroberung des südlich des Ebro gelegenen Sagunt? Die Kriegserklärung ging von Rom aus. Der für die Römer zunächst unglückliche Verlauf ist gekennzeichnet durch die Verbindung Hannibals mit Philipp V. von Makedonien. Eine effektive Zusammenarbeit beider wird vor allem durch die Standfestigkeit der röm. Bündner verhindert, so dass es 205 v.Chr. zum Frieden von Phoinike mit Makedonien kommt, wo im Wesentlichen der *status quo* festgeschrieben wird. Die jetzt auf Kleinasien verlagerten Aktivitäten des Makedonenkönigs führen aber erneut zum Krieg mit Rom, der 197 v.Chr. mit der Schlacht von Kynoskephalai und 196 mit der denkwürdigen „Freiheitserklärung Griechenlands" durch T. Quinctius Flamininus und dessen dreitägigem Triumph in Rom 194 endet (Polyb. 18,46,5; Liv. 33,32f; Plut. Flam. 10f; App. Mac. 9,4). In Smyrna wird unterdessen erstmals ein Tempel zur Verehrung der *Roma* eingerichtet (Tac. ann. 4,56).

Eine neue Situation ergibt sich im Osten ab 192 v.Chr. durch den Zug des Antiochos III. nach Griechenland. Er will das dort nach Besiegung der Makedonen entstandene Machtvakuum ausnützen. Nach dem röm. Sieg bei den Thermopylen 191 v.Chr. setzen die Truppen nach Kleinasien über und überwintern erstmals auf kleinasiatischem Boden. Ende 190 oder Anfang 189 v.Chr. siegen die Römer bei Magnesia; die Triumphalfasten nennen für 189 und 188 jeweils Siege über „Asia" und den König Antiochos. 187 v.Chr. sind die Truppen wieder in Italien.

Den verstärkten östlichen Einfluss auf Rom zu dieser Zeit zeigt der „Bacchanalienskandal" vom Jahr 186 v.Chr. mit dem *senatūs consultum de Bacchanalibus*, das die Ausübung solcher Praktiken ganz eng begrenzt (CIL $I^2$ 581; Liv. 39,8–19, →3.1.2).

Zum Jahr 182 v.Chr. findet sich der älteste Beleg für die Römer als „gemeinsame Wohltäter“ in einem Beschluss der Amphiktyonen von Delphi (SIG[3] 630, Z. 17f).
Ab 171 v.Chr. sind die Römer erneut in Griechenland und kämpfen gegen den Makedonenkönig Perseus, den Sohn Philipps V. Nach dem röm. Sieg bei Pydna 168 v.Chr. wird Makedonien viergeteilt, aber vorerst keine direkte Herrschaft ausgeübt.
Unmittelbar nach Pydna weist der röm. Unterhändler C. Popillius Laenas in Eleusis bei Alexandria den Seleukiden Antiochos IV. Epiphanes in seine Schranken und zwingt ihn, Ägypten zu verlassen, in das er eingefallen war („Tag von Eleusis“). Antiochos wendet sich darauf gegen die Juden, um ihnen ein „Hellenisierungsprogramm“ aufzuzwingen, wobei er von bestimmten jüd. Kreisen unterstützt wird. Das löst den Makkabäeraufstand aus (→1.4.4.1).
Ab 154 v.Chr. brechen neue Kriege in Spanien aus, die es dort mit Unterbrechungen seit Beginn des 2. Jh. gab. Die Aufständischen erhalten seit 147 v.Chr. einen effektiven Führer in Viriathus, der allerdings 139 ermordet wird. Die Aufstände gehen aber weiter bis zur Eroberung Numantias 133 v.Chr. Bis ca. 150 v.Chr. gibt es nur vier Provinzen: *Sicilia*, *Sardinia et Corsica*, *Hispania Citerior* und *Hispania Ulterior*. Das restliche Gebiet wird von befreundeten Klientelfürsten indirekt verwaltet.
Das ändert sich 146 v.Chr. mit der Niederschlagung des achäischen Aufstandes und der Zerstörung von Korinth (→2.2.7.3). Im selben Jahr wird der 3. Punische Krieg mit der Vernichtung von Karthago beendet. *Macedonia* und *Africa* werden Provinzen.
In der Folgezeit brechen verschiedene Sklavenaufstände im röm. Reich aus: 143 v.Chr. in Griechenland (Liv. perioch. 53; Eutr. 4,15; Varro rust. 2,4,1), 136–132 und 104–101 v.Chr. auf Sizilien (Liv. perioch. 56; Diod. 34/5,2,18; 36,3,1–7,1), 134/3 in Pergamon, das 133 v.Chr. nach dem Tode des Attalos III. testamentarisch an Rom fällt und als Provinz Asia eingegliedert wird. Zwischen 125 und 121 v.Chr. kommt Gallia Narbonnensis als neue Provinz hinzu. Sie schafft eine Landverbindung von Italien nach Spanien und wird durch die *via Domitia* erschlossen. Nach dem Ende des Jugurthinischen Krieges in Nordafrica (111–105 v.Chr.) durch Marius, der 107 zum ersten Mal Konsul ist, wird dieser in den Jahren 104–100 v.Chr. jährlich zum Konsul gewählt. Grund sind die Kimbern und Teutonen seit der röm. Niederlage bei Arausio 105 v.Chr., die schließlich 102 und 101 besiegt werden können (Liv. perioch. 67; Flor. epit. 1,38,4; Cass. Dio Frg. 91,1–4; Oros. hist. 5,16,1–7). 96 v.Chr. fällt die Kyrenaika durch Testament des Ptolemaios Apion, eines illegitimen Sohnes Ptolemaios' VIII., an Rom, wird 74 v.Chr. als Provinz eingerichtet und zusammen mit Kreta verwaltet.

*Die Verschränkung innen- und außenpolitischer Probleme bis zur Ausbildung des augusteischen Prinzipats*

Ab 133 v.Chr. gerät die röm. Innenpolitik aus den Fugen. Die prinzipielle Gleichheit der politischen Ziele der Führungsschicht löst sich auf, die Methoden der Durchsetzung ändern sich. Der Senat spaltet sich in die „Optimaten“, so die Selbstbezeichnung der einen Gruppe, und die „Popularen“, sog. wegen ihrer Methode, sich zur Durchsetzung ihrer Programme des *concilium plebis*,

der Versammlung der Plebs, zu bedienen. Die ursprünglich inhaltlichen Unterschiede gehen dabei gänzlich verloren. Außenpolitisch gibt es erneut Unruhen im Osten: Mithradates VI. von Pontos und sein Schwiegersohn, Tigranes von Armenien, lassen angeblich 80.000 Römer in Kleinasien ermorden (→1.4.2.1). Mithradates besetzt anschließend die ägäischen Inseln und Griechenland. Der gegen ihn eingesetzte Sulla schließt 85 v.Chr. mit ihm einen Frieden auf der Grundlage des *status quo* (Friede von Dardanos), zieht nach Rom und erobert es im Frühjahr 83 v.Chr. Unter dem Titel *dictator legibus scribundis et rei publicae constituendae* führt er eine Reihe verschiedener „Reformen" durch. Für die Provinzverwaltung wird die Anzahl der Prätoren auf 8 erhöht, so dass jetzt für alle 10 Provinzen Statthalter in Form von ehemaligen Prätoren bzw. Konsuln als *proconsules* bzw. *propraetores* zur Verfügung stehen, und zwar für *Sicilia*, *Sardinia et Corsica*, *Hispania Citerior*, *Hispania Ulterior*, *Macedonia*, *Africa*, *Asia*, *Gallia Narbonensis*, *Cilicia* und *Gallia Cisalpina*.
Erneute Unruhen gab es ab 75/4 v.Chr. im Osten: Nikomedes IV. Philopator von Bithynien hatte testamentarisch sein Reich den Römern vermacht, eine zunehmend beliebtere Methode, sein Territorium dem Zugriff der Nachbarn zu entziehen. Mithradates und Tigranes waren aber nicht bereit dies anzuerkennen, so dass Rom für sein testamentarisches Erbe zu kämpfen gezwungen war. Hier kam die große Stunde des Pompeius. Sein außerordentliches Kommando zunächst gegen die Seeräuber 67 v.Chr. (*lex Gabinia*) und dann 66 v.Chr. gegen Mithradates (*lex Manilia*) führte zu einer Neuordnung des Ostens. 64 v.Chr. konnte Pompeius die neuen Provinzen *Syria* und *Bithynia et Pontus* einrichten. Die restlichen Gebiete wurden in Form von Klientelstaaten von Rom indirekt beherrscht. Darunter fiel auch Judäa, wo Pompeius als Schiedsrichter in einen inneren Streit hineingezogen wurde. Seitdem war Judäa von Rom abhängig, wenn auch zunächst nur indirekt (→1.4.2.1; 1.4.4.1).
Probleme mit der Veteranenversorgung des Pompeius führten zum sog. 1. Triumvirat mit Crassus und Caesar, der nach seinem Konsulat 59 v.Chr. eine insgesamt 10-jährige Statthalterschaft in Gallien antrat. Inzwischen fiel Crassus 53 v.Chr. im Osten bei Carrhae gegen die Parther, dem Dauergegner Roms an der Euphratfront. Die Wirren um Caesars Status nach Ablauf seiner gallischen Statthalterschaft führten am 7. Januar 49 v.Chr. zu seiner Absetzung, worauf Caesar in der Nacht vom 11. zum 12. Januar den Grenzfluss Rubicon, der den *ager Romanus* von der *Transpadana* trennte, überschritt und damit den Bürgerkrieg eröffnete. Ein Teil des Senats setzte sich mit Pompeius nach Griechenland ab. Caesar unterwarf zuerst Spanien, ging dann nach Osten (Dyrrhachium, Pharsalos) und siegte über Pompeius, der bei seiner Flucht in Alexandria ermordet wurde. Caesar hatte nun gegen Teile Ägyptens zu kämpfen, wobei er effektive Unterstützung vor allem durch die Juden erhielt, was er ihnen bis zu seinem Lebensende gedankt hat. Die damals ausgesprochenen Privilegierungen für Hyrkan II., für dessen Feldherrn Antipater und für die Juden in Judaea generell haben fast alle seine Nachfolger dann prinzipiell übernommen und auf das Diasporajudentum des röm. Reiches ausgedehnt (→1.4.5).
Aus den Bürgerkriegen um Caesars Erbe ging schließlich sein Adoptivsohn Octavianus als Sieger hervor, der am 16. Januar 27 v.Chr. den Beinamen „Augustus" (mit *augere* und *augurium* zusammenhängend) erhielt und damit in

die Sphäre des Göttlichen versetzt wurde. Schon vorher konnte er sich als „Sohn des vergöttlichten (Caesar)“ (*divi filius*) bezeichnen, nachdem er seinen Adoptivvater (43? 42? 39/8? v.Chr.) hatte divinisieren lassen. Außer Romulus gab es dafür keinerlei Vorbild. Dem entsprechen auch die Anfänge eines „Kaiserkultes“ in Kleinasien in Form von Tempeln zu Ehren des Octavianus/Augustus, z.T. gekoppelt mit der Verehrung der Roma (→3.3.4). Außenpolitisch war die Zeit des Augustus im Westen durch Eroberungen in Spanien, Gallien, Germanien und dem Alpenraum gekennzeichnet. *Raetia* wurde direkt von Rom verwaltet, *Noricum* und *Moesia* wurden röm. Klientelstaaten. Die Versuche, die Gebiete östlich des Rheines zu erobern, blieben letztlich erfolglos (Niederlage des Varus 9 n.Chr.).

*Von Tiberius bis Traian (14–117 n.Chr.)*
Auch unter dem Nachfolger Tiberius (14–37 n.Chr.) stellten sich keine dauerhaften rechtsrheinischen Erfolge ein. Unter Tiberius wurde Jesus von Nazareth gekreuzigt. Neben den Evv berichtet darüber auch Tac. ann. 15,44.
Der Nachfolger des Tiberius, Gaius/Caligula (37–41 n.Chr.), verwandelte einige Provinzen in Klientelkönigtümer zurück: U.a. wurde Agrippa I., der Enkel Herodes d. Gr., König von Judäa. Es ist der in Apg 12 erwähnte „Herodes“ (Agrippa I.), der 44 n.Chr. starb.
Claudius (41–54 n.Chr.) hingegen gab zahlreichen Klientelkönigtümern wieder den Provinzialstatus. Auch *Iudaea* erhielt nach dem Tode des Agrippas I. nun einen ritterlichen Statthalter (wie in den Jahren 6–41 n.Chr.), der nun den Titel *procurator* führte (statt *praefectus*) und weiterhin der Provinz Syrien unterstellt blieb.
Nero (54–68 n.Chr.), Nachfolger des Claudius, war kein Eroberertyp. Seine künstlerischen Ambitionen und die Bewunderung für die Griechen führten am 28. November 67 n.Chr. zur „Freiheitserklärung“ Griechenlands ($SIG^3$ 814), die im Wesentlichen Abgabenfreiheit bedeutete. Nach einigen Versuchen, das Armenienproblem zu lösen, kam ein Kompromiss zustande: Armenien wurde röm. Vasallenstaat unter einer parthischen Dynastie. Tiridates, Bruder des Partherkönigs Vologaeses I., ließ sich in Rom von Nero krönen, den er als lebenden Gott verehrte (Cass. Dio 62/63,5,2; →3.3.4).
66 n.Chr. brach der jüd. Aufstand los, der zum außerordentlichen Kommando des Vespasian führte und erst 72 oder 73 n.Chr. mit dem Fall von Masada beendet werden konnte.
Kaiser Vespasian (69–79 n.Chr.), dem der jüd. Geschichtsschreiber Josephus (→1.3.2.6) das Kaisertum prophezeit hatte, galt als wundertätig (→3.2.6). Tacitus (hist. 4,81) berichtet von Blinden- und Lahmenheilungen. Vespasian zeichnete sich durch einen rigorosen Sparkurs aus. Drei Spezialkassen zur Erhöhung der Staatseinkünfte wurden eingerichtet, darunter der *fiscus Iudaicus*, in den jeder männliche und weibliche Jude wohl ab 3 Jahren eine Doppeldrachme (= ½ Schekel) pro Jahr zu zahlen hatte (→1.3.4.3). Unter Domitian (81–96 n.Chr.) ist außenpolitisch die Auflösung der Klientelkönigtümer Kommagene und Kleinarmenien bemerkenswert: Kommagene (mit einer neuen *legio XVI Flavia Firma*) wird der Provinz *Syria* zugeschlagen, Kleinarmenien und Galatien (mit der neuen *legio XII Fulminata*) kommen zu *Cappadocia* (→1.4.1.3). Als kaiserliche Provinzen richtete man *Cilicia* und *Lykia et*

*Pamphylia* ein. In den Jahren 92 und 93 n.Chr. gab es erneut Unruhen an der mittleren Donau durch Jazygen, die die *legio XXI Rapax* vernichtet hatten.
Die Probleme an der Donaufront beschäftigten auch Traian (96–117 n.Chr.), der auch an der Euphratfront zu kämpfen hatte. Er konnte sich bedeutender Helfer bedienen, darunter seines Adoptivsohnes und Nachfolgers Hadrian (117–138 n.Chr.). 101/2 und 104/6 n.Chr. führte Traian zwei Dakerkriege gegen Decebalus, im Bild festgehalten auf der „Traiansäule" in Rom. Das Nabatäerland wurde als neue Provinz *Arabia* eingerichtet. Der Partherkrieg von 113/7 n.Chr. führte 114 zur Einrichtung der Provinz *Armenia* (mit Kleinarmenien und Kappadokien) und 115/6 zur Provinz *Mesopotamia*. Als Vasall Roms fungierte der König von Charakene in *Assyria*, einem Gebiet, das für den Indienhandel wichtig war. Das röm. Reich erreicht in dieser Zeit seine größte flächenmäßige Ausdehnung von ca. 10 Mill. qkm.
Das Ende der Regierungszeit des Traian wird überschattet durch den Judenaufstand 115/7 n.Chr. unter einem Andreas bzw. Lukuas mit Schwerpunkten in Ägypten, Syrien und Zypern, der aber auch auf *Iudaea* und *Mesopotamia* übergriff (→1.4.5.2). Es bleibt fraglich, ob hier ein Zusammenhang mit dem Partherzug bestand.
Über die Provinzverwaltung z.Z. Traians (→1.4.1.2) gibt uns der Briefwechsel Plinius' d.J. mit dem Kaiser (Buch 10 der Briefe des Plinius) ein aufschlussreiches Bild. Hier seien die sog. „Christenbriefe" (epist. 10,96f) eigens erwähnt. Es muss allerdings offen bleiben, in wieweit Plinius für eine ziemlich unselbstständige Administration paradigmatisch oder eher eine Ausnahme ist.
Bis in die Zeit Traians lebten Verwandte des Jesus von Nazareth; das behauptet jedenfalls Hegesipp bei Eus. h.e. 3,20,6. Um 100 n.Chr. ist Josephus gestorben und um die Wende vom 1. zum 2. Jh. scheint Joh verfasst zu sein. Insofern bildet Traian die zeitliche Obergrenze der Umwelt des NT.

*Literatur*

*E. T. Salmon*: Roman Colonization Under the Republic, London 1969. – *K. Christ*: Krise und Untergang der römischen Republik, Darmstadt [4]2000. – *Ders.*: Geschichte der römischen Kaiserzeit, München [4]2002.

## 1.4.1.2 Die römische Provinzverwaltung im Frühen Prinzipat (*Rudolf Haensch*)

*Stellen im NT*

Neben den Quellen zu den Gerichtsverfahren gegen Jesus (→1.5.1.4) und Paulus (→1.5.1.5) insbes. Lk 2,2; 13,1; Apg 13,6–13; 18,12; 19,38; 22,24–28

Gerade im Osten bot das Römische Reich zur Zeit des NT noch keineswegs das Bild eines geschlossenen, auf der Basis von Provinzen gegliederten Territorialstaates. Vielmehr bestand es dort noch zu einem erheblichen Teil aus kleineren Klientelfürstentümern und -königreichen. Erst allmählich verschwanden diese nominell selbstständigen Staatsgebilde an den Grenzen der drei großen, schon in republikanischer Zeit eingerichteten Provinzen *Asia*, *Pontus et Bithynia* und *Syria*: *Galatia* anscheinend im Jahre 25 v.Chr., *Iudaea* erstmals 6 n.Chr., endgültig 44 n.Chr., *Commagene* erstmals 17 n.Chr. und endgültig 72 n.Chr., *Cappadocia* 17 n.Chr., *Lycia* 43 n.Chr., *Emesa* anscheinend zwischen 72 und 78, das Königreich Agrippas II. im letzten Jahrzehnt des 1. Jh. n.Chr. und *Arabia* schließlich 105/6 – um nur die wichtigsten zu nennen.[1] Auch die aus diesen Gebietszuwächsen gebildeten Provinzen (*Cilicia*, *Galatia*, *Cappadocia*) erlangten erst in flavischer Zeit oder gar erst unter Hadrian die Form, die unsere landläufigen Vorstellungen (und Karten) von diesen Gebieten bestimmen.[2] Manche der Klientelstaaten wechselten sogar zwischen einer unmittelbaren Zugehörigkeit zum Römischen Reich und einer erneuten formellen Unabhängigkeit: so war z.B. *Iudaea* von 41 bis 44 n.Chr. wieder ein eigenes Königreich (unter Agrippa I.); das Gleiche galt auch für *Commagene* in den Jahren 38 bis 72.

Von diesen Klientelkönigen[3] spielen im NT vor allem Herodes d. Gr. und Agrippa II.[4] eine Rolle. Die realen Machtverhältnisse werden allerdings recht deutlich, wenn Agrippa II. in der Weise in die Apg eingeführt wird, dass man berichtet, er sei nach Caesarea gereist, um dem neu eintreffenden Statthalter seine Reverenz zu erweisen (Apg 25,13). Allerdings wird ebenso auch klar, wie wichtig ein solcher Klientelkönig als mit den örtlichen Verhältnissen vertrauter Berater für die Repräsentanten der röm. Herrschaft war (Apg 25,13–26).

Der wichtigste unter den Vertretern der röm. Herrschaft war zweifellos der jeweilige Statthalter. Er hatte das Oberkommando über die in der Provinz stationierten Truppen und sorgte mit ihrer Hilfe für die innere und äußere Sicherheit. Er war prinzipiell allzuständiger Richter, der ab einer bestimmten Streitwerthöhe und in allen Fällen von Kapitalgerichtsbarkeit allein zuständig war. Grundsätzlich konnte er sich mit allen strittigen Fragen in seinem Zuständigkeitsbereich befassen, faktisch wandte man sich vor allem dann an ihn, wenn sich Schwierigkeiten einzelner Provinzialer oder ganzer Gemeinden auf lokaler Ebene nicht befriedigend lösen ließen. Wie jeder hohe röm. Magistrat war der Statthalter auch Vertreter des röm. Staates gegenüber den Göttern. Er hatte also eine Reihe von kultischen Handlungen durchzuführen, die den Schutz der Götter für das ihm anvertraute Gebiet und generell das Römische Reich sicherstellen sollten. Dazu gehörte einerseits, bestimmte, von den Göttern Roms und dem Kaiserkult (→3.3.4) geforderte rituelle Handlungen zu vollziehen,

---

1 *A. Gebhardt*: Imperiale Politik und provinziale Entwicklung. Untersuchungen zum Verhältnis von Kaiser, Heer und Städten im Syrien der vorseverischen Zeit, Berlin 2002, 21ff; *Haensch* 1997, 396f.404ff. *F. Millar*: The Roman Near East. 31 B.C.–A.D. 337, Cambridge/London 1993, 27ff.; *Sartre* 2001, 497ff.

2 *Haensch* 1997, 397.405–408; *B. Rémy*: L'évolution administrative de l'Anatolie aux trois premiers siècles de notre ère, Lyon 1986.

3 Dazu insbes. *D. C. Braund*: Rome and the Friendly King. The Character of the Client Kingship, Berkenham 1984.

4 Zu ihm jetzt: *N. Kokkinos*: The Herodian Dynasty, Sheffield 1998, 317–340.396–400 und dazu *C. P. Jones*: Towards a Chronology of Josephus, SCI 21, 2002, 113–121; *A. Kushnir-Stein*: The Coinage of Agrippa II, SCI 21, 2002, 123–131 sowie *N. Kokkinos*: Justus, Josephus, Agrippa II and his Coins, SCI 22, 2003, 163–180.

andererseits aber auch, den örtlichen Göttern die schuldige Reverenz zu erweisen.[5]

Grundsätzlich waren die Aufgaben aller Statthalter weitgehend gleich,[6] faktisch gestaltete sich ihre Tätigkeit je nach der speziellen Struktur ihrer Provinz und der Bedeutung der militärischen Komponente ihrer Aufgaben wohl recht unterschiedlich.[7] Unterschiede bestanden auch in der juristischen Form der Vollmachten, den davon abhängigen Titulaturen und den Amtszeiten (und damit den Möglichkeiten, sich mit den zugewiesenen Gebieten vertraut zu machen). Das beruhte auf einem innenpolitisch motivierten Kompromiss des Jahres 27 v.Chr. zwischen Octavianus und dem Senat.[8] Dieser hatte Octavianus als „Dank“ für die Niederlegung wesentlicher Teile seiner Macht nicht nur den Beinamen Augustus und andere Ehrungen verliehen, sondern ihm auch eine Reihe von Provinzen – u.a. *Syria* – übertragen. Begründet wurde dies damit, dass diese Provinzen in besonderem Maße durch innere Unruhen oder äußere Feinde gefährdet seien und Augustus alleine sie befrieden könne. Tatsächlich stellte diese Regelung sicher, dass Augustus auch in der neuen Ordnung über einen wesentlichen Teil seiner bisherigen militärischen Macht verfügte.

Da Augustus nicht in allen ihm übertragenen Gebieten – Spanien und Gallien sowie *Illyricum* und *Syria* (noch einschließlich von *Cyprus* und *Cilicia*) – tätig sein konnte, erhielt er gleichzeitig das Recht, Bevollmächtigte im Range eines Prätors (*legati pro praetore*) mit der Machtausübung vor Ort zu betrauen. Da diese Legaten persönliche Beauftragte des Augustus waren, konnte dieser frei über die Zeitpunkte von Einsetzung und Abberufung entscheiden. Im Laufe des Frühen Prinzipats wurden allmählich Amtszeiten von zwei bis drei Jahren üblich. Aber beispielsweise Tiberius war bekannt für die langen Perioden, während derer er seine Bevollmächtigten im Amte ließ.[9] Pontius Pilatus verwaltete *Iudaea* zehn Jahre.[10]

---

5 *W. Eck*: Die religiösen und kultischen Aufgaben der römischen Statthalter in der Hohen Kaiserzeit, in: *Ders.* II 1997, 203–217.

6 Dies hat besonders *F. Millar*: „Senatorial Provinces“. An Institutionalized Ghost, AncW 20, 1989, 93–97 unterstrichen. So unterstanden z.B. gegen ältere Thesen auch noch im Hohen Prinzipat den *proconsules* einzelne Truppenverbände: *W. Eck*: Prokonsuln und militärisches Kommando. Folgerungen aus Diplomen für prokonsulare Provinzen, in: *Ders.* II 1997, 187–202. Die ritterlichen Statthalter wie z.B. der *praefectus Aegypti* (zum *praefectus Iudaeae* u. bei Anm.18) oder die Präsidialprocuratoren der Hohen Kaiserzeit, waren allerdings mehr in die Finanzverwaltung ihrer Provinz involviert, weil es neben ihnen keinen zweiten hochrangigen, speziell für diesen Bereich der Administration zuständigen Amtsinhaber (wie den Finanzprocurator oder den *quaestor*) gab. Vgl. dazu *W. Eck*: Provinzialverwaltung und Steuern, in: *Ders.* II 1997, 107–145, hier 118–126.

7 Das übersieht *E. Meyer-Zwiffelhoffer*: Πολιτικῶς ἄρχειν. Zum Regierungsstil der senatorischen Statthalter in den kaiserzeitlichen griechischen Provinzen, Stuttgart 2002, wenn er den Regierungsstil eines bestimmten, außergewöhnlich gut dokumentierten Typs von Statthaltern – der *proconsules* in den seit Jahrhunderten pazifizierten, urbanisierten und kulturell hochstehenden östlichen Provinzen – zum Typ *des* röm. Gouverneurs stilisiert.

8 Dazu *W. Eck*: Augustus und seine Zeit, München [3]2000, 40ff; *D. Kienast*: Augustus. Prinzeps und Monarch, Darmstadt [3]1999, 78ff.

9 Ios. ant. Iud. 18,170; Tac. ann. 1,80, vgl. 4,6,4; Suet. Tib. 41; Cass. Dio 58,23,5f; vgl. dazu *W. Orth*: Die Provinzialpolitik des Tiberius, Diss. München 1970, 71ff.

10 Ios. ant. Iud. 18,89.

Ebenso frei war der jeweilige Kaiser prinzipiell in der Frage, Senatoren welcher Rangstufe er mit solchen Missionen betrauen wollte. Faktisch dürfte sich allerdings recht schnell eingespielt haben, dass die wichtigeren Kommandos solchen Senatoren vorbehalten blieben, die das Konsulat bekleidet hatten, und für die übrigen Provinzkommanden die Prätur die Voraussetzung war.

Alle Augustus nicht zugesprochenen Provinzen, wie z.B. *Asia* oder *Pontus et Bithynia*, sollten nach der Regelung des Jahres 27 v.Chr. wieder in den Formen verwaltet werden, die in der späten Republik üblich gewesen waren: Senatoren, die das Amt des Prätors oder Konsuls bekleidet hatten, konnten sich fünf Jahre nach Ausübung dieser Magistraturen um eine solche Funktion bewerben (*Africa* und *Asia* waren für Konsulare reserviert, bei den Statthaltern aller übrigen derartigen Provinzen handelte es sich normalerweise um Prätorier). Zwischen den Kandidaten entschied dann das Los. Die Amtsdauer war grundsätzlich auf ein Jahr begrenzt.

Ein nicht ganz unwichtiger Unterschied zu dem in republikanischer Zeit Üblichen bestand nur darin, dass alle Statthalter dieser Provinzen seit 27 v.Chr. den Titel *proconsul* führten – gleichgültig, ob sie das Konsulat bekleidet hatten oder nicht. Wahrscheinlich sollten diese *proconsules* auf diese Weise mit der Befehlsgewalt des Augustus[11] in seinen Provinzen gleichgestellt werden.[12]

An der Seite dieser *proconsules* standen entsprechend der spätrepublikanischen Praxis nicht nur ein zugeloster *quaestor*, sondern auch ein vom *proconsul* ausgewählter und bevollmächtigter *legatus pro praetore* (in *Africa* und *Asia* sogar je drei). Wie republikanische Gouverneure stützten sich *proconsules* bei der Ausübung ihrer Funktion auf eine Reihe von *apparitores*, d.h. in Rom in Dekurien organisierter Amtsdiener, wie z.B. Schreiber (*scribae*), Liktoren etc.

Die *legati* des Kaisers scheinen demgegenüber nur Anspruch auf den Dienst von *lictores* gehabt zu haben. Für alle übrigen Hilfstätigkeiten griff man auf eine neue Gruppe zurück: Soldaten aus den jeweiligen Provinzheeren. Diese abkommandierten Soldaten entwickelten sich im Frühen Prinzipat zu einem administrativen Stab, dem *officium*, des jeweiligen Amtsinhabers.[13]

Ebenso dauerte es einige Jahrzehnte, bis sich in den Provinzen des Kaisers eine neue Form der zentralen Organisation der Verwaltung der staatlichen Einkünfte und Ausgaben herausgebildet hatte. Erst nach einer gewissen Zeit wurde es gängige Praxis, dass diese Aufgabe von einem ritterlichen *procurator* übernommen wurde, der sich bei seiner Tätigkeit auf ein aus der *familia Caesaris*, also den Sklaven und Freigelassenen des Kaisers, rekrutiertes Hilfsper-

---

[11] Dass auch dieser wie spätere Kaiser, wenn er sich in den Provinzen aufhielt, den Titel *proconsul* führt, belegt AE 1999, 915 = 2000, 760 (Februar 15 v.Chr.); grundsätzlich vgl. *I. König*: Der Titel Proconsul von Augustus bis Traian, Gazette numismatique suisse 21, 1971, 42–54.

[12] Dieses Bemühen wurde allerdings schon im Jahre 23 v.Chr. unwichtig, als Augustus zwar auf eine weitere kontinuierliche Bekleidung des Konsulats verzichtete, seine Befehlsgewalt in den Provinzen aber denen der *proconsules* wahrscheinlich als *maius* übergeordnet wurde; dazu *Kienast*: Augustus (Anm. 8), 105f; vgl. *Eck*: Augustus (Anm. 8), 54f.

[13] *Haensch* 1997, 711ff bzw. 713ff.

sonal stützen konnte.[14] So hatten z.B. unter Augustus zumindest in Einzelfällen noch Freigelassene an der Spitze solcher Aufgabenbereiche gestanden.[15] Bis in hadrianische Zeit waren gerade im Osten des Reiches häufig die Aufgabenbereiche solcher *procuratores* größer als eine einzige Provinz.[16]
Da die im Jahr 27 v.Chr. getroffene Regelung zu Lebzeiten des Augustus immer wieder verlängert wurde und bei seinen Nachfolgern zu den Rechten gehörte, die diese bei Herrschaftsantritt übertragen bekamen, wurde sie zum zentralen Organisationsprinzip für die Spitzen der röm. Provinzialverwaltungen. Nachdem Augustus im Jahre 22 v.Chr. – wiederum vor allem aus innenpolitischen Gründen – die Provinzen *Cyprus* und *Gallia Narbonensis* als „befriedet" zurückgegeben hatte, bildete sich im ersten Jahrzehnt n.Chr. die kanonische Zahl von 10 Provinzen – zwei konsulare und acht prätorische – heraus, mit deren Leitung *proconsules* betraut wurden. Die Statthalter aller übrigen Provinzen wurden unmittelbar vom Kaiser ernannt.
Seit langer Zeit umstritten ist, wie unter den ersten Kaisern (bis zu Claudius) die Stellung der ritterlichen Amtsinhaber genau geregelt war, die mit der Leitung kleinerer[17] an das Reich angegliederter Gebiete, wie z.B. *Iudaea* (oder *Raetia*), betraut waren. J.-P. Lémonon hat zuletzt noch einmal die These verteidigt, diese Ritter seien grundsätzlich nur dem Kaiser untergeordnet gewesen und hätten höchstens mit dessen Einverständnis vom Statthalter von *Syria* gemaßregelt oder gar abberufen werden können[18]. Demgegenüber haben insbes. W. Eck und H. Cotton dafür plädiert, dass solche Ritter einem senatorischen *legatus Augusti pro praetore* untergeordnet gewesen seien[19]. Mehreres veranlasst beide Autoren zu solch einer These: die zahlreichen, bis zur Absetzung des jeweiligen *praefectus* gehenden Interventionen der *legati Syriae*, die anderen in der gleichen Region bezeugten ritterlichen Amtsinhaber wie der *procurator* der Dekapolis (→2.2.7.3) oder der von Iamnia (Javne)[20], die zweifelsfrei keine Provinzstatthalter waren, und die bekannte, 1962 gefundene Inschrift

---

[14] *H.-G. Pflaum*: La mise en place des procuratèles financières dans les provinces du Haut-Empire romain, RHDF 46, 1968, 367–388.
[15] Cass. Dio 53,15,3 sowie die Nachrichten über Licinus in Gallien: Cass. Dio 54,21,2–22,1; Sen. apocol. 6,1; Schol. Iuv. 1,109.
[16] Haensch 1997, 396f mit der Diskussion in den Anmerkungen 54.59.63. Im Fall des *procurator Belgicae et II Germaniarum* und des korrespondierenden *procurator Lugdunensis et Aquitaniae* hatte diese Regelung sogar während der gesamten Hohen Kaiserzeit Bestand.
[17] Im Falle der Provinz Aegyptus war durch ein spezielles Gesetz – also auf streng formalem Weg – geregelt worden, dass das *imperium* der *praefecti Aegypti* denen eines *proconsul* entsprach (Dig. 1,17).
[18] *J. P. Lémonon*: Pilate et le gouvernement de la Judée. Textes et monuments, Paris 1981, bes. 59–71.
[19] *H. Cotton*: Some Aspects of the Roman Administration of Judaea/Syria-Palaestina, in: *W. Eck/E. Müller-Luckner* (Hgg.): Lokale Autonomie und römische Ordnungsmacht in den kaiserzeitlichen Provinzen vom 1. bis 3. Jahrhundert, München 1999, 75–91, bes. 75–79; *W. Eck*: Rom und die Provinz Iudaea/Syria Palaestina: Der Beitrag der Epigraphik, in: *A. Oppenheimer* (Hg.): Jüdische Geschichte in hellenistisch-römischer Zeit, München 1999, 237–263, bes. 245f; übernommen z.B. von *Sartre* 2001, 472.
[20] IGR I 824 = I. Sestos 53 bzw. AE 1941, 105 und Ios. ant. Iud. 18,158.

des Pontius Pilatus aus Caesarea[21], die für diesen eindeutig den Titel *[praef]ectus Iuda[ea]e* und nicht *procurator*[22] bezeugt (→1.3.4.2). Akzeptiert man diese These, dann kann Judaea unter den ersten Kaisern keine selbstständige Provinz gewesen sein, sondern nur ein Teil der Provinz *Syria*.[23]

Mit einer Ausnahme – dem *proconsul Cypri* Sergius Paullus – sind alle im NT genannten röm. Statthalter auch aus anderen Quellen in dieser Funktion belegt.[24] Diese Gouverneure erscheinen im NT vor allem in ihrer Funktion als Recht sprechender Magistrat.[25] Das dürfte auch nach anderen Quellen die Seite der Tätigkeit eines röm. Statthalters gewesen sein, die die breite Masse der Provinzialen in den pazifizierten Provinzen des Reichsinnern am häufigsten wahrnahm.

Paulus trifft den *proconsul Cypri* Sergius Paullus in Paphos (Apg 13,6f) und den *proconsul Achaiae* L. Iunius Gallio Annaeanus in Korinth (Apg 18; →1.3.4.2). Der *procurator Iudaeae* Felix verließ nach Apg 24,26f Caesarea Maritima während zweier Jahre kaum und sein Nachfolger Porcius Festus unterbrach seinen dortigen Aufenthalt nur für einen kurzfristigen – 8 bis 10 Tage langen – „Antrittsbesuch" in Jerusalem (Apg 25,1–6). Paphos, Korinth und Caesarea Maritima waren auch nach anderen Quellen[26] die Städte, die wir heute Provinzhauptstädte nennen würden.[27] Entgegen der in der angelsächsischen Forschung verbreiteten Vorstellung vom röm. Statthalter als reinem Reisemagistrat[28] ist für den Verfasser der Apg offensichtlich das Verweilen des Gouverneurs in seiner Hauptstadt das Typische – sei es nun, dass die von ihm angeführten Personen tatsächlich einander an diesen Orten begegneten oder dass er möglichst wahrscheinlich erscheinende Schauplätze für das entsprechende Geschehen konstruieren wollte. Das zentrale institutionelle Gerüst der Reisen von Statthaltern in pazifizierten Provinzen – die so genannte Kon-

---

21 AE 1963, 104 = *L. Boffo*: Iscrizioni greche e latine per lo studio della bibbia, Brescia 1994, Nr. 25 = *C. M. Lehmann/K. G. Holum*: The Greek and Latin Inscriptions of Caesarea Maritima, Boston 2000, Nr. 43 (bei beiden Werken Hinweise zur umfangreichen Literatur) = AE 1999, 1681; vgl. jetzt auch *G. Alföldy*: Nochmals: Pontius Pilatus und das Tiberieum von Caesarea Maritima, SCI 21, 2002, 133–148.

22 So insbes. Tac. ann. 15,44,3.

23 Zur Frage, was dies für den bei Lk bezeugten *census* bedeutet, zuletzt: *Cotton*: Aspects (Anm. 19), 78.

24 Vgl. die Überblicke von *Saddington* 1996, 2419–2421.2426–2429; *B. E. Thomasson*: Laterculi praesidum, Arlöv 1984, 191 Nr. 13; 296 Nr. 10; 304 Nr. 12; 321ff Nr. 5.11.12. S. zu P. Sulpicius Quirinius auch *E. Dabrowa*: The Governors of Roman Syria from Augustus to Septimius Severus, Bonn 1998, 27ff. Zur Frage, ob IGR III 935 = *Boffo*: Iscrizioni (Anm. 21), Nr. 28 dem in der Apg genannten Sergius Paullus zuzuweisen ist, s. insbes. *S. Mitchell*: Anatolia. Land, Men, and Gods in Asia Minor II, Oxford 1993, 7.

25 Das gilt für alle erwähnten Gouverneure von *Iudaea*: Pontius Pilatus (s.u. bei Anm. 35 und unter 1.5.1.4), Felix (Apg 23f; s. bei Anm. 38), Porcius Festus (Apg 24,27–26,32) sowie für L. Iunius Gallio Annaeanus, *proconsul Achaiae* (Apg 18,12–17), und die namenlosen *proconsules Asiae* in Apg 19,38.

26 *Haensch* 1997, 263ff.322ff.227ff.

27 Zur Frage, inwieweit dieser Begriff gerechtfertigt ist: *Haensch* 1997, 18ff.

28 Insbes. *W. Williams*: Pliny. Correspondence with Trajan from Bithynia (Epistles X), Warminster 1990, 12; *G. P. Burton*: Proconsuls, Assizes and the Administration of Justice under the Empire, JRS 65, 1975, 92–106, hier 92.105f; *Millar*: Near East (Anm. 1), 123; dagegen z.B. auch *Sartre* 2001, 614 Anm. 26.

ventsordnung –, nach der ein Statthalter im regelmäßigen Turnus an bestimmten Orten seiner Provinz Gerichtstermine anbieten musste, wird demgegenüber nur einmal erwähnt. Anlässlich der von den Silberschmieden von Ephesos ausgelösten Unruhen verweist der *grammateus tou dēmou* dieser Polis[29] die Aufgebrachten auf die Gerichtstage (Apg 19,38), also die Perioden, in denen ein *proconsul Asiae* im Rahmen seiner Rechtsprechung in Ephesos Gericht hielt.[30]

Zwar mag es im Falle von Caesarea eine Rolle gespielt haben, dass der Ausbau dieser Stadt und speziell des dortigen Königspalastes[31] durch Herodes d. Gr. eine Umgebung geschaffen hatte, die auch ein *praefectus Iudaeae* als angenehm, ja vielleicht sogar ungewohnt luxuriös empfinden mochte. Aber im Falle von Korinth oder Paphos dürfte es kein vergleichbares Gefälle zwischen dem, was ein Statthalter von seiner eigenen *domus* gewöhnt war, und dem, was er an seinem Amtssitz vorfand, gegeben haben. Trotzdem bestand in der Sicht des Autors der Apg, eines Bewohners der östlichen Provinzen, offensichtlich ein enger Zusammenhang zwischen den Statthaltern und ihren Amtssitzen. Damit steht er allerdings nicht alleine: auch Josephus (→1.3.2.6) (bzw. besser eine seiner Quellen) erwähnt immer wieder, dass die *legati Augusti pro praetore Syriae* nach Antiochia, der Hauptstadt dieser Provinz, zurückkehrten[32].

Nicht erwähnt werden die Statthalter zweier Provinzen, deren Nennung man eigentlich erwartet. Es ist dies erstens der *proconsul Macedoniae*, an dessen Amtssitz Thessalonike es nach dem Bericht der Apg gegen Paulus gerichtete Unruhen gab (Apg 17,5–9). Zweitens fehlt auch – abgesehen von der kurzen und letztlich nur datierenden, zudem aus einer anderen Schrift des NT stammenden Erwähnung des P. Sulpicius Quirinius (Lk 2,2) – jeder Hinweis auf einen *legatus Augusti pro praetore Syriae*, obwohl der bevorzugte Residenzort der Statthalter dieser Provinz Antiochia war und diese Stadt immer wieder Schauplatz von Ereignissen in der Apg ist.[33] Sogar der Begriff *christianoi* entstand dort (Apg 11,26) und entsprechend der Art der Wortbildung mit dem lat. Suffix *-ianus* kaum zweifelhaft in einem lateinischsprachigen Milieu. Aber die späten 40er und 50er Jahre des 1. Jh. waren eine Zeit, in der die beiden damals amtierenden Statthalter von *Syria* stark von militärischen Aufgaben beansprucht wurden (Spannungen mit dem Partherreich, Überfälle der Cietae auf Kilikien, die unruhige Situation in *Iudaea*). Insofern ist gut vorstellbar, dass sie sich in dieser Zeit häufiger von ihrem bevorzugten Residenzort entfernten,

---

[29] Zu den Schreibern dieser Stadt: *C. Schulte*: Die Grammateis von Ephesos, Heidelberg 1994.

[30] Die Dokumentation zur Konventsordnung in Asia bei *Haensch* 1997, 307ff.748ff.

[31] Zum Königspalast in Caesarea Maritima und zu seiner Nutzung durch die röm. Statthalter: *B. Burrell*: Palace to Praetorium: The Romanization of Caesarea, in: *A. Raban/K. G. Holum* (eds.): Caesarea Maritima: A Retrospective after Two Millenia, Leiden 1996, 228–247; *H. Cotton/W. Eck*: Governors and Their Personnel on Latin Inscriptions from Caesarea Maritima, IASH.P VII.7, 2001, 215–240; *J. Patrich*: A Government Compound in Roman-Byzantine Caesarea, Proceedings of the Twelfth World Congress of Jewish Studies. Division B: History of the Jewish People, Jerusalem 2000, 35–44.

[32] Vgl. die Belege bei *Haensch* 1997, 565f, dazu 245.

[33] Apg 11,19–30; 12,24–13,3; 14,26–15,2; 15,30–35; 18,22f.

als dies ansonsten der Fall war. Auf jeden Fall spricht dieses Schweigen für die Zuverlässigkeit der Nachrichten über die Statthalter anderer Provinzen. Die Apg war keineswegs darum bemüht, ihre Helden unbedingt mit führenden Vertretern der herrschenden Macht zu verbinden.

Im Gegenteil, wenn die besonders von S. Mitchell entwickelte These – nach der die Beziehungen des Paulus zu dem *proconsul Cypri* Sergius Paullus diesen dazu veranlasst hätten, in Antiochia in Pisidien, dem Heimatort des Statthalters, und anderen südgalatischen Städten zu missionieren[34] – zutrifft, dann erstaunt, wie wenig dieser Kontakt herausgestellt wird.

Grundsätzlich äußern sich die Apg und die übrigen Schriften des NT – im Gegensatz zu Josephus und der bei ihm fassbaren Überlieferung – nur sehr zurückhaltend über die Qualitäten der von ihnen erwähnten röm. Statthalter. Wie schwierig ein angemessenes Urteil über diese Vertreter Roms ist, zeigt sich z.B. daran, wie sehr dieses in der modernen Forschung zu Pontius Pilatus schwankt.

Von diesen Statthaltern erfahren wir zumeist nur aus sehr einseitig geprägten Quellen. Sie wurden in *Iudaea* mit einer sehr komplexen Situation konfrontiert, die nicht einmal Herodes d. Gr. trotz seiner lokalen Kenntnisse, seiner politischen Talente und einer vergleichsweise langen Regierungszeit hatte meistern können.

Pontius Pilatus scheint ein recht typischer Vertreter der ritterlichen zivilen Amtsinhaber des Frühen Prinzipats gewesen zu sein.[35] Er kam wohl aus Italien, wenngleich seine präzise Herkunft nicht zu ermitteln ist. Pilatus dürfte wie der in der gleichen Region tätige C. Herennius Capito – für den wir eine Inschrift mit seiner Laufbahn besitzen – zwei bis drei militärische Kommanden innegehabt haben, bevor er mit der Mission in *Iudaea* betraut wurde. Größere administrative oder jurisdiktionelle Erfahrungen dürfte er im Gegensatz zu senatorischen oder auch den ritterlichen Statthaltern des 2. und 3. Jh. vor seiner Tätigkeit in *Iudaea* nicht erworben haben – zumindest nicht im Dienste des röm. Staates, u.U. allerdings als städtischer Magistrat.[36] Seine Tätigkeit in *Iudaea* hat J. P. Lémonon am Ende einer eingehenden Untersuchung wie folgt charakterisiert: „Ni cruel, ni persécuteur, ni à la recherche de profits éhontées ... un gouverneur dépourvu de sens politique“.[37] Es habe ihm das politische

---

[34] *Mitchell*: Anatolia II (Anm. 24), 3ff; eher skeptisch zu dieser These: *J. Taylor*: St. Paul and the Roman Empire: Acts of the Apostles 13–14, ANRW II 26.2, 1995, 1189–1231, hier 1207.1225.

[35] Ios. ant. Iud. 20,182.

[36] Capito: AE 1941, 105, vgl. Ios. ant. Iud. 18,158; vgl. ferner die Laufbahnen folgender Ritter – Ignotus: CIL X 7351; Q. Octavius Sagitta: AE 1902, 189 = ILS 9007; L. Volusenus Clemens: CIL XI 6011 = ILS 2691; C. Baebius Atticus: CIL V 1838f. Die von Agrippa (nach Philo leg. 302) getadelten Eigenschaften des Pilatus legen ebenfalls eine militärische Laufbahn nahe.

[37] *J.-P. Lémonon*: Pilate et le gouvernement de la Judée. Textes et Monuments, Paris 1981, 277. Zu Pilatus z.B. auch: *H. K. Bond*: Pontius Pilate in History and Interpretation, Cambridge 1998; *A. Demandt*: Hände in Unschuld. Pontius Pilatus in der Geschichte, Köln u.a. 1999. Zur späteren Überlieferung zu Pilatus jetzt auch *A. Scheidgen*: Die Gestalt des Pontius Pilatus in Legende, Bibelauslegung und Geschichtsdeutung vom Mittelalter bis in die frühe Neuzeit, Frankfurt a.M. 2002. Ähnliches wie für Pilatus dürfte auch für Porcius Festus gegolten haben.

Fingerspitzengefühl gefehlt, durch das alleine er seine schwierige Aufgabe zur Zufriedenheit aller hätte meistern können.
In mehrfacher Hinsicht eine Ausnahme war der zweite Statthalter Roms in *Iudaea*, der eine vergleichsweise große Rolle im NT spielt: (M. Antonius?[38]) Felix. Schon seine soziale Herkunft – er war Freigelassener – machte ihn zur großen Ausnahme unter den röm. Gouverneuren. Selbst wenn ihm ein kaiserliches Privileg fiktiv eine freie Geburt verliehen hat – wie es zumindest zu erwägen ist – vergaßen Ritter und Senatoren diesen Makel (in ihren Augen) keineswegs. Felix veranlasste diese zwar zu Lebzeiten des Claudius nicht offen vorgetragene, aber doch spürbare Ablehung offensichtlich zu einer Überkompensation. Er rühmte sich wie sein Bruder Pallas, der *a rationibus* des Claudius, nicht nur der Abkunft von arkadischen Königen, sondern auch dessen, dass er mit drei weiblichen Mitgliedern von Herrscherhäusern verheiratet gewesen sei (Suet. Claud. 28). Diese persönliche Situation hat sicherlich mit zu den Spannungen beigetragen (vgl. Tac. hist. 5,9), die wie bei Pilatus letztlich zu seiner Absetzung führten. Nur durch den Einfluss seines Bruders Pallas entging er einer Bestrafung.[39]
Nicht so sehr überrascht, dass im NT kein einziger *procurator* oder *quaestor* genannt wird. Die Tätigkeit dieser Vertreter Roms hat auch in der gesamten sonstigen Überlieferung zu den Provinzen Roms viel weniger Spuren hinterlassen als diejenige der Statthalter.[40] Das ist auch leicht verständlich: Gerade im Frühen Prinzipat war der unmittelbare Einzug der Steuern und Abgaben nicht Sache röm. Repräsentanten, sondern der Städte und ihrer Amtsinhaber bzw. von Steuerpächtern. Der *proconsul* und sein *quaestor* bzw. der *procurator* kontrollierten nur das Vorgehen und die Ergebnisse der Tätigkeit dieser Institutionen und sorgten für die ordnungsgemäße Erledigung der staatlichen Ausgaben, also insbes. die Auszahlung des Soldes an die Soldaten. Wesentliche Teile dieser Tätigkeiten vollzogen sich im administrationsinternen Bereich bzw. auf der Ebene des Kontaktes zu städtischen Amtsinhabern oder Steuerpächtern. Unmittelbare Kontakte zu der breiten Masse der Provinzialen waren bei einem *procurator* eher selten und auf die von diesem Ritter ausgeübte Gerichtsbarkeit beschränkt. Deren Zuständigkeitsbereich und Umfang waren aber zumindest im Frühen Prinzipat offensichtlich viel eingeschränkter als die der Statthalter.[41]

---

38 So Tac. hist. 5,9,3, was dem Namen seines Bruders Pallas entsprechen würde und sich daraus ergeben würde, dass Felix wie Pallas von Antonia, der Mutter des Claudius, freigelassen worden war. Nach einer im textlichen Befund unsicheren Passage des Josephus hätte er Claudius Felix geheißen (Ios. ant. Iud. 20,137) und wäre dementsprechend von Claudius freigelassen worden. Der Versuch von *N. Kokkinos* (A Fresh Look at the *gentilicium* of Felix Procurator of Iudaea, Latomus 49, 1990, 126–141), diese Version mit AE 1967, 525 = 1987, 950 = *Boffo*: Iscrizioni (Anm. 21), Nr. 30 abzustützen, scheitert schon daran, dass in der Inschrift der entscheidende Namensbestandteil Felix nicht erhalten ist. Grundsätzlich zu Felix z.B. PIR² A 828.

39 Ios. ant. Iud. 20,182.

40 Dazu: *R. Haensch*: La gestion financière d'une province romaine: Les procurateurs entre résidences fixes et voyages d'inspection, in: Akten des Kolloquiums „La circulation de l'information dans les structures de pouvoir dans l'Antiquité“, Bordeaux 2004 (im Druck).

41 *P. Brunt*: Procuratorial Jurisdiction, in: *Ders.*: Roman Imperial Themes, Oxford 1990, 163–187.

*Literatur*

*W. Eck*: Die Verwaltung des Römischen Reiches in der Hohen Kaiserzeit. Ausgewählte und erweiterte Beiträge, 2 Bände, Basel 1995/1997. – *R. Haensch*: Capita provinciarum. Statthaltersitze und Provinzialverwaltung in der römischen Kaiserzeit, Mainz 1997. – *F. Jacques/J. Scheid*: Rom und das Reich in der Hohen Kaiserzeit. Band I. Die Struktur des Reiches, München/Leipzig 1998. – *F. Millar*: The Roman Empire and its Neighbours, London 1981. – *D. B. Saddington*: Roman Military and Administrative Personnel in the New Testament, ANRW II 26.3, 1996, 2409–2435. – *M. Sartre*: D'Alexandre à Zenobie. Histoire du Levant antique, Poitiers 2001.

## 1.4.1.3 Das römische Heer und die Heere der Klientelkönige im Frühen Prinzipat (*Rudolf Haensch*)

*Stellen im NT*

Mt 8,5–13; 27,27–37.54.64–66; 28,4.11–15; Mk 6,21.27f; 15,16–24,39; Lk 7,1–10; 23,11.34.36f47; Joh 18,3.12; 19,2f.23f.32–34; Apg 10,1–48; 21,31–40; 22,24–30; 23,15–33; 24,22f; 25,23;27,1–44; 28,16

*Die Zeit der julisch-claudischen Dynastie: Eine Übergangszeit für das römische Heer*

Unter Augustus und seinen unmittelbaren Nachfolgern wandelten sich wichtige Strukturen des röm. Heeres, z.T. aufgrund bewusster Reformen – insbes. der Kaiser Augustus und Claudius – und z.T. infolge der in vieler Hinsicht geänderten politisch-militärischen Gesamtsituation. Da wir über die militärischen Reformen des Frühen Prinzipats vergleichsweise schlecht informiert sind, lässt sich oft nicht entscheiden, wann es zu den fraglichen Änderungen kam und inwieweit sie das bewusste Ergebnis eines planerischen Willens waren.

Grundlegend änderten sich insbes. die Zusammensetzung und die Dienstmodalitäten der einfachen Soldaten in den röm. Kernverbänden, den Legionen.[1] Augustus legte die Dienstzeit der Legionäre zunächst im Jahre 13 v.Chr. auf 16 Jahre (plus vier Jahre als *veterani sub vexillo*) und dann im Jahre 5 (oder 6) n.Chr. auf 20 Jahre (plus eine zusätzliche Periode von mindestens fünf Jahren) fest.[2] Damit war aus der maximalen Dienstzeit der mittleren Republik[3] die normale Dienstzeit derer geworden, die in einer Legion dienten. Wenn die Legionen dennoch ihren Personalbedarf allem Anschein nach normalerweise aus Freiwilligen decken konnten, dann lag dies erstens daran, dass solche Legionäre regelmäßig und vergleichsweise gut besoldet wurden (brutto 225 Denare/900 Sesterzen pro Jahr). Zudem winkte ihnen am Ende ihrer Dienstzeit ein fester Betrag von 12000 Sesterzen (d.h. ca. 14 Jahresbruttogehältern) – allerdings wohl nicht automatisch, sondern nur nach einer vom Kaiser anzuordnenden und je nach politisch-militärischer Lage unter Umständen herausgezö-

---

[1] Wie stark diese Legionen genau waren, bleibt fraglich, s. *Keppie* 1984, 173.

[2] Cass. Dio 54,25,5f und 55,23,1.

[3] Polyb. 6,19,2.

gerten *honesta missio.*[4] Zur Auszahlung dieser Entlassungsgelder hatte Augustus im Jahre 6 n.Chr. eine spezielle Kasse, das *aerarium militare*, geschaffen. Feste Voraussetzung für den Dienst in einer Legion war das röm. Bürgerrecht. Allem Anschein nach verlieh man gelegentlich schon in augusteischer Zeit geeigneten Kandidaten dieses Bürgerrecht ggf. bei der Aufnahme in die Legion[5]. Normalerweise dürfte es sich im Frühen Prinzipat jedoch bei den Rekruten für Legionen um Personen gehandelt haben, die seit ihrer Geburt röm. Bürger waren. Gerade im Osten nahm jedoch der Anteil der Italiker unter den Rekruten sehr schnell zugunsten solcher *cives Romani* ab, die aus den Provinzen selbst (d.h. vor allem den dortigen Kolonien) stammten.
Aus den *peregrini*, Reichsbewohnern ohne röm. Bürgerrecht, wurden die sog. Hilfstruppen (*auxilia*) rekrutiert. Es gab allerdings auch vereinzelt aus röm. Bürgern aufgestellte *auxilia*, von denen eine – die *cohors Italica* (dazu u. bei Anm. 25) – in *Iudaea* stationiert war. Aus Infanteristen bestehende *auxilia* wurden als *cohortes* bezeichnet, entsprechende Kavallerieverbände als *alae*, und aus beiden Truppengattungen gemischte Einheiten als *cohortes equitatae.*[6] Lagen die Provinzen nicht an den Reichsgrenzen und warfen sie dem Anschein nach keine größeren militärischen Probleme auf, wie z.B. *Iudaea* vor 66 n.Chr., so setzte sich die Garnison nur aus solchen Einheiten zusammen. Bei den *auxilia* handelte es sich im Gegensatz zu den Legionen in dieser Zeit keineswegs immer um feste, nach röm. Muster durchorganisierte Verbände von einheitlicher Größe. Im Gegenteil gab es bis in flavische Zeit hinein noch nebeneinander ad hoc, für einen bestimmten Feldzug, ausgehobene Verbände, die von Mitgliedern der jeweiligen Stammesaristokratie geführt wurden, und nach röm. Muster durchorganisierte und dauerhafte Einheiten. Letztere wurden unter den ersten Kaisern nicht nur von röm. Rittern, zumeist ehemaligen *tribuni* der Legionen, sondern auch von ehemaligen *centuriones* geführt.[7] Zumindest Soldaten solcher Auxiliareinheiten dürften regelmäßig Sold erhalten haben.[8]
Für die festen *auxilia*[9] wurde offensichtlich sehr bald zu einem erheblichen Teil in den Regionen rekrutiert, in denen sie stationiert waren, und nicht mehr in denjenigen, in denen sie aufgestellt und nach deren Bevölkerung sie oft benannt worden waren. Das trug in anderen Provinzen zum Abbau von Spannungen zwischen den Soldaten und der Zivilbevölkerung bei. In *Iudaea* konnte diese indirekte Wirkung nicht eintreten, weil das Gebiet von ethnisch und religiös unterschiedlichen Bevölkerungsgruppen bewohnt wurde und nur eini-

---

4 Cass. Dio 55,23,1.

5 S. *Keppie* 1984, 180 zu ILS 2483.

6 Ein augusteisches Beispiel für eine *cohors equitata* findet sich in ILS 2690. Als feste Verbände hatten *auxilia* im Hohen Prinzipat folgende Stärken – *cohors*: 480 (schon für die augusteische Zeit relativ sicher; die frühestens seit neronischer Zeit nachweisbaren *cohortes milliariae*: je 800–1000); *ala*: 512; *cohors equitata*: 608(?); s. z.B. *Holder* 1980, 6–9; vgl. *Keppie* 1984, 182f.

7 *Holder* 1980, 72.75.82f.141; *Keppie* 1984, 182–185; *D. Kienast*: Augustus. Prinzeps und Monarch, Darmstadt [3]1999, 325f.

8 Dazu *Wolff* 1986, 49.

9 *Wolff* 1986, 97–102 (vgl. auch 48f Anm. 13) versucht nachzuweisen, dass *auxilia* rechtlich spätestens seit Claudius als reguläre Formationen des röm. Heeres anerkannt wurden.

ge dieser Gruppen Rekruten stellten. Der jüd. Bevölkerungsteil hielt einen Dienst im röm. Heer mit den eigenen religiösen Praktiken für unvereinbar und war zudem vom Militärdienst befreit.

So wie die *auxilia* im Frühen Prinzipat erst allmählich zu festen Einheiten wurden, so dauerte es bis Claudius, ehe es für Auxiliarsoldaten eine feste Dienstzeit und ein wichtiges Abschlussgeschenk beim Dienstende gab.[10] Erst seit einer Reform dieses Kaisers[11] wurde Angehörigen solcher Einheiten am Ende von 25 (oder mehr!) Dienstjahren regelmäßig das röm. Bürgerrecht und das *conubium* verliehen.[12] Letzteres beinhaltete das einmalige Recht, auch eine Frau zu heiraten, die nicht *civis Romana* war, ohne dass die Nachkommen dem schlechteren Rechtsstatus der Frau gefolgt wären (schon vorhandene Nachkommen aus erst nach Dienstende legitimierbaren Beziehungen erhielten gleichfalls das röm. Bürgerrecht). Wie sehr dieses Entlassungsgeschenk geschätzt wurde, zeigt sich daran, dass Auxiliarsoldaten bis ins 3. Jh. hinein nie eine materielle Abfindung erhielten.[13] Entlassen wurden Auxiliarsoldaten seit Claudius – bis zu den Flaviern – anscheinend erst mit 30 Dienstjahren.[14]

Erst seit einer Reform des Claudius[15] wurde es auch zur ausnahmslos beachteten Regel, dass es sich bei fünf der sechs *tribuni militum* einer Legion – den ranghöchsten Offizieren dieser Einheiten nach dem senatorischen Legionskommandeur (*legatus legionis*) und dem Lagerkommandanten (*praefectus castrorum*) – um Ritter handelte.[16] Davon ausgehend setzten sich seit seinem Nachfolger die sogenannten *tres militiae* als Schema der ritterlichen militärischen Laufbahn durch: *praefectus cohortis* (Kommandeur einer infanteristischen Auxiliareinheit) → *tribunus legionis* → *praefectus alae* (Kommandeur einer berittenen Auxiliareinheit).[17] Als indirekte Konsequenz aus dieser Reform des Claudius, den bewussten (?) Veränderungen in den Laufbahnen der *centuriones*[18] und den Erfahrungen des Bürgerkrieges in den Jahren 68 und 69 ergab sich, dass es sich spätestens seit flavischer Zeit bei den Kommandeuren von Auxiliareinheiten immer um Angehörige des *ordo equester* handelte.

---

[10] Zu Suet. Aug. 49,2 vgl. *Saddington*: 1982, 194f.249 Anm. 32.

[11] *Holder* 1980, 47f.141; *Keppie* 1984, 185; vgl. *Saddington* 1982, 190f.195 (unter Tiberius unter Umständen zumindest mit einer gewissen Regelmäßigkeit nach 30 Dienstjahren).

[12] Zur These von Dušanić (Pre-Severan Diplomata and the Problem of Special Grants, in: *W. Eck/H. Wolff* (Hgg.): Heer und Integrationspolitik. Die römischen Militärdiplome als historische Quelle, Köln/Wien 1986, 190–240), das Bürgerrecht sei nur bei Bewährung auf dem Schlachtfeld verliehen worden, siehe die anderen Beiträge in dem genannten Sammelband und jetzt *W. Eck*: Der Kaiser als Herr des Heeres. Militärdiplome und kaiserliche Reichsregierung, in: *J. J. Wilkes* (ed.): Documenting the Roman Army, London 2003, 55–87.

[13] *Wolff* 1986, 48.

[14] *Holder* 1980, 47.141.

[15] *Keppie* 1984, 177.

[16] Der sechste war ein junger Senator am Beginn seiner Laufbahn.

[17] *Holder* 1980, 75–77.141.

[18] Dazu z.B. *B. Dobson*: Die Primipilares, Köln/Bonn 1978, 7.12f.

*Das römische Heer als Vorbild für die Heere der Klientelkönige?*

Wieweit dieses im Fluss befindliche Vorbild[19] von den Armeen der herodianischen Dynastie übernommen wurde, lässt sich nicht sicher bestimmen. Wir finden zwar in Inschriften[20] und literarischen Quellen (wie z.B. dem NT) zu den Heeren dieser Klientelfürsten die gr. Termini, mit denen lat. Titel des röm. Heeres wiedergegeben wurden, wie z.B. *chiliarchos/tribunus (militum legionis), hekatontarchos/kenturiōn/centurio, spekulatōr/speculator*. Aber es fehlt an Anhaltspunkten, um zu entscheiden, wie eng in der Realität die Gemeinsamkeiten waren.[21] Dass auch Offiziere solcher Heere als *chiliarchoi* oder *hekatontarchoi* bezeichnet werden konnten, muss nicht mehr implizieren, als dass die entsprechenden Personen selbstständige Einheiten oder Unterabteilungen solcher Verbände führten. Anders wäre dies, wenn der Scharfrichter des Herodes Antipas tatsächlich den Titel *spekulatōr* geführt hätte, wie es Mk 6,27f behauptet. Das würde bedeuten, dass man sich nicht nur ganz allgemein und in den Grundzügen am röm. Vorbild orientiert hätte, sondern auch spezielle Chargen, wie die des *speculator*, übernommen hätte. Solche *speculatores* gab es seit spätrepublikanischer Zeit im röm. Heer.[22] In der Kaiserzeit gehörten Soldaten, die in einer Legion die Funktion eines *speculator* bekleideten, zu den Stäben senatorischer (nicht ritterlicher) Statthalter kaiserlicher Provinzen. Sie setzten deren juristische Entscheidungen um und führten speziell Hinrichtungen durch. Es ist nicht auszuschließen, dass diese letzte Tätigkeit die *speculatores* so bekannt (und verhasst) machte, dass der Evangelist allein deshalb den gräzisierten lat. Terminus benutzte.[23]

*Die römische Armee im Spiegel des NT*

Damit ist schon die grundsätzliche Frage angesprochen, wie sich die im NT enthaltenen Angaben zu den in *Iudaea* tätigen Soldaten zu unserem Wissen von der röm. Armee dieser Zeit verhalten. Michael P. Speidel hat in einer Studie gezeigt, dass die beiden präzisesten Angaben in der Apg (und im ganzen NT) allem Anschein nach vorzüglich zu unseren Kenntnissen vom röm. Heer

---

[19] Zu den Änderungen in Bewaffnung und Taktik: *Keppie* 1984, 173f.

[20] Dazu *R. Haensch*: Inscriptions and the History of the Herods, in: Akten des Kolloquiums „The World of the Herods and the Nabataeans. An International Conference held at The British Museum, April 17–19, 2001" (im Druck).

[21] Zur Frage, inwieweit sich die Armee des Herodes an röm. Vorbildern orientierte: *I. Shatzman*: The Armies of the Hasmonaeans and Herod. From Hellenistic to Roman Frameworks, Tübingen 1991, 198–214; vgl. auch *Gracey* 1986, 314.

[22] Zu ihnen insbes. *M. Clauss*: Untersuchungen zu den principales des römischen Heeres von Augustus bis Diokletian, Diss. Bochum 1973 (masch.), 9f.46–54.59–75.

[23] Davon geht z.B. *Clauss*: Untersuchungen (wie Anm. 22), 72 aus; vorsichtiger *Saddington* 1996, 2413. Das liegt auch deshalb nahe, weil Mk der einzige ist, der den gräzisierten lat. Terminus *kenturiōn* und nicht die gr. Übersetzung *hekatontarchos* verwendet. Demgegenüber findet sich nur bei Mt 27,65f; 28,11 der gräzisierte lat.Terminus koustōdia. Zu *officium custodiarum* bzw. *custodiae* als inschriftlich in Caesarea Maritima und Bostra belegte Bezeichnungen für die Abteilungen im Statthalterstab, die Strafgefangene bewachten, s. jetzt *H. Cotton/W. Eck*: Governors und Their Personnel on Latin Inscriptions from Caesarea Maritima, IASH.P VII.7, 2001, 215–240, hier 230–232.

in der Region um die Mitte des 1. Jh. passen.[24] Es ist dies erstens die Nachricht, der von Petrus in Caesarea getaufte *centurio* habe zu einer *cohors Italica* gehört (Apg 10,1), und zweitens die Angabe, der *centurio*, der Paulus nach Rom brachte, sei Soldat einer *cohors Augusta* gewesen (Apg 27,1).[25] Speidel wies gegen Emil Schürer darauf hin, dass es keinen Beleg dafür gibt, dass alle Einheiten der Garnison[26] von *Iudaea* unter den Procuratoren den Beinamen *Sebastena* führten und dass dies auch keineswegs deshalb der Fall gewesen sein müsse, weil für diese Einheiten unter den Bewohnern von Caesarea Maritima und Sebaste rekrutiert wurde.[27] Gerade in der Region – nämlich im Königreich des Agrippa II. – gäbe es auch inschriftliche Belege für eine *cohors Augusta*.[28]

Prinzipiell schwieriger einzuschätzen ist das, was in den Evv bzw. der Apg im Zusammenhang mit der Hinrichtung Jesu bzw. der Gefangennahme des Paulus von der Tätigkeit röm. Soldaten berichtet wird (→1.5.1.4 und 1.5.1.5). Das liegt daran, dass wir aus keiner anderen Quelle – außer den als Quellengruppe mindestens ebenso problematischen Märtyrerakten – so detailliert über die Umstände einer Hinrichtung bzw. eines Gefangenentransportes informiert werden. Führende röm. Militärhistoriker wie Roy Davies oder Michael P. Speidel illustrierten derartige Tätigkeiten röm. Soldaten gerade mit dem NT.[29]

Auf jeden Fall lassen sich eine Reihe von Details durch außerbiblische Quellen bestätigen. Wenn die Soldaten unter dem Kreuz die Kleidung Jesu aufteilen,[30] so passt das zu einer Passage in den Digesten, in der erörtert wird, inwieweit solche *officiales* des Statthalterstabes, die bei der Rechtsprechung Hilfsdienste leisteten, Anspruch auf all das hatten, was sich im persönlichen Besitz eines Verurteilten befunden hatte.[31]

---

[24] *Speidel* 1992 gegen *E. Schürer*: The History of the Jewish People in the Age of Jesus Christ (175 B.C.–A.D. 135) I, Edinburgh 1973, 363f; vgl. *B. Isaac*: The Limits of Empire. The Roman Army in the East, Oxford 1990, 105f Anm. 19.

[25] Es war dies zumindest dem Namen nach keine Kohorte der Sebastener; gegen dieses falsche Verständnis von *speira Sebastē* z.B. *Schürer*: History I (Anm. 24), 364; anders aber z.B. *Saddington* 1982, 51.

[26] Wegen Ios. ant. Iud. 19,356–366 (vgl. Ios. bell. Iud. 2,236; 3,66; ant. Iud. 20,122) geht man generell davon aus, dass es sich um eine *ala* und fünf *cohortes* gehandelt habe.

[27] Ios. ant. Iud. 19,176.

[28] SEG 7, 1934, 970 = 33, 1983, 1306 (aus den Jahren 75/76; so nach der umstrittenen Datierung der Ären des Agrippa II. durch *N. Kokkinos*: Justus, Josephus, Agrippa II and his Coins, SCI 22, 2003, 163–179, hier 174; nach den traditionellen Datierungen dieser Ären würde die Inschrift in die achtziger Jahre des 1. Jh. fallen); derselbe *centurio* auch in SEG 7, 1934, 1110 sowie OGIS 421. Allerdings bleibt die von Speidel an diese Inschriften angeknüpfte These zur Apg – der *centurio* dieser seiner Ansicht nach Agrippa unterstehenden Einheit sei als dessen Vertrauter mit der Überführung des Paulus nach Rom betraut worden – sehr fraglich; denn die Inschriften können keinesfalls belegen, dass schon im Jahre 60 die *cohors Augusta* Agrippa II. zur Verfügung stand. Zwischen den Daten der Inschriften und denjenigen der Geschehnisse der Apg liegen mindestens 15 Jahre und der Jüdische Krieg. Zweifel an dieser These auch bei *Gracey* 1986, 320f.

[29] *Davies* 1989, 57; *Speidel* 1992, 237 („the compelling ring of historical truth"); vgl. auch *J.-U. Krause*: Gefängnisse im Römischen Reich, Stuttgart 1996, 250 (vgl. 253f).

[30] Mt 27,35; Mk 15,24; Lk 23,34; Joh 19,23f.

[31] Dig. 48,20,6.

Im Falle der für die Apg so wichtigen Garnison von Jerusalem berichtet auch Josephus (→1.3.2.6), dass eine röm. Einheit permanent in der Burg Antonia stationiert war, um bei Unruhen, insbes. im Zusammenhang mit den großen Festen, schnell eingreifen zu können (→2.2.7.3).[32] Ihr Quartier war seinen Angaben nach durch eine Treppe mit dem Tempelberg verbunden.[33] Eine solche Treppe aber wird Paulus hochgetragen (Apg 21,35) und von dort aus spricht er noch einmal zur Menge (21,40). Wenn der Kommandeur dieser Einheit namens Claudius Lysias[34] im Gespräch mit Paulus erwähnt, er habe eine erhebliche Summe für das röm. Bürgerrecht bezahlt (22,28), so passt dies zu dem, was wir aus Cassius Dio über die Bürgerrechtsverleihungen des Kaisers Claudius erfahren (und das *nomen gentile* dieses Truppenbefehlshabers verweist auf diesen Kaiser als demjenigen, dem Lysias sein Bürgerrecht verdankte).[35]
Wenn Paulus nach der Apg (23,23) von zwei *centuriones*, 200 Soldaten, 70 Reitern und 200 *dexiolaboi* aus Jerusalem heraus gebracht wurde, so erscheint der Umfang dieses Schutzkommandos auf den ersten Blick unglaubwürdig groß. Fast die Hälfte der einzigen in Jerusalem stationierten Auxiliareinheit[36] hätte ihn begleitet. Andererseits geleiteten ihn nur die Reiter bis nach Caesarea Maritima. Die übrigen Soldaten kamen zwar in einem Nachtmarsch bis nach Antipatris mit,[37] um dann aber nach Jerusalem zurückzukehren (23,32). Damit war der überwiegende Teil des Schutzkommandos nach einem Tag an seinem Standort wieder verfügbar. Es war auch militärisch durchaus sinnvoll, durch eine solch starke Bedeckung jeden Widerstand im Keim zu ersticken. Für die Zuverlässigkeit ist aber vor allem wichtig, dass die erwähnten *dexiolaboi* ein *hapax legomenon* darstellen. Es gibt in der gesamten übrigen kaiserzeitlichen Überlieferung keine Parallele für die von der Apg benutzte Bezeichnung.[38] Das

---

[32] Ios. bell. Iud. 5,244.

[33] Ios. bell. Iud. 5,243.

[34] Zu ihm *S. Demougin*: Prosopographie des chevaliers romains Julio-Claudiens (43 av. J.-C.–70 ap. J.-C.), Rom 1992, 444f; *H. Devijver*: Prosopographia militiarum equestrium quae fuerunt ab Augusto ad Gallienum, Löwen 1976 s.v. C 154, vgl. Suppl. I, 1987; II, 1993.

[35] Auch nach Cassius Dio wäre zumindest in den ersten Jahren des Claudius das röm. Bürgerrecht nur gegen erhebliche Zahlungen zu erlangen gewesen (60,17,6; dazu *B. Levick*: Claudius, London 1990, 164f).

[36] *Saddington* 1996, 2416 (*ders*. 1982, 110.210 Anm. 113; vorsichtiger *Schürer*: History I [Anm. 24], 366) erwägt deshalb sogar, ob die in Jerusalem stationierte Kohorte eine *milliaria* (o. Anm. 6) gewesen wäre. Das kann man aber auf jeden Fall nicht mit der Bezeichnung *chiliarchos* für ihren Kommandeur stützen, da dies im NT die übliche Bezeichnung für einen höheren Truppenkommandeur ist (z.B. Mk 6,21; Apg 25,23). Der eigentlich zu erwartende Begriff *eparchos* findet sich nirgends, vgl. *W. Bauer*: Griechisch-deutsches Wörterbuch zu den Schriften des Neuen Testaments und der frühchristlichen Literatur, Berlin/New York [6]1988, 574.

[37] Eine durchaus vorstellbare Geschwindigkeit, s. Veg. mil. 1,9; dazu *A. Kolb*: Transport und Nachrichtentransfer im Römischen Reich, Berlin 2000, 311.

[38] *Saddington* 1996, 2416 (ausführlicher *ders*. 1982, 210 Anm. 113, vgl. 110) denkt entsprechend den beiden spätantiken bzw. byzantinischen – also unter Umständen erst durch Interpretationen des NT beeinflussten – Belegen (*Bauer*: Wörterbuch [Anm. 36], 349) an Bogenschützen; *Schürer*: History I (Anm. 24), 366f aufgrund der gleichen Zeugnisse: „a particular kind of light-armed soldiery (javelin-throwers or foot-soldiers using other missiles)“. Beide Quellen lassen aber präzise militärische Charakteristika solcher *dexiolaboi* nicht erkennen und sind zudem durch mehrere Jhh. von der Apg getrennt. Die übliche Stärke und

spricht für eine sehr gut informierte, mit den lokalen Verhältnissen und Bezeichnungen vertraute Quelle.

Zumindest ein wenig überrascht, wie das NT die *centuriones* zeichnet. *Centuriones* (*hekatontarchoi*) werden immer wieder als diejenigen hochrangigen Vertreter der röm. Armee dargestellt, die den Forderungen der jüd. Religion, aber auch den Gedanken Jesu und seiner Anhänger gegenüber besonders aufgeschlossen sind.[39] Diese Aufgeschlossenheit gegenüber religiösen Gedanken, die kaum mit röm. Religion vereinbar waren, überrascht gerade bei einer Personengruppe, von der antike Quellen und heutige wissenschaftliche Literatur ein ganz anderes Bild zeichnen. Dies hat Lawrence Keppie wie folgt zusammengefasst: „They provided continuity of standards and traditions. Equally however they must have been bastions of conservatism, averse to innovation and change".[40]

Man bezieht sich bei solchen Aussagen immer in erster Linie auf die *centuriones* der Legionen, während es sich bei den *centuriones* des Heeres von *Iudaea* um solche von *auxilia* gehandelt haben muss (in *Iudaea* stand ja vor dem Ausbruch des jüd. Aufstandes keine Legion).[41] Aber man würde auch solchen *centuriones* unterstellen, dass sie zu den entschiedensten Vertretern röm. Religion im Heer gehört haben. Doch kann es auch nicht einfach das Bemühen der Autoren des NT gewesen sein, die Gedanken des neuen Glaubens von möglichst hochrangigen Vertretern des röm. Heeres anerkannt zu sehen; dann müssten die Kommandeure der Auxiliareinheiten (d.h. *chiliarchoi*) häufiger erwähnt worden sein als dies tatsächlich geschieht – nur Claudius Lysias spielt in dieser Hinsicht eine Rolle. Unter Umständen war es vor dem jüd. Krieg und den ersten Hinrichtungen von Christen auch für solche Angehörige des röm. Heeres, die durch ihren Dienst besonders von röm. Kulten geprägt wurden, noch möglich, sich für die Gedanken des Judentums und verwandter religiöser

die einheitliche Zusammmensetzung solcher *auxilia* legen vielmehr nahe, in den *dexiolaboi* Reitknechte und ähnliche Diener zu sehen, die nach Josephus mit den regulären röm. Truppen trainierten und insofern durchaus als Teil der Kampftruppe zu betrachten seien (bell. Iud. 3,69f); grundsätzlich zu solchen Dienern: *M. P. Speidel*: The Soldiers' Servants, jetzt in: *Ders.*: Roman Army Studies, Volume Two, Stuttgart 1992, 342–352.

[39] Mt 8,5–13; Lk 7,1–10 bzw. Mt 27,54; Mk 15,39; Lk 23,47 bzw. Apg 10 und 27, bes. 27,3.42–44 (vgl. allerdings 27,11).

[40] *Keppie*: Making, 179. Sehr ähnlich *Dobson*: Primipilares (Anm.18), 128: „Es zeigt Männer mit Mut, Loyalität, dem Alten, ja Altmodischem zugetan".

[41] Bei *Holder* 1980, 86–90 (vgl. *Saddington* 1982, 188f) finden sich eine Reihe von Beispielen von *peregrini*, die als *centuriones* oder *decuriones* von Auxiliarverbänden Dienst taten. Er kann nachweisen, dass diese zumeist aus der gleichen Gegend stammten wie die jeweilige Einheit und mutmaßlich in ihr aufgestiegen waren. Aber auch dies würde auf ein ethnisches Milieu hinweisen (vgl. bei Anm. 9), das dem Judentum eher feindlich gegenüberstand. – Ich sehe gegen *Saddington* 1996, 2413 keinen zwingenden Grund, warum der *centurio* von Kapernaum zur Armee des Antipas gehört haben soll. Sein Aufenthalt in Kapernaum ließe sich auch damit erklären, dass er nicht mehr im aktiven Dienst war (Kapernaum ist nie als Truppenstützpunkt in röm. Zeit fassbar: *Isaac*: Limits [Anm. 24], 137.434, der aber die Anwesenheit des *centurio* als Beleg für eine Garnison wertet). – Zur Garnison von *Iudaea* nach dem jüd. Aufstand jetzt *H. Cotton u.a.*: A Newly Discovered Governor of Iudaea in a Military Diploma from 90 CE, Israel Museum Studies in Archaeology 2, 2003, 17–31; zur *legio X Fretensis*: *E. Dabrowa*: Legio X Fretensis. A Prosopographical Study of its Officers (I –III c. A.D.), Stuttgart 1993.

Strömungen zu interessieren. Sich überhaupt nicht mit den Göttern der Region zu beschäftigen, in der man tätig war, das hätte nun auch nicht röm. Religiosität entsprochen (→1.2.3).

*Literatur*

*R. W. Davies*: Service in the Roman Army, Edinburgh 1989. – *M. Gracey*: The Armies of the Judaean Client Kings, in: *Ph. Freeman/D. Kennedy* (eds.): The Defence of the Roman and Byzantine East, Part I, Oxford 1986, 311–323. – *P. A. Holder*: Studies in the Auxilia of the Roman Army from Augustus to Traian, Oxford 1980. – *L. Keppie*: The Making of the Roman Army. From Republic to Empire, London 1984. – *D. B. Saddington*: The Development of the Roman Auxiliary Forces from Caesar to Vespasian (49 B.C.–A.D. 79), Harare 1982. – *Ders.*: Roman Military and Administrative Personnel in the New Testament, ANRW II 26.3, 1996, 2409–2435. – *M. P. Speidel*: The Roman Army in Judaea under the Procurators, jetzt in: *Ders.*: Roman Army Studies. Volume Two, Stuttgart 1992, 224–232. – *H. Wolff*: Die Entwicklung der Veteranenprivilegien vom Beginn des 1. Jahrhunderts v.Chr. bis auf Konstantin d. Gr., in: *W. Eck/H. Wolff* (Hgg.): Heer und Integrationspolitik. Die römischen Militärdiplome als historische Quelle, Köln/Wien 1986, 44–115.

## 1.4.1.4 „*Pax Romana*" im NT (*Jürgen Zangenberg*)

*Stellen im NT*

Mt 10,34 par Lk 12,51; Mk 10,41–44; Lk 2,19; Joh 14,27; 18,36f; Apg 22,27–29; Röm 13,1–7; 14,17.19; 15,33; 1Kor 14,33; 16,20; 2Kor 11,23–33; Gal 4,26; Eph 2,11–22; Phil 2,20; 1Thess 5,3; 1Petr 1,1f.17; 2,11–17; Offb 6,4; 13; 18

*Pax Romana: Ideal und Wirklichkeit*

Als die röm. Republik im Chaos eines langen, blutigen Bürgerkriegs zu Grunde gegangen war und Augustus mit der Erneuerung der politischen, kulturellen und wirtschaftlichen Grundlagen den Bewohnern des Imperiums Sicherheit nach außen und Frieden nach innen zurückgab, brach eine Ära an, die man als *Pax Augusta* (augusteischer Friede) oder *Pax Romana* (römischer Friede) bezeichnet. Für die nächsten zweieinhalb Jhh. sahen sich röm. Caesaren in der Nachfolge des Augustus, wobei *Pax Romana* zugleich als ehrgeiziger Maßstab imperialen politischen Handelns als auch als Schlagwort geschickt inszenierter Propaganda fungierte. In seinem politischen Testament hatte Augustus selbst auf programmatische Weise verdeutlicht, was *Pax Romana* bedeutet (R. Gest. div. Aug.).[1] Sie bringt keineswegs das Ende aller militärischen Eroberungen, sondern erfüllt sich dort, wo Völker unter das Dach röm. Zivilisation mit militärischer Sicherheit, unparteiischer Justiz und auf das Gemeinwohl bedachter Verwaltung unter dem einigenden Band des Kaisers gestellt werden (vgl. etwa R. Gest. div. Aug. 3). *Pax Romana* ist somit eng verbunden mit dem imperialen „Sendungsbewusstsein" Roms, der Vorstellung eines gerechten, weil Frieden unter den Völkern (*pax gentium*) erst ermöglichenden Krieges und der Sicht des Staates als organisches Ganzes unter der wohlwollend-sorgenden

[1] Es sollte nach Augustus' Tod im Senat verlesen und am Eingang zu seinem Mausoleum in Rom öffentlich angebracht werden. Es ist in zahlreichen Fragmenten erhalten, von denen das vollständigste und berühmteste, das *Monumentum Ancyranum*, in gr. und lat. Sprache am Tempel der Roma und des Augustus in Ancyra (Ankara) erhalten geblieben ist.

Herrschaft des Besten (vgl. Leibmetaphorik). Bereits zu Augustus' Zeiten verkündeten zahlreiche Bauten (*Ara Pacis* und *Forum Augusti*, zur *Ara Pacis* vgl. R. Gest. div. Aug. 12),[2] kultisch-symbolische Handlungen (das Schließen der Tore des Janus Geminus-Tempels, R. Gest. div. Aug. 13; die Einrichtung eines Kultes der *Pax*), Statuen und Münzen das politische Programm, das die in Erfüllung gegangenen Hoffnungen und das kulturelle Lebensgefühl einer ganzen Ära ausdrückte. Von herausragender Bedeutung war aber die publizistische Untermauerung des Programms durch von Augustus gezielt geförderte Literaten wie Vergil (Aeneis, vgl. die berühmten Passagen 1,280–290; 6,793.851–853; ecl. 4); Livius (1,4,1) oder Horaz (carm. saec.), die bewusst mit mythischen Stoffen (Goldenes Zeitalter) und politischer Prophetie (Aeneas-Sage) operierten. Auch außerhalb dieses Zirkels wurde die Kulturleistung des Augustus als Friedenswächter (*eirēnophylax*) gerühmt (Philo leg. 147). Das röm. Ideal einer friedlich geordneten Völkergemeinschaft führte man auf Alexander d. Gr. zurück (Plut. Alex. 1,6), doch allein Rom bzw. Italien seien befähigt, zur gemeinsamen Wohnung aller Menschen zu werden (Plut. mor. 317A; Plin. nat. 3,39f *una cunctarum gentium in toto orbe patria*). Gut 100 Jahre später preist Aelius Aristides in seiner berühmten Romrede die Ideale der *Pax Romana*. Christl. Autoren maßen der Tatsache, dass Jesus unter der *Pax Augusta* geboren war, tiefere Bedeutung zu und ermöglichten die Anknüpfung an das pagane Friedensideal und zugleich Distanzierung von dessen weltlichem Charakter (Aug. civ.).
Neben solcher Panegyrik finden sich auch Stimmen, die die brutalen Auswirkungen röm. Herrschaftswillens mit dem idealisierten Anspruch der *Pax Romana* kontrastieren. Besonders berühmt ist die Rede des Kaledoniers Calgacus, die ihm der Historiker Tacitus in den Mund gelegt hat (Agr. 30,3–31,2; vgl. auch die des Galliers Critognatus in Caes. Gall. 7,77,14–16). Freilich sollte man daraus keine grundsätzliche Kritik an röm. Machtpolitik ablesen, eher schon das Lob der altröm. *virtus*, die Tacitus im Handeln des Agricola verwirklicht sah. Immerhin macht Tacitus eine richtige Beobachtung: Die schärfste Kritik an der „real-existierenden" *Pax Romana* kommt erwartungsgemäß aus dem Munde von Provinzialen, wobei philosophische Motive ebenso eine Rolle spielen können (vgl. Epikt. 3,22,53–57) wie religiös und kulturell motivierte Ablehnung (etwa in der jüd. Apokalyptik [→1.3.2.3] z.B. 4Esr 11,37–46; Sib 3,175–195) oder der breite Strom geistigen Widerstandes des Ostens gegen die Fremdherren (Hoffnung auf den „Herrscher aus dem Osten"; vgl. „Nero redivivus" in Tac. hist. 2,8f; ägyptische Apokalyptik).[3]

*Formen und Auswirkungen*

Je nach den lokalen und zeitlichen Umständen wirkte sich die *Pax Romana* vor Ort ganz unterschiedlich aus. Während Kleinasien und Griechenland als Provinzen nach dem Ende des Bürgerkriegs dank der Hilfe des Augustus einen deutlichen Aufschwung nahmen, war Palästina aufgrund des weit gefä-

[2] Vgl. die Errichtung eines *Templum Pacis* durch Vespasian nach der Niederschlagung des Jüdischen Aufstandes (Plin. nat. 36,102; Ios. bell. Iud. 7,158).

[3] Dazu *Blasius* 2002 und die in *Blasius/Schipper* 2002 gesammelten und kommentierten Texte.

cherten, v.a. religiös motivierten inneren Widerstandes gegen hell. Kultur und röm. Herrschaft ein dauernder Problemfall (→1.4.4.2). In ntl. Zeit konkretisierte sich *Pax Romana* in Palästina zunächst durch die politische Dominanz lokaler, meist hellenisierter und mit Rom liierter Eliten (Herodes und seine Entourage), dann durch den strukturellen Schwierigkeiten der Situation oft nicht gewachsene Statthalter. Spürbar war vor allem die Eintreibung von Steuern (→2.3.1) und die Anwesenheit von Militär zur Aufrechterhaltung der inneren Sicherheit, da die Stabilität der palästinischen Landbrücke zwischen Syrien und Ägypten im strategischen Interesse Roms lag. Josephus (→1.3.2.6) berichtet immer wieder von Übergriffen röm. Autoritäten gegen die lokale Bevölkerung und vom tiefen gegenseitigen Unverständnis.

*NT: Vielfältige Reaktion*
Angesichts ihrer vielfältigen Auswirkungen auf den Alltag der Menschen findet die *Pax Romana* auch höchst unterschiedlichen Niederschlag im NT. Zum einen förderte die *Pax Romana* durch Bewegungsmöglichkeiten und stabile politische Verhältnisse v.a. während des 2. Jh. die Ausbreitung des Christentums, zum anderen sahen sich viele Christen durch die ideologisch-religiöse Konnotationen der *Pax Romana* offen herausgefordert. Die Spanne reicht von nahezu kritikloser Akzeptanz ihrer Segnungen (Apg, vgl. 22,27–29) und einer gewissen weltzugewandten „Bürgerlichkeit" im gesellschaftlichen Leben (Past; 1Clem) bis hin zu offener Ablehnung (Offb, v.a. 13; 18).[4] Zentral für die christl. Stellung zur *Pax Romana* ist die Überzeugung, dass der Gott Israels einziger Herr und Friedensbringer ist (in Lk 2,19 mit der Geburt Jesu verknüpft). Zahlreiche ntl. Texte sind daher durch einen grundsätzlichen Vorbehalt gegen die Institutionen der „Welt" und ihre irdischen Heilsversprechungen gekennzeichnet, der jedoch in unterschiedlicher Weise ausgedrückt wird. Paulus rekurriert auf die atl. Basisvorstellung mehrfach und zieht daraus – ganz analog zur politischen Funktion der Rede vom Frieden in der staatlichen Ideologie – praktische Konsequenzen für das Leben in der Gemeinde (Röm 14,17.19: Reich Gottes ist Gerechtigkeit und Friede; 1Kor 14,33; Röm 15,33; 16,20: Gott ist ein Gott des Friedens). Obwohl Paulus trotz eigener übler Erfahrungen (2Kor 11,23–33) zum Gehorsam gegenüber dem Staat auffordert (Röm 13,1–7), sieht er sein eigentliches Bürgerrecht „im Himmel" (Phil 2,20; Gal 4,26). Die Proklamation von „Friede und Sicherheit" – sicher nicht ohne politische Konnotationen – täuscht nur über das nahe Verderben hinweg (1Thess 5,3). Bei Joh werden Jesu Reich und Jesu Friede mit der „Welt" kontrastiert (Joh 14,27; 18,36), Jesus wird in der Passion als wahrer König Israels stilisiert (Joh 18,37). Die Kritik an irdischer Herrschaft, die zudem noch den Gottessohn ans Kreuz bringt, ist unüberhörbar. In der Jesusüberlieferung hat das Stichwort „Reich Gottes" seinerseits durchaus politische Konnotationen. Es fungiert nicht nur als Kriterium für Herrschaftskritik, sondern trägt zumindest bei Jesus in der Gemeinschaft der Jünger Züge einer bewusst gelebten Gegenwelt (Dienen etc.; vgl. Mk 10,41–44). Die Zugehörigkeit zur Gemeinde und damit die Teilhabe an den Verheißungen und Normen des christl. verstandenen Gottes Israels kompensiert in späteren Schriften ebenso die als „Fremd-

[4] Vgl. dazu die Beiträge in *Labahn/Zangenberg* 2002.

heit" erfahrene gesellschaftliche Marginalität vieler Christen (Eph 2,19; 1Petr 1,1f.17; 2,11–17). Besonders der Eph macht Anleihen bei politisch gefärbter Sprache, um die Spannungen zwischen Juden und Heiden in der christl. Adressatengemeinde zu überwinden.[*]

*Literatur*

*A. Blasius*: Zur Frage des geistigen Widerstandes im griechisch-römischen Ägypten – die historische Situation, in: *A. Blasius/B. U. Schipper* (Hgg.): Apokalyptik und Ägypten. Eine kritische Analyse der relevanten Texte aus dem griechisch-römischen Ägypten, Löwen 2002, 41–62. – *J. E. Bowley*: Pax Romana, in: *C. A. Evans/S. E. Porter* (eds.): Dictionary of New Testament Background, Downers Grove/Leicester 2000, 771–774. – *E. Faust*: Pax Christi et Pax Caesaris. Religionsgeschichtliche, traditionsgeschichtliche und sozialgeschichtliche Studien zum Epheserbrief, Göttingen/Fribourg (CH) 1993. – *R. v. Haehling* (Hg.): Rom und das himmlische Jerusalem. Die frühen Christen zwischen Anpassung und Ablehnung, Darmstadt 2001. – *M. Labahn/J. Zangenberg* (Hgg.): Zwischen den Reichen. Neues Testament und Römische Herrschaft. Vorträge auf der ersten Konferenz der European Association of Biblical Studies, Tübingen 2002. – *D. Mendels*: The Rise and Fall of Jewish Nationalism. Jewish and Christian Ethnicity in Ancient Palestine, New York 1992. – *I. Shatzman*: The Armies of the Hasmoneans and of Herod. From Hellenistic to Roman Frameworks, Tübingen 1991. – *L. L. Thompson*: The Book of Revelation. Apocalypse and Empire, New York/Oxford 1990. – *K. Wengst*: Pax Romana. Anspruch und Wirklichkeit. Erfahrungen und Wahrnehmungen des Friedens bei Jesus und im Urchristentum, München 1986.

[*] Der Verf. dankt Herrn PD Dr. Rudolf Haensch für zahlreiche wertvolle Hinweise bei der Abfassung dieses Artikels.

# 1.4.2 Kleinasien in römischer Zeit

*Stellen im NT*

Das NT kennt einen Begriff „Kleinasien" (K.) nicht[1] und nimmt (bes. Apg; Offb; Briefe) stattdessen auf kleinasiatische Regionen und Städte Bezug:
*Asia* (meint in der Regel die römische Provinz *Asia*): vor allem Apg 18,19–21.24–27; 19,1–20,1; 20,14–21,1; Offb 1,4–3,22; vgl. weitere Hinweise auf *Asia* in Apg 2,9; 6,9; 16,6; 20,4; 21,27; 24,19; 27,2.7; Röm 16,5; 1Kor 16,19; 2Kor 1,8; 2Tim 1,15; 1Petr 1,1; die Adressierung des Eph nach Ephesos (→2.2.7.3) ist textkritisch unsicher. Im einzelnen: *Troas*: Apg 16,8–11; 20,5–14; vgl. 2Kor 2,12; 2Tim 4,13. *Mysia*: Apg 16,7f. *Bithynia*: Apg 16,7; 1Petr 1,1. *Galatia*: Apg 16,6; 18,23; 1Kor 16,1; 2Tim 4,10; 1Petr 1,1; Gal, bes. 1,2; 3,1. *Cilicia*: Apg 6,9; 15,23.41; 21,39; 22,3; 23,34; 27,5; Gal 1,21. *Cappadocia*: Apg 2,9; 1Petr 1,1. *Lycaonia*: Apg 13,51–14,23; 16,1–5. *Lycia*: Apg 27,5f. *Pamphylia*: Apg 13,13f; 14,24–26; vgl. ferner Apg 2,10; 15,38; 27,5. *Phrygia*: Apg 2,10; 16,6; 18,23; vgl. auch Kol, bes. 1,2; 2,1; 4,13–16. *Pisidia*: Apg 13,14–51; 14,21–24. *Pontus*: Apg 2,9; 1Petr 1,1. *Sonstige Regionen*: 1Petr und 2Petr sind an christl. Gemeinden im nördlichen und westlichen K. gerichtet, vgl. 1Petr 1,1; 2Petr 3,1

## 1.4.2.1 Geographische, historische und politische Gegebenheiten (*Wolfgang Orth*)

*Einführung in die Thematik*

Der spätantike Autor Orosius bestimmt K. als Land, das im Norden vom Schwarzen Meer, im Süden vom Mittelmeer und im Westen vom Marmarameer und der Ägäis umgeben ist; im Osten reicht es bis Kappadokien und Syrien (Oros. hist. 1,2,26). Damit ist ein geographischer Raum bezeichnet, der im Wesentlichen dem Staatsgebiet der heutigen Türkei entspricht. Die politische und kulturelle Bedeutung K.s im Altertum ist über Jahrtausende hin kaum zu überschätzen; im Blick auf die frühe Entwicklung des Christentums hat das Land eine entscheidende Rolle gespielt. Die Erforschung des antiken K. wird heute in mehreren altertumswissenschaftlichen Spezialdisziplinen (Alte Geschichte, Epigraphik [→1.3.4.2], Numismatik [→1.3.4.3], Altorientalistik, klass. Archäologie [→1.3.4.4], historische Geographie des Altertums u.a.) intensiv betrieben. Die Grundlage bilden dabei weniger literarische Quellen,[2] als vielmehr – in z.T. jahrhundertelanger Tradition – archäol. Untersuchungen, Auswertung von Inschriften, Deutung von Münzen und neuerdings auch geo-

---

[1] Der Begriff *Asia Minor* ist erstmals im 5. Jh. n.Chr. bei Orosius belegt (hist. 1,2,26). Der Sache nach findet sich eine geographische Einheit K. gelegentlich auch schon früher angedeutet, z.B. beim älteren Plinius (nat. 5,102).

[2] So reich die Literatur des Altertums (seit Homer) an einzelnen Hinweisen ist, die Aufschluss geben können über die verschiedensten auf K. bezogenen Aspekte, so ist doch die Zahl der gr. und lat. Texte, die als ganze oder zu einem erheblichen Teil K. zum Thema haben, nicht groß; für die frühe röm. Kaiserzeit liegt vor die geographisch-historische Beschreibung des aus Arsameia im Pontosgebiet stammenden Schriftstellers Strabon (B. 12–14; vgl. dazu auch die eher listenartige Zusammenstellung zur Geographie K.s bei Plin. d. Ä., nat. 5,20,83–6,8,24); Bilder aus dem inneren Leben einzelner Städte bietet Dion (Chrysostomos), geboren um 40 n.Chr. in Prusa in *Bithynia*, in einer Reihe von Reden (or. 33–35; 38–51). Probleme röm. Verwaltungspraxis werden diskutiert im berühmten Briefwechsel des jüngeren Plinius (seit ca. 110 n.Chr. *legatus Augusti* in *Bithynia*) mit Kaiser Traian (Plin. epist. 10).

graphisch-historische Surveys, wobei das Fundmaterial – gerade im Hinblick auf die röm. Kaiserzeit – in laufender Vermehrung begriffen ist.

*Geographische Grundlagen*
Die Landmasse der kleinasiatischen Halbinsel wird stark von ihrer orographischen Natur her geprägt; zwei Drittel des türkischen Staatsgebiets liegen über 1000 m hoch. Das vielfach gekammerte anatolische Hochland (größere und kleinere Beckenlandschaften zwischen Gebirgsstöcken und -ketten) wird eingerahmt von Serien von Küstengebirgen (pontische Gebirge an der Schwarzmeerküste, Taurus-Gebirge an der Mittelmeerküste). Tektonik (Erdbebenhäufigkeit), stark differenzierte regionale Binnengliederung (Gebirge als Verkehrsbarrieren, wobei die West-Ost-Flusstäler im westlichen K. eine Ausnahme bewirken), zum Teil extreme Klimaunterschiede und Witterungsanomalien sind Faktoren, durch die die menschliche Zivilisation in allen historischen Epochen mit bestimmt wurde. Dabei ist nur ein kleiner Teil des Landes ganz ungeeignet für landwirtschaftliche Nutzung (und damit unbewohnbar); die Vegetation wurde durch menschliche Eingriffe im Laufe der Zeit allerdings entscheidend verändert.

*Geschichtliche Entwicklung*
Für die zivilisatorisch-technische Entwicklung des Menschen bietet der kleinasiatische Raum seit mindestens 8000 v.Chr. Anschauungsmaterial von erstrangiger Bedeutung. Vielfältig sind dabei die Beziehungen zu den anderen Kulturregionen des Vorderen Orients. Seit ca. 1650 v.Chr. tritt das Hethiterreich als dominierende Macht hervor. Nach seinem Untergang ca. 1200 v.Chr. können immer wieder auswärtige Völker und Mächte Einfluss über Teile Anatoliens erringen: so etwa die balkanischen Phryger (Blütezeit ihres Reiches: 8. und 7. Jh.), die vom Kaukasus her eindringenden Kimmerier, die gr. Kolonisten an der Westküste (bald nach 1000 v.Chr.), vor allem aber die Perser, die nach Zerstörung des Reichs der alt-kleinasiatischen Lyder (547/6 v.Chr.) ganz K. unter ihre Oberhoheit bringen. Alexander d. Gr. unterwirft seit 334 v.Chr. das Perserreich; er schafft damit die Grundlage dafür, dass sich in K. hinfort all das verdichten kann, was wir als hell. Weltkultur bezeichnen. Diese Prägung besteht auch in der Römerzeit fort; den Römern fällt das westliche K. durch Erbverfügung des letzten Königs von Pergamon (→2.2.7.3), Attalos III., (gest. 133 v.Chr.) zu; die 129 v.Chr. konstituierte röm. Provinz erhält den Namen *Asia*. Später kommen noch weitere Provinzen hinzu: Bei der Schaffung von *Cilicia* (um 80 v.Chr.) ist Sicherung gegen Piraten ein wichtiger Gesichtspunkt; Pompeius erweitert die Provinz 63 v.Chr. noch durch Hinzufügung der *Cilicia Pedias*. Derselbe richtet im gleichen Jahr die Provinz *Bithynia et Pontus* ein (→1.4.1.1).
Die Ausbeutung der unterworfenen Gebiete, vor allem der Provinz *Asia*, wird von den Römern mit solcher Rücksichtslosigkeit betrieben, dass die blühende Region mehr und mehr ruiniert wird.[3] Schwere Belastungen bringt die Triumviratsepoche (seit 43 v.Chr.) durch maßlose Geldforderungen der rivalisieren-

3 Der Hass der Unterdrückten entlädt sich in *Asia* in der Ermordung von wohl 80000 Römern und Italikern (88 v.Chr.).

den Kommandeure und eine Invasion der Parther (40–38 v.Chr.). Erst die Friedenszeit unter Augustus verschafft K. Erholung; segensreich wirken sich v.a. die Reform des Steuersystems (→2.3.1), ein Urbanisierungsprogramm (→2.2.7.1)[4] und karitative Initiativen aus. Der Dank der Bewohner *Asias* spiegelt sich u.a. darin, dass man die augusteische Zeit als Epoche der *euangelia* („Frohbotschaften") preist.[5] Im 1. Jh. n.Chr. gelangen vor allem die Städte K.s – trotz verschiedener Naturkatastrophen, administrativer Fehlgriffe[6] und partieller Misswirtschaft[7] – zu Wohlstand und kultureller Blüte. Auch das zentrale und östliche Anatolien wird in dieser Zeit mehr und mehr in die röm. Reichsverwaltung einbezogen: Nach dem Tod des galatischen Tetrarchen Amyntas wird sein Königreich – gelegen an der Hauptroute von *Asia* nach *Syria* – 25 v.Chr. als neue röm. Provinz *Galatia* organisiert. Kaiser Tiberius wandelt im Einvernehmen mit dem röm. Senat das Königreich *Kappadokien* in eine röm. Provinz um, nachdem im Jahre 17 n.Chr. der unfähige König Archelaos verstorben war (vgl. u.a. Strab. 12,1,4 und Tac. ann. 2,42,4; 43,1 und 56,4). Der große Reichtum des Landes macht es möglich, dass im ganzen röm. Reich die einprozentige Konsumsteuer auf die Hälfte herabgesetzt werden kann. Lykien mit seinem Städtebund wird 43 n.Chr. von den Römern annektiert; die neue Provinz *Lycia et Pamphylia* umfasst auch die Landschaft Pamphylien, die zuvor durch die Statthalter von *Asia*, *Cilicia* oder *Cappadocia* kontrolliert worden war, und einen Teil von Pisidien (soweit es nicht zu *Galatia* gehörte).

*Verwaltung in römischer Zeit*

Die Verwaltung der kleinasiatischen Provinzen (→1.4.1.2) erfolgte wie überall im Imperium unter Einsatz eines Minimums an Personal. Dem röm. Senat unterstanden *Asia* (Hauptstadt Ephesos: vgl. Apg 19,30f, →2.2.7.3) und *Bithynia et Pontus* (dieses bis in traianische Zeit; Hauptstadt wohl Nikaia). Verwaltet wurden sie durch einen in der Regel jährlich wechselnden *proconsul*. Kaiserliche Provinzen waren im 1. Jh. n.Chr. *Lycia et Pamphylia* (Hauptstadt wohl Perge), *Galatia* (Hauptstadt Ankyra), *Cappadocia* (Hauptstadt wohl Caesarea) und *Cilicia* (Hauptstadt wohl Tarsos). Der *princeps* herrschte hier durch von ihm bestimmte *legati Augusti pro praetore*.

Soweit es möglich schien, gestattete die röm. Herrschaft den Fortbestand gewachsener traditioneller Strukturen, wobei sich die organisatorischen Standards im Raum K. weit voneinander unterscheiden konnten. Die an klassischen Vorbildern orientierte, sich selbst verwaltende Bürgerschaft in gr. geprägten *poleis* stellte dabei eine wichtige Stütze für das Imperium dar; ihre Elite gewann mehr und mehr auch Bedeutung als Personalreservoir, das für die Übernahme von Aufgaben in der Verwaltung des Reichs in Betracht kommen konnte. Dagegen dominierten in dünner besiedelten Regionen noch vielfältige, z.T. recht einfache Formen einer Stammes- oder Dorforganisation (→2.2.6.1).

---

4 Die Gründung der aus der Apg bekannten Kolonien Ikonion in Lykaonien und Antiochia in Pisidien gehört in diesen Zusammenhang.

5 Vgl. das Edikt des Prokonsuln Paullus Fabius Maximus und Beschlüsse des Landtags von Asia, in: *U. Laffi*: SCO 16, 1967, 1–99.

6 Vgl. z.B. Sen. dial. 2,5,5; Tac. ann. 2,54,1; 3,66–68; 4,15,2f.

7 Vgl. die Reden des Dion von Prusa, Plin. epist. 10 und auch das Edikt des Prokonsuls Paullus Fabius Persicus, ca. 44 n.Chr., I. Ephesos 17–19.

Röm. Herrschaft verfolgte im 1. Jh. im Blick auf K. drei Hauptinteressen: die Aufrechterhaltung der Inneren Sicherheit (→1.4.2.3), die Absicherung gegenüber den Parthern im Osten und die Wahrung des Wohlstandes der Bewohner als Basis für den Zufluss an Steuern. Der Sicherheits- und Kontrollaspekt fand seinen Niederschlag in großen Straßenbauprojekten[8] und in der Organisation des *cursus publicus* (→2.4.1), in der Stationierung von Legionen und in der Schaffung von Veteranenkolonien und anderer Neugründungen. Hervorzuheben sind etwa die *colonia Alexandria Augusta Troas*, die von Paulus mehrere Male besucht wurde (Apg 16,8.11; 20,5–12), oder auch eine ganze Anzahl von Siedlungen, die 25 v.Chr. oder später in *Galatia* neu geschaffen wurden. Wohlstand und Zufriedenheit der Bewohner K.s zu fördern war schon Augustus ein Anliegen;[9] mehrfach wurden in der frühen Kaiserzeit durch Erdbeben geschädigte Städte finanziell großzügig unterstützt (Tac. ann. 2,47; 4,13,1).

*Bevölkerung/Gesellschaft/Wirtschaft*

Weder die starke Akzeptanz, die die gr. Schriftkultur seit dem 4. Jh. v.Chr. in fast allen Gebieten K.s fand, noch die röm. Verwaltungsorganisation haben tiefer gehende Uniformierung zur Folge gehabt. Die von der Landesnatur und von den jeweiligen historisch-kulturellen Traditionen her bedingte Vielfalt prägte die Region auch in der Kaiserzeit. Man unterscheidet zahlreiche Völkerschaften und Stämme, was sich vor allem auch im Nebeneinander der Sprachen spiegelt (Mysisch, Lydisch, Phrygisch, Lykisch, Keltisch und viele andere; zum Lykaonischen vgl. Apg 14,11). Obwohl sich in K. um 100 n.Chr. nahezu 300 *civitates* nachweisen lassen, prägt Stadtkultur mit ihren komplizierten Strukturen nur einen vergleichsweise sehr kleinen Raum, zum allergrößten Teil ist K. ländliches Gebiet. So ergeben sich in sozialer und wirtschaftlicher Hinsicht enorme Kontraste zwischen einzelnen *poleis*, die durch blühendes Gewerbe und regen Handel hervorragen und deren Bildungseinrichtungen berühmt sind (vgl. dazu etwa Apg 18,24–28 zu Ephesos und 21,39 zu Tarsos, der Heimat des Paulus[10]), und der Rückständigkeit vieler Landstriche im Inneren Anatoliens. Ein in der Fassung vom 9. Juli 62 n.Chr. überliefertes großes Zollgesetz lässt die Provinz *Asia* als geschlossenen Binnenmarkt erscheinen.[11] Auf dem Land kommt den Heiligtümern besondere gesellschaftliche und wirtschaftliche Bedeutung zu.[12]

---

[8] Straßenbaumaßnahmen sind vor allem für die Regierungszeit der Kaiser Claudius und Nero belegt: I. Smyrna 825 (von Smyrna nach Tralleis); ILS 215 (in *Pamphylia*); CIL III 346 (in *Bithynia*); ILS 5883 (in *Paphlagonia*).

[9] Vgl. dazu Cass. Dio 54,7,5. Schon vor 27 v.Chr. wird beispielsweise den Städten Ephesos und Pergamon die Wiederaufnahme der Münzprägung gestattet.

[10] Den Bildungseifer der Bürger von Tarsos hebt Strab. 14,5,13 hervor.

[11] Vgl. *H. Engelmann/D. Knibbe* (Hgg.): Das Zollgesetz der Provinz Asia, Bonn 1989.

[12] Dass sie auch in einzelnen Städten nicht zu unterschätzen ist, zeigt Apg 19,23–41 (Artemis-Tempel in Ephesos).

## 1.4.2.2 Religiöses Leben (*Wolfgang Orth*)

*Kulte*

Die Religionsgeschichte Anatoliens, die sich bis in prähistorische Zeit zurückverfolgen lässt, ist immer wieder durch Prozesse der Vermischung und Überlagerung gekennzeichnet. Unter der Oberfläche einer hellenisch geprägten Kultorganisation, die beispielsweise in der verbreiteten Verehrung der Götter Zeus, Apollo, Artemis, Leto oder Hermes zum Ausdruck kommt (vgl. dazu Apg 14,12f; 19,27–28.35), leben in K. vor allem im Binnenland auch in der röm. Kaiserzeit zahlreiche regionale und lokale Traditionen fort. Götterkulte werden von Bundesorganisationen und Städten gepflegt; darüber hinaus gibt es für Vereine (→2.2.4.2) und Individuen viele Möglichkeiten, religiösen Ritus (→1.2.6) nach eigenem Dafürhalten zu gestalten. Das Festwesen blüht in dieser Zeit wie in den Jhh. davor und wird gerade von städtischen Gemeinwesen als zentrale Aufgabe angesehen.[1] Eine Sonderstellung nimmt der Kaiserkult (→3.3.4) ein. Kultische Verehrung von Herrschern war in K. seit dem Beginn der hell. Zeit weit verbreitet. Schon vor der Prinzipatsepoche kam es vor, dass man auch herausragenden Repräsentanten der röm. Herrschaft Kultehren zuerkannte (z.B. in Lykien seit dem 2. Jh. v.Chr.). Augustus fördert den Kaiserkult in K. seit 29 v.Chr. unter der Bedingung, dass auch „Roma" in die Verehrung miteinbezogen wird,[2] Pergamon (→2.2.7.3) und Nikomedia werden zu den ersten Zentren des Augustus-Kultes, für dessen Durchführung jeweils der provinziale Landtag Verantwortung trägt.[3] In *Galatia* übernimmt sehr bald *Ankyra* diese Rolle. Für soziale Eliten, aber auch für ganze Städte ist die Ausgestaltung des Kaiserkults stark mit dem eigenen Prestigeanspruch verbunden (vgl. Tac. ann. 4,55).

*Jüdische Bewohner*

Schon in hell. Zeit hatten sich jüd. Gemeinden (→1.4.5.5) in vielen Regionen K.s ausgebreitet (vgl. Philo leg. 281). Die Juden wurden von einigen Herrschern gefördert (z.B. von Antiochos III.); in die städtischen Gesellschaften waren sie in der Regel gut integriert; dabei ist auch eine Neigung zum Synkretismus verhältnismäßig häufig nachweisbar.

*Ausbreitung des Christentums*

Für die Ausbreitung des Christentums in K. ist die Tatsache bedeutsam, dass seit Jhh. verschiedene kultische Traditionen nebeneinander existierten. Zudem waren gerade in K. religiöse Tendenzen lebendig, die den Boden für die christl. Botschaft bereiten konnten: Hinzuweisen ist auf die Theos-Hypsistos-Verehrung, die einen Zug zum Monotheismus aufweist, auf Kulte mit Erlö-

---

1 Dazu *M. Wörrle*: Stadt und Fest im kaiserzeitlichen Kleinasien, München 1988.

2 Cass. Dio 51,20,7–9; vgl. Tac. ann. 4,37,3. Auch sein Nachfolger Tiberius kann sich trotz seiner ablehnenden Haltung entsprechenden städtischen Regelungen nicht entziehen (vgl. u.a. Tac. ann. 4,15,3 und 55f: Tempel für Tiberius, Livia und den Senat in Smyrna); Caligula fordert, dass ihm in Milet ein Tempel geweiht werde (Cass. Dio 59,28,1).

3 Dem Beispiel sind im Laufe der Zeit alle anderen kleinasiatischen Provinzen gefolgt: *koina* (Landtage) gab es am Ende des 1. Jh. in *Asia*, *Bithynia et Pontus*, *Lycia*, *Galatia*, *Cappadocia* und *Cilicia*.

sungsverheißungen und auf Ausprägungen individueller (→3.3.6) Frömmigkeit (vgl. z.B. die sog. Beichtinschriften aus dem östlichen Lydien[4]→1.3.4.2). Die Mission des Paulus nimmt ihren Ausgang in den jüd. Synagogen (vgl. u.a. Apg 13,14f; 14,1; 19,8). Die drei Reisen des Paulus[5] orientieren sich in ihrem Verlauf an großen Verkehrsrouten über Land (zwischen Tarsos und Ephesos); Schifffahrt (→2.4.2.2) entlang der west-k. Küste (Troas–Milet) spielt im Rahmen der dritten Reise eine Rolle (Apg 27,2). Um 100 n.Chr. sind christl. Gemeinden in vielen Teilen K.s fest etabliert, vor allem auch im Westen (vgl. die Sendschreiben der Apokalypse, Offb 1,11) und im Nordwesten (vgl. Plin. epist. 10,96: es gebe Christen „in großer Zahl" *omnis aetatis, omnis ordinis, utriusque sexus*; von der neuen Religion seien Stadt und Land gleichermaßen erfasst).

---

[4] Textedition: *G. Petzl* (Hg.): Die Beichtinschriften Westkleinasiens, Bonn 1994.

[5] Zum Problem der Chronologie (→1.4.6) siehe die kritische Sichtung der Forschung durch *A. Suhl*: Paulinische Chronologie im Streit der Meinungen, ANRW II 26.2, 1995, 939–1188.

# 1.4.2.3 Religiosität und Innere Sicherheit im römischen Kleinasien (*Michael Alpers*)

*Einführung*

Wenn auch Rom mit der seit 133/129 v.Chr. einsetzenden Provinzialisierung des kleinasiatischen Raumes die oberste Verantwortung für die Garantie sowohl der Äußeren als auch der Inneren Sicherheit[1] trug, so lag doch naturgemäß die konkrete Durchsetzung oftmals bei den städtischen und ländlichen Gemeinden vor Ort. Delikte wie Mord, Raub oder Diebstahl, Betrug, Sklavenflucht oder Sachbeschädigung, aber auch Grabschändung oder Unruhestiftung wurden in den einzelnen Kommunen begangen, mussten dort aufgeklärt sowie auf lokaler, provinzialer oder ggf. gar Reichsebene gerichtlich verfolgt und bestraft werden. Bestimmte Formen praktizierter Religiosität konnten in diesem Zusammenhang sowohl als sicherheitsstabilisierend als auch als sicherheitsgefährdend eingestuft werden. So vermochten etwa die für den ländlich strukturierten Raum im westlichen K. inschriftlich dokumentierten Formen einer Art von „Tempelgerichtsbarkeit" auch bei Delikten profaner Natur zur Aufklärung und ggf. Sühnung von Straftaten beizutragen.[2] Zum Schutz einer Grabanlage (→3.2.5.1) vor Beschädigung oder Missbrauch finden sich in zahllosen Inschriften Klauseln, in denen Einrichtungen ganz unterschiedlicher Art (z.B. die „kaiserliche Kasse") benannt werden, an die im Falle einer Grabschändung Strafgelder in unterschiedlicher Höhe gezahlt werden sollten.[3]

Als potenziell sicherheitsgefährdend hingegen konnte sich – jedenfalls aus der Sicht der röm. Ordnungsmacht – die Einrichtung des sakralen Asylrechts lt. Tacitus erweisen:[4] Straftäter wie entlaufene Sklaven (→2.2.5.3),[5] Schuldner, die vor ihren Gläubigern Schutz suchten, und sogar Personen, die eines Kapitalverbrechens verdächtigt wurden, hielten sich in asylrechtlich geschützten

---

[1] Zum politikwissenschaftlichen Hintergrund des Begriffes vgl. *E. Blankenburg*: Innere Sicherheit, in: *M.G. Schmidt* (Hg.): Lexikon der Politik, Bd. 3: Die westlichen Länder, München 1992, 162–169.

[2] Vgl. dazu *G. Petzl*: Die Beichtinschriften Westkleinasiens, Bonn 1994; *Ders.*: Ländliche Religiosität in Lydien, in: *E. Schwertheim* (Hg.): Forschungen in Lydien, Bonn 1995, 37–48; *M. Ricl*: The Appeal to Divine Justice in the Lydian Confession-Inscriptions, ebd., 67–76; *A. Chaniotis*: „Tempeljustiz" im kaiserzeitlichen Kleinasien. Rechtliche Aspekte der Sühneinschriften Lydiens und Phrygiens, in: *G. Thür/J. Vélissaropoulos-Karakostas* (Hgg.): Symposion 1995. Vorträge zur griechischen und hellenistischen Rechtsgeschichte, Köln u.a. 1997, 353–384.

[3] Zum Sachverhalt insgesamt vgl. *G. Klingenberg*: Grabrecht (Grabmulta, Grabschändung), RAC 12, 1983, 590–637. Zu den Empfängerinstitutionen in Nikomedia und Umgebung vgl. *F. K. Dörner*: Tituli Asiae Minoris. Paeninsula Bithynica praeter Chalcedonem: Nicomedia et ager Nicomedensis cum septentrionali meridianoque litore sinus Astaceni et cum lacu Sumonensi, Wien 1978, 101f (Index: *multae violati sepulchri*). – Auch Grabflüchen wurde eine derartige Schutzfunktion zugemessen; vgl. dazu *J. H. M. Strubbe*: APAI ΕΠΙΤΥΜΒΙΟΙ. Imprecations against Desecrators of the Grave in the Greek Epitaphs of Asia Minor. A Catalogue, Bonn 1997.

[4] Vgl. Tac. ann. 3,60–63 z.J. 22 n.Chr.; 4,14 z.J. 23 n.Chr. mit ausdrücklicher Bezugnahme auf die Verhältnisse in der Provinz *Asia* – erwähnt werden u.a. die Städte Ephesos, Pergamon (→2.2.7.3), Smyrna, Sardes und Milet.

[5] Zum Delikt der Sklavenflucht vgl. im NT auch den Philemonbrief.

Heiligtümern (*templa*) auf. Keine Amtsgewalt (*imperium*) sei dann noch durchsetzungsfähig genug, aufrührerische Bestrebungen des Volkes einzudämmen (*coercere seditiones populi*), das sich unter dem Deckmantel religiöser Handlungen (*ut caeremoniae deum*) schützend vor die Verbrechen von Menschen stelle (*flagitia hominum protegere*).[6] Dennoch wurde der sakralrechtlich fundierte Anspruch von Übeltätern, die sich in ein Heiligtum geflüchtet hatten, auf Unverletzlichkeit ihrer Person (Asylie) nie auch nur ansatzweise in Frage gestellt.[7] Der Respekt vor althergebrachter Religiosität erwies sich gegenüber lediglich utilitaristischen Erwägungen wie solchen einer möglichen Beeinträchtigung der Inneren Sicherheit als vorrangig.

*Zu den Textaussagen im NT*

Schon im Verlauf der ersten Missionsreise war es in K. zu Konflikten zwischen christl. Missionaren und Vertretern jüd. Gemeinden (Gottesfürchtige →3.1.3.7) und ihres Umfelds (Antiochia: Apg 13,13–52; Ikonion: Apg 14,1–7) sowie Anhängern alter gr. Kulte gekommen (Lystra: Apg 14,8–20). Bei den Unruhen im pisidischen Antiochia griffen – angesichts aufgewiegelter Menschenmassen und der damit verbundenen Beeinträchtigung der Inneren Sicherheit nur konsequenterweise – vermutlich kommunale Amtsträger ein, indem sie die Missionare auswiesen.[8] Die Ereignisse in (→2.2.7.3) Ephesos (Apg 19,23–20,1) spiegeln am deutlichsten die Gefährdungen wider, welche die Ausbreitung des Christentums aus der Sicht staatlicher Amtsträger für den Bereich der Inneren Sicherheit bilden konnten. Beim Aufstand der Silberschmiede führte ein explosives Gemisch aus unterschiedlichen religiösen Auffassungen und wirtschaftlichen Interessen zu einer massiven Beeinträchtigung der Inneren Sicherheit. Mit dem ephesischen Schreiber (*grammateus*), dem Inhaber der obersten Amtsgewalt der Polis,[9] gelingt es schließlich durch eine Rede Ruhe und Ordnung wiederherzustellen; sein Hinweis darauf, man laufe angesichts der Tumulte Gefahr, wegen Aufruhrs (*stasis*) gerichtlich belangt zu werden, bringt ebenso dezent wie wirkungsvoll die Kompetenzen des röm. Provinzialstatthalters auf dem Gebiet der Inneren Sicherheit – hier konkret: der Jurisdiktion – zum Ausdruck.[10] Bemerkenswert bleibt die vom Verfasser der Apg wohl kaum beabsichtigte Darstellung der religionspolitischen Neutralität kommunaler wie röm. Amtsträger: Nicht die religiöse Auffassung eines Einzelnen oder einer Glaubensgemeinschaft war für mögliche Reaktionen der Behörden maßgebend, sondern allein das mit Bezug auf die Aufrechterhaltung

---

[6] Vgl. zu dieser Problematik bes. *P. Herrmann*: Rom und die Asylie griechischer Heiligtümer: Eine Urkunde des Dictators Caesar aus Sardeis, Chiron 19, 1989, 127–164.

[7] Vgl. Dion Chrys. 31,87–89; 31,80–82 über Missstände bei den Bewohnern der Insel Rhodos.

[8] Zu den Konflikten zwischen den christl. Missionaren und Teilen der einheimisch-kleinasiatischen Bevölkerung während der ersten paulinischen Missionsreise vgl. bes. *Molthagen* 1991, 46–49.

[9] Zum Amt des *grammateus* vgl. *C. Schulte*: Die Grammateis von Ephesos. Schreiberamt und Sozialstruktur in einer Provinzhauptstadt des römischen Kaiserreiches, Stuttgart 1994, 73. – Der ephesische *grammateus* aus Apg 19,35 kommt in dieser Arbeit erstaunlicherweise nicht vor.

[10] Vgl. zum Aufstand der Silberschmiede insgesamt *Molthagen* 1991, 65–71.

von Sicherheit und Ordnung an den Tag gelegte Verhalten. Entscheidendes Kriterium blieb die Gefährdung der Inneren Sicherheit.[11] Unklar bleibt hingegen, ob die Tötung des Christen Antipas in Pergamon (Offb 2,13) auf staatliche Maßnahmen zurückgeht.

*Literatur*

*B. Alavi/M. Alpers*: Vormoderne interkulturelle Gesellschaft als Unterrichtsgegenstand: Religiosität und gesellschaftliche Stabilität in den kleinasiatischen Provinzen des römischen Kaiserreichs, in: *A. Körber* (Hg.): Interkulturelles Geschichtslernen. Geschichtsunterricht unter den Bedingungen von Einwanderung und Globalisierung. Konzeptionelle Überlegungen und praktische Ansätze, Münster u.a. 2001, 175–192. – *M. Alpers*: Städte – Dörfer – Heiligtümer: Kleinasiatische Kommunen und Innere Sicherheit unter römischer Herrschaft [erscheint demnächst]. – *F. M. Ausbüttel*: Die Verwaltung des römischen Kaiserreiches. Von der Herrschaft des Augustus bis zum Niedergang des Weströmischen Reiches, Darmstadt 1998, 47–68. – *C. Breytenbach*: Paulus und Barnabas in der Provinz Galatien. Studien zu Apostelgeschichte 13f; 16,6; 18,23 und den Adressaten des Galaterbriefes, Leiden u.a. 1996. – *D. Magie*: Roman Rule in Asia Minor to the End of the Third Century after Christ, Princeton 1950. – *S. Mitchell*: Anatolia. Law, Men and Gods in Asia Minor, 2 Bde., Oxford 1993. – *Ders.*: The Administration of Roman Asia from 133 BC to AD 250, in: *W. Eck* (Hg.): Lokale Autonomie und römische Ordnungsmacht in den kaiserzeitlichen Provinzen vom 1. bis 3. Jahrhundert, München 1999, 17–46. – *J. Molthagen*: Die ersten Konflikte der Christen in der griechisch-römischen Welt, Historia 40, 1991, 42–77. – *S. R. F. Price*: Rituals and Power. The Roman Imperial Cult in Asia Minor, Cambridge ²1994. – *H. Temporini/W. Haase* (Hgg.): ANRW II 7.2, Berlin/New York 1980 und II 18.3, Berlin/New York 1990.

[11] Auch in der Korrespondenz zwischen dem Statthalter der kleinasiatischen Provinz *Bithynia et Pontus*, dem jüngeren Plinius, und Kaiser Traian (Plin. epist. 10,96f) heben die von Plinius befragten Renegaten bei der Schilderung ihrer vormals geübten Religionspraxis hervor, dass sie sich eidlich verpflichtet hätten, gerade kein Verbrechen (*scelus*) zu begehen, sondern sich im Gegenteil von strafwürdigen Delikten, wie etwa Diebstahl (*furtum*) oder Raub (*latrocinium*), fern zu halten; auch das von Traian verfügte Vereinsverbot hätten sie nach Bekanntwerden eingehalten (10,96,7). In der Betonung dessen, was die Renegaten zur Verteidigung der einstmals auch von ihnen ausgeübten Religionspraxis anführen – der Zweck ihrer Zusammenkünfte war nicht krimineller Art, war keine Beeinträchtigung der Inneren Sicherheit – wird die ausschließlich ordnungs- und sicherheitspolitische Herangehensweise von zentral- und provinzialröm. Seite an ein Problem religiösen Ursprungs deutlich. Weiterhin bekennenden Christen nützte der Hinweis darauf, dass sie sich gerade nicht an konkreten Verbrechen beteiligten und auch das kaiserliche Vereinigungsverbot beachteten, freilich nichts; als Angehörige einer von Rom kriminalisierten Vereinigung (vgl. dazu *F. Vittinghoff*: „Christianus sum" – das „Verbrechen" von Außenseitern der römischen Gesellschaft, Historia 33, 1984, 331–357) waren sie in jedem Falle schuldig und wurden demzufolge hingerichtet. – Zum Briefwechsel über die rechtliche Behandlung von Christen vgl. bes. *J. Molthagen*: Der römische Staat und die Christen im zweiten und dritten Jahrhundert, Göttingen ²1975, 13–21.

## 1.4.3 Ägypten und Nordafrika in römischer Zeit (*Anne Kolb*)

*Stellen im NT*
Mk 15,21; Lk 2,1–3; Apg 2,10; 11,20; 13,1; Offb 11,8

*Ägypten*
Als Geschenk des Nils bezeichnet der griechische Historiker Herodot das Kernland Ägyptens, das sich als Flussoase am Unterlauf des Nils vom ersten Katarakt (11km lange Stromschnelle) bei Assuan bis zum Mittelmeer erstreckt (Hdt. 2). Den Lebensraum der Menschen dort bildete eine ca. 1000 km lange oft nur wenige Kilometer breite Zone entlang des Flusses, die Wüsten im Westen und Osten beschränken. Verantwortlich für die enorme Fruchtbarkeit dieses Gebiets war die alljährliche Nilschwemme, die schwere Monsunregenfälle von Juni/Juli bis August/September im äthiopischen Bergland auslösten. Der im Hochwasser mitgeführte Schlamm düngte das Ackerland daher regelmäßig auf natürliche Weise und ermöglichte dadurch eine hohe Produktion an Getreide, Obst und Gemüse. Somit richtete sich das Leben der Menschen am Nil vor der Errichtung des Assuan-Staudammes am Rhythmus der Flusswasserstände aus und der Kalender kannte gemäß den landwirtschaftlichen Bedingungen drei Jahreszeiten: Überschwemmung (Juli–Sept.), Aussaat (Okt.–Feb.) und Ernte (Feb.–Juni).
Als Ägypten im Jahr 30 v.Chr. in das röm. Reich eingegliedert wurde, konnte das Land am Nil bereits auf eine *historische Entwicklung* von 3000 Jahren zurückblicken. So markiert das Einsetzen der Schriftlichkeit zu Beginn des 3. Jahrtausends v.Chr. den Anfang der ägyptischen Hochkultur, die dann für rund zweieinhalbtausend Jahre ihre politische Eigenständigkeit wahrte. Die dauerhafte Etablierung der Fremdherrschaft setzt mit der Eroberung durch die Perser im Jahr 525 v.Chr. ein. Dieser folgt nach wieder gewonnener Selbstständigkeit von rund 50 Jahren (404–343) der endgültige Verlust der Freiheit bis hinein in die Neuzeit. Eine zweite Perserherrschaft (343–332), die Eroberung durch Alexander d. Gr. 332 v.Chr. und nach dessen Tod (323) die rund 300 Jahre dauernde Herrschaft der makedonischen Ptolemäerdynastie gingen der Provinzialisierung durch den röm. Kaiser Augustus voran. Erst die Araber beendeten diese Phase 639–641.
Schon lange vor der Eroberung des Landes durch die Römer bestanden Beziehungen zwischen Ägypten und Rom. Denn bereits 273 v.Chr. war eine Gesandtschaft von Ptolemaios II. zur diplomatischen Kontaktaufnahme nach Rom gereist. Ägyptisches Getreide unterstützte die Römer 210 v.Chr., nachdem Hannibal Italien verwüstet hatte. Seit dem Jahr 168 v.Chr. nahm Roms Einfluss in Ägypten stetig zu. Damals hatten die Römer den Bestand des Ptolemäerreiches gesichert, indem sie den Rückzug der seleukidischen Armee erwirkten. In der Folgezeit vermittelte der röm. Senat immer wieder bei Thronstreitigkeiten am ptolemäischen Hof. Je schwächer die Könige, desto stärker Roms Einfluss. Die Verpfändung der Staatseinnahmen durch Ptolemaios XII. (80–58 und 55–51 v.Chr.), um röm. Politiker, wie Caesar, zu bestechen, schwächte zusätzlich die abnehmende Wirtschaftskraft Ägyptens.

Den persönlichen Verbindungen zwischen Kleopatra VII. und Caesar sowie später Marcus Antonius entsprangen Nachkommen, die jedoch nicht mehr auf den ptolemäischen Thron gelangen sollten, da das Ptolemäerreich nach Caesars Tod mit in den Strudel des röm. Bürgerkriegs hinein geriet. Seine nur noch scheinbare Eigenständigkeit verlor es letztlich mit der Einnahme Alexandrias (→2.2.7.3) am 1. August 30 v.Chr. durch Octavianus/Augustus, der dabei seinen letzten Rivalen um die Alleinherrschaft in Rom, Marcus Antonius, besiegte.
Der neue Herrscher Roms trat in Ägypten die Rechtsnachfolge der ptolemäischen Könige an und richtete das Land als Provinz ein, die nicht dem Senat – dessen Angehörigen prinzipiell der Zugang zur Provinz untersagt wurde – unterstand, sondern seit 27 v.Chr. seiner eigenen *Verwaltung*. Dort übertrug er einem Praefekten aus dem Ritterstand die Statthalterschaft als *praefectus Aegypti*, der militärische und zivile Kompetenzen in einer Hand vereinigte. Damit gehörte *Aegyptus* zu den Provinzen unter kaiserlicher Verwaltung, die über eine Besatzungsmacht von drei Legionen verfügte.
Der *praefectus Aegypti* stand am Kopf der Provinzialverwaltung eines Landes, das traditionell über eine organisatorisch stark gegliederte und hierarchisch aufgebaute Administration verfügte, die von den Römern weitgehend übernommen wurde. Den bereits vorhandenen Organen der Zentral- und Lokalverwaltung, durch die das Land in 3 bzw. 4 Epistrategien und diese insgesamt in rund 40 Gaue aufgeteilt war, wurde eine neue Spitze aus röm. Funktionsträgern hinzugefügt, die wie der Verwaltungsapparat des Präfekten vor allem in der Zentrale in Alexandria und dort im Bereich des Finanzwesens tätig waren. Von den dezentral tätigen Amtsträgern wurden die Epistrategien mit Römern besetzt. Die Strategen, die die Spitze der Gauverwaltung stellten, wurden ebenfalls vom Präfekten bestimmt, stammten aber aus den Reihen der einheimischen Bevölkerung.
Außerhalb der administrativen Gliederung des Landes in Epistrategien und Gaue standen die gr. *poleis* Alexandria, Naukratis, Ptolemais und seit 130 Antinoopolis als autonome Einheiten, die von den für griechische Städte üblichen Organen (Volksversammlung, Rat, Funktionsträger) gelenkt wurden; in Alexandria wurde der Rat (*boulē*) allerdings erst 199/200 eingerichtet. Die Bürger der *poleis* gliederten sich in Phylen und Demen.
Im Gau stand dem Strategen der königliche Schreiber (*basilikogrammateus*) zur Seite. Unterabteilungen der Gaue bildeten die Toparchien, die von *topogrammateis* geleitet wurden. Die kleinste Verwaltungseinheit bildeten die Dörfer mit *kōmogrammateis* an der Spitze, unterstützt von einer repräsentativen Versammlung der Dorfbewohner (*presbyteroi kōmēs*). Auch die Metropolen der Gaue hatten bis 199/200 den Rechtsstatus von Dörfern. Sie bildeten den Sitz der Gauverwaltung und waren auch dieser unterstellt, obwohl die städtischen Angelegenheiten von eigenen Amtsträgern geregelt wurden (Kollegium von *archontes*, Kassenverwalter, Epimelet). Die Metropole und ihre Bevölkerung gliederte sich in Viertel (*amphodoi*), die von *amphodogrammateis* geleitet wurden. Indem Septimius Severus (193–211 n.Chr.) in den Metropolen jeweils einen Rat aus 100 Mitgliedern einrichten ließ, erhielten diese den Rang von Städten, die aber nicht den gr. *poleis* gleichgestellt waren, da sie Teil ihrer Gaue blieben. Trotz der Ausdehnung von Kompetenzen auf den Gau

bei Beamten im Steuer- und Liturgienwesen wurden dadurch kaum die Rechte der Metropoliten im Sinne einer größeren Selbstständigkeit der Stadtbewohner erweitert, sondern vielmehr ihre Pflichten im Hinblick auf eine effizientere Verwaltung, da staatliche Beamte von Lokalaufgaben entlastet wurden.
Die *Bevölkerung* Ägyptens (3–5 Mio.) gliederte sich dem Rechtsstatuts nach in Römer und Ägypter, wodurch die Griechen (mit Ausnahme der eine Sonderstellung genießenden Alexandriner) ihre traditionelle Vorrangstellung als soziale, wirtschaftliche und kulturelle Elite einbüßten. Sie blieben dennoch eine privilegierte Bevölkerungsgruppe unter den *Aigyptioi*, da die Römer den Einwohnern der gr. *poleis* sowie bestimmten Angehörigen der Gaubevölkerung – wie der sozialen Elite der Metropolen (*hoi apo tou gymnasiou*) – steuerliche Vergünstigungen einräumten. Mit dem Erlass des Caracalla im Jahr 212 (*constitutio Antoniniana*) erhielten wie in allen Provinzen auch in Ägypten alle freien Reichsbewohner das röm. Bürgerrecht.
Die Forderungen des röm. Staates an seine Bevölkerung manifestierten sich in *Steuern*, Abgaben und Dienstleistungen. Von den Ägyptern wurden neben Naturalsteuern, die in erster Linie auf dem Grundbesitz lasteten, auch diverse Geldsteuern erhoben, von denen die Kopfsteuer (*laographia*) die wichtigste der Personensteuern darstellte. Abgesehen von den röm. Bürgern und den Bürgern der gr. *poleis* zahlten alle Männer (Freie wie Sklaven) im Alter von 14 bis 62 Jahren ihren Kopfsteuersatz, der regional variierte. Die Veranlagung zur Kopfsteuer basierte auf Erklärungen (*apographai*) der Familienoberhäupter, die alle 14 Jahre in ihrem Heimatort einzureichen waren. Darin wurden Angaben über das Wohnhaus, alle Personen des Haushalts, ihr Alter, Verwandtschaftsgrad und ihren Beruf gefordert. Dies entspricht dem Provinzialzensus, der auch in anderen Provinzen des röm. Reiches durchgeführt wurde. Davon berichtet die berühmte Passage Lk 2,1–3, die von einer weltweiten Schätzung der Bevölkerung auf Befehl des Augustus spricht (→1.4.1.2, 2.3.1). Somit musste sich Joseph mit seiner Frau in seine Heimatgemeinde begeben, um seine Steuerdeklaration abzugeben. Angehörige der privilegierten Bevölkerungsgruppen, die eine reduzierte Kopfsteuer zahlten, hatten die Rechtmäßigkeit ihres Status durch Abstammungsnachweise zu erbringen. Die Überprüfung der Ansprüche (*epikrisis*) und ggf. Eintragung in ein spezielles Register fand im 14. Lebensjahr der jungen Männer auf Antrag der Eltern hin statt.
Personensteuern zahlten außerdem die Juden nach der Zerstörung des Tempels in Jerusalem im Jahr 70. Vespasian wandelte damals die traditionelle Tempelsteuer der Juden in eine Abgabe zugunsten des Kultes von Iuppiter Capitolinus um. Für diese Beiträge, die von allen Juden im röm. Reich erhoben wurden, schuf Domitian dann eine eigene Kasse, den *fiscus Iudaicus*.
Gewerbesteuern lasteten auf bestimmten Berufszweigen, wie dem der Weber oder Handwerkern. Weitere Abgaben waren als Zoll und Transitsteuern auf Güter, aber auch für Menschen und Tiere an Landes- oder Binnengrenzen (Epistrategien, Oasen) zu entrichten.
Unentgeltliche Dienstleistungen (*munera*, *leitourgiai*) gegenüber dem Zentralstaat und der Gemeinde gehörten ebenfalls zu den Belastungen der Reichsbewohner. In Ägypten zählten dazu neben körperlichen Arbeitsdiensten (wie der jährliche fünftägige Frondienst zur Erhaltung des Bewässerungssystems) lokale Amtsaufgaben in Verwaltung und Steuererhebung, die von den Römern

eingeführt und systematisch ausgebaut wurden. Die Heranziehung zu diesen Diensten wurde nach dem Vermögen bemessen. Die Auswahl erfolgte im Losverfahren.
Durch die Eroberung des Landes ging sämtlicher Grundbesitz in das Eigentum des röm. Staates über und wurde somit abgabenpflichtig. Neben dem sog. königlichen oder öffentlichen Land entstanden auch einige große Privatdomänen, die vor allem im Besitz des Herrscherhauses waren. Der Klein- und Mittelbesitz an Land dehnte sich langsam aus. Für die agrarische Produktion sorgten Kleinbauern, die über langfristige Pachtverträge an diese Tätigkeit gebunden waren. Blieb Land unbearbeitet – wie im Fall von Steuerflucht – konnten einzelne Bauern oder Gemeinden zur Bebauung gezwungen wurden.
Die Wirtschaftskraft des Landes beruhte in der Hauptsache auf seinen reichen landwirtschaftlichen Erträgen an Getreide, das ein Drittel des Jahresbedarfs der Hauptstadt Rom deckte. Daneben wurden Mineralien und Baustoffe sowie das Schreibmaterial Papyrus (→2.5.2) exportiert.
In Ägypten existierten in röm. Zeit drei unterschiedliche *Rechtssysteme* eigenständig nebeneinander: röm., gr. und ägypt. Recht, wobei die beiden letzteren in zunehmendem Maße durch Änderungen im Prozessrecht zurückgedrängt wurden. Die oberste provinziale Instanz der Rechtspflege mit umfassenden Befugnissen war der Statthalter, der (abgesehen vom *iuridicus Alexandriae* und *idios logos*) allein über eigenständige jurisdiktionelle Kompetenzen verfügte, diese aber auch delegieren konnte. Er übte seine Rechtsprechung am Amtssitz in Alexandria sowie auf der jährlichen Konventsreise durch die Provinz aus. Die nachgeordneten Funktionäre hatten nur beschränkte richterliche Gewalt, wie der Stratege höchstens als Untersuchungsrichter in Strafdelikten fungieren konnte. Vor ägyptischen Gerichten wurden lediglich noch bis ins 2. Jh. hinein Bagatellfälle verhandelt, bevor sie verschwanden. Dennoch wurden einheimische Rechtspraktiken auch nach 212 geduldet. Das röm. Recht erscheint in den Quellen als Reichsrecht, das für alle röm. Bürger verbindlich war, und als Provinzialrecht, das spezielle Erlasse von Kaisern und Statthaltern für die Bewohner der Provinz Ägypten umfasste.
Von den heidnischen *Religionen* wurden ägypt., gr. und röm. Kultus nebeneinander praktiziert. Dabei sind einerseits die Eigenständigkeit der Kulte, aber ebenso synkretistische Tendenzen, wie auch die Gleichsetzung ägyptischer Gottheiten mit gr. und röm., zu konstatieren. Eine bes. in Alexandria zahlreiche jüd. Diaspora (→1.4.5.1; Apg 2,10) bewahrte auch in religiösen Angelegenheiten ihre Eigenständigkeit. In röm. Zeit ersetzt der Kaiserkult den hell. Herrscherkult (→3.3.4) und schließt sich an die Tradition des Pharaonenkultes an. Für die Verwaltung der ägyptischen Tempel wurde ein röm. Funktionär aus dem Ritterstand in der Zentrale in Alexandria eingesetzt (*archiereus*), der vor allem über die Finanzen und die Besetzung der Priesterämter, die nun keinen politischen Einfluss mehr hatten, wachte. Zahlreiche Baumaßnahmen und unter anderem auch das traditionelle Bestattungswesen belegen die große Bedeutung der ägyptischen Religion im Leben der kaiserzeitlichen Provinz. Erst allmählich fand eine Hinwendung der Bevölkerungsmasse zu anderen Religionsformen statt, wodurch sich die ägyptische Religion in der späteren Kaiserzeit zu einer Art Kultus für Eingeweihte entwickelte. Als Wesensmerkmale der ägypt. Religion galten bes. Astrologie und Mantik, die auch von Christen

praktiziert worden sein soll (Hist. Aug. quatt. tyr. 7,4–8,3), wodurch die Assoziation von Ägypten mit Zauberei und Götzendienst in Offb 11,8 verständlich wird. Das Christentum war bereits um die Mitte des 1. Jh. in Alexandria bekannt, von wo aus die Verbreitung im 2. und 3. Jh. zunächst nur langsam vorangeschritten zu sein scheint.

*Literatur*

*A. K. Bowman*: Egypt, CAH 10, 1996, 676–702. – *D. Frankfurter*: Religion in Roman Egypt: Assimilation and Resistance, Princeton 1998. – *N. Lewis*: Life in Egypt under Roman Rule, Oxford 1983.

*Nordafrika*

Nachdem Rom in drei Punischen Kriegen (264–241 v.Chr., 218–201 v.Chr., 149–146 v.Chr.) Karthago endgültig besiegt hatte, entstand sukzessiv eine Gruppe von Provinzen, deren Gebiet (bestehend aus einem schmalen Küstenstreifen, zum Teil recht fruchtbaren Bergregionen und Flusstälern sowie dem Steppen- und Wüstensaum nördl. der Sahara von Marokko, Algerien, Tunesien und Libyen) im Westen südl. des *municipium* Sala (südl. Rabat) reichte und im Osten bis Arae Philenorum (Graret Gser et-Trab). Bei der Teilung des röm. Reiches 395 fiel Nordafrika an Westrom, dessen Herrschaft dort mit der Besetzung durch die Vandalen (429) und der späteren Entstehung zahlreicher berberischer Fürstentümer endete.
Die Provinz *Africa* (*vetus*) mit der Hauptstadt Utica entstand 146 v.Chr. nach der Zerstörung Karthagos. Im Jahr 46 v.Chr. annektierte Caesar das Königreich Numidien, in das sich seine politischen Gegner geflüchtet hatten, und richtete dort die Provinz *Africa nova* ein. Bereits seit 40 v.Chr. lag die Verwaltung beider Provinzen in einer Hand, beim Triumvirn Lepidus, und wurde dann 36 v.Chr. von Octavianus/Augustus zu einer Provinz *Africa proconsularis* mit einem konsularen Statthalter und der neuen Hauptstadt Karthago vereinigt. Dem Prokonsul unterstanden zunächst zwei, dann eine Legion (*legio III Augusta*), die ihm aber Caligula entzog und einem *legatus Augusti pro praetore* prätorischen Rangs unterstellte, der unabhängig vom Prokonsul in Numidien agierte. Erst Septimius Severus wandelte diesen Militärbezirk in die Provinz *Numidia* um. Nach erfolgreichen Kämpfen gegen den aufständischen Numider Tacfarinas (17–23) ermordeten die Römer auf Befehl des Caligula Ptolemaios, den König von Mauretanien, der sie maßgeblich in den Kämpfen unterstützt hatte, und annektierten sein Reich. Dort richtete Claudius kurz nach dem Krieg gegen die aufständischen Mauren unter Ptolemaios' Freigelassenem Aidemon (42) die beiden Provinzen *Mauretania Caesariensis* und *Mauretania Tingitana* ein. Zahlreiche Aufstände und Raubzüge nomadischer Stämme, die in den Steppen und Halbwüsten eine dieser Umgebung angepasste Lebensweise führten (im Gegensatz zur sesshaft agrarischen der Römer), riefen in den afrikanischen Provinzen immer wieder militärische Aktionen und Sicherungsmaßnahmen der Römer hervor. Den Abschluss der Eroberungen vollzog Kaiser Traian (98–117 n.Chr.) durch Okkupation Südnumidiens und die Fixierung des Limes im Süden des Aurès-Gebirges. Die insgesamt 1120 km Luftlinie umfassende südl. Grenzlinie des röm. Nordafrika, die Kaiser Se-

verus durch Vorposten in der Sahara zusätzlich sicherte, blieb dann bis ins 5. Jh. hinein stabil.

Durch röm. Einwanderungen, starke Urbanisierung und Ausbau der Infrastruktur setzt die Romanisierung früh ein, scheint während des 1. Jh. zu stagnieren und erreicht ihre größte Dynamik in den östlichen Provinzen Afrikas während des 2. Jh., obwohl auch einheimische (punische und berberische) Traditionen, z.B. in der Lokalverwaltung, lange erhalten blieben. Seit Hadrian wurden systematisch neue agrarische Anbaugebiete erschlossen, die den Städten zu enormem Reichtum verhalfen. Bewässerungssysteme förderten besonders den Anbau von Getreide und die Herstellung von Öl. Diese Güter produzierten provinziale Landbesitzer und bes. Kleinpächter auf den sehr ausgedehnten Kaiserdomänen. Auch gesetzliche Regelungen, wie die hadrianische *lex Manciana*, durch die auch neuer Privatbesitz entstand, trieben die Urbarmachung des Landes voran. Afrikanisches Öl verdrängte im 2. Jh. das hispanische von seiner Vorrangstellung. Neben diesen Hauptprodukten ist außerdem als bedeutender Zweig die reiche Gewinnung von Marmor zu nennen. Weitere Gewerbearten, wie die Luxuskeramik- und Lampenherstellung, Purpurgewinnung sowie die Kleiderproduktion, scheinen von geringerer Bedeutung.

Die ökonomische Prosperität ermöglichte zahlreichen Afrikanern den Aufstieg in die röm. Reichselite als Ritter und Senatoren. Der erste afrikanische Konsul ist bereits im Jahr 80 bezeugt (Q. Pactumeius Fronto). Während der 2. Hälfte des 2. Jh. stammten vermutlich ungefähr 15 % der Senatoren aus den afrikanischen Provinzen. Im Jahr 193 gelangten mit Kaiser Septimius Severus (193–211 n.Chr.) und dem Usurpator Clodius Albinus zwei Afrikaner an die Spitze des röm. Staates.

Die kulturelle Blüte fällt als Folge der wirtschaftlichen in das 2. und 3. Jh., als Literaten wie M. Cornelius Fronto, Apuleius oder auch Tertullian wichtige Impulse liefern. Besonders seit dieser Zeit fand eine rasche und starke Verbreitung des Christentums statt, wobei in Nordafrika und Kyrene schon wesentlich früher eine jüd. Diaspora mit Kontakten nach Jerusalem existierte (Apg 2,10; 11,20; 13,1; Mk 15,21; →1.4.5.2). Die christl. Kirche Nordafrikas brachte dann zahlreiche bedeutende Vertreter hervor wie Cyprian, Arnobius v. Sicca, Lactantius, Augustinus, Fulgentius v. Ruspe, war aber häufig von inneren Auseinandersetzungen geprägt.

*Literatur*

*C. Lepelley*: Afrika, in: *Ders.* (Hg.): Rom und das Reich in der Hohen Kaiserzeit 44 v.Chr.–260 n.Chr. II, Die Regionen des Reiches, München/Leipzig 2001, 79–120. – *G.-Ch. Picard*: La civilisation de l'Afrique romaine, Paris [2]1990.

## 1.4.4 Palästina unter römischer Herrschaft

### 1.4.4.1 Die römische Eroberung von Syrien und Palästina und die Kämpfe Roms bis zum Bar Kochba-Aufstand (*Wolfgang Christian Schneider*)

Seit dem frühen 1. Jh. v.Chr. rückte die syrisch-palästinische Landbrücke ins Blickfeld der Römer und behielt bis zum Ende des Imperiums als Bindeglied zwischen Mesopotamien und Ägypten und als Südostsaum des Mittelmeerraums große strategische Bedeutung. Diese geographische Lage bedingte es auch, dass Rom Syrien-Palästina immer wieder gegen Konkurrenten aus dem Osten verteidigen musste. Zugleich nötigten Spannungen zwischen Juden und Nichtjuden sowie zwischen unterschiedlichen jüd. Gruppen innerhalb Palästinas Rom mehrmals zu militärischem Vorgehen.

Anlass für ein aktives Eingreifen Roms im syrisch-palästinischen Raum lieferte der Krieg gegen Mithradates von Pontos. Dieser hatte jahrzehntelange Thronwirren im Seleukidenreich ausgenutzt, um bis nach Syrien hinein auszugreifen. Im Süden des alten seleukidischen Herrschaftsraumes hatten sich gleichzeitig mehrere regionale Herrschaften gebildet und ihre Machtbereiche ausgeweitet, so vor allem die transjordanischen Nabatäer, die Ituräer im Libanon und Nordgaliläa, die jüd. Hasmonäer (→1.4.4.2) sowie einige Stadtstaaten.

Als die Kriegsführung Roms gegen Mithradates stagnierte, übernahm 66 Pompeius den Oberbefehl und konnte den König kurz darauf am Euphrat besiegen. Nach erfolgreichen Feldzügen im Kaukasus und gegen Armenien suchte Pompeius den Raum am oberen Euphrat gegen die Parther zu sichern und schuf unter Beseitigung der Seleukiden die neue Provinz *Syria*. Als Pompeius' Quaestor Scaurus nach Süden zog, sah er sich dem eben ausgebrochenen Thronstreit zwischen Hyrkan II. und Aristobul II. gegenüber, den Rom wegen des damit verschränkten Konflikts mit dem Nabatäerkönig Aretas und ständigen innerjüd. Spannungen mit militärischen Mitteln entschied. Nach dreimonatiger Belagerung eroberten Pompeius und Hyrkan 63 den Tempelberg. Pompeius besichtigte den Tempel samt dem Allerheiligsten, ließ Tempelgerät und Schatz aber unberührt; er befahl die Reinigung des Tempels und die Fortführung des Kultes. Das Hasmonäerreich wurde in die Neuordnung des südsyrischen Raumes einbezogen und verkleinert, der Herrschaftsraum auf das tatsächlich von Juden bewohnte Gebiet beschränkt: Samaria wurde wiederhergestellt, die von den Hasmonäern unterworfenen nicht-jüd. Städte wurden wieder selbstständig und der Provinz Syrien zugeordnet. Einige davon bildeten die Dekapolis (→2.2.7.3). So wurden weitgehend die vor dem Zerfall der Seleukidendynastie bestehenden Verhältnisse wiederhergestellt. Die Lage in Palästina blieb jedoch instabil. Gabinius, der 58–54 Syrien verwaltete, hatte nicht nur Mühe, Hyrkan in seiner Klientelherrschaft zu halten, sondern musste auch erneut gegen die Nabatäer vorgehen, die auf Kosten der Hasmonäer ihr Gebiet erweitern wollten. Diese Unsicherheiten ermunterten die Parther zum Angriff auf Syrien-Palästina. Die Lage wurde so ernst, dass 54 der Consul Licinius Crassus die Provinz Syria übernahm, um gegen die Parther vorzugehen.

Judäa wurde zum Aufmarschgebiet, Crassus erzwang die Auslieferung des Tempelschatzes in Jerusalem, was die Juden veranlasste, seinen Tod und die Niederlage gegen die Parther bei Carrhae 53 als Gottes Strafe zu feiern. Trotz der vernichtenden Niederlage gelang es Cassius, von Kilikien her durch Cicero unterstützt, Syrien samt Judäa für Rom zu halten.
In der Folge wurde Judäa in die Kämpfe des röm. Bürgerkriegs hineingezogen. Während dieser Jahre schob sich der Idumäer Antipater zunehmend in den Vordergrund und bot sich den Römern als „Starken Mann" in Judäa an. Für 48 ist für ihn der Titel eines *epimelētēs* (= Verwalter und Befehlshaber) der Juden bezeugt. Als Antipater nach Pompeius' Tod Caesar bei seinem Zuge gegen das Ptolemäerreich half, erhielt er 47 das röm. Bürgerrecht und wurde zum *epitropos* (= Aufseher und Statthalter) Judäas ernannt, Hyrkan II. wurde aber im Hohepriesteramt bestätigt. Auf Vermittlung Caesars verlieh der Senat den Juden die Bundesgenossenschaft und das Recht, die (zur Provinz Syria gehörenden) Mittelmeerhäfen zu nutzen.
Nach der Ermordung Caesars (44) suchte Cassius Syrien und die dort stehenden Truppen für den Kampf gegen die Caesar-Rächer in die Hand zu bekommen. Zu ihrer Finanzierung musste auch Judäa beitragen, was dort die inneren Spannungen mehrte, während deren Antipater vergiftet wurde. In den daraufhin aufflackernden Kämpfen vermochten sich jedoch Antipaters Söhne durchzusetzen, besonders Herodes, der bereits im Jahre 47 von seinem Vater zum Strategos von Galiläa ernannt worden war.
Obwohl Herodes und der nabatäische König Malichus Cassius und die anderen Caesarmörder in der Schlacht von Philippi 42 unterstützt hatten, gelang es beiden schnell, mit den siegreichen Triumvirn zum Ausgleich zu kommen. Antonius nämlich plante 41 einen Kriegszug gegen die Parther und benötigte dafür die Unterstützung der beiden mächtigen Männer des südsyrischen Raumes, insbes. deren Bogenschützen. Antonius ernannte 41 Herodes und seinen Bruder Phasael zu Tetrarchen im südlichen Syrien. Während Antonius' Legat Ventidius, der Statthalter Syriens, noch Kriegsvorbereitungen traf, überrannten 40 die Parther Syrien und Palästina und setzte Antigonos (Mattathias) als Klientelkönig in Judaea (40–37) ein. Herodes konnte nach Rom fliehen, wo er auf Betreiben des Antonius durch den Senat das Königtum in Judäa und Idumäa erhielt. Nachdem Ventidius 38 die Parther in Syrien entscheidend schlagen konnte, vermochte Herodes 37 Jerusalem zu erobern, Antigonos wurde gefangen und enthauptet.
Während Herodes nach außen den Status eines röm. Klientelkönigs besaß, dem er mit der Umbenennung der ausgebauten Tempelburg von Jerusalem in „Antonia" Rechnung trug, und auch von Rom wirtschaftlich abhängig blieb, da die wichtigen Mittelmeerhäfen Phönikiens alle zur röm. Provinz *Syria* gehörten, herrschte er im Inneren seines Reiches weitgehend autonom. Nur einen kleinen Teil davon bildete *Iudaea*, in dem der jüd. Priesterschaft begrenzte Vorrechte zukamen und Rücksichten auf die jüd. Religion galten, jedoch hart gegen messianische Umtriebe (→3.1.3.4) vorgegangen wurde (s. die Legende vom Kindermord Mt 2,1–22). Den größeren, hell. geprägten übrigen Herrschaftsbereich regierte Herodes als typischer hell. Klientelkönig, unter Förderung des Kaiserkultes (→3.3.4) und weit in den gr. Kulturraum (Antiochia,

Rhodos, Athen, wo er für die Wiedererrichtung des Apollo-Tempels sorgte) hineinwirkend.
Ausgelöst von Kleopatras Versuch, über Antonius ehemals ptolemäische Gebiete des Nahen Ostens wieder in die Hand zu bekommen, kam es 33–31 zu Kämpfen zwischen dem Nabatäerkönig Malichus und Herodes, die dieser 31 durch den Sieg bei Philadelphia für sich entschied und sich so die Herrschaft über Peräa (das Ostjordangebiet) sicherte. Im Bürgerkrieg zwischen Octavianus und Antonius vermochte Herodes rechtzeitig zu Octavianus (Augustus) überzugehen, der ihm dafür als „königlichem Freund Roms" seine Herrschaft bestätigte, da er Herodes wohl zu Recht als zuverlässige Stütze zur Sicherung der palästinischen Landbrücke für Rom ansah.
Im Konflikt mit Rom hatte das Ptolemäerreich seine Machtmittel im Mittelmeer konzentriert. So war es den Nabatäern gelungen, nach dem Niederbrennen der ptolemäischen Flotte im Roten Meer tief in den Süden der arabischen Halbinsel vorzustoßen. Nach der Beendigung des Bürgerkriegs und der Inbesitznahme Ägyptens schlichtete Augustus die latente Konkurrenz zwischen den beiden röm. Klientelkönigen Herodes und Malichus, was nicht zuletzt der Stabilisierung der Lage gegenüber den Parthern diente: Herodes wurde im südsyrischen Raum gestärkt, die Nabatäer im Norden der arabischen Halbinsel, wo sie den Fernosthandel in die Hand bekamen. Unter Beteiligung von Truppen des Herodes und des Nabatäerkönigs Obodas III. (30–9 v.Chr.) drang dann 24 v.Chr. ein röm. Heer nach Südarabien vor und erreichte den Jemen (Strab. 16,780; Cass. Dio 53,29,3–8). Doch sicherte Rom seine Fernost-Handelsinteressen auf Dauer nicht über den Landweg, sondern – in ptolemäischer Tradition – mit Hilfe einer eigenen Flotte im Roten Meer. Allerdings blieb die Lage zwischen den beiden Klientelkönigen gespannt, insbes. als es 12 v.Chr. in der Trachonitis (Südsyrien) zu einem Aufstand gegen Herodes kam, der dafür die Nabatäer mitverantwortlich machte. Nach Verhandlungen in Rom stellte Augustus den Frieden wieder her. Die Nabatäer verstärkten in der Folge die röm. Truppen, die unter dem Statthalter von *Syria* Quintilius Varus (6–4 v.Chr.) die Herodianer gegen aufständische Juden unterstützten.
Als Herodes 4 v.Chr. starb, erkannte Rom zwar die von ihm verfügte Aufteilung seines Reiches unter seine Söhne an, nahm deren Gebiete aber Schritt für Schritt unter direkte Kontrolle. *Iudaea* wurde bereits 6 n.Chr. ein Teil von *Syria* und einem Präfekten unterstellt. Innerjüd. religiöse Spannungen jedoch und ein religiös untermauerter Widerstand gegen Rom ließen Palästina in den folgenden Jahrzehnten nicht zur Ruhe kommen. Nachdem es im Frühjahr 66 in Alexandria zum Aufruhr der Juden gekommen war, den der Statthalter Ägyptens, Tiberius Alexander, ein Neffe Philos (→1.3.2.5), blutig unterdrückte, brachen im Sommer auch in Jerusalem Unruhen aus, in deren Verlauf die Römer aus der Stadt blutig vertrieben wurden. Im September 66 griff der Statthalter von *Syria* Jerusalem an, wurde aber zurückgeschlagen. Jerusalem fiel den Aufständischen zu, viele, die mit ihnen nicht übereinstimmten, verließen die Stadt (vgl. Mt 24,15ff). Nero übertrug 67 Vespasian die Kriegführung, der sehr bald Galiläa eroberte. Entkommene Zeloten (→3.1.3.1) übernahmen 67/68 die Macht in Jerusalem, der Hohepriester Ananus, der 62 Jakobus (den Bruder Jesu) hatte steinigen lassen, wurde mit weiteren Personen der alten Oberschicht ermordet. Vespasian unterwarf das Küstenland und das Jordantal,

schließlich *Iudaea* (zum Akt auf dem Karmel →1.2.6). Zur gleichen Zeit rebellierten in den röm. Provinzen die Truppen gegen Nero, der im Juni 68 Selbstmord beging. Unter Mitwirkung von Tiberius Alexander riefen die Legionen des Ostens im Juli 69 Vespasian zum Kaiser aus, der den Oberbefehl an seinen Sohn übergab. Titus schloss Jerusalem ein und nahm im Spätsommer d.J. 70 die Oberstadt und den Tempel ein. Ein Teil der Sikarier floh nach Ägypten, wurde aber gefasst. *Iudaea* wurde von *Syria* abgetrennt und Provinz unter dem Legaten der X. Legion. Es kam zur Anlage mehrerer röm. Veteranenkolonien, darunter Caesarea Maritima und Emmaus (Nikopolis), Sichem wurde als Flavia Neapolis (heute Nablus) neu begründet. Damit wurde die Romanisierung der Region vorangetrieben.
Neue Bedeutung erhielt der Südosten des Imperiums unter Traian. Der Kaiser war mit dem syrischen Raum vertraut; sein Vater hatte als Legat der X. Legion im Jüdischen Krieg Galiläa und Peräa unterworfen und dafür von Vespasian 70 das Konsulat und danach 75/76 die Statthalterschaft in Syrien erhalten, wohin ihn der junge Traian als Legat begleitete und an den Kämpfen gegen die Parther teilnahm. Nach seinem Sieg in Dakien wandte sich Traian diesem alten Gegner Roms zu. Schon 106 hatte er den Statthalter von Syria das durch die Verlagerung des Handels nach Alexandria wirtschaftlich angeschlagene Nabatäerreich besetzen und als Provinz Arabia einrichten lassen. Neue Militärstraßen waren angelegt worden. Eingriffe der Parther in Armenien lösten dann den Krieg aus, in raschem Erfolg eroberte Traian 113 große Teile Mesopotamiens, das Provinz wurde. Allerdings kam der Kaiser in Konflikt mit den dortigen Juden (→1.4.5.4), die der parthischen Herrschaft positiv gegenüberstanden. Gleichzeitig kam es im Rücken der röm. Heere in Alexandria zu Kämpfen mit den Juden, was sich, mitbedingt durch die Ausdünnung der röm. Besatzungstruppen, zwischen 115 und 117 zu einem allgemeinen Aufstand in Mesopotamien, Syrien, Zypern, Ägypten, Judäa und in der Kyrenaika entwickelte. Die damit verbundene Schwächung der Römer nutzten die Parther zu weitflächigen Rückeroberungen. Dies veranlasste Hadrian, der von dem erkrankten Traian den Oberbefehl gegen die Parther und kurz darauf nach dem Tod des Kaisers auch die Herrschaft übernommen hatte, sich annähernd auf die früheren Grenzen Roms zurückzuziehen. Nach der Konsolidierung der Verhältnisse in Rom kam Hadrian im Zuge seiner großen Ostreise 130 erneut nach Syrien und Palästina. Seine Maßnahmen erregten in *Iudaea* heftige Gegenwehr, die sich nach 132 unter Simon Bar Kochba zu einem Aufstand auswuchs, der nach harten Kämpfen 135 niedergeschlagen wurde. Jerusalem wurde als Aelia Capitolina (→1.2.6) röm. Kolonie, ihr Betreten war Juden untersagt.

*Literatur*

*U. Baumann*: Rom und die Juden. Die römisch-jüdischen Beziehungen von Pompeius bis zum Tode von Herodes 63 v.Chr.–4 v.Chr., Frankfurt ²1986. – *M. Hengel*: Die Zeloten. Untersuchung zur jüdischen Freiheitsbewegung in der Zeit von Herodes I. bis 70 n.Chr., Leiden ²1976. – *W. Horbury*: The Beginning of the Jewish Revolt under Traian, in: *H. Cancik u.a.* (Hgg.): Geschichte, Tradition, Reflexion. FS Martin Hengel, Bd. 1, Tübingen 1996, 283–304. – *M. Lindner* (Hg.): Petra und das Königreich der Nabatäer, München ³1980. – *F. A. Lopper*: Trajan's Parthian War, London 1948. – *M. Pucci*: La rivolta ebraica al tempo di Traiano, Pisa 1981. – *M. Vogel*: Herodes, König der Juden, Freund der Römer, Leipzig

2002. – *F. Weber*: Herodes, König von Roms Gnaden. Herodes als Modell eines römischen Klientelkönigs in spätrepublikanischer und augusteischer Zeit, Berlin 2003. – *M. Wheeler*: Rome beyond the Imperial Frontiers, London 1953.

### 1.4.4.2 Innerjüdische Ereignisabläufe bis zum Bar Kochba-Aufstand (*Markus Sasse*)

*Stellen im NT*
Lk 2,2; Apg 12,1–17

*Von Alexander d. Gr. bis zu den letzten Hasmonäern*
Seit dem Auftreten Alexanders d. Gr. im Vorderen Orient nach der Schlacht bei Issos (333 v.Chr.) und den Diadochenkriegen (323–276 v.Chr.) geriet auch der Kleinstaat Judäa immer mehr unter gr. Einfluss. Nach einem insgesamt ruhigen Jh. unter ptolemäischer Herrschaft wurde Judäa nach der Schlacht bei Paneion (200 v.Chr.) unter Antiochos III. d. Gr. Teil des Seleukidenreiches. Die von Antiochos gewährten Privilegien der eigenständigen Lebensweise (nach der Tora) wurden im 2. Jh. v.Chr. durch dessen Sohn und zweiten Nachfolger Antiochos IV. massiv bedroht (167 v.Chr.). In Zusammenarbeit mit prohellenischen jüd. Kreisen wurde der Versuch unternommen, Jerusalem in eine griechische Stadt mit Polisverfassung statt der Tora als juristischer Grundlage der Lebensweise umzuwandeln. Die zunächst unkoordinierten Aufstandsbewegungen mündeten nach stärker werdender Verfolgung schließlich in einen Bürgerkrieg. Führer dieser Bewegung waren die Makkabäerbrüder Judas (166–160 v.Chr.), Jonathan (160–143 v.Chr.) und Simon (143–134 v.Chr.). In dieser Zeit des sog. Makkabäeraufstandes ging es um die Frage, ob die in der exilischen und frühnachexilischen Zeit entwickelten religiösen und kulturellen Normen erhalten bleiben konnten oder ob sich die jüd. Religion unter den neuen Bedingungen der Vorherrschaft der hell. Lebensweise öffnen bzw. anpassen sollte. Das Ergebnis dieser Aufstandszeit war schließlich die Niederlage des Seleukidenherrschers und ein faktisch autonomes Judäa, das im Niedergang des Seleukidenreiches seine Unabhängigkeit behaupten und festigen konnte. Die mit dem Makkabäerbruder Jonathan beginnende Hasmonäerdynastie vereinigte die Funktionen des Hohenpriesters (obwohl die Hasmonäerfamilie nicht aus hohenpriesterlichem Geschlecht stammte!) und des politischen Anführers in einer Person. Den Hasmonäern Johannes Hyrkanos (134–104 v.Chr.)[1], Aristobulos (104–103 v.Chr.)[2] und Alexander Jannaios (103–76 v.Chr.)[3] gelang es, den Machtbereich Judaeas erheblich auszuweiten. Die Hasmonäerherrschaft endete mit der als sehr besonnen geltenden Königin Alexandra Salome (76–67 v.Chr.). Als Alexandra 67 v.Chr. starb, kam es zum offenen Kampf zwischen ihren Söhnen Aristobulos und Hyrkanos, wobei zunächst Aristobulos den Sieg davontrug. Aristobulos wurde König und Ho-

1 Vgl. Ios. ant. Iud. 13,254–258.
2 Vgl. Ios. ant. Iud. 13,301–319.
3 Vgl. Ios. bell. Iud. 1,106; ant. Iud. 13,395–404.

herpriester.[4] Hyrkanos setzte sich nach dem verlorenen Kampf gegen Aristobulos ins Nabatäerreich nach Petra ab. Einen Verbündeten fand Hyrkanos in Antipater. Der Vater des Antipater war während der Regierungszeit des Alexander Jannaios königlicher Statthalter in Idumäa gewesen. Antipater bewegte den Nabatäerkönig Aretas dazu, sich gegen Aristobulos zu wenden und mit Truppen gegen Jerusalem zu marschieren. Aristobulos wurde 65 v.Chr. in Jerusalem eingeschlossen und von Aretas belagert.[5] Das Schicksal des Aristobulos wäre besiegelt gewesen und Hyrkanos hätte sein Hohepriesteramt, das er ursprünglich innegehabt hatte, wiedererlangt, wäre nicht Rom in Gestalt des Pompeius als neue Hegemonialmacht auf der Bildfläche erschienen (→1.4.4.1).[6] Pompeius unterstützte zunächst Aristobulos, dessen gewalttätige Politik er ablehnte und veranlasste Aretas zum Rückzug. Nach kurzer Zeit revidierte Pompeius seine Entscheidung und entschied sich gegen Aristobulos. Während dieser den Widerstand nach Kurzem einstellte, weigerten sich seine Jerusalemer Anhänger aufzugeben. Daraufhin zog Pompeius um 63 v.Chr. nach Jerusalem. Die pharisäischen Gefolgsleute des Hyrkanos ermöglichten den Römern die Stadt zu besetzen, ohne Widerstand zu leisten. Pompeius drang bei der Erstürmung des Tempelbezirkes (an einem Sabbat) auch in den Tempel ein und betrat das Allerheiligste. Er beraubte den Tempel jedoch nicht. Vielmehr ordnete er die Fortsetzung des Opferkultes an. Pompeius' Eroberung Jerusalems bedeutete das Ende des Hasmonäerstaates mit seinem Hohenpriesterkönigtum.[7] Hyrkanos wurde in seinem Hohenpriesteramt bestätigt, seine königliche Würde aber verlor er. Aristobulos wurde gefangen genommen und mit seinen Söhnen Antigonos und Alexander als Geisel nach Rom verschleppt und auf dem Triumphzug des Pompeius öffentlich vorgezeigt. Aristobulos gelang es zwar nach einiger Zeit (56 v.Chr.) zu entkommen und sich nach Judäa abzusetzen. Jedoch wurde er bald wieder eingefangen, nachdem er sich auf Machaerus verschanzt hatte. Im Jahre 49 v.Chr. wurde er von Anhängern des Pompeius vergiftet, da man ihn für einen Parteigänger Caesars hielt. Auch sein Sohn Alexander wurde getötet. Nur Antigonos gelang es zu entkommen.

*Die Dynastie des Herodes*

Zu Beginn der zweiten Hälfte des 1. Jh. v.Chr. geriet Palästina immer mehr in den Sog des röm. Bürgerkrieges. Nach seinem Sieg über Pompeius im Jahre 48 v.Chr. und aufgrund der tatkräftigen Unterstützung von Seiten des Hyrkanos und Antipater[8] übertrug Caesar den rechtlichen Schutz, den Judaea besaß, auch auf die jüd. Gemeinden in der Diaspora (→1.4.5.5), was eine erhebliche Verbesserung ihrer Lage bedeutete.[9] Nach der Ermordung des Antipater besiegte sein Sohn Herodes den aus Rom geflohenen Antigonos in Galiläa und bereitete zielstrebig seinen Aufstieg vor.[10] Zunächst aber war Marcus Antoni-

[4] Vgl. Ios. ant. Iud. 14,4–7.
[5] Vgl. Ios. ant. Iud. 14,8–21.
[6] Vgl. App. Syr. 50,251–253; Cass. Dio 37,15,2–17,4; Diod. 40,3; Ios. ant. Iud. 14,1–79.
[7] Vgl. Ios. ant. Iud. 14,55–76.
[8] Vgl. Ios. ant. Iud. 14,127–144.
[9] Vgl. Ios. ant. Iud. 14,241–243.
[10] Vgl. Ios. ant. Iud. 14,394–491; bell. Iud. 1,290–353.

us, der nach den Selbstmorden der Caesarmörder Cassius und Brutus (42 v.Chr.) Herrscher über den Osten des Reiches wurde und mit der ägyptischen Königin Kleopatra in Alexandria residierte, der starke Mann. Hyrkanos und die Antipatersöhne Herodes und Phasael wurden in ihren Ämtern bestätigt. Antigonos verbündete sich darauf mit den Parthern und drang mit ihnen 40 v.Chr. in Palästina ein. Phasael beging Selbstmord, Hyrkanos verlor durch Verstümmelung das Amt des Hohenpriesters. Lediglich Herodes konnte aus Jerusalem fliehen. Antigonos regierte als Marionettenkönig der Parther in Jerusalem. Herodes aber zog nach Rom und ließ sich im Dezember 40 v.Chr. durch den Senat zum König von Judäa ernennen. Nachdem die Römer die Parther aus Syrien vertrieben hatten, zog Herodes von dort aus nach Palästina, nahm 37 v.Chr. mit Hilfe des röm. Feldherrn Sosius Jerusalem ein und trat sein königliches Amt an. Antigonos, der Letzte, der für kurze Zeit (40–37 v.Chr.) erfolgreich versucht hatte, die hasmonäische Herrschaft wiederherzustellen, wurde hingerichtet.[11]

Die politischen Wirren bis zur Alleinherrschaft Octavianus' nach der Schlacht bei Actium am 2.9.31 v.Chr. überstand Herodes durch diplomatisches Geschick (Unterwerfung unter Octavianus)[12] und Rücksichtslosigkeit (Ermordung Hyrkanos' II.). Das Königtum des Herodes beruhte auf dem persönlichen Verhältnis zu seinem Kaiser. Herodes wurde unumschränkter Alleinherrscher über dieses Land. Er verstand sich als treuer Vasall des Augustus (*amicus*), der das Römische Reich in eine Friedensperiode (*Pax Romana* →1.4.1.4) führte. Herodes gelang es durch Loyalität zu Rom, Härte und Wohlwollen nach innen und ein z.T. paranoides Misstrauen gegen potenzielle Gegner 33 Jahre lang zu regieren. Unter seine Regierungszeit fällt sowohl eine erste Blüte hell.-jüd. Kunst und Kultur in Palästina als auch weitgehende wirtschaftliche und politische Stabilität für alle Bewohner seines weit über jüd. Siedlungsgebiete hinausgehenden Reiches.

Herodes starb im Jahre 4 v.Chr. Nach seinem Tod wurde das Land unter seinen Söhnen aufgeteilt:[13] Archelaos (4 v.Chr–6 n.Chr.) erhielt Judäa, Samarien, Idumäa. Herodes Antipas (4 v.Chr.–39 n.Chr.) herrschte über Galiläa und Peräa. Philippus (4 v.Chr.–34 n.Chr.) bekam den Golan und die Gebiete östlich des Jordans. Archelaos wurde nach dem Willen des Augustus freilich nur Ethnarch – gewissermaßen König auf Probe, bis er sich bewährte. Während des Romaufenthaltes der Herodessöhne kam es im Lande zu Unruhen, die Quintilius Varus, damals Legat von *Syria*, blutig niederschlug. Aufgrund der Intervention einer jüd. Delegation und seiner Unfähigkeit wurde Archelaos bereits 6 n.Chr. abgesetzt und nach Vienna (Vienne) in Gallien verbannt. Auch Herodes Antipas war in der Bevölkerung nicht beliebt. Nicht nur brach er 35/36 einen Krieg mit dem Nabatäerkönig Aretas vom Zaun, als er dessen Tochter verstieß, um Herodias, die Gattin seines Halbbruders und Enkelin von Herodes d. Gr. zu heiraten. Nur das Eingreifen des röm. Statthalters von *Syria*, Vitellius, konnte Antipas' Untergang verhindern. Als er schließlich auch noch versuchte, die Königswürde verliehen zu bekommen, wurde er von Caligula

[11] Vgl. Ios. ant. Iud. 14,468–491; 15,8–10.
[12] Vgl. Ios. bell. Iud. 1,386–393; ant. Iud. 15,187–195.
[13] Vgl. Ios. bell. Iud. 2,94–98; ant. Iud. 17,317–321.

39 nach Gallien verbannt. Sein Gebiet erhielt sein Neffe Agrippa (I.).[14] Philippus scheint der einzige Herodessohn gewesen zu sein, der einigermaßen erfolgreich regiert hat.

*Die römische Provinz Iudaea*
Seit der Verbannung des Archelaos 6 n.Chr. wurden Judäa, Samarien und Idumäa zu *Iudaea* als Provinz zusammengefasst und von einem röm. Statthalter mit dem Titel *praefectus* verwaltet. Dieser residierte in Caesarea Maritima und ließ in Jerusalem nur eine kleine Abteilung röm. Soldaten in der Burg Antonia zurück. Das *Synhedrion* regelte die inneren jüd. Angelegenheiten, unterstand jedoch in der Rechtshoheit formal dem Statthalter, der seinerseits dem syrischen Legaten, einem Mitglied des Senatorenstandes, verantwortlich war.
Als die Provinz eingerichtet wurde, ließ Quirinius eine Steuerschätzung durchführen (Lk 2,2). Die ersten zwei Jahrzehnte der Provinz verliefen relativ ruhig. Erst mit dem Auftreten von Pontius Pilatus im Jahre 26 verschlechterte sich die Situation. Zahlreiche Provokationen und rücksichtsloses Vorgehen gegen Opposition brachten die Bevölkerung so sehr gegen den Präfekten auf, dass er seines Amtes enthoben wurde und sich in Rom verantworten musste.
Unter Agrippa I., einem Enkel Herodes d. Gr. und Bruder der Herodias, kam Palästina in den Jahren 41–44 noch einmal unter jüd. Herrschaft. Er war – im Gegensatz zu seinen herodianischen Vorgängern – bei seinen Untertanen beliebt, auch bei den führenden Kreisen. Er gab sich als frommer Jude, um die Gunst seiner jüd. Untertanen zu gewinnen. Die Feinde der religiösen Führer ließ er verfolgen – so nach Apg 12,1–17 auch die Christen. Im Jahre 44 starb Agrippa I. plötzlich und unerwartet eines natürlichen Todes.[15] Sein noch unmündiger Sohn Agrippa II. wurde nicht sein Nachfolger, sondern erhielt im Jahre 50 lediglich ein kleines Gebiet zwischen Libanon und Antilibanon namens Chalkis.[16] Im Jahre 53 erhielt er statt Chalkis das ehemalige Gebiet des Philippos, Teile Galiläas mit Tiberias sowie die Aufsicht über den Jerusalemer Tempel mit dem Recht, den Hohepriester einzusetzen. Agrippa II. regierte bis in das Jahr 100, ohne jedoch eine größere politische Rolle zu spielen.

*Der Weg in die Katastrophe*
Nach dem Tode Agrippas I. stellte Claudius das ganze Land unter direkte röm. Verwaltung. Der rasche Wechsel der Statthalter, die jetzt *procuratores* hießen und ihr Amt zur eigenen Bereicherung nutzten, und deren Ignoranz dem Judentum gegenüber führten wesentlich zu einer dramatischen Verschlechterung der politischen Lage in Palästina. Cuspius Fadus war der erste röm. Prokurator für ganz Palästina. Josephus (→1.3.2.6) berichtet von groß angelegten Aktionen gegen judäische Räuberbanden (→2.2.5.4), die mit der Ergreifung und Hinrichtung des Räuberhauptmanns Tholomaeus endeten. Damals trat auch ein gewisser Theudas auf, ein messianischer Prophet (→3.1.3.4), der eine an die Landnahme erinnernde messianische Heilszeit ankündigte. Fadus ließ

[14] Vgl. Ios. bell. Iud. 2,223.
[15] Vgl. Ios. ant. Iud. 19,8,2; Apg 12,21–23.
[16] Vgl. Ios. bell. Iud. 2,223–284; 3,56f; ant. Iud. 20,104.138–140.

Theudas gefangen nehmen und hinrichten.[17] Fadus' Nachfolger wurde Tiberius Julius Alexander, ein Neffe Philos von Alexandria (→1.3.2.5). Ihm gelang es, die Söhne des Judas aus Galiläa gefangen zu nehmen und kreuzigen zu lassen.[18] Nach zwei Jahren wurde Tiberius Julius Alexander durch Ventidius Cumanus abgelöst. Unter seiner Regierung kam es in den Jahren 51/52 zu folgenschweren Zwischenfällen, in deren Folge es mehrfach zu Massenpanik und Blutbädern kam. Unter Cumanus' Nachfolger Antonius Felix nahmen die antiröm. Tendenzen stark zu. Nach der wenig erfolgreichen Amtszeit des Felix folgte die Regierung des Porcius Festus, die man wohl als besonnen, aber zu kurz bezeichnen darf. Nachdem Festus im Jahre 62 im Amt verstarb, trat eine Vakanz ein, in der die führenden Juden die Gunst der Stunde nutzten, sich ihrer Feinde zu entledigen. In diesen Zeitraum fällt die Hinrichtung des Herrenbruders Jakobus. In besonders schlechtem Ruf stand Festus' Nachfolger Albinus, der rigoros gegen das eigenmächtige Vorgehen der Juden durchgriff. Da die Hinrichtung des Jakobus ohne die notwendige Genehmigung durchgeführt worden war, ließ Albinus einen neuen Hohenpriester ernennen. Die Gewalt wurde zusätzlich angeheizt, als Albinus gefangene Sikarier (→3.1.3.1) im Austausch gegen den Bruder des Hohenpriesters freiließ.

In der Amtszeit des Gessius Florus (64–66) war die Eskalation nicht mehr aufzuhalten.[19] Schuld hatte daran nach Ansicht des Josephus vor allem der Statthalter selbst.[20] Als es in Caesarea Maritima zu blutigen Auseinandersetzungen zwischen Juden und Heiden über die jüd. Bürgerrechte kam, griff er nicht schlichtend ein. Nur wenig später bediente er sich schamlos am Tempelschatz und ließ die wütenden Proteste der Bevölkerung von Soldaten niederschlagen. Als Florus auch noch seinen Soldaten die Erlaubnis erteilte, in Jerusalem zu plündern, kam es endgültig zur offenen Rebellion in Caesarea Maritima und Jerusalem. Führer der Aufständischen war zunächst ein Sohn des Hohepriesters mit Namen Eleasar. Bald gelang es ihm, den Tempelbezirk in seine Gewalt zu bringen. Gessius Florus floh nach Caesarea Maritima. Jerusalem war in der Hand der Aufständischen – mit Ausnahme einer in der Burg Antonia eingeschlossenen röm. Kohorte. Agrippa II. versuchte zwar beschwichtigend einzuwirken, jedoch ohne Erfolg. Man stellte das täglich stattfindende Opfer für den Kaiser ein und stürmte die Burg Antonia. Die röm. Besatzung wurde heimtückisch niedergemacht. Der Aufstand dehnte sich auch auf die Umgebung Jerusalems aus. Die herodianischen Festungen Masada und Herodeion wurden erobert. Der Versuch des syrischen Legaten Cestius Gallus, die Situation wieder unter Kontrolle zu bringen, führte zu einem Desaster für die Römer. Nero (54–68) schickte daraufhin seinen erfolgreichsten General: Flavius Vespasianus.[21] Von Antiochia aus zog Vespasian mit seinem Heer Richtung Galiläa. Seinen Sohn Titus sandte er nach Alexandria, um dort Hilfstruppen zu rekrutieren. Rasch stellten sich Erfolge ein. Bereits 67 war ganz

[17] Von diesem Theudas wird auch in Apg 5,36 berichtet. Allerdings datiert Lukas ihn in die Zeit vor dem Aufstand des Judas aus Galiläa im Jahre 6 n.Chr.

[18] Vgl. Ios. ant. Iud. 20,100–102.

[19] Vgl. Ios. bell. Iud. 2,278–486.

[20] Vgl. Ios. bell. Iud. 2,277–279; ant. Iud. 20,52–58.

[21] Vgl. Ios. bell. Iud. 3,224–227.

Galiläa zurück erobert, bis zum Frühjahr 68 fast das ganze Land.[22] Als er begann, Jerusalem zu belagern, wurde Vespasian von seinen Truppen zum Kaiser ausgerufen. Er begab sich daraufhin nach Rom und übertrug Titus die Befehlsgewalt. Titus griff die Stadt vom Norden her an. Im Juni 70 wurde die Burg Antonia eingenommen, im August stand der Tempelbezirk in Flammen – nach Josephus ohne Schuld des Titus. Bevor der Tempel endgültig in sich zusammen fiel, gelang es Titus in das Allerheiligste vorzudringen und den Leuchter und die Schaubrottische für den Triumphzug zu rauben. Ein Blutbad löste das nächste ab. Als im September die Zitadelle eingenommen wurde, war Jerusalem endgültig besiegt. Titus ließ die Stadt und den Tempelbezirk schleifen. Lediglich die Türme der Zitadelle wurden geschont und verstärkt, um dort die X. Legion zu stationieren. Machairos und Herodion ergaben sich kurz nach dem Fall Jerusalems. Nur die Besatzung von Masada kämpfte bis ins Frühjahr 74 weiter.[23]

*Vom ersten zum zweiten Aufstand*

Das Resultat des ersten Aufstands gegen Rom war katastrophal: Tausende Juden waren getötet oder in die Sklaverei verkauft worden, der Tempel (→3.3.2.2) mit seinen Institutionen (Priestertum, Opferkult) war zerstört, das soziale und kulturelle Leben des palästinischen Judentums musste neu aufgebaut werden. Vespasian ernannte *Iudaea* zur kaiserlichen Provinz und machte es damit unabhängig von *Syria*. Das geistige Leben des Judentums nahm erst langsam wieder konkrete Formen an. Unter Jochanan ben Zakkai, einem der gemäßigten Führer des Jerusalemer Lehrhauses, entwickelten sich zunächst in Iamnia (Javne), dann in Galiläa die Grundlagen für das rabbinische Judentum. Jochanan erreichte den Ausgleich mit Rom und damit eine beschränkte Autonomie in der Verwaltung der Juden innerhalb der röm. Provinz (→1.4.4.3).
Im Jahre 132 unter Kaiser Hadrian kam es zum letzten großen jüd. Aufstand gegen die Herrschaft Roms. Anlass dazu gab der Beschluss Hadrians, der im Jahre 130 Jerusalem bereiste, die Stadt in eine röm. Kolonie namens *Aelia Capitolina* (*Aelia* nach Aelius Hadrianus und *Capitolina* nach Iuppiter Capitolinus) zu verwandeln. Im Jahre 132 entlud sich der jüd. Widerstand in bewaffneten Auseinandersetzungen, die von den Römern anfangs nicht ernst genommen wurden. Schon bald gelang es den Aufständischen, Jerusalem einzunehmen und einige weitere Städte Judaeas zu besetzen. In Galiläa hingegen blieb es ruhig. Der Anführer der Aufständischen war ein gewisser Simon bar-Kosiva. Seine Anhänger hielten ihn für den Messias. Auch Rabbi Aqiva hatte ihn mit Verweis auf Num 24,17 als königlichen Messias anerkannt. Man änderte seinen Namen in Bar Kochba (Sternensohn) in Anspielung auf diese Bibelstelle. Die Römer unter Tineius Rufus und dem syrischen Legat C. Publius Marcellus konnten trotz enormer Truppen die Aufständischen zunächst nicht bezwingen. Erst dem ehemaligen Statthalter von Britannien, Sex. Julius Severus, gelang es ab 134 die Aufständischen in einem langwierigen Guerillakrieg langsam auszubluten. Ihre letzte Festung war Betar bei Jerusalem. Sie wurde im Jahre 135 von den Römern erobert.

---

[22] Vgl. Ios. bell. Iud. 4,120f.
[23] Vgl. Ios. bell. Iud. 7,304–312.389–401.

*Literatur*

*M. Avi-Yonah*: The Holy Land from the Persian to the Arab Conquests (536 B.C. to A.D. 640). A Historical Geography, Grand Rapids [2]1977. – *J. H. Hayes/S. R. Mandell*: The Jewish People in Classical Antiquity. From Alexander to Bar Kochba, Louisville 1998. – *M. Hengel*: Judentum und Hellenismus. Studien zu ihrer Begegnung unter besonderer Berücksichtigung Palästinas bis zur Mitte des 2. Jh.s v.Chr., Tübingen [3]1988. – *A. Kasher*: Jews and Hellenistic Cities in Eretz-Israel, Tübingen 1990. – *H. P. Kuhnen*: Palästina in griechisch-römischer Zeit. Mit Beiträgen von *L. Mildenberg* und *R. Wenning*, München 1990. – *S. Mason*: Flavius Josephus und das Neue Testament, Tübingen/Basel 2000. – *M. Sasse*: Geschichte Israels in der Zeit des Zweiten Tempels, Neukirchen-Vluyn 2004. – *P. Schäfer*: Geschichte der Juden in der Antike. Die Juden Palästinas von Alexander dem Großen bis zur arabischen Eroberung, Neukirchen-Vluyn 1983. – *I. Shatzman*: The Armies of the Hasmonaeans and of Herod. From Hellenistic Times to Roman Framework, Tübingen 1991. – *J. C. VanderKam*: An Introduction to Early Judaism, Grand Rapids/Cambridge 2001. – *M. Vogel*: Herodes. König der Juden, Freund der Römer, Leipzig 2002. – *J. Zangenberg*: Bis das Pulverfass explodiert. Jüdische Geschichte zwischen Widerstand und Anpassung von 168 v.Chr. bis 135 n.Chr., WUB 9/2 (32), 2004, 36–45.

## 1.4.4.3 Die Formierung des rabbinischen Judentums (*Friedrich Avemarie*)

*Stellen im NT*

Mt 5,17–20; 6,5; 12,7; 23,1–33; 24,6f.15–22; Mk 13,7f.14–20; Lk 19,43f; 21,20–24; Joh 9,22; 12,42; 16,2; Apg 5,34; 22,3

Der große jüd.-röm. Krieg der Jahre 66–70 n.Chr., der mit gewaltsamen Reaktionen auf Übergriffe der röm. Verwaltung Judäas begann und mit der Zerstörung Jerusalems und des Tempels endete, war das einschneidendste Ereignis in der Geschichte des antiken Judentums. Er bildete die negative Ausgangsvoraussetzung, unter der sich das Judentum in den folgenden Jahrzehnten eine völlig neue Erscheinungsform gab: die rabbinische.

1. Während im belagerten Jerusalem die Not immer grimmiger wurde, ließ sich Rabban Jochanan ben Zakkai von zwei Schülern in einem Sarg aus der Stadt schmuggeln, schlug sich zu den Römern durch und wurde vor Vespasian geführt. Noch ehe er diesem die Kaiserwürde voraussagte – denn der Tempel würde nur „durch einen Mächtigen fallen", Jes 10,34 –, stellte ihm der Feldherr einen Wunsch frei. Jochanan erbat sich den Ort Iamnia (Javne): „dass ich hingehe und dort meine Schüler lehre, ein(en) Gebet(sgottesdienst) einrichte und alle Gebote erfülle" (ARN A 4). Die Erzählung ist legendarisch,[1] zeigt aber prägnant, zu welchen grundlegenden Veränderungen die Katastrophe des Jahres 70 geführt hatte. Statt des Tempels (→3.3.2.2) war es jetzt das Leben nach der Tora, das religiöse Identität stiftete, der synagogale Gottesdienst (→3.3.3), der spirituelle Gemeinschaft formte, und das Traditionswissen eines nichtpriesterlichen Gelehrtenstandes, das kulturelle Kontinuität gewährleistete. Getragen wurde diese Neuorientierung hauptsächlich von dem gemäßigten Flügel der pharisäischen Partei (→3.1.3.1), der dem Aufstand gegen Rom skeptisch gegenübergestanden hatte und darum für eine Zusammenarbeit mit

[1] Zu auffällig sind die Ähnlichkeiten mit Ios. bell. Iud. 3,392–408.

der Besatzungsmacht aufgeschlossen war. Als Pharisäer gilt auch Jochanan ben Zakkai (mYad 4,6; tPar 3,8). Reflexe dieser Entwicklung finden sich v.a. bei Mt, der dem palästinischen Judentum der Zeit nach 70 besonders nahe steht (Mt 5,17–20; 6,5; 23,3–7) und mit seiner Polemik einen bezeichnenden Eindruck von der neuen Monopolstellung des Pharisäismus an der Spitze der jüd. Gesellschaft vermittelt (23,2; auch 23,3!).[2]
Die Reorganisation des Judentums in der judäischen Küstenstadt Iamnia (Javne) verbindet sich in rabbinischer Erinnerung mit einer Reihe von *taqqanot*, „Notverordnungen", durch die Jochanan ben Zakkai v.a. der liturgischen Praxis neue Gestalt gab: Wurde, wenn der Neujahrstag auf einen Sabbat fiel, der Schofar bislang nur in Jerusalem geblasen, so von jetzt an überall, wo jüd. Gerichtshöfe standen. Wurde der Feststrauß des Laubhüttenfestes ehedem nur im Tempel an allen sieben Festtagen geschwungen, so von nun an im ganzen Land. Nahm man bisher, um nicht durch die Festsetzung eines Monatsanfangs das Tempelritual zu stören, Zeugenaussagen über den Neumond nur bis nachmittags entgegen, so nun den ganzen Tag (mRHSh 4,1–4). Durchgehend ist das Bemühen spürbar, die Feier jüd. Feste auf profanem Boden dem verlorenen Tempelkult gleichzustellen und von ihm unabhängig zu machen. Der Tempel erwies sich als verzichtbar. Als R. Jehoschua, so die Legende, beim Anblick seiner Ruinen die Zerstörung des Ortes beklagte, an dem Israels Sünden gesühnt wurden, tröstete ihn Jochanan ben Zakkai damit, dass Israel ein anderes, gleichwertiges Sühnemittel habe, die tätige Nächstenliebe (ARN A 4, mit Hinweis auf Hos 6,6; vgl. Mt 12,7). Loslösung vom Tempelkult spiegelt auch die Traditionskette von mAv 1,1–18 und 2,8, die die Überlieferung der Tora von Jochanan ben Zakkai über dessen Vorgänger (darunter den Gamaliel von Apg 5,34) bis auf die Sinaioffenbarung zurückführt, dabei aber Tempel und Priestertum weithin umgeht.[3]
Zur Konsolidierung gehört Abgrenzung; so überrascht es nicht, dass es gerade die Iamnia-Zeit war, in der, nach bBer 28b–29a, in das *schmone-esre*, die täglich gesprochenen „Achtzehn" Benediktionen, eine Verwünschung von Gegnern eingefügt wurde, die sog. *birkat ha-minim*. Neben den *minim* („Sektierern") nennt diese Benediktion das „freche Königreich", „Abtrünnige", „Denunzianten", nach zwei frühen Fragmenten auch *notzrim*, d.h. Judenchristen. Ob sie von vornherein speziell auf Christen in den jüd. Reihen zielte, lässt sich kaum sagen, da ihr ältester Wortlaut nicht bekannt ist. Bemerkungen einiger Kirchenväter zeigen allerdings, dass Christen sich von ihr betroffen fühlten.[4] Möglicherweise steht sie auch im Hintergrund von Joh 9,22; 12,42; 16,2. – Keine hinreichende Quellenbasis hat die verbreitete Annahme, dass auf einer „Synode von Iamnia (Javne)" der 24 Bücher umfassende rabbinische Bibelkanon festgelegt wurde. Die Überlieferung lässt lediglich erkennen, dass in Iamnia (Javne) über die Kanonizität einzelner Schriften debattiert wurde (mYad

---

2 Joh erwähnt Sadduzäer und Schriftgelehrte überhaupt nicht mehr, sondern nur noch Pharisäer.

3 Der einzige Priester in der Kette ist Schimon der Gerechte, legendärer Hoherpriester der Oniadendynastie.

4 Vgl. *Schäfer* 1978, 46–52.

3,5). Seine endgültige Gestalt fand der Kanon erst allmählich im Laufe des 2. Jh.[5]

2. Der Aufstand Bar Kochbas (132–135, →1.4.4.2) hinterließ, obwohl er wirtschaftlich und demographisch ähnlich verheerende Folgen hatte wie der erste große Krieg gegen Rom, in der Religions- und Geistesgeschichte des Judentums keinen vergleichbaren Einschnitt. Durch die Umwandlung Jerusalems in die für Juden gesperrte Kolonie *Aelia Capitolina* und die kriegsbedingte Entvölkerung Judäas verlagerte sich der Siedlungsschwerpunkt nach Galiläa.[6] Der Sitz der sich abermals neu formierenden rabbinischen Zentralinstitution, des obersten jüd. Gerichts (Sanhedrin), war nicht mehr Iamnia (Javne), sondern Uscha in Obergaliläa; im späteren 2. Jh. wurden Bet Schearim und Sepphoris, um die Mitte des 3. Jh. schließlich Tiberias zu den rabbinischen Hauptorten. Bedeutsamer als diese geographischen Verschiebungen sind jedoch Merkmale der Kontinuität: Die halachischen Debatten der Rabbinen der späten Iamnia (Javne)-Zeit, die wie R. Aqiva und R. Jischmael im Bar Kochba-Krieg untergingen, werden von deren Schülern, Meir, Schimon ben Jochai, Jehuda ben Ilai und anderen, fortgeführt, als hätte es nie eine Unterbrechung gegeben. Die Führung in Uscha übernimmt Schimon ben Gamliel, ein Sohn Gamliels (II.), der in Iamnia (Javne) die Nachfolge von Jochanan ben Zakkai angetreten hatte; Kontinuität zeigt sich hier auch im Entstehen einer Dynastie. Die Weitergabe der Torakompetenz hatte schon in Iamnia (Javne) institutionelle Form angenommen; zunächst war es der Lehrer, der den Schüler zum Rabbi ernannte; später wurde die Ordination (*minnui*, *smikhah*) durch ein rabbinisches Kollegium oder den Vorsitzenden des Sanhedrin erteilt (ySan 1,2/34).
Aufgegeben wurde die Hoffnung auf politische Befreiung. Als R. Aqiva, Num 24,17 auslegend, in Bar Kochba den „Messias-König" (→3.1.3.1) erkannte, habe ihm ein gewisser Jochanan ben Torta entgegnet: „Aqiva, Kraut wird aus deinen Kinnbacken sprießen, ohne dass der Sohn Davids gekommen sein wird!" (yTaan 4,8/27). Wer von den beiden Recht behalten hatte, stand für die rabbinische Nachwelt außer Frage, und doch konnte sie Aqiva seinen Irrtum leichten Herzens nachsehen; er blieb für sie der überragende Gelehrte, Jochanan ben Torta nur eine Randfigur. Mit dem Scheitern der messianischen Hoffnung verschoben sich jedoch die religiösen Werte. Es entwickelte sich ein Märtyrerbewusstsein, das sich mit sehr unterschiedlichen theologischen Sinngebungen verbinden konnte. Die halachische Regel lautete, dass man in Friedenszeiten zwar fast alle Gebote brechen dürfe, um sein Leben zu retten, in Verfolgungsnot aber selbst für ein leichtes Gebot um der „Heiligung des Gottesnamens" (*qiddusch ha-schem*) willen sein Leben hingeben müsse (Sifra zu Lev 18,5; tShab 15[16],17).

3. Nur ein halbes Jh. nach der Niederlage Bar Kochbas erlebte das Judentum eine neue Blüte. Die Nachfolge von Rabban Schimon ben Gamliel hatte dessen Sohn R. Jehuda ha-Nasi angetreten, den die Quellen meist kurz und schlechthin „Rabbi" nennen. Unter seiner Leitung wurde um 200 die Mischna redigiert, eine Sammlung halachischer Lehrentscheide, meist aus der Zeit nach

5 Vgl. *Schäfer* 1978, 56–62.
6 Vgl. *Goodman* 1983.

70, gelegentlich älteren Datums. Da sie oft auch abweichende Meinungen notiert und zwei ihrer sechs Abteilungen Themen behandeln, die mit der Tempelzerstörung ihre praktische Bedeutung verloren hatten, nämlich Reinheit und Opferkult, war sie sicherlich nicht nur als Leitfaden für die rabbinische Rechtsprechung konzipiert; halachische Enzyklopädie war sie in ihrem Ansatz mindestens ebenso. Dass sie vor allem studiert wurde, zeigt ihre literarische Rezeption als Basistext des palästinischen und des babylonischen Talmuds.
Von neuem Selbstbewusstsein zeugt der Titel *nasi*, „Fürst“, den R. Jehuda zu führen sich nicht scheute, obwohl sich schon Bar Kochba auf seinen Münzen als *nesi Jisrael*, „Fürst Israels“, präsentiert hatte. Dem monarchischen Führungsanspruch, dem der Titel Ausdruck verlieh, entsprach die wohl erst unter R. Jehuda selbst aufgekommene und stets umstritten gebliebene Auffassung, seine Familie stamme von David ab (bSan 38a); eine Herkunft übrigens, die auch die Exilarchen, Häupter der babylonischen Diaspora (→1.4.5.4), für sich reklamierten.[7] Doch in einem entscheidenden Punkt unterschied sich der Machtanspruch R. Jehudas und seiner Nachfolger von dem Bar Kochbas: Die Vorherrschaft Roms wurde durch ihn nicht in Frage gestellt. Im Gegenteil, zahlreiche Aggadot wissen davon, wie „Rabbi“ auf freundschaftlichstem Fuße mit Kaiser „Antoninus“[8] verkehrte. Sind sie auch Legende, so zeigen sie doch, wie sehr sich das Verhältnis zu der einst verhassten Besatzungsmacht gewandelt hatte. Dass es nicht nur aus jüd., sondern auch aus röm. Sicht zu dauerhaftem Einvernehmen gekommen war, spiegelt sich v.a. in den im *Codex Theodosianus* gesammelten Rechtstexten des 4. Jh., die wiederholt auf R. Jehudas Nachfolger als die jüd. „Patriarchen“ Bezug nehmen.[9] Man darf annehmen, dass diese prinzipiell wohlwollende Koexistenz fortdauerte, bis die Patriarchendynastie im frühen 5. Jh. erlosch.
4. Obwohl die rabbinische Literatur ein Kollektivprodukt ist – Schriften individueller Gelehrter kommen erst im Mittelalter auf –, sind doch die Kultur und die Gesellschaft, die sich in dieser Literatur spiegeln, nicht homogen.[10] Dissens und die Fähigkeit, Dissens zu integrieren, gehören zu ihren auffälligsten Merkmalen. So weiß die Mischna von zahlreichen Kontroversen zwischen den Schulen Hillels und Schammais, doch Ehen zwischen den Familien der Angehörigen beider Schulen seien an divergenten Heiratsregeln nicht gescheitert (mYev 1,4). Weil Aqavja ben Mahalalel, dem man den Vorsitz des Sanhedrin angetragen hatte, vier Irrlehren nicht widerrufen wollte, wurde er mit dem Bann belegt (mEd 5,6), und doch steht er mit den großen Weisen Israels in einer Reihe (mAv 3,1). R. Eliezer habe, als man seine Lehren zurückwies, eine Serie von Beglaubigungswundern provoziert; sogar eine Himmelsstimme verkündete, dass die *halachah* sich nach ihm richte; doch sein Kontrahent R. Jehoschua entgegnete: „Sie (sc. die Tora) ist nicht im Himmel!“ (bBM 59b). Fromme Opposition gegen die Mischna verkörpert die Eselin des R. Pinchas ben Jair, die das Fressen verweigert, weil ihre Gerste nach der *halachah* „Rabbis“ und damit nicht sorgfältig genug verzehntet ist (yDem 1,3/4f; BerR 60,8).

[7] Die komplexe Überlieferung ist aufgearbeitet bei *Jacobs* 1995, 212–224.
[8] Vermutlich ist Caracalla gemeint; vgl. *Avi-Yonah* 1976, 39–42.
[9] Vgl. *Jacobs* 1995, 274–294.
[10] Vgl. *Levine* 1989, 83–97.

Bedenken gegenüber liberalerer Volksfrömmigkeit äußern sich, wenn sich zwei Rabbis bei der liturgischen Prostration nach der Seite neigen, damit es nicht scheint, als gelte ihre Verehrung den Bildern im Mosaikfußboden der Synagoge, die sie freilich trotz dieser anstößigen Dekoration nicht meiden (y-AZ 4,1/4). So beweist das rabbinische Judentum alles in allem eine hohe Kraft des Ausgleichs und der Integration. Das nächste Schisma nach dem judenchristl. war erst im 8. Jh. das karäische.

*Literatur*

*M. Avi-Yonah*: The Jews of Palestine. A Political History from the Bar Kokhba War to the Arab Conquest, Oxford 1976. – *M. Goodman*: State and Society in Roman Galilee, A.D. 132–212, Oxford 1983. – *M. Jacobs*: Die Institution des jüdischen Patriarchen. Eine quellen- und traditionskritische Studie zur Geschichte der Juden in der Spätantike, Tübingen 1995. – *L. I. Levine*: The Rabbinic Class of Roman Palestine in Late Antiquity, Jerusalem/New York 1989. – *J. Neusner*: From Politics to Piety. The Emergence of Pharisaic Judaism, New York [2]1979. – *P. Schäfer*: Die sogenannte Synode von Jabne. Zur Trennung von Juden und Christen im 1./2. Jh. n.Chr., in: *Ders.*: Studien zur Geschichte und Theologie des rabbinischen Judentums, Leiden 1978, 45–64. – *G. Stemberger*: Juden und Christen im Heiligen Land. Palästina unter Konstantin und Theodosius, München 1987.

## 1.4.5 Die jüdische Diaspora in hellenistisch-römischer Zeit

### 1.4.5.1 Die Diaspora in Ägypten (*Gottfried Schimanowski*)

*Stellen im NT*

Mt 2,13–15(.19); Apg 2,10; 13,17; 21,38 auch Apg 7,9–53 (7,34.36.39.40); Hebr 3,16; 8,9; 11,26f und allegorisch (als Deckname) Offb 11,8

*Einführung*

Innerhalb der biblischen Tradition gehört der Exodus aus Ägypten zu den konstitutiven Grunddaten der Geschichte Israels. Ägypten (→1.4.3) ist damit von Anfang an stigmatisiert als das Land, in dem das jüd. Volk unterdrückt wurde und aus dem die Väter flohen. In späterer Zeit ist eine solche emotionale Abwehr des Ägyptischen eine der Grundlinien, die sich permanent weiter tradiert. Auf nichtjüd. Seite entspricht dem die Deutung, dass der Auszug des Volkes eine gewaltsame Vertreibung gewesen sei.[1] In ähnlicher Weise erhält in der Septuaginta (→1.3.2.1) das Stichwort „Diaspora" durchweg eine negative Konnotation.[2] Daneben erscheint die ägypt. Diaspora sowohl in der Hebräischen Bibel als auch in späteren frühjüd. Texten als ein Ort der Zuflucht vor drohender Verfolgung von Individuen und Gruppierungen im eigenen Land. Schon vor der persischen Zeit gab es in Elephantine am Oberlauf des Nil eine jüd. Militärsiedlung.[3] Jer 44,1 (vgl. Hos 9,6; Jer 29,19; 46,16) setzt eine Ge-

---

1 *Schäfer* 1997, 15–33.

2 *Van Unnik* 1993, 61f.89–107; *F. Siegert*: Zwischen Hebräischer Bibel und Altem Testament. Eine Einführung in die Septuaginta, Münster 2001, 274f.

3 *E. Schürer*: The History of the Jewish People in the Age of Jesus Christ. A New English Edition, Vol. III, Edinburgh 1986, 38–40; *Modrzejewski* 1997, 37–67.

meinde in Memphis und in anderen ägypt. Städten voraus. In hell. Zeit existierte neben der großen jüd. Gemeinde in Alexandria (→2.2.7.3) in dem strategisch wichtigen Leontopolis im Nildelta über 200 Jahre lang eine jüd. Siedlung mit einem eigenen – dem Jerusalemer nachempfundenen – Tempel (→3.3.2.2), der erst 73 n.Chr. von den Römern zerstört wurde.[4]
Die ptolemäische Zeit war in der Regel durchweg von einem toleranten, friedlichen Koexistieren zwischen Juden und Nichtjuden geprägt. Griechisch war nun vollständig zur eigenen und einzigen Sprache geworden (LXX →1.3.2.1). Um die Zeitenwende vermehrten sich Anzeichen der Attraktivität der jüd. Gemeinden und ihrer Religionsausübung. Zum Teil wendet sich die gr.-jüd. Literatur nicht mehr an eigene Leserkreise allein, sondern auch an interessierte Nichtjuden (Gottesfürchtige →3.1.3.7). Allerdings verschärften sich in röm. Zeit die Spannungen in den Städten und auf dem Land. Es kommt zu den ersten erschütternden Pogromen. Dafür war weniger ein antijudaistischer Zug der röm. Regierung verantwortlich, geschweige denn der Machtentzug der gr. Oberschicht, als vielmehr ein wachsender Einfluss ägyptischer Kreise auf die Politik und die allgemeine religiöse Orientierung. Die röm. Gesetzgebung unterstützte allein die gr. Seite und solche, die schon mit alten Rechten und Privilegien ausgestattet waren. Das galt aber nur für wenige Juden; die anderen wurden besonders hart getroffen von der nun erhobenen Kopfsteuer, die sie in einen Topf warfen mit den von ihnen ungeliebten, unterprivilegierten Ägyptern. Allerdings veränderte diese sogenannte *laographia* seit Augustus nicht grundsätzlich das politische Gefüge. Die Juden waren nie vollständig von Abgaben (→2.3.1) befreit; allerdings standen ihnen seit früher Zeit religiöse Freiheiten zu, ihren eigenen Traditionen nachgehen zu dürfen, was insbes. die Sabbatfeier, Versammlungsfreiheit, die Pilgerreisen und die Sendung von Geldern ins Mutterland betraf. Die Beziehung zu Judäa und Jerusalem beinhaltete immer schon eine besondere Qualität.[5] Die Rückkehr aus der Diaspora in die Heimat verdeutlicht diese Bindung (Apg 2,10; 6,9).
Davon war nicht nur Alexandria selbst geprägt, sondern auch die sog. Chora, die röm. Provinz *Aegyptus*. Nach Philo (→1.3.2.5) hatten dort über eine Million Juden gelebt. Es waren in erster Linie einfache Leute, Soldaten, Bauern, Händler (→2.3.2), auch wenn es gelegentlich Familien zu einem gewissen Wohlstand gebracht haben müssen.[6] In einzelnen Städten werden die Juden eine fest gefügte ethnische Einheit (*politeuma*) gebildet haben.[7] Während der erste Aufstand gegen Rom noch keine gravierenden Spuren hinterließ – die bisherige Tempelsteuer wurde allerdings umgewandelt in eine Steuer für den Iuppitertempel in Rom[8] (→1.4.4.2) – und die aus Palästina geflohenen Sikarier

---

4 *Schürer*: History (Anm. 3), 47f.145–147; *Modrzejewski* 1997, 171–188.

5 *A. Kasher*: The Jews in Hellenistic and Roman Egypt. The Struggle for Equal Rights, Tübingen 1985; *ders.*: Political and National Connections Between the Jews of Ptolemaic Egypt and Their Brethren in Eretz Israel, in: *M. Mor* (ed.): Eretz Israel. Israel and the Jewish Diaspora Mutual Relations, London 1991, 24–41.

6 *Barclay* 1996, 19–47.

7 *J. M. S. Cowey/K. Maresch*: Urkunden des Politeuma der Juden von Herakleopolis (144/3–133/2 v.Chr.) (P. Polit. Iud.), Wiesbaden 2001.

8 Wahrscheinlich ist damit ein Affront verbunden, was aber durch Texte nicht belegt werden kann.

(→3.1.3.1) zunächst kaum Unterstützung erhielten, um sich das Wohlwollen der Römer nicht zu verscherzen,[9] gab es später beim Aufstand gegen Traian (115–117 n.Chr.) eine verheerende Auswirkung auf die jüd. Gemeinden. Seit jener Zeit blieben ganze Dörfer und Landstriche auf Dauer von Juden entvölkert. Gleichzeitig müssen sich aber im Umkreis der Synagoge (→3.3.3) schon christl. Gemeinden gebildet haben: Die frühesten handschriftlichen Belege der Evv tauchen in Ägypten auf (Papyrus 52 mit Joh 18,31–33 und 18,37f, kaum später als 125 n.Chr.). In diese Gemeinden ist ein Erbe der gr. Juden eingeflossen, das kaum hoch genug geschätzt werden kann.[10]

*Zu den Textaussagen im NT*

In den Kindheitsgeschichten des Matthäus wird von der plötzlichen Flucht Marias und Josephs aus Judäa nach Ägypten erzählt (Mt 2,13–15). Auf diese Weise entkommt das (messianische) Kind den tödlichen Nachstellungen des Herodes d. Gr. Ägypten wird nicht negativ konnotiert – das ist erst später der Fall – sondern als Möglichkeit eines längeren Asyls bis zum Tod des Herodes positiv in den Blick genommen. Ägypten war oft der Zufluchtsort von Verfolgten.[11] Die Offenbarung des Rettungswillens Gottes durch einen Traum verbindet den Abschnitt mit den anderen Kindheitsgeschichten. Am Ende der Perikope findet sich für den Evangelisten die Gelegenheit zu einem der sog. Erfüllungszitate (Hos 11,1), das das Geschehen mit dem Stichwort „Ägypten" und vor allem mit dem für den Evangelisten sehr wichtigen christologischen Titel „Sohn" im Blick auf die prophetischen Verheißungen des AT deutet und unterstreicht. Das „Neue" der Jesuserzählung wird in die Geschichte der vertrauten Überlieferung Israels, vor allem in Erinnerung an den rettenden Exodus, eingebettet.[12] Möglicherweise verbindet sich damit gleichzeitig auch eine Reminiszenz an die Rettung Jakobs vor der Hungersnot in Israel. Die Josephsgeschichte (Gen 37–50) klingt an vielen Stellen an.
In der Pfingsterzählung (Apg 2) finden sich unter den in Jerusalem ansässigen Juden auch solche aus Ägypten (Apg 2,10), genauso wie aus dem Nachbarland Libyen und dem mit ihnen eng verbundenen Kyrene (vgl. Mk 15,21 →1.4.5.2). Schon fünf Generationen früher hieß es im Aristeasbrief (→1.3.2.7) auf die Frage am alexandrinischen Königshof nach dem Wert der Liebe zur Heimat im Gegenüber zu einem Leben in der Diaspora (= „in der Fremde", Arist 249): „Es ist schön, in der Heimat zu leben und zu sterben (!). Das Exil bringt dagegen den Armen Verachtung und den Reichen Schande." Der Diaspora wohnt ein Doppeltes inne: zum einen der weltweite Horizont, dass Juden unter allen Völkern der Erde zu finden sind (vgl. Apg 15,21) und sie auch dort unter dem Erwählungswillen Gottes stehen (vgl. Apg 13,17);[13] zum anderen aber der bleibende Bezug zu Jerusalem (und dem Tempel) als

---

[9] *Gruen* 2002, 75–104.

[10] *Modrzejewski* 1997, 309f.

[11] 1Kön 11,17f (Hadad); 1Kön 11,40 (Jerobeam); Jer 26,21 (Urija); 2Kön 25,26 par Jer 41,17f; Jer 43,4–7 (das Volk); Ios. ant. Iud. 12,387f (Onias IV.); 14,21 (reiche Juden); 14,374 (Herodes); 15,42–49 (Alexandra); bell. Iud. 7,410 (Sikarier).

[12] Apg 7,9–53 (7,34.36.39.40); Hebr 3,16; 8,9; 11,26f. Apg 7,22 spricht ganz unbefangen von „aller Weisheit der Ägypter", mit der sich die Bildung des Mose auszeichnete.

[13] *Delling* 1987, 79f.

dem ausschließlichen religiösen Zentrum. Das Pfingstereignis wird mit dieser universalen Perspektive hineingestellt in den Kontext der dort (wieder) ansässig gewordenen Juden aus aller Welt. Das passt damit zusammen, dass wohl schon zu röm. Zeit eine Rückwanderungsbewegung aus der Diaspora nach Jerusalem eingetreten war. Zumindest zu dieser Zeit haben eine Fülle von z.T. landsmannschaftsmäßig organisierten Synagogen existiert (vgl. Apg 24,12). Darunter wird auch eine solche der Alexandriner gewesen sein (Apg 6,9), wohl für aus Alexandria nach Palästina zurückgekehrte Juden, die hier ihren Lebensabend verbringen. Das bestätigen rabbinische Quellen. Das Begräbnis in der Heimatstadt gehört in den Zusammenhang mit der (pharisäischen →3.1.3.1) Hoffnung auf die Auferstehung (vgl. Mk 12,18–29 parr; Apg 4,2; 23,6.8; 24,21).[14] So sind auf (griechischen!) Grabinschriften in Jerusalem einige aus der Diaspora stammende Personen, wie z.B. aus Kyrene oder Italien, dokumentiert.

Die Anwesenheit von „Hellenisten“, d.h. hier wohl Proselyten (→3.1.3.7), setzt das JohEv als interessierte Hörerschaft der Christusverkündigung voraus (Joh 12,20; vgl. 7,35). Sie werden als Pilger gekennzeichnet, die den Jerusalemer Tempel besuchen, um dort „Gott anzubeten“. Eine genaue Herkunftsangabe fehlt.[15]

Das negative Image von Ägypten repräsentiert – auch durch den Parallelismus mit Sodom – der Deckname für Jerusalem (Offb 8,11; vgl. eine ähnliche Andeutung mit Bezug auf Ägypten und Sodom in Weish 19,14): Jerusalem, die „große Stadt“, wird nun als ein Ort der Unterdrückung und der gottfeindlichen Macht erkennbar, in der das Blut von Märtyrern vergossen wird. Als geographische Herkunftsangabe erscheint Ägypten bei dem Anführer von Aufständischen in Apg 21,28, der bei Josephus als falscher Prophet und Wundertäter zu den Verführern des Volkes gezählt wird, die der Prokurator Felix erfolgreich bekämpfte (→3.2.6 u. 3.2.7; Ios. bell. Iud. 2,261–263; ant. Iud. 20,167–172). Bei der Verhaftung des Paulus ist vorausgesetzt, dass jener Ägypter kein Griechisch gesprochen oder verstanden hat. Das ist allerdings schwer vorstellbar und verdankt sich der kompositorischen Absicht des Lukas.

*Literatur*

*J. M. G. Barclay*: Jews in the Mediterranean Diaspora. From Alexander to Trajan (323 BCE – 117 CE), Edinburgh 1996. – *G. Delling*: Die Bewältigung der Diasporasituation durch das hellenistische Judentum, Göttingen 1987. – *E. S. Gruen*: Diaspora. Jews Amidst Greek and Romans, London 2002; – *W. Huß*: Ägypten in hellenistischer Zeit. 332–30 v.Chr., München 2001. – *J. M. Modrzejewski*: Les Juifs d'Égypte de Ramsès II à Hadrian, Paris 1997. – *P. Schäfer*: Judeophobia. Attitudes Toward the Jews in the Ancient World, Cambridge 1997. – *M. Stern*: The Jewish Diaspora, in: *S. Safrai/M. Stern* (eds.): The Jewish People in the First Century, 2 vols., Assen 1974, 117–183. – *W. C. van Unnik*: Das Selbstverständnis der jüdischen Diaspora in der hellenistisch-römischen Zeit, Leiden 1993.

[14] Siehe auch die zweite Bitte der Amida, dem Achtzehnbittengebet (→3.3.5); zum Ganzen: *G. Schimanowski*: Auferweckung im Neuen Testament und in der frühjüdischen Apokalyptik, in: *H. Kessler* (Hg.): Auferstehung der Toten, Darmstadt 2004 (im Druck).

[15] Ähnlich verhält es sich beim Hintergrundmaterial im Gleichnis vom „verlorenen Sohn“, Lk 15. Lk 15,13 spricht nur allgemein vom „fernen Land“, was selbstverständlich ein Ziel in der jüd. Diaspora impliziert. Vergleichbares setzen Erwähnungen von Reisen in Gleichnissen voraus (Mk 13,34 parr u.ö.).

## 1.4.5.2 Die Diaspora in der Kyrenaika (*John Barclay*)

*Stellen im NT*
Mk 15,21; Apg 2,10; 6,9

Die Region Kyrenaika in Nordafrika wurde durch die fünf wichtigsten Städte, Kyrene, Apollonia, Ptolemais, Teucheria und Berenike, dominiert, deren überwiegend „gr." Bevölkerung einen ansehnlichen Anteil an Juden umfasste. Juden aus Kyrene begegnen im NT sowohl als Pilger nach Jerusalem (Apg 2,10) als auch als ständige Bewohner der Stadt (Apg 6,9; vgl. Simon aus Kyrene Mk 15,21), doch erfahren wir über ihr Leben und ihren Status in der Kyrenaika nur aus sporadischen Erwähnungen in Textquellen und aus einer Anzahl bedeutender Inschriften.
Juden siedelten sich zuerst während der ptolemäischen Zeit in der Kyrenaika an (Ios. c. Ap. 2,44), doch wissen wir nichts über ihre Geschichte, bevor die Region im Jahre 74 v.Chr. röm. Provinz wurde. Zu dieser Zeit waren die Juden bereits zu einem wahrnehmbaren Bestandteil der Bevölkerung geworden. Josephus zitiert Strabos Bemerkung, wonach die Kyrenaika im 1. Jh. v.Chr. vier Bevölkerungsgruppen umfasste: Bürger, Landbewohner, rechtlose Beisassen und Juden (Ios. ant. Iud. 14,114f). Dies legt nahe, dass die jüd. Gemeinde gesellschaftlich bedeutsam und im Gesamt der Bürgerschaft klar erkennbar war. Dieser Eindruck bestätigt sich durch Nachrichten über finanzielle Streitigkeiten in der Kyrenaika zur Zeit des Augustus, als die jüd. Gemeinde beschuldigt wurde, nicht genügend Steuern an die Städte zu zahlen, während sie „heiliges Geld" nach Jerusalem abführte (nämlich die Tempelsteuer; Ios. ant. Iud. 16,160f und 169f). Obwohl weder Anlass noch Ausgang des Disputes klar sind, so zeigt er doch, dass kyrenische Juden eine starke Loyalität gegenüber Jerusalem empfanden, zudem einflussreich und reich genug waren, um wahrgenommen zu werden, und sich gelegentlich Missfallen und rechtliche Schritte gegen sie richteten.
Drei Inschriften aus Berenike aus dem 1. Jh. n.Chr. (Lüderitz 1983, Nr. 70–72) sprechen von einer wohl organisierten „Versammlung (*synagōgē*) von Juden" unter der Leitung von Beamten (*archontes*) und einem Gremium von Gemeindevertretern (*politeuma*), die verantwortlich sind für den Unterhalt ihres Gebäudes (auch *synagōgē* genannt). Zwei der Inschriften beziehen sich auf die Restaurierung eines „Amphitheaters", wahrscheinlich ein Hinweis auf ein jüd. Gebäude (möglicherweise aber nur ein gewöhnlicher öffentlicher Bau). Sie verwenden die üblichen Formeln zur Ehrung von Wohltaten durch einen örtlichen, jüd.-röm. Bürger und einen auf Besuch befindlichen heidnischen Römer, was nochmals unterstreicht, dass die jüd. Gemeinde einen angesehenen Teil des sozialen Gefüges der Region bildete. Aus Kyrene stammen Inschriften des 1. Jh. n.Chr., die Juden unter den Epheben (Jungbürgern) der Stadt aufzählen, und einen angesehenen Juden, Eleazar Sohn des Jason, als einen der „Hüter des Gesetzes" von Kyrene erwähnen (Lüderitz 1983, Nr. 8). Dies alles demonstriert auf lebendige Weise, wie sehr reiche jüd. Familien in das soziale und politische Leben ihrer Stadt integriert waren.
Der Erfolg der Diasporagemeinden in der Kyrenaika wurde zuerst im Zuge des Jüdischen Krieges (66–70 n.Chr.) dramatisch in Frage gestellt. Wenn Ju-

den aus der Kyrenaika auch nicht großen Anteil am Aufstand in Palästina genommen haben (doch wurde in Kyrene eine Münze gefunden, die die „Freiheit Zions" verkündet, Lüderitz 1983, Nr. 27), so berichtet Josephus dennoch von den Unruhen, die ein Kriegsflüchtling, ein Weber namens Jonathan, im Jahre 73 in der Kyrenaika angezettelt hatte (Ios. bell. Iud. 7,437–453; Vita 424). Josephus' Bericht ist in mehrfacher Hinsicht verdächtig, doch scheint es, dass Jonathans Charisma eine Anzahl von Juden zu öffentlichem Aufruhr verleitet hat, den der röm. Statthalter Catullus mit brutaler Gewalt niederschlug. Nach Josephus machte Catullus die führenden jüd. Familien für die Unruhen verantwortlich und klagte sogar Josephus als Teil eines internationalen Komplotts an. Das Resultat war die Zerschlagung vieler führender jüd. Familien in der Kyrenaika durch Tod oder Ruin. So führte die Solidarität der jüd. Gemeinden dazu, dass der Fanatismus einiger alle zusammen in den Untergang riss.

Dieser vernichtende Schlag scheint die jüd. Gemeinden in der Kyrenaika geschwächt und zugleich radikalisiert zu haben und mag daher auch den Grund für den außerordentlichen Aufstand 115/116 n.Chr. abgegeben haben, der auch als „Diaspora-Aufstand" bekannt ist. Anführer war eine Gestalt namens Lukuas (vielleicht neben einem gewissen Andreas), dessen Bezeichnung „König" messianische Ansprüche anzeigen könnte (Eus. h.e. 4,2; Cass. Dio 68,32). Literarische und archäol. Quellen belegen die katastrophalen Folgen des „jüdischen Aufruhrs", einschließlich der Zerstörung zahlreicher öffentlicher Gebäude und heftiger Kämpfe zwischen den einzelnen Bevölkerungsgruppen. Die Revolte könnte durch apokalyptische Erwartungen eines endzeitlichen Krieges motiviert sein (vgl. Sib 5), und sein Ausgreifen nach Ägypten mag als erste Stufe einer biblisch inspirierten, massenhaften Rückkehr der Diaspora ins Mutterland gelten. Die beträchtlichen Verwüstungen und die große Anzahl an Toten dokumentiert, wie zahlreich das Judentum in der Kyrenaika geworden ist, doch auch wie sehr es sich von seinem sozialen Umfeld entfremdet hatte. Erst nach harten und verlustreichen Kämpfen schafften es die röm. Truppen, hastig von Traian abkommandiert, die herumstreifende jüd. Armee in Ägypten zu besiegen. Der Aufstand wirkte noch lange in der Erinnerung der kyrenäischen Städte und ihrer röm. Beherrscher nach. Durch dieses tragische Ereignis kam die lange Geschichte jüd. Teilhabe am städtischen Leben in der Kyrenaika zu einem abrupten Ende.

*Literatur*

*S. Applebaum*: Jews and Greeks in Ancient Cyrene, Leiden 1974. – *J. M. G. Barclay*: Jews in the Mediterranean Diaspora from Alexander to Trajan, 323 BCE–117 CE, Edinburgh 1996, 232–242. – *W. Horbury*: The Jewish Revolts under Trajan and Hadrian, CHJud 4, Cambridge (im Druck). – *G. Lüderitz*: Corpus jüdischer Zeugnisse aus der Cyrenaika (mit Anhang von *J. Reynolds*), Wiesbaden 1983.

(übersetzt von Jürgen Zangenberg)

### 1.4.5.3 Die Diaspora in Antiochia (*John Barclay*)

*Stellen im NT*
Apg 6,5; 11,19–30; Gal 2,11–14

Obwohl die riesige Stadt Antiochia (→2.2.7.3) in hell. und röm. Zeit Heimat einer großen Anzahl von Juden war, sind unsere diesbezüglichen Quellen auffällig gering. Keinerlei archäol. Reste können als jüd. identifiziert werden und keinerlei jüd. Literatur lässt sich nachweislich in Antiochia verorten (4Makk [→1.3.2.7] mag eine Ausnahme sein). Wir sind allein auf bruchstückhafte Angaben in literarischen Quellen angewiesen. Das bedeutet, dass unsere Quellenbasis für die Periode bis zum Ende des 1. Jh. n.Chr. auf vereinzelte und zuweilen fragwürdige Bemerkungen des Josephus (→1.3.2.6) und die zweifelhaften Zeugnisse des christl. Autors Malalas aus dem 6. Jh. n.Chr. beschränkt ist. Es ist ernüchternd, so wenig Konkretes zur Verfügung zu haben, womit man den Kontext so kritischer Momente in der Geschichte des frühesten Christentums, wie z.B. den „antiochenischen Zwischenfall" (Gal 2,11–14), rekonstruieren kann.
Es gibt Grund zur Annahme, dass sich Juden in Antiochia, der wichtigsten Stadt in Syria, bereits in frühhell. Zeit angesiedelt haben, doch liegen Zeitpunkt und Umstände ihrer Ansiedlung im Dunkeln. Josephus überliefert vage und widersprüchliche Nachrichten darüber in ant. Iud. 12,119–124; Ap. 2,38f (mit Bezug auf Seleukos I.) und Ios. bell. Iud. 7,44 (Antiochos IV. Epiphanes). In diesen Texten verwendet Josephus den bedeutungsschweren Begriff *politeia* (Gemeinwesen?, Bürgerrechte? →3.2.8) und behauptet, die Juden Antiochias hätten Privilegien „gleich denen der Griechen" genossen. Die Forschung ist weiter uneins darüber, was Josephus sagen wollte und wie zuverlässig seine Aussagen sind. Josephus' glaubwürdigste Notiz ist, dass Kaiser Titus die bürgerlichen Rechte der Juden respektierte, die er auf Bronzetafeln eingeschrieben vorfand (Ios. bell. Iud. 7,106–111). Doch zitiert Josephus die Inschrift nicht und ihr genauer Inhalt bleibt rätselhaft. Es ist durchaus möglich, dass einige Juden der Oberschicht den Status eines Vollbürgers Antiochias erlangten (wie in Alexandria), doch bestanden die Rechte der meisten anderen in der Erlaubnis, sich als ethnische Gruppe organisieren, den Sabbat einhalten, die Tempelsteuer nach Jerusalem senden und allgemein nach den „väterlichen Gebräuchen" leben zu dürfen.
Während des größten Teils ihrer Geschichte blühten die jüd. Gemeinden Antiochias unter diesen Bedingungen. Allein ein Moment akuter Spannungen während und nach dem Jüdischen Krieg drohte ihren sonst so sicheren Platz in der städtischen Gesellschaft zu untergraben. Wir wissen nichts über die Entwicklungsgeschichte der Juden Antiochias vor dem 1. Jh. n.Chr. abgesehen von winzigen Schlaglichtern, die 1Makk 11,41–51 bietet. Wenn wir Josephus glauben wollen, dann bezahlte Herodes d. Gr. die Errichtung der großartigen Hauptstraße in Antiochia (Ios. bell. Iud. 1,425; ant. Iud. 16,148), was sicher das Ansehen der antiochenischen Juden gestärkt hat. Als Kaiser Caligula (37–41 n.Chr.) sich anschickte, eine Statue seiner selbst im Jerusalemer Tempel aufzustellen, scheinen die Spannungen zwischen Juden und Nichtjuden in der ganzen Provinz Syria akut geworden zu sein, doch nur die unsichere Nachricht

des Malalas (244,18–245,21) lässt vermuten, dass es in Antiochia zwischen den Gruppen auch zu Gewalttätigkeiten gekommen ist. Im Allgemeinen malt Josephus das Bild einer jüd. Gemeinde, die sich bester Beziehungen zu ihren Nachbarn erfreute, und behauptet, dass sie ständig „eine beträchtliche Zahl von Griechen, die sie bis zu einem gewissen Maß zu ihrem Teil gemacht hatten", zu ihren religiösen Aktivitäten anzog (Ios. bell. Iud. 7,45; die Unkonkretheit seiner Behauptung legt nahe, dass er wenig Kenntnisse hatte). Aus dem NT erfahren wir, dass einige Griechen in Antiochia zu Proselyten (→3.1.3.7) wurden (Apg 6,9), während eine obskure Nachricht über die Verteilung von Öl an Juden in Antiochia durch Gymnasiarchen (Ios. ant. Iud. 12,120) nahe legen könnte, dass einige Juden in röm. Zeit gesellschaftlich derart integriert waren, dass sie Mitglieder eines Gymnasiums waren.
Eine schwere Krise zog für die antiochenischen Juden zur Zeit des Jüdischen Aufstands (66–70 n.Chr.) herauf. Im Zuge einer Welle von Gewalt gegen Juden in anderen syrischen Städten gerieten auch die Juden Antiochias in höchste Gefahr, als Vespasian im Jahre 67 eintraf, um die Truppen für die Niederschlagung des Aufstandes zu sammeln. Josephus berichtet, dass sich ein Jude namens Antiochos, ein Mitglied einer vornehmen Familie, gegen seine eigene Gemeinschaft erhob und sie beschuldigte, sich verschworen zu haben, die Stadt niederzubrennen (Ios. bell. Iud. 7,46–62). Nach kurzer Zeit führten die Vergeltungsmaßnahmen der Stadt zum Vorschlag, die Juden zum Götteropfer, „nach Art der Griechen" zu zwingen und das Halten des Sabbats zu verbieten. Glücklicherweise, so Josephus, behielt der röm. Statthalter Mucianus die antijüd. Ressentiments unter Kontrolle und verhinderte breit angelegte Gewalt gegen die jüd. Gemeinschaft. Die Wahrheit dürfte durchaus komplexer gewesen sein, als es Josephus nahe legt. Am Ende der Revolte, berichtet er, sei Titus nach Antiochia gekommen und habe dem drängenden Ersuchen führender Stimmen der Stadt widerstanden, die Juden aus der Stadt zu vertreiben oder ihre Rechte zu widerrufen (Ios. bell. Iud. 7,100–111). Er berichtet nichts von einer Zurschaustellung jüd. Kriegsgefangener in blutigen „Spielen" in der Stadt (die wir aus Titus' Verhalten in anderen Städten erschließen können), noch die wahrscheinliche Tatsache, dass Titus in Antiochia Kriegsbeute aus Jerusalem vorführte (z.B. zwei „Cheruben" über dem Stadttor) oder die öffentliche Ankündigung, das Theater „aus der Beute von Judaea" erneuern zu lassen (Malalas 260,21–261,14).
Es scheint, dass die Juden Antiochias nach dem Jüdischen Aufstand zwar erniedrigt wurden, aber keine dauernde Einschränkung ihrer bürgerlichen Rechte erlitten haben. Jhh. später beklagt sich Johannes Chrysostomos über ihren Einfluss in der Stadt, besonders auf die christl. Gemeinden. Es gibt also Grund zur Annahme, dass die jüd. Gemeinde von Antiochia durch die gesamte Glanzzeit der Stadt als Zentrum röm. Macht und Wirtschaft im Osten hindurch florierte.

*Literatur*

*G. Downey*: A History of Antioch in Syria, Princeton 1961. – *C. H. Kraeling*: The Jewish Community at Antioch, JBL 51, 1932, 130–160. – *G. Lüderitz*: What is the Politeuma? in: *J. W. van Henten/P. W. van der Horst* (eds.): Studies in Early Jewish Epigraphy, Leiden u.a. 1994, 183–225. – *W. A. Meeks/R. L. Wilken*: Jews and Christians in Antioch in the First

Four Centuries of the Common Era, Missoula 1978 – *M. Zetterholm*: The Formation of Christianity in Antioch, London/New York 2003.

(übersetzt von Jürgen Zangenberg)

### 1.4.5.4 Die Diaspora in Babylon (*John Barclay*)

*Stellen im NT*
Apg 2,9; 1Petr 5,13; Offb 14,8; 16,9; 17,5; 18,2.10.21

Die Anwesenheit von Juden östlich des Mutterlandes war ein Resultat von Deportationen durch Assyrer und Babylonier, doch etablierten sich bedeutende jüd. Gemeinden über die Jhh. hinweg in vielen Regionen entlang von Euphrat und Tigris und weiter östlich in Medien (s. das Buch Tobit). Lukas erwähnt Pilger in Jerusalem, die „Parther, Meder und Elamiter und Bewohner von Mesopotamien" waren (Apg 2,9), und Josephus (→1.3.2.6) lässt erkennen, dass Juden in diesen Gegenden sehr zahlreich waren und ihre Abgaben an den Tempel sehr gewissenhaft entrichteten (Ios. ant. Iud. 15,39; 18,311–313). Als Bewohner des parthischen Königreiches befanden sie sich jenseits der Grenzen des röm. Imperiums, doch unterhielten palästinische Juden offensichtlich enge Kontakte mit ihren östlichen Brüdern und hofften auf deren finanzielle und militärische Unterstützung (Philo leg. 216f; Ios. bell. Iud. 6,343). Während des 1. Jh. n.Chr. trat das Königshaus von Adiabene (nordöstlich des Tigris) zum Judentum über, die Unterstützung durch König Izates und seine Mutter Helena übte daraufhin beträchtlichen Einfluss auf die Politik und Wirtschaft Judäa aus (Ios. ant. Iud. 20,17–96). Die spektakuläre Entdeckung einer Synagoge (→3.3.3) des 2./3. Jh. n.Chr. in Dura Europos am Euphrat legt die Präsenz von Juden in vielen wichtigen Städten der Region nahe.

Für den Zeitraum vor dem 2. Jh. n.Chr. wissen wir das meiste über Juden in Babylonien, doch stammen unsere Nachrichten von Überlieferungen, die Josephus für seine Darstellung verwendet hat und die daher mitunter von zweifelhaftem Wert sind. In der Blütezeit des seleukidischen Königreichs soll Antiochos III. zweitausend jüd. Familien aus Mesopotamien und Babylon im Vertrauen auf deren Loyalität und militärisches Können nach Lydien und Phrygien in Kleinasien umgesiedelt haben (Ios. ant. Iud. 12,147–153). Viel später brachte Herodes d. Gr. babylonische Juden nach Westen, um Batanäa sichern und kolonisieren zu helfen. In Babylon selbst lebten Juden in vielen Städten (Babylon, Seleukia, Ktesiphon, Nearda) und aufgrund von Josephus' Schätzungen kann man ihre Zahl wohl mit mehreren Hunderttausend angeben (ant. Iud. 18,376). Ihre Verbundenheit mit Jerusalem zeigt sich nicht nur durch die Entrichtung der Tempelsteuer und das damit verknüpfte Pilgerwesen (ant. Iud. 17,26; 18,311–313), sondern auch in der Bewahrung der priesterlichen Familien (Herodes wählte seinen ersten Hohenpriester aus Babylon, ant. Iud. 15,22) und ihren Respekt gegenüber dem abgesetzten Hohenpriester Hyrkanos (ant. Iud. 15,14–19).

Das Verhältnis der Juden zu ihren Nachbarn in Babylonien war jedoch auch manchmal problematisch. Josephus erzählt eine lebendige Geschichte von zwei Brüdern aus der jüd. Gemeinde von Nearda namens Anilaeus und Asinaeus (Ios. ant. Iud. 18,314–370). Zu einer Zeit, als das Partherreich schwach war (20–35 n.Chr.), sicherten sie sich ein halbautonomes Einflussgebiet und unterhielten es durch Schutzgelderpressung, bis ihnen schließlich durch das Zusammenwirken von inneren Intrigen und äußerem Druck das Handwerk gelegt wurde. Die beiden Brüder scheinen ihre jüd. Wurzeln nicht sehr ernst genommen zu haben (Anilaeus heiratete eine Partherin), noch wurden sie stark vom Rest der jüd. Bevölkerung unterstützt. Nach ihrem Untergang berichtet Josephus von sozialen Problemen der Juden in Seleukia und Ktesiphon (ant. Iud. 18,371–379). Es scheint, als ob sie in ethnische Spannungen zwischen „Griechen" und „Syrern" hineingezogen wurden, doch lässt Josephus' schwammige Darstellung manches im Unklaren. Immerhin legt seine Erzählung nahe, dass Juden starke und eng verbundene Gemeinden bildeten, die florierten, wo immer sie ausreichende Unabhängigkeit erlangten, um ihre Angelegenheiten in jüd. geprägten Städten selbst zu bestimmen (z.B. Nearda oder Nisibis, ant. Iud. 18,311f.379). Vielleicht waren es Gemeinden wie diese, die so bedeutende Gelehrte wie Hillel hervorbrachten und später diejenige rabbinische Gelehrsamkeit, die der Babylonische Talmud bis heute bewahrt.

In augenscheinlichem Gegensatz zum prosperierenden jüd. Leben in Babylon steht die Tatsache, dass die Stadt in jüd. (sBar 67,7; Sib 5,143.159) und christl. (Offb 14,8; 16,19; 17,5; 18,2.10.21) apokalyptischer Literatur (→1.3.2.3) des späteren 1. Jh. n.Chr. geradezu zur widergöttlichen Macht stilisiert wird. Derartige Redeweise geht auf atl. Stellen zurück, in denen Babylon als paradigmatischer Stadt des Götzendienstes und der Gottlosigkeit das Strafgericht Gottes angedroht wird (Jes 21,9; Jer 50,2; 51,8; Dan 4,27 „das große Babylon"). Da Bundesbruch bereits im AT metaphorisch als „Hurerei" bezeichnet werden kann (Hos 2,4–17; Ez 16), kann Offb 17,1–19,10 der „großen Hure Babylon" die kommende Vernichtung ankündigen. Wie vermutlich auch in 1Petr 5,13 steht in Offb 17–19 „Babylon" im Sinne eines Kryptogramms für Rom. Während in Offb aber deutlich der Gegensatz zwischen dem gottwidrigen Machtanspruch „Babylons" und seiner moralischen Verderbtheit steht, sieht es 1Petr – ebenfalls im Anschluss an atl. Sprachgebrauch – wohl eher als Chiffre für „Fremde" und Exil.

*Literatur*

*J. A. Neusner*: A History of the Jews in Babylonia I: The Parthian Period, Leiden 1965. – *A. Oppenheimer*: Babylonia Judaica in the Talmudic Period, Tübingen 1983. – *E. Schürer*: The History of the Jewish People in the Age of Jesus Christ (175 B.C.–A.D. 135). Volume III.1, Edinburgh 1986, 5–13. – *C.-H. Hunzinger*: Babylon als Deckname für Rom und die Datierung des 1. Petrusbriefes, in: *H. Graf Reventlow* (Hg.): Gottes Wort und Gottes Land (FS H.-W. Hertzberg), Göttingen 1965, 67–77. *U. Sals*: Die Biographie der „Hure Babylon", Tübingen 2004.

(übersetzt von Jürgen Zangenberg)

### 1.4.5.5 Die Diaspora in Kleinasien und an der Schwarzmeerküste (*John Barclay*)

*Stellen im NT*
Apg 19; 21; 1Petr 1,1; Offb 2,9; 3,9

Das frühe Christentum Kleinasiens entwickelte sich neben und zuweilen aus örtlichen jüd. Gemeinden heraus, die in den größeren Städten der Region bereits seit Jahrzehnten, wenn nicht Jhh. bestanden. Die ntl. Bezüge zu diesen Gemeinden unterstreichen deren Einfluss vor Ort, ein Bild, das mit Nachdruck von unseren hauptsächlichen Quellen bestätigt wird: Eine Reihe von offiziellen Briefen und Dekreten von Stadträten, röm. Herrschern oder des röm. Senats, wie sie bei Josephus (→1.3.2.6) in ant. Iud. 14 und 16 überliefert sind. Obwohl diese Sammlung an Dokumenten viele Missverständnisse, Dubletten und Fehler enthält, bietet sie doch vieles von historischem Wert und wirft wertvolles Licht auf die politische Stellung von Juden in der Provinz Asia. Darüber hinaus existieren nur wenige literarische Quellen. Der Archäologie (→1.3.4.4) verdanken wir zahlreiche Inschriften und einige Synagogen aus der Region, einschließlich einer aufschlussreichen Stifterliste aus Aphrodisias und einer höchst beeindruckenden Synagoge in Sardis. Doch stammen diese aus einer späteren Periode und werden hier nicht diskutiert. Einige Inschriften datieren jedoch in frühere Zeit, während sich unsere eingeschränkte Kenntnis jüd. Gemeinden im Königtum Bosporus an der Nord- und Ostküste des Schwarzen Meeres ausschließlich aus Inschriften speist, darunter mehrere Urkunden über die Freilassung von Sklaven in jüd. Synagogen des 1. Jh. n.Chr.

In den meisten Fällen haben wir keine Nachrichten darüber, wann oder warum Juden sich in den Städten Kleinasiens oder am Schwarzen Meer niederließen, doch lässt die geographische Verbreitung unserer Daten vermuten, dass bereits im 1. Jh. n.Chr. jüd. Gemeinden in praktisch jeder bedeutenden Stadt existierten. Die Nachricht, dass Antiochos III. im frühen 2. Jh. v.Chr. jüd. Familien aus Babylon in Festungen in Phrygien und Lydien umsiedelte (Ios. ant. Iud. 12, 147–153), wird zwar von manchen als unzuverlässig angezweifelt, doch könnte sie tatsächlich einen Grund für die Anwesenheit von Juden in diesem Teil der Diaspora angeben. Andere Juden wanderten zweifellos aus den üblichen Gründen ein: als Händler, Handwerker, Arbeiter, Sklaven oder Freigelassene und um bereits dort ansässigen Familien nachzufolgen. Schon für das 1. Jh. v.Chr. existieren Hinweise, dass jüd. Gemeinden feste Verbindungen untereinander geknüpft hatten, nicht zuletzt für die Sammlung und Überführung von Geld für den Jerusalemer Tempel (→3.3.2.2). Josephus berichtet, dass kleinasiatische Juden im frühen 1. Jh. v.Chr. die riesige Summe von 800 Talenten zur sicheren Aufbewahrung auf die Insel Kos verbracht haben (ant. Iud. 14,110–113), während Cicero erkennen lässt, dass Flaccus, der Statthalter von Asia im Jahre 62 v.Chr., ungefähr 120 Pfund Gold konfiszieren ließ, das in vier Städten eingesammelt worden war, um zum Jerusalemer Tempel verbracht zu werden (Philo Flacc. 28).

Diese nur sporadischen Nachrichten geben uns faszinierende Einblicke in das alltägliche Leben blühender und wohl organisierter jüd. Gemeinden.

Ein viel umfassenderes Bild gewinnen wir durch die zufällige Sammlung von Dokumenten aus den Jahren 49 v.Chr. bis in die frühen Jahrzehnte des 1. Jh. n.Chr., die uns Josephus überliefert (ant. Iud. 14,185–267; 16,160–178, vgl. auch die Rede Nikolas' mit Bezug auf ionische Juden in ant. Iud. 16,27–57). All diese Dokumente betreffen Entscheidungen röm. Statthalter, des Senats oder hochrangiger röm. Autoritäten (z.B. Julius Caesar und Kaiser Augustus) mit Anweisungen an eine Vielzahl von Städten über den Schutz der Rechte von Juden. Josephus hat jedes verfügbare Detail zu so unterschiedlichen Themen wie der Einziehung zum Militär, zur Beachtung des Sabbats, der Versorgung mit Nahrungsmitteln, zum Unterhalt eines Versammlungsortes und zur Sendung von Geld nach Jerusalem gesammelt. Im Hintergrund vieler dieser Dokumente stehen die oft chaotischen Verhältnisse während des Zusammenbruchs der röm. Republik, in die Asia, röm. Provinz seit 133 v.Chr., unweigerlich hineingezogen wurde. Sie zeigen konkurrierende röm. Führer im Kampf um die Unterstützung des jüd. Volkes sowohl durch ihre „Ethnarchen" Hyrkan I. und II. in Judaea, als auch durch die Vertreter dieses Volkes in den Städten Asias.

Da mehrere dieser Dokumente die Überführung von jüd. Geld nach Jerusalem erwähnen und den impliziten Vorwurf erkennen lassen, die Juden würden das Wohlergehen ihrer Heimatstädte nicht unterstützen, hat man vermutet, dass die desolate Wirtschaftslage der kleinasiatischen Städte während des 1. Jh. n.Chr. im Hintergrund gestanden haben könnte. Erdrückt durch Steuern, Krieg und röm. Ausbeutung könnten die Städte Asias durchaus die Anwesenheit wohlhabender jüd. Gemeinden abgelehnt haben, die nicht die lokalen städtischen Kulte unterstützt, sondern jährlich Geld an einen fremden Tempel überwiesen haben. Allerdings ist die Quellenlage nicht ganz schlüssig, und es ist auch unklar, in welchem Maße die jüd. Gemeinden in Asia zu dieser Zeit tatsächlich unter sozialem und politischem Druck standen. Es ist möglich, dass viele der von Josephus gesammelten Bestimmungen lediglich routinemäßige Bestätigungen der Rechte jüd. Gemeinden darstellten. Vielleicht erscheinen sie nur dann ungewöhnlich, wenn man sie von dem üblichen Muster der Politik ablöst, wonach Städte und Vereine (→2.2.4) immer wieder Maßnahmen ergriffen um sicher zu gehen, dass ihre Rechte öffentlich bestätigt und geschützt würden, und die notorische Neigung Roms zu vagen, aber wohlmeinenden Versprechungen durch die Statthalter und Stadträte in jedem Fall tatsächlich auch umgesetzt würde. Dennoch gibt es einige Belege für konkrete Bedrohungen jüd. Rechte, „heiliges Geld" zu sammeln, den Sabbat ohne rechtliche oder finanzielle Strafen halten zu dürfen und dennoch die vollen bürgerlichen Rechte in ihren Gaststädten zu behalten. Obwohl Josephus Nikolas' Rede auch zu seinen eigenen apologetischen Zwecken gestaltet haben mag (ant. Iud. 16,27–57), können wir den Hinweis doch nicht einfach völlig übergehen, wonach die Juden in Ionien im Jahre 14 n.Chr. als gemeinschaftsfeindlich angesehen, ihrer Gaben für Jerusalem beraubt und zu Abgaben zur Deckung militärischer Kosten und öffentlicher Aufgaben (*leiturgiai*) gezwungen wurden. War dies der Fall, dann war ihr Appell an die röm. Behörden, schikanöse lokale Bestimmungen außer Kraft zu setzen, zumindest manchmal erfolgreich. In diesem Zusammenhang war, wie auch anderenorts, die Fürsprache prominenter Juden mit guten Beziehungen zu Rom (z.B. Hyrkanos oder Herodes d. Gr.) von unschätzbarem Wert.

Der Einblick, den diese Dokumente in das soziale Leben kleinasiatischer Juden gewähren, ist indirekt, aber ungemein wertvoll. In Sardes z.B. hatten die Juden das Recht, eine Vereinigung (*synodos*) zu bilden und einen „Ort" zu besitzen, an dem sie ihre Angelegenheiten führen und ihre internen Rechtsstreitigkeiten selbstständig regeln konnten (ant. Iud. 14,235). Dies legt ein hohes Maß an gemeinschaftlicher Selbstverwaltung mit internen Strukturen von Autorität und Kontrolle nahe. Auch hatten die Juden von Sardes genügend Macht, die Stadt dazu zu bewegen, für Juden geeignete Nahrungsmittel in den öffentlichen Märkten bereitzustellen (ant. Iud. 14,259–261). Das Recht dieser Gemeinden, sich an festgelegten Tagen zu versammeln, unterstreicht die Bedeutung des Sabbats für die Identität von Juden in Asia. Obwohl dies offensichtlich Schwierigkeiten für das wirtschaftliche und rechtliche Geschäftsleben bedeutete, setzten sich Juden in vielen Städten für das Recht ein, diesen besonderen Brauch ohne Strafe befolgen zu dürfen (ant. Iud. 14,241–243.256–258.262–264). Dieses Recht war entscheidend, denn der Sabbat ermöglichte den Juden, sich zu versammeln und das Gesetz zu studieren, die Grundlage für ihre interne „Verfassung".

Die Konflikte anlässlich der Gaben für Jerusalem demonstrieren, dass die Juden Asias ein starkes Gefühl der Zusammengehörigkeit mit ihrem Heimatland und dem Tempel hegten und durch dieses Engagement zugleich enge Bande wechselseitiger Verpflichtung mit anderen Juden in der ganzen Welt pflegten. Zugleich gibt es gute Gründe anzunehmen, dass Juden gut in das kulturelle und soziale Leben ihrer örtlichen Umgebung integriert waren. Lukas hat vermutlich Recht, wenn er sagt, dass jüd. Synagogen in vielen Städten, die Paulus besucht, attraktiv für heidnische Sympathisanten waren (er nennt sie „Gottesfürchtige" [→3.1.3.7]). Eine Inschrift von Akmonia legt nahe, dass Julia Severa, eine höchst vornehme Heidin, ein Synagogengebäude für die jüd. Gemeinde gestiftet hat (Mitte des 1. Jh. n.Chr.), während Juden in Milet nachweislich prominente Sitze im Theater besaßen (2. Jh. n.Chr.). Für spätere Jhh. zeigt eine wachsende Anzahl von Inschriften, dass Juden einen herausragenden Anteil am Leben kleinasiatischer Städte hatten und finanzielle und politische Unterstützung unterschiedlicher Art empfingen.

Einen lebendigen Einblick in das Leben von Diasporagemeinden am Bosporus am Schwarzen Meer bieten Freilassungsinschriften aus drei Städten (Pantikapaion, Phanagoria und Gorgippia). Diese öffentlichen Inschriften (→1.3.4.2) dokumentieren die rechtswirksame Freilassung von Sklaven in Synagogen (als *proseuchai*, „Gebetshäuser", bezeichnet) mit Formeln, durch die der ehemalige Sklave verpflichtet wird, auch weiterhin in einem gewissen Dienstverhältnis zur jüd. Gemeinde (*synagōgē*) zu bleiben, die ihn oder sie auch in Zukunft überwachen wird. Vieles dabei bleibt unklar, doch wird die Bedeutung lokaler Synagogengemeinden als Vermittler bei internen Rechtsangelegenheiten hinreichend deutlich, während die Tatsache, dass die Inschriften den Standardmustern für Freilassungen folgen, belegt, dass Juden in dieser Region bereitwillig öffentliche und rechtliche Umgangsformen ihrer hellenisierten Städte übernommen hatten.

*Literatur*
*J. M. G. Barclay*: Jews in the Mediterranean Diaspora from Alexander to Trajan, 323 BCE–117 CE, Edinburgh 1996, 259–281. – *E. L. Gibson*: The Jewish Manumission Inscriptions of the Bosporus Kingdom, Tübingen 1999. – *E. Gruen*: Diaspora. Jews amidst Greeks and Romans, Cambridge 2002. – *M. Pucci ben Zeev*: Jewish Rights in the Roman World: The Greek and Roman Documents quoted by Josephus Flavius, Tübingen 1998. – *P. Trebilco*: Jewish Communities in Asia Minor, Cambridge 1991.

(übersetzt von Jürgen Zangenberg)

## 1.4.5.6 Die Diaspora in Rom (*John Barclay*)

*Stellen im NT*
Apg 2,10; 18,2; 28,17–28

Auf dem Höhepunkt seiner Erzählung in der Apg schildert Lukas, wie Paulus in Rom (→2.2.7.3) eintrifft und die „führenden Männer der Juden" zusammenruft (Apg 28,17–28). Der Eindruck einer fest etablierten jüd. Gemeinde in der Stadt (vgl. Apg 2,10; 18,2), den Lukas vermittelt, verträgt sich gut mit Informationen, die wir von anderer Stelle bekommen. Obwohl Juden nur sehr selten in der Literatur der späten röm. Republik erwähnt werden, gibt es doch ausführlichere Erwähnungen stadtröm. Juden und ihrer Praktiken bei Autoren des frühen Kaiserreiches. Philo (→1.3.2.5) und Josephus (→1.3.2.6) erweitern das Bild in manchen Zügen, zumal sie aus persönlicher Erfahrung berichten: Philo hielt sich 40 n.Chr. im Rahmen einer Gesandtschaft aus Alexandria in der Stadt auf und Josephus verbrachte dort die zweite Hälfte seines Lebens im Anschluss an den Jüdischen Krieg (ca. 70–100 n.Chr.). Darüber hinaus besitzen wir mehr als 500 jüd. Inschriften (→1.3.4.2) von sechs jüd. Katakomben in Rom, doch stammen sie meist erst aus dem 3. und 4. Jh. n.Chr. und beleuchten nur selten frühere Perioden.
Wie üblich liegen auch die Ursprünge der jüd. Gemeinde in Rom im Dunkeln, datieren aber wohl ins 2. Jh. v.Chr. zurück. In zwei späten und widersprüchlichen Kurzfassungen des Werkes des Valerius Maximus (1,3,3) wird die Vertreibung von Juden (und „Chaldäern") aus Rom im Jahre 139 v.Chr. berichtet. Die Notiz ist zu obskur für eine zuverlässige Interpretation, könnte aber eine regelmäßige religiöse „Säuberung" der Stadt widerspiegeln, mit der man immer wieder versucht hat, „unröm." Praktiken einzudämmen. Soweit wir dies beobachten können, florierten jüd. Gemeinden dennoch weiterhin in der Stadt, dem riesigen Schmelztiegel von Einwanderern aus allen Teilen der Mittelmeerwelt, die die ärmeren Viertel bewohnten. Während des Prozesses gegen Flaccus im Jahre 59 v.Chr. erwähnt Cicero, dass Juden zu seiner Zeit einen erkennbaren Bestandteil der stadtröm. Bevölkerung bildeten, der es mittlerweile auch gelernt habe, bei öffentlichen Versammlungen Druck auszuüben (Flacc. 66–69). Sie traten mit Nachdruck auf, um die Verurteilung des Statthalters von Asia zu unterstützen, der unter anderem beschuldigt wurde, jüd. Geld konfisziert zu haben, das für Jerusalem bestimmt war. Insofern waren die stadtröm. Juden als Teil eines engen Netzwerkes mit Juden in der Diaspora und Jerusalem verbunden. Zum Zweck des Prozesses begnügt sich Cicero damit, ihre Religion als „barbarischen Aberglauben" (*barbara superstitio*) zu

betiteln und sich wegen der kurz zurückliegenden Eroberung Judaeas durch Pompeius über sie lustig zu machen. Diese abschätzige Spitze ist ein typisches rhetorisches Mittel und bedeutet nicht, dass Rom eine besonders feindliche Umgebung für Juden darstellte.

Die jüd. Kriegsgefangenen, die Pompeius und später Gabinius und Cassius nach Rom führten, haben die jüd. Bevölkerung zweifellos stark vermehrt. Viele wurden später freigelassen, und einige erhielten das Bürgerrecht, falls sie formal entlassen wurden. Schätzungen über die Größe der jüd. Gemeinde am Beginn der Ära sind höchst spekulativ, doch vermuten viele Forscher auf der Basis einiger (fragwürdiger) Zahlen bei Josephus (ant. Iud. 17,300; 18,84) eine Gesamtzahl von 20 000 bis 30 000. Dies ist eine vergleichsweise geringe Anzahl in einer Stadt von gut einer Million Einwohnern, doch dennoch groß genug um eine Gemeinschaft zu bilden, die fähig war, interne Strukturen zu entwickeln und gelegentlich ihre Präsenz fühlbar zu machen. Es scheint, als ob Julius Caesars polizeiliche Maßnahmen gegen *collegia* (private Vereine) nicht auf die wöchentlichen Versammlungen der Juden angewandt wurden (ant. Iud. 14,213–216). Diese kamen offensichtlich in einer Vielzahl von Synagogen in der Region Trastevere zusammen (Philo leg. 155–158), vermutlich auch in anderen Vierteln, wohin sich die jüd. Bevölkerung ausgebreitet hatte. Allein spätere Katakombeninschriften überliefern die Namen von gut elf Synagogen und die Titel der darin tätigen Amtsträger. Wir können Philo glauben, dass diese wöchentlichen Treffen entscheidend zur Stärkung der Identität der ethnischen Gemeinschaft beitrugen, und dass die wöchentliche Sabbatruhe inzwischen als jüd. Eigenheit angesehen wurde: Bereits die Dichter Ovid und Horaz erkannten dies, und von Augustus heißt es, er habe jüd. Bürgern Roms erlaubt, ihre Getreidezuteilung an einem anderen Tag abzuholen, falls die Verteilung auf einen Sabbat fiel (Philo leg. 158). Sicherlich war die Anerkennung der jüd. Eigenheiten durch Augustus auch ein Resultat der Bedeutung, die der jüd. Staat und seine herodianischen Klientelkönige für die röm. Politik im Osten besaß. Als Augustus die Nachfolge Herodes d. Gr. im Jahre 4 v.Chr. regeln musste und die rivalisierenden Delegationen dazu in Rom eintrafen, sahen sie sich Straßendemonstrationen von zum Teil 8000 stadtröm. Juden gegenüber (Ios. ant. Iud. 17,300–303). Die Diaspora verfolgte zweifellos die politischen Ereignisse im Mutterland mit großer Anteilnahme, war aber auch selbstbewusst genug, in ihrer Wahlheimat ihre Ansichten öffentlich auszudrücken (vgl. Ios. bell. Iud. 2,101–110). Es gibt keinen Hinweis, dass die Juden unter den vielen ethnischen Gruppen, die die röm. *plebs* bildeten, besonders exponiert oder verwundbar waren.

Demgegenüber verrät eine Reihe von Ereignissen im 1. Jh. n.Chr., dass stadtröm. Juden zur Zielscheibe besonderer politischer Spannungen wurden. Einige Quellen erwähnen, dass Tiberius im Jahre 19 n.Chr. eine große Anzahl von Juden mitsamt Anhänger ägyptischer Kulte aus Rom auswies (Ios. ant. Iud. 18,65–84; Tac. ann. 2,85,4; Suet. Tib. 36; Cass. Dio 57,18,5a). Der Grund für die Ausweisung ist unklar, doch gibt es Hinweise in den Quellen, dass diese Kulte das röm. Leben mehr zu beeinflussen begannen als es vielen lieb war. Weitere Fragen kreisen um ein Ereignis während der Regierung des Claudius (vermutlich im Jahre 49 n.Chr.), als wiederum einige Juden aus Rom vertrieben wurden (Apg 18,2; Suet. Claud. 25,4; Cass. Dio 60,6,6). Sueton erklärt diese Maßnahme damit, dass „die Juden auf Veranlassung eines gewissen Chrestus unablässig Unruhe verbreiteten“ (*Iudaeos impulsore Chresto assidue tumultuantes Roma expulit*). Viele Forscher vermuten, dass dieser „Chrestus“ eine fehlerhafte Wiedergabe von „Christus“ darstellt und Sueton daher auf Streitigkeiten zwischen Juden und Christen in stadtröm. Synagogen anspielt. Dies jedoch beruht auf einer recht unsicheren Indizienkette: Chrestus war ein weit verbreiteter Name in Rom, und Sueton, der von Christen wusste, bezieht sich anderenorts klar und deutlich auf sie (Nero 16,2)[1]. Die christl. Botschaft mag durchaus Unstimmigkeiten in den Synagogen hervorgerufen haben (und es gibt Hinweise auf Spannungen im Römerbrief des Paulus), doch als Nero wegen des Brandes Roms im Jahre 64 n.Chr. einen Sündenbock suchte, konnte er auf die Christen zeigen, ohne Gefahr zu laufen, sie mit Juden zu verwechseln (Tac. ann. 15,44)[2]. Der wirkliche Grund für Suetons „Tumulte“ lässt sich nicht mehr aufklären, die Ausweisung war jedoch in jedem Fall weit gehend symbolisch und vorübergehend: Claudius wollte die traditionelle röm. Religion bestätigen und fand es passend, dafür einen prominenten östlichen Kult in die Schranken zu weisen, aber er hatte kein Interesse daran, eine in der Stadt fest verankerte ethnische Gruppe zu zerstören.

Trotz dieser vorübergehenden Rückschläge blieb die jüd. Gemeinde in Rom auf Expansionskurs. Die Anwesenheit vornehmer Mitglieder der herodianischen Familie in Rom war zweifellos ein großer Vorteil. Agrippa I. soll eine kritische Rolle dabei gespielt haben, Gaius Caligula von seinem Vorhaben abzubringen, eine Statue seiner selbst in Jerusalem aufstellen zu lassen, und wir haben vereinzelte Berichte über prominente Juden innerhalb des kaiserlichen Hofes (z.B. Berenike, die Mätresse des Titus) oder von Gestalten, die aus welchen Gründen auch immer jüd. Interessen vertraten (Josephus behauptet, Poppaea, Neros Mätresse, sei eine „Gottesfürchtige“ gewesen, ant. Iud. 20,195). Der katastrophale Jüdische Krieg scheint keine ernsthaften Auswirkungen für stadtröm. Juden gezeitigt zu haben, jedenfalls jenseits der Demütigung, die die Umwandlung der Tempelsteuer in eine Stiftung zugunsten des Iuppiter Capitolinus bedeutete. Diese Stiftung (*fiscus Iudaicus*) scheint eine Rolle bei Domitians krankhaften Versuchen gespielt zu haben, sich aller möglichen Quellen von Opposition zu entledigen. Nach Cassius Dio (67,14,1f; 68,1,2) beschuldigte Domitian eine Anzahl potenzieller Rivalen, in „Gottlosigkeit“, „Atheismus“ oder „jüd. Lebensweise“ abzugleiten, wobei er gern die böswillige Anklage erhob, dass sie die Zahlung an diese Stiftung unterließen, obwohl sie wie Juden lebten (Suet. Dom. 12,2). Die darüber veranstalteten Hexenjagden waren bedrohlich genug, dass Nerva bei seiner Thronbesteigung im Jahre 96 n.Chr. Münzen schlagen ließ, die das Ende der üblen Anschuldigungen im Zusammenhang mit der Judensteuer verkündeten (*fisci Iudaici calumnia sublata*).

Dass der Anschuldigung, Mitglieder der röm. Aristokratie hätten jüd. Lebensweise angenommen, Glauben entgegengebracht wurde, zeigt, dass gewisse Praktiken weithin als jüd. erkennbar waren, dass manche Römer sich davon angezogen fühlten und dass andere dies als „unröm.“ scharf verurteilen konn-

---

1 Vgl. aber *Riesner* →1.4.6.

2 Vgl. aber *Riesner* →1.4.6.

ten. Wir besitzen eine Reihe von Bemerkungen röm. Autoren aus dieser Zeit (1. und 2. Jh. n.Chr.), die demonstrieren, dass Juden in der Tat für die Einhaltung des Sabbats, die Praxis der Beschneidung und ihre Speisegesetze, besonders der Enthaltung von Schweinefleisch, bekannt waren. Da der Sabbat mit dem Tag des Saturn in der üblichen Planetenwoche zusammenfiel, ähnelte das jüd. Arbeitsverbot am Sabbat der landläufigen Vermeidung, an diesem „unglücklichen" Tag irgendwelche Arbeiten aufzunehmen, während sich das Anzünden der Sabbatlampe über jüd. Häuser hinaus ausgebreitet zu haben scheint. Durch Vorgänge, die nun im Dunkeln liegen (die aber wahrscheinlich keine bewusste jüd. „Mission" [→3.3.9] umfassten), übernahm eine Anzahl Nichtjuden jüd. Gebräuche, und einige vollzogen den bedeutenden Schritt, Proselyten (→3.1.3.7) zu werden. Für Satiriker wie Petron und Juvenal sowie konservative Historiker wie Sueton und Tacitus war dies so absurd wie schockierend. Während sie jüd. Gebräuche verspotten und offenen Abscheu gegenüber dieser östlichen Volksgruppe mit ihren so fremdartigen religiösen Praktiken an den Tag legen, äußern sie sich mit besonderer Wut über diejenigen Römer, die zum Judentum übertreten und ihren Familien, ihrem Land und ihren Göttern den Rücken kehren (z.B. Iuv. 14,96–106; Tac. hist. 5,5). Das Bewusstsein der drohenden Verwässerung röm. Lebensweise brach sich in beißender Schärfe gegen andere ethnische Gruppen Bahn, nicht nur gegen die Juden. Doch die Tatsache, dass das Judentum eines ihrer Ziele war, zeigt, wie erfolgreich Juden in der Stadt Rom Wurzeln geschlagen hatten, wo sie während der folgenden Jhh. weiter florierten, trotz der Ausbreitung des Christentums.

*Literatur*

*J. M. G. Barclay*: Jews in the Mediterranean Diaspora from Alexander to Trajan, 323 BCE – 117 CE, Edinburgh 1996, 282–319. – *K. Donfried/P. Richardson* (eds.): Judaism and Christianity in First-Century Rome, Grand Rapids 1998. – *E. Gruen*: Diaspora. Jews amidst Greeks and Romans, Cambridge 2002, 15–53. – *L. V. Rutgers*: The Jews in Late Ancient Rome, Leiden 1995. – *H. Solin*: Juden und Syrer im westlichen Teil der römischen Welt, ANRW II 29.2, 1983, 587–789.

(übersetzt von Jürgen Zangenberg)

## 1.4.6 Fixpunkte für eine Chronologie des Neuen Testaments (*Rainer Riesner*)

*Jesus von Nazareth und Johannes der Täufer*

Nach Auskunft des röm. Historikers Tacitus (ann. 15,44)[1] und wahrscheinlich auch des jüd. Geschichtsschreibers Flavius Josephus (Ios. ant. Iud. 18,63f) wurde Jesus von Nazareth unter Pontius Pilatus hingerichtet, wie es den Angaben der kanonischen Evv entspricht (Mk 15 par). Pilatus fungierte von 26 bis 36 als Präfekt (nicht Prokurator) des röm. Sonderterritoriums *Iudaea* (→1.4.4.2). Nach allen Evv starb Jesus am Vortag eines Sabbats (Mk 15,42 par) und damit gemäß christl. Wocheneinteilung an einem Freitag. Die Mehr-

[1] Vgl. aber *Barclay* →1.4.5.6.

heit der Forscher folgt Joh, der die Kreuzigung Jesu auf den Vortag eines Passahfestes, also den 14. Nisan des jüd. Kalenders, verlegt (Joh 18,28; 19,14). Diese Datierung dürfte schon Paulus voraussetzen, wenn er den Gekreuzigten das „geschlachtete Passah[lamm]" (1Kor 5,7) und den Auferstandenen die „Erstlingsfrucht" (1Kor 15,20) nennt sowie eine Auferweckung „am dritten Tag" voraussetzt (1Kor 15,4). Die Erstlingsgarbe des Getreides wurde am 16. Nisan im Tempel geweiht (Lev 23,10–11). Der 14. Nisan war in den Jahren 30 sowie 33 sicher und 27 vielleicht ein Freitag. Ntl. Indizien und die älteste christl. Tradition wie etwa der Osterzyklus des Hippolyt von Rom weisen auf 30 (Strobel 1977), das heute die meisten als Kreuzigungsjahr annehmen (Theißen/Merz [3]2001).

Auf dieses Jahr führt auch der berühmte Synchronismus in Lk 3,1, der vermutlich auf eine alte judenchristl. Quelle zurückgeht. Das öffentliche Wirken Jesu wird durch die Notiz in die Weltgeschichte eingeordnet, dass Johannes der Täufer „im 15. Jahr der Herrschaft (*hēgemonia*) des Tiberius" auftrat. Die *hēgemonia* dürfte die Mitherrschaft über die Provinzen meinen (Finegan 1964; Strobel 1995), die Tiberius um die Zeit seines illyrischen Triumphs (12 n.Chr.) übertragen bekam (Vell. 2,121.123; Suet. Tib. 21). Johannes wäre dann 26/27 aufgetreten (Finegan 1964; Strobel 1995). Dieses Datum dürfte vom Standpunkt der Provinzen aus ab der effektiven Mitherrschaft des Tiberius 11/12 n.Chr. (vgl. Tac. ann. 1,3,3; 1,10,7; Suet. Tib. 21,1) berechnet sein. Das folgende Jahr 27/28 galt vielen Juden als eschatologisch bedeutungsvolles Erlassjahr (Wacholder 1975). Jesus spielte bei seinem öffentlichen Hervortreten offenbar auf die Jobeljahr-Thematik an (Lk 4,18f [Jes 61,1f]; Mk 6,1 [Lev 25,10]), die auch sonst in zeitgenössischen Endzeiterwartungen Bedeutung hatte (11QMelch). Auch die joh. Überlieferung weist für den Anfang von Jesu Wirken auf 27/28, denn nach ihr waren bis dahin seit dem Beginn des Tempelumbaus durch Herodes d. Gr. 20/19 v.Chr. (Ios. ant. Iud. 15,380) ca. 46 Jahre vergangen (Joh 2,20).

Die bis heute gebräuchliche christl. Zeitrechnung des Mönchs Dionysius Exiguus aus dem 6. Jh. enthält für das Geburtsjahr Jesu mehrere Fehler (Maier 1991). Die voneinander unabhängigen, judenchristl. Vorgeschichten von Mt und Lk stimmen darin überein, dass Jesus während der Regierung von Herodes d. Gr. (37–4 v.Chr.) geboren wurde (Mt 2,1–23; Lk 1,5). Lk 2,1–5 berichtet in diesem Zusammenhang von einem röm. Zensus in Judaea unter (oder vor?) der syrischen Statthalterschaft des Quirinius (Pearson 1999). Diese Angabe stellt eines der größten historisch-chronologischen Probleme des NT dar, weil Josephus eine Schätzung nur nach der Absetzung des Archelaos für 6 n.Chr. erwähnt (ant. Iud. 17,355; 18,1–5). Aber Lukas findet bis heute Verteidiger (Rosen 1995). Vom NT unabhängig könnte die Überlieferung bei Tertullian sein (adv. Marc. 4,19), wonach Jesus unter dem syrischen Statthalter C. Sentius Saturninus (9–6 v.Chr.) geboren wurde (Winandy 1999). Wenn sich in Mt 2,1–12 eine zutreffende Erinnerung an die besondere Sternkonstellation von 7 v.Chr. erhalten hat, dann wäre es als Geburtsjahr Jesu anzunehmen (Ferrari d'Occhieppo 2003).

*Das Judenchristentum in Judäa, Syrien und Rom*

Der Plan des Caligula, im Tempel von Jerusalem sein Bild aufstellen zu lassen, führte 40/41 zu einer tiefen Krise in Judäa (Philo leg. 197–337; Ios. bell. Iud. 2,184–203; ant. Iud. 18,261–309). Manche sehen eine Verbindung zur ersten Abfassung der syn. Apokalypse Mk 13 (Theißen 1989). Die bald nach dem Regierungsantritt des jüd. Königs Agrippa I. (41–44; vgl. Ios. ant. Iud. 19,343) einsetzende Verfolgung war für die Urgemeinde ein traumatisches Ereignis (Apg 12). Mit dem Zebedaiden Jakobus (Apg 12,1f) starb einer ihrer Führer und wie Petrus musste offenbar auch der übrige Zwölferkreis Jerusalem verlassen. Damals ging die Leitung der Gemeinde auf den Herrenbruder Jakobus über (Apg 12,17). Möglich scheint nach einer breiten altkirchlichen Überlieferung (Eus. h.e. 2,14,6; vgl. ActPe 5,22) ein Aufenthalt des Petrus 41/42 in Rom (Botermann 1996). Jedenfalls wurde das Judenchristentum dort bald so stark, dass es aufgrund von Unruhen in mehreren Synagogen zur Ausweisung von Juden und Judenchristen kam (Suet. Claud. 25,4).[2] Trotz Cass. Dio 60,6,6 ist das entsprechende Edikt des Claudius nicht in sein erstes Regierungsjahr 41/42 zu datieren (so Lüdemann 1980), sondern mit Orosius (hist. 7,6,15f) auf 49 (Botermann 1996). Dazu passt auch die lk Chronologie (Apg 18,2) auffallend gut (Riesner 1994).

Die Jahre nach 44, als *Iudaea* wieder direkt durch röm. Prokuratoren regiert wurde, waren durch ein Anwachsen der jüd. Freiheitsbewegung gekennzeichnet (Schürer 1973, 455–471). Dabei heizten anhaltende Hungersnöte apokalyptische Erwartungen an (vgl. Apg 11,27f; Mk 13,8). Die Judenchristen in Judaea und Antiochia kamen unter Druck (Gal 1f; vgl. 1Thess 2,14–16; Jk 2,6f), entweder die Gemeinschaft mit den Heidenchristen aufzugeben oder sie zu Proselyten (→3.1.3.7) zu machen (Jewett 1970/71; Bockmuehl 2001). Beide Wege haben die Führenden des Urchristentums 48 auf dem sog. Apostelkonzil zu Gunsten einer vom jüd. Ritualgesetz freien Heidenmission verworfen (s.u.). Der Herrenbruder Jakobus hielt trotz wachsender Bedrängnis mit konservativen Judenchristen in Jerusalem aus und wurde 62 während einer vakanten Prokuratur auf Betreiben des Hohenpriesters Annas II. wegen seines messianischen Zeugnisses für Jesus hingerichtet (Ios. ant. Iud. 20,197–203; vgl. Eus. h.e. 2,23,10–19).

*Paulus und seine Gemeinden*

Der Fund der Gallio-Inschrift (→1.3.4.2) aus Delphi (F. Delphes III.4, 286) erlaubt es, das Wirken des Paulus mit einem halbwegs festen Datum der Profangeschichte zu verbinden. Dabei muss man eine relative Zuverlässigkeit der Apg voraussetzen, wenn man nicht auf eine einigermaßen stimmige Chronologie der mittleren Jahre des Paulus verzichten will (Riesner 1994; ders. 1998). Versuche, eine Chronologie allein aus den unumstrittenen Paulusbriefen zu gewinnen (Hyldahl 1986; Knox 1987), führen offenbar zu Widersprüchen und Aporien. Gallio war vermutlich ab Juli 51 Statthalter der senatorischen Provinz Achaia und beendete sein Amt wohl noch vor Ablauf des vorgeschriebenen Jahres (vgl. Sen. epist. 104,1). Die jüd. Anklage gegen Paulus wurde offensichtlich zu Beginn der Amtszeit erhoben, als die antijüd. Einstellung des

[2] Vgl. aber Barclay (→1.4.5.6).

Gallio noch nicht abzuschätzen war. Der Apostel verließ bald darauf Korinth (Apg 18,1–18). Deshalb ist der Anfang seines dortigen Aufenthalts von anderthalb Jahren (Apg 18,11) Anfang 50 (1Thess) und der Beginn der Mission in Europa auf 49 anzusetzen (Apg 16f). Entsprechend ergibt sich für die meisten Forscher 48 als Jahr des Apostelkonzils.
Der Wechsel der judäischen Prokuratur von Felix zu Festus (Apg 24,27) ist kaum 55 anzusetzen (so Donfried 1992), sondern lässt sich numismatisch auf 59 datieren (Riesner 1994; Scriba 2001). Dann wäre Paulus gemäß der lk Chronologie im Frühjahr 57 im Jerusalemer Tempel verhaftet worden (Apg 21). Auf dieses Jahr führt unabhängig auch die Berechnung der Tagesangaben in Apg 20,6f für den Aufbruch von Philippi nach Troas (Hemer 1989). Der etwa drei Jahre lange Aufenthalt in Ephesos (Apg 20,31) dauerte dann von 52–55. Diese Ansetzung verträgt sich gut mit einer Abreise aus Korinth Ende 51, einem Aufenthalt in Jerusalem, einer Überwinterung 51/52 (wohl in Antiochia) sowie einem Besuch in den südgalatischen Gemeinden (Apg 18,18–23). Einen nicht ausgeführten Besuch ersetzte während der ephesinischen Zeit (1Kor 16,8) der 1Kor (54?). Das Ende des Aufenthalts in Ephesos könnte mit den unklaren Machtverhältnissen (vgl. Apg 19,38) nach der Ermordung des Prokonsuls Silanus (vgl. Tac. ann. 13,1; Cass. Dio 61,6,4f) an der Wende 54/55 zusammenhängen. Die darauf folgenden Reisebewegungen (Apg 20f; vgl. 2Kor 1f; Röm 16,23) machen je ein Überwintern in Mazedonien 55/56 (2Kor) und Achaia 56/57 (Röm) wahrscheinlich (Riesner 1994). In diese Zeit fällt die Sammlung der Kollekte für Jerusalem (1Kor 16,1–9; 2Kor 8f; Röm 15,25–28), und manche Forscher nehmen auch eine Mission in Illyrien (vgl. Röm 15,19) an (Schnabel 2002).
Wenig Übereinstimmung besteht bei der Chronologie vor dem Apostelkonzil (Alexander 1993), obwohl Paulus in Gal 1f genauere Angaben macht. Kaum bezweifelt wird die Identifizierung eines Besuchs in Jerusalem „drei Jahre“ nach seiner Berufung bei Damaskus (Gal 1,17f) mit dem ersten Besuch laut Apg 9,26. Umstrittener ist, ob die „vierzehn Jahre“ für einen weiteren Besuch (Gal 2,1) von der Berufung oder dem ersten Besuch aus zu rechnen sind. Die Mehrheit der Forscher sieht in Gal 2 und Apg 15 zwei abweichende Schilderungen des Apostelkonzils von 48 (Schnelle 2002). Eine Minderheit identifiziert Gal 2 mit einer früheren Kollektenreise des Paulus und Barnabas (Carson/Moo u.a. 1992) nach Jerusalem (Apg 11,28–30; 12,25). Je nach Rekonstruktion wird deshalb Gal kurz vor (Antiochia?) oder bald nach dem Apostelkonzil (Korinth?) bzw. während des Aufenthalts in Ephesos oder Mazedonien datiert. Offensichtlich setzen die meisten Forscher die sog. erste Missionsreise von Paulus und Barnabas nach Zypern und Südgalatien (Apg 13f) mit Lukas (Lk) weiter vor dem Apostelkonzil und nicht danach an (so Jewett 1982). Die Amtszeit des zyprischen Prokonsuls (L.) Sergius Paul(l)us (Apg 13,6–12; vgl. CIL VI 31545) bleibt unbekannt. Die Steinigung des Stephanus (Apg 7f) ließe sich mit der Vakanz nach der Abberufung des Pilatus 36/37 (Ios. ant. Iud. 18,89–95.122–126) verbinden. Die älteste Überlieferung (Paulus-Akten [TU 7/2, 130]) nennt für die Berufung des Paulus allerdings das „zweite Jahr nach der Aufnahme des Herrn in den Himmel“, also wohl 31/32. Die meisten Forscher nehmen eine Berufung irgendwann zwischen diesen beiden Daten an (Hengel/Schwemer 1998). Die Erwähnung eines „Ethnarchen des (Nabatä-

er)königs Aretas IV. [†40] in Damaskus" (2Kor 11,32f; vgl. Apg 9,23–25) lässt keine absolute Datierung zu (Knauf 1983).
Auch für das Ende des Paulus gehen die Rekonstruktionen weit auseinander. Rechnet man mit einer Hinrichtung gleich nach der von Apg 28 berichteten Gefangenschaft in Rom, so käme man auf ein Todesjahr um 62 (vgl. Apg 24,27; 27,9–12; 28,31). Gegenwärtig wird wieder öfter eine Freilassung des Apostels (Tajra 1989) und eine Spanienreise (Röm 15,22–29) angenommen (Löhr 2001), so wie es schon 1Clem 5,7 (*epi to terma tēs dyseōs*) voraussetzt und der Canon Muratori (Z. 38f) ausdrücklich bezeugt. Dann müsste man gegen die Mehrheit eher mit einer Abfassung von Phil in Ephesos und nicht in Rom rechnen. Denn Phil 2,19–24 kündigt einen Besuch in der Gemeinde an und lässt keine Änderung des für den Apostel heilsgeschichtlich so bedeutsamen (vgl. Jes 66,19) Spanienplans erkennen. Nur wenige Forscher versuchen, eine letzte Reise in den Osten mit Angaben aus den Pastoralbriefen (Past) zu verbinden (Murphy-O'Connor 1996). Soweit man hier überhaupt mit irgendwelchen brauchbaren Informationen rechnet, werden diese biographischen Notizen sonst vor den Romaufenthalt von Apg 28 eingeordnet (Fuchs 2003). Die stark abweichenden Rekonstruktionen zeigen die damit verbundenen Probleme. Wer Phil als letzten Paulus-Brief ansieht, wird eher mit einer nicht ausgeführten Reise in den Osten und einer Hinrichtung um 62 rechnen. Die älteste Überlieferung weist für das Ende des Apostels allerdings auf die Zeit der Neronischen Verfolgung (64–68) in Rom hin (Eus. h.e. 2,25 u.a.), wobei jedoch die Gleichzeitigkeit mit dem Martyrium des Petrus als eher nachträglich konstruiert erscheint (Tajra 1994).

*Die ntl. Spätzeit*
Die Verfolgung unter Nero, die dem Brand von Rom (19.7.64) folgte (Tac. ann. 15,44), hat sich tief in das kollektive Gedächtnis des frühen Christentums eingebrannt. Joh 21, Offb 13, aber auch die Akzentuierung der Jünger-Verfolgung in Mk 8,35; 10,30 könnten darauf anspielen. Weitreichende Konsequenzen für das Judenchristentum hatte der Jüdische Krieg gegen Rom, der mit der Zerstörung Jerusalems und des Tempels endete (66–70). Es ist umstritten, ob Mk 13 diese Ereignisse voraussetzt oder kurz davor redigiert worden ist (so Hengel 1984). Die Jerusalemer Gemeinde verließ offenbar zu Beginn des Aufstandes die heilige Stadt (Eus. h.e. 3,5,3), kehrte aber nach einer Überlieferung (CSCO 472,47) schon 72/73 im Jahr des Falls von Masada (Ios. bell. Iud. 7,407–409) wieder aus dem Ost-Jordan-Land zurück (Riesner 1998). Jedenfalls existierte in Jerusalem bis zum Bar Kochba-Aufstand (132–135) eine große judenchristl. Gemeinde (Eus. d.e. 3,5).
Oft werden für eine Spätdatierung von ntl. Schriften zwei andere zeitgeschichtliche Fixpunkte angeführt. Nach vielen Exegeten setzen Mt und Joh die Verfluchung der Judenchristen in der 13. Benediktion des Achtzehnbitten-Gebets voraus, die man früher einer rabbinischen Synode in Jamnia um 90 zuschrieb (vgl. bBer 28a). Doch wird zunehmend bezweifelt, dass es einen solchen förmlichen Beschluss über den „Ketzersegen" (*birqat ha-minim*) gab. Stattdessen rechnet man mit einem längeren und differenzierten Prozess der Abgrenzung (Lewis 1992; Erlemann 1998). Eine schwere Christenverfolgung unter Kaiser Domitian (81–96) gilt oft als Hintergrund für Offb (so schon Iren.

haer. 5,30,3) und 1Petr. Auch das ist zweifelhaft (Bell 1977/78; Minnerath 1994), denn berichtet wird nur von vereinzelten Maßnahmen gegen Angehörige der Oberschicht (Eus. h.e. 3,18,4: vgl. Cass. Dio 67,14) bzw. der Familie Jesu (Eus. h.e. 3,20,1–7). Sogar die Datierung einer der ältesten und wichtigsten außerntl. Schriften ist neu in die Diskussion gekommen (Erlemann 1998). Neben der Ansetzung von 1Clem nach Domitian um 96 wird jetzt auch eine Frühdatierung um 70 vertreten. 1Clem 42 blickt jedenfalls bereits auf die apostolische Zeit als eine abgeschlossene Periode zurück.

*Chronologischer Überblick*
Berücksichtigt werden in der folgenden Aufstellung nur gesicherte oder zumindest durch eine Mehrheit von Forschern angenommene Daten.

| *Zeitgeschichte* | *Urchristentumsgeschichte* |
|---|---|
| 27 v. –14 n.Chr Augustus | |
| 37–4 Herodes d. Gr. | vor 4 v.Chr. Geburt Jesu |
| 14–37 Tiberius – 26–36 Pontius Pilatus | 30 Kreuzigung Jesu (7. April) |
| 37–41 Caligula | |
| 41–44 Agrippa I. | 41/42 Hinrichtung des Zebedaiden Jakobus |
| 41–54 Claudius | 48 Apostelkonzil in Jerusalem |
| 49 Verbannung von Juden aus Rom | |
| 51–52 Gallio Prokonsul von Achaia | 51 Paulus vor Gallio |
| 54–68 Nero | 62 Hinrichtung des Herrenbruders Jakobus |
| 64 Brand von Rom | 64–68 römische Christenverfolgung |
| 66–70 jüdischer Krieg | nach 66 Flucht der Jerusalemer Gemeinde |
| 69–79 Vespasian | 70 Zerstörung Jerusalems |
| 79–81 Titus | |
| 81–96 Domitian | Einzelne Verfolgungsmaßnahmen |
| 132–135 Bar Kochba-Aufstand | 135 Jerusalem heidnische Stadt |

*Literatur*
*L. Alexander*: Chronology, in: *G. F. Hawthorne/R. P. Martin* (eds.): Dictionary of Paul and His Letters, Grand Rapids 1993, 115–123. – *A. A. Bell*: The Date of John's Apocalypse, NTS 10, 1977/78, 93–102. – *M. Bockmuehl*: 1 Thessalonians 2:14–16 and the Church in Jerusalem, TynB 52, 2001, 1–32. – *H. Botermann*: Das Judenedikt des Kaisers Claudius, Stuttgart 1996. – *D. A. Carson/D. J. Moo u.a.*: An Introduction to the New Testament, Grand Rapids/Leicester 1992. – *K. P. Donfried*: Chronology (New Testament), ABD 1, 1992, 1011–1022. – *K. Erlemann*: Die Datierung des ersten Klemensbriefes, NTS 44, 1998, 591–607. – *K. Ferrari d'Occhieppo*: Der Stern von Bethlehem in astronomischer Sicht, Gießen 2003. – *J. Finegan*: Handbook of Biblical Chronology, Princeton 1964. – *R. Fuchs*: Unerwartete Unterschiede. Müssen wir unsere Ansicht über „die" Pastoralbriefe revidieren?, Wuppertal 2003. – *C. J. Hemer*: The Book of Acts in the Setting of Hellenistic History, Tübingen 1989. – *M. Hengel*: Entstehungszeit und Situation des Markusevangeliums, in: *H. Cancik* (Hg.): Markus-Philologie, Tübingen 1984, 1–45. – *Ders./A. M. Schwemer*: Paulus zwischen Damaskus und Antiochien, Tübingen 1998. – *N. Hyldahl*: Die paulinische Chronologie, Leiden 1986. – *R. Jewett*: The Agitators and the Galatian Congregations, NTS 17, 1970/71, 198–212. – *Ders.*: Paulus-Chronologie, München 1982. – *E. A. Knauf*: Zum Ethnarchen des Aretas 2Kor 11,32, ZNW 74, 1983, 145–147. – *J. Knox*: Chapters in a Life of Paul (revised by *D. R. A. Hare*), Macon [2]1987. – *J. P. Lewis*: Jamnia (Jabneh), Council of, ABD 3, 1992, 634–637. – *H. Löhr*: Zur Paulus-Notiz in 1 Clem 5,5–7, in: *F. W. Horn* (Hg.): Das Ende des Paulus, Berlin/New York 2001, 197–214. – *G. Lüdemann*: Paulus, der

Heidenapostel I: Studien zur Chronologie, Göttingen 1980. – *H. Maier*: Die christliche Zeitrechnung, Freiburg 1991. – *R. Minnerath*: De Jérusalem à Rome, Paris 1994. – *J. Murphy-O'Connor*: Paul: A Critical Life, Oxford 1996. – *B. W. R. Pearson*: The Lucan Censuses, Revisited, CBQ 61, 1999, 262–282. – *R. Riesner*: Die Frühzeit des Apostels Paulus, Tübingen 1994 (Paul's Early Period [rev. ed.], Grand Rapids 1998). – *Ders.*: Essener und Urgemeinde in Jerusalem, Gießen 1998. – *K. Rosen*: Jesu Geburtsdatum, der Census des Quirinius und eine jüdische Steuererklärung aus dem Jahr 127 nC., JAC 38, 1995, 5–15. – *E. J. Schnabel*: Urchristliche Mission, Wuppertal 2002. – *U. Schnelle*: Einleitung in das Neue Testament, Göttingen 2002. – *E. Schürer*: The History of the Jewish People in the Age of Jesus Christ, I, Edinburgh 1973. – *A. Scriba*: Von Korinth nach Rom, in: *F. W. Horn* (Hg.): Das Ende des Paulus, Berlin/New York 2001, 157–173. – *A. Strobel*: Ursprung und Geschichte des frühchristlichen Osterkalenders, Berlin/Ost 1977. – *Ders.*: Plädoyer für Lukas, NTS 41, 1995, 466–469. – *H. W. Tajra*: The Trial of St. Paul, Tübingen 1989. – *Ders.*: The Martyrdom of St. Paul, Tübingen 1994. – *G. Theissen*: Lokalkolorit und Zeitgeschichte in den Evangelien, Göttingen 1989. – *Ders./A. Merz*: Der historische Jesus, Göttingen $^{3}$2001. – *B. Z. Wacholder*: Chronomessianism, HUCA 46, 1975, 201–218. – *J. Winandy*: Sur l'année où Jésus naquit, EThL 74, 1999, 419f.

# 1.5 Antikes Recht als Regulativ menschlichen Zusammenlebens

## 1.5.1 Grundstrukturen römischen Rechts

### 1.5.1.1 Ius gentium und ius naturale (*Christian Baldus*)

*Methodischer Rahmen: Grenzen begrifflicher Ableitung*
Der Begriff *ius gentium* (*i.g.*) findet sich in den Rechtsquellen in verschiedener Bedeutung. Sein Verhältnis zum Konzept des *ius naturale* (*i.n.*) ist unklar. Eine zeitgenössische Definition besitzen wir nicht. Der Versuch, unter Rückgriff auf philosophische Kategorien eine Systematik zu entwickeln, ist mit Blick auf die überlieferten zivilistischen Quellen bedenklich. Die philosophischen Überzeugungen der röm. Juristen lassen sich nur in seltenen Fällen als Grundlage konkreter Entscheidungen nachweisen. Der röm. Jurist war bis weit in die Kaiserzeit hinein weniger ein in bestimmten Theorien ausgebildeter Techniker als vielmehr ein Angehöriger der gebildeten Führungsschicht, der sich mit dem überlieferten Fallmaterial vertraut gemacht hatte. Bei der Entscheidung neuer Probleme konnte ihm seine (im Zweifel synkretistische) philosophische Bildung hilfreich sein; die *ratio decidendi* aber überzeugte die Zeitgenossen durch Sachgerechtigkeit im konkreten Fall und widerspruchsfreie Einordnung in den traditionellen Diskussionszusammenhang, nicht durch theoretische Fundierung. Auszugehen ist also vom Fallmaterial der Digesten, soweit dort das *i.g.* bzw. *i.n.* ausdrückliche Erwähnung findet. Diese Quellen, von der Romanistik Mitte des 20. Jh. noch als teilweise interpoliert angesehen (Lombardi), gelten heute als im Wesentlichen echt (Kaser, auch über Querverbindungen zu den nichtjuristischen Zeugnissen); der Generalverdacht, Griechisches und Philosophisches habe im Zweifel Justinian in die klassischen Texte hineingetragen, ist einer differenzierenden Beurteilung gewichen. Freilich bleibt zu bedenken, dass *i.g.* und *i.n.* sich in den (hier nicht zu behandelnden) justinianischen Institutionen großer Beliebtheit erfreuen.

*Ius gentium: Quellenbestand und offene Fragen*
Die Quellen verwenden den Begriff in zwei Bedeutungen. Er bezeichnet nicht etwa das Recht der *gentes*, der alten familiären Großgruppen; soweit dieses in klassischer Zeit überhaupt eine Rolle spielt, heißt es *gentilicium ius*. Statistisch marginal ist die Bedeutung „Völkerrecht". Rom kennt zwar, jedenfalls in republikanischer Zeit, nach heute gesicherter Auffassung ein Völkerrecht, und die nichtjuristischen Autoren (vor allem Livius) erörtern die Rechtmäßigkeit von Kriegen bisweilen am Maßstab des *i.g.*; in den juristischen Quellen zum Völkerrecht erscheint das Wort *i.g.* jedoch nur zweimal: bei der Verletzung eines feindlichen Gesandten und dann wieder in eher konfuser, das Privatrecht meinender Weise bei dem Nachklassiker Hermogenian.
Im Vordergrund steht für die Juristen das „Völkergemeinrecht": Rom regelte privatrechtliche Verhältnisse, an denen Nichtrömer beteiligt waren, allenfalls punktuell durch ein Kollisionsrecht, also durch Meta-Regeln über die Anwendbarkeit der einen oder anderen Rechtsordnung. Der *praetor* (hier: *per-*

*egrinus*, seit 242 v.Chr.) wandte stets röm. Recht an. Er konnte aber den traditionellen Kern des röm. Privatrechts, das alte *ius civile*, nur in Streitigkeiten unter Bürgern anwenden. Kennzeichnend für dieses war, dass die Rechtsbindung auf der Einhaltung bestimmter Formen, vor allem Prozessformeln, beruhte; die ersten dieser Formeln hatten die *pontifices* in früher Zeit dem sakralen Bereich entlehnt und damit erst den Raum für eine spezifisch rechtliche Lösung von Interessenkonflikten geschaffen. Damit waren Nichtrömern (*peregrini*), soweit sie nicht ausnahmsweise dem röm. Kultverband nahe standen (so dass sie *commercium* und *conubium* genossen), namentlich die zentralen Formalakte des Eigentumserwerbs versperrt. In diesem Personalitätsprinzip wirkt die archaische Einheit von Rechts- und Kultgemeinschaft nach; insoweit war der *praetor* nicht frei, Peregrine ohne weiteres zum Prozess zuzulassen. Aus diesem Dilemma führte die Annahme heraus, alle zivilisierten Völker gebrauchten gewisse Institute, und auf dieser Grundlage könne Recht gesprochen werden. Das *i.g.* ist in dieser Sicht ein modernisierter Kernbestand röm. Rechts, dessen allgemeine Geltung die röm. Juristen unterstellten und neben dem die alten Institute für Streitigkeiten unter Römern weiter galten. Formuliert hat diese Annahme der hochklassische Schulschriftsteller Gaius in seinen *Institutiones* (1,1; um 160 n.Chr.) wie folgt:

> [...] *quod vero naturalis ratio inter omnes homines constituit, id apud omnes populos peraeque custoditur vocaturque ius gentium, quasi quo iure omnes gentes utuntur. Populus itaque Romanus partim suo proprio, partim communi omnium hominum iure utitur.*
> [...] was aber die natürliche Vernunft unter allen Menschen festsetzte, das wird bei allen Völkern gleichermaßen beachtet und Völkergemeinrecht genannt, weil alle Völker sich dieses Rechtes bedienen. Also bedient sich das röm. Volk teils seines eigenen Rechts, teils des gemeinsamen Rechts aller Menschen.

Wie weit diese Aussage praktisch trägt, ist fraglich. Manche Autoren trennen zwischen dem „technischen“ oder „dogmatischen“ Gebrauch des *i.g.* durch den Prätor und dem Völkergemeinrecht, das „deskriptiv“ seine Grundlage in der *naturalis ratio* finde. Für einzelne Institute wird diskutiert, inwieweit sie der gr. Praxis entstammen. Rechtsvergleichende Untersuchungen der Römer zur Ermittlung *inter omnes homines* geltender Normen sind freilich nicht bekannt. Vieles spricht für die Annahme, dass Gaius Gedanken Ciceros aufnahm (namentlich off. 3,69f); von den Juristen der späten Republik liegen uns keine Aussagen vor, wiewohl viele von ihnen Ciceros kulturellen Hintergrund teilten. Entscheidend war jedenfalls ein anderer Aspekt: Die überkommenen Formalakte des *ius civile* wurden von den Römern selbst seit langem als beschwerlich empfunden und oftmals umgangen. Im Verkehr mit Peregrinen (und dann auch unter Römern) wurden nunmehr kraft *ius gentium* formlose Abreden bindend, als deren Geltungsgrund man die *fides* ansah. Die Anerkennung des *ius gentium* ermöglichte also eine Entformalisierung des Rechtsverkehrs und die Anerkennung rein auf dem Konsens der Parteien beruhender Rechtsbindung. Man muss leisten, was und weil man versprochen hat, nicht weil man in bestimmter Weise versprochen hat. Dieses Prinzip setzte sich in den folgenden Jahrtausenden schrittweise durch (*pacta sunt servanda*, in der umfassenden Auslegung der mittelalterlichen und frühneuzeitlichen Moraltheologie), auch wenn viele Rechtsordnungen noch heute Elemente einer

formabhängigen Vertragsbindung kennen. Damit ermöglichte das *ius gentium* denjenigen Modernisierungsschub, aufgrund dessen die kaiserzeitliche Jurisprudenz die dogmatischen Grundlagen des heutigen Zivilrechts legen konnte. Dies betrifft primär das Schuldrecht als den typischerweise dynamischsten Teil der Rechtsordnung: Aus Kauf, Miete und Darlehen als formfrei gültigen *obligationes consensu contractae* konnte geklagt werden, wenn nur der typische Geschäftszweck eingehalten war. *Iuris gentium* sind also drei bis heute prägende Elemente des Schuldvertrags: der Konsens als Verpflichtungsgrund, die Typeneinteilung nach dem Geschäftszweck und die prinzipielle Treubindung rechtsgeschäftlichen Handelns. Freilich entnehmen wir die Verbindung zwischen diesen Neuerungen und dem *i.g.* primär den Schriften Ciceros.
In welchen Feldern das *i.g.* Bedeutung gewann, lassen vielmehr kaiserzeitliche Juristenschriften erkennen. Es sind hervorzuheben (bei Unsicherheiten im Einzelnen): im Personenrecht der Freiheitsstatus; im besonders reichhaltig dokumentierten Sachenrecht der originäre Eigentumserwerb sowie der durch *traditio*; die Frage, ob und ggf. nach welchen Regeln Peregrine derivativ Eigentum an *res mancipi*, also den für die Landwirtschaft zentralen Gütern, erwerben und weitergeben konnten, ist offen; weiterhin die Nutzung (modern gesprochen) „öffentlicher Sachen" (*res communes omnium*: Meer, Flüsse); im Schuldrecht die *stipulatio*, das (praktisch enorm wichtige) abstrakte Schuldversprechen, sowie Kauf, Tausch, *locatio conductio* (entspricht Miete, Pacht, Dienst- und Werkvertrag), Darlehen (damit nach röm. Vorstellung verbunden die Bereicherungsklage, *condictio*), Verwahrung, *precarium* (Bittleihe) und Gesellschaft. Weitere Institute werden auf die *naturalis ratio* und ähnliche Grundlagen zurückgeführt, so dass eine Anwendung als *i.g.* jedenfalls nicht ausgeschlossen werden kann.
Wir finden diese Quellen ab der Mitte des 2. Jh. n.Chr. bis zur Mitte des dritten mit gewissen Schwerpunkten bei Tryphonin († vermutlich nach 213), Papinian († 212), Ulpian († vermutlich 228) und Marcian (nach Caracalla). Wie erklärt sich diese Verteilung? Für die hochklassischen Quellen (bis ca. 180 n.Chr.) kann man noch annehmen, dass es in nennenswertem Umfang Fälle unter Beteiligung von Peregrinen gab, wiewohl das röm. Bürgerrecht sich ausbreitete. 212 aber erlangten (jedenfalls formal) durch die *Constitutio Antoniniana* alle freien Reichsbewohner das röm. Bürgerrecht. Wie auch immer man Grund und praktische Tragweite dieses Aktes einschätzen will, so gab es doch kaum noch Peregrine. Gerade in dieser Zeit (juristisch: der Spätklassik, ca. 180-250 n.Chr.) aber nehmen die überlieferten Quellen zum *ius gentium* sprunghaft zu. Sie betreffen teilweise Sachverhalte, bei denen eine Beteiligung von Nichtrömern ausgeschlossen werden kann. Dies führt zu der Frage nach einem Funktionswandel des *ius gentium*.
Zunächst ist davon auszugehen, dass gerade mit der Ausbreitung der *civitas* eine Tendenz dazu entstand, auch in innerröm. Rechtsverhältnissen die Übereinstimmung mit überall gültigen Prinzipien hervorzuheben. Bereits vor der *Constitutio Antoniniana* strebte man nach Integration durch Recht, etwa durch Bürgerrechtsverleihung an provinziale Eliten, und diesem Zweck wurde auch das *i.g.* dienstbar gemacht. Wir finden aber auch Neuerungen oder doch Lösungen, die sich nach *ius civile* nicht begründen lassen; und hier dient das *i.g.*, wiederum und nunmehr ausdrücklich, als Mittel der Modernisierung. Man

könnte (punktuell) von einer Reserverechtsordnung sprechen. Dies zeigen etwa Quellen, in denen es um die rechtsgeschäftliche Handlungsfähigkeit verurteilter Kapitalverbrecher geht, denen das *ius civile* nicht mehr zu Hilfe kam. So arbeiten jedenfalls einige Juristen, bei denen die Bezüge zum *i.g.* sich häufen. Vielleicht ist es kein Zufall, dass diese Juristen teilweise eine besondere Nähe zum gr. Kulturraum aufweisen, aber um 200 ist der typische Anwendungsfall des *i.g.* nicht (mehr) der Rechtsstreit zwischen einem Römer und einem durchreisenden „Ausländer".

*Ius naturale: Quellenbestand und Beziehungen zum i.g.*
Die röm. Juristen sprechen von *i.n.* und *natura*. Falsch wäre es aber, hierin einen Bezug zu einer höheren Rechtsordnung zu sehen. Rom unterscheidet die Rechtsschichten nach ihrem Geltungsgrund, praktisch also nach den Institutionen, die sie geschaffen haben; weder die Natur noch die Götter setzen Recht. Überdies verwenden bisweilen genetisch eng verwandte Werke die Begriffe *i.g.* einerseits und *i.n./naturalis ratio* andererseits gleichsinnig (Gaius: *i.g.* in den *res cottidianae*, *natura* in den Institutionen). So bereitete es den Römern keine theoretischen Probleme, die (philosophisch als naturwidrig anerkannte) Sklaverei (→2.2.5.3) rechtlich zu praktizieren; sie kamen in Zweifelsfällen den Betroffenen mit freiheitsfreundlicher Auslegung nach dem *favor libertatis* zu Hilfe, dieser aber gehörte zum überkommenen Instrumentarium und wurde durch philosophische Einflüsse (etwa unter Hadrian) lediglich gefördert. Beim *status libertatis* des Kindes einer nur zeitweise freien Mutter war das *ius civile* übrigens freiheitsfreundlicher als das *i.g.* Entsprechend gibt es kein röm. System des Naturrechts, wohl aber zahlreiche (heute weithin als echt anerkannte) Einzelfallentscheidungen etwa aus der *naturalis ratio* bzw. *naturalis aequitas*. Die Quellen zum *i.n.* stammen, abgesehen von Gaius, nahezu ausschließlich aus der Spätklassik und verteilen sich ähnlich wie beim *i.g.*: Personenrecht (Freiheitsstatus, Verwandtschaft) und Sachenrecht (einschließlich der *res communes omnium*) stehen im Vordergrund. Von einem Naturrecht strikt zu unterscheiden ist schließlich die *naturalis obligatio* als abgeschwächte Form der Verbindlichkeit (auch diese Quellen gelten heute weithin als echt).
Versuche, *i.g.*, *i.n.* und *ius civile* in ein abstrakt definiertes Verhältnis zu setzen, hat der Spätklassiker Ulpian unternommen. Im ersten Buch seiner Institutionen (zit. in Dig. 1,1,1,2–4; 1,1,6) stehen die drei Kategorien nebeneinander unter dem Oberbegriff *ius privatum*: Das *i.n.* habe die Natur alle Lebewesen gelehrt, *i.g.* sei *quo gentes humanae utuntur*, *ius civile* schließlich ein hiervon durch Hinzufügung oder Wegnahme abweichendes *ius proprium*. Daraus folgt jedenfalls, dass das Zivilrecht eines bestimmten Gemeinwesens sich nicht an *i.g.* oder *i.n.* als höherrangigen Kategorien messen lassen musste. Wenig fruchtbar ist auch die Suche nach einem System im modernen Sinne im Ediktskommentar desselben Autors (Dig. 2,14,5.7): Dort werden innerhalb der *conventiones privatae* die *conventiones legitimae* (etwa: nach gesetztem Recht) von denen *iuris gentium* unterschieden; die letztgenannten erzeugten teils Klagen, teils Einreden. Im ungefähr gleichzeitig verfassten Sabinuskommentar des Paulus heißt *i.n. id quod semper aequum et bonum est*, das *ius civile* hingegen sei *omnibus aut pluribus in quaque civitate utile*; vom *i.g.* ist an dieser Stelle (Dig. 1,1,11) nicht die Rede. Subsumtionsfähige Folgerungen las-

sen sich aus solchen Texten kaum gewinnen. Nach alldem wäre es „verfehlt, *i.g.* und *i.n.* ausnahmslos gleichzusetzen; betrifft doch dieses die Herkunft des Rechtsgedankens aus der Natur und damit seine Ursache, während *i.g.* die Geltung für alle Menschen als daraus abgeleitete Folge bezeichnet [...] Das *i.n.* ist nach alldem von Haus aus kein juristischer Systembegriff, weil es auf keinem rechtsdogmatischen Kriterium beruht“ (Kaser 1993, 57f).

*Zusammenfassung*

*I.g.* und *i.n.* sind den röm. Juristen als Versatzstücke der Entscheidungsbegründung geläufig. Auf der theoretischen Ebene liegt auch das die verschiedenen Bereiche des *i.g.* verbindende Element, der Rekurs auf *natura* und (*bona*) *fides*. Innerhalb des *i.g.* als Völkergemeinrecht lässt sich eine theoretische Begründungslinie von (teilweise disparaten) dogmatischen Anwendungsbereichen unterscheiden. Der Gebrauch von *i.g.* und *i.n.* konzentriert sich in bestimmten Feldern und Epochen; er setzt ein zentrales Anliegen der prätorischen Rechtspflege republikanischer Zeit in der Kaiserzeit fort: die Überwindung des Nichtrömer vom Rechtsleben ausschließenden Formalismus. Dieser Formalismus hatte sakrale Elemente genutzt; an seine Stelle trat nicht ein Naturrecht oder Weltrecht, wohl aber philosophisch geschulte Argumentation zur sachgerechten Fortbildung des überkommenen Normenbestandes. Der Quellenbestand erlaubt keine Zeichnung eines Gesamtbildes. Insonderheit ist die bei Justinian anzutreffende (Inst. Iust. 2,1,41) und in der Klassik bisweilen anklingende Gleichsetzung von *i.g.* und *i.n.* mit Vorsicht zu bewerten. Ob eine umfassende Analyse der Digesten sowie sonstiger Quellen zur Rechtspflege vor allem in den Provinzen eine verlässliche Grundlage für neue Erkenntnisse böte, bleibt zu klären. Gesichert ist die Verbindung zwischen *i.g.*, *i.n.* und dem röm. Bemühen darum, überkommene Institute zu erhalten, das Recht aber zugleich als Mittel der Öffnung zu nutzen: nach außen wie auch im Inneren der eigenen Rechtsordnung.

*Deutschsprachige Literatur*

Auf fremdsprachige Literaturangaben musste aus redaktionstechnischen Gründen verzichtet werden. *M. Kaser*: Ius gentium, Köln u.a. 1993. Die Reaktionen auf diese Schrift stellen die vorerst letzte Welle wissenschaftlicher Beschäftigung mit dem ius gentium als Gesamtphänomen dar: *Chr. Baldus*: Seminarios Complutenses de Derecho Romano – Suplemento 1992–93 (1994), 85–94. – *K.-H. Ziegler*: ZSRG.R 112, 1995, 571–580. Vgl. weiterhin: *L. Labruna*: Römisches Marktrecht und Expansionspolitik, in: *R. Feenstra u.a.* (eds.): Collatio iuris Romani. Etudes dédiées à Hans Ankum à l'occasion de son 65e anniversaire, Bd.1, Amsterdam 1995, 223–240. – *Ch. Baldus*: Regelhafte Vertragsauslegung nach Parteirollen im klassischen römischen Recht und in der modernen Völkerrechtswissenschaft. Zur Rezeptionsfähigkeit römischen Rechtsdenkens, Frankfurt a.M. u.a. 1998. – *Ders.*: Das ius gentium: Modernisierung des römischen Rechts als Globalisierungsphänomen?, in: *M. Immenhauser/J. Wichtermann* (Hgg.), Jahrbuch Junger Zivilrechtswissenschaftler 1998, Stuttgart u.a. 1999, 19–44. – Über ius naturale (auch im Verhältnis zum ius gentium) vgl. etwa *L. C. Winkel*: Einige Bemerkungen über ius naturale und ius gentium, in: *M. J. Schermaier/Z. Végh* (Hgg.): Ars boni et aequi. FS Wolfgang Waldstein, Stuttgart 1993, 443–449. – *W. Waldstein*: Ius naturale im nachklassischen römischen Recht und bei Justinian, ZSRG.R 111, 1994, 1–65. – *Ders.*: „Ius gentium“ und das Europäische „ius commune“, Index 26, 1998, 453–462.

Zum i.g. als Völkerrecht vgl. statt aller das Gesamtwerk von *K.-H. Ziegler*, namentlich: Völkerrechtsgeschichte, München 1994; Ius gentium als Völkerrecht in der Spätantike, in: *R. Feenstra u.a.* (eds.): Collatio iuris Romani. Etudes dédiées à H. Ankum à l'occasion de son 65e anniversaire, Amsterdam 1995, Bd. 2, 665–675; zuletzt: Zum Völkerrecht in der römischen Antike, in: *M. J. Schermaier u.a.* (Hgg.): Iurisprudentia universalis. FS Theo Mayer-Maly, Köln u.a. 2002, 933–944.

## 1.5.1.2 Ius privatum: Personenrecht (*Peter Gröschler*)

*Stellen im NT*
Mt 1,18–25; 5,31f; 14,3f; 19,3–9; Mk 6,17f; 10,2–12; 12,18–23; Lk 3,19; 16,18; 20,27–33; Joh 19,26f; Röm 8,17; 1Kor 7,10f; Gal 4,30

*Einführung*
Das röm. Privatrecht galt grundsätzlich nur für röm. Bürger.[1] Nicht zu den Personen im Rechtssinne gehörten die Sklaven, die nicht rechtsfähig waren und weithin als Sachen behandelt wurden (→2.2.5.3). Die Bewohner der röm. Provinzen waren, abgesehen von einzelnen Personen, die das röm. Bürgerrecht besaßen, Angehörige fremder Völker und damit Ausländer (*peregrini*).[2] Das galt insbes. auch für Griechen und Juden. Erst durch die *Constitutio Antoniniana* von 212 n.Chr. erhielten die meisten Bewohner des röm. Reiches das röm. Bürgerrecht.[3] Vorher war für die von den Römern unterworfenen Völker weiterhin deren eigene Rechtsordnung maßgeblich.[4] Dies entspricht dem Personalitätsprinzip, wonach jeder dem Recht seines eigenen Gemeinwesens untersteht. Hinzu kam als Völkergemeinrecht das *ius gentium* (→1.5.1.1), das sich nach röm. Sichtweise aus der natürlichen Vernunft ergab und damit für alle Menschen Gültigkeit haben sollte (Gaius inst. 1,1).[5]
Auch nachdem *Iudaea* 6 n.Chr. röm. Provinz geworden war, waren für die Entscheidung privater Rechtsstreitigkeiten unter Juden weiterhin in erster Linie jüd. Gerichte zuständig, die jüd. Recht anwendeten (→1.5.3).[6] Jedoch gab es, wie uns die auf Griechisch abgefassten Urkunden aus dem Archiv der Babatha (→1.3.4.1) für die Provinz *Arabia* zeigen,[7] auch für Juden die Möglichkeit, in zivilrechtlichen Streitigkeiten den röm. Statthalter anzurufen. Offenbar

---

[1] Vgl. *Kaser* ²1971, 32–36.214–218; *Th. Mayer-Maly*, in: *Honsell u.a.* ⁴1987, 51–53; *U. Manthe*, in: *F. Graf* (Hg.): Einführung in die lateinische Philologie, Stuttgart/Leipzig 1997, 450.

[2] Zu den *peregrini* siehe *Kaser* ²1971, 35f.281f.

[3] Vgl. *Kaser* ²1971, 218–220; *Th. Mayer-Maly*, in: *Honsell u.a.* ⁴1987, 53–56.

[4] Vgl. *Kaser/Knütel* ¹⁷2003, 39f.

[5] Vgl. *Kaser* ²1971, 202–204; *ders.*: Ius gentium, Köln u.a. 1993, 20–22; *Th. Mayer-Maly*, in: *Honsell u.a.* ⁴1987, 58.

[6] Vgl. *A. M. Rabello*: Jewish and Roman Jurisdiction, in: *N. S. Hecht u.a.* (eds.): An Introduction to the History and Sources of Jewish Law, Oxford 1996, 142–144 = *ders*: The Jews in the Roman Empire, Legal Problems, from Herod to Justinian, Aldershot u.a. 2000, XII 142–144; *ders.*: The Legal Condition of the Jews in the Roman Empire, ANRW II 13, 1980, 731–735.

[7] P. Yadin 13; 14; 15; 23; 25; 26. Siehe hierzu *H. Cotton*: The Guardianship of Jesus son of Babatha: Roman and Local Law in the Province of Arabia, JRS 83, 1993, 94–108, hier 106f.

wurde, je nachdem, vor welchem Gericht man im Streitfall prozessieren wollte, der jeweilige Rechtsakt den Vorgaben des jüd. oder röm. Rechts angepasst.[8] Das röm. Bürgerrecht wurde vor allem durch die eheliche Abstammung erworben, wobei zumindest der Vater röm. Bürger sein und das Kind aus einer Ehe mit *conubium*[9] stammen musste; bei nichtehelicher Abstammung erhielt das Kind das Bürgerrecht der Mutter.[10] Außerdem kam es zum Erwerb des Bürgerrechts durch Freilassung (→2.2.5.3) in den strengen Formen des *ius civile*, d. h. durch Stabauflegung, Eintragung in die Bürgerliste oder aufgrund testamentarischer Verfügung *(manumissio vindicta, censu, testamento)*,[11] bzw. durch staatliche Verleihung.[12] Auf diese Weise konnten auch Juden im Einzelfall das röm. Bürgerrecht erlangen.[13]
Eine mittlere Rechtsstellung zwischen den röm. Bürgern und den *peregrini* nahmen die Latiner ein.[14] Dazu gehörten insbes. die Bürger der von Rom gegründeten und mit dem latinischen Bürgerrecht ausgestatteten Kolonien im Westen des Reiches; dagegen gab es im Osten keine Gemeinden latinischen Rechts. Ein wichtiges Anwendungsfeld im gesamten Reich bekam das latinische Bürgerrecht durch die *lex Iunia* von 19 n.Chr. Danach wurden Freigelassene, die nicht formgerecht nach *ius civile*, sondern durch einfache Willenserklärung, etwa im Freundeskreis *(inter amicos)* oder durch Übergabe eines Briefes *(per epistulam)*, freigelassen worden waren, als Latiner behandelt (sog. *Latini Iuniani*).[15]
Unter den *peregrini* waren die *dediticii* besonders schlecht gestellt.[16] Zu ihnen gehörten die Angehörigen eines besiegten Volkes, das bedingungslos kapitulieren musste (Gaius inst. 1,14). Hinzu kamen nach der *lex Aelia Sentia* von 4 n.Chr. Freigelassene, die als Sklaven entehrende Strafen, wie etwa die Brandmarkung, erlitten hatten (Gaius inst. 1,13). Den *dediticii* fehlte jedes Bürgerrecht, weshalb sie weder eine eigene Rechtsordnung hatten noch einer eigenen Gerichtsbarkeit unterstanden. Die röm. Gerichte wendeten auf *dediticii* daher ausschließlich das *ius gentium* an. Teilweise wurde angenommen, dass die Juden in Palästina nach der Niederschlagung des ersten Aufstandes (66 bis 70

---

8 Vgl. *H. Cotton*: Guardianship (Anm. 7), 101f.107; *dies.*: in: *H. Cotton/A. Yardeni*: Aramaic, Hebrew and Greek Documentary Texts from Nahal Hever and Other Sites, Oxford 1997, 153–157.

9 Unter *conubium* versteht man das Recht, eine gültige Ehe einzugehen. Zwischen Römern und Nichtrömerinnen bestand dieses Recht nur aufgrund einer besonderen Verleihung; vgl. *H. Honsell*, in: *Honsell u.a.* [4]1987, 388. Häufig wurde Veteranen, die röm. Bürger waren oder mit der Entlassung aus dem Militärdienst das röm. Bürgerrecht erhielten, das *conubium* für die Heirat mit einer peregrinen Frau erteilt. Vgl. Gaius inst. 1,56f.

10 Vgl. *Kaser* [2]1971, 279f.

11 Vgl. *Kaser* [2]1971, 293–295.

12 Vgl. *Kaser* [2]1971, 215f.

13 So etwa Flavius Josephus (→1.3.2.6); vgl. *I. Wandrey*: Iosephos, DNP 5, 1998, 1089.

14 Vgl. *H. Galsterer*: Latinisches Recht (ius Latii), DNP 6, 1999, 1172–1174.

15 Vgl. *G. Schiemann*: Latini Iuniani, DNP 6, 1999, 1170f. Der Unterschied zwischen der förmlichen Freilassung nach *ius civile* und der minderwertigen formfreien Freilassung wurde erst durch Kaiser Justinian aufgehoben (Cod. Iust. 7,6,1; 531 n.Chr.).

16 Hierzu *Kaser* [2]1971, 282.

n.Chr.) zu *dediticii* wurden; dies wird heute im Hinblick auf die fortbestehende jüd. Rechtsordnung und Rechtspflege nicht mehr vertreten.[17]
Der rechtliche Status einer Person wurde nicht nur durch die Freiheit bzw. Unfreiheit und durch das Bürgerrecht bestimmt; es kam auch darauf an, ob eine freie Person *sui iuris*, d.h. rechtlich selbstständig war oder aber der Gewalt eines anderen unterstand.[18] Bei den Römern standen Hauskinder unter der väterlichen Gewalt (*patria potestas*) und waren selbst nicht Träger von Rechten und Pflichten; Entsprechendes galt für Frauen, die in einer *manus*-Ehe verheiratet waren und unter die Ehegewalt (*manus*) ihres Mannes fielen.[19] In der Kaiserzeit war allerdings die *manus*-freie Ehe vorherrschend, bei der die Frau rechtlich selbstständig war, so dass sie insbes. eigenes Vermögen haben konnte.[20] Keine personenrechtliche Abhängigkeit kannte das röm. Recht bei den – grundsätzlich freien – Lohnarbeitern (*mercennarii*).[21] Gleichwohl stand dem Dienstherrn eine Zuchtgewalt zu, die derjenigen gegenüber Sklaven ähnlich ist.[22]
Waren unmündige Kinder *sui iuris*, etwa weil der Hausvater (*pater familias*) verstorben war, benötigten sie einen Vormund (*tutor*).[23] Rechtlich selbstständige Frauen unterstanden auch als Mündige grundsätzlich der Vormundschaft *(tutela mulieris)*.[24] Allerdings wurde die gesetzliche Vormundschaft des gradnächsten männlichen Verwandten unter Kaiser Claudius (zwischen 44 und 49 n.Chr.) abgeschafft. Fortan bedurften Frauen nur noch für wichtige Geschäfte der Mitwirkung eines Tutors nach der *lex Atilia* bzw. – in den Provinzen – nach der *lex Iulia et Titia*, der vom Gerichtsbeamten auf Antrag der Frau bestellt wurde (Ulp. epit. 11,18).

*Zu den Textaussagen im NT*
In den Evv werden Fragen der Ehe (→2.2.1.4) grundsätzlich auf der Basis des jüd. Rechts behandelt.[25] Die Verlobung war nicht nur Eheversprechen, sondern wurde bereits als rechtlich wirksame Vorstufe der Ehe angesehen. Aufgrund der Schwangerschaft Marias stellte sich für Joseph zunächst das Problem, ob er Maria als seine Verlobte zu entlassen habe (Mt 1,18f). Bereits mit der Verlobung waren die Regeln über den Ehebruch anwendbar (Dtn 22,23–27), wonach der Mann im Fall der Untreue der Frau zur Scheidung verpflichtet war.[26]
Die Schwangerschaft Marias begründete daher für Joseph die Pflicht, sich von

---

[17] *Rabello*: Jewish and Roman Juisdiction (Anm. 6), 144f = *ders*.: The Jews in the Roman Empire (Anm. 6), 144f; *ders*.: The Legal Condition (Anm. 6); *Kaser* ²1971, 282.
[18] Vgl. *H. Honsell*, in: *Honsell u.a.* ⁴1987, 75.
[19] *Kaser* ²1971, 60–65.71–74.
[20] *Kaser* ²1971, 323f; *Manthe* 2000, 98f.
[21] Weiterführend *C. Möller*: Die mercennarii in der römischen Arbeitswelt, ZSRG.R 110, 1993, 296–330. Dagegen sieht *A. Bürge*: Der mercenarius und die Lohnarbeit, ZSRG.R 107, 1990, 80–136, hier 134f die *mercennarii* überwiegend als Unfreie an.
[22] Vgl. Marcian. dig. 48,19,11,1; hierzu *Kaser* ²1971, 301.
[23] Zur *tutela impuberis* siehe *Kaser* ²1971, 354–359.
[24] *Kaser* ²1971, 367–369.
[25] *D. Nörr*: Die Evangelien des Neuen Testaments und die sogenannte hellenistische Rechtskoine, ZSRG.R 78, 1961, 92–141, bes. 101–115.
[26] Vgl. mSot 5,1; bGit 90b; Spr 18,22a (LXX); vgl. auch Mt 5,32; 19,9.

ihr zu scheiden; um dies zu verhindern, war das Dazwischentreten eines Engels nötig (Mt 1,20–25).[27]
Nach röm. Verständnis hatte die Verlobung (*sponsalia*) als bloßes Eheversprechen überwiegend nur sittliche Bedeutung; die rechtlichen Wirkungen der Verlobung, die frei widerrufen werden konnte, waren dagegen sehr beschränkt.[28] Insbes. gab es bereits in der späten Republik keine klagbare Pflicht zur Eheschließung mehr. Immerhin begründete die Verlobung, solange sie nicht widerrufen war, eine Art von Schwägerschaft zwischen den Verlobten, aus der sich ein Verbot einer anderweitigen Eheschließung ergab.[29] Erst durch die Kaiser Septimius Severus (193–211 n.Chr.) und Caracalla (198–211 n.Chr.) wurde der Bruch der Verlobung dem Ehebruch (*adulterium*) gleichgestellt.[30]
Ein zentrales familienrechtliches Problem bildet die Scheidung. Nach jüd. Recht erfolgt sie durch die Ausstellung eines Scheidungsbriefes seitens des Mannes (Dtn 24,1–5; Mt 5,31; 19,7); dagegen hatte die Frau grundsätzlich keine Möglichkeit, die Scheidung zu veranlassen.[31] Jesus sieht demgegenüber die Ehe als unauflöslich an und tritt für ein generelles Scheidungsverbot ein (Mt 19,3–9; Mk 10,11f; Lk 16,18).[32] Im klassischen röm. Recht kann die Scheidung (*divortium*) ohne eine Bindung an bestimmte Scheidungsgründe sowohl vom Mann als auch von der Frau grundsätzlich durch einfache Scheidungserklärung (*repudium*) vollzogen werden.[33] Die Häufigkeit der Scheidungen beklagt Sen. benef. 3,16,2. Üblich war die Erklärung der Scheidung durch einen Boten; erst in nachklassischer Zeit kam es zu einem Schriftformerfordernis in Gestalt eines Scheidungsbriefes.[34] Wie im jüd. Recht bestand auch bei den Römern im Falle des Ehebruchs der Frau eine Scheidungspflicht des Mannes; andernfalls wurde er nach der *lex Iulia de adulteriis* von 18 v.Chr. wegen Kuppelei (*lenocinium*) bestraft.[35]
In Mk 10,12; 1Kor 7,10f wird die Möglichkeit einer von der Frau ausgehenden Scheidung vorausgesetzt. Hierin könnte, nicht nur was den 1Kor betrifft, ein Einfluss des röm. Rechts zu sehen sein.[36] Die auf Griechisch verfassten

---

27 Vgl. *U. Luz*, Das Evangelium nach Matthäus, 1. Teilb., Zürich $^5$2002, 146–151.
28 *Kaser* $^2$1971, 312–314.
29 Vgl. Ulp. dig. 23,2,12,1f; Paul. dig. 23,2,14,4 (Kaiser Augustus).
30 Vgl. Ulp. dig. 48,5,14,3 u. 8.
31 In seltenen Ausnahmefällen konnte dem Mann auferlegt werden, der Frau einen Scheidungsbrief auszustellen (mKet 7,10). Keine wirksame Scheidung lag dagegen vor, wenn sich eine Frau eigenmächtig von ihrem Mann trennte, wofür es Beispiele aus der jüd. Oberschicht gibt. Die Ausstellung des Scheidungsbriefes durch Salome, die Schwester Herodes' d. Gr., stellt einen Einzelfall dar und hatte, worauf Josephus (→1.3.2.6) ausdrücklich hinweist, keine rechtliche Wirkung (Ios. ant. Iud. 15,259f). Vgl. *T. Ilan*: Jewish Women in Greco-Roman Palestine, Tübingen 1995, 141–147.
32 Zu der in Mt 5,32; 19,9 erwähnten Ausnahme vom Scheidungsverbot im Fall der Unzucht der Frau siehe *U. Luz*: Das Evangelium nach Matthäus, 3. Teilb., Zürich 1997, 97.
33 Vgl. *Kaser* $^2$1971, 326–328; *H. Honsell*, in: *Honsell u.a.* $^4$1987, 399–401.
34 Vgl. Cod. Iust. 5,17,8 pr (449 n.Chr.).
35 Vgl. Ulp. dig. 48,5,30 pr.
36 Zu anderen Erklärungsmöglichkeiten siehe *Nörr*: Die Evangelien (Anm. 25), 106–113.

Heiratsurkunden vom Toten Meer,[37] die – anders als die aramäischen Heiratsurkunden – keinen Brautpreis (*mohar*), sondern nach röm. Vorbild die Bestellung einer von der Braut bzw. deren Verwandten zu erbringenden Mitgift (*proix*)[38] enthalten, zeigen den Bezug zum röm. Recht.[39] Es ist durchaus vorstellbar, dass von röm. Gerichten die Scheidung einer solchen zwischen Juden abgeschlossenen Ehe auf der Grundlage des röm. Rechts auch seitens der Frau anerkannt wurde.

Die Ehe Herodes' Antipas, des Sohnes Herodes' d. Gr., mit Herodias, der Frau seines Bruders, verstieß nicht nur gegen das Inzestverbot (Lev 18,16; 20,21), sondern bedeutete für Johannes den Täufer auch einen Ehebruch (Mt 14,3f; Mk 6,17f; Lk 3,19).[40] Aus traditionell jüd. Sicht hatte die Trennung Herodias' von ihrem Mann mangels eines Scheidungsrechts der Frau keine rechtliche Wirkung. Ganz anders stellt sich die Situation nach röm. Recht dar: Herodias hätte durch einfache Erklärung gegenüber ihrem Mann eine wirksame Scheidung herbeigeführt. Zudem bezog sich das röm. Inzestverbot in erster Linie auf Blutsverwandte (Gaius inst. 1,9–64), dagegen grundsätzlich nicht auf bloß verschwägerte Personen. Eine Ausnahme galt nur für in gerader Linie Verschwägerte, etwa Schwiegermutter und Schwiegersohn, deren geschlechtliche Beziehung als Inzest nach Völkergemeinrecht (*incestum iuris gentium*) behandelt wurde.[41]

Eine Ausnahme vom jüd. Inzestverbot, das grundsätzlich auch die Beziehung mit der Frau des Bruders erfasste, bildete das zur Zeit Jesu kaum mehr beachtete Gebot der Schwagerehe (Leviratsehe): Mk 12,18–23; Lk 20,27–33.[42] Danach war ein Jude, dessen Bruder ohne einen männlichen Erben verstorben war, verpflichtet, die Frau des Bruders zu heiraten; der erste Sohn, der aus der Ehe geboren wurde, galt dann als Kind des Verstorbenen (Gen 38,8; Dtn 25,5–10). Die Blutsverwandtschaft wurde hier gleichsam durch den Bruder des Verstorbenen vermittelt.

Dass Jesus am Kreuz mit den Worten „Frau, siehe, dein Sohn!“ und „Siehe, deine Mutter!“ (Joh 19,26f) Johannes als Frauenvormund für Maria bestellen wollte, ist denkbar.[43] Zwar kennt das jüd. Recht keine Geschlechtsvormundschaft; die Urkunden vom Toten Meer belegen aber, dass jüd. Frauen unter röm. Herrschaft häufig, dem Vorbild des röm. Rechts entsprechend, mit einem Vormund auftraten.[44] Näher liegend erscheint jedoch, dass hinter den Worten

---

[37] DJD II 115 (= P. Mur. 115); P. Yadin 18; 37 (= P. Hever 65); P. Hever 69. Sämtliche Urkunden stammen aus der ersten Hälfte des 2. Jh. n.Chr., vor dem Bar Kochba-Aufstand (132–135 n.Chr.). Siehe hierzu *H. Cotton*: A Cancelled Marriage Contract from the Judaean Desert, JRS 84, 1994, 64–86; *dies*., in: *Cotton/Yardeni*: Documentary Texts (Anm. 8), 265–274.

[38] Zur Vergleichbarkeit der *proix* mit der röm. Mitgift (*dos*) siehe *H. A. Rupprecht*, Kleine Einführung in die Papyruskunde, Darmstadt 1994, 109.

[39] Zum röm. Dotalrecht siehe *Kaser* ²1971, 332–334.

[40] Vgl. *U. Luz*: Das Evangelium nach Matthäus, 2. Teilb., Zürich 1990, 390.

[41] Vgl. Papin. dig. 12,7,5,1; 48,5,39,2; Paul. dig. 23,2,68.

[42] Vgl. *J. Gnilka*: Das Evangelium nach Markus, 2. Teilb., Zürich ⁴1994, 158.

[43] Hierzu und zur Frage einer Adoption siehe *Nörr*: Die Evangelien (Anm. 25), 120–123.

[44] P. Yadin 14; 15; 16; 17; 20; 22; 25; 27; 37 (= P. Hever 65); P. Hever 64; 69. Hierzu *H. Cotton*: The Guardian (epitropos) of a Woman in the Documents from the Judaean Desert, ZPE 118, 1997, 267–273.

Jesu nur der außerrechtliche Wunsch steht, Johannes und Maria mögen füreinander sorgen.[45]

Der Satz, dass die Christen „um einen Preis", gemeint ist der Kreuzestod Jesu, erkauft sind (1Kor 6,20; 7,23), spielt vielleicht auf die in der Antike und so auch im röm. Recht anerkannte Möglichkeit des Loskaufs eines Kriegsgefangenen durch Zahlung eines Lösegeldes (*redemptio ab hostibus*) an.[46] Ein Kriegsgefangener wurde nach *ius gentium* zum Sklaven (→2.2.5.3), konnte aber aufgrund des Rückkehrrechts (*ius postliminii*) durch Flucht und anschließende Rückkehr in seine Heimat seine alte Rechtsstellung mit Rückwirkung wiedererlangen (Gaius inst. 1,129; Inst. Iust. 1,12,5). Das Rückkehrrecht wirkte auch zugunsten des Kriegsgefangenen, dessen Heimkehr durch die Zahlung eines Lösegeldes ermöglicht wurde.[47]

Demgegenüber ist ein Bezug zum röm. Recht in Gal 4,30 und Röm 8,17, wo von der Erbschaft die Rede ist, nicht ersichtlich. Röm 8,17 („wir sind Erben Gottes und sind Miterben Christi") ist zu allgemein, um hier eine Verbindung zum röm. Recht herzustellen. Gal 4,30 nimmt Bezug auf die Verstoßung Ismaels (Gen 21,10) und weist daher klar auf das jüd. Recht hin.

*Literatur*

*M. Kaser*: Das römische Privatrecht I, München $^{2}$1971. – *M. Kaser/R. Knütel*: Römisches Privatrecht, München $^{17}$2003. – *H. Honsell u.a.*: Römisches Recht, Berlin u.a. $^{4}$1987. – *U. Manthe*: Geschichte des römischen Rechts, München 2000.

[45] Vgl. *H. Kupiszewski*: Das Neue Testament und Rechtsgeschichte, in: Estudios en homenaje al Profesor Juan Iglesias II, Madrid 1988, 809–821, hier 812f.

[46] Hierzu *W. Schrage*: Der erste Brief an die Korinther, 2. Teilb., Zürich u.a. 1995, 34–36.

[47] Vgl. *Kaser* $^{2}$1971, 291; *G. Schiemann*: Postliminium, DNP 10, 2001, 220.

### 1.5.1.3 Ius privatum: Vermögensrecht (*Peter Gröschler*)

*Stellen im NT*
Mt 5,38–42; 13,44–46; 21,33–46; 22,1–14; 25,27; Mk 12,1–12; Lk 6,27–36; 12,13; 14,15–24; 15,11–32; 20,9–19; 2Kor 1,22; 5,5; Eph 1,13f

*Einführung*
Das Vermögensrecht umfasst sowohl das Recht der Schuldverträge, wie etwa Kaufvertrag, Darlehen oder Leihe, als auch das Sachenrecht, das die rechtliche Güterzuordnung und damit insbes. das Eigentum regelt. Schließlich zählt zum Vermögensrecht auch das Erbrecht, das die vermögensrechtlichen Folgen des Todes eines Menschen behandelt. Im Bereich des Schuldrechts gab es weder im röm. noch im jüd. Recht eine Vertragsfreiheit im heutigen Sinn, d.h. die Möglichkeit, durch freie Willensübereinstimmung beliebige Verträge abzuschließen.[1] Das röm. Recht der Schuldverträge ist durch einen strengen Typenzwang gekennzeichnet.[2] Rechtlich durchsetzbar waren nur fest definierte Verträge, die durch Sachhingabe (*re*), durch förmliche Worte (*verbis*) in Gestalt von Frage und Antwort, durch die Zusendung eines Ermächtigungsbriefes (*litteris*) des Schuldners und die Eintragung der Forderung durch den Gläubiger in sein Hausbuch sowie in bestimmten Fällen auch durch einfache Willensübereinstimmung (*consensu*) abgeschlossen wurden (Gaius inst. 3,89).[3] Bei den durch Sachhingabe abgeschlossenen Realverträgen handelt es sich um Darlehen (*mutuum*), Leihe (*commodatum*), Verwahrung (*depositum*) und Verpfändung (*pignus*).[4] Die durch übereinstimmende Willenserklärungen entstehenden Konsensualverträge sind der Kaufvertrag (*emptio venditio*), der Verdingungsvertrag (*locatio conductio*), der Auftrag (mandatum) sowie der Gesellschaftsvertrag (*societas*). Der Verdingungsvertrag umfaßt sowohl Miete und Pacht, d. h. die Verdingung einer Sache (*locatio conductio rei*), als auch Dienstvertrag (*locatio conductio operarum*) und Werkvertrag (*locatio conductio operis*).[5] Große Bedeutung kam dem Verbalvertrag in Gestalt der stipulatio zu, mit deren Hilfe durch förmliche Frage und Antwort Verpflichtungen beliebigen Inhalts begründet werden konnten.[6] Auf diese Weise ließen sich die Schranken des röm. Typenzwangs im Vertragsrecht überwinden. Gelegentlich findet sich bereits in röm. Urkunden aus dem 1. Jh. n.Chr. eine sog. Stipulationsklausel,[7] die dazu diente, die Wirksamkeit einer vertraglichen Vereinbarung zu gewährleisten, auch wenn sie nicht unter die anerkannten Vertragsty-

---

1 S. zum jüd. Recht *I. Herzog*: The Main Institutions of Jewish Law II: The Law of Obligations, London ²1967, 19–47.

2 Hierzu *Kaser* ²1971, 484; *Kaser/Knütel* ¹⁷2003, 203f; *H. Honsell*, in: *Honsell u.a.* ⁴1987, 250f; *Manthe* 2000, 92–96.

3 Vgl. *Kaser* ²1971, 524–526; *H. Honsell*, in: *Honsell u.a.* ⁴1987, 251–255.

4 Vgl. *Kaser* ²1971, 530–538; *H. Honsell*, in: *Honsell u.a.* ⁴1987, 296–304.

5 Vgl. *H. Honsell*, in: *Honsell u.a.* ⁴1987, 322–330.

6 Vgl. *Kaser* ²1971, 538f.

7 S. etwa den Rahmenvertrag in TPSulp. 48; hierzu *G. Camodeca*: Tabulae Pompeianae Sulpiciorum I, Rom 1999, 128–131.

pen fiel.[8] Die anerkannten Verträge wurden überwiegend dem *ius gentium* (→1.5.1.1) zugerechnet und standen damit auch für *peregrini* (→1.5.1.2) offen.[9]
Im jüd. Recht kam eine vertragliche Bindung in der Regel erst durch die Erbringung der Leistung durch einen der Vertragspartner zustande,[10] so dass insofern eine Parallele zu den röm. Realverträgen besteht. Auch in den auf Griechisch verfassten Urkunden vom Toten Meer (→1.3.4.1) finden sich mehrfach Stipulationsklauseln, etwa bei der Verwahrung, bei Verträgen über den Verkauf der Dattelernte und sogar bei Heiratsverträgen.[11] Auf diese Weise sollte offenbar die Durchsetzbarkeit der beurkundeten Geschäfte vor röm. Gerichten besonders abgesichert werden.
Im röm. Sachenrecht wird zwischen den *res mancipi*, nämlich Sklaven (→2.2.5.3), Großvieh und italischen Grundstücken, also Gütern, die für das bäuerliche Leben besonders wertvoll waren, und den *res nec mancipi*, d.h. allen sonstigen Sachen, unterschieden.[12] Nach *ius civile* konnte das Eigentum an *res mancipi* nur durch den förmlichen Akt der *mancipatio*, an der außer dem Käufer und dem Verkäufer noch weitere sechs mündige röm. Bürger beteiligt sein mussten, übertragen werden (Gaius inst. 1,119f).[13] Die bloße Übergabe (*traditio*) führte nur bei *res nec mancipi* zum unmittelbaren Eigentumserwerb (Gaius inst. 2,18–20).[14] Dagegen erlangte der Erwerber an einer nur übergebenen und nicht manzipierten *res mancipi* erst dann Eigentum nach *ius civile*, wenn die Ersitzungsfrist von zwei Jahren bei Grundstücken bzw. von einem Jahr bei beweglichen Sachen abgelaufen war (Gaius inst. 2,41).[15] Seit der späten Republik schützte der röm. Gerichtsbeamte (*praetor*) nun auch schon vor Ablauf der Ersitzungsfrist den Erwerber einer nur übergebenen *res mancipi*.[16] Dieser Schutz führte aus der Sicht der röm. Juristen dazu, dass sich die Sache bereits mit der Übergabe im Vermögen (*in bonis*) des Erwerbers befand; man spricht daher vom „bonitarischen Eigentum".
Anders als die italischen Grundstücke gehören Provinzialgrundstücke in aller Regel nicht zu den *res mancipi* (Gaius inst. 2,21). In den Provinzen stand Grund und Boden im Staatseigentum, weshalb es an den Grundstücken nur ein eigentumsähnliches Recht gab, das den Besitz und die Nutzung ermöglichte (*uti frui habere licere*).[17] Die Zuordnung der Grundstücke zum Staatsvermögen zeigt deren Belastung mit einer Bodensteuer (→2.3.1).
Das röm. Erbrecht unterscheidet zwischen Testat- und Intestaterbfolge, je nachdem, ob die Erbfolge durch ein wirksames Testament geregelt war oder

---

8 Vgl. *H. Honsell*, in: *Honsell u.a.* [4]1987, 107f; *D. Simon*: Studien zur Praxis der Stipulationsklausel, München 1964, 26f.
9 Vgl. *Th. Mayer-Maly*, in: *Honsell u.a.* [4]1987, 59.
10 Siehe *Herzog*: Jewish Law (Anm.1).
11 P. Yadin 17; 18; 20; 21; 22; 37 (= P. Hever 65); P. Hever 63.
12 Vgl. *Kaser* [2]1971, 123f.
13 Hierzu *Kaser* [2]1971, 43–47.131–134.413–415; *Manthe* 2000, 19–24.
14 Vgl. *Kaser* [2]1971, 416–418; *Manthe* 2000, 24f.
15 Zur Ersitzung (*usucapio*) siehe *Th. Mayer-Maly*, in: *Honsell u.a.* [4]1987, 171–178.
16 Vgl. *Kaser* [2]1971, 403f.
17 S. *Kaser* [2]1971, 402f.

nicht (Gaius inst. 2,99).[18] Intestaterben nach *ius civile* waren in erster Linie die Hauserben (*sui heredes*), d.h. diejenigen, die mit dem Tod des Erblassers unmittelbar gewaltfrei wurden (Coll. Mos. 16,2,1–8).[19] Dazu gehören insbes. die unter der *patria potestas* des Erblassers stehenden Kinder sowie die Ehefrau, sofern sie mit dem Erblasser in einer *manus*-Ehe verheiratet war. Waren keine *sui heredes* vorhanden, so erbte, wie bereits in den Zwölf Tafeln von 451/450 v.Chr. angeordnet war (lex XII tab. 5,4), der gradnächste Verwandte der männlichen Linie (*agnatus proximus*).[20] Im Laufe der Republik wurde die Erbordnung nach ius civile vom prätorischen Erbrecht überlagert (Gaius inst. 3,25–38),[21] wonach vor allem auch Kindern, die der Erblasser bereits zu seinen Lebzeiten durch *emancipatio* aus der väterlichen Gewalt entlassen hatte, erbberechtigt waren. Hilfsweise kamen nach prätorischem Recht auch Verwandte der weiblichen Linie als Erben zum Zuge. Dem Erblasser war es freilich möglich, durch Errichtung eines Testaments die Intestaterbfolge auszuschließen.[22] Neben der für ein Testament unverzichtbaren Erbeinsetzung (Gaius inst. 2,229), die zum Übergang des Vermögens als Ganzes auf den oder die Erben führte, konnte der Erblasser im Testament auch Vermächtnisse (*legata*) aussetzen, die der Zuwendung von Einzelgegenständen an bestimmte Personen dienten.[23] Um der Verschwendungssucht der Erblasser zu begegnen, durften die Vermächtnisse allerdings nach der *lex Falcidia* von 41 v.Chr. höchstens drei Viertel der Erbschaft erreichen (Gaius inst. 2,227).[24] Als Erben konnten grundsätzlich beliebige Personen eingesetzt werden.[25] Die kaiserliche Gerichtsbarkeit ließ jedoch dann, wenn die nächsten Angehörigen des Erblassers nicht einmal ein Viertel ihres Intestaterbteils erhielten, eine Anfechtung des Testaments als „lieblos" (*inofficiosum*) zu.[26]

*Zu den Textaussagen im NT*

Mehrfach wird von Jesus die Vergabe von Darlehen angesprochen, wie der Begriff *daneizein* („darleihen") zeigt.[27] Abgesehen vom Gleichnis vom anvertrauten Geld, in dem im übertragenen Sinn ein Wuchern mit den Talenten befürwortet wird (Mt 25,27), verwendet sich Jesus gerade für die Vergabe unverzinslicher Darlehen als Ausdruck der Nächstenliebe (Mt 5,42; Lk 6,35). Nach jüd. Recht war die Entgegennahme von Zinsen unter Juden unzulässig (Ex 22,24; Lev 25,35–37); anders lag es dagegen im Verhältnis zu Fremden (Dtn 23,20–21). Das röm. Darlehen (*mutuum*) war als solches ein unverzinsliches Geschäft; dahinter stand ursprünglich die Vorstellung des unentgeltlichen Ge-

[18] Vgl. *H. Honsell*, in: *Honsell u.a.* ⁴1987, 440f.
[19] Vgl. *Kaser* ²1971, 695.
[20] Vgl. *Kaser* ²1971, 696.
[21] Hierzu *H. L. W. Nelson/U. Manthe*: Gai institutiones III 1–87, Berlin 1992, 79f.
[22] Vgl. *Kaser* ²1971, 677; *H. Honsell*, in: *Honsell u.a.* ⁴1987, 440f.
[23] Vgl. *Kaser* ²1971, 740–742.
[24] Näheres zur sog. Luxusgesetzgebung bei *Kaser* ²1971, 756f.
[25] Zur Einschränkung der Erbeinsetzung von Frauen durch die *lex Voconia* von 169 v.Chr. siehe *Manthe* 2000, 78f.
[26] Vgl. Plin. epist. 5,1,9; Inst. Iust. 2,18,6.
[27] Mt 5,42; Lk 6,34f; vgl. auch Mt 18,27; Lk 7,41.

legenheits- oder Freundschaftsdarlehens.[28] Allerdings darf daraus nicht geschlossen werden, dass bei den Römern die Vergabe von Darlehen immer oder auch nur überwiegend unentgeltlich erfolgt wäre. Durch ein zusätzliches Versprechen in Form der *stipulatio* konnte jederzeit eine Pflicht des Schuldners zur Zahlung von Zinsen begründet werden.[29] Der seit der späten Republik geltende Höchstsatz für Zinsen lag bei einem Hundertstel pro Monat (*centesimae usurae*), also bei 12 % jährlich.[30] Dieser Zinssatz findet sich auch in den Urkunden vom Toten Meer.[31]

Um Kaufgeschäfte geht es im Gleichnis vom Festmahl (Lk 14,18f; vgl. auch Mt 22,1–10). Zwei der zum Festmahl geladenen Personen entschuldigen sich mit dem Hinweis, dass sie ein Grundstück bzw. Ochsen gekauft hätten und die gekauften Gegenstände nun besichtigen bzw. überprüfen müssten. Da der Käufer das Grundstück offenbar noch nicht gesehen hat, liegt es nahe, dass das Grundstückseigentum bereits durch den Abschluss des Kaufvertrags, also ohne Besitzverschaffung, auf den Käufer übergegangen ist.[32] Zu einem wirksamen Grundstückskaufvertrag, der bereits zum Eigentumsübergang führte, kam es im jüd. Recht insbes. durch die Zahlung des Kaufpreises an den Verkäufer oder die Übergabe einer Kaufurkunde an den Käufer.[33] Nach röm. Recht hatte der bloße Kaufvertrag (*emptio venditio*) dagegen keine Auswirkung auf die Eigentumslage.[34] Bei Provinzialgrundstücken musste für den Übergang des eigentumsähnlichen Nutzungsrechts die Übergabe (*traditio*) hinzukommen, d. h. die Verschaffung des Besitzes am Grundstück (Gaius inst. 2,20f).

In übertragenem Sinn ist an verschiedenen Stellen (2Kor 1,22; 5,5; Eph 1,13f) vom heiligen Geist als „Angeld“ (*arrabōn*) die Rede, das Gott in die Herzen der Menschen gegeben hat, um seine Heilsverheißung zu bekräftigen und abzusichern.[35] Das Angeld – *arr(h)a*, *arrabō* bzw. *arrabōn* – hatte vor allem im gr. Recht eine wichtige Bedeutung: Entsprechend dem Modell des Barkaufs kam es erst mit einer tatsächlichen Leistungserbringung, die auch in der Hingabe eines *arrabōn* liegen konnte, zu einer wirksamen vertraglichen Bindung.[36] Obwohl der röm. Kaufvertrag als Konsensualvertrag bereits durch die übereinstimmenden Willenserklärungen wirksam war, ist auch bei den Römern das Angeld bekannt, freilich nur zur Bestätigung des Vertrags (Gaius inst. 3,139).[37] Gebräuchlich war etwa die Hingabe eines Rings,[38] der nach Erfüllung des Vertrags wieder zurückgewährt werden musste.

---

28 Vgl. *Kaser* ²1971, 531.

29 Zur Zinsstipulation siehe Papin./Ulp. dig. 17,1,10,4; Afric. dig. 19,5,24.

30 Vgl. *Kaser* ²1971, 497.

31 P. Yadin 11. In P. Yadin 15 ist dagegen von einem Zinssatz in Höhe von außergewöhnlichen 18 % die Rede. Siehe hierzu *H. Cotton*: The Guardianship of Jesus Son of Babatha: Roman and Local Law in the Province of Arabia, JRS 83, 1993, 94–108, hier 103.

32 Vgl. *D. Nörr*: Die Evangelien des Neuen Testaments und die sogenannte hellenistische Rechtskoine, ZSRG.R 78, 1961, 92–141, hier 127f.

33 Jer 32,6–16; mQid 1,5; bBM 77b.

34 Vgl. *Kaser/Knütel* ¹⁷2003, 254f.

35 S. *K. Erlemann*: Der Geist als ἀρραβών (2Kor 5,5) im Kontext der paulinischen Eschatologie, ZNW 83, 1992, 202–223.

36 Hierzu *H.-A. Rupprecht*: Kleine Einführung in die Papyruskunde, Darmstadt 1994, 116; *G. Thür*: Arra, Arrabon, DNP 2, 1997, 24f.

37 Vgl. *Kaser* ²1971, 547f.

Schwierigkeiten bereitet der rechtliche Hintergrund des Gleichnisses vom Schatz im Acker (Mt 13,44). Nach röm. Recht stand ein Schatz, also eine verborgene Wertsache, deren Eigentümer nicht mehr festgestellt werden kann,[39] ursprünglich wohl dem jeweiligen Grundstückseigentümer zu.[40] Kaiser Hadrian ordnete dann eine hälftige Teilung des Schatzes zwischen dem Finder und dem Grundstückseigentümer an.[41] Jedoch darf die Lösung des röm. Rechts nicht unbesehen auf das Gleichnis übertragen werden.[42] Anders als im röm. Recht ist über eine spezielle Regelung des Schatzfundes im jüd. Recht nichts bekannt.[43] Nach jüd. Fundrecht musste die Fundsache, sofern sie ein Kennzeichen aufwies, öffentlich ausgerufen werden; war die Fundsache nicht gekennzeichnet oder meldete sich auf die Ausrufung hin kein Eigentümer, so durfte sich der Finder die Sache aneignen.[44] Die Frage, ob es sich beim Schatz im Acker um eine gewöhnliche Fundsache handelte oder dieser als Bestandteil des Grundstücks dem Grundstückseigentümer gehörte,[45] lässt sich nicht sicher beantworten. Immerhin standen Dinge, die in einer alten Wand entdeckt wurden, dem Finder und nicht dem Eigentümer der Wand zu,[46] was gegen die Einordnung des Schatzes als Grundstücksbestandteil spricht. Aber selbst dann, wenn der Grundstückserwerb den Käufer nicht unmittelbar zum Eigentümer des Schatzes machte, war der Erwerb des Grundstücks sinnvoll, um die ungestörte Bergung durch den Finder sicherzustellen. Denkbar ist auch, dass es sich bei dem Finder um einen Lohnarbeiter handelt,[47] der, wenn er nicht vorher das Grundstück erworben hätte, gleichsam als verlängerter Arm des Dienstherrn den Schatz für diesen gehoben hätte.[48]

---

38 So etwa in TPSulp. 3 (*depositi anuli arrae nomine*); hierzu *Camodeca*: Tabulae Pompeianae Sulpiciorum I (Anm. 7), 56–58.

39 Paul. Dig. 41,1,31,1. Vgl. *Th. Mayer-Maly*: Rechtsgeschichtliche Bibelkunde, Wien u.a. 2003, 45–50.

40 So Brutus und Manilius in Paul. dig. 41,2,3,3. Vgl. *Kaser* ²1971, 426f. Weiterführend *B. Kübler*: Thesaurus, RE VI A,1, 1936, 7–13. Aus den literarischen Quellen, in denen bisweilen vom glücklichen Finder berichtet wird (Hor. sat. 2,6,10–13; Pers. 2,10–12; Petron. 88,8), ist kein sicherer Schluss auf die rechtliche Behandlung des Schatzfundes möglich; vgl. *Th. Mayer-Maly*, in: *Honsell u.a.* ⁴1987, 166; *ders.*: Der Schatzfund in Justinians Institutionen, in: *P. Stein/A. D. E. Lewis* (eds.): Studies in Justinian's Institutes in Memory of J. A. C. Thomas, London 1983, 109–117, hier 112.

41 Inst. Iust. 2,1,39.

42 Vgl. *J. Dauvillier*: La parabole du trésor et les droits vientaux, RIDA 4, 1957, 107–115 hier 109; *Th. Mayer-Maly*, in: *Honsell u.a.* ⁴1987, 166.

43 Vgl. *R. Knütel*: Der Schatz im Acker und die bösen Weingärtner. Bibelgleichnisse im Lichte zeitgenössischer Rechtsanschauungen, Index 15, 1987, 111–130, hier 113.

44 Vgl. bBM 2,1f.

45 Als Grundstücksbestandteil wird der Schatz angesehen von *Dauvillier*: La parabole (Anm. 42), 111–113; *Nörr*: Die Evangelien (Anm. 32), 129.

46 Vgl. bBM 25b. Dagegen wurde bei einem Fund in einer neuen Wand differenziert, ob sich der Gegenstand in der Innen- oder Außenhälfte der Wand befand: bBM 26a.

47 So *Knütel*: Der Schatz im Acker (Anm. 43), 115–117; *J. D. M. Derrett*: Law in the New Testament, London 1970, 9–13.

48 Vgl. bBM 10a; 12b; 118a.

Die Frage der Ersitzung stellt sich im Gleichnis von den bösen Winzern (Mk 12,1–12; Mt 21,33–46; Lk 20,9–19).[49] Die Verpachtung des Weinbergs gegen einen bestimmten Anteil an der Ernte stellt einen Fall der Teilpacht dar, wie sie auch im röm. Recht vorkam.[50] Zwar war ein Teilpächter im jüd. Recht von der Ersitzung ausdrücklich ausgeschlossen;[51] machte er aber nach Ablauf von drei Jahren einen Erwerbstitel geltend, indem er etwa vorgab, das Grundstück gekauft zu haben, so kam er in den Genuss der Regeln über die Ersitzung.[52] Dass derartige Fälle tatsächlich vorkamen, zeigt die Gemara: Der Eigentümer konnte gegenüber dem Pächter, der sich das Eigentum angemaßt hatte, nur innerhalb der dreijährigen Ersitzungsfrist Einspruch erheben.[53] Wenn er dagegen auf den ihm zustehenden Ertrag des Grundstücks drei Jahre lang verzichtet hatte, so wurde dies als Beweis dafür gewertet, dass tatsächlich eine Übereignung stattgefunden hatte.[54] An einem wirksamen Einspruch des Eigentümers, der förmlich und vor Zeugen hätte erfolgen müssen,[55] fehlt es im Gleichnis von den bösen Winzern. Allerdings war eine Ersitzung durch die Winzer aufgrund der Abwesenheit des Eigentümers, der sich im Ausland aufhielt, wohl ausgeschlossen,[56] so dass deren Plan, sich das Erbgut[57] des getöteten Sohnes anzueignen, nicht in Erfüllung ging.[58] Anders als im jüd. Recht musste der Besitzer bei der römischrechtlichen Ersitzung (*usucapio*)[59] den Erwerbstitel (*causa*) nicht nur behaupten, sondern grundsätzlich auch beweisen;[60] außerdem konnte sich der Eigentümer darauf berufen, dass es am guten Glauben (*bona fides*) des Besitzers hinsichtlich der Berechtigung des Veräußerers fehlte.[61]

---

[49] Siehe hierzu *Knütel*: Der Schatz im Acker (Anm. 43), 118–124; *Derrett*: Law in the New Testament (Anm. 47), 286–312; *E. Bammel*: Das Gleichnis von den bösen Winzern (Mk 12,1–9) und das jüdische Erbrecht, RIDA 6, 1959, 11–17.

[50] Vgl. zur Person des Teilpächters (*colonus partiarius*) Gaius dig. 19,2,25,6; hierzu *Kaser* ²1971, 566.

[51] Siehe bBB 46b.

[52] Der Erwerbstitel musste vom Besitzer nur behauptet, nicht aber bewiesen werden; vgl. bBB 28b; 31a; 41a. Hierzu *D. Sperber*: Flight and the Talmudic Law of Usucaption: A Study in the Social History of Third Century Palestine, RIDA 19, 1972, 29–42, hier 32f.

[53] Vgl. bBB 35b.

[54] Vgl. bBB 29a. Der Grundstückserwerber mußte daher die Kaufurkunde nicht länger als drei Jahre aufbewahren.

[55] Vgl. bBB 38b–40a.

[56] Zum Ausschluss des Ersitzungsrechts gegenüber Abwesenden und der späteren Einschränkung dieser Regel im 3. Jh. n.Chr. siehe bBB 38a–38b. Hierzu *Sperber*: Talmudic Law (Anm. 52), 33–35.

[57] Zu dem möglichen erbrechtlichen Hintergrund des Gleichnisses, der allerdings auf das Sklavenerbrecht verweisen und voraussetzen würde, dass es sich bei den Winzern in Wirklichkeit um Sklaven handelt, siehe *Nörr*: Die Evangelien (Anm. 32), 124–126.

[58] Dagegen nehmen *Derrett*: Law in the New Testament (Anm. 47) 301f und *Knütel*: Der Schatz im Acker (Anm. 43) 122f an, dass es auch schon zur Zeit Jesu zu einer Ersitzung gegenüber Abwesenden kommen konnte.

[59] Vgl. Anm.15.

[60] Die Anerkennung eines bloß vermeintlichen Erwerbstitels, eines sog. Putativtitels, war unter den röm. Juristen umstritten; vgl. Cels./Ulp. dig. 41,3,27; Inst. Iust. 2,6,11.

[61] S. *Kaser* ²1971, 422f.

Hinter dem Anliegen des Sprechers in Lk 12,13, der Bruder möge das Erbe mit ihm teilen, steht dessen berechtigtes Verlangen nach Erbteilung.[62] Bereits nach altjüd. Recht war die Erbteilung möglich,[63] obwohl das Zusammenleben der Erben in ungeteilter Erbengemeinschaft als der Idealfall angesehen wurde.[64] Im frühen röm. Recht gab es, wie dies für eine archaische, durch den Sippenverband geprägte Rechtsordnung kennzeichnend ist, zunächst keine Möglichkeit, die Erbteilung zu erzwingen.[65] Erst durch die Zwölf Tafeln wurde die Erbteilungsklage (*actio familiae erciscundae*) eingeführt.[66] Von der Verteilung des Erbguts noch zu Lebzeiten des Erblassers handelt das Gleichnis vom verlorenen Sohn (Lk 15,12).[67] Es geht dabei um einen Fall der vorweggenommenen Erbfolge („Abschichtung“), die bereits im AT angesprochen wird.[68] Auch nach röm. Recht konnte der Erblasser, wenn er dies wollte, eine vorweggenommene Erbfolge im Wege der Entlassung des Hauskindes aus der väterlichen Gewalt (*emancipatio*) und dessen Ausstattung mit einem Teil des Vermögens herbeiführen.[69] Da der Emanzipierte nach prätorischem Erbrecht auch erbberechtigt war, jedoch nicht besser stehen sollte als die neben ihm zum Zuge kommenden *sui heredes*, die noch kein eigenes Vermögen hatten, wurde ihm eine entsprechende Ausgleichspflicht auferlegt (*collatio bonorum*).[70]

*Literatur*

*M. Kaser*: Das römische Privatrecht I, München ²1971. – M. *Kaser/R. Knütel*: Römisches Privatrecht, München ¹⁷2003. – *H. Honsell u.a.*: Römisches Recht, Berlin u.a. ⁴1987. – *U. Manthe*: Geschichte des römischen Rechts, München 2000.

62 S. hierzu *D. Daube*: Inheritance in Two Lukan Pericopes, ZSRG.R 72, 1955, 326–334, hier 326–329.

63 Gen. 13,1–12; 36,6f; 38,1. Zum talmudischen Recht siehe bBB 126a–b; Bek 56b.

64 Vgl. Ps 133,1; zum „Zusammenleben“ von Brüdern in ungeteilter Erbengemeinschaft siehe auch Dtn 25,5; bBB 126a; Bek 56b.

65 Vgl. *H. Honsell*, in: *Honsell u.a.* ⁴1987, 331; *Manthe* 2000, 32f.48f.

66 Vgl. Gaius dig. 10,2,1 pr.

67 Hierzu *Daube*: Inheritance (Anm. 62), 329–334; *Nörr*: Die Evangelien (Anm. 32), 123f; *Derrett*: Law in the New Testament (Anm. 47), 100–125; *J. Dauviller*: Le partage d'ascendant et la parabole du fils prodique, in: Actes du Congrès de Droit Canonique (Paris, 22–26 avril 1947), Paris 1950, 223–228.

68 S. Tob 8,21; Sir 33,21f. Zum talmudischen Recht bBM 75b; bBB 126b.

69 Vgl. *Kaser* ²1971, 69.

70 Vgl. *Kaser* ²1971, 731f.

## 1.5.1.4 Römisches Strafrecht (*Massimo Miglietta*)

*Stellen im NT*
Mt 27,24f; Lk 23,2.6f; Joh 1,49; 8,2–11; 19,19; Apg 7,51–60

*Grundsätzliches*
Seit der archaischen Epoche scheint im röm. Recht eine klare Zweiteilung der unerlaubten Handlungen nach verschiedenen und konkurrierenden Gerichtszweigen in *crimina* und *delicta* bestanden zu haben,[1] die dem modernen Strafrecht praktisch unbekannt ist.[2] Nach dem Zeugnis von Dionysios von Halikarnassos soll diese Einteilung sogar bis auf die antiken *leges regiae* zurückgehen, und zwar auf einen Erlass von Servius Tullius.[3] Dieser röm. König habe öffentliche Klagen (*iudicia publica*) von den Privatklagen (*iudicia privata*) getrennt und persönlich über die unerlaubten Handlungen zum Nachteil der Allgemeinheit geurteilt, während er die privaten Delikte unter Vorgabe gesetzlicher Grenzen und Normen Privatrichtern zugeteilt habe.[4]
Aller Wahrscheinlichkeit nach darf man diesen Bericht nicht wörtlich nehmen (es könnte sich um eine zeitliche Vorverlegung durch den antiken Schriftsteller handeln),[5] aber er spricht doch dafür, dass diese Aufteilung sehr früh geschah.[6] Jedenfalls wurden die schwereren Verstöße, die *crimina*, in der Regel als empfindliche Störungen des Verhältnisses zwischen der *civitas* und den *dei* aufgefasst (*pax deorum*), und es handelte sich im Wesentlichen um Handlungen, welche als geeignet angesehen wurden, die Stabilität der Gemeinschaft zu untergraben. Es sind vor allem *perduellio* (Hochverrat)[7] und *parricidium* (vorsätzlicher Totschlag).[8] Diese *crimina* wurden direkt von den Staatsorganen

---

1 Es gab im röm. Recht trotzdem Berührungspunkte zwischen *delicta* und *crimina*. Siehe hierzu sowie allgemein *M. Miglietta*: Servus dolo occisus. Contributo allo studio del concorso tra „actio legis Aquiliae" e „iudicium ex lege Cornelia de sicariis", Neapel 2001, 256–260 mit Anm. 157.

2 Zumindest gibt es kaum Wahlmöglichkeit zwischen der Zivil- und Strafrechtsprechung (außer beim zivilrechtlichen Ersatz immaterieller Schäden der Straftat, die auch durch ein Adhäsionsverfahren im Strafprozess eingeklagt werden können). Für die betreffende Zeit siehe *F. Serrao*: Sul danno da reato in diritto romano, Archivio Giuridico 20, 1956, 16–66.

3 Vgl. Dion. Hal. 4,25,2.

4 Vgl. die neueste Ausgabe von *G. Franciosi* (ed.): Leges regiae, Neapel 2003, 186.

5 So *D. A. Russell*: Dionisio [7], Diz. Ant. Class., Oxford/Rom 1981, 680f.

6 Siehe die diesbezüglichen Andeutungen von *Mommsen* 1899, 5 Anm. 1, wo er die bei Dionysios implizierte „ideale Schilderung der wieder aufgenommenen Monarchie" anspricht.

7 Dieser Beitrag konzentriert sich seinem Zuschnitt nach auf die *crimina* gegen den Staat, auch weil sie zur Verurteilung von Jesus von Nazareth führten (s.u.).

8 In späterer Zeit verhängt die *lex Pompeia de parricidis* über denjenigen, der ein Elternteil (oder einen nahen Verwandten) tötet, eine *poena cullei* (über deren Bedeutung und komplexen Ablauf siehe *E. Cantarella*: I supplizi capitali in Grecia e a Roma, Mailand 1996, 264–288 u. 409–415), die sich auch bei Inst. Iust. 4,18,6 wiederfindet. Bedeutsam wäre die Datierung der Trennung von vorsätzlichem und nicht vorsätzlichem Totschlag. Man nimmt allgemein an, dass sie bereits in der Kaiserzeit stattgefunden hat, so dass der Täter nicht sofort bestraft worden wäre, sondern den *agnati* des Getöteten öffentlich einen Widder anbieten musste, s. Serv. ecl. 4,43 sowie *Franciosi* (ed.): Leges regiae (Anm. 4), 108f. Außerdem stufte man einige Verbrechen (*scelera*) aufgrund ihrer religiösen Kompo-

bzw. dem *rex* – auch aufgrund seiner religiösen Vorrechte – durch speziell dafür abgestellte Helfer verfolgt, und zwar die *duoviri* (oder *duumviri*) *perduellionis* und die *quaestores parricidii*.[9]
Andere Verstöße hingegen waren ausschließlich oder vorwiegend gegen ein privates Rechtsgut gerichtet – und bildeten später, in einer stärker systematisierenden Perspektive der röm. Juristen,[10] die Kategorie der *obligationes ex delicto* (Körperverletzung und Verleumdung [*os fractum*, *membrum ruptum*, *iniuria*],[11] Diebstahl [*furtum*][12] sowie Schädigung fremder Sklaven, Tiere oder beweglicher Sachen [*damnum iniuria datum*]).[13] Diese Verstöße wurden nur zu dem Zweck öffentlich verfolgt, das Phänomen der ursprünglich zulässigen Privatrache einzudämmen. Diese Eingriffe waren aber mittelbarer Art, da die Aufgabe der Schuldfeststellung und die *condemnatio*[14] des Täters noch nicht öffentlichen Organen, sondern der Zivilgerichtsbarkeit übertragen wurde, wie Dionysios berichtet (s.o.).[15]
Funktional betrachtet, erzeugte der Übergang von der Monarchie (*regnum*) zur Republik (*res publica*) eine Übertragung der *coercitio* auf die neue Höchstmagistratur des Gemeinwesens, das Konsulat. Dessen Inhaber hatten außer den anderen Befugnissen, in denen sich ihr *imperium* äußerte, auch die Aufgabe, Strafsanktionen anzuwenden. Ein verurteilter *civis Romanus* hatte, wahr-

---

nente als *inexpiabilia* ein (also ausschließlich durch den Opfertod des Täters zu entsühnen), wohingegen andere *expiabilia* waren (also durch die Darbringung eines *piaculum* oder Opfers wiedergutgemacht werden konnten). Die Rechtsnatur solcher ritueller Ersetzungen wird zuletzt präzise und originell beschrieben bei *E. Bianchi*: Fictio iuris. Ricerche sulla finzione in diritto romano dal periodo arcaico all'epoca augustea, Padua 1997, 33–159. Interessant wäre ein juristisch-anthropologischer Vergleich mit der atl. Kultur, in der Abraham seinen Sohn Isaak nicht opfern muss, sondern auch hier durch einen Widder ersetzen kann (Gen 22,1–19, insbes. 12f sowie Fest. 476 L).

[9] Für das mit der Sanktion „*par(r)icidas esto*" verbundene philologische und juristische Problem, das Paul. Fest. 247 L, Z. 23f aufwirft, verweise ich stellvertretend für alle auf *S. Tondo*: Leges regiae e paricidas, Florenz 1973, 131–139; vgl. auch *Santalucia* ²1998, 15–19.

[10] Diese These wird ausgeführt in *Miglietta*: Servus dolo occisus (Anm. 1), 324 Anm. 113.

[11] Für die Ursprünge vgl. lex XII tab. 8,2–5 (= FIRA I S. 52–54).

[12] Für die Ursprünge vgl. lex XII tab. 8,12–17 (= FIRA I S. 57–60).

[13] Zu diesen Straftaten kommt später noch *iure praetorio* die Entwicklung des Tatbestandes der *rapina* (also des gewaltsamen Diebstahls) hinzu. Für die sog. *obligationes ex delicto* stellvertretend für alle *C. A. Cannata*: Delitto e obbligazione, in: *F. Milazzo* (ed.): Illecito e pena privata in età repubblicana. Atti del Convegno internazionale di diritto romano, Copanello 4–7 giugno 1990, Neapel 1992, 23–45.

[14] Die *condemnatio* wird in Geld ausgedrückt und oft mit einem *multiplum* verbunden – ein Ausdruck, der unwillkürlich an die Rechtsfigur der *multa*, also der Sanktion, erinnert.

[15] Die *condemnationes* für die einzelnen *delicta* konnten nach dem Wert der Sache (die *lex Aquilia* bezog sich beispielsweise bei vorsätzlicher oder fahrlässiger Beschädigung von fremden Sachen, Sklaven oder Tieren darauf, *quanti plurimi ea res erit*) oder ihrem Vielfachen bemessen werden (wie beim *furtum*, bei dem auf frischer Tat Ertappte auf das Vierfache, andere auf das Doppelte verurteilt wurden). Nach der Strafart hat die Lehre die Unterscheidung nach Strafklagen und sachverfolgenden (reipersekutorischen) Klagen entwickelt und unterschieden: Strafklagen sollen den Schuldigen bestrafen, sachverfolgende Klagen den Vermögensverlust ausgleichen. Die Unterscheidung kann allerdings nicht scharf konturiert werden, weil einige Tatbestände, wie die unrechtmäßige Schädigung, sowohl pönale als auch Schadensersatzelemente enthalten, so dass Kaiser Justinian sie dann unter die dogmatische Kategorie der *actiones mixtae* fasste: Inst. Iust. 4,16.19f.

scheinlich aufgrund eines wichtigen politischen und rechtlichen Erfolges[16], die Möglichkeit, das in Hundertschaften versammelte röm. Volk (*comitia centuriata*) um die Aufhebung (mit dem Risiko der Bestätigung)[17] der magistratischen Entscheidung[18] anzurufen (*provocare ad populum*). In der Vergangenheit sah man in der *provocatio* ein echtes Rechtsmittel gegen das „Urteil" des Konsuls,[19] aber neuere und einleuchtende Erwägungen führen zu der Ansicht, dass der Akt des Magistrats verwaltungsrechtlicher und nicht rechtsprechender Art sei; es fehlte eine echte erste Instanz und jedenfalls ein vorhergehendes Urteil.[20]

Neben der sozusagen ordentlichen Strafverfolgung der Konsuln etablierten sich Aktivitäten des röm. Senats. Dieser zog Untersuchungszuständigkeiten an sich, indem er Sonderkommissionen (*quaestiones extraordinariae*) schuf. Deren Aufgabe lag in der Beurteilung des *crimen laesae maiestatis* sowie von Anklagen gegen Provinzmagistrate wegen Veruntreuung im Amt, Machtmissbrauch *et similia* (sogenannte *crimina repetundarum*).[21]

Die Beteiligung der Senatoren an Strafrechtsfragen führte faktisch dazu, dass schließlich ein neues System der Strafverfolgung für die schwersten Straftaten (*crimina*) durch ständige Gerichte (*quaestiones perpetuae*) geschaffen wurde. Sie wurden durch eigene Gesetze für einzelne Straftatbestände und mit feststehender Strafandrohung[22] eingerichtet und bestanden aus röm. Bürgern unter dem Vorsitz eines *praetor*.[23]

Der Diktator L. Cornelius Sulla (138–78 v.Chr.) formalisierte dieses System, indem er die *quaestiones* auf Verbrechen gegen den Staat (*q. de maiestate*), magistratischen Machtmissbrauch (*q. de repetundis*), Wahlbetrug (*q. de ambi-*

---

16 *W. Kunkel*: Untersuchungen zur Entwicklung des römischen Kriminalverfahrens in vorsullanischer Zeit, München 1962, 24ff.

17 Dieses Risiko konnte der *civis* freilich eingehen, wenn er nämlich die endgültige Entscheidung der Volksversammlung im freiwilligen Exil abwartete. Diese Option zog die *aqua et igni interdictio* nach sich, also den Verlust der Staatsangehörigkeit und die Einziehung der Güter, verbunden mit dem Verbot, jemals nach Rom zurückzukehren.

18 Exemplarisch ist der Fall von M. Tullius Cicero, der zuletzt behandelt wird von *D. Mantovani*: Il diritto e la costituzione in età repubblicana, in: *E. Gabba u.a.* (ed.): Introduzione alla storia di Roma, Mailand 1999, 272–274.

19 Das vertritt vor allem *Mommsen* 1899, 41–43.167–174 und 473–477.

20 *Santalucia* ²1998, insbes. 36–39.

21 Stellvertretend für alle *C. Venturini*: Studi sul crimen repetundarum nell'età repubblicana, Mailand 1979; *ders.*: Quaestiones ex senatus consulto, in: *F. Serrao* (ed.): Legge e società nella repubblica romana, Neapel ²2000, 211–298 und *ders.*: Quaestio extra ordinem, SDHI 63, 1987, 74–109.

22 Im Grunde hat die feste Strafe einen gerechten und einen ungerechten Aspekt. Gerecht ist sie, soweit der Straftäter unabhängig von seiner gesellschaftlichen Stellung die gleiche Strafe erhält. Ungerecht ist sie, soweit das Gericht keine erschwerenden oder mildernden Umstände in ihr Urteil einfließen lassen kann. In Anbetracht der in der folgenden Fußnote genannten Tatsachen überwog eher der letztgenannte Aspekt.

23 Hier soll nur auf die politische Zusammensetzung dieser Gerichte hingewiesen werden, die abwechselnd von Senatoren und Rittern beherrscht wurden, je nachdem, welche Klasse die politische Szene gerade beherrschte. Ein kluges Gleichgewicht wurde erst unter C. Julius Caesar erreicht. Vgl. *G. Wolf*: Historische Untersuchungen zu den Gesetzen des C. Gracchus: „leges de iudiciis" und „leges de sociis", Diss. München 1972, 68–70.

*tu*), Totschlag unter Blutvergießen[24] oder durch Gift (*q. de sicariis et veneficis*), Fälschungsstraftaten (*q. de falsis*) sowie auf eine umstrittene *quaestio de iniuriis*[25] ausdehnte. Letztere sollte bestimmte Körperverletzungen (*pulsatio* und *verberatio*) und zugleich Hausfriedensbruch (*domum vi introire*)[26] verfolgen, typische Vorkommnisse in einer Zeit sozialer Umbrüche, so wie die Zeit der sog. „Krise der *res publica*" eine war.

Das Verfahren *per quaestiones* wurde dann unter Augustus ausgebaut, der den von Sulla eingeführten ständigen Gerichtshöfen weitere hinzufügte, unter ihnen insbes. die *quaestio de adulteriis* für die Verfolgung von Sexualdelikten.[27] Dennoch war es gerade das Kaiserreich, das diesen Gerichtszweig durch die neu eingerichtete *cognitio extra ordinem*, also die Rechtsprechung durch kaiserliche Beamte in Zivil- wie in Strafsachen, ablöste. Die stark hierarchische Struktur ermöglichte schließlich unter Konstantin die Berufung bis hin zu den mächtigen *praefecti praetorio* und oft sogar an die kaiserliche Kanzlei.

Im sog. „christ.-röm. Reich", das man für gewöhnlich mit dem Erlass der *constitutio „cunctos populos"* Theodosios' d. Gr.[28] voll entfaltet sieht, gewinnen folgende drei Arten von *crimina* immer mehr an Bedeutung: Verstöße gegen die kaiserliche Herrschaft, Verstöße gegen, wie man heute sagen würde, die Rechtspersönlichkeit des Staates sowie Verstöße gegen die christl. Religion und, regelmäßig damit zusammenfallend, gegen die Moral.[29]

Obwohl man zumindest ein Streben nach dem christl. Ideal der *benignitas*[30] erwarten würde, wurden die Strafen erheblich verschärft[31]. Bezeichnend ist die Ersetzung der Kreuzigung (die *crux* war mittlerweile ganz das Zeichen des Kaiserreichs geworden) durch die *furca* und die *plumbatio*, also die Tötung durch die Einflößung flüssigen Bleis, mit der beispielsweise eine Amme bedroht wurde, die die Entführung des Mädchens in ihrer Obhut anstiftete oder begünstigte.[32]

*Beobachtungen zum Prozess Jesu*

Es bedarf keiner besonderen Erläuterung, dass – nicht nur an dieser Stelle – in einer Abhandlung über das röm. Strafrecht der *Prozess gegen Jesus* von Nazareth nicht fehlen darf (→1.5.3).[33] Dieses Geschehnis, das zur Universalge-

---

[24] Vorläufer dieses Gerichts waren einzelne *quaestiones inter sicarios* (z.B. Cic. inv. 2,59f).

[25] Inst. Iust. 4,4,8, vgl. hierzu *Santalucia* ²1998, 151–153.

[26] Vgl. Ulp. dig. 47,10,5 pr–8.

[27] Das harte Durchgreifen des Augustus gegen unmoralischen Lebenswandel ist bekannt und führte zu Aufsehen erregenden Verbannungen wie der von Augustus' eigener Tochter und des Dichters Ovid (generell hierzu *G. Rizzelli*: Lex Iulia de adulteriis. Studi sulla disciplina normativa di adulterium, stuprum, lenocinium, Bari 1996).

[28] Cod. Theod. 16,1,2 = Cod. Iust. 1,1,1 v.J. 380.

[29] *L. de Giovanni*: Diritto romano tardoantico, Neapel ⁵2001, 86–95.

[30] Zur *benignitas* und zur *benigna interpretatio* allgemein vgl. zuletzt *Ch. Baldus*: Regelhafte Vertragsauslegung nach Parteirollen, Bd. 2, Frankfurt a.M. u.a. 1998, 591–622 (mit Literaturangaben).

[31] Darüber kurz, aber treffend *Giuffrè* ⁵1998, 158f.

[32] Vgl. z.B. Cod. Theod. 9,24,1,1.

[33] Aus der kaum noch zu überblickenden Flut an Literatur seien nur einige Titel genannt: *P. Winter*: On the Trial of Jesus, Berlin 1961; *J. Blinzler*: Der Prozeß Jesu, Regensburg

schichte gehört[34] stellt ein fundamentales Ereignis dar, und sei es nur deswegen, weil es der bekannteste Strafprozess eines röm. Richters (des *praefectus Iudaeae Pontius Pilatus*)[35] nach röm. Strafrecht ist. Er lief im Wesentlichen unter Einhaltung der damals gültigen Verfahrensregeln ab[36] und endete mit einem förmlichen und rechtmäßigen Todesurteil wegen Aufruhrs (*laesa maiestas*) gegen den Begründer einer Bewegung, deren Anhänger von Sueton als „Menschenschlag eines neuen und verderblichen Aberglaubens" (Suet. Nero 16,2) beschrieben werden. Tacitus hat das alles in dem berühmten lapidaren Ausspruch zusammengefasst: „Der Urheber dieses Namens, Christus, war unter der Herrschaft des Tiberius durch den Prokurator Pontius Pilatus zum Tode verurteilt worden" (Tac. ann. 15,44,3).
Von der „Rechtmäßigkeit" des Prozesses Jesu zu sprechen mag zwar befremden, weil eine alte Tradition das Thema oft im Licht des begrifflichen Vorurteils der „jüd. Schuld" (*culpa Iudaica*) gelesen hat, womit dem Hohen Rat [37] (wenn nicht sogar dem ganzen jüd. Volk)[38] Gottesmord vorgeworfen wird und wonach folglich der Prozess illegitim und unrechtmäßig gewesen sei.[39]
Beim Lesen der Quellen über die Strafklage gegen Jesus von Nazareth, also der synEvv und des JohEv,[40] wird deutlich, dass das wahre Problem die Me-

[4]1969; *A. Stobel*: Die Stunde der Wahrheit. Untersuchungen zum Strafverfahren gegen Jesus, Tübingen 1980; *O. Betz*: Probleme des Prozesses Jesu, ANRW II 25.1, 1982, 565–647; *K. Kertelge* (Hg.) Der Prozeß gegen Jesus. Historische Rückfrage und theologische Deutung, Freiburg u.a. 1988; *R. E. Brown*: The Death of the Messiah: From Gethsemane to the Grave. A Commentary on the Passion Naritives in the Four Gospels, 2 Bde., New York u.a. 1994; *P. Egger*: *Crucifixus sub Pontio Pilato*. Das *Crimen* Jesu von Nazareth im Spannungsfeld römischer und jüdischer Verwaltungs- und Rechtsstrukturen, Münster 1997. *W. Bösen*: Der letzte Tag des Jesus von Nazaret, Freiburg u.a. 1999;

34 Vgl. dazu die von mir bearbeitete Bibliografie in dem Sammelband *F. Amarelli/F. Lucrezi* (ed.): Il processo contro Gesù, Neapel 1999, 245–267; in der spanischen Übersetzung findet sich eine Aktualisierung von *A.* und *F. Fernández de Buján*: El proceso contra Jesús, Madrid 2002, 231. Das Thema wird auch in populärwissenschaftlichen Veröffentlichungen behandelt, z.B. in: WUB 8/1 (27) 2003, „Sterben und Auferstehen".

35 Vgl. *L. Boffo*: Iscrizioni greche e latine per lo studio della Bibbia, Brescia 1994, 217–233 sowie zuletzt *M. Miglietta*: Pilatus dimisit illis Barabbam, in: *C. Bonvecchio/D. Coccopalmerio* (eds.): Ponzio Pilato o del giusto giudice. Profili di simbolica politico-giuridica, Padua 1998, 163–237, hier 173–198.

36 So zu Recht *P. Pajardi*: Un giurista legge la Bibbia, Mailand 1983, 722.

37 Auf dieser gedanklichen Grundlage ruht als eines der bekanntesten deutschen Werke zum Thema *Blinzler*: Der Prozess Jesu (Anm. 33); vgl. dazu die kritischen Anmerkungen von *F. Lucrezi*: Messianismo, regalità, impero. Idee religiose e idea imperiale nel mondo romano, Florenz 1996, 41.

38 Diese Übertreibung rührt von einer missglückten Einordnung der berühmten Handwaschung in den geschichtlichen Kontext her, denn der Ritus der Handwaschung war ausschließlich auf die jüd. Kultur beschränkt (Dtn 21,6: Demnach hätte sich ein „jüd." Pilatus die Hände gewaschen!); vgl. Mt 27,24f.

39 Hierzu *M. Miglietta*: Riflessioni intorno al processo a Gesù, Jus 41, 1994, 147–184; *ders.*: Gesù e il suo processo „nella prospettiva ebraica", Athenaeum 2005 (im Druck).

40 Die Apokryphen wären ein eigenes Forschungsfeld. Hier soll aber zumindest erwähnt werden, dass man im Gegensatz zu früher heute davon ausgeht, dass auch diese Texte „wahre" Vorkommnisse aus dem Leben Jesu enthalten, auch wenn sie nicht in den kanonischen Evv enthalten sind. Vgl. meine Bemerkungen in L'invio al tetrarca di Galilea e Perea, in: Il processo contro Gesù (Anm. 34), 146f und die Literaturangaben 257f. Zur kontrover-

thodenfrage ist. Die ntl. Quellen sind keine geschichtlichen, sondern thematische Quellen, die in vorrangig theologischer Lesart die Geschichte der Auferstehung wiedergeben sollen. Für die Evv ist die Geschichte als solche daher nicht der Zweck, sondern das Mittel der Erzählung. Somit darf die Leidensgeschichte auch nicht mit einer Art Verfahrensprotokoll verwechselt werden – weil sie es weder war noch sein konnte oder wollte – sondern sie war das Leben und Sterben Jesu in der Auslegung der im Entstehen begriffenen christl. Gemeinden.

Außerdem kann weder der Exeget noch der Historiker außer Acht lassen, dass die Evv in einer Zeit geschrieben wurden, in der die christl. mit den jüd. Gemeinden stark zerstritten waren und ebenso stark zu einem Ausgleich mit dem mächtigen Rom kommen wollten. Nur vor diesem Hintergrund kann der judenfeindliche (aber nicht antisemitische) Faden nachvollzogen werden, der sich durch die Evv zieht,[41] der die Beteiligung der jüd. Behörden stark betont und Pilatus damit teilweise entlastet.

Nur auf dieser Grundlage kann man erkennen, dass nicht zwei Verfahren gegen Jesus von Nazareth stattgefunden haben, sondern nur ein einziges. Es fand nicht zuerst ein jüd. Prozess vor dem Hohen Rat Jerusalems und dann ein röm. vor Pontius Pilatus statt, wie teilweise behauptet wird[42], verbunden durch einen traumatischen Übergang von der jüd. religiösen Dimension zum röm. strafrechtlichen Moment, sondern ein einziger Prozess, der in zwei funktional miteinander verknüpften Abschnitten ablief: in einem „Ermittlungsverfahren" (vor dem Priesterrat)[43] und einer „Hauptverhandlung" (unter dem Vorsitz des *praefectus Iudaeae*). Jesus wurde wegen eines mehrfach strafbaren Delikts verurteilt, da er sich in der Substanz seiner Verkündigung als „Sohn-Gottes-

---

sen Einschätzung des Wertes des PtrEv für die Passionsgeschichte vgl. J. D. Crossan: Der historische Jesus, München 1994, 485–519 und 594–597 mit *Brown*: Death of the Messiah (Anm. 33), I 317–349.

[41] Diese Einschätzung gilt insbes. für Joh. Vgl. hierzu *R. E. Brown*: Giovanni. Commento al Vangelo spirituale, Assisi 1979, LXXXII; vgl. auch die kontroverse Studie von *J. D. Crossan*: Wer tötete Jesus? Die Ursprünge des christlichen Antisemitismus in den Evanglien, München 1999.

[42] Vielsagend ist das Beispiel von *J. Colin*: Les villes libres de l'Orient gréco-romain et l'envoi au supplice par acclamations populaires, Brüssel 1965, 10, der sogar vier Verfahren erkannt haben will.

[43] Die Römer beseitigten örtliche Behörden gewöhnlich nicht, sondern banden sie in die Verwaltung der besetzten Gebiete ein. Es ist gesichert, dass der Hohe Rat Beweissammlungsfunktionen ausübte, auch wenn er seit mehr als einem viertel Jh. keine Todesurteile mehr erlassen oder vollstrecken konnte. Vgl. *C. Nardi*: Il processo di Gesù "Re dei Giudei", Bari 1966, 92f u. 99–103 sowie *M. Miglietta*: Il processo a Gesù di Nazareth, SDHI 61, 1995, 768–784, insbes. 770–776. Demnach war der Beitrag des Hohen Rats zum Prozess Jesu gering, wenn man der gelungenen und treffenden Rekonstruktion von *C. Venturini*: La giurisdizione criminale in Italia e nelle province nel primo secolo, in: Il processo contro Gesù (Anm. 34), 1–38 (= El proceso contra Jesús, 1–34) folgt. Nach meiner Ansicht abzulehnen ist die gegensätzliche These von *D. Piattelli*: La giurisdizione del Sinedrio, in: Il processo contro Gesù (Anm. 34), 65–84 (= El proceso contra Jesús, 57–72). Vgl. auch *M. Miglietta*: Una recente indagine storico-giuridica sul processo „contro" Gesù, Archivio Guiridico 221, 2001, 473–493, hier 481–483.

und-König-Israels“[44] bezeichnet hatte, womit er gleichzeitig die jüd. religiöse Sünde der *blasphēmia* und das röm. Verbrechen der *laesa maiestas* in Form der *adfectatio regni*[45] beging.
Die substanzielle Rechtmäßigkeit des Verfahrens kann auch nicht durch zwei Episoden erschüttert werden, nämlich dass Jesus vor Herodes geführt wurde und durch den Vorschlag, Jesus statt Barabbas freizulassen. Wenn Jesus dem Herodes Antipas vorgeführt wurde, dann geschah das nicht nur aus Höflichkeit zwischen den Mächtigen, sondern hatte eindeutig ein prozessuales Ziel: die Aufklärung der möglicherweise kriminellen Machenschaften Jesu in Galiläa, also in der *potestas* dieses Tetrarchen[46]. Für die zweite Begebenheit lässt sich aus den Quellen schließen, dass der üblicherweise mit *privilegium paschale* bezeichnete Brauch höchstwahrscheinlich in der Zeit der Herodier entstanden war[47] und von den röm. Statthaltern beibehalten wurde, weil er der auch im röm. Recht bekannten vorzeitigen Beendigung des Strafprozesses zu Gunsten des Angeklagten entsprach.[48]
Was den Vollzug der Strafe angeht, so bestätigt die Verhängung der Kreuzigung gegen Jesus mit der bei den Römern üblichen vorherigen Geißelung als Nebenstrafe,[49] dass der *praefectus Iudaeae* ein förmliches Todesurteil erlassen hatte. Es ist historisch gesichert, dass diese Todesstrafe im jüd. Recht auf Anordnung Herodes' d. Gr. (73–4 v.Chr.) durch die Steinigung ersetzt worden war[50] und von den Römern in *Iudaea* wieder eingeführt wurde[51]. Darüber hinaus bittet Joseph von Arimathäa den röm. Statthalter um die Überlassung des

---

[44] Vor dem Hohenpriester erklärt Jesus tatsächlich, er sei Gott, vgl. Mk 14,62, wo der Angeklagte auf die rituelle Frage antwortet nicht: „Ich bin es“ – was dem Aussprechen des heiligen Tetragramms JHWH entspricht. Äußerst aufschlussreich ist auch die Behauptung Nathanaels in Joh 1,49, die auch am Ende dieses Beitrags zitiert wird. Vgl. auch Lk 23,2, der im Zusammenhang mit den vom Hohen Rat vorgebrachten Anklagepunkten von „Christus-König“ spricht.

[45] Vgl. Val. Max. 5,8,2 und Cic. rep. 2,49.

[46] Lk 23,6f. Vgl. hierzu *M. Miglietta*: L'invio al tetrarca di Galilea e Perea, in: Il processo contro Gesù (Anm. 34), 143–146 (= El proceso contra Jesús, 122–125).

[47] *A. Momigliano*: Ricerche sull'organizzazione della Giudea sotto il dominio romano (63 a.C.–70 d.C.). II, ASNP.L 3, 1934, 347–396, hier 386.

[48] *W. Waldstein*: Untersuchungen zum römischen Begnadigungsrecht. Abolitio, Indulgentia, Venia, Innsbruck 1964, passim und *Miglietta*: Pilatus dimisit illis Barabbam (Anm. 35), 213–234.

[49] Hierüber zuletzt *E. Cantarella*: Il supplizio, in: Il processo contro Gesù (Anm. 34), 211–227 u. 265–267 (= El proceso contra Jesús, 181–195 u. 229f).

[50] Siehe Dtn 13,7–12; 17,7; Lev 24,10–16; Ex 22,27; Dtn 5,6–11. Hervorzuheben ist jedoch, dass die versuchte Steinigung der Ehebrecherin (die von Jesus vereitelt wurde) und die Steinigung des Stephanus (Joh 8,2–11 und Apg 7,51–60) ausschließlich die Züge wilder Lynchjustiz tragen und daher nicht gegen die hier vertretene Ansicht sprechen. Zur Steinigung vgl. auch *B. Wander*: Trennungsprozesse zwischen Frühem Christentum und Judentum im 1 Jahrhundert n.Chr., Tübingen 1994, 142–144.

[51] *M. Hengel*: *Mors turpissima crucis*, die Kreuzigung in der antiken Welt und die „Torheit“ des „Wortes vom Kreuz“, in: *J. Friedrich u.a.* (Hgg.): Rechtfertigung (FS E. Käsemann), Tübingen 1976, 125–184; *ders.*: Crucifixion in the Ancient World and the Folly of the Message of the Cross, London 1977; *H.-W. Kuhn*: Die Kreuzesstrafe während der frühen Kaiserzeit. Ihre Wirklichkeit und Wertung in der Umwelt des Urchristentums, ANRW II 25.1, 1982, 648–793. Weitere Überlegungen bei *Miglietta*: Riflessioni intorno al processo a Gesù (Anm. 39), 180f.

Körpers von Jesus, was keinen Sinn ergäbe, wenn Pilatus Jesus nur dem Willen des Volkes und des Hohen Rats überlassen und es sich nicht um den Leichnam eines Verurteilten gehandelt hätte.
Zum Schluss noch ein letztes Detail: Auf dem Kreuz war der *titulus*, also die offizielle Urteilsbegründung befestigt (Joh 19,19).[52] Ohne Urteil hätte es keine Begründung geben können. Außerdem könnte man den Bibelvers von Johannes wie folgt übersetzen: „Jesus der Prediger, König der Juden“[53]. Der Ausdruck „Prediger“ deutet noch auf die Selbstausrufung als Gottheit hin und der Titel „König der Juden“ auf die Majestätsbeleidigung gegen Tiberius (*laesa maiestas*). Das Thema des mehrfach strafbaren Delikts kehrt hier wieder und war sogar bereits im Glaubensbekenntnis Nathanaels angedeutet worden, dem Jesus übrigens nicht widerspricht:[54] „Rabbi, du bist Gottes Sohn, du bist der König von Israel!“ (Joh 1,49).[*]

*Literatur*

*R. A. Bauman*: Crime and Punishment in Ancient Rome, London/New York 1996. – *U. Brasiello*: Diritto penale (Diritto romano), NNDI 5, 1979, 960–966. – *E. Costa*: Crimini e pene da Romolo a Giustiniano, Bologna 1921. – *J. Ermann*: Strafprozeß, öffentliches Interesse und private Strafverfolgung. Untersuchungen zum Strafrecht der römischen Republik, Köln u.a. 2000. – *G. F. Falchi*: Diritto penale romano, 3 Bde., Padua 1932–1937. – *C. Ferrini*: Diritto penale romano, Mailand 1889. – *Ders.*: Diritto penale romano. Teorie generali, Mailand 1899. – *Ders.*: Diritto penale romano. Esposizione storica e dogmatica, Rom 1976. – *L. Garofalo*: Appunti sul diritto criminale nella Roma monarchica e repubblicana, Padua 1990. – *V. Giuffrè*: La repressione criminale nell'esperienza di Roma. Profili, Neapel [5]1998. – *W. Kunkel*: Kleine Schriften, Weimar 1974. – *Th. Mommsen*: Römisches Strafrecht, Leipzig 1899. – *G. Pugliese*: Diritto penale romano, in: *V. Arangio-Ruiz u.a.*: Il diritto romano. La costituzione, caratteri, fonti, diritto privato, diritto criminale, Rom 1980, 247–341. – *Ders.*: Linee generali dell'evoluzione del diritto penale pubblico durante il principato, ANRW II 14, 1982, 722–789. – *O. Robinson*: The Criminal Law of Ancient Rome, Baltimore 1995. – *B. Santalucia*: Studi di diritto penale romano, Rom 1994. – *Ders.*: Diritto e processo penale nell'antica Roma, Mailand [2]1998. – *J. L. Strachan-Davidson*: Problems of the Roman Criminal Law, 2 Bde., Oxford 1912 – *C. Venturini*: Processo penale e società politica nella Roma repubblicana, Pisa 1996.

[52] Zum *titulus crucis* vgl. *J. Geiger*: Titulus Crucis, SCI 15, 1996, 202–207. *P. L. Maier*: The Inscription on the Cross of Jesus of Nazareth, Hermes 124, 1996, 58–75.

[53] So *E. Zolli*: Il Nazareno. Studi di esegesi neotestamentaria alla luce dell'aramaico e del pensiero rabbinico, Udine 1938, 1–49 und zuletzt *Miglietta*: Riflessioni intorno al processo a Gesù (Anm. 39), 181f

[54] S.o. Anm. 44.

[*] Der Verf. dankt Herrn Kollegen Christian Baldus (Ruprecht-Karls-Universität Heidelberg) für die Durchsicht der deutschen Übersetzung von „Römisches Strafrecht“ und „Griechisches Recht“ (→1.5.2).

## 1.5.1.5 Fallstudie: Der Prozess des Paulus (*Heike Omerzu*)

*Stellen im NT*
Apg 16,37f; 22,25–29; 23,27 (röm. Bürgerrecht); 21,27–26,32; 28,16–31 (Prozess)

*Einführung*
Das röm. Rechtswesen der frühen Kaiserzeit lässt sich als Umbruchsphase kennzeichnen. Wesentlicher Grund dafür ist die sowohl machtpolitisch als auch rechtlich herausragende Stellung des Kaisers, die es ihm erlaubte, auf nahezu alle Macht- und Rechtsbereiche des Reiches Einfluss zu nehmen. Demgegenüber verlor der Senat, wenngleich auch nicht *de iure*, so doch *de facto* zunehmend an Bedeutung. Insbes. die Delegation der Befehlsgewalt des Kaisers in den Provinzen (*imperium proconsulare*) an ihm unterstellte Beamte (*legati Augusti pro praetore*), aber auch die Ausweitung des außerordentlichen Prozessverfahrens (*cognitio extra ordinem*) förderten die Entwicklung eines hierarchischen Rechtssystems,[1] wie es in seiner ausgebildeten Form im 6. Jh. n.Chr. unter Kaiser Justinian endgültig kodifiziert wurde.[2] Durch die veränderten Machtstrukturen entstand in der Kaiserzeit u.a. ein gegenüber der Republik völlig neues Berufungswesen: Aus den Ständekämpfen hervorgegangen, schützte in republikanischer Zeit eine Berufung (*appellatio ad tribunos/provocatio ad populum*) die Plebs zunächst vor dem Macht- und Amtsmissbrauch durch Magistrate.[3] Die *provocatio* ist später in Bestimmungen zum Verbot der Züchtigung röm. Bürger ohne vorherige Verurteilung aufgegangen.[4] Die Provokationsgesetze sicherten ihnen das Anrecht auf einen ordnungsgemäßen Prozess und auf Schutz vor magistratischer Willkür. Die *appellatio ad Caesarem* des Prinzipats stellt demgegenüber ein reformatorisches Rechtsmittel zur Überprüfung von Gerichtsentscheiden gegen röm. Bürger dar,[5] das in keiner Verbindung zu republikanischen Berufungsformen steht.[6] Die kaiserzeitliche *appellatio* beruht nämlich vornehmlich auf der delegierten Rechtsprechung des Kaisers in den Provinzen. Da die Gerichtsbarkeit der Statthalter lediglich vom *imperium* des Kaisers abgeleitet war, konnten ihre

---

[1] Vgl. *J. Bleicken*: Senatsgericht und Kaisergericht. Eine Studie zur Entwicklung des Prozeßrechtes im frühen Prinzipat, Göttingen 1962, 140–148; *W. Litewski*: Die römische Appellation in Zivilsachen (Ein Abriß) I. Principat, ANRW II 14, 1982, 67f; vgl. zu den röm. Prozessverfahren *Omerzu* 2002, 61–64.

[2] Vgl. zum Corpus Iuris Civilis *W. Kunkel*: Römische Rechtsgeschichte, Köln/Wien [12]1990, 146–155.

[3] Vgl. *Th. Kipp/L. M. Hartmann*: Appellatio, RE II.1, 1895, 194–210; *J. Bleicken*: Provocatio, RE XXIII.2, 1959, 2444–2463, hier 2444f; *A. W. Lintott*: Provocatio. From the Struggle of the Orders to the Principate, ANRW I 2, 1972, 226–267, hier 228–234.

[4] Zu den Provokationsgesetzen zählen die *leges Valeria*, *Porciae*, *Sempronia* und *Iulia de vi publica*; vgl. *Bleicken*: Provocatio (Anm. 3), 2445–2456; *ders.*: Senatsgericht (Anm. 1), passim; *Lintott*: Provocatio (Anm. 3), 235–262; *Omerzu* 2002, 68–77.

[5] Vgl. *Kipp/Hartmann*: Appellatio (Anm. 3); *Litewski*: Appellation (Anm. 1), 60–96; *Omerzu* 2002, 84–92.

[6] Vgl. *Bleicken*: Senatsgericht (Anm. 1), 126–131; *Litewski*: Appellation (Anm. 1), 66f; *Omerzu* 2002, 101–107; anders *Th. Mommsen*: Die Rechtsverhältnisse des Apostels Paulus, ZNW 2, 1901, 81–96, hier 94f; *A. N. Sherwin-White*: Roman Society and Roman Law in the New Testament, Oxford 1963, 57–70.

Entscheidungen diesem jederzeit zur Prüfung vorgelegt werden. Zu einer zunehmenden Entwertung der *appellatio* dürfte geführt haben, dass spätestens durch die *constitutio Antoniana* des Jahres 212 n.Chr.[7] fast alle Bewohner des Reiches das röm. Bürgerrecht und damit auch das Recht auf Appellation erhielten, während beides in der frühen Kaiserzeit noch ein tatsächliches Privileg darstellte.

Es ist davon auszugehen, dass in den Anfängen des Prinzipats viele Regelungen zur *appellatio*, die sich in den spätantiken Gesetzessammlungen (bes. Dig. 49) finden, noch nicht in Kraft waren. Sie dürften vielmehr erst sukzessive aufgrund der Erfordernisse der Praxis erlassen worden sein. So ist z.B. anzunehmen, dass die in den Digesten fixierte Beschränkung von Appellationen auf Endurteile, die Delegation von Berufungsangelegenheiten bzw. die Ausbildung eines Instanzenzuges ebenso wie die Einführung eines Bußgeldes bei ungerechtfertigten Fällen vor allem die wachsende Zahl von Appellationen eingrenzen sollten.[8] Betrachtet man hingegen die Nachrichten der frühen Kaiserzeit, zeigt sich, dass es hier durchaus möglich war, zu jedem Zeitpunkt eines Verfahrens zu appellieren und nicht erst *nach* einem Urteilsspruch.[9] Die Berufung konnte gelegentlich auch *direkt* und *mündlich* an den Kaiser gerichtet werden.[10]

*Zu den Textaussagen im NT*

Während die pln. Briefe keinen direkten Hinweis darauf enthalten, dass der Apostel im Besitz des röm. Bürgerrechts war, erwähnt die Apg dieses Privileg gleich mehrfach (vgl. 16,37f; 22,25–29; 23,27). Es ist nicht notwendig, diese Nachricht allein aufgrund dieses Quellenbefundes als unhistorisch einzuschätzen.[11] Zum einen ist die *civitas Romana* ein so integraler Bestandteil der Paulusdarstellung der Apg, dass sie allein aus Gründen der historischen Plausibilität dem Apostel kaum abgesprochen werden kann. Denn das Wissen um Biographie und Schicksal des Paulus wird im frühen Christentum so verbreitet gewesen sein, dass Lk nicht so weitgehende schriftstellerische Freiheiten besessen haben dürfte, das pln. Bürgerrecht gegen alle historische Erinnerung einzuführen. Hinzu kommt, dass das Bürgerrecht für ihn die wesentliche Grundlage für den unterschiedlichen Verlauf der Prozesse Pauli und Jesu bildet, so dass Lk an entscheidenden Stellen von der sonstigen Angleichung beider abweichen muss.[12] Da Paulus röm. Bürger ist, kann er sich z.B. vor der

7 Vgl. Cass. Dio 77,9,5.

8 Vgl. *Omerzu* 2002, 107.

9 Vgl. Cass. Dio 64,2,3.

10 Vgl. Tac. ann. 16,8,3; Cass. Dio 59,8,5; 64,2,3; I. Cos 26.

11 Skeptisch jedoch z.B. *W. Stegemann*: War der Apostel Paulus ein römischer Bürger?, ZNW 78, 1987, 200–229; *Noethlichs* 2000, 83f, der betont, dass aus der prinzipiellen Möglichkeit nicht notwendig der Besitz gefolgert werden könne; vgl. ebd. 53 Anm. 1 weitere Kritiker. Für historisch halten die Bürgerrechtsnotiz u.a. *Hengel* 1991, 180–212; *R. Riesner*: Die Frühzeit des Apostels Paulus. Studien zur Chronologie, Missionsstrategie und Theologie, Tübingen 1994, 129–139; *Tajra* 1989, 81–89; *Rapske* 1994, 83–90.

12 Vgl. *W. Radl*: Paulus und Jesus im lukanischen Doppelwerk. Untersuchungen zu Parallelmotiven im Lukasevangelium und in der Apostelgeschichte, Bern/Frankfurt a.M. 1975; *Omerzu* 2002, 286–289 u.ö.

Folter schützen (vgl. Apg 16,35–39; 22,25–29) und wird anders als Jesus nicht vor dem Statthaltergericht in *Iudaea* verurteilt, sondern nach Rom überstellt. Zum anderen steht das Selbstzeugnis des Paulus der Annahme, er sei röm. Bürger gewesen, auch keineswegs entgegen. Sein Schweigen über die *civitas* lässt sich vielmehr aufgrund der bes. Gattung und Intention der Briefe erklären, die immerhin den röm. Namen des Apostels sowie dessen Loyalität gegenüber dem Staat bezeugen (vgl. Röm 13,1–7).[13] Auch die von Paulus erwähnten wiederholten Misshandlungen durch jüd. wie röm. Institutionen (vgl. 2Kor 6,4f; 11,24f; 12,10; Phil 1,7.13f.30; 1Thess 2,2) sind kein Beweis gegen das röm. Bürgerrecht. Die *jüd.* Strafen könnte Paulus in Kauf genommen haben, um im synagogalen Kontext nicht als Römer aufzutreten und so neue Konflikte zu provozieren (vgl. 1Kor 6,1–8). Die Züchtigungen durch *heidnische* Behörden stehen hingegen prinzipiell im Widerspruch zu den die körperliche Unversehrtheit eines röm. Bürgers schützenden Provokationsgesetzen. Allerdings sind nicht nur schwere Verstöße gegen diese Vorschriften bekannt,[14] sondern sie entfalteten ihre Wirksamkeit auch erst nach der Proklamation des Bürgerrechts und enthielten überdies gewisse Ausnahmeregelungen.[15] Wenn den Behörden also die *civitas Romana* des Paulus gar nicht bekannt war, konnten und mussten die Gesetze nicht greifen. Dabei ist denkbar, dass der Apostel nicht immer in der Lage war, seine Identität nachzuweisen, etwa weil er den entsprechenden Beleg nicht ständig bei sich trug. Es ist aber auch möglich, dass er sein Bürgerrecht bewusst verschwiegen hat, sei es aus Solidarität zu Mitchristen, die nicht im Besitz des Privilegs waren,[16] sei es um der *imitatio* des Leidens Christi willen[17] (vgl. Gal 6,17; Röm 8,17; Phil 3,10; 2Kor 4,10). Hinzu kommt, dass Paulus gelegentlich auch aus missionsstrategischen Gründen auf seine Rechte als röm. Bürger verzichtet haben könnte, um seine Reisen nicht durch langwierige Gerichtsverfahren zu behindern.[18]

Nach Apg 22,28 wurde Paulus bereits als röm. Bürger *geboren*, was voraussetzt, dass er die *civitas* von seinen Eltern geerbt hat. Wahrscheinlich haben seine Vorfahren sie nach der Freilassung aus einer Kriegsgefangenschaft erhalten.[19] Anders als die ebenfalls gängigen Formen des Bürgerrechtserwerbs

---

[13] Vgl. *Omerzu* 2002, 49–51.

[14] Vgl. z.B. Cic. Verr. II 5,62–66; Ios. bell. Iud. 2,306–308; Cass. Dio 60,24; Plut. Caes. 29,2; Suet. Galba 9,1; Eus. h.e. 5,1,44.

[15] Die auf Caesar oder Augustus zurückgehende *lex Iulia de vi publica* sah nach Paul. sent. 5,26,1f z.B. Sonderregelungen für bestimmte Personengruppen oder für den Fall der Unruhestiftung vor. Zumindest teilweise dürfte es sich bei den Ausnahmefällen jedoch um sekundäre Erweiterungen handeln (vgl. die kürzeren Fassungen Dig. 48,6,7f). Vgl. dazu *P. Garnsey*: The *Lex Iulia* and Appeal under the Empire, JRS 56, 1966, 167–189; *Noethlichs* 2000, 71–74; *Omerzu* 2002, 73–77.

[16] So ist z.B. fraglich, ob auch Silas das röm. Bürgerrecht besaß, wie Apg 16,37f suggeriert, zumal die gesamte Episode 16,37f erst sekundär aufgrund von 22,25 gebildet worden sein dürfte; vgl. *Omerzu* 2002, 162f.

[17] Vgl. *Riesner*: Frühzeit (Anm. 11), 133; *Hengel* 1991, 194.

[18] Vgl. die Prozessverschleppung in Apg 24,22–27 sowie zur Sache *J.-U. Krause*: Gefängnisse im Römischen Reich, Stuttgart 1996, 224–234.

[19] Es lässt sich allerdings kein genaues Ereignis benennen; vgl. dazu *Hengel* 1991, 207; *Riesner*: Frühzeit (Anm. 11), 135; *Omerzu* 2002, 36–39.

durch Kauf oder Verleihung[20] stand ein solcher Erwerb – wie auch die mit dem röm. Bürgerrecht einhergehenden Rechte und Pflichten – nicht notwendig im Konflikt zu der andauernden Verbundenheit der Familie des Paulus mit dem Judentum (Röm 11,1; 2Kor 11,22; Phil 3,5; Apg 22,3; 23,6; 26,4f).[21]
Die Apg bezeugt sowohl das Berufungssystem der Republik als auch das der Kaiserzeit. In Apg 16,37 und 22,25 beruft sich Paulus im Rahmen von Folterverhören auf sein röm. Bürgerrecht. Hier liegt wohl ein Reflex der *provocatio ad populum* vor, die in Form der *lex Iulia de vi publica*[22] bis in die Kaiserzeit gültig war und u.a. Folter als reine Polizeimaßnahme verbot. Dementsprechend hebt Paulus besonders auf das *fehlende Urteil* ab. Bei der Berufung in Apg 25,10f liegt hingegen eindeutig eine *appellatio ad Caesarem* vor. Diese bildet den Höhepunkt des Prozesses des Paulus, dessen Ablauf Lk in Apg 21,27–26,32 im Kern historisch korrekt wieder gegeben haben dürfte, auch wenn freilich die Anklage- und Verteidigungsreden größtenteils lk Bildungen darstellen. Die (ungerechtfertigte)[23] Beschuldigung durch kleinasiatische Juden, Paulus habe Nichtjuden in den inneren Tempelbereich geführt und diesen dadurch entweiht (Apg 21,28), wäre nach jüd. Recht sogar bei röm. Bürgern mit dem Tod zu ahnden gewesen.[24] Der durch den Vorwurf ausgelöste Tumult im Tempelhof führte zur Verhaftung des Paulus durch die Römer (Apg 21,31–36), die für die Aufrechterhaltung der öffentlichen Ordnung zuständig waren. Nach einem Vorverhör in Jerusalem (Apg 22,22–29), in dessen Verlauf er sein Bürgerrecht proklamierte, erfolgte die Überstellung des Paulus in die Provinzhauptstadt Caesarea Maritima, wo er im Amtssitz des Statthalters verwahrt wurde (Apg 23,12–35). Dort fand eine formelle Anklage gegen ihn durch führende Vertreter des Judentums statt (Apg 24,1–23). Da die ursprünglichen Kläger – die vermutlich schon während seiner Wirksamkeit in Ephesos im Konflikt mit Paulus standen[25] – weder den vermeintlichen Begleiter des Paulus, Trophimus, noch Augenzeugen für die Tat beibringen konnten, wurde die Anklage im Laufe des Verfahrens auf den *Versuch* der Tempelschändung bzw. auf das allein in röm. Kompetenz liegende Delikt der Unruhestiftung

[20] Vgl. zu den Möglichkeiten des Erwerbs des röm. Bürgerrechts *Omerzu* 2002, 21–23.

[21] Vgl. zur Vereinbarkeit von röm. Bürgerrecht und Einhaltung der Toragebote z.B. Philo leg. 155–157; CIG III 5361 Z. 2 u. 5; MAMA VI 264; vgl. dazu *P. R. Trebilco*: Jewish Communities in Asia Minor, Cambridge 1991, 58f; *Riesner*: Frühzeit (Anm. 11), 133f; *Rapske* 1994, 87–90; *Omerzu* 2002, 29–33. Im Übrigen ist davon auszugehen, dass die weitgehenden Privilegien, welche die Römer den Juden einräumten, auch für röm. Bürger galten; vgl. *Noethlichs* 2000, 63f. Es ist jedoch unwahrscheinlich, dass Paulus auch das tarsische Stadtbürgerrecht besessen hat, da dieses sehr viel schwerer mit dem jüd. Glauben vereinbar war. Der Hinweis in Apg 21,39; 22,3, er sei Bürger von Tarsus, dürfte allgemein auf seine Herkunft zu beziehen sein; vgl. *Omerzu* 2002, 34–36.

[22] Vgl. Dig. 48,6,7 u. 8; Paul. sent. 5,26,1f.

[23] Vermutlich wurde der Tempelbesuch des Paulus mit der sicheren Erwartung eines Gesetzesbruchs verbunden. Dieser Verdacht wurde dadurch gestützt, dass Paulus zuvor in der Stadt in Begleitung des Nichtjuden Trophimus gesehen wurde (vgl. Apg 21,29). Vgl. dazu *Omerzu* 2002, 352f.

[24] Vgl. zum Verbot für Nichtjuden, den inneren Tempelbereich zu betreten: OGIS 598; CIJ II 1400; Ios. bell. Iud. 5,194; 6,124–126; ant. Iud. 15,417; Philo leg. 212; mKel 1,8c; vgl. auch *Omerzu* 2002, 336–346.

[25] Vgl. dazu *Omerzu* 2002, 316–331.

(*seditio*) verlagert.[26] Der Statthalter Antonius Felix als zuständiger Richter fällte jedoch kein Urteil, sondern verschleppte den Fall zwei Jahre lang (Apg 24,24–27).[27] Erst unter seinem Nachfolger Porcius Festus wurde das Verfahren rasch wieder aufgenommen (Apg 25,1–12). Auf den Vorschlag des Statthalters, den Gerichtsort nach Jerusalem zu verlagern, um dort ein Urteil zu fällen, ruft Paulus den Kaiser an (Apg 25,10f), weil die befürchtete Auslieferung an ein jüd. Gericht im Falle eines röm. Bürgers unzulässig wäre. Da diese Appellation noch *vor einem Urteilspruch* und *direkt an den Kaiser* erging, wird sie in der Forschung oft als unhistorisch oder analogielos angesehen, da beides dem kodifizierten Recht widerspreche, wonach Berufungen in schwebenden Verfahren unzulässig und nur unter Einhaltung des Instanzenweges möglich waren.[28] Dabei werden jedoch die bes. Rechtsverhältnisse des frühen Prinzipats außer Acht gelassen, als eine *appellatio* auch vor einem Endurteil und direkt an den Kaiser ergehen konnte. Somit hat Lk in 25,11 ein für das 1. Jh. n.Chr. korrektes juristisches Verfahren geschildert, wenngleich sich die Appellation des Paulus historisch vermutlich gegen ein von Felix verhängtes Todesurteil wegen Unruhestiftung (*seditio*)[29] gerichtet haben dürfte, was Lukas jedoch verschwiegen hat, um weder den Beamten noch Paulus in ein schlechtes Licht zu stellen.[30]

Paulus wurde aufgrund seiner Appellation nach Rom gesandt. Dort kam er wahrscheinlich im Frühjahr 60 n.Chr. an und verbrachte zwei Jahre in relativ leichter Haft (Apg 28,16–31). Über den weiteren Verlauf des Prozesses in

---

[26] Vgl. zur Modifikation der Anklage *Omerzu* 2002, 355.436–439. Das Synhedrium übernahm zwar die Anklagevertretung, ihm kam jedoch keine richterliche Funktion im Prozess zu, da das Delikt der Tempelentweihung nicht bewiesen werden konnte; vgl. dazu *Omerzu* 2002, 390–394.449–451.

[27] Die von Lk in Apg 24,26f angeführten Gründe für diese Prozessverschleppung (Bestechlichkeit, Gunsterweis gegenüber den Juden) entsprechen den sonstigen negativen Zeugnissen über die Amtsführung des Felix; vgl. z.B. Tac. ann. 12,54; hist. 5,9; Ios. ant. Iud. 20,160–181; bell. Iud. 2,252–270. Da es sich um einen Missbrauch der statthalterlichen Kompetenz handelt, werden Paulus keine Rechtsmittel zur Verfügung gestanden haben.

[28] Für unhistorisch hält die Appellation des Paulus z.B. *Stegemann*: Paulus (Anm. 11), 212f. *Noethlichs* 2000, 79f geht von einer Überstellung auf Initiative des Festus aus. Vgl. für eine Übersicht anderer Interpretationen *Omerzu* 2002, 53–56.

[29] Vgl. *Omerzu* 2002, 493f.

[30] Insgesamt sollte jedoch das Ausmaß der politischen Apologetik bzw. der romfreundlichen Haltung des Lukas nicht überschätzt werden (anders z.B. *P. Walaskay*: »And so we came to Rome«. The Political Perspective of St. Luke, Cambridge 1983, 1–14). Dies zeigt auch ein Vergleich der – bereits aufgrund der äußeren Bezeugung wahrscheinlich ursprünglicheren – „östlichen" Handschriftenüberlieferung der Apg mit dem um etwa 8,5 % längeren „westlichen" Text. Gegen die ambivalente Darstellung der Römer in der alexandrinischen Texttradition betont die „westliche" Überlieferung wiederholt das Pflichtbewusstsein bzw. die korrekte Amtsausübung der Römer (vgl. Apg 16,30.39; 23,23f; 24,6b–8a; 25,21.24f; 28,16b) und schwächt ihr negatives Verhalten ab (vgl. Apg 16,38f; 18,17; 22,29f; 24,24.27; 25,24f). Gleichzeitig zeigt der „westliche" Text ein geringeres Interesse an juristischen Fragen als der alexandrinische (vgl. bes. Apg 16,37), worin sich die abnehmende Bedeutung der *civitas Romana* ab dem 3. Jh. n.Chr. widerspiegeln dürfte. Vgl. dazu *H. Omerzu*: Die Darstellung der Römer in der Textüberlieferung der Apostelgeschichte, in: *T. Nicklas/M. Tilly* (eds.): The Acts of the Apostles as Church History. Text, Traditions and Ancient Interpretations, Berlin/New York 2003, 147–181.

Rom schweigt die Apg, es ist jedoch wahrscheinlich, dass Nero das Todesurteil des Festus bestätigte und Paulus hingerichtet wurde.[31]

*Literatur*

*M. Hengel*, unter Mitarbeit von *R. Deines*: Der vorchristliche Paulus, in: *M. Hengel/U. Heckel* (Hgg.): Paulus und das antike Judentum, Tübingen 1991, 177–291. – *K. L. Noethlichs*: Der Jude Paulus – ein Tarser und Römer?, in: *R. v. Haehling* (Hg.): Rom und das himmlische Jerusalem. Die frühen Christen zwischen Anpassung und Ablehnung, Darmstadt 2000, 53–84. – *H. Omerzu*: Der Prozeß des Paulus. Eine exegetische und rechtshistorische Untersuchung der Apostelgeschichte, Berlin/New York 2002. – *B. Rapske*: The Book of Acts and Paul in Roman Custody, Grand Rapids/Carlisle 1994. – *H. W. Tajra*: The Trial of St. Paul. A Juridical Exegesis of the Second Half of the Acts of the Apostles, Tübingen 1989.

31 Vgl. zum offenen Ende der Apg *H. Omerzu*: Das Schweigen des Lukas. Überlegungen zum offenen Ende der Apostelgeschichte, in: *F. W. Horn* (Hg.): Das Ende des Paulus. Historische, theologische und literaturgeschichtliche Aspekte, Berlin/New York 2001, 127–156.

## 1.5.2 Griechisches Recht (*Massimo Miglietta*)

Es muss zunächst hervorgehoben werden, dass der Begriff „gr. Recht“ missverständlich ist.[1] Mit diesem Begriff sollen die Rechtsordnungen der zahlreichen autonomen und oft miteinander zerstrittenen gr. *poleis*[2] verkürzend bezeichnet werden, die nebeneinander bestanden und im Rahmen der Hellenisierung auch in wichtigen Orten Palästinas galten.

Abgesehen von diesem rechtsgeschichtlichen Vorbehalt, mit dem es vermieden werden soll, dass unter „gr. Recht“ das attische Recht und insbes. das Recht Athens verstanden wird, ist unmittelbar einsichtig, dass sich die Rechtsordnungen der *poleis* gegenseitig beeinflussten. Herodot bezeugt die gemeinsame Herkunft und Sprache, die gemeinsamen Tempel und Riten sowie vor allem die übereinstimmenden Gebräuche,[3] so dass die Forschung zu Recht hervorhebt, dass die gr. *poleis* einer Wertegemeinschaft angehörten,[4] auf Grund derer sie, mit Ausnahme der unterschiedlichen Verfassungen der Stadtstaaten (man denke nur an die ebenso bekannten wie bedeutenden Unterschiede der Verfassungen Athens und Spartas), ähnliche rechtliche Grundsätze entwickelten.

Gemeinsamkeiten können etwa bei der rechtlichen Verfolgung des Mordes[5] aufgezeigt werden. Nach der Überwindung der primitiven Phase einfacher privater Blutrache, die zunächst allgemein und ungezügelt, später geregelt stattfand, wurde es dem Täter gestattet, sich der Blutrache durch eine freiwillige Geld- oder Naturalbuße, eine *poinē*, zu entziehen, die nach der Bedeutung des Verstoßes bemessen war.[6] Wurde diese *poinē* von demjenigen angenommen, der das Recht auf Blutrache hatte, dann waren ihm spätere Vergeltungsmaßnahmen untersagt. Aber auch wenn man Blutrache ausüben wollte, etwa weil keine oder eine objektiv zu geringe *poinē* angeboten wurde, wurde diese durch die Rechtsprechungszuständigkeit der versammelten Alten (*gerontes*) beschränkt, so dass der Vergeltende nicht mehr persönlich oder familiär legitimiert war sich zu rächen, sondern die Rache als Reaktion der Gemeinschaft angesehen wurde. Erst ab dem 7. Jh. v.Chr. übernimmt der Staat selbst die Bestrafung des Totschlags, wie ein besonderes Gesetz des Drakon zeigt, das sich

---

1 Daher wird zu Recht teilweise auch von „gr. Rechten“ gesprochen, vgl. dazu exemplarisch, auch vom Titel her, die jüngste Arbeit von *R. Martini*: Diritti greci, Siena 2001.

2 Vgl. insbes. *J. Triantaphyllopoulos*: L’amministrazione della giustizia, in: Tutto su Atene classica, Florenz 1966, 237–246, außerdem *U. E. Paoli*: Diritto greco, NNDI 5, 1979, 863–865 und *E. Cantarella*: Pluralità di ordinamenti (Diritto greco), NNDI 13, 1980, 146f.

3 Vgl. Hdt. 8,144.

4 Vgl. *Biscardi* 1982, 8f.

5 Hierzu vor allem *E. Cantarella*: Fonos: Antologia di oratori attici sull’omicidio nel diritto greco, Mailand 1975; *dies.*: Studi sull’omicidio in diritto greco e romano, Mailand 1976; *dies.*: Norma e sanzione in Omero. Contributo alla protostoria del diritto greco, Mailand 1979; *Biscardi* 1982, 273ff und jüngst der interessante Beitrag von *E. Volonaki*: «Apagoge» in Homicide Cases, Dike 3, 2000, 147–176 (mit ausführlicher Bibliographie 175f).

6 Vgl. hierzu Hom. Il. 18,497–508. Über Blutrache und die *poinē* siehe insbes. *Cantarella*: Norma e sanzione in Omero (Anm. 5), 224ff.

in eine Reihe vorhergehender ähnlicher Bestimmungen einzureihen scheint und einen größeren Reformprozess abschließt.[7]
Allgemein ist der Bereich der unerlaubten Handlungen (die nicht notwendig geringer veranschlagt wurden als Mord) durch seine systematische Verbindung mit dem Schuldrecht[8] gekennzeichnet – in einer Weise, die sich vom röm. Recht nicht grundsätzlich unterschied, mag der gr. Rechtsraum auch weniger organisch strukturiert gewesen sein als der lateinische.[9] Wertvolle Aufschlüsse kommen von Aristoteles,[10] der bei den schuldrechtlichen Beziehungen zwischen *synallagmata hēkousia* (entstanden durch Einigung der Vertragspartner wie bei Kauf, Darlehen, Bürgschaft, Leihe, Verwahrung und Miete) und *synallagmata akousia* (entstanden nicht durch korrespondierende Willenserklärungen, sondern durch Gesetz)[11] unterscheidet. Letztere werden ihrerseits danach unterteilt, ob die Tat mit Gewalt (*biaia*) oder verdeckt durch Täuschung (*lathraia*) begangen wurde.[12] Nicht offen begangene unerlaubte Handlungen sind Diebstahl (*klopē*), Ehebruch (*moicheia*, s.u.), Giftmord – also Tötung ohne Blutvergießen oder durch Gifttrank– (*pharmakeia*), Kuppelei – also die Begünstigung des Ehebruchs oder der Prostitution – (*proagōgeia*), Verführung fremder Sklaven (*doulapatia*), heimtückischer Mord (*dolophonia*) und Falschaussage (*pseudomartyria*). Zu den gewaltsam begangenen unerlaubten Handlungen gehören die Körperverletzung (*aikia*), das Hörigmachen – das im Wesentlichen im Einsperren einer Person besteht – (*desmos*), der Totschlag mit Blutvergießen (*thanatos*), der Raub (*harpagē*), die schwere Körperverlet-

[7] *Biscardi* 1982, 279ff sowie ausführlich die Arbeiten von *Cantarella* (Anm. 5). Der Text wurde in der ersten Hälfte des 19. Jh. auf einem Grabstein aus Athen gefunden (IG I$^2$ 115; vgl. z.T. schon Demosth. or. 23,22.28.37.53 u. 60; or. 43,57; diese Texte interpretiert insbes. *R. S. Stroud*: Drakon's Law on Homicide, Berkeley/Los Angeles 1968, 65ff. Drakon sanktioniert vor allem den unwillentlichen Totschlag mit dem Exil für den Schuldigen, es sei denn, die Eltern des Opfers gewähren formelle Verzeihung (*aidesis*). Schwieriger ist die Angelegenheit hingegen bei willentlichem Totschlag, der von der genannten Inschrift nicht ausdrücklich erfasst wird und für den sich annehmen lässt, dass die früheren Regeln unter Drakon weitergalten (Blutrache durch die Familie des Opfers unter der Aufsicht der Organe der *polis*).

[8] Vgl. *J. M. Modrzejewski*: «Paroles néfastes» et «vers obscènes». À propos de l'injure verbale en droit grec et hellénistique, Dike 1, 1998, 151–169 und *E. M. Harris*: The Penalty for Frivolous Prosecution in Athenian Law, Dike 2, 1999, 123–142.

[9] Hierzu *A. Schiavone*: Giuristi e nobili nella Roma repubblicana, Bari 1987, 169ff und 236 Anm. 47 (mit weiteren Literaturangaben).

[10] Aristot. eth. Nic. 1131a.

[11] In der Literatur wird von „gewollten Beziehungen durch gewollte Handlungen“ und von „ungewollten Beziehungen durch gewollte Handlungen“ gesprochen. Siehe *F. Gallo*: Synallagma e conventio nel contratto. Ricerca degli archetipi della categoria contrattuale e spunti per la revisione di impostazioni moderne, II, Turin 1995, 104; vgl. auch *A. Biscardi*: Quod Graeci συνάλλαγμα vocant, Labeo 29, 1983, 127–139.

[12] *C. Despotopoulos*: La notion de συνάλλαγμα chez Aristote, APD 13, 1968, 115ff; *Cantarella*: Norma e sanzione in Omero (Anm. 5), 241. Beständige Kritik an den Aporien des aristotelischen Systems äußern hingegen *A. Maffi*: „Synallagma“ e obbligazioni in Aristotele: spunti critici, in: Atti del II seminario romanistico Gardesano, Mailand 1980, 13–35, insbes. 21–26 und neuerdings *F. Gallo*: Synallagma (Anm. 11), bes. 103–105.

zung (*pērōsis*), die üble Nachrede (*katēgoria*)[13] und die Beleidigung durch Misshandlung (*propēlakismos*).[14]

Beispielhaft soll auf die Besonderheiten des Ehebruchs (*moicheia*)[15] im attischen Recht eingegangen werden, der in erster Linie als Delikt gegen den das „Haus" (→2.2.1) (*oikos*) und dann erst gegen den Bürger (*politēs*) aufgefasst wird. Um die außergewöhnliche Behandlung des Ehebrechers im gr. Recht zu verstehen, müssen zunächst kurz die Grundzüge des *oikos* dargestellt werden.
Der *oikos* ist nach dem plastischen Bild von *Paoli* eine Verbindung von Sachen, Personen und Gebräuchen, deren Hauptziel die Aufrechterhaltung der Sippe unter Bewahrung ihrer religiös-rituellen Elemente war. Mit dem *oikos* konnte beispielsweise die archaische Zeit ohne privates Grundeigentum, in der Grundstücke weder durch Rechtsgeschäfte unter Lebenden noch von Todes wegen (Testament – *diathēkē*) veräußert werden konnten, schließlich überwunden werden, indem den Mitgliedern des *oikos* gemeinschaftlich das zugeschrieben wurde, was man üblicherweise als Eigentumsrecht bezeichnet.
Das gleichzeitig menschliche, religiöse und juristische Wesen des *oikos* verband seine Mitglieder zu einer unauflöslichen Einheit.[16] Zum *oikos* gehörten daher der Stammvater und seine männlichen und weiblichen Abkömmlinge (in dieser Reihenfolge). Selbst die volljährigen Frauen unterstanden einem *kyrios*, so wie die Ehefrau, die Sklaven und ggf. vorhandene *metoikoi*, also Zuwanderer anderer griechischer Städte.
Aufgrund des einheitlichen Charakters des *oikos* wurde beim Tod des *politēs* grundsätzlich nach dem allgemeinen Erbrecht[17] der *polis* geerbt und nicht nach dem letzten Willen des Familienoberhaupts in gewillkürter Erbfolge. Damit erbten die Söhne – denen Solon die Töchter gleichstellte – und nach Ansicht eines Teils der Forschung auch die Vorfahren (Vater, Eltern des Vaters, Mutter) vor der Seitenlinie. Das Testament war hingegen zweitrangig, weshalb der *politēs* nicht über die Bestandteile des *oikos* wegen ihrer Zweckgebundenheit verfügen konnte. Mit dem Testament konnte ein Nachfolger (durch Adoption) bestimmt werden, wenn keine legitimen männlichen Nachkommen vorhanden waren. Ebenso konnte der Vormund für die minderjährigen Kinder oder die

---

[13] Der gr. Ausdruck könnte an und für sich auch auf eine falsche Anschuldigung oder indirekt auf die Denunziation hindeuten. Die *iniuriae* in gr. und röm. Recht vergleicht z.B. *C. Gioffredi*: In tema di „iniuria" (sui fattori di formazione del diritto romano in età repubblicana), in: *Ders.*: Nuovi studi di diritto greco e romano, Rom 1980, 145–172. Als Beleg für die Existenz einer Privatklage wegen *hybris* (*iniuria*) im gr. Recht sei der Hinweis auf Literaturangaben und Text von *M. Miglietta*: Intorno al „certum dicere nell'edictum generale de iniuriis", Labeo 48, 2002, 208–258, hier 240f erlaubt.

[14] Die unerlaubten Handlungen werden danach unterschieden, ob der Täter öffentlicher Verfolgung – also durch die Organe der *polis* – ausgesetzt war oder ob die Strafe auf Antrag der verletzten Partei ausgesprochen wurde. Ein Dieb wurde z.B. nur dann öffentlich verfolgt (*graphai*), wenn er auf frischer Tat ertappt wurde. Anderenfalls blieb es dem Bestohlenen überlassen, ob er Privatklage erheben wollte (*dikai*). Siehe *Biscardi* 1982, 135.

[15] Zum Ehebruch siehe ausführlich *U. E. Paoli*: Il reato di adulterio in diritto attico, SDHI 16, 1950, 123–182; *ders.*: Famiglia (diritto attico), NNDI 7, 1961, 40 und *ders.*: Gortina (Diritto di), NNDI 7, 1961, 1156f.

[16] *Paoli*: Famiglia (Anm. 15), 36.

[17] Demosth. or. 43,51.

zweite Ehe der Frau geregelt, eine Schenkung oder ein Vermächtnis gemacht und somit über eine einzelne Sache direkt verfügt werden; oder man konnte ein Nachlassverzeichnis oder Erbinventar aufstellen, um damit die Quoten der einzelnen Erben von vorneherein festzusetzen.

Wegen der vielschichtigen, praktisch nicht auflösbaren Verflechtung des „Hauses" aus Sachen, Personen und Gebräuchen musste sich jede Verletzung eines Mitglieds auf die ganze Familiengemeinschaft auswirken. Konkret stellte deswegen nicht allein die direkte Verletzung der Rechte des Ehemanns Ehebruch dar, sondern auch die unerlaubte sexuelle Beziehung mit der Tochter, Schwester, Mutter oder Konkubine, sofern letztere beim *politēs* lebte, um ihm freie Kinder zu schenken. Es gab also verschiedene Tatbestände des Ehebruchs, wie der größte attische Redner Demosthenes (384–322 v.Chr.) in seiner Rede „Gegen Aristokrates" (or. 23) beschreibt, einem Text, der auch sichere Anhaltspunkte über die Gesetze zum Mord gibt[18]. Den Tatbestand erfüllen danach verbotene sexuelle Beziehungen innerhalb des *oikos*, während die gleiche Handlung außerhalb der häuslichen Mauern als Vergewaltigung, also als eine andere Straftat, zu qualifizieren ist. Aus denselben Gründen kann der Ehebrecher im *oikos* ungestraft getötet werden (dann liegt ein *phonos dikaios* vor).[19] Wird hingegen der Täter außerhalb des Bereichs der Familie umgebracht, so steht darauf die Strafe für vorsätzlichen Totschlag (*phonos ek pronoias*).[20]

In Homers Odyssee[21] wird hingegen geschildert, warum ein Bürger, der den Ehebrecher auf frischer Tat ertappt, es vorziehen kann, diesen nicht zu töten, sondern ihn in Ketten zu schlagen, um mit ihm auf diese Weise zu einer Einigung über die Geldstrafe zu kommen für den Schaden, den er der Ehre des Bürgers und seiner Familie zugefügt hat. Während diese Vorgehensweise für das Recht Gortyns[22] sicher belegt ist, dürfte sie in Athen kaum angewandt worden sein. Die Forschung nimmt an, dass es in Athen missbilligt wurde, wenn das Opfer in diesem Fall Geld annahm, als ob es sich um eine Art Ausgleich für das erlittene Unrecht handele. Eine weitere Besonderheit dieses Delikts ist, dass die Frau nicht als „Gehilfin" angesehen wurde, obwohl sie passives Tatobjekt war. Diese Tatsache scheint dadurch unterstrichen zu werden,

---

[18] Demosth. or. 23,53.

[19] In gleicher Weise gestand auch das röm. Recht dem Ehemann meist das Recht zu, den *adulter uxoris suae* zu töten (s. z.B. Dig. 9,2,30 pr; Dig. 48,5,25(24) pr; Cod. Iust. 9,9,4 pr), auch wenn die Überlegungen der Juristen u.a. dahin gingen, dieses Recht zu beschneiden, vgl. *G. Rizzelli*: Lex Iulia de adulteriis. Studi sulla disciplina normativa di adulterium, stuprum, lenocinium, Bari 1996.

[20] *Biscardi* 1982, 167, auch wenn der Autor bezüglich des *phonos dikaios* von „erlaubtem Totschlag" spricht, während mir die Bezeichnung „erlaubte Tötung" besser erscheint, da der Begriff „Totschlag" im Allgemeinen eine verbotene Handlung meint. Dieselbe gr. Bezeichnung *phonos* steht nämlich allgemein für die Tötung eines Menschen oder eines Tiers, während Totschlag in den Quellen als *androphonia* bezeichnet wird.

[21] Hom. Od. 8,266–366.

[22] I. Cret. IV 72, vgl. *U. E. Paoli*: La legislazione sull'adulterio nel diritto di Gortina, in: Studi in onore di Gino Funaioli, Rom 1955, 306–316, hier 313 Anm. 17. Nach hiesiger Ansicht schließt der minuziöse Strafkatalog für die verschiedenen Formen des Ehebruchs die physische Vernichtung des Schuldigen nicht aus (wie man indirekt aus Lys. 1,25 schließen kann).

dass im attischen Griechisch die Bezeichnung für Ehebrecherin (*moichas*) nicht gebraucht wird.[23]

Hierin wird der Unterschied zum jüd. Recht (→1.5.3) unmittelbar deutlich, das sich noch im NT bei Joh 8,2–11[24] niederschlägt und nach dem sowohl der Mann wie die Frau als Ehebrecher zu steinigen sind. Im gr. Recht hingegen wird die Frau, die am Ehebruch teilgenommen hat, nicht mit dem Tod bestraft,[25] sondern mit religiösen Strafen belegt, wodurch ihr der Zugang zu den Tempeln und Heiligtümern auch durch physische, aber keinesfalls todbringende Gewalt verwehrt werden darf.[26] Sollte es sich um die Ehefrau handeln, so wird sie zu ihren Eltern zurückgeschickt, wo ihr eine angemessene Strafe bis hin zum Verkauf als Sklavin jenseits der Grenzen Attikas zuteil wurde.[27*]

*Literatur*

*A. Biscardi*: Diritto greco antico, Mailand 1982 (mit Bibliografie). – *M. Bretone/M. Talamanca*: Il diritto in Grecia e a Roma, Bari 1994. – *E. Cantarella/A. Maffi* (eds.): Scritti di diritto greco, Mailand 1999. – *U. E. Paoli*: Studi di diritto attico, Florenz 1930. – *Ders.*: Studi sul processo attico, Padua 1933. – *Ders.*: Altri studi di diritto greco e romano (mit Introduzione von *A. Biscardi*), Mailand 1976.

Besonders umfangreich ist die deutschsprachige Forschung, die oft die Beziehungen zwischen der hellenischen Kultur und den anderen Kulturen im Mittelmeerraum behandelt; sie kann hier nur angedeutet werden. Hingewiesen sei auf die älteren Untersuchungen von *E. F. Bruck*: Die Schenkung auf den Todesfall im griechischen Recht bis zum Beginn der hellenistischen Epoche: zugleich ein Beitrag zur Geschichte des Testaments, Breslau 1909. – *Ders.*: Das griechische Recht bis zum Beginn der hellenistischen Epoche, Breslau 1909. – *A. Biscardi* (Hg.): Akten der Gesellschaft für Griechische und Hellenistische Rechtsgeschichte: 2. Symposion 1974: Vorträge zur griechischen und hellenistischen Rechtsgeschichte (Gargnano am Gardasee, 5.–8. Juni 1974), Köln/Wien 1979. – *J. Modrzejewski/D. Liebs* (Hgg.): 3. Symposion 1977: Vorträge zur griechischen und hellenistischen Rechtsgeschichte (Chantilly, 1.–4. Juni 1977), Köln 1982. – *F. J. Fernández Nieto* (Hg.): 4. Symposion 1982: Vorträge zur griechischen und hellenistischen Rechtsgeschichte (Santander, 1.–4. September 1982), Köln/Wien 1989. – *R. Bernhardt*: Rom und die Städte des hellenistischen Osten (3.–1. Jh. v.Chr.). Literaturbericht 1965–1995, München 1998.

[23] Nach den sporadischen Anmerkungen von *Paoli*: Famiglia (Anm. 15), 40 Anm. 4 wird die Ehebrecherin in den attischen Texten nur durch das Passiv des Verbs *moicheuō* bezeichnet (*hē memoicheumenē*), obwohl es für das Substantiv *moichos* (Ehebrecher) auch die weibliche Entsprechung *moichas* gibt.

[24] Lev 20,10 und Dtn 22,22.

[25] Auch in Rom hätte der Ehemann, der seine ehebrecherische Frau tötete, nur dann eine mildere Strafe erlangt, wenn er die Tat offensichtlich aus Wut (die Quellen sprechen von *honestissimus calor* oder von *impatientia iusti doloris* oder auch von *impetus doloris*) begangen hätte, was dem Verhalten dennoch nicht die Missbilligung des Verbotenen nahm, vgl. Coll. Mos. 4,10,1; Paul. sent. 2,26,5; Dig. 48,5,39,8, auch wenn Dig. 48,8,1,5 generell von Tötung ohne Affekte spricht.

[26] Demosth. or. 59,87.

[27] Plut. Sol. 23.

* Der Verf. dankt Herrn Kollegen Christian Baldus (Ruprecht-Karls-Universität Heidelberg) für die Durchsicht der deutschen Übersetzung von „Römisches Strafrecht" (→1.5.1.4) und „Griechisches Recht".

## 1.5.3 Jüdisches Recht in neutestamentlicher Zeit (*Ulrich Kellermann*)

*Stellen im NT*
Mt 1,19f; 5–7; 18,15–17; 19,9; 21,45; 25,1–11; 27,62; Mk 7,9–13 par Mt 14,3–6; 10,6–9 par Mt 19,4–6; 12,18–27; Lk 1,34; 7,39; 12,13; 15,11–32; 16,1–8; Joh 7,32.45–57; 9,22; 11,46f; 12,42; 16,2; 18,3; Apg 21,27–40; 22–30; 23–26; 18,12–17; Röm 8,15; 1Kor 6,1–8; 7,15; 2Kor 1,22; 5,5; 11,24f; Gal 3,15; 4,5; Eph 1,14; Phil 3,5; Kol 2,14; Phlm 19

Jüd. Recht versteht sich biblisch als Hilfe JHWHs zur Ermöglichung menschlichen Zusammenlebens (z.B. Lev 18,5), so dass der röm. Rechtsgedanke „*Fiat iustitia, pereat mundus*" hier keine Anerkennung findet (z.B. bSan 74a).

*Grundlegung: Tora und Halachah*
Das theonome jüd. Recht manifestiert sich in der Tora, der Urkunde des Erwählungsbundes (mBQ 1,3), und ist nicht territorial gebunden, so dass der Verlust der Eigenstaatlichkeit nie den des Rechts zur Folge hatte. Die Rechtsprechung sieht sich der Milde Gottes verpflichtet (z.B. Arist 207; Ios. ant. Iud. 13,294; 20,199). So ist z.B. die Folter weder als Strafe noch zur Ermittlung zugelassen. Strafbar bleibt nur die Tat, nicht die Absicht (mBM 3,12). Ein Indizienbeweis wird nicht geführt; eine Verurteilung ist gemäß Num 35,30; Dtn 17,6f; 19,15 nur bei zwei voneinander unabhängigen zeitgleichen Belastungszeugen möglich[1]. Frauen sind freilich im Strafprozess als Zeugen nicht zugelassen (z.B. Ios. ant. Iud. 4,219). Körperverstümmelnde Strafen kennt die Tora außer Dtn 25,11f nicht. Rechtsbereiche bilden das Zivilrecht und das Todesrecht. Eine entsprechende terminologische Differenzierung findet sich zwar in der Mischna mit „Vermögensrechtsangelegenheiten" (*dinej mamonot*) und „Lebensstrafsachen" (*dinej nefaschot*) (z.B. mSan 1,4; 4,1); hiermit sind jedoch viele andere Rechtsbereiche verflochten, wie z.B. die Ritualbestimmungen (für Tempelkult [→2.3.1], Steuern an Kultpersonal und Tempel, Feste und kultische Reinheit [→3.3.2]) oder das Staatsrecht. Strafrechtliche Tatbestände werden mit Ausnahme des Tötungsdelikts „privatrechtlich" nach dem Prinzip des Schadensersatzes reguliert, um das zerstörte zwischenmenschliche Verhältnis wieder herzustellen (mAv 1,8). Wichtiges Beispiel bleibt das sog. Taliongesetz Ex 21,23–25; Lev 24,17–22. Es sieht einen angemessenen finanziellen Schadensausgleich vor, dem z.B. die Ex 21,19 überbietende Mischna mBQ 8,1f mit einer fünffachen Kompensation (Entschädigung, Schmerzensgeld, Heilungskosten, Einkommensausgleich, Wiederherstellung der persönlichen Ehre) entspricht. Nur gelegentlich scheint es auf Körperverstümmelung gedeutet worden zu sein.[2]

---

[1] Vgl. z.B. DanSus; 11Q19,64.8; CD 9,20–23; Ios. ant. Iud. 4,219 (möglichst 3 Zeugen!); mBQ 1,3; 7,2–4; mSan 4,1; mMak 1,9f; mSot 6,2–4; Mk 14,53–59 parr; Joh 8,17.

[2] Jub 4,42. Philo spec. leg. 3,175 (stellt es andererseits aber in 2,244f als „Albernheit" infrage). Ios. ant. Iud. 4,280 teilt mit, dass die Wahl zwischen finanziellem Ausgleich und körperverstümmelnder Talion in das Belieben des Opfers gestellt sei. Mt 5,38f setzt sie als Inbegriff gewaltbestimmter rechtlicher Auseinandersetzung voraus. Sie wird den Sadduzäern nachgesagt, und nach bBQ 84a Bar hat auch der Schammaischüler Rabbi Elieser (um 90) sie gelehrt.

Notwendige Interpretation und Aktualisierung biblischer Rechtsnormen geschieht durch *halachot*, (pl. von hebr. *halachah* Weg), den Bestimmungen des jüd. „way of life", die sich wie ein Netzwerk über das ganze Leben ausbreiten. Bei den Pharisäern und Rabbinen nicht unveränderlich, entsprechen sie den jeweiligen Lebensbedingungen und auch ihrer Realisierbarkeit. Die Überlieferungen der Väter, die Vernunft, der Brauch, und auch kontextuelle Rezeption aus dem auf dem Boden Israels nicht nur von der Herodesdynastie und in den hell. Städten angewendeten griech. und röm. Recht[3] (→1.5.1.1–4; 1.5.2) tragen u.a. zu dieser Rechtsschöpfung bei. Die Rechtsinterpreten werden im NT als *Schreiber/Schriftgelehrte* (hebr. *soferim*) bezeichnet (→3.1.3.1–2). Sie rekrutieren sich hier aus den Sadduzäern wie Pharisäern (z.B. Mk 2,16; Lk 5,30; Apg 23,9). Von *soferim* spricht auch die Mischna (z.B. ySan 11,3; Jeb 2,4; Jad 3,2). Josephus bezeichnet sie als *sophistai* (Weise, z.B. bell. Iud. 1,648.650; ant. Iud. 17,152). Im Qumranschrifttum begegnet der *Toraforscher* (z.B. CD 6,7; 7,18; 1QS 8,11f) oder *-erteiler* (z.B. 4Q174,3.11f; 177,9.5; 252 Frg.1, 5.5).
Die *halachah* umschreibt eine der geoffenbarten Tora entsprechende korrekte Praxis. Sie kann sogar z.B. in der Form eines Gebotes (*taqqanah*) oder Verbotes (*gezerah*) für den Notfall eine Torabestimmung umgehen, um dem Bruch einer anderen vorzubeugen. Sie vermag auch eine solche durch humanisierende Veränderung faktisch aufzuheben (vgl. Mk 7,9–13 par Mt 14,3–6). Beispiel dafür ist die Anordnung des *prozbol* (gr. *pros boulēn*, d.h. Erklärung vor Gericht) durch den pharisäischen Lehrer Hillel (z.B. mShevi 10,3–9; mGit 4,3). Dieser hält vor einem Sabbatjahr den Sozialschwachen die Möglichkeit einer Darlehensaufnahme als toragebotene Hilfe (Dtn 15,9) offen, indem die Schulden über das Sabbatjahr hinweg fortgeschrieben werden[4]. Verändert werden kann eine Torabestimmung aber auch durch Radikalisierung, wie sie in Qumranschriften, bei den Sadduzäern (→3.1.3.2), in der Schule des Pharisäers Schammai und auch in den sog. Antithesen Mt 5,17–48 begegnet.

*Quellen zur Rechtsgeschichte in ntl. Zeit*

Wir finden mehr oder weniger gruppenspezifische Rechtstümer vor, bei denen es nicht möglich ist, ihr Verhältnis zu dem jeweils herrschenden allgemeinen Recht zu bestimmen. Keinesfalls darf man von der pharisäischen Rechtstradition als Mainstream des frühjüd. Rechts ausgehen.
Im engeren Sinn juridische *halachot* und eine ihnen entsprechende Praxis in Analogie zu den frühen rabb., die auf eine gewisse Kontinuität in der Rechtsüberlieferung schließen lassen, finden sich schon in den *frühjüd. Schriften*. Das *Tobitbuch* (Diasporajudentum um 200 v.Chr.) z.B. lässt vermögens-, steuer- und eherechtliche Tatbestände erkennen (1,6–8.14; 4,1; 7,13f; 8,21f; 9,5). – Die Septuagintafassung von *Daniel und Susanna* (Diasporajudentum 1. Jh.

[3] Dazu s. im Einzelnen z.B. die im Lit.-Verz. genannten Arbeiten von *S. Rubin*, *B. Cohen*, *C. Hezser*, auch *C. Hayes* (s. Anm. 4). Zur Vorsicht mit Bezug auf die Rezeption von Fachterminologie mahnt *R. Katzoff*, Sperber's Dictionary of Greek and Latin Legal Terms in Rabbinic Literature – A Review–Essay, JSJ 20, 1989, 195–206.

[4] *C. Hayes*: The Abrogation of Torah Law. Rabbinic Taqqanah and Praetorian Edict, in: *P. Schäfer* (ed.): The Talmud Yerushalmi and Graeco-Roman Culture, Bd. 1, Tübingen 1998, 643–674 weist hier auf Analogie zu röm. Edikten hin.

v.Chr.) und ihre Bearbeitung durch Theodotion enthalten Elemente eines Ehebruchsprozesses: Notwendigkeit von zwei Augenzeugen, Forderung der Todesstrafe, Ankündigung eines Entlastungszeugnisses noch auf dem Weg zur Hinrichtung und Hinweis auf Verfahrensfehler (kein Zeugenverhör und offizieller Schuldspruch) zur Wiederaufnahme des Verfahrens; Einzelverhör, Talion für Falschzeugnis. – Der dritte Teil der vorqumranischen *Tempelrolle* 11Q19[5] (Kol. 48–66), Entwurf eines überwiegend kultischen Gesetzbuchs von staatsrechtlicher Qualität auf der Grundlage einer Parallelüberlieferung zum Dtn, enthält auch allgemeinere Gesetze: 51,16–18 (vgl. Dtn 16,18–20) Forderung der Todesstrafe für Richter bei Bestechung (wie auch Ios. c. Ap. 2,27) und Rechtsbeugung; 56,1–11 Teil einer Gerichtsordnung mit einem priesterlichen Obergericht (vgl. Dtn 17,8–13) und Androhung der Todesstrafe für dessen Nichtanerkennung; Königsrecht 56,12–58,12 (vgl. Dtn 17,14–20) mit der Institution eines Kronrats als oberstem Gericht; 64,6b–13a Erläuterung entspr. Dtn 21,22f des „Hängens ans Holz" für Verrat am Volk. Ob damit die unjüd. Kreuzigungsstrafe[6], Tötung durch Erhängen oder Schändung nach der Hinrichtung[7] gemeint ist, bleibt offen.

Unter den *Qumranschriften* enthält die *Gemeinderegel* 1QS in 5,1–9,24 eine Gemeindeordnung, zu der mit 6,24–7,25 ein ausführlicher Strafcodex gehört. Gerichtsforum ist die Sitzung der Vollmitglieder (6,1.8f.23), wenn zuvor eine Zurechtweisung vor Zeugen nicht gefruchtet hat (vgl. Mt 18,15–17). Es sind je nach Schwere für die Vergehen, zu denen bereits u.a. Beleidigungen (7,4) gehören (vgl. Mt 5,22), als Strafe Kürzung der Essensration (6,25), Ausschluss auf bestimmte Zeit (6,27; 7,2–15.17b–21; 8,24–9,2) oder für immer (7,15–17a.22–25; 8,21f) vorgesehen. In der *Damaskusschrift* (CD) besteht das Richterkollegium aus einem Minjan der Mitglieder (10,4–8). Für die Zeugen ist ein Mindestalter vorgeschrieben (10,1), für den Eid nur die Schwurfomel der Gemeinschaft zugelassen (15,1–3). Als Strafe wird der Ausschluss (9,21), jedoch mit der Möglichkeit einer Wiederaufnahme (12,6; 20,5), erwähnt.

Im NT zeichnen sich jüd. Rechtshintergründe ab in der Verkündigung Jesu (bes. Mt 5–7; Gleichnisse), in der Darstellung seines Verhörs durch das Synhedrium und in dessen Vorgehen z.B. gegen Paulus nach der Apg. In manchen Texten überschneiden sich jüd. und röm.-hell. Rechtsbräuche[8]. Paulus greift für seine Argumentation jüd. Erb- (2Kor 5,5; Gal 3,15; 4,1f; Eph 1,14), Adoptions- (Röm 8,15; Gal 4,5; Eph 1,5), Beurkundungs- (2Kor 1,22) und Schuld-

[5] Deutsche Übers. und Komm. z.B. bei *J. Maier*: Die Tempelrolle vom Toten Meer und das „Neue Jerusalem", München/Basel $^{3}$1997.

[6] Vgl. bSan 46b. Die Massenkreuzigung von Pharisäern wegen Hochverrats durch Alexander Jannaios (103–76 v.Chr.) nach Ios. bell. Iud. 1,97; ant. Iud. 13,380f (vgl. 4QpNah 1,7f) bleibt Maßnahme eines sich hell. verstehenden Herrschers. Vgl. kritisch zur Überlieferung *M. Hadas-Lebel*: Alexandre Jannée a-t-il crucifié ses opposants Pharisiens?, in: *F. Siegert/U. Kalms* (Hgg.): Internationales Josephus-Kolloqium Paris 2001, Münster 2002, 59–71. Herodes scheint sich dieser Hinrichtungart nicht bedient zu haben.

[7] Vgl. Gal 3,13; zur Diskussion bei den Rabbinen *Maier*: Tempelrolle (Anm. 5), 275–281.

[8] Z.B. in Mt 18,23–35 (vgl. auch Mt 5,25fpar Lk 12,58f). Unjüdisch: Verkauf eines Juden (an Heiden) in die Sklaverei (z.B. Ios. ant. Iud. 16,3), bes. der Ehefrau (z.B. mSot 3,8); gerichtlich angeordnete Schuldhaft zur Erpressung der Auslösung durch Verwandte mit dazu verschärfend wirkender Anwendung der Folter; Geldanlage bei einer Bank mit einer minimalen Gewinnmarge durch Zinsen.

recht (Kol 2,14; Phlm 19) auf. Wie im rabb. Judentum (vgl. z.B. Mekh zu Ex 21,1; Baraita in bGit 88b) sind nach 1Kor 6,1–8 zivilrechtliche und gemeindeinterne Angelegenheiten nur vor eigenen Gerichten auszutragen.

Die *halachah* der *Sadduzäer* gilt bei Josephus und in der Mischna als streng und rigoros. Meg Taan 10 schreibt ihnen einen halakischen Codex radikaler Rechtsinterpretation, das Buch der *gezerot*, zu. Ihre Rechtsschöpfungen haben den Untergang Jerusalems nicht überlebt, so dass wir über sie nur durch die verzerrende Polemik der Rabbinen erfahren.

Die *Pharisäer* (→3.1.3.1) haben es vermieden, ihre *halachot* schriftlich zu fixieren. So stehen nur Sekundärzeugnisse zur Verfügung: Josephus, das NT und rabb. Überlieferungen, sofern sie pharisäischen Lehrern vor 70 n.Chr. namentlich zugeschrieben und von Josephus und dem NT bestätigt werden. Sie pflegen bei ihrer Rechtsschöpfung einen akribischen Umgang mit der Tora (Ios. bell. Iud. 1,110; 2,162; ant. Iud. 17,41; Mt 5,20; Phil 3,5f). Ihre Richter gelten als menschenfreundlicher und milder (z.B. ant. Iud. 13,294; mYad 4,6–8). In früh zu datierenden Pharisäertexten der Mischna geht es nach J. Neusner[9] vor allem um Vorschriften für agrarische Abgaben an den Tempel (vgl. Mt 23,23 par Lk 11,42) und zu Fragen des Familienrechts wie Scheidung und Levirat.

*Philo von Alexandria* (→1.3.2.5) (ca. 20 v.–50 n.Chr.) interpretiert vor allem in spec. leg. die Rechtstexte des Pentateuchs. Er fasst das Wichtigste z.B. in seinen bei Eus. p.e. überlieferten Hypothetica 7,1–20[10] zusammen. Ein direktes Verhältnis seiner Darstellungen zu dem damals im Judentum Alexandrias angewendeten Recht bleibt ebenso fraglich wie seine Kenntnis von Vorformen rabb. *halachah*.[11] Seine Ausführungen sind für nichtjüd. Gebildete seiner Zeit und deshalb nicht als *halachot* bestimmt. Er legt in spec. leg. die Gebote in inhaltlicher Systematik nach dem Leitfaden des Dekalogs aus, wobei er an der in seinen Augen drakonischen Strenge des Mosegesetzes, in dem „alles einfach und klar ist“ (hyp. 7,1), bewusst festhält (z.B. spec. leg. 2,27f; agr. 47) und die Todesstrafe für weitaus geringere Vergehen als Mord favorisiert (z.B. spec. leg. 2,243; hyp. 7,1–5; vita Mos. 2,206f).

Einblick in das jüd. Rechtsleben ntl. Zeit gibt vor allem *Flavius Josephus* (→1.3.2.6). Er stellt die Tora als ideale Verfassung der jüd. Theokratie dar (z.B. Ios. c. Ap. 2,165) in seiner Zusammenfassung und thematischen Neugliederung der kultischen Tora nach Lev in ant. Iud. 3,224–286 (Kultrecht) und der ethischen (Zivilrecht) nach Dtn in ant. Iud. 4,196–301 sowie in seiner Apologie c. Ap. 2,151–219, wahrscheinlich einer Epitome aus einer alexandrinischen Quelle über das jüd. Gemeinwesen, die sich auch in den Hypothetica Philos widerspiegelt.[12] Josephus schreibt ebenfalls unhalakisch für nichtjüd. Leser.

---

9 Vgl. z.B. *ders.* 1975, 43–70.

10 Text der Fragmente z.B. in Philo, with an English Translation by *F. H. Colson*, Bd. 9, Cambridge 1969, 423–437.

11 *I. Heinemann*: Philons griechische und jüdische Bildung, Breslau 1932 (ND 1973), 180–446.

12 So zuletzt *C. Gerber*: Des Josephus Apologie für das Judentum, in: *J. U. Kalms/F. Siegert* (Hgg.): Internationales Josephus-Kolloquium Brüssel 1998, Münster 1999, 251–269, hier 257f und *P. Tomson*: Les systèmes de halakha du Contre Apion et des Antiquités, in:

Einblick in die Praxis jüd. zivilrechtlicher Verträge in den röm. Provinzen *Iudaea* und Arabia zwischen den beiden antiröm. Aufständen von ca. 66–135 bieten *die Texte aus der Wüste Juda* (bes. Murabba'at und Nahal-Hever) mit schuldrechtlichen Urkunden, Eheverschreibungen, Scheidebriefen sowie Kauf-, Pacht- und Leihverträgen.[13] Sie lassen eine bemerkenswert selbstständige wirtschaftliche[14] und rechtliche Stellung der verheirateten jüd. Frau mit frei verfügbarem Immobilienbesitz, Geldverleih und in den gr. Texten ein erstaunliches Maß jüd. Integration in die vom hell.-röm. Recht geprägte Umwelt[15] erkennen.
Wichtigste Quelle bleibt die *Mischna*. Die in ihr um ca. 200 fixierten halakischen Diskussionen gehen über kleinere Vorsammlungen z.T. bis in die frühe nachbiblische Zeit zurück. In idealer Verfassung wird hier das Welt- und Wirklichkeitsverständnis des rabb. Judentums unter heidnischer Obrigkeit entfaltet. Sie verrät den mehr juristischen als theologischen Charakter der rabb. Literatur, die vor allem Rechtspflege sein will. Rechtliche Fragen im engeren Sinn behandeln vor allem die Traktate der 3. und 4. Ordnung.

Es zeichnet sich das Bild einer Rechtspflege ab, die von den alltäglichen Fällen theoretisch abgehoben auf Klärung aller auszudenkenden Detailfragen aus ist. Anfangend mit den örtlichen Gerichtshöfen für Zivilrecht aus drei Gelehrten (z.B. mSan 1,1; 3,1; anders Lk 18,2) gibt es ein ganzes Netzwerk rabb. Gerichtshöfe. Auf der Stufe des kleinen Sanhedrin sind (abgeleitet aus Num 35,24f z.B. ySan 1,6) für Kapitalverbrechen 23 (z.B. mSan 1,4), auf der höchsten Ebene, dem großen Sanhedrin, 70+1 (abgeleitet in Zusammenschau von Ex 18,21–23; Num 11,16 und Dtn 17,8–13) Gelehrte vorgesehen (z.B. mSan 1,6). Hingegen werden im Zivilrecht angesehene Persönlichkeiten als Schiedsmänner angerufen.[16] Nach mSan 3,1 benennt in solchen Fällen jede der Streitparteien für sich einen und diese beiden einen unabhängigen dritten Richter. In Kapitalprozessen müssen die Zeugen mit Einschüchterung (mSan 3,6; 4,5; mSot 1,4) auf Glaubwürdigkeit hin durch Einzelverhör (mSan 3,6; 5,1–4) einvernommen werden; das Verfahren ist mit den Zeugen für die Unschuld (mSan 4,1; 5,4f) zu eröffnen. Umfangreich sind die Schutzbestimmungen für den Angeklagten. Zeugen dürfen nach ihrer Einvernahme nichts Belastendes mehr äußern (mSan 4,1; 5,5). Ein Schuldspruch ist nur mit zwei Stimmen Mehrheit im Kollegium möglich, und erledigte Verfahren können nur zum Zweck des Freispruchs wieder aufgenommen werden (mSan 4,1). Mit solchen und vielen anderen Bestimmungen macht man die Verhängung der zunehmend als mörderisch stigmatisierten (z.B. mMak 1,10) Todesstrafe von so vielen Voraussetzungen abhängig, dass sie fakisch aufgehoben erscheint.

*F. Siegert/J. Kalms* (Hgg.): Internationales Josephus-Kolloquium Paris 2001, Münster 2002, 189–220.

[13] Editionen: *P. Benoit u.a.* : Les Grottes de Murabba'ât, Oxford 1961; *H. Cotton/A. Yardeni*: Hebrew and Greek Texts from Nahal Hever and Other Sites with an Appendix Containing Alleged Qumran Texts. The Seiyâl Collection, Oxford 1997; Übers. in Auswahl bei *Koffmahn* 1968.

[14] Vgl. aber schon Lk 8,3.

[15] Vgl. dazu bes. *Cotton* 2000, 23–30.

[16] Vgl. Lk 12,13f.

Für den Verurteilten wird noch auf dem Weg zur Exekution durch Aufforderung der Öffentlichkeit (mSan 6,1) die Möglichkeit von Unschuldsbeweisen offen gehalten.[17] Die vorgesehenen Strafen[18] entsprechen als biblische der Tora. Von ihnen sind die rabb. zu unterscheiden, die verhängt werden, wenn kein biblisches Gebot, sondern eine *halachah* übertreten worden ist. Bei den *biblischen Strafen* ist für schwere Kriminalfälle die Todesstrafe angezeigt, für leichte zeitweiliger Ausschluss aus der Gemeinde oder körperliche Züchtigung. Die *Geißelung* (mMak 3,12ff)[19] soll auf Ausspruch von drei Richtern hin (mSan 1,2; mMak 3,11) entsprechend Dtn 25,2f mit 40 minus 1 Hieben[20] ausgeführt werden, ihren Vollzug berichtet jedoch kein rabb. Text,[21] wohl aber Paulus in 2Kor 11,24. Die *Todesstrafe* sieht die *halachah* gemäß der Tora z.B. vor für Mord, Götzendienst, Gotteslästerung, Zauberei, Falschprophetie, Ehebruch, Unzucht, Inzest, Sabbatbruch, und zwar den Fällen entsprechend in vier Vollzugsarten (mSan 7,1–4): Steinigung, Verbrennen durch Einflößen von geschmolzenem Blei, Enthauptung mit dem Schwert und Erdrosselung durch Strangulierung mittels eines um den Hals zusammengezogenen Tuchs. Der Leichnam kann in bestimmten Fällen anschließend strafverschärfend ans Holz gehängt werden (mSan 6,4). *Rabb. Strafen* bestehen in Züchtigung, Geldzahlung, Bann, Verbannung oder Gefängnis. Den Bann gibt es in der Form des Verweises oder des zeitweiligen Ausschlusses aus der Gemeinde als sog. Kleinen und in der Form der endgültigen Exkommunikation als Großen Bann mit weitreichenden sozialen und wirtschaftlichen Folgen. Das Bild der Mischna von einem Netzwerk amtierender Gerichtshöfe mit dem großen Sanhedrin an der Spitze bleibt eine historisch haltlose, rückwärtsgewandte Wunschvorstellung und utopischer Entwurf. Bereits unter röm. Herrschaft vor 70 oblag dem Prokurator die gesamte Rechtsprechung und waren dem Synhedrium in Jerusalem, kaum mehr als ein von den Sadduzäern majorisierter Stadtrat mit Einfluss auf das judaeische Umland, den lokalen Behörden aller unterworfener Städte des röm. Reichs[22] gleich, nur polizeiliche Aufgaben und begrenzte Autonomie im Zivilrecht belassen. Die Kultrechtshoheit des Jerusalemer Synhedriums blieb unangetastet. In anderen als zivilrechtlichen Angelegenheiten wurde, wie auch die judenchristl. Paränesen zum Gehorsam gegenüber der Obrigkeit[23] zeigen, „das Recht der Regierung als geltendes Recht" anerkannt.[24] Für das nach 70 in Jamnia (Javne) neu gegründete Synhedrium fehlt jede Kontinuität zum alten. In der Koalition derer, die bereit waren, im Anschluss an die Katastrophe gemeinsame Sache zu machen[25], stellen die Pha-

---

17 Vgl. DanSus 44–50.

18 Vgl. dazu ausführlich *S. Schreiner*: Strafe III. Judentum, TRE 32, 2001, 201–205.

19 Vgl. Mt 23,34; 10,17; Mk 13,9 par; Apg 22,19.

20 Vgl. mMak 3,10; Ios. ant. Iud. 4,238.248. Die Zahl 39 ergibt sich aus Vorsicht, die toragemäße Zahl nicht in entehrender Weise zu überschreiten. Zuvor ist die körperliche Konstitution zu prüfen und ggf. die Zahl der Hiebe auf eine durch 3 teilbare zu reduzieren (mMak 3,11).

21 So *Billerbeck* I [6]1974, 577.

22 Vgl. *Th. Mommsen*: Römisches Strafrecht, Leipzig 1899, 115.119f.240f.309.

23 Vgl. z.B. Mk 12,13–17 parr; Röm 13,1–7; 1Petr 2,13f.

24 So z.B. bNed 28a; bGit 10b.

25 *Stemberger* 1999, 91.

risäer (Hillel-Schule) den Führungsanspruch, wie wohl auch Texte bei Mt (21,45; 27,62) und vor allem bei Joh erkennen lassen (z.B. 7,32.45–57; 11,46f; 18,3). Die rabb. Rechtspraxis scheint zwischen den beiden Aufständen 66–74 und 132–135 eher gruppenintern ausgerichtet gewesen zu sein. So beobachtet *J. Neusner*, dass sich in der Mischna für diesen Zeitraum wenig öffentlich praktisch anwendbares Material findet,[26] und verraten die Funde aus der Wüste Juda keinen besonderen Einfluss der rabb. *halachah*.[27] Auf der anderen Seite zeigen Orts- und Namensangaben bei Problemfragen in der Mischna, dass durchaus auch um zentrale Weisung ersucht wurde.

*Spiegelungen jüdischer Rechtspraxis im NT*
*1. Zum jüd. Anteil am Prozess Jesu (→1.5.1.4)*
In der ntl. Forschung spielt die Frage nach dem Recht des Synhedriums vor 70 zur Durchführung von Kapitalprozessen eine wichtige Rolle. Man muss davon ausgehen, dass das *ius gladii* dem röm. Prokurator vorbehalten war. Dafür sprechen Mitteilungen bei Josephus (z.B. bell. Iud. 2,117), Überlieferungen der Evv von der Überstellung Jesu an Pilatus, bes. Joh 18,31, und von der des Paulus an die röm. Behörden in der Apg (21,27–40; 22,22–30; 23–26; ähnlich 18,12–17). Die gelegentliche Hinnahme jüd. Lynchjustiz (z.B. Philo spec. leg. 1,55; mSan 9,6), wie die Hinrichtung des Stephanus (Apg 7,54–81a) und Steinigung des Paulus (2Kor 11,25; Apg 14,19), bleibt jedoch wahrscheinlich. Das Recht zur Tötung eines Nichtjuden bei Betreten des inneren Tempelbezirks trotz angebrachter Warnschilder[28] dürfte eine von den Römern zugestandene Ausnahme u.U. mit Notwendigkeit einer förmlichen Bestätigung gewesen sein. Die Texte und Ereignisse, die man zum Nachweis einer (eingeschränkten) Kapitalgerichtsbarkeit des Synhedriums anführt, bleiben bei näherer Prüfung nicht stichhaltig:

Die Hinrichtung des Jüngers Jakobus nach Apg 12,2 stellt einen Willkürakt des rechtsautonomen Agrippa I. wohl aus Gefälligkeit der jüd. Führung gegenüber dar. Die Steinigung des Herrenbruders Jakobus nach ant. Iud. 20, 200ff im Jahr 62 beruht auf eigenmächtigem Vorgehen der Sadduzäer zur Zeit des Interims zwischen den Prokuratoren Festus und Albinus. Die in Ios. bell. Iud. 6,300–305 berichtete Kassierung eines Todesurteils durch den Prokurator weist nur darauf hin, dass das Synhedrium gelegentlich ein solches empfehlen durfte. Schließlich wird die u.a. in mSan 7,2 mitgeteilte Hinrichtung einer unzüchtigen Priestertochter in die Zeit Agrippas I. oder auch in die chaotischen Anfänge der antiröm. Aufstandsjahre fallen.

So beklagt die rabb. Literatur, dass zur Zeit der Prokuratoren die Urteile über Leben und Tod den Juden entzogen waren (z.B. ySan 1,1 [18a]; 7,2 [4b]; bAZ 8b; bSan 41a).
Die Darstellung eines zweistufigen, überstürzten und gleichrangig jüd. und röm. Kapitalprozesses Jesu bei Mk und Mt in den kerygmatisch und judenpo-

[26] *Neusner* 1981, 111–119.
[27] Vgl. dazu *H. Cotton*: The Impact of the Documentary Papyri from the Judaean Desert on the Study of Jewish History from 70 to 135 C.E., in: *A. Oppenheimer* (Hg.): Jüdische Geschichte in hellenistisch-römischer Zeit, München 1999, 221–236, hier 235f.
[28] Vgl. Philo leg. 31; Ios. bell. Iud. 5,194; 6,124–126. Text des archäol. Fundes von 1871 z.B. in BHH 2, 1964, 675f.

lemisch ausgerichteten Passionsüberlieferungen entspricht weder den geschichtlichen Gegebenheiten, noch dem in der Mischna fixierten Recht. Historisch gesehen war das Verfahren gegen Jesus ein röm. auf Betreiben der jüd. Tempelbehörden. Seine von ihnen als Bedrohung verstandene Tempelkritik (Mk 14,56–61; ferner 11,15–19; 13,1.2 parr) wurde wohl als Gefährdung der öffentlichen Ordnung den röm. Behörden plausibel gemacht.

Nach dem Recht der Mischna müsste man besonders mit mSan 4,1f auf folgende Irregularitäten hinweisen, aufgrund derer das Synhedrium zur Verhängung der Todesstrafe nicht befugt gewesen wäre: Verhandlungen in der Nacht und am Rüsttag vor einem Sabbat, kein Einzelverhör (ySan 3,6) der Belastungszeugen nach vorheriger Vermahnung (ySan 4,5), Ungültigkeit nicht übereinstimmender Aussagen, Fehlen eines Zeitraumes von mindestens einem Tag zwischen Beweisführung und Urteilsfindung. Als Gotteslästerung, die zudem mit Steinigung zu ahnden bliebe,[29] wird in der Mischna nur das blasphemische Aussprechen des Gottesnamens gewertet (ySan 7,5).

Die Schilderung der jüd. Verhandlung gegen Jesus als Vorverhör in Joh 18, 13.19–27 (ähnlich Lk) zum Zweck einer Anklage wegen messianischer Umtriebe bei Pilatus scheint der historischen Wahrscheinlichkeit näher zu stehen.

*2. Zu Fragen des Vermögensrechts*

*Erbe, Erbteilung*:[30] Als Formen der Besitzübertragung sind im NT bekannt: Testament (Gal 3,15) und Schenkung zu Lebzeiten (Lk 15,11f), wobei der Beschenkte zwar das Besitzrecht, jedoch vor dem Tod des Vaters nicht das Verfügungsrecht und die Nutznießung erhält, falls er sich nicht verpflichtet, für die Eltern „im Ruhestand" angemessen zu sorgen. Das durch die Tora vorgegebene Erbrecht mit der Bestimmung zur Aufteilung von 2/3 des Vermögens auf den Erstgeborenen und 1/3 auf seine Brüder zusammen (vgl. z.B. Sifre Dtn § 217 zu 21,17) entspricht ökonomischen Notwendigkeiten. In Lk 12,13f kommt es nicht zu der erbetenen Erbteilung. Dabei könnte für den einen die Unteilbarkeit des Besitzes als einer notwendigen Lebensbasis, für den anderen ein Weggang auch aus ökonomischen Gründen, bei dem er nicht auf seinen Anteil als „Startkapital" verzichten will, Motiv gewesen sein. Die volkstümliche Gleichniserzählung Lk 15,11–32 sollte man wegen der in ihr enthaltenen juristischen Schwierigkeiten rechtlich nicht so eng sehen. Der jüngere Sohn fordert die Schenkung seines zukünftigen Erbanteils mit Verfügungsrecht und Nutznießung, wovor Sir 33,20–24 warnt, ohne die o.g. Verpflichtung einzugehen. *Verschuldung*: Die schuldrechtlichen Urkunden von Muraba'at und Nahal Hever lassen die Wahrung von Prinzipien des jüd. Schuldrechts, durch die dieses sich von anderen antiken Rechtssystemen unterscheidet, erkennen[31]: Das Zinsnehmen unter Juden ist z.B. entsprechend Ex 22,24; Lev 25,36f; Dtn 23,20f verboten (so z.B. mBM 5,11), die finanzielle Hilfe bleibt geschwisterliche Verpflichtung (Mt 5,42). Es gibt nur eine Vermögenshaftung (vgl. Mt 5,40), eine Verpfändung der persönlichen Arbeitskraft (Schuldknechtschaft) zur Abdeckung der Schulden kann erst nach erfolgloser Exekution eintreten

[29] Vgl. Apg 7,58; 14,19; 2Kor 11,25.
[30] Dazu vgl. *Billerbeck* III [5]1969, 545–553.
[31] Vgl. dazu *Koffmahn* 1968, 79.

(P. Mur. 114,19). Das jüd. Pfand dient immer nur als Sicherungspfand, niemals aber als Ersatz oder Verfallspfand; ohne Gerichtsurteil konnte im Falle der Säumnis des Schuldners der Gläubiger nicht zu seinem Geld gelangen (Mt 5,40). Zu den Funden in der Judäischen Wüste gehören Schuldscheine, die als Doppelurkunden zur jederzeitigen Einsichtnahme fälschungssicher (vgl. hingegen Lk 16,6) ausgefertigt sind. Das NT setzt nur die einfache Form des vom Schuldner geschriebenen Schuldscheins (Kol 2,14; Phlm 19) im Besitz des Gläubigers (Lk 16,1–8) voraus. Dieser wird mit Durchstreichen der Forderung (Kol 2,14) ungültig gemacht oder bei einer Teilabzahlung durch Überschreiben korrigiert (Lk 16,6f).

*3. Zu Fragen des Eherechts*

*Verlöbnis/Eheschließung*:[32] Die Brautwerbung geschieht vor und auch nach der Erlangung der Geschlechtsreife und dann möglichst mit Einverständnis des Mädchens beim Vater als dessen Rechtsvormund (vgl. Tob 7,10–12). Der Ehebegründung (*schiddukin*: Einwilligung in die Verlobung; vgl. Mt 1,18; Lk 1,27) mit den ersten vertraglichen Vereinbarungen, wie z.B. über Aussteuer (z.B. Ket 6,5) und Mitgift in den Besitz des Mannes kommt Rechtsverbindlichkeit zu. Bis zur Heimführung (Mt 1,20; 25,1–11) bleibt die Braut unberührt im Haus des Vaters (Lk 1,34). Zur Eheschließung gehört der Ehevertrag (*ketubbah*) (Tob 7,14). Er besteht aus einer von Zeugen unterschriebenen Urkunde, die vor allem die Verschreibungen (*ketubbot*) (z.B. P. Mur. 20; 21; 115; mKet), eine vermögensrechtliche Regelung zur Versorgung der Frau im Fall der Scheidung oder Verwitwung, enthält. Lk 18,2–6 setzt wohl die Verweigerung der Ketubbah, der auszuzahlenden Mitgift, der verschriebenen Nutznießung, des Wohnrechts oder der Versorgung im Hause des verstorbenen Mannes (vgl. P. Mur. 20; 21; 30; 116) durch die Erben voraus. Die endgültige Eheschließung (*qidduschin*) (vgl. mQid; Lk 2,5) geschieht durch Übergabe eines geldwerten Gegenstandes an die Frau mit einer Erklärung des Mannes, wie z.B. „Du wirst mir Ehefrau werden nach dem Recht Moses [und der Juden.] (P. Mur. 20,3) oder „Wenn du in mein Haus eingehst, sollst du meine Ehefrau sein nach der Tora des Mose und Israels" (tKet 4,9; vgl. auch Tob 7,13). *Leviratsehe* (= Schwagerehe): Nach Dtn 25,5–10 muss der Schwager die Witwe seines kinderlos verstorbenen Bruders heiraten (Mk 12,18–27 parr; Ios. ant. Iud. 4,254–256). Die Verweigerung wird von den Ältesten durch den Ritus der *chalitzah* (Abziehen des Schuhs) entgegengenommen. Einzelne Texte lassen erkennen, dass diese in rabb. Zeit üblich war, obwohl die Leviratsehe grundsätzlich Vorrang vor der *chalitzah* hat (z.B. mBekh 1,7). Ehebruch: Schon Spr 6,24–35 und Sir 23,18–24 spiegeln eine vornehmlich privatrechtliche Regelung statt des öffentlichen Ehebruchprozesses (Dtn 22,23–27) mit Steinigungsstrafe. Joh 8,1–11 ist nur noch Szene für ein Lehrgespräch. Die gesellschaftliche Ächtung (der Frau!) bleibt in den frommen Bevölkerungsschichten jedoch bestehen (vgl. z.B. Mt 1,19; Lk 7,39). Die Möglichkeit der Ehescheidung[33] und ihre juridische Regelung ist aus Dtn 24,1 erschlossen. Da

[32] Dazu vgl. *Billerbeck* II $^{5}$1969, 372–399.

[33] Vgl. *Billerbeck* I $^{6}$1974, 303–320; *A. M. Rabello*: Divorce of Jews in The Roman Empire, JLA 4, 1981, 79–102.

die Sexualität der Frau zur Fortpflanzung als Besitz des Mannes galt (vgl. mYev 6,6), lagen die Initiative und Durchführung im freien Willen des Mannes; das Einverständnis der Frau war hierzu nicht notwendig (z.B. mYev 14,1). Als Grund für die Entlassung wird in Dtn 24,1 „etwas Schändliches" angegeben. In der Deutung dieses Terminus und damit der Ausschöpfung von Scheidungsgründen differieren die frühjüd. Gruppen. Möglicherweise spielen auf diese Diskussion (etwa zwischen den Schulen Schammais und Hillels z.B. nach mGit 9,10; SifDev 269 zu Dtn 24,1) an: Mt 19,3 („aus jedem beliebigen Grund"), Philo spec. leg. 3,30; Ios. ant. Iud. 4,253 („dass man viele Scheidungsgründe haben könne"). DanSus 63, die Schammaischule (z.B. mGit 9,10) und auch das NT (Mt 5,31f; 19,9) sehen das Schändliche allein im Ehebruch gegeben, die Hillelschule bereits beim Anbrennenlassen von Speisen als Vernachlässigung der Hauptaufgabe der Frau. Josephus entlässt in zweiter Ehe seine Frau, weil ihm deren „Charaktereigenschaften missfielen" (Ios. Vita 426). Am weitesten geht Rabbi Aqiba, der einen Scheidungsgrund gegeben sieht, „wenn er eine andere findet, die schöner ist als sie" (SifDev 269 zu Dtn 24,1). Andererseits war die Scheidung rechtlich verboten, wenn die Frau dadurch in besonderem Maße schutzlos werden konnte: z.B. als Geisteskranke (mYev 14,1), Minderjährige (mGit 6,2) oder vom Ehemann auszulösende Gefangene (mKet 4,9). Mit der Scheidung wird die Auszahlung der Eheverschreibung verbunden, die jedoch in bestimmten Fällen, wie Ehebruch und auch bei Unfruchtbarkeit der Frau, unterbleiben kann (z.B. Ket 7,6). Die in der Jesusüberlieferung (1Kor 7,10f; Mk 10,2–12 parr) wurzelnde Gemeindehalachah 1Kor 7,11 und Mk 10,11 untersagt die Scheidung radikal, Mt 5,31f und 19,9 mit Ausnahme des Ehebruchs, und sieht aufgrund von Gen 1,27 die Verpflichtung zur Einehe auf Lebenszeit (Mk 10,6–9 par Mt 19,4–6; wie CD 4,21 und 11QT 57,17–19). In 1Kor 7,15 erachtet Paulus es jedoch für unvermeidlich, einer Scheidungsforderung des nichtchristl. Partners nachzugeben. Wenn Mk 10,12 und 1Kor 7,13 die Möglichkeit zur Scheidungsinitiative auch bei der Frau sehen, muss dieses nicht unbedingt allgemeinen jüd. Rechtsverhältnissen widersprechen (so Ios. ant. Iud. 15,259). Solche Fälle sind im hell. beeinflussten jüd. Lebensbereich bes. der höheren Schichten (z.B. im herodianischen Königshaus: Ios. ant. Iud. 15,259f; 18,136; bei Josephus selbst: Ios. Vita 415) möglich und durch XHev/Se 13[34] um 134/135 belegt. In Fällen der Unzumutbarkeit der Ehe konnte auch die Frau die Ausstellung der Scheidungsurkunde durch den Ehemann gerichtlich erzwingen (mKet 7). Die Funde in der Judäischen Wüste geben Anlass, vor der Festlegung spezifisch rabbinischer Bestimmungen mit der Möglichkeit der Scheidungsinitiative auch bei der Frau zu rechnen. Die Scheidung wird traditionell vollzogen durch den Ehemann oder dessen Bevollmächtigten mit der Übergabe des Scheidebriefs, dessen Zweck die Freigabe der Frau zur Wiederverheiratung ist. Er unterliegt zur Gültigkeit einem Formzwang (vgl. P. Mur. 19; mGit): u.a. Ausstellungsdatum, Namensnennung der Partner, Entlassung und Freigabe mit einer rechtsüblichen Formel (vgl. mGit 9,3) wie „Ich gebe dich frei und entlasse dich" (vgl. zur Terminologie Mk 10,12; Mt 5,31; P. Mur. 19,6), Unterschrift des Ehe-

[34] Vgl. zuletzt dazu *T. Ilan*: Integrating Women into Second Temple History, Tübingen 1999, 253–252; *Cotton* 2000, 28f.

manns und von 2–3 rechtsfähigen Zeugen. Letzteres ist in Mt 1,19 wohl in legendarischer Weise übergangen.

*Synagogen- und Gemeindeausschluss*

Joh 9,22; 12,42; 16,2 sprechen vom Ausschluss als Reaktion der Synagogengemeinschaft auf das Bekenntnis zu Jesus als Messias. Damit nimmt Joh Bezug auf die zu seiner Zeit erfolgende Absage der Synagoge an das Judenchristentum. Man sollte hier jedoch eher an die um 90 in die 12. Bitte der Tefilla eingefügte Ketzerberaka, d.h. Selbstverfluchung der Nazoräer und Abweichler (vgl. Joh 7,49), denken. In 1Kor 5,1–11 spricht Paulus bei einem Vorfall von Inzest nach einer wohl in der Gemeindeversammlung erfolgten Verfluchung das Verbot des gesellschaftlichen und gemeindlichen Umgangs aus. Mt 18,15–18 (vgl. auch Tit 3,10) schärft einen Drei-Instanzen-Weg ein beginnend mit der Verpflichtung zur voraufgehenden seelsorgerischen Bemühung um die Irrenden (so auch in Qumran 1QS 5,25–6,1) und endend mit dem Ausschluss inklusive von Folgen für das Heil des Betroffenen. 1Tim 1,20 rät zum Ausschluss auf Zeit, 2Thess 3,6.14 sogar bei denen, die sich der in der Gemeinde überlieferten apostolischen Lehre nicht fügen. 2Joh 10 untersagt die Gewährung von Gastfreundschaft und Gruß bei Ausgeschlossenen auf der Durchreise. Solche Maßnahmen verraten eine Rezipierung der zuvor in Qumran (bes. 1QS) und später bei den Rabbinen erkennbaren Traditionen jüd. Gemeinderechts.

*Literatur*

(*H. L. Strack-*) *P. Billerbeck*: Kommentar zum Neuen Testament aus Talmud und Midrasch, München, I $^{6}$1974; II $^{5}$1969; III $^{5}$1969; IV 1.2 $^{5}$1969; V. VI $^{3}$1969. – *J. Blinzler*: Der Prozess Jesu, Regensburg $^{4}$1969. – *B. Cohen*: Jewish and Roman Law. A Comparative Study, 2 Bde., New York 1966. – *M. Cohen*: Recht, Jüdisches, Jüdisches Lexikon IV.1, $^{2}$1987, 1261–1275. – *H. Cotton*: Recht und Wirtschaft. Zur Stellung der jüdischen Frau nach den Papyri aus der judäischen Wüste, ZNT 5, 2000, 23–30. – *D. Daube*: The New Testament and Rabbinic Judaism, London 1956. – *C. Hezser*: „Privat“ und „öffentlich“ im Talmud Yerushalmi und in der griechisch-römischen Antike, in: *P. Schäfer* (ed.): The Talmud Yerushalmi and Graeco-Roman Culture, Bd. 1, Tübingen 1998, 423–579. – *E. Koffmahn*: Die Doppelurkunden aus der Wüste Juda, Leiden 1968. – *C. Lapin*: Early Rabbinic Civil Law and the Literature of the Second Temple Period, JSQ 2, 1995, 149–183. – *J. Maier*: Die gesetzlichen Überlieferungen. Die vor- und nichtpharisäischen rechtlichen Überlieferungen, in: *J. Maier/J. Schreiner* (Hgg.): Literatur und Religion des Frühjudentums, Würzburg/Gütersloh 1973, 57–64. – *J. Neusner*: Die gesetzlichen Überlieferungen. Die pharisäischen rechtlichen Überlieferungen, ebd. 64–72. – *Ders.*: Early Rabbinic Judaism. Historical Studies in Religion, Literature and Art, Leiden 1975, 1–136. – *Ders.*: A History of the Mishnaic Law of Women, Leiden 1979–1980. – *Ders.*: Judaism. The Evidence of the Mishnah, Chicago/London 1981. – *Ders.*: A History of the Mishnaic Law of Damages, Leiden 1983–1984. – *S. Rubin*: Das Talmudische Recht auf den verschiedenen Stufen seiner Entwicklung mit dem römischen Recht verglichen und systematisch dargestellt. Sachenrecht, Wien 1938. – *E. Schürer*: The History of the Jewish People in the Age of Jesus Christ, II Edinburgh 1979; III.1, Edinburgh 1986. – *G. Stemberger*: Die Umformung des palästinischen Judentums nach 70. Der Aufstieg der Rabbinen, in: *A. Oppenheimer* (Hg.): Jüdische Geschichte in hellenistisch-römischer Zeit, München 1999, 85–99. – *P. Winter*: On the Trial of Jesus, Berlin/New York $^{2}$1974.

Lia

neukirchener
theologie

Neues Testament und Antike Kultur

Herausgegeben von
Kurt Erlemann, Karl Leo Noethlichs,
Klaus Scherberich, Thomas Wagner
und Jürgen Zangenberg

Klaus Scherberich (Hg.)

# Neues Testament und Antike Kultur

## Band 2: Familie – Gesellschaft – Wirtschaft

Neukirchener Theologie

Mix
Produktgruppe aus vorbildlich bewirtschafteten Wäldern und anderen kontrollierten Herkünften
FSC
www.fsc.org Zert.-Nr. SGS-COC-005773
© 1996 Forest Stewardship Council

Dieses Buch wurde auf FSC-zertifiziertem Papier gedruckt.
FSC (Forest Stewardship Council) ist eine nichtstaatliche, gemeinnützige Organisation, die sich für eine ökologische und sozialverantwortliche Nutzung der Wälder unserer Erde einsetzt.

Bibliografische Information der Deutschen Nationalbibliothek

Die Deutsche Nationalbibliothek verzeichnet diese Publikation in der Deutschen Nationalbibliografie; detaillierte bibliografische Daten sind im Internet über http://dnb.d-nb.de abrufbar.


Umschlaggestaltung: Andreas Sonnhüter, Düsseldorf
Lektorat: Volker Hampel
DTP: Astrid Padberg
Gesamtherstellung: Hubert & Co., Göttingen
Printed in Germany
ISBN 978-3-7887-2492-4
www.neukirchener-verlage.de

# Vorwort

Der erste Band „Neues Testament und Antike Kultur" legte die allgemeinen Grundlagen zum Verständnis des NT. Die Quellen in ihren verschiedenen Gattungen wurden vorgestellt, verschiedene methodische Zugangsweisen aufgezeigt sowie der geographische, chronologische und allgemeine historische Rahmen (geschichtliche Entwicklung, Verwaltung, Militär, Recht) einer „Kulturgeschichte" des Mittelmeerraumes abgesteckt.

Der nunmehr vorliegende zweite Band ist dem sozialgeschichtlichen Aspekt gewidmet: Er gilt dem konkreten Menschen als Individuum und als Mitglied von Gruppen und Kollektiven in den verschiedenen sozialen Bezügen. Eröffnet wird er mit einem Beitrag zur rituellen Prägung menschlicher Existenz generell und folgt dann zunächst dem Ablauf des menschlichen Lebens: Alltag in Haus und Familie, die verschiedenen Lebensaltersstufen von der Geburt bis zum Tod, Ernährung und Krankheiten. Dann weitet sich der Blick auf diejenigen Bindungen, die die Familie überschreiten: Soziale Schichtung, Vereine, Dorf und Stadt (mit ausgewählten einzelnen Städteskizzen, die zum Verständnis des NT von größerer Bedeutung sind, wie Alexandria, Antiochia, Athen, Ephesos, Jerusalem, Korinth, Rom u.a.). Es folgt die Darstellung des Wirtschafts- und Finanzwesens, der Arbeitswelt mit ihren verschiedenen Erwerbsmöglichkeiten, des Transportwesens sowie der verschiedenen technischen Fertigkeiten des Menschen (Waffen, Medizin u.a.). Abgerundet wird der Band durch Aspekte antiker griechisch-römischer und jüdischer Bildung sowie der darstellenden Kunst und Musik.

Für die Fertigstellung auch dieses Bandes ist zu danken: Zunächst allen Mitarbeitern, die Beiträge geliefert haben; sodann Frau Astrid Padberg für die technische Betreuung, für die Herstellung einer einheitlichen Formatierung und für die Zusammenführung der verschiedenen Beiträge zu einem Gesamtband.

Nicht minder ist den studentischen Mitarbeitern an NTAK, Ines Wermeling und Robert Bellin, für die akribische Durchsicht der Manuskripte zu danken sowie Jens Blau für die Erstellung und Betreuung der Homepage (www.ntak-uni-wuppertal.de)!

Besonderer Dank gebührt der Philosophischen Fakultät der RWTH-Aachen, die uns für eine Tagung vom 25.–26. Juni 2004 einen namhaften Betrag zu Verfügung stellte, und Ähnliches gilt für die Universität Wuppertal. Diese Tagung hat maßgeblich geholfen, das Erscheinen von Bd. 2 (und hoffentlich auch Bd. 3) zu beschleunigen, und hat die Weichen für die Zeit nach dem vollständigen Erscheinen von NTAK gestellt, in der die Ressourcen unserer Zusammenarbeit weiter genutzt werden sollen.

Last but not least gilt der Dank der Herausgeber dem Neukirchener Verlag, und hier besonders Herrn Dr. Volker Hampel, der das Projekt von Anfang an großzügig unterstützt und gefördert hat.

Im März 2005 Die Herausgeber

# Inhalt

## 2.1 Die rituelle Prägung des menschlichen Lebens (*Ulrich Volp*)

*Einführung*
Die Welt des antiken Mittelmeerraumes war „eine Welt voller Götter" – so der berechtigte Titel eines aktuellen Buches über den Aufstieg des Christentums im röm. Reich.[1] Die antiken Gesellschaften kannten praktisch kein „nichtreligiöses" Leben. Deshalb bildeten die beiden zentralen Säulen der alten Religionen, Ritus und Mythos, auch das Fundament für das gesellschaftliche Leben in der göttererfüllten Umwelt des NT. Viele Unterschiede zwischen den gr., röm. und jüd. geprägten sozialen Strukturen lassen sich durch ein jeweils unterschiedliches Verhältnis zwischen Ritus und Mythos (oder Ritus und Weltanschauung) und damit differierenden rituellen Ordnungskategorien erklären. Im Gegensatz zu einem in der älteren Forschung häufig anzutreffenden Ritualverständnis, das den Ritus oft einfach als in Handlung überführte Weltanschauung verstand, wird den rituellen Vollzügen heute in der Regel eine von jenen stärker unabhängige Wirksamkeit unterstellt (vgl. M. Douglas). Dass dies in der altertumswissenschaftlichen und ntl. Forschung erst spät entdeckt wurde, hat nicht zuletzt methodologische Gründe. Während sich nämlich die mythologischen und weltanschaulichen Vorstellungen relativ klar aus den schriftlichen Quellen erheben lassen (s.v.a. Bd. 3 dieses Handbuchs), sind rituelle Kategorien naturgemäß schwerer zu fassen, weil sie sich in der Regel nur indirekt in den Quellen niederschlagen und für fundierte Aussagen über rituelle Vollzüge ganz unterschiedliche Quellenarten konsultiert werden müssen: schriftliche Texte, Grabstätten, Tempelanlagen etc. Für die Strukturierung des menschlichen Lebens waren und sind Rituale dagegen ganz entscheidend (→1.2.6).
Ein Wort zur Terminologie: Der Begriff „Ritual" wird heute meist allgemein für über sich hinaus weisende – und u.U. aus mehreren einzelnen „Riten" bestehende – repetitive und regelgeleitete, d.h. einer festgelegten „Syntax" folgende Handlungen verwendet. In einem von vielen verschiedenen Autoren verfassten Handbuch ist eine präzisere Ritualdefinition genauso wie vollständige Ritualinterpretationen an dieser Stelle nicht zu erreichen, und dies wäre auch nicht sinnvoll. Nur genannt seien deshalb exemplarisch drei prominente Positionen. Schlagwortartig verkürzt ausgedrückt verstehen sie die Rituale bzw. die „Übergangsriten" (A. van Gennep) als durch ihre „Schwellenfunktion" bestimmt (V. Turner in Anknüpfung an A. van Gennep), als einen „Komplex geordneter geheiligter Handlungen" (C. Geertz) oder als Teil eines „Code-Systems symbolischen Handelns und Verhaltens" (M. Douglas im Anschluss an E. Durkheim).[2] Einig sind sich diese Ansätze nicht nur darin, dass den Riten aus der Sicht aller Beteiligten eine gewisse Notwendigkeit zukommt, sondern auch darin, dass sie Symbolträger sind, die Symbole in Handlung umsetzen. Freilich bedarf auch der Begriff des „Symbols" einer Erklä-

---

[1] *K. Hopkins*: A World Full of Gods. Pagans, Jews and Christians in the Roman Empire, London 1999.
[2] Dargestellt u.a. bei *Turner* 1969; *C. Geertz*: Religion as a Cultural System, in: *Ders.*: [31]1996, 87–125; *Douglas* 1985.

rung, und es erstaunt kaum, dass dabei von den verschiedenen Richtungen der Ritualforschung ebenfalls unterschiedliche Akzente gesetzt werden. Mit der einleitend gebrauchten Wendung „über sich hinaus weisend“ ist jedoch das Wesentliche des Symbolischen für diese Frage bereits erfasst, auch wenn in der Theologie des 20. Jh.s Differenzierungen in „realistische“ Symbole (Realteilhabe des Symbols an dem, auf das es hinweist; G. van der Leeuw), „idealistische“ Symbole (das Symbol ist bloße Chiffre; K. Jaspers) und „paradoxale“ Symbole (P. Tillich) wirkungsmächtig waren und auch die Ritualtheorien beeinflusst haben. Das soziale Gewebe einer von Ritualen geprägten religiösen oder sozialen Gemeinschaft kann durch ein gemeinsames „symbolisches Universum“ verstanden werden, womit die Ritualtheorien Anschluss an die in den 1960er Jahren in der Wissensoziologie gewonnenen Erkenntnisse über das Funktionieren von Gesellschaften finden (P. L. Berger, P. Luckmann). Insbes. in der neueren Sozialanthropologie wird deshalb die Gesamtheit der Riten einer Gesellschaft als eine rituelle Welt mit stark normativem Charakter verstanden. In diesem Sinne konstituiert das rituelle Verhalten einen Wertekosmos, in dem „richtiges“ und „falsches“ Tun eindeutig bestimmt ist, in dem Lebensphasen (→2.2.2) und Gruppengrenzen (→2.2.5) definiert sind. Für die Antike besonders wichtige rituelle Ordnungskategorien, die Rituale bestimmen, durch diese Rituale definiert werden und als Folge davon das menschliche Leben ordnen, sind die von „Reinheit“ und „Unreinheit“ oder von „Ehre“ und „Scham“/„Schande“ (→1.2.6).

Die Gestalt der Rituale wird seit den Forschungen A. van Genneps in der Regel in Phasen beschrieben. So bestehen die klassischen Übergangsriten anlässlich von Geburt, Erwachsenwerden, Heirat oder Tod aus drei Phasen, der „Herauslösungsphase“, der „liminalen Phase“ und der „Einführungs-“ oder „Reintegrationsphase“. Diese letzte Phase ist in den antiken Kulturen in der Regel die ausführlichste und wichtigste, wie sich etwa an den Reinigungsriten zur Reintegration der Betroffenen nach Schwangerschaft/Geburt oder Bestattung zeigen lässt (→2.2.2).

Unterschiedliche Ritualdefinitionen haben häufig aber v.a. unterschiedliche Funktionen der Rituale im Blick, von denen die für die antike Familie und Gesellschaft wichtigsten an dieser Stelle zu nennen sind. Es liegt in der grundsätzlichen Multidimensionalität von Ritualen begründet, dass sich eine Reduktion auf nur jeweils eine Funktion verbietet, und zu einer fundierten Interpretation der antiken Quellen gehört ein Nachspüren nach allen möglichen Ritualfunktionen. Zu unterscheiden sind

– die religiöse oder transzendente Funktion des Ritus, der in der Lage ist, eine Verbindung zur ansonsten unsichtbaren Welt der Götter, Dämonen etc. herzustellen (v.a. darauf konzentrierte sich die ältere Ritualforschung);

– kognitive oder pädagogische Funktionen, die Werte, Weisheit und Wissen vermitteln und sich des gemeinsamen kulturellen Gedächtnisses vergewissern (J. Assmann);

– sozial- und individualpsychologische Funktionen, wie sie die Sozialanthropologie herausgearbeitet hat (É. Durkheim, A. van Gennep);

– ästhetische Funktionen, wie sie etwa im Festcharakter der Riten des röm. Kalenders deutlich werden (H. H. Scullard);

– Dramatisierungsfunktionen, die den sozialen, politischen und religiösen Wirklichkeiten Ausdruck verschaffen (V. Turner);
– sog. limitische Funktionen des Ritus, der mit seinem Vollzug die In-Group und ihre Grenze (*limes*) definiert, also deutlich macht, wer zur sozialen Gemeinschaft dazugehört und wer nicht (W. G. Sumner);
– rechtliche Funktionen, denn häufig ist der Ritus in der Antike ein Rechtsakt (z.B. Konstituierung eines *locus religiosus*) mit juristischen Konsequenzen (s.u.).

Alle diese möglichen Funktionen sorgten in der Antike – aber natürlich nicht nur damals – für ein „Ordnen" der Lebenswelt der vom Ritus eingeschlossenen Menschen (→2.2). So definierten Rituale die Zeit, indem sie deutliche Unterschiede zwischen Festzeiten und Alltagszeiten oder konkreter zwischen „reinen" und „unreinen" Zeiten markierten. Die röm. Festkalender kennzeichneten etwa einzelne Tage je nach ihrem rituellen Status als *fastus* oder *nefastus*. An den *fasti* konnten Gerichtsverhandlungen oder öffentliche Opfer für die olympischen Götter stattfinden. Die *nefasti* galten dagegen als unrein; so wurden z.B. die Lemurien, an denen man den Göttern der Unterwelt opferte, in den Kalendern mit einem N markiert, wodurch diese Tage beispielsweise für Hochzeitsfeste ausschieden (→1.2.6; 2.2.1.7).

In ähnlicher Weise ordnete der antike Mensch den Raum rituell. So konstituierte in Rom z.B. die Opferung eines Schweines oder das Einbringen eines Leichnams auf einem Stück Land einen *locus religiosus*, der besonderen rechtlichen Schutz genoss und eine Nutzung zu anderen Zwecken verhinderte. Tempel (→3.3.2.1) und Grabstätten (→3.2.5.1) waren in den Kulturen des antiken Mittelmeerraumes in der Regel streng getrennt, und es gab dementsprechend nicht nur im röm. Recht ein weitgehendes Bestattungsverbot *intra urbem*. Aus Griechenland ist bekannt, dass Gräber und sogar ganze Friedhöfe verlegt wurden, um Reinheitskonflikte zwischen Sakralbezirk und Grabbezirk beizulegen (so bei den berühmten Säuberungen auf Delos 543/42, auch aus Delphi und Daphne wird ähnliches berichtet). Josephus berichtet, dass Herodes Antipas Zwang anwenden musste, damit sich Juden im neu gegründeten Tiberias ansiedelten: Die Häuser der Stadt befanden sich über älteren Gräbern, und aus Angst vor Verunreinigung wollte sich niemand dort niederlassen.[3] Im antiken Alexandria befand sich die jüd. Nekropole nicht etwa in der Nähe eines der jüd. Viertel, sondern am entgegengesetzten Ende der Stadt. Ähnlich war die Situation in Jaffa, Bet Schearim und Rom (→2.2.7.3 XI).

Schließlich sorgte der Ritus auch für soziale Ordnung (→2.2.5). Bei professionalisierten Priestergruppen wie den Vestalinnen ist der rituell verursachte gesellschaftliche Sonderstatus ganz offensichtlich, aber auch die nur zeitweise Verantwortlichkeit für rituelle Vollzüge konnte einem Mitglied der antiken Gesellschaft und seiner Familie besondere Ehre bringen – oder „Schande"/„Scham", was sich etwa in der sehr niedrigen sozialen Stellung der Leichenbestatter oder der professionellen Klageweiber ausdrückte.

Trotz der Ähnlichkeiten der rituellen Prägung des menschlichen Lebens im gesamten antiken Mittelmeerraum gab es bedeutende Unterschiede zwischen

[3] Ios. ant. Iud. 18,36–38.

der rituellen Strukturierung der jüd., gr. und röm. Gesellschaft, auf die nun genauer einzugehen ist.

*Judentum*
Das antike Judentum unterschied sich von den Kulturen seiner Umwelt v.a. durch die besondere Stellung des Grundtextes für alles menschliche Leben, der Tora. Sie wurde interpretiert durch Tradition und Brauch, die den Geboten der Tora Form und Funktion verliehen und rituelle Formen festsetzten. Nach diesem Prinzip wurden Zeit und Raum geordnet, so v.a. das Leben des Individuums in Geburt, Beschneidung und Tod oder das kalendarische Jahr im jüd. Festzyklus.
Zu unterscheiden ist insbes. die rituelle Gestaltung des jüd. Lebens durch den Tempelkult (→3.3.2.2) vor 70 n.Chr. und die zunächst stark plurale rituelle Welt des Synagogenjudentums v.a. der Diaspora (→3.3.3 und 1.4.5). Die Einzelheiten des Tempelritus werden in den „priesterschriftlichen" Texten von Ex, Lev und Num deutlich. Grundlegende rituelle Aufgaben waren die regelmäßigen Tages- und Jahresopfer für JHWH „zum lieblichen Geruch" (Num 28f), die Reinhaltung des Heiligtums und die Sühneriten für die Vergehen des Volkes gegenüber seinem Gott (Lev 16). Lob, Dank und Bitte wurden in diese Heiligtumsrituale integriert, aber auch in weniger stark festgelegte individuelle Gebete mit aufgenommen (Ex 15,21; Ri 5,13). Auch der Jahreszyklus wurde durch den Tempelkult rituell gegliedert; es existierten Riten für das Neujahrsfest, den Versöhnungstag, das Pesachfest, das Wochenfest, den Monatsbeginn und den Neumond. Spätestens in der Zeit des Zweiten Tempels wurden die Rituale, die Feste sowie die Gliederung der Zeit überhaupt durch liturgische Lesungen präzise an die Toraüberlieferung gebunden. Beispielsweise bezogen sich der Wochenrhythmus, der Sabbat und das Neujahrsfest auf die Schöpfungsgeschichte der Genesis und das Pesachfest auf die Erlösung des Volkes aus der ägyptischen Sklaverei und den Exodus. Daneben hatten andere Texte der hebräischen Bibel rituelle Funktionen, so z.B. die Wallfahrtspsalmen bei Prozessionen zum Tempel. Dass solcherart gestaltete Rituale auch architektonische und andere räumliche Konsequenzen für die Stadt Jerusalem hatten, machen die Kontroversen der Makkabäerzeit um diese Fragen deutlich (Ios. ant. Iud. 13,373).
Der Lebenszyklus der Menschen dagegen wurde vom Tempelkult nur zum Teil rituell begleitet. Überliefert ist v.a. die Wallfahrt zum Tempel, die nicht nur einen besonderen Ort im jahreszeitlichen Festzyklus (Joh 7), sondern auch in den individuellen Biographien der Menschen hatte (Ex 13,2.15; Lk 2,22f; vgl. →2.2.1.7 und 3.3.2.2). Dagegen schloss z.B. die Vorstellung von der Unreinheit des Todes (Num 19,11–22) eine Verbindung von Bestattungsritualen mit dem Tempel aus. Allerdings könnte man argumentieren, dass gerade dadurch, dass Geburt (Lev 12,2), Hochzeit (Geschlechtsverkehr; Lev 15,16–18 u.ö.) und Tod Unreinheit verursachen und deshalb vom Tempel ferngehalten werden müssen, ein – wenn auch negativer – Bezug zum Tempelkult hergestellt wird.
Die Beschneidung ist in der Zeit des Tempels und vielleicht insbes. seit dem babylonischen Exil das entscheidende „limitische" Ritual, das die Zugehörig-

keit zur israelitischen bzw. jüd. Gemeinschaft wie kein anderes definiert.[4] Sie steht jedoch ebenso wie Geburt, Hochzeit und Tod in keinem funktionalen Verhältnis zum Tempel, sondern wurde wohl erst in talmudischer Zeit von einem speziellen Funktionsträger durchgeführt.
Nach der Zerstörung des Tempels im Jahr 70 n.Chr. adaptierten die Synagogengemeinden die überlieferten rituellen Vollzüge in zunächst sehr unterschiedlicher Weise. Ein fest gefügter und allgemeingültiger synagogaler Ritus ist erst im frühen Mittelalter wirklich greifbar. Während in einigen Synagogen, z.B. der von Sardes, der Opferkult des Tempels offenbar weitergeführt wurde, entwickelten die meisten Synagogengemeinden aus dem Studium der jüd. Schriften heraus eigene rituelle Vollzüge. Die meisten Funktionen der Tempelriten wurden in die synagogale Gebetspraxis integriert und die rituelle Begleitung der einzelnen Lebensabschnitte der Gemeindeglieder bis ins Einzelne ausgestaltet. Selbst um die Bestattung kümmerten sich die Gemeinden, wobei sich eine regelrechte Bestattungsliturgie kaum früher als in den christl. Gemeinden herausbildete (s.u.). Auch bei den Synagogengebeten findet sich die deutliche Rückbindung an die Tora; so wurde das Morgengebet (*schacharit*) als von Abraham gestiftet, das Nachmittagsgebet (*mincha*) als von Isaak und das Abendgebet (*maariv*) als von Jakob eingeführt begriffen (→3.3.5).
Auch wenn grundsätzlich alle einleitend genannten Ritualfunktionen hier eine Rolle spielen und im Einzelfall zu untersuchen sind, treten doch im Diasporajudentum die limitischen Funktionen in den Quellen deutlicher hervor, weil die Abgrenzung der sozialen Gruppe nach außen in dieser Situation eine besondere Rolle erhält. Dies gilt beispielsweise für die Reinheitsvorschriften, die für den Diasporajuden – und v.a. für die Diasporajüdin – ganz andere Funktionen erfüllen als für das ältere Tempelpriestertum (→3.3.6.1; 3.3.2.2). Zahlreiche Konflikte mit der politischen Obrigkeit sind nicht zuletzt aus der limitischen Kraft dieser Riten zu erklären, die für die Politik als kulturell und gesellschaftlich gefährlich erscheinen mussten (Beschneidungsverbot des Antiochos IV. Epiphanes; hadrianische Gesetzgebung).[5] Gerade die aus der Beschneidung erwachsenen Anfechtungen sorgten für ihre immer größere Hochschätzung in der rabb. Literatur der Spätantike – ein Mechanismus, der für religiöse Gruppen des 20. Jh.s von der modernen „Sektensoziologie" eingehend untersucht worden ist (B. R. Wilson).

*Die gr.-röm. rituelle Welt*
Für das Verständnis der aus den Quellen des klassischen Altertums nachweisbaren Rituale sind die grundsätzlichen Parameter und deren Unterschiede in den gr. und röm. rituellen Welten maßgeblich. Man sollte dabei mindestens vier religiöse Ritualsysteme unterscheiden, trotz aller Überschneidungen: Die Systeme der öffentlichen Riten der olympischen Götter, die der öffentlichen Riten der Herrscher- und Kaiserkulte (→3.3.4), die der nicht-öffentlichen Riten der Familien (→3.3.6) und schließlich die der Kultpraxis der Mysterien-

---

[4] Seit wann die Beschneidung zwingende Vorschrift war, ist kaum genau zu klären. Nach Ex 4,24–26 und Jos 5,2–9 hatte sie in vorexilischer Zeit jedenfalls noch nicht die gleiche Bedeutung wie seit dem Exil.
[5] 1Makk 1,48.60f; 2Makk 6,10; Dig. 48,8,4,2; Hist. Aug. Hadr. 14,2.

kulte (→3.1.2), der christl. Gemeinden etc. Außer bei Juden und Christen war eine nichtexklusive aktive oder passive Teilnahme an diesen unterschiedlichen rituellen Welten für den antiken Menschen nahezu selbstverständlich, auch wenn sich dadurch Konflikte ergeben mussten, wie der Blick auf die limitischen Funktionen des jüd. Beschneidungsrituals bereits gezeigt hat (→1.2.6). Eine solche im weitesten Sinne „funktionale" Kategorisierung überschneidet sich, wie in den folgenden Kapiteln zu sehen ist, teilweise mit einer „inhaltlichen" bzw. „Mythos-orientierten" Klassifizierung, die „olympische Götter", „weltliche Herrscher", „Haus-, Geburts- und Totengötter" und sonstige Gottheiten (Mithras etc.) als Adressaten oder – besser – „überweltliche Rituspartizipanten" differenziert (→3.2.2).
Die Religion der olympischen Götter stand sowohl im gr. Osten wie im röm. Westen in engem Zusammenhang mit der Garantie für Ordnung, Rechtlichkeit und Frieden (→1.2.3). Dabei ist das Verhältnis zwischen Ritus und Mythos nicht immer gleich zu gewichten: In den gr. geprägten Kulten der olympischen Götter waren der Mythos und mit ihm die göttlichen *themistes* („Anordnungen") die zentrale Grundlage für Ordnung, Rechtlichkeit und Frieden. Dem Ritus kam insgesamt eine etwas geringere Definitionsmacht zu, als sich dies für die röm. Kultpraxis sagen lässt (zu den Entwicklungen →1.2.6). Dort garantierten noch stärker die korrekt ausgeführten Rituale die öffentliche Wohlfahrt. Dies erklärt nicht zuletzt die massive Gegenreaktion des röm. Staates auf die Gefährdung dieser Rituale durch die Christengemeinden des 3. Jh.s (s.u.). Vor allem für das Verständnis des röm. Kaiserkultes (→3.3.4) sind diese Unterschiede zentral. Das individuelle Verhältnis zu den mythischen Göttern bestimmte demnach die gr. Religiosität tendenziell stärker (z.B. Belohnung des Menelaos, Bestrafung des Tantalos und Sisyphos wegen Vergehen an den Göttern), rituelle Vollzüge (z.B. Libationen beim täglichen Mahl) waren eher Sache des Individuums als die von Priestern. Genauso wie im Judentum verursachten Geburt und Tod gleichermaßen kultische Unreinheit, und ein Haus mit einem Todesfall oder einer Geburt wurde entsprechend gekennzeichnet, nämlich in der Regel mit einem Kranz aus Ölzweigen mit Wolle im Falle der Geburt, mit einem Zypressenzweig im Trauerfall. Geeignete Reinigungsriten sorgten für eine Wiederherstellung der Reinheit und eine Wiedereingliederung in die Gesellschaft nach diesen Ereignissen.
In Rom führt die noch stärkere Verbindung der rituellen Korrektheit mit gemeinschaftlicher Wohlfahrt zu öffentlichen Ritualen mit stark professionalisierten Zügen (Opferfeiern, Herrscherkult), die eine Grenze zu den privaten Ritualen der Familie aufbauten (Tischgemeinschaft, Hausgötter, Geburt, Bestattung, Totengedenken). Teilweise traf sich diese Grenze mit der zwischen Reinheit (Opferkult) und Unreinheit (Bestattung, Lemurienkult). Die individuelle Verunreinigung wurde deshalb nur dann wirklich relevant, wenn sie öffentliche priesterliche Funktionsträger selbst betraf. So berichtet Ovid von der Verunreinigung des Vestatempels durch die Schwangerschaft und Geburt der Vestalin Rhea Silvia.[6] Trotz der auch in Rom üblichen Reinigungsrituale nach Geburt und Bestattung ist eine generelle Unreinheitsfrist für Römer(innen), anders als im Judentum und bei den Griechen, nicht überliefert.

6 Ov. fast. 3,45–48.

Diese Unterschiede haben auch Folgen für die Entwicklung der verschiedenen christl. Ritualpraktiken im Osten und Westen des Reiches.

*Frühes Christentum*

Die Entstehung der rituellen Welt der frühen christl. Gemeinden ist nur im Ursprung und Gegenüber sowohl der paganen rituellen Traditionen des Mittelmeerraumes als auch der jüd. Überlieferung zu verstehen. Manche Entwicklungen verliefen auffallend parallel zu denen in den jüd. Synagogengemeinden, wobei die erhaltenen Quellen für beide Religionen nicht sehr zahlreich sind. Die deutlichsten Spuren hat der starke rituelle Totalitätsanspruch der christl. Gemeindepraxis hinterlassen, der relativ bald zu handfesten Konflikten mit der rituellen Pluralität der paganen Gesellschaft führte. Der *ritus Christianus* (und nicht etwa die *religio Christiana*) wurde als anstößig und nicht mit dem *ritus Romanus* vereinbar wahrgenommen und führte zur Hinrichtung von Märtyrern (*Acta Scillitanorum*). Seit dem 3. Jh. lässt sich in den Quellen der christl. Autoren das – oft wenig erfolgreiche – Bestreben nachweisen, alle Bereiche des rituellen Lebens der Gemeindeglieder unter dem Dach der Gemeinden zu versammeln (U. Volp); das Christentum trat damit also sowohl in Konkurrenz zu den Riten der röm. Familienreligion (Bestattung, Totengedenken, Mahlfeiern) als auch zu denen des öffentlichen Opferkultes der olympischen Götter und der Kaiser. Die Übernahme der rituellen Aufgaben der röm. Familie wurde toleriert, solange dadurch das öffentliche Leben nicht behindert wurde. So weist der archäologische Befund darauf hin, dass es christl. Bestattungen etwa in den röm. Katakomben seit dem späten 2. Jh. gab, wobei die genaue rituelle Ausgestaltung sich bis weit ins 4. Jh. selten von paganen Bestattungen unterschied. Insbes. die christl. Nichtbeachtung der allgemein-antiken rituellen Reinheitsvorstellungen sorgte dagegen schon früh für Konflikte; beispielsweise findet sich der Vorwurf der rituellen Kontamination des Tempelbetriebes durch christl. Bestattungsprozessionen in unmittelbarer Nähe der paganen Kultstätten. Genauso wie insgesamt in der christl. Theologie Tendenzen aufgegriffen wurden, die es in der paganen Philosophie bereits lange gab, hat diese Neupositionierung des Christentums auch mit dem Versuch der „Ethisierung" oder rationalen Uminterpretation von rituellen Symbolen zu tun: Aus den rituellen Totenspeisungen sollen nach dem Willen der christl. Autoritäten Almosen für die Armen werden (Augustinus), an die Stelle der rituellen Totenklage soll angesichts der christl. Auferstehungshoffnung der freudige Psalmengesang treten (Gregor von Nyssa, Johannes Chrysostomos), und ins Zentrum der christl. Bestattungsfeiern tritt die ethisch-pädagogisierende christl. Predigt anstelle der Leichenrede (*oratio funebris*; so bei Ambrosius oder Gregor von Nazianz). Dabei konnte man sich jeweils mit gutem Recht auf intellektuelle Vorbilder aus der paganen Philosophie und natürlich auf Jesus selbst berufen (Mt 23,28). Die Konkurrenz des christl. Gottesdienstes zum Kaiserkult führte schließlich zur offenen Auseinandersetzung: Die staatlich angeordneten Christenverfolgungen des 3. und frühen 4. Jh.s fanden im rituellen Exklusivitätsanspruch der

christl. Gemeinden ihre Grundlage (vgl. das Opferedikt des Kaisers Decius von 250).[7]
Mit der Konstantinischen Wende und dem damit in großem Stile beginnenden Kirchenbau schließlich ergaben sich weit reichende neue rituelle Möglichkeiten und Herausforderungen. Aus den vorher weit gehend im Rahmen der privaten Tischgemeinschaft gestalteten christl. Riten wurde nun ein öffentlicher, in Einzelheiten auch an pagane Formen angelehnter christl. *cultus* (z.B. die Reinheit/Unreinheit-Unterscheidung betreffend). Transzendente, kognitive, sozial- und individualpsychologische, ästhetische, limitische und rechtliche Funktionen des Ritus prägten seitdem auch im entstehenden *ritus Christianus* das menschliche Leben.

*Literatur*

*G. Alon*: Jews, Judaism, and the Classical World, Jerusalem 1977. – *J. Assmann*: Das kulturelle Gedächtnis. Schriften, Erinnerung und kulturelle Identität in frühen Hochkulturen, München 1992. – *P. L. Berger/T. Luckmann*: Die gesellschaftliche Konstruktion der Wirklichkeit. Eine Theorie der Wissenssoziologie, Frankfurt [19]2003 (Erstausgabe 1966). – *M. Bettini*: Anthropology and Roman Culture. Kinship, Time, Images of the Soul, Baltimore/London 1991. – *G. Binder*: Geburt II. Religionsgeschichtlich, RAC 9, 1976, 43–171. – *P. Brown*: Society and the Holy in Late Antiquity, London 1982. – *M. Douglas*: Reinheit und Gefährdung. Eine Studie zur Vorstellung von Verunreinigung und Tabu, Berlin 1985 (Erstausgabe 1966). – *É. Durkheim*: Die elementaren Formen des religiösen Lebens, Frankfurt 1994 (Erstausgabe 1912). – *E. Feldman*: Biblical and Post-Biblical Defilement and Mourning, New York 1977. – *A. van Gennep*: Übergangsriten, Frankfurt a.M./New York 1999 (Erstausgabe 1909). – *C. Geertz*: The Interpretation of Cultures. Selected Essays, New York [31]1996. – *F. Graf*: Gottesnähe und Schadenzauber. Die Magie in der griechisch-römischen Antike, München 1996. – *Ders.*: Griechische Mythologie. Eine Einführung, Düsseldorf [4]1999. – *H. K. Harrington*: The Impurity Systems of Qumran and the Rabbis, Atlanta 1993. – *H. J. Leon*: The Jews of Ancient Rome, Peabody [2]1995. – *I. Morris*: Death-Ritual and Social Structure in Classical Antiquity, Cambridge 1992. – *L. Moulinier*: Le pur et l'impur dans la pensée des Grecs d'Homére à Aristote, Paris 1952. – *R. Muth*: Einführung in die griechische und römische Religion, Darmstadt 1988. – *J. Neusner*: The Idea of Purity in Ancient Judaism, Leiden 1973. – *R. C. T. Parker*: Miasma. Pollution and Purification in Early Greek Religion, Oxford [2]1996. – *M. J. H. M. Poorthuis/J. Schwartz* (eds.): Purity and Holiness. The Heritage of Leviticus, Leiden 2000. – *H. H. Scullard*: Römische Feste, Kalender und Kult, Mainz 1985. – *W. G. Sumner*: Folkways. A Study of the Sociological Importance of Usage, Manners, Customs, Mores and Morals, New York 1979 (Erstausgabe 1906). – *V. Turner*: The Ritual Process. Structure and Anti-Structure, Ithaca u.a. 1969. – *Ders.*: Dramas, Fields, and Metaphors. Symbolic Action in Human Society, Ithaca/London 1974. – *U. Volp*: Tod und Ritual in den christlichen Gemeinden der Antike, Leiden u.a. 2002. – *L. Bruit Zaidman/P. Schmitt Pantel*: Religion in the Ancient Greek City, hg. u. übers. v. Paul Cartledge, Cambridge 1992.

[7] S. etwa Eus. h.e. 6,39–41; Cypr. laps. 27 und epist. 30,3.

# 2.2 Der Mensch in seinen sozialen Bezügen

## 2.2.1 Alltag in Haus und Familie

### 2.2.1.1 Das Haus und seine Einrichtung (*Wolfgang Thiel*)

*Stellen im NT*

Allgemeine Referenzen auf Wohnh.: Mt 2,11; 5,15; 7,24–27; 8,6.14; 9,10.23; 10,12–15; 11,8; 12,29.46; 13,1; 20,1; 21,42f; 24,17.26.43; 26,3.6.58.69; Mk 1,29.33; 2,1–4.11.15; 3,20.27; 5,19.35–40; 6,10; 7,17.24.30; 10,29f; 12,40; 13,34; 14,3.14f.54.66–72; Lk 1,23.40.56; 2,7; 4,38; 5,18f.24f.29; 6,48f; 7,6.10.25.36f.44; 8,27.39.41.51; 9,4f; 10,5–8; 11,17.21; 12,39; 14,1.16–24; 15,8.25; 16,4; 17,31; 18,14; 19,5f; 20,47; 22,10–12.54f; Joh 11,20.31; 12,3; 18,15f; Apg 1,13; 2,2.46; 4,34; 5,42; 7,20; 8,3; 9,11.17; 10,6.17.22.27f.30.32; 11,3.11–14; 12,12–16; 16,15.32–34; 17,5; 18,7; 19,16; 20,20; 21,8; Röm 16,5; 1Kor 11,22; 1Tim 5,13; 2Tim 2,20; 3,6; Hebr 3,3f

*Zur Terminologie*

Im Unterschied zu den Zelten der Nomaden (*skēnai*) gilt das „Haus“ als charakteristische Unterkunft einer sesshaften Bevölkerung. In der südlichen Levante/Palästina hatten H. primär zwei Funktionen zu erfüllen: Zum einen sollten sie den Menschen Schutz vor den Witterungseinflüssen und den Launen der Natur bieten, zum anderen sollten sie einen geeigneten Rückzugsraum für die Familie bereitstellen, da Handel, Handwerk und Gewerbe sich in der Antike zumeist unter freiem Himmel abspielten. Diese Trennung zwischen öffentlicher und privater Sphäre war für alle Kulturen des Alten Orients konstitutiv und bestand auch in hell.-röm. Zeit.

Sowohl der semitische Begriff *bayit* als auch das gr. Wort *oikos/oikia* umfassen inhaltlich weit mehr als nur den rein architektonisch-technischen Sinn des Wortes „H.“. Während *bayit* genealogische Konnotationen und Aspekte der Stammes- bzw. Familienzugehörigkeit („H. Jakob“ z.B. in Lk 1,33 oder das „H. David“ in Lk 1,27.69; 2,4) enthält und sich nicht nur auf ein einzelnes H., sondern – *pars pro toto* – auch auf eine H.-gruppe sogar im Sinne einer veritablen Ansiedlung (z.B. „Beth“-anien, „Beth“-lehem etc.) erstrecken kann, impliziert *oikos/oikia* auch alles, was mit einem H. im weitesten Sinne zu tun hat, so etwa alle Bewohner einschließlich der Sklaven (*oikiakoi/oikeioi*, so Mt 10,25.36; Eph 2,19; 1Tim 5,8), die dazugehörenden (Land)Güter und das Mobiliar bzw. bewegliche Inventar eines H. (*skeuē/skeuos*, so Mt 12,29; Mk 3,27), kurz den gesamten Besitzstand und das Vermögen (vgl. Mk 12,40; Lk 20,47; Apg 4,34) des H.-herren (*oikodespotēs* bzw. *kyrios tou oikou*, so Mt 20,11; 21,33; 24,43; Mk 13,35; 14,14f; Lk 12,39; 13,25; 22,11f), und schließt damit auch ökonomisch-rechtliche Kategorien wie „Hauswesen“, „Hausrat“, „Hausstand“ etc. mit ein (→1.2.5). Das H. im antiken Palästina war integraler Bestandteil städtischen und ländlichen Lebens und damit Mittel- und Bezugspunkt familiärer sowie clan- oder stammesspezifischer Strukturen.[1]

---

[1] Zur Definition u.a. *O. Aurenche*: La maison orientale, Paris 1981; *ders./P. Desfarges*: Travaux d’ethnoarchéologie en Syrie et en Jordanie: rapports préliminaires: Syria 60, 1983, 147–185; *O. Aurenche* (ed.): Nomades et sédentaires. Perspectives ethnoarchéologiques,

*Urbanistische Voraussetzungen und Haustypen*
Was die Wohnarchitektur bzw. den H.-bau in Palästina anbetrifft, so wurden die bautechnischen Errungenschaften und Traditionen der vorausgehenden Epochen der Eisenzeit in hell.-röm. Zeit fortgeführt und kontinuierlich weiterentwickelt.[2] In hell.-röm. Zeit orientierten sich neu angelegte Wohnquartiere zumeist an den Prinzipien des „hippodamischen Städtebaus" (u.a. Marisa, Caesarea Maritima, Magdala-Taricheai und Kapernaum), in dem das Ideal eines orthogonalen Bebauungsplans mit einem symmetrischen Straßenraster und einer regelmäßigen Aufteilung der Wohnbereiche in gleich große H.-blocks (*insulae*) theoretisch begründet ist. Die Berücksichtigung dieses Schemas ist in Palästina jedoch nicht zwangsläufig als Indiz für einen unmittelbaren gr. Einfluss zu werten; denn schon in der vorausgehenden Eisenzeit lassen sich in Siedlungen (z.B. Megiddo, Tell al-Fār'a) planmäßig angelegte Areale nach rechtwinkligem Muster beobachten.[3] Gebaut werden konnte grundsätzlich auf fast jedem Terrain, wobei bei Hanglagen u.U. erhebliche Terrassierungen vonnöten waren (z.B. Gamla). Innerhalb geschlossener Ortschaften wurden die H. in der Regel in möglichst Platz sparender Weise eng aneinander gebaut und waren daher oft nur über Stichstraßen oder kleine Seitengassen zu erreichen.
Die meisten H. hatten eine Grundfläche von nicht mehr als 300–400 m², doch konnten einzelne „Stadtvillen" in den vornehmen Vierteln großer Städte eine Ausdehnung von über 1200 m² erreichen.[4] Daneben wurden auch auf dem Land großzügige Wohnanlagen errichtet, zumal wenn es sich um größere Landsitze bzw. landwirtschaftlich ausgerichtete Gutsbetriebe (Domänen) handelte, die einem gewissen Repräsentationsbedürfnis ihrer Besitzer Rechnung trugen.[5] Herrschaftliche Wohnkomplexe auf dem Land scheinen in Grundriss und Ausgestaltung noch stark in der eisenzeitlichen Tradition des Hofh. mit breit gelagerten Haupträumen („Vier-Raum-H.") verwurzelt geblieben zu sein,[6] während die vornehmen Privatwohnh. in den Städten eher „zeitgemäßeren" Formen eines gehobenen hell. Lebens- und Wohnstandards entsprachen, wie er im gr. „Pastas-" oder „Peristylh." (Priene, Olynth, Delos u.a.) in mehr oder weniger normierter Form Ausdruck fand.[7]

---

Paris 1984; *Holladay Jr.* 1997, 94–114; vgl. auch *Kolb* 2000, 269–275. Später avancierte das H. auch zum Kristallisationspunkt der urchristl. „Hausgemeinden" (z.B. 1Kor 16,19).

2 *E. Netzer*: Domestic Architecture in the Iron Age, in: *A. Kempinski/R. Reich* (eds.): The Architecture of Ancient Israel from the Prehistoric to the Persian Periods, Jerusalem 1992, 193–201; *Holladay Jr.* 1997.

3 Vgl. z.B. die Siedlungen Megiddo/Stratum III (ab 733–Ende 7. Jh. v.Chr.), Tell al-Fār'a/Stratum VIIb-e (10.–7. Jh. v.Chr.) und Mizpa/Phase C (9./8. Jh. v.Chr.); hierzu *G. Horowitz*: Town Planning of Hellenistic Marisa: a Reappraisal of the Excavations after Eighty Years: PEQ 112, 1980, 93–111; *Netzer* 1992.

4 *Hirschfeld* 1995, 21–107, bes. 99–103; vgl. auch *Rossiter* 1989; *Kuhnen* 1990; *Kolb* 2000, 277–296.

5 Ein breit gefächertes System von landwirtschaftlichen Gutshöfen im Stile der röm. *villae rusticae* scheint sich in Palästina erst ab der mittleren und späten Kaiserzeit gegen die traditionellen Formen des Großgrundbesitzertums durchgesetzt zu haben; zu diesem Problem speziell *Rossiter* 1989; *Kuhnen* 1990.

6 Vgl. *Netzer* 1992; *Holladay Jr.* 1997.

7 Vgl. *Hoepfner/Schwandner* ²1994; *Galor* 2003.

Auch wenn das H. im Laufe seiner Entwicklung zahlreiche Veränderungen durchlief, blieb der wichtigste Grundtyp nahöstlicher H.-bautradition das „Hofh.“. Diese Form des Privath. war auch für die Wohnbebauung in der Levante/Palästina während der gesamten Antike charakteristisch und prägte das Siedlungsbild von Städten wie Ptolemais, Gadara, Gerasa, Skythopolis, Palmyra oder Petra, aber auch Jerusalem nachhaltig.[8] Hofh. der hell.-frühröm. Zeit sind daneben u.a. auch aus En Gedi, Horvat Hatzatza, Khirbet edh-Darih, Marisa, Aschdod, Tel Dor, Samaria/Sebaste, Har Gerizim, Pella, Beth Yerah, Kapernaum, Gamla und Chorazin bekannt. Eine qualitative Steigerung des üblichen Hofh. war das „Peristylh.“, bei dem der zentrale Innenhof an mindestens zwei Seiten von Säulenhallen eingefasst war. Obwohl sich auch für diesen Typus bereits lokale eisenzeitliche Vorbilder benennen lassen, darf deren Ausgestaltung mit gr. Säulenordnungen dennoch als ein dezidiertes Bekenntnis zur hell.-röm. Wohnkultur gewertet werden. Beispiele hierfür sind in Palästina, insbes. in Judäa, außerhalb der Paläste der Hasmonäer und Herodes' d. Gr. bislang zwar nur selten zutage gekommen, doch belegen Befunde in Tel Anafa, Tell aj-Judeideh, Khirbet al-Muraq, Samaria, Antipatris-Aphek, Jerusalem und Petra u.a., dass sich auch diese Wohnform bei vermögenden Bevölkerungsschichten großer Beliebtheit erfreute.

Daneben existierten bescheidenere „H.-formen von einfachem Grundriss“, die oft nur wenige Räume umfassten und für die sich in Jerusalem, aber auch in einer Reihe von ländlichen Siedlungen typische Vertreter anführen lassen, z.B. in Qafr Nassej, Dumma, Horvat Kanaf, Qazrin und Gamla. Komplexe „Reihenh.“ dagegen, für die zahlreiche Beispiele in den Basaltregionen des südlichen Syrien sowie im Negev erhalten sind, scheinen eher eine Entwicklung der fortgeschrittenen röm. Kaiserzeit gewesen zu sein, auch wenn einzelne Vorformen bis auf die frühröm. Epoche zurückreichen dürften, wie entsprechende Befunde aus Kalandiya, Qasr al-Leja, ʻEn Yael, Umm al-Jimal, Inkhīl und Jemarīn u.a. nahelegen.[9]

Die typische Wohnform der ländlichen Besiedlung jenseits des Dorfes oder Weilers war im antiken Palästina seit der Eisenzeit das „Turmgehöft“ (*pyrgos*, auch *magdolon*; vgl. Mt 21,33; Mk 12,1; Lk 14,28, →2.4.1), ein meist von Annexbauten umgebener, aber auch isoliert anzutreffender turmartiger Stein- oder Lehmbau – teils rund, teils eckig –, der zum Einlagern der Ernte, aber auch saisonal/kurzfristig als Wohn- und Fluchtturm genutzt werden konnte.[10]

---

[8] Hierzu allg. *Kuhnen* 1990; ausführlich *Hirschfeld* 1995, 57–85; *Bignasca u.a.* 1996; zuletzt *Kolb* 2000, bes. 229–249.277–296; *Galor* 2003.

[9] *Hirschfeld* 1995, 21–107 (Übersicht auf S. 100f).265–267 unterscheidet folgende vier Haustypen: „Simple House“, „Complex House“, „Courtyard House“ sowie „Atrium or Peristyle House“; dazu Rez. von *Fischer u.a.* 1998; *Kolb* 2000, 277–296, der folgende Haustypen differenziert: Typ 1 A „Rechteckh. ohne Säulenhallen“ (Dor, Samaria, Marisa, Gerizim, Jerusalem), Typ 1 B „Rechteckh. mit Säulenhallen“ (Tel Anafa, Tell ej-Judeideh/Petra), Typ 1 C „Rechteckh. mit lateralem Hof“ (Ashdod, Tel Anafa, Khirbet edh-Darih und Pella), Typ 2 „Hofh. mit polygonalen, mehr oder weniger verschachtelten Grundrissen und schiefwinklig gezogenen Binnenmauern“ (Marisa, Jerusalem, En Gedi, Kapernaum); zuletzt *Richardson* 2004; vgl. auch *Kuhnen* 1990.

[10] Auch im AT finden sich zahlreiche Belege für derartige Wohn- und Speichertürme, so in 1Chr 27,25; 2Chr 26,10; 27,4; Jes 5,2; 30,25; 33,18; 1Makk 5,5.65; 16,10; 2Makk 14,41; vgl. *S. Applebaum u.a.*: The Towers of Samaria: PEQ 110, 1978, 91–100.

*Bautechnik und Aufbau der Häuser*

Beim Bau von H., wie sie in den basaltlosen jüd. Kernsiedlungsgebieten in Judäa, Samaria und im Unteren Galiläa typisch sind, wurde nach dem Planieren und Präparieren des Baugrundes in der Regel zunächst ein solides Fundament aus in unmittelbarer Nähe der Ortslage gewonnenem Steinmaterial gelegt (vgl. Mt 7,24–27; Lk 6,48f; 14,29), wobei mehrere Lagen von Feld- bzw. Bruchsteinen oder Flusskies zu einem Mauersockel aufgeschichtet wurden. Besonderer Wert wurde dabei auf Steine mit konstruktiver und statisch tragender Funktion, wie z.B. Ecksteine, gelegt (vgl. Mt 21,42; Mk 12,10; Lk 20,17; Apg 4,11; 1Petr 2,6f). Über diesem Unterbau führte man dann Wände aus luftgetrockneten Lehmziegeln oder Stampflehm (*terre pisée*) auf, indem man zwischen Schalwände aus Holz Erd- und Lehmmaterial hinterfüllte, bis ein massiver, tragender Mauerverbund entstand; z.T. wurden die Wände noch durch ein Schilf- oder Reisiggeflecht oder durch eingezogene Holzbalken (in einer Art Fachwerkkonstruktion) zusätzlich gestützt und stabilisiert. Abschließend wurden Unebenheiten in den Wänden durch Lehmbewurf ausgeglichen und ein Kalkmörtelputz aufgebracht.[11]

Türdurchgänge und Fenster waren meist durch Schwellen resp. Simse, Laibungen oder Gewände sowie Stürze aus langen, z.T. sorgfältig behauenen Steinblöcken gefasst (vgl. Jes 6,4; Sir 6,36). Fenster scheint man dagegen nur an ausgewählten Stellen eingefügt zu haben, und sofern überhaupt vorhanden, dann nur als kleine Öffnungen unterhalb des Daches, die mehr der Klimatisierung als der Beleuchtung der Räume dienten.[12] Das Tageslicht wurde – wie in der Antike üblich – auch in den H. Palästinas vornehmlich über den zentralen Innenhof in die Räume geleitet.

Im Normalfall bestanden die Fußböden der Räume ebenfalls aus gestampftem Lehm, z.T. gehärtet durch Kalkzusatz. Bei spezieller Nutzung des Raumes konnte der Boden jedoch auch mit Kieselsteinen, Ziegel- oder Steinplatten ausgelegt und gepflastert oder mit einem Estrichbelag versehen sein (etwa bei Küchen- oder Baderäumen). Insbes. in Wohnbauten mit herrschaftlichem Anspruch resp. residentialem Charakter treten ab späthell.-herod. Zeit auch Mosaikböden auf (Tel Anafa, Jericho →2.6.1).

Die Decken wiederum bestanden aus in regelmäßigen Intervallen verlegten langen Holzstämmen oder -balken, über die quer eine weitere Lage aus kleineren Balken oder aber eine dicke Schicht aus Schilfrohr, Reisig oder Palmblättern ausgebreitet wurde, die man mit Stricken fixierte. Darüber wurde dann feiner Lehm aufgetragen und mit Steintrommeln gewalzt, bis ein fester, begehbarer Boden entstand. Die H. selbst scheinen in der Regel über ein bis zwei Stockwerke verfügt zu haben, wobei auch das Obergeschoss größere Repräsentations- bzw. mit Liegen oder Polstern ausgestattete Speiseräume – vergleichbar der *madafeh* („Gästezimmer“) heutiger arab. Wohnh. – enthalten

[11] Vgl. *Hirschfeld* 1995, 217–237, bes. 230–234; *Kolb* 2000, 251–253.

[12] *Hirschfeld* 1995, 249–258; *Kolb* 2000, 254. Anders hingegen ein bislang unpublizierter Befund aus Philoteria-Beth Yerah (Khirbet Kerak) am See Genezareth. Hier haben sich offensichtlich Reste von großformatigen Fensteröffnungen erhalten, die urspr. relativ tief liegend ansetzten; vgl. *P. Bar-Adon*: Sinabri and Beth Yerah in the Light of the Literary Sources and Archaeological Finds: ErIs 4, 1956, V–VI, 50–55 [hebr.].

konnte (*anagaion estrōmenon* bzw. *hyperōon* bei Mk 14,15; Lk 22,12; Apg 1,13; 16,34).[13] Diese oberen Geschosse und das Dach waren über Treppenstiegen an einer der Außenseiten oder Treppenhäuser im Inneren der H. zugänglich. Begehbare Flachdächer, die man sowohl zum Trocknen der Wäsche als auch zum Dörren von Früchten und im Sommer zum Schlafen nutzte, waren die vorherrschende Dachform bei den H. der Levante, und selbst in der Kaiserzeit scheinen mit gebrannten Ziegeln gedeckte Giebel-, Walm- oder Pultdächer nur bei öffentlichen Bauten verbreitet gewesen zu sein.[14]
Der Hausbau in Palästina und den übrigen Kulturlandschaften des Nahen Ostens zeichnet sich durch eine Vielfalt an regionalen Besonderheiten aus, die in erster Linie durch die Art und Beschaffenheit des lokal verfügbaren Baumaterials bedingt ist. Gegenüber der Tradition des Wohnh. aus Lehm, die sich in den Kerngebieten Palästinas behaupten konnte, lässt sich im syrophönizischen Küstenbereich eine eigene regionalspezifische Bautechnik absetzen. Hier wurden die Mauern mit Hilfe von hochkant gestellten Steinstützen errichtet, die mit horizontal verstrebten Blöcken alternierten – eine Art „Fachwerkbauweise", die eine höhere Stabilität garantierte (z.B. Ptolemais, Tel Dor, Tel Mevorakh).[15]
In holz- und lehmarmen Gebieten wie in der Schefela, Nabatene oder in Idumäa oder in den Basaltregionen Südsyriens dagegen wurden alternative H.-bautechniken und -formen entwickelt, um mit den eingeschränkt vorhandenen Bauressourcen – im Wesentlichen Stein – auszukommen. Spätestens in der frühen Kaiserzeit hielt hier eine neue Technik der Überdachung Einzug: die „Transversal-" oder „Gurtbogentechnik". Dabei wurden in den zu überdachenden Räumen in regelmäßigen Abständen steinerne Bögen eingezogen, die bereits im unteren Wanddrittel ansetzten, den Raum in Gewölbetechnik überspannten und Zwickelmauern trugen, auf denen wiederum flache, quer verlegte Steinbalken zur Überdachung auflagen.[16]

*Zur Gliederung und Funktion der Räume*
Die Räume eines antiken H. hinsichtlich ihrer Funktionalität und Nutzung zu differenzieren, erweist sich oft als schwierig. Denn gerade bei der Identifikation und Bestimmung von Räumen ist man auf aussagekräftige, archäol. gut dokumentierte Befunde angewiesen.[17]
Sicher ist, dass das wichtigste konstitutive Element des antiken H. auch in Palästina der zentrale Innenhof (gr. *aulē*) war, um den herum sämtliche Räume gruppiert waren, auf den sich alle Türen hin öffneten und der damit den Mittelpunkt des häuslichen und familiären Lebens darstellte (vgl. z.B. Mt 26,57–

[13] *Hirschfeld* 1995, 237–248, bes. 245–248.264–267; *Kolb* 2000, 254–256. In den rabbinischen Quellen sind sogar Stadth. mit drei oder fünf Stockwerken (*diota*) literarisch belegt: so tEr 8,3 und yBB 1,13a.
[14] Vgl. die Abdeckung eines Daches bei der Heilung des Gelähmten in Kapernaum bei Mk 2,4 und Lk 5,19 (→2.4.1); ansonsten Mt 10,27; 24,17; Mk 13,15; Lk 12,3; 17,31; Apg 10,9; auch Dtn 22,8 usw.
[15] Vgl. etwa *I. Sharon*: Phoenician and Greek Ashlar Construction Techniques at Tel Dor, Israel, BASOR 267, 1987, 21–42.
[16] Vgl. *Hirschfeld* 1995, 239–243.
[17] Eine ausführliche Analyse der archäol. Befunde bietet *Hirschfeld* 1995, 258–272.

75; Mk 14,53–68; Lk 11,21; 22,55; Joh 18,15). Dies gilt für vornehmere H. genauso wie für diejenigen weniger privilegierter Schichten.[18] Häufig finden sich in diesem Bereich Reste eines sog. *tannūr* oder *tābūn*, wie das arab. Wort für „Brotofen“ heißt, d.h. von Hand aufgebaute Rundöfen aus Lehm und Kalkmörtel mit kuppelartiger Überdachung.[19] Ebenfalls im Hof befanden sich insbes. in Ortslagen, die über keine primäre Wasserversorgung, z.B. eine Quelle oder einen Aquädukt, verfügten, mit wasserdichtem Putz versehene unterirdische Zisternen, in denen das Regenwasser der jährlichen Winter- und Frühjahrsregen gesammelt und gespeichert werden konnte.[20]
Für H. primär im Kerngebiet des jüd. Siedlungsraumes sind die „stepped pools“ charakteristisch, deren tatsächliche Nutzung bis heute unklar ist. Hierbei handelt es sich um offene, in den Boden eingetiefte, oft nicht sehr tiefe Becken von meist rechteckigem Grundriss mit abgerundeten Ecken, die verputzt und häufig an einer Langseite über eine Folge von Stufen zugänglich waren. Ob diese als Zisternen, als eine besondere Form des Privatbades oder als eine Frühform der Mikwe, des jüd. Ritualbades, zu deuten sind, ist in der Forschung umstritten.[21] Bereits in H. der hell. Zeit u.a. in Beth Zur, Marisa oder Gamla wurden zudem kleine Privatbäder entdeckt, oft in Gestalt einer kleinen Sitzbadewanne („foot baths“). Das Aufkommen solcher sanitären Installationen zur individuellen Körperhygiene in den Privath. Palästinas ist als Zeichen eines direkten Einflusses der zeitgenössischen hell. Wohnkultur zu werten.[22]
Hinsichtlich der Nutzung der Haupträume eines typischen Wohnh. lässt sich konstatieren, dass ein repräsentativer Speise- und Empfangsraum (*andrōn*, *triclinium*, hebr. *traqlin*) durch Größe und Ausstattung besonders hervorgehoben war – einerseits eine Fortsetzung älterer Traditionen, andererseits ein Element, das für H. in der gesamten hell.-röm. Welt konstitutiv ist.[23] Dieser Raum konnte direkt über den Hof betreten werden und war meist aufwändig und kostbar dekoriert und wohl auch entsprechend möbliert. Meist war er mit Klinen, Liegen oder einfachen Polstermatratzen ausgestattet und blieb bei Einladungen den Männern vorbehalten (vgl. Mk 14,15; Lk 22,12).

---

[18] Hierzu eingehend *Hirschfeld* 1995, 272–275. Soziale Unterschiede zeigen sich hierbei lediglich bei der Größe und in der Ausstattung der H.

[19] Vgl. tBM 8,29; yPes 3,30b; dazu u.a. *Hirschfeld* 1995, 274–275; *R. Reich*: Fragments of Clay Stoves, in: *H. Geva* (ed.): Jewish Quarter Excavations in the Old City of Jerusalem II. The Finds from Areas A, W and X-2. Final Report, Jerusalem 2003, 292–295; *ders.*: Cooking and Baking at Masada, ZDPV 119/2, 2003, 140–158.

[20] Vgl. *Hirschfeld* 1995, 278f; *Kolb* 2000, 257–268.

[21] Hierzu zuletzt *R. Reich*: The Synagogue and the Miqweh in Eretz-Israel in the Second-Temple, Mishnaic, and Talmudic Periods, in: *D. Urman/P. V. M. Flesher* (eds.): Ancient Synagogues. Historical Analysis and Archaeological Discovery, Leiden 1995, 289–297 (mit älterer Literatur); *ders.*: Miqwa'ot at Khirbet Qumran and the Jerusalem Connection, in: *L. H. Schiffman u.a.* (eds.): The Dead Sea Scrolls, Fifty Years after their Discovery. Proceedings of the Jerusalem Congress 1997, Jerusalem 2000, 728–731; *ders.*: They Are Ritual Baths: BArR 28/2, 2002, 50–55; *ders.*: Miqwa'ot (Jewish Ritual Baths) in Eretz-Israel in the Second Temple and the Mishnah and Talmud Periods, Jerusalem voraussichtl. 2005; *St. Hoss*: Baths and Bathing in Roman Palestine, Oxford 2005 (im Druck).

[22] Vgl. *P. Lapp u.a.*: The 1957 Excavations at Beth Zur (conducted by McCormick Theological Seminary and ASOR), Cambridge 1968; dazu auch *Hirschfeld* 1995, 276–278.

[23] *Hirschfeld* 1995, 260–264; *Holladay Jr.* 1997.

Kleinere Räume dienten in erster Linie als Schlafzimmer (*koitōn*), wurden aber auch für die Heimarbeit genutzt. Wie entsprechende Funde wie tönerne Webgewichte und Objekte bzw. Halbfabrikate aus Bein (Kämme, Haarnadeln etc.) belegen, scheinen insbes. die Frauen hier Textilien, v.a. Webarbeiten, Beinschnitzereien und ähnliches angefertigt zu haben (vgl. Ri 16,13; Lk 12,27).[24] Dies zeigt, dass die meisten Haushalte darauf bedacht waren, so weit wie möglich autark zu wirtschaften, d.h. alles, was in Eigenleistung hergestellt werden konnte, wie Kleidung, auch selbst zu produzieren.
Andere Räume im Erdgeschoss, die kühler waren, wurden als Vorratsräume zur Lagerung von Lebensmitteln genutzt, wie große Tonkrüge (*pithoi* bzw. *dolia*) sowie Amphoren belegen. Bei größeren Wohnkomplexen kommen dann noch Speicherräume, Magazine und Ställe für Reit- und Nutztiere hinzu.[25]

*Einrichtung und Möblierung*
Über die Einrichtung und Möblierung der eigentlichen Wohnräume und Schlafgemache sind wir insgesamt nur schlecht informiert, da sich trotz z.T. idealer klimatischer Witterungs- und Erhaltungsbedingungen z.B. im Negev Funde aus organischem Material in den H. Palästinas kaum konserviert haben. Daher sind wir auf vergleichbare Funde etwa aus den Wohnh. des Fayum in Ägypten (Karanis, Tebtynis u.a.) angewiesen, die belegen, dass mit wenigen, aber wichtigen Holzmöbeln, wie Betten (*krabattos* bzw. *klinē/klinidion*), Truhen, Regalen und Tischen, sowie mit Matten, Seilen und Körben aus Flechtwerk zu rechnen ist.[26] Gerade die H. im „Jewish Quarter" in Jerusalem haben hierzu eine Reihe von beachtenswerten Befunden geliefert, darunter auch hochwertig gearbeitetes Steinmobiliar.[27]
Bei einfacheren H. im ländlichen Milieu ist dagegen anzunehmen, dass zumindest saisonal auch das Vieh zusammen mit den Menschen untergebracht war. Insbes. während der Wintermonate wurden die Nutztiere in stallartig ausgebauten Räumen im Erdgeschoss gehalten, die durch steinerne Viehtröge gekennzeichnet sind (z.B. Kapernaum, Negev). Oftmals finden sich in den H. auch Räume mit industriellen Vorrichtungen zur landwirtschaftlichen Produk-

---

[24] Vgl. *A. H. M. Jones*: The Cloth Industry under the Roman Empire: EcHR 12, 1960, 183–192; *M. S. Bellah*: Agricultural and Carpentry Implements from Karanis, unpubl. Manuskript Kelsey Museum of Archaeology 1980; *Hirschfeld* 1995, 261f.275f.
[25] *Hirschfeld* 1995, 267–270.279–281.
[26] Allg. *H. S. Baker*: Furniture in the Ancient World: Origins and Evolution, 3100–475 B.C., New York 1966; *G. M. A. Richter*: The Furniture of the Greeks, Etruscans and Romans, London 1966; zu Karanis: *E. K. Gazda u.a.*: Karanis. An Egyptian Town in Roman Times. Discoveries of the University of Michigan in Egypt, 1924–1935, Ann Arbor 1983; *P. van Minnen*: House-to-House Enquiries. An Interdisciplinary Approach to Roman Karanis, ZPE 100, 1994, 227–251.
[27] *N. Avigad*: The Herodian Quarter of Jerusalem, Jerusalem 1989; verschiedene Beiträge in: *H. Geva* (ed.): Ancient Jerusalem Revealed. Reprinted and Expanded Edition, Jerusalem 2000; bes. *Y. Magen*: The Stone Vessel Industry in the Second Temple Period. Excavations at Hizma and the Jerusalem Temple Mount, Jerusalem 2002 (mit weiterer Literatur); dazu Rez. von *R. Reich*: Qad. 125, 2003, 60; *R. Reich*: Stone Vessels, Weights and Architectural Fragments, in: *H. Geva* (ed.): Jewish Quarter Excavations in the Old City of Jerusalem II. The Finds from Areas A, W and X-2. Final Report, Jerusalem 2003, 263–291.

tion, z.B. Olivenpressen oder Weinkeltern – in diesem Falle meist in den tiefer gelegenen, äußeren Teilen der Gebäude.[28]
Während die Wohnh. der Armen vermutlich nur über einfach verputzte, gekalkte Wände verfügten, dokumentierte sich der Reichtum eines Besitzers v.a. in der künstlerischen Ausgestaltung der Räume selbst. Bereits im Hellenismus wurden wichtige Repräsentationsräume verputzt und mit Wandmalereien oder Fresken dekoriert (→2.6.1).

*Das Haus im NT*
Die große Zahl der Testimonia zu Wohnh. in den Schriften des NT belegt, dass das H. ein wichtiger Ort der Begegnung zwischen Jesus, seinen Jüngern und einer speziellen Zuhörerschaft war. Jesus pflegte auf seinen ausgedehnten Reisen durch das Land in den Privath. von Menschen zu predigen, zu speisen und zu nächtigen, die ihn als Gast aufnahmen; nicht zuletzt hier vollbrachte er zahlreiche Wunder, v.a. Heilungswunder. Allerdings ist aufschlussreich, dass Jesus wie auch die Jünger der urchristl. Gemeinde – in dieser Hinsicht noch ganz in jüd. Tradition stehend – sich zunächst konsequent davor hüteten, die H. von Nichtjuden zu betreten. Nur in Ausnahmefällen waren sie bereit, die mit dem Betreten eines heidnischen H. verbundene rituelle Unreinheit auf sich zu nehmen (Mt 8,5–13; Lk 7,1–10; Apg 10,1–11,18), die aus jüd. Sicht darauf zurückzuführen ist, dass hier u.a. figürliche Darstellungen heidnischer Götter („Götzenbilder") anzutreffen waren, dass das Tafelgeschirr als nicht koscher galt oder andere jüd. Speisevorschriften nicht eingehalten wurden. Dies macht deutlich, dass Jesus, auch wenn er in den H. von Pharisäern und Zöllnern verkehrte, sich dennoch stets innerhalb der zeitgenössischen jüd. Lebenswelt mit ihrem strengen Verhaltenskodex bewegte und das damit verbundene Wertesystem nie grundsätzlich in Frage stellte. So sprechen auch die ntl. Testimonia für die aus anderen Quellen zu erschließende strikte Trennung zwischen der jüd. Sphäre und ihrer pagan-nichtjüd. Umwelt, die sich zurzeit Jesu auf viele Lebensbereiche erstreckte. Das H. spiegelte daher sowohl im Innern als auch nach außen hin nicht nur den sozialen Status seiner Bewohner, sondern markierte auch deren ethnische und religiöse Identität.

*Neuere Literatur*
*J. Ch. Balty*: La maison urbaine en Syrie, in: *J.-M. Dentzer/W. Orthmann* (eds.): Archeologie et histoire de la Syrie II. La Syrie de l'époque achéménide à l'avènement de l'Islam, Saarbrücken 1989, 407–422. – *A. Bignasca u.a.*: Petra, Ez Zantur I. Ergebnisse der Schweizerisch-Liechtensteinischen Ausgrabungen 1988–1992, Mainz 1996, 13–89. – *K. Galor*: Wohnkultur im römisch-byzantinischen Palästina, in: *S. Alkier/J. Zangenberg* (Hgg.): Zeichen aus Text und Stein. Studien auf dem Weg zu einer Archäologie des Neuen Testaments, Tübingen 2003, 183–208. – *Y. Hirschfeld*: The Palestinian Dwelling in the Roman-Byzantine Period, Jerusalem 1995 (= Dwelling Houses in Roman and Byzantine Palestine, Diss. Jerusalem 1987 [hebr.]); dazu Rez. *M. Fischer u.a.*: Dwelling Houses in Ancient Israel: Methodological Considerations, JRA 11, 1998, 671–678. – *W. Hoepfner/E.-L. Schwandner*: Haus und Stadt im klassischen Griechenland, München ²1994. – *J. S. Holladay Jr.* in: *E. M. Meyers* (ed.): The Oxford Encyclopedia of Archaeology in the Near East III, New York/Oxford 1997, 94–114 s. v. Syro-Palestinian Houses. – *B. Kolb*: Die spätantiken Wohnbauten von ez Zantur in Petra und der Wohnhausbau in Palästina vom 4.–6. Jh.

[28] Hierzu allg. *Hirschfeld* 1995, 109–215.267–270.

n. Chr., in: *St. G. Schmid/B. Kolb*: Petra, Ez Zantur II. Ergebnisse der Schweizerisch-Liechtensteinischen Ausgrabungen, Mainz 2000, 201–308, bes. 277–296. – *H.-P. Kuhnen*: Palästina in griechisch-römischer Zeit, München 1990, 60–69.233–253.336–345. – *P. Richardson*: Towards a Typology of Levantine/Palestinian Houses: JSNT 27/1, 2004, 47–68. – *J. J. Rossiter*: Roman Villas of the Greek East and the Villa in Gregory of Nyssa Ep. 20: JRA 2, 1989, 101–110. – Themenheft „House and Home in the Southern Levant“: NEA 66, 2003.

## 2.2.1.2 Die Rollen der Familienmitglieder (*Christina Urban*)

*Stellen im NT*
Mt 4,21f; 8,21f; 10,34f; 13,27; 21,33–46; Mk 1,19f; 3,20f; 10,15.28–30; Lk 7,15; 9,42.59f; 12,42.45; 14,26; 15,11–32; Joh 14,18.20; Apg 1,13f; 2,44.46; 4,32–37; 5,42; 10,2; 12,12; 16,15; 21,58f; 1Kor 7; 12,13; 16,15; 2Kor 12,14; Gal 3,28; Eph 5,22–6,9; Kol 3,18–4,1; 1Tim 2,12; 3,4f.12, 1Petr 2,18–3,7

*Judentum, Griechenland, Rom*
*Judentum*: Zu ntl. Zeit waren Großfamilien mit verheirateten Söhnen, deren Frauen und Kinder, Knechten und Mägden (vgl. z.B. Mt 13,27; 21,33–46; Lk 12,42.45; 15,11–32) die Ausnahme. Im Regelfall bestand die Familie aus Eltern und Kindern, in der die patriarchale Stellung des Vaters erhalten blieb. Er war Priester seines Hauses und besaß das Recht zur Strafe über alle Familienmitglieder (vgl. z.B. Philo spec. leg. 2,232; Ios. ant. Iud. 4,260; Sir 30,1–13; 33,17–32). Die Stellung der Frau hat sich insgesamt verschlechtert,[1] wobei sie als Hausfrau (mKet 5,5; bKet 59b) und Mutter (bQid 31b) nach wie vor von ihren Kindern geehrt und geliebt wird: „Das Haus ist die Frau“ (mYom 1,1). Die Wertschätzung der Kinder richtet sich in der Hauptsache auf ihre Bedeutung als Nachkommen. Kindesaussetzung oder -verkauf blieb strengstens verboten. Die Hochschätzung der Familie bestand in atl. Tradition fort.
*Griechenland*: Für den Begriff Familie gibt es kein genaues Äquivalent, am nächsten kommt ihm der Begriff *oikos* (Haus, Hof), der das grundlegende Sozialgebilde der Antike darstellt. Als Personenverband gehören zum *o.* in der Regel der Familienvater, seine Ehefrau, gemeinsame Kinder und die Sklaven (Aristot. pol. 1253b2). Hierbei handelt es sich um die Kernfamilie als alltägliche Lebensgemeinschaft, die zugleich eine wirtschaftliche Einheit war (vgl. Hes. erg. 405). Der Vater hatte als *despotēs* (Besitzer der Sachwerte), *oikonomos* (Verwalter) und als *kyrios* (Herr über das Recht) die dominierende Rolle über alle Familienglieder, allerdings ohne die dauerhafte *potestas* (Gewalt) eines röm. *pater familias*. Wesentliches Element des *o.* war die Verbindung von Mann und Frau, die die Oikonomik beschreibt, wobei sie zugleich auch die Geschlechterrollen zementieren will. Bei Xenophon werden die Kompetenzbereiche zwischen den Geschlechtern im Rahmen der Hauswirtschaft unter Verweis auf die Natur festgeschrieben. Die Abgrenzung begründet sich auf der räumlichen Trennung von äußerem und innerem Bereich. Die O.literatur beschreibt drei Relationspaare: Mann-Frau, Vater-Kinder, Herr-Sklave. Die

[1] Vgl. einführend z.B. *F. Dexinger*: Frau III, TRE 11, 1983, 424–431, bes. 425f.

Beziehung Vater-Kinder und Herr-Sklave treten allerdings stark hinter der Relation Mann-Frau zurück: Die Hausherrin (*despoina*) war zuständig für Vorratshaltung, Erziehung der Kinder, Pflege der Kranken sowie die Textilherstellung. Dem Mann oblagen die landwirtschaftlichen Aufgaben und das Kriegstreiben (Xen. oik. 7,22–43; vgl. Aristot. oec. 1343b–1344a), da die der Frau angeborenen Eigenschaften am besten zu ihrer Rolle als Hausfrau und Mutter passten (Xen. oik. 7,20–43). Die Rolle der Frau war die der Beherrschten, die sich unterordnen musste (Aristot. pol. 1255b19; 1259b1f). Allerdings handelt es sich hier um Idealtypen der Oberschicht. Dass das Verhältnis Vater-Kinder in den O.traktaten nicht ausführlich behandelt wird, erklärt sich aus ihrer Intention, die auf das reibungslose Funktionieren des *o.* als Wirtschaftseinheit zielte. Kindern kam hier eine Bedeutung v.a. für die Altersversorgung der Eltern zu.
*Rom*: Die juristisch legitime wird von der natürlichen Familie (wie sie z.B. das Konkubinat bezeichnet, vgl. auch →2.2.1.4) unterschieden. Für den Vergleich mit ntl. Aussagen wird hier die Definition von *familia* zugrunde gelegt,[2] die im röm. Recht alle Personen bezeichnet, die sich unter der *potestas* (Gewalt) des *pater familias* (Hausvater) befanden, also die Ehefrau, Töchter, Söhne und deren Familien, Sklaven und der gesamte Besitz (Dig. 50,16,195,2). Mit der *patria potestas* (hausväterlichen Gewalt) besaß der *pater familias* die volle Verfügung über den Personenstand der *f.* und über das gemeinsame Eigentum. Er entschied über die Aufnahme oder Entlassung aus der *f.* Er hatte die Strafgewalt inne und war ursprünglich Rechtssubjekt (*sui iuris*). Diese patriarchale Struktur prägte das Verhältnis zwischen den Mitgliedern der *f.*, die streng hierarchisch und von lebenslanger Dauer war. Die Beziehungen waren durch *auctoritas* (Autorität), *obsequium* (Gehorsam), aber auch durch *fides* (Zuverlässigkeit) bestimmt. Maßgebende Werte in der Beziehung zwischen Mann-Frau und Eltern-Kinder waren: Eintracht (*concordia*) zwischen den Eheleuten, Ehrfurcht (*pietas*) der Kinder den Eltern gegenüber und Respekt (*caritas*) der Eltern gegenüber den Kindern. Die Rolle der Frau wurde v.a. darin gesehen, dem Mann Kinder zu gebären, was die Bezeichnung für Ehe als *matrimonium* (von *mater* = Mutter) zeigt. Allerdings änderten sich schon in der republikanischen Zeit die rechtlichen Beziehungen zwischen den Mitgliedern der *f.* zugunsten derer, die der *patria potestas* unterstanden. Ein Problem in der Geschlechterbeziehung lag insgesamt darin, dass einige Männer nicht fähig waren, eine *f.* zu ernähren und sich dadurch eine ehe- und familienfeindliche Haltung verbreitete (Iuv. 6,25–37). Dennoch gibt es auch viele familienfreundliche Stimmen: „Das Haus ist der Anfang der Stadt und gleichsam Pflanzschule des Staates“ (Cic. off. 1,54; ähnlich Seneca, Plinius der Jüngere, Plutarch). Auch brachte das soziale Umbruchklima des Hellenismus einen

[2] Der Begriff *familia* kann im weiteren Sinn auch die agnatische Verwandtschaft umfassen sowie außerhalb des juristischen Bereichs auch für freundschaftlich verbundene Gruppen verwendet werden. Auch der Begriff *domus* wird für Familie verwendet und meint neben dem häuslichen Bereich streng genealogisch die Hausgemeinschaft selbst (Ehepartner, Kinder, Sklaven). Die Begriffe *d.* und *f.* werden immer für die Großfamilie verwendet, so dass genaue Informationen über die Kleinfamilie (Vater, Mutter, Kind) in der röm. Gesellschaft fehlen.

neuen Frauentyp hervor, nämlich die vom Mann emanzipierte und innerhalb der Familie und Gesellschaft geachtete Oberschichtsfrau.[3] Die in ihrer Haltung zur Rolle der Frau und den Beziehungsgeflechten der Familienmitglieder untereinander erkennbare Spannung zwischen ungebrochenen patriarchalen (z.B. in Eph 5,22–6,9; Kol 3,18–4,1; 1Petr 2,18–3,7) und emanzipatorischen (z.B. in Gal 3,28) Tendenzen in den ntl. Texten spiegelt diesen unter hell. Einflüssen zu beobachtenden Diskussionsprozess auch innerhalb der urchristl. Gemeinden wider.

*Ntl. Aussagen*
Nur wenige ntl. Texte zeigen an der Familie per se und den Beziehungen der Familienmitglieder untereinander ein Interesse. Vielmehr waren Familie und Haushalt im NT „as image and providing ground for the church“[4] wichtig. Denn je länger die Zeit des irdischen Jesus zurückliegt, desto bedeutender werden familiäre Strukturen für den Aufbau der Gemeinde. Spuren einer solchen urchristl. Familiengemeinschaft finden sich zahlreich in der Apg (vgl. z.B. 1,13f; 2,44.46; 4,32–37; 5,42; 10,2; 12,12; 16,15; 21,8f).[5] Die natürliche Familie geht in der *familia dei* auf (vgl. z.B. Mk 3,31–35; 10,28–30; Joh 14,18.20 u.ö.; 1Petr 2,18–3,7). Jesus selbst lebt in großer Distanz zu seiner eigenen Familie, die sich am radikalsten in Mk 3,20f offenbart. Auch von seinen Jüngern fordert er eine bewusste Absage an die Familie (Lk 14,26, vgl. auch 9,59f), was in Anbetracht der jüd. Familienstruktur als äußerst anstößig gewirkt hat (vgl. z.B. Sir 3,1–18). Die Nachfolge Jesu lässt sich nicht einfach mit dem Elterngebot verbinden (vgl. Mk 1,19f par Mt 4,21f). Im lk Kontext wird der ansonsten antifamiliäre Tenor der Verkündigung Jesu (z.B. Mt 8,21f; 10,34f) in Heilungen an Kindern dadurch abgemildert, dass hier zwischen Vater und Sohn (Lk 9,42) und zwischen Mutter und Sohn (Lk 7,15) die familiäre Bindung wiederhergestellt wird und so die damals schutz- und rechtlose Witwe wieder einen Versorger im Sohn hat.[6] Jesu Abkehr von den hierarchischen Strukturen antiker Familien erklärt sich aus seiner Verkündigung der Gottesherrschaft (Mt 23,9) und offenbart sich z.B. auch in Jesu Scheidungsverbot (Mt 5,32) und seinem aufwertenden Umgang mit Kindern (Mk 10,15).
Auch Paulus kennt christl. Familien (vgl. exemplarisch 1Kor 16,15). Dennoch lassen sich bei ihm schwerlich Rollenverteilungen zwischen den Familienmitgliedern ablesen (Ausnahme: 2Kor 12,14). Er entwickelt aufgrund seiner Naherwartung keine Familienethik. Und auch die pln. Diskussion über die Ehe und die Rolle der Frauen (1Kor 7) hat weniger das Familienleben als vielmehr die christologisch-eschatologische Bestimmung christl. Lebens überhaupt im Blick (vgl. →2.2.1.4).[7]
Für die Rollen und Beziehungen der Familienmitglieder in den Haustafeln (Eph 5,22–6,9; Kol 3,18–4,1; 1Petr 2,18–3,7) werden die drei Relationspaare

---

[3] Vgl. *S. Pomeroy*: Frauenleben im klassischen Altertum, Stuttgart 1985, 227–291.357–363.
[4] *Balch/Osiek* 1997, 215.
[5] Vgl. hierzu *H. Jungbauer*: „Ehre Vater und Mutter“. Der Weg des Elterngebots in der biblischen Tradition, Tübingen 2002, 312.
[6] Vgl. ebd. 311.
[7] So auch ebd. 330–332; *Balch/Osiek* 1997, 123f.

der Oikonomik (Mann-Frau, Vater-Kinder, Herr-Sklaven) rezipiert.[8] Die hierarchische Struktur des *o.* ist für die Geschlechter- und Sozialbeziehungen innerhalb der christl. Familie somit vorgegeben. Das patriarchale Leitbild und autoritäre Gepräge der antiken Großfamilie, nach dem allein der Vater für die Erziehung verantwortlich ist, wird hier aufgenommen. Doch im Gegensatz zu antiker Auffassung wird in den Haustafeln nicht die uneingeschränkte Verfügungsgewalt des Vaters über die Kinder, sondern vielmehr seine Pflicht ihnen gegenüber betont (Kol 3,21). Allerdings entspricht die Parallelstellung der Gehorsamkeitsforderung der Kinder gegenüber dem Vater (3,20) zu der der Sklaven gegenüber ihrem Herrn (3,22) antiker Konvention (vgl. die ähnliche rechtliche Stellung beider Gruppen in der röm. *f.*). Mit Bezug auf die Rolle der Sklaven (vgl. auch →2.2.5.2; 2.2.5.3) findet sich kein sozialrevolutionäres Konzept in den Haustafeln: Sie haben sich ihren Herren unterzuordnen – und zwar auch den launischen und unfreundlichen (1Petr 2,18). Und auch im Verhältnis Mann-Frau wird durch den inhaltlichen Leitbegriff „Sich-Unterordnen" (Eph 5,22; Kol 3,18; 1Petr 3,1;) der klassische Topos der O.literatur übernommen und für die Geschlechterrollen zementiert. So mag zwar in den Haustafeln zumindest der Objektstatus von Frauen, Kindern und Sklaven durch die wechselseitige Anrede an Über- und Untergeordnete aufgebrochen sein. Und so mögen die eigentliche Motivierung familiärer Lebensgestaltung in Christus (vgl. Kol 3,18.20.23.25; Eph 5,22; 6,1.7) und die zwischenmenschlichen Beziehungen aller Gruppen noch einmal von einer christologischen Relation umfasst sein. Und es mag auch ein Grundduktus sein, dass durch die Christen die Liebe auch in die profanen Strukturen der Gesellschaft eindringt und alle Beziehungen „regiert" (Kol 3,14; vgl. auch Eph 5,1). Dennoch bleibt die konservative Grundhaltung familiärer antiker Konventionen erhalten.[9] Hier offenbart sich ein Rückschritt gegenüber der faktisch erreichten Gleichberechtigung zwischen Männern und Frauen, Freien und Sklaven im Raum der Gemeinde der 1. Generation (Gal 3,28; auch 1Kor 12,13). Dieses reaktionäre Familienkonzept der Haustafeln findet sich in den Past als Modell für die Gemeinde wieder (1Tim 3,4f.12) und angelegte Rollenmuster werden weiter verfestigt. So kommen z.B. Frauen und Sklaven für Leitungsämter in der Gemeinde nicht in Frage (1Tim 2,12).

*Literatur*

*Antike Kultur*: *A. Burguière u.a.* (eds.): Histoire de la famille 1, Paris 1986 (dt.: Geschichte der Familie I, Frankfurt a.M. 1996). – *S. J. D. Cohen*: The Jewish Family in Antiquity, Atlanta 1993. – *S. Dixon*: The Roman Family, Baltimore 1991. – *J. Gaudemet*: Familie I (Familienrecht), RAC 7, 1969, 286–358. – *J. Martin/J. R. Zöpffel* (Hgg.): Aufgaben, Rollen und Räume von Frau und Mann, Freiburg i.Br. 1989, 443–500.501–564. *NT*: *D. L. Balch/C. Osiek*: Families in the New Testament World. Households and House Churches, Louisville 1997. – *C. Osiek*: The Family in Early Christianity. „Family Values" Revisited, CBQ 58, 1996, 1–24. – *E. Schüssler Fiorenza*: Der patriarchale Haushalt Gottes und die Frauen, in: *Dies.*: Zu ihrem Gedächtnis..., München/Mainz 1988, 343–407. – *U. Wagener*: Die Ord-

---

[8] Vgl. *M. Gielen*: Tradition und Theologie neutestamentlicher Haustafelethik, Frankfurt a.M. 1990, 55–62.

[9] Vgl. *L. Schottroff*: Lydias ungeduldige Schwestern. Feministische Sozialgeschichte des frühen Christentums, Gütersloh 1994, v.a. 104–179.

nung des „Hauses Gottes". Der Ort von Frauen in der Ekklesia und Ethik der Pastoralbriefe, Tübingen 1994.

## 2.2.1.3 Sexualität (*Holger Tiedemann*)

*Stellen im NT*

Mt 5,32; Mk 10,11f; Lk 16,16–18; Röm 1,18–32; 7; 1Kor 5,1–13; 6,12–20; 7,1–40; 11,2–16; Gal 5,13–26; Eph 5,23–32; 1Thess 4,3–8

*Einführung*

Die antike Welt kennt keinen Begriff, der dem modernen Sexualitätsbegriff entspricht. Der grundlegende Unterschied zwischen einem modernen – letztlich dem 19. Jh. entstammenden – Sexualverständnis und dem antikmediterranen ist, dass die Frage der biologischen oder dinglichen Objektwahl (Homosexualität, Heterosexualität, Bisexualität, Perversion) für antike Autoren von untergeordneter Bedeutung ist. Juden, Griechen und Römer kennen eine Fülle von Begriffen, um sexuelles Begehren zu klassifizieren, z.T. haben diese Begriffe auch geschlechtsspezifische Implikationen, doch für die modernen Begriffe fehlt es an Äquivalenten. Die Wahrnehmung und Bewertung von Begehrensformen orientiert sich an der sozialen Ordnung, orthopraktisches Sexualverhalten reproduziert letztlich deren Asymmetrie. Kulturanthropologische Geschichtsschreibung (→1.2.1) hat als die zentralen Kategorien dieses Wahrnehmungssystems die Begriffspaare frei/unfrei, aktiv/passiv, rein/unrein, Scham/Ehre herausgestellt. Zugleich hat sie die Wahrnehmung von Geschlechterverhältnissen der Zeitachse der „langen Dauer" (F. Braudel) zugeordnet. Veränderungen in diesem Bereich vollziehen sich nur sehr schleichend – und meist unabhängig von der Ereignis- oder Geistesgeschichte.
Die asymmetrische Begehrenskonzeption verlangt vom „freien Mann", dass er sich beim Sexualverkehr aktiv verhalten muss. Er darf sich z.B. nicht penetrieren lassen, Cunnilingus oder Fellatio praktizieren. Andernfalls verliert er an Ehre. Für die Frau (sofern sie nicht zu den „infamen" Berufsgruppen gehört) gilt es, in schamvoller Weise zu begehren. Wird sie aktiv, verstößt sie gegen das gesellschaftliche Arrangement. Diese asymmetrisch konstruierten Geschlechterverhältnisse verhindern es weitgehend, dass Begehren reziprok gedacht werden kann. Aus dem gleichen Grund fällt es antiken Autoren schwer, Ehe, Liebe und Leidenschaft begrifflich zu integrieren. Wo dies literarisch versucht wird, führt dies nicht selten – wie in Senecas Medea-Nachdichtung – zur Katastrophe: Wer wirklich in der Ehe leidenschaftlich liebt, dem bleibt ein Schicksal wie das der Medea nicht erspart. Demgegenüber haben die Poeten der röm. Elegie (Catull, Tibull, Properz, Ovid u.a.) letztlich als Außenseiter zu gelten (H. Cancik-Lindemaier: „Blumenkinder des alten Rom"), deren Protest gegen das herrschende Arrangement zunächst folgenlos bleibt und im Falle Ovids sogar mit dem Exil bezahlt wird.

Der moderne Sexualitätsbegriff individualisiert Begehren. Egal, ob man mit der Psychoanalyse der frühen Kindheit hierbei eine zentrale Bedeutung zuschreibt, ob man genetische oder hormonelle Faktoren zugrunde legt: Stets

sind es individuelle Konstellationen, die einen Menschen auf diese oder jene Weise begehren lassen. Dem steht in der Antike ein „kommunitäres Sexualverständnis“ gegenüber: Begehrensformen werden im Sinne der Abgrenzung einer Gemeinschaft von anderen Sozialverbänden bzw. Völkern zugeschrieben, vgl. etwa die Zuschreibungen bei Philo spec. leg. 3,1–82 und Sext. Emp. Pyrrh. 3,198–218.
In normativer Hinsicht hat dieses kommunitäre Sexualverständnis zur Folge, dass der Regelverstoß nie nur die unmittelbar Involvierten betrifft, sondern den ganzen Sozialverband: Es entsteht eine Sphäre des Frevels bzw. der Unreinheit, die auf die anderen Mitglieder ausgreift, sofern sie nicht auch eine räumliche Distanz herbeiführen. Dieses sphärenhafte Ausgreifen des Normenverstoßes reflektiert sich in mannigfacher Weise in der religiösen Vorstellungswelt (vgl. z.B. 4Q274 frg. 1,8f; 11QT; 1Kor 5,1–13). Auch die röm. Gesetzgebung (Ius privatum: →1.5.1.2) und ein ihr korrespondierender *domus*-Begriff (→2.2.1.1) implizieren letztlich ein kommunitäres Sexualverständnis.
Charakteristisch für das antik-mediterrane Sexualverständnis ist schließlich, dass das Begehren nicht als rein diesseitiges, anthropogenes Vermögen begriffen wird. Es wird in vielfacher Weise mit göttlichen oder semigöttlichen Wesen in Verbindung gebracht: Der oder die Unzüchtige vollzieht die frevelhafte Tat nicht aus eigenem Entschluss, sondern weil er oder sie bereits in den „Netzen Belials“ (CD 4,20f; →3.1.3.3) gefangen ist. Im Begehren aktualisiert sich ein Ineinander von diesseitiger und jenseitiger Welt. So können Prostituierte die Konturen der dämonischen Lilith erhalten (und umgekehrt, vgl. 4Q184). Weil das sexuelle Begehren Diesseits und Jenseits füreinander durchlässig macht, befürchten männliche Autoren, Frauen könnten mit Engeln oder Göttern verkehren (vgl. 1QGenApocr 2; JosAs 15,8).
Je stärker das Begehren mit dem Jenseits assoziiert wird, desto schärfer stellt sich die Frage, ob es überhaupt „menschlich“ bzw. „schöpfungsgemäß“ ist. Eben diese Frage bricht schließlich mit aller Vehemenz in der Apokalyptik (→1.3.2.3), aber auch in anderen Geistesströmungen auf (Stoa, Platonismus →3.1.1). Der Apokalyptiker (vgl. ApcAbr 23) blickt in das zerbrechende Paradies und sieht, wie Adam (= die Begierde) und Eva (= der Trieb) eng umschlungen den Einflüsterungen der Schlange erliegen. Verständlicherweise bricht es aus ihm hervor: „Urewiger Starker! Warum hast du erlaubt, dass das Böse im menschlichen Herzen begehrt wird? Denn du zürnst über das, was erlaubt wurde von dir in deinem Rate“ (ApcAbr 23,11). Das menschliche Begehren lässt eine Aporie im Willen Gottes aufbrechen. Es wurde von ihm erlaubt – und doch wird es zum Grund göttlichen Zornes. Anhand von jüd. und paganen Autoren lässt sich zeigen, dass es unabhängig vom Christentum zu einer fundamentalen Verunsicherung darüber gekommen ist, ob das sexuelle Begehren der „menschlichen Grundausstattung“ zuzurechnen ist oder nicht. Nur vor diesem Hintergrund ist zu verstehen, wenn der Autor des 4Makk eben dies deklarieren wird: Leidenschaften und Begehren wurden mit der Schöpfung „eingepflanzt“ (4Makk 2,21–23).
Beobachten lässt sich um die Zeitenwende eine zunehmende Privilegierung monogamer heterosexueller Geschlechterverhältnisse. Dem korrespondiert eine Ausweitung des Begriffs der *porneia*: Einst im engeren Sinne Sex auf gewerblicher Basis bezeichnend, markiert er nun immer unschärfer ein jedes

Sexualverhalten, das einer propagierten Norm widerstreitet. Hierunter können z.B. Prostitution, Ehebruch, Inzest, gleichgeschlechtliche Begehrensformen, Verkehr mit Engeln und Mischehen fallen.

*Ntl. Ausagen*

Im NT wird eine Fülle von sexualethischen Themen angesprochen: Askese (1Kor 7,1), Ehe (1Kor 7; Eph 5,21–33; 1Thess 4), Scheidung (Mt 5,32; Mk 10,11f; Lk 16,16–18; 1Kor 7,10f), Wiederheirat (Mk 10,11f; Lk 16,16–18; 1Kor 7,8), Mischehen (1Kor 7,12–16; 10,8), Unzucht (1Kor 5; 6,9; 6,12–20; 10,8), Prostitution (Mt 21,31; Lk 15,30; 1Kor 6,12–20), Inzest (1Kor 5,12), gleichgeschlechtliches Begehren (Röm 1,26f; 1Kor 6,9; 1Tim 1,10), sexueller Verkehr mit Engeln (1Kor 11,10). Diese bemerkenswerte Fülle könnte den Eindruck erwecken, die ntl. Autoren hätten dem Problemkomplex eine besondere Aufmerksamkeit geschenkt. Dem ist nicht so. Der erste Eindruck relativiert sich, wenn man bedenkt, dass die meisten der genannten Stellen einem Brief (dem 1Kor) entstammen. Pointiert formuliert: Wäre es in der korinthischen Gemeinde nicht zu sexualethischen Konflikten gekommen, wäre das frühchristl. oder pln. Sexualverständnis für uns kaum rekonstruierbar.
Vergleicht man die Werke der ntl. Autoren mit denen ihrer jüd. und paganen Zeitgenossen, ergibt sich folgender Befund: Soweit für uns erkennbar, partizipieren sie in grundlegender Weise an der gleichen antik-mediterranen Mentalität, die auch Wahrnehmung und Bewertung des sexuellen Begehrens prägt. Das Christentum ist in diesem Bereich – vergleicht man es etwa mit der Stoa (→3.1.1) – kaum innovativ oder gar normenstiftend gewesen. Einzig dem rigorosen Scheidungsverbot Jesu könnte eine gewisse Originalität zukommen. In diesem Sinne gibt es in ntl. Zeit im strengen Sinne weder ein „christl. Sexualverständnis" noch eine „christl. Sexualethik" (→2.2.1.4).

Da einzig die pln. Briefe hinreichend Anschauungsmaterial bieten, um ein ntl. Sexualverständnis zu konturieren, wird sich im Folgenden auf sie beschränkt.
Paulus teilt die oben skizzierte asymmetrische Begehrenskonzeption. Die Sexualparänese in 1Thess 4,3–6 richtet sich an Männer. Sie werden aufgefordert, mit ihren Frauen ordnungsgemäß (das heißt: nicht leidenschaftlich) zu verkehren. Frauen als aktiv Begehrende kommen hier nicht in den Blick. Der Apostel vertritt zugleich die Ansicht, dass Frauen in besonderer Weise der Gefahr ausgesetzt sind, schamlos zu werden (und verordnet daher den Schleier, 1Kor 11).

Zu den kleinen Revolutionen der späten Republik bzw. frühen Kaiserzeit gehört die Tatsache, dass diese asymmetrische Begehrenskonzeption relativiert wird. Ein Denken der Gleichheit/Reziprozität wird erprobt, ohne allerdings dominierend zu werden. So etwa spielt der stoische Moralist Musonius (Muson. 12) mit dem Gedanken, man möge doch einmal die Rolle des Ehegattens und die seiner Gattin austauschen. Für beide soll das Gleiche gelten (sie sollen keinen Ehebruch begehen). Auch im Judentum lässt sich Ähnliches beobachten. Signifikant ist in diesem Zusammenhang die Begründung, die die Essener dem Verbot einer Nichtenehe geben. Diese ist – anders als die Neffenehe (Lev 18,12) – von der Tora nicht verboten. Die Essener übertragen die Bestimmung bezüglich der Neffenehe jedoch auf die von Onkel und Nichte, denn: „Das Recht der verbotenen Sexualbeziehungen ist zwar im Blick auf Männer geschrieben, doch die Frauen sind wie sie" (CD 5,9f). „Die Frauen sind wie sie" – unüberhörbar sind damit neue Töne im sexualethischen Diskurs angeschlagen.

Die Relativierung (nicht: Beseitigung) der Geschlechterhierarchie ist ebenfalls bei Paulus zu beobachten. Verwiesen sei auf Gal 3,28, aber auch auf 1Kor 7: Dieses Kapitel zeigt (anders als 1Thess 4) ein auffallendes Bemühen des Paulus, seine sexualethischen Anweisungen reziprok zu formulieren: „Der Mann soll seine Pflicht gegenüber der Frau erfüllen und ebenso die Frau gegenüber ihrem Mann. Nicht die Frau verfügt über ihren Leib, sondern der Mann. Ebenso verfügt nicht der Mann über seinen Leib, sondern die Frau“ (1Kor 7,3f).
Die Begriffe von Ehe (→2.2.1.4), Liebe und Leidenschaft miteinander zu verschmelzen, gelingt dem Apostel – wie auch der philosophischen und religiösen Konkurrenz – nicht. Die Ehe wird von ihm als ein Verhältnis von Pflicht und Schuldigkeit aufgefasst; in gleicher Terminologie charakterisiert Paulus das Verhältnis des Christen zum Staat (Röm 13). Im ganzen Kapitel 1Kor 7 fällt das Stichwort „Liebe“ nirgends. Zwar ist die Ehe ein probates Mittel, um das „Brennen“ (1Kor 7,9) zu lindern, doch dies ist lediglich ein Zugeständnis an Junggesellen, für die die an sich zu empfehlende Askese eine Überforderung darstellen würde. In 1Thess 4 wird ausdrücklich festgehalten: Christl. Eheleute verkehren (anders als heidnische) nicht in leidenschaftlicher Weise miteinander.
Auch die für ein kommunitäres Sexualverständnis charakteristischen Anschauungen lassen sich bei Paulus wiederfinden: Jede individualisierende Betrachtungsweise hintanstellend weiß er, dass „die Heiden“ widernatürlich begehren (Röm 1,26f) bzw. „leidenschaftlich“ (1Thess 4,5). Gleichermaßen werden „die Juden“ pauschal des Ehebruchs bezichtigt (Röm 2,22).
Dass sexuelles Fehlverhalten nach Meinung des Apostels keineswegs nur die unmittelbar Involvierten betrifft, sondern auf die ganze Gemeinschaft ausgreifen kann, wird anlässlich der Erörterung des Inzest-Falls in Korinth deutlich (1Kor 5). „Ein wenig Sauerteig“ droht „den ganzen Teig“ zu durchsäuern (1Kor 5,6).
Die Durchlässigkeit von diesseitiger und jenseitiger Sphäre wird greifbar in der pln. Herleitung (Aitiologie) des gleichgeschlechtlichen Begehrens: Dieses ist nicht das Resultat einer willentlichen Entscheidung, sondern das Ergebnis einer „Preisgabe“ (Röm 1,24), strafende Konsequenz einer uranfänglichen Vertauschung von Schöpfer und Geschöpf. Die Unzucht (*porneia*) ist nicht lediglich ein moralisches Fehlverhalten, sondern eine dämonische Macht, vor der man zu fliehen hat (1Kor 6,18), eine Aufforderung, die sich fast wörtlich auch im TestXII.Rub (5,5) findet. Die Verschleierung der Frau wird geboten „mit Rücksicht auf die Engel“ (1Kor 11,10), die sexualisiert vorgestellt werden.
Indirekt nimmt Paulus Teil an der Debatte um die Schöpfungsgemäßheit des Begehrens. Aus Röm 7 muss man den Schluss ziehen, dass es für Paulus nicht zur schöpfungsgemäßen Grundausstattung des Menschen gehört, sondern vielmehr auf „das Gesetz“ (7,7) zurückgeführt wird.
Auch die Ausweitung des Unzucht-Begriffs lässt sich anhand der Paulus-Briefe illustrieren. So ist keineswegs klar, ob in 1Kor 6,12–20 tatsächlich Prostitution problematisiert wird oder aber ein anderer sexualethischer Normenverstoß vorliegt. Gleichgeschlechtliches Begehren wird von Paulus nicht explizit als *porneia* bezeichnet, dürfte aber unter dem Begriff zu subsumieren sein. Gleichgeschlechtlich begehrende Frauen und Männer illustrieren für den

Apostel in exemplarischer Weise die Dialektik von Schuld und Verhängnis (Röm 1,18–32). Ist die Tabuisierung homoerotischer Begehrensformen bei Paulus auch deutlich jüd. Ursprungs, so fällt auf, dass ihre Charakterisierung als „widernatürlich" (1,26f: *para physin*) bzw. als „Tun des Nicht-Gehörigen" (1,28: *mē kathēkonta*) deutlich stoische Anklänge hat und sich auch bei paganen Autoren findet (z.B. Plato, Ovid, Musonius). Deutlich wird hier und andernorts, dass das pln. Sexualverständnis in mehreren weltanschaulichen Evidenzräumen gleichzeitig wurzelt.

*Literatur*

*D. Biale*: Eros and the Jews, New York 1992. – *J. Boswell*: Christianity, Social Tolerance and Homosexuality, Chicago 1980. – *B. Brooten*: Love Between Women. Early Christian Responses to Female Homoeroticism, Chicago/London 1996. – *P. Brown*: Die Keuschheit der Engel, München 1991. – *J. P. Hallett/M. B. Skinner* (eds.): Roman Sexualities, Princeton 1997. – *R. Kirchhoff*: Die Sünde gegen den eigenen Leib, Göttingen 1994. – *B. Malina*: Die Welt des Neuen Testaments, Stuttgart 1993. – *Th. A. J. McGinn*: Prostitution, Sexuality and the Law in Ancient Rome, Oxford 1998. – *A. Mette-Dittmann*: Die Ehegesetze des Augustus. Eine Untersuchung im Rahmen der Gesellschaftspolitik des Princeps, Stuttgart 1991. – *A. Rousselle*: Porneia. On Desire and the Body in Antiquity, Cambridge/Oxford 1988. – *B. E. Stumpp*: Prostitution in der römischen Antike, Berlin/New York 2001. – *H. Tiedemann*: Die Erfahrung des Fleisches, Stuttgart 1998.

## 2.2.1.4 Hochzeit, Ehe und Witwenschaft (*Christina Urban*)

*Stellen im NT*

Mt 1,18; 5,27–32; 8,14; 19,1–12; 22,1–13; 27,55f; Mk 10,1–12; 12,18–27; Lk 1,27; 2,36–39; 7,12; 18,3.5; 21,2–4; Joh 2,1–12; Apg 6,1; 9,29.41; 21,9; Röm 7,1–3; 1Kor 6,13; 7; 9,5; 11,11; Eph 5,22–6,9; Kol 3,18–21; 1Thess 4,4; 1Tim 3,2–12; 5,3–16; Tit 1,6; 1Petr 3,1–7; Hebr 13,4

*Judentum, Griechenland, Rom*

*Judentum*: Die atl. Vorstellung, nach der die geschlechtliche, wirtschaftliche und gesellschaftliche Verbindung von Mann und Frau eine anthropologische Konstante darstellen (vgl. Gen 2,23f), gilt auch für das Judentum ntl. Zeit. Die entsprechenden halakhischen Regelungen wurden in den Mischna-, Tosefta- und Talmudtraktaten Ketubbot („Eheverträge"), Qidduschim („Verlobungen") und Sotah („die des Ehebruchs Verdächtigen") entwickelt. Die Eheschließung ist nach rabb. Auffassung religiös-sittliche Pflicht, die bis zum Alter von 20 Jahren vollzogen sein sollte. Ein eheloses, zölibatäres Leben galt hingegen als Sünde (bKid 29b). So blieb zwar Simon ben Azzai ehelos, aber er gehört zu den Ausnahmen. Außerdem wurde er wegen seiner Ehelosigkeit scharf kritisiert (vgl. bSot 4b; bKet 63a). So sagt Rabbi Eleasar, dass jeder, der keine Frau habe, kein Mensch sei (bJeb 63).
Die Auffassung von der Ehe bzw. Ehelosigkeit in Qumran stellt ein spezielles Problem dar: In Ios. ant. Iud. 18,21 ist zu lesen, dass alle Essener (→3.1.3.3) ehelos lebten, während anderen Berichten zufolge wegen der Kinderzeugung

geheiratet wurde (bell. Iud. 2,160f). Auch in der Damaskusschrift findet sich eine Ehehalacha (vgl. auch 1QSa 1,4.9f).
Die Regelungen ehelicher Vermögensverhältnisse, die insbes. dem Schutz der Frau bei Scheidung oder Witwenschaft dienen sollten, waren im Ehevertrag festgelegt. Starb der Ehemann kinderlos, war sein Bruder verpflichtet, die Witwe zu ehelichen (Levirat; vgl. Mk 12,19–27). Die Kinder aus dieser Verbindung waren dann rechtmäßige Nachkommen des Verstorbenen (vgl. hierzu den Traktat Yebamot, „Schwägerinnen"). Darüber hinaus werden Witwen in besonderer Weise der Fürsorge der Gemeinde empfohlen (vgl. Jes 1,17; Jer 22,3; Sach 7,10; Sir 4,10 u.ö.).
Ehe wird im Judentum hauptsächlich unter dem Aspekt der Kinderzeugung (bPes 113b) und der Unzuchtvermeidung (Tob 8,7; TestIss 2) angesehen. Jedoch gibt es auch Aussagen, die die Liebe und die Gemeinschaft der Partner in den Vordergrund stellen (z.B. Prov 18,22; Tob 6,19; Sir 33,27; bJeb 62b).
In ntl. Umgebung konnten ein junger Mann mit 18 Jahren und ein junges Mädchen mit 12½ Jahren heiraten. Die Ehezeremonie bestand aus zwei Teilen: In Anwesenheit zweier Zeugen rezitierte der Bräutigam der Braut einen Segensspruch und überreichte ihr den Ehevertrag (mQid 1,1). Dadurch waren sie verlobt und galten juristisch als ein Ehepaar (so Maria vor Jesu Geburt in Mt 1,18; Lk 1,27). Später folgte die Hochzeitszeremonie, an die sich der Ehevollzug anschloss. Nach atl. Sitte bestand sie aus einer Prozession der Braut und ihrer Jungfern (Ps 45,10–16) und dem Auszug des Bräutigams mit seinen Freunden zur Braut (1Makk 9,37–41). Ein mehrtägiges Hochzeitsmahl schloss sich an (Tob 8,10; 10,7). Die ntl. Aussagen über Hochzeit basieren auf dieser jüd. Tradition (vgl. Mt 22,1–13; Joh 2,1–12). Dennoch wurde unter Christen in hell. Gegenden die Eheschließung sicher nach gr. oder röm. Formen vollzogen.

*Griechenland und Rom*

Für den gr. und röm. Raum gibt es keine einheitlichen Aussagen über Ehe und Ehelosigkeit: So lässt sich für das Rom der Kaiserzeit eine große Ehemüdigkeit feststellen, die die Ehegesetze des Augustus eindämmen wollten. Absichtslose Ehelosigkeit war verboten und sollte von den Zensoren durch Geldstrafen verhindert werden (vgl. Cic. leg. 3,7), um die allgemeine Moral zu heben und durch Kinderzeugung dem Erhalt des Staates zu dienen. Dieser Ablehnung der Ehe steht ihre Hochschätzung in der Literatur entgegen. Das Eheideal vieler Philosophen (vgl. z.B. Plutarch, Musonius, Epiktet) scheint vorbildlich zu sein. Lag die Begründung der Ehe früher einzig in der Fortpflanzung, so tritt nun beim Stoiker Musonius auch der Gemeinschaftsgedanke in den Vordergrund.[1] Er sieht das Ziel der Ehe in voller Übereinstimmung von Mann und Frau (*homonoia*, vgl. Muson. 67,7; 69,8). Doch gerade in Bezug auf die eheliche Treue zeigt sich das Janusgesicht des Ehelebens in hell. Zeit. Denn das Hetären- und Dirnenunwesen blüht.[2] Korinth ist als Hetärenstadt be-

---

[1] So *W. Schrage*: Ethik des Neuen Testaments, Göttingen ²1989, 233. Dagegen *Pomeroy* 1985, 362f, die betont, dass gerade der Stoizismus nachdrücklich darauf bestand, die Energien der Frauen hätten sich nur auf Haushalt und Mutterschaft zu beschränken.

[2] Vgl. z.B. *Pomeroy* 1985, 211–214.293–318.

rühmt.[3] Die Einstellung vieler in hell. Zeit spiegelt der bekannte Ausspruch in der pseudodemosthenischen Rede gegen Neaira (or. 59,112) wider: „Die Hetären haben wir zum Vergnügen, die Konkubinen zur täglichen leiblichen Pflege, die Ehefrauen, um rechtmäßige Kinder zu erzeugen und um eine treue Wächterin für die häuslichen Dinge zu haben".

Doch es ist nicht nur zu differenzieren zwischen Theorie und Praxis der Ehe. Auch Ehegebräuche und -gesetze von Stadt- und Landbevölkerung, Ober- und Unterschicht, Athen und Rom divergieren ebenso wie die Meinungen der Staatsmänner, Dichter und Philosophen.

*Griechenland*: Die Ehe wurde mit den allgemeinen Begriffen für Bindung (*philotēs*, *philia*) und Gemeinschaft (*koinōnia*) umschrieben. Sie konnte den Zusatz *gamikē* (*gamos* = Hochzeit; so z.B. in Joh 2,1f; Hebr 13,4) erhalten. Hauptgrund der Eheschließung ist zunächst die Sicherung der Nachkommenschaft. Nur so kann der Familienbesitz erhalten bleiben. Damit ist zugleich eine Altersversorgung und angemessene Bestattung gewährleistet (z.B. Aristot. eth. Nic. 1162a; Demosth. or. 59,122; Xen. oik. 7,11.18f). Unfruchtbarkeit eines Partners wurde zum wichtigsten Scheidungsgrund. In paganen Gebieten bedeutete die Ehe auch eine Arbeitsgemeinschaft (Xen. oik. 7,18). Durch Heiratsallianzen zur Anhäufung von Macht bekam sie schließlich eine politische Dimension.

Die Eheschließung erfolgte in Athen durch das mündliche Heiratsversprechen vor Zeugen (*engysis*) und die Übergabe der Braut am Hochzeitstag (*ekdosis*). Aus dieser Verbindung gingen rechtmäßige Kinder hervor. Fehlten legitime Söhne, erfolgte die Verheiratung der Erbtochter mit dem nächsten männlichen Verwandten zur Sicherung der Familie (Plut. Sol. 20).

*Rom*: Nach röm. Recht durften röm. Bürger, Latiner und jeder heiraten, dem das *conubium* (zwei Menschen verschiedenen Geschlechts können einander heiraten) verliehen worden war. Das *conubium* bestand nicht zwischen engen Verwandten, zwischen Unmündigen und mit Sklaven und Fremden. Die Heiratsgesetze des Augustus, die *lex Iulia* und die *lex Papia Poppaea*, achteten streng auf diese Einhaltung.

Ein Mann heiratete eine Frau zum Zweck der legitimen Kinderzeugung. Die Wendung *liberorum creandorum causa* (zur Zeugung von Kindern) wird immer im Zusammenhang mit Ehe und Ehefrauen gebraucht. Die eheliche Verbindung leitet sich vom Naturrecht und vom Verhalten der Tiere ab (vgl. z.B. Cic. off. 1,54). Die Ehe konnte mit der *manus* verbunden sein, der rechtlichen Gewalt des Ehemannes über seine Frau. Allerdings konnten Frauen auch im Rechtsverband ihrer Ursprungsfamilie bleiben. Durch die Gesetze des Augustus (*ius liberorum*) konnten sich Frauen von ihrem männlichen Vormund befreien. Rechtlich nicht vollgültige Ehen, wie der *concubinatus* und das *contubernium*, wurden nur teilweise anerkannt.

Die Ehegesetze des Augustus förderten die Wiederheirat von verwitweten und geschiedenen Frauen. Dabei bestand allerdings eine Spannung zwischen dem Bestreben des Kaisers, die Frauen dazu zu bringen, möglichst viele Kinder zu

---

[3] Bekannt ist der Ausdruck *korinthiazein* (mit Dirnen verkehren). Ausführlich *Baltensweiler* 1967, 197–200.

gebären, und der traditionell röm. Idealisierung von Witwen, die ihren verstorbenen Männern treu blieben.[4]

*Ntl. Aussagen*

Auf diesem Hintergrund lässt sich die völlige Andersartigkeit ntl. Eheverständnisses und -lebens skizzieren. Zwar bleibt die Ehe als soziale Institution von den Gebräuchen ihrer Umwelt abhängig. Dies zeigen z.B. die Reflexe antiker Sozial- und Gesellschaftsordnungen in den Haustafeln über die Unterordnung der Frau in Eph 5,22; Kol 3,18 und 1Petr 3,1 (vgl. Plut. con. praec. [mor. 138A–146A]; Philo hyp. 7,3). Aber im Gegensatz zur antiken Umgebung ist die Ehe im NT weder eine ökonomische noch eine juristische Angelegenheit. Aspekte wie Kinderzeugung, Altersversorgung, Erotik, Machtanhäufung u.a. stehen kaum im Blick. Auch findet sich im NT keine systematische Ehelehre, gesetzliche Bestimmungen über den Eheschluss fehlen. Entscheidend war die Abhängigkeit ntl. Eheverständnisses von der Christuswirklichkeit und Schöpfungsordnung. Das Eheleben der Christen geschieht „im Herrn“ (vgl. 1Kor 6,13b; 7,35; 11,11; Eph 5,22; Kol 3,18). Liebe in der Ehe bedeutet eine Fortsetzung der Liebe Christi zur Kirche (Eph 5,22–33). Vorbereitet war dieses christologische Verständnis durch Jesu Worte über die Ehe als Schöpfungsordnung (Mt 19,4–6 par Mk 10,6–9). Daran ändert auch Jesu eschatologische Perspektive nichts, dass die eheliche Gemeinschaft mit dieser Welt vergeht (Mk 12,25). So ist die Ehe nichts Absolutes, sondern im Gegenteil etwas Vorläufiges. Sie ist gottgewollt und wird mit atl. Termini „ein Fleisch sein“ (Mk 10,8) und „anhangen“ (Mt 19,5) umschrieben. Dies meint die volle personale Einheit und Hingabe der Partner, die selbst die Bindung an das Elternhaus löst (Mk 10,7). Deshalb lehnt Jesus eine Ehescheidung als Störung dieser Ordnung ab (vgl. Mt 5,32), was jüd. Rechtspraxis widerspricht (vgl. auch →1.5.3).

Paulus beruft sich in seinen Aussagen über die Ehe auf Jesus (1Kor 7,10). Wie Jesus betont auch er die eschatologische Perspektive der Ehe, die sich auf sein Verständnis des Ehelebens auswirkt: Im Blick auf die kommende Vollendung sollen die Partner leben, als hätten sie die Ehe nicht, weil die Ordnung der Welt vergeht (7,29–31). Dennoch sieht Paulus die Ehe als Zweck zur Gewinnung des gemeinsamen Heils (7,12–16), wobei es ihm sicher nicht nur um die Vermeidung von Unzucht geht (7,2). Eheliche Gemeinschaft bedeutet für ihn leibliche Gemeinschaft (7,3–5). Die geschlechtliche Beziehung ist schuldige Pflicht, der Entzug leiblicher Gemeinschaft soll nur zeitlich befristet und in gegenseitiger Übereinstimmung geschehen.[5]

---

[4] Vgl. *Pomeroy* 1985, 227–292. Als besonderes Vorbild wird hier die röm. Matrone Cornelia aus dem 2. Jh. v.Chr. genannt, eine unabhängige, selbstbewusste, gebildete Witwe, deren Ehrenstatue Augustus neu instand setzen ließ.

[5] So mag es bei Paulus eine gewisse Reserve gegenüber der Ehe geben (so *Schrage*: Ethik [Anm. 1], 234f). Jedoch hat er geschlechtslose Ehen nicht favorisiert (mit *Schrage* gegen *S. Schulz*: Neutestamentliche Ethik, Zürich 1987, 421–432). Auch *Schottroff*, in: *Dies./Wacker* 1998, 574ff räumt ein, dass Paulus sich in vielfacher Hinsicht bemüht, Heiligkeit nicht von einer bestimmten Lebensform abhängig zu machen. Ehe wie Ehefreiheit sind mögliche Lebensformen, wobei *Schottroff enkrateia* mit Ehefreiheit übersetzt und sie als Befreiung von dem Herrschaftsgefüge einer patriarchalen Ehe versteht. So kann in der Ehe Ehefreiheit ge-

Obwohl die ntl. Aussagen und Paränesen Ehe und Familie als normal voraussetzen (vgl. z.B. Mt 5,27f.31f; Lk 8,3; Joh 2,1; Röm 7,1–3; 1Kor 7,1–7; Kol 3,18–21; 1Thess 4,4; 1Tim 3,2–12; Tit 1,6; Hebr 13,4; 1Petr 3,7;), steht im NT im Gegensatz zu seiner Umwelt nicht länger die Sicherung der Nachkommenschaft als Motivierung für die Ehe im Vordergrund. Die *familia dei* (Mk 3,31–35) tritt neben die natürliche Familie (vgl. →2.2.1.2; 2.2.1.9). Zwar sind die Brüder Jesu, Petrus, die meisten Apostel, der Evangelist Philippus und auch Jesus nahe stehende Frauen verheiratet (vgl. Mt 8,14 par; 27,55f par; Apg 21,9; 1Kor 9,5). Aber Jesus, Johannes der Täufer und Paulus lebten wie viele der Essener ehelos. Dadurch wird Ehelosigkeit anders beurteilt als in ntl. Umgebung und unter besonderen Umständen befürwortet. So spricht Jesus in Mt 19,10–12 von der Eheuntauglichkeit einiger, die vom Reich Gottes ergriffen sind, wobei Ehelosigkeit hier nicht ein asketisches Opfer bedeutet. Denn die Freude am Reich Gottes kann so groß werden, dass alles andere unbedeutend wird. Paulus sieht den Eheverzicht als eine Gnadengabe Gottes an (1Kor 7,7). Im Gegensatz zur jüd. Auffassung gilt Ehelosigkeit hier nicht mehr als Sünde. Vielmehr ist sie eine hervorragende Möglichkeit zum Dienst an anderen. Die hauptsächliche Motivation zum Eheverzicht ist bei Paulus christologisch-eschatologisch. So gibt er der korinthischen Gemeinde den seelsorgerlichen Rat, wegen der endzeitlichen Drangsal ehelos zu bleiben, da sich Sorge und Leid bei Verheirateten potenzieren (1Kor 7,25–38). Wer verheiratet ist, sorgt sich um die Dinge der Welt (7,34). Der Ehelose hingegen kann sich völlig auf den Herrn ausrichten (7,32f). Eheverzicht ist die Chance zur ungeteilten Hingabe an den Herrn (vgl. 7,35). Nicht asketisch-dualistische Leibfeindlichkeit (vgl. Solon, Antiphon) oder Ehemüdigkeit spielen bei Paulus eine Rolle. Näher stehen ihm kynische Aussagen, man solle sich ausschließlich dem Dienst der Gottheit widmen (vgl. z.B. Epikt. diss. 3,22,69). Dabei interessiert es Paulus nicht, dass die Ehe eine staatsbürgerliche Pflicht (z.B. Muson. 72f), ja „die Keimzelle des Staates“ (Cic. rep. 1,38; off. 1,54 u.ö.) ist, ohne die der Staat zugrunde gehen würde.

Zu den Ehelosen werden nicht nur die Ledigen, sondern auch die Witwen gezählt (1Kor 7,40). Witwen tauchen als einzelne (Lk 2,36–39; 7,12; 18,3.5; 21,2–4), aber auch als Gruppe auf (Apg 6,1; 9,39.41). Ihre große Zahl im NT ist gegenüber der damaligen gesellschaftlichen Realität ungewöhnlich. Zwar gibt es zur Lebenserwartung nur demographische Mutmaßungen, aber man wird wohl mit 45 Jahren für Männer und 36 Jahren für Frauen als Lebensalter rechnen können.[6] Mit einer Witwe darf nicht automatisch eine alte Frau assoziiert werden, es werden auch junge Witwen erwähnt (1Tim 5,11), für die man nicht nur passive Hilfsbedürftigkeit wie in Apg 6,1 annehmen darf. Denn die urchristl. singulären sog. Witwenregelungen in 1Tim 5,3–16 zeigen,[7] dass ne-

lebt werden (579). Zum Eheleben innerhalb der Familie in den pseudopaulinischen Schriften und bes. in den Haustafeln vgl. →2.2.1.2.

6 Vgl. *Pomeroy* 1985, 102–106. Gründe für die Lebensaltersdifferenzen sind v.a. die hohe Sterblichkeit im Zusammenhang mit Schwangerschaft und Geburt. Deshalb kann man mutmaßen, dass eher ein Mann mehrere Frauen nacheinander heiratet, als dass eine Frau als Witwe übrig bleibt.

7 Die exegetisch disparate und problematische Auslegungsgeschichte von 1Tim 5,3–16 kann hier nicht diskutiert werden.

ben die Witwenversorgung durch die Gemeinde auch das aktive Witwenamt tritt. Die Gemeinde versorgt in Weiterführung atl.-jüd. Tradition den damals sozial, wirtschaftlich und rechtlich benachteiligten Stand der Witwen. Diese übernehmen in der Gemeinde diakonische Aufgaben, zu denen besonders das intensive Gebet (1Tim 5,5; vgl. Lk 2,36–39) gehörte. Allerdings musste die Gemeinde ihre Finanzen gut einteilen, dass nur die „wirklichen Witwen" – sozial bedürftige, ohne Familienverband (1Tim 5,5.16) und moralisch integre, nicht ihrem Vergnügen lebende Frauen (5,10) – Gaben erhielten. Jüngere Witwen werden bei der Meldung zum Witweninstitut abgelehnt (5,11) und sollen wieder heiraten (5,14). Auffallend ist hier die Ähnlichkeit des „patriarchalen Selbstwiderspruches"[8] zwischen 1Tim 5,3–16 und den röm. Heiratsgesetzen. Denn im 1Tim wird ebenfalls das Ideal der *univira* propagiert, aber zugleich wird autoritär aus Gründen der Moral verfügt, dass junge Witwen erneut heiraten sollen (5,11). Im Gegensatz zum 1Tim und den Ehegesetzen des Augustus steht die pln. Praxis. Paulus hält an der Entscheidungsfreiheit der Witwen fest (1Kor 7,8.9.39.40), obwohl er selbst den Eheverzicht für den besseren Weg hält. Ziel der misogynen Polemik des 1Tim gegen junge Witwen ist die Unterwerfung von Frauen im Allgemeinen (bes. 1Tim 2,11f; vgl. auch →2.2.1.2; 2.2.5.1).

*Literatur*

*Antike Kultur*: *T. Gergen*: Die Ehe in der Antike, Marburg 1995. – *A. Oepke*: Ehe 1, RAC 4, 1959, 650–666 (zur Einführung). – *S. B. Pomeroy*: Frauenleben im klassischen Altertum, Stuttgart 1985.

*Neues Testament*: *H. Baltensweiler*: Die Ehe im Neuen Testament, Zürich 1967. – *B. Bowman Thurston*: The Widows. A Women's Ministry in the Early Church, Philadelphia 1989. – *A. Felber*: Harmonie durch Hierarchie?, Das Denken der Geschlechterordnung im frühen Christentum, Wien 1994. – *E. S. Gerstenberger/W. Schrage*: Frau und Mann, Stuttgart 1980. – *T. Ilan*: Jewish Women in Greco-Roman Palestine, Tübingen 1995 (Bibliographie). – *L. Schottroff*: Lydias ungeduldige Schwestern. Feministische Sozialgeschichte des frühen Christentums, Gütersloh 1994 (zu den Stellen). – *Dies./M. T. Wacker* (Hgg.): Kompendium Feministische Bibelauslegung, Gütersloh 1998 (zu den Stellen und weiterführende Literatur).

[8] *Schottroff* 1994, 109.

## 2.2.1.5 Ernährung/Lebensmittel (*Marcus Sigismund*)

*Stellen im NT*
Mt 3,12; 5,13; 6,11; 7,16–20; 12,1; 13,31–33; 23,23; 26,29; Mk 2,23; 6,38–44; 8,7f; 9,50; 14,20; Lk 3,17; 6,1; 11,3.42; 13,21; 14,34; 15,16; 22,31; 24,42f; Joh 6,9.13; 13,26; 21,9.13; Apg 15,29; 21,25; Röm 11,17–24; 14,21; 1Kor 4,7.10; 5,7f; 8,1.10.13; 10,19; 11,20–22; Kol 4,6; Jak 3,12; Offb 2,14.20; 6,6

*Einführung*
Die Ernährung ist nicht nur wesentlicher Bestandteil der Lebenserhaltung, sondern trägt auch im hohen Maße zur Definition von kultureller Identität bei und ist ein wichtiger Indikator für die Art und Weise, in der sich eine Gesellschaft strukturiert. Die Wahl der Nahrungsmittel erfolgt daher nicht alleine aufgrund des Nährwertes, sondern stärker noch aus sozialen oder religiösen Wertvorstellungen, ökonomischen Möglichkeiten oder aber aufgrund der ökologisch-klimatischen Verfügbarkeit. Zunächst freilich dient die Ernährung des Menschen zur Deckung seines Energiebedarfes, der je nach Alter, Geschlecht und körperlicher Beanspruchung stark differiert.
Da in der mediterranen Antike Getreide Grundnahrungsmittel ist, wird bei normaler Ernährung der Bedarf an Kohlehydraten, Proteinen und Vitaminen gedeckt. Weitere lebenswichtige Stoffe (Mineralstoffe, Spurenelemente) lassen sich leicht durch Hülsenfrüchte aufnehmen, welche ebenfalls eine starke Rolle in der antiken mediterranen Ernährung spielen.

Hauptnahrungsmittel war die *mazza*, ein aus Gerstenmehl, Wasser und wechselnden Zutaten hergestellter Brei, der als getrockneter Fladen (Poll. 6,76; Athen. 3,83; Aristoph. Eccl. 606; Lukian. Tim. 56)[1] oder als Brei[2] gegessen wurde. Im röm. Kulturraum findet die *mazza* im aus Bohnen oder Emmer bestehenden und mit einer Zukost aus rohem oder gekochtem Gemüse bzw. Früchten verzehrten *puls* ihr Pendant (vgl. Plin. nat. 18,83).[3] Von der *mazza* zu unterscheiden ist das Brot (*artos/panis*), das in der röm. Frühzeit aus Gerste hergestellt wurde und in dieser Form noch in späterer Zeit Nahrung von Armen und Sklaven war (Athen. 3,112; 7,304; Poll. 6,62). Wer es sich leisten konnte, aß jedoch Weizenbrot, welches gesäuert und ungesäuert aus feinem oder grobem Mehl hergestellt wurde.[4]
Die Brote, normalerweise in den einzelnen Haushalten gebacken, waren in der Regel rundlich, flach und mehrfach radial gekerbt, um das Brechen zu erleichtern, wobei die vierfache Kerbung dominiert zu haben scheint, die durch zweifaches Eindrücken eines Holzes erreicht wurde.[5] Jedoch gab es zahlreiche besondere Formen des Brotes, etwa das viereckige, gesüßte Anisbrot oder das geflochtene Kringelbrot.[6] Die gesamte Antike hindurch gab es gesäuertes (*zymitēs*), wenig gesäuertes (*akrozymitēs*) und ungesäuertes (*azymos*) Brot.

---

1 Vgl. auch *Orth* 1921, 948; *Andrews/Klauser* 1966, 222.
2 Vgl. *Andrews/Klauser* 1966, 222.
3 Vgl. *Andrews/Klauser* 1966, 226; *Klauser u.a.* 1954, 614.
4 Vgl. *Orth* 1921, 948.
5 Vgl. *F. Eckstein/A. Stuiber*: Brotformen, RAC 2, 1954, 627.
6 Vgl. ebd.

Wie der Brei wurde das Brot normalerweise mit einer Zukost (*opson*) gegessen, die aus Oliven, Käse, Zwiebeln, Kohl und anderen Küchengemüsen (*lachanon*) bestand, welche als Salat oder gekocht verzehrt wurden.[7] Fleisch wurde aufgrund des hohen Preises vergleichsweise wenig verwendet und blieb besonderen Anlässen vorbehalten.[8]
Sehr wichtig für die mediterrane Antike war dagegen der (Süß- wie Salzwasser-) Fisch. Vor allem kleinere Fischsorten (Hering, Sardellen u.ä.) waren ein preisgünstiges und beliebtes Nahrungsmittel und wurden geröstet, gebraten oder gesalzen gegessen. Wichtig ist auch die typisch röm. Fischsoße (*garum*, *liquamen*). Der Salzfisch (*tarichos*) – mit Brot und Käse verspeist – darf geradezu als Armeleutekost gelten.[9]
Eine besondere Rolle ist der Feige (*ficus carica*) zuzuschreiben, die als Wild- und Kulturfrucht genutzt wurde und als Brotersatz zu den Grundnahrungsmitteln zählte. Feigen wurden sowohl frisch als auch getrocknet und gedörrt gehandelt.

*Zu den Textaussagen des NT*
Das Vater-Unser dokumentiert mittels seiner Wendung „unser tägliches Brot gib uns heute“ (Mt 6,11; Lk 11,3) die herausragende Bedeutung des Brotes als Hauptnahrungsmittel in ntl. Zeit. Auch der Unterschied von Brot aus Weizenmehl (Mt 13,33; Lk 13,21) und dem von ärmeren bevorzugten aus Gerste (Joh 6,9.13; vgl. Ios. bell. Iud. 5,427), findet seinen Reflex im NT (so hält Offb 6,6 Weizen für dreimal so teuer wie Gerste). Aufbewahrt wird Brot, sofern es nicht direkt gegessen wird, in Körben (Mt 14,20; 16,9), jedoch kennt das NT auch den Brotbeutel (*pēra*), der in den Aussendungsberichten erwähnt (und verboten) wird (Mk 6,8 par; vgl. aber auch Lk 22,36).[10]
Wichtig für die Ernährung sind ferner Weintrauben und Öl, deren Anbau durch das NT zwar deutlich bezeugt, deren Rolle in der Ernährung aber stillschweigend vorausgesetzt wird (Wein: Mt 26,29 u.v.m.; Olive: Röm 11,17–24; Jak 3,12). Wie noch heute wurde die Olive einerseits in Form von Olivenöl genutzt oder aber als Frucht in Salzwasser eingelegt, um dann als Beilage zum Brot zu dienen. Eine weitere beliebte Beilage war die Feige (Mt 7,16). Die Frucht des Johannisbrotbaumes dagegen wurde wohl nur in Notzeiten als Nahrung für den Menschen genutzt. Die Schoten hätte aber der in Not geratene (verlorene) Sohn gerne gegessen, obwohl sie als Schweinefutter dienten (Lk 15,16).
Ein Hauptnahrungsmittel stellte dagegen wie in der gesamten mediterranen Welt der Fisch dar, der in allen sozialen Schichten verzehrt wurde (Joh 6,9). Es verwundert daher nicht, Fisch sowohl bei der Speisung der Fünftausend (Mk 6,38.41–44 par; vgl. 8,7f par) als auch bei dem Mahl des Auferstandenen mit seinen Jüngern (Lk 24,42f; Joh 21,9.13) erwähnt zu finden.
Nicht vergessen werden dürfen die Gewürze. So ist die metaphorische Nutzung der Eigenschaften des Salzes in einigen ethischen Anweisungen (Mt

[7] Vgl. *Andrews/Klauser* 1966, 223.
[8] Vgl. *Haußleiter* 1969, 1105.
[9] Vgl. *Orth* 1921, 952; *Andrews/Klauser* 1966, 222.
[10] Vgl. *Berger* 1993, 66.

5,13; Mk 9,50; Lk 14,34; Kol 4,6) nur vor dem Hintergrund seiner allgemeinen Bekanntheit und des normalen Gebrauches möglich. Des Weiteren kennt das NT Minze, Dill, Kümmel und Raute (Mt 23,23; Lk 11,42). Senf wird nicht nur in Gleichnissen erwähnt, sondern man ist sich auch der Würze seiner zerschnittenen Blätter bewusst (Mt 13,31f).
Fleischgerichte wurden vorwiegend zu besonderen Anlässen gereicht (weshalb man Ziegenböcklein [Lk 15,29] und Kalb [Lk 15,23] als Festbraten mästete). Jedoch wird gerade hieran die Bedeutung der Ernährung als Identitätsmerkmal einer Gruppe besonders deutlich. So wurden zweifelsohne die Speisegesetze (vgl. Lev 11,1–23; Dtn 14,4–20) auch in ntl. Zeit streng beachtet (Apg 10,9–15; vgl. yAZ 2,3–10). Jedoch findet sich gleichfalls der massive Anspruch des Christentums, der diese Gebote negiert, in vielen Perikopen thematisiert (Mk 7,18–20; Apg 15,29; Röm 14; 1Kor 8,10). Im gr.-röm. Kontext erweist sich die Problematik des Götzenopferfleisches als besonders heikel (vgl. dazu Apg 15,29; 21,25; 1Kor 4,7.10; 8,1; 10,19; Offb 2,14.20). Nach pln. Ansicht sollte man sich daher des Fleischgenusses enthalten, wenn andere daran Anstoß nehmen (Röm 14,21; 1Kor 8,13).
Getrunken wurde Wasser, aber auch Wein war sehr beliebt. Oft wurde Brot in Wein getunkt.[11] Dass Alkoholika als Hauptgetränk nicht ganz unproblematisch waren, dokumentieren viele antike Texte. So legt auch 1Kor 11,20–22a nahe, dass beim Essen zum Teil bis zur Trunkenheit konsumiert wurde. Auch Apg 2,13.15 deutet an, dass Trunkenheit am Vormittag zwar verpönt, aber durchaus zu beobachten war.[12]
Herauszuheben sind abschließend einige typische Speisen des Passafestes. Zu nennen sind insbes. die *mazzot*, Fladen aus ungesäuertem Teig, da nur sie während des Passafestes erlaubt waren (vgl. Ex 12,19; 13,7), und *haroset*, eine aus Datteln, Feigen, Rosinen und Essig zubereitete Soße, welche man zu dem Brot nahm (Mk 14,20; Joh 13,26; vgl. mPes 2,8; 10,3).

### *Literatur*

*A. C. Andrews/Th. Klauser*: Ernährung, RAC 6, 1966, 219–239. – *K. Berger*: Manna, Mehl und Sauerteig. Korn und Brot im Alltag der frühen Christen, Stuttgart 1993. – *P.* u. *D. R. Brothwell*: Food in Antiquity, London 1969. – *A. Dalby/S. Grainger*: The Classical Cook Book, Los Angeles 1996. – *P. Garnsey*: Food and Society in Classical Antiquity, Cambridge 1999. – *G. Gerlach*: Zu Tisch bei den alten Römern. Eine Kulturgeschichte des Essens und Trinkens, Stuttgart 2001. – *J. Haußleiter*: Fleisch II, in RAC 7, 1969, 1105–1110. – *Th. Klauser u.a.*: Brot, RAC 2, 1954, 611–620. – *S. Krauss*: Talmudische Archäologie I, Leipzig 1910 (ND Hildesheim 1966), 78–126. – *F. Orth*: Kochkunst, RE XI.1, 1921, 944–982. – *J. Wilkes u.a.* (eds.): Food in Antiquity, Exeter 1995.

[11] Vgl. z.B. Athen. 3,109e; mNaz 6,1; mYad 1,3; bSuk 40 a; vgl. hierzu auch *Berger* 1993, 85.

[12] Vgl. ganz ähnlich die Pejoration in Cic. Phil. 2,104: *At quam multos dies in ea villa turpissime es perbacchatus! Ab hora tertia bibebatur, ludebatur, vomebatur*. Die übliche Stunde für die *cena* war die Neunte.

### 2.2.1.6 Tischsitten (*Bernhard Heininger*)

*Stellen im NT*
Mk 2,15–17 parr.19; 6,21.30–44; 7,1–5; 8,1–10; 14,3–9.17–26; Lk 7,34–50; 11,37f; 14,1–24; 24,28–31.41–43; Joh 2,1–11; 6,1–15; 12,1–8; 13,1–30; 21,1–14; Apg 2,42.46; 15,19f.29; 20,7.11; Röm 14,1–6; 1Kor 8,1–13; 10,14–22; 11,17–34; Gal 2,11–14

*Textbefund*
Mahlszenen machen einen festen Bestandteil der Ev.-überlieferung aus, allein Markus überliefert mit dem Zöllnergastmahl (Mk 2,15–17 parr), dem Festmahl, das Herodes Antipas anlässlich seines Geburtstages für seine Offiziere und die Hautevolee von Galiläa gibt (Mk 6,21), den beiden Speisungswundergeschichten (Mk 6,30–44; Mk 8,1–10), dem Mahl im Haus Simons des Aussätzigen in Bethanien (Mk 14,3–9) und dem letzten Mahl Jesu (Mk 14,17–26) sechs solcher Szenen. Noch deutlicher fällt der Befund für Lukas aus (vgl. über Mk hinaus noch Lk 7,36–50; 11,37f; 14,1–24; 24,28–31.41–43). Für Johannes kommen neben der Hochzeit von Kana Joh 2,1–11 noch Joh 6,1–15; 12,1–8; 13,1–30; 21,1–14 als Referenztexte in Betracht. Darüber hinaus machen etliche Gleichnisse das Essen zum Thema, an erster Stelle das Gleichnis vom großen Gastmahl Mt 22,1–14 par Lk 14,15–24, dann aber auch Mt 7,9f par Lk 11,11f; Lk 11,5–8; 15,11–34; 16,19f; 17,7–10. Der Apg zufolge kommt die frühe Kirche zum gemeinsamen „Brotbrechen" (vgl. Apg 2,42.46; 20,7.11) zusammen; dabei steht der Ausdruck wohl nicht nur für die Eucharistie, sondern für die urchristl. Mahlfeier als Ganze mit Sättigungsmahl und eucharistischer Doppelhandlung (vgl. 1Kor 11,17–34). Mehrfach geben Fragen rund um das Essen Anlass zum Streit, etwa wenn die Jesusgruppe nicht fastet (Mk 2,19; Lk 7,34f) oder sich die Hände vor dem Essen nicht wäscht (Mk 7,1–5). Zu einem für die frühe Kirche ernsten Problem wächst sich die Frage aus, inwieweit Judenchristen mit Heidenchristen Tischgemeinschaft pflegen dürfen, ohne dabei unrein zu werden (vgl. Gal 2,11–14); die sog. „Jakobusklauseln" (vgl. Apg 15,19f.29) sind ein Kompromissversuch, der sich aber nicht durchgesetzt hat. In derselben Fluchtlinie dürfte auch der Konflikt zwischen „Allesessern" und „Gemüseessern" in der Gemeinde von Rom liegen (Röm 14,1–6), wenngleich die vegetarische Fraktion vermutlich nicht nur aus Judenchristen bestand. Inwieweit der Verzehr von „Götzenopferfleisch" gestattet ist, handelt Paulus in 1Kor 8,1–13; 10,14–22 ab.

*Mahlszenerie*
Die ntl. Mahlszenen setzen mehrheitlich voraus bzw. sprechen davon, dass die Mahlteilnehmer zu Tisch liegen (Mk 2,15; 6,26.39f; Lk 7,37; Joh 12,2 u.ö.; →2.2.1.). Das entspricht gr.-röm. Konvention, die zur Zeit Jesu im Judentum längst heimisch war und ältere Sitzordnungen wie das Sitzen auf dem Boden vor einer Matte oder einem niedrigen Tisch verdrängt hatte. Allerdings reflektieren die literarischen Zeugnisse in der Regel das Essverhalten höherer bzw. vermögenderer Schichten; die Vereinslokale der einfachen Leute sind mit Sitzbänken, aber nicht mit Liegen ausgestattet. Im klassischen gr. *andrōn*, dem „Raum für Männer", waren die Speisesofas (gr. *klinē*) entlang der an den Eingang angrenzenden und ihm gegenüber liegenden Wände platziert, und wurde

vor jede *klinē* eigens ein (tragbarer) Tisch gestellt. Ganz ähnlich liegen die Verhältnisse auch in den bis in röm. Zeit gebrauchten Speisezimmern des Asklepieions von Korinth (vgl. 1Kor 8,10!), in denen sich jeweils elf Klinen mit insgesamt sieben Tischen befanden (d.h. die Ecktische wurden von zwei Mahlteilnehmern benutzt). Das zur Zeit des Prinzipats übliche *triclinium* der Privathäuser besteht dagegen, dem Namen entsprechend, aus drei Klinen bzw. *lecti*, auf denen jeweils drei Personen Platz fanden. Sie waren im hinteren Teil des Raums um einen in der Regel quadratischen Tisch herum aufgestellt. Dabei standen die drei *lecti* mit ihrer an der oberen Schmalseite befindlichen Lehne gegen die untere Hälfte der Längsseite des folgenden Sofas; man unterschied zwischen *lectus imus* (dem vom Eingang aus gesehen linken Speisesofa), *lectus medius* und *lectus summus*. Die mit Matratzen und darüber gebreiteten Decken gepolsterten Sofas wurden von der Außenseite bestiegen; zuvor legte man aber die Sandalen ab und ließ sich die Füße von einem Bediensteten des Hausherrn waschen (vgl. Lk 7,44; JosAs 20,2–5). Wie das hell. Totenmahlrelief im Antikenmuseum zu Basel noch sehr schön zeigt, lag man auf der linken Seite und stützte sich auf den linken Ellenbogen ab, die Rechte blieb zum Essen frei. Gegessen wurde entweder mit den Fingern oder mit Löffeln: einem großen (*ligula*) für Brei und Suppe, einem kleinen (*cochlea*) für weichgekochte Eier und Schnecken. Servietten (*mappae*) waren daher unerlässlich; sie wurden entweder vom Gastgeber gestellt oder der Gast brachte selbst welche mit, um darin nicht verzehrte Speisen mit nach Hause zu nehmen. In gleicher Weise sind Waschungen nach jedem Gang – Sklaven gossen parfümiertes Wasser über die Hände – obligatorisch.
Die Frage nach dem für die Gäste angemessenen Platz (vgl. Lk 14,7–11!) ist ein sensibles Thema: Soll die Tischgemeinschaft die soziale Rangordnung der Gäste widerspiegeln oder soll unter den Gästen Gleichheit herrschen? Plutarch, der dieser Frage innerhalb der Gastmahlsgespräche eine eigene *Quaestio* widmet, deutet kulturelle Unterschiede an: Bei den Persern liegt der Ehrengast *medius in medio*, bei den Griechen *summus in medio*, während die Römer den untersten Platz auf der mittleren Liege als *locus consularis*, als Ehrenplatz betrachteten (vgl. mor. 619B). Der Gastgeber liegt normalerweise *summo in imo*, seine Angehörigen unter ihm, also am Fußende des *lectus imus*. Soweit Frauen und Kinder am Mahl teilnehmen (was in Griechenland zunächst eher die Ausnahme, in Rom üblicher gewesen zu sein scheint), sitzen sie auf Schemeln oder kleinen Sesseln; in der Kaiserzeit liegen Frauen zunehmend mit zu Tisch. Bei den ebenfalls im Gebrauch befindlichen Rundsofas (*stibadia*), auf denen bis zu acht Personen Platz fanden, verlief die Rangfolge der Plätze gegen den Uhrzeigersinn von „oben“ nach „unten“.

*Mahlzeiten und Mahlverlauf*

Während das NT lediglich zwei Mahlzeiten voneinander unterscheidet, nämlich das *ariston* (nur in Lk 11,37f; 14,12 [wohl eher für das Mittagessen] und in Mt 22,4 [für ein königliches Hochzeitsbankett]) und das ungleich häufiger erwähnte *deipnon* (Lk 14,12 u.ö.), kennen Griechen und Römer drei Mahlzeiten. Das *ientaculum* oder *akratisma* (unser „Frühstück“) besteht oft nur aus einem Stück Brot, das in Wein getaucht oder mit Honig, Datteln, Oliven, vielleicht auch etwas Käse genossen und um die dritte oder vierte Stunde eingenommen wurde. Das „Mittagessen", *prandium* oder *ariston* genannt, erfolgt nach den Verrichtungen des Vormittags und scheint in Griechenland in der Regel eine warme Mahlzeit gewesen zu sein. Seneca isst zum *prandium* nur Brot (epist. 83,6); wer es sich leisten konnte, nahm dazu kaltes Fleisch, Gemüse und Früchte, eventuell auch einen Schluck Wein. Die eigentliche Sättigungsmahlzeit ist das *deipnon* (lat. *cena*), vgl. Mk 6,21; 12,39 parr; Lk 14,16f.24; 17,7; Joh 12,2. Es wird am späten Nachmittag bzw. frühen Abend eingenommen. In Rom geht der *cena* gewöhnlich ein Bad voraus (auch in öffentlichen Bädern, um Einladungen zu ermöglichen); ein *nomenclator* weist den geladenen Gästen, die ihrerseits weitere Gäste mitbringen konnten (die sog. „Schatten", *umbrae*), die Plätze zu. Nach Vor- (*gustus*) und Hauptspeise (*primae mensae*, „erste Tische"), die in der Regel aus mehreren Gängen (*fercula*) besteht, schließt eine Trankspende (Libation) das *deipnon* ab; sie wird von einem gemeinsamen Hymnus mit Flötenbegleitung, dem Paian, untermalt. Bei den Römern erfolgt an dieser Stelle ein Opfer für die Laren (→3.3.6), die Hausgötter; im Anschluss daran wird der Nachtisch (*secundae mensae*, „zweite Tische") gereicht, der aus Gebäck und frischen oder konservierten Früchten besteht.

Falls sich an das *deipnon* oder die *cena* noch ein Trinkgelage (gr. *symposion*, lat. *commissatio*; die Römer fassen Mahl und Trinkgelage im Begriff *convivium* zusammen) anschließt, kann der Nachtisch auch dazu serviert werden. Am Symposion nehmen wohl selbst im Rom der Kaiserzeit häufig nur noch die Männer teil (obwohl eine Reihe literarischer Zeugnisse die Präsenz von [Ehe]Frauen belegt); dazu bekränzen sie sich mit Laub- oder Blumenkränzen und bestimmen einen Symposiarchen („Trinkkönig"), der die Regeln vorgibt. Er setzt auch das Mischverhältnis des mit Wasser verdünnten Weins fest. Neben diversen Brett- und Würfelspielen (Kottabos) pflegt man Trinklieder (Skolien) zu singen oder zu rezitieren, außerdem ist hier der Ort für die Tischgespräche. Die Parallelen zur frühchristl. Mahlfeier mit ihrer Abfolge von nachmittäglichen oder abendlichem Sättigungsmahl, eucharistischer Doppelhandlung und anschließendem Wortgottesdienst liegen auf der Hand (vgl. 1Kor 11–14). Und wenn in Mk 6,22 die Herodiastochter beim Gastmahl des Herodes anlässlich seines Geburtstages tanzt, dann reflektiert dies die Sitte, sich im Rahmen eines solchen Trinkgelages von Musikanten, Tänzerinnen und tanzenden Transvestiten, Schauspielern und Artisten erheitern und unterhalten zu lassen. Dazu gehören gerade im gr. Kontext auch die Hetären (vgl. Lk 7,36–50!).

*Speisen* (→2.2.1.5)

Der Speiseplan des „Durchschnittsbürgers" unterscheidet sich vom Luxus eines trimalchinischen Gastmahls erheblich. Grundnahrungsmittel ist in der gesamten Antike das Brot, in Griechenland als *maza* gegessen, ein an der Luft getrockneter oder in der Pfanne ausgebackener Fladen aus Gerstenmehl und Wasser (Lukian. Tim. 56; nav. 56), in Rom und den übrigen Großstädten aus Weizenmehl und von professionellen Bäckern hergestellt. Die Zukost besteht in der Regel aus verschiedenen Gemüsen, die entweder roh – mit Essig, Öl und Honig zubereitet – oder gekocht gegessen wurden. Seit hell. Zeit kommen verstärkt Fische und andere *frutti di mare*, insbes. Muscheln, dazu. Fleisch gehörte nicht zur regelmäßigen Kost des Durchschnittsbürgers und war zunächst nur anlässlich von Opfern erhältlich. Die regelrechte Fleischproduktion, die über die Fleischmärkte abgesetzt wurde, ist ein relativ spätes Phänomen und belieferte die wohlhabenden Haushalte (insofern dürfte der Konflikt zwischen den „Allesessern" und den „Gemüseessern" Röm 14,1–6 nicht nur religiös motiviert sein, sondern auch soziale Unterschiede widerspiegeln). Das „bescheidene Mahl", zu dem Martial einlädt (5,78; vgl. auch 10,28), besteht aus Vorspeise, Hauptgericht und Nachtisch, wobei in diesem konkreten Fall zur Vorspeise Salat, Lauch, Eier und Thunfisch gereicht werden, der Hauptgang aus Wurst, dem röm. Nationalgericht *puls* (einem aus Emmer, einer Weizenart, hergestellten dicken Getreidebrei), weißen Bohnen und Schinken besteht, und zum Nachtisch Obst und Nüsse serviert werden. Dazu gibt es Wein. Natürlich kann das *caput cenae* auch mehrere Gänge umfassen, die Skala ist gewissermaßen nach oben offen, wobei die bekannte wie berüchtigte *cena Trimalchionis* (Petron. 27–78) sicher das Extrem anzeigt, aber auch literarische Phantasien und satirische Verzerrungen in Rechnung zu stellen sind.

*Literatur*

*J. M. André*: Griechische Feste, römische Spiele. Die Freizeitkultur der Antike, Leipzig 2002. – *J. Bolyki*: Jesu Tischgemeinschaften, Tübingen 1998. – *D. Braund/J. Wilkins* (eds.): Athenaeus and His World. Reading Greek Culture in the Roman Empire, Exeter 2000 (v.a. Sektion IV: Sympotica). – *A. T. Cheung*: Idol Food in Corinth. Jewish Background and Pauline Legacy, Sheffield 1999. – *J. Davidson*: Courtesans and Fishcakes. The Consuming Passions of Classical Athens, New York 1997. – *U. Fellmeth*: Brot und Politik. Ernährung, Tafelluxus und Hunger im antiken Rom, Stuttgart 2001. – *G. Gerlach*: Zu Tisch bei den alten Römern. Eine Kulturgeschichte des Essens und Trinkens, Stuttgart 2001. – *H.-V. Kieweler*: Benehmen bei Tisch, in: *R. Egger-Wenzel/I. Krammer* (Hgg.): Der Einzelne und seine Gemeinschaft bei Ben Sira, Berlin 1998, 191–215. – *H. J. Klauck*: Herrenmahl und hellenistischer Kult. Eine religionsgeschichtliche Untersuchung zum ersten Korintherbrief, Münster ²1982 – *M. Klinghardt*: Gemeinschaftsmahl und Mahlgemeinschaft. Soziologie und Liturgie frühchristlicher Mahlfeiern, Tübingen/Basel 1996. – *J. Marquardt*: Das Privatleben der Römer. Erster Teil, Leipzig 1886 (ND Darmstadt 1990). – *C. Neumeister*: Das antike Rom. Ein literarischer Stadtführer, München 1991, 170–184. – *J. Rüpke*: Kommensalität und Gesellschaftsstruktur: Tafelfreu(n)de im alten Rom, Saeculum 49, 1998, 193–215. – *E. Schmitt*: Das Essen in der Bibel. Literaturethnologische Aspekte des Alltäglichen, Münster 1994. – *D. S. Smith*: From Symposium to Eucharist. The Banquet in the Early Christian World, Minneapolis 2003.

### 2.2.1.7 Feste und Feierlichkeiten (*Bernhard Heininger*)

*Stellen im NT (Auswahl)*
Mk 11,15–19; 14,12–26.58; Lk 2,41f; Joh 2,13–25; 6,4; 7,2–14; 10,22; 11,55; 12,1; Apg 2,1–13.46f; 3,1; 20,16; 21,18–23; Röm 3,25f; 1Kor 16,8; Hebr 9,7.25; Offb 7,9–17

*Allgemeines*
Feste unterbrechen den Alltag und leisten damit einen wesentlichen Beitrag zur Rhythmisierung der Zeit (→2.1; 3.2.3). Kennzeichnend für das Fest ist in der Regel das Unterlassen profaner Tätigkeiten; in Rom war es z.B. untersagt, politische, gerichtliche und geschäftliche Angelegenheiten während eines *dies festus* (davon unser deutsches Wort „Fest") durchzuführen. Zum Inventar antiker Feste gehören häufig Umzüge, Opfer mit öffentlichen Gastmählern, Tänze, vielfach auch sportliche und musische Wettbewerbe (Agone; →2.2.7.2).[1]

Nicht selten, wie z.B. bei den röm. Saturnalien, tritt zu der für das Fest charakteristischen Lockerung der Verhaltensregeln und einer zur Schau gestellten Überschwänglichkeit eine spielerische Umkehrung der gesellschaftlichen Rollen. Unbestritten ist die gemeinschaftsstiftende Funktion des Festes, das als Zusammenschluss um ein verbindendes, der Herstellung oder Erneuerung des sozialen Zusammenhalts dienendes Ritual verstanden werden kann und als solches auch der Selbstreinigung der Gemeinschaft dient (vgl. den jüd. *Jom Kippur*/Versöhnungstag, Lev 16).

*Jüdische Feste*
Von den zahlreichen jüd. Festen finden im NT neben dem Sabbat, so man diesen überhaupt als Festtag klassifizieren will, im Wesentlichen nur die drei großen Wallfahrtsfeste (→ 3.3.2.2) Erwähnung.
a) *Passafest/Fest der ungesäuerten Brote* (vgl. Passionsgeschichten). Schon in vorexilischer Zeit bilden Passafest (gr. *to pascha*) und das Fest der ungesäuerten Brote (hebr. *mazzot*) eine Festwoche, die vom 14. bis zum 22. Nisan (März/April) reicht. Ursprünglich handelt es sich beim Passa um ein Familienfest von Kleinviehhirten, das zur Vollmondnacht des Frühjahrsäquinoktiums gefeiert wird und aufgrund der dem Blut des geschlachteten Tieres zugeschriebenen apotropäischen Wirkung (Bestreichen der beiden Türpfosten und des Türsturzes) vor dem „dämonischen Verderber" (Ex 12,23) schützen soll. Das Mazzotfest wurde dagegen von den Ortsgemeinschaften am Neumond des Frühjahrsmonats Abib zur Feier der Gerstenernte sieben Tage lang mit ungesäuertem Brot begangen. Schon vorexilisch bilden beide Feste eine Einheit (im Gedächtnis an die Leiden des Exodus, vgl. Dtn 16,3), die vom Heiligkeitsgesetz aber wieder etwas zurückgenommen wird. Nach Lev 23,5–7 ist am „vierzehnten Tag des ersten Monats, um die Abendzeit, Passafeier für den Herrn. Und am fünfzehnten Tag desselben Monats ist das Fest der ungesäuerten Brote für den Herrn; da sollt ihr sieben Tage ungesäuertes Brot essen." Am ersten und am letzten Tag gilt Arbeitsruhe, außerdem ist täglich ein Brandop-

---

[1] Vgl. Plut. mor. 77E–F: „Die Athener begingen ein Fest, mit öffentlichen Gastmählern und Theateraufführungen. Sie bildeten gesellige Gruppen, veranstalteten fröhliche Umzüge und feierten die Nacht hindurch."

fer darzubringen. Damit ist die Grundlage für die Feier von Passa und Mazzot am zweiten Tempel in gr.-röm. Zeit gelegt.
Wenn der gegen Ende des 2. Jh.s n.Chr. zu datierende Mischnatraktat Pesachim die Verhältnisse auch für die ntl. Zeit zutreffend schildert, ist von folgendem Passaritual auszugehen: Am Nachmittag des 14. Nisan wurden die Passatiere von den Mahlteilnehmern selbst, d.h. abweichend von der sonst bestehenden priesterlichen Schlachtpflicht, in drei aufeinander folgenden Abteilungen und begleitet vom Gesang des Hallel (Ps 113–118) geschlachtet (mPes 5,6). Die Priester sammelten das Blut der Tiere in Schalen auf und reichten es weiter zum Altar, wo es am Fuß des Altares ausgeschüttet wurde. Das Passalamm wurde anschließend gebraten und in der Regel in Gruppen von gut zehn Teilnehmern in einer Feier im häuslichen Rahmen gegessen. Die Feier begann nach Sonnenuntergang, d.h. (nach jüd. Zählung) am 15. Nisan, und dauerte bis tief in die Nacht des Passafesttages hinein.
b) *Wochenfest* (vgl. Apg 2,1–13; 20,16; 1Kor 16,8): Das zweite große jüd. Wallfahrtsfest ist das Wochenfest (hebr. *schawuot*). Sein Name rührt daher, dass es sieben Wochen nach *mazzot*, genauer am 50. Tag nach der Darbringung der Erstlingsgarbe, gefeiert wurde (d.h. nach pharisäischer Zählung am 6. Siwan). Das erklärt die bereits in Tob 2,1; 2Makk 12,31f belegte und von Apg 2,1 benutzte Bezeichnung des Festes als *pentekostē* (zu ergänzen: *hēmera*). Sein ursprünglicher Charakter als Erntefest (vgl. Ex 23,16; Num 28,26) drückt sich in den Opfergaben aus: Zusammen mit diversen weiteren Opfern wurden zwei aus neuem Weizenmehl gebackene Brote dargebracht (Lev 23,17–20). Außerdem begann mit diesem Fest die Darbringung der Erstlingsfrüchte (mBik 1,6).[2] Neben dem Bezug auf die Erntethematik bahnt sich ab der 2. Hälfte des 6. Jh.s v.Chr. der Bezug des Wochenfestes auf die Sinaitora und den Bund an, ja setzt sich in essenischen Kreisen vielleicht sogar schon im 1. Jh. v.Chr. durch. Jedenfalls gibt das Wochenfest im Jubiläenbuch das Datum für den Jahwebund mit Noah (Jub 6,1–22), Abraham (Jub 14,10–20; 15,1) und Israel am Sinai (Jub 1,1; 6,11.17); vielleicht ist auch das Fest der Bundeserneuerung in Qumran (1QS 1,16–3,21) am Wochenfest gefeiert worden. Obwohl die früheste rabb. Verbindung des Wochenfests mit der Toraverleihung am Sinai erst aus amoräischer Zeit datiert (3. Jh. n.Chr.), ist damit nicht ausgeschlossen, dass der Verf. der Apg oder die Apg 2,1–13 zugrunde liegende Tradition von einer „Historisierung" des Pfingstfestes im genannten Sinn Kenntnis hatte und so in den Motiven seiner Erzählung beeinflusst wurde.
c) *Laubhüttenfest* (vgl. Joh 7,2[3]): Ursprünglich ein Erntedankfest (vgl. Ex 23,16), dann eines der drei großen Wallfahrtsfeste (vgl. Ex 34,22f), das vom 15.–22. Tischri (September/Oktober) gefeiert und am achten Tag mit einem großen Schlussfesttag abgeschlossen wurde. Charakteristisch für das Laubhüt-

[2] Die Tempelrolle bezeugt über *mazzot* und Wochenfest hinaus noch zwei weitere Erntefeste, das „Neuweinfest" (11QT 19,11–21,10) und das „Frischölfest" (11QT 21,12–23). Nach *J. Maier*: Die Tempelrolle vom Toten Meer und das „Neue Jerusalem", München [3]1997,107–118 spiegelt der Text hier einen älteren Festkalender wider.

[3] Evtl. spielt auch Offb 7,9–17 auf das Laubhüttenfest an, vgl. *H. Ulfgard*: Feast and Future. Revelation 7:9–17 and the Feast of Tabernacles, Lund 1989. Mit einbeziehen müsste man vielleicht auch noch Mk 9,2–8.

tenfest ist das Wohnen in Hütten (daher auch der Name *sukkot*) zur Erinnerung an die Hütten beim Auszug aus Ägypten (Lev 23,42f) und die Verwendung eines besonderen Feststraußes bei Umzügen im Tempel bzw. in der Synagoge. Die Mischna erwähnt darüber hinaus für das Laubhüttenfest eine besondere Wasserspende im Tempel am Tag („die Freude des Wasserschöpfhauses", vgl. mSuk 4,9; Ios. ant. Iud. 13,372) sowie eine Lichtfeier bei Nacht. Die Wasserspende gossen die Priester an jedem Morgen des Festes an den Brandopferaltar; sie war mit der Bitte um fruchtbringenden Regen verbunden. Die Lichter wurden am Abend im Frauenhof des Tempels bei der Schatzkammer entzündet und waren ein Ausdruck großer Festfreude.
d) *Tempelweihfest*: Das im NT lediglich Joh 10,22 erwähnte und dort zu Recht „im Winter" lokalisierte *Tempelweihfest* (*ta enkainia* [= „Erneuerung"]; hebr. *chanukka*) wird seit der Makkabäerzeit zur Erinnerung an die Reinigung und Wiedereinweihung des Jerusalemer Tempels durch Judas Makkabäus am 25. Kislew (November/Dezember) begangen und dauert, in Entsprechung zum Laubhüttenfest, acht Tage. Ios. ant. Iud. 12,325, bezeichnet es als „Lichterfest" (*phōta*), wahrscheinlich aufgrund der Wiederentzündung des heiligen Feuers im Tempel (vgl. 2Makk 1,18–35). Es war vorgeschrieben, dass vor jedem Haus während der acht Tage ein Licht zu entzünden sei (bSchab 21a); entsprechend wird auch heute der achtarmige Chanukka-Leuchter angezündet und das Fest als volkstümliches Lichterfest begangen.
e) *Versöhnungstag* (vgl. Hebr 9,7.25): Der Versöhnungstag wurde am 10. Tischri, zehn Tage nach dem Neujahrsfest und fünf Tage vor dem Laubhüttenfest, mit Arbeitsruhe und Fasten gefeiert. Lev 16,3–28, ursprünglich vielleicht eine priesterlich-theologische Abhandlung über effektive Maßnahmen zur Sündenvergebung und erst nachträglich mit dem Versöhnungstag verbunden,[4] gibt den Ablauf für die Feier dieses Festes in der Zeit des zweiten Tempels vor (vgl. auch die älteren Bestimmungen in Lev 23,26–32 und Num 29,7–11): Nur an diesem Tag betritt der Hohepriester das Innerste des Tempels (das „Allerheiligste"), besprengt die Deckplatte der Bundeslade (hebr. *kapporät*; gr. *hilastērion*) mit dem Blut eines zuvor geopferten Stiers (für die Priesterschaft) und eines Ziegenbocks (für das Volk), um so Sühne für sich und das ganze Volk zu erwirken. Dann stemmt der Hohepriester die Hände auf den Kopf eines (zweiten) Ziegenbocks und „überträgt" so die Sünden auf das Tier („Sündenbock"), das anschließend „für Asasel" in die Wüste getrieben wird. Über die Details informiert der Mischnatraktat Joma.

*Jesus von Nazareth*

Inwieweit Jesus von Nazareth an den Festen seiner Zeit teilnahm, ist in der Forschung umstritten und geht aus den Quellen auch nicht eindeutig hervor. Während das MkEv praktisch keinerlei „Festkultur" Jesu bezeugt – selbst die vom Gesetz gebotene Arbeitsruhe am Sabbat wird von ihm mehrfach in Frage gestellt (Mk 2,23–28; 3,1–6), und auch der Zug zum Passafest nach Jerusalem, der letztlich in der Katastrophe seines Todes endet, muss nicht zwingend als

[4] So die ansprechende These von *Th. Seidl*: Levitikus 16 – „Schlußstein" des priesterlichen Systems der Sündenvergebung, in: *H.-J. Fabry/H.-W. Jüngling* (Hgg.): Levitikus als Buch, Berlin 1999, 219–248.

religiöse Übung verstanden werden, sondern könnte auch eine „apokalyptische Wende“ Jesu signalisieren, der Gott zum Eingreifen auf dem Zion, zur endgültigen Aufrichtung seiner Herrschaft „zwingen“ möchte –,[5] nimmt Jesus bei Lukas schon im Alter von zwölf Jahren an der jährlichen Wallfahrt zum Passafest nach Jerusalem teil (Lk 2,41f) und hält sich Jesus nach dem Zeugnis des JohEv mehrfach zum Passafest in Jerusalem auf (vgl. Joh 2,13–25; 11,55; 12,1; s. auch Joh 6,4 die Erwähnung eines nahen Passafestes im Kontext des Speisungswunders). Joh 7,10–14 sieht ihn nach anfänglicher Ablehnung (Joh 7,2–9) zum Laubhüttenfest in Jerusalem, Joh 10,22 anlässlich des Tempelweihfestes. Vermutlich trifft aber die mk Darstellung den historischen Sachverhalt besser. Die quer durch alle Traditionen zu beobachtende kultkritische Linie Jesu, die vielleicht schon in seiner Schülerschaft beim Täufer wurzelt, sich in dem des kultischen Kontextes entkleideten Zuspruches der Sündenvergebung fortsetzt (Mk 2,5) und das Ethos höher als den Kultus bewertet (Mt 5,23f; Mk 12,32–34), sowie schließlich die offene Kritik am Tempel in Gestalt von Tempelaktion (Mk 11,15–19 parr) und Tempelwort (Mk 14,58; vgl. auch 13,2) machen eine kritische Einstellung zu den Wallfahrtsfesten mehr als wahrscheinlich.
Ob Jesus bei seinem letzten Mahl sogar einen neuen Ritus an die Stelle der Opfer im Tempel setzte (Brot und Wein als „Ersatzmaterie“), wie in jüngster Zeit verschiedentlich vermutet wurde,[6] muss allerdings offen bleiben. Das gilt in gewisser Weise auch für die Frage, ob Jesus sein letztes Mahl als *Passamahl* gefeiert hat (vgl. Mk 14,22–25 parr). Der mk Kontext des Einsetzungsberichts legt eine solche Sichtweise an sich nahe (vgl. Mk 14,12–16.26); andererseits ist nach Joh 19,31 der auf den Todestag Jesu folgende Sabbat ein „großer Sabbat“ (d.h. es fallen Sabbat und Passafest zusammen). Demnach wäre das letzte Mahl Jesu *kein* Passamahl. Letztendlich hängt die Antwort auf diese Frage davon ab, welcher Chronologie man den Vorzug gibt, der mk oder der joh. Vermutlich ist letztere doch vorzuziehen (wegen Mk 14,2: „nicht am Fest“!), so dass man für das letzte Mahl Jesu „nur“ mit einem einfachen Festmahl rechnen sollte (→2.2.1.6).

*Frühes Christentum*

Das frühe Christentum zeigt sich in der Frage des jüd. Festkalenders gespalten. Die Apg stellt das Verhältnis der Jerusalemer Gemeinde zum Tempel als mehr oder weniger ungebrochen dar (vgl. Apg 2,46f; 3,1; auch 21,18–23!) und streng judenchristl. Richtungen, wie z.B. die Gruppe um den Herrenbruder Jakobus oder später die Ebionäer, dürften bis zur Zerstörung des Tempels und wohl sogar noch später am jüd. Festkalender festgehalten haben. Dagegen vollziehen die Hellenisten um Stephanus schon sehr früh den Bruch mit dem jüd. Kult, wobei ihnen ausgerechnet eine kultische Interpretation des Todes Jesu zu Hilfe kommt: Der von Paulus in Röm 3,25f zitierte Traditions-

---

5 Vgl. *B. Heininger*: Apokalyptische Wende Jesu? Ein Beitrag zur Vor- und Frühgeschichte des Vaterunsers (Mt 6,9–13 par Lk 11,2–4), in: *E. Garhammer/W. Weiß* (Hgg.), Brückenschläge. Akademische Theologie und Theologie der Akademien, Würzburg 2002, 183–206.

6 *G. Theissen/A. Merz*: Der historische Jesus. Ein Lehrbuch, Göttingen [3]2001, 382f.

satz („der [= Jesus Christus"] aufgestellt wurde als Sühnedeckel in seinem Blut wegen des Erlasses der vorher geschehenen Sünden in der Nachsicht Gottes") stammt aller Wahrscheinlichkeit nach aus dem Kreis der Hellenisten, liest den Tod Jesu in der Perspektive von Lev 16 und spricht gerade damit dem Tempel jegliche Heilsfunktion ab. Sühne geschieht nicht mehr im Allerheiligsten des Tempels am Versöhnungstag, sondern öffentlich vor aller Augen auf Golgotha. Die pln. Mission bricht denn auch radikal mit dem jüd. Kultgesetz; das Halten von „Tagen, Monaten, Festzeiten und Jahren" dient nur mehr zur Kennzeichnung der verlassenen Tradition (Gal 5,10). Dass der jüd. Festkalender für das sich formierende Christentum dennoch weiterhin ein sensibles Thema blieb, zeigen zum einen die „Schwachen" in der röm. Gemeinde, die bestimmte „(Fest)Tage" halten (Röm 14,5), zum anderen die Adressaten des um 70 n.Chr. geschriebenen Kol, die nach Auffassung des Autors, eines Paulusschülers, in der Gefahr stehen, wieder Feste, Neumonde und Sabbate zu halten und sich so um ihren Kampfpreis bringen lassen.

*Literatur*

*A. Berlejung*: Heilige Zeiten. Ein Forschungsbericht, JBTh 18, 2004, 3–61. – *J. Herzer*: Ostern, Himmelfahrt, Pfingsten, Weihnachten. Was wissen wir über die Ursprünge des Christentums, Berlin 2000. – *C. Leonhard*: Die Erzählung Ex 12 als Festlegende für das Pesachfest am Jerusalemer Tempel, JBTh 18, 2004, 233–260. – *H. A. McKay*: Sabbath and Synagogue. The Question of Sabbath Worship in Ancient Judaism, Boston u.a. 2001. – *J. P. Meier*: The Historical Jesus and the Plucking of Grain on the Sabbath, CBQ 66, 2004, 561–581. – *M. J. J. Menken*: Die jüdischen Feste im Johannesevangelium, in: *M. Labahn u.a.* (Hgg.): Israel und seine Heilstraditionen im Johannesevangelium (FS J. Beutler), Paderborn 2004, 269–286. – *I. Müllner/P. Dschulnigg*: Jüdische und christliche Feste. Perspektiven des Alten und Neuen Testaments, Würzburg 2002. – *E. Otto/D. Mach*: Feste. II. Altes Testament; III. Judentum, TRE 11, 1983, 96–106.107–115. – *E. Otto/G. Veltri u.a.*: Feste/Feiern. II. Altes Testament; III. Judentum; IV. Urchristentum, RGG[4] 3, 2000, 87–93. – *D. Stökl ben Ezra*: The Impact of Yom Kippur on Early Christianity. The Day of Atonement from Second Temple Judaism to the Fifth Century, Tübingen 2003. – *H. Ulfgard*: The Story of Sukkot. The Setting, Shaping, and Sequel of the Biblical Feast of Tabernacles, Tübingen 1998.

## 2.2.1.8 Kleidung und Schmuck (*Astrid Böhme-Schönberger*)

*Stellen im NT*

Kleidung: Mt 3,4; 5,40; 6,28–30; 10,10; Mk 9,2; 12,38; 14,63; 15,16; Lk 7,24–26; 16,19; Joh 19,2; 1Kor 11,1–16; 2Kor 5,2–4; 2Tim 4,13; Offb 1,13; 3,4.18; 12,1; 17,4; 18,16; Schmuck und Juwelen: Mt 7,6; 13,45f; Lk 15,22; 1Tim 2,9; 1Petr 3,3; Offb 4,1–6; 17,4; 18,16; 21,9–21. Schuhe: Mk 1,7; 6,6; Lk 15,22; 22,35; Apg 12,8; 13,25

*I. Kleidung im hellenisierten Vorderen Orient*

Kleidung gehört nicht nur zu den Notwendigkeiten des Lebens, sondern ist wie kaum ein anderes Element antiker Alltagskultur Zeichen von sozialem Status, geographischer Herkunft oder persönlichem Geschmack. Dank zahlreicher Quellen können wir uns ein recht gutes Bild von der Kleidung im ntl. Palästina und den benachbarten Regionen machen. So kennen wir bildliche

Darstellungen z.B. aus der Synagoge von Dura-Europos (1. Drittel 3. Jh. n.Chr.), zum anderen sind größere Stoff- und Kleiderkomplexe gefunden worden. Auf Grund dessen haben wir im ntl. Palästina mit mehreren Trachtkomponenten zu rechnen.

*Hellenistische Tracht*

Dominierend war von diesen Trachten ohne Zweifel die hell., denn spätestens im Gefolge der Eroberungszüge Alexanders d. Gr. im Osten fand die hell. Kleidung nicht nur im schon lange gr. besiedelten Kleinasien Verbreitung, sondern auch in Syrien und Palästina sowie in den weiter östlich gelegenen Gebieten. Da in der Antike die Kleidung im Allgemeinen aus rechteckigen Stoffstücken, wie der Webstuhl sie lieferte, genäht wurde, so war auch die gr. Kleidung dieser Vorgabe verpflichtet.

In der Regel bestand die Kleidung der hell. Frauen und Männer aus einem aus zwei rechteckigen Stoffstücken zusammengenähten Stoffzylinder, der an den Seiten bis auf die Öffnung für die Arme geschlossen war. Oben ließ man für den Kopf nur einen Durchschlupf. Dieses Kleidungsstück nannten die Griechen *chitōn*, die Römer *tunica*. Die Männer trugen den *chitōn* meist wadenlang. Bei den Frauen reichte er in der Regel bis zu den Knöcheln. In der Taille wurde der *chitōn* wohl stets durch einen schmalen Gürtel zusammengehalten. Der Gürtel war von ganz besonderer Bedeutung, denn nur so konnte man bei diesem relativ formlosen Kleidungsstück eine gefällige Drapierung erreichen.

Über dem *chitōn* trugen die Männer und die Frauen Mäntel. Es waren auch dies einfache große rechteckige Tücher, deren Größe je nach den Körpermaßen des Trägers oder je nach der Art der Drapierung unterschiedlich ausfiel. Im griechischsprachigen Raum wurde dieses Tuch *himation* genannt. Meist wurde es so drapiert, dass nur die linke Schulter und der linke Arm bedeckt wurden, der rechte Arm und die rechte Schulter frei blieben. Genauso gut konnte man das *himation* aber auch über beide Schultern legen, so dass man von dem Tuch fast ganz bedeckt war. Zusätzlich konnte der Kopf mit einem Teil des Tuches bedeckt werden. Bei Opferhandlungen war dies nach röm. Brauch vorgeschrieben.

Ein nur von Frauen verwendetes Kleidungsstück ist der *peplos*. Er besteht aus einem weiten langen Stoffzylinder, der an einer Seite offen sein konnte oder seitlich zusammengenäht war. In Schulterhöhe wurde der *peplos* an zwei Stellen so verschlossen, dass drei Öffnungen entstanden: eine für den Kopf und zwei für die Arme.

*Einheimisch-syrische und parthisch-palmyrenische Tracht*

Weitere prägende Elemente in der Kleidervielfalt in Israel und Syrien sind die einheimisch-syrischen ebenso wie die palmyrenisch-parthischen Trachten. In Teilen Syriens bestand die Frauentracht in dieser Zeit ebenso wie die palmyrenische aus einem kurz- oder langärmeligen *chitōn* (*tunica*), über dem ein nur einseitig an der linken Schulter zusammengehaltener *peplos* angelegt wurde. Darüber verwendeten die Frauen zusätzlich ein schleierartiges Tuch über dem Kopf, das fast bis zu den Hüften reichen konnte.

Auffälligste Kleidungsstücke der palmyrenisch-parthischen Männerkleidung sind lange Hosen mit darüber getragenen langärmeligen Tuniken mit Stoffgürtel. Sowohl die Hosen als auch die Tuniken sind bestickt bzw. mit bunten aufgenähten Bändern geschmückt. Als Kopfbedeckungen sind sog. phrygische Mützen überliefert, die in weiten Teilen des Vorderen Orients getragen wurden. Diese Männertracht ist für das hier gestellte Thema v.a. insofern wichtig, als die ältesten bildlichen Darstellungen der Anbetung des Jesuskindes durch die drei Weisen aus dem Morgenland diese stets mit Hosentracht und phrygischer Kopfbedeckung zeigen (Ravenna).

*Römische Tracht*

Weniger prägend für Israel bzw. das NT war die röm. Kleidung, die mit den Eroberern ins Land kam. Während es in Griechenland und im hellenisierten Osten dem Einzelnen weitgehend überlassen blieb, wie er sich kleidete, gab es im antiken Rom eine feste Kleiderordnung, die in vielen Beziehungen an die der mittelalterlichen Städte erinnert. War z.B. im Osten die Streifenzier am *chitōn* ein reines Zierelement, so war ein Purpurstreifen an der röm. *tunica* je nach seiner Breite ein Indiz für den sozialen Stand des Trägers. Ähnlich verhielt es sich mit der *toga.* Sie war nur Männern erlaubt, die das röm. Bürgerrecht besaßen. Sie bestand aus einem sehr großen gerundeten Stoffstück, das man kaum ohne fremde Hilfe anlegen konnte.

Stets wurde die *toga* über der *tunica* getragen. Die röm. *tunica* entsprach in Schnitt und Tragweise dem gr. *chitōn* und war aus zwei Tuchstücken zusammengenäht. Pontius Pilatus, der dem röm. Ritterstand angehörte, trug sicherlich beim Prozess gegen Jesus vorschriftsmäßig eine weiße *tunica* mit schmalen von den Schultern zum Saum reichenden purpurnen senkrechten Streifen, sog. *clavi*, zur ebenfalls weißen Toga.

*Elemente jüdisch-palästinischer Tracht*

Wie aber kleideten sich palästinische Juden in ntl. Zeit? Sozusagen hautnah erleben wir jüd. Kleidung durch die oben schon erwähnten Kleiderfunde aus Masada (72/73 n.Chr.) und aus der sog. „Briefhöhle“, in der Menschen während des zweiten jüd. Krieges (132–135 n.Chr.) Zuflucht gesucht hatten. Beide Stoff- bzw. Kleiderkomplexe sind trotz des zeitlichen Unterschieds so ähnlich, dass man sie zusammen behandeln kann. Dank der klimatischen Verhältnisse hatten sich die organischen Materialien dieser Menschen außergewöhnlich gut konserviert. So sind die Stoffe sogar noch in ihrer ursprünglichen Farbenvielfalt auf uns gekommen.

In der „Briefhöhle“ fand man eine größere Zahl von Mänteln und Tuniken jüd. Männer, Frauen und Kinder. Daneben hatten sich auch Sandalen und Kleidungsreste aus Leder neben Glasperlen und einer größeren Anzahl von Haushaltsgegenständen samt Lebensmitteln erhalten. All diese Funde gewähren Einblicke in den Alltag der Menschen zur Zeit des NT. Bemerkenswert ist, dass nur „reine“ Gewebe vorkommen. Das heißt, Stoffe wurden entweder ganz aus Wolle oder ganz aus Leinen gefertigt. Mischgewebe kommen nicht vor, obwohl Stoffe, die aus unterschiedlichen Fasern gewebt wurden, durchaus bekannt waren (so etwa aus Palmyra und Dura-Europos). Die als Kleidungsstücke zu identifizierenden Tuche aus diesem Felsenversteck bestanden alle aus Wolle. Leinen dagegen wurde nur für Tücher und Säcke verwendet. Ein Teil der Leinentücher diente sicherlich als Kopftücher, wie sie auf bildlichen

Darstellungen immer wieder zu erkennen sind. Hier sei besonders auf ein dunkel gefärbtes Leintuch hingewiesen, das möglicherweise als Trauerkopftuch zu interpretieren ist.
Die Stoffreste der Tuniken zeigen alle farblich abgesetzte, durchgehende Längsstreifen rechts und links des Kopfes, sog. *clavi*. Meist waren sie purpurfarben, bestanden aber aus unechter Purpurfarbe, die aus Indigo und Krapp gewonnen wurde. Anders als im röm. Bereich waren diese *clavi* im Osten keine Standesabzeichen, sondern nur seit alters her gebräuchliche Verzierungselemente. Diese Tuniken waren alle aus zwei rechteckigen Stoffstücken zusammengenäht, keine war in einem Stück gewebt. Die als Mäntel zu interpretierenden Tuchstücke haben in der Regel eingewebte rote Muster. Es sind dies entweder „notched bands", d.h. Streifen, die an beiden Enden gegabelt sind, oder sog. „Gammadien". Letztere sind winkelförmige Muster, ebenfalls an den Enden gegabelt. Auf bildlichen Darstellungen (v.a. in Dura-Europos) begegnen die gegabelten Bänder nur bei Männerkleidung, während die Gammamuster zumindest im 2./3. Jh. n.Chr. bei Frauendarstellungen zu finden sind. Bei späteren Darstellungen, wie z.B. bei den Mosaiken von Ravenna, haben Jesus und seine Jünger dann aber Gammamuster auf ihren Mänteln – wohl als ein Symbol der „östlichen" Herkunft Jesu und seiner Jünger. Neben hellen Tuniken und Mänteln, die als Männerkleidung anzusprechen sind, gab es auch farbigere Gewebe, die den Frauengewändern zugeschrieben werden.
Im Gegensatz zu den Originalfunden aus jüd. Zusammenhängen, bei denen alle Tuniken aus zwei Stoffstücken zusammengenäht waren, steht die Aussage, wonach Jesu Gewand bei der Kreuzigung nur aus einem Stück bestand und deshalb nicht zu teilen war (Joh 19,23f, nicht vorausgesetzt in Mk 15,24 parr). Derartige Tuniken sind nur in Dura-Europos und Palmyra belegt. Das Weben begann bei diesen Kleidungsstücken an einem Ärmel, um danach in ganzer Breite (die doppelte Länge, um Vorderseite und Rückseite zu erhalten) weiter bis zum zweiten Ärmel zu weben. Entspricht die joh Überlieferung den Tatsachen, so trug Jesus ein Kleidungsstück, das nicht in Israel gewebt worden war, sondern aus weiter östlich gelegenen Gebieten stammte.

*Schuhwerk*
Vervollständigt wurde die Kleidung durch das Schuhwerk, das ähnlich wie die Gewänder bestimmten Regeln unterworfen war. Für Frauen galt generell ein geschlossener Schuh, der den Fuß ganz verhüllte, als die richtige Fußbekleidung, wenn sie sich außer Haus bewegten. Das gleiche Gebot bestand für röm. Bürger, die mit der Toga bekleidet in der Öffentlichkeit erschienen. Eine Sandale zur Toga zu tragen, wäre ganz undenkbar gewesen. Ebenfalls immer in geschlossenen Schuhen werden die palmyrenischen Männer dargestellt. Anders scheint es sich mit der hell. Tracht zu verhalten. Nicht nur die Philosophen werden mit Sandalen gezeigt, auch Jesus und die Jünger tragen regelmäßig Sandalen. Ebenfalls Sandalen sind die *caligae* der röm. Soldaten. Sie sind jedoch deutlich von den hell. Sandalen zu unterscheiden. Nicht nur wirken sie durch die viele Riemen fast stiefelartig, sondern sie haben zusätzlich eine mit vielen Nägeln versehene Sohle.
Jüd. Vorschriften verboten den Juden, genagelte Schuhe zu tragen, damit man – wie es heißt – den röm. Soldaten stets am Geräusch, das dessen Schuhe ver-

ursachten, erkennen konnte.[1] Die von Juden getragenen Sandalen sind durch archäologische Funde (v.a. „Briefhöhle“) gut bekannt. Verblüffend ist, dass diese genau den bildlichen Darstellungen der Sandalen Jesu und seiner Jünger auf Mosaiken entsprechen. Die Sandalen besitzen alle eine mehrschichtige, pflanzengegerbte Rindsledersohle. Am Fuß wurden diese Sohlen v.a. durch zwei schmale Lederstreifen, die in der Sohle bei der großen Fußzehe befestigt waren, gehalten (vgl. Mk 1,7). Sie wurden durch zwei, am Fersenteil angenähte, breite Lederstreifen hindurchgeführt. Dadurch erhielten die von der Zehe kommenden dünnen Lederstreifen einen gewissen Halt im Fersenbereich.

*Schmuck*

Noch viel mehr als Kleidung ist Schmuck ein Symbol von Status und Herkunft, zugleich aber auch eine Wertanlage, die man stets bei sich tragen kann. Archäologische Funde – v.a. aus Gräbern – führen uns das breite Formenspektrum antiken Schmucks vor Augen. Schmuck wurde aus Metallen (Gold, Silber, Bronze, Eisen) oder auch Glas (Armreifen) hergestellt und mit verarbeitungstechnischen Verfahren (Schmelzen, Tordieren, Granulieren) etc. oder Anbringung von (Halb-)Edelsteinen oder Gemmen zusätzlich verziert. Stilbestimmend waren neben gr. auch ägyptische oder orientalische Einflüsse, die sich an individuellen Stücken oft kaum sauber trennen lassen. Neben allerlei Arten von Halsketten war Arm- und Fußschmuck ebenso verbreitet wie Fingerringe, die bei Männern zudem oft genug noch Ausdruck besonderer Autorität waren (vgl. Siegelring mit Gemme, Lk 15,22). Im weiteren Sinne gehören auch Fibeln zum Schmuck, da ihre Form auch der Mode unterworfen war und über das rein Funktionale einer Gewandschließe hinausging.
Echte Perlen galten in ntl. Zeit als ganz besonders wertvoll. So wird z.B. überliefert, dass Caesar seinen Britannienfeldzug auch wegen der dort zu erwartenden Perlenvorkommen unternahm (Suet. Iul. 47).

*II. Kleidung und Schmuck im NT*

Das NT ist sehr sparsam mit Angaben, die Kleidung oder Schmuck betreffen. Ganz selten wird das NT bei der Erwähnung von Kleidung etwas konkreter. So erwähnt 2Tim 4,13 einen Reisemantel, Mt 5,40 par die übliche Kombination aus Ober- und Untergewand und Mk 6,9 parr ein zweites Hemd, auf das Jesu Boten verzichten sollen. Die allgegenwärtige Sandale ist ihnen aber erlaubt (Mk 6,98 parr). Überhaupt sollen Jesu Jünger sich keine Sorgen darüber machen, wie sie sich kleiden (Mt 6,28–30 par). Nacktheit aber ist zutiefst schambesetzt und entwürdigend (vgl. Jesus am Kreuz; 2Kor 5,2–4). Das Verhüllen des weiblichen Hauptes gehört für Paulus zur erforderlichen Gebetshaltung im Gottesdienst und schützt die Frauen vor den als anwesend gedachten Engeln (1Kor 11,1–16).
Über Johannes den Täufer wird berichtet, dass er mit einem Gewand aus Kamelhaaren und einem ledernen Gürtel um den Leib in die Wüste ging – ein eindeutiges Zeichen prophetischer Askese (Mt 3,4 par Lk 7,24–27). Jesu Wür-

[1] *Y. Yadin*: The Finds from the Bar-Kochba-Period in the Cave of Letters, Jerusalem 1993, 166. Dort weitere Literaturangaben: mShab 6,2 und mSot 8,1 sowie *J. N. Epstein*: Introduction to Tannaic Literature, Jerusalem 1957, 43 mit Anm. 106.

de wird in der Verklärungsgeschichte durch das Aufleuchten seiner Kleider ausgedrückt (Mk 9,3 parr), wie überhaupt ein weißes Gewand Zeichen von Reinheit und Würde ist (Offb 1,3; 3,4.18). Ferner wird berichtet, dass man Jesus vor der Kreuzigung aus Spott einen Purpurmantel umlegte. Purpurmäntel waren in der Antike nur Kaisern, Königen und erfolgreichen Feldherren erlaubt (Mk 15,16–18 parr; Lk 7,25; Joh 19,2). Manchmal trugen sehr reiche Menschen ebenfalls Purpurkleidung (Lk 16,19). Besondere Personen streichen ihre Würdestellung durch ihre Kleidung heraus, so die Schriftgelehrten (Mk 12,38 parr) oder der Hohepriester (Mk 14,63 parr). Dass man ein Kleid nicht nur überstreift, sondern es jemandes Sein zum Ausdruck bringt, zeigt die figurative Verwendung von Kleidersymbolik v.a. bei Paulus (Röm 13,14; 1Kor 15,53–55; Gal 3,26–28; vgl. Eph 4,24; Kol 3,12; vgl. auch die Kleidung der mythischen Frau in Offb 12,1).

Schmuck wird im NT nur selten erwähnt. Aufwändiger Schmuck ist verpönt, der Verzicht darauf gilt als erstrebenswert (1Tim 2,9; 1Petr 3,3). Der luxuriöse Schmuck der dem Gericht verfallenen Hure Babylon (Offb 17,4; 18,16) bildet nicht den Kontrast zur verschwenderischen Pracht des edelsteingeschmückten himmlischen Thronsaals bzw. des Himmlischen Jerusalem (→2.2.7.3; Offb 4,1–6; 21,9–21), sondern ist eine Aufforderung zur Bescheidenheit. Die sprichwörtlich teuren Perlen werden in Mt 7,6 (nicht vor die Säue werfen!) erwähnt, ein Juwelier in Mt 13,45f.

*Literatur*

*S. A. Baker*: Loosing a Shoe Latchet. Sandals and Footwear in the First Century, in: *J. F. Hall/J. W. Welch* (eds.): Masada and the World of the New Testament, Provo 1997, 196–206. – *M. Bélis*: Des textiles, catalogues et commentaires, in: *J.-B. Humbert/J. Gunneweg* (eds.): Khirbet Qumrân et 'Ain Feshkha II. Études d'anthropologie, de physique et de chimie, Fribourg (CH)/Göttingen 2003, 207–276. – *A. Böhme*: Kleidung und Schmuck in Rom und den Provinzen, Stuttgart 1997. – *S. J. D. Cohen*: „Those Who Say They are Jews and Are Not". How Do You Know a Jew in Antiquity When You See One?, in: *Ders./E. S. Frerichs* (eds.): Diasporas in Antiquity, Atlanta 1993, 1–45. – *A. T. Croom*: Roman Clothing and Fashion, Stroud 2000. – *C. H. Kraeling*: The Synagoge. The Excavations at Dura-Europos, Final Report VIII Part 1, New Haven 1956. – *S. Krauss*: Talmudische Archäologie I, Leipzig 1910 (ND Hildesheim 1966), 127–207. – *R. Pfister/L. Bellinger*: The Textiles. The Excavations at Dura-Europos, Final Report IV Part 2, New Haven 1945. – *A. Schmidt-Colinet/A. Stauffer*: Die Textilien aus Palmyra, Mainz 2000. – *J. L. Sebesta/L. Bonfante* (eds.): The World of Roman Costume, Madison 2001 (darin zu Kleidung im NT). – *A. Sheffer/H. Granger-Taylor*: Textiles from Masada, in: Masada IV. The Yigael Yadin Excavations 1963–1965. Final Reports, Jerusalem 1994, 149–282. – *Y. Yadin*: The Finds from the Bar-Kokhba-Period in the Cave of Letters, Jerusalem 1993 – *W. Zwickel* (Hg.): Edelsteine in der Bibel, Mainz 2002.

### 2.2.1.9 Familie als Bildspender (*Christine Gerber*)

*Stellen im NT*
Mt 6,8f.25–34; 23,8–10; Mk 1,11; 3,31–35; 10,29; Joh 3,16; Röm 1,3f; 8,14–17.29; 9,3; 1Kor 4,14–16; 2Kor 11,2–4; Gal 4,16.19; Eph 5,21–33; 1Thess 4,9; 1Joh 3,1–10

Die erste christl. Verkündigung steht vor der Aufgabe, das Neue der christl. Botschaft Menschen ganz unterschiedlicher Kulturen verständlich zu machen. Um Neues „begreifbar" auszudrücken, sind Metaphern besonders geeignet: Was sie beschreiben („Bildempfänger", z.B. Jesu Verhältnis zu Gott), besprechen sie mittels Bekanntem („Bildspender", z.B. Sohn eines Vaters). Bildspender und Bildempfänger stehen in einer semantischen Spannung zueinander. Erst im Prozess des Verstehens wird neuer Sinn erzeugt, indem der Bildspender den Empfänger neu oder anders zu sehen lehrt. Diesen semantischen Prozess bezeichnen wir als Metapher.[1]
Das NT wie überhaupt die religiöse Sprache ist reich an Metaphern, die mit Elementen der alltäglichen Erfahrung von der religiösen Erfahrung handeln. Für uns sind diese Metaphern z.T. so geläufig, dass wir sie nicht mehr wahrnehmen. Dann verlieren wir jedoch den Sinn für eine Aussagedimension der Texte.
Die Familie ist Bildspender sehr vieler ntl. Metaphern zur Beschreibung von Beziehungen wie bereits in der religiösen Umwelt und der atl.-jüd. Tradition. Die Beliebtheit der Familienmetaphorik ist verständlich, war doch die Familie das primäre soziale Bezugssystem, damals noch wichtiger als in modernen individualisierten Gesellschaften. Die Bedeutung der Metaphorik liegt aber auch darin begründet, dass die ersten ChristInnen mit ihrer Bekehrung eine grundlegende Veränderung ihrer sozialen Bezüge erlebten. Sie gaben etwa die Werte und Symbole ihrer heidnischen Herkunftsfamilie oder Ehe auf, besuchten einen neuen Kult in fremden Häusern. Selbst wenn sie mit der ganzen Familie konvertierten, verweigerten sie sich den religiösen Riten der *polis* oder verließen ihre Synagogengemeinschaft. Die Botschaft, dass sie nun zur „Familie Gottes" gehörten, war die existenzielle Zusage einer neuen Gemeinschaft, ein Angebot zur „Resozialisierung".[2]
Die Familienmetaphern bilden ein relativ konsistentes Bildfeld (Metaphern aus demselben Bildspende- und Bildempfängerbereich), ohne dass sie ein allen Aussagen zugrunde liegendes Modell voraussetzen. Oft sind die Metaphern bereits konventionalisiert (etwa die fast formelhafte Rede von „Gott unserem Vater"). Viele metaphorische Aussagen lassen jedoch eine bestimmte Absicht in ihrem Kontext erkennen. Das zeigen die folgenden Beispiele.

[1] Die Terminologie folgt *H. Weinrich*: Allgemeine Semantik der Metapher, in: *Ders.*: Sprache in Texten, Stuttgart 1976, 317–327.
[2] Vgl. *W. A. Meeks*: Urchristentum und Stadtkultur. Die soziale Welt der paulinischen Gemeinden, Gütersloh 1993, 181–189.

*Gott als Vater*[3]

Die Rede von Gott als Vater (*patēr*) ist im AT und Judentum wie auch pagan verbreitet. Als Vatergott wurde insbes. der Erzeuger oder Schöpfer gesehen. Die biblische Gott-Vater-Metapher greift die Lebenserfahrung auf: Innerhalb einer patriarchalen Gesellschaft beschreibt sie die hierarchische und exklusive Gottesbeziehung eines Menschen. Mutter und Vater sind einzigartig für einen Menschen, doch der Vater ist die Autorität an der Spitze der Familie. Er ist nach antiker Biologie der Ursprung des Lebens, im Besitz der Rechtsgewalt, Fürsorger, Erzieher, Vorbild. Die Rede von Gott als Vater hat jedoch nicht alle diese Aspekte gleichzeitig im Blick, sondern einzelne, wie der jeweilige Kontext zeigt.[4] Wenn in Mt 6,25–34 die Sorgen und Ängste der Menschen für unnötig erklärt werden, so geschieht das mit dem Hinweis auf „euren himmlischen Vater" (6,26.32). Der weiß, wessen die Menschen bedürfen, und gibt es. Dieser fürsorgende Aspekt der Vaterschaft ist auch der Grund für die Gewissheit der Gebetserhörung. Darum wird Gott im Gebet als „unser Vater" oder „Papa" angesprochen (Mt 6,8f; vgl. Röm 8,15; Gal 4,6).[5]

Der Hinweis auf die Vaterschaft Gottes kann aber auch zum Argument gegen die patriarchale Struktur der Gesellschaft werden. Dass Gottes Vaterschaft die irdische Vaterautorität ausschließt, sagt Mt 23,9. Nicht zufällig nennt Jesus bei der Vorstellung seiner wahren Familie keinen Vater, sondern nur Geschwister und Mutter (Mk 3,31–35; vgl. Mk 10,29).[6]

*Der „Sohn Gottes"*

Die Metapher von Jesus als „Sohn" (*hyios*, joh Schrifttum) oder „Sohn Gottes" (*hyios theou*) begegnet in fast allen ntl. Schriften. Wie es zu ihrer Bildung kam, ist umstritten und hier nicht zu vertiefen.[7] Wichtig ist, was die HörerInnen des Textes darin vernahmen. Jüd. Ohren ist die Metapher an sich nicht blasphemisch, wurden doch Menschen mit einer besonderen Gottesbeziehung so tituliert. Prägnant wird sie erst durch ihren exklusiven Gebrauch für einen bestimmten Menschen. HeidInnen mag der Titel an die Bezeichnung eines Königs als Sohn eines bestimmten Gottes erinnert haben.

Die Rede von Jesus Christus als (erstgeborenem) Sohn Gottes drückt seine besondere Gottesbeziehung aus und steht meist im Zusammenhang von Aussagen über seine Geistbegabung. Allerdings variieren die ntl. Texte in der Be-

---

[3] Zu Vorkommen und Bedeutung vgl. (anders pointiert) *K. Berger*: Theologiegeschichte des Urchristentums, Tübingen u.a. [2]1995, 28–33. Anders als im AT (Jes 66,13 u.ö.) fehlt im NT mütterliche Metaphorik in Bezug auf Gott. Vgl. aber die Metapher von der Taufe als „Bad der Wiedergeburt" (Tit 3,5; vgl. 1Petr 1,3.22f) und von der neuen Geburt aus dem Geist (Joh 3,3.5).

[4] Vgl. *A. Strotmann*: „Mein Vater bist du!" (Sir 51,10). Zur Bedeutung der Vaterschaft Gottes in kanonischen und nichtkanonischen frühjüdischen Schriften, Frankfurt a.M. 1991, bes. 360–379. *E. Tönges*: „Unser Vater im Himmel". Die Bezeichnung Gottes als Vater in der tannaitischen Literatur, Stuttgart u.a. 2003.

[5] Diese vertraute Gottesanrede ist nicht unjüd., wie gelegentlich noch behauptet.

[6] Zur historischen Rekonstruktion der egalitären Jesusbewegung vgl. *E. Schüssler-Fiorenza*: Zu ihrem Gedächtnis. Eine feministisch-theologische Rekonstruktion der christlichen Ursprünge, München u.a. 1988, 189–202.

[7] Vgl. zur Herkunft und zum Vorkommen des „Hoheitstitels" *F. Hahn*: Christologische Hoheitstitel. Ihre Geschichte im frühen Christentum, Göttingen [5]1995, 280–333.474–485.

stimmung des Ursprungs der Sohnschaft, wie einige Beispiele zeigen. Nach Mk 1,11 ist Jesus in der Taufe als „mein geliebter Sohn“ von Gott anerkannt. Nach Röm 1,3f ist der irdische Davidssohn Gottessohn durch die Auferstehung in der Kraft des heiligen Geistes. Joh 3,16 und Gal 4,4 setzen hingegen voraus, dass bereits der Präexistente Sohn Gottes ist. Die Erzählungen von der besonderen Geburt Jesu (Mt 1,18–25; Lk 1,26–38) sind gewissermaßen narrative Entfaltungen der Sohn-Metapher. Diese machte in der Dogmengeschichte in ontologisierter Form Karriere. Hierdurch erfolgte eine Entmetaphorisierung, für die das NT nur Ansätze bot.

*Die ChristInnen als Kinder Gottes*[8]

Dass die Christinnen und Christen sich als Kinder Gottes verstehen, entspricht der Rede von Gott als Vater. Die Metapher beschreibt aber nicht, wie es von der Erfahrungswelt her denkbar wäre, eine selbstverständliche, „natürliche“ Beziehung, sondern eine von Gott ermöglichte Ehrenstellung, also eine Annahme als Kind. So ist es nach 1Joh 3,1 Wirken der Liebe Gottes, sein Kind zu sein, nach Röm 8,14–17 Wirken des Geistes Gottes. Der letztgenannte Text zeigt, dass die Kindesmetapher die höchste Stellung vor Gott durch Abgrenzung von anderen Rollen verbildlicht. Die Kinder Gottes, die Gott als „Papa“ anrufen dürfen, werden dem Knecht gegenübergestellt: Das Kind ist frei und wird Erbe sein (vgl. Gal 4,1–7). In diesem Sinne sind die Glaubenden „kleine Geschwister“ des Erstgeborenen Jesus (Röm 8,29).

Das Aufrücken in die Ehrenstellung des Gotteskindes kann auch die Bedeutung des Christusgeschehens beschreiben. So wird in Gal 4,4f die Annahme der Menschen als Gottes Kinder als Folge der Menschwerdung „des Sohnes“ genannt: Gott sandte seinen Sohn als Kind einer Frau, unter das jüd. Gesetz gestellt, damit er die unter dem Gesetz lebenden Jüdinnen und Juden freikaufe, „damit wir die Sohnschaft empfangen“.

*Die ChristInnen als Geschwister*

Wie Kinder eines Vaters, so sehen die „Kinder Gottes“ einander als Geschwister. Im NT wurde „Bruder“ (*adelphos*) bzw. „Schwester“ (*adelphē*) gar terminus technicus für den Mitchristen bzw. die Mitchristin (vgl. z.B. Röm 16,1.14; Apg 1,15) in Ermangelung einer spezifischen Bezeichnung. Die Redeweise greift wohl eine jüd. Tradition auf,[9] die noch in Apg 2,29; 3,17 u.ö. erkennbar ist, wenn die Apostel die Mitjuden als *adelphoi* anreden (vgl. auch Röm 9,3).

In der ntl. Briefliteratur ist die Anrede als *adelphoi* sehr verbreitet. Im Gr. steht der maskuline Plural, sobald nur ein Mann unter der bezeichneten Mehrzahl ist. *Adelphoi* kann also „Brüder“ oder „Brüder und Schwestern“ bedeuten. Weil unter den Angeredeten meist auch Frauen zu denken sind, ist die inklusive Übertragung „Geschwister“ korrekter.

---

[8] Zur Kind-Metapher im NT vgl. *P. Müller*: In der Mitte der Gemeinde. Kinder im Neuen Testament, Neukirchen-Vluyn 1992, 373–376.

[9] Vgl. *L. Perlitt*: „Ein einzig Volk von Brüdern“. Zur deuteronomistischen Herkunft der biblischen Bezeichnung „Bruder“, in: *D. Lührmann/G. Strecker* (Hgg.): Kirche (FS G. Bornkamm), Tübingen 1980, 27–52.

„Geschwister" sind in dem Sinne gleichrangig, dass sie alle Kinder Gottes sind. So fordert Jesus nach Mt 23,8–10, dass man sich als Brüder und Schwestern sehe und niemandem Ehrentitel gebe. Dennoch impliziert die Bezeichnung nicht notwendig Egalität, denn in den antiken Gesellschaften gab es auch zwischen Geschwistern Hierarchien. Der älteste Bruder etwa hatte eine Autoritätsstellung. Die Rede von ChristInnen als Geschwistern zielt also nicht unbedingt auf Gleichheit, aber immer auf die Verwandtschaft, also Zusammengehörigkeit. Die Geschwisterbindung galt als engste Beziehung. Auch schulden Geschwister sich gegenseitig Unterstützung, Loyalität und agieren nach außen gemeinsam. Im christl. Sprachgebrauch wurde daraus die Metapher der Bruder- bzw. Geschwisterliebe (*philadelphia*) entfaltet. 1Thess 4,9 (vgl. Röm 12,10) spricht von dieser Zuwendung zu den GlaubensgenossInnen: Die Gemeindeglieder sollen sich, anders als mit der Nächsten- oder gar Feindesliebe gefordert, zunächst untereinander helfen. 1Joh 3,10 fordert das Lieben des „Bruders" besonders eindringlich als ein Zeichen der Gotteskindschaft.

*Paulus als Vater und Mutter der Gemeinden*[10]

Paulus verwendet gelegentlich Vater-Metaphern, um seine exklusive Rolle für die Gemeinden oder einzelne Christen auszudrücken, die er bekehrt hat. In 1Kor 4,14 begründet er seine einzigartige Position unter den Missionaren der korinthischen Gemeinde damit, dass er die Gemeinde „gezeugt" hat „durch das Evangelium". Daraus leitet er den Anspruch auf eine besondere Autoritäts- und Vorbildfunktion für die Gemeinde ab (4,16; vgl. 1Thess 2,11f).

In Gal 4,19 verbildlicht Paulus die Gemeindegründung als Gebären. Er beschreibt sein Ringen um den rechten Glauben der Galater als erneutes „In-den-Wehen-Liegen". Eigentlich war die Gemeinde bereits „geboren", doch sie entfernt sich von ihrem Gründer und seinem Evangelium. Die absurde Vorstellung einer wiederholten Geburt soll zeigen, dass die ChristInnen in Galatien ihr „Leben", ihr Christsein aufs Spiel setzen.

*Ehemetaphorik*[11]

Auch das Eheverhältnis kann als Bildspender dienen. Anders als die eben besprochenen Beziehungen ist diese nicht in der Geburt begründet, sondern durch eine spätere Entscheidung. Eheverhältnisse sind in der Antike deutlich hierarchisch, von der Wahl des Mannes bestimmt und in sexueller Hinsicht nur für die Frau exklusiv. In der biblischen Ehemetaphorik ist darum immer Gott bzw. Christus in der Rolle des Mannes, Israel bzw. die Gemeinde in der Rolle der Frau. In 2Kor 11,2–4 ist Jesus als Bräutigam metaphorisiert (vgl. auch Mk 2,18–20), dem Paulus die Gemeinde von Korinth verlobt hat. Seine Sorge ist, ob diese „jungfräulich" in die Ehe geht. Die Metapher verbildlicht die Gefahr, dass die Gemeinde „verführt" wird von anderen Missionaren. Auch im AT brandmarkt diese Metaphorik den Abfall Israels von dem Bund

---

[10] Vgl. *C. Gerber*: Paulus und seine „Kinder". Studien zur Beziehungsmetaphorik der paulinischen Briefe, Berlin 2005.

[11] Vgl. *R. Zimmermann*: Geschlechtermetaphorik und Gottesverhältnis. Traditionsgeschichte und Theologie eines Bildfeldes in Urchristentum und antiker Umwelt, Tübingen 2001.

mit Gott als Ehebruch der Frau – ein todeswürdiges Vergehen (bes. Hos 1–3; Jer 2f). Eph 5,21–33 malt hingegen eine „gute“ Ehe zwischen Christus und der Kirche aus, die vorbildlich auch für die christl. Eheleute sein soll. Engste Zusammengehörigkeit und eine gegenseitige, aber nach Geschlechterrollen verschiedene Hinordnung zum Partner prägen die Ehe: Der Mann liebe die Frau als den eigenen Leib, die Frau ehre den Mann, ihr Haupt, in Unterordnung. Wir sehen, wie die zwar von christl. Rücksicht geprägte, aber gleichwohl patriarchale Familie Teil der Bildwelt und der christl. Lebenswirklichkeit in „Häusern“ (*oikoi*) wurde.[12]
Siehe auch →2.2.1.1; 2.2.1.2; 2.2.1.4.

*Literatur*

*R. Aasgaard*: „My Beloved Brothers and Sisters!“ Christian Siblingship in the Apostle Paul, London 2004. – *A. Böckler*: Gott als Vater im Alten Testament. Traditionsgeschichtliche Untersuchungen zur Entstehung und Entwicklung eines Gottesbildes, Gütersloh 2000. – *H. Moxnes* (ed.): Constructing Early Christian Families. Family as Social Reality and Metaphor, London/New York, 1997. – *T. Roh*: Die *familia dei* in den synoptischen Evangelien. Redaktions- und sozialgeschichtliche Untersuchungen zu einem urchristlichen Bildfeld, Freiburg u.a. 1999. – *K. O. Sandnes*: A New Familiy. Conversion and Ecclesiology in the Early Church with Cross Cultural Comparisons, Bern u.a. 1994. – *J. G. van der Watt*: Family of the King. Dynamics of Metaphor in the Gospel According to John, Leiden u.a. 2000.

## 2.2.2 Der Mensch in seinen Lebensphasen

### 2.2.2.1 Geburt, Kindheit und Jugendzeit (*Josef N. Neumann/Marcus Sigismund*)

*Stellen im NT*

Mt 1,21; 10,38f; 11,16f; 14,21; 15,3–6.38; 18,2–5.10; 21,14–16; 24,19; Mk 7,10–13; 9,33–37; 10,13–16; Lk 1,7.25–31.34.58–63; 2,21–27; 12,51.53; Joh 3,4; 16,21; Apg 5,6; 15,5–11; 1Kor 14,20; Gal 2,3–5.12; 5,6; Eph 4,13f; 6,1–3; Kol 3,20; 1Tim 2,15; 4,12; 5,1.14; 2Tim 2,22; Tit 2,4.6; 1Petr 5,5

*Lebensalter*

Um die durch auffallend rasche körperliche und psychisch-geistige Veränderungen gekennzeichneten, bis zum Abschluss der Pubertät dauernden Lebensjahre (Lj.) der Kindheit vom Erwachsenenalter zu unterscheiden, wird das Leben des Menschen in der Antike auf verschiedene Weise unterteilt. In einer Dreiteilung (Aristoteles) wird zwischen dem Aufwärts der Jugend und dem Abwärts des Alters eine Mitte des Lebens angenommen, in der der Mensch (der Mann als Vorstand des Hauses, die Frau als Gattin und Mutter) im Handeln das rechte Maß besitzt. Eine Vierteilung (Hor. ars 156–179; Ov. met.

[12] Zur Kontroverse, ob die patriarchalen Strukturen in christl. Gemeinden mit der Konversion ganzer Familien von Beginn an impliziert waren oder ob es eine egalitäre „Geschwisterschaft“ gab, vgl. *K. O. Sandnes*: Equality Within Patriarchal Structures: Some New Testament Perspectives on the Christian Fellowship as a Brother- or Sisterhood and a Family, in: *Moxnes* 1997, 150–165.

15,199–236) unterscheidet den vier Jahreszeiten entsprechend vom Kind (*puer*) den jungen Mann (*iuvenis*, bis 30. Lj.), das gesetzte Alter (*constans aetas*) und das hohe Alter (*senectus*), wobei Cicero (Cato 33) den Lebensaltern Stadien der Reife zuordnet: Schwäche (*infirmitas*), Mut (*ferocitas*), Ernst (*gravitas*) und Reife (*maturitas*). Das Kindsein umfasste in der gr.-röm. Antike demnach die Zeit von der Geburt bis zum Einsetzen der Pubertät, während die der Jugend spätestens mit dem 30. Lj. endete.

Die antike jüd. Kultur strukturierte das Leben des Heranwachsenden in vergleichbaren Stufen. In Jer 6,11 werden fünf Perioden unterschieden, indem nach Kind, Jüngling sowie Mann/Frau im reifen Alter die Zeit des alten Menschen nochmals unterteilt wird in Alte und Hochbetagte. Nach dem Mischna-Traktat Aboth (5,21) beginnt der Knabe mit 5 Jahren die Bibel zu lesen, mit 15 das Talmudstudium, mit 18 darf der junge Mann heiraten und mit 30 J. Ämter übernehmen. Dem Jugendlichen wurde mit der Geschlechtsreife (um das 13. Lj.; Gen 17,25) Eigenverantwortlichkeit zuerkannt, d.h. er war Mitglied der Synagoge, durfte Rechtsgeschäfte abschließen, und seine Gelübde waren anerkannt.

Weitere Unterscheidungen, welche die Zeit vor der Geburt einbeziehen, ergeben sich auf Grund der gr. und lat. Terminologie. *Brephos* bezeichnet das ungeborene Kind und zugleich den Säugling (1. Lj.), *paidion* das Kind bis zum 7. Lj., aber auch das Kind im letzten pränatalen Stadium, entspr. *fetus*, was in Lk 1,42 mit *karpos tēs koilias* („Leibesfrucht“) umschrieben wird. *Pais* meint allgemein „Kind“ bis zum Beginn der Pubertät, begreift dieses aber mehr aus der Sicht des einen Erben wünschenden Vaters, während *teknon* (das Geborene, Hervorgebrachte) sich auf dieselbe Lebenszeit bezieht, das Kind aber in seiner natürlichen und affektiven Beziehung zur Mutter („das Junge“) sieht (Eur. Iph. A. 896; Iph. T. 238). Zudem bezeichnet *pais* (wie *puer*) generell die Nachkommenschaft, wobei der Zusatz *infans* das noch nicht sprechen (*fari*) könnende Kind von dem über 3-jährigen abgrenzt. Der Rechtsbegriff *minores* fasst die Zeit der Kindheit und Jugend bis zum 25. Lj. zusammen, erst später wurde seine Grenze auf das 14. bzw. 12. Lj. bei Mädchen herabgesetzt, die wegen der früher einsetzenden Pubertät vor den jungen Männern durch Heirat in eine andere gesellschaftliche Stellung wechseln (→2.2.1.4).

Das Erreichen einer neuen Altersstufe wurde in Initiationsriten (→2.1) bestätigt, die in Sparta länger Bestand hatten als in Athen, wo in klass. Zeit nur noch relikthaft symbolische Kulthandlungen existierten: die Amphidromie am 7. Tag (Aufnahme des Kindes und Namensgebung einige Tage später), bei der die Mutter in die religiöse Gemeinschaft des *oikos* zurückkehrte und der Vater, gefolgt von Hebamme und Hausgenossen, das Kind um den Herd herumtrug, die Apaturien (im Monat Pyanopsion, Oktober/November), bei denen in Attika der einjährige Knabe in das Register der Phratrie eingetragen wurde, das Fest der Choen (2. Tag der Antistherien, Frühlingsfest) am Ende des 3. Lj., das Haaropfer mit 16 J. (Anerkennung als Erwachsener durch die Phratrie), mit 18 J. Eintragung in das Demenregister (Anerkennung als Vollbürger). Anschließend leisteten die jungen Männer (Epheben) ihren militärischen Einzeldienst an den Grenzen Attikas (Bewährung in der „Wildnis“), danach wurden sie in das Heer der Hopliten aufgenommen. Die Übernahme eines politischen Amtes war ab dem 30. Lj. möglich. Die Reduktion der Initiationsriten auf repräsentative Symbolhandlungen betraf besonders die Mädchen, die erst mit der Heirat in die Phratrie des Mannes eingeschrieben wurden. Auch in Rom war der Weg zum vollen Bürgerrecht sakralrechtlich definiert, d.h. mit religiösen Ritualen verbunden. Mit 14 J. wurde die Anerkennung des Jugendlichen als Bürger (Anlegen der *toga virilis*) gefeiert, der aber weiter unter der *potestas* des Vaters stand. Die Übernahme eines politischen Amtes war in augusteischer Zeit dem jungen Römer mit 25 J. (Ende der *adulescentia*) möglich.

*Zeugung, Schwangerschaft und Geburt*
Die im Beischlaf (Weish 7,1f; Lk 1,34) erfolgende Zeugung wird verstanden als ein „Aufnehmen im Uterus" (*syllambanein en gastri*; Lk 1,31), den man sich mit Blut gefüllt vorstellt und in dem der Samen des Mannes einen Gerinnungsvorgang (Hi 10,9f) auslöst, aus dessen Substrat innerhalb von 10 Monaten (Schwangerschaftsdauer nach Mondmonaten berechnet, 10 x 28 Tage; Eur. Ion 1486) das Kind mit Haut, Fleisch, Knochen, Sehnen (Hi 9,11) und Organen (Ps 139,13) entsteht. Unfruchtbarkeit kann vom Mann oder von der Frau ausgehen (Gen 11,30; Dtn 7,14; Lk 1,7.36; 2,36) oder ist durch beider Alter bedingt (Lk 1,18). Kinderlosigkeit bedeutet Schande (Gen 16,2; 30,23; Ps 127,3–5; Lk 1,25), Fruchtbarkeit wird ermöglicht durch Gott und ist Zeichen göttlichen Segens (Gen 1,28; Ps 128,3; Lk 1,30). Im Gegensatz zum gr. Mythos (Hes. theog.) wirkt der Gott der Bibel nicht selbst zeugend, sondern ermöglicht Fruchtbarkeit und Leben des Menschen durch seinen Geist. Dabei wird *pneuma* (Luft, Atem, Seele, Geist Gottes) mit dem auch in antiker Naturkunde/Medizin gebrauchten Begriff *dynamis* gleichgesetzt, der in Lk 1,35 aber Gottes schöpferisch wirkende Kraft meint. Lukas bedient sich als gebildeter Hellene naturkundlicher Begriffe, vermittelt aber dennoch keine Embryologie, wie dies die seit dem 3. vorchristl. Jh. in Alexandria gesammelten medizinischen Schriften des *Corpus Hippocraticum* tun (*De natura pueri*), sondern übersetzt Anschauungen der biblischen Tradition in den Verstehenshorizont hell.-christl. Leser. Demnach hat der Mensch seinen Ursprung in Gott, dem Schöpfer der Welt und des einzelnen Menschen. Entstehung des Menschen und Erschaffung der Welt sind analoge Vorgänge, wie Gebärmutter und Erde im AT als Orte der Fruchtbarkeit metaphorisch gegenübergestellt werden (Num 12,12; Hi 3,11.16; Ps 139,14–16; Jer 20,17). Noch bevor er gezeugt worden ist, existiert der Mensch in der Vorstellung und Leben gebenden Möglichkeit Gottes (Ps 139,16f; Jer 1,4f; Lk 2,21). So ist der Embryo von Anfang an von „heiligem Geist" (*pneuma hagion*) erfüllt (Ri 13,4f; Hi 1,21; 38,8; Mal 3,1.23f; Lk 1,15), dessen Wirkung die Mutter in den Kindsbewegungen wahrnimmt (Lk 1,41.44; vgl. Gen 25,22; Ps 114,4.6; Weish 17,18).
Über die Geburt des Kindes wird in frühchristl. Schriften nur wenig berichtet. Nach der mit Wehen (Jes 26,17; 13,8; Joh 16,21) beginnenden Entbindung (Lk 2,6f) – in kniender Stellung (Hom. h. 3,117–119) oder in Rückenlage – wird das Kind gebadet und in Wickelbänder eingebunden, um Verkrümmungen vorzubeugen (Plat. leg. 789e). Zudem erhält es erstmals Nahrung, wobei Bad und erste Nahrung ursprünglich rituelle, das Kind anerkennende Handlungen (Hom. h. 3,120–126; Eur. Ion 1459–1463) waren. Nur in Sparta sei das Wickeln nicht üblich gewesen, um die freie Bewegung des Kindes nicht zu hemmen (Plut. Lyk. 16,3). Unterstützt wurde die Frau während und nach der

Entbindung durch die Hebamme (Plat. Tht. 149b–e), danach durch die Amme, die oft über die Stillzeit (zwei bis drei Jahre) hinaus eine wichtige Bezugsperson für das Kind, zuweilen bis ins Erwachsenenalter, blieb.[1]
Wie weit die Aussetzung von Kindern, insbes. missgebildeter, übliche Praxis war, ist unsicher, da Sitte und Rechtslage in den Regierungseinheiten unterschiedlich waren[2] und in der Familie selbst auch Widerstand zu erwarten war (Plat. Tht. 160e–161a). Von einer Tötung Neugeborener ist in den Quellen nie die Rede. Dennoch hat es privat und von Staats wegen Aussetzung in unbekanntem Ausmaß gegeben, wobei verschiedene Gründe (Zorn und Enttäuschung, Hässlichkeit des Kindes, Missbildung, Illegitimität, Angst des Vaters vor Bedrohung durch das Kind, Ablehnung von Töchtern, Armut) erkennbar sind.[3] Bei der allgemein hohen Frühsterblichkeit überlebten Kinder mit schweren Missbildungen nicht lange. Zudem wurden Missbildungen bei Mensch und Tier allgemein als Zeichen drohenden Unheils verstanden, die im Orakel zu deuten sind. Das Interesse der Ärzte an der abweichenden körperlichen Gestalt war somit gering, und es fällt auf, dass im *Corpus Hippocraticum* nur solche Missbildungen erörtert werden, die nicht oder nur schwer bei der Geburt zu erkennen sind, z.B. angeborene Verkürzungen der Arme und Beindeformationen aufgrund von Hüftgelenksverrenkungen (art. 12.52) sowie Krumm-Füßigkeit (art. 40.62). Dies erklärt, dass auch Behinderte das Erwachsenenalter erreichen und sogar das politische Leben mitbestimmen konnten (Plut. Ages. 2).
In der jüd.-christl. Tradition ist nirgends von Kindesaussetzung, dafür von der Angst vor unzeitigem Tod die Rede, bevor des Lebens Fülle erreicht ist, verscharrt zu werden als Fehlgeburt (Hi 3,16; Koh 6,3; Ps 58,9). Die Mutter galt nach der Geburt eines Sohnes sieben, nach der einer Tochter 14 Tage lang als unrein (Lev 12,2–6), musste sich danach aber noch weitere 33 bzw. 66 Tage im Haus aufhalten. Am 8. Tag wurde der Junge beschnitten und erhielt den Namen (Lk 2,21), den der Vater bestimmt hatte (Mt 1,21; Lk 1,63), wobei Freunde und Verwandte beraten konnten (Lk 1,58). War der Junge zugleich Erstgeborener, musste er nach 40 Tagen im Tempel durch ein Tieropfer ausgelöst werden (Ex 13,2.13; 22,28f; 34,19; Lk 2,22f), das an Stelle des Kindes (Gen 22,2.10–14) dargebracht wurde. Dabei war die vorgeschriebene Gabe gleich der für ein Reinigungsopfer (Ex 13,15; Lev 5,7.11; 12,8; 14,21f; Num 6,10). Von diesen Bestimmungen wandte sich das frühe Christentum zunehmend ab, v.a. die Beschneidung wurde im Zuge der Mission unter den Hellenen früh aufgegeben (Gal 2,3–5.12; 5,6; Apg 15,5–11).

*Kindheit und Jugend*
Bis zum Eintritt in die Schule (in Griechenland ab dem 6. Jh. v.Chr.) im 6./7. Lj. war das Leben der Kinder, sobald sie laufen konnten, vom Spiel in den en-

[1] Hom. Il. 22,83; Od. 11,448; 15,416f; 19,483; Aischyl. Choeph. 750–762; Plat. leg. 790c–791e; Aristot. gen. an. 4,10; hist. an. 2,3,6; 8,1,2; Aristoph. Thesm. 608; Plut. Lyk. 16,3; Alk. 1,2; mor. 5.
[2] Eur. Ion 472–491; Plut. Lyk. 16,1f; Plat. rep. 460c; Arist. pol. 1265a40; 1335b10; Isokr. or. 121f; Polyb. 36,17,7–12; Ail. var. 2,7; Plin. epist. 10,65.
[3] Hom. Il. 2,216–219; 18,395; Hom. h. 3,316–320; 19,36–39; Hdt. 6,61; Soph. Oid. T. 707–725; Eur. Ion 14–40; Aristoph. Nub. 530–532; Men. Pk. 371–382; Sam. 130–136.

gen Gassen, auf Plätzen und in den die Siedlungen umgebenden Feldern bestimmt. Gespielt wurde mit Tonfiguren (Puppe, Vogel, Pferdchen u.a.), Ball, Wägelchen, Steckenpferd. Die Kinder zogen Tiere auf Rädern hinter sich her, spielten, nicht immer zu deren Freude, im Schulalter auch mit lebenden Tieren (Hahn, Taube, Schwan, Hund, Katze, Schildkröte) und übten ihre Geschicklichkeit mit Kreisel und Peitsche, Jojo, Reifen und Stock, Pfeil und Bogen oder zu zweit auf Wippe und Drehscheibe. Sie machten sich zweirädrige Wagen, die von anderen Kindern, von Hunden oder Ziegen gezogen wurden. Dargestellt sind Kinder auf der Baumschaukel (rituell am Fest der Chytren, 3. Tag der Anthesterien) und mit Astragalen (Knöchel) spielend, Jugendliche beim Ball- („Hockey") oder Brettspiel. Für die gesamte Antike kann gelten, dass die Kinder sich nicht nur zu gemeinschaftlichen Spielen (Fangen, Verstecken u.a.) trafen. Kinder und Jugendliche nahmen am Leben der Erwachsenen teil (Mt 14,21; 15,38) und imitierten Szenen des täglichen Lebens oder besondere Ereignisse (vgl. Mt 11,16f). Wahrscheinlich wiederholen die Kinder, die nach der Tempelreinigung Hosianna dem Sohne Davids rufen (Mt 21,15), den Jubel der Erwachsenen bei Jesu Einzug in Jerusalem (Mt 21,9). Vor allem auf dem Land und in Werkstätten rechnete man ab dem 5. Lj. mit der Arbeitskraft des Kindes (vgl. Lev 27,5), der Sohn wurde vom Vater (2Kön 4,18), die Tochter von der Mutter in das Berufsleben eingeführt (Hdt. 6,60; Plin. epist. 8,14,4–6; Plut. Cato maior 20,5–8). Dabei soll die Beziehung zwischen Eltern und Kindern von Liebe und gegenseitiger Achtung bestimmt sein, mit der nicht vereinbar ist, dass Kinder sich von ihrer Verpflichtung den Eltern gegenüber mit einer Opfergabe loskaufen (Ex 20,12; 21,17; Mt 15,3–6; Mk 7,10–13). Von den Eltern werden Pflege, Ernährung, Sorge um die Gesundheit (Mk 5,21–24) und Erziehung (Ex 12,26; 13,3; Dtn 6,20; Sir 30,1–13; 4Makk 18,10–19) der Kinder erwartet sowie das Bemühen um deren Bildung (→2.5.4) und Verehelichung (Sir 7,23–25; 42,9f); die Nachkommen haben für den Unterhalt der alten Eltern und deren Bestattung zu sorgen. Die Betonung dieser Forderungen weist zugleich auf den Generationenkonflikt hin, der angesichts des Anspruchs des jungen Mannes, seinen Weg zu gehen (Joh 21,18), unausweichlich ist, und auf den die Eltern mit Überdenken der Worte (Lk 2,19) und Verwunderung bis hin zum Überwältigtsein vor Schreck reagieren, so dass sie erschüttert und außer sich sind (Lk 2,48). Dabei darf das Entsetzen der Eltern nicht nur metaphorisch im Blick auf die Beziehung zwischen Judentum und christl. Gemeinde (die sich um 100 endgültig von ihrem religiösen Ursprung löst), sondern auch als unmittelbare zwischenmenschliche Reaktion auf das Verhalten des mündig gewordenen Sohnes verstanden werden. Die Szene des 12-jährigen Jesus im Tempel, die in der Vita (9) des Flavius Josephus (→1.3.2.6) eine Parallele hat, zeigt die Anerkennung des Schülers am Ende der Elementarausbildung durch die Schriftgelehrten.

Den in der jüd.-hell. Mitwelt unterschiedenen Lebensaltern entsprechend werden auch in der christl. Gemeinde die jungen Männer (18./20.–30. Lj.), ebenso die jungen Frauen, als Gruppe (Tit 2,4.6) angesprochen, in der sie gemeinsam Aufgaben übernehmen (Apg 5,6), aber auch als einzelne Person anderen Vorbild sein können (1Tim 4,12), ältere und jüngere ermahnen dürfen (1Tim 5,1f), selbst Ermahnungen aber auch annehmen sollen (1Petr 5,5); denn auch die christl. Gemeinde kennt sowohl den häuslichen Konflikt (Mt 10,35–39; Lk

12,51–53) als auch den Hang des jungen Erwachsenen zu körperlicher Gier und Leidenschaft. Gegenseitiger Respekt (Eph 6,1–4; Kol 3,20f) wird aber als Voraussetzung dafür angesehen, dass das Gespräch mit Eltern, Priestern, der Gemeinde und deren Ältesten weitergeht und das begonnene Werk christl. Gemeinschaft von der nächsten Generation fortgeführt wird.

Der von Unmündigkeit bestimmte erste Lebensabschnitt Kindheit wird, so ist zusammenzufassen, im NT verstanden als Weg zur Reife des Erwachsenenalters, auf dem die Erfahrung der Bosheit der Welt dem Kind zunächst noch fremd ist (1Kor 14,20), die Gefahr, damit konfrontiert zu werden, aber angenommen werden muss, da nur in bewusst vollzogener Entscheidung das Böse in der Welt überwunden werden kann (Eph 4,13f). Wenn im NT die Arglosigkeit des Kindes also als eschatologische Voraussetzung für die Verwirklichung des Reiches Gottes auf Erden gefordert wird (Mt 18,1–5.10; 19,13–15), so ist damit nicht ein Persistieren kindlicher Verhaltensweisen gemeint. Die Kindheit muss im Erwachsenwerden vielmehr zurückgelassen werden (1Kor 13,11); denn nur der seiner selbst und seiner Beziehung zur Welt bewusste Mensch ist fähig, sich für die christl. Gemeinde zu entscheiden und auf einem vom Bemühen um Erkenntnis, Fürsorge, Verantwortung und gegenseitigem Respekt bestimmten Weg sein Kindsein wiederzugewinnen. Kindheit ist somit *archē*, mitgehender Anfang, der in den folgenden Lebensabschnitten aufgegeben und gleichzeitig im Kontext christl. Lebensgestaltung auf neue Weise bestimmend wird.

*Literatur*

*A. Backe*: „... dem geliebten Sohn, er lebte elf Monate, drei Tage und acht Stunden“. Kinderleben spiegeln sich in der römischen Grabkunst wider, AW 36, 2005, 89–96. – *R. S. Bagnall/B. W. Frier*: The Demography of Roman Egypt, Cambridge 1994. – *M. Deißmann-Merten*: Zur Sozialgeschichte des Kindes im Antiken Griechenland, in: *J. Martin/A. Nitschke* (Hgg.): Zur Sozialgeschichte der Kindheit, Freiburg 1986, 267–316. – *B. Eltrop*: Denn solchen gehört das Himmelreich. Kinder im Matthäusevangelium, Stuttgart 1996. – *E. Eyben*: Sozialgeschichte des Kindes im römischen Altertum, in: *J. Martin/A. Nitschke* (Hgg.): Zur Sozialgeschichte der Kindheit, Freiburg 1986, 317–364. – *D. Gourevitch u.a.*: Maternité et petite enfance dans l'Antiquité romaine. Catalogue de l'éxposition Bourges, Muséum d'histoire naturelle, Bourges 2003. – *U. Hübner*: Spiele und Spielzeug im antiken Palästina, Freiburg(CH)/Göttingen 1992. – *A. Lindemann*: Die Kinder und die Gottesherrschaft. Markus 10,13–16 und die Stellung der Kinder in der späthellenistischen Gesellschaft und im Urchristentum, WuD 17, 1983, 77–104. – *P. Müller*: In der Mitte der Gemeinde. Kinder im Neuen Testament, Neukirchen-Vluyn 1992. – *B. Rawson* (ed.): Marriage, Divorce and Children in Ancient Rome, Oxford [2]1996.

## 2.2.2.2 Erwachsensein (*Marcus Sigismund*)

*Stellen im NT*

Mt 11,16; 18,3f; 1Kor 14,20

*Einführung*

Die Lebensstufe des Erwachsenseins wird in der gr.-röm. Antike hauptsächlich durch die Abgrenzung des Jugendalters (→2.2.2.1) und den Übergang

zum Greisenalter (→2.2.2.3) konstituiert und ist selbst nicht im Fokus der Reflexion. Bezeichnenderweise kennen die älteren röm. Texte keine Altersstufe zwischen *iuventus* und *senectus*, und bis in die Spätantike hinein wird das Erwachsenenalter, sofern ein solches zwischen *iuventus* und *senectus* gestellt wird, in röm. Texten durch umschreibende Phrasen (z.B. *vir perfectae aetatis*; Hier. epist. 140,9) bezeichnet.[1] Fast immer findet man das Jugendalter in das mittlere Lebensalter versetzt. Einzig das gr. *akmē* ist unserem Bild des Erwachsenseins vergleichbar, jedoch v.a. inhaltlich durch geistige und körperliche Vollreife und nicht mittels Lebensjahren definiert, wenngleich das 40. Lj. als Höhepunkt des Lebens angesehen wurde.[2]
Der heutigen Konzeption des Erwachsenseins steht die im röm. Recht vorausgesetzte Unterscheidung zwischen *minores* und *maiores XXV annis* am nächsten. Dabei scheiden sich die *maiores* nochmals in die *legitima aetas* (bis 60 Jahre), die mit dem Erwachsenenalter übereinstimmt, und die *senectus*. Ferner ist zu beachten, dass der Jugendliche mit dem Anlegen der *toga virilis* nicht mehr *iuventus* war und die sich etwa bis zum 25. Lj. erstreckende *adulescentia* begann, welche aus heutiger Perspektive zwar durchaus zum Erwachsenenalter gezählt werden könnte, in der Antike aber als Stufe der *iuventa* gerechnet wurde. Da die Amtsübernahme in ntl. Zeit erst mit dem 25. Lj. möglich war, andererseits i.d.R. mit dem 60. Lj., dem Ende der *aetas senioris*, die öffentliche Tätigkeit aufgegeben wurde, erscheint das Erwachsenensein unmittelbar mit der Ausübung der politischen Rechte verknüpft.[3]
Eine dezidierte Darstellung des Erwachsenenalters ist an dieser Stelle weder möglich noch nötig, da die wesentlichen Determinanten des Erwachsenseins in anderen Abschnitten dieses Studienbuches erläutert werden. So findet sich das Erwachsenenleben wesentlich bestimmt durch das Verhältnis von Individuum und Gesellschaft (→1.2.5), rechtlichem Status (→1.5.1.2) und der Rolle der jeweiligen Person in der Familie (ebd. und →2.2.1.2). Ebenfalls entscheidend ist für das Individuum seine Zugehörigkeit zu soziologischen Gruppen (→2.2.4) und Schichten (→2.2.5), seine Lebenswelt als solche (→2.2.6; 2.2.7) und seine täglichen Tätigkeiten. Zu beachten ist des Weiteren die weltanschauliche Lebenspraxis des Einzelnen (→3.3).

---

1 Vgl. die Quellensammlung bei *Eyben* 1973, 153–163. Ganz ähnlich kennt das Gr. eine Vielzahl an differenzierenden Ausdrücken für das Jugendalter, umschreibt indes mit Wörtern wie etwa *enēlix*, *mesēlix* oder vergleichbaren Derivaten das Erwachsenenalter lediglich als die Zeit, welche auf die Jugend folgt. Zudem kennt auch das Gr. eine Vielzahl an Umschreibungen. Vgl. hierzu ausführlich *Wattendorf* 1922, insbes. 128–130 und 138–140.

2 Daher sind weitere Termini in diesen Kontext zu fassen. So werden *akmazōn* und *akkaios* benutzt, um darzulegen, dass sich die Person in vollster Manneskraft befindet (vgl. *Wattendorf* 1922, 133f), *andreia* als Ausdruck männlicher Gesinnung und männlichen Charakters (ebd. 137f). Ebenfalls nicht mit Lebensjahren definiert ist der Begriff *anēr*, der den erwachsenen Mann im Gegensatz zum Jüngling beschreiben kann, aber eher als Äquivalent zur Frau (*gynē*) begegnet.

3 Es lässt sich allgemein beobachten, dass die Lebensaltereinteilungen sich u.a. an der Amtsfähigkeit orientieren. Beispielsweise legt Varro (bei Cens. 14,2) das Ende der *aetas senioris* auf das 60. Lj. In der Spätantike wird die Altersgrenze für Ämter auf 70 Jahre heraufgesetzt. Parallel dazu setzte Isidor die Grenze der *aetas senioris* auf das 70. Lebensjahr fest (orig. 11,2,2–8).

*Ntl. Aussagen*
Die Unbestimmtheit des Erwachsenseins spiegelt sich in den ntl. Schriften wider. Denn obgleich die Mehrzahl der erwähnten Personen im erwachsenen Alter ist, wird ihr Erwachsensein nicht thematisiert. Es handelt sich bei dieser Altersstufe um den Normalzustand, der keiner Erwähnung bedarf. Dass die agierenden Personen erwachsen sind, tritt nur in den Passagen heraus, die verschiedene Altersstufen gegenüberstellen. Dabei erscheinen die Erwachsenen v.a. als Widerpart zu den Kindern (vgl. Mt 11,16.18,3f u.ö.), wobei zum einen die Reife des Erwachsenen gegenüber den Kindern betont (1Kor 14,20), zum anderen aber auch ihr Unvermögen zum unvoreingenommenen Glauben herausgestellt wird.

*Literatur*
*E. Eyben*: Die Einteilung des menschlichen Lebens im römischen Altertum, RMP 116, 1973, 150–190. – *G. Wattendorf*: Die Bezeichnungen der Altersstufen bei den Griechen, Heidelberg 1922.

## 2.2.2.3 Alter (*Marcus Sigismund*)

*Stellen im NT*
Lk 1,7–36; 2,22–38; Joh 21,18–23; Apg 2,17; 6,22; 10,30; 14,23; 15; 16,4; Röm 4,19–21; 2Kor 5,8; Phil 1,23; 1Tim 3,1–7; 4,14; 5,1–5; 2Tim 1,6; Tit 2,2–5; Phlm 9; Hebr 11,11; 1Petr 5,1–5; Offb 4,4.10

*Einführung*
Im Gegensatz zu unseren heutigen Vorstellungen ist im Altertum das Alter als Lebensstufe nur sehr unscharf zu fassen, da der moderne Indikator des Ausscheidens aus dem Erwerbsleben für die antike Welt fehlt. Daher müssen größere Bevölkerungsteile der ntl. Zeit gemäß ihrer jeweiligen Lebensalter als alt angesehen worden sein, obwohl ihr tägliches Leben aufgrund ihrer rüstigen Konstitution keinerlei Differenz zu dem eines jüngeren Erwachsenen aufzeigte. Somit kann man nur von alten Menschen, nicht aber von einer soziologisch klar fassbaren Größe der Alten sprechen. Problematisch erscheint zudem die keineswegs eindeutige Terminologie des Alters. Differenziert das AT noch zwischen dem alten Menschen (*zaqen*, von *zaqan* „Bart"), der in die Jahre gekommen (Jos 13,1; 23,1f u.ö.) und „satt an Tagen" ist (Gen 35,29; Hi 42,17 u.ö.), und dem Altersschwachen (*yasche isch*; 2Chr 36,17; Hi 12,12 u.ö.), so lassen die beiden in LXX und NT verwendeten Wurzeln *ger-* (*gerōn* „Greis") und *presb-* (*presbytēs*, *presbyteros* „der Alte", „der Älteste") nur aufgrund ihres jeweiligen Kontextes erahnen, welche Form des Alters gemeint ist. Die exegetische Auseinandersetzung mit alten Menschen in biblischen oder paganen Texten hat daher unter dem methodischen Vorzeichen zu stehen, dass jeder Fall für sich gesondert zu betrachten ist. Jedoch darf man für die hell.-röm. Zeit das 60. Lj. als eine wichtige Schwelle zum Greisenalter annehmen, da man von diesem Alter an (obgleich mit Vollendung des 46. Jahres bereits

*senior*) vom Wehrdienst und den öffentlichen Leistungen befreit und somit *senex* im juristischen Sinne wurde.[1]
Sieht man von den regionalen und zeitlichen Schwankungen ab, so darf man grundsätzlich von einem Anteil von rund 5–6 % älterer Menschen an der Bevölkerung ausgehen. Auch sind vielfach Greise im Alter von über 100 Jahren bezeugt.[2]
Grundsätzlich korrespondieren die christl. Vorstellungen über das Alter mit denen des Judentums und der paganen Umwelt. Das Greisenalter ist von großer Erfahrung und Lebensweisheit erfüllt, was alte Männer zu führenden politischen Ämtern prädestiniert und mit einer Ehrenstellung alter Menschen einhergeht. Gleichzeitig beobachtet die antike Literatur aber auch das schlechte Alter, das vom biologischen Verfall an Körper und Geist geprägt ist und den Greis zum nutzlosen Teil der Gesellschaft werden lässt.[3]

*Zu den Textaussagen im NT*
Wenngleich auch die ntl. Texte das hohe Alter als prinzipiell erstrebenswertes Ziel erachten, so findet dieses Denken in der pln. Aussage ihre Einschränkung, dass das neue Leben in Christus so stark sei, dass die Sehnsucht, aus der Welt zu scheiden und bei Christus zu sein, die Sehnsucht nach einem langen Leben ablöst (2Kor 5,8; Phil 1,23). Wahrscheinlich erklärt sich aus dieser Hinwendung zu einem Leben nach dem Tode auch, dass negative Aussagen über das Alter, die seine Last und Kümmernis thematisieren, gänzlich fehlen (vgl. dagegen etwa Gen 42,38; 44,29; 2Sam 19,36; 1Kön 1,1–4; Koh 12,1–5).
Wichtig wird die Rolle der Alten in den frühen christl. Gemeinden. Alte haben Anspruch auf Ehrfurcht in den Gemeinden (1Tim 5,1f; 1Petr 5,5), sollen aber gleichfalls Vorbild sein. Die frühchristl. Ideale des Alters werden in Tit 2,2–4 gespiegelt: „Die alten Männer sollen nüchtern sein, ehrwürdig, besonnen, gesund in Glaube, Liebe und Geduld; desgleichen seien die alten Frauen in ihrem Benehmen heiligmäßig (*hieroprepeis*), nicht verleumderisch, nicht dem Trunk ergeben, Lehrerinnen des Guten (*kalodidaskalous*) ..." Hierin deutet sich die Existenz negativer Korrelate auch in christl. Zeit an,[4] jedoch wird dadurch auch betont, dass gerade alte Menschen Träger spezifisch christl. Tugenden, wie Glaube, Liebe und Geduld, sind[5] und die Jüngeren in ihren Pflichten anzuleiten vermögen (Tit 2,4f).
Als einzige konkrete Altersangabe begegnet uns im NT die Forderung, Witwen sollten (um einen Anspruch auf gemeindliche Versorgung zu erlangen) ein Alter von 60 Jahren aufweisen (jüngere Witwen sollten wieder heiraten; 1Tim 5,9.14). Insgesamt gilt es zu beachten, dass Ältester (*presbyteros*; Apg 2,17; 1Tim 5,1) einen Mann im fortgeschrittenen, aber nicht unbedingt hohem Alter bezeichnen kann. Deutlich wird nur, dass dieser Person mit Respekt begegnet werden soll. Aufgrund der Ehrenstellung alter Menschen steht zu mutmaßen, dass es sich oftmals um biologisch alte Menschen handelte, jedoch be-

---

1 Vgl. *Gnilka* 1983, 999.
2 Vgl. ausführlich mit Diskussion der method. Probleme *Parkin* 1992, 24–38.
3 Vgl. ausführlich *Gnilka* 1983; *Parkin* 1992; *Brandt* 2002; *Sigismund* 2003.
4 Vgl. *Gnilka* 1983, 1056.1069f u.ö.
5 Vgl. *Gnilka* 1983.

legt Timotheus, dass es durchaus auch junge Menschen gab, die Führungsämter in der jungen Kirche innehatten. Überdies erscheinen die Begriffe Ältester und Bischof (o.ä. wie etwa Lehrer; die an euch arbeiten; Vorsteher) schon bald synonym, so dass man kaum noch einen Zusammenhang mit der Altersstufe annehmen darf.[6] Wie schon im AT und in der paganen Umwelt war (wie Timotheus belegt) nicht das Lebensalter Qualifikationsmerkmal, sondern die oftmals mit dem Greisenalter verbundene Erfahrung, Weisheit und Kenntnis der Gesetze. Dies lässt sich besonders gut bei verwitweten Frauen beobachten, da Stand oder Alter alleine keinen Anspruch auf Ehrfurcht und Aufnahme in den Witwenstand der Kirche begründen, sondern das vorbildhafte Leben (1Tim 5,3f). Nicht zuletzt aufgrund der dem Alter zugeschriebenen positiven Eigenschaften blieben daher die Greise auch noch über die frühchristl. Zeit hinaus Garanten zuverlässiger Überlieferung.[7]

Die im Judentum existierende Gruppe der Ältesten setzte sich aus Laien und Priestern zusammen und bildete die Ausgangsbasis für den Sanhedrin, der sich seinerseits aus Ältesten und Hohenpriestern zusammensetzte (Mt 27,1; Mk 8,31; 14,53; 15,1; Lk 22,66; Apg 4,5.8.23; 22,5), wozu Schriftgelehrte und Oberste kamen. Eine Hauptaufgabe der Ältesten scheint in der Lehre und v.a. der rel. Rechtsprechung gelegen zu haben, da sie Bestrafungen aussprechen durften (Mt 23,34; Mk 13,9; Apg 22,19; 26,11), die bis zum Ausschluss aus der Synagoge führen konnten (Joh 9,22; 12,42; 16,2). Sie fungierten aber auch als für den Gottesdienst verantwortliche Synagogenvorsteher (Lk 13,14; Apg 13,15).
Anscheinend hat sich das frühe Christentum hieran angelehnt, als die Ältesten (als ein frühes Gemeindemodell) neben den Aposteln an der Führung der Gemeinden beteiligt wurden (Apg 6,22; 11,30; 15; 16,4; 29). Allerdings verwendet Paulus den Begriff *presbyteros* in diesem Kontext nicht, obwohl er laut Apg in seinen Gemeindegründungen solche durch Handauflegen bestellt haben soll (14,23; vgl. 1Tim 4,14; 5,22; 2Tim 1,6). Einmal mehr erscheint daher der Zusammenhang des Terminus *presbyteros* mit dem Lebensalter problematisch. Jedoch werden an diese Personen Ansprüche gestellt, die typisch für alte Menschen sind (vgl. 1Tim 3,1–7; Tit 1,5–9). Ihre Aufgabe liegt in der Belehrung der Gemeinde (1Tim 5,17; Tit 1,5.9), aber auch in der seelsorgerlichen Verantwortung, insbes. des Gebetes für die Kranken (Apg 20,17.28; 1Petr 5,1–4; Jak 5,14).
Auffallend ist die Herausstellung mehrerer greiser Einzelgestalten im messianischen Kontext von Lk 2,22–38. So preist der alte Simon Gott dafür, dass er den Messias sehen durfte und daher nun in Frieden sterben könne. Eine zweite messianische Huldigung bringt die hochbetagte Prophetin Hanna vor. Beide Personen werden mit den klassischen Attributen des guten Greises belegt: Sie sind gerecht, fromm und offenkundig mit großer Weisheit versehen. Ferner stehen sie Gott nahe.[8] Daher erscheinen die Alten prädestiniert, den Messias

---

6 Röm 12,8; 1Kor 12,28; 1Thess 5,12; Phil 1,1; Tit 1,5–9. Indiz für eine ursprüngliche Verbindung mit dem Alter könnte 1Petr 5,1–5 sein.
7 Vgl. *Gnilka* 1983, 1055.
8 Vgl. *Sigismund* 2003, 144f.219–222.

authentisch zu verkünden. Hiermit harmoniert die Vorstellung der Offb (4,4 u.ö.) von 24 Greisen, welche das erhöhte Lamm anbeten (4,10; 5,8–19).
Auch die Eltern des Täufers, Zacharias und Elisabeth, stehen bereits im Greisenalter, als Elisabeth das Kind empfängt. Hierdurch wird das Wunderbare der Geburt, aber auch die Wirkungsmacht und Liebe Gottes betont, da es (wie schon in atl. Zeit) als hohe Gnade und Zeugnis göttlichen Wirkens gilt, im Alter noch ein Kind zu bekommen (Lk 1,7.18.36; Röm 4,19–21; Hebr 11,11; vgl. Gen 21,6f; Ri 13,2–7).
Während das Greisenalter des Joseph nur aus den ntl. Apokryphen zu entnehmen ist (ProtevJak 9,2), so darf man aus der kanon. Bezeugung für die Apostel Petrus (vgl. die Vorhersage Joh 21,18f: „bist du aber alt geworden"), Paulus (Phlm 9) und Johannes (Joh 21,20–23) annehmen, dass sie alt wurden, wenngleich die Lebensjahre nicht genannt werden.[9]

*Literatur*

*H. Brandt*: Wird auch silbern mein Haar, München 2002. – *Chr. Gnilka*: Greisenalter, RAC 12, 1983, 995–1094. – *A. Gutsfeld/W. Schmitz* (Hgg.): Am schlimmen Rand des Lebens?, Köln/Wien 2003. – *T. G. Parkin*: Age and the Aged in Roman Society, Oxford 1992 (vgl. auch *ders.*: Old Age in the Roman World, Baltimore/Maryland 2003). – *J. Scharbert*: Alter, NBL 1, 1991, 82f. – *M. Sigismund*: Über das Alter, Frankfurt a.M. u.a. 2003.

## 2.2.2.4 Tod (*Ulrich Volp*)

*Stellen im NT*

Mt 8,21f; 9,23; 26,6f; 27,57–61; Mk 14,3; 15,42; 16,1–8; Lk 7,11–17.31f; 8,51; 9,60; 23,54–56; Joh 2,1–12; 3,29; 11,1–44; 12,3; 19,38–42

*Allgemeines*

Der Tod als die biologische Grenze des Lebens ist in der Antike Gegenstand religiöser, folkloristischer und sozialer Traditionen, die nicht selten in Konkurrenz zueinander stehen und deshalb bei der Quellenlektüre nicht vorschnell harmonisiert werden sollten. Beispiele dafür sind der Gegensatz zwischen der atl. Hochreligion (Lev 19,31; 20,6.27; Dtn 18,11) und nekromantischen Volkstraditionen (1Sam 28; Jes 8,19) oder die selten gelingende Verbindung von Bestattungsbräuchen und Jenseitsvorstellungen. Zu letzterem vgl. ausführlich →3.2.5.1 und 3.2.5.2, weshalb an dieser Stelle nur auf das „Sterben" als die letzte Lebensphase eingegangen wird.

*Sterblichkeit*

Die antiken Gesellschaften wiesen eine sehr hohe Natalität und Mortalität auf. Für das Imperium Romanum sind die Altersangaben von etwa 43000 Todesfällen bekannt, die jedoch nicht demographisch repräsentativ sind, was eine präzise Einschätzung der Sterblichkeit erschwert, die zudem starken Schwankungen unterworfen war (Epidemien, Kriegszeiten). Man kann heute dennoch von einer antiken Lebenserwartung für Neugeborene von ca. 20–25 Jahren

[9] Vgl. auch die jeweilige kirchl. Tradition; siehe hierzu *Gnilka* 1983, 1053f.

ausgehen. Über 50 % der Todesfälle betrafen demnach Kinder unter 10 Jahren. Männer hatten eine höhere Lebenserwartung als Frauen, die der Sklaven hing stark von ihrem Einsatz ab und lag wegen ihres Wertes für die Besitzer selten unter der von freien Armen. Im Sommer starben im Mittelmeerraum erheblich mehr Menschen als im Winter; für das röm. Ägypten wurde eine Verdoppelung der Mortalitätsrate im Sommer nachgewiesen. Infektion nach Verletzungen und Krankheiten hatten sehr häufig unmittelbar den Tod zur Folge. Belegt sind v.a. Malaria und Typhus sowie Tuberkulose und Lungenentzündung, Cholera, Skorbut, Diarrhöe und Ruhr. Für die Jahre 165 und 189 sind Pockenepidemien mit angeblich Tausenden von Toten pro Tag bezeugt (Cass. Dio 73,14,3f). Euseb berichtet von einer Pestseuche in Ägypten, bei der sich die Christen um die Bestattung der Opfer verdient machten, sich aber daraufhin selbst ohne Ausnahme infizierten und starben (h.e. 7,22,9). Neben den genannten Krankheiten, die häufig mangelnde Hygiene und unzureichende Ernährung zur Ursache hatten, trug zur Kindersterblichkeit auch das weitgehende Fehlen eines Muttermilchersatzes und die verbreitete Kindesaussetzung bei; allerdings ist die Größenordnung dafür umstritten.

*Sterben*

Das hebr. und jüd. Schrifttum nimmt über weite Strecken eine auffallend negative Sicht des Todes ein. JHWH ist der Gott des Lebens, weswegen seine Macht in vielen Texten an der Schwelle des Todes endet (Jes 38,18–20; Ps 6,5f; 30,10f; 88,10–14; der Tod als Feind JHWHs in Jes 24–27). Selbstmord wird mit Erschrecken zur Kenntnis genommen (1Sam 31,5; 2Sam 17,23; Mt 27,5) und in der späteren Literatur ausdrücklich verurteilt (bAZ 18a; bBQ 91b unter Bezug auf Gen 9,5), während er in der paganen Umwelt weit positiver beurteilt werden kann, z.B. in der Stoa (→3.1.1).

Gewünscht wird stattdessen der Tod am Ende eines erfüllten Lebens. Man wollte „alt und lebenssatt" sterben, nachdem man sich in aller Form von Familie und Gefährten verabschiedet hatte (Gen 25,8; Dtn 34; Jos 24; Hi 42,17). Auch die pagane Literatur kennt ähnliche Todesbeschreibungen (Tod des Sokrates bei Plat. Phaid. 63–67; Tod des Stoikers Paetus Thraesa bei Tac. ann. 16,34). Joh 13–17 muss ebenso vor diesem Hintergrund gelesen werden wie die zahlreichen idealisierten Todesberichte der frühen christl. Hagiographie.[1] Tatsächlich gehört zum christl. Sterben schon bald eine rituelle Begleitung durch Beten, Buße unter Verwendung der altkirchlichen Bußpsalmen und durch den Empfang der Eucharistie auf dem Sterbebett (Eus. h.e. 6,44,4f; Paul. Med. vita Ambr. 47; Vita Mel. 68). Die bereits im 2. Jh. belegte Praxis des Taufaufschubs aus Angst vor dem geforderten sündenfreien Leben nach der Taufe führte zur verbreiteten „Klinikertaufe" auf dem Sterbebett, was allerdings von den christl. Autoritäten bekämpft wurde, weil man „Verlegenheitschristen" vermeiden wollte, die sich womöglich nur angesichts des drohenden Todes taufen ließen (Tert. paenit. 6,3–24; Eus. v.C. 4,66; Gr. Naz. or. 40,11).

---

[1] Tod der Hl. Makrina bei Gr. Nyss. v. Macr. 985; Tod Augustins bei Possid. vita Aug. 31.

*Literatur*

*R. S. Bagnall/B. W. Frier*: The Demography of Roman Egypt, Cambridge 1994. – *P. Garnsey*: Food and Society in Classical Antiquity, Cambridge 1999. – *A. van Gennep*: Übergangsriten, Frankfurt/New York 1999. – *K. Hopkins*: Graveyards for Historians, in: *F. Hinard* (ed.): La mort, les morts et l'au-delà dans le monde romain. Actes du Colloque de Caen 20–22 Novembre 1985, Caen 1987, 113–126. – *O. Kaiser/E. Lohse*: Tod und Leben, Stuttgart u.a. 1977. – *G. Kittel*: Befreit aus dem Rachen des Todes. Tod und Todesüberwindung im Alten und Neuen Testament, Göttingen 1999. – *T. G. Parkin*: Demography in Roman Society, Baltimore 1992. – *U. Volp*: Tod und Ritual in den christlichen Gemeinden der Antike, Leiden u.a. 2002. – *H. W. Wolff*: Anthropologie des Alten Testaments, München [5]1984.

## 2.2.3 Bedrohungen des Lebens

### 2.2.3.1 Krankheit und Gesundheit/Lebenserwartung (*Reinhard von Bendemann/Josef N. Neumann*)

*Stellen im NT*

(Auswahl; s. auch die im Text genannten Belege; →2.4.4; 3.2.6):
A) Krankheit: 1. „*Schwäche*" (*asthen*-Derivate; oft in summarischen Aussagen: z.B. Mt 8,16f; Mk 6,56; Lk 10,9; Joh 11,1; Apg 28,9; u.v.a.m. [v.a. Lukas]; *malakia*; im NT nur Mt 4,23; 9,35; 10,1). 2. „*Krankheit*" (*nos*-Derivate; für lebensminimierenden, defizienten Leidenszustand: z.B. Mt 4,23f/Mk 1,34; 8,17; 10,1 u.v.a.m.). 3. *Krankheit im Sinne gottgesandten quälenden Leidens* (*mastix*; im NT nur Mk 3,10; 5,29.34; Lk 7,21). 4. „*Schlechtes Befinden*"/„*verderblicher Zustand*" (*kak*-Derivate; vgl. Mt 8,16; 9,12; 14,35; Mk 1,32.34; 2,17; 6,55; Lk 5,31; 7,2 u.a.m.). 5. „*Leiden*" (*paschein* vorrangig für das qualifizierte [tödliche] Leiden Jesu; vgl. Mk 8,31 par; 9,12 par; Lk 22,15; 24,26.46; Apg 1,3; 3,18; 17,3 u.a.; vgl. *pathēma* in 2Kor 1,5–7 u.a.).
B) Heilung, Heil, Gesundheit: 1. „*Heilen*" (*iaomai*, *iasis* u. Derivate; Mt 8,8.13; 13,15; 15,28; Mk 5,29; 15 x im lk Doppelwerk; *therapeuein* dagegen meist für die Tätigkeit von Menschen, häufig mit konkreten Praktiken wie Berührung, Handauflegung u.a. verbunden; z.B. Mk 6,5.13; Lk 4,23 [Sprichwort]; 10,9 par). 2. „*Gesund* (*sein*/*werden*)" (*hygiēs*, *hygiainein* etc.; vom Gesundsein im Sinne der Balance der Körperkräfte; z.B. Lk 7,10; 15,27; Apg 4,10; 3Joh 2; Adjektiv: Mt 12,13; 15,31; Mk 5,34; Joh 5,(4).6.9.11.14f; 7,23; antik häufig metaphorisch gebraucht; vgl. die „gesunde Lehre" in Past: 1Tim 1,10; 2Tim 4,3; Tit 1,9; 2,1 u.a.). 3. „*Reinigung*" (*kathar*-Derivate; Mt 8,2f; 10,8; 11,5 u.a.); 4. *Weitere*: *Komposita und Derivate von sōz*- („retten"); *eirēnē* („Frieden"); *zōē* („Leben"); *ischyein* („stark sein"); *dynamis* („Kraft", „Vermögen").

Krankheit und Gesundheit sind (wie generell in der Antike) in den Heilungsgeschichten (HG) aufeinander bezogene Begriffe, von daher auf Prämissen der Wirklichkeitsdeutung und kulturelle Muster hin zu befragen. Das gilt auch für die Unterscheidungen von *morbus* und *vitium* bzw. akuten und chronischen Erkrankungen, die den ganzen Menschen oder einzelne Organe befallen können (Cels. 3,1). Der Versuch, im Sinne von „sickness" als von sich aus auftretendem Phänomen und „disease" bzw. „illness" als Deutungskonzepten zu unterscheiden, ist damit zum Scheitern verurteilt.[1] In der frühchristl. Wahrneh-

[1] So *Pilch* 2000, 25.59f.153–159 u. passim.

mung von Krankheit hat die theologische bzw. soteriologische/christologische Frage nach Heilung und Heil Präferenz. Generell ist vorausgesetzt, dass allein von dem Gott Israels Heilung zu erwarten ist (Ex 15,26). Die HG bilden narrative Entsprechungen zu den atl. Verheißungen einer neuen Zeit, in der das Heilsein des Menschen erwartet wird (Jes 29,18f; 32,1–8; 35,5f; 61,1f; Mt 11,2–6; Lk 4,18f; 7,18–23), und beginnen so mit der Begegnung des Kranken mit dem zum Heilen Befähigten (einzige Ausnahme: Apg 9,36f). An der Frage nach „bedingter Gesundheit" und Leben mit Krankheit besteht aus heilsgeschichtlicher Sicht kein primäres Interesse.

In der Regel sind Krankheiten in den HG nur durch einen herausragenden Aspekt („Leitsymptom", vgl. Mk 1,30; 2,3; 5,25; 7,33; 8,23; Lk 13,11 u.a.) akzentuiert. Kulturanthropologisch sind differente Konzepte des menschlichen Körpers (1Kor 12) in seiner individuellen Geschichte von der Geburt bis zum Tod sowie in seiner Interdependenz zur mitmenschlich-gesellschaftlichen Umwelt auszumachen. Ein Interesse an der Ätiologie der Leiden bzw. an einer systematischen Krankheitslehre ist den Texten nicht abzugewinnen. Neuzeitliche (besonders psychogene) Dechiffrierungen einzelner Krankheitsbilder bleiben deshalb hochgradig hypothetisch (so schon für das AT, z.B. Dtn 28,27; 1Sam 5f).[2] Heuristisch ist in Mk folgender Überblick über Krankheitsbilder zu gewinnen:

Dass am Beginn der HG im zweiten Ev ein Exorzismus steht, ist mehr als literarischer Zufall (Mk 1,23–28 par), zumal Dämonenbannungen der Wirksamkeit Jesu ihre Signatur verleihen.[3] Eine „Pandämonisierung" der Krankheiten in den frühchristl. Texten ist jedoch nicht gerechtfertigt. Mt 12,22 bietet z.B. die Ausnahme einer dämonologischen Interpretation der Blindheit (vgl. Lk 11,14; dagegen Mk 8,22–26; 10,46–52 par u.a.). Exorzismen spielen eine geringe Rolle in der Apg und fehlen im JohEv.

Ähnlich grundsätzliche Bedeutung wie dem Besessensein in Mk 1,21–28 kommt dem Fieber in Mk 1,29–31 par zu, das nicht von der neuzeitlichen Unterscheidung Krankheit/Symptom aus zu verstehen ist. In medizinischen Texten kann es verschiedene Krankheiten begleiten (vgl. Apg 28,8: *dysenterion* [Durchfall]). Besondere Beachtung fand in der Antike die Lehre von den verschiedenen Wechselfiebern (Cels. 3,3). Die Heilungen Fieberkranker lassen im NT teils eine dämonische Interpretation der Krankheit erkennen (vgl. Lk 4,38f), teils weisen sie auf tödliche Bedrohung hin (vgl. Joh 4,47.52).

Der gr. Begriff *lepra* in Mk 1,40–45 par (vgl. Lk 17,11–19) ist vom Aussatz im AT (Lev 13f; vgl. auch Num 12, der „Aussatz" der Miriam; 2Kön 5,13f) insofern zu unterscheiden, als letzterer sehr verschiedene Hautphänomene bezeichnet, die dem Urteil der Priester im Blick auf kultische Reinheit unterliegen und deren Übertragbarkeit von Mensch zu Mensch fraglich ist. Ob der „Aussatz" im NT mit der Hansen'schen Krankheit („Lepra") in Verbindung zu

---

[2] Der Abstand zu neuzeitlichen Kategorien wird schon deutlich, wenn man sich vergegenwärtigt, dass das Sterbealter in hell.-röm. Zeit etwa zwischen 20 und 30 Jahren lag; dazu *Wiesehöfer* 1999, 1213f. Zur saisonalen Sterblichkeit in der späten röm. Kaiserzeit: *W. Scheidel*: Measuring Sex, Age and Death in the Roman Empire. Explorations in Ancient Demography, Ann Arbor 1996, 139–163.

[3] Vgl. u.a. Mk 1,34 par; 3,10–12.22–27 par; 5,1–20 par; 7,24–30 par Mt 15,21–28; vgl. Mk 9,18.29 par; Lk 11,20 par; vgl. 13,16; →2.2.3.3.

bringen ist, die, ausgehend von Indien, im 4. vorchristl. Jh. Palästina erreicht hat (Kriegszüge Alexanders d. Gr.), muss angesichts des Fehlens einschlägiger Symptome in den Texten sehr unsicher bleiben.
Der *paralytikos* in Mk 2,1–12 par ist nicht ein „Gichtbrüchiger" (wie anachronistisch im Licht späterer Fürstenkrankheit gedeutet),[4] sondern ein Gelähmter (vgl. Mt 4,24; 8,6/diff. Lk 7,2). Der Text setzt den Tun-Ergehen-Zusammen-hang von Krankheit und Sünde voraus, den Jesus unterbricht. Dem verschiedentlich in den Erzählungen von der Heilung Gelähmter begegnenden Auftrag, sich zu bewegen, sind entsprechende therapeutische Anweisungen in den Epidaurosinschriften zu vergleichen.[5] Lukas favorisiert das in antiken Schriften üblichere Partizip Perfekt Passiv des Verbs (*paralelymenos*; vgl. Lk 5,18.24; Apg 8,7; 9,33: Aeneas). Ist an den genannten Stellen der ganze Leib in seiner Bewegung blockiert (vgl. auch Lk 13,10–17), so schildert Mk 3,1–6 die Auszehrungserkrankung einer Hand,[6] deren Heilung zur „Herzensverengung" der Pharisäer (Mk 3,5) in symbolischem Kontrast steht. In den Heilungen Lahmer (*chōlos*: Apg 3,2; 8,7; 14,8; vgl. Hebr 12,13) erfüllt sich die messianische Verheißung von Jes 35,6 (Mt 11,5; 15,30f ; Lk 7,22).
Die Heilung der blutflüssigen Frau (Mk 5,25–34 par), die ihr Vermögen vergebens für ärztliche Hilfe ausgegeben hat, erfolgt durch Kraftübertragung bei Berührung (Mk 5,28–32; vgl. 6,56).[7] Blutabsonderungen werden allgemein als unheimlich und bedrohlich wahrgenommen, sind in Mk 5,29 jedoch nicht in Verbindung mit Menstruationsbeschwerden zu bringen (vgl. Lev 15,19–30), denn die Reinheitsproblematik ist nicht angesprochen und die Frau befindet sich vor ihrer Heilung innerhalb einer „großen Menge" (Mk 5,24.27). Es muss sich vielmehr um einen chronischen Blutverlust handeln, der als „Geißel" (5,34) gedeutet wird.
Die HG vom Tauben, der nur mit Mühe zu reden vermag (Mk 7,31–37; vgl. Mt 15,30f), gewinnt ihr Profil durch die ausführliche Schilderung einer therapeutischen Bemühung, die nicht auf das heilswirkende Wort (Mk 7,34) begrenzt ist, sondern Bezug nimmt auf die weit verbreitete Vorstellung von der heilenden Wirkung des Speichels[8] und eine manuelle Therapie einschließt (7,33–35). Erzählerisch macht sich Mk zunutze, dass Krankheiten der Sinnesorgane, wie in der Antike üblich, metaphorische Deutungen unterlegt werden. Die „Öffnung des Gehörs" und die „Lösung der Fessel seiner Zunge" gestaltet Mk zur Symbolik für die Ausweitung der christl. Verkündigung unter den Heiden (vgl. Mk 7,31).
In Mk 8,22–26 (mk Sondergut) heilt Jesus einen Blinden mit Speichel. Bemerkenswert ist dabei der zweiphasige Heilungsverlauf, in dem erst die zweite

4 Mit vielen anderen *R. Hengel/M. Hengel*: Die Heilungen Jesu und medizinisches Denken, in: *Suhl* 1980, 338–373, hier 365.
5 Vgl. Mk 2,11; 3,5; Lk 13,12; Apg 14,10 mit IG IV$^2$.1 121 Z. 22–33 (= Herzog W 3); Z. 107–110 (= Herzog W 15); 122 Z. 87–95 (= Herzog W 35).
6 Zum *xērainein* vgl. Lukian. Tox. 24; Gal. marc. 7,666,1 Kühn; IG IV$^2$.1 123 Z. 101–108 (= Herzog W 60; vgl. Herzog 1931, 138 ad loc.); auch 1Kön 13,4; TestXII.Sim 2,12 („halb verdorrt"). Vgl. den „an den Füßen kraftlosen" Kranken in Apg 14,8.
7 Dazu *F. Preisigke*: Die Gotteskraft der frühchristlichen Zeit, in: *Suhl* 1980, 210–247.
8 Dazu *R. Muth*: Träger der Lebenskraft. Ausscheidungen des Organismus im Volksglauben der Antike, Wien 1954.

Stufe zum „gänzlich scharfen" Sehen führt (Parallele in der Epidaurosinschrift IG $IV^2$.1 121 Z. 120–122 [= Herzog W 18]). Die metaphorische Bedeutung der HG wird deutlich im Kontext mit dem Unverständnis der Jünger (8,17–21). Vorrangig christologischen Zielsetzungen dient die zweite Blindenheilung in Mk 10,46–52, in der Bartimäus (noch blind) bereits wie ein „Sehender" handelt, in Jesus unmittelbar vor dessen Leiden den Davidsohn erkennt und in die Nachfolge eintritt (10,52).

Von allen Krankheiten wird in den ntl. HG die Symptomatik der Epilepsie (Mk 9,14–27 par; vgl. Mt 17,15: Mondsucht) am ausführlichsten beschrieben,[9] wie der Vergleich mit anderen antiken medizinischen Texten[10] zeigt. Anders als in der frühhippokratischen Schrift *De morbo sacro* wird die Krankheit im NT dämonologisch interpretiert. Mk stellt die Heilung der „heiligen Krankheit" (vgl. Heraklit Frg. 46 Diels/Kranz; Hdt. 3,33; Aretaios 3,4.2 Hude u.v.a.m.) der vorausgegangenen Verklärungserzählung (Mk 9,2–10) gegenüber und schafft einen planvollen Kontrast. Mk 9,28f wertet den Vorgang für die Jünger und mit ihnen für die Mk-Leser aus: Epilepsie ist demnach nicht medizinisch, sondern vielmehr nur durch Gebet zu behandeln (was in der christl. Rezeptionsgeschichte folgenreich war; vgl. Or. comm. in Mt. 13,6).[11]

Die religionsgeschichtliche Einstufung der Therapien Jesu und damit der narrativen Entfaltung dessen, was in der Alten Kirche in das Motiv Jesu als eines Arztes (*Christus medicus*) gefasst werden kann, ist in der Forschung umstritten. Als sicher kann gelten, dass in späterer Zeit mit Notwendigkeit eine Abgrenzung Jesu als des Retters (*sōtēr*) vom gr. Heilgott Asklepios erfolgen musste. Die Frage, ob eine solche Grenzziehung und kritische Auseinandersetzung implizit bereits im NT zu greifen ist, ist grundsätzlich (auch für das 4. Ev)[12] wahrscheinlich zu verneinen.

Eine programmatische Kritik am Tun-Ergehen-Zusammenhang von Sünde und Krankheit kennt das NT nicht. Es finden sich vielmehr zahlreiche Aussagen, die zeigen, dass die atl. und frühjüd. Sicht zunächst weitergeführt worden ist.[13] Neben den – freilich umstrittenen – Texten Joh 9,1–7(8–41), wo Jesus

---

9 Zur nicht sicher bestimmbaren Krankheit des Paulus (Gal 4,13–15; 2Kor 12,7–10) siehe *v. d. Goltz* 1998, 1–30; *U. Heckel*: Der Dorn im Fleisch. Die Krankheit des Paulus in 2Kor 12,7 und Gal 4,13f, ZNW 84, 1993, 65–92.

10 Siehe *Corpus Hippocraticum*, morb. sacr. 7; epid. 7,46; Cels. 3,23; weitere Quellentexte in *H. Heintel*: Quellen zur Geschichte der Epilepsie, Bern/Stuttgart 1975 (→2.2.3.3).

11 Zu den lk Veränderungen: *Weissenrieder* 2003, 267–282. Unter den allein von Lk gebotenen Krankheitsphänomenen sind (vgl. auch die allein von Lk bezeugten Strafwunder: Lk 1,20.22.64; vgl. Apg 9,8f; 13,11; vgl. 28,26f/Jes 6,9f) v.a. die „Verkrümmung" in Lk 13,10–17 (Beispiel einer Frau) sowie die „Wassersucht" in 14,1–6 (Beispiel eines Mannes) zu nennen (vgl. Apg 28,8). Zu idiomatisch-sachlichen Präzisierungen des *auctor ad Theophilum* an seinen Vorlagen, die vor dem Hintergrund antiker medizinischer Texte plausibel werden, s. *Weissenrieder* 2003. Der Verfasser des lk Doppelwerkes wird damit freilich nicht zum „aufgeklärten" Mediziner. Die Heilungen seines Jesus und dessen Zeugen sind insbes. auf das Programm der Antrittsrede in Lk 4,18f/Jes 61,1f; 58,6 zurückzubeziehen und sind somit integraler Bestandteil der befreienden Auseinandersetzung Gottes mit widergöttlichen Kräften und Erscheinungen (programmatisch dazu Lk 4,1–13).

12 So *Rengstorf* 1953.

13 Lev 26,14–16; Dtn 28,15.21f; 2Chr 21,15.18f; Jes 38,17; Ps 31,11; 90,8f; 107,17–20; Joh 5,14; Röm 6,23; 1Kor 11,29f; Jak 5,15f u.a.

den kausalen Zusammenhang von angeborener Blindheit und Sünde der Vorfahren unterbricht (mit der Konsequenz, dass die Blindheitsaussage metaphorisch auf die jüd. Opponenten übertragen wird), und Lk 13,1–5, wo der Aspekt des Schuldaufweises leitend ist, findet sich der stärkste Rückhalt für eine Überwindung des Tun-Ergehen-Zusammenhangs in Ansätzen apokalyptischer Weltsicht[14] bzw. in der dämonologischen Krankheitsinterpretation unter den traditionsgeschichtlichen Voraussetzungen des Frühjudentums (u.a. Jub; TestSal): Veränderungen im Welt- und Geschichtsverständnis erlauben im grundsätzlichen Festhalten an der monotheistischen Basisthese eine weitreichende Distanzierung Gottes von bösen und leidvollen Phänomenen.

*Literatur*

*H. Avalos*: Health Care and the Rise of Christianity, Peabody 1999. – *D. v. d. Goltz*: Krankheit und Heilung in der neutestamentlichen Forschung des 20. Jahrhunderts, Diss. Erlangen 1998. – *R. Herzog*: Die Wunderheilungen von Epidauros. Ein Beitrag zur Geschichte der Medizin und der Religion, Leipzig 1931. – *A. Krug*: Heilkunst und Heilkult. Medizin in der Antike, München 1984. – *J. J. Pilch*: Healing in the New Testament. Insights from Medical and Mediterranean Anthropology, Minneapolis 2000. – *A. Suhl* (Hg.): Der Wunderbegriff im Neuen Testament, Darmstadt 1980. – *K. H. Rengstorf*: Die Anfänge der Auseinandersetzung zwischen Christusglaube und Asklepiosfrömmigkeit, Münster 1953. – *A. Weissenrieder*: Images of Illness in the Gospel of Luke, Tübingen 2003. – *L. Wells*: The Greek Lan-guage of Healing from Homer to New Testament Times, Berlin/New York 1998. – *J. Wiesehöfer*: Lebenserwartung, DNP 6, 1999, 1213–1215. – *M. Wohlers*: „Aussätzige reinigt!" (Mt 10,8). Aussatz in antiker Medizin, Judentum und frühem Christentum, in: *S. Maser/E. Schlarb* (Hgg.): Text und Geschichte. Facetten theologischen Arbeitens aus dem Freundes- und Schülerkreis (FS D. Lührmann), Marburg 1999, 294–305.

### 2.2.3.2 Behinderung (*Josef N. Neumann*)

*Stellen im NT*

*Grundsätzlich*: Mt 11,3–6/Lk 7,20b–23 (vgl. Jes 29,18f; 35,5f); Mk 11,20–26; Lk 17,20f. *Lähmung/Verkrümmung*: Mt 9,1–8/Mk 2,1–12/Lk 5,17–26; Mk 3,1–6/Mt 12,9–14/Lk 6,6–11 (vgl. 3Kön 13,4 LXX); Mt 8,5–12/Lk 7,1–10; Lk 13,10–17; Joh 5,2–9a; Apg 3,1–11; 8,7; 9,32–35; 14,8–13. *Taubheit/Stummheit*: Mk 7,31–37; 9,17.25; Mt 9,32–34/12,22–24/Lk 11,14 (vgl. Lk 1,20). *Blindheit*: Mk 8,22–27a; Mk 10,46–52/Mt 20,29–34/Lk 18,35–43; Mt 9,27–31 (vgl. Apg 9,8f.17–19); Mt 12,22/Lk 11,14; Joh 9,1–3. *Behinderung/Sünde*: Joh 9,1–3 (vgl. Lk 13,1–5). *Heilung*: Mk 9,25; Mt 9,32–34/12,22–24/Lk 11,14f (Exorzismus). Mk 7,33; 8,23.25; Mt 9,29 (Berührung). Mt 8,8/Lk 7,7 (Wort)

„Behinderung" bezeichnet allgemein den eingeschränkten Gebrauch von Körperteilen und (Sinnes)Organen, deren Gestalt durch Krankheit, Unfall oder ohne primär erkennbare Ursache seit Geburt verändert ist. Der Begriff betont den Aspekt der Funktion, deren morphologische Entsprechung (gemessen am meist unreflektierten Bild vom „normalen" Körper) die „Missbildung" ist. Während abweichende Körperbildungen im NT nicht beschrieben werden, ist von eingeschränkter Bewegungsfähigkeit und Sinneswahrnehmung häufig die

[14] Vgl. Jes 25,8; Hen(aeth) 5,8f; 25,6f; 91,15–17; 96,3; ApcBar(syr) 73,1–3.7; 4Esr 7,21–34; 8,52–54; Sib 3,367–380; PsPhilo lib. ant. 3,10; 1Kor 15,55; Offb 21,4.

Rede (s. Textstellen). Es interessiert offensichtlich der funktionale Aspekt, wobei einschränkend zu sagen ist, dass die Behinderungen selbst ohne Einzelheiten, nur allgemein (gelähmt, verkrümmt, blind, taub, stumm) angedeutet werden und nach einer spezifischen Ursache nie gefragt wird. Gelegentlich erfahren wir, dass der ungewöhnliche Zustand eines Menschen von Geburt (Joh 9,1; Apg 14,8) oder von Kindheit (Mk 9,21) an bestanden hat; zur Frage, wann z.B. die Lähmung bei einem Menschen aufgetreten ist, wird nur gelegentlich eine Zeitangabe (Lk 13,11; Apg 9,32) gemacht.

Die einzige Ursache, die aber nicht spezifisch ist, sondern für Krankheiten und Behinderungen gleichermaßen genannt wird, ist Besessenheit durch Dämonen. So ist die verkrümmte Frau (Lk 13,11), die sich nicht mehr aufrichten kann, seit 18 Jahren vom „Dämon einer Schwäche" geplagt, der epileptische Junge (Mk 9,17.25) ist erfasst von einem Dämon, der stumm macht. In Mt 9,32 und Lk 11,14 verursachen Dämonen Stummheit, in Mt 12,22 Stummheit und Blindheit. Das Krankheitskonzept der Besessenheit (→2.2.3.3) wird zur Erklärung ganz unterschiedlicher Behinderungen herangezogen. Demnach dringen Dämonen in den Menschen ein, machen ihn kraftlos (Lk 4,40; Apg 5,16; 19,12), binden und lähmen ihn (Apg 8,7) und schränken seine Bewegungsfähigkeit und Sinneswahrnehmung ein. Dabei lassen auch Textstellen, in denen nicht explizit von übelwollenden Geistern die Rede ist, das dämonistische Deutungsschema erkennen, wenn z.B. von einem Tauben, der kaum reden konnte, gesagt wird, dass durch Jesu Berührung sich „die Fessel seiner Zunge löste" (Mk 7,35; vgl. Apg 8,23).

Für die Stellung Behinderter in den frühchristl. Gemeinden ist bemerkenswert, dass trotz der durchgängigen Deutung von Behinderung als Wirkung dämonischer Einflüsse die Vorstellung, Krankheit und Behinderung seien die Folge von Sünde, in Frage gestellt wird. Indem Jesus in Joh 9,1–3 auf die Frage der Jünger, „Meister, wer hat gesündigt, dieser oder seine Eltern, dass er blind geboren ist?", antwortet, „Es hat weder dieser gesündigt noch seine Eltern [...]", wird deutlich, dass die in Palästina allgemein verbreitete Vorstellung von Krankheit als Folge von Sünde auch in den Gemeinden der Christen lebendig, das Vergeltungsdenken in deren Krankheitsverständnis aber zur Streitfrage geworden ist (vgl. Lk 13,1–5). Dem widerspricht nicht, wenn Jesus in Mk 2,5 zu dem Gelähmten, bevor er ihn heilt, sagt: „Mein Sohn, deine Sünden sind dir vergeben"; denn die meisten Kommentatoren sind sich darin einig, dass hier zwei Erzähltraditionen zusammenkommen, die Heilung des Gelähmten und der Streit Jesu mit den Schriftgelehrten über seine Vollmacht, Sünden zu vergeben, um die es hier primär geht und nicht um die Verbindung von Sünde und Krankheit.[1] Aus der Tatsache, dass Markus die beiden Überlieferungen in einer Erzählung vereinigt, kann aber geschlossen werden, dass die Vorstellung, Gebrechen seien Folge der Sünde, im medikalen Deutungskonzept der frühen Christen stets gegenwärtig war (Joh 5,14b; Apg 12,23). Entsprechend zeigt die Frage der Jünger nach der Heilung des an Krampfanfällen leidenden Jungen, warum sie den Dämon nicht austreiben konnten (Mk 9,28–29), dass man vertraut war mit der Vorstellung von dämonischen Einflüssen und Besessenheit letztlich als Lebensbedrohung verstanden wurde. Auch in der Ge-

1 Vgl. *Helm* 2000, 254.

schichte des Mannes mit der verdorrten Hand geht es um die Alternative Leben oder Tod, anders könnte Jesus die Frage nicht den Schriftgelehrten stellen und Heilen mit dem Retten eines Menschenlebens und Nichtheilen mit Töten gleichsetzen (Mk 3,3). Behinderung, Unfähigkeit, die Hand zu gebrauchen, ist lebensbedrohlich, wie eine akute Krankheit (Ps 88).
Jesu Handeln ist von daher darauf gerichtet, den Menschen von Todesangst zu befreien. Indem er durch Exorzismus[2] oder durch Berührung und Handauflegung[3] heilt, sollen „die Werke Gottes […] offenbar werden" (Joh 9,3.4). Jesus wird auf diese Weise in den christl. Gemeinden dargestellt und verehrt als der, in dem prophetische Verheißung (Jes 29,18f; 35,5f) sich erfüllt und in dessen Zuwendung zum Menschen (Mt 8,8/Lk 7,7) der Weg in eine Zeit des Heils sichtbar wird,[4] die realisiert werden kann, sofern man daran glaubt (Mk 11,20–26).
Sozialhistorisch kann gezeigt werden, dass im NT Behinderung einhergeht mit Armut und einer Veränderung der sozialen Beziehungen. So ist der blinde Bartimäus[5] gezwungen, durch Betteln sich am Leben zu erhalten. Auch der blindgeborene Mann in Joh 9,8 kann sich nur als Bettler ernähren, und in Apg 3,2 bittet der von Geburt an gelähmte Mann am Eingang zum Tempel um Almosen. Behinderung führte, wie chronische Krankheit (Mk 5,26), häufig in Armut und zwang, um zu überleben, zum Betteln. Lk deutet die Möglichkeit des sozialen Abstiegs als Folge von Behinderung an, indem er im Vergleich zur Version des Mk ergänzt, dass bei dem Mann mit der abgestorbenen Hand die rechte betroffen war (Lk 6,6), und in dem um 150 verfassten NazaräerEv wird die Möglichkeit der Arbeitsunfähigkeit deutlich ausgesprochen, wenn der Mann sagt: „Ich war Maurer und habe mit meiner Hände Arbeit für meinen Lebensunterhalt gesorgt. Ich bitte dich, Jesus, stelle meine Gesundheit wieder her, damit ich mir nicht ehrlos mein Essen erbetteln muss" (Frg. 2).[6]
Der gelähmte Mann, der am Teich von Bethesda in einer „Menge von Kranken, Blinden, Lahmen, an Abzehrung Leidenden" auf das Aufwallen des Wassers wartet (Joh 5,2), bettelt nicht, sagt aber von sich, dass er allein ist und ihm niemand hilft, rechtzeitig in den Teich zu gelangen (Joh 5,7). Andere Textstellen hingegen lassen fraglich erscheinen, wie weit Behinderte sozial isoliert waren. Der Gelähmte in Mk 2,3 wird von vier Männern zu Jesus getragen. Der bereits erwähnte, von Geburt an gelähmte Mann (Apg 3,2) wird täglich an die Tür des Tempels gesetzt. Und wenn in Lydda der seit acht Jahren gelähmte Aeneas das Bett nicht verlassen konnte (Apg 9,33), muss er gepflegt worden sein.

*Literatur*
(→2.2.3.1; 2.2.3.3)

---

2 Mt 9,32–34/12,22–24/Lk 11,14f; Mk 9,25.
3 Mt 9,29; Mk 7,33; 8,23.25.
4 Mt 11,3–6/Lk 7,20b–23; Lk 17,20.
5 Mt 20,30/Mk 10,46/Lk 18,35.
6 *K. Berger/Chr. Nord*: Das Neue Testament und frühchristliche Schriften, Frankfurt a.M./Leipzig 1999, 981 (aus Hier. in Matth. 12,13).

## 2.2.3.3 Besessenheit (*Josef N. Neumann*)

*Stellen im NT*

*Besessenheit*: Mk 1,21–28/Lk 4,31–37; Mk 1,32–39/Mt 8,16f/Lk 4,40f; Mk 3,10–12/Lk 6,17–19; Mk 5,1–21/Mt 8,28–34/Lk 8,26–39; Mk 6,7/Mt 10,1; Mk 7,24–30/Mt 15,21–28; Mk 9,14–29/Mt 17,14–21/Lk 9,37–43; Mt 9,32–34/12,22–24/Lk 11,14f; Lk 13,10–17; Apg 5,15f; 8,6f; 19,11f. *Grundsätzlich*: Mt 12,43–45/Lk 11,24–26; Offb 16,13f; 18,2. *Rasendes Irresein*: Mk 5,1–21/Mt 8,28–34/Lk 8,26–39. *Epilepsie*: Mk 9,14–29/Mt 17,14–21/Lk 9,37–43. *Fieber*: Mk 1,29–31/Mt 8,14f/Lk 4,38f; vgl. Joh 4,52. *Exorzismus*: Mk 1,21–28/Lk 4,31–37; Mk 1,34/Mt 8,16/Lk 4,41; Mk 5,1–21/Mt 8,28–34/Lk 8,26–39; Mk 9,14–29/Mt 17,14–21/Lk 9,37–43; Mt 9,32–34/12,22–24/Lk 11,14f. Vgl. Mk 1,40–45/Mt 8,1–4/Lk 5,12–16; Mk 7,26; Lk 6,18. *Heilung/Kraft*: Mk 5,30/Lk 8,46; vgl. Lk 6,19. *Heilung/Berührung*: Mk 5,23.28.30f/Mt 9,18.20f.25/Lk 8,44–48.54; Mk 6,53–56/Mt 14,34–36; Lk 13,13; 14,4. *Heilung/Gebet*: Mk 9,28f/Mt 17,19f; Jak 5,14–16. *Heilung als eschatologisches Zeichen*: Mk 3,22–30/Mt 12,24–32/Lk 11,14–23; 12,10; Mt 12,15–21 (Jes 42,1–4); Lk 17,20f

*Besessenheit* meint im weitesten Sinne die Verursachung von Krankheit durch personal gedachte und lokalisierbare Wesen mit eigenem Willen, deren Einfluss weder den Gesetzen der materiellen Natur noch dem Willen des Menschen unterworfen ist. Krankheit wird in diesem pathogenetischen Konzept als Folge von Kräften gedeutet, die von Dämonen und Totengeistern ausgehen, in den Menschen eindringen und diesen beherrschen, verletzen und schwächen. Besessenheit kann sich in körperlichen Symptomen (Schwäche, Fieber, Lähmung u.a.) ebenso wie in unkontrollierbaren Körper- und Gemütsbewegungen äußern. Heilversuche sind auf die Eliminierung des den Kranken schädigenden Agens gerichtet. Es handelt sich somit um ein generelles Deutungskonzept von Krankheit als Befallensein, das die Existenz autonom handelnder Geistwesen und eine korrespondierende Seelentheorie voraussetzt. In letzter Zeit rückt auch die sozialanthropologische Bedeutung antiker Rede von Besessenheit und Krankheit in das Interesse der Forschung (dazu vgl. Guijarro).

*AT* – Julius Preuss hat darauf hingewiesen, dass nicht ein einziger Fall von Exorzismus aus dem alten Israel berichtet wird.[1] Dennoch ist der Glaube an Dämonen und Totengeister (1Sam 28,6–25) im vor- und nachexilischen Israel wesentlich im Verständnis von Krankheit und Heilung, wird aber auf Grund des mosaischen Monotheismus von dessen Vertretern bekämpft, die im Beschwören von Toten eine Abkehr von Jahwe[2] sehen. Es kann aber gezeigt werden, dass sich das aus Mesopotamien bekannte hierarchische Schema der Krankheitsverursachung zwischen Gottheit und Dämon in der Bibel wiederholt, nur mit dem Unterschied, dass nicht eine kosmische Gottheit, sondern Jahwe seinen Schutz dem „töricht“ handelnden Frevler (Ps 38,5f; 39,9; 41,5) entzieht und ihn dem Einfluss der bei Tag und Nacht wirkenden Dämonen überlässt,[3] so dass Krankheit ihn überfällt mit heftigen Kopfschmerzen (2Kön 4,18–20) oder Fieber, das brennt wie Feuer (Ps 102,4). Auch Ps 71,10f erinnert an das Bild des den Menschen anfallenden Dämon, dessen Angriff der

[1] Vgl. *Preuss* 1911, 361.
[2] 2Kön 21,6; Jes 2,6; Jer 23,23–29.
[3] 1Sam 16,14–23; 18,10; Hiob 1,6–12; Ps 91,5f.

Kranke erlebt als Abnehmen der Kräfte und Schwinden der Sinne (Ps 38,9.11).[4] Indem unreine Geister den Kranken angreifen, wird dieser selbst unrein. Wahrscheinlich hat die Vorstellung von der Unreinheit des Kranken im Dämonenglauben ihren Ursprung; denn, so glaubt man, im Krankwerden komme der Mensch mit Toten, d.h. mit der im Sterben körperlos gewordenen Lebenskraft Verstorbener, in Berührung.[5]

*NT* – Während in den Heilungsberichten des Asklepioskults (Epidauros) nirgends die Rede von Dämonen und Dämonenaustreibung ist und im *Corpus Hippocraticum* sich die Ärzte entschieden gegen die Tätigkeit von Zauberern und Wunderheilern (*magoi, kathartai*) wenden (morb. sacr. 1),[6] wird in der frühchristl. Gemeinde Krankheit allgemein als Wirkung dämonischer Einflüsse gedeutet. Dabei wird kein Unterschied gemacht zwischen Dämonen[7] und Geistern[8]. Dies wird besonders deutlich in dem Begriff „Geist eines unreinen Dämon" (Lk 4,33; vgl. Offb 16,14) oder in Mk 7,25, wo von einem „unreinen Geist", und in 7,26, wo vom Dämon die Rede ist (vgl. Lk 8,27.29; Offb 18,2). *Pneuma* in der Bedeutung von „Geist" und „Seele" weist auf die Vorstellung von der im Tod aus dem Menschen entwichenen Seele hin, während die häufigere Bezeichnung „unreiner Geist"[9] den Bezug zur Reinheitsfrage herstellt. Die Gleichsetzung von Krankheit mit dem Wirken von Dämonen wird symbolisch dargestellt, wenn Jesus das Fieber, von dem die Schwiegermutter des Petrus ergriffen ist, wie einen Dämon bedroht.[10] Der gedachte Kausalzusammenhang von Krankheit und dämonischer Aktivität wird deutlich, wenn Mt von den Krankheiten sagt, dass durch sie die Tochter der syrophönizischen Frau „dämonisiert wird".[11]
Besessenheit wirkt sich im Menschen aus als Kraftlosigkeit,[12] durch die der Mensch gelähmt und eingeschränkt wird in seinen Bewegungen (Apg 8,7). Behinderungen und körperliches Unvermögen werden auf dämonische Einflüsse zurückgeführt.[13] In Lk 13,10–17 wird die gebeugt gehende Frau von einem „Geist der Schwäche" niedergedrückt. Auch gehen Schreien und unkontrollierbares Verhalten von den Dämonen aus (Mk 3,11; 9,26). So litt der Besessene von Gerasa[14] an nicht zu beherrschender Unruhe, schlug und verletzte sich und bedrohte andere. Gleichzeitig erfahren wir Einzelheiten über seine soziale Situation. Der Rasende lebte allein in Felsengräbern (Mk 5,5). Lk will

---

4 Vgl. *H. W. Wolff*: Anthropologie des Alten Testaments, München 1990, 213.

5 Der Glaube an Dämonen ist somit eng verbunden mit dem an Totengeister, die auf der Suche nach einem neuen materiellen Träger sind, der ein Mensch (Num 19,11–13) oder auch ein Gegenstand, z.B. ein Gefäß (Num 19,15), sein kann. In diesem Kontext ist möglicherweise der Brauch zu sehen, Tote in Tongefäßen, in Kanaan in Tonsärgen, zu bestatten; dazu *Jirku* 1966, 17f.

6 Dazu v.a. *Wohlers* 1999.

7 Mt 8,28–34; 17,14–21; Mk 1,32–39; Lk 4,40f; 8,26–39; 11,14f.

8 Mt 8,16; Mk 9,14–29; Lk 9,37–43; 13,10–17.

9 Mk 1,23.26; Mk 6,7/Mt 10,1; Mt 12,43/Lk 11,24; Mk 3,11; Apg 5,16; 8,7 u.ö.

10 *Epitimōn* Lk 4,39.41;.Mk 9,25.

11 Mt 15,22; *kakōs daimonizetai.*

12 Lk 4,40; Apg 5,16; 19,12.

13 Mt 12,22; Mk 9,17; Mt 9,32–34; Lk 11,14f; Mk 7,31–37.

14 Mk 5,1–21/Mt 8,28–34/Lk 8,26–39.

aber auch deutlich machen, dass der rasende Irre nicht ausgestoßen ist. Im Vergleich zu Mt 8,28 („von den Grüften herkommend") kommt der Besessene in Lk 8,27 Jesus „aus der Stadt entgegen". Das isolierte Leben des Besessenen soll verständlich gemacht werden durch die Hinweise, dass der irre Mensch Furcht verbreitete (Mt 8,28) und alle Bemühungen, ihn zu beruhigen, vergeblich waren (Mk 5,4f). Lk ergänzt, dass Stadt und Haus ihm offen standen, der Besessene aber weder Kleidung noch häusliches Zusammenleben ertrug (Lk 8,27). Damit soll möglicherweise gesagt werden, dass nicht die Deutung von Krankheit als Besessenheit den Umgang mit Kranken bestimmen soll, sondern die Möglichkeit mitmenschlichen Zusammenlebens, die sich aus der Situation des Kranken und aus dessen Verhalten ergibt. Auf diese Weise wird das Krankheitskonzept der Besessenheit hinsichtlich seiner Konsequenzen für kultische Reinheit und mitmenschliche Beziehung relativiert, während der Glaube an die Existenz von Dämonen nicht in Frage gestellt und in der frühchristl. Gemeinde (wie allgemein in Palästina) als Deutungsmuster auf konkrete Krankheitssituationen angewandt wird.[15] Besonders detailliert wird im NT die Epilepsie als Zustand des Besessenseins[16] dargestellt: das vom Menschen nicht zu beeinflussende Auftreten des Anfalls mit unwillkürlichen Bewegungen und schäumendem Zähneknirschen, das kraftlose Zusammenbrechen und schließlich die völlige Erschöpfung. Es ist möglich, dass das Erscheinungsbild des epileptischen Anfalls, v.a. der Eindruck des völligen Verlusts der Selbstkontrolle und des Ausgeliefertseins an Kräfte, die den Menschen scheinbar von außen bewegen, die Deutung von Krankheit als Besessenheit in besonderer Weise herausgefordert hat.

In den synEvv wird Krankheit nicht nur durch Besessenheit, bei der der Mensch Willen und Bewegungsfreiheit verliert, sondern auch durch den Einfluss übelwollender Geister verursacht, durch den der Mensch erkrankt, die Kontrolle über sich aber nicht verliert (vgl. Lk 13,11).[17] Gleichzeitig ist zu unterscheiden, dass Jesus einerseits durch Exorzismus,[18] charakterisiert durch Bedrohen (*epitimōn*) und Austreiben (*ekballein*), und andererseits durch Berührung und Handauflegung heilt,[19] wobei von ihm eine Kraft (*dynamis*) ausgeht.[20] Dabei ist es nicht möglich, die Art der Heilung (Exorzismus oder Berührung) mit der Bezeichnung des krank machenden Agens (Dämon oder Geist) in Beziehung zu setzen. Es werden sowohl Dämonen[21] als auch Geister[22] „ausgetrieben".

---

15 Mk 6,7/Mt 10,1; Apg 5,15f; 8,6f; 19,11f.

16 Mk 9,14–29/Mt 17,14–21/Lk 9,37–43a.

17 Vgl. *Helm* 2000, 250.

18 Mk 1,21–28/Lk 4,31–37; Mk 1,34/Mt 8,16/Lk 4,41; Mk 5,1–21/Mt 8,28–34/Lk 8,26–39; Mk 9,14–29/Mt 17,14–21/Lk 9,37–43; Mt 9,32–34/12,22–24/Lk 11,14f; vgl. auch Mk 1,40–45/Mt 8,1–4/Lk 5,12–16; Mk 7,26; Lk 6,18.

19 Mk 5,23.28.30f/Mt 9,18.20f.25/Lk 8,44–48.54; Mk 6,53–56/Mt 14,34–36; Lk 13,13; 14,4.

20 Mk 5,30/Lk 8,46; vgl. Lk 6,19.

21 Mt 8,32/Lk 8,33; Mt 9,32–34; 12,22–24/Lk 11,14f; Mt 17,18; Lk 4,35.41; Mk 1,34; 7,26.

22 Mt 8,16; Mk 1,25f; 5,8; Mk 9,25/Lk 9,42; Lk 8,29.

Entscheidend im Handeln Jesu ist somit weder, wie das krank machende Agens bezeichnet wird, noch die Art des Heilens, sondern allein der Hinweis, dass Jesus durch sein Wort (Mt 8,16) im Geiste Gottes heilt.[23] Sein Wirken ist Zeichen des anbrechenden Reiches Gottes (Mt 12,28/Lk 11,20) und gleichzeitig Erfüllung prophetischer Verheißung.[24] Die Botschaft Jesu, so wird diese auch verstanden (Mt 8,17; Mk 7,37), eröffnet einen Weg, auf dem Befreiung von dem, was den Menschen bedroht, möglich ist. Heilung und Befreiung von Dämonen zeichnet somit das Handeln dessen aus, der Jesus im Leben nachfolgt.[25]
Jesu Handeln ist demnach nicht Magie (→3.2.6). Weder versucht er, wie die überall anzutreffenden Wahrsager (Apg 8,9–24; 19,11–20), sich Geister und Dämonen dienstbar zu machen (Mk 3,22/Mt 12,24/Lk 11,15f), noch wird Jesus zu deren Medium (Apg 16,16–19). Er weist vielmehr das Ansinnen, außergewöhnliche Fähigkeiten zur Schau zu stellen, grundsätzlich (Lk 4,1–13) und in konkreten Situationen[26] zurück. Die Überwindung von Besessenheit und Krankheit, die explizit in drei Textstellen der Logienüberlieferung Q[27] mit dem Anbruch des Reiches Gottes in Beziehung gesetzt wird, ist Symbol dafür, dass die Macht Satans über den Menschen gebrochen ist (Lk 10,18).

*Literatur*

(vgl. auch die Literatur →2.2.3.1)
*O. Böcher*: Dämonen IV. Neues Testament, TRE 8, 1981, 279–285. – *G. B. Ferngren*: Early Christian Views of the Demonic Etiology of Disease, in: *S. Kottek/M. Horstmanshoff* (eds.): From Athens to Jerusalem. Medicine in Hellenized Jewish Lore and in Early Christian Literature, Rotterdam 2000, 183–201. – *R. Garland*: The Eye of the Beholder. Deformity and Disability in the Greco-Roman World, London 1995. – *S. Guijarro*: The Politics of Exorcism, in: *W. Stegemann u.a.* (eds.): The Social Setting of Jesus and the Gospels, Minneapolis 2002, 159–174. – *J. Helm*: Sickness in Early Christian Healing Narratives – Medical, Religious and Social Aspects, in: *S. Kottek/M. Horstmanshoff* (eds.): From Athens to Jerusalem. Medicine in Hellenized Jewish Lore and in Early Christian Literature, Rotterdam 2000, 241–258. – *A. Jirku*: Von Jerusalem nach Ugarit. Gesammelte Schriften, Graz 1966. – *H. C. Kee*: Miracle in the Early Christian World, New Haven 1983. – *B. Kollmann*: Jesus und die Christen als Wundertäter, Göttingen 1996. – *M. Michler*: Die Krüppelleiden in „De morbo sacro“ und „De articulis“, SAGM 45, 1961, 303–328. – *J. N. Neumann*: Die Mißgestalt des Menschen – ihre Deutung im Weltbild von Antike und Frühmittelalter, SAGM 76, 1992, 214–331. – *J. Preuss*: Biblisch-talmudische Medizin, Berlin 1911. – *G. Stemberger*: Dämonen III: Judentum, TRE 8, 1981, 277–279. – *C. Strecker*: Jesus and the Demoniacs, in: *W. Stegemann u.a.* (eds.): The Social Setting of Jesus and the Gospels, Minneapolis 2002, 117–133. – *A. Suhl* (Hg.): Der Wunderbegriff im Neuen Testament, Darmstadt 1980. – *G. Theissen*: Urchristliche Wundergeschichten, Gütersloh 1974. – *A. Weissenrieder*: The Plague of Uncleanliness? The Ancient Illness Construct, „Issue of Blood" in Luke 8:43–48, in: *W. Stegemann u.a.* (eds.): The Social Setting of Jesus and the Gospels, Minneapolis 2002, 207–222. – *M. Wohlers*: Heilige Krankheit. Epilepsie in antiker Medizin, Astrologie und Religion, Marburg 1999.

---

23 Mt 12,18/Lk 11,20; vgl. Lk 17,20f.
24 Lk 4,18.21; Jes 61,1.2; auch Jes 29,18f; 30,26; 35,5f; 42,1–4.
25 Mt 10,7/Lk 10,9; Mk 6,12f.
26 Mk 1,35–39.44; 3,12; 5,43; 7,36; Lk 4,42–44; 11,16; Joh 2,23f.
27 Mt 10,7f/Lk 10,9; Mt 11,5f/Lk 7,22f; Mt 12,28/Lk 11,20.

## 2.2.4 Freundschaften und Vereine

### 2.2.4.1 Freundschaft (*Alan Mitchell*)

*Stellen im NT*

Lk 6,34f; 7,6; 14,12–14; 15,6.9; 16,9; 23,12; Joh 3,29; 5,20; 7,7; 10,11.15.17f; 11,3.11.36; 13,1; 15,14–17.19; 20,2; 21,15–17; Apg 2,44–47; 4,32–37; 10,24; 19,31; 20,35; Röm 5,6–8; 12,1–15,33; 1Kor 6,1–11; 8–10; 11,17–34; Gal 1,6–10; 4,12–20; Phil 1,27; 2,2; 4,10–20; 1Joh 3,16; 3Joh 15; Jak 2,23; 4,4

*Einleitung: Freundschaft in der antiken Welt*

Freundschaftliche Beziehungen prägten alle Bereiche der antiken Welt. Gesellschaftliche Kontakte jeglicher Art, von der Familie über den Handel bis zum Patronatssystem, fanden ihren Niederschlag in Diskussionen der unterschiedlichsten philosophischen Schulen über die Natur und die Funktion der Freundschaft. Seit Plato (Lys.) fand die Freundschaft starkes literarisches Interesse, doch war es Aristoteles, der die Hauptlinien der Diskussion für die Zukunft prägte (eth. Nic. 1155a–1382a). Aristoteles behandelt Freundschaft im Zusammenhang der Gerechtigkeit und beschreibt dreierlei Typen: Freundschaft aus Nützlichkeit, aus Lust und aus Tugend. Gemäß dieser Unterteilung schließen Menschen Freundschaft stets aus bestimmten Gründen. So mag es zum einen schlicht nützlich sein, einen Freund oder Freunde zu haben, um die Anforderungen des täglichen Lebens zu meistern. Oder man findet Gefallen daran, in der Gesellschaft von Freunden zu sein, mit denen man das Leben genießen kann. Freundschaft aus Lust beinhaltet erotische Beziehungen wie auch solche mit anderem Zweck. Die höchste Form der Freundschaft und nach Aristoteles' Ansicht auch die dauerhafteste ist jedoch diejenige, die auf Tugend beruht und letztendlich kein anderes Ziel verfolgt. Wenn Freunde durch das Gute im jeweils anderen angezogen werden, dann bedürfen sie keiner anderen Motive wie Nutzen oder Wohlgefallen. Sie sind Freunde im wahrsten Sinne des Wortes. Während auf Nutzen oder Lust beruhende Freundschaften enden können, sobald ihr Zweck erreicht ist, hat eine auf Tugend gegründete Freundschaft Bestand, da sie auf den höchsten moralischen Prinzipien beruht. Nach Aristoteles kann Freundschaft aus Tugend nur von guten Menschen geschlossen werden, die als gleichwertig und gleichberechtigt angesehen werden und alle Dinge miteinander teilen. Ein solcher Freund ist daher wie ein „zweites Selbst", als ob zwei Seelen in einem Körper zusammen wohnen. Auf Tugend beruhende Freundschaft ist eine harmonische Beziehung zwischen zwei Menschen, die durch Übereinstimmung in allen Dingen und gegenseitiges Wohlwollen geprägt ist. Bereits zur Zeit des Aristoteles hatten solche Grundregeln wahrer Freundschaft sprichwörtlichen Charakter angenommen: „Freundschaft ist Gleichheit", „ein Freund ist ein zweites Selbst" und „Freunde haben alles gemeinsam" fungierten als Grundelemente bei der Entwicklung von *topoi* über Freundschaft (eth. Nic. 1168b).

In hell. und röm. Zeit bezogen sich Literaten, Dichter und Philosophen regelmäßig und in vielfältiger Weise auf solche *topoi*, um Charaktere zu beschreiben und die unterschiedlichsten Dimensionen privater und öffentlicher zwischenmenschlicher Beziehungen zu erhellen. Manche philosophische Schulen, wie etwa die Epikureer, Pythagoreer und Stoiker (→3.1.1), konnte man anhand ihres jeweiligen Verständnisses von Freundschaft unterscheiden. Fragen wie „Welche Menschen können wahre Freunde sein?“, „Wie viele Freunde sollte ein Mensch haben?“, „Braucht ein Philosoph wirklich Freunde?“ waren gängige Themen philosophischer Diskussion über Freundschaft.[1]

*Freundschaft im NT*
Die Begriffe „Freund“ (*philos*) und „Freundschaft“ (*philia*) begegnen nicht häufig im NT, und wenn sie es tun, dann in unterschiedlicher Weise, je nach der Intention des Autors, der sie gebraucht. Zusätzlich zur Verwendung der Begriffe *philos*, *philia* und *philein* („Freund sein“) sind auch andere Elemente der Freundschaftstopoi sowie bestimmte Konventionen von Freundschaft und Feindschaft und rhetorische Aspekte der Freundschaftsthematik zu beachten, wie der Freundschaftsbrief und seine spezifischen Merkmale.
In den ältesten ntl. Schriften, den pln. Briefen, kommen die Wörter „Freund“ oder „Freundschaft“ nicht vor. Paulus scheint den Begriff *philadelphia* („Geschwisterliebe“) dem Wort *philia* vorzuziehen. Dennoch wird deutlich, dass Paulus mit der philosophischen Freundschaftsterminologie, ihren Konventionen und den Elementen der Freundschaftstopoi vertraut ist, wie auch mit der Form und Funktion des Freundschaftsbriefes (→1.3.3.6). Paulus nutzt die Sprache freundschaftlicher Konventionen immer wieder, um den jeweiligen Stand seiner Beziehung zu den einzelnen Gemeinden anzudeuten und die Art und Weise zu kommentieren, wie die Glieder dieser Gemeinden miteinander umgehen. So scheinen Freundschaft und Feindschaft in Galatien eine große Rolle gespielt zu haben, wo die Gegner des Paulus die Qualität seiner Freundschaft zur dortigen Gemeinde in Frage gestellt haben (Gal 1,6–10). Ihnen gegenüber verteidigt Paulus seine aufrichtige Freundschaft zu den Galatern, die er bereits zu Beginn mit ihnen geschlossen hat, und argumentiert mit Elementen der Freundschaftstopoi, wie z.B. dass Freunde einander nicht Unrecht tun, die Gegenseitigkeit von Freundschaft und die Unterscheidung von wahrer und falscher Freundschaft (Gal 4,12–20). Ähnlich führten auch die Personen, die Paulus aus der korinthischen Gemeinde heraus angriffen, Konventionen von Freundschaft und Feindschaft gegen ihn ins Feld. Anscheinend boten einige wohlhabende korinthische Christen Paulus ein Geldgeschenk an, das er aber zurückwies. Sie interpretierten diese Ablehnung als feindseligen Akt und behandelten die Vertrauten des Paulus aus den unteren Schichten der Gemeinde mit Feindschaft. Die besser gestellten Christen taten den Niederen Unrecht an, indem sie sie z.B. vor heidnischen Gerichten verklagten (1Kor 6,1–11), sie herausforderten, indem sie Götzenopferfleisch aßen (1Kor 8–10) und vom Gemeinschaftsmahl ausschlossen (1Kor 11,17–34). In all diesen Fällen nutzt Paulus die Sprache der Freundschaft, um Spaltungen in der korinthischen Gemeinde zu überwinden und Verletzungen zu heilen. Der Philipperbrief wird zu Recht als Freundschaftsbrief interpretiert, da Paulus den Philippern in warmem Ton schreibt und ihnen für ihre Anteilnahme an seinem Dienst und die finanzielle Unterstützung dankt, die sie ihm gesandt hatten (Phil 1,27; 2,2.6–11; 4,10–20). In Röm 5,6–8 wandelt Paulus die Konvention ab, dass Freunde

[1] Vgl. Plut. De amic. mult.; Adulator; Cic. Lael.; Sen. epist. 9; benef.

füreinander sterben, wenn er betont, dass Christus für die gestorben ist, die in Feindschaft zu Gott lebten. Darüber hinaus setzt Paulus Elemente von Freundschaftstopoi in den paränetischen Teilen des Briefes ein, um die Starken mit den Schwachen in der Gemeinde zu versöhnen (Röm 12,1–15,33).

Freundschaft nimmt einen besonderen Platz im lk Doppelwerk ein und trägt wesentlich dazu bei, den Zusammenhalt innerhalb der lk Gemeinde zu fördern. Zumeist ist Lk' Verwendung des Begriffs „Freund“ eher beiläufig oder fungiert lediglich als Anrede (Lk 7,6; 15,6.9; Apg 10,24; 19,31). Ferner weiß er auch von rein zweckorientierten (Lk 16,9) und sogar unheilbringenden Freundschaften (Lk 23,12). Einige Texte sind jedoch prägnanter, in denen er Freundschaftstraditionen für seine Gemeinde neu interpretiert, um ihr bei der Überwindung gesellschaftlich begründeter Statusunterschiede zu helfen. Gemäß antiker Konvention wurde Freundschaft nur unter gleichberechtigten Partnern geschlossen und überschritt normalerweise bestehende Statusgrenzen gerade nicht. Freundschaft beinhaltete zudem ein starkes Moment von Gegenseitigkeit. Lk bekämpft beide Traditionen, indem er Freundschaft zwischen Christen aus oberen und unteren Schichten modellhaft beschreibt und den Grundsatz der Reziprozität beim Geben programmatisch aufhebt (Lk 6,34–35a; 14,12–14; Apg 20,35). Zur Unterstützung dieser Neudefinition von Freundschaft bezieht sich Lk auf deuteronomische Traditionen nach der LXX und verbindet diese mit dem zu seiner Zeit verbreiteten Verständnis von Freundschaft bei Griechen und Römern. Daher beschreibt Lk die frühe Jerusalemer Gemeinde als Gemeinschaft von Freunden, die wie ein Herz und eine Seele in Eintracht leben, alle Dinge gemeinsam haben und ihren Besitz veräußern, wenn eine Notlage in der Gemeinde entsteht (Apg 2,44–47; 4,32–37). Indem die Jerusalemer Christen das Leben einer begrenzten Gemeinschaft von Guten führen, verkörpern sie das deuteronomische Ideal einer Gesellschaft, in der niemand Not leidet.[2] Durch die Aufhebung der auf Reziprozität beruhenden Ethik schafft Lk die Möglichkeit für Christen unterschiedlichen Standes, sich über soziale Grenzen hinweg zusammenzuschließen.

Die joh Literatur hat sich ebenfalls die Begrifflichkeit von Freundschaft und Feindschaft zueigen gemacht. Der Verfasser des vierten Ev nutzt gelegentlich Freundschaftssprache, um den Zusammenhalt seiner Gemeinde in ihrer Opposition zur Synagoge zu stärken. Freundschaftssprache kennzeichnet bei Joh diejenigen, die vereint zusammenstehen gegen die Welt draußen (Joh 15,19; vgl. 7,7; 17,14). Damit wirkt die Freundschaftsterminologie gewissermaßen als esoterisches Medium zur Selbstdefinition einer auf sich bezogenen, sektiererischen Gruppe. Da bei Joh Freundschaft zuweilen das Verhältnis Jesu zu Gott und den Menschen, v.a. zu seinen Jüngern, beschreibt, besitzt sie paradigmatischen Wert und verdeutlicht, wie joh Christen sich zum Herrn verhalten sollen.[3] Jesu Freunde werden in Joh durch sein Beispiel ermahnt, wenn nötig den größten Beweis der Freundschaft zu erbringen, nämlich ihr eigenes Leben für ihre Freunde hinzugeben, wie es Jesus selbst getan hat (Joh 15,3; vgl. 10,11.15.17f; 1Joh 3,16). Zudem teilen Jesus und seine Jünger als Lehrer und Schüler alles miteinander (Joh 15,15). In 3Joh 15 könnte der Gebrauch

[2] Dtn 15,4; vgl. Dtn 4,29; 6,5; 10,12; 11,13.18; 26,16.30.
[3] Joh 3,29; 5,20; 11,3.11.36; 15,14f; 20,2; 21,15–17.

des Begriffs *philoi* („Freunde") beim Austausch gegenseitiger Grüße bestimmte Gemeindeglieder im Auge haben oder anzeigen, wie joh Christen sich generell untereinander ansprachen.
Das eigentliche Wort *philia* begegnet in Jak 4,4, wo Freundschaft zur Welt Feindschaft mit Gott zur Folge hat. Zuvor hatte Jak 2,23 Abraham unter Bezug auf Jes 41,8 als „Freund Gottes" bezeichnet.

*Literatur*
*S. S. Bartchy*: Undermining Ancient Patriarchy. The Apostle Paul's Vision of a Society of Siblings, BTB 29, 1997, 68–78. – *J. Fitzgerald* (ed.): Friendship, Flattery and Frankness of Speech. Studies on Friendship in the New Testament World, Leiden 1996. – *Ders.* (ed.): Greco-Roman Perspectives on Friendship, Atlanta 1997. – *F. W. Horn*: Die Gütergemeinschaft der Urgemeinde, EvTh 58, 1998, 370–383. – *H. Hutter*: Politics as Friendship. The Origins of Classical Notions of Politics in the Theory and Practice of Friendship, Waterloo 1978. – *L. T. Johnson*: Friendship with the World-Friendship with God. A Study of Discipleship in James, in: *F. Segovia* (ed.): Discipleship in the New Testament, Philadelphia 1985, 166–183. – *H.-J. Klauck*: Gütergemeinschaft in der klassischen Antike, in Qumran und im Neuen Testament, RdQ 11, 1982, 47–49. – *Ders.*: Kirche als Freundesgemeinschaft? Auf Spurensuche im Neuen Testament, MThZ 42, 1991, 1–14. – *D. Konstan*: Frendship in the Classical World, Cambridge 1997. – *A. J. Malherbe*: Paul and the Popular Philosophers, Minneapolis 1989. – *Ders.*: Hellenistic Moralists and the New Testament, ANRW II 26.3, 1992, 267–333. – *P. Marshall*: Enmity in Corinth. Social Conventions in Paul's Relations with the Corinthians, Tübingen 1987. – *A. C. Mitchell*: „Greet the Friends by Name". New Testament Evidence for the Greco-Roman Topos on Friendship, in: *Fitzgerald* 1997, 225–262. – *F. V. Reiterer* (Hg.): Freundschaft bei Ben Sira, Berlin u.a. 1996. – *P. Schollmeier*: Other Selves. Aristotle on Personal and Political Friendship, Albany 1994. – *S. K. Stowers*: Friends and Enemies in the Politics of Heaven. Reading Theology in Philippians, in: *J. M. Bassler* (ed.): Pauline Theology I, Minneapolis 1992, 105–121. – *C. White*: Christian Friendship in the Fourth Century, Cambridge 1992. – *L. M. White*: Morality between Two Worlds. A Paradigm of Friendship in Philippians, in: *D. L. Balch u.a.* (eds.): Greeks, Romans, and Christians. Essays in Honor of Abraham J. Malherbe, Minneapolis 1990, 210–215. – *B. Witherington*: Friendship and Finances in Philippi. The Letter of Paul to the Philippians, Valley Forge 1994.

(übersetzt von Jürgen Zangenberg)

## 2.2.4.2 Antikes Vereinswesen (*Markus Öhler*)

*Stellen im NT*

Mt 18,15–17; Joh 15,13–15; Apg 1–5; 6,9; 11,14.26; 12,12; 14,23; 16,19.34; 18,2–8; 19,9.39; 26,28; Röm 16,1–5.23; 1Kor 1,14.16; 5,1–13; 6,1–8; 8–10; 10,17–34; 12–14; 16,1f.15–19; 2Kor 6,14–17; Gal 2,9; 3,28; Eph 6,5–9; Phil 1,1; Kol 3,11.22f; 1Thess 4,13–18; 5,12–14; 1Tim 2,11f; 3,2–7.11; 5,17; 6,2; Tit 1,5; 2,9; Phlm 16; Jak 1,19–27; 3,1–4,12; 1Petr 2,11–17; 4,16; 3Joh

*Vorbemerkung*

Vereine sind soziale Netzwerke, deren Mitglieder sich grundsätzlich freiwillig und auf bestimmte Zeit mit einem gemeinsamen Ziel und diesem entsprechenden Handeln zusammenfinden. In der gr.-röm. Antike gab es ein intensives Vereinswesen in unterschiedlichen Ausprägungen. Für die soziale Strukturierung der Gesellschaft wie für das individuelle Leben waren diese Institutionen von großer Bedeutung. Als soziale Netzwerke, die sich an dem Ideal der Freundschaft orientierten, boten sie die Möglichkeit, Verluste durch Armut (→2.2.5.1), Sklaverei (→2.2.5.3) oder Einwanderung auszugleichen. Nur wenige Vereine waren anscheinend wirklich groß (400 Personen), die meisten hatten 20–50 Mitglieder. Auch die christl. Gemeinden wurden von Außenstehenden als Vereine verstanden. Ob sie sich selbst strukturell nach dem Vorbild der sie umgebenden paganen Gemeinschaften richteten, ist umstritten. Unser Wissen über Vereine in der Antike beruht auf literarischen Zeugnissen (Gesetzestexte, Berichte über das Wirken der Vereine), epigraphischen (Mitgliederlisten, Grab- und Stiftungsinschriften, Vereinsordnungen), papyrologischen und archäologischen Quellen (Vereinslokale).[1]

*Terminologie*

Gr. Begriffe für Vereine sind etwa *thiasos*, *koinon*, *eranos*, *synodos*, *hetairia* oder *orgeion*, im Lat. *collegium*, *conventus*, *corpus*, *consortium*, *societas* oder *sodalitas*. Viele Vereine bezeichneten sich auch nur nach dem in ihnen verehrten Gott oder nach der beruflichen bzw. landsmannschaftlichen Sozialisation ihrer Mitglieder. – Die frühchristl. Gemeinden griffen – wahrscheinlich auch unter dem Einfluss der LXX – die Bezeichnung *ekklēsia* („Versammlung, Gemeinde, Kirche“) für sich auf (zur Bezeichnung „Christen“ s.u.; →3.2.8). Allerdings findet sich *ekklēsia* auch in Vereinsinschriften zur Bezeichnung der Versammlung aller Mitglieder. Die Nähe zur Terminologie der *polis*, wo *ekklēsia* für die Volksversammlung verwendet wird (Apg 19,39), ist für Vereine wie auch für christl. Gemeinden offensichtlich.

---

[1] Die wichtigsten Inschriften sind leicht zugänglich bei *Schmeller* 1995, 96–115: Die Satzung des Kultvereins des Dionysios aus Philadelphia (Ende 2./Anf. 1. Jh. v.Chr.; *F. Sokolowski*: Lois sacrées de l'Asie Mineure, Paris 1955, 53–55 [nr. 20]), die Bestimmungen über Begräbnisse eines Vereins aus Lanuvium (136 n.Chr.; ILS 7212), die Beschlüsse des Vereins für Aesculap und Hygia aus Rom (153 n.Chr.; ILS 7213) sowie jene des Vereins der Dionysos-Verehrer (Iobakchen) aus Athen (178 n.Chr.; SIG[3] 1109). Im Folgenden wird v.a. auf diese Inschriften Bezug genommen, Einzelbelege daraus werden nicht immer angeführt.

*Ziele*

Grob unterscheiden lassen sich religiöse, landsmannschaftliche und Berufsvereine. Da es hier aber eine Reihe von Überschneidungen gab, sollen im Folgenden die verschiedenen Ziele angeführt werden:

Im Zentrum der Vereinsaktivitäten stand v.a. das gemeinsame Mahl, wie grundsätzlich Essen und Trinken für das Gemeinschaftsleben in der Antike von großer Bedeutung war (→2.2.1.6). Aus Inschriften ist uns bekannt, dass die Mitglieder Speisen selbst mitbrachten, wobei genaue Maße vorgegeben wurden. Auch Geldbeträge wurden dafür erhoben. Bei den Mählern wurden Reden gehalten und Vereinsangelegenheiten behandelt. In Ordnungen wurde festgelegt, wie oft regelmäßige Zusammenkünfte stattzufinden hatten und an welchen Festtagen besondere Feiern abzuhalten waren. Auch bei lebensgeschichtlichen Ereignissen einzelner Mitglieder (Geburt eines Sohnes, Freilassung, Erwerb eines Amtes oder Tod) waren u.U. Mahlzeiten abzuhalten. – Im frühen Christentum standen Mahlzeiten im Zentrum der Versammlungen. Auch hier wurden Gaben mitgebracht, anscheinend aber ohne genaue Verpflichtungen bezüglich der Menge (1Kor 10,17–34).

Zur Gemeinschaft trat in allen Vereinen die Verehrung eines oder mehrerer Götter. Die Auswahl konnte persönlichen Vorlieben entsprechen, sich nach Schutzgottheiten für eine Berufsgruppe richten oder die Herkunft der Mitglieder widerspiegeln. Besonders wichtig waren Mysterienvereine (→3.1.2) zur Verehrung des Dionysos oder der Isis, aber auch der Kaiserkult (→3.3.4), der zumeist neben dem eigentlichen Vereinskult gepflegt wurde. Viele Vereine benannten sich nach der in ihnen verehrten Gottheit und hatten ihre Vereinslokale in der Nähe des entsprechenden Tempels. Bei öffentlichen Veranstaltungen, wie Prozessionen zu Ehren dieser Gottheit (→3.3.2.1), wirkten Vereine mit. – Die zentrale Stellung der Christusverehrung im Urchristentum ist evident, ebenso wie die Christus-Benennung (Apg 11,26; 26,28; 1Petr 4,16). Auch wenn es sich dabei um eine Fremdbezeichnung durch röm. Behörden in Antiochien handeln dürfte, so ist doch grundsätzlich die Parallelität zu Vereinsbezeichnungen auffällig.

Als soziale Netzwerke fungierten Berufsvereine (bei denen übrigens auch Berufsfremde Mitglieder sein konnten) in besonderer Weise, da hier Leistungen vereinbart, Preisabsprachen fixiert und Geschäftsbeziehungen geknüpft werden konnten (→2.3.2–4). Zudem wurden Berufsvereinen Privilegien gewährt, wenn sie staatliche Leistungen übernahmen. Etwa ab dem 4. Jh. n.Chr. war die Mitgliedschaft in Berufskorporationen Pflicht. – Die Nachrichten über die berufliche Tätigkeit der frühen Christen sind spärlich. Paulus übte gemeinsam mit Priscilla und Aquila das Handwerk eines Zeltmachers aus (Apg 18,2f). Erwogen wird, ob die Gemeinde in Thessalonike als Berufsverein organisiert war (1Thess 5,12–14).[2]

Viele Vereine stellten sich neben den oben genannten Aktivitäten zur Aufgabe, nach dem Tod eines Mitgliedes diesem ein Begräbnis und eine ordentliche Grabstelle zu finanzieren. Die Bezeichnung *collegia funeraticia* (Th. Mommsen) ist allerdings modern und die Gründung eines Begräbnisvereines zu Tarnzwecken für andere Unternehmungen war nicht sinnvoll, da es keine Ge-

---

[2] *Ascough* 2003, 162–190.

neralbewilligung für Begräbnisvereine gab (*collegia tenuiorum*).[3] Für die Begräbnisse wurden regelmäßige Beiträge von den Mitgliedern erhoben und genaue Regeln erstellt, wie eine Bestattung auszusehen hatte. Manche wohlhabende Vereine hatten eigene Friedhöfe oder Bestattungshäuser (*columbaria*) für diesen Zweck. – Dass Paulus in 1Thess 4,13–18 auf das Schicksal verstorbener Christen zu sprechen kommt, kann als Reflex auf die Bedeutung von Vereinen im Begräbniswesen verstanden werden.

Über diese Zwecke hinaus erfüllten Vereine auch andere Aufgaben, etwa als Kreditgeber für Mitglieder oder als Feuerwehr (Plin. epist. 10,33). Bei öffentlichen Bauten beteiligten sie sich u.U. an der Finanzierung, um den Verein im Ansehen ihrer Mitbürger zu heben. – Die Rede von den „guten Werken", die die Christen in aller Öffentlichkeit tun sollen (1Petr 2,12), könnte als Hinweis darauf verstanden werden, dass sich auch die christl. Gemeinde in der Gesellschaft in ähnlicher Weise positiv einbringen soll.

*Strukturen*

Wie jede menschliche Gemeinschaft, so entwickelten auch Vereine Strukturen. Die Mitgliedschaft in Vereinen war sehr unterschiedlich geregelt. Manche Vereine waren ganz auf Mitglieder aus der Oberschicht zugeschnitten, viele waren reine Sklavenvereine (→2.2.5.3), etliche waren gemischt zusammengesetzt. Auch die Aufnahme von Frauen wurde verschieden gehandhabt: In vielen Mitgliederlisten fehlen Frauen völlig, in anderen spielten sie auch aufgrund des dort ausgeübten Kultes eine große Rolle, manche wurden auch von Frauen gegründet. Eine Besonderheit stellt der Kultverein des Dionysios dar, der etwa 100 v.Chr. in Philadelphia entstand. Er enthielt die ausdrückliche Anweisung, dass Männer und Frauen, Freie und Sklaven Mitglieder sein dürften.[4] – In den pln. Gemeinden gab es keinerlei Aufnahmebeschränkungen, doch war dies nicht in allen christl. Gemeinden so. Manche nahmen nur Juden und Proselyten auf, wie v.a. Gal und Apg 15 deutlich machen. Frauen waren selbstverständlich zugelassen, Sklaven wie Herren wurden in der Gemeinde zu Brüdern (Phlm 16; vgl. auch Eph 6,5–9; Kol 3,22f; 1Tim 6,2; Tit 2,9). Die – der oben erwähnten Inschrift erstaunlich parallele – Aussage in Gal 3,28 „Da ist nicht Jude noch Grieche, da ist nicht Sklave noch Freier, da ist nicht Mann und Frau; denn ihr alle seid einer in Christus Jesus" (vgl. 1Kor 12,13; Kol 3,11) verbindet den Gedanken der Gleichheit in der Gemeinde mit der gemeinsamen Teilhabe an Christus. Allerdings spielten Frauen bis auf wenige Ausnahmen nach Auskunft des NT keine herausragenden Rollen, in der Spätzeit werden sie ausdrücklich in den Hintergrund gedrängt (1Kor 14,33b–35 [dtpln.!]; 1Tim 2,12).

Eng mit dem freien oder limitierten Zugang hängt das Motiv der Egalität zusammen, das Vereine grundsätzlich auszeichnete. Im Prinzip waren alle Vereinsmitglieder gleichberechtigt und jeder und jede hatte die Möglichkeit, Ämter zu erwerben. Die Beschlüsse wurden durch die Vereinsversammlung (*ekklēsia*, *conventus*) gefällt, in der alle Mitglieder mitstimmen konnten. In der Praxis waren diese Möglichkeiten allerdings eingeschränkt, denn viele Ämter

---

[3] Vgl. dazu *Öhler* 2002, 59–61.

[4] Bei *Schmeller* 1995, 96 (Inschrift 1 Zeile 5f).

waren mit finanziellen Belastungen verbunden. – Egalität war entsprechend dem oben genannten Prinzip aus Gal 3,28, aber auch von der Jesustradition her, ein wichtiges Element der christl. Gemeinden. Wie wenig sich dies oft in der Praxis durchhalten ließ, zeigen die wiederholten Ermahnungen an Reiche, ärmere Mitglieder nicht zu übergehen (Jak, Lk). Dennoch wird man den freien Zugang zur Gemeinde und das dort artikulierte Verständnis von Geschwisterlichkeit als wichtiges Motiv für die Attraktivität des Christentums einschätzen müssen.

Vereine entwickelten differenzierte Hierarchien. Dabei nahmen sie auch aus den Strukturen der Polisverfassung Anleihen, doch waren sie sehr kreativ in der Ausgestaltung. Die Möglichkeit, bestimmte Titel zu erlangen, die außerhalb nicht zu erreichen waren, spielte sicherlich als Motiv für den Beitritt zu einem Verein (oder mehreren) eine Rolle. Amtsträger wurden in der Regel von der Versammlung gewählt, doch sind auch Auslosung und Einsetzung überliefert. Funktionäre konnten u.U. für die Dauer ihres Amtes von Abgaben befreit werden, manchmal erhielten sie zusätzliche Portionen bei Mählern. Gleichzeitig war die Ausübung des Amtes aber auch mit finanziellen Verpflichtungen verbunden. Öfters wurden auch jene Mitglieder zu Vereinsvorsitzenden gewählt, die über ein besonderes gesellschaftliches Ansehen verfügten oder den Verein finanziell förderten. Auch Frauen konnten Ämter erwerben. Amtsinhaber wurden u.U. durch Ehreninschriften o.ä. gewürdigt. – Schon von Beginn an entwickelte auch das frühe Christentum unterschiedliche hierarchische Systeme, wie etwa das der Säulen in Jerusalem (Gal 2,9), das Presbyter-amt (Apg 14,23; 1Tim 5,17; Tit 1,5 u.ö.) oder das von Vorstehern/Bischöfen und Diakonen in Philippi (Phil 1,1). Apostel, Lehrer, Propheten waren Funktionen, in die man nicht gewählt, sondern von Gott eingesetzt wurde (1Kor 12,28). In Mt 18,17 wird die Gemeindeversammlung als entscheidendes Gremium genannt. Wahlen von Amtsträgern waren laut dem NT nicht vorgesehen, diese wurden anscheinend durch andere Amtsträger eingesetzt (Apg 14,23; Tit 1,5). Singulär war die Auslosung des zwölften Apostels in Apg 1,26. Wie in Vereinen erwies sich laut den Past die gesellschaftliche Stellung möglicher Amtsträger als von Bedeutung für den Zugang zu Ämtern (1Tim 3,2–7), und auch größere Portionen beim Mahl waren vorgesehen (1Tim 5,17). Zumindest in das Diakonenamt konnten Frauen gelangen (Röm 16,1; 1Tim 3,11; Plin. epist. 10,96,8).

Für das Ansehen und die finanzielle Situation eines Vereines war es besonders wichtig, Sponsoren und Patrone zu finden (→2.2.5.2). Diese konnten auch Ämter innehaben, mussten aber nicht unbedingt Mitglieder sein. Oft stellten sie nicht nur Geld, sondern auch ein Vereinshaus zur Verfügung. Sog. Hausvereine, die v.a. aus Mitgliedern eines Hauses sowie Klienten bestanden, hatten ihren Versammlungsort im Anwesen des Patrons. Auf die Gaben der Sponsoren antworteten Vereine mit Ehrungen. – Vor allem die Apg berichtet von Sponsoren der Gemeinden (Apg 4,36f; 12,12; 18,8), die durchaus auch geehrt wurden (Apg 4,36: Barnabas als Ehrenname). Paulus nennt Gastgeber der Hausgemeinden (Röm 16,3–5.23; 1Kor 1,14.16; 16,15–19). Diese Gemeinschaften sind als deutliche Parallelen zu den Hausvereinen anzusehen. In dem Zusammenhang ist auch die Aussage von der Bekehrung ganzer Häuser neu zu gewichten (Apg 11,14; 16,34; 18,8). Auch die Bezeichnung der Phöbe

als *prostatis* („Beistand, Patronin“; Röm 16,1f) weist auf die Bedeutung von Patronen für das frühe Christentum hin. Man wird annehmen dürfen, dass die Gastgeber der Hausgemeinden auch deren Leiter waren (vgl. auch 3Joh).
Vereine versammelten sich in eigenen Vereinsgebäuden (*scholē*). Sie enthielten zumeist einen Speiseraum sowie Räume für die Kultausübung. Weniger vermögende Vereine veranstalteten ihre Treffen in gemieteten Räumen oder im Haus eines Patrons (→2.2.5.2). Als soziale Treffpunkte waren Vereinshäuser über die Versammlungen hinaus wichtig. – Die Gemeinden aus der Zeit des NT trafen sich überwiegend in Privathäusern, wenngleich die Erwähnung der *scholē* des Tyrannus (Apg 19,9) auch auf andere Möglichkeiten verweist.

*Beziehungen*
Relativ selten sind Beziehungen zwischen Vereinen mit gleichen Interessen etabliert worden. Bekannt sind solche bei landsmannschaftlichen Vereinen, bei Mysterienvereinen für die ägyptischen Götter sowie bei Dionysiasten.[5] – Die christl. Gemeinden standen teilweise regional in engerem Kontakt, wie die Adressatenangabe in Gal 1,2 zeigt. Paulus selbst repräsentiert den Konnex zwischen den Gemeinden als Gesamtkirche, doch finden sich konkrete Beziehungen zwischen Gemeinden unabhängig von ihrem Gründer erst in 1Clem. Die Probleme des Paulus, die Kollekte für Jerusalem einzutreiben, weisen darauf hin, dass es für Heidenchristen unverständlich blieb, warum Geld für eine weit entfernte Gemeinde gesammelt werden sollte statt für die eigene Kasse, wie es in Vereinen üblich war.

*Regeln*
Einige Inschriften enthalten Regeln, die sich die einzelnen Vereine gaben. Dazu gehörten v.a. Vorschriften über die einzuzahlenden Beträge bzw. das Ausmaß der Speisen und Getränke, die mitzubringen waren. Auch Eintrittsgelder für neue Mitglieder und Zugangsbedingungen wurden festgelegt. Für den Umgang mit Geld war wichtig, wie mit dem Vereinsbesitz (Liegenschaften, Geldsummen) verfahren werden sollte. – In den christl. Gemeinden gab es anscheinend keine verpflichtenden Mitgliedsbeiträge, sondern freiwillige Gaben. Dies mag ebenfalls zur Attraktivität des Christentums beigetragen haben. Allerdings gab es durchaus gewisse Regeln, wie sie Paulus bei seinen Anweisungen zur Kollekte für Jerusalem vorgibt (1Kor 16,1f). Die Darstellung der Urgemeinde bei Lukas (Apg 2–4) gibt ein Ideal im Umgang mit Geld sowie ein negatives Beispiel (Apg 5: Ananias und Saphira) wieder.
Wichtige Themen in Vereinsordnungen waren die Zahl der abzuhaltenden Treffen sowie die entsprechenden Anlässe, wie Festtage des Vereinsgottes, Geburtstage der Patrone usw. – In den christl. Gemeinden war wohl, in Weiterführung der Synagogentradition, ein Treffen pro Woche (am Sabbat oder Sonntag) die Regel. Diese Häufigkeit fällt gegenüber Vereinen auf.
Neben einer Auflistung der Vereinsämter und der damit verbundenen Aufgaben und Rechte wurden allgemeine Anweisungen darüber gegeben, was den Mitgliedern ver- bzw. geboten war: Die Einhaltung der Sitz- und Redeordnung

5 Vgl. dazu *Ascough* 2003, 93–100.

etwa, die Erfüllung bestimmter kultischer Aufgaben oder Verpflichtungen gegenüber verstorbenen Vereinsgliedern. Streitigkeiten untereinander durften nicht vor öffentlichen Gerichten ausgetragen werden.[6] Die Regeln des Dionysios aus Philadelphia griffen auch auf das Leben außerhalb des Vereins über, etwa bezüglich Sexualität, Zauberei (→2.2.1.3; 3.2.6) oder Abtreibung.[7] – Die ntl. Briefe enthalten eine Fülle von Anweisungen, wie sich die Christen in der Gemeinde zu verhalten haben. So gibt Paulus in 1Kor 14 an, wie mit dem Sprachengebet im Gottesdienst zu verfahren ist. Streitigkeiten vor Gericht zwischen Gemeindemitgliedern werden 1Kor 6,1–8 ausgeschlossen, sexuelle Verfehlungen in 1Kor 5,1–13 verurteilt.

Für die Nichteinhaltung von Vorschriften wurden Strafkataloge entwickelt, die von Geldstrafen bis zum Vereinsausschluss reichten. Für Streitigkeiten konnten interne Verfahrensregeln festgelegt werden. – In der Gemeinde des Matthäus gab es einen Stufenplan für die Korrektur von sündigen Gemeindemitgliedern bis hin zum Ausschluss (Mt 18,15–17). Der Ausschluss wird auch von Paulus als *ultima ratio* genannt (1Kor 5,11–13). Geldstrafen werden im christl. Kontext nie erwähnt.

Auffällig ist, dass in den Quellen kein Exklusivitätsanspruch erhoben wird (Ausnahme: P. Lond. VII 2193). Wer es sich leisten konnte, durfte mehrfaches Mitglied sein, wie wir aus Mitgliederlisten verschiedener Vereine an einem Ort wissen. Die Regel war dies allein schon aufgrund der finanziellen Belastungen allerdings nicht. Tatsächlich bestand zwischen den Vereinen, v.a. zwischen jenen für den gleichen Zweck, eine Konkurrenzsituation. – Zumeist wird angenommen, für Christen wäre die Mitgliedschaft in einem Verein, in dem pagane Kulte eine Rolle spielten, unmöglich gewesen. In 2Kor 6,14–17 (die pln. Herkunft ist allerdings strittig) wird allgemein befohlen: „Sondert euch ab!“ Doch zeigt die Thematik des Essens von Götzenopferfleisch (1Kor 8–10) deutlich, dass Exklusivität nicht in dieser Weise gefordert wurde: 1Kor 8,10 spricht Paulus vom zu Tische liegen im paganen Tempel. Auch Einladungen von Heiden anzunehmen, gestattet Paulus (10,27). Lediglich vom paganen Kult sich fernzuhalten, war als Vorgabe gültig.

*Offizielle Anerkennung*

Obwohl es im röm. Reich schon seit dem 2. Jh. v.Chr. Einschränkungen von bestimmten Vereinen und seit 64 v.Chr. immer wieder restriktive Bestimmungen gab, existierten bis zur Mitte des 2. Jh.s n.Chr. unterschiedliche gesetzliche Regelungen (→1.5.1.2). Vereine, die die bestehende gesellschaftliche Ordnung nicht gefährdeten, waren grundsätzlich gestattet und erhielten gegebenenfalls eine Genehmigung. Wesentlich war die Zulassung von Vereinen, die auf alter Tradition beruhten, durch Caesar (Suet. Iul. 42,3). Dazu gehörten nach Josephus auch die jüd. Synagogen (ant. Iud. 14,215; →3.3.3). Einzelne *collegia* konnten um Bewilligung bitten, wenn dies nötig erschien, etwa um das Recht, den Status einer Körperschaft zu erhalten. Manche Städte waren nicht dem röm. Recht unterworfen (→2.2.7.1), so dass Vereine trotz genereller Beschränkungen gegründet werden konnten (Plin. epist. 10,92f).

---

[6] Bei *Schmeller* 1995, 113 (Inschrift 4).

[7] Bei *Schmeller* 1995, 97f.

Die meisten Vereine in frühchristl. Zeit besaßen keinerlei offizielle Erlaubnis und wurden geduldet, so lange sie nicht gefährlich erschienen. Um dies zu unterstreichen, beteiligten sich viele Vereine daher am religiösen Leben der Stadt und pflegten zusätzlich den Kaiserkult (→3.3.4). – Die christl. Gemeinden wurden von ihren Mitbürgern und den Behörden sicherlich als religiöse Vereine verstanden, die im Wesentlichen ungefährlich waren. Ein Vereinsverbot durch Plinius d. J. in Bithynien bezogen sie auch auf sich (epist. 10,96). Mit der Loslösung von den jüd. Synagogen wurden die christl. Gemeinschaften selbstständig und konnten daher bei Schwierigkeiten als unerlaubte, weil gesellschaftlich pro-blematische Vereine (*collegia illicita*) aufgelöst werden. Eine Gegenbewegung versuchte der Verfasser des 1Petr einzuleiten: Die christl. Gemeinde sollte sich wie ein Verein am Leben der Stadt positiv beteiligen, freilich ohne Aufgabe des Christusbekenntnisses (2,11–17).

*Jüdische Synagogen*

Die jüd. Synagogen (→3.3.3) in der Diaspora waren sowohl hinsichtlich ihrer äußeren Rechtsverhältnisse als auch in ihrer inneren Struktur (Mähler, Ämter, Patrone, Zugangsbedingungen, Ordnungen) landsmannschaftliche Vereine. Aufgrund der rechtlichen Sonderstellung der jüd. Religion im röm. Reich bestanden darüber hinausgehende Privilegien, etwa bezüglich der internen Gerichtsbarkeit. Die Synagogen in Jerusalem (Apg 6,9) – allesamt von Diasporajuden gegründet – wichen davon nicht ab. Jüd. Sondergemeinschaften, wie die Essener (→3.1.3.3), weisen viele Parallelen zum hell. Vereinswesen auf, selbstverständlich auch Differenzen.[8] Ihre Beschreibung durch Philo (prob. 75–91; →1.3.2.5) und Josephus (ant. Iud. 13,171f; 15,371f; 18,18–22; bell. Iud. 2,119–160; →1.3.2.6) nimmt daher auch Anleihen aus dem antiken Vereinswesen. Ob sich auch die Pharisäer in organisierten Bruderschaften (*chavurot*) zusammenfanden, ist umstritten.

Im Judentum bestand nicht überall und zu allen Zeiten die Pflicht, sich von paganen Vereinen fernzuhalten (vgl. Philo ebr. 20f; AE 1994, 1660). Wie weit dabei der pagane Kult jeweils gemieden wurde, ist wohl ganz verschieden gehandhabt worden. Besondere jüd. Vereine über die Synagoge hinaus scheint es in der Diaspora nicht gegeben zu haben.

In der rabb. Literatur wird über zwei Formen von Vereinen (*chavurot*) berichtet: In den einen versammelten sich Menschen, die sich den Reinheitsgeboten (und dem Gebot, den „Zehnten" zu zahlen) besonders streng unterwarfen (Billbeck II$^5$1969, 500–519), die anderen übernahmen ähnlich wie röm. *collegia* Aufgaben der Stadt (Billerbeck IV$^5$1969, 607–619): Freudenfeiern bei Geburten oder Hochzeiten, Beerdigungen etc. Diese Gruppen sind für das 1. Jh. allerdings nur für Jerusalem belegt (tMeg 4,15), und über ihre Struktur ist wenig bekannt.

*Literatur*

*R. Ascough*: Paul's Macedonian Associations. The Social Context of Philippians and 1 Thessalonians, Tübingen 2003. – *F. M. Ausbüttel*: Untersuchungen zu den Vereinen im

[8] Vgl. *Weinfeld* 1986, 10–50. Auch im semitischen Kulturraum gab es die Institution des Vereins (*marzeach*), die zumeist im Zusammenhang mit Tempeln bestand.

Westen des römischen Reiches, Kallmünz 1982. – (*H. L. Strack-*) *P. Billerbeck*: Kommentar zum Neuen Testament aus Talmud und Midrasch, München, II[5]1969; IV[5]1969. – *E. Ebel*: Die Attraktivität früher christlicher Gemeinden. Die Gemeinde von Korinth im Spiegel griechisch-römischer Vereine, Tübingen 2003. – *M. Öhler*: Römisches Vereinsrecht und christliche Gemeinden, in: *M. Labahn u.a.* (Hgg.): Zwischen den Reichen. Neues Testament und Römische Herrschaft, Tübingen 2002, 51–71. – *F. Poland*: Geschichte des griechischen Vereinswesens, Leipzig 1909. – *T. Schmeller*: Hierarchie und Egalität. Eine sozialgeschichtliche Untersuchung paulinischer Gemeinden und griechisch-römischer Vereine, Stuttgart 1995. – *M. Weinfeld*: The Organizational Pattern and the Penal Code of the Qumran Sect. A Comparison with Guilds and Religious Associations of the Hellenistic-Roman Period, Freiburg u.a. 1986.

## 2.2.5 Soziale Schichten und Gruppen

### 2.2.5.1 Reiche und Arme (*Elisabeth Herrmann-Otto*)

*Stellen im NT*
Mt 6,11 par Lk 11,3f; Mt 6,25; 12,1; 20,1–16; Mk 6,37; Lk 12,16–21; 21,1–4; Joh 6,7

*Einführung*
Reichtum und Armut sind nicht die grundlegenden Bestimmungskategorien innerhalb der Gesellschaft des röm. Imperium, sondern bilden zusätzliche Einteilungen, die sich durch alle Stände und Schichten hindurchziehen. Reichtum und Armut im röm. Reich können abhängig sein z.B. von der jeweiligen Zugehörigkeit eines Menschen zu einer bestimmten Bevölkerungsschicht bzw. -gruppe (*ordo senatorius*, *ordo equester*, *ordo decurionum*, *Augustales*, *plebs*) (→2.2.7.1), von seinem Bürgerrecht (*civis Romanus*, *Latinus*, *peregrinus*) und von seinem persönlichen Status (*ingenuus*, *libertus*, *servus*, *dediticius*) (→1.5.1.2), von seinem Wohnort in der Stadt oder auf dem Land (*plebs urbana*, *plebs rustica*) im Westen oder Osten des röm. Reiches, in alten romanisierten befriedeten Provinzen oder in neuen unbefriedeten und wenig romanisierten Randprovinzen (→2.2.6.1; →2.2.7.1). Soziales Ansehen beruht nicht allein auf Reichtum, sondern auf der Zugehörigkeit zu den obersten Ständen des Reiches, die zugleich politisch maßgeblich sind. Um aber zu jenen Schichten gehören zu können, ist bestimmter Reichtum Voraussetzung. Bei der Einschätzung des Stellenwertes von Armut und Reichtum in der röm. Gesellschaft kommt es darauf an, welches in der Wissenschaft entwickelte Modell man präferiert (→2.2.5.2).
Bereits in republikanischer Zeit war die röm. Bürgerschaft in fünf Censusklassen unterteilt, die alle fünf Jahre vom Censor überprüft und rektifiziert wurden. Verarmung bedeutete Absinken in die nächst tiefere Censusklasse, Abschwächung der politischen Einflussnahme bei den Wahlen und u.U. bei Absinken in die unterste Censusklasse Verlust der Wehrfähigkeit. Die Loskoppelung des Census von der Wehrfähigkeit (*capite censi*) war eine Folge der Krise des röm. Kleinbauerntums im 2./1. Jh. v.Chr., als dieses durch die ständigen Kriege, zunächst in Italien, später in den westlichen und östlichen Gebieten der Mittelmeerwelt, ihre Äcker im Mutterland nicht mehr bebauen

konnte und verarmte. Die Landwirtschaftskrise hatte sich zur Rekrutierungskrise ausgewachsen. Fortan war die Wehrhaftigkeit der röm. Legionen nicht mehr an den Landbesitz des *civis Romanus* gebunden, sondern daran, dass es dem jeweiligen Feldherrn gelang, genügend Freiwillige durch Versprechen von Sold und Beute für den bevorstehenden Feldzug zu gewinnen. Als Veteranen hatte er die Söldner mit Landbesitz für ihr Alter abzusichern. Proskriptionen und Konfiskationen halfen im 1. Jh. v.Chr., diese Versprechungen an die Legionäre auf italischem Boden einzulösen. Nach Abschluss der Bürgerkriege, die weite Teile der italischen Bevölkerung mit Verarmung und Tod überzogen hatten, wurden die Veteranen des kaiserzeitlichen Berufsheeres nun in den Provinzen angesiedelt, was zu deren Romanisierung mit beitrug.[1]

Politischer Einfluss blieb weiterhin an das timokratische Prinzip (*timē* = Reichtum, vorrangig an Landbesitz, allmählich auch an beweglichen Gütern) gebunden. Augustus erhöhte den Mindestzensussatz für den Senatorenstand von ehemals 400 000 auf 1 Million Sesterzen. Der Ritterstand, der fortschreitend politisch mehr eingebunden wurde, musste ein Vermögen von mindestens 400.000 Sesterzen vorweisen (→2.2.5.2), allerdings nicht in Landbesitz. Mindestzensusgrenzen galten ebenfalls für die städtische Oberschicht in Italien (200 000 Sesterzen) und in den Provinzen (20 000–100 000 Sesterzen),[2] die die städtischen Ämter unentgeltlich bekleidete (→2.2.5.2; 2.2.7.1) und für das Steueraufkommen der Städte und des umliegenden Landes dem Statthalter und seinen Finanzprokuratoren gegenüber haftete (→2.3.1). Auf diesem sozialen und politischen Hintergrund wird deutlich, dass die Rede von Reichtum und Armut eine relative ist, so dass man in Anlehnung an die modernen Sozialwissenschaften von relativer und von absoluter Armut und entsprechend auch von relativem und absolutem Reichtum sprechen muss.[3] Bei dieser Definition handelt es sich aber nicht um antike Begriffe, obwohl Römer und Griechen eine ausgebildete, differenzierte Begrifflichkeit besitzen, um Reichtum und Armut in ihren unterschiedlichen Abstufungen zu bezeichnen.[4]

Lassen sich für die oberen Schichten die Census-Untergrenzen in Zahlen angeben und müssen alle diejenigen, die unter diese Grenzen absinken, als relativ arm in Hinblick auf den Stand gelten, dem sie bisher angehörten, so ist die Ermittlung der Grenze absoluten Reichtums und andererseits absoluter Armut in Zahlen schwer fassbar. Da Reichtum mit Würde (*dignitas*), Ansehen/Einfluss (*auctoritas*) und Prestige positiv konnotiert ist, scheint es nach oben keine Grenzen gegeben zu haben. Auch die Anti-Luxus-Gesetze, die seit dem Ende des 3. Jh.s v.Chr. bis in die Kaiserzeit eine ununterbrochene Tradition haben, beruhen weniger auf einer moralischen Verurteilung des Reichtums als vielmehr auf politischen und ökonomischen Gründen zum Selbst-

---

1 *K. Christ*: Krise und Untergang der römischen Republik, Darmstadt [4]2000, 157–163; *A. Lintott*: The Constitution of the Roman Republic, Oxford 1999, 117–119.

2 *K. Christ*: Die römische Kaiserzeit von Augustus bis Diokletian, München 2001, 61–63; *W. Liebenam*: Städteverwaltung im römischen Kaiserreich, Amsterdam 1967, 234f; *Stegemann/Stegemann* [2]1997, 75–80.

3 *Prell* 1997, 13–17; *Mratschek-Halfmann* 1993, 4–10.

4 *Prell* 1997, 44–49; *Mratschek-Halfmann* 1993, 5–8.

schutz der oberen Schichten, später auch des Kaisers.[5] Die höchsten uns bekannten Vermögen besaßen beispielsweise M. Licinius Crassus mit 170,4 (Plut. Crass. 2), Gnaeus Pompeius Magnus mit mehr als 700 (Cic. Phil. 13,11) und in der Kaiserzeit Gnaeus Cornelius Lentulus mit 400 (Sen. benef. 2,27,1) sowie der Philosoph Seneca mit 300 Mill. Sesterzen (Tac. ann. 13,42), alle Angehörige des Senatorenstandes. Die Millionenvermögen der kaiserlichen Freigelassenen unter Claudius und Nero, z.B. des Narcissus mit 400 und des Pallas mit 300–400 Mill. Sesterzen, bedeuteten einen Verstoß gegen die Luxusgesetze und zogen die Kritik der beiden oberen Stände gegen die unwürdigen Konkurrenten nach sich.[6]
Als absolut arm (lat.: *mendicus*, *egens*, gr.: *ptōchos*) gelten diejenigen, die ihren Lebensunterhalt nicht selbst verdienen können, kein Dach über dem Kopf haben, kein Oberkleid besitzen und weder durch das soziale Netz einer *familia* noch eines *patronus* aufgefangen werden. Als arm (lat.: *pauper*, gr.: *penēs*), wenn auch nicht im Sinne von Bedürftigkeit, gelten alle diejenigen, die allein durch ihrer Hände Arbeit existieren und eine kleine Familie ernähren können. Die Grenze zwischen diesen beiden Armutsgruppen bildet das Existenzminimum, das auf dem Land bei ca. 75, in den Städten bei ca. 150 und in Rom auf Grund der hohen Mieten bei ca. 250 Denaren Jahreseinkommen pro Kopf liegt. Alle diese Zahlen beruhen auf modernen Berechnungen, die nur Annäherungswerte darstellen können.[7]
Die Römer selbst haben das Phänomen der absoluten Armut selten thematisiert, obwohl es faktisch durchaus bestand. Absolute Armut (lat. *mendicitas*, gr. *ptōcheia*) war für sie mit Kriminalität verbunden und wurde dem jeweiligen Menschen selbst angelastet, der zum Ausgestoßenen der Gesellschaft wurde (Sen. benef. 4,17,4; Hor. carm. 3,24,42; →2.2.5.4). Öffentliche Fürsorgeprogramme waren nicht speziell auf die Ärmsten der Armen, Bettler, Krüppel, Aussätzige, arbeitsunfähige Alte, verarmte Witwen und Waisenkinder, in Rom und anderen großen Städten ausgerichtet, sondern vorrangig auf die Bürger, unabhängig von ihrer Soziallage. Das traf auch auf Speisungen und Geldspenden (*congiaria*) zu außergewöhnlichen Anlässen zu (vgl. R. Gest. div. Aug. 15). Zur Vermeidung von Hungerrevolten in den großen Städten wurden Hilfsmaßnahmen ergriffen, die vom Billiggetreide, das staatlich subventioniert war, bis hin zur Gratisspeisung gingen. Normalerweise waren zu den regulären öffentlichen Getreideverteilungen, den *frumentationes*, die es seit der *lex Sempronia frumentaria* 123 v.Chr. gab, nur die röm. männlichen Bürger zugelassen, die eine Berechtigungsmarke hatten: 200 000 *cives Romani* zur Zeit des Augustus in der Stadt Rom (Cass. Dio 55,10,1; 43,21,4).[8]
Die sog. „Honoratiorenschicht" in den östlichen *poleis* des Reiches stand in einer langen Tradition gr.-hell. Euergetismus und *philanthrōpia*, die sie zur

5 *E. Baltrusch*: *Regimen morum*, München 1988, 40–61.153–159.

6 *K. W. Weeber*: Luxus im Alten Rom, Die Schwelgerei, das süße Gift ..., Darmstadt 2003, 166f.

7 *Stegemann/Stegemann* ²1997, 82–86.

8 *H. Bolkestein*: Wohltätigkeit und Armenpflege im vorchristlichen Altertum, ND Groningen 1967, 376f; *H. Bruhns*: Armut und Gesellschaft in Rom, in: *H. Mommsen/W. Schulze* (Hgg.): Vom Elend der Handarbeit, Stuttgart 1981, 35–37; *Prell* 1997, 279–287; *P. Herz*: Studien zur römischen Wirtschaftsgesetzgebung, Stuttgart 1988, 26f.43f.79f.92f.

Steigerung ihres eigenen Prestiges, aber auch zum Wohle der Städte und ihrer Bewohner weiterhin praktizierte, ein System, das für die Römer vorbildhaft wurde.[9]
Kaiserliche und private Alimentarstiftungen sicherten Familien in Rom und Italien seit dem 1. Jh. n.Chr. Ernährung, Kleidung und Ausbildung ihrer legitimen und illegitimen Kinder beiderlei Geschlechts zu. Es ist in der Wissenschaft allerdings umstritten, ob wirklich arme Familien die Empfänger waren oder ob Angehörige der städtischen „Mittelschicht“ aus demographischen, politischen und militärischen Gründen mit je einem Kind subventioniert wurden.[10]
Dass weder die Frumentationen noch die Alimentationen die Armut in Ost und West beseitigten, lässt sich an einem hohen Grad der Verschuldung und den daraus resultierenden Pachtverhältnissen (→2.3.4) oder gar dem Selbstverkauf sowie dem Verkauf und der Aussetzung der eigenen Kinder im gesamten röm. Reich, v.a. in den unteren Bevölkerungsschichten, feststellen (→2.2.5.3).
Neben der fast uneingeschränkt positiven Bewertung des realen Reichtums und der schlechten Konnotation der realen Armut gibt es bei den Philosophen und Moralisten eine Relativierung dieses Wertesystems, die freiwillige Armut, die ein tugendhaftes Leben ermöglicht (Diog. Laert. 6,105).

*Zu den Textaussagen im NT*
Ist schon die gr.-röm. Gesellschaft keine Leistungsgesellschaft, so sind die sozialen Verhältnisse, die sich in den Evv widerspiegeln höchst bescheidene. Fischer (Mt 4,18), Tagelöhner (Mt 20,1–16), Hirten (Lk 2,8; Joh 10), blinde Bettler (Lk 18,35; Joh 9,8) und arme Witwen (Lk 21,2f) kreuzen den Weg Jesu, selten einmal ein reicher Jüngling (Mt 19,16–22), Reiche (Landbesitzer; Lk 12,16f; 15,11f; 16,1; 21,1; →2.2.5.2) und Besitzer von Sklaven (→2.2.5.3), sowie reiche kommunale und religiöse Funktionsträger. Erst in der Apg und den Paulusbriefen tauchen sogar reiche Gemeindemitglieder außerhalb Palästinas auf (→2.3.4). Die Ab- und Umwertung des Reichtums und der Reichen: „Es ist leichter, dass ein Kamel geht durch ein Nadelöhr, als dass ein Reicher in das Reich Gottes komme“ (Mt 19,24; Mk 10,25; Lk 18,25), führt Jesus immer wieder in seinen Gleichnissen vor. Es ist für ihn ein Kennzeichen der gr.-röm. Umwelt, der Nichtgläubigen, sich um den nächsten Tag, um Nahrung und Kleidung zu kümmern (Mt 6,25). Verkauf oder Verschenken des Reichtums als Almosen (Mt 19,21; Lk 12,33), Aufhäufen eines inneren Schatzes anstatt materieller Güter (Mk 10,21; Lk 12,16–21; 16,1–13; 1Tim 6,17) beruhen u.a. auf einem Wertesystem, das in der jüd. Tradition des Almosengebens (Tob 4,7–9; Mt 6,2f) und des Armenzehnts (Dtn 14,28f) verwurzelt ist. Selbst eine Differenzierung der Armut wird fassbar in der armen Witwe, die

9 *F. Quaß*: Die Honoratiorenschicht in den Städten des griechischen Ostens, Stuttgart 1993; *P. Veyne*: Brot und Spiele. Gesellschaftliche Macht und politische Herrschaft in der Antike, Frankfurt 1988; *Jacques/Scheid* 1998, 337–366.

10 *Prell* 1997, 287–291; *L. Wierschowski*: Die Alimentarinstitution Nervas und Traians. Ein Programm für die Armen?, in: *P. Kneissl/V. Losemann* (Hgg.): Imperium Romanum, Stuttgart 1998, 756–783, *W. Jongman*: Benefical Symbols, in: *Ders*. (ed.): After the Past, Leiden 2002, 47–80.

immer noch zwei Scherflein, d.h. zwei Lepta = 1 Quadrans, die kleinste Kupfermünze (Lk 21,2–3; →1.3.4.3) als Almosen spenden kann, und den blinden Bettlern, die nicht arbeiten können und nichts besitzen (Lk 18,35; Joh 9,8). Der Lebensstandard der sog. Kleinen Leute ist ein niedriger in Palästina z.Z. Jesu. Das Existenzminimum liegt pro Kopf bei 40 Denaren jährlich. Von dem festgesetzten Tageslohn von einem Denar (= 64 Lepta) (Mt 20,1–16) kann ein Mann mit fünfköpfiger Familie leben, vorausgesetzt er findet jeden Tag Arbeit.[11] Die Grundnahrungsmittel (→2.2.1.5) Brot (Mt 12,1–4; Mk 6,41; Lk 11,3; Joh 6,7), Wein (Mt 20,1), Fische (Mk 6,38–43) aus dem See Genezareth und Vögel (Mt 10,29) sind für den schmalen Geldbeutel der knapp am Existenzminimum lebenden Mehrheit der Bevölkerung, die im NT immer mit dem Terminus *ptōchos* bezeichnet wird, erschwinglich.

*Literatur (siehe auch →2.2.5.2)*

*P. Garnsey*: Famine and Food Supply in the Graeco-Roman World. Response to Risk and Crisis, Cambridge 1988 (ND 1999). – *F. Jacques/J. Scheid*: Rom und das Reich in der Hohen Kaiserzeit 44 v.Chr. – 260 n.Chr., Bd. I: Die Struktur des Reiches, Stuttgart 1998. – *S. Mratschek-Halfmann*: *Divites et praepotentes*. Reichtum und soziale Stellung in der Literatur der Prinzipatszeit, Stuttgart 1993. – *M. Prell*: Sozialökonomische Untersuchungen zur Armut im antiken Rom von den Gracchen bis Kaiser Diokletian, Stuttgart 1997. – *E. W. Stegemann/W. Stegemann*: Urchristliche Sozialgeschichte. Die Anfänge im Judentum und die Christusgemeinden in der mediterranen Welt, Stuttgart [2]1997.

[11] *J. Hahn*: Almosen, DNP 1, 1996, 529f. Zum außerjüd. Ursprung der Armenfürsorge aus Ägypten u. Mesopotamien s. *P. C. Hanson*: The Ancient Near Eastern Roots of Social Welfare, in: *E. A. Hanawalt/C. Lindberg* (eds.): Through the Eye of a Needle, Kirksville 1994, 7–28. Wer unter die Grenze von 200 Denaren Jahreseinkommen für eine fünfköpfige Familie absinkt, ist ein Fall für die Armenkasse. *Stegemann/Stegemann* [2]1997, 89; Geld, in: Lexikon zur Bibel, 1994, 539–541.

## 2.2.5.2 Oberschicht und Unterschicht (*Elisabeth Herrmann-Otto*)

*Stellen im NT*
Mt 10,24; 20,1–16; 24,50; Mk 13,34; Lk 12,16.37; 15,17–20; 16,1–9; 17,7; Joh 4,49; 12,3–8; 13,16; 15,20; Röm 1,16f; 1Kor 1,18–2,15; 2 Kor 5

*Einführung*
Aristokratie ist im sozial-politischen Verständnis einer Oberschicht, die seit alters her Macht, Prestige und Privilegien innehat, in der gesamten antiken Mittelmeerwelt mit Grundbesitz verbunden.[1] In der röm. Republik spricht man von der Senatsaristokratie bzw. der Nobilität, die sich aus Patriziern und Plebejern, d.h. zeitweise aus ca. 30–40 Familien, zusammensetzte, die die eigentliche Führungs- und Machtelite innerhalb des republikanischen Senates darstellte, und die sich rigide gegen Aufsteiger, *homines novi*, die erstmalig in ihrer Familie das Konsulat bekleideten, abgrenzte. Mit der West- und Ostexpansion Roms zu Beginn des 2. Jh.s v.Chr. traten gesellschaftliche Verschiebungen ein, bedingt durch militärische Zwänge, v.a. aber durch den enormen Reichtum an Gold, Luxusgegenständen und Sklaven, die überwiegend aus dem Osten kamen. War der Senatorenstand familiär z.T. mit dem Ritterstand verbunden und sozial schwer von ihm unterscheidbar, trat mit der *lex Claudia de nave senatoria* (218 v.Chr.) eine deutliche Scheidung ein zwischen dem erblichen *ordo senatorius*, der politisch weiterhin die Geschicke Roms bestimmte, aber im Selbstverständnis einer agrarischen Gesellschaft seine Existenzbasis im Grundbesitz haben sollte, und dem nicht erblichen, äußerst heterogenen *ordo equester*, dessen Mitglieder ihren Reichtum nicht allein aus Grundbesitz, sondern auch aus Gewerbe, Handel, Bankgeschäften etc. gewinnen konnten (→2.3.2 II).[2]
Für den privaten Grundbesitz gab es keine Obergrenzen, wohl aber für die Okkupation von *ager publicus*, die maximal bei 1.000 iugera (250 ha) lagen. Diese Okkupationsobergrenzen, die entweder schon ins 4. Jh. v.Chr. (*lex Licinia Sextia*) zurückreichen, eher aber um 180 v.Chr. festgelegt wurden, mußten 133 v.Chr. durch Tiberius Gracchus im Zuge der Um- und Neuverteilung von *ager publicus* an die ärmeren Bevölkerungsschichten erneut eingeschärft werden (→2.2.5.1).[3] Allerdings blieb den *leges agrariae* der Gracchen der eigentliche Erfolg versagt, weil das Gesetz von 111 v.Chr. den Verkauf des staatlichen Pachtlandes ermöglichte, und das röm. Kleinbauerntum durch reiche Grundbesitzer weiter zurückgedrängt wurde. Abwanderung v.a. nach Rom,

---

[1] *A. Mannzmann*: Aristokratie, KP 1, 1979, 569; *P. J. Rhodes*: Aristokratie, DNP 1, 1996, 112f; Aristokratie, in: *K. Fuchs/H. Raab*: Wörterbuch Geschichte, München $^{11}$1998, 60: „im weiteren Sinne besagt Aristokratie die führende Schicht der Gesellschaft: Beamten-, Geld-, Partei-Aristokratie, eine Elite."

[2] *M. Gelzer*: Die Nobilität der römischen Republik, Stuttgart $^{3}$1983, 22–34; *W. Eder*: Adel, DNP 1, 1996, 109f; *E. Baltrusch*: *Regimen morum*, München 1989, 30–40; *A. W. Lintott*: Equites Romani, DNP 4, 1998, 33–37.

[3] *K. Bringmann*: Das „licinisch-sextische" Ackergesetz und die gracchische Ackerreform, in: *J. Bleicken* (Hg.): Symposium für Alfred Heuss, Kallmünz 1986, 51–66; *Ders.*: Römische Geschichte, München 2000, 42f; vgl. *M. Crawford*: Agrargesetze, DNP 1, 1996, 277–280.

Schuldknechtschaft und Saisonarbeit waren die Folge. Dennoch ist von einer übermäßigen Zunahme der Latifundienwirtschaft in Italien nicht auszugehen. Für Nordafrika ist allerdings bezeugt, dass sechs röm. Großgrundbesitzer die Hälfte des Provinziallandes besaßen (Plin. nat. 18,35).
Typisch für den röm. Landbesitz war dessen Parzellierung, so dass ein senatorischer Großgrundbesitzer zwar insgesamt 5 bis 10 Tausend ha Land besitzen musste, wenn er von einem Vermögen im Wert von 10 bis 20 Millionen Sesterzen sprechen konnte, aber dieses Land befand sich verstreut teils in Italien, teils in den Provinzen. Ein Einzelbetrieb mit mehr als 125 ha (500 *iugera*) Land galt bereits als Großbetrieb. Die Ackerbauschriftsteller Cato, Varro und Columella, alle Angehörige des Senatorenstandes, erzielten ihre höchsten Gewinne aus mittleren Betrieben zwischen 20–125 ha = 80–500 *iugera*, was nicht zuletzt mit der Organisation der Arbeitskräfte (→2.3.3) zu tun hat. Es handelt sich hierbei um den Typ der Villenwirtschaft, der v.a. in Italien verbreitet ist (Cic. Att. 8,13).[4]
In der frühen Kaiserzeit vollzogen sich tief greifende gesellschaftliche und verwaltungsstrukturelle Umschichtungen, durch welche die moderne Wissenschaft geradezu herausgefordert wurde, entsprechende Modelle zur Erfassung dieser hoch stratifizierten Gesellschaft zu entwickeln. Die am meisten herausragenden, wenn auch nicht einzigen Modelle sind das Stände-Schichten-Modell von Géza Alföldy und das Oberschichtgruppen-Unterschichtgruppen-Modell von Ekkehard W. und Wolfgang Stegemann.[5] Beide Modelle, die auch graphisch visualisiert wurden, sind dichotomisch aufgebaut (Oberschicht – Unterschicht). Alföldy stellt die drei *ordines* mit dem Kaiserhaus an die Spitze der Gesellschaftspyramide und teilt die Unterschichten zwischen Stadt und Land, Sklaven und Freien auf. Die Statusinkonsistenz, die sich v.a. in der *familia Caesaris* und bei reichen Freigelassenen ergibt (→2.2.5.3), löst er durch die Konzeption einer Pyramide in der Pyramide. Die vier Hauptkriterien für die Zuweisung zur Ober- oder Unterschicht sind Reichtum, Macht, Ansehen und *ordo*-Zugehörigkeit bzw. deren Fehlen. Die Brüder Stegemann übernehmen die pyramidale Form, lösen die Innenpyramide auf und machen aus ihr eine Sektion unterhalb der Oberschichtgruppen (*ordines*), die sog. Gefolgsleute (retainers), die aus freier Klientel, reichen Sklaven und Freigelassenen be-

[4] *D. Rathbone*: Großgrundbesitz, DNP 4, 1998, 1246; *P. Garnsey*: Cities, Peasants and Food in Classical Antiquitiy, ed. with addenda by *W. Scheidel*: Cambridge 1998, 109f; *H. Dohr*: Die italischen Gutshöfe nach den Schriften Catos und Varros, Köln 1965, 146f; *N. Morley*: Metropolis and Hinterland. The City of Rome and the Italian Economy 200 B.C.–A.D. 200, Cambridge 1996; *A. M. Andermahr*: *Totus in praediis*, Bonn 1998, 85f.123f.

[5] *Alföldy* [3]1984, 85–132, hier 125, Abb. 1; *Ders*. 1986, 41–98; *Stegemann/Stegemann* [2]1997, 58–94, hier 74: Sozialpyramide 1. Außerdem: das linear-hierarchische Modell von *R. Rilinger*: Moderne und zeitgenössische Vorstellungen von der Gesellschaftsordnung der römischen Kaiserzeit, Saec. 36, 1985, 299–325; das sog. „Fünf-Schichten-Modell" von *Christ* [4]2002, 431–433, der als einziger von einer Mittelschicht ausgeht; die personenstandsrechtlich determinierte Gesellschaftsordnung von *F. Vittinghoff*: Wirtschaft und Gesellschaft des Imperium Romanum, in: *Ders*. (Hg.): Handbuch der europäischen Wirtschafts- und Sozialgeschichte 1, Stuttgart 1990, 172–174; kritische Würdigung aller althistorischen Modelle durch *A. Winterling*: „Staat", „Gesellschaft" und politische Integration in der Kaiserzeit, Klio 83, 2001, 93–112, der eine Aporie der Forschung feststellt. Die graphischen Abbildungen der verschiedenen Gesellschaftsmodelle → Bd. 4.

steht, einer äußerst heterogenen Gruppe. Macht, Privilegien, Prestige sind die Bestimmungskriterien für die beiden oberen Gruppen. Die Unterschichtgruppen erfahren eine Zäsur durch die Existenzminimumsgrenze (→2.2.5.1), wodurch relativer Reichtum, relative Armut und absolute Armut die Unterscheidungskriterien bilden. Im Gegensatz zu Alföldy, Christ u.a. geht dieses Gesellschaftsmodell von geringer sozialer Mobilität aus. Auf Grund der Heterogenität der röm. Gesellschaft und ihrer historischen Entwicklung kann jede theoretische Erfassung nur einen Annäherungsversuch darstellen.

In der Kaiserzeit wurde aus der senatorischen und ritterständischen Aristokratie die Reichsaristokratie. Die Römer hatten seit jeher die Oberschichten in den Städten Italiens, aber v.a. in den hochentwickelten *poleis* in Griechenland und West-Kleinasien (→1.4.2.1), rund 2.000 Städte im Gesamtreich, in die Verwaltung eingebunden und sie mit dem röm. Bürgerrecht belohnt. Auch diese Munizipalaristokratie, schätzungsweise 150.000 Personen, bezog – bei allen lokalen Unterschieden – ihren Reichtum, der Voraussetzung für Stand (*ordo decurionum*) und Ämter (*cursus honorum*) war, u.a. aus dem Landbesitz. Als städtische Magistrate und Priester, als Patrone und Euergeten (Wohltäter), die für ihre Städte wirkten und öffentliche Bauten, Speisungen, Alimentarstiftungen, Spiele etc. finanzierten, erwarben die Hervorragendsten, die sog. Honoratioren, ein so großes Prestige (*dignitas*), dass der Aufstieg in den nächsthöheren *ordo* gelingen konnte, wenn alle anderen Voraussetzungen (Bürgerrecht, Unbescholtenheit, freie Geburt, Reichtum etc.) gegeben waren. Städtische Ehrungen zeigen, dass sie auch als Angehörige der beiden höchsten *ordines* ihren Herkunftsstädten als einflussreiche Patrone und Euergeten weiterhin verbunden blieben. In der Mitte des 2. Jh.s n.Chr. stammten bereits 43 % der Senatoren aus den Provinzen, v.a. des gr.-hell. Ostens (20 % Osten, 11,5 % Afrika, 10,3 % Westen, 1,2 % Dalmatien). Die restlichen 57 % waren italischer und stadtröm. Herkunft.[6]

Die *ordines* hoben sich durch Insignien, Ehrenplätze im Theater (→2.2.7.2), großes Gefolge an Klienten bei Auftritten in der Öffentlichkeit sowie durch ihren urbanen Lebensstil (Bankette, *salutationes*) von der übrigen Bevölkerung ab. In den zahlreichen Vereinen, die einen prägenden Bestandteil des gesellschaftlichen Lebens in der Antike bilden, wurden sie auf Grund ihrer Sponsortätigkeit als Patrone durch Inschriften und Statuen geehrt (→2.2.4.2). Der Verhaltenskodex, der ihre Würde (honor = *dignitas*) unterstrich, wurde ängstlich eingehalten. Jede Verletzung konnte Ausschluss bedeuten und war unendlich beschämend (shame = *pudor*), nicht nur für die Betroffenen selbst, sondern auch für ihre Standesgenossen. Es ist in der Forschung allerdings umstritten, ob sich nur die Oberschichten im Rahmen einer honor-shame-

---

[6] *K. Christ*: Die römische Kaiserzeit von Augustus bis Diokletian, München 2001, 61–67; *V. Weber*: Zur Struktur der Munizipalaristokratie des römischen Reiches, in: *T. Kotula* (ed.): Les élites provinciales sous le Haute-Empire Romain, Warschau 1997, 175–181; *G. Wesch-Klein*: *Equites romani* und Euergetismus, in: *S. Demougin* (ed.): L'ordre équestre, histoire d'une aristocratie, Rom 1999, 301–319. *Jacques/Scheid* 1998, 367–378.

Psychologie bewegten, oder ob diese anthropologische Komponente auch in den Unterschichten anzutreffen ist.[7]
Vom Euergetismus der Oberschicht sowie vom Klientelsystem, das auf einem gegenseitigen, allerdings asymmetrischen Treueverhältnis von *patronus* und *cliens* beruhte, war das Reich abhängig auf Grund eines fehlenden staatlichen Sozialnetzes (→2.2.5.1). Die wirtschaftliche und soziale Bedeutung dieses Systems wird deutlich in allerdings nie rechtlich festgelegten freiwilligen Schutzfunktionen reicher *patroni* gegenüber ihren unterstützungsbedürftigen *clientes*.[8]

*Zu den Textaussagen im NT*
Nach der Provinzialisierung von Judäa und Samaria 6 n.Chr. (→1.4.4.1–2) wurde der ehemals königliche Besitz vom röm. Präfekten an Privatleute teils verkauft teils verpachtet.[9] In Galiläa blieben die alten Besitz- und Herrschaftsstrukturen der herodianischen Dynastie, der größten Landbesitzerin der Region, bis 40 n.Chr. bestehen (Ios. ant. Iud. 17,307; →1.4.4.1).
Reiche Landbesitzer sind in den Gleichnissen Jesu anzutreffen, nehmen aber keine dominante Position ein. Der Besitzer des Weinberges, der einen eigenen Verwalter hat, wahrscheinlich einen Sklaven (→2.2.5.3), und viele Tagelöhner beschäftigen kann, ist ein wohlhabender Mann (Mt 20,1–16, vgl. Mt 24,50; Lk 12,16–21; 16,1–8). Das gleiche gilt für den Vater des verlorenen Sohnes, der Sklaven, Viehherden und Felder besitzt, Tagelöhner beschäftigen kann und trotz Auszahlung seines jüngeren Sohnes weiterhin in Wohlstand, sogar einem gewissen Luxus lebt (Lk 15,11–32). Auch sonst erwähnt Jesus Herren, u.a. auch lokale Funktionsträger (Lk 7,2; Joh 4,49; →2.2.5.3), die mehrere Sklaven sowie Grund und Boden (Mt 24,45–50; Mk 13,33–36) besitzen. Sie alle scheinen der unteren Oberschichten- und der oberen Unterschichtengruppe anzugehören. Herren eines Sklaven, der alle Aufgaben auf dem Feld und im Haushalt alleine durchführen muss (Lk 17,7–10), sind eher den Kleinbauern der Unterschichtengruppe zuzurechnen (vgl. Stegemann/Stegemann $^{2}$1997, 127, Sozialpyramide 2). Zur gleichen sozialen Schicht zählt der freie Verwalter eines reichen Mannes, dessen standesbezogenes Schamgefühl so groß ist, dass er die Güter seines Arbeitgebers an seine Schuldner (= Klienten) – in der Hoffnung auf späteren Schutz – durch Schuldenerlass „veruntreut", eine sog. gerechte Reduzierung eines unverzinslichen, jedoch total überteuerten Darlehens (→2.3.1). Er fürchtet, da ungeeignet zum Tagelöhner, unter das Existenzminimum in die verschämte Armut (Bettelei) abzusinken (Lk 16,1–4).[10] (→2.2.5.4)

[7] *A. Wlosok*: *Nihil nisi ruborem* – Über die Rolle der Scham in der römischen Rechtskultur, GrB 9, 1980, 155–172; *A. Kneppe*: *Metus temporum*, Stuttgart 1994, 307–328 (Oberschichten).329–350 (Unterschichten).

[8] *R. Saller*: Status and Patronage, CAH 11, 2000, 817–854; *H. J. Gehrke*: Euergetismus, DNP 4, 1998, 229f; *Jacques/Scheid* 1998, 345–360.

[9] *H. Wieling*: Grundbesitz I, RAC 12, 1983, 1172–1176; zur Akkumulation des Landes in den Händen weniger und zur Verschuldung s. *Stegemann/Stegemann* $^{2}$1997, 122–126.

[10] *B. J. Malina/J. H. Neyrey*: Honor and Shame in Luke-Acts, in: *J. H. Neyrey* (ed.): The Social World of Luke-Acts, Peabody 1991, 26–65; *H. Moxnes*: Patron-Client Relations and the New Community in Luke-Acts, in: *Neyrey* (s.o.), 241–268.

*Literatur (siehe auch →2.2.5.1)*
*G. Alföldy*: Römische Sozialgeschichte, Wiesbaden [3]1984. – *Ders*.: Soziale Strukturen im Imperium Romanum, in: *Ders*. (Hg.): Die römische Gesellschaft, Stuttgart 1986, 41–98. – *K. Christ*: Geschichte der römischen Kaiserzeit von Augustus bis Konstantin, München [4]2002. – *E. W. Stegemann/W. Stegemann*: Urchristliche Sozialgeschichte. Die Anfänge im Judentum und die Christusgemeinden in der mediterranen Welt, Stuttgart [2]1997.

## 2.2.5.3 Sklaven und Freigelassene (*Elisabeth Herrmann-Otto*)

*Stellen im NT*
Allgemein: Mt 10,24; Mk 13,34; Lk 12,37; 17,7; Joh 4,43–54; Eph 6,5–9; Kol 3,22–4,1; 1Tim 6,1f; Phlm; 1Petr 2,18–25; Metaphorik: Joh 8,33.35; 12,2f.25f; 13,16; 15,20

*Einführung*
Bei fast allen antiken Völkern ist die Sklaverei eine Institution des Völkergemeinrechts (*ius gentium*: Gaius inst. 1,52; →1.5.1.1). Sie entsteht vorrangig durch die Kriegsgefangenschaft (Marcian. dig. 1,5,5,1).[1] Wurden in homerischer Zeit nur die Frauen und Kinder des besiegten Feindes als Beute in die Sklaverei abgeführt, während man alle Männer tötete (Hom. Il. 6,440–465), so wurden in archaischer Zeit auch die männlichen Besiegten in die Sklaverei verkauft (Xen. Kyr. 7,5,73). Der Handel mit Sklaven gehört zu den frühesten Handelsgeschäften, die v.a. von Phöniziern, Puniern und Chiern betrieben wurden. Sie versorgten die gesamte Mittelmeerwelt mit dieser Ware, die sie nicht nur aus den Kriegen bezogen, sondern auch durch Piraterie mittels widerrechtlicher Entführung und Verschleppung von Freien. Schon in homerischer Zeit ist diese Form der Sklaverei bekannt und sie hat sich ununterbrochen bis in die Spätantike gehalten (→2.3.3).[2]
Ebenfalls als Einrichtung des Völkergemeinrechts gilt die Sklavengeburt. Jedes Kind, das von einer unfreien Mutter geboren wird, ist ein Sklavenkind, da es dem Status der Mutter folgt. Der Status des Vaters ist bei außerehelich geborenen Kindern unerheblich. Abweichungen vom Völkergemeinrecht bedurften besonderer Regelungen.[3]
Es war die Überzeugung der Stoiker, der Kyniker und der röm. Juristen, dass nach dem Naturrecht alle Menschen frei und gleich geboren seien, und dass es nach dem Naturrecht (*ius naturale*) keine Sklaverei gibt (→3.1.1; 1.5.1.1). Diesen Widerspruch scheint auch Justinian empfunden zu haben, als er die Sklavengeburt nicht mehr dem Völkergemeinrecht als Institution zuwies. Es ist ungeklärt, ob er die Sklavengeburt zugunsten der Freiheit beschneiden wollte (*favor libertatis*) oder ob er sich an gr.-philosophischem Gedankengut orientiert hat. Aristoteles zufolge sind nämlich alle Barbaren, d.h. alle Nicht-Griechen, Sklaven von Natur (*physei douloi*, d.h. von Geburt), während durch Kriege oder sonstige Umstände versklavte Griechen nur Sklaven nach dem

[1] *Wieling* 1995, 4–8; Vgl. *M. Kaser*: *Ius gentium*, Köln 1993, 20–32.
[2] Hom. Od. 21,193–225; *P. Cartledge*: Sklavenhandel, DNP 11, 2001, 619–621.
[3] *Wieling* 1995, 9–10; *E. Herrmann-Otto*: *Ex ancilla natus*, Stuttgart 1994, 21–28.28–34 (Sonderregelung *SC Claudianum*); *Kaser* [2]1971, 289.

Gesetz (*kata nomon*) sind und jederzeit nach dem Gesetz wieder freigelassen werden sollten. Freilassungen sind in Griechenland selten und nicht mit dem Erwerb des Bürgerrechts verbunden.[4] Zur Absicherung ihrer Rechtsverbindlichkeit wird der Gott (z.B. der delphische Apollo) als Garant eingesetzt (sakrale Freilassung). Die Bandbreite zwischen frei und unfrei (Poll. 3,83 *metaxy eleutherōn kai doulōn*) ist aufgrund der vielen Zwischenformen (z.B. Paramonarier, Heloten, Penesten etc.) fließend.[5]

Das ist bei den Römern grundlegend anders. Ob ein Mensch nach *ius gentium* (Kriegsgefangenschaft, Sklavengeburt) oder nach *ius civile* (Selbstverkauf, Menschenraub, Aussetzung, Strafsklaverei, *SC Claudianum*) zum Sklaven geworden ist, seine Freilassung ist je nach der gewählten Freilassungsform mit dem latinischen (prätorische Freilassungen) oder dem röm. (*manumissio vindicta, censu, testamento*) Bürgerrecht verbunden (→1.5.1.3). Altersvorschriften bezüglich des Freilassers (20 Jahre) und des Freizulassenden (30 Jahre) können vorübergehend die *latinitas Iuniana* nach sich ziehen (*lex Aelia Sentia* 4 v.Chr.). Als röm. Bürger hat der *libertus* alle Rechte und Pflichten eines solchen, bleibt allerdings von staatlichen und städtischen Ämtern ausgeschlossen. Seine freigeborenen Kinder können die soziale Leiter emporsteigen, nicht selten bis in die oberste Spitze der gesellschaftlichen Pyramide (→2.2.5.1; 2.2.5.2).[6]

Ob es einem Sklaven gut oder schlecht ging, ob er gesundheitsschädliche Arbeiten verrichten musste, keine Aussicht auf Freilassung hatte bzw. „als altes Gerümpel ausrangiert" wurde (Plut. Cato maior 5), hing ganz von seinem Herrn ab. Kranke, von ihren Herren ausgesetzte Sklaven fanden Heilung und Schutz in Asklepiosheiligtümern (→2.2.3.1). Die Freiheit wurde ihnen durch ein Edikt des Kaisers Claudius gewährt (Dig. 40,8,2; →2.4.4).[7] Sklaven reicher röm. Familien in städtischen, aber auch ländlichen Haushalten (Villenwirtschaft) hatten die Möglichkeit, mit Zustimmung ihres Herrn eine Familie zu gründen und sich ein *peculium* (Sondergut) zu erwirtschaften, mit dem sie sich später freikaufen konnten. Ebenfalls mit Erlaubnis des Herrn konnten sie Vereinen beitreten, die ihnen für Freilassung und Begräbnis ein Darlehen (*eranos*) gewährten (→2.2.4.2). Als engste Vertraute ihrer Herren führten sie deren Finanzgeschäfte (*procurator*, *actor*, *dispensator*), überwachten als Verwalter (*vilicus*) Sklavenarbeiter und freie Tagelöhner und konnten sich mit dem *peculium* auch eigene Sklaven (*vicarii* = *servi servorum*) kaufen, über die

---

4 Inst. Iust. 1,3,4; *J. Modrzejewski*: *Aut nascuntur aut fiunt*: Les schémas des sources de l'esclavage dans la thérorie grecque et dans le droit romain, in: Actes du colloque 1973 sur l'esclavage, Paris 1976, 353–384; *E. Flaig*: Den Untermenschen konstruieren. Wie die griechische Klassik den Sklaven von Natur erfand, in: *R. von den Hoff/S. Schmidt* (Hgg.): Konstruktionen von Wirklichkeit, Stuttgart 2001, 27–49.

5 *D. Lotze*: *Metaxy eleutheron kai doulon*. Studien zur Rechtsstellung unfreier Landbevölkerungen in Griechenland bis zum 4. Jh. v.Chr., Berlin 1959; *L. P. Marinovic u.a.*: Die Sklaverei in den östlichen Provinzen des römischen Reiches im 1.–3. Jh., Stuttgart 1992; *Weiler* 2003, 180–189.

6 *G. Schiemann*: *Latini Iuniani*, DNP 6, 1999, 1170f. Zur *lex Aelia Sentia* und zur automatischen Freilassung: *G. Alföldy*: Sklaverei, in: *Ders.*: Die römische Gesellschaft, Stuttgart 1986, 323–331: Auseinandersetzung mit der Kritik; *Weiler* 2003, 189–205.

7 *A. Major*: Claudius' Edict on Sick Slaves, Scholia 3, 1994, 84–90; *S. Faro*: La *libertas ex divi Claudii edicto*. Schiavitù e valori morali nel I secolo d.C., Catania 1996, bes. 32–62.

sie frei verfügten. Eine qualifizierte Ausbildung lag im Interesse beider, v.a. nach der Freilassung (*operae* →2.3.3). Ihre *manumissio* konnte allerdings nur durch den *dominus* erfolgen.[8]

Obwohl die Sklaven nach Statuskriterien auf der untersten Stufe der gesellschaftlichen Pyramide standen, lag es im Interesse der Sklavenbesitzer, die Arbeitskraft ihrer Sklaven nicht so auszubeuten, dass die Betroffenen zugrunde gingen. Solche Praktiken gab es im 2./1. Jh. v.Chr., als durch ein Überangebot auf den Sklavenmärkten infolge der in den ehemals hell. Königreichen durchgeführten Massenversklavungen der einzelne Sklave wenig wert war. Die Sklavenaufstände (→1.4.1.1) als direkte Antwort auf die unmenschlichen Zustände in Sizilien, Süditalien, Attika, Delos und Pergamon ließen die Römer aufschrecken. Schutzgesetze waren erst in zweiter Linie auf die Sklaven selbst ausgerichtet. Es lag im öffentlichen Interesse (*utilitas publica*), dass die Aufstandsgefahr gebannt war und sich die Herren ihrer Sklaven, aber auch der eigenen Standesgenossen sicher sein konnten. Der Verhaltenskodex, wie man miteinander umzugehen habe, wurde im Interesse aller festgelegt. Er bedeutete aber auch, dass bei unterlassener Hilfeleistung alle Sklaven eines ermordeten Herrn – ob schuldig oder unschuldig – hingerichtet wurden.[9]

Gleiches Zugriffsrecht hatte man nicht auf die Freigelassenen. Es gab eine moralische Verpflichtung (*obsequium*) für den *libertus*, seinem verarmten *patronus* zu helfen. Ein rechtlicher Anspruch bestand allerdings nicht, auch zunächst nicht die Möglichkeit der Widerrufung der Freilassung (*revocatio in servitutem*) wegen Undankbarkeit des Freigelassenen (*ingratiae liberti causa*) (Tac. ann. 13,26). Tagewerke (*operae*) konnten ausgehandelt werden, die im Gegensatz zu den in Griechenland und den hell. Staaten üblichen *paramonē*-Bestimmungen in Umfang und Dauer genau festgelegt waren. Der *patronus* beerbte seinen kinderlosen Freigelassenen, konnte aber Eheverbote, v.a. gegenüber seinen freigelassenen Sklavinnen, unter dem Aspekt des Erbrechts nicht durchsetzen.[10]

Bei den Sklaven und Freigelassenen des Kaiserhauses ergab sich eine gravierende Statusinkonsistenz (→2.2.5.2). *Servi Caesaris* und *liberti Augusti* konnten Karrieren in der kaiserlichen Verwaltung machen, durch welche sie mehr Einfluss und Reichtum gewinnen konnten als mancher Senator. Sie waren hoch qualifizierte, gut ausgebildete Fachleute, die den freien Verwaltungsbeamten überlegen waren. Reiche Freigelassene bildeten in der städtischen Munizipalaristokratie eine eigene Schicht der Augustalen.[11]

---

8 *F. Reduzzi-Merola*: *Servo parere*: studi sulla condizione giuridica degli sciavi vicari e di sottoposti a schiavo nelle esperienze greca e romana, Neapel 1990; *J. J. Aubert*: Business Managers in Ancient Rome, Leiden 1994; *Thompson* 2003, 78–102.

9 *W. Z. Rubinsohn*: Die großen Sklavenaufstände der Antike. 500 Jahre Forschung, Darmstadt 1993; Interdependenz von Handel u. Massenversklavungen: *L. Schumacher*: Sklaverei in der Antike, München 2001, 40–43; Schutzgesetze für Sklaven: *Kaser* $^2$1971, 293.285f; *H. Bellen*: Antike Staatsräson. Die Hinrichtung der 400 Sklaven des römischen Stadtpräfekten L. Pedanius Secundus im Jahre 61 n.Chr., Gym. 89, 1982, 449–467.

10 *Kaser* $^2$1971, 298–301; *W. Waldstein*: *Operae libertorum*, Stuttgart 1987, 90–109.164–175.

11 *P. R. C. Weaver*: *Familia Caesaris*, Cambridge 1972; *A. Abramenko*: Die munizipale Mittelschicht im kaiserzeitlichen Italien, Frankfurt 1993.

Die röm. *familia*, der Sklaven und Freigelassene zusammen mit ihrem *dominus/patronus* und dessen Familie angehörten (→2.2.1.2), bildete das soziale Netz für alle ihre Mitglieder. Freie röm. Bürger der Unterschichten, die weder in einer tragfähigen *familia* noch in einer *clientela* eingebettet waren, konnten in Notfällen auf Grund des fehlenden öffentlichen Sozialnetzes unter die Existenzminimumsgrenze absinken. Wege aus der downward mobility führten in die Sklaverei: durch Aussetzung der Neugeborenen, Verkauf der eigenen Kinder und Selbstverkauf. Da die Schuldsklaverei bereits in der frühen Republik (*lex Poetelia Papiria* 326 v.Chr.) abgeschafft worden war, blieben nur jahrelange Schuldknechtschaft oder Selbstverkauf mit Gewinnbeteiligung zur Begleichung der Schulden übrig. Ein solcher Selbstverkäufer büßte zwar auf immer seine freie Geburt ein, konnte aber im Sozialnetz seiner neuen *familia* als *servus* und später *libertus* höher aufsteigen als ihm dies als *pauper* oder gar *mendicus civis Romanus* je möglich gewesen wäre (→2.2.5.1).[12] Die Abschaffung der Sklaverei war kein Thema für die Antike.
Auch den Juden war die Sklaverei wie allen antiken Völkern bekannt. Sie unterschieden sich allerdings von diesen, indem sie die am weitesten entwickelte Schutzgesetzgebung für ihre Sklaven hatten (Ex 21,26–27; Dtn 5,14f; 21,10–14). Das hing vornehmlich mit ihrer Erinnerungskultur zusammen: aus dem Sklavenhaus Ägypten als ganzes Volk von Jahwe befreit worden zu sein (Ex 20,1–2). Die Schuldsklaverei war zwar noch nicht abgeschafft, aber der hebr. Sklave musste im 7. Jahr freigelassen und mit einem Startkapital ausgestattet werden (Dtn 15,12–18). Wollte er Frau und Kinder, die er erst in der Sklaverei erworben hatte, nicht zurücklassen, blieb er Sklave auf ewig, längstens 50 Jahre (Ex 21,2–11). Für fremde Sklaven, die Kaufsklaven waren, galten diese Befristungen nicht (Lev 25,44–46). Dennoch wurden auch sie in die Kultgemeinde aufgenommen (Gen 17,13).[13] In der Diaspora übernahmen die Judengemeinden z.B. im Bosporanischen Königreich an der Schwarzmeerküste Freilassungsformen der gr-röm. Umwelt: Freilassung in der Synagoge als sakrale bzw. als prätorische Freilassung (*manumissio inter amicos*; →1.4.5.5).

*Zu den Textaussagen im NT*

Die Institution der Sklaverei ist auch im ntl. Palästina eine selbstverständliche Gegebenheit. Jesus schärft die Hierarchie von Herren und Sklaven als unumstößlich ein (Mt 10,24f; Lk 17,7–10; Joh 14,16) und bezieht viele Gleichnisse aus dem seinen Zuhörern vertrauten Sklavenmilieu. Der unfreie Verwalter (*oikonomos*), der von der Rückkehr seines Herrn überrascht wird, hat in seinen Aufgaben als Führungskraft und Finanzverwalter versagt (Mt 24,45–51; Lk 12,41–48; 16,1–8), Anforderungen, die auch die röm. Ackerbauschriftsteller an ihre *servi vilici* stellen (Colum. 1,8,1–13). Enttäuschen sie das Vertrauen des Herrn, folgen Strafen gemäß der unumschränkten Herrengewalt (*potestas*

[12] *Wieling* 1999, 25f.31f; *E. Herrmann-Otto*: *Causae liberales*, Index 27, 1999, 141–159; Zur Selbstverständlichkeit der Sklaverei in Rom s. *E. Herrmann-Otto* (Hg.): Unfreie Arbeits- und Lebensverhältnisse von der Antike bis in die Gegenwart, Hildesheim 2005.

[13] *B. S. Jackson/E. Isaac*: Biblical Literature, in: *S. Drescher/St. L. Engermann* (eds.): A Historical Guide to World Slavery, Oxford 1998, 89–98; *E. E. Urbach*: The Laws Regarding Slavery, PIJS 1, 1964, 1–94; *R. Kessler*: Das hebräische Schuldenwesen. Terminologie und Metaphorik, WuD 20, 1989, 181–195.

*vitae necisque*; Mt 24,51; Lk 12,47f; Gaius inst. 1,52). Neben realen Heilungen von Sklaven reicher Herren (→2.2.5.2) gibt es in den Evv aber auch eine metaphorische Rede von der Befreiung aus der Sklaverei der Sünde zur Sohnschaft bzw. Kindschaft Gottes (Joh 8,33–36; vgl. Röm 6,15–23; 8,14–17). Die Jünger steigen von Sklaven zu Freunden des Herrn (Joh 14f) auf. Ähnlich doppeldeutig äußern sich die Paulus- und die Pastoralbriefe. Den Sklaven wird Gehorsam und Unterordnung unter ihre Herren befohlen, auch wenn diese „Heiden" sind (Eph 6,5–8; 1Tim 6,1f; Tit 2,9f). Paulus passt sich hiermit voll in die Struktur antiker Hauswirtschaft (*oikonomia*) ein. Auf Grund der Gleichheit aller vor Gott (Kol 3,11) sind aber auch die Herren zu einer gerechten Behandlung der Sklaven aufgerufen (Eph 6,9; Kol 4,1). Sie sind alle aus der Schuldknechtschaft durch den Kreuzestod Christi befreit (Kol 2,14). Die Freilassung der Sklaven wird weder von Jesus noch von seinen Jüngern gefordert. Paulus schickt den zu ihm geflohenen Sklaven Onesimus seinem Herrn Philemon zurück, allerdings mit der Bitte, ihn nicht zu bestrafen, sondern wie einen „Bruder im Herrn" aufzunehmen. Paulus erkennt die Herrenrechte des Philemon an und will ihm sogar die ausgefallene Arbeitskraft des neugetauften *fugitivus* erstatten (Phlm, vgl. Plin. epist. 9,21). In der Hoffnung auf die bevorstehende Parusie rät Paulus, der sich selbst oft als Sklave Christi bezeichnet (z.B. Röm 1,1), den Sklaven, auf ihre Freilassung zu verzichten (1Kor 7,20–23).[14]

*Literatur*

*P. Garnsey*: Ideas of Slavery from Aristotle to Augustine, Cambridge 1996. – *M. Kaser*: Das römische Privatrecht I, München ²1971. – *F. H. Thompson*: The Archaeology of Greek and Roman Slavery, London 2003. – *I. Weiler*: Die Beendigung des Sklavenstatus im Altertum. Ein Beitrag zur vergleichenden Sozialgeschichte, Stuttgart 2003. – *H. Wieling*: Die Begründung des Sklavenstatus nach *ius gentium* und nach *ius civile*, Stuttgart 1999.

[14] *N. R. Petersen*: Rediscovering Paul. Philemon and the Sociology of Paul's Narrative World, Philadelphia 1985; *J. A. Harrill*: The Manumission of Slaves in Early Christianity, Tübingen 1995, 68–129.

#### 2.2.5.4 Randgruppen: Banditen, Zöllner und andere (*Werner Rieß*)

*Stellen im NT*
Mt 9,9–13; 12,1–8; 27,17–26.38.44; Mk 2,13–17; 15,2–15.27f; Lk 5,27–32; 10,30–35; 23,13–25.32f; Joh 18,29–19,1.18

Denkt man an Randständige im NT, so kommt einem unweigerlich die Kreuzigungsszene in den Sinn, in der berichtet wird, dass Jesus zwischen zwei Räubern gekreuzigt wurde.[1] Dieser Bericht wirft zwei Fragen auf: Um welche Art von Übeltätern kann es sich bei den Verurteilten handeln, und warum kann Jesus explizit zu ihnen gerechnet werden (Mk 15,28)? Die Beantwortung der ersten Frage erfordert eine Analyse des Räuberbegriffes, wie er im NT und v.a. bei Josephus (→1.3.2.6) Verwendung findet, die zweite Frage lässt sich nur befriedigend klären, indem man die Randseiter im NT generell betrachtet mit ihrer erlittenen bzw. freiwillig gewählten Marginalität und Jesu Verhältnis zu ihnen zu charakterisieren versucht.
Die Soziologie des abweichenden Verhaltens[2] und die Kriminalitätsgeschichte der Frühen Neuzeit geben für die nähere Bestimmung von spezifischen Räuberphänomenen eine Zweiteilung an die Hand, die von heuristischem Wert auch für die Altertumswissenschaften ist: die Unterscheidung zwischen sog. Anomietätern und „gelabelten“ Kriminellen. Anomietäter sind Kriminelle, die aufgrund von Armut (z.B. Hunger, Verschuldung) ihre Lebensverhältnisse als anomisch verstehen und daher als *ultima ratio* zu Gewalt und Verbrechen greifen (z.B. Schuldner, Deserteure, Gladiatoren, flüchtige Sklaven),[3] um ihre Not zu lindern. Selbstverständlich versuchten auch die Armen der Antike, zunächst dem Leidensdruck auf friedliche Weise zu begegnen, durch Landflucht (*anachoresis*),[4] die besonders für Ägypten durch die Papyri gut überliefert ist, ferner durch die Verdingung als Tagelöhner, Prostituierte oder durch Bettelei. Ähnlich wie im Falle Ägyptens lässt sich der Schuldendruck auch in Palästina gut greifen: Gerade im Fall des röm. Judäa ist erkennbar, wie die Räuberei oftmals eine direkte Konsequenz der Verschuldung war. Nicht zuletzt gab die symbolische Verbrennung der Schuldtafeln 66 n.Chr. in Jerusalem das Fanal zum großen Aufstand.[5]
Da die meisten Anomietäter gesellschaftlich verwurzelt sind, schrecken sie vor Gewaltanwendung oft zurück und begnügen sich damit, ein Opfer zu berauben.[6] Gewaltbereiter als die Anomietäter sind die sog. „gelabelten“ Kriminellen, die nur in den Augen der normsetzenden Behörden Missetäter sind und als Verbrecher etikettiert werden, da ihre angestammte Lebensform und ihre Ver-

[1] Lk 23,32f (*kakourgoi*, wörtl. Übeltäter, Verbrecher); Vgl. Mt 27,38 (*lēstai*, wörtl. Räuber); 27,44 (*lēstai*); Mk 15,27f. (*lēstai*); Joh 19,18 (ohne Spezifizierung).
[2] Einen fundierten Überblick bietet *Lamnek* [6]1996.
[3] *Riess* 2001 bietet einen Überblick über die Randgruppenproblematik im röm. Reich insgesamt. Zu den Anomietätern vgl. ebd. 62–76.
[4] Ebd. 77–82 (mit weiterer Literatur).
[5] Ios. bell. Iud. 2,425–428. *M. Goodman*: The First Jewish Revolt: Social Conflict and the Problem of Debt, JJS 33, 1982, 417–427 sieht im Verschuldungsproblem mit einen Hauptauslöser für den Ausbruch des Jüd. Krieges.
[6] Typisch hierfür ist das Gleichnis vom barmherzigen Samariter: Lk 10,30–35.

haltensweisen den Interessen der Normsetzer widersprechen. Es ist offensichtlich, dass diese Zuschreibungsprozesse auf Machtfragen beruhen.[7] Die so Stigmatisierten sehen sich selbst daher nicht als Kriminelle, sondern vielmehr die überlegene Macht,[8] gegen die es Widerstand zu leisten gilt. Im Falle des röm. Reiches handelte es sich oftmals um kriegerische, nomadische Gruppen, die sich dem Ideal der urbanen Lebensweise schlichtweg nicht anpassen konnten oder wollten.[9] „Räuberei" wurde in diesem Fall als Zubrot betrieben und war zum Lebensunterhalt nötig. Zum entscheidenden Zusammenstoß mit der Ordnungsmacht Rom musste es dann kommen, wenn dem Ideal der Sesshaftigkeit entsprechend ein Zensus zur Steuerveranschlagung durchgeführt wurde. Ganze Dörfer und Stämme sahen sich dann in ihrer traditionellen Lebensweise bedroht, zogen sich in Bergregionen zurück und begannen, einen Guerillakrieg gegen Rom zu führen. Gerade politische Dissidenz wurde von Rom als *latrocinium* „gelabelt", was durchaus auch den Guerillakrieg bezeichnen kann.[10]

Waren die Gekreuzigten neben Jesus einfache Wegelagerer oder Freischärler?[11] Der zeitgenössische Sprachgebrauch hilft leider nicht weiter: Josephus bezeichnet sowohl gewöhnliche Straßenräuber als auch Guerillakämpfer mit dem gleichen Wort, *lēstēs*, das dadurch mehrdeutig wird.[12] Selbst die Angehörigen der radikalen Kriegspartei der Zeloten werden von Josephus als *lēstai* bezeichnet.[13] Die Zeloten, wörtlich übersetzt „die Eiferer", die den radikalen Flügel der Pharisäer bildeten und die Thora verschärften, waren, wie die Essener (→3.1.3.3), stark von der eschatologischen Prophetie geprägt und verstanden daher ihren Kampf gegen Rom als endzeitlichen Kampf, der nichts mehr mit landläufiger Räuberei zu tun hatte (→3.1.3.1).[14] Es ging um nichts Geringeres als die Errichtung der Theokratie auf Erden.[15] Als das eschatologische atl. Gedankengut schließlich politisch aufgeladen und durch die erwähnten sozio-ökonomischen Konflikte verschärft wurde, brachen die Dämme, und die enorme politische Stoßkraft dieser Heilserwartung war nicht mehr aufzuhalten.[16]

---

[7] Zum „Labeln" von politischen Gegnern als Räuber vgl. *R. MacMullen*: The Roman Concept Robber-Pretender, RIDA 10, 1963, 221–225.

[8] Implizit Ios. bell. Iud. 2,117f; ant. Iud. 18,1–10. Steuereintreiber wurden überall im Röm. Reich mit Räubern verglichen: *B. Isaac*: Bandits in Judaea and Arabia, HSCP 88, 1984, 171–203, 177; *Ders.*: The Limits of Empire: The Roman Army in the East, Oxford 1990, 282f; *Riess* 2001, 132f (mit Quellenbelegen).

[9] *Riess* 2001, 49–62.

[10] *Grünewald* 1999, 59–61; *Riess* 2001, 14.

[11] Barabbas, im NT als Räuber und Aufrührer bezeichnet, ist eindeutig ein Widerstandskämpfer. Andernfalls hätten die Juden Pilatus wohl nicht um sein Leben gebeten: Mt 27,17–26; Mk 15,2–15; Lk 23,13–25; Joh 18,29–19,1.

[12] *M. Hengel*: Die Zeloten. Untersuchungen zur jüdischen Freiheitsbewegung in der Zeit von Herodes I. bis 70 n.Chr., Leiden/Köln ²1976, 25.42–47.

[13] Ebd. 44.

[14] Vgl. zu diesem Komplex ebd. 231–293.

[15] Das NT ist an vielen Stellen gegen die Zeloten gemünzt. Auch Paulus wandte sich gegen ihren gewaltsamen Eifer. Vgl. dazu *Hengel*: Die Zeloten (Anm. 12), 231.

[16] Ebd. 316f.

Obwohl Jesus im Unterschied zu den Zeloten das Liebesgebot predigte, konnte er missverstanden und als Prophet zu den charismatischen Führern gerechnet werden, die die allgemein verbreitete eschatologische Stimmung verkörperten[17] und eine Generation später das jüd. Volk schließlich in den Abgrund führten.

Galten Propheten und Magier (→3.2.6) schon von alters her als faszinierende Außenseiter der Gesellschaft,[18] wurden sie in röm. Zeit aufgrund ihrer aufrührerischen Reden auch noch als *lēstai* „gelabelt". Eine Generation vor Ausbruch des Jüd. Krieges konnte Jesus aufgrund seiner Wundertaten und Heilungen auch als Magier gelten.[19] Celsus war schließlich der erste pagane Autor, der Jesus *expressis verbis* Magie vorwarf, ein nach röm. Recht todeswürdiges Verbrechen.[20]

Jesus konnte jedoch nicht nur als Prophet und Magier gelten, sondern aufgrund seiner Reise- und Predigertätigkeit auch als Wanderradikaler verstanden werden, der durch Heilungen und Teufelsaustreibungen Aufsehen erregte.[21] Die ersten frühchristl. Wanderradikalen waren Galiläer,[22] allen voran Petrus. Äußerlich hatten sie mit den gr. Kynikern (→3.1.1) große Gemeinsamkeiten.[23] Die Anhänger beider Bewegungen kamen aus allen sozialen Schichten, aus Stadt und Land, sie stellten ihre Devianz von der gesellschaftlichen Norm bewusst zur Schau, ja stilisierten sie zur Attitüde,[24] dies wohl der größte Berührungspunkt zu den frühen Christen.[25] Zudem lehnten beide Gruppen die Kalokagathie ab und propagierten stattdessen eine gegenhegemoniale Weltsicht. Dennoch waren die Unterschiede auch beträchtlich: Anders als bei den Kynikern herrschte bei den christl. Predigern der soziale Protest als Thema wohl nicht vor,[26] die Askese der christl. Wanderer war in der Frühphase noch nicht programmatischer Selbstzweck, sondern durch die Reisetätigkeit be-

---

[17] *MacMullen* 1966, 147–150.

[18] Zu den Propheten als Außenseitern vgl. ebd. 128–162.

[19] *R. Wilken*: The Christians as the Romans Saw Them, New Haven/London 1984, 99 zählt die Wundertaten Jesu auf; vgl. auch ZNT 14, 2001: Themenheft Wunder und Magie.

[20] Die röm. Behörden schritten besonders gegen Propheten und Magier oft gesetzlich und polizeilich ein: *MacMullen* 1966, 125f.128–162. Dennoch war das faszinierende Phänomen der Magie in allen Gesellschaftsschichten weit verbreitet.

[21] Zum Exorzismus im NT vgl. *MacMullen* 1966, 102–104.

[22] Vgl. dazu *F. Vouga*: Geschichte des frühen Christentums, Tübingen/Basel 1994, 30–33. 88f.

[23] Die vielen verschiedenen wandernden Gruppen von Magiern, Sophisten, Kynikern, Philosophen, Astrologen, Propheten und Rednern waren für die Zeitgenossen kaum zu unterscheiden. Diese schillernden Persönlichkeiten wurden aufgrund ihrer nonkonformen Lebensweise zugleich bewundert und verachtet. Die Termini, die sie bezeichnen, tragen durchwegs pejorativen Beigeschmack und sind bereits in der hohen Kaiserzeit austauschbar: *MacMullen* 1966, 109f.

[24] Den besten Überblick zum devianten Verhalten der Kyniker gibt *Weiler* 1988.

[25] *J. Walsh/G. Gottlieb*: Die nichtchristliche Umwelt im Umgang mit den Christen – zehn Gründe für den Christenhaß, in: *G. Gottlieb/P. Barceló* (Hgg.): Christen und Heiden in Staat und Gesellschaft des zweiten bis vierten Jahrhunderts. Gedanken und Thesen zu einem schwierigen Verhältnis, München 1992, 21–53 arbeiten heraus, wie sich die Christen durch ihr von den gesellschaftlichen Normen oftmals abweichendes Verhalten bei den Heiden unbeliebt machten.

[26] Vgl. dazu *K. Döring*: Die Kyniker, eine antike Protestbewegung, AU 28, 1985, 19–38.

stimmt. G. Theißens These, nach der sich die radikalen Postulate nach einem besitz- und heimatlosen Leben, wie sie sich in der Didache, in der Logienquelle und zum Teil auch in den Evv finden, nur im Milieu der Wanderradikalen tradieren ließen, die den ethischen Rigorismus ernst nahmen und zu denen auch Jesus gehört habe,[27] ist nicht unwidersprochen geblieben.[28]
Ebenfalls am Rande der Gesellschaft standen die aufgrund ihrer sozialen Unehrlichkeit[29] als sozial unrein Stigmatisierten. In der frühchristl. Umwelt ragen die Zöllner (→2.3.1) heraus. Zöllner (*publicani*[30]) waren der Verachtung anheim gegeben, weil sie im Dienste der Besatzungsmacht Geld von Händlern und Reisenden erpressten, in jüd. Augen eine äußerst unehrenhafte Tätigkeit. Da die soziale Unehrlichkeit als ansteckend empfunden wurde, mied ein ehrbarer Bürger den Umgang mit Zöllnern. Jesus brach diese ungeschriebenen sozialen Gesetze, indem er bei ihnen einkehrte.[31] Die Evv machen keinen Hehl daraus, dass ihm aus diesem Tabubruch Anfeindungen erwuchsen. Gerade die Tatsache aber, dass Jesus den Verachteten seine Zuwendung zeigte, die Nöte der Armen ernst nahm und sie sogar als zum Heil erkoren ansprach (Mt 5,1–12), erklärt die Stoßkraft des neuen Glaubens und die Geschwindigkeit seiner Ausbreitung sowohl in geographischer als auch in sozialer Hinsicht.[32]
Das große spirituelle und praktische Vorbild, der „Glaubensstifter“ selbst, hatte die neuen Werte bis in den Tod hinein verkörpert: Am Ende vereinte Jesus mehrere Feindbilder in sich und konnte somit als Außenseiter par excellence gelten. Mit dem Anspruch, König der Juden zu sein (Mk 15,2; Joh 18,33–37), konnte er in röm. Augen als Usurpator und somit als *lēstēs* gelten,[33] seine Wunder wiesen ihn als Magier aus, seine Predigertätigkeit als Propheten und Wanderradikalen, der zudem nicht davor zurückschreckte, Tabus zu brechen, indem er Gebote der Tora missachtete[34] und Kontakte zu sozial Unreinen pflegte. Diese zum Teil freiwillig auf sich genommene, aber auch erlittene Stigmatisierung und Marginalisierung führten schließlich in der grausamen Logik der Zeit zur Kreuzigung des „Außenseiters“.

---

27 *Theißen* [3]1989.

28 *W. Arnal*: Jesus and the Village Scribes. Galilean Conflicts and the Setting of Q, Minneapolis 1998 sieht die soziale Verortung der Logienquelle Q im Milieu der sesshaften Dorfschreiber, die sich durch die voranschreitende Eingliederung Galiläas ins röm. Reich und durch die Gründung der Stadt Tiberias durch Herodes Antipas sozial (Verlust an Autonomie auf lokaler Ebene) und wirtschaftlich unter Druck gesetzt sahen. Ihre Rhetorik der Entwurzelung und Inversion sei literarischer Ausdruck eines nativistischen Protestes, der in metaphorischer Form die hehren Ideale einer romantisierten Vergangenheit einer als zunehmend bedrückend wahrgenommenen Gegenwart entgegenstellte.

29 *Riess* 2001, 84: „Die Kategorie der sozialen Unehrlichkeit wurde zwar speziell für mittelalterliche und frühneuzeitliche Phänomene geschaffen, sie läßt sich jedoch mit der gebotenen Vorsicht auch auf antike Verhältnisse anwenden [...]. Die „Unehrlichkeit“ ist dabei „keine moralische, sondern eine soziale Kategorie“ [...].“

30 Über die Zöllner bzw. *publicani* und ihre Funktion im röm. Reich informiert umfassend *Badian* 1997.

31 Mt 9,9–13; Mk 2,13–17; Lk 5,27–32.

32 Vgl. *Riess* 2001, 176.

33 *Grünewald* 1999, 131.

34 Etwa die Verletzung des Sabbats: Mt 12,1–8.

*Literatur*
*E. Badian*: Zöllner und Sünder. Unternehmer im Dienst der römischen Republik, Darmstadt 1997. – *M. Billerbeck* (Hg.): Die Kyniker in der modernen Forschung. Aufsätze mit Einführung und Bibliographie, Amsterdam 1991. – *Th. Grünewald*: Räuber, Rebellen, Rivalen, Rächer. Studien zu Latrones im Römischen Reich, Stuttgart 1999. – *K. C. Hanson*: Jesus and the Social Bandits, in: *W. Stegemann u.a.* (eds.): The Social Setting of Jesus and the Gospels, Minneapolis 2002, 283–300. – *S. Lamnek*: Theorien abweichenden Verhaltens, München [6]1996. – *R. MacMullen*: Enemies of the Roman Order. Treason, Unrest, and Alienation in the Roman Empire, Cambridge 1966. – *W. Riess*: Apuleius und die Räuber. Ein Beitrag zur historischen Kriminalitätsforschung, Stuttgart 2001. – *G. Theißen*: Wanderradikalismus. Literatursoziologische Aspekte der Überlieferung von Worten Jesu im Urchristentum, in: *Ders.*: Studien zur Soziologie des Urchristentums, Tübingen [3]1989, 79–105. – *I. Weiler*: Abweichendes Verhalten von Außenseitern und sozialen Randgruppen. Ansätze zu einer Theoriebildung im Altertum, dargestellt vor allem am Beispiel der Kyniker, in: *Ders./H. Grassl* (Hgg.): Soziale Randgruppen und Außenseiter im Altertum, Graz 1988, 177–189.

## 2.2.6 Das Dorf als Lebenswelt

### 2.2.6.1 Institutionen und Lebensgrundlagen (*Ulf Scharrer/Jürgen Zangenberg*)

*Stellen im NT (Auswahl)*
Mt 4,18–20; 9,35; 10,11; 13,3–8.24–32; 14,13–15; 20,1–16; 21,2.33–41; Mk 1,16–18; 6,6.32–36.56; 8,23.26f; 12,1–9; Lk 2,4.8–20; 5,1–7.17; 8,1.5–8.32–34; 9,6.52.56; 10,38; 12,17–19; 13,6–9.19f.22; 15,11–32; 16,1–8; 17,7f; 20,9–16; 24,13.28; Joh 1,44; 7,42; Apg 8,25

*Einführung*
Zuweilen mag die Quellen- und Forschungslage darüber hinwegtäuschen, dass sich ein wesentlicher Teil antiken Lebens nicht in Städten, sondern in Dörfern abspielte. In der Forschung werden eine Reihe unterschiedlicher Kriterien genannt, die das Dorf von einer Stadt oder anderen ländlichen Siedlungsformen, etwa Gehöften oder Streusiedlungen, unterscheiden. Als wesentliche Merkmale eines Dorfes gelten die Überschaubarkeit der Siedlungsgröße und Einwohnerzahl, die Abhängigkeit von übergeordneten Körperschaften (zumeist einer Stadt) und demzufolge ein inferiorer rechtlicher Status, eine eingeschränkte soziale Differenzierung der Bewohnerschaft, das Überwiegen landwirtschaftlicher Produktion und eine oft nur lokale Ausstrahlung, z.B. als Markt.[1] Es ist deutlich, dass diese Kriterien in ihrer begrifflichen Unschärfe das Phänomen des Dorfes nur annähernd erfassen können, und entsprechend fließend sind die Grenzen zu anderen Siedlungsformen. Zudem ist mit erheblichen regionalen

[1] *Gschnitzer* 1999, 106; *Schuler* 1998, 14f; *H. Jäger*: Das Dorf als Siedlungsform und seine wirtschaftliche Funktion, in: *H. Jankuhn u.a.* (Hgg.): Das Dorf der Eisenzeit und des frühen Mittelalters. Siedlungsform – wirtschaftliche Funktion – Struktur, Göttingen 1977, 62–80. Eine ähnliche Definition findet sich in mMeg 1,3, wo ein jüd. Dorf definiert wird als Siedlung „ohne städtische Einrichtungen“, dazu s. *Safrai* 1994, 64 und →2.2.6.2.

Unterschieden hinsichtlich Größe, sozialer Differenzierung und rechtlicher Stellung von Dörfern im röm. Reich zu rechnen, da sich traditionelle Lebensformen und Sozialstrukturen in Dörfern oft länger hielten als in den der „Modernisierung“ eher ausgesetzten Städten. Hinzu kommt, dass sich die im Westen vorherrschenden röm. Verwaltungsstrukturen und Nomenklaturen für Siedlungen von denen im hell. Osten unterschieden, der ja schon lange durch indigene Traditionen des Miteinanders von Stadt und Land geprägt war. Dennoch bedingten soziale Ordnung und Wirtschaftsweise insgesamt ein gewisses Ungleichgewicht: Während Städte in rechtlicher und kultureller Hinsicht privilegierter und differenzierter waren, wurden die ökonomischen Grundlagen der antiken Mittelmeerwelt zu einem großen Maß auf dem Land, und damit in Dörfern oder auf Gütern, erwirtschaftet (→2.2.6.2).

Die Quellen zum dörflichen Leben sind sehr unterschiedlich und zuweilen in ihrem Aussagewert begrenzt. So schwanken die gr.-röm. Schriftsteller nicht selten zwischen Verachtung und Idealisierung des ländlichen Lebens, vermitteln aber meist nur wenige konkrete Details zum dörflichen Alltag.[2] Röm. Fachschriftsteller, wie z.B. Cato d. Ä., Varro oder Columella, die intensiv über landwirtschaftliche Produkte und Tätigkeiten berichten, haben in der Regel reiche Landbesitzer als Leser im Blick, zu deren Gütern sicher auch Dörfer gehörten, gehen aber auf Dörfer und ihre Bewohner nicht um ihrer selbst willen ein. Auf andere Weise unausgewogen ist der archäologische Befund: Während zu Dörfern in Syrien und Palästina vielfältiges Datenmaterial v.a. aus Oberflächenuntersuchungen und einigen Grabungen (etwa Horvat Etri in der Schefela oder Qiryat Sefer im südlichen Samarien) vorliegt,[3] ist die Forschungslage etwa zum röm. Kleinasien noch dürftiger. Ein hoher Aussagewert kommt schließlich den dokumentarischen Zeugnissen zu. Hierunter fallen v.a. Inschriften (→1.3.4.2), aber auch Papyri (→1.3.4.1). Interessante Aspekte dörflichen Lebens im röm. Palästina bieten v.a. die Papyri vom Toten Meer.[4] Insgesamt ist also Fritz Gschnitzer Recht zu geben, wenn er betont, dass die Forschung „ein gültiges Gesamtbild noch nicht erarbeitet“ hat.[5]

---

2 *Mitchell* 1993, 165–167.170–172; *S. Saïd*: La société rurale dans le roman grec, ou la campagne vue de la ville, in: *Frézouls* 1987, 149–171.

3 Genannt seien hier nur die Feldforschungen von *G. Tchalenko*: Villages antiques de la Syrie du Nord, Paris 1953–1958 und *D. Schlumberger*: La Palmyrène du nord-ouest. Villages et lieux de culte de l'époque imperiale. Recherches archéologiques sur la mise en valeur d'une région du désert par les Palmyréniens, Paris 1951; vgl. auch *Tate* 1997. Zu Palästina vgl. die Überblicke bei *Lehmann* 2003, 145.163; *Hirschfeld* 1997 oder *J. Zangenberg*: Frühes Christentum in Samarien. Topographische und traditionsgeschichtliche Studien zu den Samarientexten im Johannesevangelium, Tübingen 1998, 23–27; zu Horvat Etri s. *B. Zissu/A. Ganor*: Horvat Etri. The Ruins of a Second Temple Period Jewish Village on the Coastal Plain, Qad. 35/1, 123, 2002, 18–27; zu Qiryat Sefer s. *Y. Magen u.a*: Khirbet Badd 'Isa –Qiryat Sefer, in: *Y. Magen u.a.*: The Land of Benjamin, Jerusalem 2004, 179–241.

4 *P. Benoit u.a.*: Les Grottes de Murabba'ât, Oxford 1961. Siehe auch *H. Cotton/A. Yardeni*: Aramaic, Hebrew and Greek Documentary Texts from Nahal Hever and other Sites, Oxford 1997.

5 *Gschnitzer* 1999, 107.

*Zu den Textaussagen im NT*

In der Literatur werden Dörfer in der Regel als *kōmē* bzw. *vicus* bezeichnet und so von der Stadt, der *polis* bzw. *civitas*, abgegrenzt. Doch ist damit oft genug keine Aussage über die Größe oder den rechtlichen Status der betreffenden Siedlung verbunden. Weder bei Josephus noch im NT ist also jede *polis* eine „Stadt" im Vollsinn.[6] So wird Betsaida in Mk 8,23 als *kōmē*, in Lk 9,10; Joh 1,44 hingegen *polis* genannt,[7] ähnlich nennt Lk 2,4 Betlehem *kōmē*, Joh 7,42 dagegen *polis*, obwohl der Ort sicher keine Stadt im eigentlichen Sinne war.[8]

Das NT vermittelt jedoch immer wieder willkommene Einblicke in das dörfliche Leben in Syrien-Palästina sowie z.T. auch in Kleinasien.[9] Neben den narrativen Stücken der Evv ist v.a. die Gleichnisüberlieferung von Bedeutung, in der häufig Motive dörflichen bzw. ländlichen Lebens aufgegriffen werden. Dies ist nicht weiter erstaunlich, bemerken doch die Schriften des NT sehr häufig, dass sich Jesus und seine Jünger weniger in Städten als v.a. in Dörfern Palästinas aufhielten und dort lehrten. Soziale und ökonomische Grundlage dörflicher Gesellschaften war die Hausgemeinschaft (*oikos* →2.2.1.1 und 2.2.1.2), die eine weitgehende Subsistenzwirtschaft betrieb (→2.3.2–4). Hinzu kam ein beschränkter und regionaler Austausch an speziellen Gütern, wie z.B. Keramik oder Werkzeugen.[10] In den Gleichnissen spiegeln sich viele reale Probleme von Ackerbauern.[11]

Die soziale Struktur eines antiken Dorfes konnte recht vielschichtig sein. Im ntl. Palästina wurden die internen Angelegenheiten sicher wie bereits seit Jhh. durch die Oberhäupter der ansässigen Familien im Rahmen eines Ältestenrats geregelt.[12] Röm. Behörden griffen in örtliche Streitigkeiten um Land, Besitz und persönliche Fragen oder die Organisation des wirtschaftlichen Lebens (Durchführung von Ernte etc.) kaum ein. Des Weiteren mussten bestimmte Infrastrukturmaßnahmen auch auf dörflicher Ebene geregelt werden (Wasserleitungen, Wegebau, Umzäunungen, Grabstätten, ggf. Heiligtümer). Von be-

---

6 Zum Begriff *kōmē* siehe *Swoboda* 1924; *Schuler* 1998, 22–32. Zugleich muss festgehalten werden, dass auch Städte nicht einheitlich strukturiert und verfasst waren. Neben den „freien" Städten im Vollsinn mit eigener Verfassung, Stadtregierung und Steuerprivilegien (engl. cities) gab es eine große Bandbreite an Landstädten (engl. towns), die zwar gemäß Größe, Ausstattung mit Bauten und regionaler Bedeutung wirklichen *poleis* durchaus ebenbürtig sein konnten, ihnen rechtlich aber nicht gleichgestellt waren. Terminologisch wird in der antiken Literatur leider kaum zwischen diesen Formen differenziert.

7 Vgl. Mt 11,20f, ferner v.a. Ios. ant. Iud. 18,28, wonach Herodes dem Dorf (*kōmē*) Bethsaida den Status einer Stadt (*polis*) gegeben habe. Zu einem solchen Vorgang siehe *Harper* 1928, 114–116.

8 Johannes paraphrasiert an dieser Stelle eine Passage in Mi 5,1, in der Bethlehem als Stadt (*'îr*) bezeichnet wird. Die terminologische Problematik illustriert Mk 1,38, wo der kombinierte Begriff *kōmopolis* verwendet wird.

9 Vgl. *Johanson* 2002; *Habbe* 1996; zum Dorf im antiken Palästina auf dem Hintergrund jüd. Quellen vgl. v.a. *Safrai* 1994, 64–82.

10 *Horsley* 1996, 203–207.

11 Siehe *U. Luz*: Das Evangelium nach Matthäus (Mt 8–17), Zürich u.a. 1990, 306f; *J. Ernst*: Das Evangelium nach Lukas, Leipzig 1977, 181f (Ackerbauern: Mt 13,3–8.24–30; Lk 8,5–8; Feldfrüchte: Mt 13,31f; 20,1–16; Lk 13,19f; 16,6f).

12 *Schuler* 1998, 226–231; *Horsley* 1996, 222–237; *Harper* 1928, 142–145.

sonderer Bedeutung für die lokale Administration waren die im NT und bei Josephus immer wieder genannten „Schreiber" (*grammateis*, →1.4.4.3 und 2.5.7), die nicht nur „Schriftgelehrte" im Sinne einer an Bibel und Tradition geschulten lokalen Bildungselite waren, sondern aufgrund ihrer Schreib- und Rechtskenntnisse auch Aufgaben örtlicher Verwaltung wahrnahmen (Beurkundung von Rechtsgeschäften, Ausstellen von Scheidebriefen o.ä.).[13] Für Kleinasien und Syrien sind ebenfalls unterschiedliche Begriffe für dörfliche Verwaltungs- und Finanzämter bezeugt.[14] Auch hier stellten die Versammlung, die eigene Beschlüsse fassen konnte, sowie der Ältestenrat die wichtigsten dörflichen Institutionen dar. Viele Dörfer verfügten zudem über eine Reihe von öffentlichen Anlagen, z.B. Heiligtümer, Wasserleitungen und anderes.[15] Formen städtischen Lebens griffen selbstverständlich auch auf Dörfer über (→2.2.6.2). Nicht nur waren Dorfbewohner Steuern und Abgaben unterworfen, die überwiegend der in Städten lebenden Oberschicht zugute kamen, zunehmend drangen auch Konsumgüter und Bauformen städtischer Kultur in dörfliche Regionen vor. Dieser Modernisierungsschub führte immer wieder zu erhöhten sozialen Spannungen. Auch das NT setzt enge Kontakte zwischen Stadt und Land voraus. Dorfbewohner pilgern nach Jerusalem, umgekehrt besuchen Jerusalemer Autoritäten die ländlichen Gebiete in Galiläa (Lk 2,41; 5,17; 17,14). Zudem verbanden wandernde Händler verschiedene Siedlungen miteinander.

Ein großer Teil des fruchtbaren Landes befand sich im Besitz einer vergleichsweise dünnen Oberschicht.[16] Neben *kōmē* und *polis* kennt das NT den Begriff *agros* und verwendet ihn zumeist in der Bedeutung „Acker" oder „Feld",[17] im Plural auch für „Landgut" oder „Ländereien".[18] Im NT werden Landbesitzer von Ackerland (Lk 16,1–7)[19] und von Weinbergen (Mt 20,1–16; 21,33–41; Mk 12,1–9) erwähnt. Nicht immer ist deutlich, ob die genannten Landbesitzer hauptsächlich in einer Stadt oder in einem Dorf lebten.[20] An einigen Stellen wird bemerkt, der Herr sei außer Landes gegangen (Mt 21,33; Mk 12,1; Lk 20,9). Die Verwaltung des Landbesitzes war meist einem Verwalter (*oikonomos*) übertragen,[21] und dessen Aufgaben spiegeln sich im Gleichnis vom unehrlichen Verwalter (Lk 16,1–8): Er hatte v.a. für die korrekten Einkünfte aus der Landwirtschaft zu sorgen. Die eigentliche Arbeit wurde von drei Gruppen getan, den Pächtern, Tagelöhnern und den Sklaven (→2.2.5.3).

---

13 Z.B. Mt 8,19; Mk 1,22; 2,6; Lk 5,17; Ios. ant. Iud. 16,203; bell. Iud. 1,479; zum Thema vgl. *Arnal* 2001; *Schams* 1998, bes. 143–201.

14 *Sartre* 2001, 773–778; *Schuler* 1998, 231–247; *Mitchell* 1993, 182f; *Harper* 1928, 116–141.

15 *Schuler* 1998, 255–262.

16 *Stegemann/Stegemann* ²1997, 97.106f.124; *Mitchell* 1993, 149–162; zu Palästina bes. *Fiensy* 1991, 21–117; *Safrai* 1994, 82–99.

17 Mt 13,44; 19,29; 22,5; 24,40; Mk 15,21; Lk 15,15; 17,31; 23,26.

18 Vgl. *Schuler* 1998, 62–66.

19 Siehe *I. H. Marshall*: The Gospel of Luke. A Commentary on the Greek Text, Grand Rapids 1978, 618f.

20 Siehe *Malina* ³2001, 83f; *Lehmann* 2003, 165.

21 Siehe *Mitchell* 1993, 162.

Während Pächter das Land ihres Herrn in Eigenwirtschaft bestellten (Mt 21,33–41; Mk 12,1f; Lk 20,9f), wurden Tagelöhner je nach Bedarf, v.a. bei der Ernte, aber auch in der Viehwirtschaft, eingestellt (Mt 20,1–15; Joh 10,1–16). Meist stammten die Tagelöhner aus verarmten bäuerlichen Familien. Die wirtschaftliche und soziale Lage eines Tagelöhners war unsicher, da sein Einkommen von der verfügbaren Arbeit und vom Lohn abhing.[22] Die Sklaven bzw. Knechte schließlich arbeiteten sowohl auf dem Land als auch im Haus ihres Herrn.[23] Den Abstieg eines Erben zum Schweinehirten beschreibt das bekannte Gleichnis vom verlorenen Sohn (Lk 15,11–32) und zeigt damit, dass Schweinehirten auf einer sehr niedrigen Stufe der sozialen Hierarchie standen. Noch weiter unten standen vermutlich nur noch die Aussätzigen, die ebenfalls als in oder bei einem Dorf lebend erwähnt werden (Lk 17,12).

*Literatur*

*W. E. Arnal*: Jesus and the Village Scribes. Galilean Conflicts and the Setting of Q, Minneapolis 2001. – *D. A. Fiensy*: The Social History of Palestine in the Herodian Period. The Land is Mine, Lewiston u.a. 1991. – *E. Frézouls* (ed.): Sociétés urbaines, sociétés rurales dans l'Asie Mineure et la Syrie hellénistiques et romaines, Straßburg 1987. – *F. Gschnitzer*: Dorf, in: *H. Sonnabend* (Hg.): Mensch und Landschaft in der Antike. Lexikon der Historischen Geographie, Stuttgart/Weimar 1999, 106–108. – *J. Habbe*: Palästina zur Zeit Jesu. Die Landwirtschaft in Galiläa als Hintergrund der synoptischen Evangelien, Neukirchen-Vluyn 1996. – *G. M. Harper*: Village Administration in the Roman Province of Syria, YCS 1, 1928, 103–168. – *Y. Hirschfeld*: Jewish Rural Settlement in Judaea in the Early Roman Period, in: *S. Alcock* (ed.): The Early Roman Empire in the East, Oxford 1997, 72–88. – *R. A. Horsley*: Galilee. History, Politics, People, Valley Forge 1995. – *Ders.*: Archaeology, History and Society in Galilee. The Social Context of Jesus and the Rabbis, Valley Forge 1996. – *F. Jacques/J. Scheid*, Rom und das Reich in der hohen Kaiserzeit 44 v.Chr. – 260 n.Chr. Band 1: Die Struktur des Reiches, Stuttgart/Leipzig 1998. – *U. Johanson*: Die vier Evangelien als Quelle zur historischen Ethnologie des Vorderen Orients, Anthr. 97, 2002, 21–33. – *G. Lehmann*: Zwischen Umbruch und Tradition. Kultureller Wandel in Palästina während der römischen Kaiserzeit im Licht der archäologischen Quellen, ca. 40 v.u.Z. und 350 u.Z., in: *S. Alkier/J. Zangenberg* (Hgg.): Zeichen aus Text und Stein. Studien auf dem Weg zu einer Archäologie des Neuen Testaments, Tübingen/Basel 2003, 136–182; – *B. J. Malina*: The New Testament World. Insights from Cultural Anthopology, Louisville [3]2001. – *S. Mitchell*: Anatolia. Land, Men, and Gods in Asia Minor I: The Celts and the Impact of Roman Rule, Oxford 1993. – *J. Pastor*: Land and Economy in Ancient Palestine, London/New York 1997. – *Z. Safrai*: The Economy in Roman Palestine, London/New York 1994. – *M. Sartre*: D'Alexandre à Zénobie. Histoire du Levant antique. IVe siècle av. J.-C. – IIIe siècle ap. J.-C., Paris 2001. – *C. Schams*: Jewish Scribes in the Second Temple Period, Sheffield 1998. – *C. Schuler*: Ländliche Siedlungen und Gemeinden im hellenistischen und römischen Kleinasien, München 1998 (mit den Rezensionen von *P. Herz*, Gn. 73, 2001, 416–421 und *G. Williamson*, ClR 51, 2001, 184f). – *E. W. Stegemann/W. Stegemann*: Urchristliche Sozialgeschichte. Die Anfänge im Judentum und die Christusgemeinden in der mediterranen Welt, Stuttgart u.a. [2]1997. – *H. Swoboda*: ***Κώμη***: RE Suppl. IV, 1924, 950–976. – *G. Tate*: The Syrian Countryside during the Roman Era, in: *S. Alcock* (ed.): The Early Roman Empire in the East, Oxford 1997, 55–71.

[22] Siehe *C. Hezser*: Lohnmetaphorik und Arbeitswelt in Mt 20,1–16. Das Gleichnis von den Arbeitern im Weinberg im Rahmen rabbinischer Lohngleichnisse, Freiburg/Göttingen 1990, 57–75; *U. Luz*: Das Evangelium nach Matthäus (Mt 18–25), Zürich u.a. 1997, 146f.

[23] Siehe *M. Quesnel*: Die Sklaverei in Israel, WUB 17, 2000, 68f; *L. P. Marinovic u.a.*: Die Sklaverei in den östlichen Provinzen des römischen Reiches im 1.–3. Jahrhundert, Stuttgart 1992, 77–164. Vgl. Mt 13,27; 21,34–36; Mk 12,2–5; Lk 17,7f; 20,10–12.

## 2.2.6.2 Stadt und Land

### I. Galiläa (*Jürgen Zangenberg*)

Galiläa[1] wird durch den Litani-Fluss im Norden, die Jesreel-Ebene im Süden, das Mittelmeer im Westen und den Jordan bzw. den See Genezareth im Osten begrenzt und gliedert sich in die Regionen Untergaliläa (hügelig mit Ebenen, bis zu 600 m Höhe), Obergaliläa (oft zerklüftet, bis zu 1200 m Höhe) und den nördlichen Jordangraben einschließlich des Sees Genezareth (mShevi 9,2; Ios. bell. Iud. 3,35–47). Ausreichend Regen, zahlreiche Quellen und fruchtbarer Boden machten G. zu einem der ertragreichsten Landstriche Palästinas (Ios. bell. Iud. 3,42f.516–521). Wein, Getreide, Obst- und Ölbaumkulturen gehörten neben dem Fischfang am See Genezareth zu den hauptsächlichen Quellen des Wohlstands, hinzu kam in hell.-röm. Zeit zunehmend Handel mit den benachbarten Regionen sowie über Fernstraßen („Via Maris") und Häfen wie Akko/Ptolemais und Tyrus auch mit der weiteren Mittelmeerwelt. Trotz der überwiegend ländlichen Prägung v.a. in Oberg. war G. in ntl. Zeit somit weder kulturell noch wirtschaftlich abgeschnitten.

Vor der hasmonäischen Eroberung war G. von semitischen Bevölkerungsgruppen besiedelt, deren materielle Kultur erst in den letzten Jahren greifbar geworden ist.[2] Bereits seit dem 3. Jh. v.Chr. üben die hell. geprägten Städte Gadara und Hippos am Ostufer des Sees Genezareth, Skythopolis am Ostausgang der Jesreel-Ebene und Akko/Ptolemais an der Küste Einfluss auf G. aus. Mit der Eroberung G.s durch Judas Aristobulos[3] und der systematischen jüd. Kolonisierung seit Alexander Jannaios (103–76 v.Chr.; →1.4.4.2) wandelt sich das Gesicht G.s und des westlichen Golan nachhaltig. Zahlreiche Siedlungen werden neu gegründet (u.a. Nazareth, Kapernaum, Magdala, Gamla) oder erhalten ein neues Gepräge (z.B. Sepphoris). Religiöse oder materielle Bezüge der jüd. Neusiedler zu den israelitischen Gruppen vor der Zerstörung des Nordreichs Israel und der Deportation der Bevölkerung durch die Assyrer 722 v.Chr. sind nicht festzustellen.[4] Offensichtlich wanderte die indigene Bevölkerung ab (Ios. ant. Iud. 13,381–383) oder wurde vom nun jüd. G. absorbiert, ohne wahrnehmbare Spuren zu hinterlassen. Die Dekapolisstädte (→2.2.7.3 V) in der Peripherie G.s blieben zwar überwiegend nichtjüd., beherbergten aber mindestens seit dem 1. Jh. v.Chr. jüd. Diasporagemeinden. In Cadasa/Qedesh, Caesarea Philippi/Banias (Mk 8,27), Dan und entlang der Küste des Mittelmeers ist kontinuierliche pagane Präsenz bis in die Zeit Jesu nachweisbar. Die Bindungen des jüd. G. an Jerusalem (→2.2.7.3 VII) als

---

1 Gegenstand des Beitrags ist G. in hell.-röm. Zeit als Hintergrund des Wirkens Jesu von Nazareth. Über die früheren und späteren Epochen informieren die Lexikoneinträge in OEANE; NEAEHL oder ABD.

2 Dazu vgl. *Aviam*: Jews, Pagans and Christians, 9–22. Sehr nützlich ist ferner Appendix A „Josephus' Galilee in Archaeological Perspective" von M. Aviam und P. Richardson in S. Masons Ausgabe der Vita des Josephus (Leiden u.a. 2001), 177–209.

3 104 v.Chr., Ios. bell. Iud. 1,76; ant. Iud. 13,304.322.

4 So zu Recht betont von *Meyers* 2003, *Chancey* 2002 und *Reed* 2000, bes. 43–45, anders *Horsley* 1996.

geistliches (vgl. Pilgerschaft, Tempelkult, sehr ähnliche materielle Kultur[5]) und administratives Zentrum waren unumstritten, wenn es auch immer wieder Widerstand der eher traditionell geprägten Galiläer gegen die aus dem Süden stammende Oberschicht oder gegen die seit Pompeius 63 v.Chr. immer deutlicher spürbaren röm. Interessen gab. Zwischen 40 und 4 v.Chr. gehörte G. zum Königreich des Herodes, der zu Beginn seiner Herrschaft einen Aufstand des „Räuberhauptmanns“ Ezechias (Ios. bell. Iud. 1,204–207; →3.1.3.1) niederschlagen musste. Nach dessen Tod und weiteren Unruhen durch Ezechias' Sohn Judas (Ios. bell. Iud. 2,55f) ging G. zusammen mit Peräa an seinen Sohn Herodes Antipas über, der als Tetrarch bis 37 herrschte (in Mk 6,22 fälschlich „König“ genannt). Bereits seit Herodes d. Gr. ist wachsender hell. Einfluss auf die Gesellschaft G.s zu spüren, der unter Antipas durch die Gründung von Tiberias als Residenzstadt im Jahre 18 oder 20 n.Chr. (Ios. ant. Iud. 18,36–38) und den Ausbau von Sepphoris (18,27) noch zunahm. Vor allem Unterg. wurde zunehmend urbanisiert (Ios. Vita 45.123.188; bell. Iud. 2,252.599), während Oberg. dörflich geprägt blieb. Diese Politik führte zunächst zu wachsendem Wohlstand,[6] in der Folge aber v.a. durch zunehmend unstabile politische Verhältnisse vor dem Ersten Aufstand zu wachsender Verarmung breiter Kreise durch Schuldknechtschaft und Landflucht. Eine große Zahl dieser Menschen dürfte im Jahre 66/67 gemeinsam mit g. religiösen Fanatikern wie Johannes von Gischala die Waffen gegen Rom erhoben haben.

In die Regierungszeit des Herodes Antipas fällt das öffentliche Auftreten Jesu von Nazareth, der v.a. am Nordwestufers des Sees Genezareth („evangelisches Dreieck“ zwischen Chorazin, Betsaida und Kapernaum: Mt 11,20) als Wanderprediger mit seiner Botschaft vom unmittelbar bevorstehenden Reich Gottes Aufsehen erregte (Mk 1,14f). Die Evv vermitteln trotz ihrer nichtpalästinischen Herkunft ein im Wesentlichen akkurates Bild der Lebensverhältnisse in dieser Region. Neben Fischern, den allgegenwärtigen Zolleinnehmern und religiösen Autoritäten (sowohl solchen mit Verbindungen nach Jerusalem als auch lokaler Herkunft) begegnen Menschen, die in den zahllosen Dörfern ihren Lebensunterhalt mit Landwirtschaft bestreiten (→2.3.3 und 2.3.4). Die Gesellschaft war sozial gefächert und reichte von der vornehmen Regionalelite (*prōtoi tōn Galilaiōn* Mk 6,21; Ios. Vita 220) über örtliche Synagogenvorsteher und Schreiber bzw. Schriftgelehrte (Mk 1,22; Mt 5,20)[7] bis hin zu einfachen Tagelöhnern (Mk 1,20). Zolleinnehmer (Mk 2,15f; Lk 7,34; →2.2.5.4 und 2.3.1), Höflinge und Soldaten des Antipas waren ebenso präsent (Mk 6,21) wie Landbesitzer durch ihre Gutsverwalter (Mk 12,1–12; Ios. Vita 33), Eigentümer von Familienhöfen (Mk 4,2–9) und soziale Außenseiter wie Dirnen (Mt 21,32) oder Bettler und Kranke. Steuerlast und Missernten konnten rasch zu Verarmung und Landflucht führen (Ios. Vita 66.77f.105–111.126–131). Insofern unterschied sich G. nicht sehr von anderen Gebieten des hellenisierten Ostens. Ein deutlich eigenes Gepräge erhielt G. durch das reiche Er-

[5] Zu typischen Elementen jüd. materieller Kultur in Galiläa vgl. *Reed* 2000, 43–55.

[6] Vgl. die materielle Kultur in Betsaida und Kapernaum, dazu mit Belegen *Zangenberg/Fassbeck* 2003 oder *Hoppe* 2004.

[7] Dazu vgl. *C. Schams*: Jewish Scribes in the Second Temple Period, Sheffield 1998.

be des Judentums (Gebet und Schriftstudium in der Synagoge, Diskussion um Fragen der Reinheit und des Kontakts mit Fremden, die Erwartung eschatologischer Rettung, Bundestreue).[8] Ein interessantes Detail verrät Mk 14,70; Mt 26,73: offensichtlich konnte man einen Galiläer an der besonderen Färbung seines Aramäisch erkennen.

Unter dem Befehl des von Jerusalem abgesandten Priesters Josef ben-Mattitjahu (später Flavius Josephus →1.3.2.6) nahm G. aktiv am Aufstand gegen Rom teil (Ios. bell. Iud. 2,572–576; Vita 187f), allein Sepphoris blieb auf Seiten Roms (Ios. Vita 30.393f) und erhielt den Ehrentitel „Stadt des Friedens" (Ios. Vita 30.394f).[9] Trotz einiger Anfangserfolge konnte G. dem Ansturm der Römer unter dem späteren Kaiser Vespasian nicht standhalten. Bereits im Frühjahr und Sommer 67 fielen Jotapata, Japha, Tiberias, Gamla, Magdala/Tarichaeae und Gischala unter großen Verlusten (Ios. bell. Iud. 3,35–4,120). Mit der Zerstörung des Tempels 70 n.Chr. beginnt eine Phase intensiver Romanisierung G.s zugleich mit der Neukonstitution des Judentums, die sich v.a. in G. (Uscha, Sepphoris, Tiberias, Bet Schearim) vollzog (Abfassung der Mischna um 200; →1.4.4.3). Eine massive Zuwanderung jüd. Flüchtlinge ins wohl unzerstörte G. nach dem Zweiten Aufstand verstärkt die jüd. Präsenz. Mehr als 100 Synagogen und die durchweg friedliche Welt des Talmud zeugen noch heute von der fruchtbaren Symbiose jüd. mit spätantiker Kultur. Seit dem 4. Jh. lässt sich auch der stetig anwachsende christl. Teil der Bevölkerung G.s archäologisch gut fassen (Kapernaum, Nazareth, westliches Galiläa). Das beginnende Pilgerwesen (Egeria) und die Unterstützung der Obrigkeit sorgen für einen breiten Aufschwung christl. Siedlungstätigkeit, der immer mehr zu Lasten der jüd. Bewohnerschaft geht (Sepphoris, Tiberias).

*Literatur*

*M. Aviam*: Jews, Pagans and Christians in the Galilee, Rochester 2004. – *Ders.*: First Century Jewish Galilee. An Archaeological Perspective, in: *D. R. Edwards* (ed.): Religion and Society in Roman Palestine, New York/London 2004, 7–27. – *M. A. Chancey*: The Myth of a Gentile Galilee, Cambridge 2002. – *G. Fassbeck u.a.* (Hgg.): Leben am See Gennesaret, Mainz 2003. – *S. Freyne*: Galilee from Alexander the Great to Hadrian 323 BCE to 135 CE, Edinburgh 1998. – *Ders.*: Galilee and Gospel. Collected Essays, Tübingen 1999. – *R. Hoppe*: Galiläa – Geschichte, Kultur, Religion, in: *L. Schenke u.a.* (Hgg.): Jesus von Nazaret – Spuren und Konturen, Stuttgart 2004, 42–58. – *R. A. Horsley*: Archaeology, History and Society in Galilee, Harrisburg 1996. – *E. M. Meyers*: Jesus and His World. Sepphoris and the Quest for the Historical Jesus, in: *C. G. den Hertog u.a.* (Hgg.): *Saxa loquentur*. Studien zur Archäologie Palästinas/Israels (FS V. Fritz), Münster 2003, 185–197. – *J. L. Reed*: Archaeology and the Galilean Jesus, Harrisburg 2000. – *J. Zangenberg*: Magdala am See Genezaret, Waltrop 2001. – *J. Zangenberg/G. Faßbeck*: „Jesus am See von Galiläa" (Mt 4,18). Eine Skizze zur archäologischen Forschung am See Gennesaret und zur regionalen Verankerung der frühen Jesusbewegung, in: *C. G. den Hertog u.a.* (Hgg): *Saxa loquentur*. Studien zur Archäologie Palästinas/Israels (FS V. Fritz), Münster 2003, 291–310.

---

8 Dazu vgl. z.B. *Zangenberg/Fassbeck* 2003.

9 Zu Sepphoris im Ersten Aufstand vgl. *E. M. Meyers*: Sepphoris. City of Peace, in: *A. M. Berlin/J. A. Overman* (eds.): The First Jewish Revolt. Archaeology, History and Ideology, London/New York 2002, 110–120.

## II. Syrien-Palästina (*Ulf Scharrer/Jürgen Zangenberg*)

*Stellen im NT*

Mt 4,18–20; 9,35; 10,11; 13,3–8.24–32; 14,13–15; 20,1–16; 21,2.33–41; Mk 1,16–18; 6,6.32–36.56; 8,23.26f; 12,1–9; Lk 2,4.8–20; 5,1–7.17; 8,1.5–8.32–34; 9,6.52.56; 10,38; 12,17–19; 13,6–9.19–22; 15,11–32; 16,1–8; 17,7f; 20,9–16; 24,13.28; Joh 1,44; 7,42; Apg 8,25

*Einführung*

Seit der hell. Zeit lässt sich im syrisch-palästinischen Raum eine deutliche Urbanisierung feststellen, die seit Mitte des 1. Jh.s v.Chr. zunahm.[1] Dieser Prozess veränderte das traditionelle Siedlungsgefüge, in dem Städte schon lange als administrative, wirtschaftliche und größtenteils auch religiöse Zentren fungierten. So kontrollierten Städte bereits in hell. Zeit ihr agrarisch geprägtes und oft mit Höfen, Dörfern und Kleinstädten besiedeltes Umland (*chōra*). Dies änderte sich in röm. Zeit nicht grundsätzlich, wenn auch weiterhin unabhängige Dorfgemeinschaften existierten.[2] Im Zuge der Provinzwerdung des hell. Ostens wurden Städte jedoch mehr und mehr zum administrativen Bindeglied zwischen der röm. Obrigkeit oder deren regionalen Repräsentanten und dem dörflich geprägten Land.
Wie eng die administrative und wirtschaftliche Verflechtung zwischen Stadt und Land war, zeigt anschaulich das Steuergesetz von Palmyra aus dem Jahr 137 n.Chr.[3] Festgelegt sind darin u.a. die Bestimmungen über Zölle für die Einfuhr von Gütern aus den Dörfern des palmyrenischen Umlandes sowie für die Ausfuhr aus der Stadt in die Dörfer. Grundsätzlich befand sich ein großer Teil des Landes im Besitz städtischer Eliten, die das Land kontrollierten.[4] Vor allem in wirtschaftlicher Hinsicht kann daher von einer Art „schiefer Symbiose" zwischen Stadt und Land gesprochen werden,[5] da die Städte zwar auf die Nahrungsmittelversorgung durch das Land angewiesen waren, aufgrund der realen Besitzverhältnisse, der Verwaltungspraktiken und der Abgabenpflicht der Landbewohner an die städtischen Eliten aber faktisch ein deutliches Abhängigkeitsgefälle bestand. Die Stadt versorgte die Dörfer mit spezialisierten

[1] *E. Frézouls*: Du village à la ville: problèmes de l'urbanisation dans la Syrie hellénistique et romaine, in: *Ders.* 1987, 81–93; *Tate* 1997; *Ders.*: Les villes syriennes aux époques hellénistique, romaine et byzantine, in: *G. Wilhelm* (Hg.): Die orientalische Stadt. Kontinuität, Wandel, Bruch, Saarbrücken 1997, 351–358; *Freyne* 1980, 101–154; *Ders.* 2000, 45–58.59–72; *Horsley* 1996, 43–65.

[2] *Bowersock* 1994, 182–184; *Malina* ³2001, 85. S. auch Ios. ant. Iud. 20,159.

[3] CIS II 3913. Zum Gesetz s. *K. Brodersen*: Das Steuergesetz von Palmyra, in: *E. M. Ruprechtsberger* (Hg.): Palmyra. Geschichte, Kunst und Kultur der syrischen Oasenstadt, Linz 1987, 153–162 (mit einer dt. Übers. des gr. Teils der Inschrift); *Bowersock* 1994, 182–184; *Kaizer* 2002, 52.

[4] *Malina* ³2001, 84f; *Hanson/Oakman* 1998, 101–112; *Stegemann/Stegemann* ²1997, 97.230.

[5] Zu diesem Begriff vgl. *J. Zangenberg/G. Faßbeck*: „Jesus am See von Galiläa" (Mt 4,18). Eine Skizze zur archäologischen Forschung am See Gennesaret und zur regionalen Verankerung der frühen Jesusbewegung, in: *C. G. den Hertog u.a.* (Hgg.): *Saxa loquentur*. Studien zur Archäologie Palästinas/Israels (FS V. Fritz), Münster 2003, 291–310, hier 297f.

Gütern und bot Orte der Kommunikation und des Handels an, oft profitierten Dorfbewohner auch vom Schutz, den die Stadt bot.[6]
Ein wichtiger Aspekt des Verhältnisses zwischen Land und Stadt ist sicherlich die Zentralfunktion der Städte für das religiöse Leben, wenn auch eine Reihe von z.T. wichtigen Kulten im ländlichen Raum lagen.[7]

*Zu den Textaussagen im NT*
Das NT verortet das Wirken Jesu und seiner Jünger in den Dörfern und Kleinstädten am Nordwestrand des Sees Genezareth, sein Wort wirkt hinein in die Städte (*poleis*), Dörfer (*kōmai*) und zuweilen auch Gehöfte (*agroi*) Galiläas.[8] Abgesehen von Jerusalem scheint Jesus aber nie direkt in einer Stadt gewirkt zu haben.[9] Dörfer und Gehöfte werden mehrfach in unmittelbarer Nachbarschaft zu Städten genannt (Betanien Joh 11,1.18; Emmaus Lk 24,13). Nach Lk 9,52 sucht Jesus samaritanische Dörfer auf dem Weg nach Jerusalem auf, nach Mk 8,27 zog er mit seinen Jüngern in die „Dörfer bei Caesarea Philippi". Auch die „Gegend" (*meros*) von Tyrus und Sidon (Mt 15,21; 16,13) und das „Gebiet" (*chōra* Mt 8,28; Mk 5,1; Lk 8,26 bzw. *horia* Mt 8,34; Mk 5,17) von Gadara/Gerasa werden genannt.
Im Gegensatz zu Jesus und seinen Jüngern scheint der Hellenist Philippus überwiegend in Städten missioniert zu haben, so z.B. in Sebaste (Apg 8,5f),[10] Aschdod und Caesarea Maritima (Apg 8,39f). Die Missionsreisen des Paulus zu zahlreichen Städten der Mittelmeerwelt stehen im Hintergrund der Apg und des *Corpus Paulinum.*

*Literatur*
Neben den in 2.2.6.1 zitierten Titeln s. *G. W. Bowersock*: Social and Economic History of Syria under the Roman Empire, in: *Ders.*: Studies on the Eastern Roman Empire. Social, Economic, Administrative History, Religion, Historiography, Goldbach 1994, 165–192. – *S. Freyne*: Galilee. From Alexander the Great to Hadrian. 323 BCE to 135 CE, Edinburgh 1980. – *Ders.*: Galilee and Gospel. Collected Essays, Tübingen 2000. – *K. C. Hanson/D. E. Oakman*: Palestine in the Time of Jesus. Social Structures and Social Conflicts, Minneapolis 1998. – *T. Kaizer*: The Religious Life of Palmyra. A Study on the Social Patterns of Worship in the Roman Period, Stuttgart 2002. – *D. Sperber*: The City in Roman Palestine, New York/Oxford 1998. – *J. Zangenberg*: Dorf und Stadt in Galiläa, WUB 24, 2002, 46f.

6 *Malina* ³2001, 85–89; vgl. *Bowersock* 1994, 170; *Stegemann/Stegemann* ²1997, 231.

7 Ein gutes Beispiel bietet Palmyra, s. *Kaizer* 2002, 72–74.117.119.121.134.138.140. 147f.

8 Mt 9,35; 10,11; Mk 6,56; Lk 8,1; 13,22; vgl. auch Mk 5,16; Lk 8,34.

9 *P. Busch u.a.*: „Er predigte in ihren Dörfern und Synagogen". Die archäologische Forschung am See Gennesaret und die frühe Jesusbewegung, in: *G. Faßbeck u.a.* (Hgg.): Leben am See Gennesaret. Kulturgeschichtliche Entdeckungen in einer biblischen Region, Mainz 2003, 153–163.

10 *J. Zangenberg*: *Dynamis tou Theou*. Das religionsgeschichtliche Profil des Simon Magus aus Sebaste, in: *A. v. Dobbeler u.a.* (Hgg.): Religionsgeschichtliche Studien zum Neuen Testament (FS K. Berger), Tübingen 2000, 519–540.

## III. Kleinasien (*Michael Alpers*)

*Stellen im NT*
Vgl. in der Apg die Abschnitte über die pln. Missionsreisen in Kleinasien (Apg 13; 14; 15,35–16,8; 18,23–21,1); vgl. auch Gal 1,2; Offb 2f

*Einführung*
Die Quellenlage zu den politischen, gesellschaftlichen und kulturellen Strukturen dörflicher Lebenswelten ist sehr viel dürftiger als etwa die zum städtischen Leben im röm. Kleinasien; in der Regel sind wir auf die in ihrer Aussagekraft überaus begrenzten inschriftlichen Zeugnisse angewiesen.
Die Größenordnungen ländlicher Siedlungen sind auch in Kleinasien recht unterschiedlich;[1] es erscheint sinnvoll, Dörfer von kleineren Gruppensiedlungen (Weilern) sowie einzelnen Gehöften zu unterscheiden. Die dörflichen Landgemeinden lagen in den meisten Fällen auf dem zu einer *polis* (Zentralort) gehörenden Territorium, sie konnten sich aber auch auf kaiserlichen oder anderen privaten Domänen befinden, zudem gab es eigenständige Dorfgemeinden. Grundsätzlich unterscheiden sich Dörfer von Städten durch zwei Kriterien: Dorfgemeinden verfügen nicht über eine Ummauerung (*teichọs*) und entbehren in ihrer politischen Struktur der Institution eines (Stadt-)Rates (*boulē*). Gemeindeversammlungen, als *gerousiai* bezeichnete Ratsversammlungen sowie eine Reihe von Dorfämtern sind hingegen ebenso inschriftlich belegt wie etwa dörfliche Kulte und Priestertümer, Märkte und Feste; auch öffentliche Gebäude in Dorfgemeinden werden erwähnt.[2] Freilich genossen Dörfer und Landbewohner ein im Vergleich zu Städten und Polisbewohnern deutlich geringeres Prestige, wie etwa der aus dem bithynischen Prusa stammende Rhetor Dion Chrysostomos mehrfach in seinen Reden (or. 31,116.149; 34,29; vgl. 31,162) hervorhebt.
Für die Frage nach dem Grad an Unterschiedlichkeit zwischen Stadt- und Dorfleben ist es von erheblicher Bedeutung, ob eine Dorfgemeinde etwa in der Nähe eines großen städtischen Zentralortes lag – so besonders im westlichen Kleinasien und in den Küstengebieten – oder ob sie sich in zentralanatolischen Regionen, wie etwa Phrygien und Galatien, befand.[3] Als Beispiel für eine epigraphisch besonders gut erforschte, ländlich strukturierte Region darf das nordöstliche Lydien gelten,[4] wohingegen die westlichen und zentralen Teile Lydiens durch die Städte Thyatira, Sardes und Philadelphia (vgl. Offb. 2f) geprägt sind. Was Formen der Religiosität in diesen ländlich strukturierten Regi-

---

[1] Nach *F. Kolb*: Die Stadt im Altertum, München 1984, 15 ist die Zahl von 1000 Einwohnern die kritische Größenordnung für die numerische Unterscheidung zwischen Stadt und Dorf; Orte mit einer Einwohnerzahl um 1000 wertet er als Grenzfälle.
[2] Vgl. im einzelnen *Schuler* 1998, 225–227.
[3] Vgl. dazu *Schuler* 1998, 287f.
[4] Grundlegend ist die lat. kommentierte Inschriftenedition von *P. Herrmann*: *Tituli Asiae Minoris* (TAM) V 1, Wien 1981. Zu den seit 1981 erheblich vermehrten Inschriftenfunden vgl. jetzt: *M. Alpers/H. Halfmann*: Die Inschriften von Nordostlydien, auf: PHI CD-ROM # 8 (hg. v. Packard Humanities Institute/Los Altos, California/USA), Princeton o.J.; diese elektronische Inschriftenedition mit dt. Kurzkommentaren bietet den Vorteil einer durch Suchprogramme erleichterten Recherchierbarkeit.

onen anbetrifft, so sind für Nordostlydien zwei inschriftlich überlieferte Auffälligkeiten zu konstatieren: Zum einen findet sich ein deutlich überproportionaler Anteil aller im gesamten lydischen Raum aufgefundener Grabflüche im Nordosten der Region. Diese Grabflüche, ausgesprochen für den Fall einer Beschädigung oder missbräuchlichen Nutzung der Grabanlage, setzten immerhin eine Art von Glauben an ihre Wirksamkeit – sei es seitens der Inschriftensetzer, sei es seitens der potenziellen Grabfrevler – voraus.[5] Zum anderen wurde gerade in Nordostlydien eine Vielzahl von Beicht- oder Sühneinschriften gefunden. Diese epigraphischen Zeugnisse ländlich geprägter Religiosität reflektieren einen erheblichen Einfluss kleiner lokaler Heiligtümer und ihrer Priesterschaften auf die Gestaltung alltäglicher Lebenspraxis der sie umgebenden Dorfbewohner; diese Priester verschiedener Gottheiten übten jedenfalls ein hohes Maß an sozialer Kontrolle aus.[6]

*Zu den Textaussagen im NT*

Insgesamt reflektieren auch die ntl. Texte die vorrangige Bedeutung der Städte in Kleinasien für die christl. Mission, was sicherlich in hohem Maße auch damit zusammenhängt, dass es in diesen Zentralorten jüd. Synagogen (→3.3.3) als Anlaufstellen für die judenchristl. Missionare gab. Dementsprechend richten sich die Briefe im NT oftmals an städtische Christengemeinden (für Kleinasien: Eph; Kol; vgl. auch die sieben Sendschreiben an die kleinasiatischen Gemeinden in Ephesos, Smyrna, Pergamon, Thyatira, Sardes, Philadelphia und Laodikeia: Offb 2f; s. die entsprechenden Artikel in →2.2.7.3). Gleichwohl müssen Paulus und seine Begleiter auf ihren Missionsreisen – zumal im Inneren Kleinasiens (zu Phrygien und Galatien vgl. Apg 16,6; 18,23; Gal 1,2) – auch zahlreiche Dörfer und andere ländliche Siedlungen erreicht haben; über ihre missionarische Wirkung dort erfahren wir aus der Apg nichts. Immerhin berichtet aber der jüngere Plinius als Statthalter der im nördlichen Kleinasien gelegenen Provinz *Bithynia et Pontus* an Kaiser Traian (Plin. epist. 10,96,9), der christl. „Aberglaube" (*superstitio*) habe sich nicht nur über die Städte (*civitates*), sondern auch über die Dörfer (*vici*) und das Land (*agri*) verbreitet.

*Literatur*

*S. Mitchell*: Anatolia. Land, Men and Gods in Asia Minor, Oxford 1993. – *Chr. Schuler*: Ländliche Siedlungen und Gemeinden im hellenistischen und römischen Kleinasien, München 1998 [mit weiterer Literatur].

[5] Zu den Grabflüchen vgl. *J. H. M. Strubbe*: ΑΡΑΙ ΕΠΙΤΥΜΒΙΟΙ. Imprecations against Desecrators of the Grave in the Greek Epitaphs of Asia Minor. A Catalogue, Bonn 1997.

[6] Vgl. dazu *G. Petzl*: Die Beichtinschriften Westkleinasiens, Bonn 1994; *Ders.*: Ländliche Religiosität in Lydien, in: Asia Minor Studien 1995, Bd. 17 (Forschungen in Lydien, hg. v. *E. Schwertheim*), 37–48; *M. Ricl*: The Appeal to Divine Justice in the Lydian Confession-Inscriptions, in: ebd. 67–76; *A. Chaniotis*: „Tempeljustiz" im kaiserzeitlichen Kleinasien. Rechtliche Aspekte der Sühneinschriften Lydiens und Phrygiens, in: *G. Thür/J. Vélissaropoulos-Karakostas* (Hgg.): Symposion 1995. Vorträge zur griechischen und hellenistischen Rechtsgeschichte, Köln u.a. 1997, 353–384.

## 2.2.7 Die Stadt als Lebensraum

### 2.2.7.1 Städte des Mittelmeergebietes: Entwicklung und Institutionen (*Karl Leo Noethlichs*)

*Stellen im NT*
Mt 9,35; 10,5; 11,20–24; Mk 6,56; Lk 13,22; Apg 14,6.19–26; 16,12–40; 17,16–34; 18,1–4; 19,23–40; 22,25–29; 2Petr 2,6; Jud 1,7; Offb 16,19

*Begrifflichkeiten*
Menschliche „Hochkulturen" bedürfen der Lebensform einer „Stadt", in der die religiösen, politischen, wirtschaftlichen und technischen Möglichkeiten optimal konzentriert sind. Die Ursprünge liegen für den östlichen Mittelmeerraum in Mesopotamien, Ägypten, Syrien-Palästina und Südanatolien. Die älteste Form scheint die „Tempelstadt" gewesen zu sein, mit einem natürlichen oder künstlichen Hügel (*akropolis*), gekrönt von einer Zitadelle (Zikkurat), dem Wohnsitz der Stadtgottheit. Sie konnte auch als Fluchtburg benutzt werden. Jerusalem stellt ein solches Beispiel dar.
Das gr. Wort für Stadt, *polis*, schon seit Homer die gängige Bezeichnung größerer menschlicher Siedlungen (z.B. Il. 1,19 im Unterschied zum rein baulichen Zentrum *asty*, vgl. Il. 17,144), enthält in seinem etymologischen Kern (aus altindisch *pur*) diese Bedeutung als „befestigte Fluchtburg" ebenfalls. Die weitere Entwicklung der gr. (und auch röm.) Stadt zeigt allerdings eine gewisse „Säkularisierung", insofern die *agora* bzw. das *forum*, der Versammlungs- und Marktplatz, immer mehr zum Mittelpunkt wurde und die Sakralbauten an den Rand drängte. Diesem äußeren Befund entspricht die sich verändernde Verfassung, die *politeia*, ein Begriff, in dem die politische Verfasstheit und Form des Städtebaues zusammenfließen. Eine monarchische Struktur wandelte sich zu einer Oligarchie oder Demokratie, die in ihrer optimalen Mischung, der „besten" Verfassung, ebenfalls *politeia* hieß (Aristot. pol. 1293b–1294b). Ähnlich vielschichtig ist lat. *civitas* als Bezeichnung für die Stadt, die Bürgerschaft, die politische Verfassung und das Bürgerrecht.
Seit hell. Zeit bildeten sich gewisse Standards heraus, die die Bezeichnung „Stadt" rechtfertigten und nur in Ausnahmefällen nicht eingehalten wurden. Dazu gehörten z.B. neben der *agora* und verschiedenen Tempeln ein Amtsgebäude, Theater, Gymnasium und Wasserleitungen (Paus. 10,4,1).
Bei den gr. *poleis* gab es keine rechtlichen Unterschiede. Dies spiegelt auch der Sprachgebrauch im NT wider: In der Regel wird *polis* verwendet, gelegentlich abgegrenzt von „Dörfern" (*kōmai*) und kleineren Agrarsiedlungen (*agroi*), vgl. Mt 9,35; Mk 6,56; Lk 13,22. Nur in einem einzigen Fall wird die *polis* Philippi *colonia* genannt (Apg 16,12, s.u.), ein singulärer Befund im ganzen NT (→2.2.7.3 X).
Anders verhält es sich mit den Römern. Sie erfanden ein abgestuftes System verschiedener städtischer Rechtskategorien, mit dem sie ihren Einfluss im gesamten Mittelmeerraum über den eigentlichen *ager Romanus* hinaus (→1.4.1.1) ausüben und sichern konnten.

*Rechtlicher Status der einzelnen Stadt*

Eine „Stadt" ist demnach eine Gebietskörperschaft, bestehend aus einem eng bebauten Zentrum (der eigentlichen *civitas*) und einem dazugehörigen *territorium*, auf dem dasselbe Stadtrecht gilt. Das röm. Reich stellt sich also dar als flächendeckende Ansammlung einzelner Städte, insgesamt etwa 2000 zur Zeit der größten Ausdehnung, wobei nur wenige Gebiete außerhalb der Städte verbleiben, so z.B. kaiserliches Privatland oder Gebiete von Legionen samt den sich hier entwickelnden „Legionsstädten" (*canabae*), die erst ab dem 2. Jh. n.Chr. in Stadtrechtskategorien einbezogen wurden, oder auch Ägypten (vgl. R. Gest. div. Aug. 27), wo es nur drei bzw. nach 130 n.Chr. vier Städte gab. Dort, wo zum Zeitpunkt der röm. Herrschaft bereits Städte vorhanden waren, blieben sie erhalten. Die röm. Zentrale vertrat eindeutig das Prinzip kommunaler Autonomie, was auch weniger personalintensiv war. Durchbrochen wurde das Prinzip nur dann, wenn es innerhalb der Stadt unlösbare Konflikte gab, die des Eingreifens der Zentrale (d.h. zunächst des Statthalters, dann Roms) bedurften. Beispiele sind jüd. Privilegien, die kommunal zuweilen nicht umgesetzt wurden und Proteste der Juden an die höhere Instanz bis zum Kaiser hervorriefen, z.B. Ios. ant. Iud. 14,213–216; 16,160f, oder der etwa ab Domitian auftretende *curator*. Dieser teils von außerhalb, teils aus der Stadt selbst kommende Funktionär war zur Überprüfung und Genehmigung größerer städtischer Ausgaben da, vgl. etwa ILS 5918a, weil viele Städte offenbar über ihre Verhältnisse lebten.

Davon zu unterscheiden ist der personenrechtliche Status des Einzelbürgers (→1.5.1.2), der prinzipiell nichts mit dem Rechtscharakter seiner Heimatstadt zu tun hat. Es können also röm. Bürger in peregrinen Städten leben oder Peregrine in röm.-rechtlichen *coloniae* oder *municipia civium Romanorum*. Es sei denn, eine peregrine Stadt bekommt auf einen Schlag das röm. Bürgerrecht verliehen (s.u.).

Röm.-rechtliche Städte gab es im Osten im 1. Jh. n.Chr. nur ganz wenige. Hier seien nur die *coloniae* erwähnt: Dazu gehört in Macedonia-Achaia die „Kolonie" Philippi, was die Apg 16,12 ausdrücklich betont (s.o.), des Weiteren die Kolonien Buthrotum, Byllis, Cassandrea, Corinth, Dium, Dyme, Dyrrhachium, Patrae und Pella; in Asia und Pontus-Bithynia die Kolonien Alexandria Troas, Apameia, Parium und Sinope. Die unter Caesar gegründeten Kolonien Heraclea Pontica und Lampsacus verlieren schon unter Augustus diesen Status wieder. In Syria kennen wir als Kolonien Berytus und Heliopolis, in Pisidia-Galatia Antiochia, Comama, Cremna, Germa, Lystra, Ninica, Olbasa und Parlais.

Im Westen des röm. Reiches gibt es außer *colonia* und *municipium* noch die röm. Rechtsform der *praefectura*, des *forum* und des *conciliabulum*, wie wir aus Stadtgesetzen wissen (ILS 6085 § 83 u.ö.). Relevant sind aber in der Kaiserzeit nur die Kolonie und das Munizipium. Dabei war *colonia* ursprünglich eine meist aus militärischen Gründen angelegte Siedlung röm. Bürger, während *municipium* die Verleihung des röm. oder lat. Stadtrechts an eine peregrine Gemeinde bedeutete (s.o.). Diese Unterschiede verwischen sich aber im Laufe der Kaiserzeit.

*Stadtübergreifende Rechtsverhältnisse*
Die peregrinen Städte unterscheiden sich in ihrem Status durch den Vertrag (*foedus*), mit dem sie an Rom gebunden sind. Wir unterscheiden *civitates stipendiariae, tributariae, foederatae, liberae et immunes*. Letztere Kategorie unterstand in einer Provinz nicht dem Statthalter, egal, ob es sich um kaiserliche *legati Augusti pro praetore*, um senatorische *proconsules* oder um ritterliche *praefecti* oder *procuratores* handelte. Während die Anzahl der Senatsprovinzen von zehn immer bestehen blieb und sich allenfalls durch Tausch die Provinzen selbst ändern konnten, stieg die Anzahl der kaiserlichen Provinzen ständig, von 28 unter Augustus bis auf 41 unter Traian. Die Anzahl der ritterlichen Provinzen erreichte unter Claudius mit 13 bereits ihren Höhepunkt und nahm dann bis Traian wieder bis auf neun ab (zu *Iudaea*: Ios. bell. Iud. 2,117; ant. Iud. 18,1f; →1.4.1.2; 1.4.4.1). Die Statthalter erhoben von den Städten ein *tributum soli* bzw. ein *stipendium*.

*Die lex Pompeia*
Für die Entwicklung der röm. „Urbanisierung" scheint eine *lex Pompeia* grundlegend gewesen zu sein, die Pompeius 64 v.Chr. für Pontus und Bithynien erlassen hat und wodurch er die bestehenden „Landkreise" durch Stadtbezirke mit Neugründungen ersetzte (Plin. epist. 10,79f.112f.114f). Dieses Gesetz wurde dann auch für Gallien vorbildhaft, wo in den Jahren 27–12 v.Chr. die keltischen *oppida* aufgelöst und durch 60 *civitates* abgelöst wurden, denen man dann die *pagi* und *vici* zuordnete, für die sich die Römer selbst kaum interessierten. In Gegenden mit sehr vielen Städten, wie in *Asia*, wo es an die 500 gab, fasste man diese in (hier 13) *conventus* zusammen, deren Hauptorte der Statthalter jeweils besuchte.

*Statistiken*
Die Größe einer Stadt sowie ihre Einwohnerzahl waren recht unterschiedlich. So hat man die Durchschnittsgröße der gallischen *civitates* mit 8300 qkm errechnet, die damit an die alte Stammesorganisation anknüpften. In Italien oder *Asia* waren die Städte wesentlich kleiner und umfassten oft nur wenige qkm. Die Anzahl der Bewohner darf man vielleicht im Durchschnitt mit ca. 10 000 Personen ansetzen; dabei gab es kleinere Städte mit einigen Hundert bis ca. 2000 Menschen, andererseits auch wenige Großstädte mit 100 000 bis 400 000 Einwohnern (Alexandria, Antiochia, Karthago, Ephesos). Die Bevölkerung Roms betrug zur Kaiserzeit ca. 1 Mill. Menschen (bei einer Gesamtzahl von 4 937 000 röm. Bürgern reichsweit im Jahre 14 n.Chr.: R. Gest. div. Aug. 8).

*Finanzwesen*
Der Etat einer antiken Stadt setzte sich vorwiegend aus folgenden Einnahmen zusammen: Erträge aus städtischem Grundbesitz, Weiden und Bergwerken, aus Mieteinnahmen, Gebühren für die Benutzung kommunaler Einrichtungen (Wasser, Bäder), aus Zöllen und Steuern, aus Strafgeldern und aus Gebühren für den Dekurionat und die Ämter (*summa honoraria*, s.u.). Dem stehen auf der Ausgabenseite, sofern nicht durch private Sponsoren geleistet, Aufwändungen für Polizeiaufgaben gegenüber, für Kult, Theater und Unterhaltungsveranstaltungen, für Getreideversorgung und Straßenerhaltung, soweit sie öf-

fentlich waren, für Bauten, wie Stadtmauer, Kurie (Rathaus), Wasserleitungen, Gymnasien, Portiken, Kloaken, Latrinen usw., eventuell für Beiträge zum öffentlichen Transportwesen (*cursus publicus*), für Bildung (Lehrer), Gesundheit (Ärzte) und gelegentlich für karitative Ausgaben.

*Binnenstruktur und Funktionsträger*

Peregrine und röm.-rechtliche Städte hatten eine durchaus vergleichbare Binnenstruktur. Wir unterscheiden, wie in Rom, bestimmte politische Funktionsträger (*magistratus*), einen „Senat", genannt *curia*, wobei die Mitglieder (*curiales* bzw. *decuriones*) allerdings im Unterschied zum röm. Senat kein Amt bekleidet haben mussten, und die „normalen" Bürger, dazu Fremde und Sklaven.

Als Magistrate finden wir an der Spitze von Kolonien und Munizipien *duoviri* oder *quattuorviri*, dazu alle fünf Jahre *duoviri quinquennales*, die die Funktion der stadtröm. Zensoren wahrnahmen. Daneben gab es *aediles* und *quaestores* mit den ursprünglich stadtröm. Funktionen (Stadtpolizei, Spiele, Finanzen und Archivbeamte). In gr. Städten begegnet man entsprechend Archonten und Strategen (Apg 16,20), *grammateis*, *tamiai* oder Agoranomen. Es galt ein Mindestalter von 25 oder 30 Jahren (Plin. epist. 10,79; *lex Malacitana*, ILS 6089 § 54; Dig. 50,8,4). Für die Bekleidung zumal der obersten Posten hatte man eine bestimmte Summe zu entrichten (*summa honoraria*), die von Stadt zu Stadt sehr unterschiedlich war und zwischen 4000 und 38 000 Sestertien lag (Übersicht mit Nachweisen bei Liebenam 1900, 57–65).

Ähnlich musste man für die Aufnahme in den Dekurionenrat zahlen, dessen Mitglieder in einem *album* geführt wurden. Zumindest im Westen war ein Mindestzensus erforderlich. Er betrug in Comum 100 000 Sestertien, also ein Zehntel eines senatorischen Vermögens (Plin. epist. 1,19), in Irni aber nur 5000 Sestertien (JRS 76, 1986, 176, Z. 53 bzw. Tafel IX C, Z. 1). Die Zahl der Dekurionen bewegt sich zwischen 30 (CIL XIV 2458) und 600 (Val. Max. 2,6,7). In Italien darf man einen Durchschnitt von 100 annehmen; im Osten treffen wir größere Zahlen an (z.B. in Ephesos 450; Athen 600, ab 126/7 n.Chr. 500, später 750: IG II/III$^2$ 3669).

*Decurio* bzw. *curialis* konnte man ab 25 Jahren und bis zu 55 Jahren werden (Dig. 50,2,11). Man findet diese Altersangaben z.T. um 5 Jahre nach oben verschoben, vgl. Plin. epist. 10,79.

Die Dekurionen garantierten das Steueraufkommen. Dafür hatten sie besondere Privilegien (z.B. keine Folter) und gehörten rechtlich zu den *honestiores* der Stadt, zusammen mit bestimmten Kultfunktionären (s.u.) und Veteranen sowie natürlich den eventuell in der Stadt lebenden röm. Rittern und Senatoren. Ihnen standen die *humiliores* gegenüber, die diese Privilegien nicht hatten. Dennoch sollte man die Dichotomie *honestiores* - *humiliores* nicht überbewerten, weil diese Rechtskategorie nur wenig über die Sozial- und Wirtschaftsstruktur einer antiken Stadt aussagt.

Werfen wir kurz einen Blick auf die einzelnen Amtsträger, sofern es sich nicht um Duoviri, Ädilen oder Quästoren handelt:

Hier sind an erster Stelle die Kultfunktionäre zu erwähnen. So hatte jede röm.-rechtliche Stadt *pontifices* und *augures*, meist je drei, die i.d. Regel auf Lebenszeit gewählt wurden und in ihrem Bereich jurisdiktionelle Befugnisse hatten (z.B. *lex Ursonensis*: ILS 6087 § 66–68.91). Dazu finden sich besondere Beamte für Heiligtümer und Tempel unter der Bezeichnung *curatores* oder *magistri ad fana templa delubra*, die insbes. die an die Kultorte geknüpften Spiele und Feiern zu organisieren und oft selbst zu finanzieren hatten (→2.2.7.2), sowie allgemeine *sacerdotes*. Diesen entsprachen im gr. Osten *hiereis* bzw. *hiereiai*, als Einzelpriester der *basileus*, *monarchos* oder *stephanēphoros*. Es gab *prophētai* als Deuter und Verkünder des göttlichen Willens entsprechend den Auguren und die *epimēnioi* als Ausrichter der monatlichen Opfer. Unter den eher niederen Kultdienern seien hier nur der *diakonos* und der *hierodoulos* genannt.

Eine besondere Kategorie waren die für den Kult der lebenden oder divinisierten Kaiser und Kaiserinnen zuständigen Funktionäre, die *flamines* bzw. *flaminicae* sowie die *sodales Augustales*.

Im profanen Bereich differenziert sich das Spektrum unterhalb der traditionellen Oberbeamten (Bürgermeister, Ädilen, Quästoren) sehr, aber gewisse Funktionen lassen sich überall ausmachen. Im Bereich der Erziehung sei an erster Stelle der *gymnasiarchos* genannt, des Weiteren der *gynaikonomos* für die Frauen und der *paidonomos* für die Kinder, die *kosmētai* sowie zahlreiche andere für die militärische, wissenschaftliche wie musische Erziehung zuständige Amtsträger. Für die Sicherheit bei Tag und Nacht sorgten *stratēgoi*, *nyktostratēgoi* und *eirēnarchai*. Um die Versorgung der Städte kümmerten sich *agoranomoi* und *sitōnai* entsprechend den lat.-sprachigen *curatores annonae* bzw. *frumenti*. Für die Durchführung von nicht an bestimmte Tempel gebundene Spiele findet sich im Lat. oft der Titel *curator muneris publici*, dem im Gr. der *agōnothetēs* entspricht. Die Oberaufsicht über bestimmte Agone konnte auch ein *xystarchēs* innehaben, der vom Kaiser, oft lebenslänglich, ernannt wurde, oder auch ein *alytarchēs*.

Eine Art städtisches Bauamt stellte der *curator operum publicorum* bzw. *ergepistatēs* oder *epimelētēs* dar.

Die Amtsdauer dieser verschiedenen Funktionäre war sehr unterschiedlich. Meistens handelte es sich um Jahresämter, zu denen man vom Rat ernannt oder von der Volksversammlung gewählt wurde, aber auch lebenslange Amtsinhabe kommt vor, daneben auch einmalige Übernahme eines Postens nur zu einem bestimmten Anlass. Hier wird die Nähe der „Ämter“ zu den freiwilligen oder gesetzlichen Verpflichtungen deutlich, die man in Geld oder als persönliche Dienstleistung zu erbringen hatte und die lat. *munera* und gr. *leitourgiai* (Liturgien) hießen.[1]

Schließlich müssen die „Stadtpatrone“ erwähnt werden. Eine Stadtpatronage funktionierte quasi neben der offiziellen Magistratur. Angesprochen waren hier v.a. Senatoren oder deren Söhne. Man versprach sich von ihnen Einfluss in Rom, wofür man sie in vielfältiger Weise ehrte. In dem o.g. *album*, dem alle fünf Jahre neu verfassten Verzeichnis der Amtsträger einer röm.-rechtlichen Stadt, erscheinen sie an erster Stelle. Allerdings durften sie zum Zeitpunkt ihrer Wahl durch die Stadt kein Amt bekleiden, vgl. die Vorschriften in der *lex*

[1] Eine Übersicht über die Ämter in gr. Städten der röm. Kaiserzeit mit Belegen bietet *Liebenam* 1900, 539–566.

*Ursonensis* (ILS 6087 § 130). Wir kennen heute über 1000 private und offizielle Patrone im röm. Reich der Kaiserzeit.

*Auswirkungen der röm. Urbanisierung*

Vor allem im Westen des Reiches, wo eine vorgegebene Stadtkultur nicht vorhanden war und Kolonien und Munizipien erst allmählich entstanden, bedeutete „Urbanisierung" gleichzeitig auch „Romanisierung" durch Verleihung des individuellen röm. Bürgerrechts an die Oberschicht. Dies ging mit einer gewissen Unterdrückung der angestammten Sprache einher, der Religion, der Sitten und Lebensweise, die vielfach durch Luxus und Bequemlichkeit ersetzt wurden, wenn man der moralisierenden Geschichtsschreibung der Römer folgt. Man mag diesen Prozess, den Tacitus als *humanitas* in den Augen der Ahnungslosen, in Wirklichkeit aber als „Teil der Knechtschaft" (*pars servitutis*) bezeichnet (Agr. 21), durchaus ambivalent beurteilen. In den Augen der Römer war es die einzige Methode, die zivilisatorische Heterogenität der Beherrschten und das eigene unvollkommene Herrschaftssystem zu überwinden sowie den Hass der Besiegten auf die Sieger in der Oberschicht zu neutralisieren. Nach Ablauf des Oberamtes in einer Stadt hatte der ehemalige Amtsträger die Chance auf das röm. Bürgerrecht, mit dessen Erhalt er und seine Familie einer privilegierten Schicht angehörten. Im Fall der mit der Bürgerrechtsverleihung einhergehenden Erlaubnis, eine gültige röm.-rechtliche Ehe (→2.2.1.4) zu führen (*ius conubii*), was aber nicht immer der Fall war, konnte dies einen „Schneeballeffekt" der Romanisierung in Gang setzen, ähnlich wie im Militär, wo der Provinziale nach Ableistung seiner Dienstzeit und ehrenhaften Entlassung (*missio honesta*), auch hier oft, aber nicht immer gekoppelt mit dem *conubium*, einen vergleichbaren Effekt auszulösen vermochte. Allerdings befreite das röm. Bürgerrecht nicht von den Verpflichtungen seiner Heimatgemeinde gegenüber, wie wir aus einer Verfügung des Augustus für Kyrene wissen (FIRA I 68, Z. 55–62).

Mit der Verleihung des röm. Bürgerrechts an praktisch die gesamte Bevölkerung des röm. Reiches im Jahr 212 n.Chr. (*constitutio Antoniniana*) hatte sich dieser Weg als der richtige erwiesen, auch wenn Cass. Dio 78,9,5 behauptet, Caracalla habe es der Erbschafts- und Freilassungssteuern wegen getan, die nur von röm. Bürgern gezahlt wurden.

Kulturell darf man aber auch nicht vergessen, dass Rom bei seiner „Urbanisierung" auch eine gewisse „Hellenisierung" durchmachte, was schon bei der gr. Sprache anfängt, die die eigentliche *lingua franca* der Kaiserzeit wurde, so wie jeder Kaisererlass für den Osten immer auch ins Gr. übersetzt wurde. Formen gr. Lebensart, insbes. das Gymnasium und das Theater (→2.2.7.2), breiteten sich überall aus. Im Zuge der Hellenisierung waren es aber auch verschiedene kultisch-religiöse Formen, deren man sich bedienen konnte, so die Mysterienkulte (→3.1.2), Täufergruppen (→3.1.3.5), gnostische Sekten (→3.1.5) oder die sog. „Gottesfürchtigen" (→3.1.3.7). Zumindest in den größeren Städten gab es jüd., vereinzelt auch samaritanische Synagogen (→3.1.3.3, 3.1.3.6).

*Kontaktzonen*

Es ergaben sich so eine Reihe von Kontaktzonen des antiken Menschen mit seiner „Umwelt“:

Am wichtigsten war der Marktplatz, die *agora* bzw. das *forum*, als Kommunikationspunkt für jegliche Art von Kontakten. In einigen Städten gab es mehrere Märkte, oft nach den Waren differenziert. Daneben spielen andere Plätze eine Rolle, auf denen z.B. Volksversammlungen stattfanden, so in Athen die Pnyx oder der „Ares-Hügel“ (Areopag) oder das Marsfeld in Rom. Treffpunkte waren auch Heiligtümer und Tempelanlagen mit z.T. größeren Territorien, die ja auch Wirtschaftszentren zum Erhalt der Anlage darstellten und darüber hinaus eventuellen Asylsuchenden langfristig Schutz boten. Eine Stätte besonderer Kommunikation stellte das Gymnasium dar mit seinem vielfachen Angebot körperlicher Ertüchtigung und musischer Bildung (Vitr. 5,11). Eine ähnliche Funktion erfüllten die von den Griechen übernommenen öffentlichen Bäder. Über die Entwicklung der Thermen von der Republik bis zur Kaiserzeit s. Sen. epist. 86,4–13, zur Anlage Vitr. 5,10, zur Ausstattung Lukian. Hipp., zum Betrieb ILS 6891,19–31.

Daneben gewährleisteten die Kultvereine mit z.T. eigenen Versammlungsräumen eine Einbindung über die Familie hinaus. Sie waren oft als „Sterbevereine“ strukturiert, die – neben einem Vereinsleben mit kultischen Feiern und Essen – ein standesgemäßes Begräbnis sicherten. Sie bedurften in der Regel staatlicher, d.h. röm. Genehmigung (→2.2.4.2). Unter diesen „Angeboten“ spielt dann auch das Christentum ab Ende des 1. Jh.s allmählich eine Rolle.

Als Stadtbewohner kam man u.U. über die Verwaltung und das Militär mit dem Röm. in Berührung, insbes. wenn man in einer Stadt mit röm. Besatzung lebte. Über Sport, Theater und Gymnasium stellte sich der Kontakt mit der gr. Welt her, die im Osten überall und auch teilweise im Westen, sofern Städte vorhanden waren, allgegenwärtig war (→2.2.7.2). Lebte man allerdings auf dem Land, waren Außenkontakte wohl nicht allzu häufig.

Eine Sonderrolle spielen hier die Juden: Soweit ersichtlich, haben sie selbst nie eigene Städte außerhalb Judäas gegründet, sondern schlossen sich an bereits vorhandene an. Bei allen Problemen, die das mit sich brachte, war somit das Diasporajudentum wie kein anderes Volk geeignet, das „Fremde“ kennen zu lernen, ohne darin, von Ausnahmen abgesehen, zu versinken. Die frühen Christen haben sich hier eher in der Tradition des Judentums gesehen. Die ersten Jhh. sind von der Spannung zwischen der gr.-röm. Kultur, dem (nicht-hellenisierten) Judentum und genuin christl. Lebensweise gekennzeichnet.

*Literatur*

*J. C. Anderson*: Roman Architecture and Society, Baltimore/London 1997. – *F. M. Ausbüttel*: Die Verwaltung des römischen Kaiserreiches von der Herrschaft des Augustus bis zum Niedergang des Weströmischen Reiches, Darmstadt 1998. – *H. Cousin* (ed.): Le monde où vivait Jésus, Paris 1998. – *W. Eck*: Die Verwaltung des Römischen Reiches in der hohen Kaiserzeit, Bd. 1, Basel 1995. – *G. G. Fagan*: Bathing in Public in the Roman World, Ann Arbor 1999. – *R. Hingley*: The „Legacy“ of Rome: The Rise, Decline, and Fall of the Theory of Romanization, in: *J. Webster/N. J. Cooper* (eds.): Roman Imperialism: Post-colonial Perspectives, Leicester 1996, 35–48. – *W. Liebenam*: Städteverwaltung im römischen Kaiserreiche, Leipzig 1900 (ND Amsterdam 1967). – *D. Sperber*: The City in Roman Palestine, Oxford 1998. – *J. E. Stambaugh*: The Ancient Roman City, Baltimore/London [4]1992. – *F.*

*Vittinghoff* (Hg.): Handbuch der Europäischen Wirtschafts- und Sozialgeschichte, Bd. 1: Europäische Wirtschafts- und Sozialgeschichte in der römischen Kaiserzeit, Stuttgart 1990, 20–24 (§ 1 Demographische Rahmenbedingungen) und 161–369 (§ 3 Gesellschaft).

## 2.2.7.2 Kulturelle Performanzen, Theater, Spiel und Sport (*Christian Strecker*)

*Stellen im NT* (*Auswahl*)
Mt 6,2.5.16; Mk 7,6; Lk 6,42; Röm 7,15.19; 1Kor 4,9; 9,24–27; 15,32; 2Kor 2,14–16; Phil 3,12–16; 1Tim 4,7b–10; Hebr 10,32f; 12,1

*Einführung*
In der gr.-röm. Antike waren sowohl die offizielle Politik als auch der private Alltag stark durch theatrale Strukturen und Erfahrungen der Repräsentation bzw. Inszenierung geprägt. Juvenals berühmter Slogan *panem et circenses* (10,81) dokumentiert in diesem Sinn neben dem ostentativen Euergetismus staatlicher Brotvergabe die antik-röm. Obsession für Circusspiele (Wagenrennen). Besonders während der Kaiserzeit hatten aber auch zahlreiche andere theatrale Darbietungen und Ereignisse Hochkonjunktur. Vor deren Hintergrund konnte die Welt grundsätzlich als Bühne und das private Leben als Schauspiel (*mimus vitae*) verstanden werden (vgl. Suet. Aug. 99,1; Sen. epist. 80,6–8; Epikt. ench. 17; M. Aur. 12,36). Ungeachtet einiger Überschneidungen lässt sich das weite Feld der antiken theatralen Kultur grob in drei Hauptkategorien unterteilen: 1. szenisch-künstlerische Darbietungen (*ludi scaenici*), 2. festliche Spiele inkl. Wagenrennen (*ludi circenses*), Triumphzüge (*pompae*), Gladiatorenkämpfe (*munera*), Tierschauen bzw. Tierhetzen (*venationes*) und künstliche Seeschlachten (*naumachiae*) sowie 3. sportliche Wettkämpfe diverser Art (*agones*).
All diese Veranstaltungen sind als kulturelle Performanzen (cultural performances) beschreibbar, d.h. als Aufführungen, in denen sich das Selbstverständnis einer Kultur in seinen zentralen Wert- und Normvorstellungen paradigmatisch verdichtet und je von Neuem performativ reproduziert. In diesem Sinne waren die antike Bühne, die Arena und das Stadion Orte, an denen die etablierten sozial-hierarchischen Distinktionen, die Geschlechterrollen, die anerkannten Tugenden, die für das Sozialleben elementare Distribution von Ehre und Schande wie auch die politischen Strukturen öffentlich ausagiert und zugleich verinnerlicht wurden. Zumal in der Kaiserzeit wurden diese kulturellen Performanzen dann auch in die urbanen Zentren der Provinzen exportiert, in denen sie der soziokulturellen Assimilierung Vorschub leisteten.

*Theater*
Die antike Theaterkunst wurzelt im attischen Drama (Tragödie, Komödie, Satyrspiel). Sie war kultisch-religiös verankert (v.a. im Dionysoskult), staatlich organisiert und einem Vorstellungswettkampf eingegliedert.[1] Vermittelt über

[1] Siehe *André* 2002, 43–48.

das gr. geprägte Unteritalien und Sizilien fand sie bald auch in Rom Einzug (in lat. Sprache erstmals 240 v.Chr. durch Livius Andronicus). Geleitet von Magistraten hatten die Theatervorstellungen auch hier ihren Ort im sakralen Rahmen religiöser Festspiele. Wachsender Erfolg und eine zunehmende Professionalisierung des Theaterwesens führten indes zu einer verstärkt profanen Rezeption der *ludi scaenici*. Damit gingen auch Verschiebungen in der Theaterform einher, nämlich von der klassischen Komödie und Tragödie über die derb-possenhafte Atellane in der Republik zum volkstümlichen Mimus und dem affektgeladenen Pantomimus in der Kaiserzeit.[2] Die Theaterbegeisterung des röm. Volkes war in alledem immens.[3] Während der Kaiserzeit strahlte sie auf das gesamte Reich aus. Die Expansion von Theaterbauten und Spieltagen spricht hier eine klare Sprache. So gab Augustus' Marcellustheater, errichtet 13/11 v.Chr., gleichsam den Startschuss für den Bau zahlreicher Steintheater im gesamten Imperium, auch im Osten, wie u.a. die Theaterbauten Herodes' d. Gr. in Caesarea (Ios. bell. Iud. 1,415), Jericho (ant. Iud. 17,161) und Jerusalem (ant. Iud. 15,268) zeigen. Diese Entwicklung belegt überdies, dass das Theater nicht allein der sozialen und intellektuellen Elite vorbehalten war, sondern der Unterhaltung der Massen diente. Spannungen waren so – wie schon im perikleischen Athen – vorprogrammiert.[4]

*NT*: Eine Resonanz des antiken Dramas findet sich in Röm 7,15.19. Der hier thematisierte Konflikt zwischen Wollen und Tun reflektiert eine entsprechende Sentenz aus Euripides' Tragödie Medea (1077–1080), die im Fokus einer breiten antiken Tradition stand.[5] Nach W. Verburg liegt dem joh Passionsbericht das Gestaltungsprinzip der antiken Tragödie zugrunde. Bei der Bearbeitung seines Stoffes habe sich der Evangelist an den entsprechenden theatralen Grundstrukturen orientiert. L. Schenke deutet gar das gesamte JohEv als Drama. Der Text folge klar den diesbezüglich relevanten literarischen Regeln und sei möglicherweise – wie dies etwa auch für Senecas Tragödien (allerdings kontrovers) diskutiert wird – als Lesedrama konzipiert worden (→1.3.3.2).[6] Unter Verweis auf das bei den Synoptikern jeweils im Munde Jesu geführte Nomen *hypokritēs* (Schauspieler; Mt 6,2.5.16; 23,13–15; Mk 7,6; Lk 6,42 u.ö.) postuliert R. A. Batey einen direkten Konnex zwischen historischem Jesus und Theater. Jesus seien Schauspieler und ihr Ruf durch das nur wenige Kilometer von Nazareth entfernte Theater in Sepphoris vertraut gewesen, vielleicht habe seine dramatische Verkündigungsart hier gar ihre Wurzeln.[7] Die Datierung des Theaters unter Herodes Antipas ist jedoch unwahrscheinlich. Dass Theaterbauten neben dem szenischen Spiel auch dem Zusammentritt der politischen *ekklēsia* dienten, deutet sich in Apg 19,23–40 an. Die Vokabel *theatron* kann aber auch, wie in 1Kor 4,9, für öffentliche Spektakel stehen.

---

2 *Weeber* 1994, 99–106.
3 Zu den Besuchermassen vgl. indirekt Hor. epist. 2,1,60; Ov. ars 1,89–170; Sen. Herc. f. 838f.
4 Vgl. Hor. epist. 2,1,182–207; Plin. epist. 3,18,9.
5 Vgl. Ov. met. 7,17–21; Sen. Med. 938–944; Plut. mor. 533D.
6 *Verburg* 1999; *Schenke* 1992.
7 *Batey* 1984.

*Öffentliche Schauspiele*
Unter den öffentlichen Schauspielen (*spectacula*) besaßen Wagenrennen und Gladiatorenkämpfe besondere Popularität. Ursprünglich handelt es sich dabei um unterschiedliche Genres. Während erstere – wie auch der Triumphzug – von jeher staatliche Großereignisse waren, entstanden letztere als private „Gaben" (*munera*) anlässlich der Bestattung ehrenvoller Männer.[8] Zumal im Prinzipat wurden sie von dieser Bindung gelöst. Wie auch die anderen *spectacula* gereichten sie nun der Ehre der jeweiligen Herrscher. In der Arena gesellten sich dabei zu den Gladiatorenkämpfen Tierhetzen und öffentliche Hinrichtungen von Verbrechern mit niederem sozialen Status. Letztere wurden teilweise unter Rekurs auf die gr.-röm. Mythologie oder den Mimus speziell inszeniert. Alle diese *spectacula* erfuhren im Laufe der Zeit bezüglich der Zahl aufgebotener Tiere und Menschen Steigerungen ins Extreme. Dabei wurde in den Tierkämpfen die Macht über die bedrohliche Natur, in den Hinrichtungen die Macht über Gesetzlosigkeit und in den Gladiatorenkämpfen die Macht des Mutigen über den Tod gefeiert.[9] Solche Schauspiele fanden auch im Osten statt (s. nur Dion Chrys. 31,121). Venationes (inszenierte Tierjagdten) und Hinrichtungen *ad bestias* sind unter Herodes d. Gr. selbst für Jerusalem bezeugt (Ios. ant. Iud. 15,273f), und Herodes Agrippa gab in Berytos exorbitante Gladiatorenkämpfe (ant. Iud. 19,336f). Jüd. Kritik an solchen Spielen war unausweichlich (vgl. ant. Iud. 15,267.274f).
*NT*: Nach 1Kor 4,9 stellt Gott die Apostel wie todgeweihte *damnati ad gladium* zur Schau. Diese Metaphorik lässt sich als Reflex der Kreuzigung Christi lesen, wobei der schmachvolle Verbrechertod nun aber entgegen röm. Machtlogik zum ehrenvollen Signum der einzig wahren göttlichen Herrschaft avanciert. Überhaupt unterminiert die pln. *theologia crucis* vermittels ihrer soteriologischen Aufladung des *stauros* die in der öffentlichen Hinrichtung Jesu *theatral* inszenierte politische Überlegenheit Roms. Die Aneignung röm. Triumphzugsterminologie in 2Kor 2,14–16 könnte ebenso eine Subversion röm. theatraler Macht implizieren, sollte hier in positiver Weise auf die schmachvolle Vorführung der Besiegten und Gefangenen während der *pompae triumphales* angespielt sein. Der in 1Kor 15,32 erwähnte Tierkampf des Paulus in Ephesos dürfte indes lediglich als Bild für eine uns unbekannte Gefahrensituation in jener Stadt dienen. Gleichfalls schwer zu konkretisierende Verfolgungen werden in Hebr 10,33 als öffentliche Spektakel bezeichnet (*theatrizein*). Die in den synEvv geschilderten öffentlichen Exorzismen Jesu sind schließlich als machtvolle kulturelle Performanzen eigener Art begreifbar.[10]

*Sport*
Sportliche Wettkämpfe gymnischer, hippischer und musischer Gestalt prägten die gr.-hell. Kultur maßgeblich. In den großen panhellenischen Spielen (Olympia, Pythia, Isthmia, Nemea) wie auch in zahlreichen überregionalen und lokalen Agonen fand die hell. Lebensart den ihr eigenen Ausdruck. Die dazugehörigen, auf eine ganzheitliche Lebensformung ausgerichteten Trai-

---

8 *Wiedemann* 2001, 11–18.
9 *Wiedemann* 2001, 99–107.
10 Siehe *Strecker* 2002.

ningsstätten, die Gymnasien, waren Brennpunkte hell. Identität. Trotz konservativer röm. Kritik an der vermeintlich weichen, unmilitärischen gr. Athletik griff die Sportbegeisterung auch in Rom Platz.[11] Speziell für die frühe Kaiserzeit ist von einer „explosion agonistique" die Rede.[12] Sie durchzog das gesamte Imperium und führte unter Augustus, Nero und Domitian zu eigenen röm. Großspielen (Aktia, Neronia, Capitolia). Dieser Boom spiegelt sich auch in der Philosophie, die den Sport häufig als Metapher für individuelle Selbstbeherrschung und tugendhaftes Streben aufgreift, so v.a. in der kynisch-stoischen Diatribe.[13] Ungeachtet älterer Kritik an gymnasialer Athletik (1Makk 1,14f; 2Makk 4,14–17) ist Sportmetaphorik aber auch in jüd. Schriften zu finden.[14]

*NT*: Vor allem Paulus bedient sich des Agonmotivs. Unter Verwendung diverser Fachtermini greift er in 1Kor 9,24–27 Aspekte des Wettlaufs und des Faustkampfes in einem auf Ehrgewinn ausgelegten Kranzagon heraus, um Einsatzbereitschaft, Zielorientierung und Selbstdisziplin als Grundelemente christusgläubiger Existenz einzuschärfen. Ähnlich hebt er in Phil 3,12–16 sinnbildlich auf die angestrengte Zielausrichtung des Stadionläufers im Endspurt ab. Auch Röm 9,16b und Gal 5,7 weisen das Leben der Christusgläubigen als ein Laufen aus. En passant gebraucht Paulus zudem immer wieder Wettkampf- und Laufterminologie (*trechein*, *agōn ktl.*, *athleō ktl.*), wenn er auf seine Evangeliumsverkündigung bzw. die erwartete Solidarität der Gemeinden zu sprechen kommt;[15] das metaphorische Kolorit ist hier freilich z.T. stark verblasst.[16] Die pln. Orientierung an der Agonistik schlägt auch in den Deuteropaulinen durch. Wiederholt klingt hier das Motiv vom wettkämpferischen Einsatz für das Evangelium und – so in den Past – der Aspekt der Einübung in die Frömmigkeit an.[17] Schließlich rekurriert auch der Hebr auf das Agonmotiv, und zwar indem er einerseits erfahrenes Leid mit einem Wettkampf assoziiert (10,32) und andererseits die Ausdauer des Läufers im Agon als Bild für die Glaubensexistenz nimmt (12,1). Überblickt man die genannten Stellen, wird klar, dass die weitgehend positive metaphorische Adaption des antiken Sports im NT grundsätzlich in dessen charakterbildender Kraft begründet liegt. Diese wird konsequent spirituell angeeignet, was einzelne kritische Untertöne gegenüber der antiken Gymnastik nicht ausschließt (1Tim 4,8).

*Literatur*

*J.-M. André*: Griechische Feste, römische Spiele. Die Freizeitkultur der Antike, Leipzig 2002. – *R. A. Batey*: Jesus and the Theatre, NTS 30, 1984, 563–574. – *B. Bergmann/C. Kondoleon* (eds.): The Art of Ancient Spectacle, New Haven/London 1999. – *V. C. Pfitzner*: Paul and the Agon Motif, Leiden 1967. – *L. Schenke*: Das Johannesevangelium, Stuttgart u.a. 1992. – *Chr. Strecker*: Jesus und die Besessenen, in: *W. Stegemann u.a.* (Hgg.): Jesus in neuen Kontexten, Stuttgart 2002, 53–63. – *J.-P. Thullier*: Sport im antiken Rom, Darmstadt

11 Siehe *André* 2002, 158; *Thuillier* 1999.
12 L. Robert nach *Thuillier* 1999, 52.
13 Epikt. diss. 2,18.27f; 3,10,6–8; Dion Chrys. 8,15f; 9,11f; Sen. epist. 17,1; 78,15f.
14 4Makk 17,11–16; Philo agr. 111–120; all. 3,48.190 u.ö.
15 Gal 2,2; Phil 1,27.30; 2,16; 4,3; 1Thess 2,2; Röm 15,30; s.a. Apg 20,24.
16 Siehe zu den Stellen insgesamt *Pfitzner* 1967, 76f.99–129.
17 Kol 1,29; 2,1; 4,12; 1Tim 4,7b–10; 6,12; 2Tim 2,5; 4,7f.

1999. – *W. Verburg*: Passion als Tragödie?, Stuttgart 1999. – *K.-W. Weeber*: *Panem et Circenses*. Massenunterhaltung als Politik im antiken Rom, Mainz 1994. – *Th. Wiedemann*: Kaiser und Gladiatoren. Die Macht der Spiele im antiken Rom, Darmstadt 2001.

## 2.2.7.3 Einzelne Städte im Profil

### I. Alexandria (*Gottfried Schimanowski*)

*Stellen im NT*

Apg 6,9; 18,24f; 19,1; 27,6; 28,11; 1Kor 1,12; 3,4–6.22; 4,6; 16,12; Tit 3,13

*Einführung in Geschichte und Bedeutung der Stadt*

Antike Texte gewähren drei recht unterschiedliche Zugänge zu dieser unvergleichbaren Weltstadt des östlichen Mittelmeerraumes:[1] Zum einen in einem kleinen Werk bei Theokrit aus Syrakus[2] aus der Perspektive zweier Frauen, die die Stadt anlässlich des berühmten alexandrinischen Adonisfestes besuchten.[3] Ein ganz anderer Zugang aus etwa gleicher Zeit findet sich in den vielfältigen Notizen aus dem Archiv des Zenon.[4] Vor allem aber ist die Schilderung des eigenen Besuches durch Strabo von unschätzbarem Wert,[5] um sich ein anschauliches Bild vom Leben in der Stadt in röm. Zeit machen zu können.[6]

---

[1] Diodor kann aus eigenen Erfahrungen schöpfen. Er besuchte die Stadt noch am Ende der ptolemäischen Zeit, vgl. in diesem Zusammenhang Diod. 17,52,5: „von vielen wird sie als die erste Stadt der Welt angesehen" (vgl. Ios. bell. Iud. 4,656: „nach Rom die größte Stadt"). Ähnlich auch die Reden 32 und 36 bei Dion Chrys. Noch im 2. Jh. n.Chr. bringt Achilleus Tatios in seinem Liebesroman Kleitophon und Leukippe (5,1f) – dabei sicher auf Isis und Osiris anspielend – der Stadt seine ganze Bewunderung entgegen und lässt seine Protagonisten auf ihrer Flucht in Alexandria Unterschlupf finden (manche datieren sein Werk allerdings ins 4. Jh. n.Chr). Zum Verbot unter Augustus, dass röm. Senatoren nicht ohne Genehmigung des Senats die Stadt betreten dürfen, s. Cass. Dio 51,17,1; Ägypten/Alexandria galt für ihn als gefährlich und aufrührerisch (ebd. und schon 39,58,1); vgl. Tac. ann. 2,59 zu Senatoren und Rittern (*equites illustres*).

[2] Theokrit wird als der größte Dichter in hell. Zeit (erste Hälfte des 3. Jh.s v.Chr.) gefeiert. Er war Zeitgenosse des Kallimachos und fand in Ptolemaios II. seinen Gönner.

[3] Das Gedicht Nr. 17 (ein sog. Mimos mit dem Titel *Adōnia zousai*) schildert überaus realistisch und anschaulich die Erlebnisse beim Fest. Es ist sicher in Alexandria selbst entstanden. Aus der gleichen Zeit stammt die Mime „Die Kupplerin" mit einer amüsanten Schilderung des „Reichtums" der Stadt auf allen Ebenen durch Herondas 1,30: „alle guten Dinge, die man in seinem Leben gebrauchen kann"; vgl. *Ballet* 1999, 36f.

[4] Zenon war in der Stadt Sekretär Ptolemaios' II. und Verwalter eines großen Landgutes in Philadelphia; seit 246 v.Chr. lebte er dort als Privatmann. Er hinterließ in seinem Archiv eine umfangreiche Korrespondenz über die alltäglichen gesellschaftlichen Verhältnisse von der Oberschicht bis zu den Sklaven. Aus diesen Unterlagen ergeben sich z.B. konkrete Hinweise auf Handelsgüter zwischen Ost und West wie Wein, Honig, Pökelfleisch, Fisch, Käse usw.; s. *Ballet* 1999, 88.

[5] Strabo unternahm 25/24 v.Chr. nach dem Sieg Oktavians eine Nilreise und beschrieb zum Abschluss ausführlich die Stadt und ihre Umgebung. Dies ist die genaueste Schilderung aus erster Hand. Zu weiteren Texten vgl. *A. Bernard*: *Testimonia selecta de portu magno et palatiis Alexandriae ad Aegyptum e scriptoribus antiquis excerpta*, in: *F. Goddio*

Der von Strabo ausführlich geschilderte Reiseweg mit dem Schiff im 17. Buch der *Geographica* wird den Zugang der meisten Besucher seiner Zeit und ihr Staunen über den Reichtum von Landschaft und Stadt treffend wiedergeben: Das Ankommen über See und die Erstbegegnung mit einem der damaligen Weltwunder, dem riesigen Leuchtturm Pharos;[7] sodann der weite Hafen und seine enorme Bedeutung für Handel und Wirtschaft weit über den Mittelmeerraum hinaus; die Stadt selbst mit ihren Prachtstraßen; die herausragenden Gebäude und Attraktionen wie das *Mouseion*[8] und das Alexandergrab, das *Kaisarion*, Serapeion, Amphitheater (→2.2.7.2) und Stadion ...; erst danach wendet sich der Autor ja geschichtlichen Hintergründen zu, bis er schließlich zur multikulturellen Vielfalt der Einwohnerschaft kommt. Am Ende hebt Strabo die besondere Bedeutung der Stadt für das röm. Reich als Ganzes hervor und erwähnt als erstes das *Mouseion*, das als intellektuelles Zentrum die berühmte Bibliothek (→2.5.3) beherbergte, die schon durch die ersten Ptolemäer intensiv gefördert worden war. An Kallimachos, den Vorsteher der Bibliothek,[9] seinen Schüler Apollonios,[10] den Universalgelehrten Eratosthenes oder auch für den medizinischen Bereich an Erasistratos[11] mag hierbei wenigstens kurz erinnert werden.

Strabo greift bei seiner Schilderung der Einwohnerverhältnisse – auf röm. Verhältnisse gemünzt – die ihm vorgegebene dreifache Klassifizierung von Polybios auf[12] und erwähnt in erster Linie die Söldner, ein einfaches Volk aus allen Nationen stammend; daneben die einheimischen Ägypter und schließlich

---

*u.a.* (eds.): Alexandria. The Submerged Royal Quarter, London 1998, 59–133; s. weiter *Ballet* 1999, passim und wichtige Texte bei *Sartorius* 2001.

6 Seneca hatte als junger Mann Ende der zwanziger Jahre n.Chr. – krankheitshalber, so wird vermutet – Alexandria besucht (sein Onkel war dort 16 Jahre Präfekt); das hat möglicherweise auch seine röm. Vorbehalte und Vorurteile gegen die Ägypter beeinflusst (vgl. dial. 6,14,2; 12,9,8 u.ö.); leider ist seine Schrift *De situ et sacris Aegyptiorum* verlorengegangen (vgl. das einzig erhaltene Fragment bei Serv. Aen. 6,154), die wohl so etwas wie ein Touristenhandbuch darstellte; in seiner Trostschrift an Helvia bezeichnet er Ägypten/Alexandria als „eine geschwätzige (*loquax*) und für Schmähungen ihrer Statthalter einfallsreiche Provinz" (dial. 12,19,6). Wahrscheinlich hatte es auch Juvenal am Ende seines Lebens nach Alexandria verschlagen (vgl. die 15. Satire).

7 Zum Leuchtturm vgl. das berühmte Epigramm des Poseidippos von Pella (um 270 v.Chr.) bei *Bernard* 1998 (Anm. 5), 64 Text 6. Unter Ptolemaios II. Philadelphos wurde er fertiggestellt. Zu den antiken Weltwundern s. auch *K. Brodersen*: Reiseführer zu den Sieben Weltwundern. Philon von Byzanz und andere antike Texte, Frankfurt a.M./Leipzig 1992 und *P. Clayton*: The Pharos of Alexandria, in: *Ders./M.Price* (eds.): The Seven Wonders of the Ancient World, London/New York 1993, 138–157.

8 Vgl. auch die selbstverständliche Erwähnung des Museion in der erwähnten Mime des Herondas (Anm. 3).

9 Im 3. Jh. v.Chr.; von nachhaltigster Wirkung seines außerordentlichen schriftstellerischen Werkes sind die Bibliotheksverzeichnisse (*pinakes*), der Katalog.

10 Seine Darstellung der Argonautenfahrt wurde für die Späteren geradezu zur Norm.

11 Leider sind fast alle seiner grundlegenden pathologischen und anatomischen Werke verloren gegangen.

12 Polybios selbst inspizierte 140/139 v.Chr. mit einer hochkarätigen röm. Gesandtschaft im Auftrag des Senats und unter Führung des Siegers von Karthago, P. Cornelius Scipio Aemilius Africanus, den Osten: Ägypten und auch Alexandria. Seine Schilderungen beziehen sich in erster Linie auf den königlichen Palast der Ptolemäer.

die Alexandriner.[13] Letztlich ist einer der entscheidenden Maßstäbe für solche Klassifizierungen die gr.-hell. Bildung (→2.5.6). Immer wieder gab es aber Spannungen zwischen den Bevölkerungsgruppen. Diodorus Siculus behauptet, dass die Einwohnerzahl alle anderen Städte des Mittelmeerraumes übertrifft: 300 000 freie Bürger gebe es dort.[14]
Leider sind die Voraussetzungen für archäologische Untersuchungen (→1.3.4.4) besonders schwierig.[15] In den letzten Jahren hat es aber erhebliche Fortschritte bei der Untersuchung des (östlichen) Hafens und bei den Forschungen zum Leuchtturm gegeben, so dass die Kartographie der antiken Stadt auf zuverlässigere Grundlagen gestellt werden konnte.[16]
Schon unter Ptolemaios II. Philadelphos, vielleicht aber bereits seit Alexander,[17] besaß die Stadt eine starke, einflussreiche jüd. Einwohnerschaft (→1.4.5.1).[18] Auch wenn es keine genauen Angaben über die Anzahl der Juden in der Stadt gibt, scheinen in röm. Zeit bis zu einem Drittel der Einwohner Juden gewesen zu sein. Ausdruck der Prosperität der Gemeinden ist z.B. das legendäre, riesige Synagogengebäude mit seiner berühmten Doppelstoa.[19] Die Hauptsynagoge in der Stadt gehörte zu den besonderen Bauten der Antike.[20] Sie wird als Vorbild der Synagoge von Tiberias angesehen.[21] Die Existenz einer Synagogengemeinde in Jerusalem in Apg 6,9 mit der Bezeichnung „Synagoge der Alexandriner" unterstreicht die enge Verbindung dieser beiden für das Judentum zur Zeit Jesu wichtigen Metropolen.[22] Wahrscheinlich handelt es sich bei der „Synagoge der Alexandriner" um eine landsmannschaftlich orga-

---

13 Strab. 17,1,12. Die Juden finden hierbei – erstaunlicherweise – keine Erwähnung. Hält Strabo sich dabei strikt an seine Quelle? Findet er sie eingeschlossen bei den Alexandrinern (eine Interpretation, die z.B. Josephus unterstützen würde)? Wahrscheinlicher ist allerdings, dass er sie – bzw. Polybios – unter die erste Gruppe subsumiert. Möglicherweise will Strabo sich aber auch einfach nicht festlegen.

14 Diod. 17,52,6; andere Schätzungen kommen auf eine Einwohnerschaft von insgesamt 400 000 Personen. Josephus erwähnt einmal für ganz Ägypten eine Bevölkerungszahl von siebeneinhalb Millionen (bell. Iud. 2,385 ohne Alexandria).

15 Vgl. hierzu besonders die Veröffentlichungen des Institut francais d'archéologie orientale, z.B. *J.-Y. Empereur* (ed.): Alexandrina 2, Kairo 2002.

16 Vgl. hierzu grundlegend *F. Kolb*: Die Stadt in der Antike (1987), in: *W. Hoepfner* (Hg.): Frühe Stadtkulturen, Heidelberg u.a. 1997, 72–84; *Grimm* 1998.

17 So Josephus (c. Ap. 2,35.42; vgl. bell. Iud. 2,287); wahrscheinlicher sind aber die Angaben des Aristeasbriefes (→1.3.2.7), der die Anfänge in die Zeit der ersten Ptolemäer verortet (Arist 12–14).

18 Vgl. meine nahezu abgeschlossene Studie: Juden und Nichtjuden, MJSt 17, 2005.

19 Vgl. zu den rabb. Angaben tSuk 4,6 und die Parallelen ySuk 55a,72 (Baraita); bSuk 51b (Baraita). Philo leg. 134 bezeichnet die Hauptsynagoge als „die größte und berühmteste (der Stadt)"; vgl. den Text 43 bei *Bernard* 1998 (Anm. 5), 108.

20 Vgl. *G. Hüttenmeister*: Συναγωγή, προσευχή und τόπος bei Josephus und der rabbinische Hintergrund, in: *J. U. Kalms* (Hg.): Internationales Josephus-Kolloquium Aarhus 1999, Münster 2000, 79–96, hier 93.

21 Vgl. ebd.: diese wird bei Ios. Vita 277 erwähnt und mTeh 93 (Ende) mit demselben Ausdruck bezeichnet wie die Synagoge in Alexandria.

22 Diese Jerusalemer Synagoge wird auch in rabb. Quellen erwähnt: tMeg 3,6; yMeg 73d (39–41) und bMeg 26b.

nisierte Gemeinde von Rückkehrern, die in Jerusalem ihren Lebensabend verbringen wollten.[23]
Hinsichtlich der jüd. Kultur ist Alexandria nicht nur wegen der Übersetzungsarbeit am Pentateuch und weiteren Schriften des AT von eminenter Bedeutung. Der sog. Aristeasbrief (→1.3.2.7) erzählt die Entstehung der Septuaginta (→1.3.2.1).[24] Eine Reihe von jüd. Schriftstellern und Historikern, wie Aristobulos, Demetrios, Artapanos, Eupolemos, der Tragiker Eupolemos, der jüd. Phokylides (→1.3.2.7), der „Exeget" Aristeas, aber v.a. auch die gr. Übersetzung des Buches Sirach durch seinen Enkel (→1.3.2.2), sind hier zu verorten und bezeugen die geistige Vielfalt jüd. Gelehrsamkeit.
Für die röm. Zeit verdient in erster Linie Philo (→1.3.2.5) und sein unerschöpfliches Kommentarwerk besondere Erwähnung. Philo besaß sicher (neben dem röm.) das alexandrinische Bürgerrecht, kommt er doch aus sehr begütertem Hause.[25] Auch Josephus (→1.3.2.6) verschlug es mehrere Male in die Stadt.[26] Die jüd. Gemeinde(n) der Stadt haben eine wichtige Rolle bei der Entwicklung des unblutigen, weil tieropferlosen (Wort-)Gottesdienstes wohl schon in hell. Zeit gespielt. In der damaligen Welt war eine solche Gottesverehrung eine echte Innovation. Aus der ältesten Bezeichnung eines dafür in besonderer Weise vorgesehenen Gebäudes (*proseuchē*, →3.3.3) geht die Bestimmung eindeutig hervor: Es ist das gemeinsame, regelmäßige Gebet (→3.3.5), das die Gläubigen verbindet; neben Gebeten standen die Schriftlesung (des Pentateuch), die Prophetenlesung und die Predigt im Mittelpunkt.[27]
Da auch Palästina in der Zeit zwischen 301 und 198 v.Chr. für gut 100 Jahre unter der Herrschaft der Ptolemäer stand, ist der kulturelle und persönliche Austausch zwischen dem Mutterland und der Diaspora (→1.4.5.1) hoch zu veranschlagen. Die relativ wenigen Hinweise aus dem NT auf Alexandria sollten nicht darüber hinwegtäuschen, dass es auch in röm. Zeit einen intensiven Austausch zwischen Palästina und der Weltstadt gegeben hat. Regelmäßige

---

[23] Vgl. *M. Hengel*: Zwischen Jesus und Paulus. Die „Hellenisten", die „Sieben" und Stephanus (Apg 6–15; 7,54–8,3), ZThK 72, 1975, 151–206, hier 183 und *R. Riesner*: Synagogues in Jerusalem, in: *R. Bauckham* (ed.): The Book of Acts in Its First Century Setting, Vol. 4: The Book of Acts in Its Palestinian Setting, Carlisle 1975, 179–211.

[24] Vgl. hierzu bes. *F. Siegert*: Zwischen Hebräischer Bibel und Altem Testament. Eine Einführung in die Septuaginta, Münster 2001 und *Ders.*: Register zur „Einführung in die Septuaginta". Mit einem Kapitel zur Wirkungsgeschichte, Münster 2003. Bei den philologischen Untersuchungen zur Septuaginta kommt Siegert zu dem Ergebnis (2001, 32): Es gibt „keine Spur davon, dass Juden sich an der Entstehung oder den Früchten der philologischen Wissenschaft (*sc.* in Alexandria) beteiligt hätten."

[25] Vgl. für die christl. Wirkungsgeschichte *G. Schimanowski*: Philo als Prophet, Philo als Christ, Philo als Bischof, in: *F. Siegert* (Hg.): Grenzgänge. Menschen und Schicksale zwischen jüdischer, christlicher und deutscher Identität (FS D. Aschoff), Münster 2002, 36–49.

[26] Vgl. *G. Schimanowski*: Alexandrien als Drehscheibe zwischen Jerusalem und Rom. Die Bedeutung der Stadt im Werk des Josephus (Internationales Josephus-Kolloquium Rom, Leiden 2005 [im Druck]).

[27] Zu solchen Predigten vgl. bes. die drei Predigten, die nur in armenischer Sprache überliefert sind: „Über Jona", „Über Simson" und das Fragment „Über die Gottesbezeichnung ‚wohltätig verzehrendes Feuer'"; vgl. *F. Siegert*: Die hellenistisch-jüdische Predigten, Tübingen 1980; *Ders.*: Drei hellenistisch-jüdische Predigten II, Tübingen 1992.

Pilgerreisen zum Jerusalemer Tempel[28] und v.a. enge politische und wirtschaftliche Verbindungen waren an der Tagesordnung.[29]

*Zu den Textaussagen im NT*

Von der weltweiten Bedeutung des Hafens ist schon andeutungsweise die Rede gewesen.[30] Sie verdankt sich des Baus des sog. Heptastadions, der fast 8 km langen Verbindung zwischen der Stadt und der Pharos-Insel; dieser künstliche Pier war eine hervorragend geeignete Anlegestelle für den antiken mediterranen Schiffsverkehr.[31] Unter optimalen Bedingungen konnte per Seeweg Rom in einer Woche erreicht werden, auf jeden Fall in zwei bis drei Wochen. Der Rückweg dauerte allerdings wegen des häufigen Ostwindes in der Regel zwei Monate. Diese Hintergründe muss man sich verdeutlichen, will man die gleich mehrmalige Nennung von alexandrinischen Schiffen in der Apg (27,6; 28,11) angemessen bewerten (→2.4.2.2). Bei einer Aufzählung der vom Pogrom betroffenen Juden bei Philo werden neben Geschäftsleuten, Handwerkern und Kaufleuten auch Schiffseigner (*nauklēroi*) erwähnt.[32]

Alexandria war Geburtsstadt des wichtigen pln. Mitarbeiters und Judenchristen Apollos,[33] der zu den prägenden Gestalten der jungen christl. Gemeinde in Korinth gehörte. Manche assoziieren bei der Herkunftsangabe „Alexandrien" in Apg 18,24 gleichzeitig die oben angesprochene gr., philosophische und philologische Tradition. Da dieser Einfluss jedoch bei keinem der erhaltenen jüd. Texte aus Alexandria nachzuweisen ist, ist ein solcher Bezug unwahrscheinlich.[34] Seine Charakterisierung als „gebildet/beredt" (*logios*) deutet allerdings auf eine Bildungsschicht, wie sie in der breiten jüd.-hell. Kultur zu greifen ist.[35] Der Ausdruck „mächtig in den Schriften" lässt wohl auf eine schriftgelehrte Kompetenz schließen (Lk 24,19; Apg 7,22). Auf jeden Fall handelt es sich bei ihm um einen schriftkundigen, redegewandten und geistbegabten (Juden-)Christen, der der Theologie und Missionspraxis des Paulus nahe stand.

---

28 Vgl. z.B. zu Philo selbst prov. 2,64, aber auch spec. leg. 1,67 allgemeiner zum Jerusalemer Tempel und seiner Bedeutung für die Diaspora (→3.3.2.2).

29 Vgl. *A. Kasher*: Political and National Connections Between the Jews of Ptolemaic Egypt and Their Brethren in Eretz Israel, in: *M. Mor* (ed.): Eretz Israel, Israel and the Jewish Diaspora. Mutual Relations, London 1991, 24–41 und *Ders*.: The Jews in Hellenistic and Roman Egypt, Tübingen 1985, passim. *E. S. Gruen*: Diaspora and Homeland, in: *H. Wettstein* (ed.): Diasporas and Exiles. Varieties of Jewish Identity, Berkley u.a. 2002, 18–46.

30 Vgl. hierzu neuerdings *F. Goddio* 1998 (Anm. 5).

31 Zu neueren archäologischen Untersuchungen s. *A. Hesse*: Arguments pour une nouvelle hypothèse de location de l'Heptastade d'Alexandre, in: *E.-Y. Empereur* (ed.): Alexandrina 1, Kairo 1998, 21–33. Zu den Handelswegen, Handelsgütern und der wirtschaftlichen Bedeutung (→2.4.2.2) s. *Ballet* 1999, 85–113.

32 Philo Flacc. 57. Zu diesen unterschiedlichen Gruppen und sozialen Schichten vgl. *Kasher* 1985 (Anm. 29), 352 und *Starobinski-Safran* 1987, 54f.

33 Nach dem Sinaiticus mit Namen Apelles; nach dem westlichen Text Apollonios; dies ist auch die Langform. Der Name kommt recht häufig in Ägypten/Alexandria vor; in der Sammlung CPJ erscheint er für fast zehn Juden, v.a. in ptolemäischer Zeit (vgl. CPJ, Bd. 3, index s.v.).

34 S. Anm. 24.

35 Die These, dass Apollos den Hebr verfasst hat, lässt sich nicht beweisen.

Die Auseinandersetzung der Gruppen in Korinth[36] und Ephesos[37] kann man nicht an seiner Person, geschweige denn an seiner Herkunft aus Alexandria festmachen. Wahrscheinlich wird auch in Tit 3,13 auf dieselbe Person angespielt.

*Literatur*

*P. Ballet*: La vie quotidienne à Alexandrie. 331–330 avant J.-C., Paris 1999. – *L. Canfora*: Die verschwundene Bibliothek, Berlin 1988. – *P. M. Fraser*: Ptolemaic Alexandria, 3 Bde, Oxford 1972. – *G. Grimm*: Alexandria. Die erste Königsstadt der hellenistischen Welt, Mainz 1998. – *Chr. Haas*: Alexandria in Late Antiquity. Topography and Social Conflict, Baltimore 1997. – *E. G. Huzar*: Alexandria ad Aegyptum in Julio-Claudian Age, ANRW II 10.1, 1988, 619–668. – *J. Sartorius* (Hg.): Alexandria. Fata Morgana, Darmstadt 2001. – *W. Schubart*: Alexandria, RAC 1, 1950, 271–283. – *E. Schürer*: Alexandria, (www.jewishencyclopedia.com). – *D. I. Sly*: Philo's Alexandria, London 1996. – *E. Starobinski-Safran*: La communauté juive d'Alexandrie à l'époque de Philon, in: ΑΛΕΧΑΝΔΡΙΝΑ. Hellénisme, Judaïsme, Christianisme à Alexandrie (FS C. Mondésert), Paris 1987, 45–75.
Eine vielseitige Website: http://www.greece.org/alexandria

[36] 1Kor 1,12; 3,4–6.22; 4,6; 16,12; →2.2.7.3 VIII.
[37] Apg 19,1; →2.2.7.3 VI.

## II. Antiochia (*Rudolf Haensch/Jürgen Zangenberg*)

*Stellen im NT*
Apg 6,5; 11,19–26.27–30; 13,1–3; 14,26; 15,22–35; 18,22; Gal 2,11–21

### 1. Allgemein (*Rudolf Haensch*)

*Quellenlage*
Das Antiochia der frühen Kaiserzeit ist eine weitgehend unbekannte Stadt. Dass es keinerlei archäologische Belege für Juden im Antiochia dieser Zeit gibt (→1.4.5.3), ist kein Zufall: Die entsprechenden Schichten des antiken Antiochia liegen so tief (z.T. über 10 Meter) unter dem heutigen Antakya, dass sie auch von den amerikanischen Ausgrabungen in den dreißiger Jahren kaum erfasst wurden.[1] Dementsprechend ist auch die Zahl der aus Antiochia bekannt gewordenen Inschriften vergleichsweise gering, und diese stammen oft erst aus der Spätantike.[2] Bezeichnenderweise beziehen sich die drei einzigen bisher bekannt gewordenen offiziellen Bauinschriften der Kaiserzeit auf Kanalbauten und fanden sich außerhalb des eigentlichen urbanistischen Kerns.[3]
Auch die literarische Überlieferung zu Antiochia in dieser Zeit ist in keiner Weise mit derjenigen zum 4. Jh. n.Chr. vergleichbar. Es fehlen so ausführliche und zeitgenössische Quellen wie Libanios, Julian und Johannes Chrysostomos, die uns ein sehr detailliertes Bild des städtischen Lebens in der Spätantike vermitteln. Josephus und Strabo kommen nur im Rahmen größerer Darstellungen immer wieder einmal auf Antiochia zu sprechen. Es gibt zwar die ausführliche Weltchronik des aus Antiochia stammenden Johannes Malalas, die auch dem Geschehen in seiner Heimatstadt breiten Raum gewährt. Aber seine Angaben über das Antiochia der Hohen Kaiserzeit sind beim näheren Hinsehen ähnlich problematisch wie diejenigen der Annalistik zum frühen Rom.[4]

*Geschichte und Kultur Antiochias*
Die Stadt war im Mai des Jahres 300 v.Chr. als zweite der vier Städte der syrischen Tetrapolis von Seleukos I. gegründet worden. Seleukos hatte offensichtlich zumindest ursprünglich geplant, seine erste Gründung, die ca. 25 km entfernte Hafenstadt Seleukia in Pierien, zur Hauptstadt zu machen. Dort wurde

---

1 Vgl. *Downey* 1961, 3–13.24–35; *Sartre* 2001, 32.

2 Vgl. *Haensch* 1997, 735–737 (mit den Zahlen für andere Provinzhauptstädte); vgl. *Gebhardt* 2002, 111.

3 AE 1983, 927, vgl. *D. van Berchem*: Le port de Séleucie de Piérie et l'infrastructure logistique des guerres parthiques, BoJ 185, 1985, 47–87, hier 85–87 und AE 1986, 694 (= SEG 35, 1985, 1483). Ganz fragmentarische Reste werden bei Inscriptions grecques et latines de la Syrie 1004 erwähnt.

4 Vgl. die Beispiele bei *Haensch* 1997, 246 (Q. Marcius Rex).249 Anm. 100 (Salianus, Pontoos und Varius). Schon *Downey*, der Malalas wohl immer noch zuviel Vertrauen schenkt, hat darauf hingewiesen, dass Malalas wahrscheinlich die Angaben einer Quelle über die während der Regierungszeiten der jeweiligen Kaiser errichteten Bauten dadurch verzeichnete, dass er diese Kaiser zu Initiatoren und Finanziers dieser Bauten machte (1961, 39f.173–184.223). Vgl. auch *Gebhardt* 2002, 111, vgl. 36 Anm. 1; *M. Horster*: Literarische Zeugnisse kaiserlicher Bautätigkeit, Stuttgart/Leipzig 1997, 81–92, bes. bei Anm. 197.203f.207 (aber s. z.B. *Sartre* 2001, 664).

er auch bestattet. Doch schon unter ihm selbst entwickelte sich Antiochia zur wichtigeren Münzstätte. Es löste sehr bald Seleukia auch als bevorzugten Residenzort der Seleukiden ab.[5] Die Stadt wurde offensichtlich nach den Prinzipien des hippodamischen Städtebaus angelegt – sie war nach *plintheia* (Häuserblocks von 58 x 112 m) gegliedert –, und auch ihr Umland wurde in gleichmässige Parzellen aufgeteilt.[6] Sie nahm im 2. Jh. v.Chr. noch einmal einen wesentlichen Aufschwung, v.a. wohl deshalb, weil es Antiochos III. gelungen war, die Ptolemäer aus Koilesyrien und Phönizien zu verdrängen. Dadurch war Antiochia nicht nur nicht mehr unmittelbar bedroht – selbst Seleukia war zeitweise ptolemäisch gewesen – sondern es konnte auch erst von da an vollständig von der geographisch vorgegebenen Zentrallage profitieren. Antiochos IV. soll dementsprechend die Stadt um einen vierten Stadtteil ergänzt haben, der fast größer war als die bisherigen drei zusammen.[7] Insgesamt nahm die Stadt eine ummauerte Fläche von ca. 450 ha ein.[8] Doch wie in anderen Fällen ist es nicht möglich, von der Größe des ummauerten Gebietes auf die Zahl der Einwohner zu schließen: Dazu bleibt zu unklar, wieviel Prozent dieser Fläche nicht bebaut war, inwieweit Fläche vor den Stadtmauern bewohnt wurde, wieviel von der ummauerten Fläche von öffentlichen Bauten eingenommen wurde und wie dicht die Besiedlung in den Wohnquartieren war.[9]

Welche Konsequenzen die zahlreichen Kämpfe zwischen den seleukidischen Thronprätendenten in der letzten Hälfte des 2. Jh.s v.Chr. und im 1. Drittel des 1. Jh.s v.Chr. auf die Gesamtentwicklung der Stadt hatten, bleibt unklar. Sicher ist nur, dass die Stadt immer unabhängiger wurde, was für uns v.a. in ihrer Münzprägung zu fassen ist.[10]

Diese Entwicklung fand zumindest faktisch ihren Abschluss, als Pompeius 64 v.Chr. die Provinz *Syria* einrichtete, auch wenn Caesar der Stadt im Jahre 47 v.Chr. als Dank für loyales Verhalten ihm gegenüber den Status einer *civitas libera* verlieh.[11] Auf jeden Fall verhinderte dieser stadtrechtliche Status nicht, dass die Stadt spätestens seit augusteischer Zeit Sitz des Statthalters von *Syria* war[12] und damit das politische und administrative Zentrum der Region.[13] Ob eine Legion in der Frühen Kaiserzeit dort stationiert war, bleibt fraglich.[14]

---

5 Dazu jetzt insbes. *Sartre* 2001, 118 mit Anm. 29.135 mit Anm. 76; zum Palast der Seleukiden insbes. *I. Nielsen*: Hellenistic Palaces. Tradition und Renewal, Aarhus 1994, 112–129.

6 S. insbes. AE 1986, 694 = SEG 35, 1985, 1483 und dazu *Sartre* 2001, 133–138.211.745.

7 *Sartre* 2001, 135.

8 *Sartre* 2001, 674.

9 *Sartre* 2001, 701 führt zwei Schätzungen an, die von ca. 150 000 bzw. 200 000–250 000 ausgehen.

10 *Sartre* 2001, 177f.379f.

11 *Sartre* 2001, 463.704.

12 *Haensch* 1997, 244–261; 256f. zur Situation in spätrepublikanischer Zeit. Vgl. auch →1.4.1.2.

13 Das galt allerdings keineswegs schon in demselben Maße wie im späten 3. und 4. Jh. n.Chr., als sich im Gefolge der Perserkriege Kaiser oder deren Nachfolger mit großer Häufigkeit in Antiochia aufhielten und von dort aus die Verteidigung der östlichen Reichsgrenze organisierten.

14 *Sartre* 2001, 480 Anm. 62.

Wenn eine Aussage Strabos die Verhältnisse seiner Zeit widerspiegelt, war Antiochia in augusteischer Zeit die größte Stadt der syrischen Tetrapolis und mit Alexandria (oder Seleukia am Tigris) zu vergleichen.[15] Das entsprach auf jeden Fall der Selbsteinschätzung dieser Stadt: Sie war die erste Stadt, die sich auf ihren Münzen *metropolis* nannte (seit den neunziger Jahren des 1. Jh.s v.Chr.). Das mag auf ökonomischem Gebiet seine Berechtigung gehabt haben, wie es z.B. der Bau eines 2,5 km langen Kanals (bei einem Querschnitt von 3,5 m) für die Walker der Stadt anzudeuten scheint.[16] Aber das ist in intellektueller Hinsicht sowohl für die seleukidische Zeit wie auch für die Hohe Kaiserzeit schwer zu belegen.[17] Auch in religiös-kultischer Hinsicht bleibt das Profil der Stadt wenig markant.[18] Wie bei einer hell. Kolonie nicht anders zu erwarten, spielten gr. Kulte, insbes. der des Zeus und des Apollo (mit dem Kultzentrum im Vorort Daphne), eine große Rolle. Ferner wird der Einfluss indigener Kulte deutlich – insbes. beim Maiumas-Fest[19] und vielleicht auch im Artemiskult.[20] Dass zu einem solchen ökonomischen und administrativ-politischen Zentrum auch viele andere Kulte gelangten, ist nur zu erwarten. Genausowenig erstaunt, dass Antiochia seit augusteischer Zeit Standort des provinzialen Kaiserkultes war.[21] Aber es fehlt ein Kult wie der des Sarapis in Alexandria oder der der Artemis in Ephesos, der alle anderen weit an Bedeutung übertraf.[22]

*Literatur*

*G. Downey*: A History of Antioch in Syria from Seleucus to the Arab Conquest, Princeton 1961. – *A. Gebhardt*: Imperiale Politik und provinziale Entwicklung, Berlin 2002. – *R. Haensch*: *Capita provinciarum*. Statthaltersitze und Provinzialverwaltung in der römischen Kaiserzeit, Mainz 1997. – *C. Kondoleon*: Antioch. The Lost Ancient City, Princeton 2000. – *F. W. Norris*: Antioch on-the-Orontes as a Religious Center. I. Paganism before Constantine, ANRW II 18.4, 1990, 2322–2379. – *M. Sartre*: D'Alexandre à Zénobie, Histoire du Levant antique, Paris 2001.

---

15 Strab. 16,2,4f. Dass er Seleukia als Vergleich nennt, lässt daran zweifeln, dass er sich auf die zeitgenössische Situation bezieht, und legt nahe, dass er einer älteren Quelle folgte. Nach Ios. bell. Iud. 3,29 wäre Antochia die drittgrößte Stadt des Reiches gewesen. Doch kannte dieser die kleinasiatischen und westlichen Städte genügend?

16 AE 1986, 694 = SEG 35, 1985, 1483; grundsätzlich zur Wirtschaftsstruktur *Sartre* 2001, 791–808.

17 S. *Sartre* 2001, 294–301.876. Vgl. *E. Pack*: Antiochia: Schema di uno spazio letterario semivuoto, in: *G. Cambiano u.a.* (eds.): Lo spazio letterario della Grecia antica. II. L'ellenismo, Rom 1993, 717–767.

18 Zu den in Antiochia bezeugten Kulten vgl. jetzt insbes. die Zusammenstellung von *Norris* 1990.

19 Dazu *Norris* 1990, 2356; *Sartre* 2001, 908.

20 Dazu *Norris* 1990, 2340–2342.

21 *Sartre* 2001, 476–479. Zur weiteren Entwicklung jetzt insbes. *Gebhardt* 2002, 305–310; *R. Ziegler*: Das Koinon der drei Eparchien Kilikien, Isaurien und Lykaonien im späten 2. und frühen 3. Jahrhundert n.Chr., in: *Ders.* (Hg.): Studien zum antiken Kleinasien IV, Bonn 1998, 137–153.

22 Da Josephus die wichtigste zuverlässige Quelle für das Antiochia des 1. Jh.s n.Chr. ist und seine Angaben sich v.a. auf die Juden der Stadt beziehen, ist für die Geschichte Antiochias in dieser Zeit auf →1.4.5.3 zu verweisen.

2. Christlich (*Jürgen Zangenberg*)

Angesichts ihrer großen Bedeutung als Brücke zwischen dem syrisch-orientalischen und dem gr.-westlichen Raum überrascht es nicht, dass A. am Orontes auch im NT im Zusammenhang grundlegender theologischer, historischer und geographischer Weichenstellungen erwähnt wird. Die früheste Geschichte der a. Christengemeinde muss aus Apg und Gal rekonstruiert werden, was aufgrund von sachlichen und chronologischen Spannungen beider Texte traditionell zu den umstrittensten Unternehmungen ntl. Wissenschaft gehört. Nach dem Bericht der Apg fasste das Christentum in A. bereits sehr früh Fuß. Zunächst missionierten gr. sprechende, in Folge der Stephanusverfolgung aus Jerusalem vertriebene Judenchristen auf Zypern, an der phönizischen Mittelmeerküste und schließlich im Kontext der jüd. Gemeinde A.s (→1.4.5.3). Dann scheint bald von einem anderen, ursprünglich aus Zypern und der Kyrenaika stammenden Zweig Jerusalemer Judenchristen (vgl. Apg 13,1 Lucius von Kyrene, auch Simeon Niger?) unter den heidnischen Sympathisanten der Synagoge A.s und auch darüber hinaus Mission betrieben worden zu sein (Ios. bell. Iud. 7,45; →3.1.3.7). Ob es zuvor bereits stärker gesetzestreue Judenchristen in A. gab, entzieht sich unserer Kenntnis.[23] Als sich die Gemeinde rasch festigte (Apg 11,21), sandten die Jerusalemer Apostel den aus Zypern stammenden Josef Barnabas[24] nach A., der Saulus aus Tarsus nach A. holte und mit ihm und offensichtlich mit großem Erfolg ein Jahr lang in der Stadt wirkte (11,22–26; 13,1; in 14,4.14 werden Barnabas und Saulus/Paulus Apostel genannt).[25] Als es unter Claudius zu einer Hungersnot in Judäa kam und aus Jerusalem kommende Propheten um Agabus in A. davon weissagten, schickte die a. Gemeinde durch Barnabas und Saulus Gaben an die „Brüder in Judäa" (11,27–30). In Apg 13,1 werden rudimentäre Strukturen der a. Gemeindeleitung erkennbar („Propheten" und „Lehrer"). A. war Ausgangs- und Endpunkt der ersten Missionsreise von Paulus und Barnabas (13,2–14,28), ebenso der zweiten Missionsreise des Paulus mit Silas (15,36–41; 18,22); auch die dritte Reise begann in A. (18,23).
Der zunehmend erkennbare Eigencharakter der christl. Gemeinde von A. als zwar mit dem Judentum verbundene, aber mit ihm in Konkurrenz stehende Gemeinschaft sowie ihre wachsende Größe führten dazu, dass Außenstehende die „Jünger" (*mathētai*, so wohl die ursprüngliche Eigenbezeichnung der a.

---

[23] Erwogen von *Schnabel* 2002, 766. Dies würde jedenfalls die heftigen, in Gal 2,11–14 beschriebenen Auseinandersetzungen um die Geltung des Gesetzes erklären. Die Erwähnung des Nikolaus, eines aus A. stammenden ehemaligen Proselyten im Stephanuskreis, legt nahe, dass dieser Zirkel gr.-sprachiger Judenchristen bereits in der Jerusalemer Zeit über Kontakte nach A. verfügte (Apg 6,5).

[24] Zu Barnabas vgl. *B. Kollmann*: Joseph Barnabas. Leben und Wirkungsgeschichte, Stuttgart 1998; *W. Reinbold*: Propaganda und Mission im ältesten Christentum. Eine Untersuchung zu den Modalitäten der Ausbreitung der frühen Kirche, Göttingen 2000, 84–106; *Schnabel* 2002, 767f; *M. Öhler*: Barnabas. Die historische Person und ihre Rezeption in der Apostelgeschichte, Tübingen 2003.

[25] Wann dies geschah, ist nicht deutlich. Dass die gemeinsame Mission des Barnabas mit Saulus erst im Jahre 42/43 stattgefunden haben soll (also gut 10 Jahre nach der Gemeindegründung in A.), wie *Schnabel* 2002, 769 meint, fordert die Passage Apg 11,25f nicht unbedingt.

Christen) zum ersten Mal mit einem eigenen Namen belegten und sie in Aufnahme der zentralen Rolle Jesu als des von der Jüngergemeinde verkündigten Christus Gottes als „Christianer" (*Christianoi*) bezeichneten.[26]
Der einzige Bericht aus erster Hand über Ereignisse aus der frühesten Geschichte der Gemeinde von A. stammt aus Gal 2,11–21. Paulus weist Petrus zurecht, als dieser unter Einfluss traditionell-judenchristl. Kreise um Jakobus die Tischgemeinschaft mit heidenchristl. Mitgliedern der a. Gemeinde aufkündigt. Paulus sieht in Petrus' von der Observanz jüd. Speisegesetze motiviertem Verhalten nicht nur die Einheit der gemischt aus Juden- wie Heidenchristen bestehenden Gemeinden gefährdet, sondern letztlich auch die Legitimität seiner eigenen gesetzesfreien Heidenmission. Sowohl Paulus als auch die Apg (15,22–35) berichten davon, dass der Konflikt mit höchster Billigung der Jerusalemer Autoritäten zugunsten des Paulus gelöst wurde (wobei freilich Unterschiede im Detail bestehen).
Aufgrund der lk Färbung der A.-Passagen in der Apg und der höchst situativ und persönlich formulierten Passage Gal 2,11–21 ist es schwierig, ein besonderes Gepräge oder spezifische Elemente einer klar identifizierbaren „a." Theologie zu rekonstruieren.[27] A. gab sicher einen idealen Nährboden für neue Entwicklungen ab: Was im traditionellen Jerusalem für den Stephanuskreis zu tödlicher Ablehnung führt, kann sich im pluriformen, hell. geprägten A. voll entfalten: Tempelkritik, Beanspruchung der atl. Heilsgeschichte und die christozentrische Relativierung toragebundener Trennlinien zwischen Heiden und Juden. Gut möglich ist, dass einige pln. Aussagen über die Bedeutung und das Werk Christi in A. ihre Wurzeln haben, beweisen lässt es sich jedoch kaum. Die Lage A.s als Verkehrsknotenpunkt zwischen Palästina und Kleinasien/Zypern, das urbane, kosmopolitische Umfeld und bereits eine höchst vielschichtige jüd. Diaspora führten dazu, dass auch die frühchristl. Gemeinde der Stadt zunächst aus Juden- und Heidenchristen unterschiedlicher regionaler und wohl auch sozialer Herkunft zusammengesetzt war. Die Inhomogenität führte unweigerlich zu Konflikten, die kaum nur als rein theologisch motivierte Kontroversen verstanden werden können. So blieben sowohl die „pln." als auch die „judenchristl." Position in der weiteren Geschichte der a. Christenheit

---

[26] Im NT nur noch in Apg 26,28; 1Petr 4,16; vgl. Ign. Rom. 2,2; Did 12,1.4; Tac. ann. 15,44; Suet. Claud. 25,4; Nero 16,2; Plin. epist. 10,96f; Lukian. Alex. 25; 38. Dazu *H. Botermann*: Das Judenedikt des Kaisers Claudius. Römischer Staat und Christiani im 1. Jahrhundert, Stuttgart 1996, 141–188. Die Form des Wortes deutet darauf hin, dass *Christianoi* dem lat. Sprachgebrauch entstammt, *Schnabel* 2002, 770–774. *B. Wander*: Trennungsprozesse zwischen frühem Christentum und Judentum im 1. Jh. n.Chr., Tübingen 1994, 193f macht zu Recht darauf aufmerksam, dass die Bezeichnung „Christianer" nicht per se das bewusste Heraustreten der Gemeinde aus dem jüd. Synagogenverband oder den Verlust der an das Judentum gebundenen rechtlichen Privilegien impliziert. Es geht vielmehr um die von außen wahrnehmbare Anhängerschaft an eine für diese Gruppe besonders zentrale Person, eben des Christus, wobei die nächsten sprachlichen Parallelen im Bereich politischer Parteibildungen zu finden sind.

[27] Dennoch hat sich die ntl. Forschung immer wieder mit dem Thema „a." Theologie befasst und z.T. weitreichende Rekonstruktionen ihres Profils erarbeitet, vgl. dazu etwa die beiden ansonsten sehr gegensätzlichen Entwürfe einer Theologiegeschichte des NT von *K. Berger* und *W. Schmithals*; vgl. auch *Rau* 1994, bes. 78–86; *Kraus* 1999 passim und die beiden stark sozialgeschichtlich orientierten Arbeiten von *Slee* 2004 und *Zetterholm* 2003.

virulent, wenn auch sicher nicht unverändert und ohne gegenseitige Beeinflussung. Die Briefe, die der a. Bischof Ignatius unter Traian (98–117) auf dem Weg zum Martyrium in Rom verfasste,[28] bieten die frühesten uns erhaltenen literarischen Äußerungen eines christl. Antiocheners[29] und setzen die schon von Paulus bekannte Kritik an allzu traditionellen Judenchristen fort, sind aber wohl auch von joh Theologie beeinflusst.

Gegen Ende des 2. Jh.s treten zahlreiche Gnostiker, wie etwa Menander, Saturninus oder Kerdon (→3.1.5), sowie der Justinschüler Tatian, der Verfasser der für die syrische Christenheit so wichtigen Ev.-Harmonie („Diatessaron"), zeitweise in A. auf (Just. 1 apol. 26; Iren. haer. 1,22; Eus. h.e. 4,10–5,2; Tert. adv. Val. 4,3). Andererseits zeigt die um 180 entstandene Verteidigungsschrift *Ad Autolycum* des a. Bischofs Theophilus zahlreiche Einflüsse hell.-jüd. Gedankenwelt.[30] Die in die gegen Ende des 2. Jh.s entstandenen *Acta Pauli* eingebettete Thekla-Legende spielt zum Teil in A.[31] Im Verlauf des 2., v.a. aber des 3. Jh.s strahlte die a. Christengemeinde nicht zuletzt auch durch ihre Zweisprachigkeit (gr./syrisch) weit bis jenseits der Grenzen des Imperiums aus (Edessa, Amida, Emesa, Nisibis). Paulus von Samosata, ca. 258–268 Bischof von A., spielte eine wichtige Rolle im beginnenden christologischen Streit, seine Betonung der Menschheit Jesu Christi wurde im 4. und 5. Jh. als Inbegriff häretischer „a." Theologie Gegenstand heftiger Kontroversen.[32] Von der Kraft des spätantiken Christentums A.s zeugen Namen wie Johannes Chrysostomos, Afrahat oder Simeon Stylites.

Die Metropole A. fungierte als Nährboden, auf dem über Jhh. hinweg mehr als nur ein einziges Verständnis von Christentum Gestalt gewann. Hier wurde das Christentum zur Weltreligion.[33]

*Literatur*

*K. Berger*: Theologiegeschichte des Urchristentums. Theologie des Neuen Testaments, Tübingen ²1995. – *A. Feldtkeller*: Im Reich der syrischen Göttin. Eine religiös-plurale Kultur als Umwelt des frühen Christentums, Gütersloh 1994. – *M. Hengel/A. M. Schwemer*: Paulus zwischen Damaskus und Antiochien. Die unbekannten Jahre des Apostels, Tübingen 1998, bes. 274–461. – *W. Kraus*: Zwischen Jerusalem und Antiochia. Die „Hellenisten", Paulus und die Aufnahme der Heiden in das endzeitliche Gottesvolk, Stuttgart 1999. – *W. A. Meeks/R. Wilken*: Jews and Christians in Antioch in the First Four Centuries of the Common Era, Missoula 1987. – *E. Rau*: Von Jesus zu Paulus. Entwicklung und Rezeption der antiochenischen Theologie im Urchristentum, Stuttgart u.a. 1994. – *W. Schmithals*: Theologiegeschichte des Urchristentums. Eine problemgeschichtliche Darstellung, Stuttgart u.a. 1994. – *E. J. Schnabel*: Urchristliche Mission, Wuppertal 2002, bes. 760–775. – *M. Slee*: The Church in Antioch in the First Century CE. Communion and Conflict, London/New

[28] Polyc. ep. 13; Eus. h.e. 3,36,3–15. Zu Ignatius und zum *Corpus Ignatianum* vgl. *W. R. Schoedel*: Die Briefe des Ignatius von Antiochien. Ein Kommentar, München 1990.

[29] Streng genommen stellen die Ignatiusbriefe also den tatsächlichen Beginn einer wirklich „a." Tradition dar, s. *S. A. Harvey*: Antioch and Christianity, in: *C. Kondoleon* (ed.): Antioch. The Lost Ancient City, Princeton 2000, 39–49.

[30] *F. W. Norris*: Antioch, ABD 1, 1992, 268; zu Theophilus vgl. *B. Altaner/A. Stuiber*: Patrologie. Leben, Schriften und Lehre der Kirchenväter, Freiburg u.a. 1980, 75–77; *P. Pilhofer*: Theophilus von Antiochien, LACJ², 1999, 602f.

[31] Übersetzung in HS⁵ 2, 216–224; *A. Jensen*: Thekla – die Apostolin. Ein apokrypher Text neu entdeckt, Gütersloh 1999 (dt. Übersetzung und ausführlicher Kommentar).

[32] Dazu vgl. *A. M. Ritter*: Dogma und Lehre der Alten Kirche, HDThG 1, 1982, 131–135 und 236–245.

[33] Vgl. *F. W. Norris*: Antioch (Anm. 30), 268.

York 2004. – *D. Wallace-Hadrill*: Christian Antioch, Cambridge 1982. – *M. Zetterholm*: The Formation of Christianity in Antioch. A Social-Scientific Approach to the Separation Between Judaism and Christianity, London 2003.

## III. Athen (*Christoph vom Brocke*)

*Stellen im NT*
Apg 17,16–34

Athen ist heute mit über drei Millionen Einwohnern (2001) nicht nur die größte Stadt Griechenlands, sondern eine der größten im Mittelmeerraum überhaupt. Damit knüpft die Stadt an ihre einstige Stellung in klassischer Zeit (5. Jh. v.Chr.) an. Mitte des 1. Jh.s. n.Chr. hingegen, als der Apostel Paulus die Stadt besuchte (vgl. Apg 17,16–34; 1Thess 3,1), war Athen an Bedeutung weit hinter die Provinzhauptstadt Korinth zurückgefallen. Immerhin, den Ruf als Bildungsmetropole konnte die Stadt noch lange behaupten.
Athen liegt – umgeben von Bergzügen – unweit des Saronischen Golfes und ist Hauptort von Attika. Erste Siedlungsspuren gehen bis in die Jungsteinzeit zurück. In mykenischer Zeit (13. Jh. v.Chr.) wurde auf der Akropolis eine Burg errichtet, von deren Mächtigkeit noch heute sichtbare Mauerteile zeugen. Die archaische Epoche (6. Jh. v.Chr.), die von weitgehenden gesellschaftlichen Reformen unter Drakon, Solon und Kleisthenes geprägt war, brachte in städtebaulicher Hinsicht eine erste Blüte hervor („Alter Athenatempel" auf der Akropolis, Olympieion, Agora mit Heiligtümern, Bouleuterion etc.).
Die Perserkriege konnten diese Entwicklung nur kurzzeitig unterbrechen. Nach den Siegen bei Marathon (490 v.Chr.), Salamis (480 v.Chr.) und Plataiai (479 v.Chr.) sicherte sich Athen durch die Gründung des Attisch-Delischen Seebundes für ein halbes Jh. die Vorherrschaft über Griechenland. Darüber hinaus entwickelte sich die Stadt, v.a. unter der Führung des Perikles (ab 461 v.Chr.), zum geistigen Zentrum der gr. Welt. Durch das Prinzip der demokratischen Entscheidungsfindung gewann die *polis* Athen „universalhistorische Bedeutung" (Welwei). Dem korrespondierte eine einzigartige Bautätigkeit, die hier nur in wesentlichen Punkten genannt werden kann: auf der Akropolis wurden etwa zeitgleich der Tempel der *Athēna Parthenos* („Parthenon") – bis heute das weithin sichtbare Wahrzeichen der Stadt – sowie die Propyläen, ein Torbau am Aufgang zur Akropolis, errichtet. Dahinter die 9 Meter hohe, bronzene Statue der *Athēna Promachos*, deren vergoldete Speerspitze man – antiken Berichten zufolge – schon vom Hafen Piräus aus erblicken konnte. Auf der Agora setzte sich die Bautätigkeit fort: die wichtigsten Gebäude waren die berühmte *stoa poikilē* (bunte Halle), nach der in späteren Zeiten die „stoische Philosophie" (→3.1.1) benannt wurde, und v.a. der eindrucksvolle Tempel des Hephaistos, der bis heute der besterhaltene Tempel der gr. Antike ist. Nicht weit davon entfernt befand sich das Gefängnis, in dem auch Sokrates inhaftiert war. Überhaupt war die Agora der Ort, auf dem man sich zu Handel und Wandel, bisweilen auch zu philosophischen Erörterungen begegnete. Vor al-

lem war die Agora aber auch ein (wenn nicht das) politisches Zentrum Athens (z.B. *bouleutērion*, *tholos*, Staatsarchiv, Gerichtshöfe).
Nach der Niederlage im Peloponnesischen Krieg (431–404 v.Chr.) verlor Athen seine Hegemonialstellung in Griechenland und geriet in der Folgezeit, vollends nach der Schlacht bei Chaironeia (338 v.Chr.), in den Einflussbereich des makedonischen Königreiches. Auf der Akropolis und der Agora sind für diese Zeit nur einige kleinere Bauten und Erweiterungen zu verzeichnen.[1] Bedeutender war der Bau des Stadions für die „Panathenäischen Spiele" außerhalb der Stadt (um 330 v.Chr).
Das Ende der makedonischen Herrschaft (168 v.Chr.) und der Beginn der röm. Zeit, insbes. die Rückgabe der Insel Delos an Athen, wo ein Freihafen eingerichtet wurde, bescherte der Stadt eine Periode relativer Unabhängigkeit und wirtschaftlicher Stabilität. Es war die Zeit, in der der alte Anspruch Athens, kultureller Mittelpunkt der mediterranen Welt zu sein, wieder auflebte. Man kam von weit her, um bei den Philosophen und Lehrern, die auf der Agora zusammenströmten, Rhetorik und Logik zu studieren. Etliche Prominente aus den hell. Königshäusern waren darunter. Dieser Philhellenismus fand seinen Niederschlag in der Finanzierung großer öffentlicher Gebäude. Während der Seleukidenherrscher Antiochos IV. (175–164 v.Chr.) für die Wiederaufnahme der Bautätigkeit am Olympieion sorgte, verewigten sich die Könige von Pergamon durch den Bau zweier monumentaler Säulenhallen auf der Agora bzw. am Südhang der Akropolis (Attalos- und Eumenes-Stoa; 2. Jh. v.Chr.).
Der allgemeine Aufschwung währte allerdings nicht lange. Denn aufgrund der Parteinahme für König Mithradates von Pontos wurde Athen im Jahre 86 v.Chr. durch den röm. Feldherrn Sulla erobert und aufs schwerste zerstört. Das war gleichzeitig das Ende der politischen Autonomie, obwohl die Stadt in röm. Zeit den Titel einer *civitas libera et foederata* führte und die aus demokratischer Tradition stammenden Institutionen behielt (Rat, Areopag etc.). Nach außen hin änderte sich auch sonst nicht viel. Athen blieb, was es war: ein Zentrum gr. Bildung, in dem zahlreiche philosophische Schulen ansässig waren. Hierher schickten die röm. *nobiles* ihre Söhne zum Studium. Der berühmte Dichter Horaz sagte später von sich, dass er den letzten Schliff unter den Bäumen der platonischen Akademie erhalten habe (epist. 2,43). Nicht wenige Römer – von der Aura der Stadt angezogen – ließen sich sogar hier nieder, wurden angesehene athenische Bürger und bekleideten hohe städtische Ämter.[2]
Die Ära der Bürgerkriege (49–31 v.Chr.), deren Schlachten auf gr. Boden ausgetragen wurden, ging auch an Athen nicht spurlos vorüber: Nacheinander besuchten Pompeius, Caesar[3], Brutus, Cassius und Octavian die Stadt. Antonius und Kleopatra hielten sich sogar für längere Zeit hier auf. Ihnen allen setzten die Athener steinerne Denkmäler.
Die Regierungszeit des Augustus brachte einige städtebauliche Veränderungen mit sich: Nicht nur, dass der freie Platz in der Mitte der Agora durch ein imposantes Odeion (15 v.Chr.) und den aus Attika stammenden und Stein für Stein

---

1 Dazu vgl. *Camp* 1989, 175–180.
2 Dazu vgl. *Habicht* 1995, 342.
3 Zur Diskussion um den Besuch des Julius Caesar vgl. *Habicht* 1995, 350.

hier wieder aufgebauten Ares-Tempel (5. Jh. v.Chr.) gefüllt wurde. Darüber hinaus wurde westlich der Agora ein neuer Platz angelegt („Römische Agora"), mit dessen Bau man schon unter Caesar begonnen hatte und der vornehmlich kommerziellen Zwecken diente (Handelsagora). Etwa zur gleichen Zeit begann sich der Kult der kaiserlichen Familie unter die Verehrung der klassischen in Athen ansässigen Götter zu mischen, wovon nicht weniger als 13 Altäre für den vergöttlichten Augustus zeugen. Es folgte nahezu ein ganzes Jh. äußerst geringer Bautätigkeit. Erst die Regentschaften der Kaiser Traian und Hadrian leiteten eine Zeit neuerlicher Blüte ein, so dass die Stadt ihren Ruf als Bildungs- und Kulturmetropole noch bis weit in die ausgehende Antike behalten sollte.[4]

Auf diesem Hintergrund ist es kaum verwunderlich, dass auch Lk in der Apg von einem Besuch des Paulus in Athen zu berichten weiß (Apg 17,16–34). Demnach reiste der Apostel im Jahre 49 n.Chr. im Verlauf der 2. Missionsreise von Makedonien mit dem Schiff nach Athen (Apg 17,14f) und dann weiter nach Korinth (vgl. auch 1Thess 3,1; →1.4.6).

Berücksichtigt man, dass die Existenz von Juden in der Stadt schon für die vorchristl. Zeit epigraphisch belegt ist (vgl. z. B. IG II$^2$ 8934. 9756. 12609), erscheint der Beginn der pln. Mission in der Athener Synagoge (Apg 17,17) durchaus plausibel, wenngleich archäologische Nachweise für eine kaiserzeitliche Synagoge bislang fehlen.

Hingegen verdankt sich die Angabe, dass Paulus auf der Agora – gemeint ist wohl die alte Agora – mit den Vertretern der bedeutendsten philosophischen Schulen der Zeit, den Epikureern und den Stoikern, disputiert habe (vgl. Apg 17,17f), möglicherweise eher bewusster literarischer Anknüpfung an die philosophische Tradition und das Lokalkolorit des Ortes als echter historischer Reminiszenz. Ähnlich steht es wohl auch mit dem Auftritt des Paulus vor dem Areopag (vgl. Apg 17,22–34). Zumindest wirkt die dort gehaltene Rede stark stilisiert. Immerhin scheint die Existenz von Altären (*bōmoi*) für „Unbekannte Götter" (*agnōstoi theoi*), auf die in der Rede des Paulus – wenn auch im Singular – rekurriert wird (vgl. Apg 17,23: *agnōstos theos*), nicht unmöglich zu sein. Das jedenfalls legt die antike Reisebeschreibung durch Pausanias (2. Jh. n.Chr.) nahe (1,1,4).

Ob die Missionstätigkeit des Apostels von Erfolg gekrönt gewesen ist, muss offen bleiben. Bei Paulus selbst findet sich keinerlei Hinweis auf die Existenz einer christl. Gemeinde in Athen, während die Apg zwei ihrer Mitglieder mit Namen nennt (17,34: Dionysios und Damaris).

*Literatur*

*J. Börstinghaus*: Unbekannte Götter, in: *P. Pilhofer*: Die frühen Christen und ihre Welt. Greifswalder Aufsätze 1996–2001, Tübingen 2002, 23–43. – *S. Brenne*: Athen, RGG[4] 1, 1998, 882–885. – *J. M. Camp*: Die Agora von Athen. Ausgrabungen im Herzen des klassischen Athen, Mainz 1989. – *Ders.*: The Archaeology of Athens, New Haven/London 2001. – *W. Elliger*: Paulus in Griechenland. Philippi, Thessaloniki, Athen, Korinth, Stuttgart 1987, 117–199. – *H. R. Goette*: Athenai, I. Geographie II. Topographie, DNP 1, 1997, 167–186. – *Chr. Habicht*: Athen. Die Geschichte der Stadt in hellenistischer Zeit, München 1995. – *M.*

4 Erst 529 n.Chr. unter Kaiser Justinian wurde die altehrwürdige, von Plato gegründete Akademie geschlossen.

*C. Hoff/S. I. Rotroff* (eds.): The Romanization of Athens, Oxford 1997 – *L. Schneider/Chr. Höcker*: Die Akropolis von Athen. Eine Kunst- und Kulturgeschichte, Darmstadt 2001. – *K. W. Welwei*: Athenai, III. Geschichte, DNP 1, 1997, 187–195.

## IV. Damaskus (*Klaus S. Freyberger*)

*Stellen im NT*
Apg 9,10–12.24f; 2Kor 11,32

*Geschichte*
Damaskus ist seit alters her ein begehrter Siedlungsplatz wegen seiner Oase. Bis heute ist der Lebensquell der Stadt der Barada, der in der ostlibanesischen Hochebene bei Zabadani entspringt und zwischen den Gebirgen des Hermon und Antilibanon in die fruchtbare Ebene von Damaskus fließt.[1] Die Stadt war aber nicht nur eine Oase, sondern auch eine alte Handelsmetropole. Schon während der Herrschaft der Achämeniden galt Damaskus nach dem Bericht des Strabo (16,20,2) als die berühmteste Stadt in Syrien/Palästina. Mit großer Wahrscheinlichkeit wurde sie während der Herrschaft der Seleukiden wirtschaftlich gefördert und ausgebaut. In dieser Epoche erhielt sie allem Anschein nach auch die Verfassung einer *polis*. Der Prozess der Hellenisierung äußert sich v.a. in den Weih- und Ehreninschriften, welche die aramäischen Namen der Einheimischen in gr. Form wiedergeben. Diese Phase muss für Damaskus von großer politischer Bedeutung gewesen sein, zumal sich alle Inschriften und Münzen dieser Metropole auf die Seleukidische Ära (ab 311 v.Chr.) beziehen.[2] Aus dieser Zeit stammen vermutlich das orthogonale Straßennetz mit den Insulae und auch die Parzellierung des fruchtbaren Umlands der Ghouta-Ebene.[3] Die von Westen nach Osten verlaufende Hauptachse der Stadt wird im NT *rhymē eutheia*, die *Via Recta*, genannt, die Schauplatz des Geschehens bei der Bekehrung des Paulus war (Apg 9,10–12).
Die handelspolitische Rolle von Damaskus belegen Inschriften in Delos aus dem 2. Jh. v.Chr., die Damaszener Händler zusammen mit Kaufleuten aus Sidon und Tyrus nennen.[4] Der Wohlstand und die überregionale Stellung kommen auch in dem großen Territorium der Stadt zur Geltung. Aus den von Flavius Josephus (ant. Iud. 18,153f; →1.3.2.6) überlieferten Grenzstreitigkeiten zwischen Damaskus und Sidon während der Herrschaft des Tiberius geht hervor, dass das Territorium der südsyrischen Stadt bis zur phönizischen Küste reichte.
Als Damaskus im Jahr 63 v.Chr. der Verwaltung der von Pompeius eingerichteten Provinz Syrien unterstellt wurde, geriet der Ort zunehmend unter röm. Einfluss. Ein lebendiges Bild der Stadt im ausgehenden 1. Jh. v.Chr. ist in dem Geschichtswerk des Historiographen Nikolaos von Damaskus (64 v.Chr.–14

---

1 *Weber* 1993, 139ff Abb. 1.
2 *Seyrig* 1950, 34ff; *Schürer* 1979, 129.
3 *Dodinet u.a.* 1990, 339ff.
4 *Schürer* 1979, 130.

n.Chr.) überliefert.[5] Während dieser Zeit wurden große neue Bauvorhaben initiiert, die auf eine besondere wirtschaftliche Prosperität der Stadt schließen lassen. Das berühmteste Zeugnis liefert das traditionelle Stadtheiligtum des Iuppiter Damascenus, das im späten 1. Jh. v.Chr. neu konzipiert und in der Folgezeit monumental ausgebaut wurde.[6] Zu den bekanntesten Monumenten aus dieser Epoche zählen das Osttor der Stadtmauer,[7] der als „Qaus al-Harab" bezeichnete Torbogen im östlichen Abschnitt der Via Recta[8] und das von Herodes gestiftete Theater (Ios. bell. Iud. 1,422), von dem sich unlängst Mauern des Bühnenhauses fanden.[9] Zudem wurde die Infrastruktur der Stadt durch den Ausbau des Straßennetzes und der Wasserversorgung verbessert. Damaskus war in der Kaiserzeit die wichtigste und größte *polis* im südsyrischen Raum, in der verschiedene ethnische und religiöse Gruppen lebten. Einen Beleg dafür liefern zwei Berichte aus dem NT (Apg 9, 24f; 2Kor 11,32) über die abenteuerliche Flucht des Paulus aus Damaskus um 39 n.Chr. nach seiner Konvertierung zum Christentum. Dabei entkam der Apostel in einem von der Stadtmauer hinab gelassenen Korb der aufgebrachten jüd. Gemeinde und den Stadtwächtern des Ethnarchen des Königs Aretas. Die nabatäische Herkunft dieses Amtsträgers gab Anlass zu der Vermutung, dass Damaskus zu diesem Zeitpunkt unter nabatäischer Kontrolle gestanden hätte. Für diese Annahme gibt es aber keinen zwingenden Grund, zumal auch auswärtige Personen, wenn sie Bürger der *polis* wurden, dieses Amt bekleiden konnten. Die Nennung dieses Würdenträgers lässt eher auf die Existenz einer in Damaskus ansässigen nabatäischen Gemeinde von Händlern schließen. Zudem besaßen solche Leute ein entsprechendes Kapital, um das Amt eines Ethnarchen ausüben zu können. Damaskus blieb ungebrochen von der Antike bis heute ein Zentrum für Handel und Handwerk.

*Das Heiligtum des Iuppiter Damascenus und dessen Kult*

Die sakrale Anlage liegt im Westen der antiken Stadt unmittelbar südlich des Barada. Eine von Westen nach Osten ausgerichtete Säulenstraße verband das Heiligtum des *Iuppiter Damascenus* mit einer Platzanlage im Osten, die vermutlich mit dem Kultbau funktional verknüpft war. Der in das orthogonale Straßennetz eingebundene Komplex setzt sich aus zwei konzentrisch disponierten Höfen zusammen. Diente der äußere 385 m x 305 m große Platz als Marktbezirk, so fungierte der 150 m x 100 m große Innenhof als das Temenos, in dem ursprünglich der Tempel aufragte. Bei diesem Heiligtum handelt es sich um die größte bekannte antike Kultstätte in Syrien, die in den Dimensionen nur von dem Heiligtum des Schamasch in Hatra[10] und dem Tempel des Herodes in Jerusalem[11] übertroffen wurde. Die Anlage war nicht nur das religiöse Zentrum der Stadt, sondern auch eine merkantile Stätte und gesellschaft-

[5] *Schürer* 1979, 129; *Millar* 1993, 314f; *Weber* 1993, 160.
[6] *Freyberger* 1989, 61–86; *Ders.* 1999, 123–138.
[7] *Watzinger/Wulzinger* 1921, 65ff, Abb. 38–45; *Freyberger* 1999, 127f, Taf. 17a.
[8] *Watzinger/Wulzinger* 1921, 43f; *Freyberger* 1999, 129, Taf. 17b.
[9] *Watzinger/Wulzinger* 1921, 27, Abb. 26.44f, Abb. 31; *Sauvaget* 1949, 350ff, Abb. 15; *Weber* 1993, 147.160ff, Abb. 2; *Freyberger* 1999, 129f.
[10] *Freyberger* 1998, 89–101.
[11] *Ådna* 1999.

licher Treffpunkt der Stadtbewohner und Besucher. In dem Marktbezirk hatten die Händler, Handwerker und Wechsler ihre Stände. Dieses Areal war wohl allen Einwohnern und Besuchern zugänglich, während der heilige Bezirk und der Tempel nur den Priestern und wenigen privilegierten Personen offen standen. Das Heiligtum des Iuppiter Damascenus stimmt in der konzentrischen Anordnung der Höfe eng mit dem herodianischen Tempel in Jerusalem (→2.2.7.3 VII und 3.3.2.2) überein; gleichen sich doch beide Anlagen in der Verknüpfung von religiöser und merkantiler Funktion. Als autonome Einheiten waren diese Sakralstätten zugleich auch politische und wirtschaftliche Zentren, die für die Stadtbevölkerung und ländlichen Gemeinden eine identitätsstiftende Funktion ausübten. Die Priester dieser monumentalen Heiligtümer zählten zu den ranghöchsten und mächtigsten Würdenträgern. In den Bauinschriften des Heiligtums in Damaskus werden sie als Tempelwächter bezeichnet. Vermutlich gehörten diese Leute zu den Oberhäuptern städtischer Großfamilien, die über entsprechenden Besitz verfügten und zugleich auch wichtige politische Ämter, wie das eines Ratsherrn, innehatten. Dank ihres Vermögens waren solche Personen in der Lage, sich an der Finanzierung öffentlicher Luxusbauten zu beteiligen. Den Weihinschriften zufolge unterstand der Kultbau Zeus, der laut einer weiteren Weihinschrift aus Bostra Zeus Damaskenos genannt wird.[12] Nach dem Bericht des byzantinischen Historiographen Malalas (13,37) wurde das antike Heiligtum während der Herrschaft des Kaisers Theodosius in eine Kirche umgewandelt, die sich in der Folgezeit als Basilika Johannes des Täufers zu einer berühmten Wallfahrtsstätte entwickelte. Durch die Bekehrung des Saulus gewann das Christentum in Damaskus stark an Bedeutung. Zahlreiche Klöster und Kirchen wurden in der Stadt und in deren Umgebung errichtet. Nach der Einrichtung des umaiyadischen Kalifats in Damaskus und der Umwandlung der Basilika in eine Moschee existierte in Damaskus noch eine große christl. Gemeinde. Diese Tatsache äußert sich auch in den Vereinbarungen der Kapitulation im Jahr 636 n.Chr., in denen die Umaiyaden den Christen gegen Zahlung bestimmter Steuern vierzehn Kirchen überließen. Neben den paganen und christl. Kultbauten gab es in Damaskus auch mehrere Synagogen der jüd. Gemeinde, die im 1. Jh. n.Chr. zwischen 10 500 bis 18 000 Personen umfasste.

*Literatur*

*J. Ådna*: Jerusalemer Tempel und Tempelmarkt im 1. Jahrhundert n.Chr., Tübingen 1999. – *M. Dodinet u.a.*: Le paysage antique en Syrie: L'exemple de Damas, Syr. 67, 1990, 339–367. – *K. S. Freyberger*: Untersuchungen zur Baugeschichte des Jupiter-Heiligtums in Damaskus, MDAI(D) 4, 1989, 61–86. – *Ders.*: Die frühkaiserzeitlichen Heiligtümer der Karawanenstationen im hellenisierten Osten, Mainz 1998. – *Ders.*: Das kaiserzeitliche Damaskus. Schauplatz lokaler Tradition und fremder Einflüsse, MDAI(D) 11, 1999, 123–138. – *F. Millar*: The Roman Near East, Cambridge 1993. – *J.-P. Rey-Coquais*: Inscriptions Grecques et Latines de la Syrie. Tome VII, Paris 1970. – *M. Sartre*: Inscriptions Greques et Latines de la Syrie XIII 1: Bostra, Paris 1982. – *J. Sauvaget*: Le plan antique de Damas, Syr. 26, 1949, 314–358. – *E. Schürer*: The History of the Jewish People in the Age of Jesus Christ II (175 B.C.–A.D. 135), Edinburgh 1979. – *H. Seyrig*: Sur les ères de quelques villes de Syrie, Syr. 27, 1950, 5–50. – *D. Sourdel*: Les cultes du Hauran à l'époque Romaine, Paris 1952. – *C.*

[12] *Sartre* 1982, Nr. 9013; *Sourdel* 1952, 44.

*Watzinger/K. Wulzinger*: Damaskus I. Die antike Stadt, Berlin/Leipzig 1921. – *T. Weber*: *Damaskòs Pólis Epísemos*, MDAI(D) 7, 1993, 135–176.

## V. Dekapolis (*Robert Wenning*)

### *Stellen im NT*

Mt 4,25; Mk 5,20; 7,31. Hinzuzunehmen sind jene Stellen, in denen auf einzelne Städte der Dekapolis Bezug genommen wird, so bei der Heilung des Besessenen, angesiedelt in Gadara (Mt 8,28) oder Gerasa (Mk 5,1; Lk 8,37), und beim Aufenthalt des Paulus in Damaskus (Apg 9,2–25; 22,5–16; 26,12–20; 2Kor 11,32f; Gal 1,17). Auf ntl. Zeitgeschichte bezieht sich schließlich noch die spätere Überlieferung (Eusebius, Epiphanius) von der Auswanderung der Judenchristen nach Pella 62–65 oder 66–70 n.Chr.[1]

### *Geschichtlicher Hintergrund*

Von der Dekapolis ist erstmals in mehreren voneinander unabhängigen Quellen aus der Zeit nach dem 1. Jüd. Krieg die Rede, was dafür spricht, dass „Dekapolis" zu diesem Zeitpunkt besonderes Interesse gefunden hat. Die frühesten Bezeugungen finden sich bei Flavius Josephus (→1.3.2.6; bell. Iud. 3,446; Vita 65.74) um 70 n.Chr. unter Bezug auf Ereignisse von 66 n.Chr., bei Mk (5,20; 7,31) und bei Mt (4,25) um 70 bzw. um 70/80 n.Chr. wohl anchronistisch unter Bezug auf etwa 28/29 n.Chr. und bei Plinius (nat. 5,74) vor 79 n.Chr. Plinius überliefert die „klassische" Liste der Dekapolisstädte: Damaskus, Philadelphia, Raphana, Skythopolis, Gadara, Hippo(s), Dion, Pella, Galasa (Gerasa), Kanatha. Diese Städte sind bis auf Raphana identifiziert, archäologisch aber unterschiedlich untersucht. Die weit verbreitete Vorstellung, die Dekapolis sei ihrem Namen nach ein Bündnis von 10 Städten gewesen, das Pompeius 63 v.Chr. im Zuge der Neuordnung des röm. Ostens gegründet habe, um durch einen Block von hell. Städten die widerstreitenden hasmonäischen, nabatäischen und vormals seleukidischen Interessen zu begrenzen und einem weiteren Expandieren arabischer Gruppen zu begegnen,[2] wird heute überwiegend verneint.[3] Da Plinius nur eine von mehreren, damals kursierenden Dekapolislisten überliefert, scheint „Dekapolis" zu seiner Zeit weder eine juristisch definierte noch eine abgeschlossene Einheit gewesen zu sein, sondern sich in einem Wachstumsprozess befunden zu haben, der sich nach den Quellen bis weit ins 2. Jh. verfolgen lässt. Der Vorstellung, dass mit der Errichtung der Provinz *Arabia* 106 die Dekapolis aufhörte zu existieren, weil die Städte fortan unterschiedlichen röm. Provinzen zugehörten,[4] widersprechen die Quellen aus dem 2. Jh., sowohl die Liste bei Claudius Ptolemaeus (Ptol. 5,14) um 150 n.Chr. als auch epigraphische Zeugnisse, wonach sich Abila (IGR III 1057) und Gadara (SEG 30, 1980, 1801) als Städte der Dekapolis darstellen.

---

1 *Wehnert* 1991.

2 Allgemeines Verständnis seit dem späten 19. Jh. zuletzt ausführlich *Bietenhard* 1963.

3 *Parker* 1975; *Isaac* 1981; *Graf* 1986; *Wenning* 1994; *D. F. Graf*: Die Dekapolis – ein Prolog, in: *Hoffmann/Kerner* 2002, 4f.

4 Noch *Rey-Coquais* 1993, 120.

Plinius folgend wird „Dekapolis" oft als eine geographische Bezeichnung erklärt, was sich von der Lage der meisten Städte her aufdrängt, aber der von Damaskus und Kanatha nicht gerecht wird. Andererseits hebt Plinius hervor, dass die Dekapolis von Tetrarchien und Königreichen umgeben sei. Genau darin lag das Problem dieser Städte, nämlich in der Gefährdung ihrer Autonomie durch die Fürsten dieser Gebiete. Im Jahre 63 v.Chr. hatte Pompeius die von den Hasmonäern eroberten Städte der ehemaligen seleukidischen Koile Syria ihren alten Bewohnern zurückgegeben und sie als autonome Städte direkt dem Statthalter der Provinz *Syria* unterstellt, darunter Gadara, Hippos, Skythopolis, Pella und Dion. Der Rest von *Koilē Syria*, soweit er nicht den Hasmonäern belassen wurde, war als administrativer Annex (*prosthēkē*) unter einem eigenen Verwalter (*stratēgos*, *epitropos*) in die Provinz eingegliedert. *Koilē Syria* blieb bis zur mittleren Kaiserzeit die offizielle Bezeichnung der südsyrischen Gebiete, nicht Dekapolis.
Nur Gadara nutzte 63 v.Chr. (als Jahr 1 von Rom) das Recht autonomer städtischer Münzprägung als Dank für den Wiederaufbau, den Pompeius finanziert hatte. Dies wurde zum Präzedenzfall, ad hoc Münzen nach „pompejanischer Ära" zu prägen, und zwar bewusst mit der Darstellung der Stadttyche, wenn eine der Städte ihre Autonomie bedroht sah. Im 1. Jüd. Krieg begannen Gerasa und Hippos, autonome Münzen zu prägen; die übrigen Städte der Dekapolis sogar noch später. Den zitierten frühen Bezeugungen der Dekapolis ist eine Inschrift aus Madytos auf der Chersonnes (IGR I 824) hinzuzufügen, die um 90 einen *hēgēmon* der Dekapolis in Syrien nennt. Daraus muss man folgern, dass die Dekapolis nun eine Verwaltungseinheit innerhalb von *Koilē Syria* darstellte,[5] vielleicht als Reaktion auf den Jüd. Krieg parallel zur Bestimmung von *Iudaea* als prätorischer Provinz. Die mit dem Status der Dekapolisstädte verbundenen Privilegien führten rasch dazu, dass praktisch alle Städte der Region um Aufnahme in die Dekapolis ersuchten. So listet Ptolemaeus um 150 n.Chr. 18 Städte der *Koilē Syria* und der Dekapolis auf.

*Kulturelles Profil*

Die Bevölkerung der Dekapolis bestand in frühröm. Zeit überwiegend aus arabisch-semitischen Gruppen, die sich zunehmend hellenisierten, wie man an den Onomastika ablesen kann. Der Anteil der Nabatäer unter ihnen war eher unbedeutend. In den näher zum Jordan liegenden Städten war der Anteil der jüd. Bewohner höher, ohne konkreter beschrieben werden zu können. Ebenfalls nur grob einschätzbar ist der Anteil der „Hellenen", denen die tragende Rolle in der urbanen Entwicklung zugesprochen wird. Diese Engführung ist vielleicht zu revidieren, denn auch die arabischen Bewohner verstanden sich als „Hellenen" bzw. röm. Reichsangehörige.
Mit dem Status als autonome Stadt im Imperium Romanum gingen bestimmte Verwaltungsstrukturen einher, wie die Einrichtung einer *boulē* und entsprechender Ämter. Im Übrigen beruhte der Ausbau auf dem System der *leitourgia* ihrer Bürger; Finanzierungen durch den Kaiser oder das Militär blieben Ausnahmen.

[5] *Isaac* 1981.

Urbanität und Romanisierung setzten erst relativ spät ein. Auslöser war auch hier der Jüd. Krieg. Den Eindruck (architektur)reicher röm. Städte, den die Ruinen der Dekapolis heute vermitteln,[6] verdanken sie ihrer Blüte im 2./frühen 3. Jh. bzw. den byzantinischen Bauphasen. Für die frühröm. Zeit muss man sich von diesen Bildern lösen und einfachere und bis auf Damaskus, Gadara und vielleicht Abila unbefestigte Siedlungen annehmen.[7] Die meisten der Dekapolisstädte gehen in die hell. Zeit zurück, z.T. als Söldnerkolonie mit befestigter Akropolis. Der frühröm. Ausbau führte zu Verlagerungen bzw. Ausweitung des besiedelten Stadtgebietes. Kennzeichen war eine *via sacra* zum Ortsheiligtum („high place"). Nekropolen ringsum begrenzten die Stadt. Die semitischen Traditionen scheinen auch später noch in vielen Bereichen durch.[8]

*Literatur*

*H. Bietenhard*: Die Dekapolis von Pompeius bis Trajan, ZDPV 79, 1963, 24–58. – *J. M. C. Bowsher*: Architecture and Religion in the Decapolis: A Numismatic Survey, PEQ 119, 1987, 62–69. – *C. Cebulj*: Topographie und Theologie im Neuen Testament. Anmerkungen zu einer komplexen Beziehung am Beispiel der Dekapolis, BN 105, 2000, 88–99. – *M. Goodman*: Jews in the Decapolis: Aram 4, 1992, 49–56. – *D. F. Graf*: Hellenization and the Decapolis, Aram 4, 1992, 1–48. – *A. Hoffmann/S. Kerner* (Hgg.): Gadara – Gerasa und die Dekapolis, Mainz 2002. – *B. Isaac*: The Decapolis in Syria: A Neglected Inscription, ZPE 44, 1981, 67–74. – *A. Lichtenberger*: Kulte und Kultur der Dekapolis. Untersuchungen zu numismatischen, archäologischen und epigraphischen Zeugnissen, Wiesbaden 2003. – *S. T. Parker*: The Decapolis Reviewed, JBL 94, 1975, 437–441. – *J.-P. Rey-Coquais*: Decapolis, ABD 2, 1993, 116–121. – *J. Wehnert*: Die Auswanderung der Jerusalemer Christen nach Pella – historisches Faktum oder theologische Konstruktion?, ZKG 102, 1991, 231–255. – *R. Wenning*: Die Dekapolis und die Nabatäer, ZDPV 110, 1994, 1–35.

## VI. Ephesos (*Thomas Corsten/Jürgen Zangenberg*)

*Stellen im NT*

Apg 18,19–21.24–28; 19,1–20,1; 20,16f; 21,29; 1Kor 15,32; 16,8; Eph 1,1; 1Tim 1,3; 2Tim 1,18; 4,12; Offb 1,11; 2,1

*1. Historischer Abriss* (*Thomas Corsten*)

Ephesos war eine der ältesten, bedeutendsten und größten gr. Städte in Ionien. Die strategisch günstige Lage nahe der Mündung des Flusses Kaystros in die Ägäis (beim heutigen Selçuk/Türkei) sorgte für raschen wirtschaftlichen Aufstieg. Der Siedlungsschwerpunkt der Stadt bewegte sich im Laufe der Zeit zwischen den drei Hügeln Ayasoluk, Panayir Dag und Bülbül Dag.
Die frühesten archäologischen Funde in Ephesos datieren in mykenische Zeit (Gräber des 14./13. Jh. v.Chr.). Die Stadt war zu einem unbekannten Zeitpunkt von Karern, einem einheimischen Volk im südwestlichen Kleinasien, gegründet, aber später, wohl im frühen 1. Jt. v.Chr., von Athenern besiedelt worden

6 Vgl. *Hoffmann/Kerner* 2002.

7 *J. Seigne*: Jérash romaine et byzantine: développment urbain d'une ville provinciale orientale, Amman/Lyon 1992, 331–341; *Wenning* 1994, 12–14.

8 *Bowsher* 1987; *Lichtenberger* 2003.

(Paus. 7,2,6–8). Ephesos war zu dieser Zeit das bedeutendste Mitglied des ionischen 12-Städte-Bundes (Strab. 14,1,3). Im 6. Jh. v.Chr. kam die Stadt unter die Herrschaft des Lyderkönigs Kroisos und unter Kyros im Jahre 546 mit dem lydischen Reich unter persische Oberhoheit. Nach den Perserkriegen schlossen die Epheser sich dem Attischen Seebund an, kämpften aber im Peloponnesischen Krieg (431–404 v.Chr.) schließlich mit den Spartanern gegen ihre Mutterstadt Athen. Durch die Bestimmungen des Königsfriedens von 386 v.Chr. wurde Ephesos jedoch wieder dem Persischen Reich eingegliedert. Nach der Eroberung des Perserreiches durch Alexander d. Gr. und nach dessen Tod übte der Diadoche Lysimachos seit ca. 290 v.Chr. die Oberherrschaft über die Stadt aus, die wiederum nach dessen Niederlage und Tod in der Schlacht von Kurupedion (281 v.Chr.) an die Seleukiden überging. Lysimachos' wichtigste Leistung war die Neuerrichtung der Stadt nach dem hippodamischen Plan und der Bau einer massiven Stadtmauer, die das Bild der Stadt bis in spätröm. Zeit prägte (Paus. 1,9,7; Strab. 14,1,21). Unter ihrer Herrschaft blieb Ephesos fast 100 Jahre, nur unterbrochen durch einige Jahre ptolemäischer Besetzung. Es folgten als Herren die Attaliden, denen nach der Schlacht von Magnesia (190 v.Chr.) und dem Frieden von Apameia (188 v.Chr.) große Teile Kleinasiens zugesprochen wurden, darunter auch die gr. Städte an der Ägäisküste. Ihre Herrschaft währte bis zum Tod Attalos' III., der sein Reich den Römern vermachte („Attalidische Schenkung“, 133 v.Chr.). Damit begann die Zeit der Jhh. langen röm. Herrschaft, die lediglich durch den pontischen König Mithradates VI. eine jähe Unterbrechung erfuhr, der nach der Eroberung Kleinasiens im Jahre 88 v.Chr. in Ephesos den Befehl ausgab, alle Römer in Kleinasien zu töten („Ephesische Vesper“), einen Befehl, dem rund 80 000 Menschen zum Opfer gefallen sein sollen.
Nach dem Ende des röm. Bürgerkrieges förderte Augustus mit dem westlichen Kleinasien (→2.2.6.2 III) auch Ephesos. Die Stadt avancierte zur Hauptstadt der Provinz *Asia* und wurde mit ca. 100 000 Einwohnern ihr kultischer und wirtschaftlicher Mittelpunkt.[1] Während der Blüte im 1. und 2. Jh. n.Chr. verfügte Ephesos über drei Häfen (Panormus bei Strab. 14,1,20; den „heiligen Hafen“ bei Athen. 8,361d und einen weiteren kommerziellen Hafen), ein großes Theater mit 25 000 Sitzplätzen, mehrere Bäder, gepflasterte und des Nachts beleuchtete Straßen („Kuretenstraße“), weitläufige Märkte und Sportstätten, Bibliotheken, Wasserleitungen und zahlreiche von wohlhabenden Bürgern gespendete öffentliche Bauten (z.B. die berühmte Celsusbibliothek aus dem frühen 2. Jh. n.Chr., vgl. Plin. epist. 10,81,7).
Die Plünderung der Stadt durch die Goten um 263 n.Chr. markiert das Ende der Blüte, die zunehmende Versandung des Hafenbeckens durch Anschwemmungen des Kaystros erschwerte die Schifffahrt. Um die Mitte des 4. Jh.s wurde die Stadt im Abstand von wenigen Jahren von zwei Erdbeben verwüstet. Der endgültige Niedergang setzte im 7. Jh. ein, als die Verlandung des Hafenbeckens nicht mehr aufgehalten werden konnte.

---

[1] Provinzialverwaltung: *R. Haensch*: *Capita provinciarum.* Statthaltersitz und Provinzialverwaltung in der römischen Kaiserzeit, Mainz 1997, 312–321. – Einwohner: *Horsley* 2000, 13f mit Verweis auf die Diskussion anhand von Inschriften und die Berechnungen von *H. W. Pleket* (wiedergegeben in SEG 45, 1995, 1570).

*2. Religiöses Leben in Ephesos* (*Thomas Corsten/Jürgen Zangenberg*)
Von größter Bedeutung für Ephesos war der berühmte Tempel der Artemis. Der Kult dieser Göttin stand in der Nachfolge der Verehrung der kleinasiatischen Muttergöttin Kybele, mit der sie identifiziert wurde, und im Zuge der persischen Eroberung gelangte das Priestertum für die folgenden Jhh. in die Hände von Männern mit dem persischen Namen Megabyxos. Das Heiligtum, von dem heute nur noch wenige Reste sichtbar sind, befand sich außerhalb der Stadt und scheint von hohem Alter gewesen zu sein. Nachdem zunächst nur ein Altar dem Kult diente, ist im 8. Jh. v.Chr. zum ersten Mal ein Kultbau nachweisbar, den die Epheser nach mehreren Umgestaltungen um 560 v.Chr. mit Unterstützung des Lyderkönigs Kroisos zu einem Tempel erweiterten, der als das größte vollständig aus Marmor errichtete Bauwerk seiner Zeit zu den sieben Weltwundern zählte (Hdt. 1,92). Die Cella blieb ohne Dach und diente als Hof für den Naiskos, in dem sich die berühmte Statue der Artemis befand.[2] Dieser Tempel ging im Jahre 356 v.Chr. durch Brandstiftung zugrunde und wurde bald wieder errichtet. Im 1. Jh. n.Chr. war der Artemistempel ein bedeutendes Wallfahrtszentrum,[3] an zahlreichen Orten des Reiches fanden sich Repliken der Artemisstatue. Nicht zuletzt fungierten Tempel und Priesterschaft auch als Grundbesitzer und Bank.
Als Provinzhauptstadt hatte Ephesos besondere kultische Bedeutung als Zentrum des Kaiserkults und Sitz des „Landtags" (*koinon Asias*). Der röm. Statthalter pflegte turnusgemäß in den wichtigsten Städten seiner Provinz Gerichtstage abzuhalten, so auch in Ephesos.[4] Eine Reihe von Tempeln hängt unmittelbar mit dieser politischen Funktion zusammen. Bereits während der röm. Republik entstand ein Tempel der Dea Roma, der nach dem Sieg des Augustus bei Actium auch der Verehrung des Divus Iulius und des Augustus diente (Cass. Dio 51,20,6). Mit den Flaviern verbindet sich die Errichtung eines großen Tempels mit Altar und Kolossalstatue an der Kuretenstraße.[5]
Wie in jeder größeren Stadt des Reiches fanden auch in Ephesos alle nur denkbaren orientalischen Kulte Heimat und Verehrer. Besonders beein-

---

2 Zum Aussehen der Statue und die weite Verbreitung dieses Typus siehe *R. Fleischer*: Artemis von Ephesos und verwandte Kultstatuen aus Anatolien und Syrien, Leiden 1973. Zum Artemision vgl. auch *K. Brodersen*: Reiseführer zu den Sieben Weltwundern. Philon von Byzanz und andere antike Texte, Frankfurt a.M./Leipzig 1992 und *B. L. Trell*: The Temple of Artemis at Ephesus, in: *P. Clayton/M. Price* (eds.): The Seven Wonders of the Ancient World, London/New York 1993, 78–99.

3 In Apg 19,27 sagt der Silberschmied Demetrius, dass die „Göttin Artemis [...] von der ganzen Provinz Asien und von der ganzen Welt verehrt wird." – *Fieger* 1998, 145–149 stellt hingegen aus nicht näher erläuterten Gründen die große Bedeutung der Artemis und ihres Tempels der angeblich geringen Bedeutung des Tempelkultes und dem im 1. und 2. Jh. n.Chr. nachlassenden Glauben an die Göttin in Ephesos gegenüber (ebd. 149–151). Mit dem zweiten Punkt wird er kaum Recht haben; s. dazu die Rez. von *U. Riemer*: Klio 83, 2001, 265f.

4 *Haensch*: *Capita provinciarum* (Anm. 1), 28–34.

5 Vgl. dazu *Friesen* 1993, 165–168, der zu Recht betont, dass sich die Flavier in der baulichen Föderung des Kaiserkultes nicht sehr von ihren Vorgängern unterschieden haben, was für die Interpretation der Offb nicht unwesentlich ist.

druckend ist der riesige Tempel des Serapis an prominenter Stelle direkt im Stadtzentrum.[6]
Nicht unerwähnt bleiben darf auch die große jüd. Gemeinde, die seit den Seleukiden in Ephesos bestand und in der Apg als einflussreiche Gegenspielerin des Paulus gezeichnet wird (Apg 19,8–20,1; Ios. ant. Iud. 16,27–65; →1.4.5.5). Apg 18,19; 19,8 erwähnt eine Synagoge, gefunden wurde eine solche noch nicht.

*3. Frühes Christentum in Ephesos* (*Jürgen Zangenberg*)
Die Angaben der Apg[7] lassen erkennen, dass bereits vor Paulus eine christl. Gemeinde durch den schriftgelehrten alexandrinischen Judenchristen Apollos gegründet wurde (Apg 18,24–28), der offensichtlich auch in Korinth vor oder neben Paulus missioniert hatte (vgl. Apg 19,1; 1Kor 1,12; 3,4–6.22; 4,6).[8] Paulus erkennt Apollos als unabhängigen Missionar zwar an, lässt aber dennoch eine gewisse Konkurrenz erkennen. Diese Christengruppe scheint später unter dem Einfluss des auch bei Paulus erwähnten Apostelpaares Aquila und Prisc(ill)a gestanden zu haben (Apg 19,26; vgl. Röm 16,3; 1Kor 16,19). Neben dieser Gruppe lebten auch Jünger Johannes des Täufers in der Stadt, die nach den Worten der Apg zwar „gläubig" waren, aber „den Geist" erst von Paulus erhielten (Apg 19,1–7). Da die Darstellung stark von den historischen und theologischen Konzeptionen des Lukas geprägt ist, bleibt manche Einzelheit im Dunkeln.
Nach dem Bericht der Apg kam Paulus ein erstes Mal mit Aquila und Prisc(ill)a auf der Reise von Korinth nach Syrien in Ephesos an (Apg 18,18–21). Nach Apg 19,8–10 verbrachte Paulus zweieinhalb Jahre in der Stadt, wahrscheinlich von Herbst 52 bis Frühjahr 55 nach seinen Missionsaufenthalten in Makedonien, Korinth und Achaia. Paulus selbst berichtet in 1Kor 16,5–8 von einem längeren, zeitweise turbulenten Aufenthalt in Ephesos (1Kor 15,32). Für die pln. Mission war Ephesos von eminenter Bedeutung. Möglicherweise wurde der Gal in Ephesos verfasst, sicher ist mit dem 1Kor und wohl auch Passagen des heutigen 2Kor (2Kor 2,4–7,4 und 10–13) ein großer Teil der Korintherkorrespondenz dort entstanden. Nach 1Kor 16,8f verschiebt Paulus seinen Besuch in Korinth, weil sich ihm in Ephesos noch Gelegenheit zur Mission bietet, aber auch Widerstand. Die genauen Umstände erwähnt Paulus nicht. Nachrichten aus Korinth zwingen Paulus zu weiterem Aufschub, ein Blitzbesuch in Korinth im Sommer 54 verschärft die Situation noch. Auch die Lebensumstände in Ephesos wenden sich zum Schlechten (2Kor 1,8; Entstehung des Phil und Phlm während Gefängnishaft in Ephesos?). Erst im Sommer 55 verlässt Paulus Ephesos in Richtung Makedonien. Dort verfasst er den Rest des heutigen 2Kor.

---

[6] Zu ägyptischen Kulten in Asia vgl. *H. Koester*: The Cult of the Egyptian Deities in Asia Minor, in: *Ders*. (ed.): Pergamon – Citadel of the Gods. Archaeological Record, Literary Description and Religious Development, Harrisburg 1998, 111–135 (zu Ephesos bes. 126–132).
[7] Zum ephesinischen Lokalkolorit der Apg-Darstellung vgl. bes. *Trebilco* 1994, 302–357.
[8] Vgl. dazu *Thiessen* 1995, 28–89; *H. Koester*: Ephesos in Early Christian Literature, in: *Ders*. 1995, 119–140.

Paulus scheint in Ephesos über einen recht großen Mitarbeiterstab verfügt zu haben, der die Kontakte zu einzelnen Gemeinden hielt (1Kor 1,1 Sosthenes; 1Kor 16,10 Timotheos als Überbringer des 1Kor aus Ephesos; 1Kor 16,12 Apollos; 1Kor 16,17.19 Aquila, Prisc(ill)a, Stephanas, Fortunatus, Archaikos). Dass von Ephesos aus weitere Gemeinden in der Umgebung gegründet wurden, belegt die Formulierung in 1Kor 16,19 („Kirchen in der Asia"). Ephesos kann also mit Fug und Recht als pln. Missionszentrum bezeichnet werden. Falls Röm 16 ein ursprünglich aus Korinth an die Epheser gerichtetes Schreiben darstellt, würde dies die bleibende Verbindung des Apostels nach seiner Abreise mit der dortigen Gemeinde dokumentieren.

Ob Paulus je wieder nach Ephesos zurückkehrte, bleibt ungewiss (vgl. Apg 20,15–17: Paulus besucht Ephesos auf der Reise nach Jerusalem nicht). Sicher ist jedoch, dass seine Theologie in der Region nachwirkte und sich eine „Paulusschule" in der Stadt befand, auf die möglicherweise einige pseudepigraphe, deuteropaulinische Schriften zurückgehen (→1.3.1.2). Dazu werden in der Regel Kol; Eph (ursprünglich ein Rundschreiben, die Adressatenangabe ist textkritisch unsicher) und die Past gezählt. In gewisser Weise lebt pln. Tradition auch in der ausführlichen Darstellung des ephesinischen Aufenthalts des Paulus in der Apg weiter (Apg 19,1–20,1), wenn auch in legendarisch überformter, gleichsam exemplarisch verdichteter Weise (bes. Apg 19,11–20 mit Wunderheilungen durch Paulus' Schweiß- und Taschentücher; Zusammentreffen mit den Söhnen des Magiers Skeuas [→3.2.6] und Verbrennung der „ephesinischen Zauberbücher"). Nach Apg 19,9f hielt sich Paulus während der meisten Zeit in der „Halle des Tyrannos" auf. Wer dieser Tyrannos war, wird nicht gesagt; jedenfalls wurde sein Versammlungsraum von Juden wie Griechen aus der gesamten Provinz *Asia* besucht.[9] Die zwiespältigen Resultate des missionarischen Erfolgs des Paulus in Ephesos finden ihren narrativen Niederschlag in Apg 19,23–20,1, der Geschichte vom „Aufruhr der Silberschmiede" (Innere Sicherheit; →1.4.3.2). Die Erzählung bietet vielfältiges ephesinisches Lokalkolorit. Die Gilde der Silberschmiede ist ebenso belegt[10] wie silberne Votive mit der Darstellung von Tempeln (Apg 19,35) oder der Stolz der Epheser auf ihre Ehrenfunktion als „Tempelhüter der Göttin" (*neokoros*) oder die mächtigen Ämter des Asiarchen und des „Stadtschreibers" (Apg 19,31.35).[11] Dennoch ist unklar, ob der Zusammenstoß im Theater von Ephesos zu den gefahrvollen Ereignissen gehört, die Paulus in 2Kor 1,8 erwähnt. Immerhin bleibt Paulus nach Apg letztlich dank seiner Freunde unbehelligt,[12] und die Apg kann letztlich zeigen, dass die Botschaft des Paulus keine Gefahr für die

---

[9] Vgl. *Fieger* 1998, 82–90 zu der Möglichkeit, in Tyrannos ein einflussreiches Mitglied der ephesischen Fischereigilde und in dem „Lehrsaal" (*scholē*) ihr Vereinslokal zu sehen.

[10] *G. M. Rogers*: Demetrios of Ephesos. Silversmith and *Neopoios*?, Beleten Türk Tarih Kurumu 50, 1986, 877–883.

[11] Zum rechtshistorischen Hintergrund der Demetriusunruhen vgl. *R. Selinger*: Die Demetriusunruhen (Apg. 19,23–40). Eine Fallstudie aus rechtshistorischer Perspektive, ZNW 88, 1997, 242–259.

[12] Zu diesem Problem s. *Fieger* 1998, 24–27. – Im übrigen ist es ohnehin zweifelhaft, ob sich die Unruhen gegen die Christen richteten, die den nichtjüdischen Ephesern wahrscheinlich noch nicht einmal als eigene, von den Juden verschiedene religiöse Sekte aufgefallen sein mögen; s. *G. H. R. Horsley*: New Documents Illustrating Early Christianity 4, 1987, 10.

öffentliche Ordnung darstellt (vgl. bes. die Rede des Stadtschreibers, v.a. 19,35–40). Insgesamt bleiben die Nachrichten über den Aufenthalt des Paulus in der Apg recht vage.

Gegen Ende des 1. Jh.s wirkt der Prophet Johannes, der Verfasser der Offb, unweit von Ephesos auf der Insel Patmos. Ephesos wird in den sieben Sendschreiben genannt (Offb 1,11; 2,1–7). Mit Johannes tritt erstmals (wieder?) eine in Sprache, Stil und Theologie deutlich anders geprägte christl. Richtung als die pln.-lk in der Region um Ephesos ins Blickfeld.[13] Johannes lobt die Kirche von Ephesos in stark atl.-apokalyptisch inspirierter Denkweise wegen ihrer Standfestigkeit v.a. gegenüber „falschen Aposteln“, tadelt aber die Anwesenheit einer Gruppe namens Nikolaiten, deren Identität jedoch letztlich im Dunkeln bleibt (vgl. auch Offb 2,15).

Um 110, nur wenige Jahre nach der Entstehung der Apg, zog Ignatius, der Bischof von Antiochia, als Gefangener durch *Asia* nach Rom. Er traf sich mit Christen der Region in Philadelphia und sandte Boten mit Briefen u.a. nach Ephesos, um später Delegationen dieser Gemeinden in Smyrna zu empfangen. Ign. Eph. ist der längste dieser Briefe. Die ephesinische Gemeinde sandte ihren Bischof (die Apg kannte nur Presbyter aus Ephesos!) Onesimus und unterstützte ihn auf der weiteren Reise, was Ignatius mehrmals anerkennt (Magn. 15,1; Trall. 13,1; Rom. 10,1; Philad. 11,2; Smyrn. 12,1). Ign. Eph. 12,2 zeigt zudem, dass Paulus bei den ephesinischen Christen weiterhin in hohem Ansehen stand. Diese Tendenz lebt bis in die Mitte des 2. Jh.s in den Briefen Polykarps, des Bischofs von Smyrna und Märtyrers unter Marc Aurel, fort (Polyc. ep. 3,2; 9,1).

Andererseits erwähnt Ignatius weder den Propheten Johannes noch den gleichnamigen Verfasser des Evangeliums und des 1–3 Joh, den Papias in der ersten Hälfte des 2. Jh.s in Ephesos ansiedelt (Eus. h.e. 3,39,1–7).[14] Die Zuverlässigkeit und Bedeutung dieser Nachricht ist umstritten, zumal das Joh nirgends eindeutig ephesinisches Lokalkolorit erkennen lässt.[15] Die Vielfalt christl. Präsenz in Ephesos scheint jedenfalls bis ins 2. Jh. fortbestanden zu haben.

Abgesehen von vielen Unsicherheiten in Einzelheiten ist die ganz wesentliche Bedeutung der Stadt Ephesos für die historische und theologiegeschichtliche Entwicklung des frühen Christentums unbestritten.

*Literatur*

*A. Bammer/U. Muss*: Das Artemision von Ephesos, Mainz 1996. – *W. Elliger*: Ephesos. Geschichte einer antiken Weltstadt, Stuttgart u.a. 1985. – *M. Fieger*: Im Schatten der Artemis. Glaube und Ungehorsam in Ephesus, Bern 1998. – *S. J. Friesen*: Twice Neokoros: Ephesos, Asia and the Cult of the Flavian Imperial Family, Leiden 1993. – *M. Günther*: Die Frühgeschichte des Christentums in Ephesus, Frankfurt u.a. 1995. – *M. Hengel*: Die johanneische Frage. Ein Lösungsversuch, Tübingen 1993. – *G. H. R. Horsley*: Ephesos, Epigraphy and Exegesis, Buried History 36, 2000, 13–48. – *D. Knibbe*: Ephesus. Geschichte einer bedeutenden antiken Stadt und Portrait einer modernen Großgrabung im 102. Jahr

[13] Neben den einschlägigen Kommentaren zu Offb 2,1–7 s. *Horsley* 2000, 43–46.

[14] Vgl. dazu *H. Koester*: Ephesus in Early Christian Literature, in: *Ders*. 1995, 119–140, hier 135–139; *Hengel* 1993, 99f.

[15] So *v. Tilborg* 1996.

der Wiederkehr des Beginnes österreichischer Forschungen (1895–1997), Frankfurt u.a. 1998. – *H. Koester* (ed.): Ephesos – Metropolis of Asia. An Interdisciplinary Approach to its Archaeology, Religion, and Culture, Valley Forge 1995. – *G. M. Rogers*: The Sacred Identity of Ephesos: Foundation Myths of a Roman City, London/New York 1991. – *P. Scherrer*: Ephesos, DNP 3, 1997, 1078–1083. – *Ders*.: The Historical Topography of Ephesos, in: *D. Parrish* (ed.): Urbanism in Western Asia Minor. New Studies on Aphrodisias, Ephesos, Hierapolis, Pergamon, Perge and Xanthos, Portsmouth 2001, 57–93. – *R. Strelan*: Paul, Artemis, and the Jews in Ephesus, Berlin/New York 1996. – *W. Thiessen*: Christen in Ephesus. Die historische und theologische Situation in vorpaulinischer und paulinischer Zeit und zur Zeit der Apostelgeschichte und der Pastoralbriefe, Tübingen 1995. – *S. v. Tilborg*: Reading John in Ephesus, Leiden u.a. 1996. – *P. Trebilco*: Asia, in: *D. W. J. Gill/C. Gempf* (eds.): The Book of Acts in Its Graeco-Roman Setting, Grand Rapids/Carlisle 1994, 291–362.

## VII. Jerusalem (*Peter Söllner*)

### *Stellen im NT*

Mt 4,5; 11,27–33 parr; 21,14; 26,36.55; 27,27.33.39f.51; Mk 11,15 parr; 13,1.23; 14,15.49; 15,16.22.29.38; Lk 1,8–20; 19,47; 20,1; 21,5.37; 22,12.53.66–71; 23,45; 24,52; Apg 1,9–12; 2,46; 3,1; 21,27–30; Joh 2,13–17; 5,1–18; 7,2; 8,7; 9; 10,22–39; 18,28.33; 19,9.17.20; Gal 4,26; Hebr 12,22; 13,13; Offb 21–22,5

### *Zur Topografie Jerusalems – zum Wandern des Namens Zion*

„Um Jerusalem her sind Berge“, heißt es im Ps 125. Tatsächlich war der Aufstieg der Stadt, ihre baugeschichtliche und oft auch politische Entwicklung unmittelbar von der Topografie bestimmt. Der Südosthügel war Ausgangspunkt der Besiedlung im Chalkolithikum (4000–3200 v.Chr.). Nur auf diesem 320 m langen und 60–80 m breiten Hügel erstreckte sich die Stadt, die David nach 2Sam 5 von den Jebusitern einnahm. Obwohl weit niedriger gelegen als die umliegenden Hügel, kam dem Südosthügel zugute, dass er einerseits nach allen Seiten hin isoliert war, was dem Sicherheitsbedürfnis entgegenkam. Andererseits befindet sich an dessen östlichem Abhang die einzige Quelle der näheren Umgebung, die Gihonquelle. Der Südosthügel bzw. die darauf gelegene vordavidische Akropolis wird in der älteren atl. Überlieferung „Zion“ genannt. Doch schon im AT „wandert“ dieser Name Richtung Norden, wenn der Nordosthügel so bezeichnet wird, auf dem sich der salomonische Tempel befand. Dass der Name „Zion“ schließlich bis in heutige Zeit auf den Südwesthügel übertragen wurde, dürfte sich frühestens in herodianischer Zeit angebahnt haben.[1]

Südlich des heutigen Zionsberges befindet sich der Berg des Bösen Rates, der mit 775 m nur geringfügig höher ist als der Südwesthügel. Östlich der Stadt verläuft die Ölbergkette, die sich in südlicher Richtung bis zum Berg des Ärgernisses erstreckt. Hier wird das höchste Niveau der Jerusalemer Umgebung erreicht: Unmittelbar dem Nordosthügel gegenüberliegend überragt der Ölberg den Tempelberg um 66 m.

[1] Zur Orientierung sei erwähnt, dass die beiden hier genannten Südhügel außerhalb der heutigen osmanischen Altstadtmauer Jerusalems liegen.

Durch diese natürlichen Hügel Jerusalems werden drei Talrinnen gebildet: Das Trockental Hinnom im Westen und Süden gelegen, das Zentraltal bzw. Stadttal (von Josephus Tyropoiontal, „Käsemachertal", genannt) in Nord-Süd-Richtung inmitten der Stadt verlaufend und das Kidrontal westlich der Ölbergkette entlanglaufend.

*Der herodianische Ausbau Jerusalems*

Kein anderer Herrscher der gr.-röm. Antike hat die Baugeschichte Jerusalems so nachhaltig geprägt wie Herodes d. Gr. Ausführlich berichtet Josephus sowohl in seinem zuerst verfassten *Bellum Iudaicum* und in den später entstandenen *Antiquitates* darüber (→1.3.2.6). Auch das NT setzt den Zustand Jerusalems voraus, der durch Herodes, in geringerem Maße aber auch durch seinen Sohn und Nachfolger Archelaos und die röm. Statthalter geschaffen wurde. Gleich zu Beginn der Regierung unternahm Herodes den Aus- bzw. Neubau der Festung (Baris) am nordwestlichen Eck des Tempelbezirks. Von hieraus war das jüd. Tempelareal gut überblickbar, und bei möglichen Unruhen konnte schnell das stationierte Militär zum Eingreifen beordert werden. Zu Ehren seines Förderers Marcus Antonius nannte er die Festung Antonia, was exemplarisch sein politisches Kalkül widerspiegelt. Das zweite große Bauprojekt war die Palastanlage, die sich auf 350 m unmittelbar südlich der drei hasmonäischen Türme am Nordwesteck der Ersten Mauer erstreckte. Auch diese drei Türme wurden auf luxuriöse Weise ausgebaut und erhielten die Namen Hippikus (Freund des Herodes), Phasael (Bruder) und Mariamme (hingerichtete Gattin des Herodes). Herodes dürfte 23 v.Chr. seinen neuen Palast bezogen haben.

Im Jahr 23/22 v.Chr. (Ios. bell. Iud. 1,401) bzw. 20/19 v.Chr. (ant. Iud. 15,420) begann Herodes mit seinem umfangreichsten Bauprojekt, der Neugestaltung des jüd. Tempels (→3.3.2.2). Josephus berichtet weiterhin von einem Theater sowie möglicherweise auch von einem Amphitheater, welche unter Herodes in Jerusalem errichtet wurden. Ein Hippodrom gehörte nach dessen Tod ebenfalls zur Stadt. Allerdings gibt es für die Lokalisierung dieser drei Gebäude bislang kaum archäologisch verwertbare Befunde.

Insbes. wegen des gewaltigen Ausbaus der Tempelanlage und der damit einhergehenden Opfertierreinigung sowie der Einbeziehung des westlich vom Temenos gelegenen Marktviertels in die Stadt durch die Zweite Mauer bedurfte es einer umfassenden Neukonstruktion der Jerusalemer Wasserversorgung. Dazu wurde das Wasser aus vier südlich von Bethlehem gelegenen Quellen in den sog. Teichen Salomos gesammelt. Von hieraus wurde eine Direktverbindung nach Jerusalem durch einen überwiegend in Fels geschlagenen und mit Steinplatten abgedeckten, 21 km langen Kanal hergestellt. Das so zugeleitete Wasser aus dem Süden wurde dann in mehreren Teichen der Stadt gesammelt. An dieses Wasserversorgungssystem angeschlossen waren vermutlich die beiden Betesdateiche, der Struthionsteich bei der Antonia-Festung, der Teich der Söhne Israels sowie der jetzige Patriarchenbadteich (*birket hammam el-batrak*).

*Ethnisch-kulturelle und wirtschaftliche Besonderheiten Jerusalems*
Durch die Einbindung des herodianischen Reiches in die östliche Mittelmeerwelt nahm der Einfluss hell. Kultur in Jerusalem deutlich zu. Abzulesen ist diese Erweiterung an den erwähnten Baumaßnahmen Herodes' d. Gr.: Auf der einen Seite wurde die Stadt durch den Ausbau der Festung Antonia, den Bau des Theaters und des Hippodroms sowie insbes. durch die neue Palastanlage zu einer typisch hell. Residenzstadt. Auf der anderen Seite erlangte der jüd. Tempel durch die gewaltigen Umbaumaßnahmen eine nie da gewesene Pracht. Doch auch der Tempelkomplex selbst war nun vom hell.-röm. Einfluss betroffen. Das, was in hell. Städten die Agora ausmachte, fand sich zu einem beträchtlichen Teil auf dem Jerusalemer Tempelplateau wieder. Die Säulenhallen dienten als Markthallen, zur Ausstellung von Beutestücken, zum Geldwechsel in tempelgemäße Währung und natürlich zum Verkauf von Opfertieren. Nicht zuletzt: Der Tempelbezirk war zentraler Ort der sozialen Interaktion und religiösen Diskussion (diese Funktion übernahm später die Synagoge, →3.3.3).
Das durch die Zweite Mauer in das Stadtgebiet einbezogene Marktviertel war wirtschaftliches Zentrum der Wollhändler, Kleiderhändler und Schmiede. Das Kunstgewerbe und die ausländischen Färber waren auf dem Südwesthügel angesiedelt. Hier lag die „Oberstadt", das Villenviertel Jerusalems. Im Gegensatz dazu befand sich das Armenviertel der „Unterstadt" auf dem Südosthügel bzw. im Zentraltal unmittelbar westlich hiervon.
Zur Zeit Jesu dürfte die Einwohnerzahl Jerusalems bei etwa 40 000 gelegen haben. Es gibt Schätzungen, wonach bis zu 100 000 Pilger zum jährlichen Passahfest dazukamen. Auch wenn diese Zahl möglicherweise zu hoch gegriffen ist, bleibt dennoch die außerordentliche Bedeutung sichtbar, die Jerusalem als jüd. Wallfahrtszentrum ausmachte.

*Im NT erwähnte Orte und Gebäude*
Keine andere Lokalität wird im NT so häufig erwähnt wie der Jerusalemer Tempelkomplex. Sprachlich gilt es dabei zu unterscheiden: *hieron* meint den gesamten Tempelbezirk, das Heiligtum. Dagegen bezeichnet *naos* vorwiegend das eigentliche Tempelgebäude. Besonders bei Lk und in der Apg spielt der Tempelkomplex eine zentrale Rolle. Im Tempel erfährt Zacharias, dass seine Frau Elisabeth den Sohn Johannes gebären wird (Lk 1,8–20). Bei der Darstellung des Jesuskindes im Heiligtum kommt es zur Begegnung mit dem alten Simeon und der uralten Prophetin Hanna (2,22–38). Die Erzählung vom zwölfjährigen Jesus im Heiligtum gehört ebenfalls zum Sondergut des Lukas (2,46–49). Auf der Tempelzinne, vermutlich am Südostende des Plateaus gelegen, findet die letzte der drei beschriebenen Versuchungen Jesu statt (4,9; nach Mt 4,5 die zweite der Versuchungen). Schließlich kehren die Jünger nach der Himmelfahrt Jesu, die in Apg 1,9–12 auf dem Ölberg lokalisiert wird, zum Heiligtum zurück und preisen Gott (Lk 24,52f). Die Jerusalemer Urgemeinde hat demnach anfangs noch keineswegs ein gebrochenes Verhältnis zum Tempel. „Sie waren einmütig beisammen im Heiligtum", heißt es in Apg 2,46. Petrus und Johannes suchen diesen heiligen Bezirk zum Nachmittagsgebet auf und treffen einen Gelähmten vor der „Schönen Pforte" (3,1f). Entweder wird diese „Schöne Pforte" mit dem prächtigen Nikanortor zwischen dem Vorhof

der Frauen und dem Hof der Israeliten oder mit dem äußeren Portal zum Frauenvorhof identifiziert. Paulus wird später beschuldigt, den heidnischen Griechen Trophimos in den inneren Bezirk der Tempelanlage eingeschleust zu haben (21,27–30). Die größere theologisch-geographische Klammer, die hier von Lukas gesetzt wird, ist offensichtlich: Der Weg des Paulus nach Rom beginnt auf dem Jerusalemer Tempelplateau.

Gemeinsam ist in den synEvv festgehalten, dass Jesus bei seinem wohl provokantesten öffentlichen Auftritt Händler und Wechsler vermutlich aus einer Säulenhalle des Heiligtums vertreibt, weil deren Treiben mit dem Tempel als „Gebetshaus für alle Völker" unvereinbar ist (Mk 11,15 parr; vgl. Joh 2,13–17). Nach Mt 21,14f kommt es daraufhin sogar zu Krankenheilungen und Hosianna-Zurufen von Kindern auf dem Tempelgelände. Die Auseinandersetzungen mit „Hohenpriestern, Schriftgelehrten und Ältesten" über Jesu Vollmacht ereignen sich ebenfalls dort (Mk 11,27 parr). Doch auch anschließend trifft Jesus noch auf Stimmen, die offen ihre Bewunderung des stattlichen Jerusalemer Heiligtums zum Ausdruck bringen. In diesem Zusammenhang prophezeit er dessen Untergang (Mk 13,1f; Lk 21,5f). Ausdrücklich sagt Jesus bei seiner Gefangennahme, dass er im Heiligtum öffentlich gelehrt hat (Mt 26,55; Mk 14,49; vgl. Lk 19,47; 20,1; 21,37; 22,53). Während seiner Hinrichtung äußern Opponenten Jesu spöttisch einen offensichtlich wesentlichen Anklagepunkt des vorangegangenen Prozesses, nämlich die Behauptung, Jesus habe das Tempelgebäude zerstören wollen (Mt 27,39f; Mk 15,29; vgl. Joh 2,19). Beim Tod Jesu zerreißt der Vorhang des Tempels (Mt 27,51; Mk 15,38; Lk 23,45), wobei offen bleibt, ob es sich um den Vorhang vor dem Debir oder den Vorhang am Hauptportal handelt.

Nach Joh ist Jesus auf dem Passahfest (2,13), dem Laubhüttenfest (7,2) und dem Tempelweihfest (10,22) in Jerusalem anwesend. Auf dem Tempelplateau findet die Rettung einer Ehebrecherin statt: „Wer unter euch ohne Sünde ist, der werfe den ersten Stein auf sie" (8,7). In der „Halle Salomos" – es dürfte sich dabei um die Säulenhalle an der östlichen Begrenzungsmauer des Temenos handeln – ereignet sich zwischen dort anwesenden Juden und Jesus ein eskalierendes Streitgespräch über Gottessohnschaft und Gotteslästerung (10, 22–39).

Zwei weitere Jerusalemer Lokalitäten werden bei Joh genannt, die in den synEvv nicht vorkommen. Einerseits wird ein bereits 38 Jahre lahmer Mann von Jesus am Teich Betesda geheilt (5,1–18). Dieser Doppelteich befindet sich nordöstlich der Antonia-Festung. Andererseits kommt es am Siloahteich, der am südwestlichen Ende des Südosthügels liegt, zur Gesundung eines Blindgeborenen (9).

Eine Reihe von Lokalitäten wird in den Evv im Zusammenhang der Passion Jesu genannt. Die Einsetzung des Abendmahls geschieht in einem mit Polstern ausgestatteten Obergemach (Mk 14,15; Lk 22,12). Exakte Ortsangaben zu diesem Gebäude finden sich im NT nicht. Nachts im Garten Getsemani („Ölkelter"; Mk 14,32; Mt 26,36) ereignet sich die anschließende Gefangennahme Jesu. Bis auf den Hinweis in Joh 18,1, wonach dieser Garten östlich „des Winterbaches Kidron" liegt, gibt es in den Evv keine genauere Lokalisierung auf dem Ölberg. Nach der Festnahme im Garten Getsemani wird Jesus noch in

derselben Nacht in das Haus des Hohenpriesters Kaiphas gebracht.[2] Die verschiedenen Ortstraditionen zum Haus des Kaiphas (Südwesthügel neben der armenischen Erlöserkirche; St. Peter in Gallicantu) gehen auf spätere Pilgerberichte zurück, für eine genaue Lokalisierung geben die Evv keinerlei Anhaltspunkte. Bei Lk ist dann ausdrücklich davon die Rede, dass Jesus am nächsten Morgen an einen gesonderten Ort zum Verhör vor dem Hohen Rat (Synhedrium) geführt wird (Lk 22,66–71). Das Synhedrium traf sich seinerzeit wahrscheinlich in der Basilika an der Südseite des Tempelbezirks. Im Prätorium findet das anschließende Verhör vor Pilatus statt (Mk 15,16; Mt 27,27; Joh 18,28.33; 19,9). Hier residierte der Prokurator an Festtagen. Es bleibt bis heute umstritten, ob der Herodespalast auf der Westseite der Stadt oder aber der alte Hasmonäerpalast im Zentraltal als Prätorium fungierte. Von dort wird Jesus zur Hinrichtungsstätte Golgata gebracht (Mt 27,33; Mk 15,22; Joh 19,17). Der Name bedeutet „Schädel“, vermutlich deshalb, weil es sich um einen schädelförmigen Hügel handelte. Golgata lag außerhalb der damaligen Stadt (Joh 19,20; vgl. Hebr 13,12).
Es gilt festzuhalten: Abgesehen vom Tempelgelände sind von den im NT genannten Orten und Gebäuden Jerusalems heute lediglich der Betesdateich und der Siloahteich eindeutig, „auf Meter genau“ lokalisierbar. Die heutigen 14 Stationen der Via Dolorosa entstammen dem Mittelalter und geben nicht den historischen Weg Jesu zum Kreuz wieder (→1.3.4.4).

*Die Einbindung Jerusalems in die Eschatologie*
Bereits im AT wurde Jerusalem von mehreren Propheten in die Eschatologie eingebunden. Die Vorstellung einer endzeitlichen Erneuerung dieser Stadt entwickelte sich im Frühjudentum und im frühen Christentum intensiv weiter. Es lassen sich dabei vier verschiedene Konzeptionen unterscheiden:

a) Am häufigsten findet sich die bereits im AT bekannte Konzeption einer geschichtsimmanenten Jerusalem/Zion-Restauration. Die Stadt wird am Ende der Tage zumeist durch das persönliche Eingreifen Gottes bzw. des Messias erneuert werden und erlangt auf diese Weise einen Zustand der Stabilität und des Friedens. Sie übertrifft dabei die anderen Städte an Pracht und Größe.[3]

b) Paulus kommt in einer von Typologie und Allegorese bestimmten Argumentation auf das „obere Jerusalem“ zu sprechen, das im Kontrast zum historischen Jerusalem steht (Gal 4,26). Allerdings ist das „obere Jerusalem“ nicht als eschatologisches Endziel verstanden, vielmehr ist diese Stadt bereits gegenwärtig die „freie Mutter der Christen“ (vgl. hierzu Hebr 12,22). Hierdurch gewinnt Paulus ein himmlisch verortetes Argument für seine beschneidungsfreie Heidenmission.

c) Erstmals in Hen(aeth) 90,28–38 begegnet die Vorstellung, dass es zu einer Substitution der historischen Stadt durch ein eschatologisch installiertes Jerusalem kommen wird. Diese Konzeption wird dann insbes. beim Himmli-

---

[2] Lk 22,54–65; vgl. Mt 26,57–75; Mk 14,53–72; nach Joh 18,12–24 gelangt Jesus zunächst zu Hannas, dem Schwiegervater des Kaiphas.

[3] Zu dieser Konzeption gehören Texte wie Hen(aeth) 24–27; Tob 13; 14,4–7; Sir 36; 51,12; Bar 5; PsSal 11; 17; Sib 3,785f; 5,250f.420–427; Q504 frg. 2 col. IV; 11QPs[a] X; 4Esra 13,6.35f; ApcBar(syr) 32,4; 59,4; ferner 4Q554; 5Q15.

schen Jerusalem in Offb 21,1–22,5 weiterentwickelt. Am historischen Jerusalem hat der Apokalyptiker kein Interesse, er denkt bzw. schaut die Zukunft vielmehr im Kontrast zur „Hure Babylon“ = Rom. Der Seher schaut ein neues Jerusalem, das nach Abschaffung der alten Erde und des alten Himmels vom neuen Himmel wie eine geschmückte Braut herabsteigt. Diese Stadt zeichnet sich durch besonders kostbare Materialien aus. Ihre zwölf Grundsteine bestehen aus verschiedenen Edelsteinen, sie selbst ist aus reinem Gold, und jedes der zwölf Tore ist eine überdimensionale Perle. Dabei hat die Stadt eine gigantische Größe: Jede der quadratisch angelegten Mauerseiten ist ca. 2300 km lang (12 000 Stadien). Dazu kommt die kubische Gesamtform, die auf den Debir des Jerusalemer Tempels zurückzuführen sein dürfte, der nach 1Kön 6,20 exakt 20 x 20 x 20 Ellen misst. Das Himmlische Jerusalem wird damit zum Ausdruck höchster denkbarer Heiligkeit und intensivster Gottesnähe, es erlangt quasi den Status einer Tempelstadt.
Wenn der Apokalyptiker erwähnt, dass er im neuen Jerusalem keinen Tempel sah (Offb 21,22a), dann ist das keineswegs ein Affront gegen den Jerusalemer Tempelkult. Johannes hat vielmehr den himmlischen Tempel im Blick. Dessen Wertung fällt allerdings äußerst ambivalent aus. Einerseits befindet sich dort der Thronort Gottes, andererseits gehen von dort die apokalyptischen Schrecken aus. Im Kontrast zu diesem ambivalenten himmlischen Tempel schaut der Apokalyptiker, dass Gott und das Lamm (Christus) der Tempel der neuen Stadt sein werden (21,22b). Mit dieser Aussage wird in konzentrierter Weise hervorgehoben, dass es im Himmlischen Jerusalem zu einem unmittelbaren Zusammenleben zwischen Gott, Christus und den Bewohnern kommen wird.

d) Einen originären Weg beschreitet die sog. Zionsvision in 4Esra 9f. Das eschatologische Jerusalem geht in einem änigmatischen Transfigurationsvorgang aus einer visionär erfahrenen Frau hervor, deren Wesen ganz eng mit dem historischen Jerusalem in Verbindung steht. Damit wird gegenüber den bisher angewandten Konzeptionen von Restauration oder Substitution ein neuer Weg eingeschlagen, bei dem sich die historische und die eschatologische Stadt komplementär zueinander verhalten.

*Literatur*

*D. Bahat*: The Illustrated Atlas of Jerusalem, Jerusalem 1996. – *K. Bieberstein/H. Bloedhorn*: Jerusalem. Grundzüge der Baugeschichte vom Chalkolithikum bis zur Frühzeit der osmanischen Herrschaft, Bd. 1–3, Wiesbaden 1994. – *G. Dalman*: Jerusalem und sein Gelände, Hildesheim/New York 1972. – *G. Faßbeck*: „Unermeßlicher Aufwand und unübertreffliche Pracht“ (bell 1,401). Vom Nutzen und Frommen des Tempelneubaus unter Herodes dem Großen, in: *S. Alkier/J. Zangenberg* (Hgg.): Zeichen aus Text und Stein, Tübingen 2003, 222–249. – *M. Hengel*: Jerusalem als jüdische und hellenistische Stadt, in: *B. Funck* (Hg.): Hellenismus, Tübingen 1996, 269–306. – *J. Jeremias*: Jerusalem zur Zeit Jesu, Göttingen [3]1969. – *L. I. Levine* (ed.): Jerusalem. Its Sanctity and Centrality to Judaism, Christianity and Islam, New York 1999 – *Ders.*: Jerusalem. Portrait of a City in the Second Temple Period (538 B.C.E.–70 C.E.), Philadelphia 2002. – *A. Lichtenberger*: Die Baupolitik Herodes des Großen, Wiesbaden 1999. – *Ders*: „Sieh was für Steine und was für Bauten“. Zur Rezeption herodianischer Architektur im Neuen Testament, in: *S. Alkier/J. Zangenberg* (Hgg.): Zeichen aus Text und Stein, Tübingen 2003, 209–221. – *E. Otto*: Jerusalem – die Geschichte der Heiligen Stadt. Von den Anfängen bis zur Kreuzfahrerzeit, Stuttgart 1980. – *R. Reich*: Jerusalem as Jesus Knew it, Atlanta 2005. – *M. Sasse*: Beobachtungen zum Verhältnis von Archäologie und Exegese am Beispiel der Ausgrabungen am Teich Betesda in Jerusalem (Joh 5), in: *S. Alkier/J. Zangenberg* (Hgg.): Zeichen aus Text und Stein, Tübingen 2003, 250–261. – *P. Söllner*: Jerusalem, die hochgebaute Stadt. Eschatologisches und Himmlisches Jerusalem im Frühjudentum und im frühen Christentum, Tübingen 1998.

## VIII. Korinth (*Dietrich-Alex Koch*)

### *Stellen im NT*

Apg 18,1–17; 19,1; Röm 16,21–23; 1Kor; 2Kor; 2Tim 4,20 (Korinth); Apg 18,18; Röm 16,1f (Kenchreai)

### *Lage*

Die Geschichte von Korinth ist ganz zentral mit seiner exzeptionellen Lage am Südostende des Isthmus von Korinth verbunden. Diese an der schmalsten Stelle nur 6,3 km breite Landbrücke stellt die einzige Verbindung zwischen Mittelgriechenland und der Halbinsel Peloponnes dar. Am Fuß des Felsblocks Akrokorinth (575 m) gelegen, der ideale Verteidigungsmöglichkeiten bot, beherrschte Korinth die Landverbindung des Isthmus und hatte durch die beiden Häfen Lechaion und Kenchreai Zugang sowohl zum Ionischen Meer als auch zur Ägäis.

Von den zahlreichen Plänen, eine Kanalverbindung herzustellen, ist nur Neros Versuch tatsächlich in Angriff genommen worden (Suet. Nero 19,2), der jedoch nach Neros Tod nicht fortgesetzt wurde. Es blieb bei dem bereits im 6. Jh. v.Chr. angelegten Diolkos (wörtlich „Durchzug"), einem Schiffskarrenweg, auf dem kleinere Schiffe über Land gezogen werden konnten. Reste sind am Westende des 1881–1893 erbauten Kanals freigelegt worden.

### *Die Geschichte Korinths in griechischer und hellenistischer Zeit*

Die nach der Dorischen Wanderung (11./10. Jh. v.Chr.) entstandene Stadt gewann ab 725 v.Chr. große wirtschaftliche und politische Macht, erlebte unter dem Tyrannen Peisistratos (ca. 620/610–550/540 v.Chr.) ihre erste große Blütezeit und gehörte auch in den späteren Jhh. zu den führenden gr. Städten. An den Perserkriegen (492–479 v.Chr.) und den dann folgenden innergr. Auseinandersetzungen (433–387 v.Chr.) war Korinth aktiv beteiligt. In der Folgezeit teilte es das Schicksal der gr. Städte, immer mehr Spielball der jeweiligen Großmächte (Makedonien, Rom) und ihrer Konflikte zu werden. 146 v.Chr. wurde es zum Symbol des vergeblichen Widerstands gegen Rom: Als letztes Widerstandszentrum wurde Korinth von dem röm. Feldherrn L. Mummius erobert, zerstört und weitgehend entvölkert. Das Gebiet wurde zum *ager publicus*, also zum Staatseigentum, erklärt und von der benachbarten Stadt Sikyon verwaltet. Für gut 100 Jahre war Korinth als Stadt nicht mehr existent.

### *Die Geschichte Korinths seit der römischer Neugründung 44 v.Chr.*

Im Jahre 44 v.Chr. gab Caesar die Anweisung zur Neugründung der Stadt, und zwar als einer röm. Kolonie. In der *Colonia Laus Iulia Corinthiensis* wurden v.a. Angehörige der landlosen röm. Unterschicht und röm. Freigelassene an-

gesiedelt. Diese Gruppen hatten das röm. Bürgerrecht und bestimmten daher allein das politische Geschick der Kolonie. Die städtische Elite war somit rein röm. geprägt und hielt auch bis ins 3. Jh. n.Chr. bewusst an ihrer röm. Identität fest. Durch Handel und Gewerbe blühte die neu gegründete Kolonie rasch auf. Besonders im 1. Jh. n.Chr. ist die Bevölkerung Korinths sprunghaft gewachsen, was zu einer Verschiebung in der ethnischen Struktur der Stadt führte: Die mehrheitlich aus der östlichen Reichshälfte stammenden Zuwanderer verstärkten das gr. Element, so dass Korinth – in den Bereichen Handel und Verkehr – immer mehr zu einer gr.-sprachigen Stadt wurde.
Den Charakter einer pulsierenden Handels- und Hafenstadt, ausgestattet mit großen Märkten, öffentlichen Gebäuden und Tempeln, hat Korinth auch bis ins 3. und 4. Jh. n.Chr. behalten. Der Herulereinfall von 267 n.Chr., die Erdbeben von 365 und 375 sowie die Eroberung durch die Westgoten unter Alarich 395 haben zu erheblichen Beeinträchtigungen geführt, zahlreiche Kirchenbauten aus dem 5. und dem Anfang des 6. Jh.s zeugen jedoch von der Lebensfähigkeit der Stadt, die im 7. Jh., durch Erdbeben, Seuchen und Slaveneinfälle verwüstet, aufgegeben wurde.

*Das römische Korinth*
*1. Das wirtschaftliche und politische Zentrum*: Zentrum des röm. Korinth war das Forum, das von mehreren repräsentativen Versammlungs- und Verwaltungsgebäuden sowie von Ladenreihen umgeben war; im Norden mündete mit einer großen Toranlage die von Lechaion kommende Prachtstraße, der *cardo* von Korinth, in das Forum. In der Mitte des Forums befand sich ein großes, erhöhtes Podium, das als Rednertribüne und als Platz für öffentliche Gerichtsverhandlungen diente. Hier spielt die Szene von Apg 18,12–17, in der sich Paulus vor dem Statthalter Gallio (Amtszeit: Mai 51–Mai 52 n.Chr.) gegen jüd. Angriffe verteidigen musste (→1.3.4.2). Flankiert wurde das *bēma* von einer Ladenreihe, durch die das Forum, das über 10 000 m² umfasste, in zwei Bereiche unterteilt wurde. Von der Lechaionstraße aus zugänglich waren die prachtvoll ausgestaltete Peirenequelle und der sog. *peribolos* des Apollon aus dem 2. Jh. n.Chr. Hier befand sich im 1. Jh. n.Chr. das *macellum*, der Fleischmarkt,[1] den Paulus im Blick hat, wenn er 1Kor 10,25 schreibt, dass es für Christen grundsätzlich möglich sei, alles dort angebotene Fleisch zu kaufen (auch wenn es vielleicht aus Opferhandlungen am nicht weit entfernten Apollontempel stammt). Etwas weiter in Richtung zum Hafen Lechaion lag die sog. Nordagora als großes kommerzielles Handelszentrum, im Nordwesten schlossen sich Odeion, Theater und das Gymnasium an.

*2. Kultorte und Tempel*: Beherrschend im Stadtzentrum ist der erhöht gelegene archaische Apollontempel (etwa 540 v.Chr.), der in röm. Zeit restauriert wurde.[2] Sieben der ursprünglich 38 monolithischen Säulen (über 6 m hoch!) stehen noch immer aufrecht und bieten ein eindrucksvolles Bild. Auch in anderen Heiligtümern wurde in röm. Zeit der Kult wieder aufgenommen: Dies gilt für

---

[1] S. *C. K. Williams*: Roman Corinth as Commercial Center, in: *Gregory* 1993, 31–46, hier 39f.
[2] Er diente in röm. Zeit vermutlich der Verehrung des Apollo und der *gens Iulia*.

den berühmten Aphroditetempel auf Akrokorinth, von dem sich keine Überreste erhalten haben,[3] aber auch für das Demeter- und Koreheiligtum am Nordfuß von Akrokorinth und für das Asklepieion am Nordrand der Stadt. Vor allem trifft dies aber für das berühmte Poseidonheiligtum auf dem Isthmus mit den Isthmischen Spielen zu, die sogar nach der röm. Eroberung unter Leitung Sikyons weitergeführt wurden. Neubauten von Tempeln aus röm. Zeit befinden sich v.a. auf der Westseite des Forums (die sog. Tempel C bis H), deren einzelne Zweckbestimmung z.T. unklar ist.[4]

*3. Jüd. und christl. Minderheiten*: Aufgrund von Apg 18 ist auch schon für die Mitte des 1. Jh.s n.Chr. mit der Existenz einer jüd. Synagogengemeinde zu rechnen, auch wenn die wenigen archäologischen Zeugnisse, wie die Angabe „(Syna)goge der Hebr(äer)“ auf einem Türsturz, erst aus dem 2.–4. Jh. n.Chr. stammen dürften. Über die soziale Struktur der Synagogengemeinde sind keine Aussagen möglich. Für die von Paulus gegründete christl. Gemeinde ist davon auszugehen, dass es in nicht unerheblicher Zahl „Arme“ gab (1Kor 11,22, vgl. auch 1,26–29), aber eben nicht nur, wie die Hinweise auf Häuser (1Kor 11,33), auf Fleischeinkauf und Einladungen (10,25–26) zeigen. Beachtlich ist, dass Paulus in Röm 16,23 einen „Stadtökonom“ Erastos erwähnt, doch ist nicht sicher, wie hoch er in der städtischen Hierarchie anzusiedeln ist.[5]

*Die Häfen Lechaion und Kenchreai*

Im 3 km nördlich, am Golf von Korinth gelegenen Lechaion wurde einer der größten künstlichen Häfen der Antike (neben Ostia und Caesarea Maritima in Palästina) angelegt, und der Ort entwickelte sich faktisch zum nördlichen Vorort von Korinth; Anfang des 6. Jh.s wurde hier die größte bislang bekannte frühchristl. Basilika Griechenlands errichtet.

Dagegen verfügt Kenchreai, das Tor Korinths zum gesamten östlichen Mittelmeerraum, über einen guten Naturhafen. Hier ist durch Röm 16,1f schon früh eine christl. Gemeinde nachgewiesen und zugleich ein führendes weibliches Gemeindemitglied, Phoibe, namentlich bekannt. Zugleich ist Kenchreai eng mit dem Isiskult verbunden. Bei Apul. met. 11,7–17 wird ein Isisfest in Kenchreai geschildert, das Fest zur Eröffnung der Schifffahrt am 5. März, die sog. *Ploiaphesia*. In der ganzen antiken Literatur einmalig ist die Darstellung einer Einweihung in die Isismysterien in 11,21–26. Der archäologische Befund ist damit durchaus in Verbindung zu bringen: Auf der Südmole wurden

---

[3] Die Behauptung von Strab 8,6,20 über die (angeblich in früheren Zeiten praktizierte) Tempelprostitution dürfte mit erheblicher Skepsis zu beurteilen sein, vgl. *H. Conzelmann*: Korinth und die Mädchen der Aphrodite, Zur Religionsgeschichte der Stadt Korinth, in: *Ders.*: Theologie als Schriftauslegung, München 1974, 152–166.

[4] Paus. 2,2,8–3,1 berichtet für die zweite Hälfte des 2. Jh.s n.Chr. von Tempeln für Tyche, für „alle Götter“, für Hermes und für Octavia, die Schwester des Augustus. Letzterer liegt nach Pausanias „über dem Markt“, was die Vermutung nahe legt, ihn mit dem großen Tempel E zu identifizieren, doch ist hierin wohl eher ein Tempel der Kapitolinischen Trias zu sehen.

[5] Erst recht muss die Frage offen bleiben, ob er mit dem Ädil (!) Erastus identisch ist, der durch eine (jetzt nördlich des Theaters befindliche) Inschrift bezeugt ist. Vgl. dazu →2.4.1 Anm. 1.

identifiziert: a) eine Kultstraße, b) ein Versammlungsgebäude mit Apsis (zur Aufstellung des Kultbildes), c) ein Brunnenhaus und d) ein Tempel in ägyptisierendem Stil.

*Literatur*

*R. E. DeMaris*: Cults and the Imperial Cult in Early Roman Corinth. Literary Versus Material Record, in: *M. Labahn/J. Zangenberg* (Hgg.): Zwischen den Reichen. Neues Testament und Römische Herrschaft, Tübingen 2002, 73–91. – *W. Elliger*: Mit Paulus unterwegs in Griechenland. Philippi, Thessaloniki, Athen, Korinth, Stuttgart 1998. – *D. Engels*: Roman Corinth. An Alternative Model for the Classical City, Chicago/London 1990. – *T. E. Gregory* (ed.): The Corinthia in the Roman Period, Ann Arbor 1993. – *Y. Lafond*: Kenchreai 2, DNP 6, 1999, 411. – *Ders./E. Wirbelauer*: Korinthos, DNP 6, 1999, 745–751. – *G. Theißen*: Soziale Schichtung in der korinthischen Gemeinde, in: *Ders.*: Studien zur Soziologie des Urchristentums, Tübingen 1979, 231–271. – *M. E. H. Walbank*: Evidence for the Imperial Cult in Julio-Claudian Corinth, in: *A. Small* (ed.): Subject and Ruler. The Cult of the Ruling Power in Classical Antiquity, Ann Arbor 1996, 201–213. – *Dies.*: The Foundation and Planning of Early Roman Corinth, JRA 10, 1997, 95–130.

## IX. Pergamon (*Thomas Corsten*)

*Stellen im NT*

Offb 1,11; 2,12

Pergamon in der kleinasiatischen Landschaft Mysien war in der Antike v.a. durch das Heiligtum des Heilgottes Asklepios und als Zentrum von Wissenschaft und Kunst berühmt. In der röm. Kaiserzeit war Pergamon neben Ephesos (→2.2.7.3 VI) eine der wichtigsten Städte der Provinz *Asia*, und schon in der Zeit Domitians (81–96 n.Chr.) gab es dort eine christl. Gemeinde, was daraus hervorgeht, dass Pergamon zu den sieben Städten der Provinz gehörte, an die sich die Offb richtete.

Die Stadt war wohl im 7. Jh. v.Chr gegründet worden. Im frühen 5. Jh. kam sie in den Besitz einer gr. Dynastenfamilie unter persischer Oberhoheit und entwickelte sich im Laufe des 4. Jh.s zu einer typischen gr. Stadt mit Rat und Volksversammlung. In der hell. Zeit war Pergamon die Hauptstadt des Königreiches der Attaliden (auch „Pergamenisches Reich“ genannt). König Attalos III. vermachte sein Reich testamentarisch dem röm. Volk (Plut. Ti. Gracch. 14; Liv. perioch. 58; Oros. vir. ill. 64,5). Nach der Eingliederung ins röm. Reich wurde Pergamon von der Provinzhauptstadt Ephesos an Bedeutung überflügelt, allerdings erhielt sie unter Kaiser Traian (98–117 n.Chr.) als erste Stadt die Erlaubnis, zwei provinziale Kaisertempel zu unterhalten, und war vorübergehend unter Hadrian (117–138 n.Chr.) die Metropolis der Provinz.

Das weithin berühmte Asklepiosheiligtum besaß als Kurort eine „internationale“ Anziehungskraft, und die dort tätige Ärzteschule genoss auch noch im 4. Jh. n.Chr. großes Ansehen. Daneben war Pergamon in der röm. Kaiserzeit ein beliebter Studienort der Philosophie; zu den „Studenten“ gehörte auch der spätere Kaiser Julian Apostata (360–363 n.Chr.).

*Literatur*

*E. Akurgal*: Ancient Civilizations and Ruins of Turkey from prehistoric times until the end of the Roman Empire, Istanbul [6]1985, 69–111. – *G. E. Bean*: Aegean Turkey, London/New York [2]1979, 45–69. – *H. Koester* (ed.): Pergamon – Citadel of the Gods. Archaelogical Record, Literary Description and Religious Development, Harrisburg 1998. – *W. Radt*: Pergamon. Geschichte und Bauten einer antiken Metropole, Darmstadt 1999. – *Ders./W. Eder*: Pergamon, DNP 9, 2000, 543–562. – *Ders.*: The Urban Development of Pergamon, in: *D. Parrish* (ed.): Urbanism in Western Asia Minor. New Studies on Aphrodisias, Ephesos, Hierapolis, Pergamon, Perge and Xanthos, Portsmouth 2001, 43–56.

## X. Philippi (*Peter Pilhofer*)

*Stellen im NT*

Apg 16,11–40; Phil

Die Stadt Philippi liegt im östlichen Makedonien (im heutigen Griechenland). Schon vor der Neugründung durch den makedonischen König Philipp II. bestanden an dieser Stelle thrakische Vorgängersiedlungen. Die Umbenennung in *Philippoi* nach dem Namen des Gründers ist ein nach unserer Kenntnis bis dahin unerhörter Vorgang. Nicht viele heute noch vorhandene archäologische Überreste gehen auf diese frühe makedonische Phase der Stadt zurück; zu nennen ist insbes. der Mauerring sowie das an diesen angelehnte (in röm. Zeit stark umgebaute) Theater der Stadt. Besonders spärlich sind die epigraphischen Zeugnisse aus dieser Zeit: Berühmt ist ein Dekret Alexanders d. Gr. (Philippi II, 160a/G481), das Grenzstreitigkeiten der Stadt mit thrakischen Nachbarn regelt. Aus späterer hell. Zeit sind Inschriften erhalten, die Beziehungen Philippis zu Kos (754/G707), Delphi (z.B. 745a/G819) und Argos (752a/G797) bezeugen.

In röm. Zeit (Gründung der Provinz *Macedonia* im Jahr 148 v.Chr.) ist Philippi dann Teil des ersten makedonischen Bezirks, wie wir auch aus der Apg erfahren (16,12: *hētis estin prōtēs meridos tēs Makedonias polis*).

Besondere Bekanntheit erlangt Philippi durch die berühmte Doppelschlacht im Jahr 42 v.Chr., als Octavianus und Antonius gegen die Caesarmörder Brutus und Cassius kämpften. Nach der gewonnenen Schlacht gründete Antonius die erste röm. Kolonie *Colonia Victoria Philippensis* (durch Münzen bezeugt). Eine Neugründung nimmt nach der Schlacht bei Actium im Jahr 30 v.Chr. Octavianus vor. Seitdem heißt die Stadt offiziell *Colonia Iulia Augusta Philippensis*. Den Status der Stadt als Kolonie hält auch Lukas in Apg 16,12 fest: *kolōnia*. Das ist umso bemerkenswerter, als Lukas dies ausschließlich im Fall von Philippi tut (*kolōnia* ist Hapaxlegomenon im NT).[1]

Im Zusammenhang der Neugründung durch Octavianus wird die Stadt erneut mit Siedlern beschickt, einerseits Veteranen, andererseits Bauern aus Italien.[2] Zur Zeit des Paulus setzt sich die Bevölkerung der Stadt daher aus drei ganz unterschiedlichen Gruppen zusammen: Neben den alteingesessenen Thrakern,

[1] Zu den Einzelheiten vgl. *Pilhofer* 1995, 159f.

[2] Vgl. ebd. 87.

die den Raum seit vielen Jhh. bewohnen, finden wir Griechen und – seit der zweiten Hälfte des 1. Jh.s. v.Chr. – neu angesiedelte Römer. Den röm. Charakter der Stadt betont Paulus, wenn er die *Philipper* in seinem Brief statt mit der zu erwartenden Form *Philippei* („ihr Philipper") mit der möglicherweise sogar von ihm geprägten (und jedenfalls sonst nicht belegten) aus dem lat. *Philippenses* transkribierten Form *Philippēsioi* anredet: Phil 4,15.[3]
Die Kulte, die für das Philippi des 1. Jh.s bezeugt sind, spiegeln die Zusammensetzung der Bevölkerung aus Thrakern, Griechen und Römern wider: Charakteristisch für die erste Gruppe ist v.a. der Kult des Thrakischen Reiters[4] und des Dionysos[5]. Auch an gr. Gottheiten fehlt es nicht.[6] Ein typisch röm. Gott ist beispielsweise Silvanus, dessen Kult in Philippi besonders gut dokumentiert ist.[7] Fraglich ist die Präsenz von Juden im 1. Jh. Lukas erwähnt zwar eine jüd. Gebetsstätte (Apg 16,13: *proseuchēn*), weiß aber dann nur von sympathisierenden Frauen zu berichten, die sich dort versammeln. Die epigraphisch bezeugte Synagoge (387a/G813) lässt keine Rückschlüsse auf die Situation zur Zeit des Paulus zu.
Archäologische Zeugnisse aus der Zeit des Augustus sind rar; eindrucksvoll ist das von Gounarēs publizierte röm. Bad, das schon Paulus selbst besucht haben kann. Auch die epigraphischen Zeugnisse aus der ersten Phase der röm. Kolonie sind recht spärlich (nennen kann man immerhin die Grabinschrift 390/G571, die im Zusammenhang mit der Schlacht bei Philippi steht; die Grabinschrift eines Soldaten aus Pisa 418/L266 aus der Zeit des Augustus; die Ehreninschrift für Tiberius und seinen Sohn Drusus 282/L370 aus dem Jahre 36 oder 37 n.Chr.; einige Priester [*flamines*] für Augustus und Priesterinnen für Livia [*Augusta*]; schließlich die Ehreninschrift für den thrakischen König Roemetalces 199/L309 u.a.).
Für die weitere Geschichte der Stadt Philippi ist die Gründung der christl. Gemeinde durch Paulus (wahrscheinlich im Jahr 49 n.Chr.) von entscheidender Bedeutung. Der Phil sowie – eine Generation später – der Bericht des Lukas in Apg 16 beleuchten die Gründung dieser ersten von Paulus in Europa gegründeten Gemeinde. Nirgendwo sonst sind für diese frühe Zeit *episkopoi* in einer christl. Gemeinde bezeugt (Phil 1,1). Besonderes Gewicht kommt der Darstellung des Lukas zu, der mit hoher Wahrscheinlichkeit aus dem ägäischen Raum stammt, meiner Hypothese zufolge sogar selbst Glied der Gemeinde in Philippi war. Im 2. Jh. ist die Korrespondenz des Polykarp von Smyrna mit der christl. Gemeinde in Philippi von Bedeutung. Ihr zufolge geht die Sammlung der Briefe des Ignatius von Antiochia, die Polykarp unternommen hat, auf den Wunsch der Christen in Philippi zurück.[8]
Die von den französischen Archäologen zwischen den beiden Weltkriegen ergrabene Gestalt des Forums geht auf das 2. Jh. (die Zeit des Antoninus Pius)

---

[3] Einzelheiten zu der ungr. Form *Philippēsioi* und ihrer pln. Verwendung ebd. 116–118.
[4] Vgl. dazu im Einzelnen ebd. 93–100.
[5] Vgl. dazu im Einzelnen ebd. 100–107.
[6] Vgl. die Übersicht ebd. 138f.
[7] Vgl. ebd. 108–112.
[8] Zur Sammlung der Briefe des Ignatius auf Veranlassung der Philipper vgl. ebd. 209f und 255f.

zurück. Aus dieser Zeit stammen überhaupt die meisten der erhaltenen Denkmäler der Stadt, insbes. zahlreiche epigraphische Zeugnisse.
Christl. Monumente wurden von französischen Archäologen (Basilika A; Basilika B), seit dem zweiten Weltkrieg dann von gr. Archäologen (Basilika extra muros; Oktogon; Basilika beim Museum) freigelegt. Dabei kamen auch zahlreiche christl. Inschriften zum Vorschein. Die laufenden Ausgrabungen der Universität Thessaloniki (Gounarēs) im Osten des Oktogons sowie diejenigen im Bereich des Theaters lassen wesentliche neue Erkenntnisse sowohl mit Bezug auf die röm. als auch mit Bezug auf die byzantinische Phase der Stadt erwarten.

*Literatur*

*L. Bormann*: Philippi. Stadt und Christengemeinde zur Zeit des Paulus, Leiden u.a. 1995. – *P. Collart*: Philippes, ville de Macédoine, depuis ses origines jusqu'à la fin de l'époque romaine, 2 Bde., Paris 1937. – *P. Collart/P. Ducrey*: Philippes I. Les reliefs rupestres, Athen/Paris 1975. – *G. G. Gounarēs*: Το Βαλανείο και τα Βόρεια Προσκτίσματα του Οκταγώνου των φιλίππων, Athen 1990. – *P. Lemerle*: Philippes et la Macédoine orientale à l'époque chrétienne et byzantine. Recherches d'histoire et d'archéologie, Bd. 1: Texte, Bd. 2: Album, Paris 1945. – *P. Pilhofer*: Philippi I. Die erste christliche Gemeinde Europas, Tübingen 1995. – *Ders.*: Philippi II. Katalog der Inschriften von Philippi, Tübingen 2000.[9] – *Ders.*: Antiochien und Philippi. Zwei römische Kolonien auf dem Weg des Paulus nach Spanien, in: *Ders.*: Die frühen Christen und ihre Welt. Greifswalder Aufsätze 1996–2001. Mit Beiträgen von Jens Börstinghaus und Eva Ebel, Tübingen 2002, 154–165. – *Ders.*: Philippi, RGG[4] 6, 2003, 1274f. – *M. Sève*: Philippes. Une ville romaine en Grèce, in: L'espace grec. 150 ans de fouilles de l'École française d'Athènes, Paris 1996, 89–94. – *E. Wirbelauer*: Philippoi II: Christliche Zeit, DNP 9, 2000, 795f.

## XI. Rom – Hauptstadt und größte Metropole des römischen Reiches (*Peter Lampe*)

*Stellen im NT*

Apg 2,10; 18,2; 19,21; 23,11; 28,14–31; Röm; 2Tim 1,17; Offb 17f

Einige Hügel Roms waren bereits in prä-etruskischer Zeit besiedelt, teilweise seit dem 14. Jh. v.Chr. Die Stadt wurde unter etruskischer Herrschaft gegründet, wahrscheinlich um 650 v.Chr. Benannt wurde sie wohl nach einer etruskischen Familie *Rumlna*. Die Namensgebung nach einer angeblich mit Aeneas aus Troja geflohenen Rhomē (so Hellanikos: FgrHist 4, F 84) sowie das traditionelle Gründungsdatum 753 v.Chr. sind legendarisch. In etruskischer Zeit regierten bis 510/509 v.Chr. Könige die Stadt. Sie gründeten den Iuppitertempel auf dem Capitol, die *Via Sacra* auf dem Forum und den Abwasserkanal *Cloaca Maxima*, der – als Drainage v.a. für das Forumsareal – südlich der Tiberinsel in den Tiber mündete. Des Weiteren zählten zu frühen Baulichkeiten

[9] Unter www.philippoi.de finden sich seither neu publizierte Inschriften der *Colonia Iulia Philippensis* sowie Photographien der im Katalog publizierten, soweit die Steine noch vorhanden sind und ich eine Genehmigung der gr. Behörden zum Studium derselben erhalten habe (es fehlen aus letzterem Grund z.B. Abbildungen von 245/L598 oder 327/G478).

eine weitläufige Stadtmauer, der Vestatempel und die Königsresidenz *regia*, die in republikanischer Zeit Amtssitz des *pontifex maximus* wurde. Am Fuße des Palatins entstand ein *circus*. Auf die etruskischen Könige geht die Tradition des Stadtgründungsritus, der Triumphzüge und Spiele zurück. Die von den Etruskern gezogene und mit Grenzsteinen markierte sakrale Stadtgrenze, das *pomerium*, blieb im Wesentlichen unverändert bis in die Zeit des Kaisers Claudius (41–54 n.Chr.) hinein. Sie umgrenzt nicht überall die später urbanisierten Flächen und deckt sich auch nicht überall mit späteren Stadtmauerverläufen. Militärkommandos und bestimmte ausländische Kulte (wie jüd. und ägyptische Religionsausübungen) waren innerhalb des *pomerium* untersagt. In republikanischer Zeit, vom 5. Jh. bis 31 v.Chr., regelten Senat, patrizische Magistrate mit zwei Konsuln an der Spitze und Tribunen, die die nichtpatrizischen Bürger vertraten, das Stadtleben. Enge verwinkelte Gassen durchzogen die meisten Wohnviertel. Nach der gallischen Invasion von 387 v.Chr. wurde 378–350 v.Chr. die republikanische, sog. Servianische Stadtmauer erbaut, die den Aventin einschloss, obwohl dieser außerhalb des *pomerium* blieb. In den ersten beiden Jhh. der Republik wurden mindestens acht neue Tempel gegründet, u.a. das Äskulapheiligtum auf der Tiberinsel (291 v.Chr.). Rege Bautätigkeit im Innern der Stadt begleitete die äußere politische Expansion (→1.4.1.1). Seit 312 v.Chr. versorgte ein erster Aquädukt die Stadt mit fließendem Wasser, weitere folgten, bis in der späten Kaiserzeit elf Aquädukte mehr als tausend Brunnen, öffentliche Bäder und sogar private Häuser speisten. Auf dem Marsfeld entstand 221 v.Chr. der *Circus Flaminius*. Ehemals hölzerne Brücken wurden seit 179 v.Chr. mit Steinpfeilern errichtet; in der späten Kaiserzeit kreuzten neun Brücken den Tiber. Im 2. Jh. v.Chr. wurden Straßen erstmals gepflastert. Südwestlich des Aventins nahmen große Lagerhäuser die Waren der an Kaianlagen vertäuten Handelsschiffe auf. Ein Triumphbogen (für die Siegesfeiern nach dem Zweiten Punischen Krieg), Portiken, Basiliken und Marmorstatuen verliehen dem Rom des 2. Jh.s v.Chr. monumentales Aussehen. Basiliken am Forum dienten als Markthallen. Fremde Kulte fassten in der Stadt Fuß, z.B. für Herakles und die Musen, bereits 205/4 v.Chr. für die anatolische Große Göttermutter Kybele (*Magna Mater*), der 191 v.Chr. ein Tempel auf dem Palatin geweiht wurde. Im 1. Jh. v.Chr. entwickelten sich zahlreiche Stadtviertel jenseits der Pomeriumsgrenze. Weitere Tempel entstanden. Auf dem Marsfeld errichtete Pompeius 55 v.Chr. das erste Steintheater, Vorbild aller röm. Theater. Unter Julius Caesar wichen zahlreiche Läden am Forum der neu zu errichtenden *Basilica Iulia*. Gegenüber entstand das *Forum Iulium*. Der am Fuß des Palatins seit vorrepublikanischer Zeit bestehende *Circus Maximus* wurde von Caesar neu gebaut; unter Augustus verfolgten hier 55 000–60 000 Zuschauer Wagenrennen – oder hielten nach dem anderen Geschlecht Ausschau (Ov. ars 1,135–166). Als Gegengewicht zu den zahlreichen hohen Mietshäusern und engen Straßen legten Caesar, Lucullus, Sallust und Maecenas in und nahe der Stadt Parks an; in der Kaiserzeit summierten diese sich auf fast dreißig. Eine erste öffentliche Bibliothek bediente seit 39 v.Chr. Bildungsbeflissene.

In der Kaiserzeit teilte Augustus die Stadt in vierzehn Regionen ein. Er restaurierte nach eigenen Worten 82 Tempel, die während der Bürgerkriege der späten Republik beschädigt oder verfallen waren, und gründete neue (R. Gest.

div. Aug. 20); nicht mehr Tuff und Peperin, sondern Marmor und Travertin waren nunmehr die Baustoffe für Heiligtümer, die Architektur lehnte sich an gr. Vorbilder an. Am Forum Romanum vollendete Augustus die von Caesar begonnene *Basilica Iulia* und errichtete die *Basilica Aemilia* sowie, dem Beispiel Caesars folgend, das Augustusforum. Spätere Kaiser setzten die Tradition, nach ihnen benannte Kaiserforen in der Nähe des Forum Romanum zu erbauen, fort (Vespasian, Domitian, Traian). Augustus richtete öffentliche Bibliotheken auf dem Marsfeld und beim Apollotempel auf dem Palatin ein. Auf dem Marsfeld ließ er die monumentale *Ara Pacis* und sein eigenes Mausoleum bauen sowie einen Obelisken aus Ägypten als Zeiger einer Sonnenuhr aufstellen. Ebenfalls auf dem Marsfeld vollendete 25 v.Chr. Augustus' Freund Agrippa den Vorgängerbau des Pantheons (letzteres entstand unter Hadrian). Im selben Jahr wurden auch die Bauarbeiten für die nahen Agrippathermen begonnen, dem ältesten der monumentalen öffentlichen Badehäuser Roms, mit denen Kaiser wie Nero (54–68 n.Chr.), Titus (79–81 n.Chr.) oder Traian (98–117 n.Chr.) die Stadt schmückten. Die Thermen waren Zentren des sozialen Lebens, in denen neben dem Bad und der Massage Konversation, Ballspiel und anderer Sport gepflegt wurden. Bibliotheken waren mit ihnen verbunden, in ihrer Nachbarschaft florierten Restaurants und Bordelle. Als die größten Thermenruinen sind die des Caracalla (211–217 n.Chr.) und des Diokletian (284–305 n.Chr.) erhalten.

Tiberius (14–37 n.Chr.) baute das Prätorianerlager im Nordosten, Caligula (37–41 n.Chr.) ein drittes Stadium (*circus*) in den Vatikanischen Gärten. Unter Caligula bzw. Claudius (41–54 n.Chr.) entstanden darüber hinaus zwei neue Aquädukte. Claudius schloss den Aventin und Teile des Marsfeldes in das *pomerium* ein. Nero (54–68 n.Chr.) vollendete Caligulas Stadium, widmete einen neuen Tempel seinem vergöttlichten Vorgänger Claudius und eröffnete einen weiteren großen Lebensmittelmarkt im Osten der Stadt, das *Macellum Magnum*. Seine neue Palastanlage, das „Goldene Haus“, erstreckte sich vom Palatin bis zu den Abhängen des Esquilins. Im Jahre 64 n.Chr. verwüstete eine Feuersbrunst zehn der vierzehn Stadtregionen. Nero beschuldigte die Christen der Brandstiftung und kreuzigte und verbrannte viele von ihnen in den Vatikanischen Gärten. In der Niederung zwischen Palatin und Esquilin, an der Stelle, an der in Neros zerstörtem „Goldenen Haus“ ein Teich gelegen hatte, errichtete Vespasian (69–79 n.Chr.) das *colosseum*. Dieses Amphitheater bot bis zu 50 000 Zuschauern Platz, die sich an Gladiatorenkämpfen ergötzten. Zu Beginn seiner Regierungszeit errichtete Domitian (81–96 n.Chr.) den Titusbogen, der an den im Juni 71 n.Chr. in Rom gefeierten Triumph von Titus und Vespasian über die Juden und den Fall Jerusalems (70 n.Chr.) erinnerte. Auf dem Palatin erfreute sich Domitian an neuen luxuriösen Palastgebäuden. Sein Stadium auf dem Marsfeld ist noch heute erkennbar (= Piazza Navona). Nerva (96–98 n.Chr.) vollendete Domitians Forum Transitorium. Traians (98–117 n.Chr.) großräumiges Forum mit Darstellungen der Dakerkriege auf der berühmten Traianssäule verband das Forum Romanum mit dem Marsfeld. Hadrian (117–138 n.Chr.) erbaute das Pantheon in seiner heutigen Gestalt. Reste seines Mausoleums in Vatikannähe (die heutige Engelsburg) und seines Tempels für *Roma* und *Venus* auf dem Forum Romanum sind erhalten. Sieben Jahre nach seinem Tod wurde für ihn ein Tempel, das Hadrianeum auf dem Mars-

feld, von Antoninus Pius (138–161 n.Chr.) eingeweiht. Die beeindruckende Aurelianische Stadtmauer entstand erst wesentlich später (270–275 n.Chr.).
In der Kaiserzeit drängten sich in Rom schätzungsweise eine Million Menschen aus allen Teilen des Reiches – mit verschiedenen Sprachen, Sitten und Religiositäten. Juvenal spottete: Die Wasser des syrischen Flusses Orontes ergössen sich in den Tiber. Sie brächten östliche Rhythmen und Musik sowie orientalische Gebräuche mit sich; Rom sei griechisch (Iuv. 3,60–83).
Wohlhabende lebten in Villen (*domus*) mit Fußbodenheizungen, Frischwasser- und Abwasserleitungen oder in luxuriösen Apartments. Die Mehrheit der Bevölkerung jedoch drängte sich in aus Ziegeln und Holz gebauten Mietshäusern (*insulae*). Fünf oder sechs Stockwerke hoch, wurden diese bei Feuer nicht selten zu tödlichen Fallen. Die meisten boten keine eigene Wasserversorgung oder Latrinen. Die Erdgeschosse wurden als Geschäfte, Handwerkerläden oder Lagerräume genutzt. Stieg man höher, wurden die Wohneinheiten kleiner und dunkler. Lärm, Gestank und Enge waren an der Tagesordnung. Nachts wurde der Schlaf gestört von Fuhrwerken, die unter den Fenstern vorbeirumpelten, denn Caesar hatte während der Tagesstunden den Wagenverkehr aus den verstopften Stadtstraßen verbannt. Im 4. Jh. n.Chr. wurden in Rom mehr als 44 000 *insulae*-Eingänge gezählt – neben 1791 *villae*-Eingängen.

*Juden und Christen in der Stadt*
Pompeius, der 63 v.Chr. Judäa erobert hatte, deportierte Scharen von Juden nach Rom in die Sklaverei. Viele wurden später von ihren Herren, röm. Bürgern, freigelassen und erhielten dann, wie in Rom bis ca. 19 n.Chr. üblich, das röm. Bürgerrecht. Als Tiberius im Jahre 19 n.Chr. Juden aus Rom vertrieb (→1.4.5.6), konnten jüd. Freigelassene und ihre Nachkommen aufgrund ihres Bürgerrechts nicht ohne Einzelprozesse der Stadt verwiesen werden. Tiberius umging die Schwierigkeit, indem er angeblich viertausend jüd. Freigelassene Roms zu den Waffen gegen die Banditen Sardiniens rief und sie so aus der Stadt beförderte. Für das 1. Jh. n.Chr. sind mindestens drei röm. Synagogen bekannt: Die Synagoge der *Augustēsioi*, in der sich kaiserliche Freigelassene trafen, sowie die Synagogen der *Agrippēsioi* und der *Volumnenses*. Diese Synagogennamen deuten darauf hin, dass auch nach Pompeius immer wieder jüd. Sklaven nach Rom importiert und dann freigelassen wurden, sowohl durch den Kaiser als auch durch Agrippa und Volumnius, beide Freunde Herodes d. Gr. Weitere Synagogen des 1. Jh.s n.Chr. waren u.a. die der „Vernaculi“ und der „Hebräer“. Mit Jerusalem und seinem Tempel blieben die stadtröm. Juden durch Reisen in Verbindung (Apg 2,10). Insgesamt belegen die Inschriften etwa vierzehn Synagogen im kaiserzeitlichen Rom. Diese Synagogen existierten unabhängig voneinander und waren nur lose miteinander verbunden. Ähnlich fraktioniert nahm sich das stadtröm. Christentum der ersten beiden Jhh. aus (s.u.).
Drei Stadtviertel lassen sich ausmachen, in denen auch Juden im 1. Jh. n.Chr. wohnten. Viele drängten sich in Trastevere, einem dicht besiedelten Viertel westlich des Flusses. Martial (1,41) karikierte den typischen Bewohner Trasteveres als Hausierer, der Glasscherben gegen Schwefelfäden tauschte. Andere Ärmere siedelten in der Niederung der *Via Appia* außerhalb der *Porta Capena*. Wieder andere Juden lebten in der Nähe der *Porta Viminalis* im Nordosten,

wo sie noch im 1. Jh. n.Chr. eine Synagoge gründeten. Alle drei Areale lagen außerhalb der republikanischen Mauer und des *pomerium* (vgl. ähnlich für Philippi Apg 16,13).

Das Christentum scheint in den vierziger Jahren in die Stadt eingedrungen zu sein durch Judenchristen, die sich an eine oder mehrere Synagogen der Stadt hielten. Ihre Christusverkündigung schürte in den Synagogen Unruhe, die die röm. Behörden auf den Plan rief. Zumindest die Schlüsselfiguren dieses innerjüd. Streits wurden 49 n.Chr. durch die Administration des Kaisers Claudius aus der Stadt vertrieben, unter ihnen die Judenchristen Aquila und Priska (Apg 18,2). Nach diesem Einbruch scheinen die Christen sich abseits der Synagogen in eigenen Hausgemeinden versammelt zu haben. Spätestens zur Abfassungszeit des pln. Römerbriefs in der zweiten Hälfte der fünfziger Jahre war das stadtröm. Christentum organisatorisch von den stadtröm. Synagogen getrennt. Die meisten Christen Roms waren zudem nunmehr nichtjüd. Herkunft; viele dieser sog. „Heidenchristen" dürften vor ihrer Taufe freilich als Sympathisanten einer Synagoge, als *sebomenoi*, dem Judentum und seinem Monotheismus nahegestanden haben (→3.1.3.7). Im Jahre 64 n.Chr. wusste sogar Nero die Christen von den Juden in der Stadt zu unterscheiden.
Wie die Juden lebten die frühen Christen an der Peripherie der Stadt außerhalb des *pomerium*: in Trastevere und in der Appia-Niederung außerhalb der *Porta Capena*. Beide Viertel waren von Immigranten aus den Provinzen bevölkert, die auf der *Via Appia* und auf dem Tiber in die Stadt gespült wurden. Untere soziale Schichten waren hier vertreten.
Andere Christen wohnten zwischen diesen beiden Vierteln auf dem Aventin, wieder andere auf dem Marsfeld. Obwohl die sozial niedrigen Schichten im stadtröm. Christentum dominierten, waren alle sozialen Schichten vertreten, sogar der senatorische Adel. Im Jahr 96 n.Chr. wurde eine Verwandte des Kaisers Domitian, Flavia Domitilla, wegen ihres christl. Glaubens, der ihr verwehrte, Domitian als Gott anzuerkennen, auf eine Insel verbannt (Eus. h.e. 3,18,4; Cass. Dio 67,14,1f).
Das stadtröm. Christentum bestand aus verschiedenen Hausgemeinden (Röm 16), die sich in Privatwohnungen trafen. Ein lokales Zentrum existierte nicht für die Christen in der Stadt. Diese räumliche Fraktionierung begünstigte theologischen Pluralismus: Im Rom des 2. Jh.s hingen verschiedene Christengruppen nicht nur der (erst später so genannten) Rechtgläubigkeit an, sondern auch marcionitischen, valentinianischen, karpokratianischen, modalistischen, montanistischen, quartodezimanischen Lehren oder denen eines Cerdo oder eines Theodotus. Ein judenchristl. Zirkel lebte nach der Tora. Andere hingen einer Logos-Theologie an, die zu kompliziert war für weniger gebildete Christen. Einige Zirkel glaubten an ein tausendjähriges eschatologisches Christusreich, andere nicht.
Die über die Stadt verstreuten Hausgemeinden waren nur lose miteinander verbunden. Einige sandten Überbleibsel ihrer eucharistischen Feiern an andere Christengruppen in der Stadt, um kirchliche Einheit auszudrücken. Auch wurden schriftliche Materialien zwischen den Gruppen ausgetauscht. Kommunikation mit Kirchen *außerhalb* Roms wurde nicht selten zwischen den Gruppen der Stadt koordiniert, so dass außerhalb Roms die verschiedenen röm. Haus-

gemeinden als „die römische Kirche“ wahrgenommen werden konnten. Ein monarchischer Bischof, der wenigstens die „rechtgläubigen“ Hausgemeinden der Stadt dirigierte, betrat jedoch nicht vor der zweiten Hälfte des 2. Jh.s die stadtröm. Bühne. Vorher wurden die verschiedenen Hausgemeinden lediglich von ihren eigenen Presbytern geleitet; nur gelegentlich versammelten diese Presbyter sich auf stadtröm. Konventen.
Aufs Ganze gesehen tolerierten sich die verschiedenen Christengruppen, d.h. bis auf wenige Ausnahmen verwarf keine Gruppe eine andere als ketzerisch. Erst im letzten Jahrzehnt des 2. Jh.s begann Bischof Viktor als Vertreter der sich als „rechtgläubig“ verstehenden Hausgemeinden, vier anders lehrende Christengruppen der Stadt von seiner kirchlichen Gemeinschaft auszuschließen. Mit Viktor war das monarchische Bischofsamt in Rom erstmals voll ausgeprägt.
Spätestens in der Mitte des 2. Jh.s n.Chr. hielten Christen ein einfaches Grab in der Vatikanischen Nekropolis für das Grab des Apostels Petrus. Um 160 n.Chr. schmückten sie es mit einem bescheidenen Monument, einer Ädikula. Spätestens am Ende des 2. Jh.s wurde auch ein Paulusgrab an der *Via Ostiensis* gezeigt. Bereits in den 90er Jahren des 1. Jh.s hatte 1Clem 5,4–7 (vgl. auch Ign. Rom. 4,3) behauptet, beide Apostel hätten in Rom das Martyrium erlitten – möglicherweise im Zusammenhang mit dem neronischen Massaker des Jahres 64 n.Chr. Die Erzählung der Apg bricht vor einem solchen Paulus-Martyrium ab. Vielmehr hält sie fest, dass Paulus gegen Ende seines Lebens nach seiner Gefangennahme in Jerusalem aufgrund seines röm. Bürgerrechts (16,37f; 22,25–29; 23,27) an das kaiserliche Gericht in Rom appelliert habe und deshalb nach Rom überstellt worden sei, wo er während seines sich hinziehenden Prozesses in einer Mietwohnung – unter Bewachung eines Soldaten – relativ frei Besucher empfangen und die christl. Lehre verkündigen konnte (16,16.30). Negative Seiten röm. Herrschaft (z.B. die Martyrien von Petrus und Paulus) verschwieg Lukas dort, wo er konnte.
Diametral anders tönt die Offb, die ein in der Kaiserzeit seltenes Dokument des zwar verschlüsselten, aber lautstarken politisch–ökonomischen Protests gegen die Weltherrschaft Roms darstellt: Rom, diese „Hure Babylon“, macht die Bewohner des Erdkreises vom Wein ihrer Unzucht trunken (17,2). Als Mutter aller Gräuel auf Erden (17,5) herrscht sie über „Völker, Scharen, Heiden und Sprachen“ (13,7; 17,15). Durch Zauberei verführt sie die Völker (18,23). Das Blut der auf Erden Ermordeten klebt an ihren Händen (18,24). Händler, Schiffsherren und Kaufleute bereichern sich an ihrer Üppigkeit (17,4; 18,3.11f.15–17.19.22). Hochmütig spricht sie „in ihrem Herzen: Ich sitze da und bin eine Königin und keine Witwe, und Leid werde ich nicht sehen“ (18,7).

*Literatur*

*R. R. Holloway*: Constantine and Rome, New Haven/London 2004. – *G. Koch u.a.*: Rom, RGG⁴ 7, 2004, 574–586 (Literatur). – *F. Kolb*: Rom. Die Geschichte der Stadt in der Antike, München 1995. – *M. Labahn/J. Zangenberg* (eds.): Christians as a Religious Minority in a Multicultural City. Modes of Interaction and Identity Formation in Early Imperial Rome, London/New York 2004. – *P. Lampe*: Die stadtrömischen Christen in den ersten beiden Jahrhunderten, Tübingen ²1989; ergänzte Englische Ausgabe: From Paul to Valentinus. Christians at Rome in the First Two Centuries, Minneapolis/London 2003. – *L.*

*Richardson*: A New Topographical Dictionary of Ancient Rome, Baltimore/London 1992. – *L. V. Rutgers*: The Jews in Late Ancient Rome, Leiden 1995.

## XII. Thessaloniki (*Christoph vom Brocke*)

*Stellen im NT*
Apg 17,1–10; 1Thess; 2Thess

Die Stadt Thessaloniki ist heute mit etwa einer Million Einwohnern die zweitgrößte Stadt Griechenlands. Sie liegt in der nördlichen Ägäis am Thermaischen Golf und war seit jeher aufgrund dieser bevorzugten Lage eine bedeutende Hafenstadt.
316/315 v.Chr. vom makedonischen König Kassander gegründet und nach seiner Frau Thessaloniki, einer Halbschwester Alexanders d. Gr., benannt, rekrutierte sich die Bevölkerung der neuen Stadt aus den Bewohnern der umliegenden Siedlungen (*synoikismos*). Die Stelle selbst, an der Thessaloniki gegründet wurde, war ebenfalls nicht unbesiedelt. Wahrscheinlich handelt es sich bei der Vorgängersiedlung um die von Strabo (7 Frg. 24) erwähnte Stadt Therme, der dann auch die Überreste des Ionischen Tempels aus dem 5. Jh. v.Chr., die in der heutigen Altstadt gefunden wurden, zugeordnet werden.
Aus der Gründungszeit Thessalonikis ist so gut wie nichts mehr erhalten: Lediglich im Nordosten finden sich im Kern der aus spätröm. bzw. byzantinischer Zeit stammenden 10–12 m hohen Ummauerung Reste aus hell. Zeit. In dieser Gegend wird sich auch die Akropolis des Kassander befunden haben.
Bis zum Untergang des makedonischen Königreiches (168 v.Chr.) war Thessaloniki im Wesentlichen Handelshafen und Flottenstützpunkt (vgl. Liv. 44,6). Archäologische Funde scheinen die Lokalisierung des Hafens im Südosten zu bestätigen. Andere Grabungen haben eine Reihe von Funden aus makedonischer Zeit zu Tage gefördert, darunter eine Inschrift mit einem Brief des makedonischen Königs Philipp V. aus dem Jahr 187 v.Chr. (IG X.2.1 3) bezüglich des Serapis-Heiligtums, das schon damals eine große Rolle im kultischen Leben der Stadt spielte. Ein Teil dieses Komplexes, der sog. „kleine Serapistempel", wurde ausgegraben.
Mit den Römern kam der wirtschaftliche und politische Aufstieg der Stadt: Als Makedonien im Jahre 148 v.Chr. röm. Provinz wurde, avancierte Thessaloniki zur Hauptstadt und damit zum Sitz des Statthalters und der Provinzialverwaltung.
Durch die Anbindung an die um 130 v.Chr. erbaute *Via Egnatia*, die den Verkehr von Italien aus in die neuen Provinzen im Osten erheblich erleichterte, wuchs die Attraktivität der Stadt: Handel und Verkehr blühten auf, röm. Kaufleute aus Italien ließen sich in der Stadt nieder (vgl. IG X.2.1 32; 33) und trafen auf alteingesessene Thraker, Makedonen und Griechen aus anderen Städten der Ägäis. In kultureller Hinsicht entwickelte sich Thessaloniki sowohl zu einem Anziehungspunkt als auch zur Wiege für Redner und Dichter jeglicher

Couleur.[1] Einige Jahrzehnte später reiste auch der Apostel Paulus – von Philippi kommend – auf der *Via Egnatia* nach Thessaloniki (vgl. Apg 17,1), wo er eine christl. Gemeinde gründete.

Aufgrund der Parteinahme für M. Antonius und C. Octavianus, den späteren Augustus, wurde Thessaloniki nach der Schlacht von Philippi (42 v.Chr.) zur *civitas libera* („Freistadt") erhoben (vgl. IG X.2.1 6), eine Stufe politischer und wirtschaftlicher Souveränität gegenüber der Zentralregierung in Rom. Überhaupt konnte die Stadt – im Gegensatz zum ebenfalls makedonischen Philippi – trotz der Einflussnahme der Römer ihren gr. Charakter bewahren: Nicht nur, dass man nahezu ausschließlich Gr. sprach, sogar die zugewanderten Römer schmückten ihre Grabsteine mit gr. Inschriften.[2] Hinzu kam, dass auch die administrativen Institutionen der Stadt mit Rat (*boulē*), Volksversammlung (*dēmos*) und „Politarchen" die aus makedonischer Zeit bekannten blieben. So weiß Lukas in der Apg davon zu berichten, dass Paulus und seine Begleiter von einer aufgewiegelten Menge vor die Politarchen gezerrt wurden, um dort abgeurteilt zu werden (vgl. Apg 17,5–9).

Dem gr. Charakter der Stadt entsprechend, war auch das religiöse und kultische Leben gestaltet:[3] Man verehrte die gr. Götter, allen voran Dionysos, der in vorchristl. Zeit auch für das offizielle Thessaloniki von großer Bedeutung war. Das beweisen die Abbildung des Gottes auf den Münzemissionen der Stadt sowie die Ausrichtung regelmäßiger Dionysien (vgl. IG X.2.1 5; 12). In der Kaiserzeit wurde der Kult dieses Fruchtbarkeitsgottes hauptsächlich in privaten Vereinen, den sog. *thiasoi*, gepflegt. Ihre nächtlichen Bankette und Gelage (vgl. IG X.2.1 259), bei denen der Wein reichlich floss, waren berühmt und berüchtigt. Wahrscheinlich haben die Mahnungen des Apostels Paulus in 1Thess 5,5–11 ihren Anlass in entsprechenden Praktiken der Dionysosverehrer.

Die merkwürdigste und zugleich charaktervollste Erscheinung unter den verehrten Göttern Thessalonikis war der Kabirus. Er galt in röm. Zeit als der Stadtgott schlechthin und wird in einer Inschrift (IG X.2.1 199) als der „heiligste" unter allen Göttern bezeichnet.

Darüber hinaus spielte seit hell. Zeit die Verehrung der ägyptischen Gottheiten Isis, Serapis und Osiris eine Rolle. Davon zeugen nicht nur eine Fülle von Inschriften, sondern auch die kurz vor der Zeitenwende im „Serapeion" durchgeführten Um- und Ausbaumaßnahmen.

Von den Römern eingeführt und mit offizieller städtischer Unterstützung promulgiert war der Kaiserkult (→3.3.4; vgl. IG X.2.1 31): Schon zu Zeiten des Augustus errichtete man in Thessaloniki ein *Caesareum*, in dem zunächst nur der *divus Iulius*, später auch andere Kaiser verehrt wurden. Da der Kaiserkult eine politische Dimension besaß, insofern er als Akt der Loyalitätsbezeugung verstanden werden konnte, ist es gut möglich, dass in seinem Umkreis die im-

---

[1] Z.B. der Dichter Damaios (um 120 v.Chr.; vgl. IG X.2.1 108) oder die Epigrammatiker Makedonios oder Philippos (um 40 n.Chr.). Als der bekannteste unter den Literaten Thessalonikis gilt Antipatros (z.Z. des Augustus), dessen über 100 erhaltene Epigramme in der *Anthologia Palatina* zusammengestellt sind.

[2] Nicht einmal 2 % der in IG X.2.1 publizierten Inschriften Thessalonikis sind lat. abgefasst. Alle anderen gr.

[3] Vgl. dazu *vom Brocke* 2001, 116–142.

periale Ideologie der *pax Romana* mit ihren Schlagworten „Frieden" (*pax*) und „Sicherheit" (*securitas*) verbreitet wurde. Ein Reflex dieser Parole findet sich in 1Thess 5,3.
Der überregionalen Bedeutung einer Provinzhauptstadt entsprechend, gab es in Thessaloniki, wie einige wenige Zeugnisse epigraphischer und literarischer Art nahe legen, auch eine jüd. Gemeinde, die sich in ihrer Synagoge versammelte und an die sich der Apostel Paulus zu Beginn seiner Mission wenden konnte (vgl. Apg 17,1b).[4]
Insgesamt gesehen war Thessaloniki in der frühen Kaiserzeit mit etwa 30 000 Einwohnern[5] eine der größten und bedeutendsten Städte in der Ägäis mit weit verzweigten Kontakten ins gesamte Imperium (vgl. 1Thess 1,9).[6]
Monumentale archäologische Zeugnisse aus dieser Zeit sind allerdings aufgrund der kontinuierlichen Überbauung rar: So ist heute von dem im 1. Jh. n.Chr. errichteten mächtigen Theater-Stadion nichts mehr erhalten. Nicht anders steht es mit dem spätröm. Hippodrom. Beide befanden sich im Südosten der Stadt. Hingegen ist die „römische Agora" (*forum*) seit Jahrzehnten Gegenstand archäologischer Forschung. In der Mitte der Stadt gelegen, war sie in jeder Hinsicht das Zentrum des röm. Thessaloniki. Die Grabungen haben einen etwa 100 x 200 m großen Komplex freigelegt, der um einen rechtwinkligen, marmorgepflasterten Zentralhof angeordnet ist und an dessen Flanken sich ein Odeon sowie eine doppelte, mit Gewölben bedeckte Stoa (*cryptoporticus*) befindet. Die architektonische Anordnung dieses Platzes stammt aus dem 2. Jh. n.Chr., aber die neueren, v.a. in der Südostecke der Agora gemachten Funde, insbes. eines röm. Bades, gehen bis auf das 1. Jh. v.Chr. zurück. Diesbezüglich definitive Erkenntnisse sind allein von der Ausweitung der Grabungen zu erwarten.
Die weitere Geschichte der Stadt bis ins 4. Jh. n.Chr. ist die eines kontinuierlichen Aufstieges: Sichtbares Zeichen dieser Entwicklung ist die Erhebung zur Residenzstadt unter Kaiser Galerius (305 n.Chr.). Ein umfangreicher Palastkomplex wurde errichtet, von dem noch heute Teile eines mächtigen Triumphbogens, ein kolossaler, später zur Kirche umfunktionierter Rundbau (Rotunda) sowie Grabungsfunde im Südosten der Altstadt (Oktagon etc.) zeugen. Aber auch in byzantinischer Zeit galt Thessaloniki mit seinen zahllosen Kirchen und Klöstern sowie den mächtigen sie beschützenden Mauern als die heimliche Hauptstadt des Reiches und war nach Konstantinopel die zweitgrößte Stadt auf der Balkanhalbinsel. Das sollte sie im Übrigen bis weit in die Neuzeit bleiben.

*Literatur*
*Chr. vom Brocke*: Thessaloniki – Stadt des Kassander und Gemeinde des Paulus. Eine frühe christliche Gemeinde in ihrer heidnischen Umwelt, Tübingen 2001. – *Ders.*: Thessalonich, RGG[4] 8 (voraussichtlich 2005). – *Ch. Edson*: Inscriptiones Graecae Epiri, Macedoniae, Thraciae, Scythiae. Pars II: Inscriptiones Macedoniae. Fasciculus I: Inscriptiones Thessalonicae et viciniae, Berlin 1972. – *I. Touratsoglou*: Die Münzstätte von Thessaloniki in der römischen Kaiserzeit (32/31 v.Chr. bis 268 n.Chr.), Berlin/New York 1988. – *A. E. Vaca-*

[4] Zu den Einzelheiten vgl. ebd. 207–233.
[5] Zur Diskussion um die Berechnung der Einwohnerzahl vgl. ebd. 71–73.
[6] Dazu vgl. ebd. 104–113.

*lopoulos*: A History of Thessaloniki. Translation by T. F. Carney, Thessaloniki 1993. – *M. Vitti*: Η πολεοδομική εξέλιξη της Θεσσαλονίκης. Απότην ίδρυση της εως τον Γαλέριο, Athen 1996. – *R. M. Errington*: Thessalonike I: Lage, Klassische Zeit, DNP 12/1, 2002, 451–453.

## XIII. Weitere kleinasiatische Städte (*Wolfgang Orth*)

*Stellen im NT*

Perge: Apg 13,13f; 14,25 (zwei Aufenthalte des Paulus); Antiocheia/Pisidien: Apg 13f; Laodikeia: Kol 2,1; 4,13 und 15f (Erwähnung eines Paulusbriefes an L.); Offb 1,11; 3,14–22; Philadelpheia: Offb 1,11; 3,7–13; Sardeis: Offb 1,11; 3,1–6; Smyrna: Offb 1,11; 2,8–11; Thyateira: Apg 16,14 (Heimat der Lydia); Offb 1,11; 2,18–29

In mehreren Schriften des NT spiegelt sich das Städtewesen Kleinasiens, das in geographischer, sozialer, wirtschaftlicher und religiöser Hinsicht große Vielfalt aufweist (vgl. auch 1.4.2 und 3.1.4). Dies soll an sieben Beispielen aufgezeigt werden.

### 1. Zwei Stationen der pln. Mission

*Perge*

P. in Pamphylien, vom etwa 11 km entfernten Meer über den im Altertum schiffbaren Fluss Kestros erreichbar (zum Hafen von P. vgl. Strab. 14,4,2), führte seine Ursprünge auf gr. Zuwanderer verschiedener Herkunft in der Zeit „nach dem Trojanischen Krieg" (also in spätmykenischer Zeit) zurück (Strab. 14,4,3). Die alte Hügelsiedlung wurde später durch eine Unterstadt erweitert, die in späthell. Zeit befestigt wurde. Im ersten Jh. n.Chr. zu großem Wohlstand gelangt, der sich auch in aufwändiger Architektur (Kolonnadenstraßen; repräsentative Gebäude) und in bürgerlichem Maecenatentum[1] widerspiegelt, hat das kaisertreue P. in flavischer Zeit vom röm. Senat den Ehrentitel *neokoros* verliehen bekommen, durch den herausragende Leistungen in der Pflege des Herrscherkults bezeichnet wurden; es scheint darüber hinaus auch zur Hauptstadt der Provinz *Lycia et Pamphylia* erhoben worden zu sein.[2] Weit überregionale Attraktivität besaß das nahebei gelegene – allerdings von der Forschung bis heute nicht lokalisierte – Heiligtum der *Artemis Pergaia*, dessen jährliche Festversammlungen enormen Zulauf fanden (Strab. 14,4,2) und das wohl unter Domitian mit dem Recht der Asylie ausgezeichnet wurde.[3]

---

[1] Zu M. Plancius Varus siehe *S. Şahin*: Studien zu den Inschriften von Perge III, EA 27, 1996, 115–126.

[2] Zur Blüte der Stadt im 1. Jh. n.Chr.: *S. Şahin*: Studien zu den Inschriften von Perge I, EA 24, 1995, 21–35 (julisch-claudische Zeit); *Ders.*: Studien zu den Inschriften von Perge II, EA 25, 1995, 1–23 (flavische Zeit).

[3] Zum Kultbild der *Artemis Pergaia*: *R. Fleischer*: Lexicon Iconographicum Mythologiae Classicae, Zürich-München 1984, II 1, 765f und II 2, 574 (Photos).

*Literatur*
*G. E. Bean*: The Princeton Encyclopedia of Classical Sites, Princeton 1976, 692f. – *Sh. Jameson*: Perge Nr. 2, RE-Suppl. XIV, 1974, 375–383.

*Antiocheia/Pisidien* („*Antiocheia nahe Pisidien*“[4])
Die seit ihrer Gründung durch die Seleukiden im 3. Jh. v.Chr. v.a. von Makedonen, Griechen, Phrygern, Pisidern und Juden bewohnte *polis* im fruchtbaren phrygischen Grenzgebiet nach Pisidien hin wurde durch Augustus im Zuge der Einrichtung der Provinz *Galatia* 25 v.Chr. in eine Veteranen-Kolonie umgewandelt (Legionäre der fünften und der siebten Legion). Im Zentrum der großzügig ausgebauten *colonia Caesarea, eadem Antiochia* (Colonia Caesarea, die auch Antiochia genannt wird, so Plin. nat. 5,94), deren Einwohnerzahl einschließlich des Umlandes auf mehr als 40 000 geschätzt werden kann,[5] erhob sich eine eindrucksvolle Bauanlage des Kaiserkults;[6] dort war auch eine Abschrift der *res gestae* des Augustus angebracht. A. war Heimat mehrerer Senatoren und Ritter, die im 1. und 2. Jh. n.Chr. in der Reichsverwaltung Karriere machten. Einheimische Lebensart und Kultur gewannen allerdings trotz der Dominanz des Römischen bald wieder an Boden. Zum traditionellen Tempel-Heiligtum des Gottes *Mēn Askaēnos* (2. Jh. v.Chr.) auf einem nahen Berg (vgl. dazu Strab. 12,8,14) fühlten sich auch die röm. Kolonisten mehr und mehr hingezogen; als Mondgott verband man Men mit Fruchtbarkeit, Unterwelt und Grabkult.

*Literatur*
*Th. Drew-Bear u.a.* (eds.): Actes du I^er Congrès International sur Antioche de Pisidie, Lyon/Paris 2002 (38 Beiträge zur Archäologie, zur Epigraphik, zum Men-Kult und zum Aufenthalt des Paulus). – *B. Levick*: Antiocheia Nr. 15, RE-Suppl. XI, 1968, 49–61.

2. Adressaten der Sendschreiben der Johannes-Apokalypse (Offb 2f)[7]

*Laodikeia*
Die verkehrsmäßig günstig gelegene Stadt am Lykos, nach Strab. 12,8,13 eine der beiden größten Phrygiens, war – ebenso wie das benachbarte Kolossai – berühmt durch Wollproduktion und gewinnbringende Textilherstellung (Strab. 12,8,16). Tacitus (ann. 14,27,1) rechnet L. unter die *illustres urbes Asiae* (die berühmten Städte der *Asia*). Die Gründung des Seleukidenherrschers Antiochos II. verdankte ihren Aufstieg einer ertragreichen Landwirtschaft und dem Engagement einzelner Bürger (vgl. zu Hieron, Zenon und Polemon Strab. 12,8,16); politischer Einsatz im Sinne der röm. Interessen trug über das 1. Jh. v.Chr. hinaus Früchte; Augustus und seine Nachfolger waren der Stadt gewo-

---

4 So der Stadtname bei Strab. 12,8,14.
5 Vgl. *Levick* 1968, 56.
6 Vgl. *M. Christol u.a.*: Le culte impérial à Antioche de Pisidie, Tyche 16, 2001, 1–20 (v.a. Zeit des Claudius).
7 Diese Sendschreiben sind durchweg an Städte gerichtet, die im Hinblick auf Verkehrslage und Wirtschaftsbedeutung herausragen (Ephesos und Pergamon: siehe schon oben VI und IX); alle wichtigen Christengemeinden der Provinz *Asia* sind damit freilich nicht erfasst.

gen. Der Ehrgeiz der Bürgerschaft galt auch der baulichen Ausgestaltung der *polis* (zwei Theater, Nymphäum, Aquädukt u.a.), die freilich immer wieder durch Erdbeben schwere Rückschläge hinnehmen musste (Suet. Tib. 8: augusteische Zeit; Tac. ann. 14,27,1: 60 n.Chr.). Ein ungewöhnlich großes Stadion wurde 79 n.Chr. von einem reichen Bürger dem Vespasian geweiht. Die Bewohner L.s weisen v.a. gr. Namen auf, daneben sind auch iranische, semitische und einheimische belegt; eine jüd. Gemeinde bestand schon vor der Kaiserzeit (Ios. ant. Iud. 14,241–243).

*Literatur*

*G. E. Bean*: The Princeton Encyclopedia of Classical Sites, Princeton 1976, 481f. – *Th. Corsten* (Hg.): Die Inschriften von Laodikeia am Lykos, Teil I, Bonn 1997. – *G. Traversari* (ed.): Laodicea di Frigia, Rom 2000.

*Philadelphia*

Die von Attalos II. Philadelphos (159–138) gegründete Stadt am Fuß des Tmolos-Gebirges, die unter Caligula den Beinamen *Neocaesarea* und unter Vespasian den Beinamen *Flavia* erhielt, erfreute sich eines besonderen Wohlstandes, der auf die Fruchtbarkeit der Region zurückzuführen war; Rückschläge durch schwere Erdbeben (dazu Strab. 13,4,10) konnten überwunden werden. Weites Ansehen genossen Spiele zu Ehren des Zeus Helios und der iranischen Göttin Anaitis.

*Literatur*

*C. J. Hemer*: The Letters to the Seven Churches of Asia in their Local Setting, Sheffield 1986, 153–160.

*Sardes*

Die Stadt, ca. 70 km von der Ägäisküste entfernt, seit alters her wichtig auch als Station des Fernhandels (Ende der persischen „Königsstraße“), zählte infolge des von Tiberius sehr geförderten Wiederaufbaus nach der Erdbebenkatastrophe von 17 n.Chr. (Tac. ann. 2,47,1f) im 1. Jh. n.Chr. wieder zu den herausragenden Städten des westlichen Kleinasien. S. konnte auf eine bedeutende Vergangenheit als politischer Zentralort zurückblicken: als Hauptstadt des Königreichs der Lyder (ab ca. 680 bis 547), als persischer Satrapensitz (547–334) und als Residenz des seleukidischen Generalstatthalters für den Westen (281 bis 188). Es mag damit zusammenhängen, dass hier auch in der Kaiserzeit noch die Mischung verschiedener Bevölkerungsgruppen und kultureller Traditionen stärker ins Gewicht fällt als in anderen *poleis* Kleinasiens; ein Beispiel bildet die Vielzahl charakteristischer Kultorganisationen.[8] Recht früh spielen aber auch schon italische Kaufleute in S. eine wichtige Rolle.[9] Privilegien, die den jüd. Bewohnern gewährt wurden, beschreibt Ios. ant. Iud. 14,235.259–261; 16,171 (→1.4.5.5).

8 Dazu *P. Herrmann*: Mystenvereine in Sardeis, Chiron 26, 1996, 315–348.

9 Dazu *Ders.*: Italiker und Römer in Sardeis, in: *J. Spielvogel* (Hg.): *Res publica reperta* (FS J. Bleicken), Stuttgart 2002, 36–44.

*Literatur*

*G. M. A. Hanfmann*: The Princeton Encyclopedia of Classical Sites, Princeton 1976, 808–810. – *C. J. Hemer*: The Letters to the Seven Churches of Asia in their Local Setting, Sheffield 1986, 129–152.

*Smyrna*

Die große und reiche gr. Hafenstadt am Ausgang der Handelsroute aus dem Hermos-Tal galt in der frühen Kaiserzeit wegen ihrer Anlage und wegen ihrer prächtigen Ladenstraßen als die schönste *polis* Ioniens (so Strab. 14,1,37). S., das auf eine tausendjährige wechselvolle Geschichte zurückblicken konnte (vgl. Tac. ann. 4,56,1), war schon in der Zeit des Augustus berühmt wegen seiner Bibliothek; sie bildete eine der Voraussetzungen für ein reges intellektuelles Leben, das sich hier v.a. im 1. und 2. Jh. n.Chr. entfalten sollte. Auf Betreiben des Provinziallandtags von *Asia* wurde in S. ab 26 n.Chr. ein Tempel für Kaiser Tiberius, seine Mutter Livia und den röm. Senat errichtet (Tac. ann. 4,15,3 und 55f); die Stadt wurde dadurch zum Zentrum des Kaiserkults im westlichen Kleinasien.

*Literatur*

*G. E. Bean*: Kleinasien, Bd. I: Die ägäische Türkei von Pergamon bis Didyma, Stuttgart u.a. [5]1987, 37–49. – *C. J. Hemer*: The Letters to the Seven Churches of Asia in their Local Setting, Sheffield 1986, 57–77. – *G. Petzl* (Hg.): Die Inschriften von Smyrna, 2 Teile (= Inschriften griechischer Städte aus Kleinasien 23 und 24), Bonn 1982–1990.

*Thyatira*

Die im Lykos-Tal zwischen Pergamon und Sardeis gelegene Stadt Th. war bekannt als Ort der Textilherstellung (was v.a. durch Inschriften gut belegt ist). Hervorgegangen war sie aus einer makedonischen Militärkolonie, die Seleukos I. zu Beginn des 3. Jh.s v.Chr. an der Stelle einer lydischen Vorgängersiedlung begründet hatte. In der Zeit des Augustus erhielt Th. kaiserliche Unterstützung bei der Beseitigung von Erdbebenschäden (Suet. Tib. 8).

*Literatur*

*C. J. Hemer*: The Letters to the Seven Churches of Asia in their Local Setting, Sheffield 1986, 106–128. – *J. Keil*: Thyateira, RE VI A,1, 1936, 657–659.

# 2.3 Wirtschaft und Finanzen

## 2.3.1 Das römische Steuer- und Finanzwesen im 1. Jh. n.Chr. (*Michael Alpers*)

*Stellen im NT*
Mt 9,9–13; 17,24–27; 22,15–22; 23,23; Mk 2,13–17; 12,13–17; Lk 2,1f; 5,27–32; 11,42; 18,9–14; 19,1–10; 20,20–26; 23,2; Röm 13,1–7; 1Petr 2,13–17; vgl. Offb 13

*Einführung*
Grundlegend für das röm. Finanzsystem der frühen Kaiserzeit ist die Unterscheidung zwischen dem *aerarium populi Romani* (= *aerarium Saturni* = *aerarium*) auf der einen und dem *fiscus Caesaris* auf der anderen Seite: Das *aerarium* ist die zentrale Staatskasse, die im stadtröm. Saturntempel verwahrt wurde; dieser zentralen Staatskasse sind die jeweiligen provinzialen Filialkassen – die *fisci provinciarum*[1] – untergeordnet. In dieses staatliche Kassensystem[2] flossen sämtliche staatlichen Einkünfte, also direkte und indirekte Steuern. Von diesem staatlichen Kassensystem rechtlich sauber zu trennen ist der *fiscus Caesaris*, die schon von Seneca (benef. 7,6,3) so definierte kaiserliche Privatkasse;[3] in diese Kasse floss, sofern denn Recht und Gesetz eingehalten wurden, ausschließlich die – freilich enormen – privaten Einkünfte des jeweiligen Kaisers. Selbstverständlich vermochte der Kaiser faktisch – aufgrund seiner überragenden politischen Machtposition – auch über die staatlichen Einkünfte zu verfügen.
Hinsichtlich der verschiedenen Steuerarten ist grundsätzlich zu unterscheiden zwischen direkten und indirekten Abgaben, zwischen *tributa* einerseits und *vectigalia* bzw. *portoria* andererseits. Direkte Abgaben, wie die Kopf- und die Bodensteuer (*tributum capitis* und *tributum soli*), werden nur von den Provinzialen gefordert, nicht aber von röm. Bürgern. Grundlage für die Erhebung direkter Steuern in den Provinzen des röm. Reiches ist die Durchführung von Volkszählungen zum Zwecke der Vermögensschätzung (*census*); ein solcher Provinzialzensus wird insbes. bei der Gründung einer neuen Provinz durchgeführt.[4] Ergänzt wird dieses System direkter Steuereinnahmen durch zahlreiche indirekte Steuereinnahmen; hier sind insbes. die verschiedenen Zolleinnahmen (*portoria*), wie etwa Einfuhr-, Ausfuhr- oder Durchfuhrzölle, zu erwähnen.
Wurden in der Zeit der röm. Republik die Staatseinkünfte noch gänzlich an Privatunternehmer (meist aus dem Ritterstand) verpachtet,[5] so beschränken sich die geschäftlichen Aktivitäten dieser Steuerpächter (*publicani*; gr. *telōnai* bzw. *dēmosiōnai*) in der frühen Kaiserzeit, zunehmend kontrolliert von einer

---

[1] Zum *fiscus Iudaicus* vgl. *Alpers* 1995, 290–304.
[2] Das von Kaiser Augustus für die Altersversorgung der Veteranen begründete *aerarium militare* kann hier außer Betracht bleiben.
[3] Vgl. zu dieser Begriffsdefinition *Alpers* 1995, 21–29.
[4] Zu den verschiedenen Steuerarten und zum Provinzialzensus vgl. *Neesen* 1980, bes. 25–84 u. 117–125.
[5] Vgl. dazu *E. Badian*: Publicans and Sinners. Private Enterprise in the Service of the Roman Republic, Oxford 1972 (dt.: Zöllner und Sünder. Unternehmer im Dienst der römischen Republik, Darmstadt 1997).

kaiserlichen Finanzverwaltung, auf den Bereich der indirekten Abgaben, in Sonderheit der Zölle; so bezeichnet der lat. Begriff *publicanus* dann wesentlich den Zollpächter bzw. den Zöllner (→2.2.5.4). Die Verpachtung von *portoria* an Privatunternehmer wird für jeweils fünf Jahre vom stadtröm. Zensor durchgeführt. Sie hat für den röm. Staat v.a. den Vorteil der Finanzsicherheit, müssen die Publikanen (bzw. Publikanengesellschaften) bei Zuschlag doch einen Vorschuss leisten und Sicherheiten für die festgesetzte, jährlich zu entrichtende Pachtsumme stellen. Die Nachteile haben insbes. die Provinzialen zu erleiden, denn die Steuerpächter versuchen mit dem Ziel einer Gewinnmaximierung die Differenz zwischen entrichteter Pachtsumme und eingezogenen *portoria* möglichst groß zu gestalten. Da die Durchsetzung dieses Zieles oftmals mit einer rücksichtslosen Ausbeutung der Provinzen einhergeht, ist gerade bei den Provinzialen das gesellschaftliche Ansehen der *publicani* und insbes. der einzelnen Zöllner in den Zollstationen vor Ort entsprechend schlecht.
Neben einzelnen Sachabgaben sind in der Regel Geldabgaben zu entrichten; dabei wird ein Münzsystem (→1.3.4.3) zugrunde gelegt, das wiederum auf verschiedenen Metallen basiert. Eine Goldmünze (*aureus*) ist 25 silberne Denare wert; ein *denarius* bildet den Gegenwert zu vier Sesterzen, die sich wiederum in jeweils zwei gleichfalls aus Messing bestehende Dupondien aufteilen; ein *dupondius* besteht aus zwei Kupferassen; die kleinste Münze bildet der auch aus Kupfer gefertigte *quadrans*, vier Quadranten sind einen As wert.[6]

*Zu den Textaussagen im NT*
Nach Auskunft der synEvv (Mt 22,15–22; Mk 12,13–17; Lk 20,20–26; vgl. 23,2) lässt sich Jesus auf die für die Durchsetzung des röm. Herrschaftsanspruchs brisante Frage, ob es erlaubt sei, dem Kaiser Steuern zu zahlen,[7] zunächst einen als Steuermünze zu verwendenden Silberdenar zeigen;[8] auf seine Frage, wessen Bild und Aufschrift sie trage, erhält er die sachlich angemessene Antwort, die Münzlegende wie auch das Münzporträt sei das des Kaisers. Darauf erteilt er dann die Weisung, man solle dem Kaiser geben, was des Kaisers sei, Gott aber, was Gottes sei. Diese Aussage steht dem eingangs skizzierten Finanzsystem der frühen Kaiserzeit nur scheinbar darin entgegen, dass staatliche Einkünfte (Steuern) nicht in die Kasse des Kaisers (*fiscus Caesaris*), sondern in die Staatskasse (*aerarium*) fließen. Sie reflektiert dagegen eigentlich die dem hell. Osten des Imperium Romanum durchaus geläufige, röm. Rechtsdenken allerdings zuwiderlaufende Gleichsetzung von Kaiser und Staat. Für die dem hell. Kulturkreis zugehörigen Verfasser der synEvv – wie für Jesus selbst – ist die rechtliche Zuordnung der Steuergelder zum *aerarium* ganz belanglos; ihre Berücksichtigung in der Perikope über die Steuerfrage hätte die

---

[6] Vgl. dazu *K. Christ*: Antike Numismatik. Einführung und Bibliographie, Darmstadt 1967, 55.

[7] Vgl. dazu *K. Bringmann*: Steuern und Fremdherrschaft. Judäa zur Zeit Jesu, in: *U. Schultz* (Hg.): Mit dem Zehnten fing es an. Eine Kulturgeschichte der Steuer, München 1986, 51–63 u. 268–270.

[8] Die Abbildung (Großaufnahme) eines *aureus* mit dem Porträt des Kaisers Tiberius (14–37 n.Chr.) findet sich in *L. v. Matt/H. Kühner*: Die Cäsaren. Eine Geschichte der römischen Kaiser in Bild und Wort, Zürich/Würzburg 1964, 58.

Geschichte zudem ihrer Bildhaftigkeit beraubt.[9] Wichtig ist hingegen die Zahlung der Steuern überhaupt: Eine Steuerverweigerung beinhaltet eine Ablehnung der röm. Herrschaft und wird deshalb unter Anklage gestellt (Lk 23,2). So bemühen sich denn auch frühchristl. Briefautoren (Röm 13,1–7; 1Petr 2,13–17), ihre grundsätzliche Treue gegenüber röm. Obrigkeiten, wie Kaiser und Provinzstatthaltern, hervorzuheben, wobei Paulus sogar explizit auf die Zahlung von Steuern (*phoros*) und Zöllen (*telos*) hinweist (Röm 13,6f).[10]
Den engen Zusammenhang zwischen der Einziehung direkter Steuern auf der einen und Volkszählungen (*census*) auf der anderen Seite erhellt schon der Begriffsgebrauch in der Perikope über die Steuerfrage: Während Lk (20,22; vgl. Röm 13,7) den Begriff „Steuer" (*phoros*) gebraucht, verwenden Mt (22,17) und Mk (12,14) den Latinismus *kēnsos*. Von einem reichsweiten Zensus, wie ihn Lk 2,1f voraussetzt, ist freilich nichts bekannt; der Aussage des Lk wird vielmehr ein röm. Verwaltungspraxis entsprechender Provinzialzensus zugrunde liegen, der durchgeführt wurde, als *Iudaea* im Jahre 6 n.Chr. als Teil der röm. Provinz *Syria* den Provinzialstatus erlangte.[11]
In den ntl. Texten werden freilich nicht nur die – selbstverständlich von allen Bewohnern in den Provinzen des Imperium Romanum zu entrichtenden – Tributzahlungen und Zölle erwähnt, sondern auch Abgaben für Zwecke der jüd. Glaubensgemeinschaft, so etwa die Tempelsteuer (Mt 17,24–27; eine Doppeldrachme; eine Drachme entspricht etwa einem Denar) oder Abgaben auf den Gesamtbesitz bzw. auf bestimmte Kräuter (Mt 23,23; Lk 11,42; 18,12; Höhe der Abgabe: 10 Prozent). Als besondere Bedrückung der jüd. Bevölkerung ist die neue Zuordnung der alten Tempelsteuer nach der Zerstörung des Jerusalemer Tempels im Jahre 70 n.Chr. hervorzuheben; nach der Niederschlagung des jüd. Aufstandes (66–70 n.Chr.) beansprucht nunmehr Rom diese Steuer für den gleichfalls im Jahre 70 n.Chr. niedergebrannten Tempel des Juppiter Capitolinus (vgl. Ios. bell. Iud. 7,218; Cass. Dio 65,7,2).[12]
Wie vermutlich im gesamten Imperium Romanum genießen auch in Palästina Zolleinnehmer (*telōnai*) aus den o.g. Gründen einen schlechten Ruf. In den Texten des NT wird das besonders deutlich durch die Verknüpfung dieser Berufsbezeichnung mit Sündern (Mt 9,9–13; Mk 2,13–17; Lk 5,27–32); im Gleichnis vom Pharisäer und Zöllner (Lk 18,9–14) wird ein Zolleinnehmer (*telōnēs*) mit Räubern, Rechtsbrechern und Ehebrechern auf eine Stufe gestellt. Der Oberzöllner (*architelōnēs*) Zachäus, gleichfalls im Ruf eines Sün-

[9] Vgl. dazu *Alpers* 1995, 112f u. 297.

[10] Zum historischen Hintergrund des 1Petr vgl. *J. Molthagen*: Die Lage der Christen im römischen Reich nach dem 1. Petrusbrief. Zum Problem einer domitianischen Verfolgung, Historia 44, 1995, 422–458, bes. 441f. – Zur deutlich negativ ausgestalteten Darstellung des röm. Reiches in der Offenbarung (Offb 13) vgl. *J. Molthagen*: Rom als Garant des Rechts und als apokalyptisches Ungeheuer, in: *E. Brandt u.a.* (Hgg.): Gemeinschaft im Evangelium (FS W. Popkes), Leipzig 1996, 127–142, bes. 128–132 u. 139f; *Ders.*: Warnung vor Integration. Die Christen und Rom im Spiegel der Johannes-Apokalypse, in: *N. Ehrhardt/L.-M. Günther* (Hgg.): Widerstand – Anpassung – Integration. Die griechische Staatenwelt und Rom (FS J. Deininger), Stuttgart 2002, 265–280, bes. 273–276.

[11] Vgl. dazu *H. Cotton*: Some Aspects of the Roman Administration of Judaea/Syria-Palaestina, in: *W. Eck* (Hg.): Lokale Autonomie und römische Ordnungsmacht in den kaiserzeitlichen Provinzen vom 1. bis 3. Jahrhundert, München 1999, 75–81.

[12] Vgl. dazu *Alpers* 1995, 291f.

ders stehend, äußert in seiner Freude über die Einkehr Jesu in sein Haus indirekt, wie berechtigt der üble Ruf seines Berufsstandes sein konnte: Falls er von jemandem etwas erpresst habe, werde er diesen Betrag vierfach erstatten (Lk 19,1–10). Wenn Paulus (Röm 13,6f) die Eintreiber von Steuern (*phoros*) – und, wie der Zusammenhang nahelegt, auch von Zöllen (*telos*) – in ihrer obrigkeitlichen Eigenschaft als Diener Gottes bezeichnet, dürfte das schwerlich immer die Alltagserfahrungen seiner Adressaten reflektieren.

*Literatur*

*M. Alpers*: Das nachrepublikanische Finanzsystem. *Fiscus* und *Fisci* in der frühen Kaiserzeit, Berlin/New York 1995. – *S. J. de Laet*: *Portorium*. Étude sur l'organisation douanière chez les Romains, surtout à l'époque du Haut-Empire, Brügge 1949. – *L. Neesen*: Untersuchungen zu den direkten Staatsabgaben der römischen Kaiserzeit (27 v.Chr. – 284 n.Chr.), Bonn 1980.

## 2.3.2 Das Wirtschaftsleben (*Stefan Alkier*)

*Stellen im NT*

Mt 17,24–27; 18,23–35; 20,1–16; 21,33–41; 22,1–14; 25,14–30; Mk 1,16–20; 10,22–31; 11,15–18; 12,1–17.41–44; 13,1f; 14,3–9; Lk 4,18f; 6,20f.34; 12,13–21; 16,1–13; 19,1–27; Apg 4,32–37; 8,26f; 18,1–3; 19,13–40; Röm 13,7; 1Kor 10,25; 11,20–22; 2Kor 8,13–15; Phil 4,10–15; Kol 3,18–4,1; 1Thess 2,9; 1Tim 6,1f; Tit 2,9f; Phlm 8–22; 1Petr 2,18–20; Jak 2,14–26; 5,1–6

Die multikulturelle gr.-röm Welt bestand vorwiegend aus entwickelten Agrargesellschaften im Sinne Lenskis. Der überwiegende Teil der Arbeitskraft wurde in die Landwirtschaft und in die Veredelung ihrer Produkte investiert. Der über Wohlstand und Macht entscheidende Besitz war der von Land. Das Wirtschaftsleben – die Produktion und Verteilung von Sachgütern sowie Dienstleistungen – wurde dabei von überregionalen und regionalen Faktoren bestimmt, aus deren Zusammenspiel verschiedene und zum Teil recht komplexe Produktions- und Distributionsformen hervorgingen. Staats-, Polis-, Tempel- und private Oikoswirtschaft waren zwar fest ineinander verwoben, stellten aber verschiedene wirtschaftliche Organisationsformen mit je eigenen Handlungsspielräumen dar. Eine Wirtschaftspolitik im modernen Sinn gab es jedoch nicht. Vielmehr entwickelten sich die jeweiligen wirtschaftlichen Sachverhalte vornehmlich als Effekte der Machtpolitik einerseits und der notwendigen Befriedigung der Grundbedürfnisse der jeweiligen Bevölkerung andererseits.

*Grundzüge hellenistischer Wirtschaft*

Der Siegeszug Alexanders d. Gr. brachte neben machtpolitischen und geistesgeschichtlichen Konsequenzen auch erhebliche wirtschaftliche Veränderungen mit sich, die ausführlich Michael Rostovtzeff in seinem immer noch unersetzten Werk „Gesellschafts- und Wirtschaftsgeschichte der hellenistischen Welt" dargelegt hat. Das Heer Alexanders, das Rostovtzeff eindrücklich als bewegliche Stadt charakterisiert, war selbst ein bedeutender Wirtschaftsfaktor und

spielte bei der Intensivierung der Geldwirtschaft und beim Straßenbau eine bedeutende Rolle. Von herausragender wirtschaftlicher Bedeutung sind darüber hinaus die wirtschaftliche Schlüsselfunktion des Monarchen und der Städtebau zu nennen.
Ein wichtiger Aspekt des charismatischen Königtums Alexanders und seiner Nachfolger in den Diadochenreichen bestand in der Auffassung, dem König allein gehöre das Land, das er beherrschte. Die kommunikations- und agrartechnischen Möglichkeiten der antiken Gesellschaften ließen aber eine direkte landwirtschaftliche Nutzung des gesamten Landes durch das Königshaus nicht zu. Durch verschiedene Formen der Nutzungsüberlassung organisierte eine privilegierte Oberschicht die weitere Ausbeutung des Landes, wobei die Städte eine relative Autonomie genossen und zum Teil ebenfalls über erhebliche Landmengen verfügen konnten. Ein komplexes Abgabensystem sorgte für den Rücklauf eines großen Teils des Erwirtschafteten an den Königshof. Neben der direkten Nutzung von königlichem Land und der indirekten durch Nutzungsüberlassung an Pächter stellte die Monopolisierung bestimmter Naturalien eine erhebliche Einnahmequelle der hell. Könige dar. Besonders ausgeprägt war dies im ägyptischen Kernland des Ptolemäerreichs, wo der König die Monopole über Salz, Bier, Gewürze, Münzprägung und Banken innehatte (→1.4.3).
Insgesamt förderten die hell. Könige ein wirtschaftliches Denken, das klar auf Gewinnmaximierung zielte. Die unmittelbare Versorgung der Bevölkerung mit lebensnotwendigen Gütern war zwar überwiegend gewährleistet, stand aber nicht mehr im Vordergrund der königlichen und aristokratischen Landbebauung. Der Verlust der Unabhängigkeit und des Auskommens weiter Teile der Landbevölkerung waren nicht selten die Folge. Ein entscheidendes Instrument dieser wirtschaftlichen Verschiebung bestand im Ausbau der Geldwirtschaft, denn diese erlaubte nicht nur eine stärkere staatliche Kontrolle, sondern eignete sich auch weit besser zur Anhäufung von verfügbarem Reichtum. Alexander hatte den erbeuteten Staatsschatz der Perser in Münzen prägen lassen und damit unter anderem seine Soldaten bezahlt. Durch diese enorme Neuemission beabsichtigte er die Durchsetzung einer einheitlichen Währung und damit die überregionale Förderung des Handels. Allerdings behielten die regionalen Münzen ihren Wert, so dass de facto mehrere Münzsysteme gleichzeitig im Umlauf waren. Diese Politik Alexanders führten seine Nachfolger in den Diadochenreichen mit unterschiedlicher Intensität und Ausrichtung und später auch noch die Römer fort. Besonders intensiv waren auch hier die Ptolemäer durch die bereits erwähnte Monopolisierung auf die Durchsetzung einer einheitlichen Währung als Grundlage einer florierenden Wirtschaft bedacht. Während sich Alexander und die Seleukiden an der attischen Münzprägung orientierten, folgten die Ptolemäer zunächst der rhodischen und dann der tyrischen Münzprägung (→1.3.4.3). Diese Unterschiede führten zu zwei verschiedenen Wirtschaftszonen in der hell. Welt.
Alexander hatte sich nicht nur als Kriegsherr betätigt, sondern auch das ägyptische Alexandria zu großen Teilen selbst entworfen (→2.2.7.3 I). Dem Bau neuer Städte und dem Ausbau älterer Städte und Handelsstraßen widmeten auch seine Nachfolger Zeit und Geld. Die antike Großstadt ist ein Produkt des Hellenismus, wobei insbes. Pergamon (→2.2.7.3 IX) mit über 100 000, Seleu-

kia mit über 200 000 und Alexandria mit gut 500 000 Einwohnern zu nennen sind. Die Baumaßnahmen bedeuteten stets einen innovativen Anschub der regionalen Wirtschaft und schufen oft die Grundlagen für Infrastruktur, Wohlstand und kulturellen Austausch über Jhh. Die Großstadt brachte freilich durch neue wirtschaftliche Spielräume und Märkte für Waren und Dienstleistungen nicht selten auch erhebliche soziale Probleme mit sich.
Gegenüber dem persischen Verwaltungssystem verkleinerten die Diadochenreiche die Verwaltungsgebiete. Auch in diesem Zusammenhang entstanden eine Reihe neuer Städte bzw. wuchsen ältere Siedlungen durch die neuen Verwaltungsaufgaben zu meist kleineren Städten an.

*Grundzüge der Wirtschaft im römischen Reich*
Während die hell. Staaten bis zu ihrem Ende Königreiche blieben, beginnt Rom seine Geschichte als Stadtstaat und wird dann zur Republik (→ 1.4.1.1). Mit der Kaiserzeit ab Augustus, die sich anfänglich noch einen republikanischen Anstrich gab, entwickelt sich dann im weiteren Verlauf trotz gelegentlicher Reformversuche immer offener eine Militärdiktatur. Diese politischen Veränderungen gehen Hand in Hand mit wirtschaftlichen Transformationsprozessen. Ist die Wirtschaft des anfänglichen Roms und der frühen Republik vornehmlich auf die regionale Selbstversorgung durch Landwirtschaft ausgerichtet, so tritt Rom mit seiner Expansion ab dem 3. Jh. v.Chr. als internationale Wirtschaftsmacht in Erscheinung, die auf Profitmaximierung ausgerichtet ist und von einer kleinen Oberschicht bestimmt wird (→2.2.5.2). Rom verfügte zwar in der Nähe von Ostia über reichliche Salzvorkommen, war aber ansonsten arm an Bodenschätzen. Nachdem Karthago, der schärfste Handelskonkurrent Roms, endgültig besiegt worden war und sich das Imperium auch nach Osten hin ausdehnte und schließlich das Erbe der hell. Monarchien antrat, erreichte es eine Größe, die noch nie zuvor ein Weltreich besessen hatte. Materielle Güter, wie Lebensmittel, Luxuswaren, Geld-, Gold- und Bodenschätze, aber auch abertausende versklavter Menschen aus den eroberten Gebieten wurden nach Rom gebracht. Die Sklaverei spielte für die Wirtschaft des expandierenden Roms insgesamt eine weit größere Rolle als für die der hell. Königreiche (→2.2.5.3).
Trat Rom kulturell in die Fußstapfen Griechenlands, so steuerte es als eigene Leistung neben technischen Neuerungen (→2.4.1) die ständige Ausarbeitung einer professionalisierten Gesetzgebung bei, die auch die Verwaltung des Reiches und weite Teile des Wirtschaftslebens durch komplexe Abgabensysteme gesetzlich regelte (→1.5.1.1–1.5.1.3, 2.3.1).
Obwohl Rom erst ab dem Ende des 4. Jh. v.Chr. eigene Münzen prägte, sollte bald schon die Geldwirtschaft eine noch größere Rolle spielen als in den hell. Monarchien. Die Ausbeutung der zum Teil weit entlegenen Provinzen wurde durch die Geldwirtschaft wesentlich gefördert und vereinfacht, wenngleich auch weiterhin Abgaben in Naturalien erhoben wurden.
Einen ganz eigenen Wirtschaftsfaktor stellte die Versorgung der Stadt Rom dar (→2.2.7.3 XI). Zur Zeit der Republik wurden in öffentlichem Auftrag gelegentlich Getreide und zum Teil auch andere Grundnahrungsmittel zu Niedrigpreisen oder kostenlos an notdürftige Bürger ausgegeben. Zur Machtpolitik des Augustus gehörte es, sich die Massen als Wohltäter gewogen zu ma-

chen (→3.2.8). Er führte daher in der Stadt Rom die ständige freie Versorgung mit Getreide und zum Teil sogar mit Fleisch, Olivenöl und Wein ein. Die kaiserliche Provinz Ägypten etwa wurde nach ihrer Eroberung zur Kornkammer Roms wie vorher schon die Provinz Afrika (→1.4.3). Dabei mussten die Provinzen nicht nur das benötigte Korn kostenlos zur Verfügung stellen, sondern sogar noch den Transport selbst organisieren und bezahlen. Dennoch gilt auch für das röm. Reich, dass es keine zentral gesteuerte und theoretisch fundierte Wirtschaftspolitik gab. Vielmehr stand die Erhaltung der Macht Roms bzw. ab Augustus die der Kaiser und der mit ihnen verbundenen Oberschicht (Senat, Teile des Militärs) im Vordergrund der wirtschaftlichen überregionalen Überlegungen. Die Provinzen dienten in der Sicht Roms vornehmlich der Ausbeutung. Dennoch gab es auch hier Spielräume und große regionale Unterschiede, die auch von dem jeweiligen Statthalter unterschiedlich gehandhabt wurden (→1.4.1.2). Diese waren zumeist durch hohe Kosten an ihre Ämter gekommen und nicht selten verschuldet. Dieses Geld mussten sie nun wiederum in den Provinzen abschöpfen, so dass es häufig zu unerträglichen Belastungen für die dortige Bevölkerung kam, wovon ein von Sueton überliefertes Zitat des Tiberius aus einem Sendschreiben an die Provinzstatthalter Zeugnis gibt. „Als die Statthalter ihm dazu rieten, in den Provinzen die Steuern anzuheben, schrieb er ihnen zurück, ein Hirte erweise sich als guter Hirte, wenn er das Vieh schere und ihm nicht die Haut über die Ohren ziehe“ (Suet. Tib. 32,2).
Durch den Reichtum aus den Provinzen wurden zahlreiche Städte ausgebaut und wichtige Handels- bzw. Heeresstraßen angelegt und gepflegt (→2.4.2). Die Stadt Rom wies in ihrer Blütezeit ca. 1 Million Einwohner auf. Wie schon hinsichtlich der hell. Großstädte angemerkt, waren damit auch neue Märkte und Dienstleistungen entstanden. Insbes. fanden kostbare Luxuswaren aus allen Provinzen Absatz. Insgesamt trieben die Römer die hell. Politik der Verstädterung intensiv fort (→2.2.7.1).
Trotz des Reichtums Roms gab es auch im Stammland erhebliche Armut. Reich waren bzw. wurden insbes. die Angehörigen des Senatoren-, Ritter-, und Dekurionenstandes, die aber insgesamt weniger als ein Prozent der Bevölkerung ausmachten. Die Macht des Augustus hatte nicht zuletzt eine ökonomische Grundlage. Durch die von ihm eingeführte Unterscheidung von kaiserlichen und senatorischen Provinzen flossen beispielsweise die Einkünfte aus Ägypten in seine Kassen. Die Wohltätigkeit des Augustus gegenüber den Bürgern Roms bezahlten zum großen Teil die Bewohner der kaiserlichen Provinzen. Niemand reichte daher an den Reichtum des Augustus heran.

*Grundzüge der Wirtschaft im römischen Palästina*

Die Wirtschaft der Levante partizipierte – mit zum Teil recht markanten regionalen Unterschieden – aufgrund seiner besonderen geographischen Lage als Bindeglied zwischen Asien und Afrika von jeher am interkontinentalen Handel. Die phönizischen Städte am Mittelmeer, insbes. Tyros, unterhielten zudem intensive Handelsbeziehungen auf dem Seeweg mit Karthago, Kleinasien, Griechenland und Sizilien. Nicht erst Alexander und seine Nachfolger, vielmehr bereits vorher schon die Phönizier müssen als kulturelle Vermittler gerade durch ihre wirtschaftlichen interkontinentalen Beziehungen zwischen Ost und West gelten. Die Levante war von jeher ein multikulturelles Gebilde

mit erheblichen geographischen, kulturellen und wirtschaftlichen Unterschieden und blieb das auch zur Zeit der röm. Provinz *Iudaea* bzw. *Palaestina* (→1.4.4.1 und 1.4.4.2).
Das tyrische Geld, das in der gesamten Levante – mit einer kurzen Unterbrechung infolge der Zerstörung von Tyros durch Alexander – als beständige Leitwährung bis weit in die Römerzeit fungierte, spielte eine erhebliche überregionale wirtschaftliche Rolle. Lange Zeit durfte nur mit dem tyrischen Schekel die Tempelsteuer in Jerusalem bezahlt werden. Der gute Ruf des tyrischen Geldes blieb auch noch erhalten, als es längst nicht mehr geprägt wurde. Tyrisches Geld wurde in der zweiten Hälfte des 1. Jh.s n.Chr. zur Metapher für solide Währungen (→1.3.4.3).
Nach der Eroberung Alexanders fiel das Land zunächst den Ptolemäern zu und genoss im 3. Jh. v.Chr. relative Stabilität (→1.4.4.2). Die (Neu-)Gründung von Städten brachte verstärkt hell. Kultur ins Land. Zu Beginn des 2. Jh.s v.Chr. eroberten die Seleukiden die Levante. Beide Reiche prägten die regionale Wirtschaft und förderten die Kooperation mit einer dünnen lokalen Oberschicht. Die einflussreiche jüd. Familie der Tobiaden trat dabei als Generalpächter in Erscheinung, die die geforderten Einkünfte zunächst an die Ptolemäer und ab 198 v.Chr. an die Seleukiden abliefern mussten, stets dabei aber ihren eigenen Profit im Auge behielt. Die aufschlussreichen Briefe des ptolemäischen Verwalters Zenon aus der Mitte des 3. Jh.s geben Einblick, wie umfassend die wirtschaftlichen Aktivitäten solcher Pächter gewesen sind. Gerade in Folge der Etablierung politischer Unabhängigkeit unter den Hasmonäern entwickelte sich Judäa wirtschafts- und machtpolitisch zu einer typischen Variante hell. Kleinreiche des Orients. Die jüd. Wirtschaft bleibt eingebunden in die der jeweiligen politischen Macht. Durch die hell. und dann röm. strukturellen Vorgaben wird auch die jüd. Wirtschaft immer mehr profitorientiert, damit die erforderlichen Abgaben erwirtschaftet werden können. Aber auch die Verstädterung sorgt für einige Veränderung analog zu den oben beschriebenen Phänomenen, und schließlich gewinnt im Zuge der Anbindung Judäas an die mediterrane Wirtschaftsentwicklung auch die Geldwirtschaft an Bedeutung.
Der Hof des Herodes bzw. seiner Nachfolger und der Tempel in Jerusalem sind Teile dieser Entwicklung. Besonders die immense Bautätigkeit unter den Herodiern bedeutete einen gewaltigen Innovationsschub und Arbeit (→ z.B. 2.2.6.2 I und II, 2.2.7.3 VII). Noch höher ist die wirtschaftliche Bedeutung des Tempels in Jerusalem einzuschätzen (→3.3.2.2). Der Tempel war bis zu seiner Zerstörung zugleich Bethaus, Kultstätte, Schatzkammer, Großgrundbesitzer und „Börse" und als solcher der größte Arbeitgeber in Judäa. Die zahllosen Tiere, die am Tempel geopfert wurden, wurden zum größeren Teil von judäischen Viehzüchtern geliefert. Die Pilger aus der Diaspora brachten ihr persönliches Opfervieh in der Regel nicht mit, sondern kauften es vor Ort. Diensttuende Priester profitierten direkt von Opfern und Abgaben. Alle Ausgaben zum Betrieb des Tempels, wie die Entlohnung von Handwerkern, Geldwechslern, Zulieferern aller Art etc., wurden aus dem Tempelschatz bestritten, der wiederum vornehmlich aus den Einnahmen der Tempelsteuer bestand. Die Tempelsteuer wurde mit dem tyrischen Schekel bezahlt. Die Kurse zum Umtausch wurden vom Hohenpriester und seinem Rat jeweils festgesetzt und dienten als Leitkurs bei allen Geldwechselgeschäften. Die Zerstörung des Tempels bedeu-

tete daher nicht nur den Verlust weiter Teile einer jhh.-alten religiösen Praxis, sondern auch eines wesentlichen Elementes der regionalen Wirtschaft. Ihr Potential verlagerte sich immer mehr auf die von den Römern nach 70 stark geförderten Städte (z.T. mit neuangesiedelten Bewohnern) und den großen staatlichen Latifundien, die Rom von der ehemaligen Oberschicht übernommen hatte. So passte sich Judäa immer mehr ein in das Wirtschaftssystem der röm. Welt.

*Literatur (vgl. auch Literatur zu 2.3.4)*

*S. Alkier*: „Geld" im Neuen Testament. Der Beitrag der Numismatik zu einer Enzyklopädie des Frühen Christentums, in: *Ders./J. Zangenberg* (Hgg.): Zeichen aus Text und Stein. Studien auf dem Weg zu einer Archäologie des Neuen Testaments, unter Mitarb. v. K. Dronsch/M. Schneider, Tübingen/Basel 2003, 308–335. – *Ders./M. Witte* (Hgg.): Die Griechen und das antike Israel. Interdisziplinäre Studien zur Religions- und Kulturgeschichte des Heiligen Landes, Fribourg(CH)/Göttingen 2004. – *J. Andreau*: Banking and Business in the Roman World, Cambridge 1999. – *Sh. Applebaum*: Judaea as a Roman Province. The Countryside as a Political and Economic Factor, ANRW II 8, 1977, 355–396. – *M. Chauveau*: Egypt in the Age of Cleopatra, Ithaca/London 2000. – *D. A. Fiensy*: The Social History of Palestine in the Herodian Period. The Land Is Mine, Lewiston u.a. 1991. – *S. Freyne*: Galilee. From Alexander the Great to Hadrian. 323 BCE to 135 CE. A Study of Second Temple Judaism, Edinburgh 1980. – *Ders.*: Herodian Economics in Galilee. Searching for a Suitable Model, in: *Ders.*: Galilee and Gospel. Collected Essays, Tübingen 2000, 86–113. – *K. C. Hanson/D. E. Oakman*: Palestine in the Time of Jesus. Social Structures and Social Conflicts, Minneapolis 1998. – *K. W. Harl*: Coinage in the Roman Economy, 300 B.C. to A.D. 700, Baltimore/London 1996. – *G. Hölbl*: Geschichte des Ptolemäerreiches. Politik, Ideologie und religiöse Kultur von Alexander dem Großen bis zur römischen Eroberung, Darmstadt 1994. – *C. Howgego*: Geld in der Antiken Welt. Was Münzen über Geschichte verraten, Darmstadt 2000. – *A. Jostein*: Jerusalemer Tempel und Tempelmarkt im 1. Jahrhundert nach Christus, Wiesbaden 1999. – *H. Kloft*: Die Wirtschaft der Griechisch-Römischen Welt. Eine Einführung, Darmstadt 1992. – *G. E. Lenski*: Power and Privilege. A Theory of Social Stratification, Chapel Hill/London ²1984. – *F. de Martino*: Wirtschaftsgeschichte des alten Rom, München ²1991. – *J. Pastor*: Land and Economy in Ancient Palestine, London/New York 1997. – *M. Rostovtzeff*: Gesellschafts- und Wirtschaftsgeschichte der hellenistischen Welt, 3 Bde., Darmstadt 1955 (ND Darmstadt 1998). – *Z. Safrai*: The Economy of Roman Palestine, London 1994. – *W. Weiser/H. M. Cotton*: Neues zum „Tyrischen Silbergeld" herodianischer und römischer Zeit, ZPE 139, 2002, 235–250.

## 2.3.3 Die Arbeitswelt (*Peter Herz*)

*Stellen im NT*

Mt 3,12; 7,19; 9,37; 13; 18,23–35; 20,1–16; Mk 4,1–9.26–30; 11,28; 13,28; Lk 8,4–8; 13,18f; Joh 4,35f; Phlm

*Antike Bewertung von Arbeit*

In der nichtchristl. Literatur besteht ein deutliches Missverhältnis zwischen den allgemein üblichen Formen des Erwerbslebens und der gesellschaftlichen Akzeptanz, die durch die Meinung der Eliten bestimmt wird, die v.a. die körperliche Arbeit negativ beurteilten und daher moralisch abwerteten.[1] Diese

[1] Allgemein *J. Ebert u.a.* (Hgg.): Die Arbeitswelt der Antike, Wien u.a. 1984.

Haltung lässt sich in der antiken Literatur mehrfach fassen,[2] die nur die im großen Maßstab betriebene Landwirtschaft und mit gewissen Abstrichen Großhandel bzw. Bankgeschäfte als ehrbare Beschäftigungen gelten lässt.[3] Das Christentum hingegen, das in diesem Punkt ganz in der jüd.-atl. Tradition steht, hebt den positiven Wert jeglicher Arbeit, d.h. auch den der einfachen körperlichen Arbeit, ausdrücklich hervor.[4]

*Ausbildung*

Der sicherlich größte Teil der erwerbsfähigen Menschen war in den sog. primären Produktionsbereichen, d.h. v.a. der Landwirtschaft, beschäftigt. Das Arbeitsleben begann sehr früh, wie paläomedizinische Befunde an Knochenfunden gesichert haben.[5] Eine Ausbildung für bestimmte Berufe fand auf einer völlig privaten Basis statt, in der Regel durch eine Lehre beim Vater. Erst in der Spätantike wurde die private Ausbildung in bestimmten Berufsfeldern (v.a. Baugewerbe) durch staatliche Privilegien für die Handwerker gefördert.[6] Für die Welt der Evv dürfte die aus dem Talmud bekannte Forderung der Rabbinen gegolten haben, seinen Söhnen auf jeden Fall eine Ausbildung zukommen zu lassen.[7]
In den v.a. aus den Papyri (→1.3.4.1) bekannten Lehrverträgen wurde genau festgelegt, wie lange die Ausbildung zu dauern hatte, welche Fähigkeit zu lehren und welcher Lohn bzw. welches Lehrgeld zu zahlen war. Üblicherweise lebten die Lehrlinge im Hause ihres Meisters und erhielten von ihm Kost und Logis.[8] Eine Ausbildung für ein Handwerk, aber auch für eher intellektuelle Fähigkeiten (Mediziner, Lehrer) erfuhren nicht nur Freigeborene, sondern auch Sklaven, deren Herren diese Ausbildung nutzten, um den späteren wirtschaftlichen Wert des Sklaven (→2.2.5.3) zu steigern. Denn selbst nach einer Freilassung (*manumissio*, Entlassung aus der Gewalt des Herren) konnte sich der *patronus* (→2.2.5.2) auch weiterhin noch die Leistungen des Freigelassenen (*libertus/a*) durch die vertragliche Vereinbarung von Arbeitsleistungen (*operae libertorum*) sichern.[9]

*Arbeitsmittel*

Im Gegensatz zu modernen Zeiten ist der Kostenfaktor Lohn an den Produktionskosten sicherlich geringer gewesen. Arbeitssparende Maschinen (Flaschenzüge, einfache Kräne) waren bekannt, wurden aber nicht häufig einge-

[2] Vgl. u.a. Cic. off. 1,150 nach Panaitios (?), vgl. auch Xen. oik. 4,2.
[3] *J. H. D'Arms*: Commerce and Social Standing in Ancient Rome, Cambridge 1981; *A. R. Dyck*: A Commentary on Cicero, De officiis, Ann Arbor 1996, 331–336; *S. B. Pomeroy*: Xenophon, Oeconomicus. A Social and Historical Commentary, Oxford 1994.
[4] *Krauss* 1911, 249–315.
[5] Gute Übersicht dazu bei *W. Petermandl*: Kinderarbeit im Italien der Prinzipatszeit. Ein Beitrag zur Sozialgeschichte des Kindes, Laverna 8, 1997, 113–136.
[6] Cod. Theod. 13,4.
[7] Dazu vgl. *Krauss* 1911, 254–258.
[8] Vgl. *H.-A. Rupprecht*: Kleine Einführung in die Papyruskunde, Darmstadt 1994, 125f; *J. Herrmann*: Vertragsinhalt und Rechtsnatur der *didaskalikai*, in: *Ders.*: Kleine Schriften zur Rechtsgeschichte, München 1990, 164–184.
[9] *W. Waldstein*: *Operae libertorum*. Untersuchungen zur Dienstpflicht freigelassener Sklaven, Stuttgart 1986.

setzt.[10] Daher bestand ein hoher Bedarf an einfachster körperlicher Arbeit beim Be- und Entladen von Schiffen oder beim Lastentransport bei Baustellen usw.[11] Am ehesten ist mit dem Einsatz technischer Hilfsmittel bei der künstlichen Bewässerung zu rechnen, wo aber trotz Schaduf (Schwingeimer), Sakiye (Wasserrad) oder archimedischer Schraube (Wasserschnecke) die physische Kraft des Menschen oder Ochsen gefordert wurde.[12] Auch der Betrieb der einfachen mechanischen Getreidemühlen oder der Pressen bzw. Keltern zur Produktion von Olivenöl oder Wein, die v.a. nach dem Hebelprinzip arbeiteten, wurde entweder durch Menschenkraft oder Tiere gewährleistet.[13] Die Arbeit in einer Getreidemühle muss für Menschen physisch so anstrengend gewesen sein, dass diese Beschäftigung für Sklaven als Strafmaßnahme galt.[14]

*Beschäftigungsverhältnisse*

Viele Arbeitskräfte besaßen kein permanentes Beschäftigungsverhältnis, sondern wurden lediglich zur Erledigung festgelegter Arbeiten verpflichtet, was etwa für Handwerker galt, oder bei Hilfsarbeiten sogar nur auf einer Tagesbasis angeheuert (vgl. etwa Mt 20,1–16). Viele Arbeiten dürften von wandernden Handwerkern erledigt worden sein, die mit ihrem Werkzeug den Auftraggeber aufsuchten. Daneben dürfte ein bedeutender Teil der anfallenden Erntearbeiten von Wanderarbeitern erledigt worden sein. Man vergab die arbeitsaufwändige Einbringung der Oliven oder der Weintrauben oder das Abernten großer Getreidefelder gegen einen Festbetrag an Unternehmer (*conductores*), die ihrerseits auf eigenes Risiko die Arbeiter beschafften (*locatio operum*), die dann im Akkord arbeiteten.[15] Bei den in Lk 15,19 erwähnten Lohnarbeitern (*misthios* bzw. *mercennarius*) lässt sich nicht gesichert erkennen, ob dies feste Arbeitskräfte sind oder reine Saisonkräfte. Ähnlich einfache Vertragsformen dürften auch für große Bauvorhaben gegolten haben, v.a. wenn die rein manuellen Arbeitsleistungen, wie Ziegelstreichen, Transportieren und Anreichen von Baumaterial, im Vordergrund standen.[16] Im Tageslohn beschäftigt waren

---

[10] Ein Sonderfall stellen technische Einrichtungen bei der Bewässerung dar. Vgl. *D. Bonneau*: Le régime administrative de l'eau dans l'Égypte grecque, romaine et byzantine, Leiden 1993; *W. Habermann*: Zur Wasserversorgung einer Metropole im kaiserzeitlichen Ägypten. Neuedition von P. Lond. III 1177. Text – Übersetzung – Kommentar, München 2000; *Ö. Wikander* (ed.): Handbook of Ancient Water Technology, Leiden u.a. 2000; *A. Trevor Hodge*: Roman Aqueducts and Water Supply, London 1995.

[11] Für eine neue Sicht des Technikeinsatzes und der Bereitschaft zu technischen Innovationen in der Antike vgl. *A. Wilson*: Machines, Power and the Ancient Economy, JRS 92, 2002, 1–32 (weiterführende Literatur).

[12] *Neuburger* 1919, 207–212.

[13] Technische Details: *Neuburger* 1919, 113–118.

[14] *F. Millar*: Condemnation to Hard Labour in the Roman Empire, From the Julio-Claudians to Constantine, PBSR 52, 1984, 124–147 u. *Ders.*: The World of the Golden Ass, JRS 71, 1981, 63–75, bes. 73 zu Apul. met. 7,15,3.

[15] Zum Institut der *locatio conductio*: *M. Kaser*: Das römische Privatrecht I. Das altrömische, das vorklassische und klassische Recht, München [2]1971, 562–572, vgl. Cato agr. 153.

[16] Wichtig für den Arbeitskräftebedarf des Baugewerbes: *J. DeLaine*: The *Insula* of the Paintings. A Model for the Economics of Construction in Hadrianic Ostia, in: *A. G. Zevi*/*A.*

wohl auch die Arbeitskräfte, die den Fischer Zebedaeus auf seinem Boot unterstützten (Mk 1,20).
Freie Arbeitskräfte wurden auch für Sonderarbeiten herangezogen, die einen besonderen Einsatz (Meliorationsarbeiten) erforderten oder gefährlich (Bergwerk) waren, da man so die Risiken abwälzen konnte.[17] Ungelernte Kräfte, die gerade in der Landwirtschaft tätig waren, wo sie einfachste Tätigkeiten verrichteten, dürften sich in ihrem rechtlichen Status und ihren Lebensbedingungen vielfach kaum von Sklaven unterschieden haben.[18]

*Sklaverei*

Obwohl keine antiken Statistiken existieren, dürften Sklaven (→2.2.5.3) in den meisten Regionen des kaiserzeitlichen Imperium Romanum zu keiner Zeit die Mehrzahl der Arbeitskräfte gestellt haben. Nachdem die primäre Versorgung des Sklavenmarktes durch Kriegsgefangene oder Menschenraub durch das Ende der röm. Expansion und die Zurückdrängung der Piraten deutlich zurückgegangen war, traten die interne Reproduktion durch Sklavenkinder,[19] die Versklavung von Findelkindern[20] oder der Import über die Reichsgrenzen vermehrt an seine Stelle.[21] Daneben sind auch der Selbstverkauf in die Sklaverei zu beachten, um Schulden zu begleichen, oder der Verkauf von Kindern in eine nominell temporäre Knechtschaft.[22]
Im jüd. Bereich sind spezielle Abhängigkeitsformen der Arbeitskräfte bekannt, die aus der einheimischen Tradition begründet sind. Dabei ist bei jüd. Sklaven die Schuldknechtschaft als Hauptgrund anzunehmen, die zudem in der Regel auf 6 Jahre begrenzt war (vgl. Mt 18,24–30).[23]

*Literatur (siehe →2.3.4; 2.3.2)*

---

*Claridge* (eds.): „Roman Ostia" revisited (FS R. Meiggs), London 1996, 165–184. Zur Organisation von öffentlichen Großbaustellen vgl. jetzt die Überlegungen von *J. Ganzert*: Im Allerheiligsten des Augustusforums. Fokus „oikumenischer Akkulturation", Mainz 2000.

17 *S. Mrozek*: Lohnarbeit im klassischen Altertum. Ein Beitrag zur Sozial- und Wirtschaftsgeschichte, Bonn 1989.

18 Aufschlussreich für die Zusammenstellung der Arbeitskräfte auf einem großen Besitz: *D. Rathbone*: Economic Rationalism and Rural Society in Third-Century A.D. Egypt. The Heroninos Archive and the Appianus Estate, Cambridge 1991, 88ff zu festen Arbeitskräften, 148ff zu gelegentlichen Arbeitskräften.

19 Vgl. *E. Herrmann-Otto*: *Ex ancilla natus*. Untersuchungen zu den „hausgeborenen" Sklaven und Sklavinnen im Westen des römischen Kaiserreiches, Stuttgart 1994. Allgemein zu den Quellen der Sklaverei *L. Schumacher*: Sklaverei in der Antike. Alltag und Schicksal der Unfreien, München 2001, 25–90.

20 Corpus der röm. Rechtsquellen zur antiken Sklaverei, *J. M. Rainer* (Hg.): Teil I. Die Begründung des Sklavenstatus nach *ius gentium* und *ius civile*, bearb. von *H. Wieling*, Stuttgart 1999, 27 mit den Quellentexten Nr. 106ff (109ff), die zwar spätantik sind, aber den Rechtszustand früherer Zeiten reflektieren (→1.5.1–3).

21 Dies wird u.a. durch Dig. 39,4,16,7 bestätigt.

22 Vgl. *P. Herz*: Marktplätze in römischer Zeit: *Vicetia* und *Marcelliana*, in: *K. Ruffing/B. Tenger* (Hgg.): *Miscellanea oeconomica* (FS H. Winkel), St. Katharinen 1997, 25–62, bes. 55ff.

23 *Goodman* 1987, 55 Anm. 10; *A. Ben-David* 1974, 69–72. Gute Zusammenfassung bei *E. L. Gibson*: The Jewish Manumission Inscriptions of the Bosporus Kingdom, Tübingen 1999, 62ff.

## 2.3.4 Erwerbsmöglichkeiten (*Peter Herz*)

*Stellen im NT*
*Feigenbaumzucht*: Mk 11,12–14; Lk 13,6–9; *Wein*: Mt 20,1–16; 21,22–46; Mk 2,22; 3,1; Lk 5,37–39; Joh 15,1–17; *Olivenzucht*: Röm 11,16–24; *Vieh*: Mt 9,36; 18,12–14 (Schaf); Mk 5,13; Lk 15,11–32 (Schwein); Mt 18,12–14; Joh 10,1–21 (Schaf); *Fischer*: Mt 4,18–22; 13,47; Mk 3,1; Lk 5,36; *Silberschmiede*: Apg 19,23–40; *Schneider*: Mt 19,24; Mk 2,21; Lk 5,36; *Purpurhändlerin*: Apg 16,14f; *Wirte*: Mt 21,31; Lk 7,36–50; 10; *Lebensmittel*: Mt 18,6; Mk 2,21f; 15,23; Lk 13,18–20; 17,35; *Kauf*: Mt 13,44; *Bankwesen*: Mt 15,14–30 par; Mk 11,15–19

*Land- und Viehwirtschaft*
Land- und Viehwirtschaft waren sicherlich die Wirtschaftszweige, in denen die meisten Menschen beschäftigt waren, wobei die kleinbäuerlichen Betriebe wohl als reine Familienbetriebe organisiert waren.

I. Landwirtschaft
In der Landwirtschaft ist von der parallelen Existenz unterschiedlicher Produktionsformen auszugehen.[1] Neben großen Domänen im Besitz der politischen und sozialen Eliten,[2] die sowohl durch Sklaven als auch durch Pächter bewirtschaftet wurden, stand landwirtschaftlicher Klein- und Mittelbesitz, der bei der antiken Produktivität nur bedingt ausreichte, auf die Dauer eine größere Familie zu ernähren.[3] Durch das Erbrecht wurde dieser Besitz sehr schnell fragmentiert, was den Besitzer zwang, entweder weiteres Land zu pachten oder sich zusätzlich als Tagelöhner auf größeren Gütern zu verdingen.[4] Die negative Entwicklung der Besitzgrößen dürfte viele Kleinbauern dazu gezwungen haben, ganz auf das Niveau von Pächtern oder abhängigen Arbeitern abzusinken.[5]
Nachteilig für den kleinbäuerlichen Besitz war, dass er kaum Ressourcen besaß, so dass bereits eine schlechte Ernte ausreichte, einen solchen Besitz zu

---

1 Allgemeine Beobachtungen zu den wirtschaftlichen Strukturen der ländlichen Wirtschaft bei *L. de Ligt*: Demand, Supply, Distribution. The Roman Peasantry Between Town and Countryside. Rural Monetization and Peasant Demand, MBAH 9.2, 1990, 24–56 und *Ders.*: The Roman Peasantry Demand, Supply, Distribution Between Town and Countryside, 2. Supply, distribution and a comparative perspective, MBAH 10.1, 1991, 33–77.

2 *Goodman* 1987, 51–75.

3 Aufschlussreich für die Pachtverträge ist der ägyptische Vertrag P. Oxy. XLVII 3354, der bei der Arbeit im Weinberg die einzelnen Arbeitsschritte während eines Jahres beschreibt. Als typisches Beispiel einer mit Weinbau befassten landwirtschatlichen Siedlung der hell.-frühröm. Zeit aus der Nähe von Jerusalem kann Qalandiya gelten, vgl. *Y. Magen*: Qalandiya. A Second Temple-Period Viticulture and Wine-Manufacturing Agicultural Settlement, in: *Y. Magen u.a.* (eds.): The Land of Benjamin, Jerusalem 2004, 29–144.

4 Für diese Entwicklung in Judäa vgl. *Goodman* 1987, 56–61. Übersichten zu der Größe des Landbesitzes in einem überschaubaren Gebiet gibt es v.a. aus Ägypten, vgl. *A. K. Bowman*: Landholding in the Hermopolite Nome in the Fourth Century A.D., JRS 75, 1985, 137-163; *R. S. Bagnall*: Landholding in Late Roman Egypt: The Distribution of Wealth, JRS 82, 1992, 128–149.

5 Sehr informativ *J. Rowlandson*: Landowners and Tenants in Roman Egypt. The Social Relations of Agriculture in the Oxyrhynchite Nome, Oxford 1996.

verschulden.[6] Von der Hofstruktur dürften viele Kleinbauern kaum in der Lage gewesen sein, Überschuss etwa für Steuern usw. zu produzieren, was in Judäa für ein nachweisliches Unruhepotential im ländlichen Bereich sorgte.[7] Für die Überschuldung vieler Bauern sprechen die mehrfach berichteten Versuche, Schuldarchive zu verbrennen, Versuche, die nicht nur auf Judäa beschränkt waren (vgl. Mt 18,24–30).[8]
Bedeutende Teile der verwertbaren Landfläche dürften Eigentum des röm. Staates (*ager publicus*) oder des Kaiserhauses gewesen sein, wobei diese Landkategorie durch die Konfiskationen nach dem 1. Jüd. Krieg stark gewachsen sein dürfte.[9] Dieses Land wurde in der Regel nicht direkt bewirtschaftet, sondern eher an Großpächter (*conductores*) vergeben, die dann die Landstücke an Unterpächter weiterverpachteten und auch das ökonomische Risiko trugen.[10] Die Vertreter des Staates (*procuratores* der *res privata* oder des *patrimonium populi Romani*) kümmerten sich lediglich um die finanzielle Seite.[11]
In den Evv wird Großgrundbesitz nur gelegentlich angesprochen, obwohl dieser durch andere Quellen auch für das röm. Judäa gesichert ist.[12] Am ehesten bezieht sich das Gleichnis von den anvertrauten Talenten (Mt 25,14–30) auf die Wirtschaftsformen eines großen landwirtschaftlichen Betriebes, wo derart hohe Geldsummen investiert werden konnten.

*Feldfrüchte*
Die Zahl der für den menschlichen Verzehr angebauten Feldfrüchte war beträchtlich.[13] Die wichtigsten Produkte waren die Getreidesorten, von denen Weizen, Gerste, Hirse sowie Emmer und Einkorn (nördlich der Alpen) in größerer Zahl angebaut wurden. Sie wurden durch Leguminosen (Erbsen, Bohnen, Linsen) und verschiedene Arten von Rüben, Gurken, Kürbissen, Melonen, Zwiebelgewächsen und essbaren Kräutern ergänzt. Ebenfalls regelmäßig angebaut wurden Pflanzen, die als Rohstoffe verwendet wurden. Zu ihnen gehören Gespinst- (Flachs, Leinen, Hanf, Baumwolle) und Färbepflanzen (Waid,

---

6 Zum Vergleich *B. Tenger*: Die Verschuldung im römischen Ägypten (1.–2. Jh. n.Chr.), St. Katharinen 1993.

7 *Goodman* 1987, 62–68.

8 *M. Goodman*: The First Jewish Revolt. Social Conflict and the Problem of Debt, JJS 33, 1982, 417–427; *S. Mrozek*: *Faenus*. Studien zu Zinsproblemen zur Zeit des Prinzipats, Stuttgart 2001.

9 Vgl. dazu u.a. *S. Applebaum*: Royal and Imperial Estates in the Sharon and Samaria, in: *Ders*.: Judaea in Hellenistic and Roman Times. Historical and Archaeological Essays, Leiden 1989, 97–110.

10 Da man beim Abschluss eines Pachtvertrages entsprechende Sicherheiten für die künftigen Zahlungen geben musste, d.h. in der Regel eigenen Immobilienbesitz, war dies ein System, von dem v.a. die lokale Oberschicht profitierte.

11 Ich orientiere mich hier v.a. an dem System, das sich aus den afrikanischen Texten des 2. Jh. erschließen lässt, vgl. *D. P. Kehoe*: The Economics of Agriculture on Roman Imperial Estates in North Africa, Göttingen 1988; *Ders*.: Management and Investment on Estates in Roman Egypt During the Early Empire, Bonn 1992.

12 *Goodman* 1987, 59f.

13 Für die Feldfrüchte im Allgemeinen: *M. S. Spurr*: Arable cultivation in Roman Italy c. 200 B.C.–c. A.D. 100, London 1986. Für Judäa: *Ben-David* 1974, 99–126.

Krapp, Safran), aber auch Ölpflanzen, wie Sesam und Rizinus, oder Gewürze, wie die Senfpflanze.[14]

*Arborikultur*
Ebenfalls wichtig war die Arborikultur. Neben der Pflege des Olivenbaums (s.u.) stand der Anbau der Dattelpalme, der Feige, des Granatapfels, des Johannisbrotbaums (v.a. für Viehfutter),[15] diverser Nüsse und Obstsorten.[16]

*Wein*
Wein zählte zu den antiken Grundnahrungsmitteln, war allerdings nur bedingt lagerfähig. Durch einen zu geringen Alkoholanteil und technische Defizite bei der Produktion wurde Wein schnell sauer bzw. modrig, was für den Weinverkauf „ab Fass" bedeutende Haftungsprobleme bedeutete.[17] Man versuchte daher den Wein durch Beigabe von Mostsirup (*defrutum*), Behandlung mit Salzwasser bzw. die Zugabe von Hornklee oder Gips zu konservieren.[18] Daneben wurde Wein durch die Beimischung von Honig, Kräutern oder Pfeffer geschmacklich aufgebessert. Die reifen Trauben wurden ursprünglich nur unter den Füßen zertreten, später kam der Gebrauch von Keltern auf.[19] Den frisch gepressten Most leitete man zunächst zum Gären in offene Stein- oder Tonbecken, den jungen Wein lagerte man anschließend in verschließbaren Großbehältern (*dolia*), aus denen der Wein für den Verkauf abgefüllt wurde. Das für größere Entfernung genutzte Transportbehältnis (→2.4.2) war im Mittelmeergebiet üblicherweise die Amphore, während nördlich der Alpen auch Holzfässer verwendet wurden. Große Weinschläuche aus Rinderhäuten (*cullei*) konnten für den Überlandtransport verwendet werden, Schläuche aus Ziegenleder (*utriculum*) für den lokalen oder Detailhandel.[20] Das Gleichnis vom alten und neuen Wein und den entsprechenden (alten und neuen) Weinschläuchen Lk 5,37–39 hat v.a. durch 5,39 Anlass zur Diskussion gegeben.[21] Diese Aussage lässt sich nur schwer mit der Realität antiker Vinikultur in Einklang bringen, wobei die Hauptschwierigkeit darin liegt, dass man nicht genau sagen kann,

---

[14] *Ben-David* 1974, 121–126.

[15] Lk 15,11–17, bes. 16 (der Sohn hätte gerne seinen Hunger mit den Schoten gestillt, die die Schweine fraßen, doch niemand gab ihm davon) spricht für eine intensive Schweinezucht mit Stallhaltung und Zufütterung.

[16] *Ben-David* 1974, 115–121.

[17] Zur dieser Problematik vgl. *M. Harder*: Weinkauf und Weinprobe im römischen Recht, in: *M. Lutter u.a.* (Hgg.): Recht und Wirtschaft in Geschichte und Gegenwart (FS J. Bärmann), München 1975, 17–30; *B. W. Frier*: Roman Law and the Wine Trade. The Problem of „Vinegar Sold as Wine", ZSRG.R 100, 1983, 257–295.

[18] *A. Tchernia/J. P. Brun*: Le vin romaine antique, Grenoble 1999, 111ff, die nach Colum. 12,21 einige Techniken der Weinkonservierung testen.

[19] Vgl. die Beiträge von *M.-C. Amouretti* und *J.-P. Brun*, in: *Dies*. (eds.): La production du vin et de l'huile en méditerranée. Oil and wine production in the Mediterranean area, Actes du symposium international organisé par le centre Camille Jullian et le Centre archéologique du Var, Aix-en-Provence et Toulon, 20–22 novembre 1991, Athen/Paris 1993, 511–585 zur antiken Kelter- bzw. Presstechnik (Abb.).

[20] *A. Tchernia*: Le vin de l'Italie romaine. Essai d'histoire économique d'après les amphores, Rom 1986.

[21] Vgl. *G. Schneider*: Das Evangelium nach Lukas, Gütersloh/Würzburg $^{2}$1984, 139f.

was man damals als „jungen" bzw. „alten" Wein bezeichnete. Üblich war, dass Wein sehr schnell getrunken werden musste, da er sonst unbrauchbar wurde. Wenn junger Wein in Schläuche abgefüllt wurde, die er dann zu sprengen drohte, dann bedeutet dies, man verzichtete auf eine Reifelagerung im Dolium, sondern füllte den noch gärenden Wein sofort in die Schläuche. Luther trägt diesem Umstand durch die Verwendung von „Most" Rechnung. Alter Wein müsste demnach nichts anderes als der ausgegorene Wein sein. Im modernen Sinne „alte" Weine gab es in der Antike kaum, da die meisten Weine bereits nach einem Jahr entweder sauer oder kämig geworden waren.

*Olivenöl*

Olivenöl gehört ebenfalls zu den Grundnahrungsmitteln, obwohl die Kultivierung der Olive topographisch auf die günstigeren Zonen des Mittelmeergebietes beschränkt ist. Dies führte zur Pflege anderer Ölfrüchte[22] und zur Verwendung tierischer Fette bzw. zu einem weitreichenden Olivenölhandel (→2.4.2), der v.a. durch die Amphoren aus der Baetica bzw. Nordafrika erschließbar ist. Reife Oliven konnten vielfältig verwendet werden, man konnte sie sofort verzehren, sie einlegen oder Öl aus ihnen gewinnen. Dazu mussten die Oliven zunächst in Steinmühlen gemahlen werden, damit im nächsten Schritt das Öl ausgepresst werden konnte. Olivenöl diente nicht nur zum Verzehr, sondern fand auch in Medizin und Kosmetik Verwendung. Der getrocknete Trester wurde als Dünger oder als Heizmaterial genutzt.[23] Weinkeltern und Ölmühlen sowie Ölpressen sind durch die Archäologie für den gesamten Bereich Judäas in großer Zahl nachgewiesen und unterstreichen, dass Wein und Olivenöl zu den Grundnahrungsmitteln gehörten. Die Frage einer kultischen Reinheit des Olivenöls, das durch Josephus (→1.3.2.6) für die Zeit der Evv als relevant erwiesen wird, taucht in den christl. Texten nicht als Problem auf.[24]

II. Viehwirtschaft

Viehwirtschaft war ein relativ vielfältiger Wirtschaftszweig, in dem sowohl die intensive Viehzucht im Rahmen des Bauernhofes (Bienen, Vögel) als auch die extensive Weidewirtschaft (v.a. Schafe, Ziegen, Schweine) bekannt waren.[25] Vielfach dürfte das Weidevieh halbwild und ganzjährig auf den Weiden verblieben sein.[26] Transhumanz lässt sich sowohl als horizontale T. zwischen

---

[22] Vgl. allgemein *D. B. Sandy*: The Production and Use of Vegetable Oils in Ptolemaic Egypt, Atlanta 1989.

[23] *Ben-David* 1974, 115. Zur Ölproduktion im antiken Palästina vgl. *Frankel u.a.* 1994.

[24] *Ben-David* 1974, 111f nach Ios. bell. Iud. 2,591–594.

[25] *H. Graßl*: Viehwirtschaft, in: *H. Sonnabend* (Hg.): Mensch und Landschaft in der Antike. Lexikon der historischen Geographie, Stuttgart/Weimar 1999, 580–583; *W. Rinkewitz*: Pastio Villatica. Untersuchungen zur intensiven Hoftierhaltung in der römischen Landwirtschaft, Frankfurt a.M. u.a. 1984; *J. Peters*: Römische Tierhaltung und Tierzucht. Eine Synthese zur archäo-zoologischen Untersuchung und schriftlich-bildlicher Überlieferung, Rahden (Westf.) 1998. Bienen lieferten neben Wachs den wichtigsten Süßstoff, ausgewählte Vögel waren auch als Opfertiere wichtig.

[26] Vgl. *P. Herz*: *Latrocinium* und Viehdiebstahl. Soziale Spannungen und Strafrecht in römischer Zeit, in: *I. Weiler* (Hg.): Soziale Randgruppen und Außenseiter im Altertum, Graz 1988, 205–225 zu den Rückschlüssen auf das Weidesystem etwa Süditaliens oder der Baetica.

oftmals weit entfernten Sommer- und Winterweiden als auch als vertikale T. zwischen Tal- und Bergweiden nachweisen.[27] Gerade bei der T. waren Herden und Hirten oftmals viele Monate unterwegs, wobei sie in Italien spezielle Triften (*calles*) verwendeten, um zu den Weiden bzw. den Märkten zu gelangen.[28] Da die meisten Weiden wohl öffentlicher Besitz waren, dürfte eine staatliche Nutzungsgebühr (*scriptura*) erhoben worden sein.[29]

*Fischer*

Die Fischer waren wohl Kleinunternehmer im Familienverband, die wahrscheinlich gegen Zahlung einer staatlichen Abgabe ihren Fang einbringen durften (→2.3.1). Staatliche Fischereirechte sind aus Ägypten und Kleinasien bekannt. Da die Fiskalverwaltung in Judäa in hell. Tradition stand, ist auch hier ein solches System zu vermuten. Man fischte wohl sowohl mit Wurfnetzen als auch mit Schleppnetzen, die mit Booten gezogen wurden (Mt 13,47). Wird Fisch erwähnt, so handelt es sich um Frischfisch, Hinweise auf Fischprodukte fehlen.[30]

III. Handwerk und Handel

Bei Handwerk und Handel existierte ein hoher Grad an Arbeitsteilung und Spezialisierung, wie noch an der hohen Zahl von Berufsbezeichnungen erkennbar wird.[31] Dabei ist im lokalen Kontext keine strikte Trennung zwischen Produzent und Händler möglich. So dürfte der *negotiator purpurarius* sowohl den Purpurstoff gewonnen, verarbeitet und anschließend die mit Purpur gefärbten Waren verkauft haben (vgl. Apg 16,14f), ähnliches ist für den Produzenten und Händler mit Salben (*negotiator seplasiarius*) zu vermuten.
Berufe mit starker Geruchsbelästigung (Gerber wegen des Einsatzes von Urin, Abdecker, Walker) oder Feuergefahr (Ziegeleien) konzentrierten sich meistens

---

[27] Vgl. *G. Waldherr*: Transhumanz, in: *H. Sonnabend* (Hg.): Mensch und Landschaft (Anm. 25), 564–568.

[28] Vgl. zu den *calles*: *M. Corbier*: La transhumance entre le Samnium et l'Apulie: Continuités entre l'époque républicaine et l'époque imperiale, in: La romanisation du Samnium aux IIe et Ier siècle av. J.-C. Actes du Colloque organisée par le Centre Jean Bérard en collaboration avec la Soprindenza archeologica e per i BAAAS del Molise et la Soprindenza archeologica per le Provincie di Salerno, Avellino e Benevento, Naples, Centre Jean Bérard, 4–5 novembre 1988, Neapel 1991, 149–176.

[29] Vgl. *H. Engelmann/D. Knibbe*: Das Zollgesetz der Provinz Asia. Eine neue Inschrift aus Ephesos, Köln 1989, 93–95 zu § 31f mit Verweis auf Varro rust. 2,1,16.

[30] Gesalzener Fisch oder Fischsauce (*garum*) werden nicht erwähnt, dazu vgl. *R. I. Curtis*: Garum and Salsamenta. Production and commerce in Materia Medica, Leiden 1991, vgl. aber: *H. Cotton u.a.*: Fish Sauces from Herodian Masada, JRA 9, 1996, 223–239.

[31] Liste der Berufsbezeichnungen bei *H. v. Petrikovits*: Die Spezialisierung des römischen Handwerks, in: *H. Jankuhn u.a.* (Hgg.): Das Handwerk in vor- und frühgeschichtlicher Zeit I. Historische Beiträge und Untersuchungen zur Frühgeschichte der Gilde, Göttingen 1981, 63–132. Daneben auch: *P. van Minnen*: Urban Craftsmen in Roman Egypt, MBAH 6.1, 1986, 31–88. Zur Differenzierung im Handel vgl. *H.-J. Drexhage*: Die Komposita mit *-pōlēs* und *-pratēs* im hellenistischen Ägypten, MBAH 10.2, 1991, 1–17 und *Dens.*: Nochmals zu den Komposita mit *-pōlēs* und *-pratēs* im hellenistischen Ägypten, MBAH 20.1, 2001, 1–14 nach dem papyrologischen Material.

in den Randbezirken der Städte. Organisationen von Handwerkern oder Arbeitskräften gab es in der Regel nur im städtischen Kontext (→2.2.4.2).[32]
Viele Arbeitsleistungen wurden erst auf Anforderung bzw. nach einer Ausschreibung erbracht, was v.a. für das Baugewerbe gilt, wo wir den Werkvertrag kennen (*locatio operum*).[33] Auch die Großproduktion von Amphoren oder anderer Keramik (Öllampen) wurde oft in Form eines Werkauftrages vergeben, wie v.a. die Papyri zeigen.[34]
Bei Produktionen, die nicht auf die Nutzung spezieller Rohstoffe angewiesen waren, sondern bei denen die Kenntnis der Technik im Vordergrund stand, lässt sich innerhalb des Imperium Romanum eine Wanderung von Produktionszweigen nachweisen. So wanderte die Produktion von feiner glasierter Reliefkeramik (*terra sigillata*) im Zeitraum späte Republik/frühe Kaiserzeit von den ursprünglichen Produktionszentren in Etrurien (Arretium) über Süd- und Zentralgallien (La Graufesenque, Banassac) bis an den Rhein.[35] Ähnliches gilt für die Glasproduktion, die aus dem syrischen Raum bis an den Niederrhein (Köln) wanderte.
Ebenso lassen sich Wanderungen von Textil-Produktionen nachweisen. So wurden in Laodikeia (→2.2.7.3 XIII) entwickelte Produkte zunächst ins gesamte Reich exportiert und dort später imitiert.[36] Gewisse Technologien aus dem syrisch-palästinischen Raum könnten durch die jüd. Gemeinden verbreitet worden sein.

*Textilgewerbe*
Im Textilgewerbe (→2.2.1.8) lässt sich eine Differenzierung nach dem Material erkennen, das man verarbeitet. Der *ciliciarius* arbeitet v.a. mit Ziegenhaaren, aus denen er Decken und Zeltbahnen herstellt. Der *linarius* arbeitet mit Leinenfäden, der *sericarius* webt Seide. *Polymitarius* und *trilicarius* unterscheiden sich nach der Art der Fäden, der *trilicarius* arbeitet mit dreifachen Fäden, der *polymitarius* wahrscheinlich mit einer Vielzahl von Fäden, die dann möglicherweise ein besonderes Muster ergaben. Der *plumarius* stellte durch Besticken mit kostbaren Fäden wahrscheinlich Brokatstoffe her, der *barbaricarius* verwendete dazu Goldfäden. Der *segmentarius* spezialisierte sich auf das Weben von Borten oder Einsätzen. Der *tarsicarius* (von Tarsus) webte wahrscheinlich mit einem speziellen Webstuhl ein besonderes damast-

---

32 Zuletzt *I. Dittmann-Schöne*: Die Berufsvereine in den Städten des kaiserzeitlichen Kleinasien, Regensburg 2001; *C. Zimmermann*: Handwerkervereine im griechischen Osten des Imperium Romanum, Mainz 2002.

33 Für Ausschreibungen im Baugewerbe vgl. P. Köln 52 sowie die *lex parietis* von Puteoli (CIL X 1781 = ILS 5317), daneben auch *J.-P. Adam*: Roman Building. Materials and Techniques, London/New York 1994.

34 *H. Cockle*: Pottery Manufacture in Roman Egypt, JRS 71, 1981, 87–97.

35 Für die Organisation der Terra Sigillata-Produktion vgl. *G. Fülle*: Die Organisation der terra-sigillata-Herstellung in La Graufesenque. Die Töpfergrafitti, MBAH 19.2, 2000, 62–99; *Ders.*: The Internal Organization of the Arretine Terra Sigillata Industry. Problems of Evidence and Interpretation, JRS 87, 1997, 111–155; *A. W. Mees*: Datierung und Vertrieb von reliefverzierten Sigillaten aus Banassac, MBAH 13.2, 1994, 31–46; *Ders.*: Organisationsformen römischer Töpfer-Manufakturen am Beispiel von Arezzo und Rheinzabern unter Berücksichtigung von Papyri, Inschriften und Rechtsquellen, Mainz 2002.

36 *S. Lauffer*: Diokletians Preisedikt, Berlin 1971, 154–156, Nr. 19,25–27.37–40 u.a.

ähnliches Tuch, das so typisch war, dass man es in anderen Regionen des Reiches imitieren konnte. Ähnliches gilt auch für den *laodicenarius*, dessen Produkte wahrscheinlich durch ihre Farbgebung und Musterung herausstachen. Der *sindoniacus* webte *sindon*, einen Baumwollstoff.
Neben dem einfachen Beruf des Färbers oder auch Auffärbers gab es Färber, die auf bestimmte Farben spezialisiert waren, wobei v.a. die roten Farbtöne (*blattiarius*, *conchyliarius*, *purpurarius*, vgl.: Purpurhändlerin Lydia Apg 16,14f, *flammearius*) überwogen. Eine Reihe von Schneidern war auf die Herstellung bestimmter Kleidungsstücke spezialisiert: *braccarius* auf Hosen, *cucullarius* auf Kapuzenmäntel, *manulearius* auf Gewänder mit langen Ärmeln, *manticularius* auf Schultertaschen, *burrarius*, *paenularius* und *sagarius* auf bestimmte Typen von Kapuzenmänteln. Hinzu kommen noch diverse Berufe aus dem Bereich Lederherstellung bzw. Lederverarbeitung: So gab es sechs unterschiedliche Bezeichnungen für Gürtelhersteller, wobei der *baltearius* Militärgürtel herstellte, der *zonarius* normale Ledergürtel, möglicherweise aus gefärbtem Leder. Bei den Schustern gab es rund 20 Differenzierungen, wobei sich eine deutliche Spezialisierung nach der Art der Schuhe erkennen lässt.

*Lebensmittelproduktion*
Bei der Lebensmittelproduktion gab es zunächst keine Trennung zwischen dem Mahlen des Getreides und seiner Verarbeitung, da beides Sache des Bäckers war.[37] Größere Getreidemühlen und spezialisierte Bäcker sind nur in größeren Siedlungen zu erwarten. Im ländlichen Bereich erfolgte die Zubereitung von Brot in der Regel innerhalb des Hauses, wobei die Frauen auch das Mahlen des Getreides übernahmen.

*Bankwesen*
Das Bankwesen lässt sich unter zwei Aspekten einordnen.[38] Der erste Aspekt ist das Geschäft des Geldwechslers, der unterschiedliche Währungen gegen ein Disagio umtauschte oder Geld wechselte,[39] ein Geschäft, das etwa die Geldwechsler betrieben, die Jesus aus dem Tempel vertrieb (Mk 11,15–19 parr). Da die Gläubigen aus Gebieten mit unterschiedlichen Geldsystemen nach Jerusalem kamen, war der Geldwechsel u.a. notwendig, um eine gültige Währung (tyrische Silberschekel) zu erhalten, mit der man die benötigten Opfertiere ankaufen oder die Tempelabgabe entrichten konnte.
Der zweite Aspekt ist der einer Kreditvergabe bzw. des Kapitaltransfers.[40] Überregionaler Kapitaltransfer funktionierte wohl in der Regel durch ein System von wechselseitigen Verpflichtungen der „Bankiers", die in fremdem Auftrag und auf schriftliche Ermächtigung vor Ort Bargeld auszahlten, das

---

37 Immer noch wichtig *L. A. Moritz*: Grain-Mills and Flour in Classical Antiquity, Oxford 1958. Jetzt auch *R. I. Curtis*: Ancient Food Technology, Leiden u.a. 2001.
38 Dazu *Andreau* 1999.
39 Aufschlussreich für die Modalitäten ist die Inschrift OGIS 484 = IGR IV 352 = *H. Freis*: Historische Inschriften zur römischen Kaiserzeit von Augustus bis Konstantin, Darmstadt [2]1994, Nr. 87 aus hadrianischer Zeit.
40 *H.-U. v. Freyberg*: Kapitalverkehr und Handel im römischen Kaiserreich (27 v.Chr.–235 n.Chr.), Freiburg 1989.

dann gegen eigene Schulden oder Verpflichtungen aufgerechnet wurde.[41] Daneben steht noch das System staatlich konzessionierter Banken in Ägypten, die sowohl Bargeld als auch Sachwerte in Zahlung nahmen.[42]
Für die Allgemeinheit deutlicher greifbar war die Kreditvergabe, die von Kleinkrediten an Bauern oder Handwerker bis zu Großkrediten reichte. Gerade bei den Kleinkrediten dürften in der Mehrzahl reiche Privatleute, die über ausreichend Bargeldreserven verfügten, aktiv geworden sein, die in der Regel gegen Sicherungen in Form von Immobilienbesitz oder Sachwerten Geld verliehen.[43] Die dabei üblichen Mindestzinsen dürften 1 % pro Monat betragen haben. Daher gehörten Bargeldstiftungen, die mit einem Jahreszins von 6 bis 8 % (ohne Tilgung) arbeiteten, um aus dem Gewinn karitative (Alimentarstiftungen) oder künstlerische Zwecke (Finanzierung von Agonen usw.) zu finanzieren, zu den günstigen Kreditquellen.[44]

*Märkte*
Bei den Märkten ist zwischen den regelmäßig beschickten Märkten, die z.B. die Versorgung der städtischen Bevölkerung mit Frischwaren sicherten, den saisonalen (Herbst/Frühjahrsmärkte) und den jährlichen Märkten zu unterscheiden.[45] Saisonale Märkte sind oft in den Ablauf der Ernten oder der großen Wanderungen der Herden eingebunden.
Bei den jährlichen Märkten besteht sehr oft eine Verbindung zwischen großen religiösen Festen (→2.2.1.7) und dem Marktgeschehen. So war das Pessach-Fest wahrscheinlich mit einem großen Frühjahrs-Viehmarkt verbunden, der die notwendigen Opfertiere bereitstellte. Da die jüd. Kultpraxis vor der Zerstörung des Tempels eine Vielzahl von Tieropfern vorsah, musste die Viehzucht auch die entsprechenden Mengen an Opfertieren bereitstellen, die zudem den geforderten Qualitätsansprüchen entsprachen. Für die öffentlichen Opfer wurden im Lauf eines Jahres 1149 Schafe, Böcke und Widder sowie 114 Stiere benötigt. Am Vorabend des Pessach-Festes wurden rund 20 000 Opferlämmer geschlachtet.[46]

IV. Ausblick auf das NT
Die in den Evv fassbar werdende wirtschaftliche Welt ist relativ einfach strukturiert, eine ländliche Welt der armen Bauern, Hirten und Fischer. Wohlhabende oder gar reiche Personen erscheinen nur am Rande (Gleichnis vom rei-

---

41 Vgl. das von *Andreau* 1999, 9–29 skizzierte System.
42 Für das Bankensystem in Ägypten vgl. immer noch *F. Preisigke*: Girowesen im griechischen Ägypten. Ein Beitrag zur Geschichte des Verwaltungsdienstes im Altertum, Straßburg 1910 (ND Hildesheim 1971).
43 *S. Mrozek*: *Faenus*. Studien zu Zinsproblemen zur Zeit des Prinzipats, Stuttgart 2001.
44 Immer noch nützlich *B. Laum*: Stiftungen in der griechischen und römischen Antike. Ein Beitrag zur antiken Kulturgeschichte, Leipzig 1914 (ND Aalen 1964).
45 *L. de Ligt*: Fairs and Markets in the Roman Empire. Economic and Social Aspects of the Periodic Trade in a Preindustrial Society, Amsterdam 1993; *J. M. Frayn*: Markets and Fairs in Roman Italy, Oxford 1993; *J. Nollé*: *Nundinas instituere et habere*. Epigraphische Zeugnisse zur Einrichtung und Gestaltung von ländlichen Märkten in Afrika und in der Provinz Asia, Hildesheim 1982.
46 Zahlen nach *Ben-David* 1974, 133.

chen Jüngling Mt 19,16–22). Dies unterscheidet sie von den ökonomischen Verhältnissen etwa der Apg, wo gelegentlich sowohl Güter des gehobenen Lebensstandards als auch deren Produzenten erscheinen (die Purpurhändlerin Lydia aus Thyateira oder die Silberschmiede von Ephesos, Apg 16,14). Es gibt wenige Hinweise auf spezialisierte Handwerker, wobei der Zimmermann als allgemeine Fachkraft für Holzverarbeitung und auch für viele Detailarbeiten beim Hausbau (→2.4.1) eine gewisse Ausnahme darstellt, da er wie der Schmied eine Tätigkeit verrichtete, auf die man selbst in einer bäuerlichen Umwelt nicht verzichten konnte. Die durch die Familien der Hasmonäer und des Herodes geförderte rege Bautätigkeit (Paläste, herodianischer Tempel), die dadurch notwendige Spezialisierung im Baugewerbe oder die hohe Zahl der Bauarbeiter liegen außerhalb des Blickfeldes der Evv.[47] Neben den Bauern werden in den Evv als einzige wohl auch zahlenmäßig nennenswerte Berufsgruppen die Hirten und Fischer genannt – die letzteren v.a. im Gebiet des Sees von Genezareth,[48] wobei bei den Hirten nicht erkennbar wird, ob es sich um eigenständig arbeitende Hirten handelt, die lediglich ihr eigenes Vieh beaufsichtigen, um Arbeiter in einem abhängigen Arbeitsverhältnis oder um Kleinunternehmer, die gegen Bezahlung die Betreuung fremden Viehs übernahmen.

*Literatur zu 2.3.3 und 2.3.4 (vgl. auch Literatur zu →2.3.2)*

*J. Andreau*: Banking and Business in the Roman World, Cambridge 1999. – *A. Ben-David*: Talmudische Ökonomie. Die Wirtschaft des jüdischen Palästina zur Zeit der Mischna und des Talmud I, Hildesheim/New York 1974. – *D. A. Fiensy*: The Social History of Palestine in the Herodian Period. The Land Is Mine, Lewiston u.a. 1991. – *M. Goodman*: The Ruling Class of Judaea. The Origins of the Jewish Revolt Against Rome A.D. 66–70, Cambridge 1987. – *R. Frankel u.a.*: History and Technology of Olive Oil in the Holy Land, Arlington/Tel Aviv 1994. – *J. Habbe*: Palästina zur Zeit Jesu. Die Landwirtschaft in Galiläa als Hintergrund der synoptischen Evangelien, Neukirchen-Vluyn 1996. – *S. Krauss*: Talmudische Archäologie II, Leipzig 1911 (ND Hildesheim 1966). – *A. Neuburger*: Die Technik des Altertums, Leipzig 1919. – *J. Pastor*: Land and Exonomy in Ancient Palestine, London/New York 1997. – *Z. Safrai*: The Economy of Roman Palestine, London/New York 1997. – W. Szaivert/R. Wolters: Löhne, Preise, Werte. Quellen zur römischen Geldwirtschaft, Darmstadt 2005.

[47] Vgl. etwa *K. Fittschen/G. Foerster* (eds.): Judaea and the Greco-Roman World in the Time of Herod in the Light of Archaeological Evidence. Acts of a Symposium Organized by the Institute of Archaeology, The Hebrew University of Jerusalem and the Archaeological Institute, Georg-August University of Göttingen at Jerusalem November 3rd – 4th 1988, Göttingen 1996; *E. Netzer*: Die Paläste der Hasmonäer und Herodes des Großen, Mainz 1999, *S. Fortner/A. Rottloff*: Signale aus der Vergangenheit – Die Rekonstruktion des täglichen Lebens in hellenistisch-römischer Zeit am Beispiel der archäologischen Fund aus Betsaida, in: *F. Faßbeck u.a.* (Hgg.): Leben am See Gennesaret, Mainz 2003, 138–146.

[48] Im Gleichnis Mt 13,47 wird auch eine Fischerei im Meer erwähnt (*eis tēn thalassan*), wobei dies wohl auf das Meer von Galiläa zu beziehen ist. Zur Lebens- und Arbeitswelt der Fischer vgl. auch *M. Nun*: Der See Genezareth und die Evangelien. Archäologische Forschungen eines jüdischen Fischers, Giessen 2001.

# 2.4 Technische Fertigkeiten und Wissenschaften

## 2.4.1 Architektur und Bauwesen (*Achim Lichtenberger*)

*Stellen im NT*

Mt 7,24–27; 26,69.71; Mk 2,1–12 parr; 6,3; 12,10 parr; 14,15.66.68; Lk 6,47–49; 13,4; 14,28–30; 22,12; Apg 12,13f; 18,4; 1Kor 3,10–12; 13; Eph 2,20f; 1Petr 2,6–8

Für das antike Bauwesen ist eine Unterscheidung zwischen öffentlicher und privater Bautätigkeit vorzunehmen. Je nach Auftraggeber oder Bauherr wurden öffentliche Bauten entsprechend dem politischen Kontext durch gemeindliche, städtische, provinzielle, königliche oder kaiserliche Bauträger durchgeführt. Auch Tempelverwaltungen konnten Bauten in Auftrag geben. Nicht selten wurden öffentliche Bauten von Privatleuten finanziert. Vor allem Repräsentations- und Nutz- sowie Infrastruktur- und Sakralbauten gehören in den Bereich der öffentlichen Bautätigkeit.

Während wir durch die Historiographie und Inschriften einiges Wissen zur öffentlichen Bautätigkeit haben,[1] besitzen wir sehr viel weniger Informationen zur Arbeitsorganisation von Privatbauten, die den größten Anteil an der Bautätigkeit der Antike gehabt haben dürften und den Normalfall darstellten. Diese Quellenungleichheit verschärft sich insbes. im dörflichen Kontext. Denn aus den großen Städten – wie z.B. Rom (→2.2.7.3 XI) oder Ephesos (→2.2.7.3 VI) – gibt es zumindest eine ganze Reihe an Quellen, die über die Bauorganisation (Auftraggeber, Bauarbeiter) berichten und Bauvorschriften für Privatbauten überliefern.[2] Letztere sollten v.a. der statischen Sicherheit und dem Brandschutz dienen. Es ist anzunehmen, dass es auch in dörflichen Gemeinschaften Reglementierungen im Hausbau gab.[3] Dass Statik und Brandschutz die sensibelsten Bereiche waren, wird auch im NT deutlich. Die wiederholte Betonung der Wichtigkeit guter Fundamentierung und die Erwähnung des Einsturzes des Turmes von Siloah zeugen davon (Lk 13,4). Die Möglichkeit, ein Gebäude durch die Verwendung feuerfester Materialien in einer Feuers-

---

[1] Darauf kann nicht im Einzelnen eingegangen werden. Zum NT siehe aber den in Röm 16,23 genannten *oikonomos* Erastos, der vielleicht identisch ist mit dem in einer Bauinschrift genannten Ädil in Korinth (→2.2.7.3 VIII). Siehe dazu kritisch *H. J. Cadbury*: Erastus of Corinth, JBL 50, 1931, 42–58; aber auch (eher zustimmend) *G. Theißen*: Studien zur Soziologie des Urchristentums, Tübingen 1979, 241–245.

[2] Siehe z.B. zu Bauvorschriften in Rom *O. F. Robinson*: Ancient Rome: City Planning and Administration, London 1992, 33–46; zu Ephesos vgl. Vitr. 10 praef. 1. Siehe insgesamt auch *H. Vetters*: Zu römerzeitlichen Bauvorschriften, in: *F. Krinzinger/B. O. E. Walde-Psenner* (Hgg.): Forschungen und Funde (FS B. Neutsch), Innsbruck 1980, 477–485. *S. Priester*: Ad summas tegulas. Untersuchungen zu vielgeschossigen Gebäudeblöcken mit Wohneinheiten und Insulae im kaiserzeitlichen Rom, Rom 2002, 209–216.

[3] Siehe z.B. die zahlreichen Ämter in der Dorfverwaltung, die für Organisation, Überwachung und Ausführung öffentlicher Bauten zuständig waren. Sie sind in der Region in spätkaiserzeitlichen und spätantiken Inschriften gut belegt: *H. I. MacAdam*: Studies in the History of the Roman Province of Arabia. The Northern Sector, Oxford 1986, 154–175; *S. M. Moors*: De Decapolis. Steden en dorpen ein de Romeinse provincies *Syria* en *Arabia*, Den Haag 1992, 421–489 (→2.2.6.1).

brunst zu schützen, wird im Bild des apokalyptischen Feuers in 1Kor 3,12–15 als geläufig vorausgesetzt.
Im NT wird eine ganze Reihe an öffentlichen Bauten genannt, die sich zum Großteil auch mit archäologischen Befunden verbinden lassen und identifiziert werden können. Neben dem Jerusalemer Tempel (→3.3.2.2) sind dies v.a. die Paläste der Herodesfamilie, die zum Teil später *praetoria* der röm. Statthalter wurden. Weiter sind zu nennen der Teich Betesda und das Davidsgrab in Jerusalem (→2.2.7.3 VII) sowie das Theater von Ephesos. Alle diese Bauten sind typische Repräsentationsbauten des östlichen Mittelmeerraumes im späten Hell., wobei insbes. der Tempel und die Herodespaläste auch spezifisch vorderorientalische Bauformen verwenden und in dieser Synthese originelle Schöpfungen sind. Materialvorlagen sowie typologische Studien zu diesen Bauwerken liegen vor.[4]
Dagegen gibt es nur wenige jüngere Arbeiten zu Haustypen (→2.2.1.1) in ntl. Zeit. Nach den Untersuchungen von Krauss und Dalman in der ersten Hälfte des 20. Jh.s ist insbes. die Arbeit von Hirschfeld hervorzuheben,[5] doch ist zu beachten, dass die bei ihm behandelten, überwiegend spätröm. Häuser nur begrenzt Rückschlüsse auf die ntl. Zeit zulassen. Zudem finden gut erhaltene, größere und aufwändige Bauten stärkere Berücksichtigung als einfache Gebäude, die in der Antike wohl verbreiteter gewesen sein dürften. Versuche, archäologische Befunde, insbes. in Galiläa, für die Hausarchitektur der ntl. Zeit auszuwerten, wurden in jüngerer Zeit beispielsweise für Gamla und Kana unternommen.[6]
Im NT finden mehrere Privatbauten Erwähnung. Diese werden, mit Ausnahme des Hohenpriesterhauses, in den Evv nicht genauer spezifiziert, geben uns aber Auskunft über die Haustypen. Man kann je nach Aufwändigkeit und Umfang zwei oder drei Typen unterscheiden. An das eine Ende gehören sehr einfache Häuser in dörflichen Kontexten, an das andere größere Anlagen wie das Haus des Hohenpriesters in Jerusalem. Eine Zwischenstufe könnte mit dem in Mk 14,15 und Lk 22,12 genannten Haus in Jerusalem zu fassen sein, das gehobeneren Ansprüchen genügen sollte.
Zentrales Architekturmerkmal der Häuser war ein Hof, um den sich verschiedene Wohn- und Wirtschaftsbauten gruppieren konnten bzw. der von einer Hofmauer eingefasst wurde. Eine solche Anlage mit Hofmauer und Außentor muss man sich in der Szene Apg 12,13f vorstellen. Auch im Haus des Hohen-

[4] Zu den herodianischen Bauten siehe die Literaturangaben bei *A. Lichtenberger*: Die Baupolitik Herodes des Großen, Wiesbaden 1999; *S. Japp*: Die Baupolitik Herodes' des Großen, Rahden 2000. Zum Teich Betesda vgl. *K. Bieberstein/H. Bloedhorn*: Jerusalem. Grundzüge der Baugeschichte vom Chalkolithikum bis zur Frühzeit der osmanischen Herrschaft III, Wiesbaden 1994, 162–165. Zum Theater von Ephesos vgl. *R. Heberdey u.a.*: Das Theater in Ephesos, Wien 1912.

[5] *S. Krauss*: Talmudische Archäologie I, Leipzig 1910, 1–77; *Dalman* 1942; *Hirschfeld* 1995. Siehe aber auch *H. K. Beebe*: Domestic Architecture and the New Testament, BA 38, 1975, 89–104; *H.-P. Kuhnen*: Nordwest-Palästina in hellenistisch-römischer Zeit. Bauten und Gräber im Karmelgebiet, Weinheim 1987, 30–40; *Ders.*: Palästina in griechisch-römischer Zeit, München 1990, 233–253; *Richardson* 2000; *K. Galor*: The Roman-Byzantine Dwelling in the Galilee and the Golan: „House" or „Apartment"?, in: *R. R. Holloway* (ed.): Miscellanea Mediterranea, Providence 2000, 109–124; *Dies.* 2003.

[6] Siehe dazu mit weiterer Literatur *Richardson* 2000, 66–74; *Galor* 2003.

priesters in Jerusalem gab es solche Höfe, und Mk 14,66.68 sowie wohl auch Mt 26,69.71 ist zu entnehmen, dass der Gebäudekomplex mit mindestens zwei Höfen versehen war. Derartige Höfe gehörten zu jedem Haus und finden sich überaus häufig im archäologischen Befund.[7] Sie dienten je nach Ausstattung nicht nur der Bewirtschaftung, sondern auch der Repräsentation und konnten, von hell. Architektur beeinflusst, Säulenhallen aufweisen. Für letzteres lassen sich die aristokratischen Häuser aus der Avigad-Grabung in der Jerusalemer Oberstadt anführen, die in ntl. Zeit gehören.[8] Doch in dieser Zeit können auch auf dem Land – wie der sog. Palast des Hilkiya nahe Hebron zeigt[9] – aristokratische Bauten mit Peristylhöfen begegnen.

Der in Joh 19,13 als Ort der Verurteilung Jesu genannte und wohl als Hof vorgestellte *lithostrōtos* dürfte aus topographischen und stratigraphischen Gründen kaum mit dem jetzigen christl. Verehrungsort, einem Plattenbelag in der Nähe der Antonia in Jerusalem, zu verbinden sein.[10] Zudem bezeichnet der auch andernorts literarisch und inschriftlich überlieferte Begriff *lithostrōtos* nicht einen einfachen Steinplattenbelag, sondern er bezieht sich auf eine kunstvolle Bodendekoration aus farbigen Steinen; in Marmor würde man ihn als *opus sectile* bezeichnen.[11] Eine solche Ausstattung wäre in dem Prätorium des Pilatus, einem ehemaligen Palast des Herodes, zu erwarten.[12]

Je nach Aufwändigkeit des Hauses gab es mehrere Räume. Ein einfaches Haus, vielleicht nur mit einem Raum, dürfte als Ort der Erzählung von der Heilung eines Gelähmten durch Jesus in Kapernaum vorgestellt sein (Mk 2,1–12 parr). Weil das Haus, in dem sich Jesus aufhielt, von Menschen überfüllt war, wurde der Kranke durch das Dach in den Raum zu Jesus herabgelassen, nachdem man das Dach abgedeckt hatte. Vermutlich handelt es sich um ein eingeschossiges Gebäude, wie es typisch für die Region ist.[13] Doch das NT kennt auch mehrgeschossige Häuser. So hatte der Hohepriesterpalast nach Mk 14,66 ein „oben" und „unten", und das letzte Mahl nimmt Jesus mit seinen Jüngern im Obergeschoss eines Jerusalemer Hauses ein (Mk 14,15; Lk 22,12). Letzteres bezeugt eine differenzierte Raumnutzung, nach der ein durch besondere Größe und vielleicht auch Ausstattung für Festessen geeigneter Raum in einem besonderen Bereich des Hauses lag. Es ist wohl kein Zufall, dass ein solches Gebäude in einem städtischen Kontext in Jerusalem angetroffen wird. Doch auch in ländlichen Gegenden sind mehrgeschossige Gebäude nicht selten; dort diente das Erdgeschoss zusammen mit dem Hof der Bewirtschaf-

---

7 Vgl. dazu *Kuhnen*: Nordwest-Palästina (Anm. 5), 31f; *Hirschfeld* 1995, passim. Zu den Schriftquellen siehe *Dalman* 1942, 87f.

8 *N. Avigad*: The Herodian Quarter in Jerusalem, Jerusalem 1991.

9 Siehe dazu *Hirschfeld* 1995, 89f mit weiterer Literatur.

10 Vgl. *Lichtenberger*: Baupolitik (Anm. 4), 36f.

11 Vgl. *P. Bruneau*: Deux noms antiques de paviment: ΚΑΤΑΚΛΥΣΤΟΝ et ΛΙΘΟΣΤΡΩΤΟΝ, BCH 91, 1967, 423–446, hier 431–446; *Ders.*: Deliaca II, BCH 102, 1978, 109–171, hier 138ff; *M. Donderer*: Die antiken Pavimenttypen und ihre Benennungen (zu Plinius, Naturalis Historia 36, 184–189), JdI 102, 1987, 365–377; *S. Panciera*: Un *lithostrotum* per Silvano, ArCl 43, 1991, 623–632; *R. Ling*: Ancient Mosaics, London 1998, 36.

12 Siehe auch zu den Belegen für *opus sectile* in herodianischen Palästen und der Interpretation von Joh 19,13: *G. Foerster*: Masada V. The Yigael Yadin Excavations 1963–1965. Final Reports. Art and Architecture, Jerusalem 1995, 158–161, bes. 161.

13 Vgl. z.B. die Aufstellung bei *Hirschfeld* 1995, 100. Siehe auch *Dalman* 1942, 77–79.

tung.[14] Hier könnten auch Magazinräume, wie die beispielsweise in Lk 12,24 und Mt 6,6 genannten *tameia*, gelegen haben.[15]
In größeren Städten gab es häufig mehrstöckige Häuser. Apg 20,9 berichtet von einem dreigeschossigen Haus in Alexandria Troas, und in Rom sind sechsstöckige Gebäude bekannt. Auch in Syrien und Palästina sind dreistöckige Gebäude zu finden.[16]
Das NT liefert einige Informationen zu dem Dach der Häuser. So ist es offensichtlich, dass es in der Regel flach und begehbar und daher vermutlich auch wirtschaftlich nutzbar war.[17] Zugänglich war es über eine Außentreppe oder eine Leiter. Insbes. in Judäa und Galiläa waren Dächer mit Holzkonstruktionen vorherrschend. Daher geben uns die teilweise hervorragend erhaltenen Häuser in Südsyrien, die inklusive des Dachs aus Stein gearbeitet waren und gelegentlich als typisch röm. Häuser ntl. Zeit präsentiert werden,[18] einen falschen Eindruck. Die dortigen reichen Basaltvorkommen führten zu anderen Bautechniken als in Judäa und Galiläa. In Judäa stand nur der lokale, weniger stabile Kalkstein zur Verfügung, und Basalt wurde nur im östlichen Galiläa verwendet.[19] Das Dach, das die Männer öffneten, um den Gelähmten zu Jesus herabzulassen, wird daher ein Flachdach gewesen sein, das mit Holzbalken versehen und mit gewalztem Lehm und Stroh oder Heu versiegelt war. In ein solches Dach konnte vergleichsweise leicht eine Öffnung gemacht werden. Nur Lk 5,19 berichtet, das Dach sei mit Ziegeln bedeckt gewesen. Obgleich eine Bedeckung mit Dachziegeln nicht ganz ausgeschlossen werden kann, lässt sie sich in Palästina erst in der mittleren Kaiserzeit nachweisen.[20] Auch in der Spätantike waren Ziegeldächer in Palästina noch selten.[21]
Ein im NT an verschiedenen Stellen genannter Gebäudetyp sind Türme (*pyrgoi*). Neben dem nicht näher beschriebenen, eingestürzten Turm von Siloah (das keine städtische Siedlung war, Lk 13,4) werden Türme v.a. in landwirtschaftlichen Kontexten (z.B. in einem Weinberg) genannt (Mk 12,1 mit Zitat aus Jes 5,1f; Mt 21,33; Lk 14,28). Sie scheinen also eher Nutz- als reine Wohnbauten zu sein. Solche Türme oder Turmgehöfte sind im gesamten östlichen Mittelmeerraum und insbes. in Palästina weit verbreitet.[22] Sie besaßen

---

14 Vgl. *Hirschfeld* 1995, 263; *Richardson* 2000, 66–74.

15 Siehe dazu *Dalman* 1942, 79.

16 Zu den sechsstöckigen Mietskasernen Roms vgl. *J. E. Packer*: Housing and Population in Imperial Ostia and Rome, JRS 57, 1967, 80–95; *Priester*: Ad summas tegulas (Anm. 2), passim. Zu mehrstöckigen Gebäuden in Syrien und Palästina vgl. *Hirschfeld* 1995, 100f. 264f; *Richardson* 2000, 79.

17 Siehe dazu *Dalman* 1942, 82–87; *Hirschfeld* 1995, 237–248.

18 Vgl. z.B. *Beebe*: Domestic Architecture (Anm. 5).

19 Zur geologischen Struktur vgl. *Dalman* 1942, 1–5. Siehe auch *Hirschfeld* 1995, 217–226.

20 Vgl. *Kuhnen*: Nordwest-Palästina (Anm. 5), 34ff; *Ders.*: Palästina (Anm. 5) 247. Siehe auch *Dalman* 1942, 22; *Richardson* 2000, 68.

21 *Hirschfeld* 1995, 243f.

22 Vgl. zum östlichen Mittelmeerraum mit weiterer Literatur *H. Lohmann*, Atene. Forschungen zu Siedlungs- und Wirtschaftsstruktur des klassischen Attika, Köln u.a. 1993, 138–161. Zu Türmen im landwirtschaftlichen Kontext von Samaria s. *J. Zangenberg*: Frühes Christentum in Samarien. Topographische und traditionsgeschitliche Studien zu den Samarientexten im Johannesevangelium, Tübingen 1998, 25 mit weiterer Literatur.

einen begrenzten, in ihrem Bautyp begründeten fortifikatorischen Nutzen und dienten dem Schutz und der Überwachung landwirtschaftlicher Anlagen. Der wohl bekannteste Turm dieser Art dürfte der Kernbau von Qumran sein.[23] In herodianischer Zeit konnten Türme auch als Taubenschläge oder gar in Palastanlagen als luxuriöse Aussichtstürme dienen.[24] Der Normalfall, wie er Eingang in das NT gefunden hat, war jedoch ein auf einem Privatgrundstück errichteter einfacher Feldturm.

Schließlich müssen gewissermaßen als weiterer Architekturtypus die Zelte (*skēnai*) angeführt werden, die im Zusammenhang mit dem Handwerk des Paulus kurz diskutiert werden sollen (Apg 18,3, s.u.). Nur aufgezählt seien die in Mk 5,2 parr als einfachste Behausungen von sozial geächteten Aussätzigen genannten Grabhöhlen.[25]

Im NT werden verschiedene Bauarbeiter erwähnt. So vergleicht sich Paulus in 1Kor 3,10 mit einem weisen Architekten, der als Baumeister an der als Gottes Bau aufgefassten Gemeinde den Grund gelegt habe, auf dem weiter gebaut werden solle. Dieser Vergleich trifft recht gut den Verantwortungsbereich und das Tätigkeitsfeld des antiken Architekten „als verantwortlicher Leiter eines Baues und zugleich Vertreter des Bauherrn".[26] 1Kor 3,10 ist die einzige Erwähnung eines Architekten im NT. Dies zeigt vielleicht, dass in der im NT gezeichneten Lebenswelt die Anstellung eines Architekten wohl eher die Ausnahme war und bei dem Gros der Privatbauten der Eigentümer oder ein sachkundiger Bauarbeiter der eigentliche Architekt im Sinne eines Bauleiters war.[27] Dies reflektiert wohl auch die Beschreibung einer für die Adressaten des Lk alltäglichen Bauplanung eines Turmes in Lk 14,28–30, bei der der Eigentümer die Planung und Ausführung selbst übernahm.[28] Bei den großen öffentlichen Bauten dürften Architekten dagegen unverzichtbar gewesen sein.[29]

Weitere spezialisierte Handwerker, die an einem Bauwerk mitarbeiteten, werden nur gelegentlich im NT erwähnt. Prominent sind die Zimmerleute Josef und Jesus sowie der Zeltmacher Paulus. Holz spielte in der Hausarchitektur für

---

[23] Vgl. zur Bautypologie *Y. Hirschfeld*: Early Roman Manor Houses in Judea and the Site of Khirbet Qumran, JNES 57, 1998, 161–189.

[24] Taubenschläge: vgl. z.B. *B. Zissu*: Two Herodian Dovecotes: Horvat Abu Haf and Horvat 'Aleq, in: The Roman and Byzantine Near East: Some Recent Archaeological Research, Ann Arbor 1995, 56–69. Zu einigen herodianischen Palasttürmen siehe z.B. *E. Netzer*: Die Paläste der Hasmonäer und Herodes' des Großen, Mainz 1999, 119f.

[25] Vgl. dazu *R. W. Smith*: Secondary Use of the Necropoleis of the Decapolis, Aram 4.1, 1992, 215–228, hier 219–221.

[26] *Müller-Wiener* 1988, 20. Zum Tätigkeitsfeld der Architekten vgl. auch *M. Donderer*: Die Architekten der späten römischen Republik und der Kaiserzeit. Epigraphische Zeugnisse, Erlangen 1996. Zu Paulus siehe auch *J. Shanor*: Paul as Master Builder. Construction Terms in First Corinthians, NTS 34, 1988, 461–471.

[27] Siehe auch zu den rezenten Verhältnissen in Palästina *Dalman* 1942, 45. *Hirschfeld* 1995, 227 vermutet allerdings in der Antike sehr häufig die Anstellung eines Architekten auch in privaten Bauvorhaben.

[28] Vgl. auch den Zweischritt von Planung und Ausführung bei Philo op. 17–25.

[29] Leider fehlen uns aber ausreichend Belege für Architekten. So findet beispielsweise kein einziger Architekt im Zusammenhang mit den ausführlich von Josephus beschriebenen Herodesbauten Erwähnung. Immerhin ist ein Architekt inschriftlich für den frühkaiserzeitlichen Zeus-Tempel in Gerasa belegt: *Donderer*: Architekten (Anm. 26), 124 Nr. A33.

alle Dach- und Tragekonstruktionen eine herausragende Rolle. Der Spezialist für die Holzbearbeitung war der Zimmermann (*tektōn*), und diesen Beruf übten Josef (Mt 13,55) und Jesus (Mk 6,3) aus.[30] Holz war sicher kein preiswerter Baustoff; Verwendung fanden in der Regel die lokalen Nutzhölzer. Holz als Baumaterial wird beispielsweise in 1Kor 3,12 genannt. Dort werden zudem Stroh und Heu angeführt, diese freilich als billige Baustoffe. Sie dienten der Wandkonstruktion und dem Eindecken einfacher Dächer.

Paulus war nach Apg 18,3 von Beruf „Zeltmacher" (*skēnopoios*). Es ist wahrscheinlich, dass er als solcher Textilien oder Leder zusammennähte, womit in gebauter Architektur ein Schutz (v.a.) gegen die Sonne erreicht werden sollte.[31] Dabei ist sowohl an Sonnensegel wie auch an einfache Buden („Zelte") zu denken. Im NT sind die nicht seltenen Erwähnungen von *skēnai* allerdings auf sehr unterschiedliche Gebäudetypen zu beziehen.[32]

Ob die Zimmerleute in Nazareth oder der Zeltmacher Paulus in Handwerksvereinen (→2.2.4.2), vergleichbar den in Apg 19,23–40 genannten Silberschmieden in Ephesos, organisiert waren,[33] ist unklar. Ein Zeltmacherkollegium ist beispielsweise für Rom inschriftlich bezeugt,[34] doch fehlen vergleichbare Zeugnisse für die inschriftenarmen ländlichen Gebiete Palästinas in ntl. Zeit.[35]

Ganz allgemein Bauarbeiter (*oikodomoi*) werden im Gleichnis von den bösen Winzern genannt (Mk 12,10 parr mit Zitat von Ps 118,22f). Offensichtlich handelt es sich dabei um die Handwerker, die für das Behauen von Steinen zuständig waren. Als Steinmaterial diente in Palästina v.a. der lokale Kalkstein; vor dem 2. Jh. n.Chr. ist nur in sehr wenigen herodianischen Prachtbauten die überaus sparsame Verwendung von Marmor nachzuweisen.[36] Wahrscheinlich dachte Paulus in 1Kor 3,12 an kostbare Bausteine wie Marmor. Die *lithoi timioi* sind eher so zu verstehen und sollten nicht mit „Edelsteine" übersetzt werden.[37] Außerhalb des Berglandes, wo Bausteine nicht ausreichend verfügbar waren, dafür aber lehmhaltige Erde, wurde mit zumeist luftgetrockneten Lehmziegeln gebaut.[38] Der archäologische Nachweis dieser Bauweise ist nur unter sehr guten Erhaltungsbedingungen möglich.

---

[30] Vgl. dazu *Dalman* 1942, 42f. Siehe auch *A. Orlandos*: Les matériaux de construction et la technique architecturale des anciens grecs I, Paris 1966 und *Müller-Wiener* 1988, 53–56 zu Holz als Baumaterial.

[31] Vgl. *P. Lampe*: Die stadtrömischen Christen in den ersten beiden Jahrhunderten. Untersuchungen zur Sozialgeschichte, Tübingen 1987, 156–158.

[32] Vgl. *W. Michaelis*: *skēnē*, ThWNT 7, 1964, 375–382.

[33] Zu Berufsvereinen vgl. zuletzt *I. Dittmann-Schöne*: Die Berufsvereine in den Städten des kaiserzeitlichen Kleinasiens, Regensburg 2001.

[34] *Lampe*: Die stadtrömischen Christen (Anm. 31), 156.

[35] Vgl. die Überlegungen zu Jerusalem bei *J. Jeremias*: Jerusalem zur Zeit Jesu. Eine kulturgeschichtliche Untersuchung zur neutestamentlichen Zeitgeschichte, Göttingen [3]1969, 22f.

[36] Vgl. zu Marmor in Palästina *M. L. Fischer*: Marble Studies. Roman Palestine and the Marble Trade, Konstanz 1998.

[37] Vgl. dazu: *A. Lindemann*: Der Erste Korintherbrief, Tübingen 2000, 85; *A. C. Thiselton*: The First Epistle to the Corinthians. A Commentary on the Greek Text, Grand Rapids 2000, 311.

[38] *Dalman* 1942, 17–22; *Hirschfeld* 1995, 221f.

Ein im NT prominentes konstruktives Detail ist das sog. „Haupt der Ecke", bei Luther der „Eckstein" (*kephalē gōnias*, *rosch pinna* [Ps 118,22]; Mk 12,10). Gelegentlich wird er auch als (*lithos*) *akrogōniaios* bezeichnet. Offensichtlich sind damit die unmittelbar auf dem Fundament aufsitzenden (Eph 2,20f) Eckorthostaten eines Gebäudes gemeint. Dabei handelt es sich um besonders große und gut gearbeitete Steine,[39] die der Stabilität und dem Schmuck dienten. Dass – wie gelegentlich vermutet – ein „Abschlussstein" gemeint sei,[40] lässt sich den Texten nicht entnehmen und würde auch keinen konstruktiven Sinn ergeben. Offensichtlich sind mit dem „Haupt der Ecke" die insbes. in der untersten Lage auf der Fundamentschicht aufsitzenden großen Orthostatenblöcke bezeichnet, die, wie es auch Eph 2,21 voraussetzt, den Mauerverband zusammenhalten, indem sie durch ihr Gewicht stabil gesetzt sind und durch ihre Größe fest mit beiden Mauerfluchten verzahnt sind.[41] Auch in 1Petr 2,6–8 ist offensichtlich kein oberer Abschlussstein gemeint.
Baumetaphorik ist ein beliebtes Thema im NT.[42] Dabei ist insbes. das Bild einer Gemeinschaft als Haus sowie der Hausbau mit der prominenten Bedeutung der Fundamentierung ein häufiges Motiv, das in seiner augenfälligen Plausibilität (z.B. Fundamentbau nicht auf Sand, sondern auf Fels[43] [Mt 7,24–27; Lk 6,47–49]) leicht verständlich ist und unterschiedliche Variationen erfährt.

*Literatur*

*G. Dalman*: Arbeit und Sitte in Palästina VII, Gütersloh 1942. – *K. Galor*: Wohnen im römisch-byzantinischen Palästina, in: *S. Alkier/J. Zangenberg* (Hgg.): Zeichen aus Text und Stein. Studien auf dem Weg zu einer Archäologie des Neuen Testaments, Tübingen/Basel 2003, 183–208. – *Y. Hirschfeld*: The Palestinian Dwelling in the Roman-Byzantine Period, Jerusalem 1995. – *W. Müller-Wiener*: Griechisches Bauwesen in der Antike, München 1988. – *P. Richardson*: First-Century Houses and Q's Setting, in: *D. G. Horrell/C. M. Tuckett* (eds.): Christology, Controversy and Community. New Testament Essays in Honour of David R. Catchpole, Leiden u.a. 2000, 63–83. – *Ders.*: Building Jewish in the Roman East, Waco 2004.

39 Vgl. auch *Dalman* 1942, 66f.

40 So etwa *J. Jeremias*: *kephalē gōnias*, ThWNT 1, 1933, 793; *U. Luz*: Das Evangelium nach Matthäus (Mt 18–25), Zürich u.a. 1997, 225.

41 Zur Mauertechnik vgl. *Hirschfeld* 1995, 232f.

42 Vgl. dazu grundlegend und zu der Einbettung in die antike Literatur *P. Vielhauer*: Oikodome, in: *Ders.*: Aufsätze zum Neuen Testament II, herausgegeben von *G. Klein*, München 1979, 1–168.

43 Felsbettungen lassen sich auch im archäologischen Befund als bevorzugte Fundamentierung nachweisen: vgl. *Richardson* 2000, 66–74.

## 2.4.2 Transport und Verkehr

### 2.4.2.1 Landtransport (*Anne Kolb*)

*Stellen im NT*
Mk 11,1–10; Joh 12,14; Röm 15,23–29; 1Kor 16; 2Kor 11,23–29; Eph 6,21f

Transport war ein unumgänglicher Bestandteil des antiken Lebens. Dabei bot der Landtransport große Vorteile gegenüber dem Wassertransport auf Flüssen oder zur See aufgrund seiner einfachen und allgemeinen Zugänglichkeit sowie der größeren Unabhängigkeit von Witterungsverhältnissen. Der Landverkehr war hauptsächlich für wichtige Beförderungen, die eine hohe Zuverlässigkeit erforderten, relevant, aber auch für kürzere Strecken, bei denen eine Fluss- oder Seeverbindung nicht existierte oder nicht lohnte. Aus diesen Gründen hatte der Landverkehr größte Bedeutung in allen Bereichen, sowohl im Privat- und Geschäftsleben als auch in staatlichen Belangen. Gerade der Landtransport und das ihm zugrunde liegende Straßensystem bilden ein typisches Merkmal röm. Kultur und ihrer Herrschaftsstruktur. Das Reich wird durch ein Netz von geschätzten 80 000 bis 100 000 km an Straßen durchzogen, die die Provinzen durchdringen und erschließen sowie diese mit der Zentrale in Rom verbinden. Somit bildet das Straßensystem Basis und Medium der röm. Herrschaft, die durch effiziente Kommunikation ausgeübt wird.
Der Landtransport erfüllte im Wesentlichen drei Aufgaben: 1) die Fortbewegung und das Reisen von Personen, 2) die Beförderung von Gütern, 3) die Nachrichtenübermittlung. Entsprechend den jeweiligen Anforderungen und Bedingungen einer Reise oder eines Transportes, d.h. Art und Länge der Strecke, die erforderliche Dauer oder Geschwindigkeit und nicht zuletzt die dafür zur Verfügung stehenden finanziellen Mittel, war die Methode des Transportes zu wählen. Demnach wurde eine Reise oder Beförderung entweder zu Fuß oder mit Transportmitteln (Tieren, Wagen) durchgeführt, die allenfalls auch unterwegs ausgewechselt werden konnten. Je nach Auftrag (privat oder staatlich) und Ziel der Reise bildeten Ausbauzustand der Verbindungswege und Geländebeschaffenheit wichtige Kriterien zur Wahl der Fortbewegungsmethode. Deshalb war es oftmals sinnvoll oder notwendig, Land- und Wassertransport zu kombinieren. Zu Fuß waren Reisende (wie vermutlich auch Paulus) und Boten unterwegs, die im Durchschnitt 20 röm. Meilen (30 km) pro Tag zurücklegten, wobei von Soldaten und eiligen Boten oftmals größere Tagesleistungen erwartet wurden, wie 24–40 Meilen (36–60 km). Zur Fortbewegung mit Transportmitteln verwendete man sowohl Trage- und Reittiere als auch von Tieren gezogene Wagen und Lastkarren (Maultiere, Esel, Pferde). Dabei kann das Zurücklegen von 20 Meilen pro Tag ebenfalls als Durchschnittswert für Lastentransporte durch Tragetiere v.a. über längere Strecken kalkuliert werden, da die Fortbewegungsgeschwindigkeit von beladenen Eseln (Mk 11,1f; Joh 12,14; Tragkraft etwa 100 kg), Maultieren oder den im Osten des Reiches verwendeten Kamelen und Dromedaren dann in der Regel der menschlichen Laufgeschwindigkeit entsprach. Menschen als Lastenträger sind lediglich auf kurzen Strecken oder unter geographisch schwierigen Bedingun-

gen sinnvoll einzusetzen. Das Pferd wurde kaum als Lasttier verwendet. Für schwere Lastentransporte verwendete man große, von Ochsen gezogene Wagen, deren Durchschnittsleistung um die 8 Meilen am Tag gelegen haben dürfte. Insgesamt besehen reiste man jedoch auf längeren Strecken mit Transportmitteln, die nicht oder zumindest nicht regelmäßig gewechselt wurden, nur wenig schneller als zu Fuß, d.h. im Schnitt mit 24 Meilen pro Tag. Erheblich beschleunigt werden konnte eine Reise durch den regelmäßigen Wechsel der Transportmittel, wie ihn professionelle Transportunternehmer und die Einrichtungen des staatlichen Nachrichten- und Transportwesen (*cursus publicus*) seit der Kaiserzeit ermöglichten. Dadurch konnte im Schnitt eine Tagesleistung von 50–60 Meilen (74–89 km) pro Tag erzielt werden. In diesem Rahmen waren dann für die Übermittlung wichtiger Nachrichten durch den Einsatz von Reitern, die die Kraft ihrer Pferde unter häufigem und konstantem Wechsel zu einem Maximum ausnutzten, auch noch wesentlich höhere Geschwindigkeiten bis zu 200 Meilen pro Tag zu erlangen.

Der *cursus publicus* stellt eine allein im Interesse des Staates nutzbare Infrastruktur dar, die weitgehend auf Dienst- und Sachleistungen der Bevölkerung basierte. Durch Tiere und Wagen, die an Rast- und Wechselstationen entlang der Reichsstraßen bereitgestellt wurden, konnte der röm. Staat seit Augustus einen Teil seiner Transportaufgaben – die dringendsten, rasch, effizient und sicher abzuwickelnden Aufgaben – durchführen. Die Nutzung dieses Systems war stark beschränkt, so dass auch nicht jeglicher staatlicher Bedarf an Reisen, Nachrichtentransfer und Gütertransporten mit Hilfe dieses Systems erfüllt werden konnte. Dazu gehörten Botendienste für den Kaiser, Reisen hoher staatlicher Beauftragter sowie die Beförderung staatsrelevanter Güter wie Gold und Silber oder Hof- und Heeresbedarf an Kleidung und Ausrüstung. Einem Privatmann wie Paulus war die Nutzung der Transportmittel des *cursus publicus* nicht gestattet. Einkehr und Unterkunft fanden privat Reisende in Gasthäusern oder bei Familie und Freunden. Der Beruf des Gastwirts war gesellschaftlich wenig anerkannt, da damit stets der Vorwurf der Prostitution (→2.2.1.3) verbunden war.

Boten als Überbringer von mündlichen oder schriftlichen Mitteilungen bilden in der gesamten Antike das zentrale Medium des Nachrichtentransfers. Zur Übermittlung offizieller Nachrichten und Korrespondenz verwendeten zivile und militärische Funktionsträger spezielles staatliches Personal, das im Auftrag der einzelnen Bereiche der röm. Verwaltung tätig war, z.B. die *tabellarii* der Kaiser oder Soldaten diverser Ränge. Da diese Boten und auch die Einrichtung des *cursus publicus* allein dem Staat zur Verfügung standen und daher keine Post im heutigen Sinn existierte, waren Privatleute stets auf Freunde, Bekannte oder professionelle Boten angewiesen, die den gewünschten Weg bereisten und bereit waren, die Fracht mitzunehmen. In Frage kamen dafür alle Reisenden, die geschäftlich oder privat unterwegs waren, besonders Kaufleute oder Transportunternehmer. Selbst Angehörige der senatorischen Oberschicht, die in der Regel über eigenes Botenpersonal verfügten, waren immer wieder auf eine solche Mitnahme von Post durch Reisende angewiesen. Diese Bedingungen der privaten Nachrichtenübermittlung galten auch für die christl. Kirche (Eph 6,21f). Für die Überbringung von Spenden aus Mazedonien und Achaia nach Jerusalem schlug Paulus vor, dass die einzelnen Gemeinden ihre

Überbringer beauftragen sollten. Er selbst wollte diesen jeweils ein Empfehlungsschreiben mitgeben oder eventuell auch gemeinsam mit diesen reisen (Röm 15,23–29; 1Kor 16). Bischöfe übertrugen die Briefbeförderung entweder eigenen Dienern oder Mitgliedern ihres Presbyteriums oder anderen reisenden Mittelsmännern, wann immer die Möglichkeit dazu bestand. Zahlreiche Kirchenschriftsteller klagen über oftmals lange Pausen der Kommunikation aufgrund der unregelmäßigen Übermittlung (→1.3.3.6).
Reisende waren nicht nur den Gefahren von Witterung und Gelände ausgesetzt, sondern v.a. den Überfällen von Räubern (2Kor 11,23–29), die trotz der großen Sicherheit, die die mit Augustus beginnende Friedenszeit im Imperium Romanum bot, an Überlandstraßen und in abgelegenen Gegenden ihr Unwesen trieben. Deshalb reiste man in der Regel bei Tageslicht und nicht ohne Begleitung. Einzelreisende ohne Gefährten schlossen sich nach Möglichkeit anderen Reisegruppen an.

*Literatur*

*C. Adams/R. Laurence* (eds.): Travel and Geography in the Roman Empire, London/NewYork 2001. – *L. Casson*: Travel in the Ancient World, Baltimore/London ²1994. – *R. Chevallier*: Les voies Romaines, Paris 1997. – *M. Giebel*: Reisen in der Antike, Düsseldorf 1999. – *D. Gorce*: Les voyages, l'hospitalité et le port des lettres dans le monde chrétien des IV^e^ et V^e^ siècles, Paris 1925. – *W. Heinz*: Reisewege der Antike. Unterwegs im Römischen Reich, Stuttgart 2003. – *A. Kolb*: Transport und Nachrichtentransfer im Römischen Reich, Berlin 2000. – *H.-C. Schneider*: Altstrassenforschung, Darmstadt 1982.

## 2.4.2.2 Wassertransport (*Wiard Popkes*)

*Stellen im NT*

Mt 14,22f; Mk 1,20; 3,9; 4,35–41; 6,45–52; Joh 6,15–21; Apg 13,13; 20,6.13; 21,1; 27; 28,1.11.13; 1Kor 12,28; 2Kor 11,25; Hebr 6,19; Jak 3,4; 4,13; Offb 18

*Überblick*

Schiffsverkehr kommt im NT auf dem See Genezareth (Evv) und dem Mittelmeer (Apg, Offb) vor, Fluss-Schifffahrt evtl. in Pamphylien (Apg 13,13). Für Schiff und Boot wird dabei überwiegend dasselbe Wort (*ploion*) verwendet, daneben die Diminutivform *ploiarion* (Mk 3,9 u.a.), vgl. Beiboot (*skaphē*, Apg 27,16.30.32), zudem das Verb *pleō* (und Komposita). Schiffbruch (Apg 27; 2Kor 11,25) drohte durch widrige Winde, Strömungen und Seegang; Feuer und Piraten (in ntl. Zeit weitgehend eliminiert) werden im NT nicht erwähnt. Die Verbindung zwischen Schifffahrt und Handel nennen Apg 27,38; Offb 18 und wohl auch Jak 4,13. Einzelaspekte werden auch bildlich verwendet: Anker (*ankyra* Hebr 6,19; das Wort auch Apg 27,29f.40; vgl. *skeuos* Apg 27,17, wohl Treibanker), Ruder (*pēdalion* Jak 3,4; auch Apg 27,40; die Schiffe hatten ein oder zwei seitlich am Heck angebrachte „breite" oder „lange Ruder"), Kybernetik (1Kor 12,28; Jak 3,4). „Hafen" (*limēn*) findet sich nur Apg 27,8.12 im wörtlichen Sinn.

*See Genezareth*
Das „Galiläische Meer“ bzw. der „See Tiberias“, von der *via maris* tangiert, misst bei ca. 170 qkm Oberfläche bis zu ca. 20 x 11 km und ist bis zu 50 m tief, dabei 200 m u. NN gelegen. Die umgebenden Berge verursachen plötzliche Fallwinde, die meterhohe Wellen erzeugen (Mk 4,35–41 parr; 6,45–52 par; Mt 14,22–33 und Joh 6,15–21). Wegen des dortigen Fischreichtums dienten die Boote v.a. dem Fang, aber auch zu Überfahrten (Mk 4,35f; 6,45). Am erhöhten, geschützten Heck (nur Mk 4,38; das Wort auch Apg 27,29.41) fand Jesus einen Schlafplatz. Ein 1986 bei Magdala gefundener Bootsüberrest (vgl. auch ein Relief in Kapernaum) misst über 8 m Länge, 2,5 m Breite und 1,4 m Höhe, ausgelegt für Segel und Ruder (4 Paare). Es bot bis zu 15 Personen Platz (zur Besatzung vgl. Mk 1,20). Laut Ios. bell. Iud. 2,635f gab es 230 (v.l. 330) Boote auf dem See, die, mit jeweils nicht mehr als 4 Seeleuten besetzt, „fast leer“ erschienen.

*Totes Meer*
Nur kurz hingewiesen sei auf die Tatsache, dass Schiffsverkehr auch auf dem Toten Meer betrieben wurde. Sowohl archäologische Zeugnisse (Anker aus En Gedi, Anlegeplätze in Kallirhoe, Rujm el-Bahr und Khirbet Mazin sowie die Darstellung auf der Mosaikkarte von Madaba) als auch literarische Hinweise (Ios. bell. Iud. 1,657; ant. Iud. 17,171) belegen, dass Personen und Güter über das Salzmeer transportiert wurden.[1]

*Mittelmeer*
Israel war traditionell kein Seefahrervolk. Die Ausbreitung des Judentums im Imperium Romanum geschah zweifellos auch durch den Seeverkehr, ohne dass darüber Näheres dokumentiert wäre. Bei der Ausbreitung des Christentums, v.a. durch die Mission des Paulus, speziell in das Gebiet rund um die Ägäis, dazu nach Italien, teilweise auch nach Kleinasien, wird dagegen von mehreren Seereisen berichtet. Privat Reisende benutzten das seit langer Zeit gut ausgebaute Seeverkehrssystem.[2] Es diente v.a. der Versorgung der größeren Städte mit Nahrungsmitteln, speziell Getreide (*annona*-Organisation durch Augustus; Jahresbedarf für Rom nahe 400 000 t). Hauptlieferant war Ägypten, weshalb die Route Alexandria – Rom (Puteoli, Portus seit Claudius) zur wichtigsten Fernverbindung wurde (Apg 27,6; 28,11: Alexandriner). Die Wetterverhältnisse begrenzten den Schiffsverkehr auf die Sommersaison (Ende Mai bis Mitte September; risikoreiche Übergangszeiten ab Mitte März bzw. bis Anfang November; vgl. Apg 27,9.12; 28,11). Windrichtungen (Apg 27,4.7.13–20; 28,13; vgl. Jak 3,4) und Meeresströmungen (Lukian. nav. 8) gestalteten Hin- und Rückwege unterschiedlich (Rom – Ägypten ca. 14 Tage, von dort nach Rom 50–70 Tage). Bei hoher Verlustquote (jährlich 20 %) wurden große Flotten (ca. 1000 Schiffe) mit großer Tonnage[3] dafür erforderlich.

---

[1] Zu den Einzelheiten siehe *Zangenberg* 2003, 279f.

[2] Überblick bei *F. Gelsdorf*: Antike Schiffahrtsrouten im Mittelmeer, in: *Hellenkemper Salies* 1994, II 751–758.

[3] Sog. Isis-Klasse mit bis zu 1200 t Ladung, Länge 55 m, Breite 13,75 m, Höhe 13,25 m; Passagiere laut Ios. Vita 15: 600, Apg 27,37: 276; vgl. Lukian. nav. 1–5.

Passagierschiffe gab es nicht; die Benutzung der Frachter, ohne Einfluss auf deren Routen, bedingte häufiges Umsteigen und Wartezeiten (z.B. Apg 27,2: ein Schiff aus Adramyttium in Mysien bedient die kleinasiatischen Küstenorte; vgl. 20,6.13; 21,1–3). Kleinere und mittelgroße Schiffe waren meist Rudersegler, große reine Segler. Flacher gehende Schiffe gestatteten Fahrten ohne Umladen, z.B. von Zypern bis Perge den Kestros aufwärts (Apg 13,13; Campbell). Über den Isthmus von Korinth (→2.2.7.3 VIII) konnten kleinere Schiffe auf in Rillen laufenden Wagen befördert werden (Plin. nat. 4,10). Neben Militär und Kaufleuten wurden auch Touristen mitgenommen. Die Bedingungen (an Deck oder im Laderaum) waren notdürftig; man hatte sich selbst zu versorgen, außer mit Trinkwasser.[4] Deshalb und aus anderen Gründen hat man für *Melitē* (Apg 28,1, v.l. *Melitēnē*) statt Malta die süddalmatische Adriainsel Mjlet, „das Gebiet der Ionischen Inseln" oder gar (aber eher unwahrscheinlich) die westgr. Insel Kephallenia vorgeschlagen.[5] Eine westsüdwestliche Abdrift widerfuhr hingegen dem „Wrack von Mahdia", einem Stückgutfrachtsegler von fast 40 m Länge, der bald nach 80 v.Chr., von Piräus mit Zielhafen Puteoli kommend, aus dem Ionischen Meer an den Nordrand der Kleinen Syrte (Tunesien) verschlagen wurde.[6]

*Literatur*

*D. A. Campbell*: Paul in Pamphylia (Apg 13.13–14a; 14.24b–26): A Critical Note, NTS 46, 2000, 595–602. – *L. Casson*: Die Seefahrer der Antike, München 1979. – *Ders.*: Ancient Trade and Society, Detroit 1984. – *H.-J. Drexhage u.a.* (Hgg.): Die Wirtschaft des Römischen Reiches (1.–3. Jahrhundert). Eine Einführung, Berlin 2002. – *C. H. Ericsson*: *Navis oneraria*. The Cargo Carrier of Late Antiquity. Studies in Ancient Ship Carpentry, Åbo 1984. – *G. Hellenkemper Salies* (Hg.): Das Wrack. Der antike Schiffsfund von Mahdia, 2 Bde., Köln 1994. – *O. Höckmann*: Antike Seefahrt, München 1985. – *G. Kettenbach*: Das Logbuch des Lukas. Das antike Schiff in Fahrt und vor Anker, Frankfurt $^{2}$1997. – *A. Mees/B. Perdehirt*: Römerzeitliche Schiffsfunde in der Datenbank „Navis I", Mainz 2002. – *B. M. Rapske*: Acts, Travel and Shipwreck, in: *B. W. Winter* (ed.): The Book of Acts in Its First Century Setting, Bd. II, Carlisle 1994, 1–47. – *R. Schulz*: Die Antike und das Meer, Darmstadt 2005. – *D. Sperber*: Nautica Talmudica, Ramat Gan/Leiden 1986. – *S. Wachsman*: The Sea of Galilee Boat. A 2000 Year Old Discovery from the Sea of Legends, Cambridge $^{2}$2000. – *J. Zangenberg*: Qumran und Archäologie. Überlegungen zu einer umstrittenen Ortslage, in: *S. Alkier/J. Zangenberg* (Hgg.): Zeichen aus Text und Stein. Studien auf dem Weg zu einer Archäologie des Neuen Testaments, Tübingen 2003, 262–306.

---

[4] Zum Schiffbruch Apg 27 vgl. Ios. Vita 14–16, ebenfalls auf dem Weg nach Rom („eine ganze Nacht hindurch geschwommen"; vgl. 2Kor 11,25) und in der Adria (Apg 27,27; bei Lukian. nav. 1.8f verschlägt es „ein ägyptisches Kornschiff nach Italien" bis Piräus).

[5] Bericht bei *Gelsdorf*: Antike Schiffahrtsrouten (Anm. 2), 755f.

[6] Vgl.: *H. Hellenkemper*: Der Weg in die Katastrophe. Mutmaßungen über die letzte Fahrt des Mahdia-Schiffes, in: *Hellenkemper Salies* 1994, I 153–164.

## 2.4.3 Waffen- und Kriegstechnik (*Burkhard Meißner*)

*Stellen im NT*
Mt 10,34; 26,47.51f.55f; Mk 14,43.47f; Lk 2,35; 21,24; 22,36–38.49–52; Joh 18,3.10f; Apg 12,2–4; 16,27; Röm 8,35; 13,4; Eph 6,11–20; Hebr 4,12; 11,34.37; Offb 1,16; 2,12; 6,1–8; 9,7–12.16; 13,10.14; 19,15f.21

*Einleitung*
Waffen – speziell für Kampf oder Krieg hergestellte Geräte – konnten Teil der offensiven oder defensiven persönlichen Ausrüstung sein; daneben dienten Schiffe, Belagerungsmaschinen, Torsionsgeschütze und bestimmte Tiere militärischen Zwecken. Festungen und Feldbefestigungen gehören im weiteren Sinne auch zum Thema, werden aber hier nicht behandelt.

*Waffen und Kriegskunst in der antiken Mittelmeerwelt*
Einfache Fernwaffen (Speere, Schleudern für Stein- und Metallgeschosse, Pfeil und Bogen) waren in der antiken Mittelmeerwelt oft die Waffen ärmerer Unterschichten (David überrascht den Elitekämpfer Goliath mit der Steinschleuder: 1Sam 17,40–43). Schleuderer und Bogenschützen kamen oft aus der Peripherie des Mittelmeerraumes. Der *Hoplit* des klassischen Griechenland, der schwergerüstete Bürger-Infanterist, rüstete sich dagegen mit Helm, Panzer, Beinschienen, Schild, Schwert und Lanze aufwändig aus. Der Nahkampf formierter Hopliten mit Lanzen entwickelte sich in den Stadtstaaten zur bestimmenden Taktik, in denen bäuerliche und bürgerliche Mittelschichten zu Trägern von Politik und Kriegführung wurden (klassisches Griechenland, röm. Republik), nicht adlige Reiter oder besitzlose Unterschichten kämpften dagegen als Leichtbewaffnete (*Peltasten*). Seit dem 5./4. Jh. wurde das Prinzip militärischer Selbstausrüstung der Bürger durchbrochen, um größere Ressourcen zu mobilisieren. So konnten lang dauernde und aufwändige Kriege und Belagerungen Einzug in die Mittelmeerwelt halten.
Für die hell. Zeit waren zunächst die makedonischen Bewaffnungsformen bestimmend: Neben der Elitekavallerie das königliche Heer aus mittelschwer Bewaffneten (*Hypaspisten*) mit Kleinschild, Schwert und Lanze und dazu die schwerer gerüsteten Pezhetairen mit ihrer langen Stoßlanze (*sarisa*).[1] Rapide entwickelten sich insbes. die Großwaffen (Belagerungsgeräte; Kriegselephanten); die Bedeutung mobiler Leichtbewaffneter und schwer bewaffneter Reiter stieg (zur Bewaffnung vgl. Polyb. 2,65,1–5; 11,9,6).
Das frühe röm. Heer bildete wie das der gr. Stadtstaaten eine Phalanx Schwerbewaffneter, die eine Stoßlanze (*hasta*), bronzene Beinschienen, Helm und Panzer sowie den Rund- oder Großschild (*scutum*) besaßen. Die Kämpfer waren nach den Möglichkeiten, sich selbst auszurüsten, in Klassen eingeteilt.[2] Die röm. Soldaten übernahmen in der Schlacht schließlich zwei Rollen: die des Fernkämpfers mit dem Wurfspeer (*pilum*) und die des Nahkämpfers mit dem Kurzschwert (*gladius*). Seit Marius wurde daher das Fechten mit hohem Aufwand geübt (Val. Max. 2,3,2). Geräte zum Lastentransport, Werkzeug und

---

1 Polyain. 6,4,3; Plut. Philop. 9.
2 Liv. 1,42,2–44,1; Dion. Hal. ant. 4,16,1–19,4.

Holz für Schanzarbeiten sowie Gerätschaften zur Anfertigung von Belagerungsmaschinen und Großgeräten gehörten zur Ausrüstung röm. Soldaten (Frontin. strat. 4,1,7).
In der röm. Kaiserzeit wurden Panzerung und Lagerbau aufwändiger (Tac. ann. 13,35f); an die Stelle des Kurzschwertes traten Dolch (*pugio*) und Langschwert (*spatha*).[3] Die Bedeutung der Schuss- und Fernwaffen sowie der Kavallerie stieg (Veg. mil. 2,14–16). Die Ausrüstung der Soldaten war in der Regel ihr Eigentum aus Kauf, Tausch, Beute etc.; diese Ausrüstung war daher nicht einheitlich. In der Spätantike wurde die Panzerung der Reiter (*cataphractarii*) verstärkt.

Kriegsschiffe entwickelten sich, seitdem phönizische Ruderboote durch Anbringen eines Rammsporns auf das Versenken hin spezialisiert worden waren; in Griechenland optimierte man Geschwindigkeit und Rammimpuls durch Vergrößerung der Zahl der Ruderer pro Längeneinheit; Standardwaffe in klassischer Zeit war die Triere, in hell. Zeit z.T. noch größere Typen. Allein Großmonarchien, Stadtstaaten wie Rhodos und im Westen des Mittelmeeres Karthago unterhielten größere Flotten; eine große röm. Kampfflotte gab es erstmals im 1. Punischen Krieg (260 v.Chr.), teilweise ausgestattet mit brückenartigen Entergeräten. In der Kaiserzeit kamen beweglichere illyrische Schiffstypen (Liburnen) in Gebrauch; ihre Ausrüstung mit Katapulten machte sie geeignet zum maritimen Fernkampf; seit Anfang des 2. Jh.s setzte man auch brennbare Stoffe als Kampfmittel an Bord ein, im 7. Jh. mit neuer, geheimer Zusammensetzung als „griechisches Feuer“ bezeichnet. Landungsoperationen, Rammen, Überfahren der Riemen feindlicher Schiffe sowie Entern bildeten die taktischen Hauptaufgaben der Kriegsschiffe.

Dass das röm. Kaiserreich von einer zahlenmäßig relativ kleinen Armee auf Dauer kontrolliert und verteidigt werden konnte, hatte militärische, organisatorische, ökonomische und politische Gründe: Die Armee der Kaiserzeit war eine Berufsarmee; der Dienst in ihr war für Nichtrömer attraktiv, denn er verhalf zum röm. Bürgerrecht. Diese Armee bildete bis in ihre Kulte hinein eine eigene soziale Organisation, die mit dem zivilen Leben zwar vielfach verschachtelt, doch von ihm durch besondere geographische Mobilitätserfordernisse und durch die Loyalität zum Kaiser geschieden war. Ihre Infrastruktur schuf sich diese Armee vielfach selbst: Straßen, Brücken sowie befestigte Stützpunkte; Standorte und Militärkolonien wurden strategisch günstig angelegt, um Raum und Bevölkerung unter Kontrolle zu halten. Das gilt in besonderem Maße für Judäa, das von Straßen durchzogen wurde, die die strategisch wichtigen Mittelmeerhäfen (Caesarea Maritima, Ptolemais, Askalon) mit den Hauptstandorten Jerusalem (seit 70) und Legio (Kfar Otnai bei Megiddo seit ca. 120) verbanden. Ferner gab es Straßen, die das Hinterland in N/S-Richtung erschlossen, denn Judäa war als Verkehrs- und Aufmarschgebiet zwischen Ägypten und der Grenze zum Partherreich von besonderer strategischer Bedeutung. Den Parthern gegenüber wurde bis ins 2. Jh. v.a. weniger militärisch als diplomatisch, und das heißt sparsam, vorgegangen. Im Einsatz errichtete das

[3] Besonders wichtig Ios. bell. Iud. 3,94–97. Vgl. *LeBohec* 1993, 133–139.

röm. Heer als Basen und Rückzugsorte befestigte Feldlager, und regelmäßig übte es das komplizierte Zusammenspiel seiner Teile und demonstrierte dieses in Manövern. Dies geschah nach zentralen Vorschriften und unter kaiserlicher Aufsicht.[4] *Exempla* der Wahrung oder Wiederherstellung einer strengen militärischen *disciplina* durch die Herrscher oder Kommandeure gehören zum Inventar röm. Geschichtsschreibung. Die Armee konzentierte sich in befestigten Lagern v.a. an den Grenzen; ihre räumliche Beweglichkeit und die Möglichkeit, die Ressourcen des Großreiches zu mobilisieren und auf einzelne Kriegsschauplätze zu konzentrieren, kompensierten die relativ geringe Größe dieser Armee.

*Waffen und Kriegstechnik in Palästina*

Die wichtigsten Quellen für den kriegerischen Waffeneinsatz in Palästina sind die Makkabäerbücher, das NT sowie Josephus' Darstellung der Belagerung Jerusalems während des Jüd. Aufstandes, das aufwändig umzingelt, mit schweren Steinschleudern sturmreif geschossen und mittels mobiler Belagerungstürme attackiert wurde: Diese ist neben Caesars Darstellung seiner Kämpfe mit Kelten und Germanen eine Hauptquelle für Taktik und Waffentechnik der ausgehenden Republik und frühen Prinzipatszeit.

Nach dem Makkabäeraufstand (167 v.Chr.) wurde die Armee des Hasmonäerstaates zunehmend technisiert und professionalisiert. Zunächst mit nur begrenzten finanziellen Mitteln und bewaffnet mit den Fernwaffen der Armen, vermehrten die Aufständischen ihre Ausrüstung durch Beutewaffen. Demetrios I. Soter erlaubte Jonathan das Aufstellen von Truppen und deren Ausrüstung mit wirksamen Waffen (1Makk 10,6). Die Tobiaden hatten sich im Jordanland als ptolemäische Kavalleriekommandeure unabhängig gemacht: Zahlreiche Juden Palästinas dienten bei fremden Truppen. Das Land konnte nur schwerlich eine große und technisierte Armee nach dem Muster hell. Reiche unterhalten; Herodes d. Gr. eroberte 37 v.Chr. Jerusalem mit einer kleinen Armee.[5]

Die Gefechte um Jerusalem während des Jüd. Aufstandes waren von besonderer Härte. Titus durchstieß die noch nicht fertiggestellten Mauern um Jerusalem und griff mit Belagerungstürmen beim Palast des Herodes und an der Verbindungsmauer zur Burg Antonia an. Einige der röm. Großgeräte fielen den Aufständischen in die Hände oder konnten von diesen durch Unterminieren und Feuer zerstört werden. Titus umgab daher Jerusalem mit einer Mauer, um es auszuhungern.

*Waffen in der Welt des NT*

In der Welt des NT war v.a. das leicht gekrümmte, einschneidige säbelartige Kurzschwert (*machaira*) verbreitet, das zunächst bei thrakischen Stämmen üblich war und in hell. Zeit von Leibgarden und Polizeitruppen getragen wurde. Wir finden es neben Keulen eingesetzt bei der Gefangennahme Jesu.[6] Mit dem

---

[4] CIL VIII 2532; 18042; AE 1899, 126; 1952, 20; 1974, 724.

[5] *Shatzman* 1991, 11–30.159.193.

[6] Mt 26,47.51f.55f; Mk 14,43.47f; Lk 22,49–52; Joh 18,3.10f.

Schwert sind Wachleute bewaffnet (Apg 16,27); mit ihm wurden auch Hinrichtungen vollzogen (Apg 12,1–4; Hebr 11,37; Offb 13,10).
Immer wieder dienen im NT gerade die alltäglichen Waffen als Sinnbild für Gewalt, Macht, Geltung, Hoheit und Herrschaft. Das Schwert steht für das Gegenteil des Friedens (Mt 10,34; Offb 6,4), für Verletzung (Offb 13,14), Zerstörung, Gewalt (Lk 21,24; 22,36–38), Strafe (Röm 13,4) und Tod (Röm 8,35; vgl. Hebr 11,34). Seine morphologische Ähnlichkeit mit der Zunge macht das Schwert aber auch zu einem Symbol für Wort und Geist. Eph beschwört den Kampf gegen den Teufel und die Geister der Finsternis, den zu bestehen die – defensive – Rüstung (*panoplia*) Gottes helfe. Diese Defensivbewaffnung symbolisiert Kardinaltugenden und biblische Verheißungen: Der Brustpanzer die Gerechtigkeit, der Helm das Heil und der Schild den Glauben, der die Pfeile des Bösen abfängt (Eph 6,11–20; vgl. Hebr 4,12). Zur Offensivbewaffnung gehört dabei das Schwert des Geistes: Gottes Wort. In der Offb erscheint ein aus dem Munde heraustretendes zweischneidiges thrakisches Langschwert (*rhomphaia*) als Symbol von Macht, Gewalt (Offb 1,16; 2,12; 6,8; 19,15f.21) und verbaler Wirksamkeit (2,16); es wird daneben als Sinnbild höchster persönlicher Erschütterung und Verletzung gebraucht (Lk 2,35). Waffen und Bewaffnete als Symbole für Wirksamkeit, Gewaltsamkeit und Nachhaltigkeit erscheinen auch anderenorts in der Offb: Reiter und Bogen als Symbol des Sieges (6,2), große Zahlen bewaffneter Reiter, die mit denen eines Heuschreckenschwarms verglichen werden (9,7–12). Riesige Reiterscharen sind ein Inbegriff zerstörerischer Kraft (9,16).

*Literatur*

*B. Bar-Kochva*: The Seleucid Army, Cambridge 1976. – *Ders.*: Judas Maccabaeus: The Jewish Struggle against the Seleucids, Cambridge 1989. – *M. C. Bishop/J. C. N. Coulston*: Roman Military Equipment from the Punic Wars to the Fall of Rome, London 1993. – *R. J. Brewer* (ed.): Roman Fortresses and their Legions, London/Cardiff 2000. – *M. Clauss*: Lexikon lateinischer militärischer Fachausdrücke, Stuttgart 1999. – *P. Connolly*: Greece and Rome at War, London 1981 (ND 1988). – *K. R. Dixon/P. Southern*: The Roman Cavalry from the First to the Third Century A.D., London 1992. – *K. Gilliver*: Auf dem Weg zum Imperium. Eine Geschichte der römischen Arme, Darmstadt 2003. – *A. Goldsworthy*: The Roman Army at War: 100 BC–AD 200, Oxford 1996. – *B. Isaac*: The Limits of Empire. The Roman Army in the East, Oxford u.a. ²1992 (ND 1993). – *M. Junkelmann*: Die Legionen des Augustus. Der römische Soldat im archäologischen Experiment, Mainz 1986. – *L. Keppie*: The Making of the Roman Army from Republic to Empire, London 1984. – *P. B. Kern*: Ancient Siege Warfare, Bloomington/Indianapolis 1999. – *Y. LeBohec*: Die römische Armee. Von Augustus bis Konstantin d. Gr., Stuttgart 1993. – *B. Meißner*: Krieg und Strategie bei den Griechen, Seminari Romani di Cultura Greca 5, 2002, 107–135. – *K. Raaflaub/N. Rosenstein* (eds.): War and Society in the Ancient and Medieval Worlds, Cambridge/London 1999. – *J. P. Roth*: The Logistics of the Roman Army at War (264 BC –AD 235), Leiden 1999. – *Z. Safrai*: The Roman Army in the Galilee, in: *L. I. Levine* (ed.): The Galilee in Late Antiquity, New York/Jerusalem 1992, 103–114. – *I. Shatzman*: The Armies of the Hasmonaeans and Herod. From Hellenistic to Roman Framework, Tübingen 1991. – *H. D. L. Viereck*: Die Römische Flotte. *Classis Romana*, Hamburg 1997. – *G. R. Watson*: The Roman Soldier, London 1969 (ND 1983). – *G. Webster*: The Roman Imperial Army, London ³1985.

## 2.4.4 Antike Medizin (*Josef Neumann/Reinhard von Bendemann*)

*Stellen im NT (vgl. auch →2.2.3.1–3)*
Mk 2,17; 5,26; 9,12; Lk 4,23; 5,31; 8,43; Kol 4,14. *Diätetik*: 1Tim 5,23

Die seit dem 3. Jh. v.Chr. gesammelten und in Alexandria zum *Corpus Hippocraticum* (CH) zusammengestellten Schriften der gr. Medizin wurden in der Zeit vom 5.–3. Jh. v.Chr. von mehreren Autoren verfasst. Unter diesen wird Hippokrates (um 460–375 v.Chr.) selbst als Verfasser nur weniger Schriften, die damit zu den ältesten gehören, anerkannt bzw. diskutiert (aer., morb. sacr.; prog.; epid. I/II, möglicherweise auch II/IV/VI); sein Schwiegersohn Polybos (Lehrer an der im 5. Jh. v.Chr. gegründeten Medizinschule von Kos) gilt als Verfasser des Traktats nat. hom. (Viersäftelehre). Es kann somit nur mit Vorbehalt von einer „hippokratischen" Medizin gesprochen werden. Der Schriftsteller A. Cornelius Celsus (Zeit des Tiberius) meint zwar, Hippokrates sei die Eigenständigkeit der Medizin von der Philosophie zu verdanken (prooem. 8); dennoch ist die Entstehung dieses Theorie und Praxis umfassenden Medizinsystems sowohl mit der im 6. Jh. v.Chr. beginnenden ionischen Naturphilosophie als auch mit dem zur gleichen Zeit entstehenden Asklepioskult (erstes Heiligtum in Epidauros) eng verbunden, so dass fraglich ist, ob und wie weit wirklich ein Gegensatz der empirisch-theoriegegründeten Medizin zur gr. Philosophie und zu der in den Asklepiosheiligtümern (*asklēpieia*) praktizierten Heilkunde bestanden hat.

*Heilkunde im Asklepieion*
Die von Thessalien ausgehende Verehrung des zum Heros, später zur Gottheit aufgestiegenen Asklepios (lat. *Aesculapius*), den Homer (Il. 4,194; 9,833) noch als thessalischen Fürsten und Vater zweier in der Wundbehandlung erfahrener Krieger (Podaleirios, Machaon) nennt (vgl. Pind. P. 3,47–56), verdrängte seit dem 6. Jh. v.Chr. ältere Heilkulte, z.B. den des Apollon oder von Heroen (Amphiaraos, Amynos, Aristomachos), und breitete sich in der ganzen gr.-röm. Welt aus. Insgesamt entstanden mehr als 400 Heiligtümer, u.a. in Athen (420 v.Chr. nach der großen Seuche, Thuk. 2,47–54), Korinth, auf der Insel Kos (4. Jh. v.Chr.), in Rom (292/1 v.Chr.) sowie in Pergamon. Das Asklepieion bestand aus Heilquelle, Altar und Tempel im Zentrum und war umgeben von Brunnenbauten, Badeeinrichtungen, Speisehalle, Sportanlagen, Theater, einem *tholos* genannten Rundbau und Bibliothek, in der auch ägyptische Schriften, in hell. Zeit ins Gr. übersetzt, aufbewahrt wurden (Aristeid. or. 39,6). Die Kranken befanden sich im *abaton* (Liegehalle), wo Familienangehörige und Diener sie pflegten. In röm. Zeit waren in den Tempelbezirken, die zugleich Wirtschaftseinheiten mit eigenem Ackerland, Wirtschaftsgebäuden, Lagern, Handwerksbetrieben und Verwaltung waren, Sklaven beschäftigt, denen im Umkreis der Heilgötter ein bemerkenswerter Schutz zuteil wurde. Kranke Sklaven, von ihren Besitzern entlassen, fanden hier Unterkunft und waren nach ihrer Heilung frei.

Im Kult verehrt wurden Asklepios (Herondas 4), der mit chthonischen Symbolen (Schlange, Hund, Telesphoros) abgebildet wurde, seine Töchter Hygieia („Gesundheit“) und Panakeia („Allheilerin“; etymolog. „Panazeen“), aber auch Apollon, der ältere Heilgott, dessen Kult neben dem des Asklepios fortbestand. Dieselben mytholog. Gestalten, die Heilkompetenz, Handlungsziel und pflanzliches Allheilmittel symbolisieren, werden im sog. Hippokratischen Eid[1] einleitend als Zeugen angerufen (4,2f), dessen Entstehung nach neuesten Forschungen[2] im Kontext gr. Tempelmedizin anzunehmen ist. Darauf weist neben der Anrufung der Götter am Anfang des Eides insbes. das Versprechen „Heilig und rein werde ich mein Leben und meine Kunst bewahren“ (4,18), das als Inschrift über dem Eingang zum Asklepieion von Epidauros stand. Aufgrund kultischer Reinheitsgebote hatten Frauen nahe der Entbindung und Sterbende keinen Zutritt, und von den Ärzten forderte der Eid, Frauen kein abtreibendes Mittel zu verabreichen (4,16f), dem Todeswunsch Kranker nicht zu entsprechen (4,15f) und die Behandlungssituation nicht für sexuelle Kontakte auszunutzen (5,2–4).

Die Menschen, die aufgenommen wurden, hatten sich zu reinigen (Bäder, Einhalten von Speisevorschriften, Verzicht auf sexuelle Beziehung) und gleichzeitig religiöse Reinigungsrituale (Gebete, Gesänge, Opfer) zu vollziehen. Im Heilraum im Innersten des Heiligtums schliefen die Kranken eine oder mehrere Nächte (Inkubationsschlaf) und hofften auf die Epiphanie des Gottes, der in einem Traumgesicht diätetische Anweisungen gibt, ein Rezept nennt, ein Heilmittel reicht, eine Salbe oder ein Pflaster aufträgt oder den Fremdkörper aus der Wunde entfernt (Aristoph. Plut. 653–748). Der Geheilte stiftete als Weihegeschenk eine Votivtafel (*pinax*) und wurde mit Namen und Angaben über Krankheit und Heilungsvorgang auf einer Stele verzeichnet (Paus. 2,27,1–3). Heilungsberichte zeigen, dass v.a. chronisch Leidende (Blindheit, Taubheit, Sprach- und Sehstörungen, Schlaflosigkeit, Lähmungen, Geschwüre, eiternde Wunden, Verdauungsstörungen, Wurmbefall, Wassersucht, Scheinschwangerschaft, Kinderlosigkeit) die Tempel aufsuchten, die andernorts keine Heilung gefunden hatten, denen aber auch im Asklepieion häufig nicht oder nur teilweise geholfen werden konnte (Diog. Laert. 6,59). Zu den gleichwohl erzielten Heilerfolgen ist zu sagen, dass der gesamte kultisch-therapeutische Kontext, der suggestiv wirkte und (z.B. bei Krankheiten der Bewegungsfähigkeit) geeignet war, psychische Blockaden aufzuheben, dazu beitrug. Dabei wurde in den Heilstätten von den Ärzten (Asklepiaden) eine auf Erfahrung gegründete Heilkunde ausgeübt, die ihr Wissen und Können in der Familie, später auch Außenstehenden in einem Lehrverhältnis weitergaben, für das der Eid (4,5–12) Verhaltensregeln festlegte. Ihr Tun steht somit nicht in Konkurrenz zur naturkundlichen Medizin. Nirgends ist die Rede von Dämonenglauben und Exorzismus. Grundlage des Therapiekonzepts war die Diätetik (Ernährung, Bewegung, Gymnastik, Massagen, Einreibungen, Wasserkuren), die durch Heilmittel (*pharmaka*) ergänzt wurde, während spezielle Ope-

[1] Der Eid wird nach Seite und Zeile der Hippokratesausgabe im *Corpus Medicorum Graecorum* von *Heiberg* (Leipzig/Berlin 1927) zitiert; dt. Übers. bei *Kollesch/Nickel* 1994, 53–55.

[2] Vgl. *von Staden* 1996, 429–431.

rationen, wie der im Eid genannte Blasensteinschnitt, denen überlassen werden sollten, die darin geübt waren (4,19f).

*Heilberufe*

Spätestens seit dem 8. Jh. v.Chr. gehörten Ärzte als eigenständige Profession zu den wandernden Handwerkern (Schmiede, Zimmerleute, Schiffsbauer, Leder verarbeitende Berufe, Dichter, Sänger), die ihre Dienste im Volk anboten (*dēmiurgoi*) und sich dazu zeitweise in den Siedlungen niederließen. Dabei war Arzt (*iatros*), wer die ärztliche Kunst (*technē iatrikē*) in der Familie, später auch als Außenstehender bei einem Arzt gelernt hatte, wobei Art und Dauer der Lehre unbestimmt, staatliche Prüfung und Approbation in der gr.-röm. Antike unbekannt waren, so dass von großen Unterschieden zwischen den Ärzten auszugehen ist (Aristot. pol. 1282a; Gal. libr. propr. 19,9 Kühn). Eine Ausbildungsgebühr war wohl üblich (Plat. Prot. 311b–c). So wurde der auf Kos geborene und aus einer Asklepiadenfamilie stammende Hippokrates von seinem Vater Herakleides und von dem Arzt Herodikos von Selymbria ausgebildet, bevor er als Wanderarzt hauptsächlich in Thessalien tätig war. In hell. Zeit ließen sich Ärzte in Städten auch längerfristig nieder, wurden angesichts der Zunahme der Bevölkerung als Stadtärzte für die Versorgung der Armen angestellt und waren zuständig für die öffentliche Hygiene. Behandelt wurden die Kranken in ihren Häusern, oder sie kamen zum Arzt, der in einer Werkstatt arbeitete oder in seinem Haus Behandlungsräume hatte, in denen nach chirurgischen Eingriffen auch vorübergehend gepflegt werden konnte.[3] Dabei unterstützten Gehilfen den Arzt, ohne dass die Krankenpflege einer besonderen Berufsgruppe zugeordnet gewesen wäre. Häufig war der Lehrling zugleich der Helfer. Auch Ärztinnen (*iatrinē*) sind bezeugt. Wie weit deren Tätigkeit mit der der Hebammen (*iatromaia*, *maia*, *obstetrix*) in Beziehung stand, ist schwer zu sagen; denn Hebammen behandelten neben der Geburtshilfe auch Kranke (Soran. Gyn. 3,3) und gaben Medikamente (Dig. 9,2,9). Eine heterogene Gruppe stellten die Drogenhändler (*pharmakopolai*) dar, die auch therapierten (Diod. 32,11,2), was als Konkurrenz (Gal. fasc. 18A,770 Kühn), zuweilen als Kooperation (Scrib. Larg. 122) wahrgenommen wurde. Eine weitere Gruppe waren die mit Einreibungen arbeitenden *iatraleiptai* (Plin. epist. 10,5; Gal. comp. med. sec. loc. 13,104 Kühn) sowie die Organspezialisten (Gal. Thras. 5,846 Kühn), z.B. Steinschneider (CH, iusiur.). Zudem boten sich Zauberer und Wunderheiler (*magoi*, *kathartai*, *praecantrices*; →3.2.6) an (Soph. Ai. 581f; Ulp. dig. 50,13,3), die auch in Anspruch genommen, von den Ärzten aber entschieden abgelehnt wurden (CH, morb. sacr. 1). Besondere Bedeutung kam der Selbstbehandlung zu, die in Rom Aufgabe des *pater familias* (Plin. nat. 25,9f), aber auch in Griechenland üblich war (CH, vet. med. 2). Rezepte und Beschwörungen der röm. Hausvater-Medizin überliefern Cato (agr. 127; 160) und Plinius d. Ä. (nat. 29,15).

---

[3] Vgl. *Künzl* 2002, 56–65.

*Medizin im Corpus Hippocraticum*[4]

Heilkult und kritische, auf Erfahrung und Naturkunde gegründete Medizin bilden in der gr.-röm. Antike keinen Gegensatz. Schon die Tatsache, dass der Eid in hell. Zeit ins CH aufgenommen wurde, macht den engen Bezug deutlich. In morb. sacr. 1f argumentiert der Arzt auf religiösem Hintergrund, wenn er sagt, die sog. heilige Krankheit (Epilepsie) sei nicht göttlicher als andere, auf Grund der Unmöglichkeit, sie zu erkennen, bleibe ihr göttlicher Charakter wie der jeder Krankheit erhalten. Dies hindere aber nicht, nach der in der Natur (*physis*) gelegenen Ursache (*aitia*) zu fragen, weil anders die Entwicklung von Therapien nicht möglich sei. Wunderheiler aber handelten deshalb unverantwortlich, weil sie, indem sie die heilige Krankheit ausschließlich als göttliche Schickung deuten, den Menschen Reinigungen und Besprechungen als allein möglichen Heilungszugang einreden und so medizinische Behandlung verhindern. *Physis* wird demnach nicht gegen die Naturvorgänge repräsentierenden Gottheiten in der Medizin gebraucht, sondern als umfassender Ordnungs- und zugleich normativer Begriff, an dem der Arzt, auf Erfahrung gegründet, Möglichkeiten und Grenzen seiner Kunst kritisch beurteilt, deren Sinn darin besteht, „die Kranken von ihren Leiden zu befreien, die schweren Anfälle der Krankheiten zu lindern und sich von der Behandlung derjenigen Personen fern zu halten, welche von der Krankheit schon überwältigt sind" (de arte 3). Aufmerksamkeit und Interesse des Arztes sind somit primär auf die Prognose, die Voraussage des Verlaufs einer Krankheit, gerichtet. Um vorherzusehen, ob eine Erkrankung zum Tode führt oder für ärztliches Handeln Raum lässt, ist genaue Beobachtung der Symptome sowie die Kenntnis möglichst vieler Krankengeschichten notwendig (vgl. epid. 1,1–14), mit denen der akute Zustand des Kranken verglichen und über Art und Aussicht von Heilmaßnahmen entschieden werden kann. Dabei folgt die Therapie nicht unvermittelt aus der empirischen Beobachtung des Krankheitsverlaufs, die in der Ärzteschule von Kos (gegründet 5. Jh. v.Chr.) im Mittelpunkt des Interesses stand, sondern bedarf, wie die Ärzteschule von Knidos betonte, der fundierenden Theorie, die in Auseinandersetzung mit der Naturkunde/-philosophie entwickelt wurde. Demnach besteht der Mensch, analog zu den die Dinge im Kosmos konstituierenden vier Elementen (Feuer und Wasser, Luft und Erde) aus vier Säften (gelbe Galle und Schleim, Blut und schwarze Galle), denen spezifische Wirkeigenschaften (warm und feucht, kalt und trocken) zuzuordnen sind. Die Stofflichkeit der Außenwelt (Makrokosmos) wiederholt sich im Menschen (Mikrokosmos), der in sich und mit seiner Umwelt ein Beziehungsgefüge bildet. In diesem bedeutet Gesundheit Mischung im richtigen Maß und Verhältnis (*eukrasia*), Krankheit hingegen Verminderung oder Übermaß (Vorherrschaft) eines Saftes (*dyskrasia*), der sich an einem Ort des Körpers verstärkt absondert, an einem anderen ansammelt und so Schmerz, Verstopfung, Schwellung, Rötung u.a. verursacht (nat. hom. 4). Unterschiede in den Temperamenten und Konstitutionen der Menschen werden erklärt als individuelle Mischungsdifferenzen, die noch nicht Krankheit bedeuten. Auf Grund der in Elementen und Säften wirkenden Kräfte (*dynameis*) kann das Säfteverhältnis im Menschen

[4] Auf das Corp. Hipp. beziehen sich alle in diesem Textabschnitt in Klammern angegebenen Schriften.

von außen beeinflusst werden. Auf diese Weise ist Therapie als Kunst (*technē*), als zielgerichtetes Handeln (Plat. Phaidr. 270a–e), möglich. Dabei ist das von der Theorie vorgegebene Handlungsziel das Gleichgewicht der Säfte, das wiederhergestellt werden soll durch Diät, Heilmittel, chirurgischen Eingriff (Plat. rep. 406d; Cels. prooem. 9).

*Medizin in der hell.-röm. Zeit*

In der von tief greifenden sozialen Veränderungen (Übergang von der gr. *polis* zur hell. Großstadt, Verschärfung sozialer Gegensätze) bestimmten Zeit nach Alexander d. Gr. erfährt die Medizin eine Differenzierung in Schulen, in denen, von unterschiedlichen Interessen geleitet, die älteren Schriften gesammelt und kommentiert, ihre Inhalte in eigenen Abhandlungen modifiziert, weitergedacht und neue Erkenntnisse gewonnenen werden. Grundlage dafür ist das in Alexandria zusammengestellte CH, wo gleichzeitig seit der ersten Hälfte des 3. Jh.s v.Chr. eine an empirisch-messenden Methoden orientierte Medizinschule mit besonderem Interesse für Anatomie entsteht. In seinem Hauptwerk *Anatomika* beschreibt Herophilos von Chalcedon (geb. 325 v.Chr.), ihr bedeutendster Leiter, den Zusammenhang von Gehirn und Nerven, den Sehnerv in seiner Beziehung zu Auge und Gehirn (dieses somit als Zentrum der Sinnestätigkeit), Hirnnerven und Hirnventrikel, unterscheidet motorische und sensible Nerven und gibt dem Zwölffingerdarm seinen Namen. Zudem führt er die Pulszählung ein und untersucht die Veränderung der Pulsgeschwindigkeit bei verschiedenen Krankheiten. Sein Nachfolger Erasistratos von Keos beschreibt den Bau des Herzens, der Leber und Gallengänge und stellt die Medizin als dreiteiliges System dar, bestehend aus Anatomie, Physiologie (Lehre von den Lebensvorgängen) und Pathologie (Lehre von den Krankheiten und deren Ursachen). Neben den unzweifelhaft empirischen Interessen hatte die med. Theoriebildung, die letztlich auf ein Ergründen des Phänomens des Lebendigen gerichtet ist, für beide Mediziner hohe Bedeutung, die sich darin als Nachfolger der alten Ärzte verstanden. Möglicherweise ist unter diesem Aspekt die von außen beigelegte Schulbezeichnung „Dogmatiker" gerechtfertigt (Cels. prooem. 9). Überzeugt, dass Beobachtung im Verbund mit therapeutischer Erfahrung und der Kommentierung tradierter Schriften (auf die sich die philosophisch skeptischen, dem Peripatos nahestehenden Empiriker beschränken wollen) nicht ausreicht, um Krankheit als natürlichen Vorgang zu verstehen, sondern dies der Erhellung in schlussfolgerndem Denken bedarf, postulierten sie für die ärztliche Praxis eine Grundlage theoretischen Wissens um Anatomie, Substanzen und Kräfte, die die Veränderungen im Menschen (z.B. im Verdauungsvorgang) bewirken. Demnach ist *pneuma*, Luft, die Grundlage dieser Kräfte, die über die Lungen ins Herz und durch die Arterien in alle Körperteile und Organe gelangt, wo sie, in spezifischer Weise umgewandelt, zu differenten Lebensvorgängen befähigt (z.B. Denken und Wahrnehmung durch das im Gehirn gebildete *pneuma psychikon*). Diese werden zudem bewirkt durch das Blut, das, aus der Nahrung in der Leber gebildet und über die Hohlvenen weitergeleitet, dem Aufbau und der Ernährung der Organe dient. Erasistratos geht von zwei parallelen Strömungssystemen im Menschen aus, dem aus der Leber durch die Venen geleiteten Blutfluss sowie dem Pneumastrom mit dem Herzen als Zentrum (Aristoteles) und den Arterien als verteilenden Röhren. Das

dritte Hauptorgan ist das Gehirn mit den Nerven als Leitungssträngen in alle Körperteile. In diesem dreifachen Verbindungssystem mit jeweils einem Hauptorgan bedeutet Krankheit primär Stockung des Blut- und Pneumastroms, die zu lokaler Blutfülle (*plēthora*), zu Verstopfung, Verhärtung der Organe (Beschreibung der Leberzirrhose) führt und therapeutisch ein Wiederingangbringen des Säftestroms erfordert.
Der Einfluss der alexandrinischen Schule auf Galen (129 – nach 204 n.Chr.) von Pergamon, den bedeutendsten Arzt der röm. Kaiserzeit (ausgebildet in Smyrna und Korinth; Leibarzt Marc Aurels), ist nicht zu verkennen. In seinem enzyklopädisch-kommentierenden Werk richtet er sich einerseits gegen die sog. Methodiker, deren Interesse an den sichtbaren Erscheinungen (*phainomena*) und der Unterscheidung körperlicher Zustände nach Verhärtung (*stegnosis*), lösendem Fluss (*rhysis*) und Mischung aus beiden (*epiplokē*) er als Therapieorientierung für unzureichend hält, und versucht andererseits Dogmatiker (Fundierung med. Handelns durch Theorie) und Empiriker (auf Erfahrung gegründete Therapie) einander anzunähern, indem er eine methodische Grundlegung der Medizin fordert, die den Weg med. Wissensbildung durch Erfahrung (*empeiria*) auf der Grundlage philosoph. Denkens (*logos*) reflektiert. Dabei geht Galen davon aus, dass in der Natur nichts ohne Zweck (*telos*) geschieht. Bewegt werde der Körper in allen Tätigkeiten und Veränderungen von der in ihren Wirkungen wahrgenommenen Seele, deren Kräfte bei Galen weitgehend den von Erasistratos vorgeschlagenen Umwandlungsstufen des *pneuma* entsprechen.
Wesentliches Kennzeichen kaiserzeitlicher Medizin und Naturkunde ist die Tendenz zur Spezialisierung sowie zur Enzyklopädik. Soranos' von Ephesos (Rom, Zeit der Kaiser Traian u. Hadrian) Werk „Über Frauenkrankheiten" handelt im ersten Teil des ersten Buches von Zeugung, Schwangerschaft und Geburtshilfe, während die Erörterungen des zweiten Teils über Pflege und Ernährung des Säuglings bis in die Frühe Neuzeit in der kinderdiätetischen Literatur rezipiert wurden. Eine nachhaltige Wirkung entfaltete das Werk *De materia medica* des Pedanios Dioskurides von Anazarba (Kilikien; 1. Jh. n.Chr.), in dem Heilmittel (Pflanzen, tierische Stoffe, Mineralien) mit Anweisungen zur Dosierung alphabetisch verzeichnet sind. In Anlehnung an Terentius Varro (116–27 v.Chr.) fasste Celsus den Kenntnisstand aller Wissensgebiete in einem Werk zusammen, von dem nur die acht Bücher *De medicina* erhalten sind. Mit der außerordentlichen rezeptionsgeschichtlichen Wirkung des *Corpus Galenicum* in Mittelalter und Früher Neuzeit aber kann sich nur die Enzyklopädie Plinius' d. Ä. (23–79 n.Chr.) messen, von deren 37 Büchern 13 medizinisch-therapeutischen Inhalts sind (nat. 20–32).

*Antike Medizin und frühes Christentum*

In den christl. Gemeinden des 1. Jh.s ist die theoretische und praktische Medizinkompetenz mit der an den röm. Verwaltungssitzen und Zentren hell. Gelehrsamkeit nicht zu vergleichen. Auch die Tatsache, dass gr. naturkundlich-medizinische Begriffe in die Septuaginta (→1.3.2.1) und sonstige Werke frühjüd. Verfasser wie Philo (→1.3.2.5) oder Josephus (→1.3.2.6) eingehen, vermag weder die Kluft zwischen antiker Medizin und den volksmedizinischen Vorstellungen der frühesten Jesusbewegung zu überbrücken noch die Frage zu

entscheiden, ob auf Grund sprachlicher Kriterien eine ärztliche Verfasserschaft bestimmter Schriften des NT anzunehmen ist.
Da eine med. Fachsprache von der allgemeinen Gelehrtensprache noch nicht zu unterscheiden ist, muss auch die Frage, ob der Verfasser von Lk und Apg Arzt war, offen bleiben, zumal die Rückführung auf Lukas (Iren. haer. 3,1,1) wahrscheinlich einer auf dem Hintergrund der Wir-Abschnitte der Apg abgeleiteten sekundären Kombination von Kol 4,14, Phlm 24 und 2Tim 4,11 entspricht. Der Verfasser bleibt anonym, war aber ein im Sinne der hell. Kultur gebildeter Autor, in dessen Denken die Phänomene Gesundheit und Krankheit, Leiden, Heilung und Tod im realen wie übertragenen heilsgeschichtlichen Sinn besondere Bedeutung haben.
Die aus dem Judentum hervorgehenden Christen sind noch weitgehend geprägt vom atl. Krankheits- und Heilungsverständnis, innerhalb dessen nur einer von sich sagen kann „Ich bin Jahwe, der dich heilt" (Ex 15,26) und die Entstehung von Krankheit unabhängig vom göttlichen Willen nicht gedacht werden kann. Die atl. Literatur vorexilischer Zeit enthält keine von Ärzten verfassten Schriften und lässt weder besondere Kenntnisse des menschlichen Körpers und dessen Lebensvorgängen noch Ansätze einer diätetisch-therapeutischen Konzeption erkennen. Entsprechend relativiert ist das Ansehen des Arztes in Israel. Hiob (Hi 13,4) vergleicht seine Gesprächspartner mit Pfuschärzten. In 2Chr 16,12 wird König Asa getadelt, weil er sich an Ärzte gewandt und nicht auf Jahwe vertraut hat. In Tob 2,10 können die Ärzte dem durch Vogelkot erblindeten Vater nicht helfen. Selbst Sir 38,1–14, die einzige Verteidigung des Arztes (und Apothekers) im frühjüd. Schrifttum, endet mit dem skeptischen Hinweis, „Wer sündigt gegen den, der ihn gemacht hat, der soll/wird fallen in die Hände des Arztes" (Sir 38,15).
Dem in Israel geringen Ansehen des Arztes entspricht, dass die frühen Christen den Arztvergleich eher vermeiden und dieser im NT nur einmal auf Jesus angewandt wird (Lk 4,23), aber auch hier in der Form der skeptischen Mahnung, „Arzt, heile dich selbst!", die an die allgemein verbreitete Meinung vom therapeutischen Unvermögen der Ärzte erinnert. So wird in Mk 5,26 gesagt, dass die an Blutfluss leidende Frau ihr ganzes Vermögen an die Ärzte ausgegeben habe, ihr Leiden aber nur schlimmer geworden sei. Der Verfasser des dritten Ev mildert das harte Urteil, es hätte der Frau nicht geholfen werden können (Lk 8,43). Das Motiv *Christus medicus* hat somit Wurzeln im NT, insbes. in den Heilungsgeschichten (→2.2.3.1), erfährt seine Entfaltung aber erst in der patristischen Literatur bzw. in der Auseinandersetzung der frühen Christen mit der Religion und Philosophie ihrer hell. Mitwelt, besonders mit dem im 1. Jh. in Palästina sich ausbreitenden Asklepioskult. Dabei wird nicht die Behauptung aufgestellt, Jesus habe sich als Arzt im professionellen Sinne betätigt. Vielmehr steht ein christologisch-soteriologisches Erzählinteresse im Vordergrund, von dem aus im bildhaften Vergleich mit dem Arzt veranschaulicht wird, was Erlösung im Kontext christl. Gemeindezugehörigkeit bedeutet. So bezeichnet Ignatius von Antiochia im Epheserbrief Christus als Arzt[5] und nennt das Abendmahl „Arznei der Unsterblichkeit und Gegengift" (Eph. 20,2).

---

[5] Ign. Eph. 7,2; dazu: ActJ 108; ActPe 9,32–35; Iren. haer. 3,5,2; Or. Cels. 2,67; vgl. Jes 53,5 LXX.

In apokryphen Schriften wird Christus Arzt und Menschenfreund (*philanthrōpos*) genannt, aber auch als Erlöser (*sōtēr*), mit dem in der Spätantike bedeutendsten Ehrentitel des Asklepios, bezeichnet. Allein das lange Fortbestehen des Aklepioskults in christl. Zeit (bis ins 6. Jh.) deutet auf die Konkurrenz hin, die der gr. Heilgott für das sich ausbreitende Christentum bedeutet haben muss. Eine zweite Wurzel des *Christus-medicus*-Motivs ist die kynisch-stoische Philosophie (→3.1.1), in der Arzt und Philosoph verglichen werden. Wie der Arzt den Körper von Krankheit heilt, so befreit der Philosoph die Seele von ihren Leidenschaften. In der Auseinandersetzung der frühen Christen mit der Philosophie lag es nahe, im Sinne des bereits vorgegebenen Arztvergleichs Christus als den Philosophen darzustellen. Vermittelt ist dieser Arztvergleich durch Philo, der Ex 15,26 in dem Sinne umdeutet, Gott sei „der einzige Arzt seelischer Gebrechen“ (sacr. 70).[6]

*Literatur (vgl. auch Literatur zu →2.2.3.1–3)*

*E. J. Edelstein/L. Edelstein*: Asclepius. Collection and Interpretation of the Testimonies, Baltimore/London 1998 (Erstdruck 1945). – *G. Fichtner*: Christus als Arzt, Berlin/New York 1982. – *H. Flashar* (Hg.): Antike Medizin, Darmstadt 1971. – *R. Jackson*: Doctors and Diseases in the Roman Empire, Oklahoma 1988. – *K. Kerényi*: Der göttliche Arzt. Studien über Asklepios und seine Kultstätten, Darmstadt 1975. – *J. Kollesch/D. Nickel*: Antike Heilkunst. Ausgewählte Texte, Stuttgart 1994. – *A. Krug*: Heilkunst und Heilkult. Medizin in der Antike, München ²1993. – *E. Künzl*: Medizin in der Antike, Stuttgart 2002. – *H. von Staden*: „In a Pure and Holy Way“ [...], Journal of the History of Medicine 51, 1996, 404–437. – *K. Steinmann*: Hippokrates. Der Eid des Arztes – Von der heiligen Krankheit, Frankfurt a. M./Leipzig 1997. – *O. Temkin*: Hippocrates in a World of Pagans and Christians, Baltimore/London 1991. – *M. Wohlers*: Heilige Krankheit. Epilepsie in antiker Medizin, Astrologie und Religion, Marburg 1999.

6 Vgl. *Fichtner* 1982, 11f.

# 2.5 Bildungswesen

## 2.5.1 Kommunikation und Sprache(n) (*Peter Arzt-Grabner*)

*Stellen im NT*
Mt 8,5–13 par; 15,17; Mk 7,19 par; 7,25–30 par; 15,1–14 parr; Joh 19,19f; Apg 15,23–29; 21,37–39; 23,26–30

*Einführung*
Mit der Gründung des Attisch-Delischen Seebundes (478/477 v.Chr.) und dem damit verbundenen Aufstieg Athens gewinnt das Attische immer mehr an Bedeutung und bildet schließlich den wichtigsten Grundstock für das hell. Griechisch,[1] das als Folge der Eroberungen durch Alexander d. Gr. zur Standard- und Verkehrssprache des gesamten östlichen Mittelmeerraumes wird. Wie schon die makedonischen Herrscher übernehmen auch die Diadochen diese Sprachform als Amts- und Verwaltungssprache – eine Tradition, die zumindest in den östlichen Provinzen des röm. Imperiums ihre Fortsetzung findet. So sind z.B. unter den ägyptischen Papyri (→1.3.4.1) nicht nur private und geschäftliche Dokumente größtenteils gr. abgefasst, sondern auch fast alle Schreiben der röm. Administration;[2] lat. Dokumente bilden eine Minderheit.
Sogar in Rom selbst galt Gr. als Sprache der vorbildhaften gr. Kultur und somit auch als Bildungssprache der Oberschicht; wichtigster Schulautor war noch immer Homer, manche röm. Autoren, wie z.B. Plutarch, verfassten ihre Schriften auf Gr., Kaiser Claudius hat gr. und lat. Geschichtswerke geschrieben (Suet. Claud. 41f), von Marc Aurel sind dessen gr. abgefasste „Selbstbetrachtungen“ erhalten.
Die für das Gr. des Hell. verwendete Bezeichnung *hē koinē* („die Gemeinsame“) ist bereits eine Kurzform für *hē koinē dialektos glōssa* („die gemeinsame Sprache, mit der man sich unterhalten kann“, „die gemeinsame Umgangssprache“). Gegenüber den klassischen Dialekten ist diese Gemeinsprache einerseits durch eine Vereinfachung gekennzeichnet, andererseits durch eine Verdeutlichung des sprachlichen Ausdrucks. Als schwierig empfundene Formen und Ausdrücke werden durch Um- oder Neubildungen ersetzt,[3] durch einfachere Synonyme verdrängt[4] oder sie kommen gänzlich außer Mode.[5] Der Ver-

---

1 Neben dem Attischen ist v.a. das Ionische einflussreich (z.B. für *ginomai* [„werden“] oder *ginōskō* [„erkennen“] statt attisch *gignomai* bzw. *gignōskō*).

2 Einige Beispiele bei *J. Hengstl*: Griechische Papyri aus Ägypten als Zeugnisse des öffentlichen und privaten Lebens, München 1978, 48–107. Bezeichnenderweise ist z.B. auch das bekannte Schreiben von Kaiser Claudius an die Alexandriner gr. abgefasst (P. Lond. VI 1912 [41 n.Chr.]). – Die Angabe der Papyrusbelege richtet sich nach der Checklist of Editions of Greek, Latin, Demotic and Coptic Papyri, Ostraca and Tablets, ed. *J. F. Oates u.a.*, Atlanta [5]2001 (jeweils aktuelle Fassung im Internet: http://odyssey.lib.duke.edu/papyrus/texts/clist.html).

3 Z.B. zahlreiche Formen des starken Aorists, für die nunmehr die Endungen des „einfacheren“ schwachen Aorists übernommen werden – z.B. *epesa* für bisher *epeson*, „ich fiel“.

4 Z.B. *opsarion* (einfachere O-Deklination) für *ichthys* (schwierigere 3. Deklination), „Fisch“; *blepō* für das *verbum contractum horaō*, „sehen“.

deutlichung dienen z.B. Mehrfachkomposita (wie *synantilambanomai*, „mit Hand anlegen“) sowie eine Vielzahl neuer Wörter (z.B. *eukaireō*, „Zeit haben“; *eucharisteō*, „danken“).[6]
Einige Rückschlüsse auf die Aussprache erlauben die vielen orthographischen Fehler in den Papyri. Nicht nur i, sondern auch ei und langes e werden als „i“ gesprochen, y und oi als „ü“; ferner lässt sich für ai die Aussprache als kurzes „e“ nachweisen.[7] Bis ins 9. Jh. hinein ist die Schreibweise in Großbuchstaben (Majuskeln) vorherrschend, ferner die *scriptio continua*; die wenigen Wortabstände sind oft ästhetisch bedingt, z.B. in einzelnen Briefanfängen.[8]
Die eigentliche Dichtung und Literatur der Zeit war um die Beibehaltung des klassischen Gr. in gehobener Form bemüht, was zum sog. Klassizismus und danach zum Attizismus führte, während sich bei Historikern (z.B. Polybios), in der wissenschaftlichen Literatur (z.B. Dioskurides) und im Roman (z.B. Xenophon v. Ephesos, Chariton) zahlreiche Elemente der Koine finden. Die wichtigsten Dokumente für die hell. Umgangssprache sind neben den nichtliterarischen Papyri die Diatriben Epiktets sowie die Schriften des NT.[9]
Latein war die Verkehrs- und Verwaltungssprache Italiens und der westlichen Provinzen sowie die Sprache des Militärs.[10]
Das gilt auch für Palästina, in dessen Sprachwelt sowohl Inschriften als auch Papyrusdokumente aus Masada, Wadi Murabba’at, Nahal Hever, Nahal Se’elim, Nahal Mishmar und Ketef Jericho einen guten Einblick gewähren.[11] Auch hier findet Latein nur als Sprache des Militärs und innerhalb der röm. Verwaltung Verwendung (gegenüber Einheimischen verwendeten auch die Römer Gr.), nicht hingegen als Kommunikationsmittel innerhalb der ansässigen Bevölkerung.[12] Als solches ist zunächst Aramäisch zu nennen, die *lingua franca* des Nahen Ostens, die nicht nur als Umgangssprache, sondern auch in rechtlichen Dokumenten verwendet wurde. Aus der Diplomatensprache unter den neuassyrischen Reichen und dem einheitlichen Reichsaramäisch zur Per-

---

5 Z.B. der Optativ; am häufigsten begegnet noch die stehende Wendung *mē genoito* – „es soll nicht geschehen“, „das sei ferne“.

6 Kurze Übersicht bei *Reiser* 2001, 19.

7 Z.B. auch in *Kaisar*, der gr. Transkription für das lat. *Caesar*; die Form belegt außerdem, dass lat. c auch vor ae [und i] wie k gesprochen wurde.

8 Siehe z.B. den Anfang eines Briefes aus dem Arsinoites (P. Vindob. G 21532, 5. Jh. n.Chr.; *P. Arzt-Grabner* (Hg.): Drei Brieffragmente aus der Wiener Papyrussammlung, ZPE 139, 2002, 149–154, hier 153f [mit Foto]).

9 Zu den Vergleichsmöglichkeiten der dokumentarischen Papyri aus Ägypten mit ntl. Texten siehe *P. Arzt-Grabner*: Philemon, Göttingen 2003, bes. 50–56 und *Ders*.: Die Paulusbriefe im Licht der Alltagspapyri, ZNT 14, 2004, 22–30.

10 Beachte auch die von *P. Cugusi* gesammelt herausgegebenen Briefe: *Corpus Epistularum Latinarum, papyris tabulis ostracis servatarum, I Textus, II Commentarius*, Florenz 1992, III Addenda, Corrigenda, Indices Rerum, Index Verborum Omnium, Florenz 2002.

11 Zu den bisherigen und noch ausstehenden Editionen siehe *Cotton* 1999, 219. Zu erwähnen sind v.a. die Papyri aus Masada, Murabba’ât, Nahal Hever und aus dem Babata-Archiv.

12 Vgl. *Cotton* 1999, 220; *W. Eck*: Rom und die Provinz Iudaea/Syria Palaestina. Der Beitrag der Epigraphik, in: *A. Oppenheimer* (Hg.): Jüdische Geschichte in hellenistisch-römischer Zeit. Wege der Forschung: Vom alten zum neuen Schürer, München 1999, 237–263.

serzeit hatten sich längst mehrere Dialekte entwickelt, v.a. das Jüd.-Aramäische, das Samaritanische, das Nabatäische und das Syrische.
Hebräisch hingegen war im 1. Jh. n.Chr. im Wesentlichen auf den jüd. Gottesdienst und gelehrte Diskussionen der Oberschicht beschränkt. Nur während der Zeit der beiden jüd. Aufstände (66–73/74 bzw. 132–135 n.Chr.) wurden auch rechtliche Dokumente auf Hebräisch verfasst – wohl aus ideologischen Gründen.[13]
Neben Aramäisch spielte Gr. die entscheidende Rolle als Verkehrssprache. Die Archive der Babata und der Salome Komaïse (P. Hever 60–65) etwa belegen, dass auch die Schreiber der gr. Dokumente innerhalb dieser Archive tatsächlich jüd. Herkunft waren. Dies gilt auch für die gr. Fragmente aus Masada, insbes. den ältesten gr. Papyrus Palästinas, einen Privatbrief, der zwischen 67 und 73/74 n.Chr. verfasst wurde (SB XXIV 15988 = P. Masada 741).[14]

*Zu den Textaussagen im NT*
Die Konstatierung eines „Neutestamentlichen Griechisch" oder „Bibelgriechisch" ist überholt, da es sich dabei keineswegs um eine eigene sprachliche Größe handelt,[15] schon gar nicht um eine einheitliche. Sprachniveau sowie die Verwendung von Latinismen und Semitismen variieren von Autor zu Autor mehr oder weniger stark. Allen gemeinsam ist, dass sie als Sprache das Gr. der Zeit, also die Koine verwenden und so die oben dargelegte sprachliche Situation der röm. Gesellschaft des 1. Jh.s n.Chr. widerspiegeln; nicht zuletzt gilt dies auch für den an die Christen der Hauptstadt adressierten und gr. verfassten Röm.
Dass palästinische Zollpächter wie Levi/Matthäus oder Zachäus neben dem Aramäischen auch des Gr. mächtig waren, ist vorauszusetzen; dass sich auch Jesus, dessen Muttersprache Jüd.-Aramäisch war, auf Gr. unterhalten oder im gr. geführten Prozess Rede und Antwort stehen konnte, belegen einerseits die Begegnung mit dem *centurio* von Kapharnaum (Mt 8,5–13 par) bzw. mit der Syrophönizierin (Mk 7,25–30 par), andererseits der Prozess vor Pilatus (Mk 15,1–14 parr). Nach Apg 21,37–39 gibt sich Paulus in Jerusalem gegenüber dem röm. Kohortentribunen (*chiliarchēs*) als Gr. sprechender Jude aus Tarsus zu erkennen.
Der Brief des Claudius Lysias an den Präfekten Felix (Apg 23,26–30) ist zwar fingiert (→1.3.3.6), ahmt aber sowohl das Formular als auch die gr. Amtssprache in authentischer Weise nach. Analoges gilt für Apg 15,23–29, den ebenfalls fingierten Brief der Apostel und Presbyter „an die Brüder in Antiochia, Syrien und Kilikien, die aus den Heiden"; ein Brief an eine derartige Gruppe von Adressaten musste geradezu in gr. Sprache abgefasst werden. Die Kreu-

---

13 Vgl. *Cotton* 1999, 220–225. Ein aufschlussreiches Beispiel für den ideologischen Hintergrund ist P. Hever 8, ein Kaufvertrag aus dem Jahre 135 n.Chr.: Es handelt sich um eine Doppelurkunde, deren versiegelter innerer Text auf Aramäisch verfasst wurde (dieser war im Streitfall bindend), der äußere und jederzeit einsehbare Text hingegen auf Hebräisch. Vgl. auch →1.3.3.6.
14 Vgl. *Cotton* 1999, 227–229.
15 Siehe schon *Deissmann* [4]1923, bes. 48–115; vgl. auch *Horrocks* 1997, 92–95; gegen die Annahme eines eigenen „Judengriechisch" bes. *Horsley* 1989.

zesinschrift hingegen lässt Pilatus nach Joh 19,19f dreisprachig abfassen: hebr. (gemeint ist wohl aramäisch), lat. und gr.[16]
Die vielen Kulturen innerhalb der hell. Gesellschaft bedingten eine natürliche Offenheit der Koine gegenüber Fremdwörtern. Dieser Hintergrund ist für die Beurteilung der im NT feststellbaren Latinismen und Semitismen unbedingt zu berücksichtigen. Erstere sind Zeichen dafür, dass in einer röm. Welt auch unter Gr. Sprechenden nicht ohne lat. Ausdrücke aus dem Militärwesen (z.B. *kentyriōn* für *centurio*, Mk 15,39.44.45), der Verwaltung (z.B. *kēnsos* für *census*, Mk 12,14) oder dem Wirtschaftsleben (z.B. *dēnarion* für *denarius*) auszukommen war. Wie auch lat. Eigennamen gehören derartige Entlehnungen, von denen manche bisweilen übersetzt werden (z.B. *apographē* für *census*, Lk 2,2; *hekatontarchos* für *centurio*, Mt 8,5 u.ö.), dem Alltagsgr. des 1. Jh.s an.[17]
Als bedeutend schwieriger erweist sich die Identifikation und exakte Deutung der Semitismen. Schon die Untergliederung in Hebraismen, Aramaismen und Septuagintismen ist nur bedingt durchzuhalten. Transliterationen hebräischer Wörter sind z.B. *amēn* oder *allelouia*, solche aramäischen Ursprungs sind etwa *abba* oder *maranatha*.[18] Als Tendenz der Forschung ist hier insgesamt festzustellen, dass sich im Zuge neuer Papyrusfunde mehr und mehr Elemente, die von einem „hebraistischen" Standpunkt aus als Semitismen gedeutet wurden, gemeingr. belegen lassen[19] oder allgemein auf dem Hintergrund einer zumindest zweisprachigen Bevölkerung erklärt werden können.[20] Ein typisches Beispiel ist die Umschreibung des Imperfekts durch Hilfsverb und Partizip (z.B. Mk 1,22: *ēn didaskōn* statt *edidasken*) – eine Konstruktion, die aufgrund der Belege sowohl als semitisch als auch als gr. gelten kann.[21] Welcher Einfluss an

---

[16] Zur historischen Frage (auch der Dreisprachigkeit) vgl. *P. L. Maier*: The Inscription on the Cross of Jesus of Nazareth, Hermes 124, 1996, 58–75.

[17] Eine gute Übersicht bieten BDR § 5. Ausführlich *Marucci* 1993. In manchen Fällen ist die Charakterisierung eines Ausdrucks als Latinismus nicht unumstritten: z.B. wird gr. *dos ergasian* (Lk 12,58) traditionell als Latinismus (*da operam*) gesehen (z.B. BDR § 5,4), dieselbe gr. Wendung hat auch ein Privatbrief aus Oxyrhynchus (P. Oxy. IV 742,11f [2 v.Chr.]) „im lebendigen Gebrauch der Volkssprache, die den ‚Latinismus' längst nicht mehr als solchen empfand" (*Deissmann* $^4$1923, 93; vgl. *Marucci* 1993, 7 Anm. 28).

[18] Siehe dazu *Wilcox* 1984, 995–1007; BDR § 4,1. Eine gute Übersicht bietet *Reiser* 2001, 37–46; siehe auch BDR § 4,2. Eine weniger deutliche Unterscheidung der Spielarten bietet *Wilcox* 1984, 1007–1019.

[19] Selbst einige der noch bei *Reiser* 2001, 38–40 als Septuagintismen aufgelisteten Wörter hat bereits *Deissmann* $^4$1923 als gemeingr. nachgewiesen (*doxa* – 311 Anm. 4; *paideuō* – 155 Anm. 16; *hamartanō* – 155 Anm. 18; *hamartōlos* – 91f; *paroikos* – 86).

[20] Siehe dazu bes. *Horsley* 1989.

[21] Siehe dazu schon *J. H. Moulton*: Einleitung in die Sprache des Neuen Testaments, Heidelberg 1911, 357–360 und bes. *G. Björck*: *Ēn didaskōn*. Die periphrastischen Konstruktionen im Griechischen, Uppsala/Leipzig 1940, 41–73.112–127 (sog. „progressive Periphrase"; kritisch gegenüber semitischem Einfluss 59–69.72f); Beispiele aus den Papyri bei *J. H. Moulton/G. Milligan*: The Vocabulary of the Greek Testament Illustrated from the Papyri and Other Non-Literary Sources, London 1929, 185 s.v. *eimi*; *E. Mayser*: Grammatik der griechischen Papyri aus der Ptolemäerzeit mit Einschluß der gleichzeitigen Ostraka und der in Ägypten verfassten Inschriften, Bd. II 1: Satzlehre. Analytischer Teil, 1. Hälfte, Berlin/Leipzig 1926 (ND 1970), 223f; Bd. II 3: Satzlehre. Synthetischer Teil, Berlin/Leipzig 1934 (ND 1970), 15.

einer konkreten Textstelle eines bestimmten ntl. Autors überwiegt, lässt sich kaum eindeutig entscheiden.

*Literatur*

*A. K. Bowman/G. Woolf* (eds.): Literacy and Power in the Ancient Church, Cambridge 1996. – *H. Cotton*: The Languages of the Legal and Administrative Documents from the Judaean Desert, ZPE 125, 1999, 219–231. – *A. Debrunner*: Geschichte der griechischen Sprache, II. Grundfragen und Grundzüge des nachklassischen Griechisch, bearbeitet von *A. Scherer*, Berlin ²1969. – *A. Deissmann*: Licht vom Osten. Das Neue Testament und die neuentdeckten Texte der hellenistisch-römischen Welt, Tübingen ⁴1923. – *G. Horrocks*: Greek: A History of the Language and Its Speakers, London/New York 1997. – *G. H. R. Horsley*: The Fiction of „Jewish Greek", in: *Ders.*: New Documents Illustrating Early Christianity 5: Linguistic Essays, Sydney 1989, 5–40. – *C. Marucci*: Influssi latini sul greco del Nuovo Testamento, Filología Neotestamentaria 6, 1993, 3–30. – *A. Millard*: Latin in First-Century Palestine, in: *Z. Zevit u.a.* (eds.): Solving Riddles and Untying Knots (FS J. C. Greenfield), Winona Lake 1995, 451–458. – *M. Reiser*: Sprache und literarische Formen des Neuen Testaments. Eine Einführung, Paderborn u.a. 2001. – *J. W. Voelz*: The Language of the New Testament, ANRW II 25.2, 1984, 893–977. – *M. Wilcox*: Semitisms in the New Testament, ANRW II 25.2, 1984, 978–1029.

## 2.5.2 Antike Buchproduktion (*Peter Müller*)

*Stellen im NT*

Lk 1,63; 4,16–30; 2Tim 4,13; 2Joh 12; 3Joh 13; Offb 1,11; 5,1–9; 6,14; 10,9f; 13,8; 17,8; 20,12.14; 22,7.9f.18f

*Einführung*

In der Antike ist ein Buch immer ein Unikat. In der hell.-röm. Zeit nimmt die Buchproduktion allerdings zu und damit auch die Herstellung von Büchern in größeren Stückzahlen. Geschrieben wurde auf Stein, Ziegel, Tontafeln und Scherben, Holz- und Wachstafeln (→1.3.4.1 und 1.3.4.2).[1] Wachstafeln bestanden aus einem leicht ausgehöhlten Holzbrettchen, in dessen Vertiefung erhitztes Wachs gegossen wurde, in das man nach dem Erkalten Buchstaben einritzen konnte. Mehrere Tafeln konnten zu einem *polyptichon* verbunden werden.

Für längere Texte waren feste Materialien zu unhandlich. Für die zunehmende Buchproduktion verwendete man deshalb Papyrus und Pergament. In Ägypten ist Papyrus als Beschreibstoff seit dem 4. Jt. v.Chr. belegt, überhaupt war Ägypten in der Papyrus-Produktion führend. Aus dem Mark der Papyrusstaude (*biblos*, *byblos*) geschnittene Streifen wurden gegenläufig übereinander gelegt und durch Klopfen so lange bearbeitet, bis sich die Fasern zu einem elastischen Blatt verbunden hatten (vgl. Plin. nat. 13,68–89). Format und Qualität der Blätter variierten stark. Sie wurden geglättet, aneinandergeklebt und so zu-

[1] Vgl. z.B. die Amarna-Tafeln aus der Zeit Amenophis' III. und IV. (ca. 1388–1334 v.Chr.) oder das Gilgamesch-Epos aus der Tontafel-Bibliothek Assurbanipals (ca. 668–631 v.Chr.).

sammengerollt, dass die Faserrichtung auf der Innenseite (*recto*) horizontal und außen (*verso*) vertikal verlief. Die Innenseite war besser zu beschreiben. Fachgerecht ausgeführte Kleberänder stellten beim Schreiben kein Hindernis dar. Die Höhe der Blätter betrug bis zu 50 cm, Rollen konnten etliche Meter lang sein, in Ausnahmefällen bis zu 40 m. Der Text erscheint regelmäßig in Kolumnen.

Auch Tierhaut (*diphthera*, *membrana*) war in der Antike früh bekannt (Hdt. 5,58). Die Bezeichnung *pergamena* hält möglicherweise die Erinnerung fest, dass aus Pergamon besonders gut verarbeitete Tierhaut kam. Pergament wurde anders als Leder nicht gegerbt, sondern mit Kalklösung behandelt, enthaart, gespannt und geglättet. Anders als Papyrus konnte es überall hergestellt werden, war haltbarer und auf beiden Seiten gleich gut zu beschreiben. Dennoch konnte Pergament die Bedeutung des Papyrus lange Zeit nicht erreichen. Erst ab dem 2. Jh. n.Chr. nehmen Pergamenthandschriften zu und setzen sich ab dem 4. Jh. durch, nicht zuletzt deshalb, weil es für die nun gebräuchlich werdende Buchform des Kodex geeigneter war.

Pergamentrollen spielten im Judentum eine wichtige Rolle. Dass die Viehzucht betreibenden Israeliten zum Schreiben eher Tierhaut benutzten als ägyptischen Papyrus[2] ist wahrscheinlich. Bei der Tora-Verlesung Esras zu Beginn des zweiten Tempels (Neh 8) wurde wohl eine Lederrolle verwendet, auch die Rollen vom Toten Meer sind überwiegend auf Tierhaut geschrieben. Eine zentrale Rolle spielt Pergament bei biblischen Texten. Zwar legten erst die Rabbinen ausdrücklich fest, dass für Bibelhandschriften nur hoch verarbeitetes Pergament verwendet werden darf. Der Pergamentgebrauch lässt sich aber schon in älteren Belegen nachweisen. Arist 176f (→1.3.2.7) erwähnt Gesetzesrollen als Geschenk für den ägyptischen König in goldener Schrift, jüd. Buchstaben und auf wunderbar gearbeitetem Pergament. Der Gebrauch von Tierhaut für die heiligen Schriften hängt vermutlich damit zusammen, dass bei diesem Material in besonderer Weise Reinheitsvorschriften beachtet werden konnten. Auch war besondere Sorgfalt beim Abschreiben geboten (yMeg 2,2b).

Der Übergang von der Rolle zum Codex war durch die verbundenen Wachstafeln vorgebildet. Schon Catull (22,7) erwähnt Bücher aus Pergament (*membranae*). Martial betont die Handlichkeit von Pergament-Codices und kennt Ausgaben von Homer, Vergil, Cicero (14,183–195). Überhaupt geht die Verdrängung der Rolle durch den Codex mit der zunehmenden Verwendung von Pergament einher. Dabei spielten praktische, ökonomische und inhaltliche Gründe eine Rolle: Der Codex war für Lektüre und Nachschlagen geeigneter; das Pergament kam aus lokaler Produktion und war auf beiden Seiten gleich gut beschreibbar. Dass die Papyrusrolle sich gleichwohl noch lange behaupten konnte, hängt sicher damit zusammen, dass über Jhh. die Rolle die Normalform des Buches gewesen war. Die Christen bedienten sich jedoch bereits ab dem 2. Jh. überwiegend des Codex. Dies hat praktische Gründe, hängt aber wahrscheinlich auch mit dem Inhalt besonders der ntl. Handschriften zusam-

[2] Spezifische Hinweise auf die Verwendung von Papyrus finden sich im AT nicht; Jer 36,23–25 setzt jedoch eine Papyrusrolle voraus. Daneben ist die Verbreitung des Papyrus auch durch Rollen aus der Militärkolonie Elephantine, archäologische Befunde und einzelne ntl. Stellen (2Joh 12) belegt.

men, für die der neue, von Philosophie, Rhetorik und jüd. Schrifttum unabhängige Buchtyp besonders passend erschien.[3]

Die Schreibgeräte zeigen eine große Variationsbreite. Während in Ägypten mit einem aus der Binse gefertigten Pinsel eher gemalt wurde (mit Tinte aus Ruß bzw. rotem Ocker oder Zinnober und pflanzlichen Bindemitteln) und sich in Mesopotamien das Eindrücken eines dreieckigen Rohrstückes in Ton entwickelte (Keilschrift), kennt die gr.-röm. Antike im Wesentlichen zwei Arten des Schreibens: Das Ritzen mit einem Griffel in Wachstafeln oder das Schreiben mit Schilfrohr und Tinte auf Papyrus oder Pergament. Der Griffel (*graphis* oder *stylos*/*graphium* oder *stilus*) war an einem Ende spitz, am anderen flach; mit der Spitze wurde geschrieben, das flache Ende diente zum Glätten des Wachses (vgl. *stilum vertere* = radieren bei Hor. sat. 1,10,72). Mit dem schräg zugeschnittenen Schilfrohr (*kalamos*/*calamus*) konnte man keine Tinte anrühren, sondern war auf flüssige Tinte angewiesen, die in einem Tintenfässchen verwahrt wurde. Wie ägyptische Schreiber oft mehrere Pinsel verwendeten, so die hell.-röm. mehrere *kalamoi*, die in einem Etui aufbewahrt wurden. Hinzu kam ein Federmesser zum Anspitzen der Feder.[4]

Für Griechenland sind die Nachfrage nach Büchern und ein Buchhandel schon früh bezeugt. Nach Plat. apol. 26 kann man die Werke des Anaxagoras „in der Orchestra", einem Teil des Marktplatzes, kaufen. Aus röm. Zeit ist Atticus als Verleger Ciceros bekannt (Cic. Att. 2,1,2; 13,24,2), auch kennen wir die Verleger von Horaz, Martial oder Quintilian. Die Gebrüder Sosius, aber auch Trypho, Atrectus oder Dorus und andere[5] betrieben Verkaufsstände für Bücher. Aufgabe eines Verlegers war, ein Werk unverfälscht und in größerer Stückzahl zur Verfügung zu stellen. Dazu bediente er sich eines Vorlesers und mehrerer Schreiber. Ein alleiniges Vertriebsrecht war damit nicht verbunden. Ein Autor, aber auch jeder Besitzer des Buches konnte das Werk erneut abschreiben lassen (Sen. benef. 7,6). Allerdings konnte ein seriöser Verleger die Authentizität eines Buches am ehesten gewährleisten.[6] Der Preis für Bücher schwankte stark, konnte sehr hoch sein (vgl. Gell. 2,3,5; Mart. 1,117), erlaubte aber auch Rabatte bei Massenware oder minderer Qualität. Bibliotheken verfügten über eigene Schreiber, deckten ihren Bedarf bisweilen aber auch über den Buchhandel.

*Zu den Stellen im NT*

Von Büchern ist im NT mehrfach die Rede, von Buchproduktion im eigentlichen Sinn nicht. Zwar soll der Seher der Offenbarung, was er sieht, in ein Buch schreiben und den sieben Gemeinden senden (Offb 1,11), und in Offb 22,7.9f.18f wird der Einhaltung dieses Auftrags besonderes Gewicht zugemessen. Dabei geht es aber nicht um Buchproduktion im eigentlichen Sinn. Gleichwohl finden sich Hinweise auf Tinte und Feder (2Joh 12; 3Joh 13), auf Bücher und Pergamente (2Tim 4,13), Schreibtafeln (Lk 1,63), Büchlein (Offb 10,9f) oder das Auf- und Zurollen von Buchrollen (Lk 4,16–21; Offb 6,14). Die ntl. Autoren sind mit den Fachtermini der Buchproduktion vertraut, ohne aber den Entstehungsprozess als solchen zu thematisieren. Dies gilt auch für

3 *Müller* 1994, 107f.
4 *Froschauer* 2001, 1–14.
5 Einzelheiten bei *Marquardt* 1980, 826f.
6 Vgl. Mart. 1,66; Plin. epist. 1,8,3; Quint. inst. praef. 7; *Dziatzko* 1897.

bildliche Hinweise (Offb 6,14) und für die himmlischen Bücher: Das „Buch des Lebens“ (Offb 13,8; 17,8) enthält von Anbeginn der Welt die Namen derer, die ins Himmlische Jerusalem eingehen (3,5; 21,10–27). Die Verstorbenen werden nach ihren „in den Büchern“ verzeichneten Werken gerichtet (20,12). Auch das innen und außen beschriebene, mit sieben Siegeln verschlossene Buch in Offb 5,1–9 verdankt sich keinem irdischen Schreiber, und allein der erhöhte Christus kann es öffnen und damit die Endgeschichte in Gang setzen.

*Literatur*

*D. Berges*: Siegel, DNP 11, 2001, 530–534. – *K. Dziatzko*: Buchhandel, RE III.1, 1897, 973–985. – *H. Froschauer*: Antike Schreibgeräte von Ägypten bis Rom, in: *Ch. Gastgeber/H. Harrauer* (Hgg.): Vom Griffel zum Kultobjekt. 3000 Jahre Geschichte des Schreibgerätes, Wien 2001, 1–14. – *J. Marquardt*: Das Privatleben der Römer. Band II, Darmstadt 1980 (ND der 2. Auflage 1886). – *O. Mazal*: Geschichte der Buchkultur, Bd. 1: Griechisch-römische Antike, Graz 1999. – *A. R. Millard*: Pergament und Papyrus, Tafeln und Ton. Lesen und Schreiben zur Zeit Jesu, Gießen 2000. – *P. Müller*: „Verstehst du auch, was du liest?“ Lesen und Verstehen im Neuen Testament, Darmstadt 1994.

## 2.5.3 Archive und Bibliotheken (*Peter Müller*)

*Stellen im NT*

Mt 1,1; Mk 12,26; Lk 3,4; 4,17.20; 20,42; Joh 20,30; 21,25; Apg 1,20; 19,19; Gal 3,10; 2Tim 4,13; Offb 1,11; 22,7.9.10.18f

*Archive*

Archiv (*archeion* von *archē* = Behörde; bei den Römern zunächst *tabularium* oder *instrumentum*, später *archi*(*vi*)*um*) dienten im Altertum der Aufbewahrung von Urkunden aller Art (Geschäftspapiere, politische Verträge, religiöse Texte, chronikartige Aufzeichnungen). Meist waren sie einem Palast oder Tempel zugeordnet, es sind aber auch Archive von Individuen oder Familien erhalten.[1]

Eine ausgeprägte Bürokratie förderte insbes. in Mesopotamien das Archivwesen stark. Einer der bedeutendsten Archivfunde aus Ägypten ist die Keilschriftkorrespondenz der Pharaonen Amenophis III. und IV. (ca. 1388–1334 v.Chr.), die nach ihrem Fundort sog. Amarna-Briefe. Zahlreiche Papyrus-Archive gewähren Einblicke in Angelegenheiten des privaten und öffentlichen Lebens. In Athen wurden ab dem 5. Jh. Gesetze, Beschlüsse und Protokolle öffentlich ausgestellt und im sog. *bouleutērion* (von *boulē* = Ratsversammlung) auf der Agora aufbewahrt. Im 4. Jh. entwickelte sich diese Einrichtung (ähnlich auch in anderen gr. Städten) zum Staatsarchiv (Demosth. or. 19,129), mit dem Ratsschreiber (*grammateus tēs boulēs*) an der Spitze.[2] In Rom wurden Archive erst in der Kaiserzeit zu einem wichtigen Verwaltungs- und Herrschaftsinstrument. Bis dahin bewahrten die Magistrate die Urkunden ihrer Amtszeit in privaten Archiven (*tablina*) auf; in der Staatskasse (*aerarium*

---

1 *Vössing* 1996, 1022.

2 Ebd.

*Saturni*) wurden schon früh Senatsbeschlüsse und Gesetze auf Wachstafeln (*tabulae ceratae*) festgehalten. In der Kaiserzeit trat das kaiserliche Archiv an dessen Stelle, das in verschiedene Bereiche unterteilt war (Privatarchiv = *sacrarium*, *secretarium*, Rechnungsarchiv des kaiserlichen Haushalts = *tabularium castrense*, Urkundenabteilung, hauptsächlich mit Urkunden über Grundbesitz = *tabularium principis* und Kanzleien *ab epistulis*, *a libellis* und *a memoria*).[3]

*Bibliotheken*

Bibliotheken unterscheiden sich von Archiven durch die Art der Texte, ihrer Autoren sowie den Aufbewahrungsort. Sie waren oft in eigenen Räumen eines Palastes oder Tempels untergebracht und beinhalteten meist Texte literarischer oder gelehrter Art. Eine genaue Unterscheidung zwischen Archiv und Bibliothek ist nicht in allen Fällen möglich.

Gesammelt wurden Bücher in Griechenland zunächst von Privatleuten (Xen. mem. 4,2,8; Diog. Laert. 3,66) oder Schulen (vgl. das wechselvolle Schicksal der Bibliothek des Aristoteles). In hell. Zeit sind v.a. die Bibliotheken in Alexandria (→2.2.7.3 I) bekannt. Das von Ptolemaios I. (305–283/2 v.Chr.) gegründete *mouseion* umfasste ca. 500 000 Papyrusrollen[4] und stellte ein geistiges Zentrum der damaligen Welt dar. Ziel war, das gr. Schrifttum vollständig zu sammeln und die wichtigsten fremdsprachigen Texte zu übersetzen. Kallimachos erstellte hier seine Pinakes (Bibliotheksverzeichnisse), die zum grundlegenden Katalogwerk gr. Literatur wurden. Das *mouseion* war, wie auch die kleinere Bibliothek beim Serapeion, einem Heiligtum zugeordnet, auch andernorts wurde der bauliche Zusammenhang mit einem Tempel gewahrt. Eine größere, mit Alexandria rivalisierende Bibliothek[5] gab es noch in Pergamon (→2.2.7.3 IX, ausgebaut von Eumenes II. 197–159 v.Chr.), kleinere auch in anderen Städten. Nach Vitr. 7 praef. 4 war die Bibliothek in Pergamon *ad communem delectationem* bestimmt. Die meisten Bibliotheken ermöglichten den Zugang jedoch nur ausgewählten Benutzern.

Eine öffentliche Bibliothek wurde in Rom (→2.2.7.3 XI) erstmals von Caesar geplant (Suet. Iul. 44,2), möglicherweise durch seinen Aufenthalt in Alexandria 47 v.Chr. ebenso beeinflusst wie durch den Wunsch, sich (wie die Herrscherdynastien im Osten) ein bleibendes Denkmal zu setzen. Aber erst C. Asinius Pollio konnte diesen Plan im *atrium libertatis* in die Tat umsetzen (39 oder 37 v.Chr., vgl. Plin. nat. 7,115). Bedeutender sind zwei Gründungen durch Augustus: Er integrierte in den 28 v.Chr. geweihten Apollo-Tempel eine gr. und eine lat. Bibliothek,[6] deren gleiche Größe sich dem Wunsch nach Symmetrie und kultureller Selbstbehauptung, nicht dem tatsächlichen Buchbestand verdankte. In der lat. Abteilung wurde neben juristischen Werken v.a. die augusteische Dichtung gesammelt (Hor. epist. 2,1,214–218). Die andere von Augustus gegründete Bibliothek befand sich bei der Säulenhalle seiner

---

[3] Ebd. 1024.

[4] Ps. Aristeas 10; nach Gell. 7,17,3 ca. 700 000 Rollen.

[5] Vgl. die Belege bei *Platthy* 1968, Nr. 144–148, v.a. Gal. in Hippocr. de nat. hom. 15,105 u. 15,109 Kühn.

[6] *Casson* 2002, 114–120.

Schwester Octavia. Tiberius gründete eine Bibliothek beim Augustustempel auf dem Palatin, Vespasian eine weitere beim *Templum Pacis* (Gell. 5,21,9). Die Bibliotheca Ulpia, 114 von Traian errichtet, wurde zur bedeutendsten Bibliothek der Stadt. Im 4. Jh. sollen in Rom 29 öffentliche Bibliotheken existiert haben,[7] jeweils einem *bibliothecarius* unterstellt und insgesamt geleitet von einem *procurator bibliothecarum*. Der Bibliotheksbetrieb war durch die architektonische Eigenart geprägt, dass die Buchrollen nicht in Magazinen, sondern in einem repräsentativen Saal untergebracht waren, in dem auch kulturelle Veranstaltungen stattfanden (Apul. flor. 18,3; Suet. Aug. 29,3).[8] Ausleihen waren in der Regel nicht vorgesehen. Die Bücher wurden durch Personal, meist Sklaven, herausgesucht (Gell. 11,17,1), zum Auffinden dienten die Titel, ein Katalog (Quint. inst. 10,1,57) und die Nummerierung der Aufbewahrungsschränke. Die Bestände wurden üblicherweise durch Abschreiben ergänzt, seltener durch den Buchhandel (Suet. Dom. 20).
In Qumran (→3.1.3.3) sind die zentralen Schriften des Judentums, v.a. die biblischen, nicht nur gesammelt (und in Tonkrügen verwahrt), sondern auch in größerem Umfang hergestellt worden.[9] Ob die Bibliothek am Jerusalemer Tempel (→3.3.2.2) schon von Salomo begründet wurde, ist unsicher. Nach 2Makk 2,13 richtete Nehemia eine Bibliothek ein, nach 2,14f holte Judas Makkabäus die durch Kriegswirren verstreuten Bücher wieder zusammen, so dass sie bei Bedarf ausgeliehen werden konnten. Schriftfunde und Spuren von Regalfächern im Nordpalast lassen vermuten, dass zur Zeit Herodes d. Gr. auch in der Bergfestung Masada eine Bibliothek existierte.

*Zu den Textaussagen im NT*
Im NT ist an keiner Stelle von Bibliotheken die Rede (vgl. aber 2Makk 2,13). Bei der Bemerkung Joh 21,25, die Welt könnte, würde man alle Taten Jesu aufschreiben, die Bücher nicht fassen, handelt es sich um eine hyperbolische Floskel (vgl. Philo post. 144; vita Mos. 1,213); vielleicht hatte der Schreiber eine der damals bekannten Bibliotheken im Sinn. Die Apg 19,19 erwähnten Zauberbücher mit ihrem hohen Wert sollen den Missionserfolg in Ephesos unterstreichen, belegen aber nebenbei, dass solche Bücher in Umlauf waren.
*To biblion* kann im Sinne eines bestimmten Buches (Lk 4,17.20; vgl. 3,4; 20,42; Mk 12,26; Apg 1,20) oder einer Sammlung (Gal 3,10) verwendet werden. An einigen Stellen werden auch christl. Schriften als *biblia* bezeichnet (Mt 1,1; Joh 20,30; Offb 1,11; 22,7.9.10.18f). Aus diesem Grund ist die Aufforderung an Timotheus in 2Tim 4,13, aus Troas „die Bücher und v.a. die Pergamente“ mitzubringen, nicht ganz klar.[10] Ob bei den *biblia* oder den *membranai* an Schriften des AT zu denken ist, wird unterschiedlich beurteilt; eher wahrscheinlich ist dies aber für die *biblia*.[11] Im Kontext von 3,15–17 unter-

[7] Ebd. 126f.
[8] Zur Architektur hell. Bibliotheken vgl. *Hoepfner* 1996.
[9] *Stegemann* [3]1994, 77–82; anders *Y. Hirschfeld*: Qumran in Context. Reassessing the Archaeological Evidence, Peabody 2004, 93–100; *Ders.*: The Library of King Herod in the Northern Palace of Masada, SCI 23, 2004, 69–80.
[10] Vgl. *Oberlinner* 2002, 174.
[11] Vgl. *Müller* 1994, 107f.

streicht die Bemerkung jedenfalls die Bedeutung der „heiligen Schriften" für den Glauben und v.a. die Rolle, die der Apostel bei ihrer Vermittlung spielt.[12] Die für das NT zentral wichtigen Schriften sind die des AT, und zwar im Sinne eines „Zitierkanons" von Schriften, auf die häufig zurückgegriffen wird.[13] Dieser Kanon ergab sich inhaltlich aus dem Versuch, die Lebensfragen der Gemeinde von der Jesustradition her zu beantworten und die christologischen Grunddaten verstehbar zu machen, war aber auch abhängig von den in den Gemeinden faktisch vorhandenen Schriften. Vermutlich war in den frühchristl. Gemeinden (wie in vielen Synagogen) kein umfassender Bestand der atl. Schriften vorhanden, sondern nur der Pentateuch, Jesaja, die Psalmen und Zitatsammlungen.[14]

Christl. Bibliotheken sind erst später nachweisbar. Ihr Grundstock waren die (bisweilen Bibliothek genannten, Hier. vir. ill. 75; Isid. orig. 6,3,2) biblischen Schriften. Sie wurden ergänzt durch Bücher liturgischen und katechetischen Inhalts, Märtyrerakten etc. Eine christl. Bibliothek, die auch profanes Schrifttum enthielt, ist aus Jerusalem bekannt, von Bischof Alexander um 212 angelegt (Eus. h.e. 6,20). Mit diesen Hinweisen aber wird die Zeit des NT überschritten.

*Literatur*

*L. Canfora*: Die verschwundene Bibliothek, Berlin 1988. – *L. Casson*: Bibliotheken in der Antike, Düsseldorf/Zürich 2002. – *W. Hoepfner*: Zu griechischen Bibliotheken und Bücherschränken, Berlin/New York 1996 – *Ders.*: Antike Bibliotheken, Mainz 2002. – *H. Löhr*: Der Kanon in der Bibliothek, ZNT 12, 2003, 18–26. – *P. Müller*: „Verstehst du auch, was du liest?" Lesen und Verstehen im Neuen Testament, Darmstadt 1994. – *L. Oberlinner*: Der 1. Timotheusbrief. Der 2. Timotheusbrief, Freiburg 2002. – *J. Platthy*: Sources on the Earliest Greek Libraries. With the Testimonia, Amsterdam 1968. – *E. Plümacher*: Bibel II, TRE 6, 1980, 8–22. – *H. Stegemann*: Die Essener, Qumran, Johannes der Täufer und Jesus. Ein Sachbuch, Freiburg u.a. ³1994. – *P. Trummer*: Die Paulustradition der Pastoralbriefe, Frankfurt u.a. 1978. – *K. Vössing*: Archiv, DNP 1, 1996, 1021–1025.

[12] *Trummer* 1978, 84–86.
[13] *Plümacher* 1980, 12f.
[14] *Müller* 1994, 74–76.

## 2.5.4 Lesen, Schreiben, Schulwesen (*Peter Müller*)

*Stellen im NT*

Mt 1,1; 13,52; 23,24; Mk 13,14; Lk 1,63; 4,16–30; 16,6f; 24,13–35.44–49; Joh 20,30f; Apg 8,26–40; 19,35; 22,3; Röm 16,22; 1Kor 4,14; 9,15; 14,37; 16,21; 2Kor 3,2f; 10,10f; 13,10; Gal 1,20; 3,23; 4,20; 6,11; Phil 3,1; Kol 4,16.18; 1Thess 5,27; 2Thess 3,17; 1Tim 4,13; 2Tim 3,14f; 1Joh 2,1f; 2Joh 12; 3Joh 13; Offb 1,3.11.19; 2,1; 21,5

*Einführung*

Die übliche Art des Lesens war in der Antike das Lesen mit lauter Stimme. Gelesen wurde allein, vielfach aber in Gegenwart von Zuhörern, sei es bei einem Vortrag, einem Bankett oder in der Schule. Überwiegend erfolgte aber selbst privates Lesen laut.[1] Hierfür kann man verschiedene Gründe anführen: Die Schrift – als *scriptio continua* ohne Zwischenräume und regelmäßige Interpunktion – ließ Wort- oder Satzgrenzen nicht leicht erkennen, außerdem variierte die Qualität der Handschriften stark (Schreiber wurden nach der Anzahl der geschriebenen Zeilen = *stichoi* entlohnt). Lautes Lesen diente demnach als Verstehenshilfe.[2] Möglicherweise wirkte sich auch die Technik des Leseunterrichts durch beständiges Nachsprechen aus.[3] Hinzu kam ein wirtschaftlicher Grund: Bücher waren nicht für alle erschwinglich. So ersetzte, zunehmend in augusteischer Zeit, die Lesung eines Buches vielfach die eigene Lektüre. Insbes. öffentliche Lesungen vor Publikum erforderten einen dem Charakter des Textes entsprechenden Vortrag. Insofern war eine Lesung zugleich Aktualisierung und Interpretation.[4]

Dem Schreiben kam eine gewisse Eigenständigkeit zu, da Schreiber einen eigenen Berufsstand bildeten, zu deren Ausbildung neben dem Schreibenkönnen selbst auch die Kenntnis bestimmter Textsorten (z.B. Protokolle, Verträge) gehörte. Im ptolemäischen Ägypten mit seiner ausgeprägten Bürokratie gab es eine große Anzahl spezialisierter Schreiber,[5] aber auch in Rom gehörten die Staatsschreiber (*scribae*) zur obersten Klasse der Assistenten von Amtspersonen. Schreiber boten unkundigen Privatpersonen ihre Dienste an, aber auch Gebildete bedienten sich professioneller Vorleser und Schreiber (vgl. Nep. Att. 14,1; Cic. Att. 1,12,4; Diog. Laert. 7,36).

Die Angaben über den Alphabetisierungsgrad in Griechenland und Rom schwanken zwischen 15 % und 80 % der Bevölkerung. Man muss hierbei bedenken, dass Bücher in der Antike relativ teuer waren; auch der Schulbesuch stand keineswegs dem Großteil der Bevölkerung offen.[6] Der intensive Um-

---

[1] Z.B. Plat. Phaid. 97b; Tht. 143b.c; Plin. epist. 3,5; 8,1; 9,36; Hor. epist. 1,20,18; Mart. 14,137; Aug. conf. 6,3.

[2] Aristoteles klagt über Heraklits schwer zu lesende Texte (rhet. 1407b).

[3] In der gesamten Antike ist regelmäßige Wiederholung die wesentliche Unterrichtsmethode. Vgl. im Judentum bHag 9b: „Wer seinen Abschnitt hundertmal wiederholt, ist nicht mit dem zu vergleichen, der ihn hunderteinmal wiederholt.“

[4] Aus diesem Grund wurde dem gesprochenen Wort vielfach höhere Authentizität zuerkannt als der Schrift, da der Sprecher das Wort mit Mimik, Gestik und Modulation eigenständig vermittele; vgl. Plat. Phaidr. 275a–278b, wo die Schrift als Schattenbild von der beseelten Rede abgehoben wird.

[5] *Binder* 2001, 225f.

[6] Vgl. die Angaben bei *Müller* 1994, 28ff.

gang mit Literatur war jedenfalls ein Privileg der führenden Bevölkerungsschichten. Dementsprechend urteilt man heute insgesamt eher zurückhaltend.[7] Die Auffassung, dass auch „ein schlichter Bauer ... begeistert Platos Gorgias gelesen" habe,[8] idealisierte das „klassische Altertum". Realistischerweise ist davon auszugehen, dass es nur eine (zu verschiedenen Zeiten und Orten mehr oder weniger große) Minderheit war, die eigenständigen und aktiven Anteil am Literaturbetrieb hatte.[9]

Nach gr.-röm. Auffassung war für die Erziehung der Kinder zuerst die Familie zuständig (vgl. Cic. rep. 4,3; Plut. Cato maior 20,4f; Quint. inst. 2,2,4). Schulen waren in aller Regel privat finanziert. Deshalb konnten Wohlhabende ihren Kindern eine bessere Schulbildung zuteil werden lassen als der Bevölkerungsdurchschnitt, Kinder aus armen Familien erhielten kaum eine nennenswerte Schulbildung. Auch Qualität und Bezahlung der Lehrer unterlagen erheblichen Schwankungen. Nach der Erziehung im Haus lassen sich drei Schularten unterscheiden: In Elementarschulen[10], die es auch in der Provinz gab (Hdt. 6,27,2; Plin. nat. 9,25; Suet. Cal. 45,2), vermittelte der *magister ludi* Kindern ab ca. 7 Jahren (Quint. inst. 1,1,15) grundlegende Fähigkeiten im Lesen, Schreiben und Rechnen (Cic. Tusc. 1,5; Hor. ars 325–330). Wohlhabende stellten einen *paidagōgos/paedagogus* zur Begleitung ihrer Söhne ab. Er begleitete sie zum Unterricht und achtete (mit dem Recht der Züchtigung) auf angemessenes Benehmen (dies ist in Gal 3,23 vorausgesetzt). Der wenig angesehene Beruf der Elementarlehrer galt als *technē* und zielte auf die Vermittlung von Fertigkeiten. Der Unterricht fand in privaten Räumen statt, die Unterrichtsmethode war die Wiederholung, körperliche Züchtigung war verbreitet (Hor. epist. 2,1,70; Quint. inst. 1,3,14–17; Mart. 9,68; Sen clem. 1,16,3f u.ö.).

Die Grammatik-Schule (*grammaticus*) besuchten Schüler etwa vom 11./12. bis zum 16./17. Lebensjahr. Hier wurden ihre Kenntnisse im Lesen und Schreiben vertieft, durch grammatische und metrische Kenntnisse und die Lektüre der Dichter erweitert. In Griechenland war im 4. Jh. v.Chr. das Ephebengymnasium entstanden, dessen Erziehungsziel die Vorbereitung der jungen Männer auf ihr Leben als Bürger war. Solche Gymnasien waren in der hell. Welt verbreitet und teilweise durch öffentliche Mittel finanziert. Das röm. Schulwesen übernahm diese Einrichtung, allerdings ohne staatliche Förderung. Als öffentliches Anliegen kamen Bildung und Schule erst in der Kaiserzeit nach und nach in den Blick. Auch in der röm. Grammatikschule wurden die gr. Dichter gelesen, so dass der Unterricht hier zweisprachig erfolgte.

---

[7] Vgl. *Harris* 1989.

[8] *Gercke/Norden* 1910, 9.

[9] *Harris* 1989, 327.337. Positiver *Millard* 2000, 154–158, der nachzuweisen sucht, dass schon während Jesu Wirksamkeit Notizen von seinen Worten und Taten angefertigt worden seien.

[10] Im gr. Einflussbereich wurden Kinder überwiegend vom *paidotribēs* (Turnlehrer), vom *kitharistēs* (Musiklehrer) und vom *grammatistēs* (dem Lehrer für Lesen und Schreiben) unterrichtet (als Grammatikschule wird später auch die nächste, weiterführende Schulstufe bezeichnet); in Rom spricht man von der Elementarschule als vom *ludus litterarius* (*ludus* im Sinne von „nicht zweckgerichtetem, spielerischem oder übenden Tun").

Sprachlehre und das Kennenlernen der Dichter (Quint. inst. 1,4,2) waren die Hauptinhalte des Unterrichts.
Als dritter Bildungsgang konnte sich der Unterricht bei einem Rhetor (oder Philosophen)[11] anschließen. Die Kunst der Rede war für eine öffentliche oder juristische Laufbahn unerlässlich. Auch hier orientierte sich Rom am gr. Vorbild. Lehrinhalt waren neben der Vermittlung theoretischer Grundlagen die Lektüre von Geschichtswerken und Reden, Deklamationsübungen sowie die Erarbeitung fiktiver Beratungen und Prozessreden (*suasoria*, *controversia*). Auch dieser Unterricht war privat organisiert.[12] Die Lehrenden auf dieser Stufe genossen allerdings oft hohes Ansehen und wurden angemessen bezahlt. Dementsprechend städtisch-exklusiv war der Kreis derer, die ihren Söhnen diese Bildungschance eröffnen konnten.

*Zu den Textaussagen im NT*
Zacharias schreibt den Namen seines Sohnes auf ein Wachstäfelchen (Lk 1,63), der ungerechte Haushalter fordert zur Änderung der Schuldscheine auf (Lk 16,6–17), nach Joh 19,19f ist am Kreuz Jesu eine dreisprachige Inschrift angebracht, der in Apg 19,35 erwähnte *grammateus* hatte als Stadtschreiber eine wichtige Position in der Bürgerschaft inne. Schreiben und Lesen werden im NT in unterschiedlichen Zusammenhängen selbstverständlich erwähnt. Im Allgemeinen diktierte Paulus seine Briefe (Röm 16,22; 1Kor 16,21; Gal 6,11; vgl. Kol 4,18; 2Thess 3,17). Wenn er andererseits erwähnt, dass er selbst den Gemeinden schreibt (z.B. 1Kor 4,14; 9,15; 14,37; 2Kor 13,10; Gal 1,20; Phil 3,1), ist dies kein Widerspruch, sondern entspricht antiker Gepflogenheit.[13]
Dass Schreiben und Lesen die unmittelbare Kommunikation nicht ersetzen, ist mehrfach im NT angesprochen (Gal 4,20; 2Joh 12; 3Joh 13). Dies bedeutet aber keine generelle Vorordnung des gesprochenen Wortes, wie Röm 10,17 scheinbar nahe legt. Das geschriebene Wort hat eigenständige Bedeutung (vgl. 1Kor 14,37; 2Kor 3,2–6; 10,10; auch 1Joh 2,1–8) und bietet die Möglichkeit, den Brief allen Gemeindemitgliedern vorzulesen (1Thess 5,27; vgl. Kol 4,16). Das Lesen der Schriften und der gemeindeleitenden Briefe spielt deshalb im frühen Christentum eine wichtige Rolle. Dass im NT von christl. Schriftgelehrten (Mt 13,52; 23,24) die Rede und ihre Tätigkeit z.B. in den Erfüllungszitaten[14] nachzuweisen ist, belegt den hohen Stellenwert verstehenden Lesens der Schriften im frühen Christentum. Auch was Jesus lehrte und tat, wird nun aufgeschrieben (Mt 1,1; Joh 20,30f) und bekommt damit den Charakter der Schrift, in die man eingeführt werden kann. Dass Offb 1,3 den Leser dieser „Worte der Weissagung“ und die Hörer selig preist, belegt die Wertschätzung

[11] In der seit Sokrates und Plato anhaltenden Auseinandersetzung zwischen Rhetorik und Philosophie wurde die vermittelnde Position des Isokrates (436–338) prägend, der die Rhetorik als Lehrgegenstand übernahm, von der Philosophie her aber die wahre Bildung des umfassend Gebildeten als Bildungsziel formulierte.

[12] Die ersten öffentlichen Professuren für Rhetorik wurden von Vespasian eingerichtet (Suet. Vesp. 17f).

[13] Vgl. Cic. fam. 5,21 mit Att. 11,24,2; 4,17,1.

[14] Vgl. Mt 1,22f; 2,6.15.17.23; 4,14–16; 8,17; 12,17–19; 13,35; 21,5; 26,31; 27,9f. Aus diesen Stellen lässt sich ein Diskussionszusammenhang erschließen, der eine intensive Lesetätigkeit voraussetzt.

des Vermittlungsprozesses selbst. Lesenlernen und die Einführung in die Schriften kommen, wie auch Schulen (Apg 22,3), allerdings nur am Rande vor (vgl. 1Tim 4,13; 2Tim 3,14f). Dies ist in der Situation der sich erst konstituierenden christl. Gemeinschaft begründet. Gleichwohl werden in den ntl. Schriften häufig die Verben lehren und lernen verwendet.[15] Sie deuten an, dass sich das formierende Christentum von Anfang an auch als eine Lerngemeinschaft versteht.

In Lk 4,16–21 wird ein Lesevorgang beschrieben. Im Rahmen von 4,16–30 hat die detaillierte Darlegung dabei retardierende Wirkung: Die Leseszene wird Schritt für Schritt entwickelt, bis der Spannungsbogen in 4,20 seinen Höhepunkt erreicht. Alle Augen sind auf Jesus gerichtet, der nun in seiner Auslegung den Jesajatext aktualisiert.[16] Eine weitere detaillierte Leseszene findet sich in Apg 8,26–40: Der lesende äthiopische Beamte bekommt von Philippus eine Leseanleitung des in 8,32f zitierten Textes. Dabei geht es, wie das Wortspiel von Lesen und Verstehen (*anaginōskō*, *ginōskō*) andeutet, um die Frage des verstehenden Lesens. Dieselbe hermeneutische Frage wird in Lk 24,13–35.44–49 behandelt: Indem Jesus den Emmausjüngern den Sinn der Schriften darlegt (*dihermēneuō* 24,27) und öffnet (*dianoigō* 24,32), erkennen sie ihn zugleich selbst.[17] Ein verstehendes Lesen wird auch bei Markus als Modell des Lesens vorgestellt (vgl. Mk 13,14), das aber eher mit impliziten Hinweisen und Aufforderungen arbeitet.[18] Ebenso spielt in der Offb das geschriebene Wort eine herausragende Rolle: Was der Seher der Offenbarung sieht, soll er aufschreiben und den Gemeinden schicken (Offb 1,11.19; 2,1 u.ö.); 21,5 stellt die Wahrheit des darin Geschriebenen ausdrücklich fest. Vor diesem Hintergrund ist zu verstehen, dass sich das frühe Christentum an den biblischen Schriften orientiert, sie von Jesus Christus her liest und die Erfahrungen mit ihm in eigenen Schriften niederlegt.

### *Literatur*

*V. Binder*: Schreiber III. Griechenland und Rom, DNP 11, 2001, 223–226. – *A. Gercke/E. Norden* (Hgg.): Einleitung in die Altertumswissenschaft, Bd. 1, Leipzig/Berlin 1910. – *W. V. Harris*: Ancient Literacy, Cambridge 1989. – *A. Millard*: Pergament und Papyrus, Tafeln und Ton. Lesen und Schreiben zur Zeit Jesu, Gießen 2000 – *P. Müller*: „Verstehst du auch, was du liest"? Lesen und Verstehen im Neuen Testament, Darmstadt 1994.

---

[15] Mt 4,23; 7,28; 9,35; Mk 4,1f; 10,1 u.ö.; auch Jesus selbst wird verschiedentlich als Lehrer bezeichnet (Mt 9,11; 19,16; 26,18; Mk 5,35; 14,14; Lk 22,11).

[16] Vgl. *Müller* 1994, 84f.

[17] Vgl. ebd. 88ff.

[18] Vgl. ebd. 78–84.

## 2.5.5 Enzyklische Wissenschaften (*Reinhard von Bendemann*)

*Stellen im NT*
Mt 11,25 par (Q); Apg 19,9: Paulus nutzt nach dem Auszug aus der Synagoge eine *scholē* („Schule"); Apg 22,3; 1Kor 1,20; Gal 1,14; Phil 3,5f; (Ign. Eph. 18,1).
*Vergleichbare Wortfelder in Auswahl*:
Die Derivate vom Stamm *didask-* (vgl. *didaskalia* [„Unterricht", „Lehre"]): Mt 15,9; Mk 7,7 par; Röm 12,7; 15,4; Eph 4,14; Kol 2,22; 1Tim 1,10; 4,1.6.13.16 u.a.m.;
*paideia* („Erziehung", „Bildung"): Eph 6,4; 2Tim 3,16; vgl. Hebr 12,5.7f.11; *paideutēs* („Erzieher", „Lehrer"): Röm 2,20; Hebr 12,9; vgl. Epikt. 2,19,29; anders die Funktion des *paidagōgos*: 1Kor 4,15; Gal 3,24f;
*katechein* („unterweisen"): Lk 1,4; Apg 18,25; 21,21.24; Röm 2,18; 1Kor 14,19; Gal 6,6;
*paralambanein* („empfangen"): 1Kor 11,23; 15,1.3 u.a.m.;
*parathēkē* („Lehrdepositum"): 1Tim 6,20; 2Tim 1,12.14. Vgl. ferner *dialegesthai* („sich unterreden"): Mk 9,34; Apg 17,2.17; 18,4.19; 19,8f; 20,7.9 u.a.m.

1. Bildung ist in der Antike grundsätzlich ein Privileg des nach Herkunft, *ordo* und Besitzstand Freien.[1] Dies hält die erstmals bei Cicero belegte (inv. 1,35) Rede von den *artes liberales* fest (vgl. auch Sen. epist. 88,2: *quia homine libero digna sunt*), die bei diesem noch nicht technischen Charakter hat und in enger Verbindung mit der Frage nach dem *honestum* des *vir bonus* steht.
Die konsequent systemische Unterteilung der sieben freien Grundwissenschaften, die die Basis fachspezifischer Ausbildung beschreiben, in das *trivium* aus Grammatik, Rhetorik (→1.3.3.3) und Dialektik (vgl. Schol. Hor. ars 307f) sowie das *quadrivium* aus Arithmetik, Geometrie, Astronomie und Musik (→2.6.2; Boeth. arithm. 1,1) wurde – u.a. über die Vermittlung durch Martianus Capella (5. Jh. n.Chr.)[2] – folgenreich bis hin zur Strukturierung der mittelalterlichen Artistenfakultäten.
Im Kern geht diese Systemstruktur auf die gr. *enkyklios paideia* zurück (zum Begriff vgl. Sen. epist. 88,23; Quint. inst. 1,10,1).[3] Als mindestens wahrscheinlich kann gelten, dass M. Terentius Varro die *septem artes* in seiner neunbändigen Enzyklopädie behandelt[4] und damit auf eine bereits bestehende Konzeption zurückgegriffen hat.[5] Bei den Pythagoreern stehen die mathematischen Disziplinen unter dem Vorzeichen der Harmonielehre. Unter ähnlichen Vorzeichen siedelt Plato sie in seinem gestuften philosophischen Bildungsprogramm an.[6]
Die Reihenfolge war insbes. im Blick auf das zweite und dritte Glied des *trivium*, ferner die Stellung der Musik und die Folge von Geometrie und Arithmetik variabel und implizierte je verschiedene inhaltliche Orientierungen der

---

1 Vgl. aber *J. Hahn*: Der Philosoph und die Gesellschaft. Selbstverständnis, öffentliches Auftreten und populäre Erwartungen in der hohen Kaiserzeit, Stuttgart 1989, 65.
2 Vgl. *Hadot* 1984, 137–155.
3 Trotz des Einspruchs von *Hadot*, die für eine spätantik-neuplatonische Provenienz optiert (1984, 63ff [bes. 99f].101ff [bes. 136]). Zu den frühesten Belegen und antiken Deutungsmöglichkeiten: *Fuchs* 1962, 369–375.
4 *Fuchs* 1962, 387–389; *Kühnert* 1961, 5.26.50.58f.66f.
5 U.a. Isokrates: *Kühnert* 1961, 42–50; *Ders.* 1994, 42–56.
6 Vgl. rep. 522c–531c; leg. 747a; 817e–822e; vgl. zur Dialektik: rep. 531d–534e.

Einzeldisziplinen.[7] So bedeutet die Vorordnung der Dialektik vor die Rhetorik bei Martianus Capella und Augustinus ihre stärkere funktionale Hinordnung auf diese im Sinne disputativer Kunst. In Schlussstellung des *trivium* aber war sie bei Porphyrios u.a. als Vorzeichen der mathematischen Künste zu begreifen. Die zielhafte Position der Musik im *quadrivium* bei den Pythagoreern und Plato (rep. 530c–531c) interpretiert diese im Horizont der Harmonielehre und orientiert sich insgesamt an der Frage nach der seins- und ideenhaften Ordnung des Kosmos; an den Beginn gestellt, kann die Musik dagegen stärker im Sinne praktischer Unterweisung erscheinen (vgl. Sen. epist. 88,9; Quint. inst. 1,10,1–49; 1,12,2–7 u.a.).[8]

2. Der zugrunde liegende Begriff der *paideia* im Sinne der Grund- und Allgemeinbildung des Freien erhält sein Profil in der einen Richtung in der Unterscheidung von der körperlichen, auf Lebensunterhalt gerichteten Arbeit des Unfreien (*banausia*), in der anderen Richtung aber vom speziellen Fachwissen (*technē*).[9] Die erstgenannte Grenzziehung spiegelt sich indirekt in Cic. off. 1,150f, wo Fragen der Standesgemäßheit von Erwerbsarten thematisiert sind und Tagelöhnertum ebenso wie Kleinhandel und Handwerksberufe als *sordidi* („schmutzig") und *inliberales* qualifiziert werden können (vgl. Plat. leg. 644a; Sen. epist. 88,21). Zunehmend zeigte sich, dass eine dichotomische Grundklassifikation in „banausische" und standesgemäße *technai* sich als zu eng erwies (vgl. Vitr. 1,1,3–12). U.a. bei Galen etabliert sich die Mittelkategorie der *artes animi et corporis*, die zwischen „weisen" bzw. „freien" und „banausischen" Künsten zu stehen kommt.[10]
Im röm. Verständnis sind die *artes* stärker auf die moralische Persönlichkeit und das Gemeinwesen bezogen (Cato d. Ä.; Celsus; vgl. Cic. de orat. 1,17.44.72f; 3,126f u.a.).[11] Im Vordergrund stehen wie anders bereits in der Sophistik, die sich umfassend mit Bildungsfragen in dezidiert praktischer Zielsetzung beschäftigte,[12] die Künste des *trivium*. Grundlage der Ausbildung war die Grammatik, auf der die Rhetorik sowie die Unterrichtung in dialektischer Beweisführung aufbauten. Das Studium der Philosophie konnte dann faktisch als krönender Abschluss der *enkyklios paideia* begriffen werden. Für die frühjüd. Rezeption entsprechender *paideia*-Vorstellung spielt Philo eine herausragende Rolle (vgl. congr.; Cher. 101–105; ebr. 33–35.47–53 u.a.m.). In das

[7] *Kühnert* 1961, 62; *Ders.* 1994, 7–22.

[8] Belege bei *Kühnert* 1961, 28–31; *Ders.* 1994, 186 Anm. 42f.

[9] Plat. Prot. 312b (*technē – paideia*); vgl. Aristot. pol. 1317b38.

[10] Vgl. die Auflistung bei *Fuchs* 1962, 379. *Kühnert* 1961, 22.71–74; *Ders.* 1994, 25f: zu Philostratos und Victorinus; vgl. *J. T. Townsend*: Ancient Education in the Time of the Early Roman Empire, in: *S. Benko/J. J. O'Rourke* (eds.): The Catacombs and the Colosseum. The Roman Empire as the Setting of Primitive Christianity, Valley Forge 1971, 139–163, hier 149. Zur Entstehung der Fachwissenschaften seit dem 5. Jh. v.Chr.: *A. Stückelberger* in: *H.-G. Nesselrath* (Hg.): Einleitung in die griechische Philologie, Stuttgart/Leipzig 1997, 565–582; *F. Jürss* (Hg.): Geschichte des wissenschaftlichen Denkens im Altertum, Berlin 1982.

[11] Cicero kann entsprechende *paideia* auf den Begriff der *humanitas* bringen (rep. 1,28; de orat. 1,71f; 3,58; vgl. Gell. 13,17; *Kühnert* 1994, 57ff).

[12] Siehe *A. Ford*: Sophists without Rhetoric. The Arts of Speech in Fifth-Century Athens, in: *Y. L. Too* (ed.): Education in Greek and Roman Antiquity, Leiden u.a. 2001, 85–109.

Christentum eingeführt wurden die *artes* als solche u.a. durch Clemens Alexandrinus (vgl. str. 1,29,9–33; 6,80–95 u.a.), Augustin, Boethius, Cassiodor und Isidor. Bei Augustin (vgl. conf. 4,16,30; ord. 2,14.35–44.47; quant. anim. 33,72; retract. 1,5,6) erhalten die *artes* funktionalen Charakter im Blick auf die Erkenntnis Gottes.[13]

3. Fragt man nach dem Bildungsweg und -grad prominenter Christen der ersten drei Generationen, so bleibt bei indirekten Rückschlüssen aus den Texten ein hoher Grad von Unsicherheit. In ihrem historischen Wert umstritten ist die Angabe Apg 22,3. Lukas folgt hier mit den drei Partizipien (*gegennēmenos – anatethrammenos – pepaideumenos*) einem biographischen Schema, welches auch sonst antik belegt ist (z.B. Plat. leg. 783b).[14] Zurückhaltung ist – trotz gewisser Analogien zum hell.-philosophischen Schulbetrieb – insgesamt in der Anwendung der Kategorie der „Schule“ sowohl auf die pln. als auch auf die joh Literatur angezeigt.[15]
Die in der Sache zu vergleichenden Ausführungen des Paulus über das kritische Verhältnis von Weisheit und Wort vom Kreuz Christi in 1Kor 1,18–31 sind durch „Streitereien“ in der Gemeinde provoziert, die in einer ekklesialen Gruppenbildung ihre Einheit aus dem Blick zu verlieren droht (vgl. 1,12f). Aus dieser kommunikativen Situation resultieren die zugespitzte Ausarbeitung der Christusbotschaft als „Torheit“ für die, die verloren gehen (1,18), ebenso wie die biblisch begründete Aussage, nach der Gott die Weisheit der Weisen zunichte macht (1,19), wohingegen durch göttlichen Eingriff das in den Augen der Welt törichte, verkündigte Kreuzesgeschehen gerade in den Rang der „Weisheit“ erhoben wird (1,21.23.25), wie auch die soziale Wirklichkeit der korinthischen Gemeinde und die Erscheinung des Apostels zeigen, der nicht mit der *sophia* eines *logos* operiert (1,17; vgl. 1,26–31; 2,1–16). Vorausgesetzt ist dabei insbes. das sprichwörtliche Streben der Griechen nach Weisheit (1,22; vgl. Hdt. 4,77,1; Aristeid. or. 1,330; 26,41).[16] Eine grundlegende, aus dem Kontext isolierbare („ontologische“) Abwertung der Einrichtungen der Weisheit, sofern sie in ihrer göttlichen Provenienz im Blick stehen (umstritten die Deutung von 1,21), per se ist damit folglich nicht intendiert.[17] Die übergeordnete Opposition ist vielmehr die von „Kraft“ (*dynamis*; vgl. 1,18.24b) und „Schwäche“ (1,25) auf dem Hintergrund der soteriologischen und ekklesiologischen Problematik.

*Literatur*

*H. Fuchs*: Enkyklios Paideia, RAC 5, 1962, 365–398. – *I. Hadot*: Arts Libéraux et Philosophie dans la Pensée Antique, Paris 1984. – *W. Jäger*: Das frühe Christentum und die grie-

13 Vgl. *Fuchs* 1962, 391–395; *Kühnert* 1961, 3f.19.67–70.98f; vgl. *Hadot* 1984, 101–136 zu Aug. ord. 2.

14 Siehe den Problemüberblick bei *Th. Schmeller*: Schulen im Neuen Testament? Zur Stellung des Urchristentums in der Bildungswelt seiner Zeit, Freiburg u.a. 2001, 98–126.

15 Siehe *Schmeller*, Schulen (Anm. 14) 46–90.156–342.

16 Siehe *A. Lindemann*: Der Erste Korintherbrief, Tübingen 2000, 46.

17 Zum Problem des *syzētetēs* als philosophischer Forscher (vgl. Ign. Eph. 18,1) *M. Lautenschlager*: Abschied vom Disputierer. Zur Bedeutung von συζητετής in 1Kor 1,20, ZNW 83, 1992, 276–285.

chische Bildung, Berlin 1963. – *F. Kühnert*: Allgemein-Bildung und Fachbildung in der Antike, Berlin 1961. – *Ders.*: Bildung und Redekunst in der Antike, Jena 1994. – *U. Lindgren*: Die Artes liberales in Antike und Mittelalter. Bildungs- und wissenschaftsgeschichtliche Entwicklungslinien, München 1992. – *H.-I. Marrou*: Geschichte der Erziehung im klassischen Altertum, Freiburg/München 1957.

## 2.5.6 Rhetorische und philosophische Bildung (*Ralph Brucker*)

*Stellen im NT*

Mt 5,17–48; Mk 2,1–3,6; 10,2–16; 11,27–12,34 parr; Lk 1,1; 4,24; Apg 4,8–13; 17,18; 24,1; Röm 7,1–8,17; 10,6–9; 1Kor 1,17; 2,1–5; 7; 2Kor 11,6; 11,16–12,10; Gal 3,1–25; 5,9; Phil 2,19–30; 3,2f.18f; Kol 2,8; Hebr 7,1–10,18; 9,2–5; 2Petr 2,22; Offb *passim*

*Rhetorische Bildung*

Im Rahmen der *enkyklios paideia* (→2.5.5) baute der Unterricht in Rhetorik und Dialektik auf dem Grammatikunterricht auf, der meist bereits einfache Aufsatzübungen enthielt. Solche „Progymnasmata" machten dann (mit aufsteigendem Schwierigkeitsgrad) den Großteil des Unterrichts in der (etwa ab dem 15. Lebensjahr besuchten) Rhetorenschule aus. Für das 1. Jh. n.Chr. sind folgende Lektionen bezeugt:[1] *chreia* (Chrie, ein in einen kurzen Erzählrahmen eingebetteter Ausspruch einer bekannten Persönlichkeit), *gnōmē* (Gnome/Sentenz, Sprichwort), *mythos* (Fabel, d.h. fiktionale Erzählung), *diēgēsis* (Erzählung, bezogen auf faktische Ereignisse), *topos* (Topos/Gemeinplatz, allgemein verwendbares Argumentationsmuster), *ekphrasis* (anschauliche Beschreibung), *prosōpopoiia* (Prosopopoiie/Personifikation, Abfassung eines Textes durch Einfühlen in den Charakter einer anderen Person bzw. Sprechenlassen eines Gegenstandes oder Abstraktums), *enkōmion kai psogos* (Lob- und Tadelrede), *synkrisis* (Synkrisis, Vergleich), *thesis* (Thesis, Streitfrage), *nomos* (Gesetz, hier Prüfung eines neuen Gesetzesvorschlags bzw. Beurteilung eines bereits geltenden Gesetzes). Mit diesen Progymnasmata wurden die für das Abfassen von Reden (bzw. von literarischen Texten jeglicher Art) erforderlichen Fertigkeiten stufenweise eingeübt – von der einfachen Nacherzählung über das Umformen eines vorgegebenen Textes, die Auffindung von passenden Argumenten, deren sinnvolle Anordnung (Disposition) nach den geltenden Konventionen bis hin zur jeweils nach Thema und Situation angemessenen stilistischen Gestaltung. Hatte ein Schüler dieses Lernprogramm durchlaufen, konnte er an die Ausarbeitung einer ganzen Rede zu einem vorgegebenen Thema gehen, wobei die einzelnen Progymnasmata als Bausteine verwendet werden konnten. Solche Übungsreden (Deklamationen) waren oft als Prosopopoiie, also fiktive Rede einer anderen Person, gestaltet.

---

1 Durch Theon, *Progymnasmata* und Quint. inst. 2,4. – Die Reihenfolge schwankte zu dieser Zeit noch; die *Progymnasmata* des 3.–5. Jh.s (Hermogenes, Libanios, Aphthonios, Nikolaos) bieten einheitlich eine etwas andere Abfolge, die mit Fabel und Erzählung beginnt.

*Philosophische Bildung*
Wer es sich leisten konnte, krönte seinen Bildungsweg mit einem Philosophiestudium.[2] Dieses diente nicht nur dem Erwerb bestimmter, für eine öffentliche Laufbahn nützlicher Fertigkeiten, sondern zielte letztlich auf die Frage nach der „richtigen" Lebensweise. Daher war die Wahl der philosophischen Schulrichtung von immenser Bedeutung. In scharfer Konkurrenz warben hier mehrere Schulen um (zahlende) Schüler, v.a. die Pythagoreer, die (mittel-) platonische Akademie, der aristotelische Peripatos, die Epikureer und die Stoa; eine Sonderstellung hatte der nicht so schulmäßig organisierte Kynismus (zu den Schulrichtungen →3.1.1). Zwischen Lehrer und Schülern sowie innerhalb der Schülerschaft bestand eine starke persönliche Bindung, und der Gründerpersönlichkeit wurde eine hohe, z.T. religiöse Verehrung zuteil. Das Studium begann mit Einführungen in die Geschichte der Philosophie und in die Lehren der gewählten Schule. Dann kam die Lektüre klassischer Texte, v.a. des jeweiligen Schulgründers, an deren Interpretation die Diskussion allgemeiner Fragen angeschlossen werden konnte. Das erworbene Wissen in Logik und Physik diente als Vorstufe zur Ethik und deren lebenspraktischer Anwendung (oft mit einer deutlich religiösen Dimension). Die gelesenen und praktisch eingeübten Literaturformen zeigen eine erstaunliche Vielfalt.[3] Die wichtigsten Formen der Argumentation sind Syllogismus, Enthymem und Sentenz. Der Syllogismus besteht aus einer Behauptung, einer (meist zweistufigen) Begründung und einer mit der Behauptung identischen Folgerung;[4] das Enthymem ist eine reduzierte, stark pointierte Form des Syllogismus, und die Sentenz besteht nur aus der Behauptung bzw. Folgerung (kann aber wiederum zu einem Enthymem erweitert werden). Hier gibt es eine Überschneidung mit rhetorischer Argumentation, für die das Enthymem typisch ist. Charakteristisch für philosophische Argumentation ist ihr dialogischer Stil (oft als „Dia-tribe" bezeichnet).

*Reflexe rhetorischer und philosophischer Bildung im NT*
Die schon auf der Grammatikschule vermittelten einfacheren Progymnasmata sind im NT durchweg anzutreffen: Chrien (auch als „Apophthegmata" bezeichnet) sind besonders in der synoptischen Tradition verbreitet (z.B. Mk 2,1–3,6; 11,27–12,34 parr).[5] Sprichwörter werden in allen ntl. Gattungen angeführt, z.B. Lk 4,24; Gal 5,9; 2Petr 2,22 (hier sogar ausdrücklich als *paroimia*, „Sprichwort", bezeichnet; vgl. Spr 1,1 u.ö.). „Fabeln" werden explizit nur im Gegensatz zur Wahrheit genannt (1Tim 1,4; 4,7; 2Tim 4,4; Tit 1,14; 2Petr 1,16), aber fiktionale Erzählungen kommen im NT trotzdem vor (v.a. die

[2] In Ausnahmefällen ersetzte das Studium der Philosophie das der Rhetorik; im Normalfall wurde es jedoch daran angeschlossen. Als Alternative zur Philosophie konnte man jedoch auch Medizin, Jura oder Architektur studieren.

[3] *M. Erler*, Philosophische Literaturformen, DNP 9, 2000, 871–877, hier 871, nennt: Aphorismus, Gnome, Lehrgedicht, Hymnus, Dialog, Symposion- und Memorabilien-Literatur, Essay, Diatribe, Protreptik, Paränese, Konsolation, Lehrbuch, Traktat und Brief.

[4] *Propositio* (z.B.: „Sokrates ist sterblich.") – *praemissae* („Alle Menschen sind sterblich. Sokrates ist ein Mensch.") – *conclusio* („Sokrates ist sterblich.").

[5] Ein instruktiver Fall ist Mk 10,13–16, eine überladene Chrie mit zwei Pointen, die von Mt und Lk (je unterschiedlich) literarisch „verbessert", d.h. auf *eine* Pointe reduziert wird.

Gleichnisse Jesu). Als *diēgēsis* (also Erzählung faktischer Ereignisse, Geschichtserzählung) bezeichnet Lukas sein Werk (Lk 1,1; vgl. ähnlich 2Makk 2,32; 6,17; Sir 6,35 u.ö.).
Aber auch die komplexeren Progymnasmata lassen sich im NT nachweisen: Die anschauliche Beschreibung (*ekphrasis*) findet sich besonders bei Visionsschilderungen (durchgängig in der Offb), sonst Hebr 9,2–5 (Stiftshütte). Die Prosopopoiie ist schon bei Paulus anzutreffen (Röm 10,6–9 [„Die Gerechtigkeit aus dem Glauben spricht"]),[6] ferner in den fingierten Reden und Briefen der Apg (Stellen: →1.3.3.3 u. 1.3.3.6); auch die pseudepigraphischen Briefe (→1.3.1.2) lassen sich so verstehen. Lob und Tadel sind oft in argumentierende Texte eingestreut, so z.B. bei Paulus in Phil 2,19–30 (Lob der Mitarbeiter Timotheus und Epaphroditus); 3,2f.18f (Tadel der gegnerischen Missionare).[7] Im Rahmen der ironischen Lobrede auf sich selbst in 2Kor 11,16–12,10 („Narrenrede") bringt Paulus auch eine kurze Synkrisis (2Kor 11,21–23); ein längerer von dieser Form geprägter Abschnitt ist Hebr 7,1–10,18. Eine Thesis liegt in 1Kor 7 vor (Streitfrage: „ob man heiraten soll"). Der *nomos*, d.h. hier die jüd. Tora, wird grundsätzlich diskutiert bei Paulus (bes. Röm 7,1–8,17; Gal 3,1–25); einzelne Gesetzesvorschriften werden v.a. in der Jesusüberlieferung thematisiert (bes. die Antithesenreihe Mt 5,17–48; zur Ehescheidung auch 1Kor 7,10f.; Mk 10,2–12 parr).

Der in Apg 24,1 genannte „Rhetor" Tertullus tritt als Anwalt der Hohenpriester gegen Paulus auf; dies war eine gängige Praxis, da in der Rhetorenausbildung grundlegende Kenntnisse in Rechtsfragen erworben wurden. Wenn die Anklagerede wie auch die von Paulus selbst (!) gehaltene Verteidigungsrede dem üblichen Stil entsprechen, zeigt sich hier die rhetorische Kunst des Apg-Verfassers – und sein Bild des Apostels als eines überragenden Redners.

Angesichts des ntl. Befundes ist eine rhetorische Ausbildung zumindest für die Verfasser von Hebr und Lk/Apg sowie für Paulus wahrscheinlich, auch wenn dies nicht sicher bewiesen werden kann. Schon in der antiken Rhetoriklehre wurde über das Verhältnis von Naturanlage, Ausbildung und Erfahrung reflektiert, und „Naturbegabungen", die ohne Studium allein durch Nachahmung zur Redekunst gelangten, kamen vor.[8] Andererseits ist auch das Herunterspielen der eigenen rhetorischen Fähigkeiten ein weitverbreiteter Topos der Sympathiegewinnung.[9] Dies ist zu bedenken, wenn Paulus sich selbst als „Laie in der Rede" (*idiōtēs tō logō*, 2Kor 11,6) bezeichnet und sich von „Weisheitsworten" distanziert (1Kor 1,17; 2,1–5; zum argumentativen Kontext →2.5.5). In der Apg werden die Apostel Petrus und Johannes als Redner gezeichnet, die, ob-

[6] Vgl. auch Röm 7,7–25: Das „Ich", das hier spricht, ist nicht Paulus selbst, sondern der Mensch unter der Herrschaft der Sünde.

[7] Vgl. Phil 2,6–11 und 3,20f (Christuslob); 3,4b–7 (gebrochenes Eigenlob des Paulus). Zu den epideiktischen (lobenden und tadelnden) Abschnitten des Phil im Horizont antiker Theorie und Praxis siehe *R. Brucker*: ‚Christushymnen' oder ‚epideiktische Passagen'? Studien zum Stilwechsel im Neuen Testament und seiner Umwelt, Göttingen 1997.

[8] Vgl. ausführlich Cic. de orat. 1,113–159. – Quint. inst. 2,11f äußert sich über unausgebildete Redner, die durch Gedankenblitze und lautstarke Reden Eindruck machen, denen aber das rechte Maß fehlt.

[9] Zur Theorie siehe z.B. Quint. inst. 4,1,7–15.55–60.

wohl „ungebildete (*agrammatoi*) Menschen und Laien (*idiōtai*)“, durch Weisheit und Freimütigkeit ihrer Rede auffallen, was sie einzig der Begabung mit dem göttlichen Geist verdanken (Apg 4,8–13; vgl. bereits Lk 12,11f); diese apologetische Konstruktion des Lukas ist später zu dem Vorurteil verallgemeinert worden, alle Christen seien ungebildet.[10]

Der Begriff „Philosophie“ kommt im NT nur Kol 2,8 vor und bezeichnet hier eine nicht näher charakterisierte Irrlehre (wohl im Sinne von „bloße Menschenweisheit“). Apg 17,18 erwähnt „epikureische und stoische Philosophen“, die Paulus in Athen mit arroganter Neugier begegnen, während andere ihn für einen „Verkünder fremder Gottheiten“ (*daimonia*) halten (Anspielung auf die Anklage gegen Sokrates); damit wird Lokalkolorit erzeugt.

In den Paulusbriefen finden sich enthymemische Argumentation und dialogische Abschnitte („Diatribenstil“, bes. im Röm). Dies setzt jedoch nicht zwangsläufig ein Studium der Philosophie voraus, da beides auch im Rahmen der Rhetorik erlernt werden konnte. Die Art, wie Paulus seine Gemeinden betreut, ähnelt in manchen Punkten dem Lehrbetrieb einer philosophischen Schule; als eine Art „Schulgründer“, der hohe Autorität und Verehrung genießt, wird er dann z.T. in den deuteropaulinischen Briefen (bes. Kol und Past) dargestellt.

*Literatur*

*T. Engberg-Pedersen* (ed.): Paul beyond the Judaism/Hellenism Divide, Louisville u.a. 2001. – *H.-I. Marrou*: Geschichte der Erziehung im klassischen Altertum, Freiburg/München 1957 ($^2$1977). – *T. Schmeller*: Schulen im Neuen Testament? Zur Stellung des Urchristentums in der Bildungswelt seiner Zeit, Freiburg u.a. 2001. – *Y. L. Too* (ed.): Education in Greek and Roman Antiquity, Leiden u.a. 2001. – *T. Vegge*: Die Schule des Paulus. Eine Untersuchung zu Art und Stellenwert schulischer Bildung im Leben des Paulus, Diss. Oslo 2004.

## 2.5.7 Jüdische Schriftgelehrsamkeit (*Friedrich Avemarie*)

*Stellen im NT*

Mt 2,4; 7,29; 15,1; 23,2f.16–26; 28,19f; Mk 1,21f.; 12,35.38f; 14,49; Lk 2,46f; 4,16–28; Joh 7,14f; Apg 22,3; Röm 16,22; 1Kor 15,35; Gal 6,11; 1Tim 2,11f

„Mit fünf Jahren zur Bibel, mit zehn zur Mischna, mit dreizehn zur Gebotsausübung, mit fünfzehn zum Talmud, mit achtzehn unter den Traubaldachin ...“, rät ein rabb. Diktum (mAv 5,21; vgl. bKet 50a). Mit „Mischna“ meint es die um 200 n.Chr. redigierte Sammlung tannaitischer Halacha, mit „Talmud“ vermutlich die gelehrte Erörterung des Mischnastoffs, vielleicht auch, wenn es sich hinreichend spät ansetzen ließe, eines der beiden aus dieser Lehrtradition hervorgegangenen Literaturwerke, den palästinischen oder den babylonischen Talmud (um 400 bzw. 500). An wen wendet sich das Diktum,

---

[10] Dazu *K. Erlemann*: Lizenz zum Reden. Die lukanischen Apostel zwischen Geist und Rhetorik, in: *A. von Dobbeler u.a.* (Hgg.): Religionsgeschichte des Neuen Testaments (FS K. Berger), Tübingen/Basel 2000, 79–91.

wer soll Bibel, Mischna und Talmud lernen, wer soll sie lehren, und wozu soll das Lernen befähigen?

*Schriftkundigkeit als Erziehungsziel*

Als Lernende stehen in der Regel Knaben im Blick. Das Schriftwort „Lehrt sie eure Söhne“ (Dtn 11,19) wird explizit nur auf Söhne, nicht auf Töchter bezogen (SifDev 46; bQid 30a). Schriftkenntnis bei Frauen wird aber nicht ausgeschlossen. Wenn tBer 2,12 Frauen, die durch Menstruation, Wochenbett oder krankhaften Ausfluss verunreinigt sind, das Studium von Bibel, Mischna und Midrasch nicht verbietet, so impliziert das, dass es ihnen im Zustand levitischer Reinheit erst recht gestattet ist. Nach tMeg 4(3),11 dürfen sich unter denen, die im Sabbatgottesdienst aus der Tora vortragen, „sogar“ Minderjährige und Frauen befinden, was voraussetzt, dass sie zur Schriftlesung fähig sind, zugleich allerdings zeigt, dass Schriftkenntnis normalerweise die Sache erwachsener Männer ist. Ob es für einen Vater empfehlenswert ist, seine Tochter Tora zu lehren, wird in mSot 3,4 kontrovers diskutiert.

Dass Unterweisung in der Tora als Aufgabe des Vaters betrachtet wird, zeigen noch weitere Texte: Ein Vater hat die Pflicht, seinen Sohn „zu beschneiden, ihn auszulösen, ihn Tora zu lehren, ihn ein Handwerk zu lehren und ihm eine Frau zu geben“ (tQid 1,11; yQid 1,7/2). Sobald ein Kleinkind sprechen kann, „lehrt sein Vater es das Schma-Jisrael, die Tora und die heilige Sprache“, d.h. Hebr., im Unterschied zur aramäischen Umgangssprache (tHag1,2; vgl. SifDev 46; ySuk 3,15/1). Der erste Unterricht in der Familie dürfte sich auf das Rezitieren oder Nacherzählen zentraler Bibeltexte und die Erläuterung wichtiger Gebote (darunter die Passa-Halachot, s. MekhY zu Ex 13,14) beschränkt haben. Wollte man auch das Lesen üben, brauchte man kostspielige Schriftrollen. Fortgesetzt wurde der Unterricht deshalb in der Schule (*bet sefer*, vgl. mKet 2,10; tSuk 2,6 u.ö.).

*Die Organisation des Elementarunterrichts*

In welche Zeit die Institution der jüd. Elementarschule zurückreicht, ist umstritten. Josephus (→1.3.2.6) blickt mit Stolz auf seine Ausbildung zurück, geht aber nicht ins Detail (Vita 8f). Die Nachricht, es habe in Jerusalem vor der Zerstörung 480 Synagogen mit je „einer Schule für die Bibel und einem Lehrhaus für die Mischna“ gegeben (yMeg 3,1/5 u.ö.), ist sicher unhistorisch;[1] charakteristisch ist aber die Verbindung der Schule (*bet sefer*) mit der Synagoge (*bet kneset*) und dem Lehrhaus (*bet talmud*, *bet midrasch*) für den fortgeschrittenen Unterricht. Die Bezeichnungen für Synagoge und Lehrhaus sind in rabb. Gebrauch austauschbar; oft erscheint die Synagoge als Ort des Elementarunterrichts.[2] Ruinenfunde zeigen, dass viele palästinische Synagogen Nebenräume hatten, die sich zum Unterricht eigneten, auch wenn sich ihre tat-

[1] Die Überlieferung schreibt sie einem Rabbi des 3. Jh. zu, und ältere Belege fehlen; vgl. *Hezser* 2001, 46–50. Offenkundig frei erfunden ist die Behauptung in yTaan 4,8/34, es habe in Betar, dem Bollwerk Bar Kochbas, 500 Schulen gegeben, an deren kleinster allein 500 Kinder lernten.

[2] Vgl. *Hüttenmeister* 1999, 362f.

sächliche Funktion nicht mehr bestimmen lässt.[3] Bereits die in Jerusalem gefundene, wahrscheinlich aus der Zeit vor 70 stammende Inschrift der Theodotus-Synagoge gibt an, das Gebäude diene „zur Vorlesung des Gesetzes und zum Unterricht in den Geboten" (CIJ 1404; →1.3.4.2). Dass man am Sabbat die Synagoge zu Studium und Lehre aufsuchte, wissen auch die Evv (Mk 1,21f; Lk 4,16–28; zur Lehre im Tempel vgl. Mk 12,35 usw.; Lk 2,46). Philo erwähnt Sabbatversammlungen, bei denen man heilige Bücher studiert und auslegt (som. 2,127). Nach Josephus dient die Sabbatruhe dem gemeinschaftlichen Lernen des Gesetzes (c. Ap. 2,175); Kenntnis der Tora ist also auch Bildungsziel erwachsener, erwerbstätiger Laien. – Elementarunterricht konnte ein Lehrer aber auch zu Hause erteilen. Die höhere rabb. Ausbildung fand überhaupt bevorzugt in Lehrhäusern statt, die entsprechend qualifizierte Gelehrte privat unterhielten. Eins dieser Lehrhäuser ist archäologisch belegt: Ein antiker Türsturz in Dabbura im Golan trägt die Inschrift: „Dies ist der *bet midrasch* des Rabbi Elazar ha-Qappar."[4]
Von der Besoldung der Lehrer liefern die Quellen kein einheitliches Bild. Wenn in WaR 27,2 vom Junggesellen die Rede ist, der Schrift- und Mischnalehrern (*sofrim u-maschnim*) Lohn zahlt und dafür von Gott mit einem männlichen Nachkommen belohnt wird, so setzt das als Regelfall die private Bezahlung durch die Schüler bzw. ihre Eltern voraus. Dagegen spricht yPea 8,7/7 von einer Abgabenpflicht, der unterliegt, wer länger als zwölf Monate ortsansässig ist. Wenn R. Schimon b. Jochai in yHag 1,7/1 die Verwüstung israelitischer Städte darauf zurückführt, dass sie nicht für die Entlohnung der *sofrim u-maschnim* gesorgt hätten,[5] geht er ebenfalls von einer kommunalen Unterhaltung des Lehrbetriebs aus.

*Inhalte des Elementarunterrichts*
Hauptziel des Elementarunterrichts war es, lesen zu lernen; begonnen wurde mit dem Buch Levitikus (WaR 7,3). Inwieweit auch schreiben gelehrt wurde, ist unsicher. Paulus konnte als Schriftgelehrter schreiben, seine Briefe diktierte er aber (Gal 6,11; Röm 16,22). Die Schreibkunst galt als Handwerk, für das es Spezialisten gab (vgl. mYom 3,11); der Beruf des Schreibers (*sofer*) war ein anderer als der des Rabbis.[6] Ebensowenig wurden das Rechnen, der Umgang mit Maßen und Gewichten sowie Natur- und Sachkunde gelehrt. Vermutlich erwarben Kinder derlei Kenntnisse und Fähigkeiten in der Familie oder im elterlichen Kleinbetrieb. So erklärt sich, dass Mischnatraktate wie Kilajim oder Demai umfassende agrarbotanische Kenntnisse einfach voraussetzen können.
Verpönt war als Bildungsinhalt nur das Gr. „Im Krieg des Quietus"[7], so heißt es, wurde verfügt, „dass man seinen Sohn nicht gr. lehren dürfe" (mSot 9,14,

[3] Vgl. *Hezser* 2001, 51–54.
[4] Abbildung bei *Levine* 1989, 29.
[5] Vgl. auch yHag 1,7/2: Drei Rabbinen auf Visitation vermissen in einer Ortschaft die *sofrim u-maschnim* und machen daraufhin den Einwohnern klar, dass es sich bei diesen um die wahren „Wächter der Stadt" (*natore qarta*) handele. Zum Ganzen s. *Hezser* 2001, 56f.
[6] Vgl. *Hezser* 2001, 72–88.478–486; dazu tSan 2,6, wo Rabban Gamliel dem *sofer* Jochanan einen Brief diktiert.
[7] L. Quietus unterdrückte 116–117 jüd. Unruhen am Euphrat, wofür ihn Traian mit der Statthalterschaft von Judäa belohnte. *Varia lectio*: „Krieg des Titus".

2. Jh.), nur die Familie Rabban Gamliels habe man mit Rücksicht auf ihre röm. Kontakte davon ausgenommen (tSot 15,8). Ein Jh. später jedoch erklärte es R. Abbahu für erlaubt, seine Tochter gr. lernen zu lassen, „denn das ist eine Zierde für sie" (yShab 6,1/10). Gemeint sind gr. Grammatik und Literatur, nicht die gr. Sprache selbst, denn diese war, wie Inschriften und zahlreiche Lehnwörter zeigen, dem Judentum Palästinas ohnehin vertraut.[8]

*Inhalte und Ziele des fortgeschrittenen Torastudiums*

Die Inhalte des Torastudiums finden sich oft in Reihen zusammengestellt: Bibel, Mischna, Midrasch, Halachot, Haggadot (tBer 2,12; SifDev 344), dazu Targum, Gemara, Talmud und Weiteres (SifDev 161; bBB 136a). Halachot sind Regeln zur praktischen Ausübung der Tora, Haggadot erzählende und erbauliche Stoffe, Midrasch ist Auslegung der Bibel, Targum ihre aramäische Paraphrase, Gemara die Kommentierung der Mischna im Talmud. Die meisten dieser Ausdrücke bezeichnen zugleich entsprechende rabb. Literaturgattungen. Das Torastudium stand allen offen, selbst Nichtjuden (s. Sifra zu Lev 18,5; yBQ 4,3/3). Nur weniges wurde esoterisch behandelt: die Inzestverbindungen, das Schöpfungswerk und der göttliche Thronwagen (mHag 2,1). Auch der Name Gottes wurde geheim gehalten, durfte aber vertrauenswürdigen Personen mitgeteilt werden (yYom 3,7/7f; bAZ 18a).

Der höchste Zweck des Studiums war nach rabb. Empfinden ein religiöser. Die Worte der Tora waren „Leben für die Welt"; wer die Tora studierte, den beglückte, erfreute, erquickte sie (SifDev 48 u. öfter) und vermittelte ihm Gottes Gegenwart (mAv 3,2.6).[9] Das Studium der Opfergebote und überhaupt der Tora ersetzte den verlorenen Tempelkult: „Wenn sich jemand mit der Tora befasst, ist es, als hätte er ein Brand-, Speise-, Sünd- und Schuldopfer dargebracht" (bMen 110a).[10] Doch auch der praktische Nutzen des Studiums lag auf der Hand: Laien wurden zur aktiven Teilnahme am Gottesdienst mit Gebet und Lesung und zu jüd. Lebensführung im Alltag befähigt (s. schon Ios. c. Ap. 2,204). Fachleute wurden geschult für die Rechtsprechung, die verbindliche Aktualisierung der Halacha und die Vertiefung der Lehre – Funktionen, wie sie schon die „Schriftgelehrten" (*grammateis*) der Evv wahrnehmen (Mt 2,4; 7,29; 15,1; 23,16–26 usw.). Welche Reputation an der Torakenntnis hing, lässt sich daran ablesen, dass man davor warnte, die Tora zu studieren, um sich zu bereichern oder um Rabbi genannt zu werden (mAv 4,5; SifDev 41; vgl. Mk 12,38f).

Seit dem 2. Jh. war der Lehrstoff derart angewachsen, dass man von den Studierenden nicht mehr erwartete, ihn vollständig zu bewältigen: „Es obliegt dir nicht, die Arbeit zu vollenden, doch bist du nicht frei, dass du von ihr entbunden werden könntest" (mAv 2,16). Wer studierte, glich einem Menschen, „der Wasser aus dem Meer nahm und aufs Festland schüttete; das Meer nahm nicht ab, das Festland wurde nicht voll" (ARN A 27). Erschwerend kam die kontroverse Natur der halachischen Tradition hinzu, lag es doch nahe, „bei sich zu

---

[8] Griechischsprachige jüd. Inschriften herrschen bes. in der Küstenregion und in den Städten Galiläas vor, vgl. *Levine* 1989, 91.

[9] Vgl. *Avemarie* 1996, 244–253.376–418.

[10] Vgl. *Schreiner* 1999, 382–385 und passim.

sprechen: Da die Schammaiten für unrein erklären und die Hilleliten für rein erklären, da dieser verbietet und jener erlaubt, wozu lerne ich noch Tora?"[11] Da aber alle Lehre in der einen Offenbarung Gottes gründet, so „mache auch du dein Herz zu lauter Kammern und lege hinein die Worte der Schammaiten und die Worte der Hilleliten, die Worte derer, die für unrein erklären, und die Worte derer, die für rein erklären" (tSot 7,12; vgl. BemR 14,4).

*Gelehrte und Laien*

Nicht jeder folgte dem rabb. Studienideal. Wer sich verweigerte, wurde gleich dem, der Zehnt- und Reinheitsgebote vernachlässigte, als *am ha-aretz* („Volk des Landes") bezeichnet und mit Verachtung gestraft: „Es gibt keinen Ignoranten, der die Sünde scheute, und keinen *am ha-aretz*, der fromm wäre" (mAv 2,5; vgl. mAv 3,11). Steht an der Spitze der Gesellschaft der Hohepriester und am unteren Ende der Bastard, so kehrt sich das Verhältnis um, wenn der Bastard Tora studiert und der Hohepriester ein *am ha-aretz* ist (tHor 2,10). Positiver beurteilt wird der *am ha-aretz* erst seit dem 3. Jh.[12] Man gestand nun zu, dass der Mensch auch ohne Torastudium gute Manieren und taktvolle Umgangsformen haben könne, und pries diese als *derekh eretz* („Weg des Landes"). Gelehrtendünkel gegenüber gesittetem Laientum wurde sarkastisch aufs Korn genommen (WaR 9,3). Zugleich wuchs das Bewusstsein für die wirtschaftliche Abhängigkeit des Lehrbetriebs von anderen Erwerbszweigen. Propagiert wurde eine Arbeitsteilung, die man idealtypisch in dem biblischen Brüderpaar Sebulon und Issachar verkörpert sah: „Sebulon, der Handel trieb und Issachar verköstigte, der ein Sohn der Tora war" (BerR 72,5 zu Gen 49,13f und Dtn 33,18).

*Literatur*

*F. Avemarie*: Tora und Leben. Untersuchungen zur Heilsbedeutung der Tora in der frühen rabbinischen Literatur, Tübingen 1996. – *B. Ego/H. Merkel* (Hgg.): Religiöses Lernen in der biblischen, frühjüdischen und frühchristlichen Überlieferung, Tübingen 2005. – *C. Hezser*: Jewish Literacy in Roman Palestine, Tübingen 2001. – *F. G. Hüttenmeister*: Die Synagoge. Ihre Entwicklung von einer multifunktionalen Einrichtung zum reinen Kultbau, in: *B. Ego u.a.* (Hgg.): Gemeinde ohne Tempel, Tübingen 1999, 357–370. – *L. I. Levine*: The Rabbinic Class of Roman Palestine in Late Antiquity, Jerusalem/New York 1989. – *S. Schreiner*: Wo man Tora lernt, braucht man keinen Tempel. Einige Anmerkungen zum Problem der Tempelsubstitution im rabbinischen Judentum, in: *B. Ego u.a.* (Hgg.): Gemeinde ohne Tempel (s. oben), 371–392. – *G. Stemberger*: Einleitung in Talmud und Midrasch, München [8]1992.

---

[11] Hillel und Schammai waren pharisäische Gelehrte zur Zeit des Herodes; die von ihnen begründeten Schulrichtungen bestanden noch lange über das Jahr 70 hinaus.

[12] Vgl. *Avemarie* 1996, 418–430.

# 2.6 Bilder und Kunst

## 2.6.1 Bildende Künste (*Wolfgang Thiel*)

*Stellen im NT*
Zum Kaiserporträt auf röm. Denaren: Mt 22,19–22; Mk 12,15–17; Lk 20,24f; zu Stand- bzw. (Götzen-/Kult-)Bildern (*eikōnes*) und zur Idolatrie allg.: Apg 7,40–43; 15,20.29; 17,16.29; 21,25; Röm 1,23; 2,22; 1Kor 5,10f; 6,9; 8,1–13; 10,7.14.19; 12,2; 15,49; 2Kor 3,18; 6,16; Gal 5,20; Eph 4,24; 5,5; Kol 3,5.10; 1Thess 1,9; 1Petr 4,3; 1Joh 5,21; Offb 2,14; 2,20; 9,20; 13,14f; 14,9–13; 15,2; 16,2; 19,20; 20,4; 21,8; 22,15; zum Aufruhr der Silberschmiede in Ephesos: Apg 19,21–40

*Definition*
Unter „B. K." wird im Allgemeinen eine Reihe von unterschiedlichen künstlerischen Ausdrucksformen und Medien, Gestaltungstechniken und Gattungen zusammengefasst, die sich im Laufe der Menschheitsgeschichte als feste Größen in der Kunst etabliert haben. B. K. sind dadurch definiert, dass einem primär den optischen und haptischen Sinn ansprechenden und daher materiell greifbaren Objekt künstlerisch Gestalt verliehen und damit zugleich Sinngehalt beigemessen wird. Sie sind dadurch zu unterscheiden von den „Darstellenden K.", wie Tanz und Theater, aber auch der Literatur sowie der Musik. Während den Werken der anderen K. zudem eine zeitliche Dimension zukommt, ist ein Werk der B. K. in der Regel als festes und dauerhaftes körperlich-räumliches Gebilde konzipiert, das durch sich selbst wirkt und keines Interpreten/Mediums mehr bedarf.
Traditionell zählen zur B. K. im engeren Sinne v.a. Werke der Malerei und Bildhauerei. Im weiteren Sinne umfasst sie – auf die klass. Antike bezogen – Kategorien wie rundplastisch-statuarische und reliefierte Skulptur unterschiedlichen Formats aus Stein, Terrakotta, Holz, Bronze und Edelmetall (Plastik), Tafelgemälde in Tempera oder Enkaustik/Wachsmalerei, Graffiti, Zeichnungen, Illustration und Buchmalerei sowie die Wandmalerei in Fresko- und Sekkotechnik, ferner Mosaiken, aber auch künstlerisch gestaltete und dekorierte Objekte des täglichen Gebrauchs, wie Tafelgeschirr und Feinkeramik, Glaskunst, und andere Werke der Kleinkunst, wie Lampen, Metallarbeiten, Produkte der Holz- und Beinschnitzerei, der Textil- und Steinschneidekunst bis hin zur Münzprägung.
In der gr.-röm. Antike wurde „Kunst" an sich im Sinne von „(Kunst)Fertigkeit" verstanden. So bezieht sich der gr. Begriff *technē* und deren lat. Äquivalent *ars* zunächst rein auf den handwerklichen Schaffens- resp. Entstehungsprozess und weniger auf das fertige Produkt künstlerischen Könnens.[1] Kunst an sich war vor diesem Hintergrund nie eine autonome Größe. Der Künstler (*technitēs*/*artifex*) selbst stand in direkter existenzieller Abhängigkeit von der finanziellen Förderung und damit auch der Intention des jeweiligen Auftraggebers. Kunst in der Antike galt als „Kunstgewerbe", d.h. Handwerk, und damit als „Auftragskunst".

---

[1] Zur Wertschätzung von Objekten der B. K.: v.a. Sir 38,27–34; Weish 13,1–15,19; 2Makk 2,29.

Während erste wirtschaftliche und kulturelle Kontakte mit Griechenland und Kleinasien bereits bis auf die minoisch-mykenische Epoche zurückreichen, ist spätestens seit dem Ende der Eisenzeit II ein reger Handelsaustausch mit diesen Regionen festzustellen, der v.a. im syro-phönizischen Küstengebiet ab dem 6. Jh. v.Chr. nachhaltigen materiellen Niederschlag fand. Demnach war es nicht erst der Eroberungszug Alexanders d. Gr., der die Voraussetzungen für eine Öffnung Israels/Palästinas gegenüber den Einflüssen von gr. Kunst und Kultur schuf und eine weitgehende Hellenisierung der Region ab der Mitte des 3., verstärkt jedoch seit der 1. Hälfte des 2. Jh.s ermöglichte.

*Bildhauerkunst: Skulptur und Relief*

Figürliche Skulptur resp. Plastik zählte in der gr.-röm. Antike spätestens seit dem 7./6. Jh. zu den integralen Elementen des öffentlichen und privaten Lebens. Frei stehende Statuen wie auch Reliefs fanden zunächst vornehmlich im Kontext von Heiligtümern oder im Rahmen der familiären Bestattungspraxis Verwendung – in der Regel als Weihung bzw. Dedikation (Votiv-/Weihe- und Grabstatuen). Der kommemorative Aspekt dieser Praxis war dabei eng mit dem kollektiven Gedächtnis der Gemeinschaft resp. des Gemeinwesens verbunden, insbes. wenn es galt, die religiösen oder gesellschaftlich-politischen Verdienste einer Persönlichkeit bzw. deren sozialen Status herauszustellen und in Erinnerung zu halten. Daneben waren Statuen und Reliefs auch in die architektonische Makrostruktur von Heiligtümern, Gräbern wie auch von öffentlichen Gebäuden integriert (etwa als Bauskulpturen), so dass sich die antiken Städte alsbald in wahre Skulpturen- und Memoriallandschaften verwandelten.
Zur primären Ausstattung von Heiligtümern gehörten Götter- bzw. im engeren Sinne Kultbilder (gr. *xoanon*, *eidōlon*, *glypton* oder *agalma*), die je nach dem übergeordneten mythischen und religiös-rituellen Symbolsystem und den damit verknüpften kultischen Traditionen unterschiedlich gestaltet sein konnten. Handelte es sich bei den archaischen Kultbildern in gr. Heiligtümern zunächst ausschließlich um brett- oder amorph-idolartige Gebilde zumeist aus Holz, so gewannen sie – offenkundig in dem Bemühen, dem anthropomorphen Verständnis der Götter des gr. Pantheons Rechnung zu tragen – im Laufe der Zeit zunehmend an Realismus. Nachdem die ursprünglichen Ton- oder Holzfiguren zunächst durch die Hinzufügung von getriebenen Bronze-, Silber- oder Goldblechen aufgewertet worden waren (*sphyrelata*), wurden seit dem 6. Jh. fast nur noch menschengestaltige Götterbilder geschaffen. Diese Entwicklung kulminierte in der Hochklassik (um 460) zum einen im Experimentieren mit neuen Ausdrucksmöglichkeiten, zum anderen in einer Monumentalisierung (z.B. Kolossal[kult]bilder von mehrfacher Überlebensgröße aus Gold und Elfenbein).
Blieben Skulpturen zunächst ausschließlich den Heiligtümern und dem privaten Grabkult vorbehalten, so konnten Statuen seit dem Ende des 6. Jh.s auch posthum zu Ehren verdienter Bürger errichtet werden. Vor der Folie innerstädtischer Konkurrenz innerhalb der sozialen Eliten entwickelte sich daraus schließlich das „Porträt" (*homoiōma*). Dieses avancierte im Laufe der Zeit zu einer beliebten Form individueller Selbstdarstellung, die seit hell. Zeit, durch die höfische Kultur in den Königsresidenzen dieser Epoche besonders gefördert (Herrscherporträt), zusehends an Bedeutung gewann (z.B. Philo-

sophen- und Dichterporträts), wie sich auch an der Münzprägung ablesen lässt (vgl. Mt 22,19–22; Mk 12,15–17; Lk 20,24f).
Für den Formenreichtum, die thematische Vielfalt und die schöpferische Kraft der gr. Plastik wie auch der übrigen B. K. zeichnete darüber hinaus der Mythos verantwortlich, der als universelles aitiologisch-religiöses Werte- und Identifikationssystem das soziokulturelle Fundament der gr. Welt bildete. Dieser stellte ein schier unerschöpfliches Reservoir von ikonographisch umsetzbaren Themen und Motiven zur Verfügung, die die B. K. für sich zu nutzen verstanden. Seine persistente Geltung innerhalb der gr. Kultur ermöglichte es den Künstlern, auch komplexe thematische Zusammenhänge darstellen zu können. So entstanden u.a. Statuengruppen und Reliefzyklen im öffentlichen Raum, deren Assoziations- und Anspielungsreichtum dank deren Chiffrierfähigkeit weit über die Aussage von Einzelskulpturen hinausging.
Götter-, Ehren- oder Porträtstatuen der hell.-frühröm. Zeit sind in der Levante bislang nur vereinzelt nachweisbar, wenn man die bereits früh unter gr. Einfluss geratenen syro-phönizischen Küstenstädte außer Acht lässt. In Stadtstaaten wie Tyros und Sidon etc. waren vermutlich bereits ab dem 5. Jh. Werkstätten angesiedelt, in denen gr. Künstler im Auftrag der lokalen Könige und Oberschicht tätig waren. Schöne Beispiele für die in diesem Umfeld entstandenen Arbeiten stellen die Sarkophage aus der Königsnekropole von Sidon oder die „anthropoiden Sarkophage“ mit idealisierten Porträts der Verstorbenen aus den Nekropolen verschiedener Küstenstädte, aber z.B. auch die Skulpturenfunde aus dem Heiligtum des Ešmun bei Sidon dar.[2]
In Palästina sind Skulpturenfunde aus hell.-frühröm. Zeit bislang meist zufällig bekannt geworden, wobei deren chronologische und stilistische Einordnung sich oft als schwierig erweist. Bezeichnend ist, dass unter den sechs Fundorten früher Skulpturen in Israel allein fünf südlevantinische Küstenstädte vertreten sind. Bei diesen Skulpturen handelt es sich mehrheitlich um Statuen weiblicher Gottheiten, unter denen Astarte-Aphrodite/Isis dominiert.[3] Allerdings bleibt fraglich, inwieweit sich aus dieser unzulänglichen Befundsituation überhaupt generelle Rückschlüsse ziehen lassen. Insgesamt war die Verbreitung von Skulpturen in dieser Zeit wohl eher gering und wird kaum über den schmalen Küstenstreifen hinaus ins Hinterland gereicht haben. Dieser Sachverhalt ist sehr wahrscheinlich durch die traditionell Bilder ablehnende Haltung der Tora-treuen jüd. Bevölkerung zu erklären.[4]
Einen quantitativen wie qualitativen Paradigmenwechsel dürfte dann die Herrschaft Herodes' d. Gr. und seiner Nachfolger bedeutet haben. Zu ihrer Politik gehörte es – in dieser Hinsicht noch ganz in hell. Tradition stehend –, Städte und Heiligtümer nicht nur in ihrem Machtbereich, sondern im gesamten östli-

[2] *R. A. Stucky*: Tribune d'Echmoun. Ein griechischer Reliefzyklus des 4. Jahrhunderts v. Chr. in Sidon, Basel 1984; *Ders.*: Die Skulpturen aus dem Eschmun-Heiligtum bei Sidon. Griechische, römische, kyprische und phönizische Statuen und Reliefs vom 6. Jahrhundert vor Chr. bis zum 3. Jahrhundert nach Chr., Basel 1993.

[3] *Wenning* 1983, 105–118 Abb. 1–3 Taf. 16.1–5; *E. Stern*: Akko. Hellenistic Refuse Pit, ESI 9, 1989–1990, 104 Abb. 90: Die Skulpturen stammen aus Ptolemais-Akko, Tel Dor, Stratonos Pyrgos (Caesarea Maritima), Askalon, Gaza und Tel Dan.

[4] Ex 20,4; 34,17 etc.; zur Erklärung vgl. u.a. auch Ios. ant. Iud. 17,150–152; bell. Iud. 1,649f.

chen Mittelmeerraum durch Stiftungen von Bauten und Statuen zu fördern (Euergetismus).[5] Auch in den von ihnen neu gegründeten Städten mit mehrheitlich nichtjüd. Einwohnerschaft, z.B. in Caesarea Maritima, Samaria Sebaste, Caesarea Philippi, vielleicht auch in Antipatris, Livias und Tiberias, wurden Statuen von und für Herodes und Angehörige seiner Familie, aber auch für Mitglieder des Kaiserhauses errichtet. Ehrenstatuen für diese Herrscher und hohe königliche Funktionsträger sind in mehreren Heiligtümern Südsyriens bezeugt.[6] Besondere Erwähnung verdient die Aufstellung von kolossalen Kultstatuen des Augustus und der Roma im gleichnamigen Tempel in Caesarea, die nach den berühmten klass. Vorbildern des Zeus von Olympia und der Hera von Argos geschaffen worden waren.[7]

Wie stark dagegen die Renitenz der Juden gegen die Praxis der Statuenverwendung war, v.a. wenn sie im Verdacht stand, dass damit kultische Aspekte impliziert waren, illustrieren mehrere Episoden bei Josephus: Eine goldene Adlerskulptur, die Herodes als Votivgabe (*anathema*) über dem „Großen Tor" seines Tempels zu Jerusalem (→3.3.2.2) hatte anbringen lassen, bot anscheinend derart Anlass zum Anstoß, dass aufgebrachte junge Männer auf das vorzeitige Gerücht vom Ableben des Königs hin auf das Dach kletterten und die Figur mit Äxten herunterschlugen.[8] Im Jahre 40/41 n.Chr. war Petronius, der Statthalter von Syrien, trotz massiven Truppenaufgebotes offensichtlich nicht in der Lage, gegen den passiven Widerstand der Juden die Aufstellung von Porträtstatuen Kaiser Caligulas im Tempel zu Jerusalem durchzusetzen – ein Akt, der in den östlichen Provinzen des Reiches als Zeichen der Loyalitätsbekundung ansonsten durchaus üblich war.[9] Wie ein ähnlicher Vorfall zu Beginn der Amtszeit des Pilatus zeigt (um 26), war es den röm. Truppen kaum mög-

---

5 Vgl. Ios. ant. Iud. 16,146–149; bell. Iud. 1,422–428: „Sind nicht Athen und Lakedämon, Nikopolis und Pergamon in Mysien voll von den Weihgeschenken (*anathemata*) des Herodes?" [Ed. *O. Michel/O. Bauernfeind*, München ²1962, 113].

6 Vgl. *K. S. Freyberger*: Die frühkaiserzeitlichen Heiligtümer und Karawanenstationen im hellenisierten Osten. Zeugnisse eines kulturellen Konflikts im Spannungsfeld zweier politischer Formationen, Mainz 1998, 46–50.103–105.119f; *S. Fähndrich/Th. M. Weber*: Bemerkungen zum Statuendenkmal aus Sahr al-Ledja, Syrien, AA 2001(4), 603–612; *Th. M. Weber*: Ein Denkmal der Herodier in der syrischen Basaltwüste, in: *K. S. Freyberger u.a.* (Hgg.): Kulturkonflikte im Vorderen Orient an der Wende vom Hellenismus zur römischen Kaiserzeit, Rahden (Westf.) 2003, 257–275.

7 Ios. ant. Iud. 15,339; bell. Iud. 1,414; zu den Resten des Tempels zuletzt *K. G. Holum*: The Temple Platform: progress report on the excavations, in: *K. G. Holum u.a.* (eds.): Caesarea Papers 2. Herod's Temple, the Provincial Governor's Praetorium and Granaries, the Later Harbor, a Gold Coin Hoard, and Other Studies, Portsmouth 1999, 12–34; *Y. Turnheim/A. Ovadiah*: Art in the Public and Private Spheres in Roman Caesarea Maritima. Temples, Architectural Decoration and Tesserae, Rom 2002, 19–25.

8 Ios. ant. Iud. 17,149–167; bell. Iud. 1,648–655, bes. 650: Wie diese Episode im Jahre 5/4 v.Chr. vermuten lässt, war der goldene Adler nicht das einzige figürliche Element an Herodes' neuem Tempel, sondern lediglich das prominenteste. Bezeichnend ist auch der Umstand, dass Herodes hier hart und rigoros durchgriff, um ein Exempel zu statuieren; zur ambivalenten Haltung des Königs gegenüber der jüd. Bevölkerung auf der einen und seiner paganen Umwelt auf der anderen Seite siehe v.a. Ios. ant. Iud. 15,328–330.

9 Ios. ant. Iud. 18,261–269; bell. Iud. 2,184–203.

lich, ihre mit paganen Emblemen und Symbolen sowie mit Porträts der kaiserlichen Familie geschmückten Feldzeichen offen in die Stadt zu tragen.[10]
Ganz anders war die Situation in den nichtjüd. Städten der Region. Hier nimmt ab dem späten 1. Jh. n.Chr. die Dedikationspraxis von Statuen im öffentlichen und besonders im sakralen Kontext deutlich zu. Ein wahrer Quantensprung ist dann ab dem beginnenden 2. Jh. festzustellen, ein Umstand, der zum einen auf den wirtschaftlichen Aufschwung im Zuge des Besuches Kaiser Hadrians in der Region 129/30, zum anderen auf die Möglichkeit zurückzuführen sein dürfte, kostbaren Marmor seit dieser Zeit zu erschwinglichen Konditionen aus den kleinasiatischen Brüchen von Prokonnesos, Dokymeion oder Aphrodisias beziehen zu können.[11] Der Marmorimport, der auch Bauornamentik und Sarkophagkunst mit einschloss, gewann in der Folgezeit zunehmend an Bedeutung. Gerade die sukzessive Erschließung neuer Märkte für in syrisch-kleinasiatischen Tradition stehende Marmorprodukte in den aufblühenden Städten Syriens und Palästinas, die eine wachsende Nachfrage an B. K. verzeichneten, scheint ein wichtiger Faktor bei der „Romanisierung" der östlichen Provinzen des röm. Reiches gewesen zu sein.
In hellenisierten städtischen Zentren, wie Caesarea Maritima, Skythopolis, Pella oder Gadara, ist in der 2. Hälfte des 2. und im frühen 3. Jh. ein breites Spektrum an statuarischen Typen verfügbar, unter denen neben den Porträtstatuen gr. oder röm. Stils die Idealplastik die größte Gruppe darstellt.[12] Während mit Porträtstatuen in erster Linie Kaiser und verdiente Bürger geehrt wurden, umfasste die Idealplastik vornehmlich Statuen von Göttern (Aphrodite/Isis und Serapis, Dionysos, Apollon, Artemis und die Musen/Chariten etc.), Heroen und mythologischen Figuren (u.a. Herakles, Alexander, Dioskuren, Daidalos etc.) sowie von Personifikationen (Stadttychen), wobei jedoch beide Gruppen gleichermaßen zur skulpturalen Ausstattung von öffentlichen Gebäuden, wie Theatern, Thermen, Nymphäen und anderen Fassadenarchitekturen, herangezogen wurden. Bei Werken der Idealplastik handelt es sich in der Regel um röm. Kopien nach berühmten klass. oder hell. Originalen oder um eklektizistische Neuschöpfungen der Kaiserzeit, vereinzelt auch um Statuenensembles („Daidalos-Gruppe" aus 'Ammān).[13]
Mit der Zeit scheint sich die ablehnende Haltung der Juden gegenüber der Verwendung statuarischer Bildwerke gelockert zu haben. Für die zunehmende Liberalisierung und Öffnung des rabbinischen Judentums bzw. für dessen pragmatischeren Umgang mit sensiblen Themen wie der Akzeptanz von figürlich-bildlichen Darstellungen scheint das Urteil des jüd. Patriarchen Gamaliel II. (ca. 80–100/120; →1.4.4.3) wegweisend gewesen zu sein. In der Frage, ob

[10] Ios. ant. Iud. 18,55–59 (*protomai Kaisaros*); bell. Iud. 2,169–174 (*Kaisaros eikōnes*).

[11] Vgl. u.a. *Fischer* 1998, bes. 133–230 mit älterer Literatur Unter Herodes dagegen scheint Marmor nur sehr dezidiert an ausgewählten Stellen zum Einsatz gekommen zu sein; vgl. dazu *M. L. Fischer/A. Stein*: Josephus and the Use of Marble in Building Projects of Herod the Great, JJS 45, 1994, 79–85.

[12] Hierzu ausführlich *Weber* 1990; *Ders.* 1993; *Hoffmann/Kerner* 2002, Abb. 63.86.110f. 114f.124.130.139.143.164.186.191; zuletzt v.a. *Weber* 2002; aber auch einschlägige Untersuchungen von *Skupińska-Løvset* 1988–1999.

[13] Zuletzt *N. Hannestad*: The Marble Group of Daidalos, Hellenism in Late Antique 'Ammān, SHAJ 7, 2001, 513–519 mit älterer Literatur.

es gläubigen Juden gestattet sei, die öffentlichen Bäder zu besuchen, wenn sie dort mit der Aufstellung heidnischer Statuen konfrontiert würden, lautete die kluge Antwort des Rabbi, dass die Statue der Venus hier nur zu dem Zweck geschaffen worden sei, die Thermen zu schmücken, das Badehaus nicht aber zu Ehren der Statue errichtet worden sei, weshalb diese auch kein Kultbild, sondern lediglich (religiös unbedenkliches) Zierwerk darstelle.[14]
Annähernd parallel zur Entwicklung der Statuen dürfte sich die Genese der Reliefkunst vollzogen haben, auch wenn das Relief im Palästina der hell.-röm. Zeit wohl nie die Bedeutung erlangte wie die rundplastische Skulptur. Während Statuen relativ unabhängig vom architektonischen Kontext aufgestellt werden konnten, waren Reliefs in der Regel direkt in einen solchen eingebunden. Hierfür existierte im Nahen Osten bereits eine lange künstlerische Tradition, deren Ursprünge bis auf die altorientalische Tempel- und Palastarchitektur zurückreichen. Reliefs waren die gesamte Eisenzeit hindurch in Verwendung, obwohl sich ihr Gebrauch in persischer und frühhell. Zeit bislang nur selten nachweisen lässt. Eine große Zahl von Reliefstelen des 4./3. Jh.s etwa ist – vom Ešmuneion bei Sidon abgesehen – vom Tell Umm al-'Amād im Südlibanon überliefert.[15] Darstellungen menschlicher Figuren in der Reliefkunst hell. Zeit sind in Palästina und seinen Nachbarregionen bisher hingegen nur vereinzelt bezeugt, so in einem hell. Höhenheiligtum des 2. Jh.s in al-'Ašrafīyeh bei Pella im Ostjordanland.
Am „Qasr al-Abd" in 'Iraq al-Amīr, der Lokalresidenz des Tobiaden Hyrkanos, zierte einst eine Reihe von reliefierten Tierskulpturen die Schaufassaden des Bauwerks: Auf ebenerdigem Niveau war an den beiden Langseiten jeweils ein Panther als Brunnenfigur angebracht, im Obergeschoss eine Reihe von Löwen, mit denen die Brüstung der Galerie geschmückt war.[16] Adlerfiguren bekrönten die Attikazone oder dienten als Akroterpostamente. Menschliche Darstellungen dagegen fehlen an dem Bau völlig. Eine ähnliche Einbindung von in Relief gestalteten Tieren findet sich an der berühmten Grabfassade der Khazne Firaun in Petra, deren Entstehung in die 1. Hälfte des 1. Jh.s v.Chr. datiert werden kann.
Wenngleich die Darstellung von Menschen offensichtlich inadäquat erschien, so bestätigen 1Makk und Josephus, dass sich auch die Makkabäer/Hasmonäer zeitgenössischer Formen der Selbstdarstellung durch Reliefkunst bedienten: So ließ Simeon beim monumentalen Ausbau der Familiengrabanlage in Modeïn diese mit Säulenhallen umgeben, die vermutlich zum Zeichen der Sieghaftigkeit mit Schiffs- und Waffenfriesen dekoriert waren.[17]
Hatte man bei den bisher genannten Beispielen lediglich auf die Wiedergabe menschlicher Figuren weitgehend verzichtet, so scheint die figürliche Reliefkunst allmählich aufgegeben worden zu sein zugunsten einer gänzlich floral-

---

[14] Zur Statue der Aphodite in den Thermen von Ptolemais-Akko und zur Reaktion des jüd. Patriarchen Gamaliel II. auf den Vorwurf, er würde sich beim Besuch des Bades durch Götzendienst verunreinigen, siehe mAZ 3,4 und mGit 1,2 (7,7); vgl. auch *Y. Hirschfeld*: The Roman Baths of Hammat Gader. Final Report, Jerusalem 1997.

[15] *M. Dunand/R. Duru*: Oumm el-'Amed. Une ville de l'époque hellénistique aux échelles de Tyr, Paris 1962, 156–172.

[16] Vgl. *E. Will/F. Larché*: Iraq al Amir. Le château du Tobiade Hyrcan I-II, Paris 1991.

[17] 1Makk 13,27–30; Ios. ant. Iud. 13,210–212.

vegetabilen, rein ornamentalen Dekorationsästhetik. Diese war religiös neutral und unverfänglich, so dass sie sich spätestens in herodianischer Zeit durchsetzen konnte und bis in die hohe Kaiserzeit hinein im jüd. Bereich bestimmend blieb.[18] Während in den hellenisierten Poleis des nichtjüd. Umlandes also Heiligtümer und andere öffentliche Bauten mit Reliefriesen mit Götter-, Heroen- und Tierfiguren ausgestaltet und die horizontalen Grabschächte (*loculi*) der Hypogäen und anderen Grabanlagen mit Steinplatten verschlossen wurden, die mit den Porträtbüsten der Verstorbenen versehen waren, nahm man von dieser Praxis in Judäa, Samaria und Galiläa bewusst Abstand.[19] Erst in der berühmten Nekropole von Beth Šearīm, in der ab Mitte des 2. Jh.s u.a. hochrangige Angehörige rabbinischer Familien beigesetzt wurden, zeigt sich wieder eine gewisse Affinität zum figürlichen Relief (z.B. Löwenfiguren). Ungeachtet der Zufälligkeit der Überlieferung reflektiert die geringe Verbreitung von Statuen und Reliefs im jüd. Bereich während der hell.-röm. Epoche nicht so sehr die begrenzten ökonomischen Verhältnisse, als vielmehr das Ergebnis eines langen, theologisch begründeten und ideologisch gefärbten kulturellen Distinktionsprozesses. So mag die Tatsache, dass der gr. Mythos als ikonographisches Themenreservoir seiner pagan-religiösen Konnotationen wegen indiskutabel war, für die geringe Verbreitung des Mediums „Relief" verantwortlich gewesen sein. Der zumindest äußerlich bis in die Spätantike hinein aufrecht erhaltene, scharfe Gegensatz zwischen der nonfiguralen Bilderwelt der Juden und der figurenreichen Bilderwelt ihrer nichtjüd. Umgebung, wie er auch in den ntl. Schriften durchschimmert, tritt vor diesem Hintergrund umso deutlicher hervor.

*Tafel- und Wandmalerei*

Während Tafelmalerei aus Palästina nicht einmal in Ansätzen auf uns gekommen ist, liegen aus der Region zahlreiche Belege für Wandmalerei vor. So ist davon auszugehen, dass die Stadtresidenzen und Landvillen (→2.2.1.1) einer wohlhabenden Ober- und Mittelschicht spätestens seit hochhell. Zeit in irgendeiner Form mit gemalten Wanddekorationen ausgestattet waren, zumal die Wände der Häuser ohnehin verputzt, z.T. auch mit Stuck überzogen waren.[20] Die heute bekannten Befunde legen allerdings die Vermutung nahe, dass es sowohl hinsichtlich der Wahl und des Arrangements der Motive als auch in der Ausführung große qualitative Unterschiede gab. Ausgangs- und Referenzpunkt für die Wandmalerei waren dabei die Paläste in den hell. Metropolen und Zentren wie Alexandria oder Antiochia, von deren Wohnkomfort und Extravaganz wir heute durch ihre sekundäre Rezeption in den Residenzen der

---

18 Vgl. hierzu die Grabbauten im Qidrontal und andere Grabfassaden dieser Zeit wie auch die Grabossuare aus den Nekropolen Jerusalems: *M. L. Fischer*: A Judaean Contribution to Roman Decoration: An Ornamented Stone from the Temple Mount Reconsidered, IEJ 43, 1993, 235–240; verschiedene Beiträge von *L. Y. Rahmani*, *G. Avni*, *Z. Greenhut*, *T. Ilan*, *R. Reich*, *V. Sussman*, *A. Kloner*, *Y. Magen*, *J. Patrich* und *D. Barag* in: *H. Geva* (ed.): Ancient Jerusalem Revealed. Reprinted and Expanded Edition, Jerusalem 2000, 191–278.

19 Zum röm. Privatporträt insbes. im sepulkralen Kontext ausführlich *Skupińska-Løvset* 1988; *Dies.* 1992; *Dies.* 1999.

20 Zur Technik allg. *Scheibler* 1994.

Hasmonäer und Herodier eine Vorstellung gewinnen.[21] Die dort erhaltenen polychromen Wanddekorationssysteme lassen das Bemühen erkennen, dem Anspruch königlicher Selbstdarstellung gerecht zu werden, indem kostspielige Wandvertäfelungen in Form von Edelholz-, Alabaster- und Buntmarmorinkrustationen in Malerei nachgeahmt wurden. Diese Imitation realer Vorbilder bzw. dieser eklektizistische Zugriff auf bekannte Versatzstücke herrscherlicher Wohnkultur und deren Steigerung bis hin zu illusionistischen Phantasiearchitekturen mit perspektivisch angelegten, tiefenräumlichen Prospekten erfreuten sich etwa zwischen dem 2. Jh. v. und der Mitte des 1. Jh.s n.Chr. großer Beliebtheit und waren daher im gesamten Mittelmeerraum bis nach Italien (Pompeji und Herculaneum) verbreitet. In der Archäologie werden Dekorationsschemata, die diesen Konventionen entsprechen, daher zumeist den beiden ersten „Pompejanischen Stilen" zugeordnet. An den Vorbildern der Paläste orientierten sich auch die lokale Oberschicht und – je nach den finanziellen Möglichkeiten – weitere Kreise der indigenen Bevölkerung. So waren auch die Wände und Decken in den Wohnhäusern der hell.-frühröm. Periode in Ptolemais, Philoteria, Pella und Skythopolis usw., auch wenn sie nur aus ungebrannten Lehmziegeln oder Stampflehmwänden bestanden, mit feinem Mörtelputz versehen, der teilweise noch durch in Stuck applizierte bunte Steinquaderimitationen, Zierleisten und Bordüren gestaltet und bemalt war.[22] Obwohl sich, durch den sich ändernden Zeitgeschmack bedingt, im Laufe der Generationen immer wieder Modifikationen an den etablierten Dekorationssystemen ergaben, blieb die Praxis der Wand- und Deckengestaltung durch Stuck und Freskenmalerei bis weit in die byzantinisch-omayyadische Epoche hinein üblich.
Ausgehend von den Wohnhäusern, hielt die Wandmalerei auch Einzug in die Grabkultur: Z.T. mit figürlichen Darstellungen farbig ausgemalte Grabkammern bzw. Hypogäen sind etwa aus Marisa, Jericho, Abila, Kapitolias, Gerasa, as-Salt, Som und Marwa, aber auch aus Jerusalem, Petra und Palmyra bekannt.[23]

*Mosaiken*

Wie die Wandmalerei gehörten Mosaikfußböden zu den elementaren Bestandteilen herrscherlicher Residenzarchitektur und Wohnkultur. Setzten sich die frühesten Mosaiken spätklass.-frühhell. Zeit noch aus bunten Kieselsteinen zusammen (*opus barbaricum*), so wurde diese Kunst in den Palästen der hell. Königreiche immer mehr verfeinert und vollendet, indem komplexe Bildmotive in z.T. kleinsten quadratischen Steinchen in Mörtelbettung gelegt wurden (*opus tesselatum*). Beispiele hierfür bieten die Mosaiken aus den Palästen in

---

[21] Diese Art monarchischer Selbstdarstellung, wie sie an den Königs- und Fürstenhöfen in hell. Zeit gepflegt wurde, könnte sich etwa in Est 1,1–9 spiegeln; zu den Palästen der Hasmonäer und des Herodes siehe u.a. ausführlich *Netzer* 1999.

[22] Vgl. *Hoffmann/Kerner* 2002, Abb. 12–15.98.196–198 (darunter auch Reste der Wanddekoration im sog. „älteren Naos" des Zeus Olympios von Gerasa).

[23] *Barbet/Vibert-Guigue* 1988/1994; *A. Kloner*: The Cave of the Birds – A Painted Tomb on the Mount of Olives, in: *H. Geva* (ed.): Ancient Jerusalem Revealed. Reprinted and Expanded Edition, Jerusalem 2000, 306–310; *W. H. Mare* in: *Hoffmann/Kerner* 2002, 57f, Abb. 78–82.

Pella, Demetrias, Pergamon und aus dem Bereich der *Basileia* in Alexandria, die von erstaunlich hoher Qualität sind.[24] Reflexe dieser höfischen Kunst sind auch in Mosaiken aus Delos, Palästrina, Pompeji oder Herculaneum zu beobachten, die direkt auf derartige Vorlagen zurückgreifen. Schon die Hasmonäer, mehr aber noch Herodes d. Gr. und seine Nachfolger ließen sich hiervon inspirieren und übernahmen diese Form der dekorativen Fußbodengestaltung beim Bau ihrer herrschaftlichen Residenzanlagen. Offensichtlich war man auch hierbei mit der Abbildung figürlicher Elemente sehr zurückhaltend. So sind aus den Palästen des Herodes bislang weder Darstellungen von Menschen noch von Tieren bekannt. Jedoch erfahren wir in der *Vita* des Josephus, dass der Palast des Herodes Antipas in Tiberias mit Fresken und Mosaikböden ausgestattet gewesen sei, die Bilder von Lebewesen (*zōōn morphas*) enthielten. Da diese gegen das jüd. Gesetz verstoßen hätten, seien sie von den Aufständischen herausgerissen und zerstört worden, als diese den Palast nach Ausbruch der Unruhen im Jahre 66/67 plünderten.[25]
Im Zuge der Imitation herrscherlichen Lebensstils und dank des Repräsentationsbedürfnisses der lokalen Oberschicht fanden Mosaiken bereits früh Eingang in die Wohnhäuser wohlhabender Bevölkerungskreise in Jerusalem. Schöne Beispiele für ornamentale Mosaikkunst aus der Zeit vor dem Jüd. Krieg sind etwa aus dem „Jewish Quarter" in Jerusalem erhalten.[26]
Auch während der röm. Kaiserzeit blieb die Ausstattung von Fußböden in Privathäusern und öffentlichen Gebäuden eher die Ausnahme und privilegierten gesellschaftlichen Gruppen vorbehalten. Denn die Herstellung von Mosaikdekorationen mit aufwändigen figürlichen Motiven, v.a. wenn besonders kunstvolle Mittelmotive (*emblēmata*) einzufügen waren, war eine kostspielige Angelegenheit.[27] Während aus dem 2. Jh. bislang kaum Mosaiken bekannt sind, lassen sich das berühmte „Mosaik der Musen und Dichter" aus Gerasa sowie die ebenfalls aus Wohnhäusern stammenden Mosaiken in Philippopolis-Šahba und Palmyra noch mit einiger Wahrscheinlichkeit dem 3. Jh. zuweisen. Der Großteil der zahlreichen Mosaiken aus Daphne bei Antiochia und aus Apamea in Syrien stammt hingegen erst aus dem 4.–6. Jh.[28]

---

24 Vgl. *B. R. Brown*: Ptolemaic Paintings and Mosaics, Cambridge 1957; *W. A. Daszewski*: Corpus of Mosaics from Egypt I: Hellenistic and Early Roman Period, Mainz 1985; *Balty* 1991; *Ders*. 1995.

25 Ios. Vita 65; zu den Residenz- und Palastanlagen der Hasmonäer und des Herodes siehe oben Anm. 22; vgl. außerdem *Piccirillo* 1993, 20.245 Nr. 411–413 (Machaerus).

26 *H. Geva* (ed.): Ancient Jerusalem Revealed. Reprinted and Expanded Edition, Jerusalem 2000, bes. Abb. S. 11–13, Farbtaf. 4, 6.

27 Hierzu allg. *Ling* 1998; *Dunbabin* 1999; speziell zu den östlichen Provinzen *Piccirillo* 1986; *Ovadiah/Ovadiah* 1987; *Balty* 1991; *Piccirillo* 1993; *Balty* 1995.

28 *H. Joyce*: A Mosaic from Gerasa in Orange, Texas, and Berlin, MDAI.R 87, 1980, 307–325; *Piccirillo* 1993, 20.272.282f Nr. 503, 516–520. In diesen Kontext gehört auch der berühmte Mosaikzyklus aus dem „Haus des Dionysos" in Sepphoris in Israel, dessen Datierung ins 3. oder 4. Jh. allerdings umstritten ist: dazu *Z. Weiss/R. Talgam*: The Dionysiac Mosaic Floor of Sepphoris, in: *C. M. Batalla/J. J. Lucas* (eds.): VI Coloquio Internacional sobre Mosaico Antiguo, KB Palencia-Mérida Oktober 1990, Guadalajara 1994, 231–237; *Y. Turnheim/A. Ovadiah*: The Female Figure in the Dionysiac Mosaic in Sepphoris, RivA 21, 1997, 107–116.

*Zu den Bildenden Künsten im AT und NT*
Die Testimonia und Referenzen zum Thema „B. K.“ sind sowohl im AT als auch im NT spärlich und äußerst disparat. Verwunderlich ist dabei, dass sich gerade aus dem NT so gut wie keine einschlägigen Textpassagen heranziehen lassen, in denen *expressis verbis* von Künstlern und Kunst die Rede ist. Dieser Befund ist umso bemerkenswerter, als Palästina und seine Nachbarregionen gerade zu Lebzeiten Jesu wie auch in der Phase bis zur Endredaktion der synEvv in spätflavischer Zeit von einer städtebaulichen Entwicklung erfasst wurden, die mit einer deutlichen Zunahme auch an künstlerischer Aktivität einherging. Nur in der Apg werden Objekte der B. K. aus Gold, Silber, Bronze oder Stein explizit erwähnt, womit in atl. Tradition auf die heidnischen Götterbilder Bezug genommen wird.
Für die Frage der B. K. in Palästina sind wir daher vornehmlich auf Aussagen im AT und in den Apokryphen angewiesen, die uns eine gewisse Vorstellung vom Einfluss und von der Wertschätzung der B. K. seit der späten Eisenzeit und v.a. in hell. Zeit geben können. Aussagekräftig sind jene Stellen, in denen die „Bauvorhaben“ des Mose und der Könige Israels beschrieben werden, z.B. wenn es um die Errichtung des Heiligtums für die Bundeslade, um den Bau des ersten Tempels oder um dessen Wiederherstellung unter der Führung von Esra und Nehemia geht.[29] Wenn dabei zwischen den einzelnen B. K. auch differenziert wird, zeigt sich, dass dem Kupfer- und Bronzehandwerk (1Kön 7,14.47; Jer 52,22), v.a. aber der Gold- und Silberschmiedekunst (u.a. 2Chr 2,13; Jer 10,9.14; 51,17ff) sowie dem Textilgewerbe (Tuch- und Stoffweberei und -färberei) im Kontext der Ausgestaltung von sakralen Räumen herausragende Bedeutung beigemessen wird, während andere Kunstgattungen, wie etwa die Holz- und Elfenbeinschnitzerei (Ex 35,32–39; Weish 13,10f), demgegenüber quantitativ zurücktreten.
Mit B. K. im eigentlichen Sinne befassen sich die Schriften des AT v.a. in der Auseinandersetzung mit den Götter- und Kultbildern (*eidōla*, „Götzen“) ihrer heidnischen Umwelt, wobei die ästhetische Wirkung, aber auch der betriebene Aufwand und die Kostbarkeit des verwendeten Materials bei diesen statuarischen Darstellungen in Gestalt von mit Edelmetallen und Edelsteinen überzogenen zoo- oder anthropomorphen Skulpturen, aber auch deren evidente Leblosigkeit (u.a. Jer 10,1–16; 51,17–19; Apg 17,22–29) der Unabbildbarkeit des einen lebendigen Gottes Israels gegenübergestellt wird (Ex 34,17; 2Kor 6,16; Offb 9,20 etc.). Von Malerei hingegen wird in den biblischen Schriften nur selten berichtet.[30] Ähnlich sporadisch sind Hinweise auf wertvolle Gesteinssorten wie Marmor und deren dekorative Verwendung in architektonischen Kontexten (1Chr 29,2; Est 1,5f; Offb 18,12).

*Literatur*
*J. Balty*: La tradition hellénistique dans la mosaïque et la peinture des provinces orientales, in: *E. Arampatzis* (ed.): Ο Ελληνισμός στην Ανατολή. Πρακτικά Α′ Διεθνούς Αρχαιολογικού Συνεδρίου – International Meeting of History and Archaeology, KB Delphi 6.–9.

[29] Vgl. Ex 25,1–28,43; 31,1–11; 35,4–40,38; 1Kön 5,15–8,13; 1Chr 28,1–29,9; 2Chr 1,18–6,2; Jes 48,5; Jer 52,17–23 sowie Esr 3,6–10; 5,1f.8f; Neh 3,1–7,3.
[30] Zedernholzvertäfelung und rote Wandbemalung bei Jer 22,14; 51,17; zu den Malern und deren Berufsethos: Sir 38,27–34; Weish 15,4–6.

Nov. 1986, Athen 1991, 177–201. – *Ders.*: Mosaïques antiques du Proche-Orient: Chronologie, Iconographie, Interprétation, Paris 1995. – *A. Barbet/C. Vibert-Guigue*: Les peintures des nécropoles romaines d'Abila et du nord de la Jordanie II, Paris 1988 und I, Beirut 1994. – *K. M. D. Dunbabin*: Mosaics of the Greek and Roman World, Cambridge 1999. – *M. L. Fischer*: Marble Studies. Roman Palestine and the Marble Trade, Konstanz 1998. – *A. Hoffmann/S. Kerner* (Hgg.): Gadara – Gerasa und die Dekapolis, Mainz 2002. – *R. J. Ling*: Ancient Mosaics, London 1998. – *E. Netzer*: Die Paläste der Hasmonäer und Herodes' des Großen, Mainz 1999. – *M. Piccirillo*: I mosaici di Giordania, Rom 1986. – *Ders.*: The Mosaics of Jordan, Amman 1993. – *R. Ovadiah/A. Ovadiah*: Hellenistic, Roman and Early Byzantine Mosaic Pavements in Israel, Rom 1987. — *I. Scheibler*: Griechische Malerei der Antike, München 1994. – *I. Skupińska-Løvset*: Private Portraits in Roman Palestine, in: *N. Bonacasa/G. Rizza* (eds.): Ritratto ufficiale e ritratto privato. Atti della II Conferenza Internazionale sul ritratto Romano, Rom 26.–30. September 1984, Rom 1988, 485–491. – *Dies.*: Social Aspects in the Portraiture of Syria. Introductory Remarks, ActaHyp 4, 1992, 221–235. – *Dies.*: Portraiture in Roman Syria. A Study in Social and Regional Differentiation within the Art of Portraiture, Lodz 1999. – *Th. Weber*: A Survey of Roman Sculp-ture in the Decapolis. Preliminary Report, ADAJ 34, 1990, 351–355. – *Ders.*: *Pella Decapolitana*. Studien zur Geschichte, Architektur und Bildenden Kunst einer hellenisierten Stadt des nördlichen Ostjordanlandes, Wiesbaden 1993, 39–84. – *Ders.*: *Gadara Decapolitana*. Untersuchungen zur Topographie, Geschichte, Architektur und der Bildenden Kunst einer "*Polis Hellenis*" im Ostjordanland, Gadara–Umm Qēs I, Wiesbaden 2002, 167–253, 463–555. – *R. Wenning*: Hellenistische Skulpturen in Israel, Boreas 6, 1983, 105–118.

## 2.6.2 Musik und Musikinstrumente (*Joachim Braun*)*

*Stellen im NT*

Mt 6,2; 9,23; 11,17; Lk 15,25; 1Kor 12,5; 13,1; 14,7; 15,52; 1Thess 4,16; 1Tim 14,3f; Hebr 12,19; Offb 4,8.16; 5,9; 8–11; 14,2f; 15,2; 18,22

*Voraussetzungen in den Psalmen und in der hellenistischen Musikkultur*

Die Musikkultur des NT mit Elementen der Allegorie, Metapher und Symbolik spiegelt sich bereits in der Musikterminologie der Psalmen. Dieser Teil des AT wurde durch seine poetische, semantische, metaphorische und nicht zuletzt musikalische Kraft zu einem einzigartigen Resonanzkörper der jüd. und später christl. Gefühlswelt. Die Bedeutung des Psalters, dieser „kleinen Bibel" (Martin Luther) des Christentums, kann in der Musikliturgie kaum überschätzt werden.

Zu den interpretatorisch schwierigsten Passagen der Bibel gehören die etwa 117 Psalmenüberschriften mit musikalischen Implikationen, die von einer reichen Forschungsgeschichte begleitet sind. Foxvog u.a. behandeln sie in drei Gruppen: sozial-funktionelle Titel, Aufführungshinweise und Lied-Stichworte. Schon zur Zeit der ersten gr. und lat. Übersetzungen weist die Vielfalt der Varianten auf eine im Altertum verloren gegangene Tradition. Sogar die am häufigsten erwähnten Worte, wie z.B. *lamnaseah*, werden nicht eindeutig interpretiert. Die Ps-Texte präsentieren eine breite Palette sowohl lebenstreuer wie auch metaphorischer Musikverse. Ps 68,26 beschreibt z.B. sehr realistisch einen Triumphzug: „Voraus die Sänger, die Saitenspieler danach, dazwischen

* Für Gerda Zürner.

Mädchen mit kleinen Pauken". Eine völlig andere, allegorisch-poetische Atmosphäre eröffnet sich in Ps 47,7f. In Ps 89,13 ist in metaphorischer Weise die Rede von „Nord und Süd hast du geschaffen, Tabor und Hermon jauchzen bei deinem Namen". In Ps 96,1; 98,1; 144,9 wird das „neue Lied" erwähnt, das späterhin im NT eine wichtige Rolle spielt (vgl. Offb 5,9; 14,3). Der Psalter ist nicht nur ein großes Kunstwerk, in dem die teilweise verloren gegangenen Bedeutungen der antiken Musikterminologie manifest werden, sondern zugleich Vorbild für gewisse Elemente der späteren ntl. Musiksprache.

Die Prinzipien der alten gr. Musik (von Pindar und Sophokles bis zu Plato, 6.–4. Jh. v.Chr.) mit ihren künstlerischen Grundsätzen sind in Altisrael kaum nachzuweisen, ausgenommen vielleicht die strenge Tonart-, Instrumenten- und Rhythmusauswahl, im Musikritual des jüd. Tempels; ähnlich restriktiv war die Handhabung der Musik im rabb. Judentum und bei den frühen Kirchenvätern. In der „neuen" *mousikē* (von Aristoteles und Aristoxenos bis Philodemos v. Gadara und Aristeides Quintilianos, 4. Jh. v.Chr.–4. Jh. n.Chr.) treten radikale Änderungen auf, die das post-aristotelische Bildungsideal widerspiegeln (→2.5.5). Das Musikbewusstsein der Bevölkerung in allen Schichten und allen ethnischen Gruppen nahm zu, und die Musik wurde zentraler Erziehungsfaktor. Der Charakter des gr. Musiksystems, dessen Elemente – Tonart, Harmonie, Melodie, Rhythmus, Instrumentenwahl – Einfluss auf die Charakterbildung des Einzelnen und das gesellschaftliche Leben ausüben, kam in den nächsten Jhh. klar zum Tragen.

Die Vielschichtigkeit des Begriffs „Hellenisierung" charakterisiert in großem Maße auch die Musikkultur Altisraels/Palästinas der hell.-röm. Zeit. Mit der engen Nachbarschaft heidnischer sowie monotheistisch-judäischer, samaritanischer und anderer vorchristl. Religiosität, die auch Musikrituale beinhaltete, sowie den Tendenzen des gr. Stoizismus war der Boden für eine synkretistische, umgreifend kosmopolitische Musikkultur gelegt. Der palästinisch-syrische Dichter Meleagros v. Gadara (2. Jh. v.Chr.) verkündigt: „Tyros hat mich erzogen, doch Gadara war meine Heimat, jenes neue Athen in der Assyrier Land. Ich, des Eukrates Sohn, Meleagros, der Musen Gefährte …" (Anth. Gr. 7,417; Übers. H. Beckby). Schauspieler, Jockeys und Musiker werden jetzt nicht mehr nach ethnischer Zugehörigkeit bezeichnet, sondern einzig nach ihrem Wohnort. In jüd.-intellektuellen Kreisen wird nun eine offenere Beziehung zur Musik und synkretistische Musikauffassung laut: „Ein Rubin an goldenem Geschmeide, das ist ein schönes Lied beim Weingelage. Ein Smaragdsiegel in goldener Fassung, das ist ein Gesang bei köstlichem Wein" (Sir 32,4–6, 2. Jh. v.Chr.).
Mit der hell. Zeit ändert sich auch grundlegend die musikrelevante Quellenlage, v.a. liegen zahlreiche archäologische Funde von Musikinstrumenten und Musikdarstellungen aus dieser Zeit vor. Der für diese Zeit charakteristische aktive Kulturaustausch fördert den Import ausländischer Musikinstrumente: So dringen die Laute und die kleine Winkel- und Halbmondharfe in das Musikleben ein, während die Leier meistens nur als Symbol abgebildet wird. Neue Blasinstrumente, z.B. der Aulos in neuer, für das Virtuosentum geeigneter technologischer Form, und die Querflöte sind zum ersten Mal belegt. Die Zurna (ein Oboeinstrument mit konischem Rohr) wird lokales Volksinstrument, und auf samaritanischen Öllämpchen erscheinen Darstellungen von tragbaren pneumatischen Tischorgeln mit anderen liturgischen Gegenständen.

Die Hellenisierung beeinflusst auch die Aufführungspraxis und fördert eine Fusion der Musikstile. Zeitgenössische Quellen (Philo, Plutarch, Tacitus) erwähnen Parallelen zwischen nabatäischer und judäischer Musikpraxis sowie ihre Überschneidungen mit dem dionysischen Kult. Das gr. *skolion* mit Leierspiel soll laut Clemens von Alexandria dem jüd. Psalmengesang ähnlich gewesen sein (paed. 2,4).
Beträchtlich war der Einfluss gr. Musik- und Kulturereignisse in den Stadtzentren Palästinas. „Es waren [...] Preise für diejenigen ausgesetzt, die sich mit Musik beschäftigten und Thymeliker genannt wurden, damit die Tüchtigsten von allen zur Teilnahme am Wettstreit veranlasst würden" (Ios. ant. Iud. 15,270; →1.3.2.6). Heidnische, christl. und jüd. Privathäuser wurden reichlich mit Musikdarstellungen dekoriert, die zahlreichen Zodiak-Zeichen auf Mosaikfußböden in Gebäuden Galiläas sind das beste Zeugnis dieses Synkretismus. Zur gleichen Zeit wird aber auch die Konfrontation der lokalen jüd. Theokratie mit der Ideologie des Hell. immer mehr spürbar. Die Schärfe des Konflikts ist in der nachdrücklichen Wiederholung ein und desselben Verses im Buch Daniel deutlich zu sehen, nach welchem fremde Musik und Musikinstrumente die gewaltsam angeordnete Anbetung des goldenen Standbildes verkündigen (Dan 3,5.7.10.15). Obwohl auf die Zeit Nebukadnezars anspielend, können wir in dem um 167–164 v.Chr. verfassten Text eine Bezugnahme auf hell.-röm. Verhältnisse erkennen.

*Die Aussagen im NT*
Die Musikterminologie des NT ist im Vergleich zum AT sehr dürftig: es sind vier Instrumentennamen (gr. *aulos*, *kithara*, *salpinx* und *kymbalon*; lat. *tibia*, *cithara*, *tuba*, *cymbalum*) und ein Sammelname (*symphonia*) insgesamt 29-mal erwähnt, von denen zwölf in der Offb fast wörtliche Wiederholungen sind. Gesang ist zwölfmal sicher belegt. Schon die erste Erwähnung eines Instrumentenklanges in Mt 6,2, „Wenn du Almosen gibst, lass es also nicht vor dir herposaunen …", ist metaphorisch gemeint.
*Aulos* und *kithara* werden sowohl als Instrumentennamen (1Kor 14,7) als auch im Sinne von Berufsbezeichnungen (Mt 9,23; Offb 14,2; 18,22) erwähnt. Beide Termini waren wohl Sammelnamen der relevanten Instrumentengruppen – Rohrblatt- und Saiteninstrumente (Smith 1962, 45). Erstere wurden bei weltlichen Ereignissen geblasen (z.B. Totenklagen und Hochzeiten in Mt 9,23; 11,17), letztere fanden dagegen meist symbolische Erwähnung als „Stimme vom Himmel", Wasserrauschen und gewaltiger Donner sowie als Instrument der 24 Ältesten (Offb 4,8; 14,2; 15,2). In zwei Fällen (Offb 5,9; 14,2f) war das *kithara*-Spiel mit dem Gesang des „neuen Liedes" verbunden, was diesem Instrument den Status des liturgischen Instruments par excellence verlieh.
Die *salpinx*, lat. *tuba*, eine Metalltrompete (im hebr. Text als *shofar*, Naturhorn, bezeichnet), wird 22-mal im NT erwähnt und ist ein Kommunikations- und Signalinstrument. Zuweilen wird ihr übernatürliche Kraft, meistens apokalyptischer Natur, zugesprochen. Sie ist die „Posaune Gottes" (1Thess 4,16), das Instrument „der sieben Engel" (Offb 4,16; 8–11) oder eine „furchtbare Erscheinung" (Hebr 12,19). Der Theophaniecharakter des *salpinx*-Klanges, der der Stimme Gottes gleichgestellt wird, wird im NT auf die Spitze getrieben und symbolisiert die überragende Bedeutung des Gotteslobes im Angesicht

der Auferstehung und des letzten Gerichtes (*tuba mira* bzw. *terribilis* 1Kor 15,52; 1Thess 4,16). Das *kymbalon*, lat. *cymbalum*, das gr.-röm. Becken, wird im NT nur einmal erwähnt, zusammen mit *chalkos ichōn* (lat. *aes sonans*), wörtlich „dröhnendes Erz" (1Kor 13,1). Dieser Terminus wird in der neueren Forschung (Harris 1982) eindeutig als Resonanzgerät gedeutet: Eine Vase aus Erz, die im Hintergrund der Theaterbühne aufgestellt ist und die Stimme der Sänger oder Darsteller verstärkt. Diese Deutung erklärt auch den Sinn der Paulus-Metapher, die das Reden ohne Liebe und tiefere Bedeutung mit lärmenden Becken und künstlicher Klangverstärkung vergleicht. *Symphonia* (Lk 15,25) ist die einzige Erwähnung eines Sammelnamens für Musikintrumentenspiel, hier bei fröhlichem Fest mit Tanz.

Die Bezeichnungen „Singen", „Lobgesang", „Gotteslob", „Lied", „Psalm", „Hymnus" werden im NT synonym gebraucht. Diese vokale Musikform wurde von den ntl. Autoren und späteren Kirchenvätern bevorzugt. „Sobald sie (scil. die Mönche) aufstehen, stellen sie sich und singen die prophetischen Hymnen in großer Harmonie [...] Weder *kithara* noch *syrinx* oder jegliches andere Musikinstrument strahlt so einen Klang aus, wie er zu hören ist in der tiefen Stille und Einsamkeit dieser Männer, wenn die singen," schrieb Johannes Chrysostomos (hom. in 1Tim 14,3f), der Mann, der die Musikinstrumente als „Haufen Unrat des Teufels" bezeichnete (hom. in 1Kor 12,5). Die moderne Musikwissenschaft unterscheidet drei grundsätzliche Formen des frühen christl. Gesangs: 1. im Chor oder Solo ohne jegliche Änderung der Besetzung, 2. responsoriales Singen, also alternierend Solo- und Chorgesang, 3. antiphonales Singen, also alternierender Gesang zweier Chöre. Diese Theorie wird neuerdings angezweifelt, jedoch ohne eine überzeugende Ersatzhypothese aufzustellen. Es ist kaum zu bezweifeln, dass frühchristl. Singen im Gottesdienst und jüd. Synagogengesang im letzten vorchristl. und ersten christl. Jh. grundsätzlich offen für neue Formen waren. Das „neue Lied" des NT (Offb 5,9; 14,3; vgl. Clem. prot. 1,2,4) war somit nicht nur theologisch gemeint, sondern hatte auch eine tief greifende musikalische Bedeutung (Flender 1988; McKinnon 2000; Randhofer 1995).

1Kor 14,7f erwähnt nicht nur drei der wichtigsten Musikinstrumente, sondern demonstriert einen qualitativ ganz neuen musikästhetischen Zug. Hier wird, anscheinend erstmals in der Musikgeschichte, die Deutlichkeit und Klarheit der instrumentalen Musik hervorgehoben: „Wenn leblose Instrumente, ein *aulos* oder eine *kithara*, nicht deutlich unterschiedene Töne hervorbringen, wie soll man dann erkennen, was auf dem *aulos* oder der *kithara* gespielt wird? Und wenn die *salpinx* unklare Töne hervorbringt, wer wird dann zu den Waffen greifen?" Dieser wiederholte Hinweis auf die Klarheit der Musikaufführung, die mit der Verständlichkeit des gesprochenen Wortes verglichen wird, indiziert eine neue Qualität der Musikpraxis und zeigt, dass Musik immer konkretere Bedeutung gewinnt. In gewissem Maß kann man hier die Anfänge der modernen westlichen Musikästhetik und Aufführungspraxis sehen. Zugleich wird im NT der Untergang einer Zivilisation mit dem Verstummen von *kithara*, *aulos* und *salpinx* symbolisiert (Offb 18,22).

Die Konfrontation der neuen christl. Musikwelt mit dem klassischen Altertum, die fatale Aufspaltung der Musikrituale der neuen Weltreligionen, im NT bereits angedeutet, wird in weltlichen Quellen und besonders in rabb. und frühchristl. Literatur offenkundig. Die *ad hoc* gemeinten Verse in Jes 5,11f; 23,16; Am 6,5f verwandeln sich hier nach und nach zu offenkundlicher Musikfeindlichkeit. MSotah (2. Jh.) leitet daraus kaum ein Verbot der Musik ab, während bSotah 48ab (5.–6. Jh.) eine der schärfsten Invektiven gegen Musik darstellt. Ungeachtet der Tatsache, dass das NT keine verächtliche Bemerkung über Musik enthält und die frühchristl. Literatur nicht selten musikfreundlich ist (Just. dial. 2), sind die Äußerungen um 200 n.Chr. schon zweideutig (Clem. paed. 2,4). Bei Tatian, Tertullian und noch mehr bei Johannes Chrysostomos, Ambrosius und Pseudo-Basilides (4.–6. Jh.) gibt es zahlreiche ablehnende und verschmähende Äußerungen gegenüber Musik, die nicht dem christl. Gottesdienst gewidmet war (s. McKinnon 1987, Nr. 30.31.47 etc.). Mit der zunehmenden allegorischen Interpretation der relevanten ntl. Textstellen (s. Giesel 1978) intensiviert sich auch die mittelalterliche negative Attitüde gegenüber der Musik, die erst mit der aufsteigenden Renaissance wieder schwindet.

*Literatur*

*A. Bélis*: Les Musiciens dans l'Antiquité, Paris 1999. – *J. Braun*: Die Musikkultur Altisraels/Palästinas, Freiburg/Göttingen 1999, erweiterte englische Ausgabe: Music in Ancient Israel/Palestine. Archaeological, Written and Comparative Sources, Grand Rapids/ Cambridge 2002. – *G. Comotti*: Music in Greek and Roman Culture, Baltimore/London 1991. – *G. Fleischhauer*: Etrurien und Rom, in: *H. Besseler/M. Schneider* (Hgg.): Musikgeschichte in Bildern, Bd. II, Leipzig 1964. – *R. Flender*: Der biblische Sprechgesang und seine mündliche Überlieferung in der Synagoge und griechischen Kirche, Wilhelmshaven 1988. – *D. A. Foxvog/A. D. Kilmer*: Music, ISBE 3, 1980, 436–449. – *H. Giesel*: Studien zur Symbolik der Musikinstrumente im Schrifttum der alten und mittelalterlichen Kirche, Regensburg 1978. – *W. Harris*: „Sounding Brass" and Hellenistic Technology, BArR 8/1, 1982, 38–41. – *A. Kilmer u.a.*: Musik, RLA 8, 1997, 463–491. – *J. McKinnon*: Music in Early Christian Literature, Cambridge 1987. – *Ders.*: The Temple, the Church Fathers and Early Western Chant, Ashgate 1998. – *Ders.*: Christian Church, The New Grove Dictionary, 5, 2001, 795–807. – *T. C. Mitchell/R. Joyce*: The Musical Instruments in Nebuchadnezzar's Orchestra, in: *D. J. Wiseman u.a.* (eds.): Notes on Some Problems in the Book of Daniel, London 1965, 19–27. – *E. Pöhlmann/M. L. West*: Documents of Ancient Greek Music, Oxford 2001. – *R. Randhofer*: Psalmen in einstimmigen vokalen Überlieferungen. Eine vergleichende Untersuchung jüdischer und christlicher Traditionen, 2 Bde., Frankfurt/Wien 1995. – *A. Riethmüller/Fr. Zaminer*: Die Musik des Altertums, Wiesbaden 1989, Kap. IV u. V. – *J. A. Smith*: The Ancient Synagogue, the Early Church and Singing, Music and Letters 65, 1984, 1–16. – *Ders.*: Which Psalms were Sung in the Temple? Music and Letters 71, 1990, 167–186. – *W. S. Smith*: Musical Aspects of the New Testament, Amsterdam 1962. – *M. Wegner*: Griechenland, in: *H. Besseler/M. Schneider* (Hgg.): Musikgeschichte in Bildern, Bd. II/4, Leipzig 1963. – *E. Werner*: The Sacred Bridge. The Interdependence of Liturgy and Music in Synagogue and Church During the First Millenium, 2 Bde., London/New York 1959/1984. – *Ders.*: „If I Speak in the Tongue of Men ..." St. Paul's Attitude to Music, JAMS 13, 1960, 18–32. – *M. L. West*: Ancient Greek Music, Oxford 2001.